RÉPERTOIRE

DU

DROIT ADMINISTRATIF

NOMS DES AUTEURS DES PRINCIPAUX TRAITÉS

AUBERTIN (Fernand), maître des requêtes au Conseil d'État.

BERGER (Abel), président de la section du Contentieux du Conseil d'État.

BÉRARD-VARAGNAC, maître des requêtes au Conseil d'État.

BERTRAND (Edmond), avocat général près la Cour de cassation.

BIZE (Gaston), maître des requêtes au Conseil d'État.

BORNOT (Charles), avocat.

BOUILLON (Gustave), avocat à la Cour d'appel.

BOUSQUET (Georges), conseiller d'État, ancien directeur des Cultes.

BOZÉRIAN, sénateur, ancien avocat au Conseil d'État et à la Cour de cassation, avocat à la Cour d'appel.

BOZÉRIAN (Gaston), sous-chef de bureau au ministère de la Justice.

BROSSARD-MARCILLAC, ancien maître des requêtes au Conseil d'État, juge au tribunal de la Seine.

BUISSON, conseiller d'État, directeur de l'Enseignement primaire au ministère de l'Instruction publique.

CARRÉ, ancien auditeur au Conseil d'État, secrétaire général de la préfecture de l'Aveyron.

CHABROL, conseiller d'État.

CHANTE-GRELLET, conseiller d'État.

CHARREYRE, auditeur au Conseil d'État.

COLSON, maître des requêtes au Conseil d'État, ingénieur des ponts et chaussées.

COTTU, ancien auditeur au Conseil d'État, secrétaire d'ambassade.

COURCELLE-SENEUIL, conseiller d'État, membre de l'Institut.

DELARBRE, conseiller d'État honoraire, trésorier général de la Caisse des Invalides de la marine.

DEVILLER, auditeur au Conseil d'État.

DISLÈRE (Paul), conseiller d'État, ancien directeur des Colonies.

DUCOS, maître des requêtes au Conseil d'État, ancien directeur de la Comptabilité au ministère de la Marine et des Colonies, préfet du Jura.

DUBIEF, chef de bureau à la direction des Cultes.

DUMAY (Charles), directeur des Cultes.

DUNOYER (Anatole), ancien conseiller d'État, professeur à l'École des sciences politiques.

FLOURENS (Émile), ministre des Affaires étrangères, ancien président de section au Conseil d'État, ancien directeur général des Cultes.

FLOURENS (Abel), maître des requêtes au Conseil d'État, secrétaire général au Conseil d'État.

FOURNIER (Pierre), conseiller d'État, commissaire général de la Marine et des Colonies, directeur de la Comptabilité au ministère de la Marine.

FRIBOURG (Gerson), inspecteur général des Postes et des Télégraphes.

GRAUX (Georges) député, ancien chef du cabinet du Président du Sénat.

GRODET, ancien gouverneur de la Guadeloupe.

GUÉRET-DESNOYERS, maître des requêtes au Conseil d'État.

HUREAU (Eugène) avoué près le tribunal civil de la Seine.

JAGERSCHMIDT, maître des requêtes au Conseil d'État.

KRANTZ (Camille), ancien député, maître des requêtes au Conseil d'État.

LAMÉ FLEURY, conseiller d'État, inspecteur général des Mines, ancien directeur des Mines au ministère des Travaux publics.

LIARD, directeur de l'Enseignement supérieur au ministère de l'Instration publique.

LYON, maître des requêtes au Conseil d'État, ancien directeur du cabinet et du personnel au ministère de l'Intérieur.

MARCEL, maître des requêtes au Conseil d'État, ancien chef du cabinet du ministre des Affaires étrangères.

MARQUÈS DI BRAGA (Pierre), conseiller d'État.

MAZEAU (Charles), ancien ministre de la Justice, sénateur, premier président de la Cour de cassation, ancien président de l'ordre des avocats au Conseil d'État et à la Cour de cassation.

METTETAL (Henri), avocat à la Cour d'appel, ancien magistrat.

MORLOT, ancien auditeur au Conseil d'État.

OLLENDORFF (Gustave), directeur du cabinet au ministère du Commerce et de l'Industrie.

PALLAIN (Georges), conseiller d'État, directeur général des Douanes.

PAULET (Charles), ancien chef du secrétariat du ministre du Commerce.

PRADINES (Paul), président de chambre à la Cour d'appel de Paris.

PUIBARAUD, contrôleur général des services extérieurs du ministre de l'Intérieur.

QUENNEC, ancien auditeur au Conseil d'État.

RÉCY (de), chef du bureau au ministère des Finances.

ROUSSEAU, conseiller d'État, ancien député, ancien sous-secrétaire d'État au ministère des Travaux publics.

RICHOU (Gabriel), bibliothécaire de la Cour de cassation, archiviste paléographe.

ROUSSEL (Charles), conseiller d'État.

SELIGMANN (Justin), ancien auditeur au Conseil d'État, ancien chef du cabinet du ministre du Commerce, substitut au tribunal de la Seine.

SIMON (Marcel), auditeur au Conseil d'État.

TIRMAN, ancien gouverneur général de l'Algérie, conseiller d'État.

VANDAL, ancien auditeur au Conseil d'État.

VETELAY, conseiller à la Cour de cassation, ancien conseiller d'État, ancien directeur des affaires criminelles au ministère de la Justice.

WALLET (Paul), ancien directeur de la Sûreté générale.

Paris. — Société d'Imprimerie PAUL DUPONT, 4, rue du Bouloi (Cl.) 55.6.94.

RÉPERTOIRE

DU

DROIT ADMINISTRATIF

PAR

LÉON BÉQUET

Conseiller d'État

AVEC LE CONCOURS DE

M. PAUL DUPRÉ, Conseiller d'État honoraire
Conseiller à la Cour de Cassation

TOME IX

PARIS

SOCIÉTÉ D'IMPRIMERIE ET LIBRAIRIE ADMINISTRATIVES ET DES CHEMINS DE FER
PAUL DUPONT, Éditeur
4, RUE DU BOULOI, 4

1891

RÉPERTOIRE

DROIT ADMINISTRATIF

TOME IX

C

(Suite.)

TITRE V.

SURVEILLANCE DES CULTES *(suite)*.

CHAPITRE II.

RAPPORTS DES CULTES RECONNUS AVEC L'AUTORITÉ CIVILE *(suite)*.

SECTION PREMIÈRE.

RAPPORTS, EN FRANCE, DES CULTES RECONNUS AVEC L'AUTORITÉ CIVILE *(suite)*.

§ 8. — Liturgie et catéchisme.

380. L'article 39 organique dispose « qu'il n'y aura qu'une liturgie et un catéchisme pour toutes les églises catholiques de France. »

Cette prescription resta longtemps sans application.

En 1807 (1), une circulaire ministérielle demanda aux évêques les renseignements nécessaires pour rédiger une liturgie uniforme, en exécution de la loi organique. Il n'a pas été donné suite à ce projet, et les évêques sont restés seuls en possession du droit de régler la liturgie dans leurs diocèses (2). Mais la liturgie romaine ayant été adoptée successivement par presque tous les diocèses (3), l'unité commence à se faire aujourd'hui. Les dépenses qu'entraîne l'exécution d'une ordonnance épiscopale, substituant la liturgie romaine à

celle du diocèse, rentrent dans les dépenses du culte qui sont à la charge des fabriques (1). Un décret du 7 germinal an XIII soumet à la permission des évêques diocésains l'impression ou la réimpression des livres d'église, des heures ou prières (2).

381. Un catéchisme fut rédigé en exécution de l'article 39 de la loi organique. Un décret du 4 avril 1806 approuva sa rédaction *à l'usage de toutes les églises de l'empire français*, et l'imposa aux évêques. Ce décret porte (3) : « En exécution de l'article 39 de la loi du 18 germinal an X, ce catéchisme, annexé au présent décret, approuvé par Son Éminence le cardinal-légat (4), sera publié et seul en usage dans toutes les églises catholiques de l'empire. » Le ministre des cultes était chargé de surveiller l'impression du catéchisme, et chaque exemplaire devait avoir imprimé en tête le décret (5). Mais bien que le cardinal-légat eût approuvé et recommandé par un décret du 30 mars 1806 le catéchisme uniforme, il n'avait pas imposé aux évêques l'obligation de le suivre. « Nous l'approuvons, dit-il, et nous en recommandons l'usage, pénétré de cette pensée que la foi étant une, il est très avantageux qu'il n'y ait qu'une seule et même manière d'en exposer les dogmes et d'en instruire les peuples. » Le gouvernement même n'exigea plus depuis 1806 l'application de l'article 39, et les catéchismes ont varié suivant les diocèses.

On désigne encore aujourd'hui sous le nom de catéchisme l'instruction donnée aux enfants ou aux adultes pour leur enseigner les vérités dogmatiques et morales de la religion. Cet enseignement s'appelait autrefois catéchèse.

§ 9. — Registres de l'état civil tenus par les ministres du culte.

382. Nous avons vu précédemment (6) que l'article 55 de la loi de germinal déclare que « les registres tenus par les ministres du culte n'étant et ne pouvant être relatifs qu'à l'administration des sacrements, ne pourront dans aucun

---

(1) 19 décembre 1807.
(2) Vuillefroy.
(3) Laboulaye, *Liberté religieuse*.

(1) *Bulletin officiel de l'intérieur*, 1865.
(2) Voir *Évêques*.
(3) Art. 1.
(4) D. 30 mars 1806.
(5) Art. 2 et 3.
(6) Voir *Liberté de conscience*.

cas suppléer les registres ordonnés par la loi pour constater l'état civil des Français ». Mais si ces registres ne peuvent servir à constater l'état civil des Français, ils ne sont pas prohibés. Deux lois (1) ordonnèrent même, à la suite des événements de 1871, dans lesquels les actes de l'état civil du département de la Seine furent détruits, que ces actes seraient rétablis... à l'aide des extraits des registres tenus par les ministres des différents cultes.

SECTION II.

RAPPORTS DES CULTES RECONNUS AVEC LA COUR DE ROME.

383. L'Etat ne protège les cultes reconnus qu'à la condition que les règles de ces cultes ne soient pas modifiées sans son autorisation. L'Etat, en effet, n'a promis sa protection aux cultes reconnus qu'à la condition d'en connaître l'organisation intérieure, qui ne peut subir de modifications sans son consentement.

Ce principe sert de base aux règles qui déterminent les rapports du clergé et des fidèles des diocèses de France avec la cour de Rome.

Ces rapports peuvent être *directs* ou *indirects*.

Les premiers concernent la réception en France des actes de la cour de Rome.

Les seconds sont relatifs aux délégués du Saint-Siège et à la réunion des conciles et synodes.

§ 1er. — Rapports directs avec le pape.

384. Les principaux actes de la cour de Rome, dont la publication et la mise à exécution en France doivent être l'objet d'une autorisation du gouvernement, prennent les noms de : bulles, brefs, rescrits, décrets, mandats, provisions et signatures.

385. Les *bulles* sont des décisions rendues par le pape sur des matières importantes dans la forme la plus solennelle. Elles s'appliquent à des provisions bénéficiales, à des dispenses ou même à des constitutions apostoliques.

Elles sont écrites sur parchemin, en lettres gothiques et scellées d'un sceau de plomb avec des cordelettes de soie si l'objet de la bulle est l'octroi d'une grâce ; des cordelettes de chanvre si elle renferme une décision de justice. La chancellerie romaine en garde minute. On distingue entre les grandes bulles et les petites bulles. Les premières traitent les affaires générales et contiennent des règles permanentes. Elles sont précédées de la formule : *Ad perpetuam rei memoriam* ». Le pape y prend le titre de *servus servorum Dei*. Les autres sont données pour l'expédition des affaires courantes. Ainsi, c'est par les petites bulles que se font les institutions canoniques des évêques. L'une des bulles les plus fameuses est la bulle ou constitution *Unigenitus* de Clément XI (2) et la bulle *In cœna Domini* (3).

Cette dernière bulle frappait d'excommunication notamment ceux qui usurpaient les biens de l'Eglise. Des canonistes s'appuyant sur cette clause ont soutenu que cette bulle attribuait au pape un pouvoir indirect sur le temporel des Etats. Elle ne fut pas reçue en France (4).

386. Les *brefs* sont également des expéditions de la cour de Rome, mais la forme en est moins solennelle que celle de la bulle. Ils sont écrits en caractères modernes, souvent sur simple papier, avec sceau de cire rouge. Les brefs sont toujours cachetés, à la différence des bulles qui sont des espèces

(1) L. 10-12 juillet 1871, art. 1er; 12-15 février 1872, art. 2.
(2) 8 septembre 1713.
(3) La date n'en est pas connue ; sa publication paraît remonter à une époque très reculée.
(4) Fleury, *Institution du droit ecclésiastique*.

de lettres patentes. Ils sont signés seulement par le secrétaire du pape. On les accorde pour des grâces, pour des dispenses. Il en reste également minute à la chancellerie.

387. Le *rescrit* est la réponse faite par le pape à une demande à lui adressée, par exemple pour obtenir des dispenses. Il est publié en forme de bulle, de bref ou de signature. Il y a les rescrits de justice, les rescrits de grâce et les rescrits mixtes, comme les dispenses de mariage.

388. Le *décret* s'entend, soit des prescriptions imposées par le pape dans ses bulles, soit des modifications et des compilations d'anciens canons, tel que le décret de Gratien, soit des modifications décrétées par les conciles.

389. Le *mandat* était autrefois l'écrit par lequel le pape ordonnait à celui qui avait le droit de nommer à un bénéfice d'en pourvoir une personne indiquée. Le concile de Trente a supprimé ce mandat. Aujourd'hui, ce terme paraît pouvoir s'appliquer à l'ordre donné à un légat d'agir conformément aux instructions du souverain pontife.

390. La *provision* est l'acte de la cour de Rome par lequel l'institution canonique est adressée à un dignitaire de l'Eglise.

Les *provisions libres* sont celles que le collateur peut ne pas accorder ; les *provisions forcées*, celles qu'il ne peut pas refuser ; les *provisions colorées*, celles qui n'ont que l'apparence d'un véritable titre.

391. La *signature* est un acte écrit sur papier, sans aucun sceau. Cet écrit contient la demande, la signature du pape ou de son délégué, et la concession.

392. L'article 1er de la loi organique porte : « Aucune bulle, bref, rescrit, décret, mandat, provision, signature servant de provision, ni autres expéditions de la cour de Rome, même ne concernant que des particuliers, ne peuvent être reçus, publiés, imprimés ni autrement mis à exécution sans l'autorisation du gouvernement. »

Le droit qui est consacré par cet article en faveur de l'Etat de veiller à ce qu'il ne soit rien apporté dans son territoire qui puisse contrarier les lois ou troubler la paix de l'Etat, a pour but d'empêcher l'introduction « dans les Etats catholiques, d'une foule de règlements souvent inconciliables, soit avec la discipline religieuse, soit avec l'ordre politique de ces Etats » (1). Il est nécessaire à l'indépendance du gouvernement de prévenir et d'empêcher toute autorité venant d'une législation étrangère. Déjà nous trouvons dans les libertés de l'Eglise gallicane un article portant à ce sujet (2) : « Bulles ou lettres apostoliques de citation exécutoriale, fulminatoire ou autre ne s'exécutent en France sans *parcatis* du roi ou de ses officiers ; et l'exécution, qui s'en peut faire par la loi après la permission, se fait par le juge royal ordinaire, de l'autorité du roi et non *auctoritate apostolica*, pour éviter distraction et mélange de juridiction ; même celui qui a impétré bulles, rescripts ou lettre portant telle clause, est tenu de déclarer s'il entend que les délégués ou exécuteurs, soit clercs ou laïques, en connaissent *jure ordinario* ; autrement il y aurait abus... observant soigneusement que toutes les bulles et expéditions de la cour de Rome fussent visitées, pour sçavoir si en icelles y avait aucune chose qui portast préjudice, en quelque manière que ce fust, aux droits et libertés de l'Eglise gallicane, et à l'autorité du roi. Encore se trouve encore ordonnance expresse du roy Louis onziesme » (3)...

L'ordonnance dont il est question dans l'article des libertés de l'Eglise gallicane, que nous avons reproduit ci-dessus, est celle du 8 janvier 1475. C'est donc à Louis XI que paraît remonter la nécessité de l'autorisation des expéditions de la cour de Rome avant leur mise à exécution en France. Il a été fait un fréquent usage de ce droit aux dix-septième et dix-huitième siècles. « La politique de la cour de France, écrivait Saint-Simon, regardait comme un crime tout commerce direct d'un évêque avec Rome. Ce qui regardait les bénéfices,

(1) Portalis, *Discours et rapports*.
(2) Art. 44.
(3) Art. 77.

ils le traitaient par des banquiers ; sur toute autre matière, ils étaient obligés de passer par la permission du roi et par le secrétaire des affaires étrangères.

« Écrire directement au pape, à ses ministres ou à des personnages placés dans cette cour ou en recevoir des lettres, sans qu'à chacune le roi et son secrétaire sussent pourquoi, c'était un crime d'État qui ne se pardonnait pas et était puni. »

Cette mesure s'appliquait tant aux bulles et rescrits relatifs à la discipline qu'à ceux concernant le dogme. « Quand on dit que les bulles et rescripts de Rome doivent être vérifiés avant leur exécution, on ne doit faire aucune distinction entre ceux qui ne sont relatifs qu'à la discipline et ceux qui peuvent intéresser le dogme ; car « quoique nos rois », dit M. d'Héricourt, « n'entreprennent point de décider les questions de « foi, dont ils laissent le jugement aux évêques, on ne peut « publier aucune bulle dogmatique sans lettres patentes vé- « rifiées au Parlement, parce que ces bulles dogmatiques peu- « vent contenir des clauses contraires aux droits de la cou- « ronne et de l'Église de France » (1).

393. La nécessité de soumettre à l'autorisation du gouvernement la publication de toutes les expéditions de la cour de Rome, est la conséquence nécessaire de la souveraineté de l'État, qui « sans ce droit ne serait qu'un vain mot » (2). « L'État, dit M. Chaix d'Est-Ange, doit vérifier si les actes venant du dehors, quelque haute et respectable que soit l'autorité dont ils émanent, n'empiètent pas sur ses droits. Maître chez lui, il ne partage le pouvoir temporel avec personne, et il est de sa dignité, de son droit et de son devoir de ne pas permettre des interventions étrangères, qui seraient pour lui une diminution et pour ses sujets une cause de trouble. Nul ne règne en France que la France ; Rome ne saurait donc s'y ingérer ; elle est une puissance extérieure dont les actes sont sans valeur tant qu'ils n'ont pas reçu l'exequatur (3). »

394. Plusieurs publicistes ont soutenu que le pouvoir attribué à l'État de vérifier les actes de la cour de Rome portait atteinte à l'indépendance de l'autorité religieuse, puisqu'il faisait dépendre du bon plaisir d'une politique quelconque la promulgation des lois de l'Église (4). « Quelle est, dit notamment M. Jules Simon, dans chaque Église l'autorité compétente en matière de foi ? Non sans doute que cette Église elle-même désigne. Dans l'Église catholique, c'est le pape ou le concile, ce n'est pas un simple fidèle, ce n'est pas, ce ne peut être un magistrat ou un corps institué sans aucune intervention de l'Église et qui peut être composé d'indifférents, d'incrédules, de schismatiques, d'hérétiques (5). »

Deux pays ont admis ces idées : en Belgique, les articles 14 et 16 de la constitution ont implicitement abrogé les articles 1 et 3 de la loi du 18 germinal an X ; en Italie, la loi du 13 mars 1871, dite des garanties (6), a aboli l'exequatur et le placet royal, « et toute autre forme d'autorisation gouvernementale pour la publication et l'exécution des actes des autorités ecclésiastiques ».

On ne saurait, à notre avis, adopter cette opinion. L'autorisation exigée pour la vérification des actes de la cour de Rome avant leur publication en France, avait à l'origine son principal fondement dans cette idée, que le pape souverain temporel d'un État particulier pouvait avoir des intérêts contraires à ceux de l'État français, et qu'il était nécessaire de prendre des garanties contre la possibilité de procédés ambitieux ou hostiles de sa part. Est-ce à dire que cette autorisation n'ait plus sa raison d'être, aujourd'hui que le pape n'est plus que le chef spirituel de l'Église ? Non sans doute ; car en cette qualité, il exerce sur les consciences un pouvoir absolu, une autorité sans limites ; et en face de ce pouvoir étranger,

en face de cette autorité qui n'est pas nationale, il n'est pas sans utilité de rester prémuni contre l'introduction de bulles ou autres actes inconciliables avec la paix publique et les libertés du pays (1).

395. La loi du 18 germinal an X soumettait sans distinction à l'autorisation du gouvernement la publication de toutes les expéditions de la cour de Rome, même des brefs de pénitencerie pour le for intérieur seulement, ne concernant que des particuliers. La nécessité de l'autorisation du gouvernement ne paraissait pas, sauf dans le ressort de quelques parlements, s'étendre, sous l'ancien régime, aux publications ne concernant que le for intérieur et les particuliers. Une déclaration royale du 8 mars 1772, relative aux bulles, brefs et autres actes venant de la cour de Rome, porte, en effet : « Exceptons néanmoins de ladite visite toutes bulles, brefs ou indults concernant le for intérieur seulement, même les dispenses de mariage, toutes lesquelles expéditions pourront être exécutées sans lettres patentes émanées de nous et visa préalable de nos cours et parlement, sans préjudice des appels comme d'abus qui pourraient en être interjetés et sur lesquels il sera statué en la manière accoutumée. »

La nécessité de soumettre, en effet, des affaires privées à l'examen des parlements était un grand inconvénient, c'est ce qui fut reconnu en France où, sur les réclamations du cardinal Caprara, on finit par en dispenser les brefs de la pénitencerie pour le for intérieur seulement (2).

396. Les brefs de la pénitencerie sont les sentences d'une commission établie auprès du pape pour accorder des dispenses en matière de serment ou de mariage ; pour la validation des mariages contractés sans avoir obtenu des dispenses et pour lesquels elles étaient nécessaires ; pour obtenir l'absolution sur certains cas de conscience, tels que : crimes de simonie, empêchements de mariage, dispense de vœux canoniques. Pour obtenir un bref de la pénitencerie il faut écrire au grand pénitencier à Rome et exposer l'affaire sans indiquer les noms propres. Le bref est adressé au prêtre qui avec l'approbation de l'évêque a mission d'entendre la confession sacramentelle de celui qui l'a obtenu et de l'absoudre pour le for intérieur seulement du cas mentionné dans la demande.

Parmi les brefs de la pénitencerie pour le for intérieur seulement qui peuvent être reçus et exécutés sans autorisation, on peut comprendre tous ceux qui concernent les dispenses accordées par la cour de Rome pour le ministère intérieur et spirituel des paroisses, les brefs de la daterie, les indults conférant des pouvoirs spirituels (3).

397. Mais l'exception faite par le décret du 28 février 1810 ne peut être étendue aux décisions de la cour de Rome, même rendues en matière contentieuse sur l'appel d'ordonnances archiépiscopales. Ces décisions ne peuvent produire d'effet en France sans l'autorisation du gouvernement. C'est ce qu'a reconnu le Conseil d'État qui a décidé qu'un curé frappé de déposition par une ordonnance archiépiscopale qui a été rendue ensuite exécutoire par un décret impérial, ne peut demander l'annulation de ce décret par le motif qu'une décision du Saint-Siège a annulé ladite ordonnance, si cette décision n'a pas été vérifiée et enregistrée en France (4).

---

(1) Portalis, Discours et rapports.
(2) M. Serrigny, Traité de l'organisation et de la compétence en matière contentieuse administrative.
(3) Moniteur, 23-27 février 1805.
(4) Tarquini, Dissertatio de regi placet, Rome.
(5) La Liberté de conscience..
(6) Art. 16.

(1) Defer, le Concordat de 1801.
(2) D. 28 février 1810, art. 1er.
(3) Affre.
(4) Cont., 7 juin 1867. — Napoléon, etc., — Vu le rapport sommaire et le mémoire ampliatif par lesquels le sieur Roy, ancien curé de Neuilly, se pourvoit devant nous pour excès de pouvoirs : 1° contre notre décret du 17 décembre 1864, qui a rapporté notre décret du 23 mai 1855, portant agrément de la nomination du sieur Roy à la cure de Neuilly ; 2° en tant que de besoin, contre un arrêté, en date du 7 juin 1862, par lequel notre ministre des cultes a décidé que le pro-curé nommé par le cardinal archevêque de Paris pour remplacer le sieur Roy, curé de Neuilly, dans l'exercice de ses fonctions, percevrait, à titre d'indemnité, pendant toute la durée du remplacement, à partir du 17 avril 1862, une somme égale aux deux tiers du traitement dudit curé, et qu'il aurait, en outre, la jouissance du casuel et du presbytère de la paroisse de Neuilly ; — Ladite requête et ledit mémoire, enregistrés au secrétariat de la section du contentieux les 8 avril et 15 juillet 1865, et tendant à ce qu'il nous plaise : 1° rapporter notre décret précité du 17 décembre 1864, attendu que l'ordonnance de l'archevêque de Paris, en date du 15 mai 1862, qui

398. L'autorisation du gouvernemement est également exigée pour la réception et la publication en France des actes de la cour de Rome relatifs à des dogmes religieux. C'est ainsi qu'un décret du 21 février 1853 a autorisé expressément la réception et la publication en France des lettres apostoliques données, le 8 décembre 1854, à Rome, touchant la définition dogmatique de l'immaculée conception de la Vierge.

399. Il a été soutenu cependant que le principe de la liberté des cultes ne permet pas d'étendre aux bulles purement dogmatiques l'application de l'article 1er de la loi de germinal an X. « Tant que l'Etat, dit notamment M. Gaudry, acceptera le culte catholique, il ne pourra pas répudier ou modifier les décisions de l'Eglise en matière de foi. Mais la vérification exigée n'a pas pour objet des matières religieuses ». Cette doctrine n'a pas été admise par le Conseil d'Etat, qui a, au contraire, décidé implicitement (1) que le droit du gouvernement de s'opposer à la publication et à la mise à exécution en France d'expéditions de la cour de Rome, telles que « bulle, bref, rescrit, décret ou mandat », s'applique même à la partie purement doctrinale d'une lettre encyclique du pape. Cette doctrine a été émise par le Conseil d'Etat à l'occasion de l'encyclique *Quanta cura* du 8 décembre 1864, à laquelle était joint un *Syllabus complectens nostræ ætatis præcipuos errores qui notantur in encyclicis, allisque apostolicis litteris sanctissimi domini nostri Pii papæ IX.* Ce Syllabus

---

a frappé de déposition le curé de Neuilly, ayant été infirmée par une sentence du Saint-Père, en date du 29 août 1864, notre décret, qui a été rendu sur le vu de cette ordonnance, aurait fait une fausse application de l'article 10 du Concordat du 26 messidor an IX et de l'article 19 de la loi organique du 18 germinal an X, et constituerait une violation du principe en vertu duquel N. S. P. le pape est juge d'appel des décisions archiépiscopales ; 2° Annuler, en tant que de besoin, l'arrêté ministériel du 7 juin 1862, attendu qu'il a fait application au sieur Roy des dispositions des articles 2 à 7 du décret du 17 novembre 1811, tandis qu'il n'aurait pu lui appliquer que les dispositions des articles 8 à 11 du même décret ; que, d'ailleurs, en aucun cas, notre ministre n'avait le pouvoir de priver le sieur Roy de la jouissance du presbytère de Neuilly ; — Vu notre décret et l'arrêté ministériel attaqués ; vu les observations de notre garde des sceaux, ministre de la justice et des cultes, en réponse à la communication qui lui a été donnée de la requête formée par le sieur Roy contre la décision qui serait contenue dans la dépêche susvisée du 13 novembre 1856 ; lesdites observations enregistrées comme ci-dessus, le 27 novembre 1856, et tendant à ce qu'il nous plaise annuler, pour excès de pouvoir, la décision attaquée, attendu qu'il n'appartenait pas à notre ministre de statuer sur une demande à fin d'enregistrement d'un acte émané du souverain pontife ; — Vu la dépêche ministérielle du 13 novembre 1856 ; « a Vu les observations de notre garde des sceaux, ministre de la justice et des cultes, en réponse à la communication qui lui a été donnée de la requête formée par le sieur Roy contre la décision qui serait contenue dans la dépêche susvisée du 13 novembre 1856 ; lesdites observations enregistrées comme ci-dessus, le 27 novembre 1856, et tendant au rejet de cette requête ; attendu que, par la dépêche précitée, notre ministre se serait borné à exprimer un avis sur la demande en enregistrement présentée par le sieur Roy, et n'aurait pas rendu une décision qui pût donner lieu à un recours par la voie contentieuse ; — Vu le nouveau mémoire présenté pour le sieur Roy, ledit mémoire enregistré comme ci-dessus le 28 mars 1867, et par lequel le sieur Roy, rectifiant ses précédentes conclusions, demande qu'il nous plaise décider son recours contre la décision qui serait contenue dans la dépêche de notre ministre des cultes, en date du 13 novembre 1856, à celui qu'il avait précédemment formé, tant contre notre décret du 17 décembre 1864 que contre l'arrêté de notre ministre des cultes, en date du 7 juin 1862 ; — Et, statuant d'abord sur le recours primitif, rapporter d'ores et déjà notre décret du 17 décembre 1864, attendu que la sentence du Saint-Père dont se prévaut le sieur Roy, ayant été rendue en matière contentieuse, ne serait pas assujettie, pour produire effet en France, à la formalité de l'enregistrement ; annuler, en tant que de besoin, l'arrêté de notre ministre des cultes, du 7 juin 1862, dire, comme conséquence de cette décision sur son premier recours, que le second recours du sieur Roy contre la décision que contiendrait la dépêche ministérielle du 13 novembre 1856, est devenu sans objet ; — Subsidiairement, et pour le cas où nous estimerions que le sieur Roy ne saurait se prévaloir, à l'appui de son premier pourvoi, d'un acte de la cour de Rome, qui n'a pas été vérifié et enregistré, annuler la décision par laquelle notre ministre aurait refusé de donner suite à la demande du sieur Roy, à fin d'enregistrement dudit acte, si mieux nous n'aimons déclarer que la dépêche ministérielle du 13 novembre 1856 ne fait pas obstacle à l'examen par le Conseil d'Etat de ladite demande, et la renvoyer, en tant que de besoin, à la section de l'intérieur et des cultes du Conseil d'Etat, pour y être procédé à son examen. — Dans ces deux cas, surseoir à statuer sur le recours formé contre notre décret du 17 décembre 1864, jusqu'à ce qu'il ait été statué sur la demande à fin d'enregistrement ; — Vu notre décret, en date du 9 novembre 1864, par lequel, par suite du désistement du sieur Roy du recours pour abus

qu'il avait formé ; 1° contre deux ordonnances du cardinal-archevêque de Paris, en date des 16 avril et 15 mai 1862, qui l'avaient frappé, la première d'interdit, la deuxième de déposition ; 2° contre l'arrêté ministériel du 7 juin 1862, nous avons déclaré qu'il n'y avait pas lieu de statuer sur ce recours ; — Vu les autres pièces jointes au dossier ; — Vu la loi des 7-14 octobre 1790 ; — Vu le décret réglementaire du 30 janvier 1852, notamment l'article 10 ; — Vu le Concordat du 26 messidor an IX, notamment l'article 10 ; — Vu la loi organique du 18 germinal an X, notamment les articles 1er, 6, 19, 30 et 72 ; — Vu le décret du 30 décembre 1809, article 92 ; — Vu le décret du 17 novembre 1811, notamment les articles 1 à 7 ; — Vu le décret du 5 novembre 1813, art. 27 ; — Ouï M. David, maître des requêtes, en son rapport ; — Ouï Me Labordère, avocat du sieur Roy, en ses observations ; — Ouï M. Aucoc, maître des requêtes, commissaire du Gouvernement ; — Sur la demande de jonction des pourvois ; — Considérant que les pourvois ci-dessus visés sont connexes, et qu'il y a lieu de les joindre pour y statuer par un seul décret ; — Sur les conclusions principales du sieur Roy, tendant à faire rapporter, dès à présent, notre décret du 17 décembre 1864 ;
Considérant qu'une ordonnance du cardinal archevêque de Paris, en date du 15 mai 1862, a frappé de déposition le sieur Roy, curé de Neuilly ; que le sieur Roy, après avoir formé devant nous, en notre Conseil d'Etat, un recours pour abus contre cette ordonnance, s'est désisté de ce recours ; que postérieurement à ce désistement qu'est intervenu notre décret du 17 décembre 1864, qui s'est borné à rendre exécutoire, quant à ses effets civils, l'ordonnance archiépiscopale du 15 mai 1863 ; qu'à la vérité le sieur Roy prétend que cette ordonnance aurait été annulée par une décision en date du 29 août 1864, qu'il qualifie sentence du Saint-Père ; mais que, en vertu de l'article 1er de la loi organique du 18 germinal an X, cette décision ne peut produire d'effet en France sans l'autorisation du gouvernement ; que, dès lors, le sieur Roy ne peut se prévaloir, en l'état, de ladite décision pour faire rapporter notre décret du 17 décembre 1864 ; — Sur les conclusions subsidiaires du sieur Roy tendant à obtenir : soit l'annulation de la décision qui serait contenue dans la dépêche de notre ministre des cultes, en date du 13 novembre 1856, et par laquelle notre ministre aurait refusé de donner suite à la requête en enregistrement de la décision qu'aurait rendue le Souverain Pontife, à la date du 29 août 1864, soit le renvoi de cette requête à l'examen de notre Conseil d'Etat ; — Considérant, d'une part, que notre Conseil d'Etat ne peut être saisi des demandes formées par les particuliers à l'effet d'obtenir l'enregistrement des actes de la cour de Rome que sur le renvoi du Gouvernement, et que le sieur Roy n'est pas recevable à nous demander en notre Conseil d'Etat, au contentieux, le renvoi à notre Conseil d'Etat de la requête à fin d'enregistrement de la sentence qu'aurait rendue le Saint-Père à la date du 29 août 1864 ; — Considérant, d'autre part, que la dépêche en date du 13 novembre 1856, par laquelle notre ministre des cultes a fait connaître à notre ministre présidant le Conseil d'Etat que l'examen qu'il avait fait de l'expédition de ladite sentence ne lui permettait pas d'en proposer l'enregistrement, ne constitue pas une décision qui puisse faire l'objet d'un recours au Conseil d'Etat au contentieux.
En ce qui touche l'arrêté ministériel du 7 juin 1862 : — Considérant que cet arrêté n'a été pris par notre ministre des cultes que sur la demande que lui avait adressée le cardinal archevêque de Paris, par une lettre en date du 17 avril 1861, de faire application au sieur Roy, curé de Neuilly, des dispositions des articles 1 à 7 du décret du 17 novembre 1811 ; que, dès lors, en tant qu'il s'est borné à faire application au sieur Roy de ces dispositions, ledit arrêté n'est pas entaché d'excès de pouvoir ; — Considérant que, en vertu des dispositions précitées du décret du 17 novembre 1811, lorsque les cultes devait allouer au pro-curé, nommé par le cardinal archevêque de Paris pour remplacer temporairement le sieur Roy dans l'exercice de ses fonctions, les deux tiers du traitement de ce dernier et la jouissance du casuel de la paroisse, mais qu'il ne pouvait lui attribuer, en outre, la jouissance du presbytère de la paroisse de Neuilly, jouissance à laquelle le sieur Roy avait exclusivement droit tant que le titre de curé de ladite paroisse ne lui avait pas été retiré ; — Considérant, toutefois, qu'il résulte de l'instruction que la disposition de l'arrêté ministériel relative à cet objet n'a point reçu d'exécution, et que le sieur Roy était encore en possession du presbytère de Neuilly à la date de la signification qui lui a été faite de notre décret du 17 décembre 1864, par lequel nous avons rapporté notre décret du 23 mai 1855, portant agrément de la nomination du sieur Roy à la cure de Neuilly ; que, dès lors, le recours du sieur Roy sur ce point est sans effet.
Notre Conseil d'Etat au contentieux entendu, avons décrété et décrétons ce qui suit : — Art. 1er. Les pourvois du sieur Roy sont rejetés. »

(1) Affaire Ev. de Moulins, 8 février 1865.

énumérait les principales erreurs du temps présent déjà consacrées par le Saint-Siège dans les encycliques et lettres apostoliques. Il n'avait été adressé à personne nominativement ; il n'était signé par aucun dignitaire de la cour de Rome. Mais le cardinal Antonelli, en s'adressant aux évêques par une lettre circulaire, leur avait annoncé que ce *Syllabus* avait été rédigé, imprimé et envoyé par l'ordre du pape. Le gouvernement n'ayant autorisé la publication de l'encyclique *Quanta cura* que pour la partie qui annonçait un jubilé universel, le *Syllabus* ne se trouvait pas compris dans cette autorisation. Plusieurs évêques français en ayant néanmoins donné lecture en chaire, un recours pour abus fut exercé contre eux, et le Conseil d'Etat décida qu'il y avait abus dans le fait d'avoir publié en chaire cette partie de l'encyclique qui n'avait pas été reçue en France et dont la publication et la mise à exécution n'avaient pas été autorisées par le gouvernement sur le territoire français (1).

400. Une circulaire ministérielle (2) a rappelé récemment aux archevêques et évêques la nécessité de se conformer aux prescriptions de l'article 1er de la loi du 18 germinal an X fixant les conditions de la publication en France des bulles, rescrits et autres actes de la cour de Rome. « S'il est loisible, porte la circulaire, à tous les membres du clergé de profiter de la liberté de la presse, assurée aujourd'hui à tous les citoyens, pour livrer à la publicité les documents qu'ils croient utile de propager, il ne saurait appartenir aux évêques de promulguer officiellement, en leur qualité et dans l'exercice de leur autorité épiscopale, des actes dont l'enregistrement n'a pas été préalablement autorisé. L'oubli de cette règle constituerait une atteinte portée à des droits qui sont inhérents à la souveraineté nationale et une violation du pacte en vertu duquel l'Eglise catholique est reconnue en France ».

401. Tous les actes de la cour de Rome sont donc, en principe, soumis aujourd'hui à la nécessité de la vérification préalable qui a lieu en Conseil d'Etat, sauf les brefs de la pénitencerie pour le for intérieur seulement. Le gouvernement n'exigea pas l'accomplissement de cette formalité pour la bulle ou jubilé de 1833, ni pour les lettres encycliques de 1832 et de 1834 qui, intéressant toute l'Eglise de France, n'étaient pas comprises dans l'exception indiquée dans le décret du 28 février 1810. Mais en 1846 (3) une ordonnance fut rendue pour autoriser la publication de la lettre apostolique de Pie IX, annonçant un jubilé universel. En 1851 un décret autorisa la réception de l'acte pontifical du 25 juillet 1830 en 1851. Un décret des 23 décembre 1854, 6 janvier 1855, qui prescrivait la célébration d'un jubilé en 1855, autorisa la réception de l'encyclique du 1er août 1854, ordonnant un jubilé universel. Un décret des 5-26 janvier 1865 permit également la réception de la dernière partie de l'encyclique donnée à Rome, le 8 décembre 1864, et annonçant un jubilé pour 1865. A la suite de ce dernier décret une circulaire (4) du ministre de la justice et des cultes prescrivait aux archevêques et évêques de ne publier et de ne lire en chaire qu'une partie de cette encyclique. Plusieurs prélats n'ayant pas tenu compte de ces prescriptions furent l'objet d'une déclaration d'abus (5). Mais le gouvernement n'a pas exigé, en 1875 et en 1879, l'autorisation pour la publication des lettres annonçant un jubilé universel.

402. Le gouvernement a toujours exigé l'autorisation préalable pour la publication des bulles d'institution canonique d'archevêques ou d'évêques, même *in partibus* (6) ou

de celles donnant le titre de protonotaire apostolique *ad instar participantium* (1).

403. Il a également exigé cette autorisation pour les bulles ou brefs conférant le titre de comte romain et d'évêque assistant au trône pontifical (2) ; permettant aux membres de chapitres métropolitains ou cathédraux de porter une décoration sur leur habit de chœur (3) ; instituant canoniquement la grande aumônerie sous le gouvernement impérial (4) ; désignant un prélat pour conférer l'institution canonique aux chanoines du premier ordre et au primicier du chapitre de Saint-Denis (5) ; plaçant dans les attributions de la grande aumônerie une chapelle funéraire construite à Ajaccio (6) ; modifiant la constitution du chapitre de Saint-Denis (7) ; déclarant que le primicier de ce chapitre a tous les droits, pouvoirs et privilèges des évêques dans leur diocèse (8) ; accordant des pouvoirs spirituels aux aumôniers de la flotte (9) ; autorisant les évêques et leurs successeurs à joindre à leur titre ceux d'évêchés supprimés (10) ; réunissant un évêché à une métropole (11) ou à un diocèse des paroisses incorporées par erreur à un autre à l'étranger (12) ; modifiant les circonscriptions des diocèses de Nancy, Saint-Dié, Strasbourg et Metz, et de la province ecclésiastique de Besançon (13) et celles de deux diocèses en Algérie (14).

404. La formule d'autorisation des bulles et brefs est ainsi conçue : « Art. 1er. — La bulle (ou le bref) donnée à Rome le...., et contenant...., sera publiée sans approbation des clauses, formules ou expressions qu'elle renferme, et qui sont ou pourraient être contraires aux lois de la République, aux libertés, franchises et maximes de l'Eglise gallicane. — Art. 2. — Ladite bulle (ou ledit bref) sera transcrite en latin et en français, sur les registres du Conseil d'Etat, et mention en sera faite sur l'original de cette bulle. Expédition du Conseil sera insérée au Bulletin des lois. » La réserve qui est exprimée en termes généraux dans le premier article laisse au Conseil d'Etat la faculté de ne pas vérifier minutieusement les expéditions de la cour de Rome. Elle empêche, en outre, qu'on puisse invoquer comme précédent, l'admission d'une bulle avec quelque clause contraire à nos lois et aux maximes de l'Eglise gallicane. On trouve dans divers décrets portant réception de bulles d'institution d'évêques une réserve spéciale qui a été motivée par l'introduction d'une nouvelle formule par la cour de Rome.

En 1871, notamment, dans la bulle d'institution canonique (15) relative à la nomination de l'abbé Nouvel à l'évêché de Quimper, il avait été inséré : *Cum ipse dilectus filius noster Adolphus Thiers te nobis ad hoc per suas patentes litteras PRÆSENTAVERIT*. Le gouvernement protesta contre cette expression, parce que, dit-il, le gouvernement ne *présente* pas les évêques au pape, il les *nomme*, sauf le droit du pape d'accorder ou de refuser l'institution canonique. Le cardinal Antonelli déclara officiellement dans une communication adressée à l'ambassadeur de France, que le mot *præsentare* n'avait été employé que par inadvertance.

En 1872, on employa l'expression *nobis nominaverit te*, dans la bulle (16) relative à l'évêché de Saint-Denis. La commission provisoire chargée de remplacer le Conseil d'Etat invita le ministre des cultes à demander la suppression du mot *nobis*. Mais le Président de la République n'exigea pas cette rectifi-

---

(1) D. février 1865.
(2) 28 septembre 1865.
(3) 31 décembre 1846.
(4) 1er janvier 1865.
(5) D. 8 février 1865.
(6) Arr. 2 octobre 1848 ; D. 20 juillet 1854 ; 18 octobre 1854 ; 28 avril 1852 ; 14 juillet 1856 ; 18 avril 1857 ; 17 octobre 1857 ; 8 mai 1858 ; 30 octobre 1858 ; 31 octobre 1859 ; 27 avril 1861 ; 18 août 1861 ; 17 mai 1862 ; 22 octobre 1862 ; 11 avril 1863 ; 4 novembre 1863 ; 20 février 1864 ; 23 avril 1865 ; 19 juillet 1866 ; 6 avril 1867 ; 27 avril 1867 ; 23 août 1867 ; 28 octobre 1867 ; 28 juillet 1871 ; 29 janvier 1872 ; 27 septembre 1872 ; 6 février 1873 ; 17 septembre 1883 ; 13 décembre 1884 ; 5 mai 1885 ; 15 juillet 1876 ; 8 août 1887.

(1) D. 24 octobre 1853 ; 15 novembre 1858 ; 28 août 1859 ; 22 septembre 1867.
(2) D. 18 août 1861 ; 4-15 mars 1865.
(3) D. 25 octobre 1854 ; 9 janvier 1856 ; 10 mars 1856 ; 29 août 1862.
(4) D. 17 juin 1857.
(5) D. 15 novembre 1858 ; 4 mars 1865.
(6) D. 28 avril 1860.
(7) D. 23 juin 1873.
(8) D. 22 août 1878.
(9) D. 10 juillet 1878.
(10) D. 13 janvier 1852 ; 22 janvier 1853 ; 5 décembre 1853 ; 13 mars 1854 ; 11 novembre 1854 ; 3 juin 1857.
(11) D. 6 juillet 1863 ; 16 août 1863.
(12) D. 20 décembre 1863.
(13) D. 10 août 1874.
(14) D. 3 décembre 1878.
(15) 22 décembre 1871.
(16) 6 mai 1872.

cation et rendit le décret suivant (1) : « Considérant qu'il résulte du texte de la convention du 26 messidor an IX, de tous les actes exécutoires de cette convention, que la nomination des évêques appartient exclusivement au gouvernement, et que l'institution canonique est seule réservée au souverain pontife ; que, dès lors, la formule *nominaverit*, souvent employée dans les bulles pontificales, est rigoureusement conforme au concordat et plus exacte que la formule *nobis nominaverit* ; considérant que cette dernière formule, qui a été le plus habituellement employée dans les bulles depuis 1803, n'avait pas été considérée jusqu'en 1872 comme pouvant contredire au droit du gouvernement ; considérant que les explications fournies par la chancellerie pontificale ont suffisamment éclairé l'incident qui avait provoqué les observations du gouvernement français ; qu'il résulte de ces explications que le droit du pouvoir civil n'est nullement contesté, et que la formule *nobis nominaverit* est employée dans un sens qui ne peut y préjudicier en rien ; considérant, d'ailleurs, que la réserve insérée à l'article 2 de tous les décrets de publication de bulles, brefs, décrets et autres actes de la cour de Rome, sauvegarde tous les droits et permet de recevoir et publier la bulle d'institution canonique de Mgr Delaunoy pour l'évêché de Saint-Denis. »

405. Les parlements étaient autrefois chargés de procéder à l'examen des actes et décrets du Saint-Siège. Aujourd'hui, c'est au Conseil d'Etat qu'est confié le soin d'examiner et de vérifier les actes et décrets de la cour de Rome. « Il est éminemment convenable, dit M. Serrigny, que cet examen soit fait par le Conseil d'Etat, qui offre à cet égard toute garantie. Il forme un corps occupant une position élevée, et dans lequel on peut trouver un esprit de suite favorable au gouvernement établi et inaccessible aux séductions étrangères. »

406. Le gouvernement seul peut saisir le Conseil d'Etat des requêtes des particuliers demandant l'enregistrement d'actes de la cour de Rome ; les parties intéressées n'ont pas qualité pour demander à la section du contentieux le renvoi de requêtes de cette nature au Conseil d'Etat (2). On sait, en effet, qu'en dehors des matières contentieuses, le Conseil d'Etat ne peut être saisi directement par les parties intéressées, si ce n'est en matière de prises maritimes, pour les demandes en autorisation de plaider.

407. L'autorisation exigée par le gouvernement avait autrefois pour but et pour résultat le plus important d'arrêter au passage les actes de la cour de Rome, et de les empêcher de parvenir à la connaissance des populations. De cette façon, le gouvernement pouvait empêcher tout rapport de Rome avec la France. Il n'est plus possible aujourd'hui, avec la liberté de la presse et l'état actuel des relations internationales, d'arrêter la publicité des actes de la cour de Rome. Le gouvernement ne peut prohiber que leur publicité officielle. C'est ce que le gouvernement a reconnu lui-même (3). Devant le Conseil d'Etat, M. le conseiller rapporteur Langlois s'exprimait ainsi à ce sujet : « Le gouvernement n'ignorait pas que, dans l'état actuel des communications internationales, l'encyclique serait nécessairement connue en France ; que les brochures ou les journaux la porteraient sur tous les points du territoire. Le gouvernement n'a cru ni devoir ni pouvoir interdire cette publicité de droit commun si différente de celle qu'il n'a pas autorisée ; et ceux qui s'en étonnent n'ont pas réfléchi assez à la différence des deux genres de publication. On ne regarde comme loi ecclésiastique en France les bulles et les constitutions des papes, que lorsqu'elles ont été publiées solennellement par les archevêques et les évêques, chacun dans son diocèse. L'acte d'un ministre du culte qui fait cette publication cesse donc d'être l'acte d'un simple citoyen, il revêt un caractère public, officiel, et les bulles du Saint-Siège, ainsi promulguées, deviennent la règle des croyances et des mœurs (4). »

408. La sanction du défaut d'autorisation consiste dans la déclaration d'abus prononcée par le Conseil d'Etat contre l'ecclésiastique qui publie sans autorisation un acte émané du Saint-Siège. Cette déclaration d'abus est suivie de la suppression de l'écrit qui renferme cette publication, et de la saisie de tous les exemplaires manuscrits ou imprimés de l'acte non autorisé. Dans l'ancien droit, les imprimeurs étaient tenus, sous peine d'une amende de 300 livres, de mentionner l'arrêt autorisant la publication. Depuis, une loi du 9 juin 1791 porte que « les évêques, curés et tous autres fonctionnaires publics, soit ecclésiastiques, soit laïques, qui liront, distribueront, feront lire, distribuer, imprimer, afficher, ou autrement donneront publicité ou exécution aux brefs, bulles, rescrits, constitutions, décrets ou autres expéditions de la cour de Rome, non autorisés, seront poursuivis criminellement comme perturbateurs du repos public et punis de la dégradation civique ». Toutes ces dispositions sont abrogées. Les articles 207 et 208 du Code pénal sont également inapplicables. C'est ce qu'a reconnu le Conseil d'Etat à propos d'un bref publié par un vicaire capitulaire du diocèse de Florence (1).

Le Conseil d'Etat voulut appliquer les articles 93 et 103 du Code pénal. Un décret du 23 janvier 1811 rendu à l'occasion de la bulle d'excommunication du 23 juin 1809 fait (2) application de ces articles à tous ceux qui seraient prévenus d'avoir par des voies clandestines provoqué, transmis ou communiqué cette bulle. Mais ce décret « n'autorise pas plus que la loi des 9 et 17 juin 1791 et que les articles 207 et 208 la répression pénale de l'infraction de l'article 1er de la loi de germinal. Ce fait ne constitue qu'un abus justiciable du Conseil d'Etat. Il ne prendrait un caractère criminel que s'il devenait l'élément d'un crime ou d'un délit réprimé par le droit commun (3) ».

§ 2. — Rapports indirects avec le pape.

409. Les rapports indirects entre le pape et les fidèles s'établissent par l'intermédiaire de nonces apostoliques, de légats *a latere* et de vicaires apostoliques, et par les décrets des synodes et conciles.

410. On désigne sous le nom général de *légats* les délégués de la cour de Rome.

Ils prennent plus spécialement le nom de nonces ou d'internonces lorsqu'ils sont envoyés par le gouvernement pour remplir les fonctions d'ambassadeurs ordinaires du pape.

Ils s'appellent plus spécialement légats lorsqu'ils sont chargés de remplir une mission extraordinaire.

Les nonces, désignés autrefois sous l'expression de *legati missi*, sont des prélats envoyés par le pape dans les différents Etats catholiques pour y représenter le pape d'une façon permanente. Leurs fonctions sont surtout diplomatiques ; ils recueillent les informations sur la vie et les mœurs des ecclésiastiques nommés aux archevêchés et évêchés et reçoivent leur profession de foi. Mais en toute autre matière il leur est interdit de communiquer directement avec les évêques et les autres ecclésiastiques ; ils doivent, comme les autres ambassadeurs, adresser au ministre des affaires étrangères toute communication officielle. Le nonce du Saint-Siège ayant, en 1823, écrit à tous les archevêques et évêques de France pour leur communiquer la nouvelle officielle du décès du souverain pontife Pie VII, leur dire de faire ordonner dans les églises de leurs diocèses des prières publiques et leur notifier l'élection du nouveau pape, le ministre de l'intérieur et des cultes adressa aux évêques une circulaire (4) qui contient notamment le passage suivant : « Je crois important de vous rappeler à cette occasion que M. le nonce remplit les fonctions d'ambassadeur ; qu'il doit, en conséquence, conformé-

(1) 27 septembre 1872.
(2) D. 20 juin 1867.
(3) Discours de M. le garde des sceaux Baroche dans la séance du 10 juillet 1868.
(4) Séance du 6 février 1865.

(1) Séance, 4 janvier 1811.
(2) Art. 2.
(3) Blanche, Code pénal.
(4) Circ. 26 février 1824.

ment aux usages du royaume, et comme les autres ambassadeurs, adresser au ministre des affaires étrangères les communications officielles qu'il aurait à faire, et ne communiquer qu'avec le gouvernement lui-même, excepté en tout ce qui tient aux procès d'information qu'il est obligé de suivre et qui précèdent le sacre des évêques. »

411. Le Saint-Siège a lui-même indiqué dans une lettre adressée par le sous-secrétaire d'Etat du S. P. au nonce apostolique à Madrid, la nature des pouvoirs des envoyés de la cour romaine et l'étendue de leurs attributions (1). Cette lettre est une réponse indirecte à un article (2) d'un journal espagnol, *El Siglo futuro*, dans lequel le journaliste soutenait que l'autorité des évêques dépassait celle des nonces en grandeur et en étendue. Après avoir affirmé que le souverain Pontife ayant, en raison de sa primauté, une autorité pleine et suprême sur l'Eglise universelle, a le droit d'envoyer partout où il lui plaît des légats et des représentants et de leur confier l'exercice de son autorité que lui-même juge convenable, le sous-secrétaire d'Etat ajoutait : « Par conséquent, si l'autorité des évêques doit être toujours soumise à celle du Pontife, s'ils ne peuvent jamais l'exercer contrairement à sa volonté et aux règles que lui-même a tracées, il est évident que l'autorité épiscopale ne peut s'exercer contrairement aux prescriptions du nonce apostolique... Affirmer... que le droit des évêques l'emporte en grandeur et en étendue sur celui du nonce, cela équivaut à dénier à celui-ci sa qualité de délégué et de représentant du souverain pontife, ou bien encore refuser au pape le droit de s'immiscer dans les affaires des diocèses, assertions qui répugnent, non seulement à la doctrine catholique sur la primauté du Saint-Siège, mais aussi à la notion de la délégation. Il est évident, en effet, que le délégué représente celui qui le délègue, et que son autorité, quant au principe, s'identifie avec l'autorité de celui dont il est le délégué..... Il est évident que le nonce apostolique, comme délégué et représentant du souverain pontife, n'a d'autre mission ni d'autre autorité que celles que le même Pontife lui a confiées. Il ne l'est pas moins que le pontife romain déléguant peut seul déclarer quelle est la mission, quelle est l'autorité de son nonce. Mais est-il vrai que le souverain pontife ne donne à ses nonces qu'une mission purement diplomatique, sans aucune autorité sur les pasteurs et les fidèles des Etats auprès desquels ces nonces sont accrédités ? Est-il admissible que le Saint-Père envoie ses nonces de la même façon que les gouvernements civils leurs ministres et leurs représentants ? Par les brefs qui les concernent et par leurs instructions, on peut se convaincre que la mission confiée aux nonces apostoliques n'est pas purement diplomatique, mais qu'elle s'étend aux fidèles et aux matières religieuses. En outre, le nonce apostolique, comme représentant du souverain pontife, n'est soumis ni aux fidèles ni aux évêques de la nation au milieu de laquelle il réside. Par conséquent, ni les uns ni les autres n'ont le droit de déterminer ses attributions, et bien moins encore d'émettre un jugement sur la légalité de ses actes. »

Cette opinion du Saint-Siège ne paraît pas conforme aux principes qui président aux rapports de l'Eglise avec l'Etat. Le nonce, en effet, est un agent diplomatique accrédité uniquement à ce titre auprès du gouvernement français et qui n'a qualité que pour traiter des affaires relatives aux relations entre le gouvernement et la papauté.

D'après les canonistes français et les usages et maximes du royaume, consignés dans les anciens arrêts, le nonce n'a et ne peut avoir en France de qualité et de fonction que celles d'ambassadeur (3). Il n'a pas de tribunal ni de juridiction. Il ne peut, sans une autorisation spéciale du gouvernement, exercer sur le sol français aucune fonction relative aux affaires de l'Eglise gallicane.

Toute communication directe avec les évêques ou autres

ecclésiastiques de la République lui est interdite. « Il ne peut correspondre qu'avec le gouvernement lui-même; et toutes les fois qu'il a des communications officielles à faire de la part du Saint-Siège, il doit, conformément aux usages du royaume, et comme les autres ambassadeurs, les adresser au ministre des affaires étrangères ·(1).

En 1829, le nonce notifia directement aux évêques la nomination du nouveau pape, et leur demanda des prières à ce sujet. Le gouvernement de la Restauration trouva cette irrégularité et adressa la circulaire du 26 février 1824 aux évêques pour la leur signaler et leur rappeler les usages de l'Eglise gallicane (2).

Une seule exception aux règles ci-dessus établies est admise dans la pratique pour les informations de vie et mœurs de ceux que le roi a nommés aux évêchés et archevêchés. Le gouvernement tolère que les nonces prennent directement ces informations (3).

412. Les internonces sont envoyés dans un Etat étranger pour y remplacer provisoirement le nonce ordinaire. Dans les pays où il n'y a pas de nonciature, les internonces exercent d'une façon permanente les pouvoirs des ambassadeurs.

413. Les légats *a latere* sont des cardinaux, choisis par le pape dans le sacré collège et envoyés dans les différents Etats pour des missions importantes. Ils ont, dans les provinces où ils doivent tenir la place du pape, tous les pouvoirs des patriarches, primats, archevêques, évêques et autres ordinaires. Mais ils n'ont pas les pouvoirs qui sont réservés personnellement au pape. Il leur est interdit de troubler les évêques dans l'exercice de leur juridiction, dans les causes qui sont du for ecclésiastique, et de procéder contre les clercs sans la réquisition de leur évêque (4). Suivant Vuillefroy, on ne reconnaît en France de légats que ceux qui ont la qualité de légats *a latere*.

414. Les *vicaires apostoliques* étaient, dans le principe, institués parmi les évêques de chaque province où pouvaient s'élever des questions réservées au Saint-Siège ; mais le pape seul était compétent pour les plus graves d'entre ces recours.

Les vicaires apostoliques ne sont plus que des délégués envoyés par le pape dans quelques Etats de l'Europe pour y exercer les fonctions épiscopales, soit dans les provinces qui ne sont point encore pourvues d'évêques, soit dans les diocèses où la dissolution temporaire du chapitre se joint à la vacance du siège épiscopal (5).

415. La loi organique (6) rappelant le droit formulé dans les libertés de l'Eglise gallicane (7) porte : « Aucun individu se disant nonce, légat, vicaire ou commissaire apostolique, ou se prévalant de toute autre dénomination, ne pourra, sans l'autorisation du gouvernement, exercer sur le sol français ni ailleurs aucune fonction relative aux affaires de l'Eglise gallicane. » Cette autorisation est donnée par une ordonnance qui prescrit, s'il y a lieu, l'enregistrement de la bulle qui confère au nonce ou au légat ses pouvoirs. Le représentant du pape ne peut faire aucun acte en cette qualité jusqu'à l'ordonnance portant autorisation (8). Cette garantie contre les mandataires ou délégués du pape est analogue à celle déjà prise contre les rescrits pontificaux et fondée sur les mêmes raisons. « Il n'y aurait plus de souveraineté pour un gouvernement, dit Portalis, si les étrangers pouvaient venir dans son territoire exercer à son insu un pouvoir quelconque... Une telle chose serait incompatible avec la maxime fondamentale de l'unité de la puissance publique dans un Etat, qui veut que l'on ne puisse exercer dans un pays, des fonctions publiques, sans le consentement de la puissance publique qui régit ce pays. »

446. Les pouvoirs des légats a latere sont indiqués dans

---

(1) 13 avril 1885.
(2) 9 mars 1885.
(3) Lettre du min. des cultes, au min. des aff. étrangères, 9 octobre 1823.

(1) Lettre min. 9 octobre 1823 ; — Circ. 16 février 1824.
(2) Vuillefroy.
(3) Lettre min. 9 octobre 1823 ; — Circ. 26 février 1824.
(4) *Concile de Trente*, sess. XXIV, chap. X.
(5) Dufour, *Police des cultes.*
(6) Art. 2.
(7) Art. 45, 58, 59 et 60.
(8) Déc. min. 19 octobre 1823.

les *Libertés* de Pithou : « Le pape n'envoie point en France légats *à latere* avec faculté de réformer, juger, conférer, dispenser et telles autres qui ont accoustumé d'estre spécifiées par les bulles de leur pouvoir, sinon à la postulation du roy très chrestien ou de son consentement, et le légat n'use de ses facultés qu'après avoir baillé promesse au roy par escript sous seing, et juré par les saincts ordres de n'user desdictes facultez ès royaumes, pays, terres et seigneuries de sa sujétion, sinon tant et si longuement qu'il plaira au roy ; et que si tost que ledict légat sera adverty de sa volonté au contraire, il s'en désistera et cessera. Aussi qu'il n'usera des dictes facultez sinon pour le regard de celles dont il aura le consentement du roy, et conformément à iceluy, sans entreprendre ny faire chose préjudiciable aux saincts décrets, conseils généraux, franchises, libertez et privilèges de l'Eglise gallicane et des universitez et estudes publiques de ce royaume. Et à ceste fin se présentent les facultez de tels légats à la Cour du parlement, où elles sont vues, examinées, vérifiées, publiées et enregistrées sous telles modifications que la Cour voit estre à faire pour le bien du royaume, suivant lesquelles modifications se jugent tous les procez et différends qui surviennent pour raison de ce et non autrement.»

417. Le légat ne peut commettre ni déléguer personne sans la permission du gouvernement (1). Il est obligé de tenir ou faire tenir registre de tous les actes de la légation (2). La légation finie, il doit remettre ce registre et le sceau de sa légation au ministère des cultes, qui le déposera aux archives du gouvernement. Il s'engage à cesser ses fonctions au premier avertissement qui lui en sera donné par le gouvernement (3).

Ces conditions relatives à l'exercice des fonctions de légat *a latere* en France ont été expressément acceptées par le légat du pape, le cardinal Caprera, dans le serment qu'il dut prêter au premier consul, à l'occasion de sa mission en France aussitôt après le Concordat (4).

En 1870 (5), la nonciature ayant remercié, au nom du pape, par un avis publié dans l'*Univers*, les signataires des adresses en faveur de l'infaillibilité, le *Journal officiel* publia la note suivante :

« Il résulte d'une récente publication que la nonciature apostolique aurait communiqué à la rédaction d'un journal français une lettre du secrétaire des brefs de Sa Sainteté, invitant Son Excellence le nonce à répondre aux adresses envoyées au Saint-Père, à l'occasion du Concile, de différents points de la France. Notre droit public interdisant formellement dans l'intérieur de l'empire ce genre de communication, et assimilant en tous points le nonce du Saint-Siège à un ambassadeur étranger, le ministre des affaires étrangères s'est vu dans l'obligation d'appeler l'attention de Mgr Chigi sur une pareille irrégularité. Les explications de Mgr Chigi ont établi que ladite publication a eu lieu par suite d'une erreur. Il a exprimé son regret, en déclarant qu'à l'avenir un pareil incident ne se renouvellerait plus. »

418. Les deux dispositions de la loi organique, dont l'une exige l'autorisation du gouvernement pour la publication, après vérification, de tous les actes de la cour de Rome, et dont l'autre exige la même autorisation pour l'exercice des fonctions de légat, forment, suivant l'opinion de Pithou une des principales parties des libertés de l'Eglise gallicane.

L'article 3 organique se rattache également à ces libertés. Cet article est ainsi conçu : « Les décrets des synodes étrangers, même ceux des conciles généraux, ne pourront être publiés en France avant que le gouvernement en ait examiné la forme, leur conformité avec les lois, droits et franchises de la République française et tout ce qui, dans leur publication, pourrait altérer ou intéresser la tranquillité publique. »

Portalis explique la nécessité de la vérification, par le gouvernement, pour la publication des décrets des synodes étrangers par les motifs suivants : « Les décisions et les règlements de ces conciles ne peuvent être publiés ni exécutés dans un Etat sans l'autorisation de la puissance publique ; cela est fondé sur les raisons et les principes qui ont fait rétablir la nécessité de la vérification des bulles et rescrits venant de Rome... Les synodes ou conciles particuliers qui se tiennent en pays étranger peuvent manifester des opinions et des intérêts qui sont contraires aux intérêts et aux opinions des autres Etats, car chaque gouvernement a son droit public, et chaque Eglise nationale a, pour tout ce qui n'est pas de foi, ses maximes et ses coutumes particulières. Quant aux matières de foi, les décisions des synodes ou conciles particuliers sont sans doute d'un grand poids ; mais elles ne lient le corps entier de l'Eglise qu'autant qu'elles ont été reçues dans toute la chrétienté. Chaque souverain, en qualité de protecteur, peut soumettre à l'examen des évêques de ses Etats ce qui a été décidé par un concile particulier assemblé dans un territoire étranger (1). »

419. A l'égard des décisions des conciles généraux on a voulu distinguer, au point de vue de la nécessité de l'autorisation du gouvernement, celles qui sont relatives à des matières de foi de celles qui concernent la discipline.

En matière de foi, les décisions des conciles généraux seraient, suivant Fleury, obligatoires même sans autorisation. « Quant aux conciles œcuméniques, dit-il, il faut distinguer les matières de discipline et les matières de foi. Pour la foi, quiconque ne s'y soumet pas est hérétique (2). » Portalis reconnaît également l'infaillibilité des décisions en matière de doctrine religieuse des conciles œcuméniques. « Nous savons, dit-il, qu'il leur appartient de définir les vérités de foi et de terminer toutes les controverses dogmatiques. Nous savons que la puissance civile n'a point à se mêler du dogme, qu'elle n'a point à prononcer sur la doctrine dont l'administration et le dépôt sont du ressort exclusif de l'autorité spirituelle, c'est-à-dire du ressort de l'Eglise, dont le tribunal est reconnu infaillible par tous les catholiques. » Mais il justifiait la nécessité de l'autorisation du gouvernement, par ce motif que ces conciles pouvaient, sous forme de doctrine religieuse, traiter de questions civiles ou politiques.

M. Ollivier, alors ministre de la justice et des cultes, indique que le gouvernement français évita de se mêler des affaires du concile du Vatican, tenu en 1870.

« A partir de mes dépêches à M. de Banneville, dit-il, notre gouvernement n'est intervenu par aucun acte ni par aucune manifestation officielle dans les affaires du concile du Vatican. Chaque fois que notre ambassadeur a eu l'occasion d'entretenir le Saint-Père ou le cardinal secrétaire d'Etat, conformément à ses instructions, il a évité d'aborder ce sujet (3). »

420. Mais l'article 3 de la loi organique s'applique sans contestation aux décisions des conciles généraux qui concernent la discipline. « Pour la discipline, dit Fleury, les règlements des conciles ne sont pas également reçus. On a laissé de tout temps à chaque Eglise une grande liberté de garder ses anciens usages. Ainsi il ne faut pas s'étonner si, ayant reconnu le concile de Trente pour légitime et œcuménique, nous n'avons pas encore accepté ses décrets de discipline, quoique à vrai dire, il n'a pas tenu au clergé de France ; il a témoigné le désirer par plusieurs actes solennels (4). » Portalis dit de même : « Il est incontestable que l'Eglise dans ces assemblées peut faire des règlements sur tout ce qui intéresse les objets que la discipline embrasse ; mais il est également incontestable que des objets, dont quelques-uns appartiennent à la temporalité, et dont la plupart peuvent être rangés dans la classe des matières mixtes, exigent le concours de la puissance publique. De là vient le principe de nos libertés que les conciles n'ont point force de loi en

(1) *Libertés de l'Eglise gallicane*, art. 58.
(2) *Ibid.* art. 60.
(3) Arr. 18 germinal an X, art. 1.
(4) Arr. 18 germinal an X.
(5) 20 juin 1870.

(1) Discours et rapports.
(2) *Institution du droit ecclésiastique*.
(3) Emile Ollivier, *l'Eglise et l'Etat au concile du Vatican*.
(4) *Institution du droit ecclésiastique*.

France, au moins quant à la discipline, qu'ils n'aient expressément été adoptés par le souverain (1). »

421. Les articles organiques des cultes protestants exigent formellement l'autorisation du gouvernement pour la publication des décisions doctrinales. L'article 4 qui règle cette matière est ainsi conçu : « Aucune décision doctrinale ou dogmatique, aucun formulaire, sous le titre de confession ou sous tout autre titre, ne pourront être publiés ou devenir la matière de l'enseignement, avant que le gouvernement en ait autorisé la publication. » Cette règle se concilie parfaitement avec la doctrine des communions protestantes qui enseignent unanimement que l'Eglise est dans l'Etat.

L'Etat intervient également pour tout ce qui concerne la discipline dans les cultes protestants. « Aucun changement dans la discipline, porte l'article 5, n'aura lieu sans la même autorisation. »

422. L'article 4 organique interdit la réunion de tout concile national et de tout synode diocésain sans la permission expresse du gouvernement.

Les conciles sont des assemblées d'évêques qui se réunissent sous l'autorité d'un supérieur pour juger des questions de dogmes, faire des canons de discipline, exercer la juridiction canonique, en un mot rendre des décrets. Ces assemblées sont désignées sous des noms différents : on les appelle synodes, conciles métropolitains, conciles nationaux.

423. Le concile diocésain, qui est le premier degré, s'appelle spécialement synode, du nom commun à tous les conciles. Il est composé de l'assemblée de tout le clergé d'un diocèse sous l'autorité de l'évêque. Ce synode ne changerait point de nature quand d'autres évêques voisins y assisteraient ; son autorité ne s'étendrait point au delà du diocèse, ni hors de la sphère des affaires qu'on a coutume d'y traiter.

424. Le concile provincial ou métropolitain est le premier des tribunaux solennels qu'on nomme proprement conciles ; il reçoit les appels et il y est sujet ; il tient un rang mitoyen dans la hiérarchie ; il est convoqué et présidé par l'archevêque métropolitain et composé des évêques de la province.

Au-dessus du concile du métropolitain était celui du patriarche, de l'exarque ou primat ; mais il ne reste plus que l'ombre des prérogatives de ces grands sièges. Le primat de Lyon qui recevait les appels n'était point en usage de convoquer le concile primatial.

425. Le concile national ou semi-national est composé des conciles de toutes les provinces ou de plusieurs provinces dont les métropolitains se réunissent. Son autorité est plus étendue, puisque ses décrets doivent être exécutés dans toutes les provinces dont les pasteurs se rassemblent ; elle est plus respectable par le nombre des Pères, mais elle n'est point plus supérieure par droit de ressort, à moins que la hiérarque supérieur n'assiste par lui-même ou par ses légats, ou que les premiers juges qui ont prononcé dans le concile provincial ne consentent à la revision, ou que le souverain n'ait renvoyé au concile plus nombreux après avoir reçu le recours comme on le pratiquait autrefois communément (2).

426. Le synode diocésain n'est pas un concile proprement dit, c'est un conseil où les prêtres qui en font partie ne délibèrent pas, mais sont simplement consultés ; le synode n'est donc pas une assemblée délibérante comme les conciles, ainsi qu'il résulte d'un passage de Fleury (3).

427. Le fondement de l'interdiction de toute réunion de ces conciles, prescrite par l'article 4 organique, c'est, comme le dit Portalis, que « la formation des corps (au sens civil du mot) est de droit public dans toute société et ne peut dépendre de la volonté des particuliers ou du hasard ». Cette disposition a fait l'objet de vives critiques. Plusieurs publicistes l'ont attaquée en invoquant l'autorité de l'abbé Fleury, qui déclare que le droit pour les évêques de s'assembler en concile « tient à la juridiction essentielle à l'Eglise » (4).

« La tenue des conciles, dit encore cet auteur, était comptée dès les premiers siècles entre les pratiques ordinaires de la religion, à proportion comme la célébration du saint sacrifice tous les dimanches. Il n'y avait que la violence des persécutions qui en interrompt le cours ; sitôt que les évêques se trouvaient en liberté, y revenaient comme au moyen le plus efficace d'entretenir la discipline (1). » M. de Bonald a fait également remarquer (2) que les conciles généraux, notamment celui de Nicée, qui ont prescrit la tenue des conciles provinciaux, sont reçus en France, et que, par suite, s'opposer à l'observation des canons de ces conciles œcuméniques, c'est violer les maximes de nos pères et renverser les libertés gallicanes.

De 1849 à 1853 le gouvernement a paru disposé à permettre la tenue des conciles métropolitains et des synodes diocésains et il en autorisa à l'avance la réunion. Des décrets des 16 septembre 1849, 22 mai 1850, 2 septembre 1851, 8-17 janvier 1853, ont autorisé la tenue des conciles métropolitains et des synodes diocésains pendant les années 1849, 1850, 1852 et 1853. Depuis cette époque, plusieurs lettres ministérielles, et notamment une circulaire, ont rappelé à l'épiscopat français la nécessité de l'autorisation préalable du gouvernement pour la tenue des conciles et synodes diocésains (3).

428. Suivant Vuillefroy, les décrets des conciles ou synodes nationaux, même autorisés, ne peuvent être exécutés qu'après due vérification (4).

429. La disposition de l'article 4 de la loi de germinal, qui porte « qu'aucune assemblée délibérante » n'aura lieu sans une autorisation expresse du gouvernement, s'applique aux délibérations prises par les évêques sans qu'il y ait réunion. C'est ce qu'a reconnu le Conseil d'Etat, qui a décidé que les évêques ne peuvent délibérer ensemble et prendre des résolutions communes, même sur des matières politiques, sans une permission expresse du gouvernement, et qu'il y avait lieu, par suite, de considérer comme irrégulier et constitutif d'un cas d'abus le fait par des évêques d'avoir, à la suite d'une délibération prise en commun, publié un écrit contenant des instructions politiques en réponse à des questions qui leur étaient adressées en leur qualité d'évêques relativement à des élections prochaines (5).

430. Mais la disposition de l'article 4 ne s'appliquerait pas aux délibérations qui ne seraient pas prises en qualité d'évêques et qui n'impliqueraient que l'exercice des fonctions pastorales. C'est ce que pensait en 1863 le ministre des cultes, M. Rouland. « Si l'évêque, écrivait-il, sortant du domaine des choses religieuses pour se mêler aux luttes et aux agitations du monde politique, croit nécessaire de prêcher, sous sa responsabilité personnelle, le devoir électoral, le prêche au troupeau dont il est le pasteur, mais il ne s'adresse pas aux autres diocèses en interpellant la France entière par le retentissement des journaux. Un pareil procédé, en effet, pourrait être considéré comme une véritable entreprise contre la liberté et la compétence des évêques qui, sans abdiquer

---

(1) Discours et rapports.
(2) Portalis, Rapport au 1er consul sur les art. org.
(3) Institution du droit ecclésiastique.
(4) Discours sur les libertés gallicanes.

(1) Discours sur l'histoire ecclésiastique.
(2) Mandement, 4 février 1845.
(3) Cir. 9 juin 1886. — « Monsieur l'évêque, aux termes de l'article 4 de la loi du 18 germinal an X, aucun concile national ou métropolitain, aucun synode diocésain, aucune assemblée délibérante n'aura lieu sans la permission expresse du gouvernement. Les réunions qui sous le nom de congrès eucharistique ou de congrès catholique ont eu lieu précédemment, soit à Lille, soit dans d'autres villes, n'ont pas paru au gouvernement tomber sous l'application de la loi précitée ; mais il résulte de mes informations que, par son caractère particulier, la réunion projetée à Toulouse par M. l'archevêque de ce diocèse rentrerait, s'il y était donné suite, dans la catégorie de celles que la loi du 18 germinal an X soumet à l'autorisation expresse et préalable du gouvernement. Cette autorisation n'ayant pas été accordée, le concile de Toulouse ne saurait avoir lieu régulièrement. Informé qu'un certain nombre de prélats français et étrangers ont été convoqués à ce concile et y ont annoncé leur présence, je crois de mon devoir... de vous faire connaître que la participation des membres du clergé à une assemblée de cette nature serait considérée par le gouvernement comme une infraction aux lois concordataires et engagerait de la manière la plus grave la responsabilité des prélats qui s'y rendraient ou permettraient aux prêtres de leur diocèse de s'y rendre. »
(4) Administration du culte catholique.
(5) D., 8 août 1863.

leur direction spirituelle, ne jugent pas à propos d'entretenir leurs diocésains sous cette forme de publicité universelle (1). »

431. Aucune loi ne prescrit la nécessité d'une autorisation pour la réunion des *assemblées cantonales ou conférences ecclésiastiques*. A l'occasion d'assemblées cantonales établies par l'évêque de Nancy, dans son diocèse, le préfet de la Meurthe invita, par une circulaire (2), les sous-préfets à en faire connaître le but et l'utilité dans le cas où elles éveilleraient l'attention publique.

432. L'autorisation exigée par l'article 4 de la loi de germinal pour la tenue des synodes et des conciles du culte catholique est également prescrite pour la réunion des consistoires extraordinaires, et des synodes du culte protestant (3). La loi organique de ces cultes exige en outre pour leurs assemblées qu'il soit donné connaissance préalable au gouvernement ou au ministre des cultes, de l'objet de ces assemblées. Le préfet ou le sous-préfet doivent être présents à ces réunions. Une expédition des décisions prises dans le synode doit être adressée au ministre des cultes, chargé d'en faire un rapport au gouvernement. Aucune décision prise par l'assemblée générale consistoriale ne peut être mise à exécution sans avoir été présentée à l'approbation du gouvernement.

433. Non seulement le gouvernement exigea en l'an X la vérification et l'autorisation des bulles, qui se rattachent à la doctrine religieuse, mais il prescrivit, en outre, pour l'enseignement des séminaires, la déclaration faite par le clergé de France en 1682. « Ceux qui seront choisis pour l'enseignement dans les séminaires souscriront la déclaration faite par le clergé de France en 1682, et publiée par un édit de la même année; ils se soumettront à y enseigner la doctrine qui y est contenue, et les évêques adresseront une expédition en forme de cette soumission au conseiller d'État chargé de toutes les affaires concernant les cultes (4) ».

Le décret du 25 février 1810 déclara loi de l'État l'édit de Louis XIV du mois de mars 1682. Cet édit interdit à toutes personnes, sujets ou étrangers, d'enseigner ou d'écrire aucune chose contraire à la doctrine contenue dans la déclaration (5), oblige tout professeur de théologie à souscrire cette déclaration et à y conformer son enseignement (6). Il en prescrit l'enseignement spécial par un professeur (7), et ne permet de recevoir aucun licencié ou docteur, tant en théologie qu'en droit canon, qu'après qu'il aura soutenu cette doctrine dans une de ses thèses (8).

434. La disposition de l'article 24 de la loi du 18 germinal an X, qui prescrit l'enseignement de la déclaration de 1682 dans les séminaires, et le décret du 25 février 1810 qui déclare loi de l'État l'édit de mars 1682, par lequel il est interdit d'enseigner ou d'écrire aucune chose contraire à la doctrine de cette déclaration du clergé de France ne sont plus appliqués. Mais ces dispositions n'étant pas formellement abrogées, peuvent être remises en vigueur par le gouvernement.

435. Plusieurs publicistes ont vivement attaqué la déclaration et l'édit de 1682 à la suite du mandement du cardinal de Bonald, qui a donné lieu à une déclaration d'abus. La déclaration de 1682 est dépourvue de toute autorité ecclésiastique, affirment-ils, puisque les évêques qui l'avaient souscrite en 1682 avaient protesté des regrets qu'elle leur inspirait. Quant au décret du 25 février 1810, il serait une usurpation du pouvoir temporel sur la puissance spirituelle (9). « Plus encore que l'*exequatur* et que l'appel comme d'abus, dit M. Ollivier, on doit condamner l'article 24, en vertu duquel ceux qui enseignent dans les séminaires sont obligés de souscrire la déclaration faite par le clergé de France en 1682, et de se soumettre à enseigner la doctrine qui y est contenue ».

(1) Lettre, 21 mai 1863.
(2) 7 mars 1837.
(3) Voir *Cultes dissidents*.
(4) Art. 24.
(5) Art. 1er.
(6) Art. 2.
(7) Art. 3.
(8) Art. 5.
(9) André.

Même avant le concile du Vatican, l'opinion de la supériorité du concile sur le pape qui, sur quatre articles en remplit trois, était une opinion libre, non un dogme qu'il fût loisible à qui que ce soit d'imposer à la croyance et à l'enseignement des prêtres. Louis XIV avait tenté par édit de rendre obligatoire la déclaration de 1682 : il fut contraint de se rétracter et de retirer son ordre oppressif (d'Aguesseau, t. XIII; abbé Emery, *Nouveaux opuscules de Fleury*). « Depuis le concile du Vatican, il n'est plus permis de professer l'opinion formulée dans les trois derniers articles de la déclaration gallicane, elle est notée d'hérésie, anathématisée ; quiconque la professe se retranche lui-même de l'Église, et l'on voudrait contraindre les professeurs de séminaires à en faire le fond de leur enseignement ! ce serait la plus monstrueuse et la plus niaise des persécutions (1) ».

Quoi qu'il en soit, il est conforme aux principes du droit qu'un texte conserve toute sa valeur tant qu'il n'a pas été abrogé par un autre texte émanant de la même autorité.

CHAPITRE III.

ABUS.

SECTION PREMIÈRE.

ORIGINE ET HISTOIRE DE L'APPEL COMME D'ABUS.

436. Le recours pour abus a pour objet de maintenir la séparation entre la société civile et la société religieuse. Le gouvernement, qui a pour devoir de veiller à ce que ces deux sociétés soient également libres et n'empêchent pas l'une sur l'autre, tient la balance entre leurs intérêts et s'efforce de les concilier par de sages règlements. Mais il ne peut les empêcher de redevenir quelquefois rivaux. Ce sont donc les points de contact qu'il faut régler chaque jour encore, les circonstances où le spirituel se heurte au temporel et où la rencontre menace de causer un préjudice à chacun d'eux (2).

Cette institution est une des formes du principe de la séparation des pouvoirs que notre droit public s'est efforcé de maintenir depuis 1789, entre les diverses autorités établies par plusieurs dispositions de nos lois (3).

437. Les lois concordataires ont fait revivre l'institution de l'appel comme d'abus qui existait sous l'ancien régime, avec certaines modifications. Les parlements connaissaient autrefois, ainsi que nous le verrons, des appels comme d'abus, sur lesquels ils prononçaient en la forme judiciaire, en audience et par plaidoiries publiques ; c'est aujourd'hui le Conseil d'État qui juge en la forme administrative et non contentieuse les recours pour abus. En outre, dans l'ancien droit, les cas d'abus dont les parlements devaient connaître,

(1) *Nouveau manuel de droit ecclésiastique français*.
(2) Portalis s'exprime ainsi à ce sujet (rapport sur le concordat) : «Lorsqu'en examinant les bornes naturelles du ministère ecclésiastique on attribue exclusivement à la puissance publique la disposition des choses temporelles, en réservant aux pasteurs les matières spirituelles, on n'entend pas, sans doute, laisser comme vacant entre ces limites le vaste territoire des matières qui ont à la fois des rapports avec la religion et avec la police de l'État, et qui sont appelées *mixtes* par les jurisconsultes, et permettre indifféremment aux ministres du culte d'y faire des incursions arbitraires et d'ouvrir des *conflits* journaliers avec le magistrat politique. Un tel état de choses entraînerait une confusion dangereuse et rendrait souvent le devoir de l'obéissance incertain. Il faut nécessairement qu'il y ait une puissance supérieure qui ait droit, dans cette espèce de territoire, de lever tous les doutes et de franchir toutes les difficultés ; cette puissance est celle à qui il est donné de peser tous les intérêts; celle de qui dépend l'ordre public en général, et à qui seule il appartient de prendre le nom du puissance dans le sens propre. C'est un principe certain que l'intérêt public, dont le gouvernement tient la balance, doit prévaloir, dans tout ce qui n'est pas de l'essence de la religion : aussi le magistrat peut et doit intervenir dans tout ce qui concerne l'administration.»
(3) Voir SÉPARATION DES POUVOIRS ; et, en outre, art. 12 et suiv. du Code pénal sur les empiètements des autorités administratives et judiciaires.

s'entendaient généralement des excès de pouvoir ou du mal jugé des tribunaux ecclésiastiques, c'est-à-dire des officialités diocésaines ou métropolitaines, tandis que dans notre droit actuel ces officialités n'existent plus à l'état légal, tout au moins; l'appel comme d'abus au Conseil d'État est ouvert contre tout acte isolé d'un ministre du culte, évêque, curé ou simple prêtre, par cela seul qu'il rentre dans les cas prévus par les articles 6 et suivants du Concordat.

Depuis la loi du 18 germinal an X, qui a aboli les justices ecclésiastiques, l'abus ne donne plus lieu à un appel d'une juridiction inférieure à une juridiction supérieure, mais à une réclamation contre les abus de l'autorité commis par le clergé ou par la puissance civile et portée directement devant le chef de l'État en Conseil d'État. L'ancienne expression d'*appel comme d'abus* n'est donc plus exacte, aussi cette réclamation est qualifiée de recours par les articles 6, 7 et 8 de la loi de l'an X. Quelques auteurs continuent cependant d'employer l'expression d'appel comme d'abus; mais le Conseil d'État ne se sert plus depuis 1870, dans la rédaction des décrets, que de l'expression de *recours comme d'abus* ou de *recours pour abus.*

438. Le recours pour abus a soulevé des critiques. Cette institution, qui pourrait se justifier plus difficilement sous le régime de l'indépendance absolue de l'Église et de l'État, est une mesure de surveillance qui est la conséquence du régime de protection consacré et appliqué par la loi de l'an X. « On objecte, disait Portalis, que la religion catholique n'étant plus exclusive ni dominante, et les institutions religieuses n'étant plus liées aux actes civils, les affaires religieuses ont moins d'influence sur celles de la société, et qu'en conséquence on a moins besoin de s'occuper des procédés des ecclésiastiques, vu que ces procédés dans le système de la liberté des opinions religieuses sont presque indifférents à la police publique, à l'honneur et à l'existence politique des citoyens. — Mais cette objection n'est pas fondée en soi, et elle devrait alarmer les ecclésiastiques mêmes qui la proposent. — Nous ne désavouons pas qu'une religion dominante à des rapports plus multipliés avec l'administration publique qu'une religion qui n'est protégée qu'en concours avec d'autres; mais, dans tous les systèmes, les institutions religieuses ont des rapports nécessaires avec le gouvernement qui les admet et qui les protège; ce n'est point parce qu'un culte est dominant que l'État a inspection sur les procédés ou les actes des ministres de ce culte; il suffit qu'une religion soit autorisée par le magistrat politique pour que ce magistrat doive s'occuper du soin de la rendre utile et d'empêcher qu'on en abuse. »

439. L'appel comme d'abus est une institution ancienne.

Le mot était ignoré dans l'antiquité ecclésiastique (1), mais la chose paraît y avoir été connue. De nombreux auteurs, M. de Montlosier (2), M. Henrion de Pansey (3), M. Bernardi (4), M. Jauffret (5), font remonter aux empereurs chrétiens la première origine des appels comme d'abus. M. Affre (6) combat, au contraire, cette opinion. Portalis s'exprime ainsi sur cette question : « Chez toutes les nations policées, les gouvernements se sont conservés dans la possession constante de veiller sur l'administration des cultes, et d'accueillir sous des dénominations diverses le recours exercé par les personnes intéressées contre les ministres de la religion.... L'appel comme d'abus, ou le recours au souverain en matière ecclésiastique, se trouve consacré par toutes les ordonnances et par les plus anciens monuments (1). »

Les historiens ne sont pas d'accord également sur l'époque où l'appel comme d'abus fut en usage en France. « On vit d'abord, dit M. Batbie, se produire des faits isolés qui préparèrent l'institution de l'appel comme d'abus. Certains seigneurs eurent la pensée de faire apprécier leurs prétentions par les parlements. Des témoignages démontrent que dès le XIIIᵉ siècle des faits semblables s'étaient produits. Ainsi, l'ancien cartulaire de l'Église de Paris parle d'un jugement de l'évêque de cette ville, relevé au parlement sous Philippe le Hardi, fils et successeur de saint Louis. Durand, évêque de Mende, qui mourut en 1296, indique dans un passage de son ouvrage *De modo concilii celebrandi*, la plainte comme d'abus parmi les manières employées de son temps pour restreindre l'autorité de l'Église (2). »

Dans des occasions extraordinaires des abus ecclésiastiques avaient même été portés devant le roi. C'est ainsi qu'en 1329 une assemblée de barons, seigneurs et prélats se tint à Vincennes en présence du roi Philippe de Valois; le conseiller du roi, Pierre de Cugnières, s'y plaignit de la juridiction des tribunaux ecclésiastiques. Il demanda que cette juridiction ne s'exerçât plus sur les choses temporelles et qu'elle fût réduite à ne plus juger que les choses spirituelles.

Les griefs invoqués par Pierre de Cugnières étaient, que les juges ecclésiastiques revendiquaient les causes réelles ou mixtes où les clercs avaient intérêt; qu'ils prétendaient soumettre à leur juridiction criminelle comme clercs des personnes qui ne portaient ni l'habit ni la tonsure; qu'ils accordaient indifféremment la tonsure pour acquérir plus de sujets.... Bertrandi, évêque d'Autun, répondit que la plupart des empiétements signalés par Pierre de Cugnières étaient exacts, mais qu'ils étaient le résultat de la coutume ou des concessions faites expressément ou tacitement par les souverains et que, par suite, ils constituaient pour l'Église des droits acquis. Il déclara qu'une loi seule pouvait enlever au clergé le droit de juger les causes civiles. Malgré la réponse hautaine du défenseur du clergé, « il fut décidé que si, dans un an, les prélats n'avaient pas réformé les abus dont on se plaignait, le roi y apporterait tel remède qu'il plairait à Dieu et au peuple » (3).

440. L'appel comme d'abus n'existait pas encore à la suite de la conférence de 1329. Mais il ne tarda pas à devenir une institution légale de la France, confiée aux parlements.

En mettant sous la protection des parlements la pragmatique de Bourges (4) et les règles qu'elle consacrait, Charles VII établit le principe de la compétence de cette juridiction sur un grand nombre de matières ecclésiastiques. Il devait en résulter tôt ou tard l'attribution aux parlements de la connaissance des appels comme d'abus. « Leur enjoignons estroictement, disait le roi, que toutes et chascunes les choses premises ils tiennent, gardent et conservent en sa plénière firmité de robur et de force; et que en toutes causes qui naîtront ou sourdront doresnavant à l'occasion des choses premises, ils jugent, prononcent, sentencient selon les délibérations et conclusions cy-dessus escriptes ; et les facent inviolablement en tout et partout observer par tous les subjects et habitans de nos royaulmes. »

Les parlements, aidés par l'opposition qui se produisait alors contre la juridiction ecclésiastique, étendirent rapidement le cercle de leur juridiction dans les affaires ecclésiastiques.

En les chargeant, en 1516, de veiller à l'exécution du Concordat, François Iᵉʳ leur donna le droit de s'immiscer dans toutes les affaires ecclésiastiques qu'il réglait.

441. Suivant Févret, l'appel comme d'abus ne fut bien établi en France qu'à partir de 1513. « Il est constant, dit

---

(1) L'emploi du mot abus est justifié par Févret dans les termes suivants : « Abuser de quelque chose, dit cet auteur, c'est en user autrement que l'on ne doit ou l'employer à autre usage que celui auquel elle est destinée (L. 3, § 1, D. *De usufruct.*). On dit que le prince abuse de son pouvoir quand il s'en sert à l'oppression de ses peuples; le magistrat, de la puissance que la loi ou le souverain lui donne, si sous couleur de ses jugements il fait violence ou procède injurieusement à l'exécution de ses jugements (L. 23., D, *De injur.*). Ainsi peut-on dire que l'Église abuse du pouvoir qu'elle a sur les choses spirituelles, si elle s'étend sur la temporalité, comme au réciproque la justice séculière ne peut sans abus entreprendre sur les choses spirituelles, d'autant que cette puissance lui est donnée *ad unum scilicet, non ad abusum* » (Févret, *De l'Abus*).
(2) *Traité de la juridiction ecclésiastique.*
(3) *Traité du pouvoir judiciaire.*
(4) *Histoire de la législation française.*
(5) *Recours au Conseil d'État.*
(6) *De l'appel comme d'abus.*

---

(1) *Rapport sur les articles organiques.*
(2) *Doctrine et jurisprudence en matière d'appel comme d'abus.*
(3) Batbie, *Ibid.*, p. 15.
(4) 7 juillet 1438.

cet auteur, que depuis le règne de Charles VI jusqu'à ceux de Louis XII et François Ier, on ne pratiquait guère d'autre remède en ce royaume pour l'intérêt public, que celui des appellations au futur concile, car l'acte d'appel de l'Université de Paris, en 1517, au sujet de la révocation de la pragmatique sanction, ne fut pas qualifié comme d'abus, mais *ad futurum concilium*, ce qui témoigne assez que pour lors ces appellations n'étaient pas bien encore en usage; aussi n'en trouve-t-on que fort peu de vestiges avant ce temps-là, ni dans les registres des cours souveraines, ni dans les recueils des anciens compilateurs d'arrêts qui ont précédé ou suivi de près François Ier... Donc il faut croire qu'en cas que l'appel comme d'abus, quant à l'effet, soit très ancien, ce fut néanmoins sous les règnes de Louis XII et de François Ier que ces appellations, quant à la forme et moyen de procéder, furent mises en usage: et il convient avouer ensuite que ce qui a grandement relevé ces appellations, est qu'on ne les a employées, dès leur première introduction, qu'à des sujets graves, publics et importants (1). »

Cette intervention des parlements dans la connaissance des infractions à la pragmatique de Charles VII et au concordat de François Ier, se justifiait par une raison particulière. On sait, en effet, que les parlements étaient composés de conseillers tant clercs que laïques. C'est ce que fait remarquer l'auteur des *Libertés* de l'Eglise gallicane (2) : « Et est encore très remarquable la singulière prudence de nos majeurs, en ce que telles appellations se jugent, *non par personnes pures layes seulement*, mais par la grand'chambre du Parlement, qui est le lict et le siège de justice du royaume, composée de nombre égal de personnes, tant ecclésiastiques que non ecclésiastiques, mesme pour les personnes des pairs de la couronne. » Il était donc naturel qu'ils fussent chargés de veiller à l'exécution des ordonnances ou des concordats qui fixaient les rapports de l'Eglise et de l'Etat.

442. De nombreuses protestations s'élevèrent cependant contre l'intervention des parlements dans les jugements des appels comme d'abus. Sans cesse les évêques en appelaient aux rois, et les rois, convaincus de l'utilité des attributions contestées, les confirmaient de plus en plus par cela seul qu'ils ne consentaient pas à les anéantir.

Néanmoins les diverses ordonnances qui ont successivement réglé l'appel comme d'abus, s'efforcèrent, ainsi que nous le constaterons, de contraindre les parlements à n'admettre de recours que dans les cas prévus ; elles prescrivaient aux juges de condamner à l'amende les appelants téméraires alors que les parlements, n'appliquant pas l'amende, encourageaient les appels et prenaient connaissance de toutes les causes ecclésiastiques. Elles décidèrent, en outre, que l'appel comme d'abus n'aurait aucun effet suspensif, notamment dans les cas qui touchaient à la juridiction ecclésiastique, contrairement à la jurisprudence des parlements, qui voulaient rendre l'appel comme d'abus suspensif comme l'abus ordinaire, afin de se constituer ainsi juges supérieurs.

443. Les réclamations du clergé obtinrent, en 1539, une première satisfaction. Les parlements s'étaient attribué le droit de statuer sur les appels comme d'abus formés en matière de discipline. En outre, ils avaient accordé à ces recours un effet suspensif. Il en résultait de graves désordres dans la discipline ecclésiastique. François Ier fit droit, par l'édit de Villers-Cotterets de 1539, aux plaintes des ecclésiastiques et décida que le recours en matière de discipline ne produirait qu'un effet dévolutif (3).

C'est par cette ordonnance que les appels comme d'abus ont été définitivement et légalement établis.

François Ier s'efforça également d'empêcher les appellations fondées sur des motifs frivoles. L'article 8 de l'édit de Villers-Cotterets portait : « Quant aux appellations frivoles ou mauvaises, plaidées ou soutenues par les appelants, ils soient condamnés, outre l'amende ordinaire envers nous, et la partie, selon l'exigence des cas, si la matière y est disposée.» Mais le parlement de Paris crut devoir, dans l'un de ses règlements, interpréter cet article en ce sens que l'appel ne serait pas recevable *si l'abus n'était clair et évident*. Toutefois les parlements durent, pendant le règne de François Ier, se soumettre aux prescriptions de l'édit de 1539. On sait que François Ier s'efforçait de résister à Charles-Quint en lui suscitant le pape pour adversaire ; il avait donc intérêt à ménager le saint-siège et, par suite, le clergé.

444. Sous les successeurs de François Ier le parlement pensa pouvoir reconquérir sa liberté d'action sur les affaires ecclésiastiques. Mais le roi Charles IX, saisi de nouvelles réclamations du clergé, fit insérer dans l'édit du 16 avril 1571 une disposition ainsi conçue : « Afin que la discipline ecclésiastique ne soit empêchée ou retardée par les appellations comme d'abus, nous avons déclaré et déclarons n'avoir entendu, comme n'entendons que lesdites appellations soient reçues, sinon ès cas des ordonnances, et qu'elles n'auront aucun effet suspensif ès cas de correction et discipline ecclésiastique, mais dévolutif seulement (1). » L'article 6 ajoute : « N'entendons pareillement que les juges ecclésiastiques soient aucunement troublez ou empêchez en la juridiction et connaissance des causes qui leur appartiennent. » La plupart des ordonnances renouvelèrent les mêmes dispositions. L'édit de Blois, sous Henri III, en 1579, défendit aux parlements « de recevoir aucunes appellations comme d'abus, sinon ès cas des ordonnances ; aux requêtes de son hôtel et aux gardes des sceaux de sa chancellerie, de donner des reliefs d'appel comme d'abus et de sceller ces lettres, avant que d'avoir été paraphées par rapporteur ou référendaire. » L'article 59 de cet édit déclarait en outre que de telles appellations n'ont qu'un effet dévolutif. L'article 18 de l'édit de Melun, en février 1580, rappela et confirma cette disposition ; Henri IV rappela, dans l'édit de décembre 1606, que les appels comme d'abus ne pouvaient produire qu'un effet dévolutif. Il défendit de remettre ni modérer l'amende de fol appel par quelque cause que ce soit ; il porta l'amende au double « pour empêcher que les parties ne recourent à ce remède si souvent qu'elles l'ont fait par le passé ». Il exigea en outre que les appelants fussent assistés de deux avocats à la plaidoirie de la cause. Des édits de 1610 et de 1666 renouvelèrent et confirmèrent les dispositions des précédents édits.

445. Sous Louis XIV parut l'édit de 1695. Cet édit reconnaissait que le juge séculier ne devait s'immiscer en rien dans les choses du dogme et de for intérieur. Il disposait, en effet : « La connaissance des causes concernant les sacrements, les vœux de religion, l'office divin, la discipline ecclésiastique et autres purement spirituelles, appartiendra au juge d'Eglise. Enjoignons à nos officiers et même à nos cours de parlements, de leur en laisser, et même de leur en renvoyer la connaissance, sans prendre aucune juridiction ni connaissance des affaires de cette nature, si ce n'est qu'il y eût appel comme d'abus (2). Nos cours, en jugeant les appellations comme d'abus... diront qu'il a été nullement et abusivement procédé,

---

(1) Févret, *De l'abus*.
(2) *Libertés de l'Eglise gallicane*, art. 81.
(3) François,... Art. 1er. C'est à scavoir que nous avons défendu et défendons à tous nos sujets de faire citer ni convenir les laïcs par devant les juges d'église, ès actions pures personnelles, sur peine de perdition de cause et d'amende arbitraire. — Art. 2. Et nous avons défendu à tous juges ecclésiastiques de ne bailler ni délivrer aucunes citations verbalement ou par écrit pour faire citer nos dits sujets purs lays ès dites matières pures personnelles, sur peine aussi d'amende arbitraire ...... — Art. 4. — Sans préjudice toutefois de la juridiction ecclésiastique ès matières de sacrement et autres pures spirituelles et ecclésiastiques dont ils pourraient connaître contre lesdits purs laïcs, selon la forme de droit, et aussi sans préjudice de la juridiction temporelle et séculière contre les clercs mariés, faisant et exerçant états ou négociations, pour raison desquels ils sont tenus et accoutumés de répondre en cour séculière, où ils seraient contraints de ce faire, tant ès matières civiles que criminelles, ainsi qu'ils ont fait par ci-devant. — Art. 5. — Les appellations comme d'abus interjetées par les prêtres et autres personnes ecclésiastiques ès matières de discipline ou correction et autres pures personnelles et non dépendantes de réalité, n'ont aucun effet suspensif ; ains nonobstant lesdites appellations et sans préjudice d'icelles, pourront les juges d'église passer outre contre lesdites personnes ecclésiastiques.
(1) Art. 5.
(2) Art. 34.

statué et ordonné, et en ce cas, si la cause est de la juridiction ecclésiastique, elles renvoieront à l'archevêque ou à l'évêque dont l'official aura rendu le jugement ou l'ordonnance qui sera déclaré abusif, afin d'en nommer un autre, ou au supérieur ecclésiastique, si l'ordonnance ou le jugement sont de l'archevêque ou de l'évêque, ou s'il y a des raisons d'une suspicion légitime contre lui (1). » Les dispositions des édits précédents, en ce qui concerne l'effet non suspensif de l'appel et les amendes, furent reproduites. Mais « c'était un frein léger dont les magistrats pouvaient se jouer aisément. Aussi l'abus des appels comme d'abus ne fit que s'accroître (2) ».

446. Destiné en principe à réprimer les empiétements de la juridiction ecclésiastique sur le temporel, l'appel comme d'abus s'était étendu sous l'ancien régime, comme nous l'avons vu, à d'autres causes. Pierre Pithou résume dans les *Libertés de l'Eglise gallicane* les cas dans lesquels il pouvait avoir lieu : « Pour la conservation de ces libertez, dit-il, se peuvent remarquer plusieurs et divers moyens sagement pratiqués par nos ancêtres, selon les occurrences et les temps... Premièrement, etc., quartement, par appellations précises comme d'abus, que nos pères ont dit estre, quand il y a entreprise de juridiction ou attentat contre les saincts décrets et canons receuz en ce royaume, droits, franchises, libertez et privilèges de l'Eglise gallicane, concordats, édits et ordonnances du roy, arrests de son parlement, brefs contre ce qui est non seulement de droit commun, divin ou naturel, mais aussi des prérogatives de ce royaume et de l'Eglise d'iceluy (3). » — « Lequel remède, ajoute-t-il, est réciproquement commun aux ecclésiastiques pour la conservation de leur autorité et juridiction ; si que le promoteur ou autre ayant intérest peut aussi appeler comme d'abus de l'entreprise ou attentat fait par le juge lay sur ce qui lui appartient (4). »

En présence de la généralité des termes sous lesquels se trouvaient désignés les cas d'abus, le clergé de France, dans l'assemblée de 1606, avait demandé qu'il plût au roi désigner tels personnages notables de son conseil et des cours souveraines qu'il aviserait, *pour avec ceux qui seraient choisis de leur corps, régler et éclaircir, tant la forme de prononcer sur les appellations comme d'abus, que les cas esquels elles pourraient être reçues ou répétées.* « Sur quoi, dit Févret, il fut répondu par le roi que les appellations avaient toujours été reçues quand il y avait dérogation ou contravention aux saints décrets, conciles et constitutions canoniques, autorité du roi et droit de juridiction, lois du royaume, immunités, franchises et libertés de l'Eglise gallicane, ordonnances et arrêts des parlements donnés en conséquence d'icelles, et que comme il n'était possible de régler et définir plus particulièrement ce qui provenait de causes si générales, Sa Majesté ordonnait à tous ses parlements de tenir la main soigneusement à ce que les ecclésiastiques ne fussent troublés en leur juridiction par le moyen de ces appellations qualifiées du nom d'abus, pour desquelles retrancher la fréquence, Sadite Majesté voulait que les juges fussent obligés de prononcer par le bien ou mal et abusivement jugé, et de condamner en l'amende de six vingt livres celui qui aurait soutenu un jugement abusif, ou celui qui aurait témérairement appelé d'un procédé légitime et fait sans entreprise de juridiction (5). »

447. L'ordre public étant toujours intéressé dans des questions de cette nature, le procureur général y était toujours partie principale. Un arrêt du parlement de Paris (6) décida que nul expédient, accommodement ou transaction ne pouvait avoir lieu sur l'appel comme d'abus, que de l'avis et du consentement exprès du procureur général de Sa Majesté. En outre, dit d'Héricourt, « les appellations comme d'abus regardent

particulièrement l'intérêt public et le ministère des procureurs généraux ; elles ne sont sujettes ni à la dévotion ni à la péremption. Le temps le plus long, fût-il même de plusieurs siècles, ne couvre point l'abus, et les parties ne peuvent transiger sur l'abus que du consentement des gens du roi, qui sont les parties principales dans ces sortes d'affaires (2). »

Les formes de l'appel comme d'abus étaient solennelles ; les appellations comme d'abus devaient être traitées et poursuivies dans les grand'chambres des parlements (1) ; elles ne devaient être reçues par les parlements qu'autant que l'appelant y était autorisé, ou par des lettres de la chancellerie, ou par arrêt (2). L'abus devait être notoire (3). Les motifs devaient en être spécifiés dans la requête de l'appelant ; la requête devait être signée de deux avocats (4).

Enfin, l'appel comme d'abus avait un effet suspensif, excepté dans les cas où il s'agissait de discipline ecclésiastique. « Les appellations comme d'abus, porte l'ordonnance de 1695 (1), qui seront interjetées des ordonnances et jugements rendus par les archevêques, évêques et juges d'église, pour la célébration du service divin, réparation des églises, achat des ornements, subsistance des curés et autres ecclésiastiques qui desservent les cures, rétablissement et conservation de la clôture des religieuses, corrections des mœurs des personnes ecclésiastiques, et toutes autres choses concernant la discipline ecclésiastique ; et celles qui seront interjetées des règlements faits et ordonnances rendues par lesdits prélats, dans le cours de leurs visites, n'auront effet suspensif, mais dévolutif ; et seront les ordonnances et jugements exécutés, nonobstant lesdites appellations et sans y préjudicier. »

Un autre effet de l'abus était l'amende infligée, soit aux appelants mal fondés, soit au juge ecclésiastique dont la sentence était déclarée abusive.

448. Jusqu'en 1789 l'appel comme d'abus reposait sur les bases qui viennent d'être exposées.

Un décret des 15-24 novembre 1790, sous l'empire de la constitution civile du clergé, réglementa de nouveau l'appel comme d'abus en y introduisant de nombreuses modifications. Il y avait lieu à l'appel comme d'abus lorsqu'aucun métropolitain ou évêque ne voulait accorder la confirmation canonique à l'évêque élu conformément à la constitution (5). Cet appel était porté au tribunal du district dans lequel était situé le siège épiscopal auquel l'élu avait été nommé (6) ; la connaissance des appels comme d'abus appartenait donc, en vertu de cette constitution, aux tribunaux de district.

SECTION II.

CAS D'ABUS.

449. Les articles organiques ont rétabli l'appel comme d'abus, en y apportant d'importantes modifications : la simple déclaration du clergé a remplacé les arrêts du parlement ; et d'un autre côté la compétence du Conseil d'État a succédé en cette matière à celle de ces corps judiciaires (7).

450. On distingue parmi les cas d'abus :
1° Ceux des ministres du culte catholique ;
2° Ceux des ministres du culte protestant ;
3° Ceux des ministres du culte israélite ;
4° Ceux des autorités civiles.

451. Les abus en matière ecclésiastique se subdivisent eux-mêmes. On distingue : 1° l'acte abusif de juridiction ecclésiastique purement spirituelle, ayant trait à une matière

---

(1) Art. 37.
(2) M. de Frayssinous.
(3) Art. 79.
(4) Art. 80. « Si l'on a vu peu d'exemples de ces appels comme d'abus, dit Portalis, c'est que la voie de l'appel simple était ouverte aux ecclésiastiques contre les sentences des juges inférieurs, et que la voie de la cassation leur compétait contre les arrêts des cours. »
(5) *Traité de l'abus.*
(6) Plaid. *de l'avocat général Servin*, t. 1er.

(1) *Lois ecclésiastiques.*
(2) Édit. de 1640.
(3) Édit. de 1438.
(4) Ord. de 1539 ; — Déclarations de 1657 et de 1666.
(5) Art. 4.
(6) Art. 5.
(7) La loi du 18 germinal an X a donné au Conseil d'État, organisé par la constitution du 22 frimaire an VIII, la connaissance des cas d'abus. Depuis cette époque, ce pouvoir a toujours été attribué à la haute assemblée administrative.

de doctrine ou de discipline religieuse ; 2° l'acte abusif, constituant une infraction aux lois spéciales sur le culte, portant atteinte à l'autorité de l'Etat.

Dans le premier cas, le recours contre l'acte abusif a lieu, dans l'ordre de la juridiction spirituelle, suivant les règles déterminées par les lois de l'Eglise pour les appels à porter devant les différents degrés de cette juridiction. Nous n'avons donc pas à nous en occuper ici. Dans le second cas, l'acte abusif peut porter atteinte par certains côtés à des intérêts temporels ; il peut troubler un particulier, laïque ou prêtre, dans ses droits civils ou politiques, dans sa propriété, dans sa dignité ; il peut être contraire à l'ordre public, porter atteinte à l'autorité de l'Etat. Dans ces différentes hypothèses, la loi civile intervient pour protéger les particuliers ou l'Etat contre les entreprises des ministres du culte. On distingue encore parmi les abus de cette catégorie ceux qui sont commis par un supérieur ou par toute autre personne ecclésiastique et ceux qui sont commis par un fonctionnaire public non ecclésiastique.

452. L'article 6 de la loi organique du culte catholique, détermine cinq cas d'abus ecclésiastiques : 1° l'usurpation ; 2° l'excès de pouvoir ; 3° la contravention aux lois et règlements de la République ; 4° l'infraction des règles consacrées par les canons reçus en France ; 5° l'attentat aux libertés, franchises et coutumes de l'Eglise gallicane ; 6° toute entreprise ou tout procédé qui, dans l'exercice du culte, peut compromettre l'honneur des citoyens, troubler arbitrairement leur conscience, dégénérer contre eux en oppression, ou en injure, ou en scandale public.

Il n'est guère possible, comme nous le verrons, d'établir exactement les caractères particuliers de chacun de ces cas d'abus ; plusieurs rentrent l'un dans l'autre. C'est ainsi que le premier comprend toujours le second et le cinquième. Car il y a usurpation ou excès de pouvoir dans toute contravention aux lois et règlements et dans toute entreprise ou tout procédé qui, dans l'exercice du culte, peut compromettre l'honneur des citoyens. De même l'infraction aux règles consacrées par les canons reçus en France se confond avec l'attentat aux libertés, franchises et coutumes de l'Eglise gallicane. Cette distinction ne présenterait, d'ailleurs, aucun intérêt au point de vue pratique, puisque les différents cas d'abus aboutissent tous à la même sanction.

§ 1. — Usurpation.

453. Le premier cas de recours pour abus est l'usurpation de pouvoir. L'usurpation s'entend des empiétements de la juridiction spirituelle sur la juridiction civile, ou réciproquement.

On peut distinguer l'usurpation de pouvoir de l'excès de pouvoir ; l'usurpation contient toujours un excès de pouvoir, mais, ainsi que le fait remarquer M. Batbie, la réciproque n'est pas exacte ; car il y a excès de pouvoir sans que le ministre du culte sorte de ses attributions, il n'y a usurpation, au contraire, que lorsque les représentants de deux juridictions différentes, soit ecclésiastiques toutes les deux, soit l'une civile et l'autre ecclésiastique, s'arrogent également le droit de décider une question qui n'est du ressort que de l'une d'elles.

454. Il faut, par suite, en matière d'usurpation, distinguer deux hypothèses différentes : empiétements d'autorité entre deux pouvoirs ecclésiastiques et empiétements du pouvoir spirituel sur le pouvoir temporel.

Dans la première cas, le recours pour abus existe non seulement contre le clergé, mais au nom et dans l'intérêt du clergé lui-même. C'est ainsi qu'il y aurait usurpation dans le fait par un archevêque de recevoir l'appel interjeté par un évêque suffragant d'un autre archevêque et de statuer sur cet appel. Dans cette hypothèse, la loi fait intervenir le Conseil d'Etat comme tribunal supérieur à l'une et à l'autre juridictions.

455. L'usurpation peut dans ce cas présenter un autre caractère : supposons qu'un curé prononce une condamnation

contre un succursaliste de son canton. Les curés n'ayant sur les desservants aucune autorité, mais un simple droit de surveillance (1), il y aurait dans ce fait entreprise d'un inférieur sur les attributions de son supérieur. M. Batbie (2) pense que pour faire tomber cet excès de pouvoir, il n'y aurait pas lieu d'employer l'appel comme d'abus. « Car, dit-il, le supérieur trouve dans sa position hiérarchique un moyen de défendre ses attributions. En effet, l'article 30 de la loi organique dit positivement que « Les curés sont immédiatement « soumis aux évêques dans l'exercice de leurs fonctions. » L'évêque n'aura donc qu'à annuler la mesure prise par le curé. »

456. Ce recours pour abus, fondé sur des entreprises de la juridiction ecclésiastique sur la juridiction civile, se présente rarement. La raison en est, ainsi que le fait remarquer Portalis dans son rapport, que « le clergé catholique n'a plus la même étendue de juridiction, et que d'une manière générale les affaires religieuses sont plus séparées des affaires civiles (3) ».

Nous citerons, parmi les entreprises d'usurpation du pouvoir spirituel sur le pouvoir temporel, le fait, par l'autorité ecclésiastique, de prétendre connaître d'une question de nullité de mariage qui est d'ordre purement civil.

Un décret, intervenu dans une circonstance semblable, annula la procédure commencée par l'évêque de Savone, que le pape avait chargé d'instruire sur une demande faite par une Italienne, Thérèse de Thoire, mariée à un sieur Mossa, qui s'était plainte de ce qu'elle n'avait été recherchée que dans des vues d'intérêt, et avait demandé au souverain pontife de prononcer la dissolution d'un mariage qui n'avait pas été consommé (4).

457. Il y aurait également usurpation et abus dans le fait, par un évêque, de condamner à une amende. En effet, ainsi que le dit M. Batbie (5), « le payement de l'amende prononcée par la sentence épiscopale n'aurait pas empêché les tribunaux criminels de la prononcer une seconde fois contre le coupable ; et que serait devenue la maxime non bis in idem? Remarquons d'ailleurs que les évêques, n'étant assujettis à aucune limite, seraient armés de la peine connue sous le nom d'amende arbitraire, que la législation moderne a enlevée aux tribunaux ordinaires eux-mêmes.

« L'Eglise, dit Févret, emploie les peines ecclésiastiques de suspension, déposition et excommunication ; la justice royale, les amendes, saisies, séquestration du temporel, emprisonnement et autres plus grandes, s'il y échet (6). » Les peines ecclésiastiques, dit un savant canoniste allemand (7), ne peuvent en général consister que dans la privation des avantages octroyés par l'Eglise, par conséquent au plus dans l'exclusion de la communauté. « La décision épiscopale qui condamnerait à une amende constituerait donc une usurpation sur les tribunaux criminels ».

458. L'usurpation de pouvoir diffère de l'usurpation de fonctions. L'usurpation de fonctions est un crime ou un délit prévu par les articles 258 et 259 du Code pénal ; il consiste à s'attribuer un titre que l'on n'a pas pour faire les actes que le titre donnerait le droit d'exercer. L'usurpation de pouvoir suppose un titre auquel on attache des pouvoirs exorbitants qui ne lui appartiennent pas.

§ 2. — Excès de pouvoir.

459. L'excès de pouvoir est toute infraction de l'autorité spirituelle aux dispositions de la loi qui limite son étendue.

---

(1) Règlement du diocèse de Paris, approuvé par le gouvernement le 25 thermidor an XI et devenu commun aux autres diocèses.
(2) Batbie, cod. loc., p. 35.
(3) Rapport, 5e jour compl. an XI.
(4) 14 juin 1810.
(5) Loc. cit., p. 29.
(6) Févret, t. I, p. 42.
(7) Walter, Manuel de droit ecclésiastique, traduit par DE ROQUEMONT, p. 263.

On peut dire que tout cas d'abus contient un excès de pouvoir plus ou moins caractérisé. En effet, il y a excès de pouvoir et par suite abus toutes les fois que l'auteur de l'acte n'avait pas le droit de le faire ou qu'ayant la puissance de faire l'acte sujet au recours, il a dépassé les limites de son pouvoir.

C'est ainsi qu'il a été décidé qu'un évêque ne pouvait par un mémoire former opposition à un nouveau mode d'administration des séminaires introduit par le ministre des cultes. Un tel acte blesserait les convenances et porterait atteinte à la juridiction épiscopale, à la discipline de l'Église universelle et à celle de l'Église gallicane, confirmée par les lois (1).

460. Il y a abus dans la lettre pastorale d'un évêque par laquelle cet évêque adresse au chef de l'État des réclamations; touchant le temporel de son église et réclame, en qualité de supérieur ecclésiastique appartenant à son église, des immeubles appartenant à l'État en vertu des lois; il y a abus de la part d'un évêque qui, en faisant une déclaration de cette nature, déclare faire un acte de solidarité épiscopale, communique cette déclaration à son chapitre et publie l'adhésion de ce chapitre. Il y a également abus dans la délibération de ce chapitre, en ce qu'il déclare adhérer à cette protestation, et excès de pouvoir, en ce que ce chapitre délibère sur une matière qui n'est pas de sa compétence (2).

461. Il y a excès de pouvoir dans le fait par un évêque de censurer dans un mandement ou une lettre pastorale la politique et les actes du gouvernement, d'y offenser la personne du chef de l'État et d'y faire des rapprochements blessants pour lui (1).

462. Dans le fait par un évêque d'avoir, dans une lettre rendue publique, en réponse aux critiques dirigées contre une de ses actes par le ministre des cultes, contesté les droits qui appartiennent au gouvernement à l'égard des évêques et censuré certains actes attribués au gouvernement et concernant la politique extérieure (1); dans une instruction pastorale où un évêque critique et censure une loi et excite à y désobéir (2); dans une lettre pastorale contenant des critiques d'actes de l'autorité publique (3).

auraient à l'avenir droit ou intérêt d'en connaître, communiquée par lui au chapitre métropolitain, et envoyée à tous les curés du diocèse, a protesté contre notre ordonnance du 13 août 1831, en exécution de laquelle les bâtiments en ruines de l'ancien palais archiépiscopal ont été mis en vente, comme propriété de l'État, à charge de démolition, et réclamé contre la présentation faite par nos ordres, le 21 février dernier, d'un projet de loi ayant pour objet de céder à la ville de Paris les terrains et emplacements dudit palais ; que par ces protestations faites en qualité de supérieur ecclésiastique, il a commis un excès et une usurpation de pouvoir et contrevenu aux lois du royaume;—Considérant que, dans le même écrit pastoral, l'archevêque de Paris, prétendant agir en vertu du son institution, installation et mise en possession canoniques, comme tuteur, gardien, conservateur et défenseur des biens affectés à son Église, a réclamé la remise desdits terrains et emplacements comme faisant partie du patrimoine de l'Église de Paris ; — Qu'en revendiquant, par ces motifs et comme propriété de l'église, des terrains et emplacement qui appartiennent à l'État, il a méconnu l'autorité des lois ci-dessus visées, qui ont réuni au domaine de l'État les biens ecclésiastiques, et lui ont conféré un droit de propriété que n'ont pas modifié les affectations consenties par le Concordat de 1801 et les articles organiques du 18 germinal an X, affectations dans lesquelles les palais archiépiscopaux ne sont pas même compris ; qu'il a méconnu également l'autorité de la charte constitutionnelle, qui a déclaré toutes les propriétés inviolables, sans distinction de celles qu'on appelle nationales, et des lois qui ont fait défense d'attaquer cette inviolabilité ; — Considérant que l'archevêque de Paris, soit en communiquant la susdite déclaration au chapitre métropolitain, en adoptant et publiant l'adhésion de ce chapitre, soit en déclarant qu'il a rempli une obligation de solidarité épiscopale, dans l'intérêt de toutes les églises, attaciné et compromis par le nouveau projet de loi que nous avons fait présenter à la chambre des députés, a commis un excès de pouvoir ; — Considérant que le chapitre métropolitain, en adhérant à la déclaration de l'archevêque de Paris et à tous les motifs qui y sont énoncés, s'est rendu propres les abus qu'elle renferme, et qu'il a de plus commis un excès de pouvoir, en prenant une délibération sur des matières qui ne sont pas de sa compétence et en faisant transcrire sur ses registres ladite délibération ; — Notre Conseil d'État, entendu,... Art. 1er. Il y a abus dans la déclaration de l'archevêque de Paris du 4 mars 1837, et dans tous les actes qui ont eu pour objet de lui donner effet et publicité ; ladite déclaration est et demeure supprimée. Art. 2. Il y a abus dans la délibération du chapitre métropolitain, en date du 6 mars 1837, portant adhésion à la déclaration de l'archevêque de Paris, et dans la transcription de cette délibération sur les registres du chapitre. — Ladite délibération est et demeure supprimée ; la transcription qui en a été faite sur les registres sera considérée comme nulle et non avenue. »

(1) Ord., 4-6 mars 1835 (év. de Moulins). « Les séminaires, quoique placés comme établissements religieux sous l'administration des évêques, sont soumis, comme tous les établissements publics dont ils font partie, à la haute tutelle du gouvernement, à sa surveillance, de même qu'ils puissent de sa protection. Le gouvernement a non seulement le droit, mais le devoir de prescrire les mesures nécessaires pour la conservation des biens de ces établissements, pour la garantie de leur gestion, de fixer les règles de leur comptabilité et de tenir la main à l'exécution de ces mesures et de ces règles. Le décret du 6 novembre 1813 est un règlement d'administration publique rendu en vertu des lois de l'État; il a toute l'autorité de ces lois elles-mêmes; il n'a jamais cessé d'être en vigueur, et il ne renferme que les dispositions nécessaires pour assurer une comptabilité régulière des biens des séminaires, analogues à celle qui a été établie pour les fabriques par le décret du 30 décembre 1809; — Si les évêques de notre royaume sont admis comme tous les citoyens à recourir auprès de nous contre les actes émanés de nos ministres, il n'est point permis à un évêque, dans un mémoire imprimé et adressé aux évêques du royaume, de provoquer de leur part un concert pour s'associer à ses démarches, et de chercher ainsi à donner à ses déclarations et à ses actes un caractère qui les rendrait communs à l'épiscopat tout entier;... s'il appartient à un évêque de nous proposer les modifications ou améliorations qu'il croirait utile d'introduire dans les règlements relatifs à la comptabilité des établissements ecclésiastiques, il ne lui est point permis de provoquer de la part des autres évêques du royaume la désobéissance aux lois et règlements en vigueur; —..... Dans le mémoire ci-dessus visé, livré par lui à l'impression et envoyé par lui à tous les évêques du royaume, comme ayant droit d'en connaître, l'évêque de Moulins a méconnu l'autorité qui appartient à notre gouvernement en vertu des lois du royaume sur les établissements publics et sur la gestion temporelle des biens des établissements religieux. »

(2) Ord., 21 mars 1837. — « Louis-Philippe,... vu le rapport pour lequel le garde des sceaux, ministre secrétaire d'État au département de la justice et des cultes, nous propose de déclarer, de l'avis de notre Conseil d'État, qu'il y a abus dans la déclaration de l'archevêque de Paris, en date du 4 mars 1837, dans la délibération du chapitre métropolitain, en date du 6 du même mois ; — Vu lesdites déclaration et délibération, imprimées à Paris, chez Adrien Leclere, imprimeur de l'archevêché ; — Vu la lettre du 7 mars 1837 par laquelle l'archevêque de Paris adresse à notre ministre des cultes un exemplaire imprimé desdites déclaration et délibération ; — Vu les lettres des 7 et 11 mars 1837, faisant le même envoi à notre ministre des finances, au préfet du département de la Seine ; — Vu la lettre du même ministre des cultes à l'archevêque de Paris, du 17 mars 1837, par laquelle il lui accuse réception d'un exemplaire desdits déclaration et délibération, et lui annonce qu'il les a déférées, par la voie de l'appel comme d'abus, à notre Conseil d'État ; — Vu la Déclaration du clergé de France du 19 mars 1682, et l'édit du même mois, et le sénatus-consulte du 17 février 1810, article 14, et le décret du 25 février 1810 ; — Vu les lois des 2 novembre 1789, 20 avril 1790, 15 mai 1791 ; — Vu les articles 12 et 13 du concordat de 1801, et les articles 8, 71, 72 et 75 de la loi du 18 germinal an X ; — Vu l'article 8 de la charte constitutionnelle ; — Considérant qu'aux termes de la déclaration de 1682, il est de maxime fondamentale, dans le droit public du royaume, que le chef de l'Église, et l'Église même, n'ont reçu de puissance que sur les choses spirituelles, et non pas sur les choses temporelles et civiles ; que, par conséquent, s'il appartient aux évêques du royaume de nous soumettre, relativement aux actes de notre autorité qui touchent au temporel de leurs églises, les réclamations qu'ils croient justes et utiles, ce n'est point par la voie des lettres pastorales qu'ils peuvent exercer ce droit, puisqu'elles ne doivent avoir pour objet que d'instruire les fidèles des devoirs religieux qui leur sont prescrits; — Considérant que l'archevêque de Paris, dans un écrit pastoral publié sous le titre de Déclaration, adressé à tous ceux qui ont ou qui

(1) D. 30 mars 1861. « Napoléon,... sur le rapport de notre ministre de l'instruction publique et des cultes, nous propose de déclarer qu'il y a abus dans le mandement de l'évêque de Poitiers, en date du 22 février 1861 ; — Vu ledit mandement, la dans toutes les églises du diocèse, publié dans divers journaux et mis en vente chez plusieurs libraires à Poitiers et à Paris ; — Vu les observations écrites présentées à notre Conseil d'État, la 18 mars 1861, par l'évêque de Poitiers, sur la communication par lui prise du rapport sus-mentionné ; — Vu l'article 1er de la Déclaration de mars 1682 et les articles 86 et 204 du Code pénal ; — Vu également les articles 6 et 8 de la loi du 18 germinal an X ; — Considérant qu'aux termes de la Déclaration de 1682, il est de maxime fondamentale dans le droit public français, « que le chef de l'Église et l'Église même n'ont reçu de puissance que sur les choses spirituelles et non pas sur les choses temporelles civiles »; que, par conséquent, les lettres pastorales que les évêques peuvent adresser aux fidèles de leur diocèse ne doivent avoir pour objet que de les instruire de leurs devoirs religieux ; — Considérant que, par son mandement du 22 février dernier, l'évêque de Poitiers s'est ingéré de censurer la politique et de critiquer les actes de notre gouvernement ; Considérant que ledit pastoral contient, en outre, une offense à notre personne et des rapprochements propres à alarmer les croyances de nos sujets catholiques ; — Considérant que ces faits constituent un excès de pouvoir, une contravention aux lois de l'Empire et un procédé pouvant troubler arbitrairement la conscience des citoyens ; — Notre Conseil d'État entendu, — avons décrété et décrétons ce qui suit : Art. 1er. Il y a abus dans le mandement de l'évêque de Poitiers, du 22 février 1861. Ledit mandement est et demeure supprimé. »

(1) D. 8 août 1863.

(2) D. 28 avril 1883.

(3) D. 16 mai 1879. — « Le Président, etc. ; — Vu la lettre pastorale adressée, le 13 avril 1879, par l'archevêque d'Aix à son clergé et aux

463. Il y a excès de pouvoir dans le fait par un évêque d'imposer à plusieurs curés, avant leur installation, une renonciation écrite et signée à se pourvoir devant l'autorité civile, dans le cas où il jugerait à propos de les destituer pour causes graves et canoniques (1).

464. Il y a un excès de pouvoir dans le fait par un évêque de s'opposer par une ordonnance et des circulaires à l'exécution des mesures prescrites par le pouvoir civil à l'effet de contrôler la situation financière des caisses de secours de son diocèse. En agissant ainsi l'évêque méconnaît l'autorité qui appartient au gouvernement sur les établissements publics. Car les caisses de secours et les maisons de retraite en faveur des prêtres âgés ou infirmes, quoique placées sous l'autorité directe des évêques, sont des établissements publics et à ce titre soumises à la tutelle du Gouvernement. De ce droit de tutelle découle pour le gouvernement l'obligation de prescrire les mesures nécessaires pour la conservation de leurs biens, la garantie de leur gestion et la régularité de leur comptabilité (2).

465. Il y a excès de pouvoir dans la lettre lue au prône de la grand'messe de toutes les églises de son diocèse, par laquelle un évêque excite au mépris d'une loi lorsque cette lettre renferme une critique violente de la loi et des paroles injurieuses pour le gouvernement (1).

466. Un évêque ne peut adresser officiellement et comme supérieur hiérarchique une lettre aux membres du clergé de son diocèse pour leur indiquer ce qu'il faut penser et faire en présence d'une déclaration ministérielle. Une lettre de cette nature, dans laquelle les termes de la déclaration sont discutés et la politique du gouvernement est critiquée a le caractère d'un écrit politique. L'évêque, n'ayant d'autorité que sur les choses spirituelles, commet un excès de pouvoir lorsqu'il excite son clergé au mépris du gouvernement de la République (2).

467. On ne peut assigner au pouvoir spirituel des limites absolues au delà desquelles se rencontrerait l'excès de pouvoir. La jurisprudence du Conseil d'Etat tend à n'admettre le recours dans ce cas que lorsqu'il y a évidemment excès de pouvoir. C'est ainsi qu'il a rejeté le recours contre un curé qui avait chassé vivement de l'église une femme qui en troublait la tranquillité (3) ; et un autre recours contre un desservant qui avait saisi au collet et repoussé un individu qui lui adressait des paroles inconvenantes (4) ; il a de même refusé d'admettre le recours contre la décision d'un curé qui, dans une circonstance grave n'avait pas permis à des jeunes filles d'accompagner un convoi, et avait fait enlever des emblèmes déposés sur un cercueil (5).

468. Il n'y a pas abus dans le fait par un évêque de refuser à un imprimeur l'autorisation de réimprimer un livre d'Eglise, lors même que l'évêque ne fonde ce refus sur aucun motif relatif à l'ouvrage ou à l'imprimeur, mais sur cette considération générale que s'il accordait la permission deman-

---

fidèles, pour être lue et publiée dans toutes les églises de son diocèse ; — Vu le rapport du ministre de l'intérieur et des cultes du 24 avril 1879 ; — Vu la réponse en date du 27 avril, de l'archevêque d'Aix, à la notification qui lui a été faite dudit rapport ; — Vu l'article 1er de la déclaration du clergé de France du 19 mars 1682, l'édit du même mois et le décret du 25 février 1810 ; — Vu les articles 6 et 8 de la loi organique du 18 germinal an X ; — Considérant qu'il est de maxime fondamentale dans le droit public français que l'église et ses ministres n'ont reçu de puissance que sur les choses spirituelles, et non pas sur les choses temporelles et civiles ; — Que si les évêques ont le droit de soumettre au chef de l'Etat leurs observations sur les choses temporelles qui leur paraissent toucher aux intérêts religieux, et s'ils peuvent, comme citoyens, les présenter par voie de pétition aux pouvoirs législatifs ou les publier par des écrits privés, ce n'est pas sous la forme de lettres pastorales qu'ils peuvent exercer ce droit, puisque ces lettres ne doivent avoir pour objet que d'instruire les fidèles de leurs devoirs religieux ; — Qu'en critiquant dans une lettre pastorale destinée à être lue et publiée dans toutes les églises de son diocèse des actes de l'autorité publique dans lesquels il croyait voir une menace pour la religion et une atteinte à la liberté des pères de famille, l'archevêque d'Aix a excédé les limites que les lois assignent à son pouvoir ; — Le Conseil d'Etat entendu, — Décrète : — Art. 1er. — Il y a abus dans la lettre pastorale de l'archevêque d'Aix du 13 avril 1879. — Ladite lettre pastorale est et demeure supprimée... »
(1) D. 6 avril 1837.
(2) Cons. d'Et. — Déc. 31 mars 1884. — Evêque d'Angers.
Décret 31 mars 1884. — « Le Président, etc. ; — Vu le rapport par lequel le garde des sceaux, ministre de la justice et des cultes, propose de déclarer qu'il y a abus dans l'ordonnance épiscopale rendue, à la date du 15 juillet 1883, par l'évêque d'Angers et dans les circulaires adressées par lui, les 16 août et 4 octobre 1883, aux présidents de fabrique, aux curés et desservants et aux souscripteurs de la caisse de secours pour les prêtres âgés et infirmes dudit diocèse ; — Vu lesdites ordonnances et circulaires ; — Vu la dépêche adressée par le ministre de la justice et des cultes à l'évêque d'Angers, le 8 mars 1884, pour l'informer du recours pour abus, et l'inviter à prendre, au secrétariat du Conseil d'Etat, communication du rapport et à fournir ses observations ; — Vu la réponse de l'évêque d'Angers, en date du 12 mars 1884 ; — Vu les articles 6 et 8 de la loi du 18 germinal an X ; — Vu les décrets des 13 thermidor an XIII, 30 décembre 1809 et 6 novembre 1813 ; — Vu les décrets des 22 mars 1850, 24 janvier 1859 et 13 juin 1883, relatifs à la caisse de secours et à la maison de retraite pour les prêtres âgés ou infirmes du diocèse d'Angers ; — Considérant que les caisses de secours et maisons de retraite en faveur des prêtres âgés ou infirmes, quoique placées sous l'autorité directe des évêques, sont des établissements publics, et, à ce titre, soumises à la tutelle du gouvernement ; — Que de ce droit de tutelle découle pour le gouvernement l'obligation de prescrire les mesures nécessaires pour la conservation de leurs biens, la garantie de leur gestion et la régularité de leur comptabilité ; — Considérant, d'une part, que, dans l'ordonnance et dans les circulaires ci-dessus visées, l'évêque d'Angers, pour s'opposer à l'exécution des mesures prescrites par le pouvoir civil à l'effet de contrôler la situation financière de la caisse de secours de son diocèse, a fait usage d'un autorité épiscopale qu'il n'a pas craint de recourir à une menace d'excommunication ; qu'ainsi il a commis un excès de pouvoirs et méconnu l'autorité qui appartient au gouvernement sur les établissements publics ; — Considérant, d'autre part, qu'il a détourné de leur but les attributions que, qu'ainsi il a menacé de refuser son approbation aux comptes et budgets des fabriques qui ne s'associeraient pas à sa résistance ; — Considérant, en outre, que, par les mêmes actes, il a provoqué un concert entre les prêtres et les souscripteurs des conseils de fabrique de son diocèse, afin de s'opposer au décret susvisé du 13 juin 1883 ; — Considérant que, sous les différents rapports, les actes de l'évêque d'Angers rentrent dans les cas d'abus prévus par l'article 6 de la loi du 18 germinal an X ; — Le Conseil d'Etat entendu, — Décrète : — Art. 1er. — Il y a abus dans les ordonnances et circulaires ci-dessus visées de l'évêque d'Angers. — Art. 2. — Lesdites ordonnances et circulaires sont et demeurent supprimées... »

(1) D. 16 mars 1886. — « Le Président, etc. — Vu le rapport par lequel le ministre de l'instruction publique, des beaux-arts et des cultes se propose de déclarer qu'il y a abus dans la lettre-circulaire adressée par l'évêque de Séez aux prêtres et aux fidèles du diocèse en faveur des écoles libres ; — Vu ladite lettre-circulaire, en date du 23 octobre 1885 ; — Vu la dépêche adressée par le ministre de l'instruction publique, des beaux-arts et des cultes à l'évêque de Séez, le 2 février 1886, pour l'informer du recours pour abus et l'inviter à prendre au secrétariat du Conseil d'Etat communication du rapport sus-visé ; — Vu la réponse de l'évêque de Séez en date du 3 février 1886 ; — Vu les articles 6 et 8 organiques ;
« Considérant que la circulaire pastorale ci-dessus visée dont l'évêque de Séez a ordonné la lecture au prône de la grand'messe dans toutes les églises de son diocèse, n'était pas destinée à instruire les fidèles de leurs devoirs religieux, puisqu'elle tendait à les exciter au mépris de la loi du 28 mars 1882 sur l'instruction primaire ; qu'elle renferme une critique violente de cette loi et des paroles injurieuses pour le Gouvernement ; — Considérant que l'évêque de Séez, en détournant de son véritable objet l'autorité qui ne lui a été confiée que sur les choses d'ordre spirituel, a commis un excès de pouvoirs qui rentre dans les cas d'abus prévus par l'article 6 des lois organiques ; — Le Conseil d'Etat entendu ;
« Décrète : — Art. 1er. Il y a abus dans la circulaire ci-dessus visée de l'évêque de Séez. — Art. 2. Ladite circulaire est et demeure supprimée. »
(2) D. 16 mars 1886. — « Le Président, etc. : — Vu le rapport par lequel le ministre de l'instruction-publique, des beaux-arts et des cultes, propose de déclarer qu'il y a un abus dans la lettre adressée par l'évêque de Grenoble au clergé de son diocèse, le 22 janvier 1886 ; — Vu ladite lettre ; — Vu la dépêche adressée par le ministre de l'instruction publique, des beaux-arts et des cultes, le 2 février 1886, à l'évêque de Grenoble pour l'informer du recours pour abus et l'inviter à prendre connaissance du rapport au secrétariat du Conseil d'Etat ; — Vu la réponse de l'évêque de Grenoble en date du 4 février 1886 ; — Vu les articles 6 et 8 des organiques ; — Considérant qu'il est de maxime fondamentale dans le droit public français que l'Eglise et ses ministres n'ont reçu de puissance que sur les choses spirituelles et non pas sur les choses temporelles et civiles ; — Considérant que la lettre ci-dessus visée a le caractère d'un écrit politique adressé officiellement et comme supérieur hiérarchique par l'évêque de Grenoble aux membres du clergé de son diocèse pour leur indiquer ce qu'il faut penser et faire en présence de la déclaration ministérielle du 16 janvier 1886 ; qu'il discute les termes de cette déclaration et critique d'une façon injurieuse la politique suivie par le Gouvernement ; — Considérant que l'évêque de Grenoble, en usant de l'autorité qui ne lui a été conférée que sur les choses spirituelles pour exciter son clergé au mépris du gouvernement de la République, a commis un excès de pouvoir qui rentre dans les cas d'abus prévus par l'article 6 des lois organiques ; — Le Conseil d'Etat entendu ;
« Décrète : — Art. 1er. Il y a abus dans la lettre susvisée de l'évêque de Grenoble. — Art. 2. Ladite lettre est et demeure supprimée... »
(3) Ord. 25 décembre 1840.
(4) Ord. 18 mars 1841.
(5) Ord. 15 septembre 1843.

déc, il serait bientôt obligé d'en accorder d'autres semblables et que l'exercice de son droit de surveillance deviendrait impraticable (1).

469. Lorsque l'autorité ecclésiastique agit, non plus en cette qualité, mais comme autorité représentant l'État et agissant sous son contrôle, les excès qu'elle peut commettre dans ces conditions ne constituent plus des abus ecclésiastiques, mais des excès de pouvoir ordinaires contre lesquels les intéressés sont seulement fondés à se pourvoir administrativement devant le ministre. Ils agissent, en effet, dans ce cas comme administrateurs subordonnés et non en vertu d'un droit propre.

Ainsi, il n'y a pas abus dans le fait par un archevêque d'annuler les élections à un conseil de fabrique, parce que les électeurs n'avaient pas été en nombre suffisant et qu'en outre ils n'avaient pas qualité pour procéder à ces élections (2).

Le recours formé par les membres du conseil de fabrique contre l'ordonnance de l'évêque qui annulait ces élections s'appuyait sur la jurisprudence constante du Conseil d'État, d'après laquelle le droit de statuer sur la validité des élections d'un conseil de fabrique n'appartient pas à l'autorité ecclésiastique, mais au chef du pouvoir exécutif, sauf le recours au Conseil d'État (3).

470. Au contraire, un évêque aurait le droit d'annuler la concession d'un banc dans une église faite sans l'accomplissement des formalités prescrites par l'article 69 du décret du 30 décembre 1809 (4).

471. Enfin, le Conseil d'État décide qu'un ecclésiastique ne compromet ni l'intérêt des citoyens, en modifiant ou en supprimant des pratiques religieuses établies par tolérance. Ainsi, il a rejeté le pourvoi formé contre un curé qui, pendant l'office, avait forcé un individu à quitter sa place et son costume de confrérie (1).

472. Lorsque les supérieurs ecclésiastiques se renferment dans les limites de leur compétence, l'acte qu'ils accomplissent ne peut constituer un abus que dans le cas où il y aurait excès de pouvoir dans l'exercice des attributions ecclésiastiques. Ainsi, il n'y a pas abus dans le fait par un évêque de défendre l'usage ou la vente d'un paroissien, et de s'engager par traité à refuser l'autorisation épiscopale à tout autre éditeur que celui avec lequel il a traité (2) ; dans la révocation d'un desservant par un évêque (3), les desservants étant nommés par les évêques et révocables *ad nutum* sans recours au métropolitain.

§ 3. — Contravention aux lois et règlements de la République.

473. Le deuxième cas d'abus est la contravention aux lois et règlements de la République. Il est fondé sur cette maxime de droit public français empruntée à la Déclaration de 1682 que « le chef de l'Église et l'Église même n'ont reçu de puissance que sur les choses spirituelles, et non pas sur les choses temporelles et civiles. »

La contravention aux lois et règlements de la République s'applique aux contraventions : 1° aux règles du Concordat et à celles des articles organiques ; 2° aux articles organiques ; 2° aux autres lois qui règlent l'exercice du culte ou qui s'y rapportent ; 3° à toutes les lois en général ; 4° aux règlements légalement faits.

474. La contravention aux lois et règlements de la République est toujours comprise dans l'excès de pouvoir, mais elle peut exister sans qu'il y ait excès de pouvoir ; ainsi tandis qu'une censure de la politique du gouvernement constitue un cas d'abus fondé sur l'excès de pouvoir et sur la contravention aux lois et règlements de la République, des allusions offensantes pour le chef de l'État constituent, sans qu'il y ait excès de pouvoir, une contravention aux lois de la République.

En raison de ce que la contravention aux lois et règlements de la République comprend fréquemment un excès de pouvoir, nous trouverons citées à propos de ce troisième cas d'abus diverses décisions précédemment relevées à l'occasion de l'excès de pouvoir.

475. Il y a abus pour contraventions aux règles du Concordat et à celles des articles organiques dans le fait par un évêque d'imposer à des curés, avant leur installation, une renonciation écrite et signée à se pourvoir devant l'autorité

---

(1) Ord. 30 mars 1842. — « Louis-Philippe : — Vu le recours adressé à notre garde des sceaux pour nous être transmis en notre Conseil d'État par le sieur Louis-Auguste Lallemand, imprimeur à Verdun (Meuse), appelant comme d'abus du refus qui lui a fait le sieur Auguste-Jean Letourneau, évêque de Verdun, de l'autoriser à imprimer les livres d'église à l'usage du diocèse, et tendant à ce qu'il nous plaise, statuant sur ledit recours, déclarer qu'il y a abus dans les faits imputés audit évêque ; — Vu la loi du 18 germinal an X et le décret du 7 germinal an XIII ; — Considérant que le fait imputé à l'évêque de Verdun ne constitue pas abus ; — Art. 1er. Le recours du sieur Lallemand est rejeté. »

(2) D. 8 mars 1844, arch. Paris. — « Louis-Philippe, —Sur le rapport du comité de législation ; — Vu le recours comme d'abus formé par les sieurs baron Fréteau de Pény, pair de France ; baron de Montgardé, baron de Saint-Geniez ; Alletz et de Blignières, anciens membres du conseil de fabrique de la paroisse de Saint-Louis-d'Antin, contre une ordonnance de l'archevêque de Paris en date du 2 octobre 1842, qui, se fondant sur le motif que la fabrique a perdu toute existence légale, nomme cinq nouveaux membres pour reconstituer ledit conseil de fabrique, en vertu de l'article 12 de l'ordonnance royale du 12 janvier 1825 ; — Vu le rapport de notre garde des sceaux ; — Vu l'ordonnance archiépiscopale du 2 octobre 1842 ; — Vu l'arrêté du 8 novembre 1842, par lequel le préfet de la Seine nomme quatre membres pour compléter la réorganisation du conseil de fabrique de Saint-Louis-d'Antin ; — Vu une note remise à notre garde des sceaux, sur l'ordonnance archiépiscopale du 2 octobre 1842, par les anciens membres du conseil de fabrique ; — Vu la lettre adressée à notre garde des sceaux par l'archevêque de Paris le 28 novembre 1842; —Vu la lettre du préfet de la Seine du 5 janvier 1843 et la lettre adressée au magistrat, le 16 décembre 1842, par le maire du 1er arrondissement de Paris ; — Vu le mémoire en consultation sur l'ordonnance archiépiscopale du 2 octobre 1842, ledit mémoire transmis à notre garde des sceaux par l'archevêque de Paris, et la lettre du prélat du 18 février 1843 ; — Vu la lettre adressée à notre garde des sceaux, le 27 avril 1843, par les anciens membres du conseil de fabrique, signataires de la requête en appel comme d'abus ; — Vu deux nouvelles lettres de l'archevêque de Paris à notre garde des sceaux des 29 mai et 8 juin 1843 ; — Vu deux mémoires et un mémoire en consultation fournis par les réclamants ; — Vu une lettre de notre garde des sceaux en date du 22 janvier 1844, qui transmet au vice-président de notre Conseil d'État un nouveau mémoire de l'archevêque de Paris et les copies de deux lettres, l'une du baron de Bruno, membre du conseil de fabrique, l'autre du curé de Saint-Louis-d'Antin ; — Vu toutes les autres pièces jointes au dossier ; — Vu la loi du 18 germinal an X ; — Vu le décret du 30 décembre 1809 ; — Vu l'ordonnance royale du 12 janvier 1825; « Considérant que l'ordonnance du 2 octobre 1842 a été rendue par l'archevêque de Paris dans l'exercice des pouvoirs administratifs qui lui ont été conférés par les lois, sous le contrôle et l'autorité du Gouvernement ; — qu'à supposer qu'elle eût fait une fausse application des lois, et ordonnances relatives à la nomination des membres des conseils de fabrique, cette fausse application ne rentre point dans les cas d'abus prévus et déterminés par l'article 6 de la loi du 18 germinal an X ; — que les réclamants peuvent, s'ils le jugent convenable, se pourvoir contre ladite ordonnance par les voies ordinaires ; « Notre Conseil d'État entendu ;... — Art. 1er. Le recours des sieurs baron Fréteau de Pény, baron de Montgardé, baron de Saint-Geniez, Alletz et de Blignières est rejeté... »

(3) Ord. 20 mai 1830; 11 octobre 1833; 20 octobre 1834; 31 décembre 1837; 30 septembre 1839.

(4) C. d'Ét. — Ord. 16 décembre 1840, s. et d. de Lagrasserie contre l'archevêque de Rennes.

(1) Déc. 7 août 1829.

(2) Déc. 10 février 1830.

(3) Ord. 28 octobre 1829. — « Charles, etc. ; — Vu le rapport de notre ministre secrétaire d'État au département des affaires ecclésiastiques, sur le pourvoi formé par le sieur Bon, prêtre, ancien desservant à Sept-Meules, département de la Seine-Inférieure, tendant à ce qu'il nous plaise déclarer abusive la sentence d'interdiction qui aurait été prononcée contre lui, le 25 novembre 1827, sans que les dispositions des lois organiques relatives à l'application de cette peine aient été observées, ce faisant, lever l'interdiction qui pèse sur lui et le réintégrer dans ses fonctions... — Vu la lettre en date du 23 novembre 1827, par laquelle l'abbé Bruno, vicaire général de notre cousin le cardinal-archevêque de Rouen, prévient le sieur Bon que le prélat l'a interdit de toutes ses fonctions ecclésiastiques, *etiam a sacris*, pour tout son diocèse...; Considérant, en ce qui touche la révocation du titre de desservant, qu'aux termes des articles 31 et 63 de ladite loi, les desservants sont nommés par l'évêque diocésain et révocables par lui ; — Considérant, en ce qui touche la défense d'exercer les fonctions sacerdotales, que le requérant ne justifie ni qu'il ait été incorporé dans le diocèse de Rouen, ni qu'il y ait été pourvu d'un titre permanent ; que l'exercice des fonctions sacerdotales et révocables du desservant ne peut équivaloir à un acte d'incorporation, et que, dès lors, l'archevêque a pu interdire au sieur Bon l'exercice des fonctions sacerdotales aussi longtemps que ce prêtre résiderait dans son diocèse ; — Art. 1er. La requête à nous présentée au nom du sieur Bon, prêtre, ancien desservant à Sept-Meules, département de la Seine-Inférieure, est rejetée. »

Ord. 16 janvier 1846; — D. 30 novembre 1868. »

civile, dans le cas où il jugerait à propos de les destituer pour des causes graves et canoniques (1); dans le fait de modifier, sans autorisation du gouvernement, la constitution du chapitre d'une église cathédrale, telle qu'elle avait été établie par statuts approuvés par des ordonnances ou des décrets (2); dans le fait, par un évêque, de lire en chaire la partie non autorisée d'une encyclique (3); dans celui d'avoir publié, sans autorisation, un acte émané de la Cour de Rome (4) et notamment une encyclique, et d'avoir donné autorité à cet acte et d'en avoir permis l'exécution dans le diocèse (5); dans la publication et dans l'exécution données par un évêque sans autorisation du gouvernement à des décisions de la Cour de Rome érigeant une église en basilique mineure et autorisant le couronnement d'une statue (6).

476. Il y a abus pour contraventions aux lois autres que le Concordat, mais qui règlent l'exercice du culte ou qui s'y rapportent dans le fait par un ministre du culte de lever un corps et de l'accompagner hors de l'église sans l'autorisation préalable de l'officier de l'état civil, ou de procéder à la célébration d'un mariage sans justification préalable du mariage contracté devant l'officier de l'état civil, contrairement aux dispositions du décret du 4 thermidor an XIII et des articles 199 et 358 du Code pénal (7).

477. Les expressions de contravention aux lois et aux règlements de la République ne se rapportent pas seulement aux contraventions aux lois spéciales qui régissent les cultes; elles s'appliquent à toutes les lois de l'État comme aux lois sur les matières ecclésiastiques. Portalis donne sur ce point l'explication suivante : « D'abord c'est un principe incontestable, dit-il, qu'en devenant prêtre on ne cesse pas d'être citoyen, et que, conséquemment, les prêtres doivent être soumis aux lois et règlements de l'État, comme le sont les citoyens ordinaires. Toute contravention commise par un ecclésiastique contre les lois et règlements de l'État est donc un véritable abus et même un délit, selon l'importance et la gravité des circonstances et de la matière dont il s'agit. — Ainsi, et comme citoyens et comme prêtres, les ministres du culte sont obligés de se conformer aux lois et aux règlements émanés de la puissance publique sur les matières ecclésiastiques, et toute contravention à ces lois ou règlements est incontestablement un abus qui autorise le recours au souverain... Quand on a dit qu'on ne peut contrevenir aux lois sans abus, cela ne doit et ne peut s'entendre que des lois qui concernent les prêtres dans l'exercice de leur ministère... La contravention suppose que l'on a désobéi à une loi que l'on était obligé de suivre dans la position où l'on se trouvait et dans l'acte que l'on a fait. »

478. Cette cause de recours a surtout pour but de réprimer l'abus que l'autorité ecclésiastique ferait de son pouvoir pour blâmer ou critiquer les lois. Sans doute un ecclésiastique a le droit de publier un écrit où une loi serait appréciée et même critiquée, car la liberté de la presse existe pour lui comme pour tous les citoyens. Il aurait également le droit d'adresser une pétition au pouvoir législatif pour demander l'abrogation ou la modification d'une loi; il pourrait même provoquer l'initiative du gouvernement à ce sujet. Mais il ne pourrait attaquer la loi par un acte fait dans l'exercice du culte, par exemple par un mandement, sans commettre un abus. C'est là un des cas d'abus dont les ecclésiastiques se rendent fréquemment coupables; chargés de veiller sur la pensée, sur la volonté, sur la conscience de l'homme, ils se croient tout

naturellement appelés à régler ses intérêts extérieurs et matériels.

Le Conseil d'État a eu à se prononcer, à plusieurs reprises, sur des abus que l'autorité ecclésiastique a faits de son pouvoir pour blâmer ou critiquer les lois. C'est ainsi qu'il a reconnu qu'il y avait abus dans le fait par un évêque d'adresser aux fidèles de son diocèse des lettres pastorales critiquant les actes du gouvernement, ce fait constituant une contravention à la Déclaration de 1682, qualifiée loi de l'État (1).

479. Il a décidé également qu'il y avait abus dans un écrit signé par des archevêques et évêques, et adressé par eux, non seulement aux prêtres et aux fidèles de leurs diocèses respectifs, mais encore aux prêtres et aux fidèles de tous les diocèses de la France, par la voie des journaux quotidiens et par une brochure répandue dans tous les départements, lorsque cet écrit, qui est le résultat d'un concert entre des évêques et d'une résolution prise en commun, n'a point pour objet d'enseigner aux fidèles leurs devoirs religieux, mais de leur donner des instructions politiques; dans la lettre au ministre des cultes par laquelle un prélat conteste au gouvernement le droit de faire respecter par les évêques les obligations à eux imposées par les lois, et censure les actes attribués au Gouvernement et concernant la politique extérieure (2).

---

(1) D. 6 avril 1857.
(2) Ibid.
(3) D. 8 février 1865.
(4) D. 28 avril 1883 ; 9 juin 1883.
(5) D. 24 mars 1886.
(6) D. 13 décembre 1879.
(7) Cass. 29 décembre 1842. — « La Cour, — Attendu que les faits qui ont motivé la poursuite étaient relatifs à l'exercice du ministère ecclésiastique du prévenu ; que, dès lors, la contravention aux dispositions des articles 199 et 358, Code pénal, rentrait dans les cas prévus par les articles 6, 7 et 8 combinés du décret du 18 germinal an X. D'où il suit qu'en le jugeant ainsi, le jugement attaqué, régulier en la forme, s'est conformé à ces articles et n'a violé aucune loi ; — Par ces motifs, rejette, etc. »

(1) D. 30 mars 1861. — « Napoléon, — ... Sur le rapport de notre ministre de l'instruction publique et des cultes, par lequel il nous propose de déclarer qu'il y a abus dans le mandement de l'évêque de Poitiers, en date du 22 février 1861 ; — Vu ledit mandement, lu dans toutes les églises du diocèse, publié dans divers journaux et mis en vente chez plusieurs libraires à Poitiers et à Paris;
« ... Considérant qu'aux termes de la déclaration de 1682, il est de maxime fondamentale dans le droit public français : « que le chef de l'Église et l'Église même n'ont reçu de puissance que sur les choses spirituelles et non pas sur les choses temporelles et civiles, » que, par conséquent, les lettres pastorales que les évêques peuvent adresser aux fidèles de leur diocèse ne peuvent avoir pour objet que de les instruire de leurs devoirs religieux ; — Considérant que, par son mandement du 22 février dernier, l'évêque de Poitiers s'est ingéré de censurer la politique et de critiquer les actes de notre gouvernement ; — Considérant que cet écrit pastoral contient, en outre, une offense à notre personne et des rapprochements propres à alarmer les croyances de nos sujets — Considérant que ces faits constituent un excès de pouvoir, une contravention aux lois de l'empire et un procédé pouvant troubler arbitrairement la conscience des citoyens ;
« ... Art. 1er. Il y a abus dans le mandement de l'évêque de Poitiers, du 22 février 1861, — Ledit mandement est et demeure supprimé.
(1) D. 16 août 1863 (arch. Cambrai, Tours, etc). — « Napoléon,- Sur le rapport de la section de législation, justice et affaires étrangères ; — Sur la proposition de notre ministre de l'instruction publique et des cultes, en date du 11 juin 1863 ; — Vu l'écrit ayant pour titre : Réponse de plusieurs évêques aux consultations qui leur ont été adressées relativement aux élections prochaines, ledit écrit signé par les archevêques de Cambrai, de Tours, de Rennes, et les évêques de Metz, de Nantes, d'Orléans, et de Chartres, et publié dans tout l'empire sur une feuille des journaux quotidiens et en forme de brochure ; — Vu la lettre adressée par notre ministre de l'instruction publique et des cultes à chacun desdits archevêques et évêques, à la date du 31 mai dernier, et insérée au Moniteur; — Vu la lettre en réponse écrite, le 4 juin suivant, par l'archevêque de Tours au même ministre, insérée dans les journaux quotidiens et publiée en brochure ; — Vu l'article 1er de la déclaration de 1682 ; — Vu les articles 4, 6, 8 et 59 de la loi organique du Concordat du 18 germinal an X ; — Vu la bulle du 3 des calendes de décembre 1801 et le décret apostolique du 9 avril 1802, insérés au Bulletins des lois ; — Considérant que c'est un principe établi de tout temps par le droit canonique et consacré encore par la bulle et le décret qui ont fixé la nouvelle circonscription des diocèses, que les pouvoirs des évêques sont strictement renfermés dans les limites de cette circonscription, et ne peuvent être exercés qu'envers les fidèles de leurs diocèses respectifs; — Considérant que les archevêques et évêques ne peuvent délibérer ensemble ni prendre de résolutions communes sans la permission expresse du gouvernement ; — Considérant qu'aux termes de la Déclaration de 1682, il est de maxime fondamentale dans le droit public français que le chef de l'Église et l'Église même n'ont reçu de puissance que sur les choses spirituelles et non pas sur les choses temporelles et civiles ; que, par conséquent, les lettres pastorales que les évêques peuvent adresser aux fidèles de leurs diocèses seulement ne doivent avoir pour objet que de les instruire de leurs devoirs religieux ; — Considérant que l'écrit susvisé a été adressé par les archevêques et évêques signataires, non seulement aux fidèles et aux prêtres de leurs diocèses respectifs, mais encore aux fidèles et aux prêtres de tous les diocèses de l'empire français, par la voie des journaux quotidiens et une brochure répandue dans tous les départements ; — Considérant que cet écrit est évidemment le résultat d'un concert et l'œuvre d'une résolution prise en commun; — Considérant qu'il n'a nullement pour objet d'enseigner aux fidèles leurs devoirs religieux ; qu'il ne donne réellement que des instructions politiques ; — Relativement à la lettre de l'archevêque de Tours ; — Considérant que cette lettre conteste au gouvernement le droit de faire respecter par les évêques les obligations à eux imposées par les

480. Dans le fait par un évêque de demander les améliorations et les changements qu'il croit utiles à la religion (1).

481. Dans le fait par un évêque de critiquer par une lettre pastorale, destinée à être lue et publiée dans les églises de son diocèse, les actes de l'autorité publique dans lesquels il croirait voir une menace pour la religion et une atteinte à la liberté des pères de famille. Il y a dans cet acte excès des limites que les lois assignent à son pouvoir. L'évêque a sans doute le droit de soumettre au chef de l'État ses observations sur les choses temporelles qui lui paraissent toucher aux intérêts religieux, et il peut, comme citoyen, les présenter par voie de pétition aux pouvoirs législatifs ou les publier par voie d'écrits privés. Mais ce n'est pas sous la forme de lettres pastorales qu'il peut exercer ce droit, puisque ces lettres ne doivent avoir pour objet que d'instruire les fidèles de leurs devoirs religieux (2).

482. Il y a abus dans le fait par un évêque d'avoir adressé officiellement et comme supérieur hiérarchique, aux membres de son clergé, une lettre présentant les caractères d'un écrit politique pour indiquer ce qu'il faut penser, faire et prescrire au sujet d'une décision ministérielle, et pour critiquer d'une manière injurieuse les actes du gouvernement (3) ; dans le fait par un évêque d'avoir adressé une circulaire pastorale destinée à être lue au prône, dans laquelle les fidèles sont invités au mépris d'une loi, et renfermant une violente critique de cette loi et des paroles injurieuses pour le gouvernement (4).

483. L'évêque commet également un abus, lorsqu'il adresse une lettre pastorale aux fidèles d'un certain nombre de paroisses, dans lesquelles le payement des traitements des curés et desservants a été supprimé par le gouvernement, pour dénaturer le caractère et la portée de la décision ministérielle et pour critiquer cette mesure qui est un acte de l'autorité publique. Un tel usage d'un procédé pouvant troubler arbitrairement les consciences lorsqu'il fait naître dans l'esprit des fidèles la crainte de la suspension du service religieux, alors que toute paroisse légalement établie doit être desservie et qu'il appartient à l'évêque d'y pourvoir, selon l'exigence des cas, toutes les fois que, pour une cause quelconque, ce service ne peut être assuré par le titulaire (5).

484. Le Conseil d'État a décidé qu'il y avait abus dans le discours tenu en chaire par un ecclésiastique qui blâmerait les actes du gouvernement ou contesterait l'autorité des lois, et que le prêtre pouvait ne pas être renvoyé devant les tribunaux lorsqu'il avait rétracté devant l'évêque le propos répré-

hensible qu'il s'était permis et lorsqu'il s'était engagé à renouveler sa rétractation en chaire (1).

485. La contravention aux règlements est placée par l'article 6 de la loi organique sur la même ligne que la contravention aux lois. On entend par règlements les règlements légalement faits par les autorités auxquelles la loi en donne le pouvoir : on sait que diverses dispositions de la loi organique (2) et du décret du 30 décembre 1809 (3) donnent aux évêques et aux fabriques le droit de faire certains règlements, que l'autorité municipale a le droit de publier des règlements et des arrêtés en vertu du droit de police qui lui appartient et que le Code pénal (4) punit la contravention à ces règlements légalement faits par l'autorité administrative.

Il y aurait, par conséquent, abus si un prêtre recevait des droits plus élevés que ceux fixés aux tarifs des oblations, qu'il appartient aux évêques de rédiger et qui ne peuvent être publiés et mis à exécution qu'après avoir été approuvés par le gouvernement (5). Mais il n'y aurait abus que si l'oblation avait été arrachée par un mauvais usage de l'autorité, car il n'est pas interdit aux prêtres de recevoir des dons volontaires (6).

486. Il y aurait également abus dans le fait par un curé ou desservant de faire sortir une procession de l'église, malgré un arrêté municipal interdisant les processions sur la voie publique (7).

(1) Ord. 16 décembre 1830 (Lapierre et Cers). — « Louis-Philippe ; — Vu le rapport de notre ministre secrétaire d'État au département de l'instruction publique et des cultes, sur la demande du préfet de Tarn-et-Garonne, ayant pour objet d'obtenir que le nommé Lapierre, curé de Saint-Orens à Ville-Bourbon, faubourg de Montauban, et Cers, son vicaire soient traduits devant les tribunaux comme prévenus d'avoir tenu en chaire, les 31 octobre et 1er novembre derniers, des discours propres à exciter à la haine et au mépris du Gouvernement ; — Vu les renseignements joints audit rapport ; — Vu l'article 8 de la loi du 8 avril 1802.

« Considérant que le curé a rétracté devant son évêque le propos répréhensible qu'il s'est permis, et s'est engagé à renouveler sa rétractation en chaire ; Notre Conseil d'État entendu, nous avons ordonné, etc. : — Art. 1er. Il n'y a pas lieu à exercer des poursuites judiciaires contre le sieur Lapierre, curé de Saint-Orens à Moutauban. — Art. 2. Notre procureur général près la Cour royale de Toulouse est autorisé à poursuivre devant les tribunaux compétents le sieur Cers, vicaire de ladite paroisse, à raison des discours qu'il a prononcés en chaire le 1er novembre dernier. »

(2) Art. 23, 48, 49, 69.
(3) Art. 20 et 33.
(4) Art. 471, n° 15.
(5) L. 18 germinal an X, art. 69.
(6) Ord. 4 mars 1830.
(7) Ord. 17 août 1842. — « Louis-Philippe, etc ; — Vu la loi du 18 germinal an X et celle du 18 juillet 1837 ; — En ce qui touche le recours formé par le sieur Moreau, curé de Saint-Bénigne ; — Considérant qu'il appartenait au maire de Dijon de prendre, sous l'autorité de l'administration supérieure, l'arrêté qui donne lieu au recours ; que ledit arrêté est une mesure de sûreté et de police qui ne porte atteinte ni à l'exercice du culte ni à la liberté que les lois et règlements garantissent à ses ministres ; — En ce qui touche le recours formé par le commissaire de police de Bays : — Considérant que l'arrêté précité du maire de Dijon n'a été annulé par le préfet de la Côte-d'Or que postérieurement à la sortie de la procession ; qu'aussi longtemps que cette annulation n'était point notifiée, le curé de Saint-Bénigne était tenu d'obtempérer audit arrêté ; — Art. 1er. Est rejeté le recours formé par le sieur Moreau, curé de Saint-Bénigne à Dijon. — Art. 2. Il y a abus dans le fait imputé au sieur Moreau, curé de Saint-Bénigne à Dijon. — Ar. 3. Le surplus des conclusions du recours formé par le commissaire de police de Bays est rejeté. »

D. 17 août 1880. — « Le Président de la République française, sur le rapport de la section de l'intérieur... ; — Vu le recours formé par le préfet de Maine-et-Loire, enregistré au secrétariat général du Conseil d'État, le 9 juillet 1880, et tendant à ce qu'il plaise au Conseil d'État de déclarer l'abus résultant des faits y énoncés contre le sieur Pineau, desservant de la paroisse de Sainte-Mélaine, et autoriser les poursuites à fins pénales qui pourraient être intentées audit desservant par le ministère public ; — Vu l'arrêté du maire de Sainte-Mélaine, en date du 24 mai 1880 ; — Vu les procès-verbaux de contravention dressés contre le sieur Pineau les 30 mai et 6 juin suivants ; — Vu le rapport du ministre de l'intérieur et des cultes en date du 8 juillet ; — Vu l'article premier de la Convention du 26 messidor an IX et les articles 6, 7, 8 et 45 de la loi du 18 germinal an X ; — Ensemble les pièces du dossier ;

« En ce qui touche la déclaration d'abus : — Considérant qu'en prenant, à la date du 24 mai 1880, un arrêté interdisant d'une manière générale, les procession publiques, arrêté qui est devenu immédiatement obligatoire par le fait de l'approbation préfectorale, le maire de Sainte-Mélaine n'a pas dépassé la limite des attributions de police qu'il tient de la loi ; qu'en effet, si l'article 45 de la loi du 18 germinal an X au-

lois de l'empire ; — Considérant qu'elle contient une censure de certains actes attribués au gouvernement et concernant la politique extérieure ; que, sous ce double rapport, elle constitue une contravention aux lois de l'empire et un excès de pouvoir :

« Notre Conseil d'État entendu, ... Art. 1er. Il y a abus dans l'écrit ayant pour titre : Réponse de plusieurs évêques aux consultations qui leur ont été adressées relativement aux élections prochaines, signé et publié par les archevêques de Cambrai, de Tours, de Rennes, et les évêques de Metz, de Nantes, d'Orléans et de Chartres. — Ledit article est et demeure supprimé. — Art. 2. Il y a abus dans la lettre adressée à notre ministre de l'instruction publique et des cultes par l'archevêque de Tours le 4 juin dernier. Ladite lettre est et demeure supprimée. »

(1) Ord. 10 janvier 1824. — « Louis, etc. — Nous nous sommes fait représenter une lettre pastorale de notre cousin le cardinal archevêque de Toulouse en date du 15 octobre 1823, imprimée dans la même ville chez Augustin Manavit ; — Et nous avons considéré que, s'il appartient aux évêques de notre royaume de nous demander les améliorations et les changements qu'ils croient utiles à la religion, ce n'est point par la voie de lettres pastorales qu'ils peuvent exercer ce droit, puisqu'elles ne sont adressées qu'aux fidèles de leur diocèse et ne doivent avoir pour objet que de les instruire des devoirs religieux qui leur sont prescrits ; que notre cousin le cardinal archevêque de Toulouse a publié, sous la forme d'une lettre pastorale, des propositions contraires au droit public et aux lois de notre royaume, aux prérogatives et à l'indépendance de notre couronne ;

« Sur le rapport de notre ministre de la justice, et de l'avis de notre Conseil d'État, nous avons déclaré et déclarons, ordonné et ordonnons ce qui suit : — Art. 1er. Il y a abus dans la lettre pastorale de notre cousin le cardinal archevêque de Toulouse ; en conséquence ladite lettre est et demeure supprimée. »

(2) D. 16 mai 1879.
(3) D. 16 mars 1886 (év. Grenoble).
(4) D. 16 mars 1886 (év. Séez).
(5) D. 12 février 1886 (év. de Pamiers).

487. Il y a également abus dans le fait par un curé de refuser au maire l'accès du clocher à l'effet de sonner les cloches pour un service civil.

§ 4. — Infraction aux règles consacrées par les canons reçus en France.

488. L'infraction aux règles consacrées par les canons reçus en France constitue le troisième cas d'abus. On entend par *canons reçus en France* ceux qui ont été régulièrement publiés dans le territoire français, soit par notre ancienne, soit par notre nouvelle législation, en vertu des règles anciennement établies en France. Il convient de remarquer qu'il s'agit, dans ce cas d'abus, non pas de la violation des canons reçus en France, mais de la violation des règles des canons

reçus en France, qui ont été consacrées par les articles organiques (1). Les membres du Conseil d'Etat ne connaissant pas les canons de l'Eglise, et n'ayant pas d'ailleurs la mission de les interpréter, c'est ordinairement en matière de peines ecclésiastiques de la discipline extérieure que cette assemblée est appelée à faire application de ce cas d'abus. Ces peines sont notamment la déposition d'un curé inamovible, l'interdiction *a sacris*, l'interdiction du port du costume ecclésiastique. Le conseil n'examine pas la question au fond, il ne s'occupe que de savoir si la peine est canonique et si elle a été prononcée suivant les formalités de la procédure.

489. Il y aurait, par exemple, abus pour violation des canons relatifs à l'inamovibilité des curés dans le fait par un évêque d'exiger, au moment de leur nomination, des démissions écrites qui les transformeraient en simples desservants révocables *ad nutum* (2).

490. Une ordonnance du Conseil d'Etat (3) rejetant un recours formé par un prêtre contre l'acte de son évêque qui l'avait interdit de toutes fonctions ecclésiastiques, porte que « l'interdit est une peine canonique dont l'application fait partie des attributions de l'autorité épiscopale..... et ne rentre dans aucun des cas d'abus prévus par l'article 6 de la loi du 18 germinal an X ».

491. Le prêtre frappé d'interdit par son évêque est mal fondé dans son recours au Conseil d'Etat par voie d'appel comme d'abus, lorsque les formalités substantielles de la procédure ont été remplies (4) et tant que la sentence épiscopale n'a pas été préalablement déférée au métropolitain (5).

492. Il n'est pas nécessaire que l'interdiction soit prononcée avec les formalités substantielles et par un jugement préalable lorsqu'elle ne porte que sur les pouvoirs de prêcher

---

torise implicitement les processions publiques dans les communes où il n'existe pas de temple affecté à un autre culte, cette disposition ne fait pas obstacle aux mesures que les maires croient devoir prendre dans l'intérêt de la circulation ou pour prévenir des désordres ; que le droit de police de l'administration a été expressément réservé par l'article 1er de la convention du 26 messidor an IX, qui a admis la publicité du culte catholique; qu'ainsi l'arrêté municipal du 24 mai n'a porté aucune atteinte à l'exercice public du culte catholique, tel qu'il a été autorisé en France, et à la liberté que les lois et règlements garantissent à ses ministres ; — Considérant qu'à la date des 30 mai et 6 juin, le sieur Pineau a fait sortir une procession de l'église; qu'il a tenté d'avancer sur la voie publique et qu'il n'a cédé qu'aux injonctions de l'autorité, accompagnées de sommations et de roulement de tambour ; qu'en contrevenant ainsi par deux fois à un arrêté municipal légalement obligatoire, il a commis l'abus de contravention aux lois et règlements de la République spécifié dans l'article 6 de la loi du 18 germinal an X ; — Considérant qu'à la date du 30 mai, ledit sieur Pineau, par des paroles prononcées dans l'église a provoqué à la désobéissance à un acte de l'autorité publique, délit prévu et puni par l'article 202 du Code pénal ; — Considérant que le 6 juin, au lieu de se retirer après le roulement de tambour qui a précédé la deuxième sommation, il a prononcé un discours contenant la censure d'un acte de l'autorité publique ; — qu'il a ainsi commis le délit prévu et puni par l'article 5 de la loi du 7 juin 1848 et le délit prévu et puni par l'article 202 du Code pénal ;

« En ce qui touche l'autorisation des poursuites : — Considérant qu'en spécifiant dans ses articles 6 et 7 les divers cas d'abus, la loi du 18 germinal an X n'a eu ni pour but ni pour effet d'édicter des garanties en faveur des ecclésiastiques pour ceux de leurs actes qui tomberaient sous l'application des lois pénales ;

« Le Conseil d'Etat entendu, — Décrète : — Art. 1er. Il y a abus dans les faits ci-dessus relatés et imputés au sieur Pineau, desservant de la paroisse Saint-Mélaine. — Art. 2. Le surplus des conclusions du recours est rejeté... »

(1) D. 17 août 1880. — « Le Président de la République française. — Sur le rapport de la section de l'intérieur, des cultes, de l'instruction publique et des beaux-arts; — Le recours formé par le préfet de Maine-et-Loire, enregistré au secrétariat général du Conseil d'Etat le 3 juillet 1880, et tendant à ce qu'il plaise au Conseil d'Etat déclarer l'abus résultant des faits énoncés contre le sieur Humeau, desservant de la paroisse de Chigné, et autoriser les poursuites à fins pénales qui pourraient être exercées contre ledit desservant par le ministère public ; — Vu l'arrêté du maire de Chigné en date du 1er mai 1880 ; — Vu les procès-verbaux de contravention en date des 30 mai, 1er et 7 juin ; — Vu le rapport du ministre de l'intérieur et des cultes en date du 5 juillet; — Vu l'article 1er de la convention du 26 messidor an IX et les articles 6, 7, 8 et 45 de la loi du 18 germinal an X ; — Ensemble les autres pièces du dossier ;

« En ce qui touche la déclaration d'abus : — Considérant qu'en prenant, à la date du 1er mai, un arrêté interdisant les processions publiques dans la commune pendant l'année 1880, le maire de Chigné a agi dans la limite des attributions de police qui lui sont conférées par la loi; qu'en effet si l'article 45 de la loi du 18 germinal an X autorise implicitement les processions publiques dans les communes où il n'existe pas de temple affecté à un autre culte, cette disposition ne fait pas obstacle aux mesures que les maires croient devoir prendre pour assurer la circulation ou prévenir des désordres; que le droit de police de l'administration a été expressément réservé par l'article 1er de la Convention du 26 messidor an IX, qui a admis la publicité du culte catholique; qu'ainsi l'arrêté du 1er mai ne portait aucune atteinte à l'exercice public du culte, tel qu'il a été autorisé en France, et à la liberté que les lois et règlements garantissent aux ministres dudit culte; qu'ayant été pris légalement, cet arrêté était obligatoire; que, cependant, les dimanches 30 mai et 6 juin le sieur Humeau, desservant de Chigné, a fait sortir une procession de l'église, s'est avancé sur la voie publique et n'a cédé qu'aux injonctions de l'autorité et à la menace d'employer la force ; qu'il a ainsi contrevenu aux règlements de la République et commis l'abus spécifié dans l'article 6 de la loi du 18 germinal an X ; qu'antérieurement à cette contravention il avait exhorté du haut de la chaire, ses paroissiens à se trouver en grand nombre à la procession de la Fête-Dieu et à protester ainsi contre l'arrêté municipal, délit prévu et puni par l'article 202 du Code pénal ;

« En ce qui touche l'autorisation des poursuites : — Considérant qu'en spécifiant dans ses articles 6 et 7 les cas d'abus, la loi du 18 germinal

an X n'a eu ni pour but ni pour effet d'établir une immunité en faveur des ecclésiastiques pour ceux de leurs actes qui tomberaient sous l'application des lois pénales;

« Le Conseil d'Etat entendu, — Décrète : — Art. 1er. Il y a abus dans les faits ci-dessus relatés et imputés au sieur Humeau, desservant de la paroisse de Chigné. — Art. 2. Le surplus des conclusions du recours est rejeté... »

(2) D. 16 février 1883. — « Le Président, etc. ; — Vu le recours formé, le 9 octobre 1882, par les sieurs Charles-Antoine Poggi et consorts, tendant à ce qu'il plaise au Conseil d'Etat déclarer qu'il y a abus dans l'arrêté par lequel le maire d'Eccica-Suarella, arrondissement d'Ajaccio (Corse), a interdit dans cette commune la procession de la Fête-Dieu ; ledit recours enregistré au secrétariat général du Conseil d'Etat, le 14 novembre dernier ; — Vu l'arrêté du maire d'Eccica-Suarella, en date du 9 juin 1882 ; — Vu le jugement rendu, le 11 juillet suivant, par le tribunal de simple police du canton de Bastelica ; ledit jugement accordant aux parties défenderesses un délai de trois mois pour saisir le Conseil d'Etat de l'exception d'abus ; — Vu les articles 7 et 8 de la loi du 18 germinal an X ;

« ... Considérant qu'aux termes de l'article 1er de la Convention du 26 messidor an IX, l'exercice public du culte catholique n'a été autorisé en France qu'à la condition, par ses ministres, de se conformer aux règlements de police que le Gouvernement juge nécessaires pour la tranquillité publique; que les maires ont le droit de défendre les processions extérieures partout où l'exigent la sécurité publique ou les besoins de la circulation; qu'en interdisant la procession de la Fête-Dieu, le maire d'Eccica-Suarella n'a d'autre but que de prévenir des désordres; qu'il n'a point porté atteinte à l'exercice du culte catholique, tel qu'il est autorisé en France; qu'en conséquence, il n'y a pas d'abus dans l'arrêté municipal du 9 juin 1882;

« Le Conseil d'Etat entendu, — Décrète : — Art. 1er. Le recours formé par les sieurs Poggi et consorts est rejeté... »

(1) Art. 1, 2, 3 et 4.
(2) D. 6 avril 1857.
(3) Ord. 19 février 1840. — « Louis-Philippe, etc. — « Vu le recours d'abus formé par le sieur Fournier, prêtre du diocèse de Lyon, contre l'acte en date du 1er août 1835, par lequel l'archevêque d'Amasie, administrateur du même diocèse, l'a interdit de toutes fonctions ecclésiastiques ; — Vu le rapport de notre garde des sceaux, ministre de la justice et des cultes, renvoyé à notre Conseil d'Etat avec ledit recours et les pièces jointes ; — Vu ledit acte du 1er août 1835; — Vu les divers imprimés produits par le réclamant, et notamment les deux premiers, dont l'un est intitulé : Arbitraire ecclésiastique, etc., et l'autre a pour titre : Interdit signifié à M. Fournier, etc. ; — Vu la lettre de l'archevêque d'Amasie, du 20 février 1836, en réponse à celle de notre garde des sceaux, du 30 décembre 1835; — Vu la loi du 18 germinal an X ;

« Considérant que l'interdit est une peine canonique dont l'application fait partie des attributions de l'autorité épiscopale, et que l'acte en date du 1er août 1835, par lequel cette peine a été prononcée contre le sieur Fournier, prêtre du diocèse de Lyon, ne présente aucun des cas d'abus prévus par l'article 6 de la loi du 18 germinal an X;

« Art. 1er. Le recours du sieur Fournier est rejeté.»

(4) Ord. 27 mai 1846 ; D. 15 mai 1883.
(5) D. 24 avril 1860.

et de confesser, qu'un prêtre ne saurait conserver qu'autant que l'évêque le juge convenable (1).

493. Le prêtre qui, en vertu de lettres d'excorporation a quitté son ancien diocèse pour être incorporé dans un autre, après avoir demandé et obtenu un *exeat* révocable à volonté et lui permettant de retourner dans son diocèse, peut, lorsque cet *exeat* a été révoqué, être interdit par l'évêque de son diocèse primitif, conformément à l'article 34 de la loi du 18 germinal an X, sans que cette décision donne lieu à l'appel comme d'abus (2).

494. L'évêque peut, au contraire, interdire par simple lettre et sans l'accomplissement d'aucune des formalités prescrites par les lois canoniques, à un prêtre l'exercice des fonctions de desservant aussi longtemps qu'il résiderait dans son diocèse, l'exercice de ces fonctions n'étant pas un acte d'incorporation dans le diocèse (3).

495. Le recours pour abus formé par un curé contre l'évêque au sujet d'un interdit *a sacris* prononcé contre cet ecclésiastique, ne doit pas être porté devant le Conseil d'Etat, mais devant le métropolitain qui, aux termes de l'article 15 de la loi du 18 germinal an X, connaît des réclamations et des plaintes portées contre les décisions des évêques suffragants (4).

496. L'interdit *a sacris* étant une peine canonique dont l'application fait partie des attributions de l'autorité épiscopale, ne peut être déféré au Conseil d'Etat lorsqu'il résulte de l'instruction que la décision de l'évêque n'a été rendue qu'après l'accomplissement des formalités substantielles de la procédure (5).

497. Il est nécessaire, pour la recevabilité de l'appel, que l'acte ait été commis par un ecclésiastique légalement investi d'une autorité propre (6). Il a été décidé, par suite, que les actes des officialités, qui n'ont pas d'existence légale, ne peuvent faire l'objet d'un recours comme d'abus devant le Conseil d'Etat, à moins qu'ils n'aient été suivis d'exécution (7).

498. Il faut, en outre, pour que l'appel soit recevable, que la décision ne soit plus susceptible d'un autre recours et que le réclamant ait été véritablement atteint dans ses droits. Par suite, les réclamations élevées par un curé contre une déci-

sion prise à son égard par l'évêque, doivent être portées devant l'archevêque métropolitain et ne sauraient faire l'objet d'un recours direct au Conseil d'Etat, et une lettre qui, n'émanant pas personnellement de l'archevêque, a été adressée de l'archevêché à un curé déposé de ses fonctions par décision de l'évêque, ne constitue pas un acte pouvant être déféré au Conseil d'Etat lorsqu'elle laisse entier le droit de recourir à l'archevêque contre la décision (1).

499. Un curé ne peut être privé de ses fonctions et de son titre que par une sentence de déposition rendue selon les formes, communiquée et confirmée par un décret du chef de l'Etat; car il est inamovible, et les deux autorités qui concourent à l'institution doivent concourir à la destitution. Mais l'inamovibilité du titulaire n'emporte pas la perpétuité de l'office. Une cure peut être supprimée par son union à une autre cure ou à tout autre établissement ecclésiastique dans les formes prescrites par les lois, lorsque l'utilité des fidèles ou la nécessité du service religieux le commande. Un évêque aurait, par suite, le droit, en cas d'abus, de réunir la cure d'une église cathédrale au chapitre, et après cette réunion d'interdire sans jugement préalable le curé, qui n'est plus qu'un chanoine et n'a que les pouvoirs d'un simple prêtre (2).

500. Il n'y a lieu à recours comme d'abus, aux termes de l'article 6 de la loi du 18 germinal an X, que contre les actes qui émanent directement des supérieurs et autres personnes ecclésiastiques.

Il a été, par suite, décidé: 1° qu'un curé nommé par son évêque, mais dont la nomination n'aurait pas été approuvée par le chef de l'Etat, ne serait pas recevable à former un appel comme d'abus contre la nomination d'un nouveau curé faite par l'évêque, lorsque surtout l'approbation du chef de l'Etat doit précéder la manifestation de la nomination par l'évêque et l'institution canonique (3) ; 2° que l'arrêté d'un

---

(1) Cons. d'Et., ord. 24 juillet 1845 (Servin).

(2) Ord. 29 août 1821. — « Louis, etc. ; — Considérant qu'il résulte de la lettre de l'évêque d'Evreux du 2 mai 1808, produite par le sieur Hamel, qu'il a été ordonné prêtre par ledit évêque, en vertu des lettres d'incorporation accordées par l'évêque de Coutances, le 13 mars 1807, et ci-dessus visées ; — qu'il a demandé et obtenu de l'évêque d'Evreux, le 1er mars 1810, un *exeat* révocable à volonté et portant permission de passer dans le diocèse de Coutances ; — que cet *exeat* a été révoqué par l'évêque d'Evreux le 19 mai 1818 ; — que, dès lors, le sieur Hamel s'est retrouvé, comme il l'est encore, dans un état d'incorporation au diocèse d'Evreux ; — que, par conséquent, l'évêque de Coutances avait le droit, aux termes de l'article 34 de la loi du 18 germinal an X, d'interdire au sieur Hamel les fonctions de son ministère dans ledit diocèse.

« Art. 1er. La requête du sieur Hamel est rejetée. »

(3) Ord. 14 juillet 1824 ; 28 octobre 1829 ; 24 juillet 1845.

(4) Ord. 9 mai 1838. — « Louis, etc. ; — Vu le recours comme d'abus formé par le sieur Chrétien, curé de Nocé (Orne), au sujet d'un interdit *a sacris* prononcé contre lui par l'évêque de Séez ; ledit recours enregistré au secrétariat général de notre Conseil d'Etat, le 28 mars 1838 ; — Vu la loi du 18 germinal an X ;

« Considérant que, aux termes de l'article 15 de la loi du 18 germinal an X, les métropolitains connaissent des réclamations et des plaintes portées contre les décisions des évêques suffragants ;

« Art. 1er. Le sieur Chrétien est renvoyé à se pourvoir, s'il le juge convenable, devant l'autorité métropolitaine, au sujet de l'interdit prononcé contre lui par l'évêque de Séez. »

(5) Ord. 23 juillet 1840. — « Louis-Philippe ; — Vu la loi du 18 germinal an X ; — Considérant que l'interdit est une peine canonique dont l'application fait partie des attributions de l'autorité épiscopale ; — qu'aux termes de l'article 15 de la loi du 18 germinal an X les métropolitains connaissent des réclamations et des plaintes portées contre les décisions des évêques suffragants ; — Considérant qu'il résulte de l'instruction que la décision de l'évêque de Séez du 16 janvier 1837, qui interdit le sieur Chrétien, curé de Nocé, n'a été prononcée qu'après l'accomplissement de toutes les formalités substantielles ; — Considérant que la décision métropolitaine du 10 mai 1839, rendue par l'archevêque de Rouen sur la plainte portée par le sieur Chrétien, et confirmative de ladite sentence d'interdit, ne présente aucun des cas d'abus prévus par l'article 6 de la loi du 18 germinal an X ;

« Art. 1er. Le recours du sieur Chrétien est rejeté. »

(6) Balbie, t. II.

(7) D. 29 août 1854.

(1) D. 29 août 1854.

(2) Ord. 14 juillet 1824 (*Extrait*). — « Considérant, dans l'espèce, que la cure de Notre-Dame a été unie par l'évêque de ce diocèse, avec notre approbation, au chapitre cathédral ; — qu'une union semblable, qui n'a jamais été considérée comme abusive lorsqu'elle était justifiée par les circonstances, ainsi qu'il résulte de l'ancienne jurisprudence de nos cours, est devenue indispensable à cause de la destruction d'un grand nombre d'églises qui a nécessité, dans presque tous les diocèses, l'établissement simultané, dans une même église, d'un chapitre cathédral et d'une paroisse, ainsi que le prouvent plusieurs décrets rendus successivement, à dater de l'année 1807, et plusieurs ordonnances par nous rendues... ; — Considérant que si les canons de l'Eglise ont prescrit aux chapitres-curés de faire exercer les fonctions curiales, en leur acquit, par des vicaires perpétuels, c'est toutefois sous la condition que les évêques ne jugeront pas, pour quelques raisons particulières tirées de l'intérêt de la bonne administration de leurs diocèses, *bono ecclesiarum regimine*, que le contraire doit être plus avantageux ; — Considérant que, si les anciennes lois du royaume préservaient pareillement l'établissement des vicaires perpétuels, ces lois étaient relatives à un état de choses qui n'existe plus ; — qu'alors, d'une part, les unions de cure de celle dont il s'agit avaient le plus souvent pour but unique d'augmenter la dotation du chapitre et que les vicaires du chapitre étaient destituables et amovibles à leur volonté ; — qu'aujourd'hui, au contraire, les vicaires chargés d'une partie des fonctions curiales, en l'acquit du chapitre, ne sont nommés et révocables que par l'évêque ; — que les unions des cures aux chapitres ont exclusivement pour objet ou de maintenir le bon ordre dans les églises ou métropoles, ou de prévenir les dissensions du clergé et le scandale des fidèles, d'où il suit que les dispositions des lois anciennes sont sans application dans l'espèce ; — Considérant enfin que l'union de la cure de Notre-Dame de Chartres a eu lieu à l'époque de l'établissement du nouvel évêché de Chartres, en exécution de la nouvelle circonscription du royaume ; — que, par suite de l'établissement de cet évêché, l'église de Notre-Dame a été érigée en cathédrale et que cette érection a rendu l'union nécessaire ; — que la cause même de l'union ne permettait aucun délai dans son exécution, et que, dès lors, l'ancien curé dont le titre était caduc par l'union et qui ne pouvait plus en exercer les fonctions ne pouvait, dans le cas d'exception où il se trouvait placé, se prévaloir des anciennes règles qui prescrivent que le titulaire d'un bénéfice continue à en recueillir les fruits jusqu'à son remplacement, même après l'union de ce bénéfice à un autre.

« Sur le moyen d'abus proposé contre la sentence d'interdiction contenue dans l'ordonnance épiscopale du 3 décembre 1823 : — Considérant qu'à l'époque où cette interdiction a été prononcée, l'union de la cure au chapitre étant consommée, le réclamant n'était plus que chanoine et que, dès lors, son évêque a pu, en tout état de cause, ainsi qu'il l'a fait, lui retirer, sans jugement préalable, les pouvoirs qu'un simple prêtre ne peut conserver qu'aussi longtemps que son évêque le juge convenable... ; » (Charles O..., évêque de Chartres.)

(3) Ord. 16 février 1836. — « Charles ; — Vu le rapport à nous fait par notre ministre des affaires ecclésiastiques. — Vu les mémoires du sieur

commissaire général du gouvernement qui prive un ministre du culte des revenus d'une chapelle qu'il fait desservir par un autre prêtre, est un acte administratif dont le pouvoir ne peut être porté directement au Conseil d'Etat et doit être au préalable porté au ministre compétent (1).

501. Un ecclésiastique ne peut recourir au Conseil d'Etat contre la décision épiscopale qui lui interdit, à titre de peine canonique, de continuer de porter le costume ecclésiastique, l'application de cette peine rentrant dans les attributions exclusives de l'évêque (2), à moins que cette décision ne renferme l'un des abus prévus par l'article 6 de la loi du 18 germinal an X (3).

Un ecclésiastique ne pourrait également attaquer par la voie de l'appel comme d'abus la suppression par l'évêque du secours accordé à titre gracieux (4).

502. Les actes d'une commission diocésaine de la caisse des retraites ecclésiastiques, et notamment la décision par laquelle elle exclut un prêtre excorporé du diocèse de toute participation à la répartition des fonds de cette caisse, ne sont pas susceptibles d'être attaqués par voie d'appel comme d'abus devant le Conseil d'Etat (5).

503. Mais les desservants étant nommés par les évêques et révocables par eux (6), la révocation d'un desservant ne peut être considérée comme un excès de pouvoir susceptible de recours pour abus devant le Conseil d'Etat (7).

504. Un évêque peut révoquer un vicaire ou un prêtre habitué, car d'après la loi du 18 germinal an X les vicaires et les prêtres habitués sont nommés par l'évêque diocésain et révocables par lui (1).

505. Mais bien qu'une ordonnance royale rende exécutoire, quant à ses effets civils, la décision par laquelle un évêque suspend de ses fonctions le curé d'une paroisse, et ne puisse être attaquée au Conseil d'Etat par la voie contentieuse, elle ne peut avoir pour effet, par la qualification qu'elle donne à cette sentence, d'en modifier les dispositions et de faire obstacle au recours devant l'autorité métropolitaine (2).

§ 5. — Attentat aux libertés, franchises et coutumes de l'Eglise gallicane.

506. Le quatrième cas d'abus est l'attentat aux libertés, franchises et coutumes de l'Eglise gallicane. On appelle ainsi les maximes de droit public ecclésiastique qui, déjà admises par l'ancienne monarchie, ont été consacrées par la loi organique et par le décret du 25 février 1810.

---

abbé Sinil par lesquels il conclut à ce qu'il nous plaise de recevoir appelant comme d'abus, pour infraction à toutes les règles canoniques : 1° de la nomination canonique du sieur abbé Reynaud à la cure de Sainte-Perpétue de Nîmes ; — 2° de l'ordonnance d'agrément sur cette nomination ; — 3° et, en tant que de besoin serait, du refus d'agrément qu'on pourrait alléguer contre le suppliant ; faisant droit, annuler ladite nomination, rapporter ladite ordonnance, subsidiairement accorder l'agrément au suppliant ; en tous cas ordonner sa réintégration dans la cure de Sainte-Perpétue, sous la condition à laquelle le suppléant se soumet sans empressement à l'avance de prêter le serment prescrit par l'article 27 de la loi du 8 avril 1802, en tant que cette mesure serait jugée nécessaire ; — Vu la loi du 8 avril 1802 ; — Considérant qu'aux termes de l'article 6 de la susdite loi, il n'y a lieu à recours comme d'abus que contre les actes qui émanent exclusivement des supérieurs et autres personnes ecclésiastiques ;

« Considérant qu'aux termes de l'article 19 de la même loi, si les évêques nomment et instituent les curés, ils ne peuvent néanmoins manifester les nominations et donner l'institution canonique qu'après que cette nomination a été agréée par nous ; d'où il suit qu'il n'y a lieu, au sujet desdits actes, à procéder par la voie du recours comme d'abus ; — Considérant que le refus d'agréer la nomination du sieur abbé Sinil et l'agrément donné à la nomination du sieur abbé Reynaud sont des actes qui appartiennent à l'exercice des droits de notre couronne et qui ne peuvent être attaqués par la voie contentieuse ;

« Art. 1er. La requête... est rejetée. »

(1) D. 17 janvier 1814 — « Napoléon, etc. : — Vu la requête à nous présentée par le sieur Lorenzo Castelli, chanoine à Massa Maritima, département de l'Ombrone, tendant à ce qu'il nous plaise annuler un arrêté rendu le 27 juin 1807 par le commissaire général du gouvernement dans l'île d'Elbe, lequel arrêté appliquant au suppliant les dispositions de l'article 32 de la 4° section de la loi du 18 germinal an X, décide qu'à partir du 1er juillet 1807 il cessera de jouir des revenus de la chapelle dite la Sainte-Trinité, située dans la commune de Rio ;

« Considérant que l'arrêté pris par le commissaire général du gouvernement, le 27 juin 1807 est un acte purement administratif, dont la connaissance ne peut être déférée directement à notre Conseil d'Etat ; — Art. 1er. La requête du sieur Lorenzo Castelli est rejetée, sauf à lui à se pourvoir devant notre ministre des cultes, s'il s'y croit fondé. »

(2) D. 5 novembre 1854.

(3) Ibid.

(4) D. 5 novembre 1857.

(5) D. 30 décembre 1854.

(6) Articles 31 et 63 organiques.

(7) Ord. 28 octobre 1829 (Bon). — « Charles, etc. ; — Vu le rapport de notre ministre secrétaire d'Etat au département des affaires ecclésiastiques, sur le pourvoi formé par le sieur Bon, prêtre, ancien desservant à Sept-Meules, département de la Seine-Inférieure, tendant à ce qu'il nous plaise déclarer abusive la sentence d'interdiction qui aurait été prononcée contre lui le 26 novembre 1827, sans que les dispositions des lois canoniques relatives à l'application de cette peine aient été observées ; ce faisant, lever l'interdit qui pèse sur lui et le réintégrer dans ses fonctions ; — Vu la requête du sieur Bon ; — Vu la lettre en date du 23 novembre 1827, par laquelle l'abbé Coudrié, vicaire général de notre cousin le cardinal archevêque de Rouen, prévient le sieur Bon que ce prélat l'a interdit de toutes les fonctions ecclésiastiques etiam a sacris, pour tout son diocèse ; — Vu les renseignements transmis au nom dudit archevêque à notre ministre des affaires ecclésiastiques ; — Vu toutes les autres pièces produites par le sieur Bon ; — Vu les articles 6, 8, 31 et 63 de la loi du 8 avril 1802 (18 germinal an X) ;

« Considérant, en ce qui touche la révocation du titre de desservant,

qu'aux termes des articles 31 et 63 de ladite loi, les desservants sont nommés par l'évêque diocésain et révocables par lui ; — Considérant, en ce qui touche la défense d'exercer les fonctions sacerdotales, que le requérant ne justifie ni qu'il ait été incorporé dans le diocèse de Rouen, ni qu'il y ait été pourvu d'un titre permanent ; que l'exercice des fonctions temporaires et révocables de desservant ne peut équivaloir à un acte d'incorporation, et que dès lors l'archevêque a pu interdire au sieur Bon l'exercice des fonctions sacerdotales aussi longtemps que ce prêtre résiderait dans son diocèse ; — Art. 1er. La requête à nous présentée au nom du sieur Bon, prêtre, ancien desservant à Sept-Meules, département de la Seine-Inférieure, est rejetée.» Dans le même sens, ord., 16 janvier 1846 (Brebiou). »

D. 30 novembre 1868 (Faure).

(1) D. 15 mai 1883. — « Le Président, etc. : — Vu le recours pour abus formé par l'abbé François-Théophile Martin contre une décision de l'archevêque de Paris qui lui a interdit les fonctions de prêtre habitué et interdit le ministère sacerdotal dans son diocèse, ledit recours enregistré au secrétariat général du Conseil d'Etat le 24 juin 1882 ; — Vu les articles 6, 8, 9, 31 et 63 de la loi du 18 germinal an X ;

« Considérant, en ce qui touche la révocation du titre de vicaire et de prêtre habitué, que, d'après la loi du 18 germinal an X, les vicaires et les prêtres habitués sont nommés par l'évêque diocésain et révocables par lui ; — Considérant, en ce qui touche la défense d'exercer le ministère sacerdotal, que l'abbé Martin est étranger au diocèse de Paris ; — Que s'il prétend y avoir été incorporé, il ne justifie pas d'un acte régulier d'incorporation : que l'exercice des fonctions temporaires et révocables de vicaire ou de prêtre habitué qu'il y a exercées ne saurait équivaloir à cet acte ; que, dans ces conditions, l'abbé Martin n'a pu exercer le ministère sacerdotal dans le diocèse de Paris qu'avec une autorisation spéciale de l'archevêque ; que cette autorisation, essentiellement provisoire, pouvait être retirée à la volonté de l'archevêque et par simple lettre ;

« Le Conseil d'Etat entendu, — Décrète : Art. 1er. Le recours pour abus formé par l'abbé Martin est rejeté... »

D. 15 mai 1883. — « Le Président, etc. : — Vu le recours pour abus formé par l'abbé Estève contre une décision de l'archevêque de Paris qui lui a interdit l'exercice des fonctions sacerdotales et le port du costume ecclésiastique, ledit recours enregistré au secrétariat général du Conseil d'Etat le 20 septembre 1882 ; — Vu le mémoire présenté à l'appui de ce recours ; — Vu le rapport du ministre des cultes en date du 23 septembre 1882 ; — Vu les articles 6, 8, 9, 10 et 31 de la loi du 18 germinal an X ;

« ...Considérant, en ce qui touche l'interdiction du ministère sacerdotal dans le diocèse de Paris, que l'abbé Estève est étranger à ce diocèse ; qu'il n'y a point été incorporé ; — Que, s'il y a exercé successivement les fonctions de vicaire à Charonne et de prêtre habitué à Saint-Roch, ces fonctions, temporaires et révocables, ne sauraient équivaloir à un acte d'incorporation ; que, dans ces conditions, l'abbé Estève n'a pu exercer le ministère sacerdotal du diocèse de Paris qu'avec une autorisation spéciale de l'archevêque ; — que cette autorisation essentiellement provisoire, pouvait être retirée à la volonté de l'archevêque et par simple lettre ; — considérant, en ce qui touche l'interdiction du port du costume ecclésiastique, que cette mesure disciplinaire rentre dans les attributions de l'autorité épiscopale ;

« Le Conseil d'Etat entendu, — Décrète : Art. 1er. Le recours pour abus formé par l'abbé Estève est rejeté... »

(2) Ord. 22 février 1837. — « Louis-Philippe, etc. : — Vu notre ordonnance du 20 novembre 1835 ;

« Considérant que notre ordonnance du 20 novembre 1835 n'a fait que rendre exécutoire quant à ses effets civils la sentence prononcée le 27 janvier précédent par l'évêque de Digne contre le sieur Isnard, qu'elle n'a eu ni pu avoir pour effet, par la qualification donnée à ladite sentence, d'en modifier les dispositions, et qu'elle ne fait point obstacle au pourvoi du sieur Isnard devant l'autorité métropolitaine, et qu'ainsi elle ne contient aucun excès de pouvoir, et ne peut être déférée par la voie contentieuse ;

« Art. 1er. La requête du sieur Isnard est rejetée. »

Nous avons déjà vu que Pierre Pithou, avocat au parlement, avait publié en 1594 une sorte de formulaire sous le titre de *Libertés de l'Eglise gallicane rédigées en 83 articles*. La rédaction officielle des libertés de l'Eglise gallicane est dans la Déclaration du clergé de France de 1682. La loi du 18 germinal an X a fait revivre la Déclaration de 1682 par cette disposition de l'article 6 formulant le cas d'abus dont il s'agit, et par celle de l'article 24, relatif à l'enseignement dans les séminaires. La Déclaration de 1682 a été de nouveau consacrée par le décret du 25 février 1810 qui a déclaré loi générale de l'empire l'édit du mois de mars 1682.

507. Les doctrines qui sont contraires aux libertés de l'Eglise gallicane sont celles que l'on désigne sous le nom de doctrines ultramontaines. Voici comment Fleury les définit : « Les doctrines ultramontaines que nous repoussons en France, dit cet auteur, sont les suivantes : 1° la puissance temporelle est subordonnée à la spirituelle, en sorte que les rois et souverains sont soumis, au moins indirectement, au jugement de l'Eglise en ce qui concerne leur souveraineté, et peuvent en être privés s'ils s'en rendent indignes ; 2° toute l'autorité ecclésiastique réside principalement dans le pape, qui en est la source, en sorte que lui seul tient immédiatement son pouvoir de Dieu, les évêques le tiennent de lui et ne sont que ses vicaires ; c'est lui qui donne l'autorité même aux conciles universels ; lui seul a droit de décider les questions de foi, et tous les fidèles doivent se soumettre aveuglément à ses décisions, parce qu'elles sont infaillibles ; il peut lui seul faire telles lois ecclésiastiques qu'il lui plaît, en changer, même sans cause, de toutes celles qui sont faites. Il ne rend compte de sa conduite qu'à Dieu ; il juge tous les autres et n'est jugé par personne (1) ».

508. L'article premier de la loi organique contient une des libertés de l'Eglise gallicane. Aux termes de cet article, « aucune bulle, bref, rescrit, décret, mandat, provision, ni autres expéditions de la cour de Rome, même ne concernant que les particuliers, ne peuvent être reçus, publiés, imprimés, ni autrement mis à exécution sans autorisation du gouvernement ». Cette prohibition a été levée par l'article premier de la loi du 28 février 1810, mais seulement pour les brefs de la pénitencerie qui concernent le for intérieur.

C'est par application de ce cas d'abus que le Conseil d'Etat a décidé qu'il y avait abus dans un mandement par lequel l'évêque de Poitiers avait publié un bref sans autorisation préalable, bien que l'évêque n'eût agi que par inadvertance et sans intention de contrevenir aux lois. Le législateur n'ayant pas exigé pour constituer l'abus l'intention de violer la loi, l'abus résulte d'une simple négligence (2).

509. En 1844, le cardinal archevêque de Lyon, M. de Bonald, publia un mandement qui portait condamnation du *Manuel de droit ecclésiastique* de M. Dupin aîné. Le cardinal y critiquait ouvertement la loi organique. En outre, il donnait autorité et exécution à la bulle pontificale *Auctorem fidei* du 28 août 1794, qui n'a jamais été reçue en France. Le mandement fut, en conséquence, déclaré abusif par ordonnance du 9 mars 1845 (3).

510. Il y a abus dans le fait de donner lecture en chaire d'une partie d'une encyclique dont la réception, la publication et la mise à exécution en France n'ont pas été autorisées par le gouvernement (1) ; dans le fait par un évêque d'avoir publié sans autorisation un acte émané de la cour de Rome (2), et notamment une encyclique, d'avoir donné autorité à cet acte et d'en avoir permis l'exécution dans le diocèse (3) ; dans

---

notre garde des sceaux, ministre secrétaire d'Etat au département de la justice et des cultes ; — Vu le recours comme d'abus à nous présenté en notre Conseil d'Etat par notre garde des sceaux, ministre secrétaire d'Etat au département de la justice et des cultes, contre le mandement donné à Lyon, le 21 novembre 1844, par le cardinal de Bonald, archevêque de Lyon et de Vienne, etc.; — Vu ledit mandement imprimé à Lyon, chez Antoine Périsse, et publié le 4 février 1845 ; — Vu la lettre en date du 16 février 1845, par laquelle notre garde des sceaux informe le cardinal du recours précité, et à laquelle il a été répondu ; — Vu la déclaration de l'assemblée générale du clergé de France du 19 mars 1682, l'édit du même mois, l'article 24 de la loi du 18 germinal an X et le décret du 25 février 1810 ; — Vu le concordat du 26 messidor an IX ; — Vu les articles 1, 4 et 6 de la loi du 18 germinal an X ; — Considérant que dans le mandement ci-dessus visé, le cardinal archevêque de Lyon, en attaquant l'autorité de l'édit du mois de mars 1682, de l'article 24 de la loi du 18 germinal an X, du décret du 25 février 1810, a commis un attentat aux libertés, franchises et coutumes de l'Eglise gallicane, consacrés par ces actes de la puissance publique ; — Considérant que, dans le même mandement, le cardinal de Bonald donne autorité et exécution à la bulle pontificale, *Auctorem fidei*, du 28 août 1794, laquelle n'a jamais été ni vérifiée ni reçue en France, ce qui constitue une contravention à l'article 1er de la loi du 18 germinal an X ; — Considérant enfin que dans ledit mandement le cardinal de Bonald se livre à la censure de la loi organique du concordat du 18 germinal an X, dont plusieurs dispositions sont par lui signalées comme violant les véritables libertés de l'Eglise de France ; — qu'il conteste à la puissance royale le droit de vérifier les bulles, rescrits et autres actes du Saint-Siège, avant qu'ils soient reçus en France ; — qu'il conteste également le droit qui nous appartient en notre Conseil d'Etat de statuer sur les appels comme d'abus ; — qu'il refuse aux articles de la loi du 18 germinal an X, la force obligatoire qui s'attache à leurs dispositions. — Qu'il a ainsi commis un excès de pouvoir ; Notre Conseil d'Etat entendu, avons avisé et ordonnons ce qui suit : — Art. 1er Il y a abus dans le mandement donné à Lyon le 22 novembre 1844, par le cardinal-archevêque de Lyon ; — Ledit mandement est ci demeure supprimé. »

(1) D. 8 février 1865 (év. Moulins). — « Napoléon, etc. : — Sur le rapport de la section de législation, justice et affaires étrangères ; — Vu le recours comme d'abus à nous présenté en notre Conseil d'Etat le 11 janvier 1865 par notre garde des sceaux, ministre secrétaire d'Etat de la justice et des cultes, contre l'évêque de Moulins ; — Vu la circulaire de notre garde des sceaux, ministre secrétaire d'Etat de la justice et des cultes, en date du 1er janvier 1865 ; — Vu la lettre imprimée de l'évêque de Moulins aux curés du diocèse de Moulins en date du 8 janvier 1865, à laquelle est jointe l'allocution prononcée par lui dans la cathédrale de Moulins ; — Vu la dépêche de notre garde des sceaux, ministre secrétaire d'Etat de la justice et des cultes, en date du 12 janvier 1865, par laquelle il informe l'évêque de Moulins du recours porté devant notre Conseil d'Etat ; — Vu la lettre de l'évêque de Moulins en réponse à la dépêche ci-dessus, en date du 15 janvier 1865 ; — Vu les articles 1er et 6 de la loi du 18 germinal an X ; — Considérant qu'il résulte des documents ci-dessus visés que le 8 janvier 1865 l'évêque de Moulins a donné, dans la chaire de la cathédrale de Moulins, lecture de la partie de la lettre encyclique dont la réception, la publication et la mise à exécution n'ont pas été autorisées ; — Considérant qu'il a ainsi contrevenu à l'article 1er de la loi du 18 germinal an X portant qu'aucune bulle, bref, rescrit, décret, mandat, provision, signature servant de provision, ni autres expéditions de la cour de Rome, même ne concernant que les particuliers, ne pourront être reçus, imprimés ni autrement mis à exécution sans l'autorisation du gouvernement ; — Notre Conseil d'Etat entendu : — Art. 1er. Il y a abus dans le fait d'avoir donné lecture en chaire de la partie de la lettre encyclique dont la réception, la publication, la mise à exécution n'ont pas été autorisées par nous. »
(2) D. 28 avril 1883 ; 9 juin 1883.
(3) D. 24 mars 1886. — « Le président de la République française: — Sur le rapport de la section de l'intérieur ; — Vu le rapport en date du 17 février 1886, par lequel le ministre de l'instruction publique, des beaux-arts et des cultes propose de déclarer qu'il y a abus dans un mandement pastoral adressé par l'évêque de Saint-Dié au clergé et aux fidèles de son diocèse ; — Vu ledit mandement en date du 23 janvier 1886 ; — Vu la dépêche adressée le 17 février par le ministre de l'instruction publique, des beaux-arts et des cultes, à l'évêque de Saint-Dié, pour l'informer du recours pour abus, et l'inviter à prendre au secrétariat du Conseil d'Etat communication du rapport et à fournir ses observations ; — Vu la lettre en réponse de l'évêque de Saint-Dié en date du 26 février 1886 ; — Vu les articles 1er, 6 et 8 des organiques ; — Considérant que c'est une des règles les plus anciennes et les plus importantes de notre droit public que sous aucun prétexte les bulles, brefs, rescrits, constitutions, décrets et autres expéditions de la cour de Rome, à l'exception de ceux concernant le for intérieur ne peuvent être reçus, publiés ni autrement mis à exécution sans avoir été préalablement vus et vérifiés par le gouvernement ; que cette règle a été formellement consacrée par l'art. 1er suivisé des organiques ; — Considérant que l'évêque de Saint-Dié a adressé au clergé et aux fidèles de son diocèse un mandement dont l'article 1er porte :

---

(1) Discours sur les libertés de l'Eglise gallicane.
(2) C. d'Et. ord. 23 décembre 1820. — « Louis, etc.: Considérant que l'évêque de Poitiers avait usé de ses droits et de sa juridiction lorsqu'il a rappelé les prêtres dissidents et averti ses diocésains qu'ils étaient sans pouvoirs pour administrer les sacrements ; — que s'il jugeait à propos de consulter le Pape sur cet acte d'administration de son diocèse, il ne pouvait publier le bref reçu de Sa Sainteté qu'avec notre préalable autorisation ; que c'est une des règles les plus anciennes et les plus importantes de notre royaume ; que, sous aucun prétexte que ce soit, les bulles, brefs, rescrits, constitutions, décrets et autres expéditions de la cour de Rome, à l'exception de ceux concernant le for intérieur et les dispenses de mariage, ne puissent être reçus ni publiés sans avoir été préalablement vus et vérifiés par le gouvernement ; que, s'il résulte de la lettre de l'évêque de Poitiers, ci-dessus visée, qu'il n'a agi que par inadvertance et sans intention de contrevenir aux lois du royaume, il est toutefois d'une nécessité indispensable de maintenir l'observance desdites lois ;
Art. 1er. — Il y a abus dans le mandement de l'évêque de Poitiers susmentionné, en ce qu'il a ordonné la lecture et la publication d'un bref de Sa Sainteté sans notre autorisation, et ledit mandement est et demeure supprimé. »
(3) Ord., 9 mars 1845. — « Louis-Philippe, etc.: — Sur le rapport de

le fait par un évêque d'avoir publié et exécuté, sans l'avoir préalablement soumis au gouvernement, un décret du Saint-Siège érigeant une église en basilique mineure et autorisant le couronnement d'une statue (1).

511. Enfin il a été décidé qu'il y avait abus dans le fait par un évêque de recevoir, publier et mettre à exécution un décret de la Congrégation de l'Index condamnant certains livres d'enseignement moral et civique, alors même qu'un concile aurait déclaré que les décrets de cette Congrégation obligeraient par eux-mêmes dès qu'ils seraient connus d'une façon certaine, et que le pape aurait approuvé cette déclaration, si cette décision du Saint-Siège n'a jamais été reçue en France (2).

« Les encycliques *Immortale Dei* et *Quod auctoritate* sont publiées dans notre diocèse » ; — Considérant que la publication officielle par un mandement pastoral d'encycliques qui n'avaient pas été préalablement vues et vérifiées par le gouvernement, constitue une contravention à l'article 1er des organiques et tombe, par suite, sous l'application de l'article 6 ci-dessus visé ;
Le Conseil d'Etat entendu ; — Décrète : — Art. 1er. Il y a abus dans le mandement de l'évêque de Saint-Dié en date du 23 janvier 1886, en ce qu'il a ordonné, sans autorisation du gouvernement la publication des deux encycliques *Immortale Dei* et *Quod auctoritate*. — Art. 2. Ledit mandement est et demeure supprimé... »
(1) D. 13 décembre 1879. — « Le président de la République française : — Vu la réponse en date du 6 octobre 1878 de l'évêque de Grenoble à la notification qui lui a été faite dudit rapport ; — Vu les articles 1er et 6 de la loi du 18 germinal an X ;
Considérant qu'au mois de janvier 1879 l'évêque de Grenoble a reçu de la cour de Rome un décret érigeant l'église de la Salette en basilique mineure et autorisant le couronnement de la statue de Notre-Dame de la Salette, et qu'il a annoncé la réception de ce décret dans une lettre circulaire au clergé de son diocèse et dans une instruction pastorale à l'occasion du carême ; que, s'il allègue avoir renvoyé ce décret, et s'il a, pour échapper à l'obligation de soumettre au gouvernement un acte écrit, sollicité du Saint-Siège la permission d'agir en vertu d'autorisations verbales qui lui auraient été données à Rome au mois de décembre 1878, il n'en a pas moins exécuté la double décision que contenait ce décret ; qu'ainsi Mgr l'évêque de Grenoble a contrevenu à l'article 1er de la loi du 18 germinal an X, aux termes duquel « aucune bulle, bref, décret, mandat, provision, signature servant de provision, ni autres expéditions de la cour de Rome ne peuvent être mis à exécution sans l'autorisation du gouvernement » ;
Décrète : — Art. 1er. Il y a abus dans l'exécution donnée par l'évêque de Grenoble aux décisions de la cour de Rome, relatives à l'érection de l'église de la Salette en basilique mineure et au couronnement de la statue de Notre-Dame de la Salette. »
(2) D. 28 avril 1883. — « Le président de la République française : — Vu la lettre pastorale adressée le 24 février 1883 par l'archevêque d'Albi au clergé et aux fidèles de son diocèse à l'occasion de l'application de la loi du 28 mars 1882 sur l'enseignement primaire, ladite lettre destinée à être lue et publiée dans toutes les églises ; — Vu la réponse faite le 24 mars 1883 par ledit archevêque du 19 mars précédent, par laquelle le ministre de la justice et des cultes l'informait que la lettre pastorale sus-visée devait être déférée au Conseil d'Etat ; — Vu les articles 1er, 6 et 8 de la loi du 18 germinal an X ;
Considérant que c'est une des règles les plus importantes de notre droit public que, sous aucun prétexte que ce soit, les bulles, rescrits, brefs, constitutions, décrets et autres expéditions de la cour de Rome, à l'exception de ceux concernant le for intérieur seulement et les dispenses de mariage, ne peuvent être reçus, publiés ni autrement mis à exécution sans avoir été préalablement vus et vérifiés par le gouvernement ; que cette règle a été consacrée par l'article 1er de la loi du 18 germinal an X ; — Considérant que dans la lettre pastorale sus-visée l'archevêque d'Albi dénonce certains livres d'enseignement moral et civique comme condamnés par la congrégation de l'Index ; — Considérant qu'il a ainsi publié, dans le sens légal du mot, une sentence qui, rapportée par quelques journaux, fût restée dans son diocèse dépourvue de tout caractère officiel ; qu'il soutient cependant dans cette même lettre que toute promulgation locale dans la province ecclésiastique était inutile, parce que le dernier concile d'Albi, approuvé par le Saint-Siège, aurait déclaré que les décrets de la Congrégation de l'Index obligent par eux-mêmes dès qu'ils sont connus certainement ; — Considérant, d'une part, que le dernier concile d'Albi, tenu en 1849, n'avait ni qualité ni pouvoir pour autoriser des dérogations aux dispositions de l'article 1er de la loi du 18 germinal an X et que, d'autre part, la décision du Saint-Siège qui aurait approuvé les déclarations du concile n'a jamais été reçue en France ; — Considérant, en outre, que l'autorité et la juridiction des congrégations qui se tiennent à Rome n'ont jamais été reconnues en France ; que les décisions de la Congrégation de l'Index n'ont été reçues à aucune époque ni sous aucun régime, et que leur exécution n'a jamais été autorisée ; qu'en donnant autorité dans son diocèse à un acte de cette nature, l'archevêque d'Albi a porté atteinte aux franchises, libertés et coutumes de l'Eglise gallicane ; — Considérant qu'il a mis à exécution le décret de la Congrégation de l'Index en édictant une sanction à la condamnation qu'il prononce ; qu'ainsi il a encore contrevenu à l'article 1er précité de la loi du 18 germinal an X ; — Considérant enfin qu'il menace de refus de sacrements les instituteurs, les élèves et leurs parents pour le cas où il serait fait usage dans les écoles de livres condamnés ; que ces menaces sont de nature à troubler arbitrairement

§ 6. — Entreprise ou procédé pouvant compromettre l'honneur des citoyens, troubler arbitrairement leur conscience, dégénérer contre eux en oppression et injure, ou en scandale public.

512. Le cinquième cas d'abus comprend toute entreprise ou tout procédé qui dans l'exercice du culte peut compromettre l'honneur des citoyens, troubler arbitrairement leur conscience, dégénérer contre eux en oppression et injure, ou en scandale public. Ce dernier cas d'abus a pour but de protéger les particuliers contre toutes les atteintes injustes dont ils pourraient être l'objet de la part des ministres du culte. Il est conçu en termes indéfinis qui laissent place à l'intervention du Conseil d'Etat dans l'appréciation d'une foule de cas. On ne saurait reprocher au législateur d'avoir mal défini sur ce point les cas d'abus qui tomberaient sous l'application de ce cinquième cas ; il est presque impossible, en effet, de prévoir tous les faits qui pourraient se produire, toutes les différentes formes de procédés qui seraient employées. Déjà en 1605 le clergé avait réclamé contre le peu de précision que présentaient les cas d'abus. Henri IV fit répondre : « Les appellations comme d'abus ont toujours été reçues quand il y a eu contravention aux saints décrets, conciles et constitutions canoniques, ou bien entreprises sur l'autorité de Sa Majesté, les lois du royaume, droits, libertés de l'Eglise gallicane, ordonnances et arrêtés des parlements donnés en connaissance d'icelles ; et pour ce, n'est pas possible de régler et définir plus particulièrement ce qui provient de causes si générales (1). »

C'est avec dessein, par conséquent, qu'on a voulu que cette source d'abus fût indéfinie.

Deux faits indépendants l'un de l'autre peuvent donner lieu à ce cas d'abus : ou bien le Ministre du culte commettra un acte excédant son propre pouvoir et entreprendra sur

la conscience de ceux qui en sont l'objet ; — Considérant que par tous ces motifs il y a lieu d'appliquer l'article 6 de la loi du 18 germinal an X ;
Décrète : — Art. 1er. Il y a abus dans la lettre pastorale de l'archevêque d'Albi en date du 24 février 1883. Ladite lettre est et demeure supprimée. »
D. 28 avril 1883. — « Le président de la République française : — Vu l'instruction pastorale adressée le 21 janvier 1883 par l'évêque d'Annecy au clergé et aux fidèles de son diocèse ;
.... En ce qui concerne l'instruction pastorale du 21 janvier 1883 : — Considérant que c'est une des règles les plus anciennes et les plus importantes de notre droit public que, sous aucun prétexte que ce soit, les bulles, brefs, rescrits, constitutions, décrets et autres expéditions de la cour de Rome, à l'exception de ceux concernant le for intérieur seulement et les dispenses de mariage, ne puissent être reçus, publiés ni autrement mis à exécution sans avoir été préalablement vus et vérifiés par le gouvernement ; que cette règle a été formellement consacrée par l'article 1er de la loi du 18 germinal an X ; — Considérant, en outre, que l'autorité et la juridiction des congrégations qui se tiennent en cour de Rome n'ont jamais été reconnues en France ; que, spécialement, les décrets de la Congrégation de l'Index n'ont été reçus à aucune époque et sous aucun régime, et que leur exécution n'a jamais été autorisée ; — Considérant que l'évêque d'Annecy, en publiant sans autorisation un décret de la Congrégation de l'Index, qui aurait, le 15 décembre 1882, condamné certains livres d'enseignement moral et civique, a contrevenu à l'article 1er sus-visé de la loi du 18 germinal an X, et que, de plus, en donnant autorité et exécution à ce décret dans son diocèse il a porté atteinte aux libertés, franchises et coutumes de l'Eglise gallicane ; que sous ce double rapport l'article 6 de la loi du 18 germinal an X est applicable ;
En ce qui concerne la lettre du 27 février 1883 : — Considérant, d'une part, que cette lettre a eu pour objet d'ajouter une sanction nouvelle à la condamnation prononcée par le décret de la Congrégation de l'Index et que, par suite, elle contrevient à l'article 1er précité de la loi du 18 germinal an X ; — Considérant, d'autre part, que dans cette lettre l'évêque d'Annecy menace de refus éventuel des sacrements les instituteurs, les élèves et leurs parents pour le cas où les livres condamnés seraient admis dans les écoles, et aussi pour le cas où l'enseignement serait *imprégné de leur esprit* ; que cette menace est de nature à troubler arbitrairement la conscience de ceux auxquels elle s'adresse ; que sous ce second rapport la lettre pastorale rentre encore dans les cas d'abus prévus par l'article 6 de la loi du 18 germinal an X ;
Décrète : — Art. 1er. Il y a abus dans l'instruction pastorale de l'évêque d'Annecy en date du 21 janvier 1883, et dans la lettre en date du 27 février 1883... »
Décrets du même jour formulés dans les termes semblables contre les évêques de Langres et de Viviers.
(1) Bathie, loc. cit., p. 111.

celui d'autrui, c'est cet acte que le législateur désigne sous le nom d'*entreprise ;* ou bien le ministre du culte portera atteinte au droit ou à l'honneur des personnes, c'est ce que le législateur appelle du mot *procédé.*

513. L'entreprise ou le procédé du ministre du culte doit, pour constituer un cas d'abus, présenter certains caractères : 1° l'entreprise ou le procédé doit avoir lieu dans l'exercice du culte ; 2° il doit de plus compromettre l'honneur des citoyens, ou troubler arbitrairement leur conscience ou dégénérer contre eux en oppression, en injure ou en scandale public. Ces deux conditions sont les éléments constitutifs de ce cas d'abus ; si l'une des deux manquait, il n'y aurait pas abus.

514. Il y a exercice du culte dans une procession (1), dans un enterrement dirigé par le clergé paroissial (2), dans un baptême (3) ; dans le fait, par un prêtre, revêtu de ses habits

sacerdotaux, de présider une confrérie réunie à l'église pour procéder à une nouvelle formation de la liste des membres, à la lecture du règlement, et pour entendre une instruction au sujet de cette lecture (1) ; dans un discours prononcé à l'église pendant le culte (2). Ne sont pas considérés comme rentrant dans l'exercice du culte : le fait par un curé de se servir d'une procuration confiée par un paroissien, si ce fait ne se rattache en aucune manière à l'exercice des fonctions ecclésiastiques (3) ; ni le fait par un desservant d'outrager par paroles au maire dans une séance du Conseil de fabrique, bien que ce desservant eût reçu une délégation de l'évêque pour inspecter les comptes de la fabrique, car dans ce cas il accomplissait un acte d'administration se rattachant à ses fonctions ecclésiastiques, mais non dans l'exercice du culte (4) ; ni le fait par un desservant d'avoir séquestré, pour défaut de payement de l'abonnement, les chaises apportées à l'église par un parois-

(1) D. 10 novembre 1862.

(2) Cass. crim. 12 août 1882. — « La Cour : — Vu l'arrêté du maire de Saint-Zacharie (Var) en date du 9 avril 1878, ainsi conçu : « Il est défendu à tout corps de musique et à tout musicien de la localité de jouer avec instruments dans les rues et dans les établissements publics sans l'autorisation municipale » : — Attendu qu'il est constaté par le jugement entrepris (tribunal de police de Saint-Maximin, 30 mai 1881) qu'à la date du 6 mai 1881, le sieur Juramy et douze autres habitants de Saint-Zacharie, dénommés dans l'acte du pourvoi, tous faisant partie d'un corps de musique, se sont rendus, sur la convocation écrite du curé de la paroisse, aux obsèques d'un sieur Guibaud et ont joué de leurs instruments en tête du convoi funèbre, pendant le trajet de la maison mortuaire à l'église ; qu'aucun d'eux n'était nanti de l'autorisation exigée par l'arrêté sus-visé ; — Attendu que Juramy et consorts traduits devant le tribunal de simple police, pour contravention audit arrêté, ont excipé à l'audience de la convocation qu'ils avaient reçue du curé de la paroisse, seul investi du droit de régler les cérémonies intérieures ou extérieures du culte, et de l'atteinte qui serait portée à ce droit si l'arrêté du 9 avril 1878 était appliqué à une cérémonie religieuse dirigée par le clergé paroissial ; que, par suite, se fondant sur le texte des articles 7 et 8 de la loi du 18 germinal an X, ils ont conclu à ce qu'il plût au juge de police surseoir à statuer sur le fond de la poursuite jusqu'après décision du Conseil d'Etat ; — Attendu que le jugement entrepris a repoussé cette exception par l'unique motif qu'un enterrement est une cérémonie civile à laquelle le clergé n'assiste que comme invité de la famille du défunt et à titre purement accessoire ; que ce motif repose sur une complète méconnaissance des décrets des 23 prairial an XII et 18 mai 1806 ; qu'en effet ces décrets après avoir déterminé les droits de l'autorité civile en matière de pompes funèbres et de sépulture, reconnaissent en termes formels la participation des ministres du culte aux cérémonies funéraires ; que, notamment, l'article 48 du décret de l'an XII autorise le clergé catholique à célébrer ces cérémonies en dehors des églises et des cimetières, dans les communes où l'on ne professe qu'un seul culte, conformément à l'article 45 de la loi du 18 germinal an X ; — Mais attendu que le motif invoqué par le juge de police pour rejeter l'exception d'abus n'a aucune valeur juridique, ce rejet trouve ailleurs sa justification ; — Que l'on, en effet, sur le recours formé par le préfet du département du Var à l'occasion de poursuites dirigées contre un sieur Maunier, habitant de Saint-Zacharie, inculpé d'avoir enfreint l'arrêté municipal du 9 avril 1878 en faisant de la musique à la procession de la Fête-Dieu sans la permission du maire et sur la seule convocation du curé, une décision du Conseil d'Etat, approuvée le 9 juillet 1881, a expressément déclaré qu'il n'y avait pas eu abus de la part du maire, l'arrêté précité ayant été légalement pris et n'ayant porté aucune atteinte à l'exercice du culte catholique ; — Que cette décision, prise à l'occasion d'un procès absolument identique à celui qui a été fait à Juramy et consorts, ne saurait être assimilée aux jugements que les tribunaux et le Conseil d'Etat ont été appelés à prononcer en matière contentieuse, et qui n'auraient l'autorité de la chose jugée qu'à l'égard des parties qui y ont figuré ; — Qu'ayant été rendue, non sur une plainte particulière, mais sur le recours du préfet du Var agissant en vertu de l'article 8 de la loi du 18 germinal an X, elle a un caractère général et d'ordre public ; — Qu'à ce titre elle est de nature à être opposée à toute personne qui, poursuivie devant le tribunal de simple police pour infraction à l'arrêté municipal du 9 avril 1878, exciperait d'une atteinte portée par ledit arrêté, soit à l'exercice public du culte, soit à la liberté que les lois et règlements garantissent à ses ministres ; — Attendu, en conséquence, que le rejet de l'exception proposée par Juramy et ses co-inculpés se trouve justifié ;

Par ces motifs, — Rejette. »

(3) Cass. civ. 11 février 1885. — « La Cour : — Vu l'article 6, titre 1er, de la loi du 18 germinal an X ; — Attendu qu'après avoir, dans sa citation introductive d'instance, exposé les circonstances dans lesquelles l'abbé Prat a refusé de baptiser sa fille Ernestine, Louis Sol conclut que d'après le Concordat les curés sont des fonctionnaires publics qui ne peuvent refuser leur ministère que dans les cas exceptionnels prévus par les textes organiques, et que dans l'espèce le motif du refus ne peut se justifier par aucun de ces textes ; — Qu'il ajoute, il est vrai, que le curé Prat avait promis de baptiser la fille Sol et avait même promis l'heure de la cérémonie, et que de son refus résultent des dommages dont Prat lui doit réparation en vertu de l'article 1382 du Code civil ; — Attendu que l'ensemble de ces motifs prouve que l'unique

base de l'action dirigée par Sol contre Prat consiste dans le refus de ce dernier d'agréer comme parrain le sieur Monestier et de passer outre à la cérémonie ; — Que vainement le jugement attaqué (tribunal civil de Gaillac, 11 mai 1882) prétend, au contraire, faire reposer la demande sur la violation de ce qu'il appelle une espèce de contrat intervenu entre Prat et Louis Sol trois heures avant celle où le baptême devait être célébré, et qui, d'après la citation, résulterait uniquement de la fixation de l'heure de la cérémonie, sans qu'il soit même allégué qu'à ce moment le nom du parrain fût connu de l'abbé Prat ; — Qu'il est inadmissible qu'on puisse à l'aide d'allégations aussi vagues éluder des dispositions d'une loi d'ordre public ; — Attendu que le fait d'accorder ou de refuser le sacrement constitue de la part des ministres du culte catholique, un acte d'exercice du culte ; — Qu'il s'agit donc entre Louis Sol et Prat, de savoir si le refus de ce dernier constitue une infraction aux règles consacrées par les canons reçus en France, et par voie de conséquence un procédé dégénéré en oppression ou en scandale public ; que d'après l'article 6 ci-dessus visé, cette question ne peut être examinée et tranchée que par le Conseil d'Etat, et que c'est seulement après la décision du Conseil, qu'elle est affirmative, que Louis Sol sera libre de traduire l'abbé Prat en justice régulière pour obtenir la réparation du préjudice que lui aurait causé ledit Prat en commettant un abus régulièrement reconnu et constaté par la juridiction compétente ; — Attendu qu'en jugeant le contraire de ce qui précède et en déclarant recevable dans l'état des faits sus-énoncés, l'action intentée par Sol devant le juge de paix de Gaillac, le tribunal de cette ville a manifestement violé l'article 6 de la loi ci-dessus visé ; — Par ces motifs, et sans qu'il soit besoin de statuer, soit sur le deuxième moyen de cassation, soit sur le moyen additionnel, casse. »

(1) Dijon, 16 décembre 1857.

(2) D. 13 décembre 1864.

(3) D. 2 mai 1868.

(4) Cass. 8 mai 1869. — « La Cour : — Sur le premier moyen, tiré de la violation prétendue des articles 6 et 8 de la convention du 26 messidor an IX promulguée par la loi du 18 germinal an X : — Attendu que la loi organique du 18 germinal an X a eu pour objet dans ses articles 6, 7 et 8 de créer une juridiction chargée de connaître des cas d'abus imputés aux supérieurs et autres personnes ecclésiastiques ; — Attendu que l'article 6, qui énumère les divers cas d'abus, prévoit d'abord ceux qui touchent à l'intérêt public et qui appartiennent toujours à la juridiction du Conseil d'Etat, quelles que soient les circonstances dans lesquelles ils se sont produits, à savoir : les cas d'usurpation ou d'excès de pouvoir, la contravention aux lois et règlements de l'Etat, l'infraction des règles consacrées par les canons reçus en France, l'attentat aux libertés, franchises et coutumes de l'Eglise gallicane ; — Attendu que le même article s'occupant ensuite des abus qui touchent à l'intérêt privé, déclare qu'il y aura recours au Conseil d'Etat contre toute entreprise ou procédé qui dans l'exercice du culte peut compromettre l'honneur des citoyens, troubler arbitrairement leur conscience, dégénérer contre eux en oppression, en en injure, en en scandale public ; — Attendu qu'il résulte évidemment de ces dispositions que lorsqu'un particulier se plaint d'un délit qu'il impute à un ecclésiastique, et qui peut rentrer dans un cas d'abus, il n'est tenu de déférer le fait au Conseil d'Etat qu'autant qu'il a été commis par l'ecclésiastique dans l'exercice du culte ; que hors de ce cas, le droit commun reprend son empire et le particulier peut directement saisir les tribunaux de sa plainte ou de son action ; — Attendu, en fait, que l'arrêt attaqué constate que l'abbé Constance a adressé au sieur Gourdin, maire de la commune de Maissemy à raison de sa qualité et de ses fonctions de maire : 1° un outrage par paroles dans une séance du conseil de fabrique de l'église de Maissemy du 29 novembre 1867 ; 2° un outrage par écrit, dans une lettre missive adressée le 29 novembre 1867 par l'abbé Constance au sieur Gourdin ou sa dite qualité : — Attendu que la circonstance invoquée par le pourvoi et tirée de la délégation que l'abbé Constance avait reçue à l'effet d'examiner et d'inspecter les comptes de la fabrique de Maissemy, ne change pas légalement le caractère dans lequel il agissait ; qu'on peut en induire, il est vrai, que, dans le sein du conseil de fabrique il accomplissait des actes d'administration se rattachant à ses fonctions ecclésiastiques, mais qu'on n'en saurait conclure qu'il était dans l'exercice du culte : — Attendu qu'il suit de là que la cour Impériale d'Amiens n'a nullement violé les articles 6 et 8 de la loi précitée ;

Sur le deuxième moyen pris de la violation de l'article 87 du décret du 30 décembre 1809, de l'article 222 du Code pénal, et subsidiaire-

sien, et de l'avoir sommé à haute voix dans l'église, d'acquitter le prix de ces chaises (1) ; ni le fait par un ecclésiastique d'arracher une affiche apposée par ordre du maire sur les murs de son église (2).

515. Pour qu'un acte soit susceptible d'être déféré au Conseil d'État par la voie du recours comme d'abus, il faut que cet acte ait été accompli par le ministre du culte dans l'exercice de ses fonctions ecclésiastiques en rapport avec le culte. Il a été décidé, par suite, qu'on ne pouvait déférer au Conseil d'État le refus par un évêque d'user de son autorité pour faire

sortir d'un couvent voué à l'enseignement, une jeune personne réclamée par son père, le droit de surveillance qui appartient aux évêques sur les maisons d'éducation étant une matière étrangère au culte (1).

516. L'acte reproché au ministre du culte doit être public. Il faut, en outre, que le ministre du culte excède son pouvoir, qu'il commette un acte arbitraire et dégénérant en injure ou scandale, qu'il compromette l'honneur des citoyens et trouble arbitrairement leur conscience. « Les mots *oppression, injure, scandale*, avertissent suffisamment que l'on ne peut appeler comme d'abus ou recourir au souverain en matière ecclésiastique que pour des actes que les ministres du culte se seraient permis contre la justice, le droit et la raison ; c'est dans ce sens que l'édit de 1695 permet de se plaindre par appel comme d'abus de la calomnie, et même, dans ce cas, d'intimer les évêques personnellement. C'est dans le même sens que M. de la Chalotais disait que toute *injustice évidente* est un moyen d'abus (2). »

517. Il a été décidé, par suite, que le refus public de la communion, s'il n'a été accompagné d'aucune réflexion ni injure de la part du desservant, ne doit être déféré qu'à l'autorité ecclésiastique supérieure, et ne saurait, dès lors, permettre sur la demande du père de la personne à qui les sacrements ont été refusés, la poursuite du prêtre devant les tribunaux (3).

518. Le refus de confession, lorsqu'il n'a pas été accompagné d'injure publique, doit être déféré à l'autorité ecclésiastique supérieure, et non au Conseil d'État (4) ; la suppression par le curé d'une congrégation religieuse établie dans une paroisse, ne peut donner lieu à un appel comme d'abus ; le fait par un curé de conseiller en chaire à ses paroissiens de ne plus envoyer leurs enfants à une école ne peut faire l'objet d'un appel comme d'abus, s'il est constaté que l'école n'était pas autorisée.

519. Il a été décidé également qu'il n'y avait pas abus dans le fait par un desservant d'avoir saisi au collet et repoussé un individu qui lui adressait des paroles grossières et inconve-

---

ment de l'article 7 de la loi du 20 avril 1810 pour défaut de motifs : — Attendu d'une part que l'article 87 du décret du 30 décembre 1809 consacre le droit pour l'évêque d'assister au compte annuel, soit par lui-même, soit par un commissaire délégué, mais que l'exercice de la mission confiée à l'évêque par ce délégué ne saurait affranchir celui-ci des conséquences légales qu'il peut encourir, si dans l'accomplissement de son mandat, il en dépasse les limites et arrive jusqu'à l'abus ou au délit ; — Attendu, d'autre part, que le moyen tiré de la délégation n'avait été soumis par aucunes conclusions à l'examen de la Cour impériale d'Amiens ; qu'elle a donc pu sans encourir la cassation, s'abstenir de répondre à des motifs spéciaux à un chef de conclusions non proposé ; que d'ailleurs, et en envisageant ce moyen comme une défense au fond, il résulte de l'arrêt attaqué que ce moyen de défense a été apprécié par les juges d'appel, puisqu'ils déclarent, après avoir énuméré les circonstances dans lesquelles les imputations dirigées contre le sieur Gourdin se sont produites, à savoir, la séance du conseil de fabrique, la lettre du 29 novembre, l'audience même de la cour et l'interrogatoire du prévenu, que ces imputations portent avec elles, malgré les protestations contraires de leur auteur, la preuve de leur malveillance. Sur la troisième moyen tiré d'une violation sous un autre rapport de l'article 222 du Code pénal en ce que le sieur Gourdin aurait eu dans le sein du conseil de fabrique, comme l'un des membres du conseil ; — Attendu qu'aux termes de l'article 4 du décret précité du 30 décembre 1809, le maire est membre du conseil de fabrique, qu'il y représente la commune et veille à ses intérêts, que, sans doute, il n'est pas là un agent du gouvernement, mais qu'il est un magistrat de l'ordre administratif, au sein du conseil dans l'exercice de ses fonctions administratives ; — Rejette, etc. »
Dans le même sens., Rouen, 6 janvier 1818.
(1) D. 22 avril 1855.
(2) Cass. crim. 25 mars 1880. — « La Cour : — Sur la première branche du premier moyen tiré de la violation des articles 6 et 8 de la loi du 18 germinal an X, en ce que le juge de police devait, en l'état, se déclarer incompétent, le fait dénoncé constituant un abus qui devait au préalable être soumis à l'appréciation du Conseil d'État : — Attendu que, pour qu'il y ait lieu à l'application de l'article 6 de la loi de germinal an X, il faut que l'abus ait été commis par un ecclésiastique et l'ait été en même temps dans l'exercice du culte ; — Attendu qu'il est constaté en fait que la violation que l'abbé Aninard avait lacéré ou enlevé une affiche apposée par ordre de l'autorité administrative sur le mur extérieur de la Madeleine, à Aix ; qu'en admettant que le curé qui remplaçait à ce moment l'abbé Aninard, premier vicaire, eût la police de l'église tant à l'intérieur qu'à l'extérieur, il ne lui appartenait pas de se rendre juge du droit que pouvait avoir le maire d'ordonner l'apposition de cette affiche ; qu'en tout cas la contravention par lui commise ne l'avait pas été dans l'exercice du culte et ne pouvait constituer un des cas d'abus prévus par l'article 6 de la loi du 18 germinal an X ; — Sur la deuxième branche du premier moyen fondée sur la violation de l'article 7 de la même loi, en ce que le fait pouvant constituer un abus de la part du maire de nature à porter atteinte à l'exercice public du culte, à la liberté que les lois et les règlements garantissent à ses ministres, il devait préalablement y avoir recours au Conseil d'État : — Attendu que le fait tel qu'il a été constaté par le jugement attaqué ne pouvait avoir ce caractère, qu'il ne pouvait être de nature à porter atteinte, soit à l'exercice du culte, soit à la liberté que les lois et règlements garantissent à ses ministres ; que, conséquemment, l'article 7 de la loi du 18 germinal an X ne pouvait, dans l'espèce, recevoir son application : Sur le deuxième moyen tiré de la violation et de la fausse interprétation de l'article 479, n° 9, du Code pénal, en ce que le jugement attaqué n'établit ni en fait ni en droit que l'affiche ait été apposée par ordre de l'administration : — (Sans intérêt). Sur le troisième moyen tiré de la violation de l'article 7 de la loi du 21 avril 1810, en ce que le jugement attaqué n'aurait pas donné de motifs pour répondre à la prétention, élevée par le prévenu, qu'ayant la police de l'église, tant à l'intérieur qu'à l'extérieur, il était dans son droit et dans son devoir d'enlever l'affiche qui avait été apposée : — Attendu que si cette prétention a été élevée par le prévenu, aucune conclusion n'a été par lui prise ; que c'était donc un moyen qu'il présentait à l'appui de sa défense, au fond, et que le juge n'avait pas, à cet égard à statuer par un motif spécial, et que ceux par lui donnés sont suffisants ; Sur le quatrième moyen, tiré de la violation de l'article 479, n° 9, du Code pénal, en ce que l'une des circonstances constitutives de la contravention d'avoir agi méchamment n'est pas suffisamment établie : — Attendu à cet égard que le jugement déclare qu'il est établi que le prévenu a enlevé une affiche qui avait été apposée par ordre de l'administration, avec intention d'empêcher le public d'en connaître le contenu ; — Attendu que cette constatation est suffisante pour caractériser cette contravention ; Par ces motifs, rejette. »

(1) D. 7 avril 1855.
(2) Portalis, *Discours et rapports.*
(3) Ord. 16 décembre 1830. — « Ord. Louis-Philippe, etc. ; — Considérant que le refus public de sacrement dont se plaint le sieur Laurent n'a été accompagné d'aucune réflexion ni injure de la part du desservant, et que ce refus ne fait ne peut être déféré qu'à l'autorité ecclésiastique supérieure : Art. 1er. La requête du sieur Laurent est rejetée... »
D. 2 mai 1868.
(4) Ord. 28 mars 1831. — « Ord. Louis-Philippe, etc. ; — Vu le rapport du ministre des affaires ecclésiastiques, enregistré au secrétariat général du Conseil d'État, le 4 avril 1829, sur la requête de la demoiselle Rouzaud, ancienne institutrice à Belpêche, département des Landes, et supérieure de l'hospice, contre le sieur Arragon, curé de cette paroisse ; — Vu ladite requête tendant à ce qu'il nous plaise lui accorder l'autorisation de poursuivre devant les tribunaux ledit sieur Arragon, auquel elle reproche : 1° d'avoir refusé de l'entendre en confession ; 2° d'avoir supprimé une congrégation religieuse dont il lui avait lui-même confié la direction, et d'avoir engagé ses paroissiens de ne plus envoyer leurs enfants à l'école ; de l'avoir publiquement diffamée sous le rapport des mœurs ; 3° de l'avoir désignée, le dimanche suivant, étant dans l'exercice de ses fonctions, comme ayant ce jour-là commis un sacrilège en recevant la communion ; — Vu les renseignements transmis par le préfet du département à l'évêque diocésain ; — Vu les observations du sieur Arragon ; — Vu les certificats produits en faveur de la demoiselle Rouzaud ; — Vu les articles 6, 8 et 52 de la loi organique du 8 avril 1802 ; Considérant, en ce qui touche le fait de la confession, que ce fait n'a pas dégénéré en injure ni en scandale public, et que, dès lors, c'est à l'autorité ecclésiastique supérieure qu'il eût dû être déféré ; Considérant, sur le chef de la plainte relatif à la congrégation religieuse, que s'agissant d'une réunion volontaire purement relative à l'exercice du culte, la suppression ne pouvait devenir la matière d'un appel comme d'abus ; — Considérant, sur l'invitation que le sieur Arragon aurait faite en chaire à ses paroissiens de ne plus envoyer leurs enfants à l'école dirigée par la requérante, qu'il résulte de l'instruction que l'école n'était pas autorisée ; — Considérant, au sujet des propos contre les mœurs de la requérante, qu'ils n'auraient pas été tenus par le curé dans l'exercice de ses fonctions, et qu'une autorisation préalable du gouvernement n'est pas nécessaire pour diriger des poursuites judiciaires contre les ecclésiastiques à raison des délits dont ils peuvent se rendre coupables hors de l'exercice de leurs fonctions ; — Considérant, à l'égard du discours tenu pendant le service divin, que le curé n'a désigné ni le genre du crime qu'il prétendait avoir été commis dans la paroisse, ni la personne qui s'en serait rendue coupable ; — La requête présentée au nom de la demoiselle Rouzaud est rejetée... »

nantes(1); dans le fait d'avoir procédé à la cérémonie du baptême d'un enfant précédemment ondoyé avec le consentement du père, sans prévenir celui-ci, et sur la présentation d'un parrain non muni de procuration, et d'avoir donné à l'enfant des prénoms différents de ceux portés sur l'acte de l'état civil (2) ; dans le fait par un curé d'avoir tenu en chaire en termes généraux, un langage qui a paru injurieux et diffamatoire (3).

Il y aurait abus, au contraire, dans le fait par un prêtre de refuser d'administrer le baptême à un enfant, sous prétexte que la personne que les parents ont chargée de veiller à sa conservation et de le présenter à l'église n'est pas agréée par le curé (4).

Cette déclaration d'abus a été reconnue comme fondée, même par les auteurs hostiles à l'institution de l'abus. « Il est à remarquer, dit l'un d'eux : 1° que si les canons autorisent à refuser certaines personnes comme parrains et mar-

raines, ils n'autorisent pas à refuser le baptême à aucun d'eux ; 2° que la dame Bayard ne se présentait pas comme marraine; la conduite scandaleuse que lui reprochait le curé était, sans doute, un grave motif de convenance pour qu'elle s'abstînt de présenter les enfants : elle ne l'était point pour autoriser le refus du baptême. La doctrine contenue dans l'ordonnance nous paraît donc exacte (1). »

520. On considère également comme rentrant dans « tout procédé pouvant compromettre l'honneur des citoyens » le refus de sépulture ecclésiastique.

Toutefois, lorsque le refus de sépulture ecclésiastique est pur et simple, il ne constitue pas un cas d'abus (2). Mais dans certaines circonstances, lorsque le refus de sépulture est précédé notamment d'un refus de sacrements abusif, il y a là un procédé qui peut compromettre l'honneur du défunt et dégénérer en scandale public. C'est ce qui a été décidé dans la déclaration d'abus (3) intervenue à la suite du refus de sépulture ecclésiastique fait par un curé à un individu décédé en état de mort subite du décès du comte de Montlosier. L'ordonnance d'abus était fondée sur ce que le refus de sépulture ecclésiastique fait par un curé à un individu qui faisait profession publique de la religion catholique constituait une oppression et un scandale public lorsque ce refus était basé sur ce qu'il n'aurait pas voulu donner devant témoins une rétractation écrite des opinions qu'il avait émises dans le cours de sa vie.

521. Le refus de sépulture ecclésiastique de la part d'un ministre du culte catholique ne rentre pas dans les cas d'abus lorsqu'il s'agit d'un individu qui n'est pas catholique ou qui est mort sans baptême. « Le convoi et l'inhumation, dit à ce sujet Portalis, sont des actes civils qui appartiennent à la police et que la police peut ordonner par des considérations déduites du devoir de veiller à la santé publique. Les obsèques religieuses consistent dans la présentation du corps à l'église, dans les prières pour les morts et dans l'accompagnement des prêtres qui suivent le convoi et assistent à l'inhumation. La sépulture, en ne comprenant sous ce mot que le convoi et l'inhumation, ne peut être refusée à personne. Il en est autrement des obsèques religieuses : on ne peut, sans doute, refuser injustement ou arbitrairement ces obsèques ; mais l'église a des règles d'après lesquelles les obsèques religieuses ne sont point accordées aux personnes mortes sans baptême, ou à celles qui par la notoriété de droit sont reconnues appartenir à un culte différent. Il serait impossible de violenter sur ces objets la conscience des prêtres (4). »

Il a été décidé que le prêtre n'est pas forcé de faire les obsèques de celui qui pendant sa vie a repoussé son assistance avec injure (5).

522. Parmi les entreprises ou procédés qui peuvent troubler arbitrairement la conscience, on peut citer la menace de refus éventuel de sacrements adressée aux instituteurs, aux

---

(1). C. d'Et. 18 mars 1841.
(2) D. 3 mai 1886. — « Le Président, etc. ; — Sur le rapport... — Vu le recours pour abus formé par le sieur Dumas contre l'abbé Colomer, curé de la paroisse Saint-Jacques, de Perpignan, lequel aurait procédé sans son adhésion au baptême de son fils et aurait donné à celui-ci des prénoms différents de ceux de son état civil, ledit recours enregistré au secrétariat général du Conseil d'État le 13 février 1886 ; — Vu la lettre de l'abbé Colomer en date du 2 janvier 1886 ; — Vu la lettre de l'évêque de Perpignan au ministre de l'instruction publique, des beaux-arts et des cultes en date du 10 mars 1885 ; — Vu le rapport adressé par le ministre de l'instruction publique, des beaux-arts au président du Conseil d'État, le 12 février 1886 ; — Vu les articles organiques 6 et 8 ensemble les pièces du dossier;
Considérant que le sieur Dumas fonde son recours sur ce que l'abbé Colomer aurait baptisé son fils, le 20 décembre 1883, sur la présentation d'un parrain non muni de procuration, et lui aurait donné des prénoms différents de ceux portés sur l'un ou l'autre des deux actes de naissance qui faisaient alors l'objet d'un débat judiciaire devant la Cour de Montpellier; — Considérant que l'enfant avait été ondoyé le 5 janvier 1879, conformément à la volonté de son père; — que, ni le fait d'avoir procédé à la cérémonie du baptême qui a suivi l'ondoiement sans prévenir le sieur Dumas, ni le fait d'avoir inscrit dans l'acte de baptême des prénoms différents de ceux qui figuraient à l'acte de naissance, ne constituent un des cas d'abus prévus par les articles organiques; — Que d'ailleurs, l'évêque de Perpignan a, dans sa lettre du 10 mars 1885, offert de payer sur l'acte de baptême les prénoms qui ne sont pas sur l'acte de naissance, et donné ainsi au sieur Dumas satisfaction dans la mesure du possible;
Le Conseil d'État entendu; — Décrète : — Art. 1er. Le recours formé par le sieur Dumas est rejeté; etc. »
(3) D. « Le Président, etc. : — Vu le recours pour abus formé, à la date du 9 juillet 1885, par le sieur Gros, aubergiste à Brouvelieures (Vosges), contre le sieur Adam, curé de cette localité, qui aurait, en chaire, les 17 et 24 mai 1883, injurié et diffamé l'exposant; — Vu la lettre du 7 novembre 1885, par laquelle le ministre de l'instruction publique, des beaux-arts et des cultes a saisi le Conseil d'État de cette demande; — Vu la réponse du sieur Adam et l'enquête à laquelle il a été procédé; — Vu l'article 6 de la loi du 18 germinal an X;
Considérant qu'il résulte de l'information que le langage tenu en chaire par le sieur Adam, curé de Brouvelieures, à raison des termes généraux dont cet ecclésiastique s'est servi, ne constitue pas à l'égard du requérant un fait rentrant dans les cas d'abus prévus par la loi du 18 germinal an X;
Le Conseil d'État entendu; — Décrète : — Art. 1er. La requête du sieur Gros est rejetée; etc. »
b. 19 juillet 1886. — « Le Président, etc. — Vu le recours pour abus formé, le 16 septembre 1885, par le sieur Amblard, aubergiste à Saint-Pierre-Laroche (Ardèche) contre le sieur Chastagner, desservant de cette localité, à raison de propos diffamatoires que cet ecclésiastique aurait tenus en chaire le 5 juillet précédent contre le requérant; — Vu la réponse du sieur Chastagner, l'enquête à laquelle il a été procédé et les autres pièces du dossier; — Vu la loi du 18 germinal an X, notamment l'article 6;
Considérant qu'il résulte de l'instruction que le langage tenu en chaire par le sieur Chastagner, desservant de Saint-Pierre-Laroche, à raison des termes généraux dont cet ecclésiastique s'est servi, ne constitue pas à l'égard du sieur Amblard un des cas d'abus prévus par la loi du 18 germinal an X;
Décrète : — Art. 1er. La requête du sieur Amblard est rejetée... »
(4) Ord. 11 janvier 1829. — « Charles, etc. : — Vu la loi du 8 avril 1802, notamment l'article 7;
Considérant qu'aucun des documents administratifs ci-dessus visés ne vient à l'appui de l'allégation des réclamants au sujet des paroles injurieuses et diffamatoires qu'ils accusent le desservant de Dammartin d'avoir préférées en chaire, et qu'ils affirment point avoir entendues eux-mêmes ; que le refus de ce desservant d'administrer le baptême aux enfants présentés à l'église par la dame Bayard n'a été accompagné d'aucun discours injurieux pour elle, d'où il suit qu'il n'y a lieu à renvoyer le desservant de Dammartin devant les tribunaux; — Considérant néanmoins que le refus d'administrer le baptême à un enfant sur le fondement que la personne que les parents ont chargée de veiller à sa conservation et de le présenter à l'église n'est pas agréée par le

---

curé ou desservant de la paroisse, n'en est pas moins abusif, puisque, d'une part, cette personne ne participe point à la cérémonie religieuse du baptême, et que, de l'autre, aucune règle canonique admise dans le royaume n'autorise les curés ou desservants à n'admettre, en pareil cas, que des personnes agréées par eux ;
Notre Conseil d'État entendu ; — Art. 1er. Il y a eu abus de la part du sieur Gilbert, prêtre de la commune de Dammartin, qui a refusé d'administrer le baptême aux enfants portés à l'église par la dame Bayard ; — En conséquence, il lui est enjoint de s'abstenir à l'avenir de pareils refus. — Le surplus de la requête des sieur et dame Bayard est rejeté; etc. »
(1) Affre, Traité de l'administration des paroisses.
(2) D. 3 mars 1886.
(3) Ord. 23 décembre 1838. — « Louis-Philippe, etc. : — Considérant que le refus de sépulture catholique fait par l'autorité ecclésiastique au comte de Montlosier, dans les circonstances qui l'ont accompagné et qui sont constatées par l'instruction, constitue un procédé qui a dégénéré en oppression et en scandale public et rentre, dès lors, dans les cas prévus par l'article 6 de la loi du 18 germinal an X ;
Art. 1er. Il y a abus dans le refus de sépulture catholique fait au comte de Montlosier; etc. »
(4) Discours et rapports.
(5) Ord. 13 juin 1827. — « Charles, etc. : — Considérant que dans l'espèce et d'après les renseignements recueillis conformément à l'article 8 de la loi du 8 avril 1802, le refus, soit de se transporter de nouveau chez la veuve Gallais, soit de l'inhumer avec les cérémonies ecclésiastiques, ne constitue aucun des cas d'abus prévus par la loi;
Art. 1er. Le recours du sieur Gallais est rejeté; etc. »

élèves et à leurs parents, pour le cas où des livres condamnés par la congrégation de l'*Index* seraient admis dans les écoles, et pour celui où l'enseignement serait donné d'après l'esprit de ces livres, cette menace étant de nature à troubler arbitrairement la conscience de ceux auxquels elle s'adresse (1); dans la menace de refus de sacrements faite aux parents qui laisseraient entre les mains de leurs enfants, et ne remettraient pas immédiatement au curé, les livres condamnés par la congrégation, et dans la déclaration que les enfants ne pourraient pas même être reçus aux séances du catéchisme (2); dans la lettre par laquelle un évêque, pour donner une sanction à la condamnation prononcée contre les livres mentionnés dans une ordonnance épiscopale, déclare que les instituteurs qui continueront à lire ou à faire lire les livres condamnés s'exposeraient à être privés de la qualité de chrétiens, et dans la menace de refus de sacrements adressée aux enfants fréquentant les écoles où ces livres sont adoptés (3).

523. Il y aurait également un abus pouvant troubler arbitrairement la conscience dans le fait par des curés de refuser la confession à des prêtres assermentés tant qu'ils n'auront pas fait une rétractation et dans le fait de publier cette rétractation (4).

524. L'évêque dénature le caractère et la portée d'une décision ministérielle et fait usage d'un procédé pouvant troubler arbitrairement les consciences, lorsqu'il déclare qu'une décision par laquelle le ministre des cultes supprime les traitements et allocations d'un certain nombre de curés et desservants, « prive officiellement de leurs pasteurs plus de 30,000 catholiques », et qu' « à partir du ...... ceux-ci n'auront plus de prêtres obligés de faire parmi eux les offices religieux, d'enseigner le catéchisme, de prêcher la parole de Dieu, d'administrer les sacrements, de visiter les malades, d'accompagner avec les pleurs et les prières de l'Eglise la dépouille mortelle de leurs chers défunts à sa dernière demeure ». Toute paroisse légalement établie doit être desservie. Si par une cause quelconque le service ne peut être assuré par le titulaire d'une cure ou d'une succursale, il appartient à l'évêque d'y pourvoir selon l'exigence des cas (5).

525. La diffamation en chaire est l'un des procédés qui peuvent dégénérer en injure ou en scandale public.

Elle doit être nominative (1) ou tout au moins nettement indicative pour donner lieu à l'appel comme d'abus.

Ainsi, bien que des assistants aient pu voir une injure ou une diffamation dans des paroles prononcées en chaire par le desservant, il n'y a pas lieu de prononcer contre le desservant ni un renvoi devant les tribunaux, ni même une déclaration d'abus, si ces paroles ne renfermaient pas d'imputation nominative et directe, et si, d'ailleurs, elles ont été suivies d'une rétractation publique au prône de la messe paroissiale (2). Mais on comprend qu'en semblable matière il soit difficile d'établir une règle précise et que les principes applicables à la diffamation doivent être également appliqués.

526. Il a été décidé également qu'il n'y avait pas lieu à une déclaration d'abus lorsque les mesures prises par l'autorité diocésaine contre le prêtre coupable constituent une réparation suffisante (3), par exemple s'il y a déplacement du ministre du culte (4). Mais nous ne saurions approuver cette jurisprudence qui nous paraît singulièrement diminuer les garanties et les droits des particuliers.

Dans le même sens il a été décidé qu'il n'y avait pas lieu à une déclaration d'abus si les paroles diffamatoires avaient été suivies d'une rétractation (5), même lorsque l'injure est grave, parce qu'alors le plaignant a reçu une réparation suffisante (6).

Il y aurait lieu d'adopter la même solution si l'ecclésiastique qui a adressé les excuses se proposait par l'allocution prononcée de se justifier contre de précédentes attaques (7).

527. Il y a abus dans le fait d'un desservant qui, par des paroles prononcées en chaire contre un de ses paroissiens, cause un scandale public. Mais le Conseil d'Etat, tout en déclarant qu'il y a abus, peut, s'il reconnaît qu'il y a eu de la part de l'ecclésiastique inculpé réparation de l'offense, refuser l'autorisation de poursuivre cet ecclésiastique (8).

---

(1) D. 28 avril 1883. (Ev. Annecy, Viviers ; arch. Albi.)
(2) D. 28 avril 1883. (Ev. Langres.)
(3) D. 28 avril 1883. (Ev. Valence.)
(4) Ord. 19 mars 1829. — « Charles, etc. : — Vu la loi du 8 avril 1802, et notamment les articles 6, 7, 8, 52 et 53 de ladite loi ;

En ce qui touche la publication faite au prône du 16 septembre 1827 : — Considérant qu'il résulte des pièces ci-dessus visées que le sieur Caries, ancien desservant de la paroisse de Narmont, retiré dans la commune de Lafouillade, était frappé du concordat de 1802 dans la communion de son évêque ; que ledit sieur Caries, peu de jours avant sa mort, avait demandé au sieur Calmels, desservant de la paroisse de Lafouillade, de l'entendre en confession ; que ledit sieur Calmels a refusé d'entendre la confession du sieur Caries jusqu'à ce que ce dernier eût rétracté une rétractation relative à des faits antérieurs au concordat de 1802, ladite rétractation rédigée par ledit desservant, et destinée, d'après le texte même, à être rendue publique ; que ledit sieur Calmels a, en effet, lu ladite rétractation au prône le 15 septembre 1827 ; que les faits ci-dessus spécifiés constituent un des cas d'abus prévus par l'article 6 de la loi du 8 avril 1802, et une contravention aux articles 52 et 53 de ladite loi sur les publications faites au prône ;

En ce qui touche la publication faite au prône du 7 octobre 1827 : — Considérant que dans ledit prône le sieur Calmels a entretenu ses paroissiens de plusieurs griefs qui lui étaient personnels, que cette publication constitue un autre cas d'abus et une seconde contravention aux articles 52 et 53 de la loi du 8 avril 1802 ; que cette dernière publication est devenue plus spécialement l'objet d'une plainte judiciaire ; que cette plainte a été suivie d'une information sur laquelle la chambre du conseil du tribunal civil de Villefranche, département de l'Aveyron, a sursis à statuer jusqu'à notre décision ; qu'il y a lieu, dans l'espèce, de renvoyer aux tribunaux la question de savoir si ladite publication constitue un délit prévu par la loi.

Art. 1er. Il y a eu abus de la part du sieur Calmels, desservant de la paroisse de Lafouillade, dans les faits ci-dessus énoncés ; — Art 2. Les parties sont renvoyées devant les tribunaux sur les poursuites et informations commencées au sujet de la publication faite au prône du 7 octobre 1827.

(5) D. 19 février 1886. — « Le Président, etc. : — Vu le rapport par lequel le ministre de l'instruction publique, des beaux-arts et des cultes propose de déclarer qu'il y a abus dans une lettre pastorale adressée par l'évêque de Pamiers aux fidèles d'un certain nombre de paroisses dans lesquelles le payement des traitements des curés et desservants a été supprimé : lettre lue en chaire par ordre de l'évêque et publiée ;

— Vu ladite lettre pastorale, en date du 23 novembre 1885 ; — Vu les articles 6 et 8 des organiques ; — Vu l'article 63 des organiques, le décret du 17 novembre 1811 et l'article 27 du décret du 6 novembre 1813 ;

Considérant que si l'évêque de Pamiers avait le droit d'adresser au ministre des cultes telle réclamation qu'il croyait fondée à raison de la mesure qui supprimait le payement des traitements et allocations d'un certain nombre de prêtres du diocèse, il ne pouvait pas sans contrevenir à la loi s'ingérer de critiquer dans la lettre pastorale ci-dessus visée, un acte de l'autorité publique, alors que les lettres pastorales ne doivent avoir pour objet que d'instruire les fidèles de leurs devoirs religieux ; — Considérant, en outre, que dans cette même lettre, l'évêque de Pamiers déclare que la décision du ministre des cultes « prive officiellement de leurs pasteurs plus de trente mille catholiques », et « qu'à partir du 1er décembre ceux-ci n'auront plus de prêtres obligés de faire parmi eux les offices religieux, d'enseigner le catéchisme, de prêcher la parole de Dieu, d'administrer les sacrements, de visiter les malades, d'accompagner avec les pleurs et les prières de l'Eglise la dépouille mortelle de leurs chers défunts à sa dernière demeure » ; — Considérant en droit que toute paroisse légalement établie doit être desservie ; que si, par une cause quelconque, le service ne peut être assuré par le titulaire d'une cure ou d'une succursale, il appartient à l'évêque d'y pourvoir suivant l'exigence des cas ; qu'au lieu de s'occuper des mesures à prendre en vue de l'accomplissement de ce devoir, l'évêque de Pamiers s'est adressé directement aux fidèles de plusieurs paroisses et a fait naître dans leur esprit la crainte de la suspension du service religieux ; qu'ainsi il a dénaturé le caractère et la portée de la décision ministérielle et a fait usage d'un procédé pouvant troubler arbitrairement les consciences ; — Considérant que sous ces différents rapports la lettre pastorale rentre dans les cas d'abus prévus par l'article 6 des organiques ; — Le Conseil d'Etat entendu ; — Décrète :

Art. 1er. — Il y a abus dans la lettre pastorale de l'évêque de Pamiers en date du 23 novembre 1885 ; — Art. 2. Ladite lettre est et demeure supprimée. »

(1) D. 26 décembre 1868.
(2) D. 15 novembre 1858 ; 11 février 1879.
(3) D. 15 février 1876.
(4) D. 3 mars 1857.
(5) D. 26 décembre 1868.
(6) D. 12 août 1874.
(7) D. 14 juin 1862.
(8) Ord., 8 mai 1841. — « Louis-Philippe : — Vu le recours comme d'abus formé par la demoiselle Catherine Moneyrat, fille majeure, demeurant à la Itodé, commune d'Assac, canton de Brive, département de la Corrèze, tendant à obtenir notre autorisation pour poursuivre devant le tribunal correctionnel le sieur Bardet, desservant la succursale d'Ussac, en réparation du délit de diffamation dont cet ecclésiastique se serait rendu coupable dans l'exercice de ses fonctions, envers la demoiselle Catherine Moneyrat ; — Vu le rapport de notre garde des sceaux ; — Vu les

528. Des paroles injurieuses prononcées en chaire contre les membres du corps municipal d'une commune, peuvent également constituer l'abus (1).

529. Il y a lieu de rejeter le recours pour abus s'il y a eu provocation de la part du plaignant (2); si les paroles reprochées à l'ecclésiastique sont formellement déniées par lui et contredites par les affirmations des témoins et par les renseignements recueillis dans l'instruction (3); si les faits articulés ne rentrent pas dans les cas d'abus prévus par la loi du 18 germinal an X et ne sont point de nature à permettre un renvoi devant l'autorité judiciaire (4); s'il n'y a pas de motifs suffisants pour justifier cette déclaration (5); si les paroles prononcées en chaire n'ont pas le sens que leur attribue le plaignant (6).

530. L'injure que le ministre du culte dans l'exercice de ses fonctions ou en chaire adresse à un paroissien peut, comme la diffamation constituer un abus.

C'est ainsi que le Conseil d'État a autorisé une institutrice à poursuivre devant les tribunaux un desservant qui l'avait appelée *menteuse*, voleuse, etc. (7); un particulier à se pourvoir devant les tribunaux pour poursuivre la répression de propos injurieux et diffamatoires tenus contre lui à l'église par un desservant (8).

531. Il a même été décidé qu'il y avait un cas d'abus dans le fait par un ecclésiastique d'avoir, malgré la défense de l'évêque et dans un discours prononcé dans l'exercice du culte, reproché d'avoir vécu en concubinage à une personne mariée sans la présence du prêtre, dans un pays où le concile de Trente n'ayant pas été publié, le mariage ainsi célébré est valable au point de vue religieux (1).

532. Mais il n'y aurait pas abus dans le fait par un ministre du culte d'expulser un enfant du catéchisme ou d'une procession (2). Dans ce cas le ministre du culte ne fait qu'exercer un droit qui lui appartient.

533. Quelques délits autres que la diffamation en chaire rentrent dans les cas d'abus énumérés par l'article 6.

Ainsi, il a été décidé qu'il y avait abus dans l'acte par lequel le ministre du culte outrage la pudeur des femmes et des jeunes filles, si cet acte est commis dans l'exercice du culte (3); dans le fait par les ecclésiastiques qui administrent les sacrements à un malade, de s'emparer des titres et autres créances, sous prétexte de les employer à faire des restitutions à des tiers (4); dans le fait de s'emparer, pendant l'administration des sacrements à un malade, de livres en prétendant qu'ils sont mauvais (5); dans le fait par un évêque de publier dans un journal une lettre contenant des allégations injurieuses pour l'Université et les membres du corps enseignant, et menaçant de refus éventuel de sacrements les enfants élevés dans les établissements universitaires (6),

534. Mais il n'y aurait pas abus si les livres remis à un prêtre pendant qu'il administrait les sacrements lui ont été donnés volontairement après que le malade a été administré (7), ni dans le cas où un recours comme d'abus ayant été dirigé contre un prêtre pour prétendu enlèvement de livres qui auraient renfermé des titres et valeurs, la partie poursuivant l'abus aurait déclaré en se rétractant qu'elle n'avait eu qu'à se louer des procédés du prêtre qui l'avait administrée (8).

---

lettres du préfet de la Corrèze, en date des 13 juin et 22 novembre 1840, et 28 février 1841 ; — Vu la lettre du sieur de Brully, l'un des vicaires généraux du diocèse de Tulle, chargé par l'évêque de recueillir les informations sur les griefs reprochés au sieur Bardet, ladite lettre adressée à notre garde des sceaux, le 22 juillet 1840 ; — Vu la lettre du sieur Bardet, adressée à l'évêque de Tulle le 17 juillet 1840 ; — Vu les lettres de l'évêque de Tulle, des 22 décembre 1840 et 12 février 1841 ; — Vu l'acte notarié dressé sur le témoignage de six personnes et portant la déclaration faite en chaire le 31 janvier 1841 par le sieur Bardet, sur les paroles qui avaient donné lieu à la plainte de la demoiselle Moneyrat ; — Vu la lettre en date du 14 février 1841 adressée à notre garde des sceaux par le sieur Pierre Moneyrat et la demoiselle Catherine Moneyrat, sa fille, qui déclare persister dans sa demande en autorisation de poursuivre le sieur Bardet ; — Vu toutes les pièces jointes au dossier ; — Vu les articles 6 et 8 de la loi du 18 germinal an X ;
Considérant qu'il résulte de l'instruction que le 8 mars 1840, au moment où Mademoiselle Catherine Moneyrat entrait dans l'église d'Ussac, le sieur Bardet, étant en chaire, a prononcé des paroles qui ont dégénéré en scandale public à l'égard de ladite demoiselle Moneyrat, cas d'abus prévu par l'article 6 de la loi du 18 germinal an X ; — Considérant néanmoins que le 31 janvier 1841 en lisant en chaire, au sermon de la messe paroissiale, une déclaration qui se termine par les paroles suivantes : « Je me plais à rendre ici un bien sincère hommage au sieur Moneyrat et à tous les membres de sa famille, que j'ai toujours reconnus pour des gens de probité », le sieur Bardet a témoigné l'intention de réparer ledit scandale ;
Art. 1er. — Il y a abus dans les paroles prononcées le 8 mars 1840, par le sieur Bardet, desservant, dans la chaire de l'église d'Ussac (Corrèze). Art. 2. — N'est point accordée l'autorisation demandée par la demoiselle Catherine Moneyrat à l'effet d'intenter des poursuites contre le sieur Bardet. »

(1) D. 29 novembre 1893 ; — « Le Président, etc. : — Vu le recours pour abus formé par le maire, l'adjoint et les conseillers municipaux de la commune de Valfroicourt (Vosges) contre l'abbé Henry, desservant de cette commune, à raison des paroles prononcées par cet ecclésiastique, en chaire, les 24 novembre 1878 et 26 janvier 1879, ledit recours enregistré au secrétariat général du Conseil d'État le 11 juillet 1879 ; — Vu la lettre de l'abbé Henry, desservant, de la paroisse de Valfroicourt, à l'évêque de Saint-Dié en date du 25 avril 1879 ; — Vu la lettre de l'évêque de Saint-Dié au ministre de l'intérieur et des cultes en date du 28 avril 1879 ; — Vu le rapport du préfet des Vosges en date du 6 juin 1879 ; — Vu les articles 6 et 8 de la loi du 18 germinal an X, ensemble les pièces du dossier ;
Considérant que les paroles prononcées en chaire les 24 novembre 1878 et 26 janvier 1879 sont injurieuses pour le maire, l'adjoint et les conseillers municipaux de Valfroicourt, et constituent un des cas d'abus prévus par l'article 6 de la loi du 18 germinal an X, précité ;
Le Conseil d'État entendu ; — Décrète : Art. 1er. — Il y a abus dans les paroles prononcées en chaire les 24 novembre 1878 et 26 janvier 1879 par l'abbé Henry, desservant de la paroisse de Valfroicourt. »

(2) D. 11 décembre 1875.
(3) D. 14 février 1877.
(4) D. 16 avril 1878.
(5) D. 28 avril 1879.
(6) D. 26 décembre 1878
(7) D. 1er octobre 1868
(8) D. 27 décembre 1868.

(1) D. 13 décembre 1861.
(2) D. 10 décembre 1868.
(3) Ord. 8 avril 1831.
(4) Ord. 25 novembre 1829. — « Charles, etc. : — Vu les articles 6, 7 et 8 de la loi du 8 avril 1802 ;
Considérant que les pièces ci-dessus visées constatent un procédé dégénérant en prévention, cas prévu par l'article 6 de la loi du 8 avril 1802 ; — considérant néanmoins qu'il n'y a pas de motifs suffisants pour autoriser la poursuite criminelle.
Art. 1er. — Il y a eu abus de la part des sieurs Arjo et Fourcade, desservants des paroisses de Castel-Gaillard et de Saint-Frajou, dans leurs procédés envers le sieur Bertrand Navarre ; — Art. 2. — Les parties sont renvoyées à faire valoir seulement devant les tribunaux le cas des contestations relatives à la quotité et à la remise des obligations ou valeurs dont lesdits desservants auraient été ou pourraient être dépositaires. »
(5) Ord. 20 avril 1829.
(6) Ord. 18 novembre 1843. — « Louis-Philippe, etc. : — Vu le recours comme d'abus à nous présenté au notre Conseil d'État le 30 octobre 1843 par notre garde des sceaux, ministre secrétaire d'État au département de la justice et des cultes, contre la déclaration adressée le 24 octobre 1843 par M. de Prilly (Marie-Joseph-François-Victor-Monyer), évêque de Châlons, au journal l'*Univers* et publiée par ledit journal le 26 du même mois, ledit rapport enregistré au secrétariat général de notre Conseil d'État, le 3 novembre 1843 ; — Vu la copie certifiée de la lettre en date du 30 octobre 1843, par laquelle notre garde des sceaux informe l'évêque de Châlons qu'il nous a déféré en notre Conseil d'État la déclaration précitée ; — Vu la lettre adressée le 31 octobre 1843, par l'évêque de Châlons à notre garde des sceaux, ladite lettre contenant les observations dudit évêque et enregistrée au secrétariat général de notre Conseil d'État le 7 novembre 1843 ; — Vu la copie certifiée d'une lettre, en date du 2 novembre 1843, par laquelle notre garde des sceaux donne à l'évêque de Châlons communication du recours précité ; — Vu la lettre en réponse de l'évêque de Châlons, ladite lettre, en date du 6 novembre 1843, enregistrée au secrétariat général de notre Conseil d'État, le 7 du même mois.
... Considérant que, dans la déclaration ci-dessus visée, l'évêque de Châlons agissant en cette qualité, se livre à des allégations injurieuses pour l'Université de France et les membres du corps enseignant ; — Que ledit évêque menace de refus éventuel des sacrements les enfants élevés dans les établissements universitaires ; — Que ces faits constituent envers l'Université et les membres du corps enseignant une injure et une atteinte à leur honneur ; — Qu'ils sont de nature à troubler arbitrairement la conscience des enfants élevés dans les établissements universitaires et celle de leurs familles, — et que, sous le double rapport, ils rentrent dans les cas d'abus déterminés par l'article 6 précité de la loi du 18 germinal an X ;
Notre Conseil d'État entendu, nous avons ordonné et ordonnons ce qui suit : — Art. 1er. — Il y a abus dans la déclaration ci-dessus visée de M. de Prilly, évêque de Châlons... »
(7) Ord. 20 août 1829.
(8) Ord. 26 août 1829.

§ 7. — Cas d'abus de la part des autorités civiles.

535. Le sixième cas d'abus est prévu non plus par l'article 6, mais par l'article 7 de la loi organique.

Ainsi que le déclarait Pithou « l'appel comme d'abus est réciproque » (1). « Ce recours est fondé, disait Portalis, sur la raison naturelle. Si les personnes ecclésiastiques peuvent commettre des abus envers leurs inférieurs dans la hiérarchie et contre les simples fidèles, les fonctionnaires publics et les magistrats peuvent s'en permettre contre la religion et contre les ministres du culte. Le recours au Conseil d'État doit donc être un remède réciproque, comme l'était l'appel comme d'abus (2). »

Ce sixième cas d'abus se réfère aux troubles apportés par les fonctionnaires publics abusant de leur autorité pour entraver le ministère ecclésiastique ou envahir le domaine des choses spirituelles. Quant aux troubles qui sont l'œuvre de simples particuliers, ils tombent sous l'application du droit commun.

Cette disposition démontre nettement l'inexactitude de l'idée souvent émise que le recours pour abus dans la pensée du législateur de l'an X serait exclusivement dirigé contre les ecclésiastiques sans jamais être pour eux une protection.

La loi organique qui détermine ce cas d'abus est ainsi conçue : « Il y aura pareillement recours au Conseil d'État s'il est porté atteinte à l'exercice public du culte et à la liberté que les lois et règlements garantissent à ses ministres (3). »

536. La loi distingue, par conséquent, deux cas d'abus : le premier consiste dans l'atteinte portée à l'exercice public du culte, le second dans l'atteinte portée à la liberté des ministres du culte.

Ces deux cas d'abus sanctionnent la disposition de l'article 1er du concordat, qui dispose, comme nous l'avons vu, que la religion catholique, apostolique et romaine sera librement exercée en France et que son culte sera public, en se conformant aux règlements de police que le gouvernement jugera nécessaires pour la tranquillité publique.

537. Parmi les atteintes portées à l'exercice public du culte par les fonctionnaires, l'une des plus fréquentes est l'interdiction des cérémonies extérieures du culte dans des cas autres que ceux prévus par l'article 45 de la loi organique, ou lorsque l'ordre et la tranquillité publique ne seraient pas menacés.

Il a été décidé, en conséquence, que l'arrêté par lequel un maire interdit les processions sur la voie publique est une mesure de police que l'on ne peut déférer au Conseil d'État par la voie du recours pour excès de pouvoir, que le seul recours dont un acte de cette nature puisse être l'objet est le recours pour abus, qui compète à toute personne intéressée, en vertu des articles 7 et 8 de la loi du 18 germinal an X, contre tout acte de l'autorité (4).

538. L'arrêté d'un maire qui, se fondant sur les lois relatives à la police municipale, et sur la législation des cultes,

règle les conditions dans lesquelles pourront avoir lieu les cérémonies extérieures du culte, notamment la procession de la Fête-Dieu, est pris dans l'exercice des pouvoirs de police conférés aux maires par les lois des 14-22 décembre 1789 et 16-24 août 1790, et constitue, dès lors, un acte d'administration non susceptible d'être déféré au Conseil d'État par application des lois des 7-14 octobre 1790 et 24 mai 1872 (art. 9).

Mais il peut être l'objet d'un recours pour abus, en vertu de l'article 7 de la loi du 18 germinal an X, s'il porte atteinte à l'exercice public du culte.

L'intervention de la commune dans l'instance tendant à faire prononcer l'annulation d'un pareil arrêté ne doit pas être admise si ladite commune ne justifie pas d'un intérêt de nature à faire admettre cette intervention (1).

539. Mais il n'y aurait pas abus si l'interdiction était fondée sur les pouvoirs de police qui appartiennent au maire.

C'est ainsi qu'il a été décidé que :

L'autorité municipale est fondée, même dans les villes où il n'existe qu'un oratoire protestant, à défendre par mesure de police et de sûreté la célébration extérieure des cérémonies du culte catholique et qu'il y a abus de la part du curé qui fait sortir une procession contrairement aux dispositions d'un semblable arrêté (2).

540. Un arrêté par lequel le maire interdit toute manifes-

---

(1) 80e proposition.
(2) Rapports.
(3) Art. 7.
(4) Cont. 23 mai 1879. — « Le Conseil d'État statuant au contentieux: — Vu la requête présentée par l'évêque de Fréjus...; — Vu les observations du ministre de l'intérieur et des cultes; — Vu la loi du 18 germinal an X, notamment les articles 6, 7, 8 et 45; ensemble le concordat du 26 messidor an IX, art. 1er. — Vu la loi du 18 juillet 1837, article 9; — Vu la loi des 7-14 octobre 1790 et 24 mai 1872 ; — Ouï M. David, conseiller d'État, en son rapport ; — Ouï M. Flourens, maître des requêtes, commissaire du gouvernement, en ses conclusions ;
Considérant que l'arrêté en date du 20 mai 1878, par lequel le maire de Toulon a interdit les processions sur la voie publique dans cette ville, est une mesure de police qu'il lui appartenait de prendre sous l'autorité de l'administration supérieure et sauf le recours pour abus qui compète à toute partie intéressée, en vertu des articles 7 et 8 de la loi du 18 germinal an X, contre tout acte de l'autorité civile qui porterait atteinte à l'exercice public du culte et à la liberté que les lois et règlements garantissent à ses ministres ; — Que des lors cet arrêté n'est pas susceptible d'être déféré au Conseil d'État par la voie du recours pour excès de pouvoir, en vertu des lois des 7-14 octobre 1790 et du 24 mai 1872 ;
Décide : — La requête est rejetée... »

(1) Cont. 22 décembre 1876. — « Vu la requête présentée par l'abbé Badaroux, curé de Saint-Hippolyte tendant à ce qu'il plaise au Conseil annuler pour excès de pouvoir un arrêté du maire de la commune de Saint-Hippolyte du 22 juin 1876 édictant certaines mesures relatives à la procession de la Fête-Dieu, qui devait sortir dans les rues de la commune le 26 juin 1876 ; — Attendu que le maire a invoqué à tort dans les motifs de son arrêté, l'article 45 de la loi du 18 germinal an X ; que, considérer comme arrêté de police pris sous l'autorité de l'administration supérieure, en vertu de l'article 9 de la loi du 18 juillet 1837, l'arrêté du maire aurait dû être revêtu de l'approbation du préfet ; que, d'ailleurs, en admettant que le maire ait pu par mesure de police fixer l'itinéraire de la procession, il ne pouvait lui appartenir de prendre des mesures n'intéressant nullement la sécurité publique, telles que celles consistant à fixer l'heure de la procession, à limiter le nombre des reposoirs, et à interdire d'orner et de tapisser les maisons particulières ; — Vu l'arrêté du maire de Saint-Hippolyte du 22 juin 1876 ; — Vu le mémoire produit par le maire de la commune de Saint-Hippolyte intervenant en vertu d'une délibération du conseil municipal du 5 novembre 1877, concluant au rejet de la requête par les motifs que l'arrêté du maire a été pris par celui-ci dans l'exercice des pouvoirs de police qui lui appartiennent pour le maintien de la sécurité publique, et qu'il se justifie d'autant mieux que la procession aurait pu être interdite en vertu de l'article 45 de la loi du 18 germinal an X ; qu'il existe, en effet, à Saint-Hippolyte un consistoire protestant et que le consistoire, par délibération du 15 mai 1873, avait demandé l'interdiction absolue des processions extérieures ; — Vu la loi du 18 germinal an X et les lois des 14-22 décembre 1789, 16-24 août 1790, 19-22 juillet 1791 et 18 juillet 1837 ; — Vu les lois des 7-14 octobre 1790 et 24 mai 1872, article 9 ;
En ce qui concerne l'intervention de la commune de Saint-Hippolyte : — Considérant que si le maire produit une délibération du conseil municipal du 5 novembre 1877 l'autorisant à intervenir au nom de la commune de Saint-Hippolyte, ladite commune ne justifie pas d'un intérêt de nature à faire admettre son intervention ;
Au fond : — Sans qu'il soit besoin d'examiner la qualité du requérant ; Considérant que l'arrêté attaqué a été pris par le maire de la commune de Saint-Hippolyte dans l'exercice des pouvoirs de police qui tient des lois des 14-22 décembre 1789 et 16-24 août 1790, et qu'il constitue, dès lors, un acte d'administration contre lequel le requérant pouvait former le recours pour abus prévu par l'article 7 de la loi du 18 germinal an X, s'il croyait qu'il était porté atteinte par cet acte à l'exercice public du culte, mais qu'il n'était pas susceptible d'être déféré au Conseil d'État par application des lois des 7-14 octobre 1790 et 24 mai 1872, article 9...;
L'intervention de la commune de Saint-Hippolyte n'est pas admise. La requête de M. l'abbé Badaroux est rejetée. »

(2) Ord. 1er mars 1842. — « Louis-Philippe, etc. : — Vu la loi du 18 germinal an X, et celle du 18 juillet 1837 ;
En ce qui touche le recours formé par le sieur Moreau, curé de Saint-Bénigne : — Considérant qu'il appartenait au maire de Dijon de prendre sous l'autorité de l'administration supérieure, l'arrêté qui donne lieu au recours ; que ledit arrêté est une mesure de sûreté et de police qui ne porte atteinte ni à l'exercice du culte, ni à la liberté que les lois et règlements garantissent à ses ministres ;
En ce qui touche le recours formé par le commissaire de police Debays : — Considérant que l'arrêté précité du maire de Dijon n'a été annulé par le préfet de la Côte-d'Or que postérieurement à la sortie de la procession ; qu'aussi longtemps que cette annulation n'était point modifiée le curé de Saint-Bénigne était tenu d'obtempérer audit arrêté ;
Art. 1er. Est rejeté le recours formé par le sieur Moreau, curé de Saint-Bénigne à Dijon. — Art. 2. Il y a abus dans le fait imputé au sieur Moreau, curé de Saint-Bénigne à Dijon. — Art. 3. Le surplus des conclusions du recours formé par le commissaire de police Debays est rejeté. »

tation extérieure du culte ne visant pas le fait par un ecclésiastique de porter, revêtu de ses habits sacerdotaux, le viatique à un mourant, ne porte atteinte ni à l'exercice public du culte, ni à la liberté que la loi et les règlements garantissent à ses ministres, et n'est pas, en conséquence, susceptible d'être considéré comme un abus (1).

541. Il n'y a pas abus dans l'arrêté par lequel un maire interdit une procession dans une commune où il n'existe pas de temple affecté à un culte autre que le culte catholique, si le maire a agi dans les limites des attributions de police qui lui sont conférées par la loi (2).

542. Il n'y a pas abus dans l'arrêté par lequel un maire interdit à une fanfare de jouer sur la voie publique sans autorisation préalable, lorsque le maire a agi dans la limite des attributions qui lui sont conférées et lorsqu'il ne s'est immiscé à aucun degré, dans l'organisation de la procession qui devait avoir lieu avec le concours de la fanfare (1).

---

(1). D. 17 août 1886. — « Le président de la République française, etc. : — Vu le recours formé par le préfet de Loir-et-Cher et enregistré au secrétariat général du Conseil d'État le 23 juin 1886, ledit recours tendant à ce qu'il plaise au Conseil décider s'il y a abus dans un arrêté du maire de Lunay, en date du 19 mars 1882 ; — Vu ledit arrêté ; — Vu le procès-verbal de contravention dressé contre l'abbé Lehu, desservant de Lunay le 14 novembre 1885 ; — Vu les conclusions prises par l'abbé Lehu devant le tribunal de simple police de Savigny-sur-Braye et soulevant l'exception préjudicielle d'abus ; — Vu le jugement de sursis rendu par le tribunal de simple police le 6 février 1886 ; — Vu l'article 1er de la convention du 26 messidor an IX et les articles 7 et 8 des organiques ;

Considérant que par l'arrêté susvisé le maire de Lunay a interdit sur le territoire de la commune les processions et les manifestations extérieures du culte autres que celles des inhumations ; — Considérant que l'abbé Lehu, desservant de Lunay, a été traduit devant le tribunal de simple police de Savigny-sur-Braye pour avoir contrevenu à cet arrêté en circulant revêtu de ses habits sacerdotaux, sur la voie publique, pour aller porter le viatique à un mourant ; que devant le tribunal de simple police le desservant a soulevé l'exception d'abus en soutenant que l'arrêté municipal n'avait pu interdire ce fait sans porter atteinte à l'exercice public du culte et à la liberté que les lois et règlements garantissent à ses ministres ; que par jugement du 6 février 1886 le tribunal de simple police a sursis à statuer au fond jusqu'à ce que la question préjudicielle d'abus ait été résolue par l'autorité compétente ; qu'à la suite de cette décision, le Conseil d'Etat a été saisi par le préfet de Loir-et-Cher ; — Considérant que l'arrêté par lequel le maire de Lunay, en vertu des pouvoirs de police qui lui ont été conférés par la loi, a interdit toute manifestation extérieure du culte sur la voie publique, n'a pas visé, dans les termes où il a été pris, le fait par le desservant de porter sans autre cérémonial extérieur le viatique à un mourant ; qu'ainsi ledit arrêté n'a porté atteinte ni à l'exercice public du culte, tel qu'il a été autorisé en France, ni à la liberté que les lois et règlements garantissent à ses ministres ;

Décrète : — Art. 1er. Il n'y a pas abus dans l'arrêté du maire de Lunay. »

(2) D. 17 août 1880. — « Le président de la République française : — Sur le rapport de la section de l'intérieur, des cultes ; — Vu les recours formés par le commissaire de police du canton des Ponts-de-Cé et par le préfet de Maine-et-Loire, lesdits recours enregistrés au secrétariat général du Conseil d'Etat les 6 et 8 juillet 1880, et tendant à ce qu'il plaise au Conseil d'Etat déclarer l'abus résultant de la conduite du sieur Pineau, desservant de la paroisse de Saint-Mélaine qui, au mépris d'un arrêté du maire de ladite commune, a fait sortir une procession de l'église le jour de la fête de l'Ascension ; — Vu l'arrêté du maire de Saint-Mélaine en date du 3 mai 1880 ; — Vu le procès-verbal de contravention du 6 du même mois ; — Vu le jugement rendu par le tribunal de simple police du canton des Ponts-de-Cé le 7 juin ; — Vu le rapport du ministre de l'Intérieur et des cultes en date du 8 juillet ; — Vu l'article 1er de la convention du 26 messidor an IX et les articles 6, 7, 8 et 45 de la loi du 18 germinal an X ; — Ensemble les pièces du dossier ;

Considérant que le maire de Saint-Mélaine a pris, à la date du 3 mai 1880, un arrêté interdisant la sortie de la procession hors de l'église le jour de la fête de l'Ascension ; que, malgré cet arrêté, le sieur Pineau, desservant de la paroisse, a fait sortir la procession ledit jour ; que, cité à la requête du ministère public devant le tribunal de simple police, il a allégué pour sa défense que l'arrêté du maire n'ayant pas été légalement pris, n'était pas obligatoire ; que le maire, en effet, ne pourrait, sans commettre un abus de pouvoir, interdire dans une commune qui ne renferme pas de temple affecté à un autre culte, une cérémonie extérieure du culte catholique autorisée par l'article 45 de la loi du 18 germinal an X ; que le tribunal de simple police a rendu le 7 juin un jugement par lequel il s'est déclaré compétent pour connaître de l'action intentée contre le sieur Pineau, mais a sursis à statuer au fond jusqu'à ce qu'il ait été prononcé par le Conseil d'Etat sur la question de savoir s'il y a eu abus, soit de la part du curé, soit de la part du maire ; qu'à la suite de cette décision le Conseil d'Etat a été saisi de la question préjudicielle d'abus à la diligence du commissaire de police remplissant les fonctions de ministère public ; qu'un recours pour le même fait a été formé postérieurement par le préfet de Maine-et-Loire ;

Sur le recours formé par le commissaire de police : — Considérant que la loi du 18 germinal an X dit expressément qu'à défaut de plainte particulière le recours sera exercé d'office par les préfets ; que les termes de cette disposition sont formels et ne permettent pas d'en étendre le sens à un autre fonctionnaire public ; qu'à défaut de texte précis la nature toute spéciale de l'appel comme d'abus suffirait pour faire restreindre aux préfets le droit de recourir au Conseil d'Etat ;

Sur le recours formé par le préfet :

En ce qui touche l'abus de la part du maire : — Considérant qu'en prenant l'arrêté du 3 mai 1880 le maire de Saint-Mélaine a agi dans la limite des attributions de police qui lui ont été conférées par la loi ; qu'en effet si l'article 45 de la loi du 18 germinal an X autorise implicitement les processions publiques dans les communes où il n'existe pas de temple affecté à un culte autre que le culte catholique, cette disposition ne fait pas obstacle aux mesures que les maires croient devoir prendre dans l'intérêt de la circulation ou pour prévenir des désordres ; que le droit de police de l'administration a été expressément réservé par l'article 1er de la convention du 26 messidor an IX, lequel a admis la publicité du culte catholique ; qu'ainsi l'arrêté municipal du 3 mai n'a pas porté atteinte à l'exercice public du culte, tel qu'il a été autorisé en France, et à la liberté que les lois et règlements garantissent à ses ministres ; que cet arrêté ayant été légalement pris, était obligatoire ;

En ce qui touche l'abus de la part du desservant : — Considérant que le desservant Pineau étant poursuivi devant le tribunal de simple police à la requête du ministère public, il n'est pas besoin pour que le juge statue sur l'action ainsi introduite, d'une déclaration préalable d'abus par le Conseil d'Etat ; qu'il appartient au tribunal de simple police du canton des Ponts-de-Cé d'apprécier le fait de la contravention commise par le desservant Pineau à un arrêté municipal légalement obligatoire, ainsi qu'il résulte des motifs ci-dessus exposés ;

Le Conseil d'Etat entendu : — Décrète : — Art. 1er. Le recours formé par le commissaire de police du canton des Ponts-de-Cé est déclaré non recevable. — Art. 2. Il n'y a pas abus dans l'arrêté municipal qui a interdit la procession publique du jour de l'Ascension dans la commune de Saint-Mélaine. — Art. 3. Il n'y a pas lieu de statuer sur le surplus des conclusions formulées dans le recours du préfet de Maine-et-Loire. »

D. 27 juillet 1882. — « Le président de la République, etc. : — Vu le recours formé par MM. Taillet et consorts, habitants de la ville de Rouen, enregistré le 1er juin 1882 au Conseil d'Etat, et tendant à faire déclarer qu'il y a abus dans l'arrêté par lequel le maire de cette ville a interdit les processions hors des édifices consacrés au culte ; — Vu l'arrêté du maire de Rouen en date du 4 février 1882 ; — Vu le décret du 10 novembre 1852 réglant la fixation des circonscriptions consistoriales des églises protestantes ; — Vu l'article 1er de la convention du 26 messidor an IX, les articles 7, 8 et 15 de la loi du 18 germinal an X ; — Ensemble les autres pièces du dossier ;

Considérant qu'aux termes de l'article 1er de la convention du 26 messidor an IX l'exercice public du culte catholique n'a été autorisé en France qu'à la condition pour ses ministres de se conformer aux règlements de police que le gouvernement juge nécessaires pour la tranquillité publique ; — Considérant que les maires ont le droit de défendre les processions sur la voie publique, partout où l'exigent la sécurité et les besoins de la circulation ; — Considérant, d'ailleurs, que le maire de la ville de Rouen en prenant son arrêté du 4 février 1882 n'a fait que se conformer aux dispositions de l'article 45 de la loi du 18 germinal an X, lequel interdit les cérémonies religieuses hors des édifices consacrés au culte catholique, dans les villes où il y a des temples destinés à différents cultes ; — Considérant que dans la lettre comme dans l'esprit de la loi le mot *temple* s'entend de l'édifice même consacré au culte et non d'une église ou agrégation de fidèles ; qu'au surplus cette distinction est sans objet pour la ville de Rouen qui, en même temps qu'elle possède des temples affectés à différents cultes, est le chef-lieu d'une des quatre églises consistoriales de la Seine-Inférieure, ainsi qu'il appert du tableau annexé au décret du 10 novembre 1852 ; qu'en conséquence, le maire de la ville de Rouen n'a porté aucune atteinte à l'exercice public du culte catholique tel qu'il a été autorisé en France ;

Le Conseil d'État entendu : — Décrète : — Art. 1er. Le recours pour abus formé par MM. Taillet et consorts est rejeté. »

(1) D. 26 janvier 1880. — « Le Président, etc. : — Vu le recours formé par le sieur Alphonse Durruty, desservant, et les sieurs Paul Imatz et autres, membres de la fanfare d'Hendaye, ledit recours enregistré au secrétariat général du Conseil d'Etat le 29 novembre 1879, et tendant à ce qu'il plaise au Conseil d'Etat déclarer qu'il y a abus de la part du maire d'Hendaye, dans le fait de s'être, en interdisant à la fanfare locale de jouer dans les rues sans autorisation préalable, immiscé dans l'organisation d'une procession et d'avoir empêché cette procession de sortir ; — Vu l'arrêté du maire d'Hendaye en date du 11 juin 1879, ensemble le refus adressé au desservant le 21 du même mois ; — Vu les articles 7 et 8 de la loi du 18 germinal an X ;

Considérant qu'en prenant l'arrêté du 11 juin 1879, qui interdisait à la fanfare de jouer sur la voie publique sans autorisation préalable, et en répondant, le 21 juin, par un refus au desservant qui sollicitait une exception aux dispositions de cet arrêté, le maire d'Hendaye a agi dans la limite des attributions de police qu'il tient de la loi ; qu'il ne s'est à aucun degré immiscé dans l'organisation de la procession qui devait avoir lieu le 22 juin ; qu'en conséquence il n'a porté aucune atteinte à l'exercice public du culte, ni à la liberté que les lois et règlements garantissent à ses ministres ;

Le Conseil d'Etat entendu ; — Décrète : Art. 1er. Le recours formé par le sieur Durruty, desservant d'Hendaye, et par plusieurs membres de la fanfare de cette commune, est rejeté.... »

D. 17 août 1880. — « Le Président de la République française : — Sur le rapport de la section de l'intérieur, des cultes.... ; — Vu le recours formé par le préfet de l'Allier, enregistré au secrétariat général du Conseil d'Etat le 17 avril 1880, tendant à ce qu'il plaise au Conseil d'Etat déclarer l'abus résultant de la conduite du sieur Ogerdias, curé de Souvigny, lequel a convoqué à une procession des musiciens à qui la voie publique était interdite par arrêté municipal ; — Vu l'arrêté du maire de Souvigny en date du 23 avril 1879 ; — Vu le jugement du tribunal de

543. Il n'y a abus ni dans l'arrêté du maire interdisant à tout corps de musique de jouer sur la voie publique sans autorisation, ni dans l'arrêté préfectoral dissolvant la société qui avait contrevenu à cette défense (1).

544. Le recours pour abus qui est ouvert contre les actes des fonctionnaires administratifs ou judiciaires portant atteinte à l'exercice public du culte ou à la liberté de ses ministres, pourrait-il être dirigé contre des décisions judiciaires? Suivant M. Batbie, le recours pour abus ne pourrait être dirigé contre des décisions judiciaires. « Ou le jugement, dit-il, a été rendu contradictoirement avec le ministre du culte qui se plaint, ou bien le ministre n'a pas été partie au procès. Dans le premier cas, le ministre étant lié au procès peut épuiser toutes les voies de recours judiciaire jusqu'à la Cour de cassation... Que si, au contraire, le ministre du culte n'a pas été partie, la décision judiciaire ne lui sera point opposable. Il lui appartient alors de déférer au Conseil d'Etat, non pas l'arrêt ou le jugement, mais l'acte attentatoire à la liberté au sujet duquel l'arrêt a été rendu. »

§ 8. — Abus des ministres des cultes non catholiques.

545. La loi organique des cultes protestants règle les cas d'abus de la part des ministres de ce culte. L'article 6 porte à ce sujet : « Le Conseil d'Etat connaîtra de toutes les entreprises des ministres du culte et de toutes les dissensions qui pourront s'élever entre ces ministres. »

Les cas d'abus, qui sont compris sous le nom d'entreprises

sont : 1° l'usurpation ou l'excès de pouvoir ; 2° la contravention aux lois et règlements de la République ; 3° toute entreprise ou tout procédé qui dans l'exercice du culte peut compromettre l'honneur des citoyens, troubler arbitrairement leur conscience, dégénérer contre eux en oppression, en injure ou en scandale public.

L'infraction des règles consacrées par les canons reçus en France et l'attentat aux libertés, franchises et coutumes de l'Eglise gallicane, qui constituent le troisième et quatrième cas d'abus énumérés dans l'article 6 de la loi organique du culte catholique, sont particuliers aux ministres du culte catholique.

546. Les dissensions qui pourront s'élever entre les ministres des cultes protestants sont une cause d'abus spéciale aux ministres de cette religion. On comprend sous le nom de dissensions toutes les difficultés qui peuvent s'élever même en matière de doctrine, car l'article ne fait pas de distinction à cet égard.

547. Les déclarations d'abus contre les ministres des cultes protestants sont peu fréquentes.

Nous citerons notamment une décision qui déclare qu'il y a abus de la part d'un pasteur protestant qui, procédant en cette qualité à une inhumation, et dans un discours publiquement prononcé par lui dans le cimetière, applique d'une manière dégénérant en injures, des allusions empruntées à l'Ecriture sainte (1).

548. L'ordonnance du 25 mai 1844 considère comme abus de la part des ministres du culte israélite toutes entreprises et toutes dissensions entre eux (2). Le culte israélite étant reconnu, le recours comme d'abus au Conseil d'Etat devait pouvoir être exercé contre les ministres de ce culte. Les dispositions des articles organiques du culte protestant et du culte catholique qui, constituant des cas d'abus ne sont pas spéciales aux ministres de ces cultes, s'appliquent aux ministres du culte israélite. C'est ainsi que l'usurpation ou l'excès de pouvoir, la contravention aux lois et règlements de la République, et les entreprises ou procédés pouvant, dans l'exercice du culte, compromettre l'honneur des citoyens, dégénérer contre eux en oppression, en injure ou en scandale public, sont des cas d'abus dont il peut être fait application aux ministres du culte israélite.

SECTION III.

PROCÉDURE. — COMPÉTENCE.

§ 1. — Procédure. Compétence.

549. Les articles 6 et 7 organiques portent que le recours contre les actes d'abus de la part des supérieurs et autres personnes ecclésiastiques doit être porté au Conseil d'Etat. L'ordonnance du 29 juin 1814 (3), l'ordonnance du 18 septembre 1839 (4) et actuellement le décret portant règlement intérieur du Conseil d'Etat du 21 août 1872 (5) lui ont reconnu cette attribution.

La compétence de la juridiction administrative en matière

---

simple police du 30 juin suivant ; — Vu le rapport du ministre de l'intérieur et des cultes en date du 16 avril 1880 ; — Vu l'article 1er de la convention du 26 messidor an IX, et les articles 6, 7, 8 et 45 de la loi du 18 germinal an X ; Ensemble les autres pièces du dossier ;

Considérant que le maire de la ville de Souvigny a pris à la date du 23 avril 1879, un arrêté interdisant à toute société musicale de se réunir et de jouer sur la voie publique sans autorisation préalable ; que cet arrêté portant règlement permanent est devenu immédiatement exécutoire par le fait de l'approbation préfectorale qui lui a été donnée ; que contrairement à ces dispositions, la société musicale des Frères a figuré à la procession publique du 11 mai 1879 ; que, cités à raison de ce fait devant le tribunal de simple police du canton de Souvigny, les trente musiciens placés dans les rangs de la procession ont excipé de l'invitation individuelle et par écrit qu'ils auraient reçue du curé et du droit que celui-ci tient de la loi du 18 germinal an X de régler librement les cérémonies religieuses de sa paroisse ; que, le 30 juin 1879, le tribunal de simple police, attendu que la question préjudicielle d'abus résultant des articles 6 et 7 de la loi du 18 germinal an X était posée, a sursis à statuer sur le fond jusqu'après décision du Conseil d'Etat sur la question de savoir s'il y avait eu abus de la part du curé ou de la part du maire ; qu'à la suite de cette décision, le préfet de l'Allier s'est pourvu auprès du Conseil d'Etat à l'effet de faire déclarer l'abus de la conduite du curé.

En ce qui touche l'abus de la part du maire : — Considérant qu'en prenant l'arrêté du 23 avril 1879, interdisant à toute société musicale de jouer sur la voie publique, le maire de Souvigny n'a pas eu pour but d'intervenir dans la composition d'une procession, mais simplement d'user des pouvoirs de police qu'il tient de la loi ; qu'il a agi dans la limite des attributions qu'il lui confèrent ; qu'en effet si l'article 45 de la loi du 18 germinal an X autorise implicitement les processions publiques dans les communes où il n'existe pas de temple affecté à un autre culte, cette disposition ne fait pas obstacle aux mesures que les maires sont en droit de prendre pour assurer la circulation ou prévenir des désordres ; que le droit de police de l'administration n'a été expressément réservé par l'article 1er de la convention du 26 messidor an IX, qui a admis la pratique du culte catholique ; qu'il suit de là que l'arrêté du 23 avril 1879 n'a porté aucune atteinte à l'exercice du culte catholique tel qu'il a été autorisé en France, ni à la liberté que les lois et règlements garantissent aux ministres dudit culte ; qu'ayant été légalement pris et régulièrement approuvé, cet arrêté avait force obligatoire au 11 mai, jour de la procession ;

En ce qui touche le surplus des conclusions : — Considérant que les musiciens étant poursuivis devant le tribunal de simple police à la requête du ministère public, il n'est pas besoin pour le juge statue sur une action ainsi introduite, d'une déclaration préalable d'abus par le Conseil d'Etat ; qu'il appartient au tribunal de simple police du canton de Souvigny poursuivant le fait de la contravention commise au l'arrêté municipal du 23 avril 1879 ;

Le Conseil d'Etat entendu ; — Décrète : Art. 1er. Il n'y a pas abus dans l'arrêté municipal du maire de Souvigny qui interdit à toute société musicale de se réunir et de jouer sur la voie publique sans autorisation préalable. — Art. 2. Il n'y a pas lieu de statuer sur le surplus des conclusions du recours. »

(1) D. 30 janvier 1887.

(1) Ord. 29 octobre 1842. — « Louis-Philippe, etc : — Vu la loi du 18 germinal an X ; Considérant que de l'instruction il ne résulte ni que le sieur Duran ait porté atteinte à l'exercice du culte catholique, ni qu'il y ait preuve suffisante de paroles injurieuses qu'il aurait prononcées le 27 janvier au domicile de la veuve Jourbejean ; mais considérant que le 30 janvier, dans un discours par lui publiquement prononcé dans le cimetière des protestants à Fraissinières, il a appliqué, d'une manière dégénérant en injures, des allusions empruntées à l'Ecriture sainie ; — Art. 1er. Il y a abus dans le discours prononcé le 30 janvier 1842 par le sieur Duran, pasteur protestant à Fraissinières. »

(2) Art. 55.
(3) Art. 8, 5° alinéa.
(4) Art. 17.
(5) Art. 5, n° 2.

d'abus est aujourd'hui universellement admise en France. Aucune divergence ne s'est produite sur ce point entre la jurisprudence administrative et la jurisprudence des tribunaux. C'est ainsi qu'un sieur Fournier ayant demandé au Conseil d'Etat l'autorisation de poursuivre devant l'autorité judiciaire l'archevêque d'Amasie, qui l'avait interdit *a sacris*, sa requête fut rejetée par ordonnance du 17 mai 1837, ainsi motivée : « Considérant qu'aux termes de l'article 6 de la loi organique il n'appartient qu'à nous de statuer, en notre Conseil d'Etat, sur les recours pour abus, et qu'ainsi il n'y a pas lieu d'accorder au sieur Fournier l'autorisation par lui demandée de recourir à l'autorité judiciaire pour faire déclarer abusif l'interdit prononcé contre lui par l'archevêque d'Amasie (1). »

Suivant cette jurisprudence, le Conseil d'Etat a décidé que les contestations qui s'élèvent entre un curé et son évêque n'appartiennent pas aux tribunaux mais sont de sa compétence et qu'il doit en connaître selon les formes déterminées pour l'appel comme d'abus par la loi du 18 germinal an X (2).

550. L'opinion contraire a néanmoins été professée par d'éminents jurisconsultes. L'un d'eux, M. Merlin, invoquait notamment en faveur de cette théorie les articles 5 et 6 du décret du 25 mars 1813, qui conféraient aux Cours d'appel la connaissance « de toutes les affaires connues sous le nom d'appels comme d'abus, ainsi que de toutes celles qui résulteront de la non-exécution des lois des concordats ». Ce décret ayant l'autorité de la loi, M. Merlin (3) disait que de simples ordonnances, des règlements n'avaient pu l'abroger. On a combattu cette opinion en faisant remarquer : 1° que le décret du 25 mars 1813 n'étant qu'un appendice du concordat de Fontainebleau, n'avait pu demeurer en vigueur lorsque le principal avait été inexécuté ; 2° que l'article 6 de ce décret prescrivait au grand juge de présenter un projet de loi où serait déterminée la procédure à suivre devant les cours d'appel en matière d'abus et que cette disposition n'a pas été suivie (5) ; 3° que le décret de 1813 est l'œuvre de l'Empereur seul ; que le pouvoir législatif ne l'a pas sanctionné, et que si les décrets de cette nature ont l'autorité de la loi pour les matières non encore réglées, ils ne peuvent pas abroger des lois déjà faites (6).

---

(1) Dans le même sens, ord. du 7 avril 1819. — « Louis, etc. : — Considérant qu'aux termes de l'article 6 de la loi du 18 germinal an X les recours dans tous les cas d'abus de la part des supérieurs et autres fonctionnaires ecclésiastiques, doivent être portés au Conseil d'Etat, et qu'aux termes de l'article 8 ecclésiastique qui veut exercer ce recours doit adresser un mémoire détaillé et signé au ministre de l'intérieur pour, sur son rapport, l'affaire être suivie et définitivement terminée en la forme administrative, ou renvoyée, selon l'exigence des cas, aux autorités compétentes ;

Art. 1er. Le sieur Hamel est renvoyé à se pourvoir devant notre ministre de l'intérieur, conformément aux dispositions de l'article 8 de la loi du 18 germinal an X. »

(2) Ord. 7 avril 1819. « Louis etc : — Vu l'arrêté de conflit pris par le préfet de l'Isère du 20 février 1817 dans la cause pendante devant la Cour royale de Grenoble, entre le sieur Dideron, curé, appelant comme d'abus d'une part, et les vicaires généraux du diocèse de Valence, siège vacant, d'autre part ; Vu l'arrêt du 25 février par lequel la Cour royale de Grenoble surseoit au jugement de ladite instance jusqu'à ce qu'il ait été statué sur ledit conflit par l'autorité compétente ; — Vu les requêtes présentées par le sieur Dideron, curé ; — Vu les requêtes des vicaires généraux ; — Considérant qu'aux termes de l'article 6 de la loi du 18 germinal an X les recours dans tous les cas d'abus de la part des supérieurs et autres fonctionnaires ecclésiastiques doivent être portés au Conseil d'Etat, et qu'aux termes de l'article 8 ecclésiastique qui veut exercer ce recours doit adresser un mémoire détaillé et signé au ministre de l'intérieur pour, sur son rapport, l'affaire être poursuivie et définitivement terminée dans la forme administrative, ou renvoyée, selon l'exigence des cas, aux autorités compétentes;

Art. 1er. L'arrêté de conflit pris le 20 février 1817 par le préfet de l'Isère est confirmé. — Art. 2. Les actes de procédure faits dans la cause pendante devant la Cour royale de Grenoble entre le sieur Dideron, curé, de Saint-Donat, appelant comme d'abus, d'une part, et les grands vicaires généraux du diocèse de Valence, d'autre part, sont considérés comme nuls et non avenus. — Art. 3. Le sieur Dideron est renvoyé à se pourvoir devant notre ministre de l'intérieur, conformément aux dispositions de l'article 8 de la loi du 18 germinal an X. »

(3) *Questions de droit*, V. Abus.
(4) Bathie, *loc. cit.*, p. 123.
(5) Ibid.
(6) T. II, appendice.

La Cour de cassation, appelée à se prononcer sur cette question a déclaré également que le décret du 25 mars 1813 ne devrait avoir effet, en ce qui concerne la compétence des Cours d'appel en matière d'abus, que dans le cas où une loi réglementaire aurait déterminé, à cet égard, le mode d'exécution de ce décret (1).

La question, soumise aux Chambres par voie de pétition, a été résolue par l'ordre du jour pur et simple (2).

551. Sans prétendre que la juridiction des tribunaux eût le droit de connaître des appels comme d'abus, différents auteurs ont soutenu que cette juridiction serait préférable à celle du Conseil d'Etat. C'était l'opinion de M. Dupin. « Quant au Conseil d'Etat, dit-il, ce n'est peut-être pas la meilleure juridiction possible. Moi-même en maintes occasions j'ai exprimé le vœu que ces affaires fussent renvoyées aux Cours royales (3). » C'était également l'opinion de M. Laisné. « Composées de magistrats inamovibles, disait-il dans l'exposé des motifs du concordat de 1817, elles sont éminemment propres à conserver le dépôt des maximes nationales et à en perpétuer la tradition. Les ministres de la religion trouveront dans ces magistrats cette gravité de mœurs et de pensée, ces sentiments vraiment religieux qui ont honoré la magistrature française. »

Sirey a combattu cette opinion dans son ouvrage sur le *Conseil d'Etat*. « Il ne faut pas lutter, dit-il, contre l'essence des choses ; les Cours de justice ne seraient pas sans de graves inconvénients appelées à juger des débats nécessairement soumis à des règles politiques ou administratives (4). » M. A. Blanche reconnaît également que le Conseil d'Etat « est plus apte que les Cours à juger sciemment les recours pour abus » (5). Telle est aussi l'opinion de M. Laferrière, qui établit que la juridiction exercée en matière d'abus a un caractère gouvernemental : « Portalis, dans son rapport sur les articles organiques du concordat, dit cet auteur, qualifiait le recours pour abus de *recours au souverain en matière ecclésiastique* ; il donnait pour base à la juridiction du gouvernement un double pouvoir inhérent à la souveraineté politique. « Par le premier de ces pouvoirs, disait-il, le gouvernement est en droit de réprimer toute entreprise sur la temporalité et d'empêcher que sous des prétextes religieux on ne puisse troubler la police et la tranquillité de l'Etat ; par le second il est chargé de faire jouir les citoyens des biens spirituels, qui leur sont garantis par la loi portant autorisation du culte qu'ils professent »…. « La juridiction exercée par le gouvernement dans ces différents cas d'abus, est donc de même nature. Dès que le droit public ecclésiastique est

---

(1) Cass. 28 mars 1828. — « La Cour : — Vu les articles 6, 7 et 8 de la loi du 18 germinal an X ; — Attendu qu'il résulte de ces articles qu'en garantissant aux ministres de la religion le libre exercice de leurs fonctions la loi a en même temps déterminé les cas d'abus et le moyen d'en obtenir la répression ; que ce moyen est le recours au Conseil d'Etat qui, suivant les circonstances, doit terminer l'affaire administrativement, ou la renvoyer à l'autorité compétente ; qu'il suit de ces dispositions que la personne qui se prétend lésée par un fait que la loi a qualifié d'abus, ne peut poursuivre devant les tribunaux l'ecclésiastique inculpé, sans recours préalable au Conseil d'Etat et sans son autorisation ; — Attendu que si le décret du 25 mars 1813 dispose que les Cours royales connaîtront de toutes les affaires connues sous le nom d'appels comme d'abus, l'article final de ce décret a subordonné son exécution à la présentation d'une loi sur la forme de procéder et l'application des peines ; que cette loi n'a jamais été rendue ; qu'ainsi jusqu'à la promulgation de cette loi celle du 18 germinal an X devait nécessairement continuer d'être exécutée quant à l'attribution de juridiction pour les cas d'abus ; que dès lors l'ordonnance du 29 juin 1814 en soumettant au Conseil d'Etat l'examen des poursuites à diriger pour objet de réprimer des cas d'abus, n'a fait que maintenir un état de législation existant ; et attendu que dans l'espèce le fait imputé au desservant de la paroisse de Flavigny était une diffamation commise en chaire dans l'église de sa paroisse et pendant l'exercice de ses fonctions ; que ce fait constituait un des cas d'abus prévus par l'article 6 de la loi du 18 germinal an X ; que par conséquent il y avait lieu de recourir, à raison de ce fait, au Conseil d'Etat avant aucune poursuite devant les tribunaux ; que néanmoins l'arrêt attaqué a annulé le jugement du tribunal correctionnel de Nancy qui, par ce motif, s'était déclaré incompétent, et a ordonné la continuation de l'instruction ; en quoi cet arrêt a violé les articles 6, 7 et 8 de la loi du 18 germinal an X ; — Casse, etc. »

(2) Session de 1839, rapport de M. de Golbéry.
(3) *Manuel*, p. 87 et 473.
(4) *Conseil d'Etat*, p. 143, n° 130.
(5) *Dictionnaire d'administration* v°. APPEL COMME D'ABUS.

menacé d'une atteinte, soit de la part d'une autorité religieuse, soit de la part d'une autorité civile, le chef de l'Etat intervient en son Conseil comme gardien du pacte concordataire et des lois et coutumes qui sont les fondements de ce droit, comme arbitre des différends qui peuvent troubler la paix religieuse. Le législateur a refusé de consacrer en cette matière une distinction qui avait été proposée par l'une des commissions de la Chambre des députés chargée d'élaborer la loi organique de 1845 sur le Conseil d'Etat. D'après un projet rédigé en 1840, le gouvernement en Conseil d'Etat ne devait statuer que sur les recours pour abus formés par l'autorité civile contre l'autorité religieuse, ou réciproquement; quant aux plaintes des particuliers ou du clergé inférieur contre l'autorité religieuse, elles devaient être portées devant le Conseil d'Etat par la voie contentieuse. Cette proposition a été écartée; le législateur a ainsi manifesté son intention de maintenir à la police des cultes toute son unité sous le contrôle d'un même pouvoir. On ne saurait donc mettre en doute le caractère politique et gouvernemental de la juridiction que le chef de l'Etat s'est réservée dans tous les cas d'abus. Nous pouvons dès à présent en tirer cette conséquence, que les décrets rendus en matière d'abus ne sont pas susceptibles d'être déférés au Conseil d'Etat pour excès de pouvoir; en effet, l'autorité dont ils émanent n'est pas au nombre des « autorités administratives » sur lesquelles le Conseil d'Etat a juridiction en vertu de l'article 9 de la loi du 24 mai 1872; elle est une autorité politique qui ne relève pas plus des tribunaux administratifs que des tribunaux judiciaires (1). »

552. L'article 8 organique a fait naître dans le cas où il ne s'agit pas seulement d'un abus, mais d'un délit connexe à un abus, les questions suivantes:

1° Le décret d'abus pourrait-il déclarer d'office qu'il y a lieu à des poursuites à fin pénale ?

2° L'autorité judiciaire saisie d'une instance contre un ecclésiastique à raison d'un fait se rattachant à l'exercice de ses fonctions, doit-elle surseoir à statuer jusqu'à ce que le Conseil d'Etat ait autorisé le renvoi aux tribunaux ou ait déclaré préalablement que le fait incriminé constituait un cas d'abus?

3° Le décret d'abus pourrait-il déclarer d'office qu'il y a lieu à des poursuites à fin pénale ? Il est conforme à la pensée du législateur de l'an X de décider que l'article 8 reconnaissait au gouvernement le droit d'ordonner d'office des poursuites contre le ministre du culte ou le fonctionnaire qui avait commis un acte présentant un caractère tout à la fois abusif et délictueux. La jurisprudence du Conseil d'Etat ne reconnaît plus ce droit au gouvernement sous l'empire de la constitution actuelle. Le Conseil s'est prononcé nettement en ce sens à l'occasion d'un recours pour abus formé en 1883 contre les évêques d'Annecy et autres (2). « Si l'on se rappelle, disait dans son rapport le président de la section de l'intérieur, le rôle que le Conseil d'Etat, présidé par le premier consul, était appelé à jouer dans l'administration d'après la constitution de l'an VIII, on comprendra que Portalis ait pu confondre sous une même appellation le gouvernement et le Conseil d'Etat. Notre régime constitutionnel actuel ne comporte plus cette confusion. Le gouvernement est responsable devant les Chambres. Votre section n'a pas admis que le Conseil d'Etat pût ordonner d'office une poursuite criminelle. De deux choses l'une, en effet : si cet ordre devait être exécuté, il pourrait être en certains cas dangereux et inopportun, et exposer le gouvernement à des difficultés auprès du pays et dans le Parlement. Si, au contraire, l'ordre restait inexécuté, il accuserait un dissentiment fâcheux... Nous n'avons pas besoin de rappeler que le ministère public conserve son droit d'appréciation, et que le silence de notre décision ne sera pas plus une renonciation au droit de poursuivre que le renvoi ne constituerait la mise en mouvement de l'action publique (3). »

553. L'autorité judiciaire saisie d'une instance contre un ecclésiastique à raison d'un fait se rattachant à l'exercice de

ses fonctions ecclésiastiques, et renfermant tout à la fois un abus des fonctions ecclésiastiques et un crime, un délit ou une contravention, doit-elle surseoir à statuer jusqu'à ce que le Conseil d'Etat ait autorisé le renvoi aux tribunaux, ou ait préalablement déclaré que le fait incriminé constituait un cas d'abus?

Cette question, sur laquelle la jurisprudence de la Cour de cassation et celle du Conseil d'Etat sont d'accord aujourd'hui, a soulevé les plus vives controverses; son influence était considérable sur les poursuites judiciaires suivant la solution qui y était donnée. Comme nous le verrons, en effet, si l'on admettait la nécessité du recours préalable au Conseil d'Etat, le cours de la justice pouvait être paralysé. Si, au contraire, le recours pour abus était jugé inutile, la décision judiciaire était indépendante de la solution administrative.

L'article 8 organique, qui a donné naissance à cette question, est ainsi conçu : « Le fonctionnaire public, l'ecclésiastique ou la personne qui voudra exercer le recours adressera un mémoire au conseiller d'Etat chargé de toutes les affaires concernant les cultes..., et, sur son rapport *l'affaire sera suivie et définitivement terminée en la forme administrative ou renvoyée, selon l'exigence des cas aux autorités compétentes.* »

Le rapport de Portalis donne au sujet de cette disposition l'explication suivante : « Le gouvernement décide si l'affaire continuera d'être suivie dans la forme administrative, ou si elle sera renvoyée sur les lieux aux autorités compétentes. Cette dernière disposition était nécessaire, car il peut y avoir des circonstances où il ne s'agisse pas seulement d'un abus, mais d'un délit; et dans ces cas la forme administrative doit cesser, parce qu'elle deviendrait insuffisante. Le recours au Conseil d'Etat ne compète que pour les occasions seulement qui donnaient autrefois lieu à l'appel comme d'abus. »

Suivant la jurisprudence des tribunaux, il y avait lieu au recours préalable au Conseil d'Etat pour les délits commis par les ecclésiastiques dans l'exercice de leurs fonctions.

Mais à quelle autorité appartenait le pouvoir d'apprécier si l'acte délictueux a été ou non commis par le ministre du culte dans l'exercice de ses fonctions? La jurisprudence reconnaissait aux tribunaux ordinaires ce pouvoir d'appréciation (1). Le tribunal des conflits confirma cette jurisprudence en décidant que la loi du 18 germinal an X n'ayant pas réservé au Conseil d'Etat le droit exclusif de statuer préjudiciellement sur la question de savoir si les faits incriminés ont été commis dans l'exercice du culte, il n'y avait pas lieu d'élever le conflit au cas où le tribunal ayant des doutes sur ce point de fait, en ordonne la vérification (2).

Suivant l'interprétation admise par la Cour de cassation, il y avait lieu de distinguer entre les délits dont la répression était demandée par les parties civiles ou devait être demandée par elles préalablement à l'action du ministère public, comme dans le cas de diffamation, et les délits que le ministère public était appelé à poursuivre d'office, en vertu de ses devoirs généraux et son droit propre. La Cour de cassation décidait que la poursuite des premiers n'était recevable qu'après décision préalable du Conseil d'Etat portant renvoi de l'affaire devant les tribunaux criminels (3).

Quant aux délits que le ministère public était appelé à poursuivre d'office, la doctrine de la Cour de Cassation voulait que ces restrictions tirées d'une sorte de protection accordée aux ecclésiastiques contre les excès possibles des particuliers disparussent et que le seul point à rechercher fût de savoir

---

(1) *Traité de la juridiction administrative*, T. II, p. 80 et suiv.
(2) D. 9 juin 1883.
(3) Rapport de M. le président Collet.

---

(1) Rouen, 6 janvier 1848; — Cass., 8 mai 1869.
(2) Trib. confl., 1er mai 1875.
(3) Cass. 25 août 1827. — « La Cour; — Vu les articles 6, 7 et 8 de la loi du 18 germinal an X; — Attendu qu'il résulte de ces articles qu'en garantissant aux ministres de la religion le libre exercice de leurs fonctions, la loi a en même temps déterminé les cas d'abus, et le moyen d'en obtenir la répression; que ce moyen est le recours au Conseil d'Etat qui, suivant les circonstances, doit terminer l'affaire administrativement ou la renvoyer à l'autorité compétente; qu'il suit de ces dispositions que le particulier qui se prétend lésé par un fait que la loi a qualifié d'abus,

quelle était la nature de l'acte objet de la poursuite. S'il s'agissait d'un acte qui tout en étant commis dans l'exercice des fonctions ecclésiastiques pouvait néanmoins se distinguer de cet exercice, rien ne s'opposait à l'action directe et immédiate du ministère public. C'est ainsi que la Cour décidait que le ministère public pouvait poursuivre sans aucune formalité préalable, les attaques contre les lois de l'Etat et l'offense envers la personne du chef de l'Etat, commises publiquement par un ecclésiastique (1).

Au contraire, lorsque le délit qu'il s'agissait de poursuivre était en même temps un acte du culte et qu'il était impossible de les séparer intellectuellement, la Cour de cassation décidait qu'il y avait lieu de surseoir jusqu'à ce que le Conseil d'Etat eût déclaré que cet acte du culte, bien que constituant déjà une infraction pénale, était également un abus dans le sens de la loi du 18 germinal an X. C'est ainsi qu'il avait été jugé qu'un prêtre qui consacrait un mariage avant qu'il eût été célébré à la mairie ne pouvait être poursuivi qu'après l'intervention du Conseil d'Etat (1).

Par suite de la même distinction, la Cour de cassation décidait qu'un prêtre qui faisait sortir sur la voie publique ou sur certaines parties de cette voie un cortège religieux, malgré des arrêtés administratifs, ne pouvait être traduit devant les tribunaux de répression avant la décision du Conseil d'Etat (2).

Les partisans comme les adversaires de l'autorisation préalable critiquèrent également la distinction faite par la Cour de cassation entre les poursuites du ministère public et celles des particuliers (3). En effet, disait-on, « le renvoi aux autorités compétentes », prévu par l'article 8 organique, doit s'entendre du renvoi devant les tribunaux; il doit, par conséquent, s'appliquer à toutes les poursuites sans qu'il y ait lieu d'en distinguer les auteurs. Si, au contraire, le renvoi n'a pas cette signification, il ne doit s'appliquer à aucune.

Les adversaires de toute autorisation préalable trouvèrent un nouvel argument dans le décret-loi du 19 septembre 1870, qui, après avoir abrogé l'article 75 de la constitution de l'an VIII, abroge, en outre, « toutes les dispositions de lois générales ou spéciales ayant pour but d'entraver les poursuites dirigées contre les fonctionnaires publics de tout ordre ». La Cour de cassation n'en persista pas moins dans sa jurisprudence en répondant que les ministres du culte ne sont pas des fonctionnaires et que le décret du 19 septembre 1870 ne leur était pas applicable (4).

ne peut poursuivre devant les tribunaux l'ecclésiastique inculpé, sans recours préalable au Conseil d'Etat et sans son autorisation; — Attendu que dans l'espèce du réquisitoire présenté par le procureur général, le fait pour lequel le sieur Hatten, curé à Schweinheim, a été traduit devant le tribunal correctionnel de Saverne, est d'avoir dans un discours tenu en chaire diffamé le sieur Guillermain; que ce fait rentre évidemment dans l'application de l'article 6 de la loi précitée du 18 germinal an X, qui désigne comme cas d'abus toute entreprise ou tout procédé qui dans l'exercice du culte peut compromettre l'honneur des citoyens, troubler arbitrairement leur conscience, dégénérer contre eux en oppression ou en injure, ou en scandale public, puisqu'un discours tenu en chaire par un curé en fonctions fait essentiellement partie de l'exercice du culte; — Attendu qu'avant de traduire le sieur Hatten devant le tribunal correctionnel de Saverne, le sieur Guillermain ne s'était point pourvu par la voie du recours au Conseil d'Etat; que, dans ces circonstances ledit tribunal s'est conformé à la loi en se déclarant incompétent; — D'après ces motifs, déclare qu'il n'y a pas lieu à annuler le jugement dénoncé par le réquisitoire du procureur général, etc. »
Rouen, 17 octobre 1828; — Cass. 18 février 1836; 26 juillet 1838; 12 mars 1840; Agen, 27 février 1840.

(1) Grenoble, 3 mai 1831; — Cass. 9 septembre 1831; 25 novembre 1831; 23 décembre 1831; — Cass. 10 août 1861. — « La Cour; — sur le moyen présenté par les conclusions du demandeur, et pris de la fausse application des articles 6, 7 et 8 du Code d'instruction criminelle et de la violation des articles 6, 7 et 8 de la loi du 18 germinal an X, en ce que la cour de Poitiers s'est reconnue compétente au fond, et a ordonné qu'il serait plaidé au fond: — Attendu que la loi organique du 18 germinal an X a pour objet, dans ses articles 6, 7 et 8, de créer une juridiction chargée de connaître des cas d'abus imputés aux supérieurs et autres personnes ecclésiastiques; Qu'il appartient, sans doute, à l'autorité publique de déférer au Conseil d'Etat les faits qui constituent tout à la fois des abus et des délits caractérisés par la loi pénale; que, dans ce cas, il entre dans le pouvoir du Conseil d'Etat de se borner à déclarer qu'il y a abus; qu'il entre aussi dans son pouvoir de renvoyer, suivant l'exigence des cas, devant les autorités compétentes; — Attendu que cet ensemble de dispositions constitue tout le système répressif ou disciplinaire des articles 6, 7 et 8 du décret organique; qu'il satisfait à toutes les nécessités d'une bonne justice, puisqu'il permet à l'autorité publique d'un référer suivant les cas possibles, la connaissance des abus ou des délits ecclésiastiques à la juridiction du Conseil d'Etat ou le plus au Conseil d'Etat de renvoyer, selon le cas, devant l'autorité répressive, mais attendu qu'aucune disposition des articles sus-énoncés ne porte que les ecclésiastiques ne pourront jamais être traduits, pour des crimes ou délits relatifs à leurs fonctions, devant les tribunaux ordinaires de répression, sans avoir été préalablement déférés au Conseil d'Etat; qu'on objecterait vainement qu'il suffit que l'abus soit contenu dans le délit, pour que le fait doive être soumis à la juridiction chargée de déclarer les abus; qu'il est contraire à tous les principes que lorsqu'un fait constitue à la fois un délit commun et un abus, ou délit, le tribunal disciplinaire doit connaître du fait préalablement et préférablement au tribunal chargé de réprimer le délit; Qu'il faudrait une disposition spéciale et formelle qui, par dérogation au droit commun, imposât un recours préalable même au cas de délit ou de crime; que cette disposition n'existe pas; — Attendu que rien ne peut la suppléer; que dans le silence de la loi la règle générale écrite dans les articles 1 et 22 du code d'instruction criminelle, sur l'indépendance et la liberté entière de l'action publique, conserve son empire; Qu'il est même à remarquer que, dans le cas où la juridiction du Conseil d'Etat constituerait un préalable nécessaire dans les poursuites du ministère public, ce préalable créerait en faveur des ecclésiastiques une immunité que la règle fondamentale de l'article 75 de la constitution de l'an VIII puisque au cas où le Conseil d'Etat ne serait borné à déclarer l'abus, l'ecclésiastique ne pourrait plus être déféré aux tribunaux ordinaires, même en cas de crimes; que même les conséquences n'étaient pas dans la pensée du législateur de l'an X; qu'aucune disposition analogue à celle de l'article 75 de la constitution de l'an VIII n'a été écrite dans la loi organique; — Attendu, il est vrai, qu'énumérant dans l'article 6 tous les cas d'abus, le législateur y a expressément rangé toute entreprise ou procédé qui, dans l'exercice du culte, peut compromettre l'honneur des citoyens, troubler arbitrairement leur conscience, dégénérer contre eux en oppression ou en injure, ou en scandale public; — qu'une telle disposition a, pour effet d'atteindre même le délit de diffamation, lorsque, se confondant avec l'acte de la fonction ecclésiastique, la diffamation vient à se produire en dehors et demeure inséparable de l'abus proprement dit; que, dans les cas de cette nature il appartient à la sagesse du législateur de mettre une barrière au-devant de l'action privée et de la souveraineté, préalablement à la poursuite devant les tribunaux répressifs, à l'examen et à l'appréciation du Conseil d'Etat; — Attendu que cette restriction est la seule qui ressorte des articles 6 et 8 de la loi; qu'elle ne concerne que la plainte des particuliers; que le ministère public en demeure affranchi; que pour tous les délits de droit commun, pour ceux qui, comme dans

l'espèce, s'attaquent, soit à la personne du souverain, soit à la paix publique, et qui sont prévus par le code pénal ordinaire ou par les articles 1 et 2 de la loi du 17 août 1849, l'action publique reste pleine et entière, que la circonstance que ces délits auraient été commis par l'ecclésiastique dans l'exercice même du culte, et par un abus évident de son ministère et de ses fonctions, n'enlève rien à l'indépendance de cette action; — Attendu que la Cour de Poitiers en le jugeant ainsi, et en déclarant compétente pour connaître de la poursuite, n'a fait qu'une saine application des articles 1 et 22 du code d'instruction criminelle, ni violé les articles 6, 7 et 8 de la loi du 18 germinal an X; — Rejette, etc. »

(1), Carcassonne, 19 novembre 1842.
(2) En ce sens, article du 25 septembre 1835 et du 25 juin 1863.
(3) Faustin Hélie, Traité de l'instruction criminelle, t. III; Baudot, Droit public et administratif, t. III; M. Laferrière, loc. cit., p. 98.
(4) Cass. 25 mars 1880. — « La Cour: — Statuant sur le pourvoi du commissaire de police remplissant les fonctions du ministère public près le tribunal de simple police du canton de Saint-Maximin (Var), formé contre un jugement rendu par le tribunal le 28 juillet 1879 à l'occasion de la poursuite dirigée par le ministère public contre Auguste Maunier, chef de musique, inculpé d'avoir contrevenu à un arrêté du maire de la commune de Saint-Zacharie en date du 9 avril 1878 :
Sur le moyen unique, pris de la violation dudit arrêté municipal, de l'article 471, no 15 du Code pénal, de la fausse application des articles 6, 7 et 8 de la loi du 18 germinal an X et de l'article 182 du Code forestier, en ce que le tribunal aurait sursis arbitrairement à appliquer un arrêté de police légalement pris et n'aurait pas même imposé au prévenu un bref délit, conformément aux dispositions de l'article 182 précité : — Attendu qu'un procès-verbal dressé le 15 juin 1879 constatait qu'à cette date Maunier, dirigeant la société musicale dont il est chef, avait assisté avec le corps de musique, dans la commune de Saint-Zacharie, à la procession organisée par le curé de cette paroisse, à l'occasion de la fête de la Pentecôte, sans s'être conformé à l'article 4e de l'arrêté du maire de Saint-Zacharie du 9 avril 1878 ainsi conçu : « Il est défendu à tout corps de musique et à tout musicien de la localité de jouer avec les instruments dans les rues et les établissements publics sans la permission de l'autorité municipale »; — Attendu qu'à raison de ce fait Maunier a été traduit devant le tribunal de simple police du canton de Saint-Maximin pour avoir contrevenu à cet arrêté en dirigeant, à la date indiquée, le corps de musique qui avait joué sur la voie publique sans avoir demandé et obtenu l'autorisation du maire de Saint-Zacharie; — Qu'à l'audience Maunier a invoqué la convocation qu'il avait reçue du ministre du culte et a excipé du droit de régler les cérémonies religieuses attribué aux curés seuls par l'article 15 du germinal an X, article 9, et de l'atteinte qui serait portée à l'exercice public du culte catholique par un des actes extérieurs autorisés par la loi; que l'article 45 lui-même et qu'il y aurait violation de la liberté garantie à ses ministres, si l'arrêté municipal du 9 avril 1878 était appliqué à la procession de la Pentecôte dans la com-

La jurisprudence du Conseil d'Etat, au contraire, à la différence de celle de la Cour de cassation, n'a jamais varié sur cette question jusqu'en 1880. Le Conseil d'Etat admettait la nécessité de l'autorisation préalable, sans distinguer si les poursuites étaient engagées par le ministère public ou par un simple particulier. Après l'arrêt de cassation de 1861, il continua à statuer sur les demandes d'autorisation qui lui étaient renvoyées par les membres du ministère public qui ne reconnaissaient pas la jurisprudence nouvelle de la Cour de cassation.

En outre, le Conseil d'Etat combinait la disposition de l'article 8 des organiques, relative *au renvoi devant les autorités compétentes* avec la disposition du même article portant que l'affaire peut être *terminée administrativement* (1). En conséquence, il procédait ainsi : — ou bien il accordait l'autorisation, et il s'abstenait alors de déclarer l'abus afin de ne pas créer un préjugé défavorable à l'inculpé (2); — ou bien il déclarait que le fait incriminé n'était pas établi, ou n'avait aucun caractère abusif ou délictueux (3); — ou il reconnaissait que le fait était répréhensible, mais qu'il n'y avait lieu ni à déclaration d'abus, ni à poursuite, à raison des réparations offertes ou des regrets spontanément exprimés par l'inculpé (4); — ou bien enfin, tout en reconnaissant le bien fondé de la plainte, il se bornait à déclarer l'abus et terminait l'affaire administrativement (5).

En 1880 un revirement important s'opéra dans la jurisprudence du Conseil d'Etat; le Conseil décida qu'il n'y avait pas lieu de statuer sur les demandes en autorisation de poursuites formées contre les desservants par le ministère public pour infractions à des arrêtés interdisant les processions (6).

Les poursuites à l'occasion desquelles le Conseil d'Etat s'était prononcé en 1880 avaient été intentées par le ministère public. Par un décret du 17 mars 1881 (7), le Conseil d'Etat appliqua la même jurisprudence à des demandes d'autorisation formées par les parties lésées : — « Considérant, porte ce décret, que la demande des époux Bertheley, dans la forme où elle est présentée, tend à obtenir, à raison de faits de vio-

---

mune de Saint-Zacharie, non régie par l'article 45 de la loi de l'an X; — Attendu que le tribunal de police, accueillant cette exception, a sursis à statuer sur la poursuite du ministère public jusqu'à ce que le Conseil d'Etat, seul compétent dans les cas d'abus prévus par les articles 6, 7 et 8 de l'an X, ait décidé si l'arrêté qui était ainsi mis en question par la défense de Maunier avait abusivement porté atteinte à l'exercice public du culte en soumettant par une formule générale et absolue à la formalité préalable d'une autorisation qui pouvait être refusée la présence du chef de musique et de la société qu'il dirige à une cérémonie religieuse que le ministre du culte avait le droit de régler sans être entravé ou gêné par un arrêté municipal, ou si, au contraire, le maire de Saint-Zacharie n'avait fait qu'un usage légitime et opportun, eu égard aux circonstances locales et à des nécessités d'ordre public, du droit de police que lui conféraient les lois de 1790 1791 et 1837; — Attendu qu'en statuant ainsi, le juge de police a fait une exacte application des règles de la matière; qu'en reconnaissant implicitement par le sursis même qu'il a ordonné, que l'article 1er de l'arrêté embrassait, dans sa formule générale, même les processions et les manifestations extérieures du culte sur la voie publique, il n'a pas méconnu les dispositions de cet arrêté; que le juge en a fait, au contraire, une saine interprétation; — Attendu que le droit d'invoquer la protection des articles 7 et 8 de la loi du 18 germinal an X, au cas où il aurait été abusivement porté atteinte expressément ou indirectement par une disposition générale et absolue à l'exercice public du culte ou à la liberté religieuse n'appartenait pas seulement au curé de Saint-Zacharie dont l'arrêté municipal, en tant qu'il était applicable aux processions, aurait entravé ou gêné la liberté, en imposant aux corps de musique qu'il pouvait discrétionnairement convoquer, l'obligation d'une autorisation préalable du maire, laquelle pouvait être refusée; qu'aux termes de l'article 8 de la loi de l'an X, le recours pour abus compète à toute personne intéressée, et que Maunier qui, d'après les dispositions de l'article 7, avait, en principe, la faculté de se rendre avec son corps de musique à une cérémonie religieuse, sur la convocation du curé, sans permission du maire, avait qualité pour opposer à la poursuite, au nom personnel, le moyen de défense puisé dans les dispositions protectrices des articles 7 et 8 de la loi du 18 germinal an X; — Attendu, d'ailleurs, que le décret du 19 septembre 1870 qui a abrogé l'article 75 de la Constitution de l'an VIII, non applicable aux ministres du culte, et les dispositions analogues par lesquelles d'autres lois spéciales protégeaient les fonctionnaires publics à l'occasion d'actes de leurs fonctions, des poursuites non autorisées par le Conseil d'Etat, a laissé hors de ses prévisions les dispositions, non seulement de l'article 6 de la loi de l'an X relatives à l'abus ecclésiastique, mais encore, avec tous leurs effets, au profit de la liberté religieuse, celles des articles 7 et 8 de la même loi, en même temps qu'il a respecté le principe fondamental de la séparation des pouvoirs administratif et judiciaire; — D'où il ressort que Maunier pouvait invoquer les dispositions de ces deux derniers articles et que le juge de police se serait attribué incompétemment, dans ces circonstances, la connaissance de la cause, s'il avait acquitté ou condamné le prévenu, la loi de l'an X ayant, dans un intérêt d'ordre public, déféré au Conseil d'Etat l'examen et l'appréciation des cas d'abus ecclésiastique et administratif, en lui laissant la faculté de terminer l'affaire dans la forme administrative ou de la renvoyer à l'autorité compétente; — Attendu enfin que le recours ouvert au cas d'abus, à toute personne intéressée, peut être exercé, soit pour combattre une mesure réglementaire ou un acte qui porterait atteinte à l'exercice public du culte ou à la liberté religieuse, sans que l'action publique ait été mise en mouvement, soit pour soumettre à l'appréciation du Conseil d'Etat, à l'occasion d'une poursuite intentée par le ministère public, le moyen de défense tiré de l'abus que renfermerait un règlement administratif auquel il aurait été contrevenu, abus qui aurait été commis au détriment des droits conférés par la loi au ministre du culte et au préjudice de la liberté religieuse; — Qu'en effet, la disposition de l'article 8 est générale et qu'il n'est pas permis de restreindre la portée d'un article favorable au libre exercice des cultes reconnus par la loi et à la défense du prévenu qui l'invoque, à l'occasion d'une infraction à un règlement municipal auquel il reproche d'avoir porté atteinte à la liberté religieuse, et qu'il met ainsi en question devant l'autorité qui sera compétente pour apprécier son exception;

En ce qui concerne la violation prétendue de l'article 182 du Code forestier; — Attendu que les dispositions de cet article sont applicables seulement aux cas de renvoi devant le tribunal civil ou devant l'autorité administrative des exceptions préjudicielles relatives à un droit de propriété immobilière ou à une interprétation réservée à l'administration; que, dans cette double hypothèse, aucune fin de non-recevoir n'a été opposée à l'action publique, et que la compétence du juge de répression, pour statuer sur la poursuite, demeure certaine, quelle que soit la solution ou l'interprétation à intervenir relativement à l'incident; —

Attendu que, dans l'espèce, le prévenu a soutenu que l'application qui serait faite de la disposition générale de l'arrêté municipal à une cérémonie du culte catholique autorisée par la loi pouvait donner lieu à un cas d'abus de l'autorité administrative, laquelle aurait pu faire atteinte au libre exercice du culte; que ce moyen de défense contestait la recevabilité de l'action publique, en l'état de la procédure, et la compétence même du juge qui n'aurait pu statuer immédiatement au fond en présence d'une semblable exception, sans commettre un excès de pouvoir; — Attendu que cette exception d'ordre public qui pouvait aboutir au dessaisissement définitif du juge de police par la décision du Conseil d'Etat, si l'affaire était administrativement terminée (art. 8 de la loi de l'an X), était régie, non par l'article 182 du Code forestier, mais par l'article 8 de la loi du 18 germinal an X; que le prévenu peut, sans doute, après comme avant le jugement de sursis, recourir lui-même au Conseil d'Etat en assemblée générale pour faire déclarer l'existence de l'abus dont il s'est plaint et qui serait renfermé dans l'arrêté auquel on lui reproche d'avoir contrevenu; mais que le même droit de provoquer la décision de cette assemblée appartient soit au ministère public devenu, par le fait même de l'exception admise et du sursis ordonné, partie intéressée à rendre, par voie hiérarchique, l'action publique recevable en la dégageant de l'obstacle qui lui a été opposé, soit au préfet du département dont le recours est constamment admissible parce qu'il est autorisé par une disposition générale de la loi de l'an X; que, dans tous les cas, aucune disposition de la loi de l'an X, seule applicable, n'imposait au juge de police l'obligation de fixer un délai dans lequel le prévenu aura fait tenu de saisir le Conseil d'Etat et de justifier de ses diligences pour faire statuer sur la fin de non-recevoir incidemment opposée aux réquisitions du ministère public, auquel, en principe, il incombe en qualité de poursuivant, d'établir l'existence de toutes les conditions qui appellent une condamnation; — D'où il suit qu'il n'y a pas eu violation de l'article 182 du Code forestier qui, dans la cause, ne réglait pas la procédure à suivre; — Par ces motifs, rejette... »

(1) Laferrière, *Traité de la juridiction administrative*, t. II, p. 99.
(2) Décrets d'abus : 1er octobre 1858, Dubois; 14 décembre 1860, Mercier; 4 juillet 1862, d'Armaillé; 10 juillet 1869, Claveau; 12 décembre 1876, Maréchal.
(3) Décrets d'abus : 11 avril 1873, Larroque; 2 janvier 1874, Chenais.
(4) Décrets d'abus : 13 juin 1856, Guibert; 16 août 1860, Revellat; 21 juillet 1866, Lacube; — 20 novembre 1867. Desmons; 26 décembre 1868, Mérac.
(5) Décrets d'abus : 18 mai 1859, Lecamus; 13 décembre 1864, Davoud; 17 juin 1865, Blaize; 26 décembre 1878, Dumont.
(6) Décrets du 17 août 1880, Pineau, Humeau, Ogerdias.
(7) D. 17 mars 1881. — « Le Président de la République; — Sur le rapport de la section de l'intérieur, des cultes, de l'instruction publique et des beaux-arts; — Vu la requête présentée par les époux B..., demeurant à V..., ladite requête enregistrée au secrétariat général du Conseil d'Etat le 17 avril 1880; — Vu le rapport du ministre de l'intérieur et des cultes en date du 14 septembre dernier; — Vu les articles 1er et 64 du Code d'instruction criminelle et l'article 5 de la loi du 26 mai 1819; — Considérant que la demande des époux B..., dans la forme où elle est présentée, tend à obtenir, à raison des faits de violence et d'injures dont l'abbé G..., desservant de S..., se serait rendu coupable envers la femme B..., l'autorisation de poursuivre ledit abbé G. devant le tribunal de police correctionnelle; — Considérant que la nécessité d'une semblable autorisation ne résulte d'aucun texte de loi; — Que les particuliers ont aussi bien que le ministère public le droit de poursuivre directement les ministres du culte devant les tribunaux de droit commun; — Le Conseil d'Etat entendu; — Décrète : — Art. 1er. Il n'y a lieu de statuer sur la requête présentée par les époux B... »

lence et d'injures dont le desservant de Sevrey se serait rendu coupable, l'autorisation de le poursuivre devant le tribunal de police correctionnelle ; considérant que la nécessité d'une pareille autorisation ne résulte d'aucun texte de loi ; *que les particuliers ont, aussi bien que le ministère public, le droit de poursuivre directement les ministres du culte devant les tribunaux de droit commun* (1-2). »

La Cour de cassation n'en persista pas moins dans sa jurisprudence antérieure. Elle déclara de nouveau (3) que la poursuite pouvait être exercée librement par le ministère public, mais qu'elle était soumise à autorisation pour les particuliers : — « Attendu que la seule restriction au droit de poursuite est contenue dans l'article 6, qui range dans les cas d'abus les entreprises ou procédés qui dans l'exercice du culte peuvent compromettre l'honneur des citoyens...., mais que cette restriction, *qui a pour résultat de soumettre la plainte des particuliers à l'appréciation préalable du Conseil d'Etat*, ne concerne que l'action privée... »

Il résultait de cette différence entre la jurisprudence de la Cour de cassation et celle du Conseil d'Etat, en ce qui touche l'action des particuliers, que la justice pouvait ne pas suivre son cours. Si, en effet, l'autorité judiciaire, saisie de la poursuite, déclarait qu'elle ne pouvait pas la juger sans l'autori-

sation du Conseil d'Etat, et si, de son côté, le Conseil d'Etat décidait qu'il ne lui appartenait pas de donner cette autorisation, l'affaire ne recevait aucune solution. Le Conseil d'Etat signala ce danger au gouvernement par une note intervenue à l'occasion du décret *Gourmelon* du 17 janvier 1883. « Ce désaccord, disait la note, crée pour le présent une situation préjudiciable aux particuliers qui sont empêchés de poursuivre devant les tribunaux de droit commun les réparations auxquelles ils prétendent avoir droit, et il peut amener dans l'avenir un véritable désordre, puisque le cours de la justice se trouverait arrêté... Il mérite d'attirer dès aujourd'hui l'attention du gouvernement. »

Enfin, par un arrêt du 2 juin 1888 rendu sur le pourvoi formé contre un arrêt de la Cour d'appel de Pau du 15 mars 1888, la Cour de cassation décida que le prêtre catholique traduit en police correctionnelle à la requête d'une partie civile pour diffamation en chaire, ne peut exciper de ce que cette partie civile ne justifie pas d'une déclaration d'abus prononcée par le Conseil d'Etat. Conformément à la jurisprudence du Conseil d'Etat, la Cour de cassation déclara qu'aucun texte n'établit, ni au cas de poursuite du ministère public, ni au cas de poursuite de la partie civile, la nécessité de ce recours préalable, et que la règle des articles 1 et 2 du Code d'Instruction criminelle ne peut être tenue en échec sous prétexte que l'abus constitue à la fois un manquement disciplinaire et non un délit, le tribunal disciplinaire ne pouvant être contraint de connaître du fait préalablement au tribunal chargé de statuer sur le délit (1).

---

(1) D. du 17 janvier 1883, Gourmelon.

(2) D. 3 août 1884. — « Considérant que la demande du sieur Guillaume Bac, dans la forme où elle est présentée, tend à obtenir l'autorisation de poursuivre en dommages-intérêts l'abbé Exupère Gaubil qui, un jour de dimanche, au prône, aurait diffamé ses deux filles mineures ; — Considérant que la nécessité d'une semblable autorisation ne résulte d'aucun texte de loi ; — Le Conseil d'Etat entendu ;

Art. 1er. Il n'y a pas lieu de statuer sur la requête présentée par le sieur Bac. »

(3) Arr. 19 avril 1883 ; — Cass. 23 février 1884. — « La Cour, — Vu le réquisitoire du procureur général près la Cour de cassation présenté d'ordre du garde des sceaux ; — Sur le moyen tiré de la violation des articles 6 et 8 de la loi du 18 germinal an X ; — Vu ces articles de loi ; — Attendu qu'à la suite d'une ordonnance de renvoi rendue par le juge d'instruction du tribunal de Chaumont, le ministère public a fait citer devant le tribunal de simple police de Nogent-le-Roi l'abbé Ferrand, sous l'inculpation de violences légères que des enfants, contraventicon réprimée par l'article 605 du Code de brumaire an IV, et que sur l'exception proposée par l'inculpé le tribunal a sursis à prononcer sur la poursuite jusqu'à ce qu'il ait été statué par le Conseil d'Etat sur la question d'abus, par le motif que les faits poursuivis auraient été commis pendant l'exercice ou à l'occasion de l'exercice du culte ; — Attendu que les articles 6 et 8 de la loi du 18 germinal an X, en déférant au Conseil d'Etat la connaissance des abus imputés aux supérieurs et autres personnes ecclésiastiques et en organisant ainsi une juridiction disciplinaire chargée de réprimer les excès de pouvoir spirituel, n'ont porté aucune atteinte à l'indépendance de l'action publique, en ce qui concerne la répression des actes qualifiés par la loi pénale, que les ecclésiastiques peuvent commettre dans l'exercice de leur ministère ; — Attendu que la seule restriction au droit de poursuite qui résulte de ces articles est contenue dans l'article 6, qui range dans les cas d'abus les entreprises ou procédés qui dans l'exercice du culte peuvent compromettre l'honneur des citoyens, troubler arbitrairement leur conscience et dégénérer contre eux en oppression ou en injure ou en scandale public ; — Mais attendu que cette restriction, qui a pour but de soumettre l'action du particulier à l'appréciation préalable du Conseil d'Etat, ne concerne que l'action privée et demeure totalement affranchi ; que l'action publique reste pleine et entière pour la répression de tous les délits de droit commun, et que la circonstance que ces délits auraient été commis par l'ecclésiastique dans l'exercice du culte, ou par un abus évident du son ministère, n'enlève rien à l'indépendance de cette action ; — Attendu, il est vrai, qu'une question préjudicielle d'abus peut s'élever dans une espèce intentée par le ministère public ; qu'il en est ainsi lorsqu'on matière de contravention, le prévenu oppose à la poursuite le moyen de défense tiré de l'abus que renfermerait au détriment du droit commun ses ministres du culte et au préjudice de la liberté religieuse, le règlement administratif même auquel il aurait été contrevenu; qu'un pareil moyen de défense qui s'attaque au titre même de la poursuite et tend à le faire annuler comme entaché d'abus que de part de l'autorité administrative soulève une question préjudicielle qui échappe nécessairement à l'examen du tribunal répressif et dont l'article 7 de la loi du 18 germinal an X réserve précisément la connaissance au Conseil d'Etat ; — Mais attendu que la poursuite dirigée contre l'abbé Ferrand, fondée sur une infraction à la loi commune, ne présentait aucune question de cette nature à résoudre, et que l'exception par lui proposée tendait à soumettre la poursuite même à l'appréciation du Conseil d'Etat et à subordonner ainsi l'exercice de l'action publique à l'examen préalable de la juridiction administrative ; que c'est donc à tort que le tribunal de simple police a admis cette exception et ordonné le sursis; qu'il a violé les règles de sa compétence et fait une fausse application des articles 6 et 8 de la loi du 18 germinal an X ;

Par ces motifs, casse, mais seulement dans l'intérêt de la loi, le jugement du tribunal de simple police de Nogent-le-Roi en date du 17 avril 1883. »

(1) Pau, 15 mars 1888. — « La Cour. — Attendu que la question que soulève l'exception opposée par l'abbé Cuillé, desservant de la commune de Tuzaquet, à l'action introduite contre lui devant le tribunal correctionnel de Bagnères-de-Bigorre par les sieurs Peré, Dufflo et Dasque, à raison de propos injurieux et diffamatoires, dont ce prêtre se serait rendu coupable à leur égard, est celle de savoir si le particulier qui se prétend lésé par un fait délictueux commis par un ecclésiastique, dans l'exercice du culte, peut poursuivre celui-ci devant les tribunaux répressifs sans recours préalable au Conseil d'Etat et sans autorisation ; — Que cette question est renfermée tout entière dans les dispositions de la loi organique du 18 germinal an X, dont il s'agit d'interpréter le sens et la portée ; — Attendu que l'article 6 de la loi précitée, après avoir disposé qu'il y aura recours au Conseil d'Etat dans tous les cas d'abus de la part des supérieurs et autres personnes ecclésiastiques, énumère les cas d'abus ; que la nomenclature qui en est faite révèle manifestement l'intention du législateur de ne comprendre dans les cas d'abus que les manquements aux devoirs qu'impose le ministère sacerdotal, aux non des crimes ou des délits; qu'on y voit figurer, en effet, l'usurpation ou l'excès de pouvoir, l'infraction aux règlements consacrés par les canons reçus en France, toute entreprise ou procédé qui, dans l'exercice du culte, peut compromettre l'honneur des citoyens, troubler arbitrairement leur conscience, dégénérer contre eux en oppression ou en injure ou en scandale public ; — Attendu que si la loi de germinal a classé parmi les cas d'abus « la contravention aux lois et règlements », on ne peut raisonnablement admettre qu'elle ait voulu donner à ces expressions un sens tellement étendu qu'elles embrassassent dans leur généralité les faits qualifiés crimes ou délits par les lois pénales; qu'elle n'a eu certainement en vue que des contraventions aux lois et règlements de l'Etat relatifs aux matières ecclésiastiques, des actes incompatibles avec l'ordre public, et qui peuvent ne pas avoir la gravité des crimes et des délits; — Qu'on ne comprendrait pas, en effet, que le législateur eût employé ces simples mots : « contravention aux lois et règlements », pour qualifier ce qui est, en réalité, un crime ou un délit, pas plus qu'on ne comprendrait qu'il eût visé sous la même dénomination d'« abus » des actes non qualifiés qui échappent à la compétence des juridictions répressives et d'autres faits délictueux ou criminels qui pourraient être de la plus haute gravité; qu'on ne comprendrait pas davantage qu'il eût spécifié sous la désignation d'« entreprise » ou d'« procédé » des faits constitutifs du délit d'injure ou de diffamation ; — Attendu que les dispositions de l'article 8 de la même loi, loin d'imposer au simple particulier l'obligation de remplir la formalité préalable du recours au Conseil d'Etat, quand il veut poursuivre la réparation du préjudice que lui a causé un délit commis par un prêtre dans l'exercice du culte, démontrent, au contraire, l'indépendance de son action, puisqu'il ressort de ces dispositions que dans le cas où le fait déféré au Conseil d'Etat relève d'une autre juridiction, l'affaire sera renvoyée aux autorités compétentes; — Attendu, en outre, que l'article 8 précité en déclarant que l'affaire sera suivie et terminée dans la forme administrative, ou renvoyée, selon l'exigence des cas, aux autorités compétentes, n'a disposé que pour le cas où la partie intéressée, soit que celle-ci n'ait vu qu'un abus là où il y avait un délit, soit qu'obéissant aux scrupules d'une conscience troublée par l'appréhension d'un débat public ou d'un scandale qu'elle craignait de voir rejaillir sur la religion elle-même, elle ait renoncé à se pourvoir devant les tribunaux ordinaires pour demander à la juridiction administrative le châtiment mérité par l'action dont elle a eu à souffrir ; mais que les termes dans lesquels cet article de loi est conçu

§ 2. — Forme du recours pour abus.

554. L'article 8 de la loi organique porte que le recours pour abus compète à toute partie intéressée. Par personne intéressée on doit entendre évidemment la personne ecclésiastique ou laïque contre laquelle a été commis l'abus. Il faudrait également accorder aux héritiers le droit de réclamer. Mais, ainsi que le fait remarquer M. Batbie, les héritiers

n'impliquent pas pour la partie lésée l'obligation de saisir le Conseil d'Etat si le fait dont elle a à se plaindre est constitutif d'un délit ; — Attendu que si l'on ne trouve pas dans le texte même de la loi du 18 germinal an X l'obligation pour un particulier du recours préalable au Conseil d'Etat dans un cas tel que celui de l'espèce, on ne saurait le trouver non plus dans son esprit ; qu'en effet si l'on rapproche les dispositions de l'article 7 de celles de l'article 8 de la loi, on doit reconnaître que l'article 8 n'a pu être édicté en faveur du pouvoir ecclésiastique, dont l'indépendance vis-à-vis de la puissance publique est assurée par l'article 7, qui lui accorde le recours au Conseil d'Etat s'il est porté atteinte à l'exercice du culte et à la liberté que les lois et règlements garantissent à ses ministres; que s'il est vrai que l'article 7 de la loi du germinal a été dicté par un sentiment de protection envers le pouvoir ecclésiastique, il est permis de penser qu'une telle concession n'a été faite qu'en compensation des moyens qui, par l'article précédent, avaient été réservés au gouvernement pour s'opposer aux empiètements de la puissance spirituelle; et qu'ainsi, pour faire réprimer des actes de nature à jeter arbitrairement le trouble dans leurs consciences; qu'une telle interprétation paraît être dans la nature même des choses, quand on sait que les deux parties qui ont coopéré à l'œuvre du Concordat étaient également jalouses de tous leurs droits et prérogatives, également résolues, l'une et l'autre, à sauvegarder et à fortifier leur autorité ; — dans ces termes de l'article 6 : il y aura recours au Conseil d'Etat dans tous les cas d'abus, impliquent nécessairement l'idée d'un appel à une juridiction contre les actes et décisions émanés d'une autre juridiction ; qu'il ne peut s'agir, dans l'esprit de la loi, que d'un recours contre les actes de cette juridiction spéciale qui appartient au prêtre dans l'exercice de son ministère, et dont les attributions se meuvent exclusivement dans les limites du domaine spirituel; que si le législateur a voulu assurer aux citoyens le moyen d'atteindre des actes qualifiés abus, qui ne pouvaient être déférés aux tribunaux ordinaires, on ne peut lui prêter la pensée d'avoir voulu leur donner en même temps un recours dont ils n'avaient pas besoin pour la même disposition une condition nécessaire et préalable à toute poursuite; — Attendu que le Code d'instruction criminelle (art. 1, 4 et 182) confère expressément à la partie civile, comme à la partie publique, le droit de saisir directement les tribunaux correctionnels, que ce droit ne peut subir d'autres restrictions que celles qu'il convient au législateur d'y apporter; mais que si l'on admet que la loi de germinal dispensant le ministère public de tout recours au Conseil d'Etat pour la poursuite d'un délit commis par un ecclésiastique dans l'exercice du culte, a voulu mettre cependant une barrière au-devant de l'action privée, il est juste de reconnaître qu'une telle restriction n'est écrite dans aucun de ses articles et que la sagesse du législateur n'a pas pris soin de l'énoncer; que si sa volonté avait été d'instituer au profit des personnes ecclésiastiques un privilège qu'il a pu être traduit devant le tribunal correctionnel sans recours préalable au Conseil d'Etat, à raison des propos injurieux ou diffamatoires qu'il aurait proférés en chaire contre Peré, Dasque et Dufflo; — Attendu que la partie qui succombe doit supporter les dépens.
Par ces motifs, — statuant sur l'appel interjeté par l'abbé Cuilhé envers le jugement du tribunal correctionnel de Bagnères-de-Bigorre du 10 décembre 1887, confirme ce jugement; dit qu'il sortira son plein et entier effet; — Condamne l'appelant aux dépens. »
Sur le pourvoi, arrêt de rejet de la chambre criminelle de la Cour de cassation, 2 juin 1888. — « La Cour ; — Oui M. le conseiller Vételay en son rapport, et M. l'avocat général Bertraud et ses conclusions ; — Vidant son délibéré et joignant du conseil ; — sur le moyen tiré de la violation des articles 5 et 8 de la loi du 13 germinal an X ; — Attendu, en fait, que les plaignants imputent à l'inculpé, ministre du culte catholique, de les avoir diffamés et injuriés en chaire, dans l'exercice de ce culte et qu'ils l'ont cité devant le tribunal de police correctionnelle sans avoir demandé une déclaration d'abus au Conseil d'Etat ; — Attendu, en droit, que la loi organique du 18 germinal an X a eu pour objet dans ses articles 6, 7 et 8, de créer une juridiction chargée de connaître des cas d'abus imputés aux supérieurs et autres personnes ecclésiastiques; mais qu'aucune disposition des articles sus-énoncés ne porte que la partie ecclésiastique ne pourront être traduite, soit par le ministère public, soit par les particuliers, pour des délits relatifs à leurs fonctions, devant les tribunaux ordinaires de répression sans avoir été préalablement déférée au Conseil d'Etat ; qu'on objecterait vainement qu'il suffit que l'abus soit contenu dans le délit pour que le fait doive être soumis à la juridic-

successeurs aux biens ne seraient pas les seuls admissibles.
« Supposons, en effet, dit cet auteur, que le décédé ait laissé des enfants et des ascendants ; ceux-ci ne sauraient être écartés comme dépourvus d'intérêt parce que les descendants leur sont préférés dans l'ordre successif. Plus que personne ils ont intérêt à maintenir l'honneur d'une famille dont ils sont les chefs ; car, à vrai dire, ils se présenteront non comme ayants cause du défunt, mais en vertu d'un droit qui leur est propre. C'est ainsi qu'en droit romain l'injure faite à une personne pouvait donner naissance à plusieurs actions au profit de ceux qui ne l'avaient pas éprouvée personnellement, mais qui étaient présumés en ressentir les atteintes indirectes (1). »

555. L'article 8 de la loi organique donne aux préfets également le droit de former un recours comme d'abus : « A défaut de plainte particulière, porte cet article, il sera exercé d'office par les préfets. » Cette disposition ne faisant aucune distinction il en résulte que le préfet a le droit d'exercer le recours d'office dans tous les cas d'abus, même dans ceux où l'abus ne porte atteinte qu'aux citoyens (2). Si le préfet n'agissait pas, le ministre, supérieur hiérarchique de ce fonctionnaire, aurait le droit d'exercer le recours pour abus. L'article 8 ne s'applique, en effet, littéralement qu'aux recours formés par les particuliers et non à ceux qui sont formés par le gouvernement lorsqu'il veut réprimer un empiétement de l'autorité ecclésiastique sur son domaine. Dans cette dernière hypothèse, le recours appartient en premier lieu au ministre des cultes. « Le silence de l'article 8 à son égard, dit M. Laferrière, s'explique par l'organisation particulière qu'avait en l'an X l'administration des cultes, confiée au conseiller d'Etat Portalis qui traitait directement les affaires litigieuses avec le premier consul. Mais depuis que les cultes ont été alternativement rattachés aux ministères de l'instruction publique, de la justice ou de l'intérieur, il a toujours été reconnu que le ministre des cultes a qualité, avant les préfets, pour saisir le Conseil d'Etat. En fait, depuis la Restauration, c'est lui qui a exercé le recours dans les cas d'usurpation, d'excès de pouvoir, d'infraction aux lois fondamentales de l'Etat.

Le pouvoir du préfet ou du ministre a pour but d'amener l'observation des lois et de protéger l'intérêt général. Par suite, la renonciation même expresse des parties ne saurait y faire obstacle ; « car c'est un principe élémentaire de droit, que l'intérêt général est au-dessus des conventions particulières (3). » « Il est de droit naturel, disait à ce propos Portalis, que les parties intéressées puissent exercer le recours, il est de droit public et politique que les préfets puissent l'exercer d'office ; les préfets sont des magistrats qui ne doivent rester étrangers à aucun des objets qui peuvent intéresser la religion et l'Etat : ils remplacent dans cette partie les anciens procureurs généraux (4). »

556. Les habitants d'une paroisse ou d'un diocèse auraient-ils qualité pour exercer le recours comme d'abus contre un acte ecclésiastique entaché d'empiétement sur la puissance civile, et qui les atteindrait tous en même temps ? Seraient-

tion chargée de déclarer les abus; qu'il est impossible d'admettre que lorsqu'un fait constitue à la fois un manquement disciplinaire et un délit, le tribunal disciplinaire doive connaître du fait préalablement et préférablement au tribunal chargé de statuer sur le délit; qu'il faudrait une interprétation spéciale et formelle qui, par dérogation au droit commun, imposât ce recours préalable pour ces délits; que cette disposition n'existe ni à l'égard du ministère public, ni en ce qui concerne l'action de la partie civile; — Attendu que rien ne peut la suppléer ; que dans le silence de la loi la règle générale écrite dans les articles 1 et 2 du code d'instruction criminelle consacre son empire; d'où il suit qu'en rejetant l'exception proposée par le demandeur, et en déclarant recevable l'action en diffamation introduite contre lui par les parties civiles sans recours préalable au Conseil d'Etat, l'arrêt attaqué n'a nullement violé les articles 6 et 8 de la loi du 18 germinal, an X;
Par ces motifs, — Rejette le pourvoi du sieur Cuilhé contre l'arrêt de la Cour d'appel de Pau en date du 15 mars dernier ; — Condamne le demandeur à l'amende et aux dépens envers le trésor public, etc... »
(1) Batbie, loc. cit. p. 127.
(2) Le recours était autrefois exercé par les procureurs généraux, lorsque la connaissance des abus appartenait aux parlements.
(3) M. Batbie, loc. cit. p. 129.
(4) Portalis, op. cit. p. 210.

ils des *personnes intéressées*, dans le sens de l'article 8 ?
« La question est délicate, dit M. Laferrière... Mais il nous semble très douteux que la qualification de « personne intéressée » puisse s'appliquer à tous les fidèles d'un diocèse ou d'une paroisse, alors même qu'ils ne sont ni nommés ni désignés dans l'acte abusif. Pour savoir s'ils sont réellement intéressés, on serait amené à rechercher s'ils sont des « fidèles » et si l'acte leur fait réellement grief ; or, de telles vérifications répugnent à l'esprit de notre législation ; d'un autre côté, si l'on n'en tenait pas compte, tout habitant pourrait se croire autorisé à agir au nom de la puissance publique. C'est pourquoi la qualité de personne intéressée nous paraît devoir être interprétée ici moins largement qu'elle ne l'est en matière d'excès de pouvoir. »

557. Les autorités publiques autres que les préfets, par exemple les sous-préfets, les maires, les commissaires de police, etc., n'ont pas qualité pour former un recours au nom de la puissance publique. Ils n'exercent, en effet, leurs fonctions que comme délégués de l'autorité publique qui n'accorde un pouvoir en matière d'abus, qu'aux préfets dans les départements ou au ministre des cultes pour tout le territoire. « Le gouvernement, disait à ce sujet Portalis, ne doit point abandonner aux autorités locales des objets sur lesquels il importe qu'il y ait unité de conduite et de principe (1). »

C'est par application de cette règle que le Conseil d'Etat a décidé que le maire d'une commune n'a ni intérêt ni qualité pour former un recours comme d'abus contre une ordonnance épiscopale qui réunit une cure au chapitre d'une église cathédrale et interdit à l'ancien curé de prêcher ou de confesser (2). Le maire avait fondé son recours sur ce que la commune avait perdu le titre curial auquel elle avait droit, d'après l'article 60 de la loi organique. Mais cette mesure n'affectant en rien la circonscription communale, il en résultait que la commune n'avait aucun intérêt. Le Conseil d'Etat a également refusé qualité à un maire qui avait déféré un évêque pour concussion et pour infraction aux lois sur la résidence des titulaires ecclésiastiques (3). « Considérant, porte le décret, que les faits imputés n'intéressent pas directement le sieur Albertini ; que dès lors, aux termes de l'article 8 de la loi du 18 germinal an X, il est sans qualité, soit pour poursuivre la répression, soit pour faire déclarer l'abus. »

558. Mais des maires ou des conseillers municipaux auraient qualité pour former un recours comme d'abus contre des imputations dirigées par des ecclésiastiques contre eux personnellement à raison de leur gestion. Le Conseil d'Etat s'est prononcé implicitement sur cette question (4). « Considérant, dit-il, que les paroles... n'atteignent *ni la personne ni la gestion* des conseillers municipaux. »

559. Un chef de musique qui, malgré un arrêté municipal défendant de faire de la musique en corps dans les rues et sur les places sans la permission, fait entendre sa société

musicale sur la voie publique, au cours d'une procession, et sur l'invitation du curé, a le droit de soulever la question préalable d'abus (1).

560. Mais le recours n'appartient pas à d'autres qu'aux parties intéressées. C'est ainsi qu'il a été décidé que lorsqu'un curé refuse, non pas de baptiser un enfant, mais de recevoir comme parrain et marraine les personnes que lui présente le père de l'enfant à baptiser, l'appel comme d'abus ne pourrait être formé que par le parrain ou la marraine qui ont été refusés ; l'appel ne serait pas recevable de la part du père (6).

Le père d'un prêtre interdit n'a point qualité pour déférer au Conseil d'Etat la décision épiscopale qui a prononcé l'interdiction (2).

561. L'exécuteur testamentaire d'une personne défunte n'a pas qualité pour former à ce titre un recours pour abus (3).

562. Un ancien maire n'a pas non plus qualité, comme personne intéressée pour former appel comme d'abus contre les actes d'un desservant qui empiéteraient sur les pouvoirs de l'autorité municipale et de l'autorité académique (4).

---

(1) Portalis, *op. cit.*, p. 900.
(2) *Ord.* 24 *juillet* 1845 (Savin contre évêque de Viviers).
(3) D. 27 novembre 1839 (Albertini). — D. 17 août 1882. — « Le Président, — Vu le recours formé par M. Camille Mayné, adjoint faisant les fonctions de maire de la commune de la Flotte (île de Ré), ledit recours enregistré au Conseil d'Etat le 5 juillet 1882, et tendant à faire déclarer l'abus résultant de la violation, par le desservant Fabien, des dispositions de l'article 43 de la loi du 18 germinal an X ; — Vu les articles 6, 8 et 43 de la loi du 18 germinal an X ; — Vu l'arrêté des consuls du 17 nivôse an XII ;
Considérant que l'article 8 de la loi du 18 germinal an X porte expressément qu'à défaut de plainte particulière, le recours sera exercé d'office par le préfet ; que les termes de cette disposition sont formels et ne permettent pas de l'étendre à d'autres fonctionnaires publics ; qu'à défaut de texte précis, la nature toute spéciale de l'appel comme d'abus suffirait pour faire restreindre aux préfets le droit de recourir au Conseil d'Etat ; — Considérant, au surplus, que, si l'article 43 de la loi du 18 germinal an X prescrit à tous les ecclésiastiques de s'habiller à la française et en noir, l'arrêté des consuls du 17 nivôse an XII leur permet de continuer à porter « dans le territoire assigné à leurs fonctions », les habits convenables à leur état, suivant les canons, règlements et usages de l'Eglise ;
Le Conseil d'Etat entendu ; — Décrète : — Art. 1er. Le recours formé par M. Camille Mayné, adjoint faisant les fonctions de maire de la commune de la Flotte (île de Ré), est rejeté ; etc. »
(4) D. 9 juin 1879 (commune de Castel-Arrouy).

(1) Cass. 25 mars 1880.
(2) *Ord.* 17 *août* 1825. — « En ce qui touche le prétendu refus d'administrer le sacrement du baptême à l'enfant du sieur Liaas : — Considérant qu'il est constaté, en fait, par l'instruction ordonnée par notre ministre des affaires ecclésiastiques, qu'il n'y a pas eu, de la part du desservant, refus du sacrement de baptême ; qu'ainsi, à cet égard, il n'y a pas eu abus ;
En ce qui touche le refus de recevoir comme parrain et marraine les sieur et dame Loustalot : — Considérant qu'aux termes de l'article 8 de la loi du 8 avril 1802, le recours compète aux personnes intéressées ; que les sieur et dame Loustalot, qui sont seuls intéressés, ne se pourvoient pas; que le sieur Ménudé-Liaas est sans qualité pour se pourvoir en leur nom ; que, par conséquent, il est non recevable; etc. »
Ord. 27 *mai* 1846. — « *Louis-Philippe*, etc. ; — Vu le rapport de notre garde des sceaux, ministre de la justice et des cultes, sur le recours comme d'abus formé par le sieur Rodes (François-Guillaume-Henri), prêtre, demeurant à Labruguière (Tarn), et par le sieur Rodes, père du précédent, demeurant à Rabastens (Tarn), contre une décision de l'archevêque d'Albi, en date du 23 mars 1843 ; — Vu ledit recours du sieur Rodes, prêtre, du 26 novembre 1845, et le recours du sieur Rodes père, résultant de ses deux lettres des 1er octobre 1845 et 13 décembre suivant, tendant à ce qu'il nous plaise déclarer abusive la décision de l'archevêque d'Albi dont s'agit, par laquelle le sieur Rodes fils a été interdit de toutes fonctions sacerdotales, et lever ledit interdit ; — Vu les deux lettres du sieur Rodes fils à l'appui de son recours et les pièces y jointes ; — Vu le rapport du préfet du Tarn du 28 janvier 1846 ; — Vu les observations de l'archevêque d'Albi en réponse à la communication dudit recours comme d'abus ; — Vu la lettre de notre procureur général près la Cour royale de Toulouse ;
En ce qui touche le recours du sieur Rodes fils : — Considérant que l'interdit est une peine canonique dont l'application est dans les attributions de l'autorité épiscopale ; qu'en appliquant cette peine au sieur Rodes, par sa décision du 23 mars 1843, l'archevêque d'Albi n'a pas excédé ses pouvoirs ; qu'il résulte, d'ailleurs, de l'instruction que toutes les formalités substantielles ont été remplies, et que ladite décision ne présente aucun des cas d'abus prévus par l'article 6 de la loi du 18 germinal an X ;
En ce qui touche le recours du sieur Rodes père : — Considérant que le sieur Rodes père ne peut exciper d'un intérêt direct et personnel, qui, seul, dans l'esprit de la loi du 18 germinal an X, donne le droit de former un recours comme d'abus ;
Notre Conseil d'Etat entendu ; — Art. 1er. Les recours des sieurs Rodes, fils et père, sont rejetés ; etc. »
(3) D. 4 mai 1867. — « Le Conseil d'Etat : — Vu les recours comme d'abus formés par le sieur Peyre, les 22 et 26 décembre 1865, à l'effet d'obtenir, tant en son nom personnel que comme exécuteur testamentaire de la dame Ollivier, née Jeanne Puisegur, l'autorisation de poursuivre devant les tribunaux civils le sieur Lambert à raison des paroles prononcées par ce dernier dans l'église de Port-de-France, les 22 et 21 décembre 1865, lesquelles paroles constitueraient un outrage à la mémoire de la dame Ollivier et une atteinte à la considération du requérant ; — Vu la loi du 18 germinal an X ;
Considérant que le sieur Peyre, exécuteur testamentaire de la dame Ollivier, n'a pas qualité suffisante pour intenter une action de la nature de celle dont il s'agit au nom et comme représentant de cette dame ; — Considérant qu'en ce qui le concerne personnellement il résulte de l'instruction qu'il n'a été ni nommé, ni suffisamment désigné par l'abbé Lambert ; — Considérant que, dans ces circonstances, et quelque regrettables que soient les paroles prononcées publiquement dans l'église par l'abbé Lambert, il n'y a lieu ni d'accorder l'autorisation de poursuites, ni de déclarer l'abus ;
Art. 1er. Le recours comme d'abus formé par le sieur Peyre contre le sieur Lambert, curé de Port-de-France (Nouvelle-Calédonie), est rejeté ; etc. »
(4) D. 27 janvier 1879.

§ 3. — Introduction et instruction du recours,

563. Le recours pour abus n'est pas adressé directement au Conseil d'Etat; l'appelant est tenu d'abord de présenter un mémoire détaillé et signé au ministre des cultes. Le ministre en donne connaissance à l'autorité intéressée et peut faire procéder, s'il l'estime nécessaire, à une instruction locale qui n'est soumise à aucune forme particulière. « L'instruction des affaires, dit Portalis, ne sera ni étouffée ni négligée; les autorités locales administratives ou judiciaires peuvent également faire cette instruction; ces autorités ne deviennent incompétentes que lorsqu'il s'agit de porter une décision ou un jugement; elles doivent adresser au conseiller d'Etat chargé de toutes les affaires concernant les cultes les divers renseignements qu'elles ont pu recueillir. »

Le ministre transmet toutes les pièces avec son rapport au président du Conseil d'Etat. Ainsi, le recours pour abus n'est pas recevable quand il est adressé directement par requête au Conseil d'Etat. Cette assemblée a renvoyé plusieurs fois les parties qui avaient formé directement devant elle leur recours à se pourvoir devant le ministre des cultes (1).

564. Le mémoire doit être détaillé. Le Conseil d'Etat est juge souverain pour décider si le mémoire est suffisamment détaillé ou non; car s'il l'était d'une façon illusoire, il pourrait opposer une fin de non-recevoir quoique la condition de la loi parût être matériellement remplie (2).

565. Le mémoire doit, en outre, être signé. Si l'appelant ne savait pas signer, il pourrait s'adresser à un notaire, ces officiers ministériels ayant qualité pour donner l'authenticité aux actes. Il pourrait également faire choix d'un avocat au Conseil d'Etat.

566. Mais on sait qu'en matière d'abus l'intermédiaire des avocats au Conseil d'Etat est facultatif, car la procédure est essentiellement administrative.

567. Le dossier de l'affaire, reçu au secrétariat général du Conseil d'Etat, est ensuite adressé au président de la section de l'intérieur (3), qui nomme un rapporteur. Il est d'usage en semblable matière de ne choisir qu'un conseiller ou un maître des requêtes et non un auditeur.

568. Si l'affaire paraît suffisamment instruite, la section de l'intérieur arrête le projet de décret, qui est soumis à l'assemblée générale du Conseil d'Etat. Si, au contraire, l'instruction est incomplète, la section demande un supplément de renseignements.

569. Sur le rapport de la section, le projet de décret est délibéré en assemblée générale dans la forme ordinaire des affaires administratives. Le décret est rendu sur le rapport du ministre des cultes; il est contresigné à la fois par ce ministre et par le ministre de la justice.

570. La loi n'a pas déterminé le délai dans lequel le recours doit être formé à peine de déchéance. Les parties seraient donc recevables à toute époque. Le point a été l'objet d'une discussion au Conseil d'Etat, reproduite par M. Batbie (4). « Plusieurs membres soutinrent, dit cet auteur, qu'il fallait suivre le délai de trois mois et rejeter tout recours qui ne serait formé qu'après leur expiration. Ils appuyaient leur opinion sur ce que ce délai est, pour ainsi dire, de droit commun dans les affaires soumises au Conseil d'Etat. C'est celui qui a été fixé par le règlement de 1806 pour les pourvois devant le contentieux, et en matière d'administration par la loi du 18 juillet 1837 pour les autorisations de plaider demandées par les communes. Ils ajoutaient que c'est le délai adopté en matière civile pour les appels, d'après l'article 443

(1) Ord. 19 mars 1817; 24 mars 1819; 7 avril 1819.
(2) Batbie, ibid.
(3) La section de l'intérieur comprend toujours les cultes même lorsque cette direction se trouve temporairement rattachée à d'autres départements ministériels, par exemple au ministère de la justice, qui ressortit à la section de législation.
(4) Loc. cit., p. 131.

du Code de procédure. « Enfin, n'est-il pas naturel, disaient-ils, dans le silence de la loi actuelle, de la compléter par la loi ancienne et d'appliquer les délais suivis par les parlements et déterminés par les dispositions du droit canonique? » D'autres soutenaient, au contraire, que la loi n'ayant créé aucune déchéance, il était impossible d'en établir une, et que les analogies les plus complètes, les rapprochements les plus heureux ne sauraient triompher du principe : pœnalia non sunt extendenda. »

571. L'absence de tout délai peut, dans certains cas, notamment à l'occasion de destitutions de titulaires ecclésiastiques, présenter de graves inconvénients. On sait, en effet, que ces destitutions peuvent donner lieu à deux sortes de recours : un recours pour abus contre la sentence de déposition ou d'interdiction, un recours pour excès de pouvoir contre le décret qui la rend civilement exécutoire. La légalité du décret dépend de la légalité de la sentence épiscopale; si cette dernière est déclarée abusive, ou bien si elle est annulée par le métropolitain ou par le souverain pontife en vertu d'un bref dûment enregistré, le gouvernement doit rapporter ou annuler le décret, car il ne peut pas révoquer de sa propre autorité un titulaire ecclésiastique inamovible (1).

Il est donc important que la situation du titulaire révoqué soit définitivement fixée au point de vue canonique quand le décret est attaqué par la voie contentieuse ou quand il est soumis à la signature du chef de l'Etat. Si le décret est attaqué, le Conseil d'Etat ne peut se prononcer tant qu'il n'a pas été statué sur l'appel au métropolitain ou sur le recours pour abus. Si le décret est soumis à la signature du chef de l'Etat, le gouvernement doit fixer un délai passé lequel l'appel ou le recours ne pourront plus être formés et jugés. Le délai de l'appel au métropolitain est fixé à deux mois par d'anciens usages, mais aucun délai n'existe en ce qui concerne le recours pour abus. Il en résulte que le gouvernement peut par un décret sanctionner civilement une destitution ecclésiastique qu'il pourra annuler plus tard comme juge de l'abus.

Ces difficultés ont été signalées au gouvernement par un avis du Conseil d'Etat du 19 juin 1851 (2).

Malgré ces observations, aucune disposition législative n'est intervenue à ce sujet.

572. Au point de vue de l'instruction des délits reprochés aux ecclésiastiques, l'absence du délai des recours comme d'abus entraîne également des retards préjudiciables. Le garde des sceaux, afin de prévenir autant que possible ces lenteurs, a adressé aux procureurs généraux, le 18 août 1886,

(1) Laferrière, Traité de la juridiction administrative.
(2) C. d'Et. 19 juin 1851. — « Le Conseil d'Etat, qui, sur le rapport du comité de l'intérieur, a pris connaissance d'un projet de décret ayant pour objet de rejeter le recours pour abus formé par le sieur Bégouhu contre une ordonnance de l'évêque d'Agen qui l'a destitué de son titre curial; — Considérant que dans l'affaire qui fait l'objet du présent projet de décret, ainsi que dans les affaires du même genre dont le conseil a été récemment saisi, les décisions épiscopales attaquées ont été approuvées par le Président de la République avant que les recours aient été formés; que la marche suivie dans ces affaires pourrait rendre illusoire le droit de recours comme d'abus; qu'en effet, l'approbation donnée à la décision épiscopale permet de nommer un nouveau titulaire qui, par le fait même de sa nomination, se trouve lui-même revêtu d'un titre inamovible; que dès lors le titulaire déposé ne pourrait être remis en possession alors même que son recours serait admis; que, d'un autre côté, les recours dirigés contre la décision du pouvoir ecclésiastique par la voie d'appel comme d'abus, auraient implicitement pour effet d'atteindre l'acte confirmatif émané du chef du gouvernement; que déjà, en 1844, le conseil de l'intérieur, dans un avis du 30 juillet, avait signalé ces inconvénients et indiqué la nécessité de fixer un délai dans lequel le titulaire dépossédé aurait la faculté de se pourvoir, et pendant lequel il conviendrait d'ajourner la mesure que le gouvernement croirait devoir prendre au sujet de la décision attaquée; qu'aujourd'hui les délais consacrés par les anciens usages sont observés pour l'appel de la décision épiscopale devant le métropolitain; que ces mêmes délais étaient suivis pour le recours à exercer devant le Conseil d'Etat, les inconvénients ci-dessus signalés seraient évités; qu'il suffirait de n'approuver la déposition d'un titulaire ecclésiastique qu'après s'être assuré : 1° que la décision métropolitaine lui a été régulièrement notifiée; 2° que le délai du recours est expiré sans que le recours ait été formé, ou, dans le cas contraire, que le recours a été rejeté; — Est d'avis qu'il y a lieu, tout en adoptant le projet de décret, d'appeler l'attention de M. le ministre de l'instruction publique et des cultes sur les observations qui précèdent. »

une circulaire « les invitant à indiquer à la partie qui doit se pourvoir, qu'elle ait à le faire et à demander aux tribunaux juges du fond d'impartir un délai de pourvoi » (3).

§ 4. — Effets de l'abus.

573. Le décret d'abus est une mesure disciplinaire qui contient un blâme solennellement infligé à celui contre lequel il est prononcé. La déclaration d'abus est notifiée au délinquant et insérée au *Bulletin des Lois.*

Le gouvernement peut également ordonner l'affichage du décret. En 1879, un membre de l'épiscopat contesta cette faculté au gouvernement : sa réclamation fut écartée. Le décret d'abus constitue, en effet, un acte de l'autorité publique qui peut recevoir toute la publicité que le gouvernement juge nécessaire (1).

574. La déclaration d'abus entraine généralement l'annulation ou la suppression de l'acte abusif.

575. L'annulation et la suppression des actes entachés d'abus civil ne soulèvent aucune difficulté. Le gouvernement, qui pourrait annuler l'acte comme supérieur hiérarchique le peut, à plus forte raison, comme juge de l'abus. « Il a, en effet, devant lui une autorité qui lui est subordonnée et qui a commis un véritable excès de pouvoir, puisqu'elle enfreint les lois qui protègent l'exercice public du culte et la liberté de ses ministres; il pourrait annuler son acte comme supérieur hiérarchique : il le peut, à plus forte raison, comme juge de l'abus (2). »

« On aurait de la peine, dit M. Laferrière, à citer des exemples d'actes administratifs directement attaqués et annulés pour abus civil. M. de Cormenin, en 1840, n'en citait que deux : celui d'un préfet qui, en 1803, avait interdit la prédication à des ecclésiastiques, et celui d'un « magistrat de sûreté » qui s'était ingéré dans des questions d'obsèques religieuses et avait ainsi provoqué un recours du cardinal Caprara, légat du Saint-Siège. On peut aussi mentionner un recours formé contre un arrêté du ministre des cultes du 22 mars 1851, qui avait privé un curé d'une partie de son traitement, recours qui a pris fin par un désistement. »

(1) Circ. just. 18 août 1886. — « Au cours de poursuites pour contravention à des arrêtés de police, des exceptions sont quelquefois soulevées par les contrevenants qui prétendent que ces arrêtés contiendraient un abus aux termes de la loi du 18 germinal an X. M. le ministre de l'instruction publique et des cultes appelle mon attention sur les inconvénients résultant pour l'administration de la justice des décisions de sursis qui interviennent dans ces circonstances. Les tribunaux, en prononçant le sursis, s'abstiennent habituellement d'impartir à la partie qui a soulevé l'exception un délai dans lequel cette partie devra justifier de l'introduction d'un recours pour abus devant le Conseil d'Etat. Les prévenus, ayant ainsi écarté les poursuites dont ils étaient l'objet, se gardent bien de former les recours sur lesquels ils appuient leur défense, et l'action de la justice se trouve indéfiniment interrompue. D'après la jurisprudence du Conseil d'Etat, le ministre public est sans qualité, vous le savez, pour introduire un recours pour abus, la jurisprudence étant fixée dans ce sens qu'aux préfets seuls il appartient d'exercer d'office ce recours à défaut de plaintes particulières [17 août 1880, Ponts-de-Cé (Maine-et-Loire)]. A diverses reprises, le Conseil d'Etat a dû être saisi par les préfets, mais on comprend que que ces fonctionnaires soient amenés à déférer eux-mêmes les actes administratifs pris ou approuvés par eux, et il semble incontestable que c'est au prévenu qui a excipé d'une exception préjudicielle d'abus à rapporter la décision en vue de laquelle il a été sursis. En conséquence, et pour obvier à ces inconvénients, il y a lieu d'avertir les parquets que, dans toutes les affaires de cette nature, ils doivent inviter les tribunaux : 1° à impartir à la partie qui doit se pourvoir; 2° à fixer un délai de trois mois, par exemple, dans lequel elle devra justifier de l'introduction de son recours en conformité de l'article 8 de la loi du 18 germinal an X, et à l'expiration duquel le tribunal devra passer outre au jugement sans avoir égard à l'exception, laquelle sera considérée comme non avenue. On pourrait objecter contre la régularité de cette manière de procéder un arrêt de la Cour de cassation du 25 mars 1880 (*Bulletin criminel*, p. 122). Mais si cet arrêt a décidé que le juge de simple police n'était pas tenu de fixer un délai, il ne lui a pas dénié le droit de le faire. Aucun texte de loi ne paraît, d'ailleurs, s'opposer à ce que le tribunal de simple police impose à la partie qui a excipé de l'irrégularité de l'arrêté en vertu duquel elle est poursuivie, l'obligation de saisir la juridiction compétente pour statuer sur cette exception. »

(2) E. Laferrière, *Traité de la Juridiction administrative*, t. I, p. 83.

(3) Ibid.

576. La question de savoir si le Gouvernement peut annuler ou supprimer, en matière d'abus ecclésiastique, l'acte émané de l'autorité religieuse, présente plus de difficultés. Le gouvernement n'agit plus, en effet, dans ce cas comme supérieur hiérarchique. Il se trouve en présence d'une autre autorité, le pouvoir spirituel. On résout la question au moyen d'une distinction. Si l'autorité spirituelle a empiété sur le pouvoir civil, par exemple en cas d'usurpation, d'excès de pouvoir, d'infraction aux lois de la République, le gouvernement a le droit de supprimer l'acte après l'avoir censuré. Si, au contraire, le pouvoir spirituel n'est pas sorti de sa sphère, par exemple dans le cas où un acte serait abusif comme contraire aux canons reçus en France, le gouvernement peut le censurer, mais il ne peut en ordonner la suppression.

Nous citerons notamment parmi les écrits supprimés : une déclaration de l'archevêque de Paris protestant contre l'ordonnance du 14 août 1831, qui avait décidé la vente de l'ancien archevêché, propriété de l'Etat (1); un mémoire présenté au roi par l'évêque de Moulins et faisant opposition au nouveau mode d'administration des séminaires, arrêté par le ministre de l'instruction publique et des cultes (2); une réponse formée par plusieurs évêques sur les consultations qui leur avaient été demandées à l'occasion des élections (3); des instructions et lettres pastorales contenant des critiques contre les mesures prises par le gouvernement à l'égard des congrégations religieuses, ou contre la législation de l'enseignement (4); divers écrits pastoraux contenant une immixtion de l'autorité ecclésiastique dans des questions qui appartenaient à la puissance civile (5).

577. Le gouvernement aurait également le droit de supprimer les décisions par lesquelles des supérieurs ecclésiastiques porteraient atteinte aux droits que les lois concordataires garantissent à leurs inférieurs. Il en serait ainsi si un évêque révoquait sans les formes canoniques un curé ou un chanoine, qui sont inamovibles. Dans ce sens, un décret a annulé les actes par lesquels l'évêque de Moulins avait imposé à plusieurs curés de son diocèse une renonciation écrite au bénéfice de l'inamovibilité, et l'engagement de n'exercer aucun recours pour abus dans les cas où l'évêque les révoquerait ou les déplacerait pour des motifs graves (6).

578. Le gouvernement se borne à déclarer simplement l'abus, au contraire, dans le cas de mesures disciplinaires prises contre les membres du clergé en dehors des formes canoniques (7), ou dans le cas de refus de sacrements ayant le caractère d'injure pour les fidèles (8).

579. Plusieurs pétitions furent adressées au Sénat pour demander la substitution de diverses pénalités aux déclarations d'abus prononcées par le Conseil d'Etat, notamment en 1839 (9) et en 1865 (10). L'auteur de la pétition présentée en 1865 proposait de substituer aux déclarations d'abus les pénalités suivantes : Pour une première contravention, une réprimande écrite que le ministre des cultes adresserait aux délinquants et qui serait affichée aux portes des églises dans tous les diocèses. En cas de récidive, une suspension d'un mois à trois mois. Si la contravention se renouvelait une troisième

(1) Ord. 21 mars 1837.
(2) Ord. 6 mars 1835.
(3) D. 3 août 1863 (arch. de Cambrai et autres).
(4) D. 16 mai 1879 (arch. d'Aix); 28 avril 1883 (év. d'Annecy et autres.)
(5) Ord. 10 janvier 1824 (arch. de Toulouse); 30 mars 1861 (év. de Poitiers); 9 juin 1883 (év. de Langres); 12 février 1886 (év. de Pamiers); 16 mars 1886 (év. de Grenoble);
(6) D. 6 avril 1857.
(7) Ord. 19 février 1840 (Fournier).
(8) Ord. 30 décembre 1838. — « Louis-Philippe, etc. : — Considérant que le refus de sépulture catholique fait par l'autorité ecclésiastique au comte de Montlosier, dans les circonstances qui l'ont accompagné, et qui sont constatées par l'instruction, constitue un procédé qui a dégénéré en oppression et en scandale public, et, rentre dès lors dans les cas prévus par l'article 6 de la loi du 18 germinal an X; — Art. unique. Il y a abus dans le refus de sépulture catholique fait au comte de Montlosier... »
Ord. 11 janvier 1829 (Boyard).
(9) Moniteur, 20 juin 1839; 26 février 1840.
(10) Moniteur, 23 juin 1865.

fois, elle serait punie d'amende et d'une suspension dont le pétitionnaire ne fixait point le terme. L'ordre du jour proposé sur cette question a été adopté.

CHAPITRE IV.

DISPOSITIONS PÉNALES CONCERNANT LES MINISTRES DES CULTES.

580. La section III du titre I du livre III du Code pénal contient les dispositions pénales qui répriment les troubles apportés à l'ordre public par les ministres des cultes dans l'exercice de leur ministère. Ces faits constituent des crimes, des délits ou des contraventions selon la gravité de l'infraction et l'importance de la peine.

581. Les dispositions répressives du Code pénal s'appliquent-elles à tous les cultes ou, au contraire, doivent-elles être restreintes aux cultes reconnus? On décide généralement que ces dispositions ne s'appliquent qu'aux cultes reconnus. En effet, les ministres des cultes non reconnus ne sont au regard de la loi civile que de simples particuliers. Ils n'ont aucun des privilèges que la loi accorde aux ministres des cultes reconnus. Il serait injuste, par conséquent, de leur imposer des charges s'ils ne participent à aucun bénéfice. Les dispositions du Code pénal ne sont d'ailleurs que la conséquence de la protection que la loi accorde à l'exercice du culte. On fait remarquer, en outre, que ces dispositions forment, selon l'expression de M. de Cormenin « une sorte d'appendice au Concordat » et qu'elles ne concernent, par suite, que les ministres des cultes reconnus 1).

Mais les articles 291 et suivants du Code pénal peuvent être appliqués aux cultes non reconnus ou non autorisés comme aux cultes reconnus.

582. Le Code pénal divise en quatre classes les troubles apportés à l'ordre public par les ministres des cultes dans l'exercice de leur ministère.

SECTION Iʳᵉ. — Contraventions propres à compromettre l'état civil des personnes ;

SECTION IIᵉ. — Critiques, censures ou provocations dirigées contre l'autorité publique dans un discours pastoral prononcé publiquement ;

SECTION IIIᵉ. — Critiques, censures ou provocations dirigées contre l'autorité publique dans un écrit pastoral ;

SECTION IVᵉ. — Correspondance des ministres des cultes avec des cours ou puissances étrangères sur des matières de religion.

SECTION PREMIÈRE.

CONTRAVENTIONS PROPRES A COMPROMETTRE L'ÉTAT CIVIL DES PERSONNES.

583. Les articles 199 et 200 du Code pénal qui règlent cette matière sont ainsi conçus :

· Art. 199. « Tout ministre d'un culte, qui procédera aux cérémonies religieuses d'un mariage, sans qu'il lui ait été justifié d'un acte de mariage préalablement reçu par les officiers de l'état civil, sera, pour la première fois, puni d'une amende de 16 francs à 100 francs.

Art. 200. « En cas de nouvelles contraventions de l'espèce exprimée en l'article précédent, le ministre du culte qui les aura commises, sera puni, savoir :

« Pour la première récidive d'un emprisonnement de deux à cinq ans ;

« Et pour la seconde, de la détention. »

Les dispositions des articles 199 et 200 sont la sanction de

l'article 54 de la loi de germinal et des lois qui ne permettent aux ministres des cultes de ne donner la bénédiction nuptiale qu'à ceux qui justifieront en bonne et due forme avoir contracté mariage devant l'officier de l'état civil.

Les lois religieuses et plus spécialement les doctrines de l'Eglise catholique élevant le mariage à la dignité de sacrement, les nouvelles dispositions de notre législation moderne ont soulevé les plus vives critiques. L'une de ces critiques a été faite dans l'hypothèse où un prêtre est appelé au dernier moment auprès d'un mourant. Il y trouvera « une femme, des enfants, point d'époux ; » se refusera-t-il à célébrer, dans ce cas, le mariage religieux ? « Renverra-il la femme comme une étrangère ? ou bien permettra-t-il qu'elle continue à usurper auprès du moribond, jusque dans l'étreinte du dernier adieu, le rang et le rôle d'épouse légitime ? ou bien encore affrontera-t-il, coûte que coûte, les chances d'un mariage *in extremis* ? (1) »

Une autre critique a été formulée pour le cas où, après la célébration du mariage devant l'officier de l'état civil, l'un des conjoints, le mari par exemple, s'oppose à ce qu'il soit procédé à la bénédiction religieuse. La femme, légalement mariée, pourra-t-elle dans cette hypothèse se refuser à suivre son mari, ainsi que le lui prescrit la loi civile, en invoquant qu'à ses yeux le mariage civil non suivi de la bénédiction nuptiale n'est qu'un concubinage? « Après les paroles de l'officier de l'état civil, le mariage est tenu pour consacré, et si la jeune et timide vierge attend une autre sanction pour cet irrévocable changement de sa destinée... on pourra se rire impunément de ses scrupules... La promesse qu'on lui aurait faite de la conduire devant le prêtre restera sans valeur aux yeux de la loi, et l'époux parjure, même quand les derniers serments, pourra revendiquer les droits d'un hyménée qu'elle ne reconnaît pas (2). »

Un auteur, en présence de cette hypothèse a soutenu en se fondant sur l'article 180 du Code civil, que le mariage était en pareil cas annulable (3). Suivant d'autres, la femme aurait le droit de refuser à son mari la cohabitation et même de demander la séparation de corps ou le divorce pour injure grave (4). Suivant M. Batbie, il y aurait lieu simplement d'exiger que « devant l'officier de l'état civil, les conjoints déclarent s'ils entendent célébrer leur mariage religieusement ou non, sinon le mariage civil sera définitif ; si oui, la loi ne reconnaîtrait le mariage qu'autant qu'on justifierait de la célébration religieuse (5). »

Quel que puisse être le mérite relatif de ces objections, nous n'avons à examiner ici que les motifs qui ont inspiré au législateur les dispositions que nous avons reproduites. Le législateur a voulu faire du mariage un acte ressortissant exclusivement du pouvoir civil dans la crainte que les ministres du culte ne fissent des tentatives pour reprendre une partie des pouvoirs que la législation nouvelle leur enlevait en matière de mariage. Cette idée résulte de l'exposé des motifs de la loi. On y lit, en effet, que « les ministres qui procèdent aux cérémonies religieuses d'un mariage, sans qu'il leur ait été justifié de l'acte de mariage reçu par les officiers de l'état civil compromettent évidemment l'état civil des gens simples, d'autant plus disposés à confondre la bénédiction nuptiale avec l'acte constitutif du mariage que le droit d'imprimer au mariage le sceau de la loi était naguère dans les mains de ces ministres. » Les prescriptions des articles 199 et 200 peuvent donc être considérées comme nécessaires à l'organisation de la société moderne.

584. Aux termes des articles 199 et 200 du Code pénal,

---

(1) *Contra* MM. Chauveau et Hélie, *Théorie du Code pénal.*

---

(1) P. Daniel, *Le mariage chrétien et le Code Napoléon.*
(2) P. Sauzet, *Réflexions sur le mariage civil et le mariage religieux en France et en Italie.*
(3) Marcadé, *Explication du Code civil.*
(4) Duverger, *Études de législation,* observations sur le mémoire de M. Batbie, intitulé : *Révision du Code Napoléon ;* — Duvauton, t. II ; — Demolombe, t. IV ; — Montpellier, 4 mai 1847 ; — Angers, 29 janvier 1859 ; — Orléans, 10 juillet 1862 ; — Seine, 23 mars 1872 ; — Bruxelles, 17 juillet 1889.
(5) *Mémoire sur la révision du Code Napoléon.*

qui sont reproduits plus haut, la peine suit une gradation déterminée : le ministre du culte qui n'a omis qu'une seule fois d'exiger la justification du mariage civil, n'est passible que d'une amende de 16 à 100 francs, parce que le législateur a pensé qu'il pouvait y avoir dans cette omission une simple négligence mais non une intention coupable. En cas de récidive, la pénalité est plus sévère parce que le prêtre paraît vouloir résister à l'obligation que lui impose la loi civile. Aussi la première récidive est punie d'un emprisonnement de deux à cinq ans, et la deuxième récidive qui démontre un état de désobéissance permanente et de révolte contre la loi, devient un crime frappé de la peine de la détention.

585. Les articles 199 et 200 sont-ils applicables au seul fait de n'avoir pas exigé la justification du mariage civil, ou faut-il encore que le mariage n'ait pas eu lieu effectivement? On décide en général que pour l'application de ces articles il faut non seulement que le ministre du culte n'ait pas requis préalablement la justification du mariage civil mais encore que les parties n'aient pas été effectivement mariées par l'officier de l'état civil (1). Cette solution s'appuie sur l'intention du législateur qui n'a voulu punir la simple négligence du ministre du culte qu'à la condition que cette négligence ait pu être dommageable. Elle est conforme, en outre, aux travaux préparatoires. Le Conseil d'État, en effet, repoussa une tentative faite pour infliger au prêtre tantôt l'amende, tantôt l'emprisonnement, suivant que le mariage civil aurait ou n'aurait pas été définitivement célébré (2).

Par conséquent, on ne doit pas induire des termes de l'article 199 que le ministre qui aurait eu recours, pour s'assurer de l'existence du mariage civil, à un mode de justification autre que la représentation de l'acte lui-même, pourra être poursuivi et puni. C'est sous sa responsabilité qu'il accueillera des preuves équivalentes à la production de l'acte ; si sa conviction, prudemment ou imprudemment formée, n'a pas été démentie, si le mariage civil a réellement eu lieu, tout motif de poursuite et toute preuve à l'appui disparaissent. D'une part, nul préjudice n'est causé ; de l'autre, on ne peut lui imputer l'insuffisance de précautions que leur résultat justifie (3).

586. D'après un arrêt de la Cour de cassation belge, les articles 199 et 200 sont applicables même aux mariages célébrés en France par un ministre du culte entre étrangers appartenant à un pays où le mariage civil se confond avec le mariage religieux, alors même qu'il y aurait bonne foi du ministre du culte et des parties contractantes (4).

587. Il a été décidé qu'il ne peut être procédé en France au mariage de deux étrangers par un ministre du culte appartenant à la même nationalité que ces étrangers, si l'officier de l'état civil compétent n'a pas été préalablement appelé à recevoir le consentement des parties dans les formes prévues par la loi française. Le fait par un ministre du culte de célébrer une union dans ces conditions tomberait sous l'application de l'article 199 du Code pénal, dont les dispositions doivent être considérées comme d'ordre public, et sont applicables à tous ceux qui résident sur le territoire français sans distinction de nationalité (1).

588. Il a été jugé en Belgique, pays dont la législation est conforme sur ce point aux lois françaises, que lorsque le mariage civil existe, le ministre du culte peut, sans commettre aucun délit, procéder à la bénédiction nuptiale, bien que ce mariage soit atteint d'un vice qui le rend annulable (2).

Il est évident que la célébration d'un mariage par un ministre des cultes sans justification préalable du mariage civil n'a point pour effet de cimenter irrévocablement une union, à laquelle n'auraient point concouru les formes prescrites par le Code civil, car nulle validité ne peut en résulter ; mais si le législateur avait permis la célébration du mariage religieux sans justification préalable du mariage civil, il aurait servi les projets des personnes qui veulent satisfaire à tout prix une passion entravée par l'autorité paternelle et qu'un scrupule religieux arrête seul, il aurait pu laisser compromettre l'état de ces gens simples qui, trompés par un fourbe intéressé à spéculer sur leur ignorance, ou par le ministre du culte lui-même, aurait confondu la bénédiction nuptiale avec l'acte constitutif du mariage, et cru contracter un engagement valable (3).

589. Après l'examen des articles 199 et 200 du Code pénal, qui concernent les contraventions propres à compromettre l'état des personnes, nous croyons devoir placer l'exposé des règles qui ont pour but de faire respecter par les ministres des cultes les règlements qui ont trait aux inhumations.

On sait que l'autorité publique a seule le droit de surveiller et de prescrire tout ce qui concerne la *sépulture* proprement dite, c'est-à-dire le transport du corps ou convoi, le lieu et le mode de l'inhumation. Les ministres des cultes ne sont chargés

---

(1) MM. Chauveau et Hélie, *Théorie du Code pénal* ; — M. Blanche, *Études pratiques sur le Code pénal*.
(2) Locré, t. XXX, p. 188, séance du 29 août 1809.
(3) Dufour, *eod.*
(4) Cass. Belge, 19 janvier 1852. — « La Cour, — Attendu qu'on invoquerait en vain le statut personnel, puisqu'il ne s'agit pas ici de la capacité des personnes pour contracter mariage, mais des formes constitutives d'un acte régi par les lois belges pour les formalités qui le constituent, d'après la maxime *Locus regit actum* ; — Attendu, en effet, qu'indépendamment des statuts personnel et réel, il y en a une troisième espèce, ce sont ceux qui régissent la forme des actes, n'importe entre quelles personnes ils sont passés, et qu'il est de règle qu'on doit se conformer pour la forme des actes aux lois du lieu où on les passe ; — Attendu que si le mariage contracté devant le curé est valable dans les pays dont sont originaires ceux qui ont reçu la bénédiction nuptiale par le défendeur, c'est parce que dans ces pays les curés sont officiers de l'état civil, mais que l'étant pas en Belgique, la bénédiction nuptiale qu'ils pourraient donner en contravention à la loi belge ne pourraient procurer la légitimité aux enfants ; d'où il suit que le défendeur a compromis l'état civil des enfants qui pourront naître de l'union qu'il a bénie, et ainsi a contrevenu à l'esprit comme au texte de l'article 199 du Code pénal qui se trouve sous un paragraphe intitulé : *Des contraventions propres à compromettre l'état civil des personnes*; — Attendu que d'après l'article 1er du Code civil les lois ci-dessus citées ayant été publiées sont obligatoires pour tout le monde, et que spécialement comme lois d'ordre public et de police, l'article 3 du Code civil en nécessite l'application et exclut ainsi toute exception de bonne foi ; — Attendu qu'il résulte de ce qui précède que l'arrêt qui précède a expressément contrevenu à l'article 54 de la loi du 18 germinal an X, à l'article 199 du Code pénal, à l'article 16 de la constitution (belge) et aux articles 1er et 3 du Code civil ; casse, etc.

(1) Lettre du garde des sceaux, 24 avril 1879, au procureur général de Pau.
(2) Cass. 5 juillet 1880. — « La Cour, — Sur le moyen de cassation déduit de la violation des articles 16, § 2 de la constitution, 267 du Code pénal, 63, 146, 151, 152, 170, 178 du Code civil, en ce que l'arrêt attaqué renvoie des fins de la poursuite le défendeur, alors qu'il était justement inculpé d'avoir contrevenu aux deux premières dispositions précitées ; — Attendu qu'il est constaté par l'arrêt attaqué, et d'ailleurs non contesté, que, quelques jours avant de recevoir la bénédiction nuptiale, constituant le fait de la prévention mise à la charge du défendeur, Montaigu et Marie de Gelder avaient contracté mariage en Angleterre dans les formes usitées dans ce pays ; — Attendu que l'article 267 du Code pénal ne peut recevoir une interprétation extensive, et que, suivant son texte, en aucun cas, il n'y a lieu à son application si un mariage civil a été contracté et existe au moment du mariage religieux ; — Attendu, d'ailleurs, que les termes de cette disposition répondent exactement à la pensée qui l'a dictée ; qu'il appert des discussions dont elle a été l'objet, notamment, que le prêtre qui, avant la cérémonie religieuse, n'a pas exigé l'accomplissement des formalités légales, est à l'abri de poursuites si, à l'instant où la bénédiction nuptiale a été donnée, en réalité, les parties étaient unies civilement ; — Attendu que vainement l'on soutient qu'à elle seule, cette union est insuffisante si le mariage a été contracté à l'étranger dans les formes de la loi belge aient été observées, et spécialement en l'absence d'actes respectueux et sans qu'il ait été procédé aux publications prescrites par l'article 63 du Code civil ; que cette distinction ne trouve appui ni dans la lettre de la loi, ni dans aucun des documents législatifs qui s'y rapportent ; que pas plus que le mariage contracté à l'étranger, le mariage contracté en Belgique n'est nul de plein droit, à défaut desdites formalités ; que, nonobstant ces irrégularités, l'un et l'autre produisent effet aussi longtemps que la nullité n'a pas été judiciairement prononcée et disculpent, par conséquent, au même titre, aux yeux de la loi générale, le ministre du culte qui, dans cet état de faits, a procédé au mariage religieux ; — Attendu, enfin, que ce qui vient d'être dit au sujet de l'omission des publications s'applique également et avec plus de raison encore à la non légalisation des signatures de l'acte de mariage passé à l'étranger et au défaut de transcription de ce même acte sur les registres de l'état civil ; qu'en effet, ces formalités sont de simples mesures d'ordre, postérieures au mariage, et partant sans influence sur sa validité ; — Attendu qu'il suit de ce qui précède, qu'en reconnaissant l'inapplicabilité au défendeur des pénalités comminées par l'article 267 précité, l'arrêt attaqué donne à cet article une juste interprétation et ne contrevient à aucun des autres textes invoqués ;
Par ces motifs, rejette, etc. »
(3) Dufour, *Police des cultes*.

que des obsèques religieuses et ils doivent, avant d'y procéder, observer les prescriptions établies par le législateur.

À ce sujet, l'article 77 du Code civil dispose qu' « aucune inhumation ne sera faite sans une autorisation, sur papier libre et sans frais, de l'officier de l'état civil, qui ne pourra la délivrer qu'après s'être transporté auprès de la personne décédée, pour s'assurer du décès, et que vingt-quatre heures après le décès, hors les cas prévus par les règlements de police ».

Le décret du 4 thermidor an XIII défendit plus spécialement aux ministres des cultes de lever les corps et de les accompagner hors de l'enceinte des édifices consacrés aux cérémonies religieuses, avant qu'on ait justifié de l'autorisation donnée par l'officier de l'état civil (1).

590. L'article 358 du Code pénal sanctionne ces dispositions : « Ceux qui, porte cet article, sans l'autorisation préalable de l'officier public, dans le cas où elle est prescrite, auront fait inhumer un individu décédé, seront punis de six jours à deux mois d'emprisonnement, et d'une amende de seize francs à cinquante francs ; sans préjudice de la poursuite des crimes dont les auteurs de ce délit pourraient être prévenus dans cette circonstance. La même peine frappe ceux qui auront contrevenu, de quelque manière que ce soit, à la loi et aux règlements relatifs aux inhumations précipitées. »

L'article 358 ne visant pas spécialement les ecclésiastiques qui auraient procédé à une inhumation, sans s'être préalablement munis du permis délivré par l'officier de l'état civil, serait-il applicable au prêtre qui aurait procédé à une inhumation sans cette autorisation préalable ?

Dans le sens de la négative, la Cour de cassation a décidé, par arrêt du 27 janvier 1832 (2), que cet article n'était applicable qu'aux personnes ayant intérêt à l'inhumation, et ne pouvait pas être étendu aux curés, desservants et pasteurs, qui ne font que lever les corps et les accompagner hors des églises et des temples. Un jugement du tribunal correctionnel de Vienne, rendu le 3 septembre 1831, contre le sieur Mounier, prêtre desservant de la succursale de Thernay, l'avait condamné à six jours d'emprisonnement, à seize francs d'amende et aux dépens, pour avoir procédé, le 19 août de la même année, sans autorisation préalable de l'officier de l'état civil, à l'inhumation de Marie Darcher, morte la veille. Ce jugement fut infirmé, sur l'appel de Mounier, par la Cour de Grenoble, parce que le fait ne constituait ni crime, ni délit, ni contravention, et ne pouvait, par conséquent, donner lieu à aucune peine. Sur le pourvoi du ministère public, la Cour de cassation, contrairement aux conclusions de M. le procureur général Dupin, cassa cet arrêt (3).

Cet arrêt, tout en ne consacrant point l'impunité, comme celui de Grenoble, paraît méconnaître le texte et l'esprit de

la loi. On ne peut admettre que le ministre qui procède aux cérémonies de l'inhumation, en violant ouvertement les dispositions du décret du 4 thermidor et l'article 77 du Code civil, ne soit pas passible des mêmes peines que ceux pour lesquels et avec lesquels il agit. On ne peut dire qu'il ne saurait être rangé parmi ceux qui font inhumer, quand l'enlèvement du corps et le convoi ont lieu en sa présence, par ses ordres et avec le concours de ses subordonnés. On ne peut soutenir que ceux qui violent la loi peuvent demeurer impunis par cette raison qu'ils l'ont violée sans intérêt. La loi pénale ne doit pas être étendue au delà de ses termes, mais il est interdit aux juges de créer des exceptions et des distinctions qu'elle n'admet pas. Dans quel but, d'ailleurs, serait introduite une exception repoussée par les termes généraux de l'article 358? Dans le but d'épargner à ceux-là mêmes qui président à l'inhumation non autorisée la peine portée contre ceux qui ont requis leur ministère. Or, la loi ne peut assurer l'observation des règlements qu'en imprimant surtout sa défense aux ministres du culte, dont le concours est indispensable à défaut de celui de l'autorité municipale, qui n'ont aucun intérêt qui puisse les déterminer à braver à la fois la prohibition et la pénalité, dont le refus rendra la contravention presque impossible. N'est-ce pas là ce qu'elle a voulu ? N'est-il pas plus juste d'appliquer, dans les campagnes par exemple, l'article 358 aux curés qui ne peuvent ignorer les formalités dont l'inhumation doit être précédée, qu'aux cultivateurs qui ne les savent point ? Si ces derniers ne peuvent être censés ignorer la loi, et absous par ce motif, convient-il de séparer d'eux, comme moins coupables, celui qui s'est rendu volontairement et sciemment leur complice, par cela seul qu'il ne s'est pas fait justifier de l'autorisation préalable de l'officier public (1) ?

Il semble plus rationnel de décider que le ministre du culte, s'il ne s'est point fait représenter l'autorisation, régulièrement donnée d'ailleurs, ne sera point passible de peines pour ce seul défaut de précaution, mais que sa responsabilité, s'il a procédé à une inhumation non autorisée, le soumet à toutes les conséquences prévues par l'article 358 (2).

L'opinion que nous venons d'exprimer a été adoptée par la Cour de Montpellier, et formulée dans un arrêt contraire à la jurisprudence de la Cour de cassation. L'abbé M..., curé de la commune de Mas-Cabardès (Aude), avait procédé à l'inhumation de deux personnes décédées dans la commune sans que le permis d'inhumer eût été délivré par l'officier de l'état-civil. Cet ecclésiastique paraissait avoir agi ainsi, non par ignorance de son devoir, mais en raison de l'état d'hostilité existant entre lui et la municipalité du lieu. Après un jugement correctionnel du tribunal de Carcassonne, qui avait renvoyé le ministère public à se pourvoir devant le Conseil d'État pour obtenir l'autorisation de poursuivre, la Cour de Montpellier, rejetant le moyen d'incompétence et statuant sur le fond, a décidé que cet ecclésiastique en contrevenant aux dispositions du décret du 4 thermidor an XIII et de l'article 77 du Code civil, relatives aux inhumations, s'était rendu passible des peines portées par l'article 358 du Code pénal (3).

---

(1) D. 4 thermidor an XIII, article 1er. — « Il est défendu à tous maires adjoints et membres d'administrations municipales, de souffrir le transport, présentation, dépôt, inhumation des corps, ni l'ouverture des lieux de sépulture ; à toutes fabriques d'églises et de consistoires ou autres ayants droit de faire les fournitures requises pour les funérailles, de livrer lesdites fournitures ; à tous curés, desservants et pasteurs, d'aller lever aucun corps, ou de les accompagner hors des églises et temples, qu'il ne leur apparaisse de l'autorisation donnée par l'officier de l'état civil pour l'inhumation, à peine d'être renvoyés par-devant le juge de police. »

(2-3) Cass. 27 janvier 1832. — « La Cour, — Vu les articles 1er, décret du 4 thermidor an XIII, et 358 Code pénal ; — Attendu que le décret précité, qui prohibe à tous curés, desservants et pasteurs, d'aller lever aucun corps ou de les accompagner hors des églises et des temples, sans qu'il leur apparaisse de l'autorisation de l'officier de l'état civil, ne contient pas de sanction spéciale ; que cette sanction ne peut se trouver dans l'article 358 du Code pénal, qui prévoit des faits différents, et qui, ne parlant que de ceux qui ont fait inhumer un individu décédé, n'a eu en vue que ceux qui ont quelque intérêt à l'inhumation, et ne s'applique pas aux curés, desservants et pasteurs, qui ne font que lever les corps et les accompagner hors des églises et des temples ; que l'arrêt attaqué a donc justement interprété l'article 358 du Code pénal ; — Mais, attendu que le décret du 4 thermidor an XIII, relatif à la police des sépultures, rentre dans les pouvoirs donnés par la loi à l'autorité administrative, et, à défaut de sanction spéciale, la trouve dans les dispositions générales des articles 600 et 606 du Code de brumaire an IV, lesquels s'appliquent à toutes les contraventions de police qui ne sont pas textuellement punies par les lois pénales ;

Par ces motifs, — Casse et annule.

(1) Dufour, eod.

(2) Dufour, eod. — En sens contraire, MM. Faustin Hélie et Chauveau.

(3) C. de Montpellier, 12 juillet 1841. — « La Cour ; — Attendu en droit, que l'obligation de recourir au Conseil d'État à l'effet d'obtenir l'autorisation de traduire devant la justice répressive le curé M..., à raison des faits qui lui sont imputés, ne résultait pour le ministère public, ni de l'article 75 de la Constitution de l'an VIII, ni des articles 6, 7 et 8 de la loi du 18 germinal an X ; — Attendu, en effet, que l'article 75 de la Constitution de l'an VIII n'a eu pour but que de donner une garantie aux agents du gouvernement contre les poursuites auxquelles ils pourraient être exposés pour des faits relatifs à leurs fonctions ; — Attendu que les membres du clergé catholique ne sont pas des agents du gouvernement ; qu'ils ne sont, ni institués par lui, ni révocables à sa volonté ; qu'ils n'agissent point au nom du prince, ni ne sont, sous aucun rapport, les dépositaires de la puissance publique, que, dès lors, l'article 75 ci-dessus cité leur est étranger, et que, dans aucun cas, ils ne sauraient en invoquer le bénéfice ;

En ce qui concerne les articles 6, 7 et 8 de la loi du 18 germinal an X ; — Attendu que, suivant ces articles, le recours au Conseil d'État n'est prescrit que dans le cas d'abus ; — Attendu que, des termes comme de l'esprit qui a dicté les articles organiques de cette loi, il résulte que l'abus autorisant le recours au Conseil d'État ne peut s'entendre que

591. Il a été jugé également que l'ecclésiastique qui procède à l'enlèvement du corps d'une personne décédée, sans être pourvu de l'autorisation donnée par l'officier de l'état civil pour l'inhumation, autorisation qu'il avait préalablement demandée sans l'obtenir, doit être condamné aux peines édictées par l'article 471, n° 15, du Code pénal. Il ne peut être excusé sur le motif qu'il aurait demandé cette autorisation à plusieurs reprises, et qu'il n'aurait consenti à passer outre que sur l'assurance qu'elle lui serait remise au moment de la cérémonie funèbre (1).

592. Il a été décidé qu'il n'y avait pas lieu d'appliquer les dispositions de l'article 471, n° 15, du Code pénal au fait, par un ecclésiastique, d'avoir procédé à l'inhumation d'un individu dans une commune autre que celle du décès lorsqu'il n'y a pas eu opposition de la part du maire de la commune où l'inhumation a été faite et que le maire du lieu du décès avait autorisé l'inhumation (2).

593. En 1866 on demanda par voie de pétition qu'il fût défendu aux ecclésiastiques de baptiser aucun enfant nouveau-né sans la production d'une attestation constatant que cet enfant avait été présenté à l'officier de l'état civil. Cette demande, qui se fondait sur les prescriptions déjà admises par nos lois relativement aux mariages religieux et aux inhumations présidées par les ministres du culte, avait pour but de mettre l'autorité civile en mesure de constater les naissances, que l'on négligeait parfois de déclarer. Elle proposait de prononcer contre le ministre du culte, en cas de contra-

---

d'un excès de pouvoir, d'un acte abusif de la juridiction ecclésiastique; que les mots *appel comme d'abus*, employés dans le decret du 25 mars 1813 pour désigner les cas d'abus donnant lieu au recours devant le Conseil d'Etat, indiquent clairement que le fait constituant l'abus ne peut être qu'un acte de juridiction émanant d'un pouvoir qui a usé d'une manière abusive de son autorité et dont on appelle a un juge supérieur; que les délits communs ne sont pas évidemment compris dans la nomenclature des cas d'abus contenus en l'article 6 de la loi de l'an X; que l'on ne saurait admettre que le fait qui constituerait un délit, aux termes de la loi pénale ordinaire, s'il était commis par un citoyen laïque, ne fût, s'il émane d'un ecclésiastique, qu'un cas d'abus justiciable du Conseil d'Etat, et pouvant ne donner lieu qu'à une simple censure infligée en la forme administrative; — Attendu que, si l'article 8 de ladite loi porte que le Conseil d'Etat renverra, suivant l'exigence des cas, devant les autorités compétentes, il n'en faut pas conclure que pour tous les actes constituant un délit commun, il y aurait nécessité de recourir préalablement au Conseil d'Etat, qui renverra, s'il le juge convenable, devant les tribunaux compétents; qu'il résulte uniquement des expressions de l'article 8, dont on argumente que, si, dans la visite d'un procès relatif à un fait d'abus porté devant le Conseil d'Etat, il est découvert un fait qualifié crime, délit ou contravention, le Conseil se dessaisira, et renverra devant la juridiction ordinaire; qu'en supposant même que certains délits communs pussent être compris au nombre des cas d'abus énumérés dans l'article 8 ci-dessus, il ne faudrait pas en induire que les poursuites du ministère public sont soumises à l'autorisation préalable du Conseil d'Etat; qu'en effet, l'article 8 de ladite loi ne subordonne l'exercice de l'action publique à l'exercice du Conseil d'Etat que lorsque cette action est exercée par les préfets, auxquels la loi attribue droit d'action; que dans cet article il n'est pas même question des poursuites à exercer par le ministère public, qui a toujours le droit d'agir pour la poursuite et la répression de tous les faits de nature à troubler l'ordre social et prohibés par la loi; que les droits et les devoirs du ministère public résultent de la nature même de ses fonctions, et sont d'ailleurs textuellement écrits dans l'article 22 du Code d'instruction criminelle; que, pour porter atteinte au libre exercice de cette action, en la soumettant à l'autorité préalable du Conseil d'Etat, lorsqu'il s'agit d'un délit commum commis par un ecclésiastique, il faudrait une disposition expresse, que l'on ne trouve ni dans la loi de l'an X ni dans aucune autre loi; — Attendu, enfin, que si l'on se reporte à l'époque où la loi de l'an X fut promulguée, si l'on consulte l'esprit qui la dicta, on demeure convaincu que le législateur voulut bien moins accorder au pouvoir ecclésiastique une immunité qu'il pût opposer au Gouvernement lui-même, que prémunir le Gouvernement contre les excès et les abus d'autorité des membres du clergé; — Quant à l'évocation; — Attendu qu'aux termes des articles 202 du Code de brumaire an IV, 1er de la loi du 29 avril 1806, et 215 du Code d'instruction criminelle, lorsqu'un jugement est annulé pour des causes autres que l'incompétence à raison du lieu du délit ou de la résidence du prévenu, les juges d'appel doivent retenir l'affaire et statuer au fond; — Attendu que le jugement attaqué a décidé que le tribunal correctionnel de Carcassonne était, quant à présent incompétent à raison de la qualité du prévenu et de la nature particulière du fait à lui imputé; que cette décision constitue un mal jugé sur une exception d'incompétence, et que, dès lors, la Cour, en réformant le jugement qui lui est déféré, doit nécessairement retenir la connaissance de l'affaire au fond;

« En ce qui touche le fond; — Attendu qu'il résulte des faits et circonstances de la cause, et notamment des dires et déclarations du curé M... devant la Cour, que le prévenu a fait procéder dans le cimetière de la commune du Mas-Cabardès, les 18 et 31 janvier dernier, à l'inhumation: 1° d'Eulalie Noël, fille de Jacques Noël, brigadier de gendarmerie, et 2° de Charles Donnet, fils d'Antoine Donnet, tailleur d'habits, avant que l'officier de l'état civil eût accordé l'autorisation prescrite par l'article 77 du Code civil: — Attendu, au surplus, que déjà, dans des circonstances antérieures, le curé M... s'était rendu coupable de faits de même nature, et que ces contraventions diverses aux lois sur les inhumations ne peuvent être attribuées qu'au désir de perpétuer la lutte et l'hostilité qui existent entre le curé M... et l'autorité civile du Mas-Cabardès; — Quant à la pénalité; — Attendu que le décret du 4 thermidor an XIII fait défense aux curés d'aller lever aucun corps ou de les accompagner hors des églises, qu'il ne leur apparaisse d'une autorisation donnée par l'officier de l'état civil pour l'inhumation, sous peine d'être poursuivis comme contrevenants aux lois; — Attendu que la sanction de cette disposition, aussi bien que de celle de l'article 77 du Code civil, se trouve dans l'article 358 du Code pénal, qui punit de six jours à deux mois d'emprisonnement et d'une amende de seize à cinquante francs, ceux qui, sans l'autorisation préalable de l'officier de l'état civil, auront fait inhumer un individu décédé; que cet article, dans la généralité de ses termes, s'applique évidemment aux curés qui contreviennent aux dispositions du décret du 4 thermidor an XIII et à celles de l'article 77 du Code civil; — Attendu que vainement on objecterait que l'article 358 ci-dessus n'a eu en vue que ceux qui ont un intérêt quelconque à l'inhumation; car, d'un côté, la loi n'admet pas cette distinction, et, d'autre part, on pourrait légitimement soutenir que l'ecclésiastique accomplissant un acte salarié de ses fonctions, est intéressé à l'inhumation à laquelle il fait procéder, puisqu'il se trouverait privé du salaire auquel il a droit, s'il laissait effectuer l'inhumation illégale sans son concours et sa participation; qu'enfin, et dans l'espèce, l'état d'hostilité qui existe entre le curé M... et l'autorité civile de Mas-Cabardès explique assez et indépendamment de la question du salaire, le genre d'intérêt qui portait cet ecclésiastique à procéder ainsi qu'il l'a fait les 18 et 31 janvier dernier; que de tout ce qui précède il résulte que le curé M... s'est rendu coupable de deux actes qualifiés délits par l'article 358 du Code pénal;

. . . .

« Evoquant et statuant au fond, déclare le sieur Charles M.. coupable, mais avec des circonstances atténuantes, d'avoir fait inhumer les 18 et 31 janvier dernier, Eulalie Noël et Charles Donnet fils, sans que l'inhumation eût été préalablement autorisée par l'officier civil compétent; en réparation de quoi a condamné et condamne ledit sieur M... par corps, à la peine de vingt-cinq francs d'amende et à tous les frais. »

(1) Cass. 12 octobre 1850. — « La Cour, — Vu l'article 46, titre 1er de la loi des 19-22 juillet 1791; — Vu l'article 3, n° 5 du titre XI, de celle des 16-24 août 1790, qui charge l'administration publique de prévenir par les précautions convenables, les accidents et les fléaux calamiteux; — Vu l'article 1er du décret du 4 thermidor an XIII, relatif aux autorisations des officiers de l'etat civil pour les inhumations; — Vu l'article 471, n° 15, du Code pénal;

« Attendu que le décret susdaté défend à tous maires, adjoints et membres d'administrations municipales. de souffrir le transport, présentation, dépôt, inhumation des corps, ni l'ouverture des lieux de sépultures; — à toutes fabriques d'églises et consistoires, ou autres ayants droit de faire les fournitures requises pour les funérailles, de livrer lesdites fournitures; — à tous curés, desservants et pasteurs, d'aller lever aucun corps, ou de les accompagner hors des églises et temples, qu'il ne leur apparaisse de l'autorisation donnée par l'officier de l'état civil pour l'inhumation, à peine d'être poursuivis comme contrevenant aux lois; — Que cette défense a été légalement faite par le pouvoir exécutif, puisqu'elle rentre dans l'attribution qu'il tient du numéro 5 de l'article 3, titre XI, de la loi du 16-24 août 1790; qu'elle a, en effet, pour objet d'établir des mesures de précautions dans le but de prévenir les inhumations précipitées; — Qu'il est constant, dans l'espèce, que l'abbé Pringault, vicaire du curé de Briouze, a procédé à l'enterrement du corps d'une femme decédée, sans être pourvu de l'autorisation exigée par le decret précité; — Qu'il a dès lors encouru les peines édictées par l'article 471, n° 15, du Code pénal; — Qu'en refusant néanmoins de lui en faire l'application par le motif, d'une part, qu'il avait demandé cette autorisation à plusieurs reprises; qu'il ne passa outre que sur votre assurance qu'on était allé la réclamer, et qu'elle lui serait remise au moment où le cortège arrive ait à l'église; et, d'autre part, que son intention n'a pas été de contrevenir au règlement concernant la police des sépultures, le jugement dénoncé a commis un excès de pouvoir et une violation expresse de ce règlement, ainsi que des autres dispositions ci-dessus visées; — Casse et annule....»

(2) Cass., ch. crim.. 11 juillet 1885. — « La Cour, — Ouï, M. le conseiller Chauffour, en son rapport, et M. l'avocat général Rousselier, en ses conclusions;

« Sur le moyen pris de ce que le prévenu aurait procédé à l'inhumation de la veuve Cambon dans le cimetière de Bagat, sans qu'il lui ait été produit un permis d'inhumer délivré par le maire de cette commune; — Attendu que le jugement attaqué constate, souverainement en fait: 1° que le maire de Montcuq, lieu du décès de la veuve Cambon, avait autorisé son inhumation; 2° qu'aucun arrêté de ce maire n'a enjoint l'inhumation dans le cimetière de Montcuq; 3° que cette inhumation a eu lieu dans le cimetière de Bagat, commune voisine, sans protestation de la part du maire de cette dernière commune; — Attendu qu'aucun procès-verbal n'a été dressé, que ces faits ne sont pas contraires aux énonciations de la citation donnée au prévenu; qu'ils ne constituent aucune infraction à la loi pénale; qu'en décidant le contraire et en faisant application au prévenu des dispositions de l'article 471, § 15 du Code pénal, le juge de police a violé les dispositions de cet article et faussement appliqué le décret du 4 thermidor an XIII;

Par ces motifs, — Et sans qu'il y ait lieu de statuer sur les autres moyens indiqués, — Casse et annule, sans renvoi, le jugement rendu par le juge de police du canton de Montcuq, le 7 février 1885; — Ordonne...»

vention, les mêmes peines que celles édictées par les articles 199 et 200 du Code pénal. La pétition fut repoussée.

Le rapporteur, M. Amédée Thierry, proposa le rejet de la pétition pour les motifs suivants : « Le pétitionnaire, disait-il, se trompe dans l'assimilation qu'il établit entre l'administration du baptême et la célébration du mariage religieux ou les funérailles des défunts. Ces trois actes religieux sont d'une nature différente dans les rapports de l'Eglise avec l'Etat. Dans les deux derniers, l'action ecclésiastique se lie à une action civile déterminée par la loi ; dans le premier cas, elle y est isolée. Le mariage, chez nous, est un acte de droit civil ; et ses effets civils dépendent de l'accomplissement de certaines formalités sans lesquelles il serait nul et que la loi place sous la responsabilité de l'officier public : Quand la religion vient donner à l'union des deux conjoints une signification plus élevée et leur imposer des devoirs qui s'adressent à la conscience et ont pour sanction la religion elle-même, elle ne crée pas le mariage, elle le sanctionne ; et la loi a pris ses précautions pour que cette distinction ne soit point méconnue. Il en est de même en cas d'inhumation ; c'est à l'autorité civile qu'incombe le devoir de veiller à la constatation des décès par les moyens qu'elle a sous sa main ; et la responsabilité d'une inhumation précipitée pèserait tout entière sur l'officier public qui n'aurait pas rempli son devoir. Il est donc nécessaire, avant que l'Eglise accorde les dernières prières au défunt, la dernière consolation à la famille, qu'il soit constaté légalement qu'aucune erreur funeste n'est à redouter. Mais l'Etat n'a rien à voir dans l'administration du baptême, qui ne se lie à aucune responsabilité civile. L'Etat exige, dans l'intérêt de la société, que les naissances soient déclarées sous certaines formes pour assurer l'état civil des enfants et la situation des familles. Son droit s'arrête là, comme son action. Il appartient ensuite aux familles de décider de la destinée religieuse des enfants. Mais s'immiscer dans l'acte du prêtre qui initie un enfant à la vie chrétienne; l'obliger à des justifications préalables qui n'ont qu'un but d'exactitude administrative : lui dicter jusqu'à la formule de l'acte de baptême ou de l'avis donné à l'autorité civile et le frapper de pénalité en cas de contravention, ce serait sortir des limites légitimes du pouvoir civil et transformer le prêtre en un auxiliaire de la police administrative. »

SECTION II.

CRITIQUES, CENSURES OU PROVOCATIONS DIRIGÉES CONTRE L'AUTORITÉ PUBLIQUE, DANS UN DISCOURS PASTORAL PRONONCÉ PUBLIQUEMENT.

594. Les articles 201 à 203 du Code pénal qui règlent cette matière sont ainsi conçus :

Art. 201. Les ministres des cultes qui prononceront, dans l'exercice de leur ministère, et en assemblée publique, un discours contenant la critique ou censure du gouvernement, d'une loi, d'une ordonnance royale ou de tout autre acte de l'autorité publique, seront punis d'un emprisonnement de trois mois à deux ans.

Art. 202. Si le discours contient une provocation directe à la désobéissance aux lois ou autres actes de l'autorité publique, ou s'il tend à soulever ou armer une partie des citoyens contre les autres, le ministre du culte qui l'aura prononcé sera puni d'un emprisonnement de deux à cinq ans, si la provocation n'a été suivie d'aucun effet ; et du bannissement si elle a donné lieu à la désobéissance autre toutefois que celle qui aurait dégénéré en sédition ou révolte.

Art. 203. Lorsque la provocation aura été suivie d'une sédition ou révolte dont la nature donnera lieu contre l'un ou plusieurs des coupables à une peine plus forte que celle du bannissement, cette peine, quelle qu'elle soit, sera appliquée au ministre coupable de la provocation.

595. Deux conditions sont nécessaires pour que les dispositions des articles 201 à 203 du Code pénal soient applicables. Il faut que le discours ait été prononcé par le ministre

du culte dans l'exercice de ses fonctions et en assemblée publique.

Si l'une ou l'autre de ces conditions manquait, les paroles répréhensibles échapperaient à l'application des articles précités.

596. La peine varie suivant que le ministre du culte s'est borné à une simple critique des actes du gouvernement, ou qu'il a directement provoqué à la désobéissance ou à la rébellion, et que ses provocations ont été ou non suivies d'effet.

S'il s'agit d'une critique simple, soit directe soit indirecte, la peine est de trois mois à deux ans d'emprisonnement.

S'il y a provocation *directe* à la désobéissance aux lois, ou excitation même indirecte à la guerre civile, la peine est de deux à cinq ans d'emprisonnement, si ces tentatives n'ont produit aucun effet.

Si la provocation, tout en étant suivie d'effet, n'a entraîné ni sédition ni révolte, la peine est celle du bannissement.

Si le discours a été la cause d'une sédition ou d'une révolte, la peine contre le ministre du culte est la même que celle qui sera prononcée contre les coupables de révolte ou de sédition.

Une circulaire a rappelé que les dispositions des articles 201 à 203 du Code pénal n'ont rien perdu de leur autorité (1).

597. Les tribunaux ont eu à se prononcer, par application de l'article 201 du Code pénal, sur la critique faite en chaire par un ministre du culte de la loi du 28 mars 1882 sur l'instruction obligatoire.

Dans la première espèce, le tribunal a acquitté le prévenu.

Dans la seconde espèce, il a été fait application de l'article 201 au ministre du culte, mais avec admission de circonstances atténuantes (2).

_____

(1) C. Just., 9 novembre 1881.
(2) Trib. corr. de la Roche-sur-Yon, 30 novembre 1882. — « Le tribunal, — Attendu que l'abbé Rousseau est traduit devant le tribunal comme prévenu d'avoir, le 15 août 1882, en l'église de Saint-Denis la Chevasse, prononcé dans l'exercice de son ministère, en chaire et dans une assemblée publique, un discours contenant : 1° la critique ou censure du gouvernement, d'une loi ou de tout autre acte de l'autorité; 2° une provocation directe à la désobéissance aux lois ou autres actes de l'autorité publique ; — Attendu que, d'après la prévention, l'abbé Rousseau après avoir lu au prône de la messe paroissiale la lettre-circulaire de Mgr l'évêque de Luçon sur la fréquentation des écoles primaires, aurait dit, en commentant ladite lettre, que les écoles du Gouvernement, les écoles officielles, étaient des écoles sans mœurs; qu'il aurait défendu aux parents, sous peine de refus des sacrements, d'y envoyer leurs enfants et les aurait invités à résister à la loi, à subir l'amende et la prison plutôt que d'y obéir; qu'il convient de rechercher si cette critique de la loi et cette provocation directe à sa désobéissance ont été réellement formulées par le prévenu ; — Attendu que lorsqu'il s'agit de délits de la nature de ceux qui sont soumis à l'examen du tribunal, pour lesquels il n'existe ni corps de délits ni pièce de conviction et dont l'appréciation ne peut résulter que de témoignages rapportant souvent après un long intervalle, sur la foi de souvenirs fugitifs, des paroles isolées que chacun a retenues suivant son degré d'intelligence, ses connaissances spéciales, les dispositions particulières de son esprit, et en leur donnant même avec la plus entière bonne foi le sens qu'il y attachait, d'après ses impressions personnelles, sans se préoccuper de l'idée qu'a exprimée ou voulu exprimer l'orateur, il importe que l'ensemble des témoignages vienne apporter aux juges, dans le faisceau au moins à peu près unanime, la certitude absolue qui seule peut servir de base à une condamnation ; — Attendu, dans l'espèce, que presque tous les témoins sont d'accord sur les paroles prononcées par l'abbé Rousseau; qu'il résulte de la déposition des huit témoins à décharge et de trois des six témoins à charge, que le prévenu, en faisant de la lettre pastorale un commentaire que l'entraînement de sa parole pouvait rendre plein de péril, a fait entre les écoles neutres établies par la loi sur l'instruction primaire et les écoles hostiles ou impies une distinction qui n'était que la reproduction des instructions dont il venait de donner lecture; qu'il a dit, avec l'auteur de la lettre, que l'Eglise tolérait les écoles neutres et qu'on pouvait y envoyer ses enfants; qu'il a prévenu ses auditeurs contre le danger qui pouvait se produire pour eux dans le cas où ces écoles, cessant d'être neutres, deviendraient hostiles ou impies, ce qui n'était pas le cas à Saint-Denis, et qu'il les a engagés, si cette transformation se produisait, c'est-à-dire si l'école, cessant d'être neutre, devenait hostile ou impie, à résister, à ne pas envoyer, sous peine de se voir refuser les sacrements, leurs enfants dans de pareilles écoles; qu'il leur a dit, ainsi qu'il le reconnaît lui-même, de se laisser plutôt alors condamner à la prison; ... que, dans tous les cas, on ne saurait raisonnablement admettre que ce prêtre, qui ne s'opposait pas, avec son évêque, à l'envoi des enfants dans les écoles officielles, dans les écoles neutres, suivant la double expression de l'auteur de la lettre pastorale, ait songé à qualifier ces écoles d'écoles sans mœurs et à admettre en même temps, ainsi qu'il l'a fait, que les parents pouvaient envoyer leurs enfants dans

SECTION III.

CRITIQUES, CENSURES OU PROVOCATIONS DIRIGÉES CONTRE L'AUTORITÉ
PUBLIQUE DANS UN ÉCRIT PASTORAL.

598. Les articles 204 à 206 du Code pénal qui règlent cette matière sont ainsi conçus :

Art 204. Tout écrit contenant des instructions pastorales, en quelque forme que ce soit, et dans lequel un ministre du culte se sera ingéré de critiquer ou censurer soit le gouvernement, soit tout acte de l'autorité publique, emportera la peine du bannissement contre le ministre qui l'aura publié.

Art. 205. Si l'écrit mentionné en l'article précédent contient une provocation directe à la désobéissance aux lois ou autres actes de l'autorité publique, ou s'il tend à soulever ou armer une partie des citoyens contre les autres, le ministre qui l'aura publié sera puni de la détention.

Art. 206. Lorsque la provocation contenue dans l'écrit pastoral aura été suivie d'une sédition ou révolte dont la nature donnera lieu contre l'un ou plusieurs des coupables à une peine plus forte que celle de la déportation, cette peine, quelle qu'elle soit, sera appliquée au ministre coupable de la provocation.

599. Les peines applicables aux critiques, censures ou provocations dirigées contre l'autorité publique dans un écrit pastoral, sont plus élevées que celles qui atteignent les mêmes délits commis verbalement, parce que le caractère de criminalité que présentent les écrits est généralement plus grave. L'attaque contenue dans un écrit est le résultat d'une certaine méditation, tandis que les paroles peuvent être la conséquence d'un moment d'entraînement ou d'exaltation. Enfin, les paroles ne laissent à ceux qui les ont entendues que des souvenirs plus ou moins fugitifs, les écrits restent, au contraire, et peuvent avoir une plus grande influence.

600. L'infraction que punit ici le législateur résulte d'un écrit, mais non pas de toute espèce d'écrits. La loi a distingué les censures ou provocations contenues dans un discours public d'avec celles faites dans des instructions pastorales, et

elle ne s'est occupée que de ces dernières qui, à cause de leur caractère élevé et de leur haute autorité, présentent plus de danger. « L'article 204 ne peut avoir été rédigé, malgré ses termes généraux, que contre les évêques, puisque ces prélats seuls ont le droit de publier des instructions pastorales, et c'est là, sans doute, l'une des sources de l'élévation des peines édictées par cet article, parce que ces membres du haut clergé, plus éclairés et plus puissants, se rendent plus coupables quand ils publient, dans l'exercice de leur ministère, des écrits hostiles au gouvernement (1). »

601. L'instruction pastorale doit-elle, pour être punissable, avoir été effectivement publiée ? « Le Code, dit un auteur (2), ne parle en aucune manière de la circonstance de la publicité, et il n'exige même pas comme condition constitutive du délit, ainsi que l'a fait la loi de 1819, les divers caractères de publicité restreinte dont elle parle. Ce n'est pas sans doute la pensée écrite que le législateur de 1810 a voulu atteindre. C'est ainsi qu'un écrit pastoral sorti volontairement des mains de son auteur pour être distribué ou seulement communiqué, fût-ce clandestinement. Il est même à remarquer que, dans ce dernier cas, la conduite du ministre des cultes est plus suspecte et plus répréhensible que s'il avait agi au grand jour. Ce n'est donc pas comme tentative de l'infraction que la distribution ou la communication clandestines doivent être punies, ainsi que Carnot paraît le croire : c'est comme infraction consommée. »

602. La peine varie suivant que le délit présente plus ou moins de gravité.

Si l'instruction pastorale ne contient que la critique ou la censure des actes du gouvernement, la peine est celle du bannissement (3).

Si l'écrit contient une provocation directe à la désobéissance aux lois ou autres actes de l'autorité publique, ou s'il tend à soulever ou à armer une partie des citoyens contre les autres, la peine est celle de la détention (4).

Enfin, si la provocation a été suivie d'une sédition ou d'une révolte, la peine sera la même que celle applicable aux auteurs de la sédition ou de la révolte (5).

603. La sévérité du Code pénal envers les ministres des cultes qui, soit par paroles, soit par écrits, critiquent, censurent ou adressent des provocations à l'autorité publique, a soulevé de vives critiques.

Cependant la nécessité de réprimer les attaques dirigées verbalement par les ministres du culte contre les actes de l'autorité s'était déjà fait sentir sous l'ancien régime. Bien avant 1789, en 1561, un édit de juillet, et, en 1595, un édit de Henri IV du 22 septembre, déféraient aux juridictions royales les prédicateurs « se servant de paroles scandaleuses et qui tendaient à émouvoir le peuple ». L'édit de 1595 prononçait le bannissement perpétuel contre les ecclésiastiques coupables de ce délit et faisait précéder cette peine d'une affreuse mutilation (6). L'article 3 de la loi du 7 vendémiaire an IV contenait également des peines sévères contre le ministre du culte qui, « soit par des discours, soit par des écrits, provoquait le rétablissement de la royauté, l'anéantissement de la République et la désertion, ou qui exhortait à la trahison ou à la rébellion envers le gouvernement ». Enfin, en présentant au Corps législatif les dispositions relatives aux attaques dirigées contre le gouvernement par les ministres des cultes, l'orateur du gouvernement s'exprimait ainsi : « Le projet de loi s'occupe, dans un chapitre particulier, des

---

ces écoles qu'il aurait ainsi flétries ; — D'où il suit qu'on ne saurait davantage retenir ce second chef de la prévention ;

Par ces motifs, renvoie l'abbé Rousseau de la poursuite sans dépens.

Trib. corr., Marseille, 20 novembre 1882. — « Le tribunal, — Attendu que Caillol Louis-François, curé de la paroisse de Château-Gombert, est renvoyé devant le tribunal de Marseille par ordonnance du magistrat instructeur sous la double prévention d'avoir, le 9 avril dernier, dans l'exercice de son ministère et en assemblée publique, prononcé un discours contenant : 1° la critique ou la censure du Gouvernement ou d'une loi ; 2° une provocation directe à la désobéissance aux lois et autres actes de l'autorité publique ; — Attendu que, pour décider si cette double prévention est justifiée, il faut examiner les diverses dépositions qui se sont produites tant dans l'instruction qu'à l'audience ; — Attendu que, de ces contradictions de témoignages, une doute qui doit profiter au prévenu, et, par conséquent, faire écarter des débats le deuxième chef de prévention beaucoup plus grave que le premier ; — Attendu, quant à ce premier chef, que de l'ensemble des témoignages résulte de l'aveu du prévenu lui-même, il résulte que le curé de Château-Gombert a tout au moins parlé de la nouvelle loi sur l'enseignement pour la critiquer et la blâmer ; qu'il a ainsi outrepassé son droit et contrevenu aux dispositions de l'article 201 du Code pénal, qui a voulu interdire aux ministres des cultes de prononcer, dans l'exercice de leur ministère et en assemblée publique, des discours contenant la critique ou la censure du Gouvernement, d'une loi ou de tout autre acte de l'autorité publique ; — Attendu qu'il y a, dans la cause, des circonstances atténuantes en faveur du prévenu, dont les explications ont été pleines de franchise et de loyauté ; — Attendu que lorsqu'un délit n'est frappé que de la peine de l'emprisonnement, le juge, en cas d'admission de circonstances atténuantes, a la faculté de substituer l'amende à l'emprisonnement, mais que, dans ce cas, il ne lui est pas permis de dépasser les limites du minimum de l'amende correctionnelle en l'absence d'un maximum ; que le minimum est de seize francs ;

Par ces motifs, acquitte Caillol, curé de Château-Gombert, du chef de prévention d'avoir provoqué directement à la désobéissance aux lois et actes de l'autorité publique ; — Mais le déclare suffisamment prévenu d'avoir, le 9 avril 1883, dans l'église paroissiale dont il est le desservant, prononcé en assemblée publique un discours contenant la critique ou la censure du Gouvernement d'une loi, délit prévu et puni par l'article 201 du Code pénal, en réparation, vu cet article et l'article 463 du même Code, le condamne à seize francs d'amende et aux frais du procès. »

(1) D. 30 mars 1861, rapport de M. Suin.
(2) M. Chassan, *Traité des délits et contraventions de la parole, de l'écriture et de la presse.* — Cf. MM. Chauveau et F. Hélie.
(3) Art. 204.
(4) Art. 205.
(5) Art. 206.
(6) « Défendons très expressément aux ecclésiastiques qui sont passionnés et entremis de ce qui concerne notre autorité, les affaires et administration et police de notre royaume, et qui ont voulu et veulent induire et provoquer nos sujets à sédition et révolte, par leurs prédications, confessions auriculaires, ni autrement en quelque façon que ce soit..., de se mettre en chaire, sous peine d'avoir la langue percée, sans aucune grâce et miséricorde, et bannis de notre royaume à perpétuité. »

troubles qui seraient apportés à l'ordre public par les ministres des cultes dans l'exercice de leur ministère. Cette matière est grave sans doute; et autant la société doit de reconnaissance et d'égards à des pasteurs vénérables dont les discours et l'exemple sont un constant hommage à la religion, aux mœurs et aux lois, autant elle doit s'armer contre ces hommes fanatiques ou séditieux qui, au nom du ciel, voudraient troubler la terre, et n'invoqueraient l'autorité spirituelle que pour avilir ou entraver l'autorité des lois et du gouvernement. »

Pour critiquer sur ce point le Code pénal, on a prétendu notamment que la rigueur des dispositions, qui ont été précédemment exposées, avait eu pour cause unique la scission qui, en 1810, avait éclaté entre le souverain pontife et l'empereur. Cette critique paraît peu fondée si l'on remarque que le Code pénal, quoique discuté au Conseil d'Etat en 1809 et promulgué en 1810, avait été préparé depuis plusieurs années et arrêté dans la rédaction de ses articles, alors que la meilleure intelligence régnait entre le Saint-Siège et Napoléon Ier.

604. La question de l'abrogation des articles 201 à 208 du Code pénal fut soulevée en 1861 devant le Sénat dans les circonstances suivantes :

Le 7 avril 1861, le garde des sceaux adressa une circulaire aux procureurs généraux pour les inviter à déférer à la juridiction compétente les critiques des actes du gouvernement faites par divers membres du clergé catholique. Cette circulaire contenait notamment les passages suivants : « ..... Les uns (les membres du clergé catholique), oubliant que la mission du prêtre est de veiller à l'instruction religieuse des fidèles, se livrent à la critique des actes du gouvernement et s'efforcent d'appeler sur la politique de l'empereur la défiance ou la réprobation; les autres, cédant à l'entraînement d'un zèle aveugle, prennent à partie la personne même du souverain, et sous un voile plus ou moins transparent, cherchent à l'accabler d'outrages; d'autres encore, exploitant la faiblesse d'esprit et la crédulité, se plaisent à troubler les consciences par l'annonce de malheurs imaginaires. De tels abus sont prévus par les lois. (La circulaire reproduit ici les art. 201 et 204 du Code pénal.) « ..... Si ces dispositions, dont les circonstances présentes montrent la sage prévoyance, sont restées sans application, c'est que jusqu'en ces derniers temps l'attitude du clergé a été généralement respectueuse et réservée; c'est aussi que le gouvernement, dans son indulgence, a mieux aimé tolérer des écarts isolés que de poursuivre devant les tribunaux, au détriment peut-être de la religion elle-même, des prêtres imprudents. Mais elles n'ont rien perdu de leur autorité, et le gouvernement manquerait à son devoir s'il n'employait contre l'hostilité systématique dirigée contre lui, les armes que la loi lui remet pour maintenir la paix et le bon ordre. ..... Il est temps que la légalité reprenne son empire. »

A la suite de cette circulaire, qui produisit une vive émotion dans le clergé, une pétition fut présentée au Sénat pour demander l'abrogation des articles 201 à 208 du Code pénal. Le pétitionnaire soutenait que ces articles étaient abrogés, et qu'ils étaient contraires aux principes de l'égalité civile et de la liberté religieuse. Il voulait que les ministres du culte qui auraient censuré, censuré, soit en chaire, soit dans leurs instructions pastorales, le gouvernement, les lois, les décrets et tous les actes de l'autorité publique, ne fussent passibles que des peines infligées pour ces mêmes délits aux simples particuliers.

« Il semblait naturel, disait le cardinal Mathieu (1), que l'Eglise jugeât ses clercs comme les magistrats jugent leurs pairs, comme la justice militaire s'occupe des officiers et des soldats. » La pétition fut repoussée parce que l'abrogation des articles cités aurait eu pour conséquence de convertir les chaires en tribunes publiques, et le rapporteur (2) ajoutait : « Les premiers adversaires de ce système d'égalité absolue

(1) *Moniteur* du 1er juin 1861, p. 783 et 784.
(2) *Moniteur* du 30 mai 1861, p. 768.

en matière pénale, sont les ministres des cultes eux-mêmes. Qu'arrive-t-il toutes les fois qu'on veut intenter contre eux des poursuites pour des délits relatifs à l'exercice de leur ministère? Ils se retranchent derrière un privilège; ils opposent la nécessité de l'autorisation préalable du Conseil d'Etat, aux termes de la loi du 10 germinal an X, et la Cour de cassation leur donne gain de cause. Cette Cour a déclaré par de nombreux arrêts que ces délits pouvant constituer des cas d'abus, ne doivent être déférés aux tribunaux de justice répressive, qu'à la suite d'un recours au Conseil d'Etat et du renvoi par ce Conseil à l'autorité compétente. Que faut-il en conclure, si ce n'est que les ministres des cultes ont pour les actes de leur ministère des garanties spéciales? Il n'y a donc point lieu de s'étonner que la loi, en défendant de les assimiler pour les poursuites aux simples particuliers, fasse peser sur eux une responsabilité plus grave pour les délits dont ils se rendent coupables dans l'exercice de leurs fonctions. Cette loi ne viole point les principes de l'égalité civile et de la liberté religieuse. Elle se conforme, au contraire, à cette règle de droit commun qui proportionne les garanties et les peines aux devoirs que la situation des accusés leur impose, et au préjudice que leurs délits font éprouver à la société. Telle est la règle qui, chez toutes les nations civilisées, préside à l'administration de la justice criminelle, et qui sert de base à notre législation. De là vient que des juridictions ou des pénalités exceptionnelles existent pour les ministres des cultes, les magistrats, les militaires de terre et de mer, et pour tous les fonctionnaires publics, depuis les ministres jusqu'aux gardes champêtres. Les ministres des cultes ont seuls l'auguste prérogative d'expliquer aux peuples les grandes vérités de la religion. Tant qu'ils se renferment dans leur domaine, ils ne doivent compte de leurs paroles et de leurs écrits qu'à leurs supérieurs ecclésiastiques. Le gouvernement n'est placé près d'eux que pour mieux assurer leur indépendance. Mais, dans ces églises, dans ces temples où ils parlent au nom de Dieu sans avoir aucun contradicteur, il ne leur est point permis de mêler les intérêts du ciel aux intérêts de la terre, et d'attaquer, contrairement aux préceptes de leur divin Maître, l'autorité publique qui les protège. Si on levait cette interdiction, si les pieux enseignements de l'Evangile pouvaient s'allier aux ardentes discussions de la politique, n'est-il pas évident qu'il en résulterait un mal immense et pour la société et pour la religion elle-même? »

SECTION IV.

CORRESPONDANCE DES MINISTRES DES CULTES AVEC DES COURS OU PUISSANCES ÉTRANGÈRES, SUR DES MATIÈRES DE RELIGION.

605. Les articles 207 à 208 du Code pénal qui règlent cette matière sont ainsi conçus :

Art. 207. Tout ministre d'un culte qui aura, sur des questions ou matières religieuses, entretenu une correspondance avec une cour ou puissance étrangère, sans en avoir préalablement informé le ministre chargé de la surveillance des cultes et sans avoir obtenu son autorisation, sera, pour ce seul fait, puni d'une amende de 100 francs à 500 francs, et d'un emprisonnement d'un mois à deux ans.

Art. 208. Si la correspondance mentionnée en l'article précédent a été accompagnée ou suivie d'autres faits contraires aux dispositions formelles d'une loi ou d'une ordonnance du roi, le coupable sera puni du bannissement, à moins que la peine résultant de la nature de ces faits ne soit plus forte, auquel cas cette peine plus forte sera seule appliquée.

Les dispositions des articles 207 et 208 ont été ainsi justifiées par l'orateur du gouvernement : « Cette disposition, d'une haute importance, ne saurait alarmer que les artisans de trouble et les hommes, s'il en est encore, assez insensés pour croire ou assez audacieux pour dire que l'Etat est dans l'Eglise et non l'Eglise dans l'Etat. Il ne s'agit pas, au reste, de rompre les rapports légitimes d'aucun culte avec des chefs même étrangers, il n'est question que de les connaître, et ce droit du gouvernement, fondé sur le besoin de maintenir la tranquillité publique, impose aux ministres des cultes des devoirs que rempliront avec empressement tous ceux dont les cœurs sont purs et les vues honnêtes. Si cette obligation gêne les autres, son utilité n'en sera que mieux démontrée. »

606. La disposition de l'article 207, en exigeant l'autorisation du gouvernement pour toute correspondance avec une cour ou puissance étrangère, rendait difficiles et souvent délicates les relations entre les ministres du culte catholique et le pape, lorsque ces correspondances étaient relatives notamment à des affaires de particuliers, qui, sollicitant des dispenses, ne voulaient pas en faire connaître les motifs secrets au gouvernement.

Aussi cet article a paru ne pouvoir être appliqué en présence du décret du 28 février 1810 qui dispense les brefs de la pénitencerie, pour le for intérieur seulement, de la vérification et de l'autorisation exigées par l'article 1er de la loi organique pour toutes les expéditions de la cour de Rome. Le décret de 1810, promulgué le 28 février, est, en effet, postérieur à l'article 207 qui a été promulgué le 26 février. Il semble donc qu'il a abrogé sur ce point, au moins tacitement, l'article 207. En outre, ce décret s'appliquant aux expéditions de la cour de Rome, concernant le for intérieur, c'est-à-dire aux réponses faites aux demandes de dispenses que vise l'article 207, il paraît légitime de conclure qu'il y avait également liberté de correspondance pour les demandes de dispense.

Ces dispositions n'ont jamais été appliquées et assurément ne le seront jamais, ainsi que le dit M. Blanche (1).

Déjà, par un décret du 28 février 1810, l'empereur avait dispensé les brefs de la pénitencerie, pour le for intérieur seulement, de la vérification et de l'autorisation exigée par l'article 1er de la loi organique pour toutes les expéditions de Rome. On décida, par suite, que l'article 207 ne s'appliquait plus à la correspondance des évêques avec le pape en matière purement spirituelle. « Nous devons faire observer, dit Mgr Affre, que l'usage général de tous les diocèses de France est que les évêques correspondent librement avec le souverain Pontife, soit pour le consulter sur des actes de conscience, soit pour obtenir des induits ou des dispenses particulières en faveur des individus qui désirent contracter mariage dans les degrés prohibés par les lois canoniques. Cette correspondance n'est point soumise, comme le prescrit l'article 207, à l'autorisation du ministre ; cela s'est pratiqué ainsi depuis le Concordat de 1801.

607. Mais le Code pénal ayant prescrit qu'aucune supplique ne pourrait être transmise au souverain Pontife que par la voie du ministre des cultes, on a cru que plusieurs personnes avaient la plus grande répugnance à employer cette voie, craignant qu'il ne fût donné une publicité indiscrète aux motifs qui les faisaient recourir à Rome, une exception dut être faite pour les brefs de la pénitencerie ; mais l'usage a étendu cette faculté au delà des limites accordées par le décret de 1810. Aujourd'hui on s'adresse au souverain Pontife, sans avoir besoin d'autorisation, pour tous les cas qui n'intéressent que l'administration des paroisses et des diocèses (2). »

608. On s'est demandé si les articles 207 et 208 étaient applicables au cas de relations verbales entretenues soit par des intermédiaires, soit par des voyages hors du royaume.

En faveur de la négative, on invoque le mot de correspondance dont se sert l'article 207 et qui semble exiger un écrit. On ajoute qu'en matière pénale il faut restreindre et non étendre les dispositions de la loi.

En faveur de l'affirmative, on fait remarquer que si les articles 207 et 208 ne s'appliquaient pas aux cas de relations verbales, ce serait permettre aux ministres du culte de tourner les dispositions de la loi. De plus, les lois concordataires imposent aux ministres des cultes l'obligation de résider

dans leurs sièges respectifs et de n'en sortir qu'avec une autorisation spéciale. Il y aurait lieu, par suite, de distinguer si l'autorisation de s'absenter avait été ou non accordée. Dans le premier cas, tout se sera passé régulièrement ; dans le second cas, si le voyage a été entrepris sans autorisation ou malgré le refus de cette autorisation, la loi aura été violée (1).

TITRE VI

CULTE CATHOLIQUE.

CHAPITRE PREMIER.

CONCORDAT.

SECTION PREMIÈRE.

NATURE DES CONCORDATS

609. Les concordats ne sont pas des traités diplomatiques proprement dits. Les règles du droit international leur sont applicables, il est vrai, et, par suite, les concordats rentrent dans le domaine du droit international public. Mais ils ne constituent pas des conventions diplomatiques ordinaires.

Dans ces sortes de traités, en effet, l'un des contractants, l'Église n'est pas une puissance temporelle. Son chef intervient non pas comme souverain en réalité, mais principalement comme chef spirituel de l'Église catholique. Il convient toutefois de remarquer que, lors de la conclusion du concordat de 1801 on a pris en considération la qualité de souverain temporel et l'indépendance qui en résultait pour le Saint-Siège. Car « un pareil traité et de tels rapports ne sauraient subsister entre l'État d'une part et un pape de l'autre, si ce pape devient soit le sujet d'un prince étranger, soit une espèce d'apôtre émigrant de territoire en territoire (2). » Il résulte de cette situation spéciale du chef de l'Église, envisagée comme partie contractante dans une convention diplomatique que les concordats présentent un caractère ambigu et difficile à définir. Mais l'objet de l'accord qui intervient entre la puissance séculière et le pouvoir spirituel porte incontestablement sur une question de droit public. C'est à ce titre qu'il est admis que les concordats sont du domaine du droit international.

Tout en suivant en général la plupart des règles en usage pour les autres traités, les concordats sont soumis à des dispositions particulières. C'est ainsi que l'on reconnaît que ces conventions n'ont force obligatoire pour les contractants que lorsque les divers pouvoirs publics de l'État les ont sanctionnées et promulguées dans la forme ordinaire des lois. Cette règle a été appliquée en France pour le Concordat de 1801 qui a été successivement approuvé par le Corps législatif et le Tribunat, puis promulgué par la loi du 18 germinal an X.

610. On a soutenu que les concordats n'étaient pas des contrats synallagmatiques liant également les deux parties contractantes. Suivant M. de Bonald notamment (3), ces conventions ne sont des concessions émanées du Pape seul, qui obligent l'État vis-à-vis de l'Église mais qui n'obligent l'Église que si elle y trouve son intérêt et pour le temps qu'il lui plaît.

A l'appui de cette opinion on fait remarquer que les concordats ne sont pas des contrats ordinaires.

Un contrat, en effet, est l'accord des volontés de deux ou plusieurs personnes capables de s'obliger sur un objet sus-

---

(1) Blanche, t. IV, n° 18.
(2) Traité de l'administration des paroisses.

(1) Carnot, sur l'article 207.
(2) Prévost-Paradol, La France nouvelle.
(3) Deux questions sur le concordat de 1801.

ceptible de faire la matière d'une obligation. La capacité de s'obliger doit exister chez chacune des parties contractantes, parce qu'il est nécessaire que la même juridiction soit compétente *ratione personæ* pour juger, le cas échéant, leurs différends. L'objet de la convention doit pouvoir faire la matière d'une obligation pour que la même juridiction soit compétente *ratione materiæ.*

Or, le concordat ne réunit aucune de ces conditions. Quelles sont, en effet, au point de vue des personnes, les parties contractantes? D'une part, nous voyons le Pape agissant en qualité de chef de l'Eglise. Le pouvoir qu'il exerce n'est pas un ensemble de privilèges accordés à la personne des successeurs de saint Pierre, mais une mission qui l'astreint à veiller aux intérêts du peuple de fidèles, dont Dieu lui a confié la direction. Il est responsable devant Dieu des actes qu'il a pu commettre dans l'administration spirituelle des fidèles. Cette responsabilité suppose nécessairement sa pleine indépendance. Il s'ensuit que le concordat ne peut lier le Pape. Si l'on décidait autrement, le Pape perdrait toute sa liberté; il n'aurait plus la faculté de reprendre, quand le bien de l'Eglise le lui ordonnerait, les concessions qu'il aurait faites à une partie de l'Eglise. Si le concordat était un contrat synallagmatique imposant au souverain Pontife l'obligation de le respecter tant que l'autre partie l'exigerait, ce serait refuser au chef de l'Eglise le pouvoir de reprendre la direction des choses spirituelles placées sous le régime de cette convention. La puissance spirituelle pourrait donc aliéner une partie de ses pouvoirs. Lui reconnaître ce droit ce serait ruiner la constitution même de l'Eglise.

En outre, disent les canonistes, le Pape est dans l'administration de l'Eglise législateur absolu ; tous les princes sont ses sujets. La suprématie du pouvoir spirituel sur les pouvoirs civils, du Pape sur les chefs des Etats s'explique par la nature de la mission de l'Eglise. A la différence de l'Etat qui se propose le bien de l'individu et de la société civile, l'Eglise conduit l'homme vers la fin céleste ou le salut éternel. Le chef de l'Eglise ne peut, en raison même de la charge qui lui est confiée, respecter la loi civile qu'autant qu'elle ne porte pas entrave au but pour lequel est créée l'Eglise. C'est au Pape seul qu'il appartient de décider de la valeur intrinsèque de la loi civile. Il en résulte qu'on ne saurait prétendre que dans les matières spirituelles, comme les concordats, le pape et les princes soient également indépendants. Si, en effet, les princes sont indépendants dans les matières temporelles, ils ne sont que des sujets du Pape, qui les maître absolu dans les matières spirituelles, et cela en vertu des pouvoirs qu'il a reçus de Dieu et non du peuple. Il est évident, par suite, que le souverain Pontife peut, sans le consentement du sujet, modifier la loi. Si le pouvoir civil pouvait, en cette matière, porter la plus légère atteinte aux règles de l'Eglise, ces règles n'existeraient plus.

D'un autre côté, on fait au point de vue de la matière qui constitue l'objet du concordat un raisonnement analogue. Il ne peut être question, dit-on, d'acquérir ou d'aliéner des choses spirituelles. On ne saurait davantage transiger à leur sujet. Les droits de l'Eglise et les devoirs de la société civile ne peuvent être l'objet d'actes de cette nature. Le Pape n'est que le dépositaire de l'autorité dont il est revêtu, il n'en est pas propriétaire, il ne peut, par conséquent, en aliéner aucune partie. Il ne peut modifier ni la nature ni l'étendue de son pouvoir, à la différence du chef d'une société civile, qui peut aliéner tout ou partie de ses droits ou de sa souveraineté.

Il résulterait de ces différents arguments que le chef de l'Eglise seul stipule dans le concordat, puisqu'il s'agit de choses qui dépendent entièrement de sa juridiction. Dès lors, il n'est pas lié par cette convention d'une nature toute spéciale. C'est une concession qu'il peut retirer sans que le souverain temporel ait le droit de se prétendre affranchi des obligations auxquelles il s'était soumis. Par conséquent, le Pape serait libre de ne pas observer les concessions faites et acceptées par lui dans le concordat, sans que de son côté l'Etat puisse se prétendre libéré de ses obligations.

Cette théorie du concordat, qui ne se fonde que sur des considérations exclusivement théologiques, a trouvé dans l'Eglise même des contradicteurs. On a démontré que les concordats avaient pour objet en général des points de discipline ecclésiastique : la détermination des fêtes obligatoires, le choix des évêques, le nombre des évêchés, leur étendue, etc. Ils règlent donc l'Eglise au point de vue temporel plutôt qu'au point de vue spirituel. De plus, on a reconnu qu'en raison de la forme dont ils sont revêtus et, par suite, des obligations qu'ils imposent aux deux parties contractantes, on doit les considérer comme de véritables contrats bilatéraux (1). Les jurisconsultes les plus favorables aux droits de l'Etat reconnaissent également que les concordats sont des contrats synallagmatiques (2).

Les canonistes qui se rangent à cette opinion reconnaissent au fond une certaine égalité entre le Pape et les souverains. Ils ne se croient pas fondés à soutenir que le Pape et les souverains temporels, lorsqu'ils traitent des intérêts religieux, sont simplement dans les rapports mutuels de roi à sujet, de seigneur à vassal. « Le prince, disent-ils, agit comme souverain temporel, et, à ce titre, il a un pouvoir indépendant de l'autorité pontificale ; pourvu qu'il respecte le droit naturel et divin, il n'a rien à démêler avec le Pape. S'il entre en négociations avec lui, c'est dans le but de pourvoir comme souverain à l'ordre et à la tranquillité publiques, de garantir en la même qualité les droits des catholiques qui sont dans ses Etats et de concerter les moyens propres à assurer la bonne entente entre les deux pouvoirs et les deux sociétés. »

611. Le Saint-Siège n'a pas formellement déclaré adopter la première de ces opinions. Mais il a fait connaître indirectement qu'il l'approuvait en condamnant comme une erreur la proposition de l'article 43 du *Syllabus* qui déclarait que le puissance séculière le pouvoir « de casser, de déclarer et faire nulles les conventions solennelles connues sous le nom de concordats, conclues avec le Pape, par rapport à l'usage des droits appartenant à l'immunité ecclésiastique, sans le consentement du Pontife romain, et malgré ses réclamations.» Il a manifesté plus ouvertement sa tendance en déclarant dans un bref adressé à M. de Bonald, à l'occasion de son ouvrage : *Deux questions sur le Concordat*, que « son savoir avait habilement fait ressortir le caractère naturel et spécial de ces sortes de pactes » (3).

Cependant, quand la question s'est présentée directement, la cour de Rome a dû reconnaître le caractère synallagmatique des concordats. Pie VII leur reconnaissait ce caractère dans sa correspondance avec Napoléon à la suite de la loi de l'an X (4). Pie IX, à propos du concordat de Bade, violé sans le consentement du Saint-Siège, disait que cette convention avait été abrogée sans le consentement des parties contractantes, au mépris des règles de toute justice (5). La dénonciation du concordat autrichien (6) a soulevé de la part de Rome une protestation semblable. Enfin, un évêque français, Mgr Turinas, a écrit à M. de Bonald que sa thèse lui paraissait fausse, erronée, outrageante pour la papauté, funeste dans ses conséquences. « Placez sur le trône de France, dit cet auteur, Charlemagne et saint Louis, tels que l'histoire nous les fait connaître, et j'affirme que ces grands princes ne feraient pas un concordat dans de pareilles conditions (7). »

612. D'après une autre opinion qui est la contre-partie de celle de M. de Bonald, il n'y a dans le concordat qu'une seule partie qui soit libre, le pouvoir civil, l'Etat. L'Eglise ne constitue pas une puissance indépendante, mais une simple association soumise comme telle aux règles que les gouvernements veulent lui imposer. Par suite, lorsque le chef de

(1) Philippe de Angélis, professeur à Bologne, lettre dans le *Bien public* de Gand, n° du 26 mars 1872; chanoine Moullart, *l'Eglise et l'Etat,* Louvain, 1879.
(2) M. de Chabaud-Latour, dans le rapport d'une proposition de loi concernant les diocèses de la Savoie et de la Haute Savoie.
(3) Bref du 19 juin 1871.
(4) Lettre du cardinal Caprara à M. de Talleyrand, 18 août 1803.
(5) 17 décembre 1859.
(6) 30 juillet 1870.
(7) 20 octobre 1881.

cette association intervient dans un traité avec un souverain, il n'y a pas égalité entre les deux contractants. L'État conserve seul son indépendance, car il ne peut aliéner ni sa souveraineté ni les droits qui en découlent et qui sont des choses inaliénables. « Dans nos idées actuelles, écrit M. de Laveleye, l'État ne peut accorder d'une représentant d'une opinion religieuse ni au souverain d'un pays étranger, le droit de nommer des fonctionnaires publics, de régler les actes civils des citoyens, de gouverner ses écoles. Un contrat de ce genre serait nul de soi, comme contraire à l'ordre public.... Un État ne peut pas plus concéder à n'importe qui le droit de régler ses affaires intérieures qu'un homme ne peut s'engager à ne pas suivre les commandements de sa conscience. Quiconque stipule de pareilles conditions prouve seulement par là qu'il n'a pas une notion claire de ce qui est licite... La nation redevenue libre jugera dans sa pleine souveraineté quels sont ceux de ces prétendus engagements qu'il lui conviendra de respecter ou de rompre » (1). Il résulte de cette théorie que si l'État estime que ses intérêts ne sont plus sauvegardés, ou veut, pour toute autre raison, rompre l'accord, il en est libre, il n'a qu'à *dénoncer le traité*. On peut donc définir ainsi cette expression : le droit qu'a l'État de notifier à l'autre partie son refus d'observer plus longtemps les règles de la convention.

SECTION II.

PROMULGATION DU CONCORDAT ET DES ARTICLES ORGANIQUES.

613. Le Concordat, conclu le 26 messidor an IX (15 juillet 1801) entre le pape Pie VII et le général Bonaparte, premier consul à cette époque, avait pour but le rétablissement officiel du culte catholique en France. Le 6 fructidor, le cardinal Caprara fut envoyé en France en qualité de légat *a latere* (2). Le 18 des calendes de septembre, correspondant au 19 fructidor an IX, une bulle du souverain Pontife ratifia le Concordat (3), et le 23 du même mois, les ratifications furent échangées à Paris.

Le 29 septembre 1801, un bref donna au cardinal-légat le pouvoir d'instituer de nouveaux évêques (4). Le 3 décembre de la même année, une seconde bulle du Pape régla la circonscription des diocèses (5). Enfin, un indult du 9 avril 1802, signé par le cardinal Caprara au nom du Pape, réduisit les jours fériés, conservés en France, aux dimanches et aux fêtes de la Nativité, de l'Ascension, de l'Assomption et de la Toussaint (6).

Le concordat fut promulgué la même année par la loi du 18 germinal an X (8 avril 1802). La publication légale et l'insertion au *Bulletin des Lois* n'eut lieu que le 28 du même mois. Le bref, les bulles et l'indult ont été autorisés par les décrets du 29 germinal an X, insérés également au *Bulletin des Lois*.

La réception du Concordat en France présenta de grandes difficultés. « Il fallut renouveler le Tribunat, renouveler le Corps législatif, et, devant le Tribunat renouvelé, devant le Corps législatif renouvelé, ce fut une grande tâche de faire accepter le Concordat. Le Concordat ne fut accepté qu'à la condition des articles organiques, condition essentielle, inhérente, indivisible, parce que les articles organiques contenaient les anciennes maximes de l'Église française, et en rattachant l'Église française à l'Église de Rome on voulait l'y rattacher aux conditions faites par Bossuet (7). »

La loi du 18 germinal an X comprend donc accessoirement, sous le nom d'articles organiques de la convention du 29 messidor an IX, une série de soixante-dix-sept dispositions réglant en France l'exercice du culte catholique et disposées à réglementer l'application des principes posés par le concordat. Ces articles organisent, dans les rapports de l'Église avec l'État, la police extérieure exercée par la puissance temporelle sur l'administration ecclésiastique et sur la pratique religieuse. Ils forment le code de la police des cultes. Cette surveillance administrative sur tous les actes qui peuvent se produire extérieurement au sein d'une nation dirigée par un gouvernement régulier est l'une des prérogatives de la souveraineté qui a été reconnue par les plus anciennes traditions du passé, tant par les rois de France que par l'Église nationale.

614. On a formulé les plus vives critiques contre les articles organiques ajoutés au Concordat. On leur a reproché d'être l'œuvre de la puissance civile seule, de n'avoir jamais été concertés avec le souverain Pontife et d'avoir été introduits par fraude dans la loi. On a contesté leur légalité en disant qu'ils n'avaient servi qu'à consacrer les empiétements de l'État sur le domaine de la religion ; qu'en effet, ces articles n'ont pas seulement pour objet des mesures d'administration temporelle du culte en France, mais qu'ils ont réglé le culte lui-même et qu'à ce point de vue ils ont été jusqu'à modifier ou restreindre la liberté assurée à l'Église par les articles 1er, 2, 3, 10, 11 et 14 du Concordat. « Il nous importe peu, écrivait le cardinal de Bonald (1), que ces articles aient été publiés en même temps que le Concordat de 1801 ; la question n'est pas là ; il s'agit de savoir si la puissance civile avait le droit de régler des points de discipline que l'Église avait laissés à la décision de l'autorité ecclésiastique ; Il faut demander si le premier consul et le Sénat avaient reçu le pouvoir d'ôter et d'attribuer la juridiction ecclésiastique ; il faut examiner si l'autorité civile pouvait changer par une loi la discipline générale de l'Église et faire passer la juridiction spirituelle dans les mains des agents du gouvernement. On nous donne ces articles organiques comme la charte du clergé ; on exige qu'on les reçoive avec respect, qu'on les vénère presque à l'égal des conciles généraux. La loi de germinal an X ne fait, dit-on, qu'organiser les moyens d'exécution du Concordat. On serait tenté de croire que ceux qui défendent ainsi cet acte législatif ou ne l'ont pas lu, ou n'ont aucune connaissance des lois de l'Église. »

Dans une autre opinion, les articles organiques auraient été d'abord accueillis favorablement. « On les dénonce, dit un auteur, comme une entreprise contre laquelle le Saint-Siège a protesté. L'histoire prouve que Rome ne témoigna d'abord que de la joie. Le jour même où le concordat était promulgué avec la loi organique, le 18 germinal an X, pour consacrer sans délai la nouvelle alliance, un arrêté des consuls autorisait le cardinal Caprara, envoyé en France avec le titre de légat *a latere*, à exercer ses fonctions. » Le lendemain il était reçu par le premier consul et ne trouvait d'expressions que pour des actions de grâces. « Je viens, lui disait-il, au milieu d'une « grande et belliqueuse nation, au bonheur de laquelle vous « allez mettre le comble en lui rendant le libre exercice de la « religion catholique... Le même bras qui gagna des batailles, « qui signa la paix avec toutes les nations, redonne de la « splendeur au temple du vrai Dieu, relève ses autels et raf-« fermit son culte... Interprète fidèle des sentiments du sou-« verain Pontife, le premier et le plus doux de mes devoirs « est de vous exprimer ses tendres sentiments pour vous et « son amour pour tous les Français. » Aussitôt après, le cardinal Caprara prononce et signe le serment dont la formule avait été convenue et par lequel il s'engage à respecter les libertés et privilèges de l'Église gallicane (2). »

Sans doute les articles organiques confèrent à l'État, indépendamment de la surveillance qui lui appartient, sur les manifestations extérieures du culte, un droit d'intervenir dans la discipline de l'Église. Mais ce résultat est la conséquence naturelle de la protection que l'État accorde à l'Église. Tout

(1) *Revue des Deux Mondes*, 1er juin 1869.
(2) B., L., 176, n° 1374.
(3) B., L., 218, n° 1994.
(4) B., L., 218, n° 1995.
(5) B., L., 218, n° 1996.
(6) B., L., 218, n° 1997.
(7) Thiers, Chambre des députés, séance du 2 mai 1844.

(1) Mandement de 1845.
(2) Rapport fait au Conseil d'État par M. Vivien, sur le recours comme d'abus dirigé par le gouvernement contre le mandement de M. le cardinal de Bonald, du 21 novembre 1844 (*Moniteur* du 28 mars 1845, p. 727 et suiv.).

culte protégé est un culte gouverné où les questions de foi prennent facilement le caractère de questions de police. Les règles consacrées par les articles organiques ne sont que des applications de ce principe général. C'est ainsi que le gouvernement exige une autorisation pour la réunion des conciles et synodes (1), pour l'ouverture d'une chapelle ou de tout autre lieu de réunions pieuses (2), qu'il prohibe les cérémonies extérieures du culte catholique dans les villes où il y a des temples destinés à différents cultes (3).

D'ailleurs pour résumer la question de la légalité des articles organiques, on peut dire qu'ils sont conformes à la lettre et à l'esprit de la loi de l'an X. L'article 16 de cette loi porte, en effet, que le Saint-Siège « reconnaît dans le premier consul de la République française les mêmes droits et prérogatives dont jouissait près d'elle l'ancien gouvernement. » Or, les droits de la monarchie française vis-à-vis de la cour de Rome consacraient l'ingérence de l'Etat dans les affaires de l'Eglise. Les articles organiques n'ont donc fait que réglementer des usages que le Concordat avait déjà reconnu comme existant. La papauté semble elle-même avoir fini par accepter les articles organiques, puisque le pape Pie VII, à l'occasion du sacre de Napoléon, consentit à recevoir le serment prêté par le chef de l'Etat « de maintenir l'intégrité du territoire de la République et de faire respecter la liberté des cultes et les lois organiques du Concordat. » Les lois du concordat ont donc, suivant les paroles de M. Thiers, la force d'un serment par lequel Rome est engagée comme la France (4).

Mais les articles organiques devinrent l'objet des plaintes de la cour de Rome. Le souverain Pontife dit, dans un consistoire secret du 24 mai 1803, « qu'il s'était aperçu qu'à la suite du Concordat on avait publié des articles qui ne lui étaient pas connus; qu'il ne pouvait se dispenser de faire parvenir au gouvernement français ses réclamations et qu'il se flattait que ces articles seraient sans sa participation seraient changés et modifiés (5). » En effet, peu de temps après, le 18 août 1803, le cardinal Caprara, accrédité comme légat, adressa à M. de Talleyrand, ministre des relations extérieures, la fameuse réclamation du Saint-Siège contre les articles organiques (2).

615. En 1804, les difficultés soulevées par les articles organiques recommencèrent. A l'occasion du sacre et du couronnement de Napoléon Ier comme empereur des Français, le cardinal-légat Caprara informa M. de Talleyrand que l'un des plus grands obstacles qui s'opposaient au voyage du pape en France pour cette cérémonie était « le serment que Sa Majesté impériale devait prêter le jour de son couronnement », parce que « ce serment ne renfermait pas seulement le Concordat, mais encore ce qu'on appelle les lois du Concordat », que cette expression paraissait « comprendre dans son étendue très indéterminée les lois dites organiques, dont plusieurs articles ne peuvent s'accorder avec les principes et les maximes de l'Eglise. » M. de Talleyrand répondit : « Le serment n'est nullement susceptible de l'interprétation qu'on veut lui donner. Les lois du Concordat sont essentiellement le Concordat lui-même. Cet acte est le résultat de la volonté deux puissances contractantes. Les lois organiques, au contraire, ne sont que le mode d'exécution adopté par l'une de ces deux puissances. Le mode est susceptible de changement et d'amélioration, suivant les circonstances. On ne peut donc, sans injustice, confondre indistinctement l'une et l'autre dans les mêmes expressions. Ces mots, lois du Concordat, ne supposent nullement une cumulation du Concordat et des lois organiques. Ils sont consacrés par l'usage des deux cours française et romaine. Léon X (titre IV) appelait le premier concordat français : lois convenues entre la France et le Saint-Siège, leges concordatas. Telles étaient aussi les expressions dont se servait François Ier dans son édit d'acceptation et de promulgation (6). »

(1) Art. 4.
(2) Art. 44.
(3) Art. 45.
(4) Discours à la Chambre des députés, Moniteur du 3 mai 1845.
(5) Allocution du pape Pie VII dans le consistoire secret du 24 mai 1803, Filon, Du pouvoir spirituel dans ses rapports avec l'Etat.
(6) 18 juillet 1804.

Quelques-unes des critiques adressées aux articles organiques ont été reconnues fondées. C'est ainsi qu'en 1810 par le décret du 28 février Napoléon limita l'article 1er et supprima la nécessité de l'autorisation du gouvernement pour la publication des brefs de la Pénitencerie relatifs au for intérieur. Par le même décret il n'exigea plus pour la prêtrise un revenu annuel de 300 fr. ni l'âge de vingt-cinq ans, prescrits par l'article 26 organique. Il continue les pouvoirs des vicaires généraux pendant la vacance du siège épiscopal au lieu de confier au métropolitain la jouissance du diocèse, ainsi que l'exigeait l'article 36 organique. Enfin, la loi du 2 janvier 1817 efface la prohibition de l'article 73 qui défendait d'attacher des immeubles à des titres ecclésiastiques. D'autres articles paraissent tombés en désuétude. Aucun gouvernement, par exemple, n'a exigé l'enseignement de la Déclaration de 1682 (1), l'unité du catéchisme et de la liturgie (2), l'examen des évêques par des examinateurs désignés par le ministre des cultes (3).

Il ne résulte pas des changements apportés à quelques-unes des dispositions des articles organiques que les attaques dont ils ont été l'objet soient absolument fondées. Ces articles n'introduisent pas un droit nouveau, comme le dit Portalis. Ils ne sont, ainsi que nous l'avons vu précédemment, qu'une nouvelle sanction des antiques maximes de l'Eglise gallicane.

CHAPITRE II.

ORGANISATION DU CULTE CATHOLIQUE.

SECTION PREMIÈRE.

SOURCES. — LOIS CIVILES ET DROIT CANONIQUE.

616. Le culte catholique n'est pas seulement autorisé ; il est protégé, et à ce titre, il a reçu de l'Etat son organisation, comme nous l'avons dit plus haut.

Les règles qui président à l'organisation de ce culte ne sont pas seulement inscrites dans la loi du 18 germinal an X et les textes émanés ultérieurement de l'autorité civile : elles se trouvent aussi dans le droit canonique reçu en France. Le législateur de la loi organique n'a pas voulu donner à l'Eglise une organisation toute nouvelle ; il a laissé subsister les prescriptions du droit canonique, et il s'est borné à régler les diverses questions qui touchaient aux rapports nécessaires de l'Eglise et de l'Etat. « S'il appartient aux lois, disait le rapporteur de la loi organique, d'admettre ou de rejeter les divers cultes, les divers cultes ont par eux-mêmes une existence qu'ils ne peuvent tenir des lois et dont l'origine n'est pas réputée prendre sa source dans les volontés humaines. La liberté des cultes est le bienfait de la loi ; mais la nature, l'enseignement et la discipline de chaque culte sont des faits qui ne s'établissent pas par la loi et qui ont leur sanctuaire dans le retranchement impénétrable de la liberté du cœur (4). »

Le droit canonique contenant avec la loi organique l'ensemble des règles qui régissent le culte catholique en France, il est important de connaître ses sources avant d'entrer dans l'exposé de l'organisation.

617. L'ancien et le nouveau Testament sont l'une des principales sources du droit canonique.

« Le lecteur sera peut-être surpris, écrit M. Viollet, d'entendre dire que l'ancien Testament et surtout le nouveau Testament ont inspiré le droit canonique ; il n'aperçoit pas du premier coup quelles règles de droit peut contenir la vie du Sauveur. Je me crois donc obligé de donner ici quelques exemples :

(1) Art. 24.
(2) Art. 39.
(3) Art. 17.
(4) Portalis, Discours et rapports.

« Une règle de procédure a dominé toute la matière des témoignages et des enquêtes pendant tout le moyen âge et jusqu'aux temps modernes : je veux parler de cette règle : *Testis unus, testis nullus*. En d'autres termes, pour prouver un fait par le témoignage, il faut au moins le concours de deux témoins.

« Eh bien ! cette règle dérive incontestablement de l'Évangile, elle est formulée dans saint Jean et dans saint Mathieu. Voici le passage de saint Jean : « *Et in lege vestra scriptum est quia duorum hominum testimonium verum est.* » (Saint Jean, VIII, v. 17.)

« L'Évangile est lui-même en parfait accord avec le *Deutéronome*, ch. XIX, v. 15, en sorte que cette règle des deux témoins (constante au moyen âge, conservée au XIX⁰ siècle dans quelques législations des États-Unis d'Amérique), est certainement d'origine hébraïque.

« Autre exemple : certaines paroles de l'Évangile de saint Mathieu jouent un rôle considérable dans le développement de la procédure criminelle ecclésiastique. Je veux parler de ce passage : « *Si autem peccaverit in te frater tuus, vade, et corripe eum inter te et ipsum solum. Si te audierit, lucratus eris fratrem tuum.*

« *Si autem te non audierit, adhibe tecum adhuc unum, vel duos, ut in ore duorum vel trium testium stet omne verbum.*

« *Quod sinon audierit eos, dic Ecclesiæ. Si autem Ecclesiam non audierit, sit tibi sicut ethnicus et publicanus.* » (Saint Mathieu, XVIII, 15-17.)

« Troisième exemple : l'usage des dîmes ou de la dîme, redevance due à l'Église, dérive incontestablement de l'ancien Testament.

« Il n'est pas surprenant qu'en ces temps de foi on ai interrogé avant tout avec respect les livres sacrés pour y chercher les règles de droit qu'ils pouvaient contenir ou qu'on supposait à tort ou à raison y avoir été exprimées.

« Ces règles n'étaient pas d'ailleurs très nombreuses : mais outre les règles proprement dites, il y avait les principes, l'inspiration d'où se tirent les règles du droit positif (1). »

618. I. L'ensemble des textes canoniques comprend :

I. *Les canons des conciles*. — Les conciles se divisent en conciles œcuméniques ou généraux statuant pour l'Église entière, et en conciles particuliers statuant pour une région ou province ecclésiastique. Le plus ancien concile œcuménique est celui de Nicée, en Bithynie, en 325. Vingt conciles œcuméniques eurent lieu depuis le concile de Nicée ; le dernier est le concile de Trente, en 1563.

Les principales collections des conciles sont : 1⁰ celle de Sirmond, publiée à Rome, 1608-1612 ; 2⁰ la *Collectio regia*, publiée à Paris en 1644 ; 3⁰ l'édition du P. Labbé, continuée et par le jésuite Cossart, à Paris, en 1674, avec un supplément donné par Baluze en 1683 ; 4⁰ la *Conciliorum collectio regia maxima*, publiée à Paris, en 1715, par le jésuite Hardouin ; 5⁰ la collection publiée par Nicolas Coleti à Venise, de 1728 à 1734, avec un supplément ajouté par Mausi, en 1748-1752 ; 6⁰ la collection de Mausi, qui s'arrête au milieu du XV⁰ siècle, Venise, 1759-1798 ; 7⁰ la *Collectio Lacensis*, ou des conciles modernes, édition donnée par les jésuites de Maria-Laach, Fribourg en Brisgau ; 8⁰ l'histoire des conciles d'Hefele, de Rottenbourg, traduite en français par l'abbé Delarc, Paris, 1869-1878.

II. *Les Lettres des papes ou bullaires*. — Un premier recueil a paru à Lyon en 1692, un autre a été publié à Luxembourg, 1727-1748. Un grand bullaire fut imprimé à Rome par les soins de Cocquelines et de ses continuateurs, 1739-1857. Un autre recueil, connu sous le nom d'*Epistolæ Romanorum pontificum*, fut publié à Paris, en 1721, par dom Coustant et dom Mopinot. Il ne va que jusqu'à l'année 440.

Nous citerons également :

1⁰ Les *Epistolæ Romanorum pontificum genuinæ et quæ ad eos scriptæ sunt a S. Hilario usque ad Pelagium secun-dum ex schedis clar. Petri Coustantii, aliisque*, ouvrage de Thiel, suite de celui de dom Coustant, Brumbergea, 1867 ; 2⁰ les *Regesta pontificum Romanorum*, de Jaffé, Berlin, 1851; 3⁰ les *Regesta pontificum Romanorum*, de Potthast, de 1198 à 1304. Berlin, 1874-1875 ; 4⁰ les Registres d'Innocent IV, de M. Élie Berger.

III. *Les Constitutions apostoliques ou canons des apôtres*. — Ces deux recueils ne sont pas l'œuvre des apôtres. Ils leur sont de beaucoup postérieurs. Les Constitutions apostoliques remontent au IV⁰ siècle. L'ouvrage comprend huit livres. Ces huit livres se composent de trois ouvrages juxtaposés : le premier, qui contient les six livres actuels des *Constitutions*, fut composé, vers le milieu du III⁰ siècle, en Asie Mineure; le second, qui correspond au VII⁰ livre actuel, contient une série de prescriptions liturgiques ; le troisième, qui correspond au VIII⁰ livre actuel, est spécialement destiné au clergé.

Les *Canons des apôtres* furent ajoutés, au VI⁰ siècle, en appendice aux Constitutions apostoliques, où ils formèrent le dernier chapitre du livre VIII des *Constitutions apostoliques* (1).

Le recueil des *Canons des apôtres* fut traduit du grec par Denys le Petit. Ce recueil ne comprenait que 50 canons au lieu de 85. Un concile œcuménique tenu en 692 à Constantinople déclara que les 85 canons apostoliques avaient force de loi, l'apostolicité des 85 canons devint par suite une vérité fondamentale pour l'Église d'Orient (2).

Les *Canons apostoliques* furent, au contraire, déclarés apocryphes en Occident par un décret *de libris non recipiendis*, attribué au pape Gélase.

IV. *Les Collections des conciles*. — Nous citerons : 1⁰ la *Versio Isidoriana* ou *Hispana*, traduction latine des collections des conciles faite par les Grecs ; 2⁰ la *Versio prisca*, d'origine italienne, imprimée par Justel, et enfin par Mausi ; 3⁰ la collection due au moine Denys le Petit, qui vivait dans le VI⁰ siècle. Elle contient, outre les conciles, les décrétales des papes et les cinquante canons apostoliques traduits du grec.

V. *Les Livres pénitentiaux et tarifs de la Pénitencerie apostolique* qui codifièrent les pénalités ecclésiastiques établies pour certaines fautes déterminées.

Nous indiquerons : 1⁰ le *Liber pænitentialis* de saint Colomban, qui parut avant 615 ; 2⁰ le *Capitulare* de l'évêque Théodulf d'Orléans ; 3⁰ le *Liber pænitentium* de Raban Maur, en 841 ; 4⁰ le recueil composé, au XVI⁰ siècle, par saint Charles Borromée, à l'aide des anciens livres pénitentiaux et notamment du *Pænitentiale romanum* ; 5⁰ la publication, par l'Assemblée du clergé de France du XVII⁰ siècle, des *Canones pænitentiæ* recueillis par l'archevêque de Milan ; 6⁰ *Die lateinischen Pönitentialbücher der Engelbachsen*, de Kunstman, 1844, Maynz; 7⁰ *Die Bussordnunngen der abenländischer Kirche*, de Vasserschleben, 1851, Halle; 8⁰ le *Commentarius historicus de disciplina in administratione sacramenti pænitentiæ*. de Morin, 1651.

VI. — *Les fausses Décrétales*. — On entend par décrétales les lettres que les papes avaient écrites sur les demandes des évêques pour décider sur des points de discipline. Le recueil des fausses décrétales fit son apparition, au IX⁰ siècle, dans l'empire franc. L'auteur, qui n'est pas connu, se donne le pseudonyme d'*Isidorus Mercator* ou d'Isidore. Il se divise en trois parties : la première renferme les canons des apôtres, et cinquante-neuf prétendus décrets des papes depuis Clément jusqu'à Melchiade ; la seconde contient la donation de Constantin ; la troisième se compose des décrets des papes depuis Sylvestre jusqu'à Grégoire II. Cette collection circula beaucoup au moyen âge et eut une grande autorité. La fraude commença à être découverte au XV⁰ siècle. On peut lire sur ce sujet le livre de Blondel intitulé : *Pseudo-Isidorus et Turrianus vapulantes*, Genève, 1628. On a vivement discuté la question de savoir dans quel but a été composée cette fausse collection. Des auteurs ont prétendu qu'il fallait voir

---

(1) M. Viollet, *Précis de l'histoire du droit français.*

(1) M. Viollet.
(2) M. Viollet.

dans cette œuvre une tentative de la papauté pour accroître le pouvoir du souverain Pontife ; d'autres n'y voient qu'un résumé pour l'utilité du clergé et des fidèles des textes divers pris çà et là. « On le voit, en effet, s'efforcer constamment de développer l'esprit religieux, d'épurer les mœurs, de réglementer le culte, de raffermir la discipline ébranlée. Il ne semble point chercher à faire une œuvre de polémique ; et on peut affirmer qu'il ne soupçonnait nullement le bruit qui se ferait un jour autour de son livre (1). »

VII. *Le Corpus juris canonici.*—On trouve, avant le décret de Gratien, qui est le premier en date des monuments canoniques dont l'ensemble constitue le *Corpus juris canonici*, un très grand nombre de recueils de droit canonique, qui démontrent que le mouvement vers les études canoniques était devenu considérable.

Parmi les collections diverses de droit canonique antérieures au décret de Gratien, nous indiquerons : 1° la *Collectio Anselmo dicata*, de 887-897, inédite ; 2° la collection de Réginon, 906 ou 915, publiée en 1671 par Baluze ; 3° le traité d'Abbo, abbé de Fleury, au X° siècle, qui se trouve dans Mabillon, *Vetera Analecta*, 1723 ; 4° la collection de Burchard, 1012-1022, publiée notamment à Paris, en 1853 ; 5° la collection de l'évêque Anselme de Lucques, XI° siècle ; 6° la collection du cardinal Deusdedit, XI° siècle ; 7° les collections connues sous les noms de *Decretum, Tripartita* et *Panormie*, attribuées à Yves de Chartres ; le *Polycarpe*, collection compilée par le cardinal Grégorius, avant l'année 1119 (2).

Le plus célèbre des recueils de droit canonique qui apparurent au XII° siècle est celui de Gratien, moine à Bologne en Italie. Ce recueil, auquel l'usage a donné le nom de *Decretum* ou *Décret*, fut composé vers l'an 1150. Il est divisé en trois parties : la première traite des sources du droit canonique et des personnes ecclésiastiques ; la seconde contient la juridiction ecclésiastique ; elle est divisée en trente-six causes ou cas de droit ; la troisième traite des sacrements et du culte. En rédigeant cet ouvrage Gratien se proposait de concilier entre eux les canons qui pouvaient paraître se contredire. Aussi il avait appelé lui-même son recueil : *Concordantia discordantium canonum*. L'ouvrage de Gratien a joui d'une grande autorité ; il fut enseigné dans les écoles comme le droit romain, et le *Décret* a été l'objet d'une quantité d'éditions et d'une foule de travaux.

Quoique le décret de Gratien soit resté la base du *corpus juris canonici*, il convient de mentionner d'autres collections importantes qui entrèrent en partie dans ce recueil. Ce sont : 1° le *Breviarium* ou *Compilatio prima* de Bernard de Pavie, vers 1190 ; 2° la *Compilatio secunda* de Jean de Galles, vers 1210-1215 ; 3° la *Compilatio* d'Innocent III ou *Compilatio tertia*, 1210 ; 4° la *Compilatio quarta*, peu après l'année 1216 ; 5° la *Compilatio quinta*, d'Honorius III, en 1226.

Après le *Décret* de Gratien, la seconde partie du *Corpus juris canonici* comprend les *Décrétales* de Grégoire IX. Cette compilation fut composée en 1234 par Ramon de Pennafort, chapelain de Grégoire IX. Ce recueil est divisé en cinq livres, qui traitent des juges ecclésiastiques, des jugements, des ecclésiastiques, des mariages et des crimes. Il contient tous les décrets du grand concile de Latran, de 1215.

Le *texte* forme la troisième partie du *Corpus juris canonici*. Ce recueil fut exécuté par les ordres de Boniface VIII et terminé en 1298. Il contient les canons des conciles généraux de Lyon (1245) et de Lyon (1274) et les décrétales postérieures à Grégoire IX.

Le recueil connu sous le nom de *Clémentines* constitue la quatrième partie du *Corpus juris canonici*. Il fut publié en 1317 par Jean XXII. Il contient les décrétales de Clément V et les canons du concile de Vienne en 1311.

Après les *Clémentines*, qui sont le dernier recueil officiel, le *Corpus juris canonici* comprend les Extravagantes. On appelle ainsi les décrétales nouvelles qui furent insérées à la suite des *Clémentines* et qui, par conséquent, se trouvèrent en dehors des collections officielles. On distingue les *Extravagantes* de Jean XXII et celles de divers papes, ou *Extravagantes communes*. Les *Extravagantes communes* ne dépassent pas Sixte IV.

Le *Corpus juris canonici* comprend, par conséquent : 1° le Décret de Gratien ; 2° les Décrétales ; 3° le Texte ; 4° les Clémentines, et 5° les Extravagantes.

Une édition officielle du *Corpus juris canonici* fut publiée à Rome en 1582 sous le nom d'édition des *Correctores romani*.

On a ajouté au *Corpus juris canonici* plusieurs travaux depuis l'édition officielle. Ce sont : 1° les *Institutes* de Lancelot, de 1563, dont l'adjonction fut autorisée par Paul V ; 2° le *Liber septimus* de Pierre Matthieu, de 1590, ajouté pour la première fois au *Corpus juris* dans l'édition de Lyon de 1671.

Le *Corpus juris* a été commenté par plusieurs canonistes, notamment : par Pauca Paléa, disciple de Gratien, et Cardinalis, à la fin du XII° siècle ; par Tancrède de Bologne, au commencement du XIII° siècle ; par Henri de Seguise, surnommé Hortensius au XIII° siècle ; par Guillaume Durant ou Durantis ou *Speculator*, auteur du *Speculum judiciale*, ouvrage sur la procédure canonique ; par Guillaume Durant le jeune, neveu du précédent ; par Pierre d'Ailly, mort en 1425 ; par Jean Gerson, élève de d'Ailly et décédé en 1429 ; par Nicolas de Tudeschis, archevêque de Palerme et surnommé *Panormitanus*, mort en 1453 ; par Jean de Turrecremata, mort cardinal en 1468 ; par le jurisconsulte Duaren ou Douaren, mort en 1559 ; par Genebrard, archevêque d'Aix, en 1593 ; par Pierre Pithou, les jésuites Sirmond et Denis Petaud, A et F. d'Hauteserre, l'oratorien Thomassin, Claude Fleury, Baluze et Benoît XIV.

SECTION II.

LES PERSONNES.

§ 1. — Les ordres.

L'organisation du culte catholique, résultant des lois civiles et du droit canonique, comprend : 1° les personnes ; 2° les choses ; 3° la juridiction.

619. Dès l'origine du christianisme, on divisa les chrétiens en laïques et en clercs, ces derniers consacrés au culte du Seigneur, soumis, en cette qualité, à des prescriptions spéciales dont l'étude sortirait du cadre de cet ouvrage ; ces prescriptions ont trait, en effet, à l'habillement, au maintien, aux lieux et aux personnes qu'il est interdit aux clercs de fréquenter, aux affaires dont ils ne doivent pas se mêler en raison de leur caractère sacré. Pour être clerc, il ne faut pas être dans un cas d'irrégularité canonique. Les principales irrégularités sont l'homicide, même involontaire, le fait d'avoir contribué à une condamnation capitale, les infirmités du corps et de l'esprit qui rendent incapable d'exercer convenablement le ministère ecclésiastique, le fait de bigamie. On nomme bigamie en cette matière, non pas le crime d'avoir deux femmes à la fois, mais les secondes noces ou le mariage avec une veuve (1).

620. Les fonctions des clercs se divisent en deux catégories : le sacerdoce, qu'exercent les évêques et les prêtres ; le ministère, qu'exercent les diacres et les clercs inférieurs.

621. On distingue plusieurs degrés de clercs ou ordres : de simple clerc ou tonsuré, il faut passer par les ordres mineurs pour monter aux ordres majeurs et au plus élevé de ces derniers ordres, à l'épiscopat. A l'origine, ces divers

---

(1) Opinion de M. Tardif à son cours, citée par M. Viollet.
(2) Voir M. Viollet.

(1) Fleury.

ordres n'existaient pas; les évêques seuls, établis par les apôtres, suffisaient au ministère ecclésiastique. « Mais ces fonctions étaient si multiples et si étendues et le devenaient tellement à mesure que l'Eglise s'étendait, que, dès les premiers temps, les fidèles se multipliant à Jérusalem, les apôtres jugèrent à propos d'établir des diacres, pour se décharger sur eux du soin temporel, qui était grand en cette Eglise où tous les biens étaient en commun; et ils se réservèrent l'application à la prière et au ministère de la parole. Ensuite ils multiplièrent les évêques, en en établissant un dans chaque ville où il y avait un nombre considérable de fidèles. Outre les diacres, les apôtres, exécutant toujours les ordres de Jésus-Christ, donnèrent aux évêques d'autres aides pour les fonctions spirituelles. On les nomma prêtres, d'un nom qui, dans les commencements, s'attribuait souvent aux évêques. Ils eurent les mêmes fonctions, excepté les deux qui sont propres aux évêques, de confirmer les chrétiens en leur donnant le Saint-Esprit par l'imposition des mains, et de faire des clercs, c'est-à-dire des diacres, des prêtres et des évêques. La multitude des fidèles croissant toujours, il fallut encore partager les fonctions du diaconat. On fit des lecteurs, pour avoir la garde des livres sacrés et les lire publiquement dans l'église; on fit des portiers pour ne laisser entrer dans l'église que des fidèles, la fermer et la tenir propre; on établit des clercs pour exorciser les catéchumènes (c'est-à-dire ceux qui, n'étant pas chrétiens, se préparaient à recevoir le baptême et à être admis dans le sein de l'Eglise), et tous ceux qui se trouvaient possédés des esprits malins; on destina d'autres clercs à suivre toujours l'évêque, pour être sous sa main, prêts à porter ses lettres et ses ordres, et on les nomma acolytes ou acoluthes, c'est-à-dire suivants; enfin, on fit des sous-diacres pour faire à peu près les mêmes fonctions que les diacres et être les premiers après eux. Ainsi s'établirent peu à peu tous les ordres qui distinguent aujourd'hui les clercs. En quoi, il y a eu grande diversité selon les temps et les lieux, toutes les Eglises n'ont pas eu les mêmes ordres; les unes n'ont eu que des lecteurs et des acolytes; d'autres des lecteurs et des portiers; plusieurs Orientaux n'ont pas de sous-diacres; il y a eu quelquefois des chantres ou psalmistes. Mais, depuis le temps des apôtres, il y a toujours eu partout des évêques, des prêtres et des diacres » (1).

L'organisation intérieure de l'Eglise est restée, à peu de chose près, ce qu'elle était dans les premiers temps.

622. On distingue d'abord les simples clercs, qui par la tonsure ont pris l'habit, ont renoncé à la vie laïque pour entrer dans la carrière ecclésiastique. Pour être tonsuré, il faut savoir lire et écrire et être confirmé. Sous l'ancien régime, il arrivait fréquemment qu'on reçût la tonsure sans recevoir aucun ordre, à seule fin de jouir des privilèges attribués aux clercs, comme les bénéfices et l'exemption de la juridiction séculière. Le rôle du simple clerc est d'assister le prêtre et de s'acquitter des fonctions des quatre ordres mineurs : il n'a pas de fonction propre.

623. Les ordres mineurs que les clercs doivent franchir, sont au nombre de quatre : les ordres des portiers, des lecteurs, des acolytes, des exorcistes. Les fonctions des trois premiers ordres subsistent, mais ce sont le plus souvent des laïques qui s'acquittent des obligations imposées autrefois à ces ordres, qui ne sont guère actuellement que des degrés pour s'élever aux ordres supérieurs. La fonction du quatrième ordre a été attribuée aux prêtres. Il n'y a jamais eu d'âge déterminé pour être apte à recevoir les ordres mineurs; ce point a toujours été abandonné à la prudence des évêques.

624. Au-dessus des ordres mineurs sont les ordres majeurs ou sacrés : le sous-diaconat, le diaconat, la prêtrise et l'épiscopat.

625. D'après les règles du droit canonique, le sous-diacre doit avoir passé par les ordres mineurs. Il ne peut être ordonné qu'après trois publications au prône de sa paroisse, destinées à faire connaître s'il y a quelque irrégularité qui

fasse obstacle à son ordination, après enquête sur ses mœurs et après examen de l'évêque. Le rôle du sous-diacre, qui autrefois était à peu près le même que celui des diacres hors de l'Eglise, est de se consacrer au service de l'autel, d'assister l'évêque ou le prêtre dans les grandes cérémonies.

626. Les diacres doivent être ordonnés, comme les prêtres, par l'imposition des mains et avec le consentement du peuple; l'évêque doit demander aux assistants si quelqu'un d'entre eux a quelque chose contre lui. Anciennement la fonction des diacres avait plus d'étendue et d'importance qu'actuellement. Au lieu de se borner comme aujourd'hui à servir l'autel pour aider l'évêque ou le prêtre à offrir le sacrifice et à distribuer l'eucharistie, pour avertir le peuple durant la célébration des offices, ils assistaient l'évêque dans ses fonctions, et notamment lorsqu'il prêchait; ils instruisaient souvent les catéchumènes; ils baptisaient en cas de nécessité et prêchaient, si l'évêque leur en donnait l'ordre. Aujourd'hui encore, l'on ne peut prêcher et lire publiquement l'Evangile, si l'on n'est diacre. Hors de l'église, les diacres étaient chargés du temporel et de toutes les œuvres de charité; ils recevaient les oblations des fidèles et les distribuaient suivant les ordres de l'évêque, pour toutes les dépenses communes de l'Eglise. Ils avertissaient l'évêque des querelles qui pouvaient s'élever entre les fidèles ou des péchés qui pouvaient donner lieu à scandale. Ils portaient les ordres des évêques et accompagnaient ces prélats dans leurs voyages. Dans l'ancienne Eglise, il y avait des diaconesses qui s'acquittaient, envers les femmes, des fonctions que remplissaient les diacres à l'égard des hommes. « C'étaient des veuves que l'on choisissait entre celles qui s'étaient consacrées à Dieu. On prenait les plus vertueuses âgées au moins de soixante ans. Elles servaient à soulager les diacres en tout ce qui regardait les femmes, et les hommes ne pouvaient faire avec autant de bienséance. Il y en a eu, depuis le temps des apôtres, au moins jusqu'au 6ᵉ siècle » (1).

627. Les fonctions du prêtre sont au nombre de cinq : *offerre*, c'est-à-dire célébrer le sacrifice de la messe; *benedicere*, bénir le peuple dans le sacrifice de la messe, dans les prières solennelles et dans l'administration des sacrements; *præsse*, présider les assemblées qui se tiennent dans l'église pour rendre à Dieu le culte qui lui est dû; *baptizare*, administrer les sacrements, à l'exception de la confirmation et de l'ordre, qui n'appartiennent qu'aux évêques seuls; *prædicare*, c'est-à-dire prêcher.

§ 2. — Conditions relatives à l'ordination et à l'exercice du culte.

628. Le pouvoir civil intervient dans l'ordination, en vertu de son droit de police. La loi du 18 germinal an X (2) a soumis l'ordination des ecclésiastiques à certaines conditions. Elle a prescrit en premier lieu que l'ecclésiastique qui demandait l'ordination, devait justifier d'une propriété produisant au moins un revenu annuel de 300 francs. Portalis justifiait ainsi cette disposition : « La pension de 300 francs représente ce qu'on appelle le titre clérical. Le titre clérical est la propriété ou le revenu que les ecclésiastiques sont obligés de reconstituer quand ils reçoivent les premiers ordres sacrés, afin que, s'ils ne parviennent point à posséder des places qui puissent pourvoir à leur subsistance, ils aient de quoi exister. Dans les premiers temps, on ne faisait des ordinations que quand il y avait une place vacante. Alors un titre clérical n'était pas nécessaire. Dès le vᵉ siècle, on commença à faire des ordinations vagues dans l'Orient. Le concile de Chalcédoine proscrivit ces ordinations, et il défendit d'ordonner des prêtres à moins qu'on ne fût tout de suite dans le cas de les attacher à quelque église de la ville ou de la campagne. Cette discipline dura jusqu'à la fin du XIᵉ siècle; dans le XIIᵉ, on s'en écarta; on multiplia les clercs à l'infini, parce que les

---

(1) Fleury, *Droit ecclés.*, t. I, p. 51 et suiv.

(1) Fleury, *Droit ecclés.*, t. I.
(2) Art. 26.

citoyens cherchaient à jouir des privilèges de la cléricature et que les évêques voulaient étendre leur juridiction. Comme un des plus grands dé-ordres qui naissaient de ces ordinations vagues était l'extrème pauvreté de certains clercs, qui avaient besoin, pour vivre, d'exercer des professions sordides ou de mendier leur pain, on crut y remédier, au concile de Latran, tenu en 1179, en obligeant l'évêque de nourrir et d'entretenir les clercs qu'il aurait ordonnés sans titre ou sans s'être assuré qu'ils avaient un patrimoine suffisant. Depuis lors, l'usage du titre clérical s'est établi. Il fut consacré par le concile de Trente, qui, après avoir rappelé l'ancienne discipline contre les ordinations vagues, autorise cependant les évêques à se relâcher de cette discipline, s'ils le jugeaient à propos, lorsque les clercs à ordonner auraient des biens patrimoniaux. » « La fixation du titre clérical a varié selon les temps et les lieux. L'article 12 de l'ordonnance d'Orléans veut que le titre clérical soit d'un revenu de 50 livres tournois. Depuis cette ordonnance, le prix de toutes choses ayant considérablement augmenté, on demandait dans certains diocèses un revenu de 100 livres, et dans d'autres un revenu de 150 livres. Il n'est certainement pas extraordinaire, en comparant les temps, que la loi actuelle demande 300 livres au lieu de 50 livres tournois, que portait l'ordonnance d'Orléans (1). »

Malgré les considérations invoquées par Portalis, le petit nombre d'ecclésiastiques fut regardé comme un motif de ne pas appliquer avec rigueur la disposition de la loi du 18 germinal, relative au revenu de 300 francs (2) et la disposition fut définitivement rapportée par le décret du 28 février 1810 (3). Aucune justification de fortune n'est donc actuellement exigée de celui qui veut entrer dans les ordres sacrés.

629. La seconde condition que la loi de germinal imposait à l'ordination des ecclésiastiques était relative à l'âge. L'âge auquel on peut être ordonné a éprouvé des variations. Anciennement dans l'Église, on ne pouvait être fait prêtre qu'à l'âge de 30 ans. Puisqu'on ne pouvait être fait prêtre qu'à 30 ans, il est évident qu'on ne devait être promu au sous-diaconat et au diaconat que dans un âge assez avancé. L'âge de 30 ans était requis pour la prêtrise par l'article 12 de l'ordonnance d'Orléans. L'ordonnance de Blois s'est conformée au concile de Trente, qui autorise les évêques à donner la prêtrise aux clercs âgés de 25 ans; c'est l'âge actuellement requis. D'après ce même concile, on peut être sous-diacre à 22 ans, et diacre à 23. Les souverains ont toujours regardé la fixation de l'âge, soit pour les ordres sacrés, soit pour les vœux monastiques, comme un objet qui ne pouvait être étranger à la police de leurs États » (4). La loi de germinal an X fixait à 25 ans l'âge de l'ordination (5). Cette disposition a été rapportée par le décret du 28 février 1810 (6), qui dispose que les évêques pourront ordonner tout ecclé-iastique âgé de 22 ans accomplis, mais qu'aucun ecclésiastique ayant plus de 22. ans et moins de 25 ne pourra être admis (7) dans les ordres sacrés qu'après avoir justifié du consentement de ses parents, ainsi que cela est prescrit par les lois civiles pour le mariage des fils âgés de moins de 25 ans accomplis.

630. La troisième condition de l'ordination prescrite par la loi de germinal est que l'ecclésiastique réunisse les qualités requises par les canons reçus en France (8). Les obligations principales imposées par les canons aux clercs engagés dans les ordres sacrés sont de garder la continence, d'avoir un titre et de réciter l'office.

631. La loi du 18 germinal an X exigeait, en outre, que les évêques ne fissent aucune ordination avant que le nombre

des personnes à ordonner eût été soumis au gouvernement et par lui agréé (1). Les demandes des élèves ecclésiastiques qui voulaient entrer dans les ordres sacrés devaient être adressées par l'évêque au ministre des cultes. Elles devaient être accompagnées d'un tableau indiquant leurs noms, prénoms et la date de leur naissance (2). Ces dispositions ne sont plus appliquées.

632. Pour pouvoir se livrer à l'exercice du culte en France, il est nécessaire d'appartenir à un culte déterminé, l'évêque étant le chef de la religion dans le diocèse et nul ecclésiastique ne pouvant, dans les limites de la circonscription diocésaine, échapper à son autorité (3). Si le prêtre est étranger, il faut qu'il ait reçu, en outre, l'autorisation du gouvernement pour pouvoir se livrer au ministère sacré.

633. Cette autorisation était déjà exigée, dans l'ancien droit, par les libertés gallicanes (4) : « Nul, de quelque qualité qu'il soit, ne peut tenir bénéfice, soit en titre ou en forme, en ce royaume, s'il n'en est natif ou s'il n'a lettre de naturalité ou de dispense expresse du roi à cette fin, et que ces lettres aient été vérifiées où il appartient. » Il est à noter que cette disposition ne s'appuie sur aucune sanction pénale, sauf la faculté d'expulsion qui, le cas échéant, appartient au gouvernement (5). L'interdiction dont la législation française frappe tout ecclésiastique qui ne remplit pas ces deux conditions, ne s'applique qu'aux fonctions ecclésiastiques proprement dites, telles que la prédication et l'administration des sacrements, c'est-à-dire aux fonctions dont l'exercice comporte un territoire et des sujets. Mais, pour ce qui est des fonctions sacerdotales pures, comme de célébrer les messes, tout ecclésiastique est libre de s'y livrer. La loi civile ne le frappe à cet égard d'aucune interdiction Il ne pourrait en être empêché que par un jugement régulier rendu selon les formes et le droit canonique (6).

§ 3. — Des évêques.

634. L'ordre supérieur, qui contient tous les autres ordres et en est la source, est l'épiscopat. L'évêque a tout à la fois les pouvoirs du sacerdoce et du ministère ecclésiastique.

635. L'épiscopat est la plénitude du sacerdoce. Considéré dans son ensemble, il est unique, sous l'autorité du Pape. In Ecclesia unus est episcopatus (7). Pour son exercice, il se divise suivant les besoins des populations. Il y a des distinctions entre les membres de l'épiscopat, archevêques ou évêques, au point de vue de la dignité et de la juridiction, il n'y en a pas au point de vue du caractère et de l'autorité apostolique (8). L'évêque (du mot grec episcopos, inspecteur, intendant, ce qui veut dire qu'il a le soin de tout le troupeau des fidèles),

---

(1) Rapport sur les art. org.
(2) Déc. min. 11 et 12 février 1808.
(3) Art. 2
(4) Portalis, Rapports sur les art. org.
(5) Art. 26.
(6) Art. 3.
(7) On entend par admission dans les ordres sacrés, l'admission au sous-diaconat qui rend l'engagement irrévocable (Déc. min. 13 novembre 1814).
(8) Art. 26.

---

(1) Art. 26.
(2) Déc. min. 20 et 21 décembre 1809.
(3) Art. 33 org.
(4) Art. 39.
(5) Inom, 14 janvier 1832. — « La Cour, — Considérant en fait que Jules Lenoir, Suisse de naissance, domicilié à Villefavard, arrondissement de Bellac (Haute-Vienne), a été assigné devant le tribunal correctionnel de cet arrondissement pour avoir, les 26 janvier et 23 février 1831, provoqué et présidé deux réunions publiques, dans une grange de la commune de Saint-Hilaire la Treille, au mépris d'arrêtés du préfet du département, en date du 13 juillet 1850 et du 27 janvier 1851; que, dans le cours du procès, les réquisitions du ministère public ont eu pour but d'obtenir contre lui condamnation aux peines portées en l'article 12 de la loi du 28 juillet 1848 et subsidiairement à l'amende de simple police énoncée au n° 15 de l'article 471 du Code pénal; que cependant il est établi par les déclarations unanimes des témoins, entendus au nombre de dix, devant le tribunal de Bellac, à son audience du 10 avril, et non contredit par les procès-verbaux de la gendarmerie et de l'adjoint de la commune, que, dans ces réunions, tout s'est passé avec ordre et tranquillité; qu'on ne s'y est point occupé de politique, mais exclusivement de matières religieuses, ainsi que Jules Lenoir l'avait précédemment annoncé dans sa déclaration au maire;

« Et en droit :—Considérant qu'aux termes de la Constitution, chacun en France professe librement sa religion et reçoit de l'État une égale protection pour l'exercice de son culte, disposition qui n'exclut, nno plus qu'aucune autre loi, les étrangers, ni de ce libre exercice ni de cette protection. »

(6) Avis C. d'Et. 29 août 1821.
(7) De Marca, De Concordia sacerdotii et imperii, liv. VI, chap. 1er.
(8) Van Espen, Jus ecclesiasticum universale, t. IV.

est le chef de la religion dans les limites de la circonscription ecclésiastique qu'on appelle le diocèse; le culte s'exerce sous sa direction (1). Il est à la fois le pasteur et l'administrateur du diocèse et, a ce titre, il a des attributions spirituelles et temporelles. Le Concordat de l'an X revient au mode de nomination des évêques établi par le Concordat de 1516 et que la Constitution civile du clergé avait abandonné pour le remplacer par le système électif; (2) il confia au chef du pouvoir exécutif le soin d'élever aux fonctions épiscopales et réserva au Pape l'institution canonique. Le premier Consul de la République nommera, dans les trois mois qui suivront la publication de la bulle de Sa Sainteté, aux archevêchés et évêchés de la circonscription nouvelle (3). Sa Sainteté conférera l'institution canonique, suivant les formes établies par rapport à la France avant le changement de gouvernement. Les nominations aux évêchés qui vaqueront dans la suite seront également faites par le premier Consul, et l'institution canonique sera donnée par le Saint-Siège, en conformité de l'article précédent » (4). On a prétendu que le droit de nomination accordé au gouvernement portait atteinte à l'indépendance de l'Église et que l'État devait se dessaisir de ce droit injuste et compromettant. Des propositions ont été faites, sans résultat, pour modifier le Concordat sur ce point (5). Le droit de nomination du gouvernement a pour conséquence l'obligation imposée par la loi du 18 germinal an X (6) aux métropolitains et aux chapitres cathédraux de donner, sans délai, avis au gouvernement de la vacance des sièges et des mesures qui auront été prises pour le gouvernement des diocèses vacants.

636. Les articles organiques, complétant les dispositions du Concordat, déterminent les conditions et formalités auxquelles est subordonnée la nomination des évêques. Deux conditions sont requises: on ne peut être nommé évêque avant l'âge de 30 ans et si l'on n'est originaire Français (7).

Il ne suffirait donc pas d'être Français par naturalisation.

637. La loi du 23 ventôse an XII (8), exigeait, en outre, pour être nommé évêque, qu'on soutînt un exercice public et qu'on rapportât un certificat de capacité sur les matières enseignées dans les séminaires métropolitains (ultérieurement facultés de théologie), c'est-à-dire la morale, le dogme, l'histoire ecclésiastique et les maximes de l'Église gallicane; les règles de l'éloquence sacrée (9).

L'ordonnance du 25 décembre 1830, imposant de nouvelles conditions de capacité, exige le grade de licencié en théologie, ou à défaut de ce grade, l'exercice des fonctions de

curé ou desservant pendant quinze ans. Ces prescriptions ne sont plus observées.

638. Avant l'expédition de l'arrêté de nomination, celui qui est proposé à l'épiscopat est tenu d'après la loi organique, de rapporter une attestation de bonne vie et mœurs, expédiée par l'évêque dans le diocèse duquel il aura exercé les fonctions du ministère ecclésiastique, et il doit être examiné sur sa doctrine par un évêque et deux prêtres qui sont commis par le chef du pouvoir exécutif, lesquels doivent adresser le résultat de leur examen à l'administration des Cultes (1). Ces dispositions ne reçoivent pas leur application dans la pratique.

639. Le décret du 25 mars 1813, relatif à l'exécution du Concordat de Fontainebleau prescrivait que l'évêque ou l'archevêque nommé devait se pourvoir devant le métropolitain ou le plus ancien évêque de la province, qui était chargé de l'information canonique et qui devait avertir immédiatement le gouvernement, si le prêtre nommé était dans le cas de quelque exclusion ecclésiastique (2). Le Concordat n'ayant pas reçu son exécution, ces dispositions sont tombées en désuétude.

640. Le prêtre élevé à l'épiscopat par le gouvernement, doit faire les diligences pour rapporter l'institution du Pape. Il ne peut exercer aucune fonction avant que la bulle portant son institution ait reçu l'attache du gouvernement (3); et qu'une ampliation lui en ait été remise.

641. En quels termes les bulles d'institution canonique doivent-elles être conçues? Des difficultés se sont élevées à ce sujet. En 1871, la bulle d'institution canonique donnée à Rome, le 6 mars, pour la promotion de l'abbé Fava à l'évêché de Saint-Pierre et Fort-de-France, omit la mention par le gouvernement Français. Aussi, l'arrêté du chef du pouvoir exécutif du 23 juillet 1871, qui reçut la bulle fit-il toutes réserves au sujet de cette omission (4). Un arrêté de la même date, reçut sous les mêmes réserves la bulle d'institution canonique du 24 mai 18`1, émise dans les mêmes conditions, au sujet de la nomination de Mr Legain à l'évêché de Montauban (5).

---

(1) L. 18 germinal an X, art. 9.
(2) Voir Historique.
(3) « Cet article n'est que l'exécution littérale de la convention passée entre le gouvernement français et Pie VII, et cette convention est conforme à l'ancien concordat passé entre François 1er et Léon X. On peut voir dans le recueil des libertés de l'Eglise gallicane, publié par Durand de Maillane, en 1771, les actes et les monuments historiques qui constatent l'influence que la puissance temporelle a toujours conservée dans le choix des évêques ». Rapport de Portalis sur les articles organiques.
(4) Concordat, art. 4 et 5.
(5) Romini, Les cinq plaies de l'Église; — Lamartine, Discours du 3 mai 1843; — Proposition faite en 1848 au Comité des cultes, par M. Pénac (Question religieuse de M. Pradié).
(6) Art. 37.
(7) L. 18 germinal an X, art. 16. — « Pour pouvoir être évêque en France, il faut être Français. » Le roi Charles VII publia, le 10 mars 1431, un édit, enregistré au Parlement de Paris, séant à Poitiers, le 8 août suivant, par lequel il fut défendu à tous étrangers de tenir aucun bénéfice dans son royaume. Le roi Louis XII révoqua, par une ordonnance de l'an 1499, toutes lettres de naturalité, accordées par son prédécesseur Charles VIII, pour tenir bénéfice ou office dans le royaume. François 1er, par l'article 92 de son ordonnance de 1525, concernant les officiers de la Provence et le règlement de la justice audit pays, renouvela les mêmes dispositions contre les étrangers. L'article 4 de l'ordonnance de Blois porte qu'aucun ne pourra être pourvu d'évêché ni d'abbaye de chef d'ordre, soit par mort, résignation ou autrement, qu'il ne soit originaire Français, nonobstant quelque dispense ou quelque clause dérogatoire qu'il puisse obtenir. (Portalis, Rapport sur les art. organ.)

L'ordonnance de Blois avait fixé à 27 ans l'âge requis pour pouvoir être évêque; l'article 12 de l'ordonnance d'Orléans exigeait 30 ans; on a suivi la disposition de l'ordonnance d'Orléans. (Portalis, Rapport sur les art. organ.)
(8) Art. 4.
(9) L. 23 ventôse an XII, art. 2 et 4.

(1) L. 18 germinal an X, art. 17.
(2) Nous trouvons la source de cet article dans les articles 1 et 2 de l'ordonnance de Blois du 25 janvier 1580 : « Déclarons que advenant vacations des archevêchés, évêchés, abbayes, prieurés et autres bénéfices étant à notre nomination, nous n'entendons nommer sinon personnes d'âge, prudhomie, suffisance et autres qualités requises par les saints décrets et constitutions canoniques et concordats, et afin qu'il soit plus mûrement par nous pourvu au fait desdites nominations, ne sera à l'avenir par nous nommé à aucun desdits bénéfices, sinon un mois après la vacation d'iceux, et encore, auparavant la délivrance de nos lettres de nomination, que nous avons accoutumé faire, seront les nous des personnes envoyées à l'évêque diocésain du lieu où ils auront fait leurs demeure et résidence les cinq dernières années précédentes; ensemble aux chapitres des églises et monastères vacants, lesquels informeront respectivement de la bonne vie, mœurs, renommée et conversation catholique desdits nommés, et de tout feront bons procès-verbaux, qu'ils nous enverront clos et scellés le plus tôt que faire se pourra. Ceux que nous voudrons nommer auxdits archevêchés et évêchés seront âgés de 27 ans pour le moins, et encore qu'à l'expédition de nos lettres de nomination, examinés sur leur doctrine aux saintes lettres, par un archevêque ou évêque que nous commettrons, appelés deux docteurs en théologie, lesquels enverront leur certificat de la suffisance ou incapacité desdits nommés, et au cas où, tant par lesdites informations que examens, ils ne se trouveraient pas être de vie, mœurs, âge, doctrine et suffisance requise, sera par nous procédé à nouvelle nomination d'autres personnes de la bonne vie, mœurs et doctrine desquelles nous informé et requis comme dessus. »
(3) L. 2, 3 et 4.
(3) L. 18 germinal, art. 18.
(4) « Ladite bulle d'institution canonique est reçue sous toutes réserves au sujet de l'omission qui a été faite dans cette bulle de la nomination émanée du gouvernement français, et sans approbation des clauses, formules ou expressions qu'elle renferme, et qui sont ou pourraient être contraires aux lois de la République, aux franchises, libertés et maximes de l'Église gallicane. »
(5) « Ledit bref est reçu sous toutes réserves des clauses et expressions dérogeant ou paraissant déroger aux articles 4 et 5 de la convention du 26 messidor an IX, relatifs à la nomination des évêques par le chef du pouvoir exécutif, lesquelles clauses ou expressions sont tenues pour non avenues, et sans approbation de toutes autres clauses, formules ou expressions qu'il renferme et qui sont ou pourraient être contraires aux lois du pays, ainsi qu'aux franchises, libertés et maximes de l'Église gallicane. »

En 1872 l'autorité pontificale ayant employé le mot « præsentare » au lieu du mot « nominare » dans les bulles des évêques de Limoges, Quimper et Belley ; le gouvernement Français fit des observations au Saint-Siège. Le cardinal Antonelli adressa une lettre à notre ambassadeur, le comte d'Harcourt, où il reconnaissait que l'emploi du mot « præsentare » ne provenait que d'une inadvertance et, le gouvernement enregistra les bulles d'institution canonique, en faisant toutes les réserves qu'elles comportaient (1).

A l'occasion des promotions aux sièges de Paris, Auch, Tours et Rodez, des difficultés de même nature s'élevèrent entre le gouvernement et la Cour de Rome. La commission provisoire chargée de remplacer le Conseil d'Etat, saisie de la réception des bulles relatives à ces promotions, signala à l'attention du gouvernement la nouvelle forme de langage employée dans les bulles pour caractériser l'acte de nomination des évêques par le Président de la République. Le mot *nominavit* des anciennes bulles, auquel avaient été récemment substitués les mots *præsentavit* se trouve, dans les bulles actuelles, remplacé par ceux-ci : *nobis nominavit*. L'adjonction du mot *nobis* paraît calculée pour transformer le sens du mot *nominavit* en lui donnant une acception équivalente à celle de *præsentavit*. Néanmoins les bulles mentionnant expressément le droit que le Concordat assure au chef du gouvernement français relativement à la nomination des évêques, la commission ne crut pas devoir attacher à une subtilité de forme plus d'importance qu'il ne convenait, et elle émit un oui favorable à la réception des bulles (2).

Les décrets de réception et de publication des bulles furent rendus, le 21 novembre 1871, avec la mention d'usage : ladite bulle d'institution canonique est reçue sans approbation des clauses, formules ou expressions qu'elle renferme et qui sont ou pourraient être contraires aux lois du pays, aux franchises, libertés et maximes de l'Église gallicane.

Bien que ces décrets eussent été promulgués, ils n'en servirent pas moins de point de départ à des négociations avec le Saint-Siège, destinées à faire disparaître des bulles à l'avenir, la formule « *nobis nominavit* ». Le ministre des Cultes, M. Jules Simon, fit observer à notre ambassadeur auprès du Saint-Siège que l'emploi de la formule « *nobis nominavit* » ne constituait pas, il le reconnaissait, une innovation dans le sens rigoureux du mot, puisqu'elle avait été consacrée par le Concordat de 1516, entre François Ier et Léon X, mais il ajoutait que ces dispositions n'avaient pas été reproduites dans le Concordat de 1801, et il pensait que nous ne pourrions sans inconvénient admettre une intercalation qui restreignait dans une certaine mesure les déclarations et les promesses du Saint-Siège. Conformément aux instructions qui lui furent données par le gouvernement Français, notre ambassadeur présenta ces observations au cardinal Antonelli et le pria de vouloir bien donner les ordres nécessaires pour que, dans la rédaction des bulles qui seraient ultérieurement délivrées, la chancellerie pontificale revînt à la formule ordinaire. Le cardinal Antonelli fit observer que presque toutes les bulles d'institution canonique portaient la formule « *nobis nominavit* ». Il invoqua d'autre part les lettres autographes des souverains de France et récemment du président de la République lui-même contenant généralement ces mots « nous nommons et présentons à Votre Sainteté », que les bulles traduisent ainsi : *nobis nominavit* et *præsentavit*. Le car-

dinal Antonelli déclara, en conséquence, qu'il n'entendait nullement revenir sur la concession qu'il avait faite en accordant la suppression du mot « *præsentavit* », bien qu'il considérât son emploi comme pleinement justifié par la rédaction de nos propres lettres, mais il refusa de se prêter à une modification nouvelle qui établirait à ses yeux non seulement une dérogation aux habitudes traditionnelles, mais encore une contradiction entre les expressions dont se sert le président de la République en s'adressant au Pape et les termes employés par l'acte d'institution canonique. Cette formule « *nobis nominavit* » donna lieu aux mêmes contestations entre le gouvernement français et le Saint-Siège, qui persista à conserver sa formule. Le gouvernement toléra les mêmes considérants et les mêmes réserves dans les décrets du 27 septembre 1872, portant réception de la bulle d'institution canonique de M. Robert pour l'évêché de Constantine, et de M. de Gaffori pour l'évêché d'Ajaccio.

Le décret du 6 février 1873, portant réception de la bulle d'institution canonique de M. de Léréleuc de Kermara pour l'évêché d'Autun, se référant au décret du 27 septembre 1852, portant réception et publication des bulles d'institution canonique de MM. Delannoy, Robert et de Gaffori, introduisit dans les considérants la mention que la réserve inscrite à l'article 2 de tous les décrets de publication de bulles, brefs et autres actes de la Cour de Rome, sauvegardait tous les droits et permettait de recevoir et publier la bulle d'institution canonique de M. de Léréleuc de Kermara, pour l'évêché d'Autun. Ainsi le gouvernement ne put triompher des résistances du Saint-Siège à la suppression de la formule « *nobis nominavit* », qui figure aujourd'hui dans toutes les bulles d'institution canonique.

642. La loi du 18 germinal an X ne prévoyait pas le moyen dont le gouvernement pût disposer pour vaincre la résistance du Saint-Siège, au cas de refus persistant des bulles d'institution canonique. Cette résistance se produisit à diverses époques, notamment lors de la rupture de Napoléon Ier avec le Saint-Siège. Pour sortir de ces difficultés, l'empereur réunit, en 1811, un concile des évêques de France, qui décida que six mois après la notification de la nomination faite dans la forme ordinaire, Sa Sainteté serait tenue de donner l'institution d'après la forme des concordats, à moins qu'un motif canonique ne s'y opposât ; que les six mois écoulés sans que le Pape eût accordé l'institution, le métropolitain y procéderait, et à défaut du métropolitain, le plus ancien évêque de la province, qui ferait la même chose, s'il s'agissait de l'institution du métropolitain. Le Pape approuva le décret par un bref donné à Savone, le 20 septembre 1811. Napoléon ne publia pas ce bref, dont les termes ne reçurent pas son agrément ; mais il en reproduisit les dispositions dans le Concordat de Fontainebleau du 25 janvier 1813, publié comme loi de l'empire. On dut donc considérer que les dispositions du décret du concile relatives à l'institution des évêques sont obligatoires, bien qu'aucun gouvernement n'en ait réclamé l'exécution (1).

---

(1) « Vu la réponse du ministre des affaires étrangères, en date du 6 janvier, et portant que le mot *præsentare* n'a été employé que par inadvertance dans la bulle d'institution canonique destinée à M. Nouvel pour l'évêché de Quimper et que le cardinal Antonelli se propose de constater l'erreur dans une communication officielle adressée à M. l'ambassadeur de France, confirmant les assurances données dans la susdite dépêche ; — Considérant que la réserve insérée à l'article 2 de tous les décrets de publication de bulles, brefs et autres actes de la cour de Rome, permet de recevoir et publier la bulle... »
b. 19 janvier 1871, portant réception de la bulle d'institution canonique de M. l'abbé Nouvel, pour l'évêché de Quimper ; décrets de la même date portant réception des bulles d'institution canonique de M. l'abbé Duquesnay et de M. l'abbé Richard, pour les évêchés de Limoges et de Belley.
(2) Note, 16 novembre 1871.

(1) Le Concordat du 25 février 1813, signé par le Pape et par l'empereur, a été publié comme loi de l'État par un décret du 13 février suivant ; l'exécution en a été de nouveau ordonnée et réglée par un décret du 25 mars de la même année. La chute du gouvernement impérial est survenue peu de temps après ces actes, et le Saint-Siège a protesté contre la signature qu'il avait apposée au Concordat de Fontainebleau, dont l'application sur les autres points est du reste demeurée sans effet. Cependant, les décrets de l'Empire ayant force de lois, et aucun acte législatif n'étant intervenu pour révoquer les décrets des 13 février et 25 mars 1813, leurs dispositions font partie de la législation et ne peuvent être passées sous silence dans un ouvrage de législation.
« La disposition dont il s'agit ici est d'ailleurs toute spéciale. Dans la pensée impériale, elle avait uniquement pour but de combler une lacune existant dans les concordats de 1516 et de 1801, et de les compléter en réglant l'exécution. Avant eux, les évêques étaient nommés par le clergé et institués par les métropolitains. Les concordats avaient changé cet état de choses et attribué la nomination au chef du gouvernement, et l'institution canonique au Pape. L'attribution de la nomination aux chefs du gouvernement était entière et sans réserve ; mais, l'institution canonique étant, d'autre part, attribuée aux papes, et aucun délai n'étant fixé pour cette institution, il était arrivé qu'à diverses époques, sous Louis XIV, sous Louis XV et sous l'Empire, le Saint-Siège avait trouvé dans cette circonstance le moyen de paralyser

643. Les **évêques sont inamovibles**. Ce principe n'a pas été formulé par la loi de germinal an X ni par aucune autre loi; mais il est sous-entendu dans la loi de l'an X, et s'il n'est pas mentionné dans cette loi, c'est que la question de l'inamovibilité ne faisait pas de doute dans l'esprit des parties contractantes. La garantie de l'inamovibilité existe surtout au regard du pouvoir civil, car le Pape, en usant de l'autorité que lui confère la qualité de chef de l'Église, peut obtenir la démission des évêques, comme il l'a fait en 1873 pour l'évêque de Montpellier et dans d'autres circonstances, ce qui équivaut à une révocation véritable.

644. L'évêque peut être déposé, mais après accomplissement des règles canoniques et de celles consacrées par les usages et libertés de l'Église de France.

645. Aux termes de la loi du 18 germinal an X, l'évêque ne pouvait exercer aucune fonction avant qu'il eût prêté en personne le serment prescrit par la convention passée entre le gouvernement français et le Saint-Siège. Cette formalité de la prestation du serment n'était que l'application d'une maxime constante, reconnue sous l'ancien régime (1).

Le serment devait être prêté au premier Consul et il en devait être dressé procès-verbal par le secrétaire d'Etat. Le serment politique ayant été aboli après la chute du second empire (2), les évêques ne prêtent plus serment aujourd'hui.

646. L'évêque est consacré (3) et installé par le métropolitain, ou, à son défaut, par le plus ancien évêque de l'arrondissement métropolitain (4). Autrefois l'élu prêtait serment d'obéissance et de fidélité au métropolitain; aujourd'hui, c'est au Pape qu'il prête ce serment.

647. Les anciens conciles, notamment ceux de Nicée et de Sardique, interdisaient la translation des évêques, avec édiction de peines canoniques. Cette règle avait été admise pour que l'évêque eût du temps pour gagner la confiance, suivre les bonnes œuvres et garder une conduite uniforme. Il y a longtemps que les prescriptions des anciens conciles ne sont plus observées et que les translations des sièges épiscopaux et archiépiscopaux s'opèrent, comme les nominations, par un acte du chef du pouvoir exécutif, l'institution canonique étant conférée par l'autorité pontificale.

648. « L'évêque peut démissionner; pour que la démission soit valable, il faut qu'elle soit donnée volontairement et authentiquement, et qu'elle soit acceptée par l'autorité compétente, c'est-à-dire le gouvernement. Le gouvernement transmet la démission au Pape, auquel il appartient de l'accepter au point de vue canonique et d'instituer le successeur (1); c'est le ministre des cultes qui reçoit l'acte, qui en constate l'authenticité, qui le transmet à Rome par la voie du ministre des affaires étrangères et de l'ambassadeur de France, lequel seul en sollicite l'acceptation. Que dans cette occasion importante, l'évêque écrive au Pape pour le supplier d'accepter la démission qu'il a remise, et que le président de la République doit transmettre au Pape par la voie ordinaire de son ambassadeur, rien de plus juste; mais que cette formalité soit tellement nécessaire, qu'à son défaut, l'acte de démission, d'ailleurs revêtu de tous les caractères qui le rendent authentique, et envoyé à Rome par le chef de l'État, entre les mains de qui il a été déposé, soit frappé d'une nullité radicale, c'est ce qu'il est impossible d'admettre, ce qui n'est fondé sur aucune disposition canonique, ce qui porterait même atteinte à la dignité nationale. Il y a plus, dans l'état actuel de notre législation, aucun acte émané des évêques de France, ou concernant leur siège, ne doit parvenir au gouvernement romain qu'avec l'attache et par l'entremise du gouvernement français. Cela est si vrai, qu'une démission, qui serait donnée immédiatement et directement au souverain Pontife par un évêque, ne pourrait être acceptée, si Sa Sainteté n'avait été informée officiellement que cette démission a été préalablement acceptée ou consentie par le président de la République. En un mot, il n'arrive à Rome aucune pièce officielle relative aux sièges épiscopaux de France, et d'après laquelle le Saint-Siège puisse prendre une décision, à moins que cette pièce ne porte la marque et l'attache du gouvernement; sans cela, tout ce que pourraient faire les évêques serait insuffisant, complètement nul et de nul effet... » — « Un évêque qui s'est démis entre les mains du président ne peut donc plus retirer sa démission, sous prétexte qu'elle n'aurait pas encore été acceptée par le Pape (2) ».

649. Nous ne reviendrons pas sur la qualité de fonctionnaire public, que les uns attribuent, les autres refusent aux évêques (3).

650. La loi du 18 germinal spécifie qu'il sera libre aux archevêques et évêques d'ajouter à leur nom le titre de *citoyen* ou celui de *monsieur*. Toutes autres qualifications sont interdites (4). Le gouvernement, dans sa correspondance avec les archevêques, leur donne actuellement, non plus la qualification de *monseigneur*, mais celle de *monsieur*.

---

le droit de nomination qui appartient au gouvernement, en n'instituant pas les évêques nommés. Ces refus n'étaient généralement pas fondés sur *l'incapacité canonique* des sujets nommés; ils étaient surtout déterminés par la rupture des relations amicales entre les chefs souverains, et fondés, dès lors, sur des motifs purement politiques et temporels; ce qui le prouve, c'est que l'institution n'était pas toujours refusée, mais elle était motivée dans les bulles rédigées dans une forme inaccoutumée; ainsi, par exemple, sous l'Empire, en omettant d'y faire mention de la nomination faite par l'empereur: ce qui les rendait inacceptables en France. Dans ces circonstances, le gouvernement impérial éprouva de sérieuses difficultés pour pourvoir au gouvernement régulier des diocèses. Une administration capitulaire, qui n'eût conféré que des vicaires généraux que des pouvoirs provisoires, présentait trop peu de fixité. Les chapitres, il est vrai, choisissaient d'ordinaire pour vicaire général capitulaire l'évêque nommé par l'empereur, quoique non institué, et à certains égards, dès lors, son administration pouvait être regardée comme définitive; cependant cette situation laissait encore beaucoup à désirer: l'évêque nommé, n'en ayant pas reçu le caractère canonique, ne pouvait remplir les fonctions exclusivement attachées à l'épiscopat. Enfin, le ministre des cultes écrivait, il est vrai, le 3 mai 1813, que « l'usage de tout temps établi dans l'Eglise de France est que l'ecclésiastique nommé par le souverain pour être évêque soit de suite provisoirement nommé par le chapitre comme vicaire général, jusqu'à ce qu'il ait reçu l'institution canonique, et que les pouvoirs que les chapitres ont l'autorité de conférer ont toujours, en pareil cas, été transmis avec empressement; » mais il faut reconnaître qu'il n'y avait pour les chapitres aucune obligation canonique ou légale de prêter ainsi leur appui aux nominations du gouvernement.

L'empereur, désirant sortir de ces difficultés, rassembla en 1811 un concile des évêques de France à Paris et les leur soumit. Le concile pensa que, dans le cas de refus de la cour de Rome d'instituer un évêque, *sans motif canonique*, la nécessité devait faire passer outre, et que l'institution pouvait alors, comme autrefois, être donnée par le métropolitain ou par le plus ancien évêque suffragant, Le concile exprimait néanmoins le désir que cette décision fût sanctionnée par le Pape. C'est cette sanction, accordée d'abord à Savone dans un bref dont la forme n'avait pas satisfait l'empereur, qui devint ensuite l'objet d'un des articles du concordat de Fontainebleau. »

Vuillefroy, *Administration du culte catholique*. — En ce sens, Dalloz, *Rép.* v° CULTES.

(1) Remontrances du Parlement du 2 décembre 1861; — *Recueil des libertés de l'Église gallicane*, par Durand de Maillane; — Rapport de Portalis.

(2) D. 5 septembre 1870. Voir séance de la Chambre des députés, déclaration du garde des sceaux, séance du 25 novembre 1876, *Officiel* du 26. M. Collet, président de la section de l'intérieur et des cultes du Conseil d'Etat, a déclaré, dans son rapport sur le recours pour abus dirigé contre les évêques d'Annecy et de Langres, et sur lequel le Conseil d'Etat a statué le 28 avril 1883, que les évêques n'étaient plus astreints au serment.

(3) La consécration est une cérémonie religieuse qui confère l'ordre de l'épiscopat.

(4) L. 18 germinal an X, art. 13.

(1) En France, deux pouvoirs concourent à placer un évêque à la tête d'un diocèse: le président de la République, qui le nomme; le Pape, qui l'institue; deux pouvoirs doivent donc concourir pour rompre le lien qui l'attache à son Église: le président, qui agrée la démission, et le Pape, qui l'accepte. Aussi est-ce parmi nous une règle constante et sans exception, que les titulaires d'évêchés à la nomination du président ne peuvent se démettre qu'entre les mains du président, ou du moins de son consentement.

Un arrêt du Conseil, du 13 mai 1870, l'a déclaré en termes exprès, et c'est le consentement unanime de tous nos canonistes. L'agrément du chef de l'Etat doit nécessairement précéder l'acceptation du Pape, de même que la nomination a précédé l'institution. Il n'y a que des *raisons canoniques* qui puissent empêcher l'acceptation, à Rome, d'une démission agréée par le chef de l'Etat, comme il n'y a que des *motifs canoniques* qui puissent invalider une nomination présidentielle et empêcher l'institution du vicaire min. cultes 1828.

(2) Lettre min. cultes 1828.

(3) Voir la partie relative au budget des cultes, en ce qui concerne l'interdiction du cumul de l'indemnité législative et du traitement.

(4) Art. 12.

651. La loi de germinal portait que tous les ecclésiastiques seraient habillés à la française, et en noir, et que les évêques pourraient joindre à ce costume la croix pastorale et les bas violets. Cette disposition a été modifiée par un arrêté du 17 nivôse an XII, qui a permis aux ecclésiastiques de continuer à porter les habits convenables à leur état, suivant les canons, règlements et usages de l'Église.

652. L'évêque a des attributions spirituelles et temporelles. Nous examinerons d'abord ses attributions spirituelles. L'évêque possède tout le pouvoir du ministère et du sacerdoce : outre les attributions qui lui sont communes avec le prêtre, il a le pouvoir de conférer les sacrements de confirmation et d'ordination. Pour ne pas sortir du cadre de cet ouvrage, nous n'étudierons, dans cet ordre d'idées, que le pouvoir d'ordination, parce qu'il se rattache seul à l'organisation administrative du culte. Gardien de la foi et de la discipline, dans le diocèse, l'évêque a le droit de régler les fonctions des prêtres qu'il ordonne, et d'exercer sur eux un pouvoir de direction et de juridiction, le droit de dispenser des canons, le droit d'autoriser l'impression et la réimpression des livres d'église, le droit de publier les ordonnances, le droit de diriger et de surveiller l'enseignement religieux et par suite le droit de donner lui-même l'enseignement religieux, sous forme de mandements, le droit d'organiser et de diriger les séminaires.

653. L'évêque a seul le droit de conférer les ordres sacrés (1). Le droit d'ordination est attribué à l'évêque, même sans évêché, du consentement de l'évêque du diocèse (2). Un clerc peut se faire ordonner, pour motifs graves, dans un autre diocèse que celui auquel il appartient, par un évêque étranger, en vertu d'une permission qui lui est accordée par lettres dimissoires. (3).

653. Suivant les règles du droit canon, l'évêque qui conférerait les ordres à un clerc étranger sans lettres dimissoires serait suspendu pendant un an du droit de collation des ordres sacrés. Le clerc irrégulièrement ordonné serait suspendu de fait, et ne pourrait remplir les fonctions du ministère sacré qu'après avoir été relevé de la dispense par l'évêque de son diocèse (4).

655. Après l'ordination, le prêtre est placé sous l'autorité de l'évêque que Van Espen appelle illimitée (5). Gardien de la foi et de la discipline, l'évêque exerce à ce titre sur le clergé de son diocèse un pouvoir absolu de direction et de juridiction.

656. Il a, en cette qualité, le pouvoir de régler les fonctions des prêtres qu'il ordonne. Il nomme ou présente à tous les titres ecclésiastiques ; il déplace, suspend, révoque les titulaires amovibles et peut même destituer les titulaires inamovibles, en se conformant aux règles canoniques, sauf approbation du gouvernement (6). L'évêque donne le droit de confesser et de prêcher aux prêtres sans charge d'âmes et il a le pouvoir de restreindre ou de retirer les autorisations une fois données. Aucun ecclésiastique ne peut échapper à son autorité :

657. Toute fonction est interdite à tout ecclésiastique, même français, qui n'appartient à aucun diocèse (7).

La loi organique interdit aux prêtres de quitter leur diocèse pour aller desservir dans un autre sans la permission de leur évêque (8), que l'on appelle exéat. On doit entendre par diocèse non seulement le diocèse natal, mais le diocèse d'adoption, c'est-à-dire celui où le prêtre dessert en vertu

d'un exéat de l'évêque (1). En fait, la formalité de l'exéat n'est plus aujourd'hui exigée.

Le pouvoir de direction que l'évêque, gardien de la foi et de la discipline, exerce sur le clergé de son diocèse, entraîne une autre conséquence : elle impose aux curés qui ne tiennent leurs droits que d'une délégation du pouvoir épiscopal l'obligation de le consulter sur les difficultés relatives aux questions de foi et de discipline et de se soumettre à ses décisions souveraines.

658. L'évêque peut agir comme chef et représentant du clergé de son diocèse pour poursuivre des outrages commis par la voie de la presse envers les membres du clergé de son diocèse (2).

659. Gardien de la foi et de la discipline, l'évêque a le pouvoir de dispenser des canons, dans les cas où les canons le permettent, comme pour les publications de mariages, à l'exception des cas qui sont réservés au Pape. Le gouvernement français a essayé de déterminer le Pape à renoncer à donner lui-même la dispense dans ces cas réservés. Le souverain Pontife a parfois consenti à déléguer son pouvoir de dispense à ses légats ou même à des évêques, mais il n'a jamais conféré à ces derniers que des pouvoirs annuels, et il n'a jamais consenti à faire abandon de son droit de dispense, qu'il a considéré comme une garantie de l'unité de la discipline ecclésiastique (3).

Le Saint-Siège se réserve, en France, pour les mariages entre parents, les dispenses du premier degré, du deuxième et du deuxième au troisième ; il a l'habitude de déléguer aux évêques le droit d'accorder des dispenses pour les degrés inférieurs, mais cette délégation n'est que pour trois mois ou un an. La demande de dispense doit être adressée à l'évêque. Elle contient les noms, prénoms, l'âge, l'indication de la situation de fortune, si l'on veut obtenir la dispense sans frais. S'il est nécessaire de recourir à Rome, l'évêque y adresse la demande, sous son contre-seing, par l'intermédiaire de l'ambassade française, sans passer par la voie du ministère (4). Toute demande adressée au Pape ou aux tribunaux ecclésiastiques romains doit être revêtue du contre-seing de l'évêque (5).

661. Le droit qui appartient à l'évêque de maintenir la foi et la discipline dans son diocèse entraîne d'autres conséquences : le décret du 7 germinal an XIII accorde à l'évêque le pouvoir d'autoriser l'impression et la réimpression des livres d'église, des heures et prières. La permission doit être textuellement rapportée et imprimée en tête de chaque exemplaire (6). Les imprimeurs, libraires qui feraient imprimer, réimprimer des livres d'église, des heures ou prières, sans avoir obtenu cette permission, doivent être poursuivis conformément à la loi du 19 juillet 1793 (7), relative à la propriété littéraire, c'est-à-dire comme contrefacteurs (8).

Quelle était la législation, en cette matière, avant

---

(1) Voir Ordres.
(2) D'Héricourt, Lois ecclés.
(3) Les lettres dimissoires ne doivent pas être confondues avec les lettres d'excorporation. Les lettres dimissoires se bornent à transférer à un évêque autre que l'évêque diocésain le droit d'ordination. Les lettres d'excorporation transmettent à un autre évêque les droits de l'évêque diocésain sur la personne du prêtre excorporé.
(4) D'Héricourt, loix eccés.
(5) Eccles. universale.
(6) Voir Vicaires généraux ; chapitres, curés et desservants ; vicaires ; chapelains ; Juridiction.
(7) L. 18 germinal an X, art. 33 org..
(8) L. 18 germinal an X, art. 34 org., voir Lettres dimissoires et lettres d'excorporation.

(1) C. d'Ét. D. 29 août 1811 et 1821.
(2) Paris, jugement 22 juin 1876. — « Le tribunal donne défaut contre Taillez et Dubuisson ; — Au fond ; — Attendu que, dans le numéro du journal le Rien public, du 17 mai 1876, lequel a été vendu et distribué, Taillez, gérant de ce journal, a inséré un article intitulé : Lettres du pays des soulanes, contenant notamment deux passages, l'un commençant par ces mots : « Pour les curés », et finissant par ceux-ci : « Avec leurs ouailles ». L'autre commençant par ces mots : « Ce n'est pas tout », et finissant par ceux-ci : « Aussitôt donnés », dans lesquels il impute aux membres du clergé catholique du diocèse de Vannes de faire le coup de poing avec les paysans et de boire au point de rouler sous les tables ; — Attendu que ces imputations constituent un outrage grossier envers les membres du clergé contre lesquels elles sont dirigées ; qu'en conséquence elles tombent sous l'application de l'article 6, § 3 de la loi du 25 mars 1822, et de l'article 1er de la même loi ; — Attendu qu'il résulte de l'instruction de la même époque, Dubuisson s'est rendu complice de ce délit, en imprimant ledit article et en fournissant ainsi à Taillez les moyens de le commettre ; — Statuant sur la plainte de l'évêque de Vannes agissant comme chef et représentant du clergé de son diocèse ; — Condamne... »
La Cour d'appel de Paris a confirmé ce jugement le 10 août 1876.
(3) Lettre de l'ambassadeur de France à Rome, 1er août 1818.
(4) Lettre min mars 1822.
(5) Lettre min. 5 août et 5 décembre 1816.
(6) Art. 1er.
(7) Art. 2.
(8) C. P., art. 425, 427, 429.

1789 ? L'évêque intervenait dans l'impression des livres d'église pour en approuver la doctrine, dont il était considéré comme le gardien naturel, sans dérogation au droit de l'autorité royale, à laquelle il appartenait d'autoriser l'impression des livres d'église comme de tous autres ouvrages. Il est arrivé que l'autorité séculière supprimait des livres d'église, quoique approuvés par l'autorité ecclésiastique. Le principe était, en effet, qu'on ne pût rien innover, même dans la liturgie, sans faire concourir la puissance publique avec la puissance spirituelle.

Après la Révolution, lors du rétablissement du culte catholique, un grand nombre de libraires entreprirent de publier des livres d'église dans un but de spéculation. Le décret du 7 germinal an XIII voulut remédier à des abus que signalait Portalis dans son rapport. « La loi rend les auteurs de quelque ouvrage que ce soit responsables de leurs écrits ; les évêques le sont de ceux qui traitent de la doctrine ecclésiastique. Et comment pourraient-ils l'être si, comme les autres auteurs, ils ne sont pas libres de choisir exclusivement leurs imprimeurs et leurs libraires, et si ceux-ci peuvent impunément s'approprier l'impression des livres d'église ? Si cette impression ou réimpression n'est pas soumise à l'inspection des évêques, bientôt, comme cela vient d'arriver à Meaux, les imprimeurs dénatureront les ouvrages qu'ils publieront ; la doctrine sera en péril, et les erreurs les plus graves et les plus dangereuses se propageront » (1).

On a soutenu que le décret de germinal an XIII avait été abrogé par l'abolition de la censure, prononcée par la Charte. Cette opinion serait admissible si l'évêque avait reçu le droit d'autoriser l'impression de tous les livres qui traitent des questions religieuses ; mais l'évêque n'a reçu le droit d'autoriser l'impression que des livres d'église qui sont à l'usage ordinaire et public de l'église. La liberté de la presse veut que chacun ait le droit de publier sa pensée sur tous sujets ; assurément, mais ce droit ne peut aller jusqu'à accorder à chacun le pouvoir de publier des livres d'église exposant une doctrine dont l'évêque est responsable, en sa qualité de gardien de la foi et de la discipline dans le diocèse. La théorie qui soutient l'abrogation du décret de germinal an XIII, adoptée par deux auteurs (2), ne peut invoquer aucune décision judiciaire ; elle n'a même pas été discutée par les arrêts importants qui ont été rendus relativement à l'interprétation du décret (3). Ainsi, celui qui, sans l'autorisation préalable de l'évêque du diocèse, imprime les livres d'église, se rend coupable d'une contravention dont la répression doit être poursuivie, soit d'office, soit sur la plainte de l'évêque, par le ministère public.

662. C'est aux tribunaux et non à l'autorité administrative qu'appartient la connaissance des contestations qui s'élèvent entre des particuliers sur l'exécution du décret du 7 germinal an XIII (4).

663. A quels livres d'église s'applique le décret de

l'an XIII ? Des observations de Portalis que nous venons de rapporter et du texte même du décret qui mentionne les *livres d'église*, les *heures et prières*, il résulte que le décret est applicable, non pas à tous livres religieux, mais à ceux qui sont les livres *officiels* du dogme ou de la doctrine. On entend par les livres d'église, dont les évêques seuls peuvent autoriser l'impression, les livres à l'usage ordinaire et public de l'église (1). Ce sont les catéchismes, les livres liturgiques, tels que le rituel, le missel, le bréviaire, le cérémonial, le processionnal, l'antiphonaire, et généralement ceux qui contiennent en tout ou en partie les offices et les prières usités et consacrés par l'Église. On doit ranger dans cette catégorie, indépendamment des livres ci-dessus indiqués, les paroissiens et eucologes et les livres d'heures qui ne contiennent que des extraits du missel à l'usage du diocèse. Mais ce serait abusivement et par une fausse interprétation du décret que l'on voudrait faire comprendre parmi ces livres ceux qui ne renferment que des prières, méditations ou explications composées *ad hoc*, extraites d'autres livres que le missel et qui, par conséquent, contiennent autre chose que les usages, le propre du diocèse (2).

On a pensé que les livres de prières dans lesquels les extraits de la liturgie forment la partie la moins considérable doivent cependant être considérés comme des livres d'église et soumis, par conséquent, aux prescriptions du décret du 7 germinal an XIII (3).

664. Quelle est la nature juridique du droit que le décret de l'an XIII consacre ? L'évêque est évidemment propriétaire du livre d'église, s'il en est l'auteur.

La propriété des livres liturgiques, catéchisme, etc., composés par un évêque et en usage dans son diocèse, appartient à son auteur comme toute autre propriété littéraire. C'est ainsi qu'un arrêt de la Cour de Paris (4), confirmant un jugement du tribunal civil de Versailles (5), a déclaré qu'un sieur Dufaure, qui avait réimprimé le catéchisme du diocèse de Versailles, avait commis un délit de contrefaçon, attendu que ce catéchisme avait été composé par le précédent évêque de cette ville ; qu'il ne s'était pas écoulé dix ans (délai qui, à cette époque, fixait la déchéance du droit de propriété littéraire) depuis la mort de cet évêque ; que l'évêque actuel était légataire universel de son prédécesseur, et que, par conséquent, ce catéchisme était encore sa propriété.

Par conséquent, lorsqu'un évêque, auteur d'un catéchisme ou de tout autre livre liturgique en usage dans son diocèse,

---

(1) Portalis, *Rapp. sur les art. org.*
(2) Renouard, *Traité des droits d'auteur ; —* Nachet, *De la liberté religieuse.*
(3) Cass. crim. 28 mai 1836.
(4) 9. conflits, 17 juin 1809. — « Napoléon, etc. — Sur le rapport de notre grand juge, ministre de la Justice, — Vu l'arrêté du préfet du département de Seine-et-Marne, en date du 17 octobre 1806, qui élève un conflit entre l'autorité administrative et l'autorité judiciaire, dans la contestation existante entre les sieurs Enguin et Guesdon, relativement à la distribution des livres d'église à l'usage du diocèse de Meaux ; — Vu l'arrêté du maire de Meaux, lequel, vu l'acte fait par l'évêque de Meaux, le 22 janvier 1806, et les demandes du sieur Enguin, tendant à ce qu'il soit pris les mesures nécessaires à l'effet d'assurer l'exécution du privilège à lui accordé par l'évêque, ordonne aux sieurs Guesdon et Fougues d'apporter de suite à la mairie tous les livres d'église, heures et prières à l'usage du diocèse de Meaux, qu'ils ont en leur possession, à l'effet d'y être, en présence du sieur Enguin, inventoriés et estampillés ; — Vu les différents arrêtés subséquents, pris par le maire de Meaux, en exécution de celui du 1er juillet 1806 ; — Vu le procès-verbal du juge de paix du canton de Meaux, en date du 1er septembre 1806 lequel, sur le refus du sieur Guesdon d'exécuter les arrêtés du maire, s'est transporté chez ledit sieur Guesdon, a réuni dans une même pièce tous les livres ci-dessus désignés, appartenant au sieur Guesdon, et les a mis sous scellés ; — Vu le jugement du tribunal de première instance séant à Meaux, en date du 6 octobre 1806, lequel ordonne la levée des scellés apposés par le juge de paix, ledit jugement

confirmé par arrêt de la Cour d'appel de Paris rendu par défaut, en date du 15 mars 1807 ; — Vu la loi du 19 juillet 1793 et le décret du 7 germinal an XIII ; Considérant que le tribunal de première instance était compétent pour prononcer sur une apposition de scellés faite par le juge de paix, lequel n'avait pu légalement agir dans la discussion existante entre le sieur Guesdon et le sieur Enguin, que comme officier judiciaire, et comme constatant une infraction matérielle au décret du 7 germinal an XIII ; — Considérant que le décret du 7 germinal an XIII, en statuant que les livres d'église, d'heures et de prières ne pourraient être imprimés ou réimprimés que d'après la permission donnée par les évêques diocésains, n'a point entendu donner aux évêques le droit d'accorder un privilège exclusif à l'effet d'imprimer ou réimprimer les livres de cette nature ; que, dans tous les cas, les infractions à ce décret devant être poursuivies conformément à la loi du 19 juillet 1793, toutes les contestations élevées à ce sujet sont du ressort de l'autorité judiciaire ; que, dès lors, le maire de Meaux a outrepassé ses pouvoirs en prenant une mesure qui pouvait porter atteinte à la propriété du sieur Guesdon, et qui ne pouvait résulter que d'un règlement d'administration publique, sur lequel il ne pouvait lui appartenir de prendre l'initiative ; — Vu l'avis de notre commission du Contentieux ;

Notre Conseil d'État entendu, — Nous avons décrété et décrétons ce qui suit : — Art. 1er. L'arrêté du préfet du département de Seine-et-Marne, en date du 17 octobre 1806, lequel élève le conflit entre l'autorité administrative et l'autorité judiciaire, est annulé ; — Art. 2. Sont pareillement annulés les arrêtés du maire de Meaux, pris dans la discussion existante entre le sieur Guesdon et le sieur Enguin, et notamment celui du 1er juillet 1806 ; — Art. 3. Le jugement du tribunal de première instance de Meaux, en date du 6 octobre 1806, et l'arrêt de la Cour d'appel, rendu par défaut, le 15 mars 1807, recevront leur plein et entier effet. »

(1). Déc. min. 22 novembre 1810.
(2) *Revue de droit français et étranger*, année 1847.
(3) J. C. F., 1845-46.
(4) 25 novembre 1842.
(5) 22 juin 1842.

n'a pas pris le soin d'assurer à ses successeurs ou à la mense épiscopale la propriété de ses œuvres, ses héritiers pourraient, après son décès, revendiquer cette propriété.

665. L'évêque doit être considéré comme propriétaire des livres d'église composés par une commission qu'il a nommée à cet effet, et cela encore bien que la composition de ces livres ne consisterait que dans une compilation, si elle a exigé du discernement et un travail d'esprit (tel qu'une traduction). En conséquence, celui qui réimprimerait un tel livre, malgré la cession faite par l'évêque à un tiers du privilège exclusif d'impression, se rendrait coupable de contrefaçon (1).

666. En dehors du cas où l'évêque est l'auteur, quelle est la nature juridique du droit conféré à l'évêque sur le livre d'église par le décret de l'an XIII? L'évêque a-t-il un véritable droit de propriété? La Cour de cassation l'avait d'abord reconnu (2). Si l'on admet que l'évêque est propriétaire, les libraires cessionnaires peuvent réclamer les dommages et intérêts dus à tout propriétaire lésé ou à celui qui le représente. Le système, celui qui reconnaît à l'évêque un droit de propriété n'est plus adopté par la Cour de cassation, et il est repoussé par la doctrine.

667. Le premier système écarté, deux systèmes restent en présence. L'évêque se borne-t-il à approuver *le livre*, et tout imprimeur est-il en droit d'imprimer l'ouvrage dont la doctrine a reçu l'agrément de l'évêque? En d'autres termes, le décret de l'an XIII reconnaît-il uniquement à l'évêque un droit de haute surveillance sur l'impression des livres d'église? A ce système on en a opposé un autre : l'évêque autoriserait non pas le livre, *mais l'imprimeur*, et l'imprimeur seul qu'il a choisi aurait le monopole de l'impression. Ce dernier système reconnaît donc à l'évêque un droit de quasi-propriété littéraire. En faveur de ce droit de quasi-propriété littéraire, on fait observer que l'évêque a pour mission, en sa qualité de chef spirituel du culte catholique, de garantir l'exactitude des livres officiels de l'Eglise, qui sont l'expression de la doctrine dont il a la garde ; la surveillance de l'évêque ne peut donc être complète et utile que si les livres d'église ne peuvent être imprimés ni réimprimés qu'avec la permission de l'évêque, spéciale et personnelle aux conditions qu'il impose. On peut invoquer le rapport même de Portalis : « L'article 1er de la loi du 19 juillet 1793 accorde aux auteurs la *propriété* de leurs écrits pendant leur vie entière. Cette disposition doit être indéfinie relativement aux livres d'église et de prières.

Les droits résultant *de la propriété* ne doivent pas seulement appartenir aux évêques auteurs de ces livres ; mais, sous le rapport de la surveillance, ces droits doivent s'étendre à tous les évêques successeurs. Il est ici question d'instruction, de doctrine ; les évêques en sont juges, et ils sont toujours et successivement l'un après l'autre responsables de celle qui se répand dans leur juridiction ; dès lors ils doivent conserver inspection sur la réimpression des livres d'église de leurs prédécesseurs, afin de ne pouvoir échapper à la responsabilité. »

Contrairement à l'opinion que nous venons d'exposer, différents auteurs ont soutenu que l'évêque avait, seulement en matière d'impression de livres d'église, un pouvoir de haute surveillance et de censure dans un intérêt d'ordre public, et que la permission d'imprimer concernait l'écrit et non l'imprimeur.

Pour les partisans de cette opinion, le droit de l'évêque, en cette matière, n'est que la conséquence des articles 9 et 14 de la loi du 18 germinal an X, qui chargent l'autorité épiscopale du maintien de la foi et de la discipline dans le diocèse ; pour empêcher que la [doctrine ne soit en péril, ce droit de haute censure suffit, et il aurait été inutile de conférer à l'évêque une sorte de droit de propriété littéraire. Le texte d'ailleurs n'est-il pas clair ? Ce sont « les livres » et non le libraire ou l'imprimeur que l'évêque est chargé d'autoriser. Cette dernière interprétation a été, à l'origine, l'interprétation du Conseil d'Etat, qui a déclaré (1) « qu'il n'a point entendu donner aux évêques le droit d'accorder un privilège exclusif à l'effet d'imprimer ou de réimprimer les livres de cette nature. » On peut citer plusieurs circulaires du directeur général de la librairie des 23 juin 1810, 18 mars 1811 et 26 novembre 1814, qui ont confirmé cette interprétation (2).

Cette doctrine a même reçu, dans un arrêt isolé, l'approbation de la Cour de cassation, qui depuis est revenue sur sa jurisprudence (3).

---

(1) Toulouse, 2 juillet 1857.

(2) Cass. crim. 23 juillet 1830. — « Attendu, sur les deux moyens présentés par les demandeurs, que, d'après les articles 1 et 2 du décret du 7 germinal an XIII, les imprimeurs-libraires qui feraient imprimer, réimprimer des livres d'église, heures ou prières, sans en avoir obtenu la permission écrite de l'évêque diocésain, doivent être poursuivis conformément à la loi du 19 juillet 1793 ; que les individus contre lesquels les articles 3 et suivants de cette loi autorisent des poursuites et prononcent des peines sont ceux qui impriment des ouvrages, sans la permission formelle et par écrit des auteurs ; que, par conséquent, c'est dans cette même catégorie que le décret du 7 germinal an XIII place, sous le rapport de la poursuite et de la pénalité, l'impression ou la réimpression des livres d'église, sans la permission des évêques auxquels ce décret donne véritablement un droit de propriété sur cette sorte d'ouvrages ; que l'article 8 de la charte constitutionnelle n'a nullement dérogé à cette législation spéciale ; — Attendu qu'un bréviaire renferme les offices et les prières que, chaque jour de l'année, les ecclésiastiques d'un diocèse doivent réciter ; que c'est à l'évêque qu'il appartient essentiellement de désigner les offices et les prières dont le bréviaire doit se composer ; que, par conséquent, il a nécessairement le droit de faire imprimer et publier ce bréviaire, de surveiller l'exactitude et la fidélité de son impression et de sa distribution, et de choisir les personnes auxquelles il lui paraît le plus convenable de les confier ; qu'ainsi, le bréviaire publié par un évêque dans son diocèse, est évidemment, par le double titre et par l'objet de sa publication et le caractère épiscopal de son auteur, au nombre des livres d'église dont l'impression et la réimpression faites sans la permission écrite de l'évêque, donnent lieu aux poursuites autorisées par la loi du 19 juillet 1793 ; — Et attendu que, dans l'espèce, le *Breviarium parisiense* avait été publié en 1822 par l'archevêque de Paris, pour l'usage de son diocèse ; que néanmoins les demandeurs l'ont réimprimé et vendu sans en avoir obtenu de l'archevêque la permission écrite ; que, dès lors, en confirmant le jugement qui déclarait ce fait susceptible d'être poursuivi conformément à la loi du 19 juillet 1793, et prononçait la peine actuellement portée par les articles 425, 426 et 427 du Code pénal, la Cour royale de Paris, loin d'avoir contrevenu à ces lois, non plus qu'au décret du 7 germinal an XIII, qu'a fait une juste application. »

---

(1) Déc. C. d'Et. 15 juin 1809.

(2) C. 13 juin 1810, n° 3 (extrait). — « Il est bon de rappeler ici que les heures, livres d'église ou de prières, sont de plus assujettis à une formalité spéciale : suivant le décret impérial du 7 germinal an XIII, on ne peut les imprimer ou les réimprimer qu'avec la permission des évêques diocésains, laquelle doit être textuellement rapportée et imprimée en tête de chaque exemplaire. Cette disposition subsiste dans toute sa force, il est expressément recommandé à MM. les imprimeurs de s'y conformer. Il est bien entendu que la permission dont il est ici question n'est point un privilège, et que tout imprimeur peut imprimer les heures, prières ou livres d'église, avec la permission de son évêque. »

C. 15 mars 1811 (extrait). — « Si les déclarations sont relatives à des prières, heures ou livres d'église ou de liturgie, comme ces sortes d'ouvrages, en vertu du décret impérial du 7 germinal an XIII, ne peuvent être imprimés ou réimprimés qu'après avoir été soumis à l'examen et revêtus de l'approbation de l'évêque diocésain, cette approbation, en original, devra toujours accompagner la déclaration de l'imprimeur ; son omission arrêterait l'envoi du récépissé, qui seul peut autoriser à commencer l'impression, même après l'approbation épiscopale. Il est à remarquer que cette censure ecclésiastique, applicable seulement aux livres de prières destinés au culte public, ne porte que sur le fond des ouvrages, qu'elle ne confère aucun privilège, et que l'administration conserve toujours la plénitude de son droit de permettre ou de suspendre l'impression du livre approuvé ; mais comme il est juste que MM. les évêques puissent s'assurer que l'ouvrage imprimé est en tout conforme à l'ouvrage qu'ils ont approuvé, un exemplaire doit être déposé à leur secrétariat, suivant la décision de son excellence le ministre de l'intérieur, en date du 10 octobre 1810. »

C. 26 novembre 1814 (extrait). — « La législation actuelle de la librairie n'admet aucun privilège exclusif pour l'impression des livres d'église ; les imprimeurs ont le droit d'imprimer et de mettre en vente ces sortes de livres, en se conformant au décret du 7 germinal an XIII. On a cru que la permission exigée avait rapport à l'imprimeur, et que MM. les évêques auraient le droit d'interdire l'impression de ces livres à ceux qu'ils n'auraient pas choisis ; ce n'est pas dans ce sens que ce décret doit être entendu. L'ouvrage seul doit être l'objet de l'approbation de MM. les évêques ; cette approbation est la preuve que l'ouvrage est conforme à celui qui avait déjà été approuvé, et qu'il ne contient rien de contraire aux maximes de l'Eglise et aux lois du royaume. C'est ainsi que le Conseil d'Etat l'a décidé dans une contestation de cette nature, qui s'était élevée entre un imprimeur de la Seine et Monseigneur l'évêque de Versailles. »

(3) En ce sens : Colmar, 6 août 1833 ; Amiens, 14 décembre 1835 ; Cass. 28 mai 1836 ; Caen, 11 février 1839 ; M. Dumesnil ; M. Batbie, *Doctrine et jurisprudence en matière d'appel comme d'abus* ; MM. Chauveau et F. Hélie ; Dufour, *Police des cultes* ; Vuillefroy, *Administration du culte catholique*.

Cass. 28 mai 1836. — « La Cour, attendu que le décret du 7 germinal an XIII, en disposant que les livres d'église, les heures et prières ne

Malgré les arguments et les autorités sur lesquels s'appuie cette dernière opinion, la Cour de cassation, revenant sur l'arrêt de 1836, a fixé sa jurisprudence en sens contraire et consacré le droit de quasi-propriété de l'évêque.

Dans l'état actuel de la jurisprudence de la Cour suprême, la permission d'imprimer les livres d'église est personnelle à l'imprimeur et spéciale pour le livre à imprimer ; elle doit être renouvelée à chaque impression ; on prétendrait à tort que la permission d'imprimer ne concerne que l'écrit, en sorte que la permission donnée à cet écrit dût en légitimer la libre reproduction.

Cette jurisprudence décide implicitement que l'évêque n'a pas un droit de propriété sur les livres d'église (1), à moins, bien entendu, qu'il n'en soit l'auteur ; mais elle confère, on le voit, à l'autorité épiscopale une sorte de droit de quasi-propriété (2).

668. On a soutenu que tout imprimeur avait le droit de mettre en demeure l'évêque de lui accorder le droit d'imprimer un livre d'église et, au cas de refus, de faire l'administration juge du débat (3) ; mais il a été décidé que le pouvoir d'autorisation de l'évêque en cette matière, est discrétionnaire.

En effet, l'évêque ayant reçu par le décret la responsabilité de la publication des livres d'église, il en résulte nécessairement pour lui la faculté d'accorder la permission à qui il lui plaît ; s'il était forcé de donner cette permission à tous les imprimeurs et libraires, sa responsabilité deviendrait illusoire ou dangereuse (1) ; en conséquence, il peut accorder ou refuser la permission à son gré, sous sa seule responsabilité, en vertu d'une appréciation souveraine dont il n'est pas tenu de déduire les motifs (2).

669. Le libraire qui a obtenu de l'évêque la permission d'imprimer et de vendre un livre d'église, tel que le Propre du diocèse, ne peut être contraint par un autre libraire à lui en livrer un certain nombre d'exemplaires, même sous l'offre que lui en fait celui-ci de lui payer le prix comptant (3).

670. D'après la jurisprudence contenue dans les arrêts précités de cassation de 1843 et 1847, l'impression des livres d'église sans la permission de l'évêque emporte, outre la condamnation à l'amende (4), la confiscation des ouvrages illégalement imprimés ; mais le bénéfice de cette confiscation ne doit être appliqué ni à l'évêque ni aux libraires autorisés, ce qui se comprend, puisqu'ils ne sont pas propriétaires. Toutefois, le privilège conféré aux imprimeurs dans l'intérêt du service public du culte, leur donne qualité pour intervenir comme parties civiles dans les poursuites dirigées contre les imprimeurs coupables d'impression illégale de ces livres (5).

---

pouvaient être imprimés ou réimprimés sans la permission de l'évêque diocésain, n'a pas conféré aux évêques la propriété de ces livres, qu'il n'a fait qu'établir, dans l'intérêt des doctrines religieuses et de leur unité, un droit de haute censure épiscopale, duquel il résulte pour les évêques celui de porter plainte, et pour le ministère public, le devoir de poursuivre, même d'office, les imprimeurs qui contreviendraient à sa disposition ; — Qu'il suit de là que les évêques, aux imprimeurs auxquels ils ont accordé la permission d'imprimer ou de réimprimer les livres de cette nature, sont sans qualité pour intenter l'action résultant de la loi du 19 juillet 1793 et des articles 425, 427, 429 du Code pénal ; — Qu'en le jugeant ainsi, l'arrêt attaqué (d'Amiens), loin de violer le décret du 7 germinal an XIII, s'y est, au contraire, exactement conforme ; — Rejette. »

(1) Un arrêt de cassation, du 29 juillet 1830, reconnaissait aux évêques un droit de propriété.

(2) Cass. crim., 5 juin 1847. — L'arrêt de cassation du 9 juin 1843, crim., sans chercher à définir l'étendue des droits que le décret de germinal pouvait attribuer à l'évêque sur la propriété des livres d'église, décidait son droit de censure illimité, que la faculté d'autorisation est absolue et que l'autorisation est personnelle à l'imprimeur.

Cass., 5 juin 1847. — « La Cour, — En ce qui concerne le pourvoi des parties de Me Fabre ; — Sur l'unique moyen pris de la fausse application des articles 1 et 2 du décret du 7 germinal an XIII ; — Attendu que ce décret a son principe dans l'article 11 de la loi du 18 germinal an X, lequel est ainsi conçu : « La liberté des cultes veilleront au maintien de la foi et de la discipline dans les diocèses dépendant de leur métropole, » qu'il défend par son article 1er d'imprimer et de réimprimer les livres d'église, heures et prières sans la permission de l'évêque diocésain, ladite permission devant être textuellement rapportée et imprimée en tête de chaque exemplaire ; — Qu'il veut, par son article 2, que les imprimeurs ou libraires qui, sans l'avoir obtenu, feraient imprimer ou réimprimer de tels livres, soient poursuivis conformément à la loi du 19 juillet 1793 ; — Attendu qu'il ressort, soit de la teneur de ces deux articles, soit de leur corrélation avec celles des dispositions de la loi du 18 germinal an X, dont ils ont eu pour objet d'assurer et de régler l'exécution, que l'interdiction qui y est portée est générale et absolue ; — Que la condition à laquelle est subordonnée, en cette matière, toute impression ou réimpression, à savoir : la permission de l'évêque diocésain, lui confère virtuellement la faculté de l'accorder ou de la refuser, en vertu d'une appréciation souveraine, sans qu'il soit tenu d'en décliner les motifs, sous la mission de haute surveillance que ce caractère lui impose ; — Que l'intérêt de l'enseignement religieux auquel il est appelé à pourvoir, et l'unité de dogme et de discipline qu'il est chargé de maintenir, ne sont efficacement garantis qu'autant que la permission émane de lui est personnelle à l'imprimeur, préalable à l'impression, renouvelée à chaque édition nouvelle ; ce qui entraîne par voie de conséquence le libre choix de l'imprimeur ou des imprimeurs préposés sans sa direction à toutes les publications liturgiques réclamées par les besoins de son diocèse ; — Attendu que si le droit imparti aux évêques par le décret du 7 germinal an XIII ne pouvait être exercé qu'au moyen d'une autorisation qui, une fois accordée à l'écrit, en légitimerait indéfiniment la reproduction, d'une part, il ne serait attribué à ce droit, par suite de la faculté qu'auraient les contrevenants à s'y soustraire, qu'une satisfaction vaine ou incomplète ; de l'autre, son exercice donnerait lieu à un contrôle placé en dehors de la responsabilité spéciale à laquelle aucune autre ne saurait être substituée ; — Qu'ainsi, sous ce double rapport, le vœu du décret pourrait ne serait pas rempli ;

« D'où il suit qu'en déclarant Langlumé et consorts, en raison de ce qu'ils auraient imprimé et publié à Paris des livres d'église sans la permission de l'archevêque diocésain, coupables de l'infraction prévue par ledit décret, l'arrêt attaqué, loin d'en avoir appliqué faussement, en a fait une saine et juste interprétation ; — Par ces motifs ; — Rejette le pourvoi desdits Langlumé et consorts. »

(3) Consultation rédigée par M. Landrin, avocat, et à laquelle ont adhéré MM. Chaix d'Est-Ange, Ph. Dupin, Marie, Odilon Barrot, Boinvilliers, F. Barrot, Montigny, Pinard, Durand de Saint-Amand.

---

(1) Déc. min., 26 messidor an XIII ; 25 prairial an XIII ; 19 mars 1807.

(2) Ord., 18 mars 1811 ; — Ord., 30 mars 1842. — « Louis-Philippe : — Vu le recours adressé à notre garde des sceaux pour nous être transmis en notre Conseil d'État, par le sieur Louis-Auguste Lallemand, imprimeur à Verdun (Meuse), appelant comme d'abus du refus que lui a fait le sieur Augustin-Jean Letourneur, évêque de Verdun, de l'autoriser à imprimer les livres d'église à l'usage du diocèse, et tendant à ce qu'il nous plaise, statuant sur ledit recours, déclarer qu'il y a abus dans les faits imputés audit évêque ; — Vu la loi du 18 germinal an X et le décret du 7 germinal an XIII ; — Considérant que le fait imputé à l'évêque de Verdun ne constitue pas abus ; — Article 1er. — Le recours du sieur Lallemand est rejeté ; etc. »

Batbie, Doctrine et jurisprudence en matière d'appel comme d'abus ; — Cass. crim., 9 juin 1843 ; — Cass. crim. 5 juin 1847, sur renvoi ; — Amiens, 11 novembre 1847.

(3) Dijon, 24 mai 1859. — « La Cour : — Considérant que tout éditeur est propriétaire de l'édition qu'il publie, et qu'à ce titre il est le maître de choisir ses intermédiaires pour la mise en vente ; — Considérant que cette faculté de droit commun ne saurait être refusée à Dejussieu dans l'espèce ; qu'en effet, l'autorisation qui lui a été accordée par l'évêque de publier seul le Propre du diocèse d'Autun, n'a pu rendre moins favorable vis-à-vis des autres libraires du diocèse sa condition d'éditeur et son droit de propriétaire de l'édition ; — Qu'à la vérité l'intérêt public exige que le propre du diocèse d'Autun soit à la disposition du clergé et des fidèles, mais qu'il ne suit nullement de là que dans l'intérêt de son commerce personnel, le libraire Royer ait une action en justice pour se faire livrer tout ou partie de l'édition publiée par Dejussieu, pour la mettre en vente à la place de ce dernier ou de ses dépositaires ; — Contraire, ... »

Contra, un arrêt de la Cour de Toulouse du 2 juillet 1857 qui décide que la peine de la confiscation doit être prononcée, puisque c'est la peine appliquée au délit lorsqu'elle reconnaît l'existence, mais qu'il n'y a pas lieu d'infliger l'amende, attendu que c'est une punition nouvelle introduite par le Code pénal, auquel ne peut se référer le décret du 7 germinal an XIII, qui lui est antérieur.

(5) Cass. crim. 5 juin 1847. — « En ce qui concerne le pourvoi du procureur général près la Cour royale de Paris ; — Vu les articles 2 du décret du 7 germinal an XIII ; 3 de la loi du 19 juillet 1793 ; 4, titre II, de celle du 19 juillet 1791 ; 11, 427 et 429 du Code pénal ;

« Sur le premier moyen tiré de ce que l'arrêt attaqué n'a pas fait droit aux conclusions du ministère public, tendant à la confiscation des ouvrages indûment imprimés et publiés ; — Attendu que la loi du 19 juillet 1793, à laquelle renvoie, quant à la poursuite, le décret 7 germinal an XIII, prononce la confiscation des éditions imprimées sans la permission des auteurs ; — Attendu qu'il importe peu que, dans les prévisions de cette loi, les éditions confisquées dussent être livrées aux plaignants, à leurs héritiers ou concessionnaires ; qu'en principe général, et aux termes de l'article 11 du Code pénal, la confiscation est une peine ; que son application rentre, à ce titre, dans les attributions des tribunaux correctionnels ; que la destination ultérieure des choses qui en sont le produit ne change pas sa nature et ne saurait avoir pour effet de la dépouiller, dans l'absence d'une dérogation expresse au principe susmentionné, du caractère essentiellement répressif qui lui est propre ; que, s'il en était autrement, et si la seule disposition de la loi du 19 juillet 1793 à laquelle se caractère puisse être attribué, était ainsi réduite aux simples proportions d'une réparation civile, l'indemnité en résultant n'étant pas à l'évêque qui n'aurait pas été personnellement l'auteur de l'ouvrage objet de la publication illicite, et aucune autre satisfaction n'étant donnée à l'action publique par cette loi, le contrevenant poursuivi sous son empire aurait, dans ce cas, échappé à toute condamnation ; — Attendu qu'il est impossible d'admettre, ou que le décret du 7 germinal an XIII se soit borné à proclamer en faveur des évêques

671. Dans le système qui attribuait à l'évêque un simple droit de haute surveillance sur l'impression des livres d'église, l'impression et la réimpression de ces livres étant dans le domaine commun, sous condition que l'évêque aura autorisé l'écrit, la contravention constitue un délit qui n'est pas susceptible de donner lieu à des dommages-intérêts envers les imprimeurs autorisés : l'action ou l'intervention de ces derniers comme parties civiles doit être écartée à défaut de qualité et d'intérêt ; et s'il y a lieu à confiscation, elle ne peut être prononcée qu'au profit du domaine (1). Dans le système qui reconnaissait à l'évêque un droit de propriété sur les livres d'église, l'évêque ou les imprimeurs autorisés, ses cessionnaires, jouissaient à l'égard des contrevenants de toutes les prérogatives assurées à l'auteur ou à ses ayants droit contre le contrefacteur, c'est-à-dire que l'évêque ou ses cessionnaires avaient le droit de poursuivre le contrefacteur et de s'assurer le bénéfice des condamnations (2).

672. Tout imprimeur qui aura imprimé ou réimprimé un des livres d'église qui donnent lieu à l'application du décret du 7 germinal an XIII, devra en déposer un exemplaire au secrétariat de l'évêché (3).

673. Les imprimeurs sont tenus de déposer à la préfecture deux exemplaires des livres d'église (4).

674. Il appartient à l'évêque de publier les *Ordo* de son diocèse, qui déterminent les règles relatives à la célébration des services religieux. Une circulaire ministérielle du 21 décembre 1812 a proscrit que les Ordo devaient être communiqués au ministre et publiés sous la surveillance du gouvernement ; mais actuellement le gouvernement n'exerce plus en cette matière aucun pouvoir de surveillance. La publication

des Ordo est simplement soumise à la nécessité du dépôt légal à la préfecture (1).

675. Une des conséquences du droit qui appartient à l'évêque de maintenir la foi et la discipline, est le pouvoir qui lui est donné de *diriger* et de *surveiller* l'enseignement religieux dans son diocèse. « Dans les premiers temps, dit Fleury, l'évêque prêchait tous les dimanches, ou plus souvent si l'on célébrait plus souvent les saints mystères. L'Église était une école et l'évêque un docteur, comme il est souvent nommé dans les anciens auteurs ecclésiastiques. C'était lui qui instruisait les prêtres et son clergé, qui leur découvrait les mystères cachés de l'Écriture ; qui leur apprenait les canons et la tradition des fonctions ecclésiastiques (2). »

676. L'évêque donne lui-même l'enseignement religieux aux prêtres et aux fidèles du diocèse, sous forme de *mandements* ou circulaires et *instructions pastorales*, pourvu qu'il se conforme à la discipline générale de l'Église et aux droits de l'État, et que ces mandements et lettres pastorales n'aient pour objet que d'instruire les fidèles de leurs devoirs religieux (3).

677. Les mandements et instructions pastorales ne peuvent être imprimés que de la permission de l'évêque (4). L'évêque est propriétaire de ses mandements comme un auteur est propriétaire de ses ouvrages ; il peut donner à qui il lui plaît et aux conditions qu'il lui plaît la faculté de les imprimer, et le refuser à tous les autres (5).

Les imprimeurs des mandements ou lettres pastorales sont-ils encore soumis à la formalité du dépôt préalable et de la déclaration qu'exigeait l'article 14 de la loi du 21 octobre 1814 ? En 1836, le ministre de l'intérieur s'était prononcé pour la négative. Dans une circulaire aux préfets (6), il s'exprimait ainsi : « Toutes les garanties ayant été prises dans l'intérêt de l'ordre public, je vous invite à tolérer l'impression, sans déclaration ni dépôt, des mandements et lettres pastorales, à moins qu'ils ne soient publiés par spéculation, comme œuvres purement littéraires ou chrétiennes. » En 1860, se produisit un revirement de jurisprudence ministérielle. Le ministre de l'intérieur (7) déclara soumis à la formalité du dépôt « les écrits qui, quel que soit leur titre, prenant pour franchir l'enceinte du sanctuaire le format de la brochure, vont trop souvent se mêler à la polémique temporelle, en exemptant de cette formalité les mandements et lettres pastorales qui, ne sortant pas du domaine spirituel, s'impriment en placards pour être affichés ou lus dans les églises ». Les membres de l'épiscopat et notamment l'évêque de Nîmes ayant formulé des réclamations à ce sujet, le ministre des cultes, d'accord avec le ministre de l'intérieur, déclara qu'il ne réclamerait plus des évêques eux-mêmes l'envoi de leurs mandements, qu'ils semblaient ne pas considérer comme obligatoire, mais qu'il convenait de rétablir pour les imprimeurs la formalité du dépôt préalable quand les mandements et lettres pastorales étaient faits séparément et comme actes de la juridiction épiscopale. « Cette formalité du dépôt, disait le ministre, doit rester ce qu'elle est en réalité ; jamais elle n'a constitué autre chose qu'un moyen d'assurer à l'autorité la prompte connaissance des imprimés destinés au public. Le préfet qui reçoit le dépôt ne fait en cela aucun acte de censure ; il ne limite par son intervention ni la liberté des personnes, ni celle des écrits (8). »

Le tribunal correctionnel de Poitiers (9) condamna, en vertu des règles sus-énoncées et par application de l'article 7 de la loi du 27 juillet 1849, l'imprimeur d'un mandement de l'évêque de Poitiers qui n'avait pas fait l'objet du dépôt.

La loi du 29 décembre 1875 sur la liberté de la presse n'abrogea pas l'article 14 de la loi du 21 octobre 1814 (10). La

---

une garantie que leur assurait le droit commun, ou qu'en fondant un droit exceptionnel, il en ait rendu l'exercice illusoire ; — Attendu que les articles 427 et suivants du Code pénal, substitués à la loi précitée, ont expressément distingué la confiscation, en tant que mesure répressive, de la destination à donner au produit de cette mesure ; que le premier de ces articles qui n'a eu en vue que de déterminer la pénalité en matière de contrefaçon, classe dans deux paragraphes différents l'amende et la confiscation, sans faire dépendre l'une plus que l'autre d'une condition extrinsèque à la constatation du délit ; que l'arrêt attaqué, dès lors, en subordonnant à une disposition accessoire la disposition principale qui a force et effet par elle-même, et en créant une exception qui n'est pas dans la loi, a expressément violé ledit article 427 combiné avec les articles 2 du décret du 7 germinal an XIII et 3 de la loi du 19 juillet 1793 ;

« Sur le second moyen relatif à celui des chefs de l'arrêt attaqué qui déclare Leclere et consorts non recevables dans leur intervention : — Attendu que l'action publique et l'action civile sont indépendantes l'une de l'autre ; que le ministère public ne peut poursuivre l'annulation des décisions de justice qu'autant qu'elles affectent l'intérêt d'ordre général commis à sa garde, mais que lorsque ces décisions se rapportent uniquement aux intérêts civils que le prévenu et la partie lésée ont seuls à débattre et sur lesquels il leur est même permis de transiger, il est sans qualité pour les attaquer ;

« Par ces motifs, statuant sur le premier moyen du pourvoi formé par le procureur général près la Cour royale de Paris, — Casse et annule l'arrêt de cette Cour, chambre des appels de police correctionnelle, du 6 février dernier, *parce in qua*, ou ce qu'il a refusé de prononcer la confiscation des ouvrages indûment imprimés et publiés ; les autres dispositions dudit arrêt devant sortir effet ; et pour être fait application, en ce point, des articles combinés ci-dessus cités, renvoie la cause et les parties devant la chambre des appels de police correctionnelle de la Cour royale d'Amiens, à ce déterminée en délibération par la chambre du Conseil ; — Statuant sur le second moyen, déclare le procureur général près la Cour royale de Paris non recevable dans son pourvoi en ce chef ; mais laissant droit au pourvoi formé dans l'intérêt de la loi par le procureur général près la Cour à la présente audience ; — Vu les articles 1er du Code d'instruction criminelle et 1382 du Code civil ; — Attendu que l'acte dont se prévalaient Leclere et consorts, à l'appui de leur demande en intervention, leur a imposé certaines obligations en même temps qu'il leur a conféré des avantages ; que si la délégation qui en dérivait n'avait rien d'exclusif et d'irrévocable, son extension éventuelle à d'autres libraires ou imprimeurs que ceux qui en étaient l'objet avait été soumise à des conditions expressément déterminées ; qu'en s'immisçant en dehors du seul cas prévu par les parties audit acte, dans le bénéfice de cette délégation, sans en supporter les charges, Langlumé et consorts avaient occasionné à Leclere et autres un préjudice dont réparation était due ; qu'ainsi l'arrêt attaqué, en déclarant l'intervention comme irrecevable, a violé les articles précités ; — Par ces motifs, — Casse et annule, dans l'intérêt de la loi seulement, les dispositions de l'arrêt relatives à ladite intervention. »

(1) Cass. crim. 28 mai 1836.
(2) Cass. 23 juillet 1830.
(3) Déc. min. 19 octobre 1810.
(4) L. 29 juillet 1881, art. 3, voir Mandements.

(1) L. 29 juillet 1881, art. 3, voir Mandements.
(2) Inst. *Droit ecclés.*
(3) Déc. C. d'Ét. 30 mars 1861.
(4) Déc. min. 12 thermidor an XII.
(5) Déc. min. 29 novembre 1810.
(6) Circ. 8 avril 1836.
(7) Circ. 10 novembre 1860.
(8) Circ. cult. 2 janvier 1861 ; — Circ. int. 19 janvier 1861.
(9) Jug. 15 avril 1861, voir Déc., C. d'Ét., 30 mars 1861.
(10) Circ. just. 7 janvier 1876.

loi du 29 juillet 1881, relative également à la liberté de la presse, a décidé qu'au moment de la publication de tout imprimé il en serait fait par l'imprimeur, sous peine d'une amende de 16 à 300 francs, un dépôt de deux exemplaires, destinés aux collections nationales. Comme la loi n'a excepté de cette disposition que les bulletins de vote, les circulaires commerciales ou industrielles et les ouvrages dits de ville ou bilboquets, on doit penser que l'imprimeur d'un mandement épiscopal est astreint au dépôt(1).

678. Les préfets doivent prendre les mesures nécessaires pour que le ministre des cultes reçoive, sans aucun retard, un exemplaire au moins des mandements et lettres pastorales publiés dans leur département (2). Le gouvernement apprécie si les mandements et instructions pastorales sont entachés d'abus et peuvent même donner lieu à une répression judiciaire (3).

679. Non seulement l'évêque donne lui-même l'enseignement religieux, mais il surveille l'enseignement religieux qui est donné sous son nom et sous son autorité dans le diocèse. Il signale comme dangereux les livres qu'il juge contraires à la doctrine et les condamne canoniquement ; mais cette condamnation purement religieuse n'a aucune conséquence civile (4).

680. Du pouvoir de direction et de surveillance donné à l'évêque sur l'enseignement religieux découlent, en sa faveur, le droit de choisir les prédicateurs désignés par les curés et desservants (5) ; le droit d'organiser et de diriger les séminaires (6).

681. L'évêque a aussi des attributions temporelles : il est le tuteur des intérêts temporels de la religion dans le diocèse. A ce titre, ses attributions principales sont les suivantes : il concourt à la formation des circonscriptions ecclésiastiques et à l'ouverture des lieux de culte (7), à la constitution des conseils de fabriques paroissiales et fixe les règlements des fabriques cathédrales (8).

Il concourt à l'instruction des demandes de secours pour acquisitions ou travaux aux églises et presbytères. Enfin il exerce sur l'administration des établissements ecclésiastiques et religieux un pouvoir de surveillance et de tutelle.

682. Quand un évêque, en sa qualité d'évêque, a traité des intérêts temporels de son diocèse, notamment quand il a traité avec une commune pour l'administration et la direction d'un collège communal qui lui ont été confiées, l'exécution du traité peut être demandée et les actions y relatives peuvent être intentées par ses successeurs (9).

683. Dans les affaires purement administratives et d'un intérêt matériel, l'évêque exerce les pouvoirs qui lui sont conférés par les lois civiles sous le contrôle et l'autorité du gouvernement. Ses décisions peuvent donc être déférées au ministre des cultes, qui statue par lui-même ou provoque, selon les cas, un décret du chef de l'Etat (10).

684. Les évêques peuvent délivrer des ampliations de décret ayant un caractère authentique et légal (11).

685. Chef de la religion et chargé d'assurer la discipline du diocèse, l'évêque est tenu de résider dans la circonscription dont il a l'administration ; il ne peut en sortir qu'avec la permission du gouvernement (12). Cette obligation de résidence, rappelée par diverses circulaires, a pour sanction la privation du traitement (13).

(1) L. 29 juillet 1881, art. 3.
(2) Circ. 28 avril 1879.
(3) Voir Crimes et délits commis par les ministres du culte ; Droit d'annexe ; — Abus.
(4) Voir plus loin Abus.
(5) L. 18 germinal an X, art. 50 ; — D. 30 décembre 1809, art. 32 et 50 ; — D. 30 décembre 1809, art. 32.
(6) Voir plus loin Séminaire.
(7) Voir plus loin Circonscription et titres ecclésiastiques.
(8) Voir Fabriques.
(9) Roanne, 30 août 1873.
(10) C. d'Et. int., 15 janvier 1845 ; — Cont., 8 mars 1814 ; — Cont., 5 janvier 1847.
(11) Déc., contée, 8 novembre 1851 ; 15 mai 1852 ; — Déc., just., 23 mars 1852 ; — Déc., fin., 21 avril 1852.
(12) Voir plus loin au Budget des cultes.
(13) L. 18 germinal an X, art. 20.

686. Il doit visiter annuellement et en personne une partie de son diocèse, et, dans l'espace de cinq ans, le diocèse entier. En cas d'empêchement légitime, la visite doit être faite par un vicaire général (1). L'allocation de frais de tournée pastorale leur a été supprimée par la loi de finances du 29 décembre 1889 (2).

§ 4. — Des évêques *in partibus* et des coadjuteurs.

687. On appelle évêque *in partibus infidelium*, et, par abréviation, évêque *in partibus*, un ecclésiastique qui a obtenu le titre d'évêque d'une ville ou d'une contrée occupée par les infidèles (3).

Le nom des évêchés *in partibus* a été généralement emprunté aux anciens évêchés d'Orient dont les évêques ont été expulsés lors de l'invasion des Sarrasins.

Vuillefroy (4) a distingué trois classes d'évêques *in partibus* : 1° ceux auxquels le pape confère le titre de son propre mouvement ; 2° ceux auxquels le titre est conféré à la demande du gouvernement ; 3° ceux auxquels le titre est conféré à la prière des évêques qui ont besoin de coadjuteurs.

688. C'est uniquement en vue de cette dernière fonction que pouvaient être nommés, au commencement du siècle, les évêques *in partibus*. « Si votre Majesté, disait le ministre

(1) L. fin. 23 avril 1833 ; — Circ. 28 janvier 1830 ; 9 juin 1851 ; 11 novembre 1879 ; 5 décembre 1881. — Le devoir de résider a été imposé aux évêques par les canons, et il leur a été rappelé par les lois de l'Etat. L'article 5 de l'ordonnance d'Orléans porte : « Résideront tous archevêques et évêques, abbés et curés, et fera chacun d'oux en personne son devoir et charge, à peine de saisie du temporel de leurs bénéfices. » On trouve la même disposition dans l'ordonnance de Blois, dont l'article 14 s'exprime en ces termes : « Seront tenus les archevêques et évêques de faire résidence en leurs églises et diocèses et satisfaire aux devoirs de leur charge en personne, de laquelle résidence ils ne pourront être excusés que pour causes justes et raisonnables approuvées de droit, qui seront certifiées par les métropolitains ou les plus anciens évêques de la province, autrement, et à faute de ce faire, entre les peines portées par les conciles, seront privés des fruits qui écharront pendant leur absence. » Cette disposition a été renouvelée d'âge en âge par les arrêts de règlement des cours souveraines. (Portalis, *Rapport sur les articles organiques*.) Van Espen (*Jus ecclesiasticum universale*) s'appuie sur l'autorité des pères de l'Eglise et des conciles pour déclarer que l'obligation de la résidence des évêques est de droit divin.
(2) L'obligation où sont les évêques de visiter leurs diocèses a été dans tous les temps consigné dans les lois de l'Etat. L'article 6 de l'ordonnance d'Orléans porte : « Visiteront les archevêques, évêques, archidiacres en personne, les églises et cures de leurs diocèses. » On lit dans l'article 39 de celle de Blois : « Les archevêques et évêques seront tenus de visiter en personne ou, s'ils sont empêchés légitimement, leurs vicaires généraux, les lieux de leurs diocèses tous les ans, et que si, par grande étendue d'iceux, ladite visitation dans ledit temps ne peut être accomplie, ils seront tenus le parachever dans deux ans. » L'édit de 1695 n'est pas moins formel : « Les archevêques et évêques, dit l'article 14 de cette loi, visiteront tous les ans au moins une partie de leurs diocèses et trouvant visiter par leurs archidiacres ou autres ayant droit de la faire sous leur autorité les endroits où ils ne pourront aller en personne, à la charge par lesdits archidiacres ou autres délégués de remettre aux archevêques et évêques, dans un mois, leurs procès-verbaux de visites après qu'elles seront faites, afin d'ordonner sur iceux ce qu'ils estimeront nécessaire. » L'article que nous discutons veut, à l'exemple de toutes ces lois et de ce qui est de la sanction des dispositions des conciles, que les évêques visitent annuellement une partie de leurs diocèses et qu'ils en fassent la visite totale au moins dans cinq ans. » Le terme de cinq ans, plus long que celui indiqué dans les précédentes ordonnances, est relatif à la plus grande étendue des diocèses actuels. Si un évêque peut, par un même ou celui indiqué des délégués, faire sa visite en moins d'années, il est libre de s'abandonner au mouvement de son zèle, mais aux yeux des lois il ne sera exposé à aucun reproche s'il ne le fait pas. (Portalis, *Rapport sur les articles organiques*.)
(3) Une modification de langage a été introduite dans la hiérarchie catholique relativement aux titulaires des sièges *in partibus infidelium*. Un décret de la Sacrée Congrégation de la Propagande, approuvé par le souverain Pontife, porte que les évêques préconisés jusqu'à présent sous cette dénomination ne le seront désormais que sous le nom des villes qui leur sont assignées en consistoire, c'est-à-dire que l'on dira, par exemple, l'évêque titulaire de Chalcédoine, au lieu de dire l'évêque de Chalcédoine *in partibus infidelium*, et cette modification figurera dans la *Gerarchia catolica* ou annuaire pontifical. L'un des principaux motifs de ce changement, c'est que parmi les villes *in partibus infidelium* il en est qui n'existent plus et dont l'antique importance a de beaucoup diminué. Telle est, la plupart de ces villes, par exemple en Grèce, sont habitées par des schismatiques ou par des populations mêlées auxquelles peut convenir en un certain sens la dénomination générale de chrétiennes plutôt que d'infidèles. (J. C. F., 1882.)
(4) Vuillefroy, *Administration du culte catholique*.

des cultes, dans un rapport du 24 février 1808, pouvait se déterminer à tolérer l'introduction de ce titre dans ses Etats, ce serait sans doute pour soulager quelques-uns des évêques en activité et qui réclameraient un auxiliaire revêtu du titre d'évêque. »

En 1789, il y avait cinq évêques *in partibus*. Le clergé de France ne voyait pas ce titre avec faveur, pensant que la multiplicité de ces titres tendait à avilir l'épiscopat.

En 1890, les évêques *in partibus* sont au nombre de quinze (1).

689. Le titre d'évêque *in partibus* ne peut être accepté sans une autorisation préalable donnée par le gouvernement, sur le rapport du ministre des cultes (2). En effet, bien que ce titre ne suppose pas nécessairement un territoire à administrer, une juridiction à exercer, il donne au titulaire le droit d'être consacré ; et la consécration lui donne la puissance d'ordre, d'où résulte un ministère assez respectable et assez étendu pour être rangé dans la classe des fonctions publiques (3). Une fois autorisé par le gouvernement, l'évêque *in partibus* ne peut recevoir la consécration épiscopale avant que les bulles aient été examinées en conseil d'Etat et que la publication en ait été permise par le gouvernement (4).

690. L'acceptation, non autorisée par le gouvernement du titre d'évêque *in partibus*, entraînerait la perte de la qualité de Français (5).

En 1832, M. l'abbé de Mazenard ayant été sacré à Rome évêque *in partibus* d'Icosie, sans avoir reçu l'autorisation du gouvernement, fut déclaré déchu de sa qualité de Français par décision du ministre des cultes.

691. Les évêques *in partibus*, n'ayant ni diocèse ni juridiction, ne peuvent faire *de plano* aucun acte d'autorité sur le territoire français. Ils peuvent exercer les fonctions que comporte la dignité épiscopale avec la permission des évêques dans les diocèses desquels ils se trouvent.

692. Les évêques *in partibus* ne sont plus assujettis à la formalité du serment.

693. L'évêque n'étant pas obligé de renoncer à son titre épiscopal, lorsque la vieillesse ou les infirmités l'empêchent en fait d'exercer ses fonctions, on peut lui adjoindre un coadjuteur pour l'aider dans l'administration du diocèse.

On distingue deux sortes de coadjutoreries ; l'une qui n'est que pour un temps, l'autre qui est perpétuelle, irrévocable, avec l'assurance de succession.

694. Le coadjuteur est nommé par décret, sur la demande ou avec le consentement de l'évêque titulaire, et il est institué canoniquement par le Pape. Le coadjuteur est toujours évêque, puisque sa nomination a pour but de lui faire remplir les fonctions épiscopales. En l'agréant, le Pape lui donne ordinairement un titre d'évêque *in partibus*.

695. Les bulles d'institution des coadjuteurs sont autorisées et publiées comme les bulles d'institution des évêques.

696. Le coadjuteur exerce ses fonctions suivant les pouvoirs que l'évêque lui confère, en en déterminant l'étendue.

697. Après la mort de l'évêque, le coadjuteur, nommé *cum futura successione*, entre en possession du siège, sans nouvelle nomination ni nouvelles bulles.

698. Les coadjuteurs ne reçoivent aucun traitement de l'État (6).

699. Il y a dans certains diocèses des évêques *auxiliaires* choisis par l'évêque pour l'aider momentanément dans l'exercice de son ministère spirituel ; ils ne font aucun acte d'administration temporelle.

Ils ne sont pas reconnus par le gouvernement, avec lequel ils n'ont pas qualité de correspondre. En un mot, ils remplissent le rôle de vicaires généraux non reconnus, mais avec le caractère épiscopal que leur donne leur titre d'évêque *in partibus* ou d'évêque démissionnaire d'un autre diocèse. Cependant, à certaines époques, le gouvernement a donné ce titre d'évêque auxiliaire à des prélats adjoints à des évêques pour les aider dans l'exercice de leurs fonctions (1) et leur a accordé un traitement (2).

§ 5. — Le Pape ou évêque de Rome.

700. Nous avons vu les divers ordres, d'abord les ordres mineurs, puis les ordres majeurs, dont le plus élevé est l'épiscopat. On distingue aussi, entre eux, les clercs de *chaque ordre* par leurs fonctions ou dignités. Ainsi, l'évêque de Rome, auquel on a donné le nom de Pape, jadis commun à tous les évêques d'Occident, a toujours été reconnu pour le supérieur de tous les évêques de droit divin, comme le successeur du prince des apôtres et chef visible de l'Eglise (3). Il n'y a qu'un évêque qui soit regardé comme établi de droit divin au-dessus des autres pour conserver l'unité de l'Eglise et lui donner un chef visible successeur de celui que le fondateur même du christianisme plaça le premier entre les apôtres (4).

701. C'est avec le Pape, dont la suprématie est reconnue par tous les catholiques, que les gouvernements ont toujours traité pour la constitution de l'Eglise (5).

Les droits du Pape, dans ses rapports avec le gouvernement français, consistent à donner l'institution canonique aux archevêques et évêques, à régler, de concert avec le gouvernement, la circonscription des diocèses, l'érection ou la suppression des évêchés et des archevêchés, la translation des évêques d'un siège dans un autre (6).

Dans ses rapports avec l'Etat, quant à la discipline extérieure, l'autorité du Pape a été, en France, l'objet de diverses controverses, et c'est ce qui a donné lieu à des règles appelées libertés de l'Eglise gallicane. Suivant certains docteurs, la Pape est l'évêque des évêques, son autorité est sans bornes pour régler la discipline ecclésiastique, et il a un droit de juridiction sur tous les évêchés. Suivant les principes de l'Eglise gallicane, le Pape a sur l'universalité des évêques un droit de surveillance et de maintien de la discipline, c'est un véritable chef ; mais ce droit ne va pas jusqu'à imposer sa volonté, et surtout à l'imposer contre les canons ; elle ne va pas davantage jusqu'à exercer un droit de juridiction immédiat sur les évêchés (6).

C'est en ce sens que les libertés de l'Eglise gallicane ont été admises, dans notre législation. Nous n'avons pas à les examiner au point de vue canonique ; ce que nous pouvons dire, c'est que tous les hommes sages doivent respecter les règles tracées par les lois, pour assurer, dans certaines limites, l'indépendance de l'Etat, des individus et de l'Eglise elle-même, sauf à provoquer par de sérieuses discussions et par le concours de deux pouvoirs, des modifications utiles indiquées par le temps et par l'expérience (7).

702. L'élection du Pape ne différait pas autrefois de celle des évêques. Seulement, l'influence des empereurs y fut encore plus grande que ne l'était celle des rois dans l'élection des évêques, à raison même de son importance (8).

A l'époque actuelle, le Pape est élu par les cardinaux, qui jouissent seuls de ce droit depuis Alexandre qui, en 1179, en exclut, à cause des factions, le peuple et le clergé, et prescrivit que le Pape fût élu par les deux tiers au moins des cardinaux. L'élection se fait dans un conclave, c'est-à-dire

---

(1) *France ecclésiastique*, 1890.
(2) C. c., art. 17 ; — D. 7 janvier 1808.
(3) D. min. 1828.
(4) D. 7 janvier 1808.
(5) D. 7 janvier 1808 et C. c., art. 17. — En ce sens : Vuillefroy, *Administration du culte catholique*. Contra : Gaudry, *Traité de la législation des cultes*.
(6) Voir Budget des cultes, pour les frais de bulles d'institution et les frais de premier établissement, qui ne sont plus supportés par le budget.

(1) O. 23 avril 1832 ; — D. 29 juillet 1851.
(2) D. 28 février 1855.
(3) Fleury.
(4) Portalis.
(5) Ainsi en 1316 et en 1801....
(6) D'Héricourt. *Lois ecclésiastiques*.
(7) Gaudry. *Traité de la législation des cultes*.
(8) Voir Walter. *Droit ecclésiastique*.

dans un appartement commun et fermé, les cardinaux ne pouvant avoir aucune communication avec l'extérieur, ni s'occuper d'aucune autre affaire.

Le concile de Lyon avait édicté des règles d'une sévérité puérile pour empêcher l'élection de traîner en longueur : si, trois jours après l'entrée dans le conclave, l'élection n'était pas terminée, les cardinaux devaient se contenter, les cinq jours suivants, d'un seul plat tant à dîner qu'à souper, et après ces cinq jours, si l'élection n'était pas encore faite, de pain, de vin et d'eau jusqu'à ce que l'élection fût faite. Si ces rigueurs ont disparu, la clôture a été maintenue rigoureusement.

L'élection peut avoir lieu, quel que soit le nombre des cardinaux présents. On attend les absents pendant dix jours, puis le conclave se forme dans le palais où logeait le Pape.

Certaines nations catholiques, la France, l'Autriche, l'Espagne, ont droit d'exclure, par l'intermédiaire d'un de leurs cardinaux, avant le dépouillement du scrutin, le candidat qui leur semble offrir le plus de chances d'élection et qui n'a pas leur agrément, bien que la nation n'ait l'exercice de ce droit qu'une fois, c'est-à-dire à l'égard d'un seul candidat.

Après l'élection, le Pape est revêtu des habits pontificaux. La nouvelle de son élection doit être solennellement annoncée au peuple par le premier des cardinaux-diacres en ces termes : *Annuntio vobis gaudium magnum : habemus Papam eminentissimum et reverendissimum dominum N., qui nomen sibi elegit ut N. in posterum vocetur.*

Puis le Pape est conduit en grande pompe à Saint-Pierre, où il reçoit les hommages des ambassadeurs, des princes et du peuple.

Il est sacré, s'il n'est pas évêque, enfin solennellement couronné.

702. Depuis 1870, le pape, privé du pouvoir temporel, n'a plus un virtuel une autorité spirituelle. La puissance temporelle du Pape a trouvé des défenseurs. « Prince temporel, dit Gaudry, le Pape est indépendant comme tous les autres princes souverains. »

Cette puissance temporelle doit être encore plus respectée, car elle est nécessaire à l'indépendance même de la puissance spirituelle. Si le Pape était sujet d'une puissance, son autorité deviendrait suspecte dans les autres pays, et le principe de la catholicité serait ébranlé. D'ailleurs, sa puissance temporelle, assez étendue pour conserver son indépendance, ne l'est pas assez pour porter ombrage aux moindres puissances étrangères.

Elle doit être mise à l'abri de l'inconstance de ses propres sujets, car le Pape, devenu simple particulier dans l'ordre civil ou politique, serait par cela même soumis au gouvernement de son pays, populaire, républicain, aristocratique ou monarchique. Il serait alors sans indépendance à l'égard des nations étrangères. L'unité catholique et l'autorité pontificale sont donc intéressées au maintien de la puissance temporelle du Pape dans la contrée dont il est souverain (1).

On peut répondre à ces arguments que le royaume du Christ n'étant pas de ce monde, suivant la parole même de l'Évangile, que conforme à la doctrine même du christianisme que le Pape soit simplement revêtu d'une autorité spirituelle qui, s'étendant sur le monde entier, est assez haute pour assurer son indépendance.

Nous avons vu plus haut que les actes du Saint-Siège ne peuvent être reçus en France sans l'autorisation du gouvernement (2).

704. Lorsqu'une libéralité est faite au denier de Saint-Pierre qui n'a pas l'existence légale, le gouvernement français n'accorde pas l'autorisation, pensant que la libéralité est caduque ; mais, pour des raisons tirées de convenances diplomatiques, le gouvernement ne spécifie pas, suivant la formule usitée, qu'il n'y a pas lieu de statuer, l'établissement étant dépourvu d'existence légale, et il garde le silence sur une libéralité qu'il considère comme nulle.

705. Le Pape agit en France par des légats et par des nonces apostoliques. Le légat est un dignitaire ecclésiastique envoyé en France en mission extraordinaire par le chef de l'Église pour le représenter dans les affaires ecclésiastiques. On l'appelle aussi *légat a latere*, pour le distinguer des *légats envoyés* ou *nonces*, dont il sera parlé ci-après (1). Le nom de *légat a latere* est donné à ces dignitaires parce qu'ils sont choisis par le Pape, en vue d'une mission spéciale, parmi les cardinaux qui forment son conseil ou les prélats de sa maison.

706. Le légat, quel que soit le titre qu'il invoque, de vicaire, commissaire apostolique ou autre, ne peut exercer en France ni ailleurs aucune fonction relative aux affaires de l'Église gallicane sans l'autorisation du gouvernement (2).

707. Le légat ne peut, même quand sa mission est autorisée, faire aucun acte en dehors des limites posées par l'acte d'autorisation (3) ; il est obligé de se conformer aux lois nationales ; il ne peut déléguer son pouvoir sans y être spécialement autorisé par le gouvernement (4).

708. L'autorisation donnée au légat peut toujours être révoquée. Elle est considérée comme nulle dès qu'il est sorti du territoire français (5).

À son départ de France, le légat est tenu de remettre au gouvernement les registres, les papiers et les sceaux de sa légation (6). Il en est ainsi, car il ne serait pas possible au gouvernement ou au clergé français d'aller chercher à Rome la preuve des actes faits en France par le légat.

Les officiers de la légation sont le dataire, chargé de la direction des bureaux de la légation. On l'appelle dataire, à l'imitation de ce qui a lieu à Rome, où l'on nomme dataire l'officier ecclésiastique chargé de la daterie, c'est-à-dire du bureau d'expédition des actes pour les bénéfices et les dispenses.

Les registrateurs reçoivent les suppliques et les enregistrent.

Les expéditionnaires sont les officiers ecclésiastiques chargés de l'expédition des décisions du légat (7).

709. Suivant un usage observé de temps immémorial, ces officiers de la légation doivent être nés ou naturalisés Français. Nulle disposition de loi n'impose cette obligation ; mais cet usage est fondé sur la nécessité de restreindre, sur le sol français, la trop grande influence d'une puissance étrangère (8).

710. Le nonce est un prélat envoyé par le Pape dans une cour catholique pour y remplir les fonctions ordinaires d'ambassadeur (9).

D'après les canonistes français et les usages et manières du royaume enseignés dans les anciens arrêts, le nonce n'a et ne peut avoir en France de qualité et de fonctions que celles d'ambassadeur (10). Il n'a pas de tribunal ni de juridiction. Il ne peut, sans une autorisation spéciale du gouvernement exercer sur le sol français aucune fonction relative aux affaires de l'Église gallicane (11). Nous avons traité plus haut (12) du rôle du nonce.

711. L'ancien usage en France était que le roi eût le choix des nonces que la cour de Rome lui envoyait. Il partageait ce

---

(1) Gaudry.
(2) *Libertés de l'Église gallicane*, art. 11 et 12 ; — L. 18 germinal an X, art. 2.

---

(1) Les *légats nés*, qui étaient des archevêques aux sièges desquels ce titre était attaché, n'existent plus en France.
(2) *Libertés de l'Église gallicane*, art. 11 et 12 ; — L. 18 germinal an X, art. 12.
(3) *Libertés de l'Église gallicane*, art. 11.
(4) Art. 58.
(5) Art. 59.
(6) *Libertés de l'Église gallicane*, art 40 ; — Arrêté, 18 germinal an X. Vuillefroy, Gaudry.
(7) Van Espen, *Jus eccles. universale.*
(8) D'Héricourt, *Lois ecclés.* Gaudry.
(9) Les nonces sont ce qu'étaient les agents ou apocrisiaires, qui étaient chargés des affaires des églises ou des évêques, près les empereurs.
(10) Lettre min. cultes au min. aff. étrang., 9 octobre 1823.
(11) L. 18 germinal an X, art. 2.
(12) Voir Rapports indirects avec le Pape.

droit avec l'empereur. C'était un hommage rendu à la grandeur et à la dignité de ces deux puissances catholiques (1).

712. Le gouvernement français, indépendamment de son ambassadeur auprès du Pape, a un représentant appelé auditeur de Rote (2).

Le tribunal ecclésiastique de la Rote est établi à Rome, au-auprès du Saint-Siège, pour juger les procès qui naissent dans l'état ecclésiastique.

Ce tribunal, créé, suivant l'opinion générale, au xiv° siècle par le pape Jean XXII, se compose de douze prélats, dont un doit être Allemand, un autre Français, deux autres Espagnols ; les huit autres sont Italiens (2).

713. Les titres qui donnent lieu à l'installation des étrangers dans le tribunal respectable de la *Rote romaine* ne sont établis sur aucun droit ni aucune loi qui en garantisse la possession aux nations respectives ; le seul bon plaisir du pape a été et est encore le fondement de cette institution à l'égard des étrangers. Les papes ont été engagés à admettre des étrangers dans le tribunal de la Rote dans les temps où ce tribunal décidait les causes de toutes nations ; il était expédient et nécessaire alors que les Français, les Allemands, les Espagnols eussent parmi les juges de la Rote un sujet de leur nation pour informer les autres juges des usages et coutumes de leur pays, et cela pouvait contribuer à l'exactitude de la justice. Cela est inutile aujourd'hui, qu'il ne vient plus de causes étrangères au tribunal de la Rote ; cependant cela subsiste toujours, parce qu'à Rome tout est réglé sur le plus grand respect pour les anciens usages (4).

714. Le Pape nomme et installe par un bref les auditeurs de Rote. Ils connaissent par appellation de tous les procès de l'état ecclésiastique, ainsi que des matières bénéficiales et patrimoniales ; ils ne terminent pas un procès par un seul et même jugement ; ils donnent autant de sentences, appelées *décisions*, qu'il renferme de points contestés ; et lorsque ces sentences sont rendues, on peut encore faire revoir sa cause par le Pape (5).

Malgré ce qui précède, on peut dire qu'il n'est pas inutile au gouvernement français d'avoir un autre représentant que son ambassadeur auprès du Saint-Siège.

Les auditeurs de Rote ont, en effet, toujours eu une grande influence à la cour de Rome. Ils tiennent le premier rang dans la prélature ; ils sont membres de plusieurs congrégations ; dans les messes pontificales, ils sont assis sur les gradins du trône, au-dessous du pape. Outre leurs fonctions juridictionnelles, qui importent aux familles françaises qui peuvent être intéressées notamment dans des procès de béatification, de canonisation ou dans des demandes en relevé de vœux, ils ont la mission de veiller au secret du conclave. Leur présence à Rome est donc d'une utilité incontestable pour la puissance qu'ils représentent (6).

715. Les auditeurs de Rote ne reçoivent plus actuellement d'allocation au budget des cultes.

§ 6. — Les cardinaux.

716. La dignité de cardinal est la plus élevée dans la hiérarchie de l'Église après la papauté. A l'origine, les cardinaux n'étaient que les curés des paroisses de Rome ; on les appelait cardinaux parce que, quand le Pape célébrait la messe, ils se tenaient au coin de l'autel, *ad cardines altaris* (1). Suivant d'autres (2), l'étymologie du mot *cardinal* vient du mot *cardo*, parce que les cardinaux sont le fondement de l'Église. Le cardinalat n'est pas d'institution apostolique ; il ne modifie pas, dans la hiérarchie religieuse, la qualité d'évêque, de prêtre ou de diacre, dont le cardinalat est revêtu. Cependant, depuis plusieurs siècles, les cardinaux sont dans la plus haute position après le souverain Pontife. L'éclat de sa dignité rejaillit sur eux, d'après les expressions dont il se sert en les créant : *Conjudices orbis terrarum eritis... successores apostolorum, veri mundi cardinales.*

Les cardinaux, sans avoir un rang hiérarchique, ont donc un rang de dignité : ils passent les premiers après le Pape, et avant les archevêques et évêques. Anciennement, la dignité de cardinal était incompatible avec la possession d'un archevêché ou évêché ; il n'en est plus de même aujourd'hui. Les cardinaux français sont des archevêques en possession de leur siège épiscopal (3).

717. Les cardinaux forment le conseil spécial du Pape (4) ; ils assistent à Rome aux cérémonies publiques ; ils concourent à l'élection du chef de l'Église et sont seuls éligibles à la papauté (5).

Le nombre des cardinaux a varié suivant les temps ; on en compte 64 dans toute la chrétienté, en 1890 (6). « Les cardinaux sont divisés en trois ordres, suivant les titres auxquels est attachée la dignité du cardinalat, savoir : les cardinaux qui sont les évêques de villes voisines ou suburbaines de Rome, et dont le premier est ordinairement l'évêque d'Ostie avec le titre de doyen du sacré Collège, les cardinaux-prêtres, qui reçoivent les titres d'une paroisse ou d'une église de Rome, et les cardinaux-diacres, qui ont reçu le titre de diaconies existant dans l'Église de Rome » (7). On compte actuellement 6 cardinaux-évêques, 44 cardinaux-prêtres et 14 cardinaux-diacres (8). « Les évêques peuvent être indistinctement de ces trois ordres, puisque ces différents titres ne sont que des subdivisions de la même dignité » (9). Il n'est d'ailleurs pas besoin d'être évêque pour être cardinal, il suffit d'être dans les ordres mineurs. L'âge autrefois requis pour être cardinal, qui était de 30 ans, a été réduit à 22, c'est-à-dire à l'âge exigé pour entrer dans les ordres.

718. Les cardinaux sont nommés de la façon suivante : Le souverain Pontife tient un consistoire secret où se fait l'élection du cardinal. La proclamation de l'élu a lieu en consistoire public, si le Pape n'a réservé ou retenu la publication. Les cardinaux sont choisis parmi toutes les nations catholiques (10).

---

(1) *Mémoires de Saint-Simon*, t. II. (Gaudry.)
(2) Ainsi nommé parce qu'il a été établi au lieu de celui que les anciens Romains avaient dans une place publique sur une terrasse ronde, ou, selon Glaise, parce que les prélats s'assemblent dans une chambre dont le pavé était autrefois de forme taillée en forme de roue, ou parce qu'ils forment un cercle en jugeant, ou enfin parce que toutes les affaires les plus importantes y roulent successivement. (Glaise, *Dict. des sciences ecclés.*)
(3) Lettre du min. plénipot. au min. des relat. extérieures, 4 ventôse an XI.
(4) Lettre du min. plénipot. au min. des relat. extérieures, 4 ventôse an XI
(5) Gaudry.
(6) Glaise, Les titres qui donnent lieu à l'installation des étrangers dans le tribunal respectable de la *Rote romaine* ne sont établis sur aucun droit ni aucune loi.

(1) Bellarmin.
(2) « Sicut per cardinem volvitur ostium domus, dit le pape Eugène IV, ita super hos (cardinales) Sedes apostolica totius Ecclesiæ ostium quiescit et sustentatur. »
(3) Gaudry.
(4) Ils sont chargés, sous le nom de congrégation du Saint-Office, des évêques, décrets, de la surveillance, de la propagande, des affaires religieuses.
Le corps des cardinaux se nomme sacré Collège. Leur réunion, présidée par le Pape, s'appelle *consistoire* : consistoire public, pour la réception solennelle des princes et des ambassadeurs ; *consistoire secret*, dans lequel le Pape procède à la canonisation des saints et nomme aux places vacantes du cardinalat.
(5) La dignité de cardinal, dans les premiers temps de la hiérarchie de l'Église, n'eut pas tout l'éclat et toute la prééminence dont elle jouit maintenant. Selon Bellarmin, les cardinaux, les titulaires des paroisses et des églises de Rome étaient appelés cardinaux. Un concile tenu à Rome sous Nicolas II accrut cette dignité ; il accorda aux évêques cardinaux la principale autorité dans l'élection des papes ; le troisième concile de Latran étendit ce droit à tous les cardinaux, évêques, prêtres ou diacres. (Portalis, rapport, ventôse an XI.)
(6) *France ecclésiastique*, 1890.
(7) Rapport, ventôse an XI.
(8) *France ecclésiastique*, 1890.
(9) Rapport, ventôse an XI.
(10) Le huitième des canons du concile de Bâle ordonnait que les cardinaux seraient pris dans *tous les États catholiques*, sans qu'on pût en choisir plus d'un dans un seul et même diocèse, etc... Bientôt après, la division éclata entre le souverain Pontife et le concile : Eugène le cassa et révoqua nommément le huitième canon, qui fut cependant rétabli avec les autres dispositions du concile par le pape Nicolas V, successeur d'Eugène, mais c'est le concile de Trente qui, par son approbation donnée aux

719. Le Pape nomme de son propre mouvement les cardinaux *romains* et les cardinaux étrangers sur la présentation de leurs souverains respectifs (1) ; on désigne ces dernières nominations sous le nom de nominations de *couronnes*.
Il est conforme à l'usage que les nominations de couronnes et les nominations de propre mouvement alternent entre elles (2) La France compte, en 1890, 7 cardinaux de couronne (3).

Portalis expliquait ainsi l'utilité que pouvait présenter la nomination de cardinaux français : « Il y a pour la France un très sérieux intérêt d'avoir des représentants dans le sacré Collège, pour soutenir les droits de son clergé, pour appuyer auprès du Pape les demandes qu'elle ne pourrait faire dans l'ordre spirituel, enfin pour concourir à l'élection du chef de l'Église et établir l'équilibre entre elle et les autres puissances (4). »

720. Le Pape adresse au cardinal, nouvellement nommé, son ablégat pour lui porter les barrettes, qui lui confèrent la plénitude du cardinalat. Le chapeau est donné par les mains du Pape, il n'influe d'ailleurs que sur le rang et quelques prérogatives honorifiques des divers cardinaux entre eux (5).

721. Les cardinaux payent, à l'occasion de leur nomination, des émoluments et étrennes qu'on appelle *droit de propine*. Les cardinaux français sont astreints également au payement de ce droit, suivant l'usage établi et conformément au tarif (6).

722. Celui qui accepterait la dignité de cardinal sans l'assentiment du gouvernement, perdrait la qualité de Français par l'application de l'article 17 du Code civil.

723. Les cardinaux français ne reçoivent plus l'indemnité supplémentaire qui leur a été payée sur les fonds de l'État antérieurement à la loi de finances du 28 décembre 1880, qui en a édicté la suppression.

Ils ne font plus partie de droit du Sénat depuis le 4 septembre 1870 ; l'église de Sainte-Geneviève ne sert plus à la sépulture des cardinaux. Ils ont toujours le rang de préséance que leur a accordé le décret du 24 messidor an XII et le décret du 20 février 1811.

§ 7. — Archevêques.

724. Nous avons examiné plus haut l'ordre de l'épiscopat. Cet ordre comporte des distinctions : si les évêques ont tous le même pouvoir, ils peuvent différer en dignité suivant le siège où ils sont établis. On nomme métropolitains ou archevêques les évêques des villes capitales de chaque province ecclésiastique. Ils sont nommés et institués de la même manière que les évêques, mais, quand les archevêques sont déjà évêques, ce qui arrive toujours en fait, il n'est pas fait de nouvelle consécration.

725. Le signe de la dignité des archevêques est le pallium, sorte d'ornement en laine blanche qui entoure les épaules et retombe en bandelette par devant et par derrière. Le pallium est envoyé par le Pape.

726. Les archevêques ou métropolitains exercent, dans le diocèse dont ils ont le gouvernement, les fonctions ordinaires de l'épiscopat (1). Ils ont, de plus, un pouvoir de surveillance et de juridiction sur les diocèses dont se compose la métropole, mais sans avoir le droit d'y exercer les pouvoirs ordinaires de l'épiscopat. A ce titre, aux termes des organiques (2), ils veillent au maintien de la foi et de la discipline dans les diocèses qui dépendent de leur métropole (3). Ils consacrent et installent leurs suffragants, mais en cas d'empêchement ou de refus, ils sont suppléés par le plus ancien évêque de l'arrondissement métropolitain (4). Ils connaissent des réclamations et des plaintes contre la conduite et les décisions des évêques suffragants (5).

727. Le primat était un archevêque qui avait une supériorité de juridiction sur plusieurs archevêchés ou évêchés. Le Concordat de 1801 ayant aboli tous les anciens titres et n'ayant point rétabli celui de primat, mais seulement celui de métropolitain, on en a conclu que le titre ne pouvait plus exister, même honorifiquement ; cependant les titulaires des anciens sièges qui jouissaient du droit de primatie prennent encore le titre de primat. En 1851, le pape reconnut, par un bref spécial, le titre de primat des Gaules que prend l'archevêque de Lyon dans ses actes officiels. Ce titre, il est vrai, n'emporte pas, comme autrefois, une juridiction sur les quatre lyonnaises, savoir : sur les provinces ecclésiastiques de Tours, de Rouen, de Paris, de Sens ; mais c'est un souvenir, un monument de la haute puissance que l'Eglise de Lyon a longtemps exercée sur les quatre métropoles que nous venons de nommer (6).

§ 8. — Vicaires généraux.

728. Les vicaires généraux ou grands vicaires sont des ecclésiastiques auxiliaires chargés par l'archevêque ou l'évêque de l'aider ou de le suppléer dans l'administration de son diocèse. « Les vicaires généraux ne sont, dans l'ordre ecclésiastique, que les représentants de l'évêque. Leur pouvoir est uniquement le résultat d'une délégation ; ce pouvoir peut être plus ou moins étendu ; il peut être limité à certaines choses, cela dépend de la volonté des évêques. Il est des fonctions qui appartiennent exclusivement à l'épiscopat; ces fonctions ne peuvent être déléguées par les évêques qu'à d'autres

---

décisions du concile de Bâle, a fixé définitivement l'usage sur ce point. Il ordonna, par un décret au chapitre 1er de la réforme, que les papes choisiraient les cardinaux parmi toutes les nations catholiques, et c'est depuis ce décret que les têtes couronnées ont demandé, pour leurs sujets, des chapeaux de cardinal, comme leur étant dus de droit. Le décret a été depuis confirmé par des bulles des papes Pie IV et Sixte V. (Rapport, ventôse an XI.)

(1) Les rois de France ont toujours été très attentifs à empêcher qu'aucun de leurs sujets pût parvenir au cardinalat sans leur nomination, recommandation ou agrément, de crainte que l'espoir d'y arriver par la seule faveur des papes ne les rendît plus attachés aux intérêts de la cour de Rome qu'à ceux de la patrie.

Plusieurs papes ont pensé devoir agir sur cela de concert avec les rois de France, mais il y a aussi des exemples du contraire. (Rapport, ventôse an XI.)

(2) Ainsi, dans le cours du xviie siècle, à chaque pontificat, la première nomination était regardée comme appartenant au Pape régnant, la seconde comme étant due aux couronnes, et ainsi de suite.

L'alternative n'étant pas régulièrement observée, il en résultait des lenteurs qui donnèrent lieu à bien des représentations de la part des rois de France, et surtout Louis XIV. Louis XIV éprouva des difficultés en 1737 : le duc de Saint-Aignan se trouvait alors ambassadeur à Rome, sous le pontificat de Clément XII ; il vaquait cinq chapeaux de cardinal, ce qui donna lieu aux ambassadeurs des cours de Vienne et de France de faire une tentative pour accélérer la promotion des couronnes; on leur dit qu'il fallait un sixième chapeau pour mettre le Pape en état de satisfaire tous les princes, qui avaient droit à la promotion; le cardinal Cousin, alors premier ministre de Clément XII, alla même jusqu'à soutenir que ce prétendu droit de couronnes n'était au fond qu'une chimère, puisque, aux termes du concile de Trente, les chapeaux se donnaient aux nations et non aux couronnes, etc., ce qui indisposa tellement les ambassadeurs de l'empereur et du roi, qu'ils arrêtèrent entre eux un projet de déclaration portant, en définitive, que si la promotion n'avait pas lieu au premier consistoire, ils se tiendraient aussitôt que le Pape serait de retour de la campagne, ils se retireraient l'un et l'autre de Rome. Cette déclaration n'eut pas lieu, parce que le Pape, à son retour, fit la promotion.

Au surplus, toutes les fois que les rois de France ont voulu exercer leur droit sur les promotions, ils n'ont jamais manqué d'en prévenir les papes, dans une lettre qui leur était directement adressée et plus ou moins détaillée suivant les circonstances ; ces lettres étaient envoyées aux ambassadeurs de France, qui les remettaient aux papes et en faisaient le principal objet de leurs négociations. (Rapport, ventôse an XI.)

(3) *France ecclésiastique*, 1890.

Il est à noter qu'un cardinal français (corse) a été nommé par le Pape, de son propre mouvement, ce qui fixe à 8 le nombre des cardinaux de nationalité française qui figurent au conclave.

(4) Rapport, ventôse an XI.

(5) Rapport, ventôse an XI.

(6) Lettre du Ministre de la République française, 29 nivôse an XI.

(1) L. 18 germinal an X, art. 9 org.

(2) Art. 16.

(3) *Metropolitanus nullam quidem ordinariam et episcopalem auctoritatem habet aut exercere potest in diocesibus suorum suffraganeorum. Attamen archiepiscopalem calenus obtinet, ut in suffraganeorum defectus inquirere eosque corrigere ac supplere possit.* (Van Espen, *Jus ecclesiasticum universale.*)

(4) L. 18 germinal an X, art. 13 org.

(5) Art. 15 org. (voir Juridiction ecclésiastique).

(6) Glaize, *Dictionnaire des sciences ecclésiastiques.*

évêques; elles ne peuvent l'être à d'autres prêtres vicaires généraux (1-2) ». Ainsi les pouvoirs de confirmation et d'ordre ne pouvaient être délégués aux vicaires généraux.

729. Les vicaires généraux sont nommés par l'archevêque ou l'évêque. L'archevêque peut nommer trois vicaires généraux; l'évêque peut en nommer deux (3). Les vicaires généraux étant rétribués sur les fonds de l'État (4), il appartient au gouvernement d'agréer leur nomination. En fait, l'autorité épiscopale nomme souvent un plus grand nombre de vicaires généraux que celui que la loi permet, mais les vicaires généraux qui sont ainsi nommés ne peuvent avoir qu'un pouvoir spirituel. Vis à vis du gouvernement, ils n'ont pas d'existence, et aucun de leurs actes qui auraient besoin de la sanction du gouvernement ne pourrait être exécutoire (5).

730. Pour être nommé vicaire général, il faut remplir les qualités requises pour être évêque, c'est-à-dire être originaire Français et âgé de trente ans (6).

731. A la différence des évêques, les vicaires généraux, ainsi que le reconnaît une circulaire du 30 juillet 1887, peuvent être des étrangers naturalisés. Aux termes de la loi du 23 ventôse an XII et de l'ordonnance du 25 décembre 1830, il fallait de plus avoir obtenu le grade de licencié en théologie ou avoir rempli pendant quinze ans les fonctions de curé ou desservant (7). Mais ces dispositions ne sont pas observées.

732. Astreints au serment par le Concordat (8), les vicaires généraux ne sont plus soumis à cette formalité.

733. Bien qu'agréés par le Gouvernement, les vicaires généraux sont toujours révocables au gré de l'évêque (9).

734. Les pouvoirs des vicaires généraux cessent avec ceux de l'évêque qui les a nommés; c'est ce qui résulte de l'abrogation, par le décret du 28 février 1810, de l'article 36 de la loi du 18 germinal an X (10), qui prescrivait qu'en cas de vacance d'un siège les vicaires généraux des diocèses continueraient leurs fonctions jusqu'à l'installation du nouvel évêque.

735. Les vicaires généraux, comme les autres titulaires ecclésiastiques dont nous parlerons ultérieurement, ne peuvent s'absenter temporairement, pour cause légitime, du lieu où ils sont tenus de résider, après autorisation de l'évêque.

diocésain, sans qu'il en résulte décompte pour le traitement, si l'absence ne doit pas excéder huit jours; passé ce délai et jusqu'à celui d'un mois, l'évêque notifiera le congé au préfet et lui en fera connaître le motif. Si la durée de l'absence pour cause de maladie ou autre doit se prolonger au delà d'un mois, l'autorisation du ministre du culte est nécessaire (1).

736. Le vicaire général qui perd sa place après trois ans consécutifs d'exercice, soit par suite d'un changement d'évêque, soit en raison de son âge et de ses infirmités, peut obtenir, s'il n'est pourvu d'un canonicat, un secours annuel de 1,500 francs jusqu'à sa nomination, soit au premier canonicat vacant dans le chapitre diocésain, soit à un autre titre ecclésiastique (2). D'après une décision ministérielle du 21 germinal an XI, les vicaires généraux ont la préséance sur les chanoines.

737. Les vicaires généraux peuvent-ils être membres du chapitre? Les statuts des chapitres approuvés par le Gouvernement et rédigés d'après les statuts arrêtés le 30 juin 1807 par le chapitre de Paris et qui ont reçu l'approbation du pouvoir civil, admettent les vicaires généraux au nombre des membres des chapitres (3). Toutefois, deux décisions ministérielles (4) déclarent « que les vicaires généraux ne font pas partie du chapitre. Les règlements qui leur donnent le titre de chanoines ne peuvent s'entendre que des honneurs et fonctions extérieures et nullement d'un titre réel et permanent qui tienne l'organisation des chapitres toujours incertaine et variable. »

738. Outre les vicaires généraux, il existe des vicaires généraux capitulaires dont la fonction consiste à gouverner le diocèse pendant la vacance du siège sans pouvoir se permettre aucune innovation dans les usages et coutumes du diocèse (5). Ils ont comme l'évêque le droit de porter des censures et interdits pour maintenir la hiérarchie et la discipline ecclésiastique (6); mais ils ne peuvent exercer la juridiction métropolitaine ou épiscopale que collectivement et non isolément.

739. Un seul des vicaires généraux capitulaires ne pourrait, sans abus, statuer en pareille matière, quel que soit d'ailleurs son titre d'official, qui ne lui donne personnellement aucune juridiction reconnue par la loi (7). Les pouvoirs des vicaires capitulaires expirent le jour où le nouvel évêque prend possession de son siège.

740. Les vicaires généraux capitulaires sont élus par le chapitre, et leur nomination doit être agréée par le Gouvernement (8).

741. Aux termes de la loi du 18 germinal an X, pendant la vacance des sièges, il devait être pourvu par le métropolitain, et, à son défaut, par le plus ancien des évêques suffragants, au gouvernement des diocèses; les vicaires généraux de ces diocèses devaient continuer leurs fonctions, même après la mort de l'évêque, jusqu'à son remplacement (9). Cette disposition fut abrogée quand les chapitres furent rétablis, et leur droit d'élire les vicaires capitulaires fut reconnu par le décret précité.

742. Les vicaires généraux capitulaires sont élus en même nombre que les vicaires généraux de l'archevêque ou de l'évêque. En 1872, quelques journaux ayant répandu le bruit

---

(1) Portalis, *Rapport sur les articles organiques.*

(2) « Tout Ordinaire peut déléguer ses pouvoirs; or, les évêques sont Ordinaires; ils ont conséquemment le droit de déléguer. C'est de ce droit que naît celui d'établir des vicaires généraux; ce sont des ministres auxiliaires que les évêques choisissent pour partager avec eux le gouvernement de leur diocèse. Les fonctions de ces ministres auxiliaires sont connues depuis longtemps dans l'Église. Saint Grégoire fut arraché de sa solitude par son père, qui voulut se décharger sur lui d'une partie des soins et des peines qu'il avait dans le gouvernement de son église. Saint Basile, s'étant réconcilié avec Eusèbe de Césarée, en devint le conseil et le guide. Le pape Damase envoya le prêtre Simplicius à saint Ambroise pour le soulager dans le commencement de l'épiscopat. Le concile de Latran, sous Innocent III, exhorta les évêques qui ne pouvaient pas remplir par eux-mêmes toutes les fonctions épiscopales, à choisir des aides pour instruire, pour gouverner et pour visiter leurs diocèses à leur place. On voit par ce texte que les évêques ne sont pas obligés de déléguer leurs pouvoirs, mais qu'ils le doivent quand ils ne peuvent suffire par eux-mêmes au gouvernement ou à l'administration de leur diocèse : cela est laissé à leur conscience; c'est ce que l'on dans l'article on s'est contenté de leur donner une faculté. » (Portalis, *Rapport sur les articles organiques.*)

(3) L. 18 germinal an X, art. 21.

(4) Ord. 18 mars 1832, voir Budget des cultes et Traitements ecclésiastiques.

(5) « Il est libre aux évêques de se donner un plus grand nombre de coopérateurs que celui ci-dessus fixé, pourvu que leur mandat ne comprenne point des actes qui aient besoin de la sanction du gouvernement pour être exécutoires. Il peut y avoir, en conséquence, des vicaires généraux agréés par le roi et des vicaires généraux non agréés. Le gouvernement, dans ses relations avec le diocèse, ne peut connaître que les vicaires généraux par lui agréés dans les limites ci-dessus tracées ; les vicaires généraux non agréés peuvent faire les actes de juridiction spirituelle qui ne touchent qu'à la solution des cas de conscience, à la décision des points théologiques et au maintien de la discipline. » (Déc. min. 29 brumaire an XII.)

(6) Ord. Henri III de 1554; — Ord. Blois, art. 4 et 45; — L. 18 germinal an X, art. 16 et 21.

(7) L. 23 ventôse an XII, art. 4; — Ord. 25 décembre 1830, art. 2.

(8) Art. 7.

(9) Vuillefroy, *Administration du culte catholique.*

(10) Art. 5.

---

(1) Ord. 13 mars 1832.

(2) Ord. 20 septembre 1824, qui complète le décret du 26 février 1810. Le décret du 26 février 1810 spécifiait que le vicaire général aurait en ce cas le premier canonicat vacant dans le chapitre du diocèse, et qu'en attendant il continuerait à siéger dans le chapitre en qualité de chanoine honoraire et recevrait jusqu'à l'époque de sa nomination de chanoine titulaire un traitement annuel de 1,500 francs. (Voir Budget des cultes pour traitement.)

(3) Les statuts arrêtés par le chapitre de Paris portent : « Le chapitre métropolitain est composé de ... membres et de ... vicaires généraux de l'archevêque. Les vicaires généraux dont les pouvoirs seraient révoqués cesseraient d'être membres du chapitre. »

(4) Déc. min. 28 mai 1813 et 1827.

(5) L. 18 germinal an X, art. 38.

(6) Rapp. min. 9 novembre 1819 (voir Juridiction ecclésiastique).

(7) Ord. C. d'Et. 2 novembre 1835 (voir Chapitre).

(8) D. 28 février 1810, art. 6.

(9) L. 18 germinal an X, art. 36.

que le Saint-Siège avait l'intention d'appliquer les dispositions du concile de Trente qui prescrivent de nommer un seul vicaire général capitulaire, le ministre des cultes crut devoir rappeler au ministre des affaires étrangères que depuis un temps immémorial les chapitres de France étaient en possession d'élire *deux* ou *trois* vicaires capitulaires et que cette coutume traditionnelle avait tous les caractères requis par le droit canonique pour déroger à une disposition écrite. Le ministre des affaires étrangères répondit qu'il résultait des explications données par le cardinal Antonelli à notre ambassadeur que la cour de Rome n'avait point l'intention de modifier les usages généralement adoptés en cette matière, ainsi qu'il résultait d'une note verbale dont le ministre des cultes, dans une circulaire du 16 février 1872, annonça aux archevêques et évêques l'envoi et leur fit connaître la teneur (1).

743. Quand le chapitre confère la qualité de vicaire général capitulaire à un chanoine, cette nomination ne lui fait pas perdre cette dernière qualité; quand il cesse les fonctions de vicaire général capitulaire, il reprend ses fonctions de chanoine (2).

§ 9. — Chanoines.

744. Les chanoines (d'après l'étymologie, hommes vivant suivant la règle religieuse), sont les membres du chapitre, titre et établissement que nous étudierons ultérieurement (3). L'assistance aux offices est de rigueur pour les chanoines; l'évêque seul pourrait les en dispenser, dans le cas d'absolue nécessité (4).

745. Les chanoines portent sur leur habillement d'église la mosette, sorte de camail de soie noire ou de drap doublé et bordé de soie rouge.

746. Les chanoines sont nommés par l'archevêque ou évêque, mais leur nomination doit être agréée par le gouvernement (5).

747. Sous l'ancien régime, en vertu d'un droit consacré par les plus anciens usages et qui faisait partie des libertés de l'Église gallicane (6), le roi pouvait nommer directement les chanoines dans certaines circonstances, ces circonstances étaient : 1° la vacance du siège, 2° l'avènement à la couronne, 3° le serment de fidélité prêté aux mains du roi par un nouvel évêque. L'article 16 du Concordat décidant que Sa Sainteté reconnaît dans le premier consul les mêmes droits et prérogatives dont jouissait l'ancien gouvernement, le droit de nomination directe fut exercé sous l'empire et la restauration (7).

En 1831, fut constituée une commission chargée d'examiner plusieurs questions relatives au culte et notamment la question de savoir si le gouvernement pouvait continuer l'exercice de ce droit de nomination directe. Cette question ne reçut pas de solution. En fait, actuellement le gouvernement n'use pas de ce droit, qui lui est reconnu par certains auteurs.

748. Quelles conditions faut-il remplir pour être chanoine? Faut-il être Français?

Aucun texte, aucun décret ne reproduisent à l'égard des fonctions de chanoine la prohibition édictée contre les étrangers par l'article 15 de la loi organique à l'égard des fonctions d'évêque. Mais une circulaire du 30 juillet 1887 déclare « qu'il demeure établi que les prêtres d'origine étrangère ne pourront exercer les fonctions de chanoine que lorsqu'ils auront été naturalisés. »

749. L'ordonnance du 25 décembre 1830, (1) complétant la loi du 23 ventôse an XII (2), prescrivait que nul ne peut être nommé chanoine, s'il n'a obtenu le grade de licencié en théologie, ou s'il n'a rempli pendant quinze ans les fonctions de curé ou de desservant. Ces prescriptions ne sont pas observées aujourd'hui, il suffit donc, pour être chanoine, d'avoir été élevé à la prêtrise.

750. La formalité du serment prescrite par le Concordat (3) n'existe plus.

751. Les chanoines sont inamovibles; ils ne peuvent être révoqués que dans les formes canoniques (4) et avec le concours du gouvernement qui a agréé la nomination (5).

752. Le nombre des chanoines est déterminé par les statuts du chapitre, il est généralement, sans compter les vicaires généraux et le chanoine qui fait fonction de curé quand la cure est réunie au chapitre, de neuf dans les chapitres métropolitains, de huit dans les chapitres cathédraux. A Paris il est de douze.

753. D'après une décision ministérielle du 21 germinal an XI, les vicaires généraux ont la préséance sur les chanoines.

754. Dans les églises où le service curial et le service cathédral sont célébrés concurremment, le titre curial peut être réuni au chapitre avec l'autorisation du gouvernement. Le chapitre, en ce cas, compte un membre de plus, et les fonctions de curé sont confiées à un membre du chapitre

---

(1) « Le Saint-Siège, après la réponse donnée en 1863 à la question posée par le chapitre de Cahors sur la nomination de plusieurs vicaires capitulaires, a toujours continué à tolérer l'élection de deux ou plusieurs vicaires capitulaires dans les diocèses de France où cet usage est en vigueur.

D'autre part, le saint-siège, avec cette tolérance, a laissé aux chapitres cathédraux de France la liberté de nommer, pendant la vacance des sièges épiscopaux respectifs, un seul vicaire capitulaire, quand ils le croyaient suffisant pour l'administration du diocèse. On n'a point entendu revenir sur cette tolérance dans la lettre adressée, le 4 septembre, à Mgr l'archevêque d'Albi par l'éminentissime préfet de la congrégation du concile; mais, dans cette lettre, répondant à une question qui avait trait à un cas particulier, on s'est simplement reporté aux dispositions du droit commun sur la matière. »

Note verbale transmise à l'ambassadeur de France par le cardinal secrétaire d'État, de Rome.

(2) Déc. min., 28 mai 1813 (Vuillefroy). Voir plus haut sur la question de savoir si le vicaire général peut faire partie du chapitre; voir pour traitement, *Budget des cultes*.

(3) Vuillefroy.

(4) Pour les attributions du chapitre.

(5) L. 18 germinal an X, art. 35.

(6) Déc. min. mars 1827. Vuillefroy (*Libertés de l'Église gallicane*, art. 66 et 68).

(7) Portalis, rapp. et inst. gén. 1er avril 1823. — « Le droit de nomination directe des chanoines, qui appartient au chef du gouvernement, dans ces trois circonstances, est consacré par les plus anciens usages. Il fait partie des droits et libertés de l'Église gallicane. Il a été reconnu implicitement par l'article 16 du Concordat du an IX, portant que le chef du gouvernement jouira des mêmes droits et prérogatives, dont jouissait l'ancien gouvernement. Il a toujours été exercé par les rois de France : il l'était sur les réclamations. (Inst. gén. 1er avril 1823.)

En ce sens, Vuillefroy, *Administration du culte catholique* : « Le non-exercice d'un droit n'en détruit pas le principe; cependant, il peut créer des difficultés d'exécution sérieuses. Il est donc à craindre que si l'inertie

du gouvernement se prolonge longtemps, le droit lui-même n'en paraisse altéré. Et il y aurait, dans cet abandon des droits consacrés, une imprudence d'autant plus coupable, que le droit dont il s'agit est une des garanties les plus précieuses, pour ne pas dire les plus indispensables de l'indépendance de l'Église gallicane. Sous le Concordat de 1516, comme sous le Concordat de 1801, toutes les difficultés qui se sont élevées entre le gouvernement et le Saint-Siège, sont venues de ce que les concordats, après avoir assuré la nomination des évêques au chef du gouvernement, ont réservé au Saint-Siège l'institution canonique. Cette réserve lui a donné le moyen de paralyser à certaines époques le droit de nomination qui appartient au gouvernement. C'est ce qui détermina l'empereur à recourir au Concordat de Fontainebleau, pour remédier à cette imprévoyance des concordats de 1516 et de 1801. Lorsque ces difficultés se sont produites, un seul moyen est resté pour éviter les désordres qui pouvaient en être la suite : l'administration des diocèses par les vicaires capitulaires, et, à la tête de ces vicaires capitulaires, se trouvait ordinairement l'évêque nommé par le gouvernement. Mais les vicaires capitulaires sont élus par les chapitres : il importait donc que le gouvernement intervînt efficacement dans la composition des chapitres, afin d'être assuré d'exercer sur ces corps une influence légitime, et d'y trouver un soutien dans les luttes que l'histoire ne permet malheureusement pas de regarder comme toujours impossibles. C'est dans cet intérêt qu'il s'était réservé, à toutes les époques, outre l'approbation des nominations faites par les évêques, la nomination directe des chanoines dans certaines circonstances. Sous quel prétexte peut-on abandonner l'exercice d'une pareille garantie? Le droit existe, il n'a rien d'exorbitant; il n'a rien que de conforme au droit général qu'exerce le gouvernement, à l'égard de toutes les nominations ecclésiastiques. Ne nomme-t-il pas directement les évêques eux-mêmes? Aucune autre nomination peut-elle être faite, dans l'ordre ecclésiastique, sans son approbation? Non. Ce sont de ces garanties que tout gouvernement se réserve et doit se réserver, lorsqu'il admet un culte dans l'État, et surtout lorsqu'il lui accorde la protection et lui doit ne la situation qu'il a faite en France au culte catholique?

Contra : Gaudry, *Traité de la législation des cultes*.

(1) Art. 2.

(2) Art. 4.

(3) Art. 7.

(4-5) C. d'Ét. int. 10 juin 1831; Vuillefroy. (Voir *Juridiction ecclésiastique*.)

qui peut être révoqué de ses fonctions comme un simple desservant.

755. Les chanoines sont astreints à l'obligation de résidence; l'absence temporaire et pour cause légitime est autorisée par l'évêque diocésain (1) sans qu'il en résulte décompte pour le traitement; l'absence ne doit pas excéder huit jours; passé ce délai et jusqu'à celui d'un mois, l'évêque doit notifier le congé au préfet et lui en faire connaître le motif. Si la durée de l'absence pour cause de maladie ou autre doit se prolonger au delà d'un mois, l'autorisation du ministre des cultes est nécessaire (2).

756. Les fonctions qui obligeraient à résider hors du lieu où doit se faire le service canonial sont incompatibles avec les fonctions du chanoine (3).

757. Pour assurer l'exécution de l'obligation de résidence, la circulaire du 9 juin 1881 a déclaré qu'on devait appliquer aux chanoines les dispositions de la loi de finances du 29 décembre 1876 relatives aux traitements ecclésiastiques, décidant que le mandat de traitement des desservants et vicaires devait être accompagné d'un certificat d'identité émanant de l'autorité diocésaine et d'un certificat de résidence, qu'il est préférable de demander, spécifie la circulaire, non pas au maire comme pour les desservants et vicaires, mais au préfet si le siège épiscopal est au chef-lieu du département, ou au sous-préfet dans l'arrondissement duquel se trouvent l'évêché et le chapitre.

758. Les chanoines reçoivent un traitement de l'Etat, mais la loi de finances du 22 mars 1885 a décidé la suppression de leur traitement par voie d'extinction.

759. Les archevêques et évêques confèrent le titre purement honorifique de *chanoine d'honneur* à des dignitaires ecclésiastiques de France ou de l'étranger qu'ils veulent honorer, par exemple à des évêques ou à des protonotaires apostoliques (4).

760. Outre les chanoines titulaires, les évêques nomment des chanoines honoraires dont l'existence n'est pas consacrée par la loi et dont le titre, purement honorifique, ne leur donne pas entrée au chapitre mais leur permet seulement d'assister en costume à l'office canonial; ils y prennent rang, suivant la date de leur nomination, mais après les titulaires. Les évêques doivent donner connaissance au gouvernement de ces nominations (5), mais en fait cette prescription n'est pas observée.

761. Plusieurs chapitres métropolitains ou cathédraux ont obtenu, en vertu de brefs pontificaux approuvés par décrets, la permission pour leurs membres de porter une décoration sur leurs habits de chœur (6-7).

762. Les chanoines peuvent recevoir de l'évêque diverses fonctions qui sont purement religieuses et sans existence au regard de la loi civile. Les titres varient suivant les évêchés : les plus universellement reconnus sont les titres d'archidiacres, d'archiprêtre, de grand pénitencier.

---

(1) L'administration doit considérer comme renonçant à son canonicat et susceptible d'être remplacé, tout chanoine qui s'absenterait sans congé de son évêque, ou qui, étant absent, n'obéirait pas, dans un délai déterminé, à l'invitation de se rendre à sa résidence. (Déc. min. 21 mai 1832.)
(2) Ord. 13 mars 1832, art. 4 (voir *Budget*.)
(3) Déc. min. 22 avril 1813. (Vuillefroy.)
(4) On appelle notaires apostoliques des officiers de cour de Rome qui ont une commission du Pape, approuvée par l'évêque diocésain, pour expédier des actes en matières spirituelles et bénéficiales. Les protonotaires apostoliques ont un degré de prééminence sur les autres notaires. Ils portent le violet, sont mis au rang des prélats, et précèdent tous les prélats non consacrés. Leur office consiste à expédier dans les grandes causes les actes que les simples notaires expédient dans les petites, comme les procès-verbaux de prise de possession du Pape. Ils assistent à quelques consistoires et à la canonisation des saints. Ils peuvent créer des docteurs et des notaires apostoliques. (Glaise, *Dictionnaire des sciences ecclésiastiques*.)
(5) Déc. min. 12 octobre 1811; — circ. 18 janvier 1849. — Le 16 nivôse an XI, le ministre des cultes pensait même qu'il était convenable qu'il approuvât les nominations, et cette pensée était reproduite dans un projet de règlement préparé en juin 1814, au ministère des cultes. La production de la liste des chanoines honoraires a été combattue notamment par André.
(6) D. 28 octobre 1854; 9 janvier 1856.
(7) Voir Chapitres et Collégiales.

Les fonctions de l'archidiacre ont autrefois été importantes; chargés de veiller sur les clercs inférieurs, les archidiacres devinrent de véritables grands vicaires exerçant au nom des prélats, la juridiction épiscopale sur les églises de leur dépendance (1). Aujourd'hui, ce n'est qu'un titre honorifique; dans beaucoup de métropoles et dans certains diocèses, on joint cette qualité à celle de vicaires généraux, avec un titre spécial de quelque église. C'est une sorte de surintendance conférée plus particulièrement sur l'église dont l'archidiacre a le titre, mais qui ne diminue en rien les droits et l'autorité des curés (2).

Autrefois l'archiprêtre avait une véritable suprématie sur les curés du diocèse (3). Actuellement, c'est un titre habituellement conféré par l'évêque au curé de la cathédrale ou de la métropole, quand il y a réunion de la cure au chapitre; mais ce titre n'attribue à celui qui en est pourvu aucun droit sur les autres curés.

Le pénitencier est l'ecclésiastique nommé par l'évêque pour absoudre les cas réservés, c'est-à-dire les fautes très graves dont l'absolution est réservée au Pape ou aux évêques. Le pénitencier est souvent un chanoine.

763. Les autres principaux dignitaires sont le doyen, l'official, le promoteur, le théologal, les chapelains, le chevecier, l'écolâtre, le grand chantre et le sous-chantre, le grand custode, le sacristain, le secrétaire du chapitre.

Le doyen est le premier dignitaire du chapitre.

L'official est l'ecclésiastique que l'évêque désigne pour exercer en son nom la juridiction contentieuse. Ce titre a été conservé par l'autorité ecclésiastique, mais ne peut être reconnu par la loi civile, puisque les officialités ont été supprimées.

Le promoteur remplit auprès de l'officialité les fonctions de ministère public.

Le théologal a pour mission dans quelques chapitres de donner des leçons de théologie.

Les chapelains assistent l'évêque dans les cérémonies religieuses.

Le chevecier ou chefcier veille sur la décence de la célébration du culte et la conduite des clercs.

Le grand chantre ou précenteur et le sous-chantre ont la direction du chant.

Le grand custode a la conservation du trésor.

Dans plusieurs cathédrales, il existe un sacristain pour garder le trésor, les vases sacrés et ornements.

Le secrétaire est chargé de dresser les procès-verbaux des assemblées capitulaires; c'est un titre qui n'existe que dans quelques chapitres.

§ 10. — Curés et desservants.

764. Le curé, ministre ordinaire du culte après l'évêque, dirige l'exercice du culte dans la paroisse (4). Il tire son nom de ses fonctions, ayant pour mission le soin (cura) de son troupeau.

765. Les curés sont nommés et institués par l'évêque (5), mais ce dernier ne peut manifester leur nomination et leur donner l'institution canonique qu'après que la nomination a été agréée par le gouvernement (6) par un décret dont le ministre des cultes leur donne communication (7).

766. Aux termes de l'ordonnance du 25 décembre 1830 (8), complétant la loi du 23 ventôse an XII (9), nul ne pouvait être nommé curé de chef-lieu de canton, s'il n'était pourvu

---

(1) D'Héricourt, *Lois ecclésiastiques*.
(2) Gaudry.
(3) Van Espen, *Jus ecclesiasticum universale*.
(4) L. 18 germinal an X, art. 9.
(5) De droit commun, les évêques ont toujours été collateurs ordinaires des titres ecclésiastiques dans les diocèses. Cette règle est aussi ancienne que l'Eglise. Rapp. Portalis.
(6) Concordat, art. org. 19.
(7) Arr. 27 brumaire an XI, art 6.
(8) Art. 2 et 3.
(9) Art. 4 et 5.

du grade de bachelier en théologie, ou s'il n'avait rempli pendant 10 ans; les fonctions de curé ou de desservant nul ne pouvait être nommé dans un chef-lieu de département ou d'arrondissement s'il n'avait obtenu le grade de licencié en théologie, ou accompli pendant quinze ans les fonctions de curé ou de desservant. Aujourd'hui ces dispositions ne sont plus observées, et la seule condition requise pour être nommé curé est d'être élevé à la prêtrise.

767. Un curé peut-il être étranger ?

Aucune loi, aucun décret ne reproduisent à l'égard des fonctions de curé la prohibition édictée contre les étrangers par l'article 15 de la loi organique à l'égard des fonctions d'évêques, mais, en fait, les étrangers ne sont pas nommés aux cures. Une circulaire du ministre des cultes du 30 juillet 1887 déclare « qu'il demeure établi que les prêtres d'origine étrangère ne pourront exercer les fonctions de curé que lorsqu'ils auront été naturalisés. »

768. Aux termes du Concordat et des articles organiques (1), les curés devaient, avant d'entrer en fonctions, prêter serment entre les mains du préfet, il devait être dressé procès-verbal de cette prestation par le secrétaire général de la préfecture, et copie collationnée devait leur en être délivrée.

Cette formalité, qui du reste n'était pas observée, doit être considérée comme supprimée depuis l'abrogation du serment politique par le décret du 5 septembre 1870.

769. Les curés sont mis en possession par le curé ou le prêtre que l'évêque désigne (2). Cette installation canonique ne doit pas être confondue avec la prise de possession que règle l'ordonnance du 13 mars 1832 et qui a pour objet de faire courir le traitement ecclésiastique.

770. Les curés ne sont pas révocables ad nutum par l'évêque, bien qu'ils lui soient immédiatement soumis ainsi que nous allons le voir. La loi organique ne leur confère pas d'une façon explicite le bénéfice de l'inamovibilité, mais le caractère d'inamovibilité attaché au titre curial et qui ne soulève aucun doute, résulte du rapprochement des articles 30 et 31 de la loi organique. L'article 30 porte: « Les curés seront immédiatement soumis aux évêques dans l'exercice de leurs fonctions. » L'article 31: « Les vicaires et desservants exerceront leur ministère sous la surveillance et la direction des curés. Ils seront approuvés par l'évêque et *révocables par lui*. » L'article 30 ne contient aucune disposition relative au droit de révocation des curés; l'article 31, au contraire, a spécifié que les vicaires et desservants pourraient être révoqués par l'évêque. Il en résulte que la loi consacre le principe de l'inamovibilité des curés, qui ne peuvent être déposés par l'évêque qu'en vertu d'un jugement régulier et avec le concours de l'autorité civile qui a agréé la nomination. La loi organique n'a fait d'ailleurs que reconnaître un principe reconnu de tout temps dans l'Église de France (3).

771. En dehors du cas de déposition du curé par un jugement régulier, il est un autre cas où il est porté atteinte au principe de l'inamovibilité du curé, c'est le cas où la cure est réunie au chapitre: les fonctions du curé sont exercées, dans ce cas, par un membre du chapitre dont la nomination se fait dans la même forme que celle des curés, dont le traitement reste le même que celui des autres chanoines et qui est inamovible comme ces derniers (4).

(1) Circ. art. 7; — Art. org. 27.
(2) L. 18 germinal an X, art. 28.
(3) Il répugnerait d'ailleurs d'entendre l'inamovibilité attribuée aux curés dans ce sens qu'elle ne pourrait cesser en aucun cas ; mais il est évident, au contraire, qu'elle ne signifie autre chose que le droit de ne pouvoir être déposé sans un jugement régulier. Le droit de déposer les curés, pour des causes légitimes, a été en usage dès les premiers siècles de l'Église ; il est consacré par les décrets des papes et les décisions formelles d'un grand nombre de conciles, et entre autres par le deuxième concile de Châlons, dont un des canons dit expressément : que si un prêtre a été pourvu d'une église, on peut la lui ôter lorsqu'il s'est rendu coupable de quelque crime, et après l'en avoir convaincu en présence de son évêque. Mais, sans recourir à des autorités aussi anciennes, il serait facile d'établir, par des exemples assez récents et par l'usage constamment suivi, que jusqu'au moment de la Révolution, ce droit a été exercé par les tribunaux de l'officialité institués auprès de chaque évêque (C. d'Ét. Int., 30 juillet 1824.)
(4) C. d'Ét. 14 juillet 1824.

772. Si, au cas de réunion de la cure au chapitre, le chanoine, qui s'acquitte des fonctions curiales est révocable ad nutum par l'évêque, à plus forte raison en est-il ainsi quand l'ordonnance épiscopale de réunion, approuvée par le gouvernement, a déclaré, en réglant les conditions de sa nomination, qu'il serait révocable à la volonté de l'évêque (1). On conçoit sans peine les motifs qui ont nécessité cette dérogation au principe de l'inamovibilité des curés: si le membre du chapitre qui s'acquitte des fonctions curiales était protégé par ce privilège de l'inamovibilité, il y aurait à craindre le retour de conflits qui s'élèvent d'ordinaire entre la cure et le chapitre et que la réunion de ces deux titres a pour but de prévenir (2). Cette dérogation au principe de l'inamovibilité du curé est conforme à l'esprit du législateur de la loi organique qui a restreint le plus possible l'inamovibilité, afin de mettre le bas clergé dans la main des évêques et par suite dans la main du gouvernement, puisqu'il comptait trouver dans ces prélats des auxiliaires dociles.

773. Les droits et obligations des curés peuvent être ainsi divisés :

1° Droits et obligations relativement à l'exercice du culte et du ministère paroissial ;

2° Droits et obligations en tant que membre du conseil de fabrique ;

3° Droits utiles et pécuniaires ;

4° Droits honorifiques et privilèges attaché à la fonction; incompatibilités.

774. Le curé dirige l'exercice du culte dans la paroisse, sous la direction de l'évêque (3) au règlement duquel il doit se conformer pour tout ce qui concerne le service divin, les prières et les instructions, l'acquittement des charges pieuses imposées par les bienfaiteurs (4), les quêtes dans les églises (5). Bien que soumis immédiatement à l'évêque dans l'exercice de ses fonctions, le curé n'a pas besoin d'une permission spéciale pour exercer les fonctions attachées au titre de curé (6). Le curé est le pasteur immédiat des fidèles de sa paroisse pour tout ce qui concerne les fonctions curiales ; l'évêque et le curé ne sont pas deux pasteurs qui concourent et qui soient chargés immédiatement des mêmes fonctions. Ce n'est qu'à titre de supérieur que l'évêque peut se mêler des fonctions curiales, en les remplissant en personne quand il le juge convenable et en les déléguant quand le curé néglige de les remplir (7).

(1) C. d'Ét. 24 juillet 1845.
(2) Voir *infra*.
(3) L. 18 germinal an X, art. 9 et 30.
(4) D. 30 décembre 1809, art. 29.
(5) D. 30 décembre 1809, art. 75 (Voir quêtes à domicile).
(6) Édit. 1695, art. 12.
(7) Le curé lui-même est soumis à l'autorité de l'évêque. On demande pourquoi, en parlant des ministres sous la direction desquels le culte catholique sera exercé, l'on fait marcher d'un pas égal les évêques et les curés. C'est que les uns et les autres ont une administration distincte. L'Église est divisée en diocèse et le diocèse sont divisés en paroisses : les évêques conduisent les diocèses et les paroisses sont régies par les curés. Nous avons dit que le Pape est le chef visible de l'Église et non l'évêque universel de tous les diocèses de la chrétienté; ainsi un évêque est le chef de son diocèse et non le curé universel de toutes les paroisses que le diocèse renferme. D'après la discipline de l'Église, il ne doit y avoir qu'un évêque dans chaque diocèse et qu'un curé dans chaque paroisse. Tout serait dans la confusion, on ne saurait à quoi s'en tenir, si les fonctions respectives des évêques et des curés n'étaient pas réglées. Le ministère ecclésiastique en général est établi pour le salut des âmes indistinctement, mais il est de bon ordre que chaque ministre ait son troupeau, ses fonctions, ses limites; cela est nécessaire au bien des âmes, et c'est pour leur bien que cet ordre est établi. Un évêque et un curé sont également pasteurs, mais ils le sont dans un ordre et dans un degré différents : le curé est le pasteur immédiat des fidèles de sa paroisse pour tout ce qui concerne les fonctions curiales ; l'évêque est l'unique pasteur immédiat de tous les fidèles de son diocèse pour tout ce qui concerne les fonctions pontificales; il est encore pasteur, mais simplement médiat, relativement aux fonctions curiales, parce qu'il est le supérieur du curé. Mais l'évêque et le curé ne sont pas deux pasteurs qui concourent et qui soient chargés immédiatement des mêmes fonctions; mais comme le curé est subordonné à l'évêque, l'évêque peut et doit suppléer au défaut du curé. Ce n'est qu'à titre supérieur que l'évêque peut se mêler des fonctions curiales, en les remplissant en personne quand il le juge convenable, et en les déléguant quant le curé néglige de les remplir. (Van Espen.)
On objecterait vainement que l'évêque ne saurait avoir, dans aucune

775. Le curé administre à ses paroissiens, en personne ou par ses vicaires, les sacrements de baptême, de pénitence, d'eucharistie, d'extrême-onction et de mariage, et leur donne la sépulture ecclésiastique ; il les instruit de leurs devoirs en leur annonçant souvent la parole de Dieu ; il enseigne les principes de la religion aux enfants de la paroisse ; il réprime par la voie de l'exhortation les désordres qui naissent parmi les paroissiens et prie pour leurs besoins temporels et spirituels, offrant à cette fin le sacrifice de la messe (1).

776. Il est défendu au curé d'aller lever aucun corps de personnes décédées dans la paroisse ou de les accompagner hors des églises, avant qu'on lui ait représenté l'autorisation d'inhumer accordée par le maire (2).

777. Il ne peut procéder aux cérémonies religieuses d'un mariage sans qu'il ait été justifié d'un acte de mariage préalablement reçu par les officiers de l'état civil (3).

778. Le curé ne peut faire aux prônes des messes paroissiales aucune publication étrangère à l'exercice du culte, si ce n'est celles qui sont ordonnées par le gouvernement (4). La loi organique (5) interdit toute inculpation directe ou indirecte soit contre les personnes, soit contre les autres cultes autorisés par l'Etat.

779. Chargé de diriger l'exercice du culte dans sa paroisse, le curé surveille et dirige les vicaires et desservants (6). Il donne aux prêtres étrangers la permission d'officier dans son église. Il agrée les prêtres habitués et leur assigne leurs fonctions (7). Il désigne le sacristain-prêtre, le chantre-prêtre et les enfants de chœur (8). Dans les communes rurales, il nomme et révoque les chantres, sonneur et sacristain (9). Dans les villes ou les communes urbaines, c'est sur sa proposition que le bureau des marguilliers nomme et révoque les receveurs de l'église (10). Il présente les prédica-

teurs au bureau des marguilliers, qui les nomme, à la charge par eux d'obtenir l'autorisation de l'Ordinaire (1).

780. Le curé, ayant la mission de diriger l'exercice du culte dans la paroisse qui lui est confiée, a reçu le droit de prendre les mesures nécessaires pour en assurer le libre et entier exercice. Il a, en conséquence, la police intérieure de l'église et de ses dépendances, sous la surveillance de l'évêque (2).

781. Suivant certains auteurs, le curé exerce son droit de police, non seulement dans l'église et ses dépendances, mais dans les lieux où passent les processions, ce qui ne peut s'entendre qu'à l'égard de ceux qui font partie de la procession, car il est évident qu'un curé ne pourrait interdire à un individu l'accès de la rue où passe la procession.

782. Le placement des bancs ne peut être fixé sans le consentement du curé, sauf le recours à l'évêque (3).

783. C'est à l'évêque et aux vicaires généraux qu'il appartient de régler l'heure du service divin, fonction qui se rattache à la police ecclésiastique (4). Le curé peut changer l'heure des offices religieux. Au cas d'incommodité de l'heure, le curé et les marguilliers doivent s'adresser à l'évêque, qui peut prescrire la modification (5). Mais le curé a le droit de fixer l'heure à laquelle les prêtres habitués doivent célébrer la messe (6).

784. Le curé est membre de droit du conseil de fabrique, où il occupe la première place après le président (7). Il est aussi membre de droit du bureau des marguilliers, où il occupe aussi la première place après le président (8). Il occupe la première place au banc de l'œuvre toutes les fois qu'il s'y trouve pendant la prédication (9).

785. Il ne peut être nommé président du conseil de fabrique, ni du bureau des marguilliers, ni trésorier de la fabrique.

786. Le curé doit, au prône de la grand'messe, rappeler les jours des réunions trimestrielles du conseil de fabrique et donner à ce sujet un avertissement public, le dimanche qui précède chaque réunion (10).

787. Il présente chaque année au bureau des marguilliers un état par aperçu des dépenses nécessaires à l'exercice du culte, soit pour les objets de consommation, soit pour les réparations et l'entretien des ornements, meubles et ustensiles de l'église (11).

788. A la fin de chaque trimestre, il rend compte au conseil de fabrique des fondations acquittées pendant le cours du trimestre (12).

788. Il doit conserver entre ses mains l'une des trois clefs de la caisse ou armoire de la fabrique où sont déposés les deniers, les titres et les papiers importants de l'établissement (13).

789. Il assiste à l'inventaire et aux récolements annuels du mobilier de la fabrique et doit les signer ; un double lui en est remis (14).

Les notaires informent le curé des actes passés devant eux qui contiennent une donation ou une disposition testamentaire au profit de la fabrique (15).

1° Les droits utiles et pécuniaires seront traités plus loin ;
2° Les droits honorifiques et privilèges, les règles relatives aux incompatibilités ont été étudiés déjà.

paroisse de son diocèse, moins de pouvoir que le curé de cette paroisse. Un évêque ne doit pas perdre de vue que son pouvoir doit être réglé par la prudence, qu'il doit dispenser et non dissiper, qu'il doit réunir et non disperser le troupeau ; il doit prendre garde surtout de ne pas excéder, en usant de son pouvoir d'une manière qui déroge au droit commun, et qui soit contraire aux lois (Gamache.) Ces maximes écartent l'autorité absolue et arbitraire, elles soumettent le pouvoir de l'évêque aux règles tracées par la discipline. Il en résulte qu'un évêque ne peut se rendre des fonctions curiales dans une paroisse que comme supérieur et dans l'intérêt des fidèles, c'est-à-dire pour suppléer au curé ou pour le réformer, et non par esprit de rivalité ou pour entreprise sur ses droits. Quand on dit qu'un évêque ne saurait avoir moins de pouvoir que le curé lui-même dans la paroisse, le sens de l'adage n'est point que l'évêque ne puisse dépouiller le curé des fonctions attachées à son titre, en les faisant lui-même ou en les faisant faire par d'autres : ce serait réduire le curé à la simple qualité de vicaire ou de commis de l'évêque. Il n'est sans doute aucune fonction curiale que l'évêque ne puisse faire personnellement, quand il le veut ; cette prérogative est attachée à sa dignité, à sa qualité de premier pasteur ; d'autre part, il est chargé de veiller à la conduite du curé, de l'obliger à remplir ses devoirs, de le suppléer ou de le faire suppléer, s'il y manque, de corriger et réformer l'abus que le curé peut faire de son autorité ; tel est le sens légitime dans lequel il est vrai de dire que l'évêque a autant et plus de pouvoir même que le curé dans sa paroisse. Il serait absurde de faire de l'évêque un premier titulaire de la cure, un co-curé, s'il est permis de s'exprimer ainsi, quoiqu'il soit éminemment le pasteur de tout son diocèse. Les fonctions de l'évêque et celles du curé sont autant incompatibles que les titres mêmes de leurs offices. L'évêque est le prélat et non le curé universel du diocèse : il serait contre l'ordre qu'il abandonnât le service qu'il doit à la cathédrale ou à l'administration générale du diocèse, pour se livrer à la desserte d'une paroisse. C'est pourquoi Gonzalès et Barbosa, cités par Van Espen, soutiennent que la cure des âmes est tellement propre au curé dans sa paroisse, qu'il n'est pas plus permis à l'évêque de se l'approprier que de se dire le recteur ou le curé de tout son diocèse. L'évêque est le chef, le pasteur de l'église cathédrale, et le prélat seulement sur le supérieur de tous les recteurs de son diocèse ; on a donc dû supposer, pour se conformer aux règles qui ont fixé l'ordre hiérarchique de l'Eglise, que si les évêques ont des devoirs et des droits à exercer dans leurs diocèses, les curés, dans un degré et dans un ordre différents, ont des devoirs et des droits à exercer dans leurs paroisses.
Portalis, Rapport sur articles organiques.
(1) Joussu, Gouvernement des paroisses.
(2) D. 4 thermidor an XIII. (Voir Crimes et délits.)
(3) L. 18 germinal an X, art. 54 ; — C. P., art. 199 et 200. (Voir Crimes et délits.)
(4) L. 18 germinal an X, art. 53.
(5) Art. 52. (Voir Crimes et délits.)
(6) L. 18 germinal an X, art. 31.
(7) D. 30 décembre 1809, art. 30.
(8) D. 30 décembre 1809, art. 30.
(9) Ord. 12 janvier 1825, art. 7.
(10) D. 30 décembre 1809, art. 32.

(1) D. 30 décembre 1809, art. 45.
(2) Art. 9 organique.
(3) D. 30 décembre 1809, art. 30.
(4) Décl. 14 janvier 1731 ; — Boyer, Principes de l'administration des paroisses ; — Affre, Administration du culte catholique.
(5) Boyer, Affre.
(6) Jousse, Gouvernement temporel des paroisses. (Affre.)
(7) D. 30 décembre 1809, art. 4.
(8) Eod. art. 13.
(9) Eod. art. 21.
(10) D. 30 décembre 1809, art. 10.
(11) D. 30 décembre 1809, art. 45.
(12) D. 30 décembre 1809, art. 45.
(13) D. 30 décembre 1809, art. 50 et 54.
(14) Eod. art. 55.
(15) Eod. art. 58.

790. Tous les curés sont égaux en droit, puisqu'ils ont tous le même caractère et les mêmes fonctions. Personne ne peut se dire le premier entre eux. Il y a sans doute des curés qui peuvent avoir un plus grand territoire et qui sont établis dans une église plus ancienne ou plus importante, mais ces circonstances n'ont aucune influence sur le titre de curé, qui est commun à tous et qui renferme les mêmes prérogatives. Il n'y a pas plus de premier curé dans un diocèse qu'il n'y a de premier évêque en France ; quand on est évêque, on l'est autant que tout autre, et, dans le sacerdoce ainsi que dans l'épiscopat, il ne peut y avoir de distinctions que celles qui ont été établies par la hiérarchie fondamentale de l'Église (1).

791. Le curé est tenu de résider dans sa paroisse (2). Il ne peut s'absenter sans autorisation. Toute absence non autorisée donne lieu à décompte sur le traitement, sans préjudice de l'application des peines canoniques.

792. L'absence, pour cause légitime, peut être autorisée par l'évêque, sans qu'il en résulte décompte pour le traitement, si l'absence ne doit pas excéder huit jours ; passé ce délai et jusqu'à celui d'un mois, l'évêque doit notifier le congé au préfet et lui en faire connaître le motif. Si la durée de l'absence pour cause de maladie ou autre doit se prolonger au delà d'un mois, l'autorisation du ministre des cultes est nécessaire (3).

L'absence pour cause de maladie est constatée au moyen d'un acte de notoriété dressé par le maire de la commune (4).

793. Si le titulaire de la cure se trouve temporairement éloigné de la paroisse pour cause de mauvaise conduite ou de maladie, un ecclésiastique est nommé par l'évêque pour le remplacer provisoirement, et cet ecclésiastique reçoit, outre le casuel auquel le curé aurait en droit, une indemnité (5).

794. Pour assurer l'exécution de l'obligation de résidence, la circulaire du 24 février 1877 a appliqué aux curés les prescriptions de la loi de finances du 29 décembre 1876 (6), qui décidait que le mandat de traitement des desservants et vicaires devait être accompagné d'un certificat d'identité émanant de l'autorité diocésaine et d'un certificat de résidence délivré par le maire de la commune, visé par le sous-préfet ou le préfet (7).

795. Le desservant s'acquitte dans la succursale des mêmes fonctions que le curé dans la cure. Il exerce son ministère sous la surveillance et la direction du curé (8). Le curé n'a sur le desservant qu'une simple autorité de surveillance qui consiste à avertir l'évêque des abus et des irrégularités qui seraient à sa connaissance (9). Le curé n'a aucune autorité réelle, aucune juridiction ni sur les desservants des succursales du canton où se trouve sa cure, ni sur les fidèles demeurant dans la circonscription de ces succursales (10).

796. Les droits, les attributions et les obligations du desservant dans le périmètre de sa succursale étant les mêmes que ceux du curé dans sa paroisse, quelles différences distinguent le desservant du curé? 1° La nomination faite par l'évêque seul des desservants, dont le rang est moins élevé dans la hiérarchie, tandis que la nomination des curés est soumise à l'agrément du gouvernement ; 2° l'amovibilité des desservants; 3° l'infériorité de traitement.

797. Le desservant est nommé par l'évêque seul (1), qui doit donner avis de la nomination au préfet et au ministre des cultes (2).

___

(1) Déc. min. 23 mess. au X; 3 floréal an XI ; voir ce qu'on entend par curé de 1re et 2e classe; Budget et Cure.
(2) L. 18 germinal an X, art. 29. — « L'obligation de résidence est conforme à l'article 5 de l'ordonnance d'Orléans, à l'article 14 de celle de Blois qui porte: « A semblable résidence et sous pareille peine (privation de fruits échus pendant leur absence) seront pareillement tenus tous les curés et autres ayant charge d'âmes, sans se pouvoir absenter que pour causes légitimes, et dont la connaissance appartiendra à l'évêque diocésain, duquel ils obtiendront par écrit licence ou congé, qui leur sera gratuitement accordé et expédié. Et ne pourra la dite licence, sans grande occasion, excéder le temps et espace de deux mois. »
(3) Ord. 13 mars 1832, art. 4.
(4) D. 17 novembre 1811, art. 12.
(5) D. 17 novembre 1811, art. 1er; voir Budget des cultes pour la réduction des traitements du cas d'absence.
(6) Art. 13.
(7) Voir pour les cas de dispense de résidence.
(8) L. 18 germinal an X, art. 31; voir supra.
(9) Déc. min. 13 fructidor an X; — Règl. pour le diocèse de Paris, approuvé par le gouv. le 25 thermidor an X.
(10) Déc. min. 23 messidor et 7 thermidor an X; 9 brumaire an XIII.

(1) L. 18 germinal an X, art. 31 et 63.
(2) D. 11 prairial an XII, dont la circulaire du 31 juillet 1882 rappelle les prescriptions. — « Monsieur le Préfet, aux termes de l'article 672 du décret du 11 prairial an XII, « les évêques donneront avis de la nomination des desservants au conseiller d'État chargé de toutes les affaires concernant les cultes et aux préfets ». Cette disposition, qui n'a pas été abrogée et dont la raison d'être est trop évidente pour avoir besoin de justifications, n'a pas été exactement observée pendant ces dernières années dans tous les diocèses. Les exigences du service de la police des cultes, les règles de la comptabilité et les simples convenances en réclament la stricte exécution. Vous ne devez plus, Monsieur le Préfet, vous contenter à l'avenir de la production des états de situation du clergé que les secrétaires d'archevêchés et d'évêchés sont tenus de fournir aux préfectures, dix jours avant chaque échéance trimestrielle, pour l'exécution de l'article 13 de la loi de finances du 29 décembre 1876, et qui doivent mentionner avec le nom des titulaires, le chiffre du traitement, la date de la naissance, celle de l'installation et de la sortie de fonctions. Il ne vous suffira pas non plus d'exiger pour les nouveaux titulaires, dans chaque succursale, une expédition du procès-verbal d'installation, délivrée par le bureau des marguilliers, conformément à l'ordonnance du 13 mars 1832. Vous aurez soin de réclamer, en outre, pour vous et pour moi, avant la prise de possession des titulaires, un avis officiel de leur nomination, et de me délivrer à ces ecclésiastiques les mandats de traitement attaché à leur titre qu'autant que cette double formalité aura été remplie. En me faisant parvenir les avis de nomination dès qu'ils vous seront adressés, vous ne manquerez pas de me communiquer, dans un rapport motivé, les objections que vous aurez à me signaler contre certains choix. »

Ces prescriptions ont été rappelées par la circulaire du 15 mai 1885, et celle du 8 février 1886, ci-jointe.

« Monsieur le Préfet, je me vois dans la nécessité de vous rappeler de nouveau les prescriptions de l'article 6, paragraphe 2, du décret du 11 prairial an XII, qui ont fait l'objet des circulaires ministérielles des 31 juillet 1882 et 15 mai 1885, et qui sont ainsi conçues:
« Les évêques donneront avis de la nomination des desservants au « conseiller d'État chargé de toutes les affaires concernant les cultes, « et aux préfets. »
« Les avis de nominations ou de mutations des desservants ne me parviennent pas régulièrement ni ne contiennent pas toutes les indications exigées par mes prédécesseurs et par moi dans le but d'assurer le bon fonctionnement du service de la police des cultes, service destiné à fournir, à toute réquisition de l'autorité compétente, des renseignements détaillés et précis sur tous les prêtres rétribués par l'État à un titre quelconque. »

Les indications essentielles dont il s'agit ici sont les suivantes:
« Les évêques sont tenus de faire connaître le nom et les prénoms des titulaires, la date et le lieu de la naissance, le diocèse d'origine, les fonctions antérieures, le nom du prêtre qui occupait le poste ainsi pourvu, la destination qu'il a reçue, sa mise à la retraite ou son décès. Les préfets doivent, de leur côté, me faire parvenir en même temps, à titre confidentiel, leurs appréciations sur le caractère, sur l'attitude politique, sur la moralité des sujets transférés ou nommés, ainsi que leurs appréciations sur les motifs et sur l'opportunité des nominations ou des mutations effectuées.
« Si la plupart des évêques ont à se reprocher à ce sujet des omissions regrettables, plusieurs préfets ont négligé de me renseigner en temps utile ; aucun d'eux jusqu'à ce jour n'a pris le soin d'appliquer les mesures coercitives dont il disposait, aux termes de la circulaire du 15 mai 1885, et notamment de retenir les mandats de traitement des nouveaux titulaires lorsque les avis de nomination n'étaient pas parvenus à la préfecture et à la direction des cultes avant la prise de possession des intéressés.
« Ces omissions ont donné lieu pendant ces derniers temps à quelques méprises, bruyamment relevées par la presse et signalées par certains prélats à qui j'ai dû faire comprendre qu'ils ne pouvaient attribuer qu'à leur propre négligence les erreurs de noms ou d'attributions causées par l'inobservation des règles précités.
« Dans ces conditions, et en vue d'assurer un contrôle indispensable, je vous prie, Monsieur le Préfet, de vouloir bien me transmettre tous les trois mois, indépendamment des avis de nominations ou de mutations qui vous parviennent isolément, la copie des états de situation du clergé que les secrétaires d'archevêchés et d'évêchés sont tenus de fournir, dix jours avant chaque échéance trimestrielle, pour l'exécution de l'article 13 de la loi de finances du 29 décembre 1876.
« Ces copies, certifiées conformes, me permettront de relever tous les changements opérés dans le personnel ecclésiastique au cours du trimestre écoulé et de tenir à jour les fiches individuelles classées à la direction des cultes.
« Je n'ai pas besoin de vous faire remarquer que le décret précité du 11 prairial an XII et les observations qui précèdent ne s'appliquent pas seulement aux desservants, mais encore aux vicaires ; il n'est pas admissible, en effet, que l'État alloue une indemnité à un titulaire ecclésiastique quelconque dont il ne connaîtrait pas préalablement le nom et les antécédents.
« Quant aux aumôniers relevant des ministères de la guerre, de la rine et de l'intérieur, qui peuvent temporairement quitter le service paroissial dans lequel ils reprennent ensuite des fonctions actives, je me suis entendu avec mes collègues pour être renseigné ; mais comme

799. La seule condition pour être desservant est d'avoir été élevé à la prêtrise. La loi du 23 ventôse an XII (1) spécifiait que pour toutes places et fonctions ecclésiastiques autres que celles d'évêque, vicaire général, chanoine ou curé de première classe, pour lesquelles des conditions spéciales étaient requises, il suffisait d'avoir soutenu un exercice public sur la morale et sur le dogme, et d'avoir obtenu sur ces objets un certificat de capacité. Mais ces dispositions ne sont pas observées.

798. Aucun étranger ne pouvant, aux termes de la loi du 18 germinal an X, être employé dans les fonctions du ministère ecclésiastique sans la permission du gouvernement (2), le gouvernement a décidé de n'autoriser les desservants de nationalité étrangère à exercer leurs fonctions, que s'ils sont autorisés à établir leur domicile en France aux fins d'une naturalisation ultérieure. Ils sont rayés des contrôles du clergé rétribué si la naturalisation leur est refusée ou s'ils ne justifient pas de leurs diligences pour l'obtenir (3).

800. Aux termes du Concordat, les ecclésiastiques de second ordre devaient, avant d'entrer en fonctions, prêter serment entre les mains des autorités civiles désignées par le gouvernement. Cette formalité a été supprimée (4).

801. L'évêque a sur le desservant le droit de révocation. (5) Ce droit qui met les desservants à la discrétion de l'évêque, sans aucune garantie, a donné lieu à de vives critiques. On a fait observer que, sous l'ancien régime, les vicaires qui desservaient les succursales étaient inamovibles et ne pouvaient être suspendus ou exclus du ministère ecclésiastique que par une sentence des officialités, après jugement contradictoire et information juridique. La perte de la garantie qui leur était donnée, avant la Révolution, a d'autant plus d'importance qu'elle s'applique à un très grand nombre de prêtres; sous l'ancien régime, on ne comptait que 2,500 prêtres desservant les succursales; on en compte aujourd'hui,

y compris l'Algérie, 31,253, alors qu'on ne compte que 3,450 curés.

Quelles sont donc les raisons qui ont pu motiver l'atteinte portée au principe de l'inamovibilité? Le clergé français, lors de la réorganisation du culte, se composait d'éléments très disparates; il comprenait des prêtres constitutionnels, des prêtres réfractaires, des anciens émigrés, et le gouvernement, en étendant le bénéfice de l'inamovibilité à tous les ministres du culte, aurait craint de rencontrer dans un clergé dont la diversité d'origine et de tendances, pouvait être une cause de discorde, des résistances invincibles qui auraient compromis l'œuvre de la reconstitution du culte et de la pacification religieuse. Il convient d'ajouter que Napoléon, qui voyait dans le rétablissement du culte un instrument de règne, comptait bien tenir les évêques sous sa dépendance et, par l'intermédiaire de ces auxiliaires dociles, les desservants soumis sans garantie au pouvoir épiscopal. Une dernière considération peut expliquer la situation faite aux desservants par la législation concordataire; si le gouvernement avait appliqué le principe de l'inamovibilité à tous les ministres du culte sans exception, il eût dû reconstituer du même coup les tribunaux disciplinaires ecclésiastiques qui, sous l'ancien régime, servaient de correctif aux inconvénients que pouvait présenter l'extension à tous les ministres du principe de l'inamovibilité. C'est pour ces divers motifs que le gouvernement régla, suivant ce qu'il considérait comme l'intérêt de l'État, la situation des desservants qui n'avait pas fait l'objet de négociations concordataires. A diverses époques, des tentatives furent faites pour conférer aux desservants le privilège de l'inamovibilité que l'on considérait comme plus conforme à l'esprit des canons et faite pour donner aux succursalistes une indépendance et une autorité plus grandes. En 1849, l'Assemblée législative, saisie d'une proposition qui tendait à l'abrogation de l'article 31 de la loi du 18 germinal an X, ne crut pas pouvoir trancher seule ce point de discipline et elle déclara qu'il serait ouvert immédiatement pour le gouvernement, des négociations avec le souverain Pontife pour régler les conditions d'après lesquelles seraient rétablies l'inamovibilité des desservants et les officialités ecclésiastiques. Le projet n'eut pas de suite, non plus que ceux qui suivirent. En 1867, la question de l'inamovibilité fut de nouveau soumise au Sénat impérial. Pour repousser l'inamovibilité, les arguments suivants furent invoqués: « souvent les évêques sont obligés, faute d'un nombre de prêtres suffisants, de placer, comme desservants, à la sortie du séminaire, de jeunes prêtres, manquant encore de l'expérience nécessaire pour remplir ces fonctions délicates. Un excès de zèle, des imprudences peuvent rendre impossible de laisser, malgré sa bonne volonté, un desservant dans la paroisse où il a été d'abord établi. Et un évêque n'aurait pas la possibilité de le déplacer, et cela dans l'intérêt bien entendu du pasteur et du troupeau! Jamais dans aucun siècle et dans aucun pays, l'inamovibilité n'a été étendue à tous les prêtres placés à la tête des paroisses; il y a toujours eu des curés amovibles et l'amovibilité n'est pas contraire aux saints canons. Le Sénat se prononça nettement contre l'inamovibilité. En 1873, le ministre des cultes consulta l'épiscopat sur un projet qui tendait à conférer avec le titre de curé de 3° classe, l'inamovibilité aux desservants âgés de 50 ans qui auraient rempli leurs fonctions pendant 10 ans consécutifs, dans la même paroisse. Mais il ne fut pas donné suite au projet.

802. Les desservants sont astreints à l'obligation de résidence (1). La loi du 29 décembre 1876 (2), pour garantir l'accomplissement de cette prescription, a décidé que le mandat de traitement des desservants, aussi bien que des vicaires, devait être accompagné : 1° d'un certificat d'identité émanant de l'autorité diocésaine, ce certificat signifiant que le titulaire est réellement en fonctions; 2° d'un certificat de résidence délivré par le maire de la commune et visé par le sous-préfet ou le préfet. L'application de ces prescriptions

les informations que je reçois ainsi sont souvent incomplètes, comme, d'autre part, vous êtes toujours consulté lorsqu'il s'agit de la nomination des prêtres de cette catégorie, je vous serai obligé de me tenir au courant de tout ce qui pourra les concerner.

« Je ne vous demande pas, Monsieur le Préfet, de communiquer la présente circulaire à l'autorité diocésaine de votre département, mais je vous prie de vous inspirer de ce document pour réclamer à qui de droit, dans les termes que vous jugerez utiles, la stricte exécution du décret du 11 prairial an XII. »

(1) Art. 5.
(2) Art. 32.
(3) Circ. 30 juillet 1887. — « Monsieur l'évêque, j'ai l'honneur de vous notifier les décisions qui ont été prises pour répondre aux intentions manifestées par la Chambre des députés, dans sa séance du 12 de ce mois, au sujet des prêtres de nationalité étrangère qui occupent actuellement, ou qui demandent à occuper en France des fonctions rétribuées par l'État, de desservant, de vicaire et d'aumônier.

Le Gouvernement a pensé, d'une part, et vous serez certainement de son avis, que lesdites fonctions ne pouvaient être, en raison de l'importance qu'elles ont au point de vue civil, être convenablement remplies par des étrangers qui n'auraient pas quitté leur pays sans esprit de retour; il a pensé, d'autre part, dans un autre ordre d'idées où vous le suivrez non moins sûrement, que ces mêmes fonctions, envisagées au point de vue des intérêts dont vous avez personnellement la garde, ne pouvaient pas être utilement remplies par des prêtres qui n'auraient pas toute la confiance des fidèles.

Dans ces conditions, j'ai décidé que les dispositions de l'article 32 de la loi du 18 germinal an X, aux termes desquelles « aucun étranger ne pourra être employé dans les fonctions du ministère ecclésiastique sans la permission du gouvernement », ne seront appliquées à l'avenir qu'aux prêtres qui auront été préalablement autorisés à établir leur domicile en France aux fins d'une naturalisation ultérieure.

Les étrangers qui bénéficient actuellement de ces dispositions, à titre essentiellement révocable, sont, dès à présent, mis en demeure d'obtenir leur admission à domicile dans un délai de six mois.

Si, à l'expiration des délais légaux, la naturalisation leur était refusée, ou s'ils n'étaient pas en état de justifier de leurs diligences pour l'obtenir, je me verrais forcé de rayer les prêtres non naturalisés des contrôles du clergé rétribué par l'État. Je n'ai pas besoin d'ajouter que cette même mesure atteindrait ceux qui, avant l'expiration des délais, auraient abusé de l'hospitalité de la France.

Il demeure établi que les prêtres d'origine étrangère ne pourront exercer les fonctions de curé, de chanoine et de vicaire général que lorsqu'ils auront été naturalisés.

Je vous prie, Monsieur l'évêque, de vouloir bien m'accuser réception de la présente dépêche et d'inviter sans retard tous les prêtres étrangers actuellement placés sous votre haute juridiction, à régulariser leur situation dans le moindre délai possible. »

(4) Voir SERMENT.
(5) L. 18 germinal an X, art. 31.

(1) Voir Absence pour curés.
(2) Art. 13.

est sujette à certaines exceptions. En rendant compte de l'exécution de la loi du 29 décembre 1876, le ministre des cultes disait : « Nous faisons les trois exceptions suivantes qu'une jurisprudence constante a consacrées : d'abord, nous délivrons des congés aux curés et aux prêtres qui, aux termes de l'art. 4 de l'ordonnance du 13 mars 1832, ont des motifs sérieux de s'absenter. Nous délivrons également des dispenses de résidence aux desservants auxquels les communes ne donnent pas de logement convenable. Enfin, en vertu du décret du 17 novembre 1811, nous accordons des dispenses de résidence aux prêtres desservants que leur âge ou leurs infirmités mettent hors d'état de remplir leurs fonctions. » Un grand nombre de dispenses de résidence ayant été accordées, sans limitation de durée, le gouvernement adressa aux préfets, le 17 février 1881, une circulaire pour les rappeler à la rigoureuse observation de la loi du 29 décembre 1876 (1).

§ 11. — Vicaires.

803. Les curés et desservants peuvent avoir un ou plusieurs vicaires, suivant l'étendue et les besoins de la paroisse, pour les aider ou les suppléer dans le service paroissial.

Ces vicaires exercent leur ministère sous la surveillance et direction des curés (2) et aussi des desservants s'ils sont attachés à des paroisses qui n'ont que le titre de succursales (3).

Comme les curés et desservants, ils ont, par le fait seul de leur nomination, le droit de remplir les fonctions du sacerdoce.

---

(1) Discours du ministre des cultes, séance de la Chambre des députés, 19 février 1878.

Circ. 17 février 1881. — « Monsieur le préfet, la loi de finances du 29 décembre 1876 a décidé, article 13, qu'à l'avenir « le mandat de payement des desservants et vicaires devra être accompagné d'un certificat d'identité émanant de l'autorité diocésaine et d'un certificat de résidence délivré sans frais par le maire de la commune et visé par le sous-préfet et le préfet. »

Elle a disposé, en outre, article 14, que « dans le cours de l'année 1877, le gouvernement fera une enquête administrative pour constater si les desservants et les vicaires résident et exercent de fait dans la commune à laquelle les attache leur titre de nomination. »

Ces dispositions ont eu pour but de faire cesser un abus qui, dans certains diocèses, avait pris de grands développements et consistait à faire payer, sur les fonds de l'État, des titulaires ecclésiastiques ne résidaient pas dans les paroisses auxquelles ils étaient attachés et même n'y exerçaient pas leurs fonctions. Mais, en raison du nombre de ces situations irrégulières et fictives, des circonstances particulières qui, dans certaines localités, pouvaient les expliquer et en quelque sorte les justifier, ces prescriptions furent appliquées par l'administration centrale et par les préfets avec les plus grands ménagements. Des dispenses de résidence, en quantité considérable, furent accordées à des ecclésiastiques qu'aurait atteints l'exécution de la loi. De plus, la durée de ces autorisations ne fut pas limitée, alors que, par la nature des circonstances exceptionnelles invoquées pour les obtenir, elles auraient dû conserver un caractère provisoire et essentiellement temporaire. Elles sont ainsi devenues permanentes et définitives. Tout porte à faire supposer qu'un grand nombre d'entre elles couvrent des combinaisons et arrangements auxquels l'administration ne saurait se prêter et qui seraient de nature à provoquer de justes observations de la part des représentants des pouvoirs publics.

Il importe de faire cesser un état de choses si manifestement contraire aux prescriptions formelles de la loi.

Dans ce but, je vous prie, Monsieur le préfet, de procéder, en ce qui concerne votre département, à l'enquête administrative prescrite par l'article 14 de la loi précitée, pour constater si les desservants et vicaires actuellement en fonctions résident et exercent de fait dans la commune à laquelle les attache leur titre de nomination. Vous veillerez à ce que le certificat de résidence, dont la production est nécessaire pour le payement des mandats de traitement de ces ecclésiastiques, ne soit délivré ou visé par vous qu'après vous être assuré que la résidence a été effective et l'exercice des fonctions réel.

Je désire, en outre, que vous dressiez l'état nominatif et complet de toutes les succursales et de tous les vicariats en ce moment inoccupés ou qui doivent être considérés comme dépourvus de titulaires, en ayant soin d'indiquer, pour chacun de ces titres, à quelle époque remonte la vacance et quel en est le motif.

D'un autre côté, vous aurez à relever toutes les dispenses de résidence qui ont été accordées. Dans l'état que vous me produirez, vous ferez connaître la date de chacune d'elles, les motifs invoqués pour l'obtenir et votre avis personnel et motivé sur le point de savoir si elle doit, ou non, être maintenue. »

Voir Traitement et budget des cultes.

(2) L. 18 germinal an X, art. 31.

(3) Vuilletroy.

IX

Sous l'ancien régime, le curé choisissait les vicaires, mais le vicaire ne pouvait ni prêcher ni confesser sans la permission de l'évêque (1). D'après la loi du 18 germinal an X (2), l'évêque *approuve* les vicaires, ce qui implique pour les curés et desservants le droit de présentation, mais, dans la pratique, l'évêque nomme seul les vicaires.

804. La seule condition pour être nommé vicaire est d'avoir été ordonné prêtre.

La loi du 23 ventôse an XII (3) prescrivait que pour toutes places et fonctions ecclésiastiques autres que celles d'évêque, vicaire général, chanoine ou curé de 1re classe, pour lesquelles des conditions spéciales de capacité étaient requises, il suffisait d'avoir soutenu un exercice public sur la morale et sur le dogme, et d'avoir obtenu sur ces objets un certificat de capacité (4). Mais ces dispositions ne sont pas observées.

805. Un étranger peut-il être nommé vicaire ? Le gouvernement a décidé que les dispositions de l'art. 32 de la loi de germinal, aux termes duquel « aucun étranger ne pourra être employé dans les fonctions du ministère ecclésiastique sans la permission du gouvernement » ne seraient applicables à l'avenir à leur endroit, que s'ils étaient autorisés à établir leur domicile en France, aux fins d'une naturalisation ultérieure. Si la naturalisation leur était refusée ou s'ils ne pouvaient justifier de leurs diligences pour l'obtenir, ils seraient rayés du contrôle du clergé rétribué (5). Les vicaires sont révocables par l'évêque (6).

806. Deux circonstances déterminent l'établissement de vicaires : 1° la commune est trop étendue ou la population trop considérable pour que le curé ou desservant puisse suffire au service de la paroisse. Dans ce cas, l'établissement de vicaires est permanent ; 2° le curé ou desservant, qui est devenu, par son âge ou ses infirmités, dans l'impuissance de remplir seul ses fonctions, peut demander un vicaire (7). Dans ce dernier cas, l'établissement de vicaires est provisoire.

807. Le nombre des vicaires attachés à chaque église est fixé par l'évêque, après que les marguilliers en ont délibéré et que le conseil municipal a donné son avis (8). Antérieurement à la loi du 5 avril 1884, sous l'empire de la loi du 18 juillet 1837 (9), combinée avec le décret du 30 décembre 1809 (10), et le décret du 17 novembre 1811 (11), le traitement des vicaires, en cas d'insuffisance des revenus de la fabrique, constituait une dépense communale obligatoire.

Il a été jugé, sous l'empire de la loi du 18 juillet 1837, que l'on ne pouvait inscrire d'office au budget de la commune, en cas d'insuffisance des revenus de la fabrique, le traitement d'un vicaire, sur l'établissement duquel le conseil municipal n'avait pas émis son avis, prescrit à peine de nullité (12).

Il a été jugé aussi qu'une commune n'était pas tenue de contribuer à la rémunération allouée à un ecclésiastique qui n'avait pas la qualité de vicaire, n'ayant pas été régulièrement institué (13).

Depuis la loi du 5 avril 1884 (14) qui a abrogé la loi du 18 juillet 1837, sauf pour Paris, la dépense de payement des vicaires n'est plus une dépense communale obligatoire. Le conseil municipal doit-il néanmoins être consulté sur l'établissement des vicaires ? On doit se prononcer pour l'affirmative, l'article 38 du décret du 30 décembre 1809, qui prescrit la nécessité de l'avis du conseil municipal n'ayant été abrogé ni explicitement ni implicitement par la loi du 5 avril 1884. L'utilité de cet avis se comprend encore actuellement, le conseil municipal devant, d'après l'article 70, donner son avis

---

(1) Lacombe, *Recueil de jurisprudence canonique.*
(2) Art. 31.
(3) Art. 5.
(4) Art. 5.
(5) Circ. 30 juillet 1887.
(6) L. 18 germinal an X, art. 31.
(7) D. 17 novembre 1811, art. 15.
(8) D. 30 décembre 1809, art. 38.
(9) Art. 30.
(10) Art. 39, 49, 93, 96, 97, 101.
(11) Art. 15.
(12) C. d'Et. cont. 24 janvier 1873 ; 7 août 1875.
(13) C. d'Et. cont. 14 juin 1878.
(14) Art. 136.

sur les budgets et comptes de la fabrique et exerçant ainsi un contrôle sur la gestion financière de l'établissement ecclésiastique auquel il vient en aide dans certains cas, à défaut de ressources disponibles de la fabrique, il convient évidemment de consulter l'assemblée municipale sur l'établissement des vicaires, qui grève le budget fabricien. Il importe d'ailleurs d'ajouter que si la dépense de traitement des vicaires ne constitue plus une dépense communale obligatoire, rien n'empêche la commune de contribuer bénévolement à cette dépense.

808. Dans quelles formes le conseil municipal doit-il émettre son avis ? Le décret du 30 décembre 1809 ne le fait pas connaître. Il a été décidé que l'avis a été régulièrement donné, quand même la question a été soumise au conseil municipal par un de ses membres, à la suite d'une demande de subvention de la fabrique, et non directement par le préfet ou par l'évêque (1).

809. L'avis doit être formel : une délibération portant refus de concourir au traitement du vicaire, alors même qu'elle serait fondée sur l'inutilité ou l'inopportunité de la création du vicariat, ne pourrait en tenir lieu (2).

810. L'avis du conseil municipal n'a qu'un caractère purement consultatif (3), qui ne lie nullement l'évêque. Lorsque le conseil municipal, à ce régulièrement requis et convoqué, refuse ou néglige de donner son avis, il peut être passé outre (4).

Il est à noter que la loi du 5 avril 1884 (5) a abrogé les articles 93 à 101 du décret du 30 décembre 1809, réglant la procédure, au cas où la commune était obligée de suppléer à l'insuffisance des revenus des fabriques.

L'avis du bureau des marguilliers a également un caractère purement consultatif (6).

811. Nous verrons plus loin (7) que le curé ou desservant d'une église ne peut être porté comme vicaire, même dans une autre paroisse, et jouir cumulativement de l'indemnité allouée aux vicaires.

812. Comme les desservants, les vicaires sont astreints à la résidence.

La loi de finances du 29 décembre 1876 a décidé qu'à l'avenir le mandat de payement des vicaires, comme des desservants, devrait être accompagné d'un certificat d'identité émanant de l'autorité diocésaine, et d'un certificat de résidence délivré sans frais par le maire de la commune et visé par le préfet ou par le sous-préfet. Elle a disposé en outre (8) que, dans le cours de l'année 1877, le gouvernement ferait une enquête administrative pour constater si les desservants et vicaires résidaient et exerçaient de fait dans la commune à laquelle les attachait leur titre de nomination.

Des dispenses de résidence ayant été accordées en quantité considérable, et sans limitation de durée, la circulaire du 17 février 1881 rappela les préfets à la rigoureuse observation de la loi du 29 décembre 1876 (9).

813. On appelle vicaires chapelains les vicaires qui desservent les chapelles vicariales et qui, à ce titre, outre leur traitement, reçoivent une indemnité de l'Etat. En réalité, ce sont de simples chapelains, et c'est pour qu'ils puissent recevoir une indemnité de l'Etat qu'on leur donne le titre de vicaire (10).

814. Les droits matériels des vicaires, sont : le traitement, le casuel.

815. Les chapelains sont des ecclésiastiques chargés de desservir les chapelles, les oratoires publics et particuliers. Ils sont nommés et révoqués par l'évêque (11). Ils sont payés

(1) C. d'Et. cont. 7 août 1875.
(2) C. d'Et. cont. 7 août 1875.
(3) Circ. 5 mai 1884.
(4) L. 5 avril 1884, art. 70.
(5) Art. 108.
(6) Affre, *Administration des paroisses ;* — D. 30 décembre 1809, art. 38.
(7) Art. 13.
(8) Art. 14.
(9) Voir *Supra.*
(10) Ord. 25 août 1619 (v. Traitement et budget ou Chapelles vicariales).
(11) D. 30 septembre 1807, art. 13.

soit par la fabrique, soit par la commune, soit par le fondateur de l'oratoire.

816. Les prêtres habitués qui ont des pouvoirs de l'évêque et sont autorisés à les exercer dans la paroisse, sont agréés par le curé (1) ; ils sont destinés à aider les vicaires légalement institués.

817. L'évêque confère à des prêtres attachés à la paroisse le titre purement spirituel de prêtres administrateurs ; mais il ne peut conférer le titre de vicaire à ces prêtres administrateurs.

Un arrêté du ministre des cultes du 2 septembre 1848 a annulé, pour excès de pouvoir, l'ordonnance archiépiscopale par laquelle l'archevêque de Paris avait conféré aux prêtres administrateurs des églises de Paris le titre de vicaires, et leur avait assigné un traitement sur le produit des oblations, afin de rehausser leur situation aux yeux des fidèles et d'améliorer leur situation matérielle. Les motifs de l'arrêté d'annulation étaient les suivants : il ne peut être créé de vicaire qu'après délibération des marguilliers et sur l'avis du conseil municipal ; il n'appartient qu'aux fabriques seules de fixer le traitement des vicaires.

818. L'attribution d'une partie des oblations aux prêtres administrateurs aurait pour effet de modifier le tarif des oblations, arrêté par l'archevêque, approuvé par le gouvernement, conformément aux articles 5 et 69 de la loi du 18 germinal an X, lequel tarif ne peut, sous aucun rapport, être modifié sans l'intervention du gouvernement.

Le même arrêté ministériel annulait une ordonnance confirmative rendue par les vicaires capitulaires, l'archevêque étant mort dans l'intervalle ; les considérants portaient que les vicaires capitulaires, administrateurs provisoires d'un diocèse pendant la vacance du siège, ne peuvent se permettre aucune innovation dans les usages et coutumes du diocèse ; qu'en conséquence ils n'ont pas le droit de confirmer par une ordonnance personnelle la collation de titres de vicaire, abusivement attribués par l'ordonnance archiépiscopale, et qu'ils ne peuvent, sans nouvel excès de pouvoir, fixer un minimum pour le traitement accordé à ces vicaires sur le produit des oblations, et imposer aux curés de garantir ce traitement sur leurs propres revenus.

§ 12. — Aumôniers.

819. On distingue deux catégories d'aumôniers :

1° Les aumôniers des armées de terre et de mer ; cette catégorie comprend les aumôniers des hôpitaux militaires ;

2° Les aumôniers des services civils, c'est-à-dire les aumôniers des hôpitaux et hospices civils, des lycées et collèges, des congrégations et communautés religieuses.

Les fonctions des aumôniers ne préjudicient pas à l'exercice des droits curiaux et de la fabrique (2).

L'évêque peut interdire ou suspendre les aumôniers.

820. Le service religieux dans l'armée de terre était organisé de la façon suivante par la loi du 20 mai 1874 : un aumônier était attaché à tout rassemblement de troupes de 200 hommes au moins, ainsi qu'aux écoles spéciales dont les élèves n'étaient pas libres les dimanches et fêtes, aux prisons, aux pénitenciers, etc. Selon l'importance du rassemblement, l'aumônier était titulaire ou auxiliaire, assisté ou non dans son ministère. Les aumôniers attachés aux hôpitaux militaires par l'ordonnance du 1er octobre 1814 étaient maintenus. En cas de mobilisation, les aumôniers militaires suivaient le corps d'armée près duquel ils étaient employés. Un aumônier en chef, par armée, un aumônier supérieur, dans chaque corps d'armée, étaient nommés pour la durée de la guerre.

La loi du 8 juillet 1880 a abrogé ces dispositions. Aux termes de cette loi, le service religieux militaire n'est maintenu que dans les hôpitaux et pénitenciers militaires, ainsi que dans les camps, forts détachés et garnisons placées hors

(1) D. 30 décembre 1809, art. 30.
(2) Gaudry, *Traité de la législation des cultes.*

de l'enceinte des villes, contenant un rassemblement de 2,000 hommes au moins et éloignés des églises paroissiales et des temples de plus de 3 kilomètres (1).

821. Le décret du 23 avril 1881, rendu en exécution de l'article 3, dispose qu'en cas de mobilisation il sera attaché un aumônier du culte catholique à chaque quartier général d'armée, à chacune des ambulances d'un corps d'armée, à chaque division de cavalerie, à chaque division active de l'armée territoriale, à toute place de guerre possédant une garnison de 10,000 hommes et à tout fort détaché ayant une garnison de 2,000 hommes.

Dans les places de guerre dont la garnison dépasse 10,000 hommes, il est nommé un aumônier catholique pour chaque fraction de 10,000 hommes.

822. Il est attaché à chaque quartier général de corps d'armée un ministre du culte protestant et un ministre du culte israélite. Dans les places de guerre, il n'est désigné de ministre protestant que si la garnison atteint au moins 20,000 hommes, et de ministre israélite, que si la garnison atteint 30,000 hommes.

823. Le ministre de la guerre nomme les aumôniers sur la proposition des évêques (2) transmise au ministre des cultes ; ils reçoivent en campagne, quel que soit leur emploi, les prestations en deniers et en nature attribuées aux capitaines de 1re classe montés. Il n'y a, entre les aumôniers attachés à une armée, aucun lien hiérarchique. Ils relèvent, au point de vue ecclésiastique, de l'évêque du diocèse auxquels ils appartenaient au moment de la mobilisation.

824. Les membres du clergé paroissial peuvent être appelés à remplir temporairement les fonctions d'aumôniers militaires : 1° dans les places de guerre dont la garnison normale de siège est inférieure à 10,000 hommes, et où, par application de l'article 2 du décret du 23 novembre 1881, il n'est pas nommé d'aumônier ; 2° dans les places de guerre d'une garnison supérieure à 10,000 hommes, où le nombre des aumôniers nommés en vertu de l'article 2 est momentanément insuffisant.

A cet effet dans chaque place de guerre, le gouverneur désigné dresse, par l'intermédiaire de l'autorité ecclésiastique, la liste des membres du clergé paroissial qui acceptent de remplir éventuellement les fonctions d'aumôniers. Lorsqu'il y a lieu de réclamer leurs services, l'autorité militaire adresse, par l'intermédiaire du supérieur ecclésiastique, des réquisitions aux ecclésiastiques inscrits sur la liste précédente.

Les ecclésiastiques ainsi requis ont droit à une indemnité journalière de cinq francs. Ils doivent dans leurs rapports avec les troupes se conformer aux instructions du gouverneur de la place (3).

825. Plusieurs évêques ayant négligé de se conformer aux dispositions de l'article 3 du décret du 27 avril 1881, aux termes duquel ils étaient tenus de faire parvenir au ministre de la guerre, par l'intermédiaire du ministre des cultes, les noms des ecclésiastiques qu'ils auraient désignés pour remplir les fonctions d'aumônier militaire, en cas de mobilisation, le ministre de la guerre fit observer au ministre des cultes qu'il lui était dès lors impossible de procéder à l'organisation du service religieux prévu par la loi du 8 juillet 1880. En conséquence, le ministre des cultes adressa, le 31 mai 1882, aux évêques une circulaire pour inviter ceux des membres de l'épiscopat qui auraient omis de faire leurs présentations à réparer cet oubli dans le plus court délai possible.

826. Des aumôniers sont placés auprès des hôpitaux militaires pour le service du culte (4).

827. Les aumôniers sont désignés par l'autorité ecclésiastique, sur la demande du ministre de la guerre, qui leur délivre des lettres de service ; indépendamment de leur trai-

tement ou indemnité, ils reçoivent, pour chaque service funéraire auquel ils assistent, une rétribution déterminée par le décret : soit pour soldat, caporal ou brigadier 5 francs, pour sous-officier 6 fr. 50, pour officier 10 francs, pour officier supérieur 12 francs. Il est, de plus alloué, pour honoraire de messes 1 fr. 50, pour soldat, caporal, brigadier, sous-officier, 2 fr. 50 pour officier et 3 fr. 50 pour officier supérieur (1).

828. Les traitements sont ainsi déterminés au budget de 1891, pour la France, l'Algérie et la Tunisie, au chapitre 15 relatif au service de santé ; aumôniers succursalistes (au nombre de 13) à 1,200 francs par an, aumôniers à 900 (au nombre de 10) ; aumôniers (44) à 600 francs ; aumôniers (2) de la brigade de Savoie à 2,000 francs ; aumôniers titulaires de Tunisie (10), à 2,400 francs.

829. Les devoirs des aumôniers du service militaire sont les suivants. L'aumônier dit la messe tous les matins, et, autant que possible, pendant l'intervalle qui sépare la visite de la distribution ; il fait aussi la prière tous les soirs, à la chapelle, après l'heure de la distribution. Dans les hôpitaux où il y a des sœurs, la messe est dite, les jours ordinaires, une heure avant la visite, et le dimanche, une heure après la distribution.

L'aumônier fait des visites journalières dans les salles pour mettre à la disposition des malades qui les demandent, les secours de la religion et pour l'administration des sacrements. Ces visites doivent, autant que possible, être faites en dehors des heures du service médical et des distributions.

Il prend soin des vases sacrés ; il veille à l'entretien des ornements et des objets du culte ; il est responsable, vis-à-vis de l'officier d'administration gestionnaire, des effets et objets mis à sa disposition pour le service du culte ; il tient, concurremment avec cet officier, le carnet inventaire. Un infirmier de l'hôpital est chargé de la garde de ces objets (2).

Un enfant assiste l'aumônier dans la célébration de la messe journalière. Cet enfant, choisi par lui, est agréé par le médecin en chef (3).

Il est interdit aux aumôniers, non seulement de provoquer, mais encore d'accueillir de la part des malades, des réclamations qui sont de la compétence exclusive de l'administration, et de s'immiscer en aucune façon dans les détails du service, ni de recevoir aucun dépôt d'effets ou de valeurs, à quelque titre ou pour quelque destination que ce puisse être.

830. Ils ne peuvent s'absenter de la place sans la permission du médecin en chef, à qui ils doivent faire agréer l'ecclésiastique par lequel ils se font remplacer. En cas d'absence sans permission, les aumôniers titulaires et jouissant d'un traitement annuel sont passibles des retenues fixées par le règlement sur le service de la solde (4).

831. Dans les hôpitaux militaires trop peu importants pour nécessiter la présence permanente d'un aumônier ou en cas d'absence du titulaire, le service du culte est confié à un membre du clergé de la localité désigné par l'autorité ecclésiastique, sur la demande du directeur du service de santé. L'indemnité à payer à l'ecclésiastique désigné est fixée par le ministre et acquittée mensuellement (5).

832. Jusqu'en 1852, l'aumônerie de la marine ne constituait pas un service permanent. Il n'y avait que des aumôniers indépendants les uns des autres sans lien commun. Telle était notamment l'organisation de 1824.

Le décret du 31 mars 1852 remédia à cet état de choses et décida qu'un aumônier serait placé à bord de chaque bâtiment portant pavillon d'officier général ou grand amiral ; qu'il serait également embarqué un aumônier à bord des navires destinés à une expédition et qu'il pourrait en être placé sur tout bâtiment affecté à exécuter une longue campagne soit à remplir une mission exceptionnelle (6).

---

(1) La présence de 200 protestants ou de 200 israélites motivait de même la nomination d'un aumônier de leur culte.
(2) Ou des consistoires.
(3) Art. 5.
(4) L. 8 juillet 1880 ; — D. du 25 novembre 1880 portant règlement sur le service de santé dans l'armée.

(1) D. 25 novembre 1880, art. 174.
(2) Art. 175.
(3) Art. 176.
(4) Art. 177.
(5) Art. 178.
(6) Art. 1.

Le décret créait un emploi d'aumônier en chef de la flotte, nommé par décret, chargé près du ministre, de la direction et de la centralisation du service religieux à bord et à terre.

Il spécifiait que l'aumônier en chef devrait s'entendre avec les évêques pour le choix des ecclésiastiques destinés à être embarqués sur la flotte et les désigner au ministre de la marine. L'aumônier en chef était assisté d'un aumônier supérieur qui jouait le rôle d'adjoint. Aux termes du décret de 1842, les aumôniers de la marine continuaient à recevoir par l'intermédiaire de l'aumônier en chef leurs pouvoirs spirituels de l'évêque du diocèse auquel ressortissait leur port d'embarquement.

Cette situation ayant donné lieu à des difficultés, le ministre de la marine obtint de la cour de Rome un bref en date du 13 mars 1857, qui conférait une institution canonique à la grande aumônerie et investissait, par suite, l'aumônier en chef du droit de transmettre directement aux aumôniers *embarqués* les pouvoirs spirituels dont ils avaient besoin. L'aumônier en chef avait donc, sous l'empire de cette organisation, la juridiction et le rang d'un évêque. La situation des aumôniers en service à *terre* n'était pas changée.

Sous l'empire du décret du 31 mars 1852, la hiérarchie des aumôniers de la marine était ainsi constituée: un aumônier en chef, assimilé aux commissaires généraux, des aumôniers de première et de deuxième classe, assimilés aux lieutenants de vaisseau ou capitaines.

Les aumôniers étaient alors divisés en deux catégories: les aumôniers de la marine servant à terre et les aumôniers de la flotte servant à la mer. Un décret du 26 janvier 1857 réunit en un seul cadre ces deux catégories d'aumôniers, qui furent alternativement affectés au service des ports ou au service de mer; et l'effectif fut ainsi déterminé de nouveau par le décret du 5 mars 1864:

1 aumônier en chef,
4 aumôniers supérieurs,
30 aumôniers de première classe,
30 aumôniers de deuxième classe.

En 1878, la Chambre des députés, par suite de considérations budgétaires, vota la suppression des crédits prévus pour la solde de l'aumônier en chef et de son adjoint, et invita le ministre à supprimer ces deux postes par voie d'extinction. En conséquence de ces décisions, le dernier titulaire de l'emploi a été mis à la retraite en 1878 et n'a pas été remplacé.

A la suite de cette suppression, un bref pontifical du 15 mai 1878 replaça entièrement le service des aumôniers, au point de vue spirituel, sous l'autorité des évêques diocésains.

833. L'aumônier en chef et les aumôniers supérieurs ayant disparu, il ne reste plus que des aumôniers sans distinction de classe, avec assimilation au grade de lieutenant de vaisseau ou capitaine.

Depuis 1878, l'effectif des aumôniers a été réduit à 24, dont 16 à la mer et 8 à terre. Il résulte du peu d'étendue de cet effectif qu'en cas de maladie ou de congé le service des ports ne peut être assuré.

834. Lors de la discussion parlementaire à laquelle a donné lieu la réduction des crédits affectés au personnel des aumôniers de la marine, il a été spécifié qu'en cas de guerre il pourrait être adjoint au personnel permanent des aumôniers auxiliaires.

835. Avant 1873, le ministre de la marine désignait d'office, en vertu de son pouvoir discrétionnaire, les aumôniers qui devaient être embarqués. Un arrêté du 26 décembre 1873 établit pour eux une liste générale d'embarquement, à la suite de laquelle sont inscrits les aumôniers de la marine au jour de leur débarquement, et d'après laquelle s'échelonne leur embarquement, suivant la date plus ou moins lointaine de leur arrivée au port.

Toutefois les vice-amiraux (1), les contre-amiraux commandant une division navale (2) ont le droit de choisir l'au-

mônier qui, d'après les règlements de l'armée de mer, doit prendre place à leur table, ce qui justifie le droit de désignation.

836. Les fonctions de l'aumônier embarqué sont de célébrer la messe le dimanche et les jours de fêtes légales religieuses, de réciter la prière le soir devant les hommes de l'équipage, de donner l'instruction religieuse aux hommes et de se tenir à leur disposition, quand ces derniers ont besoin de leurs services spirituels.

En cas de combat, les aumôniers doivent se rendre au poste des blessés.

Les articles 671-676 du décret du 20 mai 1885 et les articles 348 à 351 de l'arrêté ministériel du 24 juin 1866 contiennent des dispositions relatives aux aumôniers embarqués.

837. Après leur débarquement, les aumôniers de la marine reviennent à leur port d'attache, s'ils obtiennent un congé dans les conditions déterminées par le décret du 1er juin 1875, et servent dans les hôpitaux et autres établissements maritimes. Il est à noter que par suite de l'insuffisance du personnel des aumôniers de la marine, les prisons maritimes n'ont pas d'aumôniers, contrairement au décret du 9 avril 1873.

838. L'habit officiel des aumôniers de la marine consiste dans le costume ecclésiastique, la soutane et la soutanelle, avec addition d'une croix latine en argent plein guilloché, bordée d'un filet d'émail bleu, surmontée d'une étoile d'argent avec deux ancres également en argent passées en sautoir sous la croix et couronnées en or. Cet insigne se porte suspendu au cou par une torsade en soie bleu de roi, en petite tenue, et par un ruban moiré bleu de roi, de 95 millimètres de largeur, en grande tenue (1).

839. Assimilés aux lieutenants de vaisseau (2), bénéficiant du droit à pension après un minimum de 21 ans de service, dont 12 à la mer (3), les aumôniers de la marine, embarqués, sont justiciables des conseils de guerre (4) pour tous crimes et délits.

Comme conséquence de cette situation, ils ont droit au transport à prix réduit sur les voies ferrées.

840. L'assimilation est-elle complète, et toutes les dispositions relatives à l'état des officiers sont-elles applicables aux aumôniers de la marine?

La jurisprudence du Conseil d'Etat leur donne droit au traitement de la Légion d'honneur. Un décret du 2 août 1860, rendu au contentieux sur l'avis du Conseil d'Etat, porte à ce sujet: « Considérant qu'il résulte de l'ensemble de ces dispositions que les services rendus à bord par les aumôniers de la flotte doivent être assimilés à des services militaires, et que lesdits aumôniers ont droit, en cas de nomination dans la Légion d'honneur à l'occasion de ces services, au traitement attribué aux légionnaires militaires... »

841. Les dispositions des articles 6, 7, 8 et 16 de la loi du 19 mars 1834 sur l'état des officiers, relatives à la mise en non-activité, pour infirmités temporaires ou suppression d'emploi, doivent-elles leur être appliquées?

Faut-il laisser aux ecclésiastiques éliminés des cadres la solde de non-activité prévue pour leur grade jusqu'à leur rappel à l'activité ou jusqu'à ce qu'ils aient droit à une pension de retraite, ou faut-il les mettre dans un délai plus ou moins bref à la disposition de leurs évêques?

La question s'est posée en 1878, lors de la réduction du personnel des aumôniers de la marine.

Dans un premier avis du 17 juillet 1878, la section des finances, de la guerre, etc., du Conseil d'Etat déclare applicable aux aumôniers la loi de 1834 sur l'état des officiers, sauf les exceptions relatives à la nomination, à la mise en réforme pour cause de discipline, et émet l'avis qu'il y a lieu de placer les aumôniers en excédent au cadre dans la position prévue par les articles 5 et 7 de la loi, relatifs à la non-activité pour suppression d'emploi jusqu'à ce qu'il ait

(1) D. min. 27 novembre 1882.
(2) D. min. 10 août 1886.

(1) D. 20 janvier 1853; 10 décembre 1853.
(2) D. min. 9 mars 1867.
(3) L. 26 juin 1861.
(4) L. 4 juin 1858, art. 77; D. 21 juin 1858.

été possible de les rappeler à l'activité, au fur et à mesure des extinctions qui se produisent (1).

L'avis de la section du 21 décembre 1881 pense, au contraire, que les aumôniers de la marine ne jouissent pas des bénéfices de la loi du 19 mars 1834, et qu'en cas de suppression d'emploi ils n'ont pas droit à un traitement de non-activité; le ministre de la marine peut, par mesure gracieuse, leur attribuer la solde de non-activité par suppression d'emploi (2).

(1) C. d'Et. fin. 17 juillet 1878; avis. — « Considérant que les actes sus-visés, qui régissent le corps des aumôniers de la marine, ont établi l'assimilation de ces ecclésiastiques avec les officiers du corps de la marine, en ce qui concerne le rang, les honneurs militaires, le traitement de la Légion d'honneur, la solde et la retraite; que, notamment, les décrets sur la solde ont prévu, pour ce personnel, les diverses positions mentionnées dans la loi du 19 mai 1834, sur l'état des officiers; que ladite loi de 1834 a été réellement appliquée aux aumôniers dans les dispositions relatives à l'activité, la non-activité, la mise en réforme pour infirmités incurables et la retraite.
Considérant que si la disposition de l'article 7 du décret du 5 mars 1864, aux termes duquel l'aumônier en chef est seul nommé par l'empereur et les autres aumôniers par le ministre, ne paraît pas conférer à ces ecclésiastiques l'état d'officier dans les termes exprès de l'article 1er de la loi de 1834, cette différence s'explique par la situation particulière desdits ecclésiastiques; que la propriété d'un grade les aurait, en quelque sorte, rendus indépendants vis-à-vis de l'autorité épiscopale; — Considérant que des raisons de même ordre justifient également la seule exception faite aux dispositions de la loi de 1834, en ce qui touche la mise en réforme par mesure de discipline et que cette exception est parfaitement justifiée par le statut personnel des ecclésiastiques; qu'en effet il résulte du principe sur la législation des cultes que, le pouvoir spirituel et le pouvoir temporel étant réciproquement indépendants l'un de l'autre, le double caractère dont les aumôniers sont revêtus, les place, comme ecclésiastiques, sous la direction et la discipline de l'autorité épiscopale, et, comme aumôniers de la marine, sous les ordres de l'autorité militaire; que, par suite, et sans qu'il soit besoin de faire valoir d'autres raisons de haute convenance sociale, on a été conduit à reconnaître qu'il était impossible de soumettre les aumôniers au régime du conseil d'enquête pour cause de discipline, et à décider qu'il fallait dès lors laisser au ministre un pouvoir discrétionnaire pour renvoyer purement et simplement dans leurs diocèses les prêtres qui ne seraient pas jugés aptes à remplir les fonctions d'aumôniers dans la marine; — Considérant que, en résumé, et malgré l'absence d'un texte formel qui précise le droit, il ressort clairement de la teneur des lois, décrets et règlements sus-visés que l'on a entendu traiter les aumôniers de la marine comme s'ils possédaient l'état d'officier; qu'en fait, et jusqu'à présent le département de la marine les a considérés comme s'ils étaient placés sous le régime de la loi du 19 mai 1834; que le Conseil d'Etat a manifesté la même opinion en approuvant des liquidations de soldes de réforme pour infirmités incurables, basées sur l'application des articles 12, 13 et 18 de ladite loi de 1834;
Est d'avis : Qu'il doit être fait comme par le passé, application aux aumôniers de la marine des diverses dispositions de la loi du 19 mai 1834, sur l'état des officiers, sauf les exceptions relatives à la mise en réforme pour cause de discipline, et qu'il y a lieu de placer les aumôniers en excédant au cadre dans la disposition prévue par les articles 5 et 7 de ladite loi, relatifs à la non-activité par suppression d'emploi, jusqu'à ce qu'il ait été possible de les rappeler à l'activité, au fur et à mesure des extinctions qui se produiront. »
(2) Cons. d'Et., fin, 21 décembre 1881. avis. — « Considérant que l'article 24 de la loi du 19 mai 1834 ne rend les dispositions de cette loi applicables qu'aux officiers des troupes de la marine et aux officiers entretenus des autres corps de ce département; Que le décret du 21 mars 1852 dispose que l'aumônier qui comptera plus de trois années d'embarquement pourra être placé en disponibilité pendant un an, et que chaque nouvelle période de trois ans ouvrira droit à la même faculté; Que cette disposition, spéciale aux aumôniers, n'est étendue à aucun officier des corps entretenus de la marine.
« Considérant que la loi du 16 juin 1861 établit dans son article 3, que le droit à la pension de retraite demeure acquis aux aumôniers de la marine, d'après les dispositions de la loi du 18 avril 1834, mais que toutefois ils auront droit à cette pension à vingt-et-un ans de service, s'ils comptent douze ans de navigation, mesure exceptionnelle applicable aux seuls aumôniers; — Considérant que le décret du 5 mars 1864, en disposant que l'aumônier en chef sera nommé par l'empereur, ne dit rien du mode de révocation de ce fonctionnaire, et qui implique qu'il est révocable par l'autorité qui l'a nommé; que d'ailleurs, ce décret, en assimilant (article 5), pour la retraite seulement, les aumôniers supérieurs aux commissaires adjoints, n'apporte aucun changement à la correspondance de rang déterminée par l'ordonnance du 23 août 1845 pour les autres aumôniers, et qu'enfin les tarifs de solde annexés au décret du 5 mars 1864 ne prévoient pas la position de non-activité; — Considérant que si, à la vérité, le tableau 15 annexé au décret du 1er juin 1875 fixe une solde pour les aumôniers de la marine en non-activité par suite de licenciement de corps ou de suppression d'emploi, et la prévoit également pour le cas de retrait ou de suspension d'emploi, situation impliquant l'application aux aumôniers de la marine des dispositions de l'ordonnance du 21 mars 1836, application qui, aux termes mêmes de l'avis du Conseil d'Etat du 17 juillet 1878, ne saurait être admise; que, d'ailleurs, d'après la jurisprudence constante de la section, une inscription sur un tarif de solde ne peut tenir lieu d'un décret déterminant une assimila-

Ce dernier avis paraît conforme au droit. La situation d'officier entraîne avec elle certains avantages qui ne se présument pas et pour la concession totale desquels il faut un texte. Ce texte manque pour les aumôniers et ne saurait même exister pour eux, qui, ainsi que le fait ressortir l'avis de 1878, ne peuvent être sur plusieurs points traités comme officiers.

842. Il est juste que les aumôniers de la marine obtiennent quelques-uns des avantages que la loi fait aux officiers en raison des nécessités de la navigation, de ses charges et de ses conséquences; mais ils n'ont droit strictement qu'à ceux-là, sauf à apporter dans la pratique des tempéraments indispensables aux situations qui l'exigeraient.

843. Les aumôniers des hospices et hôpitaux civils sont nommés par l'évêque sur la présentation de trois candidats émanant de la commission administrative (1).

844. Aux termes de la circulaire du 8 février 1823, tout le casuel provenant de l'exercice du culte dans les oratoires des hospices doit tourner exclusivement au profit de ces établissements et rentrer dans la masse de leurs revenus. Les aumôniers et chapelains attachés aux hospices doivent être tenus d'exécuter les fondations pour services religieux dont ces établissements se trouvent chargés.
Suivant Bort, il n'est fait exception à cette règle qu'à Paris (2).

845. Les aumôniers des établissements pénitentiaires sont nommés par le préfet sur la proposition de l'évêque. Ils ne peuvent être pris parmi les membres des corporations religieuses, à moins d'autorisation spéciale du ministre de l'intérieur (3-4).

846. Les aumôniers des lycées et collèges, chargés du service de la religion et de l'enseignement de la religion, sont nommés par le ministre de l'instruction publique (5). Dans la pratique, les nominations sont faites par le ministre, sur la présentation des proviseurs et des principaux, après avoir pris l'avis des recteurs et consulté les évêques (6).

847. Les aumôniers des congrégations et communautés sont nommés par l'évêque seul sur la demande de l'association religieuse.

848. Un décret du 21 mars 1852 avait institué à Paris des aumôniers des dernières prières, au nombre de neuf, pour recevoir gratuitement dans les cimetières les corps non accompagnés par le clergé et les conduire jusqu'à la tombe. La loi de finances du 29 décembre 1883 a supprimé les allocations des aumôniers des dernières prières institués à Paris. Elle

tion légale de grade; — Considérant que si les aumôniers embarqués figurent sur les tableaux de composition des conseils de guerre dont ils sont justiciables, il y a lieu de faire observer qu'aux termes de l'article 2 du décret du 21 juin 1858, la correspondance de rang et de grade résultant du tableau réglant la composition des conseils de guerre pour les divers individus assimilés aux marins et militaires est toute spéciale et ne modifie en rien les situations telles qu'elles sont respectivement réglées sous les autres rapports, pour ces divers assimilés, par les ordonnances et règlements en vigueur; — Considérant que s'il résulte de l'arrêt du Conseil d'Etat, en date du 2 août 1860, que les aumôniers décorés ont droit au traitement de la Légion d'honneur, cet arrêt est uniquement fondé sur ce que les services rendus à bord par les aumôniers doivent être assimilés aux services militaires, conséquence toute naturelle de la loi précitée du 26 juin 1861; — Considérant qu'aucune disposition législative ou réglementaire n'a réglé la position des aumôniers de la marine, qu'en outre ceux-ci sont révocables par l'autorité qui les a nommés et que toutes les dispositions qui les concernent ont, uniquement pour effet de leur donner droit, soit aux rémunérations de service, soit aux récompenses, soit aux honneurs attribués à certaines catégories d'officiers,
« Est d'avis :
« Que les aumôniers de la marine ne jouissent pas des bénéfices de la loi du 19 mai 1834;
« Qu'ils ne sont pas en possession d'un grade, mais qu'ils sont simplement titulaires d'emplois;
« Que, en cas de suppression d'emploi ils n'ont pas droit à un traitement de non-activité, mais que toutefois le ministre de la marine peut, par mesure gracieuse, leur attribuer la solde de non-activité par suppression d'emploi prévue par les tableaux annexés au décret du 1er juin 1875. »
(1) Ord. 1831, art. 18.
(2) Circ. 27 février an XI; — Circ. 8 février 1823; — Régl. int. des hospices, 31 janvier 1840, art. 43. — déc. min. cultes, 12 juillet 1843.
(3) Régl. 30 octobre 1831.
(4) Voir Prisons.
(5) Ord. 28 avril 1824. — Le droit de nomination entraîne évidemment le droit de révocation.
(6) Voi Enseignement secondaire.

aussi supprimé celles du chapelain de la chapelle funéraire de Marseille, établie par décret du 11 août 1859, dédiée à la mémoire des officiers, soldats et marins morts au service de la patrie pendant les campagnes d'Afrique, d'Orient et d'Italie.

SECTION III.

CIRCONSCRIPTIONS ECCLÉSIASTIQUES.

§ 1. — Évêchés.

849. La France est divisée, au point de vue du culte, en circonscriptions spéciales auxquelles des titres ecclésiastiques sont attachés. Les circonscriptions ecclésiastiques sont la métropole, ou province ecclésiastique, le diocèse, la paroisse. Le titre attaché à la métropole est l'archevêché, au diocèse l'évêché, à la paroisse la cure ou la succursale, la chapelle simple ou vicariale. Il est d'autres titres ecclésiastiques auxquels ne correspond pas une circonscription territoriale propre, ce sont le chapitre, l'oratoire public ou chapelle de secours, l'oratoire particulier ou chapelle domestique (1). Nous verrons ultérieurement (2) qu'à certains des titres ecclésiastiques correspond une personnalité civile propre.

850. Nous avons étudié plus haut les archevêques et évêques en tant que titulaires ecclésiastiques. Nous nous bornerons à étudier ici les circonscriptions appelées métropoles et diocèses, ainsi que les titres qui y correspondent : l'archevêché, l'évêché. Ces titres constituent, de plus, des établissements publics que nous examinerons ultérieurement.

851. Le diocèse est une circonscription ecclésiastique territoriale qui embrasse un certain nombre de paroisses. L'évêché est le titre ecclésiastique institué pour le gouvernement du diocèse, à la tête duquel est l'évêque. La métropole ou province ecclésiastique est une circonscription qui embrasse plusieurs diocèses dont l'un possède un siège supérieur aux archevêques épiscopaux ; le titre ecclésiastique institué pour le gouvernement de la métropole est l'archevêché.

On comptait en 1789, 18 provinces ecclésiastiques et 120 évêchés en tout 138 archevêchés et évêchés. La constitution civile du clergé, du 22 août 1790, réduisit le nombre de ces circonscriptions qui s'étaient multipliées au delà des besoins : elle limita à dix le nombre des métropoles et le nombre des diocèses au nombre des départements, c'est-à-dire à 73. La constitution du clergé donnait aux diocèses et métropoles le nom du département où ils étaient établis, au lieu du nom de la ville qui servait auparavant à les désigner.

Le Concordat (3) prescrivit qu'il serait fait par le Saint-Siège, de concert avec le Gouvernement, une nouvelle circonscription des diocèses français. En conséquence, les articles organiques établirent 10 archevêchés ou métropoles et 50 évêchés (4). La circonscription des métropoles et des diocèses fut déterminée dans un tableau annexé aux articles organiques (5).

Les traités de 1814 réduisirent à 50 le nombre des sièges épiscopaux et métropolitains (6).

Le Concordat passé le 11 juin 1817 entre Pie VII et Louis XVIII portait que les sièges supprimés dans le royaume de France par la bulle du 29 novembre 1801 seraient rétablis en tel nombre qu'il serait convenu d'un commun accord, comme étant le plus avantageux pour le bien de la re-

ligion (et que les diocèses tant des sièges existants que de ceux qui seraient de nouveau érigés, seraient circonscrits de la manière la plus adaptée à leur meilleure administration (1).

Le projet de loi qui réglait cette organisation fut retiré en présence de l'opposition qu'il rencontra dans les chambres. Mais le roi prit l'engagement, vis-à-vis du Saint-Siège, de réaliser suivant les formes constitutionnelles du royaume et à mesure que les réformes de l'Etat le permettraient, l'augmentation du nombre des sièges épiscopaux qui seraient jugés nécessaires pour les besoins des fidèles (2). L'exécution de sa promesse ne se fit pas longtemps attendre; la loi du 4 juillet 1821, qu'il fit adopter par les chambres, prescrivait la création de 12 sièges épiscopaux ou métropolitains et la création successive de 18 autres sièges dans les villes où le roi le jugerait nécessaire. Les ordonnances des 19 octobre 1821 et 31 octobre 1822 procédèrent à cette réorganisation. La France comptait à cette époque 14 archevêchés et 66 évêchés.

Créé le 25 août 1838, l'évêché d'Alger fut érigé en archevêché le 9 janvier 1867. L'église épiscopale de Cambrai fut érigée en métropole le 1er décembre 1841. L'évêché de Laval fut érigé le 30 août 1855 ; un nouveau siège métropolitain fut établi à Rennes le 26 mai 1859 et la nouvelle métropole reçut pour suffragantes les églises épiscopales de Vannes, de Saint-Brieuc et de Quimper. L'annexion de la Savoie et du comté de Nice donna à la France cinq sièges nouveaux, dont un métropolitain. Le 9 janvier 1867 furent créés les évêchés de Constantine et d'Oran et l'évêché d'Alger fut érigé en métropole ayant pour églises suffragantes les églises épiscopales de Constantine et d'Oran. Le nombre des diocèses et métropoles, qui s'élevait à 89 avant la guerre franco-allemande, fut réduit à 87 par suite de la perte de Strasbourg et de Metz.

Il y a en France et en Algérie (sans compter les évêchés des colonies), 18 archevêchés et 69 évêchés (3).

On a demandé aux chambres la suppression des évêchés non concordataires, notamment en 1888 (4), mais sans succès (5).

852. Autrefois, les évêchés et métropoles étaient érigés par les conciles provinciaux; quand furent reçues les fausses Décrétales, on n'en érigea plus sans l'autorité du pape. Mais on entendait les évêques dont il s'agissait de partager les diocèses, le clergé, le peuple et surtout le roi et les autres seigneurs temporels (6).

Suivant d'Héricourt (7), il était conforme aux règles de l'ancien droit public du royaume qu'une loi intervint pour autoriser l'érection des évêchés et métropoles.

Aujourd'hui il faut qu'une loi porte qu'il pourra être créé un siège nouveau. C'est en effet une loi, la loi du 18 germinal an X (8), qui a déterminé le nombre des archevêchés et évêchés ; ce nombre ne peut donc être modifié que par une loi.

Le principe de la nécessité de l'intervention du législateur, conforme aux règles de l'ancien droit public du royaume et que consacre la loi organique, fut solennellement reconnu par le gouvernement dans les discussions parlementaires de 1817 à 1820 ; il reçut son application dans la loi du 4 juillet 1821, relative à la création de nouveaux diocèses et dans les lois subséquentes de même nature. Il est vrai qu'en 1841, le siège métropolitain de Cambrai fut érigé par une simple ordonnance royale. Mais le Gouvernement, qui reconnaissait qu'au pouvoir législatif seul appartenait le pouvoir de créer des archevêchés et évêchés, prétendait avoir reçu à cet effet une délégation du législateur.

---

(1) Circ. 4 juillet 1882.
(2) Voir Établissements publics.
(3) Art. 2.
(4) Art. 58.
(5) Le nombre des diocèses fut successivement augmenté de 49 par la conquête du royaume d'Italie.
(6) La France avait perdu, indépendamment des diocèses d'Italie, les sièges d'Aix-la-Chapelle, Chambéry, Gand, Liège, Malines, Mayence, Namur, Nice, Tournay et Trèves.

---

(1) Art. 4 et 7.
(2) Jauffret, *Mém.* t. III.
(3) Il y a trois évêchés aux colonies ; les évêchés de la Martinique, de la Guadeloupe et de la Réunion, sont les trois suffragants de la métropole de Bordeaux, érigés par décret du 14 janvier 1851.
Un décret du 31 octobre 1853 transféra à Saint-Pierre le siège épiscopal de la Martinique, établi auparavant à Fort-de-France.
(4) Chambre des députés, séance du 5 décembre 1888.
(5) Voir Budget.
(6) Fleury, *Droit ecclésiastique.*
(7) *Lois ecclésiastiques.*
(8) Art. 58.

Il croyait pouvoir s'appuyer sur une loi du 4 juillet 1821 qui avait autorisé le gouvernement à établir, d'accord avec le Saint-Siège, 30 sièges nouveaux, tant épiscopaux que métropolitains, en lui laissant le soin de déterminer à son gré la proportion de ces deux catégories de sièges. L'ordonnance du 30 octobre 1822, rendue en exécution de la loi du 4 juillet 1821, créa 5 sièges métropolitains et 25 épiscopaux. Le gouvernement de la restauration eût pu, en vertu de la délégation du législateur, créer un plus grand nombre de sièges archiépiscopaux. Ce que le gouvernement de la restauration n'avait pas fait, la royauté de juillet crut pouvoir le faire en créant un siège archiépiscopal nouveau et en usant ainsi du droit qui avait été accordé par la loi de 1821 au gouvernement précédent et qui suivant elle n'était pas épuisé. Cette création était illégale; en effet, le gouvernement de la restauration avait toute liberté de créer plus de sièges métropolitains qu'il n'en créa. Il avait reçu délégation à cet effet du législateur au moment où des négociations étaient engagées avec Rome pour arrêter une nouvelle circonscription des métropoles et des diocèses.

Mais cette délégation présentait un caractère essentiellement transitoire et, du jour où le gouvernement, investi d'un pouvoir législatif dans une circonstance toute spéciale, arrêtait le nombre des sièges métropolitains dont la création lui était confiée, son œuvre était accomplie, son droit de délégation était épuisé, quelque limité que fût l'usage qu'il en avait cru devoir faire et on ne pouvait plus le faire revivre.

853. Quand la création d'un archevêché ou évêché a été légalement autorisée par la loi, le Gouvernement en propose l'établissement à l'autorité pontificale. Il doit lui indiquer les motifs et les circonstances de l'établissement, la ville où il désire que le siège épiscopal soit placé, l'étendue et les limites du nouveau diocèse, la métropole dont il relèvera ; s'il s'agit d'un archevêché, les diocèses suffragants. Il est d'usage, dit Vuillefroy (1), de lui remettre une carte où ces indications sont faites; car le Saint-Siège est dans l'usage de désigner avec soin dans ses bulles tous les lieux qui doivent être compris dans la nouvelle circonscription qu'il établit. Le Saint-Siège rend, s'il y a lieu, une bulle, pour ordonner l'établissement du siège et en fixer la circonscription. Cette bulle est examinée et vérifiée en Conseil d'Etat et la publication en est autorisée par décret (2).

Une fois le diocèse établi, il n'y a plus lieu à nouvelles négociations avec le Saint-Siège pour son organisation; c'est à l'évêque qu'il appartient, par la nature même de ses fonctions et en vertu du Concordat, de soumettre au Gouvernement ses propositions relatives à l'organisation des paroisses (3).

854. Si une loi est nécessaire pour l'établissement des métropoles et des diocèses, il suppose qu'un décret rendu de concert avec le Saint-Siège pour opérer une modification de circonscriptions. La loi du 18 germinal an X, qui fixait le nombre des archevêchés et des évêchés, déterminait aussi les circonscriptions des métropoles et des diocèses dans un tableau additionnel. En résulte-t-il que ces circonscriptions, déterminées par la loi organique, ne pouvaient être modifiées que par une loi ? La négative est certaine. Ce qu'il appartenait au législateur de fixer, c'était le nombre des métropoles et des diocèses, et l'article 58 organique a déterminé un nombre de circonscriptions, qui ne pouvait être modifié que par une loi. Quant aux circonscriptions elles-mêmes qui, aux termes de l'article 2 du Concordat, devaient être fixées par le Saint-Siège, de concert avec le Gouvernement, elles figurent dans un tableau annexé à la loi même, parce qu'elles furent déterminées à l'époque même où le législateur fixait le nombre des diocèses et des métropoles. Mais cette délimitation ne constituait pas une attribution du pouvoir législatif. La loi eût pu se borner à indiquer le nombre des métropoles et diocèses, en laissant au pouvoir exécutif le soin d'en circon-

crire les limites, d'accord avec le Saint-Siège, par un acte distinct.

Les modifications qui ont été apportées ultérieurement aux circonscriptions concordataires, pouvaient donc être opérées sans le concours du législateur, qu'il eût été d'ailleurs peu pratique d'associer à une œuvre minutieuse et technique de délimitation qui échappe à sa compétence.

Les modifications aux circonscriptions des métropoles et diocèses ont donc toujours été faites par un acte du pouvoir exécutif (1).

855. Le diocèse et la métropole sont des circonscriptions administratives qui ne constituent pas des personnes civiles, d'après la jurisprudence actuelle du Conseil d'Etat. Les titres ecclésiastiques, désignés sous le nom d'évêché et d'archevêché, sont au contraire investis du bénéfice de la personnalité civile : ce sont des établissements publics.

§ 2. — Chapitre.

856. Nous avons étudié plus haut le chapitre en tant que *personnel*, c'est-à-dire les membres du chapitre ou chanoines. Nous étudions, dans ce paragraphe, le chapitre en tant que *titre ecclésiastique*, et nous réservons pour un examen ultérieur le chapitre considéré comme établissement public.

Le titre ecclésiastique que l'on appelle le *chapitre* (2), tire son origine du conseil du presbytère ou presbyterium de l'évêque, qui remonte à la source même du christianisme, et sans l'avis duquel l'évêque ne prenait aucune décision importante relative au gouvernement du diocèse. Pendant les premiers siècles de l'Eglise, les prêtres et les diacres ne formaient qu'un corps avec l'évêque; celui-ci les rassemblait et les consultait sur tous les actes relatifs à l'administration du diocèse : en un mot, ils avaient, avec lui et sous lui, le gouvernement des fidèles. On appelait cette réunion le *presbytère*.

Cet usage d'assembler ainsi le clergé de l'évêque devint plus difficile à mesure que ce clergé devint plus nombreux. Vers le vIIIe siècle, on cessa de réunir le *presbytère* pour les affaires ordinaires; mais on ne le convoqua plus que pour les affaires importantes; mais, pour ces dernières affaires, chaque évêque continua de régler et de gouverner son peuple par les avis des ecclésiastiques qui faisaient leur résidence dans la ville épiscopale, c'est-à-dire du clergé de l'église cathédrale. Le clergé vivait en commun et formait le conseil ordinaire et nécessaire de l'évêque, autrement dit le *chapitre*. Cette vie commune dura jusqu'au xe et au xie siècle, où les chanoines se partagèrent les revenus de leur église.

Depuis ce temps jusqu'à 1789, les chapitres ont peu à peu perdu le droit d'être les conseils nécessaires des évêques : ils sont restés seulement en possession de quelques droits et prérogatives; les droits consistaient principalement : 1° dans la jouissance des bénéfices et de certaines perceptions qui leur étaient attribués; 2° dans la juridiction qu'ils exerçaient sur leurs membres et sur leur territoire, quand ils en avaient un; 3° dans le pouvoir de gouverner le diocèse pendant la vacance du siège.

La constitution civile du clergé supprima les chapitres, tels qu'ils existaient à cette époque; mais, en fait, elle rétablit à peu près l'ancien presbytère, en statuant que les vicaires des

(1) *Administration du culte catholique.*
(2) D. 21 août 1872; — Conc., art. 2; art. org. 1.
(3) Vuillefroy, *Administration du culte catholique.*

(1) On peut citer notamment :
A la suite de la guerre franco-allemande, deux décrets pontificaux, modifiant les circonscriptions ecclésiastiques de la province de Besançon reçus et publiés en France par décret du 10 août 1874.
Un décret du 15 juillet 1886 a reçu et publié la décision du Saint-Siège portant que l'arrondissement de Grasse, moins les îles de Lérins, est séparé pour le spirituel du diocèse de Fréjus et incorporé au diocèse de Nice.
Voir aussi : D. 6 juillet 1863 ; 16 août 1862 ; 4 octobre 1873 ; D. 3 décembre 1878.
(2) Voir pour tout ce qui concerne le personnel, le paragraphe Chanoines, et pour ce qui a trait à l'établissement public appelé chapitre, le paragraphe Administration des chapitres.

églises cathédrales, les vicaires supérieurs et directeurs du séminaire formeraient le conseil habituel et permanent de l'évêque.

Elle rendit même à cette réunion ses anciennes attributions et son ancienne importance, en défendant à l'évêque de faire aucun acte de juridiction, en ce qui concerne le gouvernement du diocèse et du séminaire, qu'après en avoir délibéré avec eux (1).

Le Concordat permit aux archevêques et évêques d'établir dans leur diocèse un chapitre, avec l'autorisation du Gouvernement, sans que le Gouvernement s'obligeât à les doter (2). Les articles organiques spécifiaient que les archevêques et évêques qui voudraient user de la faculté qui leur était donnée d'établir des chapitres, ne pourraient le faire sans avoir rapporté l'autorisation du Gouvernement, tant pour l'établissement lui-même que pour le nombre et le choix des ecclésiastiques destinés à le former (3). Cette autorisation est donnée par un acte du pouvoir exécutif, approuvant les statuts présentés par l'évêque. Le cardinal Caprara, dans son décret sur la circonscription des nouveaux diocèses, exhortait fortement les archevêques et évêques d'user le plus tôt possible de cette faculté, pour le bien de leurs diocèses, l'honneur de leurs églises métropolitaines et cathédrales, pour la gloire de la religion et pour se procurer à eux-mêmes un secours dans le sein de leur administration, se souvenant de ce que l'Église prescrit touchant l'érection et l'utilité des chapitres. Tous les évêques ont usé de la faculté qui leur a été accordée, et il y a actuellement un chapitre dans chaque diocèse.

857. Fondés par un acte du chef du pouvoir exécutif, les chapitres pourraient être supprimés, suivant Vuillefroy (4), par un acte de même nature. Suivant d'autres, il faudrait le consentement de l'évêque (5).

858. Les chapitres sont régis par les statuts que le gouvernement approuve et qui règlent le nombre des chanoines, les conditions pour être nommé à cette dignité, les objets et les formes des délibérations du chapitre, les préséances qui y doivent être observées, la célébration par le chapitre des offices et des cérémonies.

859. Peu importantes pendant que le siège épiscopal est occupé, les fonctions du chapitre sont durant cette époque : 1° de servir de conseil à l'archevêque ou évêque, qui n'est obligé ni de prendre ni de suivre son avis; 2° de contribuer à l'éclat du service religieux dans la cathédrale par la célébration de l'office canonial et des autres cérémonies dans lesquelles leur assistance est requise (6) ; 3° de veiller à l'administration temporelle des biens du chapitre.

860. Au cas de vacance du siège, les fonctions du chapitre prennent plus d'importance; le chapitre, ainsi que le métropolitain ; 1° est tenu, sans délai, de donner avis au gouvernement de la vacance du siège et des mesures prises pour le gouvernement du diocèse vacant (7); 2° il élit les vicaires généraux qui doivent gouverner le diocèse pendant la vacance et il soumet leur nomination à l'agrément du gouvernement (8).

Lorsque la cure est réunie au chapitre, le chapitre est augmenté d'un membre, qui remplit les fonctions curiales.

861. Les chapitres avaient autrefois, dans plusieurs diocèses, au nombre de leurs prérogatives le droit d'enterrer leurs membres à quelque paroisse qu'ils appartinssent. Ce droit ne peut leur être actuellement maintenu, le curé exer-

çant toutes les fonctions *curiales* et ayant, en conséquence, le droit d'administrer les sacrements aux membres des chapitres domiciliés dans l'étendue de sa paroisse, et de leur donner la sépulture ecclésiastique (1).

862. Outre les chapitres cathédraux, il existait sous l'ancien régime, dans des paroisses ou chapelles, des chapitres de collégiales, fondés par les rois ou les évêques; c'est-à-dire des chapitres sans évêque, qui avaient pour mission d'assurer des moyens d'existence à certains ecclésiastiques. Le nombre des églises collégiales était, en 1789, de 481. La Révolution supprima ces chapitres de paroisses (2); le Concordat et les articles organiques ne les rétablirent pas.

863. Le décret du 20 février 1806 établit un chapitre collégial, le chapitre de Saint-Denis, dans l'église de Saint-Denis, destinée jadis à la sépulture des rois et desservie par les religieux de l'abbaye, consacrée par ledit décret à la sépulture des empereurs. Bien que le chapitre de Saint-Denis n'existe plus actuellement, il peut être intéressant d'en retracer brièvement l'organisation (3).

L'ancienne abbaye, qui jusqu'en 1789 desservait l'église, fut remplacée par un chapitre composé de dix chanoines choisis parmi les évêques âgés de plus de 60 ans et qui se trouvaient hors d'état de continuer leurs fonctions épiscopales. Ils avaient pour chef le grand aumônier. Ils devaient jouir, dans cette retraite des honneurs, prérogatives et traitement attachés à l'épiscopat (4). « L'établissement de Saint-Denis, s'exprimait Portalis (5), est un établissement unique dans la chrétienté, car on n'a aucun exemple d'un chapitre d'évêques dans le monde chrétien. On voit ici l'empreinte du génie de Votre Majesté ; mais gardons-nous de dénaturer un tel établissement, qui ne doit être qu'un asile honorable pour les prélats auxquels leur âge et leurs infirmités ne permettent plus d'exercer les fonctions pénibles de l'épiscopat, ou pour ceux qu'une sage politique voudrait sans violence écarter de leur siège, en leur offrant une existence tranquille et un revenu assuré pour le reste de leurs jours. »

Les fonctions des ecclésiastiques attachés à cette église étaient exclusivement canoniales. Le grand aumônier, aux termes du décret d'institution, devait soumettre à l'empereur un règlement sur les services annuels qu'il convenait d'établir dans l'église (6).

Le décret de 1806 prescrivait que quatre chapelles seraient érigées dans l'église de Saint-Denis, dont trois dans l'emplacement qu'occupaient les tombeaux des rois de la première, de la seconde et de la troisième race, et la quatrième dans l'emplacement destiné à la sépulture des empereurs. Des tables de marbre devaient être placées dans chacune des chapelles des trois races, contenant les noms des rois dont les mausolées existaient dans l'église de Saint-Denis (7). Ces prescriptions furent exécutées.

Sous la Restauration, l'organisation du chapitre de Saint-Denis fut étendue par l'ordonnance du 23 décembre 1816. Le grand aumônier resta le chef du chapitre, avec le titre de primicier. Aux 10 chanoines-évêques composant le cha-

---

(1) Vuillefroy, *Administration du culte catholique*.
(2) Art. 11.
(3) Art. 35; voir Chanoines.
(4) En effet, un chapitre est une corporation, et nulle corporation ne peut exister dans un pays contre la volonté du souverain (lettre min. 20 avril 1812),. un décret du 15 novembre 1811 a supprimé les chapitres du département de la Lippe (Vuillefroy, *Administration du culte catholique*.
(5) Dalloz, *Répertoire Cultes*).
(6) Il est dans l'ordre que l'office canonial soit célébré dans les diverses églises cathédrales. Il est du devoir des chanoines d'y assister exactement (déc. min. 11 septembre 1810).
(7) L. 18 germinal an X, art. 37.
(8) D. 28 février 1810, art. 6.

(1) Vuillefroy, *administration du culte catholique*. — Cette prérogative des chapitres était contestée dans beaucoup de diocèses. Des arrêts de parlements l'ont même souvent résolue en faveur des curés contre les chapitres : arrêts des parlements de Toulouse du 11 juillet 1735, de de Paris du 9 juillet 1737, de Rennes du 14 mai 1739.
« Les chapitres, même sous l'ancien régime, ne jouissaient pas tous et sans contestation de la dispense de la juridiction et des droits curiaux. En effet, il a toujours été de règle, en France, que les cures ne sont pas personnelles, c'est-à-dire que la division des paroisses doit se faire par territoire et non par la qualité des personnes. C'est sous l'influence de cette règle et du principe de la juridiction de l'Ordinaire qu'a été rédigée la loi organique et notamment son article 9, portant que le culte sera exercé, *sous la direction des curés*, dans leur paroisse. L'exemption des droits curiaux, en faveur des chapitres, quelque justifiables qu'en puissent être les motifs, serait une dérogation à la loi organique et aux principes généraux qui en sont la base. »(Vuillefroy; C. d'Et. lég. 13 avril 1840.)
(2) Const. civ. du clergé, 24 août 1790.
(3) Art. 2 et 3.
(4) Art. 3.
(5) Rapport à l'empereur.
(6) Art. 6.
(7) Art. 4 et 5.

pitre s'adjoignaient 24 chanoines de second ordre, dont 6 dignitaires et 18 chanoines, plus un certain nombre de clercs.

Les chanoines, soit du rang des évêques, soit du second ordre, devaient être nommés par le roi sur la présentation du grand aumônier de France. Après la première nomination, ils ne pouvaient être choisis, pour les évêques, que parmi ceux qui auraient été titulaires en France, et pour les prêtres, que parmi ceux qui prouveraient avoir été employés pendant au moins dix années, soit dans l'exercice du ministère, soit dans l'administration des diocèses. Toutes les personnes autres que les chanoines attachées au chapitre royal, devaient être nommées par le grand aumônier de France. Le grand aumônier de France pouvait, avec l'agrément du roi, conférer le titre de chanoine honoraire à quelques ecclésiastiques de second ordre (1).

Un règlement, approuvé par l'empereur, sur le rapport du grand aumônier de France, devait déterminer tout ce qui pouvait regarder le service du chapitre, soit en général, soit en particulier (2).

La loi de finances du 21 avril 1832 ayant prescrit que les membres du chapitre de Saint-Denis nommés à l'avenir n'auraient plus droit à aucun traitement de l'État, le nombre des chanoines fut diminué, la maison des clercs supprimée et les frais du matériel restreints ; mais la loi de finances de 1836 ayant rétabli le crédit nécessaire à la réorganisation du chapitre, le chapitre fut réorganisé. En 1842, le chapitre se composait de 6 chanoines-évêques, de 14 chanoines du second ordre, dont 1 chanoine doyen et 3 dignitaires. La charge de grand aumônier ayant été supprimée, le chapitre était rentré sous la juridiction de l'évêque, conformément à l'article 10 de la loi du 18 germinal an X (3).

Le décret du 25 mars 1852, considérant que la réduction opérée par la loi de finances de 1832 sur les traitements affectés aux canonicats était un obstacle à la réalisation complète de la pensée du fondateur, porta le traitement des chanoines de 8 à 10,000 francs et celui des chanoines de second ordre de 2,400 à 2,500 francs. Il réunit la cure de la ville de Saint-Denis au chapitre de la basilique et transféra dans le chapitre le service paroissial (4).

Le décret spécifiait que celui des chanoines qui serait nommé par l'ordinaire et agréé par le gouvernement pour remplir les fonctions de curé, prendrait le titre de doyen du chapitre du second ordre. Dans le cas où il serait privé de ce titre, il devait demeurer toujours membre du chapitre (5). Le décret assujettissait expressément les chanoines du second ordre à la résidence et spécifiait que ceux qui s'absenteraient sans autorisation subiraient une retenue dont la quotité serait déterminée, suivant les cas, par une décision ministérielle (6).

864. Depuis 1852, le chapitre de Saint-Denis a reçu certaines modifications. Un bref du 31 mars 1857 ayant constitué canoniquement le chapitre de Saint-Denis, fut reçu par décret du 17 juin 1857.

En 1860, douze canonicats honoraires du second ordre furent institués par un bref pontifical qui fut approuvé par un décret du 10 février.

A la demande du gouvernement français, la constitution canonique du chapitre fut encore modifiée par un bref que reçut un décret du 23 juin 1873.

En conséquence, un autre décret de même date, 23 juin 1873, réorganisa complètement le chapitre de Saint-Denis, sur les bases suivantes :

865. Le chapitre de Saint-Denis est institué pour desservir la basilique de ce nom et assurer une retraite honorable aux évêques démissionnaires, ainsi qu'aux anciens aumôniers des armées de terre et de mer et des établissements publics (7).

866. Le chapitre est composé d'un primicier, de chanoines-évêques ou du premier ordre, et de chanoines-prêtres ou du second ordre.

Chacun de ces deux ordres compte au plus douze chanoines (1).

867. Les membres du chapitre sont nommés par le Président de la République sur la proposition du ministre de l'instruction publique, des cultes et des beaux-arts (2).

Les chanoines du premier ordre sont choisis exclusivement parmi les archevêques et évêques des diocèses de la France ou de ses colonies dont la démission a été régulièrement acceptée.

Les chanoines du second ordre seront choisis parmi les aumôniers des armées de terre ou de mer, ou des établissements publics, ayant au moins dix années d'exercice de leurs fonctions (3).

Le primicier est choisi parmi les chanoines du premier ordre ou les archevêques et évêques en fonctions (4).

Le primicier, les chanoines-évêques et les chanoines-prêtres reçoivent l'institution canonique, conformément au bref donné à Rome le 12 octobre 1872 (5), reçu et publié par décret de ce jour.

868. Le primicier exerce la juridiction spirituelle et jouit des droits et prérogatives qui lui sont conférés par le bref précité.

Il règle le service de l'église et du chapitre, et nomme les auxiliaires ecclésiastiques et laïques qui y sont attachés.

Il présente à l'approbation du ministre de l'instruction publique et des cultes le budget et les comptes de l'église et du chapitre (6).

869. Lorsque le primicériat vient à vaquer, soit par suite de décès, soit par toute autre cause légitime, le chapitre élit, dans le délai de huit jours, au scrutin secret et à la majorité absolue des suffrages exprimés un vicaire capitulaire choisi parmi les chanoines du premier ordre pour remplir temporairement les fonctions de primicier.

870. Si l'élection n'est pas faite dans le délai fixé, l'archevêque de Paris, ou, en cas de vacance de ce siège, l'évêque le plus âgé de la province ecclésiastique de Paris, désigne un membre du chapitre pour remplir les fonctions d'administrateur temporaire.

871. Les élections ou désignations sont soumises à l'agrément du Président de la République (7).

872. Les chanoines-évêques conservent les honneurs et les prérogatives attachés à l'épiscopat. Ils ne sont pas astreints à la résidence (8).

873. Les chanoines-prêtres sont astreints à la résidence. S'ils n'ont pas justifié dans les six mois de leur nomination qu'ils ont fixé leur résidence à Saint-Denis, ils sont réputés démissionnaires et immédiatement remplacés.

874. Ils ne peuvent prendre plus de trois mois de vacances, et ne s'absenteront qu'avec l'agrément du primicier, qui en informera le ministre des cultes. Il sera fait sur le traitement de ceux qui s'absenteraient sans autorisation, une retenue dont la quotité sera réglée, suivant le cas, par une décision ministérielle (9).

875. Le traitement des chanoines-évêques ou du premier ordre est fixé à 10,000 francs.

Le traitement et les droits de présence des chanoines-prêtres ou du second ordre sont fixés à 4,000 francs.

876. Le montant et le mode de répartition des droits de présence sont réglés par décret rendu sur la proposition du primicier et le rapport du ministre de l'instruction publique, des cultes et des beaux-arts.

---

(1) Art. 5.
(2) Art. 6.
(3) Vuillefroy.
(4) Art. 1 et 2.
(5) Art. 3.
(6) Art. 4.
(7) Art. 1.

(1) Art. 2.
(2) Art. 3.
(3) Art. 4.
(4) Art. 5.
(5) Art. 6.
(6) Art. 7.
(7) Art. 8.
(8) Art. 9.
(9) Art. 10.

877. Le trésorier du chapitre est choisi parmi les chanoines du second ordre. Il est nommé par arrêté ministériel et reçoit une indemnité de 600 francs (1).

878. Les chanoines de Saint-Denis ont pour insigne commun aux deux ordres une croix d'or émaillée à huit pointes, dont le centre reproduit sur les deux faces le sceau et le contre-sceau de l'ancienne abbaye de l'église de Saint-Denis (2).

879. Le crédit alloué pour le chapitre de Saint-Denis a été supprimé à partir du 1ᵉʳ janvier 1885 par la loi de finances du 21 mars 1885. Lors de la discussion de la loi, il a été décidé qu'il serait alloué aux chanoines des pensions viagères équivalentes aux traitements qu'ils recevaient (3).

880. L'église de Sainte-Geneviève, alors qu'elle était affectée au culte, n'était pas desservie, comme l'église de Saint-Denis, par une collégiale. Avant d'indiquer le mode d'après lequel cette église était desservie, signalons les vicissitudes par lesquelles a passé l'édifice, tantôt affecté à la sépulture des grands hommes, tantôt au service du culte. L'église que Louis XV commença de faire élever sous l'invocation de sainte Geneviève, fut affectée par le décret du 10 avril 1791, à la sépulture des grands hommes. Sa dénomination fut modifiée par la Révolution : l'édifice prit le nom de Panthéon.

Le décret du 20 février 1806 rendit au culte l'église de Sainte-Geneviève et la consacra à la sépulture des grands dignitaires, des grands officiers de l'empire et de la couronne, des sénateurs, des cardinaux, des grands officiers de la Légion d'honneur et des citoyens qui dans la carrière des armes ou dans celle de l'administration et des lettres auraient rendu d'éminents services à la patrie (4).

Il ne fut pas établi de chapitre collégial dans l'église ; ce fut le chapitre métropolitain, augmenté de six membres, qui fut chargé de desservir l'église, et la garde en fut spécialement confiée à un archiprêtre choisi parmi les chanoines (5). Il devait y être officié solennellement le 3 janvier, fête de sainte Geneviève ; le 15 août, fête de Napoléon et anniversaire de la conclusion du Concordat ; le jour des morts et le premier dimanche de décembre, anniversaire du couronnement et de la bataille d'Austerlitz, et toutes les fois qu'il devait y avoir lieu à des inhumations en exécution du décret. Aucune autre fonction religieuse ne pouvait s'exercer dans l'église qu'en vertu d'une approbation de l'empereur (6). Il est à noter que le décret de 1806, qui ne devait entrer en vigueur qu'après l'achèvement complet de la construction, ne fut pas exécuté. L'ordonnance du 12 décembre 1821 affecta au service permanent du culte l'église de Sainte-Geneviève et la mit à la disposition de l'archevêque de Paris pour être provisoirement desservie par des prêtres que ce prélat était chargé de désigner. La même ordonnance portait qu'il serait ultérieurement statué sur le service régulier et perpétuel qui devrait être fait dans l'église et sur la nature de ce service. Cependant aucune décision n'intervint à cet égard, et l'église ne fut érigée ni en cure ni en succursale.

L'ordonnance du 26 août 1830 rendit l'édifice à sa destination primitive et légale, qui était d'être affecté à la sépulture des grands hommes et rapporta le décret du 20 février 1806, ainsi que l'ordonnance du 12 décembre 1821.

L'ancienne église de Sainte-Geneviève fut rendue au culte, conformément à l'intention de son fondateur, sous l'invocation de sainte Geneviève, patronne de Paris, par décret du 6 décembre 1851. Le décret du 22 mars 1852 établit une communauté de prêtres pour desservir l'église de Sainte-Geneviève. Cette communauté était composée de six membres, appelés chapelains de Sainte-Geneviève, nommés pour trois ans au concours, dans les formes réglées par l'archevêque de Paris, et d'un doyen nommé pour cinq ans avec faculté de nomination nouvelle après cinq autres années

révolues, par l'archevêque de Paris et agréé par le Président de la République.

Le traitement du doyen était fixé à 4,000 francs et celui des chapelains à 2,500 francs.

La loi de finances du 29 juillet 1881 ayant supprimé l'allocation de ces chapelains, la communauté de prêtres cessa de se recruter lors des vacances, et en 1885, il n'y avait plus dans l'église que trois membres, qui ne recevaient aucun traitement de l'État.

Le décret du 26 mai 1885 rendit l'édifice à sa destination primitive et légale (1).

§ 3. — Les paroisses.

882. On nomme *paroisse* la circonscription ecclésiastique à laquelle correspondent les trois titres suivants : la cure, la succursale, la chapelle (simple ou vicariale). Aucun de ces

---

(1) Le décret du 26 mai 1885 est précédé du rapport suivant :

« Monsieur le Président, le Panthéon commencé sous le règne de Louis XV et terminé seulement sous la Restauration, a subi, même après son achèvement définitif, des affectations diverses.

« Par le décret-loi des 4-10 avril 1790 l'Assemblée nationale décida que « le nouvel édifice serait destiné à recevoir les cendres des grands « hommes à dater de l'époque de la liberté française » ; elle décerna immédiatement cet honneur à Mirabeau.

« En 1806, le décret du 20 février décida que l'église Sainte-Geneviève serait affectée au culte et confia au chapitre de Notre-Dame, augmenté à cet effet de six chapelains, le soin de desservir cette église. Il en remit la garde à un archiprêtre choisi parmi les chanoines. Il ordonnait la célébration de services solennels à certains anniversaires, notamment à la date de la bataille d'Austerlitz. Toutefois, ce décret, qui ne devait entrer en vigueur qu'après l'achèvement complet de la construction ne fut pas exécuté.

« L'ordonnance du 12 décembre 1821 rendit l'église au culte public, et la mit à la disposition de l'archevêque de Paris pour être provisoirement desservie par des prêtres que ce prélat était chargé de désigner. La même ordonnance portait qu'il serait ultérieurement statué sur le service régulier et perpétuel qui devrait être fait dans ladite église et sur la nature de ce service. Cependant aucune décision n'intervint à cet égard et l'église ne fut érigée ni en cure ni en succursale de la cure voisine. Elle n'avait donc encore reçu aucun titre légal lors de la révolution de 1830.

« L'ordonnance du 26 août 1830 statua en ces termes : « Louis-Phi-« lippe, etc.— Art. 1ᵉʳ. Le Panthéon sera rendu à sa destination primi-« tive et légale ; l'inscription Aux grands hommes la patrie reconnais-« sante sera rétablie sur le fronton... »

« Ainsi l'ordonnance qui précède faisait du Panthéon un lieu de sépulture non confessionnel comme l'avait voulu l'Assemblée nationale. L'édifice était laïcisé.

« Au lendemain du coup d'État, le décret du 6 décembre 1851 vint encore rendre au culte l'ancienne église.

« Conformément à la promesse contenue dans l'article 1ᵉʳ du décret qui précède, un décret du 22 mars 1852 remit en vigueur les dispositions de celui de 1806 et reconstitua la communauté des chapelains de Sainte-Geneviève recrutés au concours avec traitement alloué par l'État.

« A la suite de la loi de finances du 29 juillet 1881, qui supprima cette allocation, le chapitre a cessé de se compléter lors des vacances et ne contient plus que trois membres, lesquels ne reçoivent aucun traitement de l'État.

« En résumé, le Panthéon n'est, comme la basilique de Saint-Denis, ni un édifice diocésain ni un édifice paroissial. Il ne rentre pas dans la catégorie de ceux qui, aux termes de l'article 75 de la loi du 18 germinal an X, ont dû être mis à la disposition des évêques à raison d'un édifice par cure et par succursale. Le culte ne s'y célèbre pas d'une manière régulière et légale. Ce n'est la paroisse d'aucun citoyen. Comme monument il appartient incontestablement au domaine de l'État et, dès lors, il rentre dans vos attributions, Monsieur le Président, conformément aux dispositions de l'arrêté des consuls du 13 mars an X et de l'ordonnance du 14 juin 1833, d'affecter cet édifice à un nouveau service public.

« Il nous a paru le moment était venu de donner satisfaction au vœu déjà formulé par le Parlement en 1881 et de restituer au Panthéon sa destination première. Si ces vues sont agréées par vous, Monsieur le Président, nous avons l'honneur de vous prier de vouloir bien revêtir de votre signature le décret ci-dessus.

D. 26-27 mai 1885, — relatif au Panthéon (*Journ. off.* du 27 mai). — « Le Président de la République française, — Sur le rapport des ministres de l'instruction publique, des beaux-arts et des cultes, de l'intérieur et des finances ; — Vu la loi des 4-10 avril 1791 ; — Vu le décret du 20 février 1806 ; — Vu l'ordonnance du 12 décembre 1821 ; — Vu l'ordonnance du 26 août 1830 ; — Vu le décret des 6-12 décembre 1851 ; — Vu les décrets des 22 mars 1852 et 26 juillet 1867 ; — Vu l'arrêté du gouvernement du 19 messidor an X, et l'ordonnance du 14 juin 1833 ;

Considérant que la France a le devoir de consacrer, par une sépulture nationale, la mémoire des grands hommes qui ont honoré la patrie, et

---

(1) Art. 11.
(2) Art. 12.
(3) Voir Budget des cultes.
(4) Art. 7 et 8.
(5) Art. 10.
(6) Art. 11.

titres ne peut exister sans circonscription. La circonscription a pour objet de déterminer les limites du territoire où s'exerce l'autorité du titulaire ecclésiastique et d'indiquer aux catholiques la paroisse dont dépend leur domicile.

883. La cure est le titre ecclésiastique établi dans une paroisse pour en desservir le territoire, sous la direction immédiate de l'évêque et dont le titulaire inamovible est connu sous le nom de curé. La cure est aussi un établissement public, que nous examinerons ultérieurement.

884. La proposition d'ériger une cure, comme une succursale, appartient et a toujours appartenu à l'évêque (1), mais c'est le gouvernement qui a le droit, actuellement comme sous l'ancien régime, d'en autoriser l'érection. Aux termes de l'article 1er de l'édit de 1749 sur les gens de mainmorte, l'érection d'une cure devait être autorisée par lettres patentes du roi, enregistrées au parlement. Le Concordat et les articles organiques prescrivent qu'aucune partie du territoire français ne peut être érigée en cure sans l'autorisation expresse du gouvernement. Les plans relatifs à l'érection, arrêtés par les préfets et les évêques, ainsi que nous le verrons plus loin, en étudiant les formalités d'érection, doivent être soumis à son approbation (2).

885. Le nombre des cures n'a pas été déterminé par la loi organique tant pour l'a été celui des archevêchés et des évêchés, la loi porte qu'il y aura au moins une paroisse dans chaque justice de paix (3).

« Le mot *au moins* laisse la faculté d'établir plus de cures qu'il n'y a de justices de paix (4) ; mais l'intention du gouvernement impérial était de ne pas dépasser cette mesure (5). En limitant le nombre des cures, le gouvernement impérial n'obéissait pas seulement à des considérations fiscales, cédant à des considérations politiques, il ne voulait pas augmenter outre mesure le nombre des curés inamovibles et préférait créer, si les besoins des fidèles l'exigeaient, des succursales dont les titulaires amovibles pouvaient être écartés quand le bien de la religion et de l'Etat le demandaient (6). On compte aujourd'hui 3,450 cures en France. En Algérie, il n'y a que des succursales.

886. Le Concordat ne prescrit nullement que la cure soit établie au chef-lieu de la justice de paix : la cure peut donc être placée dans une autre commune. On préfère toutefois l'établir au chef-lieu quand des circonstances de localité ne rendent pas plus avantageux ce placement dans une autre commune. On peut comprendre dans la circonscription de la même paroisse curiale des villages appartenant à des cantons différents (7).

887. Dans certains pays, on trouve des cures personnelles, qui sont établies en vue d'une catégorie de personnes et non pour une portion de territoire. En France, « la division des paroisses se doit faire par territoire et non par la qualité des personnes. Les cures personnelles sont contraires à nos maximes, nous en avons divers arrêts, et, entre autres, un arrêt du grand Conseil du 21 juillet 1676, portant cassation d'une transaction passée entre les curés de Nantes qui s'étaient divisé leurs paroisses par les différentes classes qui existaient entre les paroissiens et non par territoire (8). »

888. Les cures sont de deux classes; la première classe comprend les curés de première classe de *droit* qui sont ceux des chefs-lieux de préfecture et des communes de 5,000 âmes et au-dessus, en nombre égal à celui des justices de paix établies dans les communes, et ceux qui, étant dans une cure de deuxième classe, sont agréés par le gouvernement comme curés de première classe, à titre de récompense personnelle, sans que cette qualité passe au successeur.

Il existe toutefois quelques cures qui ne sont pas chefs-lieux de canton et qui ont le titre de cures de première classe, titre qui n'est pas personnel.

889. Le traitement des curés de première classe est plus élevé que celui des curés de deuxième classe.

890. Une cure peut descendre de la première classe à la deuxième classe quand la localité où elle est établie diminue d'importance. Mais le gouvernement se réserve, dans ce cas, d'user de la faculté qui lui est donnée de promouvoir au titre de curés de première classe ceux des curés titulaires qui lui semblent dignes de cette faveur.

891. La circonscription de la succursale comprend une ou plusieurs communes rurales, un ou plusieurs quartiers de la ville (1). La succursale est desservie par le desservant ou succursaliste, révocable au gré de l'autorité épiscopale, et non, comme la cure, par un curé inamovible. Il n'y a pas deux classes de succursales, comme il y a deux classes de cures.

892. La proposition d'érection des succursales, comme des cures, a toujours appartenu aux évêques (2). Aux termes de la loi du 18 germinal an X, aucune partie du territoire ne peut être érigée en succursale qu'avec l'autorisation expresse du gouvernement. Il est établi autant de succursales que le besoin pourra l'exiger. Chaque évêque, de concert avec le préfet, en règle le nombre et l'étendue. Les plans arrêtés sont soumis au gouvernement et ne peuvent être mis à exécution sans son autorisation (3).

Pour opposer une digue aux demandes de création des succursales, le gouvernement en limita le nombre à 24,000 par décret du 5 nivose an XIII. Le décret du 30 septembre 1807 en porta le nombre à 30,000. On compte actuellement 31,253 succursales, tant en France qu'en Algérie, soit 31,002 en France et 252 en Algérie.

893. Pour former une nouvelle circonscription, il n'est pas nécessaire que les villages dépendant de la succursale projetée, comme nous l'avons vu aussi de la cure, appartiennent au même canton : on peut y faire entrer des villages appartenant à deux cantons limitrophes (4).

894. Une succursale peut demander son érection en cure, de première ou de deuxième classe : elle fait cette demande, quand la localité où elle est établie acquiert plus d'importance que celle où est placée la cure dont elle dépend ou quand elle satisfait aux conditions qui permettent d'obtenir le titre de cure de première classe, ou bien encore quand il y a création d'une nouvelle justice de paix; dans ce dernier cas, une nouvelle cure doit être établie à moins que l'ancienne justice de paix ne contienne deux cures dont l'une se trouve dans la circonscription de la nouvelle justice de paix et une dans celle de l'ancien canton.

---

qu'il convient, à cet effet, de rendre le Panthéon à la destination que lui avait donnée la loi des 4-10 avril 1791.

Décrète : — Art. 1er. Le Panthéon est rendu à sa destination primitive et légale. Les restes des grands hommes qui ont mérité la reconnaissance nationale y seront déposés. — Art. 2. La disposition qui précède est applicable aux citoyens à qui une loi aura décerné les funérailles nationales. Un décret du Président de la République ordonnera la translation de leurs restes au Panthéon. — Art. 3. Sont rapportés le décret des 6-12 décembre 1852, le décret du 20 février 1806, l'ordonnance du 12 décembre 1821, les décrets des 22 mars 1842 et 26 juillet 1857, ainsi que toutes les dispositions réglementaires contraires au présent décret. — Art. 4. Les ministres de l'instruction publique des beaux-arts et des cultes, de l'intérieur et des finances sont chargés, etc. »

(1) Portalis, Édit d'avril 1695; voir Succursales, no ....
(2) Conc. art. 9; — Act. org. art. 2.
(3) Art. 60.
(4) Circ. 13 prairial an X.
(5) Lettre min. 23 messidor an X; — Circ. 11 mars 1809
(6) Lettre min. 17 nivose an XI. (André, t. II.)
(7) Circ. 10 messidor an XII. (Affre.)
(8) Portalis, *Rapport sur les art. organiques.*

(1) Circ. 4 juillet 1882.
(2) En 1833, un projet tendant à établir, sous le titre de succursales de deuxième classe, des succursales qui seraient desservies au moyen du binage, fut abandonné sur l'avis du comité de l'intérieur, pour les raisons suivantes : « Des doutes ont été élevés sur le droit de l'administration. On a pensé que si par suite du droit qui lui est donné d'ériger les églises en succursales ordinaires, elle peut se croire fondée à créer des succursales d'un ordre en quelque sorte inférieur et qui n'entraînent pas des charges aussi considérables soit pour l'Etat, soit pour les communes, on peut dire néanmoins que les lois et décrets organiques n'ont reconnu que trois espèces de paroisses : les cures, les succursales et les chapelles; que la nature de ces établissements, les charges qu'ils entraînent et les avantages qu'ils procurent aux communes sont entièrement par les lois, et qu'il n'appartient pas à l'administration seule de créer de nouvelles catégories; d'où il suit qu'il y aurait lieu d'examiner si le pouvoir législatif ne devrait pas être appelé à se prononcer sur la création des succursales de deuxième classe. » (C. d'Et. min. 6 novembre 1833.)
(3) L. 18 germinal an X, art. 60, 61 et 62; — D. 11 prairial an XII, art. 2; — D. 30 septembre 1807, art. 3.
(4) Circ. 10 messidor an XII. (Affre.)

895. Les crédits mis à la disposition du gouvernement par les lois de finances de ces dernières années ne lui permettent plus d'ériger de nouvelles cures ou succursales ; aussi n'examine-t-il plus les demandes d'érection qui lui sont transmises et a-t-il fait observer aux préfets que l'envoi de dossiers qui ne sont susceptibles d'aucune suite entretiendrait les intéressés dans de fausses espérances et les fortifierait dans leur répugnance à concourir aux dépenses des paroisses existantes (1). Il n'est cependant pas inutile de rappeler les formalités exigées lorsque l'administration procédait encore à l'érection de cures et succursales.

896. L'érection des cures et succursales ne pouvait être faite sans causes ni formes, car tout doit se faire canoniquement dans l'Eglise. D'après le concile de Constance, la seule cause légitime d'une érection de cure, de succursale ou de tout autre bénéfice ne peut être que la nécessité ou l'utilité de l'Eglise ; les formes sont établies pour constater la cause (2).

Pour l'érection des cures et succursales, il fallait observer les formalités suivantes :

Comme nous l'avons vu plus haut, la proposition devait émaner de l'évêque.

Une enquête avait lieu dans la commune en instance, mais si elle était prescrite par les anciens canons (3), elle n'était pas exigée par la loi. Il en résultait que, si elle était omise, le recours pour excès de pouvoir n'était pas admissible (4). L'administration des cultes considérait que la délibération du conseil municipal de la commune chef-lieu paroissial tenait lieu d'enquête dans cette commune.

L'administration des cultes demandait la justification que la commune possédât une église et un presbytère décent et qu'à défaut de presbytère, une indemnité de logement fût assurée au curé voulue par la loi.

Les conseils municipaux de toutes les communes intéressées devaient délibérer sur l'opportunité de l'érection (5), mais le gouvernement n'était pas obligé de se conformer à cet avis (6). En fait, le gouvernement, en présence du grand nombre de demandes d'érection de succursales, supérieur au montant du crédit alloué à cet effet, n'érigeait jamais de succursales contrairement à l'avis de l'assemblée communale. L'administration des cultes voulait que le conseil de fabrique de l'église curiale délibérât sur l'érection d'une succursale. Elle exigeait, en outre, pour l'érection des cures et succursales, la production des pièces suivantes : inventaire des vases sacrés, linges, ornements et autres objets mobiliers, affectés à la célébration du culte.

Quand le périmètre de la paroisse projetée n'était pas exactement le même que celui de la commune, un tableau indiquant : 1° les villages, hameaux, habitations isolées, etc... qui devaient être attribués ou retirés à la nouvelle circonscription ; 2° le nombre de leurs habitants ; celui des habitants de la paroisse dont il s'agissait de les détacher ou à laquelle ils devaient être réunis. A ce tableau devait être joint un plan en triple expédition de la paroisse projetée, revêtu de l'approbation des autorités diocésaine et départementale. On devait fournir un certificat de l'ingénieur de l'arrondissement indiquant la distance qui sépare les diverses sections de la circonscription projetée de l'église dont elles dépendaient, ainsi que les difficultés des communications entre cette église et lesdites sections ; il fallait produire, en outre, les budgets des communes intéressées et les derniers comptes et budgets de la fabrique de la paroisse actuelle, dressés conformément à la circulaire du 21 novembre 1879, visés et certifiés par le maire du chef-lieu paroissial, conformes à la copie déposée à la mairie, en exécution de l'article 89 du décret du 30 décembre 1809. On produisait enfin le certificat du percepteur

constatant le montant des impositions payées par les communes intéressées et indiquant s'il existait déjà quelque imposition extraordinaire, sa quotité et sa durée. Le sous-préfet et le préfet donnaient leur avis (1), et il était statué par un décret rendu en Conseil d'Etat sur le rapport du ministre des cultes (2).

897. Le gouvernement autorise ou repousse l'érection d'une cure ou succursale, en vertu d'un pouvoir discrétionnaire. Si la demande d'érection est favorablement accueillie, le décret qui autorise l'érection ne peut être attaqué par les particuliers par la voie contentieuse. Si elle est repoussée, il ne peut y avoir de recours contre cette décision.

898. Lorsque l'autorisation est accordée, l'évêque confère le titre que le gouvernement a autorisé, car son autorisation n'est qu'une simple permission d'ériger (3).

899. Nous étudierons plus loin, après avoir étudié les chapelles, les modifications de circonscriptions et les translations de titres ecclésiastiques.

900. Les églises cathédrales ou métropolitaines présentent généralement un double caractère : non seulement elles servent toujours de siège à l'autorité archiépiscopale ou épiscopale et aux offices religieux des chapitres, mais encore elles servent le plus souvent de *paroisse* aux individus qui demeurent dans une circonscription rapprochée. Il serait difficile qu'il en 'fût autrement, car une cathédrale sans paroisse serait presque abandonnée si ce n'est dans le centre d'une immense population ; et le concours des fidèles contribue à la dignité des cérémonies religieuses (4). Dans ce cas, dans la pratique, une seule fabrique est chargée à la fois de l'administration de la paroisse et de la cathédrale.

Les cathédrales ou métropoles qui ne sont pas en même temps paroisses sont les cathédrales d'Annecy, Avignon, Coutances, Rennes, Saint-Flour.

901. Généralement, dans les cathédrales ou métropoles qui ont à la fois le caractère de paroisses et le caractère de cathédrales, la cure est réunie au chapitre.

902. Lorsque le titre curial est réuni au titre capitulaire, le chapitre est augmenté d'un membre qui exerce les fonctions de curé et auquel l'Eglise donne le titre d'archiprêtre, qui n'est du reste pas reconnu par l'autorité civile (5).

903. La réunion de la cure au chapitre est effectuée pour prévenir les conflits entre le curé et le chapitre.

« Bientôt (après l'établissement des chapitres), dit Portalis, s'éleva des rivalités et des jalousies entre le corps paroissial et le corps capitulaire. Les deux corps ne pouvaient s'entendre sur les heures respectives de la célébration de leurs offices. On était toujours en dispute dans le partage des oblations ; l'évêque lui-même se trouvait souvent contrarié dans sa propre église par les prétentions des curés et des vicaires attachés à la cure. Dans le système de la réunion de la cure au chapitre, c'est le chapitre qui est curé et qui fait exercer par un de ses membres les fonctions curiales, le membre du chapitre est choisi par l'évêque et présenté par lui à Votre Majesté. Alors toutes les oblations sont pour l'église cathédrale, et il n'y a plus de distribution contentieuse à faire. Le service paroissial s'accroît de toute la dignité attachée au service épiscopal et capitulaire. On ne peut plus dans la même église, élever autel contre autel, et les fidèles ne sont pas froissés entre les prétentions opposées de ceux qui sont chargés de les faire jouir du grand bienfait de la religion. Aussi, dans tous les temps, les cures attachées aux métropoles et aux cathédrales étaient presque toutes unies aux différents corps de chapitre (6). »

Portalis s'exprimait ainsi à l'occasion du projet de réunion de la cure de l'église métropolitaine de Paris au chapitre, rédigé en ordonnance par le cardinal du Belloy et approuvé

---

(1) Circ. 4 juillet 1882.
(2) Portalis, *Rapport sur acte organique.*
(3) Jousse.
(4) C. d'Et. cont. 8 février 1878.
(5) D. 11 prairial an XI, art. 2 ; — Circ. 21 mars 1809 ; 12 août 1841 ; 26 août 1842 ; — L. 5 avril 1884, art. 70.
(6) C. d'Et. cont. 21 février 1873 ; 12 mai 1876.

(1) L. 18 germinal an X, art. 61 ; — Circ. 11 mars 1809.
(2) Conc. art. 9 ; — Act. org. art. 61 et 62.
(3) Inst. min. 10 messidor an XII.
(4) Gaudry.
(5) Voir plus haut.
(6) Rapport à l'empereur sur la situation des cures, métropoles et cathédrales.

par un décret du 10 mars 1807. L'ordonnance portait : « Le titre curial de notre église métropolitaine sera attaché au chapitre en corps, lequel demeurera seul curé dans le sens et suivant la manière exprimée ci-après (1). Le chapitre en corps sera chargé de la célébration des offices divins. L'instruction du peuple et l'administration des sacrements seront spécialement confiées à un archiprêtre à notre nomination, lequel sera pris parmi les chanoines et révocable à notre volonté. Ledit archiprêtre ne sera responsable qu'à nous de l'exercice de ses fonctions, et, dans le cas de révocation, il continuera d'être chanoine.» Le décret qui approuve l'ordonnance, augmente d'un le nombre de chanoines(2) et lui attribue le traitement du curé (3). Il dispose, en outre, que la nomination de l'archiprêtre devra toujours être agréée par le gouvernement, conformément à l'article 19 de la loi du 18 germinal an X (4). Le ministre des cultes adressa une circulaire aux archevêques et évêques pour leur faire connaître qu'ils pouvaient procéder à la réunion de la cure au chapitre, s'ils pensaient que leur séparation présentait des inconvénients (5).

Il n'y a qu'un petit nombre d'églises cathédrales dans lesquelles la cure n'est pas réunie au chapitre ; ce sont : Bayonne, Beauvais, Carcassonne, Dijon, Evreux, Grenoble, Meaux, Perpignan, Poitiers, Maurienne, Tarantaise.

904. La réunion de la cure au chapitre est instruite et autorisée dans la même forme que l'érection d'une cure (6). Le consentement du curé n'est pas nécessaire pour que la réunion puisse s'effectuer (7).

905. Les cures et succursales ne peuvent-elles être supprimées qu'avec le concours des deux autorités, laïque et religieuse, qui ont concouru à sa création ?

Cette doctrine a été soutenue. Au contraire dans une note du 29 juillet 1882, le directeur général des cultes a soutenu que le pouvoir civil pouvait supprimer une circonscription paroissiale à la suppression de laquelle l'évêque n'avait pas consenti. Cette note soumise au Conseil d'Etat à l'appui de demandes de suppression de succursales, a reçu l'approbation du Conseil d'Etat, qui a émis l'avis de principe du 21 décembre 1882, reconnaissant au gouvernement le droit de supprimer les succursales contrairement à l'avis de l'autorité diocésaine (8).

(1) Art. 2.
(2) Art. 2.
(3) Art. 3.
(4) Art. 4.
(5) Circ. 20 mai 1807.
(6) Cette réunion ne pouvait, d'après les anciens usages, être opérée qu'après enquête et audition des parties intéressées. Si l'enquête peut aujourd'hui offrir des inconvénients, il est convenable de prendre au moins l'avis du préfet et du maire et de mettre le titulaire à même de s'expliquer par écrit. (C. d'Et. int. 22 octobre 1830 ; 20 mars 1833 ; Vuilefroy')
(7) Ord. 14 juillet 1824.
(8) Déc. min 5 avril 1800. (André, t. II ; Dalloz, Rép. v° CULTES.)
Note adressée au Conseil d'Etat par le directeur général des cultes le 29 juillet 1882. — A l'appui des demandes de suppression de succursales d'Ozières (Haute-Marne), l'Orbehaye (Manche), Kernascleden (Morbihan), Lamothe-Landeron (Gironde), etc., etc.
L'article 9 de la convention passée à Paris, le 26 messidor an IX, entre le pape et le gouvernement français, ainsi que les articles 60, 61 et 63 de la loi organique du 18 germinal an X, règlent les conditions et formalités à accomplir pour l'érection des cures et succursales.
Les textes reconnaissent le droit de souveraineté de l'Etat en déclarant, à trois reprises différentes, de la manière la plus formelle : « qu'aucune partie du territoire français ne peut être érigée en cure ou succursale sans l'autorisation expresse du gouvernement. » Mais, à côté de ce principe fondamental, ils en proclament un autre : la nécessité pour que cette autorisation gouvernementale puisse utilement intervenir, d'un accord préalable avec l'autorité ecclésiastique ; ils semblent même accorder, au point de vue qui nous occupe, un certain droit d'initiative à cette dernière : « Les évêques, dit l'article 9 du Concordat, feront une nouvelle circonscription des paroisses de leur diocèse », et l'article 61 de la loi du 18 germinal an X, ajoute : « Chaque évêque, de concert avec le préfet, réglera le nombre et l'étendue des succursales. »
De cet appel fait à l'initiative du clergé français, au moment de la réorganisation des circonscriptions paroissiales, au moment du rétablissement du culte catholique en France, certains auteurs ont conclu, que, pour l'érection des cures et succursales, l'autorité épiscopale aurait encore aujourd'hui un droit exclusif d'initiative et le gouvernement un simple pouvoir d'homologation. En d'autres termes, ils ont soutenu que les cures et succursales étaient créées par des ordonnances épiscopales ; seulement

pour recevoir, au civil comme au spirituel, leur plein et entier effet, les ordonnances avaient besoin de rencontrer l'assentiment gouvernemental. Puis transportant au cas de suppression, conformément à la règle en vertu de laquelle les actes ne se défont qu'après l'accomplissement des conditions essentielles à leur confection, l'application des principes adoptés par eux pour la création des cures et succursales, ils ont prétendu qu'aucune paroisse ne pouvait disparaître que du plein gré de l'autorité épiscopale.

Ainsi, d'après la théorie que j'expose en ce moment, quelles que soient les modifications apportées par le temps dans la population, dans les ressources, dans la foi des habitants de la circonscription paroissiale ; quels que soient les vœux des communes et leur pénurie financière ; quels que soient les intérêts supérieurs de l'Etat, la cure ou la succursale doit être maintenue, à moins que l'autorité épiscopale ne consente à sa suppression.

Cette question présente à l'heure actuelle, un caractère incontestable de gravité et de généralité. D'une part, les changements survenus dans les voies de transport et de communication, dans le commerce et l'industrie, ont déplacé les centres de population ; le chiffre des habitants de certaines communes a décru dans des proportions considérables et décroît encore journellement ; les charges paroissiales deviennent écrasantes en face de la diminution des ressources ; de l'autre, la création de succursales a été fréquemment, à une époque encore récente, la récompense du concours prêté par le clergé et sa clientèle à certaines candidatures politiques ; redevenues maîtresses d'elles-mêmes, les communes poursuivent la suppression des charges qui leur ont été imposées contre leur gré.

L'expérience a depuis longtemps démontré qu'on ne saurait raisonnablement attendre le concours de l'évêque pour la réduction du nombre des circonscriptions paroissiales de son diocèse, même lorsqu'elles sont devenues parasites. Poursuivre la suppression d'une succursale serait pour le prélat prendre un rôle ingrat, se mettre en contradiction soit avec lui-même, soit avec ses prédécesseurs qui en ont demandé l'érection. Si, jusqu'à ces dernières années, le gouvernement a pu obtenir en cette matière quelques rares concessions, c'est que la loi de finances mettait chaque année à sa disposition des crédits relativement considérables pour la création de titres nouveaux ; il pouvait donc promettre plusieurs créations à celui qui condescendait à tolérer une suppression. Mais ce moyen de persuasion n'est plus à la disposition de l'administration supérieure depuis que les crédits pour la fondation de succursales nouvelles ont cessé de figurer au budget.

On ne s'expliquerait pas d'ailleurs pourquoi l'épiscopat entrerait en compromission avec le gouvernement dans la matière qui nous occupe. Il tient, en effet, de son droit de nommer les desservants et vicaires et de les déplacer à son gré, le pouvoir de priver de tout service religieux la commune qui a encouru sa disgrâce. En laissant indéfiniment vacante telle ou telle succursale, il arrive au même résultat que s'il la supprimait, et il évite d'amoindrir son prestige par des négociations avec le pouvoir civil.

En un mot, la thèse que je viens de présenter au point de vue pratique peut se résumer ainsi : en matière de création de cures et succursales, le gouvernement n'a qu'un seul droit, celui d'homologuer les décisions de l'autorité épiscopale, et une fois cette homologation accordée, il se trouve indéfiniment engagé quelles qu'en puissent être ultérieurement les conséquences funestes. L'épiscopat, au contraire, reste libre, quand il lui plaît, de retirer tout effet utile à l'acte du gouvernement qui a créé la succursale.

Cette opinion doit-elle être adoptée, et le Conseil d'Etat, saisi par le gouvernement d'un projet de décret tendant à la suppression d'une succursale, doit-il s'arrêter par cette seule considération qu'il rencontre dans le décret un avis contraire émané de l'autorité épiscopale ? Je ne le pense pas.

J'estime, au contraire, que ce système doit être écarté comme opposé non moins à l'esprit général de la législation sur les rapports entre l'Etat et les diverses Eglises coexistant sur le sol national, qu'à une saine interprétation des textes relatifs au point spécial qui nous occupe. Pour apprécier la valeur de cette assertion, il convient d'examiner les règles posées par le Concordat et les articles organiques relativement à la création : 1° des cures ; 2° des succursales ; de rechercher ensuite les modifications qui ont été apportées à ces règles par la législation ultérieure.

Le premier texte à étudier, celui qui domine toute la matière est l'article 9 du Concordat. Dans cet article, les auteurs du Concordat se mettent en présence d'une situation exceptionnelle et transitoire, de la nécessité de procéder le plus bref délai possible à la reconstitution générale de toutes les circonscriptions paroissiales de France. En face des exigences de cette situation, ils enjoignent à l'évêque, c'est-à-dire à l'agent administratif le plus intéressé à ce que cette réorganisation s'effectue promptement, à l'autorité locale présumée la mieux renseignée sur les besoins religieux des populations, de faire le plan de cette reconstitution du service paroissial, mais ils ne donnent à l'évêque qu'un simple droit de proposition, ils lui refusent tout droit de décision. Le rôle qu'ils lui assignent est un simple rôle d'instruction et de préparation. Le droit de statuer appartient exclusivement au gouvernement. Le gouvernement peut ne tenir des propositions épiscopales que le compte qu'il lui plaît. Il ne crée les titres paroissiaux que dans la mesure où lui convient ; il n'en concède le nombre qu'il croit pouvoir accorder sans surcharger les finances de l'Etat ni le budget des communes. Les termes de l'article 9 du Concordat sont formels dans ce sens : les évêques feront une nouvelle circonscription des paroisses de leurs diocèses, qui n'aura d'effet que d'après le consentement du gouvernement. Ainsi la circonscription paroissiale n'a d'effet que d'après le consentement du gouvernement ; si ce consentement n'est jamais intervenu, la paroisse n'a jamais existé ; si après être intervenu, il est retiré, la paroisse qui avait apparu cesse d'exister, elle est supprimée. En d'autres termes, le gouvernement, qui avait accordé un titre paroissial à une commune dont la population et la situation financière justifiaient cette concession, n'est pas tenu *in perpetuum* de supporter et de faire supporter au budget municipal les charges de cette création, alors que les conditions en vue desquelles il avait donné son consentement viennent à faire défaut. Il reste libre de retirer le consentement qu'il avait librement donné, et dès lors, aux termes du Concordat, la circonscription paroissiale cesse d'avoir aucun effet, et la paroisse disparaît. Autrement il faudrait admettre que le gouvernement a aliéné, au moment du Concordat, son droit imprescriptible de tutelle des communes et qu'il les a laissées à la merci de l'autorité épiscopale.

L'examen des articles de la loi organique du 18 germinal an X confirme encore cette interprétation.

L'article 60 s'occupe d'abord des circonscriptions curiales. A la différence de ce qui avait été réglé par l'article 2 du Concordat pour les circonscriptions diocésaines, le gouvernement détermine seul et par voie de mesure générale, c'est-à-dire sans aucun accord préalable avec une autorité ecclésiastique quelconque, le nombre et l'étendue des circonscriptions curiales. L'article 2 du Concordat porte : « Il sera fait par le Saint-Siège, de concert avec le gouvernement, une nouvelle circonscription des diocèses français. » L'article 60 de la loi organique décide qu'il y aura au moins autant de cures que de justices de paix. Ici aucune trace de négociation préalable, d'entente avec l'épiscopat. Le gouvernement statue dans sa souveraineté absolue, sans consentir à restreindre l'exercice de sa pleine liberté d'appréciation par les liens d'un Concordat avec un pouvoir spirituel quelconque. On ne peut soutenir qu'il y ait eu convention préalable sur le nombre et la fixation des titres curiaux entre l'autorité civile et l'autorité ecclésiastique, comme il y a eu convention sur le nombre et la fixation des titres épiscopaux. Le gouvernement qui a traité avec le pape, qui s'est engagé à ne pas créer, à ne pas supprimer une circonscription diocésaine sans un concert préalable avec lui, n'a pas traité avec les évêques ; il a créé autant de titres curiaux qu'il l'a jugé opportun, se réservant par là même d'en diminuer le nombre quand il le croirait nécessaire, sans concert préalable avec eux. Alors que le pouvoir civil se réservait ainsi une entière liberté d'action pour l'augmentation ou la diminution des titres curiaux, qui sont, sans contredit, les plus importants des titres paroissiaux au point de vue ecclésiastique, comment admettre qu'il se soit lié les mains et qu'il ait abdiqué ses droits pour les simples succursales ?

Il faudrait, à l'appui d'une pareille assertion, apporter un texte bien précis ; or, non seulement ce texte fait défaut, mais encore les termes des lois, décrets et règlements sont contraires.

L'article 60 s'occupe ensuite des succursales. « Il sera, en outre, établi, dit-il, autant de succursales que le besoin pourra l'exiger. »

Ainsi, il ne doit être établi de *succursales qu'autant que le besoin l'exige*. Les succursales qui, ne répondant plus à aucun besoin réel, sont une charge inutile pour les finances générales et municipales, doivent donc être supprimées.

Quel est le juge de l'opportunité de cette création ou de cette suppression ? C'est ce que nous apprendra l'article 61 et ce que va confirmer en termes plus formels encore l'article 62.

L'article 61 s'exprime ainsi : « Lorsque l'évêque, de concert avec le préfet, réglera le nombre et l'étendue de ces succursales, les plans arrêtés seront soumis au gouvernement et ne pourront être mis à exécution sans son autorisation. »

L'article 62, pour confirmer encore le droit absolu de décision du gouvernement sur ces matières, droit déjà si clairement exprimé, ajoute : « Aucune partie du territoire français ne pourra être érigée encore en succursale sans l'autorisation expresse du gouvernement. »

Ainsi l'évêque reste un simple agent d'instruction, chargé de préparer la décision souveraine du gouvernement, de lui soumettre les plans sur lesquels il statuera dans sa pleine liberté, sans lier aucunement pour l'avenir son droit d'appréciation. Mais il ne reste pas le seul agent de préparation de la décision gouvernementale, un autre fonctionnaire local ne pourra plus faire ces propositions et les soumettre au gouvernement que de concert avec le préfet, qui joue dans cette instruction un rôle égal au sien.

Les auteurs du Concordat et des articles organiques avaient admis que l'Etat payerait un traitement au titulaire des archevêchés, des évêchés et des curés. Ils avaient supposé, au contraire, que les desservants seraient choisis, conformément à l'article 68 de la loi du 18 germinal an X, parmi les ecclésiastiques pensionnés en exécution des lois de l'Assemblée Constituante, et que lesdits ecclésiastiques étant tenus, en vertu de l'article 70 de la même loi, sous peine de privation de leur pension, d'accepter les fonctions qui leur seraient confiées, aucune n'incomberait de ce chef ni au budget de l'Etat ni à celui des communes. Le montant de leur pension, joint au produit des oblations, devant former la totalité du traitement de ces prêtres.

Ils avaient également admis que les fabriques, moyennant la remise des temples destinés au culte et le produit des fondations et oblations, suffiraient aux dépenses du culte. L'expérience ne tarda pas à démontrer qu'ils s'étaient fait une illusion complète, et que pour le traitement des vicaires et desservants comme pour l'entretien du culte, il était indispensable de recourir aux finances de l'Etat et des communes. Le gouvernement se vit donc obligé de demander des sacrifices au budget de l'Etat et au budget des municipalités. Mais en retour de ces sacrifices librement consentis, il ne se fait pas faute d'exiger des garanties nouvelles pour la sauvegarde de finances de l'Etat et des intérêts des communes.

Dès lors, le rôle de l'évêque, celui du préfet, dans l'instruction des demandes relatives tant à l'érection qu'à la suppression des succursales s'effaça, passa au second rang, pour faire place à l'initiative des communes, dont l'intérêt était le plus directement engagé dans la fondation ou dans la disparition de ces titres ecclésiastiques.

L'arrêté du 18 germinal an XI avait appelé les conseils municipaux, en exécution de l'article 67 de la loi du 18 germinal an X, à délibérer sur les augmentations de traitement, à accorder sur les revenus des communes aux vicaires et desservants, sur les frais d'ameublement des maisons curiales, sur les frais d'achat et d'entretien de tous les objets nécessaires au service du culte dans les églises paroissiales et succursales.

Le décret du 11 prairial an XII et celui du 5 nivôse-13 ventôse an XIII avaient reconnu au profit des desservants la légitimité de l'allocation d'un traitement, soit à la charge du Trésor public, soit à la charge du budget des communes. En compensation de cette concession, ces décrets stipulent que le premier élément de l'instruction pour l'érection d'une succursale sera l'avis de la commune intéressée. L'article 1er du décret du 11 prairial an XII porte : « Conformément aux articles 60 et 61 de la loi du 18 germinal an X, les évêques, de concert avec les préfets, procéderont à une nouvelle circonscription des succursales, *de manière que leur nombre ne puisse excéder les besoins des fidèles.* » L'article 2 ajoute : « Les préfets demanderont l'avis des communes intéressées à l'effet de connaître les localités et toutes les circonstances qui pourront déterminer la réunion des communes susceptibles de former un seul territoire dépendant de la même succursale. » Puis l'article 3 décide que les plans de la nouvelle circonscription doivent être adressés au conseiller d'Etat chargé de toutes les affaires concernant les cultes et qu'ils ne pourront être mis à exécution qu'en vertu d'un décret impérial. »

On voit que le gouvernement ne procédait nullement, à cette époque, par voie de négociations avec les évêques, qu'il n'entendait nullement traiter avec eux de puissance à puissance, qu'il prenait seulement leur avis, comme un des éléments d'une instruction dont la base était la délibération du conseil municipal.

La proposition épiscopale était reléguée au rang de simple renseignement, dont il était tenu tel compte que de droit. C'est ainsi que dans un rapport adressé à l'empereur, à la date du 1er messidor an XII, je lis : « Sire, dans le travail de circonscription des églises de son diocèse, M. l'Evêque de Quimper avait fait comprendre celle des Jacobins dans le nombre des succursales. »

« Depuis elle a été jugée nécessaire au bien du service militaire, puisqu'elle a été affectée au parc d'artillerie et au casernement des troupes.

« La population de la ville de Morlaix, où est située cette église, s'élève en ce moment à 10,000 habitants et une seule église ne peut suffire, surtout depuis la remise de la succursale des Jacobins au département de la guerre.

« Sur les représentations des habitants, le conseil municipal de la ville de Morlaix, délibérant, a arrêté, sauf l'approbation du gouvernement, d'émettre le vœu que l'église Sainte-Méleine fût affectée à l'exercice du culte catholique comme oratoire, pour être desservie, sous la surveillance du curé de Morlaix, par les prêtres de l'église paroissiale. Cette mesure n'augmente pas le nombre des édifices destinés au culte, puisque celle des Jacobins a été affectée au service militaire.

« En conséquence, j'ai l'honneur de proposer à Votre Majesté impériale de décider : 1° que l'église des Jacobins de Morlaix, comprise dans le travail de circonscription du diocèse de Quimper et remise depuis au département de la guerre pour servir de parc d'artillerie, est supprimée ; — 2° que l'église de Sainte-Meleine est affectée à l'exercice du culte comme oratoire public et qu'elle sera desservie, sous la surveillance du curé de Morlaix, par les prêtres de l'église paroissiale. »

Ce rapport, signé « Portalis » a été revêtu de l'approbation de l'empereur, au palais de Saint-Cloud, le 2 messidor an XII.

Le décret du 5 nivôse an XIII, ainsi que celui du 31 septembre 1807, reconnait au gouvernement seul le droit de déterminer le nombre des succursales dont les titulaires seront payés sur les fonds du Trésor public. L'article 15 du décret du 5 nivôse an XIII porte, en effet :

« En exécution du décret du 11 prairial dernier, tous les desservants des succursales dont l'état numérique divisé par départements et par diocèses est annexé au présent décret, toucheront, à compter du 1er vendémiaire an XIII, le traitement fixé par l'article 4 et suivant les formes prescrites par les articles 1, 6, 7 et 8 du décret précité. »

L'article 2 ajoute : « Le payement des desservants et vicaires des autres succursales demeure à la charge des communes de leurs arrondissements. »

Ainsi le gouvernement affirme son droit exclusif de déterminer le nombre des titulaires ecclésiastiques appelés à jouir du bénéfice d'un traitement de l'Etat, d'augmenter et, par suite, de restreindre ce chiffre sans avoir besoin de recourir à aucune négociation avec l'épiscopat.

En 1807, en présence des résistances des communes à payer les traitements des desservants laissés à leur charge, le gouvernement fait une nouvelle concession : il consent à rétribuer sur les fonds du Trésor public la totalité de ces titulaires ecclésiastiques, mais à la condition de fixer seul leur nombre suivant la quotité de fonds qu'il entend affecter à cet usage.

L'article 1er du décret du 30 décembre 1807 s'exprime ainsi : « L'état des succursales à la charge du trésor public, tel qu'il a été fixé en vertu du décret du 5 nivôse an XIII, sera porté de 24,000 à 30,000 francs.

« Art. 2. A cet effet, le nombre des succursales sera augmenté, dans chaque département, conformément à l'état annexé au présent décret. La répartition en sera faite de manière que le nombre des succursales mises à la charge du Trésor public par notre décret du 5 nivôse an XIII et celui qui est accordé par notre présent décret, *comprenne la totalité des communes des départements*.

« Art. 3. Cette répartition aura lieu à la diligence des évêques, de concert avec les préfets, dans le mois qui suivra la publication du présent décret.

« Art. 4. Les évêques et les préfets enverront sur-le-champ au ministère des cultes les états qui seront dressés, pour être définitivement approuvés par nous et déposés ensuite aux archives impériales. »

On le voit, à mesure que le gouvernement consent de plus lourds sacrifices, il agrandit sa sphère d'action et le rôle des évêques se trouve restreint, c'est le gouvernement qui fixe seul le nombre des succursales

L'avis administratif émis par le Conseil d'Etat a été confirmé au contentieux (1).

906. Les seuls titres que reconnaissait la loi du 18 germinal an X, pour assurer l'exercice public du culte, étaient les cures et les succursales (2).

Pour donner satisfaction aux demandes toujours croissantes des populations et ne pas augmenter outre mesure le nombre des succursales qu'il portait de 24,000 à 30,000, le décret du 30 septembre 1807 (3), permit l'établissement de chapelles (ainsi que l'établissement d'annexes) dans les paroisses ou succursales trop étendues et lorsque la difficulté des communications l'exigerait.

Si l'on examine avec attention les termes et l'esprit des articles 8, 9, 10 et 13 du décret de 1809, on reconnaît que le législateur n'a pas eu, en 1807, l'intention de donner aux chapelles l'importance qu'elles ont postérieurement acquise. Il tentait pour la première fois, depuis 1809, de mettre à la

---

dans chaque diocèse, par voie de mesure générale, sans aucune négociation diplomatique ni avec un évêque en particulier ni avec un concile ou synode quelconque. L'évêque n'intervient plus que pour instruire, concurremment avec le préfet, non pas l'érection des succursales, non pas la détermination de leur nombre, mais la délimitation entre les diverses succursales créées par le gouvernement dans sa pleine indépendance d'action. Cette délimitation doit être opérée de manière que le territoire de toutes les communes se trouve compris dans une des circonscriptions paroissiales créées par l'Etat, et qu'en dehors de ces circonstances il n'existe plus aucune succursale d'origine épiscopale.

Comment admettre que le gouvernement, qui fixait alors souverainement le nombre des succursales, ait aliéné depuis lors ce droit et ne puisse plus aujourd'hui réduire ce nombre sans le consentement des évêques ?

C'est ainsi que les décrets rendus en exécution du décret du 30 septembre 1807, comme ceux qui l'avaient précédé et qui étaient intervenus pour l'application du décret du 5 nivôse an XIII, prononcent l'érection, la suppression, la modification des circonscriptions paroissiales sans qu'il y fût aucunement question d'un assentiment préalable ni même d'une intervention quelconque de l'autorité diocésaine.

Je joins au présent rapport un certain nombre de spécimens de ces décrets pour démontrer au Conseil d'État comment, à cette époque, le gouvernement n'éprouvait aucune hésitation dans l'exercice de la faculté qu'il s'était réservée de modifier seul, soit par voie de translation, soit par voie de suppression, les circonscriptions ecclésiastiques qu'il avait seul établies.

Sous la Restauration, l'ordonnance royale qui érige 500 succursales nouvelles « en faveur des diocèses où le nombre des succursales établies n'est plus proportionné aux besoins des localités », stipule qu'une ordonnance spéciale désignera pour chaque diocèse les communes dans lesquelles les succursales nouvelles seront érigées, d'après les demandes des conseils municipaux, la proposition des évêques et l'avis des préfets. Ainsi à cette époque où certes l'épiscopat ne pouvait se plaindre de voir méconnaître ses prérogatives et privilèges, la proposition de l'évêque n'est qu'un des éléments de l'instruction qui doit précéder l'érection de la succursale, tandis que la demande du conseil municipal est la base fondamentale de cette instruction.

La circulaire du 9 novembre qui a suivi l'ordonnance précitée insiste énergiquement sur ce point, que toute initiative doit être, en cette matière, laissée aux communes, et Vuillefroy, dans son traité sur l'administration du culte catholique, analyse très exactement la jurisprudence adoptée depuis cette époque lorsqu'il dit : « Chaque succursale est érigée sur la demande du conseil municipal intéressé. »

La législation telle qu'elle résultait des articles organiques se trouve dès lors modifiée en ce sens que les évêques n'ont plus l'initiative pour la création des succursales, mais que cette initiative est passée au conseil municipal.

Il doit en être de même par voie de conséquence nécessaire et logique, pour la suppression.

Sans doute, l'avis de l'évêque, sa proposition, restent un des éléments indispensables pour une solution régulière, mais cet avis ne lie pas le gouvernement, pas plus que celui du préfet, et le pouvoir central reste, en cette matière, libre de tenir tel compte qu'il juge opportun de la proposition de l'autorité diocésaine.

Depuis la Restauration, les ministres qui se sont succédé ne paraissent avoir éprouvé aucun doute sur le droit du gouvernement de prononcer la suppression d'une succursale par voie d'autorité.

Une décision ministérielle, en date du 24 février 1835, porte que « s'il ne se rencontrait personne dans une commune pour remplir les fonctions de trésorier de fabrique, on devrait supprimer la succursale. » Par circulaire du 12 août 1836, le ministre des cultes de cette époque, ayant le projet de supprimer ou de transférer des succursales dont l'existence lui paraissait insuffisamment justifiée, invite les évêques, non pas à supprimer ou à transférer ces titres paroissiaux, ni à donner leur consentement à cette suppression ou à cette translation, mais simplement à lui envoyer telles propositions de suppression et de translation que la situation de leur diocèse pourrait comporter, se réservant de statuer et au besoin de passer outre à leurs indications. Cette manière de voir ne fut nullement contestée, et dans l'examen des affaires litigieuses auxquelles donna lieu l'application de cette circulaire, le comité de l'intérieur du Conseil d'Etat n'intervint, par un avis du 19 janvier 1838, que pour sauvegarder les intérêts des communes et nullement pour défendre de prétendus droits de l'autorité ecclésiastique.

M. Vivien se prononçait dans le même sens, dans une circulaire du 14 août 1840, lorsqu'il menaçait les communes de rapporter les ordonnances d'érection toutes les fois que les engagements contractés par elles à l'effet d'obtenir cette faveur ne seraient pas fidèlement exécutés.

Pour résumer cette discussion, je crois que le pouvoir civil a conservé, en matière de circonscriptions paroissiales, son entière liberté d'action; que si, lorsqu'il s'agit de procéder à des érections, il est nécessaire que le gouvernement s'instruise auprès de l'autorité épiscopale sur les besoins spirituels des populations, s'il convient qu'avant de donner la vie civile à une personnalité ecclésiastique qui ne peut tenir que de l'évêque sa vie religieuse, il consulte au préalable l'autorité diocésaine; quand il s'agit, au contraire, de procéder à une suppression, il doit tenir compte avant tout des considérations tirées de la situation de la commune au point de vue de sa population et de ses ressources, et que la consultation qu'il demande à l'évêque n'est plus qu'un des éléments du dossier. (Pour le ministre de la justice et des cultes, le conseiller d'Etat, directeur général des cultes, Flourens.)

A la suite de cette note, le Conseil d'Etat rendit l'avis suivant, qui en adoptait les conclusions :

Avis relatif à un projet de décret tendant à la suppression de la succursale de l'Orbehaye, section de la commune de Montaigu-les-Bois (Manche). (Question de savoir s'il appartient au gouvernement statuant en Conseil d'Etat de supprimer des succursales contrairement à l'avis de l'autorité diocésaine.) — Le Conseil d'Etat qui, sur le renvoi ordonné par M. le ministre de l'intérieur et des cultes, a pris connaissance du projet de décret tendant à supprimer la succursale de l'Orbehaye, section de la commune de Montaigu-les-Bois (Manche), érigée par décret du 8 août 1877, et de la note de l'administration générale des cultes, du 29 juillet 1882, a été amené à examiner la question de savoir s'il appartient au gouvernement, statuant en Conseil d'Etat, de prononcer la suppression des succursales, contrairement à l'avis de l'autorité diocésaine; — Vu le décret du 8 août 1877, qui a érigé en succursale l'église de l'Orbehaye, section de la commune de Montaigu-les-Bois (Manche) ; — Vu les délibérations du conseil municipal de Montaigu-les-Bois en date des 4 juillet 1880 et 13 novembre 1881 ; — Vu la délibération du conseil de fabrique de Montaigu-les-Bois en date du 7 octobre 1880; — Vu la délibération du conseil de fabrique de l'église de l'Orbehaye en date du 24 octobre 1880; — Vu les lettres du préfet de la Manche en date des 30 août 1880 et 23 juin 1881; — Vu la lettre de l'évêque de Coutances en date du 13 juin 1881; — Vu l'article 9 de la convention du 26 messidor an IX, ensemble les articles 60, 61 et 62 de la loi du 18 germinal an X; — Vu le décret du 11 prairial an XII (art. 1, 2 et 3) ; — Vu le décret du 30 septembre 1807 (art. 1, 2, 3 et 4) ; — Vu l'ordonnance royale du 17 septembre 1819 (art. 1 et 2);

Sur la question de droit : — Considérant qu'en vertu des lois, ordonnances et décrets ci-dessus visés, c'est au gouvernement qu'il appartient d'ériger les succursales après une instruction confiée aux évêques et aux préfets; que l'intervention de l'autorité diocésaine dérive de la nécessité d'obtenir son concours pour la création d'une circonscription ecclésiastique, mais qu'elle laisse entier le droit de décision attribué au gouvernement; que si, pour la suppression des succursales, il y a lieu de suivre la même procédure que pour leur création, et si, à ce titre, l'avis de l'évêque est un élément essentiel du dossier, aucune disposition de loi ni de décret ne lui attribue un droit d'opposition de nature à arrêter l'exercice des prérogatives gouvernementales; — Considérant qu'il est conforme à l'esprit général de nos lois sur la matière (voir notamment les articles 93, 97 du décret du 30 décembre 1809 et l'ordonnance du 3 mars 1825) de laisser au gouvernement, statuant en Conseil d'Etat, l'appréciation souveraine des conflits qui peuvent exister entre les autorités locales, civiles et religieuses, alors surtout qu'il s'agit de maintenir ou de supprimer un établissement public dont l'existence peut imposer des charges au budget des communes et de l'Etat;

En fait : — Considérant que la section de l'Orbehaye compte une population de 250 habitants à peine; que les chemins qui la relient à Montaigu-les-Bois, situé à deux kilomètres environ, sont en bon état de viabilité; qu'il résulte de l'instruction que la division de la commune de Montaigu en deux paroisses a eu pour résultat de nuire à la bonne administration des intérêts municipaux; que dans ces circonstances il serait tenu un compte suffisant tant des sacrifices faits par les habitants de l'Orbehaye pour construire une église et un presbytère que des intérêts religieux de cette population en érigeant ultérieurement en chapelle de secours, après instruction régulière, l'église de la paroisse supprimée;

Est d'avis, en principe : qu'il appartient au gouvernement de supprimer les succursales, contrairement à l'avis de l'autorité diocésaine ; — Dans l'espèce : qu'il y a lieu d'adopter le projet de décret portant suppression de la succursale de l'Orbehaye. — Cet avis a été délibéré et adopté par le Conseil d'Etat dans ses séances des 14 et 21 décembre 1882.

(1) C. d'Et. cont. 11 mai 1883. — « Le Conseil d'Etat : — Vu les articles 60, 61 et 62 de la loi du 18 germinal an X; — Vu le décret du 11 prairial an XII; — Vu le décret du 30 septembre 1807; — Vu les lois des 7-14 octobre 1790 et 24 mai 1872;

Considérant qu'en vertu des lois et décrets ci-dessus visés il appartient au gouvernement de décider l'érection ou la suppression des succursales après une instruction confiée aux évêques et aux préfets; — Considérant que le décret attaqué a été précédé d'une instruction régulière; qu'ainsi il a été rendu dans les limites des pouvoirs confiés par les lois susvisées à l'administration supérieure, et que les requérants ne sont pas fondés à en demander l'annulation pour excès de pouvoir ;

Art. 1er. La requête est rejetée; etc. »

(2) Art. 60 et suiv.

(3) Art. 8.

(3) Nous traiterons plus loin des annexes qui n'ont pas de circonscription paroissiale propre, ainsi que des chapelles de secours que l'administration confond actuellement avec les annexes.

charge des communes toutes les dépenses de culte. Dans la crainte, sans doute, que cet essai soumis aux fluctuations d'opinions des conseils municipaux, n'eût pas un succès durable, il fût seulement d'une chapelle un établissement accessoire et dépendant des paroisses. L'influence des habitudes communales, l'usage, la jurisprudence et quelques dispositions ultérieures de la législation ne tardèrent pas à modifier le caractère primitif de l'institution. Ainsi, comme nous le verrons ultérieurement, la chapelle reçut le droit d'avoir une circonscription paroissiale, une fabrique propres (1).

La chapelle, dont le décret du 30 décembre 1809 a permis l'établissement et qu'on appelle souvent chapelle *paroissiale* ou *communale*, est une sous-division de la cure ou succursale, dont elle dépend au point de vue spirituel, bien qu'elle ait une organisation temporelle distincte. D'ailleurs cette dépendance n'existe pas en fait, car les évêques confèrent ordinairement aux titulaires des chapelles les mêmes pouvoirs qu'aux desservants (2). Quoi qu'il en soit, le décret du 30 septembre 1807 spécifie que la chapelle est sous la surveillance du curé ou desservant et que le prêtre qui y est attaché n'y exerce qu'en qualité de vicaire ou chapelain (3).

907. La chapelle paroissiale est accordée aux communes qui, réunies à d'autres pour le culte, désirent recouvrer ou acquérir l'autonomie religieuse (4). Toutefois on a établi des chapelles dans de simples sections de commune (5).

908. Il n'est pas indispensable que la circonscription d'une chapelle coïncide rigoureusement avec celle de la commune où elle est établie. Lorsqu'il y a quelque raison, quelque convenance qui le réclame, un hameau de la commune peut être laissé hors de la circonscription de la chapelle, comme on peut comprendre dans cette circonscription un hameau d'une commune limitrophe. Rien ne s'oppose non plus à ce que plusieurs communes se réunissent pour avoir une chapelle (6).

909. Le chapelain est payé par la commune ou la fabrique (7).

910. La chapelle est dite *vicariale* quand l'État concourt au payement du prêtre appelé à la desservir et qui est un vicaire de la cure ou succursale autorisé à résider dans la commune où se trouve la chapelle; et *simple*, quand la fabrique ou la commune pourvoient seules au traitement du chapelain (8).

911. C'est l'ordonnance du 25 août 1819 qui permit aux vicaires de cures ou succursales de desservir les chapelles des communes; elle leur a alloué, à cet effet, une indemnité de 250 francs, qui s'élève actuellement à 450 francs (9).

912. La participation de l'État au traitement est la seule différence qui existe entre une chapelle simple et une chapelle vicariale, entre un chapelain ordinaire et un vicaire de cure ou succursale placé hors du chef-lieu, et dans une commune où se trouve une chapelle. L'ordonnance de 1819, en permettant cette réunion des deux titres sur une même tête, a eu pour but de faire arriver, sous le nom de vicaires jusqu'aux chapelains proprement dits, les fonds portés dans le budget de l'État, pour le service des vicaires. Ce titre justifiait une allocation qui n'aurait peut-être pas été accordée, si elle avait été demandée au nom des chapelles, dont les conditions d'existence font un établissement purement communal (10).

913. Certains auteurs divisent les chapelles en chapelles de première et deuxième classe, suivant que le titulaire demeure dans la commune ou qu'étant autorisé à biner, il vient desservir la chapelle sans résider dans la commune (11).

Mais l'administration faisant de la résidence une condition de l'érection de la chapelle, ainsi que nous le verrons plus loin, cette distinction, qui repose sur une situation de fait contraire à la jurisprudence ministérielle, semble par là même inadmissible (1).

914. La différence entre la succursale et la chapelle communale consiste en ce que le traitement du succursaliste est payé par l'État et celui du chapelain au moyen des deniers communaux ou fabriciens, avec ou sans le concours de l'État, suivant la distinction que nous avons établie entre les chapelles simples et vicariales.

915. L'érection des chapelles communales donne lieu aux formalités suivantes :

Lorsque les habitants d'une commune désirent obtenir une érection en chapelle, ils doivent en faire la demande à l'évêque. Car c'est à lui qu'il faut d'abord s'adresser, lorsqu'il s'agit d'ajouter, pour le culte, un service à celui qui est ordinaire dans chaque paroisse (2). La demande est remise par l'évêque au préfet et le conseil municipal doit être appelé à délibérer s'il convient à la commune de provoquer l'établissement de la chapelle (3). En cas d'avis favorable, les pièces à produire à l'appui de la demande sont : la délibération du conseil municipal, qui doit indiquer les motifs d'érection (importance de la population, éloignement du chef-lieu paroissial, difficultés des communications); qui doit de plus contenir l'engagement de fournir au chapelain, en cas d'insuffisance des ressources fabriciennes, ou des *revenus* ordinaires de la commune (4), un traitement annuel qui ne peut être inférieur au minimum de 300 francs déterminé pour les vicaires par le décret du 30 décembre 1809 (5), ni supérieur au traitement minimum alloué aux desservants (6). Il doit être fait deux expéditions de la délibération, dont l'une est envoyée à l'évêque, l'autre, en même temps, au préfet (7).

916. Le conseil municipal et le conseil de fabrique du chef-lieu paroissial et des communes coparoissiales doivent délibérer (8).

917. Une enquête de commodo et incommodo doit avoir lieu sur l'opportunité de l'érection (9). La délibération du conseil municipal de la commune chef-lieu de la cure ou succursale peut tenir lieu d'information dans cette commune (10).

Il doit être établi que la cure ou succursale chef-lieu pourra suffire à ses dépenses, malgré la distraction du territoire qui doit former la chapelle (11).

918. L'administration des cultes demande la justification qu'il existe une église et un presbytère en état ou qu'il existe des ressources suffisantes pour se les procurer. A défaut de presbytère, une indemnité de logement doit être assurée au chapelain (12).

919. La jurisprudence du Conseil d'État veut que la perpétuité des établissements publics soit assurée par la pleine propriété de leur siège. Elle exige donc que le lieu où le culte doit s'exercer appartienne à la commune ou à la fabrique (13).

920. Lorsque le périmètre de la paroisse projetée n'est pas exactement le même que celui de la commune, le devis d'érection doit contenir l'état de la population catholique que

---

(1) De Berly, *Dictionnaire d'administration*, art. CHAPELLES.
(2) Eod.
(3) Art. 13; circ. 4 juillet 1882.
(4) Circ. 4 juillet 1889.
(5) Vuillefroy, *Administration du culte catholique*.
(6) Campion.
(7) D. 30 septembre 1807, art. 9; — Circ. 4 juillet 1882.
(8) Circ. 4 juillet 1882.
(9) Voir Budget.
(10) Vuillefroy, *Administration du culte catholique*.
(11) Vuillefroy, *Administration du culte catholique*; — Campion, *Manuel de droit ecclésiastique*.

(1) Voir Binage.
(2) Circ. min. 11 mars 1809.
(3) L. 5 avril 1884, art. 70.
(4) Circ. 11 octobre 1811; — Circ. 21 août 1833; — C. d'Et. 30 mars 1831, 20 août 1834, 6 janvier 1835, 9 janvier 1835, 8 juin 1835, 29 mars 1836, 17 août 1837, 20 et 23 octobre 1838, 26 mars 1839, 13 avril 1840, 2 décembre 1873.
(5) Art. 40.
(6) Circ. 11 mars 1809; — C. d'Et. 12 juillet 1841.
(7) Circ. 11 mars 1809.
(8) L. 5 avril 1884, art. 70; — Circ. 21 août 1833.
(9) Circ. 21 août 1833.
(10) Circ. 21 août 1833; Campion.
(11) C. d'Et. 21 février 1834; — C. d'Et. légal. 31 mars 1841.
(12) D. 30 décembre 1809, art. 92; Campion.
(13) Circ. 8 octobre 1880, en note.

renferme la circonscription de la chapelle projetée, certifié par le sous-préfet de l'arrondissement (1).

Ce chiffre, à moins de circonstance exceptionnelles, ne doit pas être inférieur à 300 (2). Il convient d'indiquer les villages ou hameaux qui doivent composer son territoire et de fournir le plan de la circonscription, en triple expédition, revêtu de l'approbation des autorités diocésaine et départementale (3).

921. Il faut produire l'inventaire des vases sacrés, ornements et autres objets mobiliers que possède l'église (5), et donner l'indication des dépenses et recettes présumées de la future chapelle.

922. Un certificat du percepteur constate le montant des contributions payées par la commune et indique les contributions extraordinaires en recouvrement, leur durée et leur quotité (6).

923. Enfin le dossier d'érection contient les budgets des communes intéressées (7) et les budgets des fabriques, ces derniers dressés conformément à la circulaire du 21 novembre 1879, visés et certifiés par le préfet (8); les comptes des fabriques des 3 dernières années, visés et certifiés par le maire conformes aux exemplaires déposés à la mairie en exécution de l'article 89 du décret du 30 décembre 1809.

924. L'évêque donne son avis motivé (9). Cet avis doit s'expliquer, notamment, sur ce qui concerne le besoin que la commune a d'une chapelle, sur la possibilité d'employer un prêtre à ce service particulier, et sur le point de savoir si le traitement promis est suffisant.

925. Le préfet donne son avis en forme d'arrêté; cet avis doit s'expliquer notamment sur le point de savoir s'il n'y aurait pas impuissance notoire de la part de la commune de subvenir aux dépenses qu'elle proposerait de supporter (10).

926. Le préfet transmet les pièces relatives à l'instruction de la demande d'érection au ministre des cultes. La chapelle est érigée par un décret en Conseil d'Etat, rendu sur le rapport du ministre des cultes, de concert avec le ministre de l'intérieur (11). Si le gouvernement pense que l'établissement de la chapelle n'est pas justifié, il en informe le préfet et l'évêque, sans qu'un décret intervienne à ce sujet (12).

927. Il n'y a aucun moyen de contraindre le gouvernement à accueillir favorablement la demande d'érection.

Aucune modification de l'acte qui autorise l'érection d'une chapelle ne peut être réclamée par la voie contentieuse.

928. Quand l'érection est autorisée, l'évêque rend une ordonnance pour conférer le titre que le gouvernement a accordé.

929. En 1835, l'administration des cultes, se fondant sur la disposition de l'ordonnance du 25 août 1819, qui autorise la réunion du titre de vicaire à celui de chapelain, voulut faire envisager l'établissement des chapelles *vicariales* comme l'établissement d'un vicariat ordinaire, ce qui eût dispensé de recourir à la forme d'une ordonnance. Elle prétendit, en conséquence, que le décret du 30 décembre 1809, et les actes postérieurs, qui avaient réglé les formalités relatives à l'établissement des vicaires, avaient implicitement rapporté le décret du 30 décembre 1807, relatif aux chapelles; que ce n'étaient plus de chapelles qu'il s'agissait, mais bin de vicariats.

Cette prétention était inadmissible, on a vu tout à l'heure les motifs pour lesquels la chapelle est devenue *vicariale*; on a pu remarquer que ce n'est pas elle qui a perdu son caractère pour prendre celui du vicariat, mais bien le vicariat qui a perdu le sien, pour emprunter celui de la chapelle. Elle était d'autant moins fondée, que depuis le décret de 1809, et les actes postérieurs, il était intervenu un assez grand nombre de circulaires ministérielles, avis du Conseil d'Etat et ordonnances royales, relatifs à l'établissement des chapelles, et que, d'après les principes exposés ou suivis dans ces différents actes, elles avaient constamment, en fait, été autorisées dans les termes et dans les formes déterminés par le décret du 30 décembre 1807, qui n'avait jamais été révoqué, et dont l'existence paraissait dès lors incontestable. Il était singulier qu'en 1835, on vînt élever la prétention qu'un décret de 1807 aurait été révoqué par un autre décret de 1809, tandis que pendant près de trente ans, l'administration qui en élevait la prétention ne s'était jamais doutée elle-même de cette abrogation. Le Conseil d'Etat fut appelé à se prononcer : il rétablit les principes, et fit ressortir la nécessité d'une ordonnance pour l'établissement des chapelles.

« Si la commune dans laquelle le décret s'est établie, dit-il dans son avis, ne contribue en rien aux frais du culte paroissial, elle n'en est pas moins tenue de pourvoir au traitement du son chapelain, de lui procurer un logement convenable, et de suppléer seule, au défaut de la fabrique, aux frais du culte auxquels l'établissement de la chapelle peut donner lieu (1).

« Un tel établissement accroît en outre les charges éventuelles de la cure ou succursale, dont on démembre le territoire, quant au spirituel, pour former celui de la nouvelle chapelle. Il est dès lors dans l'intérêt des communes, qu'une chapelle ne puisse être établie sans que le gouvernement ait, d'un côté, la certitude que la commune qui, pour obtenir une chapelle, s'oblige à pourvoir au traitement et au logement du chapelain, et aux autres frais du culte, au défaut de la fabrique, ne contracte pas une obligation au-dessus de ses forces; et de l'autre que les communes ou sections de communes formant le territoire de la cure ou succursale démembrée, pourront pourvoir, s'il est nécessaire, aux charges imposées aux communes par l'article 92 du décret sur les fabriques. Le gouvernement ne pourrait avoir cette certitude, s'il était statué désormais sur les érections des chapelles, comme on le propose, dans la même forme que pour la création des vicariats, puisque ces sortes de créations ne sont pas assujetties, par le décret du 30 décembre 1809, à l'autorisation royale, qu'il suffit du consentement de la fabrique, de l'avis du conseil municipal et de l'assentiment de l'évêque diocésain. Il importe donc de maintenir les formalités sagement prescrites pour empêcher que les communes ne soient soumises, pour un laps de temps indéterminé, à des charges extraordinaires, hors de toute proportion avec leurs ressources, formalités qu'on peut d'autant moins considérer comme abrogées par le décret précité, que la plupart ont été exigées postérieurement à sa promulgation » (2).

Bien que la loi du 5 avril 1884 ait réduit singulièrement les charges des communes en matière de culte, les charges qui leur incombent encore justifient les conclusions de l'avis du Conseil d'Etat.

Nous étudierons ultérieurement les ressources au moyen desquelles les églises paroissiales, cures, succursales, chapelles communales, assurent l'exercice du culte.

930. Fixées par décret en Conseil d'Etat sur rapport du

---

(1) C. d'Et. 6 novembre 1813 ; — Circ. 21 août 1833.
(2) Circ. 21 août 1831 ; — C. d'Et. 31 mars 1811.
(3) Circ. 21 août 1833.
(4) C. d'Et. 6 novembre 1813 ; — Circ. 21 août 1833.
(5) Circ. min. 21 août 1833.
(6) C. d'Et. 6 novembre 1813 ; — Circ. 21 août 1833.
(7) Circ. 21 août 1833 ; — C. d'Et. 21 février 1834.
(8) Circ. 21 août 1833.
(9) Circ. 11 mars ; — 1809 21 août 1833.
(10) Circ. 11 mars 1809.
(11) D. 30 septembre 1807, art. 42 ; — Circ. 21 août 1833.
(12) « Si une ordonnance (décret aujourd'hui) est nécessaire pour changer la circonscription des paroisses et succursales, et pour créer des chapelles, ce qui s'agit d'apporter un changement à ce qui existe en vertu d'actes régulièrement rendus; mais quand il ne s'agit pas de changer ou de modifier l'état des choses, ni de former un établissement nouveau, mais de conserver ce qui est, sans y apporter la moindre modification, comme de maintenir la demande d'une commune en érection de chapelle, il n'y a pas lieu de donner la sanction d'une ordonnance à ce qui est régulièrement établi, ni de constituer en cette même forme le rejet de la demande. »
(C. d'Et. int. 3 février 1835, 17 février 1835.)

(1) Modifié par la loi du 5 avril 1884.
(2) C. d'Et. 4 novembre 1835 ; Vuillefroy.

ministre des cultes, les circonscriptions paroissiales, c'est-à-dire les circonscriptions des cures, succursales, chapelles paroissiales, ne peuvent être modifiées que dans la même forme. La modification de circonscription a lieu à la demande du conseil municipal de la commune ou sur pétition motivée d'un particulier. Les conseils municipaux et les conseils de fabrique des paroisses intéressées dans le projet, délibèrent à ce sujet. Une enquête de *commodo* et *incommodo* a lieu. Le dossier de la demande doit comprendre : les plans des lieux en triple exemplaire revêtus des visas du préfet et de l'évêque, l'état de la population et l'état de la superficie de chacune des paroisses à modifier ; le certificat de l'ingénieur de l'arrondissement constatant les distances et les difficultés de communications, les budgets et comptes des communes et fabriques intéressées, l'avis de l'évêque en forme d'ordonnance épiscopale motivé et l'avis du préfet en forme d'arrêté (1).

931. Pour distraire d'une cure une partie de son territoire, l'avis du curé et l'avis de la fabrique de cette cure sont nécessaires, mais non leur consentement (2).

932. L'omission de la formalité d'enquête ne donne pas lieu au recours pour excès de pouvoirs (3).

L'avis des conseils municipaux ne lie pas l'administration supérieure, qu'il s'agisse de créer ou de modifier les limites des circonscriptions existantes (4).

933. Le décret qui modifie les circonscriptions est un décret administratif non susceptible d'un recours contentieux au Conseil d'Etat (5).

934. C'est à l'évêque et au préfet qu'il appartient de décider de quelle paroisse dépend une maison par suite d'une reconstruction qui a eu pour effet d'en déplacer l'entrée principale ; en cas de désaccord entre les deux autorités, le ministre des cultes doit statuer.

L'ordonnance du 8 novembre 1820 s'exprime ainsi :

« Les maisons ou propriétés qui ont entrée sur plusieurs rues, quelle que soit leur extension, dépendent en entier de la rue sur laquelle se trouve la porte ou entrée principale. On appelle porte ou entrée principale celle par laquelle on peut accéder et par laquelle on accède ordinairement à tous les êtres de la maison et sur tous les points de la propriété, que cette porte ou entrée soit la plus grande ou non.

Les maisons qui se trouvent aux angles des rues dépendent toujours, quel que soit le changement qu'elles peuvent subir, des paroisses auxquelles elles sont assignées par le tableau de démarcation, si ce n'est dans le cas d'une reconstruction entière ou de changement de l'entrée principale pouvant motiver le changement de paroisse ; il faudrait alors obtenir une décision de l'évêque et du préfet (6).

935. Pour donner satisfaction aux besoins du culte, le décret du 30 septembre 1807 permettait l'érection d'autres lieux de culte, appelés *annexes*. Ce décret prescrit qu'il peut être érigé une annexe sur la demande des principaux contribuables d'une commune et sur l'obligation personnelle qu'ils souscriront de payer le vicaire ; cette obligation est, aux termes du décret, rendue exécutoire par l'homologation et la diligence du préfet, après l'érection de l'annexe (7).

Les annexes que l'administration n'érige d'ailleurs plus, étaient établies, par décret en Conseil d'Etat, pour la commodité des particuliers qui subvenaient à leurs besoins, tandis que les chapelles que nous avons étudiées plus haut sont établies dans un intérêt collectif et général, et les dépenses qu'elles nécessitent sont soldées par l'Etat, les fabriques, les communes. Les conséquences dérivant du caractère distinctif de l'annexe sont que la desserte en était subordonnée à la durée de l'engagement des souscripteurs, qui devait être

constaté par acte notarié (1) et qu'aucun secours n'était accordé par l'Etat pour leur réparation (2).

L'annexe était généralement érigée dans une section de commune ; toutefois elle pouvait l'être dans une commune entière (3).

936. L'annexe, spécifiait le décret du 30 septembre 1807, dépend de la cure ou de la succursale dans l'arrondissement de laquelle elle est placée. Elle est sous la surveillance du curé ou desservant, et le prêtre qui y est attaché n'exerce qu'en qualité de vicaire ou de chapelain (4). Les fonctions et pouvoirs de ce prêtre étaient déterminés par l'évêque suivant les règles de la hiérarchie ecclésiastique (5). L'annexe était desservie par un chapelain à demeure ou par un prêtre désigné par l'évêque qui venait y dire la messe une ou plusieurs fois par semaine (6).

937. L'annexe, dont le décret du 30 septembre 1807 autorisait l'érection pour la commodité des habitants, ne constituait pas une paroisse, ne possédait pas de circonscription territoriale (7) et ne jouissait pas du bénéfice de la personnalité civile (8).

§ 4. — Lieux de culte qui ne constituent pas des paroisses (annexes, oratoires publics ou chapelles de secours, oratoires privés, chapelles domestique

938. A l'époque où l'on érigeait des annexes, les engagements des souscripteurs étaient-ils tellement personnels qu'ils ne passaient pas à leurs héritiers ? Une lettre ministérielle du 5 décembre 1809 (9) se prononçait pour l'affirmative. Certains auteurs admettaient la négative (10).

939. Pour obtenir l'érection d'une annexe, il fallait constater : 1º l'utilité ou la nécessité de l'établissement ; la population, la difficulté des communications, l'étendue du territoire, le trop grand éloignement de l'église chef-lieu étaient les motifs principaux qui déterminaient l'utilité ou la nécessité de cet établissement (11) ; 2º les moyens d'en supporter la dépense (12).

(1) C. d'Et. 12 mars, 4 août, 5 novembre 1840.
(2) Circ. 29 juin 1841.
(3) Dalloz, *Rép.*, v° CULTES.
(4) D. 30 septembre 1807, art. 13.
(5) Circ. 11 mars 1809.
(6) Vuillefroy.
(7) « Des différentes dispositions réglementaires sur les annexes, et notamment de l'article 11 du décret du 30 septembre 1807, de l'avis du Conseil d'Etat, approuvé le 14 décembre 1810, et de l'avis des comités réunis de législation et de l'intérieur du 14 décembre 1819, il résulte que l'annexe est un établissement essentiellement précaire et qui tombe uniquement à la charge des particuliers qui ont souscrit l'obligation de subvenir à ses dépenses. En conséquence, cet établissement ne peut jamais constituer une paroisse et posséder une circonscription territoriale. D'ailleurs, en lui assignant une circonscription, on ne pourrait avoir qu'un but, celui de soumettre les habitants de cette circonscription aux charges de l'annexe. Or, les habitants de l'annexe restant, aux termes de l'avis du Conseil d'Etat du 14 décembre 1810, soumis aux charges du culte paroissial, ne peuvent, en aucun cas, être soumis à des charges nouvelles en faveur du culte.
« La circonstance que tous les habitants d'une section de commune auraient souscrit l'obligation personnelle de payer les dépenses de l'annexe, ne pourrait, en aucune façon, autoriser une dérogation à ce principe général et incontestable. Loin d'en admettant cette circonstance, qui paraît du reste en opposition avec les prévisions du décret de 1807, ce ne serait pas à titre d'habitants du territoire de l'annexe qu'ils pourraient être appelés à contribuer aux dépenses, mais seulement à titre de souscripteurs particuliers, conformément à l'article 11 du décret du 30 septembre 1807. (Voir C. d'Et. 12 novembre 1840.)
« Considérant que l'ordonnance du 27 août 1819 dispose que les vicaires pourront, à l'avenir, être placés dans une même commune que celle du chef-lieu paroissial et y recevoir l'indemnité allouée par l'ordonnance du 9 avril 1817 ; mais que cette ordonnance ne dit formellement que cette faveur ne pourra être faite qu'au profit des communes qui auront pris, suivant les formes administratives, l'engagement d'entretenir leur église et d'assurer un traitement au vicaire, c'est-à-dire aux communes dont l'église a été érigée en chapelle ; qu'ainsi, si, en exécution de cette ordonnance réglementaire, on peut ériger des chapelles vicariales, on ne peut, sans violer la règle posée par cette même ordonnance, ériger une annexe vicariale, est d'avis qu'il ne doit pas être établi un vicariat subventionné sur les fonds de l'Etat dans une annexe » (Même avis.)
(8) Ord. 19 janvier 1820, art. 3 ; voir Dons et legs.
(9) Vuillefroy.
(10) Dalloz, *Rép.*, v° CULTES.
(11) Circ. 11 octobre 1811.
(12) *Eod.*

(1) Circ. 2 août 1836 ; — Avis C. d'Et. 28 novembre 1843.
(2) Dalloz, *Rép.*, v° CULTES.
(3) C. d'Et. cont. 8 février 1878.
(4) Voir *supra*.
(5) C, d'Et. cont. 21 avril 1836.
(6) Ord. 8 novembre 1820.
(7) D. 30 septembre 1807, art. 11.

940. Aux termes d'un avis du comité de législation du 25 novembre 1840, il n'y avait lieu d'autoriser l'établissement d'une annexe que lorsque le montant des souscriptions valablement garanties était assez élevé pour subvenir, tant au traitement et aux frais de logement du vicaire qu'aux dépenses d'entretien et de réparation de l'église. Les pièces de l'instruction à produire étaient : la demande adressée à l'évêque par les principaux contribuables. Elle devait indiquer les motifs de l'établissement et particulièrement en quoi consistait la difficulté des communications et la distance du chef-lieu de la paroisse au chef-lieu et aux confins les plus éloignés de la commune ou section de commune (1);

Le rôle des souscriptions volontaires à l'effet de couvrir les dépenses. Ce rôle devait être dressé en triple expédition ; il devait indiquer le nombre d'années pour lequel il était souscrit. Sa durée ne devait pas être moindre de trois ans (2);

L'état des cotes des contributions des souscripteurs, soit dans la commune, soit ailleurs ; il était destiné à prouver que l'engagement pris par eux n'était pas au-dessus de leurs forces (3) ;

L'inventaire des meubles, linges et ornements existant dans l'église (4);

Une enquête de *commodo* et *incommodo* (5) ;

La délibération du conseil municipal (6);

Le certificat de la population ;

L'indication de l'étendue du territoire de la cure ou succursale et de la portion de ce territoire à laquelle l'établissement de l'annexe devait servir.

Le préfet et l'évêque donnaient leur avis motivé et il était statué par décret en Conseil d'Etat, sur le rapport du ministre des cultes (7).

941. Les revenus provenant de libéralités faites en faveur des annexes étaient administrés, ainsi que nous le verrons, par la fabrique paroissiale.

942. On appelle improprement annexes des églises qui, depuis le Concordat, n'ont obtenu aucun titre du gouvernement et où l'exercice du culte a lieu par une simple tolérance administrative.

943. Suivant Vuillefroy (8), lorsque dans un quartier ou dans un hameau éloignés de l'église paroissiale, il n'a pu être établi ni succursale, ni chapelle, ni *annexe*, dans les conditions déterminées par les lois pour ces différents établissements ecclésiastiques, et lorsqu'il existe un édifice disponible appartenant soit à la fabrique, soit à la commune, l'exercice du culte peut y être autorisé, afin de procurer aux habitants les moyens d'assister aux offices religieux, au même titre que cet exercice est autorisé dans l'oratoire particulier pour le service d'un établissement public ou d'un simple particulier. On appelle l'édifice où cest autorisée la célébration du culte, *oratoire public* ou *chapelle de secours* (9). Vuillefroy distingue donc l'annexe et la chapelle de secours.

Un avis du comité de législation du Conseil d'Etat des 29 janvier et 5 février 1841 admet cette distiction, en déclarant que le décret du 30 septembre 1807 relatif aux chapelles et aux *annexes* ne s'applique pas au cas où il s'agit d'ériger une chapelle de secours (1).

944. L'origine des chapelles de secours, telles qu'elles existent aujourd'hui, remonte aux premiers temps de la réorganisation du culte catholique en France ; le gouvernement consentit, dès l'an XI et l'an XII, à accorder ce titre à un assez grand nombre d'églises auxquelles il ne pouvait en conférer aucun autre et qui étaient l'objet d'une vénération spéciale ou de souvenirs religieux particuliers. Ces chapelles, établies sous le nom de *chapelles de commodité*, n'ont été rangées par aucun acte législatif et réglementaire parmi les édifices qui appartiennent à l'organisation territoriale et nécessaire des cultes (2).

945. Actuellement l'administration qui n'érige plus d'annexe, au sens que nous avons plus haut attaché à ce mot, confond sous la même dénomination l'annexe et la chapelle de secours. Suivant la circulaire du 4 juillet 1882, l'oratoire public, jadis appelé *annexe* et actuellement *chapelle* de secours est accor · dée à une section, un hameau ou un quartier de ville distant du chef-lieu paroissial.

Un avis du Conseil d'Etat a décidé toutefois que l'érection des chapelles de secours pouvait être autorisée dans les communes dénuées de ressources, qui ne peuvent remplir les conditions exigées pour obtenir une chapelle vicariale (3).

946. Les chapelles de secours n'ont été autorisées par aucune disposition générale émanant du pouvoir législatif ou exécutif. L'autorisation d'érection, donnée par décret, n'est qu'une simple permission de célébrer le culte et ne grève ni la fabrique ni la commune d'aucune charge obligatoire.

Déjà, avant la loi du 5 avril 1884, l'érection des chapelles de secours ne pouvait entraîner pour les communes aucune charge obligatoire. C'est, en effet, un avis de 1869 qui a décidé que ni la fabrique ni la commune ne se verraient grevées d'une charge obligatoire en pareil cas (4).

---

(1) Circ. 11 octobre 1811, 21 août 1833.
(2) *Ibid.*
(3) Circ. 11 octobre 1811.
(4) Circ. 21 août 1833.
(5) Circ. 11 octobre 1811.
(6) Circ. 21 août 1833.
(7) L. 30 septembre 1807, art. 12.
(8) Campion, *Admin. du culte catholique.*
(9) Vuillefroy, *Admin. du culte catholique.* — La chapelle de secours n'est, à vrai dire, aux yeux des règlements, qu'un oratoire ordinaire ou particulier. Elle est seulement désignée dans la pratique sous le nom d'oratoire public. Elle est placée dans un édifice public, et parce qu'elle est placée dans un édifice public, et parce qu'elle n'est pas d'être restreinte au service d'un établissement ou d'une maison particulière, elle est étendue au public. La différence entre l'oratoire public et l'annexe, qui vient immédiatement au-dessus, est facile à saisir. L'annexe, comme l'oratoire public, est destiné à procurer l'exercice du culte à une section de commune éloignée de la succursale. L'usage de l'une et de l'autre est également particulier ; mais l'oratoire public est une dépendance, une portion de l'église paroissiale ; l'annexe est un établissement indépendant à certains égards. L'oratoire public ne peut posséder ; il est administré par le conseil de la fabrique paroissiale entretenu aux frais et aux moyens des fonds de la fabrique. L'annexe peut posséder, à titre d'usufruitière de ses revenus ; son administration peut être indépendante ; enfin son entretien n'est jamais à la charge de la fabrique ; les frais de la célébration du culte y sont assurés par les souscriptions volontaires consenties par des habitants et recouvrées sur un rôle exécutoire.

(1) C. d'Et. leg. 29 janvier, 5 février et 25 février 1841. — « Lorsque la difficulté des communications, l'éloignement des localités ou toute autre cause analogue fait sentir à une même commune, réunie à une ou plusieurs autres communes dans une même circonscription paroissiale, le besoin d'obtenir dans son sein le bienfait de la célébration du culte, c'est par l'établissement d'une chapelle, conformément au décret du 30 septembre 1807 et à l'avis du Conseil d'Etat du 6 novembre 1813, qu'il doit être pourvu à ce besoin. Ces circonstances ne peuvent justifier l'établissement d'une simple chapelle de secours que lorsqu'il s'agit d'assurer le même bienfait à une *fraction* du territoire communal, cas auquel ne s'appliquent pas les dispositions du décret et de l'avis précités. »
(2) Campion, Vuillefroy.
(3) C. d'Et. 20 mai 1842.
(4) C. d'Et. int. 5 janvier 1869. — « La section, un quartier..., — Vu l'article 18 (titre Ier) de la loi des 12 juillet-24 août 1790 et l'article 1er du décret des 6-15 mai 1791; — Vu la loi du 18 germinal an X, le décret du 30 décembre 1809 et la loi du 18 juillet 1837; — Vu l'avis du comité de législation du 29 octobre 1839 (chapelle de Beauchemin);

Considérant, qu'avant tout, il est nécessaire de rechercher quel est le caractère de ces églises et spécialement si le décret qui les autorise emporte, pour la fabrique et pour la commune, l'obligation légale de subvenir à leurs dépenses dans le cas où leurs ressources propres ne seraient pas suffisantes;

En ce qui concerne la fabrique: — Considérant que le décret réglementaire du 30 décembre 1809 et la loi du 18 juillet 1837, imposent aux fabriques l'obligation principale de supporter les dépenses du culte, n'ont en vue que les églises faisant partie nécessaire du service public des cultes, c'est-à-dire celles qui ont une circonscription et la personnalité civile (les cures, les succursales et les chapelles paroissiales, qu'elles soient simples ou vicariales) ; que ce décret et cette loi ne s'occupent point des autres lieux consacrés au culte, notamment des annexes ; que les chapelles de secours, établies dès 1803, par la jurisprudence sous le nom de chapelles de commodité, doivent être assimilées aux annexes, en ce que, universellement ou ouvert au public, et répondant souvent en fait à de véritables besoins, elles n'ont cependant été rangées, par aucun acte législatif ni réglementaire, parmi les édifices qui appartiennent à l'organisation territoriale et nécessaire des cultes ; que le décret qui autorise une chapelle de secours, aussi bien qu'une annexe, a pour objet d'appliquer ce principe général contenu dans l'article 44 de la loi du 18 germinal an X; que le culte ne peut être exercé, même chez un particulier, sans la permission du gouvernement; qu'ainsi la dépense pour établir et entretenir une chapelle de secours n'est pas obligatoire pour la fabrique; que la fabrique, en demandant à *être chargée de l'administration temporelle* d'une chapelle de secours, fait un acte volontaire qui l'oblige simplement à gérer les ressources actuelles et futures de la chapelle; que si elle veut y subvenir sur l'excédent de ses propres recettes, elle doit le pro-

947. L'oratoire public ou chapelle de secours ne jouit pas du bénéfice de la personnalité civile. Sans existence indépendante, sans circonscription territoriale propre, il dut être considéré comme une dépendance, comme un prolongement, pour ainsi dire, de l'église paroissiale. Il est administré par la fabrique de la paroisse sur le territoire de laquelle il est situé. C'est cette fabrique qui perçoit les dons volontaires, quêtes, oblations, et généralement toutes les recettes de quelque nature qu'elles soient, et en applique le produit aux dépenses. Les unes et les autres font partie de son budget (1), elles sont, en effet, comprises dans un état annexé au budget paroissial (2).

948. La chapelle de secours est desservie par le curé, le succursaliste, un vicaire ou bien encore un chapelain, s'il y a des fondations, ou si les ressources de la fabrique ou de la commune, ou des dons volontaires des habitants, permettent d'avoir un chapelain spécial. Le culte est célébré sous l'autorité et la surveillance immédiate du curé ou du desservant (3).

Affre pense que le prêtre de l'oratoire public dépend du curé, comme un vicaire ordinaire, et qu'il n'a pas l'indépendance d'un vicaire chapelain qui, par les lois civiles et les pouvoirs qu'il reçoit de l'évêque, est assimilé au desservant (4).

949. Quelles sont les formalités exigées pour l'érection de la chapelle de secours ?

C'est du conseil de fabrique de la paroisse, et de lui seul, que peut émaner la demande d'autorisation. A l'appui de cette demande doivent être présentés : l'avis du conseil municipal relatif à la nécessité de la chapelle (5) ; les avis motivés de l'évêque et du préfet (6).

On doit produire un certificat de l'ingénieur de la circonscription, constatant la distance de la chapelle à ériger de l'église paroissiale ou succursale, et les difficultés que l'état des lieux pourrait apporter aux communications dans le mauvais temps (7) : les budgets et comptes de la commune et de la fabrique pour les trois dernières années (8) (les budgets de la fabrique doivent être dressés conformément à la circulaire du 21 novembre 1879, visés et certifiés par le préfet ; les comptes doivent être visés et certifiés par le maire conformes aux exemplaires déposés à la mairie en vertu de l'article 89

du décret du 30 décembre 1809) ; l'engagement personnel du curé ou du desservant de la paroisse chef-lieu que les offices religieux seront accomplis sous son autorité et sa surveillance, et que la célébration régulière et habituelle du culte dans l'église paroissiale n'en sera point entravée (1).

950. L'administration demande, en outre, la justification que le lieu où s'exercera le culte appartient à la commune ou à la fabrique (2). La circulaire du 8 octobre 1880 admettait que le local pouvait être loué par la commune ou la fabrique ; mais l'administration des cultes, d'accord avec le Conseil d'Etat, ne l'admet plus, la chapelle de secours ayant un caractère permanent et constituant une fraction de capacité civile qui ne permet pas la dérogation au principe d'après lequel la perpétuité des établissements publics doit être assurée par la pleine propriété de leur siège. Néanmoins, quand la chapelle dépend d'une communauté religieuse, d'un hôpital ou d'un lycée, l'administration des cultes admet que le lieu où s'exerce le culte soit loué, mais pour une période d'au moins cinquante ans (3). Les pièces que le dossier doit en plus contenir sont les suivantes :

Inventaire des objets mobiliers devant servir à la célébration du culte dans ladite chapelle ;

Indication des ressources actuelles avec un budget présumé des recettes et dépenses de cette chapelle indiquant nettement au moyen de quelles ressources il sera pourvu au traitement du chapelain, ainsi qu'aux frais d'entretien et de réparations de la chapelle et de la célébration du culte, le chiffre de l'indemnité qui sera allouée à l'ecclésiastique chargé du service de la chapelle (4). En principe, les communes et les fabriques ne sont nullement obligées, comme nous l'avons dit, de venir en aide aux chapelles de secours, qui restent dès lors à la charge personnelle des habitants intéressés. Ceux-ci doivent donc justifier d'abord de toutes les ressources nécessaires à assurer convenablement la célébration du culte ; les engagements pris à cet égard devront être constatés par actes notariés ;

Etat de la population appelée à suivre les offices (certifié conforme par le sous-préfet (5).

Il est statué par décret en Conseil d'Etat sur l'érection de la chapelle. Le gouvernement ferait fermer les chapelles de secours qui ne resteraient pas dans les strictes conditions de leur autorisation (6).

951. Il a été décidé que le décret qui autorise une commune à accepter une libéralité étant un acte administratif, l'administration seule a compétence pour apprécier si un décret autorisant l'acceptation d'une libéralité affectée à la construction d'une chapelle et au payement de l'ecclésiastique appelé à la desservir, a implicitement autorisé l'exercice du culte dans la chapelle (7).

---

mettre expressément et pour un temps déterminé ; que, dans tous les cas, elle doit séparer dans son budget, les recettes et les dépenses de la chapelle, et celles de l'église paroissiale ;

Considérant :

En ce qui concerne la commune : que l'article 49 du décret de 1809 et l'article 30, paragraphe 11 de la loi de 1837 n'imposent aux communes composant une paroisse qu'une obligation subsidiaire à l'obligation principale de la fabrique ; que les fabriques n'étant tenues, ainsi qu'il a été dit ci-dessus, d'aucune obligation envers les chapelles de secours, il n'en peut exister aucune à la charge des communes : — Considérant que, dans le cas où les conseils municipaux croiraient devoir prendre des engagements pour l'établissement ou l'entretien des chapelles de secours, ces engagements purement volontaires devraient exprimer formellement les conditions dans lesquelles ils seraient consentis, et qu'ils devraient être mentionnés dans les visas du projet de décret ;

Est d'avis : 1° Que les chapelles de secours n'ayant point de circonscription territoriale ni la personnalité civile, l'autorisation qui leur est accordée par décret est une simple permission ne pouvant grever d'aucune charge légale ni les fabriques ni les communes ; 2° qu'il y a lieu, dans le projet de décret, de viser l'article 44 de la loi du 18 germinal an X ; — De remplacer la formule actuelle par cette rédaction plus précise et anciennement usitée : « L'exercice du culte est autorisé dans l'église de..., qui prendra le titre de chapelle de secours » ; — D'énoncer formellement que les ressources propres de la chapelle seront administrées par le conseil de fabrique, qui les comprendra dans un état annexé au budget de la paroisse, sans que ni la fabrique ni la commune soient obligées légalement de suppléer à l'insuffisance de ces ressources.

(1) Déc. min. 25 février 1819.
(2) C. d'Et. 5 janvier 1869.
(3) Déc. min. 19 et 25 février 1819 ; Vuillefroy.
(4) Affre, Admin. du culte catholique. — « La loi du 8 avril 1802 assimile absolument les desservants aux vicaires ; mais l'usage a prévalu de traiter les premiers comme véritables curés, sauf le privilège de l'inamovibilité. Il en est des vicaires-chapelains comme des desservants, les dispositions de la loi du 8 avril 1802 n'ont jamais été exécutées à leur égard. »
(5) C. d'Et. 8 avril 1856, 1er avril 1857 ; — Circ. 8 octobre 1880. — La délibération mentionne l'éloignement et les difficultés de communication.
(6) Circ. 8 octobre 1880.
(7) Circ. 8 octobre 1880.
(8) Eod.

(1) C. d'Et. 18 juin 1879.
(2) Circ. 8 octobre 1880. — Il n'est pas nécessaire de fournir un presbytère, la résidence du prêtre dans la localité n'étant pas obligatoire, ainsi que nous le verrons.
(3) Eod.
(4) Circ. 8 octobre 1880.
(5) Circ. 8 octobre 1880.
(6) Eod.
(7) Trib. 20 mai 1882.— « Le tribunal des conflits, — Vu la loi des 16-24 août 1790, titre II, art. 13, et la loi du 16 fructidor an III ;

Considérant que si les tribunaux ont le droit et le devoir d'appliquer les actes administratifs dont les dispositions claires et précises s'imposent aux parties et aux juges, il en est autrement quand le sens et la portée de ces actes ont donné lieu à des contestations sérieuses et à des explications diverses, manifestées par les conclusions et les plaidoiries ; que, dans cette dernière hypothèse, si le sort du litige dépend de l'interprétation d'un acte administratif, les tribunaux doivent surseoir à statuer, et renvoyer la question préjudicielle devant l'autorité administrative, seule compétente pour l'examiner et la résoudre ; — Considérant que tel était le cas de l'espèce ; qu'en effet, la Cour d'appel de Riom ne pouvait admettre ou rejeter la fin de non-recevoir opposée à la demande de Rodier, prise du défaut de qualité, qu'en interprétant le décret du 13 septembre 1852, autorisant le maire d'Anglards à accepter le legs fait par l'abbé Lavergne à la section de Maleprades spécialement pour la construction d'une église conformément aux clauses et conditions énoncées dans le testament du 10 août 1845 ; — Considérant que la question de savoir si ce décret avait ou n'avait pas autorisé la construction de l'église et son érection en chapelle sans autres formalités, avait donné lieu, devant les premiers juges comme devant la Cour d'appel, à

Nous verrons plus loin les ressources destinées à assurer l'exercice du culte dans les chapelles de secours.

952. La loi du 18 germinal an X permet l'établissement de chapelles domestiques et d'oratoires particuliers (1). On appelle plus particulièrement oratoire particulier l'oratoire qui sert à une agrégation d'habitants réunis dans un intérêt commun, industriel, scolaire, etc. (prisons, hospices, hôpitaux, lycées ou associations religieuses). On donne le nom de chapelle domestique à celle qui est attachée à une habitation particulière.

953. « Les chapelles domestiques, dit la loi organique, les oratoires particuliers ne pourront être établis sans une permission expresse du gouvernement, accordée sur la demande de l'évêque (2). » Portalis justifiait ainsi la nécessité de l'autorisation gouvernementale : « Le souverain a doublement inspection sur les oratoires particuliers et sur les chapelles domestiques. Comme protecteur, il doit empêcher que les fidèles ne soient arbitrairement distraits des offices de leurs paroisses. Comme magistrat politique et chargé en cette qualité de veiller au maintien de la police, il a le droit d'empêcher qu'il ne se fasse sans son consentement aucun rassemblement de citoyens ou de fidèles hors des lieux publiquement et régulièrement consacrés au culte (3). »

L'article de la loi de germinal nécessitant l'autorisation du gouvernement ne reçut, à l'origine, qu'une exécution fort incomplète. Certains prêtres, notamment ceux qui protestèrent contre les concessions faites par le Concordat, s'efforçaient de se soustraire à la juridiction des évêques en groupant des adeptes dans des chapelles particulières. Aussi, pour prévenir cette pratique contraire aux droits de l'autorité laïque et aussi de l'autorité épiscopale, le décret du 22 décembre 1812 rappela-t-il la nécessité de l'autorisation du gouvernement pour ouvrir des oratoires particuliers et chapelles domestiques.

954. Certains auteurs ont cru pouvoir invoquer l'inexécution des prescriptions du décret à certaines époques, par une tolérance de l'administration, pour soutenir qu'il était tombé en désuétude ; on a même prétendu qu'il était abrogé, en se fondant sur les chartes de 1814 et de 1830, qui ont proclamé et garanti la liberté des cultes et de conscience et abrogé toute législation contraire ; sur la constitution de 1848, qui a assuré protection à chaque citoyen pour l'exercice de son culte, enfin sur les lacunes des lois constitutionnelles de 1875 qui, suivant eux, doivent être comblées par la constitution républicaine de 1848 (4).

La jurisprudence judiciaire ne s'est pas rangée à cette opinion, et elle a décidé que le décret de 1812 était toujours en vigueur (5).

que dans le cas où un texte impératif y aurait expressément dérogé ; qu'il y a donc lieu pour la Cour d'examiner si l'objet du litige se rattache aux dispositions ordinaires du droit commun, ou s'il est, au contraire, formellement placé sous un régime d'exception ; — Attendu que, d'après l'article 44 de la loi du 18 germinal an X, les oratoires particuliers et les chapelles domestiques ne peuvent être établis que sur la seule volonté des propriétaires ; qu'une permission, émanée du gouvernement lui-même, est nécessaire ; que, pour l'obtenir, on doit suivre la procédure exigée par un décret du 22 décembre 1812, et que l'article 8 de ce décret, prévoyant l'hypothèse où les formalités prescrites n'auraient pas été remplies, ajoute que les oratoires ou chapelles « seront fermés à la diligence des préfets » ; — Attendu qu'en autorisant une fermeture dont le mode n'est pas désigné à l'avance, le décret de 1812 accorde par exception aux préfets, c'est-à-dire à des fonctionnaires essentiellement administratifs, le droit de toucher à une propriété privée et d'y porter une atteinte, dont l'étendue et les conséquences échappent par cela même au contrôle des tribunaux civils ; — Attendu que l'ordonnance frappée d'appel a donc eu raison de dire que, pour les oratoires particuliers et les chapelles domestiques, la compétence de l'autorité administrative a été légalement substituée à celle de l'autorité judiciaire ; — Attendu, il est vrai que, selon l'article 8, les attributions ainsi conférées aux préfets appartiennent également « aux procureurs près les Cours et tribunaux », et que de cette assimilation l'appelant conclut que la fermeture des chapelles et des oratoires est acte, non pas de police administrative, mais de police judiciaire, dans le sens des articles 8, 9 et 10 du Code d'instruction criminelle ; — Attendu, d'abord, que, même en admettant l'exactitude de ce raisonnement, on aurait à se demander si le premier juge a été complètement saisi ; qu'en effet, pour résoudre la question, il faut se reporter à la date du référé ; que, dans l'espèce, l'assignation a été donnée dès le 30 juin, quelques heures après la fermeture dont on se plaint ; qu'en droit, le président du tribunal n'aurait pas qualité pour s'opposer à une mesure de police judiciaire que le procureur général, le procureur de la République, ou le préfet, viendraient de prendre, dans le but de constater un crime, un délit ou une contravention ; — Attendu, d'ailleurs, qu'en réalité le décret du 22 décembre 1812 est incontestablement applicable, même dans le cas où, aucune poursuite ne pouvant être intentée et aucune peine n'étant encourue, la police judiciaire se trouverait entièrement désintéressée ; qu'aux termes de l'article 8, le propriétaire d'une chapelle non autorisée s'expose à la fermeture de cet édifice quand il y fait célébrer les offices du culte, mais qu'il n'est cependant passible d'aucune poursuite ni d'aucune peine lorsque la célébration a seulement lieu pour lui-même et pour les personnes habitant avec lui ; — Attendu, en effet, que d'une part, il ne commet pas, dans cette hypothèse, le délit prévu par l'article 294 du Code pénal, lequel a pour but de réprimer la location ou le prêt d'un appartement ou d'une maison devant servir à une association de plus de vingt personnes ou à l'exercice du culte ; — Attendu, d'autre part, qu'il n'aurait pu être considéré comme se rendant coupable de la contravention prévue par le paragraphe 15 de l'article 471 du Code pénal, car ce paragraphe a été ajouté à l'article 471 que par la loi du 28 avril 1832 ; — Attendu qu'ainsi le décret de 1812 a eu en vue, non pas la police judiciaire, mais simplement la police administrative, et que, s'il place à cet égard les procureurs généraux, les procureurs de la République sur la même ligne que les préfets, s'il mentionne les juges d'instruction, c'est que le législateur du premier Empire ne paraît pas avoir eu la mission exclusivement judiciaire des magistrats du parquet, les idées précises du législateur actuel ; que la preuve en est dans l'article 5 du décret du 3 nessidor an XII, destiné au ministère public de pourvoir à l'extraordinaire les membres des agrégations ou associations religieuses non autorisées ; — Attendu que les poursuites à l'extraordinaire, de même que les fermetures des oratoires, lorsque les propriétaires n'ont commis ni délit ni contravention, sont des actes tout à fait étrangers à la police judiciaire proprement dite ; — Attendu, en conséquence, que, le 30 juin dernier, le commissaire central de Nancy, délégué du préfet de Meurthe-et-Moselle, a pu régulièrement agir, comme officier de police administrative, en fermant la chapelle située cours Léopold, 23 ; et que, s'il a cru devoir y apposer les scellés, employer ainsi un mode de fermeture, dont l'appréciation était interdite au juge du référé ; — Attendu, sans doute, que la prolongation abusive d'une semblable mesure ne pourrait laisser dépourvu de tout recours une propriétaire se prétendant lésé ; — Mais, qu'en présence de l'article 8 du décret de 1812, le recours, dans la cause actuelle, n'est possible que devant les juges administratifs ;

« Par ces motifs, dit l'appel au néant. »

Cass. crim. 23 octobre 1886 ; — « La Cour, — Sur le moyen unique tiré de la violation des articles 44 de la loi du 18 germinal an X, 1, 2 et 8 du décret du 22 décembre 1812, et 471, paragraphe 15, du Code pénal : — Attendu que les articles 44 de la loi du 18 germinal an X, 1, 2 et 8 du décret du 22 décembre 1812, qui prohibent l'ouverture des chapelles domestiques et oratoires particuliers sans l'autorisation du gouvernement, ne prononcent aucune peine ; — Attendu que l'omission de la formalité que ces articles prescrivent, n'étant point ainsi réprimée par une pénalité spéciale, ne saurait être davantage sanctionnée par l'article 471, paragraphe 15, du Code pénal ; — Attendu, en effet, d'une part et en ce qui concerne l'article 471 du 18 germinal an X, que l'article 471, paragraphe 15, ne s'applique qu'aux contraventions aux règlements légalement faits par l'autorité administrative ou municipale ; qu'une loi ne peut avoir de caractère, et que les tribunaux doivent l'appliquer dans son texte, sans le modifier ou l'étendre, et sans y ajouter notamment, à titre de sanction pénale, une disposition que le législateur avait seul le droit d'édicter ; — Attendu, d'autre part, et en ce qui concerne le décret du 22 décembre 1812, que, si ce décret contient des dispositions réglementaires pour l'exécution de l'article 44 précité de la loi du 18 germinal an X, ces dispositions ne sauraient non plus être sanctionnées par l'application de l'article 471, paragraphe 15 ; qu'il faudrait, pour que la sanction de cet article pût être attachée à leur inobservation, que les lois

---

un débat et à des difficultés sérieuses d'interprétation de cet acte administratif ; que, contrairement à la prétention de l'abbé Rodier, le maire d'Anglards, le préfet du Cantal, dans son mémoire en déclinatoire, et le procureur général, dans ses conclusions motivées, avaient soutenu que le décret précité n'avait été que l'accomplissement d'un devoir de tutelle du gouvernement à l'égard de la commune d'Anglards et de la section de Maleprades, et qu'il avait laissé intacts les droits de police et de surveillance de l'État, en matière de construction d'églises et d'ouvertures de lieux de culte catholique ; — Considérant qu'en niant l'existence de la difficulté d'interprétation qui s'était présentée devant elle avec un caractère litigieux, la Cour d'appel n'a pu la faire disparaître, et qu'en réalité, en déterminant par voie d'interprétation le sens et la portée du décret de 1852, elle a empiété sur le domaine administratif et a méconnu le principe de la séparation des pouvoirs ;

« Art. 1er. L'arrêté de conflit dans l'instance entre l'abbé Rodier et la commune d'Anglards-de-Salers est confirmé ; etc. »

(1) L. 18 germinal an X.
(2) Eod.
(3) M. Jauffret, dans ses mémoires ecclésiastiques, t. I, p. 39 ; avance qu'en soumettant l'établissement des oratoires particuliers à l'autorisation du gouvernement, on voulait empêcher les réunions secrètes des fidèles opposés au Concordat. (Rapport sur art. org.)
(4) Brac de la Ferrière, Revue des institutions et du droit, juin 1886.
(5) C. de Nancy, 31 juillet 1880 (Godfroy) ; arrêt. — « La Cour : — Attendu que, suivant un principe justement proclamé par l'ordonnance frappée d'appel, la compétence de l'autorité judiciaire constitue, dans la législation française, une garantie spécialement accordée à tous les citoyens pour la sauvegarde de leurs propriétés privées ; qu'en effet, aux termes de la loi du 3 mai 1841, nul ne peut sans l'intervention de la justice, être exproprié, ni simplement dépossédé, même pour cause d'utilité publique, en vertu d'arrêtés administratifs ou de décisions gouvernementales ; — Attendu que ce principe élémentaire ne cesse d'être applicable

Une circulaire du ministre des cultes a rappelé en 1880 (1) la nécessité de l'autorisation, en énumérant les formalités d'érection que nous étudierons ultérieurement.

Il est à noter que le décret de 1812 n'ayant pas été observé d'une façon constante, il existe un nombre assez considérable d'établissements (hospices, lycées, congrégations, etc.), dont les chapelles n'ont pas fait l'objet d'une autorisation spéciale. On comprend que le gouvernement ne procède pas à un travail d'ensemble de vérification de leur situation légale, mais, dans ces derniers temps, sur l'invitation du Conseil d'Etat, il n'autorise plus les libéralités faites en faveur de ces chapelles qu'après régularisation de leur situation par une autorisation administrative.

955. La loi ne reconnaît comme oratoires particuliers que ceux dépendant d'une habitation particulière ou même d'un établissement public, mais dont l'usage est *particulier* et *exclusif* aux personnes de la maison ou de l'établissement. L'accès n'en doit, *en aucun cas, être livré au public* (2).

Si certaines exceptions à cette règle ont été admises à l'occasion de quelques solennités, pour des chapelles faisant partie d'établissements scolaires de l'Etat, le bénéfice de ces dispositions ne saurait être étendu aux établissements privés, où n'existe pas la surveillance de l'Université, qui est une garantie contre tout abus (3).

956. On ne peut ériger une chapelle domestique que dans l'intérieur de la maison ou de la propriété close de l'impétrant. L'autorisation lui serait refusée s'il voulait ouvrir la chapelle à une distance plus ou moins grande de son habitation ou dans un cimetière (4).

957. La demande d'autorisation peut être formée : 1° en faveur des établissements tels que les hospices (5), les prisons, les maisons de détention et de travail, les congrégations religieuses (6) ; 2° en faveur des maisons d'éducation telles que les écoles secondaires ecclésiastiques, les lycées et collèges (7) et même les pensionnats, lorsque le nombre des élèves et d'autres motifs déterminants justifient cette faveur (8) ; 3° peuvent aussi obtenir l'autorisation d'avoir des chapelles et oratoires domestiques les grands établissements de fabriques et manufactures, ou les individus qui peuvent invoquer des motifs sérieux à l'appui de leur demande.

958. Le service du culte dans un oratoire particulier ou dans une chapelle domestique est une exception qui doit être

renfermée dans de justes bornes. Il faut qu'une pareille exception soit légitimée ou par des motifs d'utilité publique, lorsqu'il s'agit d'accorder des oratoires à des établissements publics, ou par des motifs de nécessité, lorsqu'il s'agit de chapelles domestiques que demandent des particuliers (1).

959. Le décret du 22 décembre 1812 prend soin de spécifier qu'aucune chapelle ou oratoire ne pourra exister dans les *villes* que pour *causes graves* (2) et *pour la durée de la vie* de la personne qui aura obtenu la permission. Il résulte de ce texte que les autorisations de chapelles à la ville doivent être accordées plus difficilement qu'à la campagne. On comprend, en effet, qu'à la campagne l'éloignement du chef-lieu paroissial, les infirmités de l'impétrant et la difficulté des communications soient des motifs suffisants pour que l'autorisation d'ouvrir un oratoire ne puisse être refusée. L'infirmité même pourrait à la ville ne pas être un motif suffisant pour permettre de distraire des fidèles de l'église paroissiale (3).

960. On s'est appuyé (4) sur l'article 5 du décret du 22 décembre 1812 pour affirmer que les chapelles de *ville* seules sont autorisées pour la durée de la vie de la personne qui a obtenu la permission. La raison en est qu'à la campagne, c'est l'éloignement qui sert à justifier généralement la demande, et que cette circonstance est indépendante de la personne du propriétaire, tandis que dans les villes, au contraire, les motifs d'ouverture tels que l'âge, les infirmités, sont personnels à l'impétrant.

La jurisprudence ministérielle ne fait pas cette distinction entre les chapelles domestiques de la ville et celles de la campagne ; elle décide que, pour toute chapelle domestique, l'autorisation n'est valable que *pour la durée de la vie* de la personne qui l'a obtenue (5).

S'il s'agit d'établissements publics, l'autorisation est valable pour un temps déterminé dans le décret même relatif à l'ouverture de la chapelle (6).

961. L'article 44 de la loi de germinal et le décret de 1812 s'appliquent à toutes les chapelles et oratoires particuliers où l'on se livre à l'exercice du culte. Par exercice du culte, on entend, non seulement les offices religieux, la distribution des sacrements, mais les prières adressées devant un autel. Il a été décidé qu'il faut considérer comme constituant l'exercice du culte le fait d'ériger d'une manière permanente, dans un lieu dépendant du logement d'un particulier, un autel sur lequel est placée une statue de saint entourée de fleurs, d'*ex-voto*, de tableaux de piété, de flambeaux, d'une lampe et d'un cierge constamment allumés, et d'y réciter des prières en commun (7).

962. Quelles sont les formalités d'érection ?

La demande d'ouverture d'oratoire particulier doit être formée par l'évêque et transmise au préfet. Ce dernier doit écarter *à priori* toute demande qui n'émanerait pas de l'autorité épiscopale, sauf à celle-ci à joindre à sa pétition tous documents dont elle peut juger la production opportune, tels que les lettres ou mémoires des propriétaires des locaux, ou les délibérations prises à l'appui par les administrateurs d'établissements publics.

L'avis du maire constitue un des éléments essentiels du

___

préexistantes eussent attribué, par voie de délégation, au pouvoir exécutif, la mission de faire un tel règlement ; — Attendu qu'une telle attribution ne résulte ni des lois antérieures ni spécialement de la loi du 18 germinal an X ; que, dans cet état de la législation, le fait poursuivi contre d'Espinassy de Venel échappait à toute répression pénale ; « D'où il suit qu'en prononçant contre lui une condamnation à 2 francs d'amende, le jugement attaqué a violé les dispositions légales précitées ; — Casso. »
(1) Circ. 8 octobre 1880.
(2) D. min. 25 février 1819 ; circ. min. 8 octobre 1880.
(3) Circ. min. 8 octobre 1880.
(4) C. d'Et. 5 décembre 1843, 6 août 1860.
(5) Après avoir fréquemment été d'autoriser des dons et legs au profit d'hospices et de congrégations ou comités religieux, à charge de célébration de messes dans leurs chapelles, sans s'inquiéter de savoir si les chapelles étaient régulièrement ouvertes au culte, ce qui signifiait qu'à ses yeux la reconnaissance de l'établissement impliquait le droit d'ouvrir une chapelle, le Conseil d'Etat revient actuellement sur cette doctrine et exige que toutes les chapelles d'hospices ou de congrégations soient spécialement autorisées, pour pouvoir bénéficier des libéralités qui leur sont faites.
(6) Ces établissements, par leur nature, ont de tous temps obtenu l'autorisation d'un oratoire particulier. (Rapport à l'empereur, 1812, voir la note 1.)
(7) Dans le cas, par exemple, où l'église paroissiale serait trop petite pour contenir en même temps le public et les élèves et dans celui où il existerait une trop grande distance entre l'établissement et l'église la plus proche. Au reste, dans aucun cas, il ne peut résulter d'inconvénient à autoriser un oratoire particulier dans les lycées et collèges, où la surveillance de l'Université est une garantie contre tout abus. (Même rapport.)
(8) « La difficulté de conduire, souvent deux fois par jour, un grand nombre d'élèves, peut motiver l'autorisation d'un oratoire particulier dans les pensionnats de jeunes filles ; mais pour éviter que le pensionnat ne soit que le prétexte pour obtenir l'oratoire, il convient que l'autorisation ne soit accordée que pour les pensionnats, dont le nombre des élèves excéderait vingt. » (Rapport à l'empereur, 1812. Dans un rapport postérieur, un ministre élevait à 30 le nombre des pensionnaires qui pouvait justifier l'autorisation.)

(1) Rapport à l'empereur, 1812.
(2) En effet, dans l'intérêt de l'unité paroissiale, « le souverain, comme protecteur, doit empêcher que les fidèles ne soient arbitrairement distraits des offices de leurs paroisses. » (Portalis, *Rapport sur art. org.*)
(3) « Dans les villes, cette autorisation était autrefois accordée très rarement, quoiqu'elle dépendit seulement des évêques. A l'époque de la Révolution, il n'y avait à Paris qu'un seul individu qui en jouît. Il en est autrement du particulier qui habite la campagne dans une maison isolée ; les infirmités et l'éloignement de l'église peuvent le mettre dans le cas d'obtenir l'autorisation d'un oratoire, lorsque d'ailleurs sa demande est appuyée de l'avis favorable de l'évêque et du préfet. » (Rapport à l'empereur, 1812.)
(4) Vuilléfroy, Dalloz. — Il est à noter que la question n'a pas été discutée par ces auteurs, qui se bornent à une affirmation.
(5) Circ. 8 octobre 1880.
(6) *Eod.*
(7) Dijon, 26 août et 30 décembre 1874. (*Contra*, Bloch, *Dict. d'admin.* v° CHAPELLES.)

dossier (1). Le conseil municipal doit émettre son avis sur la demande (2). L'administration veut que le dossier de la demande d'ouverture contienne la délibération du conseil de fabrique relative à l'ouverture, et l'engagement personnel du curé ou desservant de la paroisse que la célébration du culte dans l'oratoire aura lieu sous son autorité et sa surveillance ; en outre, l'acte en vertu duquel l'établissement en instance a été constitué et les statuts qui le régissent, l'indication de la distance qui sépare l'église paroissiale de la chapelle ou de l'oratoire projeté. Le ministre dont relève administrativement l'établissement en instance donne son avis. Le préfet formule son avis en forme d'arrêté, et il est statué par décret, sur rapport du ministre des cultes, la section de l'intérieur et des cultes du Conseil d'Etat entendue (3).

Toutefois le maire peut, à titre provisoire et *en cas d'urgence*, être autorisé par le préfet à accorder des permissions temporaires, conformément aux prévisions de l'article 294 du Code pénal (4).

963. L'oratoire ne peut être consacré au culte qu'après que l'autorisation administrative a été donnée, et sur la présentation de l'acte d'érection (5).

Il a été décidé, en conséquence, que le propriétaire d'une chapelle non autorisée s'expose uniquement à la fermeture de cet édifice quand il y fait célébrer le culte pour lui-même ou les habitants de sa maison, et il ne commet pas le délit prévu par l'article 294 du Code pénal, qui ne punit que la location ou le prêt d'un appartement ou d'une maison devant servir à une association de plus de vingt personnes ou à l'exercice d'un culte (6). Il a été décidé également par la Cour de cassation que le défaut d'autorisation échappe à toute répression, la loi de germinal et le décret de 1812 n'ayant édicté aucune peine, et que la sanction de l'article 471 du Code pénal ne saurait être applicable (7).

964. Les chapelles domestiques et oratoires particuliers ouverts sans autorisation doivent, d'après le décret du 22 décembre 1812, être fermés à la diligence des procureurs près des cours et tribunaux et des préfets, maires et autres officiers de police, s'ils ne présentent pas l'autorisation, dans le délai de six mois, délai qui fut prorogé de quatre mois par le décret du 26 juin 1813. Le droit de condamner de fermer les lieux de culte non autorisés, a été rappelé par les circulaires du 8 octobre 1880 et 4 juillet 1882.

965. L'autorité administrative, à laquelle appartient incontestablement le droit de fermer les chapelles ou oratoires privés doit-elle simplement intimer l'ordre de fermeture aux propriétaires ? Son pouvoir va-t-il jusqu'à la fermeture matérielle par l'apposition des scellés, et la prolongation de cette mesure est-elle une atteinte au droit de propriété pouvant donner lieu au recours devant l'autorité judiciaire ? La question s'est soulevée à l'occasion des décrets du 29 mars 1880 (1).

966. Il a été jugé que l'acte par lequel le préfet, usant du pouvoir que lui confère l'article 8 du décret du 22 décembre 1812, opère la fermeture d'une chapelle avec apposition des scellés, constitue un acte administratif qui ne peut être ni contesté ni contrôlé par l'autorité judiciaire et qui ressort exclusivement de l'autorité administrative. En conséquence, le juge d'instruction saisi par le ministère public d'une plainte en bris de scellés apposés sur une chapelle, en exécution d'un arrêté préfectoral, franchit les limites de sa compétence en refusant d'informer pour ce motif qu'il n'y a dans le bris de scellés ni crime ni délit, en raison de l'illégalité de l'arrêté préfectoral (2).

---

(1) D. 22 décembre 1812, art. 2 ; circ. 8 octobre 1880.
(2) L. 5 avril 1834, art. 70.
(3) Circ. 8 octobre 1880
(4) Circ. 8 octobre 1880.
(5) D. 12 décembre 1812, art. 4.
(6) Nancy, 31 juillet 1880.
(7) Cass. 20 octobre 1886. — « La Cour, — Sur le moyen unique, tiré de la violation des articles 44 de la loi du 18 germinal an X, 1, 2 et 8 du décret du 22 décembre 1812, et 471, paragraphe 15, du code pénal : — Attendu que les articles 44 de la loi du 18 germinal an X, 1, 2 et 8 du décret du 22 décembre 1812, qui prohibent l'ouverture des chapelles domestiques et oratoires particuliers sans l'autorisation du gouvernement, ne prononcent aucune peine ; — Attendu que l'omission de la formalité que ces articles prévoient, n'étant point ainsi réprimée par une pénalité spéciale, ne saurait être davantage sanctionnée par l'article 471, paragraphe 15, du Code pénal ; — Attendu, en effet, d'une part, et en ce qui concerne la loi du 18 germinal an X, que l'article 471 paragraphe 15, du Code s'appliquant aux contraventions et règlements légalement faits par l'autorité administrative ou municipale ; qu'une loi peut avoir ce caractère, une disposition que le législateur avait seul le droit d'édicter, attendu, d'autre part, et en ce qui concerne le décret du 22 décembre 1812, que, si ce décret contient des dispositions réglementaires pour l'exécution de l'article 44 précité de la loi du 18 germinal an X, ces dispositions ne sauraient non plus être sanctionnées par l'application de l'article 471, paragraphe 15 ; qu'il faudrait, pour que la sanction de cet article pût être attachée à leur inobservation, que les lois existantes eussent attribué par voie de délégation au pouvoir exécutif la mission de faire un tel règlement ; — Attendu qu'une telle attribution ne résulte ni des lois antérieures ni spécialement de la loi du 18 germinal an X ; que dans cet état de la législation le fait poursuivi échappait à toute répression pénale ; d'où il suit qu'en prononçant une condamnation à 2 francs d'amende, le jugement attaqué a violé les dispositions légales précitées ; — Casse. »

(1) Voir Congrégations : associations non autorisées.
(2) C. crim., 9 décembre 1880 ; — « La Cour, — Vu le pourvoi formé, dans l'intérêt de la loi, par le procureur général de la Cour, d'ordre de M. le garde des sceaux, et statuant ; — Vu les articles 441 et 412 du Code d'instruction criminelle :
Sur la recevabilité du pourvoi contre l'ordonnance du juge d'instruction de Bressuire du 4 novembre 1880 : — Attendu que le juge d'instruction, requis d'informer sur le bris des scellés apposés aux portes de la chapelle de Beauchène (Deux-Sèvres) par ordre de l'autorité administrative, avait rendu une ordonnance décidant qu'il n'y avait dans cet acte ni crime ni délit ; — Attendu qu'elle a été, sur l'opposition du procureur général près la cour de Poitiers, annulée par arrêt du 11 novembre 1880, et que l'affaire a été renvoyée au même juge d'instruction ; — Attendu que le pourvoi de M. le garde des sceaux formé contre l'ordonnance du 12 novembre, postérieurement à l'arrêt qui l'avait annulée le 11, soulève une question de recevabilité ; — Attendu que l'annulation d'une ordonnance ne saurait porter atteinte au droit du garde des sceaux de se pourvoir, dans l'intérêt de la loi, contre les doctrines erronées ou dangereuses qu'elle renferme ; — Que ce droit s'étend non seulement aux décisions susceptibles d'être réformées par une juridiction supérieure, mais encore à celles qui ont acquis l'autorité de la chose jugée, et même à celles qui ont été annulées, lorsque l'annulation a laissé subsister des motifs ou une doctrine erronés ; — qu'il reste, en effet, alors un acte judiciaire qui appelle la surveillance du garde des sceaux ; — Attendu que l'ordonnance du juge d'instruction du 4 novembre subsiste comme motifs des motifs erronés, contraires à la loi, et qu'il était dans le droit du garde des sceaux de la déférer à la Cour de cassation ; — Déclare recevable le pourvoi formé d'ordre du garde des sceaux dans l'intérêt de la loi ;
Au fond : — Vu les articles 44 de la loi du 18 germinal an X et 8 du décret du 22 décembre 1812 ; — Attendu que le juge d'instruction saisi d'une plainte en bris de scellés apposés sur la chapelle de Beauchène par un arrêté du préfet des Deux-Sèvres du 29 octobre 1880 a déclaré qu'il n'y avait dans ce fait ni crime ni délit parce que cet arrêté aurait été illégalement pris ; — Attendu qu'en statuant ainsi il a violé le principe de la séparation des pouvoirs judiciaire et administratif ; — Qu'en effet, les lois du 18 germinal an X et le décret du 22 décembre 1812, qui règlent les conditions de l'existence des chapelles, les soumettent, soit pour leur ouverture, soit pour leur clôture, à des règles dont l'application est confiée au préfet ; — Qu'ainsi l'arrêté préfectoral du 29 octobre 1880 est un acte administratif qui ne peut être ni contesté ni contrôlé par l'autorité judiciaire, mais qui ressort exclusivement de l'autorité administrative ; — Attendu que le juge d'instruction, en déniant au préfet son droit, en refusant à son arrêté la force que la loi lui confère, a franchi les limites de sa compétence et enfin les règles tracées par la loi du 16-24 août 1790, article 13, titre II, et du 16 fructidor an III ;
Par ces motifs, casse et annule, dans l'intérêt de la loi, les motifs de l'ordonnance du juge d'instruction de Bressuire du 4 novembre 1880, etc. »
Cass. req. 24 janvier 1881 ; — « La Cour ; — Sur le moyen unique tiré de la violation, sans fausse application, des articles 44 de la loi du 18 germinal an X, 1er et 8 du décret du 22 décembre 1812, et fausse application des principes sur la séparation des pouvoirs administratif et judiciaire : — Attendu que la loi du 18 germinal an X et le décret du 22 décembre 1812 qui règlent les conditions de l'existence des chapelles et oratoires particuliers, les soumettent soit pour leur ouverture, soit pour leur clôture en cas d'ouverture sans autorisation, à des règles dont l'application est confiée aux préfets ; — Attendu qu'il est constaté par l'arrêt attaqué que le préfet de la Somme a fait apposer les scellés sur une chapelle particulière dépendant de l'immeuble des demandeurs et dans laquelle le culte catholique était exercé sans qu'aucune autorisation du gouvernement eût été accordée ni même demandée ; — Que l'arrêté ainsi pris par le préfet pour l'exécution des prescriptions d'une loi qui étaient spécialement confiées à son autorité constitue un acte de police administrative qui a été pris dans les limites de ses pouvoirs et sans qu'aucune faute personnelle puisse lui être imputée ; que, dès lors, cet acte ne peut être ni contesté ni contrôlé par l'autorité judiciaire ; — Attendu, en ce qui concerne le commissaire de police, qu'il n'a fait que prêter au préfet son concours pour l'exécution d'un acte administratif pour lequel ce concours était régulièrement requis ; que, dès lors, en déclarant son in-

967. Le commissaire de police qui, sur l'ordre du préfet, procède à la fermeture d'une chapelle par apposition des scellés, ne fait que prêter son concours à l'exécution de cet acte administratif. En conséquence l'autorité judiciaire est

compétence pour connaître de l'action dirigée contre le préfet de la Somme et le commissaire de police d'Amiens, pour obtenir la révocation des mesures prises eu exécution de cet arrêté préfectoral, la Cour d'Amiens n'a violé ni les articles de lois susvisés ni les principes sur la séparation des pouvoirs;
Par ces motifs, rejette. »
Trib. Confl., 4 novembre 1880. — « Le Tribunal des Conflits, — Vu l'ordonnance du 1er juin 1828, la loi du 24 mai 1872 et le décret réglementaire du 26 octobre 1849;
« Considérant que le tribunal des conflits, institué pour assurer l'application du principe de la séparation des pouvoirs administratif et judiciaire, n'est appelé à trancher aucune contestation d'intérêt privé; que le débat porté devant lui par le préfet, agissant au nom de la puissance publique, s'agite uniquement entre l'autorité judiciaire et l'autorité administrative; — Qu'il suit de là que les parties engagées dans l'instance qui donne lieu à l'arrêté de conflit ne figurent ni comme demanderesses ni comme défenderesses devant le tribunal chargé de le juger; que si les parties peuvent produire des mémoires et des observations orales, elles ne sont recevables à prendre aucunes conclusions; que, dès lors, elles ne sauraient être admises à proposer une récusation par application des articles 378 et suivants du Code de procédure civile;
« La requête par laquelle M. Sabatier ès noms a proposé la récusation de M. le garde des sceaux, ministre de la justice, est déclarée non recevable. »
Trib. confl. 13 novembre 1880. — « Le Tribunal des conflits, — Vu l'article 13, tit. II, de la loi des 16-24 août 1790 et la loi du 16 fructidor an III; — Vu les lois des 13-19 février 1790 et 18 août 1792; — Vu le décret du 3 messidor an XII; — Vu la loi du 18 germinal an X, article 44, et le décret du 29 mars 1880; — Vu la loi des 7-14 octobre 1790 et celle du 24 mai 1872; — Vu les ordonnances des 1er juin 1828 et 12 mars 1831, le règlement d'administration publique du 26 octobre 1849;
« Considérant que par son arrêté en date du 30 juin 1880, le préfet du département du Nord a ordonné la dissolution de l'agrégation formée à Lille, rue Négrier, n° 22, par des membres de la congrégation non autorisée dite de Jésus; qu'il a prescrit la fermeture et l'évacuation immédiate de l'établissement et, en outre, l'apposition des scellés sur les ouvertures donnant accès sur la voie publique; qu'enfin il a spécialement chargé de l'exécution de cet arrêté le commissaire central à Lille; — Considérant que cet arrêté a été exécuté le jour même par M. Mornave, commissaire central; — Considérant que, suivant exploit du 30 juin 1880, M. Marquigny et sept autres personnes en qualité de prêtres de la Compagnie de Jésus, domiciliés rue Négrier n° 22, ont assigné M. Paul Cambon, préfet du Nord, et M. Mornave, commissaire central à Lille, devant le juge des référés du tribunal civil de Lille à l'effet de faire ordonner leur réintégration immédiate dans leur domicile, rue Négrier n° 22, même manu militari, et l'exécution par provision de sa minute, vu l'urgence, nonobstant appel; — Considérant que le préfet du département du Nord soutient que le juge des référés était incompétent pour connaître de l'action intentée par les sieurs Marquigny et consorts qui tendait à empêcher l'exécution de l'arrêté du 30 juin 1880; — Considérant que le décret du 29 mars 1880, qui donnait à la Compagnie de Jésus un délai de trois mois pour se dissoudre et pour évacuer les établissements occupés par elle sur le territoire de la République, a été rendu pour l'application des lois des 13-19 février 1790, 18 août 1792, du 18 germinal an X et du décret du 3 messidor an XII, et qu'il constituait une mesure de police dont le ministre de l'intérieur était chargé d'assurer l'exécution; — Considérant que le préfet du département du Nord, en prenant l'arrêté du 30 juin 1880, et en le faisant exécuter par le commissaire central, d'après les ordres du ministre de l'intérieur, a agi, en vertu du décret précité du 29 mars 1880, dans le cercle de ses attributions comme délégué du pouvoir exécutif; que ce commissaire, agent de la police administrative et placé sous les ordres du préfet, n'a fait qu'exécuter les prescriptions de l'arrêté précité par suite de la délégation spéciale qu'il avait reçue à cet effet; — Considérant, d'ailleurs, que ni le préfet ni le commissaire central ne prétendaient aucun droit de propriété ni de jouissance sur ledit immeuble, à l'encontre de ceux que les sieurs Marquigny et consorts pouvaient tenir de leurs titres; — Considérant qu'il ne saurait appartenir à l'autorité judiciaire d'annuler les effets et d'empêcher l'exécution de cet acte administratif; que, sans doute, par une exception formelle au principe de la séparation des pouvoirs, cette autorité peut apprécier la légalité des actes de police, quand elle est appelée à prononcer une peine contre les contrevenants, mais que cette exception est sans application dans la cause; — Considérant que si les sieurs Marquigny et consorts se croyaient fondés à soutenir que la mesure prise contre eux n'était autorisée par aucune loi, et que, par suite, le décret et l'arrêté précités étaient entachés d'excès de pouvoir, c'était à l'autorité administrative qu'ils devaient s'adresser pour faire prononcer l'annulation de ces actes; — Considérant que le président du tribunal de Lille, en se déclarant compétent, a méconnu le principe de la séparation des pouvoirs édicté par les lois susvisées des 16-24 août 1790 et 16 fructidor an III !
« Art. 1er. L'arrêté de conflit pris par le préfet du département du Nord est confirmé. »
Seine, 9 juillet 1880. — « Le Tribunal, — Statuant sur le déclinatoire proposé par le préfet de la Seine et par le préfet de police dans les termes de l'article 6 de l'ordonnance du 1er juin 1828; — Ensemble sur les conclusions du préfet du Nord, et M. Mornave à fin d'incompétence : — Attendu que le baron de Ravignan, agissant comme président du conseil d'administration de la société civile dite de Saint-Germain, poursuit sa

également incompétente pour connaître de l'action dirigée contre lui (1).

968. L'acte est administratif et échappe à la compétence de l'autorité judiciaire, nonobstant l'engagement pris par les propriétaires de la chapelle de ne plus y exercer le culte (2).

969. Tant qu'une ancienne chapelle où le culte était célébré sans autorisation et qui a été fermée par mesure administrative n'a pas été désaffectée complètement et continue d'être garnie de tous les objets mobiliers du culte catholique, l'immeuble conserve son caractère de chapelle. Il en résulte que l'autorité administrative, alors même qu'elle a consenti à la levée des scellés primitivement apposés et qu'elle a remis l'immeuble aux propriétaires, conserve sur cet immeuble les droits de police que lui confèrent les articles 44 de la loi du 18 germinal an X et 8 du décret du 22 décembre 1812. L'autorité judiciaire ne peut donc contrôler la manière dont l'autorité administrative exerce ces droits (3).

970. L'oratoire ne peut être consacré au culte que sur la présentation du décret d'érection (4). Il est desservi par les prêtres autorisés par l'évêque, qui ne doit accorder cette permission « qu'autant qu'il jugerait pouvoir le faire sans nuire au service curial de son diocèse (5). »

971. Le culte est exercé dans l'oratoire particulier ou chapelle domestique sous la surveillance de l'évêque (6) et sous celle du curé de la paroisse (7). Le chapelain ne peut administrer les sacrements qu'autant qu'il a les pouvoirs spéciaux de l'évêque et sous l'autorité et la surveillance spéciale du curé (8).

réintégration dans les chapelles situées à Paris, rue de Sèvres, nos 33 et 35, et appartenant à ladite société, nonobstant la présence de scellés qui y ont été apposés en exécution d'un arrêté du préfet de police du 29 juin dernier; que, sans contester d'une manière formelle que cet arrêté ait été régulièrement pris, il déclare que le culte ne sera plus célébré à l'avenir dans les chapelles dont s'agit, et soutient que, dès lors, les scellés, s'ils étaient maintenus, constitueraient une atteinte à la propriété de l'association qu'il représente; — Attendu qu'aux termes de l'article 44 de la loi du 18 germinal an X, les chapelles domestiques et les oratoires particuliers ne peuvent être établis sans une permission expresse du gouvernement; que suivant l'article 8 du décret du 22 décembre 1812, il appartient aux préfets de fermer tous les oratoires et chapelles où le propriétaire ferait exercer le culte sans autorisation; que l'arrêté du 29 juin dernier a été pris par le préfet de police en vertu de ces dispositions et dans la limite des pouvoirs qu'elles lui confèrent; qu'il constitue ainsi un acte administratif que l'autorité judiciaire ne peut examiner pour apprécier s'il a été légalement accompli à l'origine, où si l'exécution en serait indûment prolongée; que la nature de l'acte ne saurait se modifier par suite de la déclaration du demandeur qu'il entend cesser de faire célébrer le culte dans les chapelles dont s'agit sont recours, s'il y a lieu, devant la juridiction compétente;
« Par ces motifs, se déclare incompétent et renvoie la cause et les parties devant les juges qui devront connaître de la contestation. »
Nantes, 18 juillet 1880; — Nancy, 31 juillet 1880; — Toulouse, 2 août 1880.
(1) Cass. Req. 24 janvier 1881.
(2) Nancy, 31 juillet 1880.
(3) Trib. confl. 25 novembre 1882. — « Considérant qu'aux termes des lois citées visées, il appartient aux préfets de faire fermer les chapelles et oratoires qu'on aurait établis sans la permission expresse du gouvernement; — Considérant que le local sur lequel Doniol, préfet de la Gironde, a fait apposer les scellés, longtemps servi de chapelle à une communauté religieuse, que cette chapelle n'était point autorisée; que l'acte du 10 juillet 1881, qui a transmis aux demanderesses la propriété de l'immeuble, lui donne à plusieurs reprises la qualification de chapelle; qu'il continue d'être garni de tous les objets mobiliers du culte catholique; que si, le 4 novembre 1880, l'administration n'a pas imposé aux propriétaires de cette époque l'enlèvement desdits objets, et s'est bornée à mettre obstacle à ce qu'il en fût fait un usage habituel, il n'est pas établi que cette désaffectation incomplète ne fût, dans la pensée de l'administration, une mesure purement transitoire, laissant néanmoins à l'immeuble un caractère de chapelle; » etc.
(1) D. 22 décembre 1812, art. 4.
(2) Ibid, art. 6.
(3) L'évêque a le droit de visiter les chapelles domestiques et oratoires particuliers établis, soit dans les établissements consacrés à l'instruction publique, soit partout autre part. La loi du 18 germinal an X lui fait un devoir de visiter son diocèse une fois tous les cinq ans, (décision du 6 janvier 1807).
Dans le cours de sa visite il est obligé d'examiner si les oratoires particuliers sont garnis de tous les effets mobiliers nécessaires au service divin, et s'ils répondent à la décence qu'il faut garder dans les choses saintes. Aucune église paroissiale et non paroissiale ne peut être soustraite à son inspection, puisqu'il a le droit de les interdire, si elles ne sont convenablement tenues. (Portalis, rapport 3 décembre 1800.)
(7) L. 18 germinal an X, art. 9.
(8) D. 22 décembre 1822, art. 8. — En effet, tous les fidèles sont, de droit commun, tenus de remplir à l'église de leur paroisse leurs devoirs

972. Le décret du 22 décembre 1812 a édicté que le chapelain ne pourrait administrer les sacrements que sous l'autorité et la surveillance du curé, dans les *chapelles rurales* (1). Certains auteurs ont cru pouvoir invoquer le texte du décret et les traditions de l'ancien régime qui réservaient à l'évêque, non au curé, le droit de police sur les chapelles domestiques de leurs paroisses, pour soutenir que les chapelles rurales seules étaient soumises à la surveillance du curé, en vertu d'un texte formel et qu'à défaut de texte, les chapelles de ville échappaient à cette surveillance. Cette opinion n'est pas fondée, pour les raisons suivantes : le ministre des cultes prépara, en 1811, un projet de décret pour attribuer formellement surveillance au curé dans les chapelles (2). Le projet de décret n'eut pas de suite, mais le décret du 22 décembre 1812 prit soin de spécifier que les chapelains des chapelles rurales ne pourraient administrer les sacrements qu'autant qu'ils auraient les pouvoirs spéciaux de l'évêque, et sous l'autorité et la surveillance du curé. En résulte-t-il que le droit d'autorité et de surveillance s'exerce à l'égard de ces chapelles seules ? Non, car la loi organique décide que le culte sera exercé sous la direction des curés dans leurs paroisses (3). Le décret de 1812 ne fait que rappeler le principe de la juridiction de l'Ordinaire, et il ne mentionne que les chapelles rurales parce que ce sont celles qui sont le plus fréquemment érigées, les chapelles de ville ne pouvant être ouvertes qu'exceptionnellement pour des causes graves (4).

973. Nous verrons ultérieurement que le produit des quêtes faites dans les chapelles et oratoires particuliers ne peut appartenir à la fabrique de l'église paroissiale, sauf s'il y a un règlement contraire.

974. Les chapelles et oratoires particuliers ne peuvent avoir un conseil de fabrique (5).

Un legs fait à un particulier au profit d'une chapelle ou d'un oratoire particulier ne serait pas soumis à l'autorisation du gouvernement (6). Il en serait autrement si le legs était fait directement à une fabrique paroissiale dans l'intérêt de la chapelle ; mais l'autorisation ne pourrait être accordée à la fabrique que si, avant l'acceptation, la chapelle avait été régulièrement autorisée (7).

975. Aucun des titres que nous avons successivement examinés ne peut être déplacé, c'est-à-dire transporté de l'édifice auquel il a été attaché sur un autre, une construction neuve par exemple, sans l'autorisation du pouvoir civil. Cette autorisation est accordée par un arrêté préfectoral, s'il y a accord de l'autorité religieuse et de l'autorité civile, et par décret en cas de désaccord (8).

---

religieux. C'est au curé qu'il appartient d'administrer à ses paroissiens les secours de la religion, de les instruire par ses prédications. Le lien qui unit les paroissiens à leur curé est une des lois de la discipline de l'Église. Il faut, pour demander une exception à cette loi, qu'il y ait des motifs. (Rapport du ministre des Cultes, 1811.)

(1) Dalloz, *Rép.*, v° CULTES.

(2) Un prêtre exerçant des fonctions dans l'étendue d'une paroisse, outre la juridiction de l'évêque, doit encore reconnaître la surveillance du curé qu'il remplace en quelque sorte, c'est pour lui et sur son territoire qu'il exerce ; le curé a donc le droit de lui demander compte de ses actions comme prêtre, et dès qu'il remplit des fonctions comme son vicaire, il a sur lui comme sur les autres vicaires, l'autorité d'un curé. Il doit avoir son avis pour exercer. Enfin il ne doit exister aucun fonctionnaire, aucun établissement public indépendant de l'autorité supérieure immédiate. (Rapport à l'empereur, 1811.)

(3) L. 18 germinal, *articles organiques*, art. 9.

(4) Vuillefroy, *Contra.*, Dalloz, *Rep.* v° CULTES.

(5) Déc. min. 10 mai 1839 ; — Circ. 4 juillet 1882.

(6) Déc. min. 10 mai 1843.

(7) C, d'Et. 6 août 1860.

(8) C. d'Et. 24 octobre 1834 ; avis. — « La section... qui a pris connaissance d'un projet d'ordonnance tendant à transférer le titre de succursale précédemment attribué à l'ancienne église de Saint-Pierre d'Entremont (Orne) à l'église nouvellement construite dans la même commune au moyen d'une souscription volontaire des habitants ; — Considérant que l'église nouvelle est instituée dans la même commune que l'ancienne ; que le titre de succursale n'est pas attribué à telle ou telle église de chaque commune, mais à l'église dans laquelle se célèbre le culte divin ; que dès lors une ordonnance royale n'est pas nécessaire pour conférer à l'église nouvelle le titre de succursale ; qu'il appartient à l'église et au préfet de prendre les mesures nécessaires pour que le culte soit célébré dans la nouvelle église ; est d'avis qu'il n'y a lieu d'adopter le projet d'ordonnance proposée. »

Les pièces exigées par l'administration pour la translation des titres ecclésiastiques sont les mêmes que pour l'érection des chapelles. L'administration demande en outre l'avis du conseil de fabrique et du conseil municipal de la commune qui possède le titre ecclésiastique, les budgets et comptes des deux établissements (1), un certificat de l'ingénieur de l'arrondissement indiquant la distance qui sépare de l'église à supprimer l'église à pourvoir du titre, ainsi que l'état des voies de communication.

976. Tout lieu de culte dont les représentants ne peuvent produire un des titres énoncés par la circulaire du 4 juillet 1882 cure (succursale, chapelle (simple ou vicariale), oratoire public ou chapelle de secours, oratoire particulier ou chapelle domestique, n'est que toléré et se trouve exposé à être fermé par mesure administrative, conformément à la jurisprudence de la Cour de cassation (2), si des plaintes viennent à être élevées contre son existence illégale (3).

977. La circulaire du 4 juillet 1882 recommande aux préfets de n'approuver les plans et devis de travaux relatifs à des églises ou chapelles qu'après justification d'un titre légal. Elle leur fait observer qu'en agissant autrement, ils créeraient de véritables difficultés à l'administration, parce qu'il est bien délicat de refuser ultérieurement un titre à un édifice pour lequel des sommes importantes ont été dépensées et qui, par sa structure, vise à une destination religieuse.

La circulaire ajoute que si le préfet apprenait que la construction d'édifice ayant cette destination est poursuivie par des particuliers, il aurait à profiter des rapports que ceux-ci seraient amenés à avoir avec l'autorité préfectorale — autorisation de police, délivrance d'alignement, etc. — pour les avertir qu'il est de leur intérêt de s'assurer préalablement l'autorisation d'ouvrir au culte l'édifice qu'ils entendent construire, s'ils ne veulent s'exposer à des dépenses inutiles.

SECTION IV.

LES ÉTABLISSEMENTS PUBLICS ECCLÉSIASTIQUES.

§ 1. — Généralités.

978. Les *établissements publics* (4) ecclésiastiques sont de trois sortes :

1° Ceux qui sont institués pour l'administration de l'église : la fabrique paroissiale, la fabrique cathédrale ou métropolitaine ;

2° Ceux qui sont destinés à améliorer la situation matérielle des titulaires ecclésiastiques : l'archevêché ou évêché, ou mense archiépiscopale et épiscopale, la cure et la succursale ou mense curiale et succursale, le chapitre, la caisse de retraite des prêtres âgés ou infirmes ;

3° Les séminaires et les écoles secondaires ecclésiastiques ou petits séminaires qui ont pour mission d'assurer le recrutement du clergé.

979. La *fabrique* (5) est l'établissement public qui repré-

---

(1) Le budget rédigé conformément à la circulaire du 21 novembre 1879 ; les exemplaires visés et certifiés par le maire conformes aux exemplaires déposés à la mairie en vertu de l'article 89 du décret du 30 décembre 1809.

(2) Cass. 9 décembre 1880, chap. de Beauchêne.

(3) Circ. 4 juillet 1882. — Nous verrons plus loin, dans la partie de ce travail relative aux dons et legs faits aux établissements ecclésiastiques et religieux, que les chapelles publiques non régulièrement ouvertes à l'exercice du culte ne peuvent jouir des avantages de la personnalité civile.

(4) Les *établissements publics* font partie de notre organisation administrative et sont chargés d'assurer un service public : l'État les protège et exerce sur leur gestion une tutelle étroite. Les établissements d'utilité publique pourvoient à la satisfaction d'intérêts collectifs mais auxquels la loi n'attribue pas le caractère de service public. L'État les surveille plus qu'il ne les protège. En principe, ils sont plus indépendants de l'État que les établissements publics ; il est fait exception à ce principe en matière de congrégations religieuses.

(5) Le mot fabrique vient du mot latin *fabrica*, qui signifie construction. Le mot se trouve dans plusieurs canons de l'Église. La construc-

sente les intérêts temporels des églises curiale, succursale, cathédrale et métropolitaine, ainsi que les intérêts temporels de la chapelle simple ou vicariale et de la chapelle de secours (1).

980. Il sera établi des fabriques pour veiller à l'entretien et à la conservation des temples, à l'administration des aumônes (2), porte la loi du 18 germinal an X (3).

Le décret du 30 décembre 1809, qui règle l'administration et l'organisation des fabriques, énumère plus en détail les attributions de ces établissements publics. Les fabriques, spécifie le décret, sont chargées de veiller à l'entretien et à la conservation des temples, d'administrer les aumônes et les biens, rentes et perceptions autorisées par les lois et règlements, les secours supplémentaires fournis par les communes, et généralement tous les fonds qui sont affectés à l'exercice du culte, enfin d'assurer cet exercice et le maintien de sa dignité dans les églises auxquelles elles sont attachées, soit en réglant les dépenses qui y sont nécessaires, soit en assurant les moyens d'y pourvoir (4).

La fabrique est, en outre, chargée de veiller à la conservation des biens des cures (5).

981. Il importe de bien préciser la personne morale sur laquelle repose la personnalité juridique instituée en vue de ces dernières attributions. Le langage courant prête souvent à la confusion, en ne prenant pas dans leur sens propre les mots *fabrique, paroisse, église.*

La *fabrique* est l'établissement public chargé de représenter les intérêts temporels de l'église.

La *paroisse* est la circonscription ecclésiastique dans laquelle un prêtre exerce son ministère sous le titre de curé, de desservant ou de chapelain.

L'*église* est l'édifice où se célèbre le culte.

Certains auteurs attribuent à tort à la paroisse la personnalité civile que le législateur a constituée pour représenter les intérêts temporels de l'église, en ne voient dans la fabrique que la réunion des personnes chargées de l'administration temporelle (6) du culte. Dans le langage courant, dans le langage des testateurs, par exemple, on confond fréquemment la fabrique, la paroisse, l'église, et il n'est pas rare de voir instituer la paroisse ou l'église comme si elles étaient douées de la personnalité civile. Les textes relatifs au culte ne sont pas exempts de ces confusions (7). Nous aurons toujours soin, pour la clarté de l'exposition, d'employer les mots *fabrique, paroisse, église* dans leur sens véritable et précis.

982. L'institution de la fabrique, avec son caractère de laïcité, a son origine dans l'ancien régime. « Les fabriques sont très anciennes, elles ont toujours été réputées corps laïques, quoiqu'elles participassent autrefois aux privilèges ecclésiastiques, et quoique, dans presque toutes, les curés en fussent membres nécessaires. Les règlements des fabriques ne pouvaient être exécutés sans avoir été homologués par les cours souveraines. Les évêques, dans les cours de leurs visites, avaient inspection sur la comptabilité des fabriques ; ils pouvaient en vérifier les comptes. Il en est une disposition formelle dans l'édit de 1695. Les fabriques, quoique corps laïques, n'existant cependant que pour le bien des églises, ne sauraient être étrangères, dans leur administration, aux ministres du culte. Cela était vrai sous l'ancien régime, quoique les

fabriques eussent alors des biens indépendants de ceux du clergé. Aujourd'hui, cela est encore bien plus vrai, puisque les fabriques n'ont, dans la plupart des paroisses, d'autres biens à administrer que des aumônes, des oblations ou le produit des chaises placées dans l'intérieur des temples » (1).

Il a toujours été de principe que les fabriques sont un objet temporel qui n'appartient point à la juridiction innée et purement spirituelle de l'Église. De là vient que les principaux règlements des fabriques ont constamment été faits par le magistrat civil ou politique ; c'étaient ordinairement des cours souveraines que ces sortes de règlements émanaient. Le principe d'après lequel les fabriques sont réputées n'être qu'un objet temporel n'a pas changé. Il est lié à la distinction fondamentale qui existe entre les objets attribués au sacerdoce et ceux dont la connaissance ne saurait cesser d'appartenir au gouvernement, et l'on sait que cette distinction dérive de l'essence même des choses » (2).

983. Les églises qui ont le titre de cure, de succursale, de chapelle simple ou vicariale, d'église métropolitaine ou cathédrale, peuvent seules avoir une fabrique (3). Les chapelles de secours n'ont pas de fabrique ; leur administration appartient à la fabrique de l'église dont elles dépendent (4).

Il a été décidé qu'une église n'ayant qu'une existence de fait, et où un prêtre voisin célèbre les mariages et fait les inhumations par simple tolérance, ne peut avoir de fabrique (5), et que les actions en restitution d'objets dépendant de cette église sont intentées par le maire, comme représentant de la commune.

---

(1) Portalis, *Rapport sur les lois organiques.*
(2) Lettre du directeur des cultes, 4 prairial an XI.
(3) L. du 18 germinal an X, art. 76 ; — D. du 30 décembre 1809, articles 3 et 5 ; — Ord. du 12 janvier 1825, art. 1er ; C. d'Ét., instruction du 26 avril 1836 ; — Circ. du 4 juillet 1862.
(4) Voir Chapelles.
(5) Paris, 1er décembre 1834. — Lors de la suppression des ordres religieux, l'église de Dillo (Yonne), qui servait à un couvent de Prémontrés et tout à la fois aux habitants, fut laissée à la commune avec quelques bâtiments destinés à l'usage du presbytère et une partie des objets consacrés jusqu'alors à l'exercice du culte. Quand les temples furent fermés, M. Bocquet, qui célébrait le culte dans l'église, cacha les objets du culte pour les soustraire au dépôt ordonné par le gouvernement. Lors de la réouverture des églises, le sieur Bocquet célébra le culte dans l'église de Dillo avec les objets qu'il avait conservés au profit de la commune, mais il déposait à son domicile les objets fragiles ou de prix, laissant étant éloignée des habitations et dépourvue de l'église de sacristie. Il mourut en l'an VIII et institua pour légataire universel un sieur Colombel. Le maire de la commune fit faire par le juge de paix, au domicile du défunt, pour la conservation des droits de la commune, un inventaire des objets dépendant de l'église. Colombel fit consigner ses réserves dans le procès-verbal. Quand le culte catholique fut réorganisé, la commune de Dillo fut comprise dans le ressort ecclésiastique de la succursale de Villecerthve, mais l'église de Dillo continua à servir à l'exercice du culte par simple tolérance, et, à cet effet, on continua à faire usage des objets de culte inventoriés au décès du sieur Bocquet, quand, en 1834, le sieur Colombel refusa de livrer ces objets pour le service divin.
Sur assignation en restitution de la part du maire de Dillo devant le tribunal de Joigny, Colombel opposa comme fin de non-recevoir : 1° que les objets réclamés, en supposant qu'ils fussent l'accessoire de l'église, appartenaient à l'État et non à la commune, parce que l'église de Dillo était abbatiale et non paroissiale et que rien n'établissait que l'État en eût fait don à la commune ; 2° qu'aux termes de l'article 2279 du Code civil, la possession en fait de meubles vaut titre ; 3° qu'en supposant l'église paroissiale, ce n'était pas la commune qui aurait dû demander, mais la fabrique ; que une église où le service divin a lieu, et dans laquelle on marie et on enterre doit nécessairement avoir une fabrique, et si elle n'a pas, il faut en créer une si elle n'est point pourvue.
Un jugement du 28 novembre 1833 rejeta les exceptions proposées ; — Considérant que l'État, en abandonnant aux habitants de Dillo l'église de leur paroisse, lui a nécessairement abandonné les objets servant à l'exercice du culte ; — Considérant que l'abbé, curé de la paroisse, n'avait les ornements entre les mains que comme ministre du culte de Dillo et non comme propriétaire personnel ; — Considérant que la demande eût dû être formée par la fabrique de l'église, mais que cette église n'étant pas paroissiale, n'étant qu'une simple chapelle, un oratoire, la commune a pu et dû exercer les droits.
Appel de Colombel. — Il reproduit ses conclusions posées en première instance. — On a dit pour la commune que, par la loi du 11 prairial an III, les édifices originairement destinés aux exercices du culte et dont les communes se trouvaient encore en possession au premier jour de l'an II, ont été attribués aux citoyens de ces communes ou sections de communes, tant pour les assemblées ordonnées par la loi que pour l'exercice de leur culte et dans l'état où ils se trouvaient, ce qui veut nécessairement dire avec les objets qui en sont l'accessoire et sans lesquels il n'y aurait pas exercice possible du culte ; — Que le sieur Bocquet n'avait jamais possédé les objets *animo domini* et, dès lors, n'avait

---

tion des églises ayant toujours constitué un objet essentiel de l'administration du culte, les fabriques ont tiré leur nom de cette attribution principale.
(1) Nous verrons plus loin que la chapelle de secours n'a pas de fabrique spéciale ; elle a la fabrique de l'église curiale ou succursale dont elle dépend.
(2) Nous verrons plus loin l'interprétation que donne la jurisprudence actuelle du Conseil d'État au mot *aumônes.*
(3) Article 76.
(4) Article 1er.
(5) D. 6 novembre 1813, art. 1er.
(6) Affre, *Administration des paroisses.*
(7) Ainsi l'article 3 de l'ordonnance du 3 avril 1817 attribue à la cathédrale, c'est-à-dire à l'église affectée au culte, le caractère d'*établissement public.* L'article 100 du décret du 30 décembre 1809 emploie le mot *paroisse* pour désigner la *fabrique.*

984. Il a été décidé qu'une réunion de personnes, bien que portant le nom de *fabrique de l'Eglise française* (1), n'a pas d'existence légale. Un prêtre de l'Eglise française qui dit avoir remis des objets de culte à des personnes composant la fabrique de l'Eglise française, ne peut être libéré par là de l'obligation de restituer ces mêmes objets à la fabrique romaine, instituée lors de la réaffectation de l'église au culte catholique romain, et il peut être actionné directement en restitution.

685. Les fabriques ne reçurent pas, lors du rétablissement du culte, au commencement du siècle, leur organisation définitive.

Les fabriques dont la loi du 18 germinal (2) ordonnait la création, furent établies, en vertu d'une décision du 9 floréal an X, par les règlements particuliers des évêques, approuvés par le gouvernement; le gouvernement avait pensé qu'il n'était pas nécessaire de régler l'organisation des fabriques d'une façon uniforme. « Car, disait Portalis, la fabrique d'une petite succursale située dans un petit bourg, et souvent dans un hameau, ne saurait comporter le régime que l'on doit donner à la fabrique d'une paroisse ou d'une succursale située dans une grande ville ; chaque contrée a d'ailleurs ses usages, ses coutumes, ses habitudes (3). »

« Enfin, la situation des fabriques n'est plus la même; ces sortes d'établissements étaient dotés anciennement par des biens fonds, par des rentes de toute espèce, par des donations purement laïcales. On sent que, dans une telle position, la puissance civile était d'une surveillance plus particulière et que l'intervention des séculiers devenait plus indispensable. Dans les circonstances actuelles, l'administration des fabriques est certainement moins étendue qu'elle ne l'était. Cette administration n'est presque relative qu'à la recette et à l'emploi du produit des chaises, à la perception et à l'emploi de quelques rentes provenant de fondations; elle est presque renfermée dans des objets qui ne dépassent pas les murs du temple » (4). C'est pour cela que le gouvernement, par sa décision du 9 floréal an X, dérogeant aux principes des anciennes constitutions des fabriques, autorisa les évêques à les constituer par des règlements approuvés par lui; il était juste que le supérieur ecclésiastique concourût à régler l'ad-

ministration des revenus uniquement produits par l'exercice du culte. Depuis, et par ses arrêtés du 7 thermidor an XI, etc. le gouvernement restitua aux fabriques les biens non aliénés et les rentes non transférées qui en provenaient; il dut nommer des administrateurs qui doivent les régir de la même manière que les biens communaux.

« Cette disposition ramenait aux premiers principes » (1).

Ainsi jusqu'au décret d'organisation définitive des fabriques, du 30 décembre 1809, il y eut deux fabriques distinctes, l'une, existant en exécution de l'article 76 de la loi de germinal, chargée d'administrer les recettes et dépenses ordinaires du culte; c'était la fabrique *intérieure*, l'autre, la fabrique *extérieure*, créée par l'arrêté du 7 thermidor an XI, qui avait restitué aux églises les biens non aliénés et les rentes des anciennes fabriques, avait pour mission de gérer les biens restitués, d'administrer les recettes et dépenses extraordinaires du culte. La fabrique extérieure était composée, d'après l'arrêté du 7 thermidor an XI, de trois marguilliers nommés par le préfet, sur une liste double présentée par le maire et le curé ou desservant. Elle devait administrer les biens suivant les règles établies pour les biens communaux, et ses comptes étaient rendus en la même forme que ceux des dépenses communales. La fabrique intérieure, étant chargée plus spécialement des dépenses de culte et présentant plutôt un caractère d'administration religieuse, avait une composition plus ecclésiastique que laïque; dans la fabrique extérieure, chargée plutôt de l'administration temporelle de l'église, prédominait l'élément laïque.

Les fabriques intérieures n'avaient pas qualité pour posséder des immeubles. Il a été décidé que la capacité de posséder des immeubles n'a été accordée par l'arrêté de l'an XI qu'aux fabriques extérieures, gérées par des laïques (2). Le décret du 30 décembre 1809 confondit ces deux sortes de fabriques en une seule, composée de laïques, mais dont le curé ou desservant devait faire partie. C'est dans le décret organique du 30 décembre 1809, modifié par l'ordonnance du 12 janvier 1825, que nous trouvons les dispositions qui règlent l'organisation des fabriques, comme aussi celles qui règlent leurs attributions (3).

Le conseil de fabrique se compose de membres permanents de droit (4) et de membres non permanents dont nous parlerons plus loin. Les membres de droit, membres permanents durant la durée de leurs fonctions, sont : 1° le curé ou desservant; 2° le maire de la commune du chef-lieu de la cure, succursale, chapelle simple ou vicariale (5). Le curé ou desservant a la première place au conseil de fabrique, c'est-à-dire qu'il a placé à la droite du président. Le maire doit être placé à la gauche (6).

Dans les villes où il y a plusieurs fabriques, le maire est de droit membre du conseil de chacune d'elles (7).

Le curé ou desservant, qui bine, est membre du conseil de fabrique de chacune des paroisses dont il a l'administration spirituelle (8).

986. Que faut-il entendre par le maire de la commune du chef-lieu de la cure ou succursale?

La signification du mot *chef-lieu* n'a pas été fixée par le décret de 1809. Une décision ministérielle reconnaît, en principe, qu'il faut entendre par commune chef-lieu de la paroisse

---

pu les prescrire non plus que son légataire (art. 2236 et 2237 du Code civil); — Qu'enfin, aux termes de la loi du 30 décembre 1809 et de l'ordonnance du 12 janvier 1825, la création d'une fabrique n'ayant été imposée qu'aux paroisses ayant le titre de *cure* ou *succursale* ou *chapelle vicariale*, l'église de Dillo est du nombre de celles qui, n'ayant pas obtenu le titre légal, ont seulement une existence de fait, l'exercice du culte y étant toléré; que ces sortes d'églises n'existent pas aux yeux de la loi et ne peuvent avoir point avoir de fabrique;

Arrêté : — La Cour, — Considérant qu'il n'est justifié d'aucune disposition légale qui ait érigé l'église de Dillo soit en paroisse, soit en succursale, soit en annexe; qu'ainsi ladite église n'est administrée par aucune fabrique, etc...

(1) Paris, 14 mars 1836. — L'abbé Auzon, suffragant de l'abbé Chatel, chef de la secte appelée *Eglise française*, célébrait le culte dans l'église de Clichy, abandonnée par le curé. Plus tard l'église de Clichy ayant été réaffectée au culte catholique romain, on reconnut, après récolement, que quelques objets de culte avaient été emportés par l'abbé Auzon dans le nouveau bâtiment où il exerçait le culte de sa secte. Réclamation de ces objets par la fabrique romaine, représentée par le sieur Vallée. L'abbé Auzon ne nia pas être en possession de ces objets, mais il déclara qu'on devait s'adresser, pour la restitution, aux membres de la fabrique de l'Eglise française, qui tenait ces objets. Un jugement décida que la déclaration du défendeur était indivisible et le relaxa de l'église romaine non recevable dans sa demande.

En appel, on soutient, dans l'intérêt de la fabrique de l'église romaine, que pour qu'une réunion d'individus eût qualité de personne civile, il fallait qu'elle obtînt, dans un intérêt d'ordre public, l'autorisation du gouvernement ;

Arrêt. — « La Cour. — Attendu que, dans son interrogatoire sur les faits et articles, Auzon reconnaît avoir reçu et transporté dans son domicile de Clichy deux aubes, un vieil ornement noir, deux ou trois vieux livres, une bourse en velours rouge pour les quêtes; — Attendu que la déclaration d'Auzon, dans cet interrogatoire, qu'il a remis ces objets à des personnes qui composeraient, selon lui, la fabrique de l'Eglise française, ne peut le libérer de l'obligation de restituer ces mêmes objets à la fabrique romaine, qui seule en a la disposition; condamne l'intimé à restituer, dans le délai de quinze jours, à la fabrique romaine, en la personne de Vallée, les deux aubes, etc.; faute par lui de ce faire, dans ledit délai, condamne Auzon à payer à la fabrique romaine la somme de 300 francs, etc. »

(2) Art. 76.
(3) Lettre 4 prairial an XI.
(4) Lettre 4 prairial an XI.

(1) Lettre min. germinal an XIII.
(2) Bruxelles, 25 mai 1880; 21 juin 1880.
(3) Le rapport du Conseil d'Etat et le rapport ministériel relatifs au décret du 30 décembre 1809, inédits en France se trouvent dans un livre allemand publié à Munster en 1863, par Hermann Hüffer, sur le fondement du droit ecclésiastique français et de la province du Rhin. Archendorf, éditeur.
(4) Ils tiennent leur droit de leur place et du règlement; on a voulu qu'ils ne le reçussent de personne, afin qu'ils fussent plus indépendants et étrangers à toute espèce de parti (lettre ministérielle 1813), Vuillefroy.
(5) Le maire n'est que membre du conseil, et, à ce titre, il n'a que sa voix dans les délibérations; il n'a aucun droit exceptionnel (décision ministérielle, septembre 1811).
Vuillefroy, voir plus loin ce qu'on entend par la commune chef-lieu.
(6) D. 30 décembre 1809, art. 4.
(7) *Ibid*, art. 5.
(8) Bost; *Conseil de fabrique*, vᵒ Binage.

colle où se trouvent l'église et le presbytère. La circonstance que l'église serait seulement en voie de construction ne serait pas suffisante pour faire obstacle à cette interprétation.

Cependant si l'édifice où ont lieu les célébrations du culte n'est qu'une église mise provisoirement par un particulier à la disposition des habitants, on devrait recourir à un autre élément d'appréciation ; dans ce cas, la commune chef-lieu serait celle où le chiffre de la population est le plus important, et, par conséquent, c'est le maire de cette commune qui devrait être appelé à faire partie du conseil de fabrique (1).

Le curé ou desservant *peut* se faire remplacer par un de ses vicaires (2), mais ce remplacement est facultatif; si le curé ou desservant ne se fait pas remplacer, le conseil peut néanmoins délibérer valablement.

987. Lorsqu'au lieu de vicaires canoniquement et légalement établis, le curé ou desservant n'a, pour l'aider dans ses fonctions, que de simples prêtres administrateurs ou auxiliaires, il ne peut point se faire remplacer par l'un d'eux au conseil de fabrique. L'article 4 du décret de 1809 n'autorise, en effet, le remplacement que par un vicaire (3).

988. Le maire *peut* se faire remplacer par un de ses adjoints, porte le décret du 30 décembre 1809 (4). On doit évidemment combiner la disposition de ce décret avec la loi d'organisation municipale et décider que le maire peut déléguer sa fonction, sous sa surveillance sa responsabilité, non seulement à un de ses adjoints, mais en l'absence ou en cas d'empêchement des adjoints, à un membre du conseil municipal (5). D'autre part, si l'on se réfère aux termes de la loi municipale (6), en cas d'absence, de suspension, de révocation ou de tout autre empêchement, le maire doit être provisoirement remplacé dans la fonction de membre de la fabrique, par un adjoint dans l'ordre des nominations, et, à défaut d'adjoints, par un conseiller municipal désigné par le conseil, sinon pris dans l'ordre du tableau (7).

989. Si le maire ne se fait pas remplacer, le conseil peut néanmoins délibérer valablement en son absence. Ceci résulte des termes mêmes du décret de 1809 : le maire *pourra* se faire remplacer.

Toutefois, si le maire n'est pas catholique, le remplacement est obligatoire ; le décret de 1809 porte en effet : « Si le maire n'est pas catholique, il devra se substituer un adjoint qui le soit, ou, à défaut, un membre du conseil municipal, catholique » (1).

990. Si tout le conseil municipal était composé de membres non catholiques, certains auteurs décident que la place du maire ne serait pas remplie (2).

991. L'adjoint et le conseiller municipal chargés de remplacer le maire doivent justifier de leur qualité pour être admis aux séances (3).

992. Le conseil de fabrique se compose, outre les membres permanents et de droit, de neuf conseillers dans les paroisses d'une population de 5,000 âmes et au-dessus, ou de cinq conseillers dans les paroisses d'une population moindre (4). Il a été décidé que, lorsque par suite de la diminution de la paroisse, le conseil de fabrique, composé antérieurement de 9 membres, ne doit plus être composé que de cinq membres, la réduction doit s'opérer en remplaçant à deux renouvellements triennaux successifs, dont nous parlerons plus loin, les 5 ou 4 conseillers sortants par 3 ou 2 conseillers nouveaux (5). Si la population, augmentant, s'élève au chiffre de 5,000 âmes et au-dessus, il y a lieu d'augmenter le nombre des fabriciens lors du premier renouvellement triennal. Les nouveaux conseillers sont nommés par l'évêque et le préfet, en vertu de l'article 6 du décret du 30 décembre 1809, suivant le mode que nous verrons plus loin ; mais l'évêque et le préfet n'useront de leur droit de nomination qu'à l'expiration du triennal ordinaire et courant (6).

993. Quelles conditions faut-il remplir pour être choisi comme membre du conseil de fabrique ?

Le décret de 1809 s'exprime ainsi : « Dans les paroisses où la population sera de 5,000 âmes ou au-dessus, le conseil sera composé de neuf conseillers de fabrique ; dans toutes les autres paroisses, il devra l'être de cinq : ils seront pris parmi les notables ; ils devront être catholiques et domiciliés dans la paroisse (7). *Notable, catholique, domicilié*, telles sont donc les trois conditions requises.

994. Une définition du mot *notable* employé dans l'article 3 du décret du 30 décembre 1809 a été donnée dans la lettre ministérielle du 28 février 1870 : « D'après une jurisprudence traditionnelle, on considère comme notables pour les élections aux fonctions de fabriciens, les personnes exerçant ou ayant exercé, soit des fonctions publiques, soit des professions libérales, et les propriétaires les plus imposés de la paroisse, pourvu toutefois que ces personnes jouissent d'une bonne réputation. On ne pourrait donc, en général, considérer comme *notable* un individu qui aurait subi des condamnations pour crimes ou délits. Je serais même disposé à décider, comme on l'a proposé au Conseil d'État (arrêt du 11 août 1869) que les articles 15 et 16 du décret du 2 février 1852 (8) sur

(1) En ce sens, lettre du 23 mars 1875 de M. le ministre de l'instruction publique et des cultes à M. le préfet de la Seine. — « La circonscription de la succursale des Quatre-Chemins, érigée un un décret du 19 décembre dernier, a été formée au moyen de territoires empruntés aux deux communes d'Aubervilliers et de Pantin. Dans cet état de choses, vous vous êtes préoccupé de la question de savoir lequel des deux maires doit faire partie du conseil de fabrique de la nouvelle paroisse qui, en raison du chiffre de la population, sera composée de neuf membres, non compris les membres de droit. Vous me demandez, en conséquence, des instructions à cet égard. La solution de la question résulte de l'article 4, § 2, du décret du 30 décembre 1809. « Seront » membres de droit, porte cet article, ... 1° le maire du *chef-lieu* de la « cure ou succursale ». En se servant des termes « chef-lieu de la cure » ou succursale », le législateur a évidemment prévu le cas où la circonscription paroissiale se compose de plusieurs communes ou de sections de diverses communes ; mais il ne s'est pas expliqué sur la signification qu'il faut attribuer, dans cette hypothèse, au mot *chef-lieu*. Son silence sur ce point s'explique, du reste, facilement. Il n'est pas possible, en effet, de fixer *a priori* et d'une manière invariable le sens de cette expression. Le plus souvent sans doute la commune chef-lieu de la paroisse est celle où se trouvent l'église et le presbytère, et, par suite, le centre de réunion des habitants appelés à remplir leurs devoirs religieux. C'est là, en effet, que sont les intérêts les plus importants du groupe paroissial ; mais, dans l'espèce que vous proposez, on ne saurait se déterminer d'après cette considération, puisque l'édifice affecté à la célébration du culte n'est qu'une église provisoire appartenant à un particulier, et mise, pour ce service, à la disposition du desservant. Dans cette situation, la seule raison de décider me paraît devoir être le chiffre de la population. J'estime dès lors qu'il y a lieu d'appeler à faire partie du conseil de fabrique, comme membre de droit, le maire de la commune qui a fourni à la nouvelle succursale la section la plus populeuse. Ce résultat sera d'ailleurs absolument conforme à l'équité, car c'est cette section qui représente, à tous les points de vue, l'intérêt paroissial le plus considérable.

« P. S. La solution qui précède doit être modifiée par suite de renseignements nouveaux qui viennent de me parvenir. Il résulte de ces renseignements : 1° que l'église définitive de la paroisse des Quatre-Chemins est en voie de construction sur le territoire de Pantin ; 2° qu'il n'existe entre les deux sections de communes qui forment le territoire de la paroisse qu'une différence de cinquante âmes environ. Dans ces circonstances, je n'hésite pas à penser que c'est le maire de Pantin qui doit faire partie comme membre de droit du conseil de fabrique de la succursale des Quatre-Chemins. »

(2) D. 30 décembre 1809, art. 4.
(3) Rost ; Journ. c. fab., Dalloz, *Rép.*
(4) Art. 4.
(5) L. 5 avril 1884, 8.2.
(6) La loi spécifie en effet que le maire sera remplacé dans la plénitude de ses fonctions.
(7) L. 5 avril 1884, art. 84, Campion.

(1) D. 30 décembre 1809, art. 4.
(2) Journ. c. fab., t. III, Campion ; voir ce qu'on entend par catholique.
(3) Lettre min. Cultes, 13 et 28 mai 1864, André, Campion.
(4) D. 30 décembre 1809, art. 3.
On doit se conformer aux tableaux officiels de la population que le gouvernement publie tous les cinq ans.
(5) Lettre min. Cultes, 9 décembre 1843 ; voir pour les renouvellements triennaux.
(6) Déc. min. 19 avril 1870 ; Journ. cons. fab., t. XVII, Bulletin l. civ, eccl. 1870.
(7) Art. 3.
(8) Ces articles qui ont été maintenus par la loi du 7 juillet 1874, sont ainsi conçus :

Art. 15. Ne doivent pas être inscrits sur les listes électorales : 1° les individus privés de leurs droits civils et politiques par suite d'une condamnation, soit à des peines afflictives ou infamantes, soit à des peines infamantes seulement ; 2° ceux auxquels les tribunaux jugeant correctionnellement ont interdit le droit de vote et d'élection, par application de l'article 42 de la présente interdiction ; 3° les condamnés pour crime à l'emprisonnement, par application de l'article 463 du Code pénal : 4° ceux qui ont été condamnés à trois mois de prison par application des articles 318 et 423 du Code pénal ; 5° les condamnés pour vol, es-

l'éligibilité au corps législatif, doivent être appliqués par analogie aux conseils de fabrique. »

Dalloz pense qu'une condamnation civile portant simplement obstacle à la considération serait un motif d'exclusion (1). Mais cette opinion ne nous paraît pas soutenable. Ce serait souvent livrer la réputation des individus à l'arbitraire des appréciations individuelles.

995. Les fabriciens élus qui auraient été l'objet d'une condamnation pourraient être révoqués par arrêté ministériel, ainsi que nous le verrons plus loin (2).

996. Il a été décidé qu'une condamnation de simple police à 24 heures de prison, pour injure à un garde particulier, n'est pas une cause d'indignité motivant l'exclusion du conseil de fabrique, si cette condamnation est fort ancienne et n'a pas empêché celui qui l'a encourue de jouir constamment de l'estime publique (3).

997. Le mot notable doit recevoir une large interprétation, surtout dans les communes rurales : ainsi un cabaretier pourrait être fabricien (4).

croquerie, abus de confiance, soustractions commises par des dépositaires de deniers publics, ou attentats aux mœurs prévus par les articles 330 et 331 du Code pénal, quelle que soit la durée de l'emprisonnement auquel ils ont été condamnés ; 6° les individus qui, par application de l'article 8 de la loi du 17 mai 1819 et de l'article 3 du décret du 11 août 1848, auront été condamnés pour outrage à la morale publique et religieuse ou aux bonnes mœurs, pour attaque contre le principe de la propriété et les droits de la famille ; 7° les individus condamnés à plus de trois mois d'emprisonnement, en vertu des articles 31, 33, 34, 35, 36, 38, 39, 40, 41, 43, 45, 46 de la présente loi ; 8° les notaires, greffiers et officiers ministériels destitués en vertu de jugements ou décisions judiciaires ; 9° les condamnés pour vagabondage ou mendicité ; 10° ceux qui auront été condamnés à trois mois de prison au moins, par application des articles 439, 443, 444, 445, 446, 447, et 452 du Code pénal ; 11° ceux qui auront été déclarés coupables des délits prévus par les articles 410 et 411 du Code pénal et par la loi du 21 mai 1836, portant prohibition des loteries (abrogé en tant qu'il se réfère à la loi du 21 mai 1836) par la loi organique du 30 novembre 1875) ; 12° les militaires condamnés au boulet ou aux travaux publics ; 13° les individus condamnés à l'emprisonnement par application des articles 38, 41, 43 et 45 de la loi du 21 mars 1832, sur le recrutement de l'armée (devenus les articles 59 et suivants de la loi du 24 juillet 1872) ; 14° les individus condamnés à l'emprisonnement par application de l'article 1er de la loi du 27 mars 1851 ; 15° ceux qui ont été condamnés pour délit d'usure ; 16° les interdits ; 17° les faillis non réhabilités dont la faillite a été déclarée, soit par les tribunaux français, soit par jugements rendus à l'étranger, mais exécutoires en France ; 18° les condamnés à plus d'un mois d'emprisonnement pour rébellion, outrage et violence envers les dépositaires de l'autorité ou de la force publique, pour outrages publics envers un juré à raison de ses fonctions ou envers un témoin à raison de sa déposition, pour délits prévus par la loi sur les associations et la loi sur les clubs, et pour infraction à la loi sur le colportage, ne pourront pas être inscrits sur la liste électorale pendant cinq ans, à dater de l'expiration de leur peine.
(1) Rép., v° Cultes.
(2) Arr. min. 10 avril 1826 ; 28 mai 1858, André. — « Le ministre secrétaire d'État au département de l'instruction publique et des cultes ; — Vu les pièces constatant que le conseil de fabrique de l'église paroissiale de Montcuq, dans ses séances des 11 et 18 avril 1858, a proclamé membre de la fabrique le sieur Adrien L..., qui n'avait que trois voix sur six voix sur six votants, parce qu'il aurait obtenu la voix prépondérante du président; — Vu l'avis de Mgr l'évêque de Cahors, en date du 29 avril 1858 ; — Vu le rapport de M. le préfet du Lot, en date du 18 mai suivant ;
« Considérant qu'aux termes de l'avis du Conseil d'État, du 9 juillet 1839, et de nombreuses décisions ministérielles, il est de règle et de jurisprudence que la voix du président du conseil de fabrique n'est point prépondérante en matière d'élections, attendu que l'article 9 du décret du 30 décembre 1809 ne s'applique qu'aux délibérations ordinaires des fabriques, et que d'ailleurs cette prépondérance, contraire aux principes généraux de la législation sur la noble matière, est incompatible avec le mode d'élection du scrutin secret, qui peut être suivi ; — Considérant des lors que l'élection du sieur L..., qui n'a eu que trois voix sur six votants, et n'a pas ainsi obtenu la majorité des suffrages, est irrégulière et doit être considérée comme nulle et non avenue ; — Considérant, d'un autre côté, que le sieur L..., a été condamné, par jugement du tribunal correctionnel de Cahors du 15 décembre 1855, confirmé le 21 février 1856 par la cour impériale d'Agen, à un mois d'emprisonnement et à cinq cents francs d'amende, pour délit de diffamation envers des dépositaires de l'autorité publique; que, d'après les règles établies pour la composition des conseils de fabrique, dont les membres doivent être choisis parmi les habitants les plus recommandables de la paroisse, une condamnation judiciaire pour crime ou délit est une cause d'incapacité personnelle pour exercer les fonctions de fabricien; que, déjà, par deux arrêtés ministériels des 11 avril 1826 et 23 février 1852, la nomination de deux membres de conseils de fabrique a été révoquée pour ce motif dans les départements des Ardennes et de l'Hérault ; — Vu le décret du 30 décembre 1809 et l'ordonnance du 12 janvier 1825,
« Arrête : — Art. 1er. Annulation de l'élection. »
(3) Déc. min. 14 juin 1848, André.
(4) André.

998. Pour être choisi comme membre de la fabrique, il faut être catholique (1). Il n'est pas indispensable, pour qu'un individu soit réputé catholique et puisse être membre d'une fabrique, qu'il remplisse exactement ses devoirs religieux. Tout citoyen né dans le catholicisme, tant qu'il n'a pas commencé à professer une autre religion, est réputé catholique ; il suffit, aux yeux de l'Église même, qu'il n'ait point renoncé à sa religion par un acte public, pour qu'on ne puisse révoquer en doute qu'il entend vivre et mourir dans celle où il est né (2).

999. La dernière condition pour être fabricien est d'être domicilié dans la paroisse (3). Cette disposition du décret du 30 décembre 1809 s'entend du domicile civil et non du domicile politique. Au domicile de droit doit se joindre le domicile de fait (4). Suivant Bost (5), le domicile de fait sans celui de droit pourrait suffire, car, suivant cet auteur, ce que la loi veut par-dessus tout, c'est que tous les fabriciens portent à l'église du lieu qu'ils habitent l'intérêt et les affections que suppose leur titre de paroissiens, et que leur présence assidue dans cette localité leur permette de remplir les fonctions qu'ils ont acceptées : or, pour cela, il suffit du domicile de fait.

1000. Les conseillers doivent avoir leur domicile dans la paroisse, non seulement au moment de leur nomination, mais même postérieurement, pendant la durée de leurs fonctions de telle sorte que celui qui transporterait son domicile hors de la paroisse perdrait par cela seul sa qualité de fabricien et serait remplacé (6).

1001. La nécessité du domicile a pour conséquence l'impossibilité d'être membre de plusieurs conseils de fabrique à la fois (7).

1002. Un maire, membre de droit du conseil de fabrique d'une paroisse comprise dans la circonscription de sa commune, peut en même temps être élu membre du conseil de fabrique d'une autre paroisse dans laquelle il a son domicile et qui est située hors de cette circonscription communale (8).

1003. Les fabriciens devant être domiciliés dans les limites de la paroisse, c'est-à-dire de la circonscription spirituelle de la cure, succursale, chapelle paroissiale (9), il ne doit nullement être tenu compte de la circonscription civile. Ainsi, si la paroisse comprend plusieurs communes, on peut choisir les fabriciens dans ces diverses communes et le choix n'en est nullement limité aux habitants de la commune chef-lieu (10). D'autre part, s'il n'y a qu'une section de commune dans la paroisse, on ne peut prendre les membres du conseil de fabrique en dehors de cette section (11).

1004. Le décret du 30 décembre 1809 ne fixe aucune condition d'âge pour être élu membre du conseil de fabrique. Certains auteurs s'appuient sur la qualité de notable que demande le décret, pour soutenir que l'âge de 25 ans exigé pour être admis à la plupart des fonctions publiques, est exigé pour l'élection au conseil de fabrique. On peut invoquer en ce sens une décision du ministre des cultes prise en 1849 (12).

(1) D. 30 décembre 1809, art. 3.
(2) Déc. min. 21 août 1812 ; 19 octobre 1813 ; — Lettre du min. des cultes, 9 octobre 1851, André.
(3) D. 30 décembre 1809, art. 3.
(4) Déc. min. 10 mai 1847 ; Bost, Conseils de fabrique.
(5) Conseils de fabrique.
(6) André, Bost.
(7) Journ. cons. fab., t. I ; Campion.
(8) Arr. min. 27 janvier 1849. — Considérant que le sieur ... est domicilié dans la partie de la commune de Malzieu-Forain comprise dans la circonscription de la paroisse de Malzieu; qu'il a pu être légalement élu membre de la fabrique de cette paroisse ; que la qualité de maire de Malzieu-Forain et de membre de droit de la fabrique de l'église succursale de Mialanes, section de la commune de Malzieu-Forain, ne s'oppose pas à ce que le sieur ... soit nommé fabricien de l'église de la paroisse dont il dépend, attendu qu'il est libre de se faire remplacer dans le conseil de fabrique de Mialanes; que, d'ailleurs, les incompatibilités sont de droit étroit et ne peuvent être créées en l'absence d'un texte formel de loi.
(9) D. 30 décembre 1809, art. 3.
(10) Déc. min. 21 décembre 1838 ; André, Affre.
(11) Affre.
(12) Arr. min. 17 janvier 1840 ; Campion, Champeaux, Dalloz, Rép., v° Cultes.

Il a été décidé récemment que la majorité de 21 ans est suffisante pour être nommé fabricien (1).

1005. Le décret du 30 décembre 1809 ne prononce aucune exclusion, aucune incompatibilité ou incapacité ; nous avons vu toutefois que ceux qui avaient subi des condamnations ne pouvaient être considérés comme notables et ne pouvaient faire partie d'un conseil de fabrique. Malgré le silence du décret de 1809, on s'est demandé si la qualité d'étranger et l'exercice de certaines fonctions n'étaient pas des obstacles à l'admission dans le conseil de fabrique. Une décision ministérielle a répondu négativement à cette question : « D'après notre droit public, porte la lettre du ministre, les fonctions civiles et militaires sont exercées exclusivement par les nationaux ; les fabriciens ne sont pas individuellement des fonctionnaires, mais ils ont collectivement certaines attributions, une certaine somme de pouvoirs ; ils exercent dans leurs réunions des fonctions publiques, ce qui est incompatible avec la qualité d'étranger. Pour être témoin dans un acte notarié, il faut être citoyen français ; on ne saurait exiger moins des administrateurs du temporel des paroisses (2). »

1006. Un vicaire peut-il être choisi comme membre du conseil de fabrique ? On objecte que le vicaire est appelé à remplacer le curé ou desservant, membre de droit, et que si dans la paroisse il n'y a qu'un vicaire, le conseil ne sera pas au complet au cas d'absence du curé ou desservant ; mais cet argument n'a pas grande valeur ; en effet, la plupart des conseils délibèrent sans être au complet, et dans beaucoup de corps et de conseils on peut être à la fois admis comme membre et remplacer le chef.

L'exclusion du vicaire se justifierait plutôt par des considérations de convenance. On peut admettre qu'il est convenable que le vicaire, qui reçoit presque toujours un traitement de la fabrique, ne fasse pas partie du conseil par ce motif (3). Cependant certaines décisions ministérielles ont admis le vicaire et les prêtres attachés à l'église au sein de l'assemblée fabricienne à titre de membres titulaires (4). En 1833, le ministre des cultes s'est prononcé en sens contraire (5).

1007. Les considérations de convenance qui interdiraient au vicaire l'admission au sein du conseil de fabrique, justifieraient l'exclusion de toute personne salariée par la fabrique : suisse, bedeau, etc... (6). Des décisions ministérielles portent qu'il y a incompatibilité entre les fonctions de fabricien et celles de chantre ou de sacristain de l'église (7), mais non entre ces fonctions et celles de secrétaire de mairie (8).

1008. Un adjoint peut-il faire partie du conseil de fabrique en qualité de notable ? Un avis du Conseil d'Etat décide

qu'il n'y a pas incompatibilité entre les fonctions d'adjoint au maire et celles de conseiller ordinaire de fabrique (1).

1009. Il n'y a pas évidemment incompatibilité entre les deux qualités de membre du conseil municipal et de membre du conseil de fabrique, le décret du 30 décembre 1809 et la loi municipale étant muets à cet égard, et l'incompatibilité ne pouvant d'ailleurs se justifier (2).

1010. Une décision ministérielle a reconnu que l'instituteur communal pouvait être en même temps membre du conseil de fabrique de sa paroisse ; mais d'après cette décision, si l'instituteur est en même temps chantre de l'église, ou s'il y exerce tout autre emploi rétribué par la fabrique, il ne peut être nommé fabricien (3).

1011. Dalloz pense qu'on doit exclure du conseil de fabrique les personnes qui se livrent à une profession contraire aux lois de l'Église et de la religion, bien qu'elle soit tolérée par l'administration laïque et qu'elle ne soit pas atteinte par les lois (4). Nous admettons cette opinion.

1012. Les incompatibilités tirées de la parenté ou de l'alliance que le décret du 30 décembre 1809, dans son article 14, édicte à l'égard du bureau des marguilliers, n'existent pas à l'égard du conseil de fabrique.

Le décret ne prononce pas l'incompatibilité ni à l'égard des parents qui se trouveraient dans le conseil, ni à l'égard des parents dont l'un serait dans le bureau et les autres dans le conseil (5). La raison en est que le conseil n'est qu'un corps surveillant et qu'il est nombreux. Il aurait été difficile de trouver dans les campagnes des sujets suffi-

---

(1) Déc. min. 28 mars 1830. — « Monsieur le Préfet, à l'occasion d'une difficulté qui s'est élevée au sein du conseil de fabrique de l'église succursale de X..., vous m'avez consulté sur le point de savoir quel est l'âge requis pour pouvoir être nommé membre d'un conseil de fabrique. La jurisprudence a varié sur ce point ; et si certains auteurs, tels que Bloch (*Dictionnaire de l'administration française*), enseignent qu'il suffit d'être majeur pour pouvoir être fabricien, d'autres, comme Dalloz (vº CULTES, nº 515), Bost (*Encyclopédie des conseils de fabrique*), sont d'avis, en se fondant notamment sur le mot *notable* employé par l'article 3 du décret du 30 décembre 1809 que l'âge de vingt-cinq ans doit être exigé. Quoi qu'il en soit, il est de principe que les exceptions ne se préjugent pas et sont de droit étroit. Or, le décret réglementaire de 1809 est muet sur les conditions d'âge à exiger des fabriciens. J'estime, en conséquence, que la question doit être résolue dans le sens le plus large, en se référant aux principes généraux, en vertu desquels la majorité de vingt et un ans est suffisante pour la plupart des actes de la vie civile et même de la vie publique ; et, dans le silence de la loi, je ne vois pas sur quels textes mon administration pourrait se fonder pour annuler l'élection d'un fabricien par ce seul motif qu'il n'aurait atteint, comme le sieur Z... dont vous m'entretenez, que l'âge de vingt-trois ans. »
(2) Lettre du ministre de la justice et des cultes à l'archevêque de Reims, 28 février 1870 ; Campion. — *Contra*, Bost, Conseils de fabrique.
(3) Affre, *Admin. du culte catholique.*
(4) Les membres du conseil peuvent être pris indifféremment parmi les laïques et parmi les ecclésiastiques (Déc. min. 19 mars 1806.) — Le vicaire d'une paroisse peut être nommé conseiller. (Déc. min. 22 mai 1813.)
(5) Lettre du 23 décembre 1833.
(6) Affre, *Admin. du culte catholique.*
(7) Déc. min. 30 août 1848 et 2 juin 1864, André.
(8) *Ibid.*

---

(1) C. d'Et. lég. 4 août 1840, avis. — « Le comité de législation, sur le renvoi qui lui a été fait par M. le garde des sceaux de la question de savoir s'il y a incompatibilité entre la fonction d'adjoint au maire et celle de conseiller ordinaire de la fabrique: — Vu le rapport, en date du 22 avril 1840, adressé à M. le garde des sceaux par le directeur de l'administration des cultes, où il est exposé que le conseil de fabrique de l'église succursale de Clèves (Indre) a prononcé, dans une délibération du 7 février 1840, l'élimination du sieur Caustier, l'un de ses membres, en se fondant sur ce que la fonction d'adjoint l'appelant à suppléer le maire au conseil dans le cas où ce fonctionnaire le jugerait convenable. il se trouverait être à la fois membre élu et membre de droit, ce qui ne semble pas admissible ; ledit rapport concluant à ce qu'il soit reconnu qu'en effet il existe une incompatibilité entre ces deux fonctions ; — Vu la lettre adressée à M. le garde des sceaux, le 5 mars 1840, par le préfet de l'Indre qui, après avoir exposé les faits exposés ci-dessus, ajoute que la décision du conseil de fabrique lui ayant paru constituer un excès de pouvoir, il avait fait connaître au sieur Caustier que rien ne s'opposait à ce qu'il siégeât alternativement au conseil, soit comme membre élu, soit comme adjoint suppléant le maire, et qu'il pouvait provisoirement assister, comme par le passé, aux séances du conseil de fabrique ; — Vu le décret du 30 décembre 1809 dont l'article 4 porte : « De plus, « seront membres de droit du conseil : 1º le curé ou desservant, qui y « aura la première place et pourra s'y faire remplacer par un de ses « vicaires ; — 2º le maire de la commune ou chef-lieu de la cure ou « succursale ; il pourra s'y faire remplacer par l'un de ses adjoints. Si le « maire n'est pas catholique, il devra se substituer un adjoint qui le « soit, ou à défaut, un membre du conseil municipal catholique. » Vu la loi du 21 mars 1831 sur l'organisation municipale, dont l'article 5 porte : « En cas d'absence ou d'empêchement, le maire est remplacé par « l'adjoint disponible, le premier dans l'ordre des nominations ; — En cas « d'absence ou empêchement du maire et des adjoints, le maire est « remplacé par le conseiller municipal, le premier dans l'ordre du tableau, « lequel sera dressé suivant le nombre des suffrages obtenus. » — « Considérant qu'il n'existe point d'incompatibilité légale entre la fonction d'adjoint du maire et celle de conseiller ordinaire de fabrique, puisque cette incompatibilité n'est établie par aucune disposition des lois ou décrets qui règlent la matière, que les incompatibilités sont de droit étroit et ne peuvent être suppléées ; — Considérant, d'ailleurs, qu'on ne peut arguer d'une incompatibilité de fait, puisque dans le cas où un adjoint du maire aurait été élu conseiller de la fabrique, le maire, en cas d'absence ou d'empêchement, pourrait être remplacé, aux termes des lois ci-dessus visées, par un autre adjoint, et à défaut de celui-ci, par un conseiller municipal ;
« Est d'avis qu'il n'y a pas incompatibilité entre les fonctions d'adjoint du maire et celles de conseiller ordinaire de fabrique. »
(2) Campion.
(3) Déc. min. 2 juin 1864. — Aux termes de l'article 25 de la loi du 30 octobre 1886, sont interdits aux instituteurs les emplois rémunérés ou gratuits dans le service du culte. Toutefois la loi spécifie que cette interdiction n'aura d'effet qu'après la promulgation de la loi du 19 juillet 1889, relative au traitement des instituteurs. Cette loi a été promulguée le 20 juillet. Cependant le gouvernement considère que l'interdiction spécifiée à l'article 25 ne sera exécutoire que lorsque la loi du 19 juillet 1889 aura reçu son plein effet, c'est-à-dire, dans une période de huit ans (art. 52 de la loi).
(4) Dalloz, *Rép.*, vº CULTES.
(5) Déc. min., 21 août 1812, Vuillefroy.

sauts. Il a donc paru nécessaire de passer en ce point sur un léger inconvénient, diminué par le nombre des membres du conseil (1).

Une décision ministérielle de l'an XII (2) spécifie qu'un parent du curé peut être membre de la fabrique et qu'il n'y a à cela aucun inconvénient, attendu que les autres fabriciens ont le droit d'opérer communément et d'empêcher toute espèce de prévarication contraire aux intérêts de la commune.

1013. Un débiteur de la fabrique peut en être nommé membre; le règlement n'en prononce pas l'exclusion; rien d'ailleurs n'empêche la fabrique de poursuivre ceux de ses membres qui seraient ses débiteurs (3).

1014. Les fonctions de membre d'un conseil de fabrique ne sont pas obligatoires comme elles l'étaient autrefois. Elles peuvent être refusées (4).

Toutefois, quand par suite du mauvais vouloir des habitants d'une commune, il est impossible de composer un conseil de fabrique, ou lorsqu'aucun membre de la fabrique, ainsi que nous le verrons plus loin, ne consent à accepter les fonctions de marguillier ou de trésorier, il y a lieu de priver cette commune du titre de cure ou de succursale. On ne saurait en effet conserver une paroisse que les intéressés refusent simultanément d'administrer (5).

1015. A qui appartient la nomination des membres des conseils de fabrique?

Les membres du conseil de fabrique, *au moment de la constitution primitive* de l'assemblée, sont nommés par l'évêque et le préfet, suivant une proportion qui donne quelque prédominance à l'autorité religieuse: dans les paroisses ou succursales (6) dans lesquelles le conseil de fabrique est composé de neuf membres, non compris les membres de droit, cinq des conseillers sont, pour la première fois, à la nomination de l'évêque et quatre à celle du préfet; dans celles où il n'est composé que de cinq membres, l'évêque en nomme trois et le préfet deux (7). Il a été procédé ainsi à la nomination des fabriciens immédiatement après le décret du 30 décembre 1809, et pour le 1er avril 1810; et postérieurement, en exécution de l'ordonnance réglementaire du 12 janvier 1825 (8), dans toutes les communes où le décret de 1809 n'avait pas reçu son exécution.

1016. Il est procédé de nos jours à la nomination du conseil de fabrique par les soins de l'évêque et du préfet, ainsi que le prescrit le décret du 30 septembre 1809 (9), lorsqu'il y a lieu d'organiser à nouveau le conseil de fabrique, c'est-à-dire:

1° Lorsqu'une succursale ou une chapelle paroissiale étant érigée n'a pas encore de fabrique (10);

2° Après la révocation d'un conseil de fabrique, quand il est pourvu à une nouvelle formation de ce conseil ou après une démission collective (11);

3° Quand le chiffre de la population s'accroissant, vient s'élever à 5,000 et au-dessus, et qu'il y a lieu par consé-

quent [d'augmenter le nombre des fabriciens; l'évêque et le préfet nomment les nouveaux conseillers, en usant du droit que leur confère l'article 6 du décret du 30 décembre 1809.

Nous verrons ultérieurement si les conseils de fabrique qui ne sont pas renouvelés régulièrement, suivant le mode que nous aurons à examiner, doivent être réorganisés par l'évêque et le préfet, et comment il est procédé, lorsque, la population diminuant, le nombre des membres doit être modifié. Nous verrons aussi ce qu'il advient quand la constitution primitive s'est faite irrégulièrement.

1017. Dans la pratique, il est d'usage que l'évêque et le préfet demandent l'un au curé ou desservant, l'autre au maire, une liste de candidats pour les nominations qu'ils doivent faire; mais cette formalité n'est pas obligatoire, n'étant prescrite par aucun texte (1).

Et non seulement ni le maire ni le curé, ni aucune autre autorité locale n'a le droit de faire des présentations de candidats; soit pour l'organisation des conseils des fabriques des paroisses nouvellement créées, soit pour la réorganisation des conseils de fabriques révoqués, mais l'évêque et le préfet ont toujours le droit d'écarter les candidats présentés par le curé ou le maire pour en choisir d'autres à leur place (2).

1018. Les évêques n'ont pas le droit de nommer seuls les fabriciens des chapelles et annexes (3-4).

(1) Déc. min. 1er février 1877. — « .... D'un autre côté, je lis dans l'avis de M. le préfet de la Drôme que cela (impossibilité d'organiser le conseil de fabrique) tient à *la désunion qui existe entre le desservant et l'administration municipale*. Je dois supposer que, depuis l'époque où cette situation fâcheuse s'est révélée, l'accord aura pu se rétablir à Malissard entre l'autorité religieuse et l'autorité civile. Permettez-moi, d'ailleurs, de faire remarquer à Votre Grandeur qu'alors même que cette mésintelligence, qui existe malheureusement dans beaucoup d'autres paroisses, subsisterait encore, elle ne saurait suffire pour mettre obstacle à l'organisation d'un conseil de fabrique. Les autorités diocésaine et départementale peuvent, en effet, se concerter pour cette reconstitution dans les termes tenus de demander au desservant et au maire des listes de présentation de candidats qu'aucune disposition législative ni réglementaire ne les charge de produire... »

(2) Déc. min., 9 octobre 1851. — « ...Permettez-moi de vous faire remarquer qu'aucune disposition législative ou réglementaire n'attribue au maire d'une commune ni à aucune autre autorité locale le droit de faire des présentations de candidats, soit pour l'organisation des conseils des fabriques des paroisses nouvellement créées, soit pour la réorganisation des conseils de fabriques dissous ou révoqués. Dans la pratique, il est vrai, MM. les évêques et MM. les préfets sont généralement dans l'usage d'inviter, les premiers, le curé, les seconds, le maire, à leur soumettre chacun une liste de candidats sur laquelle ils puissent respectivement choisir les fabriciens dont la nomination leur appartient; mais cette manière de procéder est facultative. L'évêque et le préfet peuvent toujours se dispenser d'y recourir; ils ont le droit de faire directement les nominations qui leur paraissent convenables; du reste, après avoir demandé et obtenu des listes de candidats, ils sont également libres de faire leur choix en dehors de ces listes.

« S'il arrivait qu'un maire portât sur une liste par lui présentée au préfet un candidat dont la nomination pourrait donner lieu à des observations fondées sur la présence au sein du conseil de fabrique pourrait devenir un sujet de scandale, le préfet, soit d'après les renseignements qu'il prendrait lui-même, soit sur ceux que lui transmettrait l'évêque diocésain, aurait incontestablement le droit de repousser ce candidat et d'en choisir un autre à sa place... »

(3) Aujourd'hui, on n'érige plus d'annexes.

(4) Journ. cons. fab., 1841-42, p. 460. — « Les conseils de fabrique des chapelles doivent être composés et nommés de la même manière que ceux des cures et des succursales. On n'a vu pas pourquoi il y serait fait aucune différence, dit le *Journal des fabriques*, et il n'y aurait pas de motif pour le justifier.

« On lit, il est vrai, dans une circulaire adressée, le 1er mars 1809, aux préfets et aux évêques, par le ministre des cultes, relativement à l'érection des chapelles et annexes, le passage suivant: « Cet entretien « (l'entretien du mobilier et des bâtiments de ces églises) et la néces- « sité de pourvoir tant à la propriété qu'aux autres parties du service « intérieur du culte, exigeront que quelques habitants nommés par « l'évêque, comme ceux de l'église principale, se chargent, sous le « nom de fabriciens, de la chapelle ou annexe, de prendre ces soins et « de lui rendre compte de cette espèce de gestion. »

« Mais il n'y a aujourd'hui aucun argument à tirer de ce passage. « Il faut, en effet, remarquer que la circulaire dont il s'agit est antérieure au décret du 30 décembre 1809, et que les dispositions en ont été évidemment abrogées par les dispositions générales et absolues de ce décret.

« Au surplus, il ne saurait rester aucune incertitude sur cette abrogation, en présence de l'article 1er de l'ordonnance royale du 12 janvier 1825, article déjà cité ci-dessus et qui est ainsi conçu (suit le texte de l'article). « Ce n'est donc évidemment point par les évêques seuls que les membres des conseils de fabrique doivent être nommés; ils doivent être nommés fabriciens des chapelles pour la première fois, par moitié, par les évêques et les préfets, et les membres sortants

(1) Déc. min. octobre 1811, Vuillefroy; — C. d'Et. int. 26 mai 1828, Campion.

(2) 12 février, Vuillefroy.

(3) Déc. min. 21 août 1812.

(4) Dalloz, *Rép*, v° Cultes.

(5) Déc. min. 14 juin 1825, 22 août 1835, 24 décembre 1841, 17 janvier 1843; Bloch, *Dict. d'admin.*

(6) Le décret du 30 décembre 1809 ne mentionne que les paroisses ou succursales, mais les mêmes règles sont applicables aux conseils de fabrique des chapelles paroissiales (voir Chapelles).

(7) Décr. 30 septembre 1809, art. 6; — Ord. 12 janvier 1825, art. 1er.

(8) Considérant que, dans la plupart des conseils de fabrique des églises de notre royaume, les renouvellements prescrits par les articles 7 et 8 dudit décret n'ont pas été faits aux époques déterminées; voulant que les dispositions relatives à cette partie de l'administration temporelle des paroisses puissent donner les moyens de remédier aux inconvénients que l'expérience a signalés dans toutes les églises... dans lesquelles le conseil de fabrique n'a pas été régulièrement renouvelé, ainsi que le prescrivent les articles 7 et 8 du décret du 30 décembre 1809, il sera immédiatement procédé à une nouvelle nomination de fabriciens, de la manière voulue par l'article 6 du même décret.

(9) Article 6.

(10) On n'érige plus de succursales depuis un certain nombre d'années.

(11) Ord. 12 janvier 1825, article 5 de la décision ministérielle du 2 mars 1823 contra Affre; voir plus bas.

1019. Le conseil de fabrique, une fois organisé, se renouvelle partiellement tous les trois ans, savoir : à l'expiration des trois premières années, dans les paroisses où il est composé de neuf membres sans y comprendre les membres de droit, par la sortie de cinq membres, qui, pour la première fois, sont désignés par le sort, et des quatre plus anciens après les six ans révolus ; pour les fabriques dont le conseil est composé de cinq membres non compris les membres de droit, par la sortie de trois membres désignés par la voie du sort, après les trois premières années, et des deux autres, après les six ans révolus. Dans la suite, ce sont toujours les plus anciens en exercice, c'est-à-dire ceux qui ont six ans révolus, qui doivent sortir (1).

1020. La désignation des membres à remplacer au premier renouvellement triennal qui suit la composition ou la réorganisation intégrale d'un conseil de fabrique doit être faite par la voie du sort, à peine de nullité de l'élection (2).

1021. D'après une consultation du *Journal des conseils de fabrique*, lorsqu'un conseil de fabrique néglige, à l'expiration des trois années qui ont suivi son organisation ou sa réorganisation, de procéder au tirage au sort des noms de ceux de ses membres qui doivent cesser leurs fonctions, « l'évêque diocésain doit rendre une ordonnance pour enjoindre au conseil de fabrique de se réunir, dans un délai déterminé, et de tirer au sort, dans cette séance extraordinaire, conformément à la loi, les noms des membres qui devront cesser leurs fonctions. Ce conseil sera tenu d'exécuter cette disposition. S'il négligeait ou refusait de le faire, il y aurait alors lieu pour le prélat, afin d'éviter toute difficulté, de provoquer auprès du ministre de la justice et des cultes, par application de l'article 5 de l'ordonnance du 12 janvier 1825, la révocation de ce conseil, et l'organisation d'un conseil nouveau, nommé moitié par l'évêque et moitié par le préfet du département (2). »

1022. Les conseillers qui doivent remplacer les membres sortants sont élus par les membres restants (4).

Nous verrons plus loin quel est le nombre des membres restants nécessaire pour la validité de l'élection.

1023. Les membres sortants sont rééligibles (1), qu'ils soient sortis du conseil par la voie du sort ou par ancienneté. Ils peuvent encore rentrer dans le conseil par le choix que peut faire l'évêque, dans l'exercice de son droit de nomination, que nous examinerons. Les conseillers révoqués, seuls, ne peuvent rentrer dans le conseil, ainsi que nous le verrons.

1024. Les élections pour les renouvellements triennaux des conseils de fabrique doivent avoir lieu dans la séance du dimanche de Quasimodo (2). En substituant ce jour au premier dimanche du mois d'avril, qu'indiquait le décret du 30 décembre 1809, l'ordonnance du 12 janvier 1825 a eu pour but de fixer l'attention des fabriques par une date remarquable et d'établir entre elles une utile uniformité (3). Nous verrons plus loin que les élections ne peuvent être annulées parce que la séance n'a pas été annoncée au prône (4).

1025. Si les élections triennales n'ont pas été faites dans la séance de Quasimodo, les membres restants du conseil peuvent encore y procéder pendant un mois (5). L'autorisation de se réunir en assemblée extraordinaire à ce sujet devra être accordée par l'évêque ou le préfet, qui devront se prévenir réciproquement de l'autorisation donnée (6). Faute d'autorisation, les élections seraient entachées de nullité (7). Passé le délai d'un mois, les fabriciens sont déchus du droit d'élection.

1026. Les membres réunis à Quasimodo pour procéder aux élections triennales ne doivent pas commencer par s'occuper de la nomination du président et du secrétaire du conseil, ils ne peuvent le faire qu'après avoir fait celle des fabriciens nouveaux en remplacement de ceux qui sortent (8).

1027. Quand un conseil de fabrique, par suite d'une révocation, a été installé dans le courant de l'année et après l'époque ordinaire fixée pour les élections, à quelle époque doit se faire le renouvellement triennal ?

Doit-on attendre que trois années se soient complètement écoulées depuis le jour de la réinstallation jusqu'à celui du renouvellement, ou bien doit-on faire le renouvellement à l'époque ordinaire, c'est-à-dire le jour du dimanche de Quasimodo de la troisième année ? On doit décider que le renouvellement se fera à l'époque ordinaire. En procédant ainsi, la moitié des membres de la fabrique restera moins de trois ans en fonctions, mais il vaut mieux accepter cet inconvénient, que de commettre une illégalité, en conservant un pouvoir au delà de sa durée légale (9), à une autre époque

---

doivent ensuite être remplacés par les membres restants, au moyen d'élections, dans la forme ordinaire. C'est ainsi que ces conseils sont maintenant généralement constitués et renouvelés dans toute la France.

« Il a été déjà démontré que les annexes ne doivent pas avoir de fabriques spéciales ; il n'y a donc pas lieu d'examiner de quelle manière ces fabriques doivent être composées et si les membres en doivent être nommés régulièrement par les fabriques ou autrement.

« Il ne sera peut-être pas inutile de faire remarquer, en terminant, que les règles qui viennent d'être posées ne s'appliquent qu'aux chapelles et aux annexes légalement reconnues comme telles par ordonnances royales. Il existe souvent, dans des communes réunies pour le culte à d'autres communes, des églises sans aucun titre légal, et on désigne improprement sous celui de chapelles ou d'annexes, tandis qu'elles ne sont ouvertes que par tolérance de l'évêque et de la police locale. Ces dernières églises ne doivent pas être confondues avec les chapelles et annexes véritables.

(1) D. 30 décembre 1809, art. 7.
(2) Arr. min. 9 novembre 1849. — « Le ministre de l'instruction publique et des cultes, — Vu les lettres des 27 août et 26 octobre 1849, par lesquelles M. l'évêque d'Evreux propose de déclarer irrégulière l'organisation du conseil de fabrique de l'église succursale de Fourmetot ; — Vu l'avis conforme à cette demande de M. le préfet de l'Eure, en date du 29 avril 1849 ; — Vu les diverses délibérations du conseil de fabrique relatives aux élections des membres du conseil...
Considérant que la fabrique de Fourmetot a été organisée en 1843 ; qu'aux termes de l'article 7 du décret du 30 décembre 1809, il devait être procédé au renouvellement partiel du conseil, après l'expiration des trois premières années, par la sortie de trois conseillers désignés par la voie du sort, et que ces membres sortants n'ont pas été tirés au sort ; — Considérant que l'élection d'un nouveau fabricien, faite dans la séance du 8 mai 1848, est irrégulière : d'abord, pour défaut d'autorisation de la réunion extraordinaire du 7 mai, et, ensuite, parce que le membre du conseil qu'on entendait remplacer n'avait pas cessé, ainsi qu'on le supposait, d'avoir à cette époque son domicile dans la paroisse de Fourmetot ; — Considérant que, dans la réunion du 23 juin 1848, deux conseillers ont été déclarés démissionnaires et remplacés comme ayant refusé de signer les délibérations du conseil, tandis qu'aucune disposition réglementaire ne pouvait être invoquée à l'appui de ces mesures,
Arrête : — Art. 1er. L'organisation du conseil de fabrique de l'église de Fourmetot (Eure) est déclarée irrégulière.
(3) Journ. cons. fab., 414e consult., 1842-43, p. 218. »
(4) Cette élection n'est pas soumise à la sanction, soit du préfet, soit de l'évêque ; elle confère directement aux conseillers élus le droit de siéger. (Déc. min., 1813, Vuillefroy).

(1) Décr. 30 décembre 1809, art. 8.
(2) D. 30 décembre 1809, art. 8 ; — Ord. 12 janv. 1825, art. 7.
(3) Circ. 30 janv. 1825 ; voir *supra*, exposé des motifs de l'ord. de 1825.
(4) Voir *infra*....
(5) Ord. 12 janv. 1825, art. 4.
(6) D. 30 déc. 1809, art. 10 ; — Ord. 1825, art. 6.
(7) Arr. min. 9 nov. 1849 ; — Lettre du min. cultes, 12 avril 1865 précitée, voir n° 1021.
(8) D. min. 9 févr. 1846, Bost.
(9) C. d'Et. 9 juill. 1839. — « Le décret du 30 décembre 1809 porte que le conseil se renouvellera partiellement tous les trois ans, savoir : *à l'expiration des trois premières années* par la moitié d'une moitié des membres, et, *après les six ans révolus*, par la moitié des autres membres. Mais l'on ne peut induire de ces expressions que la date matérielle de l'installation du conseil dans la première année devienne nécessairement la date du renouvellement après la troisième année. Il est plus raisonnable et plus conforme à l'esprit du décret de considérer qu'en conférant au conseil des pouvoirs pendant trois ou six années, il a entendu lui conférer le droit de régler les comptes de trois ou six exercices. Du reste, l'interprétation contraire ne serait plus admissible depuis l'ordonnance du 12 janvier 1825. En effet, l'article 2 de cette ordonnance porte que les élections ordinaires doivent être faites tous les trois ans, *dans la séance qui se tient le dimanche de Quasimodo*, et l'article 4 ajoute que, un mois après cette époque, le conseil n'a pas procédé aux élections, l'évêque nommera. Le but de cette ordonnance a été de fixer une époque uniforme pour le renouvellement des conseils, afin, dit la circulaire ministérielle du 30 janvier suivant, de mieux fixer l'attention par une date remarquable, et de prévenir que le conseil puisse, par inadvertance, laisser passer l'époque après laquelle le droit d'élection ne lui appartiendrait plus. L'ordonnance de 1825 n'admet aucune exception pour les conseils qui, par suite d'une dissolution, n'auraient été installés que dans le courant de la première année ou du premier exercice. Il est donc impossible de fixer le renouvellement du conseil en pareil cas. »

que l'époque ordinaire, c'est-à-dire le dimanche de Quasimodo, venant après le troisième exercice (1).

1028. Le décret de 1809 étant muet sur l'élection en cas de vacance par démission, destitution, décès, l'ordonnance du

---

(1) C. d'Ét. 40 juin 1840. — Lorsqu'un conseil de fabrique a été formé ou renouvelé dans le courant d'une année, et non au dimanche de Quasimodo, à quelle époque doit-il être renouvelé ?

Cette question se présente ordinairement dans l'un des trois cas suivants : 1° Lorsqu'un conseil de fabrique a été depuis peu de temps formé pour la première fois par des nominations opérées par l'évêque et le préfet, et qu'il s'agit de procéder au premier renouvellement par élections; 2° lorsqu'un conseil de fabrique ayant omis de procéder au renouvellement de la moitié de ses membres à l'époque fixée, l'évêque a dû, conformément au décret du 30 décembre 1809, article 8, et à l'ordonnance royale du 12 janvier 1825, article 4, y suppléer par des nominations d'office; 3° enfin, lorsque M. le ministre des cultes, usant du pouvoir que lui confère la même ordonnance du 12 janvier 1825, a été obligé de révoquer un conseil de fabrique.

Il est alors trois partis entre lesquels on semble avoir à opter : le premier est de renouveler le conseil à l'époque précise à laquelle il a été formé ; le second, d'attendre, pour opérer le renouvellement, non-seulement qu'il y ait trois ans écoulés depuis les nominations, mais de les retarder encore jusqu'au dimanche de Quasimodo qui suit ; le troisième, d'effectuer, au contraire, le renouvellement au dimanche de Quasimodo qui précède la révolution des trois années à compter du jour des nominations.

Le Conseil estime que le premier parti doit d'abord être écarté. En effet, un conseil de fabrique peut avoir été créé au mois de juin, un autre révoqué et renommé au mois de septembre, etc. Il faudrait donc, selon les circonstances et les localités, procéder à des renouvellements à toutes les époques de l'année. Rien ne serait plus contraire qu'un pareil désordre à l'esprit et aux dispositions du décret du 30 décembre 1809 et de l'ordonnance du 12 janvier 1825. Il résulte implicitement de divers articles de ces deux actes, notamment des articles 7, 9, 11 et 15 du décret de 1809, et des articles 2, 3 et 4 de l'ordonnance de 1825, que le législateur a voulu que les élections eussent partout à la même époque et toujours au dimanche de Quasimodo. D'ailleurs cette simultanéité est indispensable à la régularité de l'administration et du service. L'autorité supérieure, religieuse et civile peut, pendant un mois désigné, s'occuper du renouvellement des conseils de fabrique, le provoquer, en surveiller les opérations, etc., etc.; mais il lui serait impossible d'y prêter la même attention pendant le cours de toute l'année. Il n'y a d'ailleurs aucun motif pour faire adopter ce premier parti, de procéder au renouvellement de chaque conseil exactement à la même époque à laquelle ce conseil est entré en fonctions. Il en résulterait aucun avantage, et il s'ensuivrait plusieurs inconvénients. Il serait même à désirer, au contraire, que les renouvellements eussent lieu en même temps dans tout le royaume.

Il reste donc à choisir entre le deuxième et le troisième système, qui au fond diffèrent assez peu.

Le second système est sujet à quelques objections. Un conseil de fabrique, par exemple, a été formé le 1er octobre 1832; si on attend, pour renouveler la moitié de ses membres, le dimanche de Quasimodo 1836, on les aura laissés en fonctions, non pas trois ans seulement, mais trois ans et six mois. Cependant leurs pouvoirs ne leur étaient conférés que pour trois ans; ils expireraient donc au plus tard le 1er octobre 1835.

Dans le troisième système, le conseil pris pour exemple et formé le 1er octobre 1832, devra être renouvelé le dimanche de Quasimodo 1835. Sans doute on pourra opposer l'objection inverse de celle adressée au système précédent. On dira que la moitié des membres du conseil, renouvelés en 1835, ne seront restés en fonctions que deux ans et demi, et qu'ils avaient été nommés pour trois ans. Mais il y a toujours moins d'inconvénients à mettre fin à un pouvoir qu'on pourrait exercer encore, qu'à en prolonger l'exercice au-delà de sa durée légale. D'ailleurs, les fabriciens sortants peuvent être renommés, et leur prochaine réélection ne leur sera qu'un engagement de plus à remplir avec zèle et fidélité l'honorable mandat qui leur est confié.

Du reste, on pourrait citer en faveur de ce dernier mode de trancher la difficulté de nombreux précédents. On n'en mentionnera qu'un seul. La loi sur l'organisation municipale du 21 mars 1831 portait, dans son article 17, que les conseillers municipaux étaient élus pour six ans; mais elle voulait par son article 53 que par exception, trois ans après la première nomination qui aurait lieu intégralement, le sort désignât une moitié des membres qui sortiraient des conseils et seraient remplacés par une nouvelle élection. Ces dispositions sont tout à fait analogues à celle de l'article 7 du décret de 1809. La loi municipale ne fut pas mise à exécution en même temps dans toute la France; les conseillers municipaux furent nommés dans certains départements vers le milieu de l'année 1831, dans la plupart à la fin de la même année, dans beaucoup d'autres en 1832 seulement. Cependant une ordonnance du roi, du 9 septembre 1834, sans s'arrêter à cette différence et à cette considération que certains conseillers ne seraient pas restés trois ans en fonctions, ordonna que le renouvellement triennal eût lieu dans toutes les communes du royaume les 1er octobre au 15 décembre 1834. Une ordonnance précédente du 25 mars 1834 avait même antérieurement prescrit de procéder à ce renouvellement dans divers conseils municipaux, dans ceux où il se trouvait déjà des places vacantes.

Le conseil estime, en conséquence : 1° que toutes les fois qu'un conseil de fabrique par suite de circonstances quelconques a été formé ou renouvelé à une autre époque que le dimanche de Quasimodo, le renouvellement partiel ne doit pas moins avoir lieu au dimanche de Quasimodo; 2° que ce renouvellement doit avoir lieu au dimanche de Quasimodo

---

12 janvier 1825 (1) a comblé la lacune en décidant que, dans le cas de vacance par mort ou démission, on doit ajouter par destitution (2), l'élection en remplacement devrait être faite dans la première séance ordinaire du conseil de fabrique qui suivrait la vacance.

Les nouveaux fabriciens, aux termes du même article de l'ordonnance, ne doivent être élus que pour le temps d'exercice restant à ceux qu'ils sont destinés à remplacer.

A défaut d'élection un mois après cette époque, le conseil, ainsi que nous le verrons plus loin, est déchu de son droit.

1029. Lorsqu'un conseil de fabrique, ayant à procéder au remplacement de plusieurs de ses membres décédés ou démissionnaires, ainsi qu'au renouvellement triennal, n'y a pas procédé dans la première séance ordinaire après la vacance, à la séance de Quasimodo dans le deuxième cas, ce conseil ne peut valablement se réunir dans le mois qui suit la séance pour opérer ce remplacement sans en avoir préalablement obtenu l'autorisation de l'évêque ou du préfet.

On sait, en effet, que les réunions doivent être spécialement autorisées. La disposition est générale et absolue ; elle embrasse indistinctement toutes les réunions extraordinaires, quel qu'en soit l'objet. Elle doit donc s'appliquer aux réunions extraordinaires pour élections comme à toutes autres. Pour qu'il en fût autrement, il faudrait qu'une exception formelle eût été apportée à cet égard au principe général que consacre l'article 10 du décret du 30 décembre 1809 ; or, l'article 4 de l'ordonnance de 1825 est loin d'établir une semblable exception, et on ne la trouve écrite dans aucune autre disposition. Loin de là, cette ordonnance confirme la prescription de l'article 10 du décret, puisque, par son article 6, elle impose aux évêques et aux préfets l'obligation de se prévenir réciproquement des autorisations d'assemblées extraordinaires qu'en vertu du premier de ces articles ils accorderaient à des conseils de fabriques, et des objets qui devront être traités dans ces assemblées extraordinaires.

Si la réunion n'a pas été autorisée, l'élection est nulle (3).

1030. Campion admet que l'évêque peut autoriser un conseil de fabrique à procéder aux élections avant les époques déterminées par la loi ; il ajoute qu'il ne saurait lui enlever le droit, qu'il tient de l'ordonnance de 1825, de la faire ultérieurement. L'autorisation accordée n'est qu'une simple faculté dont le conseil de fabrique est libre de ne pas user, sans que cette abstention puisse annuler ou modifier les droits que la loi lui attribue (4).

Dans tous les cas, la durée des fonctions des membres des conseils de fabrique ne peut être abrégée par une décision épiscopale, quand cette décision serait motivée par l'avantage résultant d'un renouvellement simultané dans tout le diocèse (5).

1031. Le Journal des conseils de fabrique a admis de même qu'on anticipât l'époque des élections. Suivant ce journal, lorsqu'il s'est produit dans un conseil de fabrique plusieurs vacances par mort ou démission, ce conseil n'est pas obligé d'attendre pour y pourvoir sa première séance ordinaire. Sans doute le législateur a voulu que les élections en remplacement des membres décédés ou démissionnaires eussent lieu, en général, dans la première séance ordinaire qui suit la vacance. Il a formellement voulu que ces élections, à dé-

---

qui précède l'expiration des trois années à partir de l'époque de la nomination du conseil.

Toutefois, si le moment de l'expiration de ces trois ans était peu éloigné du dimanche de Quasimodo suivant, cette dernière règle ne devrait pas être rigoureusement appliquée, et il conviendrait d'attendre ce dimanche. C'est ce qui aurait lieu pour un conseil organisé, par exemple, en février ou en mars 1833; il ne devrait pas être renouvelé à Quasimodo 1835, mais seulement à Quasimodo 1836. Cette modification peut encore être appuyée par analogie sur un article de l'ordonnance royale précitée du 23 mars 1834, relative au renouvellement des conseils municipaux. (J. c. f., 23e consult., 1834-35, p. 194.)

(1) Art. 3.
(2) Voir le droit de destitution.
(3) J. c. f., 456e consult., 1845-46, p. 217;—Arr. min. 9 novembre 1849, cité plus haut, n° 1021; — Lettre min. précitée, n° 1021, du 12 avril 1865.
(4) Voir plus loin, à partir de quel délai un évêque peut nommer à dater de la séance extraordinaire?
(5) C. d'Ét. cont., 7 octobre 1841, Campion.

faut d'être effectuées dans cette séance, fussent opérées, au plus tard, dans le mois à partir de cette époque. Mais aucune disposition n'interdit aux conseils de fabriques d'y procéder plus tôt, et, pour le faire valablement, il suffit qu'ils aient soin de se pourvoir des autorisations nécessaires.

« Lors donc qu'un conseil de fabrique dans le sein duquel se sont produites une ou plusieurs vacances par mort ou par démission, a quelque raison de ne pas attendre sa première séance ordinaire pour élire les nouveaux membres destinés à remplacer ceux décédés ou démissionnaires, ce conseil peut s'adresser à l'évêque, lui exposer sa position, lui faire connaître les motifs qu'il a de se compléter sans attendre la première séance ordinaire ; et il appartiendra à l'autorité diocésaine d'apprécier ces diverses circonstances, et, s'il y a lieu, d'autoriser le conseil dont il s'agit à se réunir extraordinairement pour procéder à ces élections... Valablement autorisé à cet effet, le conseil de fabrique pourra parfois, dans la même séance extraordinaire, procéder d'abord aux élections à opérer par lui ; puis, passer ensuite à la délibération des affaires urgentes dont il aurait à s'occuper, délibération à laquelle les membres nouvellement nommés, immédiatement prévenus, seraient appelés à prendre part. Dans le cas contraire, cette délibération serait remise à une nouvelle séance extraordinaire, tenue à un jour aussi rapproché qu'on le jugerait convenable, mais pour laquelle il y aurait toujours toutefois à se pourvoir préalablement d'une autorisation spéciale de l'évêque ou du préfet (1). »

1032. Le *Journal des conseils de fabrique* admet la même solution au cas de vacance unique :

Lorsqu'il y a lieu de procéder au remplacement d'un conseiller de fabrique décédé, démissionnaire ou révoqué, cette élection peut être valablement opérée avant la séance ordinaire qui suit la vacance, et dans une réunion extraordinaire spécialement autorisée à cet effet par l'évêque ou le préfet. « Le législateur n'a pas entendu interdire aux évêques le droit d'autoriser les conseils de fabriques à opérer ces élections avant l'époque fixée. C'est ce qui résulte de la combinaison de l'article 3 de l'ordonnance (de 1825) avec l'article 10 du décret du 30 décembre 1809, qui permet à l'évêque et au préfet d'autoriser, en cas d'urgence, les conseils de fabriques à se réunir extraordinairement (2). »

1033. Aucun texte n'a réglé les formalités de l'élection. L'élection peut donc être faite, aussi bien pour les élections accidentelles que triennales, à haute voix ou au scrutin secret, soit individuel, soit de liste. Il suffit que les votes soient exactement comptés.

Le scrutin n'est, en effet, formellement prescrit par le décret de 1809 que pour la nomination du président, du secrétaire du conseil et des membres du bureau des marguilliers. Mais il est bien entendu que les élections doivent être constatées par un procès-verbal inscrit par le secrétaire sur le registre des délibérations et signé par tous les membres présents du conseil de fabrique ; autrement il n'en existerait pas de traces (3).

1034. Quel est le nombre des membres restants nécessaire pour la validité des élections triennales et accidentelles ?

On s'accorde à reconnaître que la règle posée par l'article 9 du décret de 1809, qui exige pour la validité des délibérations d'un conseil de fabrique la présence de plus de la moitié des membres de ce conseil, doit être appliquée aux élections ; mais comment ces mots de *moitié des membres* doivent-ils être interprétés ?

Suivant les uns, pour qu'un conseil de fabrique puisse se renouveler valablement, il doit suffire de la présence de plus de la moitié des membres restant en exercice, défalcation faite tant des membres restants que des membres démissionnaires ou révoqués ; suivant les autres, un conseil de fabrique ne peut procéder à des élections soit triennales, soit accidentelles, au cas de vacance, que lorsque le nombre

des membres présents à l'assemblée est supérieur à la moitié de ceux dont le conseil doit être composé au moment de ces élections. Le Conseil d'État s'est prononcé dans ce dernier sens. Ainsi, pour qu'un conseil de fabrique puisse valablement procéder aux élections, il faut que les fabriciens prenant part à ces élections soient toujours, dans les conseils de paroisse de 5,000 âmes, au nombre de quatre, et dans ceux des paroisses de moins de 5,000 âmes, au nombre de trois, y compris les membres de droit (1).

***

(1) C. d'Et., 7 août 1841. — « Le Conseil, — Sur le rapport de M. le chef de la 2ᵉ section du culte catholique ; — Vu la lettre par laquelle les sieurs Lecoins et Laporte, membres sortants du conseil de fabrique de Lion (Calvados), réclament contre l'élection de leurs successeurs, sur le motif que les membres qui ont procédé à cette élection n'étaient qu'au nombre de trois, tandis que la loi eût exigé, à leur sens, que les quatre membres restants prissent tous part au vote ; — Vu les avis donnés par l'évêque de Bayeux et par le préfet du Calvados les 21 mai et 11 juin 1841, desquels il résulte qu'ils considèrent comme irrégulières les opérations électorales ainsi faites par les fabriciens de Lion et constatées par le procès-verbal qui en a été dressé le 18 avril précédent ; — Vu les articles 3 et 4 du décret du 30 décembre 1809 qui, y compris les deux membres de droit, fixent à sept le nombre des membres composant les conseils de fabrique dans les paroisses dont la population est au-dessous de cinq mille âmes ; — Vu l'article 7, d'après lequel ces conseils doivent se renouveler partiellement tous les trois ans, savoir : par la sortie de trois membres après les trois premières années, de deux membres après six ans, et ainsi de même successivement ensuite ; — Vu l'article 8, qui charge les membres restant en fonctions de procéder par la voie de l'élection au remplacement des membres sortants ; qu'il ne peut être rempli par eux qu'au moyen de l'élection, l'article 9 portant que les conseils ne pourront délibérer que lorsqu'il y aura plus de la moitié des membres présents à l'assemblée ; — Considérant qu'en thèse générale il est de principe, en matière d'élections, que les citoyens appelés à y procéder peuvent exercer leurs droits quand bien même ils ne se trouveraient pas réunis à l'état de majorité, et qu'à plus forte raison ils le peuvent, lorsque les suffrages exprimés l'ont été par la moitié plus un des électeurs ayant la faculté légale de voter ; qu'il serait étrange, en effet, qu'une minorité capricieuse eût la puissance de paralyser, au sein de la majorité, par le simple fait de son abstention, l'exercice d'un droit et l'accomplissement d'un devoir ; — Considérant que la loi du 19 avril 1831 sur les élections à la Chambre des députés a supposé textuellement qu'un collège électoral pourrait utilement procéder, quand bien même le tiers plus un seulement de ses membres inscrits prendrait part au scrutin, puisqu'elle admet l'élection du candidat qui a réuni un pareil nombre de voix, et qu'il peut faire arriver qu'une élection soit faite à l'unanimité de ces tants ; — Que cette loi porte même ainsi une règle si sévère que ne le sont les principes généraux ; que la loi du 22 juin 1833 dispose, article 43, que la présence du tiers plus un des électeurs sur les listes et la majorité absolue des votes exprimés sont bien nécessaires au premier tour de scrutin pour qu'il y ait élection valable d'un membre au Conseil général du département ou au conseil d'arrondissement, mais qu'au deuxième tour la majorité relative suffit, quel que soit le nombre des électeurs présents ; — Que la loi du 21 mars 1831 sur l'organisation municipale garde le silence sur le nombre des électeurs majeurs dont la participation est nécessaire pour qu'il y ait élection ; qu'elle dispose seulement (article 40) que les assemblées d'électeurs communaux procèdent par scrutin de liste ; que la majorité absolue des voix exprimées est exigée au premier tour de scrutin, mais que la majorité relative suffit au second ; — Qu'il importait, en effet, que la législation accordât la plus grande latitude à cet égard ; que, sans cela, les élections du conseil de la commune, celles à leur tour des rangs de la garde nationale, etc., etc., eussent été souvent complètement impossibles ; — Considérant, au surplus, qu'en se reportant aux dispositions de l'article 9 du décret du 30 décembre 1809, trois membres sur quatre ont pu élire, puisqu'ils forment, dans l'espèce rapportée, la majorité du conseil de fabrique de Lion, tel qu'il était demeuré composé après la cessation des pouvoirs ayant appartenu aux trois membres sortants ; — Considérant que mal à propos les partisans d'un autre système objecteraient que les fabriciens pourraient se trouver réduits à une imperceptible minorité si l'on admettait cette interprétation de l'article 9 du décret ; qu'il suffirait, pour qu'il en fût ainsi, qu'un ou plusieurs d'entre eux fussent morts ou eussent donné leur démission, qu'une telle obligation est faite en présence de l'article 3 de l'ordonnance du 12 janvier 1825, qui veut qu'en cas de démission ou de décès d'un membre du conseil de fabrique il soit, à la prochaine réunion ordinaire, procédé à son remplacement ; — Considérant que l'opinion d'après laquelle il est prétendu que la présence des quatre membres restants est indispensable pour qu'il y ait remplacement des membres sortants, par voie d'élection, aurait pour résultat de supprimer ce mode de remplacement, de rendre vaines, par conséquent, les prescriptions de l'article 8 du décret, et d'attribuer exclusivement aux évêques la formation des conseils de fabrique toutes les fois qu'il plairait aux curés ou desservants qu'il en fût ainsi ; qu'il leur suffirait, pour parvenir à cette fin, de refuser leur concours, et qu'il est impossible de supposer que telle ait été la volonté du législateur ; — Est d'avis : — Qu'il y a lieu de rejeter la demande des sieurs Lecoins et Laporte et de déclarer valables les opérations électorales auxquelles il a été procédé par les fabriciens de Lion, le 18 avril dernier. — Approuvé, le 18 août 1841, le ministre de la justice et des cultes, — Martin (du Nord). »

Dans le même sens : C. d'Et., lég., 8 février 1844 ; — Déc. min., 23 juin 1852, 3 avril 1860 ; — Déc. min. 12 avril 1865.

***

(1) J. c. f., 655ᵉ consult., année 1858-59, p. 26.
(2) J. c. f., 457ᵉ consult., 1845-46, p. 210.
(3) Lettre min. 23 déc. 1871.

1035. Suivant Bost (1), le nombre requis pour la validité des élections accidentelles destinées à remplacer les membres manquants n'est pas le même que pour les élections triennales. Dans ce cas, pour que l'élection soit valable, il faut, suivant lui, par application de l'article 9 du décret du 30 décembre 1809, que le nombre des fabriciens qui concourent à l'élection représente plus de la moitié des membres dont le conseil de fabrique complet doit être composé. En sens contraire, le Conseil d'Etat statuant au contentieux a admis implicitement (2) qu'un conseil de fabrique peut procéder au remplacement des membres manquants, quoique sur 7 membres dont il doit être composé, il ne reste que 3 membres.

Dans une affaire analogue, un conseil de fabrique de 7 membres ayant procédé, au nombre de 3 membres, au remplacement de membres démissionnaires, le ministre des cultes décida que le parti le plus prudent serait de s'engager les membres votants à démissionner ; le conseil de fabrique étant déclaré dissous devrait être réorganisé (3).

(1) Cons. de fabrique.
(2) C. d'Et. cont. 17 mai 1878.
(3) Déc. min., 12 avril 1869 : — « Monsieur le préfet, par votre dépêche du 22 mars dernier, vous m'avez informé que le conseil de fabrique de l'église de Sanxois, composé de sept membres, y compris les membres de droit, s'était réuni le 3 janvier précédent, pour procéder à l'adjudication des chaises, M. le maire a proposé de pourvoir également au remplacement de deux membres démissionnaires et nommer en même temps un président et un trésorier.
« M. le curé a cru devoir s'y opposer et s'est retiré avec un autre fabricien. Le conseil s'est trouvé, dès lors, réduit à trois membres qui ont procédé au remplacement des deux fabriciens démissionnaires.
« Vous me demandez si, comme vous êtes porté à le croire, ces élections sont valables, Mgr l'évêque de Poitiers serait d'un avis contraire et soutiendrait qu'à l'exception des élections de renouvellement triennal qui peuvent être faites par trois membres seulement, attendu que les membres sortants ne doivent pas voter, toutes les autres délibérations, y compris celles où l'on remplace des membres décédés ou démissionnaires, ne peuvent être prises qu'autant que plus de la moitié des fabriciens sont présents.
« Dans les élections triennales en renouvellement des conseils de fabrique de sept membres, on est, en effet, d'accord pour décider que lorsque le conseil se trouve réduit en droit comme en fait à quatre membres par suite de l'expiration du pouvoir de trois membres, il suffit de trois membres pour procéder au renouvellement. D'après l'article 8 du décret du 30 décembre 1809, les nouveaux conseillers doivent être élus par les membres restants et, d'après l'article 9, le conseil peut délibérer lorsqu'il y a plus de la moitié des membres présents à l'assemblée. Les membres restants sont dans cette hypothèse au nombre de quatre, la majorité sera de trois, et ce nombre sera suffisant pour qu'ils puissent valablement procéder au renouvellement. Il serait de quatre dans les fabriques de onze membres réduites absolument à six et à sept fabriciens par la sortie des membres qui ont accompli leurs six années de fonctions.
« Mais la question devient difficile et controversée lorsqu'il s'agit d'élections partielles à la suite de décès ou de démissions ou de toutes autres délibérations. On se trouve, en ce cas, en dessous de la situation prévue et régie par l'article 8 du décret de 1809, et il n'y a plus lieu de combiner cet article avec le suivant comme on doit le faire pour le cas de renouvellement triennal.
« Dans une opinion, on soutient qu'il est de principe, en matière d'élections, que la majorité des suffrages exprimés suffit pour la validité des opérations électorales ; que ce principe a été notamment consacré par le décret du 2 février 1852 et les lois municipales des 21 mars 1831 (art. 25) et 5 mai 1855 (art. 17 et 41) et qu'il faut appliquer cette règle aux élections accidentelles des conseils de fabrique. La majorité des membres dont le conseil doit être composé ne suffit donc pas nécessaire pour procéder au remplacement des membres décédés ou démissionnaires ; le remplacement pourrait se faire à la majorité des suffrages exprimés, alors même que ces suffrages ne représenteraient pas la moitié du nombre normal des membres du conseil. Ainsi, dans une fabrique qui devrait être composée de sept membres, si deux fabriciens donnaient leur démission, et que deux autres seraient absents ou s'abstiendraient, les trois membres restants pourraient valablement pourvoir au remplacement des membres démissionnaires.
« On répond, dans une autre opinion, que les délibérations ou élections, bien que prises à la majorité des suffrages exprimés ne sont point et ne peuvent être un principe général qui domine tous les votes des corps délibérants. C'est souvent une nécessité dans les lois politiques, lorsqu'on prévoit l'impossibilité de réunir la majorité des électeurs, mais ce n'est est pas moins une dérogation au droit commun, toujours expressément formulée par le législateur, à un moins soin d'ajouter comme correctif une disposition exigeant pour le premier tour de scrutin un nombre minimum de voix (D. 2 février 1852, art. 6 ; — L. 5 mai 1855, art. 44, etc.).
« Le décret de 1800 (art. 9) ne contient aucune de ces mesures exceptionnelles qu'on ne saurait suppléer, et il se borne à exiger pour toute délibération, la présence de la moitié plus un de membres du conseil, ce qu'il est impossible de traduire par la moitié plus un des suffrages exprimés.
« On ajoute que l'absence, dans ce décret organique, d'une disposition qui exige un minimum de suffrages, la première opinion conduirait

1036. L'élection doit-elle avoir lieu à la majorité absolue ou à la majorité relative des suffrages ?

Le droit canonique exigeait la majorité absolue. Les anciens règlements qui ont servi de base au décret organique du 30 décembre 1809 exigeaient la pluralité des voix, ce qui s'entendait alors de la majorité absolue. Le Répertoire de jurisprudence civile et canonique de Guyot et Merlin déclare, d'une manière générale pour toutes les élections, « qu'il ne suffit pas, pour être élu, d'avoir le plus grand nombre de voix ; il faut en avoir seul plus de la moitié de la totalité. »

Le décret de 1809 étant muet sur ce point, il semblerait qu'il y aurait lieu, pour les élections fabriciennes, de se conformer aux anciennes règles et au droit commun. Ces principes ont été consacrés par de nombreuses décisions du Conseil d'Etat (1).

1037. Certains auteurs font observer que, dans la pratique, ce système offre le grave inconvénient de rendre assez souvent les élections impossibles et d'annuler ainsi le droit des électeurs. Il arrive souvent en effet que, par suite de démission ou de décès, un conseil de fabrique se trouve réduit à quatre membres. Si, au premier et au deuxième tour de scrutin, les voix se partagent également entre deux membres, il y a lieu d'appliquer l'avis du Conseil d'Etat du 9 juillet 1839, portant que, dans ce cas, la préférence doit être accordée au plus âgé ; mais supposons qu'un membre obtienne 2 voix, et les deux autres chacun 1 voix, il n'y aurait pas d'élection valable si l'on exigeait la majorité absolue. Il en serait de même si l'un d'eux ayant réuni 2 voix, les 3 autres voix s'étaient portées sur trois personnes différentes.

Si l'on décide que la majorité relative suffit au second tour de scrutin, la personne qui aura obtenu 2 suffrages sera valablement élue (2).

1038. D'après une décision du ministre des cultes, quand le conseil n'a pu arriver à s'entendre pour porter sur la même personne la majorité absolue des suffrages, son droit serait éteint et passerait à l'autorité épiscopale (3).

logiquement à un résultat inadmissible, à savoir que, lorsque dans un conseil de sept membres, trois fabriciens auraient donné leur démission et deux s'abstiendraient, les deux conseillers restants pourraient procéder valablement au remplacement des membres démissionnaires.
« Le premier système a été cependant quelquefois adopté par l'administration des cultes, lequel le second est soutenu par tous les jurisconsultes qui ont traité la question. La difficulté que soulèvent les élections du conseil de fabrique de Sanxois me paraît donc grave, et il n'est impossible de prévoir quelle serait la décision du Conseil d'Etat, qui n'a pas su encore à se prononcer sur cette controverse. Le parti le plus prudent serait donc, à mon avis, d'engager les membres restants à donner leur démission ; le conseil de fabrique serait déclaré dissous, et vous auriez alors à procéder à sa réorganisation, concurremment avec Mgr l'évêque de Poitiers. Le refus de démission des membres encore en fonctions ne serait pas du reste un obstacle invincible, la dissolution pouvant être prononcée lorsqu'un conseil de fabrique se trouve, par le fait de quelques-uns de ses membres, dans l'impossibilité de remplir ses fonctions.
« Toute autre détermination pourrait amener un recours au Conseil d'Etat dont l'issue me semble douteuse. Je ne serais donc pas d'avis d'entrer dans une voie qui ne ferait que surexciter les passions locales et les ressentiments personnels... »

(1) Cont. 22 juillet 1859, Lagineste (fabrique de Montcuq) ; Bost, Conseils de fabriques.
(2) Campion.
(3) Déc. min. 6 décembre 1871. — ... Il est de règle générale qu'à moins de dispositions contraires formellement exprimées, les délibérations doivent être prises et les élections opérées à la majorité absolue des suffrages. Cette règle était appliquée par le droit canonique aux élections ecclésiastiques. Les anciens règlements des marguilliers, qui ont servi de base au décret organique du 30 décembre 1809, exigeaient la pluralité des voix, ce qui s'entendait alors de la majorité absolue. Le répertoire de jurisprudence civile et canonique de Guyot et Merlin, qui jouit d'une grande autorité doctrinale, déclare, d'une manière générale pour toutes les élections, « qu'il ne suffit pas pour être élu d'avoir le plus grand nombre de voix ; il faut en avoir seul plus de la moitié de la totalité ». Le décret de 1809 étant muet sur ce point, il semblerait a priori qu'il y aurait lieu, pour les élections fabriciennes, de se conformer aux anciennes règles et au droit commun. Mais ce système offrirait, dans la pratique, le grave inconvénient de rendre assez souvent les élections fabriciennes impossibles et d'annuler ainsi le droit des électeurs. Permettez-moi, Monseigneur, de prévoir quelques-uns des cas qui peuvent se présenter dans ces élections. — Le bureau des marguilliers ne se compose que de quatre membres, et, même il arrive souvent que, par suite de démissions ou de décès un conseil de fabrique se trouve réduit au même nombre. — Si au premier et au deuxième tour de scrutin, les voix se partagent également entre deux membres, il y a lieu d'ap-

1039. En matière d'élections, on compte seulement les suffrages exprimés, et les bulletins blancs doivent être considérés comme non avenus (1).

1040. En cas de partage de voix, le conseil peut-il s'en rapporter au sort pour désigner entre les candidats qui ont réuni le même nombre de voix, celui qui sera membre du conseil ? Non; l'article 8 du décret du 30 décembre 1809 porte que les conseillers qui devront remplacer les membres sortants, seront élus par les membres restants.

1041. Le décret du 30 décembre 1809 (2) porte que le président d'un conseil de fabrique a voix prépondérante en cas de partage. Cette disposition n'est applicable qu'aux délibérations ordinaires que prend le conseil et jamais aux élections auxquelles il lui appartient de procéder, soit parce que dans l'article où elle est placée, il ne s'agit que des délibérations ordinaires, soit parce que la prépondérance est incompatible avec la nature et avec le mode même de l'élection au scrutin secret, qui est généralement suivi.

Ainsi, en matière d'élections pour remplacer les membres sortants, ainsi que pour pourvoir aux vacances, le candidat le plus âgé, quand il y a égalité dans le nombre des suffrages, doit être déclaré élu, suivant la règle générale, alors même que le président aurait voté pour le moins âgé (3).

1042. Si le conseil de fabrique n'a pas procédé aux élections au cas de renouvellement ou au cas de vacance, dans le délai d'un mois, après la séance de Quasimodo (4), dans la première hypothèse, après la première séance ordinaire, qui suit la vacance, dans la deuxième hypothèse, l'évêque diocésain nomme lui-même (5).

1043. L'évêque, avant d'user de son droit de nomination, doit-il mettre en demeure le conseil de fabrique d'avoir à procéder aux élections réglementaires ? Oui, primitivement, sous l'empire du décret du 30 décembre 1809, qui spécifiait (6) : « Les conseillers qui devront remplacer les membres sortants seront élus par les membres restants. Lorsque le remplacement ne sera pas fait à l'époque fixée, l'évêque ordonnera qu'il y soit procédé dans le délai d'un mois, passé lequel délai, il y nommera lui-même et pour cette fois seulement. » Cette disposition a été modifiée par l'ordonnance du

12 janvier 1825 (1) : « Si un mois après les époques indiquées dans les deux articles précédents, c'est-à-dire les époques fixées pour les élections au cas de renouvellement (et aussi pour le cas de vacance par mort ou démission), le conseil de fabrique n'a pas procédé aux élections, l'évêque diocésain nommera lui-même. » Ainsi, on a pu penser qu'il résultait du texte de l'ordonnance du 12 janvier 1825, qu'une mise en demeure de l'évêque n'est pas nécessaire. On a tiré cette interprétation non seulement du texte même de la loi, mais aussi de la circulaire du 30 janvier 1825, émanant du ministre même qui prépara l'ordonnance : d'après cette circulaire, l'ordonnance de 1825 remet au dimanche de Quasimodo la séance du conseil, dans laquelle doivent se faire les élections du renouvellement, afin de mieux fixer l'attention par une date remarquable et d'empêcher que le conseil de fabrique ne laisse passer, par inadvertance, l'époque après laquelle il n'aurait plus le droit d'élection. Une mise en demeure n'est donc pas exigée (2). Une circulaire du 6 juin 1888 exige cependant une mise en demeure (3).

---

(1) Art. 4; voir *supra* l'exposé des motifs et la circulaire.
(2) Déc. min. 12 novembre 1868; Bloch, *Dictionnaire d'Administration*; — Cont. 17 mai 1875, voir *infra*.
(3) Circ. 6 juin 1888. — « Monsieur le Préfet, plusieurs de vos collègues m'ont consulté sur le point de savoir s'ils pouvaient procéder *de plano*, d'accord avec les autorités diocésaines, à la réorganisation des conseils de fabrique qui ont cessé de fonctionner régulièrement pour suite de décès, de démissions, de vacances ou de toute autre cause.

Le bon fonctionnement des assemblées fabriciennes présente un sérieux intérêt, en dehors même du rôle spécial qui leur est attribué, puisqu'aux termes de l'article 136 de la loi du 5 avril 1884, à défaut de ressources des établissements ecclésiastiques, certaines dépenses, limitées il est vrai par cette loi elle-même, peuvent encore tomber à la charge des communes. Je ne saurais donc trop vous encourager à faire cesser les lacunes qui pourraient exister dans la composition de ces assemblées.

Toutefois, certaines précautions sont nécessaires pour échapper à toute surprise et à toute erreur, comme pour éviter de léser ceux des membres de ces assemblées auxquels aucun reproche ne peut être adressé.

Lorsqu'un conseil de fabrique a perdu l'un de ses membres et qu'il a omis de le remplacer, ou encore lorsqu'il a négligé de procéder à un renouvellement triennal, l'article 4 de l'ordonnance du 12 janvier 1825 reconnaît à l'évêque le droit de faire lui-même les nominations nécessaires. Mais l'exercice de ce droit est subordonné à cette condition, qui est d'ailleurs d'ordre général, que le conseil de fabrique aura préalablement été mis en demeure d'user de son droit. Les autorités diocésaines ne sauraient, en effet, vouloir bénéficier de l'ignorance du conseil.

L'ordonnance du 12 janvier 1825 n'a rien innové en cette matière et l'on ne saurait admettre, ainsi qu'on l'a soutenu à certaine époque, que cette ordonnance ait abrogé implicitement l'article 8 du décret du 30 décembre 1809. Ce décret a un caractère législatif qui a été reconnu à diverses reprises par la Cour de cassation comme par le Conseil d'État, et l'article final de l'ordonnance de 1825 elle-même prend soin de déclarer que « le règlement général des fabriques du 30 décembre 1809 « continuera d'être exécuté en tout ce qui n'est pas contraire à la présente « ordonnance ». Ce n'est pas au moment où les plaintes graves ont été portées jusqu'au Parlement contre la législation qui régit les fabriques qu'il convient de diminuer les garanties que peut présenter cette législation.

D'un autre côté, le droit de nomination directe des évêques, même après la mise en demeure adressée préalablement au conseil de fabrique, est strictement limité aux cas prévus par les articles 2 et 3 de l'ordonnance du 12 janvier 1825, c'est-à-dire lorsqu'il s'agit de pourvoir, dans les délais prescrits, à une élection déterminée ou à une vacance. Si ces délais sont expirés, si plusieurs renouvellements triennaux ont été négligés, si depuis longtemps déjà il y a des vacances, si en un mot l'assemblée a cessé de fonctionner régulièrement, l'évêque, par son inaction, a perdu, même après une mise en demeure tardive, le droit de compléter l'assemblée. On est en présence d'une réorganisation à opérer, et cette réorganisation des conseils de fabrique ne peut avoir lieu que d'après les bases déterminées par la loi pour leur institution, c'est-à-dire d'après les termes de l'article 6 du décret du 30 décembre 1809, qui partage la nomination entre l'autorité diocésaine et l'autorité préfectorale.

Mais, dans ce cas, il est indispensable de prendre acte du non-fonctionnement prolongé de l'assemblée, et l'autorité supérieure doit dès lors intervenir. Les nominations que vous feriez d'accord avec l'autorité diocésaine seraient prématurées si cette intervention n'avait pas eu lieu.

Lors donc que la constitution d'une nouvelle assemblée fabricienne vous paraît s'imposer, vous devez m'adresser, avec l'avis de l'évêque et la défense de quelques fabriciens encore en fonctions, s'il y a lieu, un rapport et des propositions motivées. Ce n'est que lorsque j'ai statué sur ces propositions et lorsque je vous ai notifié un arrêté portant dissolution du conseil de fabrique, que le droit de nomination qui vous est réservé, ainsi qu'à l'évêque, est ouvert et que vous pouvez procéder de concert à la constitution d'une nouvelle assemblée, par application de l'article 6 précité du décret du 30 décembre 1809.

Cet arrêté de dissolution, quoique puisant sa base dans les mêmes

---

pliquer ici l'avis du Conseil d'État du 9 juillet 1839, portant que, dans ce cas, la préférence doit être accordée au plus âgé; mais, supposons qu'un membre obtienne deux voix et les deux autres membres chacun une voix, il n'y aurait pas d'élection valable si on exigeait la majorité absolue. Il en serait de même si l'un d'eux ayant réuni deux voix, les trois autres voix s'étaient portées sur trois personnes différentes. — Si l'on décide, au contraire, que la majorité relative suffit au deuxième tour de scrutin, la personne qui aura obtenu deux suffrages sera valablement élue. — On peut invoquer par analogie à l'appui de ce système, les dispositions inscrites dans nos lois électorales depuis quarante ans. — Pour arriver à une solution, on pourrait peut-être encore proposer un autre système en s'appuyant sur l'article 4 de l'ordonnance du 12 janvier 1825. — D'après le principe de cet article, le droit d'élection est transmis à l'évêque toutes les fois que le conseil de fabrique n'a pas procédé à une élection qu'il aurait pu et dû faire. On déciderait donc que, lorsque le conseil n'a pas pu arriver à s'entendre pour porter sur la même personne la majorité absolue des suffrages, son droit est éteint et passe à l'évêque. — L'espèce citée dans la lettre de Votre Grandeur ne présente pas, du reste, cette difficulté. Il s'agit, en effet, d'un bureau de margulliers composé de quatre membres, dont l'un était absent, et a déposé un bulletin blanc. — Comme il est de principe qu'en matière d'élections on compte seulement les suffrages *exprimés*, il n'y a eu en réalité, que trois votants. Le membre qui a obtenu deux voix a donc la majorité *absolue*, et il n'y a pas lieu d'appliquer l'avis précité du Conseil d'État. — J'inclinerais à adopter le premier système, mais je reconnais cependant que la question est délicate, puisqu'il s'agit de déroger à une règle générale dont on ne s'écarte dans les élections politiques ou communales qu'en vertu d'une disposition ou dérogation expresse inscrite dans la loi... »
(1) Déc. min. 6 décembre 1871.
(2) Art. 9.
(3) C. d'Et. int. 2 juillet 1839, juin 1853; — Déc. min. 21 août 1852; — C. d'Et. cont. 11 août 1859, aff. Lagineste; — Circ. min. 6 et 23 décembre 1871; Vuillefroy, Bost, Contra, Gaudry.
(4) C. d'Et., int. 2 juillet 1839. — Il est contraire à son esprit de faire intervenir le sort pour désigner les conseillers, dont la nomination doit être l'expression libre et réfléchie de votes éclairés. Dans le cas où les voix seraient partagées au premier tour de scrutin, il est nécessaire de procéder à un second scrutin, et dans le cas où le scrutin conserverait le même partage, le plus âgé devrait obtenir la préférence.
(5) Ord. 12 janvier 1825, art. 4.
(6) Art. 8.

1044. Suivant Bost, toutes les fois qu'il y a lieu d'opérer le renouvellement partiel ou intégral d'un conseil de fabrique et que le conseil a perdu son droit d'élection, le curé doit en donner avis à l'évêque qui nomme directement aux fonctions vacantes ou pourvoit, concurremment avec le préfet, à la réorganisation totale de la fabrique.

1045. A partir de quel moment court le délai d'un mois, après lequel l'évêque peut procéder lui-même à la nomination des fabriciens, si la fabrique n'a pas procédé aux élections ? A partir du dimanche de Quasimodo, s'il s'agit d'un renouvellement triennal (1) ; au cas de vacance par mort ou démission, à partir de la première séance ordinaire, qui suit la vacance (2). Il peut s'élever à ce sujet des difficultés au cas de démission. Une démission, en principe, n'est valable que quand elle est acceptée (3). La démission d'un fabricien peut être acceptée par le conseil de fabrique ou bien par les supérieurs hiérarchiques, le préfet et l'évêque.

Pas de difficulté si le conseil de fabrique accepte la démission. Si le préfet ou l'évêque a reçu la démission, il peut y avoir lieu à difficulté : la démission ne peut produire d'effet à l'égard du conseil de fabrique qu'autant qu'elle a été officiellement portée à sa connaissance (4).

1046. Quid, si le conseil de fabrique omettant de se réunir, la démission n'a pu être portée à sa connaissance ? Le Conseil d'Etat a jugé que lorsque les membres d'un conseil de fabrique ont négligé de se réunir pour la séance ordinaire du dimanche de Quasimodo et pour celles des premiers dimanches de juillet et d'octobre, l'évêque a le droit de remplacer les membres démissionnaires depuis plus d'un mois, quoique le conseil de fabrique, faute de réunions en temps utile, n'ait pas eu connaissance des démissions et qu'il n'ait pas été mis en demeure de procéder aux élections. Ainsi, si le conseil de fabrique s'était réuni aux époques régulières, il aurait eu connaissance des démissions et aurait pu user de son droit d'élection. Il a négligé de se réunir, il ne peut arguer de l'irrégularité de la nomination par l'évêque, cette irrégularité ayant pour cause la négligence dont il a fait preuve en ne se réunissant pas.

Le ministre des cultes a fait connaître les motifs qui s'opposent à ce que les fabriciens puissent, s'ils ont omis de se réunir, rejeter sur le desservant ou sur l'administration les conséquences de leur négligence ou de leur mauvaise volonté.

« Il est de principe que l'annonce en chaire, bien que généralement adoptée, n'est nullement indispensable. La séance ordinaire du conseil de fabrique du dimanche de Quasimodo dans laquelle doivent être faites, tous les trois ans, les élections de renouvellement, non plus que les séances ordinaires de juillet, d'octobre et de janvier, n'a pas besoin de convocations spéciales, elles ont lieu de plein droit aux époques spécialement déterminées par l'article 11 du décret du 30 dé-

cembre 1809 et l'article 2 de l'ordonnance du 12 janvier 1825. Les membres du conseil de fabrique peuvent s'y rendre d'euxmêmes et spontanément pour y exercer leurs droits d'élection. Dans le cas où, pour un motif quelconque, la réunion de Quasimodo serait ajournée, il est du devoir de chacun des membres du conseil de fabrique de ne pas laisser passer le délai. Tout fabricien peut, à l'effet d'obtenir l'autorisation de se réunir, s'adresser à l'évêque ou au préfet, et même, s'il y a lieu, se pourvoir devant le ministre des cultes (1). »

1047. Lorsqu'il y a lieu de procéder à l'élection en remplacement d'un fabricien décédé, démissionnaire ou révoqué, et que le conseil de fabrique a été autorisé à se réunir extraordinairement, pour faire cette élection, avant la première séance ordinaire qui devait suivre la vacance, le délai d'un mois après lequel le droit de nomination est dévolu à l'évêque part du jour de la séance ordinaire et non pas du jour de la séance extraordinaire ainsi autorisée. « Les articles 3 et 4 de l'ordonnance du 12 janvier 1825 déterminent d'une manière précise le temps pendant lequel les conseils de fabrique peuvent procéder au remplacement de ceux de leurs membres dont les places deviennent vacantes par décès ou démission. Ce délai est fixé à un mois à partir du jour de la séance ordinaire qui suit le décès ou la démission, et ce n'est qu'après l'expiration de ce mois que le droit de nommer est dévolu à l'évêque. Nulle difficulté ne peut donc s'élever à cet égard lorsque le conseil de fabrique ne fait aucune diligence pour pourvoir au remplacement dont il s'agit avant la première séance ordinaire qui suit la vacance. Mais quand l'évêque diocésain ou le préfet, soit d'office, soit sur la demande du conseil de fabrique, autorise ce conseil à se réunir extraordinairement, avant cette séance ordinaire, pour opérer ces élections, ce même conseil de fabrique peut-il être tenu, sous peine de déchéance, de procéder à cette opération le jour de la réunion extraordinaire ou dans le mois suivant ? En d'autres termes, les fabriciens peuvent-ils être ainsi dépouillés, avant la fin du mois que leur accorde l'ordonnance réglementaire, du droit d'effectuer eux-mêmes la nomination des nouveaux membres ?

Le *Journal des conseils de fabrique* ne le pense pas.

---

textes (Ordonnance du 12 janvier 1825, art. 5 ; avis du Conseil d'Etat du 15 janvier 1845), doit être rigoureusement distingué, Monsieur le Préfet, des arrêtés de révocation que je puis être également amené à prendre à l'égard des conseils de fabrique pour défaut de présentation de comptes, irrégularités financières ou toute autre cause grave.

L'arrêté de dissolution a uniquement pour but de permettre la constitution d'un nouveau conseil de fabrique en ouvrant le droit de nomination de l'évêque et du préfet. Visant uniquement une situation de fait, sans s'occuper de la question de savoir à qui la responsabilité de cette situation incombe, il n'affecte à l'égard des membres restants du conseil qu'il s'agit de réorganiser, aucun caractère infamant, et rien ne s'oppose à ce que ces membres fassent partie de la nouvelle assemblée.

L'arrêté de révocation, au contraire, est une véritable mesure disciplinaire destinée à punir des fautes graves, des actes de rébellion à la loi, à réprimer des désordres signalés dans la gestion financière d'un conseil de fabrique, et qui, par ce motif, entraîne pour les membres faisant partie du conseil ainsi frappé l'impossibilité de faire partie de l'assemblée chargée de réparer les fautes de l'administration précédente et de déterminer des responsabilités, etc. »

(1) Ord. 12 janvier 1825, art. 2.
(2) *Ibid.*, art. 2.
(3) C. d'Et. 10 mars 1864, aff. Darnaud ; — 13 février 1869, aff. Tirard ; — 6 juin 1873, aff. Lambert ; — 23 février 1877, aff. électeurs de Ribécourt.
(4) Bost, *Conseils de fabriques.*

(1) Déc. min. 12 novembre 1868 ; — Lettre circ. 12 avril 1861 ; — Cont. 17 mai 1878. — Fauverteix et Fargeix. — Le conseil de fabrique de Saint-Sauves ayant négligé de se réunir pour les trois séances ordinaires de Quasimodo, de juillet et d'octobre, l'évêque crut devoir nommer trois membres nouveaux de la fabrique, trois membres ayant adressé au desservant leur démission depuis plus d'un mois. Le sieur Fauverteix, maire et membre de droit, et le sieur Fargeix, seul membre élu du conseil, encore en fonctions, demandèrent au ministre des cultes de décider que le conseil n'était pas déchu du droit de procéder au remplacement des membres démissionnaires. Le ministre ayant repoussé leur réclamation, ils s'adressèrent au Conseil d'Etat ; ils soutenaient que les démissions n'ayant pas été acceptées avant l'ordonnance épiscopale, n'avaient pu produire aucun effet jusqu'à ce jour ; que le conseil de fabrique aurait dû être mis en demeure de procéder à l'élection avant d'être considéré comme déchu de son droit, et qu'enfin, ce conseil ne pouvait être tenu comme responsable des conséquences de l'absence de réunion aux époques ordinaires, ce fait étant exclusivement imputable au desservant qui avait cessé de convoquer les membres et ne leur avait pas donné connaissance des démissions remises entre ses mains.

« Le Conseil d'Etat : — Vu le décret du 30 décembre 1809 et l'ordonnance royale du 12 janvier 1825 ; — Vu la loi des 7-14 octobre 1790 et celle du 24 mai 1872, art. 9 ;

Considérant qu'aux termes des articles 3 et 4 de l'ordonnance du 12 janvier 1825, dans le cas de vacance par démission, l'élection en remplacement doit être faite dans la première séance ordinaire du conseil de fabrique qui suivra la vacance, et que, si un mois après cette époque, le conseil n'a pas procédé aux élections, l'évêque diocésain doit nommer lui-même ; — Considérant qu'il résulte de l'instruction, que trois membres du conseil de Saint-Sauves avaient donné leur démission les 9 février, 3 et 15 mars 1875 ; que le conseil de fabrique, contrairement aux prescriptions de l'article 10 du décret du 30 décembre 1809 et de l'article 2 de l'ordonnance du 12 janvier 1825 combinés, avait négligé de se réunir pour la séance ordinaire du dimanche de Quasimodo et pour celles des premiers dimanches de juillet et d'octobre ; que, dans ces circonstances, les sieurs Fauverteix et Fargeix ne sont pas fondés à demander l'annulation de la décision par laquelle le ministre des cultes a rejeté leur réclamation tendant à faire déclarer qu'à la date du 12 octobre 1875, jour où l'évêque a nommé trois membres du conseil de fabrique en remplacement des démissionnaires, les membres dudit conseil restant en fonctions n'étaient pas déchus du droit de procéder à cette nomination ;

Art. 1er. La requête... est rejetée, etc. »

A son avis, le conseil de fabrique conserve toujours le droit de nommer ses membres, soit le jour de la séance ordinaire, soit dans tout le courant du mois qui suit cette séance. Le prélat peut bien, en effet, étendre les droits du conseil de fabrique, en l'autorisant à procéder aux élections avant le terme indiqué par l'ordonnance, mais il ne saurait enlever à ce conseil le droit qu'il tient de l'ordonnance même, d'y procéder dans la première séance ordinaire qui vient après la vacance ou dans le mois qui suit cette séance. L'autorisation extraordinaire n'établit, en un mot, qu'une simple faculté, dont le conseil de fabrique peut ne pas user, sans que cette abstention doive annuler ou modifier en aucune manière les droits que lui attribue la loi pour les élections dont il s'agit » (1).

1048. D'après une décision du 15 mars 1849, l'ordonnance du 12 janvier 1825, en conférant à l'évêque, à défaut par les conseils de fabrique d'élections dans les délais légaux, le droit de pourvoir aux nominations n'a pas limité la durée du temps pendant lequel l'évêque peut exercer ce droit (2).

1049. La circulaire du 6 juin 1888 porte : le droit de nomination directe des évêques, même après la mise en demeure adressée préalablement au conseil de fabrique, est strictement limité aux cas prévus par les articles 2 et 3 de l'ordonnance du 12 janvier 1825, c'est-à-dire quand il s'agit de pourvoir, dans les délais prescrits, à une élection déterminée ou à une vacance. Si ces délais sont expirés, si plusieurs renouvellements triennaux ont été négligés, si depuis longtemps déjà, il y a des vacances, si, en un mot, l'assemblée a cessé de fonctionner régulièrement, l'évêque, par son inaction, a perdu, même après une mise en demeure devenue tardive, le droit de compléter l'assemblée.

1050. Quand l'évêque use de son droit de nomination, si les membres qu'il a désignés ont refusé d'accepter les fonctions de fabriciens, son droit n'est pas épuisé et ce n'est pas au conseil de fabrique à procéder à leur remplacement (3).

Il doit en être de même quand le préfet nomme. Nous avons dit plus haut que les fonctions fabriciennes n'étaient pas obligatoires actuellement.

1051. En cas d'annulation d'élections irrégulières opérées par un conseil de fabrique dans les délais légaux, le remplacement des membres révoqués, d'après une décision ministé-

rielle, doit être effectué, non par l'évêque, mais par le conseil de fabrique (1).

1052. D'après une autre décision ministérielle, si les élections annulées avaient été faites de bonne foi, quoique sans autorisation, dans le mois qui suit le dimanche de Quasimodo, le soin de procéder à des élections nouvelles est laissé au conseil ; dans le cas contraire, si le conseil, après l'annulation prononcée, n'avait pas fait les élections dans le délai qui lui aurait été imparti, le droit de nommer appartiendrait exclusivement à l'évêque (2).

1053. Nous avons vu les règles relatives à l'organisation primitive du conseil de fabrique, au renouvellement triennal et à la nomination par l'évêque, au cas où le conseil de fabrique n'a pas procédé à ce renouvellement ; mais il peut arriver que les nominations et les élections n'aient pas été régulièrement faites. La constitution du conseil de fabrique est-elle valide nonobstant ? Sinon, comment procède-t-on à la reconstitution rendue nécessaire ? C'est ce que nous allons examiner au sujet de chacun des cas qui vont suivre.

1054. On a pensé que, lorsque le préfet d'un département, invité par l'évêque à concourir à la réorganisation d'un conseil de fabrique, s'est déclaré incompétent, et que, par suite, l'évêque a nommé tous les membres de ce conseil, ce conseil de fabrique est illégal. « En effet, les juridictions sont de droit public, les fonctionnaires, pas plus que les parties, ne peuvent ni les changer, ni y déroger ; ils ne peuvent le faire ni volontairement, ni involontairement, par omission ou par erreur.

Le refus du préfet de concourir à la réorganisation d'un conseil de fabrique ne rend donc pas plus régulière ni plus légale la recomposition intégrale de ce conseil par l'évêque. Cette recomposition n'en doit pas moins être considérée comme non avenue et être renouvelée, de concert, entre les deux autorités épiscopale et préfectorale » (3).

Lorsque l'évêque, au lieu de nommer cinq ou trois membres d'un conseil de fabrique et d'inviter le préfet à en nommer quatre ou deux, les a nommés tous, le silence du préfet ne suffit pas pour valider ces nominations et la composition du conseil. Si, plus tard, le préfet réclame son droit, il doit être procédé à une réorganisation totale au moyen de nouvelles nominations opérées conformément à l'article 6 du décret de 1809 (4-5).

---

(1) J. c. f., 458e consult., 1845-46, p. 220.
(2) Déc. min. 15 mars 1849 : ... En attribuant à l'autorité diocésaine le droit de faire les nominations auxquelles le conseil de fabrique n'aurait point procédé dans le délai prescrit, l'ordonnance réglementaire du 12 janvier 1825 n'a pas limité la durée du temps pendant lequel ce droit peut être exercé. L'évêque reste donc toujours libre à cet égard. Il ne pouvait pas en être autrement, puisque ce n'est souvent que dans un temps plus ou moins éloigné de l'époque où ce même droit est ouvert, que l'évêque en a connaissance...
(3) C. d'Et. Int. 19 janvier 1836, avis sur la question de savoir, dans le cas où des fabriciens nommés par l'évêque refusent d'accepter ces fonctions, à qui de l'évêque ou du conseil de fabrique appartient le droit de procéder à leur remplacement. « Les membres du Conseil d'État, composant le comité de l'intérieur et du commerce, consultés par M. le ministre de la justice et des cultes, sur la question de savoir : Si dans le cas de l'article 4 de l'ordonnance du 12 janvier 1825, le droit attribué à l'évêque sur la nomination des membres du conseil de fabrique est épuisé par la simple désignation de ces membres, et si, dans le cas de refus d'acceptation de la part de ces derniers, c'est au conseil de fabrique qu'il appartient de procéder à leur remplacement ; — Vu la lettre du maire de Mondeville (Calvados), en date du 5 octobre 1835 ; — Les observations de l'évêque de Bayeux, du 6 novembre suivant ; — La lettre du préfet du 18 novembre 1835 ; — Le rapport adressé à M. le ministre de la justice et des cultes, le 8 décembre ; — Le décret du 30 décembre 1809 ; — L'ordonnance du 12 janvier 1825 ; — Considérant que l'article 4 de l'ordonnance ci-dessus visée attribue à l'évêque diocésain de véritables nominations ; que des nominations restées sans effet par le refus d'acceptation sont comme des nominations qui n'auraient pas été faites ; que le droit du conseil de fabrique de procéder au remplacement des membres morts ou démissionnaires ne peut s'exercer que dans un délai déterminé ; qu'on ne peut, d'ailleurs, assimiler le refus d'acceptation pur et simple à la démission après des fonctions acceptées ou remplies ; — Que, dans l'espèce, les fabriciens désignés par l'évêque, ont déclaré ne pas accepter leur nomination. Sont d'avis : que l'évêque de Bayeux, usant du droit que lui attribue l'article 4 de l'ordonnance de 1825, a pu valablement nommer deux nouveaux fabriciens en remplacement de ceux qu'il avait originairement désignés et dont la nomination était restée sans effet par suite de refus d'acceptation. »

(1) « Déc. min. 7 mars 1849. — Messieurs les Vicaires Capitulaires, par arrêté du 27 janvier dernier, j'ai déclaré irrégulières et nulles les élections faites par le conseil de fabrique de l'église paroissiale de Matzieu, du sieur Imbert Duchemin, comme membre du conseil de fabrique, et du sieur Quatreuil père, comme trésorier. — En m'accusant réception de l'ampliation que je vous ai adressée de cet arrêté, vous avez exprimé le désir de connaître si c'est en vertu de l'article 3 ou de l'article 4 de l'ordonnance royale du 12 janvier 1825, qu'il doit pourvu à ces remplacements. — En principe, les membres restants d'un conseil de fabrique sont appelés à pourvoir au remplacement des conseillers sortants, décédés ou démissionnaires. Ce n'est que faute par eux de faire les élections dans les délais voulus que le droit de nomination est attribué à l'autorité diocésaine. Comme le conseil de fabrique de Matzieu n'avait pas perdu son droit lorsqu'a élu le sieur Imbert Duchemin fabricien, dont l'élection a été annulée pour une autre cause. Ainsi, l'article 4 de l'ordonnance réglementaire du 12 janvier 1825 n'est pas applicable dans cette circonstance ; c'est l'article 3 de cette ordonnance qui doit être exécuté. Il ne l'est pas davantage en ce qui concerne le remplacement du sieur Quatreuil père, comme trésorier, puisque aux termes de l'article 19 du décret du 30 décembre 1809, la nomination du trésorier est attribuée aux membres du bureau des marguilliers qui le choisissent parmi eux... »
(2) Déc. min. 16 mai 1845 ; Bost.
(3) J. c. f., 381e consult., 1841-42, p. 173.
(4) Campion.
(5) Lorsqu'un évêque au lieu de nommer trois membres d'un conseil de fabrique et d'inviter le préfet du département à en nommer deux (dans une paroisse de moins de cinq mille âmes), a nommé les cinq membres de ce conseil, le silence du préfet suffit-il pour valider ces nominations et la composition du conseil ?

Lorsque plus tard le préfet réclame son droit de nomination, doit-il être procédé à une réorganisation totale du conseil au moyen de nouvelles nominations opérées par le préfet, ou les trois premières nominations faites par l'évêque demeurent-elles valables ? « ... Il y avait plus de six ans que la fabrique de l'église de Rosières, chef-lieu de canton du département de la Somme et du diocèse d'Amiens, n'avait procédé au renouvellement de ses membres. La composition de cette fabrique était, par conséquent, devenue tout à fait irrégulière et illé-

1055. Lorsqu'il y a eu deux omissions successives de renouvellement, il y a lieu de reconstituer le conseil en entier. Bien qu'on ait soutenu que le pouvoir de reconstituer le conseil appartient en ce cas à l'évêque, on doit admettre qu'il est plus conforme à l'esprit de la loi que la nomination soit faite concurremment par l'évêque et le préfet, car s'il y eût eu démission collective ou révocation, elle aurait appartenu à l'un et à l'autre. Dans tous les cas où il y a lieu à la réorganisation ou au renouvellement complet, le législateur n'a pas voulu laisser à l'évêque seul le droit de nomination de tous les membres; et si l'évêque peut nommer tout un conseil en deux fois, il ne s'ensuit pas qu'il le puisse en une seule; s'il est resté trois ans sans exercer son droit, il l'aura perdu (1).

gale, et il y avait lieu d'en opérer la réorganisation complète, conformément à l'article 1er de l'ordonnance du 12 janvier 1825.

La paroisse de Rosières ne renferme qu'une population de moins de cinq mille âmes; le conseil de fabrique ne doit donc être composé que de cinq membres (décret du 30 décembre 1809, article 3). Le 6 mars 1833, M. l'évêque d'Amiens nomma fabriciens trois candidats qui lui étaient proposés par le curé de la paroisse; un peu plus tard, sur une nouvelle présentation du curé, ce prélat nomma encore deux nouveaux membres. Quelque temps après, M. le préfet de la Somme ayant eu connaissance de ces nominations, réclama; il fit observer qu'il aurait dû concourir pour sa part à la réorganisation de la fabrique de Rosières, et que cette réorganisation, effectuée sans son concours, était irrégulière. M. l'évêque reconnut la justesse de ses observations, et il fut convenu que, de part et d'autre, on procéderait à de nouvelles nominations.

Cependant les choses sont restées en cet état jusqu'au mois de juillet 1835. M. le préfet de la Somme était prêt à nommer les deux fabriciens que la loi l'autorise à désigner; mais il prétend que M. l'évêque a épuisé son droit par les nominations qu'a opérées en 1833, que les trois premières de ces nominations doivent être maintenues, et que l'évêché ne saurait aujourd'hui faire de nouveaux choix. Monseigneur l'évêque soutient l'opinion contraire.

Tels sont les points à l'occasion desquels le conseil a examiné les questions ci-dessus posées.

1° La première de ces questions n'est pas susceptible de difficulté. Aux termes du décret du 30 décembre 1809 et de l'ordonnance du 12 janvier 1825, lorsqu'on procède à la formation pour la première fois ou à la réorganisation d'un conseil de fabrique, une partie des membres de ce conseil doivent être nommés par l'évêque et une partie par le préfet. Cette disposition de la loi est formelle et ne peut souffrir de dérogation. Si les membres d'une fabrique, au lieu d'être nommés les uns par l'évêque, les autres par le préfet, ont tous été nommés par l'évêque, la formation de la fabrique n'est pas conforme aux prescriptions de la loi; elle est illégale, nulle, et rien ne peut en couvrir la nullité. En vain le préfet y donnerait-il son adhésion, soit par son silence, soit même par un consentement exprès, cette adhésion serait sans valeur et ne saurait effacer la nullité radicale dont la formation de la fabrique serait entachée. Le droit de nomination conféré au préfet par la loi est une attribution tout à fait personnelle, qu'il ne dépend pas de lui de déléguer à l'évêque.

2° Il est facile de déduire de ces principes la solution de la deuxième question. Le conseil de fabrique de Rosières devant être composé de cinq membres, trois devraient être nommés par l'évêque et deux par le préfet. Les cinq membres ayant été nommés par l'évêque, la composition de ce conseil n'a pas été légale, et M. le préfet est fondé à réclamer qu'elle soit modifiée. Mais par cela même ce magistrat doit reconnaître en même temps qu'aujourd'hui il n'existe pas légalement de fabrique à Rosières.

Dès lors il y a évidemment lieu à l'application de l'article 1er de l'ordonnance du 12 janvier 1825, et à la réorganisation de cette fabrique, c'est-à-dire à l'élection, conformément à l'article 6 du décret du 30 décembre 1809, de trois membres par l'évêque, et de deux par le préfet.

On ne peut pas dire que Monseigneur l'évêque a épuisé son droit par les nominations qu'il a opérées en 1833. Ces nominations n'auraient été utiles et valables qu'autant que M. le préfet les ayant fait suivre immédiatement de deux nominations de sa part, le conseil de fabrique se serait trouvé régulièrement constitué.

C'est ce qui n'a point eu lieu; il n'a existé et il n'existe donc encore à Rosières qu'une fabrique irrégulière et que la loi ne peut reconnaître, une fabrique qui n'a pas été régulièrement renouvelée et à la réorganisation de laquelle l'ordonnance prescrit de procéder de nouveau.

Le système présenté par la préfecture de la Somme conduirait, d'ailleurs, à des conséquences inadmissibles. Il en résulterait, si ce système était adopté, que la nomination de trois membres du conseil de fabrique daterait de 1833, et la nomination de deux autres de 1835. Dès lors, on ne saurait plus déterminer quand expireraient les trois premières années d'existence de ce conseil, et quand il y aurait lieu d'effectuer, d'après l'article 7 du décret de 1809, son premier renouvellement par voie d'élections.

Par ces motifs, le conseil est d'avis que toutes les nominations opérées en 1833 doivent être considérées comme nulles et non avenues, et qu'il y a lieu de procéder simultanément pour reconstituer la fabrique de Rosières, à deux nominations de la part de M. le préfet de la Somme, et à trois nominations nouvelles de la part de Monseigneur l'évêque d'Amiens. (J. c. f., 45e consult., 1834-35, p. 21.)

(1) Dalloz, Rép.; — Déc. min. 8 juillet 1870; voir infra.

Lorsqu'un conseil de fabrique a négligé, une première fois, de procéder au renouvellement triennal de ses membres, dans la séance du dimanche de Quasimodo (1), ou dans le mois suivant, et que les nominations ont été effectuées par l'évêque, si ce conseil omet, une seconde fois, trois ans après, de remplacer dans le délai requis les membres sortants, ce remplacement peut encore être opéré par l'évêque. Il n'est pas nécessaire que le conseil de fabrique soit renouvelé intégralement par l'évêque et le préfet.

Le journal des conseils de fabrique a pensé qu'un conseil de fabrique, qui n'aurait pas procédé à son renouvellement triennal, ne peut attendre la fin de la sixième année de son existence et opérer deux renouvellements dans la même séance. On ne s'explique pas trop, d'abord, comment ces deux renouvellements seraient effectués le même jour, au même instant, par la même assemblée; mais il est, en second lieu, une observation particulière à faire à cet égard : c'est que lorsque les membres d'un conseil de fabrique se trouvent en fonctions depuis six années révolues, sans qu'il y ait eu parmi eux de renouvellement, les pouvoirs de tous ces membres sont expirés; que le droit de renouvellement n'appartient plus ni à ce conseil, ni même à l'évêque; que ce conseil n'a plus aucune existence légale, et qu'il ne peut qu'être intégralement réorganisé par le concours des deux autorités diocésaine et préfectorale (2).

1036. Lorsqu'un conseil de fabrique, au lieu de procéder à son renouvellement triennal, conformément au décret du 30 décembre 1809, s'est renouvelé depuis de longues années par cinquième, la composition de ce conseil doit être considérée comme illégale (3). Le conseil ainsi composé doit être reconstitué intégralement (4). Les nouvelles nominations doivent être faites par l'évêque et le préfet, l'irrégularité de l'ancien conseil doit être préalablement déclarée par un arrêté du ministre des cultes, conformément à l'avis du Conseil d'Etat du 15 janvier 1845 (5).

1037. Un conseil de fabrique qui s'est plusieurs fois régulièrement renouvelé, mais qui ne peut produire les titres constitutifs de son organisation première, ne doit pas, pour cela seul, être considéré comme illégal.

« Un conseil de fabrique, régulièrement institué par une ordonnance épiscopale et un arrêté préfectoral, peut fort bien, après un long temps écoulé, avoir égaré ces deux actes, et, par suite, se trouver dans l'impossibilité de les représenter. L'expérience apprend également que, malgré les précautions et les mesures d'ordre prises pour la conservation des papiers d'administration, il arrive assez souvent qu'il est impossible dans les préfectures de retrouver des arrêtés qui remontent à un certain nombre d'années, et dont l'existence n'est cependant pas moins certaine. Il en est de même dans les évêchés, pour les ordonnances épiscopales. Une fabrique peut donc avoir été légalement instituée, et néanmoins les actes de cette institution ne pas se retrouver. Cette possibilité suffit donc, lorsqu'un conseil de fabrique fonctionne régulièrement et que ce conseil a régulièrement procédé à plusieurs de ses renouvellements triennaux, il y a présomption, à défaut de preuves contraires, qu'il a été légalement institué; on peut dire en quelque sorte, qu'en semblable cas la possession vaut titre.

« Il faut remarquer, d'ailleurs, qu'en admettant même que ce conseil n'ait pas été à son origine constitué avec toute

(1) Si les délais prescrits pour pourvoir à une élection déterminée ou à une vacance sont expirés, si plusieurs renouvellements triennaux ont été négligés, si depuis longtemps déjà il y a des vacances, si en un mot l'assemblée a cessé de fonctionner régulièrement, l'évêque par son inaction a perdu, même après une mise en demeure devenue tardive, le droit de compléter l'assemblée. On est en présence d'une réorganisation à opérer, et cette réorganisation des conseils de fabrique ne peut avoir lieu que d'après les bases déterminées par la loi pour leur institution, c'est-à-dire d'après les termes de l'article 6 du décret du 30 décembre 1809, qui partage la nomination entre l'autorité diocésaine et l'autorité préfectorale. (Cir. 6 juin 1888.)
(2) J. c. f., 382e consult., 1841-42, p. 214.
(3) J. c. f., 1854-55, p. 212.
(4) Eod.
(5) Eod.

la légalité désirable, si, comme il est exposé dans l'espèce, il existe depuis plusieurs années et s'est plusieurs fois régulièrement renouvelé conformément aux règlements, l'irrégularité de son organisation primitive devrait être par cela seul considérée comme couverte et ce conseil lui-même être considéré comme légal (1). »

1058. Il a été décidé que lorsqu'après des renouvellements omis ou irrégulièrement opérés, un conseil de fabrique s'est *plusieurs fois* régulièrement renouvelé sans observation de la part des autorités ecclésiastique et civile, les omissions et les irrégularités des renouvellements précédents sont considérés comme couverts, et le conseil lui-même doit être regardé comme légalement constitué (2).

1059. Un conseil de fabrique est devenu illégal quand il a opéré aux époques voulues ses divers renouvellements triennaux, mais que, lors du second et du troisième renouvellements, au lieu de remplacer les membres du conseil en exercice depuis le plus longtemps, il a tiré au sort le nom des fabriciens qui devraient sortir et lorsque, en outre, à chaque renouvellement triennal, trois membres du conseil en sont sortis et ont été remplacés.

En effet, s'il s'agit d'une fabrique d'une paroisse de moins de cinq mille âmes de population, elle doit être composée (non compris les membres de droit) de cinq fabriciens (3). Au premier renouvellement, trois de ces fabriciens devaient sortir du conseil ; mais, au deuxième renouvellement, deux autres fabriciens, et non trois, devaient cesser leurs fonctions (4). Il y a donc violation du décret ; on s'écarte donc des prescriptions du législateur, qui a voulu que les conseils de fabrique ne soient renouvelés que dans les proportions déterminées par lui, afin d'y conserver les traditions et l'esprit de suite si nécessaires, surtout en administration.

S'il s'agit, au contraire, de la fabrique d'une paroisse d'une population de cinq mille âmes ou au-dessus, elle doit être composée (non compris les deux membres de droit) de neuf fabriciens (5). Au premier renouvellement, cinq de ces fabriciens, au lieu de trois, devaient cesser leurs fonctions ; au deuxième renouvellement, les quatre autres devaient sortir du conseil (6). C'est ce qui n'aurait pas eu lieu dans l'hypothèse prévue. Une partie de ces fabriciens auraient donc continué de demeurer en exercice et auraient participé aux élections des nouveaux fabriciens à une époque où leurs pouvoirs étaient expirés, et où ils n'avaient aucune qualité pour le faire.

Ces irrégularités suffiraient pour vicier l'existence de ce conseil de fabrique.

Mais, lors même qu'on ne s'y arrêterait pas, ce conseil serait encore illégal par la manière irrégulière dont il a été, lors de chaque renouvellement, procédé à la désignation des membres sortants.

Qu'on suppose qu'il soit question d'un conseil de fabrique de cinq membres (toujours non compris les deux membres de droit) et que ce conseil ait été composé des fabriciens A, B, C, D et E ; qu'on suppose encore qu'au premier renouvellement le sort ait désigné comme devant cesser leurs fonctions les trois fabriciens A, B, C, et qu'ils aient été remplacés par trois nouveaux membres *a, b, c*. Au second renouvellement, c'étaient les deux autres fabriciens D et E qui devaient, comme les plus anciens, sortir du conseil ; au troisième renouvellement, c'étaient les fabriciens *a, b, c*, qui devaient à leur tour cesser d'en faire partie. Mais si, à l'un et à l'autre de ces renouvellements, on a procédé par la voie du sort à la désignation des membres sortants, il est à peu près impossible que le sort ait désigné exactement les mêmes fabriciens (d'abord les sieurs D et E, ensuite les

sieurs *a, b, c*). D'une part, certains membres qui devaient continuer de faire partie du conseil en auraient donc été exclus, et, en même temps, d'autre part, certains membres qui auraient dû en sortir auraient continué d'y siéger, par conséquent sans droit ni qualité.

Un conseil de fabrique renouvelé dans ces conditions serait donc incontestablement illégal ; et il y aurait nécessairement lieu de procéder à sa réorganisation intégrale par l'évêque et par le préfet (1).

1060. Quand il y a lieu de renouveler complètement le conseil, soit qu'il a été dissous, soit parce qu'il a démissionné collectivement, la nomination doit être faite concurremment par l'évêque et le préfet, comme au cas de deux omissions successives de renouvellement (2).

1061. Les conseils de fabrique ne sont renouvelés par l'évêque et le préfet, soit en cas de démission collective, de dissolution, soit lorsque par défaut de renouvellement régulier, l'assemblée a cessé de fonctionner régulièrement, soit lorsqu'il reste un nombre de fabriciens insuffisant pour délibérer (3), que lorsque l'irrégularité de la composition a été déclarée par le ministre des cultes (4-5).

(1) J. c. f , 411ᵉ consult., 1842-43, p. 183.
(2) C. d'Et. int. 7 avril 1837 ; — Déc. min. 20 janvier 1845 ; — *Bulletin des lois civiles et ecclésiastiques*, 1884 ; — Déc. min. 13 juin 1870, reproduite plus loin.
(3) D. 30 décembre 1809, art. 3.
(4) D. 30 décembre 1809, art. 7.
(5) D. 30 décembre 1809, art. 3.
(6) D. 30 décembre 1809, art. 7.

(1) J. c. f., 380ᵉ consult., 1841-42, p. 172.
(2) Déc. min. 2 mars 1833, *voir supra*.
(3) Voir plus loin.
(4) Circ. 6 juin 1886, voir *supra*; — Bost, *Conseils de fabrique* ; — Dalloz, *Rép.*
(5) Déc. min., 8 juillet 1870. — « Monseigneur, votre dépêche du 22 juin, relative aux fabriques de Bessières et d'Oradour-Saint-Genest, développe une opinion émise par Votre Grandeur dans des précédentes lettres sur la question de savoir : 1° si l'on peut procéder à la réorganisation d'un conseil de fabrique devenu irrégulier par défaut de renouvellements triennaux pendant plus de six ans *sans faire prononcer préalablement cette irrégularité*; 2° si, dans ce cas, l'évêque peut *seul* procéder à la réorganisation du conseil de fabrique.
« J'ai le regret de ne pouvoir accepter votre doctrine sur les deux points ; je crois donc devoir revenir de nouveau, et avec plus de détails, sur les motifs qui m'engagent à persévérer dans la jurisprudence suivie jusqu'à ce jour, en cette matière, par mes prédécesseurs.
« I. — Peut-on procéder à la réorganisation d'un conseil de fabrique devenu irrégulier par défaut de renouvellement pendant plus de six années sans faire prononcer préalablement cette irrégularité par le ministre des cultes ?
« Votre Grandeur répond affirmativement en s'appuyant sur les considérations suivantes :
« 1° L'article 1ᵉʳ de l'ordonnance du 12 janvier 1825 déclare que dans toutes les paroisses où le conseil de fabrique n'a pas été régulièrement renouvelé, il sera *immédiatement* procédé à une nouvelle nomination de fabriciens.
« La déclaration d'irrégularité résulte donc de l'ordonnance même, qui exclut à cet égard toute intervention administrative.
« 2° L'avis du Conseil d'État du 15 janvier 1845 invoque l'intervention du ministre que lorsqu'il s'agit de statuer sur la *nullité des élections*.
« 3° Les règles du droit ne réclament une sentence que dans les cas déterminés par la loi ou dans le cas de difficulté, doute ou controverse.
« 4° La nécessité de cette intervention ou décision ministérielle n'est pas admise par les auteurs estimés.
« Cette argumentation repose essentiellement sur une fausse interprétation de l'article 1ᵉʳ de l'ordonnance du 12 janvier 1825.
« Cet article n'est pas une *règle de droit commun*, comme le suppose Votre Grandeur, mais bien une disposition *transitoire* et de *circonstance* qu'on ne peut aujourd'hui invoquer ni appliquer.
« Considérant (dit le préambule dit cette ordonnance) que, dans la plupart des conseils de fabrique de notre royaume, les renouvellements prescrits par les articles 7 et 8 dudit décret (de 1809) *n'ont pas été faits aux époques déterminées*...
« Art. 1ᵉʳ. Dans toutes les églises... dans lesquelles le conseil de « fabrique *n'a pas été régulièrement renouvelé*... il sera *immédiatement* « procédé à une nouvelle nomination des fabriciens... »
« A un état anormal, le gouvernement a cru nécessaire de pourvoir par une mesure exceptionnelle ; il a voulu qu'on procédât d'urgence et sans autres formalités préalables à la réorganisation de tous les conseils de fabrique qui se trouvaient alors irréguliers ; mais il a voulu statué *pour l'avenir*; cela résulte incontestablement : 1° du préambule précité qui ne se réfère qu'à des faits accomplis ; 2° de la rédaction de l'article 1ᵉʳ où l'on n'emploie point la forme ordinaire des dispositions générales, mais bien la forme du passé « toutes les églises dans lesquelles le conseil de fabrique *n'a pas été renouvelé* au lieu de *n'aura pas* été renouvelé » ; 3° de la rédaction de l'article suivant qui commence par les mots : *A l'avenir*, et sépare ainsi d'une manière très nette les règles générales qui vont suivre de la disposition *transitoire* qui précède.
« J'ajouterai que le caractère *extraordinaire* de l'ordonnance et de l'ordonnance de 1825 a été expressément reconnu par l'un des auteurs que vous invoquez. (Mgr Affre, *Traité de l'administration temporelle des paroisses*, 4ᵉ édit., p. 63, note 1.)
« Cet article de circonstance est donc inapplicable à tous les conseils de fabrique dont l'irrégularité s'est produite postérieurement à 1825.
« Pour tous ces conseils, nous retombons dans le droit commun ; or, contrairement au troisième argument de Votre Grandeur, je suis con-

1062. Lorsque par suite d'expiration de pouvoirs, de décès, de démission ou de toute autre cause, il ne reste en fonctions qu'un nombre de fabriciens insuffisant pour que le

vaincu que les principes généraux du droit exigent, en pareil cas, une déclaration préalable d'irrégularité. Je démontrerai sans peine, dans la seconde partie de cette dépêche, que l'évêque ne peut seul procéder à la réorganisation d'un conseil de fabrique et que le préfet doit y concourir. Deux autorités indépendantes doivent donc prendre part à cette réorganisation ; par cela même qu'elles sont indépendantes, le droit d'initiative n'appartient pas plus à l'une qu'à l'autre, et aucune des deux n'a qualité pour contraindre l'autre à lui prêter son concours en pareille circonstance. Il faut de toute nécessité qu'une autorité supérieure dans la hiérarchie administrative les mette en mouvement, les constitue en demeure de procéder, chacune en ce qui la concerne, à la formation du nouveau conseil de fabrique

« Je ferai d'ailleurs observer à Votre Grandeur que la question du défaut de renouvellement triennal n'est pas aussi simple qu'elle paraît le croire. Elle présente habituellement des difficultés plus ou moins graves qui peuvent donner lieu à « doute et controverse ». Il y a presque toujours une existence de fait qui, dans certaines circonstances, peut conférer une existence de droit, et réclamer par suite une sentence, une décision qui lève ces difficultés et résolve ces doutes.

« Quelle sera l'autorité compétente pour statuer en pareil cas ? L'avis du Conseil d'État du 15 janvier 1845, que j'ai précédemment cité à Votre Grandeur, a décidé que les fabriques étant investies d'attributions administratives devraient être soumises aux règles ordinaires de la hiérarchie administrative dans tous les cas où il n'a pas été dérogé à ces règles. Aucune disposition n'exigeant, en pareil cas, l'intervention du souverain, c'est au ministre des cultes qu'il appartient de prononcer, sauf le recours ordinaire devant le Conseil d'État.

« Quant à l'argument tiré de l'autorité des auteurs, j'y ai déjà répondu en opposant à l'un des auteurs allégués cet auteur même qui admet, sur le point capital de la question, l'opinion que j'ai précédemment exposée. J'ajouterai que cette autorité résidant avant tout dans la valeur des arguments produits, je n'ai pas à m'y arrêter davantage.

« II. — Lorsqu'un conseil de fabrique a laissé passer plus de six années sans procéder aux renouvellements triennaux, l'évêque a-t-il le droit de nommer seul tous les membres d'un nouveau conseil de fabrique ?

« Votre Grandeur penche pour l'affirmative en s'appuyant sur l'article 4 de l'ordonnance de 1825, et nie l'opinion de quelques écrivains : cette solution lui paraît d'ailleurs s'accorder avec les dispositions du droit canonique sur les pouvoirs de l'autorité épiscopale.

« Les cas dans lesquels l'évêque peut procéder seul à des nominations de fabriciens sont rigoureusement déterminés par le législateur. L'article 8 du 30 décembre 1809 déclarait que « lorsque le remplacement « des conseillers sortants n'avait pas été fait à l'époque fixée, l'évêque « ordonnait qu'il y fût procédé dans le délai d'un mois; passé lequel « délai, il y nommait lui-même, et pour cette fois seulement ».

« L'article 4 de l'ordonnance de 1825 n'a fait que maintenir cette disposition en dispensant toutefois implicitement l'évêque de donner aux fabriciens l'ordre préalable de procéder aux élections et en étendant la règle de l'article 8 aux cas de vacance par mort ou démission, que cet article n'avait pas prévus.

« L'évêque n'est donc appelé à nommer des fabriciens que dans des cas qui réunissent ces deux circonstances : 1° que le conseil de fabrique aurait pu faire lui-même ces nominations (art. 4 de l'ordonnance de 1825); 2° qu'il ne s'agisse de nommer qu'une partie des membres et non un conseil tout entier (art. 2 et 3).

« Aussi cette même ordonnance exigeait-elle, dans son article 1er, l'application de l'article 6 du décret de 1809, c'est-à-dire le concours de l'évêque et du préfet, pour le renouvellement intégral des conseils de fabrique qui se trouvaient alors irréguliers. Dans son article 5, où il s'agit également de procéder à la nomination de tous les membres d'un conseil de fabrique, elle exige encore le même concours des deux autorités civile et ecclésiastique tel qu'il est prescrit par la règle générale de l'article 6 du décret de 1809.

« Votre Grandeur trouvera, du reste, la réfutation des autorités qu'Elle invoque dans une consultation délibérée par MM. Berryer, Hennequin, de Cormenin, Pardessus, Mandaroux-Vertamy, Duvergier et Gaudry (Journal des conseils de fabrique, t. IV, 1re série, p. 245). Elle voudra bien aussi reconnaître la même doctrine dans le passage de M. Champeaux qu'Elle cite Elle-même : « Quand il y a plus de six ans révolus « qu'aucun renouvellement n'a eu lieu, le pouvoir de tous les membres « est expiré et la réorganisation intégrale de la fabrique devient néces- « saire. Dans ce cas, c'est à l'évêque et au préfet à y procéder. » (Code des fabr., I, p. 17, n° 12.)

« Vous me permettrez d'ajouter qu'il ne m'est pas donné de saisir en quoi la nomination de tous les fabriciens par l'évêque s'accorde avec les dispositions du droit canonique. L'Église a laissé avec beaucoup de sagesse l'administration des intérêts matériels des paroisses entre les mains des laïques; elle attribue point aux évêques le droit de nommer les fabriciens; ces administrateurs étaient élus, sous le nom générique de marguilliers, par le commun ou l'assemblée de la paroisse. En accordant aux préfets, concurremment avec les évêques, le droit de former les conseils de fabrique, le décret de 1809 n'a point porté atteinte à l'autorité épiscopale, mais aux droits de la communauté. Si, de nos jours, cette autorité est amoindrie, ou peut-être mieux annihilée dans ses plus anciennes et plus importantes prérogatives, ce ne sera pas au gouvernement ni à la législation civile qu'il faudra s'en prendre.

« Je n'éprouve donc aucune hésitation à maintenir sur ces deux points la jurisprudence constante de l'administration des cultes et à l'appliquer aux cas particuliers qui ont donné lieu à notre correspondance.

« Dans sa dépêche du 6 juin, Votre Grandeur m'a informé que les

conseil puisse valablement procéder à des élections, l'évêque diocésain nomme lui-même (1), suivant Campion, après que le ministre des cultes a déclaré la composition du conseil irrégulière (2). Il ne peut partager ce pouvoir avec le préfet. En effet, le préfet n'est appelé par la loi à nommer des fabriciens qu'au cas d'organisation primitive ou de reconstitution intégrale. Si, dans le cas précité, on faisait intervenir le préfet, il se rencontrerait des embarras et des difficultés souvent insolubles. Quel serait, par exemple, le nombre des nominations qu'on devrait attribuer à chacune des autorités ? Comment ferait-on varier ce nombre proportionnellement au nombre de fabriciens à remplacer ? Le plus simple est de s'en tenir au texte de l'article 4 de l'ordonnance de 1825, portant que, si un mois après les époques fixées dans les deux articles précédents, il n'a pas été procédé aux élections, l'évêque nommera lui-même. Cette disposition statue en termes généraux et absolus, sans distinguer par quelles causes ou à combien de places le conseil n'a pas nommé (3). Cette opinion de Campion nous paraît erronée. En effet, quand le ministre des cultes a déclaré la composition du conseil irrégulière, qu'il a dissous l'assemblée fabricienne, le conseil de fabrique n'existe plus ; il semble donc qu'il y ait lieu de procéder à sa reconstitution suivant les règles qui président à son organisation primitive.

1063. Il a été décidé qu'un conseil de fabrique, arrivé au terme de son mandat et non remplacé aux époques fixées par l'article 7 du décret du 30 décembre 1809, a pu délibérer valablement. Il y aurait en effet, de graves inconvénients, à ce qu'un établissement public restât sans administration (4).

1064. Lorsque la population d'une paroisse s'étant accrue, le nombre des membres du conseil de fabrique doit être porté de cinq à neuf, ces quatre nouveaux conseillers doivent être nommés par l'évêque et par le préfet dans la proportion établie par l'article 6 du décret du 30 décembre 1809 ; deux par l'évêque et deux par le préfet à l'expiration du triennal ordinaire et courant (5).

1065. Lorsque la population d'une paroisse a diminué, le

« budgets de la fabrique d'Oradour-Saint-Genest avaient été régulière- « ment et annuellement soumis à l'approbation épiscopale ».

« Cette circonstance soulève une difficulté que j'ai déjà indiquée pour « faire ressortir la nécessité, en pareil cas, d'une décision administra- « tive. »

« Il a été soutenu, en effet, que l'approbation par l'évêque des budgets d'une fabrique implique reconnaissance de l'existence légale de cet établissement, couvre tout le passé (es règles d'organisation du conseil, ou tout au moins enlève qualité à l'autorité diocésaine pour provoquer une déclaration d'irrégularité. Dans une affaire qui a eu un assez grand retentissement, les jurisconsultes les plus experts en pareille matière, MM. de Vatimesnil, Pardessus, Mandaroux-Vertamy, J. Gossin, Bérard des Glajeux, etc., ne répondirent à cette doctrine qu'en excipant de l'ignorance de l'autorité diocésaine... »

(1) Ord. 12 janvier 1825, art. 4; Campion.
(2) Voir infra, Dissolution des conseils de fabrique.
(3) Campion.
(4) C. d'Ét. cont. 18 juillet 1873. — « Vu la requête présentée pour la paroisse d'Allauch..., tendant à ce qu'il plaise annuler un arrêté du 21 août 1869 par lequel le conseil de préfecture des Bouches-du-Rhône l'a condamnée à payer à la commune d'Allauch une somme de 4,900 francs formant le solde d'une subvention de 6,000 francs qu'elle se serait obligée à fournir pour contribuer aux frais de restauration de l'église paroissiale; — Ce faisant, attendu que la délibération du 15 avril 1869, de laquelle résulterait cet engagement, aurait été prise, non par un conseil de fabrique valablement constitué, mais par des membres d'un ancien conseil arrivés au terme de leurs fonctions et qui avaient cessé d'intervenir dans l'administration de la paroisse; — Sur le moyen tiré de ce que la délibération du 15 avril 1869 aurait été prise par d'anciens membres du conseil de fabrique qui avaient cessé leurs fonctions; Considérant que les membres du conseil de fabrique n'ayant pas été renouvelés aux époques fixées par l'article 7 du décret du 30 décembre 1809, les membres en exercice devaient continuer leurs fonctions jusqu'à ce qu'il eût été procédé à leur remplacement, et que dès lors il eût pu valablement délibérer sur la demande adressée par la commune à la fabrique à l'effet d'obtenir une subvention de 6,000 francs pour concourir aux travaux de restauration de l'église; — rejet, avec dépens.
(5) Déc. min. 19 avril 1870. — ... « D'après l'article 6 du décret du 30 décembre 1809, c'est aux autorités diocésaine et départementale qu'appartient le droit de nommer pour la première fois les membres d'un conseil de fabrique. Lorsque le nombre des fabriciens doit être porté de cinq à neuf par suite d'augmentation de la population, il s'agit en réalité d'un complément d'organisation. Il doit dès lors être procédé de la même manière que pour l'organisation primitive du conseil.
... D'après ces motifs, j'estime, Monsieur le Préfet, que c'est à vous et à Monseigneur l'évêque de Nîmes qu'il appartient de compléter le con-

conseil de fabrique, jusqu'alors composé de neuf membres, ne doit plus l'être que de cinq.

« Pour opérer la réduction du nombre des membres du conseil de fabrique, dans une paroisse dont la population est descendue au-dessous de 5,000 âmes, divers moyens peuvent être proposés.

« Un premier moyen consisterait à choisir, dans le conseil, par la voie du sort, quatre membres qui cesseraient aussitôt d'en sortir. Mais ce moyen serait illégal, car la loi fixant à six années la durée des fonctions des fabriciens régulièrement nommés, on n'est pas en droit de réduire à un temps plus court pour quelques-uns d'entre eux la durée de ces fonctions, et ils pourraient se refuser à toute réduction semblable : irrationnel, car le sort pourrait indiquer comme devant sortir du conseil ceux de ses membres qui y seraient le plus récemment entrés.

« Un second moyen consisterait de la part de l'autorité à faire usage du droit que l'article 5 de l'ordonnance royale du 12 janvier 1825 confère au ministre des cultes, et à révoquer le conseil de fabrique, qui serait ensuite réorganisé intégralement par l'évêque et le préfet. Mais, quoique l'article précité autorise ces révocations pour toute cause grave, elles ne doivent avoir lieu, en général, qu'autant qu'il y a eu, de la part des conseils révoqués quelque faute, quelque tort ; et il convient qu'il en soit ainsi. L'emploi de ce deuxième moyen serait donc inopportun.

« Un troisième moyen consisterait à ne faire, lors du premier renouvellement triennal du conseil à modifier, aucune nomination, si le nombre des membres sortants n'était que de quatre, ou à ne faire qu'une seule nomination, si le nombre des membres à remplacer était de cinq. Ce mode de procéder aurait l'avantage de ramener immédiatement le conseil de fabrique au nombre de membres dont il doit être composé : mais il présenterait des inconvénients très graves qui ne permettent pas de l'adopter. En effet, à l'époque du second renouvellement triennal du conseil, les cinq membres électifs composant ce conseil, ou, au moins, quatre de ces membres, se trouveraient être en fonctions depuis six années, et ils devraient dès lors être tous remplacés. Il serait, par suite, indispensable de remplacer, au lieu de trois ou deux membres, cinq ou quatre conseillers. Et d'autre part, il ne resterait dans le conseil, pour opérer ces nominations, que les deux membres de droit, ou que ces deux membres plus un membre électif. L'ordre et le mode de renouvellement consacrés par le décret de 1809 et l'ordonnance de 1825 se trouveraient ainsi entièrement intervertis ou seraient complètement en dehors de toutes les prescriptions de ce décret et de cette ordonnance. Ce troisième système est donc encore inadmissible.

« Les trois premiers moyens écartés, il n'en reste qu'un quatrième qui paraît le seul praticable. Ce moyen consiste à ne remplacer, à deux renouvellements triennaux successifs, les cinq ou quatre conseillers sortants que par trois ou deux conseillers nouveaux (1). Cette marche ayant été, du reste, déjà indiquée comme devant être suivie, en pareil cas, par une décision de M. le ministre de la justice et des cultes, du 9 décembre 1843, le conseil se borne à se référer à cette décision à laquelle il adhère entièrement (2).

« D'après ce système, le conseil de fabrique ne pourra, il est vrai, dans la plupart des cas, être ramené au nombre légal de cinq membres qu'après deux renouvellements successifs ; et c'est là sans doute un inconvénient : mais il semble impossible de l'éviter.

« Il est toutefois un cas où cette réduction pourra être effectuée dès l'époque du premier renouvellement qui suivra la constatation régulière de la diminution de la population.

« Lorsque la population de la paroisse se trouvera diminuée par le fait de l'érection d'une succursale nouvelle (1), il arrivera généralement que le conseil de fabrique comptera aussitôt un certain nombre de membres qui devront être réputés démissionnaires comme n'étant plus paroissiens. Or, si les membres ainsi exclus de plein droit du conseil faisaient partie de la seconde série à renouveler seulement après trois ans, et s'ils se trouvaient dans cette série en nombre égal au nombre qui devrait être alors retranché du conseil par suite de la diminution de population de la paroisse, il y aura lieu, évidemment, à ne faire aucune nomination en remplacement de ces membres et la réduction complète du conseil au chiffre légal se trouvera ainsi immédiatement opérée (2-3). »

1066. Aucun texte ne spécifie formellement le droit de recourir contre les élections et nominations au conseil de fabrique, quand il y a eu violation de la loi, mais le droit au recours n'est nullement contesté ; nous verrons plus loin devant qui le recours s'exerce ; le recours est admis quand la loi a été violée dans la forme de l'élection, dans le droit des électeurs ou dans la capacité des élus. Nous venons de voir des cas d'irrégularité dans les nominations et les élections.

---

seil de fabrique de l'église paroissiale de Bagnols en nommant chacun deux des quatre membres auxquels il a droit maintenant, la population de cette commune s'élevant, d'après le dernier recensement, à 5,784 habitants. »

(1) C'est-à-dire cinq conseillers sortants par trois conseillers nouveaux, ou quatre conseillers sortants par deux conseillers nouveaux.

(2) Déc. min. 9 décembre 1843. — « Monseigneur, vous m'informez, par votre lettre du 6 septembre dernier, que la population de la paroisse de Saint-Jean à Tecolen, a été réduite à moins de cinq mille âmes par suite de la distraction d'une partie de son territoire, qui a été comprise dans la circonscription d'une nouvelle succursale érigée en 1841. Vous me rappelez, en même temps, qu'en raison de cette diminution de population il y a lieu de réduire ainsi le nombre des conseillers de la fabrique de Saint-Jean, qui continue d'être de neuf, non compris les membres de droit. Comme la loi ne fournit aucun moyen pour opérer cette réduction, et que d'ailleurs les intérêts de la fabrique se trouvent en souffrance, vous me demandez de révoquer le conseil de fabrique afin qu'il soit pourvu ensuite sans délai à sa réorganisation. Vous avez omis, toutefois,

de me faire connaître quels pourraient être les griefs sur lesquels on aurait à motiver l'application de l'article 5 de l'ordonnance réglementaire du 12 janvier 1825. Si ces griefs existent, vous aurez à les articuler et à vous entendre avec M. le préfet des Hautes-Pyrénées pour m'adresser une proposition à cet effet.

Si, au contraire, la révocation ne devait avoir d'autre but que celui de régulariser l'organisation du conseil de fabrique, elle me semble peu nécessaire pour obtenir ce résultat. En effet, rien ne s'opposerait à ce que le nombre actuel des membres du conseil fût réduit à l'occasion des renouvellements triennaux, dans la proportion voulue par l'article 3 du décret du 30 décembre 1809. Ainsi, au lieu de procéder, lors du premier et du deuxième renouvellement, au remplacement des cinq et quatre conseillers sortants, on ne ferait que trois et deux nominations, et le conseil de fabrique se trouverait ensuite composé de cinq membres, non compris ceux de droit.

Ce moyen aurait l'avantage de respecter le système d'élection dont les fabriciens actuels de Saint-Jean sont le produit. Il rentrerait, en outre, dans l'esprit du décret réglementaire, qui, par son article 7, a fixé à six ans révolus la durée ordinaire des fonctions des conseillers de fabrique... »

(1) Ou d'une chapelle vicariale ou communale.

(2) Ainsi, supposons un conseil de fabrique composé des neuf membres A, B, C, D, E, F, G, H, I. La première série sortante se composant des cinq membres A, B, C, D, E, il ne devra, d'après la solution ci-dessus, être nommé que trois membres en remplacement de ces cinq conseillers. Mais, en outre, si les deux membres F, G ont leur domicile dans la portion de la paroisse, érigée en succursale nouvelle, et sont dès lors à ce titre réputés démissionnaires, ces deux conseillers ne devront point être remplacés, et le conseil se trouvera par là immédiatement réduit au nombre normal de cinq membres.

Il est, du reste, bien entendu que s'il y avait dans la deuxième série plus de deux membres ainsi réputés démissionnaires, on devrait remplacer, comme dans les cas ordinaires, ceux qui excéderaient ce nombre.

Il n'est pas besoin de dire non plus que lors même que le nombre des fabriciens appartenant à la série du conseil à renouveler seulement au renouvellement triennal suivant ne serait pas réputés démissionnaires, ne serait pas égal au nombre de membres à ne pas remplacer à ce second renouvellement triennal, si, par exemple, un seul fabricien se trouvait dans ce cas, d'être réputé démissionnaire n'ayant plus son domicile dans la paroisse, il n'y en aurait pas moins lieu de s'abstenir de pourvoir au remplacement. Par cette abstention, le nombre des membres du conseil serait, en effet, rapproché d'autant du nombre normal auquel il doit être réduit.

Enfin, il convient de faire remarquer encore que des démissions par suite d'autres causes, des décès, des révocations, etc., de fabriciens appartenant à la série du conseil à renouveler seulement au second renouvellement triennal, peuvent contribuer ainsi à ramener du nombre qu'il ne doit pas excéder celui du conseil au nombre de la population de la paroisse. Dans ces divers cas, en effet, il y a toujours également lieu de ne remplacer jusqu'à ce que le conseil soit réduit à ce nombre.

(3) Cette dissertation et les notes qui l'accompagnent sont extraites du Journal des conseils de fabrique, année 1887, p. 161.

Il y a lieu à annulation notamment : 1° si l'on a nommé une personne qui ne peut faire partie du conseil de fabrique, d'après les règles exposées plus haut ; 2° si les électeurs n'avaient par la qualité de fabriciens, c'est-à-dire n'étaient pas membres de droit ou membres valablement élus ; 3° si l'élection n'a pas eu lieu aux époques fixées, comme nous l'avons vu plus haut.

Sont nulles notamment (1) les élections faites dans un conseil de fabrique sans l'autorisation spéciale de l'évêque ou du préfet, le second ou troisième dimanche après Pâques et non le dimanche de Quasimodo (2).

1067. On doit penser que lorsqu'un conseil de fabrique, ayant demandé et obtenu l'autorisation de se réunir extraordinairement pour régler le compte de l'exercice expiré et dresser le budget de l'exercice prochain, procède, dans cette séance extraordinaire, à des élections de fabriciens, ces nominations ne sont pas valables (3).

1068. Est irrégulier le renouvellement triennal d'un conseil de fabrique dans une séance extraordinaire tenue le

dimanche après Quasimodo, en vertu d'une autorisation spécialement accordée pour régler les comptes et le budget, à moins qu'il ne résulte des faits et circonstances la preuve que, dans la pensée de ceux qui ont demandé et accordé l'autorisation, celle-ci pouvait s'appliquer à toutes sortes de mesures à prendre dans la séance extraordinaire (1).

1069. Les élections faites à la séance de Quasimodo sont nulles par ce fait que la convocation à domicile a été faite par le curé en l'absence et à l'insu du président (1). Les curés sont, en effet, membres de droit des conseils de fabrique, mais de même que les maires, il n'y ont aucune autorité, ne peuvent pas plus que ceux-ci et les conseillers ordinaires se substituer au président lorsqu'il s'agit de faire la convocation, mais la nullité ne pourrait être prononcée pour ce motif que la séance n'a pas été annoncée au prône de la grand'messe du dimanche précédent, les époques, les jours, l'heure même des réunions ordinaires ayant été réglés d'avance, le législateur n'a pu attacher une grande importance à cet avertissement, autrement il n'aurait pas manqué de prescrire un mode de convocation plus efficace et plus certain (2).

1070. Les membres d'un conseil de fabrique ne peuvent être réputés démissionnaires, soit pour refus de signer les procès-verbaux des délibérations, soit pour tout autre motif. Ils ne peuvent être exclus du conseil que par des révocations régulièrement prononcées par l'autorité compétente. En conséquence, l'élection d'un fabricien en remplacement d'un autre conseiller déclaré démissionnaire par arrêté préfectoral doit être annulée comme irrégulière (3).

1071. La participation d'un membre sortant d'un conseil de fabrique aux élections en remplacement opérées par ce conseil est un motif de nullité de ces élections (4).

1072. Le président du conseil de fabrique n'a pas voix prépondérante en matière d'élections ; par suite, lorsque deux candidats ayant obtenu un nombre égal de suffrages, l'un d'eux a été élu en vertu de la prépondérance accordée à la voix du président, cette élection est nulle (5-6).

1073. Les élections nouvelles faites par un conseil de fa-

---

(1) Voir *supra* : nomination et renouvellement des conseils de fabrique.

(2) Arr. min. 12 juin 1845, André.

(3) Les conseils de fabrique tiennent de la loi elle-même le droit de se réunir à certaines époques qu'elle détermine : ce sont les sessions ordinaires dans lesquelles ces conseils sont fondés à s'occuper et à délibérer de tous les objets qui rentrent dans leurs attributions.

Mais hors ces époques, les conseils de fabrique n'ont point qualité pour s'assembler ; ils ne reçoivent ce droit exceptionnel que d'une autorisation spéciale de l'évêque ou du préfet.

Ces fonctionnaires, libres d'accorder ou de refuser cette autorisation, peuvent par cela même l'accorder pour un objet, la refuser pour un autre. De là vient que, lorsqu'un conseil de fabrique demande à s'assembler extraordinairement, il a soin d'indiquer dans sa demande quelle est l'affaire urgente, la dépense imprévue, le motif quelconque qui exige sa réunion, et que de même les évêques et les préfets, dans les autorisations qu'ils accordent, précisent les objets pour lesquels ils permettent de se réunir. Ces objets sont, par conséquent, les seuls dont il puisse être valablement délibéré dans les séances extraordinaires.

Il a été tellement dans l'esprit du législateur, que les autorisations de se réunir extraordinairement ne fussent accordées aux conseils de fabrique que pour des objets spéciaux et indiqués d'avance, que l'article 6 de l'ordonnance du 12 janvier 1825 veut que les évêques et les préfets se préviennent réciproquement des autorisations d'assemblées extraordinaires qu'ils accorderaient aux conseils de fabrique, ainsi que des objets qu'ils devront être traités dans ces assemblées.

Ces principes posés, leur application à l'espèce soumise au Conseil est facile et évidente.

Le conseil de fabrique de S..., quelle qu'ait été la demande par lui adressée à l'évêque diocésain, n'en avait obtenu l'autorisation de se réunir que pour traiter de deux objets, pour arrêter le compte de 1839 et pour régler le budget de 1841. La réunion n'était légale et régulière que pour ces deux sujets. Du moment où le conseil en abordait tout autre, du moment où il commençait à délibérer ou à traiter de toute autre matière, il se trouvait sans qualité légale ; sa réunion cessait d'être autorisée ; tout ce qu'il pouvait faire ou décider se trouvait entaché de la même nullité que si c'eût été fait ou décidé dans une réunion dépourvue de toute autorisation. Le conseil n'était donc nullement en droit de procéder à des élections, et celles qu'il a effectuées sont, par ce motif, complètement nulles.

Il paraît cependant que deux raisons sont invoquées pour soutenir la validité de ces élections. On dit d'abord que lorsqu'il y a lieu de pourvoir à des vacances, il doit, aux termes de la loi même, être procédé aux remplacements dans la première séance qui suit ; on fait valoir ensuite que la séance que le conseil de fabrique de S... a demandé d'être autorisé à tenir, avait pour objet de suppléer à celle qui n'avait pas été tenue le dimanche de Quasimodo ; qu'elle devait avoir pour but, par conséquent, à toutes les opérations qui auraient dû être procédé dans cette séance de Quasimodo, et que du moment où elle était autorisée, elle devait être réputée l'être dans ce but général et pour toutes ces opérations.

Le conseil ne saurait admettre ni l'un ni l'autre de ces arguments.

D'abord, le premier repose sur une application tout à fait inexacte de l'article 3 de l'ordonnance du 12 janvier 1825. Cet article porte : « Dans le cas de vacance par mort ou démission, l'élection en remplacement devra être faite dans la première séance ordinaire du conseil de fabrique qui suivra la vacance. Dans cet article, il n'est donc question que des vacances occasionnées par mort ou démission ; dans l'espèce proposée, il ne s'agit que du remplacement de fabriciens qui devaient cesser leurs fonctions par suite de l'expiration du temps pour lequel elles leur avaient été conférées. Dans l'article cité, d'ailleurs, il est dit que le remplacement doit être fait dans la première séance ordinaire ; dans l'espèce, au contraire, ce remplacement aurait été fait dans une séance extraordinaire. Il n'y a donc aucune analogie entre les deux cas, et aucune conséquence à tirer de l'article sur lequel on voudrait s'appuyer.

Le second argument peut paraître plus spécieux, mais il n'est pas plus solide.

Si le conseil de fabrique de S... avait demandé l'autorisation de

tenir une séance extraordinaire destinée à suppléer à celle de Quasimodo qui n'avait pas été tenue, et à procéder aux diverses opérations qui auraient dû avoir lieu dans cette séance de Quasimodo ; si l'évêque avait accordé dans les mêmes termes, ou, dans le même sens, l'autorisation demandée, l'on pourrait soutenir les élections dont il s'agit. Mais, ou le conseil de fabrique n'a pas demandé d'être autorisé à se réunir dans ce but général, pour toutes les opérations, pour suppléer à la séance de Quasimodo, ou, s'il l'a demandée, l'autorité diocésaine n'a pas cru devoir lui accorder cette autorisation. Dans l'une comme dans l'autre hypothèse, ce qui est constant, c'est que cette autorisation n'a pas été obtenue. Les termes formels et précis de la réponse épiscopale ne peuvent laisser le moindre doute à cet égard. Dès lors on retombe forcément sous l'application des principes et des raisonnements ci-dessus développés par le conseil. Le conseil de fabrique n'avait pas qualité pour s'occuper de ces élections, et partant elles sont nulles. (J. c. f., 33° consult., 1839-40, p. 346.)

(1) Lettre min. cultes, 6 juillet 1847, André.

(2) Déc. min. 12 avril 1805.

(3) Arr. min. 9 novembre 1849.

(4) Arr. min. 24 août 1852. — « Le ministre de l'instruction publique et des cultes ; — Vu la délibération du conseil de fabrique de l'église succursale de Ponteux, du dimanche 18 avril 1852, relative aux élections triennales auxquelles il a été procédé dans cette réunion ; — Vu les réclamations du maire de la commune, en date des 22 avril et 9 mai 1852 ; — Vu la proposition de Monseigneur l'évêque d'Aire, en date du 2 août 1852, tendant à faire annuler ces élections comme étant irrégulières ; — Vu l'avis émis dans ce sens par M. le préfet des Landes, le 7 avril 1852 ; — Vu le décret du 30 décembre 1809 et l'ordonnance du 12 janvier 1825 ; — Vu l'avis du Conseil d'État du 15 janvier 1845 ;

Considérant qu'il est constaté par la délibération précitée du 8 avril dernier que, lors du renouvellement triennal auquel il a été procédé, le conseil de fabrique de Ponteux a admis à prendre part à l'élection un des membres sortants, contrairement aux dispositions de l'article 8 du décret du 30 décembre 1809, portant que cette élection ne doit être faite que par les fabriciens restants ; — Considérant, d'ailleurs, que dans cette élection le président a fait valoir, dans un partage de voix entre deux candidats, sa voix prépondérante en faveur de l'un d'eux, et qu'aux termes d'un avis du Conseil d'État du 9 juillet 1839, cette prépondérance est incompatible avec le mode d'élection en scrutin secret ;

Arrête : — Art. 1er La délibération du conseil de fabrique de l'église succursale de Ponteux (Landes), en date du 18 avril 1852, est annulée en ce qui concerne les élections triennales faites dans cette réunion. — Art. 2. Il sera procédé à de nouvelles élections dans la forme prescrite par les articles 7 et 8 du décret du 30 décembre 1809... »

(5) Arr. 2 avril 1849 ; 24 août 1852 ; 26 mai 1858.

(6) C. d'Ét. 9 juillet 1839 ; avis.

·brique, avant d'avoir fait statuer par le ministre sur l'irrégularité des précédentes nominations, sont elles-mêmes entachées d'irrégularité et doivent être déclarées nulles et non avenues (1).

1074. Une élection au conseil de fabrique n'est pas annulable, par ce fait que le procès-verbal dressé pour constater les opérations, bien que porté sur le registre des délibérations, n'a pas été signé. Cette omission est sans doute une irrégularité, mais elle ne saurait vicier l'élection, alors surtout que rien ne prouve que cette omission ait été volontaire et coupable (2).

1075. Lorsqu'au moment d'une élection triennale d'un conseil de fabrique, cinq bulletins ont été déposés dans l'urne, tandis que les membres présents à la séance n'étaient que quatre ; que le nombre des voix obtenues par les candidats proclamés fabriciens n'a pas été énoncé, et qu'il n'est pas dès lors possible d'établir que la majorité n'a point été formée au moyen d'un cinquième bulletin déposé dans l'urne, les nominations ainsi faites ne peuvent être maintenues. Ce n'est ni à l'évêque, ni au conseil de préfecture qu'il appartient, en pareil cas, de déclarer l'irrégularité des élections. L'annulation de ces opérations ne peut être prononcée que par le ministre des cultes (3).

1076. Lorsque le président d'un conseil de fabrique a été désigné par le sort parmi les membres restants, le défaut de nomination d'un président provisoire, par la nouvelle élection, ne doit pas en faire prononcer l'annulation (4).

1077. La désignation des membres à remplacer au premier renouvellement triennal doit être faite par la voie du vote à peine de nullité de l'élection (5),

1078. Il est inutile de prononcer l'irrégularité d'un ancien conseil de fabrique lorsqu'il y a lieu de le réorganiser par suite de la démission de tous ses membres (6).

1079. Devant qui doit être formé le recours ? Jusqu'en

1845, la jurisprudence voulait que le recours fût formé devant le chef de l'Etat statuant en Conseil d'Etat (1).

Cette jurisprudence fut changée en 1845. Le Conseil d'Etat considéra que les fabriques sont investies d'attributions administratives et qu'à ce titre elles sont soumises aux règles de la hiérarchie administrative dans tous les cas où il n'y a pas été formellement dérogé.

Partant de ce principe, le Conseil d'Etat a d'abord reconnu que l'évêque et le préfet concourant en plusieurs cas à la composition du conseil de fabrique, ne peuvent prononcer l'annulation des opérations électorales faites par ce conseil (2).

---

(1) Arr. min. 15 novembre 1845, voir *supra*.
(2) Déc. min. 13 juin 1870 (reproduite plus loin).
(3) Arr. min. 15 novembre 1845. — « Nous, garde des sceaux..., etc.:
— Vu la délibération du conseil de fabrique de l'église succursale d'Eyburie, en date du 30 mars 1845, relative au renouvellement triennal de ce conseil par le remplacement de deux de ses membres dont les fonctions étaient expirées, et portant que cinq bulletins ont été tirés de l'urne quoique quatre conseillers seulement fussent présents à la réunion ; que deux candidats ont été proclamés fabriciens, sans indiquer le nombre de voix qu'ils ont obtenu ; — Vu une seconde délibération du 6 avril suivant, de laquelle il résulte que dans la supposition que les nominations faites le 30 mars étaient irrégulières, le conseil de fabrique d'Eyburie a procédé à de nouvelles élections ; — Vu les réclamations formées les 31 mars, 20 et 22 avril 1845 par le sieur Materre, ancien fabricien non réélu, contre les opérations du conseil de fabrique relatives à ces élections ; — Vu les observations présentées par M. l'évêque de Tulle et par M. le préfet de la Corrèze ; — ... Vu l'avis du Conseil d'Etat du 15 janvier 1845 ;

En ce qui concerne les élections du 30 mars 1845 : — Considérant qu'à raison du dépôt dans l'urne du scrutin de cinq bulletins, tandis que les membres présents à la séance n'étaient que quatre, et, à défaut d'énonciation des voix obtenues par les candidats qui ont été proclamés fabriciens, l'on ne peut établir que ce n'est pas au moyen du cinquième bulletin, illégalement déposé dans l'urne, qu'ils ont obtenu la majorité ; que les nominations ainsi faites n'ont pas le caractère de régularité nécessaire et ne peuvent dès lors être maintenues ; — En ce qui concerne les élections du 6 avril 1845 : — Considérant qu'en supposant irrégulières les nominations faites le dimanche de Quasimodo, 30 mars 1845, avant de procéder à de nouvelles élections, le conseil de fabrique devait faire statuer, au préalable, par qui de droit sur cette nullité ; que, jusqu'à ce que cette mesure fût prise, ce conseil se trouvait sans qualité pour compléter son organisation et ne pouvait faire dès lors des nominations valables ; que les élections faites le 6 avril sont en conséquence irrégulières et nulles ;

Avons arrêté et arrêtons : — Art. 1er. Les délibérations du conseil de fabrique de l'église succursale d'Eyburie (Corrèze) en date des 30 mars et 6 avril 1845, en ce qui concerne les élections triennales faites dans ces réunions, sont déclarées irrégulières. »
(4) C. d'Et. int. 9 juillet 1839.
(5) Arr. min. 9 novembre 1849 (reproduit plus haut; voir les règles relatives à la question de la majorité absolue ou relative, au nombre des membres restants).
(6) C. d'Et. 15 janvier 1845 ; — Déc. min. 18 août 1864 ; 12 avril 1865 ; 13 juin 1870. — « Monsieur le Préfet, vous m'avez fait l'honneur de m'écrire, le 21 mai dernier, pour m'informer que Son Eminence Monseigneur le cardinal-archevêque de Bordeaux vous avait proposé de procéder à la réorganisation du conseil de fabrique de l'église d'Eyzines, et vous avait invité à nommer les deux membres dont le choix appartient à l'autorité préfectorale, en vous notifiant la nomination des trois

---

autres membres laissés à son choix par l'article 6 du décret du 30 décembre 1809.

Permettez-moi de vous faire remarquer que, lorsqu'une fabrique n'a pas procédé régulièrement au remplacement de ses membres sortants, aux époques fixées par l'article 7 du décret du 30 décembre 1809, et que l'autorité épiscopale n'a pas procédé elle-même, un mois après cette époque, suivant l'article 8 du décret précité, à la nomination de ces membres, la composition du conseil de fabrique doit d'abord être déclarée irrégulière par le ministre des cultes, conformément à l'avis du Conseil d'Etat du 15 janvier 1845. D'après cet avis, les fabriques, en raison du caractère purement administratif de leurs attributions, doivent être soumises aux règles ordinaires de la hiérarchie administrative toutes les fois qu'il n'a pas été dérogé à ces règles. Le préfet et l'évêque concourant à la nomination des membres des conseils de fabrique, il ne peut appartenir ni à l'un ni à l'autre, soit de déclarer irrégulière l'organisation de ces conseils, soit de prononcer leur révocation, soit d'annuler leurs délibérations et les élections. Il appartient exclusivement au ministre des cultes de statuer dans ces différents cas sur la proposition de l'évêque et l'avis du préfet. C'est seulement lorsqu'un conseil de fabrique a été ainsi révoqué ou déclaré irrégulièrement constitué qu'il peut être procédé à sa réorganisation d'après les règles établies par l'article 6 du décret du 30 décembre 1809.

En conséquence, pour se conformer à la législation et à la jurisprudence en vigueur, Monseigneur le cardinal-archevêque de Bordeaux aurait dû me proposer de déclarer irrégulière la composition actuelle du conseil de fabrique de l'église d'Eyzines, avant de procéder à la nomination des trois fabriciens, dont le choix lui a été laissé par l'article 6 précité du décret de 1809.

Les motifs qui ont déterminé Son Eminence à prendre cette mesure sont les suivants : 1° des élections ont été faites en 1859 pour la nomination de trois membres fabriciens, mais le procès-verbal dressé pour constater les opérations, bien que porté sur le registre des délibérations, n'a pas été signé ; 2° il n'y a eu en 1862 ni renouvellement ni remplacement des membres du conseil ; 3° des élections ont eu lieu en 1865 et 1868, mais elles se trouveraient nulles comme reposant sur une base défectueuse.

Sur le premier motif je ne suis pas disposé à partager l'opinion de Son Eminence. Il me paraît inadmissible d'annuler une élection de fabriciens, parce que le procès-verbal de cette opération n'a pas été signé par les membres du conseil. Comme vous le faites observer, l'omission des signatures au bas du procès-verbal est sans doute une irrégularité, mais cette irrégularité ne saurait vicier l'élection, alors surtout que rien ne prouve que cette omission ait été volontaire et coupable.

Quant aux deux autres motifs, ils ne me paraissent pas non plus devoir être admis. Sans doute, le renouvellement partiel exigé par la loi n'a pas eu lieu en 1862. Cette négligence constituait une irrégularité grave, qui aurait pu faire déclarer irrégulière la composition du conseil de fabrique d'Eyzines, si cette mesure avait été sollicitée en temps opportun par l'autorité diocésaine. Mais il n'en a pas été ainsi. Bien plus, le conseil est aujourd'hui rentré dans la légalité ; en effet, par suite des renouvellements partiels de 1865 et de 1868, aucun fabricien n'a actuellement plus de six ans d'exercice.

En résumé, si des irrégularités ont été commises par le conseil de fabrique d'Eyzines, elles ont été couvertes par l'application ultérieure des dispositions de la loi sur la matière et par l'approbation que paraît avoir donnée l'autorité diocésaine aux budgets présentés par ce conseil depuis plusieurs années que ces irrégularités ont été commises.

D'après ces motifs, je pense qu'il n'y a pas lieu de déclarer irrégulière la composition actuelle du conseil de fabrique dont il s'agit, ni par conséquent de procéder à la formation d'un nouveau conseil comme vous l'a proposé l'autorité diocésaine... »
(1) Avis C. d'Et. 11 oct. 1843 ; 24 oct. 1834 ; 7 oct. 1841 ; 8 févr. 1844 ; — t., min. 6 oct. 1840 ; — J. c. f., t. VII.
(2) Avis C. d'Et., 15 janv. 1845. — Le Conseil d'Et. qui, sur le renvoi ordonné par M. le garde des sceaux, ministre secrétaire d'Etat au département de la justice et des cultes, a pris connaissance d'un projet d'ordonnance qui annule une délibération du conseil de fabrique de Minot, relative à la nomination de ce membres, et qui décide qu'il sera procédé par le conseil à une nouvelle élection ; — Vu les délibérations du conseil de fabrique de Minot, en date du 5 juin 1843 ; — Vu l'ordonnance de l'évêque de Dijon, en date du 25 juin 1843, par laquelle le prélat, considérant ces trois élections comme nulles de plein droit, a nommé lui-même aux trois places vacantes ; — Vu la réclamation de deux membres du conseil de fabrique de Minot : — Vu l'ordonnance de l'évêque de Dijon du 8 février 1844, qui rapporte celle du 15 juin 1843 ; — Vu l'avis du préfet de la Côte-d'Or ; — Vu le décret du 30 décembre 1809 et l'ordonnance du 12 janvier 1825 ;

Considérant que le projet d'ordonnance ci-dessus visé prononce la nullité d'une élection faite par un conseil de fabrique ; qu'il y a lieu d'exa-

Le ministre des cultes s'est conformé à cet avis dans un grand nombre de décisions (1).

Le recours doit être formé par un mémoire remis au préfet, qui le transmet au ministre des cultes, qui statue sauf recours au Conseil d'État (2).

Bien que le Conseil d'État se soit prononcé seulement dans l'avis de 1845 sur le droit d'annuler les élections fabriciennes, l'administration des cultes a cru devoir par analogie prononcer l'annulation dans les autres cas, la raison de décider étant la même ; en effet, si l'on admet que le ministre doit statuer comme supérieur hiérarchique direct dans le cas où il s'agit d'annuler une élection faite par la fabrique, on doit reconnaître au ministre ce même droit d'annulation quand la nomination a été faite par le préfet ou l'évêque, ou qu'il s'agit de casser des actes émanant de ces deux autorités qui sont sous sa dépendance.

1080. Lorsque le préfet ou l'évêque a fait des nominations qui sont susceptibles d'annulation, il est évident qu'ils peuvent rapporter leurs décisions ; mais ce droit n'est pas reconnu aux fabriques ; le conseil de fabrique ne peut prononcer la nullité des élections qu'il a faites. Jusqu'à ce que la nullité ait été prononcée par qui de droit, le conseil est sans droit pour compléter son organisation en procédant à des élections valables (3).

Nous avons vu plus haut s'il appartient au conseil de fabrique ou à l'évêque de procéder aux nominations quand le ministre a annulé des élections irrégulières.

1081. Le conseil de fabrique peut être révoqué par le ministre des cultes sur la demande des évêques et l'avis des préfets : 1° pour défaut de présentation du budget ou de reddition de comptes, quand ce conseil, requis de remplir ce devoir, aura refusé ou négligé de le faire ; 2° pour toute autre cause grave (4). Ainsi s'exprime l'ordonnance du 12 janvier 1825.

1082. Le ministre est seul juge de la gravité de la cause qui justifie la révocation du conseil de fabrique, et l'arrêté de révocation ne peut être attaqué devant le Conseil d'État par la voie contentieuse, pour ce motif que les faits ne sont pas assez graves pour motiver cette mesure (5).

Toute omission, négligence ou infraction présentant un sérieux caractère de gravité, peut entraîner la révocation du conseil de fabrique. Ainsi pourrait être révoqué le conseil de fabrique qui aurait laissé tomber en ruines les bâtiments paroissiaux (1).

1083. Il peut y avoir cause grave et par suite motif à révocation : 1° à l'égard d'un trésorier qui refuse de poursuivre les débiteurs de la fabrique, et à l'égard des fabriciens qui refusent d'accepter les fonctions de trésorier et d'en remplir les devoirs (2) ; 2° à l'égard d'un conseil de fabrique qui refuse de transmettre à l'autorité supérieure les pièces réclamées par cette autorité pour s'éclairer sur la question de savoir s'il y a lieu d'autoriser l'acceptation ou la répudiation d'une libéralité (3) à l'égard d'un conseil de fabrique qui donne aux libéralités un emploi différent de celui qui est spécifié dans les décrets ou arrêtés d'autorisation (4), ou qui touche le montant d'une libéralité avant d'être muni de l'autorisation administrative.

1084. Ce n'est pas nécessairement l'arrêté de révocation qui devra établir que la révocation a été prononcée dans les conditions prescrites pour l'article 5 de l'ordonnance du 12 janvier 1825, c'est-à-dire par défaut de présentation de budget ou de reddition de comptes, ou toute autre cause grave. Cette preuve peut résulter d'autres documents. Ainsi, il a été jugé que les membres d'un conseil dissous ne peuvent se prévaloir des termes de la lettre par laquelle le ministre a notifié sa décision à l'évêque pour prétendre que le ministre n'a pas basé sa décision sur une des causes prévues par l'article 5 de l'ordonnance de 1825, lorsque cette même lettre déclare qu'en raison des irrégularités signalées, la réorganisation du conseil ne pouvait être différée (5).

1085. Le ministre des cultes peut-il révoquer un conseil de fabrique dans les cas prévus par l'article 5 de l'ordonnance du 12 janvier 1825, alors même que cette mesure n'a pas été proposée par l'évêque ?

Pour refuser ce droit au ministre des cultes, on s'appuie notamment sur le texte de l'article 5 de l'ordonnance de 1825 qui dispose que la révocation pourra être prononcée sur la *demande* de l'évêque et l'*avis* du préfet. L'article distingue nettement, dit-on, la *demande* de l'évêque et l'*avis* du préfet ; il n'est pas permis d'attribuer à l'auteur de l'ordonnance une confusion qui supposerait une ignorance absolue de la langue juridique. On fait remarquer, en outre, que les autres dispositions de l'ordonnance de 1825 ont précisément pour but de fortifier l'autorité ecclésiastique dans ses rapports avec les fabriques ; l'article 4 donne à l'évêque le droit de nommer les membres du conseil de fabrique, quand le renouvellement n'a pas eu lieu aux époques réglementaires ; l'article 7 transfère au curé dans les communes rurales le droit de nommer et révoquer certains agents qui dépendaient antérieurement du conseil de fabrique. Enfin, les décisions rendues par le Conseil d'État au contentieux sur les pourvois contre les décisions ministérielles provoquant les révocations des conseils de fabrique, mentionnent presque toujours que cette mesure avait été prise sur la demande de l'évêque (6). Nous devons ajouter que le gouvernement a adopté cette interprétation de l'article 5 de l'ordonnance de 1825 dans l'exposé des motifs accompagnant le projet de loi sur les fabriques qui a été déposé à la Chambre des députés le 1er mai 1880. Le projet de loi contient un article 2, qui a pour but de permettre au ministre des cultes de révoquer tout ou partie des conseils de fabrique, sur la demande des évêques *ou* des préfets. Le gouvernement donnait pour justifier le nouvel article les raisons suivantes : « L'ordonnance du 12 janvier 1825 avait pour but de faire cesser un abus dont l'existence s'était révélée depuis l'application du décret du 30 décembre 1809. Un certain nombre de conseils de fabrique, soit par mauvaise volonté, soit plus fréquemment encore par ignorance et négligence, refusaient de

<hr>

miner préalablement si c'est par une ordonnance royale que doit être prononcée ladite annulation ; — Considérant qu'aux termes de l'article 1er du décret du 30 décembre 1809, les fabriques sont chargées de veiller à l'entretien et à la conservation des temples, d'administrer les aumônes et les biens et perceptions autorisés par les lois et règlements, les sommes supplémentaires fournies par les communes, et généralement tous les fonds qui sont affectés à l'exercice du culte ; enfin, d'assurer cet exercice et le maintien de sa dignité dans les églises auxquelles elles sont attachées, soit en réglant les dépenses qui y sont nécessaires, soit en assurant les moyens d'y pourvoir ; que les fabriques sont investies ainsi d'attributions purement administratives et doivent, à ce titre, être soumises aux règles ordinaires de la hiérarchie administrative dans tous les cas où il n'a pas été dérogé à ces règles ; — Considérant que le préfet et l'évêque concourant, en certains cas, à la formation des conseils de fabrique, lui est permis il n'est permis ni à l'un ni à l'autre de prononcer la nullité des élections faites dans lesdits conseils ; que, dès lors, c'est par le ministre des cultes que ladite nullité doit être prononcée, s'il y a lieu, et qu'aucune disposition de loi ou d'ordonnance ne dispose qu'il doive intervenir une ordonnance royale pour statuer sur cette nullité ; que, par application de ce principe, le ministre des cultes est chargé, par l'article 5 de l'ordonnance du 12 janvier 1825, de prononcer, en certains cas y énoncés, la révocation des conseils de fabrique et qu'il n'y a aucune raison pour soumettre à une autre autorité l'appréciation des questions de validité des élections desdits conseils ; — Est d'avis que c'est au ministre des cultes qu'il appartient de statuer sur la nullité des élections faites par les conseils de fabrique, et que, dès lors, il y a lieu, dans l'espèce, de proposer au Roi une ordonnance ayant pour objet d'annuler les élections du conseil de fabrique de Minot.

(1) Déc. min. 16 mai, 23 juin, 15 novembre 1845 ; 27 janvier, 6 août, 4 septembre, 9 novembre 1849 ; — Bost, *Conseils de fabrique* ; — Déc. min. 11 avril et 8 juillet 1870 (Bloch, *Dict. d'admin.*) ; — C. d'Et. 17 mai 1878 (aff. *Fauverteix*, rapportée *supra*,).

(2) Déc. min. 23 juin, 15 novembre 1845 ; 27 janvier, 6 août, 4 septembre, 9 novembre 1849 (Bost., *Conseils de fabrique*) ; — Déc. min. 11 avril et 8 juillet 1870 (Bloch, *Dict. d'admin.*) ; — C. d'Et. cont. 11 août 1850 ; 17 mai 1878 (aff. *Fauverteix* rapportée *supra*).

(3) Déc. min. 15 novembre 1845. (Bost., *Conseils de fabrique*).

(4) Ord. 12 janvier 1825.

(5) C. d'Et. cont. 27 avril 1850 ; 14 juin 1852 ; 27 mars 1869 (aff. Lauthier) ; — C. d'Et. 30 janvier 1874 (aff. Martin).

(1) *Bull. lois civiles et eccl.*, 1863.

(2) Déc. min. 21 décembre 1841.

(3) D. min. 23 février 1849, et nombreuses décisions plus récentes.

(4) Circ. 6 mai 1881.

(5) C. d'Et. cont. 5 août 1881 (aff. fabrique de Châteaugiron).

(6) C. d'Et. 27 avril 1850 ; 14 juin 1852 ; 27 mai 1863 ; 27 janvier 1874.

présenter leur budget et de rendre leurs comptes. Dans l'intention de réprimer ce désordre, l'auteur de l'ordonnance du 12 janvier 1825 investit le gouvernement d'un droit nouveau, celui de révoquer un conseil de fabrique. Toutefois, le gouvernement ne reçut la faculté d'exercer ce droit de révocation que *sur la demande des évêques* et l'*avis* des préfets. Ce remède était insignifiant : d'une part, parce que le gouvernement était obligé d'attendre que l'évêque prît l'initiative de la demande, ce qui souvent lui répugnait par des motifs aisés à comprendre... L'article 2 du projet de loi améliore cette situation. Désormais le gouvernement aura le droit de révocation, non seulement sur l'initiative de l'évêque, mais aussi sur l'initiative du préfet.

La jurisprudence administrative et la doctrine ont constamment admis le droit de révocation, alors même que la proposition n'émane pas de l'évêque. Un avis du Conseil d'État du 16 novembre 1831 (1) déclarait que « l'article 5 de l'ordonnance du 12 janvier 1825 (2), en accordant à l'évêque diocésain l'initiative de la demande de révocation, n'a pas entendu lui donner une initiative exclusive, et a réservé au gouvernement l'appréciation des causes graves qui pourraient rendre indispensable cette révocation ». M. Gaudry dans son traité s'exprime ainsi sur cette question : « Qu'arriverait-il si une fabrique se rendait coupable de faits graves, et que l'évêque ne voulût pas prononcer la révocation? Le ministre pourrait-il d'office la prononcer? Nous le pensons : la provocation de l'évêque et l'avis du préfet ont pour unique objet de prévenir et d'éclairer l'autorité; mais, un droit de juridiction est donné au ministre par la loi; il serait donc légitimement exercé si la révélation des faits lui était directement acquise. D'ailleurs, l'autorité supérieure statue sur tout ce qui intéresse l'ordre public, lors même que les chefs administratifs inférieurs garderaient le silence (3). »

Affre dit : « Si les membres d'une fabrique refusent de remplir leur devoir, le ministre des cultes, sur le rapport de l'évêque et du préfet, peut les destituer ; dans ce cas, on procède comme à l'époque d'une première formation (4). »

« Il est vrai, dit André, que l'ordonnance ne parle que du cas où la révocation serait demandée par l'évêque; mais nous ne pensons pas que la demande de l'évêque soit une condition expresse et indispensable pour l'exercice du droit de révocation : nous estimons, au contraire, que le ministre peut également prononcer cette révocation, soit d'office, soit sur la demande de toute partie intéressée (5). »

Si l'on interprétait l'article 5 de l'ordonnance de 1825 en ce sens que l'évêque peut seul provoquer la révocation, on reconnaîtrait à l'évêque, au point de vue de la mise en mouvement de l'autorité ministérielle, un droit d'initiative qui serait refusé au préfet. Ce résultat serait contraire à notre législation qui, en prévision d'un désaccord possible entre l'autorité diocésaine et l'autorité préfectorale sur des questions ressortissant de ces deux autorités, a placé l'évêque et le préfet sur un pied d'égalité absolue ; le ministre ou le chef de l'État a seul compétence pour trancher le désaccord (6). Un arrêt du Conseil d'État du 9 mars 1886 (7) confirme cette interprétation.

1086. Le ministre des cultes est-il obligé de mettre les fabriciens en demeure de présenter leur défense, avant de prononcer la dissolution du conseil de fabrique, ou la révocation des fabriciens? Le texte étant muet sur ce point, la négative doit être admise (1). Dalloz propose une distinction : Si la révocation est un acte purement administratif, comme la dissolution d'un conseil municipal, il n'y a pas lieu à une mise en demeure de fournir des moyens de défense. Il en est autrement si on attache à la révocation le caractère d'une sorte de peine disciplinaire (2). La question a été posée au Conseil d'État au sujet d'une affaire dans laquelle on demandait l'annulation d'un arrêté de dissolution, par ce motif que les fabriciens n'avaient pas été invités à répondre aux griefs qu'on leur imputait. Le Conseil d'État n'eut pas à se prononcer sur la question, parce qu'il fut établi que le recours était sans fondement, les requérants ayant pu, en fait, fournir leurs explications (3).

1087. Le ministre des cultes, qui peut révoquer le conseil de fabrique tout entier, a le droit *a fortiori*, d'en destituer individuellement les membres (4), et il n'est pas nécessaire que les fabriciens frappés aient été mis en demeure préalablement de présenter leur défense (5).

C'est ainsi qu'il peut révoquer de ses fonctions un membre d'un conseil de fabrique qui est frappé d'une condamnation pour vol (6). Il a été décidé, en sens contraire, qu'une condamnation de simple police, à vingt-quatre heures de prison, pour injures à un garde particulier, n'était pas une cause d'indignité qui pût faire prononcer la révocation d'un fabricien, lorsque cette condamnation était fort ancienne et qu'elle n'avait pas empêché celui qui l'avait encourue de jouir constamment de l'estime publique (7).

Ce faisant, attendu que ledit arrêté a été pris sans que la révocation de ce conseil de fabrique ait été, conformément à l'article 5 de l'ordonnance du 12 janvier 1825, demandée par l'archevêque de Paris; qu'en outre, il n'appartenait pas au ministre des cultes de déclarer que les membres du conseil de fabrique révoqués ne pourraient faire partie du nouveau conseil; — Vu les observations du ministre des cultes.... par lesquelles il conclut au rejet du pourvoi, par le motif qu'en conférant aux évêques le droit de provoquer la révocation des conseils de fabrique, l'article 5 de l'ordonnance du 12 janvier 1825 n'a pas entendu leur réserver exclusivement l'initiative de ces mesures; qu'à son tour, la disposition de l'arrêté attaqué qui porte que les membres du conseil de fabrique révoqués ne pourront faire partie du nouveau conseil est la conséquence nécessaire de la mesure de révocation contenue dans ledit arrêté; — Vu le décret du 30 décembre 1809 et l'ordonnance du 12 janvier 1825; « Considérant que, pour demander l'annulation de l'arrêté attaqué, les sieurs Costes et autres se fondent, d'une part, sur ce que, contrairement aux dispositions de l'article 5 de l'ordonnance du 12 janvier 1825, ledit arrêté n'aurait pas été pris sur la demande de l'évêque, et sur ce que, d'autre part, le ministre des cultes, en décidant que les requérants ne pourraient faire partie du nouveau conseil de fabrique de Joinville-le-Pont, aurait excédé la limite de ses pouvoirs; — Considérant qu'en disposant que le ministre des cultes pourrait, sur la demande des évêques et l'avis des préfets, révoquer un conseil de fabrique pour défaut de présentation de budget ou de reddition de comptes ou pour toute autre cause grave, l'article 5 de l'ordonnance du 12 janvier 1825 n'a fait que conférer aux évêques le droit de prendre l'initiative de ces mesures toutes les fois qu'elles leur paraîtraient utiles au point de vue des intérêts du culte; mais qu'il n'a point enlevé au ministre le droit d'apprécier les causes graves qui, même en l'absence d'une proposition de l'évêque, pourraient rendre une révocation nécessaire; qu'il suit de là que le ministre des cultes a pu, sans excéder ses pouvoirs, prononcer, bien qu'elle n'eût pas été demandée par l'archevêque de Paris, la révocation du conseil de fabrique de Joinville-le-Pont; — Considérant d'autre part, qu'on ne saurait inférer des termes de l'article 5 de l'arrêté attaqué que le ministre aurait outrepassé ses pouvoirs en créant une incapacité qu'il ne lui appartiendrait pas d'édicter par voie de disposition réglementaire; qu'il en résulte, au contraire, que le ministre, en ordonnant aux membres du conseil de fabrique par lui révoqués de rendre compte de leur gestion, a fait connaître son intention d'exercer à nouveau son droit de révocation s'ils étaient appelés à faire partie du conseil qui sera reconstitué conformément à l'article 6 du décret du 30 décembre 1809; qu'en faisant une semblable déclaration à l'appui de la reddition de comptes par lui ordonnée, le ministre des cultes n'a pas excédé la limite de ses attributions, et que, par suite, les requérants ne sont pas fondés à demander l'annulation sur ce point de l'arrêté attaqué... »

(1) J. c. f., t. XVIII, p. 20, 523° consult.
(2) *Rép.*, v° CULTE.
(3) C. d'Ét. cont. 5 août 1881; Conseil de fabrique de Châteaugiron.
(4) Arr. min. 2 nov. 1825 ; 10 avr. 1826 ; 11 janv. 1834 ; 19 mars 1847 ; 23 févr. 1852 ; 28 mai et 22 juin 1858 ; André, Affre, Bost, Bloch, *Dict. d'admin.*, Campion.
(5) Voir *supra*.
(6) Arr. min. 10 avril 1826.
(7) Déc. min. 19 juin 1848.

(1) C. d'Ét. 16 novembre 1831. (Fabrique de Varennes contre Ministre des cultes.)
(2) L'article 5 de l'ordonnance du 12 janvier 1825, en accordant à l'évêque l'initiative de la demande en révocation, n'a pas entendu lui donner une initiative exclusive, et a réservé au gouvernement l'appréciation des causes graves qui pourraient rendre indispensable cette révocation. (C. d'Ét. int., 16 nov. 1831; Déc. min. 23 mars 1849 (Bloch, *Dict. d'admin.*); C. d'Ét. int. 19 mars 1886 (aff. Costès).
(3) *Traité de la législation des cultes*, t. III, p. 217.
(4) *Traité de l'administration des paroisses.*
(5) *Législation civile ecclésiastique*, v° FABRIQUE, t. III, p. 88.
(6) Opinion de M. Marguerie, commissaire du gouvernement, dans ses conclusions sur l'arrêt du 29 mars 1886. — En ce sens, André, *id.*, consultation délibérée par MM. Berryer, Hennequin, O. Barrot, Dupin, Duvergier, Crémieux, Aristide Boué et Millot. (*Conseils de fabrique*, t. 1); Vuillefroy, *Administration du culte catholique.*
(7) Cont. 9 mars 1886. — « Vu la requête des sieurs Costes, Durand et autres... tendant à ce qu'il plaise au Conseil annuler, pour excès de pouvoirs, un arrêté du 9 février 1885, par lequel le ministre des cultes a révoqué le conseil de fabrique de la paroisse de Joinville-le-Pont ; —

Il peut être intéressant de noter que Vuillefroy (1) incline à penser que les révocations individuelles ne sont pas permises.

1088. Le ministre des cultes peut-il, par voie de disposition réglementaire, déclarer inéligibles les membres des conseils de fabrique révoqués par lui ?

Oui, dit-on, cette mesure est le corollaire nécessaire, indispensable de la révocation, elle n'a pas besoin d'être autorisée par un texte précis. Le pouvoir donné au gouvernement de révoquer les membres des conseils de fabrique serait dérisoire si les conseillers exclus de l'ancienne assemblée pouvaient prendre place dans la nouvelle (2).

L'administration des cultes adopte cette manière de voir. Le Conseil d'État, saisi d'un recours contre un arrêté ministériel qui déclarait expressément inéligibles les membres d'un conseil dissous, n'a pas admis la doctrine de l'administration des cultes. Il a interprété la décision ministérielle en ce sens que le ministre aurait voulu faire connaître son intention d'exercer de nouveau son droit de révocation, si les membres révoqués étaient réélus (3).

Les partisans de la théorie qui admet la rééligibilité des membres révoqués invoquent les arguments suivants : L'incapacité de réélection ne peut résulter que d'un texte formel et ne peut être prononcée par analogie. Quand le législateur a voulu que les fonctionnaires révoqués fussent frappés d'inéligibilité, il a pris soin de le spécifier formellement (4). On invoque en outre pour défendre cette théorie, la difficulté de réorganiser le conseil de fabrique principalement dans les communes rurales, où il est déjà difficile de trouver des citoyens pour remplir les fonctions de fabriciens.

1089. Si la révocation est partielle, comment les membres frappés de destitution seront-ils remplacés ? On décide que, lorsque la mesure de révocation atteint plus de la moitié des fabriciens, le conseil ne pouvant plus délibérer et n'ayant plus d'existence, devra être renouvelé en entier par l'évêque et le préfet, comme au cas où le conseil tout entier est révoqué. Lorsque, au contraire, le décret de révocation laisse en fonctions plus de la moitié des membres, les membres révoqués seront remplacés par les membres restants par la voie de l'élection. Mais les membres révoqués ne pourront suivant la loi être réélus, si le conseil persistant à réélire les membres révoqués, il y aurait dans une telle manifestation de mauvais vouloir des motifs plus que suffisants pour faire révoquer non seulement les membres réélus, mais encore ceux qui les auraient nommés (5).

1090. Les membres de conseil de fabrique ne sont pas des fonctionnaires publics. Avant l'abrogation de l'article 75 de la constitution de l'an VIII, qui soumettait à l'autorisation préalable les poursuites contre les agents du gouvernement, il a été décidé que les fabriciens, n'étant pas agents du gouvernement, pouvaient être poursuivis devant les tribunaux sans autorisation préalable (6).

1091. Quoique ils ne soient pas fonctionnaires publics, les membres d'un conseil de fabrique n'en doivent pas moins être considérés, dans l'exercice de leurs fonctions, comme agissant avec un caractère public (1). Ils ne sont pas individuellement des fonctionnaires, mais ils ont collectivement certaines attributions, une certaine somme de pouvoirs. Ils exercent, dans leurs réunions, des fonctions publiques (2).

Ce caractère de participation à la gestion de la chose publique résulte de la mission légale de cet établissement chargé du service public du culte, et qui peut, dans certains cas, compter sur le concours obligatoire de la commune (3).

1092. Il semble qu'on puisse étendre aux fabriciens la doctrine contenue dans l'arrêt récent de la chambre criminelle de la Cour de cassation, qui décide que l'expression fonctionnaire public, au sens de l'article 177 du Code pénal, comprend non seulement les citoyens revêtus à un degré quelconque d'une portion de la puissance publique, mais encore ceux qui, investis d'un mandat public, soit par une élection régulière, soit par une délégation du pouvoir exécutif, concourent à la gestion des affaires de l'État, du département ou de la commune, et que le fait de chercher à obtenir, par l'offre ou la promesse d'une somme d'argent, l'influence ou le vote d'un conseiller municipal, rentre dans les actes prévus par l'article 179 du Code pénal (4).

---

(1) Administration du culte catholique : « Les membres du conseil peuvent-ils être individuellement révoqués ou destitués? La négative paraît vraisemblable. Le 14 thermidor an XIII, le ministre des cultes décidait que « pour faire opérer la sortie d'un fabricien, on doit attendre que le temps d'exercice fixé par le règlement soit accompli ». Une autre décision ministérielle porte, il est vrai, que « le préfet, dans l'intervalle des renouvellements, a le droit de réformer un des marguilliers ou un des membres du conseil de fabrique ou du bureau ». Mais le silence du décret de 1809 et celui plus significatif encore de l'ordonnance de 1825, qui autorise la révocation en masse du conseil, ne permettent guère de soutenir cette dernière doctrine. »
(2) Conseils de fabrique.
(3) Cons. 19 mars 1886; voir plus haut.
(4) L. 5 avril 1884, art. 76, relatif aux maires; 7 juin 1873, art. 3.
(5) En ce sens, Bost, Conseils de fabrique; voir infra, démission collective.
(6) Cass. 3 mai 1838. — « La Cour, — Vu l'article 75 de l'acte constitutionnel du 22 frimaire an VIII, portant : les agents du gouvernement autres que les ministres ne peuvent être poursuivis pour des faits relatifs à leurs fonctions qu'en vertu d'une décision du Conseil d'État ; — Attendu que l'on ne doit considérer comme agents du gouvernement que ceux qui, dépositaires d'une partie de son autorité, agissent en son nom et sous sa direction médiate ou immédiate, et font partie de la puissance publique; que l'on ne peut ranger dans cette classe les membres des conseils de fabrique dont les fonctions se bornent, d'après

l'article 1er du décret du 30 décembre 1809, à veiller à l'entretien et à la conservation des temples, à administrer les aumônes et les biens et revenus des paroisses, à assurer l'exercice du culte; que leur administration tout intérieure est entièrement étrangère à l'action du gouvernement, qui n'a avec elle d'autre rapport que celui de la surveillance qu'il exerce sur elle comme sur l'administration des communes et des autres établissements publics; que, cependant, la Cour royale de Poitiers, saisie d'une action dirigée contre les sieurs Almeneau et Bareau, à raison de faits qu'ils auraient commis dans l'exercice de leurs fonctions de membres de la fabrique de la Roche-Posay, a sursis à statuer sur la poursuite du ministère public jusqu'à ce qu'il fût justifié de l'autorisation prescrite par l'article 75 de la Constitution de l'an VIII; qu'en cela elle a faussement appliqué ledit article 75 ci-dessus transcrit et, par suite, violé les règles de sa compétence;
« Par ces motifs, casse et annule l'arrêt rendu par la Cour royale de Poitiers le 29 janvier dernier... »
Bastia, 21 mai 1856. — Attendu que les membres de fabrique ne sont pas personnes publiques dans l'acception légale de ce mot; — qu'en effet, ils ne participent en aucune façon à l'exercice de la puissance publique et qu'ils ne prêtent pas le serment auquel est assujetti tout officier ou fonctionnaire public avant d'entrer en fonctions.
(1) C. d'Ét. 21 mars 1857 (aff. de Courvol); 14 avril 1866 (aff. Jarry); — Aix, 10 février 1870 (aff. Blanc); — Trib. Conf. Liège, 3 juillet 1872.
C. de Bruxelles, 10 mars 1879. — « La Cour, — Attendu qu'il résulte de l'article incriminé, ainsi que des faits constants et reconnus dans les cours des débats, que si l'appelant a été calomnié ou diffamé dans cet article, ce n'est pas en sa qualité de ministre du culte, mais à raison des faits relatifs à ses fonctions de membre et secrétaire du conseil de fabrique de l'église de Notre-Dame de Laeken; — attendu que ce conseil avait été autorisé à construire un bâtiment devant servir de garde-meuble, et que, par sa délibération du 17 décembre 1876, il avait indiqué changé la destination de ce bâtiment dont il avait cédé la jouissance à l'association de Saint-François-Xavier, pour lui servir de lieu de réunion et d'agrément; — Attendu que c'est à raison de cet excès de pouvoir et à l'occasion de la patente de maître de billard et de débitant de boissons dans le local de la fabrique qui a été prise par le concierge Serneels, que l'intimé a dirigé contre l'appelant les imputations incriminées; — Attendu que les conseils de fabrique sont des établissements publics chargés, dans un intérêt général, de l'administration du temporel des paroisses; que si les membres de ces conseils ne sont pas des fonctionnaires, ils doivent tout au moins être considérés, lorsqu'ils exercent leurs fonctions, comme agissant dans un caractère public; — Attendu que l'acte d'appel porte la date du 29 décembre 1877; que la cause a été introduite dans le courant du mois de janvier 1878, et que, depuis son introduction, elle a été laissée sans suite jusqu'au 2 décembre suivant, date de sa mise au rôle; qu'il s'est écoulé ainsi plus de trois mois sans qu'il ait été posé aucun acte judiciaire; — Attendu que, pour écarter l'exception de prescription, l'appelant s'est borné à alléguer que les imputations de l'intimé doivent être envisagées comme des faits simplement dommageables, mais qu'il ne peut être fait abstraction du caractère délictueux qu'il a lui-même attribué, dans son exploit introductif d'instance, aux faits précis articulés par l'intimé, en déclarant qu'ils sont calomnieux et diffamatoires;
Par ces motifs, et vu le jugement de disjonction du 7 novembre 1877, dit que l'action du demandeur, telle qu'elle a été intentée du chef de l'article visé dans son acte d'appel du 29 décembre 1877, est éteinte par prescription; met son appel au néant et le condamne aux dépens d'appel. »
(2) L. min. cultes, 24 février 1890.
(3) L. 5 avril 1884, art. 136.
(4) Cass. crim. 29 mai 1886 (aff. Labrugières); — Cass. ch. crim. 30 octobre 1886. — « La Cour, sur le moyen unique pris de la fausse application de l'article 197 du Code pénal; — Attendu en fait, en fait, qu'il

1093. La seule qualité de membre du conseil de fabrique ne doit pas faire écarter, en vertu de l'article 282 du Code de procédure civile, les témoignages du curé et du maire dans un procès intéressant la fabrique (1).

1094. Une fois constitué, le conseil de fabrique s'organise par la nomination d'un président et d'un secrétaire. Le président et le secrétaire sont nommés par l'assemblée fabricienne, au scrutin ; il sont renouvelés le dimanche de Quasimodo de chaque année, mais ils peuvent être réélus (2).

La constitution du bureau n'est qu'un détail d'organisation intérieure et l'omisssion de ces formalités, les irrégularités dans leur exécution, les retards apportés à leur accomplissement ne sauraient rendre illégale l'existence du conseil de fabrique (3).

1095. Ni le curé, ni le maire ne peuvent être élus présidents du conseil de fabrique. Cette interdiction résulte des articles 4, 13 et 50 du décret du 30 décembre 1809. En effet, les articles 4 et 13 portent que le curé sera placé à la droite du président et le maire à sa gauche. La conséquence de cette disposition est que ni l'un ni l'autre ne peut être appelé à la présidence.

1096. En outre, aux termes des articles 50, 55 et 56 du décret de 1809, le curé et le président du bureau des marguilliers sont appelés chacun à avoir une clef de la caisse de la fabrique, à signer les inventaires et récolements, à signer et rectifier les pièces ; c'est là une double garantie exigée par le décret et qui cesserait d'exister si le curé pouvait réunir à ses fonctions celles de président ; s'il ne s'agit dans ces articles que du président du bureau, les motifs d'incompatibilité sont encore plus puissants en ce qui concerne la présidence du conseil de fabrique, cette assemblée étant appelée à entendre et débattre les comptes du bureau dont le curé fait nécessairement partie. Il convient d'ajouter enfin que le curé et le maire représentent dans le conseil chacun un intérêt spécial et distinct ; ces deux intérêts doivent se pondérer et ne sauraient sans danger l'emporter l'un sur l'autre. L'exclusion du maire et du curé à la présidence a été déterminée par la considération d'éviter toute rivalité entre le curé et le maire et tout esprit de parti entre les membres du conseil ; dans cette pensée, on a voulu leur ôter une influence qui ne pouvait être réciproque (4).

1097. Il a été décidé que la présidence du conseil de fabrique ne pouvant être donnée au curé ou desservant, le conseil municipal ne peut, pour se soustraire à une demande de subvention, invoquer la nullité de la délibération prise sous cette présidence, s'il n'est pas allégué par la commune

roisse de Saint-Médard, de Lizy-sur-Ourcq, diocèse de Meaux, a été réélu par les membres du conseil de fabrique de cette paroisse, présidant dudit conseil ; — Vu la dépêche du sous-préfet de Meaux, en date du 5 novembre 1865 et de laquelle il résulte : 1° que le maire de Lizy aurait à plusieurs reprises protesté contre l'élection successive du curé de Saint-Médard à la présidence du conseil de fabrique, et en aurait demandé l'annulation comme contraire à l'esprit et aux termes du décret du 30 décembre 1809 ; 2° que sur le refus du curé de Saint-Médard de se démettre de ses fonctions de président, le sous-préfet aurait proposé d'annuler ladite élection ; — Vu la lettre du curé de Saint-Médard, en date du 28 septembre 1865, portant son refus de démission ; — Vu les lettres en date des 14 novembre et 29 décembre 1865, de l'évêque de Meaux, par lesquelles le prélat demande que le Conseil d'État soit appelé à donner son avis sur la question de savoir si le curé ou desservant peut être élu président du conseil de fabrique ; — Vu la dépêche précitée du 24 janvier 1866, par laquelle le ministre des cultes a saisi le Conseil d'État de la question précitée, en ce qui concerne le curé et le maire ; — Vu divers règlements de fabrique, homologués par arrêt des parlements et intervenus sous l'ancienne législation, notamment les règlements des fabriques de Saint-Jean-en-Grève, de Saint-Louis-en-l'Ile, de Paris, de Saint-Pierre-le-Marché, de Bourges, et les arrêts qui les ont homologués ; — Vu l'arrêté du gouvernement du 7 thermidor an XI ; — Vu le décret du 30 décembre 1809, et notamment les articles 4, 50, 53 et 56 du même décret ; — Vu l'exposé des motifs de ce décret et le rapport du ministre des cultes sur le même objet ; — Vu la copie d'une lettre du ministre des cultes, en date du 2 octobre 1810, adressée au président de la section de l'intérieur du Conseil d'État et ayant pour objet d'interpréter le décret de 1809, en ce qui concerne la question ci-dessus posée ; — Vu la réponse en date du 11 du même mois d'octobre, de Regnaud-de-Saint-d'Angely, président de ladite section ; — Vu enfin diverses dépêches et circulaires ministérielles tendant à établir en principe que le curé et le maire ne peuvent être élus présidents du conseil de la fabrique ; — Vu enfin toutes les autres pièces du dossier ;

Considérant que sous l'ancienne législation la jurisprudence, consacrée par la plupart des règlements de fabriques, homologués par arrêts de parlements, avait établi en principe que les curés ne pouvaient être nommés présidents des assemblées de la paroisse, lesquelles étaient des réunions exclusivement laïques ; que si les curés avaient obtenu dans ces assemblées un droit de préséance, ce n'était que par déférence et à titre honorifique ; mais que la présidence était toujours dévolue, soit au premier ou au plus ancien marguillier, soit à un membre élu parmi les laïques ; — Considérant que pour le régime transitoire qui suivit le concordat et fut consacré par l'arrêté du gouvernement du 7 thermidor an XI, il n'y avait pas de voix consultative dans le conseil de la fabrique dite extérieure, chargée de l'administration de tous les biens et intérêts temporels de la paroisse ; que c'est en cet état de la législation qu'est intervenu le décret du 30 décembre 1809, portant règlement général sur les fabriques ; — Considérant que si l'on consulte l'exposé des motifs de ce décret, le rapport du ministre des cultes, le texte du projet proposé par la section de l'intérieur du Conseil d'État, ainsi que les modifications apportées par le conseil, il ressort de cet examen que les auteurs du décret ont entendu se conformer aux principes de l'ancienne jurisprudence sur l'administration des fabriques, notamment en ce qui concerne la présidence des conseils de fabrique ; — Considérant que le texte du décret est en harmonie avec cette interprétation ; qu'en effet, d'après les prescriptions de l'article 4, le curé ou desservant et le maire sont de droit membres du conseil de fabrique, le curé ou desservant doit y avoir la première place ; le maire doit être placé à la gauche et le curé ou desservant à la droite du président ; d'où l'on doit induire que ces fonctionnaires ne sauraient être élus présidents ; qu'en outre, aux termes des articles 50, 55 et 56 du même décret, le curé et le président du bureau des marguilliers sont appelés chacun à avoir une clef de la caisse de la fabrique, à signer les inventaires et récolements, à signer et certifier les pièces ; que c'est là une double garantie exigée par le décret et qui cesserait d'exister si le curé pouvait réunir à ses fonctions celles de président ; que, s'il ne s'agit dans ces articles que du président du bureau, les motifs d'incompatibilité sont encore plus puissants en ce qui concerne la présidence du conseil de fabrique, cette assemblée étant appelée à entendre et débattre les comptes du bureau dont le curé fait nécessairement partie ; — Considérant que depuis 1809 jusqu'à ce jour, le décret sur les fabriques a toujours été interprété par l'administration dans le sens de cette incompatibilité, ainsi que cela résulte des dépêches et circulaires ministérielles ci-dessus visées ; — Considérant que le curé et le maire représentent dans le conseil de fabrique chacun un intérêt spécial et distinct ; que ces intérêts doivent se pondérer et ne sauraient sans danger l'emporter l'un sur l'autre ; que qui arriverait le plus souvent si le curé ou le maire pouvait être élu président ; qu'il est plus sage et plus conforme à l'esprit et au texte du décret de 1809 de n'admettre à la présidence ni le maire ni le curé, afin de prévenir les rivalités qui pourraient surgir et qui auraient nécessairement des conséquences regrettables.

Est d'avis que le curé de la paroisse et le maire de la commune, membres de droit du conseil de fabrique, ne peuvent être élus présidents.

En sens contraire : André, Brinbe, Affre. — On répond à la première et à la seconde difficulté, dit Affre, que le décret de 1809 ayant voulu que le choix du président fût libre, a dû prévoir le cas où le curé et

résulte du jugement rendu le 12 février 1886 par le tribunal correctionnel de la Seine et dont l'arrêt attaque s'est approprié les motifs que les demandeurs, membres du conseil de fabrique de la paroisse de Joinville-le-Pont, révoqués par un arrêt régulier, ont continué d'exercer leurs fonctions, bien que cette mesure ait été portée à leur connaissance. — Attendu, en droit, qu'aux termes de l'article 1er du décret du 30 décembre 1809, les conseils de fabriques ont pour mission de veiller à l'entretien des temples, de gérer les fonds affectés à l'exercice du culte ainsi que d'assurer cet exercice et le maintien de sa dignité ; — Attendu que ces conseils peuvent être révoqués par arrêté du ministre des cultes ; que sans doute leurs membres ne sont dépositaires d'aucune portion de l'autorité publique ; mais que cette circonstance au point de vue de la disposition susvisée est indifférente et ne saurait les soustraire à son application ; — Attendu que l'article 197 du Code pénal confond en effet dans la désignation générale de fonctionnaire tous les citoyens qui, sous une dénomination quelconque ont été investis d'un mandat dont l'exécution se lie à un intérêt d'ordre public, et qui, à ce titre, sont soumis à l'autorité du gouvernement ; — Attendu que cette disposition a pour effet d'assurer une sanction aux mesures prises par le pouvoir central de réprimer les résistances qui mettraient son autorité en échec, et d'atteindre spécialement ceux qui, au mépris d'un arrêté de révocation légalement pris et régulièrement notifié, continueraient à exercer des fonctions dont ils auraient été dépouillés ; que, par suite, les faits souverainement constatés à la charge des demandeurs par l'arrêt entrepris donnent ouverture à l'application de l'article précité, et justifient, avec la qualification qu'ils ont reçue, la peine qui a été prononcée ; — Par ces motifs, rejette... »

(1) Cass. req. 23 janvier 1877.
(2) D. 30 décembre 1809, art. 9 ; — Ord. 12 janvier 1825, art. 2.
(3) Campion.
(4) Déc. min. 2 octobre 1810 ; 26 mars et 18 août 1841 ; 29 août 1829 ; 24 décembre 1841 ; 24 août 1842 ; 18 septembre 1847 ; 26 octobre 1848 ; 11 mars 1850 ; 22 juin 1858 ; — C. d'Et. 7 février 1867 ; avis. « La section de l'intérieur, de l'instruction publique et des cultes qui, sur le renvoi ordonné par M. le ministre de la justice et des cultes, a pris connaissance d'une dépêche en date du 24 janvier 1866, par laquelle ce ministre demande que le Conseil d'État soit appelé à émettre un avis sur la question de savoir si le curé ou le desservant et le maire peuvent être élus présidents du conseil de fabrique de la paroisse ; — Vu le procès-verbal en date du 23 avril 1865, 23 i statant que le curé de la pa-

que cette présidence ait eu pour effet de modifier l'opinion du conseil de fabrique sur la dépense en vue de laquelle une subvention a été demandée à la commune, et, d'autre part, si, au moment où la délibération a été prise, l'élection à la présidence n'avait pas été attaquée comme irrégulière (1).

1098. Un desservant peut être nommé, comme doyen d'âge, président provisoire pour les élections au conseil de fabrique; cette présidence momentanée ne pouvait donner lieu aux inconvénients que l'on a voulu prévenir en excluant le maire et le curé ou desservant de la présidence (2).

1099. Le même fabricien ne peut être en même temps président et secrétaire du conseil. La direction des débats pendant les séances ne permettrait guère au président d'en dresser simultanément le procès-verbal, sans que, partagé entre ces deux occupations, il ne remplît moins bien l'une ou l'autre tâche. C'est d'ailleurs la double signature du président et du secrétaire qui donne l'authenticité aux procès-verbaux des délibérations du conseil, et aux ampliations ou autres extraits qui en sont délivrés. Une seule signature ne saurait offrir la même garantie et équivaloir aux deux attestations qu'exige le droit commun (3).

1100. Le même fabricien ne peut être en même temps président et trésorier. Le trésorier, nous le verrons, est soumis au contrôle du conseil de fabrique sur lequel le président exerce évidemment de l'influence (4).

1101. Il semble que le président du conseil puisse être en même temps secrétaire du bureau, quoique ce dernier cas paraisse susceptible de quelque difficulté (5).

1102. Le président entre en fonctions aussitôt après sa nomination (6). Il est chargé de convoquer le conseil, de diriger les délibérations et de maintenir l'ordre (7).

1103. En cas de partage, la voix du président est prépondérante (8), sauf quand le conseil procède à l'élection des membres nouveaux.

1104. Il résulte du silence de la loi que les conseils de fabrique ne sont pas autorisés à conférer à un de leurs membres les fonctions de vice-président. Quand le président est absent ou empêché, c'est au plus âgé des fabriciens qu'appartient la présidence. Il n'y a aucune disposition à ce sujet dans le décret du 30 décembre 1809 ; mais, comme le fait remarquer l'*Ecole des communes*, c'est la règle qui est suivie, en pareil cas, à défaut de prescription contraire, dans les assemblées délibérantes, et l'on évite, en s'y conformant, toute espèce de difficultés. Suivant certains auteurs (9), le président devrait être remplacé par le curé.

Le *Journal des conseils de fabrique*, tout en se prononçant pour la présidence du doyen d'âge, admet que, si le conseil de fabrique qui tient de la loi le droit de choisir son président pour toute l'année, croyait devoir, dans le cas d'absence du président élu et par application du même droit, nommer un président pour la séance, ce mode de procéder serait

---

le maire ne seraient pas choisis. Si donc l'auteur du décret eût voulu que le curé ou le maire fût président-né, il l'aurait clairement exprimé ; alors la désignation de leur place devenait inutile, puisque la première leur appartenait de droit. S'il eût voulu les exclure de la présidence, il l'aurait aussi formellement décidé. Il a pris un milieu, celui-de ne pas les désigner comme présidents-nés et de ne pas les exclure. Seulement dans l'hypothèse où le choix tomberait sur un autre, il a cru convenable de leur donner une place distinguée dans les séances, et une surveillance sur les troncs où sont déposés les deniers de la fabrique. On répond à la troisième difficulté que cette exclusion ne pourrait être obligatoire qu'autant qu'elle serait fondée sur une disposition législative ; or, la circulaire précitée n'invoque que l'article 4 du décret, lequel ne contient rien de prohibitif, mais suppose seulement un choix facultatif.
Mais quoi qu'on pense de la question de droit, il est expédient de ne choisir pour président de la fabrique ni le curé ni le maire, afin d'éviter une rivalité fâcheuse et de ne pas introduire dans le conseil un esprit de parti.
(1) C. d'Et. cont. 10 avril 1860.
(2) Ord. 31 octobre 1837; Campion.
(3) *Conseils de fabrique*, t. 111.
(4) Id.
(5) Id.
(6) André.
(7) Affre, Bost; voir *infra* pour les convocations.
(8) D. 30 décembre 1809, art. 20.
(9) Affre, André.

IX

---

sans doute moins irrégulier, mais, suivant lui, cette irrégularité ne suffirait pas pour permettre d'attaquer les opérations du conseil et d'en faire prononcer la nullité (1).

1105. Lorsque le président d'un conseil de fabrique vient à décéder ou à donner sa démission avant l'expiration du temps de ses fonctions comme président, comment doit-il être remplacé en cette dernière qualité? La présidence doit-elle être déférée au curé ou au doyen d'âge? Peut-on demander qu'elle soit tirée au sort? Le *Journal des conseils de fabrique* distingue s'il s'agit de la présidence provisoire de la séance du conseil de fabrique tenue pour procéder, par l'élection d'un fabricien, au remplacement du fabricien président décédé ou démissionnaire, ou s'il s'agit de la présidence du conseil jusqu'à la séance de Quasimodo dans laquelle il devra être pourvu de nouveau à la nomination d'un président, d'un secrétaire ou d'un membre du bureau des marguilliers, conformément aux articles 9 et 15 du décret du 30 décembre 1809.

S'il s'agit de la présidence provisoire de la séance dans laquelle il doit être pourvu au remplacement, par l'élection d'un nouveau fabricien, du fabricien président démissionnaire ou décédé, cette présidence doit être déférée au doyen d'âge, à moins que le conseil ne préfère nommer, par la voie du scrutin, un président provisoire. Il y a lieu, en effet, d'agir, dans ce cas, comme dans tous ceux où le président du conseil de fabrique étant absent ou n'assistant pas à une séance, par un motif quelconque, il est nécessaire de le remplacer provisoirement. Mais il serait tout à fait irrégulier de tirer la présidence au sort ; ce mode de procéder serait contraire à tous les usages admis.

S'il s'agit, au contraire, de la présidence du conseil jusqu'à la séance de Quasimodo dans laquelle un nouveau président doit être nommé pour l'année suivante, cette présidence ne saurait être déférée que par la voie du scrutin, dans les formes ordinaires, après la nomination du nouveau fabricien à élire. Ni le doyen d'âge ni le curé n'ont droit, par conséquent, de prétendre, à raison de leur qualité seule, à être revêtus de ces fonctions (2).

1106. On s'est demandé si, lorsque par suite de l'absence ou de l'empêchement du président d'un conseil de fabrique, un autre fabricien se trouve momentanément investi de la présidence, il doit jouir du privilège accordé au président élu, d'avoir voix prépondérante en cas de partage : « Du moment où un fabricien se trouve appelé à remplacer dans ses fonctions le président absent ou empêché, il doit avoir dans les délibérations, de même que l'aurait eue le président qu'il remplace, voix prépondérante en cas de partage. Il doit tirer cet avantage de la qualité momentanée mais réelle dont il est revêtu. Dès l'instant, en effet, où il préside, on ne saurait, sans commettre une anomalie, lui refuser la voix prépondérante en cas de partage, que la loi accorde sans distinction au président quel qu'il soit » (3).

1107. Le conseil de fabrique nomme au scrutin un secrétaire. L'article 9 du décret du 30 décembre 1809 portant que le conseil nomme au scrutin son *secrétaire et son président*, en faut-il conclure que la nomination d'un secrétaire doit précéder celle du président? Évidemment non. La nomination du secrétaire avant celle du président ne peut se justifier ; au contraire, il est important que les membres du conseil sachent à qui sont attribuées les fonctions de président, pour pouvoir porter aux autres fonctions les candidats qui n'auraient pas été élevés à la présidence. Des termes de l'article 9 on peut uniquement conclure que la nomination du président et celle du secrétaire doivent faire l'objet d'un double scrutin (4).

1108. Le secrétaire est chargé de rédiger les actes des délibérations du conseil, qu'il doit transcrire sur un registre, puis il les fait signer par tous les membres du conseil, et les dépose dans une armoire fermant à clef (5).

---

(1) J. c. f., 20e consult., 1834-35, p. 163.
(2) J. c. f., 364e consult., 1840-41, p. 350; Bost.
(3) J. c. f., 28e consult., 1834-35, p. 164; Bost.
(4) Bost, *Conseils de fabrique*.
(5) D. 30 décembre 1809, art. 9 et 51.

Le secrétaire est renouvelé chaque année dans la séance de Quasimodo (1). Il peut être réélu (2).

1109. Le secrétaire du conseil de fabrique ne peut être président du conseil ni trésorier. Le secrétaire du conseil peut être président du bureau. Rien ne s'oppose à ce que le même fabricien soit en même temps secrétaire du conseil et secrétaire du bureau. Il a été décidé que le maire et le curé peuvent être nommés secrétaires (3).

1110. Il peut arriver qu'aucun des membres composant un conseil de fabrique ne soit assez lettré pour rédiger, pour transcrire lui-même sur les registres les procès-verbaux des réunions et les divers actes de la fabrique. Dans ce cas, le conseil peut-il confier les fonctions de secrétaire à une personne choisie hors de son sein ? La négative n'est pas douteuse. Il est évident, d'après la place qu'occupe, dans le décret de 1809, la disposition relative à la nomination du président et du secrétaire du conseil de fabrique, qu'il a été dans la volonté du législateur que le secrétaire, comme le président, fût choisi parmi les membres du conseil. D'un autre côté, pour rédiger le procès-verbal d'une délibération, il faut assister à la séance; or la présence d'un membre étranger au conseil pourrait entacher ses délibérations de nullité.

Du reste, il est loisible au secrétaire de se faire aider par un tiers dans ses travaux. Une allocation pour cet objet peut être admise au budget de la fabrique, s'il est nécessaire que l'adjonction au secrétaire d'un auxiliaire salarié est nécessaire dans l'intérêt de l'établissement (4).

1111. Si les élections du président et du secrétaire ne sont pas faites dans la séance de Quasimodo, l'évêque n'a pas le droit de les nommer lui-même, aucun texte ne lui ayant donné ce pouvoir. Il ne pourrait qu'user de son autorité auprès de l'assemblée fabricienne pour qu'elle procédât à ces élections, et la dissolution seule du conseil de fabrique pourrait venir à bout de sa résistance (5).

1112. Dans les délibérations du conseil, le président occupe naturellement la première place. Le maire est placé à sa gauche et le curé ou desservant à la droite du président (6). Il n'y a aucune distinction légale entre les autres membres du conseil, placés dans l'assemblée selon leur âge, le rang de leur nomination ou les convenances sociales.

1113. Les membres du conseil de fabrique ont une place distinguée dans l'église : c'est le *banc de l'œuvre*; il doit être placé devant la chaire, autant que faire se pourra. Le curé ou desservant aura, dans ce banc, la première place, toutes les fois qu'il s'y trouvera pendant la prédication (7).

1114. Le conseil de fabrique a quatre séances ordinaires : le dimanche de Quasimodo, le premier dimanche de juillet, d'octobre et de janvier (8).

Un évêque n'a pas le droit de donner aux conseils de fabrique de son diocèse l'autorisation générale, quand ils ne se sont pas réunis le dimanche fixé par la loi, de s'assembler un autre jour (9).

1115. Le conseil de fabrique s'assemble à l'issue de la grand'messe ou des vêpres, dans l'église, dans un lieu attenant à l'église ou dans le presbytère (10).

Par *église*, il faut entendre, suivant les uns, non le lieu saint lui-même, où il serait inconvenant de tenir des délibérations relatives à des intérêts temporels, mais seulement la sacristie (11). Suivant d'autres, la réunion peut avoir lieu à l'église même. Le texte même du décret de 1809 nous semble conforme à cette dernière opinion (12). Quant au mot de

presbytère, il faut l'interpréter dans le sens le plus large. Ainsi dans les paroisses où, à défaut de presbytère, le curé reçoit une indemnité pécuniaire, le conseil doit naturellement pouvoir se réunir dans le logement occupé par cet ecclésiastique.

1116. La loi a pris soin de désigner les lieux dans lesquels les conseils de fabrique doivent se réunir; elle a pris ce soin afin d'éviter le renouvellement d'un abus qui s'était déjà présenté, celui de voir des conseils se réunir dans des lieux publics, dans des auberges, dans d'autres endroits aussi peu convenables (1). Sont irrégulières les délibérations prises à la mairie ou dans tout autre local (2).

Ce n'est que parmi les lieux désignés par la loi que doit être opéré le choix du local dans lequel chacune des séances sera tenue : ce ne serait que dans le cas d'une impossibilité absolue ou du moins d'un motif grave, que le conseil de fabrique pourrait être réuni ailleurs (3).

1117. Si, par un cas de force majeure, la séance ne pouvait se tenir dans un des locaux désignés par la loi, cette circonstance ne devrait pas être considérée comme une cause de nullité, pourvu toutefois qu'il fût fait alors mention expresse au procès-verbal du motif pour lequel il aurait été nécessaire de déroger à la règle. Il en était ainsi sous l'ancienne législation, et il n'y a pas de raison pour qu'on ne suive pas aujourd'hui la même marche (4).

1118. Quant au choix de ce local, c'est au président du conseil qu'il appartient de l'effectuer et de le faire indiquer dans les avertissements ou les convocations. Mais, suivant le *Journal des conseils de fabrique*, avant de se déterminer à cet égard, il paraît convenable qu'il consulte le curé et qu'il entende ses observations. Dans tous les cas, si le conseil se rassemble dans l'église ou dans un lieu y attenant, comme, par exemple, dans la sacristie, et qu'il puisse résulter quelque inconvénient de l'admission des fidèles dans le temple pendant la durée des séances, le curé ordonnera de faire retirer le public, de fermer les portes et de ne les rouvrir que lorsqu'il le permettra (5).

1119. Lorsque pressées des affaires ou de quelques dépenses l'exige, le conseil peut s'assembler extraordinairement sur l'autorisation de l'évêque ou du préfet (6). Le sous-préfet ne pourrait donc donner l'autorisation que s'il avait reçu, à cet effet, délégation du préfet. Le maire serait aussi sans qualité à cet effet (7).

1120. L'autorisation détermine le jour où le conseil doit se réunir. La délibération ne serait pas valable si l'autorisation donnée par l'évêque ne fixait pas le jour comme si elle avait été prise un autre jour que celui fixé (8).

1121. Le procès-verbal de la séance doit mentionner que la réunion extraordinaire a été autorisée.

1122. Sont nulles aussi bien les délibérations prises en dehors des objets qui ont motivé la réunion que les délibérations prises en dehors des époques fixées (9).

1123. L'évêque et le préfet doivent réciproquement se

(1) D. 30 déc. 1809, art. 9; — Ord. 12 janvier 1825, art. 2.
(2) D. 1809, art. 9.
(3) Déc. min. 4 octobre 1811; 18 février 1812; Bost; — Déc. min. 25 décembre 1871; — *Bull. des lois civ. et eccl.*, 1874; voir Bureau des Marguilliers.
(4) Campion.
(5) Bost; *Conseils de fabrique*.
(6) D. 30 décembre 1809, art. 4.
(7) Décret 30 décembre 1809, art. 21.
(8) D. 30 décembre 1809, art. 10; — Ord. 12 janvier 1825, art. 2.
(9) C. d'Ét. cont. 30 septembre 1839; Campion.
(10) D. 30 décembre 1809, art. 10; — Ord. 12 janvier 1825, art. 2.
(11) Bost : *Conseils de fabrique*; — Affre, *Administration des paroisses*.
(12) Vuillefroy, Dalloz, *Rép.*, vᵒ CULTES; André.

(1) D. 30 déc. 1809, art. 10.
(2) A. min. 4 septembre 1849; Bloch, *Dict. d'admin.*
(3) J. c. f., 55ᵉ consult., 1834-35, p. 90.
(4) Bost, *Conseils de fabrique*; André.
(5) J. c. f., 55ᵉ consult., 1834-35, p. 90.
(6) D. 30 décembre 1809, art. 10.
(7) C. d'Ét. int. 13 septembre 1833.
(8) En effet, l'évêque ne peut déléguer son pouvoir; il doit, d'ailleurs, avertir le préfet du jour de l'assemblée, ce qu'il ne pourrait faire si le jour était indéterminé. (C. d'Ét. int. 23 août 1839). — En sens contraire: Campion.
« Aucune disposition de loi ne fait expressément ni même implicitement un devoir à l'évêque de fixer le jour où doit avoir lieu une réunion extraordinaire qu'il autorise. L'autorité locale est mieux placée que l'autorité diocésaine ou le préfet pour apprécier le moment où le conseil de fabrique peut être utilement réuni, et il a été dès lors dans l'esprit du législateur de lui laisser le choix du jour. Les conseils municipaux ne peuvent, à leur tour, s'assembler extraordinairement sans y être autorisés par le préfet ou le sous-préfet; et on a toujours considéré, en l'absence d'une disposition, dans les lois des 21 mars 1831, 18 juillet 1837 et 5 mai 1855, que la fixation du jour de l'assemblée, qu'il appartenait au maire de désigner celui qui lui paraissait le plus convenable. » (*Manuel du droit civil ecclésiastique*.)
(9) C. d'Ét. int. 13 septembre 1833; — Arr. min. 4 septembre 1849.

prévenir des autorisations d'assemblées extraordinaires qu'aux termes de l'article 10 du décret du 30 décembre 1809, ils accorderaient aux conseils de fabrique, et des objets qui devront être traités dans ces assemblées extraordinaires (1).

1121. Si l'évêque et le préfet ne s'étaient pas réciproquement prévenus, l'omission de cette formalité d'ordre et de convenance ne pourrait entraîner la nullité de la convocation et par suite de la délibération (2).

Cette solution résulte de la saine interprétation des dispositions combinées de l'article 10 du décret du 30 décembre 1809 et de l'article 6 de l'ordonnance du 12 janvier 1825.

L'article 10 du décret de 1809 est ainsi conçu : « Le conseil s'assemblera le premier dimanche du mois d'avril (aujourd'hui le dimanche de Quasimodo), de juillet, d'octobre et de janvier, à l'issue de la grand'messe ou des vêpres, dans l'église ou dans le presbytère. L'avertissement de chacune de ces séances sera publié, le dimanche précédent, au prône de la grand'messe. Le conseil pourra de plus s'assembler extraordinairement, sur l'autorisation de l'évêque ou du préfet, lorsque l'urgence des affaires ou de quelques dépenses imprévues l'exigera. »

D'un autre côté, l'article 6 de l'ordonnance du 12 janvier 1825 porte : « L'évêque et le préfet devront réciproquement se prévenir des autorisations d'assemblées extraordinaires qu'aux termes de l'article 10 du décret du 30 décembre 1809, ils accorderaient aux conseils de fabriques, et des objets qui devront être traités dans ces assemblées extraordinaires. »

Mais comment cette dernière disposition doit-elle être entendue ? L'avis qu'elle prescrit aux autorités diocésaine et départementale de se donner réciproquement est-il une simple formalité dépourvue de sanction spéciale et établie dans le seul intérêt de la bonne administration des affaires fabriciennes et dans le but de tenir constamment au courant de ces affaires les deux autorités entre lesquelles se partage la tutelle des établissements religieux ; ou bien la prescription de l'ordonnance doit-elle être considérée comme tellement impérative et rigoureuse que son inobservation entraîne la nullité des délibérations prises au mépris de cette disposition ?

En édictant la disposition dont il s'agit, le gouvernement n'a eu en vue qu'une mesure d'ordre et de convenance. S'il en était autrement, il faudrait en tirer cette conséquence qu'un conseil de fabrique ne pourrait être convoqué extraordinairement qu'autant que les deux autorités seraient d'accord sur l'autorisation à délivrer, c'est-à-dire que chacune d'elles serait à cet égard nécessairement subordonnée à l'autre. Il suffit d'exposer cette conséquence pour démontrer qu'elle n'a pu être dans l'esprit de l'ordonnance.

D'ailleurs, dans tous les cas, il serait impossible de considérer ce défaut d'avis réciproque comme emportant la nullité de la délibération extraordinaire. Les nullités ne se suppléant pas, il faut qu'elles soient expressément prononcées ; et, pour qu'il y eût nullité d'une semblable délibération, il faudrait que l'ordonnance eût expressément donné cette sanction à son article. Or elle ne l'a point fait ; elle n'a point interdit aux conseils de fabriques de s'assembler extraordinairement, hors des cas où l'autorité qui les convoque leur aurait justifié qu'elle a fait les diligences préalables auprès de l'autre autorité. Vouloir exiger d'un conseil de fabrique, sous peine de nullité de la délibération à prendre par lui, qu'avant de discuter et d'arrêter aucune résolution, il s'assure de l'accomplissement de la mesure prescrite par l'article précité, ce serait mettre ce conseil dans la nécessité de perdre en renseignements un temps précieux, et rendre le plus souvent illusoire une autorisation dont la demande a été nécessairement fondée sur des motifs d'urgence. Que l'autorité qui a omis de se conformer aux prescriptions de l'article 6 de l'ordonnance du 12 janvier 1825 s'expose, par cette omission, aux reproches de l'autre autorité, et, au besoin, au blâme du

gouvernement, ce n'est pas douteux ; mais c'est la seule sanction que puisse avoir la disposition de cet article. Quant au conseil de fabrique qui a sollicité l'autorisation de se réunir extraordinairement, il ne saurait être responsable d'un fait qui lui est complètement étranger, qui échappe entièrement à sa surveillance et à son contrôle, et qui se rapporte, d'ailleurs, à une mesure n'offrant aucun des caractères d'une formalité substantielle (1). »

1125. La convocation du conseil de fabrique et la désignation du lieu de réunion rentrant dans les attributions du président du conseil, c'est à lui que doivent naturellement être adressées, en règle générale, les autorisations accordées par l'évêque d'assembler extraordinairement les fabriciens. Toutefois, il n'y a aucun inconvénient à ce que ces autorisations ne lui soient transmises qu'indirectement, par l'intermédiaire du curé ou desservant. Un pareil mode de transmission offre même ce double avantage que l'envoi est mieux constaté et qu'il a lieu sans frais (2).

1126. Le droit de provoquer les réunions extraordinaires des conseils de fabriques n'appartient pas exclusivement au président du conseil. « Dans l'usage, c'est généralement le président du conseil qui s'acquitte de ce soin, et c'est, en effet, à lui qu'en incombe naturellement le devoir. Mais un conseil de fabrique ne saurait être empêché de se réunir extraordinairement lorsque l'intérêt de la fabrique l'exige, par le seul fait de la négligence ou du mauvais vouloir de son président. Dans l'ancienne législation, lorsque le président d'un conseil de fabrique refusait de le réunir, les marguilliers avaient droit de lui faire à cet effet une sommation par huissier, et, s'il persévérait dans son refus, de se pourvoir auprès du sénéchal. Aujourd'hui tout fabricien peut s'adresser directement à l'évêque ou au préfet pour lui demander d'autoriser une réunion extraordinaire du conseil de fabrique ; tout paroissien, tout particulier pourrait former la même demande, en indiquant à l'autorité compétente l'objet qui lui paraît rendre cette réunion nécessaire ou opportune. L'autorité diocésaine ou préfectorale, examine, apprécie et statue. De semblables demandes sont fréquemment adressées par les curés aux évêques, dans les attributions desquels elles rentrent plus particulièrement. Tout fabricien a toutefois à cet égard le même droit que le curé (3). »

1127. Lorsque l'autorisation de réunir extraordinairement un conseil de fabrique est adressée par l'évêque ou le préfet au président de ce conseil, sans avoir été demandée par lui, le président ne peut pas se dispenser de faire usage de cette autorisation et de réunir le conseil. « Peu importe que le président de ce conseil de fabrique regarde une réunion extraordinaire de ce conseil comme peu nécessaire ou peu urgente ; puisque l'autorité supérieure, épiscopale ou préfectorale, en a jugé différemment. Peu importe que l'autorisation de cette réunion extraordinaire n'ait pas été sollicitée par ce président ; puisque la loi ne dit pas que cette autorisation ne pourra être accordée que sur sa demande ; puisque, par conséquent, le défaut de demande de sa part n'ôte à cette autorisation rien de sa valeur.

Lorsque l'évêque ou le préfet croit devoir autoriser une réunion extraordinaire d'un conseil de fabrique, et que l'autorisation de cette réunion n'a pas été demandée par le président de ce conseil, il serait préférable que, dans la lettre adressée pour cet objet au fonctionnaire, il fût *invité*, et non pas seulement *autorisé*, à réunir ainsi le conseil. Mais quelle que soit l'expression employée, le sens ne saurait en être douteux. Il est évident que l'autorité supérieure n'entend pas laisser au président de ce conseil le choix de l'assembler ou de ne pas l'assembler, et que la décision par elle prise, lors même qu'elle ne s'y est servie que du mot *autorisation*, n'en constitue pas moins une injonction, à laquelle le président du conseil et le conseil de fabrique lui-même sont tenus de se conformer (4) ».

(1) Ord. 12 janvier 1825, art. 6.
(2) *Nouveaux Conseils de fabrique*, t. II ; — Déc. min. 7 septembre 1839 ; — Bloch, *Dict. d'admin.*

(1) J. c. f., 663ᵉ consult. ; 1862-63, p. 329.
(2) Campion, *Manuel de droit civil ecclésiastique.*
(3) J. c. f., 650ᵉ consult., 1857-58, p. 109.
(4) J. c. f., 651ᵉ consult., 1857-58, p. 110.

1128. L'avertissement de chacune des séances ordinaires doit être publié le dimanche précédent, au prône de la grand'messe (1).

Des fabriciens peuvent être empêchés par un motif quelconque d'assister à la grand'messe, l'envoi de lettres de convocation à domicile est recommandé ; mais la loi ne le proscrit pas (2).

1129. L'annonce, au prône, d'une séance ordinaire du conseil de fabrique n'est pas exigée à peine de nullité. Il s'ensuit que l'omission de cette annonce ne saurait entraîner l'illégalité de la réunion ni la nullité des décisions qui y ont été prises (3). Du reste, les réunions ordinaires des conseils de fabrique n'ont pas besoin d'être l'objet de convocations spéciales. Elles ont lieu de plein droit, aux époques déterminées par l'article 10 du décret du 30 décembre 1809 et l'article 2 de l'ordonnance du 12 janvier 1825. Les fabriciens peuvent s'y rendre d'eux-mêmes et spontanément (4).

1130. Indépendamment de l'avertissement donné au prône pour la convocation des membres des conseils de fabrique, chaque fabricien doit être appelé au conseil par une convocation à domicile. Cette question doit se résoudre différemment, selon qu'il s'agit d'une réunion ordinaire ou d'une réunion extraordinaire d'un conseil de fabrique.

L'article 10 du décret du 30 décembre 1809, qui fixe à quatre époques de l'année, savoir : au premier dimanche d'avril, de juillet, d'octobre et de janvier, les réunions ordinaires des conseils de fabriques. ajoute dans le paragraphe suivant : « L'avertissement de chacune de ces séances sera publié, le dimanche précédent, au prône de la grand'messe. » Il n'existe ni dans ce décret ni ailleurs, aucune disposition qui prescrit de convoquer différemment les fabriciens.

Les motifs qui ont déterminé le législateur à cet égard se conçoivent facilement. Il a pensé que les époques, les jours, l'heure même des assemblées des conseils de fabriques étant réglés d'avance par la loi, les fabriciens étaient déjà prévenus et convoqués en quelque sorte par la loi elle-même ; que dès lors il suffisait de leur rappeler la réunion par un simple avertissement publié à la grand'messe du dimanche précédent ; que la plupart d'entre eux, assistant à cette messe solennelle, entendraient cet avis, et qu'il convenait, en conséquence de ne pas les charger, ou le président ou le secrétaire, d'un soin à peu près superflu.

Quant aux réunions ordinaires, l'avertissement publié au prône de la grand'messe du dimanche précédent est donc seul nécessaire : il n'est point exigé d'envoyer des lettres de convocation à domicile.

Toutefois, il serait possible que quelques-uns des fabriciens ne songeassent pas à la réunion du conseil, qu'ils fussent empêchés par un motif quelconque d'assister à la grand'messe du dimanche précédent, que par suite ils n'entendraient pas l'avertissement publié. Ces considérations peuvent, selon les circonstances, faire regarder comme utile d'envoyer à domicile des lettres de convocation. Mais la loi ne le prescrivant pas, c'est au président du conseil de décider s'il convient de prendre cette précaution.

Quant aux réunions extraordinaires des conseils de fabrique, elles n'ont point d'époques fixes ; les membres n'en sont point informés d'avance. Ils ne sauraient les prévoir. Si on se contentait d'annoncer la réunion au prône, beaucoup de fabriciens pourraient ne pas être prévenus, ne pas s'y rendre, et par la mettre le conseil dans l'impossibilité de délibérer. Souvent en outre ces réunions sont urgentes, et il importe de ne pas laisser écouler un intervalle de huit jours entre le moment où l'on a reçu l'autorisation nécessaire pour convoquer le conseil, et le moment où il doit s'assembler. Il devient donc indispensable, pour les sessions extraordinaires, d'adresser une convocation particulière à chaque fabricien.

Dans ce cas, la convocation doit toujours avoir lieu par une lettre remise à domicile. Se contenter de simples invitations verbales qu'on chargerait un appariteur ou un des serviteurs de l'église de transmettre, ce serait s'exposer à une foule d'inconvénients et d'abus qu'il est aisé de pressentir. L'appariteur peut ne pas remplir sa mission, ou la remplir inexactement ; si un conseiller convoqué est absent, la personne qui reçoit l'invitation verbale peut oublier, ou même n'avoir pas l'occasion de la lui transmettre ; elle peut encore, et même sans mauvaise intention, commettre quelque erreur en la transmettant. La remise d'une lettre évite tous ces dangers et beaucoup d'autres qu'il serait trop long de signaler » (1).

1131. Quel délai doit-il y avoir entre la remise des lettres de convocation et le jour de l'assemblée ? La loi étant muette sur ce point, il faut reconnaître que le délai peut varier suivant les circonstances et le plus ou moins d'urgence de la réunion. Dans tous les cas, il doit toujours s'écouler, entre la remise de la convocation et le moment fixé pour la réunion, un intervalle suffisant pour que chaque membre puisse se mettre en mesure d'y assister (2).

1132. Qui doit convoquer le conseil ? Le président seul (3). Dans la pratique, dans beaucoup d'endroits, les convocations sont faites par le curé, et ce droit lui est même reconnu par certains auteurs (4).

Le maire n'a pas qualité pour convoquer (5).

1133. Lorsque, dans une séance ordinaire d'un conseil de fabrique, une délibération ne peut être terminée, le conseil peut s'ajourner au lendemain ou au surlendemain pour continuer sa délibération. Il ne doit pas, soit attendre l'époque de la séance ordinaire suivante, soit obtenir de l'évêque ou du préfet l'autorisation de convoquer extraordinairement le conseil : « Il arrive souvent qu'un conseil de fabrique, appelé à s'occuper de divers objets d'administration ordinaire, en outre, à examiner quelque question grave et difficile, relative, par exemple, à un procès à intenter, à une transaction à accepter, ne peut parvenir, dans une seule séance, à épuiser la discussion, à s'éclairer complètement, et à prendre une délibération suffisamment mûrie. Si, dans ce cas, on remet à continuer l'examen de l'affaire entamée à la prochaine réunion ordinaire du conseil, qui n'a lieu que trois mois plus tard, quand, à cette époque, la question est reprise, les souvenirs ne sont plus aussi présents, les idées ne sont plus aussi nettes, la lumière produite par le choc des opinions n'éclaire plus les esprits, presque tout le bénéfice de la discussion précédente est perdu ; il faut recommencer à examiner sur nouveaux frais, au risque de manquer encore de temps, ou se décider à précipiter la délibération. D'un autre côté, souvent la question est telle qu'elle ne saurait être ainsi ajournée trois mois, sans péril ou sans inconvénient pour la fabrique. Si, pour éviter d'attendre pendant trois mois, on croit devoir demander à l'évêque du diocèse ou au préfet du département l'autorisation de réunir extraordinairement le conseil, sans doute les délais sont moins longs ; mais il faut encore attendre assez longtemps, et tous les inconvénients signalés plus haut existent encore, du moins en partie. Ces considérations feraient vivement regretter que la loi n'eût permis aux conseils de fabrique de n'avoir qu'une seule séance à chacune de leurs sessions ordinaires.

« Il est à observer d'abord que cette prétendue prohibition imposée aux conseils de fabrique de tenir plus d'une séance à chacune de leurs réunions ordinaires n'est inscrite nulle part dans la loi ; il n'est même aucune disposition qui doive la faire supposer. L'article 10 du décret du 30 décembre 1809 porte que chaque conseil s'assemblera le premier dimanche

(1) R. 30 décembre 1809, art. 10.
(2) Campion.
(3) et d'Ha. aout. 30 septembre 1809.
(4) Déc. min. 19 novembre 1868 ; Campion.

(1) J. c. f., 17e consult., 1834-35, p. 160. — Bost pense qu'il est indispensable, lorsqu'il y a nécessité de réunion immédiate et après l'autorisation, que les fabriciens soient prévenus verbalement ou par écrit (voir Fabriques). D'après une lettre ministérielle du 22 mars 1844, il n'est pas nécessaire d'annoncer les réunions extraordinaires au prône de la grand'messe.
(2) Campion.
(3) Déc. min. 30 avril 1838.
(4) Bost.
(5) Arr. min. 4 septembre 1849.

des mois d'avril, de juillet, d'octobre et de janvier; mais il ne dit point combien de temps ces conseils resteront assemblés, ni combien de séances ils tiendront.

« En général, chaque conseil de fabrique n'a le plus ordinairement besoin que de quelques heures de réunion, et par conséquent, que d'une seule séance. C'est par ce motif que la loi, qui statue sur ce qui arrive le plus souvent, *de eo quod plerumque fit*, se sert dans plusieurs articles de l'expression *séance* en parlant des assemblées de ces conseils. Mais elle ne se sert pas toujours de ce terme; ainsi, dans l'article 11 du même décret de 1809, il est dit : « Aussitôt que le conseil « aura été formé, il choisira au scrutin, parmi ses membres, « ceux qui, comme marguilliers, entreront dans la composition « du bureau; et, à l'avenir, dans celle de *ses sessions* qui ré- « pondra à l'expiration du temps fixé par le présent règlement « pour l'exercice des fonctions de marguilliers, il fera, égale- « ment au scrutin, etc. » Or le mot *session* emporte l'idée de plusieurs séances successives, on doit donc conclure de ce texte, qu'à chacune de leurs sessions, les conseils de fabrique sont autorisés à tenir plusieurs séances, toutes les fois qu'elles deviennent nécessaires.

« Si on s'élève aux principes généraux du droit public, on reconnaît que tout corps constitué, dès qu'il est régulièrement assemblé, doit être réputé réuni pour le temps nécessaire à l'expédition de toutes les affaires qui rentrent dans ses attributions. Toutes les fois que la loi a voulu qu'il en fût autrement, toutes les fois qu'elle a voulu assigner une limite aux réunions d'un conseil ou d'une assemblée, elle a pris soin de le déclarer en termes formels et précis, parce que cette déclaration était indispensable. C'est ainsi que la loi du 19 avril 1831, relative à l'élection des membres de la Chambre des députés, porte, article 57 : « La session de chaque « collége est de deux jours au plus. Il ne peut y avoir qu'une « séance et un seul scrutin par jour » ; que l'article 49 de la loi du 22 juin 1833, sur l'organisation des conseils généraux de département et des conseils d'arrondissement, statue en ces termes : « En aucun cas, les opérations de l'assemblée élec- « torale ne pourront durer plus de deux jours; » qu'on lit enfin dans l'article 23 de la loi du 21 mars 1831, sur l'organisation municipale : « Les conseils municipaux se réunissent « quatre fois l'année, au commencement des mois de février, « mai, août et novembre. Chaque session peut durer six jours. » Le législateur n'ayant fixé aucune limite aux sessions des conseils de fabrique, il en résulte que ces sessions peuvent se composer d'autant de séances qu'il est nécessaire pour l'expédition de toutes les affaires dont ces conseils ont à s'occuper.

« Du reste, il devait en être ainsi. Il n'existait nul motif pour chercher à borner le nombre des séances des conseils de fabrique. Ces conseils n'ont aucune attribution politique ; ils ne peuvent inspirer aucune crainte; il n'est aucune raison d'attenter à leur liberté.

« Le système opposé devrait au contraire être proscrit, non seulement d'après les considérations présentées au commencement de cette consultation, mais encore d'après plusieurs autres.

« N'accorder aux conseils de fabrique qu'une seule séance par session ordinaire, ce serait entraver inutilement leur administration, les astreindre à demander sans cesse des autorisations de réunions extraordinaires; c'eût été les surcharger, ainsi que les évêques et les préfets, de soins et de formalités sans objet » (1).

1134. Le conseil ne peut délibérer que lorsqu'il y a plus de la moitié des membres présents à l'assemblée. La délibération est arrêtée à la pluralité des voix; en cas de partage, le président a voix prépondérante, quand il s'agit de la gestion de la paroisse (2).

1135. L'article 9 du décret du 30 décembre 1809, qui porte que les conseils de fabrique ne peuvent délibérer qu'autant

qu'il y a plus de la moitié des membres présents à l'assemblée, doit s'entendre de la moitié des membres dont le conseil doit être composé, et non de la moitié des membres de ce conseil actuellement en exercice (1). « Le législateur a voulu exiger, pour la validité des délibérations, la présence de la moitié des membres dont le conseil de fabrique doit être composé aux termes de la loi, quel que soit le nombre de ceux de ces membres qui peuvent en avoir perdu la qualité. Si le législateur n'avait voulu parler que des fabriciens en exercice, il aurait senti la nécessité d'exprimer cette restriction; or, comme rien dans le décret ne l'énonce ni ne saurait la faire supposer, on ne doit pas la suppléer. Ce qui confirme cette opinion, c'est ainsi que, lorsque dans des cas différents, le législateur, en exigeant la présence d'une partie des membres d'une assemblée, a voulu qu'on fît déduction de ceux qui auraient perdu leur titre, il a eu soin de l'énoncer formellement. C'est ainsi qu'on lit dans l'article 23 de la loi du 21 mars 1831, sur l'organisation municipale : « Le conseil municipal ne peut délibérer que lorsque la majorité des membres *en exercice* assiste au conseil. »

1136. Les conseils de fabrique ne sont composés que d'un assez petit nombre de membres. Lorsque, parmi les membres d'un conseil, il y en a eu de décédés ou de démissionnaires, si, sur les membres restants, la moitié au moins n'est pas réunie, les délibérations qui seraient prises ne pourraient être considérées comme l'expression de l'opinion de la fabrique; ces décisions manqueraient surtout de la force morale qui leur est nécessaire.

En effet, les décisions étant prises à la simple pluralité des voix, une décision, des élections pourraient n'être l'ouvrage que de deux personnes. Ce résultat serait fâcheux, surtout pour les fabriques (1).

1137. Le conseiller de fabrique qui s'abstient doit-il compter pour former la majorité exigée par l'article 9 du décret du 30 décembre 1809 pour la validité des délibérations, ou bien doit-il être considéré comme absent? Cette question peut présenter un intérêt assez grave; car, suivant la solution qu'on adopte, les délibérations prises par un conseil de fabrique dans des circonstances données, sont valables ou nulles. Supposons, en effet, un conseil de fabrique composé de onze membres, ou qui ne compte que dix membres en exercice, y compris les deux membres de droit, le maire et le curé. Six de ces membres ont répondu à la convocation; ils forment la majorité voulue par l'article 9 du décret de 1809. Mais l'un de ces membres s'abstient, soit par des motifs personnels, soit pour toute autre cause. S'il est considéré comme présent, malgré son abstention, le Conseil a conservé la majorité nécessaire pour la délibération; et si, sur les cinq votants, trois suffrages se réunissent dans une même opinion, on aura une délibération efficace. Si, au contraire, il est considéré comme absent, le Conseil est réduit à moins de la moitié de ses membres ou des membres en exercice; il ne présente plus la majorité exigée par l'article 9, et la délibération est impossible.

Sans doute, ce dernier mode d'interprétation peut présenter quelques inconvénients dans la pratique, il peut même offrir à la minorité qui aurait connu d'avance les suffrages et prévu sa défaite un moyen d'ajourner certaines délibérations. Mais il nous paraît plus conforme à l'esprit de la loi. On ne peut pas dire qu'un fabricien qui déclare vouloir s'abstenir et qui ne prend aucune part à une délibération en exprime valablement présent. Sa présence *matérielle* n'est rien; c'est la discussion et le vote qui constituent une délibération. Présumer son opinion en le comptant pour la majorité, ce serait s'exposer à des erreurs fort graves, et suppléer, d'ailleurs, à ce qui ne peut être trop authentiquement constaté.

Disons que, dans les délibérations, le membre ou les membres qui s'abstiennent doivent être considérés comme absents, et que si leurs voix étaient nécessaires pour constituer la majorité, la discussion doit être ajournée (2).

---

(1) J. c. f., 25e consult., 1834-35. — En ce sens : Bost, *Conseils de fabrique.*
(2) D. 1809, art. 10. — En matière d'élection, en effet, il n'en est pas ainsi; voir *supra.*

(1) J. c. f., 76e consult., 1834-35, p. 250. — En ce sens, Campion.
(2) J. c. f., 93e consult., 1836-37, p. 61.

1138. Le secrétaire chargé de la rédaction du procès-verbal d'une délibération du Conseil de fabrique, doit y énoncer l'année et le jour de la réunion, le lieu de la séance, les noms et prénoms des délibérants. Si une délibération présentait des ratures ou des renvois, ils seraient mentionnés et approuvés, soit en marge, soit à la suite de l'acte. On ne doit rien y écrire par abréviation, et aucune date ne peut être mise en chiffres. Tous les membres présents doivent signer la délibération, qui a dû être arrêtée à la pluralité des voix, alors même qu'ils ne partagent pas l'opinion de la majorité (1).

1139. Si le procès-verbal rédigé par le secrétaire contenait des omissions ou altérations, les membres du Conseil auraient le droit d'opposition ou de réclamation, et même celui de refuser de signer la délibération qui ne serait pas conforme à ce qu'ils auraient délibéré.

1140. Les Conseils de fabrique peuvent dresser les procès-verbaux de leurs délibérations, comme ils le jugent convenable. Il leur est loisible d'y énoncer par qui les propositions ont été faites, par quels membres et par quels motifs elles ont été combattues (2).

En cas de dissentiment sur la rédaction de ces procès-verbaux, l'avis de la majorité du Conseil de fabrique doit toujours être suivi et définitivement exécuté (3).

1141. Il a été décidé que le curé ou desservant d'une paroisse, ou le secrétaire du Conseil de fabrique, est obligé de communiquer le registre des délibérations au maire qui en fait la demande, bien que ce dernier, de parti pris, refuse d'assister aux réunions de cette assemblée (4).

1142. L'obligation de faire coter et parafer le registre des délibérations d'un Conseil de fabrique n'est pas imposée par la loi, mais ce n'en est pas moins une bonne mesure d'administration et une garantie qu'il importe de prendre. Le président du Conseil peut être chargé de cette opération. On ne trouve, non plus, dans le décret de 1809 ni dans les règlements, aucune disposition qui défende d'inscrire sur le même registre les délibérations du Conseil de fabrique et celles du bureau des marguilliers; mais il est préférable d'avoir des registres distincts et séparés (5).

1143. C'est au ministre des cultes qu'il appartient d'annuler les délibérations du Conseil de fabrique. Cette opinion peut se justifier par un avis du Conseil d'État du 15 janvier 1845, rapporté plus haut, d'après lequel le ministre des cultes est compétent pour statuer sur la validité des élections aux conseils de fabrique, en vertu de ce principe que les ministres décident des difficultés rentrant, par leur nature, dans le contentieux administratif, et qu'il leur appartient de statuer sur toutes celles qui n'ont pas été déférées par un texte à une autre autorité.

1144. Les fonctions du Conseil de fabrique consistent, outre la nomination des marguilliers, à délibérer : 1° sur le budget de la fabrique; 2° sur le compte annuel de son trésorier; 3° sur l'emploi des fonds excédant les dépenses, du montant des legs et donations, et l'emploi des capitaux remboursés; 4° sur toutes les dépenses extraordinaires au delà de 50 francs, dans les paroisses au-dessous de mille âmes, et de 100 francs dans les paroisses d'une plus grande population; 5° sur les procès à entreprendre ou à soutenir, les baux emphytéotiques ou à longues années, les aliénations ou échanges, et généralement tous les objets excédant les bornes de l'administration ordinaire des biens de mineurs (6).

1145. A cette énumération sommaire des attributions légales des Conseils de fabrique, il convient d'ajouter celle de leurs principaux devoirs qui peuvent se résumer ainsi :

Assister régulièrement aux séances; pourvoir aux besoins du culte; veiller avec le plus grand soin à l'entretien et à la conservation des édifices religieux; administrer les biens et revenus de l'église en bon père de famille; veiller fidèlement à la conservation des titres, des biens et fondations de la fabrique, au recouvrement de ses droits, au remploi de ses capitaux, au payement des rentes et à l'acquittement des charges; s'assurer des poursuites à exercer contre les débiteurs en retard, des actes conservatoires à faire, des prescriptions à interrompre, des échéances à prévenir, des inscriptions hypothécaires à renouveler, des dons et legs à faire autoriser; se conformer, en tous points, aux prescriptions des lois et règlements touchant l'administration temporelle des paroisses; le Conseil qui ne s'occuperait pas avec toute la sollicitude possible de ces divers objets, serait infidèle à sa mission et engagerait gravement sa responsabilité (1).

1146. Dans l'administration de la fabrique, le conseil de fabrique représente le pouvoir délibérant; au bureau des marguilliers appartient le pouvoir exécutif; l'action du bureau est d'autant plus en harmonie avec la gestion du conseil que ses membres sont choisis par l'assemblée fabricienne et dans son sein. Le mot *marguilliers* vient du mot *matricularii*, qui désignait autrefois les clercs chargés de tenir le catalogue, *matricula*, des pauvres secourus par l'église.

1147. Le bureau des marguilliers se compose : 1° du curé ou desservant, membre perpétuel et de droit, qui peut se faire remplacer par un de ses vicaires; 2° de trois marguilliers (2).

1148. Les trois marguilliers sont, pour la première fois, choisis au scrutin par le conseil de fabrique parmi ses membres (3). Ne peuvent être élues des personnes étrangères à la fabrique (4).

Le bureau, ainsi organisé, se renouvelle partiellement tous les ans. A la fin de la première et de la seconde année, deux marguilliers sortent successivement par la voie du sort. La troisième année révolue, le troisième sort de droit (5).

Dans la suite, c'est toujours le marguillier le plus ancien en exercice, c'est-à-dire celui qui a trois ans révolus, qui doit sortir (6).

1149. Le membre du conseil de fabrique qui doit chaque année remplacer le marguillier sortant est élu au scrutin par le conseil aussitôt après sa formation (7).

1150. L'époque où le marguillier sort du bureau est le jour du dimanche de Quasimodo (8). L'élection de celui qui le remplace doit être faite dans la session du conseil qui se tient le même jour (9). Si l'élection n'a pas été faite dans cette séance, il y est pourvu par l'évêque (10). Si les fabriciens laissent passer le jour fixé pour la formation du bureau, ils ne peuvent plus réparer cette omission (11).

1151. Les marguilliers sont, ainsi que nous venons de le voir, nommés *pour trois ans*. Néanmoins leurs fonctions peuvent être plus courtes. C'est ce qui arrive lorsque les trois marguilliers ont été nommés tous à la fois, immédiatement après la formation ou le renouvellement intégral du conseil. Dans ce cas, et si la nomination a eu lieu le dimanche de Quasimodo, les fonctions de l'un des marguilliers dureront un an; celles d'un autre, deux ans, et celles du troisième, trois ans, suivant qu'il en sera décidé entre eux par le sort.

1152. Le curé, membre de droit du bureau des marguilliers, peut concourir avec les autres membres aux élections de ce bureau (12).

---

(1) Déc. min. 21 décembre 1856; Bost, Campion.
(2) Déc. min. octobre 1841; Campion.
(3) Déc. min. 6 avril 1867.
(4) Déc. min. 29 septembre 1842; 21 septembre 1853.
(5) Campion.
(6) Déc. 30 décembre 1809, art. 12.

(1) Bost, *Conseils de fabrique.*
(2) D. 30 décembre 1809, art. 13.
(3) *Eod.*, art. 11; voir *supra*, Élections.
(4) C. d'Et. 11 octobre 1833.
(5) D. 30 décembre 1809, art. 16.
(6) *Eod.*, art. 17.
(7) Décr. 30 décembre 1809, art. 11.
(8) Ord. 12 janvier 1825, art. 2.
(9) Décr. 30 déc. 1809, art. 11.
(10) *Eod.*, art. 18.
(11) C. d'Et. 11 octobre 1833.
(12) Déc. min. 23 décembre 1871. — « ... 2° Le curé doit-il être considéré comme exclu par l'article 19 des fonctions du bureau? Peut-il prendre part au choix que les marguilliers peuvent faire en vertu du même article 19? D'après l'article 19 du décret de 30 décembre 1809, le bureau des marguilliers se compose : 1° du curé ou desservant, membre perpétuel et de droit; 2° de trois membres du conseil de fabrique nommés conformément aux dispositions de l'article 16. Ces mots de l'article 19 :

1153. Quelles sont les causes d'exclusion?

Ne peuvent être en même temps membres du bureau les parents ou alliés jusques et y compris le degré d'oncle et de neveu (1). Deux beaux-pères et les maris de deux sœurs pourraient être membres du même bureau, attendu qu'il n'existe pas de lien légal entre l'allié et les parents des alliés (2).

C'est seulement lors de l'installation du bureau des marguilliers qu'on doit examiner la position des membres élus quant aux incompatibilités prévues par la loi. Ainsi, dans le cas de la double élection du beau-père et du gendre, si l'un d'eux, avant l'installation du bureau, déclare qu'il donne sa démission, l'incompatibilité disparaît et l'élection ne doit pas être annulée (3).

1154. Le maire ne peut être nommé membre du bureau des marguilliers (4). Le décret de 1809 ne l'exclut pas, à la vérité, formellement ; mais son exclusion est conforme à l'esprit du décret.

Les trois membres du bureau des marguilliers qu'élit le conseil ne peuvent être choisis que parmi les membres élus du conseil de fabrique ; la preuve en est que le décret de 1809 édicte que le curé sera membre perpétuel et de droit du bureau des marguilliers, qu'il y aura la première place et pourra se faire remplacer par un vicaire.

Le décret ne contient aucune prescription analogue à l'égard du maire, tandis que lorsqu'il règle la composition du conseil de fabrique, il mentionne le maire, et le curé et indique leurs places respectives.

D'autre part, il est impossible d'admettre que le maire, qui, en sa qualité de chef de l'association communale, doit examiner les dépenses et comptes du bureau des marguilliers, puisse faire partie de ce bureau, dont il doit contrôler les opérations. En effet, d'après la loi du 24 vendémiaire an III (5), aucun citoyen ne peut exercer ni concourir à l'exercice d'une autorité chargée de la surveillance médiate ou immédiate des fonctions qu'il exerce dans une autre qualité (6).

1155. Le maire ne pouvant être membre du bureau des marguilliers, il en résulte qu'au cas où le maire ne peut siéger au conseil de fabrique, soit parce qu'il n'est pas catholique, soit par suite d'un empêchement momentané, il ne peut être remplacé par un membre du bureau des marguilliers (7).

1156. On s'est demandé si les marguilliers sortants des bureaux des conseils de fabriques par l'expiration du temps de leur exercice, peuvent être réélus membres du bureau des marguilliers (8). Les décisions ministérielles admettent l'affirmative (8).

1157. Celui qui consent à être membre du conseil consent, par cela même, à être membre du bureau, puisque les membres du bureau ne peuvent être pris que dans le conseil. S'il refuse sans des motifs dont le conseil doit apprécier la valeur, il peut être révoqué et exclu, soit du bureau, soit du conseil de fabrique (9).

1158. Aux termes de l'ordonnance du 12 janvier 1825 (10), dans le cas de vacance par mort ou démission, l'élection en remplacement des fabriciens morts ou démissionnaires doit se faire dans la première séance ordinaire du conseil qui suit la vacance, et les nouveaux fabriciens ne doivent être élus que pour le temps d'exercice qui restait à ceux qu'ils sont destinés à remplacer. Faut-il appliquer cette disposition au cas de mort ou de démission d'un ou plusieurs membres du bureau ? On doit sans hésitation se prononcer pour l'affirmative en raisonnant par analogie dans le silence de la loi par rapport aux membres du bureau.

1159. Le bureau devant toujours être en activité, doit toujours être au complet. Ainsi, du moment de la vacance par mort ou démission, il doit être à l'instant pourvu au remplacement. C'est donc le cas, si la session ordinaire est encore éloignée, d'ordonner une session extraordinaire (1).

1160. Les fonctions du nouveau marguillier ne devant pas durer plus que celles de celui qu'il remplace, il est possible qu'elles durent moins d'un an. C'est ce qui arriverait si un marguillier qui devait sortir le dimanche de Quasimodo de l'année suivante était remplacé pour cause de décès ou de démission dans une des séances du premier dimanche de juillet, octobre ou janvier. Le remplaçant de ce marguillier serait, dès lors, lui-même remplacé ou réélu le dimanche de Quasimodo qui suivrait sa nomination (2).

1161. Un conseil de fabrique qui a négligé d'organiser son bureau des marguilliers ou de renouveler entièrement les membres de ce bureau, n'est pas devenu par cela seul illégal. « L'organisation d'un bureau des marguilliers par suite le renouvellement régulier des membres de ce bureau, prescrits par les articles 11, 13 et suivants du décret du 30 décembre 1809, sont, dans chaque conseil de fabrique, d'une indispensable nécessité. C'est, en effet, au bureau des marguilliers qu'est dévolue par la loi l'administration active et journalière des intérêts de la fabrique ; c'est entre le président, le trésorier et le secrétaire de ce bureau que sont répartis les divers soins de cette administration et les droits qui y correspondent. Il est donc absolument impossible qu'un conseil de fabrique administre sans un bureau des marguilliers, à moins de commettre d'incessantes illégalités.

« Si un conseil de fabrique omettait, soit d'organiser son bureau des marguilliers, soit de procéder régulièrement chaque année au renouvellement de l'un des membres de ce bureau, il serait donc extrêmement important que l'autorité diocésaine ou préfectorale signalât à ce conseil cette grave irrégularité et tînt exactement la main à ce qu'elle fût réparée sans retard.

« Mais cependant il faut reconnaître que le défaut d'organisation ou de renouvellement de ce bureau ne saurait porter aucune atteinte aux droits que les fabriciens eux-mêmes tiennent, soit de leur élection, soit de leur nomination. Une semblable omission, malgré le juste et sévère blâme qu'elle mériterait et malgré les nombreuses nullités d'actes qu'elle entraînerait très probablement, ne saurait donc néanmoins rendre illégale l'existence de ce conseil de fabrique lui-même et en nécessiter la réorganisation (3). »

1162. Une fois élu, renouvelé ou complété, le bureau doit aussitôt se constituer, c'est-à-dire nommer un président, un secrétaire et un trésorier (4).

« Ils nommeront entre eux un président, un trésorier et un secrétaire », s'appliquant évidemment à tous les membres du bureau, aussi bien au curé, membre de droit, qu'aux membres élus. Ces divers articles doivent être combinés ensemble et non pris isolément. J'estime donc que le curé ou desservant de la paroisse, membre de droit du bureau des marguilliers, peut concourir avec les autres membres aux élections de ce bureau.
(1) D. 30 décembre 1809, art. 18.
(2) Gaudry.
(3) Cons. d'Et. 26 février, 9 mars 1832, 5 août 1841 ; 22-23 juin 1846 ; 20 juin 1847.
(4) Lettre min. 25 décembre 1833 ; — Déc. min. 13 mai 1865.
(5) Titre III, art. 1er.
(6) Déc. min. 4 avril 1814, 25 mars 1831, 28 décembre 1833, 13 novembre, 11 mars 1850 ; 13 mai 1865, 3 août 1870 ; Vuillefroy, Bost, Campion.
(7) Dalloz, Rép.
(8) Lettre min. 19 mai 1853 et 4 novembre 1869.
(9) Bost, Carré, Affre.
(10) Art. 3.

(1) Bost, Vuillefroy.
(2) Bost.
(3) J. c. f., 415e consult., 1842-43, p. 219.
(4) D. 30 décembre 1809, art. 9 ; — Déc. min. 23 décembre 1874. — ... Le scrutin est-il nécessaire pour ces élections (aux diverses fonctions du bureau des marguilliers) ? Dans l'état actuel de la législation concernant les élections, le scrutin n'est formellement prescrit que pour la nomination du président et du secrétaire du conseil (art. 9 du décret du 30 décembre 1809) et pour celle des membres du conseil qui doivent composer le bureau des marguilliers (art. 11 du même décret). L'article 8 de ce décret relatif au remplacement par suite des renouvellements triennaux, les articles 2 et 3 de l'ordonnance du 12 janvier 1825, concernant les élections par suite de vacances causées par mort ou démission, enfin l'article 19 du décret du 30 décembre 1809, spécial pour la nomination des président, secrétaire et trésorier du bureau des marguilliers, n'ont point prescrit le scrutin pour ces diverses élections, et les conseils de fabrique comme les bureaux des marguilliers doivent être libres, sauf les cas prévus par les articles précités 9 et 11 du décret de 1809, de procéder à leurs élections soit au scrutin secret, soit à haute voix ; mais il est bien entendu que ces élections doivent être constatées par un procès-verbal.

1163. Le bureau seul a le pouvoir de nommer ses officiers parmi ses membres (1) ; ce pouvoir n'appartient pas au conseil de fabrique, et le choix du président et du secrétaire ne peut s'arrêter que sur des membres du bureau des marguilliers.

1164. Il a été décidé que le scrutin n'est pas nécessaire pour l'élection aux diverses fonctions du bureau.

1165. Les motifs pour lesquels un fabricien qui ne veut pas déserter le conseil est tenu d'entrer dans le bureau, lorsqu'il en est nommé membre, l'obligent à plus forte raison à accepter l'une des trois fonctions de président, de secrétaire ou de trésorier lorsqu'il en est investi, car, à défaut d'un seul de ces dignitaires, le bureau ne pourrait régulièrement procéder à aucun des actes dont il est chargé (2). Une décision ministérielle du 24 février 1835 porte que si aucun fabricien ne consent à accepter les fonctions de trésorier, il y a lieu pour le gouvernement de supprimer la succursale et d'en transférer le titre à une autre localité (3).

1166. Suivant l'article 13 du décret du 30 décembre 1809, le curé ou desservant est membre de droit du bureau des marguilliers et doit y avoir la première place ; mais il ne pourrait pas être régulièrement appelé à la présidence. C'est ce que décide la jurisprudence du ministère des cultes (4).

En effet, l'article 4 du décret de 1809 a assigné au curé ou desservant une place spéciale à la droite du président ; une autre disposition porte que la fabrique aura une caisse à trois clefs, dont l'une sera entre les mains du trésorier, une autre entre les mains du curé, la troisième dans celles du président. D'ailleurs, la prépondérance attribuée au curé par les fonctions de président serait contraire à l'esprit de la législation constitutive des conseils de fabriques, qui place en quelque sorte les membres du conseil comme arbitres entre le curé, représentant de l'intérêt religieux, et le maire, représentant des intérêts de la commune (5).

1167. L'article 10 du décret de 1809 portant que le curé et le trésorier garderont chacun une clef de la caisse de la fabrique, les conséquences de la responsabilité d'un comptable, la dignité du prêtre, qu'on ne doit pas exposer aux réclamations des fournisseurs et des créanciers, tout s'oppose à ce que le curé soit nommé trésorier de la fabrique (6). Quant aux fonctions de secrétaire, rien n'empêche qu'elles lui soient conférées (7).

1168. Y a-t-il incompatibilité entre les fonctions de président du bureau des marguilliers et celles de président du conseil de fabrique ? En faveur de la négative on invoque les raisons suivantes : d'une part, on considère que l'article 11 du décret du 30 décembre 1809 abandonne de la manière la plus absolue aux membres du conseil le choix de ceux de leurs collègues qui doivent faire partie du bureau, et, d'un autre côté, que l'article 19 du même décret n'impose aucune restriction à la liberté qu'il donne aux marguilliers de choisir parmi eux leurs dignitaires, un tel mode présente sans doute quelques inconvénients faciles à reconnaître ; mais la difficulté de trouver dans les campagnes un nombre suffisant de fabriciens lettrés a dû jusqu'à présent le faire tolérer (8).

L'opinion contraire a ses partisans (9) ; suivant ces derniers, le même fabricien ne saurait être en même temps président du conseil et président du bureau, pour les raisons suivantes : le bureau est le pouvoir exécutif de la fabrique comme le conseil en est le pouvoir délibérant. Le bureau vient à chaque session, et surtout à la session de Quasimodo, rendre compte de ses actes devant le conseil. Or, il y aurait un grave inconvénient à ce que le président du bureau, qui a pris une part principale à l'administration active, quand les actes de cette administration sont soumis au contrôle du pouvoir délibérant, fût investi de la direction des débats et exerçât sur la discussion l'influence de la présidence (1).

1169. Le même fabricien ne peut être en même temps président et secrétaire du bureau. En effet, la direction des débats pendant les séances ne permettrait guère au président d'en dresser simultanément le procès-verbal sans que, partagé entre ces deux occupations, il ne remplît moins bien l'une ou l'autre tâche. C'est d'ailleurs la double signature du président et du secrétaire qui donne l'authenticité aux procès-verbaux des délibérations et aux ampliations ou aux extraits qui en sont délivrés. Une seule signature ne saurait offrir la même garantie et équivaloir aux deux attestations qu'exige le droit commun. Indépendamment de ces raisons générales d'incompatibilité entre les fonctions de président et de secrétaire, l'article 56 du décret du 30 décembre 1809 établit une incompatibilité particulière entre les fonctions de président et de secrétaire du bureau des marguilliers. Cet article veut que le secrétaire du bureau transcrive par suite de numéros et par ordre de dates, sur un registre sommier, les baux à ferme ou à loyer, les actes de fondation, et généralement tous les titres de propriété de la fabrique. Le même article statue ensuite que chaque pièce devra être signée et certifiée conforme à l'original par le curé ou desservant, et par le président du bureau. Or il est évident que si les deux titres de président et de secrétaire du bureau étaient réunis sur la même personne, cet article serait inexécutable, ou que l'exécution n'en offrirait plus, du moins, la double garantie exigée par le décret dans l'intérêt de la fabrique (2).

1170. Le même fabricien ne saurait être en même temps secrétaire du conseil et trésorier. Les fonctions du trésorier sont trop importantes, l'influence de cet administrateur est trop grande pour qu'on puisse y rien ajouter au moyen d'une charge additionnelle. Le trésorier est, en outre, partie trop intéressée au résultat des délibérations du conseil pour être chargé de les rédiger et de les constater (3).

1171. Le même fabricien ne saurait être en même temps président du bureau et trésorier ; cette incompatibilité est la suite de ce qui vient d'être dit au paragraphe précédent, qu'il ne convenait de rien ajouter de plus aux fonctions et à l'influence du trésorier, et, en outre, des articles 28 et 50 du décret du 30 décembre 1809. En effet, d'après l'article 28, les payements pour les marchés faits au nom de la fabrique doivent être effectués sur les mandats signés du président du bureau et payables par le trésorier. Le trésorier ne peut signer des mandats et les payer ensuite lui-même, ou, du moins, dans ce cas encore la double garantie que le décret demande n'existerait plus. L'article 50 porte que chaque fabrique aura une caisse ou armoire fermant à trois clefs, dont une restera dans les mains du trésorier, l'autre dans celles du curé ou desservant, et la troisième dans celles du président du bureau. Cet article a voulu par cette répartition des clefs, que la caisse ne pût être ouverte qu'avec le concours de trois personnes. Or, si les charges de trésorier et de président du bureau étaient réunies, il suffirait pour l'ouverture de la caisse, du concours de deux personnes ; cette caisse ne serait réellement fermée qu'à deux clefs. La collu-

(1) C. d'Et. int. 13 septembre 1833.
(2) Bost.
(3) Bull. des lois civ. et eccl., 1873.
(4) Déc. min. 16 mars 1846, 26 octobre 1846, 26 octobre 1848, 23 décembre 1874 ; Campion.
(5) Campion.
(6) Déc. min. 24 août 1835 ; Bloch, Dict. d'admin.
(7) Déc. min. 18 février 1842, 23 décembre 1871 ; Campion.
(8) Déc. min. 25 décembre 1871.
(9) Déc. min. 18 octobre 1841 ; Bost, Conseils de fabrique ; — Campion fait observer à ce sujet : une lettre ministérielle du mois d'octobre 1841, citée par M. de Champeaux (Droit civil ecclésiastique) et par Vuillefroy (Admin. du culte cath.) s'est occupée de la question de savoir si le président d'un conseil de fabrique peut être en même temps président du bureau.
Elle aurait résolu la question négativement d'après le premier de ces auteurs, et affirmativement, suivant l'autre, comme suivant les auteurs du Répertoire du Journal du Palais. Il nous a été impossible de vérifier

dans quel sens était conçue la décision citée ; aucune disposition du décret de 1809 ne semble, il est vrai, empêcher le cumul des deux fonctions, mais il faut reconnaître qu'il y a des inconvénients sérieux à ce que le président du bureau, qui a pris une part importante à l'administration active, soit investi de la direction des débats quand les actes de cette administration sont soumis au contrôle du pouvoir délibérant et exerce, dans l'assemblée, l'influence attachée à la présidence.
(1) J. c. f., t. III, p. 185 ; Campion.
(2) J. c. f., t. III, p. 185 ; Campion.
(3) Eod.

sion serait plus facile, et la responsabilité du trésorier deviendrait illusoire à l'aide de l'autorité du président (1).

1172. Le même fabricien ne pourrait être en même temps trésorier et secrétaire du bureau, l'influence et la fonction du trésorier ne devant jamais recevoir aucune extension nouvelle.

1173. Le même fabricien peut être président du bureau et secrétaire du conseil. La qualité et les fonctions du secrétaire ne lui donnent, en effet, qu'une influence trop faible pour que cette influence soit un obstacle à la réunion des deux titres.

1174. Par le même motif, rien ne s'oppose à ce que le même fabricien soit en même temps secrétaire du conseil et secrétaire du bureau.

1175. Il semble que le même fabricien peut être en même temps secrétaire du bureau et président du conseil, quoique ce dernier cas paraisse susceptible de quelque difficulté (2).

1176. Un conseiller municipal peut-il remplir les fonctions de trésorier du bureau des marguilliers? Une lettre ministérielle du 14 novembre 1837 décide que les fonctions de trésorier sont incompatibles, par application de l'article 18 de la loi du 21 mars 1831, avec celles de conseiller municipal lorsque la commune supplée à l'insuffisance des revenus de la fabrique ou lui alloue une subvention quelconque. Un trésorier de fabrique, dans cette circonstance, ne peut donc siéger dans le conseil municipal (3). Le conseil de fabrique, dans une consultation de l'année 1838, a pensé, au contraire, qu'il n'y a pas incompatibilité (4). Le ministre des cultes s'est prononcé en ce sens en 1865 (5). Suivant Gaudry (6), il n'y a aucun motif légal d'incompatibilité lorsque les fabriques subsistent avec leurs propres revenus, leur trésorier n'étant, dans ce cas, en rien *comptable des fonds communaux*. Si la commune accorde des secours à la fabrique, il faut distinguer : les secours sont-ils permanents et destinés aux besoins quotidiens du culte, ou même versés dans la caisse de la fabrique? Dans ce cas, Gaudry pense que le trésorier de la fabrique, soumis au contrôle du conseil municipal, ne devrait pas être en même temps conseiller municipal ; mais le conseil municipal s'est-il borné accidentellement à voter des fonds pour un objet déterminé, comme pour des réparations à l'église, les dépenses ont dû être acquittées directement par le receveur municipal : le conseiller municipal pourrait conserver ses fonctions de trésorier de la fabrique.

1177. Un adjoint peut-il être trésorier de la fabrique? La question est la même que celle de savoir si les fonctions de trésorier peuvent être confiées à un membre du conseil municipal, les adjoints étant membres du conseil municipal, aux termes de la loi du 5 avril 1884, applicable à toutes les communes, sauf à Paris.

Un percepteur-receveur municipal peut-il être trésorier? Campion se prononce pour l'affirmative, mais il décide que ce fonctionnaire doit obtenir préalablement l'agrément du ministre des finances (7).

1178. Il n'y a pas incompatibilité entre les fonctions de trésorier du bureau et des fonctions judiciaires, militaires ou civiles (8), ni avec la profession d'avocat (9).

1179. Les fonctions du trésorier sont gratuites (10). Une lettre ministérielle a décidé que si le trésorier demande un agent pour la tenue de ses écritures ou un caissier adjoint, le conseil de fabrique excède ses pouvoirs en allouant une indemnité à cet auxiliaire (11).

1180. En fait, cependant, dans les paroisses importantes on donne souvent au trésorier un auxiliaire rétribué pris en dehors même du conseil de fabrique. Pour défendre cette pratique, on peut invoquer une décision ministérielle du 15 juin 1811, qui porte : « Les trésoriers, leur service personnel étant gratuit, ne peuvent exiger de salaire pour ce qu'ils reçoivent ou peuvent recevoir par euxmêmes ; mais s'il y a des sommes à recouvrer hors de leur portée, et pour la recette desquelles ils soient obligés de commettre des agents locaux et qu'il faille payer ces agents, nul doute que les frais ne doivent en être déduits sur la recette ; mais les trésoriers ne peuvent allouer aucune somme de ce genre dont le payement n'ait été autorisé par le conseil de fabrique (1).

1181. La nomination du trésorier doit être consignée sur les registres des délibérations du bureau des marguilliers. Elle peut être attaquée pour irrégularité devant le ministre, sauf recours au Conseil d'Etat (2).

1182. Lorsque aucun paroissien ne consent à accepter les fonctions de trésorier, il y a lieu pour le gouvernement à transférer le titre à une autre localité (3).

1183. Aucun membre du bureau des marguilliers ne peut se porter soit adjudicataire, soit même pour associé de l'adjudicataire des ventes, marchés de réparation, construction, reconstruction ou baux des biens de la fabrique (4).

1184. D'après les articles 2121 et 2122 CC., la fabrique, établissement public, a une hypothèque légale sur les immeubles du trésorier qui ne rend pas ses comptes ou qui en est reconnu reliquataire (5).

---

(1) Décr. 15 juin 1811 ; Vuillefroy.
(2) Voir Élections.
(3) Déc. min. 24 février 1835. (CULTES, *Bull. des lois civ. et eccl.*, 1873.)
(4) D. 30 déc. 1809, art. 61.
(5) Trib. du Luxembourg, 13 juin 1886. — « Attendu que la disposition spéciale visée par l'article 2121 du Code civil ne doit recevoir son application que dans les cas y spécialement déterminés ; — Attendu que les établissements publics dont parle ledit article sont ceux dont les deniers se trouvent rangés, sous le rapport de la gestion et du mode de comptabilité, dans la catégorie des deniers publics ; — Attendu que si l'église est un établissement public en ce sens qu'elle jouit de la personnalité civile et des avantages qui y sont attachés, elle n'est pourtant pas un établissement public, en ce sens qu'elle n'est pas subordonnée à l'État ; que sous ce rapport elle jouit d'une indépendance absolue ; — Attendu que, si les fabriques d'église sont établies par la loi, elles se renouvellent et se perpétuent pourtant sans l'intervention de l'autorité, dont elles ne subissent pas le contrôle régulier ; que les fabriques d'église sont affectées à un service privé, quoique ce service, en tant qu'il touche à la religion, soit de l'intérêt général, car elles ne concernent qu'une secte religieuse, celle des catholiques ; — Attendu, au surplus, que les établissements publics dans le sens de l'article 2121 du Code civil sont ceux qui ont des comptables ; qu'un comptable est celui qui a reçu de l'autorité publique le mandat de recevoir et de conserver les deniers ; — Attendu que le titre de comptable est une qualité publique ; que c'est parce que le gouvernement le donne à un homme de son choix que la loi a dû environner ce choix de plus amples garanties ; qu'elle assure les intérêts publics en donnant à ses comptables des traitements et des prérogatives ; qu'elle leur impose un serment, un cautionnement, un règlement de leurs comptes par une autorité supérieure ; que l'hypothèque légale est la conséquence de ces droits et de ces obligations, mais que ces droits et ces obligations se restreignent au véritable fonctionnaire public ; — Attendu que si la loi du 5 septembre 1807, relative aux droits du Trésor sur les biens des comptables, loi qui complète la disposition de l'article 2121, ne parle que des comptables chargés de la recette et du payement de ses deniers ; que son article 7, sans nommer les trésoriers, elle détaille les fonctionnaires soumis au droit d'hypothèque ; que ce sont des comptables nommés par l'autorité ayant un titre légal ; qu'un comptable, pour avoir un titre légal, doit donc être un homme de l'autorité, ce qui n'est pas le cas pour le trésorier d'une fabrique d'église ; que même le décret du 30 décembre 1809 sur les fabriques d'église ne dit rien de l'hypothèque légale, bien qu'il règle d'une manière détaillée et complète les devoirs des trésoriers et les sûretés qu'ils sont prises à leur égard ; que, si l'hypothèque légale frappait les biens des trésoriers, le surcroît des garanties établies par ledit décret était inutile ; qu'on doit donc dire qu'aucune disposition légale n'accorde l'hypothèque aux fabriques d'église sur les biens de leurs trésoriers ;

Par ces motifs, — Dit que le contredit a été valablement formé ; que c'est à tort que la fabrique d'église de Remich a été admise par hypothèque ; dit qu'elle ne sera pas colloquée ; dit que le conservateur des hypothèques sera tenu, au vu du présent jugement, de rayer l'inscription prise par la fabrique de l'église ; — Condamne cette dernière aux dépens, etc. »

La fabrique ayant interjeté appel, la Cour supérieure de justice a statué comme suit :

« Attendu que l'article 2121 du Code civil attribue une hypothèque légale aux établissements publics sur les biens de leurs receveurs et

---

(1) J. c. f., t. III, p. 186 ; Campion.
(2) J. c. f., t. III ; Campion.
(3) Vuillefroy.
(4) J. c. f., t. IV. — Consultation de MM. Berryer, Hennequin, de Cormenin, Pardessus, Mandaroux-Vertamy, Duvergier, Gaudry, Legras, A. Boué, Lettus et Millot *Bull. des lois civ. et eccl.*, 1855 ; Campion.
(5) Déc. min. 13 mai 1865 ; Bloch, *Dict. d'admin.*
(6) *Législation des cultes.*
(7) *Manuel de droit civil et eccl.*
(8) Déc. min. 14 novembre 1837.
(9) Dalloz, *Rép.*, v° CULTES.
(10) Gaudry, André, Vuillefroy ; voir *infra*.
(11) Lettre min. 4 octobre 1831.

Cependant Gaudry exprime une opinion contraire : « Au premier aspect, dit-il, on peut être conduit à une solution dans le sens de l'hypothèque légale, par la lecture de l'article 2121 du Code Napoléon, d'après lequel « l'hypothèque « légale existe, au profit des communes et des établisse« ments publics, sur les biens des receveurs et administra« teurs comptables ». — Toutefois, nous croyons que cette hypothèque n'existe pas sur les biens des trésoriers des fa-

---

administrateurs comptables; que cette disposition s'applique aux fabriques d'église, ces institutions constituant des établissements publics dont les trésoriers sont les administrateurs comptables; — Attendu, en effet, que les fabriques ont été rétablies par l'article 76 de la loi du 18 germinal an X, et qu'elles ont reçu leur première organisation par l'arrêté du 7 thermidor an XI, qu'aux termes des articles 3 et 5 de cet arrêté les biens des fabriques devaient être administrés dans la forme particulière aux biens communaux, et que les comptes devaient être rendus en la même forme que ceux des dépenses communales; que ces dispositions ont imprimé aux fabriques le caractère d'établissements publics, caractère qu'elles ont toujours conservé; qu'il importe peu qu'elles soient régies à certains égards par des règles qui leur sont particulières; qu'il suffit, au point de vue du droit litigieux, qu'elles constituent des établissements publics et que l'hypothèque légale ne répugne pas au caractère qui leur est propre; qu'il est généralement admis que les articles 910, 1596, 1712, 2045 et 2227 du Code civil, qui parlent des établissements publics, sont applicables aux fabriques et qu'il est inadmissible que les termes « établissements publics » puissent avoir dans l'article 2121 du Code civil un sens autre que dans les dispositions préappelées; que, s'il est vrai que les droits hypothécaires ne comportent pas d'interprétation extensive, cette règle n'autorise cependant pas le juge à dénaturer le sens des termes employés par le législateur; — Attendu que ni l'arrêté du 19 vendémiaire an XII ni la loi du 5 septembre 1807 ne permettent de soutenir que les termes « éta« blissements publics » employés par l'article 2121 du Code civil ne comprennent pas les fabriques; que l'arrêté du 19 vendémiaire an XII, qui accorde une hypothèque légale aux communes et aux établissements de bienfaisance, sans faire mention des fabriques, est antérieur au Code civil; que la loi du 5 septembre 1807, qui lui est postérieure, parle bien des *privilèges* et hypothèques *maintenus* par les articles 2096 et 2121 du Code civil, mais que cette loi ne concerne que les comptables du Trésor public; qu'il n'est pas permis d'en inférer que, quant aux autres comptables, le Code ait simplement entendu maintenir le *statu quo*; que le texte du § 1er de l'article 2121 résiste à ce soutènement; qu'il est conçu en termes exclusifs et qu'il porte que les droits et créances auxquels l'hypothèque légale *est attribuée* sont... les établissements publics...; que l'attribution d'une hypothèque légale aux fabriques est d'autant plus admissible qu'elle est entièrement conforme à l'esprit de l'arrêté du 7 thermidor an XI qui avait assimilé ces institutions aux administrations communales, tant sous le rapport de l'administration que sous celui de la comptabilité, et que déjà sous l'empire de l'ancien droit la doctrine admettait l'hypothèque des fabriques (Merlin, Répert., Hyp., S. 1, § 3, n° 3); — Attendu qu'il est si peu vrai de soutenir que les rédacteurs de l'article 2121 ont entendu exclure les fabriques, que par décision du 24 pluviôse an XIII rappelée par Persil (Régime hypoth., art. 2154-III) et Carré (Gouvernement des paroisses, n° 44), le gouvernement a reconnu que les fabriques peuvent se prévaloir de la disposition de l'article 2135 relative à l'inscription des hypothèques légales; — Attendu que, si le décret du 30 décembre 1809 est absolument muet sur l'hypothèque des fabriques, rien ne permet d'inférer de ce silence qu'il ait entendu la proscrire, le droit hypothécaire pouvant se concilier avec les mesures nouvellement introduites pour la conservation du patrimoine des fabriques dont il forme le couronnement; — Attendu que c'est encore à tort qu'il est objecté que l'article 2121 n'est pas applicable aux fabriques parce que les trésoriers ne manient pas de deniers publics; que l'article 2121 n'exige pas que les deniers soient publics; qu'au surplus l'argument tombe à faux en ce qu'il s'applique également aux hospices et aux bureaux de bienfaisance dont l'hypothèque n'est pas contestée; — Attendu qu'il résulte des développements qui précèdent que c'est à tort que le premier juge a admis que l'appelante n'a pas d'hypothèque légale sur les biens de son trésorier.

« Par ces motifs, — Reçoit l'appel en la forme et le déclare fondé en tant qu'il concerne le principe de l'hypothèque invoquée par la fabrique d'église de Remichi; — Réformant, dit que ladite fabrique a une hypothèque légale sur les biens de Kayl, son ancien trésorier, etc. »

M. Kayl s'est pourvu en cassation contre cet arrêt. Il invoquait à l'appui de son pourvoi un moyen unique, basé sur la violation et la fausse application de l'article 2121 du Code civil et par voie de conséquence de l'article 2100 du même Code. — La Cour a rendu l'arrêt suivant :

« La Cour, — Attendu que l'article 2121 dispose comme suit : « Les droits et créances auxquels l'hypothèque légale est attribuée sont ceux de l'État, des communes et des *établissements publics*, sur les biens des receveurs et administrateurs comptables »; — Attendu que cette disposition confère l'hypothèque légale aux fabriques d'église sur les immeubles de leurs trésoriers et que le pourvoi est donc à rejeter; — Attendu, en effet, qu'en acceptant la définition la plus rigoureuse que donnent les auteurs des « établissements publics » et en admettant qu'ils se distinguent des établissements dits « d'utilité publique » en ce sens qu'il ne suffit pas pour leur existence qu'ils constituent une institution créée et personnifiée par la loi avec une mission spéciale d'utilité générale, mais qu'il faut encore que cette institution se rattache d'une façon intime à l'organisation politique du pays, et soit ainsi placée sous la surveillance et le contrôle permanent du gouvernement; qu'alors encore il faut incontestablement comprendre les fabriques d'église parmi les établissements publics (Giron, t. II, p. 169 et suivantes; Ducrocq, t. II, nos 1333 et suivants); — Attendu, en effet, que la loi du 18 germinal (article 76), le décret du 30 décembre 1809 et en général les dispositions légales réglant la matière, ne se sont pas bornés à établir les fabriques avec la mission spéciale d'utilité publique de pourvoir aux besoins matériels du culte, mis à la charge de la nation, et avec l'aptitude de posséder et d'acquérir des biens, mais que de plus ils leur ont octroyé une organisation qui, pour tous les actes de quelque importance, exige l'autorisation du gouvernement ou de ses agents et qui les rattache à la commune au point de faire son chef membre de droit du conseil des marguilliers et surtout de faire suppléer par le budget de la commune à l'insuffisance de celui de la fabrique (D. de 1809, art. 4, n° 2; 92, n° 1; 59, 60, 62, 63, 71, 77); — Attendu, au surplus, qu'abstraction faite de toute définition, il résulte des textes mêmes du Code civil que dans l'expression « établissements publics » l'article 2121 comprend les fabriques d'église; que cette expression se retrouve, en effet, dans les articles 940, 1596, 1712, 2045 et 2227 du Code civil, et qu'il est universellement reconnu que dans ces articles elle s'applique aux fabriques d'église, mais que cela mène forcément à la conclusion que la même expression dans l'article 2121 du même Code s'y applique également, parce qu'il est impossible d'admettre que dans les différentes parties de ce code, dont la promulgation s'est suivie de si près, le législateur ait entendu donner à une seule et même expression une portée et un sens différents; — Attendu qu'il est bien vrai que l'hypothèque est de droit étroit; qu'elle n'existe qu'en vertu d'une disposition expresse de la loi et qu'elle ne peut pas être étendue d'un cas à un autre; mais que, d'un autre côté, il n'est pas moins certain qu'il faut cependant l'admettre sous peine de retrancher de la loi pour tous les cas qui rentrent dans la généralité de l'expression légale, en écartant toute distinction que le législateur n'a pas faite; qu'ainsi, l'on ne saurait, avec le demandeur en cassation, distinguer, au sujet des expressions de l'article 2121, entre établissements « proprement dits » qui seraient notamment l'État et la commune, et d'autres établissements qui, comme les fabriques d'église, ne seraient qu'improprement parlant des établissements publics, ni entre comptables de deniers « publics » et comptables de deniers qui n'auraient pas ce caractère; que l'article 2121 ne fait pas cette distinction, et qu'elle ne résulte d'aucun autre texte de la loi; qu'il n'est point contesté d'ailleurs que ledit article 2121 comprend les hospices et bureaux de bienfaisance, et que cependant les fonds de ces établissements n'ont pas plus le caractère de deniers publics que ceux des fabriques d'église; — Attendu qu'il est vrai encore que, par l'expression « administrateurs ou receveurs comptables » de l'article 2121, il faut entendre, suivant le sens naturel des mots, les personnes qui, étant chargées d'une gestion de deniers, sont directement comptables envers la personne morale à laquelle ces deniers appartiennent; mais que le trésorier de la fabrique remplit incontestablement ces conditions; que, suivant les articles 25 et 31 du décret de 1809, il est chargé de faire les recettes et d'effectuer les dépenses et que, suivant les articles 85 et suivants du même décret, il est tenu de rendre annuellement ses comptes au bureau des marguilliers; — Attendu, enfin, que c'est vainement que le demandeur se prévaut de la loi du 5 septembre 1807 pour soutenir que l'article 2121 n'avait entendu que maintenir des droits d'hypothèque préexistants, et qu'il ne peut donc s'appliquer aux fabriques d'église, qui ne jouissaient pas de l'hypothèque légale au moment de la confection du Code civil; — Attendu, en effet, que la loi citée, ainsi qu'il résulte de son titre et de toutes ses dispositions, s'occupe exclusivement des droits du *Trésor public*, et que si, dans son article premier, elle dit, d'une façon tout incidente, que le privilège et l'hypothèque se trouvent maintenus par les articles 2098 et 2121 au profit du Trésor public, cela ne veut certainement pas dire que l'article 2121 n'ait pas pu conférer l'hypothèque à des personnes qui, au moment de sa publication, n'en jouissaient pas, et ce d'autant moins que ledit article, loin d'indiquer d'une manière quelconque que le législateur ait entendu se borner à confirmer des droits préexistants, est plutôt, d'après son texte, contraire à ce système, lorsqu'il dispose que l'hypothèque légale est attribuée aux différents droits et créances dont il fait l'énumération; — Attendu que si, au surplus, la législation intermédiaire n'a pas consacré l'hypothèque légale des fabriques, elle existait cependant dans l'ancien droit (Pothier et Daguessau), et qu'il est d'autant plus naturel que le législateur de l'article 2121 ait entendu la conférer aux fabriques d'église aussi bien qu'aux communes que, par l'arrêté du 7 thermidor an XI (26 juillet 1803), précédant immédiatement la promulgation du titre du Code civil qui contient l'article 2121 (29 mars 1804), les communes et les fabriques avaient été assimilées, quant à la forme dans laquelle seraient administrés leurs biens et rendus leurs comptes, et que, par décret du 12 août 1807, suivant de quelques années seulement la prédite promulgation, la même assimilation a eu lieu entre les deux espèces d'établissements pour les formalités d'après lesquelles les dons et legs à eux faits devaient être acceptés; — Attendu qu'en présence de ce qui précède le silence gardé au sujet de l'hypothèque légale par le décret de 1809 est indifférent, étant constant d'ailleurs que cette hypothèque peut se concilier avec les mesures nouvellement introduites pour la conservation du patrimoine des fabriques;

« Par ces motifs, — Rejette le pourvoi formé contre l'arrêt de la Cour supérieure de justice du 7 janvier 1889, et condamne le demandeur en tous les dépens. »

Voyez en ce sens : Delcour, *Traité de l'administration des fabriques*, t. , n° 109; Carré, *Gouvernement des paroisses*, n° 490; Affre, *Traité des paroisses*, § III, n° 5; Rolland de Villargues, v° HYPOTHÈQUE LÉGALE, n° 361; Tielmans, v° CAUTIONNEMENT DES RECEVEURS DES ÉTABLISSEMENTS PUBLICS; Dalloz, v° CULTE, nos 534 et 535; Batbie, *Droit administratif*, t. V, n° 207; Ducrocq, t. II, n° 1,333 en note; Bloch, *Dictionnaire d'administration*, v° FABRIQUES; *Contra* : Aubry et Rau, t. III, p. 248; Gaudry, t. III, p. 352; Laurent, t. XXX, n° 420; Trib. civ. de Langres, 19 mars 1864 (Pasicrisie, 1864.2.408); Cass. belge, 7 juin 1849 (Pasicrisie belge, 1849.1.362).

briques. — Il est d'abord certain que si le principe de l'hypothèque légale sur les biens des trésoriers des fabriques était admis, il serait impossible de trouver des hommes assez dévoués pour accepter ces fonctions. Qui voudrait, en effet, pour une mission de charité, s'exposer à voir grever sa fortune entière d'une hypothèque qui ne pourrait disparaître que par des formalités toujours dispendieuses? D'après la loi du 5 septembre 1807, les comptables grevés d'hypothèque légale sont obligés de faire connaître leur qualité dans tous les actes translatifs de propriété. Ainsi, le titre de trésorier d'une fabrique deviendrait un titre d'emploi public, entravant tous les actes de propriété. Ce qui serait vrai pour une fabrique, dans une ville importante, le serait également pour le trésorier de la fabrique du moindre village ; et comme tous les ans un nouveau trésorier peut être choisi, cette charge passagère aurait ainsi grevé la fortune entière de chacun d'eux. A la vérité, l'hypothèque légale sur les comptables ne frappe leurs biens que par l'inscription, et si l'inscription n'est pas prise, les plus grands inconvénients de l'hypothèque légale n'existent pas. — Mais, dès que le droit à l'inscription est reconnu, le comptable n'est pas moins sous le coup d'une mesure rigoureuse. — On peut ne pas prendre l'inscription, dit-on. C'est une erreur ; car, dès que la loi établit une hypothèque sur les biens d'un comptable, le devoir de tout surveillant légal est de la faire inscrire, à peine de compromettre sa propre responsabilité. Ainsi, le devoir du président de la fabrique, de l'évêque, serait de requérir l'inscription dès le moment de la nomination, sans attendre qu'il existât un débat. On procède ainsi pour tous les comptables. — De telles conséquences d'un acte de charité seraient déplorables, et le rendraient impossible. — En droit rigoureux, l'hypothèque légale ne se justifie par aucun principe. — Nulle loi ne l'établit, nul règlement n'en suppose la nécessité. — A la vérité, l'article 2121 du Code Napoléon dit que l'hypothèque existe au profit des *communes* et des *établissements publics*, sur les biens des *comptables*. — Mais, d'abord, il ne faut pas confondre la fabrique avec la commune : ce sont deux intérêts distincts. Il est vrai que, dans certains cas, la fabrique reçoit des secours de la commune, et que la fabrique elle-même représente une partie des intérêts des citoyens ; mais lorsque la commune vient au secours de la fabrique, elle conserve souvent la disposition des fonds consacrés à un tel usage, et lorsqu'ils sont versés dans la caisse de la fabrique, ces fonds cessent d'être communaux et deviennent deniers de fabrique, régis par d'autres principes que les fonds des communes. Les règles pour la conservation des intérêts de la commune ne sont donc pas en tout applicables à la conservation des fonds des fabriques. — Quant à ces mots : *Établissements publics*, nous ferons remarquer que les établissements publics, dont les fonds sont garantis par des hypothèques légales, sont ceux qui ont des *comptables*. Or, il faut se garder de croire que, dans le sens de l'article 2121 du Code Napoléon, ces mots puissent s'appliquer généralement à toute personne ayant la conservation de fonds destinés à des établissements créés pour l'intérêt public ; car, dans ce système, il n'y a pas une personne prêtant ses bons offices à des établissements dont un pour objet, ou la religion, ou la charité, ou l'industrie, qui ne devinssent des *comptables*.

Mais cette opinion de Gaudry ne nous semble pas soutenable. Cet auteur fait la critique de la disposition légale, mais il ne démontre pas que l'article 2121 ne soit absolument formel. Cet article ne parle pas des comptables nommés par le gouvernement, il parle des comptables des établissements publics ; or il n'est pas douteux qu'un trésorier soit un comptable et qu'une fabrique soit un établissement public.

1184. Le trésorier ne verse pas de cautionnement ; mais il demeure personnellement responsable des dépenses qu'il a faites sans l'autorisation du bureau des marguilliers ou du conseil de fabrique et du dommage qu'il a causé par négligence dans ses fonctions (1).

1185. Les marguilliers sont personnellement responsables du préjudice qu'ils ont pu causer par leur fait à la fabrique (1). Ils ne sont plus responsables solidairement (2), comme ils l'étaient sous l'empire de l'ancien droit.

1186. Le bureau s'assemble tous les mois, à l'issue de la messe paroissiale, au lieu indiqué pour la tenue des séances du conseil (3), c'est-à-dire dans l'église, dans un lieu attenant à l'église ou dans le presbytère (4). Gaudry pense qu'il n'y aurait pas irrégularité si le bureau se réunissait chez le président ou tout autre membre du bureau (5).

1187. Le bureau peut aussi s'assembler dans les cas extraordinaires, convoqué, à cet effet, soit d'office par le président, soit sur la demande du curé ou desservant (6).

1188. Les membres du bureau ne peuvent délibérer s'ils ne sont au moins au nombre de trois. En cas de partage, le président a voix prépondérante. Toutes les délibérations sont signées par les membres présents (7).

1189. Tous les membres du bureau, y compris le curé, ont voix délibérative. En effet, l'article 20 du décret veut qu'il y ait au moins trois membres présents pour que la délibération soit valable, ce qui suppose qu'ils peuvent être au nombre de quatre. En outre, le président ayant prépondérance en cas de partage, il faut qu'il y ait quatre votants pour que le partage soit possible.

Le décret ne faisant pas de distinction entre les membres de droit et les membres élus, il n'est pas permis d'établir une distinction entre les membres, au point de vue de la valeur de l'avis qu'ils émettent. Sous l'empire de l'arrêté du 7 thermidor an XI, qui réglait uniquement l'organisation des fabriques extérieures, chargées uniquement de l'administration des biens restitués, le curé n'avait que voix consultative ; et cela se comprend, mais au jour où l'arrêté du 7 thermidor a été abrogé par le décret du 30 décembre 1809 qui a confondu les deux fabriques, voix délibérative a été rendue au curé (8).

1190. Le bureau a deux sortes de fonctions : 1° celles qu'il remplit par lui-même ; 2° celles qu'il remplit par l'intermédiaire de son trésorier (9).

Ses fonctions entraînent certaines incapacités destinées à protéger les biens de la fabrique.

Le bureau des marguilliers a des attributions qui ont trait à l'exécutif :

Dresser le budget de la fabrique ;

Préparer les affaires qui doivent être portées au conseil, exécuter les délibérations du conseil de fabrique ;

Veiller à l'acquit des fondations pieuses ;

Procurer tous les objets de consommation nécessaires à l'exercice du culte ;

Arrêter les marchés des fournisseurs ;

Pourvoir à l'achat et à l'entretien des ornements et du mobilier de l'église, aux réparations locatives des édifices religieux et des immeubles de la fabrique, ainsi qu'aux autres réparations n'excédant pas 50 francs dans les paroisses au-dessous de 1,000 âmes, et 100 francs dans les paroisses d'une plus grande population ;

Visiter deux fois par an, au commencement du printemps et de l'automne, les bâtiments avec des gens de l'art ;

Examiner le bordereau trimestriel de la situation active et passive de la fabrique et déterminer la somme nécessaire pour la dépense du trimestre suivant ;

Nommer, sur la présentation du curé, le prédicateur et, dans les paroisses urbaines seulement, l'organiste, les sonneurs, les bedeaux, suisses ou autres serviteurs de l'église ;

---

(1) C. civ., art. 1,383 ; — circ. 21 décembre 1839 ; — déc. min. 14 décembre 1808 ; — Bloch, *Dictionnaire d'administration* ; voir COMPTABILITÉ DES FABRIQUES.
(1) C. civ., art. 1,382.
(2) C. civ., art. 1,202.
(3) D. 30 décembre 1809, art. 22.
(4) Voir *supra*.
(5) *Traité législatif des cultes*, t. III.
(6) D. 30 décembre 1809, art. 23.
(7) D. 30 décembre 1809, art. 20.
(8) Dalloz, *Répertoire*, v° CULTES ; Affre, *Contra* Carré.
(9) Voir les fonctions du trésorier (n° 1184 et suiv.) et les questions de l'hypothèque légale et de la responsabilité.

Faire tous les actes d'administration journalière du temporel de la paroisse (1).

1191. Le décret organique relatif aux fabriques spécifie que dans les paroisses où il y avait ordinairement des marguilliers d'honneur, il pourra en être choisi deux par le Conseil, parmi les principaux fonctionnaires publics domiciliés dans la paroisse. Les marguilliers et tous les membres du conseil auront une place distinguée dans l'église, ce sera le *banc de l'œuvre*; il sera placé devant la chaire, autant que faire se pourra. Le curé ou desservant a, dans ce banc, la première place, toutes les fois qu'il s'y trouve pendant la prédication (2).

1192. Les règlements relatifs à l'organisation des fabriques cathédrales n'étant obligatoires qu'après l'approbation du chef de l'Etat, un évêque ne pourrait, avant de l'avoir obtenue, en ordonner l'exécution provisoire (3).

1193. En fait, comment les fabriques cathédrales et métropolitaines sont-elles constituées en vertu des règlements épiscopaux? Dans certaines cathédrales, les fonctions que le décret de 1809 attribue dans les églises paroissiales au conseil de fabrique et au bureau des marguilliers, sont confiées au chapitre; dans d'autres, le chapitre forme le conseil, le bureau est nommé par l'évêque. C'est l'évêque qui désigne les titulaires des fonctions à exercer dans le conseil ou dans le bureau. En 1822, le ministre des cultes proposa aux évêques le règlement suivant : — Art. 1er. La fabrique se composera d'un conseil de fabrique et d'un bureau de marguilliers; — Art. 2. Nous réservons à nous (évêque) et à nos successeurs la nomination des présidents et membres du conseil de fabrique et des présidents et membres du bureau, ainsi que celle du secrétaire et du trésorier; — Art. 3. Le président et le secrétaire du conseil le seront également du bureau; — Art. 4. Nous réservons à nous et à nos successeurs l'interprétation des articles du présent règlement. Ce projet de règlement a été adopté pour la plupart des églises cathédrales ou métropolitaines (4).

On ne peut s'empêcher de remarquer le soin avec lequel ce règlement a été rédigé de manière à laisser aux évêques un pouvoir à peu près absolu pour l'organisation des fabriques de leurs cathédrales.

1194. Pendant longtemps, les règlements qui furent rédigés laissaient aux évêques et archevêques un pouvoir à peu près absolu sur les fabriques cathédrales et métropolitaines, mais, en 1840, le Conseil d'Etat jugea nécessaire de désigner dans ces règlements le nombre des membres du conseil de fabrique et du bureau des marguilliers, la qualité des ecclésiastiques et laïques appelés à composer le conseil, la durée du temps d'exercice du conseil et du bureau, le mode et l'époque de leur renouvellement (5).

1195. Le droit actuel maintient les droits très étendus que les évêques avaient conservés, sous l'ancien régime, sur les cathédrales. Le décret du 30 décembre 1809 a prescrit que les fabriques des églises métropolitaines et cathédrales continueraient d'être composées et administrées conformément aux règlements épiscopaux réglés par le gouvernement (1).

1196. Les fabriques des églises métropolitaines et cathédrales sont donc dans une situation exceptionnelle au point de vue de leur composition; le préfet n'y prend aucune part, le maire n'en est pas membre de droit; les fonctionnaires civils ne peuvent assister aux séances du conseil que dans le cas où les règlements épiscopaux les y autorisent (2).

Dans les fabriques cathédrales et métropolitaines, c'est l'évêque qui remplace les membres, en cas de vacance. Il peut y appeler des laïques ou des ecclésiastiques, à son gré, à la condition toutefois que les membres qu'il désigne soient domiciliés dans le lieu où est le siège de la cathédrale (3).

L'évêque peut-il révoquer le conseil de fabrique d'une église cathédrale, sans intervention du Ministre des cultes?

André se prononce pour l'affirmative et invoque la maxime : *qui potest instituere, potest destituere* (4). À l'appui de l'opinion contraire, on invoque les arguments suivants : les règlements spéciaux aux *cathédrales* ne renferment que trois ou quatre articles, et n'ont pour objet que de déterminer les exceptions ou les dérogations au droit commun établies à l'égard de ces églises; mais, pour tous les cas non prévus par ces articles spéciaux, il faut s'en référer au droit commun et aux règles générales ordinaires, qui restent obligatoires pour les églises cathédrales comme pour les fabriques paroissiales.

Ces principes qui sont essentiels étant posés, il suffit de rappeler que les évêques ne sont point investis du droit de révoquer à volonté les membres composant les conseils de fabrique en général. La législation et la jurisprudence n'autorisent la révocation, soit d'un conseil de fabrique en entier, soit d'un de ses membres que pour des causes graves, et cette révocation ne peut être prononcée que sur la demande des évêques et des préfets, par un arrêté du ministre des cultes (art. 5 de l'ord. du 12 janv. 1825). Un évêque n'aurait donc le droit de révoquer lui-même les membres du conseil de fabrique de son église *cathédrale*, qu'autant que ce pouvoir exorbitant lui serait formellement conféré par le règlement spécial fait par cette fabrique et dûment approuvé par ordonnance royale.

Du reste, il est impossible de ne pas reconnaître qu'il serait aussi dangereux qu'abusif de conférer à un évêque un semblable pouvoir. Ce serait complètement annuler le conseil de fabrique dont les membres pourraient être ainsi révoqués à volonté. Ce conseil n'aurait plus ni liberté ni indépendance; il ne serait réellement qu'une commission consultative. L'administration des intérêts temporels de l'église serait toute dans la main de l'évêque, sans coopération et sans contrôle. Et la loi n'a pas voulu qu'il en soit ainsi, par une foule de motifs non moins solides que nombreux (5).

La législation actuelle sur les fabriques a été puisée en grande partie dans les anciens règlements des paroisses, et notamment dans le règlement de la fabrique de l'église de Saint-Jean-de-Grève, à Paris, approuvé le 2 avril 1737 par un arrêt du Parlement; dans le règlement de la paroisse Saint-Louis de Versailles, approuvé le 20 juillet 1740 par un

---

(1) D. 30 décembre 1809, art. 24, 25, 27, 28, 33, 34, 41, etc. ; pour ces divers articles, voir Administration.
(2) D. 30 déc. 1809, art. 21.
(3) C. d'Et., 18 avril 1821.
(4) Rapp. au min. cultes, 1840.
(5) C. d'Et., 21 juillet 1840. — « Le comité, sur le renvoi qui lui a été fait d'un règlement pour la fabrique de la cathédrale de Saint-Flour (Cantal) soumis à l'approbation du roi par M. l'évêque de Saint-Flour, et d'un projet d'ordonnance ayant pour objet d'approuver ledit règlement; — Vu les dits règlement et projet d'ordonnance; — Vu l'article 76 de la loi du 18 germinal an X; — Vu le décret du 30 décembre 1809 qui porte, article 104 : « Les fabriques des églises métropolitaines et cathédrales continueront à être composées et administrées conformément aux règlements épiscopaux qui ont été réglés par nous; » — Art. 105. « Toutes les dispositions concernant les fabriques paroissiales sont applicables, en tant qu'elles concernent leur administration intérieure, aux fabriques des cathédrales; »
Considérant que l'article 104, ci-dessus cité du décret du 30 décembre 1809, dispose que les règlements épiscopaux ayant pour objet la composition et l'administration des fabriques des églises métropolitaines et cathédrales, sont soumis à la sanction royale; que cette sanction ne doit être donnée que dans le cas où les règlements épiscopaux auraient établi d'une manière précise le mode d'organisation et la composition desdites fabriques; que non seulement des motifs de haute convenance, mais aussi les intérêts du Trésor public, et la bonne administration des églises métropolitaines et cathédrales exigent que les fabriques, destinées à gérer les biens de ces églises, soient régulièrement constituées; — Considérant que le règlement proposé par M. l'évêque de Saint-Flour n'indique ni le nombre des membres du conseil de fabrique ni celui des

membres qui composent le bureau des marguilliers, qu'il ne fait pas connaître la qualité des personnes, soit ecclésiastiques, soit laïques, qui sont appelées à faire partie de ce conseil, qu'il ne prescrit pas la durée du temps pendant lequel les membres tant du conseil que du bureau resteront en exercice, ni le mode et l'époque de leur renouvellement, qu'ainsi il ne remplit pas les principales conditions qui sont implicitement renfermées dans l'article 104 du décret du 30 décembre 1809;
Est d'avis qu'il n'y a pas lieu de soumettre à l'approbation de Sa Majesté le règlement proposé par la fabrique de l'église-cathédrale de Saint-Flour. »
(1) Art. 104.
(2) Décis. min., 19 février 1829 ; 8 novembre 1831 ; 31 janvier 1832.
(3) André, Affre.
(4) André.
(5) J. c. f. cité par André.

arrêt du Parlement; dans le règlement de la fabrique de Saint-Louis-en-l'Ile, approuvé le 20 décembre 1749 par un arrêt du Parlement.

Un grand nombre d'autres règlements ont servi de modèle au décret du 30 décembre 1809; on en trouvera la table chronologique à la fin du *Traité du gouvernement des paroisses*, de Jousse.

Le plus connu de ces règlements est celui de la fabrique de l'église de Saint-Jean-de-Grève.

Ces divers règlements n'étaient applicables qu'à la paroisse pour laquelle ils avaient été édictés, il n'y avait pas, avant 1789, comme aujourd'hui, un règlement général et uniforme pour les fabriques.

1197. Acquisition à titre gratuit.

La fabrique, comme tout établissement ecclésiastique reconnu par la loi, peut recevoir des dons et legs en vertu d'une autorisation du gouvernement (1). L'intervention du gouvernement se justifie par l'intérêt des familles dont il importe de prévenir la spoliation, par l'intérêt social et économique, qui s'oppose à ce que l'établissement puisse recevoir en dehors de sa mission légale au delà de ses besoins, enfin par l'intérêt de cet *établissement public*, chargé de la gestion d'un service public, faisant partie intégrante de l'organisation administrative et à ce titre placé sous la tutelle et la protection de l'Etat, qui peut lui imposer d'office l'acceptation d'une libéralité avantageuse ou grevée d'une charge que l'établissement, en raison de sa mission, a le devoir d'exécuter.

1198. Si un legs fait à une fabrique n'est pas autorisé, le legs est caduc; à défaut d'autorisation, une donation ne peut se former.

1199. Faut-il décider qu'une libéralité faite à une fabrique à l'aide de personne interposée est nulle si l'interposition a eu pour but de se soustraire à la nécessité de l'autorisation?

Pour soutenir la négative, on a fait observer que l'article 911 C. c. ne déclare nulle une disposition faite sous le nom d'une personne interposée qu'autant qu'elle s'adresse à un *incapable*; or, ajoute-t-on, les établissements publics et d'utilité publique sont aptes à recevoir à titre gratuit, et l'*exercice* seul de cette capacité est restreint par les prescriptions de l'article 910 du Code civil.

Lorsque dans le but d'éluder les prescriptions légales, l'on a eu recours à un prête-nom pour gratifier l'un de ces établissements, l'on a fait une libéralité à une personne capable sous une condition illicite, celle de la non-intervention du gouvernement, et il n'y a qu'à appliquer l'article 900 du Code civil, d'après lequel dans toute disposition entre vifs ou testamentaire les conditions contraires aux lois sont réputées non écrites, la disposition elle-même devant être maintenue (2).

La cour de cassation s'est prononcée pour la nullité de la libéralité, au sujet d'une libéralité faite par personne interposée à un petit séminaire (3), formulant une doctrine applicable à tous établissements. La cour avait déjà admis une solution analogue dans un arrêt de 1852, relatif à des libéralités faites, par personne interposée, notamment à la fabrique de l'église de Saint-Jean-d'Angely (4).

(1) C. civ., art. 910; — L. 2 janvier 1817.
(2) Angers, 27 janvier 1848; Tissier, *Traité théorique et pratique des dons et legs*.
(3) Voir Séminaire.
(4) Cass. req., 17 novembre 1852. — « La Cour, — Sur le moyen unique de cassation, pris de la fausse application de l'article 911 du Code Napoléon; de la violation des articles 900, 910, 913 et 970 du même Code; des lois des 2 janvier 1817 et 24 mai 1825, et des ordonnances royales des 2 avril 1817 et 14 janvier 1831; — Attendu qu'en présence des documents de la cause, et notamment des diverses dispositions testamentaires de la demoiselle Augier de Saint-André, dont les unes ostensibles instituant Drilhon, père, légataire universel, à charge de legs particuliers faits en faveur de plusieurs établissements religieux, et l'appelaient à recueillir le bénéfice des réductions possibles de ces legs particuliers; dont les autres, destinées à rester secrètes, le qualifiaient que d'exécuteur testamentaire, et le chargeaient d'employer au profit de ces mêmes établissements tout ce qui pourrait rester de fonds après l'acquittement desdits legs, la cour d'appel a pu, sans sortir des limites de son droit souverain d'appréciation, décider que Drilhon père n'était qu'un héritier fiduciaire, chargé de transmettre auxdits établissements toute la succession de la demoiselle Augier de Saint-

1200. A défaut de disposition spéciale dans les testaments, les intérêts des legs faits aux fabriques et autres établissements publics ne courent que du jour de la demande en délivrance formée en justice postérieurement au décret d'autorisation.

1201. Une demande en délivrance formée par l'exécuteur testamentaire en son nom ne peut avoir pour effet de faire courir les intérêts, alors surtout qu'elle a été introduite avant l'obtention de l'autorisation d'accepter le legs (1).

1202. L'autorisation nécessaire à une fabrique pour accepter une donation qui lui est faite est d'ordre public et ne peut être suppléée par le consentement du donateur lui-même ou de ses ayants cause à l'exécution de la donation; en conséquence, cette exécution ne peut être opposée comme une fin de non-recevoir contre l'action exercée par ces derniers pour empêcher que la donation ait son effet (2).

1203. Pour recevoir, l'établissement doit avoir une existence civile, c'est-à-dire avoir été formé en vertu d'un acte d'administration spécial et régulier. En effet, l'établissement qui n'a pas été régulièrement établi n'est pas un *établissement;* il n'a pas d'existence publique et ne peut être considéré comme une personne civile, et toute libéralité qui lui est faite est caduque (3).

Une fabrique n'ayant qu'une existence de fait (5) ne pourrait donc recevoir, non plus que les sociétés civiles qui se forment fréquemment en vue de la construction d'une église, avant l'attribution du titre et la constitution de la fabrique.

1204. Le Conseil d'Etat a pensé en 1830 et en 1838 que, si un legs était fait en faveur d'une église supprimée par suite de l'organisation ecclésiastique actuelle, il semblerait qu'on en pût cependant assurer l'exécution; car une église supprimée, malgré la perte de son titre, peut être entretenue soit par la commune, soit par la fabrique de la succursale, et elle est en tout cas légalement représentée par cette fabrique, bien qu'elle ait des intérêts distincts (6). La fabrique de la succursale pourrait donc être autorisée à accepter le legs, sauf à en appliquer le produit dans l'intérêt spécial de l'église légataire (7). Actuellement, il y a lieu de penser que le gouvernement et le Conseil d'Etat n'admettraient plus cette manière de voir, tout lieu de culte dont les représentants ne peuvent produire un titre régulier n'étant que toléré, aux termes de la jurisprudence ministérielle et se trouvant exposé à être fermé par mesure administrative (8).

1205. Il a été fréquemment décidé qu'une fabrique ne pouvait recevoir une libéralité pour l'entretien d'une chapelle sans titre (9).

André, sans en retirer lui-même aucun émolument, et une personne interposée pour empêcher toute opposition à ces libéralités de la part de l'héritier légal, pour déterminer ainsi le gouvernement à accorder plus facilement l'autorisation de les accepter, et pour faire arriver, au besoin, à ces établissements, contre la volonté du gouvernement, les legs dont l'acceptation ne serait pas autorisée; qu'après avoir ainsi apprécié les faits, la Cour a dû prononcer la nullité du legs universel fait à Drilhon père, par le testament et codicille ostensibles, et le déclarer, par suite, mal fondé dans sa demande en délivrance; qu'à la vérité, les établissements religieux, à qui il était chargé, par les dispositions secrètes, de faire passer toute la fortune de la testatrice, n'étaient pas frappés d'une incapacité absolue de recevoir, mais qu'ils ne le pouvaient qu'avec l'autorisation du gouvernement, et dans la mesure de cette autorisation, et que Drilhon père ne pouvait conserver le titre de légataire universel et les avantages qui y sont attachés, quand il ne l'avait reçu que pour éluder les prescriptions établies par l'article 910 du Code Napoléon dans un intérêt d'ordre public; — Attendu, d'ailleurs, que l'annulation du legs universel ne porte aucune atteinte aux legs particuliers faits au profit desdits établissements; que ces legs particuliers, si l'acceptation en est autorisée, seront acquittés par l'héritier légal, comme ils l'auraient été par Drilhon père s'il avait été légataire sérieux; que l'héritier légal profitera aussi du refus d'autorisation de ces legs ou de leur réduction possible, comme aussi du capital des rentes viagères, dont la demoiselle Augier n'a pas disposé; que, dès lors, l'arrêt attaqué n'a contrevenu à aucun des textes invoqués par le pourvoi; — Rejette, etc... »
(1) Déc. min. 10 mars 1856.
(2) Cass. 21 juillet 1854.
(3) C. civ. art. 910 et 937; — L. 2 janvier 1817.
(4) C. civ. art. 911.
(5) Voir supra. ...
(6) C. d'Et. int. 28 mars 1830, 5 mai 1838, Vuillefroy.
(7) C. d'Et. int. 18 juin 1819.
(8) Circ. 4 juillet 1882.
(9) C. d'Et. int. note, 14 février 1822. — La section estime qu'il n'y a

1206. Il a été décidé en ce sens qu'une fabrique ne peut être autorisée à accepter le legs d'une maison fait à cet établissement, pour servir de logement au desservant d'une chapelle sans titre (1).

1207. Il a été décidé également qu'une commune ne peut être autorisée à accepter un legs pour réparations à faire dans une chapelle de cimetière, lorsque cette chapelle n'a aucun titre légal (2).

1208. De même, serait illégale la disposition testamentaire léguant à une fabrique pour une chapelle de cimetière (3).

1209. S'il n'y a pas lieu d'attribuer à des établissements qui n'ont pas d'existence légale les legs faits en leur faveur, il n'appartient pas au gouvernement de changer la destination donnée par le testateur aux libéralités qu'il a entendu faire. En conséquence, on ne peut autoriser un établissement autre que le légataire à accepter un legs fait à un établissement non autorisé (4).

1210. Le Conseil d'Etat a décidé en 1834 et en 1838 que l'autorisation d'un legs ou d'une donation faits à un établissement dépourvu d'existence légale lors de l'ouverture de la succession ou lors de la donation, ne pouvait être donnée, bien que l'établissement eût été reconnu depuis (5). Le Conseil d'Etat a pensé en 1834 que l'autorisation ne peut être donnée, alors même que d'après les termes du testament ou de la donation la libéralité aurait été subordonnée au cas où l'établissement viendrait à être autorisé; car des motifs puissants d'ordre public s'opposent à ce qu'une pareille clause puisse valider une disposition nulle en elle-même, et présenter ainsi un moyen trop facile d'éluder les lois, qui ont voulu frapper d'interdit les établissements ecclésiastiques dont l'existence est illégale (6). Ces principes ne sont plus admis, ainsi que nous le verrons ultérieurement (7). Ils n'ont jamais été admis en ce qui concerne les chapelles non encore érigées et qui sont l'objet d'une libéralité. En effet, l'ordonnance du 19 janvier 1820 prescrit que si une disposition entre vifs ou par testament a été faite en faveur d'une chapelle non érigée, le maire doit poursuivre l'érection et l'autorisation d'accepter la libéralité (8).

Quant aux dispositions faites en faveur des annexes (aujourd'hui chapelles de secours), dont l'érection n'aurait pas encore été autorisée, elles ne peuvent être acceptées, d'après cette même ordonnance, que par le trésorier ou par le desservant de l'église paroissiale.

1211. La capacité de la fabrique ne peut servir à abriter l'incapacité d'un établissement sans existence légale. Ainsi une fabrique ne pourrait être autorisée, d'après la jurisprudence du Conseil d'Etat et de la direction des cultes, à recevoir dans l'intérêt d'un établissement non reconnu, par exemple dans l'intérêt de l'Œuvre de la propagation de la foi, qui n'a pas d'existence légale.

1212. Il a été décidé par l'autorité judiciaire qu'une disposition testamentaire qui oblige les légataires universels institués à prendre les mesures nécessaires pour la célébration du culte dans une chapelle qui a une existence de fait, et à pourvoir aux dépenses de l'exercice dudit culte, alors que la transmission de la propriété des objets légués a eu lieu sans charge de conserver et que l'intention du testateur est formelle, constitue un legs avec charge. Il n'y a pas là interposition des légataires pour parvenir à gratifier une personne incapable. L'insuffisance possible des revenus pour procurer le résultat voulu par le disposant, le défaut d'accomplissement des formalités nécessaires pour assurer l'exercice du culte, sont sans influence sur la validité d'une disposition dont les bénéficiaires ne peuvent être assimilés à des exécuteurs testamentaires. Ce legs est donc valable (1).

Quand nous étudierons les confréries, nous verrons toutefois qu'à certaines époques la jurisprudence du Conseil d'Etat a admis que les libéralités faites à ces institutions qui s'occupent des différents soins du culte sans avoir d'existence légale, peuvent être revendiquées par les fabriques dont elles

---

pas lieu d'autoriser la fabrique à accepter la libéralité faite par le sieur Henriot à la fabrique de Recigny pour l'entretien d'une chapelle, attendu qu'elle n'est pas régulièrement ouverte au culte; — D. 10 septembre 1887, legs veuve Boulanger, fabrique de Morvilliers (Beauvais).

(1) Legs Lefebvre du Prey (Pas-de-Calais).

(2) C. d'Et. avis, 3 décembre 1890 : legs par la dame veuve Lechevrel à la commune de Montivilliers (Eure). — «… Considérant que la chapelle érigée dans le cimetière de Montivilliers n'a aucun titre légal; qu'elle est destinée, il est vrai, aux personnes qui viennent prier pour les morts, mais qu'un service religieux y est célébré, chaque année, le jour des Rogations, par le clergé paroissial; — Considérant que, sans rechercher si la célébration d'un service religieux par an suffit à conférer actuellement à cette chapelle le caractère de lieu de culte non autorisé, elle pourrait l'acquérir peu à peu par suite de la tolérance de l'administration, qui a déjà admis, dans une certaine mesure, une dérogation à l'application rigoureuse de la loi; — Considérant que, dans ces conditions, le legs fait à la commune de Montivilliers pour les réparations de cette chapelle n'est pas susceptible d'être autorisé. — Est d'avis : qu'il y a lieu de substituer, dans le projet de décret, à l'article autorisant le maire de Montivilliers à accepter le legs, une disposition portant refus d'autorisation. »

(3) D. 23 mars 1889, legs demoiselle Laurent (Nevers).

(4) C. d'Et. int. 17 février 1840.

(5) C. d'Et. 14 mai 1834, 11 mai 1838.

(6) C. d'Et. int. 18 avril 1834.

(7) Voir Congrégations.

(8) Cette ordonnance, qui n'a été insérée ni au Bulletin des lois ni dans Duvergier, se trouve dans l'Almanach du clergé de 1834.

---

(1) Chambéry, 4 juillet 1887. — « La Cour : — Attendu que, soit l'intention manifeste du testateur, soit les termes mêmes du testament, repoussent l'interprétation sur laquelle s'appuient les intimés pour justifier leur demande en soutenant que les légataires institués ne seraient que des personnes interposées dans le but de faire parvenir les biens légués à une personne incapable ; qu'il résulte, en effet, de l'économie de cet acte, qu'Hyacinthe Carraud, lequel, à défaut d'héritiers à réserve, pouvait librement disposer de tous ses biens, tenant compte de l'existence matérielle en fait de la chapelle dont l'établissement est absolument indépendant de ses dispositions testamentaires, a uniquement songé, dans un intérêt dont il avait le droit et la pleine liberté de se préoccuper, à assurer l'exercice continu du culte qui pouvait y être célébré, et a, dans ce but, imposé à ses légataires universels l'obligation de prendre les mesures et de pourvoir aux dépenses que cet exercice rendra nécessaires; — Attendu que cette obligation n'est qu'une obligation de faire qui, à aucun point de vue, n'emporte pour les légataires institués celle de transmettre les biens compris dans le legs fait à leur profit; que cette pensée est rendue plus manifeste encore par le désir exprimé par le testateur que les légataires conservent les biens pour accomplir, avec leurs revenus, la mission qu'il leur donne; que, sans doute, ce désir n'est point une loi pour les légataires; que ceux-ci ont certainement le droit d'aliéner ces biens, si cette aliénation leur paraît opportune, mais qu'ils ont également le droit d'un usage conforme à la seule condition de donner satisfaction aux volontés du testateur; — Attendu qu'une disposition conçue dans ces termes est exclusive de l'idée de faire parvenir à une autre personne, par l'interposition des légataires, les biens mêmes qui en font l'objet; qu'elle ne constitue évidemment qu'un legs avec charge, qu'aucune prescription de la loi n'interdit alors que tel legs avec charge imposée n'est contraire ni à l'ordre public ni aux bonnes mœurs et qu'un legs de cette nature a eu pour effet de fixer, dès le décès du de cujus, la nue propriété des biens auxquels il s'applique sur la tête des légataires; qu'il est dès lors sans intérêt d'examiner si la chapelle construite au hameau de Faverges a, dès à présent, une existence légale, et, en cas d'affirmative, s'il y aurait, ou non, lieu d'appeler en cause la fabrique de Saint-Paul; — Attendu, d'ailleurs, qu'on ne saurait faire état de ces observations des intimés, que le revenu de ces biens serait insuffisant pour accomplir les charges imposées par le testateur et que les appelants n'auraient jusqu'à ce jour pris aucune mesure pour réaliser les volontés de ce dernier; qu'aucun des éléments produits aux débats ne justifie la première desdites observations; qu'au surplus, les appelants seuls ont à se préoccuper des moyens d'atteindre utilement dans leur intérêt, comme dans ceux que le testateur a eus en vue, le but poursuivi par ce dernier, et la seconde observation ne peut avoir aucune valeur, tant que dure l'usufruit légué à la veuve Carraud, le legs fait au profit des appelants ne devant avoir effet qu'à l'expiration de cet usufruit; — Attendu que les considérations qui précèdent ne permettent pas de s'attacher aux autres observations des consorts Carraud, non plus qu'à leurs articulations, et à leurs conclusions subsidiaires; que le droit des légataires, tel qu'il a été défini, les repousse les unes et les autres; que dans les conditions juridiques qui viennent d'être déterminées, les sieurs Puiget, Ducret et Bernex ne sauraient être considérés comme de simples exécuteurs testamentaires; que leur qualité ainsi reconnue et consacrée de véritables légataires ne permet ni de suspendre jusqu'à l'obtention des autorisations qu'ils pouvaient avoir à solliciter, les effets du legs objet du litige, ni d'accueillir la prétention des consorts Carraud de faire déclarer que lesdits légataires ne pourront recueillir personnellement le bénéfice de ce legs, la question de savoir quel devra être le sort de la disposition testamentaire qui les concerne, en cas d'inaccomplissement pour une cause ou pour une autre, des charges imposées par le testateur, n'ayant pas été soulevée devant le tribunal, étant étrangère à l'instance actuelle, et toute conclusion à ce sujet devant être considérée dès lors comme une demande nouvelle irrecevable en appel ;

Par ces motifs, — Reçoit l'appel, et, sans s'arrêter à toutes autres conclusions et articulations, déclarées mal fondées, sans pertinence ou sans intérêt, — Donnant acte à Françoise Jacquier, veuve Carraud, instituée usufruitière des biens légués à la veuve Carraud, qu'elle rapporte à justice; — Dit qu'il a été mal jugé par le jugement du tribunal de Thonon, du 6 décembre 1885; — Réformant et faisant ce que les premiers

dépendent et sous la direction desquelles elles fonctionnent ; elle a admis de même qu'une libéralité faite à une fabrique en faveur d'une confrérie en pareil cas, est valable. La négative, nous le verrons, semble devoir actuellement être admise dans ces deux hypothèses.

1213. Il a été décidé que le legs fait aux enfants de chœur d'une église à charge de messes est valable. La fabrique de l'église indiquée a qualité pour réclamer à son profit la délivrance de ce legs (1).

1214. Il a été décidé que le legs fait au *bassin des trépassés* doit être réputé fait à la fabrique de la paroisse du testateur, et c'est, par suite, à cet établissement qu'il appartient de l'accepter (2).

1215. Il a été décidé que si une broche en diamants a été léguée à la Sainte Vierge d'une église, ce legs doit être regardé comme fait à l'église elle-même pour être consacré à son embellissement et comme faisant partie, avec d'autres objets précieux affectés au culte de la Vierge, du trésor de l'église au même titre que les vases, les ornements et le mobilier servant aux usages religieux. Par suite, conformément à l'article 37 du décret du 30 décembre 1809, le conseil de fabrique, dûment autorisé, a qualité pour poursuivre l'exécution du legs (3).

1216. Il a été décidé qu'un testament par lequel un testateur institue *son âme pour héritière universelle* et nomme un exécuteur testamentaire qu'il charge de vendre tous ses biens et d'en employer le prix en célébration de messes, ne doit pas être annulé comme ne contenant pas d'institution valable.

Une disposition de cette nature est une institution pieuse, permise par la législation sur la matière, mais qui ne peut avoir d'effet qu'avec l'autorisation du gouvernement (4).

1217. Quand un testateur a désigné l'église dans laquelle il veut que soient célébrés les services religieux qu'il a voulu instituer, la fabrique de cette église doit revendiquer la libéralité, alors même que le testateur a chargé un de ses héritiers, naturel ou institué, ou un légataire ou son exécuteur testamentaire, de faire célébrer les services religieux dans cette église. Ainsi, les clauses testamentaires suivantes : je lègue ma maison à mon héritier à charge par lui de faire célébrer, dans l'église Saint-Pierre, à Caen, cinquante messes ; ou bien : je charge mon légataire universel de faire célébrer dans l'église Saint-Pierre, cinquante messes, sont obligatoires pour celui qu'il a chargé de ce soin. En cas de refus de ce dernier, la fabrique de l'église désignée au testament peut revendiquer contre lui la libéralité, ainsi que les représentants des exécuteurs testamentaires du défunt (5).

1218. La disposition par laquelle un testateur a prescrit qu'après l'acquit des dettes et des charges de sa succession, le surplus de ses biens soit versé par son exécuteur testamentaire aux prêtres d'une paroisse désignée pour être employé par eux à dire des prières, constitue un legs sujet à autorisation.

Ce legs est valable, alors même que l'un des prêtres de la paroisse gratifiée aurait été le directeur de la conscience du testateur, soit au moment de la rédaction de son testament, soit à son décès (1).

1219. Les fabriques, conformément au principe de la spécialité des établissements publics, ne peuvent être autorisées à accepter que les libéralités qui ont pour objet l'exercice de leur mission légale (2). Mais quelles sont les limites de cette mission ? Le service de l'assistance des pauvres et le service de l'enseignement dont les fabriques se chargeaient sous l'ancien régime rentrent-ils dans leurs attributions spéciales sous l'empire du droit moderne ? Les variations de la jurisprudence sur ce point, les fluctuations de la politique gouvernementale en matière religieuse.

Jusqu'en 1873, la jurisprudence du Conseil d'État a admis constamment que les fabriques n'ont pas capacité pour recevoir en faveur de l'assistance ou de l'enseignement, mais les conséquences qu'elle en a tirées ont varié (3).

D'après un avis du 15 janvier 1837 (4), si une libéralité est faite dans un but charitable aux fabriques (ainsi qu'aux curés ou consistoires), c'est au représentant légal des pauvres à l'accepter, la fabrique ayant seulement le droit d'intervenir dans la distribution des secours. Un avis du 12 avril 1837 décida qu'il n'y avait pas lieu d'autoriser une fabrique à recevoir une donation sous condition d'établir et d'entretenir une école.

Un avis du 3 mars 1841 modifia cette jurisprudence dans un sens favorable à la fabrique en adoptant la théorie de *l'acceptation conjointe*. D'après cet avis, quand un legs est fait à une fabrique pour un service qui rentre dans les attributions d'un autre établissement, par exemple, à charge de créer une école, on ne peut habiliter exclusivement la fabrique, puisqu'elle est incapable, on doit autoriser *conjointement* l'acceptation au nom de l'établissement institué et au nom de l'établissement bénéficiaire, représentant de ce service, afin de concilier le respect de la volonté du disposant et le principe de la spécialité des établissements publics (5).

---

juges auraient dû faire, — Déclare bonne et valable la disposition testamentaire faite par Hyacinthe Carraud en faveur des sieurs Puiget, Ducret et Bernox, sous la charge imposée par le testament, laquelle n'a rien d'illicite ni de contraire à la loi et aux bonnes mœurs ; — Déboute, en conséquence, les consorts Carraud de leur demande en nullité du testament reçu par Me Folliet, notaire, ainsi que de leurs conclusions en partage de la succession dudit Hyacinthe Carraud ; — Décharge les appelants des condamnations prononcées contre eux par le jugement dont est appel ; — Ordonne la restitution de l'amende consignée, et condamne les consorts Carraud à tous les dépens de première instance et d'appel.»

(1) Tournai, 14 juillet 1843.
(2) Déc. min. 17 septembre 1849.
(3) Trib. Seine, 13 janvier 1890.
(4) Turin, 30 janvier 1808. — « Considérant que le prêtre Tournon, en nommant son âme son héritière universelle, n'a fait qu'indiquer par allégorie que c'était au suffrage de son âme que la disposition de l'universalité de ses biens était dirigée, mais qu'au fond il a manifesté sa volonté en ordonnant que son exécuteur testamentaire dût employer l'argent et le prix des biens tombant dans sa succession, en la célébration de messes...; qu'on ne peut nullement douter que les principes qui ont dicté l'article 910 du Code civil ne s'appliquent aux dispositions de la nature de celle dont il s'agit, puisque cette disposition tend à priver les héritiers légitimes d'une succession pour l'employer à des usages qui ne sauraient être regardés plus favorables que les objets indiqués dans le susdit article ; que d'après le décret du 7 mars 1806 les donations relatives à l'entretien des ministres, à l'exercice du culte, ou à toute autre institution religieuse, doivent, non seulement être acceptées par l'évêque diocésain, mais encore être présentées à la sanction du gouvernement.»
Dans le même sens : Cass. 26 novembre 1828 ; Mortagne, 20 juin 1850 ; D. 28 mai 1853 ; Déc. min. 14 février 1853.
(5) Voir Charges d'hérédité.

(1) Fougères, 1er avril 1857.
(2) Voir *infra*. — La capacité des établissements publics est exclusivement bornée à l'exécution du service à raison duquel ils ont été institués. C'est pour accomplir une fonction administrative que la vie civile leur a été donnée ; au delà de cette fonction, ils ne peuvent rien, ils n'ont droit à rien, ils ne sont rien. Béquet, *De la capacité des fabriques*, *Revue d'adm.* 1881.
(3) Pour la période antérieure à 1837, voir l'article de M. Béquet (*Revue d'admin.*, 1881), et *De la personnalité civile des diocèses, fabriques et consistoires, et de leur capacité à recevoir des dons et legs* (Béquet).
(4) C. d'Et. avis, 15 janvier 1837. — Toute libéralité faite en faveur des pauvres doit, aux termes de l'ordonnance du 2 avril 1817, être acceptée par le bureau de bienfaisance, ou, à défaut, par le maire, qui sont leurs représentants légaux. Il ne peut appartenir aux donateurs de modifier à leur gré cette règle administrative et de conférer, soit aux consistoires, soit aux curés, soit aux fabriques, dont les attributions se bornent à ce qui intéresse le service du culte, le droit de représenter les pauvres et d'exercer les actions qui leur appartiennent. Ainsi, les bureaux de bienfaisance et le maire peuvent seuls être envoyés en possession des objets donnés aux pauvres, à quelque classe ou religion qu'ils appartiennent et quels que soient d'ailleurs les termes de l'acte constitutif de la libéralité. Cette mise en possession n'empêche pas, du reste, de faire intervenir dans la distribution des secours le consistoire, le curé ou la fabrique, si telle est l'intention du donateur. Lorsque le donateur a voulu que le profit de la donation fût appliqué aux pauvres d'une circonscription ecclésiastique qui embrasse plusieurs communes et où, par conséquent, plusieurs bureaux de bienfaisance sont intéressés, l'acceptation doit être faite par le préfet, qui représente tous les établissements publics du département.
(5) C. d'Et. avis, 4 mars 1841 (Macarel, rapporteur). — « Le Conseil d'État, sur le renvoi qui lui a été fait par M. le garde des sceaux d'un rapport fait à M. le ministre de l'intérieur le 15 février 1840 par le directeur de l'administration communale et départementale, consulté sur la question de savoir comment il doit être procédé en matière d'autorisation d'accepter des legs, lorsque le testateur a nominativement désigné un établissement public pour légataire en lui imposant des conditions qui profitent exclusivement à un autre établissement : — Vu les articles 910 et 1121 du Code civil ; — Vu la loi du 2 janvier 1817 et l'ordonnance .

L'acceptation se faisait conjointement, mais à quel établissement était attribuée la propriété ? L'avis ne l'indiquait pas. Cet avis qui, dans l'esprit de ses rédacteurs, devait terminer le conflit persistant des fabriques et des municipalités, fut le point de départ de conflits nouveaux ; en effet, le système de l'acceptation conjointe, c'est-à-dire de la double acceptation par l'établissement nommé au testament et par l'établissement capable mais non nommé, devait mécontenter tout le monde ; les curés et les maires ne l'acceptaient pas ; les uns, parce qu'il leur imposait un contrôle ; les autres, parce qu'il leur donnait une charge sans compensation (1). Aussi voit-on les avis du Conseil d'État se multiplier en modifiant successivement la règle posée en 1841.

Un avis du 30 décembre 1846, sous prétexte de préciser les effets de l'acceptation conjointe, lui donna une portée différente de celle que la teneur de l'avis comporte, en décidant que la propriété et la gestion devaient être attribuées à l'établissement institué, l'établissement bénéficiaire n'ayant qu'un droit de surveillance sur les biens légués. L'avis de 1841 déclarait l'incapacité de l'établissement institué ; l'avis de 1846, en lui reconnaissant un droit exclusif de propriété, lui suppose une certaine capacité,

<hr/>

royale du 2 avril suivant ; — Vu l'avis délibéré par le Conseil d'État le 12 avril 1837 à l'occasion d'une donation faite à la fabrique de Courthezon (Vaucluse) ;

Considérant que la question soumise aux délibérations du Conseil embrasse dans la généralité de ses termes deux hypothèses qu'il est essentiel de distinguer parce que les raisons de décider et les décisions mêmes diffèrent dans les deux cas ; que dans la première hypothèse il s'agit de régler le mode d'autorisation royale, lorsqu'une libéralité est faite à un établissement capable de recevoir sous condition d'une fondation ou d'un service qui sont dans les attributions d'un autre établissement également capable de recevoir : par exemple si une libéralité est faite à une fabrique à condition de fonder une école gratuite, fondation qui rentre dans les attributions de l'autorité communale ; que dans le second cas il s'agit de régler le mode d'autorisation royale lorsqu'une libéralité est faite à un établissement capable de recevoir, sous condition de fonder un autre établissement qui peut devenir, par suite d'une autorisation spéciale, également capable de recevoir : par exemple, si une libéralité est faite à une fabrique sous la condition de fonder un hospice ; — Considérant, dans le premier cas, que l'établissement dans les attributions duquel rentre régulièrement la fondation ou le service imposés comme condition de la libéralité, c'est-à-dire la commune, ne peut être exclusivement autorisé, puisque cet établissement n'est pas institué par le testateur, et que l'établissement institué, c'est-à-dire la fabrique, ne peut pas non plus être exclusivement autorisé à accepter, parce que l'accomplissement de la condition est hors des limites des services qui lui sont confiés par la loi ; qu'il en résulte qu'il ne peut y avoir lieu d'autoriser séparément l'un ou l'autre des établissements à accepter ; que si la fondation ou le service imposés comme condition de la libéralité ont un caractère évident d'utilité publique, le défaut d'acceptation aurait pour effet de nuire à l'intérêt général, en même temps qu'il empêcherait l'exécution de la volonté du testateur ; que dès lors il convient d'autoriser simultanément l'établissement institué et celui qui doit profiter de la libéralité ; que par cette manière de procéder, on satisfait tout à la fois aux règles administratives et à la volonté du testateur, qu'alors même qu'il résulterait du testament que le testateur a voulu que la condition fût accomplie uniquement au profit de l'établissement institué, et qu'il a même fait de l'inexécution de sa volonté sous ce rapport une clause révocatoire, ces dispositions devraient être réputées non écrites, comme étant contraires aux lois (art. 900 du Code civil) ; — Considérant, dans la seconde hypothèse (celle, par exemple, où il s'agit d'une libéralité faite à une fabrique à la condition de fonder un hospice), que l'autorisation donnée exclusivement à l'établissement institué (la fabrique) serait insuffisante, puisqu'elle n'assurerait pas l'exécution de la condition, c'est-à-dire la fondation d'un établissement nouveau ; qu'on ne peut se borner à autoriser ce dernier établissement à accepter, puisqu'il n'existe pas encore et que s'il existait de fait le legs deviendrait caduc, comme fait à une personne incapable de recevoir, au moment où la succession s'est ouverte ; qu'il convient alors d'examiner si l'établissement projeté présente un véritable caractère d'utilité publique ; que dans le cas de la négative, l'autorisation ne pouvant s'accomplir, il y a lieu de refuser l'autorisation d'accepter ; que dans le cas de l'affirmative, c'est-à-dire si l'établissement projeté a un véritable caractère d'utilité publique, le gouvernement devant assurer l'accomplissement de la condition imposée, il convient que la même ordonnance autorise l'établissement institué à accepter et approuve la création de l'établissement à fonder, en déclarant que le legs devra être affecté à son service ; que si, de reste, il pouvait survenir entre les deux établissements ainsi autorisés quelques difficultés d'exécution pour l'administration des biens légués, le gouvernement aurait, dans les limites du pouvoir de tutelle qui lui est confié par les lois, l'autorité nécessaire pour prévenir ou faire cesser ces difficultés.

Est d'avis que dans ces hypothèses ci-dessus prévues il doit être procédé dans le sens des observations qui précèdent. »

(1) Béquet, *Revue d'adm.* 1881.

Dans une première période, jusqu'en 1863, le système de l'acceptation conjointe ne reçut pas son application au cas de donation, le donateur étant averti par l'administration de l'erreur qu'il avait faite dans le choix de l'intermédiaire (1).

Dans une seconde période, il ne fut plus fait de distinction entre le cas de donation et le cas de legs, auxquels s'appliqua également la théorie de l'acceptation conjointe. C'est ce que décidèrent deux avis du 24 janvier et 10 juin 1863. D'autre part, ces avis, abandonnant l'interprétation donnée à l'avis de 1841 par l'avis de 1846, admirent que l'acceptation conjointe devait avoir pour conséquence logique l'immatriculation conjointe, c'est-à-dire l'inscription des titres de rentes et de propriété sous les noms réunis de l'établissement institué et de l'établissement bénéficiaire, mais confièrent à ce dernier établissement la garde des titres, le soin d'administrer les biens donnés ou légués et d'en percevoir les revenus. En 1867, le Conseil d'État prescrit la remise d'une copie du titre immatriculé à l'établissement institué (2). Cette jurisprudence ne fut pas adoptée par l'autorité judiciaire, qui jugea qu'elle violait la volonté des testateurs et déclara caduques les dispositions testamentaires, donnant ainsi gain de cause aux héritiers qui refusaient de décliner des legs dont l'acceptation était soumise aux conditions imposées par les avis de 1863 (3).

Le système de l'acceptation conjointe fut repoussé, en 1873, par le Conseil d'État qui, adoptant une théorie plus favorable aux établissements ecclésiastiques dont il étendait les attributions, à pour la première fois jugé ouvertement les établissements ecclésiastiques capables de recevoir en vue de l'assistance ou de l'enseignement, les établissements bénéficiaires n'intervenant que dans l'acceptation du bénéfice, dans un but de surveillance et de contrôle. Le droit de surveillance s'exerçait par la délivrance de copies des actes de disposition et d'autorisation et d'une copie de l'inscription de rente, s'il s'agissait d'une rente sur l'État (4).

En 1881, le Conseil d'État, animé d'un autre esprit politique à la suite de sa réorganisation, adopta une jurispru-

<hr/>

(1) L'avis du Conseil d'État du 4 mars 1841, qui veut que l'on autorise simultanément l'établissement institué nominativement et celui qui doit profiter de la libéralité, n'est applicable qu'aux dispositions testamentaires. Il existe ce sens plusieurs avis postérieurs de ce conseil et de ses comités.

Circulaire ministérielle, 10 avril 1862.

(2) 18 décembre.

(3) Grenoble, 5 juillet 1839 ; Angers, 23 mars 1871.

(4) C. d'Ét., avis du 8 mars 1878. — La jurisprudence du Conseil a été fondée jusqu'à ce jour dans cette pensée, d'une part, que les libéralités destinées à secourir les pauvres ne peuvent être recueillies en exécutées sans l'intervention du bureau de bienfaisance ou du maire de la commune ; d'autre part, que le soin de recueillir de telles libéralités n'entre pas dans les attributions légales des fabriques ; ces principes ne sont écrits dans aucune disposition de loi ou de règlement. La loi du 7 frimaire an V a seulement chargé les bureaux de bienfaisance de recouvrer le droit des pauvres et de recevoir les dons qui leur seraient offerts. L'article 937 du Code civil et l'ordonnance de 1817 n'appellent les bureaux qu'à accepter les legs qui leur sont faits. À la vérité, la loi du 20 ventôse an V, l'arrêté du 27 prairial an IX et les décrets des 12 juillet 1807 et 14 juillet 1812, ont réparti entre eux et les hospices les biens non aliénés des anciens établissements de bienfaisance ; mais aucune de ces dispositions n'a prescrit qu'à l'avenir les bureaux de bienfaisance pourraient seuls recueillir des libéralités destinées aux pauvres. Si l'article 937 et l'ordonnance de 1817 attribuent aux maires la mission légale d'accepter les dons faits aux pauvres d'une commune, ces dispositions n'ont pour objet de donner aux pauvres un représentant légal pouvant accepter et administrer les libéralités qui leur sont adressées sans autre détermination ; mais elles ne s'opposent nullement à ce qu'un autre établissement légalement reconnu puisse être autorisé à recueillir, et elles lui sont adressées directement, et à employer seul ces libéralités ayant une destination charitable.

Sous l'ancien régime les fabriques avaient les aumônes dans leurs attributions. Depuis l'an X l'usage s'est maintenu dans les églises de quêter pour les pauvres de la paroisse, et un grand nombre de libéralités sont journellement adressées aux fabriques avec une destination charitable. Il faudrait donc un texte pour interdire aux fabriques de recueillir ces offrandes pour les pauvres. Ce texte n'existe pas, et l'article 76 de la loi du germinal an X et l'article 75 du décret du 30 décembre 1809 attribuent aux fabriques l'administration des aumônes ; et, ce mot doit s'entendre en son sens traditionnel, ainsi que l'établit Portalis. Aucune loi ne s'oppose donc à ce *que les fabriques puissent recueillir seules* les libéralités ayant une destination charitable ; il y a lieu seulement de rechercher dans chaque affaire l'intention des donateurs. La fabrique peut être *autorisée à accepter seule et sans l'intervention ni du maire ni du bureau de bienfaisance* les sommes destinées à être distribuées aux pauvres par les soins des membres de la fabrique ou du

dence nouvelle qui renferme les établissements ecclésiastiques dans les strictes limites de leur spécialité. Il émit l'avis que les fabriques, ayant été instituées exclusivement dans l'intérêt de la célébration du culte et pour l'administration des aumônes, ne pouvaient recevoir pour fonder ou entretenir des écoles (1).

En outre, il décida (2) que les fabriques n'avaient pas capacité de recevoir dans l'intérêt des pauvres. Quel sens fallait-il donc donner au mot *aumônes* dont les textes confiaient l'administration aux fabriques ? Uniquement le sens de libéralités faites pour les besoins du culte et non pour les pauvres. Les considérants spécifiaient que si l'article 76 des articles organiques rangeait parmi les attributions des fabriques l'administration des aumônes, il se référait uniquement aux offrandes et aux dons volontaires faits par les fidèles pour les besoins du culte.

1220. Non seulement la fabrique ne peut recevoir dans l'intérêt des pauvres, mais serait illégale la clause par laquelle on spécifierait que le montant d'une libéralité faite au bureau de bienfaisance serait distribué par les membres du conseil de fabrique (3).

1221. On a pensé que lorsqu'un testateur a fait un legs de bienfaisance au profit de personnes indéterminées, mais à choisir dans une paroisse parmi les personnes de certaines conditions désignées, le conseil de fabrique, si le testateur ne lui a pas formellement attribué le choix des personnes qui devaient jouir de son legs, n'a pas qualité pour critiquer les choix qui auraient été faits par l'autorité municipale, et cela quand même un arrêté municipal aurait admis ce conseil de fabrique à participer à l'élection en présentant une liste de candidats (4).

1222. Nous verrons ultérieurement que le Conseil d'État

a expressément appliqué le principe de la spécialité des établissements publics à d'autres établissements ecclésiastiques que les fabriques et que, bien qu'il ne se soit pas prononcé formellement par des avis de principe au sujet de chaque catégorie d'établissements ecclésiastiques, il applique à tous ces établissements, au sujet des espèces qui lui sont soumises, la théorie de la spécialité contenue dans les avis précités.

Conformément à la jurisprudence du Conseil d'État, la cour de Grenoble a récemment jugé que les personnes civiles n'étant capables de recevoir que dans les limites de leur mission légale, un évêché ne peut recevoir pour la tenue de maison d'école (1).

1223. Que devient la libéralité faite à la fabrique en vue de l'assistance ou de l'enseignement, en dehors de sa mission légale, et qui, par conséquent, n'est pas susceptible d'autorisation ?

Pas de difficulté, s'il s'agit d'une donation : le donateur est averti qu'il s'est trompé par la désignation de l'établissement donataire, et il peut refaire, s'il le veut, l'acte de donation au profit de l'établissement capable.

Au cas de legs, la jurisprudence administrative du Conseil d'État admet que, lorsque la libéralité est faite à la fabrique pour le soulagement des pauvres, le gouvernement doit autoriser le représentant légal des pauvres à accepter le legs dont il repousse l'acceptation par la fabrique; elle a admis cette solution même dans des cas où les héritiers du testateur ne consentaient pas à la substitution (2).

1224. Lorsqu'un legs est fait à la mense curiale ou à la fabrique pour des messes de fondation, le surplus devant revenir aux pauvres, le gouvernement autorise l'établissement ecclésiastique à recevoir la partie de la libéralité afférente à la fondation pieuse et déterminée d'après le tarif diocésain; d'autre part, il autorise le représentant des pauvres à recevoir la partie charitable du legs, aux clauses et conditions imposées, en tant qu'elles n'ont rien de contraire aux lois, mais après l'avoir invité à prendre l'engagement de parfaire la rente affectée aux messes, au cas d'élévation ultérieure du tarif approuvé du diocèse (3).

1225. Quand le legs est fait à la fabrique pour la fondation ou l'entretien d'une école, le Conseil d'État ne substitue pas la commune à l'établissement ecclésiastique incapable, vraisemblablement parce qu'il pense que la condition impulsive et déterminante de la libéralité est, dans ce cas, le caractère confessionnel de l'école et que la révocation du legs pourrait être prononcée pour inexécution des conditions, la commune autorisée à accepter le legs fondait ou entretenait une école congréganiste.

Si un legs est fait à une fabrique pour secourir les enfants pauvres des écoles, le Conseil d'État fait revendiquer par la caisse des écoles la libéralité, même lorsqu'elle s'adresse aux enfants de l'école congréganiste (4).

La Cour de cassation n'a pas eu à se prononcer sur la vali-

---

curé. S'il s'agit d'une fondation destinée à demeurer perpétuelle, il convient, en autorisant la fabrique à accepter le legs qui s'adresse à elle, de faire immatriculer le titre en son nom, d'en conserver la garde, d'autoriser le maire *à accepter le legs en faveur des pauvres* et d'ordonner qu'un duplicata du titre lui sera délivré. Cette mesure, *sans lui donner un moyen de contrôle* sur l'emploi que la fabrique et le curé feront des revenus mis à leur disposition, lui permettra de s'assurer si le *capital de la fondation* est conservé. Ces solutions doivent s'appliquer également aux consistoires.

(1) C. d'Et., 13 avril 1881.

(2) C. d'Et., avis, 13 juillet 1881. — « Le Conseil d'État, qui, sur le renvoi ordonné par M. le ministre de l'intérieur et des cultes, a pris connaissance de trois projets de décret tendant : le premier à l'acceptation du legs universel fait par la dame veuve Lanzers à la fabrique de l'église Saint-Jean-Baptiste de Belleville, à Paris (Seine), à la charge, notamment, d'affecter une partie dudit legs aux œuvres paroissiales de charité ; le deuxième, à l'acceptation de legs faits par le sieur Mettetal à divers établissements des départements de la Seine et de Seine-et-Oise, notamment d'une somme de 10,000 francs au conseil presbytéral de l'église réformée de Paris pour le service des pauvres ; le troisième, à l'acceptation du legs universel fait par la dame veuve Dupré à la fabrique de l'église succursale de Malemort (Vaucluse), à la charge, notamment, de distribuer annuellement aux familles les plus nécessiteuses de cette commune le pain de 4 hectolitres de blé, le tout à perpétuité ; — Vu les articles 910 et 937 du Code civil, la loi du 2 janvier 1817, les ordonnances du 2 avril 1817 et 14 janvier 1831 ; — Vu la loi du 18 germinal an X ; — Vu le décret du 30 décembre 1809 ; — Vu le décret du 26 mars 1852 ; — Vu les avis du Conseil d'État, en date des 12 avril 1837 et 6 mars 1873 ; Considérant que les établissements publics ne sont aptes à recevoir et à posséder que dans l'intérêt des services qui leur ont été spécialement confiés par la loi et dans les limites des attributions qui leur ont été confiés ; — Considérant que ni les fabriques ni les conseils presbytéraux n'ont été institués pour le soulagement des pauvres et pour l'administration des biens qui leur sont destinés ; que la loi du 18 germinal an X, en effet, n'a eu pour but que de pourvoir à l'administration des paroisses et au service du culte ; que si les articles 76, relatif au culte catholique, et 20, relatif aux cultes protestants, ont parlé de l'administration des aumônes ou de l'administration des deniers provenant des aumônes, ils se réfèrent uniquement aux offrandes et aux dons volontaires faits par les fidèles pour les besoins du culte ; que le décret du 30 décembre 1809, en chargeant les fabriques d'administrer les aumônes, n'a pas entendu donner au mot *aumônes* un sens différent de celui qu'il avait dans la loi de germinal an X ; qu'en effet, après avoir énuméré les différents biens dont il confie l'administration aux conseils de fabrique, l'article 1er détermine nettement la destination de ces biens par ces mots « et généralement tous les fonds affectés à l'exercice du culte ; »

« Est d'avis : — Que ni les conseils presbytéraux ni les fabriques n'ont capacité pour recevoir des biens dans l'intérêt des pauvres. — En conséquence, le Conseil a modifié la rédaction des projets de décret présentés dans le sens des observations qui précèdent. »

(3) Voir CURE.

(4) J. c. f. 1837-38.

(1) Voir ÉVÈCHÉ...

(2) Le Conseil d'État a décidé que les pauvres, bénéficiaires du legs, sont de véritables légataires et qu'il n'y avait lieu d'autoriser directement le bureau de bienfaisance à recueillir la partie du legs ayant une destination charitable.

C. d'Et. 25 janvier 1883, legs Philipeaux ; — C. d'Et. 26 avril 1882, legs Yvelin.

(3) C. d'Et., note, 10 juin 1890, legs Gaubert à la cure de St-Exupère, à Bayeux (Calvados).

(4) C. d'Et. int. 24 juin 1885, legs Riberprey, Louviers (Eure). — « La section..., qui a pris connaissance d'un projet de décret tendant à autoriser la fabrique de l'église succursale de Saint-Germain, à Louviers (Eure), à accepter le legs fait à cet établissement par les demoiselles de Riberprey, et notamment le legs d'une somme de 508 francs, à la condition d'affecter annuellement 20 francs pour venir en aide aux enfants pauvres de l'école congréganiste du faubourg Saint-Germain, a considéré que la distribution de ces secours rentre dans les attributions de la caisse des écoles, dont la création a été rendue obligatoire dans toutes les communes par la loi du 28 mars 1882, la distribution devant être faite par les soins de la commission scolaire. La section estime, en conséquence, qu'il y a lieu de provoquer une délibération du conseil d'administration de la caisse des écoles de Louviers par laquelle ce conseil demanderait l'autorisation d'accepter la libéralité. Il désire, en outre, que le dossier soit complété par la production des statuts de la caisse des écoles de Louviers. »

C. d'Et. 11 novembre 1885, legs Collard, fabrique de Mouy (Oise).

dité de la substitution du représentant légal bénéficiaire à l'établissement à tort institué. Un arrêt de la cour supérieure de justice du Luxembourg, pays où s'applique la législation française, a décidé qu'un legs, fait à une fabrique pour les pauvres, doit être autorisé au nom du représentant légal des pauvres, alors même que le testateur aurait disposé que, pour le cas où le conseil de fabrique ne serait pas autorisé à accepter le legs et à l'administrer conformément au testament, il serait affecté à des services religieux (1).

(1) Cour supérieure de justice du Luxembourg (grand-duché), audience du 18 décembre 1885. — Les établissements publics ne sont aptes à recevoir et à posséder que dans l'intérêt des services qui leur sont spécialement confiés par la loi et dans les limites des attributions qui en dérivent. Les bureaux de bienfaisance sont spécialement institués pour le soulagement des pauvres par des distributions à domicile et pour l'administration des biens des indigents ; ces attributions leur sont propres et ils sont appelés à les exercer à l'exclusion de tous les autres établissements publics, notamment des conseils de fabrique, qui ne sont pas institués dans un but de bienfaisance. Il s'ensuit que la clause d'un testament portant « que le legs fait aux pauvres doit être administré par le conseil de fabrique avec charge exclusive d'en distribuer les revenus aux indigents de la paroisse » est entachée d'illégalité. Toute condition contraire aux lois étant, aux termes de l'article 400 du Code civil, réputée non écrite, le legs fait aux pauvres sous une telle condition devient pur et simple. Et c'est vainement que le testateur aurait disposé « que, pour le cas où le conseil de fabrique ne serait pas autorisé à accepter le legs et à l'administrer, conformément aux dispositions testamentaires, il serait affecté à des services religieux », la disposition de l'article 900 du Code civil étant absolue et d'ordre public. Ainsi jugé, sur les plaidoiries de Me Risch, pour le conseil de fabrique de Clauseu ; de Me Larue, pour le bureau de bienfaisance de la ville de Luxembourg, et les conclusions conformes de M. Chomé, procureur général, par l'arrêt ci-après, qui confirme un jugement du tribunal civil d'arrondissement de Luxembourg, et fait suffisamment connaître les faits de la cause :

« La Cour, attendu que, par testaments des 26 avril 1852 et 3 avril 1867, feu Mathias Fervoigne a légué à la fabrique d'église de Clausen la moitié indivise d'une pièce de terre, à charge d'en affecter les revenus moitié à des services religieux et moitié à des distributions à des indigents de Clausen ; que le testateur a disposé en même temps que les distributions aux pauvres seraient faites exclusivement par le conseil de fabrique, et que, pour le cas où celui-ci ne serait pas autorisé à accepter le legs fait aux pauvres et à l'administrer, conformément aux dispositions testamentaires, il serait affecté à des services religieux ; que, par arrêté de M. le directeur général de l'intérieur en date du 3 août 1871, la fabrique et le bureau de bienfaisance du Luxembourg ont été autorisés à accepter le legs « chacun en ce qui le concerne », à charge de remplir ponctuellement les intentions du testateur ; — Attendu que les établissements publics ne sont aptes à recevoir et à posséder que dans l'intérêt des services qui leur sont spécialement confiés par la loi et dans les limites des attributions qui en dérivent ; que les bureaux de bienfaisance sont spécialement institués pour le soulagement des pauvres par des distributions à domicile et pour l'administration des biens des indigents (L. 7 frimaire an V, art. 4 ; arr. directorial 12 messidor an VII, art. 1) ; que ces attributions leur sont propres et qu'ils sont appelés à les exercer à l'exclusion de tous autres établissements publics, notamment des conseils de fabrique ; que, si l'article 76 des organiques de la convention du 26 messidor dispose « qu'il sera établi des fabriques pour veiller à l'entretien et à la conservation des temples et à l'administration des aumônes, ces derniers mots ne s'appliquent qu'aux offrandes pour les besoins du culte, offrandes que l'on désignait anciennement sous le nom d'aumônes, tout comme les libéralités faites aux indigents (Dict. de Trévoux, vo Aumône) ; que la loi du 18 germinal an X ne s'occupe que des besoins du culte ; que le décret du 30 décembre 1809, en chargeant les fabriques d'administrer leurs aumônes, n'a pas entendu donner au mot « aumônes » un sens différent de celui qu'il avait dans la loi du 18 germinal an X ; qu'en effet, après avoir énuméré les biens dont il confie l'administration au conseil de fabrique, l'article 1er détermine nettement la destination de ces biens par ces mots : « et généralement tous les fonds affectés au service du culte ; » qu'enfin l'article 75 du décret du 30 décembre 1809 dispose « que tout ce qui concerne les quêtes dans les églises est réglé par l'évêque sans préjudice des quêtes pour les pauvres, lesquelles devront toujours avoir lieu dans les églises toutes les fois que les bureaux de bienfaisance le jugeront convenable » ; qu'il résulte des développements qui précèdent que la clause portant que le legs fait aux pauvres doit être administré par le conseil de fabrique avec charge exclusive d'en distribuer les revenus aux indigents de Clausen est entachée d'illégalité en ce qu'elle méconnaît tant les attributions du conseil de fabrique que celles du bureau de bienfaisance ; — Attendu qu'aux termes de l'article 900 du Code civil, toute condition contraire aux lois sera réputée non écrite ; — que le legs fait aux pauvres qui sont expressément gratifiés par le testateur devient pur et simple et qu'il est à attribuer au bureau de bienfaisance, représentant légal des indigents ; — Attendu que c'est vainement qu'on objecte que cette solution méconnaît la volonté du testateur, qui a formellement disposé ; que la clause est instante et que si elle n'est pas remplie, il entend révoquer le legs aux pauvres ; que ce reproche atteint la loi, qui maintient le legs, tout en effaçant les conditions que le testateur y a formellement rattachées ; que l'article 900 du Code civil établit une règle générale et absolue qui n'autorise aucun tempérament, quelles que soient les raisons qui ont déterminé le législateur à l'adopter, qui est d'ordre public, et qu'il n'appartient pas au testateur d'y porter atteinte ; — Par ces motifs, etc. »

1226. Le tribunal civil de Nantes (1), ayant à se prononcer sur un legs analogue fait à un curé pour les pauvres, et qui soulève la même question de légalité de substitution, a décidé que le représentant légal des pauvres devrait recueillir le legs fait à un curé, s'il s'agissait d'une fondation charitable ayant un certain caractère de durée et ne devant pas donner lieu à une distribution une fois faite.

1227. Il a été jugé (2) que le maire, agissant au nom des pauvres, n'est pas fondé à revendiquer un legs fait à l'église de la commune pour la fondation d'un hospice, s'il résulte du testament que le véritable légataire est bien l'église ou la fabrique, son représentant. Il a été jugé également (3) que lorsqu'un legs est fait à une fabrique à la condition que le produit en sera distribué par le curé aux pauvres les plus nécessiteux de la paroisse, et qu'il ressort du testament que le testateur s'est préoccupé avant tout du choix des personnes qu'il entendait charger de la dispensation de ses libéralités, on ne saurait admettre l'assistance publique à bénéficier du legs, au nom des pauvres, qu'elle représente, sans méconnaître les intentions du testateur et substituer un légataire à celui qu'il a librement choisi.

1228. Un jugement du tribunal de Rouen (4) a décidé que, quand un legs a été fait à une fabrique, pour ses pauvres, on ne peut substituer à la fabrique, légataire instituée, le bureau de bienfaisance, représentant légal des pauvres, sans violer la volonté du testateur, qui a voulu que ses libéralités parviennent aux pauvres par l'intermédiaire dont il a fait choix.

1229. On se tromperait en pensant que le principe de la spécialité des établissements publics ne puisse, en ce qui concerne les fabriques, recevoir son application que quant aux libéralités charitables ou affectées à l'enseignement ; il doit être appliqué, chaque fois que la charge du legs fait sortir la fabrique de sa mission légale. Mais il est vrai de dire que si l'inaptitude ou l'aptitude de la fabrique à recevoir dans l'intérêt de l'assistance ou de l'enseignement peut être aisément décidée, les autres conséquences que peut entraîner le principe de la spécialité sont plus malaisées à déterminer, et qu'en ces matières la jurisprudence actuelle du Conseil d'État ne peut être considérée comme fixée.

1230. La section de l'intérieur et des cultes a décidé que les fabriques ne peuvent accepter une libéralité faite essentiellement pour l'entretien d'un calvaire, lorsque celui-ci ne se rattache à aucune tradition historique ou religieuse (5).

1231. L'avis remontant au 28 décembre 1889 et le Conseil d'État ayant entrepris depuis peu de préciser sa jurisprudence en appliquant dans toute la rigueur de ses conséquences le principe de la spécialité des établissements publics, on peut se demander s'il admettrait actuellement que le legs peut être autorisé quand le calvaire se rattache à une tradition historique ou religieuse et ne repousserait pas le legs dans tous les cas.

1232. Il a été décidé qu'une fabrique pouvait recevoir des libéralités pour fournir des vêtements aux enfants pauvres de la première communion (6).

1233. La section de l'intérieur a décidé que si une fabrique peut être autorisée à accepter une libéralité faite en vue du catéchisme de la première communion, qui a pour but de donner aux enfants l'instruction religieuse exigée d'eux pour être admis à l'un des sacrements de l'Église, il n'en résulte

(1) 23 février 1885.
(2) Trib. Pontoise, 24 juin 1886.
(3) Trib. Seine, 19 février 1890.
(4) 19 mai 1800.
(5) C. d'Et. int. 28 décembre 1889, legs Blaise à la fabrique de Basnel (Nord). « La section de l'intérieur..., qui a pris connaissance d'un projet de décret tendant à autoriser l'acceptation de la donation faite par le sieur Blaise à la fabrique de Basnel (Nord)...
« Considérant que la donation en question a pour but essentiel l'entretien d'un calvaire ; — Considérant que ledit calvaire qui vient d'être érigé ne se rattache à aucune tradition historique ou religieuse ; que, dans ces conditions, il n'existe aucun motif de le conserver et de l'entretenir ;
« Est d'avis qu'il n'y a pas lieu d'accepter le projet de décret proposé. »
(6) D. 2 avril 1886, legs de Mlle Gambart, fabrique de Pont-Ste-Maxence (Oise).

pas qu'elle puisse être autorisée à accepter une libéralité destinée au catéchisme de persévérance, lequel n'est qu'un exercice religieux facultatif ne se rattachant directement à aucun acte du culte (1).

1234. La section de l'intérieur décide que si l'entretien de tombes ne rentre pas dans les attributions des fabriques, elle n'est pas *contraire* à leurs attributions. Il en résulte que si la fabrique est gratifiée, par acte entre vifs, d'une libéralité de cette nature, le gouvernement ne peut donner son approbation: le fondateur vivant devra choisir un autre intermédiaire ; mais si la libéralité est testamentaire, la jurisprudence du Conseil d'État fait une distinction. Au cas où le montant de la libéralité n'est que l'équivalent du prix auquel doit s'élever la charge d'entretien, le gouvernement refusera d'accorder à la fabrique l'autorisation d'accepter une libéralité dont l'objet ne rentre pas dans ses attributions et qui ne peut lui être avantageuse. Si, au contraire, la charge d'entretien de tombes n'est que l'accessoire d'un legs qui accroît le patrimoine de l'établissement ecclésiastique, il accorde l'autorisation. En effet, la charge d'entretien de tombes n'est pas *contraire* à la mission légale de la fabrique ; il serait dur de repousser, par exemple, un legs de 100,000 fr. à une fabrique en raison d'une charge d'entretien de tombes dont le prix peut s'élever annuellement à la somme modique de 3 francs (2).

Cette jurisprudence est très récente ; antérieurement, le Conseil d'État admettait, sans restriction, les libéralités faites aux fabriques pour entretien des tombes ; cette jurisprudence

antérieure pouvait s'appuyer sur les considérations suivantes : il est trop rigoureux de repousser les libéralités faites aux fabriques pour l'entretien des tombes. Quel est en effet l'établissement qui peut assurer la *perpétuité* d'entretien d'une tombe ? Ce n'est pas la commune, dont les attributions sont trop variées pour qu'on puisse confier ce soin à sa vigilance ; ce n'est pas le service des pompes funèbres, puisque les *obsèques* seules le concernent. D'ailleurs, les fabriques assumant seules le service des pompes funèbres dans la plupart des communes, faute d'une agglomération suffisante des disciples des cultes dissidents (et conservant ce droit, concurremment avec les communes, dans le nouveau projet de loi, relatif à la suppression de leur monopole), attribuer au service des pompes funèbres la mission d'entretenir les tombes, ce ne serait pas autre chose que de l'attribuer à la fabrique même.

Puisqu'il n'existe aucun établissement spécial qui ait pour fonction l'entretien des tombes, il n'y aurait pas d'inconvénient à permettre d'assurer la perpétuité de semblables fondations par l'intermédiaire de la fabrique, qui est revêtue de ce caractère religieux que beaucoup de particuliers veulent donner à l'entretien des monuments funèbres. Le principe de la laïcité du cimetière ne serait pas violé, puisque les tombes des catholiques seuls feraient l'objet de fondations de cette nature qui ne porteraient nullement atteinte aux autres croyances.

1235. On ne peut autoriser la donation d'un terrain faite à une fabrique pour affecter les constructions qui y seraient élevées à une chapelle de catéchisme, qu'à la condition de stipuler, de la façon la plus précise, dans le décret, que cette autorisation n'est donnée qu'à la condition qu'aucun lieu de culte ne sera édifié sur ce terrain (1).

La fabrique commettrait, en effet, une illégalité en ouvrant un édifice au culte, qui n'aurait pas un titre régulier.

1236. Le Conseil d'État a décidé qu'il n'y avait pas lieu d'autoriser une fabrique à accepter le legs d'une rente de 30 francs, destinée à l'entretien d'une tombe dans les conditions suivantes : Cette tombe se composait, dans l'espèce, d'un terrain et d'un monument, et en admettant que, pendant plusieurs années, les frais d'entretien de ce monument n'auraient pas absorbé le montant de la rente, l'établissement légataire aurait pu se trouver, à un moment donné, dans l'obligation d'entreprendre des travaux de réparation dont l'importance aurait pu dépasser le montant des bénéfices antérieurement réalisés. Dans ces circonstances, l'acceptation d'un legs nullement grevé de services religieux et ne présentant qu'un avantage incertain n'a pas paru pouvoir être autorisée (2).

1237. Il n'y a pas lieu d'autoriser une fabrique à accepter le legs d'une sépulture de famille située en dehors du cimetière communal, et d'une allée plantée d'arbres conduisant du chemin public à la tombe. Cette propriété de la fabrique constituerait un bien de mainmorte dans des conditions qui n'ont été prévues par aucune loi (3).

1238. Les fabriques ne peuvent recevoir pour célébrer des missions, les missions étant interdites par le décret du 26 septembre 1809. Sont assimilées aux missions les retraites et prédications extraordinaires, à l'exception des prédications solennelles connues sous le nom de stations de l'Avent et du

---

(1) C. d'Et., int. 13 mai 1890, legs Delbarre à la fabrique de N.-D. à Saint-Omer (Pas-de-Calais). — « La section, qui a pris connaissance d'un projet de décret autorisant pour effet d'autoriser le trésorier de la fabrique de l'église curiale de Notre-Dame à Saint-Omer (Pas-de-Calais) à accepter aux clauses et conditions imposées, en tant qu'elles n'ont rien de contraire aux lois, et seulement jusqu'à concurrence du tiers destiné aux besoins matériels et moraux des enfants des catéchismes de persévérance, la libéralité résultant, en faveur de cet établissement, tant de la disposition du testament mystique du 7 mars 1881, par lequel la demoiselle Delbarre a légué au curé de Notre-Dame de Saint-Omer, la nue propriété d'une somme de 5,000 francs pour être placée en rentes sur l'État, à charge d'employer 2/3 des arrérages des œuvres de charité au profit des petites filles de l'école paroissiale, et 1/3 aux besoins matériels et moraux des enfants du catéchisme de persévérance, que de la délibération en date du 8 mai 1888, par laquelle le curé a renoncé à cette libéralité en faveur de la fabrique ; — Vu le testament mystique de la demoiselle Delbarre, en date du 7 mars 1881 ; — Vu les délibérations du conseil de fabrique de l'église curiale de Notre-Dame à Saint-Omer, en date des 8 mars 1888 et 5 janvier 1890 ; — Vu les autres pièces produites en exécution des ordonnances réglementaires des 2 avril 1817 et 14 janvier 1831 et de la loi du 5 avril 1843 ; Vu le décret du 6 novembre 1813 ;

« Considérant que la libéralité dont il s'agit s'applique au catéchisme de persévérance et non au catéchisme de première communion ; — Que si la fabrique peut être autorisée à accepter une libéralité faite au catéchisme de la première communion, qui a pour but de donner aux enfants l'instruction religieuse exigée d'eux pour être admis à l'un des sacrements de l'Église, il n'en résulte pas qu'elle puisse être autorisée à accepter une libéralité destinée au catéchisme de persévérance, lequel n'est qu'un exercice religieux facultatif ne se rattachant directement à aucun acte du culte.

« Est d'avis qu'il n'y a pas lieu d'autoriser l'acceptation de cette libéralité. »

(2) C. d'Et., note, 15 mars 1890. — « La section de l'intérieur .., qui a pris de nouveau connaissance d'un projet de décret relatif aux legs faits par la dame Hébert à divers établissements du Calvados, ne peut que maintenir les observations contenues dans sa note du 6 décembre 1889. En effet, pour refuser à la fabrique de l'église succursale de Saint-Martin-des-Entrées l'autorisation d'accepter un legs d'une rente de 10 francs, destinée à l'entretien d'une tombe, l'administration se fonde sur les termes d'un avis de la section, en date du 21 novembre 1888 ; cet avis porte en substance que « si une fabrique peut être autorisée à « accepter une libéralité à laquelle le testateur a mis pour condition « l'entretien d'un tombeau, lorsque cette condition ne constitue qu'une « charge accessoire du legs, il n'en saurait être de même lorsque la « libéralité a pour objet unique l'entretien d'un tombeau, et que tout « l'émolument du legs est absorbé par cette charge, lorsque le legs ne « rentre pas dans les attributions de la fabrique. » Or, dans l'espèce dont il s'agit, la fabrique de Saint-Martin-des-Entrées aura à recueillir non seulement 10 francs de rente pour l'entretien d'une tombe, mais encore deux autres legs, s'élevant ensemble à 8,000 francs et destinés, partie à l'acquit de services religieux, partie aux réparations de l'église. L'entretien du tombeau de la testatrice n'est donc qu'une charge accessoire d'un legs assez considérable, et, en proposant d'autoriser l'acceptation du legs fait à la fabrique, la section ne fait que se conformer à la jurisprudence de l'avis du 21 novembre 1888. »

C. d'Et., int. 13 avril 1890.

C. d'Et., 16 avril 1890, legs Beaujano à la fabrique de Migné. — « La section..., qui a pris connaissance d'un projet de décret portant refus

d'autoriser la fabrique de l'église curiale de Migné (Vienne) à accepter le legs fait à cet établissement par le sieur de Beaujano, et consistant en une rente sur l'État de 30 francs à charge d'entretien de tombe ;

« Considérant que le legs dont il s'agit est avantageux pour la fabrique, la moyenne des obligations imposées ne devant pas atteindre le montant du legs ; — Considérant, d'autre part, que le conseil de fabrique s'est fondé, pour demander l'acceptation, sur les circonstances particulières de l'affaire, qui lui font un devoir de veiller à l'entretien de la sépulture du testateur, comme celui-ci en a exprimé le désir ;

« Est d'avis qu'il y a lieu d'autoriser l'acceptation des legs dont il s'agit. »

(1) C. d'Et., note, 17 mai 1890, donation par l'abbé Ravailhe à la fabrique de Saint-Thomas-d'Aquin, à Paris.

(2) C. d'Et., note, 1er juillet 1890, legs par le sieur Teillier à la fabrique de Morlancourt (Somme).

(3) C. d'Et., note, 23 juillet 1890, legs par le sieur Massacré à la fabrique de Celles (Deux-Sèvres).

Carême, faites par des prêtres qui en ont obtenu une autorisation spéciale de l'évêque et qui auront été nommés par les marguilliers, à la pluralité des suffrages, sur la présentation faite par le curé ou desservant (1).

1239. Une fabrique ne peut être autorisée à accepter un legs fait pour une retraite annuelle (2).

1240. Une fabrique ne peut être autorisée à accepter un legs pour prédications extraordinaires. En effet, le décret du 26 septembre 1809, article 1er, a absolument interdit les missions à l'intérieur. Des prédications extraordinaires qui doivent n'avoir lieu que tous les cinq ans constituent de véritables missions et ne sauraient, en conséquence, être autorisées (3).

1241. La section de l'intérieur a refusé d'autoriser un legs fait à une fabrique pour célébration d'exercices spirituels tous les huit ans. L'évêque spécifiait que ces exercices devaient consister dans la célébration de la sainte messe, dans le chant des psaumes et de cantiques et dans des sermons ou instructions (4).

1242. Il a été décidé qu'un legs fait à une fabrique pour exercices religieux peut être autorisé, mais il y a lieu de faire déterminer par l'évêque la nature des exercices religieux et de les préciser dans le décret (5).

1243. Bien que les fabriques soient chargées de l'entretien des cimetières, la jurisprudence du Conseil d'État s'oppose à ce que les fabriques acceptent des donations de terrains destinés à l'usage de cimetières, les cimetières devant servir à tous les habitants d'une commune, sans distinction de culte, et être soumis exclusivement à l'autorité, à la police et surveillance de l'administration municipale, et la commune devant en être, par conséquent, propriétaire (6).

1244. Une fabrique ne pourrait être autorisée à accepter le legs d'un terrain qui, d'après la volonté du testateur, devrait être converti en cimetière, parce que les lieux d'inhumation sont spécialement placés par la loi dans les attributions de l'autorité municipale; c'est à la commune seule qu'il appartient d'accepter la libéralité (7).

1245. Une fabrique ne peut affecter le produit d'un legs à relever les murs d'un cimetière communal (8).

1246. Une fabrique ne peut être autorisée à accepter un don, un legs immobilier destiné au logement d'un vicaire. Cette autorisation aurait, en effet, pour résultat de placer dans le patrimoine des fabriques une catégorie d'immeubles de mainmorte dont l'existence n'est prévue par aucune loi (1). Nous verrons ultérieurement que la libéralité pourrait être autorisée, si la fabrique demandait à vendre l'immeuble et à en affecter le produit en rentes sur l'État pour être employé à payer le logement des vicaires (2).

1247. Le legs fait pour construire une chapelle dans une église doit être accepté par la commune; la fabrique doit accepter seulement le bénéfice de cette libéralité (3).

1248. Quand une libéralité est faite à une fabrique pour acquisition d'une cloche ou d'une horloge à placer dans l'église, propriété communale, la jurisprudence du Conseil d'État tend à faire accepter le legs par la commune pour que la cloche ou l'horloge, placée par le propriétaire de l'édifice religieux, devienne immeuble par destination et s'incorpore à l'édifice (4).

1249. Nous avons vu que la fabrique ne peut recevoir en dehors de sa mission légale; il faut entendre cette jurisprudence en ce sens que l'établissement ecclésiastique ne peut recevoir une libéralité qui ait pour effet de le faire sortir de ses attributions; il pourrait, en effet, recevoir une libéralité grevée d'une charge pieuse ou charitable par exemple, si la charge imposée n'avait pas pour effet de lui faire excéder les limites de sa mission et n'impliquait aucune immixtion de sa part dans la direction et la surveillance des établissements charitables ou scolaires en faveur desquels la disposition constitue une véritable libéralité.

Ainsi une fabrique pourrait être autorisée à recevoir une libéralité à la charge de remettre une somme ou une rente à un établissement congréganiste autorisé ou à la commune pour l'école publique (5).

1250. Non seulement la fabrique, en vertu du principe de la spécialité des établissements publics, ne peut recevoir en dehors de sa mission légale, mais l'application du même principe exige que la fabrique ait seule capacité pour recevoir toute libéralité dont l'objet rentre dans la spécialité de ses attributions, et soit même autorisée d'office si elle s'y refuse.

1251. Au cas de donation ou de convention à titre onéreux, le donateur ou fondateur qui a choisi comme intermédiaire un autre établissement que la fabrique est prévenu qu'il a fait erreur dans le choix de l'intermédiaire et qu'il doit passer un nouveau contrat avec la fabrique. Au cas de legs, la jurisprudence du Conseil d'État tend à autoriser la fabrique capable au lieu et place de l'établissement incapable.

1252. La jurisprudence du Conseil d'État décide qu'un legs fait à la paroisse à charge de services religieux ou pour les besoins du culte doit être accepté par la fabrique, qui représente la paroisse, circonscription administrative. Il a été jugé que si un legs fait à la paroisse est censé fait à la fabrique quand il a pour but les institutions communales, le legs fait à la paroisse ne peut être recueilli que par la fabrique quand il est grevé de services religieux, et l'on ne peut prétendre qu'un tel legs est fait à une personne incertaine, à raison de l'existence dans toute paroisse d'une autre

(1) Art. 50, org.; D. 30 décembre 1809, art. 32 et 37.
(2) C. d'Et., note, 28 octobre 1885, legs de Cahuzac à divers établissements (Tarn-et-Garonne); — C. d'Et. int. 29 mars 1889, legs Thaileux (Jura).
(3) C. d'Et. int. 19 novembre 1884, legs de Mlle Imbert (Lot-et-Garonne); — C. d'Et., note, 6 mars 1889. — « La section..., qui a pris de nouveau connaissance d'un projet de décret portant, entre autres dispositions, refus d'autoriser la fabrique de l'église de Laplume (Lot-et-Garonne) à accepter un legs de 1,000 francs fait par la demoiselle Laclavère à cet établissement et destiné à une prédication extraordinaire, estime que l'engagement pris par le conseil de fabrique de se conformer à la loi et de consacrer entièrement le legs à une prédication de l'avent ou du carême, par des prêtres séculiers, enlève tout obstacle à l'acceptation dudit legs. La section a cru devoir, modifier le projet de décret en autorisant la fabrique de l'église de Laplume à accepter le legs dont s'agit, en visant expressément la délibération du 21 janvier, par laquelle le conseil de fabrique a pris l'engagement précité. »
(4) Int. 27 janvier 1890, legs à la fabrique de Notre-Dame, à Annecy.
(5) C. d'Et., note, 3 septembre 1890, legs par la demoiselle Bard à la fabrique de Thiez (Haute-Savoie).
(6) Circ. 10 avril 1862, 1, 15 novembre 1881.
(7) C. d'Et. 29 janvier 1845.
(8) C. d'Et., avis, 13 mars 1889. — « La section..., qui a pris connaissance d'un projet de décret tendant à autoriser la fabrique de l'église de Basville (Creuse) à accepter le legs de la dame Bessède, consistant en une somme de 1,000 francs, destiné à obtenir un binage dans la chapelle de Saint-Alvard, ou à réparer cette chapelle, qui n'a pas d'existence légale; — Considérant qu'il est impossible d'affecter un legs fait sous des conditions précises à relever les murs du cimetière communal, ainsi que le propose la fabrique, et que cet ouvrage est complètement en dehors de la destination fixée par la testatrice; — Considérant, d'autre part, que la chapelle de Saint-Alvard, bénéficiaire du legs, est dépourvue d'existence légale et que la fabrique ne saurait être autorisée à entreprendre des travaux dans ladite chapelle;
« Est d'avis qu'il n'y a pas lieu d'autoriser la fabrique de l'église de Basville à accepter le legs de la dame Bessède. »

(1) C. d'Et. int., donation Bocquet (Somme).
(2) Voir emploi.
(3) C. d'Et., note, 10 juillet 1888.
Note, 8 mai 1889, legs par le sieur Delpech à la fabrique d'Esplas (Ariège).
(4) C. d'Et., note, 8 janvier 1889. — « La section..., qui a pris connaissance du legs fait par le sieur Herluison à la fabrique de l'église d'Echemines (Aube), croit devoir persister dans sa jurisprudence relative aux libéralités faites en vue d'acquisition de cloches. La section estime, en effet, qu'il ne serait pas de bonne administration de faire placer dans le clocher de l'église, propriété communale, une cloche qui resterait propriété de la fabrique, et qu'il est bien préférable de faire accepter le legs par la commune, afin que la cloche, placée par le propriétaire de l'édifice religieux, devienne immeuble par destination et s'incorpore à cet édifice; — La section estime qu'il y a lieu de faire la même observation pour les libéralités faites en vue du placement d'une horloge dans la tour de l'église; — La section désire, en conséquence, avant de statuer..., que le conseil municipal d'Echemines soit invité de même à délibérer sur l'acceptation de la portion du legs fait par le sieur Herluison, afférente à l'acquisition d'une cloche et d'une horloge pour la paroisse. »
(5) C. d'Et., int., note, 28 février 1883, legs veuve Bardot, fabrique de Foëcy (Cher).

personnalité civile que la fabrique, à savoir la mense curiale, qui a pour objet de pourvoir aux besoins des ministres du culte de la paroisse (1).

1253. Un hospice ne peut être autorisé à recevoir un legs grevé d'une fondation de messes que si les services religieux sont une charge accessoire d'un legs véritablement avantageux (2). Si le montant du legs n'est que l'équivalent du prix de la fondation pieuse, c'est la fabrique qui doit le revendiquer (3).

1254. Un legs pour fondation de messes doit être.fait non à un évêché, mais à la fabrique, chargée de cette mission spéciale (4).

1255. Comment s'instruisent les affaires de dons et legs faits aux fabriques ?

Tout notaire devant lequel il a été passé un acte contenant donation entre vifs ou disposition testamentaire au profit d'une fabrique est tenu d'en donner avis au curé ou desservant (5). Il doit aussi prévenir la fabrique (6).

1256. Le préfet dirige l'instruction des affaires de dons et legs. Au cas de legs, il est prévenu par le notaire dépositaire du testament, qui doit adresser au préfet de chaque département où sont situés les établissements intéressés un état sommaire de toutes les dispositions relatives aux établissements institués, indépendamment de l'avis qu'il est tenu de donner aux légataires, en exécution de l'article 5 de l'ordonnance du 2 avril 1817 (7).

1257. Il est à noter qu'aucun texte ne prescrit au notaire qui reçoit l'acte de donation d'en communiquer un extrait au préfet, et l'on peut se demander s'il n'est pas regrettable que l'attention du gouvernement ne soit pas appelée sur les donations entre vifs comme sur les dispositions testamentaires.

1258. Tout acte contenant des dons ou legs à une fabrique est remis au trésorier, qui en doit faire son rapport à la prochaine séance du bureau. Cet acte est ensuite adressé par le

trésorier, avec les observations du bureau, à l'archevêque ou évêque diocésain pour que celui-ci donne sa délibération s'il convient ou non d'accepter (1).

1259. C'est au conseil de fabrique et non au bureau des marguilliers (2) qu'il appartient de se prononcer définitivement sur les dons et legs faits aux fabriques. « Si, en effet, d'après les termes de l'article 59 du décret du 30 décembre 1809, il semble que le bureau des marguilliers est compétent pour statuer sur les dons et legs à une fabrique, d'après les termes de l'article 12 du décret, au contraire, il faut une délibération du conseil de fabrique pour tous les objets excédant les bornes de l'administration ordinaire des biens des mineurs. Or, aux termes des articles 462 et 463 du Code civil, les donations faites aux mineurs doivent être soumises à l'approbation du conseil de famille. D'ailleurs, il résulte d'une pratique constante de l'administration des cultes, que les conseils de fabrique sont appelés à statuer sur l'acceptation des dons ou legs (3). »

1260. Le conseil de fabrique, après avoir procédé à l'accomplissement des formalités prescrites à l'égard des héritiers, doit se prononcer sur l'acceptation du don ou legs, ainsi que sur l'emploi quand le donateur ou testateur a omis d'y pourvoir ; le gouvernement devra, en effet, ratifier ou repousser les propositions de la fabrique à ce sujet (4).

1261. Nulle acceptation de legs ne peut être autorisée sans que les héritiers connus du testateur aient été appelés par acte extrajudiciaire pour prendre connaissance du testament, donner leur consentement à son exécution ou produire leurs moyens d'opposition ; s'il n'y a pas d'héritiers connus, extrait du testament est affiché de huitaine en huitaine, à trois reprises consécutives, au chef-lieu de la mairie du domicile du testateur, et inséré dans le journal judiciaire des départements avec invitation aux héritiers·d'adresser aux préfets dans le même délai les réclamations qu'ils auraient à présenter (5).

1262. Des affiches prescrites par l'article 3 de l'ordonnance du 14 janvier 1831 doivent être apposées au lieu du domicile de la testatrice (6).

Ni l'ordonnance du 14 janvier 1831 ni les instructions ministérielles n'exigent que le consentement soit donné par acte notarié ; la nécessité de cette forme spéciale ne résulte pas davantage de la nature de l'acte. Seulement, lorsque des héritiers donnent leur consentement par acte sous seing privé, cet acte doit être écrit sur papier timbré et enregistré [ainsi que nous verrons plus loin l'acte de décès (7)].

(1) Trib. Nantes, 24 avril 1889.
(2) D'après la jurisprudence du Conseil d'Etat, les messes ne peuvent être célébrées dans la chapelle de l'hospice que si elle est régulièrement autorisée (Vᵉ CHAPELLE) ; sinon l'hospice doit passer un contrat avec la fabrique de l'église paroissiale (V. la note ci-jointe).
(3) C. d'Et. int. 21 mai 1890, legs Augier (Alpes-Maritimes). — « La section..., qui a pris connaissance d'un projet de décret relatif aux legs faits par la demoiselle Augier à divers établissements des Alpes-Maritimes, est d'avis qu'il n'y a pas lieu d'autoriser la commission administrative des hospices de Grasse à accepter le legs fait à cet établissement et consistant en une somme de 500 francs, à la charge de faire célébrer annuellement cinq messes basses à perpétuité ; sans qu'il soit besoin d'examiner si, comme le soutient M. le maire de Grasse, la chapelle des hospices est régulièrement ouverte au culte, la section fait observer que le legs de la demoiselle Augier sera presque entièrement absorbé par la charge imposée ; et la jurisprudence fondée sur le principe de la spécialité des établissements publics ne permettrait d'accorder à la commission des hospices l'autorisation qu'elle sollicite que si les services religieux étaient une charge accessoire d'un legs véritablement avantageux. C'est aux fabriques qu'il appartient de recevoir les legs de la nature de celui dont il s'agit, et la présente décision ne fait pas obstacle à ce que le conseil de fabrique de l'église paroissiale dans le ressort de laquelle est située la chapelle des hospices de Grasse revendique à son profit ce legs, grevé d'une charge rentrant essentiellement dans ses attributions. »
(4) C. d'Et. int. 6 février 1890, legs Mennechet à l'évêque de Soissons. — « La section..., qui a pris connaissance d'un projet de décret tendant à autoriser l'évêque de Soissons, tant en son nom qu'en celui de ses successeurs, à accepter le legs fait par le sieur Mennechet aux titulaires successifs de cet évêché, et consistant en une somme de 4,000 francs, dont les revenus doivent être affectés à la célébration de messes basses,
« Considérant qu'il résulte de l'avis de principe du Conseil d'Etat, en date du 17 mars 1880, que si l'article 70 de la loi du 18 germinal an X a désigné l'évêque pour accepter les fondations qui ont pour objet l'entretien des ministres et l'exercice du culte, cette désignation de l'évêque diocésain n'avait d'autre but que de permettre l'exécution des libéralités pieuses, jusqu'à ce que les divers organes du culte catholique aient été constitués dans leurs attributions spéciales et en vue de leur mission particulière; — Considérant que, d'après l'article 1ᵉʳ du décret du 30 décembre 1809, les fabriques ont été chargées d'administrer tous les fonds qui sont affectés à l'exercice du culte; qu'ainsi la faculté accordée aux évêques par l'article 73 précité ne saurait être considérée comme maintenue ;
« Est d'avis qu'il n'y a pas lieu d'autoriser l'évêque de Soissons à accepter le legs fait par le sieur Mennechet. »
(5) D. 30 décembre 1809, art. 58.
(6) Ord. 2 avril 1817, art. 5.
(7) D. 30 juillet 1863.

(1) D. 30 décembre 1809, art. 59.
(2) C. d'Et., note, 3 août 1887, donation par le sieur Grimpel à la fabrique de la chapelle de Ponthierry (Seine-et-Marne).
(3) C. d'Et., note, 16 novembre 1887, legs par la dame Lemonnier à la fabrique de Saint-Paul-Saint-Louis, à Paris.
(4) Ord. 2 avril 1817, art. 4.
(5) Ord. 14 janvier 1831, art. 3.
(6) C. d'Et., note, 6 février 1889, legs par la veuve Dizac à la fabrique de Saint-Bruno à Bordeaux.
(7) Déc. min. du 24 mars 1880. — Les hospices et autres établissements publics sont, au point de vue de l'impôt, assimilés aux particuliers (L. 28 avril 1831, art. 17), et ils ne peuvent, par conséquent, être dispensés du payement des droits d'enregistrement et de timbre que par une disposition spéciale et formelle de la loi. Or, la loi du 13 brumaire an VII, qui assujettit au timbre les expéditions des actes de l'état civil (art. 12), ne fait d'exception (art. 48) que pour celles délivrées à un fonctionnaire public ou à une administration publique. Les hospices et les bureaux de bienfaisance, qui sont des établissements publics et non des administrations publiques, ne peuvent donc invoquer, ni à leur profit, ni à celui du président de leur conseil d'administration, qui n'est pas, en cette qualité du moins, un fonctionnaire public, la dispense prononcée par l'article 16 (Cass. 6 novembre 1832, inst. n° 1432, § 13). Ils ne sauraient, non plus, se prévaloir de l'unique exception qui est été introduite dans la loi de brumaire en faveur des pauvres, et qui est celle concernant les quittances de secours payés aux indigents. — L'exigibilité du droit de timbre pour les expéditions des actes de décès n'est donc pas douteuse. Il est non moins évident que les droits d'enregistrement et de timbre sont dus sur les actes qui constatent le consentement des héritiers à la délivrance des legs. Ces actes ne peuvent, en effet, être considérés comme des pièces d'ordre intérieur des établissements publics, puisque, aux termes du décret du 4 messidor an XIII, relatif à la communication des registres des communes et des établissements publics, sont réputées les préposés de l'enregistrement, les pièces d'ordre intérieur sont celles qui n'ont pas pour objet les actes d'administration temporelle et extérieure et qui n'ont aucun rapport avec les personnes étrangères à l'établissement. Or, l'acte de consentement à

1263. La signature des déclarants doit être légalisée par le maire de leur commune, et la signature de ce dernier doit l'être par le sous-préfet. Quant aux termes dans lesquels l'acte doit être rédigé, il suffit qu'il exprime clairement que les héritiers ont connaissance du testament de leur auteur et qu'ils consentent à l'exécution (1).

1264. Le droit à payer pour les consentements à délivrance des legs faits à des établissements publics est un droit fixe.

1265. Les héritiers peuvent produire leurs moyens d'opposition par une simple lettre (2).

1266. Le délai de huitaine fixé par l'ordonnance n'emporte pas forclusion, et l'administration admet les oppositions jusqu'à l'émission du décret d'autorisation.

1267. La justification d'une mise en demeure est inutile quand on produit un acquiescement exprès des héritiers et un engagement pris par eux de ne pas s'opposer à la délivrance.

1268. Une circulaire ministérielle du 14 septembre 1839 porte que les interpellations doivent avoir lieu lors même qu'il y a un légataire universel institué, parce que les héritiers peuvent avoir l'intention d'attaquer le testament et que cette circonstance pourrait influer sur la détermination du gouvernement. L'utilité de l'interpellation des héritiers naturels se justifie encore par cette considération que le gouvernement peut, ainsi que nous le verrons, inviter les établissements à consentir l'allocation d'un secours au profit des héritiers naturels dont la situation de fortune est digne d'intérêt.

1269. Nous avons vu que l'ordonnance du 14 janvier 1831 ne prescrit la formalité des publications et affiches que s'*il n'y a pas d'héritiers connus*.

1270. Tant qu'un jugement définitif n'a pas cassé le testament au profit de l'héritier naturel, le légataire universel doit être mis en demeure de donner son consentement. Il ne saurait appartenir à l'administrateur du séquestre de donner son consentement aux legs soumis à l'autorisation du gouvernement en vertu de l'article 910 du Code civil.

Le consentement donné par celui-ci ne saurait suppléer au consentement du légataire universel, directement et seulement intéressé avec l'héritier naturel (3).

1271. Le consentement des héritiers à la délivrance d'un legs soumis à l'autorisation administrative ne leur est pas opposable tant que le gouvernement n'a pas statué (4).

1272. La jurisprudence du Conseil d'État admet que lorsqu'il y a doute sur le point de savoir si les héritiers dénommés, soit à l'acte de notoriété, soit aux autres pièces du dossier, sont bien les seuls héritiers, on doit recourir aux formalités de publication et d'affiches à l'égard des autres héritiers qui pourraient exister (5). La déclaration du préfet qu'il n'a été élevé aucune réclamation n'est pas suffisante, car elle ne constate pas que les héritiers ont eu connaissance de la disposition testamentaire. Il faut produire leur consentement ou leur opposition par écrit, ou du moins constater leur refus de le donner (6).

1273. Nous verrons ultérieurement que le préfet a compé-

tence pour autoriser les dons et legs faits aux fabriques n'excédant pas 1,000 francs, quand il n'y a pas réclamation des familles. Un préfet commettrait un excès de pouvoir en statuant sur une demande d'autorisation avant de s'être assuré que les héritiers ne réclament pas contre l'exécution de la libéralité, c'est-à-dire avant de les avoir mis en demeure de donner leur adhésion ou de s'opposer à l'exécution (1).

1274. Lorsqu'un legs est fait à une fabrique ou à tout autre établissement ecclésiastique ou religieux comme charge ou condition d'une libéralité plus importante destinée à un tiers, il est d'usage de s'assurer si ce tiers, qu'il soit ou non héritier du testateur, est disposé à remplir la condition ; car une charge attachée à un legs n'en est que l'accessoire, et si cette charge est réduite ou supprimée par une décision de l'autorité supérieure, c'est le légataire chargé du payement qui profite du bénéfice du rejet ou de la réduction (2).

1275. Lorsque des héritiers naturels réclament contre une libéralité faite à une fabrique, ont-ils le droit de demander la communication des délibérations prises en réponse à leur réclamation ? L'autorité administrative est en droit de refuser aux héritiers naturels la communication des délibérations prises par les administrations légataires. En effet, quel est le but de l'instruction ? C'est que les parties intéressées soient entendues. Or, ce but se trouve atteint lorsque les héritiers réclamants ont présenté leurs observations et que les administrations des établissements légataires y ont répondu ; le débat contradictoire est clos, et l'autorité compétente n'a plus qu'à statuer.

Faut-il en conclure que l'autorité ne doit, dans aucun cas, communiquer aux héritiers réclamants les délibérations prises par l'administration légataire ? Ce serait poser un principe trop absolu. Il peut arriver, en effet, que les délibérations n'éclaircissent pas suffisamment quelques points de l'affaire, ou qu'elles contiennent quelques assertions nouvelles dont les héritiers ne se seraient pas occupés dans leurs mémoires. L'autorité, qui veut juger impartialement et en parfaite connaissance de cause, peut avoir, si elle ne se trouve pas assez éclairée, provoquer une nouvelle réponse de la part des héritiers. C'est une faculté dont jouit l'administration, qui en use uniquement comme moyen de compléter l'instruction d'une affaire ; mais il n'y a jamais là pour les héritiers un *droit* qu'ils puissent invoquer (3).

1276. Le conseil municipal doit donner son avis sur l'acceptation des dons et legs faits aux fabriques (4). Bien que le texte ne vise que l'*acceptation*, il semble que le conseil municipal doit aussi émettre son avis sur le *refus*, puisque l'objet de la loi est d'appeler l'attention des conseils municipaux sur le patrimoine des fabriques, auxquelles ils doivent venir subsidiairement en aide dans les cas déterminés par la loi.

Pour que le gouvernement n'omette aucune disposition testamentaire et puisse statuer en appréciant toutes les circonstances de l'affaire, le dossier doit contenir une expédition intégrale du testament. Il ne peut appartenir aux notaires de se constituer appréciateurs des libéralités contenues au testament, le gouvernement seul et le Conseil d'État ayant le pouvoir de décider s'il y a charge d'hérédité, legs personnel ou legs fait à établissements publics. Il est interdit aux notaires de verser à une fabrique intéressée le montant des legs qui n'auraient pas été autorisés par le gouvernement. Ils doivent faire connaître aux intéressés les termes exacts, et au besoin leur expliquer la portée et les conséquences du décret d'autorisation (5).

---

l'exécution du testament émane des héritiers du défunt, personnes étrangères à l'établissement, et il a pour objet son administration temporelle. Il rentre, dès lors, dans la catégorie des actes ordinaires, et il tombe sous l'application des articles 24 de la loi du 13 brumaire an VII et 47 de la loi du 22 frimaire an VII, aux termes desquels les actes produits aux administrations centrales et municipales doivent être timbrés et enregistrés.

Cette interprétation a été confirmée par une solution du 30 décembre 1885.

(1) Campion.
(2) Bloch, *Dictionnaire d'admin.*
(3) C. d'Ét., notes, 7 août 1860, legs par la dame Collongue à divers établissements de l'Allier.
(4) C. Cass. 24 juillet 1854.
(5) C. d'Ét., note, 1er avril 1890, legs de Croissier à la fabrique de Vallin (Vosges). — En présence du grand nombre d'héritiers laissés par un testateur et cités dans une lettre du maire, il est permis de penser que cette liste pourrait être incomplète. Il y aurait donc lieu de faire procéder aux publications prescrites par l'article 3 de l'ordonnance du 14 janvier 1831.
(6) C. d'Ét. int. 2 février 1831.

(1) C. d'Ét. cont. 1er août 1867.
(2) Circ. 10 avril 1862.
(3) *Bulletin intérieur*, 1869.
(4) L. 5 avril 1864, art. 70.
(5) Circ. just. 3 novembre 1888. — Monsieur le procureur général, une circulaire du mon département, en date du 12 septembre 1863, a signalé, d'une manière toute spéciale, à l'attention des parquets et des chambres des notaires les termes d'un décret du 30 juillet de la même année, d'après lequel tout notaire dépositaire d'un testament contenant des libéralités au profit d'établissements publics doit « transmettre, sans délai, au préfet, après l'ouverture du testament, un état sommaire

1277. Lorsqu'une fabrique est appelée à recueillir un legs, c'est aux frais, non de la succession, mais de l'établissement légataire lui-même, que doit être délivrée l'expédition du testament et que doit être aussi passé, s'il y a lieu, l'acte d'acceptation de la libéralité (1).

1278. Outre la délibération du conseil de fabrique, la délibération du conseil municipal, la justification des formalités d'interpellation et d'affiches, les dossiers de legs doivent contenir l'acte de décès du testateur, timbré et enregistré (2), l'évaluation du montant de la libéralité en capital et en revenu, et s'il s'agit d'un immeuble, sa contenance ; le certificat du conservateur des hypothèques constatant qu'il n'est grevé d'aucune charge ; l'estimation des valeurs léguées doit être faite par des personnes prises en dehors du conseil de fabrique et ayant les connaissances pratiques nécessaires (3) ; l'état de l'actif et du passif, ainsi que des revenus et charges de l'établissement légataire, vérifié et certifié par le préfet (4). En effet, une

de l'ensemble des dispositions de cette nature insérées au testament ». Ce décret spécifie, en outre, que le notaire doit opérer cette transmission indépendamment de l'avis qu'il est tenu de donner à chaque établissement légataire en exécution de l'article 5 de l'ordonnance du 2 avril 1817.

Ces prescriptions n'ayant pas toujours été fidèlement suivies, mon département les a rappelées à diverses reprises à l'attention des parquets et des officiers publics, notamment par une note insérée au Bulletin officiel du ministère de la justice (année 1879, page 267), et plus récemment encore, par une circulaire du 7 juin 1882. Résolu d'ailleurs à ne plus tolérer semblables oublis, mon prédécesseur recommandait aux chefs des parquets de lui signaler les notaires qui négligeraient de se conformer aux prescriptions de ce décret, pour que des poursuites disciplinaires pussent être exercées contre eux. Dans cette même instruction, mon prédécesseur insistait également sur la nécessité de délivrer aux établissements légataires, ou tout au moins au plus intéressé d'entre eux, une expédition complète du testament. Le Conseil d'État, en effet, pour émettre son avis sur l'autorisation sollicitée par chaque établissement d'accepter le legs fait en sa faveur, a besoin de connaître très exactement l'importance des libéralités attribuées aux établissements publics. Il est donc indispensable de produire une expédition intégrale du testament, et, les légataires étant des intéressés, les notaires n'ont pas à se prévaloir à leur égard des termes de l'article 23 de la loi du 25 ventôse an XI et du secret professionnel qu'ils sont tenus de respecter. Malgré ces instructions successives, je suis informé, monsieur le procureur général, que de nombreux manquements ont été constatés encore à la charge des notaires. Vous voudrez bien rappeler aux chambres de discipline comprises dans votre ressort les termes des circulaires de mon département et ne pas leur laisser ignorer que je suis absolument décidé à réprimer très énergiquement les moindres infractions aux prescriptions qu'elles contiennent.

J'insiste particulièrement sur la nécessité de produire une expédition intégrale du testament. En dressant l'état sommaire des dispositions testamentaires soumises à l'autorisation du gouvernement, les notaires courent parfois d'y comprendre certaines d'entre elles, dans la pensée qu'elles ne constituent que de simples charges d'hérédité. Or, il ne peut leur appartenir de se constituer appréciateurs des libéralités contenues dans les testaments dont ils sont dépositaires. C'est au gouvernement et au Conseil d'État que revient ce pouvoir d'appréciation et de contrôle en des matières d'ailleurs délicates et qui soulèvent de graves difficultés de jurisprudence ; aussi les notaires doivent-ils, s'ils veulent entièrement dégager leur responsabilité, délivrer une expédition intégrale de ces testaments.

D'autre part, il résulte d'indications qui m'ont été fournies que fréquemment des libéralités dont le gouvernement a refusé d'autoriser l'acceptation sont néanmoins recueillies par les établissements intéressés, à qui les légataires universels ou les héritiers naturels du testateur en versent le montant, faute d'avoir été éclairés par les notaires sur l'étendue de leurs droits. Il importe au plus haut degré que les officiers publics ne négligent pas ou pareil cas de faire connaître aux représentants du testateur qu'ils ne doivent pas acquitter les legs mis à leur charge, tant qu'il n'est pas intervenu d'autorisation préalable du gouvernement. Si un décret d'autorisation est intervenu, le reste encore du devoir des notaires d'en faire connaître aux intéressés les termes exacts, et au besoin de leur en expliquer la portée et les conséquences, selon que le décret autorise en tout ou en partie les libéralités.

En dernier lieu, et pour qu'à l'avenir aucune infraction aux prescriptions réglementaires ne puisse plus être relevée dans l'instruction des demandes soumises à l'administration, vous voudrez bien rappeler aux diverses chambres de discipline les recommandations des circulaires des 21 février 1831, 30 avril 1881 et 23 mars 1888, en ce qui touche l'interprétation à donner aux prescriptions de l'article 2 de l'ordonnance du 14 janvier 1831, relative aux dons et legs, acquisitions et aliénations de biens concernant les établissements ecclésiastiques et religieux.

Je vous prie de vouloir bien m'accuser réception de la présente instruction, dont je vous transmets des exemplaires en nombre suffisant pour chacun des parquets et chacune des chambres des notaires de votre ressort.

(1) J. c. f., 1855-56, 611e consult.
(2) Circ. 12 avril 1819; voir plus haut pour la formalité du timbre et de l'enregistrement.
(3) Circ. 10 avril 1862.
(4) Ord. 14 janvier 1831, art. 5.

des conditions nécessaires pour qu'une libéralité soit autorisée, c'est qu'elle soit utile et non superflue pour l'établissement institué. Il est donc indispensable de connaître l'état de ses ressources et de ses besoins.

Un avis du Conseil d'État (1) décide que la production d'un état vérifié et certifié par le préfet ne peut être suppléé par aucune autre pièce, telle, par exemple, que l'original du budget d'une fabrique régulièrement approuvé par l'évêque. En effet, « cette obligation générale et absolue, imposée dans tous les cas et sans aucune distinction, n'a pas seulement pour objet de constater si les copies produites sont conformes aux originaux des budgets régulièrement approuvés ; mais son but est aussi d'appeler le préfet, sans préjudice des droits de l'autorité ecclésiastique, à vérifier l'exactitude des documents et à apprécier leur influence sur l'acceptation ou le refus de la libéralité soumise à l'approbation du gouvernement. »

1279. Une circulaire du 15 décembre 1880 porte qu'il y a lieu de mentionner sur l'état de l'actif et du passif non seulement les divers biens immobiliers de l'établissement, mais encore, en regard de chacun de ces biens, sa situation et sa contenance s'il s'agit d'immeubles, sa nature, sa provenance, avec la date de l'ordonnance ou du décret qui a dû intervenir, sa valeur en capital et revenu, les diverses charges qui s'y trouvent attachées, ainsi que les frais résultant de leur exécution ; la circulaire ajoute qu'il pourra être suppléé à la production de ce document par celle d'une copie du dernier budget de la fabrique, à la condition toutefois qu'il aura été dressé suivant les observations contenues dans la circulaire du 21 novembre 1879, et qu'on aura eu soin d'y faire figurer toutes les énonciations d'un véritable état de l'actif et du passif.

1280. Les états de l'actif et du passif produits par les fabriques à l'appui de demandes en autorisation d'accepter les legs doivent mentionner la date des actes qui ont autorisé ces établissements à accepter les rentes figurant sur ces états (1).

Actuellement, l'état de l'actif et du passif que réclame la direction des cultes n'est autre chose pour cette administration que le dernier budget, approuvé par l'évêque, dressé conformément à la circulaire du 21 novembre 1879. La circulaire du 10 avril 1862 est conforme à cette interprétation.

Les autres pièces que doivent contenir les dossiers relatifs à l'instruction des affaires sont : l'avis de l'évêque ou de l'archevêque (2), ou même son approbation provisoire s'il y a charge de services religieux (3) ; les renseignements les plus exacts possible sur la situation de fortune des héritiers réclamants, sur la valeur de la totalité des biens du testateur ; enfin l'indication de la totalité des legs, du degré de parenté des héritiers (4).

1281. Au cas de donation, outre la délibération du conseil de fabrique, l'avis du conseil municipal, l'avis de l'archevêque ou évêque, le dossier doit contenir une expédition de l'acte de donation sur papier timbré, le certificat de vie du donateur, une évaluation de sa fortune et de celle de ses héritiers présomptifs (5).

1282. Les donations entre vifs devant être constatées par actes publics, celles qui résulteraient purement et simplement d'un acte sous seing privé seraient frappées de nullité et ne pourraient être autorisées par le gouvernement (6).

1283. Un avis du Conseil d'État du 4 juin 1840 a pensé que l'acte de donation passé par-devant notaire avant l'autorisation accordée à la fabrique, et que le dossier doit contenir, a une valeur légale, et que si la donation peut être révoquée

(1) C. d'Ét., leg., 12 mars 1840.
(2) C. d'Ét., note, 25 juin 1890; legs par le sieur Carit à divers établissements des Ardennes.
(3) D. 30 décembre 1809, art. 59; — Circ. 12 avril 1819.
(4) Ord. 2 avril 1817, art. 2; voir pour le droit de réduction de l'évêque.
(5) C. d'Ét. Int. 17 novembre 1836, 3 janvier 1839; — Circ. 12 avril 1859.
(6) Circ. 10 avril 1862.

jusqu'à l'acceptation définitive, la révocation ne saurait résulter que d'un nouvel acte authentique. La nécessité de produire au dossier un acte notarié est expliquée par l'avis (1) ; il y aurait, en effet, à craindre, dans le cas contraire, que, dans la rédaction des actes définitifs, les projets primitifs ne fussent modifiés et altérés ; l'addition ou la suppression d'un mot peut dénaturer complètement l'objet ou le but d'une donation, en abandonnant cette rédaction aux parties, le gouvernement n'aurait pas de garanties suffisantes que ses autorisations seraient sainement comprises et appliquées (2).

1284. Quand il appartient au chef de l'Etat de statuer sur une donation faite à diverses fabriques appartenant à plusieurs départements, chaque préfet donne son avis motivé sur la libéralité dont il a dirigé l'instruction ; le préfet du département le plus intéressé concentre les dossiers des libéralités des autres départements et les transmet au ministre qui est le plus intéressé dans les libéralités. C'est ce dernier qui reçoit les propositions de ses collègues et présente le décret collectif à la signature du Président de la République, après avoir consulté le Conseil d'Etat (3). Quand un legs est fait sous réserve d'usufruit, le gouvernement doit statuer avant l'extinction de l'usufruit (4).

1285. Quel est le caractère de l'autorisation ?

L'autorisation qu'accorde le gouvernement aux fabriques, comme à tout autre établissement, ne fait aucun obstacle à ce que les tiers intéressés se pourvoient, par les voies de droit, devant l'autorité judiciaire, contre les dispositions dont l'acceptation aura été autorisée (5). L'acte de l'autorité administrative qui autorise l'acceptation d'une libéralité n'est, en effet, qu'un simple acte de tutelle qui habilite l'établissement à faire valoir ses droits.

1286. Le Conseil d'Etat et les tribunaux ont décidé que l'acte de tutelle ne peut faire obstacle à ce que les tiers fassent valoir les droits qui peuvent leur être acquis devant l'autorité judiciaire, et que cette dernière est seule compétente pour connaître des difficultés relatives à la validité, l'interprétation ou l'exécution des dispositions entre vifs ou testamen-

taires, sans que la voie du recours pour excès de pouvoir soit ouverte aux parties qui se disent lésées (1).

1287. Une fabrique, comme tout établissement, ne peut recourir contre un décret ou un arrêté de refus, pris dans l'exercice du pouvoir discrétionnaire de l'administration, mais le décret ou l'arrêté peut être attaqué pour incompétence ou vice de forme (2). Mais si les héritiers du testateur se sont mis en possession du legs qu'ils ont considéré comme caduc, le recours pour excès de pouvoir ne sera-t-il pas frappé de forclusion. Pour la raison indiquée plus haut, l'acte attaqué étant devenu définitif, on devrait admettre cette solution ; mais l'établissement gratifié n'ayant aucun moyen de saisir les tribunaux civils, rejeter sa requête serait un déni de justice. Aussi le Conseil d'Etat a-t-il jugé qu'une fabrique s'étant pourvue pour excès de pouvoir contre un décret de refus de legs, pour ce motif qu'il avait été rendu, après avis de la section et non de l'assemblée générale, le Conseil d'Etat a rejeté le pourvoi comme mal fondé et non en raison de son irrecevabilité (3).

1288. L'autorité administrative ne saurait, sans excès de pouvoir, retirer l'autorisation donnée qui a créé des droits au profit de l'Etat et des tiers ; mais l'autorité judiciaire, en vertu des principes que nous avons posés, pourrait déclarer nulle la disposition qui a donné lieu à l'acte d'autorisation (4).

1289. Il a été décidé que, lorsqu'une commune et une fabrique ont été autorisées à accepter conjointement une donation d'immeubles faite directement à la commune et éventuellement à la fabrique pour y fonder ou entretenir une école congréganiste ou, à défaut, un établissement pour les pauvres, malades ou vieillards, si la commune vient plus tard à laisser ses écoles et, par suite, renonce à l'affectation primitive de l'immeuble ainsi donné, elle ne saurait, non plus que l'établissement religieux, être autorisée à répudier une libéralité dont l'acceptation régulière a conféré des droits acquis tant au donateur qu'aux donataires. C'est seulement par une convention avec le donateur ou avec ses ayants cause, convention approuvée par décret, et dont il serait passé acte public, que la commune et la fabrique pourraient se dégager des obligations résultant de la donation. En cas de refus du donateur, ou de ses ayants cause, de consentir à cet arrangement, il appartiendrait à l'autorité judiciaire seule de se prononcer sur les effets que pourrait entraîner l'inexécution des charges de la donation (5).

1290. Lorsqu'une fabrique d'église revendique un immeuble dont elle se prétend propriétaire en vertu d'une donation, et qu'elle a mis à la disposition d'une commune, sous des conditions déterminées par un acte public, il appartient à l'autorité judiciaire seule de statuer sur les droits qui découlent des contrats de droit civil invoqués et sur l'exécution des conditions qu'ils renferment, sauf à elle à surseoir dans le cas où se présenteraient des questions dont la solution exigerait l'interprétation d'actes administratifs (6).

---

(1) C. d'Et. 26 et 28 mars 1839 ; — Léz. 7 février et 4 juin 1840 ; — Lettre min. au préfet de la Marne, 13 juillet 1840. (De Champeaux, Bost.)

(2) C. d'Et. avis, 4 juin 1840. — ... Considérant qu'aux termes de l'article 931 du Code civil, toute donation doit être passée devant notaire ; — Considérant, à l'égard des établissements communaux et départementaux, qu'aux termes des articles 48 de la loi municipale et 31 de la loi départementale, l'acceptation des donations peut toujours être faite, à titre conservatoire, par le préfet et par le maire, et que l'ordonnance qui intervient ensuite a effet du jour de cette acceptation ; que, pour que les établissements communaux et départementaux puissent profiter du bénéfice de cette disposition, il est nécessaire non seulement de passer les actes de donation devant notaires, mais encore d'en faire l'acceptation par actes devant notaires également, aussitôt après la délibération des établissements légataires, et avant que les ordonnances relatives existassent soient intervenues ; — Considérant qu'en admettant que la disposition formulée expressément dans les lois susvisées en faveur des établissements communaux et départementaux ne soit pas applicable aux autres établissements publics et notamment aux établissements ecclésiastiques, il importe de suivre à leur égard un mode de procédé équivalent ; qu'il est convenable que l'autorisation royale n'intervienne que sur un acte ayant une valeur légale, et lorsque le donateur, par l'accomplissement des obligations imposées par la loi, a donné la garantie que son intention est sérieuse ; que si la donation faite devant notaire peut encore être révoquée jusqu'à l'acceptation définitive, un acte solennel et qui ne peut être révoqué que par un nouvel acte authentique présente cependant, avant son exécution, une garantie morale bien supérieure à celle résultant d'un simple projet, qui ne pourrait avoir d'effet qu'autant qu'il serait plus tard converti en acte public ; — Considérant enfin que si l'autorisation du gouvernement intervenait sur de simples projets, il y aurait à craindre que, dans la rédaction des actes définitifs, les projets primitifs ne fussent modifiés et altérés ; que l'addition ou la suppression d'un mot peut dénaturer complètement l'objet ou le but d'une donation, et qu'en abandonnant cette rédaction aux parties, le gouvernement n'aurait pas de garanties suffisantes que ses autorisations seront sainement comprises et appliquées ; — Considérant qu'en présence de ces graves intérêts, l'avantage d'éviter quelques frais que l'autant qu'il serait plus tard converti en acte public ; — Considérant que ces frais sont, d'ailleurs, peu considérables, puisque les droits proportionnels d'enregistrement ne sont dus et perçus qu'après l'ordonnance qui autorise l'acceptation définitive de la donation ;

Est d'avis qu'il y a lieu d'exiger que les donations faites en faveur des établissements publics soient régulièrement passées devant notaires avant d'en autoriser l'acceptation.

(3) Marguerie, *Dictionnaire* ; Blanche.

(4) Legs Frérejean, Nice ; *Contra.* — D. 22 septembre 1873, Isère.

(5) Ord. 2 avril 1817, art. 7.

(1) C. d'Et. cont. 1er décembre 1852, Leb. 563, — Cont. 13 juillet 1870. — Cont. 7 décembre 1877, — Colmar, 31 juillet 1823 ; — Trib. conf. 11 décembre 1875, — Req. 2 janvier 1877.

(2) Laferrière, t. II, p. 394.

(3) C. d'Et. cont. 1er avril 1887, Leb. 286, D. 88.3.74.

(4) C. d'Et. cont. 27 juillet 1877 ; — Déc. min. 20 juin 1852 ; voir arrêt de Grenoble, legs à évêché, *supra*.

(5) C. d'Et. int., note, 23 juillet 1884.

(6) Trib. c. 5 janvier 1889 : — « Vu l'arrêté, en date du 10 octobre 1888, par lequel le préfet de la Sarthe a élevé un conflit d'attributions dans une instance pendante devant le tribunal de la Flèche entre le trésorier de la fabrique de l'église de Saint-Thomas, à la Flèche, et ladite ville de la Flèche, représentée par son maire en exercice ; — Vu l'exploit du 8 septembre 1888, par lequel le trésorier de la fabrique de Saint-Thomas a donné assignation au maire de la ville de la Flèche à comparaître devant le président du tribunal civil, tenant l'audience des référés, pour, en exécution des clauses d'un acte du 18 novembre 1825 portant cession de jouissance par la fabrique à la ville de la Flèche d'un immeuble appelé Petit-Collège, « voir dire au principal que les parties seraient renvoyées se pourvoir, et, par provision, dire que la fabrique serait autorisée à reprendre la possession de ladite maison, et, subsidiairement, voir nommer un séquestre chargé d'administrer ledit immeuble et de conserver le mobilier scolaire jusqu'à la décision du juge du fond ; » — Vu le déclinatoire d'incompétence déposé au nom du préfet de la Sarthe et fondé sur ce que la demande de la fabrique tendait à obtenir du tribunal l'interprétation d'actes administratifs dont l'autorité judiciaire

1291. L'administration peut prendre divers partis, quand l'acceptation des dons et legs est soumise à son autorisation ; elle peut autoriser, purement et simplement, l'acceptation de la libéralité faite à la fabrique, quand cette libéralité est avantageuse à l'établissement, est faite pour un objet qui rentre dans sa mission et n'est pas excessive, eu égard à la situation de fortune des héritiers et aux besoins de l'établissement. La fabrique étant un établissement public, le gouvernement la protège contre les dangers de l'acceptation pure et simple, en n'autorisant les legs universels, ou à titre universel, qui lui sont faits que sous bénéfice d'inventaire.

1292. Les actes d'autorisation doivent déterminer, pour le plus grand bien des établissements, l'emploi des sommes données ou léguées, et prescrire la conservation ou la vente des objets mobiliers, quand le testateur ou donateur ont omis d'y pourvoir (1). Il doit être justifié de l'emploi au préfet. Le décret mentionne cette obligation.

La jurisprudence exige que le produit de la libéralité soit placé en rentes 3 0/0 sur l'État, toutes les fois que l'établissement gratifié n'a pas sollicité, pour des raisons suffisamment justifiées, un autre emploi.

1293. Les fabriques ont le droit de prélever sur les sommes qui leur sont données ou léguées les frais d'acceptation et autres qu'elles sont obligées de faire pour obtenir la délivrance de ces libéralités.

En conséquence, bien que le décret ou l'arrêté d'autorisation prescrive le placement sur l'État du produit intégral des dons ou legs, les fabriques n'en peuvent pas moins, sous le contrôle du préfet du département, distraire des sommes à employer ainsi les frais inhérents à l'acceptation des dispositions entre vifs ou testamentaires.

1294. Toutefois, ce prélèvement ne saurait comprendre le demi-droit de mutation que ces établissements auraient eu à payer en sus, à raison de la négligence ou du retard de leurs trésoriers à acquitter le droit ordinaire dans les délais prescrits par la loi.

1295. Le prélèvement doit s'opérer proportionnellement

sur les différentes libéralités faites par la même personne au même établissement. Il ne saurait être exercé intégralement sur l'une de ces dispositions, au préjudice de la fondation spéciale que le bienfaiteur aurait voulu assurer par ce don (1).

1296. Les actes d'autorisation spécifient le placement en rentes sur l'État du *produit* et non du *montant* de la libéralité, le placement ne pouvant s'effectuer que déduction faite des frais et charges du legs.

1297. Toutefois, si les frais et charges des dons et legs ont été laissés à la charge du donateur ou de la succession, dans l'acte de donation ou le testament, l'acte d'autorisation spécifie le placement en rentes sur l'État du montant de la libéralité.

1298. Une fabrique ne peut être autorisée à employer un legs à des travaux de réparations urgentes sans s'expliquer sur la nature de ces travaux et sans justifier de leur nécessité. Dans ces conditions, il y a lieu de prescrire le placement en 3 0/0 de la somme non employée. Cette décision ne fait d'ailleurs pas obstacle à ce que le conseil de fabrique, s'il s'y croit fondé, demande l'autorisation d'employer la somme qui restera disponible aux travaux de réparations de l'édifice paroissial, en produisant les justifications nécessaires (2).

1299. Il serait contraire aux dispositions qui régissent les fabriques, et notamment à l'article 63 du décret du 30 décembre 1809, d'autoriser le placement du produit d'un legs à la caisse d'épargne (3).

1300. Quand une fabrique reçoit par testament ou par donation une certaine somme, notamment pour fondation de services religieux, le gouvernement doit-il l'obliger à placer sur l'État la somme entière ?... pourrait-elle, au contraire, placer seulement ce qui sera nécessaire pour assurer le service de la fondation, et utiliser le surplus pour d'autres œuvres désignées ou au moins approuvées par le conseil de fabrique ? Le *Journal des Conseils de fabrique* a pensé qu'en principe les sommes données ou léguées à une fabrique ou à tout autre établissement religieux pour l'exécution d'une fondation quelconque devraient rester affectées intégralement au service de cette fondation. Toutefois, il ajoute que, lorsque l'établissement légataire ou donataire a des besoins constatés, si l'exécution régulière et complète de la fondation instituée n'exige qu'une partie du revenu de la somme qui lui a été consacrée par l'auteur de la libéralité, l'administration supérieure et le Conseil d'État peuvent admettre que cet établissement, à la suite d'une autorisation par décret, dispose pour ses besoins du surplus disponible de ladite somme. C'est ainsi que, dans un grand nombre de décrets, statuant sur l'acceptation de libéralités, figure une disposition prescrivant tout d'abord le placement sur l'État du capital nécessaire à l'achat d'une rente reconnue suffisante par l'autorité diocésaine pour assurer la célébration annuelle des messes ou autres services prescrits par le bienfaiteur, et autorisant ensuite l'emploi à toute autre destination utile du surplus de la somme donnée ou léguée (4).

1301. Mais quel doit être le gage de la fondation pieuse ? Doit-il représenter exactement le prix de la fondation, aux taux du tarif approuvé du diocèse, ou doit-il être au contraire majoré pour parer à l'éventualité d'une élévation ultérieure du tarif diocésain ?

La jurisprudence actuelle du Conseil d'État exige que, lorsqu'un legs est fait à une fabrique en vue de fondation de services religieux, la fondation soit assurée par la mise en réserve d'un gage supérieur au prix de la fondation et soit ainsi protégée contre les élévations ultérieures du tarif diocésain. Ainsi, le Conseil d'État n'autorise une fabrique à aliéner, en vue par exemple de la réparation de l'église, une portion déterminée d'une rente grevée de services religieux que si la por-

---

ne pouvait connaître, et sur ce que ses conclusions tendaient à entraver l'exécution de décisions de l'autorité administrative, judi déclinatoire déposé, à la date du 12 septembre 1888, devant le tribunal statuant en état de référé ; — Vu le jugement, en date du 26 septembre 1888, par lequel le tribunal de la Flèche rejette le déclinatoire d'incompétence, se déclare compétent et ordonne qu'il sera plaidé au fond, par le motif que la demande soulève des questions de propriété et d'exécution de contrat, de la compétence exclusive du tribunal civil ; — Vu les conclusions, en date du 13 octobre 1888, par lesquelles le procureur de la République communique au tribunal l'arrêté de conflit susvisé et requérant qu'il soit sursis à toute procédure ; — Vu le jugement, en date du 16 octobre 1888, par lequel le tribunal ordonne le sursis ; — Vu, enfin ; — Vu les observations présentées par le ministre de l'intérieur sur la communication qui lui a été faite du dossier, ensemble les observations de M. le ministre de l'instruction publique et celles de M. le ministre de la justice et des cultes ; — Vu le mémoire produit par Me Besson, avocat, dans l'intérêt de la fabrique de l'église Saint-Thomas, et concluant à l'annulation de l'arrêté de conflit ; — Vu l'article 13, titre II, de la loi des 16-24 août 1790 et la loi du 16 fructidor an III ; — Vu les ordonnances des 1er juin 1828 et 12 mars 1831, le règlement du 26 octobre 1849 et la loi du 21 mai 1872 ; — Vu M. Chante-Grellet, membre du tribunal, en son rapport ; — Ouï Me Besson, avocat de la fabrique de l'église Saint-Thomas, en ses observations ; — Ouï M. Bertrand, commissaire du gouvernement, en ses conclusions ;

« Considérant que l'assignation donnée au maire de la Flèche devant le président du tribunal civil tenant l'audience des référés par le trésorier de la fabrique de l'église Saint-Thomas avait pour objet d'obtenir soit la reprise de possession immédiate, soit la mise sous séquestre d'un immeuble dont ladite fabrique se prétend propriétaire, et qui avait été mis à la disposition de la ville de la Flèche sous des conditions déterminées par un acte public en date du 18 novembre 1825 ; — Considérant que la fabrique fonde ses prétentions tant sur ledit acte que sur un acte de donation à elle consentie le 18 septembre 1883 ; que ces actes constituent des contrats de droit civil et qu'il appartient à l'autorité judiciaire seule de statuer sur les droits qui en découlent et sur l'exécution des conditions qu'ils renferment, sauf à elle à surseoir dans le cas où se présenteraient des questions dont la solution exigerait l'interprétation d'actes administratifs ; — Considérant que la délibération du conseil municipal de la Flèche, en date du 14 août 1888, portant que l'école des filles sera installée dans l'immeuble litigieux, ne constituerait qu'un acte de gestion d'un immeuble prétendu communal et ne pourrait faire obstacle à ce que le juge compétent sur le fond statuât sur les mesures provisoires se rattachant à la demande de la fabrique ;

« Décide : Art. 1er. L'arrêté de conflit pris par le préfet du département de la Sarthe est annulé. »

(1) Ord. 2 avril 1817, art. 4.

---

(1) Déc. min. 15 mai 1852 ; 29 novembre 1852 ; 19 septembre 1855.
(2) C. d'Et., note, 1er juillet 1890 ; legs par la dame veuve Donnat à la fabrique de Moydieu (Isère).
(3) C. d'Et., note, 22 janvier 1890, legs par le sieur Dubail à divers établissements de l'Oise.
(4) J. c. f., 1876.

tion qu'elle réserve est plus que suffisante pour acquitter la fondation. Le Conseil d'Etat se prononce pour une majoration du gage dans la proportion du tiers ou du quart.

1302. Le Conseil d'Etat a décidé que lorsqu'un legs est fait à un curé pour des messes de fondation, le surplus devant revenir aux pauvres, il y a lieu, pour le cas où, par suite de l'augmentation du tarif, ou pour toute autre cause, la rente réservée ne serait plus suffisante, d'inviter le bureau de bienfaisance autorisé à accepter la partie charitable du legs à prendre l'engagement de parfaire la rente (1) au profit de la fabrique qui est autorisée à accepter la partie pieuse du legs, d'après le tarif approuvé du diocèse.

1303. Il en est évidemment de même si le legs est fait à la fabrique pour des fondations pieuses, le surplus devant revenir aux pauvres.

1304. Lorsqu'un testateur a fait un legs à une fabrique pour faire dire des messes, mais sans déterminer le nombre des services religieux à célébrer, la fabrique légataire est fondée à prélever à son profit, sur le montant du legs, la part que lui attribue le tarif diocésain sur la dépense des messes de fondation (2).

1305. Le *Journal des Conseils de fabrique* a pensé que, lorsque le testateur s'est borné à imposer à une fabrique légataire l'obligation de faire prier Dieu pour le repos de son âme, la somme ainsi léguée peut être intégralement employée aux réparations de l'église, sauf à l'établissement à faire célébrer les prières qui auront été déterminées par l'autorité diocésaine (3).

1306. Si une somme a été léguée à une fabrique pour faire dire des messes, l'évêque diocésain ne peut, en se fondant sur l'article 29 du décret du 30 décembre 1809, décider qu'une partie de cette somme sera employée à l'achat d'une rente sur l'Etat destinée à assurer l'exécution d'un certain nombre de messes pendant un nombre d'années déterminé, et que le surplus sera affecté aux réparations de l'église de la paroisse (4).

1307. Lorsque le décret portant autorisation d'accepter une libéralité pour fondation de services religieux a prescrit le placement de la somme donnée ou léguée en rentes sur l'Etat, l'exécution de cette dernière prescription engage la responsabilité du trésorier, et même des fabriciens, surtout si, par suite d'un placement irrégulièrement effectué chez un banquier, le gage de la fondation se trouve réduit (5).

1308. Le legs fait à un établissement public sans conditions doit recevoir son exécution dans les termes mentionnés au testament, et sans qu'il soit permis au légataire universel d'exiger, sous prétexte d'assurer sa libération, l'accomplissement de formalités autres que celles que la loi a prescrites. Par exemple, il a été décidé que le légataire universel ne saurait, en se fondant sur ce qu'un décret du gouvernement prescrit l'emploi des sommes léguées en rentes sur l'Etat, se refuser valablement à faire le payement de ces sommes au trésorier de l'établissement, pour l'opérer entre les mains du receveur général du département où cet établissement est situé (6).

1309. Quand l'objet de la libéralité consiste en immeubles, le Conseil d'Etat en exige la vente, afin de prévenir un développement excessif de la mainmorte immobilière et d'exonérer les établissements des charges et des embarras d'une semblable exploitation, à moins que l'utilité publique ne justifie la conservation des immeubles nécessaires par exemple pour l'établissement ou l'agrandissement de l'église ou du presbytère (7).

1310. Il ne serait pas d'une bonne administration d'auto-

riser une fabrique à accepter le legs d'un immeuble estimé 30 francs, et à vendre l'immeuble légué. L'acceptation d'une libéralité d'une aussi faible valeur ne présente pas, pour la fabrique, un intérêt suffisant. D'ailleurs, les frais d'adjudication absorberaient, et au delà, le montant du legs (1).

1311. La nécessité de la vente n'a pas toujours été reconnue. Le Conseil d'Etat a décidé, en 1878, que, lorsqu'un testateur a exprimé le désir que les immeubles par lui légués ne soient pas vendus, les établissements légataires ne sauraient être autorisés à les aliéner dans le but de se créer un revenu plus considérable en employant le prix de la vente en acquisition de rentes sur l'Etat (2).

1312. Lorsqu'une fabrique a été dûment autorisée à accepter un legs fait à son profit, et que le légataire universel ou tout autre représentant du défunt écrit au trésorier pour le prévenir qu'il tient à sa disposition la somme léguée, le comptable est obligé de se rendre au domicile de cette personne pour toucher ce capital, et il n'est pas en droit d'exiger que l'héritier débiteur du legs se transporte lui-même à son bureau pour l'acquitter, car, en principe, et à moins de disposition contraire dans les conventions ou actes, le payement doit être fait au domicile du débiteur (3) ; la prétention d'exiger que l'héritier chargé du payement du legs se transportât au bureau du trésorier pour lui en remettre le montant ne serait fondée qu'autant que le testament, dérogeant sous ce rapport à la règle générale précitée, aurait déclaré la somme léguée *portable* au bureau de l'établissement, ou que, du moins, l'intention du testateur à cet égard ressortirait implicitement de quelque clause de l'acte de ses dernières volontés (4).

1313. Les fabriques sont autorisées à accepter non seulement les libéralités qui leur sont faites, mais encore le bénéfice de libéralités faites à d'autres établissements et qui constituent pour elles un avantage.

Ainsi, si un legs est fait à la mense curiale, à charge de fondation de messes, à la commune pour les réparations des édifices communaux affectés au culte, la jurisprudence du Conseil d'Etat veut que la fabrique accepte le bénéfice de libéralités dont elle tire indirectement avantage, puisque, dans le 1er cas, elle touche une partie des oblations, dans le 2° cas, elle se trouve exonérée, par le montant de la libéralité (5), d'une charge qui lui incombe. En vertu du décret d'autorisation qui lui fait accepter le bénéfice d'une libéralité faite à un autre établissement, la fabrique *exerce un contrôle* pour s'assurer que la libéralité reçoive bien l'emploi prescrit au décret d'autorisation.

1314. La fabrique doit également accepter le bénéfice de libéralités sur lesquelles elle a un pouvoir de conservation et de contrôle ; ainsi, si un immeuble ou une rente est donné

---

(1) C. d'Et., note, 10 juin 1890, legs par le sieur Gaubert à la cure de Saint-Exupère, à Bayeux (Calvados); voir *infra*, Administration des cures.
(2) Min. inst. publ., lettres, 29 décembre 1852; 10 janvier 1853.
(3) J. c. f., 1855-56, 631e consult.
(4) J. c. f., 1855-56, 631e consult.
(5) Décis. min. 23 décembre 1873; J. c. f., juin 1875; J. c. f., 1876.
(6) Agen, 17 janvier 1849.
(7) C. d'Et., note, 16 novembre 1887 ; legs par la veuve Monceau à divers établissements du Loiret. — Il n'y a pas lieu de prescrire l'aliénation d'un immeuble légué à une fabrique, lorsque cette fabrique a ma-

nifesté le désir d'être autorisée à le conserver en nature pour l'affecter à l'usage de presbytère; il ne serait pas sans intérêt, en effet, pour la ville, comme pour la fabrique, de voir le presbytère installé dans un immeuble appartenant à cette dernière.
(1) C. d'Et., avis, 29 avril 1890; legs par la demoiselle Brun à la fabrique d'Echalp (Hautes-Alpes).
(2) C. d'Et., avis, 5 juin 1878. — « La section de l'intérieur, de la justice, de l'instruction publique, des cultes et des beaux-arts du Conseil d'Etat, qui, sur le renvoi ordonné par M. le ministre de l'instruction publique et des cultes, a pris connaissance d'un projet de décret autorisant la fabrique et le bureau de bienfaisance de Cublize (Rhône) à vendre aux enchères publiques divers immeubles appartenant par indivis à ces établissements et provenant d'un legs universel à eux fait, dont l'acceptation a été autorisée par une ordonnance royale du 11 mars 1818; — Considérant que le testateur a exprimé formellement le désir que les immeubles compris dans son legs universel ne soient pas vendus; que, pour motiver l'aliénation projetée, les établissements légataires se fondent uniquement sur l'espoir d'obtenir un placement en rente d'un revenu plus élevé ; que cet avantage, qui d'ailleurs serait minime dans l'espèce, ne peut être de nature à permettre aux établissements légataires de contrevenir à une recommandation formelle qui leur a été adressée par leur bienfaiteur;
« Est d'avis, qu'il n'y a pas lieu d'adopter le projet de décret présenté.»
(3) C. civ. 1247.
(4) J. c. f., 1855-56, 612e consult.
(5) Tantôt la fabrique est autorisée à accepter le bénéfice de la libéralité, tantôt la libéralité ou la fondation résultant à son profit, mais ce sont là diverses formes de rédaction sans grande importance.

ou légué à une mense curiale, la fabrique, chargée de la conservation de ces biens (1), accepte le bénéfice de la libéralité.

1315. La jurisprudence du Conseil d'Etat et de l'administration des cultes fait accepter par le maire, au nom de la commune, le bénéfice de toute libéralité faite à la fabrique et qui constitue pour la commune un avantage, par exemple, une libéralité faite à la fabrique pour grosses réparations de l'église ou du presbytère.

1316. Si un legs était fait à une fabrique à la charge de célébrer gratuitement les services funéraires des pauvres, il semble que la jurisprudence du Conseil d'Etat commanderait de faire accepter le bénéfice par le maire, pour qu'il pût surveiller l'exécution de la charge. Le Conseil d'Etat a en effet admis cette solution dans une affaire analogue, le legs était fait à la mense curiale (2).

1317. La jurisprudence ne fait pas accepter par le maire le bénéfice pouvant résulter d'un legs fait à la fabrique pour des réparations dont la commune n'est pas subsidiairement tenue (3), ou pour achat d'ornements, ou d'un legs gratuit (4).

1318. Lorsqu'une libéralité est faite à une fabrique, à la charge de payer chaque année une somme déterminée au vicaire de la paroisse, cette disposition doit être acceptée par la fabrique seule, sans que le curé ait à intervenir dans l'acceptation (5).

1319. La fabrique étant un établissement *public* que l'Etat tient en tutelle et protège, le gouvernement l'autorise d'office à accepter les libéralités qu'elle repousse, soit parce qu'elle comprend mal ses intérêts, soit parce qu'elle refuse de s'acquitter d'un service public qui rentre dans sa mission légale et dont le montant de la libéralité n'est qu'une rémunération équivalente à la valeur du service.

Par exemple, le gouvernement autorise d'office une fabrique à recevoir un legs que l'établissement refuse d'accepter parce qu'il pense à tort que la succession est insuffisante à l'acquit du legs.

1320. La jurisprudence du Conseil d'Etat exige qu'une fabrique qui refuse une libéralité à charge de messes, en raison du peu d'avantages qu'elle en retirera, soit autorisée d'office à accepter la libéralité (6).

1321. Lorsqu'un legs est entièrement grevé de services religieux, la fabrique légataire ne peut être considérée comme n'ayant aucun intérêt à l'accepter. Les fabriques sont, en effet, chargées d'un service public auquel elles ne peuvent

se soustraire, alors même qu'elles ne doivent retirer des fondations établies d'autre bénéfice que celui qui résulte du tarif diocésain (1).

1322. Lorsqu'un testateur a pris soin de prescrire que la célébration de messes demandée par lui dans une chapelle sans titre pourrait avoir lieu dans l'église paroissiale dans le cas où elle ne pourrait avoir lieu dans ladite chapelle, la fabrique de l'église paroissiale peut être autorisée d'office à accepter la libéralité (2).

1323. L'autorité supérieure, en statuant sur des legs faits à des établissements publics, ne saurait dispenser le destinataire d'acquitter les charges imposées par le testateur, à moins qu'elle ne soient contraires aux lois. Si ces charges lui paraissent trop onéreuses, elle peut seulement s'en prévaloir pour refuser son approbation aux libéralités qui les comprennent. Autrement, les intentions des testateurs ne seraient pas respectées, et il appartiendrait au gouvernement ou à l'autorité préfectorale, selon les cas, de refaire les actes de dernière volonté.

1324. Mais ces observations ne font pas obstacle à l'adoption des projets de transaction qui seraient consentis entre les héritiers naturels et les établissements intéressés au sujet des difficultés que soulèverait l'exécution de certaines libéralités (3).

1325. Le droit du gouvernement d'autoriser les libéralités faites aux fabriques peut offrir l'avantage de lui permettre de forcer ces établissements à se conformer aux prescriptions que l'administration leur impose.

Ainsi, le gouvernement décide que les fabriques ne peuvent être autorisées à accepter les legs qui leur sont faits, tant qu'elles ne se sont pas conformées aux prescriptions de la circulaire du 22 décembre 1882, relative à la production de l'inventaire de leurs objets d'art.

1326. Il arrive souvent qu'un donateur ou testateur impose à son donataire ou légataire, ou à l'héritier qu'il institue, la condition ou la charge soit de donner un objet déterminé, soit de payer une somme à la fabrique. La fabrique ne peut accepter la libéralité sans avoir reçu l'autorisation du gouvernement.

1327. Il y a encore libéralité sujette à autorisation, quand des tiers, contractant entre eux, stipulent qu'une somme sera payée ou qu'un objet déterminé sera donné à la fabrique.

Décider le contraire, ce serait violer ouvertement l'article 910 du code civil.

1328. Les titres nobiliaires des personnes qui font des donations ou des legs aux établissements ecclésiastiques ou religieux ne peuvent être mentionnés dans les décrets d'autorisation de ces libéralités (4).

1329. Les copies ou extraits des actes du gouvernement autorisant l'acceptation d'un legs fait à une fabrique, comme à tout autre établissement public, sont délivrés par les préfets (5) et non par l'administration centrale des cultes.

---

(1) D. 6 novembre 1813, art. 1er.
(2) C. d'Et., note, 16 avril 1890, legs Richard à la cure de Saint-Maixent (Deux-Sèvres).
(3) Voir Charges des fabriques.
(4) C. d'Et., note, 14 juin 1890, legs dame de Pauge (Côte-d'Or).
(5) C. d'Et., avis, 5 avril 1880.
(6) C. d'Et. int. 10 juillet 1883, legs Honoré à fabrique de Baulnes (Nord) ; — C. d'Et. int. 6 novembre 1883, legs Leborgne à l'établissement de Launoy (Nord). — La section... qui a pris connaissance d'un projet de décret tendant notamment à approuver une délibération par laquelle le conseil de fabrique de l'église succursale de Launoy (Nord) a refusé d'accepter le legs fait à cet établissement par la dame Victoire Badour, veuve du sieur Leborgne, suivant un testament public du 26 février 1883 ; — Vu la disposition testamentaire, ainsi conçue : « Je lègue à la fabrique de Launoy la somme de 6,000 francs, à la charge de célébrer des messes à mon intention et à celle de mon mari, pendant dix ans, dès ma mort, avec les intérêts qu'elle produira, et d'employer ladite somme, à l'expiration des dix ans, à la célébration de 3,000 messes à la rétribution de 2 francs l'une, pendant le courant de l'année, à la même intention, par les soins et sur les indications de M. le doyen de Launoy ; » — Vu la délibération du conseil de fabrique ; — Vu le décret du 30 décembre 1809 ;
Considérant qu'il entre dans la mission des fabriques d'assurer au prix fixé par les tarifs diocésains la célébration des services religieux fondés par actes entre vifs ou testamentaires ; qu'elles ne peuvent, sans manquer à l'un des objets de leur institution, refuser les libéralités qui leur sont faites dans ce but sous le prétexte qu'elles n'en retireraient pas un bénéfice suffisant ; que, d'ailleurs, le décret du 30 décembre 1809, prévoyant le cas où les charges imposées excéderaient le chiffre des sommes données ou léguées, permet aux évêques de réduire le nombre des services à célébrer, en se conformant aux tarifs ; — Considérant que, dans l'espèce actuelle, le nombre des services exigés par le testateur est conforme au tarif approuvé pour le diocèse de Cambrai ;
Est d'avis qu'il y a lieu d'autoriser d'office le trésorier de la fabrique de l'église de Launoy à accepter, aux clauses et conditions imposées, le legs fait à cet établissement par la dame veuve Leborgne.

---

(1) C. d'Et., note, 10 janvier 1889, legs par le sieur Despujols à la fabrique de Villarzet-Cabardès (Aude).
(2) C. d'Et., note, 30 octobre 1889, legs par la dame veuve Cavalier à la fabrique de Molières (Gard).
(3) Bost, Conseils de fabrique.
(4) C. d'Et., note, 19 décembre 1877. — « La section de l'intérieur, de la justice et des cultes, de l'instruction publique et des beaux-arts du Conseil d'Etat, tout en approuvant le projet de décret concernant l'acceptation de deux legs faits par le marquis de G..., a cru devoir, en l'état, conformément à sa jurisprudence, supprimer la mention du titre nobiliaire du testateur dans les diverses dispositions du projet de décret. La section, en effet, voulant éviter que les familles puissent se prévaloir de la mention, dans un acte gouvernemental, d'un titre nobiliaire pour revendiquer un droit à la possession de ce titre, a adopté pour règle de ne mentionner les titres pouvant appartenir aux donateurs ou testateurs qu'autant que le dossier contient l'indication que ces titres ont été préalablement vérifiés à la chancellerie par l'autorité compétente, c'est-à-dire par le conseil d'administration du ministère de la justice, qui a hérité, en 1871, des attributions antérieurement dévolues au conseil du sceau des titres. Elle s'est toujours refusée à procéder par elle-même à un examen pour lequel lui manqueraient les éléments d'information nécessaires et pour lequel, d'ailleurs, elle n'a pas qualité. C'est donc aux familles qu'il appartient, lorsqu'elles tiennent à ce que leurs titres figurent dans les décrets d'autorisation, à justifier de leurs droits à ces qualifications nobiliaires, dans la forme ci-dessus indiquée. »
(5) Lettre min. 28 décembre 1843.

1330. Du droit d'autoriser, qui appartient au gouvernement, découle le droit de repousser ou de réduire une libéralité.

Il repousse un don ou legs quand la situation de fortune du donateur ou de ses héritiers, quand celle des héritiers du testateur, ne comportent pas cette libéralité, quand le don ou legs excède les limites de la mission légale de la fabrique (1) ou quand la dotation de l'établissement suffit à l'accomplissement de sa mission.

1331. Bien que la captation relève plus spécialement de la compétence de l'autorité judiciaire, des faits manifestes de captation ne seraient pas sans influence sur la détermination de l'administration.

1332. Il a été décidé qu'il n'y avait pas lieu d'autoriser une fabrique à accepter le legs d'une somme fait pour permettre la construction d'une nouvelle église, lorsque cette somme est absolument insuffisante et qu'il résulte des renseignements fournis que l'église actuelle est en parfait état de solidité, et que sa reconstruction ne peut être entrevue que dans un avenir lointain. Dans ces conditions, il serait de mauvaise administration d'engager la fabrique dans une opération sans utilité, pouvant être dangereuse pour ses finances (2).

1333. La jurisprudence du Conseil d'État tend à ne pas admettre de réduction de legs, malgré la situation de fortune des héritiers, quand le legs fait pour service religieux à la fabrique constitue bien moins une libéralité que la rémunération des services que le testateur a jugés nécessaires pour le salut de son âme ou de celle de ses parents (3).

1334. Les individus pourvus d'un conseil judiciaire ne sont pas privés par la loi de la faculté de faire des donations entre vifs ; toutefois les donations consenties par eux peuvent, sur la preuve de l'état d'imbécillité de ces donateurs, être annulées par les tribunaux. L'autorisation d'accepter une semblable donation ne doit dès lors être accordée à un établissement public qu'avec une extrême réserve. « La loi n'a pas, il est vrai, compris dans la catégorie des incapables les personnes pourvues d'un conseil judiciaire. L'article 513 du Code civil défend seulement à ceux auxquels la faiblesse de leur raison ou leurs largesses exagérées ont fait donner un conseil judiciaire, de plaider, transiger, emprunter, recevoir un capital mobilier, d'en donner décharge, d'aliéner, de grever leurs biens d'hypothèques, sans l'assistance de leur conseil. Mais s'il n'y a pas lieu, à défaut d'un texte formel, de leur refuser la faculté de faire une donation entre vifs, cependant la nature de ces dispositions à titre gratuit peut soulever plus tard de graves difficultés. D'ailleurs, des considérations de fait peuvent engager le gouvernement à refuser à un établissement public l'autorisation d'accepter une donation provenant d'une personne assistée de son conseil judiciaire. D'après un arrêt de la Cour de cassation en date du 19 décembre 1824, une pareille donation est susceptible d'être annulée par les tribunaux par la preuve de l'état d'imbécillité du donateur, et cette preuve peut être faite en tout état de cause. Il est du devoir du gouvernement de ne pas exposer les établissements religieux aux conséquences souvent pénibles des procès de cette nature (4). »

1335. Maître d'autoriser d'office, le gouvernement peut aussi refuser d'office. M. Ducrocq justifie ainsi le refus d'office : « Des trois intérêts qui motivent les dispositions de l'article 910, celui de l'établissement gratifié est le moindre ; il est celui qui a exercé le moins d'influence, soit dans le droit ancien, soit dans le droit actuel, sur la volonté du législateur ; il est celui des trois qui a dû exercer l'action la moins déterminante sur l'introduction et le maintien, dans le droit français, de cette grande, antique et toujours nécessaire restriction à l'acceptation des dons et legs par les établissements de mainmorte. Si cependant la lésion possible de l'intérêt de l'établissement légataire a dû faire admettre l'autorisation d'office, comment la lésion certaine, évidente, d'un intérêt supérieur engagé dans l'affaire, de l'intérêt de la famille, ne ferait-elle pas admettre également le refus d'office après une mise en demeure préalable d'avoir à s'expliquer dans un délai déterminé (1) ? La faculté du refus d'office doit être reconnue au gouvernement pour empêcher les établissements gratifiés de se retrancher dans une inertie calculée et de laisser les droits des héritiers en suspens durant trente ans ; mais le refus d'office contiendrait un excès de pouvoir si l'on avait omis de consulter l'établissement intéressé (2). »

1336. L'administration peut autoriser pour partie l'acceptation d'un legs mais non d'une donation, la donation exigeant l'accord absolu des parties contractantes. D'ailleurs, si l'administration a trouvé la donation nécessaire, le donateur averti peut faire une donation nouvelle de moindre importance.

1337. Quand un legs est rejeté ou réduit, la dévolution des biens qui rentrent ainsi dans la succession se fait suivant les règles du droit civil, et l'administration ne peut faire des attributions de parts en décidant que la réduction ou le rejet profitera à un ou plusieurs héritiers naturels plus dignes d'intérêt que les autres (3).

1338. Cependant, quand l'administration veut avantager certains héritiers dignes d'intérêt, ou quand la présence d'un légataire universel empêcherait la réduction de profiter aux héritiers, elle invite la fabrique à leur allouer un secours ou à leur servir une rente, en ne lui laissant pas ignorer que si elle n'y consentait pas elle s'exposerait au rejet de l'intégralité de la libéralité ; et elle approuve la délibération de la fabrique consentant à l'allocation, dans le même décret qui autorise l'acceptation du legs (4).

Dans un avis du 16 juin 1865, rappelé dans une note du 25 octobre 1872, le Conseil d'État avait pensé qu'il suffirait de mentionner dans les visas des décrets les délibérations par lesquelles les représentants des établissements légataires avaient pris l'engagement de donner un secours ou de servir une rente aux héritiers malheureux, et que cette mention avait pour résultat de valider les payements faits en vertu desdites délibérations.

Un avis du 26 avril 1873 a déclaré que le visa d'une délibération jointe au dossier ne saurait être réputé comme emportant dans tous les cas approbation d'un engagement pris dans cette délibération ; qu'il peut arriver, en effet, que les établissements publics aient pris des engagements qui ne soient pas de nature à être autorisés et qui devraient dès lors être désapprouvés par une disposition expresse, puisque les délibérations contenant ces engagements se trouveraient visées au nombre des pièces produites. Le Conseil d'État a estimé, en conséquence, qu'il y avait lieu, en principe, d'insérer, dans les décrets autorisant les établissements publics à accepter les libéralités dont ils ont été l'objet, un article spécial portant approbation ou désapprobation de ces engagements (5).

1339. Quand un legs universel fait à une fabrique subit une réduction, les charges du legs se répartissent proportion-

(1) Voir *supra* pour la spécialité d'attributions de cet établissement.
(2) C. d'Ét., avis, 2 juillet 1880, legs par le sieur Noël à la fabrique de Macquigny (Aisne).
(3) C. d'Ét. int., note, 11 novembre 1890.—« La section, qui a pris connaissance du projet de décret tendant à approuver une délibération, en date du 7 janvier 1883, par laquelle le conseil de fabrique de l'église succursale de Cusnières a renoncé au legs d'une somme de 200 francs fait à cet établissement par la dame veuve Drutel, ne saurait approuver ledit projet. En effet, le legs dont il s'agit est destiné à l'acquit d'une messe annuelle et d'une inscription au nécrologe de la paroisse. Cette charge rentre donc essentiellement dans la mission de la fabrique, et le conseil de cet établissement ne peut refuser le legs à raison du faible bénéfice qu'il lui procure. Il est vrai que la situation des héritiers est digne d'intérêt, mais cet intérêt ne saurait prévaloir sur le respect dû à la volonté de la testatrice, qui a eu l'intention de s'assurer des services religieux qu'elle a jugés nécessaires au repos de son âme.
« La section estime, en conséquence, qu'il y a lieu de mettre le conseil de fabrique en demeure de remplir les formalités prescrites par l'ordonnance du 14 janvier 1831 et d'accepter le legs de la dame veuve Drutel. »
4) Min. inst. publ., lettre, 18 septembre 1860.

(1) *Droit administratif.*
(2) C. d'Ét. 16 mai 1873.
(3) C. d'Ét. 24 avril 1873.
(4) C. d'Ét. 24 avril 1873.
(5) C. d'Ét. 26 avril 1873.

nellement à la réduction entre les héritiers et l'établissement légataire (1), à moins que le gouvernement ne spécifie une répartition autre des charges. Le gouvernement, qui peut autoriser le legs dans la proportion qui lui convient, peut, en effet, décider que la fabrique autorisée à accepter pour partie sera tenue de l'acquit intégral de toutes les charges.

1340. Le pouvoir exécutif, appelé à autoriser un établissement public à accepter un legs, n'a pas à décider si ce legs est, d'après les termes du testament, un legs à titre universel ou un legs particulier ; mais il lui appartient de limiter comme il l'entend le bénéfice que cet établissement est autorisé à recueillir (2).

1341. Aux termes d'une lettre ministérielle, lorsque, par suite d'insuffisance de la succession des testateurs, des legs faits à des établissements ecclésiastiques ou religieux sont reconnus devoir subir une réduction, l'acceptation intégrale de ces libéralités doit être autorisée sans qu'il y ait lieu pour le gouvernement de se préoccuper de la réduction à effectuer. Cette réduction s'opère ensuite de plein droit et sans nouvelle intervention de l'autorité qui a été appelée à autoriser l'acceptation des legs (3).

1342. Les effets du refus d'autorisation sont définitifs à l'égard du donateur ou des héritiers, et le gouvernement ne saurait les anéantir en rapportant sa décision de rejet (4).

1343. Si la fabrique n'a pas d'existence légale et n'a qu'une existence de fait, le décret spécifie *qu'il n'y a pas lieu de statuer* sur le legs fait à un établissement dépourvu d'existence légale. Dans ce cas, comme dans le cas précédent, la décision est définitive.

1344. Si un legs fait à une fabrique subit une réduction, la portion réduite retombe dans la succession et est dévolue, suivant les règles du Code, aux héritiers légitimes ou aux successeurs irréguliers, suivant l'ordre des successions. Cependant la Cour de cassation a décidé que les héritiers ou successeurs, formellement exhérédés, ne devaient pas bénéficier de la réduction (5).

1345. La réduction ou caducité d'un legs particulier fait à une fabrique ou tout autre établissement profitera évidemment au légataire universel, à l'exclusion des héritiers du sang, bien que des auteurs aient pu soutenir que l'article 910 du Code civil ayant été édicté dans l'intérêt des familles, la caducité ou réduction du legs devait profiter aux héritiers du sang.

1346. Si c'est un legs universel qui est réduit et qu'il y ait un second légataire universel institué en second ordre et à

titre éventuel, pour le cas où l'établissement institué principal ne serait pas autorisé à accepter, les héritiers légitimes se trouvent écartés comme dans l'hypothèse que nous venons de voir (1). Quand le légataire universel institué en second ordre est lui-même une fabrique et qu'il a été autorisé à accepter la portion devenue caduque du legs fait au premier établissement institué légataire universel en premier ordre, il peut revendiquer comme ce dernier la qualité de légataire universel, et, en conséquence, en l'absence d'héritiers à réserve, il n'est pas soumis à une demande en délivrance (2).

1347. Une fabrique, comme tout établissement, légataire universelle ou à titre universel, dont la vocation a été restreinte à une fraction d'objets déterminés, ne peut prétendre, en vertu du droit d'accroissement, au montant d'un legs particulier devenu caduc; en effet, si ce droit lui était reconnu, elle recueillerait des biens qu'elle n'a pas été autorisée à accepter, ce qui serait contraire à l'article 910 du Code civil (3).

1348. Si une fabrique a été instituée légataire universelle et été gratifiée, en outre, d'un legs particulier, il peut arriver que le décret d'autorisation réduise le legs particulier d'un quart, par exemple, et le legs universel de moitié, sans fixer la valeur de ce dernier legs. Le quart devenu caduc du legs particulier pourra-t-il être revendiqué par l'établissement, en vertu de son legs universel, jusqu'à concurrence de moitié ?

L'arrêt que le Conseil d'Etat a rendu sur cette question au sujet d'un autre établissement a un caractère de généralité qui le rend applicable aux fabriques comme à tous établissements; suivant cet arrêt, l'établissement peut réclamer la partie devenue caduque du legs particulier (4).

Mais il est certain que le Conseil d'Etat aurait décidé autrement si le décret de tutelle avait estimé la valeur du legs universel et limité à un chiffre déterminé la vocation de l'établissement, en ce qui concerne le legs universel.

1349. Si un décret a approuvé une transaction passée relativement à un legs, entre une fabrique légataire et les héritiers légitimes, le légataire universel ne pourrait revendiquer pour lui le bénéfice de cette transaction sans contrevenir à l'article 1165 du Code civil, d'après lequel les conventions n'ont d'effet qu'entre les parties contractantes et ne nuisent ni ne profitent aux tiers (5).

1350. Un testateur peut-il stipuler qu'un legs fait à la fabrique ne saurait être réduit par le gouvernement, à peine de révocation au profit d'un légataire substitué ? La Cour de Paris a jugé (6) que la clause d'irréductibilité devait être réputée non écrite comme contraire à l'ordre public, mais sa décision a été cassée par la Cour de cassation (7). La Cour

---

(1) C. d'Et. cont. 11 février 1881, Leb. ..., D. 82.5.466 ; — Comp. trib. Seine 28 juin 1870, D. 70.3.418 ; — C. d'Et. cont. 28 mai 1866, Leb.

Min. just., lettre, 29 novembre 1869. — La situation, en pareil cas, présente une grande analogie avec celle qui a été prévue par l'article 926 du Code Napoléon, portant que, lorsque les dispositions testamentaires excéderont la quotité disponible, la réduction sera faite au marc le franc, *sans aucune distinction* entre les legs universels et les legs particuliers. — C'est uniquement l'absence d'héritiers légitimes qui fait peser sur le légataire universel seul toutes les charges de la succession. Du moment où, par suite de la réduction que le gouvernement a fait subir au legs universel, les héritiers légitimes cessent d'être exclus de l'hérédité, le principe posé par l'article 873 du Code Napoléon, que les héritiers sont tenus des dettes et charges de la succession, concurremment avec les légataires universels, reprend son empire. — On peut encore invoquer contre les *héritiers* Neuve les dispositions de l'article 1017, portant formellement que les *héritiers* du testateur ou les autres *débiteurs* d'un legs sont personnellement tenus de l'acquitter au prorata de la part et portion dont ils profitent dans la succession. — C'est en ce sens que, par arrêt du 22 avril 1850, la Cour de cassation a décidé qu'en cas d'annulation, pour partie, d'un legs universel, les héritiers naturels du testataire sont tenus de contribuer au payement des dettes et charges de la succession dans la proportion de ce qu'ils y prennent. — Il est de principe que les charges d'une succession pèsent sur tous les biens qui la composent. En disposant de tout son avoir au profit d'un particulier ou d'un établissement public, un testateur a pour but, à moins de clause contraire, d'affecter l'universalité de ses biens à l'acquit des legs, dettes et charges de la succession. Du moment où, par suite de décisions judiciaires ou administratives, l'universalité de ses biens se trouve divisée en deux parts, les dettes et charges doivent également être partagées, et chacun des bénéficiaires doit les supporter dans la proportion de son émolument.

(2) Circ. 23 février 1886, D. 86.4.244.
(3) Lettre min. 12 novembre 1877.
(4) Cass. 18 novembre 1834.
(5) Req. 6 novembre 1876.

(1) Req. 13 juillet 1808. — *Contra*, Nancy, 17 novembre 1887.
(2) Req. 8 mai 1876. — Tissier, *Traité théorique et pratique des dons et legs*.
(3) Circ. 23 février 1886
(4) C. d'Et. cont. 27 novembre 1885, Leb. 882.
(5) Voir Congrégations.
(6) Arr. 2 août 1864.
(7) Cass. 25 mars 1863. — La Cour: — Vu les articles 898, 910 et 916 du Code Napoléon ; — Attendu que la décision de l'arrêt attaqué amène ce résultat que, au cas d'autorisation partielle de la part du gouvernement, du legs universel fait par Lelong au profit des hospices civils de Paris, aux termes de son testament du 30 mars 1857, ce legs serait valable et devrait recevoir son exécution dans les limites fixées par ladite autorisation ; que, dans ce même cas, le legs universel fait, suivant le testament du 14 mai 1859, par ledit Lelong à Chagot serait annulé, et que la portion des biens de Lelong que les hospices n'auraient pas été autorisés à accepter serait enlevée à Chagot et dévolue aux héritiers naturels et légitimes dudit Lelong ; — Attendu qu'un tel résultat est condamné par les dispositions les plus formelles de la loi ; — Attendu, en effet, que Lelong, étant décédé sans laisser de descendant ni d'ascendant, avait pu, aux termes de l'article 916 du Code Napoléon, disposer par actes entre vifs ou testamentaires de la totalité de ses biens ; que suivant l'article 898 du même Code, après avoir, ainsi qu'il l'avait fait par son testament du 30 mai 1857, institué les hospices civils de Paris ses légataires universels, il avait pu valablement, par un second testament du 14 mai 1859, instituer Chagot, contre lequel il n'a été élevé aucun reproche d'incapacité, son légataire universel, au lieu et place des hospices, soit d'une manière absolue, soit dans un cas spécial et sous une condition particulière qu'il déterminerait, et qui ne serait point contraire à la loi ; — Attendu que c'est là ce que Lelong a fait en disposant, par son second testament du 14 mai 1859, que, dans le

d'Amiens s'est rangée à l'avis de la Cour de cassation (1).

1351. Il n'y a pas lieu de statuer sur des libéralités résultant d'une simple note écrite à la suite d'un testament, sans date ni signature. En effet, aux termes de l'article 970 du Code civil, une disposition testamentaire n'est point valable si elle n'est ni datée, ni signée; dès lors, les legs qui y sont compris sont nuls et inexistants (2).

1352. Il peut arriver que la fabrique et les héritiers fassent abandon de leurs droits pour prévenir des procès nés ou à naître. L'administration, en ce cas, au lieu de statuer sur le legs, approuve la transaction quand elle lui a semblé nécessaire (3).

1353. La fabrique a besoin, pour renoncer aux legs faits en sa faveur, de la même autorisation que pour les accepter. Lors donc qu'une fabrique a pris une délibération portant refus d'accepter une disposition testamentaire, le préfet doit instruire dans la forme ordinaire. Dans ce cas, le gouvernement laisse au préfet le soin d'apprécier les motifs particuliers qui pourraient dispenser de l'accomplissement de quelques-unes des formalités plus ou moins dispendieuses prescrites par le règlement. Ainsi, par exemple, si le refus d'accepter, qui doit toujours être motivé, était fondé sur l'insuffisance de la succession du testateur et sur l'indigence des héritiers, l'extrait du testament et l'acte de décès pourraient être produits sur papier libre. Il serait inutile, en outre, de faire signifier aux héritiers des actes extra-judiciaires d'interpellation, mais il serait d'autant plus nécessaire de produire des renseignements précis sur les divers faits et circonstances allégués (4).

1354. Le gouvernement peut se trouver en présence de clauses et conditions impossibles, illicites ou immorales imposées par l'auteur de la libéralité. Doit-il les considérer comme non écrites, aux termes de l'article 900 du Code civil? Quand il s'agit d'une donation, avant d'autoriser une acceptation qui rendrait irrévocable une libéralité grevée d'une condition à laquelle le donateur peut avoir attaché une grande importance, il paraît équitable et loyal, tout en repoussant les conditions illicites, de faire connaître au donateur la situation des choses et de l'appeler à modifier les conditions de la libéralité (5).

Un legs étant consommé par le décès de son auteur, que doit faire l'administration au cas de legs sous clauses et conditions illégales? Elle peut décider qu'il n'y a pas lieu d'autoriser l'acceptation de la libéralité, quand elle pense que les héritiers pourront obtenir la révocation du legs pour inexécution des conditions, la condition inadmissible étant la condition impulsive et déterminante de la libéralité; quand elle pense que les établissements, s'ils étaient autorisés, exécuteraient la condition interdite sans qu'on puisse les en empê-

cher; par exemple, si un legs est fait à une fabrique pour l'entretien d'une chapelle sans titre.

En dehors de ces deux hypothèses, le gouvernement autorise le legs aux clauses et conditions imposées *en tant qu'elles n'ont rien de contraire aux lois*, signalant ainsi à l'établissement l'illégalité de ces dispositions, et il ratifie la déclaration des héritiers quand ils renoncent à se prévaloir de l'inexécution des conditions écartées par l'autorité administrative.

1355. Les clauses inadmissibles sont trop nombreuses pour qu'on puisse en donner une complète énumération. La circulaire du 10 avril 1862 a signalé aux préfets, dans l'intérêt de la bonne instruction des affaires, les principales conditions dont la nullité est expressément prononcée par la loi ou les règlements, soit admise par la jurisprudence du Conseil d'État ou des tribunaux (1).

Les donations faites à la fabrique avec réserve d'usufruit en faveur du donateur ne sont pas susceptibles d'autorisation. Si, nonobstant cette prohibition, des actes renfermant une clause semblable étaient adressés au préfet, il lui suffirait de les renvoyer en citant l'article de l'ordonnance qui ne permet pas de les présenter en cet état à l'autorisation du gouvernement (2).

Campion pense que lorsque le donateur s'est borné à se réserver la jouissance d'une partie de la chose donnée ou à stipuler à son profit la remise d'une rente viagère sensiblement inférieure au revenu de l'objet de la donation, la stipulation ne doit pas être considérée comme constituant une réserve d'usufruit; elle n'est en réalité qu'une condition onéreuse imposée à la libéralité (3).

1356. Lorsque, dans une donation faite au profit d'une fabrique ou d'un établissement ecclésiastique ou religieux, le donateur s'est réservé, comme condition de sa libéralité, une rente viagère en sa faveur, cette réserve équivaut à une réserve d'usufruit, dans le sens de l'article 4 de l'ordonnance du 14 janvier 1831, et s'oppose, à ce titre, à l'autorisation de l'acceptation de la donation ainsi consentie (4).

1357. La donation d'un immeuble, faite à un établissement ecclésiastique ou religieux avec la stipulation que le donateur en restera locataire pendant un temps et moyennant un loyer déterminés d'avance, peut être autorisée s'il est reconnu que le loyer sincèrement stipulé représente réellement la valeur locative de l'immeuble donné (5).

1358. La fabrique ne peut être autorisée à accepter des dispositions, soit par actes entre vifs, soit par testament, lui conférant un usufruit dont la durée excéderait trente ans (6). Si un usufruit de cette nature a fait l'objet d'une donation en faveur d'une fabrique, le gouvernement prévient le donateur qu'il doit modifier l'acte de donation par la réduction de l'usufruit à trente ans.

En cas de legs, l'acceptation de l'usufruit n'est autorisée que pour la durée légale (7).

1359. Les libéralités faites à la fabrique en faveur des confréries ne peuvent être autorisées.

1360. Il en est de même des libéralités qui seraient faites à une fabrique, en dehors de ses attributions légales, en cas d'une mission ou de prédications extraordinaires autres que celles qui sont faites conformément aux prescriptions de la loi de germinal an X et du décret du 30 décembre 1809 (8).

1361. Est inadmissible la disposition portant que les prédications extraordinaires fondées dans une paroisse ne pourront être faites que par des ecclésiastiques d'un ordre désigné, en dehors du clergé paroissial, ou par des religieux, au choix du curé seul, cette disposition empiétant sur le

---

cas où, par une raison ou cause quelconque, l'institution par lui faite au profit des hospices civils de Paris ne recevrait pas une exécution pleine et entière, il entendait qu'elle fût considérée comme nulle et non écrite, et que, pour ce cas, il instituât Chagot son légataire universel; — Attendu que par suite de cette disposition le gouvernement, dont, aux termes de l'article 910 du Code, l'autorisation est nécessaire aux hospices pour l'acceptation du legs à eux fait, ne pourrait, en usant du droit qui lui appartient en général de réduire en pareil cas les dispositions testamentaires, en autoriser l'exécution préalable sans qu'il en résultât, par cela même, la caducité du legs qui n'avait été fait que sous la condition d'une exécution entière; — Mais attendu que le droit général d'autorisation ou de refus pour le tout restait plein et entier entre les mains du gouvernement, et que la gêne qu'il pouvait éprouver dans l'exercice de ce droit ne pouvait être un motif légal pour la Cour impériale de Paris d'annuler les dispositions testamentaires dont il s'agit, régulières en la forme et au fond, et faire substituer, en violation manifeste du droit de tester, à une succession testamentaire que Lelong avait eu le droit d'établir, une succession *ab intestat* qu'il était dans son droit et dans sa volonté de repousser; qu'il suit de là que l'arrêt attaqué, en annulant ainsi qu'il l'a fait les dispositions testamentaires de Lelong, soit au regard des hospices civils de Paris, soit au regard de Chagot, a faussement appliqué l'article 910 du Code Napoléon, et expressément violé les articles 807 et 910 dudit Code; — Casse, etc.

(1) Amiens, 24 juillet 1863.
(2) C. d'État, note, 25 janvier 1800, legs par le sieur Rideau à divers établissements de la Charente-Inférieure.
(3) Voir transaction.
(4) Circ. 10 avril 1862.
(5) Circ. 10 avril 1862.

(1) Circ. 10 avril 1862.
(2) Id.
(3) *Manuel de droit civil et ecclésiastique.*
(4) J. c. f., 1850-51, 513e consult.
(5) Min. just., lettre, 16 juin 1866.
(6) C. civ., art. 619.
(7) Voir, pour la question de la réductibilité de l'usufruit à trente ans, MENSE et CONGRÉGATION.
(8) Voir *supra*.

pouvoir de l'autorité diocésaine et méconnaissant formellement les prescriptions de l'article 32 du décret du 30 décembre 1809 (1).

1362. La clause d'une donation entre vifs en faveur d'une fabrique, qui lui impose l'obligation de faire donner, tous les six ans, les exercices d'une retraite par un prêtre régulier, choisi par le curé de la paroisse, n'est pas susceptible d'être approuvée (2).

1363. Est illégale la disposition qui a pour objet de confier au desservant seul d'une succursale l'administration des biens donnés à la fabrique ou à l'église (3).

1364. Est contraire à la loi la libéralité faite à une fabrique à charge de célébration de messes dans une chapelle sans titre. Quand un testateur a pris soin de prescrire que la célébration de messes demandées par lui dans une chapelle sans titre pourrait avoir lieu dans l'église paroissiale dans le cas où elle ne pourrait avoir lieu dans ladite chapelle, la fabrique de l'église paroissiale peut être autorisée d'office à accepter la libéralité (4).

1365. L'article Ier du décret du 23 prairial an XII, qui défend de faire des inhumations dans les églises et autres lieux ouverts à l'exercice public du culte, s'opposerait aussi à l'acceptation de la donation, qu'un particulier ferait à une fabrique, d'une église sur laquelle il se réserverait un caveau pour sa sépulture et celle des membres de sa famille, alors même que l'entrée de ce caveau serait placée à l'extérieur de l'église (5).

Quelques exceptions à cette règle se sont produites ; mais on fait en sorte qu'elles ne se renouvellent pas. Il est vrai aussi que, d'après un usage constamment suivi, les évêques sont inhumés dans les caveaux de leur cathédrale ; mais cette dérogation, justifiée par la haute dignité de ceux qui en sont l'objet, n'a point et ne peut avoir pour conséquence d'exciter les particuliers, quelle que soit leur position sociale, à réclamer en leur faveur une distinction de ce genre (6).

1366. On doit considérer comme illicite la condition apposée à la donation d'une église, par laquelle les donateurs se réservent la jouissance, pour eux et leurs descendants, d'une chapelle qu'ils auraient le droit de céder à des tiers ou qui serait transmissible aux ayants cause des donateurs dans la propriété d'un domaine. Une pareille clause serait, en effet, contraire au principe, consacré par l'ancienne et la nouvelle jurisprudence, que le droit à la jouissance des bancs et places dans les églises est essentiellement personnel et non transmissible à des tiers (7).

1367. Lorsqu'un legs est fait à une fabrique à la condition de laisser à la maison du testateur et d'attacher ainsi à sa propriété la jouissance à perpétuité d'un banc dans l'église paroissiale, il n'y a pas lieu d'approuver cette condition, qui est contraire aux lois. « D'après l'article 72 du décret du 30 décembre 1809, les concessions de bancs ou de chapelles dans les églises ne doivent être autorisées qu'en faveur des donateurs ou bienfaiteurs de ces églises. Ces concessions constituent une dérogation au droit commun, qui doit être justifiée par des libéralités d'une certaine importance... D'un autre côté, d'après la législation et la jurisprudence actuelle, la jouissance d'un banc ou d'une chapelle ne peut être attachée à la propriété d'une maison ; elle est accordée seulement aux bienfaiteurs d'une église pour eux et leur famille, tant qu'elle existera, c'est-à-dire pour leurs descendants et alliés en ligne directe... (8). »

1368. La condition de placer dans l'église une inscription ou un monument funèbre en faveur d'une personne vivante

doit aussi être repoussée, une pareille distinction ne pouvant être accordée, sans l'autorisation du gouvernement, qu'à la mémoire de personnes décédées qui ont fait d'importantes libéralités au profit de l'église (1).

1369. Aux termes de l'article 3 de la loi du 2 janvier 1817, de l'article 62 du décret du 30 décembre 1809, de l'article 2 de l'ordonnance du 14 janvier 1831, les établissements ecclésiastiques peuvent, avec l'autorisation du gouvernement, aliéner leurs immeubles et leurs rentes. La clause relative à l'inaliénabilité d'un immeuble ou d'une rente donnée aurait donc pour effet d'interdire à l'établissement donataire l'exercice d'une faculté que la loi lui accorde et de porter en même temps atteinte aux droits du gouvernement consacrés par la législation. Elle est, en outre, contraire aux principes généraux qui régissent les mutations de propriété. Elle ne saurait dès lors être approuvée (2).

1370. On doit considérer également comme inadmissible la condition, insérée dans l'acte de donation d'une rente, que le remboursement n'en pourra jamais être effectué. En effet, aux termes des articles 630 et 911 du Code civil, les rentes annuelles et perpétuelles sont essentiellement rachetables, et toutes les stipulations qui ont pour but d'en interdire le remboursement au delà des termes que ces articles permettent de fixer sont nulles (3).

1371. La clause portant qu'une donation serait révoquée de plein droit, à partir de l'époque où les conditions stipulées cesseraient d'être exécutées, est contraire à l'article 956 du Code civil, portant que la révocation d'une donation n'aura jamais lieu de plein droit.

1372. Aux termes des articles 953, 954 et 956 du même Code, les donateurs et leurs représentants ont toujours la faculté de poursuivre la révocation de leurs libéralités pour cause d'inexécution des conditions. Cette garantie paraît suffisante, puisque, dans le cas où la révocation est prononcée par la justice, les biens rentrent libres de toutes charges dans les mains du donateur (4).

1373. Sont inadmissibles les conditions d'une donation dont l'exécution dépendrait de la seule volonté du donateur (5).

1374. Les établissements publics ne pouvant faire de compromis, il y aurait lieu de considérer comme inadmissible la clause d'une donation portant que toutes les contestations auxquelles pourraient donner lieu l'interprétation et l'exécution de la libéralité seraient décidées par la voie arbitrale (6).

1375. Un legs fait à une fabrique à charge de pourvoir au traitement d'une institutrice congréganiste doit être considéré comme contenant une clause illégale depuis la loi du 30 octobre 1886 et ne peut être accepté même par la commune (7).

1376. On doit considérer comme ayant un caractère illicite, et constituant une entrave à l'exercice du droit conféré par la loi à l'autorité préfectorale de nommer les instituteurs communaux, la clause d'un acte contenant donation d'une maison à une fabrique d'église pour servir de presbytère, sous la condition que la fabrique et la commune intervenant à l'acte choisiront et maintiendront à perpétuité un instituteur congréganiste pour la direction d'une école communale. Mais cette clause, considérée comme illicite, peut n'être pas seulement réputée non écrite ; elle a pour effet d'anéantir la donation elle-même, s'il est constant et reconnu en fait qu'elle a été la cause déterminante et le but de la donation (8).

(1) C. d'Et. 23 décembre 1852 ; — Déc. min. 3 avril 1861 ; — Lettre min. 4 février 1870.
(2) Min. just. 4 février 1870 ; voir plus haut Libéralités pour exercices spirituels.
(3) D. 30 décembre 1809.
(4) C. d'Et., note, 30 octobre 1889, legs Cavalier à fabrique de Molières (Gard).
(5) Circ. 10 avril 1863.
(6) Bullet. int., 1861.
(7) Circ. 10 avril 1862.
(8) Min. just., lettre, 9 septembre 1865.

(1) Circ. 10 avril 1862.
(2) Circ. 10 avril 1862.
(3) Circ. 10 avril 1862.
(4) Circ. 10 avril 1862.
(5) C. civ., art. 944 ; — Circ. 10 avril 1862.
(6) Circ. 10 avril 1862 ; — J. c. r., 1848-49, 492e consult.
(7) C. d'Et., note, 17 juillet 1888, legs par le sieur Perdrieux à la fabrique de Saint-Aubin, à Arquenay (Calvados).
(8) Cass. civ. 3 novembre 1886. — La Cour ; — Sur le premier et le deuxième moyens réunis ; — Attendu que, des constatations de fait de l'arrêt attaqué, il résulte que la demoiselle Murray, le 23 juillet 1854, a fait donation à la fabrique de l'église de Semide (Ardennes) d'une maison et de ses dépendances pour servir de presbytère, à la condition

1377. Les clauses de retour et de substitution présentent à l'égard des fabriques comme de tous établissements publics des difficultés spéciales dont il importe de laisser en général la connaissance aux tribunaux civils. L'administration supérieure se réserve de déterminer elle-même, après examen des pièces, la marche à suivre dans chaque affaire (1).

1378. Il est une clause illégale qui n'est pas considérée par le Code comme non écrite et qui entraîne la nullité de la disposition elle-même, c'est la clause de substitution (2).

1379. Il n'y a pas substitution, d'après la jurisprudence actuelle du Conseil d'État, quand, pour assurer l'exécution d'une fondation, un testateur, après avoir institué un premier établissement, sans diminuer les droits du premier, institue un second établissement, pour le cas où le premier établissement ne voudrait pas ou ne pourrait accepter la libéralité (3).

1380. Un avis du Conseil d'État du 30 mars 1822 a décidé qu'il y avait substitution dans le fait, par une fabrique, de recevoir une libéralité, à la charge de la transmettre à un autre établissement actuellement inexistant ou dont la création serait ultérieurement autorisée.

1381. En principe les dons et legs au profit des établissements publics ou d'utilité publique ne peuvent être autorisés que par un acte du pouvoir central, le Conseil d'État entendu. Toutefois, diverses mesures de décentralisation ont été prises à l'égard de certains établissements (1), pour diminuer l'autorité du pouvoir central. Les établissements ecclésiastiques et religieux n'ont pas bénéficié de ces mesures, car on a pensé que le service des cultes qui touche à des questions concordataires et de politique générale ne pouvait, sans inconvénient, être décentralisé. C'est donc un décret en Conseil d'État qui statue sur les dons et legs faits aux fabriques, comme à tout établissement ecclésiastique et religieux. Exceptionnellement, le préfet a qualité pour autoriser l'acceptation des dons ou legs en argent ou objets mobiliers n'excédant pas 300 francs faits à la fabrique comme à tout établissement ecclésiastique ou religieux.

1382. Aux termes d'une décision ministérielle, lorsqu'un donateur ou un testateur a fait des libéralités à divers établissements ecclésiastiques ou religieux, il peut être statué par un arrêté préfectoral sur l'ensemble de ces libéralités, si aucune d'elles n'excède la compétence du préfet et n'est contestée par les héritiers du bienfaiteur (2).

1383. L'acceptation des dons et legs aux fabriques est faite par les trésoriers des fabriques quand les donateurs ou testateurs ont disposé en faveur des fabriques, ou pour l'entretien des églises et le service divin (3).

1384. Si une chapelle n'est pas érigée, le maire doit poursuivre l'érection et l'autorisation d'accepter la libéralité. Les dispositions faites en faveur des annexes érigées (actuellement chapelles de secours), ou dont l'érection n'aurait pas encore été autorisée, ne peuvent être acceptées que par le trésorier ou le desservant de l'église paroissiale dans les formes et conditions réglées par l'ordonnance du 2 avril 1817, à charge de donner à la libéralité reçue la destination indiquée par le donateur (4).

Si le trésorier est donateur, la donation est acceptée par le président (5).

1385. Si le trésorier doit accepter les libéralités faites aux fabriques, il faut admettre qu'au cas d'empêchement absolu, il peut être remplacé par le président, lorsque ces pouvoirs spéciaux lui ont été confiés par le conseil de fabrique. On peut s'appuyer pour décider ainsi sur une note émise par la section de l'intérieur et des cultes (6), et décidant que les conventions peuvent être signées par le président au nom du conseil de fabrique, lorsque ces pouvoirs spéciaux lui ont été confiés par ce conseil.

1386. Par qui le legs fait à une église cathédrale doit-il être accepté ? La jurisprudence du Conseil d'État a sensiblement varié. Un avis du 13 novembre 1833 a décidé qu'un legs fait à la fabrique d'une église métropolitaine devait être accepté par le trésorier et non par l'archevêque (7). Mais aux termes d'un autre avis du 12 mars 1834, le legs fait à la métropole doit être accepté par l'archevêque (8). Enfin, un avis des 4

---

qu'une autre maison, située dans la même commune, à laquelle elle appartenait et qui avait jusque-là servi de presbytère, serait affectée à une école communale de filles dirigée habituellement par des religieuses ; que l'arrêt attaqué déclare, par interprétation souveraine de la volonté des parties, que cette condition a été la cause déterminante de la disposition, le motif impulsif de la donation, sans laquelle elle n'aurait pas eu lieu ; — Attendu qu'il est encore constaté en fait par l'arrêt attaqué que, à la suite d'une délibération du conseil municipal de Semide, en date du 15 juin 1881, cette commune a provoqué de l'administration supérieure la nomination de la demoiselle Michelet comme institutrice laïque, et qu'un arrêté du préfet des Ardennes, en date du 8 août 1881, a nommé ladite demoiselle Michelet institutrice à Semide, en remplacement de la demoiselle Dothune, en religion Marie-Mathilde ; que, le 1er octobre suivant, la demoiselle Michelet a pris possession de ses fonctions et qu'ainsi, contrairement aux intentions formellement exprimées par la donatrice et par le fait de la commune de Semide, l'école dont la donation prévoyait l'établissement a cessé d'être dirigée par des religieuses ; — Attendu, en droit, d'une part, que la condition imposée par la donatrice avait bien un caractère illicite, puisqu'elle consistait à mettre entrave à l'exercice du droit que l'article 4 du décret du 19 mars 1852 confère à l'autorité préfectorale, d'effet de nommer, dans la plénitude de son indépendance, les conseils municipaux entendus, les instituteurs communaux ; mais que l'arrêt attaqué ayant jugé, en fait, que cette clause avait été la cause déterminante et le but de la disposition, il s'ensuit qu'il n'a fait qu'une juste application de la loi en décidant que cette condition, considérée comme illicite, ne devait pas seulement être réputée non écrite, mais qu'elle avait pour effet d'anéantir la disposition elle-même ; — Attendu, d'autre part, que, quoi que soit le sens de la délibération du conseil municipal de Semide, en date du 15 juin 1881, dont l'intervention était surabondante, les constatations de fait ci-dessus rapportées suffisent à justifier le dispositif de l'arrêt en tant qu'il prononce la révocation de la donation faite par la demoiselle Murray, pour cause d'inexécution de la condition par elle imposée ;
Sur le troisième moyen : — Attendu qu'il est constaté, en fait, par l'arrêt attaqué, que dans l'acte d'acceptation de la donation faite par la demoiselle Murray, dressé le 16 octobre 1857, il a été stipulé que les conditions imposées étaient très expresses et seraient exécutées de leur gré en entière exécution, la donation n'aurait pas été consentie ; qu'elle a été acceptée par la fabrique de la commune sous les conditions imposées, lesquelles seraient ponctuellement exécutées ; — Attendu que l'obligation ainsi contractée était indivisible dans son exécution aussi bien de la part de la fabrique que de celle de la commune, et qu'en déclarant l'action de la demoiselle Murray recevable contre la fabrique aussi bien que contre la commune, l'arrêt attaqué a violé ni les articles visés par le pourvoi, ni aucune autre loi, et n'a fait qu'une exacte application du principe écrit dans l'article 1220 du Code civil ; — Par ces motifs, rejette les premiers moyens.
Mais sur le quatrième moyen : — Vu l'article 1202 du Code civil ; — Attendu que la solidarité ne se présume pas ; que les dépens sont personnels et divisibles ; qu'aucune disposition de loi ne permet, en matière civile, quand la condamnation au principal n'a pas été prononcée solidairement, de prononcer la solidarité des dépens contre plusieurs défendeurs conjoints, si ce n'est à titre de dommages-intérêts ; d'où il suit que l'arrêt attaqué, en prononçant la condamnation solidaire aux dépens de la commune et de la fabrique de Semide sans énoncer que cette condamnation avait eu lieu à titre de dommages-intérêts, pour l'unique motif que l'obligation principale était indivisible, a violé l'article précité ; — Par ces motifs, casse et annule, mais seulement au chef qui a prononcé la condamnation solidaire aux dépens.
(1) C. civ., art. 951 et 896 ; circ. 10 avril 1862. — Circ., 7 mars 1876.
(2) C. civ., art. 806.
(3) C. d'Ét., 9 novembre 1832 ; — C. d'Etat, 9 août 1833.

(1) Voir COMMUNE, DÉPARTEMENT, ASSISTANCE, ETABLISSEMENTS DE PRÉVOYANCE.
(2) Minis. justice, lettre, 13 décembre 1866.
(3) Ord. 2 avril 1817, art. 3.
(4) Ord. 19 janv. 1820, voir plus haut, Nécessité d'existence légale des établissements pour recevoir.
(5) Ord. 7 mai 1826, art. 1.
(6) C. d'Ét. 13 nov. 1833. — Les membres du Conseil d'Etat composant le comité de l'intérieur et du commerce, qui, sur le renvoi ordonné par le ministre de l'intérieur et des cultes, ont pris connaissance d'un rapport et d'un projet d'ordonnance tendant à autoriser l'archevêque de Besançon à accepter au nom de l'archevêché, du séminaire, des écoles secondaires ecclésiastiques et de l'église métropolitaine de Besançon divers legs faits à ces établissements par M. le cardinal de Rohan-Chabot, archevêque de Besançon ; — Vu le testament dudit archevêque ; — Vu toutes les pièces produites et jointes au dossier.
« Considérant qu'il existe dans l'église métropolitaine de Besançon une fabrique ayant qualité pour recevoir et accepter les legs faits à cette église, aux termes de l'article 59, décret du 30 décembre 1809 ; — Qu'en conséquence, c'est au trésorier de la fabrique de l'église métropolitaine de Besançon qu'il appartient d'accepter les legs faits à cette église par le cardinal de Rohan.
« Sont d'avis : qu'il n'y a pas lieu d'autoriser l'archevêque de Besançon à accepter les legs dont il s'agit, mais bien le trésorier de la fabrique.»
(8) C. d'Et. 12 mars 1834 ; — « Les membres du Conseil d'Etat composant le comité de l'intérieur et du commerce, qui, sur le renvoi ordonné par M. le ministre de l'intérieur et des cultes, ont pris connaissance de ses observations sur un avis du comité tendant à faire accepter par l'archevêque et le trésorier de la fabrique de l'église métropolitaine

et 13 mai 1843 décide que quand une église est à la fois affectée au service diocésain et au service paroissial, le legs fait nominativement à la fabrique de l'église paroissiale doit être accepté, non par l'évêque, mais bien par le trésorier de la fabrique (1). Cette doctrine même est la seule qui nous paraisse admissible.

D'après l'ordonnance du 7 mai 1826, quand l'archevêque ou évêque est lui-même donateur, il est remplacé par le trésorier de la fabrique cathédrale si la donation a pour objet la cathédrale.

1387. On a pensé, en s'appuyant sur les articles 1 et suivants du décret du 6 novembre 1813 que les dons et legs faits aux titres ecclésiastiques, cures, succursales, chapelles, doivent être acceptés par les titulaires; à leur défaut, ils doivent l'être par la fabrique, chargée de veiller à la conservation de leurs biens (2). Au cas où le curé ou le desservant est *donateur*, l'ordonnance du 7 mai 1826 spécifie formellement qu'ils doivent être remplacés par le trésorier de la fabrique.

1388. Si, dans un legs fait à une fabrique, le testateur avait exprimé la condition que ce legs fût employé à fournir le traitement du vicaire, l'acceptation n'en devrait pas moins être faite par le trésorier, à l'exclusion du curé dont l'intervention, dans ce cas, n'est pas nécessaire (3).

1389. Le legs d'une somme d'argent fait aux *prêtres* d'une paroisse, à charge de service religieux, doit être accepté par le trésorier de la fabrique à l'exclusion du desservant (4).

---

de Besançon les legs faits à cette métropole par le cardinal de Rohan; — Vu l'avis du comité du 13 novembre dernier;

Considérant que l'ordonnance des 2 avril 1817 a réellement modifié les dispositions du décret du 30 décembre 1809, en ce qui concerne les legs et donations faits aux églises métropolitaines;

Sont d'avis : — Qu'il y a lieu d'autoriser M. l'archevêque de Besançon à accepter les legs faits par M. le cardinal de Rohan à la fabrique de la cathédrale de Besançon. »

(1) C. d'Et. 4 et 13 mai 1843. — « Le comité de législation qui, sur le renvoi ordonné par M. le garde des sceaux, ministre secrétaire d'Etat au département de la justice et des cultes, a pris connaissance d'un projet d'ordonnance tendant à autoriser M. l'évêque de Meaux à accepter au nom de son église *cathédrale* le legs d'une somme de 2,200 francs fait à la demoiselle Robiche, suivant son testament olographe du 10 décembre 1834; — Vu ledit testament; — Ensemble les pièces du dossier; — Vu la loi du 2 janvier 1817, 2 avril 1817 et 14 janvier 1831;

Considérant que par son testament la demoiselle Robiche a légué ladite somme de 2,000 francs à la fabrique de l'église *paroissiale* de Saint-Etienne de Meaux et que par conséquent le trésorier de la fabrique de ladite église paroissiale doit seul être autorisé à accepter ledit legs;

Est d'avis qu'il y a lieu d'autoriser le trésorier de la fabrique de l'église paroissiale de Saint-Etienne de Meaux à accepter au nom de cet établissement le legs fait par la demoiselle Robiche, suivant son testament susvisé. »

(2) De Champeaux.

(3) C. d'Et. 5 avril 1850; — « Les membres, etc., ont pris connaissance d'un projet de décret tendant à autoriser le curé de la paroisse d'Ervy (Aube) à accepter en ce qui le concerne et conjointement avec le trésorier de la fabrique, la donation faite à ladite fabrique par la demoiselle Louise-Eléonore Roy, d'une somme de 12,000 fr dont les revenus devront être employés à servir chaque année au vicaire de la paroisse une rente de 500 francs; — Vu la déclaration du conseil de fabrique de l'église d'Ervy en date du 7 octobre 1849; — Vu les avis de l'évêque de Troyes et du préfet de l'Aube;

Considérant qu'aux termes de l'article 37 du décret du 30 décembre 1809 le payement des vicaires est une charge des fabriques; — Qu'il résulte de cette disposition que la donation faite par la demoiselle Roy pour servir au traitement d'un vicaire à Ervy doit profiter exclusivement à la fabrique de l'église de cette commune, et qu'en conséquence c'est au trésorier seul de ladite fabrique qu'il appartient de l'accepter.

Sont d'avis qu'il y a lieu de modifier le projet de décret dans le sens des observations qui précèdent. »

(4) C. d'Et., 1er décembre 1846. — « Le comité de législation qui, sur le renvoi ordonné par M. le garde des sceaux, ministre, secrétaire d'Etat de la justice et des cultes, a pris connaissance d'une demande formée par le desservant de l'église succursale de Saint-Mars-sur-la-Futaie à l'effet d'obtenir l'autorisation d'accepter, tant en son nom qu'en celui de ses successeurs, le legs d'une somme d'argent fait *aux prêtres* de ladite commune par la demoiselle Rougerie, suivant son testament authentique du 23 février 1845; — Vu ledit testament; — Vu la loi du 2 janvier 1817 et l'ordonnance royale du 2 avril de la même année.

Considérant qu'aux termes du testament le legs susvisé a été fait *aux prêtres de la commune de Saint-Mars-sur-Futaie* en général et que c'est au conseil de fabrique qu'il appartient d'accepter une telle libéralité à la charge d'assurer les services religieux qui y sont attachés.

Est d'avis, qu'il y a lieu d'autoriser le trésorier de la fabrique de l'église de Saint-Mars-la-Futaye à accepter le legs contenu dans le testament de la demoiselle Rougerie à l'exclusion du desservant de ladite commune. »

1390. Aux termes de la circulaire du 10 avril 1862, les dons et legs faits aux vicaires d'une paroisse devraient être acceptés par le curé ou desservant, au nom des vicaires successifs (2).

1391. L'acte d'acceptation doit mentionner l'autorisation (1).

1392. Dès que l'acte d'autorisation de la donation est notifié à la fabrique, le trésorier de la fabrique saurait mettre trop d'empressement à l'acte, suivant les formes tracées par la loi, c'est-à-dire par un notaire (2).

1393. Lorsqu'une donation d'immeuble est devenue parfaite par l'accomplissement de toutes les formalités légales, le trésorier de la fabrique ne saurait mettre trop d'empressement à la faire transcrire sur les registres des hypothèques, sa négligence à cet égard pourrait compromettre les intérêts de la fabrique et engager gravement sa propre responsabilité (3).

1394. Les droits de mutation sont-ils exigibles d'une fabrique autorisée à accepter la donation d'un immeuble mais qui s'en est mise en possession avant l'acte notarié qui seul peut rendre cette donation parfaite? Cette question a été résolue affirmativement. « Sans doute, il est de règle que tant qu'une donation entre vifs n'est pas régularisée par un acte avec toutes les formalités voulues, l'exigibilité du droit proportionnel auquel l'acte est soumis est suspendue jusqu'à l'accomplissement de ces formalités. Mais, à côté de cette règle de droit commun, l'article 4 de la loi du 27 ventôse an IX porte qu'en matière de mutation immobilière, il n'est pas nécessaire qu'il y ait un acte constatant la mutation, pour que le droit proportionnel soit exigible. La possession suffit, et le nouveau possesseur est tenu d'en faire la déclaration à l'administration de l'enregistrement dans les trois mois de son entrée en possession, sous peine du double droit. D'un autre côté, l'article 12 de la loi du 22 frimaire an VII dispose que la mutation d'un immeuble en propriété ou en usufruit sera suffisamment établie, pour la demande du droit d'enregistrement, soit par l'inscription du son nom au rôle de la contribution et des payements par lui faits d'après ce rôle, soit par des baux par lui passés, ou enfin par des transactions ou d'autres actes constatant sa propriété ou son usufruit (4). »

1395. Les droits d'enregistrement dus pour une donation ou un legs sont à la charge de l'établissement légataire. Mais le donateur ou le testateur peut déroger à cette règle de droit commun en prenant les frais à sa charge (5).

1396. Les fabriques ont le droit, sous le contrôle du préfet, de prélever sur les sommes données ou léguées les frais d'acceptation et autres qu'elles sont obligées de faire, le prélèvement ne saurait comprendre le demi-droit de mutation que ces établissements auraient eu à payer encore, à raison du retard ou de la négligence du trésorier. Le prélèvement doit s'opérer proportionnellement aux différentes libéralités faites par la même personne au même établissement. Il ne saurait être exercé intégralement sur l'une de ces dispositions au préjudice de la fondation spéciale que le bienfaiteur aurait voulu assurer par ce don (6).

1397. L'acceptation n'est valable que si le gouvernement l'a autorisée (7). Si donc le donateur décède avant l'autorisation du gouvernement ou révoque sa libéralité avant l'accomplissement de cette formalité, la donation devient caduque. En outre, l'instruction des dons étant souvent fort longue, les fabriques perdent les intérêts de libéralités, qui courent pendant qu'elles sont en instance pour obtenir l'autorisation d'accepter.

A la différence de certains établissements (8), les fabriques ne jouissent pas du bénéfice de l'acceptation provisoire qui

---

(1) Déc. 30 décembre 1809, art. 59.
(2) C. civ., art. 931.
(3) Bost., *Conseils de fabrique.*
(4) Bost, *Conseils de fabrique.*
(5) C. civ., art. 1016.
(6) D. min. Cultes 29 novembre 1832 ; 19 septembre 1833, Bost.
(7) C. civ., art. 937.
(8) Voir communes, départements, hospices et hôpitaux, bureaux de bienfaisance, sociétés de secours mutuels.

obvie á ces inconvénients, car elle fait considérer la donation comme devenue parfaite et définitive entre les parties à dater du jour de l'acceptation provisoire et fait courir les intérêts du legs particulier à partir de la demande en délivrance que l'acceptation provisoire rend possible (1).

1398. Une circulaire du 10 avril 1862 décide qu'un simple acquiescement du légataire universel ou des héritiers du donateur ne saurait suffire pour faire revivre une donation frappée de caducité par le prédécès du donateur. S'ils désirent que les pieuses intentions de leur auteur soient remplies, la circulaire déclare indispensable qu'ils fassent eux-mêmes et en leur nom une donation par un nouvel acte authentique. Mais actuellement, le Conseil d'Etat décide, en s'appuyant sur l'article 1340 du Code civil, que la fabrique peut être autorisée à accepter la libéralité résultant tant de l'acte de donation que du consentement des héritiers à son exécution.

1399. L'autorisation d'accepter le legs particulier obtenue, le trésorier doit en demander la délivrance aux héritiers à réserve du testateur, à leur défaut, aux légataires universels, à défaut de ceux-ci, aux héritiers appelés à recueillir la succession dans l'ordre établi par le Code. Il en est de même si elle est légataire à titre universel (2).

1400. Si la fabrique est instituée légataire de l'universalité des biens du testateur, et s'il ne se trouve, au décès de celui-ci, aucun héritier à réserve, elle n'a aucune demande en délivrance à faire, puisqu'elle est saisie de plein droit (3), mais si le testament est olographe ou mystique, elle doit présenter une requête au président du tribunal civil de l'arrondissement où la succession s'est ouverte, à l'effet de se faire envoyer en possession (4).

1401. La fabrique est dispensée d'une demande en délivrance, si l'objet légué se trouvait déjà dans sa main à titre de dépôt ou de prêt, ou si le testateur lui avait fait la remise d'une dette contractée par elle (5).

1402. A partir de quel moment la fabrique légataire peut-elle prétendre aux fruits ou intérêts de la chose léguée? Au cas de legs particulier, le légataire ne peut prétendre aux fruits ou intérêts de la chose léguée qu'à compter du jour de la demande en délivrance ou du jour où la délivrance lui a été volontairement consentie (6). L'autorisation provisoire donne aux établissements qui jouissent de ce bénéfice, le droit d'introduire une demande en délivrance. La fabrique ne jouissant pas de ce privilège, ne touchera les fruits et intérêts que du jour où, le décret étant rendu, elle pourra introduire une demande en délivrance.

1403. La Cour de cassation a décidé que la demande en délivrance d'un legs particulier fait à un établissement public, formée avant que le gouvernement ait autorisé l'acceptation de ce legs, n'en fait pas courir les intérêts au profit de l'établissement légataire (7).

1404. Il a été jugé que les intérêts des sommes léguées aux établissements publics courent au profit de ces établissements, soit à partir du jour de la demande en délivrance des legs qu'ils ont formée après avoir obtenu ainsi que nous l'avons dit, l'autorisation de les accepter, à compter du jour du consentement donné spontanément par l'héritier du testateur à leur délivrance avant la demande en justice.

Lorsque l'héritier, après son adhésion volontaire, soulève des difficultés sur l'exécution des legs, il reste obligé de payer les intérêts des sommes léguées, à partir du jour de son consentement, si ces difficultés ont été jugées contre lui (8).

1405. Le légataire universel qui se trouve en concours avec un héritier à réserve, est tenu de former contre ce der-

nier qui a la saisine légale une demande en délivrance (1); toutefois, le légataire universel a la jouissance des biens compris dans le testament, à compter du jour du décès, si la demande en délivrance a été faite dans l'année depuis cette époque, sinon, cette jouissance ne commencera que du jour de la demande formée en justice, ou du jour que la délivrance aurait été volontairement consentie; on voit que dans ce cas, la privation du bénéfice de l'acceptation provisoire entraîne à l'égard de la fabrique d'importantes conséquences. Nous ne parlerons pas du legs à titre universel, qui doit être assimilé, au point de vue des fruits, suivant les cas, à un légataire particulier, suivant les autres, à un légataire universel.

1406. On a soutenu que l'acceptation provisoire était nécessaire pour faire acquérir les fruits à un établissement institué légataire universel, alors même qu'il n'y a pas d'héritier à réserve ; mais la Cour de cassation s'est prononcée contrairement à cette opinion (2). L'exercice du droit de la fabrique, légataire universelle, se trouve suspendu en question, mais l'existence de ce droit remonte au jour du décès du testateur et la condition légale d'autorisation, quand elle vient à s'accomplir, a, comme dans le cas de l'article 1179 du Code civil, un effet rétroactif au jour où ce droit a pris naissance (3).

Déjà, dans son arrêt précité du 4 décembre 1866, la Cour de cassation avait exposé qu'en spécifiant qu'aux termes de l'article 910 du Code civil les dispositions au profit des établissements publics n'ont leur *effet* qu'autant qu'elles sont autorisées par le gouvernement, le législateur a nécessaire-

(1) Voir, plus loin, délivrance.
(2) C. civ., art. 1011.
(3) C. civ., art. 1006.
(4) C. civ., art. 1008.
(5) C. civ., art. 1016.
(6) C. civ., art. 1014.
(7) Cass. 13 novembre 1843; 24 mars 1852 ; voir, plus haut, Acceptation provisoire, n° 1397.
(8) Cass. 15 février 1870.

(1) C. civ., art. 1004.
(2) Cass. req. 4 décembre 1866. — « La Cour, — Sur le premier moyen, tiré de la violation des articles 910, 1003, 1004, 1010 et 1011, Code Napoléon, et de l'article 48 de la loi du 18 juillet 1837 : — Attendu qu'aux termes de l'article 1003, Code Napoléon, le legs universel est la disposition testamentaire par laquelle le testateur donne à une ou plusieurs personnes l'universalité de ses biens; qu'il suit de cette définition que c'est au testament lui-même qu'il y a lieu de recourir pour reconnaître le véritable caractère de la libéralité qu'il contient; — Attendu qu'il n'est pas contesté que le sieur Jean-Pierre-Charles-Louis Fieffé Monigès de Liéreville a, par son testament olographe du 26 juillet 1856, légué l'universalité de ses biens à la ville de Bordeaux et l'a ainsi instituée sa légataire universelle ; — Attendu que le décret impérial du 10 mai 1862, qui a ultérieurement autorisé la ville de Bordeaux à accepter le legs fait à son profit, jusqu'à concurrence des deux tiers seulement, a beau pu, dans un intérêt public, modifier l'étendue de la libéralité, mais n'a pu en changer le caractère irrévocablement fixé par les dispositions du testament; — Attendu que les demandeurs soutiennent vainement que le legs, quelle que soit sa nature, étant subordonné à une condition suspensive, ne peut produire d'effet qu'à partir de l'autorisation accordée par le gouvernement, et que, dès lors, c'est seulement à partir de cette époque que les fruits peuvent être réclamés; — Attendu qu'aux termes de l'article 910, Code Napoléon, les dispositions entre vifs ou par testament au profit des hospices et autres établissements publics n'ont leur effet qu'autant qu'elles sont autorisées par le gouvernement; — Attendu que ces mots leur effet le législateur a nécessairement entendu que les dispositions testamentaires autorisées auraient le même effet que si elles n'avaient été soumises à autorisation; d'où il suit qu'une commune légataire universelle peut, jusqu'à concurrence de la quotité maintenue à son profit, réclamer les fruits des choses léguées à partir du décès du testateur; — Sur le deuxième moyen, tiré de la violation des mêmes articles 910, Code Napoléon, et 48 de la loi du 18 juillet 1837 : — Attendu que les demandeurs prétendent que la ville de Bordeaux était tenue, aux termes des dispositions spéciales de l'article 48 de la loi du 18 juillet 1837, d'accepter provisoirement le legs, objet du litige, si elle voulait faire courir à son profit les fruits des biens légués ; — Mais attendu que l'article 48 de la loi précitée a été édicté dans le seul intérêt des communes, pour leur permettre d'éviter par des acceptations provisoires, les déchéances qu'elles pouvaient encourir par leur inaction forcée pendant l'instance administrative qui précède toute autorisation; — Attendu que l'article 48 de la loi du 18 juillet 1837 est manifestement sans application au cas où, dans l'espèce, aucune acceptation n'était nécessaire, et, en l'absence d'héritiers à réserve, les droits des parties étaient réglés par le Code lui-même; — Attendu que c'est donc à bon droit que l'arrêt attaqué a décidé que la ville de Bordeaux, légataire universelle, avait droit, jusqu'à concurrence des deux tiers de la succession, aux fruits à partir du décès du testateur; — Attendu qu'en statuant ainsi, la Cour impériale de Bordeaux s'est, en outre, exactement conformée aux dispositions du décret impérial du 10 mai 1862, lequel, en maintenant le legs universel fait au profit de la ville de Bordeaux jusqu'à concurrence des deux tiers, n'a fait aucune distinction entre les capitaux ou immeubles de la succession, et les fruits qu'ils pouvaient produire ; — Attendu que tout ce qui précède il résulte que l'arrêt n'a fait qu'une juste application des principes et n'a violé ni les articles 910, 1003, 1004, 1010 et 1011, Code Napoléon, ni l'article 48 de la loi du 18 juillet 1837 ; — Rejette, etc. »
(3) Cass. 7 juillet 1868.

ment entendu que les dispositions testamentaires autorisées auraient le même effet que si elles n'avaient été soumises à aucune condition.

1407. Il s'ensuit qu'en l'absence d'héritiers à réserve, l'établissement gratifié a le droit, une fois l'autorisation accordée, de réclamer le bénéfice de l'article 1006 du C. c. d'après lequel le légataire universel est saisi de plein droit par la mort du testateur, sans être tenu de demander la délivrance et le droit d'obtenir les fruits de l'hérédité à dater de cette époque.

1408. Quand une fabrique, légataire universelle ou à titre universel, a été autorisée à accepter le legs qui lui a été fait, et qu'elle en a obtenu la délivrance, elle peut demander le partage de la succession contre ses colégataires universels ou à titre universel, ou les héritiers à réserve, sans que ceux-ci puissent lui opposer un partage intervenu entre eux avant l'autorisation ; aucun partage de l'hérédité n'a pu être valablement fait en dehors de la fabrique, du moment qu'en raison de l'effet rétroactif de l'autorisation elle est réputée avoir eu un droit à la chose léguée à partir du décès du testateur (1).

1409. Il a été jugé que l'acte donnant à un établissement public l'autorisation d'accepter n'équivaut pas à l'acceptation définitive ; il ne saurait donc faire courir les intérêts au profit de l'établissement dans le cas où le testateur a prescrit que les intérêts courraient à partir de l'acceptation définitive, en vertu d'une autorisation administrative régulière (2).

1410. La chose léguée doit être livrée avec les accessoires nécessaires et dans l'état où elle se trouve au jour du décès du testateur (3). On entend par accessoires nécessaires les objets sans lesquels la chose léguée ne pourrait servir à l'usage auquel elle est destinée, ainsi que ceux qui y sont attachés par une disposition de la loi. Ainsi le legs d'une maison comprend celui de toutes les choses qui y sont fixées à perpétuelle demeure, et du jardin qui en dépend, en fût-il séparé par une rue ou un chemin. Le legs d'une ferme implique celui des bestiaux et ustensiles nécessaires à son exploitation (4).

Les fruits pendants par les racines sont toujours considérés comme accessoires d'un fonds, puisqu'ils en font actuellement partie ; mais on ne doit pas, sans une disposition expresse, considérer comme accessoires d'un immeuble dont la propriété a été léguée, les acquisitions, fussent-elles contiguës, dont le testateur, depuis le legs, a augmenté son immeuble. Il en serait autrement des embellissements ou des constructions nouvelles faits sur le fonds légué, ou d'un enclos dont le testateur aurait augmenté l'enceinte (5).

1411. Il a été décidé que, lorsqu'une fabrique ou tout autre établissement religieux a été autorisé à accepter le legs d'une somme d'argent, et que l'acte d'autorisation en fixait l'emploi en achat de rentes sur l'Etat, l'héritier ou le légataire universel du testateur n'est pas fondé, sous le prétexte qu'il lui appartient de surveiller cet emploi, à ne se dessaisir des fonds que pour les verser dans la caisse du receveur particulier de l'arrondissement ou du trésorier-payeur général du département, chargé de l'effectuer (6).

1412. En attendant l'acceptation, le trésorier de la fabrique doit faire tous les actes conservatoires jugés nécessaires (7).

Ces mesures sont celles qui, à la différence d'une demande en délivrance ou d'une requête d'envoi en possession, ne supposent pas nécessairement de la part de l'établissement l'intention d'accepter, mais ont pour résultat d'empêcher la chose léguée de périr.

Ainsi le trésorier de la fabrique peut agir en justice pour interrompre la prescription.

Il a été jugé que, si une fabrique ne peut, avant d'avoir

obtenu du gouvernement l'autorisation d'accepter, demander la délivrance d'un legs, elle a le droit de conclure au maintien du testament, au cas où elle a été appelée en cause par jugement du tribunal civil à l'occasion d'une demande en partage, et le tribunal peut proclamer la validité du legs, sans toutefois en ordonner la délivrance (1).

1413. Les établissements légataires peuvent, avant l'autorisation, prendre des inscriptions hypothécaires pour la conservation de leurs droits ; on a soutenu que cette solution s'appliquait non seulement aux établissements qui ont la faculté d'acceptation provisoire (2), mais à ceux qui ne sont pas munis de ce bénéfice (3). Il en est de même du droit de provoquer la nomination d'un administrateur provisoire de la succession (4).

(1) Cass. req. 5 mai 1856. — « La Cour, — Vu les articles 24 et 39 de la loi du 22 frimaire an VII ; — Attendu qu'aux termes de son testament olographe, en date du 21 août 1849, la demoiselle Guilbert a fait au profit de Zéphirin Guilbert, son frère, deux legs distincts : le premier, de l'usufruit de tous ses immeubles, le second, de la toute propriété de ses meubles ; que ces deux legs sont l'un et l'autre à titre universel ; que le légataire n'en était donc pas saisi de plein droit, et qu'il ne s'opérait pas de transmission à son profit par la seule force de la loi ; qu'il était tenu d'accepter ces legs et d'en demander la délivrance aux héritiers du sang ; qu'ainsi la transmission des biens, et par suite la mutation, ne pouvaient s'opérer que par le concours de cette acceptation et de cette délivrance ; que, du reste, ces deux legs étant distincts, le légataire à titre universel n'aurait été tenu de les accepter tous deux qu'autant qu'ils auraient été indivisibles ; mais qu'ils n'étaient indivisibles ni en raison de circonstances de fait, puisqu'ils s'appliquaient tous deux à des choses séparées et de nature différente, ni par la volonté de la testatrice, qui n'avait à cet égard imposé aucune obligation au légataire, que celle de payer la totalité des charges de la succession (obligation qui a été remplie par le légataire) ne suffisait pas pour établir entre deux dispositions distinctes un lien d'indivisibilité ; qu'ainsi Zéphirin Guilbert a pu accepter l'un de ces legs et répudier l'autre, et que, par suite de cette répudiation, n'ayant été ni de fait ni de droit, saisi de l'usufruit des immeubles, il ne s'est opéré à son profit aucune mutation qui puisse donner lieu à la perception du droit d'enregistrement pour cet usufruit ; que cette renonciation par lui faite n'a pas d'ailleurs été critiquée par les héritiers du sang, au profit desquels seulement s'est opérée, en conséquence et directement, la mutation qui a été le résultat du décès de la testatrice ; d'où il suit qu'en jugeant au contraire qu'il y avait lieu à la perception du droit de mutation, en raison de l'usufruit immobilier légué à Zéphirin Guilbert, le jugement attaqué a faussement appliqué et, par suite, violé les articles précités ; — Casse.

Voir Congrégations (arr. Bordeaux, 29 mars 1827).
(2) Bourges, 9 mars 1874 ; — Req. 1er février 1875.
(3) Tissier, Traité théorique et pratique des dons et legs. — L'hypothèque que la loi accorde aux légataires sur les biens de la succession pour la garantie du payement de leurs legs, peut être valablement inscrite, en ce qui concerne les fabriques et les autres établissements publics ou religieux, avant que l'acceptation des libéralités elles-mêmes ait été autorisée par l'autorité compétente. L'inscription est, en effet, de sa nature un acte conservatoire. Or, l'article 9 de l'ordonnance du 2 avril 1817, qui détermine les règles à suivre pour l'acceptation et l'emploi des dons et legs faits à des établissements publics et religieux porte expressément que « en attendant l'acceptation, le chef de l'établissement ou le titulaire fera tous les actes conservatoires qui seront nécessaires ». En présence de cette disposition précise qui est, du reste, conforme à l'article 78 du décret du 30 décembre 1809 et à l'esprit de toute la législation sur les établissements publics, il est donc incontestable que l'inscription de l'hypothèque créée par l'article 1017 du Code civil, ainsi que du privilège établi par l'article 2111 du même Code, peut être prise dès l'ouverture de la succession et sans qu'il soit nécessaire d'attendre la délivrance ou l'autorisation compétente de l'autorisation d'accepter. (J. C. f. 1856-57, 635e consult.)
(4) Paris, 18 novembre 1871, arrêt. — « La Cour, — En ce qui touche les fins de non recevoir : — Considérant d'une part que Sarbaud, maire de Juvisy-sur-Orge, représente une délibération du conseil municipal en date du 31 juillet 1871, qui l'autorise à accepter les dons et legs faits par Alexandre Piver à ladite commune, et qu'il a ainsi satisfait aux prescriptions de l'article 48 de la loi du 18 juillet 1837 ; — Considérant d'autre part que, s'il est vrai que le légataire universel, institué par un testament olographe, est non recevable, tant qu'il n'a pas demandé et obtenu l'envoi en possession à exercer aucune action personnelle ou réelle tendant à l'exécution de son legs, rien ne s'oppose à ce qu'il réclame de la justice, par voie de référé, les mesures provisoires et urgentes qui peuvent être nécessaires pour sauvegarder les biens et droits auxquels il prétend ;
Au fond : — Considérant que la succession d'Alexandre Piver se trouve placée dans un état litigieux par suite de la prétention de la commune de Juvisy-sur-Orge, qui soutient qu'elle a droit à cette succession comme légataire universelle, en vertu du testament olographe dudit Piver, en date du 17 juin 1878, et de la prétention contraire de la dame Vallienne, seule et unique héritière de son frère, qui soutient que les dispositions invoquées par la commune de Juvisy-sur-Orge ne contiennent en faveur de celle-ci qu'un simple legs particulier ; que, dans cette situation il y a urgence et nécessité pour sauvegarder les intérêts éventuels des parties, de prendre des mesures provisoires et de pourvoir à l'administration de la succession ; — Confirme, etc. »

(1) Req. 8 février 1870.
(2) Trib. Pontoise 24 juin 1886.
(3) C. civ., art. 1018.
(4) C. civ., art. 1064.
(5) C. civ., art. 1019.
(6) Lettre min. Cultes à l'évêque de Cahors, 12 décembre 1818.
(7) Ord. 2 avril 1817, art. 5 ; — C. civ., art. 1180.

1414. Il a été jugé que lorsqu'un testateur a chargé ses héritiers de faire célébrer, pendant un certain nombre d'années déterminé, des messes chantées à jour fixe, en déclarant instituer, à cet effet, légataire à titre particulier la fabrique de l'église qui devra recevoir desdits héritiers la rétribution fixée pour ces messes par le tarif en vigueur dans la paroisse, la fabrique a le droit de prendre hypothèque sur les biens de la succession pour garantie du payement régulier des sommes affectées au service de la fondation, et le tribunal doit l'autoriser à requérir cette inscription (1).

1415. L'action de la fabrique en délivrance de legs n'est prescrite que par trente ans (2).

1416. Les frais de la demande en délivrance sont à la charge de la succession, sans néanmoins qu'il puisse en résulter de réduction de la réserve légale.

1417. Les droits d'enregistrement sont dus par le légataire, le tout s'il n'en a été autrement ordonné par le testament (3).

1418. Il a été décidé que, pour qu'un établissement religieux puisse régulièrement recevoir le montant d'un legs fait à son profit, il n'est pas indispensable qu'il justifie, indépendamment de l'autorisation d'accepter, délivrée par l'autorité compétente, d'une acceptation de la libéralité par acte notarié.

L'acceptation des dispositions de cette nature peut résulter de tout acte constatant l'intention des représentants de l'établissement légataire d'en recueillir le montant; par exemple, d'une demande formée en justice pour obtenir la délivrance des objets légués, d'un simple acte extrajudiciaire signifié à l'héritier, ou de la quittance qui lui est remise (4).

1419. Toutes les libéralités sont sujettes à la nécessité de l'autorisation, même celles qui sont faites par personne interposée, ou sous la forme d'un contrat à titre onéreux (5).

Il est toutefois des cas où le gouvernement n'exerce pas le droit d'autorisaton que lui confère l'article 910 du Code civil, c'est en matière de *dons manuels*, de *souscriptions et quêtes*, *de dons anonymes*, de *charges d'hérédité*.

1420. Les dons manuels sont des dons d'argent ou d'objets mobiliers qu'on fait de la main à la main et sans acte. L'intérêt de l'État et celui des familles exigerait que l'administration statuât toujours sur l'acceptation des dons manuels. L'autorité judiciaire a affirmé la nécessité de l'autorisation. S'il est vrai, en principe, a décidé la Cour de Paris (6), que les dons manuels sont parfaits par la simple tradition et sans formalité solennelle, il n'en est pas moins certain qu'ils sont soumis aux principes essentiels des libéralités en ce qui concerne la capacité des parties et la portion disponible. Autrement, ils deviendraient un moyen de faire fraude à la loi, et de porter atteinte, soit aux droits de la famille, soit à l'ordre public. Protégés, quant à la forme, par la simplicité du droit naturel, ils doivent être assujettis, quant au fond, aux précautions prises par le droit positif pour mettre un frein aux donations imprudentes.

La Cour de cassation a décidé qu'il suffirait que l'autorisation du gouvernement intervînt ultérieurement (7). Il a été jugé que l'autorisation du gouvernement peut être utilement donnée même après le décès du donateur (1).

1421. Faut-il admettre une exception au principe de la nécessité de l'autorisation en faveur des dons manuels modiques? Demolombe dit (2) qu'ils ne constituent pas, en droit, des donations proprement dites, car la présomption est qu'il sont prélevés sur les revenus et qu'ils n'entâment pas le patrimoine de celui qui donne.

La conclusion que l'on en doit tirer, c'est qu'ils doivent échapper à toute autorisation. Il en est ainsi en fait, chaque fois qu'il est donné une somme de 5 francs ou somme moindre à une fabrique; on ne peut admettre que le gouvernement puisse être appelé à statuer sur l'acceptation de chacune de ces libéralités. Tout ce que l'on pourrait demander c'est que l'administration autorisât, en bloc, à la fin de chaque année ou de chaque exercice financier, les dons manuels modiques qui ont pu être faits aux fabriques (3); ce qui n'a pas lieu dans la pratique.

L'administration n'intervient qu'autant que les libéralités présentent une importance telle que l'administration publique ait intérêt d'en surveiller et d'en assurer au besoin l'exécution (4).

Il est à remarquer que l'administration ne peut exercer son pouvoir de tutelle que si la fabrique porte à sa connaissance la libéralité qui lui a été faite de la main à la main, et que beaucoup de ces établissements se soustraient en fait à cette obligation légale.

1422. Une circulaire ministérielle du 6 mai 1881, ayant prescrit le placement en rentes sur l'État des valeurs au porteur et de titres de toute nature dont les fabriques peuvent être en possession, un certain nombre de fabriques demandent au gouvernement l'autorisation de placer, conformément aux prescriptions précitées, le produit des dons manuels qu'elles ont pu recevoir.

1423. Lorsque l'autorisation d'accepter un don manuel est demandée par une fabrique, l'administration, avant de statuer, prend toujours les renseignements les plus précis sur la position de fortune du donateur et sur les motifs qui ont pu le déterminer à fuir la formalité de l'acte public.

1424. Si les dons manuels sont présentés comme étant le produit de souscriptions volontaires, il y a lieu de demander les mêmes renseignements sur chacun des souscripteurs, avec l'indication du montant des sommes fournies respectivement par eux (5).

En outre, si les libéralités ont pour but d'instituer des fondations perpétuelles de services religieux, où sont grevées d'autres charges pieuses, elles doivent, dans l'intérêt même des bienfaiteurs, être constatées par actes notariés, afin que l'accomplissement des conditions imposées soit régulièrement assuré dans l'avenir (6).

---

(1) Domfront, 2 mai 1819.
(2) C. civ., art. 2262.
(3) C. civ., art. 1016.
(4) L. min., inst. publ., lettre, 22 mai 1850.
(5) Voir Contrat à titre onéreux; Donations déguisées.
(6) Paris, 22 janvier 1830; — Montpellier, 25 février 1862; — *Contra*, Paris, 16 décembre 1864. Suivant ce dernier arrêt, un don manuel fait pour l'acquisition d'un presbytère ou l'agrandissement d'une église, rentrant dans la classe des oblations et offrandes, n'est pas soumis, pour sa validité, à la nécessité d'une autorisation du gouvernement.
(7) Cass. civ. 18 mai 1867. — À attendu qu'aux termes de l'article 910 du Code civil, il suffit que le don manuel soit autorisé en quelques termes que ce soit par le gouvernement; — Attendu que le don manuel s'effectue par la remise que le donateur fait de la chose qui en est l'objet entre les mains du donataire; qu'il n'est point régi, dès lors, par les dispositions des articles 932 et 937 du Code civil qui ne sont applicables qu'aux donations entre vifs constatées par actes passés devant notaire; qu'il échappe, d'ailleurs, par sa nature même, à la rigueur des principes qui ne reconnaissent d'effet à l'acceptation d'une donation faite à un établissement d'utilité publique qu'autant que cette acceptation a été préalablement autorisée par décret impérial; qu'il est évident, au surplus, qu'au point de vue de l'ordre public comme de l'intérêt des familles, il suffit que le gouvernement soit ultérieurement appelé à examiner si la

libéralité n'excède pas les limites raisonnables; — Attendu qu'il est constant, en fait, que la princesse de Béthune a remis à titre de don manuel, aux administrateurs de la fabrique de Saint-Thomas d'Aquin, dont l'entière bonne foi est souverainement constatée par l'arrêt attaqué, une somme de 4200 francs pour être employée à l'acquisition d'un presbytère; — Attendu qu'il est également constant que si la princesse de Béthune est décédée avant que la fabrique ait été autorisée à accepter ce don à elle fait, celle-ci a manifesté depuis le décès la volonté de se pourvoir à l'effet d'obtenir cette autorisation; qu'il suit de là qu'en déboutant les demandeurs de leur demande, et en donnant à la fabrique un délai pour se pourvoir devant l'administration, l'arrêt attaqué n'a violé aucune des dispositions invoquées à l'appui du pourvoi; — Par ces motifs, rejette. —
(1) Paris, 7 décembre 1852.
(2) Tome XX, n° 59.
(3) Tissier, *Traité des dons et legs*.
(4) Bost, *Conseils de fabrique*.
(5) Circ. 10 avril 1862; voir Souscriptions.
(6) C. d'Et. sect. 4 janvier 1882. — Les dons manuels en faveur des ecclésiastiques sont soumis comme les autres libéralités à la nécessité d'une autorisation préalable; — Or, le droit de contrôle donné au gouvernement par l'article 910 du Code civil ne saurait s'exercer d'une manière utile que si la situation de fortune des donateurs est connue; — Il suit de là que si la forme des dons manuels peut être considérée comme licite, c'est à la condition que le donateur lui-même soit désigné; — En outre, si les libéralités ont pour but d'instituer des fondations perpétuelles de services religieux, elles doivent, dans l'intérêt même des donateurs, être constatées par acte notarié, afin que l'accomplissement des conditions imposées soit assuré dans l'avenir.

1425. Lorsque deux dons manuels sont faits, l'un, à un établissement qui ne peut être autorisé que par décret, l'autre, à un établissement qui peut être autorisé par simple arrêté préfectoral, il n'y a pas lieu d'appliquer la règle posée par l'avis du Conseil d'État du 27 décembre 1855, d'après lequel, au cas de libéralités connexes ou collectives, l'autorité supérieure évoque la solution des affaires qui, en principe, échappent à sa compétence. En effet, l'avis du Conseil d'État ne vise que les libéralités contenues dans des testaments et des actes de donation ; les dons manuels peuvent d'ailleurs, à raison de leur nature même, être facilement soustraits au contrôle de l'autorité supérieure, attendu qu'ils peuvent être consommés par le dessaisissement du donateur et l'appréhension que fait le donataire de la chose donnée, auquel cas il n'y a pas lieu de faire application de l'article 910 du Code civil. Bien que cette décision n'ait pas été prise au sujet de libéralités faites à des fabriques, elle peut par analogie recevoir son application, dans ce dernier cas (1).

1426. Il a été jugé que le don manuel d'une somme d'argent pour l'acquisition d'un presbytère ou l'agrandissement d'une église, lorsque le montant en est remis à un vicaire de la paroisse, chargé de la réception des dons et offrandes pour la fabrique, est présumé fait à cette fabrique. En conséquence, le vicaire est, en qualité de dépositaire ou mandataire, comptable envers la fabrique de la somme qu'il a reçue et s'il s'en est servi en la plaçant en son nom, des intérêts de cette même somme (2).

1427. Lorsqu'un legs provenant d'un testament nul a été acquitté entre les mains du trésorier de la fabrique, il y a lieu de considérer la libéralité comme provenant non d'un legs mais d'un don manuel (3).

1428. Les dons anonymes sont des dons manuels d'une espèce particulière. La jurisprudence du Conseil d'État s'oppose à ce qu'ils puissent être autorisés (4).

1429. La circulaire du 10 avril 1862 s'oppose également à ce que le gouvernement autorise les dons anonymes. Si cette jurisprudence est conforme aux principes juridiques, il faut reconnaître qu'au point de vue pratique, elle manque d'efficacité. En effet, lorsque le gouvernement a rendu un décret portant refus, le montant de la libéralité n'en reste pas moins dans la caisse de la fabrique, qui pourra en faire tel usage qu'il lui plaira. En effet, la jurisprudence du Conseil d'État ne va pas jusqu'à décider que le montant du don anonyme doit être considéré comme bien vacant et sans maître, à la disposition de l'État qui l'appréhende.

Il est à noter que la jurisprudence relative aux dons anonymes peut se trouver en désaccord avec la circulaire du 6 mai 1881, qui prescrit aux fabriques de demander le placement en rentes sur l'État des valeurs au porteur qu'elles détiennent, puisque le gouvernement, pour se conformer à cette jurisprudence, ne pourra statuer sur le placement du montant de la libéralité, qu'elle soit ou non anonyme.

Bien que le Conseil d'État ait formellement exprimé sa jurisprudence sur les dons anonymes dans l'avis précité, il a admis parfois des dérogations à la règle qu'il s'est imposée.

1430. Il est un cas très important où le gouvernement omet de statuer, c'est lorsqu'il y a *charge d'hérédité*, c'est-à-dire quand la disposition testamentaire, bien qu'intéressant la fabrique (ou tout autre établissement) est de telle nature qu'on ne peut la considérer comme un legs véritable, mais comme une charge de la succession, ne nécessitant pas l'application de l'article 910 du Code civil.

1431. Il est une catégorie de dons manuels qui méritent une attention spéciale, c'est le produit des *quêtes* et *souscriptions*.

On distingue deux sortes de quêtes : les quêtes à domicile et les quêtes dans les églises.

Les quêtes à domicile, dans l'intérêt d'un personnel ecclésiastique ou pour les besoins du culte et des œuvres religieuses sont, en principe, interdites, sans une autorisation préalable. Mais qui doit donner l'autorisation et, à défaut d'autorisation, quels lois ou règlements visent une quête effectuée par des prêtres ou des religieux autorisés par leurs supérieurs hiérarchiques seuls ? La question est fort délicate.

Les quêtes à domicile ont un caractère de publicité qui les met incontestablement sous la surveillance de la police ; elles offrent des inconvénients de plusieurs genres qui justifient souvent leur prohibition (1). Elles peuvent même, d'après Vuillefroy, être assimilées dans certains cas à la mendicité qui est interdite aux hommes valides (2). Mais on comprend que les limites entre ce qui est licite et ce qui est illicite sont, en semblable matière, très difficiles à saisir. Où finit l'appel permis à la générosité des fidèles ? Où commence l'importunité de la demande ? Où naît la sollicitation humble et pressante du mendiant ? Comment le délit se caractérise-t-il ? La Cour de cassation a jugé plusieurs fois que la quête à domicile est, en principe, illicite, sauf autorisation ou approbation administrative (3). Mais cette approbation, refusée par l'autorité municipale, ne lui paraît pas faire naître le délit (4).

---

(1) Min. int., note 16 février 1884 ; — C. d'Ét. avis, 19 mars 1884 ; J. c. f., 1885.

(2) Paris, 16 décembre 1861.

(3) C. d'Ét., note, 27 novembre 1880 : fabrique de Saint-Pierre-de-Clairac (Lot-et-Garonne).

(4) C. d'Ét. int., 1er février 1888. — « La section, qui a pris connaissance d'un projet de décret ayant pour but d'autoriser la fabrique de Barbezieux à faire immatriculer en son nom deux rentes 3 0/0 sur l'État au porteur, provenant d'un don anonyme, fait à charge de services religieux ; — Considérant qu'avant de statuer sur l'immatriculation des deux titres de rente dont il s'agit, il y aurait lieu d'examiner si la libéralité d'où ils proviennent peut être autorisée ; — Considérant que, d'après une jurisprudence constante rappelée par la circulaire ministérielle du 10 avril 1862 (avis des 17 septembre 1830, 22 septembre 1830, 28 janvier 1840, 25 janvier et 25 juillet 1882, 19 février 1884), l'acceptation de libéralités de cette nature ne peut être autorisée ; qu'en effet, pour exercer le droit de contrôle qu'il tient de l'article 910 du Code civil, le gouvernement a le devoir de vérifier la situation de fortune de la famille du donateur ; que cette vérification est impossible quand il s'agit de dons anonymes ; que, d'autre part, l'intérêt même du donateur exige qu'il puisse veiller dans l'avenir à l'accomplissement des conditions de la donation ; ce qu'il ne peut faire, s'il ne figure comme partie dans un acte régulier — Est d'avis qu'il n'y a pas lieu d'adopter le projet de décret présenté. »

(1) Déc. min. an XI (V. Vuillefroy).

(2) Déc. min. 1824 (V. Vuillefroy).

(3) Cass. 10 novembre 1808. « La Cour... Ouï le rapport... Attendu qu'une quête faite au nom des prêtres desservants, dans l'arrondissement où ils exercent leurs fonctions, ne caractérise pas un délit de mendicité qui soit de la compétence des tribunaux de police ; — Et qu'en renvoyant la plainte du maire d'Allerey devant l'autorité administrative, comme portant sur des faits qui rentraient dans les attributions du pouvoir administratif et de la haute police, le tribunal de Verdun-sur-le-Doubs s'est conformé à la loi ; — Rejette, etc. »

Cass. 16 février 1832, 2 juin 1847, 1er et 13 août 1858.

(4) Cass. crim. 3 juin 1847. — « La Cour ; — Vu l'article 471, n° 15 du Code pénal ; les articles 3 et 4, titre XI, de la loi du 19-22 juillet 1791 ; — Attendu que l'article précité du Code pénal ne donne la sanction pénale qu'aux règlements municipaux faits en vertu des articles 3 et 4, titre XI, de la loi du 16-24 août 1790, et de l'article 46, titre I, de la loi du 19-22 juillet 1791 ; — Attendu que l'objet de l'arrêté du maire de Chateldon, daté du 7 septembre 1846, n'étant autre que d'empêcher de faire des quêtes dans la commune, soit en vin, soit en blé, sans la permission écrite de l'autorité municipale, n'intéressait ni la salubrité, ni la sûreté, ni la tranquillité des campagnes ; d'où il suit qu'il ne rentrait pas dans les matières sur lesquelles l'autorité municipale avait le droit de réglementer ; — Attendu que, dès lors, cet arrêté étant pris hors des pouvoirs de l'autorité qui l'a rendu, sa violation ne constitue ni crime, ni délit, ni contravention ; — Rejette... »

Dans le même sens : Cass. 1er août 1850.

Cass. 13 août 1838. « La Cour ; — Sur le premier moyen, tiré de la violation des lois de 1790 et 1791 ; — Vu les articles 3 et 46 desdites lois ; — Attendu qu'aux termes de ces lois, l'autorité municipale ne peut réglementer par des arrêtés que ce qui intéresse la sûreté, la salubrité publique, l'ordre, la viabilité, la police des lieux publics ; — Attendu qu'une quête faite à domicile ne rentre dans aucune de ces matières et n'y est assimilée ; que cet acte en lui-même ne porte aucune atteinte à l'ordre public ; que, s'il était l'occasion d'exigences ou de manœuvres frauduleuses, il tomberait sous la répression de la loi pénale ; — Attendu que l'arrêté du maire d'Aumessas, en date du 20 février 1836, interdisant toute quête publique, excédait les limites de l'autorité municipale ; que, dès lors, il n'a pu être la base d'aucune poursuite ni d'aucune peine ; qu'en se fondant sur cet arrêté pour condamner le demandeur à une amende, le tribunal de simple police d'Alzon a violé l'article 471, n° 15, du Code pénal ; — Sans qu'il soit nécessaire de statuer sur les deux autres moyens ; — Casse, etc... »

Cass. crim. 14 juin 1884. — « La Cour ; — Sur le moyen tiré de la violation de l'article 471, § 15, du Code pénal ; — Attendu qu'aux termes des articles 3 et 4, titre XI, de la loi des 16-24 août 1790 et 46 de la loi du 27 janvier 1791, l'autorité municipale ne peut réglementer par des arrêtés que ce qui intéresse la sûreté, la salubrité publique, l'ordre, la viabilité, la police des lieux publics ; — Attendu qu'une quête faite à

La jurisprudence des tribunaux civils a même été plus loin. Un tribunal a admis que les quêtes ou collectes effectuées au profit des curés ou desservants ne sont défendues par aucune loi, et passibles d'aucune peine; l'arrêté par lequel un maire, même avec l'autorisation du préfet, interdirait de pareilles quêtes serait illégal; il n'obligerait ni les citoyens, ni les tribunaux, et ne pourrait servir de base à aucune condamnation. Un maire n'a pas le droit de saisir le produit d'une quête effectuée dans la commune au profit du curé ou du desservant; le maire qui se permet un semblable abus de pouvoir doit être, sur la demande du curé ou desservant, portée devant le tribunal civil de l'arrondissement, condamné à restituer immédiatement les objets saisis, et à tous les dépens de l'instance; il peut même être condamné à des dommages-intérêts (1).

Il résulte des arrêts que nous venons de citer qu'il n'y a

de quêtes licites que celles qui sont autorisées, mais que le défaut d'autorisation n'a guère qu'une sanction morale, insuffisante trop souvent pour retenir les membres des établissements religieux dans l'observation des règles de police administrative et de convenance.

1432. Actuellement la jurisprudence du Conseil d'État, qui s'inspire du principe de la spécialité des établissements publics, n'admet pas que les fabriques (ou les ministres du culte) puissent être autorisés à faire des quêtes à domicile pour les pauvres, pour les écoles et d'une façon générale pour tout objet excédant les limites de la mission légale dévolue par les lois aux fabriques et menses.

1433. Les quêtes dans les églises sont soumises à des règlements mieux déterminés. Le décret du 30 décembre 1809 autorise les quêtes dans les églises et le placement de troncs dans ces édifices.

---

domicile ne rentre dans aucune de ces matières; que cet acte en lui-même ne porte pas atteinte à l'ordre public : que s'il était l'occasion d'exigence ou de manœuvres frauduleuses, il tomberait sous la répression de la loi pénale; que l'arrêté du maire de Saint-Cyr-sur-Menthon, en date du 4 juin 1883, interdisant dans la commune toute quête à domicile de quelque nature qu'elle soit, sans autorisation, excédait donc les limites de l'autorité municipale; — D'où suit qu'en refusant de sanctionner par une répression pénale l'infraction à cet arrêté, le jugement attaqué du juge de paix de Pont-de-Veyle (Ain) n'a aucunement violé l'article 471, § 15 du Code pénal; — Par ces motifs, rejette le pourvoi du ministère public contre le jugement de simple police de Pont-de-Veyle, du 7 janvier 1884. »

(1) Trib. Arbois, 17 décembre 1884. — « Le tribunal, — Considérant qu'il est certain en fait que, dans le cours des mois d'août et de septembre de cette année, deux voitures chargées, l'une de vingt-cinq et l'autre de trente-cinq gerbes de blé froment, et circulant dans la commune d'Ounans, ont été arrêtées par le défendeur lui-même (le sieur Delaporte, maire), et conduites, dans sa grange : que ces gerbes étaient destinées pour le sieur Perrin, prêtre succursaliste de ladite commune, auquel elles avaient été livrées par les habitants pour rétribution de la récitation de la Passion, qu'il s'était engagé de faire avant la messe, chaque jour, pendant une partie de l'année; que ledit sieur Perrin, en qualité de propriétaire de ces gerbes, a cru devoir en faire opérer la saisie-revendication; — Que le sieur Delaporte a fait plaider que les tribunaux ordinaires étaient incompétents pour statuer sur la régularité de l'action à laquelle il s'est livré, sous prétexte qu'il aurait, dans cette circonstance, agi, non comme un simple particulier, mais en qualité de maire de la commune d'Ounans; que, dans ce cas, il ne pouvait être traduit en justice qu'en vertu d'une autorisation du Conseil d'État; — Considérant, à cet égard, que, d'abord il est certain, ainsi que cela est constaté par la requête présentée au président de ce tribunal par le sieur abbé Perrin, à l'effet d'être autorisé à exercer la saisie-revendication dont il s'agit, et par l'assignation qui a suivi, que le sieur Delaporte n'a été assigné que comme propriétaire demeurant à Ounans, et que si l'on a joint cette dénomination celle de maire de ladite commune, ce n'a été que parce qu'il est d'usage, en pareil cas, d'ajouter la qualité de l'individu au nom de celui que l'on fait assigner : mais qu'il n'est réputé assigné comme magistrat ou fonctionnaire public qu'autant que cela est exprimé d'une manière expresse, comme, par exemple, en disant qu'il est traduit en justice, tant *en son nom personnel que comme maire de la commune*; que même l'avoué du défendeur, lorsqu'il s'est constitué, a déclaré qu'il le faisait pour le sieur Félix Delaporte, *propriétaire* et maire de la commune d'Ounans, sans dire non plus que c'était en cette dernière qualité qu'il procédait; qu'enfin, ce n'est qu'à la présente audience qu'il a déclaré formellement au sieur Perrin qu'il n'avait agi dans cette affaire que comme maire de la commune d'Ounans; — Considérant qu'effectivement on ne saurait actuellement douter que le défendeur n'ait agi en sa qualité de maire, ce que le procès-verbal qu'il a adressé dans le principe au procureur du roi près ce tribunal, et sa correspondance avec le sous-préfet de l'arrondissement démontrent évidemment; que toutefois, il est également certain qu'il n'a pas agi, dans cette circonstance, comme administrateur des biens de la commune dont il est maire, ni comme son représentant dans une discussion d'intérêts concernant ladite commune, mais uniquement en sa qualité d'officier de police auxiliaire du procureur du roi, et en exécution des articles 9 et 11 du Code d'instruction criminelle; que cela résulte du procès-verbal qu'il a dressé, dans lequel il envisage le fait qu'il reprocherait au sieur Perrin comme une infraction aux lois concernant les quêtes ou la mendicité, procès-verbal mentionnant la déclaration qu'il serait adressé à M. le procureur du roi, comme il l'a été effectivement, et en suite duquel la Chambre du conseil de ce tribunal, saisie de la connaissance de cette affaire; a, sur les conclusions conformes de ce magistrat, rendu une ordonnance portant que le fait incriminé n'étant prohibé par aucune loi, ne pouvait être classé parmi les délits, et que par conséquence il n'y avait lieu de poursuivre ultérieurement; — Considérant que, d'après ce qui vient d'être énoncé, il est certain, abstraction faite de la présente instance, que le demandeur (M. l'abbé Perrin) a pu exercer son action devant le tribunal civil sans qu'au préalable il eût été nécessaire d'obtenir l'autorisation dont parle l'article 75 de la Constitution de l'an VIII, parce que lorsqu'un individu se prétend lésé par suite d'un acte émanant d'un maire agissant hors des fonctions qui lui sont attribuées par les lois pour l'administration municipale, notamment comme officier de police auxiliaire du procureur

du roi, cet individu est en droit d'exercer directement son action; qu'autrement, il en résulterait qu'un fonctionnaire qui se serait livré à des actes arbitraires pourrait, pendant un temps illimité et indéfini, se soustraire à la réparation des dommages par lui causés; que c'est aussi ce qu'a décidé la Cour de cassation, par arrêt du 23 mai 1822 et autres qui se trouvent rapportés par l'arrêtiste Sirey (t. XXII, part. 1re, p. 276), et aussi une ordonnance du roi, du 12 mai 1820, insérée dans le même recueil (t. XX, part. 2e, p. 304): — Considérant d'ailleurs qu'aucun arrêté émanant, soit du préfet, soit du sous-préfet de l'arrondissement, non plus que du maire de la commune d'Ounans, n'ont prohibé les quêtes ou collectes dont il s'agit, du moins applicables à ladite commune; que, lors même qu'un semblable arrêté existerait, comme il serait pris *hors des limites posées par les lois au pouvoir municipal*, il s'ensuit qu'il ne serait pas obligatoire pour les juges, ainsi que l'a aussi décidé la Cour de cassation par arrêt du 16 février 1833, dans une espèce presque identique à celle en question, et se fondant sur les dispositions des articles 3 et 4, titre II, de la loi du 24 août 1790 et 471, n° 15, du nouveau Code pénal qui parle de règlements *légalement faits* par l'autorité administrative, ce qui nécessairement suppose aux magistrats de l'ordre judiciaire le droit d'examiner et de décider si le règlement est *légalement fait*; — Considérant que la loi du 18 germinal an X, indiquée aussi par le sieur Delaporte pour motiver l'incompétence qu'il propose n'est pas applicable à l'espèce, parce qu'il y aurait qu'un ecclésiastique défendeur à une action intentée contre lui pour abus que l'on prétendrait qu'il aurait commis dans l'exercice de ses fonctions, qui serait fondé à décliner la juridiction ordinaire, et à demander son renvoi devant le Conseil d'État, et non l'individu assigné par un ecclésiastique, qui revendique à cet individu des choses mobilières qu'il prétend lui appartenir; — Considérant enfin, que la demande du sieur abbé Perrin bien définie n'est autre chose qu'une action réelle, en *revendication d'objets mobiliers*, exercée contre le défendeur en sa qualité de *détenteur desdits objets*, ce qui constitue une pure question de *propriété*, du ressort des tribunaux ordinaires; d'où il suit que, sous quelque point de vue qu'on envisage cette contestation, ni la loi du 24 août 1790, ni celle du 18 germinal an X, non plus que l'article 75 de l'acte constitutionnel de l'an VIII, ne renferment de dispositions de nature à rendre le tribunal incompétent; — Considérant sur le fond que l'avoué du sieur Delaporte a déclaré n'avoir charge pour soutenir l'incompétence du tribunal, et faire défaut en ce qui concerne la question du fond, déclaration qui ne peut empêcher le tribunal de prononcer; qu'à cet égard, il est certain que le défendeur n'a jamais renié être détenteur des gerbes de blé réclamées par le succursaliste d'Ounans; qu'il est également certain que ces gerbes ont été données en question comme étant le fruit d'une action qualifiée délit par la loi, paraît avoir agi de bonne foi, à raison qu'il se croyait sous le bénéfice d'une autorisation de ses supérieurs, mais cependant n'existe pas; que c'est par suite de cette idée, et parce qu'il ignorait la décision de la Chambre du conseil, du moins on doit le penser jusqu'à ce que le contraire soit démontré, qu'il a cru pouvoir conserver lesdites gerbes comme pièces de conviction; qu'en conséquence, il a paru que c'était le cas de ne le condamner qu'aux dépens de l'instance, qui tiendraient lieu de dommages-intérêt, sauf néanmoins tous droits et actions réservés au demandeur pour en obtenir, si le défendeur persistait, après avoir eu connaissance du présent jugement, à ne point rendre les gerbes dont il s'agit; — Par ces motifs, le tribunal prononçant par jugement contradictoire et définitif, se déclare compétent pour connaître de la difficulté qui fait la matière du procès; — Et donnant défaut contre Félix-Anatole Delaporte, qui, par l'organe de son avoué, a déclaré ne pas vouloir plaider sur le fond, le condamne à rendre et restituer au demandeur, dès qu'il en sera légalement requis, la totalité des gerbes de blé froment mentionnées dans le procès-verbal de saisie-revendication du 19 septembre dernier, et le condamne aux dépens de l'instance, lesquels tiendront lieu de tous dommages-intérêts ressentis jusqu'à ce jour par le demandeur, sauf néanmoins réserve en faveur du sieur Perrin de tous droits et actions pour en réclamer, au cas où le défendeur ne rendrait pas lesdites gerbes aussitôt qu'il en sera légalement requis; ... »

Le décret spécifie que tout ce qui concerne les quêtes sera réglé par l'évêque, sur le rapport des marguilliers, sans préjudice des quêtes pour les pauvres, lesquelles devront avoir toujours lieu dans les églises, toutes les fois que les bureaux de bienfaisance le jugeront convenable (1) ; le même décret (2) range parmi les revenus des fabriques le produit des quêtes faites pour les frais du culte et le produit de ce qui sera trouvé dans les troncs placés pour le même objet.

1134. Quels sont les objets en vue desquels peuvent être faites des quêtes dans les églises, par les soins de la fabrique et aussi, pour ne pas scinder la matière, par les soins des ministres du culte ?

Un avis du comité de l'intérieur du Conseil d'Etat du 8 juillet 1831 a décidé : 1° que les évêques et les fabriques ont le droit de faire dans les églises des quêtes pour une destination autre que les besoins du culte et ceux des pauvres ; 2° que les évêques ont le droit de faire des quêtes de cette espèce, sans le consentement et même malgré le refus de la fabrique ; 3° que le produit de toute quête faite pour les pauvres dans les églises appartient exclusivement aux bureaux de bienfaisance, sans que les curés puissent y faire un appel à la charité, afin d'en distribuer eux-mêmes le produit à des pauvres honteux (3).

On a soutenu, d'autre part, que les évêques ont le droit d'autoriser ou d'ordonner des quêtes dans les églises, dans un but quelconque de religion ou de charité et de confier la direction de ces quêtes au clergé et que le droit des bureaux de bienfaisance d'établir des troncs et de faire faire des quêtes dans les églises, ne constitue nullement un privilège exclusif.

« De tous temps, dit Jousse, les évêques ont eu le droit de

(1) Art. 75.
(2) Art. 36.
(3) C. d'EL., comité de l'intérieur, avis, 6 juillet 1831 : « Les membres du Conseil d'Etat composant le comité de l'intérieur, — consultés par M. le ministre de l'Instruction publique et des cultes sur les questions suivantes : 1° Les évêques et les fabriques peuvent-ils faire dans les églises des quêtes pour une destination autre que les besoins du culte et ceux des pauvres ? 2° Les évêques ont-ils le droit de faire des quêtes de cette espèce, sans le consentement, et même malgré le refus des fabriques ? 3° Le produit de toute quête faite pour les pauvres dans les églises n'appartient-il pas exclusivement aux bureaux de bienfaisance et, sans que les curés puissent y faire un appel à la charité, afin d'en distribuer eux-mêmes le produit à des pauvres honteux ? — Vu les pièces jointes au dossier ; — Vu la loi du 7 frimaire an V ; — Vu l'arrêté du ministre de l'intérieur du 5 prairial an XI ; — Vu l'ordonnance royale du 31 octobre 1821 ; — Vu la loi du 18 germinal an X ; — Vu le décret du 30 décembre 1809 sur les fabriques des églises, et les articles 910 et 937 du Code civil ;

Sur la première question : — Considérant que si, dans les articles 36 et 75 du décret du 30 décembre 1809, il est question de quêtes à faire dans les églises pour les pauvres et pour les frais du culte paroissial, aucune disposition de ce décret, ni d'aucune autre loi ni décret, n'a limité ces quêtes à ces deux objets ; — Que de tout temps on a fait dans les églises appel à la charité des fidèles en faveur des séminaires, ou pour d'autres dépenses diocésaines, quand les ressources ordinaires du y sont affectées étaient insuffisantes ; que toutefois le pouvoir appartient à cet égard à l'autorité ecclésiastique est nécessairement subordonné aux mesures que l'autorité civile, chargée de surveiller tous les lieux de rassemblement public, croirait devoir prendre, suivant les localités et les circonstances, pour empêcher que les quêtes dont le but annoncé pourrait être de nature à servir de prétexte à troubler la tranquillité publique ;

Sur la deuxième question : — Considérant que la jurisprudence a pu varier autrefois relativement au degré d'autorité des évêques, en ce qui concerne les quêtes dans les églises de leurs diocèses, l'article 75 du décret du 30 décembre 1809 ne peut laisser aucun doute ; qu'il a statué que les évêques, sur le rapport des marguilliers, c'est-à-dire après les avoir entendus, régleront tout ce qui est relatif aux quêtes dans les églises ; que l'on conçoit, en effet, que si la décision n'appartenait pas aux évêques, les marguilliers n'appréciant pas les besoins généraux du diocèse, repousseraient souvent les quêtes destinées à y pourvoir, de crainte de voir la concurrence de ces quêtes nuire à celles qui doivent se faire pour leur fabrique ;

Sur la troisième question : — Considérant que la loi du 3 frimaire an V ayant institué les bureaux de bienfaisance pour administrer les biens des pauvres, recevoir les dons qui leur sont faits, et leur distribuer le produit de ces biens et accessoires d'après les dispositions du Code civil (art. 910 et 937), c'est aux bureaux de bienfaisance seuls qu'il appartient de recevoir les aumônes faites aux pauvres ; que leur droit d'établir des troncs dans les églises et d'y faire des quêtes pour les pauvres, tel que ce droit a été établi par arrêté du ministre de l'intérieur du 5 prairial an XI, a été confirmé par l'article 75 du décret du 30 décembre 1809, qui statue que les bureaux de bienfaisance peuvent faire les quêtes toutes les fois qu'ils le jugent convenable, sans avoir besoin de l'autorisation de l'évêque ;

Est d'avis, etc. »

faire faire des quêtes dans les églises. Ce droit leur appartenait sous l'ancienne législation. Un évêque d'Orléans ayant autorisé les administrateurs de l'Hôtel-Dieu de cette ville à faire, pour les besoins de cet établissement, des quêtes dans quelques églises de son diocèse, le curé et la fabrique de l'une de ces paroisses prétendirent s'y opposer ; ils alléguaient les mêmes raisons que l'on fait valoir aujourd'hui : le caractère légal de la fabrique, le préjudice pouvant résulter pour elle des aumônes faites à une quête étrangère, etc. Un arrêt du parlement de Paris, du 15 juin 1534, rejeta ces prétentions. Cet arrêt fixa la jurisprudence ; tous les auteurs enseignèrent, à partir de cette époque, que les évêques pouvaient permettre à qui ils jugeaient à propos de quêter dans les églises, et que, lorsque l'évêque avait donné la permission de quêter dans une église, ni les marguilliers ni le curé ne pouvaient l'empêcher. Lorsque, lors du rétablissement du culte, en l'an X, les évêques furent en même temps rétablis, l'épiscopat ne fut pas reconstitué comme une institution nouvelle, dont il fut loisible de fixer discrétionnairement les attributions. Les évêques ne furent point des fonctionnaires investis uniquement des droits et prérogatives que leur conférait la loi du 18 germinal an X et les lois positives ultérieures. Les évêques furent rétablis ce qu'ils étaient antérieurement, avec toutes leurs attributions et toutes leurs prérogatives anciennes, à l'exception seulement de celles que leur retirèrent des dispositions de lois formelles (1).

« Or, il n'existe dans la législation aucune disposition qui ait enlevé aux évêques le droit d'autoriser ou d'ordonner des quêtes dans les églises, dans un but quelconque de religion ou de charité, et de confier la direction de ces quêtes au clergé.

« En ce qui concerne les quêtes pour les pauvres, la loi du 7 frimaire an V créa les bureaux de bienfaisance et les chargea de distribuer les secours à l'indigence ; mais dans cette loi il n'est nullement question des quêtes ;

« La circulaire ministérielle du 5 prairial an XI, la première, autorisa ces bureaux à faire placer des troncs dans les édifices publics, et spécialement dans ceux consacrés à l'exercice des cérémonies religieuses, et à y faire des quêtes pour les indigents. Un décret impérial du 12 septembre 1806 confirma et régla l'exercice de ce droit. L'article 75 du décret du 30 décembre 1809 maintint ces quêtes en faveur des pauvres, et statua que tout ce qui concernerait les autres quêtes dans les églises serait réglé par l'évêque, sur le rapport des marguilliers. Aucune de ces dispositions n'établit, en faveur des bureaux de bienfaisance, un privilège exclusif ; aucune ne porte atteinte au droit antérieur et ancien des évêques.

« En ce qui concerne les quêtes pour toute autre destination que pour les pauvres, cet article du décret de 1809 confirme au contraire ce droit, puisqu'il statue que tout ce qui concerne ces quêtes sera réglé par l'évêque.

« L'article 36, n° 7, de ce même décret du 30 décembre 1809 met bien au nombre des revenus de la fabrique le produit de certaines quêtes, mais non pas de toutes les quêtes ; il n'attribue à la fabrique que le produit des quêtes pour les frais du culte.

« Ainsi, les évêques avaient autrefois le droit d'ordonner ou de permettre des quêtes dans les églises, dans une destination ecclésiastique et charitable quelconque. Ce droit, depuis le rétablissement du culte, ne leur a pas été enlevé. Donc, ils le conservent encore.

« D'ailleurs, le législateur n'a défendu aucune espèce de quêtes dans les églises, et par là même il les a toutes permises. L'article 75 du décret de 1809 n'est pas limitatif ; il s'occupe des quêtes en général, sans les spécifier. Il ne s'oppose dès lors à aucune de celles qu'on a été depuis des siècles dans l'usage de faire et que les évêques jugent dans leur sagesse devoir être faites.

(1) Jousse, Traité du gouvernement temporel des paroisses ; de Boyer, Principes sur l'administration temporelle des paroisses ; Durand de Maillanne, Dictionnaire du droit canonique.

« Cette doctrine est enseignée par tous les auteurs qui ont écrit sur cette matière (1). (Carré, *Traité du gouvernement des paroisses*; Affre, Henrion, *Code ecclésiastique français*; Dieulin, Vuillefroy); elle est sanctionnée par un usage universel et constant; elle a été consacrée formellement par un avis du comité de l'intérieur du Conseil d'État, du 6 juillet 1831, qui reconnaît expressément que la loi n'a pas restreint les quêtes à faire dans les églises aux seules quêtes pour les frais du culte et pour les pauvres, et qu'aujourd'hui comme autrefois, les évêques ont le droit d'y ordonner des quêtes pour d'autres destinations.

« Aux termes de l'article 75 du décret du 30 décembre 1809, tout ce qui concerne les quêtes dans les églises doit être, sauf les quêtes pour les pauvres, réglé par les évêques, sur le rapport des marguilliers.

« Mais ces expressions ne signifient point que le bureau des marguilliers a, quant au règlement des quêtes, un droit d'initiative et de proposition tel que, si elles n'ont pas été proposées par lui, les mesures arrêtées par l'autorité diocésaine soient irrégulières et illégales.

« Les meilleurs auteurs sont encore d'accord sur ce point, et cette question est également résolue dans le même sens par l'avis précité du comité de l'intérieur du Conseil d'État, du 6 juillet 1831 : cet avis donne de cette solution ce motif péremptoire, que les marguilliers n'appréciant pas les besoins généraux du diocèse, repousseraient souvent des quêtes destinées à pourvoir à ces besoins, par la crainte de voir la concurrence de ces quêtes nuire à celles qui doivent se faire pour la fabrique. Les évêques ont donc le droit, ajoute l'avis, de faire faire des quêtes sans le consentement et même malgré le refus des fabriques.

« A plus forte raison encore n'est-il pas indispensable, pour que l'évêque soit en droit de faire faire une quête dans une église, que cette quête ait été proposée par le bureau des marguilliers (2).

« Mais en 1838, il a été décidé que les curés n'ont pas le droit de quêter ou faire quêter dans l'église pour les pauvres honteux. Le droit de faire des quêtes en faveur des pauvres dans les églises et autres lieux publics appartient exclusivement aux bureaux de bienfaisance. « Il est évident que les bureaux de bienfaisance, qui ont seuls un caractère légal pour représenter les pauvres, ont aussi seuls le droit de faire des quêtes publiques à leur profit et d'en répartir le montant de la manière qui leur paraît la plus convenable. On ne peut empêcher sans doute les curés de recevoir de la main à la main les aumônes que des personnes charitables peuvent leur verser en secret, en leur laissant le soin d'en faire la distribution ou en fixant elles-mêmes l'emploi de leurs libéralités. Les curés ne sont, dans ce cas, que des mandataires officieux, choisis par la confiance privée comme pourrait l'être toute autre personne; mais il n'en est pas de même lorsqu'ils organisent des comités de charité, font des quêtes publiques au profit des pauvres, et disposent de leur produit sans rendre compte de l'emploi qu'ils en ont fait. Ils se constituent alors publiquement et officiellement représentants des pauvres, agissant en leur nom et pour leur compte, et se substituent au lieu et place des bureaux de bienfaisance en s'arrogeant des qualités et des fonctions que les lois n'attribuent qu'à ces administrations charitables (3). »

1435. Le produit des quêtes faites dans une église pour les frais du culte appartient à la fabrique.

Celui des quêtes pour les pauvres doit être versé dans la caisse du bureau de bienfaisance (4).

1436. Il a été décidé, sous le gouvernement de Louis-Philippe, que les curés et desservants ont le droit de faire à leur profit des quêtes volontaires et que les maires n'ont pas le droit de s'opposer à ces quêtes. Mais ces mêmes quêtes ne doivent pas être imposées aux paroissiens comme obligatoires pour eux; les délibérations des conseils municipaux qui les prescrivaient comme telles, même à titre de supplément de traitement, ne sont pas légales.

Si les quêtes au profit des curés et desservants étaient présentées aux paroissiens comme une contribution forcée, les maires seraient fondés à s'y opposer et à les dénoncer à l'autorité administrative supérieure (1).

Mais en 1865, l'administration, revenant sur cette tolérance, a défendu aux curés et desservants de faire dans leur église aucune quête, soit à leur profit, soit dans un intérêt religieux. Seulement, l'usage a établi que les offrandes présentées à l'autel leur seraient dévolues (2).

1437. Une décision ministérielle du 7 août 1834 porte que les curés et les fabriques peuvent, sous la réserve des règlements épiscopaux, faire des quêtes dans les églises pour les pauvres.

1438. La perception des droits curiaux et les quêtes facultatives faites dans certaines localités au profit des curés et desservants ne peuvent être remplacées par une allocation annuelle portée au budget communal en faveur de ces ecclésiastiques (3).

1439. De ce que les administrateurs des bureaux de bienfaisance ont le droit de faire par eux-mêmes les quêtes dans les églises, il ne s'ensuit pas qu'ils aient le monopole de la distribution de toutes les aumônes recueillies dans les temples. Ainsi, un bureau de bienfaisance est sans droit comme sans qualité pour revendiquer le produit d'une quête faite dans une église au profit des pauvres par des personnes agissant avec l'agrément et sous la seule autorisation du curé, chargé de la distribution (4). Lorsque, pour assurer le succès d'une revendication de cette nature, le maire, président du bureau de bienfaisance, a fait pratiquer une saisie-exécution du mobilier du presbytère en vertu d'un état rendu exécutoire par le préfet, le tribunal de première instance, saisi de l'opposition formée par le curé, est compétent, quel que soit le montant du litige, pour ordonner la mainlevée de cette saisie, et il doit régler la demande tendant à faire verser dans la caisse de l'établissement charitable la somme que le curé a reçue pour la distribuer (5).

1440. Nous avons vu que les bureaux de bienfaisance peuvent faire faire des quêtes dans les églises, toutes les fois qu'ils le jugent convenable (6).

Les troncs qu'ils peuvent placer doivent être installés comme les autres, ils peuvent seulement exiger qu'ils le soient dans un milieu apparent et sur le passage des fidèles (7).

1441. En principe, les administrateurs des bureaux de

---

(1) *Mémoire* de M. Lauwerts, avocat à Bruges, rapporté au *Journal des conseils de fabrique*, 1856-57, p. 332.
(2) Déc. min. 14 mars 1838.
(3) Déc. min. 23 novembre 1838; 23 janvier 1840.
(4) Déc. min. 10 juillet 1865.

(1) Déc. min. 14 septembre 1838; 10 novembre 1838; 7 décembre 1838.
(2) Déc. min. 10 juillet 1865.
(3) Déc. min. 10 mai 1845.
(4) Caen, 12 janvier 1887; — Cas. req., 21 mars 1883.
(5) D. 30 décembre 1809, art. 75.
(6) Arr. du Min. de l'Int. relatif aux quêtes à faire et aux troncs à placer, pour les pauvres, dans les temples et autres lieux publics, 5 prairial an XI : — « Le ministre de l'intérieur ; — Vu l'article 8 de la loi du 7 frimaire an V, arrête ce qui suit : — Article premier. Les administrateurs des hospices et des bureaux de bienfaisance organisés dans chaque arrondissement sont autorisés à faire quêter dans tous les temples consacrés à l'exercice des cérémonies religieuses, et à confier la quête, soit aux filles de charité vouées au service des pauvres et des malades, soit à telles autres personnes charitables qu'ils le jugeront convenable. — Art. 2. Ils sont pareillement autorisés à faire poser dans tous les temples, ainsi que dans les édifices affectés à la tenue des séances des corps civils, militaires et judiciaires, dans tous les établissements d'humanité, auprès des caisses publiques, et dans tous les autres lieux où l'on peut être excité à faire la charité, des troncs destinés à recevoir les aumônes et les dons que la bienfaisance individuelle voudrait y déposer. — Art. 3. Tous les trois mois, les bureaux de charité feront aussi procéder, dans leurs arrondissements respectifs, à des collectes. — Art. 4. Le produit des quêtes, des troncs et des collectes, sera réuni dans la caisse de ces institutions, et employé à leurs besoins suivant et conformément aux trois mois, au ministre de l'intérieur. — Art. 5. Dans les arrondissements où l'établissement des bureaux de bienfaisance et des bureaux auxiliaires n'a point encore eu lieu, les préfets, conformément aux instructions du 28 vendémiaire an X, s'occuperont, sans délai, de leur organisation et soumettront à la confirmation du ministre les arrêtés qu'ils croiront devoir prendre. — Art. 6. Les préfets sont respectivement chargés d'assurer l'exécution des dispositions et d'en rendre compte. »
(7) Affre.

bienfaisance sont tenus d'exercer eux-mêmes, sans autorisation préalable du curé, le droit qu'ils ont de quêter dans les églises pour les pauvres. En fait, il a été admis cependant qu'ils peuvent désigner des personnes charitables pour quêter à leur place, à la condition toutefois que leur choix soit agréé par le curé ou desservant. Le curé ou desservant peut dès lors ne pas admettre comme quêteuse la personne désignée par le bureau de bienfaisance. Il force, par son refus, les administrateurs à présenter une autre quêteuse ou à quêter eux-mêmes (1).

1442. Le placement des troncs dans l'église est réglé par l'évêque, sur la proposition des marguilliers. Le conseil de fabrique, d'après André, n'a aucun droit sur le produit des places dans l'église pour recevoir les aumônes consacrées à faire prier pour les âmes du purgatoire; le curé seul aurait la comptabilité et la responsabilité de ces aumônes, et devrait en toucher le produit (2). Les offrandes déposées dans le tronc d'une chapelle privée, servant de but de pèlerinage, ne peuvent être revendiquées par la fabrique de la paroisse dans le territoire de laquelle se trouve cette chapelle, s'il n'y a pas eu accomplissement des formalités destinées à faire de celui-ci un oratoire public et si elle a continué, en fait, d'être possédée et administrée par celui qui s'en prétend propriétaire, sauf le cas de convention contraire entre le propriétaire de la chapelle et l'autorité ecclésiastique (3).

1443. Les confréries et autres associations religieuses ont-elles le droit d'avoir des troncs dans les églises? Le Nouveau journal des conseils de fabrique s'est prononcé pour la négative. En tout cas, ces troncs devraient être autorisés par l'évêque et par la fabrique (4). D'après le Journal des conseils de fabrique, le curé a le droit de placer un tronc dans l'église pour ses pauvres, et lui seul peut en recueillir le produit (5).

1444. Le décret du 30 décembre 1809 impose, comme les anciens arrêts de règlements, l'obligation d'inscrire jour par jour le produit des quêtes comme de tous fonds perçus pour le compte de la fabrique, sur un registre coté et paraphé qui reste aux mains du trésorier (6).

Toutefois l'usage a prévalu de le verser dans un coffre qu'on ouvre à certaines époques en présence des membres du bureau.

1445. Le décret de 1809 ayant distingué le produit des quêtes de celui des troncs, il est nécessaire de ne pas confondre les deux recettes et d'en faire dans les comptes deux articles séparés (7).

1446. Les clefs des troncs sont placées dans une armoire à trois clefs (8).

1447. Une libéralité dont le revenu doit être employé à l'extinction ou à la diminution du droit perçu sur les chaises dans une église ne présente rien de contraire aux lois, et la fabrique de cette église peut être autorisée à l'accepter aux clauses et conditions imposées (9).

1448. Une disposition testamentaire bien que constituant un bénéfice duquel doit profiter un établissement religieux peut ne pas constituer un legs; elle peut être simplement ce que l'on appelle une charge d'hérédité. Nous examinerons avec détails, v° DONS ET LEGS, la doctrine et la jurisprudence qui s'appliquent aux diverses questions relatées, mais nous devons dire quelques mots ici de la jurisprudence spéciale relative aux fabriques.

1449. Qu'est-ce qu'une charge d'hérédité? Nous avons vu que le droit du gouvernement, qui lui appartenait déjà sous l'ancien régime, d'autoriser l'acceptation des libéralités faites aux établissements publics et d'utilité publique, se justifie par le souci de l'intérêt des familles que l'État ne doit pas laisser spolier, par le souci de l'établissement lui-même qu'il a sous sa tutelle ou sa surveillance, enfin par le souci de l'intérêt général qui s'oppose au développement successif de la mainmorte. Il faut donc qu'une disposition testamentaire présente nettement et indiscutablement tous les caractères d'une charge d'hérédité, pour que le gouvernement renonce à son droit de contrôle que légitiment des considérations si puissantes.

A notre avis, en principe, la charge d'hérédité est caractérisée par le défaut de désignation du légataire; il n'y a legs que si le légataire est indiqué. Aussi nous voyons une charge d'hérédité dans les dispositions suivantes : « Je veux qu'il soit célébré, pendant le mois de mon décès, dix messes pour le repos de mon âme » (l'église n'étant pas désignée). Aucun établissement n'étant désigné pour acquitter les intentions du défunt, c'est aux représentants de ce dernier qu'il appartient d'en assurer l'exécution, et le gouvernement n'a pas à autoriser le legs à un établissement public.

Bien que la caractéristique de la charge d'hérédité soit le défaut de désignation de l'établissement légataire il se peut qu'une disposition testamentaire, où cette désignation fait défaut, doive être considérée comme un legs et non comme une charge d'hérédité, par exemple, lorsque le défunt institue une fondation pieuse ou une fondation charitable, sans désigner l'établissement qui doit acquitter la fondation, ou bien, lorsque la somme laissée est assez importante pour équivaloir à une fondation ou qu'elle constitue une libéralité universelle. Ainsi on ne doit pas voir une charge d'hérédité dans les dispositions suivantes : « il sera célébré trois messes à perpétuité pour le repos de mon âme » ; « il sera distribué tous les ans 50 kilogrammes de pain aux pauvres à perpétuité. » En effet, il est à présumer que quoiqu'il y ait fondation, le testateur a eu l'intention de confier l'acquittement, non pas à ses héritiers, mais à l'établissement institué à cet effet, lequel ne meurt pas et qui, en raison de son caractère de pérennité, assurera mieux l'exécution de la fondation que des individus éphémères. Dans cette hypothèse, à défaut de désignation d'un établissement par les représentants du défunt ou l'exécuteur testamentaire, le gouvernement autorise la fabrique du lieu du décès à revendiquer la fondation pieuse. Quand le défunt, sans spécifier de fondation, a laissé une somme importante pour l'acquit de messes, le gouvernement doit autoriser la fabrique à accepter la libéralité. En effet, il est à présumer que si la somme léguée est si importante, c'est que le testateur a voulu faire une fondation et quand bien même telle ne serait pas son intention, le gouvernement devrait encore intervenir pour donner l'autorisation prescrite par l'article 910. En effet, le droit de tutelle du gouvernement ne serait-il pas annihilé, s'il suffisait à un testateur de disposer « qu'il serait distribué 20,000 messes », sans désigner l'établissement, pour soustraire des libéralités aussi considérables au contrôle nécessaire de l'autorité administrative?

1450. Lorsqu'un individu laisse toute sa fortune, sans désignation de légataire, pour faire célébrer des messes, il faut décider que le gouvernement doit autoriser le legs au nom de la fabrique du domicile du testateur, car si modique que puisse être en réalité le montant de la succession déclarée, un legs universel a toujours une importance véritable, soit parce que, par rapport au chiffre peu élevé de la succession, il a une valeur relative, soit parce que, donnant vocation au tout, il ne peut toujours être évalué dans son intégralité d'une façon certaine et que l'évaluation de la succession peut donner lieu, après coup, à des surprises.

1451. S'il est vrai qu'il y a legs dans le cas de fondation sans désignation d'établissement légataire, ou lorsque le testateur a laissé une somme importante ou toute sa fortune, la désignation de l'église n'en est pas moins, en principe, la caractéristique du legs et notons qu'il y a legs, non seulement quand le testateur a pris soin de dire : « Je donne et lègue à telle église », mais encore quand il a dit : « Je charge mes héritiers de donner à telle église ». Dans le premier cas, le legs est direct, dans le deuxième, il est indirect.

La jurisprudence du Conseil d'État et la jurisprudence

---

(1) Déc. min. 12 juin 1847 ; 20 mars 1847 ; 5 décembre 1868.
(2) André, t. I.
(3) Corbeil, 12 avril 1877, fabrique Sainte-Geneviève-des-Bois; voir Chapelles.
(4) André, t. IV.
(5) Nouveaux Conseils de fabrique, t. III.
(6) Art. 74.
(7) Carré.
(8) D. 30 décembre 1809, art. 11.
(9) D. 18 mai 1870.

ministérielle relatives aux charges d'hérédité présentent quelque indécision ; essayons toutefois d'en déterminer les règles.

D'après certaines décisions du Conseil d'Etat, la caractéristique de la charge d'hérédité ne serait pas l'absence de désignation de l'établissement légataire, mais l'*emploi immédiat* ; s'il y a emploi immédiat, il n'y a pas legs au profit de l'établissement même désigné. Quand le testateur dispose en faveur d'une fabrique déterminée en vue de la célébration de messes *une fois dites*, il y aurait charge d'hérédité. Peu importe, d'ailleurs, que le testateur a dit : « Je lègue » ou bien « Je charge mes héritiers de remettre à telle fabrique. » Et il y aurait charge d'hérédité, non seulement quand il résulte du dossier que les messes ont été acquittées, mais quand la situation est entière, la célébration n'ayant pas été effectuée.

Un second élément sert à caractériser la charge d'hérédité aux yeux du Conseil d'Etat, c'est la modicité de la somme. Il est à remarquer toutefois, qu'à certaines époques, la jurisprudence du Conseil s'est peu souciée de l'importance de la somme pour reconnaître à la disposition testamentaire le caractère de charge d'hérédité, en raison seulement de l'emploi immédiat que devait recevoir la somme léguée. Dans ses avis du 19 novembre et du 13 décembre 1879, la section de l'Intérieur et des Cultes considérait comme une charge d'hérédité un legs de 4,000 francs fait au curé de Saint-Vénérand, à Laval, pour messes une fois dites ; un legs de 1,500 francs fait au desservant de Plérin pour prières. Le 6 avril 1881, la direction des Cultes voyait une charge d'hérédité dans un legs de 5,000 francs fait à M. le curé de la Couture (le Mans) pour être distribué aux pauvres et le 2 juillet 1880, pareillement une charge d'hérédité dans un legs de 1,200 francs fait dans les mêmes conditions au curé de Mérignac (Bordeaux) ; ces libéralités n'étaient pas très considérables. Mais la direction des Cultes étendit le bénéfice de la théorie des charges d'hérédité à des libéralités plus importantes. Le 5 juin 1880, le sous-secrétaire d'Etat, chargé des Cultes, dans une lettre à l'archevêque de Rouen, s'appuyait sur la jurisprudence du Conseil d'Etat, pour considérer comme charge d'hérédité un legs de 300,000 francs, fait à l'archevêque de Rouen, par la dame veuve Prieur, pour ses œuvres. Le 10 janvier 1881, l'administration des Cultes, invoquant la jurisprudence du Conseil d'Etat, écrivait à l'évêque de Meaux qu'il devait considérer comme une charge d'hérédité un legs d'une somme de 10,000 francs fait à Mgr l'évêque de Meaux pour ses bonnes œuvres, cette somme devant recevoir un emploi immédiat.

Le 5 avril 1881, la section de l'Intérieur et des Cultes émettait l'avis qu'il y avait lieu de considérer comme une charge d'hérédité, un legs de 10,000 francs fait aux pauvres de Lyon, pour être remis au curé, chargé d'en faire la distribution. Le 13 juin 1882, l'administration des Cultes écrivait au ministre de l'Intérieur : « le sieur Buillée a fait la disposition suivante : « Je donne et lègue à Mgr l'archevêque de Paris une somme de 30,000 francs, qu'il pourra employer en œuvres religieuses. Cette disposition n'instituant pas de fondation et devant donner lieu à un emploi immédiat de la somme léguée, sans désignation spéciale des œuvres religieuses auxquelles elle est destinée, doit être considérée, d'après la jurisprudence du Conseil d'Etat, comme simple charge d'hérédité. »

Le 27 septembre 1884, une lettre de la direction des Cultes faisait connaître au préfet de la Seine qu'un legs universel s'appliquant à un titulaire ecclésiastique avec charge d'emploi immédiat, devait être considéré comme une charge d'hérédité, comme le pensait le préfet lui-même (legs Hamelin). Je ne sais si la direction des Cultes, dans les affaires précitées, donnait une interprétation fidèle de la doctrine du Conseil d'Etat et ne lui prêtait pas, au contraire, une extension trop grande ; en tous cas, ces précédents, contraires à l'article 910 du Code civil, montrent bien les dangers d'une jurisprudence qui, faute de base fixe et précise, facilite de semblables interprétations et fait considérer comme charges d'hérédité un legs de 30,000 francs, un legs de 300,000 francs, un legs universel dont l'importance peut être considérable.

Depuis quelques années, le Conseil d'Etat semble faire entrer pour une plus forte part la modicité de la somme dans les éléments constitutifs de la charge d'hérédité, mais il arrive quelquefois encore qu'il attribue le caractère de charge d'hérédité à des libéralités d'une certaine importance. Il serait à souhaiter que la jurisprudence acquit un caractère de fixité qui lui manque et reposât sur une base juridique. L'emploi immédiat, joint à la modicité de la somme, ne semble pas pouvoir être considéré comme un caractère constitutif de la charge d'hérédité. C'est ce que reconnaissait la remarquable circulaire du 10 avril 1862. D'après cette circulaire, quand l'église est *désignée*, il y a legs, alors même que le testateur a spécifié qu'il fût célébré en sa mémoire des messes *une fois dites* et le gouvernement doit statuer. Seulement, s'il résulte du dossier de l'affaire que les messes ont déjà été acquittées, et que la somme n'est pas très importante, le gouvernement ne statue pas, parce qu'il n'y trouve pas d'utilité. Le seul avantage que peut présenter la jurisprudence actuelle du Conseil d'Etat qui fait de l'emploi immédiat le caractère constitutif de la charge d'hérédité est d'éviter une instruction inutile et de ne pas retarder la solution des affaires.

Encore ce résultat n'est-il pas toujours atteint. En effet, comme il règne une très grande incertitude sur le caractère des charges d'hérédité, il peut arriver que l'administration des Cultes n'instruise pas sur une disposition testamentaire qu'elle regarde comme une charge d'hérédité et que le Conseil d'Etat, saisi de l'examen d'autres dispositions testamentaires, estime qu'il y a legs et renvoie le dossier pour complément d'instruction, ce qui aboutit à retarder de plusieurs mois souvent la solution d'une affaire que le gouvernement avait voulu simplifier à la faveur de la théorie de la charge d'hérédité.

D'autre part, il arrive que le gouvernement, hésitant sur le caractère de la disposition testamentaire, croit plus prudent de procéder à une instruction sur un legs auquel le Conseil d'Etat déniera ce caractère, et l'incertitude de la jurisprudence n'aura pas permis de hâter la solution de l'affaire par la suppression de l'instruction.

Pour un seul avantage bien aléatoire qu'offre la jurisprudence qui fait de l'emploi immédiat le caractère constitutif de la charge d'hérédité, que de dangers ne présente-t-elle pas ?

Si au lieu de restreindre le plus possible le nombre des charges d'hérédité et s'appuyant pour cela sur la base juridique que nous avons indiquée plus haut, le Conseil d'Etat donne de l'extension à la théorie des charges d'hérédité, il propage cette idée que le gouvernement s'est désarmé de son pouvoir de tutelle quand le legs doit recevoir un emploi immédiat, et il encourage ainsi les établissements à se faire délivrer par les notaires, de concert avec les héritiers, le montant des libéralités, souvent importantes, en s'appuyant sur des précédents analogues.

L'opinion qu'il est utile, au contraire, de propager, c'est que le gouvernement ne doit jamais renoncer à son droit de tutelle en matière de dispositions testamentaires. Au moment où le Conseil d'Etat et l'administration s'efforcent d'empêcher les notaires d'opérer des délivrances illégales (1), il serait opportun de restreindre dans de justes limites juridiques la théorie de la charge d'hérédité qui tend à propager l'idée que le gouvernement peut abandonner son droit légitime de contrôle, même au cas où l'établissement est désigné comme légataire.

L'extension de la théorie de la charge d'hérédité présente un autre danger ; elle permet d'éluder la jurisprudence sur la spécialité des établissements publics. Si le Conseil d'Etat admet qu'un legs de 1,000 francs, par exemple, fait à une curé pour les pauvres à charge de distribution immédiate, constitue une charge d'hérédité, il suffira aux testateurs pour soustraire au contrôle du gouvernement la libéralité faite illégalement, de léguer les sommes aux établissements qui ne peuvent légalement les recevoir, à charge de *distribution dans l'année du décès*. C'est le conseil pratique que donne la *Se-*

(1) Cir. 3 novembre 1888.

maine religieuse de Paris dans son numéro du 20 octobre 1888. En instituant un certain nombre d'établissements ecclésiastiques et en léguant une somme modique à chacun d'eux, un testateur pourra à la faveur de la jurisprudence sur les charges d'hérédité, léguer des sommes considérables .à des établissements publics pour des objets qui ne rentrent pas dans leurs attributions légales.

Le gouvernement ne statue pas sur un legs fait à une fabrique à charge de célébration immédiate de messes. Pourquoi ?

La fabrique touche une partie du prix des messes ; elle s'enrichit d'autant. C'est un accroissement de richesse qui peut n'être pas sans importance et que ne doit pas ignorer le gouvernement, auquel incombe la mission de surveiller la situation financière des fabriques et d'examiner si elles ne dissimulent pas à leurs budgets des *ressources disponibles* (1).

La théorie arbitraire des charges d'hérédité présente encore d'autres inconvénients : quand un legs est fait à un particulier, il actionne devant les tribunaux celui qui lui refuse la délivrance. Un établissement ecclésiastique a besoin d'être autorisé par le gouvernement pour pouvoir poursuivre en justice la délivrance de son legs.

Si un legs véritable a été fait à une fabrique à charge de célébration immédiate de messes, il ne faut pas,. à notre avis, voir dans ce legs une charge d'hérédité en raison du caractère d'emploi immédiat qu'il peut offrir. En effet, si on le considère comme une charge d'hérédité les héritiers peuvent se refuser à exécuter cette charge ; et l'établissement ecclésiastique qui a pour mission légale d'assurer la célébration des messes n'étant pas autorisé à accepter, n'a pas qualité pour les y contraindre.

Si le défunt a légué une somme à une fabrique déterminée pour célébration de messes une fois dites, pourquoi ne pas autoriser l'acceptation du legs ? Est-il juste d'en abandonner l'exécution à la bonne foi des héritiers qui ne peuvent pas faire célébrer les messes ?

Le gouvernement, qui ainsi que le reconnaît la jurisprudence du Conseil d'État doit avoir à un haut degré le souci d'assurer l'exécution de la volonté du testateur peut arriver en dénaturant ainsi le caractère de la disposition testamentaire à la faveur des messes sur lesquelles il a compté.

Ajoutons une autre considération :

Quand un testament renferme divers legs, il arrive que les héritiers consentent, d'une façon générale, à l'exécution du testament. Si un legs sous charge de célébration immédiate de messes a été fait à une fabrique, les héritiers ont pu comprendre dans leur consentement général la délivrance de ce legs, parce qu'ils avaient l'idée que c'était un legs véritable et que le gouvernement en autoriserait l'acceptation par la fabrique. Si le gouvernement ne statue pas, il se peut fort bien que les héritiers émettent l'opinion de bonne foi ou non, « qu'il n'y a pas legs, et que par conséquent, il n'y a pas lieu de délivrer ».

La jurisprudence du Conseil d'État, relative aux charges d'hérédité, présente un dernier inconvénient. Si le gouvernement statuait sur un legs à une fabrique à charge de célébration immédiate de messes, par exemple, le notaire ferait, au cas d'autorisation, la délivrance du legs. Le gouvernement ne statuant pas, il est arrivé, à notre connaissance, que le notaire gardait, pendant plusieurs années, entre ses mains, le montant du legs, ne voulant pas s'en dessaisir dans l'attente du décret d'autorisation. C'est un fait qui doit se produire fréquemment et qui doit servir d'argument à l'appui des attaques contre les lenteurs de l'administration.

La jurisprudence des tribunaux judiciaires ne présente pas une moins grande incertitude. Trois systèmes ont été mis en avant, mais tous trois nous semblent se soucier trop peu de la nécessité du contrôle gouvernemental.

Premier système. Si un individu laisse une somme d'argent pour célébration de messes, sans désignation d'église, il y a charge d'hérédité ; car ce qui constitue le legs, c'est la désignation du légataire. Or, on ne peut réputer légataires les ecclésiastiques qui seront appelés à dire des messes, dès qu'ils ne feront que recevoir une rétribution qui leur est due et ne recueilleront rien à titre gratuit. Il en est ainsi alors même que le défunt a laissé, pour la célébration de messes, l'universalité ou une quote-part de ses biens. Cette théorie, est celle qu'adopte l'arrêt le plus récent de la Cour de cassation. [Paris, 24 août 1825; Montpellier, 19 juin 1813 ; Caen, 28 novembre 1865 ; Cassation, 13 juillet 1859 (1), Rennes, 22 août 1861 (2).]

A cette théorie se rattache la théorie suivante, contenue dans un arrêt de Cassation du 16 juillet 1834 (3).

---

(1) Cass. 13 juillet 1859 : — « Sur les premier et deuxième moyens du pourvoi : — Attendu que l'arrêt attaqué, appréciant le sens, le caractère et la portée des dispositions de l'abbé Rousset d'après les intentions expliquées par lui dans son testament, a déclaré que cet ecclésiastique avait voulu qu'une somme de 5,000 fr. fût prélevée sur sa succession pour être employée en prières et en bonnes œuvres, dont l'accomplissement a été par lui confié à l'abbé Parenteau, son exécuteur testamentaire ; — Attendu que l'action en nullité dirigée contre ces dispositions, comme constituant des legs faits à des personnes incertaines, a été justement repoussée ; — Attendu que le testateur, usant de la latitude qui lui était accordée par la loi pour la manifestation de ses dernières volontés, a pu, sans faire de légataires particuliers, imposer à sa succession certaines charges et en confier l'accomplissement à son exécuteur testamentaire ; — Attendu que ce mandat a pu comprendre le soin de choisir les prêtres qui célébreront des messes pour le repos de l'âme du testateur, et de leur offrir une rétribution qui, étant due pour un service, n'a point le caractère d'une libéralité ; — Attendu, en outre, que pourvu qu'il ne soit fait aucune fraude aux dispositions des lois et ordonnances concernant les fondations et les dons aux établissements religieux ou charitables, et lorsqu'il ne s'agit que d'une distribution d'aumônes, il est permis de s'en rapporter à son exécuteur testamentaire pour répartir entre les malheureux qui auront les plus grands besoins une somme destinée par le testateur à des actes de charité, et que l'arrêt attaqué, qui en a apprécié, dans l'espèce, le but et l'importance, a décidé avec raison que ce mandat était valable; — Attendu qu'il a été constaté par l'arrêt attaqué que les dispositions testamentaires de M. l'abbé Rousset ne renferment point de libéralités au profit d'établissements publics ou d'associations, ni de legs ou fondations en faveur des pauvres d'une commune ou de l'église ;

D'où il suit qu'il n'y avait point lieu, dans l'espèce, à l'application de l'art. 910 du Code Napoléon, ni des autres dispositions invoquées par le pourvoi, et qu'en déclarant les époux Monnereau et consorts mal fondés, tant dans leur action en nullité du testament de l'abbé Rousset et de l'acte de délivrance qu'il a suivi, que dans leur demande en sursis jusqu'à l'obtention d'une autorisation administrative, la Cour impériale de Bordeaux n'a violé aucune loi ; — Rejette, etc. »

(2) Rennes, 22 août 1861 : — « La Cour ; — Considérant que l'article 967 du Code Napoléon donne à toute personne la faculté de disposer par testament, soit sous le titre d'institution d'héritier, soit sous le titre de legs, soit sous toute autre dénomination propre à manifester sa volonté ; que le testateur qui n'a pas d'héritier à réserve peut épuiser la totalité de ses biens ; qu'ainsi toute disposition qui exprime sa volonté doit être maintenue quand elle n'a rien de contraire aux lois et aux bonnes mœurs ; que, dès lors, le testateur peut appliquer à un emploi déterminé les biens qu'il laissera à son décès, et, pour arriver à ce but, indiquer un exécuteur testamentaire chargé d'accomplir ses intentions dernières ; — Considérant que, pour son testament du 30 septembre 1849, dont aucune des parties en cause n'a expressément demandé la nullité, l... E... a déclaré qu'il entendait que, son décès arrivant, tout ce qu'il possédérait au jour de sa mort fût vendu et employé à faire prier Dieu pour lui, s'il mourait sans enfants, et que, par le même acte, il a nommé T..., notaire à M..., son exécuteur testamentaire ; — Considérant que cette disposition, qui n'a rien de contraire aux lois et à la morale, ne constitue une libéralité vis-à-vis de qui ce soit, mais forme bien plutôt une charge de l'hérédité ; qu'elle n'est que la juste rémunération de prières qui seront dites pour le salut de son âme; que les ecclésiastiques qui seront chargés de célébrer des messes ne feront que recevoir la rétribution qui leur est due et ne recueilleront rien à titre gratuit; — Considérant que, dans cette même disposition du testament, on ne rencontre rien d'incertain ou d'arbitraire, rien d'où l'on puisse inférer une fondation ou une libéralité quelconque en faveur d'une église, de la fabrique ou d'un corps moral ; qu'ainsi l'article 910 du Code Napoléon qui ôte tout effet aux donations ou legs fait au profit des hospices, des pauvres d'une commune ou d'établissements d'utilité publique, tant qu'ils ne sont pas autorisés par l'État, ne saurait recevoir son application à l'espèce actuelle; — Considérant que le testateur qui n'a pas d'héritier à réserve peut faire mobilier sa succession d'immobilière qu'elle était, et charger dans ce but son exécuteur testamentaire de faire vendre les immeubles dépendant de sa succession, pour le prix en être employé à l'exécution de ses volontés; — Confirme, etc. »

(3) Cass. 16 juillet 1834 : — « Attendu que, par testament authentique en date du 20 septembre 1817, le sieur Lesoing, propriétaire, demeurant à Simencourt, a fait une disposition ainsi conçue : « Je veux encore que, pour le repos de mon âme et de celles de mesdits père et mère et frères prématurés, il soit dit et déchargé annuellement, pendant les quatre-vingts années qui suivront mon décès, cent messes chantées, à la rétribution ordinaire, dont cinquante dans l'église de Wanquetin et cinquante dans celle de Simencourt. » — Attendu que les fabriques de Simencourt et de Wanquetin, ayant cru apercevoir dans cette disposition

---

(1) Voir Contribution des communes aux charges du culte.

Le legs fait à un ecclésiastique, pour qu'il l'applique en prières et en bonnes œuvres, est valable. Un autre arrêt de la Cour de Pau, du 24 août 1825, a décidé qu'il en était ainsi alors que le prêtre institué avait assisté le défunt pendant la maladie dont il est mort et que la généralité de tous ses biens lui était laissée pour dire des messes. Le legs n'est pas incertain, puisque son objet et sa désignation sont clairement désignés et que cette disposition est moins un legs qu'une charge de la succession, comme seraient des funérailles ou un certain nombre de messes prescrites par un testament.

Cette disposition n'est pas soumise à la formalité de l'autorisation puisqu'elle n'est faite ni à un établissement public, ni à une commune, mais laissée à l'arbitrage de l'exécuteur testamentaire (1). Le lien qui rattache cette théorie à la première est le suivant : en l'espèce, il y a charge d'hérédité en réalité ; en effet, si un ecclésiastique est désigné, il n'est pas désigné en tant que légataire, il n'est qu'un exécuteur testamentaire ayant mission d'acquitter une charge de la succession et ne recueillant aucun bénéfice. L'espèce présente se rapproche donc de celle où le *de cujus* charge un exécuteur testamentaire d'employer une somme en prières ; il y a charge d'hérédité en réalité dans les deux cas.

Dans le même sens, on peut citer un jugement du tribunal civil de Toulouse, du 21 mai 1888, relatif à une disposition charitable ; le tribunal voit dans un legs de 1,000 francs au curé de Saint-Sernin, pour les pauvres, une charge d'hérédité.

Second système. Le second système considère comme charge d'hérédité les dispositions qui prescrivent la célébration de messes sans légataire déterminé (ou la répartition d'une certaine somme entre les pauvres), par l'héritier ou l'exécuteur testamentaire.

Elle est conforme en ce point avec la première théorie précitée ; elle en diffère en ce qu'elle voit un legs dans la disposition par laquelle le *de cujus* a laissé pour célébration de messes ou pour être employée en bonnes œuvres, l'universalité ou une quote-part de ses biens. « Une pareille disposition, dont l'effet est de priver les héritiers *ab intestat* de l'universalité des biens du défunt, implique nécessairement l'idée d'un legs universel, et ne peut par conséquent être valable qu'autant qu'il est permis de supposer qu'elle a été faite

au profit d'une personne morale, par exemple au profit du bureau de bienfaisance ou de la fabrique. »

En ce sens, Cassation, 26 novembre 1828 (1).

Troisième système. Ce système donne plus d'extension à la charge d'hérédité. Peu conforme aux principes juridiques, il décide que la clause testamentaire qui charge les héritiers de faire dire annuellement un certain nombre de messes dans *une église déterminée*, ne constitue pas au profit de la fabrique, une fondation ou un legs dont elle ait le droit de poursuivre l'exécution contre les héritiers ; c'est une charge de la succession dont il n'appartient qu'à l'exécuteur testamentaire d'exiger l'accomplissement. Cette théorie est absolument fausse, selon nous. Quand l'église est déterminée, comment peut-on soutenir qu'il y ait charge d'hérédité ? [Arrêt de la Cour de Douai du 30 mai 1853 (2) ; Paris, 28 novembre 1877 (3) ; tribunal de la Seine, 26 décembre 1884.]

(1) Cass. 26 novembre 1828 : — « La Cour : — Vu les articles 910 du Code civil, 1 et 2 du décret du 12 août 1807 et 1er de la loi du 2 janvier 1817 ;

Considérant qu'il s'agissait dans la cause d'un legs universel à la charge de services religieux et qui, aux termes de l'arrêt, ne pouvait être exécuté qu'avec l'intervention de l'évêque diocésain ; — Considérant qu'un tel legs ne peut être exigé sans l'autorisation préalable du gouvernement, qui veille, dans l'intérêt des familles et de la société, à ce que ces sortes de dispositions n'excédent pas les bornes légitimes ; — Considérant qu'en ordonnant l'exécution du testament de la veuve Destyeux, quoique le donateur ne rapportât pas cette autorisation, qui est d'ordre public, la Cour royale de Pau a formellement violé les lois ci-dessus visées ; — Casse. »

(2) Douai, 30 mai 1853. — La Cour de Douai a adopté le jugement suivant du tribunal d'Arras : — « Attendu que par testament authentique en date du 20 septembre 1847, le sieur Lesoing, propriétaire, demeurant à Simencourt, a fait une disposition ainsi conçue : « Je veux encore que, pour le repos de mon âme et celle de mes dits père et mère et frères prénommés, il soit dit et déchargé annuellement, pendant les quatre-vingts années qui suivront mon décès, cent messes chantées, à la rétribution ordinaire, dont cinquante dans l'église de Wanquetin et cinquante dans celle de Simencourt » ; que, par une disposition finale, ledit Lesoing a déclaré nommer pour son exécuteur testamentaire le sieur Coin, cultivateur à Simencourt ; — Attendu que les fabriques de Simencourt et de Wanquetin ayant cru apercevoir dans cette disposition une fondation faite à leur profit, viennent chacune aujourd'hui, en la personne de leurs trésoriers, demander contre les héritiers du sieur Lesoing condamnation en payement de messes depuis le 1er octobre 1848 jusqu'au 30 septembre 1851, et pour celles qui devront être dites pendant tout le temps prescrit par ledit testament ; qu'il s'agit aujourd'hui de savoir si la disposition testamentaire ci-dessus visée est bien une fondation créée au profit des fabriques de Simencourt et de Wanquetin, ou si elle n'est pas plutôt une charge de la succession du sieur Lesoing, imposée à ses héritiers ; — Attendu qu'il est à remarquer que le sieur Lesoing ne donne rien aux fabriques de Simencourt et de Wanquetin, et ne leur impose aucune charge à raison de ce qu'il leur aurait donné ; qu'il ne les charge ni directement ni indirectement de faire dire les messes dont il s'agit, et d'en recevoir la rétribution ; qu'il se borne à dire qu'un certain nombre de messes soient dites tous les ans dans les églises ci-dessus indiquées et payées au taux ordinaire sans dire qu'elles le seront par l'intermédiaire des fabriques ; — Attendu qu'une fondation est la conséquence d'une donation faite au profit de quelqu'un ou d'un établissement, à la condition de faire une œuvre quelconque ; qu'on cherche en vain, dans l'espèce, ce qui aurait été donné aux fabriques de Simencourt et de Wanquetin ; qu'il faut reconnaître que le testateur ne leur a fait aucune donation ; qu'il ne les a même pas nommées dans son testament ; — Attendu qu'une donation ne peut être réclamée que par ceux institués à cet effet par le testateur ou le donateur ; que cette institution manque essentiellement dans l'espèce ; qu'il faut alors, avec la jurisprudence et les auteurs, dire qu'une disposition testamentaire qui crée une charge sans indiquer une manière particulière de l'acquitter est purement et simplement une charge de la succession qui incombe à tous les héritiers ; — Attendu que dans l'espèce un exécuteur testamentaire ayant été nommé, c'est à lui seul qu'appartenait le droit de forcer les héritiers à faire dire les messes, à défaut d'exécution de leur part ; que c'est donc à tort qu'on a assigné ces mêmes héritiers pour les faire condamner à payer, pour le passé et pour l'avenir, le prix des messes aux trésoriers des fabriques qui sont sans qualité et sans droit pour demander à le recevoir ;

Le tribunal déclare les demandes intentées dans l'intérêt desdites fabriques de Simencourt et de Wanquetin purement et simplement non recevables. » — La Cour a statué sur cet appel par l'arrêt ci-après :

La Cour : — Adoptant les motifs des premiers juges, — Met l'appellation au néant ; ordonne que le jugement dont est appel sortira effet, etc.

(3) Paris, 28 novembre 1877 : — « La Cour : — Considérant que Jules-Marie-Dominique Bertrand a, par son testament olographe du 25 mai 1874, entre autres dispositions dit : « Je donne et lègue au Révérend Père Royer, supérieur des Pères de la Société de Saint-Edme-de-Pontigny, et en cas de décès, à son successeur, la somme de 7,000 francs pour faire dire des messes à l'autel de Saint-Edme, à mon intention et à l'intention des nombreux défunts de ma famille ; — Considérant que les légataires universels s'opposent à l'exécution de cette partie du testament, sur le

---

une fondation fait à leur profit, viennent chacune aujourd'hui, en la personne de leurs trésoriers, demander contre les héritiers du sieur Lesoing condamnation en payement de messes depuis le 1er octobre 1848 jusqu'au 30 septembre 1851, et pour celles qui devront être dites pendant tout le temps prescrit par ledit testament ; qu'il s'agit aujourd'hui de savoir si la disposition testamentaire ci-dessus visée est bien une fondation créée au profit des fabriques de Simencourt et de Wanquetin, ou si elle n'est pas plutôt et uniquement une charge de la succession du sieur Lesoing, imposée à ses héritiers ; — Attendu qu'il est à remarquer que le sieur Lesoing ne donne rien aux fabriques de Simencourt et de Wanquetin, et ne leur impose aucune charge à raison de ce qu'il aurait donné, qu'il ne les charge ni directement, ni indirectement de faire dire les messes dont il s'agit, et d'en recevoir la rétribution ; qu'il se borne à dire qu'il veut qu'un certain nombre de messes soient dites tous les ans dans les églises ci-dessus indiquées, et payées au taux ordinaire, sans dire qu'elles le seront par l'intermédiaire des fabriques ; — Attendu qu'une fondation est la conséquence d'une donation faite au profit de quelqu'un ou d'un établissement, à la condition de faire une œuvre quelconque ; qu'on cherche en vain, dans l'espèce, ce qui aurait été donné aux fabriques de Simencourt et de Wanquetin ; qu'il faut reconnaître que le testateur ne leur a fait aucune donation ; qu'il ne les a même pas nommées dans son testament ; — Attendu qu'une donation ne peut être réclamée que par ceux institués à cet effet par le testateur ou le donateur ; que cette institution manque essentiellement dans l'espèce ; qu'il faut alors, avec la jurisprudence et les auteurs, dire qu'une disposition testamentaire qui crée une charge sans indiquer une manière particulière de l'acquitter est purement et simplement une charge de la succession qui incombe à tous les héritiers ; — Attendu que dans l'espèce, un exécuteur testamentaire ayant été nommé, c'était à lui seul qu'appartenait le droit de forcer les héritiers à faire dire les messes, à défaut d'exécution de leur part ; que c'est donc à tort qu'on a assigné ces mêmes héritiers pour les faire condamner à payer, pour le passé et pour l'avenir, le prix des messes aux trésoriers de fabriques, qui sont sans qualité et sans droit pour demander à le recevoir ;

Le tribunal déclare les demandes intentées dans l'intérêt desdites fabriques de Simencourt et de Wanquetin purement et simplement non recevables. »

(1) Cass. 16 juillet 1834.

Pour nous résumer, la doctrine du Conseil d'Etat, qui donne une si grande extension à la théorie des charges d'hérédité, et qui est d'ailleurs très indécise, est fort dangereuse puisqu'elle a pour conséquence de soustraire au contrôle du gouvernement des libéralités qui ne devraient pas échapper à sa surveillance. La doctrine des tribunaux est elle-même fort hésitante et ne peut nous servir à distinguer le caractère de la charge d'hérédité. Quelle doit être la manière de procéder de l'administration en matière de charges d'hérédité ?

Tout d'abord elle doit poser et propager le principe qu'elle doit statuer sur toute disposition testamentaire dans laquelle on puisse soutenir qu'un établissement public est intéressé, et que c'est à elle seule qu'il appartient d'apprécier si elle doit renoncer à ce droit.

Il convient de réagir ainsi contre la tendance des notaires à apprécier le caractère des charges d'hérédité. Une fois que le dossier est constitué, quelles sont les seules dispositions testamentaires que l'administration doit considérer comme charges d'hérédité ? Les dispositions par lesquelles le défunt a laissé une somme *très peu importante* sans *désignation de légataire*, pour *un emploi immédiat*. Par exemple, « il sera célébré dix messes une fois dans mon décès », ou « il sera distribué 100 francs aux pauvres après mon décès ».

S'il y a legs d'une somme assez importante ou legs universel, c'est la fabrique qu'il faut considérer comme instituée.

En montrant une sévérité rigoureuse à admettre les charges d'hérédité, le gouvernement risque-t-il de se heurter à la jurisprudence des tribunaux judiciaires, qui a le dernier mot dans l'interprétation de l'article 910 du Code civil ? Il est un moyen d'empêcher dans une certaine mesure que la jurisprudence des tribunaux tienne en échec le gouvernement; quand les tribunaux ont déclaré qu'il y a charge d'hérédité, ils ont décidé qu'il n'y a pas legs fait à un établissement public et qu'il y a simplement charge imposée aux représentants du défunt. Le gouvernement ne doit donc pas intervenir pour autoriser l'acceptation du *legs* par un établissement public, mais, à notre avis, il doit intervenir pour autoriser l'établissement à recevoir *par disposition entre vifs*, de la main des héritiers ou de l'exécuteur testamentaire.

Car nul établissement ne peut recevoir une libéralité entre vifs sans autorisation.

Le gouvernement, qui en vertu du jugement ne doit pas intervenir pour autoriser le legs, a le droit d'intervenir pour autoriser la remise du montant de la libéralité qu'opéreront les héritiers de l'exécuteur testamentaire par acte entre vifs ou de la main à la main. Ainsi, si l'autorité judiciaire décide, comme dans l'affaire du legs Jeanne Petit qui a donné lieu au jugement du tribunal de la Seine du 26 décembre 1884, qu'un legs à une fabrique déterminée, pour messes, ne constituant que la rémunération légitime des services, doit être considéré comme charge d'hérédité, le gouvernement a le droit d'autoriser la fabrique, non pas à revendiquer le legs, mais à recevoir des héritiers ou de l'exécuteur testamentaire la somme que ceux-ci doivent lui verser. Si le gouvernement refuse l'autorisation et s'il apprend après enquête que la remise a été faite de la main à la main malgré le refus, il a le droit de révoquer le conseil de fabrique réfractaire, et il est en droit de poursuivre le notaire qui aurait pu se prêter à cette remise illégale.

Si la libéralité est faite, non plus à la fabrique, mais *au curé*, il est à noter que le gouvernement n'a pas sur lui les mêmes moyens de coercition que sur le conseil de fabrique révocable. Aujourd'hui la jurisprudence la plus récente du Conseil d'Etat décide qu'il faut instruire sur les charges d'hérédité comme sur un legs véritable, le soin de décider le caractère des legs appartenant au gouvernement et au Conseil d'Etat seuls (1).

1451 *bis*. Convient-il de ranger parmi les legs ou les charges d'hérédité les fondations temporaires instituées par acte de dernière volonté? La jurisprudence du Conseil d'Etat jusqu'à ces derniers temps ne présente pas sur cette question une grande précision.

Tantôt elle considère la fondation temporaire comme un legs, tantôt comme une charge d'hérédité, suivant la durée plus ou moins longue de la fondation.

La fabrique de l'église de Pluis (Seine-et-Oise) ayant été gratifiée d'un legs d'une somme de 120 fr. à la charge de dire un *libera* chaque dimanche au prône pendant dix ans, l'évêque de Versailles avait pensé que le legs de 120 fr. représentant strictement l'honoraire exigé par le tarif diocésain pour la récitation du *libera* avec prières au prône, le legs pouvait être considéré comme une charge d'hérédité. La section de l'intérieur et des cultes se rangea à cet avis et un décret fut rendu en ce sens (2).

1452. Il a été décidé qu'on ne pouvait forcer la fabrique du lieu du décès à accepter d'office une fondation temporaire d'une messe pendant dix ans, faite sans désignation d'église et que la fabrique se refusait à accepter (3).

1453. La section de l'intérieur et des cultes du Conseil d'Etat a été d'avis qu'il n'y avait pas lieu de statuer sur la disposition par laquelle un testateur avait prescrit qu'il serait dit à son intention pendant vingt-huit ans un certain nombre de messes, dont une partie dans des églises déterminées (4).

1454. Les fabriques, comme tous établissements publics,

---

double motif que le Père Boyer est personne interposée, la Société de Saint-Edme n'étant pas légalement reconnue et étant la véritable destinataire de la libéralité, et que le successeur appelé au bénéfice de la disposition à son défaut, le légataire se trouve une personne indéterminée; — Considérant que le jugement dont est appel a admis l'opposition des frères Sauvegrain par ces mêmes motifs et par cet autre que la cause énoncée, la charge de dire des messes n'était qu'un moyen de cacher la nullité du legs; — Considérant que pour apprécier le bien fondé de la demande en délivrance ou de la sentence dont est appel, il faut rechercher dans les termes mêmes du testament la volonté du testateur; — Considérant que cette volonté n'est pas suspectée comme n'étant pas libre ou émanée d'une personne incapable; qu'en effet les autres dispositions du testament ne sont point attaquées; — Considérant qu'il résulte des faits et circonstances de la cause que Bertrand, sentant sa fin prochaine et animé de sentiments pieux, a pu obtenir des prières de l'Eglise; que notamment il a voulu des prières à un autel spécial, auquel sa foi attachait des privilèges particuliers; que, demandant à l'autel de Saint-Edme des messes auxquelles il consacrait sur sa fortune une somme déterminée, il réclamait de la personne préposée au service de l'autel l'accomplissement d'un désir; — Considérant que les 7,000 francs destinés aux messes à dire, loin d'être une libéralité au profit des Pères de Pontigny, ne sont que la rémunération légitime et conforme aux usages, destinés aux prêtres qui diront les messes à l'intention de Bertrand et de sa famille; que cette somme, en effet, représente l'honoraire habituel des messes demandées par Bertrand, qu'enfin ce legs, fait avec charge, s'adresse à la personne qui seule peut l'exécuter et qui reçoit ainsi du testateur un mandat de confiance et d'honneur imposé à sa conscience; — Considérant que, par ce qui dessus, l'abbé Boyer ni son successeur ne sont, soit personne interposée, soit personne incertaine, et que le legs fait à son égard doit recevoir son exécution;

Par ces motifs, — Met le jugement dont est appel au néant; — Emendant, décharge l'abbé Boyer des dispositions et condamnations qui lui font grief; et statuant à nouveau, — Ordonne que dans huitaine de la signification du présent, les légataires universels de Bertrand devront faire délivrance à l'abbé Boyer de la somme de 7,000 francs avec les intérêts du 21 septembre 1875, sinon dit que le présent arrêt tiendra lieu de ladite délivrance;

En conséquence, condamne les frères Sauvegrain, en qualité de légataires universels de Bertrand, à payer à l'abbé Boyer la somme de 7,000 francs avec les intérêts comme dessus; — Ordonne la restitution de l'amende; — Condamne les légataires universels aux dépens de première instance et d'appel. »

---

(1) C. d'Et. int., note, 24 juin 1891, legs par le sieur Danet (Rennes); note, 1er juillet 1891, legs par la dame veuve Daude (Dordogne).
(2) 4 juillet 1890.
(3) D. 25 juillet 1889; legs Coq, Agen.
(4) C. d'Et. 10 mai 1890 : — « La section qui a pris connaissance du projet de décret tendant à autoriser l'acceptation de diverses libéralités faites à plusieurs établissements par le sieur Lohaut de Boinville, émet un avis favorable. Quant aux dispositions par lesquelles le testateur a prescrit qu'on dise à son intention, pendant vingt-huit ans, un certain nombre de messes dans les conditions fixées par la loi, elle pense qu'elles ne constituaient pas de véritables fondations pieuses, attendu que le sieur Lohaut de Boinville s'est borné à demander qu'après son décès on fasse dire des messes, sans faire une institution formelle en faveur d'un établissement ecclésiastique, et dont ne sauraient se prévaloir les fabriques d'Evron et de Parennes, dans lesquelles le testateur a exprimé le désir qu'on dise la moitié au moins des messes. La section estime qu'on ne saurait voir dans la disposition du sieur Lohaut de Boinville que des charges temporaires, imposées par lui à ses héritiers et qu'ils ont le pouvoir de remplir dans les églises qu'ils choisiront et que, dès lors, c'est à bon droit qu'elles n'ont pas été comprises dans le projet de décret ci-joint.

ne peuvent être autorisées à faire des libéralités à titre gratuit.

Il a été décidé qu'une fabrique ne peut spontanément instituer une fondation de services religieux au profit d'un bienfaiteur de l'église, car les fabriques, assimilées aux mineurs comme tous les établissements publics, ne peuvent faire une donation, ni aucun acte équivalent à une libéralité (1).

Toutefois, d'après la jurisprudence administrative, on admet que lorsqu'une fabrique et une commune entreprennent à frais communs la construction d'une église ou d'un presbytère, la fabrique doit abandonner à la commune, au nom de laquelle l'acquisition doit être faite, la propriété du terrain dont les fonds sont fournis par l'établissement ecclésiastique; et la fabrique doit renoncer à tout droit de propriété sur l'édifice en raison des sommes qu'elle a pu employer à la construction de l'édifice (2).

1455. Ne peut être autorisé un legs verbal fait à une fabrique, c'est-à-dire une libéralité faite en dehors des formes déterminées par le Code civil. Si les héritiers consentent à remettre le montant du legs à la fabrique en exécution d'une charge d'hérédité, l'administration doit se borner à autoriser l'emploi de la somme ainsi remise (3).

1456. Les travaux de construction ou de reconstruction des édifices consacrés aux cultes, les fournitures des objets du culte ou du mobilier des églises sont assurés au moyen des ressources particulières que les fidèles mettent à la disposition des évêques ou des curés. Ces ressources peuvent être assurées au moyen d'actes revêtant la forme ordinaire des dispositions à titre gratuit; selon les cas, ce sont des dons ou des legs dont l'acceptation est soumise aux règles ordinaires des testaments et des donations. Mais les fidèles peuvent simplement prendre un engagement de contribuer à la dépense pour une quote-part déterminée ou proportionnelle : on assimile ces promesses aux souscriptions qui sont consenties pour l'exécution des travaux publics généraux ou communaux, et l'acte est considéré par la jurisprudence comme constituant non une donation, mais une obligation contractuelle ordinaire.

1457. Lorsque l'administration centrale est saisie du dossier d'une affaire au sujet de laquelle une souscription a été faite, quand, par exemple, des fabriques demandent à aliéner ou à emprunter en vue de l'exécution de travaux qui ont fait l'objet d'une souscription, elle demande qu'il lui soit fourni une liste des souscripteurs, et si le montant de la souscription dépasse les proportions d'une simple aumône, elle exige des renseignements sur la situation de fortune des souscripteurs; elle n'admettrait pas, en effet, que la souscription pût être autorisée si elle constituait une donation véritable, hors de proportion avec la situation de fortune du donateur (4).

L'intervention de l'autorité administrative, au cas de souscription, n'est que l'application de l'article 910 du Code civil. Sans doute il est de nombreux cas où la souscription ne sera pas portée à la connaissance de l'administration; mais lorsque l'administration est informée d'une souscription, son contrôle s'impose puisque la souscription n'est autre chose qu'une donation, dépourvue des formes légales. Il serait illogique d'admettre qu'un donateur ne pût faire bénéficier une fabrique d'une libéralité excessive, sous forme de contrat de donation

par-devant notaire, et qu'il lui fût permis de faire une libéralité d'égale importance de la main à la main.

1458. Lorsqu'une fabrique entreprend la reconstruction de l'église paroissiale tant avec ses ressources propres qu'au moyen de souscriptions volontaires recueillies par elle dans ce but, et que les membres du conseil de fabrique dont la solvabilité n'est pas contestée garantissent le recouvrement intégral des souscriptions et s'engagent, dans toute hypothèse, à assurer l'entière exécution des travaux sans recours à la commune, l'administration municipale n'est pas fondée à exiger que l'engagement ainsi pris par les fabriciens soit préalablement constaté par acte notarié, avec stipulation d'hypothèque sur les biens des signataires (1).

1459. Pour assurer le recouvrement de souscriptions destinées à la reconstruction d'une église paroissiale, il n'est pas nécessaire de recourir à la voie de la donation pour transférer à la fabrique ou à la cure la propriété régulière des rentes sur l'État au porteur, acquises avec les fonds provenant de la collecte; il suffit que la fabrique ou le curé demande l'autorisation de faire immatriculer lesdites rentes au porteur, au nom de l'établissement ecclésiastique ou des curés successifs de la paroisse (2).

1460. Les fonds provenant des souscriptions volontaires pour la construction ou la reconstruction d'une église doivent-ils toujours être versés dans la caisse communale ? La réponse à cette question se trouve en grande partie dans une lettre du ministre des cultes, M. Rouland, en date du 30 août 1860 :

« Monsieur le Préfet, écrivait à cette époque le ministre, Mgr l'évêque de Langres m'a signalé une difficulté qui s'est élevée entre vous et lui au sujet du projet de reconstruction du chœur de l'église de Lamargelle, dont l'exécution doit avoir lieu au moyen de fonds mis dans ce but à la disposition de la fabrique par l'ancien desservant de la succursale.

« Vous avez annoncé la mise en adjudication, au nom de la commune, des ouvrages faisant l'objet de ce projet, concurremment avec les travaux de reconstruction du clocher, dont la dépense est, pour la majeure partie, prélevée sur les fonds communaux. Le prélat a cru devoir vous présenter des observations tendant à faire adjuger, au nom de la fabrique, *les travaux du chœur, dont la dépense sera exclusivement supportée par cet établissement.* Mais vous avez soutenu le droit de la commune, en vous fondant sur cette double considération, que l'église de Lamargelle est une propriété communale et que les fonds destinés à la reconstruction du chœur proviendraient de souscriptions recueillies à cet effet. Cette dernière circonstance vous a paru, Monsieur le Préfet, de nature à nécessiter le versement dans la caisse du receveur municipal des fonds mis à la disposition de l'établissement intéressé; et vous avez exprimé l'opinion qu'en cas de désaccord à cet égard entre l'autorité diocésaine et vous, la question devait être soumise à l'autorité supérieure.

« Les nouvelles observations que vous a adressées alors Mgr l'évêque de Langres, et dans lesquelles il a rappelé la jurisprudence sur la matière, vous ayant déterminé à suspendre l'adjudication et par suite la mise à exécution des travaux, le prélat a pris la résolution de me déférer la solution du différend.

« Suivant la jurisprudence adoptée de concert par le ministre de l'intérieur et le département des cultes, et dont je me plais à reconnaître la modération et la sagesse, la direction des travaux à exécuter aux églises et presbytères appartient à celui des établissements qui contribue pour la plus forte part à la dépense... Seulement, le droit de direction ainsi dévolu à l'une des parties n'exclut point le droit corrélatif, qui existe toujours pour l'autre partie, tant d'examiner les plans et devis d'un projet d'utilité commune, que d'exercer sa surveillance sur les travaux.

« Il a été reconnu, en outre, comme conséquence de ces principes, que les fonds destinés à l'exécution des travaux doivent être centralisés dans la caisse de l'établissement qui,

---

(1) Déc. min. 17 septembre 1851.
(2) Voir Églises et Presbytères, Copropriété.
(3) C. d'Ét. 31 janvier 1886 : — « La section de l'intérieur, de l'instruction publique, des cultes et des beaux-arts du Conseil d'État, qui a pris connaissance du projet de décret relatif à l'acceptation par la fabrique de l'église succursale de Bièvres (Seine-et-Oise), d'une somme de 20,000 francs remise par les héritiers du sieur Bapterosses, en exécution d'un legs verbal fait à ladite fabrique, n'a pas cru devoir autoriser l'acceptation d'une libéralité faite en dehors des formes déterminées par le Code civil, et considérant la remise faite par les héritiers du sieur Bapterosses à ladite fabrique comme l'exécution d'une charge d'hérédité, elle s'est bornée à autoriser l'emploi de ladite somme, moitié à des travaux de restauration de l'église, moitié à la fondation de services religieux, conformément à la volonté nettement exprimée par le sieur Bapterosses à son lit de mort. »
(4) Circ. 10 avril 1862.

(1) Déc. min. 29 juillet et 5 août 1873.
(2) D. 26 novembre 1874.

supportant la totalité ou la plus forte partie de la dépense, aurait par cela même la direction des travaux. Plusieurs décisions en ce sens ont été analysées dans le *Bulletin officiel du ministère de l'intérieur*.

« Il résulte encore des mêmes principes que l'adjudication des travaux doit être faite au nom de l'établissement appelé à les diriger.

« L'application de ces solutions à l'espèce présente ne pourrait souffrir la moindre difficulté si les fonds destinés à la reconstruction du chœur de l'église de Lamargelle étaient fournis directement par la fabrique ; mais la circonstance que ces fonds proviendraient de la souscription, comme vous l'avez d'abord supposé, Monsieur le Préfet, ou qu'ils auraient été mis à la disposition de la fabrique par l'ancien desservant, ainsi que l'annonce Mgr l'évêque, ne me paraît pas de nature à modifier cette application. Je pense que, dans l'un ou l'autre cas, les fonds ainsi recueillis par la fabrique doivent être considérés comme des ressources propres à cet établissement.

« Les fabriques sont, en effet, des établissements reconnus capables de posséder et de recevoir des libéralités. En déposant dans la caisse de la fabrique de Lamargelle ou en remettant au desservant de la succursale qui la représentait en pareil cas, le montant de leurs offrandes, les bienfaiteurs ont manifesté pour cet établissement une préférence qui doit être respectée.

« Aux termes du § 4 de l'article 37 du décret du 30 décembre 1809, la fabrique est d'ailleurs tenue de pourvoir aux réparations et reconstructions de l'église et du presbytère ; ce n'est qu'en cas d'insuffisance de ses ressources que la commune doit y contribuer. La destination des souscriptions et offrandes dont il s'agit ne leur assigne donc pas nécessairement un caractère communal. On doit se conformer aux intentions des donateurs et laisser le produit de leurs libéralités dans la caisse de la fabrique où il a été déposé en exécution de leur volonté.

« D'après ces motifs, j'estime que les sommes provenant soit de souscriptions, soit de dons volontaires remis à la fabrique de Lamargelle pour la reconstitution du chœur de l'église, doivent être réputées fournies directement par cet établissement.

« L'arrêt du Conseil d'État du 15 avril 1857, rendu contre le desservant de la succursale de Vireaux, est sans application possible ici. Il résulte, en effet, du contexte de l'arrêt que le motif déterminant, qui a fait considérer cet ecclésiastique comme comptable des deniers communaux à l'égard des fonds provenant de la souscription par lui ouverte pour la reconstruction de l'église de cette localité, était fondé sur la circonstance qu'il avait agi *au nom de la commune*.

« Or, dans l'espèce actuelle, rien de semblable n'est allégué. Les fonds dont la fabrique de Lamargelle dispose constituent donc une ressource essentiellement fabricienne. Il est nécessaire dès lors qu'ils restent déposés dans la caisse de cet établissement, les travaux projetés appartenant à la fabrique, et c'est en son nom qu'ils doivent être adjugés.

« Rien ne s'opposerait, du reste, en principe à ce que les travaux de reconstruction du clocher fussent réunis à ceux de reconstruction du chœur pour ne former, ainsi que vous paraissez, Monsieur le préfet, en avoir eu la pensée, qu'une seule et même entreprise ; mais alors la fabrique se trouverait concourir pour la plus forte part à la dépense totale ; car elle fournirait 6,455 francs, tandis que le contingent de la commune s'élèverait à 3,440 francs seulement. L'adjudication devrait, par suite, être passée au nom de l'établissement religieux pour l'ensemble de l'entreprise. Je vous laisse, Monsieur le préfet, le soin de décider s'il convient de réunir ainsi les deux opérations pour en confier la direction à la fabrique, sous la réserve du droit de surveillance de la commune ou s'il ne vaudrait pas mieux maintenir la séparation des deux projets telle qu'elle a été effectuée dans l'origine au moment de la rédaction des plans et devis, afin que chacun des établissements puisse exercer le droit de direction et d'emploi direct des fonds que lui assure l'importance relative de son concours à la dépense de chaque entreprise.

« Soit que vous vous arrêtiez à ce dernier projet, soit que vous vous prononciez pour la réunion des travaux en une seule entreprise, je vous prie de prendre les mesures nécessaires pour que les travaux que la fabrique sera chargée de diriger soient le plus tôt possible adjugés au nom de cet établissement. »

1461. Il a été décidé, dans le même cas, que, lorsque des souscriptions ont été recueillies par un curé au nom et comme mandataire de la fabrique pour la reconstruction de l'église, les sommes provenant de ces souscriptions appartiennent à la fabrique et doivent être ajoutées aux fonds qu'elle s'engage à fournir pour contribuer au payement des frais de reconstruction. Si la part, ainsi augmentée du produit des souscriptions, que la fabrique prend à la dépense est plus forte que celle de la commune, la fabrique doit avoir la direction des travaux, et tous les fonds destinés à couvrir la dépense doivent être versés et centralisés dans sa caisse (1).

1462. De même, lorsqu'une fabrique a recueilli des souscriptions pour l'achat de vitraux destinés à l'église et que la commune a voté pour la même dépense un crédit supérieur au montant des sommes ainsi offertes, cette dernière circonstance n'entraîne pas nécessairement pour le receveur municipal le droit d'exiger le versement dans sa caisse du produit des souscriptions. Si les souscripteurs ont stipulé que les fonds donnés par eux ne seraient pas encaissés par le receveur municipal, le trésorier de la fabrique doit seul les percevoir, alors surtout que c'est l'établissement religieux qui a traité en son nom avec les fabricants de vitraux (2).

1463. Les souscriptions, en nature ou en numéraire, recueillies au nom d'une fabrique, par le trésorier ou le desservant, doivent être considérées comme faisant partie des ressources propres à l'établissement religieux et comme accroissant d'autant sa part contributive dans les dépenses de l'entreprise (3).

1464. Suivant le *Journal des conseils de fabrique*, une fabrique peut charger le percepteur-receveur municipal du recouvrement des souscriptions provoquées au nom de l'établissement et consenties à son profit, soit pour tenir lieu de casuel, soit pour toute autre œuvre intéressant l'église. Mais le concours du percepteur-receveur est subordonné à une double condition, le consentement du comptable et l'adhésion de son supérieur hiérarchique, le receveur des finances (4). Mais cette opinion nous paraît fort contestable, les comptables publics n'ont pas qualité pour recevoir des deniers destinés aux établissements publics dont la loi ne les a pas constitués comptables de droits ou facultatifs : une simple autorisation d'un chef hiérarchique ne saurait les autoriser à se créer des responsabilités ou des obligations qui pourraient nuire à la perception des deniers publics qui constitue leurs fonctions essentielles.

1465. Lorsqu'une liste de souscriptions ouverte par une fabrique pour la reconstruction de l'église contient l'engagement général de payer les sommes souscrites, l'inscription en toutes lettres de ces sommes par les souscripteurs et les signatures de ces derniers, les souscriptions ainsi consenties constituent, non de simples propositions susceptibles d'être retirées avant le commencement des travaux, mais un véritable contrat *do ut facias*, qui conserve toute sa valeur, tant que la fabrique envers laquelle l'obligation a été prise n'a pas elle-même cessé de poursuivre l'exécution de ses propres engagements.

Un pareil contrat existe, pour valoir ce que de droit, dès l'instant de la signature, sans que les souscripteurs puissent arguer, pour s'en dégager, soit des retards subis par l'entreprise, alors qu'ils se sont constamment refusés à payer le montant même de leurs souscriptions, soit de la non-approbation des listes par l'autorité préfectorale. La nature du projet, qui tend à l'exécution de travaux publics, la circons-

(1) Déc. min. 5 janvier et 7 juillet 1854 ; 26 mai et 23 juillet 1854.
(2) Déc. min. 12 janvier 1872.
(3) Déc. min. 18 juillet 1859.
(4) J. c. f., 1878, p. 97.

tance qu'il a donné lieu à plusieurs délibérations du conseil municipal, et l'approbation des plans et devis par les autorités diocésaine et départementale, ainsi que par le conseil des bâtiments civils, confèrent aux souscriptions le caractère de contrat administratif, bien que la direction des travaux doive appartenir à la fabrique seule; et c'est dès lors le conseil de préfecture qui est compétent, à l'exclusion des tribunaux civils, pour statuer sur les poursuites en payement dirigées contre les souscripteurs (1).

1466. Le souscripteur qui a promis de verser une somme déterminée pour l'édification d'une église, peut être tenu au delà du montant de sa souscription, si l'entrepreneur rapporte la preuve que ce souscripteur a personnellement ordonné et fait exécuter divers travaux en dehors de ceux prévus et estimés dans le traité primitif (2).

En cas de souscription ouverte par une fabrique pour la reconstruction de l'église paroissiale ou pour tous autres travaux concernant l'église ou le presbytère, e contrat qui intervient entre la fabrique et les souscripteurs n'est pas une donation entre vifs, mais un contrat administratif relatif à l'exécution d'un travail public, commutatif de sa nature, et qui est parfait du jour où l'offre est acceptée par la personne ayant qualité à cet effet. En conséquence, la rétractation signifiée par un souscripteur à la fabrique postérieurement à une délibération d'acceptation prise par le conseil n'est pas admissible, alors surtout que la notification a été faite non à la fabrique, mais au préfet du département, qui n'a pas qualité pour la représenter.

Au surplus, aucune disposition législative n'impose au bénéficiaire de la souscription l'obligation de notifier au souscripteur l'acceptation de ses offres, cette acceptation pouvant même, le cas échéant, être implicite ou tacite au lieu d'être formulée en termes exprès (1).

1467. La stipulation par laquelle un tiers, intervenant à un

---

(1) C. de pr. du Tarn-et-Garonne 27 mars 1874.

(2) Lyon, 25 mai 1887. — « Considérant qu'aux termes de deux marchés passés les 8 juin 1874 et 8 juillet 1875, entre les sieurs Boudet, oncle et neveu, entrepreneurs, d'une part; M. le curé Dubost et Mme veuve Drevon, née Bouverat, d'autre part, la dépense totale des travaux nécessaires à la construction de l'église de Saint-Clair ne devait pas excéder 100,000 francs, sur lesquels Mme veuve Drevon s'engageait à payer 90,000 francs à titre de souscription, et M. le curé Dubost une somme de 10,000 francs, provenant de diverses cotisations; — Considérant que la dépense totale s'est élevée à 125,416 francs, et que les sieurs Boudet réclament à la succession de la veuve Drevon la somme de 25,505 fr. 30, formant en principal et en intérêts, au 1er octobre 1883, le solde des travaux qu'ils ont exécutés et les intérêts de cette somme, à compter du jour de cette demande; — Considérant que, par arrêt rendu par cette chambre, à la date du 8 décembre 1886, les sieurs Boudet ont été admis à fournir la preuve des faits, en vertu desquels ils prétendaient que Mme veuve Drevon était devenue directement leur débitrice, et que, à l'appui de leurs conclusions, ils invoquent aujourd'hui les constatations de l'enquête à laquelle il a été procédé, aux dates des 31 janvier, 1er et 2 février derniers; — Considérant, en cet état, qu'il est établi de la manière la plus incontestable par les procès-verbaux de l'enquête dont il s'agit que, dès le début, à partir du 6 juin 1874, Mme veuve Drevon a pris personnellement la direction des travaux, en donnant des ordres à l'architecte et aux entrepreneurs, en s'immisçant dans tous les détails de la construction par une surveillance active et incessante, en discutant les prix, en visitant fréquemment les chantiers, en agissant à l'égard des ouvriers et en leur parlant en maîtresse absolue; — Considérant qu'il est également établi par les mêmes procès-verbaux qu'au lieu de se conformer au devis primitif, elle l'a changé et augmenté successivement, au gré de ses convenances, soit en modifiant les travaux prévus, pour les améliorer ou les rendre plus beaux, soit en ordonnant des travaux qui n'avaient pas été prévus; qu'ainsi et notamment, elle a fait changer les parements extérieurs des murs, en y introduisant des matériaux plus importants; qu'elle a fait remplacer les tuiles de la toiture par de l'ardoise, et par du ciment, les carreaux du dallage; qu'en dehors du devis, elle a fait modifier la physionomie définitive des fenêtres en y faisant placer des rosaces et des vitraux; qu'elle a fait approfondir le chœur, qui devait être simplement fermé par un briquetage et qu'elle a même fait démolir une petite toiture pour pouvoir l'exhausser et l'agrandir, qu'elle a fait reconstruire les sacristies en leur donnant de plus grandes proportions et qu'en dehors du devis elle a fait établir un perron à la place de deux bâtiments qu'elle a achetés et fait démolir: — Considérant que dans le cours de ces diverses transformations ou modifications, les entrepreneurs ont obéi servilement à toutes les injonctions qui leur étaient faites, soit par Mme veuve Drevon, soit en son nom par l'architecte, et qu'ils ont suivi la foi de celle qui commandait tout et qui devait, à leurs yeux, tout payer; — Considérant, dès lors, que Mme veuve Drevon ne s'est pas maintenue dans les limites de sa souscription et que tous les témoins entendus s'accordent à le démontrer; que, spécialement, l'architecte Perrin « n'a jamais connu et consulté que Mme Drevon qui commandait; que, pour lui, elle a toujours été en quelque sorte l'agent principal et qu'on la considérait comme engagée »; que, d'après les témoins Becker, Vincent et Pitrat, Mme Drevon « commandait toujours en maîtresse, comme une personne qui paye..., que c'était elle qui faisait bâtir l'église..., que c'était l'église de Mme Drevon; » que le témoin Cote, alors que les travaux étaient sur le point d'être terminés, a entendu Mme veuve Drevon dire textuellement à la cure et dans une réunion du conseil de fabrique: « C'est moi qui commande et c'est moi qui paye. » — Considérant, de plus, qu'après l'achèvement de l'église, les mémoires des entrepreneurs ont été dressés conformément aux conventions de 1874 et de 1875 et qu'ils ont été remis à Mme veuve Drevon; que celle-ci les a reçus et gardés sans surprise comme sans objection; que, jusqu'en 1881, elle en a payé régulièrement les intérêts sans élever la moindre protestation et qu'une pareille attitude est inconciliable avec la situation de quelqu'un qui ne se reconnait pas débiteur; — Considérant, enfin, qu'en 1876 et d'après les témoins Verrin, Vincent, Pitrat et Cote, entendus dans l'enquête, Mme veuve Drevon a cédé l'église à la fabrique de Saint-Clair; que, suivant les stipulations du traité, elle a pris à sa charge la totalité des sommes restant dues, moyennant la cession d'une partie du prix de la chapelle de Saint-Clair qui devait être vendue par la fabrique; que si ce traité n'est pas produit et s'il est resté sans exécution, parce qu'il était à l'état de traité verbal, son existence, qui est affirmée par l'enquête, n'en prouve pas moins que Mme veuve Drevon agissait en propriétaire et non pas comme un souscripteur et qu'elle considérait l'église comme sa chose propre ou comme une œuvre faite sous sa responsabilité; — Considérant qu'on objecte que Mme veuve Drevon n'aurait jamais été qu'un souscripteur, suivant les termes restrictifs du traité du 8 juillet 1875; qu'on aurait dû la prévenir lorsque le montant de sa souscription était dépassé et qu'elle ne peut, tout au plus, être déclarée responsable que de quelques travaux supplémentaires dont le prix s'élèverait à 5 ou 6,000 francs; — Mais, considérant que Mme veuve Drevon a, dès le commencement des travaux, quitté ou perdu sa qualité de souscripteur pour prendre celle de constructeur; qu'elle n'a pas ignoré que les dépenses excédaient le devis, ainsi que le témoigne une de ses lettres; qu'elle s'est mise constamment au-dessus des traités de 1874 et de 1875; qu'il est, par suite, impossible de restreindre ses engagements, qu'elle a été la première à agrandir, et de lui appliquer, partiellement, une responsabilité que l'ensemble de ses actes a rendue générale; — Considérant ainsi que la demande des sieurs Boudet, oncle et neveu, se trouve justifiée tant par les débats et les pièces produites que par l'enquête, sans que la Cour ait à faire état des dépositions de MM. Dubost et Croix-Ravet (Jean-Joseph), contre lesquels des reproches ont été formulés sans que, cependant, il ait été pris à leur egard des conclusions formelles à l'audience;

Par ces motifs, — La Cour, après en avoir délibéré, — Ouï, M. l'avocat général en ses conclusions, — vidant l'interlocutoire ordonné par l'arrêt du 8 décembre 1886; ayant tel égard que de droit au résultat des enquête et contre-enquête auxquelles il a été procédé; et statuant définitivement sur l'appel émis par les sieurs Boudet, oncle et neveu, contre le jugement rendu par le tribunal civil de Lyon, le 5 février 1884; dit qu'il a été mal jugé, bien et avec griefs appelé; réforme le jugement dont est appel et le met à néant; émendant et faisant ce que les premiers juges auraient dû faire; — Condamne M. François Cunit-Ravet, en sa qualité d'héritier, mais sous bénéfice d'inventaire, de Mme veuve Drevon, née Bouvenat, à payer aux sieurs Bouvet, oncle et neveu: 1° la somme de 28,505 fr. 50, pour solde au 1er octobre 1883, des travaux exécutés par eux pour la construction de l'église Saint-Clair; 2° les intérêts de cette somme à compter du jour de la demande... »

(1) C. de pr. du Lot-et-Garonne, 9 juillet 1879. — En ce qui concerne la souscription de 500 francs consentie par la dame Treby-Martilogue; — Considérant que ladite dame ne pouvait valablement s'engager vis-à-vis de la fabrique qu'avec l'autorisation de son mari; que la fabrique n'établit pas que cette autorisation, dont aucune mention du reste ne figure sur la liste de souscription, ait jamais été donnée par le sieur Treby-Martilogue; que, dès lors, l'obligation en question ne saurait juridiquement produire aucun effet;

Sur les conclusions de la fabrique tendant à ce que les souscriptions des sieurs Corne, Lauras et consorts soient déclarées valables; — Considérant que, d'après les termes du contrat du 24 février 1876, écrit de la main du sieur Lauras, l'un des défendeurs, la seule obligation qui incombait à la fabrique était celle de construire la nouvelle église dans la partie comprise entre le bourg de Libos et la gare du chemin de fer et la plus rapprochée du bourg; qu'aucun emplacement spécial et distinct n'était désigné; que, par conséquent, les termes « dans la partie comprise entre la gare, et la plus rapprochée du bourg » devaient être interprétés ainsi: « Sur un terrain compris entre la gare et le bourg, mais aussi rapproché de ce dernier que les conditions d'économie dans la dépense, de bon aménagement des constructions, de consistance et de salubrité du sol, unis à l'intérêt et la commodité des habitants de la section pourront le permettre; » qu'il est établi par l'instruction que le projet présenté par la fabrique et qui a reçu l'approbation de l'administration supérieure satisfait à ces conditions aussi exactement qu'il était possible de le désirer, l'église devant se trouver placée sur un terrain résistant, à l'abri des débordements du ruisseau de la Lémance, contigu au chemin qui relie la gare au bourg, et à une très petite distance des maisons de ce dernier; que la fabrique ayant rempli son obligation, les souscripteurs doivent être tenus de mettre la leur à exécution; que le motif invoqué par les sieurs Corne, Lauras, Biaute et la demoiselle Balmes, est fondé sur ce que ceux-ci auraient retiré leurs souscriptions avant l'acceptation ou tout au moins avant la notification qui devait leur être faite de cette même acceptation, ne saurait être pris en considération, attendu que les offres de concours ont été régulièrement acceptées par le conseil de fabrique entier, et le trésorier, les 10 mars,

marché de travaux fait entre un entrepreneur et une fabrique, s'oblige envers cette fabrique, dans un intérêt de caprice ou de vanité, et en lui imposant des conditions onéreuses, à payer tout ou partie des travaux, constitue, non une donation, mais un contrat commutatif, la satisfaction que ce tiers retirera de l'exécution de ces travaux pouvant être considérée comme l'équivalent de la somme par lui promise. Par suite, la stipulation est valable bien que faite par acte sous seings privés. Il n'est pas nécessaire que l'avantage qui résulte pour la fabrique de cette promesse soit accepté dans la forme déterminée pour les donations faites aux établissements publics (1).

1468. La souscription consentie par une femme mariée, sans l'autorisation de son mari, ne peut juridiquement produire aucun effet (2).

1469. Lorsqu'un particulier a promis par écrit sa souscription pour la construction d'une église et déclaré, par acte signifié au maire, qu'il n'entendait la payer qu'à certaines conditions, relatives notamment au lieu de l'emplacement de l'église, il n'est pas tenu d'acquitter le montant de sa souscription, si ces conditions n'ont pas été remplies (3) : sa souscription n'a été, en effet, consenti que sous une condition résolutoire qui se trouve accomplie.

1470. Mais lorsque des souscripteurs ont subordonné leur engagement à l'adoption d'un emplacement situé entre deux points déterminés par eux mais sans indication spéciale et distincte, ces souscripteurs ne sont pas fondés, pour se soustraire à l'exécution de leur obligation, à critiquer le choix fait par la fabrique d'un terrain rentrant dans les conditions générales ainsi fixées et reconnu par l'administration présenter tous les avantages désirables (1).

1471. La souscription offerte pour la construction d'une église constitue, quand elle est acceptée par le conseil municipal, un contrat administratif ayant pour objet l'exécution d'un travail public. Dès lors les contestations relatives, non seulement à l'interprétation, mais encore à l'exécution et aux effets d'un pareil contrat, sont de la compétence exclusive de l'autorité administrative (2).

1472. En cas de retard dans le payement des souscriptions, il n'est dû de dommages-intérêts à la fabrique qu'autant qu'elle justifie d'un préjudice réel éprouvé par elle par suite du retard apporté au payement des annuités postérieu-

---

23 avril et 8 novembre 1876, et que les sieurs Corbe, Lauras, Blaute et la demoiselle Balmes n'ont notifié le retrait de leurs souscriptions que les 10 et 18 avril 1877, et 1er avril 1878, et non pas à la fabrique elle-même, ainsi qu'ils auraient dû le faire, mais au préfet du département qui n'avait aucune qualité pour approuver ou improuver un acte intéressant la fabrique seule; que le contrat qui lie la fabrique et les défendeurs n'est nullement une donation entre-vifs, mais un contrat administratif, relatif à l'exécution d'un travail public, commutatif de sa nature, et qui est parfait du jour où l'offre est acceptée par la personne ayant qualité à cet effet; qu'aucune disposition législative n'impose au bénéficiaire de la souscription l'obligation de notifier au souscripteur l'acceptation de ses offres, cette acceptation pouvant même, le cas échéant, être implicite ou tacite, au lieu d'être formulée en termes exprès, comme dans l'espèce.
Art. 1er. Les souscripteurs dont les noms suivent... payeront à la fabrique...»
(1) Cass. 14 avril 1863. — « La Cour; sur le premier moyen; — Attendu que l'article 931 du Code Napoléon, a prescrit la forme authentique pour les donations entre vifs, telles qu'elles sont définies par l'article 894 du même Code; — Attendu que, dans l'espèce, il s'agit, non d'une libéralité de cette nature, mais d'un contrat commutatif; — Attendu que, d'après l'article 1104 du Code Napoléon, est commutatif, lorsque chacune des parties s'engage à donner ou à faire une chose qui est regardée comme l'équivalent de ce qu'on lui donne ou de ce qu'on fait pour elle; — Attendu que la demanderesse ne conteste pas que l'acte du 9 juin 1857 ne renferme un contrat commutatif entre Bardet et Gousset-Cochois, fondeur de cloches, chargé de la restauration de l'ancienne sonnerie de l'église Saint-Martin de Clamecy; — Attendu que la convention présente le même caractère entre le sieur Bardet et la fabrique; que les faits constatés par l'arrêt attaqué ne permettent aucun doute à cet égard; que vainement on objecte que Bardet n'avait point reçu, par l'acte du 9 juin 1857, l'équivalent de la somme qu'il s'était engagé à fournir pour l'établissement de la sonnerie de Saint-Martin; — Attendu qu'il n'appartient qu'à la partie qui stipule d'apprécier si la convention lui attribue l'équivalent de ce qu'elle donne; que, dans la cause, l'arrêt déclare que Bardet, possesseur d'une fortune considérable n'avait consenti à concourir au rétablissement de la sonnerie qu'en imposant à la fabrique des conditions onéreuses, dans le but unique de satisfaire son caprice, sa fantaisie ou sa vanité; que, dans de telles circonstances, l'arrêt attaqué a pu, sans violer aucun des articles invoqués par le pourvoi, décider que l'acte du 9 juin 1857 réunissait les caractères essentiels des contrats commutatifs, et que, par suite, la forme authentique n'était pas nécessaire à sa validité;
« Sur le deuxième moyen : — Attendu que la demanderesse reproche à la décision de la Cour de Bourges d'avoir violé les articles 937 et 910 du Code Napoléon, en ordonnant l'exécution de l'acte du 9 juin 1857, bien que la libéralité contenue dans cet acte n'eût pas été régulièrement acceptée dans les articles 910 et 937 précités; — Attendu que ce moyen est manifestement contredit par les constatations de l'arrêt attaqué; qu'on y lit, en effet, que le traité du 9 juin 1857 a été ratifié par les autorisations administratives les plus régulières; — Attendu, en droit, que, dès qu'il est reconnu que l'acte de 1857, renferme un contrat commutatif, il en résulte qu'il était affranchi non seulement de la forme authentique mais encore de l'acceptation solennelle et de l'autorisation du gouvernement, alors même que les sacrifices faits par Bardet constitueraient, dans une certaine mesure, une libéralité envers la fabrique de Saint-Martin;
« Par ces motifs, rejette, etc... »
(2) C. de pr. d'Agen, 9 juillet 1879. voy. supra n° 1466.
(3) Cont., 4 février 1869. — « Napoléon, etc.,, — Vu la requête... pour la commune de Saint-Denis-le-Chosson, tendant à ce qu'il nous plaise annuler un arrêté, du 4 juillet 1857, par lequel le conseil de préfecture de l'Ain a déclaré que la commune doit payer au sieur Traffey-Pingeon le payement d'une somme de 3000 francs, promise par lui pour la construction d'une église; — Ce faisant, attendu que le sieur Traffey-Pingeon avait promis la somme dont il s'agit sans condition, que la commune a fait en ce qui concerne les fontaines publiques, tout ce qu'elle

s'était engagée à faire; que, de plus, le fait que le sieur Traffey a quitté la commune, ne saurait le dispenser de tenir son engagement, — déclarer que le sieur Traffey-Pingeon est tenu de payer la somme de 3,000 francs par lui due à la commune de Saint-Denis-le-Chosson, avec condamnation aux dépens; — Vu le mémoire en défense... pour le sieur Traffey-Pingeon, tendant à ce qu'il nous plaise rejeter le pourvoi de la commune de Saint-Denis-le-Chosson, avec condamnation aux dépens, par les motifs qu'avant que son offre eût été acceptée, le sieur Traffey y avait mis des conditions qui n'ont pas été remplies, entre autres la condition relative au choix de l'emplacement, et celle qui est relative à l'achèvement des fontaines publiques; — Vu les observations de notre ministre de l'Intérieur; — Vu l'exploit d'huissier, par lequel le sieur Traffey-Pingeon déclare au maire de Saint-Denis-le-Chosson, qu'il n'entendait payer la somme qu'il a souscrite que sous plusieurs conditions et indique parmi ces conditions le choix du jardin de Mlle Midut pour l'emplacement de l'église à construire; — Vu la loi du 28 pluviôse an VIII, et celle du 18 juillet 1837;
Considérant que si, à la date du 6 mars 1859, le sieur Traffey-Pingeon a déclaré souscrire pour une somme de 3000 francs à la construction de la nouvelle église de la commune de Saint-Denis-le-Chosson, la liste de souscription ouverte par le curé n'a été soumise à l'administration municipale, et les offres acceptées par elle que le 15 avril 1865; qu'avant cette acceptation, le sieur Traffey-Pingeon avait, par un acte signifié au maire de Saint-Denis-le-Chosson, déclaré qu'il n'entendait payer la somme par lui offerte qu'à plusieurs conditions, et que parmi ces conditions était le choix pour l'emplacement de l'église du jardin appartenant à la demoiselle Midut; — Considérant qu'il résulte de l'instruction que cette condition n'a pas été remplie; que, dans ces circonstances, la commune n'est pas fondée à soutenir que le sieur Traffey-Pingeon est tenu de lui payer la somme par lui offerte; — Avons décrété et décrétons ce qui suit :
Art. 1er. La requête de la commune de Saint-Denis-le-Chosson est rejetée. — Art. 2. La commune de Saint-Denis-le-Chosson est condamnée aux dépens. »
(1) C. de pr. d'Agen, 9 juillet 1879.
(2) Cass. 20 avril 1870. — « La Cour, — Vu l'article 13, titre II, de la loi du 16-24 août 1790, et l'article 4 de la loi du 24 pluviôse an VIII; — Attendu que la souscription consentie pour Jean-Baptiste Roblin pour la reconstruction de l'église de Chaillé-sous-les-Ormeaux, et son acceptation, tant par le conseil de fabrique que par le conseil municipal de ladite commune, ont constitué un contrat administratif ayant pour objet l'exécution d'un travail public; qu'il appartient seulement à la juridiction administrative d'en donner l'interprétation, mais qu'elle est seule compétente pour statuer au fond sur les contestations relatives à son exécution et à ses effets; d'où il suit qu'en retenant la connaissance de la cause par le motif que la souscription Roblin, d'après les termes clairs dans lesquels elle est conçue, ne contiendrait qu'un engagement pur et simple ne pouvant donner lieu à aucune interprétation, la Cour de Poitiers a, par l'arrêt attaqué, expressément violé les articles ci-après visés; — Casse, etc... »
— Cass., 4 mars 1872. — « Vu l'article 13, titre II, de la loi du 16-24 août 1790, et l'article 4 de la loi du 24 pluviôse an VIII; — Attendu que la souscription consentie par de Lautrec, au nom de la dame Pantin de la Guère, sa belle-mère, avait pour objet la reconstruction de l'église de Port-Saint-Père, et, par conséquent, l'exécution d'un travail communal et public; — Attendu qu'il est reconnu, en fait, tant par le jugement du tribunal civil de Nantes, confirmé en appel, que par l'arrêt attaqué : 1° que les travaux à l'occasion desquels la souscription a été ouverte par la fabrique de Port-Saint-Père ont été exécutés conformément aux plans et devis dressés par l'architecte et visés par l'autorité administrative; 2° que, par un arrêté du 8 avril 1865, le préfet de la Loire-Inférieure, en considération des ressources dont la fabrique pouvait disposer, et particulièrement du chiffre des souscriptions recueillies, l'a autorisée à traiter avec un entrepreneur pour la confection des travaux; 3° enfin, que l'État a accordé pour la dépense une subvention de 8,000 francs; — Attendu que, dans de telles circonstances, la souscription signée par de Lautrec et acceptée par la fabrique forme un contrat

rement à l'époque où l'établissement a été mis en mesure de faire exécuter les travaux (1).

1473. Les membres d'une commission chargée par des souscripteurs de pourvoir à la construction d'une église sont responsables, vis-à-vis des entrepreneurs, chacun pour sa part, des engagements qu'ils contractent vis-à-vis des tiers, par eux-mêmes ou par des mandataires ; mais ils ont leur recours contre l'architecte qui a fait exécuter, sans y être autorisé par eux, des travaux dont la dépense excède le montant des souscriptions acquittées (2).

1474. Les sommes provenant à une fabrique de souscriptions, offrandes, quêtes, loteries et recueillies en vue d'un projet de reconstruction ou restauration d'église, de presbytère, ou de toute autre entreprise d'intérêt paroissial, ne constituent pas, avons-nous dit, pour cet établissement, le produit de donations proprement dites, mais des fonds libres. Le placement en rentes sur l'Etat peut donc être autorisé par le préfet en vertu du décret du 13 avril 1861, sans qu'il y ait lieu de provoquer un décret d'autorisation d'accepter comme en matière de libéralité (3).

1475. Il a été jugé que lorsqu'un souscripteur s'est obligé tant pour lui que pour ses héritiers et que sa soumission a été, de son vivant, acceptée par le maire et le conseil municipal de la commune, ses héritiers ne peuvent, après son décès, décliner l'engagement ainsi consenti. En conséquence, si la commune a cru devoir demander au gouvernement l'autorisation d'accepter ladite soumission, la circonstance que cette autorisation n'aurait été délivrée qu'après la mort du souscripteur ne pourrait entraîner la nullité de l'engagement à l'égard des héritiers (4).

1476. Lorsqu'une personne a pris l'engagement personnel de conduire à bonne fin, à ses risques et périls, la reconstitution complète d'une église, moyennant diverses subventions, et que l'obligation qu'elle a ainsi contractée constitue une offre de concours, cette obligation subsiste nonobstant la mort du promettant ; par suite, ses héritiers sont tenus de l'exécuter (5).

1477. Les fabriques, étant des établissements publics reconnus par la loi, peuvent acquérir à titre onéreux, comme nous l'avons vu, des biens meubles ou immeubles.

Nous examinerons successivement les acquisitions d'immeubles, les acquisitions de rentes et d'objets mobiliers.

1478. Mais elles ne peuvent acquérir des immeubles, sans y avoir été préalablement autorisées par un décret en conseil d'Etat (1). C'est le trésorier que le décret autorise à acquérir. L'ordonnance du 14 janvier 1831 porte qu'aucun notaire ne peut passer acte de vente, au nom de ces établissements, s'il n'est justifié de l'ordonnance (décret aujourd'hui), qui accorde l'autorisation nécessaire et qui doit être entièrement inséré dans l'acte notarié (2).

Ces dispositions ont été souvent méconnues par les fabriques ; il existe d'assez nombreux exemples de demande en autorisation de réaliser des acquisitions qui étaient déjà constatées par actes notariés et dont les prix avaient été, aux termes de ces actes, intégralement payés. Des demandes ainsi faites, une fois l'opération complètement terminée, tendent à dénaturer le droit de haute tutelle que la loi a déféré à l'Etat sur les établissements publics et à convertir l'autorisation qu'il est appelé à délivrer, en un simple acte d'enregistrement, en une pure formalité imposée d'avance à son inévitable sanction. Aussi le gouvernement s'est-il vu dans la nécessité d'opposer souvent à ces demandes des refus d'approbation que les circonstances particulièrement favorables des autres affaires l'ont seules empêché de généraliser (3). En conséquence, la circulaire du 10 avril 1862 a recommandé aux préfets de ne plus envoyer au ministre, pour être soumis à l'approbation du gouvernement, des dossiers d'acquisitions faites au mépris des dispositions précitées.

1479. Il ne peut être admis d'exceptions à cette règle qu'à l'égard des acquisitions effectuées par voie d'adjudication publique et pour lesquelles il n'aurait pas été possible, en raison de l'urgence, de se pourvoir d'une autorisation préalable. Il est du reste bien entendu que, même dans ce cas, le droit de l'administration supérieure d'apprécier la convenance

---

administratif ; qu'à raison de l'objet de ce contrat, les contestations nées, soit des conditions de son existence, soit de son exécution, étaient de la compétence de la juridiction administrative ; que la cour d'appel de Rennes devait donc déclarer, même d'office, l'incompétence du tribunal civil pour en connaître, et qu'en statuant au fond, sans avoir au préalable vérifié sa compétence, elle a violé les articles susvisés ; Casse, etc. »

C. d'Et. 11 août 1873. — « ... Vu le recours présenté par le conseil de fabrique de l'église de Barbaste (Lot-et-Garonne) contre un arrêté en date du 2 mai 1873, par lequel le conseil de préfecture du département de Lot-et-Garonne lui a refusé l'autorisation de poursuivre devant les tribunaux civils le sieur Delsuc, en payement d'une somme de 500 francs par lui souscrite, pour contribuer à la reconstruction de l'église paroissiale ; ledit recours enregistré au secrétariat général du Conseil d'Etat, le 11 juin 1873 ;

Considérant qu'il est de jurisprudence que les difficultés auxquelles peut donner lieu le recouvrement des souscriptions offertes par les particuliers pour faciliter l'exécution des travaux publics, doivent être jugées par le conseil de préfecture, par application de l'article 4 de la loi du 28 pluviôse an VIII ; que, dès lors, c'est devant le conseil de préfecture et non devant le tribunal civil que la fabrique de l'église de Barbaste doit poursuivre le sieur Delsuc en payement d'une somme de 500 francs par lui souscrite pour contribuer à la construction de l'église paroissiale ;

Décrète : — Art. 1er. Le recours présenté par le conseil de fabrique de l'église de Barbaste est rejeté... »

(1) C. de pr. d'Agen, 9 juillet 1879 ; voir supra, n° 1466.
(2) Lyon, 5 juillet 1872.
(3) Déc. min. 22 mars 1877.
(4) Cass. req. 7 avril 1827. — « La Cour, — Attendu que la Cour royale de Paris a pu considérer la soumission volontaire du sieur Reverchon comme un acte intéressé ou contrat commutatif, et qu'en lui imprimant ce caractère, les articles 932 et 937 du Code civil étaient sans application dans la cause ; d'où il suit que ces articles n'ont été ni pu être violés ; — Attendu que le maire de la commune de Morez et le conseil municipal avaient d'ailleurs accepté, du vivant du sieur Reverchon, la soumission dudit Reverchon ; que l'autorisation du gouvernement, quoique postérieure au décès dudit Reverchon, a implicitement sanctionné cette acceptation tant à l'égard du soumissionnaire qu'à l'égard de ses héritiers qu'il avait convoqués dans la soumission, et obligés solidairement avec lui ; — Rejette, etc. »

(5) Cont. 17 décembre 1886. — « Vu la requête sommaire et le mémoire ampliatif présentés pour le sieur Victor Candelon, avoué, demeurant à Lectoure... tendant à ce qu'il plaise au conseil annuler un arrêté, en date du 12 février 1885, par lequel le conseil de préfecture du

Gers l'a condamné comme héritier du sieur Candelon, curé de Saint-Avit : 1° à terminer les frais de construction de l'église Saint-Avit, entreprise par son auteur, et, faute de ce faire, à payer à la commune de Saint-Avit une somme de 3,000 francs ; 2° à replacer dans ladite église la chaire enlevée, au cours des travaux, par l'abbé Candelon ou à payer à la commune de 100 francs ; — Vu la loi du 28 pluviôse an VIII ;

Considérant que l'abbé Candelon, curé de la commune de Saint-Avit-du-Frandat, a pris envers le conseil municipal, à différentes reprises, l'engagement personnel de conduire à bonne fin, à ses risques et périls, la reconstruction complète de l'église, moyennant diverses subventions ; qu'il résulte de l'instruction que les obligations découlant de cet engagement ont constitué une offre de concours et ne sont pas de celles qui sont éteintes de plein droit par la mort de l'obligé ; qu'ainsi elles incombent à l'héritier de l'abbé Candelon ; — Mais considérant que l'arrêté attaqué a condamné le sieur Victor Candelon, héritier de l'abbé Candelon, au payement d'une somme de 3,000 francs, représentant le montant des travaux restant à exécuter ; que le requérant soutient subsidiairement que cette condamnation est exagérée et demande qu'elle soit réduite à 255 fr. 38 ; — Considérant d'autre part que la commune n'a apporté aucune justification à l'appui de la somme de 3,000 francs réclamée par elle, que, d'autre part, elle a fixé elle-même à l'origine la somme nécessaire pour mener les travaux à bonne fin à 2,551 fr. 38 ; que, dans ces circonstances, il y a lieu de réduire à la bonne somme le montant de la condamnation prononcée contre le sieur Candelon ;

Sur les conclusions de la commune tendant à ce que la chaire enlevée par l'abbé Candelon soit replacée dans l'église ; — Considérant qu'il résulte de l'instruction qu'au cours des travaux, l'abbé Candelon a fait enlever la chaire qui se trouvait dans l'église, et l'a remplacée par une chaire provisoire ; que, dès lors, c'est à bon droit que le conseil de préfecture a condamné son héritier à rétablir dans l'église la chaire qui s'y trouvait primitivement, et que le requérant ne justifie pas l'arrêté attaqué en le condamnant à payer la somme de 100 francs, pour le cas où il n'exécuterait pas cette obligation, au fait une appréciation exagérée de la valeur de ladite chaire ;

« Décide : — Art. 1er. La condamnation de 3,000 francs, prononcée par l'arrêté du conseil de préfecture ci-dessus visé contre le sieur Candelon est réduite à 2,551 fr. 30. — Art. 2. L'arrêté attaqué est réformé en ce qu'il a de contraire à la présente décision. — Art. 3. La commune de Saint-Avit remboursera au sieur Candelon un quart des dépens du présent pourvoi. — Art. 4. Le surplus des conclusions du sieur Candelon est rejeté. »

(1) L. 2 janvier 1817. — L'édit d'août 1749 défendait déjà toute acquisition immobilière aux fabriques sans l'autorisation du gouvernement.
(2) Art. 2.
(3) Circ. 10 avril 1862.

et l'utilité de chaque acquisition est entièrement réservé (1).

Dans ce cas, le trésorier peut concourir aux enchères en vertu d'une délibération du conseil de fabrique approuvée, sur l'avis de l'autorité diocésaine, par un arrêté du préfet fixant le maximum du prix qui ne peut être dépassé. L'approbation de l'adjudication n'est pas indispensable pour la validité de l'acte ; elle ne saurait intervenir le plus souvent dans les délais fixés en matière de ventes judiciaires (2).

1480. On a cité un cas où une fabrique pourrait acquérir sans aucune autorisation, c'est lorsque, créancière d'un particulier dont elle a poursuivi l'expropriation, elle s'est, en l'absence de tout enchérisseur, rendue adjudicataire de l'immeuble exproprié pour se remplir de sa créance. L'adjudication ne serait alors que la conséquence naturelle du droit d'expropriation et ne pourrait être assimilée à une acquisition volontaire (3). Nous pensons toutefois que la ratification de l'opération par le gouvernement s'impose.

1481. Une autorisation est-elle nécessaire pour l'acquisition, au nom d'une fabrique, par voie d'alignement, de terrains retranchés de la voie publique? L'article 53 de la loi du 16 septembre 1807, et l'article 19 de la loi du 24 mai 1836, confèrent, aux propriétaires riverains, qu'ils soient simples particuliers ou établissements publics, un droit de préemption sur les terrains ainsi détachés d'une rue ou d'un chemin ; mais il s'agit pour eux d'une simple faculté. Dans le cas où ils voudraient en user, l'acquisition qui en résulte pour les établissements ecclésiastiques ou religieux peut, d'ailleurs, avoir pour conséquence de modifier la détermination d'acquérir qui avait pu être prise contrairement aux véritables intérêts des établissements (4).

1482. Suivant certains auteurs (5), le principe de l'autorisation subit une exception au cas de surenchère portée sur un immeuble affecté hypothécairement à la garantie d'une créance d'une fabrique, la surenchère étant un simple acte conservatoire qui ne tend qu'à assurer l'effet d'un droit ouvert par l'article 2185 du Code civil, à tout créancier dont le titre est inscrit. Ce droit devant, sous peine de déchéance, être exercé dans un délai trop court pour que l'autorisation soit possible. Elle n'a lieu qu'afin de procurer à la fabrique le paiement de sa créance sur le prix de l'immeuble adjugé au-dessous de sa valeur et non, remis en vente par suite de la surenchère, devient la propriété de l'établissement, si la surenchère n'est pas couverte.

___

(1) Circ. 10 avril 1862.
(2) Campion;
(3) Campion, Carré, Dalloz. — Un décret du 12 septembre 1811 l'a décidé ainsi en faveur de l'Université.
(4) Déc. min. 20 août 1807. — « Il est de principe... que les fabriques et autres établissements ecclésiastiques ou religieux ne peuvent acquérir ou vendre des immeubles qu'en vertu d'un décret (articles 2 et 3 de la loi du 2 janvier 1817). La seule exception apportée à cette règle générale résulte de l'article 13 de la loi du 3 mai 1841 et s'applique à l'aliénation des immeubles appartenant aux établissements publics lorsqu'ils sont l'objet d'une expropriation pour cause d'utilité publique. Aux termes de cet article, cette aliénation peut avoir lieu en vertu d'une délibération du conseil de l'établissement propriétaire, approuvée par le préfet en conseil de préfecture. On s'explique parfaitement cette dérogation à la nécessité d'un décret lorsqu'il s'agit d'une aliénation indispensable à l'exécution d'une œuvre d'utilité publique qui présente presque toujours un caractère particulier d'urgence (voir Expropriation). La seule question qui puisse être examinée est celle de la fixation du prix: elle est réglée soit amiablement, d'un commun accord, par le conseil d'administration de l'établissement intéressé, soit par décision du jury d'expropriation. Mais le même motif de décider qu'un décret n'est pas nécessaire n'existe pas pour l'acquisition, au nom d'un établissement public, par mesure d'alignement, de terrains retranchés de la voie publique. L'article 53 de la loi du 16 septembre 1807 confère, il est vrai, aux propriétaires riverains, qu'ils soient simples particuliers ou établissements publics, un droit de préemption sur les terrains ainsi détachés d'une rue ou d'un chemin ; mais il s'agit pour eux, aux termes mêmes de cette loi, d'une simple faculté de s'avancer sur la voie publique. Dans le cas où ils voudraient en user, l'acquisition qui en résulte pour les établissements publics doit nécessairement être sanctionnée par une décision du chef de l'État. L'intervention dans les affaires de cette nature du gouvernement, tuteur légal des établissements ecclésiastiques ou religieux, peut d'ailleurs avoir pour conséquence de modifier la détermination d'acquérir qui aurait pu être prise contrairement aux véritables intérêts de l'établissement... »
(5) Campion, Bost, Dalloz, Carré, Affre.
(6) Encyclopédie des conseils de fabrique.

1483. Certains auteurs estiment, et nous partageons leur opinion, que la fabrique ne peut, sans l'autorisation du gouvernement, porter une enchère au delà de la somme qui lui est due, attendu que, pour tout ce qui excède sa créance, elle ne peut invoquer la nécessité d'un acte conservatoire et que, dès lors, elle se trouve sous l'empire de la règle générale qui rend les établissements mineurs incapables d'acquérir sans autorisation (1).

1484. Les membres d'une fabrique qui procéderaient à une acquisition sans s'être munis de l'autorisation préalable du gouvernement s'exposeraient à être personnellement poursuivis en restitution des sommes indûment dépensées, indépendamment de la révocation qu'ils pourraient encourir (2).

1485. Les acquisitions ne peuvent avoir lieu que dans l'intérêt de la célébration du culte et dans les limites des services qui leur sont confiés par les lois et règlements (3). Mais il est à noter qu'aux époques où le principe de la spécialité des établissements publics ecclésiastiques ne recevait pas sa stricte application (4), le gouvernement a autorisé les fabriques à faire des acquisitions pour des objets contraires à leurs attributions légales ; par exemple, on les a autorisées parfois à acquérir des immeubles pour servir à l'établissement d'écoles.

1486. Mais les acquisitions, une fois opérées et qui ont créé des droits au profit des établissements ne pourraient, sans excès de pouvoir, faire l'objet d'un retrait d'autorisation (5).

1487. Non seulement, la jurisprudence du conseil d'État n'admet les acquisitions des fabriques que pour les objets qui ne sont pas contraires à leur mission, ainsi que nous l'avons vu au début de ce paragraphe, mais elle n'accorde l'autorisation d'acquérir des immeubles que pour des motifs d'utilité publique, lorsqu'il s'agit, par exemple, d'acheter le terrain nécessaire à la construction d'une église, d'une sacristie, d'un presbytère. Si l'acquisition projetée avait uniquement pour objet le placement de fonds sans emploi, restant libres dans la caisse de la fabrique, la jurisprudence du conseil d'État, défavorable à l'extension de la mainmorte immobilière et aux placements immobiliers, moins avantageux que les placements en rentes sur l'État, s'opposerait à l'acquisition. La jurisprudence est depuis longtemps fixée en ce sens (6).

1488. C'est de principe que les fabriques ne doivent pas réaliser des acquisitions en constituant des rentes viagères, parce qu'elles risqueraient ainsi de faire des opérations très désavantageuses. Mais on a pensé que ce n'est pas là une règle absolue qui ne pût fléchir dans certaines circonstances et que rien ne s'opposait à ce qu'une fabrique fût autorisée à y déroger s'il paraissait démontré que ses intérêts ne sont pas compromis (7).

1489. Si l'autorisation d'acquérir est refusée à la fabrique, ce refus constitue un acte de tutelle administrative non susceptible de recours au Conseil d'État, par la voie contentieuse (8).

Le décret qui a autorisé une acquisition immobilière ne peut, sans excès de pouvoir, être rapporté (9).

1490. Les pièces à produire à l'appui des demandes d'acquisitions immobilières sont les suivantes :

La délibération du Conseil de fabrique, tendant à l'acquisition projetée et indiquant exactement l'origine des fonds que l'on se propose d'appliquer à l'acquisition fixée ; la délibération du bureau des marguilliers ne serait pas suffisante, les acquisitions dépassant les bornes de l'administration ordinaire des biens des mineurs (10).

Si la fabrique sollicite, en même temps, un secours de l'État, la délibération prise à ce sujet devrait, aux termes

___

(1) Bost, op. cit.
(2) D. 30 décembre 1809; — L. 2 janvier 1817.
(3) Circ. 10 avril 1862.
(4) Voir Dons et legs, plus haut.
(5) Voir Dons et legs.
(6) C. d'Ét. lég., Avis 13 avril 1810.
(7) Campion.
(8) C. d'Ét. cont. 17 janvier 1838.
(9) Voir Dons et legs.
(10) Circ. 29 janvier 1801; D. 1809, art. 12.

d'une circulaire du 20 octobre 1835, être distincte de la première et envoyée séparément.

1491. Si le vendeur est membre du Conseil de fabrique, il ne doit pas être admis à prendre part à la délibération relative à l'acquisition de son immeuble (1).

1492. Le dossier doit contenir le procès-verbal de l'enquête *de commodo et incommodo.*

Les formes de l'enquête *de commodo et incommodo,* relative aux acquisitions immobilières, ont été déterminées par la circulaire du 10 avril 1862 : les sous-préfets nomment un commissaire enquêteur qui, d'après les circulaires plus récentes, ne peut plus être le juge de paix. L'enquête est annoncée huit jours à l'avance, un dimanche, par voie de publications et d'affiches placardées au lieu principal de réunion publique. Elle est ouverte, à la mairie, aux heures où la suspension du travail laisse plus de liberté à ceux qui doivent y prendre part, tous les habitants de la commune sont admis indistinctement à émettre leur vœu sur l'objet de l'enquête. Il doit être donné connaissance aux déclarants du préambule du procès-verbal, qui contiendra un exposé exact de la nature, du but et des motifs du projet.

Les déclarations doivent être individuelles ; elles doivent être signées des déclarants, ou certifiées conformes à la déposition orale par le commissaire enquêteur qui les reçoit et en dresse procès-verbal. Alors même que ces déclarations seraient identiques, elles devraient être consignées indépendamment les unes des autres, avec leurs raisons respectives, et autant que possible dans les termes propres aux déclarants. A la fin de l'enquête, le commissaire enquêteur doit clore le procès-verbal, le signer et le transmettre avec son avis au sous-préfet.

Au surplus, les préfets peuvent, pour les détails, se reporter à la circulaire du ministre de l'intérieur, en date du 20 août 1825, dont les sages prescriptions peuvent être utilement spécialisées (2).

1493. Le dossier doit contenir une copie du budget de la fabrique, réglé conformément à la circulaire du 24 novembre 1879, visé et certifié conforme par le préfet ; on doit produire, d'après la jurisprudence du Conseil d'Etat, les comptes de la fabrique, pour les trois dernières années, certifiés par le maire conformes aux exemplaires déposés à la mairie en exécution de l'article 89 du décret du 30 décembre 1809.

La fabrique qui veut acquérir doit, en effet, justifier de ressources suffisantes pour solder le prix de l'acquisition (3).

1494. Le dossier doit contenir, en outre, le procès-verbal timbré et enregistré de l'estimation de l'immeuble, tant en capital qu'en revenus, faite par deux experts, nommés, l'un par le vendeur, l'autre par la fabrique (4).

De plus, le plan figuré et détaillé des lieux, s'il s'agit d'un édifice important, et le devis des travaux à y faire, dans le cas où il aurait besoin de réparations (5).

La promesse de vente, sous seing privé, du vendeur ou son consentement à la vente au prix d'estimation ; cette pièce devra être sur papier timbré.

L'avis du Conseil municipal (6) (et non le consentement).

Si deux communes sont réunies pour le culte, les deux conseils municipaux doivent délibérer, chacun de son côté, sur le projet d'acquisition (7).

Enfin, le dossier doit contenir l'avis de l'évêque, ainsi que l'avis du préfet qui termine la série des formalités en émettant son avis motivé sur l'opération projetée (8).

1495. Lorsque l'acquisition est autorisée, l'acte est passé devant notaire ou dans la forme administrative.

1496. Les frais, à moins de stipulation contraire, sont à la charge de l'acquéreur (1).

1497. Les acquisitions des fabriques étant soumises aux règles du droit commun, les formalités prescrites pour la purge des privilèges et des hypothèques leur sont applicables. Le notaire qui reçoit l'acte est chargé de toutes les formalités nécessaires.

1498. Le paiement du prix d'acquisition est fait entre les mains du vendeur après la réception des certificats du conservateur, constatant la transcription du contrat au bureau des hypothèques, ainsi que la non existence d'inscription ou la radiation de celles qui existaient à l'expiration du délai de quinze jours après la transcription. S'il existe des inscriptions hypothécaires, qui empêchent que le paiement puisse être fait au vendeur même, le versement du prix d'acquisition se fait à la caisse des dépôts et consignations, sur une copie de l'ordre du ministre qui prescrit et motive la consignation, et sur la production soit de l'état des inscriptions ou du certificat qui en tient lieu, soit des actes d'opposition signifiés au trésorier. L'article 1593 du Code civil mettant les frais d'actes de vente et autres accessoires à la charge des acheteurs, la fabrique doit les supporter, s'il n'y a pas de stipulation contraire (2).

1499. Il a été décidé que lorsque le trésorier d'une fabrique, régulièrement autorisé par une délibération spéciale du Conseil, s'est engagé envers un propriétaire à acquérir de lui, à un prix déterminé, un immeuble, et que le propriétaire de cet immeuble a promis, de son côté, de le vendre au prix convenu entre lui et le trésorier, il suffit, pour rendre cette vente irrévocable, que les conditions en aient été ultérieurement approuvées par le gouvernement.

En effet, le trésorier a, dans l'espèce, contracté, au nom de l'établissement public qu'il représente, une obligation parfaitement valable dont l'effet seulement est subordonné à l'événement d'une condition suspensive, laquelle se réalise le jour où l'autorisation gouvernementale est accordée. Or, il est de principe, aux termes de l'article 1179 Code civil, que « la condition accomplie a un effet rétroactif au jour où l'engagement a été contracté » (3).

1500. On a pensé qu'une acquisition, faite par les membres d'une fabrique, soit par-devant notaire, soit par sous-seing privé, *sans autorisation,* ne serait pas entièrement nulle. Cet acte illégal n'engagerait pas la fabrique ; mais il pourrait être régularisé par l'approbation ultérieure du gouvernement ; autorisation qui, bien entendu, ne pourrait être accordée que sur la production de l'ensemble des pièces relatées plus haut.

Mais jusqu'à l'obtention de cette approbation, le contrat serait de la nature de ceux que l'on nomme *boiteux,* pour faire entendre qu'ils ne tiennent que d'un côté ; autrement dit, la fabrique seule pourrait se prévaloir du vice du contrat, tandis que les vendeurs, au contraire, ne pourraient se remettre en possession de l'immeuble en restituant le prix de la vente (4).

Il faut cependant reconnaître que la fabrique, en pareille circonstance, pourrait être contrainte par le vendeur (ou ses ayants cause) à faire régulariser au plus tôt sa situation. Ainsi à défaut par la fabrique de faire les démarches nécessaires pour obtenir l'autorisation, le vendeur serait admis à intenter contre elle une action en justice pour faire décider qu'elle sera tenue de se pourvoir, dans un délai déterminé, de l'approbation du gouvernement, faute de quoi la vente sera déclarée nulle et non avenue, et le vendeur sera autorisé à se remettre en possession. A plus forte raison faut-il

(1) Circ. 10 avril 1862 ; — C. d'Et. int. ; — Avis 25 février 1824.
(2) Circ. 10 août 1862.
(3) C. d'Et. int., avis, 19 avril 1833.
(4) Circ. 12 avril 1819, 29 janvier 1831.
(5) Circ. 12 avril 1819, 29 janvier 1831.
(6) L. 5 avril 1864, art. 70 ; pour Paris, L. 18 juillet 1837, art. 21.
(7) C. d'El., Avis 1ᵉʳ septembre 1811, 11 juin 1826, 4 novembre 1831.
(8) Circ. 29 janvier 1831.

(1) C. civ., art. 1193.
(2) Bost.
(3) Cass. 21 décembre 1846 ; 12 juillet 1847 ; Agen, 22 mai 1840 ; Paris, 26 août 1847. Bost. — Attendu, portent ces divers arrêts, que l'autorisation du chef de l'Etat a donné la vie légale aux promesses échangées entre les parties et rend parfait le marché qu'elles ont conclu, attendu que si, jusque-là, l'acceptation par la fabrique de la soumission du vendeur était incomplète comme émanée du mandataire d'un corps moral réputé mineur l'intervention du pouvoir souverain y a ajouté ce qui lui manquait. »
(4) C. civ., art. 1125 ; voir Contra. Toulouse, 1ᵉʳ février 1840. Andrieux.

décider que la fabrique est régulièrement liée et tenue de consommer l'acte *définitif d'une vente* faite sous réserve de l'autorisation, avec toutes les formalités requises, dès que cette autorisation vient à lui être accordée. La fabrique ne serait plus admise à se dédire et à renoncer à l'opération en objectant par exemple, qu'il s'est écoulé un long intervallo de temps entre la promesse de vente et l'obtention de l'autorisation; que dans l'intervalle, des dégradations sont survenues à l'immeuble ; qu'elle comptait au moment de l'engagement, sur un secours que le gouvernement n'a pas accordé; qu'enfin, la promesse avait été contractée par une administration antérieure. L'obtention de l'autorisation équivaut alors à l'événement d'une condition suspensive dont la réalisation vient valider l'engagement rétroactivement jusqu'au jour où il a été contracté. Ces principes sont consacrés par la jurisprudence ; il a été jugé (1), que la promesse faite par le maire d'une commune, à ce autorisé par le Conseil municipal, d'acheter un immeuble à des conditions arrêtées avec le vendeur, et sous réserve de l'approbation du gouvernement, lie les parties (la commune aussi bien que le vendeur, dès que cette approbation a eu lieu), que le Conseil municipal ne peut donc se refuser à la réalisation de l'acquisition.

Ces principes, formulés à l'occasion d'une affaire concernant une commune, sont applicables aux fabriques comme à tous établissements publics.

1501. Un avis du comité de l'Intérieur, du 7 avril 1843, qui peut s'appliquer aux fabriques par analogie, bien qu'il n'ait pas trait à cette catégorie d'établissements, décide que les notaires peuvent recevoir les actes d'acquisition et autres qui concernent les établissements dont ils font partie (2).

Toutefois, comme il y a toujours au moins deux notaires par canton, il est convenable de recourir au ministère du notaire étranger à l'administration de l'établissement public, sauf les cas d'urgence et la difficulté des communications. Du reste, le notaire chargé de recevoir l'acte ne doit pas y paraître à titre d'administrateur et comme stipulant au nom de l'établissement qu'il concourt à gérer. Il est désirable de voir les notaires prendre, en cette occasion, une initiative conseillée par la délicatesse, qui mette à l'abri de toute imputation et même de tout soupçon le caractère honorable dont ils sont revêtus (3).

1502. Les contrats d'acquisition, qu'elle qu'en soit la forme, sont des actes du droit commun, dont l'appréciation et l'application n'appartiennent qu'aux tribunaux ordinaires (4).

1503. Lorsqu'une acquisition d'immeuble réalisée par

---

(1) Agen, 22 mai 1840; — Cass. 21 décembre 1846; — Cass. req. 12 juillet 1847. — « La Cour, sur les deux moyens : — Attendu que si, dans l'origine, il n'y a eu, de la part de Blancan-Martineau, qu'une simple pollicitation, qu'il était en droit de retirer, tant qu'elle n'avait été acceptée par la fabrique de la commune de Luant, cependant cette acceptation a été donnée par délibération du conseil municipal, la simple pollicitation est devenue un contrat synallagmatique parfait auquel il n'était permis à aucune des parties de se soustraire sans le consentement de l'autre; — Et attendu qu'il est reconnu, en fait, que la commune, loin de renoncer à cet acte, en a réclamé l'exécution ; — Attendu que, d'après ces faits, l'arrêt attaqué, en maintenant ce contrat, a fait une juste application des lois de la matière; — Rejette... »
Paris, 26 août 1847.

(2) « Considérant, en fait, que si, dans certaines circonstances, il peut y avoir quelque inconvénient à ce qu'un notaire passe lui-même les actes de vente et d'acquisition qu'il concourt, comme administrateur d'un établissement public, à faire décider, l'interdiction de passer des actes pour le compte de cet établissement aurait des inconvénients plus graves que ceux que l'on voudrait éviter; qu'ainsi, dans les localités où il n'existerait qu'un seul notaire, la passation des actes publics concernant l'établissement dont il serait un des administrateurs deviendrait impossible, puisque cet officier public ne pourrait pas être suppléé par un autre notaire; — Considérant, en droit, que la loi du 25 ventôse an XI sur le notariat ne renferme aucune disposition qui interdise, en pareil cas, aux notaires de recevoir les actes de vente ou d'acquisition qui concernent les hospices ou les institutions publiques de bienfaisance, est d'avis que rien ne saurait s'opposer à ce que les notaires, qui sont en même temps les administrateurs d'établissements charitables, puissent passer les actes de vente, d'acquisition et autres qui regardent ces établissements. »

(3) D. min. cultes 30 mars 1844; Campion.

(4) C. d'Et. cont. 26 mars 1849; aff. fabrique de l'église Sainte-Soulle, commune de Sainte-Soulle.

---

une fabrique remonte à plus de trente ans et s'appuie d'ailleurs sur un titre régulier, dont la valeur n'a pas été contestée, elle doit être considérée comme étant devenue définitive par l'effet de la prescription, sans qu'il soit nécessaire d'en provoquer l'approbation auprès du gouvernement (1).

1504. Une fabrique ne peut, comme tout établissemement public, recourir à l'expropriation qu'en vertu d'une autorisation du gouvernement, les formalités à remplir sont les mêmes que celles qui sont prescrites pour les expropriations faites par les communes (2).

1505. Quand on stipule dans un contrat de vente passé avec une fabrique qui acquiert, que la propriété sera transférée à la fabrique, si le gouvernement l'autorise, sinon à un tiers, par exemple au président de la fabrique ou au trésorier, cette clause de vente alternative peut-elle être considérée par le gouvernement comme valable et à permettre l'autorisation administrative ? Nous examinerons, en traitant des congrégations, cette question qui s'est posée à leur sujet, mais dont la solution doit s'étendre à tous les établissements.

1506. Les fabriques ne peuvent aliéner qu'à titre onéreux.

1507. Les aliénations d'immeubles appartenant aux fabriques donnent lieu aux mêmes formalités que les acquisitions immobilières dont il a été parlé plus haut (3).

L'autorisation est donnée de même par décret en Conseil d'Etat et les notaires ne peuvent passer acte de vente aussi bien que d'acquisition, au nom de ces établissements, s'il n'est justifié du décret portant autorisation de l'acte, et qui doit y être entièrement inséré. (4).

1508. La délibération du conseil de fabrique doit faire connaître la cause qui rend l'aliénation nécessaire et l'emploi que l'établissement se propose de faire du produit de la vente. A défaut de cette dernière indication, le décret qui statue sur l'aliénation prescrit le placement en rentes 3 0/0 sur l'Etat.

1509. Suivant Dalloz (5), les aliénations ne peuvent avoir lieu que par nécessité ou utilité évidente ; autrefois, dit-il, les canonistes ajoutaient pour cause de piété ou charité, comme la rédemption des captifs ou la nourriture des pauvres. A ces causes, il ajoute l'expropriation pour utilité publique. Il semble plus exact de dire actuellement que le gouvernement, s'appuyant sur la jurisprudence du Conseil d'Etat, est favorable à toute aliénation immobilière des fabriques ; il pense, en effet, qu'il y a un sérieux intérêt à s'opposer au développement de la mainmorte immobilière et à exonérer les fabriques des charges et des embarras d'une exploitation qui ne lui convient guère. Mais si le gouvernement autorise aisément les aliénations immobilières, il montre souvent une grande sévérité à admettre les remplois que la fabrique propose ; en principe, le produit de la vente ne peut être placé qu'en rentes sur l'Etat : il n'admet les emplois d'une autre nature que si la nécessité en est pleinement justifiée.

Certains auteurs pensent que les fabriques étant considérées comme des mineurs, il y aurait lieu à résiliation, dans le cas où la vente ne serait ni utile ni nécessaire. On le décidait ainsi autrefois (6), la négative ne paraît pas douteuse, le gouvernement ayant régulièrement autorisé l'aliénation au nom des fabriques, qui d'ailleurs ne peuvent être considérées comme de véritables mineurs et sur lesquelles le gouvernement a non pas un droit véritable de tutelle, mais un droit de surveillance et de protection, dérivant du pouvoir de centralisation qui lui appartient (7).

1510. Une fabrique ne peut être autorisée à vendre un immeuble grevé de fondations de services religieux pour en

---

(1) D. min. 9 avril 1880.
(2) Voir Expropriation.
(3) Circ. 10 avril 1862.
(4) D. 1809, art. 62; — D. 14 janvier 1831, art. 2 ; voir plus haut : Acquisitions.
(5) *Rép.*, v° Cultes.
(6) Carré, Dalloz.
(7) Dalloz, *Nouveau Répertoire.*

employer le prix, soit aux travaux de l'église soit à toute autre destination emportant aliénation du capital, sauf à transférer le gage de la fondation sur d'autres immeubles. Cette vente ne peut être autorisée qu'à la condition que le prix de l'immeuble aliéné sera intégralement employé en achat d'une rente sur l'Etat qui demeurera grevée de la même fondation, ou que du moins il sera prélevé sur le prix et placé sur l'Etat, un capital suffisant pour assurer l'acquit de la fondation (1).

1511. Quand une fabrique demande à aliéner un immeuble ou une rente grevés de fondations pieuses, pour affecter le produit de la vente au payement de travaux de réparations à l'église ou au presbytère, soit à des acquisitions, le Conseil d'Etat exige qu'il soit réservé sur le produit de la vente, en vue de l'acquit de la fondation pieuse, un capital supérieur à celui que comporte l'application stricte du tarif diocésain. C'est pour assurer l'accomplissement perpétuel des intentions des bienfaiteurs et en prévision des modifications qui pourraient être introduites ultérieurement dans les tarifs diocésains que le Conseil d'Etat majore le gage de la fondation pieuse (2).

1512. A l'appui des demandes d'aliénations immobilières, doivent être produites les mêmes pièces qu'en matière d'acquisition, à l'exception toutefois de la soumission de l'acquéreur et de l'expertise contradictoire, puisque, d'après le droit commun, les ventes ne peuvent avoir lieu qu'aux enchères publiques. Toutefois, le gouvernement peut autoriser les ventes à l'amiable (3). La vente a lieu à l'amiable : 1° quand la valeur de l'immeuble est minime ; 2° en cas d'avantage évident, ce qui rendrait la formalité des enchères inutile et même préjudiciable à l'établissement vendeur ; 3° en cas de vente faite par la fabrique à un autre établissement public (4).

1513. Il a été décidé que, lorsqu'un décret a autorisé une fabrique ou tout autre établissement religieux à vendre des immeubles sur une mise à prix déterminée, il n'est par permis d'abaisser cette mise à prix sans une nouvelle autorisation, mais il est loisible à l'établissement intéressé de prendre pour point de départ des enchères un chiffre supérieur à la mise à prix fixée. Cette élévation de mise à prix ne constitue qu'un simple acte d'administration qui n'exige pas l'intervention du gouvernement (5).

1514. Le dossier relatif à la demande de réduction de mise à prix doit, d'après la jurisprudence du Conseil d'Etat, contenir le procès-verbal constatant que l'adjudication n'a pu se faire sur la mise à prix primitive.

1515. Comme en matière d'acquisition, la vente doit être soumise au conseil municipal (6).

1516. Outre les stipulations qui sont adoptées à raison des lieux et des circonstances, il est essentiel de convenir : 1° que le payement se fera entre les mains du trésorier ; 2° si le prix consiste en constitution de rente, que les arrérages seront payés à telle époque ; 3° que la rente ne pourra être remboursée qu'en prévenant un mois d'avance, et que les frais d'inscription hypothécaire à prendre dans l'intérêt de la fabrique (7) seront à la charge de l'acquéreur (8) ; 4° s'il

s'agit d'une rente pour un capital une fois payé, l'époque du payement doit être fixée avec stipulation d'intérêts quittes de retenue (1) et avec le droit de poursuivre le capital luimême par saisie de biens, revente sur folle enchère (2), rémission d'adjudication (3).

1517. Les églises et presbytères désaffectés peuvent être vendus (4).

1518. Les ventes ne peuvent être annulées pour cause de lésion des sept douzièmes (5), puisque l'aliénation étant précédée d'une expertise, il y a présomption légale que l'immeuble a été vendu à sa juste valeur (6).

1519. Le décret du 30 décembre 1809 (7) défend aux membres du bureau des marguilliers de se rendre adjudicataires des biens des fabriques ou de s'associer à une adjudication. Cette prescription n'est que l'application de l'article 1596 du Code civil. La nullité n'a pas lieu de plein droit ; elle doit être demandée par la fabrique. Cette disposition du décret de 1809 ne s'étendrait pas au cas où un marguillier s'associerait, depuis la vente, à un acquéreur d'une propriété de la fabrique (8).

1520. On s'est demandé, en présence des termes de l'article 1596 du Code civil, si, bien que l'article 61 du décret du 30 décembre 1809 ne parle que des membres du bureau des marguilliers comme incapables de se porter adjudicataires ou associés de l'adjudicataire, l'interdiction ne devrait pas s'étendre aux membres du conseil de fabrique.

Une lettre du ministre des cultes au préfet du Morbihan en date du 3 août 1870, s'est prononcée contre cette extension. On ne doit pas considérer, a dit le ministre, les membres d'un conseil de fabrique, corps délibérant, comme des *administrateurs*. Le décret du 30 décembre 1809, en déterminant les attributions du conseil de fabrique et du bureau des marguilliers, charge le bureau seul de l'administration (9) ; c'est pour cela que, d'après l'article 61, il n'interdit qu'aux membres du bureau des marguilliers « de se porter soit comme adjudicataires, soit même comme associés de l'adjudicataire aux ventes, marchés de réparations, constructions, reconstructions ou baux des biens des fabriques (10). » Gaudry pense de même qu'on ne peut créer des prohibitions au-delà de celles que la loi établit (11).

Campion se prononce en sens contraire :

« L'article 1596 du Code civil interdit aux administrateurs, sous peine de nullité, de se rendre acquéreurs soit par euxmêmes, soit par personnes interposées, des biens confiés à leurs soins. Cette prohibition est absolue et ne souffre pas d'exception ; aussi, bien que l'article 61 du décret du 30 décembre 1809 ne parle que des membres du bureau des marguilliers comme incapables de se porter adjudicataires ou associés de l'adjudicataire, l'interdiction doit s'étendre aux membres du conseil de fabrique. » Nous partageons, quant à nous, cette dernière opinion. Le décret de 1809 ne nous paraît avoir eu pour objet de reproduire sans les vouloir modifier les dispositions du Code civil en les appliquant expressément aux administrateurs des fabriques.

Cependant il a été décidé qu'un maire, membre de droit du conseil de fabrique de l'église de sa commune, peut se porter adjudicataire de biens immeubles vendus par cette fabrique (12).

1521. L'article 1596 du Code civ. interdit aux administrateurs, sous peine de nullité, de se rendre acquéreurs soit par euxmêmes, soit par personnes interposées, des biens confiés à leurs soins. Quand y a-t-il interposition ? Existe-t-il des pré-

---

(1) D. min., 16 novembre 1850.
(2) C. d'Et., int. 26 décembre 1888 (fabrique Saint-Jean-Baptiste, à Castelnaudary (Aude).
« La section de l'intérieur..., etc., tout en adoptant le projet de décret tendant à autoriser le trésorier de la fabrique de l'église curiale de Saint-Jean-Baptiste de Castelnaudary (Aude) à vendre aux enchères publiques, sur une mise à prix de 1,500 francs, égale au montant de l'estimation, une pièce de terre située sur le territoire de ladite commune, d'une contenance de 52 ares 50 centiares, appartenant à la fabrique en vertu d'un legs fait en sa faveur par la dame Verger à charge de fondation de sept messes par an et dont l'acceptation a été autorisée par décret du 28 décembre 1874, a cru devoir porter à 30 francs la somme nécessaire pour permettre l'acquit de la fondation précitée. »
(3) Circ. 29 janvier 1831 ; 30 mars 1831 ; 10 février 1835 ; — C. d'Et. int., avis, 27 février 1833.
(4) C. d'Et., avis, 27 janvier 1833 ; 18 décembre 1835 ; — Circ. 20 mai 1863.
(5) Déc. min. 6 août 1862.
(6) L. 5 avril 1884, art. 70.
(7) C. civ., art. 2148.
(8) Art. 2155.

(1) L. 3 septembre 1807, art. 2.
(2) L. 1807 et C. pr. civ., art. 733.
(3) C. civ., art. 1654 ; Affre.
(4) Déc. min. 17 novembre 1868, voir Désaffectation.
(5) C. civ., art. 1674 et suiv.
(6) Affre, Dalloz, Bost.
(7) Art. 61.
(8) Gaudry.
(9) Art. 12 et 24.
(10) Campion.
(11) *Législation des Cultes.*
(12) Déc. min. 3 août 1870.

somptions légales d'interposition à l'égard de certaines personnes à raison de leur qualité même et des liens qui les unissent aux incapables ? La loi, au titre des donations entre vifs et testamentaires, après avoir posé des bornes à la faculté de disposer, dans les circonstances qu'elle détermine, prévoit que la prohibition pourra être éludée soit parce qu'on déguisera la libéralité sous la forme d'un contrat à titre onéreux, soit parce qu'on cachera le véritable donataire sous le nom d'une tierce personne. Pour obvier à ce double inconvénient, elle frappe de nullité par les articles 911 et 1100, toute disposition au profit d'un incapable, soit qu'on la déguise sous la forme d'un contrat à titre onéreux, soit qu'on la fasse sous le nom de personnes interposées, et elle répute personnes interposées les père, mère, les enfants et descendants, et l'époux de la personne incapable. Faut-il reconnaître, en matière de vente, des présomptions légales d'interposition à l'égard de certaines personnes comme en matière de donation ? L'affirmative a été soutenue, et à l'appui de cette opinion on a dit, notamment, que s'il existe des présomptions légales d'interposition de personnes en cas de donation, à plus forte raison doivent-elles être reconnues en matière de vente, matière qui intéresse davantage l'utilité et l'ordre publics; que toute fraude étant naturellement difficile à établir, il existe pour la bonne administration de la justice un grand avantage à la présumer légalement dans les cas où, suivant toute apparence, elle a dû exister.

La négative s'appuie sur les raisons suivantes ; en principe, toute incapacité est de droit rigoureux et exceptionnel; elle ne peut être suppléée par analogie; or, la loi ne crée nulle part, en matière de vente, des présomptions légales d'interposition. Il n'y a, d'ailleurs, aucune analogie entre la donation et la vente, ni entre les conséquences que peut entraîner dans les deux cas la présomption légale d'interposition de personnes. En effet, « si le donataire est sérieux, la loi, qui le présume interposé et le prive de l'effet de la libéralité, ne fait que lui enlever un bénéfice; elle ne gêne qu'un exercice exorbitant du droit de propriété. Mais, en ce qui concerne l'acquéreur, la même loi qui le présumerait interposé, et sur le fondement de cette présomption annulerait la vente, lui causerait une perte réelle et gênerait la liberté du commerce. De plus, si les présomptions légales d'interposition de personnes empêchent toute fraude dans un certain rayon, elles ont le désavantage de la laisser impunie partout ailleurs. Au contraire, en laissant à l'appréciation des tribunaux l'application de l'article 1596 du Code civil, on se ménage la facilité d'atteindre toutes les interpositions dès que le fait sera prouvé, indépendamment de la qualité des individus ».

Ces motifs nous amènent à conclure qu'il n'y a point, en matière de ventes de biens appartenant aux communes ou aux établissements publics, de présomptions légales d'interposition, et que l'existence du fait doit être laissée à l'appréciation des tribunaux.

1522. S'il n'est pas permis aux administrateurs des établissements publics d'acquérir d'une manière directe et patente les biens de ces établissements, à plus forte raison doit-il leur être interdit de les acquérir par la voie cachée et peu favorable de la prescription.

1523. Celui qui se rend acquéreur contre la prohibition formelle de la loi et qui ne peut, en conséquence, être présumé ignorer les vices de son titre, ne saurait être considéré comme possesseur de bonne foi; il est, dès lors, tenu de restituer les fruits non seulement du jour de la demande, mais du jour de son indue possession, conformément aux articles 459 et 530 du Code civil (1).

1524. L'adjudication de biens immeubles qu'une fabrique a été autorisée à aliéner peut-elle avoir lieu administrativement sans l'assistance d'un notaire ?

L'article 16 de la loi du 18 juillet 1837 sur l'administration communale porte que, lorsque le maire procède à une adjudication publique pour le compte de la commune, il est assisté de deux membres du conseil municipal ; cet article dispose,

en outre, que toutes les difficultés qui peuvent s'élever sur les opérations de l'adjudication sont résolues séance tenante par le maire et les deux conseillers municipaux. Ces dispositions confèrent incontestablement au maire la faculté de procéder administrativement et sans l'assistance d'un notaire à l'adjudication de biens communaux. Aussi, dans la pratique, les adjudications intéressant les communes sont-elles réalisées par l'intermédiaire du maire et en dehors de la présence d'un notaire.

Cette manière de procéder a été également adoptée par les administrateurs des établissements de bienfaisance à l'égard des adjudications de biens appartenant à ces établissements. La jurisprudence du ministère de l'intérieur considère comme étant soumis à des règles identiques les procès-verbaux des adjudications des biens appartenant à des établissements publics de charité.

Il convient d'étendre cette jurisprudence aux adjudications des biens des fabriques. En principe, sauf les exceptions déterminées par les lois, les règles établies pour l'administration des biens communaux sont applicables à l'administration des biens des fabriques. L'article 60 du décret du 30 décembre 1809, spécial à ces établissements, dispose, d'ailleurs, formellement que les maisons et biens ruraux qui leur appartiennent seront affermés, régis et administrés par le bureau des marguilliers dans la forme déterminée pour les biens des communes. Cette disposition paraît devoir être étendue comme s'appliquant non seulement aux baux et aux simples actes d'administration, mais encore aux ventes et échanges, sous la réserve générale de l'autorisation du gouvernement, prescrite pour les opérations de cette nature. Ainsi l'on doit appliquer, par analogie, aux adjudications des biens des fabriques, les dispositions de l'article 16 de la loi de 1837. Le trésorier d'une fabrique, assisté de deux membres du bureau des marguilliers, paraît dès lors pouvoir procéder administrativement et sans l'assistance d'un notaire, à l'adjudication des biens que cette fabrique a été autorisée à aliéner.

L'article 965 du Code de procédure civile autorise formellement après l'adjudication la surenchère du sixième, quand il s'agit de la vente d'un immeuble appartenant à des mineurs.

Cette disposition protège-t-elle au même titre la vente des biens des établissements publics et spécialement des établissements ecclésiastiques ?

L'affirmative avait été jugée par le tribunal civil de Pont-l'Évêque, mais ce jugement a été infirmé par un arrêt de la Cour de Caen du 1er mai 1869, qui a déclaré l'article 965 applicable aux biens des communes et des établissements publics.

Le Sénat a été saisi, dans le cours de la même année, d'une pétition sur cet objet. Le pétitionnaire reconnaissait que, dans le silence de la loi, on pouvait assurément contester le droit de surenchère d'un sixième après l'adjudication d'un bien communal, et il demandait l'extension de l'article 965 au cas de vente d'un bien de cette nature, afin que les biens d'une commune ou d'un établissement public qui, suivant nos lois, est en état de minorité, fussent protégés comme le sont les biens de tout mineur dans le cas de mise en adjudication.

Il a paru au Sénat que l'assimilation entre la mise en vente des biens d'un mineur et celle des biens d'une commune ou d'un établissement public, n'était pas aussi absolue qu'on le supposait (1).

1525. L'article 1589 du Code civil porte que « la promesse de vente vaut vente lorsqu'il y a consentement réciproque des deux parties sur la chose et sur le prix ». Cette disposition d'après laquelle une promesse de vente lie celui qui l'a souscrite comme la vente elle-même, ne s'applique qu'à ceux qui ont la faculté de s'engager. Elle ne saurait être invoquée contre les communes ou autres établissements publics, qui ne peuvent s'engager valablement, recevoir des libéralités, acquérir ou vendre des immeubles ou des rentes qu'après y avoir été expressément autorisés dans la forme déterminée par les lois et règlements. Il en résulte qu'une fabrique peut

---

(1) Cass. 11 janvier 1843; Campion.

(1) Déc. min. 1er septembre 1869.

ne pas provoquer la régularisation d'une cession d'immeuble consentie en sa faveur, et même y renoncer définitivement tant qu'elle n'a pas été sanctionnée par le gouvernement. L'autorité supérieure n'a nullement à intervenir pour l'autoriser à y renoncer. Il suffit que la fabrique prenne une délibération pour manifester son intention de renoncer à l'acquisition projetée. Dès que cette délibération aura été notifiée au vendeur, celui-ci se trouvera à son tour délié de l'engagement qu'il avait souscrit et pourra librement disposer de l'immeuble qui en était l'objet (1).

Une fabrique peut être autorisée, selon les circonstances, à vendre ses immeubles, soit aux enchères publiques, soit à l'amiable, sur un minimum de prix déterminé pour chaque mètre carré et avec faculté de payement par annuités trentenaires (2).

1526. A qui appartient-il d'autoriser la cession des biens de fabrique frappés d'expropriation pour cause d'utilité publique ? Deux décisions ministérielles ont décidé qu'il ressortissait, en vertu des articles 13 et 26 de la loi du 3 mai 1841, aux préfets et non au chef de l'Etat : 1° d'autoriser la cession amiable par la fabrique des terrains compris dans les plans parcellaires d'immeubles frappés d'expropriation pour cause d'utilité publique ; 2° de statuer sur le placement des sommes provenant des cessions ainsi consenties (3). Mais la jurisprudence du Conseil d'Etat a jugé, au contraire, que les articles 13 et 26 ne peuvent trouver leur application, quand il s'agit d'établissements ecclésiastiques, la matière du culte n'étant pas décentralisée (4).

1527. L'autorisation du gouvernement statuant par décret en conseil d'Etat est nécessaire pour que les fabriques puissent aliéner des rentes sur l'Etat dont elles sont propriétaires (5). Nul transfert ne peut en être effectué, porte l'ordonnance du 14 janvier 1831, qu'autant qu'il aura été autorisé par une ordonnance royale dont l'établissement intéressé présentera par l'intermédiaire de son agent de change expédition en due forme au directeur du grand livre de la dette publique.

1528. Le conseil municipal doit émettre un avis sur les aliénations des rentes (6). Il importe en effet à la commune que la fabrique, à laquelle elle peut dans certains cas être obligée de venir en aide, ne s'appauvrisse pas par des aliénations inconsidérées.

1529. L'autorisation du gouvernement est également nécessaire, pour l'aliénation de créances mobilières, c'est-à-dire pour les cessions ou transports de droits incorporels appartenant aux fabriques, lors même que le titre constatant les créances serait sous seing privé ; une aliénation de créance est, en effet, une diminution de patrimoine ; ce n'est pas un simple acte d'administration.

1530. Quand la cession ou transport se fait par acte notarié l'ordonnance du 14 janvier 1831 spécifie que le notaire ne pourra passer acte de la cession ou transport s'il n'est justifié de l'acte du gouvernement portant autorisation de l'acte, et qui devra y être entièrement inséré (7).

1531. Lorsqu'une fabrique a obtenu l'autorisation de vendre tout ou partie d'une rente sur l'Etat lui appartenant, le trésorier doit adresser au receveur des finances de l'arrondissement avec sa procuration le titre de rente et le décret d'autorisation.

La procuration du trésorier peut être sous seing privé ; mais il est nécessaire que la signature en soit régulièrement légalisée et que cette procuration soit enregistrée (8).

1532. Les fabriques croient souvent devoir user pour acqué-

rir des immeubles de la voie de la rétrocession. Il y a rétrocession, quand un tiers, agissant nominalement pour lui-même, vient déclarer ultérieurement avoir agi pour le compte et les deniers de l'établissement ; et demande que la propriété soit transférée à l'établissement public en vertu d'un acte du gouvernement. La jurisprudence du Conseil d'Etat décide que le mode de procéder a pour objet de soustraire l'acquisition dont il s'agit au contrôle de l'autorité supérieure, et que le gouvernement ne saurait par une ratification postérieure couvrir cette irrégularité. Le Conseil d'Etat a fréquemment appliqué cette jurisprudence au cas de demandes de rétrocession faites par des associations religieuses. Le 24 décembre 1879, au sujet d'une demande de rétrocession intéressant un séminaire, il a émis en assemblée générale un avis de principe qui doit évidemment être étendu par analogie aux fabriques et à tous établissements ecclésiastiques.

1533. Les fabriques doivent placer leurs fonds disponibles en achat de rentes sur l'Etat 3 0/0. Elles ne sauraient, à moins de circonstances exceptionnelles, placer leurs fonds disponibles en rentes sur particuliers. On doit, en effet, reconnaître que la division de la rente qui s'opère à la mort du débiteur entre ses héritiers, peut en rendre la perception difficile et dispendieuse ; d'un autre côté, l'insolvabilité du débiteur peut faire courir la chance de perdre la totalité de la rente elle-même. Une fabrique prudemment administrée doit donc s'abstenir de prêter ses fonds à des particuliers, quels qu'ils soient (1).

1534. Mais depuis 1866 les fabriques peuvent être autorisées à employer leurs fonds disponibles à l'achat d'obligations ou lettres de gages émises par la Société du crédit foncier. Mais dans la pratique on autorise de préférence le placement de leurs fonds en rentes sur l'Etat. Et il a été décidé qu'il n'y avait pas lieu de modifier un arrêté pris par un préfet dans les limites de sa compétence, qui a prescrit l'emploi d'un capital appartenant à une fabrique en achat de rentes sur l'Etat (2).

1535. Ce n'est qu'en raison de circonstances exceptionnelles que les fabriques et autres établissements religieux peuvent être autorisés à placer leurs fonds autrement qu'en rentes sur l'Etat. Ainsi, ces établissements ne sauraient être autorisés à souscrire à des emprunts ouverts par les villes ou les départements. Du reste, la compétence attribuée aux préfets à l'égard de l'autorisation des placements en rentes sur l'Etat ne s'étend pas aux souscriptions ayant pour objet des emprunts départementaux (3).

1536. Et quelle que soit la somme à placer sur des particuliers, l'autorisation doit être accordée par le gouvernement ; elle ne peut l'être par un arrêté préfectoral (4).

1537. Les garanties que pourrait offrir une hypothèque ne seraient même pas suffisantes pour faire adopter sans de graves raisons les placements particuliers (5).

1538. Cependant, et bien que le gouvernement ait pour principe de refuser aux fabriques, ainsi qu'il vient d'être dit, l'autorisation de placer leurs fonds en rentes sur particuliers, ce n'est pas dans des circonstances exceptionnelles, cette espèce de rentes n'en constitue pas moins aujourd'hui la dotation d'un grand nombre de fabriques par suite de l'acceptation de dons ou legs dans lesquels des rentes de cette nature sont constituées au profit de ces établissements.

1539. Il arrive, en outre, fréquemment que des particuliers consentent une constitution de rente au profit d'une fabrique à charge de célébration de services religieux.

1540. Les constitutions de rentes sont soumises aux mêmes règles que les autres contrats en général.

1541. De quelque manière qu'elles soient constituées, les rentes peuvent consister en argent, en denrées, ou tout à la fois en argent et en denrées.

---

(1) J. e. f., 1875, p. 30.
(2) Déc. min. 1er septembre 1869.
(3) Déc. min., 11 juin 1856 ; 8 janvier 1877.
(4) C. d'Et., int., 8 juillet 1884. — L'article 13 de la loi du 3 mai 1841, n'a pas dérogé aux règles spéciales qui régissent les établissements ecclésiastiques. Ce n'est donc pas au préfet qu'il peut appartenir d'approuver une cession consentie par les séminaires et il y a lieu d'observer les règles ordinaires.
(5) L. 2 janvier 1817, art. 3.
(6) L. 18 juillet 1827, art. 20 ; 5 avril 1884, art. 70.
(7) Art. 2.
(8) Déc. min. 9 décembre 1862 ; 14 décembre 1862 ; 26 décembre 1863.

(1) Déc. min., 6 avril 1861 ; — C. d'Et., avis, 18 septembre 1829 ; 26 août 1834 ; 26 janvier 1836, 22 février 1842 ; 11 décembre 1843, 27 mai 1845 ; Bost, Conseils de fabrique.
(2) Déc. min. 15 mars 1866.
(3) Déc. min. 7 juillet 1865.
(4) Déc. min. 24 avril 1869.
(5) Déc. min. Culte, 23 février 1849 ; Bost.

1542. Le taux de la rente constituée, comme celui de l'intérêt légal, ne peut excéder 5 0/0.

1543. Les fabriques seraient-elles aujourd'hui recevables, comme sous l'ancienne législation, à établir la preuve du service des arrérages par les comptes ou registres des marguilliers? Carré et Toullier se prononcent pour la négative, par le motif que nul ne peut se créer un titre à lui-même. Un arrêt de la Cour de Rouen et un arrêt de la Cour de Bourges (1) ont admis cette doctrine, mais elle est combattue par Affre, qui invoque à la fois l'ancienne jurisprudence et les termes de la loi du 11 floréal an III, article 3, suivant laquelle la nation représentant les individus et les corporations dont les biens étaient frappés de confiscation, pouvait réclamer les créances appartenant à ces communautés et individus quand aux indications résultant des registres, sommiers et carnets on joindrait soit la preuve testimoniale, soit des indices tirés de quelques actes publics dont on pourrait conclure la légitimité de la créance. « Or, dit-il, les fabriques ayant été subrogées aux droits de la nation sur les biens qui leur sont restitués, il est certain qu'elles peuvent invoquer les dispositions de la loi précitée. » Il a été décidé, en ce sens, qu'une fabrique d'église peut, à défaut de titres constitutifs, établir par les registres et les comptes des anciens marguilliers l'existence des rentes qui lui sont dues, et exiger titre nouveau de ses débiteurs (2).

1544. Dans tous les cas, une fabrique ne peut jamais se faire autoriser à compulser les papiers et actes de famille à l'effet de prouver contre le débiteur que la rente n'est pas prescrite; c'est à la fabrique à justifier de sa demande par les papiers qu'elle a en sa possession (3).

1545. Les fabriques peuvent, comme les simples particuliers, déposer aux caisses d'épargne leurs fonds disponibles. Et lorsque le compte d'une fabrique excède le maximum de 1,000 francs, la caisse d'épargne peut acheter pour cet établissement une rente sur l'État de 10 francs ; mais elle doit donner avis de cet achat au préfet du département, afin qu'il puisse soit autoriser lui-même par un arrêté l'immatriculation, au nom de la fabrique, de la rente acquise, soit provoquer un décret dans le même sens, selon les distinctions établies par l'ordonnance du 14 janvier 1831 et le décret du 13 avril 1861 (1).

1546. Les rentes sur l'État que les fabriques demandent l'autorisation d'acquérir comme emploi de capitaux grevés ou non de services religieux, ne peuvent comprendre des fractions de francs. Et si une donation est faite à une fabrique pour garantie d'une fondation de services religieux dont la dépense annuelle s'élève à une somme comprenant des fractions, le capital qu'il y a lieu de donner et de placer sur l'État pour servir de gage à la fondation doit dépasser cette somme (2).

1547. Les fabriques, ainsi que les divers établissements publics et de bienfaisance, sont autorisées, par exception à la règle qui fixe à 5 francs le minimum des inscriptions au grand-livre de la dette publique, à acquérir des rentes de moindre quotité (3).

Il a été décidé que les fabriques ne peuvent être autorisées à employer leurs fonds disponibles en acquisitions d'immeubles lorsque ces acquisitions ne sont réclamées par aucune raison de service. Ces fonds doivent être placés en rentes sur l'État, ainsi que nous l'avons vu. Et cette règle s'applique surtout aux sommes provenant de libéralités grevées de fondations perpétuelles de services religieux (4).

1548. Les acquisitions de rentes sur l'État ne pouvaient avoir lieu à l'origine, aux termes de l'ordonnance du 14 janvier 1831, qu'en vertu d'une ordonnance royale. Actuellement, le préfet est compétent pour autoriser le placement des capitaux remboursés aux fabriques, aux termes du décret du 13 avril 1861, et le placement de fonds provenant des excédents de recettes ou des économies, aux termes de la circulaire du 2 décembre 1861 (5).

1549. Quelle que soit l'importance des fonds disponibles appartenant aux fabriques, les préfets peuvent en autoriser le placement en rentes sur l'État par simple arrêté, s'il est bien constaté que ces fonds proviennent d'excédents de recettes. Mais lorsque ces fonds sont le produit de libéralités directes ou indirectes non autorisées; il est nécessaire de statuer simultanément sur l'acceptation de ces libéralités et l'emploi de leur montant, au moyen soit d'un arrêté préfectoral, soit d'un décret (6).

1550. Lorsque le décret portant autorisation d'accepter une libéralité pour fondation de services religieux, a prescrit le placement de la somme donnée ou léguée en rentes sur

---

(1) Rouen, 13 juin 1827 ; Bourges, 26 août 1839.
(2) Paris, 6 juillet 1810 ; cass. 17 novembre 1829.
Cass. 17 novembre 1829. — « La Cour, — Sur le premier moyen, qui se divise en deux parties : — 1° Le reproche de violation de l'article 1317 du Code civil; — Attendu que la demande introductive d'instance se rattachait à une rente créée avant la publication du Code civil, elle ne pourrait être jugée d'après les dispositions de ce Code, mais bien en ce qui ne tenait pas à la forme de procéder, d'après les règles du droit antérieur; — Attendu que la preuve testimoniale était admise suivant l'article 3, titre 20 de l'ordonnance de 1667, lorsqu'il y avait un commencement de preuve par écrit, sans que les caractères de ce commencement de preuve aient été déterminés, ainsi qu'ils l'ont été par le paragraphe 2 de l'article 1347, et qu'ils étaient alors laissés à la prudence des magistrats; qu'ainsi, le tribunal de Beaupréau n'a pu violer ledit article 1347, qui ne pouvait faire la loi du procès qu'il avait à juger; — 2° La violation des articles 401, 255 et 256, du Code de procédure civile; — Attendu que la demande principale était uniquement basée sur les arrérages de rente ; que, rangée, sous ce rapport, par le paragraphe 5 dudit article 401, au nombre des matières sommaires, elle était soumise aux règles de procéder prescrites par le titre 24, livre 1, partie première, dudit Code, lesquelles ont été suivies sans aucune réclamation de la demanderesse, qui a consenti, par son concours à tous les actes de la procédure, à l'application dudit article 404 et suivants, et qui ne peut, en conséquence, invoquer, comme ouverture de cassation, pour la première fois, la violation des formes de procéder;
Sur le deuxième moyen, relatif à la violation de l'article 2263, du Code civil et sur le troisième moyen, fondé également sur les règles de la prescription contenues aux articles 431, 447, 448 de la coutume d'Anjou, en ce qui concerne la prescription en matière de biens ecclésiastiques : — Attendu 1° que, s'agissant d'une prescription commencée lors de la publication du Code civil, les lois anciennes devraient recevoir leur application à la cause, aux termes de l'article 2281 du même Code ; — Attendu 2° que l'un des articles invoqués de la coutume d'Anjou, ainsi que l'article 439 de la coutume du Maine, aussi invoqué par la demanderesse, en établissant une prescription de quarante ans pour les biens d'anciennes fondations, n'ont pas déterminé que ces biens, pour être réputés d'ancienne fondation, devaient avoir été possédés par les établissements ecclésiastiques quarante ans avant la rédaction de ces coutumes, que tous les commentateurs, et notamment Dumoulin, admettent, au contraire, que ces biens étaient réputés de fondation ancienne, toutes les fois que les établissements possesseurs en avaient joui paisiblement pendant quarante ans, sans exercice de l'action appartenant au seigneur, pour les forcer de mettre le nouvel acquêt hors des mains des dits établissements; que cette interprétation conforme dans ses résultats à l'opinion émise par le tribunal de Beaupréau, loin de constituer une violation des dispositions invoquées des coutumes d'Anjou et du Maine, en présente, au contraire, une saine application; — Attendu, sur la violation prétendue de l'article 1337, du Code civil, que son application est repoussée par les motifs énoncés sur le premier moyen ; — Rejette, etc. »
(3) Rouen, 13 juin 1827 ; Bost.

(1) Déc. min. 24 juillet, 4 août 1877.
(2) Déc. min. 23 août 1855.
(3) Déc. min. 29 novembre 1847; 16 mai 1853.
(4) C. d'Ét., avis, sect. de l'intérieur, 22 juillet 1852 ; — C. d'Ét. avis, sect. de l'intérieur, 30 décembre 1853 : « La section de l'intérieur, de l'instruction publique et des cultes, qui, sur le renvoi ordonné par M. le ministre de l'instruction publique et des cultes, a pris connaissance d'un projet de décret ayant pour objet d'autoriser le trésorier de la fabrique de l'église succursale de Beurville (Haute-Marne) à acquérir, au nom de cet établissement, moyennant le prix de 312 francs une pièce de terre située sur le territoire de la commune de Beurville et appartenant au sieur Louis Houillon et autres héritiers Pierson, qui en ont consenti la vente, suivant acte sous seing privé du 11 juillet 1852; le prix de cette acquisition devant être payé au moyen : 1° d'une somme de 250 francs, provenant du remboursement d'une rente ; 2° et d'une somme de 62 francs, produit d'économies ; — Vu toutes les pièces du dossier ; — Vu les décrets des 21 octobre 1808 et 30 décembre 1809 ; — Vu l'ordonnance du 14 janvier 1831 ; Vu la loi du 18 juillet 1837; — Considérant que l'acquisition projetée n'est réclamée par aucune raison de service, et qu'elle se réduit à un simple placement de fonds ; — Considérant, d'autre part, que la rente dont le capital remboursé devrait servir à payer l'acquisition dont il s'agit, n'a été léguée à la fabrique qu'à la charge de services religieux ; — Qu'il est d'expérience constante que les revenus de placements immobiliers sont loin d'offrir la régularité des rentes sur l'État; — Qu'ainsi l'opération projetée, outre qu'elle tend à compliquer l'administration de la fabrique, pourrait aussi, dans une certaine mesure, compromettre la régularité du service de la fondation ; — Est d'avis qu'il n'y a lieu de statuer, en l'état, sur le projet de décret proposé. »
(5) Voir Remboursements et Emploi de capitaux.
(6) Déc. min. 29 octobre 1864.

l'État, l'exécution de cette prescription engage la responsabilité du trésorier et même des fabriciens, surtout si par suite d'un placement irrégulièrement effectué chez un banquier le gage de la fondation se trouve réduit (1).

1551. Une circulaire du 6 mai 1881 a signalé l'abus commis trop fréquemment par les membres des conseils de fabrique qui donnent trop souvent aux libéralités qu'ils sont appelés à recevoir un emploi différent de celui qui est spécifié dans les décrets ou arrêtés qui en autorisent l'acceptation. C'est ainsi qu'un certain nombre de fabriques se sont trouvées en possession de valeurs au porteur et de titres de toute nature, alors qu'elles ne doivent employer leurs fonds, qu'ils proviennent d'excédents de recettes ou de libéralités de quelque sorte qu'elles soient, qu'en acquisition de titres *nominatifs* sur l'État français, seul mode de placement qui leur soit permis.

C'est là une grave irrégularité qui compromet les intérêts des fabriques et subsidiairement ceux des communes tenues de leur venir en aide dans les conditions de l'article 136 de la loi du 5 avril 1884.

Pour la faire cesser, le gouvernement insère dans les décrets d'autorisation une clause portant expressément que les trésoriers de fabrique doivent justifier au préfet de la réalisation des emplois prescrits. Il est recommandé aux préfets de faire figurer cette mention dans les arrêtés qu'ils doivent prendre en exécution des décrets des 13 avril 1861 et 15 février 1862.

L'inexécution de ces prescriptions légales peut entraîner, pour les marguilliers et fabriciens, les plus graves conséquences. Indépendamment de la révocation que prévoit l'article 5 de l'ordonnance réglementaire du 12 janvier 1825, elle leur fait encourir une lourde responsabilité pécuniaire.

En vertu de l'article 1383 du Code civil, qui leur est applicable, ils peuvent être tenus de réparer les dommages causés par leur fait ou même par leur simple négligence.

Dans ce cas, ils sont exposés à une action civile de la part :

1° De leurs successeurs élus ou nommés, en raison des pertes qu'aurait éprouvées la fabrique ;

2° Des représentants des bienfaiteurs, pour la disparition ou le changement de destination des fondations, sans préjudice de la demande en révocation des libéralités pour cause d'inexécution des conditions imposées qu'il leur appartient d'introduire en vertu de l'article 956 du Code civil ;

3° Des procureurs près les Cours et tribunaux qui, chargés d'une manière générale de veiller sur les biens des mineurs, auxquels sont étroitement assimilés les établissements publics, et investis à l'égard des fabriques d'un mandat spécial par l'article 90 du décret du 30 décembre 1809, ont ainsi une double qualité pour poursuivre d'office et requérir des condamnations judiciaires dont la sanction directe se trouve dans l'article 2121 du Code civil, aux termes duquel hypothèque légale est conférée aux établissements publics sur tous les biens de leurs comptables et gérants.

1552. D'un autre côté, dans le même but, il importe que les maires s'acquittent avec soin des obligations que leur impose la qualité de *membres de droit* des conseils de fabriques. Ils doivent assister autant que possible à toutes les réunions ordinaires et extraordinaires, veiller à la régularité de tous les actes de gestion de l'établissement ecclésiastique et s'assurer que toutes les prescriptions du décret du 30 décembre 1809 reçoivent leur fidèle application (2).

1553. Le décret du 30 décembre 1809 porte :

« Art. 27. Les marguilliers fourniront l'*huile*, le *pain*, le *vin*, l'*encens*, la *cire* et généralement tous les objets de consommation nécessaires à l'exercice du culte ; ils pourvoiront également aux réparations et achats des *ornements*, *meubles* et *ustensiles* de l'église et de la sacristie.

« Art. 28. Tous les marchés seront arrêtés par le bureau des marguilliers et signés par le président, ainsi que les mandats.

« Art. 35. Toutes les dépenses de l'église et les frais de sacristie seront faits par le trésorier, et en conséquence il ne doit rien être fourni par aucun marchand ou artisan sans un mandat du trésorier, au pied duquel le sacristain ou toute autre personne apte à recevoir la livraison certifiera que le contenu audit mandat a été rempli. »

Il résulte de ces articles que les fabriques n'ont besoin d'aucune autorisation pour faire l'achat d'objets de consommation nécessaires à l'exercice du culte, soit pour faire réparer les ornements de l'église ou les meubles et les ustensiles de la sacristie.

Mais l'autorisation devient nécessaire quand il s'agit d'employer à l'achat d'objets mobiliers les revenus excédant l'acquit des charges ordinaires (1). Le décret du 30 décembre 1809 porte, en effet (2), que les revenus excédant l'acquit des charges ordinaires, seront employés dans les formes déterminées par l'avis du Conseil d'Etat du 21 décembre 1808 (3), c'est-à-dire par le gouvernement. L'autorisation du gouvernement devient encore nécessaire, quand une fabrique veut employer en achats d'objets mobiliers tout ou partie des ressources *extraordinaires*, c'est-à-dire celles qui proviennent soit du remboursement de capitaux dus, soit du produit des dons et legs, d'aliénations, d'échanges, etc... Les fabriques ne peuvent, en effet, avoir le droit de changer la destination donnée à ces fonds, soit par les donateurs et testateurs de qui émanent les libéralités, soit par les actes administratifs qui ont autorisé les acceptations, aliénations, échanges, transactions et autres actes qu'elles ont passés (4).

Campion soutient, au contraire, que l'acquisition par une fabrique d'objets mobiliers n'est en aucun cas assujettie aux formes indiquées en matière d'aliénations immobilières. Suivant lui, l'administration n'a à intervenir que lorsque la fabrique est obligée de recourir à la voie de l'emprunt ou lorsque l'insuffisance de ses ressources la force de réclamer une subvention de la commune pour assurer le payement d'une partie de la dépense. S'il ne s'agit d'employer à l'acquisition que l'excédent des revenus de l'établissement, l'autorisation de l'évêque suffit.

Affre se prononce dans le même sens.

Gaudry s'exprime ainsi : Les *acquisitions purement mobilières* par actes sous seing privé, dans lesquelles on doit comprendre non seulement l'achat des objets servant au culte ou à la décoration des églises, mais les reconnaissances de créances des débiteurs de la fabrique, ne sont soumises à la condition d'aucune autorisation ; la nature du plus grand nombre de ces actes les fait considérer comme des actes d'administration. Ils sont passés sur la simple délibération du conseil de fabrique (5). »

Sans admettre la distinction qui semble résulter des textes, au cas où la fabrique fait emploi de revenus excédant les charges ordinaires ou de ressources extraordinaires, Vuillefroy décide, sans motifs à l'appui, « qu'aucune acquisition, soit qu'il s'agisse d'un meuble, soit qu'il s'agisse de rentes sur l'Etat ou sur particuliers, » ne peut avoir lieu qu'après avoir été, sur la proposition du conseil de fabrique et sur l'avis du conseil municipal, autorisée par une ordonnance royale rendue sur le rapport du ministre des cultes et délibérée dans le comité de législation du Conseil d'Etat » (6). Il se borne à citer en note à l'appui de son assertion, l'article 63 du décret du 30 décembre 1809, les avis du Conseil d'Etat du 21 décembre 1808, du 6 juillet 1810, l'ordonnance du 14 janvier 1831, la loi du 18 juillet 1837, article 31, la circulaire du 12 avril 1819.

1554. On doit induire de l'article 2 de l'ordonnance du 14 janvier 1831, que si l'acquisition d'objets mobiliers avait lieu par acte notarié, ce qui évidemment ne doit pas fréquem-

---

(1) Déc. min. 23 décembre 1873.
(2) Circ. 6 mai 1881.

(1) Voir Emploi.
(2) Art. 63.
(3) Voir Emploi.
(4) C. d'Et., avis, 21 décembre 1808; 16 juillet 1810, art. 69; — D., 30 décembre 1809.
(5) Traité de la législation des cultes.
(6) Administration du culte catholique.

ment se présenter dans la pratique, un décret d'autorisation serait nécessaire (1).

1555. Il est de principe qu'un acte administratif quelconque ne peut être rapporté ou modifié que par l'autorité même de laquelle il émane, ou par une autorité supérieure. C'est ce principe, suivant Bost, qui devra servir de base à la décision à prendre quand il s'agira de changer, pour achat d'objets mobiliers, la destination qui avait déjà été donnée à l'une de ces recettes extraordinaires.

1556. Ce changement de destination, si l'on s'en réfère aux termes de l'avis du Conseil d'Etat du 21 décembre 1808, ne peut être opéré que par un *décret en Conseil d'Etat*. Nous ne pourrions admettre que le préfet autorisât la fabrique à employer à des achats mobiliers le montant d'un legs de 1,000 francs dont l'autorisation était de sa compétence (2).

1557. Aucun texte n'a réglé les formalités à remplir pour les achats. La forme de l'adjudication n'est donc pas requise pour l'achat ou la réparation des meubles et ustensiles de l'église. Il suffit que tous les marchés concernant l'acquisition et la réparation de ces objets soient arrêtés par le bureau des marguilliers et signés par le président (3).

1558. Les achats sont faits par le trésorier d'après les marchés arrêtés par le bureau (4).

1559. Les fabriques ne peuvent prêter sans l'autorisation du gouvernement, les prêts consentis par les fabriques étant de véritables actes d'aliénation. Une circulaire du ministre de la justice a décidé même que le notaire qui rédigerait les actes de cette nature sans exiger le décret d'autorisation, pourrait être poursuivi disciplinairement (5).

1560. L'échange, qui constitue une acquisition et une aliénation à la fois, ne peut se faire, comme une acquisition ou une aliénation, sans une délibération du conseil de fabrique, l'avis de l'évêque diocésain et un décret (6). Mais on doit ajouter aux pièces à produire pour obtenir l'autorisation du gouvernement, une estimation contradictoire de l'immeuble à échanger, faite par deux experts, l'un de la fabrique, l'autre du cocchangiste (7).

1561. L'échange entre une fabrique et une commune de biens qui leur appartiennent ne peut résulter que d'actes réguliers intervenus entre elles après les autorisations qui leur sont réciproquement nécessaires. Cet échange ne peut résulter notamment de l'usage fait par la fabrique, même avec l'assentiment de la commune, d'un terrain communal aux lieu et place d'un terrain appartenant à la fabrique et joignant la voie publique (8).

1562. La vente du mobilier des fabriques n'est réglée par aucune loi, par aucun décret. On admet généralement que cette vente a lieu sans autorisation, en vertu du simple consentement du conseil de fabrique (1).

1563. La même solution ne s'applique pas aux objets mobiliers contenus dans les églises. Aucun objet figurant sur l'inventaire général, dressé en exécution de l'article 55 du décret du 30 décembre 1809, ne peut être aliéné sans un accord préalable des assemblées fabricienne et communale et une autorisation du gouvernement ou de son délégué (décret et arrêté préfectoral) (2). La circulaire du 22 décembre 1882, qui contient ces prescriptions, n'indique pas dans quels cas et en vertu de quels textes c'est au gouvernement ou au préfet qu'il appartient d'intervenir.

« Si vous appreniez, monsieur le Préfet, disait le ministre des cultes dans la circulaire du 22 décembre 1882, qu'une aliénation a été consentie en violation de ces règles, vous auriez à mettre le conseil de fabrique en demeure d'intenter immédiatement une action en revendication contre les détenteurs des objets soustraits, et vous inviteriez le conseil municipal à s'associer à cette action, réserve faite de l'action en responsabilité que les prêteurs, donateurs ou propriétaires, État, département, communes ou particuliers, pourraient ultérieurement introduire contre les membres du conseil de fabrique *ut singuli*.

« Si l'une ou l'autre de ces assemblées manquait à ses devoirs, et au lieu de poursuivre les détenteurs des objets aliénés prêtait la main à ces aliénations ou se montrait négligente à en poursuivre les auteurs, vous auriez à m'en avertir d'urgence, et je m'entendrais avec mon collègue chargé des monuments historiques et des beaux-arts pour que l'État intervînt au besoin. Les tribunaux ont déjà reconnu plusieurs fois que les objets mobiliers ou immeubles par destination qui se trouvaient dans les églises lorsqu'elles ont été rendues au culte, ainsi que tous les objets d'art qui ont été affectés ultérieurement à leur décoration, font partie du domaine public, et que les fabriques, à qui la garde en a été remise par la loi, n'en ont la disposition qu'au point de vue de l'usage auquel ils sont affectés.

« Pour vous aider dans la marche à suivre en pareil cas, je mentionne ici des précédents : Jugement du tribunal de la Seine, 15 juin 1847, église des Carrières-Saint-Denis, vente d'un retable ancien, confirmé en appel par arrêt du 10 août 1848. — Jugement du tribunal de Nantua, 3 août 1870, vente d'un tableau d'Eugène Delacroix, confirmé et étendu par arrêt de la Cour de Lyon. — Jugement du tribunal civil de la Seine, 29 juin 1877, fabrique de Saint-Gervais (Paris), tapisseries anciennes, confirmé par arrêt du 12 juillet 1879, etc., etc.

« Vous pourriez également vous reporter à la circulaire du 27 avril 1839, dans laquelle M. Girod, de l'Ain, appelait déjà l'attention des préfets et des évêques sur les mutilations et les détournements dont je me préoccupe.

« Quant aux notaires, commissaires priseurs et autres officiers ministériels qui prêteraient leur concours à des échanges, cessions ou ventes non autorisés, ils tombent sous le coup de la prohibition contenue dans l'article 2 de l'ordonnance

---

(1) Aucun notaire ne pourra passer acte de vente, d'acquisition, d'échange... s'il n'est justifié de l'ordonnance royale, portant autorisation de l'acte.

(2) Est d'avis... que l'emploi en biens fonds, ou de toute autre manière, doit être autorisé par un décret rendu en Conseil d'Etat.

(3) D. 1809, art. 27 et 28.

(4) D. 1809, art. 55, 27 et 28.

(5) Circ. just., 26 août 1889, fabrique de Margencel (Haute-Savoie).

(6) D. 30 décembre 1809, art. 62.

(7) Circ. 12 avril 1819; 29 janvier 1831.

(8) Cass. 27 juin 1853. — « La Cour; — Sur le premier moyen; — Vu l'article 1108 du Code Napoléon, l'article 62 du décret impérial du 30 décembre 1809, l'article 19, n° 3, et l'article 20 de la loi du 18 juillet 1837; — Attendu qu'il est constant, en fait, d'après l'arrêt attaqué, que l'espace resté libre au-devant de la façade principale de l'église récemment construite fait partie d'un terrain acheté en 1845 par la fabrique de Saint-Joseph; que l'église est édifiée sur le surplus de ce terrain et sur un autre, immédiatement voisin, que la ville d'Angers a acquis en 1846; que l'arrêt attaqué conclut de la destination à laquelle la fabrique a employé une partie du sol qui lui appartient à elle-même et le sol entier qui appartient à la ville, qu'il y a eu un échange opéré entre elles deux, au moyen duquel la portion non bâtie du terrain de la fabrique, et qui est indiquée par celle-ci comme devant servir de parvis à l'église, a passé dans le domaine de la ville et fait partie de sa voirie; — De l'arrêt a tiré la conséquence que la fabrique est non recevable et la ville mal fondée dans leurs demandes respectives contre Paumard en suppression des ouvertures pratiquées dans la maison que, sur un alignement donné par le maire, il a construite joignant le sol du parvis; — Attendu que la fabrique et la ville dénient également l'échange à elles imputé et invoquent, outre la suppression de la législation spéciale sur la matière; que, en effet, aux termes de l'article 62 du décret impérial du 30 décembre 1809 les immeubles de l'église ne peuvent être vendus, aliénés, échangés, sans une délibération du conseil de fabrique, l'avis de l'évêque diocésain et l'autorisation de l'empereur; — qu'aux termes de l'article 19, n° 3, et des articles 20 et 46 de la loi du

18 juillet 1837, les communes ne peuvent non plus vendre, échanger leurs immeubles en un acquérir, sans délibération du conseil municipal rendue exécutoire, soit par le préfet en conseil de préfecture, ou par le ministre compétent, soit par ordonnance du Chef de l'Etat, selon la valeur des biens; — Attendu, dans l'espèce, qu'en déclarant l'existence d'un contrat d'échange, nonobstant le défaut d'intervention de l'évêque diocésain, du préfet du département et du Chef du gouvernement, et en se fondant sur la seule considération que les conseils et administrateurs spéciaux de la ville et de la fabrique auraient consenti cet échange, qui (dit l'arrêt) était loyalement formé, entièrement réalisé et conforme à l'intérêt public, doit être maintenu; — Et, en conséquence, en tenant la ville pour propriétaire de l'emplacement destiné par la fabrique à servir de parvis à l'église, et, par suite, en jugeant l'action de la fabrique non recevable et celle de la ville mal fondée, l'arrêt attaqué a violé les dispositions ci-dessus visées; — Sans qu'il soit besoin de statuer sur le deuxième moyen; — Casse, etc. »

(1) Déc. min. 24 janvier 1842; 19 juillet 1844; 16 mars 1848; 20 août 1856; Affre.

(2) Circ. 22 décembre 1882.

du 14 janvier 1831, et il y aurait lieu de les dénoncer à leurs supérieurs hiérarchiques, de même que les amateurs, marchands d'antiquités et autres personnes qui traiteraient de gré à gré avec des *incapables*, devraient être signalés au parquet et poursuivis correctionnellement.

« Il ne vous échappera pas que les mêmes principes s'appliquent aux matériaux des édifices en démolition quand ils présentent une valeur quelconque. Enfin, pour être toujours utilement avisé des actes de la nature de ceux sur lesquels j'appelle votre vigilance, je ne saurais trop vous recommander de vous tenir en rapports constants avec ces sociétés aujourd'hui si nombreuses, si versées dans les questions d'histoire locale, qui se sont donné la mission de rechercher et de défendre sur place les richesses artistiques de la France (1). »

1564. La vente d'un objet mobilier appartenant à une fabrique, consentie par le desservant de la paroisse et le maire de la commune sans délibération du conseil de fabrique, est nulle. En conséquence, l'acquéreur est tenu de restituer l'objet vendu, ou, faute de ce faire, d'en payer la valeur arbitrée par le tribunal, et les vendeurs sont garants de l'exécution de ces condamnations (2).

1565. Lorsqu'un objet dépendant d'une église a été vendu sans autorisation préalable par le curé ou la fabrique, cette vente est nulle. En conséquence, l'acquéreur est tenu de restituer l'objet vendu, ou, faute de ce faire, de payer à titre de dommages-intérêts la somme arbitrée par le tribunal. L'acquéreur n'est pas fondé en pareil cas à exercer une action en garantie contre les auteurs de la vente qui lui a été irrégulièrement consentie (3).

1566. Les tableaux des églises doivent être considérés comme faisant partie des objets mobiliers de ces églises, et comme tels ils appartiennent exclusivement aux fabriques. Les fabriques et les communes doivent, lorsque ces tableaux sont précieux, employer tous les moyens en leur pouvoir pour en assurer la conservation. Il n'y a pas lieu d'autoriser la vente de ces tableaux dans un but de spéculation (4).

1567. Les tableaux et objets d'art acquis par un ministre avec les fonds mis dans ce but à sa disposition constituent une richesse nationale, inaliénable et imprescriptible comme tout ce qui fait partie du domaine de l'État; ils conservent ce caractère d'inaliénabilité et demeurent frappés d'affectation spéciale perpétuelle après l'attribution que le ministre en a faite à des églises, musées, etc... Lorsqu'un tableau a été ainsi donné à une église par le ministre chargé de l'administration des beaux-arts et vendu ensuite à un tiers par la fabrique, la commune est fondée à poursuivre contre la fabrique et l'acquéreur la nullité de cette vente et la revendication du tableau vendu, s'il résulte de l'ensemble des circonstances que l'État a voulu gratifier la commune ou la généralité des habitants plutôt que l'établissement ecclésiastique. Toutefois, si le conseil de préfecture s'est borné à autoriser la commune à exercer une action en revendication contre la fabrique et l'acquéreur du tableau, il y a lieu de déclarer non recevable l'action en responsabilité qu'elle intenterait, en outre, contre les membres du conseil de fabrique ou leurs héritiers, *ut singuli*.

D'ailleurs, une pareille vente opérée de bonne foi par le conseil de fabrique, ne constitue pas la faute lourde et manifeste qui pourrait seule engager la responsabilité civile des fabriciens, aux termes de l'article 1992 du Code civil.

1568. Un tableau ainsi donné à une église, lorsqu'il n'est ni scellé au mur de l'édifice, ni encadré dans la boiserie, ne constitue point un immeuble par destination et ne cesse pas d'être un objet mobilier.

Toutefois, l'acquéreur ne saurait être considéré comme un acquéreur de bonne foi, dans le sens de l'article 2279 du Code civil; ayant agi à ses risques et périls, il n'a pas droit à des dommages-intérêts par suite de l'annulation de la vente (1).

1569. La loi du 30 mars 1887, pour la conservation des monuments et objets d'art ayant un intérêt historique et artistique, a confirmé ces prescriptions. Il doit être fait, par les soins du ministre de l'Instruction publique et des Beaux-Arts, un classement des objets mobiliers appartenant à l'État, au département, aux communes, aux fabriques et autres établissements publics, dont la conservation présente, au point de vue de l'histoire ou de l'art, un intérêt national. Le classement devient définitif si le département, les communes, les fabriques et autres établissements publics n'ont pas réclamé, dans le délai de six mois, à dater de la notification qui leur en sera faite. En cas de réclamation, il est statué par décret rendu dans la forme des règlements d'administration publique.

Le déclassement, s'il y a lieu, est prononcé par le ministre de l'Instruction publique et des Beaux-Arts et à la préfecture de chaque département, où le public pourra en prendre connaissance sans déplacement.

1570. Les objets classés et appartenant à l'État sont inaliénables et imprescriptibles.

1571. Les objets classés appartenant aux départements, aux communes, aux fabriques ou autres établissements publics, ne peuvent être restaurés, réparés, ni aliénés par vente, don ou échange, qu'avec l'autorisation du ministre de l'Instruction publique et des Beaux-Arts.

1572. L'aliénation faite en violation de l'article 11 est nulle, et la nullité en est poursuivie par le propriétaire vendeur ou par le ministre de l'Instruction publique et des Beaux-Arts, sans préjudice des dommages-intérêts qui pourraient être réclamés contre les parties contractantes et contre l'officier public qui aura prêté son concours à l'acte d'aliénation.

1573. Les objets classés qui auraient été aliénés irrégulièrement, perdus ou volés, peuvent être revendiqués pendant trois ans, conformément aux dispositions des articles 2279 et 2280 du Code civil. La revendication pourra être exercée par les propriétaires, et, à leur défaut, par le ministre de l'Instruction publique et des Beaux-Arts.

1574. Suivant l'article 1er de la loi du 22 pluviôse an VII, les ventes publiques d'objets mobiliers ne peuvent être faites qu'en présence et par le ministère d'officiers publics ayant qualité pour y procéder. Aux termes des articles 2, 3 et 4 de cette loi, l'officier public, chargé d'opérer une vente de l'espèce, est tenu, préalablement, d'en faire la déclaration au bureau de l'enregistrement. Toutefois, l'article 9 dispense de la formalité de la déclaration préalable, lorsqu'il s'agit de la vente du mobilier national ou de celle des effets des monts-de-piété.

Deux décisions en date du 26 germinal an VII et 17 frimaire an VIII portent, il est vrai, « qu'il n'y a aucune difficulté à considérer comme officiers publics *ad hoc* tous ceux que les administrations chargent de procéder aux ventes de mobilier *national ou communal*, et à admettre qu'ils sont dispensés de la déclaration ordonnée par l'article 2 de la loi du 22 pluviôse an VII; qu'ils sont seulement tenus de rédiger les procès-verbaux de ces ventes sur papier timbré et de les faire enregistrer dans les délais prescrits ».

Mais, en ce qui concerne spécialement les ventes de *mobilier des communes et des établissements publics*, une autre décision ministérielle du 17 octobre 1809 a nettement désigné les personnes, visées d'une manière générale dans le texte qui précède. « *Les maires et adjoints*, y est-il dit, peuvent procéder aux adjudications des objets mobiliers appartenant aux *communes*, à la charge d'enregistrement dans les vingt jours. Les *établissements publics* doivent, dans ces ventes, avoir *recours au ministère des notaires, greffiers ou huissiers*. »

Enfin, une autre décision du 16 avril 1811 a reconnu que les *maires* peuvent être chargés de procéder aux adjudications publiques de *mobiliers des fabriques* et des hospices, de la même manière qu'aux ventes de mobilier communal.

---

(1) Circ. 22 décembre 1882.
(2) Tulle, 4 juin 1842.
(3) Seine, 15 juin 1847; — Paris, 10 avril 1848; Seine, 4 mai 1859.
(4) Déc. min. 25 août 1847.

(1) Lyon, 19 décembre 1873.

Il résulte de ces décisions interprétatives de la loi du 22 pluviôse an VII, que la vente aux enchères publiques de biens meubles appartenant aux établissements ecclésiastiques doit toujours être faite soit en présence du maire, soit par le ministère d'un officier public.

En procédant eux-mêmes à ces adjudications, les fabriciens ou marguilliers contreviendraient à l'article 1er de la loi du 22 pluviôse et ils se rendraient passibles de l'amende édictée par la disposition finale de l'article 7 de cette loi (1).

1575. C'est au préfet ou au chef de l'État qu'il appartient d'autoriser les coupes d'arbres. Suivant une décision du ministre de l'intérieur, interprétative des articles 90 et suivants du Code forestier, le préfet peut autoriser la coupe des arbres épars, plantés sur le cimetière ou tout autre terrain appartenant à la fabrique ou à la commune. Cependant, comme il s'agit ici d'aliénation de propriétés, ces magistrats ne pourront accorder l'autorisation qu'après s'être préalablement assurés que les arbres ont atteint leur maturité, et qu'ils dépérissent. Ils devront prendre des arrêtés spéciaux sur chaque demande séparée, en imposant à l'administration municipale l'obligation expresse de prélever, sur le prix des arbres vendus, une somme suffisante pour remplacer les arbres abattus, et procéder au remplacement dans l'année de l'autorisation. Les arbres épars existant dans les propriétés de la cure sont soumis aux mêmes formalités (2).

1576. Les bois taillis et futaies ne peuvent être abattus sans une ordonnance du chef de l'État, d'après l'article 16 du Code forestier, lorsque conformément à l'article 90 du Code précité, ces bois ont été soumis au régime forestier. Les fabriques se trouvent donc, lorsqu'elles veulent abattre des arbres de cette nature, dans l'obligation de demander l'autorisation du gouvernement (3).

1577. Les fabriques consentent souvent des services religieux moyennant une rémunération déterminée et souvent elles créent ainsi de véritables fondations pieuses par contrat à titre onéreux. Plus loin, nous étudierons, dans son ensemble, la question des fondations pieuses, et les droits et obligations de la fabrique en cette matière, en traitant des *charges* des fabriques. N'examinant ici que les actes de la vie civile, nous nous bornerons à étudier les *contrats* de fondations pieuses *par acte à titre onéreux*, comme nous avons vu plus haut les *donations* et les *legs* à charge de fondation de messes.

La jurisprudence du Conseil d'État et du ministère des cultes admet que les fondations de messes peuvent avoir lieu par contrat à titre onéreux, quand la somme ou la prestation imposée aux fondateurs est l'équivalent de l'obligation imposée à la fabrique, si l'on se réfère au prix du tarif approuvé des oblations. Sinon, il serait nécessaire de recourir à la forme de la donation.

Les fabriques ont intérêt à adopter cette forme de préférence pour éviter les droits élevés d'enregistrement sur les dispositions à titre gratuit. Toutefois, cette faculté n'est donnée aux fabriques que lorsque le contrat à titre onéreux porte sur une fondation de *messes*. La jurisprudence ne permettrait pas la forme du contrat à titre onéreux, si le fondateur voulait faire donner des stations de l'Avent et du Carême (4).

1578. A plus forte raison, la forme du contrat à titre onéreux serait-elle interdite, si la fondation portait sur un objet étranger aux attributions légales des fabriques. Et bien que l'entretien des tombes ne soit pas contraire aux attributions légales des fabriques, il ne rentre pas dans ses attributions; nous avons vu plus haut qu'une donation faite sous cette charge n'était pas susceptible d'approbation; *a fortiori*, un contrat à titre onéreux ne pourrait être approuvé par le gouvernement.

1579. De ce que les fabriques ne doivent accepter de fondation que dans le cas où le prix alloué est égal au prix du service imposé, il résulte que l'on ne pourrait approuver l'acte par lequel un fondateur entendrait faire profiter de toute sa disposition l'ecclésiastique seul, chargé des services religieux, la fabrique devant toujours recevoir la rémunération légitime, déterminée par le tarif approuvé du diocèse (1).

1580. Le conseil de fabrique doit délibérer sur les acceptations de fondation, comme nous l'avons déjà dit en traitant des dons et legs, une délibération du bureau des marguilliers ne suffirait pas, un contrat de fondation pieuse excédant les bornes de l'administration ordinaire des biens des mineurs (2). La jurisprudence du Conseil d'État est fixée en ce sens. Les pièces à produire, dans les dossiers de fondation de services religieux, sont, outre la délibération du conseil de fabrique, l'acte constitutif de la fondation, des renseignements sur la situation de fortune du fondateur et sur celle de ses héritiers présomptifs ; le dernier budget de la fabrique dressé conformément à la circulaire du 21 novembre 1879, visé et certifié par le préfet ; l'extrait du sommier des titres relatifs aux fondations, l'extrait du tarif des oblations, l'état des vicaires ou prêtres habitués, l'avis du conseil municipal, l'avis du sous-préfet, l'avis de l'archevêque et de l'évêque, l'avis du préfet.

Si l'évêque use du droit de réduction que lui confère l'article 29 du décret du 30 décembre 1809, le dossier doit contenir l'ordonnance de réduction (3).

1581. La fabrique, instituée pour l'acquit des fondations pieuses, ne pourrait refuser d'accepter une fondation de messes par acte à titre onéreux, pour ce motif qu'elle en retire peu d'avantages, le gage de la fondation n'étant que l'équivalent du prix des messes aux termes du tarif diocésain. Si la fabrique se refusait à passer le contrat, elle pourrait y être contrainte par le gouvernement.

1582. La fabrique étant chargée, aux termes du décret du 30 décembre 1809, d'assurer le service des fondations religieuses, les conventions doivent être passées avec les trésoriers des fabriques et non avec les desservants ou le (4)

---

(1) Gaudry, *Traité de la législation des Cultes*, t. I.
(2) D. 30 décembre 1809, art. 12.
(3) Circ. 20 novembre 1877.— Monseigneur, le Conseil d'État, dans l'examen qu'il est appelé à faire des nombreux projets de décrets tendant à autoriser des fondations de services religieux, se préoccupe de la question de savoir si les fabriques ont la possibilité de remplir les engagements qu'elles contractent et de faire acquitter les nouvelles fondations, concurremment avec les anciennes.

A l'occasion de diverses affaires de cette nature, la section de l'Intérieur, des Cultes, de l'Instruction publique et des Beaux-Arts a émis l'avis qu'il y avait lieu de surseoir à statuer tant que l'établissement religieux, chargé de l'exécution d'une fondation de messes, n'aura pas fourni des renseignements de nature à dissiper les doutes qui pourraient naître à ce sujet et justifié des conditions dans lesquelles les intentions exprimées seront susceptibles d'être acquittées.

Cette justification lui a paru pouvoir résulter notamment de la production du budget, sur lequel figurent les rentes ou autres biens grevés de services religieux, de l'extrait du sommier des titres relatifs aux fondations tel qu'il doit être affiché dans la sacristie, au commencement de chaque trimestre, suivant les prescriptions formelles de l'article 26 du décret du 30 décembre 1809, et de l'énonciation du nombre des vicaires ou prêtres habitués attachés à la paroisse par l'autorité diocésaine en vertu de l'article 38 du même décret.

La section a considéré, en outre, qu'il serait utile, dans tous les cas où l'évêque croit devoir user des droits que lui confère l'article 29 du décret du 30 décembre 1809, de joindre au dossier l'ordonnance portant réduction ainsi qu'une expédition du tarif des oblations.

J'ai l'honneur, en conséquence, Monseigneur, de vous faire connaître qu'à l'avenir l'instruction des fondations de service religieux devra être complétée dans le sens de ces indications.

Je crois devoir, en même temps, appeler l'attention de Votre Grandeur sur les prescriptions de l'article 69 de la loi du 18 germinal an X, qui reconnaissent aux évêques le droit de rédiger « les projets de règlements relatifs aux oblations que les ministres du culte sont autorisés à recevoir pour l'administration des sacrements » ; mais disposent formellement que « les projets de règlements ainsi rédigés *ne pourront être publiés, ni autrement mis à exécution, qu'après avoir été approuvés par le gouvernement.* » Je me suis assuré que, dans un certain nombre de diocèses, il n'existe de tarifs d'oblations régulièrement approuvés que sur les prix de ceux qui sont en vigueur et dont l'approbation remonte à une époque déjà éloignée, ne se trouvent plus en rapport avec les usages établis et les nécessités actuelles. Pour éviter les difficultés administratives et même judiciaires qui peuvent résulter de cet état de choses, il convient de provoquer l'approbation ou la modification régulière des tarifs qui servent de base à la fixation des prix des services religieux.

(4) C. d'Ét. 25 mai 1881, d° Aufray, succursale de Cresnoy.

---

(1) Circ. 22 janvier 1883.
(2) Affre.
(3) Voir Forêts.
(4) C. d'Ét. int.

président du conseil de fabrique, à moins de pouvoirs spéciaux à cet effet (1).

1583. Les actes de fondation passés sous seing privé ne doivent être présentés à la formalité de l'enregistrement qu'après avoir été soumis à l'approbation du gouvernement, cette approbation seule donnant au contrat son caractère définitif (2).

1584. La pratique administrative a toujours admis que les fabriques ont besoin d'une autorisation du gouvernement pour pouvoir emprunter. L'emprunt est, en effet, un acte d'une extrême gravité, qui peut compromettre l'avenir de la commune. L'article 62 du décret du 30 décembre 1809, qui prévoit les cas où des actes peuvent être faits avec des autorisations légales, ne mentionne pas les emprunts. L'article 2 de l'ordonnance du 14 janvier 1831 n'a pas non plus formellement compris les emprunts parmi les actes qu'il est défendu aux notaires de recevoir, sans qu'il soit justifié d'une autorisation du gouvernement. Ce silence, suivant Gaudry, tenait à ce qu'en général, une fabrique ne devait pas emprunter ; ses dépenses au-dessus de ses ressources étant supportées par la commune. Il est permis de penser que l'auteur du décret de 1809 pouvait croire que la dotation de la fabrique était suffisante pour qu'elle n'eût pas à recourir à l'emprunt. Gaudry reconnaît qu'il peut se rencontrer des cas exceptionnels où l'emprunt deviendrait une nécessité de bonne administration et que la loi n'a pas imposé à l'administration supérieure l'obligation de le proscrire. Une déclaration du 31 janvier 1698 défendait les emprunts aux fabriques pour construire ou augmenter les églises, mais elle les supposait permis avec l'autorisation royale (3).

Suivant Jousse, une fabrique ne pouvait faire aucun emprunt, sans une délibération de l'assemblée générale de la paroisse, homologuée au parlement (4).

Un arrêt de cassation du 18 juillet 1860 décide qu'un emprunt sortant du cercle d'administration des biens d'une fabrique, ne saurait être valablement obligatoire pour elle, s'il n'a été autorisé (5).

1585. Aux termes de ce même arrêt, il n'appartient pas à l'autorité judiciaire de déclarer valable et obligatoire, sous prétexte de son utilité, l'emprunt contracté, sans autorisation de l'administration, par une fabrique, pour la construction d'un presbytère, l'autorité administrative est seule compétente pour apprécier, soit l'utilité de l'emprunt, soit les ressources de la commune, tenue, en cas d'insuffisance des revenus de la fabrique, de fournir le presbytère (6).

1586. Les emprunts doivent être exclusivement destinés à pourvoir à des dépenses du culte paroissial ; en conséquence, une fabrique ne saurait être autorisée à emprunter pour payer les grosses réparations du cimetière communal (1).

1587. Un emprunt, contracté par un conseil de fabrique et régulièrement autorisé constitué, jusqu'à l'époque de son remboursement, un engagement obligatoire pour les membres successivement élus du conseil de fabrique entièrement renouvelé. Un prêteur ne peut exercer aucun recours contre les anciens membres de la fabrique qui a emprunté en vertu d'une autorisation. Si les nouveaux membres refusent de rembourser les sommes empruntées, le prêteur a la faculté de se pourvoir devant l'autorité diocésaine. C'est à l'évêque qu'il appartient de prendre les mesures nécessaires pour en assurer le payement (2).

1588. Il n'y a pas lieu d'autoriser une fabrique à faire un emprunt ayant pour objet de rembourser des dettes contractées sans autorisation, surtout lorsque se trouvent le président de conseil de fabrique et le desservant, une opération de cette nature est doublement irrégulière et en approuvant l'emprunt l'administration supérieure paraîtrait la sanctionner (3).

1589. La nullité des emprunts contractés par les fabriques sans autorisation préalable du gouvernement n'est que relative et non absolue ; les prêteurs ne pouvant se prévaloir de cette nullité,qui ne peut être invoquée que par les fabriques. A cet égard, les fabriques sont assimilées aux mineurs (4).

1590. Les pièces que les fabriques doivent produire à l'appui des demandes d'emprunt, sont :

La délibération du conseil de fabrique indiquant les motifs de l'emprunt, la destination de la somme à emprunter, le délai et les conditions du remboursement, les ressources qui y seront affectées.

Si l'emprunt est fait en vue du payement des travaux, la fabrique doit produire :

1° L'état de l'ensemble des ressources destinées au payement de la totalité des travaux ;

2° Les plans et devis ;

Si l'emprunt est destiné à acquitter des dettes, il doit être fait justification des dettes par la production de l'acte d'autorisation de l'emprunt que la fabrique veut rembourser par un nouvel emprunt, des mémoires des fournisseurs, décomptes des entrepreneurs, arrêtés de condamnation des conseils de préfecture, etc. ;

---

(1) C. d'Et. 2 mars 1881 (fabr. de Sanilly); C. d'Et. 6 décembre 1881 (fabr. de Saint-Christophle); C. d'Et. 14 mars 1882 (fabr. de Chamevaz, Haute-Marne).

(2) Fondation Hédouin et Jachaunaud à la fabrique de Chelles (Seine-et-Marne) et à la fabrique de Saint-Vivien à Rouen (Seine-Inférieure) ; note collective.

(3) Collection de Champeaux, t. 1.

(4) Jousse, du gouvernement des paroisses.

(5) Déc. min. 5 novembre 1847.

(6) Cass., 18 juillet 1860. — « La Cour; — Vu les articles 92, 94, 95, 98 et 99 du décret du 30 décembre 1809, et 44 de la loi du 18 juillet 1837 ; — Attendu qu'un emprunt, sortant du cercle des simples actes d'administration des biens d'une fabrique, ne saurait être valable et obligatoire pour elle, s'il n'a été compétemment autorisé; — Attendu, en outre, que le décret du 30 décembre 1809, chargeant, par ses articles 92 et suivants, les communes de suppléer à l'insuffisance des revenus des fabriques et spécialement pour fournir au curé un desservant, la dépense de la construction d'un presbytère ne saurait être mise à la charge d'une fabrique par la voie d'un emprunt contracté par des membres de la fabrique se portant fort pour elle, emprunt qui ne tournerait qu'au profit de la commune, en servant à payer une de ses dépenses obligatoires; — Et attendu qu'un emprunt destiné à subvenir à la dépense de la construction d'un presbytère a été fait par quatre membres de la fabrique de Cellieu, se portant fort pour elle, sans autorisation administrative et sans qu'il ait été procédé par l'autorité compétente à la vérification des besoins de la fabrique, des ressources de la commune, et, en général, aux mesures commandées par le décret du 30 décembre 1809; — Attendu, néanmoins, que la cour impériale de Lyon, se fondant sur l'appréciation qu'elle a faite elle-même après coup, de l'utilité de l'emprunt, dont l'autorité judiciaire n'était pas juge, a condamné la fabrique de Cellieu à en rembourser le montant ; en quoi ladite cour a commis un excès de pouvoir et formellement violé les articles ci-dessus ; — Casse, etc. »

(1) Déc. min. 5 novembre 1867.

(2) Déc. min. 22 décembre 1868.

(3) C. d'Et. int., avis, 12 février 1891. — « La section de l'intérieur et des cultes... qui... a pris connaissance d'un projet de décret autorisant la fabrique de l'église succursale de Montlaur (Aude) à emprunter au Crédit foncier une somme de 3,000 francs ; — Considérant que ledit emprunt a pour objet de rembourser des dettes contractées sans autorisation, que parmi les prêteurs se trouvent le président du conseil de fabrique et le desservant; qu'ainsi l'opération projetée est doublement irrégulière, et qu'en approuvant l'emprunt au Crédit foncier l'administration supérieure paraîtrait la sanctionner; — Est d'avis qu'il n'y a pas lieu de donner suite au projet de décret dont il s'agit, »

C. d'Et. int. 18 février 1891, fabrique de l'église de Combourg (Ille-et-Vilaine).

(4) Orléans, 2 mars 1829. — « La Cour; — Considérant que, si, dans l'ancienne législation, les fabriques des paroisses étaient régies, sous plusieurs rapports, de la même manière que les établissements de main-morte, elles étaient aussi, sous d'autres points de vue, assimilées aux mineurs, auxquels il n'est pas défendu de faire leur condition meilleure; que si la déclaration du roi, du 31 janvier 1698, spécialement rendue dans l'intérêt des fabriques, leur interdit d'emprunter, à peine par les prêteurs de restituer les intérêts et de perdre leur dû, cet édit n'annule point les contrats à l'égard des prêteurs, mais seulement à l'égard des fabriques, en rendant les administrateurs des dites fabriques responsables des emprunts qu'ils ont faits; — Considérant que ces principes n'ont point été changés par la législation nouvelle; qu'en effet, le décret du 30 décembre 1800, attribue aux fabriciens la qualité de simples administrateurs, qui ne peuvent légalement emprunter sans autorisation mais qu'il ne résulte pas des dispositions de ce décret que les contrats intervenus en l'absence de cette autorisation soient frappés d'une nullité radicale; — Considérant que la nullité de ces emprunts ne pouvait être prononcée que dans l'intérêt des fabriques, maintenant encore assimilées aux mineurs; — Considérant, dès lors, que les héritiers Taisian sont sans droit pour demander aujourd'hui la nullité des deux contrats à rente viagère, objet du procès, consentis par leur auteur avec les administrateurs de Notre-Dame-de-Recouvrance; — Met l'appellation au néant, etc. »

3° Le dernier budget de la fabrique dressé conformément à la circulaire du 21 novembre 1879, visé et certifié par le préfet, les comptes des trois dernières années, visés et certifiés par le maire conforme aux exemplaires déposés à la mairie en vertu de l'article 89 du décret du 30 décembre 1809;

4° L'avis du conseil municipal (L. 5 avril 1884, art. 90);

L'avis du sous-préfet;

L'avis de l'archevêque ou de l'évêque,

L'avis du préfet.

1591. Les fabriques peuvent emprunter au Crédit foncier (1), à la Caisse des dépôts et consignations ou même à des particuliers à un taux d'intérêt n'excédant pas 5 0/0.

Un avis du Conseil d'Etat du 27 mai 1814 décide que les règles posées dans les circulaires et instructions du Ministre de l'intérieur, concernant la recommandation faite aux communes et établissements publics de faire leur emprunt à la Caisse des dépôts et consignations plutôt qu'à des particuliers, doivent être appliquées aux établissements ecclésiastiques.

1592. Suivant Bost (2), il est à désirer que les emprunts faits aux particuliers soient contractés avec publicité et concurrence. L'adjudication est faite en faveur de la soumission qui exige l'intérêt le moins élevé. Toute soumission dont le prix dépasserait le maximum fixé par le cahier des charges serait rejetée.

Dans ce cas, le procès-verbal de l'adjudication est soumis à l'approbation du préfet et à la formalité de l'enregistrement, dans les vingt jours qui suivent cette approbation.

Le versement du montant de l'emprunt est effectué, en une seule ou plusieurs fois, selon les termes du cahier des charges, entre les mains du trésorier, qui en délivre des récépissés. Les récépissés sont sur-le-champ échangés contre des coupons de même somme, qui valent reconnaissance au profit des prêteurs, avec l'intérêt au taux fixé par l'adjudication, à partir du jour de chaque versement.

1593. Le produit des emprunts doit figurer au budget et dans les comptes de la fabrique; le trésorier se charge en recette des sommes qui lui sont versées, au fur et à mesure de leur encaissement (3).

1594. Tout emprunt contracté par des membres d'un conseil de fabrique agissant en leur nom personnel et sans une autorisation régulière, ne peut engager la fabrique, lors même qu'une délibération de ce conseil l'aurait ultérieurement approuvé (4). Rien ne serait plus dangereux, en effet, que la possibilité de régulariser de tels emprunts, au moyen d'une ratification rétrospective qu'il serait souvent difficile de refuser, par suite de toutes les considérations qu'on ne manquerait pas d'invoquer en faveur du fait accompli. L'un des actes les plus graves de l'administration fabricienne échapperait ainsi à la surveillance et à la tutelle administrative.

1595. Un conseil de fabrique peut-il obtenir l'autorisation d'hypothéquer ses immeubles? En principe, dit Campion (5), il n'y a pas d'obstacle à ce qu'une fabrique qui recourt à un emprunt, consente une hypothèque sur les biens non affectés à un service public. Cette faculté dérive complètement des dispositions législatives qui permettent aux fabriques, sous l'accomplissement de certaines formalités, de vendre ou échanger leurs immeubles. Toutefois, il ne convient pas, en général, qu'elles accordent une pareille garantie à leurs créanciers, attendu que ceux-ci ne peuvent obtenir par les voies ordinaires l'exécution de leurs titres. En effet, les fabriques, comme les communes, ne sauraient être dépouillées de leur patrimoine judiciairement; le consentement de l'autorité supérieure serait nécessaire et cette autorité doit toujours rester libre de l'accorder ou de le refuser.

Par deux avis en date des 24 octobre 1832 et 20 mars 1834, le Conseil d'Etat a décidé qu'on ne doit pas autoriser une commune à consentir hypothèque sur ses biens pour garantie

d'un emprunt qu'elle contracte; ce serait en effet abuser le bailleur de fonds qui, croyant avoir une sûreté réelle, n'aurait qu'une garantie illusoire, ces avis peuvent évidemment être appliqués aux fabriques soumises, comme nous l'avons vu, aux règles qui président à l'administration des biens des communes. Une lettre du ministre de l'intérieur du 30 janvier 1835 a décidé de même qu'une fabrique ne pouvait être autorisée à hypothéquer ses immeubles (1).

1596. Suivant une décision du ministre de l'intérieur, rapportée au *Bulletin officiel* de l'intérieur, année 1857, quand le bailleur de fonds exige formellement que la commune consente une hypothèque sur un immeuble affecté à un service public, bien qu'il soit fixé sur la valeur de cette garantie, la clause peut être admise dans le traité. Il en serait de même pour une fabrique.

1597. Les membres des conseils de fabrique sont-ils personnellement responsables des conséquences d'un emprunt irrégulièrement contracté? Il a été jugé à cet égard par la Cour de cassation que si le prêt, non autorisé par le gouvernement, a été fait, non pas aux fabriciens, qui d'ailleurs n'en ont pas eux-mêmes profité, mais à la fabrique, et pour la construction d'une église et si le titre de créance n'établit pas la garantie personnelle des fabriciens, la demande de remboursement que le prêteur a formée contre les fabriciens doit être repoussée par application de la clause de non garantie. Il n'y a lieu ni d'appliquer les articles 1382 et suivant du Code civil, puisque le prêteur, ayant agi à ses périls et risques et en pleine connaissance de cause, n'a pu être victime d'aucun délit ou quasi délit de la part des emprunteurs, ni l'ordonnance royale du 31 janvier 1698, puisque cette ordonnance (à supposer qu'elle prohibât la clause susénoncée) a été virtuellement abrogée, par le fait même de la suppression des anciennes fabriques, aux termes des décrets des 19 août, 3 septembre 1792, 13-14 brumaire an II, 7 vendémiaire an IV et qu'elle n'a pas été remise en vigueur par le décret du 30 décembre 1809, portant règlement général pour tout ce qui est relatif aux fabriques nouvellement établies en exécution de l'article 76, organique du Concordat (2).

---

(1) L. 26 février 1862.
(2) *Conseils de fabrique.*
(3) Bost.
(4) Cass. 18 juin 1860, fabrique de Cellieu, reproduit plus haut.
(5) *Manuel du droit civil ecclésiastique.*

---

(1) Lettre int. 30 janvier 1835. — En thèse générale, il ne serait pas d'une bonne administration d'autoriser les communes à donner hypothèque sur tout ou partie de leurs biens, et cette jurisprudence a été consacrée par le Conseil d'Etat. En effet, sans parler de l'inconvénance patente qu'il y aurait à grever d'une hypothèque les immeubles communaux affectés à un service public, et en ne considérant la question que sous le rapport du droit, il y a lieu de se demander si une commune peut être légalement autorisée à hypothéquer ses biens. Or, des doutes sérieux peuvent s'élever à cet égard.

De deux choses l'une, en effet: ou l'hypothèque consentie par la commune doit emporter toutes les conséquences de l'hypothèque entre particuliers, c'est-à-dire la faculté de provoquer l'expropriation forcée, pour se faire colloquer sur le prix; ou si elle ne devait pas avoir ces effets, et s'il fallait encore une autorisation nouvelle de l'autorité administrative pour faire vendre l'immeuble hypothéqué, elle ne serait qu'un leurre, qu'une véritable déception, indigne de l'administration qui y aurait prêté la main.

On ne peut s'arrêter à cette dernière hypothèse, mais la première détruirait les principes administratifs les mieux établis. La législation a interdit expressément aux créanciers des communes le droit d'agir contre elles par voie d'expropriation forcée, et on ne peut se dissimuler qu'une semblable mesure, si exorbitante du droit commun, puisqu'elle tend à paralyser l'exercice légitime des actions que les lois générales accordent aux porteurs de titres exécutoires, n'a pu être prise que par de graves considérations d'ordre et d'intérêt publics. D'un autre côté, appartiendrait-il même à l'autorité royale, d'autoriser un conseil municipal à dépouiller la commune de cette garantie, et à abandonner éventuellement au tiers créancier la faculté de compromettre les services municipaux, et d'exciter ainsi de graves perturbations dans une population, en poursuivant des aliénations dont les lois avaient voulu que l'opportunité fût appréciée par les autorités administratives seules? »

(2) Cass. req. 19 novembre 1889. — « La Cour, — Sur le premier moyen... (sans intérêt); — Sur le deuxième moyen, pris de la violation de l'ordonnance royale du 31 janvier 1698 et des articles 1382 et suivants du Code civil: — Attendu que des constatations souveraines de l'arrêt il résulte: 1° Que le prêt de 14,000 francs dont Rebé-Bellivaux réclame le remboursement a été fait, non aux sieurs Rivoire et autres qui, d'ailleurs, n'en ont pas eux-mêmes profité, mais à la fabrique et pour la construction de l'église Saint-Louis; 2° que, malgré l'absence d'autorisation régulière, Rebé-Beluvaux avait spontanément offert de prêter cette somme et que, d'après le titre de sa créance, les fabriciens n'étaient tenus envers lui à aucune garantie personnelle; — Attendu que, dans ces circonstances, en le déboutant de sa demande, par application de la clause de non garantie, les juges d'appel n'ont pu violer ni les articles 1382 et

1598. Toute rente constituée depuis la loi du 3 septembre 1807 est essentiellement rachetable (1), au denier vingt. Celui qui se propose de racheter une rente due à une fabrique ou de rembourser une créance, doit : 1° avertir le trésorier un mois d'avance ; 2° adresser au préfet une demande dans laquelle il expose son intention de rembourser la rente, en indiquant quelle est sa nature et à quel taux il propose de la racheter. Le trésorier, de son côté, transmet l'avis du bureau des marguilliers au préfet qui décide s'il y a lieu d'accepter le remboursement au taux proposé (2).

1599. Il a été décidé par l'administration que les fabriques ne peuvent, à moins de circonstances exceptionnelles, consentir à la réduction du capital des rentes constituées dont le remboursement leur est offert par les débiteurs, surtout que ces rentes sont grevées de services religieux. L'arrangement qui intervient, en pareil cas, entre la fabrique et le débiteur doit être approuvé par un décret du chef de l'Etat, conformément à la règle prescrite pour l'homologation des transactions (3).

Cette doctrine ne semble-t-elle pas sujette à contestation ? L'administration oblige les fabriques à acheter de la rente 3 0/0 qui est plus chère que la rente 4 1/2, parce qu'elle trouve plus de garantie dans cette valeur, assurément moins exposée aux chances d'une conversion, mais le débiteur ne saurait, selon nous, être tenu de se soumettre, lors du remboursement, à cette exigence purement administrative, qui ne peut avoir d'effet que vis-à-vis de l'établissement en tutelle, nullement vis-à-vis du débiteur, tenu de rembourser au taux légal.

1600. Quand on veut estimer la valeur du capital d'une rente payable en blé ou autres denrées susceptibles d'être appréciées d'après les mercuriales, il faut calculer la rente sur le prix de ces denrées dans un marché voisin, en prenant une *année commune*. Pour former celle-ci on fait un total des prix pendant les quatorze dernières années dont on retranche les deux plus fortes et les deux plus faibles ; l'année commune est alors le dixième des dix années restantes (4).

1601. En étudiant les actes conservatoires, nous verrons que les fabriques peuvent prendre hypothèque comme garantie de leurs droits. Antérieurement à la loi du 5 avril 1884, il était de jurisprudence que les fabriques, assimilées par l'administration aux communes, fussent autorisées comme les communes, par un arrêté du préfet en conseil de préfecture, à donner mainlevée des hypothèques prises à leur profit.

Cette ordonnance ayant été abrogée par l'article 168 de la loi du 5 avril 1884, l'administration des cultes a invité le Conseil d'Etat à faire connaître par un avis si les fabriques devaient être dispensées de demander une autorisation dans les affaires de cette nature. Le Conseil d'Etat a pensé que la mainlevée d'hypothèque, présentant le caractère d'un acte d'aliénation, ne pouvait plus être autorisée que par décret en Conseil d'Etat (5).

1602. Les pièces à fournir à l'appui des demandes en mainlevée d'hypothèque sont : la délibération de la fabrique, indiquant le motif de la mainlevée d'hypothèque, l'origine de la dette avec production de l'acte constitutif, le décret ou l'arrêté d'autorisation, l'emploi projeté du capital, s'il est ou non libre de charges ; la justification de la libération du débiteur ; le dernier budget de la fabrique, dressé conformément à la circulaire du 21 novembre 1879, visé et certifié par le préfet ; l'avis du comité consultatif de l'arrondissement ; l'avis du conseil municipal ; l'avis du sous-préfet ; l'avis de l'archevèque ou de l'évêque ; l'avis du préfet (1).

1603. Quand une fabrique accepte le remboursement d'une somme d'argent pour la garantie de laquelle hypothèque a été prise, il doit être statué par le même décret sur le remboursement et sur la mainlevée d'hypothèque, qui en est la conséquence, en vertu du principe de la connexité dont il a été parlé plus haut, bien que le préfet statue, en principe, sans l'autorisation du ministre des cultes, sur l'autorisation donnée aux établissements religieux, de placer ces rentes sur l'Etat les sommes sans emploi provenant de remboursements de capitaux (2).

1604. Antérieurement à la loi du 5 avril 1884, on se fondait sur l'article 60 du décret du 30 décembre 1809 qui soumet l'administration des fabriques aux règles d'administration des biens communaux, pour décider que les transactions des fabriques, de même que les transactions de communes seraient approuvées en Conseil d'Etat, après avis de trois jurisconsultes désignés par le préfet (3). La loi du 5 avril 1884 dispose que les transactions des communes devront être autorisées par le préfet en conseil de préfecture (4). Mais cette prescription, à l'inverse de celle relative à la mainlevée des hypothèques, n'est pas applicable aux fabriques par une conséquence de la loi et l'administration des Cultes décide qu'un décret en Conseil d'Etat et une consultation préalable sont toujours nécessaires pour autoriser les transactions.

1605. L'article 1003 du Code de procédure ne permettant les arbitrages qu'aux personnes qui peuvent compromettre sur les droits dont elles ont la libre disposition, tout arbitrage est interdit aux fabriques, attendu qu'elles n'ont pas la libre disposition de leurs biens ; le principe s'applique même à des matières mobilières.

1606. Suivant Gaudry, si une fabrique avait procédé dans un arbitrage, et que la décision des arbitres lui eût fait gagner son procès, nul ni ceux qui ont la surveillance de ses intérêts, n'auraient à se prévaloir de la nullité de la sentence, à moins que le préfet ne la déférât à l'autorité dans l'intérêt des principes (5).

---

suivants, puisque ayant agi à ses périls et risques et en pleine connaissance de cause, il n'avait été victime d'aucun délit ou quasi-délit de la part des consorts Rivoire, ni l'ordonnance royale du 31 janvier 1698, puisque cette ordonnance (à supposer qu'elle prohibât la clause susénoncée) a été virtuellement abrogée par le fait même de la suppression des anciennes fabriques, aux termes des décrets des 19 août, 3 septembre 1792, 13-14 brumaire an II, 7 vendémiaire an IV, et qu'elle n'a pas été remise en vigueur par le décret du 30 décembre 1809, portant règlement général pour tout ce qui est relatif aux fabriques nouvellement établies en exécution de l'article 76, organique du Concordat ; — Par ces motifs, rejette. »

(1) C. civ., art. 530.
(2) C d'Et. int., avis, 21 décembre 1808, art. 63 ; — D. 30 décembre 1809.
(3) Lettre min. cultes au préfet de la Sarthe, 9 octobre 1845 ; Bost.
(4) Bost.
(5) C. d'Et. int. avis, 28 juillet 1885. — « La section de l'intérieur, de l'instruction publique, des beaux-arts et des cultes du Conseil d'Etat qui, sur le renvoi ordonné par M. le ministre de l'instruction publique, des beaux-arts et des cultes, a pris connaissance d'une demande d'avis sur les questions suivantes : — 1° Une simple délibération du conseil de fabrique suffit-elle pour autoriser la mainlevée d'une hypothèque inscrite au profit d'une fabrique, ou bien cette délibération doit-elle être approuvée par l'autorité supérieure ? — De même en ce qui concerne les autres établissements ecclésiastiques ? — 2° Si l'approbation de l'autorité supérieure est nécessaire, quelle sera cette autorité ? Sera-ce,

comme sous l'empire de l'ordonnance de 1840, le préfet en conseil de préfecture ? Ou bien y aura-t-il lieu de recourir à un décret par application des principes généraux, et notamment des articles 62 du décret du 30 décembre 1809, et 29 du décret du 6 novembre 1813 ? — Vu l'ordonnance du 15 juillet 1840 ; — Vu la loi du 5 avril 1884 (art. 162, § 8) ; — Vu le décret du 30 décembre 1809 ; — Vu le décret du 6 novembre 1813 ; — Vu l'ordonnance du 14 janvier 1831 ;
« Considérant que l'ordonnance du 15 juillet 1840 concernait exclusivement les communes ; que si jusqu'à ce jour les règles qu'elle contient ont été étendues aux fabriques et autres établissements ecclésiastiques, son abrogation par la loi du 5 avril 1884 en rend désormais impossible l'application à ces établissements qu'elle ne visait pas ; qu'il y a lieu dès lors de chercher la réponse aux questions posées dans les principes généraux de la législation sur les fabriques et les autres établissements ecclésiastiques ; — Considérant qu'il résulte de ces principes, formulés notamment dans les articles 62 du décret du 30 décembre 1809, 8 et 29 du décret du 6 novembre 1813, 2 de l'ordonnance du 14 janvier 1831, que les fabriques et les autres établissements ecclésiastiques ne peuvent faire en dehors des actes d'administration aucun acte de la vie civile sans y avoir été autorisés par décrets ou arrêtés ; — Considérant que la mainlevée d'hypothèque a le caractère d'un acte d'aliénation ;
« Est d'avis que les fabriques et autres établissements ecclésiastiques ne peuvent donner mainlevée des hypothèques prises à leur profit sans y avoir été autorisées par un décret. »
(1) Circ. 21 août 1885.
(2) D. 13 avril 1861.
(3) Arr. 21 frimaire [an XII ; — L. 18 juillet 1837, art. 21, Gaudry, Vuillefroy.
(4) Art. 68.
(5) *Législation des cultes*.

1607. Les actes qui auraient pour objet d'établir des droits et charges diminuant la propriété, tels que les servitudes, l'usufruit, l'habitation, l'usage, l'antichrèse, l'hypothèque, seraient nuls s'ils n'étaient autorisés par le chef de l'État, sur l'avis du préfet et de l'évêque (1).

1608. *Baux et locations.* — Les immeubles appartenant aux fabriques sont affermés, régis et administrés par le bureau des marguilliers dans la forme déterminée pour les biens communaux (2).

Ces immeubles peuvent donc être exploités directement par la fabrique ou donnés à bail.

Il pourront être directement exploités sans inconvénient, quand ils n'exigent pas une culture journalière, lorsque ce sont, par exemple, des bois en coupes réglées, des prairies ; dans le cas contraire, bien que la fabrique ait le droit de les administrer directement en régie, il est préférable, pour la bonne administration de ces biens, qu'ils soient affermés. On peut appliquer ici par analogie la circulaire ministérielle du 31 décembre 1809, qui ne permet aux hospices aucune exploitation par eux-mêmes sans une autorisation du chef de l'État ou du préfet, suivant l'importance du revenu des biens.

1609. Aux termes de l'article 1712 du Code civil, les locations de biens des établissements publics et, par conséquent, des fabriques sont soumises à des règlements particuliers. Il faut entendre cet article en ce sens que les règles des contrats de location sont modifiées quant à la forme et à la durée du contrat, mais que les règles édictées par le Code civil, au titre du louage des choses, doivent recevoir leur exécution quant aux obligations entre les bailleurs et les preneurs et quant aux conditions du bail.

1610. L'autorisation administrative est-elle nécessaire pour que la fabrique puisse donner à bail ? Aux termes de l'article 62 du décret du 30 décembre 1809, les biens immeubles des fabriques ne peuvent être loués pour un terme plus long que neuf ans sans une délibération du conseil de fabrique, l'avis de l'évêque diocésain et l'autorisation du gouvernement.

La loi du 23 mai 1835, relative aux baux des biens ruraux des communes et établissements publics, établissant entre les biens urbains et les biens ruraux une distinction que ne comportait pas le décret de 1809, décida que les établissements publics pourraient affermer leurs biens ruraux pour dix-huit années et au-dessous sans autres formalités que celles prescrites pour les baux de neuf années.

1611. Les formalités sont différentes suivant qu'il s'agit : 1° de baux de biens urbains dont la durée excède dix-huit ans, et de baux de biens ruraux dont la durée excède dix-huit ans ; 2° De baux de biens urbains ne dépassant pas neuf ans et de baux de biens ruraux au-dessous de dix-huit ans.

1612. Les baux de la première catégorie dépassant les bornes d'un acte de simple administration sont soumis à de nombreuses formalités. Aux termes d'un arrêté du gouvernement du 7 germinal an IX, relatif aux hospices, aux établissements d'instruction publique et aux communautés d'habitants, applicable aux fabriques jusqu'au décret du 30 décembre 1809, et qui, d'après la circulaire du 12 avril 1811, n'a pas été abrogé par l'article 62 du décret de 1809, ces formalités sont :

L'estimation de l'immeuble par deux experts, nommés l'un par le maire, l'autre par le preneur ; un plan figuré des lieux, une information *de commodo et incommodo* par un commissaire au choix du préfet, une délibération du conseil de fabrique ; l'opinion du sous-préfet ; l'avis de l'évêque ; l'avis du préfet.

1613. Quelle est l'autorité administrative qui donne l'autorisation ?

Aux termes de l'article 62 du décret du 30 décembre 1809, un décret est nécessaire. Dalloz (3), combinant le décret du 25 mars 1852 (Tableau A, § 51) avec l'article 62 du décret de 1809, pense que l'autorisation du préfet suffit. Cette opinion ne nous semble pas conforme à la jurisprudence du Conseil d'État. Sans doute, les biens des fabriques doivent être régis et administrés dans la forme déterminée pour les biens communaux aux termes de l'article 60 du décret de 1809 ; mais cette règle ne trouve pas son application, en ce qui concerne l'autorisation administrative. Le Conseil d'État décide, en effet, que malgré la loi du 5 avril 1884, qui affranchit les communes de l'autorisation en ces matières, les mainlevées des hypothèques prises au profit des fabriques, les transactions doivent être approuvées par décret en Conseil d'État. Il décide ainsi parce qu'il pense que la matière du culte n'ayant pas été décentralisée, des lois spéciales n'ont pu déroger à la législation générale des cultes.

On doit donc décider que si le décret du 25 mars 1852 a donné compétence aux préfets pour statuer sur les baux communaux, cette disposition ne doit pas être applicable aux fabriques, soumises, pour passer des baux, à la nécessité de l'autorisation du gouvernement, le Conseil d'État entendu. La section de l'intérieur et des cultes a décidé en ce sens qu'au-dessus de dix-huit ans les baux des biens urbains des fabriques devaient être autorisés par décret (1).

Il en est de même des baux de biens ruraux dont la durée excède dix-huit années.

1614. Les baux jusqu'à dix-huit ans pour les biens ruraux et jusqu'à neuf ans pour les autres biens, donnent lieu à des formalités différentes et ne motivent pas l'intervention d'un décret d'autorisation.

Les baux jusqu'à dix-huit ans pour les biens ruraux et jusqu'à neuf ans pour les autres biens sont faits par le bureau des marguilliers (2).

Antérieurement à la loi du 5 avril 1884, on devait décider que les baux de cette nature devaient être approuvés par le préfet (3). La loi du 5 avril 1884 (art. 168, § 6) ayant supprimé la nécessité de l'approbation du préfet, on doit en conclure que cette approbation n'est plus nécessaire et que les baux des fabriques sont régulièrement passés par le bureau des marguilliers quand ils ont une durée inférieure à dix-huit ans pour les biens ruraux, à neuf ans pour les autres biens.

En effet, c'est en se référant à la législation municipale qu'on rendait applicable aux fabriques la nécessité de l'autorisation préfectorale, on doit donc décider aujourd'hui que le préfet n'a plus à intervenir, qu'il s'agisse de baux de fabrique comme de baux de commune.

1615. De ce que les maisons et biens ruraux des fabriques doivent être administrés dans la forme déterminée pour les biens communaux (article 60 du décret du 30 décembre 1809), il s'ensuit que si ces biens sont mis en ferme, les baux ne peuvent être passés qu'aux enchères, après publication et affiches. Il ne peut être dérogé à cette règle générale que si des circonstances particulières rendent une location amiable plus avantageuse à ces établissements qu'un bail par voie d'adjudication publique. Les premiers juges à cet égard sont naturellement les administrateurs des établissements propriétaires des biens dont la location ou la vente est projetée ; mais c'est à l'autorité supérieure, chargée de délivrer l'autorisation nécessaire, qu'il appartient d'apprécier souverainement s'il y a lieu, selon les cas, de maintenir la règle ou de s'en écarter (4).

1616. *Concessions de chapelles.* — Les concessions de chapelles, dans les églises, sont soumises aux règles qui régissent les bancs concédés à perpétuité.

Ainsi : 1° L'individu qui a bâti une église, de même qu'il peut retenir un banc, peut retenir une chapelle pour lui et sa famille ;

2° Le bienfaiteur de l'église peut obtenir la même faveur,

(1) Affre.
(2) D. 30 décembre 1809, art. 60.
(3) Voir *Rép.*, v° Cultes.

(1) Note, 1er février 1890, fabrique d'Henrichemont (Cher).
(2) D. 30 décembre 1809, art. 60 et 62.
(3) L. 18 juillet 1837, art. 47.
(4) Déc. min. 14 mars 1855.

sur une délibération de la fabrique, et avec l'autorisation du gouvernement;

3° Les droits du fondateur ne peuvent se perdre tant qu'il existe quelque membre de sa famille sur la paroisse.

Il ne faut pas confondre, par conséquent, le droit d'obtenir une chapelle avec celui de *retenir* une chapelle.

En effet, d'après le décret du 30 décembre 1809 (art. 72) celui qui aura entièrement bâti une église pourra retenir la propriété d'un banc ou d'une chapelle pour lui et sa famille, tant qu'elle existera. Tout donateur ou bienfaiteur d'une église ne pourra, au contraire, obtenir la même concession que sur l'avis du conseil de fabrique, approuvé par l'évêque et par le ministre des cultes.

Retenir une chapelle, quand on a bâti l'église, ou obtenir une concession, à titre de donateur ou bienfaiteur, tels sont les deux moyens d'acquérir une chapelle à perpétuité. Le droit de chapelle, comme le droit de banc, n'appartient qu'à celui qui peut justifier d'un titre : la preuve de la possession ne serait donc pas admissible. A ce sujet, Carré distingue entre les chapelles bâties sous la grande voûte de l'église, et celles qui ont leur voûte particulière, lorsqu'il s'agit de savoir si la possession peut suppléer au titre, en faveur de celui qui réclame le droit de chapelle. Suivant cet auteur, les premières ne sont pas susceptibles de possession ni de prescription, mais les secondes, ne formant pas de véritables propriétés privées, peuvent s'acquérir par une possession trentenaire.

Affre pense que si la chapelle, quoique communiquant avec l'église, formait un édifice à part et une propriété privée, elle serait soumise au droit commun, et pourrait, comme tout autre immeuble, être prescrite. Mais il reconnaît que les chapelles faisant partie intégrante de l'église ne peuvent être acquises par prescription, parce qu'elles forment un édifice public.

Dalloz est d'avis que l'action possessoire ne doit être admise ni dans un cas ni dans l'autre : « Quelle que soit l'étendue du droit exclusif du fondateur ou concessionnaire dans la chapelle, dit cet auteur, l'édifice n'en est pas moins consacré au culte : ouverte dans l'église, et pour participer aux cérémonies religieuses, la chapelle fait corps avec le bâtiment principal. »

Nous partageons, quant à nous, complètement cette opinion.

Il a été jugé en ce sens :

1° Que les églises et les chapelles consacrées au culte divin ne peuvent, tant qu'elles conservent leur destination, devenir l'objet d'une action possessoire (1).

2° Qu'une chapelle, faisant partie intégrante d'une église consacrée au culte, ne peut être acquise par prescription, ne peut être possédée *animo domini* et faire l'objet d'une action possessoire (2).

1617. La possession, qui ne peut servir de base à une action lorsqu'il s'agit d'une chapelle faisant partie d'une église, peut être invoquée lorsqu'il s'agit d'une chapelle privée (3).

---

(1) Req. 1er décembre 1833.
(2) Cass. req. 19 avril 1825.
(3) Cass. req. 4 juin 1835. — « LA COUR; — Attendu, sur le premier moyen, que le principe de l'imprescriptibilité des églises et chapelles consacrées au culte divin, principe incontestable, s'applique seulement aux églises dans lesquelles le culte divin est publiquement et actuellement célébré, il est sans application à une ancienne église ou chapelle mise hors de la disposition de l'évêque, et dont la fabrique ou la commune aurait destiné l'usage à tout autre service; il est aussi sans application à une église ou chapelle d'une maison particulière, d'un château, d'un établissement particulier quelconque, qu'il ne soit pas, dans ce cas, autre chose qu'une propriété privée, quoique le culte divin y fût publiquement célébré; qu'il ne s'agit point dans la cause d'une prescription trentenaire ou immémoriale, ni d'une question de propriété à résoudre, d'après des titres plus ou moins réguliers; il s'agit seulement d'une action en réintégrande, et, par conséquent, du fait de savoir si la chapelle dont il s'agit était, à l'époque de l'action, susceptible d'une possession, d'une détention privée; que les besoins sont propriétaires comme les particuliers, avec le droit d'exercer toutes actions relatives au droit de propriété, ainsi que cela est reconnu par l'avis des trois sections réunies du Conseil d'État, de l'intérieur, de législation et des finances, du 22 juillet 1819; qu'il est reconnu, en fait, par le jugement dénoncé, que la chapelle dont il

---

1618. Le droit d'avoir une chapelle, lors même qu'il est perpétuel et acquis à titre onéreux, n'est qu'un droit personnel, il appartient à une famille, mais il ne peut être attaché à une terre ou à une habitation. La famille peut toujours le réclamer, lors même qu'il a été établi avant 1809, s'il provient ou de la construction d'une église, ou de la fondation d'une rente actuellement servie (1).

1619. La concession d'une chapelle dans une église en construction ne peut être consentie en faveur d'un bienfaiteur, pour lui et sa famille tant qu'elle existera, qu'après l'achèvement de cette église ainsi que de la chapelle concédée.

1620. Il n'est pas possible d'accorder au concessionnaire le droit d'avoir une entrée particulière pour accéder à cette chapelle et d'en conserver une des clefs pour lui et ses descendants (2).

1621. Il a été jugé que toutes les lois intervenues depuis 1789 ont respecté les droits de copropriété ou d'usage exclusif d'une chapelle incorporée dans une église, lorsque ces droits sont tout à fait étrangers au régime féodal et sans relation aucune avec ce régime. Ces droits, a dit la Cour d'Aix dans un arrêt du 19 février 1839, sont tout aussi sacrés, quoique leur origine soit antérieure à cette époque, qu'ils le seraient s'ils dérivaient de titres ou de stipulations récentes que les lois nouvelles ne prohibent certainement pas en cette matière.

1622. Les réparations des chapelles concédées sont à la charge des concessionnaires; ils ont les mêmes obligations que l'usufruitier, et sont tenus, ainsi que lui, aux réparations prescrites par l'article 605 du Code civil. La fabrique, et en cas d'insuffisance des ressources de cet établissement, la commune est tenue des grosses réparations indiquées dans l'article 606 ; la fabrique ou la commune devrait aussi les re-

---

s'agit, située en dehors de la ville, attenant aux bâtiments de l'hospice, ayant des portes qui communiquent avec l'hospice, n'a pas été comprise dans le nombre des édifices mis à la disposition des évêques par l'article 75 de la loi du 18 germinal an X; qu'elle n'a pas été mise non plus à la disposition de la fabrique, ni soumise à son administration; qu'en 1832, les cholériques y furent placés; qu'en 1833, les lits qui avaient servi aux cholériques s'y trouvaient encore, et que c'est la tentative d'en faire une caserne qui a déterminé l'action en réintégrande, d'où il résulte que cette chapelle avait cessé, au moins en 1832, d'être consacrée au culte divin; qu'elle a pu être, en fait, considérée comme une dépendance de l'hospice, comme une propriété de l'hospice, et qu'en la jugeant susceptible d'une possession, d'une détention privée, susceptible, à ce titre, d'être l'objet des actions civiles ordinaires, le tribunal de Mayenne, loin de violer les lois, en a fait, au contraire, une juste application;

« Attendu, sur les deuxième et troisième moyens, que ne permettant l'action possessoire qu'à ceux qui sont eux-mêmes en possession depuis une année au moins, l'article 23 du Code de procédure civile ne peut être entendu que des actions possessoires ordinaires, et non de l'action en réintégrande dont il ne parle pas, action dont le mot et la chose ne se trouvent que dans l'article 2060 du Code civil, à propos de la contrainte par corps; action particulièrement introduite en faveur de l'ordre et de la tranquillité publique; action sans influence sur les droits respectifs des parties et qui n'exclut même pas le droit de la partie condamnée d'agir au possessoire; une jouissance matérielle, une possession naturelle et actuelle au moment de la violence, suffisent pour autoriser l'action ou dépossession par violence; que la question de savoir si le demandeur en réintégrande était ou non en possession actuelle de l'objet litigieux, au moment de la violence dont il se plaint, n'est autre chose qu'une question de fait soumise à l'appréciation exclusive du juge, comme le sont tous les faits dont la preuve est admissible, et en cas de dénégation des faits de possession, l'article 24 du Code de procédure civile n'impose point au juge l'obligation d'ordonner la preuve; il peut que des faits constatés et justifiés soient déniés par erreur ou de mauvaise foi ; le juge, convaincu de l'erreur ou de la mauvaise foi, n'est pas tenu d'ordonner une preuve inutile; l'article 24 porte seulement que l'enquête qui sera ordonnée ne pourra porter sur le fond du droit, et l'article 34 laisse toute latitude au juge, en disant qu'il ordonnera la preuve, s'il trouve la vérification utile et admissible; que le jugement dénoncé, tout en reconnaissant les dénégations et variations du maire de Mayenne, sur la possession des hospices, constate et déclare, en fait, que cette possession avouée devant le juge de paix, constatée en appel, reconnue ensuite à l'audience, était certaine et positive, actuelle, matérielle en même temps que du plus d'une année; qu'il constate aussi comme constante et non déniée la voie de fait servant de base à l'action en réintégrande, et qu'en concluant de ces faits que l'action en réintégrande était si justement admise par le juge de paix, le tribunal de Mayenne n'a fait qu'une juste application des lois ; — Rejette. »

(1) Cass. req. 1er février 1825.
(2) Déc. min. 11 juin 1873.

construire, si la reconstruction devenait nécessaire par suite de vétusté ou d'un écroulement.

1623. *Cénotaphes et inscriptions.* — Pour placer dans une église un cénotaphe, une inscription de quelque genre que ce soit, il faut l'approbation de l'évêque et l'autorisation du gouvernement (1).

L'approbation de l'évêque et l'autorisation du gouvernement seraient également exigées pour le déplacement d'un monument de ce genre.

1624. Si ce monument avait besoin de réparations, la famille devrait en supporter les charges; mais les réparations, suivant Affre, ne pourraient être faites sans le consentement de la fabrique.

1625. D'après une décision ministérielle du 6 mai 1812, la concession d'une inscription dans une église peut être faite en faveur de ceux qui offrent à la fabrique quelque avantage, et une autre décision du 11 décembre 1812 a fixé cet avantage à 10 francs de rente au minimum.

1626. Un avis du Conseil d'Etat du 26 juin 1812 non inséré au *Bulletin des lois* a décidé que, par application de l'article 73, le placement d'armoiries dans les églises pouvait être autorisé, mais seulement sur les monuments funèbres que les familles auraient obtenu l'autorisation d'y ériger; l'apposition d'armoiries aux voûtes, sur les murs ou sur les vitraux d'une église, tendrait à indiquer des droits de propriété ou de patronage au profit de tierces personnes et serait, dès lors, inconciliable avec les principes de la législation actuelle.

Il a été jugé, par suite, que l'interdiction de placer dans les églises aucune inscription de quelque genre que ce soit, sans la permission du ministre des cultes accordée sur la proposition de l'évêque, s'applique à des chiffres et armoiries et qu'il appartient au ministre des cultes d'ordonner la suppression de ces chiffres et armoiries apposés sans autorisation (2). Dans ce cas le conseil de préfecture est compétent pour décider à la charge de qui doit être mise la suppression lorsque l'apposition a fait partie de l'exécution d'un travail public (3). Enfin, la commune a qualité, à raison de ses droits de garde et de surveillance sur l'édifice, pour poursuivre contre qui de droit le payement des frais auxquels donne lieu la suppression des inscriptions. De plus, elle peut, alors même que l'architecte qui a fait apposer les inscriptions n'a pas traité directement avec elle, agir contre cet architecte à raison des obligations qu'il a contractées à son égard en exécutant des travaux sur un immeuble lui appartenant et l'architecte peut être condamné personnellement à rembourser à la commune les frais de la suppression effectuée d'office, alors même qu'il avait conduit les travaux à titre gratuit et que ces travaux avaient été exécutés sous la direction de la fabrique.

1627. Il ne peut être placé dans les églises d'inscriptions en faveur des personnes vivantes (1).

On ne peut autoriser le placement dans une église, d'une inscription qui n'aurait d'autre but que d'exprimer l'affection de son auteur pour le défunt (2), ou de célébrer des dons faits aux pauvres et les services gratuits ou honorables d'une personne décédée (3).

Il n'y a pas lieu d'autoriser le placement dans les églises de plaques commémoratives destinées à perpétuer le souvenir de fondations pieuses (4).

Les fabriques peuvent cependant concéder gratuitement le droit de placer une inscription destinée à honorer la mémoire de ceux qui se sont signalés par de grands services à la religion ou à l'Etat (5).

Pour faire cette concession il faut une délibération spéciale de la fabrique, et l'avis du conseil municipal, destiné à faire connaître le vœu des paroissiens (6). Cette délibération est adressée à l'évêque, qui propose, s'il y a lieu, au ministre des cultes de donner l'autorisation.

Il a été décidé que le décret qui autorise le conseil de fabrique d'une paroisse à placer dans l'église une inscription destinée à honorer la mémoire d'une personne bienfaitrice de cette église, et la décision prise par le ministre pour régler la forme et le lieu de l'inscription, ne sont pas susceptibles, même de la part des héritiers portant le même nom, d'un recours au Conseil d'Etat par la voie contentieuse (7).

1628. En principe, les *ex-voto* placés dans les églises constituent de véritables inscriptions. A ce titre et par applications de l'article 73 du décret du 30 décembre 1809, il serait rigoureusement nécessaire, pour le placement de chacun d'eux, d'une autorisation accordée par arrêté du Ministre des cultes.

C'est donc par pure tolérance que des *ex-voto* sont établis sans l'accomplissement de cette formalité dans un grand nombre d'églises. Pour éviter l'assimilation complète entre les *ex-voto* et les inscriptions on s'abstient d'ordinaire d'y faire figurer les noms propres ou, au moins, on n'inscrit que les premières lettres de ces noms.

Une entente doit nécessairement s'établir entre le curé, à qui appartient la police de l'église, et la fabrique, chargée de l'entretien de l'édifice religieux, soit pour le placement des *ex-voto*, soit pour la fixation de la somme à payer par ceux qui obtiennent cette faveur.

Dans les cas où des difficultés s'élèveraient à cet égard entre le curé et la fabrique, elles devraient être résolues, comme les contestations entre les fabriques et les communes, par les autorités diocésaine et départementale. Ce n'est que cas de désaccord entre ces deux autorités qu'il y aurait lieu de porter la question devant l'autorité supérieure, représentée, soit par le ministre des cultes seul, soit par les ministres des cultes et de l'intérieur, selon qu'il s'agirait d'un intérêt purement religieux ou d'un intérêt présentant en même temps un caractère communal (8).

1629. *Location de chaises et bancs.* — Les fidèles ont le droit d'assister aux offices religieux sans être soumis à l'ac-

---

(1) D. 30 décembre 1809, art. 73.

(2) Cont. 27 novembre 1880 : — « Le Conseil d'Etat, — Vu la loi du 28 pluviôse an VIII, article 4, le décret du 30 décembre 1809, article 73, ensemble l'avis du Conseil d'Etat du 26 juin 1812, approuvé le 31 juillet suivant :

« En ce qui concerne le défaut de qualité de la commune de Marigny-Brisay, pour agir contre le sieur Briant; — Considérant que la commune, étant propriétaire de l'église, avait un droit de garde et de surveillance sur cet édifice; que, de plus, il est vrai qu'elle n'a pas directement traité avec le sieur Briant; ce dernier a néanmoins contracté vis-à-vis d'elle, en exécutant des travaux sur un immeuble qui lui appartient, des obligations dont la commune peut réclamer l'exécution;

« En ce qui touche la compétence : — Considérant que le décret du 30 décembre 1809, article 73, interprété par un avis du Conseil d'Etat du 29 juin 1812, approuvé le 31 juillet, dispose que nulles inscriptions, de quelque genre que ce soit, ne pourront être placées dans les églises que sur la proposition de l'évêque diocésain et la permission du ministre des cultes ; — Considérant que, si une décision du ministre des cultes a ordonné la suppression des chiffres et armoiries apposés aux voûtes et murs de l'église, il appartenait au conseil de préfecture de décider au compte de qui serait mise cette suppression, en tant qu'elle constituait l'exécution d'un travail public ;

« Au fond : — Considérant que de ce qui précède il résulte que c'est avec raison que le conseil de préfecture a condamné le sieur Briant à enlever lesdits emblèmes à ses frais, risques et périls, et, faute par lui de ce faire, a autorisé le maire à procéder d'office au compte du sieur Briant à ladite suppression:

« Art. 1er. La requête... est rejetée. »

(3) *Eod.*

(1) Déc. min. 21 juillet 1851.

(2) Déc. min. 11 décembre 1812.

(3) Lettre min. cultes, 25 juillet et 7 novembre 1842.

(4) Déc. min. 21 juillet 1851.

(5) Déc. min. mars 1821.

(6) Bost, p. 497.

(7) Cont. 26 avril 1855 : — « Napoléon, etc., — Vu le décret du 30 décembre 1809 et l'Ordonnance royale du 10 juillet 1816; — Vu le décret du 25 janvier 1852;

Considérant que notre décret du 14 mai 1855 a pour objet d'autoriser le conseil de fabrique de la paroisse de Cleuville à placer dans l'église de cette commune une inscription destinée à honorer la mémoire de la dame Bobée, bienfaitrice de cette église, et que la décision en date du 1er août suivant, rendue par notre ministre de l'intérieur pour l'exécution dudit décret, règle la forme de cette inscription et fixe le lieu où elle sera placée; que des actes de cette nature ne sont pas susceptibles d'être attaqués devant nous par la voie contentieuse; — La requête est rejetée. »

(8) J. c. f., 1875, p. 277.

quittement d'une taxe d'entrée (1). Dans ce but l'article 65 du décret du 30 décembre 1809 veut qu'il soit réservé dans toutes les églises une place où les fidèles qui ne louent ni chaises, ni bancs, puissent commodément assister au service divin et entendre les instructions.

Les auteurs sont d'accord pour décider qu'en se servant du mot *commodément* le législateur n'a pas entendu que la place réservée serait garnie de bancs ou de chaises. Cette obligation serait trop onéreuse pour certaines fabriques, notamment dans les paroisses rurales. L'article 65 dont il s'agit n'est que la reproduction des règles de l'ancien droit, et, entre autres, de celles qu'avait consacrées le règlement de la fabrique de Saint-Jean-en-Grève, homologué par arrêt du Parlement de Paris, du 2 avril 1737 (2).

1630. Les paroissiens peuvent apporter pour leur commodité une ou plusieurs chaises à l'église, à moins que le conseil de fabrique ne l'ait défendu (3). Mais cette tolérance de la fabrique qui, a pour but d'être agréable aux fidèles, ne doit, en aucun cas, préjudicier à ces établissements en empêchant la perception de la redevance déterminée par le tarif. En effet, d'après les termes de l'article 65 du décret du 30 décembre 1809, ce n'est pas seulement la chaise, mais bien la place qu'elle occupe que la fabrique a le droit de louer.

1631. L'autorité judiciaire n'est pas compétente pour statuer sur le placement, ni pour décider si le curé a la faculté de déplacer les bancs et de réduire le nombre des places qu'ils contiennent.

Cette autorité est spécialement incompétente pour connaître de la question de savoir si une fabrique a excédé ses pouvoirs en faisant enlever le banc d'un concessionnaire de l'endroit de l'église où ce banc était placé et en lui assignant un autre emplacement (4).

L'autorité administrative n'a pas non plus compétence pour statuer sur les questions de déplacement, réduction ou suppression des bancs (5).

Il a même été décidé que le curé a seul qualité pour juger si l'exercice du culte n'est pas gêné par le placement des bancs et chaises (1).

Mais on ne saurait admettre que la décision par laquelle un curé supprimerait une place dans un banc, malgré la concession ou la location de cette place faite par la fabrique à un paroissien, constituât, à l'égard de la fabrique et du concessionnaire ou locataire, un cas de force majeure qui, aux termes de l'article 1722 du Code civil, opérerait de plein droit et sans indemnité, la résiliation du bail (2). Car si la résiliation du contrat fait éprouver un dommage réel; si, par exemple, la concession a été faite moyennant un capital payé, on ne peut pas admettre que la fabrique soit fondée à garder ce capital et à reprendre la chose concédée. Il y a lieu, dans ce cas, de régler le préjudice auquel la mesure a donné lieu, et les tribunaux ordinaires, tout en respectant la décision du pouvoir ecclésiastique, sont juges de l'indemnité à accorder (3).

1632. Les fabriques étant chargées de subvenir aux dépenses qu'exige l'exercice du culte et parmi lesquelles figure notamment l'établissement des bancs dans les églises ou l'achat de chaises à y placer, c'est aux fabriques et non aux conseils municipaux qu'il appartient d'apprécier s'il convient de placer dans l'église des bancs ou des chaises et d'adopter celui de ces deux systèmes qui lui paraît le plus avantageux (4).

Il avait été décidé même, avant la loi de 1884, que la fabrique avait ce droit non seulement lorsqu'elle pouvait supporter la dépense des bancs ou des chaises, mais encore lorsqu'elle était forcée, pour y pourvoir, de demander le concours de la commune. Mais l'article 136 de la loi du 5 avril 1884 a établi désormais que la commune n'est plus tenue de venir en aide à la fabrique que pour pourvoir au logement des ministres du culte et aux grosses réparations des édifices communaux de culte.

1633. Les articles 64 et 65 du décret du 30 décembre 1809 déterminent les règles qui régissent la location des chaises ou bancs mobiles, loués au premier occupant. Nous traiterons plus loin des concessions de chaises ou places fixes appartenant à des particuliers, les formalités étant les mêmes que pour la location des bancs fixes.

Aux termes de ces articles, le tarif des bancs et chaises dans les églises, pour être régulier, doit être : 1° fixé par le bureau des marguilliers ; 2° approuvé par le conseil de fabrique ; 3° affiché dans l'église. Il résulte de ces dispositions, qui ont abrogé l'article 3 du décret du 18 mai 1806, aux termes duquel le tarif devait être arrêté par l'évêque et le préfet, qu'un tarif de cette nature est exécutoire, sans qu'il soit nécessaire de le soumettre à l'approbation, soit de l'autorité diocésaine, soit du préfet. La fabrique peut poursuivre devant le juge de paix le recouvrement des prix qui y sont portés. Les poursuites à exercer à cet égard n'ont pas besoin d'être autorisées par le conseil de préfecture. Mais comme il s'agit de sommes minimes, pour le recouvrement desquelles il est regrettable de recourir aux voies judiciaires, il convient, quand on dresse un tarif, de stipuler que les prix de locations seront payables d'avance (5).

1634. La location des chaises et des bancs peut être faite en régie ou par mise à ferme. Le conseil de fabrique a le droit de choisir celui de ces deux modes qui lui paraît le plus conforme à ses intérêts et autoriser le bureau des marguilliers à en faire l'application (6). Aucune autorisation n'est exigée.

Lorsque la location des chaises et bancs est faite en régie, la perception du prix est faite directement par une ou plusieurs personnes, sous les ordres du bureau des marguilliers, et préposées par lui.

---

(1) Déc. 18 mai 1805.
(2) Campion.
(3) Déc. min. 3 décembre 1864; 18 mars 1868 ; 30 juillet 1863 ; — *Bull. lois civ. eccles.*, 1884. p. 356.
(4) Cons. 14 décembre 1857 : — « Napoléon, etc.: — Vu l'arrêté en date du 4 août 1857, par lequel le préfet du département du Gers a élevé le conflit d'attributions dans une instance engagée devant le tribunal civil de l'arrondissement de Mirande, entre le sieur Lalanne et la fabrique de l'église Saint-Laurent-de-Ladevèze-Rivière; — Vu l'exploit du 8 novembre;
«... Considérant que l'action intentée par le sieur Lalanne contre la fabrique de l'église de Saint-Laurent-de-Ladevèze-Rivière a pour objet de faire décider : 1° que ledit sieur Lalanne sera autorisé à replacer le banc qui lui a été concédé dans l'endroit qu'il occupait avant le déplacement qui en a été opéré par la fabrique; 2° qu'il sera défendu à la fabrique de ne plus déplacer ce banc à l'avenir ; qu'à raison du trouble causé à la jouissance du requérant par le déplacement de ce banc, ladite fabrique sera tenue de lui payer une somme de 500 francs, à titre de dommages-intérêts; que cette demande est fondée sur ce que le sieur Lalanne n'aurait pas fait placer son banc à l'endroit d'où la fabrique l'a fait enlever avec le consentement du desservant, à qui le décret du 30 décembre 1809 attribue le droit de donner ce consentement, et qu'en le déplaçant, la fabrique a commis une voie de fait; que, dans son mémoire en déclinatoire et dans son arrêté de conflit, le préfet soutient que la fabrique a fait déplacer le banc du sieur Lalanne, en exécution d'une délibération, à la date du 17 janvier 1855, à laquelle l'archevêque d'Auch a donné son approbation ; — Considérant qu'il ne s'élève pas de contestation sur le droit du sieur Lalanne à avoir, dans l'église de Saint-Laurent, un banc pour lui et sa famille, en vertu de la donation du 21 mai 1827, acceptée par la fabrique, en conséquence de l'autorisation à elle donnée par l'ordonnance royale du 6 mai 1829; qu'il s'agit seulement de déterminer dans quel endroit de ce banc doit être placé ; — Considérant que les contestations relatives à l'emplacement des bancs dans les églises, en ce qui intéresse l'exercice du culte et la police intérieure des églises, sont placées par les dispositions législatives ci-dessus visées en dehors des attributions de l'autorité judiciaire ; que, dès lors, le tribunal civil de l'arrondissement de Mirande ne pouvait connaître de la question de savoir si la fabrique de l'église Saint-Laurent-de-Ladevèze-Rivière, en assignant au sieur Lalanne un emplacement pour le banc qui lui a été concédé, et en faisant enlever ce banc de l'endroit où il était placé par ledit sieur Lalanne, a excédé les pouvoirs qui lui sont conférés par les lois et règlements, et notamment par le décret du 30 décembre 1809;
« Art. 1er. L'arrêté de conflit pris le 4 août 1857 par le préfet du département du Gers est confirmé. — Art. 2. Sont considérés comme non avenus l'exploit introductif d'instance, en date du 8 novembre 1856, les conclusions du sieur Lalanne et le jugement rendu, à la date du 28 juillet 1857, par le tribunal civil de l'arrondissement de Mirande. »
(5) Déc. min. 3 avril 1806; 27 juin 1807; — André, t. I, p. 446.

---

(1) Déc. min. cultes 25 janvier 1812; — André, t. I, p. 442.
(2) En sens contraire, *Bull. lois civ. eccles.*, 1874.
(3) En ce sens, C. d'Ét. 12 décembre 1827, *supra*, et *Journal des communes*, 1868, p. 312; Campion.
(4) Déc. min. 5 juillet 1868; *Bull. lois civ. eccles.*, 1874, p. 150; Campion.
(5) J. c. f., 1875, p. 303.
(6) D. 30 décembre 1809, art. 66.

Quand la location des chaises et bancs est faite par mise en ferme, le conseil de fabrique doit faire un cahier des charges contenant : 1° le prix des chaises ; 2° le nombre des chaises à fournir par l'adjudicataire ; 3° l'espace qui doit être laissé libre pour les personnes qui n'ont ni bancs ni chaises. L'adjudication a lieu après trois affiches, de huitaine en huitaine ; les enchères sont reçues au bureau par soumission ; l'adjudication est faite au plus offrant en présence des membres du bureau. L'approbation de l'évêque ou du préfet n'est pas nécessaire. L'accomplissement de ces formalités doit être constaté dans le bail, auquel il faut annexer la délibération qui a fixé le prix des places (1).

Le bail est passé devant notaire (2) ; l'acte doit être sur papier timbré ; on y joint la délibération du conseil qui a fixé le prix des chaises.

Aucun membre de la fabrique ne peut se présenter comme adjudicataire pour la ferme des chaises et bancs (3).

Lorsque la perception de la location des chaises est mise en ferme, il appartient au bureau des marguilliers de surveiller la perception, afin qu'il ne soit pas exigé un prix supérieur au tarif.

1635. Le régisseur ou receveur des chaises est soumis à la patente (4), s'il est adjudicataire ou concessionnaire du produit de la location des bancs et chaises qu'il perçoit à ses risques et périls, mais non, s'il ne le perçoit que comme simple employé ou préposé salarié de la fabrique (5).

Il est permis aux fabriques de varier le prix des chaises suivant les différents offices. Mais, une fois déterminé par le tarif, le prix ne doit pas être changé, et les fabriques ne peuvent pas le régler arbitrairement, en le modifiant, suivant les différents offices, contrairement aux chiffres portés par le tarif (6).

1636. Un évêque diocésain peut-il réduire le prix de location des chaises dans les églises au-dessous du taux déterminé par les conseils de fabrique ? Une circulaire du 20 janvier 1847, de l'archevêque de Paris, a résolu implicitement la question dans le sens de la négative. Une note ministérielle du 19 novembre 1848 l'a résolue explicitement dans le même sens.

1637. Autrefois, dit Carré, il était admis généralement que le prix des chaises ne pouvait être exigé, les dimanches et fêtes, aux messes, aux prônes et instructions que lorsqu'ensuite, ni même chaque jour, aux prières du soir et aux instructions qui ne se font pas dans la chaire. Aucune disposition n'ayant renouvelé cette exception, il est évident que sous l'empire de la législation actuelle la rétribution est exigible en toute circonstance où il y a messe, office, ou instruction (7).

1638. Le droit des pauvres perçu au profit des bureaux de bienfaisance, en vertu de l'article 2 de la loi du 8 thermidor an V, sur le produit des fêtes et spectacles publics, ne peut être réclamé sur le prix de la location des chaises dans une église où une cérémonie religieuse, par exemple une messe en musique, a fait élever accidentellement ce prix (8).

1639. Le décret du 13 thermidor an XIII prescrit le prélèvement d'un sixième sur le produit de la location des chaises pour venir au secours des prêtres âgés ou infirmes. Au lieu de ce sixième, on fait quelquefois un abonnement ; ces règlements doivent être approuvés par le gouvernement (9). Plusieurs décrets, postérieurs au décret de 1809, approuvent des règlements qui réservent pour les prêtres

âgés et infirmes le sixième, ou, dans quelques diocèses, comme Paris, le dixième du produit des chaises (1). Un décret du 12 juin 1885, qui a réorganisé la caisse de secours des prêtres âgés ou infirmes du diocèse d'Angers, a autorisé (2) un prélèvement annuel de 7 0/0 au profit de cet établissement (3).

Ce prélèvement doit être effectué après déduction des sommes que les fabriques ont dépensées, non seulement pour établir les bancs et chaises, mais encore pour les renouveler, soit en partie, soit en totalité. « Cette solution, dit le ministre, paraît conforme à l'esprit du décret du 13 thermidor an XIII, et ne fait d'ailleurs que reproduire le principe de droit d'après lequel le revenu d'un bien se calcule, non pas sur le produit brut de ce bien, mais sur le produit net, c'est-à-dire défalcation faite des dépenses nécessitées par son entretien ou sa conservation (4). »

En principe, le prélèvement du sixième du produit de la location des bancs et chaises d'église en faveur des prêtres âgés ou infirmes est obligatoire pour toutes les fabriques des diocèses où il existe un règlement épiscopal approuvé par le gouvernement.

Le montant de ce prélèvement doit être désigné sur le budget de chacune de ces fabriques, au chapitre des dépenses ordinaires. Dans les cas où il ne serait pas porté sur le budget de l'un de ces établissements, l'évêque a le droit de l'y faire inscrire d'office. Le refus d'un conseil de fabrique de le porter sur son budget ou le refus du trésorier de le payer, nonobstant l'inscription faite d'office par l'évêque, constitue une illégalité de nature à provoquer une révocation individuelle ou collective des fabriciens (5).

1640. En principe, le prix des chaises ou bancs est dû dans l'église par toute personne qui en fait usage.

Il a été décidé, par suite, qu'il n'est pas dû de places gratuites aux enfants même indigents du culte catholique conduits à l'église par les instituteurs ou institutrices primaires les jours de dimanches et fêtes ; par conséquent, les fabriques peuvent leur retirer les bancs dont ils avaient joui jusqu'alors sans rétribution (6).

Les membres du conseil de fabrique et les marguilliers d'honneur ont seuls le droit d'occuper gratuitement, en tout temps, des sièges dans l'église (7).

Le même droit appartient aux autorités civiles et militaires, mais seulement pour les cérémonies publiques (8).

Pour les cérémonies ordinaires du culte, les autorités, à l'exception du maire qui a sa place, comme membre du conseil de fabrique, dans le banc d'œuvre (9), mais qui ne peut en occuper une autre qui lui conviendrait mieux, sont dans les mêmes conditions que les autres fidèles (10).

1641. Indépendamment du droit de louer les chaises et bancs mobiles au premier occupant, les fabriques ont celui de concéder des places fixes aux personnes qui désirent avoir dans l'église soit des bancs, soit des chaises réservées et à demeure.

Les articles 69 et suivants du décret du 30 décembre 1809 règlent la forme des concessions de bancs.

Tout d'abord, le conseil de fabrique doit faire avertir pu-

(1) Déc. min. 8 février 1808 ; Campion.
(2) L'obligation de faire la location des chaises devant notaire résulte, dit Affre, de ce que l'ancienne législation, à laquelle la nouvelle n'a rien changé, assimilait la location des chaises à celle des baux des biens ruraux. Or, pour ces derniers, il fallait un acte notarié.
(3) Affre ; Campion.
(4) Cont. 24 avril 1874, aff. Durand.
(5) Affre.
(6) L. 18 mai 1806 ; — Déc. min. 30 septembre 1806 ; Vuillefroy, p. 312.
(7) Campion.
(8) D. 25 novembre 1806, aff. Bertin ; Bost, p. 259 ; Affre.
(9) Affre.

(1) D. 20 et 22 décembre 1812 ; 22 juin 1813 ; — Ord. 6 juillet 1825.
(2) Art. 2.
(3) Rec. circ. cult., t. IV, p. 552.
(4) Lettre min. cultes, 24 avril 1878 ; Bull. lois civ. ecclés., 1881, p. 47 ; Affre.
(5) Déc. min. 14 avril 1869.
(6) Déc. min. cultes 19 septembre 1872 ; — Bull. lois civ. ecclés., 1875, p. 89 ; Campion.
(7) D. 30 décembre 1809, art. 21.
(8) L. 18 germinal an X, art. 47 ; — Déc. min. cultes, 9 novembre 1833 ; 26 juillet 1836 ; 30 juillet et 30 septembre 1837 ; 4 septembre 1838 ; 26 septembre 1841.
(9) Le banc de l'œuvre doit être placé devant la chaire, autant que faire se peut (déc. 30 décembre 1809, art. 14). Mais cette disposition ne saurait guère avoir lieu, dit l'abbé André, que dans les grandes églises ; elle aurait souvent des inconvénients dans la plupart des autres. Dans ce cas, le curé peut désigner pour banc de l'œuvre un plus rapproché de l'appui de communion du côté de l'épître, ou, à défaut, du côté de l'évangile.
(10) Campion.

bliquement les habitants qu'il y a dans l'église un ou plusieurs bancs à concéder. Il consigne dans une sorte de cahier des charges les conditions générales ou spéciales de la location.

Les formalités sont différentes dans les trois cas suivants : 1° S'il s'agit d'une concession moyennant une prestation annuelle ;

2° S'il s'agit d'une concession en échange d'un immeuble ;

3° S'il s'agit de recevoir une valeur mobilière une fois donnée.

1642. Si la location est faite pour une prestation annuelle, la demande de concession doit être présentée avec indication de la redevance offerte au bureau des marguilliers. Ce bureau la fait publier par trois dimanches et afficher à la porte de l'église pendant un mois, afin que chacun puisse obtenir la préférence par une offre plus élevée. Le mois expiré, l'adjudication est faite par délibération du conseil au plus offrant. Cette délibération forme pour le concessionnaire un titre suffisant.

La concession ainsi faite moyennant une prestation annuelle doit-elle être soumise à l'approbation de l'évêque ou du préfet ? La négative est généralement admise (1). « On pourrait opposer à cette décision, dit Affre, que les biens des fabriques devant être administrés comme ceux des communes et que ceux-ci ne pouvant être donnés à bail sans l'autorisation du préfet, il faut lui soumettre aussi la location des bancs. Nous répondrons que ces paroles si formelles *la délibération du conseil sera un titre suffisant*, contiennent une dérogation expresse à la règle générale qu'on invoque ; nous convenons que, cette dernière étant très claire, il faut que la dérogation ne le soit pas moins. Mais nous croyons qu'elle paraîtra telle à quiconque lira avec attention l'article 70 du décret du 30 décembre 1809 (2). »

1643. Si la location est faite moyennant la concession d'un immeuble, la demande du concessionnaire est soumise aux formalités suivantes : 1° celui qui veut obtenir le banc présente sa demande au bureau des marguilliers ; 2° le bureau fait évaluer le capital et le revenu de l'immeuble ; 3° le bureau fait publier par trois dimanches et afficher pendant un mois à la porte de l'église soit la demande, soit l'évaluation de l'immeuble offert ; 4° si après un mois il n'est pas fait d'offre plus avantageuse, le conseil délibère sur la demande, et si elle est acceptée, il sollicite l'autorisation du chef de l'État dans la même forme que pour les dons et legs, c'est-à-dire par l'intermédiaire du sous-préfet, lequel transmet les pièces au préfet, qui fait les démarches nécessaires pour obtenir l'autorisation (3).

1644. Quant à la concession d'un banc moyennant une valeur mobilière une fois payée, les formes de l'adjudication sont les mêmes que celles exigées pour la concession d'un banc moyennant une prestation annuelle. Mais l'approbation de l'autorité administrative est nécessaire dans ce cas. Si la valeur mobilière offerte n'est que de 300 francs ou au-dessous, l'autorisation du préfet est suffisante ; mais si la valeur excède 300 francs, il est nécessaire d'obtenir un décret d'autorisation (4).

1645. Les concessions de bancs dans les églises ne peuvent être légalement faites à l'amiable et sans l'accomplissement des formalités prescrites par le décret du 30 décembre 1809. Lorsqu'un conseil de fabrique mis en demeure de se conformer à cet égard aux prescriptions de la loi a refusé ou négligé de procéder à des locations régulières, ce refus ou cette inaction constitue un motif suffisant de révocation de ce conseil (5).

1646. L'intervention d'un notaire n'est pas nécessaire pour la location des chaises et bancs des églises, aucun texte n'exigeant cette intervention. La location est valablement

constatée par le procès-verbal d'adjudication dressé par le bureau des marguilliers, que l'adjudicataire ait ou non signé cet acte (1). Mais l'assistance d'un notaire présenterait l'avantage d'une plus grande régularité, les marguilliers n'étant pas toujours bien au courant des formalités prescrites par les règlements (2). Il n'est pas indispensable non plus de procéder par soumissions écrites et cachetées (3).

1647. Tous les paroissiens peuvent se porter adjudicataires d'une concession de bancs dans une église ou chapelle. Ce droit appartient également aux fabriciens : la prohibition faite par l'article 61 du décret du 30 décembre 1809, relativement aux ventes et marchés de réparations, ne s'applique pas à ce cas.

Des concessions de bancs ou de chaises dans une église ne peuvent être valablement faites à des individus non paroissiens, suivant Carré (4), l'abbé Dieulin (5), Gaudry et le *Journal des conseils de fabrique* (6). Suivant ces auteurs, les paroissiens sont en droit de s'opposer à de semblables concessions, et si elles ont été prononcées, d'en demander la nullité. Vuillefroy cite, au contraire, une décision ministérielle de 1830, portant que la concession d'un banc peut être valablement faite en faveur d'une personne étrangère à la paroisse.

1648. D'après notre législation actuelle, les concessions de bancs ou de places dans les églises, sauf celles qui sont autorisées par l'article 72 en faveur des donateurs ou bienfaiteurs, sont essentiellement personnelles ; elles doivent prendre fin au décès de ceux qui les ont obtenues. Il résulte de ces principes qu'elles ne sont ni cessibles à titre onéreux ou gratuit, ni susceptibles de sous-location, ni transmissibles par voie d'hérédité. Dans la pratique, il est admis qu'en cas de décès de son mari, l'épouse survivante, si elle était au moment de la concession mariée au concessionnaire, peut en jouir, parce qu'il est à présumer que le mari traitait pour lui et pour son épouse (7). Elle perdrait ce droit si elle convolait à de secondes noces.

1649. Toute autre concession faite à perpétuité par une fabrique est nulle et ne fait pas obstacle à ce que l'on procède immédiatement à une autre concession du même banc, régulièrement autorisée (8).

1650. C'était un principe dans l'ancien droit que le paroissien à qui un banc avait été concédé dans une église, soit à vie, soit pour un temps plus ou moins long, perdait son droit par la translation de son domicile hors de la paroisse (9). Quelques auteurs pensent qu'il faudrait maintenir sur ce point les anciennes règles (10). « La législation actuelle ne l'a pas formellement consacré, dit M. Campion, mais il n'est aucune de ses dispositions de laquelle on puisse induire qu'elle a voulu s'en écarter. Le décret de 1809 l'a même maintenu implicitement, en reproduisant les anciennes règles dont il était considéré comme étant la conséquence. Au reste, pour qu'il y ait lieu, de la part de la fabrique, de prononcer contre le concessionnaire d'un banc l'extinction de son droit, il convient qu'au changement de domicile soit jointe une cessation de résidence (11). »

1651. Lorsqu'une église, démolie pour cause de vétusté, a été entièrement reconstruite, les baux et les concessions de bancs ou places dans l'ancien édifice religieux sont résiliés de plein droit. En conséquence, les concessionnaires ne peuvent en réclamer l'exécution dans la nouvelle église. C'est aux tribunaux qu'il appartient de décider si les personnes, qui

---

(1) J. c. f., t. II, consult. de MM. Berryer, Hennequin, Odilon Barrot, etc.
(2) En ce sens, déc. min. 22 février 1867 ; 12 février 1868.
(3) D. 30 décembre 1809, art. 69 et 71.
(4) D. 30 décembre 1809, art. 71, 15 février 1862.
(5) Déc. min. 21 mai 1851.

(1) Campion ; Gaudry.
(2) Affre.
(3) Gaudry.
(4) *Traité du gouvernement des paroisses.*
(5) *Le guide des curés dans l'administration temporelle des paroisses.*
(6) J. c. f., 1866-67, p. 23, 667e consult.
(7) Lettre min. cultes, 27 janvier 1869.
(8) Ord., en Conseil d'État, 31 décembre 1837 ; André, t. I, p. 42
(9) Loyseau, *Traité des seigneuries*, chap. XI, n° 70 ; Jousse, *Traité du gouv. des par.* — Arr. du Parlement de Paris, 2 avril 1737 et 25 février 1763.
(10) Carré ; Campion.
(11) J. c. f., t. II, p. 23 ; Affre.

ont payé d'avance un capital pour une concession à vie, ont droit au remboursement d'une portion quelconque de ce capital (1).

1652. Au cas de concession d'un banc dans une église, si plus tard la fabrique fait effectuer dans cette église des constructions ou des changements qui diminuent la commodité ou l'agrément du banc loué, le concessionnaire a le droit de demander une réduction sur le prix de concession ou la résiliation de cette concession. En effet, la fabrique qui a loué ou concédé un banc doit garantir au locataire ou au concessionnaire, d'après les règles du droit commun, applicables sans distinction à toutes les espèces de baux, la pleine et paisible jouissance de ce banc; si le concessionnaire est dépouillé, en tout ou en partie, de cette jouissance par le fait de la fabrique, il est fondé à lui demander de faire cesser ce trouble ou de l'indemniser du préjudice qui en est pour lui la conséquence.

1653. La personne qui loue une chaise à l'année est censée la louer pour tous les offices ordinaires et extraordinaires de la paroisse. Mais son droit, à cet égard, n'enlève pas à la fabrique celui de déterminer certains offices, certaines cérémonies auxquelles il ne serait pas applicable. C'est à la fabrique, en effet, qu'il appartient de régler les conditions de l'usage des chaises dans l'église, et les dispositions qu'elle peut prescrire à ce sujet, dans l'intérêt général de la paroisse, doivent être respectées; ainsi il est généralement admis que les chaises et les bancs loués à l'année sont réservés par la fabrique pour les cérémonies de première communion ou de confirmation.

Il y a même des fabriques qui se réservent la faculté de retirer, aux jours de grandes fêtes, en cas de besoin, les prie-Dieu, pour donner place à plus d'assistants, et cette mesure est parfaitement valable. Mais, dans tous les cas, le locataire ou l'abonné privé de l'usage ordinaire de sa chaise peut occuper, sans payer, toute autre place vacante dans l'église.

1654. En principe, c'est par la fabrique et non par les concessionnaires que doivent être fournis les bancs et chaises, objet des locations (2).

Mais la construction des bancs peut être à la charge du concessionnaire ou de la fabrique, suivant les conventions. Dans aucun cas le concessionnaire ne peut enlever son banc ni le céder.

La question de savoir qui doit supporter les frais de l'entretien et de la réparation des bancs ne peut être résolue qu'en faisant plusieurs distinctions : S'agit-il d'une simple réparation, les frais sont dans ce cas à la charge du concessionnaire; faut-il refaire complètement le banc soit pour cause de vétusté, soit pour cause de force majeure, c'est la fabrique qui doit en ce cas est tenue de la réparation, parce qu'elle est propriétaire et que c'est à elle que le banc demeure en cas de décès ou de changement de commune du concessionnaire. Mais s'il s'agit du banc d'un patron fondateur, les frais de réparation et de reconstruction sont tous à la charge du patron. La fabrique ne peut en être tenue, parce que la possession d'un banc dans ces conditions pourrait se prolonger jusqu'à l'extinction de la famille du donateur, c'est-à-dire pendant une durée presque infinie (1).

1655. La concession des bancs ou des chaises ne peut être consentie qu'à des catholiques. Ce principe généralement admis autrefois est encore suivi aujourd'hui, puisque, même quand il s'agit des bancs réservés aux autorités civiles et militaires, l'article 47 de la loi du 18 germinal an X ne dispose qu'en faveur des individus catholiques qui font partie de ces autorités. Il résulte de ce principe que le changement de religion entraîne la perte du banc.

1656. Un concessionnaire peut-il sous-louer une ou plusieurs places de son banc qui lui sont inutiles ?

Affre pense qu'une telle concession est illégale : 1° parce que, d'après le décret du 30 décembre 1809, elle doit être faite par le bureau de la fabrique, avec l'autorisation soit du conseil, soit du préfet, soit du chef de l'État, selon les circonstances ; 2° parce que l'ancien droit n'admettait point ces sortes de concessions; elles sont prohibées par un arrêt du Parlement de Paris, du 27 mai 1767, dont le dispositif, dit l'abbé Boyer (1), peut être regardé comme renfermant une maxime générale. M. Campion admet la même solution, mais il la fonde sur ce que le concessionnaire d'un banc ou d'une chaise dans une église n'ayant qu'un droit d'usage et par conséquent un droit personnel, il ne peut comme tout usager, ni céder ni louer son droit.

1657. De ce que le concessionnaire d'un banc ou d'une chaise dans une église n'est qu'un simple usager, on tire les deux conséquences suivantes :

1° Lorsqu'une personne étrangère au concessionnaire se place dans son banc, même avec son agrément, elle doit la rétribution fixée par le tarif;

2° Celui qui a un droit d'usage est admis à l'exercer, autant qu'il est nécessaire, pour ses besoins et ceux de sa famille (2). Le concessionnaire d'un banc ou d'une place dans une église peut donc y faire placer sa femme, ses enfants, ses parents demeurant chez lui, ses parents ou amis qui le viennent visiter et qui séjournent momentanément sous son toit, les personnes attachées à sa maison.

1658. Quant aux contestations qui s'élèvent au sujet des concessions de bancs, il a été décidé :

1° Que les questions relatives à la validité ou à l'exécution des concessions de bancs à titre onéreux sont du ressort des tribunaux (3).

2° Que les concessions de bancs dans les églises ne sont pas des actes administratifs dont l'interprétation soit réservée à l'autorité administrative (4).

Il a été jugé, au contraire, que la connaissance des con-

---

(1) C. civ., art. 630.
(2) Affre, Adm. des paroisses.
(3) Cont. 4 juin 1826. — « Charles, etc., — Sur le rapport du comité du contentieux ; — Vu les articles 30, 36 et 80 du décret du 30 décembre 1809 ; — Considérant qu'il s'agit, dans l'espèce, de bancs actuellement existants dans l'église de Saint-Aubin-Rivière et qu'il ne s'élève aucune contestation sur leur conservation ou leur emplacement, relativement à l'exercice du culte ou à la police intérieure de l'église; que, dès lors, il n'y a pas lieu à l'application du décret du 30 décembre 1809, sur la compétence administrative ; qu'il s'agit de savoir si la fabrique a le droit de louer lesdits bancs, pour ajouter à ses revenus le produit de la location, ou bien s'ils ont été valablement concédés aux sieur Lefebvre et consorts, qui prétendent en avoir acquis la jouissance à titre onéreux, par acte en date du 14 août 1808, ci-dessus visé ; que les questions relatives à la validité ou à l'exécution dudit acte sont du ressort des tribunaux, soit à raison de la matière, soit d'après les articles 36 et 80 du décret du 30 décembre 1809;
« Art. 1er. L'arrêté de conflit pris par le préfet du département de la Somme, le 25 octobre 1825, ci-dessus visé, est annulé. »
(4) Cont. 19 octobre 1838. — « Louis-Philippe, etc., — Vu l'arrêté pris le 11 août 1838, par le préfet de l'Eure dans une instance pendante devant le tribunal de première instance de Bernay entre le trésorier de la fabrique de la Neuville-sur-Authon et le sieur Jean-Philippe Leclerc ; ledit arrêté ayant pour objet de revendiquer la connaissance de ladite instance pour l'autorité administrative ; — Vu l'acte du 22 août 1834, portant adjudication des bancs de l'église de la Neuville-sur-Authon ; — Vu l'exploit, en date du 15 novembre 1836, par lequel le sieur Jean-Philippe Leclerc a cité le juge de paix du canton de Brionne, pour le faire condamner à lui remettre la somme de 40 francs et aux dépens ; — Vu les sentences dudit juge de paix, des 27 avril et 15 juin 1837, par lesquelles le magistrat s'est déclaré compétent et a ordonné la remise du banc réclamé, sinon le payement d'une somme de 20 francs ; — Vu l'acte du 23 septembre 1837, par lequel le sieur Davoust, trésorier de la fabrique, a interjeté appel desdites sentences devant le tribunal civil de Bernay ; — Vu le mémoire, en date du 9 avril 1838, par lequel le préfet de l'Eure a chargé notre procureur près ledit tribunal de proposer le déclinatoire ; — Vu les lois du 24 août 1790, 16 fructidor an III, 2 fructidor an IV, 28 pluviôse an VIII et le décret du 30 décembre 1809 ;
« En ce qui touche la fin de non-recevoir, fondée sur ce que le conflit serait élevé contre des décisions définitives et passées en force de chose jugée ; — Considérant que la sentence du juge de paix de Brionne en date du 15 juin 1837, avait été l'objet d'un appel porté dans les délais utiles devant le tribunal de Bernay, et que cet appel était valablement interjeté du chef d'incompétence, bien qu'au fond le litige fût de nature à être jugé en dernier ressort par le juge de paix ; que, par suite, la question de compétence relative à l'action intentée par le sieur Leclerc était soumise au tribunal de Bernay, que le préfet était recevable à élever le conflit.
« Au fond : — Considérant que la demande du sieur Leclerc n'avait point trait à la police de l'église, à l'emplacement des bancs qui y sont

---

(1) Déc. min. 7 décembre 1859.
(2) Déc. min. 18 juin 1849.
(3) Jousse, Carré, Affre.

testations qui s'élèvent sur la jouissance et la distribution des bancs placés dans les églises appartient à l'autorité administrative, non aux tribunaux (1).

1659. Les actions en recouvrement de fonds dus pour la ferme des bancs et chaises de l'église ne constituent pas de simples actes d'administration que le trésorier puisse faire sans l'autorisation du conseil de préfecture ; ces actions sont comme tous les procès à intenter par les fabriques, et quelque minime que soit la valeur de l'objet litigieux, soumises à la nécessité de cette autorisation (2).

1660. *Contestations intéressant les fabriques.* — Le législateur, voulant protéger les fabriques, établissements publics en tutelle, contre l'esprit de chicane, a voulu qu'elles ne pussent ester en justice sans autorisation spéciale.

Aux termes du décret de 1809, les marguilliers ne peuvent entreprendre aucun procès ni y défendre sans une autorisation du conseil de préfecture, auquel est adressée la délibération prise à ce sujet par le conseil et le bureau réunis. Les règles auxquelles sont astreintes les communes en cette matière sont applicables à cette catégorie d'établissements ecclésiastiques (3), mais avec une rigueur plus grande, qui tient aux prescriptions extensives du décret de 1809.

On reconnaît généralement, quelque minime que soit l'objet de la réclamation, la nécessité de l'autorisation préalable du conseil de préfecture, pour toutes les actions et poursuites judiciaires à intenter par les fabriques d'églises. C'est ainsi qu'une lettre du ministre de l'instruction publique et des cultes pose en principe que les actions en recouvrement de fonds dus pour la ferme des bancs et chaises de l'église, ne constituent que de simples actes d'administration que le trésorier puisse faire sans l'autorisation du conseil de préfecture ; que ces actions sont, comme tous les procès à intenter par les fabriques, soumises à la nécessité de cette autorisation.

Mais le défaut d'autorisation constitue une simple fin de non-recevoir contre l'action de la fabrique et la Cour de cassation a jugé qu'en admettant qu'un juge de paix se soit trompé en décidant, dans une espèce qui lui était soumise, qu'une fabrique pouvait agir sans autorisation préalable de l'autorité administrative, cette erreur sur le sens des lois de la matière ne constituait un excès de pouvoir et que, par

suite, le pourvoi formé contre la sentence du juge de paix n'était pas recevable (1).

1661. Le trésorier de la fabrique est tenu de faire tous actes conservatoires pour le maintien des droits de la fabrique et pour le recouvrement de ses revenus ; il a été soutenu que le trésorier n'avait pas à se pourvoir de l'autorisation du conseil de préfecture chaque fois qu'il n'y avait pas contestation sur la propriété (2). Mais cette opinion est généralement repoussée aujourd'hui : la généralité des expressions de l'article 77 ne permet pas d'exception ; cet article exige, sans distinction, l'autorisation pour tous les procès (3), et il a été jugé en ce sens notamment qu'une demande en validité de saisie ne rentre pas dans les actes conservatoires et ne peut être formée par une fabrique sans autorisation du conseil de préfecture (4).

Il a été jugé cependant que le nouveau trésorier d'une fabrique pouvait, sans délibération préalable du conseil de fabrique ni autorisation du conseil de préfecture, intenter une action en référé contre son prédécesseur pour obtenir la remise des titres de la fabrique et des valeurs dont il était resté détenteur, cette demande n'ayant pour objet qu'un acte conservatoire (5).

1662. L'autorisation du conseil de préfecture est-elle nécessaire lorsqu'il s'agit d'actions possessoires intéressant les fabriques? La question est controversée. Nous citerons dans le sens de la négative un arrêt du Conseil d'État et un jugement du tribunal civil de Pontarlier (6). Mais la Cour de cassation a décidé, au contraire, que les fabriques doivent être munies de l'autorisation du conseil de préfecture pour intenter les actions possessoires les intéressant (7).

Mais quelle que soit l'opinion que l'on adopte sur cette question, il faut au moins une délibération préalable du conseil de fabrique pour intenter une action possessoire (8).

(1) Cass. 31 janvier 1870.
(2) D. 30 décembre 1809, art. 78; Carré.
(3) M. Campion, Dalloz.
(4) Cass. 7 juin 1826.
(5) Chambéry, 4 mai 1870.
(6) Cont. 17 novembre 1863. — « Napoléon, etc.; — Vu le pourvoi formé par la fabrique de l'église de Saint-Luperce (Eure-et-Loir) contre un arrêté du conseil de préfecture du département d'Eure-et-Loir, en date du 20 septembre 1862, qui lui a refusé l'autorisation d'intenter appel d'un jugement rendu le 16 mai 1863 par le juge de paix du canton de Courville (Eure-et-Loir) en faveur de la commune de Saint-Luperce, au sujet de la possession d'une pièce de terre située dans cette commune; ensemble la délibération du conseil de fabrique de Saint-Luperce en date du 2 novembre 1862; — Vu...
«... Considérant qu'aux termes de l'article 78 du décret du 30 décembre 1809 ci-dessus visé, les trésoriers des fabriques sont tenus de faire, sans autorisation préalable, tous actes conservatoires des droits des fabriques; — Considérant que, d'après l'article 55 de la loi du 18 juillet 1837, les actions possessoires que les communes intentent ou auxquelles elles défendent sont placées au nombre des actes conservatoires pour lesquels l'autorisation préalable n'est pas exigée ;
« Art. 1er. L'arrêté du conseil de préfecture du département d'Eure-et-Loir, en date du 20 septembre 1862, est annulé... »
Dans le même sens, Bost, p. 52; Girod, p. 28.
(7) Cass. 25 mars 1879. — « La Cour; — Vu l'article 14 du décret du 6 novembre 1813 ; — Attendu que la disposition impérative de cet article, exigeant l'autorisation préalable du conseil de préfecture, n'admet aucune distinction entre les actions relatives à la propriété et les actions purement possessoires ; que la dispense d'autorisation admise par l'article 55 de la loi du 18 juillet 1837 pour les actions possessoires exercées par les maires dans l'intérêt des communes, est sans application à ce qui concerne les biens possédés par le clergé et les droits attribués sur ces biens aux curés et desservants ; — Attendu qu'il a été reconnu, en fait, par le jugement attaqué que l'abbé Forcès, recteur de la succursale de Tréourgat, demandeur en complainte, à l'effet d'être maintenu en possession d'une servitude d'aqueduc, s'exerçant sur une propriété voisine ou portant des prairies faisant partie de la mense de son rectorat, n'a pas obtenu l'autorisation exigée par l'article 14 du décret du 6 novembre 1813; que cependant ledit jugement a rejeté la fin de non-recevoir proposée par le demandeur en cassation pour défaut d'autorisation et a déclaré admissible l'action possessoire ainsi formée irrégulièrement ; qu'en statuant ainsi le tribunal civil de Brest (jugement du 24 janvier 1878) a ouvertement violé l'article de loi susvisé ; — Par ces motifs, casse.
Lorient, 28 février 1880.
(8) Cass. civ. 2 mars 1880. — « La Cour, — Sur le premier moyen du pourvoi : — Vu les articles 19, § 10, et 55 de la loi du 18 juillet 1837; — Attendu que le maire, lorsqu'il agit en justice pour la commune, n'est que le mandataire de celle-ci ; qu'il ne peut donc procéder, soit en demandant, soit en défendant, sans le concours et l'autorisation du conseil municipal ; que la disposition du paragraphe dixième de l'ar-

placés, à leur conservation, etc.; qu'ainsi elle n'intéressait ni l'exercice du culte, ni l'ordre intérieur de l'église, et ne rentrait point dans les dispositions du décret du 30 décembre 1809 qui établissent la compétence administrative ; qu'elle tendait uniquement à faire faire au sieur Leclerc la remise d'un banc qu'il disait être sa propriété, et que cette question était de la compétence de l'autorité judiciaire; qu'en supposant qu'il y eût lieu, pour statuer sur ladite demande, d'interpréter l'acte par lequel une place avait été adjugée audit sieur Leclerc dans l'église de la Neuville-sur-Authon, cette interprétation, soit à raison de la matière, soit d'après les articles 36 et 80 du décret du 30 décembre 1809, appartenait à l'autorité judiciaire;
« Art. 1er. L'arrêté de conflit susvisé est annulé. »
(1) Cont. 29 avril 1809. — « Napoléon, empereur des Français, etc.:—Sur le rapport de notre grand juge, ministre de la justice, tendant à faire statuer sur un conflit élevé par le préfet du département de l'Yonne, à l'occasion d'une contestation pendante au tribunal de Joigny, entre le sieur Sallot-Montachat, maire de Turny, et le sieur Besançon, au sujet d'une place au banc de l'église, assignée par le desservant au susdit maire, et à lui contestée par le sieur Besançon; — Vu le jugement du juge de paix de Turny, du 15 mars 1808, qui maintient le sieur Besançon dans la jouissance de trois places dans le banc de l'église où la place du maire avait été assignée, et défend au sieur Sallot de l'y troubler; et, pour l'avoir fait, le condamne à 50 francs d'amende; — Vu l'arrêté pris par le préfet du département de l'Yonne, le 8 avril 1808 ; —Considérant que les distributions de places dans l'église se faisant en vertu des règlements de la fabrique, approuvés par les évêques, toutes les questions relatives à ces places sont de la compétence de l'autorité administrative ; — Vu l'avis de notre commission du contentieux ; — Notre Conseil d'État entendu, — Nous avons décrété et décrétons ce qui suit :
« Art. 1er. L'arrêté du préfet du département de l'Yonne, qui élève le conflit, est confirmé, et le jugement du juge de paix de Turny est considéré comme non avenu. — Art. 2. Notre grand juge, ministre de la justice et notre ministre de l'intérieur sont chargés, chacun en ce qui le concerne, de l'exécution du présent décret. »
(2) Déc. min. 31 juillet 1853.
(3) L. 30 décembre 1809, art. 77 ; — L. 5 avril 1884, voir Communes, Autorisation de plaider.

1663. Les fabriques, comme les communes, n'ont pas besoin de l'autorisation du conseil de préfecture pour introduire un référé (1).

1664. Mais l'autorisation donnée à une fabrique pour intenter une action en justice ne suffit pas pour l'habiliter à défendre à une demande reconventionnelle (2).

ticle 49 de la loi de 1837 est formelle à cet égard; — Attendu que si, par dérogation aux règles générales sur la matière, l'article 55 de la même loi permet au maire d'intenter toute action possessoire et d'y défendre, sans autorisation préalable, cette exception ne s'applique qu'à l'autorisation du conseil de préfecture et non à celle du conseil municipal, qui est toujours nécessaire; — Attendu que les conclusions de Jumeau en appel, visées dans le jugement attaqué, opposaient au maire de Champrond-en-Gatine un défaut de qualité tiré de ce que celui-ci ne justifiait pas de l'autorisation du conseil municipal de la commune; — Attendu, néanmoins, que le jugement attaqué a repoussé cette fin de non-recevoir en se fondant uniquement sur ce qu'en matière d'actions possessoires, aux termes de l'article 55 de la loi de 1837 le maire était dispensé de toute autorisation; en quoi faisant, ledit jugement a violé, par fausse application, l'article 55 et méconnu les dispositions de l'article 49, § 10, de la loi du 18 juillet 1837 ci-dessus visée; — Par ces motifs, et sans qu'il y ait lieu de statuer sur le second moyen du pourvoi, casse. »

(1) Cass. 14 novembre 1868. — « La Cour, — En ce qui touche le défaut d'autorisation : — Considérant que, dans le cas de péril en la demeure, les fabriques comme les communes peuvent se pourvoir en référé sans autorisation préalable; que la nécessité de cette autorisation et les formalités qu'elle entraîne rendrait impossible l'obtention des mesures provisoires et d'urgence en vue desquelles cette juridiction est établie;

En ce qui touche la compétence : — Considérant qu'aux termes de l'article 80 du décret du 30 décembre 1809 la compétence des tribunaux ordinaires ne s'applique qu'à ce qui concerne les droits de propriété ou le recouvrement des revenus de la fabrique; que l'énonciation limitative dudit article et l'ensemble des autres dispositions du décret démontrent que les difficultés relatives à la nomination ou au service des bedeaux et autres serviteurs, au blanchissage ou à l'exécution des fondations, sont des questions d'ordre et de police intérieurs dont la solution appartient soit par la nature même des faits, soit par les dispositions du décret à l'autorité diocésaine ou à l'autorité administrative; que les tribunaux ordinaires, incompétents pour en connaître au principal, le sont également pour statuer au provisoire; — Considérant qu'en admettant que ces tribunaux aient compétence pour tout ce qui regarde les perceptions irrégulièrement faites et ordonnées par le curé, comme se rattachant au gouvernement des revenus de la fabrique, le juge des référés ne pourrait intervenir qu'autant qu'il y aurait urgence; — Considérant que, dans l'espèce, cette urgence n'existait pas; que les faits imputés à l'appelant concernant la rétribution des chaises, les troncs et les quêtes ne peuvent donner lieu qu'à l'établissement d'un compte entre la fabrique et le curé; qu'aucune circonstance n'était de nature à motiver le recours au juge des référés; — Sans avoir égard au moyen tiré du défaut d'autorisation, lequel est rejeté, dit qu'il n'y avait lieu à référé, etc. »

D. C. d'Ét. 20 janvier 1886. — « Le Président de la République; — Vu le décret du 30 décembre 1809 et la loi du 5 avril 1884, art. 122 et suivants; — Vu les articles 806 et suivants du Code de procédure civile;

« Considérant que si, aux termes de l'article 77 du décret du 30 décembre 1809, les fabriques ne peuvent entreprendre aucun procès ni y défendre sans une autorisation du conseil de préfecture, cette disposition ne saurait être appliquée en matière de référé; qu'en effet, la juridiction des référés a été instituée pour tous les cas d'urgence sans distinction; — Considérant que les fabriques et autres établissements publics ne pourraient recourir à cette juridiction si, pour toute demande de cette nature, ils devaient, au préalable, remplir une formalité incompatible avec la célérité que la loi a eu en vue de procurer aux parties; que c'est donc à tort que le conseil de préfecture a statué sur la demande d'autorisation qui lui était soumise;

« Art. 1er. L'arrêté... est annulé. »

Cass. req. 10 avril 1872. — « La Cour : — Sur le premier moyen pris de la violation de l'article 51 de la loi du 18 juillet 1837 : — Attendu que l'article invoqué impose à quiconque veut intenter une action contre une commune l'obligation d'adresser préalablement au préfet un mémoire exposant les motifs de sa réclamation, cette disposition n'est pas susceptible d'être appliquée en matière de référé; que, d'une part, la juridiction des référés est instituée pour tous les cas d'urgence sans distinction, et qu'il deviendrait impossible d'y recourir contre les communes s'il fallait d'abord remplir une formalité incompatible avec la célérité que la loi a eu en vue de procurer aux parties; — Attendu, d'autre part, que le juge des référés ne devant prescrire que des mesures essentiellement provisoires, sans préjuger le fond et sans y préjudicier, la mesure protectrice de la loi de 1837 devient sans intérêt; — Rejet. »

(2) Toulouse, 27 décembre 1867. — « La Cour... ; sur la demande reconventionnelle en 10,000 francs de dommages-intérêts, formulée par le sieur Querre; — Attendu que la fabrique de Saint-Etienne n'a pas été autorisée à plaider sur cette demande; que l'autorisation qui lui fut accordée le 16 janvier 1867 ne se rapportait taxativement qu'aux billets d'enterrement; que cette autorisation ne saurait être étendue aux billets de deuil et d'anniversaire dont le sieur Querre se plaint que la fabrique ait fait illégalement opérer l'impression et la distribution, ce qui lui aurait causé un préjudice; d'où il suit que sur ce point, l'appel relevé par le sieur Querre doit être rejeté, sous la réserve de tous ses droits

---

1665. La fabrique, comme la commune, ne peut se pourvoir devant une autre juridiction qu'en vertu d'une autorisation du conseil de préfecture (1), sauf recours au Conseil d'État. Quand la fabrique, en première instance, a gagné son procès, elle n'a pas une nouvelle autorisation à demander pour défendre en appel. Mais si elle a perdu son procès en première instance, elle doit obtenir l'autorisation d'interjeter appel (2), à moins que l'autorisation donnée primitivement par le conseil de préfecture, ne comprenne les deux degrés de juridiction (3).

1666. On applique les mêmes règles au pourvoi en cassation. La fabrique qui a perdu un procès en dernier ressort ne peut, par conséquent, se pourvoir en cassation qu'en vertu d'une nouvelle autorisation. Mais si elle a gagné en dernier ressort, elle peut sans nouvelle autorisation défendre au pourvoi formé contre elle (4).

1667. L'autorisation donnée à un établissement ecclésiastique de soutenir un procès est suffisante pour l'habiliter à former opposition (5).

1668. Il n'a pas non plus besoin d'une autorisation nouvelle pour opposer la péremption d'une instance à laquelle il a été autorisé à défendre (6).

1669. Il peut défendre aussi à une intervention formée depuis l'arrêté d'autorisation (7).

1670. Dans le cas de tierce opposition ou de requête civile, qui donnent naissance à un procès entièrement nouveau, une autorisation spéciale est nécessaire, alors même que l'autorisation du conseil de préfecture s'étendrait aux deux degrés de juridiction (8).

1671. La péremption court contre la fabrique, sauf son recours contre le trésorier qui a laissé périmer l'instance (9) ou qui n'a pas fait quelque acte valable, propre à empêcher la péremption.

Et la péremption court quand la fabrique plaide sans autorisation (10) et quand, n'ayant pas obtenu l'autorisation, elle est forcée de rester dans l'inaction (11).

1672. Les fabriques ne peuvent en aucun cas se désister au fond. Le désistement étant un abandon de l'objet contesté, est plus grave qu'une transaction, et nous avons vu que l'autorisation de l'administration supérieure est nécessaire pour les transactions. La fabrique qui veut se désister d'une action mobilière ou immobilière doit donc adresser au préfet pour être soumis au conseil de préfecture : 1° Une délibération motivée du conseil de fabrique énonçant les causes du désistement; 2° l'avis du conseil municipal; 3° l'avis de l'évêque. Mais si les fabriques ne peuvent se désister au fond sans autorisation, elles peuvent se désister de l'instance engagée lorsqu'il n'y a pas à craindre un dépérissement de preuves, et que le désistement procure l'avantage d'éviter les frais et les autres inconvénients d'une procédure vicieuse. Dans ce cas, il suffit de l'autorisation d'un conseil de fabrique (12). Il faudrait avoir soin de ne donner le désistement de la procédure viciée que sous la réserve du fond du droit (13).

1673. Dans le cas où l'autorisation de plaider a été accordée par le Conseil d'État, sur le refus du conseil de préfec-

---

et actions qu'il fera valoir ainsi et comme il avisera; — Attendu que le sursis demandé ne saurait être accordé, car il serait peut-être sans objet dans le cas où la fabrique ne serait pas autorisée, et il viendrait d'ailleurs retarder l'évacuation d'une instance principale dont la solution judiciaire est urgente, car elle se rattache à la matière qui intéresse l'ordre public; — Par ces motifs, etc... »

En ce sens, Dufour, t. VI, n° 286.
(1) Cass. 14 novembre 1825; 11 janvier 1830.
(2) Voir Communes, Autorisation de plaider, n° 2890 et suiv.
(3) Cass. 23 mai 1860.
(4) Bost.
(5) Cass. 14 mai 1833.
(6) Toulouse, 19 décembre 1828.
(7) Cass. 12 décembre 1838, 7 mai 1839.
(8) Cass. 27 novembre 1828; Carré, n° 543.
(9) Cod. de proc. 398.
(10) Paris, 17 janvier 1809; contra, Toulouse, 26 février 1829, qui n'a pas fait autorité.
(11) Nîmes, 31 août 1812.
(12) Affre.
(13) Cass. 27 juin 1843.

ture, c'est à cette assemblée qu'il appartient d'autoriser le désistement, elle seule pouvant revenir sur ce qu'elle a décidé.

1674. L'autorisation de plaider n'entraîne pas celle d'acquiescer; lorsque l'acquiescement a pour effet l'abandon d'un droit, il constitue une aliénation, chose que la fabrique ne peut faire sans autorisation. Il a été décidé en ce sens qu'une fabrique autorisée à plaider relativement à la validité d'un legs, doit obtenir une nouvelle autorisation pour acquiescer au jugement qui prononce la nullité du legs ; et l'appel interjeté ultérieurement, nonobstant l'acquiescement, est recevable

1675. Le conseil municipal doit donner son avis sur la demande en autorisation de plaider (1).

1676. Une fabrique qui veut plaider contre l'Etat doit, comme pour tout autre procès, demander au conseil de préfecture l'autorisation (2).

1677. Conformément aux règles en vigueur pour les communes et les établissements publics, les conseils de fabrique n'ont pas d'autorisation à demander pour plaider devant la juridiction administrative contre les arrêtés des conseils de préfecture, les décisions ministérielles et les décrets (3). Il en résulte qu'une fabrique n'est pas obligée, pour se pourvoir devant le Conseil d'Etat, de prendre préalablement l'avis du conseil de préfecture (4).

1678. Si le jugement en arrêt est rendu en faveur de la fabrique, le trésorier en poursuit l'exécution suivant les règles établies par le code de procédure (5).

1679. Si le jugement en arrêt est rendu contre la fabrique, l'exécution de cette décision donne lieu à des règles spéciales : le créancier ne peut invoquer l'article 547 du code de procédure pour faire exécuter contre les fabriques une saisie mobilière ou immobilière. L'administration des biens des fabriques étant assimilée à celle des biens des communes, la jurisprudence leur applique à ces établissements ecclésiastiques les principes contenus dans l'avis du 18 juillet 1807 et qui interdisent aux créanciers des communes de faire des saisies-arrêts entre les mains de leurs débiteurs (6). La raison en est que les fabriques comme les communes ne peuvent faire aucune dépense sans y être autorisées par l'Administration, et d'autre part, qu'elles n'ont pas la disposition des fonds qui lui sont attribués par leur budget, et qui tous ont une destination dont l'ordre ne peut être interverti (7).

En conséquence, un tribunal excède ses pouvoirs, en validant la saisie-arrêt des revenus d'une fabrique et en réglant le mode de payement des dettes de cet établissement, ces

dettes ne pouvant être acquittées que sur les fonds assignés à cet effet par l'autorité administrative.

Toutefois, dans l'hypothèse où la créance a été reconnue, liquidée, le payement ordonné, les fonds assignés sur les revenus de la fabrique, les tribunaux ont le droit, s'il y a refus de payement, de valider la saisie-arrêt pratiquée sur la fabrique (1). En effet, les deux autorités administrative et judiciaire restent dans leur sphère ; l'administration s'est acquittée de son obligation ; aux tribunaux il appartient d'assurer, par voie de commandement et non par voie de jugement, l'exécution matérielle de l'acte de l'administration.

1680. La saisie du mobilier des églises est impossible pour les mêmes motifs : le mobilier des églises, étant affecté au service du culte, est hors du commerce (2).

On doit admettre, toutefois, une distinction entre les meubles qui servent immédiatement à l'exercice du culte, tels que les aubes, corporaux, amicts, chandeliers, burettes, bassin bénitier, livres de chant et ceux qui sont la propriété de l'église, mais n'ont pas la même destination. Les premiers ne peuvent être vendus, les seconds peuvent l'être si l'administration, qui seule a le droit de régler le mode de payement, les fonds et les objets destinés à y faire face, en autorise l'aliénation (3).

1681. Les biens immeubles des fabriques ne pouvant être aliénés sans autorisation administrative, ne peuvent en conséquence être saisis que si l'administration y consent. Le créancier, porteur de titres ou de condamnations exécutoires doit, faute de fonds disponibles que le préfet puisse lui assigner, s'adresser au ministre des cultes pour qu'un décret autorise l'aliénation des immeubles qui peuvent être vendus. Le créancier pourra attaquer la décision du ministre devant le Conseil d'Etat.

1682. *Actes conservatoires.* — Les actes conservatoires des droits de la fabrique sont confiés au trésorier, sous sa responsabilité. C'est une de ses plus importantes fonctions (4). Par actes conservatoires on désigne tout acte par lequel on conserve un droit, sans qu'il soit nécessaire de s'adresser aux tribunaux.

Il y a plusieurs sortes d'actes conservatoires ; tels sont: une sommation de payement, une surenchère, une apposition de scellés, le renouvellement d'un titre, toute espèce de saisie mobilière, la prise d'une inscription d'hypothèque, et généralement tout acte extrajudiciaire qui a pour effet de conserver un droit. Le trésorier n'a pas besoin d'autorisation pour ces actes. Il n'a même pas besoin, en cas de donation faite à la fabrique, de demander l'autorisation du conseil de préfecture pour plaider sur les difficultés que des actes conservatoires accomplis par lui avant le décret d'autorisation peuvent soulever (5).

Il a été jugé, par suite, que le trésorier peut sans autorisation préalable conclure au maintien d'un testament contenant un legs en faveur de la fabrique, lorsque ce testament est attaqué par les héritiers (6).

1683. Parmi les principaux actes conservatoires que doit

---

(1) L. 5 avril 1884, article 68, § 5.
(2) Bost, p. 638.
(3) Ord. 10 février 1806 ; Reverchon, *Des autorisations de plaider* ; Chauveau, *Code d'instruction administrative* ; Girod ; — C. d'Et. cont. 13 février 1808. — « Sur la fin de non-recevoir opposée au pourvoi par notre ministre des finances, et tirée de ce que la fabrique de l'église cathédrale de Bourges n'aurait pas obtenu du conseil de préfecture l'autorisation exigée par l'article 77 du décret du 30 décembre 1809 : « Considérant que la disposition de l'article 77 du décret du 30 décembre 1809, portant que les marguilliers ne peuvent entreprendre aucun procès, ni y défendre, sans une autorisation du conseil de préfecture, ne s'applique qu'au cas où il s'agit d'exercer une action devant les tribunaux ; — Rejet. »
(4) Déc. min. cultes, 23 septembre 1869.
(5) Art. 146 et 549 ; — D. 30 décembre 1809, art. 7 ; — Amiens, 29 avril 1885.
(6) Avis, 18 juillet 1807.
(7) Cont., 24 juin 1808. — « Napoléon, etc. ; — Vu les deux jugements rendus les 11 juin et 26 août 1807, par lesquels le tribunal de première instance séant à Liège, a déclaré valables les saisies-arrêts faites par la veuve Kenor, entre les mains des débiteurs de la fabrique de l'église succursale de Sainte-Walbruge, aux fins de payement d'une somme de 299 fr. 70, montant d'arrérage d'une rente que, par jugement du 1er mars 1806, ladite fabrique a été condamnée à lui payer ; — Vu l'arrêté du 17 décembre 1807, par lequel le préfet du département de l'Ourthe a élevé le conflit ; — Considérant que le tribunal a excédé ses pouvoirs, en validant la saisie-arrêt des revenus de la fabrique, et en réglant le mode de payement des dettes de cette fabrique, qui ne peuvent être acquittées que sur les fonds assignés à cet effet par l'autorité administrative ; — Les jugements rendus par le tribunal de première instance de Liège, les 11 juin et 26 août 1807, pour valider la saisie-arrêt entre les mains des débiteurs de la fabrique de Sainte-Walbruge, sont considérés comme non avenus, sauf à la veuve Kenor à se pourvoir devant le préfet du département de l'Ourthe, pour l'acquittement de la somme de 299 fr.70, que ladite fabrique a été condamnée à lui payer. — Rejette. »

(1) C. d'Et. 3 décembre 1857.
(2) Carré, Affre.
(3) Affre, p. 201.
(4) D. 30 décembre 1809, art. 78.
(5) C. d'Et., 28 mars 1821.
(6) Cass. 5 mai 1856. — « La Cour ; — Attendu, sur le premier moyen, qu'aux termes de l'ordonnance du 2 avril 1817 le représentant de la fabrique appelée à recueillir un legs est autorisé à faire, en attendant l'acceptation, tous les actes conservatoires jugés nécessaires ; — Attendu que la fabrique de Breuvoy-les-Favernoy ne figurait pas au procès pour demander la délivrance du legs fait en sa faveur par Py ; qu'appelée en cause par jugement du tribunal de Vesoul sur la demande en partage formée par les héritiers du testateur, et menacée de voir annuler la disposition testamentaire faite à son profit comme entachée de substitution, elle a dû pour conserver ses droits conclure au maintien du testament ; que le jugement et l'arrêt statuant sur ces conclusions se sont bornés à prononcer la validité du legs sans en ordonner la délivrance ; — Attendu que cette décision ne porte aucune atteinte au droit qu'a le gouvernement de refuser ou d'accorder ultérieurement l'autorisation d'accepter le legs en question ; qu'ainsi l'arrêt en ordonnant l'exécution du testament avant que la fabrique ait été autorisée à accepter n'a aucunement violé les articles de loi invoqués ; — Rejet. »

faire le trésorier, il faut citer les inscriptions hypothécaires qu'il lui appartient de prendre pour la sûreté des biens et rentes dus à la fabrique. Un arrêté du 24 pluviôse an XIII a reconnu que les inscriptions d'hypothèque prises au nom des fabriques sont exemptes des droits d'hypothèque et des salaires des préposés.

Les trésoriers des fabriques doivent, sans avoir besoin à cet effet d'aucune autorisation et à peine d'être déclarés responsables en cas d'inaccomplissement, faire tous actes nécessaires pour interrompre la prescription trentenaire, notamment faire dresser, après l'expiration du délai de vingt-huit années, les actes authentiques qui peuvent être exigés en renouvellement des titres de rente, conformément aux prescriptions de l'article 2263 du Code civil (1). Toutefois, si l'acte interruptif est une citation en justice, il paraît nécessaire que l'autorisation administrative intervienne postérieurement pour régulariser l'exercice de l'action.

Il a été jugé par application de cette disposition que le devoir du trésorier avait un caractère tel qu'il l'empêchait de prescrire la possession d'un immeuble revendiqué par la fabrique, pendant tout le temps qu'il exerçait ses fonctions. La prescription ne recommence à courir que du jour où celles-ci ont cessé (2). Cependant cette doctrine nous semble rigoureuse et ne nous paraît pas conforme au texte de l'article 2215 du Code civil.

Il a été jugé que l'article 78 du décret du 30 décembre 1809, qui prescrit au trésorier de faire des actes conservatoires pour le maintien des droits de la fabrique, n'attache au caractère conservatoire de ces actes aucune présomption légale d'urgence qui le fasse nécessairement rentrer dans la compétence exceptionnelle des juges de référé (3).

_____

(1) C. just. 21 décembre 1843.
(2) Aix, 24 novembre 1861.
(3) Cass. civ. 13 juillet 1871. — « La Cour; — Sur le premier moyen : — Attendu que si le décret du 30 décembre 1809 concernant les fabriques dispose par son article 80 que toutes contestations relatives à la propriété des biens et toutes poursuites à fin de recouvrement des revenus seront portées devant les juges ordinaires, cette disposition est inapplicable dans la cause; que, d'une part, en effet, l'action formée par la fabrique contre le curé Hugony se fonde sur ce que contrairement à tout droit il aurait choisi une nouvelle blanchisseuse et un nouveau bedeau, et sur ce qu'il n'affecherait pas régulièrement au service l'extrait prescrit du sommier des fondations; que, d'autre part, elle tend à ce qu'il lui soit fait défense d'employer au service du blanchissage et de l'église la blanchisseuse et le bedeau nommés par lui seul, et à ce qu'il soit tenu de faire afficher dans la sacristie le tableau des fondations; que dans les termes où elle est conçue une pareille demande n'implique ni contestations sur la propriété des biens, ni poursuite à fin de recouvrement des revenus; — Que les seules difficultés qu'elle soulève sont uniquement relatives à des conflits d'attributions et de pouvoirs concernant la nomination et le service des employés ainsi que l'exécution des fondations; que, en décidant, en conséquence, qu'elles constituaient des questions d'ordre et de police intérieurs dont la solution appartient à l'autorité diocésaine ou à l'autorité administrative, l'arrêt attaqué n'a point contrevenu aux textes de loi invoqués par le pourvoi;

« Sur le deuxième moyen : — Attendu que si, aux termes de l'article 78 du décret précité, le trésorier est tenu de faire tous actes conservatoires pour le maintien des droits de la fabrique et toutes diligences nécessaires pour le recouvrement de ses revenus, cet article n'attache au caractère conservatoire de ces actes et diligences aucune présomption légale d'urgence qui le fasse nécessairement rentrer dans la compétence exceptionnelle du juge des référés; que les contestations auxquelles ils peuvent donner lieu restent soumises aux règles ordinaires qui déterminent la juridiction compétente; que le juge qui en est saisi par la voie du référé a donc le droit et le devoir de vérifier conformément à l'article 80 du Code de procédure civile, s'il y a ou non réellement urgence; — Attendu que par appréciation des faits et circonstances de la cause, l'arrêt attaqué déclare qu'en admettant que les tribunaux ordinaires fussent compétents, l'urgence n'existait pas en ce qui concerne les perceptions prétendues irrégulièrement faites ou ordonnées par le curé Hugony à l'occasion de la rétribution des chaises, de l'établissement des troncs particuliers et des quêtes recueillies dans l'église; qu'en se fondant sur cette constatation de fait qui est dans les pouvoirs du juge, pour décider qu'il n'y avait pas lieu à recours devant le juge des référés, sauf compte ultérieur entre le curé et la fabrique, ledit arrêt n'a contrevenu à aucun des articles précités;

« Sur le troisième moyen : — Attendu que la compétence du juge des référés repose sur le même principe que celle des tribunaux ordinaires; que dans la cause où, à raison de la matière, la connaissance de la cause appartient, comme dans l'espèce, à l'autorité administrative, leur incompétence est aussi absolue sur le principe et au fond; qu'en la décidant ainsi, l'arrêt attaqué a fait une exacte application des lois sur la matière; — Par ces motifs, Rejette. »

1684. Les fabriques, chargées par la loi de veiller à l'entretien et à la conservation des églises, ont, à ce titre, qualité pour faire assurer ces édifices contre l'incendie. Rien ne s'oppose à ce qu'elles contractent une assurance, lorsque leurs recettes excèdent notablement leurs dépenses. Le traité passé avec la Compagnie d'assurances constituant alors un simple acte d'administration, aucune autorisation n'est nécessaire pour le rendre valable. Il suffit que la dépense soit approuvée par l'évêque diocésain.

La police d'assurances doit naturellement comprendre le mobilier de l'église aussi bien que l'immeuble. Seulement, il convient de diviser le procès-verbal d'estimation en deux parties distinctes, comprenant, l'une, tout ce qui doit être considéré comme immeuble, et l'autre, tout ce qui est réputé meuble (1).

1685. *Questions de compétence.* — Toutes contestations des fabriques relatives à la propriété des biens et toutes poursuites à fin de recouvrement des revenus sont portées devant les tribunaux ordinaires (2). La jurisprudence a fait de nombreuses applications de cette règle posée par le décret organique des fabriques. Ainsi rentrent dans la compétence de l'autorité judiciaire les contestations relatives à l'existence, à la validité et aux effets des legs faits aux fabriques (3),

_____

(1) Déc. min. 22 septembre 1859.
(2) D. 30 décembre 1809, art. 80.
(3) D. 16 juillet 1810; arr. régl. 17 thermidor an XI; — D. 16 septembre 1814.

Angers, 23 mars 1871. — « La Cour : — Attendu que le sieur de Langottière est mort en 1861, laissant un testament du 10 avril 1856 et un codicille du 4 décembre 1857, par lesquels il léguait à la fabrique de l'église de la commune du Vieil-Baugé une maison et un capital de 8,600 francs destinés à l'acquisition du mobilier et à l'entretien de deux sœurs pour soigner les malades et instruire les enfants pauvres; — Attendu que le testateur a prescrit, comme condition formelle de sa libéralité, que l'emploi de toutes les sommes léguées à la fabrique de la paroisse de Vieil-Baugé sera fait par les soins de la fabrique de son église et de son curé; que les sœurs seront choisies par le curé, seront sous sa direction et non sous celle de l'administration municipale de la commune; — Attendu que le testateur, prévoyant le cas où la maison cesserait d'être habitée par les sœurs, en transfère la jouissance, ainsi que celle du mobilier et de la rente, à la fabrique; à défaut de la fabrique, à la cure, à défaut de la cure et de la fabrique, aux pauvres de la paroisse de Vieil-Baugé; à cette condition toutefois, que, aussitôt que les sœurs pourraient être établies, la jouissance déléguée à la fabrique, à la cure et aux pauvres, reviendrait aux deux sœurs; — Attendu que la fabrique ayant demandé l'autorisation d'accepter ce legs, il a été répondu à cette demande par un décret du Conseil d'Etat du 15 novembre 1863, lequel autorise le trésorier de la fabrique de l'église succursale du Vieil-Baugé, au nom de cet établissement, le maire du Vieil-Baugé, au nom de cette commune, et le bureau de bienfaisance de cette localité, à accepter, chacun en ce qui le concerne, et aux clauses et conditions imposées, le legs fait à cette fabrique; ordonne l'emploi des 8,600 francs légués à l'achat d'une rente de 3 0/0, laquelle sera immatriculée au nom de la fabrique et de la commune de Vieil-Baugé; soumet cette autorisation à la condition que les sœurs qui dirigeront l'école y recevront les enfants pauvres de la commune sur la liste dressée en exécution de l'article 43 de la loi du 15 mars 1850, et enfin rejette, comme étant contraire à la loi, la clause du testament précité de M. de Langottière portant que les sœurs établies au Vieil-Baugé seront au choix et sous la direction du curé de cette paroisse; — Attendu que les héritiers de Langottière ont, par citation du 2 mars 1867, appelé la fabrique du Vieil-Baugé devant le tribunal d'Angers; que la fabrique a appelé la commune en cause, et que les héritiers de Langottière ont conclu à ce que la fabrique fût tenue, dans un délai à impartir par le tribunal, et sans l'intervention de la commune, à accepter le legs, et à ce que, faute de cette acceptation par la fabrique, le legs fût déclaré caduc; — Attendu que, sur cette première instance, un jugement du tribunal d'Angers du 20 juillet 1867 a déclaré les héritiers de Langottière mal fondés dans leur demande; — Attendu que, par autres citations des mois d'avril, mai et juin, le maire du Vieil-Baugé a appelé les héritiers de Langottière devant le tribunal de Baugé, et a conclu contre eux à la délivrance du legs dans les termes du décret d'autorisation, et que les héritiers de Langottière ont mis en cause la fabrique de Vieil-Baugé; — Attendu que, sur cette seconde instance, un jugement du tribunal de Baugé du 12 août 1868 a fait délivrance du legs à la fabrique de l'église de Vieil-Baugé, conjointement avec le maire de la commune, dans les termes du décret du 18 novembre 1863, et a ordonné que la somme de 8,600 francs serait employée à l'achat d'une rente 3 0/0, laquelle sera immatriculée au nom de la fabrique et de la commune; — Attendu que les héritiers de Langottière ont interjeté appel de ces deux jugements, et que ces deux appels donnent à juger la question de savoir si le décret d'autorisation a respecté la volonté du testateur, et si, dans le cas où cette volonté n'aurait pas été respectée, il appartient à la justice ordinaire de prononcer la caducité du legs; — Attendu que l'autorité de la justice ordinaire n'est pas sérieusement contestée, et que cette autorité a été reconnue par le décret du Conseil

ainsi que les difficultés relatives au legs de rentes en nature pour les frais d'une fondation (1).

C'est aux tribunaux judiciaires qu'il appartient de statuer :

1° Sur la demande en payement d'une somme affectée au service d'une fondation, malgré le recours pour abus introduit devant le Conseil d'Etat par le débiteur contre l'ordonnance épiscopale qui avait réduit le nombre des messes dont le testateur avait imposé la célébration (2) ;

2° Sur les contestations entre l'administration d'une ancienne fabrique, c'est-à-dire d'une fabrique existant avant la restauration du culte, et un particulier, en raison d'une obligation contractée en son propre nom quoiqu'en sa qualité d'administrateur (3) ;

3° Sur la question de savoir si en fait les administrateurs d'une fabrique se sont engagés personnellement et quelles sont les conséquences de cet engagement (4) ;

4° Sur les actions des créanciers contre les cautions des fabriques (5) ;

5° Sur les réclamations dirigées contre les conseils de fabrique pour inobservation des règles prescrites pour la location des bancs et chaises des églises (6) ;

6° Sur les contestations entre fabrique et commune sur la propriété d'un terrain, basées sur la possession des titres de propriété et non sur des actes administratifs (7).

La compétence de l'autorité judiciaire dans les contestations relatives à la propriété des biens des fabriques a lieu même dans le cas où la question de la propriété d'un presbytère ou de ses dépendances est soulevée entre la fabrique et la commune (8).

En ce sens il a été jugé : 1° Qu'un procès relatif à la possession d'une servitude de prise d'eau et d'aqueduc au profit d'une prairie dépendant d'un presbytère doit être porté devant les tribunaux ordinaires (1) ; 2° que c'est à l'autorité judiciaire qu'il appartient de statuer entre une commune et une fabrique au sujet de la propriété d'une maison, si la commune demanderesse invoque exclusivement des moyens de droit commun, et bien que la fabrique prétendît être rentrée en possession de l'immeuble litigieux, en vertu de l'arrêté du 7 thermidor an XI et du décret du 30 mai 1806 (2). Toutefois le tribunal devrait surseoir jusqu'à ce que l'autorité administrative eût statué sur cette question. Il n'y aurait pas lieu, d'ailleurs, au renvoi à l'autorité administrative si le tribunal trouvait des motifs de décider soit dans la prescription acquise au profit de la fabrique, soit dans tout autre moyen de droit commun (3) ; 3° que l'autorité judiciaire est compétente pour statuer sur la demande d'une fabrique en vue d'obtenir l'enlèvement de constructions élevées par la commune sur un terrain lui appartenant et adossées à l'église, alors que ces travaux pouvaient rendre plus difficile et peut-être impossible l'accès de cette partie de l'église pour y exécuter les réparations nécessaires (4) ; 4° qu'il appartient à la juridiction civile seule de décider si une commune est fondée à demander la démolition de constructions entreprises par la fabrique sur un terrain joignant l'église, à raison soit de ce que ce terrain serait communal, soit de ce que les constructions auraient pour effet de menacer la solidité de l'église (5). Il résulte de cette décision que le préfet commet un excès de pouvoir en ordonnant que les travaux soient démolis par la fabrique, ou en cas de refus à ses frais par les soins du maire.

1686. Il n'appartient pas non plus à l'administration préfectorale de décider si une parcelle de terrain est ou non comprise dans les dépendances du presbytère, alors qu'il y a contestation sur ce point entre le fabrique et la commune (6). Dans

d'État du 13 juillet 1870, lequel déclare que si les héritiers de Langottière entendent soutenir que les conditions sous lesquelles la fabrique a été autorisée à accepter le legs ne sont pas conformes à la volonté du testateur, c'est à l'autorité judiciaire qu'il appartient de connaître de leurs réclamations et de décider, par l'interprétation de ce testament, s'il y a lieu pour les héritiers à se refuser à la délivrance de ce legs ; — Attendu qu'il suffit de comparer les termes du testament avec les conditions imposées par le décret d'autorisation pour reconnaître que la volonté du testateur a été absolument méconnue par le décret, et que, à cette volonté clairement manifestée, le décret a substitué des dispositions destructives de cette volonté ; — Attendu qu'il appartenait au Conseil d'Etat d'accorder ou de refuser l'autorisation d'accepter le legs, mais qu'il ne pouvait lui appartenir d'en changer les conditions et de créer un testament arbitraire en remplacement de celui émané de la volonté du testateur ; — Attendu que les héritiers de Langottière agissant en vertu d'un intérêt et d'un devoir : intérêt à réclamer les valeurs du legs non exécuté, devoir de faire respecter les intentions de leur auteur ; — Attendu qu'ils sont donc recevables dans leur demande de caducité du legs et bien fondés dans cette demande, puisque la fabrique de l'église du Vieil-Baugé se trouve dans l'impossibilité d'accepter le legs dans les conditions stipulées par le testateur ; — Par ces motifs, etc... »
(1) D. 16 juillet 1810.
(2) Cass. req. 12 novembre 1822. — « La Cour ; — Attendu que, suivant l'ordonnance de 1737 et l'article 363 du Code de procédure civile, la voie du règlement de juges n'est ouverte devant la Cour que lorsqu'il s'agit d'un différend qui serait porté en deux tribunaux qui ne ressortissent pas de la même Cour d'appel, et dont deux Cours royales seraient saisies en même temps ; qu'ainsi en supposant l'existence d'un conflit entre le Conseil d'Etat et la Cour royale de Montpellier, la Cour ne serait pas compétente pour y faire droit ; déclare qu'il n'y a pas lieu à statuer sur le règlement de juges introduit devant elle par le comte de Roquelaure ;
En ce qui concerne la demande en cassation formée en même temps par le comte de Roquelaure ; — Attendu, sur le moyen d'incompétence, que les tribunaux n'ont été saisis que de la demande en payement de la somme affectée au service de la fondation, ce qui n'a rien de commun avec l'appel comme d'abus de l'ordonnance de l'évêque de Carcassonne que le comte de Roquelaure paraît avoir déféré au Conseil d'Etat, et dont quel que soit l'événement les tribunaux auront toujours à prononcer sur le payement de la somme demandée par la fabrique de l'église de Saint-Papoul ; — Attendu, sur le moyen pris de la forme en laquelle l'action des marguilliers a été intentée, que ces marguilliers ont été nommés par le préfet ; qu'ils ont agi collectivement, poursuites et diligences du trésorier, et qu'il n'a été élevé aucune difficulté à cet égard, au moins devant la Cour royale ; — Attendu, enfin, sur le défaut d'autorisation, que les marguilliers avaient été autorisés par le préfet, et que l'autorisation que la Cour royale a prescrite n'a pour objet que de régulariser la première, ce qui a pu être ainsi ordonné, sans contrevenir à la loi, l'action des marguilliers n'étant pas frappée dans le principe d'une incapacité absolue ; — Rejette. »
(3) D. 11 janvier 1808.
(4) D. 28 mai 1809.
(5) D. 28 mai 1809.
(6) Lodève, 23 juillet 1889.
(7) Ord. 19 juillet 1826.
(8) Bordeaux, 17 avril 1871

(1) C. d'Et. 1er juillet 1882.
(2) Trib. conflits, 15 décembre 1883. — « Le tribunal des conflits : — Vu la loi du 24 mai 1872 et le règlement du 26 octobre 1849 ; — Vu le décret des 13-14 brumaire an II, l'arrêté des consuls du 7 thermidor an XI et le décret impérial du 30 mai 1806 ;
« Considérant que, l'examen de la demande portée par la commune de Templeuve, d'abord le 12 mars 1880, devant le tribunal civil de Lille, puis le 11 janvier suivant, devant le conseil de préfecture du Nord, il ressort que la demanderesse a exclusivement appuyé sa revendication sur ce que : 1° La maison litigieuse aurait été bâtie par elle et sur un terrain communal ; 2° elle en aurait disposé comme de chose lui appartenant, chaque fois que le vicaire ne devait pas y être logé : 3° cette maison et le terrain qui en dépend auraient toujours été inscrits au cadastre comme propriété communale ; 4° la commune aurait annuellement acquitté les contributions dont l'immeuble était grevé ; — Considérant que si, en réponse à cette demande, la fabrique a allégué s'être rentrée en possession de l'immeuble, en vertu de l'arrêté du 7 thermidor an XI et du décret du 30 mai 1806, cette allégation pouvait sans doute autoriser ou même obliger le tribunal à surseoir jusqu'à ce que les parties eussent fait statuer sur cette question par l'autorité administrative comme compétence ; mais que le tribunal ne devait pas d'ores et déjà se déclarer incompétent pour connaître d'une action que la demanderesse appuyait que sur des preuves de droit commun;
« Art. 1er. Est considéré comme non avenu le jugement rendu par le tribunal civil de Lille, etc. »
(3) Cass. req. 23 janvier 1877.
(4) Pau, 12 novembre 1886.
(5) Cont. 29 janvier 1886. — « Le Conseil d'Etat : — Vu le décret du 30 décembre 1809 et l'ordonnance du 8 août 1821 ; — Vu la loi du 18 juillet 1837 ; — Vu les lois des 7-14 octobre 1790 et 24 mai 1872 ;
« Considérant que si la ville d'Abbeville se croyait fondée à soutenir que les travaux de construction de la chapelle des catéchismes de l'église Saint-Wulfran, qui n'ont été approuvés par le préfet ni soumis aux délibérations du conseil municipal, étaient irréguliers, et à réclamer leur démolition, soit à raison de ce qu'ils auraient été entrepris sur un terrain communal, soit à raison de ce qu'ils auraient pour effet de compromettre la solidité d'une partie de l'église, c'était à l'autorité judiciaire qu'il appartenait de statuer sur les demandes qui auraient pu être portées à cet effet devant elle ; que le préfet de la Somme était incompétent pour prononcer sur la contestation qui s'était élevée entre la fabrique de Saint-Wulfran et la ville d'Abbeville et pour ordonner la démolition des travaux qui était réclamée par le conseil municipal ; qu'il suit de là qu'en prescrivant que, faute par la fabrique de démolir elle-même la chapelle irrégulièrement commencée, il y serait procédé par le maire d'Abbeville et aux frais de ladite fabrique, le préfet de la Somme a excédé la limite de ses pouvoirs ;
« Art. 1er. L'arrêté... est annulé, etc. »
(6) Cont. 29 juillet 1887.

ce cas, l'arrêté par lequel le préfet ordonne qu'il sera procédé à la démolition du mur de clôture comprenant la partie litigieuse dans les dépendances du presbytère, par les soins du maire et aux frais de la fabrique, doit être annulé pour excès de pouvoir.

De même, c'est à l'autorité judiciaire de statuer sur la prétention d'une fabrique qui revendique comme affecté au culte et servant de dépendance à l'église, un bâtiment de la commune qu'elle affirme avoir formé une dépendance de l'ancien presbytère et dont elle aurait droit de reprendre la possession par suite de la construction d'un nouveau presbytère (1).

Mais l'ordonnance qui autorise une fabrique à accepter des biens cédés au domaine, et l'arrêté du préfet qui ordonne l'envoi en possession, constituent des actes administratifs qui ne préjugent pas la question de propriété et ne s'opposent pas à ce que les tiers saisissent les tribunaux judiciaires (2).

De même, la décision par laquelle le ministre des finances a envoyé une fabrique en possession d'une ancienne chapelle et de ses dépendances par subrogation aux droits de l'État, ne fait pas obstacle à ce qu'un particulier fasse valoir devant l'autorité judiciaire les droits de propriété qu'il prétend avoir sur ces objets. Dès lors cette décision ne peut être attaquée devant le Conseil d'État (3).

1687. Les tribunaux sont compétents en cas de revendication de la part des tiers relativement à la propriété des rentes ou des biens immobiliers non aliénés et dont les fabriques auraient été remises en possession en vertu de l'arrêté du 7 thermidor an XI (4). Ils peuvent reconnaître les titres de créances contre une fabrique et en ordonner le payement. Un préfet ne peut, en conséquence, élever le conflit en cette matière, par ce motif que la fabrique a agi sans autorisation et sans avoir fait régulariser ses pièces (5). Les tribunaux ne peuvent prescrire un mode de payement.

1688. L'autorité judiciaire statue sur les droits résultant de la concession à titre onéreux faite par une fabrique de bancs et places dans une église, et sur les dommages-intérêts provenant de l'inexécution de la concession, mais non sur le placement et la forme des bancs. En effet, c'est au curé seul qu'appartiennent le service du culte et la police intérieure de l'église (6).

1689. Le juge de paix est compétent pour connaître sur la question de redevance en matière de bancs (1).

1690. Les contestations qui s'élèvent entre les fabriques, et relatives aux revenus ou propriétés leur appartenant, sont de la compétence des tribunaux. Mais lorsqu'il s'agit de la mise en possession de ces mêmes propriétés non aliénées, la question appartient exclusivement à l'autorité administrative. Par suite, des paroisses qui ont été supprimées, et dont les revenus ont été partagés entre d'autres paroisses de la même commune, ne sont pas recevables à attaquer la décision ministérielle qui a ordonné le partage (2).

1691. De même en cas de démembrement d'une paroisse, les questions de partage des biens qui peuvent être la conséquence de la séparation, ne sont pas du ressort de l'autorité judiciaire.

1692. Il a été décidé que c'est aux tribunaux judiciaires qu'il appartient de statuer sur les contestations qui peuvent naître au sujet du recouvrement des droits perçus; pour les inhumations par les fabriques et par les curés, en vertu d'un tarif diocésain. Il n'appartient pas au Conseil d'État, saisi par la voie du recours pour excès de pouvoir, de statuer sur la légalité d'un décret approuvant ce tarif (3).

(1) Cont. 20 août 1858.
(2) Ord. Cons. d'Et. 27 août 1833.
(3) Cont. 29 janvier 1830. — « Considérant que la décision attaquée ne fait obstacle à ce que le sieur Ganne fasse valoir ainsi qu'il l'avisera les droits qu'il prétendrait avoir relativement à la chapelle et aux dépendances dont il s'agit;
« Art. 1er. Les requêtes du sieur Ganne sont rejetées; etc... »
(4) D. 22 septembre 1812; — Ord. 6 mars 1816, 1er décembre 1819.
(5) Cont. 16 janvier 1822, fabrique de Pin-lès-Magny contre Potiquet. — Louis, etc... — Sur le rapport du comité du contentieux; — Vu le rapport de notre garde des sceaux tendant à faire statuer sur un conflit élevé par le préfet de la Haute-Saône entre l'autorité administrative et l'autorité judiciaire à l'occasion d'un jugement rendu par le tribunal de première instance de Gray, etc...; — Vu l'arrêté du 17 vendémiaire an X et le décret sur les fabriques du 30 décembre 1809;
« Considérant qu'il s'agit dans l'espèce d'un jugement par défaut qui reconnaît des titres de créance, et en ordonne le payement, et que ces matières sont du ressort des tribunaux; — Considérant, sur les motifs du conflit relatifs au défaut d'autorisation de plaider et à la non liquidation et non régularisation des pièces, que ces exceptions ne peuvent être proposées que devant les tribunaux par la fabrique, si elle s'y croit fondée; — Considérant, sur les motifs tirés des moyens d'exécution, que dans l'état actuel de la cause il n'y a sur ce point ni contestation, ni difficulté, et qu'ainsi sous aucun de ces rapports il n'y avait lieu d'élever le conflit; — Notre Conseil d'État entendu; — Nous avons, etc.
« Art. 1er. L'arrêté du préfet du département de la Haute-Saône du 30 novembre 1821, par lequel il élève le conflit entre l'autorité administrative et l'autorité judiciaire est annulé; etc... »
(6) D. 30 décembre 1809, art. 36; — Cont. 4 juin 1826. — « Charles, etc... — Vu les articles 30, 36 et 80 du décret du 30 décembre 1809; — Considérant qu'il s'agit, dans l'espèce, de bancs actuellement existants dans l'église de Saint-Aubin-Rivière, et qu'il ne s'élève aucune contestation sur leur conservation ou leur emplacement relativement à l'exercice du culte ou à la police intérieure de l'église; que dès lors il n'y a pas lieu à l'application du décret du 30 décembre 1809 sur la compétence administrative; qu'il s'agit de savoir si la fabrique a le droit de louer lesdits bancs pour ajouter à ses revenus le produit de la location, ou bien s'ils ont été valablement concédés aux sieurs Lefebvre et consorts qui prétendent en avoir acquis la jouissance à titre onéreux par acte en

date du 14 août 1808, ci-dessus visé; que les questions relatives à la validité ou à l'exécution dudit acte sont du ressort des tribunaux, soit à raison de la matière, soit d'après les articles 36 et 80 du décret du 30 décembre 1809;
« Art. 1er. L'arrêté de conflit pris par le préfet du département de la Somme le 25 octobre 1825 est annulé; etc... »
Cont. 18 décembre 1827. — « Charles, etc. » — Sur le rapport du comité du contentieux; — Vu le règlement du 30 décembre 1809, et spécialement le § 3 de l'article 30, portant : — « Le placement des bancs dans l'église ne pourra être fait que du consentement du curé ou desservant, sauf le recours à l'évêque »; — Vu l'ordonnance du 12 décembre 1821 sur les conflits; — Considérant que l'autorité judiciaire était compétente pour statuer sur les droits résultant de la concession à titre onéreux faite par leur fabrique, et sur les dommages-intérêts résultant de l'inexécution de la concession; — Mais qu'elle serait incompétente pour statuer sur l'emplacement et les formes dudit banc et tout ce qui est étranger à la concession;
« Art. 1er. L'arrêté de conflit du 24 août 1827 est confirmé en ce qu'il revendique le droit de statuer sur le placement et la forme du banc pour l'autorité compétente, aux termes du § 3 de l'article 30 du règlement du 30 décembre 1809. En conséquence, l'assignation du 28 septembre 1826 sera considérée comme non avenue dans le chef de demande relatif au placement et à la forme du banc; etc.... »
(1) Cont. min. cultes, 5 décembre 1807; Affre, p. 189.
(2) Cont. 8 juillet 1818. — « Considérant, sur la question de compétence, que le décret du 31 décembre 1809, en renvoyant aux juges ordinaires les contestations qui pourraient naître à raison des propriétés ou du recouvrement des revenus appartenant aux fabriques, n'a pas étendu ce renvoi, à la mise en possession des biens non aliénés, ordonnée par le décret du 7 thermidor an XI, et qu'il appartient exclusivement à l'administration d'exécuter les dispositions de cet arrêté, lors de la cession des biens qui avaient été réunis au domaine de l'État... »
(3) Cons. d'Et., Cont. 23 avril 1875. — « Considérant que les sieurs Gravelet soutiennent que l'arrêté du chef du pouvoir exécutif, qui a approuvé le tarif dressé par l'archevêque de Bourges pour régler la perception des oblations dans son diocèse, est entaché d'excès de pouvoirs, en ce qu'il a autorisé la perception, par le curé et la fabrique du lieu du décès, des droits afférents aux sépultures solennelles pour le cas où le corps d'un défunt étant transporté de la paroisse où il est décédé dans une autre paroisse, aucune cérémonie n'a eu lieu dans la paroisse du décès; — Mais, considérant que c'est à l'autorité judiciaire qu'il appartient de connaître des contestations qui peuvent s'élever au sujet du recouvrement des droits perçus en vertu dudit tarif, et que l'approbation donnée au tarif par l'arrêté du chef du pouvoir exécutif ne faisait pas obstacle à ce que les sieurs Gravelet contestassent devant l'autorité judiciaire la légalité dudit tarif et l'application qui leur en a été faite; que, dès lors, ils ne sont pas recevables à attaquer devant le Conseil d'État pour excès de pouvoirs, et par application des lois des 7-14 octobre 1790 et 24 mai 1872, le tarif et l'arrêté qui l'a approuvé;
« Art. 1er. La requête... est rejetée. »
Cass. 24 janvier 1871. — « La Cour; — En ce qui concerne le moyen unique, pris de la violation de la règle de la séparation des pouvoirs et de l'article 4, § 2, de la loi du 28 pluviôse an VIII, en ce que l'arrêt attribué aux tribunaux ordinaires la connaissance d'une contestation relative à un règlement de travaux publics entre l'administration et l'entrepreneur : — Attendu que l'arrêt attaqué n'a pour s'interpréter les arrêtés ministériels des 6 avril 1865 et 11 mai 1867, sur le sens desquels aucun désaccord n'existait entre les parties; — Attendu qu'il ne s'agissait pas, dans l'espèce, d'un marché entre l'administration et un entrepreneur pour l'exécution d'un travail d'intérêt public, mais d'une convention toute spéciale d'après laquelle le défendeur éventuel devait obtenir la concession perpétuelle d'une chapelle dans l'église de Pouzols à la condition de construire et d'entretenir à ses frais ladite chapelle; que, d'un autre côté, le défendeur éventuel ne demandait pas

1693. Les tribunaux judiciaires sont encore compétents : 1° pour connaître des difficultés qui peuvent s'élever, entre les fabriques et les communes, sur la question de savoir si si une propriété communale a été affectée au service du culte (1) ; 2° sur un engagement, même approuvé par le préfet et contracté entre les membres d'une municipalité, tant en leur nom personnel qu'au nom des habitants, et un ecclésiastique, pour assurer à celui-ci une rétribution à raison de ses fonctions ; si l'affaire donnait lieu à statuer sur les charges commnnales, ou sur les rôles de répartition, elle deviendrait administrative (2) ; 3° sur une contestation entre une administration municipale et un curé au sujet d'un presbytère, dont la commune revendique le libre usage comme propriété communale, et que le curé possesseur de l'immeuble, en vertu de l'affectation qui en a été consentie par la commune en exécution de la loi, se refuse à délaisser immédiatement (3).

_____

le payement d'un travail à lui dû comme entrepreneur de la construction de la chapelle, mais seulement la restitution des dépenses qu'il avait faite en vue d'une concession autorisée par le premier arrêté ministériel et révoqué par le second, sur la provocation de la fabrique; qu'une telle action ne rentrait ni dans les termes ni dans l'esprit de l'article 4, § 2, de la loi du 28 pluviôse an VIII ; — Rejette le pourvoi contre l'arrêt de la Cour de Montpellier du 8 janvier 1870. »
(1) Cont. 26 août 1838.
(2) Cont. 21 décembre 1818.
(3) Nîmes, 20 mars 1871. — La Cour, attendu que l'appelant demande la réformation de l'ordonnance rendue sur référé par le président du tribunal d'Apt, et portant que, provisoirement et jusqu'à ce qu'il soit statué au principal par l'autorité compétente, le curé de la paroisse de Lauris est autorisé à rester en possession du presbytère ; Que cette ordonnance est attaquée par deux moyens: 1° pour incompétence; 2° comme portant atteinte à l'autorité administrative.
Sur le premier moyen: Attendu que la commune de Lauris a acquis, en 1863, deux maisons contiguës, qui, après avoir été appropriées par ses soins, ont été affectées au logement du curé et du vicaire, et ont formé le presbytère; qu'en agissant ainsi, elle n'a fait qu'exécuter l'obligation qui lui était imposée par l'article 92 du décret du 30 décembre 1809; que le curé a été régulièrement mis en possession de ce presbytère; — Attendu que, à la suite d'une délibération du conseil municipal en date du 21 novembre 1870, approuvée le 19 décembre par le préfet de Vaucluse, le maire, à fait, par acte du 6 janvier 1871, sommation au curé de Lauris d'avoir, dans un délai de huitaine, à délaisser ledit immeuble ; que, sur son refus, le préfet a pris, le 24 du même mois de janvier, un arrêté par lequel il est enjoint au curé d'avoir à quitter, dans les 24 heures, ledit presbytère, sous peine d'en être expulsé par la force publique; que cet arrêté ayant été notifié le 27 au curé, celui-ci assigna le maire devant le juge du référé pour voir dire qu'il serait maintenu en possession pendant six mois, délai accordé suivant l'usage local à tout locataire; — Attendu que de ces faits il résulte, d'une part, que la maire de la commune de Lauris revendique, au nom de celle-ci, le libre usage d'un immeuble qui est la propriété de la commune; d'autre part, que le curé, possesseur de cet immeuble, en vertu de l'affectation qui lui en a été consentie par la commune en exécution de la loi, se refuse à un délaissement immédiat; que par sa nature et son objet, cette contestation rentrait dans les attributions de l'autorité judiciaire, puisqu'elle portait à la fois sur un droit de propriété et sur un droit d'usage dérivant de la convention et de la loi ; que, la cause présentant un caractère d'urgence, c'est à bon droit que le juge du référé a été saisie ; attendu que, en maintenant provisoirement le curé en possession, et jusqu'à ce qu'il ait été statué au principal, il n'est fait aucun grief à la commune, qui conserve tous ses droits pour se pourvoir devant l'autorité compétente, à l'effet d'obtenir le changement qu'elle poursuit dans la destination du local occupé par le presbytère.
« Sur le second moyen : Attendu que, s'il est défendu à l'autorité judiciaire de connaître des actes de l'administration et d'arrêter l'exécution, cette règle n'est applicable qu'autant que l'acte de l'autorité administrative rentre dans les limites de ses attributions, et ne constitue pas par lui-même un excès de pouvoir; que s'il en était autrement, les droits des citoyens, que la loi a placés sous la protection de l'autorité judiciaire, demeureraient sans garantie; qu'aucune loi n'investit le préfet du droit de statuer sur les contestations qui peuvent s'élever entre une commune propriétaire et son curé, au sujet de la possession du presbytère; qu'il est, au contraire, formellement disposé par l'article 1er de l'ordonnance du 3 mars 1825 qu'aucune distraction des parties superflues d'un presbytère pour un autre service ne peut avoir lieu sans une autorisation spéciale du chef de l'État, le Conseil d'État entendu; qu'en cette occasion, le préfet n'a d'autre droit que de donner son avis; attendu que, dans l'espèce, la commune prétend distraire la partie du presbytère occupée par le curé pour l'affecter à un autre service municipal; qu'en cet état du droit et du fait, loin de porter atteinte à l'autorité administrative, la décision du juge du référé assure l'exécution d'un de ses actes, puisque c'est en vertu d'une autorisation de l'administration supérieure, et sur l'avis conforme du préfet et de l'évêque, que le curé a été mis en possession du presbytère; que jusqu'à ce que l'autorité compétente ait statué au principal, le juge ne pouvait pas ne pas ordonner le maintien d'une possession fondée en titre; attendu, néanmoins, qu'au mépris de l'ordonnance du juge, le maire de la commune de Lauris s'est emparé du presbytère et en a

1694. On reconnaît compétence à l'autorité judiciaire :
I. Pour statuer sur une demande formée par une commune en revendication de la propriété d'une maison dont la fabrique se prétend également propriétaire, lorsque la commune base son action sur ce que : 1° ladite maison a été bâtie par elle et sur un terrain communal ; 2° elle en a disposé chaque fois que le vicaire n'y était pas logé ; 3° la maison et le terrain en dépendant ont toujours été inscrits au cadastre comme propriété de la commune qui en acquittait annuellement les contributions. Il en serait ainsi alors même que la fabrique alléguerait être rentrée en possession de l'immeuble en vertu de l'arrêté du 7 thermidor an XI et du décret du 30 mai 1806. Une telle allégation autoriserait seulement le tribunal à surseoir jusqu'à ce que les parties eussent fait statuer sur cette question par l'autorité administrative compétente (1) ;
II. Pour connaître de l'instance introduite par la fabrique d'une église contre une commune, devant le juge des référés, à l'effet d'obtenir la reprise de possession immédiate ou la mise sous séquestre d'un immeuble dont cette fabrique se prétend propriétaire et qu'elle a mis à la disposition de la commune sous la condition qu'il serait affecté à un établissement d'enseignement primaire dirigé par les frères des écoles chrétiennes, alors que la fabrique fonde sa prétention tant sur l'acte notarié contenant ladite concession que sur la donation en vertu de laquelle elle est elle-même devenue propriétaire. Ces actes sont des contrats de droit civil, et la délibération du conseil municipal décidant qu'une école laïque de filles serait installée dans l'immeuble ne constitue qu'un acte de gestion d'un immeuble prétendu communal (2) ;

_____

dépossédé le curé; que l'ordonnance étant confirmée, ce qui a eu lieu contrairement à sa prescription est nul et ne saurait avoir effet; qu'il est de principe que toute personne qui a été violemment expulsée d'une possession légale doit être réintégrée ; confirme l'ordonnance du juge du référé du 31 janvier 1871, etc. »
(1) Trib. conf. 15 décembre 1883. — « Le tribunal des conflits: — Vu la loi du 24 mai 1872 et le règlement du 26 octobre 1849; — Vu le décret des 13-14 brumaire an II, l'arrêté des consuls du 7 thermidor an XI et le décret impérial du 30 mai 1806;
«Considérant que de l'examen de la demande portée par la commune de Templeuve, d'abord le 12 mars 1880, devant le tribunal civil de Lille, puis le 11 janvier suivant, devant le conseil de préfecture du Nord, il ressort que la demanderesse a exclusivement appuyé sa revendication sur ce que : 1° la maison litigieuse aurait été bâtie par elle et sur un terrain communal; 2° elle aurait disposé comme de chose lui appartenant, chaque fois que le vicaire ne devait pas y être logé; 3° le terrain et le terrain qui en dépend auraient toujours été inscrits au cadastre comme propriété communale; 4° la commune aurait annuellement acquitté les contributions dont l'immeuble était grevé ; — Considérant que si, en réponse à cette demande, la fabrique a allégué être rentrée en possession de l'immeuble, en vertu de l'arrêté du 7 thermidor an XI et du décret du 30 mai 1806, cette allégation pouvait sans doute autoriser ou même obliger le tribunal à surseoir jusqu'à ce que les parties eussent fait statuer sur cette question par l'autorité administrative compétente; mais que le tribunal ne devait pas d'ores et déjà se déclarer incompétent pour connaître d'une action que la demanderesse n'appuyait que sur des droits de droit commun ;
« Art. 1er. Est considéré comme non avenu le jugement rendu par le tribunal civil de Lille; — Art. 2. La cause et les parties sont renvoyées devant le tribunal civil de Lille. »
(2) Trib. conf. 5 janvier 1889. — « Le tribunal des conflits: — Vu l'arrêté en date du 10 octobre 1888, par lequel le préfet de la Sarthe a élevé le conflit d'attributions dans une instance pendante devant le tribunal de la Flèche, entre le trésorier de la fabrique de l'église de Saint-Thomas à la Flèche et ladite ville de la Flèche, représentée par son maire en exercice ; — Vu l'exploit du 8 septembre 1888, par lequel le trésorier de la fabrique de Saint-Thomas a donné assignation au maire de la ville de la Flèche à comparaître devant le président du tribunal civil, tenant l'audience des référés, pour, en exécution des clauses d'un acte du 18 novembre 1825 portant cession de propriété par la fabrique à la ville de La Flèche d'un immeuble appelé Petit-Collège, « voir dire au principal, que les parties seraient renvoyées à se pourvoir, et, par provision, dire que la fabrique serait autorisée à reprendre la possession de ladite maison, et, subsidiairement, voir nommer un séquestre chargé d'administrer ledit immeuble et de conserver le mobilier existant jusqu'à la décision du juge du fond »; — Vu la déclinatoire d'incompétence déposé au nom du préfet de la Sarthe, et fondé sur ce que la demande de la fabrique tendait à obtenir du tribunal l'interprétation d'actes administratifs dont l'autorité judiciaire ne pouvait connaître, et sur ce que ses conclusions tendaient à entraver l'exécution de décisions de l'autorité administrative, ledit déclinatoire déposé, à la date du 12 septembre 1888, devant le tribunal statuant en état de référé; — Vu le jugement en date du 26 septembre 1888 par lequel le tribunal de la Flèche rejette le déclinatoire d'incompétence, se déclare compétent et ordonne qu'il sera plaidé au fond, par le motif que la demande soulève des questions de propriété et d'exécution de contrat, de la compétence exclusive du tribunal civil; — Vu les conclusions en date du 15 oc-

III. Pour statuer sur l'action intentée contre un maire par le desservant, à raison de la prise de possession illégale d'un jardin presbytéral par ordre du maire, de la démolition d'un mur et d'excavations pratiquées pour le passage d'une canalisation d'eau; le travail de canalisation doit entraîner la prise de possession permanente et définitive du sous-sol. Si le presbytère est la propriété de la fabrique, il devrait être procédé conformément à la loi du 3 mai 1841; si la commune est propriétaire, la distraction du terrain nécessaire aux travaux ne peut être prononcée, en présence de l'opposition de l'autorité diocésaine, que par un décret rendu dans les termes de l'ordonnance du 3 mars 1825. La prise de possession étant irrégulière, l'administration ne saurait se prévaloir de la loi du 28 pluviôse an VIII. Aucune question préjudicielle n'est à résoudre par l'autorité administrative, les actes reprochés au maire constituant des faits personnels (1) ;

IV. Pour statuer sur l'assignation devant le juge des référés donnée par l'individu au maire à fin de restitution de la serrure et de la clef de l'église enlevées par le maire, et de rétablissement de la serrure fermant à l'intérieur (2).

1695. C'est au conseil de préfecture qu'il appartient de statuer sur les débats qui peuvent s'élever à l'occasion des comptes de la gestion des biens et des revenus des fabriques. Le rôle de l'autorité judiciaire se borne à condamner le comptable à payer le reliquat et à faire régler les articles débattus, ou à rendre son compte s'il n'a pas été rendu.

Il n'appartient pas, par conséquent, à l'autorité judiciaire de régler les articles du compte qui sont contestés (1).

1696. Lorsqu'un desservant s'est chargé volontairement, et pour le compte d'une commune, de la direction des travaux de construction d'une église et a fait emploi pour la confection de ces ouvrages de deniers communaux, le conseil de préfecture est compétent pour arrêter ses comptes en recettes et en dépenses (2).

1697. Le conseil de préfecture est compétent pour résoudre les contestations entre un hospice et une fabrique sur l'envoi en possession d'une rente à laquelle chacun de ces deux établissements prétend avoir droit, et les questions de préférence et de priorité qui peuvent s'élever à ce sujet (3).

---

tobre 1888, par lesquelles le procureur de la République communique au tribunal l'arrêté de conflit sus-visé et requérant qu'il soit sursis à toute procédure; — Vu le jugement en date du 16 octobre 1888 par lequel le tribunal ordonne le sursis; — Vu les observations présentées par M. le ministre de l'intérieur sur la communication qui lui a été faite du dossier, ensemble les observations de M. le ministre de l'instruction publique et celles de M. le ministre de la justice et des cultes; — Vu le mémoire produit par Me Besson, avocat, dans l'intérêt de la fabrique de l'église Saint-Thomas, et concluant à l'annulation de l'arrêté de conflit; — Vu l'article 13, titre II, de la loi des 16-24 août 1790, et la loi du 16 fructidor an III; — Vu les ordonnances des 1er juin 1828 et 12 mars 1831, le règlement du 26 octobre 1849 et la loi du 24 mai 1872;

« Considérant que l'assignation donnée au maire de la Flèche devant le président du tribunal civil tenant l'audience des référés, par le trésorier de la fabrique de l'église Saint-Thomas, avait pour objet d'obtenir soit la reprise de possession immédiate, soit la mise sous séquestre d'un immeuble dont ladite fabrique se prétend propriétaire, et qui aurait été mis à la disposition de la ville de la Flèche sous des conditions déterminées par un acte publié en date du 18 novembre 1823; — Considérant que la fabrique fonde ses prétentions tant sur ledit acte que sur un acte de donation à elle consentie le 18 septembre 1663; que ces actes contiennent des contrats de droit civil et qu'il appartient à l'autorité judiciaire seule de statuer sur les droits qui en découlent et sur l'exécution des conditions qu'ils renferment, sauf à surseoir dans le cas où se présenteraient des questions dont la solution exigerait l'interprétation d'actes administratifs; — Considérant que la délibération du conseil municipal de la Flèche en date du 14 août 1888, portant que l'école des filles sera installée dans l'immeuble litigieux, ne constituerait qu'un acte de gestion d'un immeuble prétendu communal, ne pouvant faire obstacle à ce que le juge compétent statue sur le fond statuât sur les mesures provisoires qui se rattachent à la demande de la fabrique ;

« Décide: — Art. 1er. L'arrêté de conflit pris par le préfet du département de la Sarthe est annulé; etc... »

(1) Trib. conf. 18 mars 1882.

(2) Trib. conf. 3 avril 1881. — « ... Vu l'arrêté en date du 14 décembre 1880, par lequel le préfet du département de la Gironde a élevé le conflit d'attributions dans l'instance engagée devant le président du tribunal civil de Libourne, jugeant en état de référé, dans l'affaire M. Jean-Ulysse Beaupertuis, prêtre, desservant la paroisse de Saint-Médard-de-Guizières, contre M. Léonce Carme, maire de ladite commune; — Vu la requête présentée par ledit sieur Beaupertuis à M. le président du tribunal civil de Libourne, à l'effet d'être autorisé en référé ledit sieur Carme pour s'entendre condamner à restituer au requérant la serrure et la clef qu'il a fait enlever de la porte d'un bâtiment attenant à l'église et en dépendant, à faire rétablir les verrous fermant à l'intérieur, et à, dans les vingt-quatre heures de l'ordonnance à intervenir, autoriser le requérant, faute par M. Carme de le faire dans ledit délai, à y faire procéder aux frais de ce dernier, et à faire changer les serrures et les clefs, et ce même avec l'emploi de la force publique; ordonner l'exécution provisoire et sur minute de l'ordonnance à intervenir, même avant son enregistrement, et condamner ledit sieur Carme aux dépens; — Vu l'ordonnance rendue par le président du tribunal civil et l'exploit par lequel le requérant a assigné aux fins ci-dessus M. Carme à l'audience des référés; — Vu le mémoire par lequel le préfet de la Gironde propose le déclinatoire et requiert le renvoi de la cause à l'autorité administrative; — Vu l'ordonnance par laquelle le juge des référés, sans s'arrêter au déclinatoire proposé, se déclare compétent, et, statuant en même temps sur la demande, prescrit les mesures demandées et déclare l'ordonnance exécutoire par provision sur la minute et même avant son enregistrement; — Vu les pièces constatant l'accomplissement des formalités;

« ... Considérant que la demande soumise par le sieur Beaupertuis, curé, desservant la commune de Saint-Médard-de-Guizières, au président du tribunal civil de Libourne jugeant en référé, avait pour base le droit qui lui appartient exclusivement comme desservant de la paroisse relativement à la police et à la garde de l'église ainsi que des bâtiments qui en dépendent et servant à l'exercice du culte; — Considérant que,

suivant les termes de la demande, il aurait été porté atteinte à ce droit par le fait du sieur Carme, maire de la commune, qui, sans qu'il apparaisse que l'intérêt de la commune fût engagé, aurait fait fracturer la porte du bâtiment adhérent à l'église et servant de sacristie, en aurait fait enlever la serrure et y aurait fait poser une serrure nouvelle dont il aurait pris et retenu la clef; — Considérant que de tels faits ne sauraient être considérés comme acte d'administration dont il appartiendrait à l'autorité administrative de connaître; qu'ils constituent des faits personnels à raison desquels le sieur Beaupertuis a pu recourir à l'autorité judiciaire, et que l'urgence des mesures par lui sollicitées pour faire cesser le trouble apporté à son droit, justifiait l'intervention du juge des référés;

« Art. 1er. L'arrêté de conflit ci-dessus visé est annulé; etc... »

(1) Cont. 18 juin 1846. — « Louis-Philippe; — Vu les décrets des 28 octobre 1790 et 30 décembre 1809, l'arrêté du 4 thermidor an X, celui du 9 thermidor an XI; — Vu la loi du 28 pluviôse an VIII et celle du 18 juillet 1837

« En ce qui touche l'arrêté du conseil de préfecture en date du 5 juillet 1843; — Considérant que si en vertu de l'article 90 du décret du 30 décembre 1809 les tribunaux sont compétents pour ordonner la reddition des comptes lorsque les trésoriers s'y refusent, ou le payement de reliquats, il ne leur appartient pas de régler les articles qui sont contestés; que dans ce cas, la contestation qui s'élève sur ces articles constitue un débat contentieux dont la connaissance appartient, aux termes des lois et décrets visés, aux conseils de préfecture; que, dès lors, le conseil de préfecture de la Moselle, en statuant sur les contestations élevées sur le compte du sieur Bihl, ancien trésorier de la fabrique de Valdwisse, a agi dans les limites de ses pouvoirs;

« Art. 1er. La requête des sieurs Bihl, Koch et autres est rejetée; etc... »

(2) Cont. 20 juillet 1836. — « Louis-Philippe, etc. : — Vu l'ordonnance royale du 23 avril 1823

« En ce qui touche la compétence du conseil de préfecture: — Considérant que le sieur Schmitt s'est rendu comptable de fait envers la commune de Leyvillier en se chargeant volontairement, et pour le compte de ladite commune, de la direction des travaux de construction de l'église de Leyvillier, et en faisant emploi, pour la confection desdits travaux, de deniers communaux par lui touchés de recouvrement du receveur municipal, d'où il suit que l'article 6 de l'ordonnance du 23 avril 1823 lui était applicable, et que le conseil de préfecture du département de la Moselle était compétent pour arrêter ses comptes en recettes et en dépenses;

« En ce qui touche le recours formé devant nous en notre Conseil d'État par le maire de la commune de Leyvillier contre l'arrêté du conseil de préfecture du 9 septembre 1833; — Considérant qu'aux termes de l'article 7 de l'ordonnance précitée les pourvois à former par les communes ou les comptables contre les arrêtés de compte rendus par les conseils de préfecture, doivent être portés devant notre Cour des comptes, et qu'ainsi le recours formé devant nous en notre Conseil d'État contre ledit arrêté n'est pas recevable; — Art. 1er. La requête de la commune de Leyvillier est rejetée; etc... »

(3) C. d'Et., avis, 30 avril 1807, 10 février 1808.
Cont. 31 octobre 1831. — « Louis, etc. : — Sur le rapport du comité du contentieux; — Vu la requête à nous présentée au nom de la commission administrative de l'hospice civil et militaire de Limoges, département de la Haute-Vienne, ladite requête enregistrée au secrétariat général de notre Conseil d'État le 28 janvier 1820, et tendant, etc... ;

« Considérant qu'il ne s'agissait dans l'espèce d'un simple acte d'envoi en possession, mais d'une contestation entre l'hospice de Limoges et la fabrique de Saint-Sylvestre sur la question de savoir lequel de ces deux établissements devait être envoyé en possession soit d'après les lois des 4 ventôse et 7 messidor an IX, soit en vertu des arrêté et décret du 7 thermidor an XI et 22 fructidor an XIII, et conséquemment que le conseil de préfecture était seul compétent pour statuer sur cette contestation; — Notre Conseil d'État entendu; Nous avons, etc... ;

« Art. 1er. L'arrêté du préfet du département de la Haute-Vienne en date du 19 janvier 1820, est annulé pour cause d'incompétence. — La cause et les parties sont renvoyées devant le conseil de préfecture; etc... »

1698. Les contestations qui s'élèvent sur l'application des décrets qui ont ordonné la remise aux fabriques de leurs anciens biens sont exclusivement de la compétence des tribunaux administratifs (1).

1699. Le Conseil d'État admet que les décisions prises par les évêques dans l'exercice des pouvoirs purement administratifs qui lui ont été délégués par le gouvernement peuvent donner lieu à un recours administratif. Il a été décidé dans ce sens que dans le cas où l'évêque nomme lui-même les membres d'un conseil de fabrique, les nominations faites par l'évêque sans l'accomplissement des formalités prescrites par l'article 8 du décret du 30 décembre 1809, pourraient être attaquées devant le Conseil d'État par la voie contentieuse (2).

1700. Le recours contre la décision de l'évêque doit être formé devant le ministre des cultes lorsqu'il s'agit de contestations relatives aux comptes du trésorier (3), ou encore lorsque l'évêque a introduit des modifications au budget de la fabrique (4).

1701. *Budget des fabriques.* — Par budget de la fabrique, on désigne un état qui comprend les recettes et les dépenses présumées que la fabrique est dans le cas de faire.

Pour la formation du projet de budget, le curé ou desservant présente, chaque année, au bureau des margulliers, un état, par aperçu, des dépenses nécessaires à l'entretien du culte, soit pour les objets de consommation, soit pour réparation et entretien d'ornements, meubles et ustensiles d'église. Cet état est approuvé, article par article, par le bureau. Il est porté, en bloc, sous la désignation de dépenses intérieures, dans le projet de budget général. Le détail de ces dépenses est annexé au projet (5).

Le budget lui-même établit la recette et la dépense de l'église (6) pendant un exercice, c'est-à-dire pendant un an, du 1er janvier au 31 décembre (7).

1702. Les articles de dépense sont classés dans l'ordre suivant : 1° les frais ordinaires de la célébration du culte ; 2° les frais de réparation des ornements, meubles et ustensiles d'église ; 3° les gages des officiers et serviteurs de l'église ; 4° les frais de réparations locatives (8).

(1) Ord. 9 mai 1841. — « Louis-Philippe, etc. : — Vu les lois des 16-24 août 1790, 24 août 1793, 13 brumaire an II, 28 pluviôse an VIII, l'arrêté du 7 thermidor an XI, l'avis du Conseil d'État, approuvé le 25 janvier 1807, les ordonnances des 1er juin 1828 et 12 mars 1831 ; « Considérant que la rente dont il s'agit est revendiquée à la fois par la fabrique de Notre-Dame de Réalmont, par la fabrique de Sainte-Cécile d'Albi et par l'État, qui s'en prétendent respectivement propriétaires ; que cette question de propriété ne peut être décidée que par l'application des actes administratifs qui ont remis les fabriques en possession de leurs anciennes rentes ; que, par conséquent, la contestation sur le ressort de l'autorité administrative ;
« Art. 1er. Est confirmé l'arrêté de conflit ci-dessus visé, etc... »
(2) Cont. 8 mars 1844. — « Louis-Philippe, etc. — Vu la loi du 18 germinal an X ; vu le décret du 30 décembre 1809 ; — Vu l'ordonnance royale du 12 janvier 1825 ; — Considérant que l'ordonnance du 2 octobre 1842 a été rendue par l'archevêque de Paris dans l'exercice des pouvoirs administratifs qui lui ont été conférés par les lois sous le contrôle et l'autorité du gouvernement ; qu'à supposer qu'elle eût fait une fausse application des lois, décrets et ordonnances relatifs à la nomination des membres des conseils de fabrique, cette fausse application ne rentre point dans les cas d'abus prévus et déterminés par l'article 6 de la loi du 18 germinal an X ; que les réclamants peuvent, s'ils le jugent convenable, se pourvoir contre ladite ordonnance par les voies ordinaires ;
« Art. 1er. Le recours des sieurs baron Freteau de Peuy, baron de Montgardé, baron de Saint-Geniès, Alletz et de Blinières, est rejeté ; etc... »
Batbie, t. V, n° 182.
(3) C. d'Ét. 24 juillet 1862.
Cont. 15 décembre 1865. — « Napoléon ; — Considérant que l'ordonnance de l'évêque de Beauvais et la décision de notre garde des sceaux, ministre de la justice et des cultes, ont été rendues sur une demande du conseil de fabrique de la paroisse de Saint-Martin de Berthecourt, tendant à obtenir la revision des comptes précédemment clos et arrêtés et qui ne contenaient la mention d'aucunes réserves pour des articles contestés ; que l'évêque de Beauvais et notre ministre ont déclaré qu'il n'y avait pas lieu de procéder à la revision réclamée, et qu'en décidant ainsi ils n'ont pas excédé la limite de leurs pouvoirs ;
« Art. 1er. La requête du conseil de fabrique de la paroisse de Saint-Martin de Berthecourt est rejetée ; etc... »
Batbie, t. V, n° 206 ; Gaudry, t. II, p. 154.
(4) J. c. f., t. I, p. 114.
(5) D. 30 décembre 1809, art. 45.
(6) D. 30 décembre 1809, art. 46.
(7) Circ. min. 22 avril 1811.
(8) D. 30 décembre 1809, art. 46.

C'est le bureau des margulliers qui dresse le projet de budget de la fabrique dans sa séance du dimanche de Quasimodo (1).

Le législateur a fixé, pour la formation du budget de la fabrique, une époque antérieure à celle du vote du budget communal, afin que si la fabrique se trouve dans l'obligation de demander le concours de la commune, son budget arrêté puisse être remis au maire avant la discussion du budget municipal (2).

1703. Le projet de budget doit être soumis au conseil de la fabrique dans la séance du dimanche de Quasimodo de chaque année. Cette assemblée discute séparément chacun des articles du budget. Elle peut modifier les évaluations, supprimer des articles, ou en ajouter d'autres. Elle porte dans une colonne spéciale les observations qu'elle juge utiles. Si la réunion du dimanche de Quasimodo est insuffisante, le conseil peut s'assembler extraordinairement sur l'autorisation de l'évêque ou du préfet, qui doivent se prévenir de l'autorisation qu'ils auraient accordée (3).

1704. On a pensé que si les membres du conseil n'étaient pas d'accord sur certains articles, le budget devrait dans ce cas être rédigé, d'après l'avis de la majorité, mais qu'on pourrait, sur la demande des membres de la minorité, faire mention de leur opposition, et que l'évêque déciderait (4).

1705. L'opposition d'un membre serait-elle suffisamment motivée, parce que le budget n'aurait pas été voté le dimanche de Quasimodo ? De deux choses l'une, ou la réunion substituée à celle que fixe la loi a été autorisée par l'autorité compétente, et alors il n'y a lieu à aucune opposition ; ou elle a été tenue sans autorisation, et alors elle doit être réputée illégale. On a prévu qu'il pourrait y avoir aux jours fixés par la loi un empêchement pour le vote du budget et la discussion des autres affaires de la fabrique ; et c'est pour cela que le décret confère à l'évêque et au préfet le droit d'autoriser des assemblées extraordinaires (5).

1706. Aussitôt après la séance de Quasimodo, le budget est communiqué, avant l'approbation épiscopale, au conseil municipal, afin que ce conseil puisse en prendre connaissance dans sa session de mai. La communication est toujours obligatoire depuis la loi du 5 avril 1884 (6).

L'article 168 de cette loi a abrogé sur ce point l'article 49 du décret du 30 décembre 1809, qui prescrivait qu'en cas d'insuffisance des revenus de la fabrique, le budget devait contenir l'aperçu des fonds qui devaient être demandés par paroissiens pour y pourvoir, dans les formes déterminées par le chapitre IV du même décret, dont toutes les dispositions sont aujourd'hui abrogées.

Aux termes de la loi du 5 avril 1884, si le conseil municipal n'alloue pas les fonds exigés pour une dépense obligatoire des cultes, ou s'il n'alloue qu'une somme insuffisante, l'allocation est inscrite au budget par décret du président de la République, pour les communes dont le revenu est de trois millions et au-dessus, et par arrêté du préfet en conseil de préfecture pour celles dont le revenu est inférieur (7).

1707. Ainsi que nous l'avons déjà vu, il a toujours été admis que la fabrique était obligée de communiquer ses budgets et ses comptes au conseil municipal toutes les fois que la commune est appelée à compléter ses ressources (8).

(1) D. 30 décembre 1809, art. 24 ; — Ord. 12 janvier 1825, art. 2.
(2) Circ. min. 22 avril 1841.
(3) D. 30 décembre 1809, art. 10 ; — Ord. 1825, art. 5.
(4) Affre, *loc. cit.*, p. 48.
(5) Affre, *loc. cit.*, p. 48.
(6) Circ. min. 18 mai 1885, art. 70.
(7) Art. 149.
(8) Cont. 10 avril 1860 ; — Cont. 24 mars 1873. — « Le Conseil d'État ; — Vu la requête présentée par la commune de la Motte-Servolex, tendant à ce qu'il plaise au Conseil annuler pour excès de pouvoir un arrêté par lequel le préfet de la Savoie a autorisé le receveur municipal de la Motte-Servolex à payer à chacun des titulaires des deux vicariats établis dans cette commune la somme de 175 francs, montant de leur traitement complémentaire pour le premier semestre de 1872, ce faisant, attendu que le conseil de fabrique de la paroisse de Saint-Jean-Baptiste a refusé de communiquer au conseil municipal les comptes et pièces justificatives nécessaires pour l'éclairer sur la situation financière

1708. Les fabriques ne peuvent réclamer le concours des communes qu'au cas où les ressources de l'établissement sont insuffisantes. La commune a le droit, par conséquent, de contrôler efficacement les allégations de la fabrique à cet égard. S'il en était autrement, si la commune n'avait pu exercer son contrôle, elle serait en droit de refuser toute subvention. C'est dans ce sens qu'il a été décidé qu'une commune ne peut être tenue de pourvoir à l'insuffisance des revenus d'une fabrique, si aucune demande de subvention ne lui a été adressée lors de l'établissement du budget de la fabrique, et si, par conséquent, elle n'a pas été mise en demeure de constater cette prétendue insuffisance (1).

1709. Les comptes et budgets communiqués doivent-ils être accompagnés de pièces justificatives? Ici, il y a lieu de distinguer. L'article 70 de la loi du 5 avril 1884, qui déclare que les municipalités doivent toujours être appelées à donner leur avis sur les budgets et comptes de fabriques et consistoires, n'a apporté aucune modification aux dispositions principales du décret du 30 décembre 1809 et notamment aux articles 54, 74 et 89 qui prescrivent de déposer dans la caisse spéciale les papiers, les titres et tous les documents concernant les recettes de la fabrique.

Les administrations municipales peuvent, cependant, se faire renseigner exactement sur la légitimité des dépenses de l'établissement ecclésiastique, grâce à la présence au sein de l'assemblée fabricienne du maire, qui en fait partie de droit. Celui-ci assiste à toutes les délibérations, à la reddition du compte du trésorier, à la préparation du budget, et peut, dès lors, prendre *de visu* connaissance des pièces justificatives, les contester, s'il y a lieu, et, dans tous les cas, formuler à leur égard telles observations qu'il jugerait utiles. Ces observations, consignées au registre des délibérations et rappelées par lui à l'assemblée municipale lors de la communication ultérieure faite en vertu de l'article 70, suffisent à remplir le vœu de la loi qui soumet au contrôle de l'administration municipale la gestion des établissements fabriciens. Le maire

peut, d'ailleurs, déférer à toute époque à l'autorité supérieure les irrégularités graves qui lui seraient révélées par son examen personnel des pièces soumises à l'assemblée dans le sein de laquelle il représente d'une manière permanente l'intérêt communal.

Il en serait différemment s'il s'agissait d'appliquer l'article 136, paragraphes 11 et 12 de la loi du 5 avril 1884, c'est-à-dire lorsque les fabriques réclament le concours des communes pour une des dépenses restées subsidiairement à leur charge (grosses réparations et indemnité de logement). Dans ce cas, les fabriques sont tenues non seulement de produire à l'appui de leurs demandes leurs comptes et budgets, mais encore, suivant la jurisprudence formelle du Conseil d'Etat, toutes les pièces de nature à éclairer le conseil municipal sur leur véritable situation financière et notamment toutes les quittances et tous les documents justificatifs des recettes et dépenses portées aux comptes des dernières années.

En résumé, la communication de ces documents financiers n'est accompagnée de pièces justificatives qu'au cas où elle concorderait avec un recours à la caisse municipale (1).

1710. Il a été aussi décidé que, pour éviter des conflits locaux, les délibérations prises par les conseils municipaux, à la suite de la communication annuelle des comptes et budgets, doivent toujours être adressées au préfet et non envoyées aux conseils de fabrique, ni directement à l'autorité diocésaine. Si les observations qu'elles renferment paraissent fondées au préfet, cet administrateur en saisit l'évêque en insistant, au besoin, auprès de l'autorité diocésaine, sur les raisons qui militent en faveur des critiques formulées par les municipalités. Mais là s'arrête l'action administrative. Elle ne pourrait être efficacement poussée plus loin que dans le cas où la fabrique solliciterait le concours de la commune. Il appartiendrait alors au conseil municipal de reproduire les critiques précédentes auxquelles il n'aurait pas été donné satisfaction et d'en faire la base du refus ou de la diminution de la subvention demandée.

En résumé, ce contrôle annuel n'est destiné qu'à fournir aux administrations municipales une appréciation permanente des ressources que les fabriques doivent employer en première ligne à toutes leurs dépenses, et à les éclairer pour le cas où une demande de subvention leur serait ultérieurement présentée. Il reste dépourvu de sanction autre que l'appel à l'évêque, par l'intermédiaire du préfet, tant que cette demande de subvention n'est pas formulée (2).

1711. Le budget est envoyé, après le vote du conseil de fabrique, en double exemplaire, avec l'état des dépenses de la célébration du culte, à l'évêque diocésain, qui seul a qualité pour l'examiner et l'approuver (3).

1712. Le droit d'approbation conféré à l'autorité diocésaine comprend celui de modifier les articles de dépense, de les diminuer ou de les augmenter (4). Quand l'évêque a prononcé, on ne peut recourir contre sa décision que par voie de pétition, et non par la voie contentieuse, soit d'abord devant le métropolitain, et ensuite devant le ministre des cultes, soit même directement devant le ministre des cultes (5).

L'approbation de l'évêque est nécessaire pour rendre le budget exécutoire, que la fabrique demande des fonds à la commune ou ne lui en demande pas (6).

1713. Le ministre des cultes peut, sur la demande des évêques et l'avis des préfets, révoquer un conseil de fabrique pour défaut de présentation de budget ou de reddition de comptes, lorsque ce conseil, requis de remplir ce devoir, aura refusé ou négligé de le faire (7).

1714. Lorsqu'un conseil de fabrique refuse de voter les

---

de la fabrique; ordonner que le conseil de fabrique produira tous les comptes et toutes les pièces justificatives depuis l'origine du déficit des budgets; et que, dans le cas où il serait établi que les ressources de la fabrique ont été consacrées à des dépenses non obligatoires, la somme de 300 francs que la commune a été obligée de payer lui sera restituée; — Vu le décret du 30 décembre 1809 et la loi du 18 juillet 1837, notamment l'article 61; — vu la loi du 24 mai 1872, article 9;

« Considérant qu'après avoir porté au budget pour l'exercice 1872 une somme de 700 francs affectée au traitement complémentaire de deux vicaires, le conseil municipal de la commune de La Motte-Servolex a, par une délibération en date du 24 septembre 1871, autorisé le maire à refuser tout mandat de payement aux vicaires, jusqu'à ce que le conseil de fabrique lui eût communiqué les documents nécessaires pour l'éclairer sur sa situation financière; qu'il résulte de l'instruction que cette communication a été offerte à leur maire, qui n'a pas consenti à la recevoir; — Considérant que par suite du refus du maire d'ordonnancer les mandats de payement pour le premier semestre échu du traitement des deux vicaires le préfet de la Savoie a par un arrêté en conseil de préfecture du 12 septembre 1872 autorisé le receveur municipal à leur payer le montant de ce semestre; que ledit arrêté, destiné à tenir lieu des mandats du maire, a été pris par le préfet dans la limite des pouvoirs qui lui étaient conférés par l'article 61 de la loi du 18 juillet 1837;

« Art. 1er. La requête... est rejetée; etc. »

(1) Cons. 15 février 1884 : — « Le Conseil d'Etat : — Vu le décret du 30 décembre 1809 et la loi du 18 juillet 1837;

Considérant qu'il résulte des dispositions de l'article 93 du décret du 30 décembre 1809 et de l'article 30, n° 14, de la loi du 18 juillet 1837, que, lorsque les fabriques demandent aux communes des subventions afin de suppléer à l'insuffisance de leurs revenus, pour pourvoir aux dépenses mises à leur charge par l'article 37 du décret précité, elles doivent établir cette insuffisance par la production de leurs budgets et de leurs comptes; — Considérant qu'il résulte de l'instruction, et qu'il n'est pas contesté, qu'aucune demande de subvention n'a été adressée par la fabrique à l'église paroissiale de Ballans à la commune, lors de l'établissement du budget de l'année 1877, pour suppléer à l'insuffisance des revenus de ladite fabrique; qu'ainsi la commune de Ballans n'a pas été à même de constater la prétendue insuffisance des ressources de la fabrique; que, s'il est soutenu que c'est seulement au moyen de l'avance d'une somme de 195 francs faite par le sieur Couzin, ancien desservant, qu'il a pu être pourvu à l'excédent des dépenses de la fabrique, on fait ne pouvait donner lieu à l'inscription d'office dans le budget de la commune; que dans ces circonstances la commune de Ballans est fondée à demander l'annulation de l'arrêté attaqué;

« Art. 1er. Est annulé pour excès de pouvoir l'arrêté du préfet de la Charente-Inférieure; etc. »

(1) Circ. min. cultes, 18 mai 1885.
(2) Circ. min. cultes, 18 mai 1885.
(3) D. 30 décembre 1809, art. 47; — Déc. min. 29 avril 1811; — Ord. 12 janvier 1825.
(4) Déc. min. 23 juin 1840.
(5) J. c. f., t. I, p. 114.
(6) André, t. I, p. 559.
(7) Ord. 12 janvier 1825, art. 3.

sommes indispensables pour des dépenses obligatoires, l'évêque diocésain peut porter, d'office, à son budget des allocations pour ces dépenses. Ce pouvoir attribué à l'évêque est un droit accordé à l'évêque d'approuver les budgets des fabriques.

1715. Le décret de 1809 a voulu établir, pour l'administration des fabriques, des règles et des formes analogues aux formes et aux principes suivis pour l'administration des communes et des autres établissements publics. Dans le cas où le payement des fonds alloués d'office serait refusé, le ministre des cultes pourrait, sur la proposition des autorités compétentes, prononcer la révocation, soit du président du bureau des marguilliers qui n'aurait pas voulu signer le mandat, soit du trésorier qui se serait refusé à l'acquitter, soit du bureau des marguilliers ou de tout le conseil de fabrique, si la résistance était collective. Le bien de l'administration, l'esprit de la loi et une jurisprudence constante exigent que l'on reconnaisse au ministre le droit de révoquer, toutes les fois qu'il y a faute ou cause grave, quelques-uns ou un seul des membres d'un conseil de fabrique aussi bien que le conseil entier (1).

1716. Après la décision épiscopale, le budget de la fabrique reçoit sa pleine et entière exécution, si les revenus de l'établissement religieux couvrent les dépenses prévues. Dans le cas où les revenus sont insuffisants pour acquitter les frais des grosses réparations ou pour pourvoir à l'indemnité de logement du curé ou desservant, le budget doit être renvoyé à la commune pour subvenir au déficit (2).

1717. Une circulaire du ministre des cultes du 21 novembre 1879 a divisé les dépenses des fabriques, comme ses recettes, en dépenses ordinaires et en dépenses extraordinaires. Mais il est bon néanmoins, tout en maintenant cette classification, d'observer, autant que possible, la distinction en dépenses obligatoires et dépenses facultatives. Outre que cette distinction sert aux fabriques à reconnaître les dépenses auxquelles elles sont tenues en premier lieu d'affecter toutes leurs ressources, elle fait ressortir aux yeux des conseils municipaux et, en cas de mesures coercitives, à ceux des préfets, la légitimité des demandes adressées aux communes.

Suivant cette circulaire, les dépenses obligatoires sont :

1° Toutes les dépenses ordinaires résultant des charges dont l'énumération figure dans les articles 37 et 92, paragraphes 1 et 2 du décret du 30 décembre 1809 (3) ;

2° Toutes les dépenses ordinaires et extraordinaires votées par le conseil de fabrique, et admises, après avis du conseil municipal, d'accord avec le préfet ou par le ministre, le Conseil d'État entendu en cas de désaccord (4). Toute autre dépense est facultative.

1718. Les dépenses dites facultatives ne sont facultatives qu'en ce sens qu'elles ne s'imposent qu'aux fabriques. Celles-ci sont tenues de les prélever sur les revenus correspondants ou sur leurs ressources disponibles, mais elles ne pourraient faire appel aux communes pour y suppléer ; ces dépenses n'en restent pas moins obligatoires pour les fabriques.

Telles sont les charges résultant de biens que les fabriques ont été régulièrement autorisées à accepter sous conditions, ou de dispositions légales, telles que la dotation de la caisse des ecclésiastiques âgés ou infirmes, instituée par le décret du 13 thermidor an XIII, charges auxquelles les établissements religieux ne sauraient se refuser sans s'exposer à des actions judiciaires ou administratives (5).

1719. Les prescriptions de ces circulaires ont subi des modifications par suite des dispositions de la loi du 5 avril 1884, qui n'a mis à la charge des communes que les grosses réparations aux édifices communaux affectés au culte, en cas d'insuffisance des revenus et ressources disponibles des fabriques et l'indemnité de logement aux curés et desservants,

lorsqu'il n'existe pas de bâtiment affecté à leur logement et lorsque les fabriques ne peuvent pourvoir elles-mêmes au payement de cette indemnité (1).

1720. *Comptabilité des fabriques.* — Le trésorier de la fabrique est chargé de procurer la rentrée de toutes les sommes dues à cet établissement, soit comme faisant partie de son revenu annuel, soit à tout autre titre (2).

Le montant des fonds perçus pour le compte de la fabrique, à quelque titre que ce soit, est, au fur et à mesure de la rentrée, inscrit, avec la date du jour et du mois, sur un registre coté et parafé, non assujetti à la formalité du timbre, qui demeure entre les mains du trésorier (3).

La disposition qui dispense du timbre les registres des fabriques n'a pas cessé d'être en vigueur (4).

1721. Une décision du ministre des finances du 8 octobre 1879 (5), notifiée par une circulaire du ministre des cultes (6), considérant les fabriques comme des établissements publics et non comme de simples établissements d'utilité publique, les a assujetties à la vérification des préposés de l'enregistrement à partir du 1er janvier 1880, et pour tous les documents postérieurs au 15 janvier de cette année. En conséquence, les trésoriers des fabriques doivent communiquer, sans déplacement, aux préposés les livres, registres, titres, pièces de recette, de dépense et de comptabilité concernant les fabriques, afin que ces agents s'assurent de l'exécution des lois sur le timbre. Tout refus de communication est constaté par procès-verbal et puni d'une amende de 100 francs à 1,000 francs (7).

1722. Les agents de l'enregistrement doivent apporter dans cette vérification tous les ménagements compatibles avec les nécessités du service (8). Cette vérification ne permet pas à ces fonctionnaires de s'ingérer dans l'administration des fabriques. Ils ont à exécuter une mesure purement fiscale, dont ils ne peuvent se servir que pour l'application des lois sur le timbre et l'enregistrement. Elle ne s'applique, par conséquent, qu'aux divers documents énumérés dans les articles 22 de la loi du 23 août 1871 (9) et 7 de celle du 21 juin 1875 (10), applicables de plein droit à tous les dépositaires aux vérifications des agents de l'enregistrement par la législation antérieure (11).

1723. Le trésorier doit tenir deux registres, pour avoir une comptabilité régulière. Le premier de ces registres est un journal de recettes et de dépenses, où le trésorier porte jour par jour les sommes qu'il a reçues ou dépensées (12). Le second, qui n'est pas obligatoire, dispense le trésorier de parcourir les titres de créance ; il contient une analyse de ces titres, les noms des débiteurs, les sommes dues annuellement et celles qui sont payées.

(1) En ce sens, M. Campion, *Manuel du droit civil et ecclésiastique.*
(2) D. 30 décembre 1809, art. 37, 48 ; — L. 5 avril 1884, art. 136.
(3) Ce dernier article est abrogé aujourd'hui.
(4) Aujourd'hui par décret du chef de l'État (L. 5 avril 1884, art. 136).
(5) Circ. min. 17 janvier 1880.

(1) L. 5 avril 1884, art. 136, n°° 11 et 12. — Nous étudions aux *charges* ce qu'on entend par ressources disponibles.
(2) D. 30 décembre 1809, art. 25.
(3) *Eod.*, art. 74 et 81.
(4) Inst. gén. enreg. 28 septembre 1858, n° 2131 ; — Circ. min. cultes, 28 décembre 1879. Voir Enregistrement.
(5) 8 octobre 1879.
(6) 23 décembre 1879.
(7) L. 23 août 1871, art. 22.
(8) Circ. min. 23 décembre 1879.
(9) L. 22 août 1871, art. 23. — Les sociétés, compagnies, assureurs, entrepreneurs de transports et tous autres assujettis aux vérifications des agents de l'enregistrement par les lois en vigueur, sont tenus de représenter auxdits agents leurs livres, registres, titres, pièces de recette, de dépense et de comptabilité, afin qu'ils s'assurent de l'exécution des lois sur le timbre. Tout refus de communication sera constaté par procès-verbal et puni d'une amende de 100 francs à 1,000 francs.
(10) L. 21 juin 1875, art. 7. — Les sociétés, compagnies d'assurances, assureurs contre l'incendie ou sur la vie, et tous autres assujettis aux vérifications de l'administration, sont tenus de communiquer aux agents de l'enregistrement, tant au siège social que dans les succursales et agences, leurs livres, registres, titres, pièces de recette et autres documents énumérés dans l'article 22 de la loi du 23 août 1871, afin que ces agents s'assurent de l'exécution des lois sur l'enregistrement et le timbre. Tout refus de communication sera constaté par procès-verbal et puni de l'amende spécifiée dans l'article 22 de la loi du 23 août 1871.
(11) Circ. min. 23 décembre 1879.
(12) Circ. min. 23 décembre 1879.

Le décret du 30 décembre 1809 (1) impose au trésorier l'obligation d'inscrire jour par jour le produit des revenus de la fabrique sur le registre à ce destiné. Mais l'usage a prévalu, en ce qui concerne le produit des quêtes, de le verser dans un coffre, ouvert à certaines époques en présence des membres du bureau.

1724. Si la recette est en deniers, ces deniers sont déposés dans une armoire à trois clefs, dont une reste entre les mains du trésorier, l'autre dans celle du curé ou desservant, et la troisième, dans celles du président du bureau (2). C'est dans cette caisse que doivent être déposés tous les deniers appartenant à la fabrique, ainsi que les clefs des troncs des églises (3), et nulle autorisation du bureau (4), sauf, toutefois, ce qui est nécessaire au trésorier pour faire face aux dépenses du trimestre (5). Ce que le trésorier a d'excédent doit être versé dans cette caisse (6).

1725. Le bureau des marguilliers détermine, tous les trois mois, la somme nécessaire pour les dépenses du trimestre suivant (7).

C'est au trésorier de la fabrique qu'il appartient de faire toutes les dépenses de l'église. Il ne doit rien être fourni par les marchands ou artisans sans un mandat délivré par lui, au pied duquel le sacristain, ou toute autre personne apte à recevoir la livraison, certifie que le contenu dudit mandat a été rempli (8).

Mais les marchés sont arrêtés par le bureau des marguilliers, et signés par le président, ainsi que les mandats (9).

1726. Aucune dépense ne doit être faite par l'administration fabricienne, si elle n'a été auparavant régulièrement décidée et autorisée. Aucune dépense ne doit être acquittée qu'autant qu'un crédit a été régulièrement ouvert pour la payer. Les crédits ouverts ne peuvent être ni dépassés ni changés de destination, sauf imputation de quelques excédents peu considérables sur les dépenses imprévues. L'administration fabricienne n'a pas non plus le droit de dépasser les sommes allouées dans certains articles du budget, quand même elle laisserait libre une somme équivalente sur des allocations affectées à d'autres dépenses (10).

1727. On s'est demandé si les fabriques pouvaient profiter, pour opérer le recouvrement de leurs revenus, notamment en ce qui concerne le prix de location des bancs, de l'article 63 de la loi du 18 juillet 1837 (aujourd'hui article 54 de la loi du 5 avril 1884) portant que toutes les recettes municipales pour lesquelles les lois et règlements n'ont pas prescrit un mode spécial de recouvrement, s'effectuent sur des états dressés par le maire et rendus exécutoires par le sous-préfet. Le ministre de l'intérieur a fait connaître (11) que cette disposition de la loi de 1837, loi spéciale aux communes, ne pouvait être appliquée, par voie d'induction et d'analogie, aux fabriques, celles-ci ayant une existence et une administration qui leur sont propres (12). La même solution doit être donnée sous l'empire de la loi du 5 avril 1884, dont l'article 54 a reproduit exactement les termes de la disposition de l'article 63 de la loi de 1837.

1728. Le trésorier doit remettre, tous les trois mois, au bureau des marguilliers un bordereau signé de lui, et certifié véritable, de la situation active et passive de la fabrique pendant les trois mois précédents (13).

Ce bordereau doit contenir : 1° le détail des recettes et des dépenses faites depuis le premier jusqu'au dernier jour du trimestre pour lequel il est formé, en ayant soin, pour

celui du premier trimestre, de distinguer les recettes et les dépenses propres à l'exercice qui a achevé sa période pendant le trimestre, de celles qui appartiennent au nouvel exercice ; 2° le total des diverses colonnes du bordereau ; 3° une récapitulation destinée à faire ressortir l'excédent des recettes sur les dépenses (1).

Les bordereaux sont signés de ceux qui ont assisté à l'assemblée, et déposés dans la caisse ou armoire de la fabrique, pour être présentés lors de la reddition du compte annuel.

Le bureau détermine, dans la même séance, la somme nécessaire pour les dépenses du trimestre suivant (2).

En outre des comptes trimestriels, le trésorier est tenu de présenter son compte annuel au bureau des marguilliers, dans la séance du premier dimanche de mars. Le compte avec les pièces justificatives leur est communiqué sur le récépissé de l'un d'eux (3).

Le compte annuel est divisé en deux chapitres, l'un de recettes et l'autre de dépenses. Le chapitre des recettes est divisé en trois sections : la première, pour la recette ordinaire ; la deuxième pour la recette extraordinaire, et la troisième pour la partie des recouvrements ordinaires ou extraordinaires qui n'aurait pas encore été faite. Le reliquat du dernier compte forme toujours le premier article du compte suivant. Le chapitre des dépenses est aussi divisé en dépenses ordinaires, dépenses extraordinaires et dépenses tant ordinaires qu'extraordinaires non encore acquittées (4).

Le compte annuel doit partir du 1er janvier pour finir au 31 décembre de l'année écoulée, en comprenant toutes les opérations financières faites au nom de la fabrique pendant cette période (5).

La fabrique doit porter parmi les ressources de chaque compte les bonis résultant de l'exercice clos. Elle n'a pas le droit d'en former un fonds spécial, affecté à éteindre des dettes antérieures ou à payer des mêmes dépenses non autorisées ; ce fonds spécial échappe ainsi aux règles de la comptabilité ordinaire. C'est là un grave oubli des prescriptions légales, car il est juste que les communes ne soient tenues de couvrir le déficit des exercices obérés (même pour le payement des dépenses de graves réparations ou de l'indemnité de logement) que déduction faite des bénéfices des années meilleures (6).

Le déficit, comme le boni, doit prendre place dans le compte de l'exercice suivant, en tête du chapitre des dépenses ; ces prescriptions s'appliquent au compte qui suit immédiatement l'exercice dont le reliquat ou déficit proviennent, et non pas au compte rendu de cet exercice, qui sera présenté deux années plus tard (7).

1729. Chaque trésorier n'étant comptable que des actes de sa gestion personnelle doit, en cas de mutation, rendre compte séparément des faits qui le concernent ; en conséquence, lorsque la mutation s'opère dans le cours d'une année, le compte de cette année doit être divisé suivant la durée de la gestion de l'ancien et du nouveau comptable (8).

1730. A chacun des articles de recette, soit des rentes, soit des loyers ou autres revenus, il est fait mention des débiteurs, fermiers ou locataires, des noms et situation de la maison et héritage, de la qualité de la rente foncière ou constituée, de la date du dernier titre nouvel ou du dernier bail, et des notaires qui les auront reçus, ensemble de la fondation à laquelle la rente est affectée, si elle est connue (9).

Lorsque, soit par le décès du débiteur, soit par le partage de la maison ou de l'héritage qui est grevé d'une rente, cette rente se trouve due par plusieurs débiteurs, il

(1) Art. 74.
(2) D. 30 décembre 1809, art. 50.
(3) Eod., art. 51.
(4) Eod., art. 52.
(5) Eod., art. 53.
(6) Eod.
(7) D. 30 décembre 1809, art. 34.
(8) Eod., art. 35.
(9) Eod., art. 28.
(10) M. Campion.
(11) L. min. 19 janvier 1839, Bulletin officiel de l'intérieur, 1840, p. 185.
(12) M. Campion.
(13) D. 30 décembre 1809, art. 31.

(1) André, t. I, p. 529.
(2) D. 30 décembre 1809, art. 34.
(3) D. 30 décembre 1809, art. 85.
(4) Eod., art. 82.
(5) Circ. min. cultes, 22 août 1811.
(6) Circ. min. cultes, 21 novembre 1879.
(7) Eod.
(8) André, t. II, p. 273.
(9) D. 30 décembre 1809, art. 83.

n'est néanmoins porté qu'un seul article de recette, dans lequel il est fait mention de tous les débiteurs, sauf l'exercice de l'action solidaire s'il y a lieu (1).

Ces mentions ont pour but de tenir l'attention des fabriciens éveillée sur les prescriptions à interrompre : leur insertion est donc absolument utile et toujours obligatoire (2). Ces renseignements doivent être indiqués en marge du compte (3). On doit toujours rappeler en marge du budget les autorisations accordées pour des dépenses extraordinaires, et toute expédition du budget non dressé conformément à ces prescriptions, ne peut être visée par le préfet (4). Le refus de ce visa rend impossible, aux termes de l'ordonnance du 14 janvier 1831, l'acceptation de tous dons ou legs (5).

1731. Dans la séance du dimanche de Quasimodo, le bureau des marguilliers fait son rapport au conseil de fabrique sur le compte annuel du trésorier. Le compte est examiné, clos et arrêté dans cette séance, qui est, pour cet effet, prorogée au dimanche suivant, si besoin est (6).

1732. Le trésorier peut être présent à la discussion des articles de son compte ; mais au moment où l'on procède au vote, soit sur l'ensemble du compte, soit sur quelqu'un des articles qui le composent, il doit se retirer (7).

S'il arrive quelques débats sur un ou plusieurs articles du compte, le compte n'en est pas moins clos, sous la réserve des articles contestés (8).

L'évêque peut nommer un commissaire pour assister, en son nom, au compte annuel ; si ce commissaire est un autre qu'un grand vicaire, il ne peut rien ordonner sur le compte, mais seulement dresser procès-verbal sur l'état de la fabrique et sur les fournitures et réparations à faire à l'église.

Dans tous les cas, les archevêques et évêques, en cours de visite, ou leurs vicaires généraux, peuvent se faire représenter tous comptes, registres et inventaires, et vérifier l'état de la caisse (9).

Si le trésorier refusait de percevoir les fonds dus à la fabrique, celle-ci devrait faire ses réserves lors de la reddition du compte et sommer le trésorier de les recouvrer (10). Si cette sommation ne suffisait pas, il y aurait lieu de prévenir l'évêque, qui nommerait, dans les conditions indiquées ci-dessus, un commissaire pour examiner les comptes et constater le défaut des recouvrements (11).

1733. Si le compte ne soulève aucun débat, et s'il ne donne pas lieu de recourir aux subventions de la commune, la délibération de la fabrique est immédiatement exécutoire sans qu'aucune approbation soit nécessaire, à moins que l'évêque, ainsi qu'il en a toujours le droit, ne veuille l'examiner (12).

Mais aucun texte n'en confère l'approbation aux évêques (13),

1734. Lorsque le compte est arrêté, le reliquat en est remis au trésorier en exercice, qui est tenu de s'en charger en recette. Il lui est remis en même temps un état de ce que la fabrique a à recevoir par baux à ferme, une copie du tarif des droits casuels, un tableau par approximation des dépenses, celui des reprises à faire, celui des charges et fournitures non acquittées. Il est, dans la même séance, dressé, sur le registre des délibérations, acte de ces remises, et copie en est délivrée en bonne forme au trésorier sortant, pour lui servir de décharge (14).

1735. Le compte annuel est en double copie, dont l'une est

déposée dans la caisse ou armoire à trois clefs, l'autre à la mairie (1).

La fabrique doit déposer le double de ses comptes à la mairie pour être soumis à l'assemblée municipale (2).

Ce dépôt est obligatoire et ne souffre pas d'exceptions : il incombe au conseil de fabrique, collectivement et, par suite, dans la pratique, soit au président, soit au trésorier, sous peine d'exposer le conseil à une révocation collective conformément à l'article 5 de l'ordonnance du 12 janvier 1825 (3).

1736. En présence des dispositions de l'article 2121 du Code civil, qui accorde à l'État, aux communes et aux établissements publics une hypothèque légale sur les biens des receveurs et administrateurs comptables, la question s'est posée de savoir si cet article s'applique aux trésoriers des fabriques. La négative a été soutenue pour les motifs suivants : les trésoriers des fabriques, ne sont pas investis d'une fonction publique, ils ne sont chargés de la mission de percevoir des recettes et de payer les dépenses des fabriques qu'en vertu d'un simple vote de leurs collègues ; ils ont une situation spéciale. En outre, grever d'une hypothèque les biens des trésoriers de fabriques qui remplissent une fonction accidentelle et gratuite, ce serait risquer d'empêcher les fabriciens d'accepter cette charge. Enfin, les règlements d'administration et notamment le décret du 30 décembre 1809, qui déterminent les précautions à prendre de la part des fabriques contre les trésoriers, ne contiennent aucune mention d'un droit d'hypothèque des fabriques sur les comptables de leurs revenus (4).

Mais la circulaire précitée du ministre des cultes du 6 mai 1881 semble reconnaître aux fabriques une hypothèque légale sur les biens de leurs comptables et gérants. Nous avons, en ce sens, cité plus haut une décision d'une Cour étrangère (5).

Étant assujetti à l'action du ministère public pour la reddition de son compte, le trésorier est soumis à l'hypothèque judiciaire, conséquence nécessaire de toute condamnation prononcée par la justice.

Il était autrefois passible de la contrainte par corps, pour le reliquat de son compte, mais cette voie d'exécution ne peut plus être employée depuis la loi du 22 juillet 1867 (6), sinon au cas de condamnation criminelle ou correctionnelle.

1737. Le trésorier n'est pas obligé de verser un cautionnement, comme les receveurs des autres établissements publics.

Il est personnellement responsable des dépenses qu'il ferait sans l'autorisation du bureau des marguilliers ou du conseil de fabrique, et des dommages qu'il causerait par sa négligence dans ses fonctions.

Le ministre des cultes a rappelé, dans une circulaire (7), le principe de la responsabilité dans laquelle se distinguer entre les trésoriers des fabriques et les autres fabriciens : « Je suis informé, dit le ministre, qu'en beaucoup d'endroits, les fabriciens et les trésoriers des fabriques ou des séminaires hésitent, par incurie ou par crainte, à faire les démarches convenables afin d'assurer les intérêts des établissements dont ils sont mandataires. Il est essentiel que ces agents se persuadent bien qu'ils trahissent leurs devoirs, et qu'ils se mettent dans le cas *d'être rendus personnellement responsables des dommages qui résulteraient de la négligence ou de l'impéritie* avec laquelle ils s'acquittent des obligations qui leur sont imposées par les fonctions dont ils sont investis. »

1738. Actuellement, trois autorités, l'autorité diocésaine, l'autorité administrative et le pouvoir judiciaire, sont compétentes,

(1) *Eod.*, art. 84.
(2) Circ. min. cultes, 21 décembre 1863.
(3) Circ. min. cultes, 21 novembre 1879.
(4) *Eod.*
(5) *Eod.*
(6) D. 30 décembre 1809, art. 85.
(7) M. Campion.
(8) D. 30 décembre 1809, art. 86.
(9) D. 30 décembre 1809, art. 87.
(10) D. 30 décembre 1809, art. 86.
(11) *Eod.*, art. 87.
(12) Déc. min. 18 mars 1812 ; M. Campion.
(13) Circ. min. cultes, 18 mai 1885.
(14) D. 30 décembre 1809, art. 88.

(1) *Eod.*, art. 89.
(2) Déc. min. 10 février, 18 mars 1872 ; — Circ. min. cultes, 21 novembre 1879 ; — D. C. d'Et. 13 mars 1880 ; — Circ. min. cultes, 18 mai 1885.
(3) Circ. min. cultes, 21 novembre 1879.
(4) En ce sens : Gaudry, t. III, p. 532 ; de Champeaux, *Code des fabriques* ; Affre, p. 49 ; M. Campion, p. 254 ; Langres, 19 mars 1846. — En sens contraire, Dalloz, *Répertoire des cultes*, n° 531.
(5) Voir Organisation des fabriques.
(6) Dalloz, *Supplément du Répertoire des cultes*.
(7) 21 décembre 1833. — Dans le même sens, L. min. 14 décembre 1868.

chacune dans des hypothèses différentes, pour connaître de la gestion des trésoriers de fabriques.

Les règles tracées en cette matière par le décret du 30 décembre 1809 diffèrent de celles de la procédure du droit commun, tant au point de vue de la compétence des juridictions qui doivent en connaître, qu'au point de vue des personnes auxquelles appartient l'action.

Sous l'ancienne législation, le droit d'arrêter les comptes des fabriques appartenait exclusivement aux supérieurs ecclésiastiques, et l'examen de ces comptes ne rentrait dans le domaine des tribunaux que lorsqu'ils donnaient lieu à des débats ayant le caractère contentieux. Depuis 1790, ces mêmes comptes ont toujours dû être rendus administrativement (1). Le décret de 1809 n'a pas dérogé à ces dispositions, et il a entendu se référer, pour la compétence, à la règle établie par la loi de 1790 (2). On a senti qu'il fallait éviter aux fabriques, comme aux autres établissements publics, les frais et les lenteurs qu'entraînent nécessairement la discussion et le règlement des comptes devant les tribunaux civils ; on a pensé, en même temps, que la juridiction administrative serait mieux à même d'apprécier des actes et des dépenses essentiellement d'administration. Ces motifs s'appliquent non seulement aux comptables officiels, mais aussi aux personnes qui, sans titre et sans droit, s'immiscent dans la comptabilité des établissements publics. Tous les fabriciens, tous les individus, même étrangers à la fabrique, qui effectuent des recettes ou des dépenses au nom de cet établissement et comme le représentant, deviennent, pour la reddition de leurs comptes, justiciables de l'autorité administrative, aussi bien que le trésorier titulaire lui-même.

Mais le législateur a voulu éviter de faire de l'action en reddition de compte du trésorier un contentieux administratif ou ecclésiastique, il a voulu en laisser la connaissance aux juges du droit commun (3).

D'après le décret du 30 décembre 1809, le tribunal civil est compétent pour ordonner la reddition du compte. Mais il ne lui appartient pas, au contraire, de statuer sur les difficultés auxquelles les articles du compte peuvent donner lieu. C'est l'autorité administrative qui a seule qualité pour connaître de ces difficultés et pour procéder au règlement du compte entre les parties.

Une fois ce règlement effectué par l'autorité administrative, les tribunaux judiciaires sont de nouveau compétents pour condamner le trésorier au payement de la différence dont il peut se trouver débiteur.

Cette procédure est tout à fait différente de celle qui régit les comptes des communes et des établissements de bienfaisance ; les conseils de préfecture sont seuls compétents pour connaître des comptes de ces établissements.

Cependant, il n'en est pas moins certain que les fonds dont l'administration est confiée aux conseils de fabrique rentrent dans la catégorie des deniers publics et sont soumis aux règles qui régissent la comptabilité publique (4). Par suite, la disposition de l'article 90 du décret du 30 décembre 1809, qui autorise le procureur de la République à poursuivre en reddition de compte devant le tribunal le trésorier de la fabrique, doit être également appliquée aux personnes qui ont usurpé les fonctions de trésorier, en vertu du principe que toute personne qui, sans autorisation légale, s'ingère dans le maniement des deniers publics est, par ce seul fait, constituée comptable, et que les gestions occultes sont soumises aux mêmes juridictions et entraînent la même responsabilité que les gestions patentes et régulières (5).

Les tribunaux ordinaires étant chargés des contestations relatives à l'action en reddition de compte des trésoriers de fabriques, il a été décidé que le conseil de préfecture n'avait pas à connaître des difficultés concernant la gestion du

trésorier d'un conseil de fabrique, et que, par conséquent, c'était à tort que le conseil de préfecture décidait sur une demande en règlement de compte formée par un trésorier en désaccord sur ce règlement avec le conseil de fabrique (1).

Le conseil de préfecture n'est pas non plus compétent pour connaître d'une demande en remboursement d'avances prétendues faites par le trésorier, comme mandataire légal ou conventionnel de la fabrique, pour payer diverses dépenses du culte (2).

Certains auteurs ont prétendu que les tribunaux judiciaires étaient compétents pour régler entre la fabrique et le trésorier les comptes de celui-ci (3). Mais la jurisprudence du Conseil d'Etat a condamné cette opinion et affirmé la compétence exclusive de l'autorité administrative pour juger les contestations qui peuvent s'élever sur les articles du compte (4).

Les tribunaux civils sont également compétents pour juger certaines contestations qui peuvent s'élever à l'occasion du règlement du compte. M. Aucoc cite, notamment, le cas où le trésorier serait responsable d'un vol commis dans la caisse de la fabrique ou d'une perte de fonds résultant d'un cas de force majeure (5). M. Champeaux va plus loin et prétend d'une façon générale que la contestation appartient exclusivement à l'autorité judiciaire toutes les fois qu'elle porte sur des questions de droit civil, de responsabilité et de restitution par le trésorier (6).

1739. Mais à quelle autorité administrative appartient-il de statuer sur les débats relatifs au règlement du compte ? Lors de la discussion de la loi du 18 juillet 1837, on avait proposé d'étendre aux trésoriers des fabriques les dispositions de l'article 66, relatif à l'apurement des comptes des receveurs des communes et des établissements de bienfaisance ; mais cette proposition a été rejetée, parce qu'aucune loi en vigueur n'attribuait aux conseils de préfecture le pouvoir de régler les comptes des trésoriers de fabriques. C'est ce qu'a reconnu le Conseil d'Etat, dans un arrêt du 24 juillet 1862.

« L'article 14 du titre 1er de la loi des 23 octobre-5 novembre 1790, relatif aux comptes des administrateurs des biens des fabriques, n'était, en lui-même, porte cet arrêt, qu'une mesure provisoire qui a cessé d'être applicable après la promulgation de la loi du 18 brumaire an II, par laquelle les biens des fabriques ont été compris parmi les propriétés nationales. L'article 5 de l'arrêté du 7 thermidor an XI, qui a restitué aux fabriques leurs biens non aliénés, et aux termes duquel les comptes de la gestion des biens des fabriques devaient être rendus en la même forme que ceux des dépenses communales, a été abrogé par les articles 86 à 90 du décret du 30 décembre 1809, qui a organisé les fabriques sur des bases différentes. Suivant ces articles, il appartient au conseil de fabrique, sous le contrôle de l'évêque, d'arrêter les comptes des trésoriers, et aux tribunaux civils de forcer les trésoriers à rendre leurs comptes (7) ».

Mais cet arrêt, tout en refusant aux conseils de préfecture le droit de statuer sur le règlement des comptes des fabriques, ne fait pas connaître l'autorité à laquelle il appartient de juger les débats auxquels ces comptes peuvent donner lieu.

Un autre arrêt du conseil d'Etat (8) paraît reconnaître également la compétence de l'évêque, le recours au ministre des cultes contre la décision de l'évêque, et implicitement le recours au conseil d'Etat contre la décision du ministre.

M. Aucoc, qui avait donné ses conclusions dans cette affaire comme commissaire du gouvernement, a résolu dans le même sens cette question (9).

---

(1) L. 28 octobre, 5 novembre 1790, titre 1er, art. 14 ; — Arr. gouv. 9 thermidor an XI, art. 3 et 5.
(2) Cass. 9 juin 1823.
(3) Cont. 24 juillet 1862 ; Montpellier, 11 février 1870, 15 juillet 1871.
(4) Toulouse, 16 juillet 1884.
(5) Eod.

(1) C. préf. Lot-et-Garonne, 30 janvier 1866.
(2) Cont. 24 juillet 1862.
(3) Carré, Gouvernement des paroisses, p. 354 ; Chauveau, Principes de compétence, t. III, p. 976.
(4) Cont. 18 juin 1846 ; 24 juillet 1862 ; 15 décembre 1865 ; Aucoc, Revue pratique de législation, t. XXII, p. 481 et suivantes ; Montpellier, 11 février 1870, 15 juillet 1871.
(5) Revue critique, t. XXII, p. 488.
(6) Code des fabriques, t. II, p. 457 et suivantes.
(7) Cont. 24 juillet 1862.
(8) Cont. 15 décembre 1865.
(9) Bulletin des lois ecclésiastiques, 1865, p. 276.

1740. Deux personnes, le trésorier nouveau et à son défaut, le procureur de la République, peuvent poursuivre le trésorier sortant en reddition de son compte de gestion. Le procureur de la République peut agir, soit d'office, soit sur l'avis qui lui est donné par un membre du bureau ou du conseil, soit sur une ordonnance de l'évêque. Les officiers du ministère public ont à cet égard un pouvoir qui leur est attribué directement et personnellement par la loi, et en vertu duquel ils peuvent déférer aux tribunaux non seulement l'irrégularité qui leur serait particulièrement signalée, mais encore toutes celles dont ils auraient connaissance en examinant les comptes. Le ministère public conserve toute sa liberté d'action, et, par conséquent, le droit d'agir d'office, bien que la fabrique eût pris une délibération tendant à restreindre l'objet des poursuites. Un arrêt de la cour de Limoges du 19 décembre 1883 décide en ce sens : 1° que, aux termes de l'article 90 du décret du 30 décembre 1809, les magistrats du parquet ont une action directe et personnelle à l'effet de contraindre les trésoriers de fabrique à rendre leur compte de gestion ; 2° qu'il n'est pas nécessaire que cette action soit provoquée par le conseil de fabrique ou par le successeur immédiat du trésorier poursuivi ; 3° que le juge civil est compétent pour statuer sur l'action ainsi intentée par le ministère public, et pour fixer, en cas de résistance du trésorier, la somme qui doit être payée provisoirement à la fabrique.

Il a été décidé, en outre, par le même arrêt, que, lorsqu'aucun compte n'a été rendu depuis plusieurs années par le trésorier de la fabrique, la contrainte qu'il y a lieu de prononcer contre lui doit être évaluée par le juge d'après la recette ordinaire moyenne résultant de documents de la cause, et qu'elle ne peut dépasser la moitié de la recette d'une seule année.

1741. On s'est demandé si, dans le cas où le trésorier usait directement de son droit d'action, et prenait l'initiative, le droit d'action du procureur de la République serait éteint.

Dans un système on admet que l'exercice de l'action par le trésorier ne peut avoir pour effet de paralyser celle du ministère public. « Ne serait-ce pas, comme on l'a remarqué avec raison, aller à l'encontre des intérêts confiés au ministère public ? Si l'action est incomplète, mal intentée, si elle doit conduire à l'échec d'une cause juste, n'est-ce pas comme si elle n'existait pas, et n'est-il pas dans l'esprit, dans le vœu de l'article 90, que le magistrat du parquet use alors de son droit (1) ? »

Suivant M. Alglave, ce n'est plus, au contraire, le ministère public qui est en cause, ce sont les personnes juridiques qu'il représente accidentellement et pour le compte desquelles il est simplement chargé de saisir les tribunaux, car, les actes de procédure une fois accomplis, il recouvre sa liberté d'appréciation sur le procès (2).

Il a été décidé, par des raisons semblables, que le droit d'action qui appartient au ministère public en vertu de l'article 90 du décret du 30 décembre 1809 n'exclut pas le droit d'action du trésorier et que, par conséquent, le trésorier pourrait intervenir dans l'instance s'il jugeait nécessaire de l'étendre et de compléter la demande que le procureur de la République aurait le premier intentée (3).

1742. *Des charges des fabriques.* — Les dépenses ou charges de la fabrique sont de deux sortes : 1° ordinaires ou annuelles ; 2° extraordinaires.

1743. Les dépenses ordinaires sont : 1° les dépenses relatives à l'exercice du culte : frais d'ornements, de vases sacrés, de linge, de luminaire, de pain, de vin, d'encens, de la cire ; 2° les dépenses relatives au payement du personnel : vicaires, sacristains, chantres, organistes, sonneurs, suisses, bedeaux et autres employés de l'église ; 3° les honoraires des prédicateurs de l'Avent, du Carême et autres solennités ; 4° les dépenses relatives à la décoration et à l'embellissement

intérieurs de l'église ; 5° les frais d'entretien de l'église, du presbytère et du cimetière.

Il faut ajouter à la liste de ces dépenses émunérées par l'article 37 du décret du 39 décembre 1809 les dépenses suivantes :

1° L'indemnité de logement de curé ou desservant, si la fabrique ou la commune n'ont pas d'immeuble à cet usage ; 2° Les charges des fondations ;

Les dépenses extraordinaires sont : 1° les dépenses relatives aux grosses réparations ou reconstructions de l'église, de la sacristie et du presbytère ; 2° les dépenses relatives à l'achat des vases sacrés, du linge et des meubles indispensables à l'exercice du culte.

1744. 1° La fabrique est chargée des dépenses relatives à l'exercice du culte ; c'est donc elle, et non le curé, qui doit fournir les ornements, les vases sacrés, le linge, le luminaire, le pain, le vin, l'encens et la cire (1).

La fabrique supporte les frais du service paroissial non seulement pour les dimanches et fêtes, mais encore pour les offices et messes basses de la semaine et de tous les jours de l'année (2).

Les frais de célébration des services religieux ordonnés par le gouvernement sont des dépenses obligatoires du culte également à la charge des fabriques (3).

1745. 2° Les dépenses relatives au payement du personnel s'appliquent aux dépenses des vicaires, sacristains, chantres, organistes, sonneurs, suisses, bedeaux et autres employés au service de l'église, selon la convenance et les besoins des lieux.

L'évêque fixe le nombre des prêtres habitués et des vicaires de chaque église, sur la délibération de la fabrique et l'avis du conseil municipal. Il les nomme et il les établit.

Mais c'est la fabrique qui paye ces ecclésiastiques.

Avant la loi du 5 avril 1884, des difficultés s'élevaient fréquemment entre les fabriques et les communes au sujet de l'obligation incombant à celles-ci, quant au traitement des vicaires. Actuellement, la charge de ce traitement est purement facultative pour la commune, même en cas d'insuffisance des ressources de la fabrique (4).

1746. 3° Les fabriques supportent les honoraires des prédicateurs de l'Avent, du Carême et autres solennités. Les honoraires des prédicateurs ne forment pas un traitement, et s'ils s'élèvent au-dessus de 100 francs, dans les paroisses qui ont plus de 1,000 âmes, ou de 50 francs dans celles qui en ont moins de 1,000, ils doivent être votés, non par le bureau, mais par le conseil (5). En cas d'insuffisance des revenus de la fabrique, ils ne constituent plus une dépense communale depuis la loi du 5 avril 1884.

1747. 4° La quatrième catégorie de dépenses ordinaires comprend les dépenses relatives à la décoration et à l'embellissement intérieurs de l'église.

Rien n'est plus difficile à déterminer que la nature des embellissements et les frais que la fabrique doit supporter. Il faut, en général, pour les déterminer avec équité, que les marguilliers aient égard à ces trois choses : 1° l'usage des lieux ; 2° les ressources des fabriques ou des habitants ; 3° la nécessité ou l'utilité de ces dépenses.

En outre, il faut, quand il s'agit d'un monument historique, que chaque autorité observe les obligations que la loi spéciale impose.

1748. 5° La cinquième catégorie des dépenses ordinaires se compose des frais d'entretien de l'église, du presbytère et du cimetière.

1749. Les fabriques étant tenues de pourvoir à l'entretien des églises et presbytères (6), les marguilliers, et spécialement le trésorier, doivent veiller à ce que toutes les réparations soient bien et promptement faites, et avoir soin de visiter les

---

(1) M. Dramard, Dissertation, D. P. 84.2.73.
(2) *Action du ministère public*, p. 17.
(3) Chambéry, 4 mai 1870.

(1) Affre, p. 134.
(2) Déc. min., 16 avril 1828; André, t. IV, p. 47.
(3) C. d'Ét., avis.. comm. int., 21 juillet 1838 ; Lettre min. cultes 13 septembre 1838; Champeaux, t. X, p. 35, note 2.
(4) Art. 136 et 168.
(5) D. 30 décembre 1809, art. 12.
(6) D. 30 décembre 1809, art. 37.

bâtiments, avec des gens de l'art, deux fois par an, au commencement du printemps et de l'automne (1).

Ils doivent pourvoir sur-le-champ et par économie, c'est-à-dire sans adjudication, en payant eux-mêmes les ouvriers, les matériaux, etc. (2), aux réparations locatives ou autres, qui n'excèdent pas 50 francs dans les paroisses de moins de 1,000 habitants, et 100 francs dans celles au-dessus (3).

Lorsque les réparations excèdent cette somme, le bureau est tenu d'en faire rapport au conseil, qui peut ordonner toutes les réparations qui ne s'élèveraient pas à plus de 100 francs dans les communes au-dessous de 1,000 âmes, et de 200 francs dans celles d'une plus grande population. Néanmoins, le conseil ne peut, même sur le revenu libre de la fabrique, ordonner les réparations qui excèdent la quotité ci-dessus énoncée, qu'en chargeant le bureau de faire dresser un devis estimatif, et de procéder à l'adjudication au rabais ou par soumission, après trois affiches, renouvelées de huitaine en huitaine (4) : dans ce cas, les réparations ne peuvent être faites qu'avec l'autorisation du préfet ou du ministre selon que la dépense est inférieure ou supérieure à 20,000 francs.

1750. La loi du 5 avril 1884 n'a pas modifié la situation respective des communes et des fabriques en ce qui touche l'entretien des cimetières. Aux termes du paragraphe 4 de l'article 37 du décret du 30 décembre 1809, l'entretien des cimetières est à la charge des fabriques. Le paragraphe 17 de l'article 30 de la loi du 18 juillet 1837 a fait, il est vrai, figurer aussi cet entretien parmi les dépenses obligatoires de la commune ; mais, ainsi que l'a reconnu un avis du Conseil d'État du 21 août 1839, cette disposition n'a eu pour but que de contraindre les communes à venir en aide, pour des dépenses de cette nature, à l'insuffisance des ressources des fabriques, et n'a point pour effet d'exonérer celles-ci.

Sous l'empire de la législation actuelle, les communes ne sont également obligées à subvenir aux dépenses d'entretien des cimetières que lorsqu'il est dûment justifié par les fabriques de l'insuffisance de leurs revenus. La Cour de cassation a confirmé cette interprétation (5).

La jurisprudence de la Cour de cassation déclare, en outre, que l'insuffisance des revenus doit s'entendre, d'après les termes généraux de la loi, de l'insuffisance des revenus pris dans leur ensemble, et que l'obligation des fabriques subsiste quand même le produit du monopole des pompes funèbres ne couvrirait pas à lui tout seul les dépenses d'entretien des cimetières ; que la commune ne doit avoir aucune charge à supporter du chef de l'entretien du cimetière, alors même que le rendement des produits spontanés et des pompes funèbres ne suffit pas à cette dépense, si elle peut être acquittée au moyen d'autres revenus de la fabrique d'origine différente.

La doctrine de la Cour de cassation est contraire à la jurisprudence ministérielle contenue dans la circulaire du ministre de l'intérieur du 15 mai 1884 sur l'ensemble des modifications apportées par la loi du 5 avril 1884 à la législation municipale (1).

La circulaire rappelle la jurisprudence interprétative du décret du 30 décembre 1809 (2), qui, sous l'empire de la loi du 18 juillet 1837 (3), ainsi que nous l'avons vu, imposait aux fabriques en première ligne la dépense d'entretien des cimetières en compensation des produits spontanés des cimetières qu'elles percevaient ; la loi du 5 avril 1884 (4) ayant attribué ces produits aux communes, la circulaire en conclut que l'entretien des cimetières cesse d'incomber aux établissements ecclésiastiques.

La raison invoquée par la circulaire ministérielle pour exonérer les fabriques de la charge d'entretien des cimetières ne nous semble pas fondée. En effet, la dépense d'entretien des cimetières a été mise à la charge des fabriques, non pas en compensation des produits spontanés, dont le revenu est, d'ailleurs, insignifiant, mais en compensation du monopole des pompes funèbres. C'est en ce sens qu'il faut entendre le décret du 23 prairial an XII, qui spécifie que le produit des pompes funèbres, dont il confère à la fabrique le monopole, sera consacré par elle à l'entretien des églises, des lieux d'inhumation et au payement des desservants.

L'attribution accessoire des produits spontanés, qui fut faite aux fabriques par le décret du 30 décembre 1809, ne peut servir de fondement à la charge d'entretien des cimetières, par conséquent, l'abrogation par la loi du 5 avril 1884 de l'article 36 n° 4 du décret du 30 décembre 1809, qui attribuait aux fabriques les produits spontanés n'a pu avoir pour effet, comme le déclarait la circulaire ministérielle, de les exonérer, par compensation, de la charge d'entretien des lieux de sépulture.

1751. L'indemnité de logement des curés ou desservants constitue une dépense ordinaire.

Lorsqu'il existe dans la commune un presbytère non aliéné pendant la Révolution, la commune est obligée de le mettre

---

(1) Eod., art. 41.
(2) M. Campion.
(3) D. 30 décembre 1809, art. 12 et 41.
(4) D. 30 décembre 1809, art. 42.
(5) Cass. civ. 30 mai 1888 : — « La Cour, — Sur le premier moyen : — Attendu qu'aux termes de l'article 23 du décret du 23 prairial an XII, comme aux termes du décret du 30 décembre 1809, article 37, les fabriques sont tenues de pourvoir à l'entretien des cimetières ; que cette obligation a continué à leur incomber sous l'empire de la loi du 18 juillet 1837 ; qu'en effet, l'article 30 de cette loi ne déclare l'entretien des cimetières obligatoire pour les communes que dans les cas déterminés par les lois et règlements d'administration publique ; que par là même il s'est référé à l'article 37, n° 4, du décret du 30 décembre 1809, lequel n'oblige les communes à subvenir aux dépenses d'entretien des cimetières que lorsqu'il est dûment justifié par les fabriques de l'insuffisance de leurs revenus ; — Attendu que cette insuffisance des revenus doit s'entendre, d'après les termes généraux de la loi, de l'insuffisance des revenus pris dans leur ensemble ; qu'ainsi l'obligation des fabriques subsiste quand même le produit du monopole des pompes funèbres que leur confère l'article 23 du décret du 23 prairial an XII, ne couvrirait pas à lui tout seul les dépenses d'entretien des cimetières ; — Attendu qu'il appartient à la Cour d'appel d'apprécier souverainement, en fait, la nature et l'objet des divers travaux et services rentrant dans la catégorie des dépenses d'entretien des deux cimetières dont il s'agit dans l'espèce ;

« Sur la première branche du deuxième moyen : — Attendu que les conclusions prises en appel par la ville d'Amiens et tendant à la condamnation des fabriques en payement d'une somme de 4,135 francs, représentant la part des fabriques dans l'entretien des cimetières de la Madeleine et de Saint-Acheul, du 21 décembre 1883 au 23 avril 1885 sur le taux fixé par le jugement, n'étaient que le développement et la suite de la demande soumise par la ville aux premiers juges ; que l'argument tiré par les fabriques de la loi du 5 avril 1884 pour faire rejeter les conclusions n'étaient qu'un moyen de défense à l'action principale ; qu'ainsi la première branche du deuxième moyen manque en fait ; sur la deuxième branche du même moyen : — Attendu que la loi du 5 avril 1884 n'a pas modifié la situation respective des fabriques, telle qu'elle a été réglée par l'article 37, paragraphe 4, du décret du 30 décembre 1809 et l'article 30 de la loi du 18 juillet 1837, qu'en effet, l'article 136, paragraphe 13 de la loi du 5 avril 1884, qui est conçu dans les mêmes termes que l'article 30 de la loi du 18 juillet 1837, ne peut pas en avoir la même signification et la même portée, qu'ainsi les communes continuent de n'être tenues de subvenir à l'entretien des cimetières, qu'à la condition d'une justification régulière par les fabriques de l'insuffisance de leurs revenus ; que si les travaux préparatoires ni la circulaire ministérielle du 15 mai 1884, ne sauraient prévaloir contre le texte clair de la loi qui, après avoir reproduit dans son article 136, la disposition de l'article 30 de la loi du 18 juillet 1837, n'a abrogé dans son article 168, que les articles 36, paragraphes 4, 39, 40, 72 et 103 du décret du 30 décembre 1809, et maintenu, par conséquent, l'article 37 de ce décret ; qu'il suit de là que l'arrêt attaqué n'a violé aucun des textes de loi invoqués par le pourvoi et qu'il n'en a fait, au contraire, qu'une exacte application ; — Rejette. »

(1) Extrait de la circ. du 17 mai 1884 : — « Dépenses concernant les cimetières. Aux termes de l'article 136, paragraphe 13, sont obligatoires pour les communes les dépenses concernant les cimetières, leur entretien et leur translation, dans les cas déterminés par les lois et règlements d'administration publique. Ces dispositions reproduisent celles du paragraphe 17 de l'article 30 de la loi du 18 juillet 1837. La jurisprudence s'appuyait sur l'article 36, paragraphe 4, du décret du 30 décembre 1809, qui comprend au nombre des revenus de la fabrique les produits spontanés des lieux de sépulture, et 37, paragraphe 4, du même décret, qui la chargeait de l'entretien des cimetières, et considérait cette dépense comme devant être acquittée en première ligne par les fabriques et subsidiairement par les communes. Les fabriques en trouvaient la compensation dans la perception des produits spontanés. La loi du 5 avril 1884, attribuant ces produits aux communes par son article 133, et abrogeant par ses dispositions finales l'article 36, paragraphe 4, du décret précité, l'entretien des cimetières cesse d'incomber aux établissements religieux. »

En ce sens, M. Morgand, Commentaire de la loi municipale du 5 avril 1884, t. II, p. 382 ; — Daniel-Lacombe, Régime des sépultures, p. 132.
(2) Art. 36, § 4 et 37, § 4.
(3) Art. 30, § 17.
(4) Art. 133, § 13.

à la disposition du curé. Dans ce cas, le presbytère ne peut être affecté à un autre usage (1).

Dans l'hypothèse où, au contraire, il n'existe pas de presbytère, la commune n'est pas tenue de fournir au curé ou desservant un logement en nature, soit dans un bâtiment communal à ce spécialement affecté, soit dans un autre immeuble pris en location (2). Le curé ou desservant n'a droit qu'à une indemnité de logement.

1752. Les charges des fondations constituant des dépenses ordinaires, quoique non tenues des dettes des anciennes fabriques, les nouvelles fabriques doivent cependant acquitter les services religieux anciennement fondés. Les biens et rentes qui y sont affectés n'ont été rendus aux fabriques que sous cette condition tacite.

L'exécuteur testamentaire, ou celui que le fondateur a chargé de veiller à l'exécution d'une fondation est tenu de réclamer, s'il y a lieu, contre la négligence des marguilliers (3).

Les marguilliers doivent donner au prêtre qui est chargé d'acquitter la fondation l'honoraire entier que le titre, ou le règlement épiscopal qui l'a réduite, a déterminé. La fabrique ne peut retenir que la somme qui lui est destinée par la volonté connue ou présumée du fondateur, et doit se conformer sur ce point à ce qui a été fixé par l'ordonnance épiscopale réglant la fondation (4).

Lorsque les services imposés par la fondation ne sont plus en proportion avec les revenus des sommes qui y ont été affectées par les fondateurs, ou si la fabrique se trouve dans l'impossibilité de les acquitter, l'article 29 du décret du 30 décembre 1809 donne à l'évêque le pouvoir de les réduire. Mais le droit accordé à l'évêque de réduire en proportion de la diminution des revenus ne s'exerce pas dans le cas où la diminution des biens provient du fait de l'établissement légataire (5).

Les titres de rentes, donnés pour assurer l'acquit des fondations, doivent être nominatifs, c'est-à-dire immatriculés au nom de la fabrique, afin d'assurer à perpétuité l'exécution des volontés du fondateur.

1753. Les dépenses extraordinaires sont, ainsi que nous l'avons dit plus haut :

1° Celles relatives aux grosses réparations ou à la reconstruction de l'église, de la sacristie et du presbytère;

2° Les dépenses relatives à l'achat des vases sacrés, du linge et des meubles indispensables à l'exercice du culte.

Nous avons vu précédemment les règles relatives à cette seconde catégorie des dépenses extraordinaires.

Nous exposons ici celles qui concernent les grosses réparations et la reconstruction de l'église, de la sacristie et du presbytère.

1754. La loi du 5 avril 1884 a diminué les obligations dont sont tenues les communes à l'égard des édifices affectés aux cultes.

Nous avons déjà vu qu'elle a mis à la charge exclusive des fabriques les réparations d'entretien qui désormais, même en cas d'insuffisance des revenus des fabriques, ne doivent pas être supportées par les communes comme le prescrivait la législation antérieure.

En ce qui concerne les grosses réparations et la reconstruction des églises et des presbytères, la nouvelle loi municipale veut que les dépenses nécessaires ne soient à la charge des communes que subsidiairement au cas d'insuffisance des ressources des fabriques et à la condition, en outre, que les édifices religieux auxquels ces travaux sont nécessaires soient des propriétés communales. Par conséquent, au cas où ces édifices sont la propriété des fabriques, aucune obligation n'incombe aux communes.

On applique les règles du droit commun pour distinguer les grosses réparations et les réparations d'entretien.

Avant la loi du 5 avril 1884 il avait été décidé que lorsque la nécessité de grosses réparations à une église avait été constatée et le devis des travaux approuvé conformément au décret du 30 décembre 1809, le payement de ces réparations, en cas d'insuffisance des revenus de la fabrique, constituait pour la commune une dépense obligatoire; mais la commune n'était pas tenue de contribuer aux dépenses de travaux qui n'auraient pas été compris dans le devis (1). Cette décision semble devoir trouver également son application sous la législation actuelle.

Il était aussi de règle avant 1884, que dans le cas où les formalités prescrites par les articles 95 et 98 du décret du 30 décembre 1809 n'avaient pas été remplies, la commune n'était pas tenue de contribuer aux frais des travaux de grosses réparations qu'une fabrique avait fait exécuter à l'église paroissiale (2).

Une décision du ministère des cultes du 17 septembre 1884 déclare que, bien que les articles 93 et suivants du décret du 30 décembre 1809 soient expressément abrogés par l'article 168, 5°, de la loi du 5 avril 1884, il y a toujours lieu de se conformer à ces dispositions pour les formalités requises dans le cas où la fabrique a besoin du concours financier de la commune pour les réparations à faire aux édifices consacrés aux cultes.

En cas de réparations urgentes, par exemple quand un bâtiment est menacé d'une ruine immédiate, Gaudry pense que l'observation des articles 93 et suivants du décret du 30 décembre 1809 n'est plus nécessaire. Suivant cet auteur, le conseil de fabrique doit prévenir le maire, et après cet avertissement il peut faire tous les travaux indispensables, sauf à se pourvoir durant leur cours, ou même après leur exécution, dans les formes légales.

L'inobservation des formalités prescrites par les articles 93 et suivants du décret du 30 décembre 1809 ne peut permettre à une commune qui a voté une subvention déterminée pour concourir aux dépenses des travaux entrepris par la fabrique, de soutenir qu'elle n'est pas tenue, par suite de cette omission, de contribuer aux travaux exécutés pour la réparation de l'église. Les articles 93 et suivants étant aujourd'hui abrogés, il semble que cette décision doit a fortiori s'appliquer sous l'empire de la nouvelle loi.

En principe, lorsque les fabriques possèdent des fonds suffisants, elles doivent même avant la loi du 5 avril 1884, pourvoir à l'entretien et aux réparations des églises. Un arrêt a décidé, par application de cette règle, que les fabriques ont le droit d'exécuter les travaux sans le concours de

<hr />

(1) Déc. min. 25 brumaire an XIV; 21 août 1806; Gaudry, t. II, p. 652.
(2) Bruxelles, 6 janvier 1831.
(3) Affre, p. 257.
(4) D. 30 décembre 1809, art. 26; Affre, p. 255.
(5) C. d'Et., avis, int., 30 mai 1832.

(1) C. d'Et. cont. 24 juin 1870.
(2) Cont. 22 février 1878; — Cont. 1er avril 1881 : « Le Conseil d'Etat, — Vu le décret du 30 décembre 1809 et la loi du 18 juillet 1837; — Vu les lois des 7-14 octobre 1790 et 21 mai 1872;
« Considérant que le préfet de l'Isère s'est fondé, pour inscrire d'office au budget de la commune de Pontcharra une somme de 1,474 fr. 05 due par la fabrique de Grignon, sur ce que cette dette aurait pour origine des travaux de grosses réparations exécutés à l'église de la paroisse de Grignon dont la commune serait tenue comme d'une dépense obligatoire au cas, justifié dans l'espèce, de l'insuffisance des ressources de la fabrique; — Mais, considérant que d'après l'article 95 du décret du 30 décembre 1809, lorsqu'une fabrique demande le concours pour pourvoir aux réparations des édifices consacrés au culte, le préfet doit nommer les gens de l'art par lesquels, en présence de l'un des membres du conseil municipal et de l'un des marguilliers, il est dressé un devis estimatif des réparations; que le préfet doit soumettre ce devis au conseil municipal, et, sur son avis, ordonner, s'il y a lieu, que les réparations soient faites aux frais de la commune, et, en conséquence, qu'il soit procédé par le conseil municipal en la forme accoutumée à l'adjudication au rabais; — Que, d'après l'article 98, le préfet ne peut ordonner que les dépenses pour réparations ou reconstructions soient payées aux frais des revenus communaux, qu'autant que les formes prescrites par l'article 95 auront été observées; — Considérant qu'aucune des formalités prescrites par ledit article n'a été accomplie lors des travaux de réparations exécutés à l'église de l'Isère sur lesquels le préfet s'est fondé pour inscrire d'office au budget de la commune de Pontcharra, par son arrêté du 2 juillet 1879, la somme de 1,474 fr. 05 ci-dessus relatée; que, dans ces circonstances, la commune est fondée à demander l'annulation dudit arrêté,
« Art. 1er. L'arrêté du préfet de l'Isère est annulé. »

la commune. C'est ainsi qu'il a été décidé qu'une fabrique peut être autorisée à exécuter les travaux d'agrandissement d'une église, reconnus nécessaires aux besoins du culte, et même contracter un emprunt à cet effet malgré l'opposition du conseil municipal, lorsque cette autorisation ne doit avoir pour effet ni de porter atteinte aux droits de propriété de la commune sur l'église, ni d'engager ses finances (1), ni de soustraire l'édifice à son droit de surveillance, et qu'il est constaté que les travaux ne peuvent nuire à la solidité de la construction (2).

Les constructions nouvelles restent, dans tous les cas, comme l'église elle-même, la propriété de la commune.

Il a été décidé que bien qu'une fabrique entreprenne l'agrandissement de l'église paroissiale avec ses seules ressources et sans le concours de la commune, elle n'a pas le droit de s'opposer à ce qu'il soit décidé par le préfet que l'adjudication des travaux aura lieu en présence du maire (3).

Suivant une décision ministérielle, ce serait une erreur que de croire que les fabriques ne peuvent toucher aux murs de l'église sans l'assentiment de la commune. Sans doute elles ne sauraient être fondées à faire exécuter aux églises particulières communales, sans le concours de l'autorité civile, les travaux de grosses réparations pouvant compromettre leur solidité ; mais il ne faut point perdre de vue qu'elles sont l'établissement légal chargé de leur conservation, de leur entretien, de leur appropriation aux besoins et aux convenances du culte, et de leurs réparations, quelles qu'elles soient ; d'où il suit que si dans le cours d'un travail de réparation ou d'appropriation exécuté aux frais de la fabrique, la disposition intérieure demandée par l'autorité ecclésiastique rend nécessaire la suppression d'une partie de mur séparatif devenue inutile, cette suppression est valablement et légalement faite lorsque les fabriciens procèdent avec leurs propres fonds et qu'ils ne dépassent pas, d'ailleurs, le chiffre de la dépense indiqué dans les articles 41 et 42 du décret du 30 décembre 1809 (4).

1755. Nous avons vu qu'aux termes d'une décision ministérielle intervenue en 1854 la direction des travaux d'entretien, d'appropriation intérieure et d'embellissement de l'église appartient à la fabrique. La direction des travaux de constructions ou de grosses réparations appartient à la commune dans le cas où elle doit payer la totalité de la dépense, sauf le droit de surveillance de la fabrique. Lorsque, au contraire, la plus forte partie de la dépense, sinon la totalité, est supportée

par la fabrique, c'est celle-ci qui doit diriger ces travaux sous la surveillance de l'autorité municipale. Dans le cas où la fabrique et la commune se partagent également la dépense, c'est le maire qui doit, sous la surveillance du conseil de fabrique, diriger les travaux (1).

Il a été jugé également que le préfet peut décider que la fabrique aura la direction des travaux, si elle a recueilli des souscriptions importantes (2).

Les fonds doivent être centralisés dans la caisse de l'établissement qui, supportant la totalité ou la plus grande partie de la dépense, a la direction des travaux (3).

Si l'église est la propriété de la fabrique, c'est à celle-ci qu'appartient toujours la direction des travaux. Il n'y a pas à rechercher si la commune concourt au payement de la dépense pour une somme plus ou moins forte ; dans aucun cas, lors même qu'elle fournirait plus de la moitié des fonds, la commune n'est fondée à revendiquer la direction de l'entreprise. Elle n'aurait, pour s'immiscer dans cette direction, d'autre qualité que celle qui résulterait pour elle de la subvention allouée sur les fonds municipaux. « Mais l'allocation d'une subvention n'autorise pas celui qui la fournit à s'emparer de l'entreprise et à la diriger à son gré. La partie qui accorde une subvention ou un recours ne devient jamais pour cela la partie principale ; elle demeure toujours, quelle que soit l'importance de la subvention, un auxiliaire sans titre à prendre le pouvoir dirigeant (4). »

Dans tous les cas, où la direction des travaux à faire à une église appartient à la fabrique, l'autorité municipale conserve un droit de surveillance, afin de sauvegarder les intérêts de la commune ; elle a le droit d'assister à l'adjudication des travaux, et de faire toutes démarches utiles pour que les dispositions du devis et les clauses du cahier des charges soient observées (5).

Le choix de l'architecte chargé des travaux des églises et presbytères, appartient exclusivement à l'établissement qui a la direction des travaux (6).

1756. On s'est demandé si une fabrique a le droit de démolir et de reconstruire l'église. Il n'y a pas de difficulté dans le cas où la fabrique est propriétaire de l'église. Dans cette hypothèse son droit est certain ; mais si la fabrique n'est pas propriétaire, peut-elle trouver un pareil droit dans le texte de l'article 37 du décret du 30 décembre 1809 qui la charge de l'entretien et à la conservation de l'église ? La doctrine n'est pas fixée à cet égard, et les auteurs, tout en reconnaissant que l'Etat a concédé, soit aux communes, soit aux fabriques, un droit de jouissance illimité et sans réserve sur les églises mises par le Concordat à la disposition des évêques, ne se prononcent pas d'une manière formelle.

La loi du 14 février 1810, qui déterminait les formalités à remplir pour subvenir aux dépenses exigées par la réparation ou la reconstruction des édifices du culte, lorsque les revenus de la fabrique ou de la commune faisaient défaut, était le seul texte qui s'occupât en France de la reconstruction des églises. Mais la loi du 5 avril 1884 a abrogé la loi du 14 fé-

---

(1) Cont. 7 mai 1863.
(2) C. d'Et. cont. 17 juillet 1874 : — « Considérant que la commune d'Astaffort soutient que, par sa décision en date du 17 avril 1873, qui a autorisé la fabrique de l'église de cette commune à ouvrir une porte dans la façade de ladite église, le ministre des cultes a excédé ses pouvoirs, et qu'elle se fonde, pour demander l'annulation de ladite décision, sur ce que l'église étant la propriété de la commune, il ne pouvait appartenir au conseil de fabrique d'y faire exécuter, et à l'administration supérieure d'autoriser des travaux de grosses réparations, malgré le conseil municipal, par ce que, d'autre part, l'engagement pris par la fabrique de ne pas recourir au budget de la commune n'offre pas à celle-ci de garanties suffisantes eu égard au chiffre peu élevé de la somme dont dispose la fabrique et aux travaux imprévus que pourra entraîner l'exécution de ceux qui sont projetés ;

« Considérant que la décision du ministre des cultes ci-dessus visée n'a eu ni pour but ni pour effet de porter atteinte soit au droit de propriété de la commune sur l'église, soit au droit qui appartient à l'administration municipale de veiller à la conservation des propriétés communales, mais seulement de pourvoir aux besoins du culte dans l'église d'Astaffort, et que, si les communes peuvent être appelées, en vertu de l'article 92 du décret du 30 décembre 1809, à fournir aux grosses réparations des églises, aucune disposition de la loi n'interdit aux conseils de fabrique de les faire exécuter à leurs frais, sous l'approbation de l'autorité supérieure ; que, d'ailleurs, l'administration a reconnu, d'une part, la nécessité des travaux à faire à la façade de l'église d'Astaffort, et, d'autre part, que lesdits travaux n'étaient pas de nature à compromettre la solidité de l'édifice ; qu'enfin, le devis des travaux s'élevant à la somme de 2,500 francs et le conseil de fabrique possédant les fonds nécessaires pour y faire face, l'autorisation donnée à l'exécution des travaux n'a pas eu pour résultat d'engager les finances de la commune ;

Décide : Art. 1er. La requête de la commune d'Astaffort est rejetée ; etc. »
Cont. 4 juin 1880.
(3) Bull. off. int., 1869, p. 20.
(4) Bull. lois civ. et eccl., 1869, p. 305.

(1) C. d'Et. 26 février 1870 : — « Napoléon, etc., — Vu le décret du 30 décembre 1809, et la loi du 18 juillet 1837 ; — Vu la loi des 7-14 octobre 1790 et notre décret du 2 novembre 1864 ;
Considérant qu'à raison de l'impossibilité où se trouvait la commune de pourvoir à la dépense de reconstruction de l'église, le conseil de fabrique s'était chargé de ce travail ; qu'il a fait dresser les plans et devis par un architecte de son choix ; que, de tous les documents produits devant nous, il résulte que ce conseil a pris l'initiative de la souscription ouverte parmi les habitants de la paroisse et qu'il a seul recueilli les adhésions ; que le conseil municipal, par sa délibération en date du 18 novembre 1866, a approuvé le projet ainsi dressé et les actes du conseil de fabrique, et a transmis, avec son avis favorable à l'administration supérieure, la demande de subvention qu'il avait formée ; que, dans ces circonstances, le préfet du département de l'Ariège a pu, sans excéder ses pouvoirs, décider que le conseil de fabrique aurait la direction des travaux ;
« Art. 1er. La requête... est rejetée ; etc. »
(2) Cont. 9 juin 1882.
(3) Lettre min. cultes, 23 juillet 1854 ; — Déc. min., Bull. off. int. 1854, p. 428 ; 1858, p. 65.
(4) Journ. des comm., 1837, p. 377.
(5) Déc. min., Bull. off. int., 1868, p. 494.
(6) Déc. min. 23 juillet 1854.

vrier 1810. Il n'y a donc plus aujourd'hui de texte, mais il semble plus conforme à l'esprit de la législation sur cette matière de refuser à la fabrique la faculté de démolir et reconstruire l'église qui menace ruine sans le concours de la commune. La fabrique n'est, en effet, chargée de veiller à l'entretien et à la conservation de l'église qu'autant que cet édifice peut servir au culte. Dès qu'il a perdu en fait sa destination ou l'affectation qui lui avait été donnée, il n'existe plus en tant que temple. Dès lors, la mission de la fabrique cesse. Il s'agit de reconstruire une église nouvelle, et c'est à la commune que paraît incomber cette charge.

C'est ainsi qu'il a été décidé que c'est à la commune qu'il appartient de pourvoir, pendant les travaux de réparation, à l'exercice du culte dans la paroisse, et, par conséquent, à la location des lieux où le culte sera célébré. Il en serait de même dans le cas où la fabrique aurait recueilli, par souscription ou autrement, les sommes nécessaires pour la reconstruction de l'église et où la commune ne serait pas appelée à supporter les frais de cette reconstruction, parce que cette circonstance ne déchargerait pas la commune de l'obligation d'assurer l'exercice du culte pendant la durée des travaux de réfection, dont la direction appartiendrait du reste à la fabrique (1).

1757. S'il est nécessaire d'acquérir un terrain pour l'agrandissement d'une église, la fabrique peut être autorisée à faire cette acquisition; mais, lorsqu'il faut recourir à l'expropriation pour cause d'utilité publique, n'est-ce point à la commune qu'il appartient de la poursuivre, et non à la fabrique?

Un décret du 4 avril 1866 a reconnu ce droit à la commune à propos de l'acquisition d'un terrain pour servir à l'établissement d'un chemin de ronde autour d'une église. Dans une lettre adressée sur cette affaire au préfet du Morbihan, le ministre des cultes disait que rien ne s'opposait à ce que l'acquisition ainsi faite au nom de la commune fût payée avec les fonds de la fabrique, sauf à la commune, si l'établissement religieux l'exigeait, à lui faire plus tard une cession gratuite du terrain dont il aurait acquitté le prix.

Un avis du Conseil d'Etat a décidé qu'une fabrique pourrait être autorisée directement à poursuivre l'expropriation pour cause d'utilité publique d'un terrain sur lequel une église doit être construite ou agrandie (2). »

1758. *Contribution de la commune aux charges de la fabrique.* — Nous avons vu qu'avant la loi du 5 avril 1884 les communes étaient tenues, dans des hypothèses fréquentes, de subvenir à l'insuffisance des ressources des fabriques. Les règles, qui concernaient la contribution de la commune aux charges de la fabrique, étaient les mêmes, en général, pour les différents cas où le concours de la commune pouvait être réclamé. La plupart de ces règles s'appliquent encore aux hypothèses déterminées par la loi du 5 avril 1884, qui a limité en cette matière les obligations des communes, en cas d'in-

suffisance des revenus et ressources disponibles des fabriques aux grosses réparations à faire aux édifices communaux consacrés au culte et à l'indemnité de logement des curés ou desservants, lorsqu'il n'existe pas de presbytère. Les décisions de la jurisprudence antérieures à la nouvelle loi municipale présentent donc encore, pour la plupart, un intérêt au point de vue de la contribution de la commune aux charges de la fabrique.

1759. Une des questions les plus importantes à résoudre et qui soulève de graves difficultés est celle de savoir dans quelles circonstances les ressources de la fabrique peuvent être considérées comme insuffisantes et ce qu'il faut entendre par ressources disponibles.

Pour savoir si les ressources de la fabrique sont insuffisantes, il faut examiner si les dépenses exigées par les frais du culte et l'entretien des bâtiments dont la législation actuelle charge la fabrique seule excèdent ou non ses ressources. Dans le cas où ces dépenses excèdent les revenus de la fabrique, les ressources de cet établissement ecclésiastique sont insuffisantes. C'est ce que déclare une circulaire du 15 mai 1884 qui s'exprime ainsi à ce sujet : « Les fabriques peuvent employer d'abord leurs revenus aux dépenses justifiées par les exigences du service des cultes et l'entretien des bâtiments paroissiaux; l'excédent de leurs revenus disponibles seul doit être nécessairement appliqué aux grosses réparations et à l'indemnité de logement. Le modèle de budget et de compte en vigueur pour les établissements ecclésiastiques distingue leurs dépenses en obligatoires et facultatives, et leurs ressources disponibles sont celles qui résultent de la différence entre l'ensemble de leurs ressources de toute nature et le total de la première catégorie de dépenses. »

Mais que faut-il entendre par cette expression : « l'ensemble de leurs ressources de toute nature », ou, en d'autres termes, que faut-il comprendre sous le nom de ressources disponibles des fabriques?

Doit-on y faire figurer non seulement les revenus de ces établissements, mais encore leurs capitaux? Suivant deux avis du Conseil d'Etat (1), une commune ne saurait contraindre une fabrique à aliéner, pour les grosses réparations aux édifices consacrés au culte ou pour l'indemnité de logement du curé ou desservant, des capitaux provenant de legs autorisés. L'avis de la section de l'intérieur et des cultes du Conseil d'Etat du 2 juillet 1884 (2) déclare notamment « que la vente d'un immeuble ou d'un titre de rente non grevé de charge ne saurait être considérée comme ressources disponibles de la fabrique, qu'on ne doit entendre par ressources

---

(1) Cont. 26 février 1870.
(2) C. d'Et. 29 janvier 1873 : — « Considérant, porte cet avis, qu'il résulte de l'instruction et du rapport que l'église de ... est insuffisante pour les besoins de la population; que son état ne présente pas les conditions de solidité désirables et qu'elle ne peut être ni agrandie ni réparée; — Considérant que la construction d'une nouvelle église devient indispensable ; que le nouvel emplacement choisi et les plans proposés par la fabrique ayant été approuvés par l'autorité épiscopale, le préfet et les architectes diocésains, il y a lieu d'autoriser l'exécution des travaux et de les déclarer d'utilité publique; — Considérant que les reconstructions d'églises figurent parmi les dépenses extraordinaires, directement à la charge des fabriques, jusqu'à concurrence des ressources qu'elles possèdent; qu'en conséquence, la fabrique de ... doit être autorisée, conformément à sa demande, à employer à la reconstruction de son église la somme de ... provenant de quêtes ou de souscriptions volontaires, disponible entre ses mains, ainsi que le produit d'un emprunt de ... qu'elle demande à contracter à des conditions avantageuses pour elle ; — Considérant que cette somme est actuellement insuffisante pour que la fabrique puisse entreprendre l'exécution de la première partie des plans arrêtés ; — Considérant, en conséquence, que pour mettre la fabrique en mesure d'exécuter les travaux ci-dessus déclarés d'utilité publique, il y a lieu de l'autoriser : 1° à y consacrer les ressources dont elle justifie ; 2° à acquérir, concurremment avec la commune de... ou séparément, le terrain sur lequel la nouvelle église doit être construite, soit à l'amiable, soit, s'il y a lieu, par voie d'expropriation... »

---

(1) C. d'Et. avis, 2 juillet et 6 août 1884.
(2) C. d'Et. int. 2 juillet 1884 (fabrique d'Epeigné-les-Bois) : — « La section de l'intérieur, etc..., qui a pris connaissance du projet de décret ci-joint, relatif à une aliénation de rentes par la fabrique d'Epeigné-les-Bois (Indre-et-Loire) : — Vu la délibération en date du 7 janvier 1883 par laquelle le conseil de fabrique d'Epeigné-les-Bois demande d'aliéner un titre de rente de 42 francs pour subvenir au payement des dépenses de reconstruction du presbytère qui, d'après toutes les pièces du dossier, paraît appartenir à la commune; — Vu la lettre de l'archevêque de Tours en date du 7 février 1883 ; — Vu la délibération du conseil municipal d'Epeigné-les-Bois en date du 23 mars 1884 ; — Vu l'ordonnance du 14 janvier 1831 et la loi du 5 avril 1884 ;
« Considérant que, d'après l'article 136 de la loi du 5 avril 1884, les grosses réparations aux édifices consacrés au culte constituent des dépenses obligatoires pour les communes quand ces bâtiments leur appartiennent, sauf l'application préalable des revenus et ressources des fabriques à ces réparations ; — Considérant que la vente d'un immeuble ou d'un titre de rente non grevé de charge ne saurait être considérée comme ressource disponible de la fabrique; qu'on ne doit entendre par ressources disponibles que les excédents de recettes sur les dépenses nécessitées par l'exercice du culte et par l'entretien des édifices paroissiaux ou le montant des éléments spécialement affectées aux réparations desdits édifices ; que telle est, du reste, la doctrine qui résulte tant de la circulaire ministérielle du 15 mars 1884 que de la discussion qui a eu lieu devant le Parlement ; — Considérant que s'il en était autrement et si les fabriques devaient vendre tous leurs immeubles et leurs titres de rentes non grevés de charge avant de pouvoir s'adresser aux communes, conformément à l'article 136 susvisé, les ressources ordinaires de ces établissements diminueraient chaque jour et seraient bientôt insuffisantes pour satisfaire aux dépenses ordinaires du culte qui ne sont plus mises, même subsidiairement, à la charge des communes;
« Est d'avis qu'il n'y a pas lieu d'adopter le projet de décret précité. »

disponibles que les excédents de recettes sur les dépenses nécessitées par l'exercice du culte et par l'entretien des édifices paroissiaux ou le montant des libéralités spécialement affectées aux réparations desdits édifices. »

Mais cet avis de la section de l'intérieur et des cultes, dont l'application aurait le retentissement le plus grave sur les finances communales, ne semble pas donner une interprétation exacte à la loi du 5 avril 1884 : aussi n'a-t-il pas été adopté par le ministre des cultes, qui en a toujours contesté le bien fondé pour les raisons que nous allons indiquer.

La loi du 5 avril 1884 range parmi les dépenses obligatoires des communes les grosses réparations aux édifices communaux affectés aux cultes, sauf l'application préalable des revenus et ressources *disponibles* des fabriques à ces travaux. L'établissement ecclésiastique est tenu en première ligne, la commune n'est tenue que subsidiairement après discussion du débiteur principal, et peut être contrainte par décret, si elle refuse indûment son concours. Le principe de la priorité de l'obligation fabricienne, nettement posé par la loi municipale, n'est pas aussi nettement déterminé quant à son application : que faut-il entendre, dans la pratique, par ressources disponibles? Le produit de la vente des immeubles ou des rentes dont la fabrique est propriétaire constitue-t-il une ressource disponible?

La question peut se poser dans deux cas différents : 1° la commune demande le concours de la fabrique; 2° la fabrique sollicite du gouvernement, spontanément, sans injonction de la commune, l'autorisation d'aliéner ses immeubles ou rentes pour faire face aux frais de grosses réparations des édifices communaux affectés au culte. Dans le premier cas, le gouvernement doit apprécier ce qu'il faut entendre par ressources disponibles, afin de défendre les fabriques contre les prétentions non justifiées des communes; dans le second cas, afin de défendre les fabriques contre leurs offres mêmes que ne comporte pas leur situation financière.

Quel est le mobile qui a poussé la section de l'intérieur et des cultes à limiter les ressources disponibles à l'excédent annuel des recettes sur les dépenses? C'est qu'elle a craint que si les fabriques se dépouillaient de leurs réserves, elle pourraient laisser en souffrance le service public du culte qui leur est confié. Cette crainte n'est pas fondée. En fait, la fabrique peut pourvoir d'une façon décente au service du culte au moyen des ressources normales dont le décret du 30 décembre 1809 alimente son budget et qu'il a jugé suffisantes pour assurer l'équilibre (1).

On doit donc admettre que les dépenses nécessaires du culte, c'est-à-dire les dépenses obligatoires une fois couvertes, la fabrique est tenue d'employer le restant de ses ressources, les sommes qu'elle voudrait employer à des dépenses non nécessaires du culte comme aussi le produit de la vente de ses immeubles ou des rentes qu'elle voudrait mettre en réserve, au payement des grosses réparations des édifices communaux de culte. Si l'on devait considérer comme un capital frappé d'indisponibilité les immeubles et rentes qui proviennent des dons et legs faits aux fabriques ou du placement de leurs excédents budgétaires annuels, la contribution des fabriques aux dépenses de grosses réparations se réduirait à une somme tout à fait insignifiante, puisqu'en dehors des sommes affectées à cet emploi par les actes de fondation, elle ne pourrait porter que sur les excédents de recettes de l'année. Il serait facile à une fabrique de n'avoir jamais d'excédents de recettes, il lui suffirait de faire des dépenses fastueuses et sans utilité. Elle aurait un autre moyen plus simple encore et plus économique de se soustraire au concours que la loi a voulu qu'elle prêtât à la commune : elle n'aurait qu'à placer le produit de ses économies en rentes dont elle capitaliserait les arrérages, à mettre en réserve les immeubles et rentes provenant de libéralités purement gratuites, et, si riche qu'elle fût, elle pourrait, en invoquant l'avis de la section de l'intérieur, refuser d'em-

ployer aux dépenses de grosses réparations qui lui incombent en première ligne ses ressources accumulées et exiger d'une commune plus pauvre qu'elle l'exécution des travaux nécessaires à la conservation des édifices affectés aux cultes.

Telle n'a pu être la pensée du législateur de 1884. Sous l'empire de la législation antérieure, bien que le décret du 30 décembre 1809 (1) affectât aux dépenses de grosses réparations des édifices de culte les *revenus* des fabriques, il était dès lors établi en pratique que ces établissements ne devraient pas se contenter d'y employer leurs revenus, mais devraient aussi aliéner leurs *rentes* et leurs *immeubles* libres de charges ou même *emprunter*, avant de pouvoir demander le concours de la commune. On ne peut supposer que la loi nouvelle, qui a eu précisément pour but d'exonérer les communes dans la plus large mesure possible des dépenses de culte et d'inaugurer, comme on l'a dit, au sein de la commune un régime analogue à celui de la séparation de l'Eglise et de l'Etat, ait pu avoir l'intention de restreindre à un tel point la contribution de la fabrique, au cas de grosses réparations, au détriment de la commune, et d'édicter une disposition rétrograde contraire à la jurisprudence adoptée en pareille matière avant la loi de 1884. Cette supposition est d'autant moins admissible que le législateur de 1884 a pris soin de spécifier que la fabrique devrait employer aux dépenses de grosses réparations non seulement ses revenus, mais ses *ressources disponibles*. Il est clair que par cette seconde expression placée immédiatement à la suite du mot revenus, la loi a voulu dire autre chose que par la première et qu'elle a voulu spécifier dans la teneur même de son texte l'affectation des *ressources disponibles* aux travaux de grosses réparations, affectation qui résultait antérieurement d'une simple jurisprudence.

Que peuvent être ces *ressources disponibles* dont la fabrique doit faire usage concurremment avec ses revenus, si ce ne sont pas ses immeubles et ses rentes?

Les discussions qui précédèrent le vote de la loi montrent bien qu'en restreignant la contribution des fabriques aux ressources qui seraient disponibles, elle n'entendait frapper d'indisponibilité que les ressources dont la conservation était nécessaire pour assurer le service public du culte. Quand le projet de loi fut soumis à la commission du Sénat, la rédaction votée par la chambre portait que les grosses réparations des édifices communaux consacrés au culte constituait pour les communes une dépense obligatoire, sauf l'application préalable *des revenus et des ressources* des fabriques. La commission du Sénat voulut qu'il fût bien entendu que les revenus et ressources des fabriques ne pourraient être appliqués aux grosses réparations des bâtiments communaux affectés aux frais du culte et aux dépenses d'entretien des bâtiments affectés à ce service public. En conséquence, elle spécifia que les revenus et ressources qui devaient être affectés aux grosses réparations seraient les revenus et ressources *disponibles*. Le ministre de l'intérieur, M. W. Rousseau, adopta cette rédaction, qu'il déclara très claire. Il la commenta en spécifiant qu'on devait réserver aux dépenses du culte les sommes qui devaient lui être *raisonnablement* affectées. « S'il reste à la fabrique des ressources, ajouta-t-il, elle emploiera cet excédent de ressources, ce solde de sa caisse, à faire des grosses réparations : il n'y a donc pas à craindre que les fabriques se trouvent dans une situation gênée, dans une situation misérable et qu'elles ne soient pas à même de faire face à ce qui constitue les frais *nécessaires*, *indispensables* du culte. »

Plus tard, le même ministre, développant la loi municipale dans sa circulaire du 15 mai 1884, s'exprimait ainsi : « Le modèle de budget et de compte en vigueur pour les établissements ecclésiastiques distingue leurs dépenses obligatoires ou facultatives, et leurs ressources disponibles sont celles qui résultent de la différence entre l'ensemble de *leurs ressources de toute nature et le total de la première catégorie des dépenses* (c'est-à-dire des dépenses obligatoires). Ainsi, les dépenses indispensables, obligatoires, une fois couvertes, la fabrique a la libre disposition de ses ressources pour faire face aux dépenses de grosses réparations des édifices communaux de culte; si elle demande au gouvernement de les affecter à cet emploi, le gouvernement doit l'y autoriser. Si elle refuse de le faire à la demande de la commune, le gouvernement peut l'y contraindre.

Postérieurement, la section de l'Intérieur et des cultes, appliquant la théorie contenue dans l'avis d'Epeigné-les-Bois, décida qu'à ses yeux une fabrique ne pouvait être considérée comme disposant d'une ressource disponible, quand elle contractait un emprunt. La Direction des cultes a pensé, au contraire, que la fabrique disposait d'une ressource disponible, quand le service de l'annuité d'emprunt ne l'empêchait pas de faire face aux dépenses nécessaires du culte, c'est-à-dire aux dépenses obligatoires.

1760. Pour que le déficit du budget de la fabrique soit opposable à la commune, il faut que ce budget soit régulièrement établi, tant au point de vue des recettes qui y figurent qu'au point de vue des dépenses qui y sont portées. Il a été décidé que les sommes employées par la fabrique à des dépenses non autorisées ne peuvent être prises en considération pour le calcul du déficit auquel la commune est tenue de pourvoir (1).

Il a été jugé également, avant la loi de 1884, que lorsqu'une dépense effectuée par la fabrique, et qu'une décision du Conseil d'Etat a déclaré ne pouvoir retomber à la charge de la commune, a été portée dans le compte approuvé par la fabrique, la commune est fondée à demander que, pour déterminer le résultat de ce compte, il soit fait déduction du montant de ladite dépense; qu'il en est de même si la dépense a été engagée sans l'avis préalable du conseil municipal, dans les cas où cet avis est obligatoire, mais que la commune ne peut soutenir que l'avis du conseil municipal n'a pas été demandé lorsque, s'agissant d'une dépense payable par annuités, ce conseil a approuvé un compte antérieur où figurait la première annuité, sans contester le principe de sa dette ni de sa légitimité (2).

Il a été jugé, d'autre part, que le conseil de fabrique n'est pas tenu de porter en recette, dans son budget, un excédent de recettes provenant des comptes approuvés pour l'année précédente, alors que cet excédent provient de subventions dues par la commune pour des années antérieures et a été employé à éteindre le déficit des années auxquelles ces subventions s'appliquaient (3); que la situation financière d'une fabrique qui réclame de la commune une subvention à raison de la prétendue insuffisance de ses ressources, doit être déterminée en portant au budget de l'année pour laquelle la demande est faite, soit en recette, soit en dépense, le boni ou le débet constaté par le dernier compte, c'est-à-dire, par exemple, le compte de 1873, pour le budget de 1877 (4).

1761. Plusieurs arrêts décident qu'une fabrique est admise à réclamer le concours de la commune même après la clôture de l'exercice pendant lequel l'insuffisance des ressources s'est produite (5).

Dans le cas où le concours de la commune est demandé après l'expiration de cet exercice, le conseil municipal peut discuter les recettes et les dépenses dans les mêmes conditions où il aurait discuté le budget s'il lui avait été soumis (6). Mais si le conseil municipal a omis de signaler, lors du compte qui lui était soumis, les articles qui lui paraissaient excessifs, il ne peut en contester le montant devant le Conseil d'Etat par la voie contentieuse (7).

Il a été décidé également que, lorsque la somme nécessaire pour subvenir à l'insuffisance des ressources de la fabrique pendant l'année courante et l'année antérieure a été inscrite au budget de la commune, et que les comptes de l'année pendant laquelle a eu lieu l'inscription se soldent en déficit, la commune n'est pas fondée à critiquer cette inscription en se fondant sur ce que, pendant la première année, il y aurait eu un excédent (1).

1762. Des difficultés peuvent s'élever entre les communes et les fabriques à l'occasion des demandes de subventions que forment les établissements ecclésiastiques au cas de l'insuffisance de leurs ressources.

Si, notamment, une commune refuse d'accorder à une fabrique la subvention qu'elle réclame, quelle est l'autorité compétente pour trancher le différend ? Aux termes de l'article 93 du décret du 30 décembre 1809, la délibération prise par le conseil municipal devait être adressée au préfet, puis communiquée à l'évêque, qui donnait son avis, et dans le cas où l'évêque et le préfet étaient d'avis différents, il pouvait en être référé, soit par l'un, soit par l'autre, au ministre des cultes.

Si le préfet était d'accord avec l'évêque, il lui appartenait d'inscrire d'office la dépense au budget de la commune sans soumettre la difficulté au ministre (2).

La décision prise, soit par le préfet d'accord avec l'évêque, soit par le ministre des cultes, pouvait être déférée par la voie contentieuse au Conseil d'Etat.

Toutefois, la jurisprudence n'admettait pas ce recours dans le cas où la difficulté portait sur l'évaluation des dépenses relatives au culte, que la fabrique avait inscrites à son budget.

Cette jurisprudence reposait sur ce motif que, par la disposition de l'article 93 du décret du 30 décembre 1809, le législateur avait voulu remplacer la juridiction contentieuse par une sorte d'arbitrage administratif, afin d'éviter des débats qui, dans cette matière délicate, pouvaient présenter de sérieux inconvénients.

Aux termes de l'article 136, paragraphe 12, de la loi du 5 avril 1884, c'est au chef de l'Etat qu'il appartient de statuer, au cas où la commune et la fabrique sont en désaccord, par un décret rendu sur la proposition des ministres de l'intérieur et des cultes (3).

1763. La question s'est élevée, dans le cas où la commune comprend plusieurs paroisses et où le secours de la commune n'est réclamé que par l'une des paroisses, de savoir si la charge incombe à la commune entière, ou seulement à la portion de la commune qui constitue cette paroisse. Pendant longtemps il a été admis par la pratique administrative, confirmée par plusieurs avis du Conseil d'Etat, que cette charge incombait seulement à la portion de la commune qui formait cette paroisse. Depuis, un revirement s'est produit dans la jurisprudence, et le Conseil d'Etat a émis l'avis, le 9 décembre 1858, qu'en cas d'insuffisance des revenus de la fabrique, ce n'est pas sur la section exclusivement, mais sur la commune entière que doit être levée l'imposition extraordinaire que le conseil municipal a déclarée nécessaire pour le payement des frais du culte dans la paroisse formée par la section, sans qu'il y ait, d'ailleurs, à distinguer suivant qu'il s'agit de dépenses facultatives ou de dépenses obligatoires (4).

Le Conseil d'Etat statuant au contentieux a adopté la même solution.

Dans le cas où, au contraire, une même paroisse comprend plusieurs communes, toutes les communes doivent contribuer à la subvention, et cette subvention doit être votée par chacun des conseils municipaux des communes intéressées. Si ces conseils refusaient les crédits afférents à leur part contributive, il y aurait lieu d'inscrire d'office à leur budget les allocations nécessaires (5).

(1) Cont. 14 juin 1878.
(2) Cont. 4 juin 1880.
(3) Cont. 14 juin 1878.
(4) Cont. 4 juin 1880.
(5) Cont. 16 juillet 1873; 7 août 1875.
(6) Cont. 7 août 1875.
(7) Cont. 7 août 1875.

(1) Cont. 16 juillet 1875.
(2) Cont. 10 avril 1860.
(3) Voy. V° Commune.
(4) 9 décembre 1858.
(5) D. C. d'Et. 4 juin 1876.

Il a été décidé également qu'une commune, faisant partie de la même paroisse qu'une autre commune sur le territoire de laquelle est située l'église paroissiale, ne peut se soustraire à l'obligation de contribuer aux frais de reconstruction de cette église, en se fondant sur ce qu'elle possède elle-même une église où se célèbrent quelques offices religieux, si cette dernière église n'est plus régulièrement ouverte à l'exercice public du culte (1).

1764. Avant la loi du 10 août 1871, sur les conseils généraux, il appartenait au préfet de répartir, entre les diverses communes intéressées, la subvention mise à leur charge. Le préfet ne pouvait faire cette répartition qu'après avoir pris l'avis du conseil d'arrondissement et celui du conseil général. En cas de résistance, le préfet pouvait, après l'accomplissement de ces formalités, ordonner l'inscription d'office au budget des communes. L'article 46, paragraphe 23, de la loi du 10 août 1871, ayant donné aux conseils généraux le droit de statuer définitivement sur la répartition des dépenses qui intéressent plusieurs communes, c'est donc au conseil général qu'il appartient, sous l'empire de la législation actuelle, de répartir la subvention entre les diverses communes intéressées, lorsqu'il s'agit de travaux faits aux édifices religieux (2).

Depuis la loi du 10 août 1871, l'intervention du préfet n'a plus lieu que pour procéder à l'inscription d'office aux budgets des communes.

1765. Les arrêtés pris par le préfet, en ce qui concerne les travaux, sont susceptibles de recours dans le cas où ils portent inscription d'office des sommes mises à la charge des communes pour leur part contributive (3). Mais la jurisprudence décide, au contraire, que les actes administratifs portant répartition de la dépense, sans prescrire aucune mesure d'exécution, ne sont pas susceptibles d'être attaqués pour excès de pouvoir (4).

Le motif de cette distinction entre les diverses décisions du préfet, au point de vue du recours, est que, lorsque le préfet tient de la loi le droit de reconnaître le caractère obligatoire d'une dépense et d'en fixer le montant, la volonté de faire usage de ce droit par voie coercitive ne se manifeste que par l'inscription d'office, et, par suite, le recours n'aurait aucune raison d'être tant que cette inscription n'est pas effectuée.

1766. Les décisions prises par les conseils généraux pour la répartition de la dépense sont susceptibles de deux recours, l'un par la voie administrative, l'autre par la voie contentieuse. C'est ainsi qu'il a été jugé qu'un recours pour excès de pouvoir pouvait être formé devant le Conseil d'État contre une délibération par laquelle un conseil général avait décidé que plusieurs communes réunies pour le culte étaient tenues de contribuer au marc le franc de leurs contributions foncières et mobilières aux dépenses de reconstruction de l'église paroissiale (1).

§ 4. — Organisation et administration des archevêchés et évêchés.

1767. *Personnalité civile de la mense épiscopale.* — L'archevêché ou l'évêché est un établissement public capable de posséder, d'acquérir et de transmettre des biens. Il constitue, sous la désignation de mense épiscopale ou archiépiscopale, un établissement ecclésiastique ayant une existence propre, jouissant de la personnalité civile et dont la mission légale est d'améliorer la situation matérielle du titulaire.

Représentée par son mandataire légal, l'évêque, la mense est capable de faire les différents actes de la vie civile, notamment, accepter des dons et legs, acquérir à titre onéreux, aliéner, ester en justice.

On s'est demandé si les menses épiscopales ont une existence légale. Fonctionnant sous l'ancien régime, alors qu'il n'y avait point de budget des cultes et que l'évêque devait en principe pourvoir à l'entretien des séminaires et au traitement des curés, elles ont été, comme « tous titres, offices, bénéfices et prestimonies généralement quelconques » supprimés par la loi du 12 juillet 1790, article 20, qui portait expressément « défense d'en établir jamais de semblables. » Le Concordat de 1801 ne les a pas rétablies, non plus que la loi de germinal an X, qui, tout au contraire, a confirmé les lois précédentes en déclarant supprimés tous établissements ecclésiastiques autres que les chapitres cathédraux, les fabriques et les séminaires.

Mais en 1812, plusieurs paroisses d'Italie furent annexées à la France. Ni les lois de la Révolution ni le Concordat n'y avaient été promulgués, et les biens ecclésiastiques y étaient régis par les articles du concile de Trente qui n'avaient jamais été reçus en France. C'est dans ces conditions qu'intervint le décret du 6 novembre 1813.

On a soutenu que ce décret était inconstitutionnel, parce que, contrairement à la défense édictée par les lois antérieures, il ressuscitait de véritables offices, bénéfices ou prestimonies. Mais comme ce décret, rendu en Conseil d'État, n'a pas été attaqué devant le Sénat dans les formes et délais prévus par la Constitution de l'an VIII alors en vigueur, on admet que son irrégularité a été couverte, conformément à la jurisprudence de la Cour de cassation.

On a également soutenu qu'en admettant que le décret du 6 novembre 1813 fût légalement obligatoire, il n'était appli-

---

(1) Cont. 12 juillet 1866 : — « Napoléon, etc. : — Vu le devis et le métré estimatif des travaux de construction de l'église de Meursanges, du 10 décembre 1855 ; — Vu le procès-verbal de l'adjudication des travaux du 20 janvier 1856 ; — Vu le devis de renouvellement du mobilier de l'église de Meursanges du 10 septembre 1857 ; — Vu le procès-verbal d'adjudication desdits travaux du 21 novembre 1857 ; — Vu le décret du 30 décembre 1809, du 14 février 1810 et du 18 juillet 1837 ; « Considérant que la commune de Marigny-lez-Reullée fait partie de la même paroisse que la commune de Meursanges et que l'église paroissiale est située sur le territoire de la commune de Meursanges ; qu'il résulte de l'instruction que, s'il existe dans la commune de Marigny-lez-Reullée une église où se célèbrent quelques offices religieux, cette église n'est pas régulièrement consacrée à l'exercice public du culte ; que, dans ces circonstances, la commune de Marigny n'est pas fondée à invoquer l'existence d'une église sur son territoire pour se soustraire à l'obligation de contribuer aux frais de reconstruction de l'église paroissiale ; — Mais considérant qu'il résulte de l'instruction que les formalités prescrites par les articles 94, 95 et 102 du décret ci-dessus visé du 30 décembre 1809 n'ont pas été observées en ce qui concerne la commune de Marigny-lez Reullée, pour le vote, l'adjudication et l'exécution des travaux de reconstruction et de renouvellement du mobilier de l'église paroissiale ; que, notamment, le devis définitif des travaux de reconstruction dressé le 10 décembre 1855, et accepté par le conseil municipal de la commune de Meursanges, a été approuvé par l'autorité administrative sans avoir été soumis au conseil municipal de la commune de Marigny-lez-Reullée ; qu'il a procédé, en nom et pour le compte de la commune de Meursanges, à l'adjudication, à l'exécution et à la réception tant des travaux de construction que des travaux relatifs au renouvellement du mobilier, sans que la commune de Marigny-lez-Reullée ait été représentée dans aucune de ces opérations ; que, dans ces circonstances, la commune de Meursanges n'était pas recevable à demander que la commune de Marigny-lez-Reullée fût contrainte à contribuer aux dépenses des travaux de l'église paroissiale, et que par suite c'est à tort que, par décision du 5 août 1864, notre ministre de l'intérieur a ordonné qu'une partie de ces dépenses serait mise à la charge de cette commune ; « Art. 1er. Est annulée la décision du ministre de l'intérieur du 5 août 1864, ensemble l'arrêté du préfet de la Côte-d'Or pris le 25 août suivant, en exécution de ladite décision. — Art. 2. La commune de Meursanges est condamnée aux dépens. »
(2) C. d'El. cont. 25 janvier 1878.
(3) Cont. 23 juin 1864.
(4) Cont. 20 novembre 1851 : — Cont. 26 mars 1872 : — « Le Président de la République française : — Vu la loi du 14 février 1810 et celle du 18 juillet 1837 ; « Considérant que le décret rendu au contentieux le 3 août 1866, par lequel ont été annulés l'arrêté du préfet du date du 7 janvier 1864 et la décision ministérielle du 15 novembre suivant, n'a eu pour effet que de remettre les parties dans la situation antérieure et ne faisait pas obstacle à ce que le préfet procédât, après l'accomplissement des formalités légales, à la répartition des frais de reconstruction de l'église de Saint-Sauveur ; — Considérant que par son arrêté en date du 30 octobre 1869,

le préfet s'est borné, après avoir pris l'avis du conseil d'arrondissement et du conseil général, à poser, conformément à la loi du 14 février 1810, les bases de la répartition des dépenses précitée entre les communes intéressées ; qu'en agissant ainsi, le préfet n'a pas excédé ses pouvoirs et que son arrêté n'est pas susceptible d'être déféré directement au Conseil d'État ; qu'il ne peut, au cas où il aurait fait une fausse application de la loi, être attaqué que devant le ministre de l'intérieur, sauf recours au Conseil d'État ;
« Art. 1er. La requête de la commune d'Esboz-Brest est rejetée ; etc. »
(1) Cont. 3 juillet 1885.

cable que « dans quelques parties du territoire », d'après les termes mêmes de son intitulé.

Mais outre que ces parties du territoire ne sont pas déterminées par le texte, cette interprétation restrictive tombe devant les déclarations de Bigot de Préameneu, dans l'exposé des motifs, portant « qu'il est convenable qu'il y ait à cet égard un régime uniforme *dans toutes les diverses parties de la France* » (1).

Le décret du 6 novembre 1813 est donc une véritable loi obligatoire encore aujourd'hui sur toute l'étendue du territoire (2) où la jurisprudence est formée en ce sens.

1768. *Question relative à la personnalité civile du diocèse.* — La question s'est élevée de savoir si le diocèse doit être assimilé aux menses épiscopales et constitue une personne morale.

Cette question, aujourd'hui résolue dans le sens de la négative, a donné lieu à des discussions de doctrine et à des variations dans la jurisprudence du Conseil d'Etat.

Un avis du 21 décembre 1841 a d'abord décidé que les diocèses ne sont que des circonscriptions administratives et ne constituent pas des personnes civiles capables de posséder, d'acquérir et de recevoir.

Si, en effet, l'ordonnance du 2 avril 1817 autorise les évêques à accepter les libéralités faites à leur évêché, de même que les libéralités faites à leurs cathédrales et à leurs séminaires, il s'agit, dans ladite ordonnance, de la mense épiscopale et non de la circonscription diocésaine (3).

En 1874, le Conseil d'Etat revint sur cette jurisprudence et émit l'avis que le diocèse était capable de posséder, d'acquérir et de recevoir, et que les évêques pouvaient être autorisés à accepter les libéralités faites à leur diocèse (4).

_____

(1) Archives nationales, A. F. IV, 805; journal *le Droit*, 2-3 août 1888.
(2) Concl. proc. gén. Limoges, 13 août 1888, D. P. 89.2.38.
(3) C. d'Et., avis lég., 21 décembre 1841.
(4) C. d'Et., avis, 29 avril, 7 et 13 mai 1874: — « Le Conseil d'Etat qui, sur le renvoi ordonné par M. le ministre de l'instruction publique, des cultes et des beaux-arts, a été saisi de la question de savoir, en principe, si le diocèse ou évêché est capable de posséder, d'acquérir et de recevoir, et si, par suite, l'évêque peut être autorisé à accepter les libéralités faites directement à son diocèse, dans un intérêt qui n'est représenté par aucun des établissements diocésains particuliers organisés et reconnus par la loi ;
« Considérant que l'article 73 de la loi organique du 18 germinal an X, rendu en exécution de l'article 13 du Concordat, confère à l'évêque le droit d'accepter des fondations ayant pour objet l'entretien des ministres et l'exercice du culte, et que le décret du 10 thermidor an XIII lui permet de prélever le sixième du produit de la location des chaises dans les églises, pour en former un fonds de secours à répartir entre les ecclésiastiques âgés et infirmes ; que ces dispositions impliquent la personnalité civile des diocèses, reconstitués en exécution du Concordat par la loi du 18 germinal an X; qu'ainsi, au moment où fut votée la loi du 2 janvier 1817, les diocèses se trouvaient au nombre des établissements ecclésiastiques reconnus qui peuvent, aux termes de cette loi, accepter des libéralités et acquérir des biens meubles et immeubles ; que l'article 3 de l'ordonnance du 2 avril 1817, rendue pour l'exécution de la loi précitée, qui désigne l'évêque diocésain pour accepter les legs faits à l'évêché, comprend, sous la dénomination d'évêché, l'ensemble des intérêts religieux du diocèse, qui, dans le texte ni dans les travaux préparatoires de l'ordonnance de 1817, n'indique qu'elle ait entendu attribuer au mot *évêché* le sens restreint de *mense épiscopale*; qu'au contraire, dans un grand nombre de textes législatifs, notamment les articles 2 et 3 du Concordat, 36 et 58 de la loi du 18 germinal an X, 107 et 111 du décret du 30 décembre 1809, les mots *évêché* et *diocèse* sont synonymes et employés indifféremment par le législateur; que les actes spéciaux qui ont constitué certains établissements diocésains particuliers n'ont pu avoir pour résultat d'enlever au diocèse sa personnalité, pas plus que les établissements spéciaux institués dans le département n'effacent la personnalité du département; que ces établissements particuliers sont, d'ailleurs, loin de suffire à tous les intérêts religieux du diocèse; que, par application de ces principes, avant comme après l'ordonnance de 1817 jusqu'en 1840, les évêques ont été autorisés à posséder et à acquérir au nom du diocèse; que si, en 1840, le comité de législation du Conseil d'Etat a contesté l'existence civile du diocèse en le considérant comme une simple circonscription administrative, et en attribuant au mot *évêché*, contenu dans l'ordonnance de 1817, le sens exclusif de *mense épiscopale*, cette jurisprudence nouvelle, contraire à celle qui avait été admise par les auteurs mêmes des dispositions que le Conseil d'Etat est chargé d'appliquer, combattue par tous les ministres des cultes depuis 1840 jusqu'à ce jour, et difficile à concilier avec le texte et l'esprit de la législation ci-dessus rappelée, n'a pas sensiblement modifié la pratique du gouvernement et du Conseil

Mais en 1880, le Conseil d'Etat, revenant à son ancienne doctrine, déclara que si dans l'état actuel de notre législation, l'*évêché* ou *mense épiscopale* constitue une personne civile, le *diocèse* ne représente qu'une division du territoire français, au point de vue religieux et sur laquelle s'étend la juridiction épiscopale (1).

De cette doctrine il résulte que les libéralités faites au profit des diocèses ne peuvent produire leur effet qu'autant qu'elles sont destinées à des établissements diocésains légalement reconnus, auquel cas c'est au nom de ces établissements que l'autorisation d'accepter lesdites libéralités doit être accordée. C'est ce qu'a décidé le Conseil d'Etat en 1841. C'est ce qu'il décide encore aujourd'hui.

Conformément à cette jurisprudence, il a été décidé qu'il ne serait pas possible d'autoriser un évêque à accepter, au

_____

d'Etat lui-même; qu'en effet, depuis 1848, comme antérieurement, de nombreux décrets délibérés en Conseil d'Etat ont autorisé les évêques à accepter les libéralités faites en vue d'intérêts généraux de leurs diocèses, tels que : l'entretien des prêtres auxiliaires, l'enseignement religieux de la jeunesse, les retraites paroissiales, les secours aux fabriques pauvres, la fondation, la restauration, l'acquisition et l'entretien de chapelles de pèlerinage ou autres édifices n'ayant aucun caractère paroissial, les bonnes œuvres en général, la célébration de messes et services, les secours aux prêtres âgés et infirmes, les besoins généraux du diocèse, les œuvres de bienfaisance, etc., bien que les libéralités de cette nature ne puissent être considérées comme faites à l'un des établissements diocésains légalement reconnus; — Considérant, d'ailleurs, que l'évêque ne pourra acquérir, à titre gratuit ou onéreux, au nom de son diocèse, que sous le contrôle du gouvernement, qui restera toujours juge de l'opportunité de l'autorisation, et en se conformant aux principes généraux de la législation, aux règles spéciales auxquelles sont soumis les établissements ecclésiastiques et aux conditions qui pourront être déterminées dans chaque espèce; — Est d'avis : que le diocèse, étant capable de posséder, d'acquérir et de recevoir, les évêques peuvent être autorisés à accepter les libéralités faites à leur diocèse... »
(1) C. d'Et., avis, 17 mars 1890 : — « Le Conseil d'Etat, qui, sur le renvoi ordonné par M. le ministre de l'intérieur et des cultes, a pris connaissance d'un projet de décret portant : Il n'y a pas lieu d'autoriser l'acceptation du legs fait au diocèse de Clermont (Puy-de-Dôme) par l'abbé Louis-Bastien de Meydat.
« En ce qui touche la question de principe : — Considérant que la personnalité civile d'un établissement ne peut résulter que d'une disposition précise ou d'un ensemble de dispositions impliquant son existence; — Considérant qu'il n'a jamais été contesté que la personnalité civile du diocèse n'a été établie par aucun texte formel, mais qu'il a été soutenu que l'article 73 de la loi du 18 germinal an X se borne à désigner l'évêque pour accepter les fondations qui ont pour objet l'entretien des ministres de l'exercice du culte, sans indiquer au nom de quel établissement cette acceptation doit avoir lieu; que cette désignation de l'évêque diocésain n'avait d'autre but que de permettre l'exécution des libéralités pieuses jusqu'à ce que les divers organes du culte catholique aient été constitués avec leurs attributions spéciales en vue de leur mission particulière; que, d'une part, d'après le décret du 6 novembre 1813, les libéralités ayant pour l'entretien des ministres du culte doivent être attribuées aux cures ou succursales, menses épiscopales, chapitres et séminaires, suivant la catégorie d'ecclésiastiques que les bienfaiteurs ont entendu gratifier, et que, d'autre part, d'après l'article 1er du décret du 30 décembre 1809, les fabriques ont été chargées d'administrer tous les fonds qui sont affectés à l'exercice du culte; — Considérant que, si le décret du 10 thermidor an XIII a constitué un fonds de secours pour les ecclésiastiques âgés et infirmes, et a confié à l'évêque l'administration de ce fonds de secours, la seule conséquence à en tirer est que l'évêque peut être autorisé à accepter des libéralités dans l'intérêt des prêtres âgés et infirmes; qu'il résulte de ce qui précède que l'article 73 de la loi organique du 18 germinal an X ni le décret du 10 thermidor an XIII ne contiennent de dispositions relatives à la personnalité civile du diocèse; — Considérant que, si l'ordonnance du 2 avril 1817 autorise les évêques à accepter les libéralités faites à leurs évêchés, et si le mot *évêché* a dans plusieurs textes législatifs une réglementaires le sens du mot *diocèse*, ladite ordonnance prise en exécution de la loi du 2 janvier précédent n'a pas eu pour objet et n'aurait pu avoir pour effet de créer un établissement dont l'existence n'aurait pas été précédemment reconnue; que le mot *évêché*, dans ladite ordonnance, ne peut s'appliquer qu'à l'ensemble des biens, constitués sous le nom de *mense épiscopale* par le décret du 6 novembre 1813, dont les évêques, appelés au gouvernement des diocèses, ont, successivement le jouissance ou l'usufruit en raison de l'exercice de leurs fonctions; que, dans l'état actuel de notre législation, l'*évêché* ou *mense épiscopale* constitue une personne civile, mais que le diocèse ne représente qu'une division de territoire français, qui a été faite au point de vue religieux et sur laquelle s'étend la juridiction épiscopale;
« En ce qui touche le décret proposé : — Considérant que le diocèse n'ayant pas la personnalité civile, il y a lieu de substituer à la formule proposée par le projet de décret la formule adoptée par la jurisprudence pour les libéralités faites aux établissements dépourvus d'existence légale,
« Est d'avis : 1° que la question de principe soit résolue dans le sens des observations qui précèdent; 2° que le dispositif du décret porte *qu'il n'y a pas lieu de statuer* sur le legs fait au diocèse de Clermont, le diocèse n'ayant pas d'existence civile..... »

nom du diocèse, un legs fait pour une caisse de retraites, dont l'établissement ne serait pas légalement reconnu (1).

Il ne serait pas davantage possible d'autoriser un évêque à accepter, *au nom du diocèse*, un legs applicable *aux objets qu'il croirait utiles à son diocèse*. « Cette disposition, indépendamment de l'inconvénient qu'elle aurait de rendre impossible toute surveillance de l'emploi des fonds donnés, présenterait encore le danger de faciliter l'application de ces fonds à des établissements non reconnus par la loi. Elle doit donc être limitée et déterminée par l'ordonnance à intervenir (2). » Le profit devrait en être attribué par elle à un établissement légalement reconnu.

1769. *Jouissance et administration des biens de la mense.* — Les archevêques et évêques ont l'administration des biens de leur mense, ainsi qu'il est expliqué aux articles 6 et suivants du décret du 6 novembre 1813 (3). Ce décret les assimile en qualité d'usufruitiers et d'administrateurs des biens de la mense archiépiscopale et épiscopale aux titulaires des cures. « L'évêque, dit un arrêt récent, lorsqu'il est en pleine possession de son siège et des biens de la mense est à la fois l'usufruitier et l'administrateur du patrimoine de la mense (4). »

Les archevêques et évêques exercent les droits d'usufruit et en supportent les charges, le tout ainsi qu'il est établi par le Code civil (5). Le procès-verbal de leur prise de possession dressé par le juge de paix doit porter la promesse par eux souscrite de jouir des biens en bons pères de famille, de les entretenir avec soin et de s'opposer à toute usurpation ou détérioration (6). Sont défendus aux titulaires, déclarés nuls toutes aliénations, échanges, stipulations d'hypothèques, concessions de servitudes, et en général toutes dispositions opérant un changement dans la nature desdits biens, ou une diminution dans leurs produits, à moins que ces actes ne soient autorisés par le gouvernement (7). En conséquence, il a été jugé : 1° que les termes des articles 6, 8 et 28 du décret du 6 novembre 1813, interdisant formellement aux évêques de grever les biens de leurs menses, sous aucun prétexte au préjudice de leurs successeurs, sans l'autorisation expresse du gouvernement, les engagements contractés sans cette autorisation et les actes en résultant, sont nuls et de nul effet ; 2° que, lorsqu'un individu a contracté, en qualité d'évêque, sans autorisation du gouvernement, l'obligation étant radicalement nulle, son inexécution, qui n'est dès lors qu'une suite naturelle et forcée de cette nullité, ne peut donner lieu à une condamnation en dommages-intérêts, soit en sa qualité d'évêque, soit en son propre et privé nom ; 3° que l'inexécution de l'engagement oblige l'évêque en son privé nom, à restituer, sous peine de dommages-intérêts, des titres remis avec tous les droits, privilèges et prérogatives qui y étaient attachés à l'époque de la remise.

1770. Le principe de la spécialité des établissements publics ecclésiastiques que la jurisprudence actuelle du Conseil d'Etat s'efforce d'appliquer dans toute sa rigueur, et que nous avons étudié en traitant des fabriques, trouve son application en ce qui concerne les archevêchés et évêchés, bien que les avis de principe de 1881 dont il a été parlé plus haut (8) ne se réfèrent pas particulièrement à cette catégorie d'établissements.

Ainsi le Conseil d'Etat a décidé que l'évêché ne pouvait recevoir pour les vocations ecclésiastiques (9). Quand un legs est fait à un évêché pour cet objet, la libéralité doit être revendiquée par le véritable bénéficiaire qui eût dû être institué, c'est-à-dire par le séminaire.

(1) C. d'Et., avis, lég., 5 mars 1841.
(2) C. d'Et., avis lég., 21 décembre., 21 décembre 1841.
(3) Art. 29.
(4) Limoges, 13 août 1888.
(5) Art. 6.
(6) Art. 7.
(7) Art. 8.
(8) Voir Dons et legs aux fabriques.
(9) Coutances, legs Jullien.

De même on ne peut autoriser un legs fait à un évêché pour la fondation d'un patronage (1).

De même encore le Conseil décide qu'un évêché ne peut recevoir un legs pour fondation de messes (2).

La cour de Grenoble a également décidé qu'un évêché n'était pas apte à recevoir un legs destiné à l'organisation d'écoles.

Un évêque peut-il recevoir le legs fait à l'évêché pour bonnes œuvres ou pour les œuvres diocésaines ?

Dans diverses circonstances, le Conseil d'Etat a été d'avis de repousser l'acceptation de ces libéralités, dont il est difficile de contrôler l'emploi, qui peut être contraire aux attributions légales de la mense.

1771. Les principes ci-dessus rappelés ont subi une dérogation qui doit être strictement limitée à son objet tout spécial, en vertu de la loi du 31 juillet 1873, relative à la construction d'une basilique dite « du Sacré-Cœur » sur la colline de Montmartre.

Cette loi a déclaré d'utilité publique la construction de cette église et a permis à l'archevêque de Paris, tant en son nom personnel qu'au nom de ses successeurs, c'est-à-dire à l'archevêché, d'acquérir le terrain nécessaire à la construction de l'église, et à ses dépendances, soit à l'amiable, soit, s'il y avait lieu, par la voie de l'expropriation. Mais cette loi a donné lieu aux plus vives critiques ; on a soutenu avec raison, suivant nous, qu'elle méconnaissait les principes du droit public : d'une part, en ce qu'elle attribuait à la mense la propriété d'une église imprescriptible et inaliénable, une propriété de cette nature ne rentrant aucunement dans la mission légale de la mense épiscopale ; d'autre part, en ce qu'elle attribuait à l'archevêque de Paris le droit de poursuivre l'expropriation, droit réservé aux représentants de la puissance publique.

Quoi qu'il en soit, cette église a été construite au moyen de souscriptions et elle existe légalement, puisque son existence a été consacrée par une loi. Sans contester la légalité de son édification, le conseil d'Etat, depuis 1880, a toujours refusé d'autoriser les libéralités faites à la mense archiépiscopale de Paris pour la construction de cette église, en se fondant sur ce qu'elle était déjà pourvue d'une dotation suffisante.

1772. Les évêques ne peuvent soit plaider en demandant ou en défendant, soit même se désister, quand il s'agit des droits fonciers de la mense, sans autorisation du conseil de préfecture (3). Ils ne peuvent dans le même cas acquiescer à une action dirigée contre eux (4).

Mais lorsque le procès ne concerne pas les droits fonciers de la mense, les évêques n'ont pas besoin d'autorisation ni pour les intenter ni pour y répondre (5).

(1) D. 26 septembre 1887, legs par le sieur de Sucy d'Auteuil, à l'évêque de Saint-Dié.
(2) C. d'Et. int., avis, 5 février 1890, legs par le sieur Mennechet à la mense épiscopale de Soissons : — « La section de l'intérieur, des cultes, de l'instruction publique et des beaux-arts du Conseil d'Etat qui, sur le renvoi ordonné par M. le ministre de la justice et des cultes, a pris connaissance d'un projet de décret tendant à autoriser l'évêque de Soissons, tant en son nom qu'au nom de ses successeurs, à accepter le legs fait par le sieur Menucchet aux titulaires successifs de cet évêché, et consistant en une somme de 4,000 francs dont les revenus doivent être affectés à la célébration de messes basses ;
« Considérant qu'il résulte de l'avis de principe du Conseil d'Etat, en date du 17 mars 1880, que si l'article 73 de la loi du 18 germinal an X a désigné l'évêque pour accepter les fondations qui ont pour objet l'entretien des ministres et l'exercice du culte, cette désignation de l'évêque diocésain n'avait d'autre but que de permettre l'exécution des libéralités pieuses jusqu'à ce que les divers organes du culte catholique aient été constitués dans leurs attributions spéciales et en vue de leur mission particulière ; — Considérant que d'après l'article 1er du décret du 30 décembre 1809, les fabriques ont été chargées d'administrer tous les fonds qui sont affectés à l'exercice du culte, qu'ainsi la faculté accordée aux évêques par l'article 73 précité, ne saurait être considérée comme maintenue ; — Est d'avis qu'il n'y a pas lieu d'autoriser l'évêque de Soissons à accepter le legs du sieur Mennechet.
« Cf. 11 mars 1891, legs par la dame Osbron-Lamothe à l'évêque d'Angers ; — C. d'Et. int., note, 23 janvier 1891.
(3) D. 6 novembre 1813, art. 29.
(4) Eod.
(5) D. 6 novembre 1813, art. 29, 14 et 15.

Il a été jugé, en ce sens, 1° que l'évêque peut, sans autorisation du conseil de préfecture, intenter soit en demandant, soit en défendant, tout procès qui n'a trait qu'à l'administration des biens dont la propriété n'est pas en litige, tel que l'action en déguerpissement contre un ecclésiastique occupant les bâtiments du séminaire en vertu d'une qualité qu'il a perdue (1); 2° que lorsque la demande de l'évêque est mobilière et n'intéresse pas directement les droits fonciers de sa mense épiscopale, il n'a pas besoin d'autorisation pour plaider (2).

Il a été jugé également que l'action intentée par un évêque qui, dans l'exploit introductif d'instance, déclare agir en qualité d'évêque, est recevable en tant que formée par le représentant légal de l'évêché, sans autorisation préalable (3).

L'évêque, en cette qualité, peut notamment intenter une action pour obtenir, soit l'exécution, soit la résiliation, avec dommages-intérêts, d'un contrat par lequel un de ses prédécesseurs, en abandonnant à une ville le montant d'un legs régulièrement accepté par lui, a stipulé pour cette ville l'engagement d'acheter une maison et de l'affecter à l'établissement d'une école des Frères de la doctrine chrétienne. La demande de l'évêque tendant à faire restituer aux Frères la jouissance à perpétuité de la maison acquise en vertu de cet engagement n'implique aucune revendication de droit foncier ; la jouissance de cette maison affectée à un service spécial n'a point nécessairement les caractères d'une constitution d'usufruit ; elle n'est que l'accessoire de la destination donnée à l'immeuble acquis par la ville et le moyen de réaliser l'œuvre en vue de laquelle l'acquisition avait eu lieu (4).

1773. Du droit de régale. — On entendait autrefois par droit de régale, un droit en vertu duquel le roi jouissait « tant des fruits temporels des évêchés qui venaient à vaquer que de la collation des bénéfices non cures, c'est-à-dire autres que ceux à charge d'âmes, que l'évêque aurait eu le droit de conférer, si le siège avait été rempli (5) ».

Le décret du 6 novembre 1813 maintient l'exercice du droit de régale. L'article 33 porte à ce sujet : « Le droit de régale continuera d'être exercé dans l'empire, ainsi qu'il l'a été de tout temps par les souverains nos prédécesseurs. »

La jurisprudence a reconnu l'existence de ce droit. Un

arrêt de la cour de Limoges du 13 août 1888, décide que, lorsque le siège épiscopal devient vacant, le droit de régale, tel qu'il existait sous l'ancien régime, s'exerce au profit de l'Etat ; il s'ouvre par la vacance du titre ecclésiastique, et ne prend fin que par la prise de possession de l'évêque nommé suivant les formes déterminées. S'il est vrai que les revenus de la mense sont au profit de l'évêque à compter du jour de sa nomination, les effets de la régale n'en existent pas moins en faveur de l'Etat jusqu'à la prise de possession du nouveau titulaire (1).

1774. Le caractère du droit de régale est essentiellement temporaire. Il naît au décès de l'évêque auquel appartient la mense et par le fait même de son décès ; il s'éteint le jour où le successeur nommé par le gouvernement se met en possession de l'évêché.

Le droit de régale ne donne à l'Etat qu'un droit de jouissance ; il donne certains avantages, mais il entraîne des charges. Les avantages consistent dans le droit de l'Etat de percevoir les fruits et les revenus de la mense. Ses devoirs sont d'acquitter les charges de la mense et les réparations urgentes (2).

Si le droit de régale existe en droit, le gouvernement, en fait, ne jouit pas actuellement des revenus de la mense épiscopale, au cas de vacance du siège. Le droit se réduit donc, en fait, à l'administration des biens de la mense par un commissaire que le ministre nomme.

1775. Un commissaire administrateur, nommé par le chef de l'Etat, gère, durant la vacance, les biens de la mense épiscopale. Cette gestion des biens de la mense par un agent de l'Etat est la conséquence nécessaire du droit de régale qui appartient à l'Etat. Il a été décidé, par suite, que, pendant la vacance de l'évêché, l'administration de la mense n'appartient pas aux vicaires capitulaires, même nommés par le chapitre, et le gouvernement ne leur a pas spécialement confié cette administration ; ils sont donc sans qualité pour intenter, aux lieu et place de l'évêque, une action relative aux biens de la mense (3).

1776. Quelle est l'étendue des pouvoirs qui appartiennent au commissaire-administrateur de la mense? Peut-il notamment procéder à l'aliénation des biens meubles ou immeubles dépendant de la mense?

Les partisans de la négative font remarquer que le droit de

(1) Colmar, 28 janvier 1831.
(2) Colmar, 2 avril 1833.
(3-4) Cass. req. 23 avril 1883 : — « La Cour, — Sur le deuxième moyen pris de la fausse application du décret du 6 novembre 1813 et de l'ordonnance du 2 avril 1817, des articles 953, 1121, 1184 du Code civil, et de la violation des articles 1031 et 1032 du Code civil ; — Attendu qu'il n'est pas contesté, en fait, que l'évêque d'Aire et de Dax a déclaré, dans l'exploit introductif d'instance, agir en sa qualité d'évêque et pour le diocèse ; que la première de ces qualités ne peut s'entendre que du titre de représentant légal de l'évêché, et que, à ce point de vue, la demande ainsi portée devant le tribunal de Mont-de-Marsan, et successivement devant la Cour d'appel de Pau, était recevable ; — Attendu, d'autre part, qu'il résulte de l'arrêt attaqué, qu'en 1825, il s'est formé, entre l'évêque d'Aire et la ville de Mont-de-Marsan, un contrat synallagmatique, aux termes duquel l'évêque s'est engagé à faire abandon à la ville du produit de deux legs, à la condition que cette ville l'emploierait à l'acquisition d'une maison affectée à l'établissement de l'école des Frères de la doctrine chrétienne ; — Attendu que, place de contrat, ledit évêque a stipulé en vertu du droit qu'il puisait dans les testaments des demoiselles Ducourneau de Brassens et dans l'ordonnance royale du 1er septembre 1825, qui l'autorisait à accepter les legs conditionnels faits à son évêché par les testatrices ; que dès lors, il avait qualité pour se prévaloir des dispositions de l'article 1184 du Code civil et poursuivre en justice contre l'autre partie contractante, soit l'exécution des engagements pris par elle, soit, en cas d'inexécution, la résiliation du contrat avec dommages-intérêts ;
« D'où il suit qu'en déclarant recevable l'action dirigée contre la ville de Mont-de-Marsan et le défendeur éventuel, l'arrêt attaqué n'a violé aucun texte de loi. »
(5) V. Guyot, Répertoire de jurisprudence, 1785, v° RÉGALE ; Dictionnaire raisonné des droits domaniaux, 1775, même mot ; — Ferrière, Dictionnaire de droit, 1779, même mot ; — d'Héricourt, Lois ecclésiastiques, t. VI ; — Durand de Maillanne, Dictionnaire du droit canonique, même mot, et Observations sur les libertés de l'Eglise gallicane, art. 66 ; — Du Boullay, Histoire du droit public ecclésiastique, t. 1er, p. 465 ; — Lefebvre de la Planche, Mémoires sur les matières domaniales, t. III, p. 20; — Sallé, Esprit des ordonnances de Louis XIV, t. 1er, p. 169 ; — Serpillon, Commentaire de l'ordonnance de 1667, p. 206 ; — Guy Rousseau de la Combe, Recueil de jurisprudence canonique, même mot, etc.

(1) Limoges, 13 août 1888: — « La Cour, Attendu que la mense épiscopale est assimilable par la loi à un établissement public légalement autorisé, placé sous la tutelle administrative, ayant son individualité pour posséder, recevoir, acquérir, aliéner des biens meubles et immeubles ; que l'évêque, lorsqu'il est en pleine possession de son siège et des biens de la mense, est à la fois l'usufruitier et l'administrateur des biens de la mense ; — Attendu que, lorsque le siège épiscopal devient vacant, le droit de régale tel qu'il existait sous l'ancien régime s'exerce au profit de l'Etat ; que la régale était un droit en vertu duquel le roi jouissait des revenus temporels des évêchés qui venaient à vaquer, et disposait par collation des bénéfices dépendant de la mense ; que ce droit, ouvert dès la vacance, ne prenait fin que par la prise de possession du nouveau titulaire, suivant certaines formes déterminées ; qu'il s'exerçait par le roi par des économes, soit nommés à chaque vacance, soit pourvus en titre d'office ; qu'il était de principe dans l'ancien droit, et admis par les anciens auteurs, que pendant la vacance le roi était à la place de l'évêque ; — Attendu que la régale, en ce qu'elle s'applique aux biens des menses épiscopales, subsiste aujourd'hui comme par le passé, au même titre, c'est-à-dire qu'étant alors un droit personnel au roi, recognisait de sa souveraine puissance, elle est aujourd'hui une de pendance, un accessoire de la souveraineté de la nation, transmise par celle-ci à qui exerce le pouvoir en son nom, c'est-à-dire au chef de l'Etat, au président de la République ; qu'elle s'ouvre par la vacance du titre ecclésiastique, et ne prend fin que par la prise de possession de l'évêque nommé dans les formes prévues par les articles 45, 46 et 7 du décret du 6 novembre 1813 ; que, sans doute, d'après l'article 45 de ce même décret, les revenus de la mense sont au profit de l'évêque à compter du jour de sa nomination, mais que les effets de la régale n'en devient pas moins pour cela, que jusqu'à ce que le commissaire administrateur, pour tout ce qui concerne la régie, reste l'agent de l'Etat et ne devient pas celui de l'évêque ; — Attendu qu'il n'est pas douteux que la régale, telle qu'elle vient d'être définie, est un droit inhérent à la puissance publique, n'ayant aucun caractère civil, et dépendant essentiellement du droit public et administratif ; que la juridiction civile n'a aucune compétence pour en contrôler ou en régler l'exercice... »
(2) D. 6 novembre 1813, art. 38 et 41.
(3) Limoges, 13 août 1888.

régale avait toujours été considéré, sous l'ancienne monarchie, comme limité à la jouissance des revenus temporels de l'évêché vacant et à la collation des bénéfices que l'évêque aurait pu conférer s'il avait occupé son siège; qu'un droit de cette nature ne saurait impliquer la faculté d'aliéner. En outre, le décret du 6 novembre 1813 refuse implicitement cette faculté à l'administrateur de la mense, dans les articles 38, 40, 41, 42, 44, 45 et 47 qui précisent les pouvoirs de ceux qui ont à gérer les revenus épiscopaux pendant la vacance des sièges et ne mentionnent aucunement les actes d'aliénation. « Les commissaires, dit notamment M. Batbie (1), ne peuvent faire que les actes d'administration provisoire. Ainsi ne peuvent ni couper aucun arbre futaie en masse ou bois ou épars, ni entreprendre au delà des coupes ordinaires des bois taillis. »

Mais le Conseil d'État reconnaît au commissaire-administrateur le droit d'aliéner des immeubles de la mense, pendant la vacance, à condition d'y être autorisé par le gouvernement C'est ainsi que pendant la vacance de l'archevêché de Tours, un décret en Conseil d'État du 5 avril 1884 a autorisé le commissaire-administrateur à procéder à la vente aux enchères publiques d'immeubles acquis par la mense en vue de la reconstruction de la basilique de Saint-Martin, et a prorogé ses pouvoirs à cet égard jusqu'après l'entrée en possession du nouvel archevêque.

Un autre décret du 3 juillet 1888, rendu à la suite du décès de l'évêque de Limoges, autorisa le commissaire-administrateur des biens de la mense épiscopale à vendre deux immeubles, d'une valeur totale de 150,000 francs, situés à Limoges et qui avaient été signalés au gouvernement comme ne rapportant aucun revenu à la mense, parce qu'ils étaient affectés, l'un au logement des oblats, congrégation dissoute, l'autre à la tenue d'un cercle catholique.

Au cours de contestations auxquelles donna lieu l'exécution de ce dernier décret, l'autorité judiciaire a décliné sa compétence sur les difficultés ou les oppositions que pouvait soulever l'acte d'autorisation de la part de l'autorité épiscopale. Un arrêt de la Cour de Limoges du 13 août 1888 a décidé : 1° que la régale étant un droit inhérent à la puissance publique, la juridiction civile n'a aucune compétence pour en contrôler ou régler l'exercice; 2° qu'en conséquence, lorsque le commissaire-administrateur de la mense a été autorisé par un décret à vendre les immeubles de cette mense, le juge du référé n'a pas qualité pour retarder l'exécution d'un pareil décret, qui ne relève que des tribunaux administratifs; qu'il ne peut, par suite, ordonner provisoirement le sursis à la vente des immeubles de la mense.

§ 5. — Administration des chapitres.

1777. Nous avons vu le chapitre considéré en tant que personnel, en tant que titre. Il nous reste à voir le chapitre considéré comme établissement public. A ce dernier point de vue, le chapitre est un établissement destiné à améliorer la situation matérielle des chanoines, il porte aussi le nom de mense capitulaire.

Les chapitres sont soumis, quant à leur administration temporelle aux règles qui régissent les établissements publics. Ils sont, de plus, soumis aux règles spéciales édictées par le décret du 6 novembre 1813 (2).

Le corps de chaque chapitre cathédral ou collégial a, quant à l'administration de ses biens, les mêmes droits et les mêmes obligations qu'un titulaire de biens de cure, sauf les modifications ci-après (3).

1778. Le chapitre ne peut prendre aucune délibération relative à la gestion des biens ou répartition des revenus, si

les membres présents ne forment au moins les quatre cinquièmes du nombre total des chanoines existants (1).

Toute délibération du chapitre relative à l'administration temporelle doit être approuvée par l'évêque, et l'évêque ne jugeant pas à propos d'approuver la délibération si le chapitre insiste, il en est référé au ministre des cultes qui prononce (2).

1779. Il est choisi par le chapitre dans son sein, au scrutin et à la pluralité des voix, deux candidats parmi lesquels l'évêque nomme un trésorier. Le trésorier a le pouvoir de recevoir de tous fermiers et débiteurs, d'arrêter les comptes, de donner quittance et décharge, de poursuivre les débiteurs devant les tribunaux, de recevoir les assignations au nom du chapitre et de plaider quand il y est dûment autorisé (3). Le trésorier peut toujours être changé par le chapitre.

Lorsque le trésorier a exercé cinq ans de suite, il y a une nouvelle élection et le même trésorier peut être présenté comme un des deux candidats (4).

Le trésorier ne peut plaider ni en demandant ni en défendant, ni consentir à un désistement sans qu'il y ait eu délibération du chapitre et autorisation du conseil de préfecture. Il fera tous actes conservatoires et toutes diligences pour les recouvrements (5).

1780. Tous les titres, papiers et renseignements concernant la propriété sont mis dans une caisse ou armoire à trois clefs.

Dans les chapitres cathédraux, l'une de ces clefs est entre les mains du premier dignitaire, la seconde entre les mains du premier officier et la troisième entre les mains du trésorier. Dans les chapitres collégiaux, l'une de ces clefs est entre les mains du doyen, la seconde entre les mains du premier officier, et la troisième entre les mains du trésorier (6).

Sont déposés dans cette caisse les papiers, titres et documents, les comptes, les registres, les sommiers et les inventaires, le tout ainsi qu'il est statué par l'article 54 du règlement sur les fabriques; ils ne pourront en être retirés que sur un avis motivé, signé par les trois dépositaires des clefs, et, au surplus, conformément à l'article 57 du même règlement (7).

1781. Il est procédé aux inventaires des titres et papiers à leurs récolements et à la formation d'un registre sommier, conformément aux articles 55 et 56 du même règlement (8).

1782. Les maisons et biens ruraux appartenant aux chapitres ne peuvent être loués ou affermés que par adjudication aux enchères sur un cahier des charges approuvé par délibération du chapitre à moins que le chapitre n'ait, à la pluralité des quatre cinquièmes des chanoines existants, autorisé le trésorier à traiter de gré à gré, aux conditions exprimées dans sa délibération.

Une semblable autorisation est nécessaire, porte le décret de 1813, pour les baux excédant neuf ans qui doivent toujours être adjugés avec les formalités prescrites par l'article 9 du décret, c'est-à-dire que les baux ne peuvent se faire que par forme d'adjudication aux enchères et après que l'utilité en a été déclarée par deux experts nommés par le préfet qui visiteront les lieux et feront leur rapport (9).

Une loi du 25 mai 1835, relative aux baux des biens ruraux des communes et établissements publics, décide que les communes, hospices et tous autres établissements publics peuvent affermer leurs biens ruraux pour dix-huit années et au-dessus sans autres formalités que celles prescrites pour les baux de neuf années. On doit décider, selon nous que cette loi s'applique aux établissements ecclésiastiques. Elle spécifie, en effet, qu'elle doit s'appliquer à *tous établissements*

(1) *Droit administratif*, t. V, n° 215.
(2) D. 6 novembre 1813, art. 59.
(3) Voir CURES.

(1) Art. 50.
(2) Art. 61.
(3) Art. 51.
(4) Art. 52.
(5) Art. 53.
(6) Art. 54.
(7) Art. 55.
(8) Art. 56.
(9) Art. 57.

publics et elle figure dans le projet du code ecclésiastique qui a été préparé en 1842, par les soins du comité de législation du Conseil d'Etat.

1783. Les dépenses des réparations sont toujours faites sur les revenus de la mense capitulaire et, s'il arrivait des cas extraordinaires qui exigeassent à la fois plus de moitié d'une année du revenu commun, les chapitres pourraient être autorisés par le gouvernement à faire un emprunt remboursable sur les revenus aux termes indiqués, sinon à vendre la quantité nécessaire de biens à la charge de former avec des réserves sur les revenus des années suivantes un capital suffisant pour remplacer soit en fonds de terre, soit autrement le revenu aliéné (1).

1784. Il est rendu par le trésorier chaque année au mois de janvier devant des commissaires nommés à cet effet pour le chapitre un compte de recette et dépense. Le compte sera dressé conformément aux articles 82, 83 et 84 du règlement sur les fabriques. Il en est adressé une copie au ministre des cultes (2).

1785. Les chapitres peuvent fixer le nombre et les époques des répartitions de la mense, et suppléer par leurs délibérations aux cas non prévus par le décret du 6 novembre 1813, pourvu qu'ils n'excèdent pas les droits dépendant de la qualité de titulaire (3).

1786. Les chapitres sont reconnus par la loi, ils sont en conséquence de véritables établissements publics et ils ont une capacité civile incontestable (4).

Ils sont donc aptes à recevoir, à acquérir et à posséder toute espèce de biens meubles et immeubles (5), à faire tous les actes de la vie civile en vertu d'une autorisation du gouvernement qui statue par décret en Conseil d'Etat.

Les règles relatives aux dons et legs, aux acquisitions, etc. que nous avons étudiées en détail en traitant des fabriques sont applicables aux chapitres comme à tous les établissements publics ecclésiastiques.

Le principe de la spécialité des établissements publics que nous avons étudié en traitant des fabriques trouve ici son application.

La jurisprudence du Conseil d'Etat n'admet pas qu'un chapitre puisse recevoir en dehors de sa mission légale, en vue de l'assistance par exemple.

1787. Le chapitre est-il capable de recevoir des fondations de messes ? On pourrait citer diverses décisions du Conseil d'Etat qui admettent qu'un contrat de fondation peut être passé au profit du chapitre par acte à titre onéreux (6).

Mais le Conseil d'Etat appliquant dans sa rigueur le principe de la spécialité des établissements publics est revenu sur cette manière de voir et a décidé que des contrats de fondation par acte à titre onéreux ne pouvaient être passés qu'avec les fabriques (7).

Cette théorie est juste. Le chapitre ou mense capitulaire est en effet l'établissement public destiné à améliorer la situation matérielle des chanoines. La fabrique est le seul établissement qui ait pour mission, aux termes du décret du 30 dé-

cembre 1809, d'assurer l'acquit des fondations dans la cathédrale comme dans l'église paroissiale. Nous avons vu que la jurisprudence du Conseil d'Etat exigeait que les contrats de fondation de messes fussent passés dans les églises paroissiales avec la fabrique et non avec la mense curiale.

Il y aurait contradiction à admettre que dans les églises cathédrales les contrats de fondation de messes puissent être conclus avec le chapitre, c'est-à-dire avec la mense capitulaire. Si la fabrique doit avoir le monopole des fondations dans les églises paroissiales, il est difficile de soutenir qu'elle ne l'ait pas dans les églises cathédrales.

1788. Si les contrats à titre onéreux de fondation passés avec les chapitres ne sont pas susceptibles d'autorisation, il n'en saurait être de même des donations même de fondations de messes, puisqu'en améliorant la situation matérielle des chanoines elles répondent à l'objet même que l'établissement se propose. Le Conseil d'Etat admet qu'on puisse faire des donations dans ces conditions au profit des chapitres (1).

Nous pensons qu'en vertu du principe de la spécialité des établissements publics, la fabrique devrait dans ce dernier cas intervenir pour accepter soit la fondation de messes, soit le bénéfice de cette fondation.

1789. Si la fondation est instituée au profit du chapitre par testament, faut-il faire produire au principe de la spécialité des établissements publics les mêmes conséquences qu'en cas de disposition par actes entre vifs et décider que la fabrique doit être substituée au chapitre, au cas où le montant du legs n'est que la représentation du gage de la fondation.

Le Conseil d'Etat ne l'a pas pensé, avec raison selon nous; en effet, au cas de dispositions entre vifs il est loisible au fondateur de réparer l'erreur qu'il a pu commettre dans le choix de l'intermédiaire.

Dans le cas de disposition par testament, le gouvernement, en réparant l'erreur du fondateur décédé, exposerait la fabrique à un procès en revendication et il est inutile de lui faire courir un danger quand une charge, sans rentrer essentiellement dans les limites de sa mission légale, ne lui est pas contraire.

Cependant contrairement au principe de la spécialité des établissements publics, à notre avis, un décret du 26 avril 1889 a autorisé le chapitre de la cathédrale de Toulouse à accepter un legs universel fait par une dame veuve Lignières pour l'achèvement de la cathédrale de Toulouse (2).

1790. On appelle prébende une portion de biens d'une église cathédrale ou collégiale assignée à un ecclésiastique à la charge par lui de remplir certaines fonctions. A l'heure actuelle il n'y a plus de prébende.

Cependant des décrets ont autorisé des chapitres à recevoir

---

(1) Art. 38.
(2) Art. 39.
(3) Art. 51.
(4) Vuilleroy, p. 128.
(5) L. 2 janvier 1817, art. 1er.
(6) Notamment note 16, 6 octobre 1888 ; chapitre de Nancy, demoiselle Haugard et sieur Bourguignon.
(7) C. d'Et. int., avis, 7 mai 1890 : « La section de l'intérieur et des cultes..., qui, sur le renvoi ordonné par M. le ministre de la justice et des cultes, a pris connaissance de deux projets de décret tendant à approuver les conventions résultant d'actes sous seings privés par lesquels les demoiselles Gridel et Haugard se sont engagées à remettre au chapitre de l'église cathédrale de Nancy, les sommes nécessaires à l'achat de rentes 3 0/0 sur l'Etat, à charge de célébration de services religieux ; — Considérant que les chapitres des églises cathédrales sont des établissements publics qui ont été institués uniquement en vue d'améliorer le sort des titulaires qui les composent et qu'il ne rentre pas dans leurs attributions légales de passer avec les particuliers des contrats commutatifs ayant pour objet des services religieux ; que ladite mission a été conférée par la loi dans les églises cathédrales comme dans les autres églises, aux fabriques qui sont les établissements publics institués et qualifiés à cet effet ; — Est d'avis : qu'il n'y a pas lieu d'approuver les conventions précitées. »

(1) C. d'Et. int., note, 7 mai 1890. Fondation par le sieur Richard, chapitre de l'église métropolitaine de Paris : — « La section, etc., qui a pris connaissance d'un projet de décret tendant à autoriser le chapitre de l'église métropolitaine de Paris à recevoir de M. le cardinal Richard deux rentes 3 0/0 sur l'Etat, l'une de 360 francs à la charge de faire célébrer, chaque année à perpétuité, un service et douze messes basses, l'autre de 300 francs à la charge de faire célébrer, également à perpétuité, un service, fait remarquer que si le principe de la spécialité des établissements publics ne permet pas au chapitre de passer avec des particuliers des contrats commutatifs, ayant pour objet des services religieux, ils peuvent être autorisés à accepter des libéralités à charge de services religieux ; qu'à raison de la disproportion qui existe entre la valeur des rentes offertes au chapitre par M. le cardinal Richard et l'importance des charges acceptées par ledit chapitre, la convention d'où résulte cet accord constitue une véritable donation, mais l'acte qui la constate est un acte sous seings privés, tandis qu'aux termes de la loi il aurait dû être passé par-devant notaire ; qu'il y a donc lieu de régulariser la forme dans laquelle il a été dressé. »

(2) D. 26 avril 1889 : « Art. unique : Le doyen du chapitre de l'église cathédrale de Saint-Etienne, à Toulouse (Haute-Garonne), est autorisé à accepter, mais seulement jusqu'à concurrence de neuf dixièmes, le legs universel fait à cet établissement en nue propriété par la dame veuve Lignières, née Guillemette-Rosalie Deffes, suivant testament mystique du 3 décembre 1881. Le chapitre devra réaliser les biens qui seront l'objet de ce legs pour le produit être employé à contribuer à l'achèvement de l'église métropolitaine de Saint-Etienne, à Toulouse. Les fonds provenant de cette réalisation seront versés à l'Etat à titre de fonds de concours, pour être affectés aux réparations de l'église Saint-Etienne suivant les plans et devis régulièrement approuvés. »

des libéralités faites en vue de la dotation de canonicats honoraires prébendés (1).

§ 6. — Administration des cures et succursales.

1791. La cure est un établissement ecclésiastique reconnu par la loi dont la destination est d'améliorer la situation matérielle du titulaire ; elle est, en conséquence, apte à recevoir par legs et donations, à acquérir et à posséder toute sorte de biens meubles et immeubles avec l'autorisation spéciale du gouvernement, aux mêmes conditions et dans les mêmes formes que tous les établissements publics (2).

Il ne s'agit pas ici de la paroisse, dont les biens sont possédés et gérés par la fabrique, dit Vuillefroy ; il s'agit de la *cure*, c'est-à-dire du *titre* ecclésiastique ; or, un titre ecclésiastique peut-il être en effet considéré comme un établissement public, capable de posséder? Y a-t-il en un mot, dit-il, dans la paroisse deux établissements publics distincts, ayant chacun la capacité de posséder, à savoir : la paroisse (3), représentée par la fabrique, et la cure, représentée par les curés successifs ?

L'article 74 de la loi du 18 germinal an X portait que « les immeubles *autres que les édifices destinés au logement, et les jardins attenants*, ne peuvent être affectés à des titres ecclésiastiques ni possédés par les ministres du culte à raison de leurs fonctions. » D'accord avec ce principe, le décret du 30 décembre 1809 avait investi la fabrique du droit d'administrer tous les biens destinés à l'exercice du culte ; mais, plus tard, le décret du 6 novembre 1813 reconnut que des biens consistant soit en rentes, soit en biens fonds, peuvent appartenir à des titres ecclésiastiques, et notamment aux cures, et il en régla l'administration. Ce décret, il est vrai, avait pour but *spécial*, ainsi que l'indique son titre, de régir les provinces réunies à l'empire ; mais, en fait, il paraît avoir été appliqué dans toute la France. Enfin, survint la loi du 2 janvier 1817, qui déclara que tout établissement ecclésiastique reconnu par la loi pourrait posséder toute sorte de biens. L'ordonnance du 2 avril 1817 interpréta cette loi et en régla l'application ; elle porte que les curés et desservants accepteront les dons et legs qui sont faits aux cures et succursales. Ces titres ecclésiastiques ont été, depuis lors, sans contestation, considérés comme de véritables établissements publics, distincts des fabriques et aptes à recevoir et à posséder comme elles, et séparément.

Du reste, en étendant la faculté de posséder aux titres, et en ne la restreignant pas aux seuls véritables *établissements* ecclésiastiques, on a évidemment dérogé à l'esprit et aux termes de la loi organique. Cette dérogation aura pour résultat le rétablissement de véritables bénéfices. Elle a l'inconvénient d'établir entre les différentes cures des inégalités qui ne sont pas fondées sur les besoins du service (4).

1792. Nous examinerons successivement :

1° La nature du droit de jouissance accordé aux curés et desservants sur les presbytères et leurs dépendances, les droits et les charges de cette jouissance ;

2° L'administration et l'usufruit des biens de la cure ;

3° La capacité civile de ces établissements ecclésiastiques ;

4° Les règles relatives aux procès intéressant les menses curiales et succursales.

1793. — *Nature du droit de jouissance.* — Quelle est la nature juridique du droit qui appartient aux curés ou desservants sur les presbytères?

Cette question ne présente de difficultés que lorsqu'il s'agit d'un presbytère, qui, en vertu de l'article 72 de la loi du 18 germinal an X, a été attribué à la commune, sous la réserve d'un droit de jouissance au profit du curé ou desservant.

Dans le cas où le presbytère appartient à la commune d'une façon absolue, sans être grevé d'aucun droit en faveur du titulaire ecclésiastique, la question ne présente pas de difficultés. Dans cette hypothèse, le curé ou desservant n'a pas de droit à faire valoir soit contre les tiers, soit contre la commune ; il n'a qu'une jouissance de fait qui ne saurait être protégée par aucune action en justice. Ce cas peut se présenter notamment lorsque la commune est devenue propriétaire du presbytère depuis la loi du 18 germinal an X, par suite d'une libéralité à titre gratuit. — Cependant, si une clause de la donation ou du legs affectait expressément le presbytère au logement du desservant, la commune ne serait que nue-propriétaire et serait sans droit pour faire exécuter des travaux qui restreindraient le droit d'usage que les donateurs ont entendu créer sur le presbytère au profit du titulaire ecclésiastique.

La question de la nature du droit du curé ou desservant ne présente pas également de difficultés dans le cas où le presbytère fait partie de la mense curiale, qui l'a acquis, soit à titre gratuit, soit à titre onéreux en le faisant construire à ses frais sur un terrain lui appartenant. Dans cette hypothèse, le curé ou le desservant a, en vertu de l'article 13 du décret du 6 novembre 1813, un véritable droit d'usufruit sur cet immeuble comme sur les autres biens de la cure. L'autorité municipale n'ayant aucun droit sur ce presbytère ne pourrait en pavoiser les murs sans le consentement du desservant (1). Nous verrons, au contraire, que le maire aurait ce droit, d'après la jurisprudence, si le presbytère était la propriété de la commune.

1794. Ces deux hypothèses étant écartées, nous allons examiner quelle est, d'après la jurisprudence, la nature juridique du droit des curés ou desservants sur les presbytères attribués aux communes, en vertu de l'article 72 de la loi du 18 germinal an X.

Jusqu'en 1866, aucun doute ne paraît avoir été soulevé sur la nature de ce droit : l'article 6 du décret du 6 novembre 1813 n'attribuant aux curés ou desservants les avantages et les charges de l'usufruit que sur les biens des cures, on en concluait que, les presbytères n'appartenant pas aux cures en général, les curés ou desservants ne possédaient pas à leur égard un véritable droit d'usufruit.

En 1866, un arrêt de la Cour de Grenoble, en date du 27 juin (2), décida que l'action en revendication des biens

---

(1) D. 12 juillet 1865 (Versailles) ; 17 août 1870 (Paris) ; 20 mai 1876 (Paris) ; 11 avril 1876 (Rodez). Voir J. c. f., 1876, p. 451 et suiv. — « Les clercs qui ne vivaient pas en commun, dit Fleury (Inst. au droit eccl., t. I, p. 347), soit parce qu'ils étaient mariés, ou autrement, recevaient par mois ou par semaine une partie des gages ou pensions en argent, des provisions en espèces, que l'on appela depuis prébendes, comme qui dirait *livrées*. On pouvait les augmenter, les diminuer, ou les retrancher tout à fait, à proportion du service. » Fleury ajoute en note : « *Præbenda*, du latin *præbere seu præstare, quasi portio præbenda, seu præstanda.* On confond quelquefois le terme de prébende avec celui de canonicat, parce qu'ordinairement il y a une prébende ou portion de fruits attachée à chaque canonicat. Il y a cependant des canonicats honoraires sans prébendes, et des prébendes sans titre de canonicat. »

(2) D. 6 novembre 1813 ; — L. 2 janvier ; — Ord. 2 avril 1817.

(3) Nous avons vu plus haut en traitant des circonscriptions, que la paroisse est, pour parler plus exactement uniquement la circonscription ; la fabrique est l'établissement chargé des intérêts de la paroisse.

(4) Voir Menses épiscopales.

(1) En ce sens, Langres, 26 octobre 1883.

(2) Grenoble, 27 juin 1866 : — « Attendu que les lois des 2 novembre 1789, 19 août 1792 et 13 brumaire an II, ont réuni au domaine de l'État la totalité des biens ecclésiastiques, sans exception, que l'ancienne dotation de la cure de Conceliu n'a pu échapper, à aucun titre, à cette mesure générale, et qu'il faut seulement rechercher si la contenance revendiquée a été rendue en sa possession recouvrée ; — Attendu que l'article 72 de la loi du 18 germinal an X a rendu aux curés et aux desservants des succursales les presbytères et les jardins attenants, non aliénés ; mais que la restitution prescrite par cette loi ne s'est pas étendue à d'autres biens immobiliers ; qu'au contraire, l'article 74 interdit l'affectation d'autres titres ecclésiastiques et la possession par les ministres du culte, à raison de leurs fonctions, d'autres immeubles que les édifices destinés au logement et les jardins attenants ; qu'il n'y a pas doute sur ce que l'on doit entendre par jardin attenant au presbytère, la définition en ayant été précédemment donnée en termes exprès dans les articles 9 et 10 de la loi du 18 octobre 1790 et 1er de la loi du 30 décembre suivant ; que, notamment, la loi du 18 octobre désigna sous le nom de jardins les fonds qui, avant le 2 novembre 1789, dépendaient du presbytère et dont le sol était en nature de jardin, en quelque endroit de la paroisse qu'ils fussent situés et de quelque étendue qu'ils fussent ; et encore, si le sol n'était pas en nature de jardin, une étendue d'un

qui font l'objet de la restitution ordonnée par la loi de germinal an X, ne peut être exercée par le curé lui-même, qui n'est ni propriétaire, ni usufruitier de ces biens, mais n'a qu'un droit personnel contre les personnes civiles chargées de subvenir aux frais du culte et au logement de ses ministres; suivant cet arrêt, cette action appartient exclusivement à la commune, propriétaire du presbytère et de ses dépendances sous la charge du logement du curé.

Cet arrêt refusait, par conséquent, de reconnaître au curé ou desservant un droit réel d'usufruit sur le presbytère, conformément à la doctrine générale.

Il fut déféré à la Cour de cassation; mais la chambre des requêtes ne se prononça pas sur la question et rejeta le pourvoi, en déclarant que les immeubles revendiqués n'ayant été en aucun cas la propriété soit de la fabrique, soit de la commune, comme affectés aux besoins du culte ou au logement du curé, c'était à bon droit que l'action en revendication exercée par le curé en sa prétendue qualité d'usufruitier, avait été repoussée comme mal fondée (1).

Mais, en 1869, à l'occasion d'un procès intenté par un desservant contre une commune en revendication de la jouissance du presbytère et de son jardin, la Cour de Dijon (2) déclara pour justifier de la compétence de l'autorité civile à l'effet de connaître d'une pareille demande, que le droit du desservant sur le presbytère ou ses accessoires constituait un droit d'usufruit régi par la loi civile.

---

demi-arpent, à prendre sur une plus grande contenance; que l'immeuble litigieux n'a jamais été cultivé en jardin et dépassait l'étendue d'un demi-arpent, et que, par suite, il n'a pas été compris dans la restitution ordonnée par la loi du 18 germinal an X; que le demandeur objecte vainement qu'en 1790, le sol en était sans valeur et aurait, par ce motif, été adjugé en entier à la cure pour tenir lieu du demi-arpent; qu'en droit, les lois précitées ont limité le jardin presbytéral à raison de la superficie et non de la valeur du sol; qu'en fait, l'adjudication supposée n'a jamais eu lieu; — Attendu qu'en vertu de l'article 10 de la loi du 18 octobre 1790, le curé de Goncelin avait le droit de réclamer la distraction d'un demi-arpent dudit immeuble pour en former son jardin; mais que, d'une part le demandeur, ne rapporte la preuve d'aucun fait ni d'aucun acte émané d'une autorité quelconque qui en ait opéré la distraction; que, d'autre part, il résulte de la demande faite en 1791, par le curé Colombet à la commune de Goncelin, et encore du rapport adressé par le receveur des domaines à Goncelin à son directeur, le 20 juillet 1818, que le curé a complètement cessé de possséder aucune parcelle de la contenance prétendue depuis le 2 novembre 1789, soit parce que l'immeuble était couvert par les eaux de l'Isère, soit à raison de la saisie de l'Etat, soit pour tout autre cause; qu'au surplus, le droit réservé par la loi de 1790 ne peut être confondu avec celui de revendication que le curé de Goncelin voudrait exercer aujourd'hui à l'encontre de tiers possesseurs de l'immeuble; — Attendu, qu'en effet, le logement et le jardin attenant, rendus aux curés et aux desservants, ne leur ont point été attribués au même titre qu'avant 1789; que la propriété en est restée, soit aux communes, soit aux fabriques, et que la jouissance seule leur en a été restituée; que l'avis du Conseil d'Etat du 2 pluviôse an VIII, interprétant la loi du 18 germinal an X considère les presbytères comme propriétés communales, et que toute la législation relative aux cultes, à dater de cette époque, leur a maintenu ce caractère; que, par suite, le logement du curé et son jardin forment une propriété spéciale et distincte des autres biens que le curé pourrait posséder à titre de biens de cure et auxquels seulement s'applique le décret du 6 novembre 1813; que d'après l'avis du Conseil d'Etat du 25 janvier 1807, un certain nombre d'immeubles ecclésiastiques non aliénés avaient été exceptionnellement rendus par l'autorité administrative à diverses cures, ou même usurpés par les anciens propriétaires ou par leurs successeurs, et ces recouvrements exceptionnels respectés; qu'à l'égard de ces biens, le curé a tous les droits de l'usufruitier, mais que le demandeur ne peut les invoquer dans l'espèce, l'immeuble dont il s'agit ne lui ayant pas été restitué exceptionnellement, et ses prédécesseurs ne l'ayant aucunement usurpé, pas même possédé depuis 1789; — Attendu qu'ainsi l'immeuble revendiqué ne pouvant être réclamé comme bien de cure, mais seulement pour partie à titre de jardin presbytérial, le curé de Goncelin est sans action contre les tiers possesseurs; que l'action en revendication compète seulement au propriétaire ou à l'usufruitier, et que le curé de Goncelin n'est ni l'un ni l'autre; que le droit du curé, dérivant de la loi du 18 octobre 1790, d'obtenir un jardin d'un demi-arpent sur les biens non aliénés, tient à sa qualité, ne repose sur aucun immeuble déterminé et ne peut s'exercer contre les tiers, mais seulement contre les personnes civiles chargées par la loi de subvenir aux frais du culte ou au logement de ses ministres; que les droits du propriétaire et de l'usufruitier, quant aux biens ecclésiastiques non aliénés, sont restés, à défaut de restitution officielle et légale ou de prise de possession dès avant le 25 janvier 1807, par les titulaires anciens possesseurs, soit à l'Etat, soit aux communes, soit aux fabriques, sauf les droits contraires acquis par les tiers; que le curé de Goncelin ne peut agir ni au nom de l'Etat, ni au nom de la commune et de la fabrique; que l'État paraît avoir renoncé à exercer son action, ainsi que la commune de Goncelin, et que la fabrique, en ayant usé, a succombé dans sa poursuite; qu'ainsi le curé de Goncelin est sans droit sur la contenance litigieuse, et que toutes ses conclusions doivent être rejetées, etc. »

Sur l'appel du sieur Reynaud, arrêt confirmatif de la cour de Grenoble, du 27 juin 1866, ainsi motivé : — « Adoptant les motifs des premiers juges; — Attendu, au surplus et comme résumé de ces motifs, que, si l'immeuble revendiqué peut être considéré comme bien de fabrique ou provenant d'une ancienne dotation de la cure, le curé de Goncelin serait sans qualité ou non recevable, soit parce que la fabrique ayant déjà exercé la revendication a succombé dans cette action aux termes d'un jugement du 24 février 1858 passé en force de chose jugée, soit parce que le curé ne pouvait personnellement agir contre les tiers, sans avoir été préalablement envoyé en possession dans la forme prescrite par l'avis du Conseil d'Etat du 25 janvier 1807, formalité qui n'a jamais été remplie; — Attendu que si le même immeuble est revendiqué à titre de dépendance du presbytère, le curé est sans qualité, l'action appartenant à la commune, seule propriétaire. »

(1) Cass. req. 21 janvier 1868.

(2) Dijon, 11 août 1869 : — « La Cour, — Considérant que l'abbé Poinsot, prétendant que, bien qu'il ait été obligé, à la suite de scènes de violence, de quitter le presbytère et la commune de Lavilleneuve-au-Roi (Haute-Marne), et d'établir sa résidence dans une commune voisine qu'il desservait par binage, il n'en restait pas moins titulaire de Lavilleneuve, ayant à ce titre la jouissance du presbytère et du jardin qui en dépend, a fait assigner en référé devant le président du tribunal civil de Chaumont, Chauvelot, tant en son propre et privé nom qu'en sa qualité de maire de Lavilleneuve-au-Roi, pour ouïr dire qu'il serait tenu de lui remettre les clefs des portes donnant accès au jardin du presbytère de ladite commune; que Chauvelot s'est refusé à effectuer cette remise, en se fondant sur une délibération prise par le conseil municipal et par le motif que l'abbé Poinsot ayant quitté la commune le 11 avril dernier en déclarant qu'il cesserait d'en être le desservant, ayant fait enlever ses meubles du presbytère et n'ayant plus, depuis lors, exercé son ministère à Lavilleneuve, où il avait dû être suppléé provisoirement par un de ses confrères, il ne devait plus jouir du jardin du presbytère; qu'en cet état est intervenue la sentence dont est appel, laquelle en renvoyant les parties à se pourvoir au principal, a ordonné par provision, vu l'urgence, la remise à Poinsot des clefs dont il s'agit; — Considérant que l'appel interjeté par Chauvelot et le déclinatoire proposé par le préfet de la Haute-Marne, présentent à décider : 1° si le juge du référé a été compétemment saisi et si la Cour elle-même est compétente pour statuer sur l'appel de sa sentence; 2° en cas d'affirmative, s'il a bien jugé en ordonnant la remise des clefs à Poinsot; — Considérant, sur la première question, que le droit que l'abbé Poinsot revendique sur le jardin du presbytère de Lavilleneuve-au-Roi, propriété communale, est de sa nature un droit d'usufruit; en effet, aux termes de l'article 6 du décret du 6 novembre 1813 concernant les biens des cures, « les titulaires (curés ou desservants) exercent les droits d'usufruit et en supportent les charges, le tout ainsi qu'il est établi par le Code civil; » et l'on ne saurait douter qu'ils jouissent pareillement, à titre d'usufruitiers, des presbytères et de leurs dépendances, lorsque ces immeubles sont, non des biens de cures, mais des propriétés communales; que, sans doute, envisagé par rapport, soit au domaine municipal dont il est un démembrement, soit à la qualité de l'usufruitier, c'est un usufruit *sui generis*, soumis, quant à son exercice, à certaines conditions spéciales : mais qu'il n'en constitue pas moins un droit régi par la loi civile, et que, dès lors, les actions auxquelles il peut donner lieu sont essentiellement de la compétence des tribunaux civils; qu'en réalité donc, il s'agit dans la cause d'une difficulté entre une commune nue propriétaire et son desservant usufruitier, à l'occasion de la jouissance d'un immeuble; qu'ainsi, et à ce point de vue, la contestation appartient à la juridiction du droit commun; qu'on ne comprendrait pas qu'il pût en être autrement, quand on voit le législateur, dans les matières administratives, sauf en certains cas prévus par des lois spéciales, maintenir avec soin la compétence des tribunaux civils toutes les fois qu'il s'agit de statuer sur des actions réelles, mobilières ou mixtes, et, par exemple, en ce qui concerne les trésoriers des fabriques (dont les comptes doivent être débattus dans la forme administrative), renvoyer à ces tribunaux le jugement des contestations élevées sur des articles du compte, ainsi que les actions relatives à la reddition du compte et au payement du reliquat (décret du 30 décembre 1809, articles 80 et 90; arrêt de la Cour de cassation du 9 juin 1823); — Considérant que les dispositions de l'article 26 du décret du 6 novembre 1813, invoquées dans la cause en faveur de la juridiction administrative, sont inapplicables, cet article n'attribuant compétence au conseil de préfecture que pour juger les contestations sur les comptes ou répartitions de revenus à faire en cas de vacance de la cure, entre l'ancien titulaire ou ses héritiers et le nouveau titulaire, situation sans analogie avec l'espèce actuelle; — Considérant que le caractère purement civil du litige existant entre la commune de Lavilleneuve-au-Roi et son desservant n'a pu être modifié par la délibération du conseil municipal enjoignant au maire de conserver les clefs du presbytère et du jardin y attenant; que le juge du référé a pu, dès lors, sans s'immiscer dans la connaissance d'un acte administratif, statuer provisoirement sur la demande qui lui était soumise, et dont l'urgence d'ailleurs n'a pas été contestée; et que les mêmes motifs justifient la compétence de la Cour; — Considérant que l'objection tirée du défaut d'autorisation préalable du maire n'est pas mieux fondée; que, s'agissant d'une simple mesure provisoire relative à la jouissance d'un immeuble de la commune, cette autorisation n'était pas nécessaire (loi du 22 juillet 1837, article 55); — Considérant, sur la deuxième question, que, par les motifs ci-dessus déduits, il appartenait au juge du référé, comme il appartient aujourd'hui à la Cour, d'apprécier les conséquences légales de la situation particulière dans laquelle s'est placé le desservant Poinsot; — que, quelles que soient les circonstances qui ont déterminé cet ecclésiastique à cesser d'exercer son ministère à Lavilleneuve-au-Roi, la Cour n'a point à examiner s'il a com-

La Cour de Caen adopta la même théorie, et cette Cour assimilant les presbytères aux biens des curés, déclara même qu'ils formaient la partie principale de ces biens (1).

La chambre des requêtes déclara en statuant sur le pourvoi formé dans la même affaire, « qu'en vertu des articles 6, 13, 14 et 21 du décret du 6 novembre 1813, les curés et desservants ont l'*usufruit* des biens des presbytères. » (2).

Mais en 1882 un arrêt de la Chambre criminelle de la Cour de cassation décida « que les curés et desservants n'ont sur les presbytères qu'un droit d'usufruit *spécial* et d'habitation » (3) et que ce droit ne reçoit aucune atteinte lorsque le maire fait apposer le 14 juillet le drapeau national à la façade du presbytère, malgré l'opposition du curé.

La Cour s'écartait par cet arrêt de la jurisprudence adoptée dans ses décisions antérieures. Elle reconnaissait une différence entre le droit d'usufruit ordinaire tel qu'il est réglé par le Code civil, et le droit d'habitation garanti aux curés et desservants. Si les curés étaient des usufruitiers ordinaires, ils pourraient, conformément aux dispositions de l'article 578 du Code civil, jouir du presbytère, dont la commune a la propriété comme le propriétaire lui-même, et par suite s'opposer à ce qu'on décore la façade des presbytères, de même qu'un particulier aurait qualité pour empêcher le propriétaire de la maison dont il a l'usufruit, d'y apposer aucune décoration extérieure. C'est cette doctrine, conforme au droit commun en matière d'usufruit, que la Cour de cassation n'a pas admise, puisqu'elle reconnaissait que malgré son droit sur le presbytère le curé n'avait pas qualité pour empêcher le pavoisement de la façade de cet édifice.

Par un autre arrêt du 11 novembre 1882 la chambre criminelle déclare également « que si les presbytères constituent des propriétés communales, la loi concède aux curés et desservants sur ces immeubles sinon un droit ayant tous les caractères légaux d'un usufruit, *du moins un droit spécial de jouissance qui en est l'équivalent.* ».

Un arrêt de la même Chambre du 16 février 1883 dit dans le même sens « que les desservants qui occupent les presbytères ont sans doute au regard des simples particuliers le droit de faire respecter la *jouissance sui generis* qui leur appartient sur ces édifices communaux ».

Dans ce sens nous citerons notamment deux décisions du tribunal des conflits du 15 décembre 1883 et du 13 mars 1886, et un arrêt de la Cour de Toulouse du 24 décembre 1885 (1).

1795. Il résulte de cette jurisprudence que les curés ou desservants n'ont sur les presbytères ni un droit d'usufruit proprement dit, ni même un droit d'habitation dans le sens des articles 632 et suivants du Code civil.

---

servé le titre de desservant de cette commune; mais qu'il résulte des documents produits, notamment des lettres de Mgr l'évêque de Langres, en date des 13 mai et 16 juin derniers, qu'il ne s'est pas démis de ses fonctions et qu'il n'a pas été révoqué par l'autorité épiscopale, seule compétente aux termes des articles 31 et 63 de la loi du 18 germinal an X; que la cure n'est donc pas vacante, et qu'au surplus, ni les dispositions invoquées des décrets des 17 novembre 1811 et 6 novembre 1813, en supposant que Poinsot fut placé sous leur empire, ni celle de l'ordonnance royale du 3 mars 1825, ne font obstacle à ce qu'il continue de jouir du presbytère et de ses dépendances; que tout au moins le juge du référé a pu le maintenir provisoirement dans cette jouissance et que sa décision n'est à cet égard ne saurait être justement attaquée.

« Par ces motifs, sans s'arrêter au déclinatoire proposé, statuant sur l'appel de l'ordonnance de référé rendue par le président du tribunal civil de Chaumont; — Confirme; etc. »

(1) Caen, 26 décembre 1877.

(2) Cass. 4 février 1879 : — « Sur le premier moyen pris de la prétendue violation des articles 544, 578, 582 du Code civil, et de l'article 23 du décret du 6 novembre 1813 et de la fausse application de l'article 14 du même décret; — Attendu qu'il résulte des dispositions contenues dans les articles 6, 13, 14 et 21 du décret du 6 novembre 1813, que les curés et desservants ont l'usufruit des presbytères et qu'ils peuvent plaider, relativement aux droits fonciers de la cure, avec l'autorisation du conseil de préfecture, donnée après avis de la fabrique; — Attendu que Miotte, desservant de la paroisse de Mesnil-Rainfray, agissant en cette qualité contre ladite commune de Mesnil-Rainfray, pour faire reconnaître son droit à la jouissance exclusive d'une parcelle de terrain contigu à la grange comprise dans les bâtiments du presbytère avait obtenu l'autorisation de plaider, laquelle lui avait été accordée par un arrêté du conseil de préfecture de la Manche, rendu après l'avis du conseil de fabrique; qu'en déclarant l'action dudit Miotte recevable, la Cour d'appel de Caen s'est exactement conformée aux dispositions précitées du décret du 6 novembre 1813, spécial sur la matière;

« Sur le deuxième moyen pris de la prétendue violation de l'article 8 de la loi des 8-23 octobre 1790; — Attendu que la Cour de Caen, en jugeant d'après les faits et documents de la cause, que la parcelle litigieuse faisait partie du presbytère auquel elle est attenante, avait été restituée, avec l'habitation curiale, en exécution de l'article 72 du décret du 18 germinal an X, et était, par suite, soumise à l'usufruit du desservant, a tiré la conséquence juridique des faits qu'il leur appartenait de vérifier et d'apprécier; — Attendu qu'en supposant encore en vigueur la loi invoquée par le pourvoi, la Cour de Caen n'aurait pu contrevenir à son article 8, puisque d'après les constatations souveraines de l'arrêt attaqué, la parcelle en litige est comprise dans les dépendances du logement conservé au curé ou au desservant, d'après la première partie de cet article, et que la seconde disposition de ce même article est relative à des bâtiments d'exploitation séparés du presbytère, objet étranger à la cause; que le moyen manquant ainsi par le fait qui lui sert de base, il n'y a pas lieu d'examiner si la loi des 8-23 octobre 1790 n'a pas été abrogée par la législation postérieure, et si la mesure, comme le principe du droit de jouissance appartenant au desservant, n'est pas exclusivement dans l'article 72 de la loi du 18 germinal an X et dans l'exécution que cet article a reçue; — Rejette... »

(3) Cass. crim. 9 juin 1882 : — « La Cour, — statuant sur le pourvoi du procureur général près la Cour d'appel de Montpellier, — sur le moyen relevé d'office et pris de la violation de l'article 70 de la loi du 29 juillet 1881, relatif à l'amnistie : — Vu cet article; — Attendu qu'aux termes de l'article 70 susvisé amnistie a été accordée aux délits commis dans la voie de la presse et autres moyens de publication et non aux divers délits ayant un caractère plus ou moins politique, qui étaient avant la loi précitée prévus et punis par des lois spécialement applicables aux délits de la presse; que, par suite, le fait d'enlèvement et de dégradation d'un signe public de l'autorité du gouvernement républicain, au mépris de cette autorité, ne rentrait pas dans les prévisions de l'article 70 de la loi du 29 juillet 1881; que la Cour d'appel, après avoir constaté et qualifié le fait, devait se borner à déclarer que ce fait ne pouvait être réprimé par application de l'article 6 du décret des 11-12 août 1848 lequel avait été abrogé par l'article 68 de la loi du 29 juillet 1881; — Attendu qu'en affirmant que le fait constaté à la charge de l'abbé Maury était couvert par l'amnistie, l'arrêt attaqué a méconnu et a violé l'article 70 susvisé : « Sur le moyen unique, proposé par le procureur général, demandeur, à l'appui du pourvoi, ledit moyen tiré de la violation de l'article 257 du Code pénal; — Vu cet article; attendu que cette disposition légale protège par sa formule générale et absolue tous les objets destinés à l'utilité ou à la décoration publiques, élevés par l'administration ou avec son autorisation, que,

---

conséquemment, le fait d'avoir détruit, abattu, mutilé ou dégradé un drapeau aux couleurs nationales, placé sur un édifice communal, comme objet extérieur de décoration, le 14 juillet 1881, par l'ordre du maire de la commune de Puivert, était prévu et puni par l'article 257 susvisé; qu'en restreignant arbitrairement, sans avoir égard au texte et à l'esprit de la loi, le sens et la portée de l'article 257 et en refusant de l'appliquer au fait reconnu constant, l'arrêt attaqué a faussement inter prété et a violé cette disposition légale; — attendu, à la vérité, que le curé de la paroisse de Lescale (section de la commune de Puivert), avait sur le presbytère un droit d'usufruit spécial et d'habitation, conformément aux dispositions des articles 72 de la loi du 18 germinal an X; 6, 13, 14 et 21 du décret du 6 novembre 1813; mais, qu'en faisant apposer, le 14 juillet 1881, le drapeau national sur le mur extérieur du presbytère, qui est un édifice communal, et en le faisant flotter sur la voie publique, le maire de la commune de Puivert n'a porté aucune atteinte au droit d'usufruit et d'habitation du desservant;

« D'où il ressort que l'abbé Maury ne pouvait légalement enlever, et encore moins détruire le drapeau qui avait été placé par l'autorité publique, comme objet de décoration, le jour de la fête nationale, sur le mur extérieur du presbytère, et de façon à ne gêner ni restreindre l'exercice du droit d'usufruit et d'habitation qui appartient au curé; — Par ces motifs, etc. »

(1) Trib., 13 mars 1886 : « Considérant que la demande formée par l'abbé Gléna contre le sieur Cappati, maire de Coaraze, et le sieur Mari, trésorier de la fabrique de l'église de cette commune, tendant à obtenir sa réintégration dans le presbytère de ladite commune, dont il prétend avoir été dépossédé sans droit et au mépris de sa qualité de curé ou desservant de la paroisse; que l'abbé Gléna réclamait, en outre, des dommages-intérêts pour réparation du préjudice que cette dépossession lui aurait causé; — Considérant que la loi du 18 germinal an X et le décret du 6 novembre 1813 reconnaissent aux curés ou desservants un droit de jouissance sui generis sur les presbytères dont la propriété appartient à la commune; que ce droit est régi par la loi civile et par les actions auxquelles il peut donner lieu sont dès lors de la compétence de l'autorité judiciaire; — Considérant que les défendeurs soutenaient vainement que le tribunal de Nice ne pouvait statuer sur la demande portée devant lui sans l'intervention d'une décision de l'évêque de Nice qui aurait nommé un nouveau titulaire à la succursale de Coaraze, et le traité diplomatique du 24 mars 1860, relatif à l'annexion du comté de Nice à la France, interprétation qui ne pouvait être faite que par l'autorité administrative; qu'il résulte des faits constatés par le jugement du tribunal de Nice susvisé et non contesté par l'arrêté de conflit : 1º que l'abbé Gléna n'a jamais cessé d'exercer les fonctions de curé ou de desservant de la paroisse de Coaraze dont il est le seul titulaire; 2º que la décision épiscopale qui lui avait nommé un successeur n'a jamais reçu aucun effet, l'évêque de Nice ayant estimé qu'il ne pouvait procéder canoniquement au remplacement de l'abbé Gléna sans avoir reçu sa démission, démission que ce dernier refuse de donner; — Considérant que, dans ces conditions, le tribunal

Mais cependant la jurisprudence n'est pas absolument fixée en ce sens sur cette question. Deux arrêts de la Cour de Poitiers du 29 juin 1883 décident, en effet, « que les lois qui ont accordé aux desservants le droit au logement n'ont pas, il est vrai, fixé la nature et l'étendue de leur jouissance, mais que les documents de la jurisprudence, interprétatifs de ces textes légaux, s'accordent pour reconnaître à ce droit les caractères d'un usufruit spécial, *s'exerçant conformément aux règles du droit commun...* ; que si cette jouissance n'est pas un usufruit, elle doit être tout au moins soumise, à raison de sa précarité, aux dispositions du Code civil, relatives, soit au bail, soit à l'habitation... ; que dans tous les cas (le curé ou desservant) acquiert sur la chose et sur ses dépendances nécessaires des droits de jouissance absolus, exclusifs, s'exerçant sans autres restrictions que celles que loi impose la loi, de telle sorte qu'il les absorbe tout entiers sans laisser place pour le propriétaire à une jouissance *promiscue* ou même limitée à ce qui n'étant pas joui par le possesseur semble ne pas lui être indispensable pour retirer de cette chose tout son produit utile... ».

D'après M. Ducrocq, le curé ou desservant n'aurait sur le presbytère ni un droit d'usufruit ou d'habitation, ni même un droit de jouissance *sui generis;* le presbytère serait seulement l'objet, à son profit, d'une *affectation administrative*, de même nature que celle dont les palais épiscopaux sont grevés au profit des évêques ou archevêques.

Malgré l'autorité des décisions et des opinions, dit M. Ducrocq, nous n'avons jamais pu nous rallier à cette idée (que les curés et desservants seraient légalement investis de l'usufruit des presbytères). Sans doute les curés et desservants sont usufruitiers des biens de la *mense curiale* ; mais ces biens ne sont pas des biens communaux, ils sont la propriété exclusive de la cure ou succursale. Celle-ci forme une personne morale ou être juridique, distincte à la fois de la commune et de la paroisse catholique, qui, représentée par la fabrique, forme elle-même une troisième personne morale, distincte des deux autres. La cure ou succursale est propriétaire des biens de la mense; sa personnalité civile est représentée légalement par la série continue des titulaires ecclésiastiques, curés ou desservants, et chacun d'eux est, pendant l'exercice de son ministère ecclésiastique, l'usufruitier des biens de la mense. Cet usufruit réglé par les articles 6 et suivants du décret du 6 novembre 1813 suppose un bien dont la propriété (biens fonds ou rentes, article 1er) appartient à la mense. Les presbytères, au contraire, appartiennent aux communes, soit qu'ils aient été rendus à leur destination en vertu de l'article 72 de la loi du 18 germinal an X, soit qu'ils aient été construits ou acquis par les communes à une époque ultérieure. Ce droit de propriété de la commune sur les presbytères et leurs dépendances est aussi inconciliable avec l'attribution des mêmes immeubles à la mense curiale, que l'attribution d'une propriété à deux propriétaires différents et non indivis, l'usufruit du curé ou desservant suppose exclusivement un immeuble de la mense; les presbytères communaux n'en sont point grevés par la loi...

Nous avions déjà vu que la jurisprudence repousse implicitement cette théorie en général.

Elle a été combattue par M. le commissaire du gouvernement, Gomel, devant le tribunal des conflits, à l'occasion de

de Nice n'avait à interpréter une décision de l'autorité épiscopale reconnue comme non avenue par cette autorité elle-même, si aucun acte ayant un caractère pas tenu, dès lors, de surseoir à statuer sur l'action dont il avait été régulièrement saisi; — Considérant, d'une autre part, que le préfet des Alpes-Maritimes n'est pas fondé à revendiquer pour l'autorité administrative la connaissance de la demande en dommages-intérêts formée par l'abbé Gléna, par le motif que le maire de Coaraze et le trésorier de la fabrique, en mettant en demeure ce desservant de quitter le presbytère de la commune, n'auraient fait que se conformer aux instructions qu'il leur avait adressées; — Considérant que le maire de Coaraze et le trésorier de la fabrique n'agissaient pas comme représentants du pouvoir central, mais comme administrateurs d'un des biens de la commune; que, d'ailleurs, la demande formée par l'abbé Glena n'avait ni pour objet, ni pour effet, d'empêcher l'exécution d'un acte administratif rentrant dans le cercle des attributions de l'autorité préfectorale... (Arrêté de conflit annulé.) »

la décision rendue par ce tribunal le 15 décembre 1883 [1].

Nulle analogie, dit M. Gomel [2], n'existe entre l'affectation des presbytères au logement des curés et desservants et celle des palais épiscopaux au logement des évêques. Tandis que ces palais ont été mis par des décisions administratives purement gracieuses, à la disposition des évêques, la restitution des presbytères a été faite aux communes par le législateur lui-même, avec la condition formelle qu'ils serviraient à loger les titulaires des cures. A la vérité, la restitution de chaque presbytère a dû donner lieu à un envoi en possession émanant du ministre des finances ; mais cette formalité n'avait pour objet que de constater le désaisissement de l'Etat, et on n'oserait prétendre que l'Etat est libre de revenir sur les restitutions opérées en vertu de l'article 72 de la loi de germinal. Les communes ne peuvent pas davantage consacrer à un autre usage que le logement du curé les presbytères qui leur ont été rendus; l'article 72 ne leur laisse plus la libre disposition des presbytères et les précautions prises par l'ordonnance du 3 mars 1825. en ce qui concerne la distraction des parties superflues des presbytères, font la preuve manifeste de l'indisponibilité de ces édifices au regard des communes. Le caractère des affectations administratives n'est-il pas d'ailleurs de ne pas constituer de droit au profit de ceux qui bénéficient de l'affectation, et, par suite, d'être révocables au gré de l'administration? Au contraire, l'article 72 ordonne que les presbytères confisqués seront rendus, il décide que les curés et desservants en auront la jouissance, et c'est par un abus de langage qu'on voit dans ces dispositions une affectation. Les dispositions dont il s'agit, consacrent un état de choses définitif, et elles ont créé un droit sur la propriété au profit des communes ; un droit à l'habitation au profit des ecclésiastiques.

1796. Une des conséquences les plus importantes qui résultent de la reconnaissance par la jurisprudence d'un droit de jouissance *sui generis* aux curés et desservants sur les presbytères communaux, c'est qu'ils ont qualité pour ester en justice à l'effet de faire maintenir leur droit de jouissance à l'encontre de tous ceux qui y porteraient atteinte.

Il en serait autrement si les curés et desservants habitaient les presbytères en vertu d'une simple affectation administrative.

1797. La question de savoir quelle est la nature du droit des curés ou desservants sur les presbytères n'offre pas un intérêt purement doctrinal ; elle a été l'occasion pour les tribunaux de donner plusieurs solutions pratiques qui sont la conséquence de ce droit.

Les titulaires ecclésiastiques ont-ils, par exemple, le droit d'agir devant la juridiction civile conformément au droit commun, pour empêcher toute entrave à la jouissance qui leur est accordée sur le presbytère et ses dépendances? Plusieurs décisions ont adopté l'affirmative.

Un arrêt de la Cour de Dijon du 11 août 1869, décide que les tribunaux civils sont compétents pour connaître de l'action intentée par le desservant d'une commune contre cette commune en revendication de la jouissance du presbytère et de son jardin; qu'il en est ainsi malgré l'existence d'une délibération du conseil municipal contraire à la prétention du demandeur, cette délibération constituant l'exercice du droit de propriété de la commune et n'ayant pas les caractères d'un acte administratif.

Deux autres arrêts, l'un de la Cour de Caen du 26 décembre 1877 et un de la chambre des requêtes de la Cour de cassation du 4 février 1879, reconnaissant aux curés ou desservants, pour revendiquer la jouissance qui leur appartient sur les presbytères, une action qu'ils peuvent exercer de leur propre mouvement et sans l'autorisation de la fabrique.

Il est à remarquer que les trois arrêts que nous venons de citer fondent leur décision sur l'existence d'un droit d'usufruit proprement dit qu'ils reconnaissent au curé ou desservant.

(1) Voir cette décision, rapportée ci-dessus.
(2) D. P. 85.3 57.

Ceux que nous allons indiquer n'accordent à ces titulaires ecclésiastiques qu'un droit de jouissance *sui generis* qui ne se confond pas avec le droit réel d'usufruit tel que le réglemente la loi civile.

Le Conseil d'Etat reconnaît aux curés et desservants, en vertu de leur droit de jouissance, une action contre la commune, propriétaire de l'immeuble, dans le cas où la commune voudrait distraire de sa destination une partie des dépendances du presbytère (1).

Suivant un arrêt de la Cour de Toulouse, les curés et desservants ont, en vertu de leur droit de jouissance, une action propre et absolument indépendante de la commune contre tout individu qui sans titre ni qualité occupe les locaux à eux affectés comme titulaires ecclésiastiques ; les droits et obligations relatifs à la jouissance des presbytères sont du ressort de l'autorité judiciaire, sans qu'il y ait lieu de distinguer entre les presbytères rendus lors du concordat et ceux constitués postérieurement, en exécution de l'article 92 du décret de 1809 (1).

1798. Les tribunaux ont eu également à trancher plusieurs fois la question de savoir si l'autorité municipale a le droit de disposer des murs extérieurs des presbytères soit pour y apposer des affiches, soit pour les décorer à l'occasion d'une fête nationale.

La Cour de Poitiers, se fondant sur l'idée que les curés ou desservants ont un droit exclusif de toute jouissance au profit de la commune, a décidé par deux arrêts du 29 juin 1883 qu'un desservant ne viole pas l'article 257 du Code pénal en faisant enlever les drapeaux qui avaient été placés malgré sa défense sur le mur du presbytère par l'autorité municipale. Nous avons mentionné ces décisions précédemment.

Mais ces décisions sont isolées, et la plupart des tribunaux ne reconnaissant aux curés ou desservants qu'un droit de jouissance *sui generis* sur les presbytères, leur refusent, au contraire, le droit de s'opposer à l'apposition d'affiches sur les murs extérieurs des presbytères et à la décoration de cet édifice.

Il a été décidé en ce sens par un arrêt de rejet de la chambre criminelle de la Cour de cassation du 16 février 1883, reproduit plus haut, que bien que les desservants aient sur les presbytères un droit de jouissance *sui generis* qu'ils peuvent faire respecter par les simples particuliers, il n'ont pas le droit de s'opposer à l'apposition à l'extérieur des presbytères des affiches des lois et autres actes de l'autorité, lorsque l'autorité municipale y procède en vertu du droit de propriété de la commune et après l'accomplissement des formalités prescrites par la loi.

Un autre arrêt de la chambre criminelle du 11 novembre 1882, reproduit également plus haut, décide que le curé ou desservant ne peut s'opposer à ce que l'autorité municipale fasse pavoiser les murs extérieurs du presbytère à l'occasion de la fête nationale, pourvu que l'exercice du droit de jouissance du desservant n'en soit ni gêné ni restreint.

1799. Mais quels que soient le caractère de la jouissance du presbytère par le curé qui l'habite et les droits dérivant de cette occupation, le vicaire qui ne loge au presbytère que comme hôte du curé, est sans droit et sans qualité pour, à l'insu du curé, enlever et détruire des objets employés par ordre de l'autorité municipale pour la décoration publique de la façade du presbytère (2).

1800. Lorsque le curé ou desservant cesse ses fonctions pour une cause quelconque, il perd par là même son droit de jouissance sur le presbytère ; la commune est alors en droit d'exiger son expulsion.

Le desservant révoqué n'est pas autorisé à se maintenir dans la jouissance du presbytère. Il ne peut invoquer en sa faveur les dispositions des articles 8 et 11 du décret du 17 novembre 1811 et de l'article 27 du décret du 6 novembre 1813, qui ne s'appliquent qu'aux cas de maladie, d'absence ou de suspension (3).

Il a été décidé, en ce sens, qu'en cas de révocation d'un curé par un décret, rendu à la suite d'une ordonnance de déposition émanée de l'autorité diocésaine, le maire de la commune, propriétaire du presbytère, peut demander en justice à être mis en possession sans attendre la nomination d'un nouveau titulaire (1).

L'intervention de la fabrique pour intenter l'action à fin d'expulsion n'est pas nécessaire ; la commune peut agir seule (2).

1801. La question s'est présentée de savoir si lorsqu'un curé ou desservant est éloigné du service, soit par suspension à titre de peine canonique, soit par maladie, ou par voie de police, le titulaire conserve la jouissance du presbytère ou s'il y a lieu d'en attribuer la jouissance à son remplaçant provisoire.

Le conseil d'Etat a décidé que la jouissance du presbytère ne cessait pas d'appartenir au titulaire temporairement remplacé s'il continuait à résider dans la commune (3).

De même, lorsqu'un procuré est nommé provisoirement pour remplacer un curé, dans le cas prévu par le décret du 17 novembre 1811, ce procuré a droit aux deux tiers du traitement du curé et à la jouissance du casuel ; mais il n'a pas droit à la jouissance du presbytère, qui doit être exclusivement réservée au curé tant que son titre ne lui a pas été retiré (4).

La cour de Toulouse a jugé également par un arrêt du 24 décembre 1853 que le droit de jouissance du presbytère ne doit pas être considéré comme un émolument faisant partie du traitement du desservant, et que, par suite, celui-ci peut le réclamer quoiqu'il n'ait pas encore été légalement installé.

1802. En tant qu'usufruitier, le curé a le droit d'embellir, d'améliorer et même, d'une manière notable, l'immeuble qui lui est confié. Il doit en jouir en bon père de famille et il est tenu de s'abstenir de tous changements et travaux, qui pourraient être considérés comme diminuant la valeur de l'immeuble.

Ainsi il y a abus de sa part à convertir un jardin légumier en terre labourable (5).

Ainsi encore, le curé ou desservant excède son droit et est passible d'une indemnité pour la réparation du tort qu'il a fait au presbytère, en transformant une partie du jardin en luzernière (6).

Cependant si le changement de culture ne s'appliquait qu'à une portion restreinte du jardin, il serait peut-être bien rigoureux, comme le fait observer le comité consultatif de l'*École des communes* (7), de contester au curé le droit d'opérer ce changement à titre purement temporaire. Il est le meilleur juge de son intérêt, et pourvu qu'il restitue, en quittant les lieux, le jardin, dans l'état où il l'a pris, on peut hésiter à lui imposer des charges d'entretien impliquant contre lui une surveillance d'un caractère assez pénible. Sans doute, en droit absolu, la modification dont il s'agit excède les pouvoirs du curé usufruitier, mais, à raison du caractère

---

(1) Cont. 29 juillet 1858.
(2) « Grenoble, 3 juin 1882.
(3) Toulouse, 24 décembre 1855.

(1) Paris, 27 juin 1868.
(2) Cass. req., 10 mai 1869.
(3) C. d'Et. cont. 4 avril 1861 : — Considérant qu'il résulte des articles 72 de la loi du 18 germinal an X et 92 du décret du 30 décembre 1809 que la jouissance du presbytère appartient au titulaire de la cure ; qu'il n'a été dérogé à ces articles par aucune disposition du décret du 17 novembre 1811, relatif au remplacement des titulaires des cures en cas d'absence ou de maladie ; d'où il suit que dans le cas le titulaire remplacé conserve la jouissance du presbytère ; — Considérant que l'abbé Guerret a été remplacé provisoirement dans ses fonctions pour cause de maladie, mais qu'il continue d'être titulaire de la cure de Sully ; qu'il n'a pas cessé de résider dans sa paroisse et d'occuper le presbytère de Sully ; que dans ces circonstances, en ordonnant par sa décision attaquée que l'abbé Guerret serait tenu de remettre la jouissance du presbytère de Sully à son remplaçant, notre ministre a excédé ses pouvoirs ;
« Art. 1er. Le pourvoi de l'abbé Guerret, curé de Sully, contre la décision de notre ministre des cultes, en date u 21 février 1859 est rejeté. — Art. 2. La décision de notre ministre des cultes, en date du 20 juillet 1859, est annulée. »
(4) C. d'Et. cont. 20 juin 1867.
(5) Caen, 24 mai 1842.
(6) L. min. int. 26 février 1869.
(7) 1857, p. 78.

perpétuel de cet usufruit, la commune ou la fabrique, nu-propriétaire du presbytère, n'est pas aussi bien fondée qu'un nu-propriétaire ordinaire à exiger le maintien absolu des mêmes cultures.

1803. Si les travaux d'amélioration faits par le curé au presbytère touchent au fonds, il est obligé d'obtenir l'autori-sation de la commune et de la fabrique ; car, sous prétexte d'améliorer, il pourrait compromettre leurs intérêts.

Il en serait ainsi alors même que les fonds seraient fournis par lui ou par des tiers et n'appartiendraient ni à la fabrique ni à la commune (1).

S'il avait agi sans autorisation, la commune ou la fabrique pourraient demander le rétablissement des lieux dans leur état primitif aux frais du curé (2).

1804. Les travaux faits par le curé pour améliorer le presbytère sont à sa charge, et, s'il quitte la paroisse avant d'avoir achevé ce qu'il voulait faire, il n'a nullement le droit d'imposer une partie de ses dépenses à son successeur ou à la fabrique.

Cette solution résulte de l'article 599 du Code civil : « l'usufruitier, porte cet article, ne peut, à la cessation de l'usufruit, réclamer aucune indemnité pour les améliorations qu'il prétendrait avoir faites encore que la valeur de la chose en fût augmentée. Il peut cependant, ou ses héritiers, enlever les glaces, tableaux et autres ornements qu'il aurait fait placer, mais à la charge de rétablir les lieux dans leur premier état. »

Suivant Gaudry, le curé ne peut, à la fin de sa jouis-sance, réclamer une indemnité pour les travaux d'améliora-tion, soit comme locataire, soit comme usufruitier. Comme locataire, il doit rendre la chose telle qu'il l'a reçue ; comme usufruitier, il doit subir l'application de l'article 599 du Code civil, que nous venons de citer.

Si, à la fin de sa jouissance, le curé avait fait des répara-tions qui eussent donné une plus-value très réelle au pres-bytère, il serait rigoureux de le forcer à faire les répara-tions, sans lui tenir compte de la plus-value. Cependant une commune ou une fabrique pourraient dire avec raison, qu'elles n'ont pas à se préoccuper de travaux utiles peut-être, mais qu'elles n'eussent pas exécutés, lorsque, par le fait de dégra-dations, elles sont obligées à des réparations onéreuses. On doit donc maintenir le principe, sauf les compensations d'équité dans quelques rares circonstances (3). La Cour de Dijon s'est prononcée en ce sens et a décidé que dans tous les cas, que les travaux aient ou non pour résultat d'altérer la substance du presbytère, le conseil municipal est en droit d'obliger le curé qui quitte la commune à remettre les lieux dans l'état où ils étaient lorsqu'il en a pris possession (4).

Le *Journal des conseils des fabriques* pense, au contraire, que s'il y a eu simultanément des dégradations et des amélio-rations, il y a lieu de compenser les unes par les autres : toutefois, on ne doit tenir compte que des améliorations véri-tables, c'est-à-dire de celles dont la fabrique ou la commune, propriétaire du presbytère, tire réellement profit (5). Du reste, les curés agissent sagement en demandant avant de rien entreprendre dans leur presbytère, l'autorisation du conseil de fabrique ou du conseil municipal, et en stipulant que les dé-penses qu'ils se proposent de faire leur seront remboursées.

On peut considérer comme améliorations utiles celles qui profiteraient aux curés appelés à remplacer celui qui a opéré les changements.

On ne doit point considérer comme telles celles de nature à n'offrir d'utilité qu'à l'ecclésiastique qui les a faites et non à ses successeurs, à la commune ou à la fabrique.

1805. Lorsque des terrains plantés ou en culture dépendent du presbytère, le curé a le droit de jouir de ces dépendances comme jouirait un locataire des biens de cette nature (6).

1806. Il faut se reporter au Code civil et aux règles de l'usufruit pour savoir quels sont les droits que les curés et desservants peuvent exercer sur les arbres qui existent dans les dépendances du presbytère appartenant aux fabriques ou aux communes.

1807. Nous avons dit que la fabrique et non le curé était tenue des réparations d'*entretien* du presbytère. Qu'entend-on par réparations d'entretien? Ce sont les réparations moyennes, c'est-à-dire celles qui sont au delà des réparations locatives et en-dessous des grosses réparations : ce sont les travaux de conservation des murs, les réparations des cloisons, char-pentes, toitures, couvertures, digues, murs de soutènement; la reconstruction des clôtures partielles, portes, fenêtres; le repavage des cours; le curage des puits et fosses d'aisan-ces (1).

1808. Il a été jugé que les travaux exécutés sur l'ordre du maire qui avaient un caractère absolu d'urgence et d'utilité doivent être mis à la charge de la commune (2).

Il a été décidé dans le même sens que le caractère absolu d'urgence et de nécessité que présentaient les réparations ef-fectuées à un presbytère après le départ du desservant et au moment où il n'était pas encore occupé par le desser-vant nouveau, rend non recevable la commune à exciper de ce que ces travaux n'avaient pas été régulièrement autorisés pour se soustraire au payement de ces travaux (3).

1809. Les curés ou desservants doivent pourvoir seuls à l'achat, à la conservation et au renouvellement du mobilier du presbytère; ils ne doivent exiger de la fabrique ou de la commune ni mobilier en nature, ni indemnité d'acquisition.

Cependant les communes peuvent voter des fonds pour cet objet; mais cette dépense est purement facultative.

1810. Lors de la prise de possession de chaque curé ou desservant, il doit être dressé, aux frais de la commune et à la diligence du maire, un état de situation du presbytère et de ses dépendances (4).

1811. Le titulaire exerce sur les biens meubles ou immeu-bles affectés à la dotation de la cure ou succursale, sous la surveillance de la fabrique de la paroisse chargée de veiller à leur conservation (5), les droits d'usufruit et en supporte les charges, le tout ainsi qu'il est établi par le Code civil, et conformément aux explications et modifications ci-après.

1812. Le curé entre en jouissance des biens de la cure du jour de sa nomination, et non du jour de sa prise de posses-sion (6).

1813. Dans le cas où il y a lieu à remplacer un curé in-firme ou interdit, ni lui ni son remplaçant ne peuvent admi-nistrer les biens : le trésorier de la fabrique en demeure chargé (7).

1814. *Capacité civile.* — Les menses curiales et succur-sales étant des personnes morales peuvent faire tous les actes de la vie civile comme les fabriques.

Mais l'autorisation du gouvernement est nécessaire pour les actes d'acquisition, d'aliénation, d'échanges, stipulations et mainlevées d'hypothèques, concessions de servitudes, et, en

---

(1) J. c. f, 1839-1840, 203e consult. p. 59.
(2) Gaudry, t. II, no 547.
(3) Gaudry, t. II, no 549.
(4) Dijon, 23 février 1808.
(5) J. c. f., 1837-1838, 234e consult. p. 55.
(6) Gaudry, t. II, no 550.

---

(1) Gaudry, t. II, no 849 ; voir, pour grosses réparations, Charges des fabriques.
(2) Cont. 12 février 1886 : — « Considérant qu'il résulte de l'instruction que les travaux de plâtrerie, évalués à la somme de 140 francs et exécutés au presbytère de Seillac sur l'ordre des sieurs Chalumeau et Sailes, avaient un caractère absolu d'urgence et d'utilité; que dès lors le conseil de préfecture du département de Loir-et-Cher a fait une juste appréciation des circonstances de l'affaire en mettant à la charge de la commune, par l'arrêté attaqué, le montant de la dépense que ces travaux ont nécessitée ;
« Décide : — La requête de la commune de Seillac est rejetée. »
(3) Cont. 26 décembre 1886 : — « Considérant qu'il résulte de l'ins-truction que les réparations effectuées au presbytère après le départ du desservant et au moment où il n'était pas encore occupé par le desservant nouveau, ont eu un caractère absolu d'urgence et de né-cessité; que dans ces circonstances c'est à tort que le conseil de pré-fecture a refusé d'allouer aux sieurs Sahler et Henriey les sommes aux-quelles ils auraient droit pour l'exécution des travaux dont il s'agit. »
(4) D. 30 décembre 1809, art. 44.
(5) C. 6 novembre 1813, art. 1er.
(6) D. 6 novembre 1813, art. 24.
(7) D. 6 novembre 1813, art. 27.

général, pour toutes dispositions opérant un changement dans la nature des biens ou une diminution dans leurs produits (1).

Les formalités à remplir pour que le titulaire d'une cure ou succursale obtienne l'autorisation de faire ces actes sont les mêmes que lorsqu'il s'agit d'une fabrique (2).

Les cures et succursales peuvent acquérir à titre gratuit ou onéreux, avec l'autorisation du gouvernement après avis des évêques et des préfets (3).

Les acquisitions doivent être faites ou acceptées par le curé.

Il a été décidé que les fabriques n'avaient pas le droit de s'immiscer dans la surveillance et l'administration des biens donnés ou légués, affectés à l'entretien des curés et desservants et dont l'administration et l'usufruit appartiennent aux curés; comme ceux des autres biens, ces biens formant au profit des titulaires de la cure une propriété indéfiniment substituée (4).

1815. Nous retrouvons ici le principe de la spécialité des établissements publics ecclésiastiques, que la jurisprudence actuelle du Conseil d'État s'efforce d'appliquer dans toute sa rigueur, ainsi que nous l'avons déjà dit à propos des menses épiscopales.

Ainsi, le Conseil d'État a décidé qu'il y avait lieu de faire accepter par le bureau de bienfaisance un legs fait au curé pour les pauvres (5).

Conformément à ce que nous avons déjà dit pour les évêques à propos des libéralités faites aux évêques pour bonnes œuvres, il a été décidé qu'il n'y avait pas lieu d'autoriser un desservant à accepter un legs fait pour bonnes œuvres (6).

Les menses curiales ou succursales n'étant pas instituées dans le but d'acquitter les fondations de messes, la jurisprudence administrative n'impose pas d'office à ces établissements, comme aux fabriques, l'acceptation des legs faits à charge de services religieux (7).

La question s'est même posée de savoir si un legs fait à une mense curiale ou succursale à charge de fondations pieuses ne devait pas être accepté par la fabrique et non par la cure. Mais la section de l'intérieur et des cultes du Conseil d'État s'est prononcée pour la négative (8), et contrairement à un projet de décret dont elle était saisie et qui autorisait une fabrique, qui d'ailleurs revendiquait seule un legs fait pour messes, à accepter la libéralité faite à la cure, elle a pensé qu'il y avait lieu de substituer le curé à la fabrique.

1816. Bien que le décret du 6 novembre 1813 et l'ordonnance du 14 janvier 1831 ne fassent pas mention des actes de prêts consentis par les établissements ecclésiastiques, de tels actes sont néanmoins compris dans les dispositions de ces décrets et ordonnances, qui ne sont pas limitatives et qui ont pour but de sauvegarder les intérêts des établissements ecclésiastiques, en empêchant toute gestion occulte par les administrateurs. Il a été jugé spécialement en ce qui concerne les menses curiales qu'un notaire ne peut constater par acte authentique un prêt fait par un curé avec des fonds appartenant au bénéfice-cure sans s'être auparavant assuré que ce prêt avait été régulièrement autorisé (8).

1817. *Contestations.* — Les titulaires des cures et succursales ne peuvent, soit plaider en demandant ou en défendant, soit même se désister lorsqu'il s'agira des droits fonciers de la cure, sans l'autorisation du conseil de préfecture, auquel sera envoyé l'avis du conseil de fabrique (1).

En conséquence, il a été jugé qu'un curé ou desservant doit obtenir l'autorisation du conseil de préfecture, sur l'avis du conseil de fabrique, pour intenter une action en complainte relative à un droit foncier de la cure, par exemple à la jouissance d'un droit de servitude (2).

Il a été jugé également qu'un curé, agissant comme titulaire dela cure, ne peut acquiescer aux conclusions prises par son adversaire, lorsqu'il n'a point été autorisé à cet effet, en conformité des prescriptions de l'article 14 du décret du 6 novembre 1813.

Il ne saurait, par suite, être donné acte de cet acquiescement irrégulier (3).

1818. L'autorisation préalable du conseil de préfecture est nécessaire pour l'exercice de toutes les actions concernant les biens curiaux (4).

Cette autorisation est requise même pour l'exercice des actions possessoires intentées par les curés ou desservants relativement aux biens de cures (5).

Il a été jugé dans ce sens que le recteur d'une succursale n'est pas recevable à intenter une action en complainte à l'effet d'être maintenu en possession d'une servitude d'aqueduc existant au profit de dépendances de la mense de son rectorat, s'il n'y a pas été préalablement autorisé par le conseil de préfecture (6).

Toutefois l'autorisation préalable du conseil de préfecture n'est pas nécessaire lorsque le desservant poursuit simplement la reconnaissance de son droit personnel sur les biens curiaux, sans que le litige soit de nature à compromettre les droits fonciers de la cure (7).

1819. La règle qui veut que les curés et desservants demandent l'autorisation du conseil de préfecture et l'avis du conseil de fabrique pour plaider, soit en demandant, soit en défendant, lorsqu'il s'agit des biens fonciers de la cure, s'applique exclusivement aux biens qui, aux termes du décret du 6 novembre 1813, sont possédés par la cure. On ne doit pas étendre cette disposition ni au presbytère qui appartient à la commune, ni au droit de jouissance sur ce presbytère que la loi confère non à la cure, mais au curé en exercice (8).

Il a été jugé dans ce sens que l'autorisation du conseil de préfecture, nécessaire aux titulaires des cures ou succursales pour plaider lorsqu'il s'agit des droits fonciers de la cure, ne s'applique pas à une demande tendant à faire déclarer qu'un fonds n'est pas grevé de servitude au profit du presbytère qui appartient à une commune. Dans ce cas, la contestation ne porte que sur les droits fonciers de la commune et non sur les droits fonciers de la cure. Si le curé ou desservant à cause de son droit de jouissance du presbytère prend ou accepte un rôle dans un litige de cette nature, il ne le fait qu'en son nom propre, à ses risques et périls, pour répondre, s'il y a lieu, à des faits personnels (9).

---

(1) D., 6 novembre 1813, art. 8.
(2) Voy. ci-dessus.
(3) L. 2 janvier 1817; — Ord. 2 avril 1817.
(4) C. d'État, avis, 3 juin 1829; Affre, p. 112.
(5) D., note, 23 décembre 1882; legs par le sieur Philippeaux au curé d'Épernay.
(6) D., 25 octobre 1881: legs par la Dᵉ Vᵉ Colas aux desservants successifs de Montreuil-sur-Thouanne (Haute-Marne).
(7) Legs par le sieur Rivaud à la succursale d'Usson (Vienne).
(8) C. d'Ét. int., note, 19 février 1889; legs par la Dᵉ Vᵉ Rousseau à divers établissements de la Seine : — « .... La section ... qui a pris connaissance du projet de décret tendant à autoriser la fabrique de Saint-Merry à accepter la libéralité faite au curé de cette église estime qu'il convient, conformément à la jurisprudence adoptée, de substituer le curé à la fabrique pour l'acceptation de la libéralité Il y a lieu, en conséquence, d'inviter le curé, qui n'est pas intervenu dans l'instruction, à se prononcer sur l'acceptation ou sur le refus du legs fait par la Dᵉ Vᵉ Rousseau. »
(8) Chambéry, 2 décembre 1889.

(1) Art. 14.
(2) Cass. req., 8 février 1837.
(3) Chambéry, 20 janvier 1890.
(4) Cass. req. 4 février 1879; — Cass. civ. 25 mars 1879.
(5) On sait que l'article 55 de la loi du 18 juillet 1837 n'exigeait pas l'autorisation du conseil de préfecture pour l'exercice des actions possessoires intentées par les maires dans l'intérêt des communes. Il en est de même de la loi du 5 avril 1884
(6) Cass. civ. 25 mars 1875.
(7) Toulouse, 24 décembre 1885; — Cass. civ. 17 décembre 1885.
(8) Riom, 2 août 1881.
(9) Dijon, 20 mai 1887 : — Attendu que de l'ensemble et du titre même du décret de 1813, intitulé « Sur la conservation et l'administration des biens que possède le clergé dans plusieurs parties de l'empire », il résulte que ce décret ne concerne que les biens qui appartiennent aux cures, évêchés, chapitres cathédraux ou collégiaux et aux séminaires, dont il reconnaît la personnalité civile et, par suite, leur aptitude à acquérir et à posséder ; mais qu'il ne s'applique pas (à la seule exception du paragraphe 2 de l'article 21) aux presbytères qui sont la propriété des communes, et que celles-ci affectent au logement des curés desservants ; — Attendu que notamment l'article 14, en édictant l'obligation pour les

§ 7. — Des caisses de secours et maisons de retraite pour les prêtres âgés ou infirmes.

1820. Il existe dans plusieurs diocèses des caisses de secours ou de retraite ecclésiastiques.

Elles ont été créées en exécution du décret du 13 thermidor an XIII.

L'article 1er de ce décret ordonne la création d'un fonds de secours et le prélèvement du sixième du produit de la location des bancs, chaises et places dans les églises.

L'article 2 invite les évêques à soumettre à l'approbation du gouvernement un projet de règlement « pour déterminer le mode et les précautions relatifs à ce prélèvement, ainsi que la manière d'en appliquer le résultat et d'en faire la distribution ».

Elles ont pour but, comme leur nom l'indique, de venir au secours des prêtres qui peuvent, après un long sacerdoce, se trouver exposés à la misère.

La création de chacune de ces caisses a été autorisée par un décret qui, en déclarant exécutoires dans le diocèse les dispositions du décret du 13 thermidor an XIII, relatives au prélèvement, approuva expressément le règlement épiscopal relatif à l'administration et à l'emploi de ce prélèvement.

1821. Les caisses de secours sont-elles des établissements publics et soumises à ce titre à la tutelle du gouvernement ?

Il a été décidé, à l'occasion d'un appel comme d'abus, que les caisses de secours et maisons de retraite des prêtres âgés et infirmes, quoique placées sous l'autorité directe des évêques, sont des établissements publics (1).

« Tous les caractères de l'établissement public se retrouvent dans les caisses de secours, disait le président de la section de l'intérieur, M. Collet, dans son rapport sur cet appel comme d'abus. Le décret qui a approuvé leurs statuts leur a conféré, avec la personnalité civile, une existence distincte des autres établissements diocésains, placés sous l'autorité de l'évêque. Ils eurent des ressources propres, puisque les fabriques furent obligées de laisser prélever à leur profit, sur le produit de la location des bancs et chaises, une somme plus ou moins considérable. »

L'évêque d'Angers se fondait pour repousser l'intervention de l'État dans l'organisation de la caisse de secours des prêtres de ce diocèse sur ce que les établissements de cette nature jouiraient d'une indépendance absolue vis-à-vis du pouvoir civil.

Ces établissements seraient des biens des ecclésiastiques, des biens de l'Eglise.

Le ministre des cultes combattit cette prétention, dans le rapport adressé au Conseil d'Etat, pour proposer de déclarer d'abus l'ensemble des mesures prises par l'évêque d'Angers, pour empêcher la réorganisation de la caisse de secours des prêtres de son diocèse (2).

Ce n'est pas aux membres du Conseil d'Etat que j'apprendrai, dit le ministre, qu'il n'y a plus de biens ecclésiastiques en France depuis 1790 et que si, après treize ans de luttes et séparations plus ou moins complètes entre l'Eglise et l'Etat, le premier consul a cru devoir rétablir l'exercice reconnu du culte catholique, il a pris pour base de la convention concordataire, avec le chef de l'Eglise catholique, la reconnaissance du fait accompli, au point de vue de la sécularisation des biens du clergé.

Si, pour aider à la marche des services religieux rétablis, il a consenti à mettre à leur disposition partie du domaine public national, départemental ou communal, c'est à titre de simple affectation, non de translation de propriété. Quand, par un arrêté rendu à Bruxelles, il décida que les anciens biens des fabriques non aliénés, ainsi que les rentes dont le transfert n'avait pas eu lieu seraient concédés aux églises conservées, le même arrêt portait que ces biens seraient administrés de la forme particulière aux biens communaux.

En faisant cette concession, le gouvernement ne voulut pas que les biens dont il s'agit fussent réputés de nouveau propriétés ecclésiastiques, mais seulement qu'ils fussent rendus à leur destination première, sans changer de nature, sans cesser d'être nationaux. C'est pour ce motif qu'il fut nommé des administrateurs pour les régir au nom de l'Etat, en les employant néanmoins aux besoins du culte.

Si, plus tard, on organisa des administrations spéciales pour la gestion de ces mêmes biens ou on autorisa ces administrations à acquérir et à posséder, ce fut en les plaçant au nombre des établissements publics et en les astreignant, avec les seules différences voulues par la spécialité des attributions aux règles générales qui régissent les établissements publics de toute nature, c'est-à-dire la tutelle de l'Etat (1).

1822. En raison du droit de tutelle qui appartient au gouvernement sur les établissements publics, il a été reconnu que le gouvernement avait le devoir de prescrire les mesures nécessaires pour la conservation des biens de ces établissements, la garantie de leur gestion et la régularité de leur comptabilité (2).

Par conséquent, il y a abus dans le fait par un évêque de contester ce droit et de faire usage de son autorité pour empêcher l'exécution d'un acte du gouvernement (3).

Si l'évêque considère comme excessives les mesures prises à cet égard par le gouvernement, il peut soit faire valoir ses réclamations par la voie administrative, soit même se pourvoir devant le Conseil d'Etat par la voie du recours pour excès de pouvoir (4).

Du reste, le Conseil d'Etat a reconnu la recevabilité de ce recours dans une autre affaire (5).

---

(1) Rapport 8 mars 1884.
(2) D. 31 mars 1884.
(3) Décret précité.
(4) Rapport de M. Collet.
(5) Cons. 9 février 1883 : — « Le conseil d'Etat ; — Vu le décret du 19 mai 1881, modifiant celui du 28 janvier précédent ; — Vu la loi des 7-14 octobre 1790 et celle du 24 mai 1872 :
« Sur le grief tiré de ce que l'art. 1er du décret attaqué aurait prononcé la dissolution du conseil d'administration sans que ce conseil eût été appelé à présenter ses moyens de défense ; — Considérant qu'il résulte de la dépêche du ministre de l'intérieur et des cultes à l'évêque de Versailles, en date du 29 septembre 1880, que le conseil d'administration a été mis à même de s'expliquer sur les faits qui ont motivé le décret attaqué ; qu'ainsi le moyen manque en fait :
« En ce qui concerne les art. 2 à 15 qui règlent pour l'avenir la composition et les attributions du conseil d'administration ; — Considérant que l'évêque de Versailles et l'abbé Bormand soutiennent que ces dispositions sont entachées d'excès de pouvoir en ce qu'elles auraient modifié sans l'initiative de l'évêque les statuts de la maison de retraite et le règlement pour la perception, au profit de l'établissement, du dixième du produit des bancs, chaises et places dans les églises ; Considérant, d'autre part, que le décret attaqué n'a apporté aucune modification au règlement pour la perception du dixième du produit des bancs, chaises et places dans les églises ; d'autre part, qu'à la suite d'observations présentées par l'évêque de Versailles dans les lettres des 22 février et 2 mars 1881 au sujet d'un projet de modification des articles du décret déterminant pour l'avenir la composition et les attributions du conseil d'administration, un nouveau décret en date du 19 mai 1881, contre lequel aucun pourvoi n'a été formé, a réglé ces matières dans le

---

titulaires des cures de se munir de l'autorisation du conseil de préfecture, après avis de la fabrique, pour plaider en demandant et en défendant, n'a imposé cette obligation que dans le cas où il s'agit des droits fonciers de la cure, c'est-à-dire des droits fonciers relatifs aux biens dépendant du patrimoine de cette personne morale, biens sur lesquels les curés exercent un droit d'usufruit (articles 1er et 6 de ce décret) ; Que, par suite, cette autorisation n'est pas nécessaire lorsqu'il ne s'agit pas des droits fonciers de la cure, mais bien des droits fonciers de la commune, comme dans l'espèce ; Que, dans ce cas, il appartient à la commune seule d'ester en justice, en sa qualité de propriétaire du presbytère et de ses dépendances ; — Attendu que si le curé ou desservant, à cause du droit d'une nature spéciale qui lui est conféré sur le presbytère communal affecté à son logement, prend ou accepte un rôle dans un litige concernant les droits fonciers de la commune au sujet de ce presbytère, il ne le fait qu'en son nom propre, à ses risques et périls, pour répondre, s'il y a lieu de ses faits personnels ; — mais, dans ce cas, il n'est nullement représentant de la cure, personne morale, dont aucun droit foncier n'est en cause ; — Attendu que, par suite, dans ces circonstances, il n'y a pas lieu pour le curé ou desservant de demander une autorisation administrative afin d'ester en justice, aucune loi, aucun décret ne lui imposant cette obligation.
(1) D., 31 mars 1884 (évêque d'Angers).
(2) 8 mars 1884.

Cet arrêt décide également qu'il appartient au chef de l'État, en attendant l'organisation du nouveau conseil d'administration, de la caisse de secours, de prescrire qu'un administrateur provisoire, chargé de gérer l'établissement et de se faire rendre compte par l'administration précédente sera nommé par le ministre des cultes.

1823. L'administration s'efforce de réorganiser les caisses de secours sur les bases qu'elle détermine; et pour triompher de la résistance des évêques elle sursoit à statuer sur toutes les libéralités faites à ces caisses, tant qu'elles n'ont pas été réorganisées.

Les statuts approuvés par le gouvernement lors de la réorganisation de la caisse d'Angers, et annexés au décret du 12 juin 1885, ont servi de modèle pour la réorganisation des autres caisses opérées dans ces dernières années (1).

Suivant la jurisprudence nouvelle du Conseil d'État, le trésorier et non l'évêque représente les caisses de secours dans tous les actes de la vie civile.

C'est, en conséquence, le trésorier qui est autorisé à accepter les libéralités faites à ces établissements, à faire les ventes, etc.

Auparavant, l'évêque représentait la caisse et agissait en son nom dans tous les actes de la vie civile (1).

---

sous des propositions de l'évêque et rapporté les dispositions contraires du décret du 29 janvier précédent; qu'ainsi le pourvoi sur ce point est devenu sans objet;

« En ce qui concerne l'art. 16, portant qu'en attendant l'organisation du nouveau conseil, un administrateur provisoire sera chargé de gérer l'établissement et de se faire rendre compte par l'administration précédente : — Considérant que cette mesure était la conséquence nécessaire de la dissolution du conseil d'administration et qu'elle a d'ailleurs cessé de produire ses effets, aux termes de l'art. 17 du décret, par suite de la constitution du nouveau conseil, par lequel les élections prévues par le décret du 19 mai 1881 ont eu lieu au mois de juillet suivant;

« Art. 1er. La requête... est rejetée. »

(1) Voici les principales dispositions de ces statuts:

« Art. 2. L'établissement public, créé par le décret du 24 janvier 1839, portera à l'avenir le nom de Caisse de secours pour les prêtres âgés ou infirmes du diocèse d'Angers; il aura pour objet l'attribution de secours temporaires ou permanents aux prêtres âgés ou infirmes faisant partie du clergé séculier de ce diocèse.

« Art. 2. Les ressources de la Caisse se composent : 1° des souscriptions volontaires des prêtres et des fidèles; 2° des revenus des biens qu'elle a été ou qu'elle pourra être autorisée à acquérir ou à recevoir; 3° du produit du prélèvement de 7 0/0 opéré sur la table des bancs, chaises et places dans les églises.

« Art. 3. La Caisse de secours est administrée par un conseil composé : 1° de l'évêque, président; 2° du curé le plus ancien de chaque arrondissement; 3° De laïques, représentant les fabriques du diocèse, choisis par le ministre des cultes parmi les membres des conseils de fabrique et à raison d'un par arrondissement; 4° d'ecclésiastiques élus à raison d'un par arrondissement, parmi les prêtres séculiers du diocèse, rétribués à un titre quelconque par l'État, le département, la commune et les établissements publics, laïques ou ecclésiastiques, légalement reconnus, les aumôniers des congrégations religieuses légalement reconnues et parmi ceux qui sont retraités à ce titre. Les prêtres frappés de suppression ou de suspensions de traitement par mesure disciplinaire seront privés du droit de faire partie du conseil d'administration pendant un an à compter du jour où cette mesure aura été rapportée.

« Art. 4. Les ecclésiastiques seront élus par les prêtres souscripteurs inscrits sur une liste dressée chaque année par le trésorier, dans le courant du mois de janvier, et arrêtée par le ministre des cultes. Cette liste contient les prêtres séculiers du diocèse, compris dans l'une des catégories de l'article 3, 4°, des présents statuts, qui justifient avoir payé la souscription entière de l'année écoulée. La liste pour les premières élections est dressée par l'évêque et, à son défaut, après une mise en demeure restée sans résultat, par le préfet. Les ecclésiastiques qui ont changé de résidence depuis la confection de la liste des électeurs sont admis à voter dans l'arrondissement de leur nouvelle résidence.

« Art. 5. Les électeurs sont convoqués individuellement, par lettre, quinze jours avant l'ouverture du scrutin; ils se réunissent au chef-lieu d'arrondissement aux lieu, jour et heure fixés dans la lettre de convocation. Le bureau est présidé par le plus âgé des électeurs présents; il est assisté des deux plus jeunes des électeurs présents. Le scrutin est secret; il dure deux heures; le dépouillement suit immédiatement sa clôture.

« Art. 6. Nul candidat n'est élu au premier tour de scrutin s'il n'a réuni la majorité absolue des suffrages; au deuxième tour, la majorité relative suffit; à égalité de suffrages, le plus âgé des candidats est proclamé membre du conseil d'administration. S'il y a lieu à un deuxième tour de scrutin, il y est procédé sur-le-champ; sa durée est donc d'une heure.

« Art. 7. Le procès-verbal des opérations est adressé, en triple exemplaire, par l'un des assesseurs, et signé par tous les membres du bureau, dans les vingt-quatre heures; un exemplaire est adressé au préfet et un autre à l'évêque; le troisième reste déposé dans les archives de la Caisse de secours.

« Art. 8. Les membres du conseil d'administration sont nommés pour trois ans. Toutefois, les délégués laïques qui cessent, pour une cause quelconque, de faire partie du conseil de fabrique avant l'expiration de ce délai, sont remplacés dans le conseil d'administration, suivant la disposition de l'article 3, 3°. Les membres ecclésiastiques sont rééligibles et les délégués laïques peuvent être renommés.

« Art. 9. En cas de vacance, il est pourvu, dans un délai de six mois, au remplacement des membres qui ont cessé de faire partie du conseil d'administration. Les pouvoirs des membres ainsi nommés expirent en même temps que ceux des autres membres du conseil.

« Art. 10. Le conseil d'administration nomme parmi ses membres un vice-président, un ordonnateur et un secrétaire. Il se réunit au moins deux fois par an, dans le cours du mois de janvier et à l'époque de la retraite ecclésiastique, pour délibérer sur les affaires de l'établissement. Il est convoqué extraordinairement toutes les fois que son président le juge nécessaire ou que la demande en est faite par cinq membres. Cinq jours au moins avant toute réunion, le secrétaire adresse une convocation écrite à chaque membre du conseil. Les délibérations sont prises à la majorité absolue des voix. Pour leur validité, la présence de la moitié des membres qui composent le conseil est nécessaire. En cas de partage, la voix du président est prépondérante.

« Art. 11. Le conseil d'administration statue définitivement sur toutes les demandes de secours. Toutefois, l'ordonnateur peut, en cas d'urgence et sur l'ordre écrit de l'évêque, accorder des secours aux prêtres compris dans l'une des catégories de l'article 3, 4°, mais seulement dans la limite du maximum fixé par une délibération spéciale du conseil d'administration et à condition d'en rendre compte dans la plus prochaine réunion dudit conseil.

« Art. 12. Il ne peut être accordé de secours permanents qu'aux prêtres séculiers, désignés dans l'article 3, 4°, des présents statuts, âgés de soixante-dix ans ou infirmes qui, à raison de leur âge ou de leurs infirmités, ont été reconnus par l'évêque hors d'état d'exercer leur ministère et renoncent au titre d'activité payé par l'État, le département, la commune et les établissements publics. La somme que le conseil d'administration peut accorder à titre de secours permanent ne peut être supérieure à 800 francs par an, quand ces prêtres n'auront pas versé régulièrement les souscriptions annuelles; elle pourra être élevée jusqu'à 1,400 francs pour ceux de ces prêtres qui, sans interruption, auront versé les souscriptions annuelles soit depuis trente ans, soit depuis leur entrée dans l'exercice du sacerdoce, soit depuis leur incorporation au diocèse.

« Art. 13. Le conseil d'administration ne peut allouer de secours temporaires qu'aux ecclésiastiques désignés dans l'article 3, 4°; ces secours ne pourront, dans l'année, dépasser 808 francs.

« Art. 14. En tous cas, les ressources personnelles sont précomptées.

« Art. 15. Les secours alloués ne peuvent excéder les dix-neuf vingtièmes des ressources réalisées chaque année; le conseil d'administration peut affecter treize vingtièmes au plus de ses ressources à des secours permanents et six vingtièmes au plus à des secours temporaires.

« Art. 16. L'excédent des recettes est employé en rentes nominatives 3 0/0 sur l'État. Toutes les autres valeurs, de même que tous les immeubles qui pourront échoir à la Caisse de secours, devront être aliénés et convertis en rentes nominatives 3 0/0 sur l'État. Les fonds qui ne sont pas nécessaires pour les besoins du mois sont versés en compte courant au Trésor.

« Art. 17. Les pensions ou secours accordés à des ecclésiastiques soit sur les fonds du budget des cultes, soit sur le budget départemental, n'entrent pas dans la comptabilité de l'établissement, ni ne peuvent venir en déduction des secours accordés par ladite Caisse à ces ecclésiastiques.

« Art. 18. Sur la proposition du conseil d'administration, le ministre des cultes nomme un trésorier qui peut être pris en dehors du conseil. Le trésorier est chargé de la comptabilité de l'établissement, de la perception des revenus et des paiements dont les mandats qui ne peuvent être délivrés que par l'ordonnateur. Il représente la Caisse en justice et dans tous les actes de la vie civile. Il peut être révoqué par le ministre des cultes.

« Art. 19. Dans la deuxième réunion, ordinaire, le budget de l'année suivante est proposé par le trésorier et réglé par le conseil d'administration.

« Art. 20. Les comptes sont soumis par le trésorier au conseil d'administration dans la réunion qui suit la clôture de l'exercice, fixée au 31 décembre. Ils font connaître le détail des recettes et des dépenses opérées dans le cours de l'exercice, en sont accompagnés d'un exposé général de la situation financière de l'établissement. Le conseil d'administration examine ces comptes qui, soumis au visa de l'évêque et du préfet, sont approuvés définitivement par le ministre des cultes; cette approbation libère le comptable.

« Art. 21. Le ministre des cultes peut, pour toute cause grave et après avis de l'évêque, dissoudre le conseil d'administration ou révoquer un ou plusieurs de ses membres. Il est pourvu au renouvellement du conseil d'administration ou au remplacement des membres révoqués dans un délai de trois mois, suivant les prescriptions des articles 3 et suivants des présents statuts. Tout membre qui sera l'objet d'une mesure individuelle de révocation ne pourra faire partie du conseil d'administration pendant un délai de trois ans; le curé, membre de droit, sera, dans ce cas, remplacé par le curé de l'arrondissement le plus ancien après lui.

« Ces statuts ont été délibérés et adoptés par le Conseil d'État, dans ses séances des 21 mai et 4 juin 1885. »

(1) Voir, pour les actes de la vie civile, les fabriques, les règles étant les mêmes.

§ 8. — Organisation et administration des séminaires et des écoles secondaires ecclésiastiques.

1824. La religion, dit Portalis, ne peut se maintenir si on ne pourvoit point aux moyens de perpétuer la succession de ses ministres. De là la nécessité d'établir des séminaires pour donner l'instruction à ceux qui se destinent à l'état ecclésiastique. Les séminaires n'ont pas toujours existé sous la même forme, mais ils sont très anciens.

Il existait, en 1789, 188 séminaires, qui furent tous supprimés sous la Révolution. Ils furent rétablis au commencement du siècle, avec le culte.

1825. On distingue deux sortes de séminaires : 1° les séminaires proprement dits ou grands séminaires, qui sont affectés principalement aux études théologiques ; 2° les écoles secondaires ecclésiastiques ou petits séminaires, où les jeunes gens qui se destinent aux grands séminaires sont instruits dans les lettres et dans les sciences (1).

Le décret du 23 ventôse an XII décida qu'il y aurait par chaque arrondissement métropolitain, et sous le nom de séminaire, une maison d'instruction pour ceux qui se destineraient à l'état ecclésiastique (2). « L'Etat ne pouvait demeurer indifférent, disait le rapporteur de la loi du 23 ventôse, sur l'éducation des ecclésiastiques ; il lui importe que les ministres de la religion soient bons citoyens ; il lui importe que chacun remplisse fidèlement les devoirs de la profession qu'il embrasse. Mais pour bien remplir ces devoirs, il faut les connaître ; l'ignorance n'est bonne à rien, elle nuit à tout, elle serait surtout dangereuse dans une classe d'hommes qui doivent être d'autant plus instruits qu'ils sont chargés d'instruire les autres. Mais les circonstances ne permettaient point à l'Etat de doter soixante séminaires et il n'eût pu se permettre dans aucun temps de faire prospérer un tel nombre d'établissements, dont la multiplicité seule eût empêché la bonne organisation. » L'Etat dota dix séminaires métropolitains, les séminaires avaient un double caractère : c'étaient des écoles spéciales ou facultés de théologie, dans lesquelles on conférait des grades et on attestait l'aptitude des sujets à remplir certaines places, et c'étaient des séminaires, c'est-à-dire des maisons de probation. Sous le premier rapport les séminaires métropolitains se liaient au plan général de l'Université impériale ; sous le second, ils faisaient essentiellement partie de l'ordre ecclésiastique du diocèse auquel ils appartenaient (3).

Le Concordat décida que les séminaires pourraient être établis par les évêques dans leur diocèse avec l'autorisation du gouvernement, sans que le gouvernement s'engageât à les doter (4). Aujourd'hui il y a autant de séminaires que de diocèses.

1826. Les évêques sont chargés de l'organisation de leurs séminaires et les règlements de cette organisation sont soumis à l'approbation du gouvernement (5).

L'instruction se donne sous la direction et la surveillance de l'évêque. On y enseigne la morale, le dogme, l'histoire ecclésiastique, l'éloquence sacrée (6).

1827. La loi organique prescrit que ceux qui seront choisis pour l'enseignement dans les séminaires souscriront la déclaration faite par le clergé en 1682 et se soumettront à y enseigner la doctrine qui y est contenue ; aux termes de cette même loi, les évêques doivent adresser une expédition en forme de cette soumission au conseiller d'Etat chargé de toutes les affaires concernant les cultes (7). Il y a dans les séminaires

des examens publics sur les différentes parties de l'enseignement (1).

1828. Les directeurs et professeurs des séminaires diocésains sont nommés et révoqués par l'évêque. Les archevêques et évêques, porte le décret du 17 mars 1808 sur l'Université (2), nomment et révoquent les directeurs et professeurs.

Bien qu'en fait les directeurs et professeurs soient nommés par l'évêque et que l'administration des cultes ne proteste pas contre ce droit, signalons que le droit des évêques a été contesté notamment par Vuillefroy et Dufour qui soutiennent que la nomination doit être soumise à l'agrément du gouvernement. Ces auteurs reconnaissent au gouvernement le droit de nomination en appliquant aux séminaires diocésains les règles relatives aux séminaires métropolitains, dans lesquels, aux termes de la loi du 23 ventôse an XII, la nomination des directeurs et professeurs appartenait au gouvernement, et en soutenant que le décret du 17 mars n'a pu vouloir abroger la loi du 23 ventôse an XII.

Les adversaires de ce système font observer que cet argument serait bien peu concluant, s'il était valable, car jamais le gouvernement n'a approuvé les nominations des directeurs et professeurs des séminaires, avant comme après la loi de ventôse qui ne leur fut jamais appliquée. On ajoute, dans cette opinion, que cet argument est sans valeur, car le décret du 17 mars a non seulement abrogé l'article de la loi de ventôse, mais il a supprimé les séminaires métropolitains pour lesquels elle était faite ; et le décret en ce qui concerne les séminaires diocésains, en déclarant le droit des évêques de nommer et de révoquer les professeurs eut certainement abrogé la loi du 23 ventôse, si elle leur eut été applicable ; mais elle ne l'était pas, et le décret du 17 mars s'en réfèrait aux articles organiques, les seuls qui régissent la matière, comme invinciblement la fin de l'article 3 de ce [décret dont il suffit de reproduire la disposition : « ils en nomment et révoquent les professeurs. Ils sont seulement tenus de se conformer aux règlements pour les séminaires par nous approuvés.» Au surplus le texte seul de la loi du 23 ventôse dispense de toute argumentation sur ce point, il prouve mieux que tous les raisonnements qu'il est inapplicable aux séminaires diocésains. « Les directeurs et professeurs seront nommés par le premier consul, sur les indications qui seront données par l'archevêque et les évêques suffragants.» Peut-on concilier cette disposition avec celle du décret du 17 mars 1808 ? Quelque respectables que soient les droits de l'Etat, il ne faut pas vouloir s'en montrer plus jaloux qu'il ne l'a été lui-même (3).

1829. Les séminaires ne sont pas seulement des établissements d'instruction pour ceux qui se destinent à la prêtrise ; ce sont aussi des maisons de retraite et de correction. « Si l'on songe, disait Portalis, que chaque évêque est personnellement comptable des sujets qu'il emploie, qu'il est le vrai juge de leurs mœurs et de leur doctrine ; qu'il n'a point à se reposer sur autrui d'un soin aussi intéressant, on demeurera convaincu que chaque évêque doit avoir dans son diocèse une maison de probation, maison qui est encore destinée à recevoir les prêtres qu'on est obligé de suspendre ou corriger pour raison d'inconduite, et qui sont dans le cas de venir dans la retraite reprendre l'esprit de sainteté et de recueillement qu'ils avaient perdu (4).

1830. Les petits séminaires ou écoles secondaires ecclésiastiques reçoivent les enfants qui sont destinés à devenir élèves des grands séminaires. Portalis justifie ainsi l'uti-

---

(1) D. 15 novembre 1811, art. 24 ; 5 octobre 1814.
(2) Art. 13.
(3) Portalis, *Rapport à l'empereur*, 12 août 1806.
(4) Art. 11.
(5) Art. 23, voir Nomination du personnel et Service militaire.
(6) L. 29 ventôse an XII, art. 2.
(7) Art. 11.

---

(1) Art. 3. L'ordonnance du 25 décembre 1830, art. 5, prescrivait que les examens devaient être faits dans les facultés de théologie, qui délivraient des brevets de bachelier et de licencié en théologie. Les élèves des séminaires situés hors des chefs-lieux des facultés de théologie étaient admis à subir les épreuves du grade de bachelier en théologie sur la présentation d'un certificat constatant qu'ils avaient étudié pendant trois ans dans un séminaire.
(2) Art. 3.
(3) Dalloz, *Rép*.
(4) Rapport à l'empereur, 12 août 1806.

lité de leur établissement : « Il est constant, au point de fait, que l'éducation ordinaire donnait peu de candidats au sacerdoce ; à l'exception de ceux que leur naissance ou leurs relations destinaient à posséder de grands bénéfices ou de grandes dignités dans l'église, il n'y avait que les enfants élevés dans les séminaires qui devinssent clercs ; encore faut-il observer que la plupart de ces enfants finissaient par choisir des professions civiles. Aujourd'hui l'église ne possède aucuns liens ; elle ne peut se reposer que sur les vues bienfaisantes de Votre Majesté. Il n'existe plus de bénéfices. Il faut une vocation bien décidée pour recourir au saint ministère. Il serait impossible que des enfants qui auraient reçu une éducation brillante dans les collèges ou dans les lycées eussent le désir d'embrasser une carrière qui n'offre aucune ressource à l'ambition (1). »

Établis par le gouvernement en vertu du Concordat et de la loi organique, sous la direction exclusive de l'autorité épiscopale, en ce qui concernait l'instruction et la nomination des directeurs et professeurs, les petits séminaires furent incorporés à l'Université, lors de sa création (2). Le gouvernement de la Restauration, par l'ordonnance du 5 octobre 1814, plaça les écoles secondaires ecclésiastiques sous la direction unique des évêques et des archevêques. Ces derniers pouvaient établir, avec l'autorisation du gouvernement dans chaque département à la campagne et dans les lieux où il n'y avait pas de collège royal ou communal, une école ecclésiastique dont ils nommaient les chefs et les instituteurs (3) ; dans les lieux où il y avait un collège, les élèves étaient dispensés d'en suivre les cours ; mais après deux ans, ils devaient prendre l'habit ecclésiastique ; ils étaient exempts de la rétribution universitaire et pouvaient se présenter à l'examen de l'Université pour obtenir le grade de bachelier ès lettres, qui leur était conféré gratuitement (4). Les écoles secondaires acquéraient le droit de recevoir des legs et des donations, en se conformant aux lois existantes sur la matière (5). L'ordonnance du 5 octobre 1814, qui organisait ainsi les écoles secondaires ecclésiastiques, ne fut pas insérée au Bulletin des lois, mais l'ordonnance sur l'instruction publique, du 17 février 1815, en rappela les prescriptions en dispensant de conduire les élèves aux collèges royaux ou communaux (6).

La faveur dont le gouvernement de la Restauration entourait les petits séminaires et les abus auxquels ces établissements donnèrent naissance, soulevèrent de vives protestations et motivèrent les deux ordonnances restrictives du 16 juin 1828. La première de ces ordonnances soumit au régime de l'Université huit écoles secondaires ecclésiastiques, parce qu'elles s'étaient écartées du but de leur institution en recevant des élèves dont le plus grand nombre ne se destinait pas à l'état ecclésiastique et parce qu'elles étaient dirigées par des personnes appartenant à une congrégation religieuse non légalement établie en France(7). Cette ordonnance spécifiait, en outre, qu'à dater du 17 octobre 1828, nul ne pourrait être ou demeurer chargé, soit de la direction, soit de l'enseignement dans une des maisons d'éducation dépendant de l'Université s'il n'affirmait par écrit qu'il n'appartenait à aucune congrégation religieuse non légalement établie en France. Cette disposition visait spécialement la société de Jésus (8).

La deuxième ordonnance soumit les écoles secondaires ecclésiastiques aux mesures restrictives suivantes : 1° Le nombre des élèves devait être limité, il ne pouvait excéder 20,000 (9) ; 2° Le nombre des écoles et la désignation des communes où elles devaient être établies étaient déterminés, par le roi, d'après la demande des archevêques et évêques, sur la proposition du ministre des affaires ecclésiastiques (1) ; 3° aucun externe ne pouvait être reçu (2) ; 4° après l'âge de 14 ans, tous les élèves admis depuis deux ans étaient tenus de porter l'habit ecclésiastique (3) ; 5° les élèves, qui se présenteraient pour obtenir le grade de bachelier ès lettres ne pouvaient, avant leur entrée dans les ordres sacrés, recevoir qu'un diplôme spécial, qui n'avait d'effet que pour parvenir aux grades en théologie, mais qui était susceptible d'être échangé contre un diplôme ordinaire de bachelier ès lettres, après l'engagement dans les ordres sacrés (4) ; 6° les supérieurs ou directeurs des écoles secondaires ecclésiastiques devaient être nommés par les archevêques et évêques, et agréés par le gouvernement (5). Pour consoler le clergé de ces prescriptions, l'ordonnance créait 8,000 bourses qui devaient être réparties entre les écoles secondaires ecclésiastique (6). La loi sur l'enseignement, du 15 mars 1850, rendit aux petits séminaires le caractère de leur organisation primitive ; elle les considéra comme des écoles spéciales, confiées à la direction exclusive de l'autorité épiscopale, sous la surveillance du gouvernement. « En principe, disait le rapporteur de la loi, l'évêque est et restera toujours le chef véritable de son petit séminaire. Pourquoi exiger un autre chef du petit séminaire que l'évêque ? Est-ce afin que tout établissement qui ressemble plus ou moins à une école d'instruction secondaire ait pour directeur un homme dont la moralité est constatée, qui soit bachelier ès lettres et qui ait fait un stage de cinq ans ? Mais un évêque nommé par le gouvernement et revêtu d'un caractère sacré n'offre-t-il pas mille fois plus de garanties à l'Etat et à la société que la loi n'en exige des instituteurs ordinaires ? Le pouvoir de l'évêque sur son petit seminaire est pour nous un gage si assuré de tout ce que nous demandons en faveur de la jeunesse, que nous craindrions de l'affaiblir. Les petits séminaires continueront donc d'exister comme des écoles spéciales. Dans chaque département (diocèse), l'évêque pourra former et diriger un établissement d'instruction secondaire ecclésiastique en dehors des conditions exigées par l'article 63 et suivants, c'est-à-dire de la déclaration au recteur, et des certificats de stage et de capacité. »

Les écoles secondaires ecclésiastiques, porte la loi (7), actuellement existantes, sont maintenues, sous la seule condition de rester soumises à la surveillance de l'Etat. Il ne pourra en être établi de nouvelles sans l'autorisation du gouvernement. On peut redemander, en présence de ce texte, si les conditions imposées par les ordonnances de 1828 sont encore applicables. La question doit être résolue dans le sens de la négative. En effet, lors de la discussion de la loi, la commission et le ministre ont déclaré que les conditions imposées par ces ordonnances n'étaient pas maintenues à l'égard des écoles secondaires ecclésiastiques existant à cette époque (8).

« Un avis du Conseil supérieur de l'instruction publique du .... est venu fixer la véritable place qu'il convient d'assigner dans le système de la loi de 1850, aux écoles secondaires ecclésiastiques, et les principes suivant lesquels doit être organisée la surveillance que l'Etat s'est réservée sur ces établissements. Il a été reconnu que les écoles ordinairement connues sous le nom de petits séminaires ne rentrent ni dans la catégorie des écoles publiques, ni dans celle des écoles libres créées par l'article 17 de la loi de 1850. Affranchis des prescriptions relatives à l'ouverture et au régime des écoles libres, soustraits à la juridiction disciplinaire de l'Université, dispensés du certificat de stage et de la déclaration exigée par l'article 60 de la même loi, les supérieurs qui les dirigent ne relèvent que de l'évêque qui les nomme et les révoque sans contrôle. Par leur organisation comme par

---

(1) Rapport à l'empereur, 12 août 1806.
(2) D. 17 mars 1808 ; 9 avril 1809 ; 15 novembre 1811.
(3) Ord. 5 octobre 1814, art. 1 et 2.
(4) Eod. art. 5.
(5) Eod. art. 7.
(6) Ord. 17 février 1815, art. 45.
(7) Art. 1er.
(8) Art. 2.
(9) Ord. 16 juin 1828, art. 1er.

(1) Art. 2.
(2) Art. 3.
(3) Art. 4.
(4) Art. 5.
(5) Art. 6.
(6) Art. 7.
(7) Art. 70.
(8) En ce sens, circ. min. 22 mai 1883.

le but en vue duquel ils sont autorisés, les petits séminaires sortent des cadres tracés par la loi de 1850, et échappent au contrôle des autorités qu'elle a instituées, il s'ensuit que la surveillance, à laquelle ils sont soumis par la loi, répond à un autre ordre d'idées que le contrôle universitaire exercé sur l'ensemble des établissements d'instruction secondaire, qu'elle doit, dès lors, s'inspirer d'autres préoccupations et être confié à d'autres agents. C'est au ministre des Cultes, sur les propositions duquel sont accordées et peuvent être retirées, les autorisations d'ouvrir les écoles secondaires ecclésiastiques, qu'il appartient de les surveiller au même titre que tous les établissements dont l'existence a été reconnue soit par des lois, soit par des décrets. C'est au préfet qu'il incombe d'exercer cette surveillance dans un département(1).»

Les inspections, que le préfet doit prescrire, doivent avoir lieu au moins une fois par an, et s'effectuer dans chaque localité, au moment de l'année scolaire qu'il juge convenable, sans qu'il soit nécessaire de prévenir l'autorité diocésaine.

1831. Les grands séminaires sont incontestablement des établissements publics (2).

Les écoles secondaires ecclésiastiques ou petits séminaires, ont-elles une personnalité civile distincte de celle du grand séminaire ou leur personnalité s'absorbe-t-elle dans celle de ce dernier établissement?

Pour soutenir que les écoles secondaires ecclésiastiques n'ont pas une personnalité civile distincte de celle du grand séminaire, on fait valoir que, quoique formellement prohibés par l'article 11 de la loi du 18 germinal an X, les petits séminaires ne tardèrent pas, en fait, à se multiplier, mais sans avoir une existence indépendante et légale. Sans doute, le décret du 9 avril 1809 permit l'établissement d'écoles secondaires pour être consacrées plus spécialement aux élèves, se destinant à l'état ecclésiastique, et il donna au grand maître de l'Université le droit d'autoriser dans ces écoles les fondations de bourses, demi-bourses ou toutes autres dotations pour des élèves destinés à l'état ecclésiastique. Mais, sous l'empire de cette législation, les petits séminaires sont interdits et les écoles secondaires qui leur ont succédé n'ont aucune capacité civile. Les évêques ont simplement conçu une faveur qui ne leur avait pas encore été octroyée, celle de recevoir à charge de fondations de bourses des élèves ecclésiastiques. Le décret du 6 novembre 1813 ne modifia pas la situation qui résulte du décret du 9 avril 1809. Il pose des règles d'administration mais n'innove rien en ce qui touche les personnalités civiles.

Ainsi, pendant toute la durée du 1er empire, il n'y a aucun doute, les écoles secondaires ecclésiastiques n'ont eu aucune personnalité civile. Mais certaines personnes civiles, notamment les évêques ont eu qualité pour recevoir les dons ou legs, faits en vue d'assurer l'instruction des enfants en les préparant à entrer dans le grand séminaire.

Sous la Restauration, l'ordonnance du 5 octobre 1814 autorise les archevêques et évêques à établir des écoles secondaires ecclésiastiques et décide que « les écoles ecclésiastiques sont susceptibles de recevoir des legs et des donations en se conformant aux lois existantes sur cette matière. »

Ce texte a-t-il créé la personnalité civile des écoles ecclésiastiques ? Si ce texte était une loi, la question se trouverait tranchée sans contestation possible. Mais il s'agit d'une ordonnance et d'après les principes généraux de notre droit public les établissements publics investis de la personnalité civile ne peuvent être créés que par la loi. L'ordonnance de 1814 rendue sous l'Empire de la charte du 4 juin 1814 qui ne conférait qu'aux Chambres le pouvoir législatif ne pouvait participer de la force légale reconnue aux décrets du 1er Empire non déférés au Sénat. Elle ne pouvait ni faire œuvre réservée au législateur ni abroger l'article 11 toujours en vigueur des organiques portant que « tous autres établissements ecclésiastiques sont supprimés. »

La loi du 2 janvier 1817 vient corroborer d'une manière

catégorique cette opinion. Cette loi ne conférait la capacité de recevoir qu'aux établissements qui tenaient du législateur lui-même leur reconnaissance légale. La preuve en est dans ce fait que lorsque le ministre proposa dans la discussion de l'article 1er de remplacer les mots établissement *reconnu par la loi* adoptés par la Chambre des pairs par ceux de : tout établissement *légalement autorisé*, la Chambre des pairs s'en tint à son texte primitif et n'adopta l'article 1er qu'avec cette rédaction : *tout établissement ecclésiastique reconnu par la loi.* La même discussion se renouvela devant la Chambre des députés (1) et malgré l'opposition du ministère la rédaction admise par la Chambre des pairs fut la seule adoptée.

Il est vrai qu'à peine la loi votée le ministère faisait autant d'efforts pour en étendre la portée qu'il en avait fait dans la discussion pour en restreindre la sphère d'application. L'article 1er de l'ordonnance du 2 avril 1817 mentionne beaucoup d'autres établissements que ceux énumérés par M. Lainé devant la Chambre des députés et comme pour masquer l'intention donnée à la loi du 2 janvier précédent, il confond dans une même disposition des établissements laïques qui n'ont besoin pour avoir la capacité de recevoir que d'être reconnus d'utilité publique par application de l'article 910 du Code civil, tels que les collèges, les hospices, les pauvres ou bureaux de bienfaisance et les établissements ecclésiastiques qui, aux termes de la loi récente, ne peuvent être aptes à recevoir qu'autant qu'ils sont reconnus par la loi. Les petits séminaires sont ainsi placés à côté des grands, grâce à l'équivoque que fait régner surtout dans l'article la dualité des textes qu'il prétend appliquer et des catégories d'établissements sur lesquels il statue. L'article 3 procède par la même méthode détournée en autorisant les évêques à accepter les donations au nom de leurs séminaires, les écoles secondaires ecclésiastiques devant passer inaperçues, grâce à ce pluriel.

La loi de 1817 n'ayant pas élevé les écoles secondaires ecclésiastiques au rang de personnes capables de recueillir, il paraît difficile de soutenir que les auteurs de l'ordonnance de 1817 aient eu ce pouvoir.

La loi du 15 mars 1850 ne l'a pas fait davantage. Elle a maintenu à l'égard des écoles secondaires ecclésiastiques l'état de choses existant, et elle n'en a parlé que pour les soustraire au régime nouveau inauguré par la loi, qui se résumait dans le contrôle de l'État sur le choix et la capacité des professeurs de l'enseignement secondaire.

En résumé, la loi de 1817 et celle de 1850 n'ont pas conféré aux petits séminaires une capacité civile propre.

On est donc ramené à considérer les petits séminaires comme régis uniquement au point de vue de leur administration temporelle par l'article 64 du décret du 6 novembre 1813.

Le petit séminaire est une annexe du grand, il n'a ni une personnalité distincte, ni la capacité légale de recueillir et de posséder pour son compte propre.

Il paraît être dans la situation d'une chapelle de secours par rapport à la fabrique de l'église paroissiale.

L'absorption de la personnalité du petit séminaire dans le grand, si elle était reconnue, entraînerait d'importantes conséquences :

1° Du principe que le séminaire seul est capable de posséder résulterait l'unité de gestion et de budget. Les dépenses et les recettes afférentes au petit séminaire ne devraient plus former qu'un chapitre du budget et des comptes du grand séminaire et l'administration qui ne reçoit communication que de ces derniers pourrait se rendre beaucoup plus exactement compte de la situation de l'ensemble des établissements d'instruction ecclésiastique;

2° En rattachant intimement le petit séminaire au grand, on éviterait dans l'avenir et l'on pourrait corriger dans le passé une foule d'infractions au principe de la spécialité des

(1) Circ. 30 septembre 1885.
(2) Conc. art. 11.

(1) *Moniteur,* 25 décembre 1816.

établissements publics. Aujourd'hui, grâce à la confusion engendrée à dessein par les auteurs de l'ordonnance de 1817, il est souvent difficile de savoir si un petit séminaire fait partie du patrimoine légué et accumulé en vue de l'enseignement sacerdotal, ou s'il est compris dans la mense ;

3° Enfin, si le petit séminaire constituait une personnalité civile distincte, il y aurait lieu de se demander ce que deviendrait son patrimoine propre dans le cas où cette personne morale viendrait à être supprimée. Ses biens seraient-ils vacants et sans maître ? Devraient-ils être dévolus à la mense épiscopale ?

Si l'on reconnaît, au contraire, que le petit séminaire se confond comme personne morale avec le grand, toute difficulté cesse, la liquidation, si elle devient nécessaire, est faite d'avance ; le décret qui rapporte l'autorisation en vertu de laquelle a été fondé le petit séminaire laisse libres aux mains du bureau des séminaires diocésains les biens qui étaient affectés à l'établissement disparu.

Les auteurs, qui soutiennent que les petits séminaires ont une personnalité distincte, font observer que l'article 64 du décret du 6 novembre porte « qu'il sera toujours pourvu aux besoins du séminaire principal, de préférence aux autres écoles ecclésiastiques, à moins qu'il n'y ait, soit *par l'institution de ces écoles secondaires*, soit par les dons ou legs postérieurs, *des revenus qui leur auraient été spécialement affectés* ».

Le décret du 6 novembre 1813, reconnaissait donc la personnalité des petits séminaires.

L'article 7 de l'ordonnance du 5 octobre 1814 vient confirmer cette capacité et déclare que « les écoles ecclésiastiques sont susceptibles de recevoir des legs et des donations en se conformant aux lois existantes (1) ».

La loi du 2 janvier 1817 et l'ordonnance du 2 avril 1817 leur reconnaissent la même capacité.

Un avis du comité de législation du Conseil d'Etat, du 26 mars 1841, rendu à l'occasion d'un projet d'ordonnance statuant sur une demande d'acquisition d'une maison à Gentilly, pour servir de maison de campagne à l'école secondaire ecclésiastique de Paris, décide que le diocèse de Paris, ne peut être autorisé à acquérir en son nom la maison dont il s'agit et qu'il y a lieu de modifier le projet d'ordonnance dans ce sens que l'acquisition soit autorisée comme faite au nom de l'école secondaire ecclésiastique de Paris, établissement reconnu par la loi (2).

Enfin, d'après la loi du 15 mars 1850, la seule particularité qui distingue ces établissements, c'est qu'ils peuvent recevoir des donations et legs *comme établissements*, tandis que les chefs d'institution n'en peuvent recevoir que dans leur personne.

L'article 70 de cette loi reconnaît formellement leur exis-

tence et porte : « Les écoles secondaires ecclésiastiques, actuellement existantes, sont maintenues, *sous la seule condition de rester soumises à la surveillance de l'Etat*.

« Il ne pourra en être établi de nouvelles sans l'autorisation du gouvernement. »

La seule innovation introduite par la loi de 1850, dans la législation antérieure et de soumettre les écoles secondaires ecclésiastiques à la surveillance de l'Etat comme les autres établissements d'enseignement, mais elle ne change en rien leur capacité.

Le Conseil d'Etat, saisi de la question à l'occasion d'un projet de décret statuant sur l'acceptation d'un legs fait par un sieur François à l'école secondaire ecclésiastique, se prononça pour l'affirmative et autorisa, conformément à la jurisprudence constante, l'acceptation par l'archevêque au nom de l'école secondaire ecclésiastique directement instituée par le testateur (1).

1832. L'administration des biens des séminaires est confiée à un bureau composé de l'un des vicaires généraux, qui préside en l'absence de l'évêque, du directeur et de l'économe du séminaire, et d'un quatrième membre remplissant les fonctions de trésorier qui est nommé par le ministre des cultes, sur l'avis de l'évêque et du préfet.

Il n'y a aucune rétribution attachée aux fonctions du trésorier (2).

Le secrétaire de l'évêque est en même temps secrétaire du bureau du séminaire (3).

1833. Il ne résulte des dispositions prises pour l'organisation de l'administration des séminaires aucune atteinte à l'autorité légitime des évêques pour l'administration de ces établissements ; ils sont toujours, et sans aucun doute, regardés comme des établissements qui doivent rester sous leur autorité ; mais le gouvernement a considéré que tous les établissements publics, sans exception, sont et doivent être soumis à un mode de comptabilité uniforme et régulier. Les évêques n'ont point de motifs particuliers et suffisants pour demander une exception ; ils n'ont jamais eu l'intention que leur administration du séminaire, qui, de leur part, est toute de bienveillance et de charité, fut secrète. Il suffit que les personnes dont doivent rendre les dons ne soient pas nommées. D'ailleurs cette comptabilité reste entière entre les évêques et le ministre, le préfet n'y a qu'une part très secondaire (4).

1834. Les séminaires, quoique placés comme établissements religieux sous l'administration immédiate des évêques, sont soumis, comme tous les établissements publics dont ils font partie, à la haute tutelle du gouvernement, à sa surveillance, de même qu'ils jouissent de sa protection. Le gouvernement a non seulement le droit, mais le devoir de prescrire les mesures nécessaires pour la conservation des biens de ces établissements, pour la garantie de leur gestion, de fixer les règles de leur comptabilité, et de tenir la main à l'exécution de ces mesures et de ces règles. Le décret du 6 novembre 1813 est un règlement d'administration publique, rendu en vertu des lois de l'Etat ; il a toute l'autorité de ces lois elles-mêmes, il n'a jamais cessé d'être en vigueur et il ne renferme que les dispositions nécessaires pour assurer une comptabilité régulière des biens des séminaires, analogue à celle qui a été établie pour les fabriques par le décret du 30 décembre 1809 (5).

Il est important, dans l'intérêt des séminaires eux-mêmes, que les évêques exécutent ces dispositions avec exactitude

---

(1) Art. 7.
(2) C. d'Et., avis, 8 mars 1841 : — « Le comité de législation, qui sur le renvoi ordonné par M. le garde des sceaux, ministre secrétaire d'Etat au département de la justice et des cultes, a pris connaissance d'un projet d'ordonnance tendant à autoriser l'acquisition faite, suivant acte public des 19 et 26 février 1840, par les vicaires capitulaires de Paris, au nom du diocèse, du sieur Rauzan, moyennant la somme de 85,000 francs, d'une maison avec dépendances, sise à Gentilly, pour servir de maison de campagne à l'école secondaire ecclésiastique de Paris ; — Vu ledit projet d'ordonnance ; — Vu la demande de l'archevêque de Paris en date du 13 décembre 1840, tendant à faire autoriser l'acquisition ; — Vu l'acte public d'acquisition en date des 19 et 26 février ; — Vu le procès-verbal d'estimation de l'immeuble ; — Vu la lettre de l'archevêque de Paris, par laquelle il atteste que les fonds seuls du diocèse ont été employés à l'acquisition dont il s'agit ; — Vu l'avis du préfet de la Seine en date du 21 janvier 1841 ; — Vu le rapport adressé au roi par le ministre des cultes en date du 26 février 1841 ; — Vu la loi du 2 janvier 1817 ; — Vu les ordonnances des 2 août 1817 et 14 janvier 1831 ;
« Considérant que le projet d'ordonnance porte que l'acquisition de la maison destinée à servir de maison de campagne à l'école secondaire de Paris est faite au nom du diocèse ; qu'aucune disposition législative n'a encore reconnu aux diocèses comme personnes civiles, et ne leur a conféré le droit d'acquérir, d'aliéner, d'accepter, etc., etc. ; que la maison dont il s'agit est exclusivement destinée à l'usage de l'école secondaire ecclésiastique de Paris, établissement reconnu par la loi ; — Est d'avis que le diocèse de Paris ne peut être autorisé à acquérir en son nom la maison dont il s'agit, et qu'il y a lieu de modifier le projet d'ordonnance dans ce sens que l'acquisition soit autorisée comme faite au nom de l'école secondaire ecclésiastique de Paris. »

(1) C. d'Et., note, 8 décembre 1885 : — « La section de l'intérieur, des cultes......, tout en adoptant le projet de décret tendant à l'acceptation du legs fait par le sieur François à l'école secondaire ecclésiastique de Charleville a cru devoir modifier la rédaction de l'article 1er en autorisant, conformément à la proposition primitive du ministre des cultes et à la jurisprudence constante du Conseil d'Etat, l'acceptation par l'archevêque au nom de l'école secondaire ecclésiastique, directement institué par le testateur. »
(2) D. 6 novembre 1813, art. 62.
(3) Eod. loc. art. 63.
(4) Circ. min. 4 décembre 1813.
(5) C. d'Et. avis, 25 février 1835.

notamment en ce qui concerne les trésoriers, puisque d'un côté, faute d'y avoir satisfait, les personnes qui exerceraient ces fonctions, n'auraient aucun titre légal pour faire les actes de comptabilité ainsi que les poursuites qui leur compètent, et que de l'autre côté, elles ne pourraient être assujeties à la responsabilité qu'imposent ces mêmes fonctions (1).

1835. Une circulaire ministérielle du 7 octobre 1881 a rappelé la nécessité de la formation du bureau d'administration, en invitant les évêques à lui faire connaître sa composition dans une forme indiquée.

Aux termes de cette circulaire, les comptes des grands séminaires doivent être toujours exactement rendus dans la forme prescrite par les articles 79 et 80 du décret de 1813 ; ils doivent être transmis en double au ministre et être signés du trésorier et de l'économe, civilement responsables de la gestion de l'établissement.

Les bureaux d'administration des grands séminaires administrent aussi les autres écoles ecclésiastiques du diocèse (2). Par conséquent, les écoles secondaires ecclésiastiques, ou petits séminaires, sont placés directement sous l'administration du bureau du grand séminaire.

Il est toujours pourvu de préférence aux besoins du séminaire principal, à moins que ces biens n'aient été spécialement affectés aux autres écoles ecclésiastiques (3).

Des comptes séparés doivent être dressés par le bureau d'administration des séminaires pour chacune des écoles secondaires élémentaires ecclésiastiques existant dans le diocèse et envoyés en double au ministre des cultes (4).

1836. L'économe est chargé de toutes les dépenses ; mais il faut l'avis du bureau et l'autorisation de l'évêque pour celles qui sont extraordinaires ou imprévues (5). Ainsi, un séminaire diocésain n'est pas tenu des emprunts qu'a pu contracter son directeur, sans le concours du bureau d'administration et sans autorisation, alors d'ailleurs que cet établissement n'a tiré aucun profit dudit emprunt, dont le produit n'a été employé à aucun de ses services (6).

1837. Le trésorier est chargé de recevoir les deniers, il doit les verser dans sa caisse à trois clefs. « Quiconque, porte à ce sujet l'article 76, aurait reçu pour le séminaire une somme qu'il n'aurait pas versée dans les trois mois entre les mains du trésorier, qui n'aurait pas, dans le mois, fait les versements à la caisse à trois clefs, seront poursuivis conformément aux lois concernant le recouvrement des deniers publics ».

Tous les mois, les mandats signés par l'économe et visés par l'évêque sont acquittés par le trésorier des deniers de la caisse (7).

Les bordereaux de versements et les mandats des sommes payées sont transmis par le bureau au préfet, qui en adresse les duplicata avec ses observations au ministre des cultes (8).

Les actes de la nature de ceux désignés dans l'article 78 de la loi du 15 mai 1818, le double des comptes des trésoriers, et les quittances à l'appui lorsqu'elles excéderont 10 francs, d'après une circulaire du ministre des finances du 8 octobre 1879, ont continué à être assujettis au timbre. Les communications demandées aux séminaires pourront comprendre les divers documents énumérés dans les articles 22 de la loi du 23 août 1871 et 7 de la loi du 21 juin 1875, qui sont de plein droit applicables à tous les dépositaires assujettis aux vérifications des agents de l'enregistrement, par la législation antérieure, les communications seront requises par les employés supérieurs dans les localités où ils se rendent pour procéder à des vérifications chez des officiers publics ou ministériels ; dans les autres communes, la vérification ne

sera faite que si elle a été spécialement prescrite par le directeur ou reconnue utile par l'employé supérieur, à raison de circonstances particulières.

Le trésorier et l'économe doivent rendre leurs comptes en recettes et en dépenses au mois de janvier, sans être tenus de nommer les élèves qui auraient eu part aux deniers affectés aux aumônes. Ces comptes, visés par l'évêque, sont transmis au ministre des cultes, et si rien ne s'oppose à l'approbation, ils sont renvoyés à l'évêque qui les arrête définitivement et en donne décharge (1). Ils doivent être transmis en double expédition (2).

1838. La régie des biens des séminaires est soumise aux principes généraux qui régissent les établissements publics ; elle est en outre soumise à quelques règles spéciales.

Il doit y avoir pour le dépôt des titres, papiers et renseignements, des comptes, des registres, des sommiers, des inventaires, des règlements de fabriques, une caisse ou armoire à trois clefs qui sont entre les mains de trois membres du bureau (3). Ce qui a été ainsi déposé ne peut être retiré que sur l'avis des trois dépositaires des clefs et approuvé par l'archevêque ou évêque : l'avis ainsi approuvé reste dans le même dépôt (4).

1839. Les baux des biens des séminaires et des écoles secondaires ecclésiastiques ne peuvent avoir lieu que par adjudication aux enchères, à moins qu'il ne s'agisse de baux de neuf ans et au-dessous, auquel cas le trésorier pourra être autorisé à traiter de gré à gré, par avis du bureau approuvé par l'évêque ou archevêque, et aux conditions indiquées dans le projet signé d'eux qui sera déposé dans l'armoire à trois clefs, il en sera fait inscription dans l'acte (5).

L'article 69 du décret du 6 novembre 1813 prescrit que les maisons et biens ruraux des séminaires et des écoles secondaires ecclésiastiques ne pourront être loués ou affermés que par adjudication aux enchères, pour les locaux excédant neuf années, dans les formes de l'article 9 du même décret.

Mais on admet qu'il y a lieu d'appliquer aux séminaires et aux écoles secondaires ecclésiastiques, comme aux autres établissements publics, la loi du 25 mai 1835, qui décide que les communes, les hospices et tous autres établissements publics peuvent affermer leurs biens ruraux pour dix-huit années et au-dessus, sans autres formalités que celles prescrites pour les baux de neuf années.

1840. Aux termes de l'article 67 du décret du 6 novembre 1813 tout notaire, devant lequel il aura été passé un acte contenant donation entre vifs ou dispositions testamentaires au profit d'un séminaire ou d'une école secondaire ecclésiastique sera tenu d'en instruire l'évêque qui devra envoyer les pièces, avec son avis, au ministre des cultes, afin que, s'il y a lieu, l'autorisation pour l'acceptation soit donnée en la forme accoutumée.

1841. Le principe de la spécialité des établissements publics, que nous avons déjà examiné, s'applique également aux séminaires et aux écoles secondaires ecclésiastiques. Ainsi, il a été décidé notamment par la section de l'intérieur et des cultes qu'une fondation de messes ne pouvait être faite dans un séminaire par acte entre vifs (6), le séminaire n'est qu'une maison d'instruction pour ceux qui se destinent à l'état ecclésiastique.

---

(1) Circ. min. 19 avril 1819 ; 8 janvier 1824 ; 26 juillet 1831 ; 30 avril 1835.
(2) D. 6 novembre 1813, art. 64.
(3) Eod. art. 73.
(4) Circ. min. cultes 7 octobre 1881.
(5) D. 6 novembre 1813, art. 71.
(6) Bordeaux, 9 février 1881.
(7) Art. 77.
(8) Art. 78.

(1) Art. 79 et 80.
(2) Circ. min, 26 juillet 1831.
(3) D. 6 novembre 1813, art. 65.
(4) Eod. art. 66.
(5) D. 6 novembre 1813, art. 69.
(6) C. d'Et. int. avis, 20 janvier 1886 : « La section de l'intérieur et des cultes… qui a pris connaissance d'un projet de décret tendant à autoriser le grand séminaire de Laval à passer une convention avec les héritiers de Ilcore en vue de la célébration de services religieux ; — Considérant que le décret du 30 décembre 1809 a institué les conseils de fabrique en vue de l'administration temporelle des intérêts du culte catholique dans les paroisses, qu'ainsi la célébration de messes rentre essentiellement dans les attributions légales de ces établissements et que c'est avec eux qu'il convient d'inviter les particuliers à passer les contrats qui doivent leur assurer la célébration des services religieux ; — Est d'avis : qu'il n'y a pas lieu d'adopter le projet de décret proposé. »

1842. L'ordonnance du 2 avril 1817 fait accepter par les archevêques et évêques non seulement les dons et legs qui ont pour objet l'évêché ou la cathédrale, mais encore ceux qui intéressent les séminaires et les écoles secondaires ecclésiastiques. Il y a un inconvénient à ce que l'évêque représente trop d'établissements; ce côté multiple de l'évêque s'oppose à la distinction bien nette des divers patrimoines. La Direction des cultes a essayé de réagir, à ce point de vue, contre les effets de l'ordonnance de 1817 : elle a voulu notamment faire du bureau des séminaires le représentant de ces établissements.

Par suite, à l'occasion d'une demande en renonciation à un legs formée par le grand séminaire de Blois, la Direction soumit à l'examen de la section de l'intérieur et des cultes un projet de décret portant approbation de la délibération du bureau d'administration des séminaires de ce diocèse renonçant à cette libéralité.

Mais la section s'en maintint aux termes de l'ordonnance du 2 avril 1817 et, par une note du 26 avril 1890, fit connaître qu'elle avait cru devoir modifier la rédaction en substituant l'évêque au bureau d'administration des séminaires.

1843. Aux termes de l'article 70 du décret du 6 novembre 1813, nul procès ne peut être intenté, au nom des séminaires et écoles secondaires ecclésiastiques, soit en demandant, soit en défendant, sans l'autorisation du conseil de préfecture, sur la proposition de l'archevêque ou évêque, après avoir pris l'avis du bureau d'administration.

C'est à l'évêque, qui représente le séminaire pour les actes civils (1), de demander l'autorisation et de représenter le séminaire en justice.

L'autorisation du conseil de préfecture est exigée également pour les écoles secondaires ecclésiastiques. Il a été jugé en ce sens que le moyen de cassation pris de ce qu'une école secondaire ecclésiastique a esté en justice sans l'autorisation du conseil de préfecture, est d'ordre public, et peut être proposé pour la première fois devant la Cour de cassation (2).

1844. Indépendamment des séminaires, il existe encore un ancien établissement ecclésiastique qui a survécu à la Révolution : le séminaire des Irlandais.

Le séminaire des Irlandais a été fondé à Paris à l'époque où l'Angleterre s'est déclarée protestante. Il a pour objet l'éducation de jeunes gens catholiques, anglais, écossais et irlandais. Il a été autorisé par des lettres patentes sous l'ancienne monarchie. La Révolution l'avait compromis sans l'anéantir complètement. Cependant, le 19 fructidor an XI, un arrêté prescrivit diverses mesures pour la conservation des biens, et pour l'emploi des revenus, à l'éducation de jeunes gens irlandais et écossais. Il a été réorganisé par deux ordonnances du 17 décembre 1818 et du 2 janvier 1826; ces ordonnances sont insérées au Bulletin des Lois.

Ces ordonnances tracent les règles relatives à son administration, à l'emploi des fonds, à l'admission des élèves. Le gouvernement ne concourt aux dépenses par aucune allocation ; mais, dit Gaudry, il n'a pas moins le caractère d'un établissement public, formant une association autorisée par des ordonnances rendues dans la forme légale (3).

(1) Ord. 2 avril 1817, art. 3.
(2) Cass. civ. 27 mai 1862 : « La Cour, — Vu l'article 70 du décret du 6 novembre 1813, sur la conservation et l'administration des biens des séminaires ; — Attendu qu'il appert des documents de la cause et qu'il n'est pas contesté que sur l'action intenté par Dufaure de Prouilhac et consorts contre le représentant, directeur administrateur du petit séminaire de Montfaucon, pris en ladite qualité, il a été procédé tant en première instance que sur l'appel et statué par l'arrêt attaqué, sans que l'autorisation exigée par l'article du décret susvisé eût été obtenue ; — Attendu que cette mesure étant d'ordre public, les demandeurs sont admissibles à faire valoir en tout état de cause, même devant la Cour de cassation, le moyen résultant de l'omission de ladite autorisation ; — Attendu que l'arrêt intervenu sur cette procédure irrégulière étant ainsi vicié dans sa base, doit être annulé en son entier, sans distinguer, à raison de l'indivisibilité des dispositions entre le chef par lequel le petit séminaire a été condamné au délaissement des biens dont il s'agit, et le chef qui a condamné au délaissement des mêmes biens l'abbé Bonhomme, pris comme personne interposée pour faire passer lesdits biens audit séminaire ;
« Par ces motifs, casse l'arrêt de la Cour d'Agen, du 6 juin 1860. »
(3) Législation des cultes, t. II, n° 523.

SECTION V.

DOTATION DU CULTE CATHOLIQUE.

§ 1. — Biens ecclésiastiques.

1845. Aucune communauté ne peut subsister, dit Fleury, sans avoir quelques biens communs, quand ce ne serait que pour les frais des assemblées et les salaires des serviteurs publics. Ainsi, dès la première fondation des églises, il fallut que les chrétiens contribuassent pour le luminaire, car ils s'assemblaient de nuit (même le jour, parce qu'ils s'assemblaient dans les cryptes ou grottes souterraines dans lesquelles on ne voyait pas clair) ; pour les vases sacrés ; pour le pain et le vin qui servaient à l'Eucharistie, car ils communiaient souvent; pour les agapes ou repas communs; pour les livres et les autres meubles nécessaires. Il fallait encore faire subsister les évêques, les prêtres et les diacres, qui la plupart s'étaient réduits à la pauvreté volontaire, pour servir l'église plus librement. Il fallait fournir aux sépultures et à l'hospitalité, qui s'exerçait envers tous les chrétiens passants. Enfin, il fallait assister les vierges consacrées à Dieu, le veuves, les orphelins, les malades et tous les autres pauvres fidèles, mais surtout les martyrs et les confesseurs (1) détenus dans les prisons ou travaillant aux mines et aux autres ouvrages publics.

Je ne parle pas ici, dit Fleury, de l'église primitive de Jérusalem, où les biens de tous les fidèles étaient en commun ; je parle de toutes les autres églises. Il n'y en avait aucune qui ne fît un grand fonds, chacune selon ses facultés, pour toutes les dépenses que j'ai marquées. La vie humble et laborieuse des chrétiens leur en donnait le moyen, et les persécutions aidaient à les détacher de l'intérêt et du désir d'acquérir ; elles faisaient aussi que les biens des églises ne consistaient guère qu'en meubles, plus faciles à transporter, à cacher et à distribuer. C'était ou de l'argent ou des provisions en espèces : du blé, du vin, de l'huile, des habits pour les pauvres... Ces contributions étaient entièrement volontaires. Les prélats se contentaient d'exhorter, et les fidèles donnaient ce qu'ils voulaient, ou par semaine, comme saint Paul le conseille, ou par mois, ou autrement. Ces offrandes se portaient chez l'évêque, ou en un autre lieu auquel les diacres recevaient les oblations, les gardaient et les distribuaient selon les occasions, par les ordres de l'évêque. L'évêque n'en rendait compte à personne, et on ne craignait point qu'il en abusât ; car on ne l'eût pas fait évêque, si on ne l'eût cru capable de répondre à Dieu des âmes, sans comparaison plus précieuse.

1846. Historique. — Fleury rapporte que, dès le IVᵉ siècle, l'Eglise avait deux sortes de biens : les héritages dont elle tirait les revenus, et les oblations journalières qui continuaient, quoique moins abondantes qu'auparavant. Les évêques s'en plaignaient et eussent mieux aimé n'avoir que du casuel, s'il eût pu suffire encore, que d'être réduits à faire des baux, à compter avec des fermiers, et à prendre tous les autres soins que demandent les revenus annuels.

Ils s'en déchargèrent sur les archidiacres, ou sur les économes qui furent institués dans toutes les églises, du corps même du clergé, par ordonnance du concile de Chalcédoine; mais ils rendaient toujours compte à l'évêque. Les

(1) On entend ici par confesseurs, dit Fleury, auquel nous empruntons ce passage, non pas ceux qui entendent les fidèles en confession, mais ceux qui confessaient la foi de Jésus-Christ. On donna d'abord ce nom aux martyrs. On le donna aussi aux chrétiens qui avaient été fort tourmentés par les tyrans, quoiqu'ils fussent ensuite morts en paix ; et ceux-ci étaient aussi appelés martyrs. On appelle aussi confesseurs ceux qui, après avoir bien vécu, étaient morts en odeur de sainteté. Enfin, quelques conciles ont donné le nom de confesseurs aux chantres et psalmistes, parce qu'en un langage de l'Ecriture, confiteri, c'est chanter les louanges de Dieu.

plus saints évêques, après avoir donné tous leurs biens aux pauvres, ne laissaient pas de conserver, et même d'augmenter avec un grand soin, ceux de l'Eglise.

Ces biens étaient administrés en commun et se distribuaient au clergé et aux pauvres, suivant l'usage et les ordres particuliers de l'évêque. La coutume la plus générale fut d'en faire quatre parts : on en donnait une à l'évêque, pour l'entretien de sa maison et pour l'hospitalité, dont il était chargé; la seconde était pour la subsistance des clercs ; la troisième pour les fabriques, c'est-à-dire les réparations des bâtiments, le luminaire, et tout le reste pour l'entretien des églises ; la quatrième pour les pauvres. Ce n'était pas un partage des fonds, mais seulement une destination générale des revenus, sauf à la changer dans les occasions extraordinaires.

Les clercs qui ne vivaient pas en commun soit parce qu'ils étaient mariés ou autrement, recevaient par mois ou par semaine des gages ou pensions en argent, ou des provisions en espèces que l'on appela depuis prébendes, comme qui dirait livrées. On pouvait les augmenter, les diminuer, ou les retrancher tout à fait, à proportion du service. Quoique, servant l'Eglise, ils eussent droit de subsister à ses dépens, toutefois, croyant être obligés de donner au peuple l'exemple de la perfection chrétienne, ils ne se servaient de ce droit que le moins qu'ils pouvaient ; et plusieurs, pour laisser aux pauvres les biens de l'Eglise, subsistaient de leur patrimoine ou même du travail de leurs mains, à l'exemple de l'apôtre ; et on trouve des canons qui l'ordonnent.

Ceux qui vivaient en commun, et que l'on appela depuis chanoines, gardaient la pauvreté comme les moines, étant déchargés de tout soin temporel.

1847. Depuis le ixᵉ siècle nous trouvons une troisième espèce de biens ecclésiastiques, ce sont les dîmes, qui ont été levées depuis ce temps comme une espèce de tribut. Auparavant elles se confondaient avec les oblations journalières. Sur la fin du sixième siècle, comme on négligeait ce devoir, les évêques commencèrent à prononcer l'excommunication contre ceux qui y manqueraient. Et toutefois ces contraintes étaient défendues en Orient, dès le temps de Justinien. Cette imposition ne put pas être établie partout. Même dans les pays où elle était en vigueur, l'usage l'avait considérablement restreinte. Ainsi, elle ne se prenait pas sur les fruits civils, mais seulement sur les fruits naturels de la terre, et elle n'était pas toujours du dixième de ces fruits ; en quelques lieux elle n'était même que du vingtième ou du trentième. Il y avait les grosses et les menues dîmes. Les grosses dîmes étaient celles du blé et des autres grains, du vin et autres boissons, du foin et de tous les gros fruits.

Les menues dîmes étaient celles des légumes et des herbages, qu'on appelait aussi par suite les vertes dîmes.

Les dîmes de chaouage ou caouillage étaient celles qui étaient dues pour la nourriture des bestiaux.

Il y avait aussi les anciennes dîmes et les novales. Les novales étaient les dîmes établies sur les terres nouvellement défrichées.

Les biens de l'Eglise, autrefois réunis entre les mains de l'évêque, se partagèrent petit à petit, jusqu'à faire toutes ces portions que nous appelons bénéfices. Les monastères avaient eu de tout temps leurs biens séparés ; un des premiers articles de leurs exemptions fut de n'en point rendre compte aux évêques. Vers le xᵉ siècle on commença de même à diviser la masse des chanoines d'avec celle de l'évêque, et les chanoines ont encore fait entre eux plusieurs partages à mesure qu'ils se sont plus éloignés de la vie commune. Quant aux curés dispersés de la campagne, les évêques leur ont laissé les dîmes de leur territoire, ou, retenant les dîmes, ils leur ont assuré des pensions en argent ou quelque autre revenu fixe.

« Il serait impossible, dit Fleury, d'expliquer tout le détail de ce partage, qui a été différent selon les temps et les lieux ; mais enfin les choses sont venues à ce point que chaque officier de l'Eglise a son revenu séparé dont il jouit par ses mains, et dont il fait l'emploi suivant sa conscience et sans en rendre compte à personne. C'est ce revenu, joint à un office ecclésiastique, que nous appelons bénéfice, nom qui vient de ce qu'au commencement les évêques donnaient

quelquefois aux ecclésiastiques qui avaient longtemps servi quelque portion des biens de l'Eglise, pour en jouir pendant un temps, après lequel ce fonds revenait à l'Eglise : ce qui ressemblait aux récompenses des soldats romains, que l'on appelait bénéfices, et dont quelques auteurs font venir nos fiefs. Quoi qu'il en soit, on trouve des exemples de ces bénéfices ecclésiastiques dès le commencement du viᵉ siècle ; et nous voyons le nom de *bénéfice* en usage dans le même sens d'aujourd'hui, dès le douzième siècle. »

On distinguait les bénéfices séculiers et les bénéfices réguliers.

Les bénéfices séculiers étaient l'évêché, les dignités des chapitres, savoir : la prévôté, le doyenné, l'archidiaconat, la chancellerie, la chantrerie, les charges d'écolâtre ou capiscol, de trésorier ou chevecier, ou d'autres sous d'autres noms et en d'autres rangs, suivant les usages des chapitres.

Les autres bénéfices séculiers les plus ordinaires étaient les prieurés curés, les vicairies perpétuelles, les simples curés, les prieurés simples, les chapelles.

Les bénéfices réguliers étaient : l'abbaye en titre, les offices claustraux, qui ont un revenu affecté comme le prieuré conventuel en titre...... (1).

1848. A la veille de la Révolution, la propriété ecclésiastique avait pris une extension considérable. Elle comprenait : 1° les biens du clergé séculier ; 2° les biens des associations religieuses ; 3° les biens des fabriques. Les biens autrefois confondus, étaient administrés séparément. La Révolution ne respecta pas l'ancienne constitution de la propriété ecclésiastique.

La Constituante, par le décret du 11 août 1789, commença par abolir les dîmes, sauf à aviser aux moyens de subvenir d'une autre manière à la dépense du culte divin, à l'entretien des ministres des autels, au soulagement des pauvres, aux réparations et reconstructions des églises et presbytères et à tous les établissements, séminaires, écoles, collèges, hôpitaux, communautés et autres, à l'entretien desquelles elles étaient affectées (2). Le décret du 11 août 1789 portait abolition du casuel des curés, des privilèges, des annates, de la pluralité des bénéfices dont les revenus excéderaient 3,000 livres (3). Ce décret fut suivi du décret du 29 septembre 1789 prescrivant de faire porter à l'hôtel des monnaies l'argenterie des églises, fabriques, chapelles et confréries, qui n'est pas nécessaire pour la décence du culte.

Les nécessités financières avec lesquelles la Révolution se trouva aux prises firent édicter le décret des 24 novembre 1789, qui mit à la disposition de la nation tous les biens ecclésiastiques, à la charge de pourvoir d'une manière convenable aux frais du culte, à l'entretien de ses ministres et au soulagement des pauvres, sous la surveillance et d'après les instructions des provinces.

Le décret des 13-18 novembre 1789 enjoignit aux titulaires de bénéfices et aux supérieurs des maisons et établissements ecclésiastiques de faire une déclaration de tous les biens mobiliers et immobiliers dépendant de leurs établissements, ainsi que des revenus et charges. Le décret des 5-12 février 1790 prescrivit que tous possesseurs de bénéfices ou de pensions sur bénéfices ou que des biens ecclésiastiques quelconques, seraient tenus d'en faire leur déclaration.

1849. La Constituante s'occupa, sans plus tarder, du mode d'administration des biens confisqués. L'administration des biens déclarés à la disposition de la nation et la manière de pourvoir aux frais du culte, à l'entretien, aux pensions des ecclésiastiques et au soulagement des pauvres, firent l'objet du décret des 14, 20 et 22 avril 1790.

Aux termes du décret, l'administration des biens déclarés à la disposition de la nation est confiée aux administrations de département et de district, ou à leurs directoires. Le traitement des ecclésiastiques est payé en argent; néanmoins les curés des campagnes continueront d'administrer provisoi-

(1) Fleury, *Instit. du droit ecclés.*, n° 360.
(2) Art. 5.
(3) Art. 14.

remont les fonds territoriaux attachés à leurs bénéfices, à la charge d'en compenser les fruits avec leurs traitements et de faire raison du surplus, s'il y a lieu (1).

Les dîmes de toute espèce, abolies par l'article 5 du décret du 4-11 août 1789, ensemble les droits et ordonnances, redevances qui en tiennent lieu, comme aussi les dîmes inféodées appartenant aux laïques, à raison desquelles il sera accordé une indemnité aux propriétaires sur le trésor public, cessent toutes d'être perçues, à compter du 1er janvier 1791; cependant les redevables sont tenus de les payer à qui de droit exactement la première année (2).

Le décret pourvoit aux services pieux et charitables auxquels était affectée la dotation du clergé mise à la disposition de la nation; dans les dépenses publiques de chaque année, il doit être porté une somme suffisante pour fournir aux frais du culte de la religion catholique, à l'entretien des ministres des autels, au soulagement des pauvres et aux pensions des ecclésiastiques, tant séculiers que réguliers, de manière que les biens déclarés à la disposition de la nation puissent être dégagés de toutes charges et employés par le Corps législatif aux plus grands et aux plus pressants besoins de l'Etat (3). Sont exceptés, pour le moment, des dispositions de l'article qui confie l'administration des biens aux administrations de département et de district, ou à leurs directoires, l'ordre de Malte, les fabriques, les hôpitaux, les maisons et établissements de charité et autres où sont reçus les malades : les collèges et maisons d'instruction, étude et retraite, administrés par des ecclésiastiques ou par des corps séculiers, ainsi que les maisons religieuses occupées à l'éducation publique et au soulagement des malades, qui continueront, jusqu'à ce qu'il en ait été autrement ordonné, d'administrer les biens et de percevoir durant la présente année seulement, les dîmes dont ils jouissent (4).

Un décret du 2 juillet 1790, sur les bénéfices ou patronages laïques et sur les diverses fondations, déclara que tous bénéfices ou patronages laïques étaient soumis à toutes les dispositions des décrets concernant les bénéfices de pleine collation ou de patronage ecclésiastique.

Étaient pareillement compris dans ces dispositions tous titres et fondations de pleine collation laïcale, excepté les chapelles actuellement desservies, dans l'enceinte des maisons particulières, par un chapelain ou desservant, à la seule disposition du propriétaire.

Les fondations de messes et autres services acquittés à cette époque dans les églises paroissiales par les curés et par les prêtres qui y étaient attachés sans être pourvus de leurs places en titre perpétuel de bénéfice, devaient continuer provisoirement à être acquittés et payés comme par le passé, sans néanmoins que dans les églises où il était établi des sociétés de prêtres non pourvus en titre perpétuel de bénéfices, et connus sous les divers noms de filleuls, agrégés, familiers, communalistes, mi-partistes, chapelains ou autres, ceux d'entre eux qui venaient à mourir ou à se retirer pussent être remplacés.

Les fondations faites pour subvenir à l'éducation des parents des fondateurs devaient continuer d'être exécutées conformément aux dispositions écrites dans les titres de fondation; et à l'égard de toutes autres fondations prévues, les parties intéressées devaient présenter leurs mémoires aux assemblées de département, pour, sur leur avis et celui de l'évêque diocésain, être statué par le Corps législatif sur leur conservation ou leur remplacement.

1850. La constitution civile du clergé (décret des 12 juillet-24 août 1790) détermina le traitement des évêques et autres ministres du culte et attribua, en outre, à chaque évêque, curé ou desservant, un logement convenable, à la charge d'y faire les réparations locatives.

Le traitement de l'évêque de Paris était fixé à 50,000 livres;

celui des évêques des autres villes était fixé, suivant le chiffre de la population, à 12,000 ou 20,000 livres, suivant que la population s'élevait à 50,000 âmes et au dessus ou atteignait un chiffre inférieur.

Le traitement des vicaires des églises cathédrales variait de 6,000 à 2,000 livres, suivant le chiffre de la population.

Le traitement des curés variait, suivant cette même base, de 6,000 à 1,200 livres, et le traitement des vicaires de 2,400 à 700 livres.

Ce traitement en argent devait être payé aux ministres du culte, de trois mois en trois mois, par le trésorier du district, à peine par lui d'y être contraint par corps sur une simple sommation ; et dans le cas où l'évêque, curé ou vicaire, venait à mourir ou à donner sa démission avant la fin du dernier quartier, il ne pouvait être exercé contre lui ni contre ses héritiers aucune répétition.

Pendant la vacance des évêchés, des cures et de tous offices ecclésiastiques payés par la nation, les fruits du traitement qui y était attaché étaient versés dans la caisse du district, pour subvenir aux dépenses suivantes :

Les curés qui, à cause de leur grand âge ou de leurs infirmités, ne pouvaient plus vaquer à leurs fonctions, devaient en donner avis au directoire du département, qui, sur les instructions de la municipalité et de l'administration du district, laissait à leur choix, s'il y avait lieu, ou de prendre un vicaire de plus, lequel était payé par la nation sur le même pied que les autres vicaires, ou de se retirer avec une pension égale au traitement qui aurait été fourni au vicaire.

Les vicaires, les aumôniers des hôpitaux, les supérieurs des séminaires et autres exerçant des fonctions publiques pouvaient ainsi, en faisant constater leur état de la manière qui vient d'être indiquée, se retirer avec une pension de la valeur du traitement dont ils jouissaient, pourvu qu'il n'excédât pas la somme de 800 livres.

Au moyen du traitement qui leur était assuré, les évêques, curés et vicaires, strictement assujettis à la loi de la résidence, devaient exercer gratuitement les fonctions épiscopales et curiales.

1851. Le décret des 24 juillet-24 août 1790 interprété par le décret des 10-15 décembre de la même année, régla à nouveau le traitement du clergé. Le décret des 3-24 août 1790 apporta des articles additionnels à celui du 24 juillet sur le traitement du clergé, et le décret des 11-24 août 1790 eut pour but d'accélérer la liquidation et le traitement du clergé.

Le décret des 8-14 octobre 1790 fixa le traitement des religieux, des religieuses, des chanoinesses séculières et des chanoinesses régulières qui vivaient séparément.

Un décret des 18-23 octobre 1790, additionnel à la constitution civile du clergé, fixa le traitement des curés supprimés et leur logement.

1852. L'Assemblée nationale avait mis les biens ecclésiastiques à la disposition de la nation. Par décret des 28 octobre 1790, elle décréta la vente des biens nationaux parmi lesquels elle comprenait tous les biens du clergé et tous les biens des séminaires diocésains, mais ajournait la vente des biens des fabriques, des biens des fondations établies dans les églises paroissiales ; des séminaires-collèges, des collèges, des établissements d'étude ou de retraite et de tous établissements destinés à l'enseignement public ; enfin des biens des hôpitaux, maisons de charité et autres établissements destinés au soulagement des pauvres, ainsi que ceux de l'ordre de Malte et tous autres ordres religieux militaires.

1853. Aux termes du décret des 20-25 décembre 1790, relatif aux presbytères des cures dépendant des ci-devant monastères, chapitres ou communautés, les corps administratifs, avant de procéder à la vente ou location des ci-devant monastères, maisons de chapitres et de communautés, auxquels était unie la cure du lieu et dans l'intérieur desquels était le logement du curé, étaient tenus, si la cure devait être conservée, de distraire des bâtiments un corps de logis convenable, qui serait laissé aux paroissiens pour former le presbytère, pourvu que la distraction pût se faire, suivant l'avis des experts estimateurs, sans nuire à la vente ou location. En cas de distraction, il devrait être détaché aussi des jardins une portion de l'étendue d'un demi-arpent, pour servir de jardin presbytéral.

Le décret portait que si la distraction ne pouvait avoir lieu sans nuire à la vente ou location, le local desdites maisons et dépendances serait vendu ou loué; mais qu'il serait fourni au curé, aux frais de la nation et à la diligence du directoire du département, un logement convenable, suivant les décrets de l'Assemblée nationale sanctionnés par le roi.

1854. Le décret des 6 et 15 mai 1791 prescrivit la vente des églises et sacristies, parvis, tours et cloches des paroisses ou succursales supprimées, à l'exception des terrains et édifices qui auraient été conservés pour oratoires ou chapelles de secours, par décret de l'Assemblée nationale (1).

Le même décret prescrivait la vente des cimetières des paroisses et succcursales supprimées (2).

Les presbytères et bâtiments qui servaient à loger les personnes employées au service des églises supprimées ou changées en simples oratoires, étaient déclarés biens nationaux, à la charge de l'usufruit réservé aux curés des paroisses supprimées par l'article 7 du décret du 18 octobre 1790 (3).

Tous les autres biens meubles ou immeubles des fabriques desdites églises supprimées passaient avec leur charge à l'église paroissiale ou succursale établie ou conservée, dans l'arrondissement de laquelle se trouverait l'église dont lesdits biens dépendaient avant la suppression (4).

1855. Le décret du 18 août 1792, qui supprimait les congrégations séculières et les confréries, prescrivit la vente des biens qui formeraient leur dotation, ainsi que celle des biens des séminaires-collèges, des collèges, des fondations pieuses, à charge de payer à leurs membres une pension proportionnée à la durée de leurs services dans la congrégation, mais qui ne pouvait excéder 600 livres pour les uns, pour les congrégations vouées à l'enseignement, et qui pour celles vouées au culte se composa du revenu net de leurs biens divisé en autant de parties que tous les membres réunis avaient d'années de congrégation, mais de manière qu'elle ne dépassât pas pour chacun 1,200 livres et ne fût pas inférieure à 350 (5).

1856. Le décret des 9-15 mai 1791 mit le logement des évêques à la charge de la nation. Un autre décret des 19-25 juillet 1792 ordonna la vente au profit de la nation des palais épiscopaux, même de ceux qui avaient été achetés ou fournis en remplacement jusqu'à ce jour, ainsi que des jardins et édifices en dépendant, et accorda annuellement à chaque évêque le dixième en sus de son traitement, pour lui tenir lieu de logement.

1857. Le décret du 23 octobre 1790 avait excepté de l'aliénation les biens des fabriques. L'article 1er du décret des 19 août-3 septembre 1792 ordonna que les immeubles réels affectés aux fabriques des églises, cathédrales, paroissiales et succursales, à quelque titre et pour quelque destination que ce pût être, fussent vendus dans la même forme et aux mêmes conditions que les autres biens et domaines nationaux (6).

Pour tenir lieu aux fabriques qui administraient ces biens de la jouissance qui leur avait été laissée provisoirement par les précédents décrets, le décret prescrivait qu'il leur serait payé sur le trésor public et par les receveurs des districts l'intérêt à 4 0/0 sans retenue du produit net de la vente (7).

Le même décret validait, à charge de l'intérêt à 4 0/0 du produit net des ventes, toutes ventes d'immeubles réels affectés aux fabriques, qui auraient été faites jusqu'alors dans les formes prescrites pour la vente des biens nationaux (8).

1858. Le décret des 13-14 brumaire an II, achevant l'œuvre de l'expropriation, déclara propriété nationale tout l'actif affecté aux fabriques et à l'acquit des fondations, et décida que

les meubles et immeubles provenant de cet actif seraient régis, administrés ou vendus comme les autres domaines ou meubles nationaux.

L'Assemblée législative, qui maintenait le traitement des ministres du culte catholique, décida, par décret des 4-14 septembre 1792, qu'à compter du 1er janvier 1793, les citoyens, dans chaque municipalité ou paroisse, aviseraient eux-mêmes aux moyens de pourvoir à toutes les dépenses du culte auquel ils sont attachés, autres néanmoins que le traitement des ministres du culte catholique (1).

1859. La Convention nationale, par le décret des 2-4 frimaire an II, accorda d'abord un secours annuel aux évêques, curés et vicaires qui abdiqueraient leurs bénéfices (1).

Puis elle supprima, par le décret des 21 frimaire-5 nivôse an II, les pensions accordées pour suppression des bénéfices ecclésiastiques à des citoyens qui avaient moins de 24 ans à l'époque de la suppression desdits bénéfices.

Le décret du 18 thermidor an II, qui maintenait les pensions accordées aux autres ecclésiastiques, portait que les ci-devant ministres du culte, religieux et religieuses pensionnés, toucheraient sans délai l'arriéré des sommes qui leur étaient dues.

1860. L'Assemblée législative, en déclarant qu'à partir du 1er janvier 1793, les citoyens pourvoiraient à toutes les dépenses du culte, à l'exception du traitement des ministres du culte catholique, avait inauguré la séparation de l'Eglise et de l'Etat. La Convention nationale alla plus loin. Le décret du deuxième jour des Sans-Culottides an II déclara : « Que la République française ne paye plus les frais ni les salaires d'aucun culte. »

La loi du 3 ventôse an III relative à l'exercice des cultes, qui rappelait que la République ne salarie aucun culte, proscrivait qu'elle ne fournissait aucun local, ni pour l'exercice du culte ni pour le logement des ministres (2). Elle interdisait même aux communes ou sections de commune, en nom collectif, d'acquérir ou de louer un local pour l'exercice des cultes, et elle défendait qu'il fût formé aucune dotation perpétuelle ou viagère, ni établi aucune taxe pour en acquitter les dépenses (3). Plus tard cependant, par un décret du 11 prairial an III, relatif à la célébration des cultes dans les édifices qui y étaient originairement destinés, elle accorda, à titre provisoire, aux citoyens des communes et sections de commune le libre usage des édifices des cultes non aliénés et dont elles étaient en possession au premier jour de l'an II de la République (4). Ils pouvaient s'en servir, sous la surveillance des autorités constituées, tant pour les assemblées ordonnées par la loi que pour l'exercice de leurs cultes, les édifices devaient être remis à leur usage, dans l'état où ils se trouvaient, à la charge de les entretenir et réparer, sans aucune contribution forcée (5).

Le décret stipulait que lorsque les citoyens de la même commune ou section de commune exerceraient des cultes différents et qu'ils réclameraient concurremment l'usage du même local, il leur serait commun; c'était aux municipalités qu'il appartiendrait, sous la surveillance des corps administratifs, de fixer pour chaque culte les jours et heures les plus convenables ainsi que le moyen de maintenir la décence et d'entretenir la paix et la concorde (6).

1861. La loi du 7 vendémiaire an IV, qui maintenait d'ailleurs les dispositions du décret du 11 prairial an III, reproduisit les prescriptions de la loi du 3 ventôse an III qui défendait aux communes ou sections de commune d'acquérir ou de louer en nom collectif un local pour l'exercice des cultes et s'opposait à ce qu'aucune dotation perpétuelle ou viagère, aucune taxe pût être établie pour acquitter les dépenses d'aucun culte ni le logement des ministres. Cette même loi édictait des peines contre ceux qui voudraient forcer les citoyens à contribuer aux dépenses d'un culte.

---

(1) Art. 1er.
(2) Art. 3.
(3) Art. 5.
(4) Art. 7.
(5) Titre II, art. 1er, titre III.
(6) Art. 1er.
(7) Art. 2.
(8) Art. 5.

(1) Titre III, art. 3.
(2) Art. 2 et 3.
(3) Art. 8 et 9.
(4) Art. 1er.
(5) Art. 2.
(6) Art. 4.

1862. La Convention avait supprimé les salaires des ministres du culte, mais aucun texte ne supprima les pensions accordées aux ministres du culte qui avaient abdiqué leur état et dont le décret du 21 frimaire an II avait limité l'obtention aux ecclésiastiques qui avaient atteint l'âge de 24 ans, au moment de la suppression du bénéfice. Aussi un arrêté du directoire exécutif du 5 prairial an VI détermina un mode pour le payement des pensions et secours accordés aux ci-devant ecclésiastiques et religieux.

1863. En résumé, l'Assemblée législative avait mis les frais du culte à la charge des citoyens, en maintenant à l'État le payement des ministres.

La Convention nationale supprima les traitements, et après avoir décidé que la République ne fournissait aucun local pour l'exercice du culte et le logement des ministres, destina provisoirement à l'exercice du culte les édifices non aliénés qui avaient originairement reçu cette destination.

Un arrêté des consuls du 7 nivôse an VIII, relatif aux édifices destinés à l'exercice du culte, décida que les citoyens des communes qui étaient en possession, au premier jour de l'an II, d'édifices originairement destinés à l'exercice d'un culte, continueraient à en user librement sous la surveillance des autorités constituées et aux termes des lois des 11 prairial an III et 7 vendémiaire an IV, pourvu que les édifices n'eussent point été aliénés jusqu'à présent, auquel cas les acquéreurs ne pourraient être troublés ni inquiétés. Ces prescriptions furent maintenues par l'arrêté du 2 pluviôse an VIII, relatif aux édifices destinés à l'exercice du culte et à la célébration des cérémonies publiques.

1864. Enfin fut signé le Concordat, qui fixa les règles qui régissent actuellement les rapports de l'Église et de l'État, et détermina la dotation du culte catholique. Le Concordat reconnaissait la validité de la vente des biens ecclésiastiques (1).

Il prescrivit : 1° Qu'un traitement convenable serait assuré par le gouvernement aux évêques et aux curés (2) ;

2° Que toutes les églises métropolitaines, cathédrales, paroissiales et autres, non aliénées, nécessaires au culte, seraient remises à la disposition des évêques (3) ;

3° Enfin, que le gouvernement devait s'engager à prendre des mesures pour que les catholiques français pussent, s'ils le voulaient, faire en faveur des églises des fondations (4).

Les dispositions concordataires relatives à la dotation du culte catholique furent complétées par les articles organiques.

La loi organique fixait le traitement des ministres du culte (5). En outre elle permettait aux curés de recevoir des conseils généraux des grandes communes sur leurs biens ruraux ou leurs octrois, une augmentation de traitement, si les circonstances l'exigeaient (6).

Elle leur donnait aussi le droit de recevoir des oblations pour l'administration des sacrements (7). La loi prescrivait que les conseils généraux des départements étaient autorisés à procurer aux archevêques et aux évêques un logement convenable et que les presbytères et jardins attenants, non aliénés, seraient rendus aux curés et desservants de succursales. A défaut de ces presbytères, les conseils généraux des communes étaient autorisés à leur procurer un logement et un jardin.

Les édifices anciennement destinés au culte et aux mains de la nation à cette époque durent être remis, à raison d'un édifice par cure et par succursale, à la disposition des évê-

ques, par arrêté du préfet du département (1). Dans les paroisses privées d'édifice disponible pour le culte, l'évêque devait se concerter avec le préfet pour la désignation d'un édifice convenable (2).

La loi organique instituait des fabriques pour veiller à l'entretien et à la conservation des temples et à l'administration des aumônes (3).

1865. Le Concordat avait spécifié que le gouvernement s'engageait à prendre des mesures pour permettre les fondations en faveur des églises. Les articles organiques, en exécution de cet engagement, autorisèrent, sauf approbation préalable du gouvernement, les fondations qui avaient pour objet l'entretien des ministres et l'exercice du culte. Mais ces fondations ne pouvaient être immobilisées et ne pouvaient consister qu'en rentes constituées sur l'État (4).

La loi du 2 janvier 1817, supprimant ces restrictions, permit au gouvernement d'autoriser toutes donations mobilières et immobilières. Un certain nombre de textes que nous examinerons ultérieurement (5) avaient reconstitué le patrimoine des fabriques en leur restituant et attribuant des biens et rentes. Le patrimoine des autres établissements ecclésiastiques se reconstitua peu à peu, comme nous le verrons en étudiant chacun d'eux.

1866. *Dotation des fabriques.* — Les divers éléments qui composent la dotation de la fabrique sont :

1° Les biens restitués aux fabriques après leur rétablissement ;

2° Les biens acquis par les fabriques à titre gratuit ou à titre onéreux ;

3° Les perceptions publiques : locations des chaises et concessions de bancs ou chapelles dans les églises ; produits des quêtes et des troncs ; oblations perçues en vertu du tarif ;

4° Les subventions communales.

1867. Quelques mois après que l'article 76 des articles organiques eut autorisé le rétablissement des fabriques, fut rendu, le 7 thermidor an XI, le décret de restitution de leurs biens.

L'article 1er est ainsi conçu : « Les biens des fabriques non aliénés, ainsi que les rentes dont elles jouissaient et dont le transfert n'a pas été fait, sont rendus à leur destination. »

Art. 2. — « Les biens des fabriques des églises supprimées seront réunis à ceux des églises conservées et nécessaires au culte dans l'arrondissement desquelles ils se trouvent » (6).

Plusieurs mesures législatives ont suivi le décret du 7 thermidor an XI en l'expliquant ou le complétant.

Nous citerons notamment : un arrêté du 25 frimaire an XII qui déclare que les biens chargés de messes anniversaires et de services anniversaires faisant partie des revenus des églises sont compris dans ceux restitués aux fabriques par l'arrêté du 7 thermidor an XI.

Un décret du 28 messidor an XIII attribue aux fabriques les biens et rentes des anciennes confréries supprimées.

Un décret du 30 mai 1806 décide que les églises et les presbytères supprimés font partie des biens restitués aux fabriques des églises dans l'arrondissement desquelles ils se trouvent.

Un décret du 31 juillet 1806 porte que les biens des fabriques des églises supprimées, quand même ils seraient situés dans les communes étrangères, appartiennent aux fabriques des églises auxquelles les églises supprimées sont réunies. Une décision du ministre des cultes du 5 septembre 1807 comprend dans la restitution l'emplacement et le terrain tout à la fois du presbytère et de l'église supprimés (7).

---

(1) Sa Sainteté, pour le bien de la paix et l'heureux rétablissement de la religion catholique, déclare que ni elle ni ses successeurs ne troubleront en aucune manière les acquéreurs des biens ecclésiastiques aliénés et, qu'en conséquence, la propriété de ces mêmes biens, les droits et revenus y attachés, deviennent incommutables entre leurs mains ou celles de leurs ayants cause.
(2) Art. 14.
(3) Art. 12.
(4) Art. 15.
(5) Art. 64 et 65.
(6) Art. 67.
(7) Art. 69.

(1) Art. 75.
(2) Art. 76.
(3) Art. 76.
(4) Art. 73 et 74.
(5) Voir la Propriété des biens des fabriques.
(6) Les trois autres articles du décret, relatifs à l'administration par les marguilliers, sont sans utilité, parce qu'ils ont été révoqués par le décret du 30 décembre 1809 sur les fabriques.
(7) Affre, p. 90.

Une ordonnance du 3 janvier 1838 et une circulaire ministérielle du 23 juin 1834, portent les mêmes dispositions.

1868. Les fabriques des paroisses conservées ne peuvent s'emparer des églises et presbytères des paroisses supprimées, sans une autorisation spéciale accordée sur la demande des évêques et des préfets (1).

1869. Un décret du 8 novembre 1810 réunit aux cures et succursales dans l'arrondissement desquelles elles se trouvent situées, les maisons affectées au logement des vicaires; elles peuvent être aliénées au profit de la paroisse à laquelle elles ont été concédées, en se conformant aux dispositions du décret du 30 mai 1806.

1870. Le décret du 30 mai 1806 porte : « Les églises et presbytères qui, par suite de l'organisation ecclésiastique, seront supprimés, feront partie des biens restitués aux fabriques, et sont réunis à celles des cures et succursales dans l'arrondissement desquelles ils sont situés. Ils pourront être échangés, loués ou aliénés au profit des églises et des presbytères des chefs-lieux. Les échanges ou aliénations n'auront lieu qu'en vertu de décrets. Les baux à loyer devront être approuvés par le préfet etc. » Il résulte de ces termes sans contestation que les églises supprimées lors de la réorganisation du culte ont dû être remises aux fabriques.

Mais on s'est demandé si, dans le cas où par la nouvelle organisation d'une paroisse, une suppression avait lieu, l'édifice appartiendrait à la fabrique dans le ressort de laquelle il se trouverait.

Une circulaire ministérielle du 23 juin 1838 dit que les communes, devenues propriétaires des églises à titre définitif et incommutable, ne sauraient perdre leurs droits, par cela seul qu'une église rétablie en exécution du Concordat aurait été depuis, ou même serait ultérieurement supprimée.

Mais cette opinion a été combattue notamment par Gaudry.

D'abord, dit cet auteur, elle est en contradiction avec les termes mêmes du décret du 30 mai 1806. En effet, suivant la circulaire ministérielle, on devrait restreindre le droit des fabriques à l'attribution des églises supprimées par la réorganisation du Concordat. Or, le décret ne dit pas qu'il attribue aux fabriques les églises alors supprimées, mais celles qui *seront* supprimées. Ces mots indiquent une mesure pour l'avenir.

En second lieu, il n'est pas exact de dire que les communes soient devenues propriétaires à *titre définitif et incommutable des églises.* On va vu qu'il n'existait pas une seule disposition législative leur conférant exclusivement et réellement cette propriété. Tout au plus pourraient-elles y réclamer un droit avec les fabriques, et prétendre à une sorte de copropriété, en laissant subsister la destination irrévocable à l'exercice du culte.

En troisième lieu, lors même que les communes auraient sur les églises une véritable propriété, il faudrait nécessairement reconnaître que c'est une propriété affectée exclusivement aux besoins du culte. Lorsqu'une église est supprimée, le culte n'existe pas moins; ce n'est donc pas la commune comme établissement laïque, c'est l'église existante, c'est-à-dire la fabrique qui doit profiter des bâtiments anciens supprimés.

Enfin, le décret du 31 juillet 1806 dit positivement que cet abandon aux fabriques a lieu, pour que *le service des églises supprimées soit continué dans les églises conservées, et pour que les intentions des donateurs ou des fondateurs soient remplies.* Or il est évident que si une église est supprimée à l'avenir, il y a toujours convenance et nécessité de continuer les fondations dans les églises conservées, et de remplir les intentions des donateurs ou fondateurs dans les églises supprimées (2).

Comment doivent être partagés les biens d'une paroisse supprimée et réunie à plusieurs paroisses? Suivant une décision ministérielle rapportée par Vuillefroy (3), lorsque le territoire

d'une ancienne paroisse supprimée se trouve divisé entre plusieurs paroisses nouvelles, la distribution de ses biens et rentes doit se faire entre ces dernières, proportionnellement à la population des parties divisées de la paroisse supprimée, en accordant de préférence à chacune la jouissance des biens qui sont situés sur son territoire.

Le Conseil d'Etat a décidé que ces biens doivent être partagés, d'après l'avis des autorités diocésaines et départementales, entre les différentes paroisses auxquelles appartient le territoire dépendant autrefois de l'église ou de la paroisse supprimée, à la charge d'acquitter proportionnellement les services religieux, s'il y en a (1).

1871. Les fabriques sont également autorisées, au lieu et place des hospices, à poursuivre le recouvrement des *domaines usurpés* qui composaient autrefois la dotation des fabriques et des confréries, ou qui étaient affectés au service d'une fondation (2). On entend par *domaines usurpés* tous ceux dont les possesseurs n'ont que le titre « de fermiers, de locataires, concessionnaires, ou qui jouissent à quelque autre titre que ce soit, et qui n'ont pas déclaré, conformément à l'article 37 des décrets des 7 et 11 août 1790, comment et en vertu de quoi ils jouissent; qui n'ont pas représenté et fait parafer leur titre (3) ».

1872. Un décret du 17 mars 1809 rendit aux fabriques les presbytères, églises et autres biens qui, quoique aliénés, étaient dans les mains du domaine pour cause de déchéance; mais, dans ce cas, les fabriques doivent restituer à l'acquéreur déchu les sommes déboursées pour frais d'acquisition (4).

1873. Un décret du 1er juin 1842 attribue aux fabriques les rentes qui leur étaient autrefois dues par les émigrés, mais seulement dans les proportions des biens sur lesquels elles étaient assises, et qu'ils ont recouvrés (5).

1874. Ces lois de restitution ont fait naître plusieurs questions importantes. On s'est demandé si les fabriques avaient été remises, de plein droit, en possession de leurs anciennes propriétés non aliénées, de telle sorte qu'à compter de l'arrêté du 7 thermidor an XI, elles dussent être réputées propriétaires. La solution négative résulte d'un avis du Conseil d'Etat, approuvé le 25 janvier 1807. Cet avis n'a pas été inséré au *Bulletin des lois.*

Il porte : 1° que les préfets doivent être chargés de transmettre au ministre des finances des états détaillés des biens et revenus dont les fabriques, ainsi que les curés ou desservants, jouissent à quelque titre que ce soit, et d'y joindre leurs observations; 2° que soit les fabriques, soit les curés ou desservants qui, par exception, sont autorisés à posséder des immeubles, ne doivent se mettre en possession, à l'avenir, d'aucun objet qu'en vertu d'arrêtés spéciaux des préfets, rendus par eux, après avoir pris l'avis du directeur des domaines, et après qu'ils auront été revêtus de l'approbation du ministre des finances, à l'égard des édifices appartenant autrefois aux paroisses.

Les décisions doivent être rendues sur le rapport du ministre des cultes et sur l'avis des ministres de l'intérieur et des finances, à l'égard des chapelles des congrégations ou des églises des monastères (6).

La nécessité de cet envoi en possession se justifie par les considérations suivantes : le Domaine a été saisi des biens des fabriques par les décrets des 4 novembre 1789, 5 novembre 1790, 19 août 1792 et 3 novembre 1793; il ne peut être dessaisi que par un acte légal. Si le décret de restitution du 7 thermidor an XI donne aux fabriques le droit d'obtenir la remise, il n'autorise pas la rentrée en possession par voie de fait. Les formalités prescrites par l'avis de 1807 paraissent absolument nécessaires, parce que la propriété de

(1) D. 24 prairial an XIII.
(2) Gaudry, t. II, n° 733.
(3) Vuillefroy, p. 353. — Dans le même sens : Belgique, Cass. 16 juin 1871.

(1) C. d'Et. 8 juillet 1818; Affre, p. 90.
(2) D. 26 juillet 1803; 17 juillet 1805; 20 vendémiaire et 18 frimaire an XII.
(3) C. d'Et., avis, 30 avril 1807.
(4) Déc. fin. 26 septembre 1818.
(5) Déc. fin. 11 août 1806; Caen, 27 février 1827; Affre, p. 93.
(6) D. 17 mars 1809, art. 3.

la fabrique pourrait être sérieusement contestée par le domaine s'il n'y avait pas un envoi légal en possession, à moins que la fabrique n'eût acquis par prescription de trente ans de jouissance à titre de propriétaire.

La question devient plus difficile s'il s'agit d'une contestation avec un particulier. Si, par exemple, une fabrique revendique contre un tiers ou contre une commune un immeuble faisant partie de ses anciennes propriétés restituées, le tiers aurait-il le droit de lui opposer le vice de son titre de propriété ?

La Cour de Montpellier avait jugé, en 1834, que la formalité préalable de l'envoi en possession n'était nécessaire que dans le cas de revendication de ces biens contre le domaine(1).

« Cette décision, dit Gaudry, paraît contraire aux principes, car si l'État ne peut pas être dépossédé par une voie de fait; si, jusqu'à une remise en possession légale, la propriété est censée résider sur sa tête, il semble impossible que la fabrique puisse, jusque-là, réclamer des droits plus contre des personnes privées que contre l'État lui-même. »

La Cour de Rouen a jugé dans le même sens que les fabriques n'ont pas besoin de l'envoi en possession pour pouvoir revendiquer un droit qui leur appartenait avant 1789, et qui leur a été restitué par l'arrêté du 7 thermidor et le décret du 31 juillet 1806 (2). Les lois qui ont restitué aux fabriques les biens qu'elles possédaient anciennement et qui n'avaient pas été vendus, forment un titre suffisant en vertu duquel les fabriques peuvent revendiquer les biens à elles restitués (3).

Mais la jurisprudence s'est en général prononcée en sens contraire et a décidé que les fabriques ne peuvent pas plus revendiquer contre des particuliers que contre le Domaine les biens dont la restitution a été ordonnée par l'arrêté du 7 thermidor an XI, sans avoir obtenu la remise en possession de ces biens (4).

1875. L'envoi en possession préalable est donc nécessaire pour fonder le propriété de la fabrique. De ce que l'envoi en possession est nécessaire, il résulte que les fabriques ne peuvent attaquer les aliénations postérieures aux décrets de réintégration ou d'attribution, mais antérieures à l'envoi en possession, qui a seul consommé la restitution (5); que lorsqu'une fabrique est envoyée en possession de biens qui lui ont été restitués ou attribués, c'est à dater de cette mesure que commence sa jouissance; les revenus perçus antérieurement appartiennent à l'État, et le Conseil d'État ne peut statuer sur aucune contestation entre les fabriques et les communes relativement aux biens abandonnés par l'État, en exécution de la loi du 18 germinal an X, qu'après l'envoi en possession des biens litigieux.

1876. La nécessité de l'envoi en possession préalable s'applique même au cas où les biens revendiqués sont possédés par des tiers, et n'ont jamais été entre les mains du Domaine, parce qu'il importe que, dans tous les cas, la fabrique soit reconnue apte à recouvrer des biens qui auraient été déclarés propriétés nationales et qu'elle prétend lui avoir été rendus ou affectés par l'État. Le gouvernement a pu, en effet, en faisant la remise des biens aux fabriques sans y être obligé par aucune loi, y apporter des exceptions en faveur du Domaine et même des tiers, et il est évident que le devoir imposé aux fabriques de demander l'avis du directeur des domaines a eu pour but de faire examiner si les biens et rentes réclamés n'ont pas été aliénés, ou s'ils procèdent de fondations pieuses, dont la restitution a été ordonnée en faveur des fabriques, ce qui démontre la nécessité d'un acte du gouvernement, dans quelques mains que les biens et rentes se trouvent, pour savoir si l'État s'est réellement dessaisi des droits qui résultent pour lui de la mainmise nationale sur les biens réclamés par la fabrique (1).

1877. Il y a cependant quelques exceptions à la nécessité de l'envoi en possession. C'est ainsi que sur un avis du Conseil d'État du 30 avril 1807, approuvé le 31 mai suivant, décide que « tout immeuble ou rente provenant de fabriques, de confréries, ou de fabriques d'anciens chapitres, dont l'aliénation ou le transfert n'avait pas été consommé antérieurement à la promulgation des arrêtés des 7 thermidor an XI, 25 frimaire an XII, 15 ventôse et 28 messidor an XIII, retourne aux fabriques et doit leur être restitué, quelles qu'aient été les démarches préliminaires des hospices pour en obtenir la jouissance, et que ces démarches leur donnent seulement le droit de répéter contre les fabriques le remboursement des frais faits pour parvenir à la découverte et à l'envoi en possession desdits biens. »

Il a été jugé, par suite, qu'aux termes de l'arrêté du 7 thermidor an XI et de l'avis du Conseil d'État, du 30 avril 1807, les rentes provenant des fabriques, dont l'aliénation et le

(1) Montpellier, 8 janvier 1834.
(2) Rouen, 9 juin 1836.
(3) Cass., 13 août 1839.
(4) Bourges, 7 mai 1838; — Cass. 13 août 1839.

Cass. 23 janvier 1843 : — « La Cour. — Sur le deuxième moyen : — Attendu que l'arrêté du 7 thermidor an XI, qui a rendu à leur destination les biens des fabriques non aliénés, n'a pas subrogé de plein droit à l'État les fabriques alors existantes, pour contraindre les possesseurs de ces biens à leur en faire la remise; que l'arrêt attaqué, en jugeant que ces fabriques devaient, avant toutes poursuites, s'adresser à l'autorité administrative pour obtenir un arrêté spécial qui leur fît l'abandon de ces biens et les autorisât, en conséquence, à poursuivre les débiteurs, n'a pas faussement interprété l'arrêté du 7 thermidor an XI, et n'a violé aucune disposition de la loi, — Rejette, etc. »

(5) Cont. 7 octobre 1812 : — « Napoléon, etc.. — Sur le rapport de notre commission du contentieux ; — Vu la requête du sieur Despangen, tendant à ce qu'il nous plaise annuler un arrêté du conseil de préfecture de la Dyle, du 31 décembre 1811, qui autorise les marguilliers de la fabrique de Saint-Michel et-Gudule, de Bruxelles, à réclamer, devant les tribunaux une ancienne rente de ladite fabrique cédée au requérant par l'administration des Domaines, suivant transfert du 16 vendémiaire an XIII; — Vu ledit arrêté et les pièces produites en l'instance; — Considérant qu'à l'époque du transfert, la rente dont il s'agit n'était pas comprise dans les biens et rentes dont la fabrique a été mise en possession en vertu de l'arrêté du 7 thermidor an XI; — Notre Conseil d'État entendu, — Nous avons décrété et décrétons ce qui suit : — Art. 1er. L'arrêté du conseil de préfecture de la Dyle, du 31 décembre 1811, est annulé... »

Cont. 18 juillet 1821 : — « Louis, etc., — Considérant qu'il résulte du décret du 7 octobre 1812 et de notre ordonnance conforme du 8 septembre 1819, que l'arrêté du gouvernement du 7 thermidor an XI n'a été entendu et exécuté qu'en ce sens que les fabriques n'étaient investies de la propriété des biens à elles rendus que par l'envoi en possession; qu'en conséquence, la fabrique de Thannenkirche est non recevable à attaquer les transferts des rentes en litige, dont elle ne s'était pas fait envoyer en possession antérieurement auxdits transferts. — Art. 1er. L'arrêté du conseil de préfecture du département du Haut-Rhin, du 12 août 1810, est annulé. »

(1) Bastia, 2 décembre 1834. — Cass. 13 août 1839 ; — Cass. civ. 26 juin 1850 : — « La Cour. — Vu les articles 75 de la loi du 18 germinal an X, 36 du décret du 30 décembre 1809, 1er et 2 de l'ordonnance du 28 mars 1820 ;

« Attendu que, pour exercer valablement une action de justice, il faut, au moment où l'on forme sa demande, être investi du droit en vertu duquel on prétend agir, et que la simple expectative de ce droit ne confère pas capacité pour agir comme si déjà on en était propriétaire;

« Attendu que c'est seulement par les décisions administratives des 9 et 23 décembre 1840, que la fabrique de l'église de Sainte-Foy-de-Conches a été envoyée en possession, à ses risques et périls, des droits d'usage en bois pouvant résulter à son profit d'une ordonnance rendue le 24 septembre 1655 par les commissaires députés pour l'évaluation des vicomtés d'Evreux, Beaumont et autres lieux et des forêts en dépendent, et que, jusque-là, ladite fabrique était sans qualité pour réclamer les droits d'usage auxquels elle prétend; — Attendu que l'arrêté du 7 thermidor an XI, qui a rendu à leur destination les biens des fabriques alors existantes; qu'il n'a fait qu'ouvrir, au profit de ces fabriques, l'expectative d'un droit pour la complète acquisition duquel elles ont dû s'adresser à l'autorité administrative, à l'effet d'en obtenir un arrêté spécial qui le saisit de ces biens et leur conférât, en conséquence, qualité pour en poursuivre les débiteurs; que c'est ce qui résulte, notamment de l'article 75 de la loi du 18 germinal an X, de l'article 36 du décret de 1809, des articles 1er et 2 de l'ordonnance du 28 mars 1820; — Attendu qu'à l'époque où la fabrique de Sainte-Foy-de-Conches, par exploit du 30 avril 1833, a introduit en justice l'action sur laquelle la Cour de Caen a été appelée à statuer, elle n'avait pas été envoyée en possession et était sans qualité pour agir, et que le vice originel de son action, résultant de son défaut de qualité, n'a pas pu être couvert par l'envoi en possession prononcé, au cours de l'instance, en 1840 seulement; — Attendu que l'arrêt attaqué a vu, à tort, dans cet envoi tardif en possession, une simple régularisation de l'action, qu'à tort également il a appliqué à la cause l'article 1179 du Code civil, aux termes duquel la condition accomplie a un effet rétroactif au jour où l'engagement a été contracté; qu'il s'agissait au procès, non d'un engagement subordonné à l'accomplissement d'une condition, mais d'une attribution de propriété:

« D'où il suit que l'arrêt attaqué, en recevant l'action formée par les défendeurs à la cassation, a faussement appliqué l'arrêté du 7 thermidor an XI et l'article 1179 du Code civil, et a expressément violé les lois précitées; — Casse l'arrêt de la Cour de Caen, du 30 mars 1843. »

transfert n'avaient pas été consommés antérieurement à la promulgation de l'arrêté du 7 thermidor an XI, retournent aux fabriques et doivent leur être restituées, lorsque les hospices ne justifient pas de l'envoi en possession de la rente antérieurement à la promulgation de l'arrêté du 7 thermidor an XI (1).

D'ailleurs il convient de dire que les fabriques ont pu, indépendamment de tout envoi en possession, acquérir par la prescription la propriété des biens litigieux, de même que tout autre possesseur (2).

1878. L'envoi en possession a lieu non pas par arrêté du conseil de préfecture, mais par arrêté spécial du préfet, sauf recours au ministre des finances (3).

1879. On ne doit pas comprendre parmi les biens restitués par l'arrêté du 7 thermidor an XI :

1° Les biens cédés à la caisse d'amortissement. Le décret du 17 février 1808 porte, en effet, que ces biens ne sont plus censés faire partie du Domaine public; que, cependant, on peut demander la disposition des bâtiments et domaines nécessaires ou utiles au service public, mais à la charge de faire verser à la caisse d'amortissement une somme égale à celle pour laquelle le domaine demandé sera entré dans l'état des biens cédés à cette caisse (4).

2° Les biens des chapitres supprimés (5) ; ces biens et rentes ont été affectés aux chapitres des diocèses où les biens sont situés et où les rentes sont payables (6).

3° Les biens des ordres religieux ou confréries existants hors des églises supprimées (7).

4° Les biens qui formaient la dotation des bénéfices simples, dont les titulaires ont fait liquider leur pension. Car, dans ce cas, les biens et revenus sont considérés comme aliénés et doivent rester dès lors à la disposition du domaine (8). Mais les fabriques avaient droit aux biens et revenus provenant de bénéfices simples, dont les obligations consistaient dans la célébration d'un certain nombre de messes et l'entretien de la chapelle où était érigée la fondation (9).

5° Les biens des anciens évêchés à moins d'un arrêté spécial (10).

6° Les biens affectés au service d'une chapelle dans laquelle il n'y avait ni service paroissial ni fondation (11).

7° Les créances éteintes par confusion ou autres voies légales au profit de l'État, celui-ci pouvant seul se prévaloir de la confusion (12).

8° Les anciens biens de la fabrique qui avaient été aliénés ou affectés à d'autres services publics, ainsi que les rentes dont elle jouissait autrefois, et dont le transfert avait été fait par l'État, pendant qu'il les détenait à titre de biens nationaux. Les rentes rendues aux fabriques sont seulement celles qui n'avaient été ni transférées ni remboursées, c'est-à-dire celles existant encore dans les mains du domaine et celles non connues, sur lesquelles il avait des droits (13). Ainsi celles de ces rentes qui avaient été, en exécution de la loi du 4 ventôse an IX, abandonnées aux hospices, dont ceux-ci étaient légalement entrés en possession, ne sont pas comprises dans la restitution (14). Mais les droits qui avaient été précédemment accordés aux hospices sur les rentes des fabriques et des fondations par la loi du 4 ventôse an IX, ont cessé dès le 7 thermidor an XI, époque où les biens ont été rendus aux fabriques. Les hospices ne doivent donc conserver ces biens qu'autant qu'ils avaient été, avant cette époque, découverts,

réclamés et régulièrement *transférés* à leur profit (1). Dans ce cas même, et lorsqu'un hospice en a été régulièrement mis en possession avant le 7 thermidor an XI, il doit encore faire acquitter les services religieux dont les biens pourraient être grevés, suivant le tarif des oblations du diocèse (2). Si, au contraire, l'hospice ne jouissait de ces biens que par suite de leur découverte, et non par l'effet d'un transfert réel et régulier, la fabrique aurait le droit de les réclamer, sauf à elle à rembourser à l'hospice les justes dépenses qu'il a pu faire dans sa recherche et pour l'envoi en possession (3).

9° Les biens affectés à la Légion d'honneur, même par des actes approuvés postérieurement à l'arrêté du 7 thermidor an XI, ne peuvent appartenir aux fabriques; l'empereur a décidé qu'on regarderait comme aliénés tous les biens désignés pour être affectés, quoique ils ne l'aient été que postérieurement à l'arrêté du 7 thermidor (4).

1880. Si les biens restitués ne proviennent pas de fondations, des arrêtés spéciaux, des décrets ou autres actes du gouvernement seraient nécessaires pour établir les droits des fabriques sur ces biens (5).

1881. Le Conseil d'État a décidé que les curés ou desservants pouvaient être envoyés en possession des biens curiaux non grevés de fondations et qui n'auraient pas été aliénés par le Domaine (6).

Ainsi « les rentes des fabriques, les hypothèques sur les biens ecclésiastiques, se sont éteintes par la confusion de la qualité de créancier et de débiteur opérée par la réunion des biens du clergé au domaine de l'État, et les fabriques ne peuvent pas en réclamer la liquidation, attendu que le gouvernement n'a entendu restituer aux fabriques que les biens et rentes qui étaient disponibles à l'époque du 7 thermidor an XI, et qui produisaient un revenu à l'État, mais l'extinction de la créance par la confusion ne peut être invoquée que par l'État et à son profit ou par ses acquéreurs. Ainsi elle ne pourrait être invoquée par un hospice débiteur d'une rente envers une fabrique, et qui n'a pas été envoyé en possession régulièrement ; il ne peut, pour se libérer, faire valoir la confusion opérée dans les mains de l'État, en vertu des lois des 21 août 1790 et 22 messidor an XI (7).

Le Conseil d'État a décidé, dans une autre arrêt, que, lorsque les biens d'une église, supprimée avant 1789, ont été attribués, non pas à l'église métropolitaine, mais au chapitre de celle-ci, à la charge d'acquitter les dépenses nécessaires pour la décence et la majesté du culte dans la cathédrale, la fabrique de la cathédrale ne peut réclamer que la part de ces biens non aliénés proportionnelle-

(1) Cont. 19 février 1823.
(2) Bastia, 14 décembre 1858.
(3) Cont. 8 septembre 1819.
(4) Déc. min. 19 mai 1809.
(5) Cont., 29 décembre 1810.
(6) Vuillefroy, p. 128.
(7) Cont. 29 mars 1811.
(8) Cont. 12 février 1814.
(9) Vuillefroy ; Bruxelles, 25 mai 1880.
(10) Affre.
(11) Affre.
(12) Arr. 25 février 1804.
(13) Déc. min. 16 juin 1806.
(14) Circ. min. 27 prairial an XII.

(1) C. d'Et., avis, 30 avril 1807, 20 septembre 1809.
(2) Cont. 19 juin 1806; — Déc. min., 23 septembre 1807.
(3) Arr. 7 thermidor an XI, art. 1er. — C. d'Et., avis, 30 avril 1807; — Déc. min. 11 août 1807 ; — Vuillefroy, p. 351.
(4) Déc. gouv. deuxième jour complémentaire an XI; — Déc. min., 18 octobre 1806 et février 1809.
(5) Inst. min. fin. 22 juillet 1807 ; — Affre, p. 95,
(6) Cont. 11 janvier 1876 : — « Considérant qu'à la suite du décret du 7 thermidor an XI et de la décision, en date du 30 ventôse an XII, qui avait autorisé à comprendre dans les restitutions à faire aux fabriques, les biens grevés de fondations ayant appartenu aux anciennes cures, il a été reconnu par l'avis du Conseil d'État, en date du 25 janvier 1807, approuvé par l'Empereur, que les curés et desservants peuvent être envoyés en possession des biens non aliénés et ayant appartenu aux anciennes cures, dans les formes établies pour les restitutions à faire aux fabriques; que ce droit a été également reconnu par le décret du 17 novembre 1811 ; — Que si l'avis et le décret précités portent que ces restitutions ne pourront avoir lieu qu'exceptionnellement, cette mention était motivée par l'article 74 de la loi du 18 germinal an X, qui interdisait, en règle générale, d'affecter aux titres ecclésiastiques des immeubles autres que des édifices destinés au logement et les jardins y attenant ; — Que cette interdiction n'existe plus depuis le décret du 6 novembre 1813 et la loi du 2 janvier 1817; — Que, de tout ce qui précède, il résulte que c'est à tort que le Ministre des finances a refusé de donner suite à la demande du desservant de Blaslay, tendant à être envoyé en possession de diverses parcelles de terrain ayant appartenu à l'ancienne cure, en se fondant sur ce qu'aucune disposition de la loi n'autorisait cette restitution ; — Décide : — Art. 1er. La décision du Ministre des finances, en date du 13 août 1873, est annulée. — Art. 2. Le desservant de la paroisse de Blaslay est renvoyé devant le Ministre des finances, pour y être fait droit à sa demande d'envoi en possession de diverses parcelles de terrain ayant appartenu à l'ancienne cure. »
(7) C. d'Et., avis, 19 février 1823 ; Vuillefroy, p. 351.

ment aux revenus qui étaient destinés aux dépenses du culte proprement dit (1).

Un avis du Conseil d'Etat, du 30 avril 1807, inséré au *Bulletin des lois*, dit que les biens, dont la restitution aux fabriques a été prononcée par l'arrêté du 7 thermidor an XI, doivent leur être rendus, lors même que les hospices auraient fait les démarches préliminaires pour les découvrir et en obtenir l'attribution.

1882. La nécessité de l'envoi en possession préalable a été reconnue également par les tribunaux. Un arrêt de la Cour de Rennes du 5 avril 1824 décide que, bien que l'arrêté du 7 thermidor ait rendu aux fabriques les biens et rentes non aliénés, il est nécessaire que ces établissements soient envoyés en possession par l'autorité administrative pour avoir la propriété de ces biens ou rentes. Avant cet envoi en possession, ils peuvent faire tous les actes conservatoires, mais ils ne peuvent défendre à une contestation élevée contre eux sur la propriété de ces biens (2).

1883. Mais l'envoi en possession n'est pas une mesure d'ordre public dont l'inexécution puisse être, pour la première fois, présentée devant la Cour de cassation (3), si elle ne l'a pas été précédemment devant les juges du fond.

Mais les biens non aliénés et les rentes non transférées, provenant des confréries établies précédemment dans l'église paroissiale ou dans les églises supprimées qui se trouvent dans la circonscription de la nouvelle paroisse, font partie des biens restitués aux fabriques. Ces confréries qui étaient établies dans les églises, étaient des réunions de citoyens de différentes classes ou d'artisans du même état, qui avaient pour objet d'honorer plus spécialement tel ou tel saint, de célébrer telle ou telle fête, et qui, à cet effet, entretenaient par des dons volontaires ou par des fondations, des autels ou des chapelles dans une église et pourvoyaient de la même manière aux dépenses du service religieux. On n'y comprenait pas les anciennes compagnies ou confréries d'arquebusiers, archers, etc., que pour la part de leurs biens seulement qui était affectée au service religieux (4).

On entend par confréries existant hors des églises supprimées les congrégations de pénitents, qui avaient leurs temples à part et leurs dépenses. Ils ne concouraient pas, comme les confréries, à l'entretien du service religieux dans les églises paroissiales et communes aux autres fidèles (5).

Les fabriques ne peuvent pas attaquer les remboursements faits dans les caisses du Domaine pendant que l'Etat était en possession. Les registres, sommiers et carnets des corps ecclésiastiques sont des titres suffisants pour réclamer le payement d'une redevance établie sur un immeuble passé entre les mains d'un tiers acquéreur, du moment que cette rente a toujours été servie par les régisseurs de cette terre (6).

Il a été jugé qu'une fabrique peut être admise à prouver par ses registres et ses comptes l'existence des rentes qui lui sont dues et exiger un titre nouvel de ses débiteurs (7).

L'affectation de certains biens faite aux fabriques et l'envoi en possession n'empêchent pas de revenir sur les attributions qui ont été faites. Il a été décidé, par suite, que lorsqu'une paroisse, à laquelle des rentes étaient dues, a été supprimée et réunie à d'autres paroisses, l'abandon de rentes fait par l'administration en faveur des fabriques n'est pas définitif ni irrévocable, rien ne s'oppose dès lors à ce qu'il fût fait une nouvelle répartition proportionnelle aux charges desdites fabriques, et les formes prescrites par l'ordonnance réglementaire du 28 mars 1820 (8).

La fabrique à laquelle des biens ont été retirés n'est pas tenue des dettes des anciennes fabriques, et les biens restitués ou affectés sont entrés dans ses mains quittes de toutes

charges autres que celles dont ils pourraient être grevés envers une autre fabrique (1).

En effet, il résulte de l'article 4 du décret du 14 avril 1790, qui a mis les biens ecclésiastiques à la disposition de la nation, et de l'article 1er du décret du 17 avril suivant, que tous les biens réunis au Domaine l'ont été francs de toutes dettes et charges antérieures ; ils ont été également rendus aux fabriques francs et quittes de toutes dettes (2). Cette disposition est de la plus exacte justice ; car les créanciers des anciens biens ecclésiastiques s'étaient devenus du gouvernement lorsque ceux-ci sont devenus nationaux et, comme créanciers du gouvernement, ils ont été soumis par les lois à faire liquider leurs créances pendant un temps limité, à peine de déchéance (3).

1884. On s'est demandé si l'arrêté du 7 thermidor an XI avait rendu les fabriques propriétaires des anciens biens restitués, ou s'il ne leur avait accordé qu'un droit de jouissance révocable. Le Conseil d'Etat a décidé, dans une affaire récente, que l'arrêté par lequel un préfet, en exécution de l'arrêté du 7 thermidor an XI, envoie une fabrique en possession d'un bien lui ayant appartenu et non aliéné par le Domaine a pour effet l'abandon au profit de la fabrique des droits de propriété appartenant à l'Etat (4).

1885. La jurisprudence des tribunaux judiciaires reconnaît également aux fabriques un droit de propriété sur les biens restitués (5).

(1) L. 13 brumaire an II ; — Déc. min. 12 octobre 1807 ; — D. 11 mai 1807 ; — C. d'Et. 9 décembre 1810 ; Vuilleroy ; — Cont. 20 juin 1821 : — « Considérant, dans l'espèce, que les héritiers Crespin réclament une somme de 5,200 francs qu'ils prétendent leur être due pour solde des travaux de réparations faites, en 1789, à l'église de Vimoutiers ; — Considérant que, dans le cas où la dette dont il s'agit aurait été contractée par l'ancienne fabrique de l'église de Vimoutiers, la nouvelle fabrique de ladite église ne saurait en être tenue, aux termes de l'avis du Conseil d'Etat approuvé le 9 décembre 1810, lequel a décidé que les dettes de cette espèce étaient devenues nationales ; — Que dans le cas où ladite dette aurait été contractée par la ville de Vimoutiers, elle serait également devenue nationale, aux termes de l'article 81 de la loi du 24 août 1793 ; qu'ainsi, dans aucune de ces deux hypothèses, il n'y a lieu d'admettre la réclamation des héritiers Crespin ;
« Art. 1er La requête des héritiers Crespin est rejetée. »
(2) Déc. min. 20 avril 1802.
(3) Déc. min. 22 juillet 1807 ; — Vuilleroy, p. 356.
(4) Cont., 1er avril 1887 : — « Le Conseil d'Etat, — Vu l'arrêté des consuls du 7 thermidor an XI et l'arrêté du préfet de la Seine du 20 floréal an XIII ; — Vu les lois des 16-24 août 1790 et 24 mai 1872 ;
— Considérant que, par le jugement du 17 août 1883, le tribunal civil de la Seine a sursis à statuer sur la contestation pendante entre la ville de Paris et la fabrique de l'église Saint-Roch jusqu'à ce que la juridiction compétente ait déterminé la portée de l'arrêté des consuls du 7 thermidor an XI et de l'arrêté du préfet de la Seine du 20 floréal an XIII et de l'étendue des droits que ces actes confèrent à la fabrique de Saint-Roch ; — Considérant qu'il résulte de l'instruction que les boutiques et parcelles de terrains dont la propriété a été revendiquée par la fabrique de l'église Saint-Roch font partie des biens désignés dans l'état dressé le 20 floréal an XIII par le préfet de la Seine en exécution de l'arrêté du Gouvernement du 7 thermidor an XI, qui a prescrit de rendre à leur destination les biens des fabriques non aliénés ; — Considérant que les biens objet de la contestation appartenaient à l'ancienne fabrique de la paroisse de Saint-Roch et n'ont été réunis au domaine de l'Etat par l'effet des lois des 24 novembre 1789 et 13-14 brumaire an II ; qu'ils n'avaient pas été mis à la disposition de la Ville de Paris, lorsqu'est intervenu l'arrêté consulaire du 7 thermidor an XI ; qu'ainsi, c'est avec raison que la fabrique de Saint-Roch a été envoyée en possession de ces biens dont l'Etat a fait l'abandon à son profit ; — Que si les parcelles de terrains attenant à l'église Saint-Roch ont été expropriées en vertu du décret du 27 février 1877, qui a déclaré d'utilité publique le prolongement de la rue des Pyramides, ledit décret n'a pas eu pour effet de modifier la situation légale de ces parcelles :
« Art. 1er. Il est décidé qu'en vertu de l'arrêté des consuls du 7 thermidor an XI, l'Etat a fait au profit de la fabrique de l'église Saint-Roch l'abandon de ses droits de propriété sur les boutiques et parcelles de terrains désignées dans l'arrêté préfectoral du 20 floréal an XIII. »
(5) Rennes, 5 avril 1824 ; Bourges, 7 mai 1838 ; Cass., 13 août 1839 ; — Cass., 3 avril 1854 : — « La Cour, — Vu l'arrêté du 7 thermidor an XI ; — Attendu qu'aux termes de la loi du 13 brumaire an II (3 novembre 1792) tout l'actif affecté, à quelque titre que ce fût, aux fabriques des églises, a été déclaré faire partie des propriétés nationales ; que, par l'effet de cette loi, l'Etat est devenu propriétaire, non seulement des biens sur lesquels la main-mise nationale s'est opérée, mais encore des biens et rentes qui ont été cédés à l'Etat ;
« Attendu que le décret du 7 thermidor an XI, qui porte que les biens des fabriques non aliénés, ainsi que les rentes dont elles jouissaient et dont le transfert n'a pas été fait, sont rendus à leur destination, n'a pas fait cesser immédiatement le droit de propriété et la saisine de l'Etat ; — Qu'il résulte des dispositions combinées des articles 75 et 76 de la loi

(1) Cont. 13 février 1868.
(2) Rennes, 5 avril 1824.
(3) Cass. 15 février 1832.
(4) Vuilleroy.
(5) Vuilleroy, voir Congrégation.
(6) Cass. req. 20 janvier 1813.
(7) Paris, 6 juillet 1810 ; — Angers, 22 mai 1829.
(8) Cont. 26 décembre 1827.

Les auteurs se prononcent également dans ce sens (1).

1886. En Savoie, le manifeste du sénat de Savoie du 22 août 1825 a déclaré que les biens et avoirs affectés au service du culte divin seront considérés comme formant le temporel de chaque église paroissiale (2).

La question se pose de savoir si, depuis l'annexion de la Savoie à la France, les biens ecclésiastiques sont régis par ce texte ou par la loi française.

La jurisprudence administrative ne s'est pas prononcée sur cette question.

Il semble, à notre avis, que la législation française doit s'appliquer aux biens ecclésiastiques, la loi réglant les rapports de l'Église catholique et de l'État devant être considérée comme d'ordre public.

La circulaire du 31 janvier 1861 relative à l'organisation et à l'administration des fabriques des églises cathédrales et paroissiales dans les diocèses de la Savoie et de Nice déclare, d'ailleurs, que les établissements ecclésiastiques de ces départements doivent être assimilés aux autres établissements ecclésiastiques français, puisqu'ils sont régis par les mêmes lois (3).

1887. Sous l'ancien régime, des oblations étaient données par les fidèles pour subvenir aux frais du culte et aux besoins des ministres. Il y eut des oblations converties en droits ecclésiastiques, connues sous le nom de droit casuel ou casuel. Les unes appartenaient aux curés, les autres aux fabriques. L'Assemblée nationale les supprima.

Les oblations furent rétablies avec le culte catholique. Les évêques, porte la loi du 18 germinal an X, rédigeront les projets de règlements relatifs aux oblations que les ministres du culte sont autorisés à recevoir pour l'administration des sacrements. Les projets de règlements rédigés par les évêques ne pourront être publiés ni autrement mis à exécution qu'après avoir été approuvés par le gouvernement (1).

Le décret du 30 décembre 1809 rangea le produit des oblations dans le revenu des fabriques (2).

Il y a donc deux espèces d'oblations : celles qui ont trait au culte et sont perçues par la fabrique ; elles rentrent dans le sujet que nous traitons actuellement ; les autres, faites pour les ministres du culte ; nous en traiterons en étudiant la dotation des menses curiales et succursales.

1888. Comment doit s'opérer le partage des oblations entre les ministres du culte et les fabriques?

Il convient de faire une distinction entre les oblations libres et celles qui sont perçues en vertu d'un tarif approuvé par le gouvernement. Les oblations libres, telles que l'offrande de la messe, les dons offerts bénévolement appartiennent à ceux auxquels l'usage les attribue, ou la volonté expresse ou présumée des bienfaiteurs (3).

Il est d'usage d'attribuer aux curés et desservants les oblations libres faites dans le chœur et d'abandonner les autres à la fabrique (4).

Les oblations qui sont faites au banc d'œuvre, dans la nef ou dans les chapelles, appartiennent à la fabrique (5).

1889. Ce qui est offert au curé au baiser de paix, dit Gaudry, dans le saint sacrifice, lui appartient. Cette offrande remonte à la plus haute antiquité ; les premiers fidèles la destinaient au prêtre, pour l'aider à satisfaire à ses besoins temporels ; elle se fait encore en beaucoup de lieux, non seulement en argent, mais en denrées, pain, vin, blé, chanvre et autres objets. Il en est de même des offrandes au curé, pour un service spirituel rendu par lui personnellement.

---

du 18 germinal an X, de l'article 36 du décret du 30 décembre 1809, et des articles 1 et 2 de l'ordonnance du 28 mars 1820, que les fabriques ne sont investies de la propriété des biens et rentes à elle remis que lorsqu'elles ont été envoyées en possession de ces biens et rentes par un arrêté spécial du préfet, rendu dans les formes prescrites par les lois et ordonnances ; que la loi ne fait, à cet égard, aucune distinction entre les biens et les rentes dont l'État s'est mis en possession, et ceux dont l'existence lui a été dissimulée, mais dont la propriété ne lui a pas moins été acquise par la seule force de la loi ; — Attendu que le jugement attaqué constate, en fait, qu'aucun arrêté spécial n'a envoyé la fabrique de l'église d'Angres en possession des rentes qui lui avaient appartenu ; — Qu'on ne peut assimiler à l'arrêté spécial d'envoi en possession l'approbation donnée par le préfet, comme tuteur légal des fabriques, au budget de la fabrique d'Angres, budget à l'actif duquel se trouvaient portés les arrérages des rentes volontairement payées par le débiteur ; que le payement que le débiteur aurait fait de ces rentes pendant un certain nombre d'années ne le prive pas du droit d'opposer plus tard à la fabrique qu'elle n'a pas la propriété de ces mêmes rentes, et qu'elle est sans qualité pour le poursuivre ; — Qu'en décidant que la fabrique de l'église d'Angres avait eu le droit d'exiger le payement des rentes qui lui avaient appartenu et dont elle n'avait pas été envoyée en possession par le décret du 7 thermidor an XI ; — le jugement attaqué a formellement violé le décret du 18 décembre 1851, etc... »

(1) Cormenin, Droit administratif, t. II, p. 248 ; — Gaudry, Traité de la législation des cultes, t. II, p. 483 ; — Dufour, Traité général de droit administratif, t. VI, p. 253 ; — Vuillefroy, Administration du culte catholique, p. 351 et 1. ; — Affre, p. 91 et 92.

(2) Manifeste du sénat de Savoie pour l'établissement des conseils de fabrique, avec quelques autres dispositions relatives à ceux-ci, en date du 22 août 1825 : — « Le besoin d'assurer aux églises les ressources convenables pour le service du culte divin détermina Sa Majesté à prescrire, par l'article 7 des royales patentes du 5 avril dernier, qu'il fût définitivement pourvu, conformément aux règles et usages de ce duché, en ce qui concernait les droits, les charges et l'administration des revenus des églises cathédrales et paroissiales, le Roi, voulant maintenir fixer des règles générales et uniformes sur ce point important, nous a fait connaître par son billet royal du 2 du courant, ses déterminations qu'il nous a chargé de rendre publiques. A ces fins, en exécution des ordres du Roi, nous avons notifié et notifions les dispositions suivantes :
« Art. 1er Seront considérés comme formant le temporel de chaque église paroissiale les biens et avoirs affectés au service du culte divin dans cette église, et notamment : 1° les biens et droits appartenant à l'église paroissiale, ceux des autres églises et confréries non rétablies ou qui seraient supprimées, et ceux des corporations ecclésiastiques qui lui auraient été irrévocablement abandonnés ; 2° les biens provenant de l'ancienne cure ou vicariat qui n'auraient pas été aliénés et administrés par ce bénéficier, à qui les revenus appartiendront, sauf à avoir égard à ce revenu lors de la fixation du supplément de traitement qui serait à accorder au curé ou recteur ; ... »

(3) La circulaire du 31 janvier 1861 du ministre des cultes a procédé à l'organisation et à l'administration des fabriques des églises cathédrales et paroissiales dans les diocèses de la Savoie et de Nice. Cette circulaire déclare applicables à la Savoie les lois, décrets et ordonnances qui régissent en France les établissements ecclésiastiques. On y lit notamment le passage suivant :
« Après avoir examiné les différences qui existent, sous plusieurs rapports, entre la composition actuelle des fabriques de votre diocèse et celle des fabriques paroissiales de l'Empire français, j'ai reconnu la nécessité de les réorganiser intégralement. Si l'on se bornait à compléter le nombre des membres manquant aux fabriques de votre diocèse, à faire des élections partielles ou des modifications successives, leur organisation primitive et le mode de nomination de leurs membres actuellement en exercice ne seraient point conformes aux dispositions du décret du 30 décembre 1809. Il importe, dès le principe, de faire disparaître ces dissemblances d'origine afin de prévenir les difficultés que leur composition pourrait ultérieurement soulever. D'ailleurs, suivant l'esprit et les termes du sénatus-consulte du 12 juin 1860, les établissements ecclésiastiques de votre diocèse doivent être entièrement assimilés aux autres établissements de l'Empire, puisqu'ils seront régis par les mêmes lois. »

(1) Art. 69. — « Les choses saintes ne sont point dans le commerce de la vie, elles sont un présent du ciel ; on doit les distribuer comme on les a reçues. Ce serait les profaner que d'y attacher un prix comme on pourrait le faire des objets qui font la matière des conventions humaines. Mais les ministres du culte ne sont pas exempts des besoins qui affligent les autres hommes ; ils doivent trouver leur subsistance, c'est la loi naturelle elle-même qui le réclame pour eux. Dans la primitive Église, il était pourvu à la subsistance et à l'entretien des ministres du culte par les oblations libres des chrétiens ; dans la suite, les églises furent dotées par des fondateurs. Les biens ecclésiastiques ont disparu. Il faut pourtant que les ministres de la religion reçoivent de la piété du gouvernement ce que des fidèles le nécessaire qui leur manque. Dans les premiers âges du christianisme, le désintéressement des ministres ne pouvait être soupçonné, et la ferveur des chrétiens était trop grande : on ne pouvait craindre que les ministres exigeassent trop ou que les chrétiens donnassent trop peu ; on pouvait s'en rapporter avec confiance aux vertus de tous. L'affaiblissement de la piété et le relâchement de la discipline donnèrent lieu à des rétributions volontaires en contributions inusitées et changèrent les rétributions volontaires en contributions forcées. C'est de ces contributions que l'article entend parler sous le nom d'oblations autorisées et fixées par les règlements. Ces oblations sont un secours pour la personne sans être le prix de la chose ; elles représentent la subsistance des ministres qui distribuent la doctrine et les sacrements, mais elles n'ont rien de commun avec la valeur inappréciable de ce qu'on doit attacher aux sacrements et à la doctrine. De là, l'abbé Fleury observe que les oblations ne présentent rien qui ne soit légitime, pourvu que l'intention des ministres soit pure et qu'ils ne les regardent pas comme un prix des sacrements ou des fonctions spirituelles, mais comme un moyen de subvenir à leurs nécessités temporelles. » (Rapp. de M. Portalis sur les art. org.)

(2) Art. 1 et 36.
(3) Lettre min. cultes, 4 septembre 1832 ; André t. IV.
(4) Lettre min. cultes, 4 septembre 1832 ; André t. IV.
(5) Déc. min. cultes, 18 septembre 1835 ; 16 juin 1845 ; André, t. IV ; J. c. f. t. II ; Dalloz, Supp. Rép.

Ainsi, dans quelques paroisses il est d'usage que le prêtre dise à certaines époques des prières, ou pour les morts, ou pour les biens de la terre; l'offrande faite à cette occasion lui appartient. Les offrandes des premières communions, en argent et en cierges, lui appartiennent également. Enfin on regarde comme offert au curé directement tout ce qui se donne à l'autel; par exemple, ce qui est déposé au bassin placé à côté du prêtre lorsqu'il distribue les cendres, ou fait adorer la croix, est réputé droit curial. Les autres offrandes sont à la fabrique. Ainsi les offrandes faites au tombeau, ou dans les chapelles lors de l'adoration de la croix, appartiennent à la fabrique (1) quand elles ne sont pas reçues spécialement pour les pauvres. Il en est de même des offrandes faites dans la nef et dans les chapelles, et à plus forte raison, au banc de l'œuvre. Il paraît que dans quelques localités, il s'est introduit un usage d'abandonner au sacristain les offrandes déposées dans le bassin à l'adoration de la croix. C'est un abus : on trompe ainsi la bonne foi des fidèles, qui ont voulu faire une offrande au curé.

1890. Les oblations perçues en vertu d'un tarif donnaient autrefois lieu à de sérieuses difficultés. La loi du 18 germinal an X (2) a voulu y mettre fin, en donnant aux évêques le droit de faire les règlements relatifs aux oblations et en réservant au gouvernement un pouvoir d'approbation.

Les oblations tarifées sont perçues à l'occasion des messes, des mariages, des baptêmes, des relevailles, des certificats de première communion et autres extraits de registre de catholicité : à l'occasion des inhumations, services, transferts, exhumations.

1891. Le tarif comprend : le droit de la fabrique, celui du clergé, curé, vicaires et autres prêtres, celui des chantres et autres serviteurs de l'église.

L'administration des sacrements de baptême, de pénitence, d'eucharistie et d'extrême-onction est toujours gratuite.

Quant au mariage, on n'a droit qu'à l'honoraire fixé pour les publications et à celui de la messe quand on applique l'intention aux époux. S'ils demandent que la messe ne soit pas dite pour eux, le curé ne peut rigoureusement rien exiger. Quand ils demandent la messe, on reçoit l'honoraire fixé par la classe qu'ils ont choisie, et les dons libres, s'il y en a (3).

Dans la fixation du prix des oblations on doit tenir compte de la nature des services et de l'aisance des personnes qui peuvent les réclamer (4).

1892. Les oblations fixées par le tarif diocésain qui règle les droits à percevoir sur les sépultures ne s'appliquent qu'aux actes du ministère ecclésiastique et non aux dépenses que le curé aurait à faire soit pour inviter à leurs domiciles respectifs des prêtres étrangers, soit pour décorer exceptionnellement l'église. Ces dépenses doivent dès lors être réglées à part, d'après les règles du mandat salarié ou du louage d'ouvrage (5).

On ne doit y faire entrer aucune obligation arbitraire et purement fiscale (1).

On ne doit non plus y comprendre aucune disposition étrangère, telle, par exemple, que des amendes contre les ecclésiastiques ou autres officiers de l'église (2).

1893. La proportion dans laquelle les oblations sont partagées entre le curé et les vicaires ou autres officiers ecclésiastiques, doit être déterminée dans le règlement (3).

On ne doit jamais prendre en considération un autre tarif que celui qui a reçu l'approbation du gouvernement (4).

Les curés et les fabriques ne peuvent qu'appliquer rigoureusement le tarif approuvé des oblations. Le trésorier ne peut faire de remises sur les droits de la fabrique, qu'il est obligé de percevoir intégralement (5).

1894. Il y a abus dans le fait par un desservant de subordonner la célébration de services religieux demandés par une commune à la remise d'une somme supérieure à celle qu'a fixée le tarif diocésain et au payement d'une créance contestée par ladite commune (6).

1895. L'intervention du gouvernement est nécessaire pour modifier les tarifs une fois approuvés.

1896. Quand le tarif a reçu l'approbation du gouvernement, le receveur des oblations peut appeler devant le juge de paix ceux qui refusent de le payer et les faire condamner (7).

1897. Dans le droit des fabriques, tel qu'il est réglé dans le tarif diocésain approuvé par le gouvernement, ne sont pas compris la sonnerie, les tentures et drap mortuaire, le catafalque, la décoration de l'église et de la maison mortuaire, la rétribution due pour les porteurs et pour le char aux inhumations, pas plus que les tapis, fauteuils, bougies et flambeaux qui sont demandés en certaines paroisses pour les mariages les plus solennels. Sur ces articles, qui varient selon les contrées et dont la plupart sont facultatifs pour les familles, chaque fabrique doit établir diverses classes, selon l'importance et selon les usage des paroisses, par un règlement particulier, qu'il appartient à l'autorité d'approuver. Ce règlement doit tenir compte des prescriptions de la législation concernant les pompes funèbres et doit être, autant que possible, uniforme pour les paroisses d'une même ville.

Les tarifs diocésains spécifient toujours que le clergé n'exi-

---

(1) Déc. min. cultes, 18 septembre 1835; J. c. f. t. II, p. 54.
(2) L. an X, art. 69. ; voir Dons et legs.
(3) Alibre.
(4) Il importe de distinguer, en cette matière, les oblations qui peuvent être inclusivement indistinctement de tous les fidèles, et dont le prix doit, par conséquent, être mis à la portée de tous, et celles qui, ne présentant pas le caractère de généralité, ou qui, n'ajoutant qu'à la pompe extérieure des cérémonies, ne sont demandées que pour les personnes qui sont en état de les payer. Ainsi, il importe à la religion, autant qu'aux intérêts des fidèles, que toutes les oblations qui ont trait aux cérémonies du mariage soient fixées de manière à ne jamais arrêter, par l'élévation de leur prix, les personnes peu aisées qui désirent faire bénir leur union par l'Église. (C. d'Et. inst. 18 mai 1838.)
(5) Cass. req 7 juillet 1877 : « La Cour,— sur le deuxième moyen, pris de la violation des articles 2 de l'ordonnance royale du 9 décembre 1827, 5 et 69 de la loi du 18 germinal an X, 20 du décret du 23 prairial an XII, 6 de la loi du 18 mai 1806 et 7 de la loi du 20 avril 1817; — Attendu que le jugement attaqué déclare que Dejean ayant voulu faire célébrer des services de première classe dans la petite paroisse de Fauroux, à occasionné au desservant Belaygue des frais exceptionnels pour faire venir des prêtres qui devaient concourir à ces cérémonies et pour prendre, dans son église, les dispositions nécessaires; — Attendu que les attributions du curé ou du desservant, en ce qui concerne les prêtres étrangers, se bornent à autoriser leur participation à une cérémonie religieuse ayant lieu dans son église et à les

présider, mais ne comprenent pas la charge de les faire inviter à leurs domiciles respectifs ; que le curé ou desservant n'est point davantage astreint ni à effectuer par lui-même les travaux matériels nécessaires pour décorer l'église, ni à payer de ses deniers les ouvriers qui les exécutent ; — Attendu, en conséquence, que les soins constatés par le jugement ne consistaient pas en des actes du ministère ecclésiastique et n'étaient pas de nature à être prévus par le tarif des oblations dues au clergé; que ces faits, à raison desquels la fabrique de l'église n'élevait, dans l'espèce, aucune prétention, rentraient sous l'empire des règles du mandat salarié ou du louage d'ouvrage, et qu'en l'absence d'une stipulation expresse, il appartenait aux tribunaux de fixer le chiffre de la dette; — D'où il suit que les juges du fond, en arbitrant la somme due pour ces soins exceptionnels, et en l'ajoutant au total des oblations, n'ont ni étendu les dispositions du tarif à des actes qu'il ne prévoit pas ni augmenté les honoraires des actes qu'il prévoit, mais reconnu un principe d'obligation dans les termes du droit commun et déterminé le montant de cette dette; qu'en statuant ainsi ils ont donné une base légale à leur sentence en même temps qu'ils ont accompli le devoir de la motiver et n'ont violé aucune loi ; — Rejette. »
(1) Telle serait l'obligation de faire un office semblable dans la paroisse du décès et dans celle des funérailles. Elle ne devrait pas être admise, et on devrait laisser aux familles la faculté de régler à leur gré les dépenses des funérailles. (C. d'Et. inst. 5 janvier 1838.)
(2) On ne peut approuver, dans un tarif de fabrique pour la sonnerie des cloches, une disposition par laquelle des amendes seraient prononcées contre le sonneur, pour le cas où les cloches seraient sonnées par des personnes étrangères au service. Les amendes, en effet, sont mises par les lois pénales dans la classe des peines de police. Ces peines ne peuvent être prononcées que par la loi ou par des règlements administratifs, portant sur les objets de police confiés à la vigilance et à l'autorité des corps municipaux déterminés par la loi de 1790. Or, une pénalité en pareille matière ne rentre dans aucun des cas spécifiés par le Code pénal au titre des contraventions de police. (C. d'Et. 9 novembre 1831.)
(3) Déc. min. 16 nov. 1807.
(4) C. d'Et. int. 1er juin 1838; C. d'Et. 9 mars 1883.
(5) Cont. 9 mars 1883; 30 juin 1887.
(6) C. d'Et. 30 janvier 1887.
(7) Déc. min. 18 avril, 14 octobre 1807 ; L. 25 mai 1838, article 1er ; Vuillefroy, Prompsault; trib. St-Etienne, 17 mas 1851. Cass., 5 juillet 1875.

gera ni droits ni honoraires pour les mariages et les sépultures des paroissiens reconnus pauvres, et que tout extrait de registre paroissial, tout acte ou certificat demandé par les pauvres ou pour les pauvres seront délivrés gratuitement.

1898. Le droit du curé et des autres prêtres est perçu par le curé ou un membre du clergé, à moins que le trésorier de la fabrique ne consente à le recevoir.

Le trésorier de la fabrique perçoit le droit qui revient à cet établissement; le droit des serviteurs de l'église est perçu par eux-mêmes, ou, s'ils le préfèrent, par le trésorier.

Le clergé agit très prudemment en refusant d'avoir entre les mains les fonds de la fabrique ou l'argent qui appartient aux serviteurs d'église; c'est le moyen de prévenir des contestations pénibles. Cependant des individus, qui n'y auraient pas un intérêt personnel, seraient sans qualité pour attaquer la cession faite par une fabrique à un curé de tous les droits dans les inhumations et autres services rétribués d'après le tarif (1).

1899. Le produit de la sonnerie appartient à la fabrique seule, qui est chargée de payer le salaire des sonneurs. S'il n'existait aucun règlement de sonnerie approuvé par le gouvernement, la perception du droit sur les sonneries serait réputée illégale.

1900. Quand un individu a payé plus qu'il n'est dû pour des services d'ailleurs rétribués, il ne peut se pourvoir en appel comme d'abus devant le Conseil d'État, ni y solliciter l'autorisation de poursuivre le curé comme concussionnaire (2).

1901. Lorsqu'il existe des chapelles annexes, les habitants pour la commodité desquels elles ont été construites et qui doivent les entretenir ne sont pas dispensés de contribuer aux frais du culte dans l'église paroissiale, quand le desservant de l'annexe a procédé à l'inhumation d'une personne décédée dans la localité où la chapelle est située, c'est par conséquent à la fabrique de la paroisse qu'il appartient de percevoir les droits dus à cette occasion.

Une décision concertée entre le Ministre de l'intérieur et le Ministre des cultes a reconnu que les produits des oblations attribuées aux fabriques par les décrets du 23 prairial an XII et du 18 mai 1806, devaient être versés dans leur caisse lorsqu'on célébrait dans les chapelles des hospices des services qui rentrent exclusivement dans l'exercice du culte paroissial.

Il en est de même, suivant une décision du ministre des cultes du 25 juillet 1850, au sujet des droits attachés aux services funèbres qui sont célébrés dans les chapelles des communautés religieuses et dans celles des hospices.

Ces décisions s'appliquent tout à fait aux chapelles annexes, celles-ci se trouvant vis-à-vis des églises paroissiales dans la même position que les chapelles des hospices et des communautés religieuses.

Suivant un avis du Conseil d'État de 1862, un conseil de fabrique a le droit de réclamer contre la célébration du culte dans une chapelle sans titre légal, située dans la circonscription de la paroisse dont les intérêts matériels lui sont confiés. L'ouverture de toute chapelle au culte public peut, en effet, avoir pour résultat de préjudicier aux intérêts matériels de l'église paroissiale, d'y réduire, par exemple, le produit des offrandes dans la proportion du nombre et de la libéralité des personnes qui cessent d'y suivre les offices, et de diminuer ainsi les moyens dont la fabrique dispose pour maintenir au culte sa dignité (3).

---

(1) C. d'Et. 4 mars 1830; Affre.
(2) C. d'Et. 4 mars 1830; Affre.
(3) C. d'Et. int., avis, 10 juillet 1862 : — « La section de l'intérieur, de l'instruction publique et des cultes, qui, sur le renvoi ordonné par M. le Ministre de l'instruction publique et des cultes, a pris connaissance d'un pourvoi formé par le conseil de fabrique de l'église succursale d'Auribeau (Alpes-Maritimes), contre une ordonnance de l'évêque de Fréjus, concernant la célébration du culte dans la chapelle de Notre-Dame de Valcluse, non pourvue de titre légal; — Considérant que, sans doute, aux termes des articles 9 et 30 de la loi du 18 germinal an X, les curés, dans l'exercice de leurs fonctions paroissiales, sont soumis aux évêques, mais que ces dispositions n'infirment en rien celles de l'article 9 du Concor-

1902. *Droits perçus sur les pompes funèbres.* — Aux termes de l'article 10 du décret du 23 prairial an XII, de l'article 14 du décret du 18 mars 1806, et de l'article 374, de celui du 18 juin 1811, les frais d'inhumation d'un individu, dont le cadavre est trouvé sur le territoire d'une commune, doivent être supportés par la caisse municipale, lorsque le cadavre n'est pas réclamé par la famille, sauf le recours de la commune contre les héritiers, ou lorsque la famille est indigente.

1903. Les fabriques des églises et les consistoires protestants jouissent seuls du droit de fournir les tentures, ornements, et de faire généralement toutes les fournitures quelconques nécessaires pour les enterrements, et pour la décence ou la pompe des funérailles (1). Suivant Carré (2), il n'y a d'exception que pour le luminaire, qui peut être fourni par les parents du décédé, tant au grand autel qu'autour du corps et dans les chandeliers des choristes. Si les parents ne le fournissent pas, la fabrique y supplée, sauf payement de la part de ces derniers au taux fixé par les règlements.

1904. Le monopole des fabriques est donc absolu. Toutes les fournitures, quelles qu'elles soient, qui se rattachent soit au service extérieur, soit au service intérieur des funérailles, les fabriques ont le droit de les revendiquer.

Le monopole comprend, suivant un arrêt de la Cour de cassation, les cercueils, même ceux destinés à recevoir les corps exhumés. « Il importe peu, dit cet arrêt, que cette exhumation doive être suivie du transport du corps au delà des limites du département; ... si, pour ce transport, l'entreprise des pompes funèbres ne peut se prévaloir d'un privilège, qui, dans ce cas, serait exercé en réalité en dehors de la circonscription qui fixe et limite son droit, on ne saurait en conclure que les effets de la faculté réservée sur ce point aux familles puissent et doivent être étendus à la fourniture

---

dat et les articles 60, 61 et 62 de la loi du 18 germinal an X, desquelles il résulte que la circonscription de chaque paroisse, c'est-à-dire l'étendue du territoire dans lequel s'exerce la juridiction du curé, est arrêtée par le gouvernement de concert avec l'autorité diocésaine; que c'est là une des matières mixtes qui ne peuvent être réglées exclusivement, soit par le pouvoir ecclésiastique, soit par le pouvoir civil; que distraire une chapelle de la juridiction du curé de la paroisse sur le territoire de laquelle elle est située, pour la placer sous la juridiction du curé d'une autre paroisse, c'est, en réalité, modifier les circonscriptions paroissiales; qu'un évêque ne peut donc prendre une telle mesure sans le concours et la décision du gouvernement; — Considérant qu'alors même qu'une paroisse est divisée par l'institution légale d'une chapelle vicariale, cette chapelle, aux termes de l'article 13 du décret du 30 septembre 1807, n'en demeure pas moins dépendante de la cure ou succursale dans l'arrondissement de laquelle elle est placée et sous la juridiction du curé en desservant; qu'il en est de même pour les chapelles dites annexes; que, selon l'article 7 du décret du 22 décembre 1812, les chapelains des chapelles rurales particulières ne peuvent administrer les sacrements, si ce n'est avec les pouvoirs spéciaux de l'évêque et sous l'autorité et la surveillance du curé; que les décrets relatifs à la création des chapelles de secours, dans lesquelles se dit ordinairement la messe, les dimanches et fêtes, pour l'usage des populations trop éloignées de l'église paroissiale, portent invariablement que le culte y sera célébré sous l'autorité du curé de la paroisse; qu'ainsi la législation et la jurisprudence administrative répugnent à soustraire aucune chapelle, principalement où le culte y est publiquement exercé, à la juridiction du curé dans le desservant de la cure ou succursale dans la circonscription de laquelle cet édifice est situé; — Considérant qu'on alléguerait en vain qu'il s'agit seulement d'une chapelle sans titre légal; que la tolérance même dont la célébration d'un culte dans un oratoire non reconnu serait l'objet ne constituerait pas pour cet oratoire le privilège d'être placé en dehors de toute prescription légale, ni, par exemple, de pouvoir passer, par la seule volonté de l'évêque et sans l'intervention du gouvernement, d'une circonscription paroissiale dans l'autre; — Considérant qu'il n'importe que l'exercice du culte dans la chapelle sans titre légal se restreint à la célébration de la messe, les dimanches et fêtes, et à une instruction donnée aux fidèles, et que l'administration des sacrements y soit interdite; que l'inconvénient n'en est alors que plus grand, puisque les fidèles se trouvent sous la direction d'un curé pour l'assistance aux offices et l'instruction religieuse et sous la direction d'un autre pour la participation aux sacrements; qu'une telle confusion n'atténue en rien ce que la situation de la chapelle ainsi distraite de la juridiction paroissiale aurait de contraire à l'esprit de la loi,

« Est d'avis: 1° qu'un conseil de fabrique a le droit de réclamer contre la célébration du culte dans une chapelle sans titre légal, située dans la circonscription de la paroisse dont les intérêts matériels lui sont confiés; 2° qu'un évêque ne peut placer une chapelle comprise dans la circonscription d'une paroisse sous la juridiction d'un curé autre que celui de cette paroisse. »

(1) D, 23 prair. an XII, art. 22; 18 mai 1806, art. 7.
(2) *Gouvernement des paroisses.*

des cercueils destinés à recevoir les corps transportables, puisque, contrairement à ce qui a eu lieu pour le transport, la fourniture des cercueils, à la suite de l'exhumation des corps, est faite dans l'intérieur même du cimetière, où toute ingérence étrangère ne pourrait être admise sans violer le privilège conféré à l'entreprise des pompes funèbres de Paris par les décrets de prairial an XII et 18 août 1811 (1). »

Suivant une décision ministérielle, les bureaux de bienfaisance ne sont, en aucun cas, tenus de fournir les cercueils destinés à l'inhumation des indigents. Cette charge incombe, en principe, aux communes; mais elle doit être supportée exclusivement par les fabriques, lorsque des établissements religieux font toutes les fournitures des inhumations, et spécialement celle des cercueils. Seulement, dans ce dernier cas, il importe que les bières destinées aux indigents soient commandées par les fabriques elles-mêmes, au lieu de l'être par l'autorité municipale ou par le bureau de bienfaisance (2).

La Cour de Paris a même jugé, le 11 avril 1850, que le privilège s'étend même aux objets indispensables, tels que plaques, gants, crêpes, voiles, et que nul, en conséquence, ne peut annoncer au public et exécuter une entreprise de fournitures de ces sortes d'objets, à peine de dommages-intérêts envers la fabrique ou l'entrepreneur des pompes funèbres. Mais cette décision nous paraît excéder le droit des fabriques.

1905. En ce qui concerne la fourniture des billets d'enterrement, la question a soulevé plus de difficultés. Le ministre des cultes, consulté à ce sujet, répondit en 1835 : « Aux termes des articles 22 et 24 du décret du 23 prairial an XII, les fabriques ont seules le droit de faire toutes les fournitures nécessaires pour les enterrements, et il est défendu à toute personne de se substituer à ces établissements autrement qu'au moyen d'un affermage. Il résulte en outre, de l'article 25, que les billets d'invitation fournis dans de semblables occasions font partie des fournitures attribuées aux fabriques. Ils ont été conséquemment compris dans les tarifs particuliers approuvés pour diverses communes, et notamment pour la ville de Paris. »

La Cour de Toulouse, dans un arrêt du 26 décembre 1867, a reconnu également le monopole des fabriques en ce qui concerne la même fourniture (3).

D'après cet arrêt, le législateur a voulu investir les fabriques auxquelles, d'ailleurs, des charges considérables étaient imposées, du droit de faire seules toutes les fournitures commandées par la décence et la pompe des funérailles. Les billets d'enterrement forment une partie intégrante de ces fournitures, car ils ont pour objet de convier aux obsèques les personnes qui doivent y assister.

Cette solution nous paraît contestable, et en fait, dans la plupart des villes, à Paris, entre autres, le privilège, s'il existe, n'est pas appliqué aux billets d'enterrement.

1906. Aucun droit n'est dû également aux fabriques pour les avis que donnent les journaux des décès de personnages connus. Ces avis ont pour but de renseigner les lecteurs et non de remplacer les lettres d'invitation (4).

Le droit de fournir les billets d'enterrement emporte, pour les fabriques, celui d'en faire effectuer, par leurs agents, la distribution à domicile. Le tarif où serait stipulé, à côté du droit de fourniture, celui de la distribution de ces billets, serait approuvé par l'autorité préfectorale (5).

1907. Un arrêt de la Cour d'Aix, du 13 juin 1872, confirmé le 29 juillet 1873 par la Cour de Cassation, décide également que si le tarif d'une ville n'a pas fixé de prix à payer par les familles pour les voitures employées au transport des corps et pour d'autres objets accessoires, les parties intéressées

peuvent bien débattre ces prix avec la régie des inhumations; mais que les fabriques n'en sont pas moins fondées à revendiquer le privilège qui leur est conféré ; on ne peut induire de cette faculté laissée aux intéressés une exception aux prohibitions formulées dans l'article 24 du décret du 23 prairial an XII.

1908. Les fabriques conservent leur monopole même pour les enterrements dépourvus de tout caractère religieux; leur droit s'exerce, par suite, en ce qui touche les enterrements civils, ceux des enfants morts-nés et des individus n'appartenant à aucun culte établi et reconnu en France (1). Cette conséquence illogique de la loi ne saurait être modifiée que par le législateur seul.

1909. Il n'y a pas de distinction à faire pour l'exercice du monopole entre les funérailles qui se font dans l'église paroissiale et celles qui ont lieu dans des édifices religieux dépendant de la paroisse, telles que chapelles de secours, chapelles d'hospices, de communautés, etc. Les fournitures nécessaires pour les inhumations, quel que soit le lieu où le service funèbre s'accomplit, profitent à la fabrique de la paroisse (2).

1910. En 1858, on s'est demandé si les fabriques pouvaient exercer leur privilège sur les fournitures à faire pour les cérémonies funèbres commandées par l'État et célébrées dans une autre église que l'église paroissiale, en l'honneur de hauts fonctionnaires, tels que les maréchaux. On soutenait que, si les fabriques tiennent du décret du 23 prairial an XII le privilège exclusif de faire toutes les fournitures nécessaires pour les inhumations et services funèbres, elles ne peuvent opposer ce privilège qu'aux familles des personnes décédées, et qu'il ne leur a pas été concédé au préjudice du trésor public, pour le cas où l'État commande et paye les funérailles d'un citoyen à titre de reconnaissance nationale. Le Conseil d'État, saisi de la question, décida que le droit des fabriques était absolu, et, qu'en conséquence, le ministre chargé de pourvoir à Paris à l'exécution de semblables cérémonies, n'est pas fondé à déduire, au profit de l'État, dans le marché conclu avec l'entrepreneur des pompes funèbres, les remises payées ordinairement aux fabriques ; et qu'il doit, dès lors, garantir l'entrepreneur des condamnations que les fabriques seront obtenues contre lui pour le payement de ces remises. Il n'y a pas à distinguer entre un service commémoratif ou une inhumation. Les remises auxquelles ont droit les fabriques de la ville de Paris à l'occasion des services commémoratifs célébrés dans l'église des Invalides en l'honneur

---

(1) Cass. civ. rejet. 21 novembre 1859.
(2) Déc. min. 12 mars 1850; 26 juin 1850.
(3) Dans le même sens : Rouen, 31 janvier 1862; Aix, 13 juin 1872.
(4) Lacombe, p. 79.
(5) Campion.

(1) Aix, 18 août 1878. — Le 19 mars 1873, jugement du tribunal civil de Marseille, ainsi conçu : — « Attendu, en ce qui touche les enterrements dits civils et ceux des enfants morts-nés, qu'ils rentrent dans les attributions de la Régie des inhumations, de même que ceux des individus n'appartenant à aucun culte établi et reconnu en France et des personnes auxquelles les cérémonies du culte sont refusées; qu'il ressort, en effet, des lois et règlements de la matière, que les fabriques et consistoires ont le droit exclusif de faire procéder aux inhumations, et de fournir les voitures, moyens de transport et objets nécessaires aux pompes funèbres; que les droits de la Régie des inhumations à cet égard ont été reconnus par le jugement du 27 décembre 1871, confirmé sur appel, et ne peuvent plus être remis en question; — Attendu que la Régie des inhumations de Marseille a été constituée en administration publique par le décret de 1808, conformément aux principes posés et aux règles établies par celui de l'an XII; qu'elle fonctionne sous la surveillance de l'autorité municipale, avec l'assistance du clergé et le concours des cérémonies religieuses; — Attendu que les consistoires jouissent du même privilège pour leurs coreligionnaires; mais que pour tous ceux qui n'appartiennent point à leur culte, c'est la Régie des inhumations, agissant comme administration publique et municipale qui a l'obligation et le privilège de pourvoir au transport des corps et à la fourniture de tous les objets nécessaires à la pompe et à la décence des funérailles; qu'il suit de là que c'est à tort que les sieurs Audibert ou tous autres voudraient revendiquer le droit de faire procéder aux enterrements dépourvus de tout caractère religieux, et repousser l'action en dommages-intérêts de la Régie... »
« Sur l'appel des sieur Audibert, — La Cour, — Adoptant les motifs des premiers juges, — Confirme. »
(2) Campion.

des maréchaux décédés, sont celles qui sont fixées par le tarif pour les services anniversaires (1).

Des décrets intervenus depuis, notamment celui du 16 août 1869, relatif aux obsèques du maréchal Niel, après avoir mis la dépense des funérailles à la charge de l'État, portent expressément que les fabriques n'auront droit à aucune remise sur les fournitures auxquelles ces funérailles donnent lieu. Mais, dit Campion, cette disposition insérée dans de simples décrets statuant sur des cas particuliers, nous paraît impuissante à empêcher les fabriques d'exercer le droit qui leur appartient en vertu d'une loi générale.

Les sociétés de secours mutuels ont-elles le droit de fournir certains objets utiles ou nécessaires pour les funérailles de leurs membres ?

La législation sur les sépultures et les pompes funèbres paraît être maintenue à l'égard de ces sociétés. On ne trouve, en effet, ni dans la loi du 15 juillet 1850 ni dans les décrets des 14 juin 1855 et 26 mars 1852, qui ont organisé les sociétés de secours mutuels, aucune dérogation à cette législation.

Ainsi, en les chargeant de pourvoir aux frais funéraires de leurs membres, l'article 2 de la loi de 1850 et l'article 6 du décret de 1852 leur ont imposé l'obligation de payer ces frais ou d'aviser aux moyens de les acquitter.

Il y a même, dans le décret du 25 mars 1852, une dispense qui démontre, jusqu'à l'évidence, que le législateur n'a pas eu l'intention de les en affranchir. « Dans les villes où il existe un droit municipal pour les convois, porte l'article 10, il sera accordé à chaque Société une remise de deux tiers sur les convois dont elle devra supporter les frais aux termes de ses statuts. » Enfin, un article du projet modèle des statuts des sociétés de secours mutuels, annexé à la circulaire du ministre de l'intérieur du 29 mai 1852, l'article 24 est ainsi conçu : « La Société assure aux sociétaires, en cas de décès, un enterrement convenable dont tous les frais sont à sa charge. »

En présence de ces dispositions, il faut reconnaître, dit le *Journal des conseils de fabrique*, que les sociétés de secours mutuels restent soumises à la législation sur les pompes funèbres, qui confère aux fabriques seules le droit de faire toutes les fournitures quelconques nécessaires pour les enterrements et pour la pompe des funérailles (2).

1911. La loi du 15 novembre 1887 sur la liberté des funérailles n'a pas enlevé aux fabriques leur monopole en ce qui concerne notamment le droit de fournir le corbillard. La fabrique dont l'intérêt a été lésé par la fourniture de la voiture qu'une société met à la disposition de ses membres a droit à des dommages-intérêts (3).

1912. Comment doivent être dressés les tarifs concernant le transport des corps ? Un arrêt du Conseil d'État porte à ce sujet : « S'il appartient aux fabriques de dresser les tarifs des fournitures à faire dans l'intérieur des églises, sauf à communiquer ces tarifs aux conseils municipaux pour avoir leur avis, les tarifs des fournitures nécessitées par le transport des corps hors de l'église et par la pompe funèbre donnée à ce transport doivent être proposés par les conseils municipaux, communiqués ensuite aux fabriques intéressées pour avoir leur avis, et approuvés par le préfet par application du décret du 25 mars 1852 (1). »

1913. Il y a donc à distinguer pour ce qui regarde le règlement des diverses fournitures auxquelles les inhumations donnent lieu. S'il s'agit des fournitures du service extérieur, consistant dans les tentures et autres décors funèbres qu'on est dans l'usage d'établir à l'entrée des maisons mortuaires et aux portails des églises, les bières, cercueils, les billets d'invitation aux enterrements, la pompe des convois, c'est aux conseils municipaux qu'il appartient de dresser les tarifs sur lesquels, avant toute décision, les fabriques et l'autorité diocésaine sont appelées à donner leur avis. Au contraire, pour les fournitures du service intérieur comprenant, notamment, le catafalque destiné à recevoir le cercueil pendant l'office, le luminaire à placer autour du corps, le deuil de l'autel, la tenture intérieure de l'église, l'initiative appartient aux fabriques ; les conseils municipaux doivent seulement être consultés.

1914. Si les fabriques n'usent pas du monopole, les tarifs relatifs aux pompes funèbres sont approuvés par le préfet, ou par décret si le revenu de la ville est de trois millions de francs (2).

1915. En règle générale la cérémonie des funérailles et l'inhumation doivent avoir lieu dans la paroisse du défunt, c'est-à-dire dans celle du lieu de son décès. Cependant cette règle peut recevoir des exceptions. Si, en effet, un individu était frappé de mort instantanément sur une voie publique très rapprochée de sa paroisse, la véritable paroisse pourrait, suivant Gaudry, faire les obsèques. Il n'y a pas là, en effet, un domicile mortuaire autre que le domicile habituel. Cet auteur ajoute que ce cas se rencontre assez souvent à Paris, et il fait remarquer que dans ce cas lorsque des individus périssent accidentellement hors de leur habitation et sur la voie publique, le convoi se fait dans leur paroisse, lors même que le décès accidentel aurait eu lieu dans la circonscription d'une autre paroisse. Souvent, par la volonté des défunts ou de leurs familles, des inhumations ont lieu dans des paroisses étrangères à la paroisse du défunt. La fabrique et le clergé du domicile du défunt perçoivent les droits, comme si la pompe funèbre et l'inhumation avaient eu lieu sur la paroisse. Mais quelle classe de pompe funèbre doit-on payer à la paroisse du domicile ? Les tarifs de divers diocèses décident que la classe à payer dans le lieu du domicile est la même que celle adoptée dans le lieu de l'inhumation. Il doit en être de même, suivant Gaudry, pour les diocèses où les tarifs approuvés n'ont pas décidé la question (3).

1916. Lorsqu'un corps traverse une paroisse pour être transporté au lieu de l'inhumation, si le transport se fait sans cérémonie, le droit n'est rien dû aux curés ou aux fabriques du passage. S'il y a une pompe funèbre en traversant la paroisse, le droit curial est dû à chaque curé des paroisses traversées, suivant les règlements du diocèse. Il n'est rien dû aux fabriques. Mais, lorsqu'au passage, des cérémonies religieuses sont demandées, chaque fabrique réclame ses droits de cérémonie funèbre, suivant le tarif du diocèse (4). L'église de la paroisse où doit se faire l'inhumation ne peut y procéder que sur l'autorisation donnée par l'évêque, ou par le curé de la paroisse où la personne est décédée (5).

1917. Les rétributions au payement desquelles donnent lieu les fournitures du service des pompes funèbres profitent intégralement aux fabriques. D'après l'article 23 du décret de l'an XIII, ces ressources devaient être consacrées à l'en

---

(1) Cont. 18 mars 1858. — « Napoléon, etc., — Vu les décrets des 23 prairial an XII, 18 mai 1806 et 30 décembre 1809 ; — Vu la loi du 28 pluviôse an VIII, article 4 ;
· Sur les conclusions de notre Ministre de la guerre et des représentants du sieur Pector, tendant à faire déclarer que la cérémonie funèbre, célébrée à l'église des Invalides, en mémoire du maréchal Soult, ne peut donner lieu au prélèvement d'aucune remise au profit des fabriques, par le motif que cette cérémonie a été commandée et payée par l'État ; —
Considérant qu'aux termes de l'article 22 du décret du 23 prairial an XII les fabriques jouissent seules du droit de faire les fournitures quelconques nécessaires pour les enterrements et pour la décence et la pompe des funérailles, et qu'elles peuvent faire exercer ou affermer ce droit ; — Considérant que le cahier des charges, dressé en vertu du décret précité et en exécution de l'ordonnance royale du 11 septembre 1842, n'a excepté de l'entreprise concédée au sieur Pector que les cérémonies funèbres concernant les membres de la famille régnante ; qu'ainsi c'est à tort qu'en stipulant que le prix des fournitures à faire pour la cérémonie funèbre, célébrée à l'église des Invalides en l'honneur du maréchal Soult, serait fixée à forfait à la somme de 3,500 francs, notre ministre a déduit, au profit de l'État, les remises payées ordinairement aux fabriques, et que cette stipulation n'a pu préjudicier au droit desdites fabriques ;... »
(2) J. c. f. 1867, p. 102 ; Campion, p. 514.
(3) Gaudry, t. II, n° 816 ; — Circ. cult. 15 juillet 1850 ; — J. c. f. t. XVII, p. 506.

(1) Cont. 10 avril 1867.
(2) L. 5 avril 1884, art. 113 et 145, § 3.
(3) J. c. f., t. VI, p. 308.
(4) J. c. f., t. VI, p. 370.
(5) J. c. f., t. VII, p. 58 et 61.

tretien des églises et des lieux d'inhumation, et à la rémunération des desservants, suivant un règlement à faire par le ministre des cultes, d'après l'avis des évêques et des préfets. Cette disposition n'a pas été reproduite par le décret du 30 décembre 1809, qui s'est borné à comprendre les frais d'inhumation dans les revenus des fabriques. Il faut en conclure, dit Campion, que le produit dont il s'agit peut être employé indifféremment à l'acquit des diverses charges de ces établissements.

§ 2. — *Édifices consacrés au culte.*

1918. *Division.* — Les édifices consacrés au service du culte comprennent deux grandes catégories de monuments ou constructions : d'une part, les églises où se célèbre le culte ; d'autre part, des palais, maisons d'habitation, constructions diverses destinées au logement des ministres du culte et aux services dont ils ont la direction ; ce sont : les palais épiscopaux, les presbytères, les bâtiments des séminaires.

Nous examinerons successivement les règles applicables à ces divers édifices.

ARTICLE PREMIER. — *Églises.*

1919. On distingue, d'une part, les églises métropolitaines et cathédrales, affectées au service du culte métropolitain et diocésain, et, d'autre part, les églises paroissiales, affectées au culte de la paroisse.

1920. *Affectation.* — Toutes ces églises sont affectées au culte soit en vertu de dispositions générales du Concordat et des articles organiques, soit en vertu d'actes ou de décisions intervenus depuis cette époque.

L'article 12 de la loi du 18 germinal an X a remis à la disposition des évêques toutes les églises métropolitaines, cathédrales, paroissiales et autres qui n'avaient pas été aliénées.

Le gouvernement désigna alors les églises destinées à servir d'églises métropolitaines cathédrales.

En ce qui touche les églises paroissiales, l'article 75 des organiques chargea les préfets de désigner dans chaque circonscription paroissiale un des édifices anciennement destinés au culte catholique pour être mis à la disposition des évêques. Une expédition de ces arrêtés devait être adressée au conseiller d'État chargé de toutes les affaires concernant les cultes ; mais soit que les envois n'aient pas été faits régulièrement, soit que les arrêtés constatant les affectations au culte aient été égarés, il est devenu impossible de connaître exactement le nombre et la valeur des édifices qui furent alors affectés au culte.

Aux termes de l'article 77 de la loi du 18 germinal an X, dans les paroisses où il n'y avait pas d'édifice disponible pour le culte, l'évêque dut se concerter avec le préfet pour la désignation d'un édifice convenable.

1921. D'autres églises paroissiales ont été affectées au culte, postérieurement au Concordat, pour répondre à ces prescriptions et donner satisfaction aux besoins religieux auxquels le Concordat voulait pourvoir.

Dans cette catégorie d'églises présentant également un caractère concordataire, il faut comprendre non seulement les cures et succursales, mais les chapelles paroissiales (simples ou vicariales) qui, comme les cures ou succursales, ont une circonscription et une fabrique propres et sont des subdivisions de ces circonscriptions ecclésiastiques concordataires (1).

1922. Pour les églises restituées, en vertu de l'article 12 du Concordat et des articles 75 et 77 de la loi du 18 germinal

an X, l'affectation résulte de ces textes, ainsi que du décret d'érection de la cure, succursale ou subdivision de cure ou succursale.

Pour les églises consacrées au culte depuis cette époque, l'affectation résulte de la délibération du conseil municipal ou de la délibération du conseil de fabrique, suivant que la fabrique ou la commune est propriétaire, ainsi que du décret d'érection du lieu de culte. Aux termes de la loi du 5 avril 1884 (qui toutefois n'est pas applicable à Paris), la délibération du conseil municipal est réglementaire en cette matière, c'est-à-dire qu'elle est dispensée de l'approbation de l'autorité supérieure. Cette approbation serait cependant nécessaire si l'édifice que la commune veut affecter au culte était déjà affecté à un service public (1).

1923. *Désaffectation:* — La désaffectation d'une église ne peut résulter que d'un acte de l'autorité supérieure. Elle ne peut pas être l'œuvre de l'administration municipale, alors même que la commune est propriétaire de l'édifice religieux.

La jurisprudence du Conseil d'État et celle de l'autorité judiciaire sont d'accord sur cette incompétence de l'autorité municipale. L'une et l'autre se fondent sur ce que la propriété des églises paroissiales n'a été reconnue aux communes à l'époque du Concordat, ou n'a pris naissance depuis cette époque par le fait d'acquisitions ou de constructions nouvelles, que sous réserve de l'affectation que l'État a prononcée ou approuvée, et qui ne peut être modifiée que par l'autorité dont elle est émanée.

En dehors des décisions judiciaires qui ont, à une époque déjà ancienne, consacré expressément ou implicitement cette doctrine (2), on peut citer un jugement rendu le 17 mars 1886 par le tribunal de la Seine, et qui proclame la nécessité d'une désaffectation régulière prononcée par le gouvernement, alors même que l'église ne serait plus pourvue d'un titre paroissial et ne rentrerait actuellement dans aucune des catégories d'édifices religieux prévues par les lois, même comme annexe ou chapelle de secours.

Il s'agissait, dans cette affaire, de l'église de l'Assomption, à Paris, qu'un arrêté consulaire du 29 vendémiaire an XII, rendu en exécution du Concordat, a remise à l'autorité diocésaine pour le service paroissial, et dont la propriété appartient à la ville de Paris. Celle-ci soutenait que la destination primitive de ce lieu de culte avait cessé par l'effet de la loi du 23 mars 1842, portant concession à la ville de Paris de l'église actuelle de la Madeleine ; que, par suite, l'édifice était devenu vacant et devait retourner, libre de toute charge et de toute affectation, à la ville propriétaire.

Mais cette prétention a été écartée par le motif que la loi relative à l'église de la Madeleine ne contenait aucune disposition désaffectant l'église de l'Assomption, et que si le conseil municipal, en acceptant la concession de la Madeleine, avait émis l'avis que l'Assomption devait être désaffectée, aucune décision n'avait été prise en ce sens par l'autorité supérieure (3).

---

(1) Déclaration de M. Lenoël, au Sénat, au nom de la commission, lors de la discussion de la loi du 5 avril 1884. (*Journ. off.*, 17 février 1884.)

(1) L. 1884, art. 61, 1°. — Aux termes de la loi du 24 juillet 1867, le conseil municipal réglait les affectations de cette nature, s'il y avait accord entre le maire et le conseil municipal; mais les maires étant nommés par le gouvernement ou le préfet, même en dehors du conseil municipal, la délibération n'était pas à proprement parler réglementaire, puisqu'elle n'était exécutoire par elle-même que s'il y avait accord entre le conseil municipal et le maire, qui était dans la main du gouvernement.

(2) Cass. 3 mars 1828; — Cass. 27 novembre 1835.

(3) Trib. de la Seine, 17 mars 1886. — « Le tribunal…, — Attendu qu'il n'est pas exact de prétendre que la loi du 23 mars 1842 ait entraîné de plein droit la désaffectation de l'église de l'Assomption comme édifice consacré au culte; qu'elle a eu, au contraire, en vue de le maintenir non seulement à ce dernier titre, mais encore à titre de dépendance de l'église de la Madeleine, pour les besoins journaliers du service paroissial ; — Attendu que la ville de Paris ne saurait exciper, à l'encontre de la loi de 1842, soit de ce que l'article 75 de la loi du 18 germinal an X ordonne la remise aux évêques des édifices antérieurement consacrés au culte catholique « à raison d'un édifice par cure et par succursale », soit de ce que l'église de l'Assomption ne rentrerait actuellement dans aucune des catégories d'édifices religieux établies par les lois et règlements, en dehors des paroisses proprement dites, telles que les succursales, les annexes et les chapelles de secours ; que d'une part, l'article 75 de la

Non seulement la désaffectation exige un acte du gouvernement, mais encore il faut que cet acte ait formellement en vue de mettre fin à la destination religieuse de l'édifice.

Ainsi, il a été jugé par le Conseil d'État que la déclaration d'utilité publique prononcée en vue de travaux dont l'exécution ferait disparaître tout ou partie d'une église, n'a pas, par elle-même, pour effet de conférer à l'administration chargée d'exécuter le travail public un droit d'occupation immédiate sur les immeubles affectés au service du culte. Ces immeubles ne peuvent être distraits du service religieux que si l'autorité compétente pour prononcer leur désaffectation a préalablement statué sur cette mesure et sur les conditions auxquelles elle peut être soumise (1).

Aux termes de l'article 167 de la loi du 5 avril 1884, les conseils municipaux ne peuvent prononcer la désaffectation des immeubles consacrés aux cultes, en vertu des dispositions de la loi organique des Cultes du 18 germinal an VIII.

1924. *Quelle autorité est compétente pour prononcer la désaffectation?* — D'après une première opinion, la désaffectation ne pourrait résulter que d'un accord intervenu entre le pouvoir civil et le pouvoir ecclésiastique. Cette opinion s'appuie sur ce que l'article 12 du Concordat ayant remis les églises non aliénées et nécessaires au culte à la disposition des évêques, a réalisé une véritable restitution, dont l'effet ne saurait être détruit sans le concours des deux autorités entre lesquelles cet acte est intervenu (2).

Cette opinion a été soutenue à l'appui d'un pourvoi formé devant le Conseil d'État contre un décret du 21 janvier 1886 prononçant la désaffectation de l'église de Saint-Martin à Marseille ; mais elle a été repoussée par le Conseil d'État statuant sur ce pourvoi (3).

D'après une seconde opinion, l'intervention du pouvoir législatif serait nécessaire pour procéder à la désaffectation des édifices ou dépendances d'édifices affectés au culte. Cette solution a été admise par un avis de la section de l'intérieur du 5 décembre 1882, mais elle a été combattue par le ministre des cultes, lors de la présentation d'un décret du 26 mai 1885, qui a enlevé l'église Sainte-Geneviève (Panthéon) au culte catholique. En réponse aux interpellations qui furent faites, le ministre soutint que « tous les actes d'affectation ou de désaffectation concernant les édifices affectés à des services publics font l'objet de simples décrets, qu'il n'est pas besoin d'une loi en pareille matière : c'est l'administration qui agit, car c'est un acte administratif que de désaffecter d'un service, pour l'affecter à un autre service public, un domaine appartenant à l'État.

La même doctrine a été soutenue par le commissaire du gouvernement, dans l'affaire relative à l'église de Saint-Nicolas-des-Champs, sur laquelle est intervenu l'arrêt du 21 novembre 1884 du Conseil d'État, statuant au contentieux. Mais elle a été repoussée par le Conseil d'État statuant au contentieux.

D'après un troisième système, aujourd'hui consacré par la jurisprudence du Conseil d'État statuant au contentieux, et notamment par les arrêts précités du 21 novembre 1884 et du 12 avril 1889, la désaffectation peut être régulièrement prononcée par simple décret.

Ce système nous paraît entièrement conforme aux règles fondamentales de la matière ; en effet, si le Concordat et les articles organiques ont décidé que les églises seraient restituées au culte, ils ont prévu que, pour l'exécution de ces dispositions, la restitution des édifices religieux et l'affectation qui en serait la conséquence résulteraient d'actes du gouvernement visant des édifices déterminés. Il est d'ailleurs évident qu'aucun caractère de perpétuité n'a pu être attribué à ces actes puisque les édifices qu'ils concernent ne peuvent pas eux-mêmes être perpétuels. Sans doute on peut soutenir qu'à défaut d'un lieu de culte venant à être détruit ou désaffecté, l'autorité compétente doit se mettre en mesure d'en affecter un autre, mais l'obligation soit immédiate, soit ultérieure, qui peut lui incomber dans ce cas, ne saurait porter atteinte au pouvoir du gouvernement en ce qui touche l'acte même de désaffectation.

1925. *Pouvoirs limités des conseils municipaux.* — Les conseils municipaux pourront, aux termes de la loi du 5 avril 1884, prononcer la désaffectation, totale ou partielle, d'immeubles consacrés, en dehors des prescriptions de la loi organique des cultes du 18 germinal an X, soit au culte, soit à des services religieux ou à des établissements quelconques, ecclésiastiques et civils. Les désaffectations seront prononcées dans la même forme que les affectations (1). Par suite, si c'est une loi, un décret, ou une décision ministérielle, ou un arrêté préfectoral qui a affecté un immeuble à telle ou telle destination religieuse, c'est également une loi ou un décret, ou une décision ministérielle, ou un arrêté préfectoral, qui prononce la désaffectation (2). Les immeubles affectés aux cultes en vertu des dispositions de la loi organique et dont les conseils municipaux ne peuvent pas changer l'affectation, sont : 1° les anciennes églises métropolitaines, cathédrales, paroissiales, ou autres non aliénées, mises à la disposition des évêques, en exécution de l'article 12 du Concordat

---

loi du 18 germinal an X n'a pas entendu limiter à un seul le nombre des édifices qui pourraient être consacrés au culte dans chaque cure ou succursale, mais seulement déterminer l'étendue de l'obligation qui, de ce chef, incombait à l'État envers l'autorité diocésaine ; que, d'autre part, l'église de l'Assomption ne doit pas nécessairement, pour demeurer affectée au culte catholique, rentrer dans l'une des catégories sus-indiquées ; qu'elle a été qualifiée, dans les documents officiels contemporains de la loi de 1812, dépendance de l'église de la Madeleine, et qu'il suffit d'ailleurs que son affectation originaire n'ait pas été régulièrement modifiée pour qu'elle la conserve encore aujourd'hui ;... — Attendu qu'on ne saurait soutenir non plus que le conseil municipal de la ville de Paris, par sa délibération du 9 avril 1841, ayant affecté l'église de l'Assomption à un usage particulier, la ville des catéchismes, il lui serait loisible de retirer actuellement la concession provisoire et toute précaire qu'il aurait ainsi faite ; qu'aux termes de l'article 17 de la loi du 18 juillet 1837, le conseil municipal n'avait qu'à exprimer un avis et non à prendre une décision sur l'affectation de l'édifice à un service public ; qu'il ne saurait non plus en droit de retirer une autorisation qu'il ne lui appartenait pas d'accorder, et qu'en fait il n'aurait pu donner sans soulever les justes réclamations du gouvernement, dont il aurait ainsi usurpé les pouvoirs...
« Par ces motifs, déclare le Préfet de la Seine, représentant la ville de Paris, mal fondé dans sa demande ; l'en déboute et le condamne aux dépens. »
(1) Cont. 21 novembre 1884 : — « Le Conseil d'État... ; — Considérant que le décret du 23 août 1858 s'est borné à déclarer d'utilité publique le dégagement de l'église paroissiale et curiale de Saint-Nicolas-des-Champs, pour l'ouverture d'une rue de 17 mètres de large, longeant le côté sud de cet édifice ; que les sacristies de ladite église sont situées sur le tracé de la rue projetée, actuellement dénommée rue Cunin-Gridaine ; — Considérant que la déclaration d'utilité publique n'a pas par elle-même pour effet de conférer à l'administration chargée d'exécuter le travail public un droit d'occupation immédiate sur les immeubles affectés au service du culte ; Que lesdits immeubles ne peuvent être distraits du service religieux que si l'autorité compétente pour prononcer leur désaffectation a préalablement statué sur cette mesure et sur les conditions auxquelles elle peut être soumise ; qu'il suit de là que le préfet de la Seine ne pouvait, sans excéder ses pouvoirs, prescrire l'évacuation des sacristies de l'église Saint-Nicolas-des-Champs avant qu'il ait été procédé ainsi qu'il a été dit ci-dessus, et que la fabrique est fondée à demander pour ce motif l'annulation des décisions attaquées ;
« Art. 1er. Sont annulées les décisions du Préfet de la Seine, en date des 26 décembre 1883 et 5 avril 1884, ensemble la décision confirmative du ministre des cultes, en date du 23 juin 1884. »
(2) En ce sens ; P. Besson, *Revue des institutions et du droit*, septembre 1883.
(3) Cont. 12 avril 1889. — « Le Conseil d'État ; — Vu la loi du 18 germinal an X ; — Vu les lois des 7-14 octobre 1790 et 24 mai 1872, article 9 ;
« Considérant que, si la loi du 18 germinal an X a prescrit que, parmi les édifices anciennement destinés au culte catholique et non aliénés, un édifice par cure et par succursale sera mis à la disposition

des évêques par arrêté du Préfet du département, aucune disposition de cette loi ni d'une loi postérieure, n'a donné à ces affectations un caractère perpétuel, ni ne s'oppose à ce qu'un édifice ainsi attribué au service du culte en puisse être distrait, à charge de remplacement, pour permettre l'exécution de travaux publics dont l'utilité aurait été déclarée ; — Considérant qu'il appartient au gouvernement, seul compétent pour prononcer la désaffectation d'un édifice religieux, de statuer sur les difficultés nées du désaccord existant entre les services intéressés, en déterminant les conditions au moyen desquelles cette désaffectation devra être opérée ; Qu'ainsi le requérant n'est pas fondé à prétendre que le décret du 21 janvier 1886 est entaché d'excès de pouvoirs... ; — La requête... est rejetée. »
(1) Art. 167.
(2) C. min. int. 15 mai 1884 ; Affre, *Appendice*, p. 19.

et de l'article 75 de la loi du 18 germinal an X; 2° les églises consacrées au culte en vertu de l'article 77 de cette loi, qui décide que, dans les paroisses où il n'y aura pas d'église disponible pour le culte, l'évêque se concertera avec le préfet pour la désignation d'un édifice convenable; 3° les églises paroissiales, construites postérieurement par les communes pour répondre aux obligations résultant du Concordat et des articles organiques (1).

1926. *Propriété des églises cathédrales et métropolitaines.* — A qui appartiennent les églises affectées au culte catholique, en vertu du Concordat?

Il faut faire une distinction à ce sujet entre les églises cathédrales et métropolitaines d'une part et d'autre part les églises paroissiales.

Il n'est pas contesté que les églises cathédrales et métropolitaines restituées au culte en exécution du Concordat soient restées la propriété de l'État (2), que la loi du 31 juillet 1821 charge de pourvoir aux dépenses de construction, de reconstruction et de réparations de l'édifice, au cas d'insuffisance des revenus de la fabrique (3).

La propriété de ces églises n'a pu être transmise aux diocèses ni aux métropoles, malgré leur mise à la disposition des archevêques et évêques, car les diocèses et les métropoles ne forment pas des établissements publics.

La propriété de ces édifices n'a pu également être transmise aux fabriques ou aux communes; elles ne sont pas, en effet, destinées seulement à un service paroissial ou communal, mais à un service qui embrasse plusieurs paroisses ou communes, et même quelquefois plusieurs départements.

On peut se demander, toutefois, si lorsque la métropole ou cathédrale sert d'église *paroissiale*, la commune en est propriétaire, comme elle l'est des églises paroissiales restituées (4). On doit décider, selon nous, que cette circonstance ne doit pas porter atteinte au droit de propriété de l'État, qui prend en fait à sa charge les dépenses qui incombent au propriétaire.

1927. *Propriété des églises paroissiales rendues au culte en vertu du Concordat.* — Les églises paroissiales restituées au culte en exécution du Concordat, appartiennent à la commune. Cette solution est aujourd'hui définitivement consacrée par la jurisprudence du Conseil d'État et celle de la Cour de cassation. Mais avant d'exposer les raisons qui l'ont fait adopter, il n'est pas inutile de rappeler les diverses opinions auxquelles cette question d'attribution de propriété a donné lieu et entre lesquelles la doctrine est encore partagée.

D'après un premier système les églises paroissiales, de même que les églises cathédrales, appartiendraient à l'État (5).

On dit à l'appui de cette opinion :

La loi du 18 germinal an X ayant simplement mis les églises non aliénées « à la disposition des évêques » n'a voulu nullement priver l'État de son droit de propriété sur ces édifices. Elle a concédé seulement aux communes et aux fabriques un droit d'usage très large, un droit *sui generis*. Cependant le droit de propriété de l'État ne saurait avoir pour conséquence de lui permettre de fermer à l'exercice du culte les édifices qui y sont affectés, en effet, l'article 12 du Concordat en affectant au culte ces édifices religieux, limite l'exercice du droit de propriété de l'État.

De cette attribution de la propriété à l'État on conclut : 1° que l'État seul a qualité pour intenter les actions pétitoires immobilières et y défendre, 2° qu'il peut, pourvu qu'il fournisse au culte un autre édifice convenable, disposer d'une

église actuellement affectée à l'exercice du culte; 3° que s une partie de l'église vient à être distraite de l'édifice elle reste la propriété de l'État qui peut en disposer à son gré; 4° que l'État est propriétaire des meubles précieux rendus par le Concordat à leur affectation religieuse.

Une deuxième opinion soutenue par M. Affre (1) attribue aux paroisses la propriété de l'église.

La paroisse ne constituant pas une personne morale, cette opinion ne s'appuie sur aucune base juridique et peut être immédiatement écartée.

Une troisième opinion attribue la propriété de l'église à la fabrique et invoque les considérations suivantes :

La loi du 18 germinal an X, en remettant les églises à la disposition des évêques a voulu qu'elles reprissent leur ancien état. Or, sous l'ancien régime, les églises appartenaient aux fabriques, et comme celles-ci existaient virtuellement sinon en fait, au moment de la restitution, ordonnée par l'article 14 du Concordat c'est en leur faveur que cette restitution s'est opérée.

On ajoute que les avis du conseil d'État des 3 nivôse et 2 pluviôse an XIII, dont nous parlerons plus loin, et qui reconnaissent le droit de propriété de la commune, n'ont pas force législative parce qu'ils n'ont pas été insérés au *Bulletin des lois*. D'ailleurs, alors même que l'on admettrait que ces avis aient force de loi, on doit considérer que les décrets du 30 mai 1806 et du 30 décembre 1809 en impliquent l'abrogation : le premier, en décidant que les églises et les presbytères supprimés font partie des biens rendus aux fabriques et sont remis à celles des cures et succursales dans l'arrondissement desquelles ils seront situés; le second en imposant en principe aux fabriques les dépenses des églises, ce qui suppose un droit de propriété correspondant à cette charge (2).

Ce système a été admis également en Savoie par plusieurs décisions, rendues par application de la loi qui régissait la Savoie avant son annexion à la France et d'après laquelle la majorité des églises et de leurs dépendances formaient le temporel des fabriques (3). C'est ainsi que la cour d'appel de Savoie a décidé, en 1866, que les églises paroissiales sont la propriété exclusive des paroisses représentées par les conseils de fabrique, et que les communes n'y peuvent prétendre aucun droit, même de nue propriété, alors même qu'elles auraient participé à l'achat du terrain sur lequel les églises ont été bâties, ainsi qu'aux frais de construction. La commune qui a ainsi concouru à la construction d'une église paroissiale est réputée n'avoir agi qu'avec les fonds et pour le compte de la paroisse (4).

Depuis l'annexion de la Savoie à la France un jugement du tribunal de Chambéry (5) a décidé qu'en Savoie, sous l'empire des lois sardes, les églises et leurs dépendances appartenaient aux fabriques et non aux communes et que l'annexion de la Savoie au territoire français n'a porté aucune atteinte au droit acquis des fabriques.

Enfin une quatrième opinion, aujourd'hui consacrée par la jurisprudence du Conseil d'État et de la Cour de cassation, reconnaît aux communes la propriété des églises rendues au culte en exécution du Concordat. Elle se justifie par les considérations suivantes :

Le décret du 11 prairial an III a donné aux communes le libre usage des églises avec faculté de s'en servir pour l'exercice du culte. Le Concordat a transformé cette faculté en une obligation, mais il n'est nullement revenu sur l'attribution faite aux communes par la loi de l'an III. C'est donc avec raison que les avis du Conseil d'État des 3 nivôse et 6 pluviôse an XIII ont déclaré les églises propriétés communales. L'argument que les partisans de l'attribution de propriété aux fabriques opposent à la validité de ces avis, peut être aisé-

---

(1) En ce sens; déclaration de M. Lenoel, au Sénat, au nom de la commission (*Journ. offic.*, 17 février 1884.)
(2) Vuillefroy, *Traité de l'administration du culte catholique*, p. 303; — Dufour, *Police des cultes*, p. 619; — Gaudry, t. II, p. 497; — Cir. min. 20 novembre 1833; — de Champeaux, *Code des fabriques*, t. II, p. 581.
(3) Art. 28.
(4) Voir plus loin.
(5) Voy. *Revue critique*, décembre 1877, p. 737.

(1) Affre, *Traité des biens ecclésiastiques.*
(2) Foucart, *Éléments de droit administratif*, t. III, p. 571.
(3) Cass., Turin, 15 et 18 décembre 1838; — Solosse, *Traité de l'annexion*, p. 218.
(4) Cour d'appel de Chambéry, 30 mai 1866.
(5) Trib. de Chambéry, 4 février 1880.

ment réfuté. Ces avis n'ont pas été insérés au *Bulletin des lois*, mais ils n'en ont pas moins force de loi. En effet cette insertion n'est pas indispensable pour leur donner la force exécutoire. Un avis du 25 prairial an XIII, approuvé par l'Empereur et inséré au *Bulletin des lois* porte : « Quant à ceux qui ne sont point insérés au Bulletin, ou qui n'y sont indiqués que par leur titre, ils sont obligatoires du jour qu'il en est donné connaissance aux personnes qu'ils concernent, par publication, affiche, notification ou signification, en envois faits et ordonnés par les fonctionnaires publics (1). »

L'avis du 6 pluviôse an XIII, qui a fait l'objet de lettres et circulaires, de notifications au préfet et aux agents des domaines, doit donc être considéré comme ayant reçu une publicité qui lui donne force exécutoire.

De nombreux auteurs ont reconnu le droit de propriété des communes sur les églises restituées au culte par la loi de l'an X. Nous citerons notamment M. Aucoc (De la propriété des églises paroissiales, *Revue critique*, mars 1878, p. 170) ; Clérault, (*Revue de droit français*, 1847, p. 533) : F. Laferrière, Batbie, Ducrocq, dans leurs cours de droit administratif ; Gaudry (*Traité du domaine*, t. I, p. 164) qui, contrairement à l'opinion qu'il avait adoptée dans son *Traité de la législation des cultes*, t. II, p. 510, pense que les églises constituent des dépendances du domaine public municipal. Dans ce dernier traité cet auteur déclarait que la propriété des églises est une « propriété d'une nature particulière, assujettie à des règles spéciales, déposée cumulativement entre les mains des communes et des fabriques, dans l'intérêt exclusif et perpétuel du culte ». Le système intermédiaire qui rend la commune et la fabrique copropriétaires de l'église paraît difficilement acceptable ; comme le fait remarquer M. Appert, il sacrifie la logique au désir de concilier des prétentions contraires. Dans le sens de l'opinion de M. Gaudry on peut citer un arrêt de la Cour de Bordeaux du 6 février 1838 et un arrêt de la Cour de cassation du 7 juillet 1840. « Il résulte, dit l'arrêt de la Cour de cassation, des dispositions des lois précitées que la propriété absolue n'est exclusivement attribuée ni aux communes, ni aux fabriques » (2).

Le conseil d'État s'est constamment prononcé en faveur du droit de propriété de la commune.

Parmi ses nombreux avis on peut citer ceux du 3 juillet 1829, du 3 novembre 1836, du 12 février 1841, et parmi ses arrêts ceux du 15 juin 1835, du 31 janvier 1838, du 6 avril 1854, du 22 décembre 1859.

1928. *Propriété des églises paroissiales construites depuis le Concordat.* — Les églises paroissiales, construites depuis le Concordat, appartiennent soit à la fabrique soit à la commune, suivant que l'une ou l'autre a procédé à la construction avec ou sans le secours de l'État ou les souscriptions des fidèles.

Si la construction a été faite par la fabrique et par la commune, à frais communs, la propriété est acquise au propriétaire du sol, aux termes de l'article 552 du Code civil. Pour éviter toutefois les revendications qui pourraient se produire, au cas d'une désaffectation ultérieure, il est bon d'obtenir des fabriques, qui concourent aux frais de construction d'une église bâtie sur un terrain communal, qu'elles consentent à abandonner au profit de la commune, les droits, fondés ou non, qu'elle pourrait invoquer sur l'édifice.

Quels peuvent être ces droits? Est-ce un droit de propriété? Nous ne le pensons pas. Si une fabrique construit sur un terrain communal, la commune est propriétaire des constructions : *superficies solo cedit*. Toute la question est de savoir si, au cas de désaffectation dans l'avenir, la fabrique pourra obtenir des tribunaux l'allocation d'une indemnité.

On ne peut, selon nous, assimiler la fabrique qui a cons-

truit à un usufruitier et décider par conséquent que, par application des règles du Code, les constructions constituant des changements ou additions à des bâtiments déjà existants doivent être considérées comme des améliorations et appartenir à la commune vraie propriétaire sans qu'elle soit obligée de payer une indemnité à la fabrique usufruitière.

La fabrique n'est pas en effet usufruitière, puisqu'elle est tenue des grosses réparations, obligation à laquelle n'est pas tenu l'usufruitier. Elle est même tenue de la reconstruction, obligation à laquelle le propriétaire n'est pas tenu à l'égard de l'usufruitier quand la chose périt par vétusté ou cas fortuit (C. civ. art. 607).

Domanialité des églises. — Les églises, nécessaires au culte, affectées aux besoins religieux des fidèles, soit en vertu de l'article 12 du Concordat et des articles 75 et 77 de la loi du 18 germinal an X, soit en vertu d'une affectation postérieure conforme aux prescriptions de la loi organique des cultes, dans les limites des circonscriptions concordataires, sont soustraites aux règles ordinaires de la propriété privée et comprises dans le domaine public ; les personnes morales qui détiennent ces églises, n'ont pas sur les églises, l'*usus*, le *fructus* et l'*abusus* à la fois, elles n'en ont que la garde et la conservation dans l'intérêt général. Elles les détiennent uniquement dans l'intérêt du culte sans pouvoir les détourner de leur destination ou les affecter à des cultes différents.

Ces églises n'ont été classées directement dans le domaine public par aucun texte, elles ont été simplement mises hors du commerce et dotées ainsi des privilèges qui sont les attributs mêmes de la domanialité publique. Ce caractère de domanialité publique a été reconnu aux églises rendues au culte en exécution du Concordat, par une jurisprudence constante de la Cour de cassation et de la Cour d'appel (1).

Les auteurs, qui soutiennent que le domaine public est uniquement réparti entre les trois unités administratives, l'État, le département, la commune, éprouvent de l'embarras à déterminer le domaine public dans lequel il convient de classer les églises, qui sont assez fréquemment construites exclusivement aux frais de la fabrique sur un terrain lui appartenant.

D'autre part, ils ne peuvent se résoudre à priver du bénéfice de la domanialité publique ces édifices qui sont affectés à un service public et sont à l'usage de tous, M. Ducrocq (2) range ces églises dans le domaine public communal.

Il nous paraît impossible d'admettre qu'un édifice construit par la fabrique sur un terrain qui est sa propriété puisse être rangé dans le domaine public de la commune. La loi du 5 avril 1884 a d'ailleurs reconnu qu'il y avait des édifices de culte, n'appartenant pas aux communes, puisque, réformant sur ce point, la législation antérieure, elle a décidé que les édifices *communaux* seuls, affectés au culte, pourraient nécessiter le concours financier de la commune.

Nous pensons que les églises construites aux frais exclusifs des fabriques appartiennent à ces établissements, mais qu'elles font néanmoins partie du domaine public. Dans quel domaine public convient-il donc de les ranger? Lorsque le Code civil (3) a déterminé les biens du domaine public, il s'est occupé de leur emploi et des personnes auxquelles ils peuvent appartenir. Il se borne à déclarer que certains biens, quel qu'en soit le propriétaire, sont du domaine public, c'est-à-dire inaliénables et imprescriptibles, parce qu'ils sont à l'usage de tous. Il ne spécifie nullement que l'Etat, le département et les communes seuls, pourront détenir des biens du domaine public. Rien ne s'oppose donc à ce que les fabriques, qui sont chargées d'un service public, détiennent des biens du domaine public. Ajoutons que la loi de 1887 sur la conservation des monuments historiques et les objets d'art a formellement

---

(1) Aucoc, *Revue critique*, 1878, p. 171.
(2) Voy. aussi en ce sens : Dufour, *Police des cultes*, p. 619; — G. Dufour, *Traité de droit administratif appliqué*, 2ᵉ édit., t. III, p. 573); — Aucoc, *Journal de l'École des communes*, 1855, p. 199 et 253; — A. Desjardins, *De l'aliénation des biens de l'État et des communes*, p. 393.

(1) Arr. Toulouse, 13 mai 1831; Limoges, 22 août 1838; Caen, 11 décembre 1848; Paris, 16 février 1849 et 18 février 1851; Riom, 19 mai 1854; Rouen, 14 avril 1858; Agen, 23 janvier 1860 et 2 juillet 1862; — Cass., 12 décembre 1823, 19 avril 1825, 18 juillet 1838, 5 décembre 1838, 10 décembre 1849 et 7 novembre 1860.
(2) Voir Eglises.
(3) Art. 538.

reconnu qu'il peut y avoir un domaine public fabricien puisque les meubles *classés* des fabriques sont déclarés inaliénables et imprescriptibles, et offrent par conséquent les deux caractères constitutifs de la domanialité publique.

Ce sont donc les fabriques qui auront la garde et la conservation des églises nécessaires au culte, construites à leurs frais, que l'article 12 du Concordat range implicitement dans le domaine public, en les mettant hors du commerce. Ce droit de la fabrique n'est interdit par aucun texte, il rentre au contraire dans le caractère même de son institution puisqu'aux termes du décret du 30 décembre 1809, cette catégorie d'établissements ecclésiastiques est chargée de veiller à l'entretien et à la conservation des temples.

1929. *Conséquences de la domanialité des églises.* — Le principe de l'imprescriptibilité du domaine public, applicable aux églises, les protège non seulement contre toute prescription de propriété mais encore contre toute création de droits de servitude au profit des particuliers.

Par suite, si des constructions ont été élevées contre cette église, même depuis plus de trente ans, la démolition peut en être requise, alors surtout que ces constructions portent sur les fondations de l'église (1).

Le principe de l'imprescriptibilité des églises s'étend non seulement aux piliers extérieurs ou contreforts qui en soutiennent les murs, mais encore aux terrains ou espaces compris entre les contreforts aussi bien qu'au corps même de l'édifice. Dès lors, si des constructions ont été élevées sur ces terrains, même depuis un temps immémorial, la démolition de ces constructions peut être ordonnée sur la demande de la fabrique (2). On comprend d'ailleurs que l'occupation de ces terrains par des constructions rendrait impossible toute réparation à la partie intérieure des piliers, sans lesquels l'édifice ne serait plus solide et ne pourrait subsister longtemps. Le *Journal des Communes* ajoute : Les terrains situés entre les piliers d'une église doivent être imprescriptibles parce qu'ils peuvent servir d'emplacement à la construction d'un nouveau contrefort, s'il est reconnu nécessaire pour consolider l'église.

Le principe de l'imprescriptibilité des édifices consacrés au culte ne s'applique pas aux églises ou chapelles particulières ou appartenant à un établissement quelconque communauté ou hospice, c'est la conséquence logique du principe que nous avons établi plus haut, à savoir que les églises nécessaires au culte font seules partie du domaine public.

1930. *Chemins de ronde.* — Les seules prescriptions d'ordre général que l'on puisse citer comme relatives aux chemins de ronde laissés autour des églises résultent d'un avis du Conseil d'État du 20 décembre 1806 (3).

Cet avis a été émis par le Conseil d'État à l'occasion d'un projet de décret tendant à faire décider qu'à l'avenir, dans les communes rurales, il serait réservé une place et un chemin de ronde devant et autour des églises, sur le terrain des an-

ciens cimetières qui seraient aliénés ou affermés. Les termes démontrent que l'avis ne s'applique pas à toutes les églises indistinctement, mais seulement à celles qui sont entourées d'anciens cimetières. Il ne prescrit pas que l'on retranche une portion quelconque de ces cimetières tant qu'ils restent disponibles dans le domaine communal pour l'affecter au service de chemins de ronde, c'est seulement en cas de mise en ferme ou d'aliénation qu'il signale comme devant être réservé ce qui sera nécessaire pour remplir cette destination.

Il est à remarquer, en outre, que le Conseil d'État déclare qu'il n'y a pas lieu de rendre sur la question qui lui était soumise un décret général, et qu'il suffisait que le ministre ordonnât aux maires de ne vendre aucun ancien cimetière sans lui soumettre le projet d'aliénation, afin qu'il décidât quelles seraient les parties de ces anciens cimetières qui pourraient être aliénées et celles qu'on devrait réserver pour laisser aux églises l'air, le jour nécessaire et une libre circulation.

Un décret du 4 avril 1866 décide qu'une commune peut recourir à l'expropriation pour cause d'utilité publique pour acquérir les terrains nécessaires à l'établissement d'un chemin de ronde même en faveur d'une simple chapelle de secours (1).

Suivant une décision ministérielle du 16 mai 1877, les chemins de ronde sont considérés comme des dépendances de l'église, et, à ce titre, ils sont soumis à la surveillance des autorités chargées de veiller aux intérêts du culte, à la conservation et à la dignité de l'église (2).

On a voulu déclarer les chemins de ronde inaliénables et imprescriptibles.

Mais cette prétention a été repoussée par cette considération fort juste que ce terrain ne constitue pas une partie intégrante de l'édifice (3).

1931. *A qui appartient l'exercice des actions concernant les églises ?* — Est-ce à la commune, en vertu d'un droit de propriété, qu'il appartient d'intenter et de soutenir les actions concernant l'église ? Un arrêt isolé d'une Cour d'appel a refusé aux communes ce droit qu'il déclarait n'appartenir qu'aux fabriques (4), mais cette doctrine est généralement condamnée, à juste titre, par la jurisprudence et les auteurs ; on ne peut, en effet, admettre que la commune propriétaire de l'édifice religieux ne puisse exercer les actions relatives à cet édifice.

La fabrique a-t-elle le droit d'action conjointement avec la commune, relativement à la propriété de l'église ?

Plusieurs arrêts des cours d'appel le lui refusent (5).

Mais cette doctrine nous paraît résulter d'une fausse interprétation de la situation légale de la fabrique, qu'on assimile à tort à un usufruitier et qui, conformément à l'article 614 du Code civil, ne serait tenue que de dénoncer les usurpations à la commune, nu-propriétaire. Mais les églises, faisant partie du domaine public, échappent aux règles ordinaires de la propriété privée ; le droit de propriété de la com-

(1) Paris, 18 février 1831.
(2) Agen, 2 juillet 1862.
(3) C. d'Et., avis du 20 décembre 1806, relatif aux chemins de ronde à réserver autour des églises dans les communes rurales, lors de l'aliénation des anciens cimetières supprimés. — « Le Conseil d'État, qui, d'après le renvoi ordonné par Sa Majesté, a entendu le rapport de la section de l'intérieur sur celui du ministre de département, tendant à faire adopter, conformément à l'avis du ministre des cultes, un décret pour ordonner qu'à l'avenir, dans les communes rurales, il sera réservé devant et autour des églises, sur le terrain des anciens cimetières qui seront affermés ou aliénés, une place et un chemin de ronde dont les dimensions sont prescrites dans ce projet de décret ; — Considérant que les dispositions de ce décret ne pourraient être applicables à toutes les différentes localités, les églises étant isolées dans une commune, et bordées ou entourées de bâtiments dans d'autres ; — Est d'avis qu'il n'y a pas lieu à rendre sur cette matière un décret général, et qu'il suffit que le ministre ordonne aux maires des communes de ne vendre aucun ancien cimetière sans lui soumettre le projet d'aliénation, afin qu'il décide quelles seront les parties de ces anciens cimetières qui pourront être aliénées et celles qu'on devra réserver pour laisser aux églises l'air, le jour nécessaire, une libre circulation et de faciles communications. »

Cet avis du Conseil d'État n'a pas été inséré au *Bulletin des lois*, mais il se trouve reproduit dans divers recueils et dans différentes collec-

tions ; et partout il est indiqué comme ayant été approuvé par l'Empereur, le 25 janvier 1807. Toutefois la preuve de cette approbation ne se trouve nulle part et il est à penser qu'elle n'a jamais eu lieu (*l. c. f.*, 1840-1841, p. 353).

Toutefois, d'après le même journal (1879, p. 254) « la preuve manifeste de cette approbation se trouve dans la circulaire du mois d'avril 1807, par laquelle M. Portalis, ministre des cultes, envoya aux évêques un *avis du Conseil d'État*, approuvé le 25 janvier 1807, portant... » Il n'est pas possible, dit le même journal « d'admettre que le ministre des cultes eût pu, trois mois après l'émission d'un cet avis par le Conseil d'État, le présenter aux évêques comme ayant été approuvé par l'Empereur, si réellement il ne l'eût pas été ».

(1) D. 4 avril 1866. — « ... Art. 9. Est déclaré d'utilité publique l'établissement d'un chemin de ronde autour de l'église de Saint-Colombier, commune de Sarzeau (Morbihan), érigée en chapelle de secours par l'article 1er du présent décret. — En conséquence, la commune de Sarzeau est autorisée à acquérir, soit à l'amiable, au prix qui sera fixé d'après une expertise contradictoire, soit par expropriation, s'il y a lieu, conformément à la loi du 3 mai 1841, une parcelle de terrain appartenant à..., etc. »
(2) L. min. 16 mai 1877.
(3) Cass. 7 novembre 1860.
(4) Nancy, 31 mai 1827 ; — Ducrocq, p. 43, note.
(5) Ducrocq, p. 44, note 2.

mune se réduit à une mission de conservation et de surveillance dans l'intérêt public. L'église ne peut être considérée comme grevée d'un droit d'usufruit au profit de la fabrique; c'est un immeuble communal qui reçoit une affectation administrative *sui generis*, sans analogue dans le droit civil.

Si la commune a le droit d'action, à titre de propriétaire, ce droit appartient aussi conjointement à la fabrique, et ce droit, elle le puise dans un article formel de la loi du 18 germinal an X, qui a chargé cet établissement ecclésiastique de « veiller à l'entretien et à la conservation des temples » (1).

Cette mission ne se réduirait-elle pas à un droit dérisoire si la fabrique ne pouvait exercer toutes les actions relatives à la conservation des édifices religieux, aussi bien que d'y défendre ?

Le droit pour la fabrique et la commune d'agir conjointement est reconnu par la plupart des auteurs, par la jurisprudence des Cours d'appel et celle de la Cour de cassation (2).

Les fabriques étant chargées de veiller à l'entretien et à la conservation des églises ont une action directe et personnelle, indépendamment de celle qui appartient à la commune comme propriétaire. En conséquence, la fabrique a qualité pour appeler d'un jugement, rendu sur la demande formée conjointement par la commune et la fabrique, pour obtenir la suppression d'ouvrages établis entre les bâtiments de l'église et ses dépendances, bien que la commune ne soit pas intervenue dans l'instance d'appel (3).

Quant au droit de la commune d'intenter les actions intéressant les églises, il subsiste malgré le droit accordé à la fabrique.

C'est ainsi qu'il a été décidé que les dispositions qui ont chargé les fabriques de veiller à la conservation et à l'entretien des églises, ont en même temps imposé aux communes l'obligation de fournir aux grosses réparations, que la surveillance confiée aux fabriques n'est pas exclusive de celle que doivent exercer le maire et le conseil municipal, qui, par conséquent, ont le droit d'empêcher qu'il ne soit porté atteinte aux intérêts de la commune et de défendre les églises contre tout envahissement et contre tout acte qui serait préjudiciable à ses intérêts (4).

La fabrique a le droit d'agir non seulement contre les tiers mais aussi contre la commune qui, par ses actes, porterait atteinte au droit de jouissance appartenant à l'établissement ecclésiastique sur l'édifice religieux.

Il a été jugé dans ce sens que les droits de la fabrique et de la commune sont parallèles, et de telle nature que la commune propriétaire ne saurait être admise à porter atteinte au droit de jouissance de la fabrique en amoindrissant d'une manière quelconque la chose dont elle jouit, en la grevant de servitudes, ou en rendant plus difficile l'obligation imposée à cette dernière de veiller à l'entretien et à la conservation de l'édifice (5).

ARTICLE 2. — *Des objets mobiliers dépendant des églises.*

1932. En même temps que ces édifices consacrés au culte,

l'État mettait encore à la disposition des évêques les objets mobiliers que renfermaient les édifices, au moment du Concordat.

Depuis cette époque, il n'a cessé ou d'accorder aux fabriques des subventions pour l'acquisition d'objets mobiliers, ou de leur attribuer la décoration des églises des œuvres d'art acquises dans ce but par le gouvernement.

A qui appartiennent ces objets ? Il faut faire une première distinction entre les meubles devenus immeubles par leur incorporation à l'église et les meubles qui ont conservé leur caractère mobilier.

Si l'on admet avec la jurisprudence actuelle et la plupart des auteurs que les églises rendues à l'exercice du culte sont des propriétés communales, il faut reconnaître également que les meubles unis et incorporés à ces édifices au moment de leur restitution au culte et qui y étaient attachés à perpétuelle demeure conformément à l'article 525 du Code civil sont la propriété des communes.

Ils sont, ainsi que l'église elle-même, inaliénables et imprescriptibles. Ils ne peuvent être modifiés, enlevés ou changés, que comme une partie de l'immeuble et en remplissant les mêmes formalités.

On considère comme attachés à l'église à perpétuelle demeure et immeubles comme elle les chapelles, les autels fixes, les boiseries scellées dans les murs et faisant corps avec le monument, les stalles fixes, la chaire, les tribunes, les grands jeux d'orgues élevés sur une maçonnerie et qui entrent dans la décoration générale de l'édifice, les tableaux et ornements encadrés dans la boiserie et faisant corps avec elle, les statues dans les niches pratiquées pour les recevoir, tous les objets enfin scellés de telle sorte qu'ils ne peuvent être enlevés sans être fracturés ou détériorés, ou sans briser ou détériorer la partie de l'édifice à laquelle ils sont fixés (1).

Par application de ce principe, les orgues ne sont considérées comme immeubles que lorsqu'elles tiennent à l'édifice, qu'elles sont élevées sur des constructions fixes destinées à les recevoir, et qu'elles sont scellées dans les bâtisses ou dans les murs de l'église. Les orgues mobiles sont meubles (2).

1933. Suivant un arrêt de la Cour de Rouen, du 23 avril 1866, les cloches ne deviennent pas immeubles par destination par le seul fait de leur introduction dans le clocher. Cette Cour a décidé que les cloches peuvent être considérées comme des meubles lorsqu'elles sont installées dans un clocher au moyen d'une charpente isolée et sans adhérence à la maçonnerie. « En principe, porte cet arrêt, les cloches sont meubles; elles ne peuvent cesser de l'être pour devenir immeubles par destination que dans les cas exceptionnels énumérés aux articles 524 et 525 du Code civil ».

L'arrêt de la Cour de Rouen cite trois décisions conformes du ministre des cultes rendues en l'an XIV, en 1837 et en 1854 (3).

Gaudry (4) pense, au contraire, que les cloches, doivent toujours être considérées comme unies et incorporées à l'édifice : « Elles font partie du clocher, dit cet auteur, comme le clocher fait partie de l'église ; et elles sont fixées sur des charpentes en bois formant corps avec le bâtiment ». Il admet cependant qu'il en serait autrement s'il s'agissait de cloches de moindre dimension, placées dans des cages mobiles, indépendantes de la construction de l'église.

Quelle que soit l'opinion que l'on adopte sur la nature juridique des cloches, elles sont soumises, jusqu'à preuve contraire, aux mêmes droits que l'église, dont elles ne sont que l'accessoire.

Il a été jugé, par suite, que ni la fabrique, simple usufruitière en principe, ni, à plus forte raison, le curé, qui n'est investi par ses fonctions d'aucun pouvoir spécial en ce qui

(1) Art. 76.
(2) Blanche, *Dictionnaire général d'administration*, v° FABRIQUES, 1882, n° 1129; — Dufour, *Droit administratif*, 3° édit., t. VI, n° 219; Chauveau et Tambour, *Instructions administratives*, 4° édit., t. I, n° 112; — Aucoc, *Revue critique*, 1878, p. 171 ; — Pau, 22 novembre 1886.
(3) Agen, 2 juillet 1862.
(4) Paris, 25 février 1860 : « La Cour, — Sur l'exception tirée du défaut de qualité opposé au maire de la commune : — Considérant que les dispositions des lois et décrets qui ont rendu à leur ancienne destination les édifices consacrés au culte catholique n'en ont pas attribué la propriété aux fabriques; qu'en les chargeant de veiller à leur conservation et à leur entretien, en même temps imposé aux communes l'obligation de fournir aux grosses réparations; que la surveillance confiée aux fabriques n'est donc pas exclusive de celle que doivent exercer le maire et le conseil municipal, et du droit qui leur appartient spécialement, d'empêcher qu'il ne soit porté atteinte aux intérêts de la commune, et par suite, de défendre les églises contre tout envahissement et contre tout acte qui serait préjudiciable à ses intérêts ; qu'ainsi le maire de la commune d'Ozour avait qualité pour intenter l'action; — Rejette la fin de non-recevoir, etc. »
(5) Pau, 22 novembre 1886.

(1) Code civ., art. 525; — Gaudry, t. II, n° 725.
(2) Gaudry, t. II, n° 730.
(3) Dans le même sens; jugement du tribunal d'Annecy du 5 décembre 1889.
(4) Gaudry, t. II, n° 731.

concerne l'administration des biens affectés à l'exercice du culte ne sauraient, sans en référer à la commune, propriétaire de l'église, faire enlever du clocher une cloche pour la remplacer par une autre.

Si ce remplacement a eu lieu, la commune a sur la nouvelle cloche les mêmes droits que sur l'ancienne.

La jurisprudence administrative du Conseil d'État décide que les cloches devenant immeubles par destination du jour où elles sont installées dans le clocher, il y a lieu, par suite, lorsqu'un legs est fait à une fabrique pour l'acquisition d'une cloche, d'autoriser la commune et non la fabrique à accepter les legs de cette nature (1).

1934. L'*horloge* qui est ordinairement fixée à l'église paroissiale est-elle un meuble ou un immeuble ?

Suivant Gaudry, l'horloge est un immeuble par destination que la commune est réputée avoir attachée à l'édifice religieux à perpétuité ; la commune ne pourrait donc pas la faire supprimer, bien qu'elle soit sa propriété (2).

Suivant le *Journal des conseils de fabrique*, dans le cas où l'église n'aurait pas d'horloge et n'aurait pas été édifiée de manière à en recevoir une commodément, l'autorité municipale ne pourrait en faire établir dans le clocher, sans le consentement de la fabrique (3).

Mais cette opinion nous paraît excessive. L'utilité d'une horloge n'est pas, en effet, surtout dans les communes rurales, d'ordre purement religieux ; elle est aussi d'ordre civil et intéresse la population tout entière. Le clocher est presque toujours l'endroit le mieux approprié à la pose d'une horloge ; il se peut même qu'il n'en existe pas d'autre. Si donc la fabrique n'a pas de motif d'opposition sérieux, tiré par exemple de considérations architecturales que l'autorité compétente aurait à apprécier, nous pensons que la commune propriétaire de l'édifice pourrait procéder à l'établissement d'une horloge.

Nous pensons d'ailleurs que le même droit appartiendrait à la fabrique, sous les mêmes réserves, si elle voulait établir une horloge à ses frais, en vue des intérêts religieux qui lui sont confiés. Telle est aussi l'opinion de Gaudry (4).

1935. Le caractère d'immeubles doit être également reconnu, par application de l'article 525 du Code civil, aux statues placées dans des niches, sur un piédestal ou sur un socle destinés à les recevoir, et, à plus forte raison aux monuments funèbres, mausolées ou pierres tombales édifiés dans les églises et engagés dans le sol ou dans les murailles (5).

1936. Doit-on regarder comme immeubles par destination, en vertu de l'article 524 du Code civil, les objets mobiliers non incorporés à la construction et qui ont seulement été placés dans l'église et pour son service, par exemple les vases sacrés, les candélabres, les croix, les encensoirs, les chaises, etc. ?

On décide généralement que ces objets conservent leur caractère mobilier (6).

Mais il ne résulte pas de là que tous les objets destinés au service du culte ou à l'ornementation de l'église, et qui ont conservé le caractère de meubles, puissent être aliénés comme des meubles ordinaires, appartiennent soit à la fabrique, soit à la commune.

Des distinctions sont nécessaires.

S'il s'agit d'objets remis aux églises par l'État soit à

l'époque du Concordat, soit postérieurement, ils doivent être considérés, pour la plupart, comme grevés d'une affectation spéciale et comme donnés sous une condition tout au moins tacite qui n'en permet pas la libre disposition et qui peut même en réserver la propriété à l'État.

Pour déterminer quels sont ces objets, il convient de se reporter aux textes qui les concernent.

Ces textes peuvent être divisés en deux catégories : ceux qui ont fait passer les propriétés ecclésiastiques dans le domaine de l'État, et ceux qui les ont rendus au commerce ; or, les textes attribuant à l'État les biens ecclésiastiques assimilent complètement les meubles aux immeubles et déclarent ces deux catégories de biens propriétés nationales, tandis que les dispositions transférant aux communes les droits de l'État, mentionnent exclusivement les immeubles. Du rapprochement de ces divers actes, du silence gardé par les lois de restitution sur les meubles, on a conclu que cette dernière espèce de biens n'a pas cessé d'appartenir à l'État.

Des décisions ministérielles ou des jugements des tribunaux ont eu plusieurs fois à se prononcer sur ces questions qui ont appelé en dernier lieu l'attention du législateur lui-même et ont motivé la loi du 30 mars 1887 dont nous parlerons plus loin.

Parmi les circulaires ministérielles, nous citerons celle du 22 décembre 1882, où on lit : « Les objets qui garnissaient les édifices religieux au moment du Concordat, comme ceux qui sont venus s'y joindre par voie d'acquisition, de donation ou de prêt, qu'ils soient la propriété des communes, de l'État ou des fabriques, sont confiés par le décret du 30 décembre 1809 (art. 1er et 37, § 4) à la garde du conseil de fabrique dont la responsabilité collective est assurée administrativement par l'article 5 de l'ordonnance du 12 janvier 1825 et judiciairement par les dispositions du Code civil (art. 1383, 1992 et 2121). »

Parmi les décisions judiciaires intervenues sur la même question, on peut citer celles qui ont été rendues : 1° Par le tribunal de Nantua (3 août 1870) et par la cour de Lyon (19 décembre 1873) au sujet de l'aliénation par la fabrique de l'église de Nantua d'un tableau d'Eugène Delacroix donné à cette église par le gouvernement ; 2° par le tribunal de la Seine (22 juin 1877) et par la cour d'appel de Paris (12 juillet 1879) au sujet de la vente par la fabrique de l'église Saint-Gervais d'anciennes tapisseries remises à cette église.

Dans ces deux affaires, la vente a été annulée (1).

(1) C. d'Ét., note, 5 juin 1888 ; legs par le sieur Meunier à divers établissements de l'Allier. — « La section de l'intérieur et des cultes, etc., avant de statuer sur le projet de décret ayant pour objet de faire accepter par la fabrique de l'église curiale de Gannat (Allier), le legs d'une somme de 1,000 francs fait par le sieur Meunier pour installer une cloche dans l'église Saint-Étienne de Gannat, a pensé que, la cloche devenant immeuble par destination du jour où elle serait installée dans le clocher, il convenait d'autoriser la commune et non la fabrique à accepter le legs en question, après qu'il aura été procédé à une instruction régulière. »
(2) Gaudry, t. II, n° 732.
(3) J. c. f., t. VII, p. 368.
(4) Gaudry, t. II, n° 732.
(5) Paris, 13 mars 1880.
(6) Gaudry, t. II, n° 726.

(1) En 1855, le gouvernement avait acheté un tableau d'Eugène Delacroix, et, deux ans plus tard, en avait fait don à l'église de Nantua ; en 1869, la fabrique de cette église voulant se créer des ressources pour équilibrer son budget, vendit le tableau. Le conseil municipal de Nantua, qui n'avait pas été consulté, assigna la fabrique et l'acheteur en réintégration du tableau. Un jugement du tribunal de Nantua, du 3 août 1870, repoussa la demande de la commune, en déclarant que le tableau ayant été donné par l'État à l'église de Nantua, la commune n'avait pas qualité pour agir contre la fabrique et contre l'acquéreur. Appel de cette décision fut interjeté par la commune qui se prétendait bénéficiaire de la donation de 1857. La cour de Lyon, par arrêt du 19 décembre 1873, a décidé que ce tableau acquis par l'État et donné par le ministre demeurait frappé d'une affectation spéciale perpétuelle, faisait partie du domaine public et par conséquent était inaliénable ; par suite elle a condamné la fabrique et l'acquéreur à faire la restitution du tableau, et déclaré que l'acquéreur considéré comme de mauvaise foi n'avait pas droit à des dommages-intérêts.
On lit dans les motifs de cet arrêt : — « Considérant que, pour apprécier l'étendue des droits conférés par la donation de 1857, il importe, avant tout, de déterminer quels étaient ceux du donateur ; que le tableau donné par l'État avait été acheté avec les fonds mis chaque année à la disposition du ministre pour l'acquisition d'objets d'art, qui constitue une véritable richesse nationale inaliénable et imprescriptible, comme tout ce qui fait partie du domaine de l'État ; que si, dans un intérêt public et pour propager le goût des beaux-arts, le ministre gratifie souvent les départements, les communes, les musées ou les églises, des tableaux et statues achetés ainsi avec les fonds du trésor, il ne leur confère pas le droit qu'il n'a pas lui-même de les aliéner et de les jeter dans le commerce ; que l'État, lorsqu'il affecte des objets d'art à une destination publique, fait une libéralité d'une nature particulière ; qu'il les livre avec le caractère d'inaliénabilité qu'ils tiennent de leur origine, et n'en donne la jouissance qu'avec la condition implicite qu'ils resteront à perpétuelle demeure dans les monuments publics auxquels ils sont affectés ; que la théorie contraire, si elle était admise, aurait cette conséquence désastreuse de faire passer rapidement en des mains étrangères une partie importante de nos richesses artistiques ; que si la

La loi du 30 mars 1887, sur la conservation des monuments et objets d'art ayant un intérêt historique et artistique, a fait disparaître en partie les difficultés qui s'étaient élevées au sujet des objets d'art placés dans les églises.

Cette loi porte, en effet (1), qu'il sera fait, pas les soins du ministre de l'instruction publique et des beaux-arts, un classement des objets mobiliers appartenant à l'État, aux départements, aux communes et aux fabriques, dont la conservation présente, au point de vue de l'histoire ou de l'art, un intérêt national.

L'article 10 déclare inaliénables et imprescriptibles les objets d'art ainsi classés et appartenant à l'État.

Les objets classés appartenant aux départements, aux communes, aux fabriques ou autres établissements publics ne peuvent même être restaurés, réparés, aliénés par don, vente ou échange, qu'avec l'autorisation du ministre de l'instruction publique et des beaux-arts (2).

L'aliénation faite en violation de ces prescriptions est nulle; la nullité en est poursuivie par le propriétaire vendeur ou par le ministre de l'instruction publique et des beaux-arts, sans préjudice des dommages-intérêts qui pourraient être réclamés contre les parties contractantes et contre l'officier public qui a prêté son concours à l'acte d'aliénation (3). Les objets classés qui auraient été aliénés irrégulièrement, perdus ou volés, pourront être revendiqués pendant trois ans par les propriétaires ou, à leur défaut, par le ministre de l'instruction publique et des beaux-arts (4).

ARTICLE 3. — Presbytères.

1937. Lors de la réorganisation du culte, les presbytères et jardins attenants, non aliénés, furent, en vertu de la loi du 18 germinal an X, rendus aux curés et aux desservants des succursales (5). A défaut de ces presbytères, les conseils généraux des communes étaient autorisés à leur procurer un logement et un jardin. Car, ainsi que le disait Portalis : « On doit la subsistance aux ministres du culte ; conséquemment on leur doit le logement que les jurisconsultes ont toujours regardé comme si nécessaire qu'ils le réputent compris dans le mot aliments » (1).

Le décret du 30 décembre 1809 (2) rangea expressément parmi les charges des communes et des fabriques celle de fournir aux curés et aux desservants un presbytère ou, à défaut de presbytère ou de logement, une indemnité pécuniaire. La commune n'était tenue de cette dépense qu'à titre subsidiaire, au cas d'insuffisance des revenus de la fabrique.

Certains auteurs ont cru pouvoir s'appuyer sur l'article 29 de la loi du 18 juillet 1837 qui déclare obligatoire pour la commune, l'indemnité de logement quand il n'est pas fourni en nature, pour soutenir que la dépense incombait à la commune seule. — Cette doctrine, admise par la Cour de cassation (3), a été constamment condamnée par la jurisprudence du Conseil d'État (4). La loi du 5 avril 1884 (5) a formellement déclaré que l'indemnité de logement ne serait pour la commune une dépense obligatoire que lorsqu'il n'existerait pas de bâtiment affecté à leur logement et lorsque la fabrique ne pourrait pourvoir elle-même au payement de cette indemnité (6). Il est à remarquer que la loi du 5 avril 1884 n'était pas applicable à Paris, l'article 29 de la loi du 18 juillet 1837 et les articles 92 et 93 du décret du 30 décembre 1809 sont, à l'égard de la ville de Paris, toujours en vigueur.

Dans la pratique, quand il est procédé à l'érection d'une cure ou succursale, ou d'une chapelle communale, la commune fournit le presbytère ou justifie des ressources suffisantes pour l'acquérir. La dépense relative au logement des curés et desservants incombe cependant, d'après la loi du 5 avril 1884, en première ligne à la fabrique, mais, comme lors de l'instruction de l'érection, la fabrique n'existe pas encore, c'est la commune qui fait les frais d'acquisition. Cette pratique peut soulever des objections.

En effet, la loi du 5 avril 1884 a eu pour but d'exonérer la commune des dépenses de culte qui lui avaient été à tort imposées par la législation antérieure. Ne semblerait-il pas conforme à l'esprit de cette loi, lors de l'érection d'une chapelle communale, (car l'administration n'érige plus de cure ou de succursale) de faire observer à la commune que la dépense d'acquisition du presbytère ne lui incombe pas, qu'elle doit se borner à prendre l'engagement d'assurer au chapelain une indemnité de logement jusqu'au jour où la fabrique, une fois créée, aura les ressources suffisantes pour acquérir un presbytère ou fournir l'indemnité de logement?

La jurisprudence du Conseil d'État semble conforme à l'opinion que nous soutenons. Un arrêt du 27 novembre 1885, décide qu'aucune disposition de loi n'impose aux communes l'obligation de construire des presbytères pour l'habitation des curés ou desservants. Il décide même que si une commune a acquis des terrains et passé un marché pour la construction d'un presbytère, elle peut, bien que cette construction soit commencée et que la fabrique ait accordé une subvention, en vue de la création du presbytère, renoncer à la construction sans qu'aucune indemnité puisse lui être réclamée (7).

---

clause restrictive n'a pas été formulée dans la donation, c'est qu'elle résultait de la nature même des choses ; — ... Considérant que la nullité de la vente doit avoir pour résultat nécessaire le rétablissement du tableau d'Eugène Delacroix dans l'église de Nantua, et la restitution par la fabrique des sommes qu'elle a reçues du sieur Brame ou qu'il a employées pour elle en vertu des stipulations de la vente du 18 avril 1869, ainsi que du tableau représentant l'archange saint Michel qui lui a été remis en sus du prix convenu en argent ;...

« Par ces motifs... Dit et prononce qu'il a été mal jugé, bien appelé ; réformant et faisant ce que les premiers juges auraient dû faire, déclare nulle et de nul effet la vente du tableau d'Eugène Delacroix, représentant le martyre de saint Sébastien consentie par la fabrique de l'église de Nantua au sieur Brame, le 18 avril 1869 ; — Condamne le conseil de fabrique et le sieur Brame à réintégrer, dans le mois qui suivra la signification de l'arrêt, ledit tableau dans l'église de Nantua ; à défaut de le faire, dit qu'il sera fait droit ; — Rejette la demande en dommages-intérêts formée par le sieur Brame contre le conseil de fabrique ; — Condamne ladite fabrique à restituer au sieur Brame : 1° les sommes qu'il lui a payées ou dit qu'il a employées pour elle en vertu de l'acte de vente précité ; 2° le tableau représentant l'archange saint Michel, qui a été livré par Brame en sus du prix convenu en argent ; — Dit, toutefois, que les frais de la vente et ceux qui ont été la conséquence de cet acte resteront à la charge du sieur Brame ; — Condamne la fabrique et le sieur Brame aux dépens tant de première instance et d'appel, etc.).

Une autre affaire a donné lieu à un jugement dans le même sens du tribunal de la Seine.

La paroisse Saint-Gervais, à Paris, possédait cinq grandes tapisseries du dix-septième siècle ; en dehors de leur mérite artistique et de leur antiquité, ces tapisseries formaient par leurs dimensions un ensemble peut-être unique en son genre. Le conseil de fabrique, sans avoir demandé aucune autorisation et malgré les observations qui lui furent adressées à deux reprises par M. le préfet de la Seine, vendit en 1874, ces tapisseries à un marchand de curiosités et les bordures à un amateur. Le préfet de la Seine fit pratiquer une saisie-revendication chez ces deux acquéreurs et l'affaire fut portée devant le tribunal de la Seine.

Ce tribunal rendit le 22 juin 1877 un jugement qui, conformément aux conclusions du ministère public, ordonna la restitution à la ville de Paris des tapisseries de Saint-Gervais et condamna la fabrique à rembourser aux acquéreurs le prix de vente.

Ce jugement a été confirmé par arrêt de la cour de Paris du 21 juillet 1879.

(1) Art. 9.
(2) Art. 11.
(3) Art. 13.
(4) Art. 13.
(5) Art. 72.

(1) Portalis, Rapport sur les articles organiques.
(2) Art. 92 et 93.
(3) Cass. 7 janvier 1839.
(4) C. d'Ét. 21 août 1836 ; — C. Et. cont. 21 avril 1848, 14 mai 1858.
(5) Art. 136, § 11
(6) Voir CHARGES DES FABRIQUES
(7) C. d'Ét. 27 novembre 1885 : — « Considérant qu'aucune disposition de loi n'impose aux communes l'obligation de construire des presbytères pour l'habitation des curés ou desservants ; que, par sa délibération du 6 avril 1896, approuvée par arrêté du préfet de la Seine, du 19 avril suivant, le conseil municipal de la ville de Paris a décidé, il est vrai, qu'il y avait lieu d'exécuter le projet présenté par l'administration en vue de la construction d'un presbytère pour la paroisse Saint-Bernard, d'acquérir les terrains indiqués audit projet, et d'accepter l'offre faite par la fabrique de l'église Saint-Bernard, de contribuer à la

1938. *Jardins des presbytères.* — Différentes opinions se sont produites sur la question de savoir si les curés ont le droit d'exiger qu'un jardin soit attaché aux presbytères qui en sont dépourvus.

Dans le sens de l'affirmative on fait valoir que les lois du 18 octobre et 10 décembre 1790 portent qu'un jardin d'un demi-arpent sera réservé aux curés, et que l'article 72 de la loi du 18 germinal an X ordonne de leur rendre les jardins, non aliénés, des presbytères et autorise les conseils municipaux à leur procurer un jardin.

Un arrêt de la chambre des requêtes de la Cour de cassation du 21 janvier 1868 semble avoir admis cette opinion. Il a décidé que l'article 72 de la loi du 18 germinal an X qui a ordonné la restitution aux curés des presbytères et jardins attenants, non aliénés, ne s'applique, quant aux jardins, qu'aux terrains qui, avant la loi du 2 novembre 1789, portant réunion à l'Etat des biens ecclésiastiques, dépendaient du presbytère et dont le sol était alors en nature de jardin, ou si le sol n'était pas encore en nature de jardin, à une étendue d'un demi-arpent sur une plus grande contenance.

Mais suivant une décision ministérielle du 11 avril 1807, citée par Vuillefroy, la loi du 18 octobre 1790 aurait été abrogée par les lois postérieures.

Mais, d'après la jurisprudence constante du Conseil d'Etat et des ministres de l'Intérieur et des Cultes, les fabriques et les communes ne sont pas obligées de joindre un jardin aux presbytères (1). Les dispositions invoquées en faveur de l'affirmative sur cette question, n'ont pas été, en effet reproduites dans les décrets du 11 prairial an XII et 30 décembre 1809. L'article 4 du décret précité de l'an XII porte expressément que les desservants, rétribués sur les fonds de l'Etat, n'auraient rien à exiger des communes si ce n'est le logement. Le décret du 30 décembre 1809 (2) s'est borné à imposer aux communes et aux fabriques la charge de fournir aux curés un presbytère ou un logement, ou une indemnité de logement sans y ajouter l'obligation d'y joindre un jardin. Enfin les lois de 1837 et de 1884 sur l'organisation municipale ne mettent à la charge des communes que l'obligation de fournir aux curés, en cas d'insuffisance des ressources de la fabrique, une indemnité de logement.

Il a toujours été reconnu cependant que si la loi n'imposait pas aux communes l'obligation de fournir un jardin au curé, elles en avaient la faculté.

Lorsqu'une commune a usé de ce droit et affecté un jardin à la jouissance du curé ou desservant, il ne lui est plus permis de revenir arbitrairement sur sa décision ; le jardin ne peut plus être distrait du presbytère dont il est devenu partie intégrante, qu'en accomplissant les formalités exigées par l'ordonnance du 3 mars 1825 (3).

1939. *Propriété des presbytères.* — La question de la propriété des presbytères a, comme celle de la propriété des églises, donné lieu à des controverses. La jurisprudence reconnaît aujourd'hui que les presbytères appartiennent aux communes (1). Ils font partie du domaine privé.

L'administration et la jurisprudence belges ont admis pendant longtemps que les presbytères appartenaient aux fabriques (2). Mais l'opinion contraire a été admise dans des décisions rendues en 1880 par les tribunaux belges, qui ont décidé que la loi du 18 germinal an X a investi les communes de la propriété des presbytères, comme conséquence de l'obligation qu'elle leur imposait de fournir le logement aux curés et desservants (3).

On a soutenu aussi que les presbytères appartenaient aux curés et succursales (4) ; cette opinion est basée sur le texte de l'article 72 de la loi organique qui déclare que les presbytères non aliénés seront rendus aux curés.

Gaudry a combattu ce système en faisant remarquer que les biens de cures ont été légalement reconnus par le décret du 6 novembre 1813, et que ces biens, d'une nature spéciale, sont assujettis à d'autres règles. A la vérité, dit cet auteur, la loi du 18 germinal an X, par son article 72, a rendu ces presbytères aux curés ; mais alors les fabriques n'existaient pas. Par leur création, les biens destinés au culte et à ses ministres leur ont été dévolus. Il ne reste donc qu'à se prononcer entre les communes et les fabriques (5).

En faveur du système qui reconnaît la propriété aux fabriques, on invoque l'arrêté du 7 thermidor an XI qui met les fabriques en possession des biens non aliénés et des rentes des anciennes fabriques, sur le décret du 30 mai 1806 qui attribue aux fabriques les églises et presbytères supprimés, sur des décisions ministérielles des 5 février 1807, 20 décembre 1822 et 6 juillet 1823 qui ont rejeté les prétentions formées par des communes sur la propriété des presbytères. Enfin, une ordonnance du 3 mars 1825, dit Gaudry, suppose nécessairement la propriété des presbytères aux fabriques, puisque, dans son article 4, prévoyant le cas où le presbytère devrait être mis en location, dans les communes qui ne sont ni paroisses, ni succursales elle dit, que *le produit de cette location*, appartient à la *fabrique*, si le presbytère et ses dépendances *lui ont été remis*, en exécution de la loi du 18 germinal an X, de l'arrêté du 7 thermidor an XI et des décrets du 30 mai et du 31 juillet 1806 ; donc, conclut-il, on a considéré ces mesures législatives comme ayant ressaisi la fabrique de la propriété des presbytères (6).

Cette opinion n'a pas prévalu. La jurisprudence et les auteurs s'accordent généralement aujourd'hui pour reconnaître aux communes la propriété des presbytères.

Cette solution est fondée sur l'arrêté du 7 ventôse an XI, qui prescrivait aux conseils municipaux, en conséquence de l'article 72 de la loi du 18 germinal an X, de s'assembler pour délibérer sur les dispositions à prendre par les communes pour l'acquisition, la location ou la restauration des bâtiments destinés au culte, pour l'établissement ou la réparation des presbytères ; sur un avis du Conseil d'Etat du 26 pluviôse an XIII, portant que les églises et presbytères devaient être considérés comme propriétés communales, avis confirmé par un arrêt du 15 juin 1832, et par des avis postérieurs, notamment par ceux des 24 octobre 1832, 9 janvier

---

dépense jusqu'à concurrence d'une somme de 50,000 francs, payable en vingt années à partir de l'entrée en jouissance du presbytère, mais que la délibération ainsi prise par le conseil municipal ne constituait pas un engagement de la part de la ville de Paris de faire exécuter les travaux dont il s'agit ; que le contrat intervenu entre la fabrique et la ville n'a pas eu d'autre objet que l'acceptation de l'engagement pris par la fabrique de concourir à la dépense dans le cas où les travaux seraient complètement exécutés ; que la ville de Paris n'a fait qu'user de son droit en renonçant à la construction du presbytère, et que, dans ces circonstances, c'est avec raison que le conseil de préfecture de la Seine a décidé que la ville n'était tenue de payer aucune indemnité à la fabrique ; Considérant, d'autre part, qu'il ne pouvait appartenir au conseil de préfecture d'imposer à l'administration de la ville de Paris l'obligation d'exécuter les travaux ; qu'ainsi c'est à bon droit que l'arrêté attaqué a rejeté les conclusions de la fabrique tendant à faire ordonner l'achèvement des travaux du presbytère ;

« Décide : — La requête de la fabrique de l'église Saint-Bernard est rejetée. »

(1) Déc. min. cultes, 21 mars 1855 ; — J. c. f., 1882, p. 334.
(2) Art. 92.
(3) Déc. min. cultes, 21 mars 1855 ; — J. c. f., 1882, p. 334.

(1) Arr. 7 ventôse an XI, art. 44; — D. 30 décembre 1809; — Avis du C. d'Et., 3 nivôse et 2 pluviôse an XIII. — Voir Limoges, 3 mars 1836; Paris, 29 décembre 1835 ; — Avis du C. d'Et., 3 novembre 1836, qui déclare que « la propriété des presbytères des paroisses conservées par l'organisation ecclésiastique appartient aux communes dans la circonscription desquelles ces paroisses sont situées, et que la déclaration des parties superflues des dits presbytère doit être ordonnée sans indemnité pour les fabriques » ; — Lettre du 20 mars 1877 du ministre des cultes au préfet d'Ille-et-Vilaine, citée dans le *Journal des conseils de fabrique*, 1878, p. 47; — C. d'appel de Savoie, 30 mai 1854; Grenoble, 4 juillet 1855; Cass. req. 21 janvier 1868; — Agen, 28 février 1870; — cass. crim. rejet, 16 février 1883 ; — Confl., 15 décembre 1883.
(2) Bruxelles, 3 avril 1876.
(3) Bruxelles, 20 mars 1880, 25 mai 1880.
(4) Affre.
(5) T. II, n° 738.
(6) M. Gaudry, t. II, n° 739. — Cet auteur cite en faveur de son opinion un arrêt de la Cour de Nancy, du 31 mai 1827, un jugement du tribunal de Vendôme, du 13 décembre 1835, et une décision de la chambre des requêtes de la Cour de cassation, du 6 décembre 1836.

1833, 5 juin 1834, 10 octobre et 3 novembre 1836 (1), 7 mars 1838 et 12 février 1841; enfin, sur l'article 44 du décret du 30 décembre 1809, qui veut que, lors de la prise de possession de chaque curé ou desservant, il soit dressé, aux frais de la commune et à la diligence du maire, un état de situation du presbytère et de ses dépendances.

Bien que les presbytères appartiennent en principe aux communes, ils peuvent cependant être la propriété de la fabrique, ou même de la cure, en vertu du décret du 6 novembre 1813, qui reconnaît à ce dernier établissement la capacité d'acquérir (2).

Il est évident qu'il en est ainsi des presbytères acquis ou construits par les communes ou les fabriques, postérieurement à l'an X, qui sont propriétés communales ou fabriciennes.

Une circulaire ministérielle du 12 janvier 1882 décide que les églises et presbytères étant des édifices essentiellement *communaux*, il est indispensable que la propriété ne reste pas indécise entre la commune et la fabrique, lorsque l'une et l'autre concourent à la dépense. Elle invite, en conséquence, les préfets à n'autoriser aucune construction ou reconstruction si la fabrique ne consent tout d'abord, si elle que soit sa quote-part, à céder ses droits de propriété à la commune. Si un presbytère avait été construit à frais communs par la fabrique et par la commune sans que la question de propriété eût été ainsi réglée, il faudrait décider, conformément à l'article 552 du code civil, que la propriété de l'édifice appartient au propriétaire du sol.

La commune peut même n'avoir qu'un droit d'usage sur le

presbytère. Il en serait ainsi dans le cas où l'Etat aurait concédé à une ville l'usage d'une église et d'un hôtel servant de presbytère, dont il était propriétaire, à la condition d'y faire célébrer le culte catholique et d'affecter l'immeuble au logement du curé de la paroisse. Mais la ville ne peut vendre cet immeuble sans causer un préjudice à l'Etat, qui est fondé à en demander réparation (1).

1940. A la différence des églises, les presbytères ne sont pas hors du commerce; ils ne font pas partie, comme les églises du domaine public communal. Il en résulte que les actions relatives à ces immeubles seraient soumises aux règles de la prescription.

1941. *Distraction des parties superflues des presbytères.* — La commune peut obtenir l'autorisation de distraire, pour un autre service, les parties superflues du presbytère, trop étendu pour les besoins du curé ou desservant.

Suivant l'article 1er de l'ordonnance du 3 mars 1825, c'est seulement dans l'intérêt d'un service public communal que la distraction d'une partie d'un presbytère peut avoir lieu. La mesure serait inadmissible si elle n'avait d'autre but que d'accroître les ressources municipales. Mais il a été reconnu à diverses époques que les communes peuvent recourir, pour des besoins urgents, à l'aliénation pure et simple d'une portion des dépendances du presbytère, surtout lorsqu'il s'agit de consacrer le produit de la vente à l'amélioration du surplus de la propriété (2).

Doit-on observer les dispositions de l'ordonnance de 1825 pour le cas où l'administration municipale affecterait un autre local au logement du curé et disposerait du presbytère pour une autre affectation?

La jurisprudence administrative ne s'est pas prononcée sur cette question.

Toutefois, il semble que l'ordonnance de 1825 devrait être appliquée : une désaffectation est, en effet, plus grave qu'une simple distraction de parties superflues d'un presbytère; on ne saurait donc trop prendre de garanties pour des changements de cette nature. En outre, si l'accomplissement des formalités prescrites par l'ordonnance de 1825 n'était pas exigée, n'y aurait-il pas lieu de craindre dans certaines communes une trop grande tendance à désaffecter les presbytères, dans les cas où les conseils municipaux auraient ce pouvoir, d'après la loi du 5 avril 1884.

Le Conseil d'Etat a décidé que la question de savoir si le nouvel immeuble affecté par la commune au logement du desservant, en échange de celui qui a été désaffecté, est convenable ou non à sa destination, ne peut pas être discutée devant lui par la voie contentieuse (3).

Lorsqu'un immeuble, donné à une ville pour servir à perpétuité au logement du curé de la paroisse et de ses vicaires, a été postérieurement remplacé, du consentement de toutes les parties intéressées, par un autre immeuble appartenant à la ville et dans lequel le clergé paroissial est installé depuis longtemps, ce dernier immeuble doit être considéré comme ayant été régulièrement affecté à titre de presbytère.

Le maire qui en prononce la désaffectation par des arrêtés pris en exécution de délibérations du conseil municipal commet un excès de pouvoir entraînant l'annulation de ces arrêtés.

Il n'y a lieu, en ce cas, d'appliquer l'article 167 de la loi municipale du 5 avril 1884. La désaffectation ne peut être prononcée que par décret (4).

---

(1) C. d'Et., avis, 3 novembre 1836 : — « Le Conseil d'Etat, consulté par M. le Garde des Sceaux, ministre de la justice et des cultes, sur la question de savoir si la propriété des presbytères et de leurs dépendances, restitués en exécution de la loi du 18 germinal an X, appartient aux communes ou aux fabriques; — Vu la loi du 18 germinal an X, les avis du Conseil d'Etat des 3 nivôse, 2 pluviôse et 24 prairial an XIII, l'arrêté du 7 thermidor an XI, les décrets des 30 mai et 31 juillet 1806, 17 mars et 30 décembre 1809, l'ordonnance du roi du 3 mars 1825; — Considérant que l'article 72 de la loi du 18 germinal an X, ayant rendu aux curés et desservants les presbytères et jardins y attenants il s'est élevé la question de savoir si cette disposition renfermait un simple affectation au service du culte d'un édifice appartenant à l'Etat, ou bien si elle avait transporté aux communes la propriété des presbytères en compensation de la charge à elle imposée de fournir un logement aux curés et desservants; Considérant que cette question de propriété a été formellement résolue en faveur des communes par les avis du Conseil d'Etat des 3 nivôse et 2 pluviôse an XIII, avis approuvés, et ayant, par conséquent, force de loi; — Considérant que les lois et décrets invoqués en faveur des fabriques, loin d'infirmer le droit des communes, le confirmeraient au contraire, s'il en était besoin : que, si les presbytères ont été mis sous la main de la nation, en vertu de la loi du 2 novembre 1789, relative aux biens ecclésiastiques, et non en vertu de la loi du 24 août 1793, relative aux biens communaux, il faut remarquer que cette même loi met à la charge de l'Etat le logement des ministres du culte, obligation imposée de tout temps, et notamment par l'édit de 1693, aux communautés d'habitants; que cette circonstance explique suffisamment pourquoi l'Etat, en se substituant à une obligation spéciale des communes, s'est emparé des biens communaux destinés à l'accomplissement de cette obligation; qu'un surplus, en admettant même que les presbytères aient été mis, en 1789, à la disposition de la nation, à titre de biens ecclésiastiques, et non à titre de biens communaux, ce qu'il importe de savoir, ce n'est pas à quelle condition l'Etat a acquis la propriété des presbytères mais en faveur de qui il s'est dépouillé de cette propriété; que les avis du Conseil d'Etat ci-dessus cités établissent qu'il y a eu, de la part de l'Etat, abandon de la propriété des presbytères par la loi du 18 germinal an X, et que cet abandon a eu lieu au profit des communes; que cet abandon ne pouvait avoir lieu au profit des fabriques, puisqu'elles n'existaient pas lorsque la loi du 18 germinal an X a été rendue, et qu'elles n'ont commencé à être dotées que par l'arrêté du 7 thermidor an XI; — Considérant que si le décret du 30 mai 1806 a compris dans les biens restitués aux fabriques les églises et presbytères supprimés par suite de l'organisation ecclésiastique, il faut remarquer que ce même décret dispose que le produit de la location ou de la vente desdits édifices sera employé aux dépenses du logement des curés et desservants; qu'ainsi l'abandon de ces presbytères n'est pas fait aux fabriques purement ou simplement, mais sous la condition d'en affecter l'émolument à l'accomplissement d'une obligation qui est à la charge des communes, et non à la charge des fabriques; qu'ainsi se manifeste de nouveau la relation entre la propriété des presbytères et l'obligation d'y loger les curés ou desservants, relation sur laquelle se fonde le droit de propriété des communes sur les presbytères des paroisses conservées, puisque la charge de fournir le logement aux curés et desservants leur est imposée par l'article 92 du décret du 30 décembre 1809; que, pour les presbytères, comme pour les églises des paroisses supprimées et presbytères supprimés, le droit de propriété qui peut en résulter pour les fabriques ne peut s'étendre aux églises et presbytères conservés. »
(2) Riom, 2 août 1881.

(1) Orléans, 28 novembre 1884.
(2) Déc. min., *Bull. int.* 1856, p. 59 et 245; 1863, p. 176; 1869, p. 293.
(3) 15 février 1889, fabrique de Notre-Dame, à Givet.
(4) Cont. 9 août 1889 : — « Le Conseil d'Etat statuant au contentieux; — Vu la requête sommaire et le mémoire ampliatif présentés par le sieur Albouy, curé de la paroisse de Saint-Sernin, à Toulouse...; — Vu la loi du 5 avril 1884; — Vu les lois des 7-14 octobre 1790 et du 24 mai 1872, article 9; « Considérant que la requête susvisée tend à faire décider que la désaffectation de la collégiale Saint-Raymond, occupée depuis 1871 par le curé et les vicaires de la paroisse de Saint-Sernin, ne pouvait être prononcée que par un décret du Président de la République; — Consi-

La distraction ne doit être faite qu'autant que la partie à distraire est inutile au curé ou desservant et nécessaire à un autre service. Il n'y aurait pas lieu d'autoriser notamment une commune à distraire du jardin du presbytère une portion de terrain destinée à l'agrandissement de celui de l'instituteur, lorsque le jardin de la cure n'a qu'une petite étendue et que la commune peut se procurer ailleurs le terrain dont elle a besoin (1).

La distraction est applicable aux jardins et dépendances comme aux bâtiments.

Elle ne peut, en aucun cas, entraîner de la part de la commune une indemnité pécuniaire pour le desservant.

Le presbytère appartient à la fabrique, la distraction ne peut avoir lieu que du consentement de la fabrique propriétaire et avec l'approbation de l'autorité diocésaine, car l'ordonnance du 3 mars 1825 ne peut évidemment s'appliquer qu'au cas où les presbytères appartiennent aux communes (2)!

Toute demande à fin de distraction doit être accompagnée d'un plan qui figure le logement à laisser au curé ou desservant et la distribution à faire pour isoler ce logement (3).

Si l'autorité diocésaine ne fait pas opposition à la distraction, il est statué sur la distraction par arrêté préfectoral (4). Au cas d'opposition, il est statué par décret en conseil d'État (5).

Suivant un avis du Conseil d'État du 1er avril 1873, l'accomplissement des formalités prescrites par l'ordonnance du 3 mars 1825 et le décret du 25 mars 1852 est absolument exigé pour la distraction de parties superflues des presbytères ou des terrains qui en dépendent, même lorsqu'il s'agit de l'établissement d'un chemin vicinal (6).

On devrait donc considérer comme illégal l'arrêté d'alignement pris par un maire, sans l'observation des formes prescrites par les dispositions des ordonnances et décrets précités, pour réunir à la voie publique une portion du jardin du presbytère.

Il a été décidé de même que les formalités prescrites par l'ordonnance du 3 mars 1825 doivent être observées lorsque la distraction ne porte que sur les dépendances du presbytère. L'amodiation d'un pré ou d'une bruyère dépendant d'un presbytère ne peut être autorisée par le préfet si l'autorité diocésaine y forme opposition (1).

ARTICLE 4. — *Palais épiscopaux.*

1942. *Propriété des palais épiscopaux.* — La loi du 2 novembre 1789 a placé dans le domaine de l'État les palais épiscopaux qui existaient dans le domaine de l'Église. Après le Concordat, le gouvernement rendit à leur première destination un certain nombre de ces édifices encore existants et disponibles.

Les palais épiscopaux sont restés la propriété de l'État, comme les églises métropolitaines et cathédrales.

Toutefois, la question a été controversée.

On a prétendu que l'État n'était pas propriétaire de ces édifices, en disant que le Concordat n'avait ratifié que les aliénations qui auraient été faites des anciens biens ecclésiastiques en faveur des tiers acquéreurs, et que, par suite, les biens qui n'avaient pas été aliénés par l'État antérieurement au Concordat étaient rentrés dans le domaine de l'Église.

Cette opinion, soutenue par M. de Quélen dans une lettre adressée au ministre des cultes, du 18 septembre 1831, au sujet des terrains dépendant de l'ancien archevêché de Paris, fut repoussée par le Conseil d'État, qui déclara abusive la lettre de M. de Quélen (2).

La décision du Conseil d'État est fondée sur les considérations suivantes : l'article 12 du Concordat met à la disposition

---

dérant que, depuis l'année 1843, le clergé de ladite paroisse était installé dans une maison dont le sieur Carayon avait fait donation à la ville de Toulouse pour servir à perpétuité au logement du curé de la paroisse de Saint-Sernin et de ses vicaires, aux clauses et conditions approuvées par l'ordonnance royale du 10 octobre 1843; — Considérant qu'aux termes des délibérations des 8 novembre 1896 et 12 novembre 1897, approuvées par le préfet de la Haute-Garonne, la commission municipale de la ville de Toulouse a autorisé l'exécution des travaux à faire dans l'intérieur de la collégiale Saint-Raymond, en vue d'y établir le clergé de la paroisse; que, à voté les crédits nécessaires; Que le logement du clergé a été transféré, en 1871, de la maison Carayon, qui avait été reconnue impropre à cette destination et où un autre service a été installé, dans la collégiale Saint-Raymond, sans aucune réclamation de la part du légataire universel du donateur qui a fait connaître son adhésion par une lettre adressée au maire de Toulouse; qu'il suit de là que la collégiale Saint-Raymond est, du consentement de toutes les parties intéressées, devenu presbytère de la paroisse de Saint-Sernin et que, dans les circonstances de l'affaire, le maire de Toulouse ne pouvait, sans excéder ses pouvoirs, prescrire l'évacuation de la collégiale, avant que ledit immeuble ait été distrait du service religieux par un décret; que, par suite, le curé et la fabrique de la paroisse de Saint-Sernin sont fondés à demander l'annulation des décisions attaquées;

« Décide : — Art. 1er. Les décisions susvisées du maire de la ville de Toulouse, en date des 11 et 19 juillet 1888, sont annulées. »

(1) C. d'Ét., avis, 6 avril 1880.
(2) Avis comité intérieur, 26 septembre 1834.
(3) Ord. 3 mars 1825, art. 13.
(4) D. 25 mars 1852, tableau A, art. 45.
(5) L'ordonnance du 3 mars 1825 et le décret de décentralisation du 25 mars 1852 exigent que toute distraction d'une partie superflue d'un presbytère soit, lorsqu'il y a opposition de l'autorité diocésaine, autorisée par décret « le Conseil d'État entendu ». Mais aucun texte n'exige que le Conseil d'État soit consulté en assemblée générale, et il suffit que le décret intervienne sur l'avis de la section de l'intérieur. Cette question avait été résolue en ce sens par une décision du Conseil d'État du 22 mai 1885. Depuis cette décision est intervenu le décret du 3 avril 1880, sur le règlement intérieur du Conseil d'État; ce décret ne mentionne pas les projets de distractions de parties superflues de presbytères parmi les objets qui doivent être soumis à l'examen de l'assemblée générale du Conseil d'État.
(6) C. d'Ét., avis, 1er avril 1873 : — « La section..., qui a pris connaissance d'une dépêche, en date du 3 mars 1873, par laquelle M. le Ministre de l'intérieur a demandé la question suivante, au sujet de laquelle il s'est élevé une divergence d'opinion entre son département et celui des cultes, fût soumise à la section de l'intérieur, à savoir : — Quelles sont les formalités à suivre pour autoriser l'incorporation aux chemins vicinaux de parcelles de terrains dépendant des presbytères; — ladite dépêche énonçant les motifs d'après lesquels M. le Ministre de l'intérieur pense que les pouvoirs attribués aux préfets en matière de chemins vicinaux par les articles 15 et 16 de la loi du 21 mai 1836, modifiée par la loi du 8 juin 1864 et exercés sous l'empire de la loi du 10 août 1871, articles 44 et 86, des conseils généraux ou par les commissions départementales, suivant les cas, ont un caractère général et absolu et qu'ils s'appliquent, dès lors, à l'occupation des terrains dé-

---

pendant des presbytères comme à tous autres; — Vu les dépêches, en date des 11 avril 1864 et 3 décembre 1872, dans lesquelles M. le Ministre des cultes exprime sur la question ci-dessus posée, l'opinion que l'autorisation d'occuper les parcelles de terrains dépendant des presbytères et nécessaires aux chemins vicinaux, doit toujours émaner du gouvernement, le Conseil d'État entendu, conformément à l'ordonnance de 1825; et soutient que cette ordonnance n'a pas été modifiée par la loi du 21 mai 1836; — Vu la loi du 18 germinal an X, article 72; — Vu l'arrêté des consuls du 4 nivôse an XI; — Vu l'ordonnance du 3 mars 1825 et le décret du 25 mars 1852, tableau A, n° 45; — Vu les lois des 28 juillet 1824, article 10 et 21 mai 1836, sur les chemins vicinaux; — Vu les lois de 1833 et de 1841, sur l'expropriation pour cause d'utilité publique; — Vu la loi du 8 juin 1864; — Vu la loi du 10 août 1871, sur les conseils généraux, articles 44 et 86;

« Considérant que les presbytères et leurs dépendances ont été affectés à un service public en loi du 18 germinal an X, article 72; que cette affectation a été consacrée par les dispositions législatives postérieures, notamment par l'arrêté des consuls du 4 nivôse an XI, par l'ordonnance du 3 mars 1825, par le décret du 25 mars 1852, tableau A, n° 45, et que, en vertu de ces textes, aucune distraction des parties de leurs dépendances, même superflues, ne peut être autorisée, pour ces parties distraites être affectées à un autre service, que par le gouvernement, le Conseil d'État entendu, lorsqu'il y a opposition de l'autorité diocésaine; — Considérant que les lois combinées du 21 mai 1836, articles 15 et 16, du 8 juin 1864 et du 10 août 1871, articles 44 et 86, ont simplifié en précisant et étendant les dispositions de la loi du 28 juillet 1824, les formes de la déclaration d'utilité publique et de l'expropriation quand il s'agit de l'élargissement ou de l'ouverture des chemins vicinaux, ces dispositions n'ont pas eu pour résultat de permettre aux conseils généraux de désaffecter les presbytères du service public auquel ils sont attribués; Que la désaffectation d'utilité publique tendant à l'occupation d'immeubles affectés à un service public ne peut produire d'effet que sous la réserve que l'autorité compétente pour prononcer sur la désaffectation aura été préalablement appelée à statuer; Que, pour déroger à ce principe, quand il s'agit de l'élargissement ou de l'ouverture des chemins vicinaux, il faudrait une disposition formelle qui ne se trouve pas dans la loi du 21 mai 1836, ni dans les lois sur l'expropriation;

« Est d'avis : Que les conseils généraux ou les commissions départementales, avant de statuer définitivement sur l'incorporation aux chemins vicinaux de parcelles de terrains dépendant des presbytères, doivent provoquer, conformément à l'ordonnance de 1825 et au décret du 25 mars 1852, la distraction des parcelles dont il s'agit par les autorités compétentes. »

(1) Cont. 29 juillet 1868.
(2) Ord. 21-24 mars 1837

des évêques toutes les églises métropolitaines, cathédrales paroissiales et autres non aliénées nécessaires au culte. Cette stipulation ne contient pas un abandon plein et entier, un dessaisissement absolu ; c'est une simple affectation au service du culte des édifices nécessaires à ses besoins, faite par l'État comme propriétaire de ces édifices. L'État ne fait qu'en concéder l'usage ; il ne renonce pas à sa propriété. Si son droit demeure certain à l'égard des objets dont parle la disposition précitée du Concordat, il est bien plus incontestable encore à l'égard de ceux sur lesquels cette disposition garde le silence. Or, il n'est aucunement question dans l'article 12 des édifices destinés à l'habitation des évêques ; bien plus, l'article 71 de la loi du 18 germinal an X, faite pour la mise en vigueur du Concordat, dit, en termes exprès, que les conseils généraux des départements sont autorisés à procurer aux archevêques et évêques des logements convenables.

Pourtant, à cette époque, un grand nombre des anciens palais épiscopaux étaient encore dans la main du gouvernement ; celui-ci ne se croyait donc ni engagé à les abandonner aux évêques, ni même obligé à les remettre à leur disposition. Aussi le gouvernement a agi constamment comme propriétaire de ces palais ; tantôt il les a rendus à leur ancienne destination, tantôt il les a consacrés à d'autres services.

Les auteurs sont généralement d'accord aujourd'hui pour admettre que les anciens palais épiscopaux remis à la disposition des évêques appartiennent à l'État (1).

1943. Droit de jouissance des évêques. — Quelle est la nature du droit des évêques sur les palais épiscopaux ? Ont-ils sur ces édifices un droit semblable à celui des curés sur les presbytères ?

Suivant un arrêt de la cour d'Angers, du 25 janvier 1883, les évêques ont sur les palais épiscopaux un droit analogue à celui des curés sur les presbytères ; ils ont un droit d'usufruit *sui generis*. En conséquence, il a été décidé par le même arrêt que le préfet n'a pas le droit de faire pavoiser et illuminer pour une fête nationale un palais épiscopal, sans le consentement de l'évêque (2).

M. Ducrocq a combattu la doctrine de cet arrêt en faisant remarquer qu'il n'y a aucune affectation primitive des palais épiscopaux, aux termes du Concordat et des articles organiques, qu'il y a une différence essentielle à cet égard entre les curés, auxquels sont remis les presbytères, et les évêques pour lesquels aucune remise ni restitution n'est prévue.

En effet, l'article 71 de la loi du 18 germinal, relatif au logement des évêques, ne parle pas de la remise des palais épiscopaux ; l'article 72 de cette loi stipule, au contraire, en termes formels la remise aux curés des presbytères et jardins non aliénés, et n'autorise les communes à fournir à ces ecclésiastiques un logement nouveau que dans le cas où les anciens n'existeraient plus dans le domaine public.

Enfin, le décret du 30 décembre 1809 a imposé aux communes l'obligation de fournir un logement aux curés et desservants, mais il n'impose à l'égard des évêques aucune obligation aux départements. Le décret du 6 novembre 1813, sur les biens des curés et ceux des menses épiscopales, ne comprend pas dans ces derniers les palais épiscopaux : il en résulte que l'usufruit des menses ne peut s'étendre à ces palais.

Les évêques n'ont donc sur l'immeuble domanial affecté à leur logement ni droit réel d'usufruit ou d'habitation ni droit personnel résultant d'un contrat de bail.

Ils détiennent ces palais en vertu d'une affectation administrative dont les règles échappent à la compétence de l'autorité judiciaire.

Le tribunal des conflits a admis ce système, à l'occasion de l'affaire qui a donné lieu à l'arrêt précité de la cour d'Angers. Il a décidé que les palais épiscopaux appartenant à l'État sont affectés administrativement à l'évêque pour son habitation personnelle, et que l'autorité judiciaire est incompétente pour connaître des droits et obligations qui résultent de cette affectation spéciale, que par suite, aucune action ne peut

---

(1) Chauveau, *Journal du droit administratif*, t. X, p. 479 ; — Bressolles, t. XI, p. 119 ; — Ducrocq, *Traité des édifices publics*, p. 65 ; *Cours de droit administratif*, t. II, n°ˢ 1024 et 1534 ; — Campion, p. 567.

(2) Angers, 25 janvier 1883 : — « La Cour, — Considérant que l'évêque du diocèse a formé devant le tribunal civil d'Angers, contre Devanlay, négociant en cette ville, une demande en 2,000 francs de dommages-intérêts, motivée sur le préjudice que celui-ci lui aurait causé en pavoisant et en illuminant, sans son assentiment, les 13 et 14 juillet dernier, le palais où le demandeur a son domicile...

« Sur le premier moyen : — Considérant que, dans le Concordat de l'an IX, le souverain pontife, en échange de l'engagement qu'il prenait, article 13, « que ni lui ni ses successeurs, ne troubleraient en aucune manière les acquéreurs des droits ecclésiastiques aliénés, et qu'en conséquence la propriété de ces mêmes biens et les biens et revenus y attachés demeureraient incommutables entre leurs mains ou celles de leurs ayants cause, » a stipulé, article 14, « que le gouvernement assurerait un traitement convenable (ou, comme le dit la bulle de rectification, un entretien honnête) aux évêques et aux curés dont les diocèses et les paroisses seraient compris dans la circonscription nouvelle » ; que, précisant l'étendue de l'obligation ainsi contractée par l'État, les articles organiques du 18 germinal an X après avoir fixé le montant de l'indemnité en argent qui serait payée annuellement aux évêques (art. 51, 65 et 66) ont ajouté : article 71 : « Les conseils généraux du département sont autorisés à procurer aux archevêques et évêques un logement convenable, » et art. 72 : « Les presbytères et les jardins attenants non aliénés seront rendus aux curés et aux desservants des succursales. A défaut de ces presbytères, les conseils municipaux des communes sont autorisés à leur procurer un logement et un jardin ; que le décret du 30 décembre 1809, concernant les fabriques des églises après avoir imposé aux fabriques paroissiales la charge de concourir avec les communes, dans une mesure qu'il indique, à l'entretien, à la réparation et à la reconstruction des presbytères (art. 37, 46, 92 à 108), décide que « toutes les dispositions concernant les fabriques paroissiales sont applicables, en ce qui concerne leur administration intérieure aux fabriques des cathédrales (art. 105) ; que les départements compris dans un diocèse sont tenus envers la fabrique de la cathédrale aux mêmes obligations que les communes envers leurs fabriques paroissiales (art. 106) ; et qu'enfin, les grosses réparations des palais épiscopaux se feront aux frais des fabriques des cathédrales et des départements, comme celles des presbytères aux frais des fabriques paroissiales et des communes (art. 107 à 112) ; que le décret du 6 novembre 1813 sur la conservation et administration des biens que possède le clergé dans plusieurs parties de l'empire, — titre Iᵉʳ : du bien des curés, section 1ʳᵉ de l'ad-

ministration des titulaires, définit comme suit les droits des curés : art. 6. « Les titulaires exercent les droits d'usufruit ; ils en supportent les charges le tout ainsi qu'il est établi par le Code civil, et conformément aux explications ci-après » ; que le même décret, titre II, des biens des menses épiscopales, porte, article 29 : Les archevêques et évêques auront l'administration des biens de leur mense épiscopale, ainsi qu'il est expliqué aux articles 6 et suivants de notre présent décret ; que, d'après la signification ancienne du mot mense et l'enseignement des jurisconsultes les plus autorisés, l'usufruit des palais épiscopaux est compris dans les menses épiscopales au même titre que l'usufruit des presbytères dans les menses des curés ; qu'il suffit, du reste pour s'en convaincre, de lire l'article 52 du décret de 1813, ainsi conçu : « (le commissaire à la vacance de l'évêché) fera incontinent apposer les scellés, visiter les palais, maisons, fermes et bâtiments dépendant de la mense par deux experts que nommera d'office le président du tribunal ; » Considérant, en droit, qu'il ressort avec évidence des textes précités que les ministres du culte ne détiennent point les bâtiments affectés à leur logement à titre précaire ; qu'ils ont sur ces bâtiments, en vertu du Concordat, des articles organiques et des décrets postérieurs, sinon un droit ayant tous les caractères légaux de l'usufruit ordinaire, du moins un droit d'usufruit spécial et l'habitation ; qu'il n'y a aucune distinction à faire à cet égard, entre le curé et l'évêque ; qu'il est non moins contraire à l'esprit qu'à la lettre des lois qui régissent la matière de prétendre qu'alors que le plus humble desservant a sur son presbytère un droit d'usufruit et d'habitation, l'évêque n'a que la possession précaire de son palais épiscopal ; qu'enfin, le droit du curé et de l'évêque, bien qu'établi par des lois internationales et d'ordre public, n'en constitue pas moins un droit réel privé, identique ou tout au moins analogue à l'usufruit défini par le Code civil, auquel se réfère expressément le décret du 6 novembre 1813, droit auquel ni les particuliers, ni les représentants de l'État ne peuvent porter atteinte et qui, comme la propriété et ses démembrements, est placé sous la sauvegarde de l'autorité judiciaire ; — Considérant, en fait, que le palais épiscopal actuel d'Angers a été régulièrement mis à la disposition de l'évêque du diocèse, en vertu du 71ᵉ article organique, par un arrêté du conseil général du département de Maine-et-Loire, en date du 5 prairial an X ; que cette affectation n'a été modifiée ni rapportée ; que l'évêque actuel est, dès lors, fondé à se prévaloir de tous les avantages qui y sont légalement attachés ;

« Sur le deuxième moyen : — Considérant que le préfet de Maine-et-Loire a fait pavoiser et illuminer l'évêché d'Angers, comme exerçant les droits que l'État pourrait prétendre avoir sur l'édifice, les mesures qu'il a prises constituant non des actes administratifs proprement dits, mais des simples actes de gestion ; que le conflit que ces actes de gestion soulèvent entre le mi-propriétaire et l'usufruitier de l'évêché est demeuré, à raison même de la nature du droit commun, quelle que soit d'ailleurs son origine, de la compétence exclusive de l'autorité judiciaire... »

être intentée devant la juridiction civile à raison d'arrêtés préfectoraux qui, conformément aux ordres ministériels, prescrivent le pavoisement et l'illumination du palais épiscopal le jour de la fête nationale (1).

1944. *Mobilier des palais épiscopaux.* — L'État fournit et entretient le mobilier du palais épiscopal (2). Les conseils généraux peuvent voter des allocations pour cet objet, mais ces allocations sont facultatives (3).

L'ameublement du palais épiscopal se compose : 1° des meubles meublants servant à la représentation, tels que glaces, consoles, secrétaires, tentures, lustres, tapis, sièges, et autres objets, qui garnissent les salons de réception, la salle à manger et le cabinet du prélat (4); 2° de l'ameublement d'un appartement d'honneur. L'appartement d'honneur s'entend de celui réservé aux étrangers de distinction qui séjournent à l'évêché. Il se réduit ordinairement à une chambre à coucher de maître et à une pièce adjacente, autant que possible, pour loger le domestique (5); 3° du mobilier de la chapelle de l'évêché.

L'ameublement de la chapelle s'entend que des tentures, tapis, sièges, chandeliers d'autels et autres objets semblables (6);

4° Des crosses épiscopales et des croix processionnelles des évêques (7).

1945. L'état et la valeur du mobilier de chaque évêché sont arrêtés par des inventaires et devis estimatifs, approuvés par le ministre des cultes (8). Une circulaire ministérielle du 22 mars 1831 porte que : « En exécution de l'ordonnance du 7 avril 1819, dans les évêchés où l'ameublement n'a été formé que postérieurement à cette ordonnance, ce sont les seuls devis approuvés par le ministre, qui établissent la valeur primitive, déduction faite des économies obtenues lors de la réalisation des achats, sur les prix des objets; au surplus, de quelque manière que cette valeur primitive ait été établie, elle est invariable à l'égard de chaque article en par-

ticulier comme à l'égard du mobilier en général. Les réformes mêmes des objets usés ne lui font éprouver aucune altération, au moyen du mode prescrit pour leur remplacement. »

Les inventaires sont récolés à la fin de chaque année, et à chaque mutation d'évêque (1). Aux termes de la circulaire ministérielle du 22 mars 1831, lorsqu'il y a des changements, ou dans les cas de mutations d'évêques, les états des récolements annuels ou accidentels, doivent être rédigés en forme d'inventaire, c'est-à-dire indiquer exactement les pièces où les meubles sont placés, rappeler les prix pour lesquels ils sont portés, soit dans l'inventaire de 1819, soit dans les états d'achats postérieurs, et les fonds sur lesquels la dépense d'achat a été effectuée, de manière que le dernier de ces récolements puisse toujours au besoin servir lui-même d'inventaire.

Il est procédé à ce récolement par le préfet (2), ou par un conseiller de préfecture désigné par lui, concurremment avec le titulaire ou, en cas de vacance du siège, avec les vicaires généraux capitulaires, administrateurs du diocèse, et avec l'un des agents du domaine. Dans les départements où le chef-lieu du diocèse est différent de celui de la préfecture, le préfet peut se faire représenter par le sous-préfet de l'arrondissement dont fait partie la ville épiscopale (3).

Les états ou procès-verbaux de récolement sont signés par le préfet ou le fonctionnaire qui le remplace, et par les parties intéressées (4). Ils sont dressés en quadruple expédition, dont l'une est déposée à la direction du domaine, dans le département où se trouve le chef-lieu du diocèse (5), et les autres, au secrétariat de l'évêché, à la préfecture et au ministère des cultes (6).

Une circulaire du 6 mai 1867 oblige, en outre, les préfets, en exécution de la loi du 8 décembre 1849, à adresser au ministre des cultes, pour la Cour des comptes, un exemplaire du procès-verbal de récolement ou de l'inventaire (7).

Les évêques ne sont pas responsables de la valeur des meubles : ils sont tenus seulement de les représenter (8).

A défaut de représentation en nature ou d'un équivalent jugé admissible par la commission et par le ministre, le prélat, sauf les accidents et au cas de force majeure non reprochables à lui ou aux siens, doit compte au trésor public d'une somme égale au prix pour lequel l'objet ou les objets non représentés sont cotés, soit à l'inventaire, soit aux états d'achat, s'il n'a point été fait d'inventaire; les obligations s'étendent naturellement aux objets qui avaient été distraits de l'inventaire par application de l'article 525 du Code civil (9).

Le mobilier doit s'élever, d'après l'ordonnance du 7 avril 1819, à une somme équivalente à une année de traitement du titulaire.

Lorsque la valeur du mobilier récolé ne s'élève pas à cette somme (10), des achats de meubles peuvent être demandés et autorisés, au fur et à mesure des besoins, chaque année, jusqu'à concurrence de cette somme (11).

ARTICLE 5. — *Bâtiments des séminaires.*

1946. Nous avons vu que le Concordat et la loi organique

---

(1) Confl. 14 avril 1883 : — « Le Tribunal des conflits, — Vu la loi des 16-24 août 1790, tit. II, article 13 et le décret du 16 fructidor an III; — Vu la loi du 18 germinal an X, article 74; — Vu la loi du 6 juillet 1880; « Considérant que par deux arrêtés en date du 12 juillet 1882, le préfet de Maine-et-Loire a prescrit le pavoisement et l'illumination du palais épiscopal d'Angers, et confie au sieur Devanlay l'exécution des travaux nécessaires à cette fin; — Considérant que la demande en dommages-intérêts introduite par M. Freppel contre le sieur Devanlay, est fondée sur le préjudice que lui auraient causé l'exécution desdits arrêtés pris contrairement à ses droits; — Considérant que le palais épiscopal d'Angers appartient sans contestation à l'État; qu'il a été affecté administrativement à l'évêque pour son habitation personnelle et que les droits et obligations résultant de cette affectation spéciale ne sont pas de ceux dont il appartient à l'autorité judiciaire de connaître; — Considérant en outre que le préfet de Maine-et-Loire, en prenant les arrêtés susmentionnés, n'a fait que se conformer aux ordres du ministre de la justice et des cultes qui lui-même agissait en exécution de la loi du 6 juillet 1880 et de la loi de finances; d'où il résulte que ces arrêtés constituent des actes administratifs que les tribunaux civils n'ont pas le droit d'apprécier; — Considérant que, si dans ses conclusions, M. Freppel allègue une faute personnelle de la part du sieur Devanlay, il ne précise aucun fait qui se rattache directement à l'exécution même des arrêtés du préfet et qui puisse être considéré comme engageant la responsabilité personnelle de cet entrepreneur :
« Art. 1er. L'arrêté de conflit est confirmé. »
(2) 26 juillet 1829, art. 8. — Le crédit pour le mobilier archevêchés et évêchés figure au budget des cultes de 1891, pour la somme de 20,000 francs.
(3) Circ. 13 mai 1818, art. 68. — Ord. avril 1819, articles 1, 2. — « Dans plusieurs diocèses, les fonds alloués antérieurement à 1819 avaient été appliqués en partie à l'achat de meubles d'une nature, ou destinés à des pièces, autres que celles énoncées ici... A l'avenir aucune partie des fonds accordés ne pourra être employée de cette manière... Les objets existants, une fois hors de service, ne seront être remplacés (Circ. min. 23 avril 1819; — 22 août 1822; — 22 mars 1831. »
(4) « Cet article, porte une circulaire ministérielle du 22 mars 1831, offre une lacune, puisqu'il ne fait pas mention de la chambre à coucher de l'évêque, qui entre nécessairement dans la composition du logement accordé par l'État au titulaire du siège. Cette pièce a toujours été ajoutée dans la pratique. »
(5) Circ. min. 22 mars 1831.
(6) Circ. min. 14 mai 1841 et 22 mars 1831.
(7) La croix qui a été donnée par le gouvernement à tous les évêques doit être considérée comme un don fait, non à la personne, mais au siège (Déc. min. 15 ventôse an XIII).
(8) Ord. 7 avril 1819, art. 2.

(1) L. 26 juillet 1829, art. 8; — Ord. 3 février 1830, art. 6.
(2) « Il y a de l'avantage pour l'ordre et la bonne rédaction des états, à ce que les employés de préfecture soient chargés de leur rédaction... » (Circ. min. 6 janvier 1832.)
(3) Ord. 4 janvier 1832, art. 2.
(4) Ord. 7 avril 1819, art. 6.
(5) Ord. 3 février 1830, art. 8.
(6) Ord. 7 avril 1819, art. 6; — Circ. min. 22 mars 1831.
(7) Circ. min. 30 novembre 1880.
(8) Ord. 7 avril 1819, art. 7.
(9) Cir. min. 22 mars 1831.
(10) Quoique la valeur du mobilier accordé soit restreinte au maximum du traitement, « il n'y a pas lieu de prescrire de réduction, là où l'ameublement aurait une plus grande valeur » (Ord. 7 avril 1819, art. 3.) Mais le remplacement des objets devenus hors de service n'a pas lieu tant que le mobilier légal n'a pas atteint le maximum. (Circ. min. 22 mars 1831.)
(11) Ord. 7 avril 1819, art. 3.

du 18 germinal an X (art. 11) avaient prévu et autorisé l'établissement des séminaires, mais sans que le gouvernement s'engageât à les doter.

En fait, il en a doté le plus grand nombre par la concession gratuite d'immeubles appartenant à l'État et que des décisions spéciales du gouvernement ont mis à la disposition des évêques pour l'installation des séminaires.

Mais ces concessions, qu'elles aient eu lieu en faveur de grands ou de petits séminaires, ont eu le caractère d'affectations administratives, et non d'actes translatifs de propriété ou de concessions perpétuelles, d'où il résulte qu'elles peuvent être révoquées si le gouvernement entend donner une nouvelle destination aux immeubles.

C'est ainsi que le Conseil d'Etat a décidé qu'un décret du 8 mars 1812, par lequel des bâtiments et jardins, biens du domaine privé de l'État, avaient été gratuitement mis à la disposition de l'évêque d'Autun pour servir de dépendances au petit séminaire de cette ville constitue, non une cession de propriété, mais une concession à titre provisoire, qu'un autre décret présidentiel du 12 avril 1884 avait pu révoquer par voie de désaffectation (1).

1947. Si des impenses ont été faites sur l'immeuble dont la jouissance est retirée au séminaire, une indemnité peut, dans certains cas, être due à l'évêque, spécialement si ces impenses ont produit une plus-value dont l'État doit profiter après avoir repris possession de l'édifice.

Mais il n'appartiendrait pas au ministre de confier à des arbitres le soin de procéder au règlement de l'indemnité. En effet, les représentants de l'État ont, en général, le droit de transiger, ils n'ont pas le droit de compromettre parce qu'ils ne peuvent pas mesurer d'avance les conséquences d'un arbitrage comme ils apprécieraient celles d'une transaction (2).

Le Conseil d'Etat s'est prononcé en ce sens, au sujet d'un compromis passé entre le ministre de l'instruction publique et l'évêque de Moulins, pour le règlement d'une indemnité motivée par la désaffectation de l'immeuble d'Izeure (3).

1948. Si le règlement de l'indemnité ne peut pas se faire à l'amiable, quelle est la juridiction compétente pour en connaître?

Dans la contestation à laquelle a donné lieu la désaffectation du domaine d'Izeure, la compétence de l'autorité judiciaire a été acceptée par le ministre de l'instruction publique appelé devant le tribunal de la Seine par l'évêque de Moulins. Elle a été également reconnue par ce tribunal qui par, un jugement du 2 avril 1886 n'a réservé à la juridiction administrative que la question préjudicielle de validité du compromis, et qui a retenu le fond de la contestation tant par ce jugement que par celui du 24 mai 1889 qui charge des experts d'évaluer le montant de l'indemnité.

Mais, malgré l'autorité de ce précédent, nous pensons que les indemnités de cette nature doivent être réglées par décision du ministre, sauf recours au Conseil d'Etat statuant au contentieux. En effet, le décret de désaffectation, comme l'affectation elle-même, est un acte administratif; le règlement d'une indemnité, s'il y a lieu, est une conséquence de cet acte, la réparation d'un dommage qu'il a causé; il constitue donc une mesure d'exécution qui nous paraît incomber au ministre chargé de l'exécution du décret en vertu des règles générales de la compétence sur les indemnités que l'État peut devoir à raison de ses actes de puissance publique. Nous avons vu, en effet, que l'affectation ne crée au profit de l'affectataire ni droits de propriété, ni droits d'usufruit régis par le Code civil, mais des droits *sui generis* relevant du droit administratif et non du droit privé : d'où il nous paraît résulter que le contentieux de l'affectation, soit pendant qu'elle dure soit lorsqu'elle prend fin, ne saurait être un contentieux judiciaire.

1949. Les mêmes solutions sont-elles applicables lorsque les immeubles mis à la disposition d'un évêque, pour l'établissement d'un grand ou d'un petit séminaire appartenaient, lors de cette affectation, non à l'État mais à une commune?

Cette question est controversée; on a soutenu que l'affectation et la désaffectation ne peuvent avoir lieu que pour des biens de l'État, que ce mode de gestion n'est pas applicable aux biens communaux dès qu'il s'agit d'en faire un usage étranger aux services municipaux, et que par suite, la commune qui met un immeuble à la disposition d'un évêque pour y établir un grand ou un petit séminaire, et qui est dûment autorisée à cet effet par l'autorité supérieure, aliène réellement cet immeuble et ne peut en reprendre ultérieurement possession (1).

D'après une autre opinion, soutenue par M. Laferrière (2) et implicitement admise par l'arrêt du Conseil d'État du 29 juin 1883, l'affectation peut s'appliquer à un immeuble communal, et l'on ne doit pas présumer, en l'absence de dispositions expresses de l'acte, que la commune, en mettant cet immeuble à la disposition d'un service diocésain, ait entendu l'aliéner à perpétuité, et l'aliéner gratuitement. Si donc la commune révoque l'affectation, elle n'est pas exposée de plein droit à une action en revendication de propriété; elle ne pourrait l'être que si l'évêque justifiait d'une véritable translation de propriété et non d'une simple mise à la disposition de l'autorité diocésaine.

Qu'il s'agisse d'affectation ou de désaffectation d'un immeuble communal, la décision appartient aux représentants de la commune propriétaire, sauf l'approbation de l'autorité supérieure. Mais le décret qui intervient pour habiliter la commune n'est qu'un acte de tutelle et non une décision

(1) Cont, 27 avril 1888 : — Le Conseil d'Etat statuant au contentieux...; — Vu le décret du 8 mars 1812 : vu les lois des 7-14 octobre 1790 et du 24 mai 1872, article 9.

« Considérant que par le décret du 21 germinal an XIII, le bâtiment dit le grand séminaire d'Autun a été mis à la disposition du ministre des cultes pour l'établissement du séminaire métropolitain, la moitié de ce bâtiment devant être affectée à une école secondaire communale; qu'après une délibération par laquelle le conseil municipal d'Autun a déclaré renoncer au bénéfice résultant du décret précité, le préfet de Saône-et-Loire a été autorisé, le 28 décembre 1811, par le ministre des cultes à mettre la totalité des bâtiments à la disposition de l'évêque d'Autun qui y a établi une école secondaire ecclésiastique; que les actes précités ne contiennent aucune concession à la propriété desdits bâtiments à l'évêque d'Autun et n'ont constitué au profit en sa faveur qu'un droit de jouissance révocable; — Considérant que le décret du 8 mars 1812, aux termes duquel « les jardins, terrains et non aliénés, formant l'ancien enclos du grand séminaire, sont concédés gratuitement au séminaire diocésain d'Autun pour faire partie de ses dépendances » a étendu le décret du 21 germinal an XIII en conférant la jouissance gratuite des jardins faisant partie du séminaire, mais n'a pas modifié la matière de la concession de l'immeuble faite à l'évêque d'Autun; qu'il suit de là qu'il appartient à l'autorité administrative de faire cesser l'affectation résultant des actes précités; que si l'évêque d'Autun a prétendu que le titre de sa possession se serait trouvé interverti et qu'il aurait acquis par prescription l'immeuble dont il s'agit, cette allégation n'était pas de nature à faire obstacle à l'exercice du droit du gouvernement de désaffecter un immeuble domanial; que, par suite, il y a lieu, sans s'arrêter aux conclusions subsidiaires à fin de sursis, de rejeter la requête, sauf à l'évêque d'Autun, s'il s'y croit fondé, à faire valoir devant la juridiction compétente les moyens tirés de la prescription en vertu de laquelle il serait devenu propriétaire de l'immeuble où était installé le petit séminaire d'Autun;

« Décide : — Art. 1er. Les requêtes de l'évêque d'Autun ès-qualités sont rejetées; ... »

(2) Voy. E. Laferrière, *Traité de la Juridiction administrative*, t. II, p. 145.

(3) Cont. 23 décembre 1887 : — « Considérant que s'il appartient au ministre de l'instruction publique de liquider l'indemnité que l'État pourrait devoir à l'évêque de Moulins, ès qualités, par suite de la reprise par l'État de l'immeuble d'Izeure affecté à une nouvelle destination, et même de transiger sur le règlement des difficultés nées de ce change-

ment d'affectation, ledit ministre n'avait pas le droit de déléguer ses pouvoirs à des arbitres et de remettre ainsi le soin de décider à une juridiction autre que celles légalement instituées; qu'il suit de là que le compromis des 6-8 avril 1881, ni la sentence arbitrale rendue le 17 novembre suivant, en exécution de ce compromis, ne peuvent être déclarés valables et obligatoires pour l'État;

« Décide : — La requête de l'évêque de Moulins, tendant à faire déclarer valables et obligatoires pour l'État, le compromis et la sentence arbitrale susdités est rejetée. »

(1) Ce système s'est consacré par la Cour de cassation dans des affaires concernant la ville de Foix (arrêt du 31 août 1881 et la ville de Chambéry, arrêt du 24 juillet 1882). Il a été également soutenu devant le Conseil d'Etat, par M. le commissaire du gouvernement Gomel, lors de l'affaire jugée le 29 juin 1883, entre l'archevêque de Sens et la ville d'Auxerre (voy. l'arrêt ci-après).

(2) *Traité de la jurid. adm.*, t. II, p. 557.

propre du gouvernement. Si donc le gouvernement révoque l'affectation *proprio motu*, comme s'il s'agissait d'un immeuble appartenant à l'État, ou bien s'il se fait juge de conditions, de clauses résolutoires dont la commune exciperait au regard de l'évêque et prétend trancher un différend entre les parties intéressées, il excède les limites de sa compétence (1).

§ 3. — Budget des cultes.

1950. *Historique.* — Il existe deux théories sur le budget des cultes. Suivant l'une, ce budget est une indemnité d'expropriation que l'État paye à l'Église catholique comme compensation de la dépossession de ses biens pendant la Révolution; il y a là, a-t-on dit, des droits acquis, dont l'État, même séparé de l'Église, devrait encore tenir compte.

D'après l'autre théorie, le budget des cultes représente la dotation d'un service public; son existence tient à celle du régime concordataire; l'État accorde un budget aux églises à titre gratuit et nullement à titre obligatoire. Il suit de là que du jour où serait consommée la séparation de l'État et de l'Église, les traitements ecclésiastiques disparaîtraient de plein droit.

Cette divergence d'opinion sur le caractère du budget des cultes, obligatoire pour les uns, facultatif pour les autres, provient de ce que l'on ne s'accorde point sur son origine.

Les partisans de l'obligation du budget des cultes soutiennent qu'il est dû en vertu du décret du 2 novembre 1789, qu'aucune autre loi, suivant eux, n'aurait abrogé.

Les adversaires de l'obligation allèguent que le Concordat du 26 messidor an IX est seul la source du budget des cultes, et que toute la législation antérieure sur cette matière n'existe plus.

Il est donc nécessaire pour adopter l'un ou l'autre de ces systèmes, d'indiquer avec le plus d'exactitude possible les origines du budget des cultes.

On sait que sous l'ancienne monarchie, l'Église ne recevait aucun subside de l'État et vivait du produit des dîmes et du revenu de ses biens-fonds.

L'Assemblée constituante supprima les dîmes ecclésiastiques, comme les autres droits sur la terre, par les décrets des 4-11 août 1789. Par le décret des 2-4 novembre suivant, elle s'empara des biens de l'Église pour les aliéner.

Ce sont ces deux lois qui furent l'origine des premiers budgets des cultes.

Les droits sur le sol que percevaient les seigneurs, sous le nom de justices féodales, en leur qualité de souverain local n'avaient pas de raison d'être depuis que le roi rendait les services qui incombaient autrefois au seigneur dans son fief. Aussi, ces droits, qui d'ailleurs faisaient double emploi avec les impôts, furent abolis sans rachat.

Il n'en était pas de même des dîmes ecclésiastiques : le clergé rendait encore les services pour lesquels ces taxes avaient été établies. Aussi, l'Assemblée n'en décréta la suppression que contre une indemnité.

Elle vota en conséquence le texte suivant, qui fut l'article 5 du décret du 11 août : « Les dîmes de toutes natures et les redevances qui en tiennent lieu... possédées par les corps séculiers et réguliers, par les bénéficiers, les fabriques, et tous gens de mainmorte... sont abolies, sauf à aviser aux moyens de subvenir d'une autre manière à la dépense du culte divin, à l'entretien des ministres des autels, au soulagement des pauvres, aux réparations et reconstructions des églises et presbytères et à tous les établissements, séminaires, écoles, collèges, hôpitaux, communautés et autres, à l'entretien desquels elles sont actuellement affectées. Et cependant jusqu'à ce qu'il y ait été pourvu et que les anciens possesseurs soient entrés en jouissance de leur remplacement, l'Assemblée nationale ordonne que lesdites dîmes continueront d'être perçues suivant les lois et en la manière accoutumée » (1). Il ressort évidemment de ce texte que ce n'est qu'à charge de compensation que l'Assemblée constituante enleva leurs dîmes aux décimateurs.

En compensation de la perte de la dîme, l'État n'alloua point d'indemnité proprement dite aux ecclésiastiques. Il n'y eut d'indemnité accordée, dans des conditions tout exceptionnelles, qu'à ceux qui ne pouvaient pas être compris dans la réforme projetée : par exemple, l'ordre de Malte et les communautés étrangères qui percevaient des dîmes en France (2). Peu importait que le remboursement du principal de ces dîmes ne produisît une rente égale leur fît une situation privilégiée. Ils n'étaient point encadrés dans l'Église de France; dès lors qu'ils n'y trouvaient pas place, il fallait les considérer, non plus comme des ecclésiastiques, mais comme des propriétaires, qu'on devait indemniser suivant les règles du droit commun. Pour les membres du clergé de France, on s'engagea à les dédommager de la perte de leurs dîmes, avec cette restriction qu'on ne mesurerait point la réparation sur le dommage supporté par chacun. C'est là ce qui explique que, pour désigner cette séparation, on ait choisi la singulière expression de « remplacement » plutôt que d'user du mot ordinaire d'indemnité, qui eût plu plus.

En résumé, l'Assemblée nationale abolit les dîmes à charge par l'État de payer aux décimateurs une indemnité qui varia suivant leur qualité; l'indemnité allouée aux propriétaires de dîmes inféodées et à certains ecclésiastiques fut calculée au prorata du rendement de leurs dîmes; l'indemnité assurée aux autres décimateurs eut la forme de traitements convenables, qui, s'ils ne valurent pas à chacun en particulier la dîme supprimée parce que la distribution compensatoire et méthodique qu'on en fit ne reproduisit point celle des dîmes, constituèrent dans leur ensemble un ample dédommagement pour la masse du clergé. Ces traitements furent réglés et le service du culte organisé, lorsque l'Assemblée eut procédé

---

(1) Conf. 29 juin 1883: « Le Conseil d'État statuant au contentieux; Sur le rapport de la section du contentieux; — Vu la requête présentée par l'archevêque de Sens, agissant au nom et comme président du bureau d'administration des séminaires diocésains, ladite requête enregistrée..., et tendant à ce qu'il plaise au Conseil annuler, pour excès de pouvoirs, un décret du Président de la République, du 31 décembre 1881, lequel a rapporté l'ordonnance du 26 mars 1823, qui avait autorisé la ville d'Auxerre à concéder au département la jouissance d'une parcelle des dépendances de l'ancien couvent des Saintes-Maries, pour être mise à la disposition de l'archevêque de Sens et consacrée à l'établissement d'un petit séminaire.

« Considérant que, par ses délibérations des 6 novembre 1879 et 9 février 1881, le conseil municipal d'Auxerre a déclaré rapporter sa délibération du 16 octobre 1822, qui avait mis l'ancien couvent des Saintes-Maries, propriété de la ville « à la disposition de l'archevêque de Sens, pour toute contestation entre la ville d'Auxerre et l'archevêque de Sens, pour l'établissement d'un petit séminaire, sous la condition cependant que, dans le cas où cette destination cesserait d'avoir lieu, ces bâtiments reviendraient dans l'état où ils seraient, sans aucune indemnité à la ville, qui, dans ce cas, en disposerait comme de choses à elle appartenant; Que ledit conseil a en outre autorisé le maire à prendre les mesures nécessaires pour faire rentrer la ville en possession des bâtiments dont il s'agit, et, à cet effet, sollicité l'approbation de ses délibérations par l'autorité supérieure; — Considérant que le décret attaqué, au lieu d'approuver les délibérations précitées, a entendu trancher toute contestation entre la ville d'Auxerre et l'archevêque de Sens, sur la convention qui, au dire de l'archevêque, aurait été passée en 1822, entre l'un de ses prédécesseurs et ladite ville relativement à la jouissance de l'immeuble communal, et sur la portée de ladite convention, notamment en ce qui touche la clause résolutoire prévue par la délibération du conseil municipal du 16 octobre 1822; — Considérant qu'en effet le décret attaqué, se fondant sur ce que les conditions mises par la ville d'Auxerre à la jouissance de l'immeuble avaient cessé d'être remplies, a décidé, par application de ladite clause, que la ville était réintégrée dans la possession et libre disposition des immeubles dont il s'agit; Qu'en statuant ainsi, ledit décret ne s'est pas renfermé dans l'exercice des pouvoirs de tutelle qui appartiennent à l'autorité supérieure, mais qu'il a fait un acte de juridiction, et que par ces motifs il doit être annulé. »

(1) Duverger, *Collection des lois et décrets*, 1, 34.
(2) D. des 20-22 avril 1790, art. 8. — « Sont et demeurent exceptés, quant à présent, des dispositions de l'article 1er du présent décret; l'ordre de Malte, les fabriques, les hôpitaux, les maisons de charité et autres où sont reçus les malades, les collèges et maisons d'institution, étude et retraite, administrés par des ecclésiastiques, ainsi que les maisons religieuses occupées à l'éducation publique et au soulagement des malades, lesquels continueront, comme par le passé et jusqu'à ce qu'il en ait été autrement décidé par le Corps législatif, d'administrer des biens et de percevoir, durant la présente année seulement, les dîmes dont ils jouissent; sauf à pourvoir, s'il y a lieu, à l'*indemnité* que pourrait prétendre l'ordre de Malte à subvenir aux besoins que les autres établissements éprouveraient par la privation des dîmes. »
D. des 28 octobre-5 novembre 1790, tit. V, art. 19.

par la sécularisation des biens de mainmorte, seconde des mesures essentielles prises à l'égard du clergé (1).

Quant aux biens fonciers de l'Église, la loi des 2-4 novembre 1789 en décida l'expropriation et consacra le principe d'une indemnité. La loi fut votée comme suit : « Les biens ecclésiastiques sont à la disposition de la nation, à la charge de pourvoir d'une manière convenable aux frais du culte, à l'entretien de ses ministres et au soulagement des pauvres, sous la surveillance et d'après les instructions des provinces. Il ne sera pas assuré moins de 1200 livres aux curés, non compris le logement ».

Il résultait donc du décret du 2 novembre et du décret du 11 août que le budget des cultes, qui allait être créé en leur exécution, était une indemnité payée au clergé dépossédé de ses dîmes et de ses biens-fonds.

Mais l'état de choses créé par l'Assemblée constituante et les budgets qui devaient en assurer l'exécution furent de peu de durée. La Convention affranchit l'État de ces obligations en déclarant, par son décret du deuxième jour complémentaire an II que « la République ne salarie aucun culte et ne fournit de local ni pour l'exercice du culte ni pour le logement des ministres. ».

Il ne restait donc aucun article de la Constitution civile du clergé lorsque intervint le Concordat du 26 messidor an IX. C'est dans cette Convention seule que, suivant certains auteurs, le budget actuel des cultes prend son origine.

Par l'article 14 du Concordat, le gouvernement s'engageait à assurer aux évêques et aux curés un traitement convenable.

Cet engagement était la conséquence de l'article 13 du même texte, par lequel le pape en son nom et au nom de ses successeurs déclarait ratifier l'aliénation des biens ecclésiastiques.

1951. *Controverse sur la nature du budget des cultes.* — Le budget du culte catholique, ainsi fondé en principe, peut-il être rattaché au budget de 1791, et le Concordat doit-il être considéré comme le titre récognitif de l'obligation contractée en 1789 par l'État envers l'Église ? Si l'on admet l'affirmative, il en résulte que le budget des cultes représente surtout l'ancienne indemnité allouée par l'Assemblée constituante à l'Église expropriée ; par suite, l'État serait tenu de payer cette indemnité, alors même que le Concordat viendrait à être dénoncé. Si l'on adopte la négative, l'État pourrait s'abstenir de tout payement sans enfreindre des obligations nées d'engagements antérieurs.

Pour rattacher le budget des cultes fondé par le Concordat au budget de 1791, on soutient que l'objet principal du Concordat fut de protéger les détenteurs de biens nationaux contre les revendications du clergé (2). Cette opinion s'appuie sur ce que l'article du Concordat par lequel le pape promet de ne point inquiéter les propriétaires de domaines nationaux est immédiatement suivi de la disposition qui assure un traitement au clergé : — Art. 13. « Sa Sainteté pour le bien de la paix et l'heureux rétablissement de la religion catholique, déclare que ni elle ni ses successeurs ne troubleront en aucune manière les acquéreurs des biens ecclésiastiques aliénés et qu'en conséquence la propriété de ces mêmes biens, les droits et revenus y attachés demeureront incommutables entre leurs mains et celles de leurs ayants cause ». — Art. 14. « Le gouvernement assurera un traitement convenable aux évêques et aux curés dont les diocèses et les cures seront compris dans la circonscription nouvelle » (3).

L'Assemblée constituante, dit-on, a exproprié le clergé et l'a indemnisé. La Convention ayant arrêté le payement de l'indemnité, il s'est ouvert au profit du clergé un droit de revendication de ses biens. Pour empêcher que l'exercice de ce droit ne compromît la paix publique, le premier consul consentit à servir au clergé une partie de l'ancienne indemnité, moyennant laquelle celui-ci renonça à toutes les actions qui lui pouvaient compéter. A la faveur de cette convention, fidèlement observée, la prescription fut bientôt acquise aux détenteurs des biens ecclésiastiques. Le clergé ne saurait donc plus revenir sur ses engagements, et par là le concordat a produit un effet irrévocable à l'égard des deux parties (1).

Ce système ne nous paraît pas pouvoir être accepté, tant au point de vue de l'histoire que des principes de notre droit public.

En effet, lorsque l'Église renonça à la propriété de ses biens nationaux, elle fit un sacrifice forcé sans doute mais non un marché. « Dans le projet rejeté par le gouvernement, dit le cardinal Consalvi, l'Église promettait seulement de ne point réclamer les biens vendus ; lors de l'examen du concordat par le Sacré Collège, on convint que la concession ou plus exactement la non-réclamation par l'Église de ses biens est un sacrifice qu'elle fait par elle au rétablissement de la religion (2). » Ensuite, les détenteurs de biens nationaux ne pouvaient être troublés dans la possession de leurs biens, toutes les constitutions ayant consacré l'inviolabilité des ventes de domaines nationaux. Il n'était donc point nécessaire de servir au clergé une partie de l'ancienne indemnité pour l'empêcher de troubler ces détenteurs. Enfin, le pape s'est personnellement engagé, par l'article 13 du Concordat, à ne point inquiéter les acquéreurs des biens ecclésiastiques, entendant par là ne point se servir des armes que le pouvoir spirituel aurait pu être tenté de tourner contre eux. « Le temporel des États étant entièrement étranger au ministère du pontife de Rome, dit Portalis, comme à celui des autres pontifes, l'intervention du pape n'était certainement pas requise pour consolider et affermir la propriété des acquéreurs des biens nationaux. Les ministres d'une religion qui n'est que l'éducation de l'homme pour une autre vie n'ont point à s'immiscer dans les affaires de celle-ci. Mais il a été utile que la voix du chef de l'Église pût retentir doucement dans les consciences et apaiser des craintes ou des inquiétudes que la loi n'a pas toujours le pouvoir de calmer. C'est ce qui explique la clause par laquelle le pape, dans sa convention avec le gouvernement, reconnaît les acquéreurs des biens du clergé comme propriétaires incommutables de ces biens (3). »

Le budget actuel du culte, qui date de l'an IX est la dotation d'un service national et représente l'ensemble des traitements alloués aux fonctionnaires de l'ordre ecclésiastique. Aucun lien de droit ne le rattache au budget de 1791, le salaire ne se distingue point des autres traitements de fonctionnaires ; le cumul avec l'indemnité de député en est interdit ; le gouvernement peut en poursuivre la suspension ; il n'est point de fonds consolidé dans le service duquel il soit placé ; le sort du budget des cultes dépend du sort du Concordat (4).

Mais, suivant l'auteur que nous venons de citer, la suppression du budget des cultes ne serait actuellement ni juridique ni politique.

Elle ne serait pas juridique parce que si par le décret de l'an II la Convention a arrêté le service de l'indemnité votée par l'assemblée constituante, ce décret ne suffit pas pour libérer l'État, qui reste tenu envers le clergé par sa mainmise sur les biens ecclésiastiques. L'État est débiteur au moins en vertu d'une obligation naturelle.

En fait, le budget des cultes se trouve inscrit dans les lois de finances au nom de l'équité. « On avait pris les biens du clergé, dit M. d'Haussonville, on ne pouvait pas, on ne devait peut-être point, en tous cas on ne voulait pas les lui rendre. Il fallait donc pourvoir à son existence (5) ».

(1) Léouzon Le Duc, Les origines du budget des cultes (*Annales de l'École libre des sciences politiques*, 1889, p. 276.
(2) Thiers, *Histoire du Consulat et de l'Empire*. III, 226 : — M. Bardoux, *Discours à la Chambre des députés*, séance du 26 décembre 1876 ; — Grousset, *Théologie morale*, 446.
(3) Anatole Leroy-Beaulieu, *Le Concordat et la séparation de l'Église et de l'État*, 1886, 26 et 27.

(1) Léouzon Le Duc, *loc. cit.*
(2) *Mémoires*, I, 401.
(3) Léouzon Le Duc, *loc. cit.*; *Discours préliminaire au vote du Concordat*.
(4) Léouzon Le Duc.
(5) *L'Église romaine et le premier Empire*, t. XIII (introd.).

Variations subies par le chiffre du budget des cultes.
— Pour compléter cet aperçu, rappelons les crédits qui ont successivement figuré au budget des cultes depuis le Concordat.

Le premier budget concordataire était de 1,358,197 francs; le budget des cultes de l'année 1803 s'élevait à 4 millions; en 1805, il s'élevait à 12 millions; en 1813, il était de 17 millions; en 1816, de 16,050,000 francs; en 1817, de 21,050,000 francs.

Sous la Restauration, en 1820, il arrivait à 24 millions, et en 1826, à 30 millions.

Dans la dernière année de la Restauration, en 1829, le budget des cultes était de 35,581,510 francs.

Sous la monarchie de Juillet, en 1838, il était de 35 millions; en 1844, de 37 millions; en 1847, de 39 millions.

L'Assemblée législative l'éleva à 41 millions.

Sous le second empire, après le coup d'Etat il fut porté à 40,443,000 francs; il s'éleva bientôt à 50,000,000 francs et resta à peu près fixé à ce chiffre jusqu'en 1870 (1).

Les crédits accordés pour les dépenses de 1878 s'élevaient à 53,643,995 francs.

A partir de cette époque, le budget des cultes subit chaque année des réductions nouvelles.

Le crédit accordé pour l'année 1891 était de 45,067,030 francs.

Celui demandé par le gouvernement pour l'année 1892 est de 45,057,157 francs et celui proposé par la commission du budget de 44,903,363 francs.

Il convient d'indiquer les causes de ces variations, en rappelant les principales décisions que les Chambres ont prises, depuis 1880, au sujet du budget des cultes.

La loi de finances du 29 décembre 1883, portant fixation du budget de 1884, supprima notamment les crédits affectés : 1° aux indemnités pour frais de visite diocésaine ; 2° aux indemnités pour frais de premier établissement des archevêques et évêques ; 3° aux frais de bulles et informations ; 4° aux indemnités accordées au chapelain de la chapelle funéraire de Marseille, et aux neuf aumôniers des dernières prières près des cimetières de Paris.

Lors de la discussion de cette loi de finances (2), la suppression du budget des cultes avait été demandée.

Après le discours prononcé à ce sujet par M. Paul Bert, le Président de la Chambre mit aux voix le chapitre 1ᵉʳ du budget ; ce chapitre fut adopté par 357 voix contre 143, sur 500 votants.

Le budget des cultes de 1885 subit une réduction de 4,856,243 francs.

Cette réduction portait sur les chapitres suivants :

	fr.
CHAPITRE Iᵉʳ.—Personnel des bureaux des cultes.	35,000
CHAPITRE II. — Matériel des bureaux des cultes.	1,700
CHAPITRE III. — Impressions.	300
CHAPITRE V. — Traitement des archevêques et évêques.	65,000

Cette réduction se subdivisait ainsi : 1° sur le traitement du cardinal-archevêque de Paris, 30,000 francs ; 2° sur celui du cardinal-archevêque d'Alger, 5,000 francs ; 3° sur ceux des évêques de Constantine et d'Oran, 4,000 francs; 4° augmentation sur le produit des vacances, 26,000 francs.

CHAPITRE VI. — Traitement des curés.	72,000

Cette réduction devait s'opérer par voie d'économies à réaliser sur les vacances d'emplois.

CHAPITRE VII. — Allocations aux vicaires généraux.	3,500

Provenant de la suppression du traitement du quatrième vicaire général de Besançon (Belfort).

CHAPITRE VII bis. — Allocation aux chanoines..	57,600

On a supposé que les extinctions de canonicats à survenir dans le cours de l'année 1885, produiront une économie égale au montant de cette réduction.

CHAPITRE VIII. — Allocations aux desservants et vicaires.	843,943
Suppression du crédit pour le chapitre de Saint-Denis.	532,000
Suppression des bourses des séminaires catholiques.	616,000
Suppression du crédit pour *secours annuel à divers établissements religieux*.	5,900
CHAPITRE X. — Mobilier des archevêchés et évêchés.	60,000
CHAPITRE XI. — Loyers pour évêchés, séminaires et dépendances des cathédrales.	1,400
CHAPITRE XII. — Entretien des édifices diocésains.	190,000
CHAPITRE XIII. — Grosses réparations des édifices diocésains.	1,000,000
CHAPITRE XIV. — Construction de la cathédrale de Gap.	61,000
CHAPITRE XV. — Construction de la cathédrale de Marseille.	150,000
CHAPITRE XVI. — Achèvement de la cathédrale de Clermont.	50,000
CHAPITRE XVII. — Restauration de la cathédrale de Séez.	35,000
CHAPITRE XVIII.— Restauration de la cathédrale de Nevers.	35,000
CHAPITRE XIX. — Restauration de la cathédrale d'Evreux.	40,000
CHAPITRE XX. — Restauration de la cathédrale de Reims.	100,000
CHAPITRE XXI. — Restauration de la cathédrale de Bourges.	25,000
CHAPITRE XXIII. — Secours pour églises et presbytères.	1,150,000

Les autres réductions portent sur les chapitres affectés aux cultes protestants et israélites (1).

En 1891, le budget des cultes est de 45,067,003 francs.

Le chiffre proposé par la commission du budget pour l'année 1892 est de 44,903,363 francs.

Les crédits demandés par le gouvernement s'élevaient à 45.057,157 francs.

La réduction de 153,794 francs opérée par la commission, provient d'une diminution :

	fr.
1° Sur le chapitre III relatif aux impressions de la Direction des cultes, de.	1,500
2° Sur le chapitre V, relatif aux traitements des archevêques et évêques, de.	30,000

Cette somme répesente le produit présumé des vacances.

3° Sur le chapitre VI, relatif aux traitements des curés.	1,400

Cette réduction porte sur le produit présumé des vacances.

4° Sur le chapitre VII (allocations aux vicaires généraux), de.	10,200

Cette réduction porte sur le produit présumé des vacances.

5° Sur le chapitre VIII (allocations aux chanoines), de.	10,336

Cette réduction porte sur le produit présumé des extinctions.

---

(1) Chiffres cités par M. Jules Roche dans son ouvrage le *Budget des cultes.*
(2) Voir *Journal officiel* des 23 et 24 novembre 1883.

(1) Voir *Journal officiel* des 18 et 19 novembre, des 9, 11, 12, 13, 14, 16, 18 et 19 décembre 1884; des 22, 24, 25, 27 et 28 février; et des 1ᵉʳ, 10, 11, 13, 20, 21 et 22 mars 1885.

6° Sur le chapitre IX (allocations aux desservants),
de.. 358
7° Sur le chapitre X (pensions et secours ecclésiastiques), de............................. 100,000

En résumé, le budget des cultes, qui avait été voté en 1878 avec une augmentation de crédits de 74,250 francs, a subi les réductions suivantes :

	fr.
Budget de 1879 (L. fin. 22 décembre 1878)....	50,427
— 1880 (L. fin. 21 décembre 1879)....	159,902
— 1881 (L. fin., 22 décembre 1880)....	67,800
— 1882 (L. fin. 29 juillet 1881)........	18,000
— 1883 (L. fin. 29 décembre 1882).....	612,900
— 1884 (L. fin. 29 décembre 1883)....	1,544,300
— 1885 (L. fin. 21 mars 1885).........	4,836,243
— 1886 (L. fin. 8 août 1885).........:	202,000
— 1887 (L. fin. 27 février 1887).......	703,200
— 1888 (L. fin. 30 mars 1888).........	276,018
— 1889 (L. fin. 29 décembre 1888)....	32,400
— 1890 (L. fin. 17 juillet 1889).......	251,642
— 1891 (L. fin. 26 décembre 1890)....	18,500
	8,793,322

Le total de ces réductions s'élève donc à la somme de 8,793,322 francs.

1953. *Traitements ecclésiastiques. Cardinaux.* — Aux termes d'un arrêté consulaire du 7 ventôse, an XI, il devait être donné à chaque cardinal français une somme de 45,000 francs pour subvenir aux frais de son installation, et une somme de 30,000 francs devait lui être payée, tous les ans, indépendamment de tout autre traitement, pour le mettre à même de soutenir la dignité de son état.

Une ordonnance du 21 octobre 1830 avait rapporté les dispositions de l'arrêté de l'an XI. Mais, depuis 1836, un traitement de 10,000 francs était alloué aux cardinaux ; ce traitement se cumulait avec celui d'archevêque ou d'évêque, que pouvaient recevoir les titulaires. D'un autre côté, à partir de la même époque, l'indemnité de 45,000 francs était accordée aux ecclésiastiques qui avaient été élevés, en France, au cardinalat.

La loi de finances du 28 décembre 1880 a supprimé le supplément de traitement de 10,000 francs accordé aux archevêques et évêques, pourvus du titre de cardinal.

La loi de finances du 29 décembre 1883 a supprimé l'allocation accordée pour frais d'établissement.

1954. *Archevêques et évêques.* — La loi du 18 germinal an X avait fixé le traitement des archevêques à 15,000 francs, et celui des évêques, à 10,000 francs (1).

Sous la Restauration, ces traitements furent augmentés : ceux des archevêques furent portés à 25,000 francs et les traitements des évêques à 15,000 francs. Mais, en 1831, la loi de finances les ramena au taux primitivement déterminé. Le traitement de l'archevêque de Paris continua, néanmoins, à être de 25,000 francs.

Un décret du 25 janvier 1835 fixa le traitement des évêques à 12,000 francs.

En outre, un crédit de 72,000 francs fut accordé par la loi de finances du 8 juillet 1852 et les lois subséquentes pour les évêques résidant dans les grands centres de population, il était réparti, par allocation de 3,000 francs chacune, entre les évêques qui avaient ainsi, en réalité, un traitement de 15,000 francs (2).

La loi de finances du 23 juin 1857 accorda la somme nécessaire pour faire disparaître l'inégalité, qui existait, sous le rapport du traitement, entre les membres de l'épiscopat. Aux termes de cette loi, tous les évêques reçurent, à partir du 1er janvier 1858, un traitement uniforme de 15,000 francs.

Le traitement des archevêques était de 20,000 francs (1).

Par exception, le traitement de l'archevêque de Paris était de 50,000 francs ; celui de l'archevêque d'Alger, de 30,000 francs, y compris 5,000 francs, pour frais de tournées.

La loi de finances du 21 décembre 1879 les fixa à 15,000 francs pour les évêques, chiffres primitivement fixés par le Concordat.

Toutefois, cette loi admettait des exceptions : le traitement de l'archevêque de Paris fut fixé à 45,000 francs, celui de l'archevêque d'Alger à 20,000 francs et ceux des évêques d'Oran et de Constantine à 12,000 francs.

Mais la loi de finances du 21 mars 1887 a fait disparaître ces exceptions en partie; elle a réduit à 15,000 francs le traitement des archevêques de Paris et d'Alger, et à 10,000 francs, celui des évêques d'Oran et de Constantine.

La loi portant fixation du budget des cultes de l'année 1891 fixe à 15,000 francs le traitement des archevêques et à 10.000 francs, celui des évêques,

En outre, des indemnités étaient accordées aux archevêques et évêques, suivant des ordonnances des 12 septembre 1819 et 3 août 1825, citées par Vuillefroy mais non insérées au *Bulletin des lois*, il leur était alloué, à l'époque de leur nomination, une somme de 300 francs pour frais d'information, et celle de 3,333 fr. 33 c. pour frais d'expédition des bulles d'institution canonique.

Ils recevaient également, pour frais d'établissement ou d'installation, des allocations, dont le maximum était réglé par un décret du 12 octobre 1857 de la façon suivante : pour les archevêques nouvellement institués, 15,000 francs; pour les évêques nouvellement institués, 10,000 francs; pour les évêques promus à un archevêché, 5,000 francs; pour les archevêques transférés à un autre siège archiépiscopal, 5,000 francs; pour les évêques transférés à un autre siège épiscopal, 4,000 francs.

Le règlement ne s'appliquait pas à l'archevêque de Paris, à l'égard duquel le gouvernement s'était réservé de statuer par des décrets spéciaux.

Enfin, une indemnité était allouée annuellement aux archevêques et évêques, pour frais de visites diocésaines : cette indemnité était de 1,000 francs dans les diocèses ne comprenant qu'un département, et de 1,500 francs dans ceux qui en comprenaient deux ; les prélats n'y avaient droit qu'autant qu'il était justifié que les visites avaient été faites (2).

La loi de finances du 29 décembre 1883 a supprimé ces différentes allocations, qui n'étaient pas prévues par le Concordat.

En conséquence, ces crédits ne figurent pas au budget des cultes pour l'année 1891.

Au budget de cet exercice, l'ensemble des traitements des archevêques et évêques est prévu pour 930,000 francs.

1955. *Vicaires généraux.* — Les vicaires généraux, agréés par le gouvernement, reçoivent un traitement sur les fonds de l'État.

L'arrêté consulaire du 14 ventôse an XI, avait fixé ces traitements à 2,000 francs, pour le premier vicaire général d'un archevêché, à 1,500 francs pour les deux autres et pour les vicaires généraux de chaque évêché.

Une ordonnance du 28 mai 1818 avait porté ce traitement de 2,000 francs à 3,000 francs, et de 1,500 francs à 2,000 francs.

D'après le décret du 22 janvier 1853, le traitement du premier vicaire général de l'archevêque de Paris est de 4,500 francs ; celui des deux autres et des premiers vicaires généraux des autres archevêques, de 3,500 francs ; le traitement des deux autres vicaires généraux des archevêques et des vicaires généraux des évêques, de 2,500 francs.

Ces chiffres ont été maintenus au budget de 1891.

Les sept vicaires généraux des trois provinces de l'Algérie, reçoivent chacun un traitement de 3,600 francs (3).

---

1) Art. 64 et 65.
(2) Arr. min. 14 mars 1853 et 13 octobre 1855.

(1) D. 15 janvier 1853.
(2) Circ. 10 février 1834.
(3) Budget de l'année 1891.

Le budget de 1891 prévoit une somme de 507,700 francs pour le traitement des vicaires généraux.

Lorsqu'un vicaire général a perdu son titre, après avoir exercé ses fonctions pendant trois ans consécutifs, soit par suite d'un changement d'évêque, soit en raison de son âge et de ses infirmités, il lui est accordé, s'il n'est pas pourvu d'un canonicat, un secours de 1,500 francs par an, jusqu'à sa nomination, soit au premier canonicat vacant dans le chapitre diocésain, soit à un autre titre ecclésiastique susceptible d'être présenté à l'agrément du gouvernement, ou jusqu'à ce qu'il lui soit conféré un canonicat dans un autre diocèse (1).

Le crédit inscrit pour cette dépense au budget de 1891 et au projet de budget de 1892 est de 40,000 francs.

Le traitement des vicaires généraux capitulaires agréés par le gouvernement est le même que celui des vicaires généraux des évêques et archevêques.

1956. *Chanoines*. — Tout en reconnaissant aux évêques, par la convention du 26 messidor an IX, le droit d'avoir un chapitre, le gouvernement ne s'était pas obligé à les doter. Mais l'arrêté du 14 ventôse an XI alloua aux chanoines un traitement de 1,000 francs; le traitement fut porté à 1,100 francs par une ordonnance du 5 juin 1816, élevé à 1,500 francs par celle du 20 mai 1818 et fixé, en dernier lieu, à 1,600 francs, à partir du 1er janvier 1859, par un décret du 2 août 1858, pour les chanoines autres que ceux du diocèse de Paris.

Dans le diocèse de Paris, le traitement des chanoines est de 2,400 francs. Les chanoines des diocèses d'Alger, de Constantine et d'Oran jouissent d'un traitement égal.

La loi de finances du 22 mars 1885 a décidé la suppression du traitement des chanoines par voie d'extinction (2).

Dans le cas où un chanoine titulaire est revêtu des fonctions de vicaire général agréé par le gouvernement, ne lui est payé, sous ce dernier titre, que la somme nécessaire pour former, avec le traitement de chanoine, celui de vicaire général (3).

Le traitement des chanoines figure au budget de 1891, pour 745,336 francs.

1957. *Curés et desservants*. — Au point de vue des traitements, on distingue des curés de première et de seconde classe.

Les curés de première classe sont : 1° les curés des paroisses de 5,000 âmes et au-dessus, en nombre égal à celui des justices de paix établies dans ces communes;

2° Les curés des chefs-lieux de préfecture, alors même que la population serait au-dessous de 5.000 âmes;

3° Les curés de deuxième classe qui se sont distingués dans leurs fonctions. Cette faveur, établie par l'arrêté du 17 brumaire an XI, est toute personnelle et ne peut être appliquée qu'à un dixième du nombre total des curés.

La loi organique du 18 germinal an X, fixait à 1,500 francs le traitement des curés de première classe et à 1,000 francs celui des curés de seconde classe. Le traitement des curés de première classe, septuagénaires pensionnés, a été augmenté de 100 francs par l'ordonnance du 5 juin 1816, et celui des curés de deuxième classe a été porté à 1,200 francs, quel que soit leur âge, qu'ils soient ou non pensionnés. Les curés pensionnés jouissent en outre de leur pension.

Les curés des cathédrales ont, à Paris, un traitement de

2,400 francs, et, dans les autres diocèses, un traitement de 1,600 francs.

L'ensemble des crédits fixés au budget de 1891 pour les traitements des curés s'élève à 4,421,400 francs.

1958. Aux termes de l'article 68 de la loi de l'an X, les émoluments des desservants des succursales, choisis parmi les ecclésiastiques pensionnés, ne devaient consister que dans le montant de leur pension et le produit des oblations. Mais un décret du 11 prairial an XII leur alloua, sur les fonds de l'Etat, un traitement annuel de 500 francs sur lequel le montant de leur pension devait être précompté et au moyen duquel ils n'avaient rien à exiger des communes, en sus du logement.

Ces dispositions ont subi, depuis cette époque, plusieurs changements. L'ordonnance du 5 juin 1816 porta le traitement des desservants à 600 francs : celle du 9 avril 1817 à 700 francs et à 800 francs pour les septuagénaires, l'ordonnance du 20 mai 1818 à 750 francs et, pour les septuagénaires à 900 francs. Il fut élevé à 800 francs par une ordonnance du 6 janvier 1830, et en vertu de la même ordonnance, les sexagénaires eurent droit à 900 francs et les septuagénaires à 1,000 francs. La loi de finances de 1847 alloua aux desservants âgés de 50 ans une augmentation de 100 francs.

A partir du 1er janvier 1859, le traitement des desservants âgés de moins de 50 ans fut porté à 900 francs par un décret du 29 juillet 1858. Un autre décret du 14 août 1863 a fixé, en vertu de la loi de finances du 13 mai de la même année, à 1.250 francs le traitement des desservants âgés de 75 ans et au-dessus, à 1,150 francs celui des desservants de 70 à 75 ans et à 1,050 francs celui des desservants de 60 à 70 ans. Un décret du 13 août 1864 augmenta ces chiffres de 50 francs. Par la loi de finances du 29 décembre 1873 le traitement de 500 desservants âgés de 50 à 60 ans fut élevé de 900 à 1,000 francs. La loi du 29 décembre 1876 étendit le même bénéfice à 2,000 autres desservants au-dessus de 60 ans. Suivant le décret du 5 mars 1877, portant répartition entre les différents diocèses des augmentations de 100 francs accordées par cette loi, le tiers environ du crédit alloué dans ce but (soit dix augmentations par diocèse) doit être affecté aux paroisses les plus pauvres, sans préoccupation du chiffre de la population, et les deux autres tiers aux paroisses au-dessous de trois cents habitants, répartis au prorata de toutes ces paroisses dans toute la France d'abord, puis dans chaque diocèse. La loi de finances du 22 décembre 1878 réunit en une seule les deux catégories successivement créées en 1874 et en 1876.

La loi de finances du 21 décembre 1879 a alloué, dans le même but, un nouveau crédit de 200,000 francs qui a été réparti, d'après les mêmes bases, par un décret du 28 janvier 1880. Ce décret donne lieu, dans bien des cas, à des interprétations erronées contre lesquelles le ministre des cultes crut devoir mettre en garde les préfets.

« On a pensé notamment, dit le ministre (1), que ces augmentations de 100 francs allouées à diverses époques, dans chaque diocèse, à un certain nombre de desservants, étaient attribuées aux paroisses, et que les ecclésiastiques qui les avaient obtenues devaient en être dépossédés, au profit de leurs successeurs, en cas de déplacement. Cette interprétation ne saurait être admise. Toutes les augmentations de 100 fr. qui, depuis le 20 décembre 1873 jusqu'à ce jour, ont été successivement inscrites dans nos lois de finances, ont été proposées par le gouvernement et votées par les Chambres en vue d'arriver peu à peu, et suivant les ressources du budget, à porter au chiffre de 1,000 francs le traitement des desservants âgés de moins de 60 ans... Cette augmentation une fois acquise fait essentiellement partie du traitement... »

En Algérie, les desservants autres que ceux de première classe ont un traitement de 1,800 francs. Il y a 18 desservants de première classe à 2,400 francs.

---

(1) D. 26 février 1810; — Ord. 29 septembre 1824. Voir Titres ecclésiastiques; Vicaires généraux; Chanoines.
(2) Les extinctions survenues depuis 1885 jusqu'à ce jour ont produit, en exécution de cette loi :

En 1885...................................... 57,600 fr.
    1886...................................... 23,000
    1887...................................... 87,400
    1888...................................... 84,864
    1889...................................... 49,400
    1890...................................... 70,000
    1891...................................... 40,000

(3) Inst. min. 1er avril 1823.

IX

(1) Circ. 10 mai 1881.

18

Le budget de 1891 prévoit l'existence de 31,005 succursales et un crédit de 30,586,400 francs pour le traitement des desservants de France, et de 462,600 francs pour ceux d'Algérie.

1959. *Supplément de traitement alloué par les communes.* — L'article 67 de la loi organique de l'an X et l'arrêté consulaire du 18 germinal an XI permettent aux conseils municipaux d'accorder, sur les revenus des communes, des augmentations de traitement aux curés et desservants. Ces allocations sont purement facultatives; les conseils municipaux sont libres de les voter ou non; ils peuvent en fixer le montant comme ils l'entendent, l'augmenter ou le diminuer chaque année, même le supprimer totalement. Autrefois le préfet pouvait, quand un conseil municipal avait voté un supplément de traitement en faveur du curé ou desservant de la paroisse, soit rayer cette allocation du budget, soit la réduire à la somme qu'il jugeait convenable, et le curé n'avait, en ce cas, d'autre ressource que de s'adresser, par voie de pétition, au ministre pour obtenir la réformation de cette décision. Une circulaire du ministre de l'intérieur du 10 avril 1830, ayant égard aux augmentations de traitement accordées par l'État aux desservants, avait limité à 200 fr. les suppléments que les communes pouvaient leur accorder.

Suivant la nouvelle loi municipale (1), le supplément voté par le conseil municipal ne peut plus être réduit par l'administration supérieure, à la condition toutefois qu'aucune recette extraordinaire ne soit affectée à cette dépense.

1960. *Indemnité de binage.* — Outre le traitement fixe, les desservants chargés du service de deux succursales peuvent recevoir une indemnité de binage.

Le binage consistait d'abord à dire deux messes le même dimanche dans deux paroisses différentes: l'une dans celle à laquelle appartient le desservant, et l'autre dans une paroisse vacante.

Plus tard, sur les observations des évêques, les conditions du binage ont été modifiées. On a considéré que diverses circonstances, telles que l'âge, la santé, l'éloignement des églises, rendaient souvent impossible l'accomplissement de la condition primitivement exigée. Par suite, on a laissé aux évêques le soin d'apprécier en quoi devrait consister le service à exécuter dans chaque succursale vacante, ainsi que le jour de la semaine où ce service devrait être accompli. Des circulaires ministérielles leur ont donné cette faculté d'appréciation (2).

Le binage donne droit, tant qu'il est régulièrement exercé: 1° à la jouissance du presbytère et dépendances de la succursale vacante (3); 2° à une indemnité ou supplément de traitement sur les fonds de l'État: cette indemnité est de 200 fr. (4).

L'indemnité n'est accordée pour le binage que lorsqu'il est exercé dans certaines conditions déterminées. Ces conditions se rapportent, soit à la position de la paroisse où est exercé le binage, soit à la qualité des ecclésiastiques qui l'exercent:

I. La paroisse où a lieu le binage doit avoir été érigée en succursale (5). Ainsi, celui exercé dans une cure, dans une église non légalement ouverte, ou dans une église ayant tout autre titre que celui de succursale, ne donne pas droit à indemnité; enfin la succursale doit être vacante (6).

Par succursales *vacantes* on doit entendre les seules succursales absolument dépourvues de titulaires recevant un traitement: l'absence prolongée du titulaire d'une paroisse peut bien donner lieu à ce que le binage y soit autorisé et exercé pour le bien des fidèles, mais elle ne donne pas lieu

au payement de l'indemnité, puisque effectivement la paroisse n'est pas vacante (1).

Il est un cas où le binage peut avoir lieu bien que la paroisse ne soit pas vacante: c'est celui où un vicaire a été demandé par un desservant âgé ou infirme, et autorisé dans les formes réglées par le décret du 30 décembre 1809. Si l'évêque ne peut, par défaut de prêtres, nommer un vicaire, il peut permettre le binage dans la paroisse (2).

II. L'ecclésiastique qui réclame l'indemnité, doit: 1° être desservant de succursale, curé ou vicaire de curé (3); aucun autre n'y a droit; 2° avoir été autorisé à biner par l'évêque; 3° produire des attestations sur la réalité de son double service (4): ces attestations sont délivrées, tous les six mois, par un curé ou desservant du canton chargé spécialement de ce soin par l'évêque, et jointes à l'état que l'administration diocésaine adresse au préfet (5). Elles sont annexées aux mandats de payement, comme pièces justificatives (6).

Sous aucun prétexte, le même curé, vicaire de curé ou desservant ne peut avoir droit à une *double indemnité*, lors même qu'il ferait le service dans deux paroisses vacantes (7).

L'ecclésiastique chargé d'un binage dans une succursale vacante a droit à l'indemnité, s'il y a exercé toutes les fonctions ecclésiastiques, quand même le mauvais état de l'église l'aurait empêché d'y célébrer la messe (8).

Le crédit afférent aux indemnités de binage est de 425,000 francs au budget de 1891.

1961. *Vicaires.* — Avant la loi du 5 avril 1884, le traitement des vicaires paroissiaux était fourni principalement par la fabrique, ou dans le cas où les ressources de la fabrique étaient insuffisantes, par la commune. Depuis la nouvelle loi municipale, cette dépense n'est plus obligatoire pour la commune.

Le traitement des vicaires qui doit être fourni par la fabrique a été fixé par l'article 40 du décret du 30 décembre 1809 à 500 francs au plus et à 300 francs au moins.

Indépendamment du traitement fourni par la fabrique, les vicaires peuvent toucher annuellement, sur les fonds du Trésor, un supplément qui, fixé d'abord à 250 francs, a été porté à 300 francs par l'ordonnance du 31 juillet 1821, et à 350 francs par celle du 6 janvier 1830.

Le chiffre de cette indemnité a été porté de 350 à 400 par un décret du 30 juillet 1870, puis à 450 francs par un décret du 23 mars 1872.

Un arrêt du Conseil d'État a décidé que l'indemnité accordée par l'État ne vient pas en déduction du traitement dû aux vicaires par la fabrique (9).

L'indemnité n'est allouée en principe qu'aux vicaires des communes de moins de 5,000 habitants, c'est-à-dire de celles dont les ressources peuvent être insuffisantes (10).

Une circulaire du 7 avril 1880 indique l'intention du gouvernement à cette époque d'attribuer une indemnité aux vicaires des villes de plus de 5,000 âmes, lorsque le budget des fabriques se solde par un déficit: ces indemnités auraient été de 500 à 800 francs. Mais les nécessités budgétaires firent tomber ce projet, et les Chambres ayant réduit le nombre des vicaires rétribués sur les fonds de l'État, une circulaire a prescrit de faire porter la réduction sur ceux de ces vicariats établis dans les villes de plus de 5,000 âmes, contrairement à l'ordonnance du 5 juin 1816 (11).

---

(1) Art. 145, 2° al.
(2) 30 juin 1827, 2 août 1833, 1er février 1843; — Vuillefroy, p. 91; Affre, p. 220.
(3) Ord. 3 mars 1825, art. 2 et 3. Voir Administration des menses curiales et succursales.
(4) Ord. 6 novembre 1814. — Lois de finances annuelles.
(5) Circ. 10 juin 1825, 2 août 1833; — Affre, p. 220; André, t. Ier, p. 513; Vuillefroy, p. 92.
(6) Circ. 12 avril 1823.

(1) Circ. min. 12 avril 1823; — Vuillefroy, p. 92.
(2) Campion; Vuillefroy, p. 92.
(3) Ord. 6 novembre 1814; 3 mars 1825, art. 2.
(4) Circ. 2 août 1833.
(5) Un ecclésiastique bine quelquefois dans un autre département que celui où il exerce comme titulaire; les deux départements peuvent même dépendre de deux diocèses: c'est le préfet du département où le binage a lieu qui délivre le mandat de payement de l'indemnité (Inst. 1er avril 1823).
(6) Circ. 20 et 22 juin 1827.
(7) Circ. 27 juin 1826; 2 août 1833; — Lett. min. cult. 3 mai 1864, Campion, p. 106.
(8) Déc. min. cult. 28 février 1851.
(9) Cons. 22 mai 1874.
(10) Circ. 5 novembre 1884.
(11) Circ. 7 mai 1885.

La commune ne doit pas de logement aux vicaires (1). La jurisprudence administrative de la section de l'intérieur et des cultes du Conseil d'Etat est d'avis de ne pas autoriser les acquisitions par les fabriques à titre gratuit ou à titre onéreux d'immeubles destinés au logement des vicaires (2).

Le nombre des vicaires admis à recevoir une indemnité de l'Etat était, d'après le budget'de 1891, de 7,000 ; le crédit affecté à cette dépense s'élevait à 3,150,000 francs.

Au même budget, il y avait un crédit de 196,200 francs pour 109 vicaires ou prêtres auxiliaires à 1,800 francs en Algérie.

1962. *Comptabilité des traitements.* — Le traitement des évêques et archevêques court du jour de leur prise de possession (3).

Le traitement des vicaires généraux et des chanoines court du jour de leur prise de possession constatée par le chapitre (4).

Le traitement des curés, desservants et vicaires court du jour de leur prise de possession, constatée par le bureau des marguilliers (5).

Le jour de la prise de possession doit toujours leur être compté, ainsi que celui du décès ou de la cessation des fonctions (6).

L'ordonnance du 13 mars 1832 qui décide que ces vicaires généraux ne reçoivent leur traitement qu'après leur nomination et à partir de leur prise de possession n'est pas applicable aux vicaires généraux capitulaires. Elle n'a pas dérogé, par conséquent, à la règle, antérieurement suivie, d'après laquelle leur traitement leur était acquis à compter du jour de leur élection par le chapitre (7).

En effet, dit un rapport adressé au ministre des cultes le 16 novembre 1840, la position de vicaire général capitulaire est bien différente de celle des vicaires généraux non capitulaires ; ceux-ci n'entrent ou ne doivent entrer réellement en fonctions qu'après l'approbation de leur nomination ; quant aux vicaires généraux capitulaires, il est de toute nécessité qu'ils entrent en fonctions aussitôt après le décès ou la démission de l'évêque. Il est donc juste que leur traitement remonte au jour où ils ont été réellement chargés du service diocésain.

Le certificat de prise de possession des desservants est délivré par le bureau des marguilliers. Il doit être signé par les trois membres de ce bureau, ni le maire ni les membres du conseil municipal, s'ils ne font point partie du bureau, ne doivent y intervenir, pas plus que les autres fabriciens (8). Ce certificat n'est pas nécessaire, si l'ecclésiastique n'est pas salarié par l'Etat.

En cas de démission, si le ministre du culte a continué l'exercice de ses fonctions, en attendant l'installation de son successeur, il est réputé l'avoir fait en vertu de son ancien

titre, et, en conséquence, son traitement court jusqu'au jour de la cessation de son service (1).

Les traitements se payent par trimestres ; la valeur de chaque mois est comptée pour le douzième juste de l'année, et celle de chaque jour pour le trentième du mois. La durée plus ou moins longue d'un mois n'est pas prise en considération (2).

1963. Les receveurs d'arrondissement ou les trésoriers-payeurs généraux ne peuvent exiger, en principe, à l'appui des mandats délivrés pour leurs traitements, indemnités ou secours, aucune pièce autre que les quittances des créanciers réels, sauf les formalités prescrites, pour les mandats délivrés à des héritiers et le certificat d'identité exigé par la loi du 29 décembre 1876. Plusieurs circulaires ont prescrit une grande célérité dans la production de ces certificats et dans le service de la comptabilité des préfectures pour l'ordonnancement des mandats de payement. Les préfets doivent, s'il y a lieu, élever d'office le traitement des prêtres septuagénaires dont, par oubli ou erreur, le mandat ne contiendrait pas l'augmentation de traitement qui leur est due (3).

Lorsqu'une augmentation de traitement est due à l'ecclésiastique à raison de son âge, il doit justifier de son âge par la production de son acte de naissance (4).

Les préfets reçoivent du ministère des cultes des expéditions des décrets rendus pour la nomination des vicaires généraux, chanoines et curés ; en outre, les évêques doivent leur adresser régulièrement l'indication des mouvements qui surviennent dans le personnel ecclésiastique du diocèse, dix jours avant l'échéance trimestrielle. A l'aide de ces documents et renseignements, les préfets dressent, à chaque trimestre, pour être remis aux trésoriers-payeurs généraux, un état des sommes à acquitter pour traitements et indemnités fixes des membres du clergé. Le trésorier-payeur général renvoie, dans les vingt-quatre heures, les mandats revêtus de son visa pour *bon à payer*. L'état du premier trimestre contient, en détail, les noms des diverses parties prenantes et les sommes à payer à chacune d'elles ; les états des trois autres trimestres peuvent ne fournir des indications aussi complètes que pour les articles non conformes au premier, avec renvoi à cet état pour tous les articles qui n'ont subi aucune modification. Les mandats des préfets doivent contenir exactement les noms, prénoms et dates de naissance des ecclésiastiques, soit pour ne laisser aucun doute sur l'identité des individus, soit pour prouver que les suppléments de rétribution accordés aux curés ou aux desservants, en raison de leur âge, n'ont été alloués qu'à ceux qui y avaient droit (5).

Des circulaires récentes ont décidé que les préfets ne doivent pas se contenter de la production des états de situation fournis par les évêchés, dix jours avant chaque échéance trimestrielle, pour l'exécution de l'article 13 de la loi de finances du 29 décembre 1876, ni de l'expédition du procès-verbal d'installation délivré par le bureau des marguilliers (6). En outre, l'état de situation du clergé fourni par l'évêché doit contenir le montant du traitement, l'âge, la date de la prise de possession et l'époque de cessation des fonctions de chaque titulaire ecclésiastique. Cet état est transmis avec les pièces annexées par le préfet au trésorier-payeur général pour produit par celui-ci devant la Cour des comptes, à titre de justification de sa gestion (7).

Les mandats sont adressés aux ayants droit par les préfets avant le 5 du mois qui suit l'échéance trimestrielle. Suivant une circulaire du 16 mars 1821, ils devaient l'être par l'entremise des maires ; mais plus tard, en 1823, le ministre des cultes a prescrit aux préfets de s'entendre avec les évêques sur le mode le plus facile de transmission, et d'employer tous

---

(1) Circ. dir. gén. compt. 14 avril 1812 ; — Circ. min. cult. 7 juillet 1812.
(2) C. d'Et. int., note, 10 mai 1890 : — « La section, etc..., qui sur le renvoi ordonné par le ministre de l'intérieur, a examiné un projet de décret tendant à autoriser le trésorier de la fabrique de l'église curiale de Doullens à accepter une donation faite à cet établissement par les sieurs Bocquet et autres et consistant en une maison destinée au logement d'un vicaire, — fait observer que l'affectation légale d'une maison au logement d'un vicaire ne saurait être autorisée. Cette autorisation aurait, en effet, pour résultat de placer dans le patrimoine des fabriques une catégorie d'immeubles de mainmorte dont l'existence n'est prévue par aucune loi. La section rappelle qu'elle a fait récemment une application de cette jurisprudence en émettant un avis défavorable à l'acceptation, par la fabrique de l'église de Pacy-sur-Eure, du legs d'une maison qui, aux termes du testament, devait être affectée au logement d'un vicaire.
« La section, avant de statuer définitivement, désire que les consorts Bocquet soient invités à renoncer à la clause ainsi formulée : « L'immeuble « sus-désigné à l'usage de maison vicariale ». Au cas où les donateurs ne consentiraient pas à cette modification, la section ne pourrait donner un avis favorable à l'acceptation de la donation. »
(3) Ord. 4 septembre 1820, art. 1er.
(4) 14 ventôse an XI ; — D. 26 février 1810 ; — Ord. 29 septembre 1824 et 13 mars 1832.
(5) Ord. 13 mars 1832, art. 1 et 2.
(6) Règl. 31 décembre 1841.
(7) C. d'El., avis, 27 novembre 1840.
(8) André, t. II, p. 401.

(1) Règl. 31 décembre 1841.
(2) Règl. 31 décembre 1841.
(3) Circ. 10 août 1876 ; 2 septembre 1881.
(4) Circ. 28 avril· 1848 ; — André, t. IV, p. 453.
(5) Campion, p. 663 ; — Circ. 12 mai 1868, 10 août 1876, 24 février 1877.
(6) Circ. 31 juillet 1882.
(7) Circ. 1er juillet 1882.

les moyens possibles pour éviter de déplacer les ecclésiastiques.

Des réclamations s'étant produites contre les retards qu'éprouvait, dans certains départements, le payement des traitements du clergé, le ministre des cultes a appelé, par une circulaire, l'attention des évêques et des préfets sur deux mesures à prendre pour satisfaire à ces réclamations, mesures consistant, pour les évêchés, dans la remise des états de situation du clergé dix jours avant la fin de chaque trimestre, et, pour les préfectures, dans l'envoi direct des mandats aux membres du clergé sans l'intermédiaire des sous-préfets (1).

La loi de finances du 29 décembre 1876 a prescrit que « le mandat de traitement des desservants et des vicaires doit être accompagné d'un certificat d'identité émanant de l'autorité diocésaine et d'un certificat de résidence délivré sans frais par le maire de la commune et visé par le sous-préfet et le préfet. » La circulaire du 24 février 1877, émise à la suite de cette loi, déclare que ces mesures doivent s'appliquer aussi aux curés, pasteurs, rabbins et ministres officiants; que le certificat d'identité ou d'exercice de fonctions sera délivré par l'autorité ecclésiastique au pied des états de situation du personnel du clergé qu'elle adresse vers la fin de chaque trimestre à la préfecture; que la préfecture délivrera et joindra à chaque mandat de payement un extrait de ce certificat collectif; que le maire délivrera sans frais et d'office le certificat de résidence et l'enverra au sous-préfet le 1er des mois de mars, juin, septembre et décembre; que les sous-préfets viseront les certificats et les adresseront à la préfecture le 5 de chacun de ces mêmes mois, après les avoir visés; que les préfets les viseront à leur tour et les joindront aux mandats adressés au trésorier-payeur général chargé de viser pour le payement; qu'en cas d'omission ou de refus non motivé de la part des maires, les préfets y suppléeront conformément à l'article 15 de la loi du 18 juillet 1837; que les certificats pourront être suppléés par une expédition des autorisations de congé dans les formes de l'ordonnance du 13 mars 1832, ou des arrêtés ministériels approuvant des dispenses de résidence exceptionnelles accordées aux titulaires ecclésiastiques.

Le ministre a rappelé aux préfets, par une circulaire du 17 février 1881, que l'article 14 de la loi du 29 décembre 1876 prescrit une enquête administrative, afin de constater si les desservants et vicaires résident et exercent de fait dans la commune à laquelle ils attache leur titre de nomination; il les a invités à procéder avec soin à cette enquête, afin de prévenir tout « abus » de certificats de complaisance ou de dispenses de résidence accordées à titre provisoire et devenues permanentes.

Une autre circulaire du 9 juin 1881 a déclaré que ces prescriptions s'appliquaient aux traitements des chanoines.

Il a été jugé que la loi du 16 février 1872, qui prohibe le cumul d'un traitement de fonctionnaire avec l'indemnité de député, s'applique aux évêques, qui doivent être considérés comme compris parmi « les fonctionnaires de tout ordre élus députés », dont le traitement ne peut être cumulé avec l'indemnité parlementaire (2).

1964. *Suspension de traitements.* — Nous avons expliqué plus haut (nos 277 et suiv.) que les traitements ecclésiastiques peuvent être suspendus, soit en cas d'absence irrégulière, soit par mesure disciplinaire. Il nous suffit de renvoyer ici à cet exposé, ainsi qu'aux textes et à la jurisprudence qui y sont rappelés (1).

1965. *Pensions et secours.* — Avant 1789, l'État n'accordait aucun secours et ne payait aucune pension de retraite aux ecclésiastiques. Le clergé, qui possédait alors des biens considérables, avait entre ses mains toutes les ressources nécessaires pour assurer le bien-être des prêtres obligés de renoncer à leur ministère. D'ailleurs la plupart des titulaires de bénéfices, parvenus à un âge avancé, pouvaient, au moyen de leurs revenus, se charger d'acquitter le traitement d'un coadjuteur sans se démettre de leurs fonctions.

Lorsque l'État mit en possession des biens du clergé, il donna aux possesseurs de ces biens des pensions à titre d'indemnité. Ces pensions étaient toutes spéciales, destinées à s'éteindre progressivement et à disparaître complétement et ne constituaient, en aucune façon, un système de retraite (2).

Le décret du 12 juillet-24 août 1790 sur la constitution civile du clergé (article 9) disposait que les curés qui, par suite de leur grand âge ou de leurs infirmités, ne pourraient plus vaquer à leurs fonctions, pourraient à leur choix prendre un vicaire de plus payé par l'État ou se retirer avec une pension égale au traitement qu'aurait eu ce vicaire.

Mais ces dispositions, bientôt mises à néant avec l'ensemble des lois sur la constitution civile du clergé, n'ont pas été rétablies lors du Concordat. Le gouvernement ne s'engagea pas alors à servir des pensions de retraite; il inscrivit seulement au budget un fonds de secours annuel qui devait être divisé entre les départements et réparti par les évêques entre les ayants droit.

dérés comme compris parmi les « fonctionnaires de tout ordre élus « députés » dont le traitement ne peut, aux termes de la loi du 16 février 1876, être cumulé avec l'indemnité parlementaire; — Considérant que le requérant se fonde, en second lieu, sur ce que, d'après l'article 5 de la même loi du 16 février 1872, la prohibition du cumul ne s'appliquerait qu'aux traitements assujettis à la retenue, et sur ce que le traitement des évêques est affranchi de toute retenue; — Mais considérant que, le ledit article 5, dans le but de déterminer quels sont, parmi les émoluments nécessaires du traitement, ceux qui ne peuvent être cumulés avec l'indemnité législative, range dans cette catégorie « les supplé- « ments de toute nature assujettis à la retenue au profit du Trésor», il ne résulte pas de cette disposition que les traitements eux-mêmes ne peuvent être soumis à l'interdiction du cumul qu'à la condition d'être assujettis à la retenue; que l'interprétation contraire résulte de l'article 6 de la loi précitée du 16 février 1872, qui contient des dispositions spéciales destinées à affranchir de la prohibition du cumul les pensions civiles et militaires et les traitements de la Légion d'honneur et de la médaille militaire bien que lesdits traitements et pensions ne soient assujettis à aucune retenue; — Considérant que de ce qui précède il résulte que l'évêque d'Angers n'est pas fondé à demander l'annulation de la décision par laquelle le garde des sceaux, ministre de la justice et des cultes, lui a fait application de la loi du 16 février 1872, prohibant le cumul d'un traitement de fonctionnaire avec l'indemnité de député; — Décide : — Art. 1er. La requête de l'évêque d'Angers est rejetée... »

(1) On lit dans le *Journal officiel* du 7 août 1891 : « En ce qui concerne le nombre des prêtres dont les allocations sont supprimées par mesure disciplinaire, il était, en 1890, de 241; actuellement ce chiffre a été ramené à 136.

Situation au 17 mars 1890.

Suppressions pour faits étrangers aux élections...................	79
Suppressions pour faits se rattachant aux élections...............	170
Suppressions prononcées depuis le 17 mars 1890.................	2
Total......................	251

Situation au 15 juin 1891.

Rétablissements par suite de déplacements obtenus................	55
Décès ou démissions...........................	9
Rétablissements par mesure de clémence..................	41
Total......................	105
Resté......................	136

(2) Voir notamment : L. 11-24 août 1793; — D. 2 et 11 frimaire an II; — Arr. 5 prairial an VI, 3 prairial an X et 7 thermidor an XI; — D. 27 juillet 1807 et 13 décembre 1809.

(1) Campion, p. 664; — Circ. 12 mai 1868, 10 août 1876, 24 février 1877, 27 juin 1868, 2 septembre 1881.

(2) Cont. 23 novembre 1883 : — « Le Conseil d'État, statuant au contentieux... ; — Vu le décret du 29 janvier 1871; — Vu la loi du 16 février 1872; — Vu les articles 8 et 17 de la loi du 30 novembre 1875; — Considérant que l'évêque d'Angers, pour contester l'application qui lui a été faite par l'arrêté attaqué de la loi du 15 février 1872, prohibant le cumul d'un traitement de fonctionnaire avec l'indemnité de député, se fonde, en premier lieu, sur ce que les ministres du culte ne sauraient être considérés comme des fonctionnaires publics dans le sens de la loi pré-citée; — Considérant que si les évêques ne sont pas les dépositaires ou agents de l'autorité publique, ils n'en sont pas moins des fonctionnaires publics dans le sens des lois relatives au mandat parlementaire et à l'indemnité qui y est attachée; qu'en effet, l'article 8 de la loi du 30 novembre 1875 sur l'élection des députés, après avoir établi que « l'exer- « cice des fonctions publiques rétribuées sur les fonds de l'État est « incompatible avec le mandat de député », et que « tout fonctionnaire « élu sera remplacé dans ses fonctions », mentionne expressément les archevêques et les évêques parmi les fonctionnaires qui sont exceptés de cette disposition; qu'il suit de là que les évêques doivent être consi-

Mais le décret du 28 juin 1853, complété par le décret du 27 mars 1860, autorisa le ministre des cultes à concéder, sur la proposition de l'évêque diocésain, des pensions de retraite aux prêtres âgés de soixante ans, entrés dans les ordres depuis plus de trente années, qui ne possèdent pas des moyens suffisants d'existence.

Ce décret a institué, en outre, une caisse générale de retraites ecclésiastiques, reconnue comme établissement d'utilité publique (1).

La dotation de cette caisse se compose : 1° d'une rente sur l'Etat de 216,475 francs, inscrite en son nom sur le grand-livre de la dette publique (2) ; 2° d'une somme de 400,000 fr., prélevée tous les ans sur le crédit alloué au budget des cultes pour secours personnels (3) ; 3° du produit des dons et legs faits à la caisse et régulièrement acceptés (4).

Il est à remarquer que cette dernière source de revenus n'a jamais été alimentée. Aucune donation, aucun legs n'ont été faits à la caisse de retraites depuis sa fondation jusqu'à ce jour.

Ces divers fonds constituant les seules ressources de la caisse, les pensions accordées ne peuvent excéder le montant des ressources réalisées chaque année par elle (5).

Le directeur de la caisse des dépôts et consignations est chargé de toutes les opérations qui concernent le recouvrement des revenus de la caisse et le payement des arrérages des pensions.

Le décret de 1853 n'a pas créé, en faveur de tous les prêtres qui ont trente ans de services, un droit à une pension de retraite ; il leur ouvre seulement les voies pour l'obtenir. L'administration est libre de l'accorder ou de la refuser ; par conséquent, aucun recours devant le Conseil d'Etat ou toute autre juridiction ne peut être admis (6).

Deux conditions sont requises pour obtenir une pension ecclésiastique. Elle ne peut d'abord être accordée qu'aux prêtres âgés ou infirmes, entrés dans les ordres depuis plus de trente ans, et présentés par l'évêque du leur domicile (7).

Les pensions, comme les secours, ne doivent être concédées qu'aux ecclésiastiques dont les ressources personnelles sont insuffisantes. Les prêtres qui possèdent par eux-mêmes des moyens de vivre honorablement ne sauraient faire utilement appel à la munificence de l'Etat (8).

Le taux de la pension est de 500 francs pour les anciens desservants, de 600 francs pour les anciens curés et assimilés ;

---

(1) Le décret du 28 juin 1853 est précédé de ces considérants : — « Considérant, porte ce décret, qu'il importe à la dignité de l'Etat autant qu'à celle du clergé, de ne pas laisser sans secours les prêtres que l'âge et les infirmités ont obligés à résigner leurs saintes fonctions ; — Attendu que la pensée du gouvernement qui a rétabli le culte en France, n'a pu en ce point être encore réalisée qu'imparfaitement, et que les caisses particulières, fondées seulement dans quelques diocèses, sont loin de subvenir à toutes les nécessités. »
(2) D. 23 janvier 1852, 27 mars 1860.
(3) D. 9 janvier 1854.
(4) Circ. min. 30 novembre 1853 ; — D. 27 mars 1860, art. 1, 2 et 3.
(5) En dehors des pensions de retraite servies par cette caisse, certains diocèses ont des maisons de retraites pour les prêtres âgés ou infirmes. La création de la caisse générale de retraites ecclésiastiques n'a pas en pour but de porter atteinte à ces établissements. On lit notamment ce qui suit, dans la circulaire du 30 novembre 1853, relative aux pensions : « Loin de vouloir porter atteinte à ces établissements d'une incontestable utilité, le gouvernement désire les voir prospérer et se multiplier ; il en facilitera de tout son pouvoir la fondation dans tous les diocèses où elles n'ont pas encore été formées. »
Cependant le nombre des maisons de retraite paraît peu considérable. Voici comment le Journal des conseils de fabrique explique ce fait : « Les curés, desservants et vicaires qui ont passé dans les presbytères de longues années, se sont accoutumés à vivre d'une manière libre et indépendante, et à jouir de tous les avantages du foyer domestique. Lorsqu'ils sont parvenus à un âge avancé, ils ne peuvent plus se soumettre aux exigences d'une règle uniforme et de la vie de communauté ; ils finissent par quitter la maison de retraite, et préfèrent recevoir dans leur domicile, quelque modeste qu'il soit, les secours de la caisse diocésaine. Après avoir vainement essayé de vaincre leurs répugnances à ce sujet, plusieurs évêques ont dû renoncer aux maisons de retraite ; quelques prélats ont même été obligés de convertir celles qu'ils avaient déjà formées en caisses de retraite ou de secours.
(6) Circ. min. cultes, 30 novembre 1853.
(7) Eod.
(8) Eod.

elle ne peut être cumulée avec aucun autre traitement de l'Etat (1).

Des secours temporaires peuvent être accordés aux prêtres qui sont obligés, par leurs infirmités, de cesser leurs fonctions avant trente ans d'exercice (2).

Les secours à des prêtres âgés ou infirmes sans fonctions sont prévus au budget de 1891 pour 300,000 francs ; les secours accidentels à des prêtres en activité pour 60,000 francs.

Le crédit spécial du chapitre de Saint-Denis a été supprimé, à compter du 1er janvier 1885, par la loi de finances du 11 mars 1885. Lors de la discussion de cette loi, il a été décidé que des pensions viagères équivalentes aux traitements que recevaient les chanoines du premier et du second ordre leur seraient payées sur le chapitre des *Pensions et secours ecclésiastiques*.

Un décret du 24 mars 1885 a concédé ces pensions.

1967. *Crédits divers.* — En dehors des crédits destinés au clergé catholique, le budget des cultes contient les crédits destinés aux ministres du culte protestant et du culte israélite que nous mentionnerons en traitant des cultes non catholiques.

Il prévoit également les subventions suivantes destinées aux édifices du culte :

	fr.
Mobilier des archevêchés et évêchés.	20,000
Loyers et rentes pour évêchés.	11,023
Entretien des édifices diocésains.	600,000
Grosses réparations des édifices diocésains.	1,000,000
Crédits spéciaux pour cathédrales.	355,000
Secours pour églises et presbytères. . . . . (3)	1,500,000

CHAPITRE III.

ASSOCIATIONS RELIGIEUSES

SECTION PREMIÈRE.

HISTORIQUE.

1968. *Ancien régime.* — Il est conforme aux règles constantes de notre droit public qu'une association religieuse ne puisse exister légalement qu'en vertu d'une autorisation du gouvernement. Il en était ainsi sous l'ancien régime. Notre ancien droit avait emprunté le principe de la nécessité de l'autorisation gouvernementale au droit byzantin. Une constitution de Nicéphore II Phocas défendit la construction de monastères et autres établissements pieux sans l'autorisation de l'empereur. Jusqu'alors l'autorisation de l'évêque avait

---

(1) D. 9 novembre 1853, art. 4.
(2) Circ. 30 novembre 1853.
(3) En ce qui concerne les secours pour églises et presbytères : « Le gouvernement, invité par la commission du budget à rechercher de nouvelles économies sur les crédits demandés pour 1892, a proposé sur ce chapitre une réduction de 100,000 francs, c'est que qu'il a estimée possible sur le budget des cultes.
« La commission n'a pas cru devoir accepter cette réduction.
« Elle fait remarquer dans son rapport (Journ. off. du 7 août 1891), pour motiver sa décision, que ces secours sont accordés, sur la proposition des conseils généraux, aux communes pauvres, pour les aider à construire ou à réparer les églises et presbytères.
« Le crédit était autrefois de 3 millions, il a été réduit de moitié, et il était incontestable qu'il était insuffisant ; d'autant plus que, pendant ces dernières années, beaucoup de communes ayant consacré toutes leurs ressources à la construction d'établissements scolaires, ont dû ajourner les réparations aux édifices du culte. Actuellement ces constructions scolaires sont terminées, et les demandes de secours pour les édifices du culte augmentent dans une notable proportion.
« En réduisant encore le crédit, on ferait supporter une plus lourde charge à des communes pauvres et qui méritent qu'on leur vienne en aide.
« Loin de diminuer la somme demandée primitivement pour 1892, votre commission exprime le regret que les nécessités budgétaires ne lui permettent pas de vous en demander le relèvement. »

suffi (1). Reconnu par une autorisation du souverain, le monastère acquérait de plein droit l'existence légale et jouissait dès lors de tous les droits attribués aux personnes juridiques.

1968. Quelle était la situation des communautés religieuses dans l'ancien droit français?

Quatre conditions étaient exigées pour l'établissement d'une communauté religieuse.

La première condition était le consentement préalable, par écrit, de l'évêque chargé du soin des âmes de tout un diocèse (2). Ce consentement était considéré comme tellement personnel à l'évêque, qu'il était regardé comme dépendant de sa juridiction volontaire, dont il n'avait de compte à rendre qu'à Dieu seul.

L'appel de la décision de l'évêque ne pouvait être porté devant le métropolitain (3).

1969. La deuxième condition était l'avis des personnes intéressées. Divers motifs rendaient cet avis nécessaire. Il importait que les habitants fussent consultés, puisque les taxes et impôts dont les religieux étaient exemptés étaient répartis entre les habitants. D'autre part, la mise hors du commerce des immeubles dont la communauté était propriétaire était pour les habitants une cause de préjudice. De plus, établir dans les petites villes des monastères, surtout ceux d'ordres mendiants, c'était diminuer la part d'assistance due aux pauvres. Il fallait, dit Févret, proportionner la saignée aux forces du malade (4). Il était de l'intérêt des curés et des fabriques, chargés de veiller au service du culte, de ne pas voir tarir la source des revenus affectés à cet usage par l'établissement injustifié de couvents pourvus de chapelles particulières ouvertes aux fidèles. Il importait, en dernier lieu, qu'il n'y eût pas un nombre excessif de communautés établies dans la même contrée et en partageant les libéralités pieuses.

Aussi la jurisprudence a-t-elle toujours considéré, sous l'ancien régime, que ces divers intéressés devaient être consultés.

Les édits de 1666 et de 1749 ont confirmé cette jurisprudence.

Le parlement pouvait demander, en outre, qu'on prît l'avis de toutes autres personnes qui pouvaient être utilement consultées. C'est l'enquête *de commodo et incommodo* dont l'ordonnance du 8 juin 1759 atteste la haute antiquité et que mentionne l'édit de 1749.

L'enquête était ouverte sur les réquisitions du procureur général près le parlement du ressort. Les intéressés étaient entendus séparément, en sa présence ou devant un de ses substituts. Le juge du lieu où l'établissement devait être fondé concentrait le résultat de l'enquête, en dressait procès-verbal et le transmettait avec son avis à la chancellerie (5).

La connaissance des oppositions qui pouvaient s'élever appartenait aux parlements. S'ils rejetaient les oppositions, l'appel de leur décision pouvait être porté devant le Conseil du roi.

1970. La troisième condition requise pour qu'une communauté religieuse pût être fondée était l'autorisation du roi (6).

Dès le VIIᵉ siècle, nous voyons saint Valéric demander au roi Clotaire II l'autorisation d'établir un monastère à Amiens.

Nous voyons Pépin le Bref affirmer nettement la nécessité de l'intervention royale (1).

De nombreux arrêts des cours souveraines ont sanctionné sous l'ancien régime le principe de la nécessité de l'autorisation gouvernementale. Citons notamment un arrêt de règlement du parlement de Normandie, du 18 mars 1618, un de ces arrêts qui, suivant l'expression de Merlin (2), ne font, pour la plupart, que confirmer des usages anciens et reconnus de tout le monde, ou éclaircir quelques ambiguïtés qui pouvaient se trouver dans la pratique de ces usages.

Un édit de Louis XIII du 21 novembre 1629 porte : « Il ne pourra ci-après être fait aucun établissement de monastères, maisons et communautez régulières de l'un ou l'autre sexe, en quelque ville et lieu que ce soit, même des ordres ci-devant reçus et établis dans le roïaume, sans notre expresse permission, par lettres signées par l'un de nos secrétaires d'Etat, et scellées de notre grand sceau, afin que nous puissions juger de l'utilité d'iceux, selon les occasions, ordonner et assigner les lieux et villes auxquelles nous jugerons plus à propos de les faire établir pour l'utilité de nos sujets et avancement de la foi et religion catholique, apostolique et romaine. »

Une déclaration du 7 juin 1659 prescrivit la dissolution des couvents qui se seraient fondés sans autorisation depuis moins de dix ans.

La règle de l'autorisation royale fut de nouveau proclamée par l'ordonnance de décembre 1666, l'édit d'août 1749 (3).

1971. La dernière condition relative à la fondation des maisons religieuses était l'enregistrement par le Parlement des lettres d'autorisation.

La formalité de l'enregistrement donnait à l'ordonnance d'autorisation une sorte de caractère législatif. Elle fut prescrite par l'ordonnance du 7 juin 1659, la déclaration de décembre 1666, l'acte royal du mois d'août 1749. En enregistrant les lettres royales, les parlements avaient le droit d'y introduire toutes les modifications qu'ils jugeaient utiles.

Si des oppositions s'élevaient soit avant, soit après l'enregistrement, il appartenait aux parlements de statuer à ce sujet.

Le droit de l'autorité civile de dissoudre les associations religieuses était reconnu sous l'ancien régime et donna lieu parfois à des applications rigoureuses. Ainsi un édit du 7 janvier 1596 expulsa les jésuites du royaume. L'Ordre fut rétabli par un édit de septembre 1603, sous la condition d'un serment et autres obligations. Un arrêt du Parlement, du 6 août 1762, déclara qu'il y a abus dans l'institut de la Société de Jésus, « comme tendant à introduire, sous le voile spécieux d'un institut religieux, un corps politique dont le but est de parvenir d'abord à une indépendance absolue, et successivement à l'usurpation de toute autorité » ; il ordonnait que les jésuites seraient exclus du royaume irrévocablement et sans aucun retard.

1972. Nous avons vu les conditions nécessaires à l'existence légale des monastères sous l'ancien régime ; il nous reste à retracer brièvement les règles relatives à l'état civil des religieux à cette époque.

La profession religieuse affectant profondément l'état civil

---

(1) *Corp. jur.*, Cont. Niceph. Phoc. I, 5.
(2) Concile d'Agde, art. 5006; — Concile de Rouen 1581, de Reims 1583, de Bordeaux 1584; — Assemblée du clergé de France de 1625. 1635, 1645; — Décrétales des papes Alexandre IV, Clément VIII, Grégoire XV et Urbain VIII; — Capitulaire de Charlemagne 789.
Édit de décembre 1666 et août 1749 : — « Déclarons que nous n'accorderons aucunes lettres patentes pour permettre un nouvel établissement, qu'après nous être fait informer exactement de l'objet et de l'utilité dudit établissement, nature, valeur et qualités des biens destinés à le doter, par ceux qui peuvent en avoir connaissance, notamment par les archevêques et évêques diocésains. » (art. 5, édit 1749; Trochon.)
(3) Richer. *Traité de la mort civile*.
(4) Févret. *Traité de l'abus*, liv. II, chap. I.
(5) Ord. 1666; — Édit 1749.
(6) Dans l'État, disait l'avocat général Joly de Fleury, devant le parlement de Paris, le 18 avril 1760, toute assemblée particulière qui n'est point autorisée donne lieu à des soupçons légitimes que la police a intérêt à vérifier, et présente toujours une matière ouverte à des inquiétudes qu'il est du bon ordre d'écarter.

(1) Il écrit à saint Boniface, archevêque de Mayence, au sujet d'un couvent que ce dernier voulait fonder en Franconie : « Sicut ex auctoritate sancti Petri principis Apostolorum, pro quo legatione fungeris, privilegio Sedis apostolicæ sublimatum esse constat monasterium, a te noviter constructum, ita etiam nostræ auctoritatis præcepto quod actum est, roborari convenit. »
(2) *Rép. de jurispr.*
(3) Article 1ᵉʳ : « Renouvellant en tant que de besoin les défenses portées par les ordonnances des rois nos prédécesseurs, voulons qu'il ne puisse être fait aucun nouvel établissement de chapitres, collèges, séminaires, maisons ou communautés religieuses, même sous prétexte d'hospices, congrégations, confréries, hôpitaux, ou autres corps et communautez soit ecclésiastiques, séculiers ou réguliers, soit laïques, de quelque qualité qu'ils soient; ni pareillement aucune nouvelle erection de chapelles ou autres titres de bénéfices, dans toute l'étendue de notre roïaume, terres et païs de notre obéissance, si ce n'est en vertu de notre permission expresse portée par nos lettres patentes, enregistrées par nos Parlements ou conseils supérieurs, chacun dans son ressort, en la forme qui sera prescrite ci-après... »

des personnes, n'était permise que sous certaines garanties.

À l'origine, la profession religieuse fut permise à l'âge de la puberté; puis, d'après le concile de Trente et l'ordonnance de Blois, à seize ans accomplis.

(On considéra que cet âge était trop peu avancé. « A l'âge de seize ans, un mineur sans expérience qui ne peut pas valablement aliéner un pouce d'héritage, ni même emprunter valablement un écu, pouvait néanmoins aliéner sa personne, sans espérance de restitution (1). »

Aussi Louis XV, par un édit de mars 1768, fixa l'âge de l'émission des vœux à vingt et un ans accomplis pour les hommes, à dix-huit ans également accomplis pour les filles. L'édit prononçait la nullité des professions contractées avant l'âge prescrit.

1973. Sous l'ancien régime, l'enfant mineur de 25 ans, qui voulait entrer en religion, devait obtenir le consentement de ses père et mère (2).

À l'origine, le consentement du souverain était exigé, la profession religieuse enlevait un soldat au souverain, il fallait donc obtenir le consentement de ce dernier (3).

1974. Pour protéger les filles contre la contrainte, le concile de Trente, l'ordonnance de Blois et la déclaration du 10 février 1741 avaient prescrit, lors de l'admission des vœux, de sages précautions : la supérieure, abbesse ou prieure, devait, un mois avant la profession, avertir l'évêque, afin qu'il examinât lui-même ou par quelque prêtre commis, la vocation de la jeune fille, qu'il s'enquît de sa volonté, et s'il y avait eu contrainte ou induction, qu'il lui fît entendre la qualité du vœu à laquelle elle s'oblige. La loi accordait cinq années aux religieuses pour faire prononcer par l'évêque la nullité de leurs vœux.

Les parlements connaissaient des appels comme d'abus portés contre les décisions ecclésiastiques (4).

Les causes de nullité étaient ordinairement la contrainte ou violence. Malgré ces prescriptions, la violation de la libre émission des vœux donna naissance, sous l'ancien régime, aux abus les plus révoltants. Les couvents devinrent un lieu de proscription, d'abord pour les vaincus de la politique, ensuite pour les victimes de l'organisation de la famille féodale (5).

Avant de pouvoir faire profession, il fallait avoir été pendant un an novice. Les novices conservèrent d'abord l'habit laïque. Plus tard, à partir du XIIIe siècle, l'usage s'introduit pour eux de porter le costume religieux (6).

1975. La profession consistait dans l'émission solennelle des vœux. Les trois vœux d'obéissance, de pauvreté, de chasteté, sont et ont toujours été communs à toutes les associations religieuses.

Vers le milieu du moyen âge, les vœux cessèrent d'être simples pour devenir solennels (7). Au milieu d'une cérémonie imposante, le novice renonçait à jamais au monde et se donnait à Dieu pour la vie, sans réserve.

Les preuves de profession du vœu monacal durent être reçues par lettres et non par témoins (8).

---

(1) Denisart, *Vœux*.
(2) « Ne pueri sine voluntate parentum tonsurentur, vel puellæ velentur, modis omnibus inhibitum est. » (Baluze, *Capitul.*, lib. 1.) — Ar. parlement, 24 juillet 1583, 20 mai 1586, 2 août 1601, 14 mars 1602. (Trochou).
(3) « De liberis hominibus, qui ad servitium Dei se tradere volunt, ut prius hoc non faciant quam a nobis licentiam postulent Hoc adeo, quia audivimus aliquos ex illis non tam causa devotionis hoc fecisse, quam pro exercitu, seu alia fonctione regali fugienda ; quosdam vero cupiditatis causa ab his qui res illorum concipiunt, circumventos, et hoc adeo fieri prohibemus. » (Baluze, *Capitul.*, lib. I.)
(4) Ord. 1691, art. 49. — « La connaissance des causes concernant le vœu de religion appartiendra aux juges d'église. (Décl. avril 1695, art. 34.)
(5) Trochon.
(6) Trochon.
(7) Le vœu simple, dit d'Héricourt, est celui qui se fait en particulier et sans aucune solennité. Le vœu solennel est celui qu'on fait en faisant profession de religion dans un ordre approuvé par l'Église.
(8) Ord. de Moulins, février 1566, art. 55 ; — Décl. 10 juillet 1866 ; — Ord. avril 1667; — Décl. 9 avril 1736 : — « Sera tenu registre des noviciats et professions de vœux des communautés régulières. Lesquels registres seront en bonne forme reliés, et les feuillets parafés par premier et dernier... par le supérieur ou la supérieure des maisons religieuses,..

1976. L'autorité civile prêtait à l'autorité ecclésiastique l'appui du pouvoir séculier pour faire respecter les vœux perpétuels solennellement contractés. Les moines apostats ou fugitifs devaient être réintégrés dans le monastère, et les officiers civils devaient y prêter la main. Souvent les parlements prescrivirent cette réintégration. C'est ce que décida notamment un arrêt du parlement de Paris du 4 juillet 1542. « Il est important de ne pas souffrir ces apostats, disait Fleury, non seulement pour l'honneur de la religion, mais pour la sûreté publique; car il n'y a point d'excès dont ces apostats ne soient capables » (1).

À l'origine, les religieux, outre les vœux de pauvreté, d'obéissance et de chasteté, prononçaient le vœu de stabilité. On leur permit plus tard de passer dans un autre monastère, même d'un ordre différent. Les mutations ayant donné lieu à des abus, un édit de février 1773 les prohiba, à l'exception du cas où, pour cause d'infirmité, on demandait à passer dans un autre monastère, ou bien encore à l'exception du cas où l'on quittait un ordre plus doux pour entrer dans un ordre plus sévère (2).

À l'origine, la profession religieuse faisait encourir la mort civile. Les biens passaient aux héritiers naturels, si le religieux n'en avait disposé autrement (3).

À l'origine, les religieux pouvaient acquérir, mais les biens acquis devenaient la propriété du couvent. Ce droit leur fut enlevé vers la fin du XIVe siècle, dans les pays de Coutume (4).

L'édit de Châteaubriant, de mai 1532, appliqua au Dauphiné et à la France entière le principe admis par les Coutumes, l'édit de mai 1579 (5) et l'ordonnance de Michel de Marillac ou code Michaud confirme cette prohibition de succéder

De même que les religieux ne pouvaient succéder, ils ne pouvaient recevoir par donation entre vifs ou par legs. Toutefois on finit par admettre qu'ils pouvaient recevoir une pension viagère modique ou un legs particulier peu important, comme dédommagement, pour le couvent, des dépenses que nécessitait leur entretien (6).

Ne pouvant rien avoir en propre, les religieux ne pouvaient tester. Ils ne pouvaient de même s'obliger.

1978. En principe, toute action en justice était interdite aux moines. Ils ne pouvaient même poursuivre le payement de la pension viagère à laquelle ils avaient droit, le couvent seul devait agir, parce qu'il était censé le véritable donataire. C'était à lui qu'était réservée l'initiative des poursuites correctionnelles ou criminelles, qu'on de ses membres pouvait avoir intérêt à intenter. A la règle générale, la nécessité des choses avait introduit quatre exceptions : 1° en matière répressive, il était important pour la religion que le moine pût se défendre ; 2° en matière d'appel comme d'abus, le religieux pouvait se pourvoir contre les actes de ses supérieurs ; 3° quand le profès voulait réclamer contre ses vœux ; 4° quand il possédait un bénéfice, il pouvait alors procéder en justice pour tout ce qui concernait l'administration de ce bénéfice. Hors ces quatre cas, il était absolument interdit aux moines de paraître devant les tribunaux (7).

1979. Les vœux monastiques étaient un empêchement dirimant au mariage; à l'origine, quand les vœux n'étaient pas encore solennels, l'empêchement n'était que prohibitif (8). Les parlements n'ont cessé d'appliquer ce principe (9).

---

et seront approuvés par un acte capitulaire inséré au commencement du registro. Chacun acte de noviciat et profession sera écrit de suite et sans blanc, et signé, tant par le supérieur ou inférieur par celui qui aura pris l'habit ou fait profession, et par deux des plus proches parents ou amis qui y auront assisté, dont le supérieur ou la supérieure seront tenus de délivrer extrait vingt-quatre heures après qu'ils en auront été requis. » (Ord. avril 1667.)
(1) T. I.
(2) Trochon.
(3) Édit de mai 1532; — Ord. mai 1579, art. 28.
(4) Coutumes de Paris, art. 337; d'Orléans, art. 330.
(5) Art. 28.
(6) Édit de février 1773, art. 5.
(7) Trochon.
(8) Édit de Clotaire II, 15 novembre 614 ; — Décl. Charles IV, 4 août 1564.
(9) Trochon.

Nous n'insisterons pas sur l'organisation des monastères sous l'ancien régime, la discipline extérieure des établissements religieux ne faisant pas l'objet de notre étude.

Le gouvernement des couvents d'hommes appartenait au supérieur ou abbé, dont les fonctions furent conférées à vie, à l'origine, devinrent temporaires, ordinairement biennales, puis, à partir du xvi° siècle, reprirent leur durée perpétuelle.

1980. Sous l'ancien régime, l'autorité royale revendiqua et obtint le pouvoir de nommer les abbés et les prieurs des monastères qui d'après les prescriptions du droit canon étaient élus par les religieux. Le Concordat de 1516 leur reconnut ce droit (1).

Jusqu'au x° siècle, tous les monastères d'Occident, alors même qu'ils suivaient la même règle, restèrent indépendants les uns des autres. Chacun avait à sa tête un abbé qui ne relevait que de l'Ordinaire. Les réformes qui remplirent le moyen âge et la création d'ordres nouveaux en conséquence firent cesser cet isolement, résultat d'une organisation incomplète. Toutes les maisons d'une même observance furent réunies sous la dépendance unique d'un supérieur général, d'un abbé chef d'ordre. Il en avait été d'ailleurs ainsi à l'origine. D'après la règle de saint Pacôme, les monastères de Tabenne, formés chacun de la réunion de plusieurs maisons particulières, étaient tous réunis à un même supérieur commun. L'extension rapide que prit la vie monastique mit obstacle au maintien de cette organisation. Une hiérarchie s'établit entre les monastères. Au-dessous de l'abbaye, on vit naître le prieuré. Le prieur ou gardien fut subordonné à l'abbé; plus tard, pour maintenir plus efficacement la discipline dans les couvents, on les divisa en provinces. Le prieur principal devint l'intermédiaire entre le chef et les abbés particuliers. Tous les trois ans, d'après les prescriptions du quatrième concile de Latran et des souverains pontifes Benoît XII et Clément V, les abbés des diverses maisons d'un même ordre se réunissaient en chapitres généraux.

Les chanoines des cathédrales étaient souvent réguliers. Tous les chapitres de Paris ont eu leurs cloîtres (2).

Les supérieures des congrégations de femmes, originairement élues à vie, furent élues pour trois ans, aux termes de l'article 3 de l'ordonnance d'Orléans.

Il y avait des abbesses qui, comme celle de Fontevrault, avaient juridiction sur des communautés d'hommes (3). Dans ce cas, elles commettaient un prêtre pour remplir les devoirs sacerdotaux.

Les réguliers ne pouvaient pas empiéter sur les droits de l'autorité paroissiale (4).

L'évêque devait veiller à la stricte observance de la discipline dans les monastères (5). Dans le principe, tous les moines, sans exception, étaient soumis à la juridiction de l'Ordinaire, mais des exceptions furent accordées jusqu'en 1789 à certains ordres, du consentement de l'évêque et du roi.

1981. Les abbayes et prieurés constituèrent souvent des bénéfices, ainsi que nous l'avons vu plus haut, en étudiant l'historique des cultes, et la plupart même furent mis en commande, c'est-à-dire conférés à des ecclésiastiques séculiers, même à de simples laïques.

1982. Sous les rois de la première et de la seconde race, l'Eglise acquérait librement des fonds, et nos rois qui par piété favorisaient ces acquisitions, lui accordaient des lettres de garde ou de protection, appelées démunitale (6). Défense absolue à qui que ce fût, roi ou prince, de faire obstacle aux libéralités pieuses (7).

Du xiii° au xviii° siècle, la liberté d'acquérir subit des restrictions. Il fut défendu aux communautés de signer des contrats à fonds perdus, lorsqu'ils étaient à titre de commerce.

En cas de contravention, les biens acquis à ce titre étaient confisqués.

Un nombre considérable de biens s'étant accumulés aux mains des communautés, saint Louis restreignit la faculté d'acquérir laissée aux associations religieuses. « Gens d'église, de communauté et morte main, peuvent acquérir un fief, seigneurie et service d'autrui; mais ils sont contraignables d'en vider leurs mains dans l'an et jour du commandement à eux fait après exhibition de leur contrat. Après l'an, ils n'y peuvent être contraints, mais sont tenus à en payer l'indemnité au seigneur et prendre amortissement du roi » (1).

La sommation de délaisser l'immeuble pouvait être faite, soit par le seigneur dont il relevait à raison du préjudice qu'il éprouvait, soit par le procureur du roi, représentant de l'intérêt public compromis par l'inaliénabilité des biens ecclésiastiques (2).

Dans le cas où la communauté se refusait au délaissement, le seigneur pouvait, à l'expiration du délai, saisir l'immeuble et en percevoir les fruits. Il était fait toutefois à cette règle trois exceptions :

1° Lorsque le seigneur avait implicitement reconnu et agréé l'acquisition. Dans ce cas, il ne pouvait plus reprendre l'héritage, mais il avait droit à indemnité.

2° Lorsqu'il avait laissé passer, sans faire valoir ses droits, un laps de temps qui variait entre trente et quarante ans, qui s'étendait même, d'après la Coutume d'Orléans, à soixante ans (3).

3° L'obligation de délaisser l'immeuble était encore éteinte par la représentation de lettres d'amortissement. C'est l'autorisation donnée par le roi aux communautés de conserver leurs immeubles moyennant une indemnité, qui comprenait la finance payée au roi par les gens de mainmorte pour obtenir cette autorisation et la compensation qu'ils versaient aux seigneurs.

Par une règle et dans un but politique, on n'a pas voulu permettre que les gens de mainmorte pussent posséder des fiefs et des héritages, et il faut pour cela qu'ils obtiennent de Sa Majesté des lettres d'amortissement. C'est parce que les religieux sont morts civilement et ne supportent point les charges publiques. C'est parce que ce serait la ruine des familles, qui ne se maintiennent que par les biens. C'est enfin parce que ce serait la ruine de l'Etat, qui ne s'affermit que par la grandeur des villes et des familles, et qui perd beaucoup de ses droits quand les héritages passent aux gens de mainmorte (4).

1983. Trois personnes avaient droit à l'indemnité exigée au cas d'amortissement : 1° Le roi. Sur les fiefs ou rotures relevant de sa suzeraineté, il y avait une perte réelle pour sa seigneurie universelle, quand les gens de mainmorte acquéraient des biens dans le royaume (5).

Suivant d'autres, l'amortissement aurait été comme le prix d'une permission que le roi accorde aux gens de mainmorte de posséder des immeubles qu'ils ne peuvent pas acquérir sans le consentement du souverain (5).

2° Le seigneur féodal. Pour lui, l'indemnité était la représentation des profits perçus à l'occasion des transmissions d'héritages et dont l'amortissement tarissait la source par l'intransmissibilité habituelle des biens amortis, biens de seigneur, percevant des droits à chaque mutation par décès, en ligne collatérale; c'était le profit de relief ou de rachat. Les communautés ne mourant pas, ce droit devenait sans objet. De même il recueillait sur chaque aliénation à titre onéreux les profits de quint; les communautés ne vendant pas ou vendant rarement, ces profits étaient nuls. Il était donc juste qu'on l'indemnisât. Les lettres d'amortissement y pourvoyaient et l'indemnité était comme un forfait entre les communautés et

(1) Voir plus haut : Situation de l'Eglise à la veille de la Révolution.
(2) Trochon.
(3) La réciproque était vraie. (Trochon.)
(4) Lettres patentes d'avril 1745.
(5) Ord. mai 1579, art. 30; — Edit de février 1580, art. 2; 6 janvier 1629, art. 4; avril 1695, art. 18; mai 1768, art. 4.
(6) Laurière.
(7) Lex Infuvariorum, tit. I, cap. I.

(1) Loisel, Instituts coutumiers. t. I.
(2) Coutumes d'Orléans, art. 40 et 41.
(3) Pothier, Traité des personnes.
(4) Henrys, 17° plaidoyer, t. IV.
(5) Jacquier, Condition légale des associations religieuses.
(6) Denisart, au mot AMORTISSEMENTS.

le seigneur qui percevait, au lieu de profits variables et successifs, un capital fixe et certain (1).

3° Le seigneur haut justicier. Son droit était fondé sur le préjudice que lui causait l'amortissement des héritages situés dans sa mouvance. En effet, il était par là privé des droits de bâtardise, de déshérence et de confiscation qui pouvaient auparavant s'ouvrir à son profit (2).

Dans cette seconde période, par crainte de captation, une personne ne pouvait rien léguer à une communauté dont faisait partie son confesseur ou son directeur (3).

1984. Certains ordres étaient frappés d'une incapacité collective : les capucins et les récollets, par exemple, ne pouvaient recevoir que des donations d'objets mobiliers à cause d'une profession de pauvreté particulière (4).

Pour sauvegarder l'intérêt des familles et empêcher l'accumulation excessive des biens de mainmorte aux mains des communautés, Louis XV, par un édit d'août 1749, édicta des prescriptions beaucoup plus rigoureuses.

« Les rentes constituées sur le roi ou sur le clergé, diocèses, pays d'état, villes ou communautés, les valeurs mobilières en général, peuvent être librement acquises par les gens de mainmorte, qui deviennent en retour grevés du droit d'amortissement » (5).

Mais les fonds de terre, maisons, droits réels, rentes fermières ou non rachetables, rentes constituées sur des particuliers, ne peuvent faire l'objet d'aucune disposition de dernière volonté, à peine de nullité, quand même, dit l'édit, elles seraient faites à la charge d'obtenir des lettres patentes, ou qu'au lieu de donner directement lesdits biens auxdits gens de main morte celui qui en aurait disposé aurait ordonné qu'ils seraient vendus ou régis par d'autres personnes, pour leur en remettre le prix ou les revenus (6).

La prohibition n'était pas aussi absolue entre vifs. Les communautés pouvaient acquérir par vente, adjudication, échange, cession, transfert d'action en payement ou donation, à la condition d'obtenir du roi des lettres patentes, accordées en connaissance de cause et enregistrées aux parlements (7).

Des peines sévères étaient édictées contre les officiers royaux qui avaient prêté leur ministère à des actes que prohibait l'édit de 1749 (8).

Les personnes interposées qui prêtaient leur nom aux gens de mainmorte pour éluder les prohibitions de l'édit étaient également punies de peines rigoureuses (9).

L'article 28 de l'édit spécifiait que les actes ci-devant faits en faveur des gens de mainmorte, légitimement établis, demeureraient valables quand ils auraient une date authentique avant la publication des présentes ou auraient été faits par des personnes décédées avant ladite publication.

1985. Les actes d'administration des communautés paraissent avoir été abandonnés en toute liberté aux administrateurs sous la surveillance de l'abbé et parfois de l'évêque (10).

Les communautés légalement établies pouvaient valablement ester en justice, dit Trochon, emprunter, donner à bail. Les emprunts devaient être approuvés par le général et homologués par le parlement, s'ils étaient inférieurs à 40,000 livres ; par le roi, quand ils dépassaient ce chiffre (11). Pour les autres actes, l'aveu de l'Ordinaire suffisait. Les baux devaient être authentiques.

1986. En principe, les biens de l'Eglise étaient inaliénables sous l'ancien régime. On peut les vendre, néanmoins, 1° pour payer les dettes valablement contractées quand elles avaient

originairement tourné au profit de la communauté ; 2° pour satisfaire à un devoir de justice ; 3° pour les besoins pressants des pauvres ; 4° pour acquérir en échange un fonds plus avantageux ; 5° pour décharger le monastère d'un immeuble dont l'entretien lui était onéreux ; 6° pour le bien public.

Dans ces divers cas, l'aliénation devait être précédée de l'autorisation des supérieurs et d'une enquête de commodo et incommodo, faite à la requête du procureur du roi sur l'opportunité de la vente. Il fallait ensuite l'autorisation du juge royal ou des lettres patentes enregistrées au parlement (1).

1987. Révolution et période contemporaine. — A la veille de la Révolution, les associations religieuses avaient pris un développement considérable.

L'Assemblée constituante, par décret du 24 novembre 1789, mit les biens ecclésiastiques à la disposition de la nation.

Le décret des 5-12 février 1790 décida qu'il n'y aurait plus dans chaque localité qu'une seule maison de religion.

Le décret des 13-19 février 1790 édicta : « La loi constitutionnelle du royaume ne reconnaîtra plus de vœux monastiques solennels des personnes de l'un ni de l'autre sexe ; en conséquence, les ordres et congrégations réguliers dans lesquels on fait de pareils vœux sont et demeureront supprimés en France, sans qu'il puisse en être établi de semblables à l'avenir. »

Les lettres patentes des 26 octobre-1er novembre 1789 avaient suspendu l'émission des vœux perpétuels. La loi des 13-19 février 1790 les abolit : la loi constitutionnelle du royaume, porte l'article 1er, ne reconnaîtra plus de vœux monastiques solennels des personnes de l'un ni de l'autre sexe ; en conséquence, les ordres et congrégations réguliers dans lesquels on fait de pareils vœux sont et demeureront supprimés en France sans qu'il puisse en être établi de semblables à l'avenir. Les religieux sortis du cloître touchent une pension, les biens du clergé ayant été confisqués et la nation ayant accédé aux obligations de ceux qu'elle a privés de leurs biens (2).

Les religieux pouvaient rentrer dans le monde, mais ils n'en demeuraient pas moins incapables de succéder, sauf quand ils se trouvaient en présence du fisc, et ils ne pouvaient recevoir entre vifs que des pensions viagères (3).

Ils peuvent du moins librement disposer et transmettre (4).

Un décret du 18 vendémiaire an II décida que les ci-devant religieux et religieuses seraient désormais admis à partager les successions qui s'ouvriraient à leur profit, sauf à voir leurs revenus diminués en conséquence. Cette mesure allégeait, on le voit, les charges du Trésor.

1988. Tout en supprimant les ordres et congrégations réguliers dans lesquels on faisait des vœux solennels, le décret des 13-19 février 1790 spécifiait qu'il ne serait rien changé, pour le moment, à l'égard des maisons chargées de l'éducation publique et des établissements de charité, et ce jusqu'à ce qu'il eût été pris un parti sur ces objets (5).

1989. Le décret des 12 juillet-24 août 1790, sur la constitution civile du clergé, abolit tous les bénéfices réguliers. Enfin, l'Assemblée nationale « considérant qu'un Etat vraiment libre ne doit souffrir dans son sein aucune corporation, pas même celles qui, vouées à l'enseignement public, ont bien mérité de la patrie », décrète la suppression des corporations connues en France sous le nom de congrégations séculières ecclésiastiques (6).

Le décret confirme la confiscation de leurs biens (7).

Les costumes des congrégations séculières étaient abolis et prohibés pour l'un et l'autre sexe (8). Le décret des 8-11 octobre 1790 n'avait prohibé que l'obligation de le revêtir (9).

(1) Jacquier.
(2) Jacquier, d'Héricourt, Henrys.
(3) d'Héricourt.
(4) Pothier, Traité des donations.
(5) Jacquier, p. 18.
(6) Art. 17.
(7) Art. 16.
(8) Art. 22.
(9) Art. 2.
(10) « Foris vero peculium vel res monasterii sui abbas cum episcopi sui licentia et concilio ordinet », dit un capitulaire de Charlemagne. (Jacquier.)
(11) Edit de février 1773, art. 17.

(1) Denisart, Jacquier.
(2) D. 2-4 novembre 1789.
(3) Lettres patentes des 20 février et 26 mars 1790 ; 19-20 mars 1790.
(4) D. 19-26 mars 1790.
(5) Art. 2.
(6) D. 18 août 1792.
(7) Tit. II, art. 1er.
(8) Tit. I, art. 9.
(9) Art. 23.

Un traitement de retraite fut assuré aux anciens membres des corporations religieuses (1).

La loi du 18 germinal an X maintient la suppression des associations religieuses.

« Tous autres établissements ecclésiastiques sont supprimés », porte l'article 11, après avoir décidé que les archevêques et évêques pourraient, avec l'autorisation du gouvernement, établir dans leurs diocèses des chapitres cathédraux et des séminaires. Portalis s'exprimait ainsi, à ce sujet, dans son rapport sur les articles organiques :

« Toutes les institutions monastiques ont disparu : elles avaient été minées par le temps. Il n'est pas nécessaire à la religion qu'il existe des institutions pareilles; et, quand elles existent, il est nécessaire qu'elles remplissent le but pieux de leur établissement. La politique, d'accord avec la piété, a donc sagement fait de ne s'occuper que de la régénération des clercs séculiers, c'est-à-dire de ceux qui sont vraiment préposés, par leur origine et par leur caractère, à l'exercice du culte. La discipline ecclésiastique ne sera plus défigurée par des exemptions et des priviléges funestes et injustes, ou par des établissements arbitraires qui n'étaient point la religion. »

1990. Cependant, depuis le rétablissement du culte, les congrégations religieuses n'avaient pas tardé à reparaître et le gouvernement dut prendre des mesures à cet égard.

Parmi les associations religieuses établies en France figurait celle des Pacanaristes, fondée pendant l'expédition d'Egypte, par un certain Pacanari et qui se proposait l'éducation de la jeunesse, l'instruction des pauvres et la conversion des infidèles.

Cette association ayant demandé au gouvernement d'être autorisée suivant tels règlements qu'il conviendrait, Portalis s'exprimait ainsi dans le rapport qu'il adressa à ce sujet au premier consul :

« Je persiste à penser que le moment n'est pas favorable pour autoriser des corporations ecclésiastiques. Les évêques sont encore trop faibles pour pouvoir contenir et diriger des établissements, qui, dès leur naissance, seraient plus influents que les évêques.

« D'autre part, le gouvernement ne peut encore se fier à des institutions qui, si elles avaient des principes autres que les siens, pourraient devenir infiniment dangereuses... Dans quelques années il sera peut-être sage de favoriser des établissements qui pourront servir d'asile à toutes les têtes exaltées, à toutes les âmes sensibles et dévorées du besoin d'agir et d'enseigner; car, dans un vaste Etat comme la France, il faut des issues à tous les genres de caractères et d'esprit que les cloîtres abritaient autrefois et qui fatiguent la société civile. Tel est un facteur dans le monde qui n'eût été jadis qu'un moine obscur et turbulent. Il ne suffit pas d'avoir des institutions pour classer des citoyens, il faut en avoir encore, si je puis m'exprimer ainsi, pour classer les âmes et donner à toutes les moyens réguliers de suivre leurs mouvements dans un ordre fixe et convenu. Mais, dans ce moment, tout cela est prématuré, et il est impossible de rien autoriser de pareil. »

Deux ans plus tard, dans un autre rapport, Portalis exposait les mêmes principes, tout en faisant exception en faveur de certaines congrégations de femmes, notamment des sœurs de charité, et demandait la dissolution des autres associations religieuses, et la consécration du principe de la nécessité de l'intervention de la puissance publique dans l'établissement des corporations religieuses.

Le décret du 3 messidor an XII, qui suivit, décida que l'agrégation ou association connue sous les noms de *Pères de la Foi*, d'*Adorateurs de Jésus* ou *Pacanaristes*, établie à Belley, à Amiens et dans quelques autres villes de l'empire, serait et demeurerait dissoute. « Seront pareillement dissoutes, spécifiait le décret, toutes autres congrégations ou associations formées sous prétexte de religion, et non autorisées. »

Les ecclésiastiques composant ces associations se retireront dans le plus bref délai dans leurs diocèses, pour y vivre conformément aux lois et sous la juridiction de l'Ordinaire.

« Les lois qui s'opposent à l'admission de tout ordre religieux dans lequel on se lie par des vœux perpétuels continueront d'être exécutées selon leur forme et teneur.

« Aucune agrégation ou association d'hommes ou de femmes ne pourra se former à l'avenir, sous prétexte de religion, à moins qu'elle n'ait été formellement autorisée par un décret impérial, sur le vu des statuts et règlement selon lesquels on se proposerait de vivre dans cette agrégation ou association.

« Néanmoins, les agrégations connues sous le nom de *sœurs de la Charité*, de *sœurs Hospitalières*, de *sœurs de Saint-Thomas*, de *sœurs de Saint-Charles* et de *sœurs Vatelottes*, continueront d'exister, en conformité des arrêtés des 1er nivôse an IX, 24 vendémiaire an XI, et des décisons des 28 prairial an XI et 22 germinal an XII, à la charge par lesdites agrégations de présenter, dans le délai de six mois, leurs statuts et règlements, pour être vus et vérifiés en Conseil d'Etat, sur le rapport du conseiller d'Etat, chargé de toutes les affaires concernant les cultes. »

L'article final du décret de l'an X décidait que les procureurs généraux et impériaux seraient tenus de poursuivre ou faire poursuivre même par la voie extraordinaire, suivant l'exigence des cas, les personnes de tout sexe qui contreviendraient directement ou indirectement au présent décret, qui devait être inséré au *Bulletin des lois*.

1991. Sous l'empire, plusieurs congrégations d'hommes furent autorisées : ainsi furent autorisés les établissements de trappistes au mont Saint-Bernard, au mont Généal, à la Grande-Chartreuse et dans la forêt de Senart, et ceux formés à Paris par les trois associations religieuses de Saint-Lazare, des Missions Étrangères et du Saint-Esprit. Quelques-uns de ces décrets sont même antérieurs au décret de messidor an XII, notamment le décret du 7 prairial an XII, qui autorisa le rétablissement des lazaristes.

Le décret du 26 septembre 1809 révoqua trois décrets précédemment rendus, portant établissement ou confirmation de congrégation de prêtres pour les missions étrangères, et notamment celui du 7 prairial an XII, portant établissement d'une association de prêtres séculiers, qui, sous le titre de *prêtres des Missions étrangères*, seraient chargés des missions hors de France, et du 2 germinal an VIII, portant établissement des missions connues sous le nom de *Missions étrangères* et de *Séminaire du Saint-Esprit*, ainsi que tous autres décrets rendus par suite et en exécution de ceux ci-dessus énoncés (1).

Il n'entrait plus dans les intentions du gouvernement impérial, disait le ministre des cultes, d'autoriser d'autres établissements religieux d'hommes que ceux qui étaient chargés du service des montagnes, et qui furent institués avec les frères des écoles chrétiennes, admis comme nous le verrons plus tard dans l'Université.

Le décret du 20 janvier 1811 reconnut l'existence légale des religieux du mont Cenis; le décret du 3 janvier 1812 excepte de la mesure de suppression le monastère du Saint-Bernard et du Simplon, les Ursulines de Brignes, les sœurs grises de la Charité de Gien et les congrégations dans lesquelles on ne fait pas de vœux perpétuels, et dont les membres sont uniquement consacrés par leur institution, soit à soigner les malades, soit au service de l'instruction publique.

1992. C'était l'époque où le génie essentiellement centralisateur et autoritaire de Napoléon s'efforçait de tout unifier, de tout réglementer, de tout gouverner. Cette tendance centralisatrice s'étendit aux congrégations religieuses. Napoléon voulut, comme nous le verrons plus tard, réunir toutes les maisons de sœurs hospitalières de l'Empire, toutes les sœurs du Refuge, et toutes les sœurs enseignantes, dans une vaste

---

(1). Tit. III et IV.

(1) Art. 2.

unité, sous l'empire de statuts communs, sous la présidence de Mme Mère, et sous la direction du gouvernement. Cette pensée a donné naissance au décret du 18 février 1809, relatif aux sœurs hospitalières, au décret du 26 décembre 1810, relatif aux sœurs du Refuge, que nous étudierons ultérieurement. Les sœurs vouées à l'enseignement devaient, dans la pensée de l'Empereur, faire également l'objet d'un règlement général. Ce décret ne fut jamais rendu.

1993. Le gouvernement de la Restauration se montra très favorable aux associations religieuses.

Les ordonnances du 2 mai 1815 et du 3 février 1816 rétablirent les établissements de Saint-Lazare, des Missions étrangères et du Saint-Esprit supprimés par le décret du 26 septembre 1809. Une ordonnance du 2 avril 1816 accorda un secours annuel aux lazaristes et aux prêtres du Saint-Esprit. La société des Missions de France fut autorisée par ordonnance du 25 septembre 1818.

La loi du 2 janvier 1817 confirma solennellement la capacité civile des associations religieuses. Mais cette loi ayant soulevé certaines difficultés fut complétée, pour les communautés de femmes, par la loi du 24 mai 1825, qui est devenue la loi organique en cette matière.

1994. Le gouvernement de Juillet, par une ordonnance du 27 octobre 1830, supprima le secours annuel accordé aux prêtres du Saint-Esprit.

Une ordonnance du 25 décembre 1830 révoqua l'autorisation accordée à la société des Missions de France. D'autre part, un assez grand nombre de maisons nouvelles de femmes furent autorisées. Vuillefroy en compte 220 de 1830 au 1er janvier 1842.

1995. La loi du 15 mars 1850, rendue dans un esprit favorable aux institutions religieuses, sous le ministère de M. de Falloux, proclama la liberté de l'enseignement et permit au gouvernement de confier aux associations religieuses autorisées la direction des écoles communales.

1996. Le décret-loi du 31 janvier 1852 a voulu faciliter, ainsi que nous le verrons plus loin, l'établissement des maisons religieuses de femmes qui se consacraient à l'éducation de la jeunesse et au soulagement des malades pauvres, en réduisant le nombre de cas où l'intervention du législateur était nécessaire à la fondation de l'établissement.

1997. Nous verrons qu'en 1880, s'est produite une vive réaction contre les associations religieuses, que le législateur s'est efforcé de leur retirer progressivement la direction des écoles publiques de garçons et de filles et que, actuellement, la jurisprudence du Conseil d'État se montre défavorable à la création d'établissements nouveaux congréganistes, et veille à ce que les établissements congréganistes autorisés se renferment dans la stricte limite de leurs statuts. Nous verrons que le législateur, depuis quelques années, s'est préoccupé de faire rentrer les congrégations dans le droit commun en leur faisant payer des droits spéciaux qu'il considérait comme l'équivalent des droits de transmission auxquels sont assujettis les particuliers.

SECTION II.

AUTORISATION DES CONGRÉGATIONS ET COMMUNAUTÉS RELIGIEUSES DE FEMMES.

1998. L'autorisation est un acte de la puissance publique qui donne à l'association religieuse l'existence légale et lui confère le bénéfice de la personnalité civile pour accomplir la mission conforme à ses statuts.

Les congrégations autorisées par un acte de la puissance publique se distinguent par leur destination et par leur forme.

1999. On distingue les congrégations par leur destination, en congrégations hospitalières, congrégations enseignantes,

congrégations hospitalières et enseignantes, congrégations contemplatives ; les maisons de refuge et de repentir sont rangées dans les congrégations contemplatives (1).

D'après un avis du Conseil d'État du 18 mars 1836, « les congrégations autorisées ont généralement pour objet le soin des malades ou l'instruction des enfants pauvres ; quelques-unes seulement servent de maisons de refuge pour les filles qui se sont mal conduites. Mais dans aucun temps le gouvernement n'a entendu autoriser des congrégations où l'on se livrerait à des occupations et à une vie purement contemplatives, et il a toujours voulu, ainsi que l'indiquent les nombreux décrets et ordonnances rendus en pareille matière, borner l'autorisation légale aux seules congrégations hospitalières ou enseignantes ». Toutefois, il est vrai de dire qu'un certain nombre de congrégations purement contemplatives ont été autorisées.

2000. On a distingué les congrégations, par leur forme, en deux grandes catégories : 1° les congrégations à supérieure générale qui se composent d'établissements qui, quels que soient leur nombre, leur situation et leur importance, reconnaissent une même supérieure générale et restent sous sa direction ; 2° les communautés, c'est-à-dire les maisons isolées et gouvernées par des supérieures indépendantes, que ces maisons suivent ou non les mêmes statuts (2).

2001. Quelle est l'autorité qui donne l'autorisation ?

Aux termes du décret du 3 messidor an XII, c'était le chef de l'État par décret.

La loi du 2 janvier 1817 conféra la capacité civile aux établissements reconnus par la loi.

Dupin en conclut que la situation des associations religieuses fondées d'après les prescriptions du décret de messidor était illégale (3).

Le gouvernement, embarrassé par l'interprétation de la loi de 1817, concéda par ordonnance des autorisations provisoires. La loi du 24 mai 1825 résolut la difficulté en soumettant en principe la fondation des établissements religieux de femmes à l'autorisation législative. La plupart des associations qui avaient obtenu l'autorisation provisoire antérieurement à la loi de 1825 firent transformer leur autorisation provisoire en autorisation définitive, et une loi seule, non une ordonnance ou décret, pouvait, dès lors, comme nous le verrons, leur retirer le bénéfice de l'autorisation définitive.

§ 1. — Obtention de l'autorisation.

2002. Les règles relatives à l'obtention de l'autorisation des congrégations et communautés de femmes sont déterminées par la loi du 24 mai 1825, complétée par le décret législatif du 31 janvier 1852.

La loi de 1825 décide que l'intervention du législateur est nécessaire pour autoriser les congrégations religieuses de femmes qui n'existaient pas au 1er janvier 1825. À l'égard de celles de ces congrégations qui existaient antérieurement au 1er janvier 1825, l'autorisation doit, aux termes de la loi de 1825, être accordée par une ordonnance.

Cette distinction de la loi s'explique aisément : il y avait un certain nombre de maisons religieuses qui s'étaient fondées sans autorisation et qui, bien que n'ayant qu'une existence de fait, pouvaient invoquer les services rendus et la longue durée de leur existence ; le législateur crut devoir faire fléchir à leur égard la rigueur du principe de l'intervention législative en laissant au pouvoir exécutif la responsabilité de la reconnaissance légale.

---

(1) Vuillefroy.
(2) Il faut distinguer en cette matière trois expressions qu'on prend souvent l'une pour l'autre, mais qui ont pourtant en elles-mêmes un sens déterminé, ce sont les mots : congrégation, communauté, établissement. La *congrégation* c'est l'association qui obéit à une supérieure générale ; la *communauté* celle qui est régie par une supérieure locale ; l'*établissement*, enfin, c'est la maison qui relève d'une congrégation. (Bloch, *Dictionnaire de l'administration française*, v° CONGRÉGATION RELIGIEUSE.)
(3) Requis. devant la Cour de cassation, 1861.

---

(1) De 5,000 francs.

Ce sont les congrégations qui n'ont qu'une existence de fait que la loi de 1825 soumettait à la nécessité de l'autorisation par ordonnance royale.

Quant à celles qui avaient été régulièrement fondées en vertu du décret de messidor an XII, leur situation n'avait pas besoin de régularisation (1).

On ne pouvait, en effet, admettre que la loi de 1825 eût un effet rétroactif; elle accordait au gouvernement le droit de donner des autorisations et non la mission de dissoudre les maisons existant légalement (2).

Pour pouvoir réclamer le bénéfice de l'autorisation par ordonnance, il fallait que l'existence eût été connue et publique, la clandestinité ne pouvant jamais être la base d'un droit (3).

Suffisait-il, pour invoquer le bénéfice de l'autorisation par ordonnance, que l'existence de fait se fût produite à une époque quelconque antérieure à l'année 1825, ou fallait-il qu'elle eût duré encore au 1er janvier de cette année? Il faut adopter cette dernière opinion. Le texte de la loi est en effet formel : « L'autorisation sera accordée par une loi à celles de ces congrégations qui *n'existaient pas au 1er janvier 1825*. » Tels sont les termes exprès de la loi.

2003. Le décret du 31 janvier 1852, désireux de faciliter aux congrégations religieuses de femmes qui se vouaient à l'éducation de la jeunesse et au soulagement des malades pauvres les moyens d'obtenir leur reconnaissance légale, décida que les congrégations et communautés religieuses de femmes pourraient être autorisées par un décret du président de la République : 1° quand elles déclareront adopter, quelle que soit l'époque de leur fondation, les statuts déjà vérifiés et enregistrés au Conseil d'Etat et approuvés par d'autres communautés religieuses; 2° quand il sera attesté par l'évêque diocésain que les congrégations qui présenteront des statuts nouveaux au Conseil d'Etat existaient au 1er janvier 1825; 3° quand il y aura nécessité de réunir plusieurs communautés qui ne pourraient plus subsister séparément; 4° quand une association religieuse de femmes, après avoir été d'abord reconnue comme communauté régie par une supérieure locale, justifiera qu'elle était réellement dirigée, à l'époque de son autorisation, par une supérieure générale et qu'elle avait formé, à cette époque, des établissements sous sa dépendance (4).

Le décret édictait que les modifications des statuts, vérifiés et enregistrés au Conseil d'Etat, pourraient être également approuvés par un décret (5).

2004. Bien que, dans ses considérants, le décret du 31 janvier 1852 se référât aux associations charitables et enseignantes, on doit décider et on décide en fait qu'il ne s'en applique pas moins, par la généralité de ses termes, aux congrégations contemplatives qui pourront demander l'autorisation (6).

2005. D'après la loi du 24 mai 1825, complétée par le décret du 31 janvier 1852, une loi actuellement est nécessaire pour autoriser une association religieuse de femmes dans deux cas : 1° quand une congrégation formée postérieurement au 1er janvier 1825 présente des statuts entièrement nouveaux;

2° Quand une congrégation, existant avant 1825 avec des statuts particuliers, a renoncé depuis à ses statuts et, ayant été rattachée à une autre congrégation, demande à reprendre sa première règle (7).

En dehors de ces deux cas, un décret suffit pour autoriser les associations religieuses de femmes.

2006. Quelles sont les formalités de l'autorisation? D'après l'instruction ministérielle du 17 juillet 1825, la de-

mande en autorisation d'une congrégation nouvelle doit être adressée au ministre des cultes (1).

Elle doit être accompagnée des statuts que la congrégation se propose de suivre (2).

Les statuts doivent régler tous les points fondamentaux qui déterminent le but et le régime général de la congrégation (3).

Il est nécessaire que les statuts traitent de tout ce qui tient à l'organisation, à l'administration et au but d'utilité générale que se propose l'établissement; mais, en même temps, il est inutile d'y faire entrer tout ce qui a rapport aux pratiques religieuses, ces dernières étant la matière de règlements approuvés par l'évêque (4).

Il n'est pas nécessaire de communiquer les règlements particuliers sur la discipline intérieure des maisons, tels que ceux qui fixent les heures, la nature et la durée des exercices religieux (5).

Les statuts doivent indiquer notamment le but que la congrégation se propose.

Les vœux et les conditions du noviciat formant les caractères essentiels et constitutifs de la congrégation, il est *indispensable* que leur nature et leur durée soient indiquées dans les statuts. Cette mention est d'ailleurs le seul moyen de s'assurer que les lois, qui prohibent les vœux perpétuels, seront respectées. Un grand nombre de statuts de congrégations autorisées gardent sur ce point un silence complet; on ne peut se dissimuler que ce silence a eu pour objet spécial de donner à la congrégation la facilité d'éluder la loi. Le gouvernement, a dit Vuillefroy, manquerait à ses devoirs, s'il se prêtait sciemment à une pareille manœuvre.

Les statuts doivent contenir la clause que la congrégation sera soumise, dans les choses spirituelles, à la juridiction de l'Ordinaire (6).

Les statuts ne pourraient être reçus, s'ils renfermaient des clauses contraires aux lois.

Telle serait la clause qui aurait pour effet d'enlever aux membres de la congrégation la jouissance de l'intégrité des droits civils, que leur sont garantis par les lois. Ainsi, chaque sœur doit conserver la propriété de ses biens présents et à venir, et la faculté d'en disposer conformément aux lois (7).

Telle serait la clause portant que les religieuses feront des vœux perpétuels : ces vœux étant interdits par les lois, les statuts ne doivent pas admettre d'autres vœux que les vœux annuels (8) ou des vœux qui n'excéderaient pas cinq ans. Des statuts qui admettraient la perpétuité des vœux ne recevraient pas la sanction légale (9).

Les statuts doivent être revêtus de l'approbation de l'évêque, dans le diocèse duquel la congrégation veut s'établir (10).

2007. Si le ministre des cultes croit devoir proposer l'autorisation de la congrégation nouvelle, les statuts sont transmis au Conseil d'Etat, où ils sont vérifiés et enregistrés en la forme requise par les bulles d'institution canonique (11).

L'envoi préalable des statuts au Conseil d'Etat et leur enregistrement sont indispensables dans tous les cas. Cette formalité est de droit strict, et l'adoption, par une congrégation, de statuts déjà enregistrés et approuvés pour une autre congrégation autorisée, ne saurait en dispenser (12). Le gouvernement peut estimer, en effet, qu'il y a lieu de refuser son approbation à des statuts qui, à une autre époque et dans d'autres circonstances, ont pu être approuvés sans inconvénient.

---

(1) Inst. min. 17 juillet 1825, art. 1er et 2.
(2) Gaudry, *Traité de la législation des cultes*, t. II, n° 822.
(3) Trochon.
(4) Art. 1er.
(5) Art. 2.
(6) Trochon.
(7) Avis, C. d'Et. 14 juin 1835.

(1) 17 juillet 1825, art. 2. — En fait, il serait préférable que la demande fût adressée à l'évêque et au préfet chargés de l'instruction de l'affaire.
(2) *Ibid.*
(3) *Ibid.*
(4) Déc. min. 12 septembre 1805.
(5) Inst. min. 17 juillet 1827.
(6) L. 12 germinal an X, art. 10; 24 mai 1825, art. 2.
(7) Déc. min. 12 septembre 1807; 24 août 1822. (Vuillefroy.)
(8) Déc. min. 12 septembre 1807.
(9) Inst. 17 juillet 1825, art. 11; — C. d'Et. 15 octobre 1841.
(10) L. 24 mai 1825, art. 2.
(11) L. 24 mai 1825, art. 3.
(12) C. d'Et. lég. 19 mars 1840.

Le décret qui constate la vérification des statuts en ordonne la transcription sur les registres du Conseil d'Etat.

Quand il a été statué sur la vérification et l'enregistrement des statuts, l'autorisation est accordée, s'il y a lieu, et suivant la distinction que nous avons établie plus haut, par une loi ou par un décret (1). En fait, l'autorisation et les statuts sont insérés au *Bulletin des lois*, bien que la loi de 1825 ne le mentionne pas (2). D'ailleurs, le décret du 18 février 1809, applicable à toutes les associations religieuses de femmes autorisées et qui se concilie avec la loi du 24 mai 1825, prescrit cette insertion dans son article 2.

2008. Aucun établissement religieux ne peut être autorisé s'il ne justifie de ressources suffisantes pour se former et pour exister (3).

2009. Une loi est nécessaire pour modifier les statuts d'une congrégation. En effet, la loi du 24 mai 1825, après avoir reconnu les congrégations existantes, exige pour la formation de toute congrégation nouvelle le concours des Chambres, et n'admet, par exception, l'autorisation par un acte du pouvoir exécutif que pour les simples établissements d'une congrégation déjà reconnue, comme on le verra plus loin. Les changements demandés par une congrégation à ses statuts constitueraient la création d'une congrégation nouvelle (4).

Depuis longtemps on ne fonde plus de congrégation. Toute congrégation existant légalement peut fonder des établissements sous sa dépendance en vertu d'une autorisation spéciale (5).

Qu'entend-on par établissement ? Aux termes de l'instruction du 17 juillet 1825, les sœurs d'école et de charité, placées dans un local fourni par une commune ou dans un hospice, n'étaient censées former un établissement susceptible d'être autorisé par le roi qu'autant que l'engagement de la congrégation avec la commune serait à perpétuité (6) ; mais, depuis 1830, on a considéré avec raison que cette interprétation ne tendait à rien moins qu'à éluder la loi et à éviter aux congrégations la nécessité de remplir les formalités exigées par elle pour la formation de leurs établissements. On a, dès lors, reconnu et posé la règle que partout où des sœurs appartenant à une congrégation forment une école ou ouvrent un hospice, partout où elles s'établissent, en un mot, il y a établissement dépendant de la congrégation et nécessité d'obtenir une autorisation régulière (7).

Nous verrons, en étudiant les dons et legs aux congrégations, que la jurisprudence actuelle du Conseil d'Etat décide que les sœurs isolées, détachées d'une congrégation, peuvent être considérées comme faisant partie intégrante de la congrégation qui *essaime*, mais qu'elles forment un établissement distinct de la maison-mère et qui doit être spécialement autorisé, en exécution de la loi du 24 mai 1825.

Quelles sont les formalités nécessaires à la fondation des établissements particuliers ?

La délibération du conseil de la congrégation, relative à la demande d'autorisation, doit être adressée à l'évêque et au préfet.

On doit produire à l'appui : la copie des statuts portant la date de leur vérification et de leur enregistrement; l'engagement par écrit des religieuses qui doivent former le nouvel établissement de se soumettre à ces statuts; l'état de l'actif et du passif, dressé conformément à la circulaire du 15 décembre 1880, visé et certifié par le préfet; l'indication de la nature des services rendus par la congrégation et des renseignements précis et circonstanciés sur les services rendus par les établissements communaux ou autres rendant la même nature de services dans la région ; la justification que l'éta-

blissement possédera les ressources nécessaires pour se former et pour exister (1).

Suivant une décision ministérielle, citée par Vuillefroy (2), il n'y a pas lieu d'autoriser, quand les sœurs ne sont pas au moins propriétaires ou cessionnaires de la maison qu'elles occupent. On doit produire, en outre, à l'appui de la demande en autorisation, l'indication du nombre des personnes qui doivent composer l'établissement; l'avis du conseil municipal (3). En présence de l'opposition formelle du conseil municipal, il ne paraît pas possible d'autoriser un établissement religieux. En effet, l'article 3 de la loi du 24 mai 1825 dit qu'il n'en sera formé aucun, si l'on ne produit, *à l'appui* de la demande, l'avis du conseil municipal (4). Cette interprétation est d'autant plus légitime que, sous l'ancien régime, et ainsi que le porte expressément l'édit du mois de décembre 1659, aucun établissement religieux ne pouvait s'établir dans une commune sans le *consentement* des habitants. La loi de 1825 ne contiendrait-elle pas, dans ses termes, une déclaration aussi expresse, le gouvernement, juge de la convenance des autorisations, resterait encore maître de poser, comme règle administrative, qu'il n'autorisera que dans les mêmes circonstances, et de refuser toutes les fois qu'il y a opposition des conseils municipaux (5).

L'avis du conseil municipal doit indiquer si l'association religieuse se destine à l'enseignement, les motifs d'utilité publique de l'établissement; si elle peut se soutenir par ses propres ressources sans être à charge à l'Etat et aux habitants, si l'autorisation qui serait accordée ne pourrait pas nuire à un établissement précédemment autorisé (6).

Il convient de produire le procès-verbal d'enquête ordonnée par l'autorité administrative sur la convenance et les inconvénients de l'établissement dans la commune où il doit être formé (7); l'avis du sous-préfet, le consentement de l'évêque (ou de l'archevêque) du diocèse où le nouvel établissement doit se fonder (8); l'avis de l'évêque (ou de l'archevêque) du diocèse où est située la maison-mère; enfin l'avis du préfet du département du nouvel établissement et du préfet du département de la maison-mère.

Les pièces sont adressées au ministre des cultes. Le ministre examine s'il y a lieu d'autoriser l'établissement.

2010. D'après un avis du Conseil d'Etat du 18 mars 1836, il peut y avoir des avantages pour l'intérêt public, quand l'établissement a pour objet le soin des malades, l'instruction des enfants pauvres ou tout autre service d'utilité publique ; il n'en serait pas de même si l'on devait s'y livrer à des occupations et à une vie contemplative (9).

Actuellement le gouvernement n'autoriserait plus d'établissement enseignant, en présence des lois scolaires qui ont imposé à l'Etat et aux communes de lourds sacrifices dans l'intérêt de l'enseignement laïque public, sacrifices inutiles si on laissait l'enseignement congréganiste rival prendre une extension trop considérable (10).

---

(1) L. 1825, art. 2.
(2) Nous verrons plus loin que, d'après l'article 3 de la loi du 24 mai 1825, l'autorisation spéciale de former un établissement particulier dépendant d'une congrégation religieuse doit être accordée par ordonnance *insérée dans la quinzaine au Bulletin des lois*.
(3) C. d'Et. 31 janvier 1840.
(4) C. d'Et. Int. 14 novembre 1834.
(5) L. 24 mai 1825.
(6) Art. 7.
(7) Vuillefro

(1) C. d'Et. lég. 24 février 1840.
(2) Vuillefroy, p. 184.
(3) L. 24 mai 1825, art. 3.
(4) C. d'Et. Int., avis, 31 mai 1836.
(5) Vuillefroy, p. 184.
(6) Déc. min. 26 août 1822.
(7) L. 1825, art. 2.
(8) Art. 3.
(9) La jurisprudence du Conseil d'Etat décide qu'il n'y a pas lieu, en règle générale, d'augmenter la dotation des communautés qui ne sont ni hospitalières ni enseignantes, et qu'il n'y a pas lieu, par suite, d'autoriser ces congrégations à accepter les libéralités faites en leur faveur.
— C. d'Et. int., avis, 7 mars 1882 : — « La section, considérant que ce legs est fait à titre gratuit et qu'il ne paraît pas utile d'augmenter la dotation de cette communauté, qui n'est ni hospitalière ni enseignante, est d'avis qu'il n'y a pas lieu d'autoriser la congrégation à accepter la libéralité qui lui est faite. »
D. 5 avril 1883. Communauté des carmélites de Gravigny (Eure); legs par la dame veuve Boutefoix.
(10) Consulté, en 1891, sur la question de savoir s'il y avait lieu, à l'avenir, d'autoriser de nouveaux établissements congréganistes, le Conseil d'Etat a émis l'opinion qu'une autorisation de cette nature ne peut être donnée que dans des circonstances exceptionnelles, et que le gouvernement ne saurait, en présence du principe de la neutralité de l'enseignement primaire proclamé par notre législation, accorder le privi-

S'il s'agit de fonder un établissement hospitalier ou charitable, le ministre de l'Intérieur doit donner son avis ; il appartient au ministre de l'Intérieur, en vertu des pouvoirs généraux de surveillance qui lui sont attribués sur les établissements hospitaliers et de bienfaisance, d'apprécier les avantages ou les inconvénients que peut présenter la fondation d'une maison de refuge (1).

Le gouvernement a autorisé fort peu d'établissement depuis 1879, époque à laquelle il est entré dans la voie d'une politique religieuse nouvelle.

2011. L'autorisation de fonder un établissement est accordée, s'il y a lieu, par un décret, rendu sur le rapport du ministre des cultes, le Conseil d'Etat entendu (2).

Le décret d'autorisation ne doit pas spécifier qu'une association religieuse sera établie dans le bâtiment d'un hospice et que ses membres seront chargés de le desservir. En effet, la commission administrative est libre de retirer, quand elle le juge convenable, le service de l'hospice aux sœurs (3).

2012. Une fois autorisé, l'établissement ne peut abandonner les statuts qu'il a adoptés, pour s'attacher à une autre congrégation, ni changer sa condition, comme se déclarer indépendant de la maison mère dont il dépend, sans y avoir été formellement autorisé par un décret rendu après une nouvelle instruction. S'il le faisait de lui-même, il perdrait, par cela seul, les effets de son autorisation (4).

Il a été décidé que, si en transférant un établissement chef-lieu, d'une commune dans une autre, on veut laisser dans la première et à la place de l'établissement chef-lieu, un établissement succursale, remplacer en un mot, l'un par l'autre, il faut une nouvelle autorisation spéciale par l'établissement succursale et une nouvelle instruction ; car, par l'effet de la translation de la maison-mère, la maison succursale constitue un établissement tout à fait nouveau, et soumis à toutes les formalités exigées par l'article 3 de la loi du 24 mai 1825 (5).

Il faudrait une nouvelle autorisation, alors même que l'association religieuse se transporterait dans un autre lieu, sans laisser d'établissement au lieu où elle a reçu l'autorisation légale.

lège de la personnalité civile à des établissements qui donnent un enseignement confessionnel.

C. d'E. Int., note, 18 juillet 1801 : — La section de l'intérieur, des cultes, de l'instruction publique et des beaux-arts du Conseil d'Etat, qui a pris connaissance d'un projet de décret tendant à autoriser la congrégation des sœurs de Saint-Vincent de Paul, à Bois-Guillaume (Seine-Inférieure), croit devoir présenter les observations suivantes :

Dans le rapport qui accompagne le projet de décret, M. le ministre des cultes, rappelant que depuis 1880 la reconnaissance n'a été accordée qu'à un petit nombre d'établissements congréganistes appartenant pour la plupart à la congrégation des Petites Sœurs des Pauvres, exprime le désir que la section d'Etat précise sa jurisprudence actuelle relativement à l'établissement de nouveaux établissements. La section croit devoir faire remarquer que le Conseil d'Etat a eu l'occasion de préciser sa jurisprudence en cette matière par un avis émis le 10 juillet 1884, sur un projet de décret tendant à autoriser la fondation, à Alleyras (Haute-Loire), d'un établissement des sœurs de Saint-Joseph. Dans cet avis, le Conseil déclarait « que la création d'une maison particulière de congrégation, ayant pour effet d'augmenter le nombre des établissements religieux de mainmorte, ne devait être autorisée que dans des circonstances exceptionnelles, et que, d'autre part, le gouvernement ne saurait, en présence du principe de la neutralité de l'enseignement primaire proclamé par notre législation, accorder le privilège de la personnalité civile à des établissements qui donnent un enseignement confessionnel. »

Si l'on faisait application de cette jurisprudence dans l'affaire actuelle, il y aurait lieu d'émettre un avis favorable au projet de décret. En effet, bien que l'établissement existant de fait à Bois-Guillaume ne soit qu'un établissement charitable, dont il dépend étant à la fois hospitalière et enseignante, il s'ensuit que la reconnaissance accordée à cet établissement sous la seule condition, comme le propose le projet de décret, que les sœurs qui en feront partie se conformeront aux statuts approuvés de la maison mère, leur donnera implicitement la faculté, soit de transformer l'orphelinat en école primaire, soit d'y annexer une école primaire.

Toutefois, si M. le ministre des cultes estime qu'il existe, dans l'espèce, des circonstances exceptionnelles qui seraient de nature à motiver une dérogation à la jurisprudence consacrée par l'avis du 10 juillet 1884, la section serait disposée à procéder à un nouvel examen de l'affaire.

(1) C. d'E. Législ. 31 janvier 1810.
(2) L. 1825, art. 3.
(3) C. d'Et. Int. 11 avril 1837.
(4) Inst. min. 27 juillet 1837, art. 9.
(5) C. d'Et. Int. 11 avril 1837.

Un établissement ne peut être transféré qu'en vertu d'une autorisation par décret en Conseil d'Etat.

2013. Les pièces à produire dans les affaires de cette nature sont :

La demande du conseil de la congrégation ou communauté, l'avis du conseil municipal du nouvel établissement, le procès-verbal d'enquête de commodo et incommodo ; la copie des statuts et engagements des sœurs formant le nouvel établissement de s'y conformer ; l'état de l'actif et du passif, dressé conformément à la circulaire du 15 décembre 1880, visé et certifié par le préfet ; les renseignements sur la nature des services rendus par la congrégation ou communauté, et sur les établissements similaires, communaux ou autres, existant dans la région ; le nombre et les noms des sœurs du nouvel établissement ; l'avis du sous-préfet de l'arrondissement où l'ancien et le nouvel établissement sont situés ; l'avis de (l'archevêque) ou de l'évêque du diocèse de l'ancien et du nouvel établissement ; l'avis du préfet du département de l'ancien et du nouvel établissement.

2014. Nous verrons les réunions d'établissements, en traitant de la dissolution, la réunion d'un établissement à un autre constituant une véritable dissolution du premier.

§ 2. — Effets de l'autorisation.

2015. Nous avons vu les règles relatives à l'obtention de l'autorisation. Quels sont les effets de cette autorisation ?

1° D'abord les associations religieuses existent légalement, c'est-à-dire que le gouvernement ne peut les dissoudre, comme il peut le faire des associations non autorisées que nous examinerons ultérieurement. L'existence ne pourrait être retirée à ces associations que par une loi, en quelque forme qu'ait été donnée l'autorisation (1).

2° Elles peuvent former des noviciats (2).

3° Les associations religieuses autorisées jouissent du bénéfice de la personnalité morale qui leur est conféré pour remplir la mission conforme à leurs statuts ; elles peuvent faire tous les actes de la vie civile, sous la condition de contrôle du gouvernement que nous examinerons plus loin.

SECTION III

RÈGLES GÉNÉRALES D'ORGANISATION DES ASSOCIATIONS RELIGIEUSES AUTORISÉES DE FEMMES.

2016. Les règles d'organisation se trouvent principalement dans le décret du 18 février 1809 relatif aux congrégations ou maisons hospitalières de femmes, dans le décret du 26 décembre 1810, contenant brevet d'institution publique des maisons dites de refuge, et approbation de leurs statuts.

Bien que le décret de 1809 ne se réfère qu'aux hospitalisées, l'administration considère que les prescriptions doivent en être appliquées à toutes les congrégations et communautés de femmes (3).

2017. Il convient de distinguer les statuts des associations religieuses qui déterminent le but de l'œuvre, le régime général de l'association et les règlements ou règles sur la discipline intérieure de la maison, tels que ceux qui fixent les heures, la nature et la durée des exercices religieux (4). Les

(1) L. 24 mai 1825, art. 6.
(2) D. 18 février 1809, art. 6.
(3) Nous avons vu dans l'historique des congrégations que Napoléon avait voulu centraliser dans les mains de l'Etat les maisons religieuses de femmes et en faire une pour ainsi dire une institution d'Etat.
(4) Inst. min. 17 juillet 1825, art. 3. — La règle se proprement parler se compose de toutes les dispositions approuvées par l'autorité ecclésiastique, et auxquelles les religieuses sont soumises, soit pour l'organisation et le régime de la communauté, soit même pour les conditions et le mode de leur vie matérielle et de leur vie spirituelle. Les statuts sont la partie de cette règle qui est soumise à l'approbation du

règlements particuliers sont arrêtés par la supérieure et soumis à l'approbation de l'évêque diocésain.

Les statuts doivent être approuvés, lors de l'autorisation, ainsi que nous l'avons vu, par décret en Conseil d'Etat et insérés au *Bulletin des Lois* pour être reconnus et avoir force d'institution publique, et ils ne peuvent être modifiés sans autorisation.

Il ne peut être inséré dans les statuts que l'évêque ne peut rien changer aux règlements de l'ordre (1).

2018. Les associations religieuses ne peuvent sous aucun prétexte s'écarter de leurs statuts ni s'occuper d'autres objets que ceux que les statuts déterminent.

Ainsi une *congrégation enseignante* qui, d'après ses statuts, doit se livrer *gratuitement* à l'éducation des jeunes filles de la classe indigente, ne peut se livrer à l'éducation de la classe aisée et recevoir des pensionnaires avec *rétribution*. « Le silence des statuts sur ce dernier objet équivaut à une interdiction formelle, puisque les congrégations religieuses n'ont d'existence que dans les limites et les conditions tracées par leurs statuts dûment approuvés. Il appartient à l'administration de mettre terme à cette infraction en faisant exécuter la loi existante » (2).

2019. Les statuts ne peuvent être ramenés à un type uniforme. Ils indiquent le caractère et le but de l'association ; ils spécifient, par exemple, si l'association est hospitalière, charitable, enseignante, contemplative. Ils spécifient le nombre des maisons, le costume, et autres privilèges que le gouvernement peut accorder (3).

Les statuts déterminent le mode d'administration de l'association religieuse.

2020. A la tête se trouve une supérieure, nommée à l'élection, avec des pouvoirs et une durée de temps fixés par les statuts.

Les communautés sont dirigées par une supérieure locale ; les congrégations par une supérieure générale.

La supérieure générale a-t-elle un pouvoir de direction sur tous les établissements formés sous la dépendance de la maison-mère et qui ont une supérieure locale ?

Elle n'a qu'une autorité de discipline. En étudiant les actes de la vie civile, nous verrons qu'aux termes d'un avis du Conseil d'Etat du 4 juin 1891, les établissements particuliers ont chacun une administration propre et une représentation distincte. Ils doivent donc avoir une supérieure locale.

L'élection de la supérieure n'a pas besoin d'être approuvée par le gouvernement ; suivant Ravelet, il devrait en être informé ; en effet, dit-il, comme il peut avoir avec cette supérieure des rapports fréquents, il est bon qu'il connaisse le nom de la personne qui dirige et représente l'association religieuse.

2021. La supérieure générale ou locale a ordinairement auprès d'elle pour l'assister, un conseil, sans l'assentiment duquel elle ne peut prendre aucune mesure importante, soit pour l'administration temporelle, soit pour le gouvernement spirituel de l'association.

La loi du 24 mai 1825 et le décret du 31 janvier 1852 ne mentionnent pas le conseil d'administration, mais le gouvernement en reconnaît la nécessité ; les instructions ministérielles du 29 janvier 1831, du 8 mars 1852 l'appellent à délibérer au sujet de toutes les affaires importantes.

L'avis du Conseil d'Etat du 4 juin 1891 dont nous parlons plus loin, relatif au patrimoine distinct de la maison-mère et de ses succursales (4), en décidant que les actes de la vie civile des établissements particuliers doivent être passés par la supérieure locale de ces établissements, autorisés par une dé-

libération de leur conseil d'administration, reconnaît la nécessité des conseils d'administration non seulement pour la maison-mère, mais pour les établissements particuliers qui en dépendent.

2022. Les statuts mentionnent la soumission de l'association religieuse à l'Ordinaire (1), qui s'étend aux établissements particuliers aussi bien qu'à la maison-mère.

L'évêque a le droit de visite, malgré la clôture. Il doit approuver l'admission des membres nouveaux, l'exclusion des membres anciens. Il préside aux élections ; les simples voyages des religieuses peuvent nécessiter son autorisation. Il nomme les confesseurs ; mais le droit de l'évêque n'irait pas jusqu'à s'interposer dans le gouvernement domestique de la congrégation (2).

L'évêque n'exerce pas simplement une autorité spirituelle en cette matière.

L'évêque peut exiger en effet que les congrégations lui rendent compte de la gestion (3). Pour tous les actes importants, comme nous le verrons ultérieurement, pour tous les actes de la vie civile importants, pour les acquisitions, les aliénations, pour les révocations d'autorisations, l'évêque doit donner son avis. Les statuts des associations religieuses doivent être préalablement approuvés par l'évêque (4) ; aucun établissement nouveau ne peut être autorisé sans son consentement (5).

2023. « A l'expiration de son mandat, la supérieure doit rendre ses comptes. En cas de refus, elle peut y être contrainte par les tribunaux ordinaires.

« Attendu, dit un arrêt de la Cour de Bordeaux, que les communautés religieuses de femmes régulièrement autorisées, forment un être moral qui a une existence civile et par suite des intérêts temporels dont l'administration engage nécessairement la responsabilité de la personne qui en est chargée ;

« Attendu que, d'après les statuts de la communauté de Notre-Dame de Bordeaux, le pouvoir réel sur les biens qui lui appartiennent réside tout entier dans la personne de la supérieure, que si un autre membre de la communauté sous le nom de *procureuse* est chargée du soin matériel des recettes, des dépenses et des écritures relatives à la comptabilité, les quittances que celle-ci délivre ne doivent pas moins être signées de la supérieure, ou par commission de la supérieure, qu'en outre la procureuse rend compte tous les mois à la supérieure de l'état des recettes et des dépenses ; que si la présence de la mère *seconde* est exigée pour cette opération, il n'en est pas moins vrai que c'est bien à la supérieure que le compte est rendu, que de ces dispositions et d'autres encore où l'autorité de la supérieure se montre partout prédominante, il ressort évidemment que l'administration réelle des biens de la communauté est dans les mains de la supérieure ;

« Attendu que, selon le Concile de Trente, auquel se réfèrent les statuts, la supérieure doit elle-même rendre compte chaque année à l'Ordinaire, qu'on peut sans doute conclure de là que sa responsabilité est dégagée lorsque, ayant été rendus en cette forme, ses comptes ont obtenu l'approbation de l'autorité à laquelle ils sont dus, que la preuve en est rapportée, mais que la dame de M... ne peut pas se couvrir de ces dispositions, en premier lieu, parce qu'elle n'allègue pas que les comptes ont été rendus à l'Ordinaire, que le contraire ressort même des documents publiés par elle, et que dans tous les cas elle ne produit aucune preuve d'une approbation qui leur ait été donnée ; en second lieu, parce que désormais étrangère à la communauté de Notre-Dame, la dame de M... n'est plus justiciable d'une autorité désarmée aujourd'hui de tout moyen de contrainte envers elle, d'où il suit les règles du droit commun peuvent seules et doivent recevoir leur application dans la cause... »

---

gouvernement. Les statuts sont plus courts que la règle. Tout ce qui concerne en effet le mode de vie des religieuses, leur nourriture, leur costume, le règlement de leurs occupations quotidiennes, la discipline intérieure de la maison, les exercices religieux, enfin, ce qui se réfère à leur perfection spirituelle, n'est pas de la compétence du pouvoir civil.

(1) C. d'Et., avis, 17 novembre 1825.
(2) C. d'Et. Législ, 1er mars 1842.
(3) Art. 4.
(4) Voir Actes de la vie civile.

(1) L. 24 mai 1825, art. 2 ; — Inst. min. 17 juillet 1825, art. 18 ; — D. du 28 février 1809.
(2) Ravelet.
(3) Ravelet.
(4) L. 24 mai 1825, art. 2.
(5) L. 1825, art. 3.

La Cour de Cassation reprit et confirma les même raisons : « Attendu qu'aucune disposition de loi ne dispense l'ancienne supérieure d'une communauté religieuse de femmes de rendre à la communauté ses comptes de gestion et d'administration ; attendu que si une supérieure peut, soit pendant l'exercice de ses fonctions, soit après qu'elles ont cessé, soumettre volontairement ses comptes à la juridiction de l'Ordinaire, et si l'approbation donnée par l'Ordinaire au compte ainsi rendu peut suffire pour dégager, au regard de la communauté, la responsabilité de la supérieure qui a géré et administré, le droit commun conserve tout son empire lorsque, à défaut de reddition de comptes à l'amiable, il devient nécessaire de contraindre à les fournir, attendu que la juridiction de l'Ordinaire, autorité purement spirituelle, n'a point à sa disposition de moyen de coaction temporelle, et que la justice civile est seule compétente pour contraindre à une reddition de compte la personne qui s'y refuse ;

« Rejette » (1).

2024. Quand une association religieuse, désorganisée, se trouve momentanément sans supérieure, le gouvernement peut-il nommer un administrateur provisoire ? Le Conseil d'État a rendu sur cette question l'arrêt suivant : « Considérant que les communautés religieuses administrent librement leurs biens, à charge de se conformer aux dispositions de leurs statuts approuvés ; que l'intervention du gouvernement dans l'administration de ces biens est limitée aux cas déterminés par l'article 4 de la loi du 24 mai 1825 ; considérant que le préfet ne s'est pas borné à prendre, dans un intérêt d'ordre et de justice, les mesures que pouvaient commander la situation exceptionnelle de la communauté, mais qu'il a chargé un avoué d'administrer les biens de cette communauté jusqu'à ce qu'il ait été procédé à l'élection d'une supérieure définitive ; qu'en intervenant ainsi dans la gestion des biens d'une communauté de femmes hors des cas spécifiés par la loi, le préfet avait excédé les limites de ses pouvoirs ; annule, contrairement aux conclusions du ministre des cultes, l'arrêté préfectoral du 4 février 1855 » (2).

Le tribunal et la Cour de Bordeaux, saisis également de l'affaire qui a donné lieu à l'arrêt précité du Conseil d'État, décidaient au contraire que l'arrêté du préfet nommant un administrateur provisoire d'une association religieuse sans supérieure était légitime et ordonnait la reddition de comptes demandée (3). C'était une contradiction d'opinions et un conflit de pouvoirs. La Cour de cassation évita le conflit sans entrer dans le fond du droit. Elle cassa (4) l'arrêt de la Cour de Bordeaux pour excès de pouvoir, parce que cette Cour, au lieu d'ordonner l'exécution pure et simple de l'arrêté préfectoral, s'était immiscée dans l'examen de cet acte et avait ainsi empiété sur le domaine de la juridiction administrative.

2025. Les statuts déterminent les conditions de l'entrée en religion : les qualités requises pour être postulant (5), la durée du noviciat avec indication du siège, etc.

Qu'est-ce que le noviciat ?

L'entrée en religion est précédée de certaines épreuves qui ont pour but d'éprouver les vocations.

La première épreuve est la postulation, pendant laquelle on recueille sur la postulante les renseignements nécessaires.

Le droit canonique édicte diverses causes d'incapacité qui peuvent empêcher d'entrer, du moins dans certains ordres. La durée de la postulation varie suivant les règles.

Après la postulation a lieu la prise d'habit. Avant de faire profession, il faut entrer au noviciat pour un an au moins. Le Concile de Trente et l'ordonnance de Blois préconisaient cette obligation. D'après le décret du 18 février 1809, les

associations religieuses de femmes peuvent avoir des noviciats sans y être obligées.

A quel âge forme-t-on les vœux ? Quelle est leur durée ?

Les élèves ou novices ne peuvent contracter des vœux si elles n'ont 16 ans accomplis. Les vœux des novices âgées de moins de 21 ans ne peuvent être que pour 1 an. A 21 ans, les novices peuvent s'engager pour 5 ans (1).

2026. Prononcée par l'Assemblée constituante, ainsi que nous l'avons vu, la suppression de la perpétuité des vœux a été renouvelée par les décrets du 3 messidor an XII, le décret du 12 septembre 1807, du 18 février 1809, du 3 janvier 1812, du 23 janvier 1813, par l'instruction ministérielle du 17 juillet 1825, l'avis du Conseil d'État du 17 octobre 1841.

2027. Pour contracter des vœux, les novices sont tenues de présenter les consentements demandés pour contracter mariage, par les articles 148, 149, 150, 159, 160 du Code civil.

Quand la novice est majeure, la loi n'exige pas d'elle l'accomplissement de la formalité des actes respectueux (2).

Comment se prêtent les vœux et quelle est leur valeur au regard de la loi civile ?

L'engagement doit être fait en présence de l'évêque ou d'un ecclésiastique désigné par l'évêque, et de l'officier civil, qui dressera l'acte et le consignera sur un registre double, dont un exemplaire doit être déposé entre les mains de la supérieure et l'autre à la municipalité, et, pour Paris, à la préfecture de police (3).

En fait, les officiers de l'état civil n'assistent pas à la prestation des vœux (4).

D'après un arrêt de cassation du 23 mai 1849 (5), cette formalité de l'assistance des officiers de l'état civil n'est pas une formalité essentielle à la validité des vœux.

---

(1) Cass. 18 janvier 1859.
(2) Cont. 18 août 1855.
(3) 27 juin 1855 et 29 août 1855.
(4) 17 avril 1858.
(5) Par exemple, être d'une naissance légitime, appartenir à une famille honnête, avoir une réputation intacte, une humeur douce et sociable, être d'une bonne santé.

---

(1) D. 1809, art. 7 : — « Le concile de Trente avait prohibé la prestation des vœux avant l'âge de 16 ans accomplis. L'ordonnance de Blois avait édicté la même règle. La déclaration de mars 1768 recula l'âge : à 21 ans pour les hommes, à 18 ans pour les femmes. »
(2) En cas de dissentiment entre le père et la mère, le consentement du père suffit (C. civ., art. 148). Si l'un des deux est mort, ou s'il est dans l'impossibilité de manifester sa volonté, le consentement de l'autre suffit (C. civ., art. 149). Si le père et la mère sont morts, ou s'ils sont dans l'impossibilité de manifester leur volonté, les aïeuls et aïeules les remplacent. S'il y a dissentiment entre l'aïeul et l'aïeule de la même ligne, il suffit du consentement de l'aïeul. S'il y a dissentiment entre les deux lignes, ce partage emporte consentement (C. civ., art. 150). L'enfant naturel qui n'a point été reconnu et celui qui, après l'avoir été, a perdu ses père et mère, ou dont les père et mère ne peuvent manifester leur volonté, ne peut, avant l'âge de 21 ans révolus, faire ses vœux qu'après avoir obtenu le consentement d'un tuteur ad hoc (C. civ., art. 159). S'il n'y a ni père ni mère, ni aïeuls ni aïeules, ou s'ils sont trouvent dans l'impossibilité de manifester leur volonté, les filles mineures de 21 ans ne peuvent faire des vœux sans le consentement du conseil de famille (C. civ., art. 160).
(3) D. 1809, art. 7. — D. 26 décembre, art. 4.
(4) Voir toutefois ci-après.
(5) Cass. civ., 13 mai 1849 : — « La Cour, — Attendu qu'une congrégation religieuse, régulièrement autorisée, peut continuer à subsister comme être moral, bien qu'il ne reste qu'une seule des personnes qui en faisaient partie ; — Attendu que l'arrêt attaqué établit en fait que la défenderesse faisait partie, sous le nom de sœur Angèle, de la communauté autorisée des sœurs hospitalières de Mauzé, dont elle est aujourd'hui le seul représentant, et qu'elle n'avait pas cessé d'agir et d'être considérée comme religieuse de ladite communauté, soit avant, soit depuis le décès des autres religieuses ; — Attendu qu'on lui opposait qu'on admettant qu'il fût établi au procès, ainsi que le portent les qualités dudit arrêt, qu'elle avait fait et périodiquement renouvelé devant l'autorité ecclésiastique les vœux communs à toutes les religieuses de cette congrégation, cependant ces vœux devaient être considérés comme non existants, par le motif qu'il n'était pas justifié qu'ils eussent été contractés devant l'officier de l'état civil dans la forme prescrite par le décret du 18 février 1809, et qu'en tout cas la défenderesse ne les aurait faits qu'à titre de sœur converse seulement, ce qui, aux termes des statuts ecclésiastiques, ne lui aurait conféré aucun droit d'administration, d'où résultait le défaut de qualité de ladite défenderesse ; — Attendu, sur le premier point, que dès qu'une communauté a été légalement autorisée, il n'appartient pas aux tiers qui ont des intérêts à débattre avec cette communauté comme être moral, de soulever contre elle, à l'égard des vœux communs que les personnes religieuses ont déclarés en faire partie, les questions qui pourraient résulter de l'omission des formalités prescrites par le décret précité, lesquelles ont été établies dans l'intérêt de la liberté des engagements religieux ; — Attendu, sur le second point, que si les statuts ecclésiastiques des maisons religieuses ont admis des différences entre les dames de sœurs les converses, quant à leurs prérogatives pour la direction religieuse de la congrégation, aucun texte de loi ne les exclut de l'association religieuse elle-même,

Il a été jugé de même que, si, par les expressions de l'article 8 du décret du 18 février 1809 : « L'engagement devra être pris, » etc., on était amené à induire que la présence de l'officier de l'état civil et la rédaction de l'acte sont exigées à peine de nullité, cette nullité ne serait, dans tous les cas, que relative, et ne pourrait jamais être opposée par des tiers (1).

La cour de Poitiers qui a confirmé, par arrêt du 29 mai 1843, le jugement reproduit ci-dessus du tribunal de Niort constate, d'ailleurs, que les dispositions du décret de 1809 sont tombées en désuétude.

Nous allons voir toutefois ci-après, en examinant la question de savoir si les vœux constituent un empêchement au mariage, que dans ces dernières années, dans certaine localité, les officiers de l'état civil assistaient encore à la prestation des vœux.

2028. Dans l'ancien droit, le pouvoir séculier prêtait son appui au pouvoir religieux pour sanctionner la validité des vœux. Le vœu de chasteté trouvait sa sanction dans l'empêchement dirimant au mariage, dans la nullité de l'union et l'illégitimité des enfants; le vœu d'obéissance dans l'intervention de la force publique qui, parfois, en vertu d'arrêts des Parlements, contraignait de réintégrer le monastère, pour obéir à un vœu civilement obligatoire.

Enfin, le vœu de pauvreté trouvait sa sanction dans l'incapacité qui atteignait les membres des communautés, frappés de mort civile (2).

---

non plus que de l'exercice de ses droits civils; — Attendu, d'après ce qui précède, qu'en décidant que par suite de l'existence de la défenderesse sœur Angèle, dans la communauté de Mauzé, ladite communauté n'était pas éteinte et que ladite défenderesse avait qualité pour conserver et administrer les biens de cette congrégation, l'arrêt attaqué n'a violé ni le décret du 18 germinal an X ni celui du 18 février 1809, ni l'article 195 du Code civil, ni aucune autre loi; — Rejette. »

(1) Niort, 29 juillet 1814 : — « Le tribunal; — Sur la recevabilité de l'action de la demoiselle Bry; — Attendu, en droit, que, tant qu'il existe encore un membre d'une communauté, ce membre conserve à la communauté ses titres et ses droits, et que, dès lors, la communauté n'est pas éteinte; — Attendu qu'une ordonnance royale qui autorise l'acceptation d'une libéralité ne fait pas obstacle à ce que les tribunaux civils puissent ultérieurement examiner si cette libéralité a été consentie dans des conditions telles qu'elle doive produire effet; — Attendu, en fait, que la demoiselle Bry faisait partie de la communauté des dames hospitalières de Mauzé, et qu'elle en est aujourd'hui le seul représentant; — Attendu que l'ordonnance royale de 1843, qui a autorisé les dames blanches à accepter la donation qui leur était faite par les héritiers de la demoiselle d'Auzon, ne préjuge rien sur la question de savoir si la communauté de Mauzé était ou non éteinte, puisque l'autorité administrative n'avait à apprécier que l'opportunité de l'autorisation d'acceptation qui lui était demandée; que cela est si vrai que, même en présence de cette ordonnance de 1842, le ministre des cultes, consulté en 1843, répondait que les tribunaux seuls pouvaient prononcer sur les difficultés que faisait naître l'exécution de la donation dont l'acceptation avait été autorisée; — Attendu qu'il n'y a pas lieu de se préoccuper de la question de savoir si, dans la communauté de Mauzé, la demoiselle Bry était sœur converse ou religieuse de chœur; que ces distinctions ne sont pas admises par la loi civile, et particulièrement par le décret de 1809, qui ne reconnaît que des novices et des religieuses; — Attendu que des pièces produites au procès, et notamment des trois testaments, des attestations de l'autorité ecclésiastique, d'une lettre de l'évêque et des titres qui justifient d'actes d'administration, il résulte incontestablement que la demoiselle Bry est en possession de l'état et de la qualité de religieuse hospitalière de la commune de Mauzé; — Attendu que l'on ne voit pas, dans le décret de 1809, que les dispositions de ce décret, relatives au mode de profession et de constatation des vœux des dames hospitalières, soient prescrites à peine de nullité; — Attendu que l'irrégularité prétendue dont seraient entachés les vœux de la demoiselle Bry consisterait en ce que l'on ne peut représenter le registre sur lequel seraient constatés des vœux, et que l'on en conclut que l'officier de l'état civil n'aurait pas assisté à la profession de cette religieuse; — Attendu en supposant les faits avérés, que la présence de l'officier de l'état civil n'est pas une des conditions essentielles de la validité des vœux, puisqu'il résulte du texte de l'article 8 du décret de 1809 que le rôle de ce fonctionnaire se borne à rédiger acte de l'engagement auquel il assiste; — Attendu que de ces expressions de l'article 8 : « L'engagement devra être pris, etc., » on était conduit à induire que la présence de l'officier de l'état civil et la rédaction de l'acte sont exigées à peine de nullité, cette nullité ne serait, dans tous les cas, que relative, et ne pourrait jamais être opposée par des tiers;

« Dit que la communauté des dames hospitalières de Mauzé n'est pas éteinte; — Maintenant la sœur Angèle au nom qu'elle agit, dans la possession et propriété des biens, meubles et immeubles qui appartiennent à cette communauté; — Déclare les sœurs blanches de la Rochelle et les intervenants sans droit sur lesdits biens, etc. »

(2) Voyez Historique de la section suivante : Capacité des membres.

IX

Les vœux constituent-ils actuellement un empêchement au mariage?

Suivant Ravelet, ils constituent un empêchement prohibitif (1).

Demolombe, Zachariæ, Aubry et Rau n'attribuent ce caractère qu'aux vœux formés par les religieuses hospitalières, les sœurs auxquelles s'applique le décret de 1809. Il est à noter que, dans cette opinion, les vœux devraient constituer un empêchement prohibitif également à l'égard des sœurs du refuge régies par le décret du 26 décembre 1810 qui se réfère sur ce point au décret de 1809. La restriction qu'admettent ces auteurs est-elle admissible? Nous pensons que l'application du décret de 1809 a été tacitement étendue à toutes les congrégations et communautés de femmes.

La jurisprudence ne s'est pas prononcée sur la question de savoir si les vœux des religieuses constituaient un empêchement au mariage, mais il est permis de penser que la Cour de cassation appliquerait aux membres des communautés de femmes la jurisprudence qu'elle a admise au sujet du mariage des prêtres qui ne constitue plus un empêchement au mariage.

En 1887, le ministre de la justice signala au ministre des cultes les inconvénients, suivant lui incontestables, résultant de l'intervention de l'officier de l'état civil qui, aux termes du décret du 18 février 1809, est chargé de dresser l'acte d'engagement (pour 5 ans) des novices, et de le consigner sur un registre double, dont un exemplaire doit être déposé entre les mains de la supérieure et l'autre à la municipalité, et, pour Paris, à la préfecture de police. Suivant le ministre de la justice, cette intervention de l'officier de l'état civil avait été constatée actuellement encore dans quelques localités, elle avait pour conséquence de donner à l'engagement une consécration légale qui constituait un empêchement au mariage.

Demolombe, Aubry et Rau pensent que l'application de l'article 8 du décret de 1809 constitue un empêchement prohibitif.

Nous n'admettons pas cette doctrine. Nous pensons que l'assistance de l'officier de l'état civil avait pour but, dans l'esprit de l'auteur du décret de 1809, d'assurer la temporéanité des vœux, et d'en garantir la liberté. L'intervention de l'officier de l'état civil n'est autre chose qu'une mesure de police; la preuve en est qu'à Paris un des exemplaires du registre qui constate les engagements doit être déposé à la préfecture de police. Dans une lettre au procureur général de Douai du 14 mars 1833, le ministre des cultes affirme nettement que le législateur n'a pas voulu consacrer le vœu des religieuses et lui accorder certains effets civils. L'article figure dans le décret, dit-il, « pour que le pouvoir civil s'assure que de plus longs vœux que ceux autorisés ne sont pas reçus et n'engageront pas la conscience. »

On peut ajouter que l'article 8 a pour effet d'empêcher que les novices ne forment des vœux avant 21 ans et sans le consentement requis pour contracter mariage.

A cette doctrine on pourrait faire l'objection suivante : si l'article 8 n'a pas pour effet de consacrer les vœux, pourquoi prescrire le dépôt de l'acte qui le constate à la municipalité? Pourquoi appeler à contrôler l'émission des vœux non pas un magistrat comme en matière de serment, non pas un notaire, comme lorsqu'il s'agit d'assurer l'indépendance réciproque des parties, et de garantir la perpétuité de l'acte, mais l'officier de l'état civil? A cette objection on peut répondre : L'officier de l'état civil intervient, précisément parce que l'état civil est modifié. C'est pour ce motif qu'on prescrit le dépôt du registre à côté de celui des autres actes qui intéressent la vie civile, actes de naissance, de mariage, de décès, mais il ne résulte nullement de cette intervention un empêchement, soit prohibitif, soit dirimant au mariage.

L'assistance du maire à une double cause : modification d'un acte de l'état civil, mesure de police. C'est pourquoi le

---

(1) Traité des congrégations religieuses.

décret a prescrit la présence d'un magistrat municipal qui a pouvoir à ce double titre.

2029. Les religieuses conservent actuellement tous leurs droits quant à leurs personnes. Leurs vœux ne peuvent avoir d'effet que sur le for intérieur, ils n'engagent que la conscience; leur infraction ne pourrait être réprimée que par l'autorité et par des peines spirituelles. En aucun cas, ils ne pourraient donner aux supérieures le droit de séquestrer et de retenir les membres des congrégations contre leur propre volonté et à l'aide de moyens coercitifs. La détention d'une religieuse, à l'aide de pareils moyens, constituerait le crime prévu par l'article 341 du Code pénal. Aux termes de l'article 119, les fonctionnaires publics devraient les faire cesser immédiatement, sous peine de se rendre eux-même passibles de poursuites criminelles (1).

Les dispositions des lois, disait Portalis dans un rapport à la Chambre des pairs du 20 mars 1823, constatent la faculté réciproque, que conserve toujours l'association, de répudier tout sujet indocile ou scandaleux, et chaque sœur de rompre son engagement, en tout temps et avec toute liberté, sans cause déterminée.

2030. Le renvoi d'une sœur ne doit avoir lieu que par suite d'une délibération de la communauté, approuvée par l'évêque.

La prestation des vœux donne lieu à une convention synallagmatique, dont l'inexécution de la part des membres de la communauté ou de l'association peut entraîner un procès devant l'autorité judiciaire. Les tribunaux peuvent autoriser la communauté à garder la dot de la religieuse fugitive et prononcer contre cette dernière des dommages-intérêts, mais ils ne peuvent ordonner la réintégration.

Une religieuse expulsée sans formes et sans motifs pourrait faire condamner la communauté à des dommages-intérêts (2).

2031. Les maisons religieuses de femmes sont soumises à la police des maires, des préfets et officiers de justice (1).

2032. Toutes les fois qu'une sœur a à porter des plaintes contre des faits contre lesquels la loi prononce des peines de police correctionnelle, ou autres plus graves, la plainte doit être renvoyée devant les juges ordinaires (2),

2033. Nous verrons plus loin que les religieuses conservent actuellement, en principe du moins, tous leurs droits quant à leur biens (3).

2034. Nous avons vu les *règles générales* d'organisation des maisons religieuses de sœurs. Il nous reste à exposer les *règles spéciales* à ces associations religieuses suivant le caractère de la mission à laquelle elles se consacrent.

Les congrégations et communautés *hospitalières* sont celles qui se vouent au service des malades et des pauvres qu'elles font passer, ainsi que s'expriment leurs statuts, des mains mercenaires aux mains de la religion.

2035. En 1792, ainsi que nous l'avons vu plus haut, les associations religieuses avaient été proscrites. Toutefois, la loi édictant que dans les hôpitaux et maisons de charité, les sœurs continueraient, comme ci-devant, le service des pauvres et le soin des malades, à *titre individuel*, sous la surveillance des corps municipaux et administratifs, jusqu'à l'organisation définitive que le comité de secours présenterait incessamment à l'Assemblée nationale.

2036. Mais bientôt, pendant la période révolutionnaire, les sœurs furent généralement exclues des hôpitaux.

Ce furent les associations religieuses hospitalières qui furent les premières rétablies, quand les troubles de la Révolution eurent pris fin.

En l'an IX, Chaptal, ministre de l'intérieur, constatait que les hôpitaux étaient autorisés et que ceux-là seuls étaient administrés avec soin, intelligence et économie qui étaient encore aux mains des anciennes hospitalières. Un arrêté consulaire du 24 vendémiaire an XI autorisa les filles de Saint-Vincent-de-Paul à se réunir en congrégation. C'est vers la même époque que furent autorisées les dames de Saint-Charles, les dames de Charité de Nevers et les hospitalières de Saint-Thomas de Villeneuve.

Le décret du 3 messidor an XII qui ordonnait la dissolution de certaines associations religieuses, jugées dangereuses, reconnaissant l'utilité des associations religieuses de femmes, spécifiait que les agrégations connues sous les noms de sœurs de la Charité, de sœurs Hospitalières, de sœurs de Saint-Thomas, de sœurs de Saint-Charles et de sœurs Vatelottes, continueraient d'exister, en conformité des arrêtés du 1er nivôse an XI, 24 vendémiaire an XI, et 28 prairial an XI et 22 germinal an XII, à la charge par les dites agrégations de présenter, sous le délai de six mois, leurs statuts et règlements, pour être vus et vérifiés en Conseil d'État, sur le rapport du conseiller d'État chargé de toutes les affaires concernant les cultes.

En 1807, plusieurs autres communautés furent autorisées.

2037. Napoléon, comme nous l'avons vu dans notre historique des congrégations, voulut faire des congrégations ou maisons hospitalières de femmes une sorte d'institution d'Empire, centralisée et soumise à une réglementation uniforme. Le décret du 18 février 1809, relatif aux congrégations ou maisons hospitalières de femmes, édictait que les congrégations ou maisons hospitalières de femmes, savoir : celles dont l'institution a pour but de desservir les hospices de l'Empire, d'y recevoir les infirmes, les malades et les enfants abandonnés, ou de porter aux pauvres des soins, des secours, des remèdes à domicile, seraient placées sous la protection de Madame, la très chère et honorée mère de l'empereur.

Les statuts de chaque congrégation ou maison séparée devaient être approuvés par l'empereur, insérés au *Bulletin des lois*, pour être reconnus et avoir force d'institution publique.

---

(1) Lettre min. cultes à évêque de Cambrai, 14 mars 1838 : — « Le droit de séquestrer ou de retenir les membres des congrégations contre leur propre volonté et à l'aide de moyens coercitifs, serait tellement en opposition de notre droit constitutionnel et civil, qu'une disposition légale *formelle* serait indispensable pour le conférer. On chercherait en vain cette disposition dans nos lois actuelles… même sous l'ancien régime, les lois ne garantissaient l'exécution que des vœux solennels et non pas des vœux simples, les seuls admis aujourd'hui… La considération principale que l'on fait valoir à l'appui de l'opinion contraire, est que l'émission des vœux constitue au moins un engagement civil ordinaire; qu'en conséquence, il doit avoir des effets civils, et que les lois doivent en assurer l'exécution. Il y a là une erreur de droit. L'engagement par lequel une personne aliénerait sa liberté pour un temps plus ou moins long, n'aurait pas, aux yeux des lois civiles, la valeur qu'on paraît lui attribuer; ainsi, considéré uniquement comme engagement civil, le vœu d'une religieuse serait entièrement nul; il ne peut avoir d'autre valeur que celle qui lui a été *spécialement* attachée par la loi, sous ce point de vue, on peut le comparer à l'engagement, pris par les jeunes gens qui entrent dans l'Université de se consacrer pendant dix ans à leurs fonctions; or, il n'y a aucun doute que les lois ne donnent pas le droit d'assurer l'exécution de ce dernier engagement à l'aide de moyens coercitifs… dans le mariage même, dont l'acte est bien un contrat civil solennel, les tribunaux n'ont jamais reconnu au mari le droit de séquestrer sa femme. L'assimilation des religieuses aux soldats et aux marins qui ne peuvent abandonner leur drapeau avant l'époque de leur libération, n'est pas davantage admissible. En effet, il s'agit ici d'un service public, général, et *commandé par les lois*; elles en sont réglé l'exercice, déterminé les infractions, autorisé les peines disciplinaires ou autres. Rien de tout cela n'existe pour les congrégations religieuses. Dans ces circonstances, la détention d'une religieuse constituerait donc nécessairement le crime prévu par l'article 341 du Code pénal, et lors, aux termes de l'article 119, les fonctionnaires publics se rendraient eux-mêmes passibles de poursuites criminelles, en ne déférant pas aux réclamations légales qui leur sont adressées » (lettre du ministre de la justice et des cultes, à l'évêque de Cambrai, 14 mars 1838). « Il est de principe, en France, que nul ne peut aliéner sa liberté, et qu'on ne peut en être privé qu'en vertu d'un mandat et d'un ordre de justice. Ce principe est formulé dans l'article 2063 du Code pénal, le Code pénal d'instruction criminelle le proclament; il est écrit dans toutes nos lois. Si l'engagement des religieuses est pris devant l'officier civil, c'est pour que le pouvoir civil s'assure que de plus longs vœux que ceux autorisés ne seront pas reçus et n'engageront pas les consciences. » (Lettre du garde des sceaux ministre de la justice, au procureur général de Douai, 14 mars 1838.) (Vuilleroy. p. 193.)

(2) Déc. min. 24 1811 : — « D'après cette même décision si la congrégation dessert un établissement public, tel qu'un hospice, par exemple, la commission administrative a le droit de provoquer les exclusions qu'elle juge nécessaires, sauf dans le cas d'opposition de la part de la communauté ou de l'évêque, à recourir à la décision de l'autorité supérieure.

---

(1) D. 16 février 1809, art. 19; 26 décembre 1810, art. 10.
(2) D. 1809, art. 20.
(3) Voir plus loin Capacité des membres.

Toute congrégation d'hospitalière, dont les statuts n'auraient pas été approuvés et publiés avant le 1er janvier 1810, devait être dissoute (1).

Le décret spécifiait que le nombre des maisons, le costume et les autres privilèges qu'il était dans l'intention de l'empereur d'accorder aux congrégations hospitalières, seraient spécifiés dans les brevets d'institution (2).

D'après le décret, toutes les fois que les administrations des hospices ou des communes voulaient étendre les services de cette institution aux hôpitaux de leurs communes ou arrondissements, les demandes devaient être adressées par les préfets au ministre des cultes, qui, de concert avec les supérieurs des congrégations, devait donner des ordres pour l'établissement des nouvelles maisons quand cela serait nécessaire; le ministre des cultes devait soumettre l'institution des nouvelles maisons à l'approbation de l'empereur (3).

Le décret formulait les règles relatives aux noviciats et vœux, aux revenus, biens et donations, les règles de discipline que nous avons examinées en étudiant les règles générales d'organisation des associations religieuses autorisées de femmes.

Les dispositions du décret du 18 février 1809 passèrent en grande partie dans la loi du 24 mai 1825. Toutefois cette loi n'a pas abrogé le décret du 18 février 1809, qui est resté la loi spéciale des congrégations hospitalières de femmes autorisées.

2038. Les sœurs hospitalières se consacrent aux services charitables, dans des conditions différentes : ou bien elles dirigent un établissement hospitalier, reconnu dans les conditions de la loi du 24 mai 1825, suivant les formes que nous avons déterminées en traitant de l'autorisation des congrégations de femmes; ou bien elles sont attachées à titre d'auxiliaires à des établissements publics reconnus par l'État et placées sous sa tutelle, tel qu'un hospice. Enfin certaines associations religieuses ont été autorisées pour le service spécial d'un hospice, établissement public communal. Dans ce dernier cas, l'immeuble sert de siège à deux personnes morales : l'association autorisée et l'hospice.

2039. Les deux premiers membres vivent côte à côte, évidemment sans que leur patrimoine respectif se confonde, dans les limites d'indépendance réciproque que détermine le caractère de leur institution.

L'association religieuse peut ouvrir un noviciat conformément au décret du 18 février 1809, sans que la commission administrative puisse s'y opposer; en effet la prohibition d'établir un noviciat aurait pour conséquence la suppression de l'association même, mais si, par quelque raison grave, comme une diminution notable des ressources et des besoins de l'hôpital, la commission administrative demandait la réduction du nombre des novices déterminé par le décret d'institution ou la fixation de ce nombre, si le décret n'avait rien statué à cet égard, un nouveau décret serait nécessaire, comme pour toute modification aux statuts (4).

Un nouveau décret serait également nécessaire pour réduire le nombre primitivement fixé des sœurs.

2040. L'association religieuse est maîtresse de son personnel; elle choisit ses supérieures, admet ou renvoie les religieuses, répartit les emplois. La commission administrative de l'hospice ne pourrait pas exiger le remplacement de la supérieure ou de quelque autre religieuse chargée d'une fonction déterminée. Les statuts approuvés constituent un titre que tout le monde doit respecter (5).

Suivant Ravelet, la commission ne pourrait même pas exiger le renvoi d'une religieuse isolée. Car cette religieuse ainsi expulsée de la seule maison où elle puisse pratiquer sa règle et observer ses vœux, se trouverait sans asile. Ce ne serait pas pour elle un simple changement de résidence mais une véritable sécularisation.

2041. Quand une communauté a été autorisée dans un hospice civil qui constitue un siège légal, la Commission administrative pourrait-elle remplacer la communauté par une autre ?

On ne peut l'admettre (1), le remplacement de la communauté équivalant à sa suppression, puisqu'elle a obtenu dans l'hospice son siège légal. Mais le gouvernement pourrait permettre ce remplacement en opérant le transfèrement de la communauté dans un autre siège, après l'accomplissement des formalités que nous avons examinées plus haut.

En dehors de ce cas, le remplacement de la communauté légalement autorisée dans un hospice ne serait possible que si le retrait d'autorisation s'opérait dans les formes légales (2), c'est-à-dire qu'une loi serait nécessaire, si c'est une congrégation qui a été autorisée dans l'hospice; un décret suffira, s'il s'agit d'une maison particulière dépendant d'une maison mère (3).

Quand les sœurs dirigent un établissement hospitalier, reconnu dans les conditions de la loi du 24 mai 1825, rien de plus simple : on se trouve en présence d'un établissement religieux qui se consacre à sa mission dans l'immeuble affecté à cette destination et qui ne pourrait se transférer dans un autre lieu sans autorisation.

2042. Quand une congrégation est à la fois hospitalière et congréganiste, le gouvernement, pour des raisons hygiéniques, n'admet pas qu'elle annexe une école à un hospice.

2043. Quand une association religieuse est appelée par la commission administrative d'un établissement public, hospice ou bureau de bienfaisance, à desservir cet établissement, il est passé entre l'association religieuse et la commission administrative un traité fixant les conditions du service, traité qui doit être approuvé par le ministre de l'intérieur, s'il s'agit d'un hospice (4), par le préfet s'il s'agit d'un bureau de bienfaisance (5).

Il a été décidé par le Conseil d'État que lorsqu'un legs a été fait à une communauté à charge d'affecter les revenus des biens au soulagement des pauvres de la ville, après prélèvement d'une somme pour la communauté, le décret doit mentionner que l'acceptation est autorisée, aux clauses et conditions imposées, « en tant qu'elles n'ont rien de contraire aux lois » si la testatrice a entendu que la communauté fût « dispensée de tout contrôle et vérification du bureau de « bienfaisance de la commune ou de qui que ce soit (6) ».

2044. Les dames hospitalières sont, pour le service des malades ou des pauvres, tenues de se conformer dans les hôpitaux ou dans les autres établissements d'humanité, aux règlements d'administration (7).

Les fonctions des sœurs hospitalières consistent à soigner les malades et les indigents, à distribuer, après les avoir reçus de l'économe, les vêtements, les aliments et tous les autres objets nécessaires au service, à donner l'instruction première aux enfants recueillis dans les hospices, à surveiller les ateliers de travail (8).

Les infirmières et les servantes sont placées sous la direction de la supérieure, qui ne peut cependant les prendre ou les renvoyer qu'avec l'approbation de la commission administrative (9). Souvent la commission administrative se réserve le droit de choisir et de renvoyer les gens de service.

2045. Dans les hôpitaux pourvus de pharmaciens salariés, les sœurs ne peuvent s'occuper de la préparation des médicaments (10).

---

(1) Art. 1, 2, 3.
(2) Art. 4.
(3) Art. 5.
(4) Durieu et Roche, Répert. des établ. de bienf.
(5) Ravelet.

(1) Durieu et Roche, Répert. des établ. de bienf.
(2) Ibid.
(3) L. 24 mai 1825, art. 6.
(4) Circ. 23 septembre 1838.
(5) Déc. min. janvier 1851 (Bulletin officiel du ministère de l'intérieur, 1851.)
(6) C. d'Ét. int., note, 23 novembre 1887; — D. 28 décembre 1887, legs par la dame Vidal à la communauté des sœurs du Tiers ordre de Saint-Dominique, à Marvéjols (Lozère).
(7) D. 1809, art. 16.
(8) Circ. min. 30 janvier 1841.
(9) Ibid.
(10) Circ. min. 16 avril 1838.

Dans les autres, aux termes d'un règlement rédigé le 9 pluviôse an VIII, par une commission de professeurs de l'école de médecine de Paris et approuvé par le ministre de l'intérieur, elles sont chargées d'administrer les médicaments prescrits par les officiers de santé, en se conformant exactement aux précautions qui leur seront indiquées par ces derniers (1).

2046. Nous avons déjà vu que les maisons des sœurs hospitalières sont soumises à l'évêque diocésain, lequel doit les visiter et régler exclusivement (2).

Il doit être rendu compte à l'évêque de toutes peines de discipline autorisées par les statuts, qui auraient été infligées.

Ces établissements sont soumis à la police des maires, des préfets et officiers de justice (3).

Toutes les fois qu'une sœur hospitalière a à porter des plaintes sur des faits contre lesquels la loi prononce des peines correctionnelles, ou autres plus graves, la plainte doit être renvoyée devant les juges ordinaires.

2047. Napoléon voulut soumettre à une organisation uniforme et centraliser sous une direction unique les maisons dites de refuge.

Le décret du 26 décembre 1810, décide que les maisons de refuge, destinées à ramener aux bonnes mœurs les filles qui se sont mal conduites, seront, comme les maisons hospitalières de femmes, placées sous la protection de madame notre chère et auguste mère. Les statuts de la maison de Paris, joints au présent décret, sont approuvés et reconnus (4).

Les statuts de chaque maison séparée, ou des maisons qui voudraient être affiliées à celles de Paris, seront approuvés par nous, spécifie le décret, et insérés au *Bulletin des lois*, pour être reconnus et avoir force d'institution publique, d'après un rapport séparé (5).

Toute maison des sœurs du refuge dont les statuts n'auraient pas été approuvés et publiés avant le 1er juillet 1811 sont dissoutes (6).

Il devait être pourvu aux besoins des maisons existantes à cette époque. Il ne pouvait être tenu dans les maisons de refuge de pensionnat pour l'éducation des enfants, s'il n'avait été donné par le chef de l'État, à cet égard, une autorisation spéciale, d'après l'organisation des établissements pour l'éducation des personnes du sexe, sur lesquels il devait être statué ultérieurement (7).

Lorsqu'une commune voulait établir une maison de refuge, la demande devait être transmise par le préfet, avec son avis au ministre des cultes, qui soumettrait l'établissement des nouvelles maisons à l'approbation du chef de l'État (8).

Nous avons vu que Napoléon s'était préoccupé de centraliser sous la direction de l'autorité publique les maisons hospitalières et les maisons de refuge congréganistes. Il avait la pensée d'achever son œuvre en donnant de même à l'enseignement congréganiste une organisation uniforme. Le décret du 26 décembre 1810 porte (9) qu'il ne pourra être tenu dans les maisons de refuge de pensionnat pour l'éducation des enfants s'il n'a été donné par l'Empereur une autorisation spéciale d'après *l'organisation des établissements* pour l'éducation des personnes du sexe sur lesquels il sera statué successivement par lui.

Un décret du 19 janvier 1811 autorisant les sœurs hospitalières de Nevers s'exprime ainsi : « Elles ne peuvent recevoir aucun pensionnat si elles n'y sont autorisées ou par un décret spécial ou par un *décret général* qui sera incessamment rendu sur l'éducation des femmes. » Un avis du Conseil d'État du 25 mars 1811 porte la trace de la même préoccupation ; « Considérant que Sa Majesté s'est réservé de pour-

voir ultérieurement aux institutions destinées à l'éducation des femmes. »

Le décret général relatif à cette matière ne fut jamais rendu, mais on a toujours appliqué aux congrégations enseignantes le décret du 18 février 1809.

Les sœurs enseignantes peuvent être considérées à deux points de vue :

1° Comme tenant les écoles publiques de tout ordre.

2° Comme dirigeant des écoles privées.

Pendant longtemps, l'enseignement primaire public des femmes a présenté un caractère religieux ; les institutrices congréganistes pouvaient suppléer au certificat d'aptitude exigé par la loi en vue des fonctions de l'enseignement par la production des lettres d'obédience délivrées par les supérieures des communautés religieuses régulièrement reconnues, attestant que les postulantes ont été particulièrement exercées à l'enseignement (1). La loi du 16 juin 1881 a aboli les lettres d'obédience.

La loi du 30 octobre 1886 a déclaré que dans les écoles publiques de tout ordre, l'enseignement était exclusivement confié à un personnel laïque (2).

Aucune nomination d'institutrice congréganiste (comme d'instituteur) ne doit être faite dans les départements où fonctionne depuis quatre ans une école normale d'institutrices, en conformité avec l'article 1er de la loi du 9 août 1879. Mais, tandis que pour les écoles de garçons la substitution du personnel laïque au personnel congréganiste doit être complète dans le laps de cinq ans après la promulgation de la loi, aucun délai n'est fixé pour cette substitution, en ce qui concerne les écoles de filles (3).

Toute action à raison des donations et legs faits aux communes antérieurement à la loi du 30 octobre 1886, à la charge d'établir des écoles ou salles d'asile dirigées par les congréganistes doit être déclarée non recevable, si elle n'est pas intentée dans les deux ans qui suivent le jour où l'arrêté de laïcisation ou de suppression de l'école aura été inséré au *Journal officiel* (4).

2048. Les associations religieuses de femmes peuvent ouvrir des écoles libres de tous ordres, conformément à leurs statuts, en obéissant aux prescriptions des lois scolaires.

Une communauté qui recevrait des élèves payants, contrairement à ses statuts, qui prescrivent la gratuité de l'enseignement ne pourrait être autorisée, d'après la jurisprudence du Conseil d'État à recevoir les libéralités qui lui sont faites.

2049. Toutes les classes de jeunes filles, dans les internats comme dans les externats primaires publics et privés, tenues par des associations religieuses cloîtrées ou non cloîtrées, comme dans celles tenues par des institutrices laïques, sont soumises, quant à l'inspection et à la surveillance de l'enseignement aux autorités instituées par la loi.

Dans tous les internats de jeunes filles tenus par des institutrices laïques ou par des associations religieuses cloîtrées ou non cloîtrées, l'inspection des locaux affectés aux pensionnaires et du régime intérieur du pensionnat est confiée à des délégués par le ministre de l'instruction publique (5).

2050. Dans une affaire relative à un legs fait à une congrégation enseignante pour fondation d'école, le Conseil d'État a signalé les inconvénients qui pourraient résulter, en présence des lois nouvelles sur l'enseignement primaire, de la fondation de nouveaux établissements de congrégations enseignantes. La création de ces établissements, dit la haute Assemblée, peut faire naître des difficultés, empêcher la construction d'écoles publiques, appartenant aux communes et nuire au développement de l'enseignement public, laïque, consacré par notre législation, et pour lequel l'État a déjà fait des dépenses considérables (6).

(1) Voir n° 244.
(2) D. 1809, art. 17.
(3) Art. 19.
(4) Art. 1er.
(5) Art. 2.
(6) Art. 3.
(7) Art. 5.
(8) Art. 6.
(9) Art. 5.

(1) L. 15 mars 1850, art. 23.
(2) Art. 17.
(3) Art. 18.
(4) Art. 19.
(5) L. 1886, art. 16.
(6) C. d'Et. int., note, 6 août 1883 : — « La section..., qui a pris con-

2051. De nombreuses difficultés se sont élevées entre les communes et les congrégations religieuses enseignantes, les contestations ont porté sur le point de savoir si les traités intervenus entre les communes et les congrégations religieuses pour assurer le service de l'enseignement doivent, en cas de procès, être soumis à l'autorité judiciaire ou à l'autorité administrative. La jurisprudence décide d'une façon constante que ces difficultés sont de la compétence de la juridiction de droit commun; les tribunaux ordinaires sont compétents, par conséquent, pour connaître des conventions de cette nature, tant qu'il ne s'agit pas d'apprécier ou d'interpréter des actes administratifs qui ont pu être pris pour la direction ou le personnel de l'enseignement (1).

La Cour de Nîmes a décidé que pour apprécier les conséquences de la rupture d'un engagement entre une commune et une congrégation enseignante, il y avait lieu de se reporter aux règles du contrat de louage d'ouvrage (2).

Mais toutefois on ne peut appliquer à ces conventions l'article 1780 du Code civil qui n'est relatif qu'aux domestiques et gens de service. Il a été jugé, par suite, que cet article, qui interdit les louages de services perpétuels, ne peut s'appliquer aux religieuses vouées à l'enseignement et aux œuvres de charité. Le contrat par lequel une congrégation religieuse a été mise par une commune en possession de bâtiment à la charge d'y tenir une école gratuite de filles ne tombe pas sous l'application de cet article, bien qu'il eut un caractère perpétuel (3).

SECTION IV.

CAPACITÉ DE CES ASSOCIATIONS.

§ 1. — *Capacité des membres.*

2052. La Révolution, en supprimant les couvents et en défendant les vœux, a relevé les religieuses de l'incapacité dont elles étaient frappées, nous l'avons vu, sous l'ancien régime.

Le décret de 1809, que l'on doit étendre, nous l'avons dit, à toutes les associations de femmes confirme ce principe.

Chaque hospitalière conservera l'entière propriété de ses biens et revenus, et le droit de les administrer et d'en disposer conformément au Code civil (4).

Elle ne peut, par actes entre vifs, n'y renoncer au profit de sa famille, ni en disposer, soit au profit de la congrégation, soit en faveur de qui que ce soit (5).

Les donations, revenus et biens des congrégations religieuses, de quelque nature qu'ils soient, seront possédés, spécifie le décret de 1809, et régis conformément au Code civil, et ils ne pourront être administrés que conformément à ce code et aux lois et règlements sur les établissements de bienfaisance (6).

2053. La loi du 24 mai 1825 apporte une restriction à la capacité des religieuses. D'après l'article 5 de la loi, nulle personne faisant partie d'un établissement autorisé ne peut disposer, par acte entre vifs ou par testament, soit en faveur de cet établissement (1), soit au profit de l'un de ses membres, au delà du quart de ses biens, à moins que le don ou legs n'excède pas la somme de 10,000 francs. Cette prohibition cesse d'avoir son effet relativement aux membres de l'établissement, si la légataire ou donatrice était héritière en ligne directe de la testatrice ou donatrice. Cette disposition ne recevra son exécution, porte la loi de 1825 pour les communautés déjà autorisées, que six mois après la publication de la loi et pour celles qui seraient autorisées à l'avenir, six mois après l'autorisation accordée. Une circulaire du ministre des Cultes aux évêques, du 21 mars 1845, a appelé leur attention sur la nécessité de régulariser la position des congrégations religieuses non encore autorisées et de profiter des dispositions de l'article 5.

Cette double incapacité spéciale qu'édicte la loi de 1825 a pour fondement la présomption qui fait considérer comme profitant à l'association les libéralités qui s'adressent à ses membres. Elle laisse intacte le principe de la capacité des membres des associations religieuses.

2054. Mais comment cette persistance des droits de la religieuse sur ses biens personnels se concilie-t-elle avec le vœu de pauvreté plus ou moins rigoureux qu'elle prête en entrant dans l'association? Ce sont les statuts qui donnent la solution de cette difficulté.

Dans certaines communautés, les religieuses conservent effectivement la libre jouissance de leurs biens personnels.

Dans d'autres, elles prennent soin avant de prêter leurs vœux de se dépouiller de leur patrimoine par des actes réguliers de donations au profit de leurs familles, ou des personnes qu'elles veulent avantager. Si des biens leur surviennent ensuite, comme elles ont conservé leur incapacité, elles en disposent également comme bon leur semble.

Enfin, suivant certains statuts, elles conservent la propriété de leur patrimoine; mais elles en transmettent la jouissance à la congrégation, et l'administration à la supérieure. Suivant Ravelet, ce contrat est régulier, valable, prévu dans beaucoup de statuts, approuvé par le gouvernement et admis par la jurisprudence.

§ 2. — *Capacité de la congrégation et actes de la vie civile.*

2055. Les établissements, dûment autorisés, des congrégations des communautés de femmes, ont une existence civile. Ils peuvent accepter les biens meubles et immeubles qui leur sont donnés par actes entre vifs ou de dernière volonté, acquérir à titre onéreux, aliéner leurs biens, faire tous les actes de gestion ou d'administration qui appartiennent aux établissements publics et d'utilité publique. Cependant, certaines restrictions ont été apportées à l'exercice de ces droits, soit en raison de la qualité d'établissement religieux, soit en raison du caractère particulier des congrégations et communautés (2).

2056. La capacité des associations religieuses ne produit pas d'effet rétroactif en ce sens que, comme les anciennes fabriques, les associations religieuses autorisées n'ont pas été remises en possession de leurs anciens biens, aucun acte législatif n'en ayant prescrit la restitution. Il a été décidé qu'une ancienne congrégation religieuse qui n'a pas été dissoute et a conservé ses biens, malgré les lois de mainmise nationale, et

---

naissance d'un projet de décret tendant à autoriser la congrégation hospitalière et enseignante des sœurs de Saint-Joseph existant au Puy (Haute-Loire) à créer un établissement de son ordre dans la commune d'Alleyras (Haute-Loire) et à accepter une donation immobilière faite par la dame Vigouroux, — Avant de statuer croit devoir appeler l'attention de M. le ministre de l'instruction publique sur la situation qui peut résulter pour les communes de la création de nouveaux établissements particuliers de congrégations religieuses de femmes, enseignantes et hospitalières. L'application des lois de juin 1881 et 28 mars 1882 prescrivant la gratuité, la laïcité et l'obligation de l'enseignement primaire rend sans intérêt la création de nouvelles maisons particulières de ces congrégations, cette création au contraire, peut présenter de sérieux inconvénients, faire naître des difficultés, empêcher la construction d'écoles publiques, appartenant aux communes et nuire au développement de l'enseignement public, laïque, consacré par notre législation, et pour lequel l'État a déjà fait des dépenses considérables. »
(1) Dijon, 10 avril 1873; — Toulouse, 11 août 1873; — Cass. 18 août 1874; — Conil. 28 décembre 1878; — 11 janvier 1879; — 27 décembre 1879; — Cass. req. 23 mars 1853.
(2) Nîmes, 27 décembre 1880.
(3) Cass. req. 17 août 1880.
(4) Art. 9.
(5) D. 1809, art. 10.
(6) Art. 14.

(1) Voir plus loin Dons et legs.
(2) Les établissements *dûment autorisés* ont seuls une existence légale, qui leur permet de recevoir et d'acquérir (avis du comité de l'intérieur, 1er juin 1838). L'autorisation d'accepter un legs ou une donation ne peut leur être accordée, que lorsqu'ils sont l'objet d'une autorisation régulière et spéciale (avis du comité de législation, 30 octobre 1840). Un établissement non autorisé ne peut rien recevoir ni acquérir (avis du comité de l'intérieur, 22 avril 1831, sœurs de charité de Saint-Jean); il recevait d'un conseil général à titre de secours, d'encouragement (Déc. du min. 1818, Vuillefroy).

qui a été plus tard autorisée par décret impérial, ne peut conserver les biens de son ancienne fondation, les biens et revenus des anciens établissements de bienfaisance ayant été attribués aux bureaux de bienfaisance par la loi du 12 janvier 1807 (1).

2057. Ces biens n'ont pas non plus été compris parmi les biens que l'arrêté du 7 thermidor an XI ou les décrets de 1806 ont attribués ou restitués aux fabriques. En conséquence il a été décidé qu'une rente et un droit d'affouage, conférés sous l'ancien régime à une congrégation, sont devenus, par la suppression de l'ordre, la propriété de l'Etat, les lois qui ont attribué à la nation la propriété de tout l'actif des corporations religieuses supprimées n'ayant fait aucune distinction entre les biens corporels et les biens incorporels, entre les fonds réellement possédés par les corporations et les rentes ou prestations dont elles jouissaient.

2058. Les charges dont les fondations consistant en rentes ou prestations étaient grevées, n'ont point empêché la mainmise nationale sur les rentes ou prestations, et cette considération n'a pas non plus délié de leurs obligations ceux qui devaient les avoir d'après les titres primitifs.

Le redevable de la prestation ou débiteur de la rente ne peut offrir d'en faire le service à la fabrique d'une église, bien que l'article de l'arrêté du 7 thermidor an XI accorde aux fabriques des églises conservées les biens des fabriques des églises supprimées, cet article ne s'appliquant pas aux ordres religieux ou confréries existant hors des églises supprimées (2).

2059. Il a été jugé que les biens des congrégations religieuses étant devenus domaines nationaux, l'Etat peut exercer contre les tiers acquéreurs les mêmes actions que ces congrégations auraient pu exercer pour défaut des formalités prescrites pour la vente de ces biens, et même s'en mettre en possession, si la vente n'avait pas eu lieu (3).

Il a été jugé aussi que les corporations religieuses ayant

cessé d'avoir l'administration de leurs biens, qui a été confiée à partir du 13 janvier 1791, aux administrations de département et de district, les quittances données postérieurement à cette époque par les membres de ces corporations aux fermiers sont nulles et ne peuvent être opposées à la régie des domaines (1).

2060. Mais s'il est vrai que la reconnaissance légale des associations religieuses n'a pas d'effet rétroactif à l'égard des biens religieux qui se sont trouvés en état de mainmise nationale sont devenus la propriété de l'Etat, rend-elle valides les dons, legs ou autres acquisitions qui auraient pu être faites antérieurement à l'acte de reconnaissance légale qui a conféré la capacité civile à ces établissements?

C'est une question que nous examinerons en étudiant les rétrocessions.

2061. Nous examinerons successivement les dons et legs faits aux associations religieuses, les acquisitions à titre onéreux, les aliénations, les échanges, les rétrocessions, les emprunts, les transactions, les remboursements et emplois, les mainlevées d'hypothèques, les simples actes de gestion ou d'administration, les actions.

2062. Les règles exposées plus haut relatives aux dons et legs faits aux fabriques, régissent les associations religieuses de femmes.

L'ordonnance du 14 janvier 1831 se réfère notamment à cette nature d'établissements et les formalités relatives aux interpellations d'héritiers et publications, la production de l'état de l'actif et du passif à l'appui des demandes en acceptation, la prohibition de la réserve d'usufruit en faveur du donateur, sont applicables aux associations religieuses de femmes.

Trouve aussi son application le décret du 30 juillet 1863 qui prescrit aux notaires, dépositaires d'un testament contenant un ou plusieurs legs au profit d'établissements, de transmettre sans délai au préfet du département compétent pour l'autorisation, un état sommaire de l'ensemble des dispositions de cette nature, indépendamment de l'avis qu'il est tenu de donner aux légataires, en exécution de l'article 5 de l'ordonnance royale du 2 avril 1817.

Le préfet et l'évêque instruisent comme il a été dit plus haut (2). Mais l'avis du conseil municipal, que l'administration peut demander, n'est pas obligatoire.

2063. Pour qu'une association religieuse puisse recevoir un don ou legs, il faut que l'existence légale lui ait été conférée dans les formes que nous avons indiquées plus haut.

La capacité d'un établissement autorisé ne peut servir à abriter l'incapacité d'un établissement dépourvu d'existence légale. Ainsi la jurisprudence du Conseil d'Etat s'oppose à ce que le gouvernement autorise une association religieuse autorisée à recevoir une libéralité à elle faite dans l'intérêt d'un de ses établissements particuliers non autorisés ou faite directement à cet établissement particulier (3).

---

(1) C. d'Et. cont. 20 mai 1843.
(2) Cont., 29 mars 1811 : — ... « Considérant; 2° que les lois qui ont attribué à la nation la propriété de tout l'actif des corporations religieuses supprimées n'ont fait aucune distinction entre les biens corporels et les biens incorporels, entre les fonds réellement possédés par les corporations et les rentes ou prestations dont elles jouissaient; que les charges, dont les fondations consistant en rentes ou prestations étaient grevées, n'ont point empêché la mainmise nationale sur les rentes ou prestations, et que cette considération n'a pas non plus délié de leurs obligations ceux qui devaient les servir, d'après les titres primitifs; qu'il ne pouvait pour le redevable de la prestation de transporter à un tiers qui n'y aurait aucun droit, ni par les titres primitifs, ni par la possession, ni par une concession expresse du gouvernement, une portion de la propriété de l'Etat; et qu'ainsi l'offre du sieur Lambertye d'appliquer à la fabrique de Gerbevillers, l'affouage stipulé dans le principe au profit du couvent des carmes et des filles de la congrégation de Gerbevillers, n'est pas admissible; que la prétention de la fabrique, sur ce point, est en opposition avec les termes formels de l'article 2 de l'arrêté du gouvernement du 7 thermidor an XI, qui n'accorde aux fabriques des églises conservées que les biens des églises supprimées, et nullement ceux des ordres religieux ou confréries existant hors des églises supprimées;
« Art. 1er. L'arrêté du préfet de la Meurthe, du 25 janvier 1810, est annulé pour cause d'incompétence. — Art. 2. L'arrêté du conseil de préfecture du même département, du 3 février 1810, sera exécuté selon sa forme et teneur. »
(3) C. d'Et. cont. 11 novembre 1813 : — « Napoléon, etc., — Vu les requêtes nous présentées par l'administration des domaines, tendant à ce qu'il nous plaise annuler un arrêté de conseil de préfecture du département de la Meuse-Inférieure, du 25 janvier 1812, qui déclare valable une vente de quatre bonniers de terre faite par l'abbé de Saint-Frond au sieur Dementen, par contrat du 15 juillet 1793, époque à laquelle les corporations religieuses avaient encore l'administration de leurs biens.
« Considérant que la vente dont il s'agit n'a été précédée d'aucune des formalités prescrites pour l'aliénation des biens ecclésiastiques; qu'elle est d'une date postérieure à la première entrée des Français dans la Belgique; qu'elle n'a pas été réalisée, ainsi que l'exigeaient les lois du pays, et que rien ne constate que l'acquéreur ait jamais pris possession de l'objet vendu, circonstances qui prouvent, ou que la vente est simulée ou, en la supposant sérieuse, qu'elle est radicalement nulle à défaut de solennités;
« Art. 1er. L'arrêté du conseil de préfecture du département de la Meuse-Inférieure, en date du 25 janvier 1812, est annulé. — Art. 2. La vente faite, le 15 janvier 1793, par l'abbé de Saint-Frond, du sieur Dementen est également annulée, en conséquence, l'administration des domaines est renvoyée en possession des quatre bonniers de terre qui font l'objet de cette vente. »

(1) Cass. 16 messidor an II : — « ... Considérant que les juges d'Aurillac en partant de l'article 6 de la loi du 23 octobre 1790 pour allouer comme valable la quittance du 19 janvier 1791, les religieuses comprises dans ledit article 6 ont cessé d'avoir aucune administration de leurs biens et revenus, et qu'en supposant que celles de Notre-Dame-d'Aurillac fussent comprises dans cet article, elles n'ont pu souscrire une quittance du 19 janvier 1791, ni Capelle leur payer à cette époque;... »
(2) Dons et legs des fabriques.
(3) C. d'Et. int., note, 18 février et 21 juillet 1880 : « La section de l'intérieur, cultes, etc. qui, a pris connaissance d'un projet de décret autorisant l'acceptation de divers legs faits à des établissements des Deux-Sèvres et, autorisant également la supérieure générale des sœurs de la charité de Sainte-Marie, reconnue à Angers par décrets des 15 novembre 1810 et 14 décembre 1852, à accepter les legs de 200 francs fait par la demoiselle Ardy aux sœurs de cet ordre établies à Chazais (Deux-Sèvres) et décidant, en outre, qu'en cas de remboursement de ladite rente le capital en provenant serait placé en rentes sur l'Etat, au nom de la congrégation, avec mention sur l'inscription de la destination des arrérages;... Tout en adoptant dans son ensemble le projet de décret dont il s'agit;
« Considérant que l'article 3 de la loi du 24 mai 1825 soumet à la nécessité d'une autorisation spéciale tout établissement nouveau d'une congrégation religieuse de femmes déjà autorisée, et qu'aux termes de l'article 4 les établissements dûment autorisés sont seuls capables d'accepter les libéralités qui leur sont faites; qu'on ne saurait, en présence de dispositions aussi formelles, distinguer entre les établissements qui, à rai-

Cette jurisprudence est celle qu'a adoptée la cour de Douai dans le cours de l'année 1843 « attendu qu'à moins de prêter au législateur une contradiction choquante, il ne serait pas possible d'admettre qu'après avoir, par l'article 2 du décret du 18 février 1809, exigé des statuts particuliers et une autorisation spéciale pour chaque maison distincte, il eût par le décret subséquent de la même année, dérogeant au décret précédent, auquel cependant il se référait, autorisé en bloc toutes les maisons hospitalières qui n'avaient qu'une existence de fait et dont les statuts lui étaient inconnus. » La cour de cassation cassa cet arrêt par le motif que « les religieuses d'Arras détachées de la maison mère, conformément au but de leur institut et aux prescriptions de leur saint fondateur, rappelées dans tous les actes législatifs qui en ont favorisé l'exécution, ne formaient pas *par le fait seul de leur résidence, même prolongée*, dans la ville d'Arras, un établissement particulier, qu'elles sont restées membres de la congrégation mère et ont continué à participer de sa vie civile; que le legs à elle adressé en leur qualité de sœurs de la charité n'était en réalité qu'un legs fait à la communauté même, avec affectation spéciale aux besoins des sœurs chargées de la représenter et d'accomplir son œuvre charitable dans la ville d'Arras; qu'il suffisait donc pour la validité de ce legs que la communauté fût régulièrement autorisée (1). » Deux ans plus tard, le 17 juillet 1856, la même cour confirmait la même doctrine. Enfin, le 11 mars 1863, un arrêt de la cour de Paris validait, dans des circonstances analogues, un legs de 10,000 francs fait par la princesse de Béthune à la maison des Petites sœurs des pauvres de l'avenue de Breteuil.

Quand le Conseil d'Etat a formulé la jurisprudence d'après laquelle la maison mère autorisée ne peut recevoir dans l'intérêt d'un de ses établissements particuliers que lorsque cet établissement a été spécialement autorisé (2), il admettait que la supérieure générale représentait les établissements particuliers dans tous les actes de la vie civile. Il ne l'admet plus actuellement. En effet nous verrons plus loin qu'aux termes d'un avis du Conseil d'Etat des 28 mai et 4 juin 1891, chaque établissement particulier doit être représenté, non par la supérieure générale de la congrégation, mais par la supérieure locale préalablement autorisée par un conseil d'administration.

En 1861, le Conseil d'Etat avait pensé qu'une association religieuse autorisée pouvait acquérir ou posséder dans l'intérêt de sœurs établies dans des localités distinctes du siège de la congrégation et qui étaient censées faire partie intégrante de la maison mère (3).

La Cour de cassation, conformément à cette dernière jurisprudence et contrairement à la jurisprudence actuelle du Conseil d'Etat, a décidé en 1854 et 1856 (1), que les membres d'une congrégation religieuse dûment autorisée qui vont former des établissements de charité dans des lieux distincts du siège de l'association, sont réputés continuer à faire partie de l'établissement principal, et participent dès lors à la même vie civile; qu'en conséquence les legs qui leur sont faits sont réputés faits à la congrégation elle-même, sous la condition que ces legs leur profiteront exclusivement, et ne peuvent être annulés comme faits à un établissement non autorisé.

2064. Non seulement les associations religieuses ne peuvent recevoir qu'à condition d'exister légalement, mais conformément au principe de la spécialité des établissements publics, elles ne peuvent recevoir que dans la limite de leur mission légale, c'est-à-dire en vue de l'objet que déterminent leurs statuts approuvés par le gouvernement. Ainsi une association religieuse exclusivement charitable ne pourrait recevoir en vue de l'enseignement. Une association religieuse que ses statuts obligent à donner l'enseignement gratuit ne pourrait recevoir la libéralité qui lui est faite, s'il était prouvé qu'elle donne l'enseignement moyennant une rétribution.

2065. Quand une libéralité est faite à la supérieure d'un

---

son de leur importance, ne pourraient accepter aucune libéralité avant d'avoir obtenu leur reconnaissance préalable et ceux qui, moins importants, se confondraient dans la personnalité des congrégations elles-mêmes qui accepteraient, *à leur place*, les libéralités faites en leur faveur; qu'en dehors des difficultés d'appréciation, d'une pareille distinction, à l'appui de laquelle on a vainement invoqué la loi du 15 mars 1850, et encore l'inconvénient de reconnaître l'existence d'une possession collective commune à tous les établissements d'une même congrégation et le moyen de s'étendre indéfiniment et d'échapper aux prescriptions de la loi du 24 mai 1825; — Considérant d'ailleurs que la faculté pour ces congrégations de solliciter la reconnaissance des établissements qu'elles créent est de nature à concilier les prescriptions de la loi avec la volonté des testateurs, sauf d'avis : — Qu'il appartient au gouvernement d'apprécier, dans chaque affaire, si les besoins scolaires et hospitaliers de la commune sont de nature à justifier, au point de vue de l'intérêt public, la création d'un établissement nouveau, et dans l'espèce, de surseoir à statuer sur la libéralité faite aux sœurs de Chazals jusqu'à ce qu'elles aient sollicité et obtenu leur reconnaissance ».
(1) 6 mars 1854.
(2) Voir ci-dessus l'avis des 18 février et 21 juillet 1860.
(3) C. d'Et. 18 juillet 1861 : « La section de l'intérieur, etc.; — En ce qui touche la question de principe; — Considérant que la loi du 1825 a déterminé les règles à suivre pour les autorisations des congrégations religieuses et de leurs établissements; que du 1825 à 1849 on a pensé que les établissements importants dépendant des congrégations religieuses, devaient être autorisées par ordonnances royales, mais que les simples écoles, tenues par une ou deux institutrices, n'avaient pas besoin de cette autorisation; que la congrégation même pourrait être autorisée à acquérir ou à posséder dans l'intérêt de ces écoles; — Considérant qu'en 1849 est intervenu un avis du Conseil d'Etat, déclarant que la présence d'une simple sœur institutrice constituait un établissement dans le sens prévu par la loi de 1825, et que cet établissement devait être soumis aux formalités prescrites par cette loi pour l'ins-

truction des reconnaissances légales d'établissements; que la jurisprudence résultant de cet avis et suivie jusqu'à ce jour n'a plus, depuis 1830, la même raison d'être; — Considérant qu'il existe en France un très grand nombre d'écoles tenues par des sœurs; que ces établissements se contentent généralement de l'existence de fait, sans demander une autorisation légale; mais qu'en vertu de l'avis, les maisons mères n'ont été autorisées à acquérir et à posséder que pour ceux de leurs établissements précédemment autorisés, ou à qui l'on conférait l'existence civile par le même décret qui autorisait à acquérir ou à posséder; qu'il en est résulté, toutes les fois qu'une congrégation religieuse a voulu réaliser une acquisition ou accepter une libéralité pour le moindre de ses établissements, pour une simple école libre ou communale, l'obligation de demander la reconnaissance légale d'un établissement religieux qui, quelquefois, ne trouve en réalité représenté par une simple institutrice; qu'il ne paraît pas nécessaire de maintenir cette obligation en présence de la loi de 1825 et la loi de 1830, et, qu'au contraire, il paraît équitable de donner aux congrégations et aux communes l'autorisation d'acquérir ou de posséder pour les écoles religieuses, lorsque le gouvernement n'y verra aucun inconvénient; — Considérant que dans la jurisprudence suivie jusqu'ici, toutes les reconnaissances légales et autorisations de posséder ont été accordées en se servant du mot générique d'établissement pour désigner toute espèce de réunion de religieuses quelle qu'elle fût; que cette jurisprudence a l'inconvénient de diminuer singulièrement le rôle de surveillance attribué à l'Etat sur ces sortes d'affaires puisqu'une autorisation donnée à une simple école, sous ce nom d'établissement, peut s'appliquer, sans que le gouvernement eût à intervenir, à un noviciat, un couvent, ou tout autre établissement dont la création devrait être soumise à l'approbation du gouvernement; qu'il y aurait donc lieu, pour faire cesser ces inconvénients, de spécifier, dans le dispositif des décrets qui autoriseront des reconnaissances légales, quel est le caractère de l'établissement à former; qu'il importerait de même, lorsqu'il s'agira de simples écoles, de spécifier dans les décrets qui autoriseront des acquisitions ou des acceptations de dons et legs que l'autorisation n'est donnée que pour telle ou telle destination déterminée par l'instruction ou par la volonté des donateurs ou testateurs; — Considérant, enfin, que ces congrégations religieuses sont, avant tout, des établissements d'utilité publique; que c'est l'intérêt public qui doit attirer sur elles la faveur du gouvernement; qu'en conséquence, lorsqu'une congrégation veut fonder une école libre dans une commune où il n'y a pas d'école communale de filles, c'est d'une bonne administration de s'efforcer de rendre communale cette même école; que, si pour des raisons quelconques, cette combinaison ne peut se réaliser, l'Etat a, sans contredit, la faculté de mettre des conditions à l'autorisation qu'il accordera à une congrégation pour acquérir ou posséder; qu'il y aurait donc lieu d'imposer à l'école desservie par des religieuses l'obligation d'admettre gratuitement les enfants pauvres sur la liste dressée conformément à l'article 45 de la loi de 1830, c'est-à-dire, de faire ce que faisait l'école communale dont elle peut tenir la place.
« Est d'avis : — 1° qu'il y a lieu de distinguer dans les établissements dépendants des congrégations religieuses, ceux qui sont de véritables succursales de la maison mère et pour lesquels on continuerait d'exiger l'autorisation légale et ceux qui, n'étant que des établissements scolaires, existent en vertu de la loi de 1850; 2° que pour ces derniers, le gouvernement pourra, lorsqu'il le jugera convenable, donner aux maisons mères, l'autorisation d'acquérir ou de posséder; 3° qu'il convient de considérer les congrégations religieuses que l'Etat n'a autorisées que dans un but d'utilité publique, comme destinées bien plutôt à la direction d'établissements communaux qu'à l'entreprise d'établissements libres, et que, pour ceux-ci, afin de leur ôter toute apparence d'entreprises privées et en quelque sorte industrielles, il y a lieu de leur imposer au moins les obligations que remplissent les écoles communales à l'égard des enfants pauvres. »
(1) Cass. 6 mars 1854, 17 juillet 1856.

établissement religieux de femmes, le legs est-il fait à la personne même de la supérieure ou à l'établissement ?

La question peut quelquefois faire doute dans la pratique et il convient de rappeler qu'aux termes de la circulaire du 3 novembre 1888, insérée à l'officiel du 21 du même mois, ce n'est pas aux notaires, qu'il appartient d'apprécier si le legs est personnel ou s'il y a charge d'hérédité ou bien si le legs est fait à l'établissement que la supérieure représente.

La Cour de cassation a décidé « que si la qualité de religieuse faisait supposer que la légataire n'était qu'une personne interposée, cette prétention, lorsqu'elle était isolée ou combattue par des prétentions contraires, était insuffisante pour faire admettre l'existence du fidéicommis, que décider autrement, ce serait créer une incapacité ou une présomption *juris* et *de jure* d'interposition qui n'existe pas dans la loi ; que la profession religieuse n'enlève rien de leur capacité civile aux membres des communautés ; qu'ils peuvent comme tous les autres citoyens posséder personnellement ; qu'ils conservent la libre jouissance de leur fortune patrimoniale et de celle qui peut leur échoir par donation, par testament ou de toute autre manière (1). »

2066. En raison de leur caractère spécial, les associations religieuses de femmes ne peuvent recevoir des dons et legs qui leur sont faits que lorsqu'ils sont à titre particulier ; la faculté de recevoir un don ou un legs universel ou à titre universel, leur est refusée (2).

2067. Nulle personne faisant partie d'un établissement autorisé de femmes ne peut, aux termes de la loi du 24 mai 1825 (3), disposer par acte entre vifs ou par testament, soit en faveur de cet établissement, soit au profit de l'un de ses membres, au delà du quart de ses biens, à moins que le don ou legs n'excède pas la somme de 10,000 francs. Cette prohibition cesse d'avoir son effet relativement aux membres de l'établissement, si la légataire ou donataire était héritière en ligne directe de la testatrice ou donatrice. La loi du 24 mai 1825 pre crivait que cette dernière disposition ne recevrait son exécution pour les communautés déjà autorisées que six mois après la publication de la présente loi, et pour celles qui seraient autorisées à l'avenir, six mois après l'autorisation accordée.

Lorsqu'un legs est fait par une religieuse à sa congrégation et qu'il apparaît qu'il y a eu des dons manuels antérieurs, il est nécessaire de connaître si leur importance n'a point excédé les limites tracées par l'article 5 de la loi du 24 mai 1825 (4).

Il convient de faire observer que dans la pratique, il est très difficile d'apprécier si une donation dépasse le quart des biens de la donatrice.

Un legs universel fait à une association religieuse de femmes est-il nul ou simplement réductible ?

Il doit être déclaré nul.

Il a été jugé que l'article 5 de la loi du 24 mai 1825 qui permet aux membres des associations religieuses de femmes de disposer en faveur de l'établissement dans la proportion du quart de leurs biens ne déroge pas à l'article 4 qui défend les dispositions à titre universel ; qu'en conséquence la libéralité faite par une religieuse en faveur de son couvent ou de l'un des membres de la même communauté, qui ne serait pas son

héritière en ligne directe, même quand l'importance effective de cette libéralité n'excède pas le quart des biens ou la somme de 10,000 francs ne peut être valablement faite qu'à titre particulier, et non pas à titre universel ou par institution universelle (1).

2068. Il a été jugé que la prohibition, pour les associations religieuses de femmes légalement autorisées, de recevoir des libéralités autrement qu'à titre particulier ne s'étend pas aux dispositions à titre universel que les religieuses et ces établissements se font entre elles personnellement et distinctement, à moins qu'elles ne soient personnes interposées, ce que doivent constater les juges du fait, sauf, s'il y a lieu, réduction de la quotité déterminée par l'article 5 de la loi du 24 mai 1825 (2).

2069. Les Petites Sœurs des Pauvres, d'après les régles de leur ordre, ne peuvent posséder des immeubles ou des rentes (3). Par conséquent, quand une libéralité de cette nature leur est faite, elles demandent à en aliéner le produit et le gouvernement autorise l'emploi immédiat à charge d'en justifier auprès du préfet. Les Petites Sœurs des Pauvres peuvent recevoir des legs en nue propriété, mais le jour où l'usufruit vient à s'éteindre, elles aliénent des immeubles ou des rentes dont la nue propriété leur a été léguée, est opérée, pour se conformer aux régles de l'ordre de l'association.

2070. L'autorisation de recevoir est accordée à l'établissement par un décret en Conseil d'Etat (4).

L'acceptation des dons ou legs en argent ou objets mobiliers n'excédant pas 300 francs est autorisée par les préfets (5).

2071. Les libéralités faites à une association religieuse autorisée de femmes sont acceptées par la supérieure de cette association (6).

Si la supérieure est donatrice, l'acceptation est faite par la religieuse qui vient immédiatement après elle dans le gouvernement de la congrégation ou communauté (7).

2072. Nous verrons plus loin qu'au termes de l'avis du 28 mai et juin 1891, reproduit *in extenso*, chaque établissement particulier de congrégation doit être représenté non par la supérieure générale (comme sous l'empire de la jurisprudence antérieure à cet avis) mais par la supérieure locale préalablement autorisée par un conseil d'administration. Si une libéralité est faite à un établissement particulier, c'est donc la supérieure de cet établissement qui doit actuellement l'accepter.

2073. En statuant sur l'acceptation des libéralités faites aux associations religieuses de femmes, le gouvernement détermine l'emploi des sommes données et prescrit la conservation ou la vente des effets mobiliers quand le testateur ou le donateur ont omis d'y pourvoir (8).

Le gouvernement prescrit la vente des immeubles donnés ou légués, a moins que la conservation ne soit justifiée par des considérations d'intérêt public (9).

Les décrets d'autorisation spécifient qu'il sera justifié au préfet de l'emploi de la libéralité. Nous verrons plus loin, après avoir examiné les divers actes de la vie civile donnant lieu à l'autorisation du gouvernement l'utilité de cette formule.

Il a été jugé qu'un legs fait à un établissement public sans conditions, doit recevoir son exécution, dans les termes mentionnés au testament, et sans qu'il soit permis au légataire

(1) Cass. 26 avril 1865.
(2) L'autorisation d'accepter un legs universel doit être refusée à toute congrégation religieuse, encore bien que le testateur n'ait aucun parent et que sa succession doive tomber en déshérence, et, à ce titre, revenir à l'Etat. On ne doit en effet remonter aux intentions du législateur que lorsque le texte de la loi présente des doutes, alors seulement on peut déterminer la véritable sens de la loi pour les motifs connus qui engagèrent les législateurs à la rendre ; mais les motifs pour s'affranchir de ses prescriptions évidentes ne seraient qu'un prétexte pour la violer. Le devoir de l'administration se borne à vérifier si les demandes en autorisation qui lui sont adressées, concernent des legs à titre particulier ou universel. Dans ce dernier cas, les congrégations religieuses ont, par l'effet de la loi du 24 mai 1825, une véritable incapacité pour les recevoir.
Avis comité int. 5 juillet 1833.
(3) Art. 5.
(4) C. d'Et. Int. du 20 février 1833.

(1) Lyon, 22 mars 1843.
(2) Orléans, 23 août 1844 ; — Cass. req. 2 décembre 1845.
(3) C. d'Et. Int. du 3 janvier 1879. Legs Desmarets. — Aucune disposition de ses statuts n'interdit à la congrégation des Petites sœurs des pauvres de posséder des rentes. Cette interdiction est donc purement volontaire. Elle a été autorisée dans ses régle-particulières en vue de donner à l'institution le caractère d'ordre mendiant dépourvu de ressources permanentes et régulières dont le gouvernement n'a pas à s'occuper. La congrégation doit dès lors rester seule juge du fait de savoir dans quelles circonstance elle doit ou non en faire l'application et s'il y est réellement porté atteinte par la possession temporaire d'une nue propriété comme dans l'espèce.
(4) C. Civ. art. 910.
(5) Ord. 2 avril 1817, art. 1.
(6) Ord. 2 avril 1817.
(7) Ord. du 7 mai 1826, art. 1.
(8) Ord. 2 avril 1817.
(9) Voir Dons et legs aux fabriques.

universel d'exiger, sous prétexte de se libérer, d'autres formalités que celles prescrites par la loi. Ainsi un légataire universel ne peut invoquer un décret qui a prescrit l'emploi des sommes léguées en rentes sur l'Etat, pour se refuser à en faire le payement au trésorier de l'établissement donataire et vouloir l'opérer entre les mains du receveur général du département (1).

2074. Il n'est pas conforme à la pratique administrative que le gouvernement autorise d'office une association religieuse à accepter une libéralité. Les associations religieuses sont en effet des établissements d'utilité publique que le gouvernement surveille plus qu'il ne les protège (2). En conséquence, l'autorité administrative n'a pas coutume de les protéger contre une mauvaise gestion en les obligeant à accepter une libéralité avantageuse. Si d'autre part l'association religieuse refuse une libéralité parce qu'elle est grevée de l'acquit de charges qui en diminuent le profit, l'administration ne trouve pas dans la mission confiée à un établissement d'utilité publique, qu'elle impose aux établissements publics seuls chargés d'un service public et faisant partie intégrante de l'organisation administrative.

Il est à noter toutefois que sous les régimes où les associations religieuses étaient vues avec faveur, et étaient considérées comme vouées à une mission nécessaire à la société, le Conseil d'Etat a admis les acceptations d'office.

2075. Quand une association religieuse refuse une libéralité, le gouvernement doit intervenir pour approuver la délibération portant refus.

Suivant Tissier (3), les répudiations de ces libéralités n'ont pas besoin d'être autorisées. « Si nous considérons, dit-il, qu'une renonciation ne préjudicie jamais ni à l'Etat ni aux familles, nous sommes amenés à conclure qu'elle ne doit être approuvée qu'autant qu'elle émane d'un établissement public, parce qu'alors, mais alors seulement, l'établissement institué étant assujetti à la tutelle administrative, il rentre dans la mission du gouvernement de veiller aux intérêts de celui-ci. Cependant il résulte du compte général des travaux du conseil d'Etat, que pendant la période quinquennale 1878-1882, l'autorisation de refus de libéralités a été accordée à des associations vouées à l'enseignement primaire et à des congrégations religieuses. Il nous sera permis d'invoquer contre cette jurisprudence la loi du 5 avril 1884 ; selon l'article 112 de la dite loi, le conseil municipal statue définitivement sur le refus des dons et legs faits à la commune, lors même qu'ils seraient affectés de charges ou de conditions, ou que les ayants droits se seraient opposés à l'exécution de la libéralité, c'est-à-dire dans les hypothèses où l'intervention du préfet ou du chef de l'Etat serait exigée pour l'acceptation. Or, si une personne morale soumise à la tutelle de l'autorité supérieure peut librement répudier un don ou un legs, n'en doit-il pas être, a fortiori, de même à l'égard de simples établissements d'utilité publique ou de congrégations religieuses ? Un texte n'est pas nécessaire pour consacrer cette solution, qui découle des principes généraux. »

La jurisprudence s'est prononcée formellement contre cette doctrine et ave raison, selon nous. On ne peut assimiler aux communes décentralisées, des établissements religieux que le législateur a pris soin de soumettre à des mesures de surveillance étroite dont il a tenu à confier l'exécution au chef de l'Etat en conseil d'Etat, non aux autorités administratives inférieures. Or, la pratique de chaque jour ne montre-t-elle pas que, fréquemment, une association religieuse refuse une libéralité parce qu'elle en a déjà reçu le montant ou parce qu'elle se propose de la recevoir, sans se soumettre à l'autorisation administrative. N'y a-t-il pas un sérieux intérêt à ce que le gouvernement voie son attention appelée sur ces pratiques suivies en violation son droit de tutelle ?

2076. Interdites par plusieurs actes législatifs, notamment

par la déclaration du 28 avril 1693, les dots en aumônes dotales, c'est-à-dire les biens donnés pour être admis dans une maison religieuse, furent en usage à toute époque et le sont encore actuellement. Faut-il voir dans cette dot une libéralité ou un contrat à titre onéreux ? La législation est muette sur ce point.

Que décide la jurisprudence ?

Il a été jugé que la convention par laquelle une communauté s'engage à nourrir, soigner et entretenir la personne qui est engagée à la communauté, à pourvoir enfin à tous ses besoins, moyennant le payement de l'aumône dotale, constitue un véritable contrat synallagmatique à titre onéreux et aléatoire et ne peut être considérée comme une donation déguisée faite à la communauté. Il doit en être ainsi, que la dot soit versée par les père et mère de la fille qui entre en religion ou par la jeune fille elle-même (1).

La convention intervenue entre une communauté pour le même objet et le père d'une jeune personne désireuse d'entrer en religion, forme un véritable contrat commutatif et non une donation, alors même que les parties ont donné à leur acte le nom de donation (2).

La nature du contrat entraîne d'importantes conséquences : la constitution de dot n'est pas assujettie aux formes imposées par les articles 931 et suivants du code civil, relatifs aux libéralités entre vifs.

Il a été jugé qu'il n'est pas nécessaire que la constitution de dot soit constatée par un acte dressé lors de l'entrée en religion ; qu'il suffit, par exemple, que la religieuse se soit reconnue débitrice de cette dot dans un acte postérieur, tel qu'un règlement de compte passé entre elle et l'association religieuse (3).

La déclaration royale du 28 avril 1693 exigeait sous l'ancien régime la forme de l'acte notarié. Le seul fait de l'entrée en religion ne fait pas acquérir de plein droit à l'association

---

(1) Agen, 17 janvier 1849.
(2) C. d'Et., avis, 13 janvier 1835.
(3) Traité théorique et pratique des dons et legs.

(1) Agen, 22 mars 1836 : — « La Cour, Attendu que, de l'accord passé entre la supérieure des dames de la communauté religieuse de Saint-Céré et les époux Bressac. il résulte de la manière la plus positive et la plus formelle, qu'en considération du désir manifesté par Catherine Bressac, de faire profession religieuse dans ladite communauté, et, dans le cas où cet événement se réaliserait, les époux Bressac promettaient de payer à la dame supérieure la somme de 4,000 francs pour l'aumône dotale de leur fille ; que cet acte, sous la date du 12 mai 1820, renferme toutes les conditions d'un contrat synallagmatique, puisqu'au moyen des sommes promises, tous les besoins de Catherine Bressac restaient à la charge de la communauté ; que cette obligation générale et absolue se trouve plus explicitement encore exprimée dans la quittance de la somme de 4,000 francs, sous la date du 27 novembre 1823, de laquelle quittance, il résulte expressément que la fille Bressac ayant été reçue et agrégée à la communauté, elle doit y être logée, nourrie, entretenue de cap en pied et soignée tant en santé qu'en maladie, et qu'enfin l'association doit fournir à ses besoins durant sa vie ; — Attendu que cet accord présente encore les caractères d'un contrat aléatoire, puisque la communauté s'engageant à fournir à tous les besoins de Catherine Bressac, tant en santé qu'en maladie, pendant toute sa vie, il est impossible de présumer qu'elle ait voulu se contenter du simple usufruit de la somme de 4,000 francs et de 50 francs de pension viagère, en représentation de l'obligation qu'elle contractait de fournir à tous les besoins de la nouvelle agrégée ;... qu'il en est de cette espèce comme du prix d'un apprentissage, d'un remplacement au service militaire que le père de famille paie ou promet de payer à un tiers dans l'intérêt de son fils ; ou de rapporter cette somme à la succession de ses père et mère, parce qu'elle a reçu le prix de son service ; — Attendu qu'il est impossible d'assimiler l'acte du 12 mai 1820 à une dot constituée pour l'établissement en mariage ; que d'abord Catherine Bressac est étrangère à l'acte, qu'il ne lui est rien donné, rien constitué ; qu'il ne peut ressortir de cet acte aucune hypothèque légale ; que la dot ne cesse jamais d'appartenir à l'épouse ; qu'elle n'a d'autre objet que le support des charges du mariage ; qu'elle doit lui être constituée directement ; qu'il n'existe donc aucune analogie entre l'acte du 12 mai 1820 et une constitution dotale ; — Attendu qu'on ne peut trouver dans les stipulations de l'acte du 12 mai 1820 aucun des caractères d'une donation gratuite, même déguisée, qui aurait été faite à la communauté ; qu'il faut reconnaître, en effet, que si, sous la forme d'un contrat onéreux, il était fait une donation aux congrégations et communautés religieuses, tout acte de cette espèce, aux termes de la loi du 24 mai 1825, ne pourrait recevoir son exécution que sous l'autorisation spéciale du gouvernement ; qu'ainsi sous tous les rapports, le traité du 12 mai 1820 étant un contrat à titre onéreux, une convention synallagmatique est aléatoire, il y a lieu de réformer la décision des premiers juges ; — Par ces motifs, relaxe les dames supérieure et économe du couvent de la visitation de Saint-Céré, appelantes de toutes demandes contre elles formées et de toutes condamnations contre elles prononcées, etc. »
(2) Agen, 12 juillet 1836.
(3) Cass. req. 2 décembre 1865.

religieuse la dot que la jeune personne doit apporter d'après la règle de l'ordre. La constitution de dot doit résulter d'un consentement exprès (1).

La présence de la personne dotée est inutile, puisqu'elle n'est pas à proprement parler partie au contrat. Mais si elle l'accepte, il devient irrévocable, car c'est une stipulation au profit d'un tiers dont il suffit que ce tiers déclare vouloir profiter pour qu'elle ne puisse plus être révoquée même du consentement du constituant et de celui avec lequel il a contracté.

La dot ne peut pas figurer dans le calcul du quart au delà duquel les membres des communautés ne peuvent disposer, d'après l'article 5 de la loi du 24 mai 1825, au profit de ces communautés (2).

L'article 747 du code civil relatif au droit de retour au profit de l'ascendant donateur ne peut s'appliquer au cas d'aumône dotale.

2077. Il a été jugé que l'acte par lequel les parents s'engagent à payer une dotation pour faire admettre leur fille dans une communauté constitue un bail à nourriture passible d'un droit de 2 % et non une donation ni un acte de société (3).

La régie de l'enregistrement a décidé le 19 mars 1851 que l'acte d'acceptation de la dot constitue un acte de société passible d'un droit fixe de 5 francs.

Le tribunal de Mauriac s'est prononcé en ce sens (4).

La cour de cassation a décidé en 1855 (5) que l'engagement pris par une religieuse, lors de son entrée en religion, de payer une certaine somme à la supérieure de l'établissement, emporte une mutation de propriété, passible du droit de bail à nourriture, et ne peut être considéré comme un apport en société, soumis à un simple droit fixe.

2078. Une conséquence qu'on a tirée du caractère de la dot, est que la prohibition faite aux communautés de donner, recevoir, aliéner, échanger, sans autorisation du gouvernement, ne s'applique pas aux sommes promises ou données pour fournir à l'entretien ou à la nourriture des filles qui entrent en société (6).

Mais si sous le prétexte de fournir à ces besoins, et voulant se soustraire aux sages prohibitions du gouvernement, on se permettait des donations hors de proportion avec ce qu'autorise une juste appréciation des charges de l'association religieuse, la justice, démêlant alors l'infraction aux règlements, se hâterait d'annuler ces conventions comme contraires à l'ordre public (7).

La cour de cassation, consacrant cette doctrine, a décidé de même que l'apport d'une dot dans une communauté légalement établie ne constitue une libéralité soumise aux prescriptions de la loi de 1825 qu'autant que, par son importance, elle cesse d'être en rapport avec les charges qui y correspondent (8).

2079. Il est évident que le gouvernement doit intervenir pour donner l'autorisation quand la religieuse paye sa dot au moyen d'un immeuble, car l'article 4 de la loi du 24 mai 1825 devient alors applicable.

2080. La clause par laquelle les père et mère distinguent la portion contributive que chacun d'eux fournit pour le paiement du montant de la dot, ne change rien à la nature du contrat qui est synallagmatique et il n'en résulte aucune atténuation aux droits de l'association religieuse sur l'entière somme ; dès lors, cette dernière ne peut être tenue d'aucune restitution ; c'est un créancier qui a reçu ce que lui était dû (9).

(1) Cass. 2 décembre 1845.
(2) Cass. 2 décembre 1845.
(3) Castres, 19 août 1853 ; Limoges, 8 mars 1818 ;
(4) Mauriac, 21 juillet 1847.
(5) Castres, Trib., 31 août 1854 ; — Cass. civ., 7 novembre 1855.
(6) Agen, 12 juillet 1836 ; — Déc. min. 18 mai 1839, 18 octobre 1841, 11 février 1843 ; — Figeac, 30 décembre 1844 ; — C. d'Et. 12 octobre et 9 novembre 1844 ; Cass. réq. 22 décembre 1851 ; — Paris, 26 janvier 1881 ; — Cont. 12 octobre et 9 novembre 1847 ; — Lyon, 8 mai 1844 ; — Bloch, *Dictionnaire d'administration*, vᵒ CONGRÉGATIONS RELIGIEUSES ; — Jacquier, *Condition légale des communautés religieuses ;* — Calmette; Paul Postel, *Études sur le régime légal des communautés.*
(7) Agen, 12 juillet 1836.
(8) Cass. 10 février 1868.
(9) Agen, 22 mars 1836.

2081. L'aumône dotale n'est pour le père que l'acquittement d'un engagement aléatoire contracté par lui pour se dégager de l'obligation naturelle et légale de nourrir, soigner et entretenir un enfant, et non pas une donation faite à l'association religieuse ; il en résulte que, dans le cas de prédécès de la fille, le montant de la dot ne fait pas retour au père et reste acquise au couvent, quels qu'aient été, d'ailleurs, la durée de l'existence de la jeune personne et son état de santé (1).

2082. Si la religieuse vient à quitter le couvent, elle n'a pas le droit de reprendre sa dot, si la dot consistait en un capital, non pas en une rente. Puisque la communauté avait contracté l'engagement de subvenir aux besoins de la religieuse dotée pendant tout le temps qu'elle resterait dans le cloître, n'est-il pas juste qu'en retour elle profite du bénéfice que peut lui procurer sa retraite anticipée ? Si elle a les chances de perte, ne faut-il pas qu'elle ait aussi les chances de gain ; c'est la règle ordinaire des contrats aléatoires et elle se justifie d'elle-même. Si la dot consistait en une rente annuelle, on devait penser que la rente cesserait d'être due du jour où la religieuse aurait quitté le cloître, car dans ce cas il y aurait à proprement parler une série de créances annuelles qui disparaissant pour l'avenir avec la condition à laquelle elles étaient subordonnées (2).

2083. S'il est vrai que la dot ne constitue pas une donation au regard de la communauté, constitue-t-elle une donation au regard de la fille ?

Il a été jugé qu'il n'est rien donné, rien constitué à la fille entrant en religion et que l'aumône dotale ne présente aucune analogie avec une constitution dotale (3).

Les contrats d'aumônes dotales ne forment de lien civil qu'entre le père et la supérieure, alors même que la fille intervient dans l'acte, s'il résulte des termes de l'acte que son intervention n'a eu pour objet, en acceptant l'aumône dotale, que de donner son assentiment aux stipulations faites, dans son intérêt, entre son père et la supérieure ; en conséquence, il suffit que l'acte soit passé en double, et il n'est pas nécessaire qu'il y en ait trois originaux (4).

2084. Indépendamment de la constitution de dot, une religieuse peut en entrant dans une congrégation abandonner la jouissance de ses biens personnels au profit de l'association et donner mandat de les administrer à la supérieure.

La jurisprudence ne considère pas non plus cet abandon d'usufruit comme une donation véritable, mais comme un contrat commutatif qui a pour but d'indemniser la communauté des dépenses occasionnées par la religieuse. Il n'est pas soumis, en conséquence, aux dispositions prohibitives de la loi de 1825. Ni la religieuse de son vivant, ni après sa mort ses héritiers ne pourraient demander de comptes. Il y a là un contrat aléatoire des deux côtés (5).

Ordinairement le mandat d'administrer ces revenus est donné à la supérieure. Celle-ci a pour suite le droit de faire tous les actes d'administration tels que percevoir les intérêts et les revenus, renouveler les baux, faire les réparations, toucher les capitaux, les placer, etc., mais elle ne pourrait, sans la ratification de la religieuse, les aliéner ou les hypothéquer.

Mais le mandat étant un contrat essentiellement révocable, la religieuse peut reprendre les pouvoirs donnés par elle à la supérieure de la communauté, soit pour les exercer elle-même, soit pour charger une autre personne, appartenant ou non à une communauté, de les faire.

Comme tout mandataire, la supérieure de la communauté, si elle a reçu mandat d'administrer les biens de la religieuse, doit rendre compte de son exécution. Mais ici le mandat étant accompagné d'un abandon d'usufruit, la reddition de comptes

(1) Agen, 12 juillet 1836.
(2) Jacquier, *Condition légale des communautés religieuses. Contra :* — Trochon, *régime légal des communautés religieuses.*
(3) Agen, 22 mars 1836.
(4) Agen, 12 juillet 1836.
(5) Caen, 20 décembre 1848 ; — Cass. 21 décembre 1851 ; — Paris, 19 mars 1860 ; — Cass. req. 8 mai 1861.

ne peut porter que sur les capitaux; la supérieure ne doit pas compte des revenus.

Si elle a fait emploi des capitaux, elle doit prouver que la religieuse, propriétaire, a ratifié cet emploi. Si elle ne pouvait faire cette preuve, elle devrait les restituer. Mais il faudrait toutefois, qu'il fût préalablement établi contre elle qu'elle les a perçus; car le mandat étant révocable, la religieuse qui l'a donné a pu continuer à s'occuper de son patrimoine, et recevoir ses capitaux. La supérieure ne peut être présumée débitrice de tout ce qui manque à la fortune de la religieuse, elle n'est comptable que de ce qu'on prouve qu'elle a reçu.

« Attendu, dit à ce sujet un arrêt de cassation, que si les statuts approuvés qui forment la loi civile de la congrégation du Sacré-Cœur, et que confirment en ce point la loi canonique et les règles de discipline qu'elle impose aux personnes vouées à la vie religieuse, on peut induire que la religieuse, par le seul fait de son entrée dans l'ordre, se trouve immédiatement dessaisie de la jouissance et de la gestion de sa fortune, au profit de la communauté qui seule désormais en perçoit les revenus et l'administre à son gré, et que si cette induction autorise à présumer que la communauté a réellement touché, à charge d'en rendre compte ultérieurement, toutes les valeurs que l'on prouvera avoir été reçues par chacun de ses membres, on ne saurait du moins voir dans cette présomption, sans en exagérer le caractère et la portée, une de ces présomptions légales, qui n'admettent aucune preuve contraire et résistent même à l'évidence du fait, que ce n'est là qu'une présomption susceptible d'être combattue par des présomptions opposées, dont l'appréciation appartient souverainement aux juges du fond (1). »

2085. Nous avons vu, dans l'historique de la propriété ecclésiastique, que des pensions ont été accordées par l'État aux religieux et religieuses, lors de la réunion des biens des associations religieuses au domaine de la nation. Ces pensions furent réglées notamment par les lois des 14 octobre 1790 et 18 août 1792.

Un arrêté des conseils du 27 nivôse an IX donna aux ex-religieuses la faculté, en renonçant à leurs pensions de retraite, d'exonérer leurs familles du payement des dots dues à la nation comme représentant les maisons religieuses supprimées, à la charge par leurs familles, et sur soumission par elles faite à cet égard, de nourrir et entretenir les ex-religieuses et de leur fournir tous les secours nécessaires. Il a été jugé que cette faculté laissée aux ex-religieuses leur est personnelle et ne peut être exercée par leurs héritiers (2).

L'État a longtemps accordé des secours à des associations religieuses de femmes autorisées, mais ces secours ont complètement disparu du budget des cultes, depuis les lois de finances des 29 décembre 1884 et 21 mars 1885. Les secours accordés et qui furent alors supprimés s'élevaient à cette époque, après des réductions successives, à la somme de 5,900 francs.

2086. Les associations religieuses de femmes ne peuvent faire valablement aucune acquisition à titre onéreux qu'après l'accomplissement des formalités prescrites pour les établissements publics et avec l'autorisation du gouvernement (3), qui exige pour les avoir pris l'avis du Conseil d'État.

Pour être autorisée à acquérir à titre onéreux un immeuble, la congrégation autorisée doit produire la délibération du conseil d'administration (4); cette délibération doit contenir : 1° la date de l'acte législatif qui a autorisé la congrégation ; 2° le procès-verbal d'estimation de l'immeuble à acquérir, procès-verbal dressé sur papier timbré: 3° un plan figuré et détaillé des lieux; 4° une promesse de vente acceptée en double exemplaire et sur papier timbré, par le supérieur ou la supérieure de la communauté: elle doit contenir l'engagement de vendre, l'indication de la nature, de la situation et de l'étendue de l'immeuble, du prix, de l'époque du payement et des conditions accessoires de la vente, enfin la proposition d'acquérir, après autorisation, faite par le supérieur au nom de sa communauté; 5° l'état de l'actif et du passif de la congrégation; 6° un certificat du conservateur des hypothèques constatant la situation hypothécaire de l'immeuble à acquérir; 7° le procès-verbal de l'enquête; 8° l'avis du commissaire enquêteur, désigné par le sous-préfet; 9° l'avis du sous-préfet, sous forme d'arrêté; 10° l'avis de l'évêque; 11° celui du préfet, sous forme d'arrêté.

La demande doit faire connaître l'objet et le but de l'acquisition.

Il est, en effet, d'une bonne administration de n'autoriser les établissements d'utilité publique à placer leurs fonds disponibles en *propriétés immobilières* que dans le cas où il doit en résulter, pour ces établissements, un avantage immédiat, tel que l'agrandissement ou l'assainissement de leur local (1). Sont interdites les acquisitions étrangères à la mission légale des associations religieuses.

La demande d'autorisation doit faire connaître l'objet et le but de l'acquisition; elle doit indiquer d'une manière spéciale l'origine des fonds, au moyen desquels il doit y être pourvu, et en justifier s'il est besoin.

Ainsi, une acquisition qui devrait être soldée au moyen de dons manuels dont l'origine resterait inconnue, et dont l'acceptation n'aurait pas été régulièrement faite, ne pourrait être autorisée. En effet, une pareille acquisition pourrait donner lieu à des abus graves. Elle ne permettrait pas au gouvernement de connaître la position des donateurs, ni aux héritiers d'attaquer leur libéralité, s'il y avait lieu, devant les tribunaux; elle pourrait fournir un moyen d'éluder l'article 5 de la loi du 24 mai 1825, qui n'admet les membres des congrégations à disposer, au profit des établissements dont ils font partie, que jusqu'à concurrence du quart de leurs biens (2).

2087. Aux termes de l'article 2 de l'ordonnance du 14 janvier 1831, aucun notaire ne peut passer acte d'acquisition au nom des communautés religieuses de femmes, s'il n'est justifié de l'ordonnance royale (le décret présidentiel aujourd'hui) portant autorisation de l'acte, et qui devra y être entièrement inséré.

La circulaire du 10 avril 1862 rappelle que le gouvernement refuse de ratifier les acquisitions effectuées sans l'approbation préalable de l'autorité administrative.

Elle recommande aux préfets de ne plus envoyer au ministère de dossier d'acquisitions déjà opérées. Il ne peut être admis d'exception à cette règle qu'à l'égard des religieuses effectuées par voie d'adjudication publique, et pour lesquelles il n'aurait pas été possible, en raison de l'urgence, de se pourvoir d'une autorisation préalable.

Il est du reste bien entendu que, même dans ce cas, le droit de l'administration supérieure d'apprécier la convenance et l'utilité de chaque acquisition est entièrement réservé (3).

2088. Le Conseil d'État refuse d'approuver les acquisitions faites par les associations religieuses, sous la condition que si le gouvernement n'autorise pas l'acquisition, la supérieure

---

(1) 8 mai 1861.
(2) Cass. civ. 13 juin 1810.
(3) Inst. min. 17 juillet 1825, art. 18 ; — L. 24 mai 1825, art. 4.
(4) Ni la loi du 24 mai 1825, ni le décret du 31 janvier 1852 pour les communautés de femmes, ni la loi du 2 janvier 1817 pour celles d'hommes, ne font mention de ce conseil, mais la formation en est ordinairement prescrite par un article spécial des statuts soumis à l'approbation du gouvernement.

(1) C. d'Ét. lég. 24 avril 1840.
(2) C. d'Ét. 12 février 1840.
(3) Circ. 10 avril 1862.
« M. le procureur général, par des circulaires en date des 21 février 1831 et 30 avril 1881, mes prédécesseurs ont rappelé aux notaires l'obligation qui leur est imposée, conformément aux prescriptions de l'ordonnance du 14 janvier 1831 (article 2), d'exiger des établissements religieux l'autorisation du gouvernement avant de passer acte de vente, acquisition, échange, cession ou transport, constitution de rente ou transaction au nom des dits établissements. Mais ces prescriptions ne laissent place à aucune ambiguïté, quelques officiers publics ont pensé qu'il était permis de prévoir le refus d'autorisation et de faire intervenir à l'acte, en vue de cette éventualité, d'autres parties maîtresses de leurs droits, et qui s'approprieraient les bénéfices et les charges de la convention à défaut d'autorisation régulière.

« Appelé à se prononcer sur les stipulations de ce genre, le Conseil d'État estime que de semblables clauses ont pour nature à soustraire les établissements religieux au contrôle de l'autorité supérieure et à para-

de l'établissement ou un membre de l'association sera propriétaire de l'immeuble. Cette clause de vente alternative lui semble, en effet, avoir pour but et pour conséquence d'éluder le droit de tutelle de l'autorité administrative. En effet, si le gouvernement n'autorise pas la congrégation a acheter un immeuble, la congrégation n'en prend pas moins le développement qu'elle désire, puisqu'elle affecte l'immeuble, dont un de ses membres devient acquéreur, à une extension d'action que le gouvernement repousse (1).

2089. La jurisprudence reconnaît généralement la nécessité d'une autorisation préalable (2). Il a été décidé cependant, en sens contraire, que la vente consentie à une communauté religieuse reconnue n'est pas nulle pour n'avoir été autorisée par le gouvernement que postérieurement à sa conclusion (3).

D'ailleurs, la nullité doit être prononcée si, au moment où la validité de l'acte est contestée en justice, l'autorisation n'a pas encore été obtenue (4).

Il a été jugé que les acquisitions faites sans l'autorisation du gouvernement par une congrégation religieuse même légalement autorisée sont radicalement nulles, comme faits par un incapable ; qu'elles ne peuvent être assimilées aux donations déguisées sous la forme d'actes à titre onéreux (5).

2090. Le Conseil d'Etat a décidé qu'une congrégation religieuse de femmes ne peut être autorisée à faire une acquisition d'immeuble dans l'intérêt d'un établissement particulier de son ordre non reconnu à ce titre et chargé seulement de la direction de l'école publique de la commune (6).

En 1861, une doctrine contraire a été formulée par le Conseil d'Etat dans un avis du 19 juillet 1861, reproduit plus haut, quand nous avons traité des dons et legs.

2091. Aux termes d'un avis du Conseil d'Etat, des 28 mai et 4 juin 1891, reproduit plus loin, la supérieure générale de la maison mère ne peut plus acquérir au nom d'un établissement particulier autorisé ; chaque établissement particulier doit être représenté par sa supérieure locale, préalablement autorisée par son conseil d'administration.

2092. La nécessité de l'autorisation du Gouvernement ne paraît pas nécessaire en ce qui concerne les acquisitions de meubles corporels ; ces acquisitions sont considérées comme de simples actes d'administration. Interrogé sur ce point lors de la discussion de la loi de 1817, le Ministre répondit que « le droit d'acquérir des meubles n'a jamais été interdit à ces établissements. Il était donc inutile de l'énoncer dans l'acte relatif à leurs acquisitions (7-8) ».

2093. Aucune inscription de rente, en principe, ne peut

être effectuée qu'autant qu'elle a été autorisée par un décret que l'association religieuse produit par l'intermédiaire d'un trésorier-payeur général ou d'un agent de change, sous forme d'expédition sur papier timbré, au directeur du grand livre de la dette publique (1). Nous verrons, en étudiant les emplois de fonds, que le préfet, depuis 1861, reste compétent pour l'emploi en rentes sur l'Etat des sommes provenant de remboursement de capitaux (2) et d'économies ou d'excédents de recettes (3). Il en résulte que les établissements religieux n'ont besoin d'une autorisation du chef de l'Etat pour acquérir des rentes que lorsque les fonds destinés à cette acquisition proviennent d'une libéralité supérieure à 300 fr. (Nous avons vu, en effet, que les préfets sont compétents pour autoriser les libéralités faites aux établissements religieux, lorsqu'elles n'excèdent pas 300 fr.)

2094. Les congrégations et communautés ne peuvent faire aucune aliénation d'immeubles ou de rentes qu'après l'accomplissement des formalités prescrites pour les établissements publics et avec l'autorisation du gouvernement. La demande en autorisation d'aliéner doit être transmise au Ministre des Cultes avec les pièces qui constatent l'accomplissement des formalités exigées, l'avis de l'évêque et l'avis du préfet (4). La demande doit faire connaître le but de l'aliénation et l'emploi du produit de la vente.

2095. Les congrégations et communautés doivent produire pour les aliénations les mêmes pièces que celles exigées des établissements ecclésiastiques (5) avec la délibération du Conseil de la congrégation ou communauté.

A défaut du budget, elles produisent, en outre, l'état de l'actif et du passif, visé et certifié par le préfet, et dressé conformément à la circulaire du 15 avril 1880.

Aux termes de l'article 2 de l'ordonnance du 14 janvier 1831, aucun notaire ne peut passer acte de vente, au nom des communautés religieuses de femmes, s'il n'est justifié de l'ordonnance royale (le décret présidentiel aujourd'hui) portant autorisation de l'acte, sous peine de nullité de l'acte et devra y être entièrement insérée.

2096. Les articles 13 et 26 de la loi du 3 mai 1841 qui donnent au préfet en Conseil de préfecture, compétence pour approuver les cessions amiables de bien consenties par les administrateurs des établissements publics, s'appliquent-ils aux congrégations ?

Une décision ministérielle s'est prononcée, en 1861, pour l'affirmative.

La jurisprudence du Conseil d'Etat est en ce sens.

2097. Il a été jugé que lorsque le décret qui autorise la communauté ou la congrégation à vendre indique que le produit de la vente recevra telle affectation déterminée, il n'y a là qu'une simple indication d'emploi du prix et non une condition de la validité de la vente, dont l'inexécution puisse engager la garantie de l'acheteur qui payerait sans qu'il ait été fait de remploi (6) ».

Il ne semble pas que les ventes d'objets mobiliers doivent être autorisées par le gouvernement (7).

2098. La jurisprudence admet que les prêts contractés par les congrégations sans autorisation du gouvernement sont irréguliers. Le prêt n'est, en effet, autre chose qu'une aliénation.

---

lyser ainsi les droits de tutelle qui appartiennent au gouvernement. Il a, par suite, manifesté l'intention de refuser à l'avenir la sanction d'un décret aux actes qui présenteraient ce caractère alternatif.

« Je vous prie, en conséquence, de rappeler, par l'intermédiaire de leurs chambres de discipline, aux notaires de votre ressort que toute clause alternative, contenant stipulation d'un acquéreur ou autre contractant subsidiaire, pour le cas où l'approbation serait ajournée ou refusée, doit être considérée comme prohibée, et qu'une telle clause ne saurait en aucune façon dispenser de l'autorisation préalable qui doit être exigée dans tous les cas... »

(1) C. d'rt. Int. 7 décembre 1887.
(2) Dalloz, supplément ; — Ravelet, Traité des congrégations religieuses, nᵒ 177.
(3) Grenoble, 6 avril 1861.
(4) Paris, 10 janvier 1863.
(5) Paris, 10 janvier 1863.
(6) C. d'Et. int., note, 12 janvier 1881 : — « La section de l'intérieur, des cultes... etc., qui, sur le renvoi ordonné par M. le ministre de l'intérieur et des cultes, a pris connaissance d'un projet de décret tendant à autoriser la supérieure générale de la congrégation des sœurs de la Providence, à Portieux (Vosges) à accepter le legs fait aux sœurs de cet ordre à Seilhac (Corrèze) ;
Considérant que les sœurs établies à Seilhac ne constituent point dans cette commune un établissement reconnu, distinct de la maison mère établie à Portieux, mais qu'elles ne sont installées dans cette localité qu'à titre d'institutrices communales ; que, dès lors, elles n'ont pas de personnalité civile ;
« Est d'avis : — Qu'il y a lieu de substituer un projet de décret portant qu'il n'y a pas lieu d'autoriser la congrégation à accepter la libéralité qui lui a été faite. »
D. 28 janvier 1881.
(7) Jacquier, Moniteur du 1ᵉʳ décembre 1816.
(8) L. 24 mai 1825, art. 3 ; Calmette, Traité de l'administration temporelle des congrégations. p. 109 ; — Paris, 10 janvier 1863 ; — Lyon, 10 janvier 1868 ; — Nancy, 15 juin 1878 ; — Grenoble, 6 avril 1881.

(1) L'article 2 de la loi de 1817, soumettait ces acquisitions à la formalité de l'autorisation. Toutefois, l'article 6 de l'ordonnance du 2 avril suivant dérogea à cette règle et décida que les établissements autorisés pouvaient librement acquérir des rentes constituées sur l'Etat ou sur les villes « dans les formes des leurs actes ordinaires d'administration. Les rentes sur particuliers restaient soumises à la formalité du décret. La loi de 1825 renouvela les prescriptions de la loi de 1817 et décida, sans distinction, que l'autorisation serait nécessaire pour acquérir des rentes. Enfin pour faire cesser toute équivoque l'ordonnance du 14 janvier 1831 déclara rapporté l'article 6 de l'ordonnance de 1817 et prescrivit la nécessité de l'autorisation.
L'administration des cultes n'autorise pas actuellement l'acquisition de rentes sur particuliers.
(2) D. 13 avril 1861.
(3) Circ. 2 décembre 1861.
(4) L. 24 mai 1825, art. 4 ; — Inst. min. 17 juillet 1825, art. 18.
(5) Voir Fabriques.
(6) Rouen, 17 avril 1837.
(7) L. de 1825, art. 4.

2099. Les échanges sont soumis aux mêmes règles et autorisations que les acquisitions et aliénations ; car l'échange renferme, à la fois, une aliénation et une acquisition.

2100. Le Conseil d'État se refuse à approuver les rétrocessions. Il y a demande de rétrocession quand un membre d'une association religieuse a acheté, en son nom, un immeuble, mais des deniers de l'établissement, et que l'établissement demande au gouvernement de lui conférer la propriété. Le Conseil d'État considère, en effet, que les rétrocessions rendent illusoire le droit de tutelle du gouvernement (1).

Il a été jugé que la loi du 24 mai 1825 a eu un effet rétroactif à l'égard des acquisitions faites par ou au nom des communautés religieuses non encore autorisées à cette époque et qui ne l'ont été que depuis ; que les biens acquis par un des membres d'une communauté religieuse non autorisée, alors qu'il est présumé qu'ils n'ont été ni payés des deniers propres à l'acquéreur apparent, ni possédés par lui pour son compte personnel ; mais qu'ils ont été payés des deniers et possédés au nom de la communauté, ne peuvent être revendiqués, en tout ou en partie, par les héritiers naturels de cet acquéreur, qui en a disposé par testament en faveur de la communauté avant son autorisation, à l'aide de personnes interposées, qui, après que la communauté a été autorisée, lui ont fait dûment donation de ces mêmes biens (2).

La Cour de cassation a décidé également que l'article 4 de la loi du 24 mai 1825 qui prescrit que les congrégations religieuses de femmes ne peuvent acquérir, à titre onéreux, des biens immeubles qu'avec l'autorisation spéciale du gouvernement ne s'applique qu'aux acquisitions faites par ces congrégations elles-mêmes, depuis l'époque de leur autorisation, mais non aux acquisitions faites antérieurement à cette autorisation par des personnes qui faisaient partie de l'association (3). Dans ce cas, ces acquisitions faites antérieurement sont valables pour les personnes qui les ont faites, elles peuvent même en faire profiter la congrégation, quand elle a été légalement reconnue, mais à la condition de faire un acte régulier de donation et de faire autoriser la congrégation à accepter cette libéralité (même arrêt).

2101. Les associations religieuses doivent être autorisées à contracter des emprunts par décret du Conseil d'État. Bien qu'aucun texte formel ne le prescrive expressément, cette nécessité n'est généralement pas contestée (4). La Cour de cassation s'est prononcée en ce sens dans un arrêt du 18 juillet 1860, relatif d'ailleurs à un emprunt de fabrique, mais qui s'applique, par analogie, aux congrégations.

Le Conseil d'État n'admet pas les emprunts de trop longue durée (5).

Il exige que l'emprunt soit justifié.

Une congrégation ne peut être autorisée à emprunter dans l'intérêt d'une de ses succursales sans existence légale.

L'avis du Conseil d'État du 28 mai et 4 juin 1891 a d'ailleurs décidé que la maison mère d'une congrégation religieuse est un établissement distinct, plus important, en fait, que les autres maisons qui lui sont rattachées au point de vue de la discipline, mais n'ayant, comme elles, que la capacité de faire les actes relatifs à son propre patrimoine ; chaque établissement particulier, lorsqu'il a été spécialement autorisé a une existence juridique séparée. Il en résulte que les actes de la vie civile qui concernent les établissements particuliers doivent être passés, non par le supérieur général de la congrégation, mais par leur supérieur locale, préalablement autorisée par une délibération de leur Conseil d'administration (6).

2102. Les transactions des congrégations et communautés doivent être autorisées par décret en Conseil d'État ; suivant les règles requises pour les aliénations, car la transaction ne peut être faite que par celui qui a la capacité de disposer des objets compris dans la transaction (1).

D'après l'ordonnance du 14 janvier 1831, aucun notaire ne peut passer acte de vente, d'acquisition, d'échange, de cession ou transport, de constitution de rente, de transaction, au nom des communautés religieuses sans l'autorisation par le décret portant autorisation de l'acte et qui doit y être entièrement inséré. Une circulaire déjà reproduite, de 1888, a rappelé cette disposition de l'ordonnance de 1831.

2103. Dans tous les décrets d'autorisation, il est spécifié qu'il

Cultes, a pris connaissance d'une demande d'avis sur la question de savoir : 1° Si un établissement principal ou maison mère d'une congrégation religieuse de femmes autorisée peut disposer, pour ses besoins, des biens régulièrement acquis ou possédés par les établissements particuliers, 2° À contrario, si l'établissement principal peut disposer des biens formant son patrimoine pour les besoins des établissements particuliers, ou encore emprunter en son nom seul pour venir, en aide à un ou plusieurs desdits établissements ; 3° Si, dans les actes de la vie civile, un établissement particulier, lequel a une supérieure locale, doit être représenté par cette supérieure et en vertu d'une délibération du conseil d'administration dudit établissement, ou si la supérieure générale seule doit intervenir, après délibération seulement du conseil d'administration de l'établissement principal : — Vu la dépêche ministérielle du 2 mars 1891 ; — Vu la loi du 24 mai 1825 ;

Sur la première question : — Considérant que la loi du 24 mai 1825, en disposant, dans l'article 4, que « les établissements dûment autorisés » des congrégations religieuses de femmes pourront, avec l'autorisation spéciale du Gouvernement, accepter des dons et legs, acquérir à titre onéreux ou aliéner des biens immeubles et des rentes, indique nettement que la congrégation religieuse autorisée ne constitue pas une personne morale unique ayant un patrimoine collectif qui serait commun à tous les établissements dépendant de cette congrégation ; qu'au contraire la loi précitée attribue la personnalité civile à chacun de ces établissements dûment autorisés ; que, d'ailleurs, la discussion de la loi à la Chambre des pairs (séance du 8 février 1825), et notamment la suppression du mot « congrégations » inséré dans le texte primitif de l'article 4, ne laissent subsister aucun doute sur le sens de cette disposition ; — Considérant que chaque établissement particulier, étant ainsi doté par la loi, lorsqu'il a été spécialement autorisé, d'une existence juridique séparée et de la capacité de posséder, doit, par suite, être considéré comme seul propriétaire des biens qu'il a régulièrement acquis en son nom, et comme ayant seul qualité pour en disposer avec l'autorisation du Gouvernement ; que la maison mère d'une congrégation n'est elle-même, en ce qui concerne la faculté d'acquérir et de posséder, qu'un établissement distinct, plus important en fait que les autres maisons qui lui sont rattachées au point de vue de la discipline, mais n'ayant comme elles que la capacité de faire les actes relatifs à son propre patrimoine ;

« Sur la deuxième question : — Considérant qu'on ne pourrait s'appuyer sur le texte ni sur l'esprit général de la loi du 24 mai 1825 pour dénier à l'établissement principal le droit de recourir à l'aliénation d'un de ses biens propres ou à un emprunt pour venir en aide aux établissements particuliers de la congrégation, lorsque ceux-ci ont des besoins auxquels ils ne peuvent pourvoir eux-mêmes ; — Considérant qu'une semblable faculté n'est point incompatible avec les dispositions de la loi précitée ; qu'en effet, elle laisse subsister intacte la règle essentielle de la séparation des patrimoines entre les divers établissements d'une même congrégation ; que, d'autre part, il n'est pas à craindre qu'elle donne lieu à des abus, puisque le Gouvernement est toujours appelé à en contrôler l'exercice ;

« Sur la troisième question : — Considérant qu'en garantissant aux établissements régulièrement autorisés d'une congrégation une personnalité juridique et la capacité de posséder, la loi du 24 mai 1825 a implicitement prévu l'existence d'une administration propre et une représentation distincte pour chacun de ces établissements ; Qu'il suit de là que les actes de la vie civile qui concernent les établissements particuliers doivent être passés non par la supérieure générale de la congrégation, mais par leur supérieure locale préalablement autorisée par une délibération de leur conseil d'administration ; Qu'à la vérité, l'ordonnance du 2 avril 1817 porte que les dons et legs faits au profit des associations religieuses sont acceptés par les supérieurs des associations ; mais, qu'à supposer que ce texte doive être interprété comme conférant à la supérieure générale le droit de représenter tous les établissements de la congrégation, il a été nécessairement modifié dans son application par la loi du 24 mai 1825, dont le sens et la portée ont été ci-dessus précisés.

« Est d'avis : — Sur la première question, que, dans les congrégations religieuses de femmes à supérieure générale, l'établissement principal ou maison mère ne peut pas disposer des biens régulièrement acquis ou possédés par un établissement dûment autorisé ; — Sur la deuxième question, que l'établissement principal d'une congrégation peut être autorisé à disposer des biens qui lui appartiennent en propre ou à emprunter en son nom pour les besoins des établissements particuliers légalement reconnus ; — Sur la troisième question, que, dans les actes de la vie civile, chaque établissement particulier doit être représenté non par la supérieure générale de la congrégation, mais par sa supérieure locale préalablement autorisée par son conseil d'administration.

« Cet avis a été délibéré et adopté par le Conseil d'État, dans ses séances des 28 mai et 4 juin 1891. »

(1) C. civ. artic. 2044.

---

(1) C. d'Ét., Inst. 27 décembre 1871, 17 janvier 1872, 24 décembre 1879, 7 janvier 1880, 21 juillet 1880, 4 mars 1885.
(2) Cass. 7 juin 1837.
(3) Cass., req. 11 décembre 1832.
(4) Ravelet le conteste.
(5) Voir les emprunts des fabriques, dont les règles sont applicables aux congrégations.
(6) C. d'Ét. avis, 28 mai et 4 juin 1891 ; sur des questions relatives à la personnalité civile des congrégations religieuses : — « Le Conseil d'État qui, sur le renvoi ordonné par M. le Ministre de la Justice et des

sera justifié au préfet des opérations que le gouvernement autorise. Il faut voir dans cette mention, non pas une simple formule de style et sans conséquence, mais tout un système de contrôle s'étendant à tous les actes de la vie civile et permettant au gouvernement de s'assurer de la suite de ses décrets d'autorisation par la surveillance incessante de l'autorité la mieux placée pour en suivre de près la fidèle exécution.

Le contrôle de l'autorité préfectorale ne doit pas se borner aux autorisations; il doit s'étendre aux refus et c'est même en ce cas qu'il présente le plus d'intérêt puisqu'il est à craindre que l'établissement n'essaye de faire sans autorisation ce que le gouvernement lui refuse. La Direction des cultes a fréquemment adressé des instructions aux préfets pour leur rappeler la nécessité de leur contrôle vigilant.

2104. Aux termes du décret du 13 avril 1861 (1), le préfet statue sans l'autorisation du ministre des cultes, sur l'autorisation donnée aux établissements *religieux*, par conséquent aux congrégations et communautés, de placer en rentes sur l'État les sommes sans emploi provenant de remboursement de capitaux, de même (2) les sommes provenant d'économies ou d'excédent de recettes (3).

Les congrégations et communautés peuvent donner mainlevée des hypothèques prises à leur profit sans l'autorisation du gouvernement (4).

2105. Les actes de simple gestion et d'administration ne sont pas soumis à la nécessité de l'autorisation du gouvernement. Il appartient aux supérieures des congrégations religieuses de les faire, dans les limites qui peuvent leur être fixées par les statuts; le gouvernement n'a pas à en connaître.

Les congrégations n'ont pas à demander l'autorisation du gouvernement pour faire des emplois de fonds, autres que des acquisitions d'immeubles quelle qu'en soit la valeur (5).

Toutefois, aucun transfert ni inscription de rente sur l'État au profit d'une communauté religieuse de femmes ne peut être effectué qu'autant qu'il a été autorisé par décret, dont l'établissement intéressé présentera, par l'intermédiaire de son agent de change, expédition en due forme au directeur du grand-livre de la dette publique (6).

Nous avons vu, en étudiant les emplois de fonds et les acquisitions que le préfet était compétent pour autoriser les placements en rentes sur l'État, quand les sommes proviennent de remboursement de capitaux ou d'excédent de recettes (7).

2106. La question de savoir si les congrégations religieuses ne devaient pas être placées, quant à l'administration de leurs biens par un acte du gouvernement, statuant par dispo-

(1) Art. 4.
(2) Circ. 2 décembre 1861.
(3) Voir Acquisition.
(4) Lettre du ministre de l'intérieur et des cultes du 5 avril 1887 au préfet du Calvados. — « Je vous prie de faire savoir à M. l'évêque de Bayeux que ces mainlevées d'hypothèques ne sont pas soumises à une autorisation préalable. Je m'appuierai, pour décider ainsi, sur l'avis du Conseil d'État du 13 janvier 1835, qui a déterminé avec beaucoup de netteté et de justesse les caractères distinctifs qui séparent les associations religieuses des établissements publics.

« Aux termes de cet avis, les dispositions législatives, qui soumettent à une autorisation préalable certains actes de la vie civile des congrégations et communautés, n'ont pas été conçues en vue de l'intérêt particulier de ces établissements; elles ont été déterminées par des considérations d'un intérêt plus général, et ont pour but de donner à l'autorité administrative un droit de surveillance sur des actes qui pourraient préjudicier à l'intérêt public ou à l'intérêt des familles.

« Le pouvoir réservé au gouvernement ne saurait être un pouvoir de tutelle sur des établissements qui ne sont pas des établissements publics, et dont la bonne ou la mauvaise gestion n'intéresse ni l'État ni les communes qui ne sont pas appelées à leur prêter leur concours financier.

« Il n'appartient donc pas à l'État d'exercer un pouvoir de tutelle sur les associations religieuses qui, en donnant mainlevée d'hypothèque, peuvent compromettre leurs intérêts particuliers, et il n'y a pas lieu d'appliquer par analogie à ces associations les règles relatives aux mainlevées prescrites à l'égard des établissements ecclésiastiques qui sont chargés d'un service public et placés, à ce titre, sous la tutelle administrative.

(5) Vuillefroy.
(6) Ord. 14 janvier 1831, art. 1.
(7) D. 13 avril 1861; — Circ. 2 décembre 1861.

sition générale, sous le régime des lois et règlements, régissant les communes, les hospices et les fabriques, a été soumise au comité de l'intérieur du Conseil d'État. Elle a été résolue négativement, pour les raisons suivantes qui font bien ressortir quel est le caractère du droit de contrôle exercé par le gouvernement sur les associations religieuses de femmes.

L'article 4 de la loi du 24 mai 1825 oblige les établissements, dépendant des congrégations religieuses de femmes, à recourir à l'autorisation spéciale du roi : 1° pour l'acceptation des legs et donations; 2° pour l'acquisition des biens meubles et immeubles; 3° pour l'aliénation des mêmes biens. Mais les dispositions de cet article ne paraissent pas avoir été conçues en vue de l'intérêt particulier des congrégations religieuses; elles semblent avoir été déterminées par des considérations d'un intérêt plus général, et avoir eu pour objet de parer aux abus qui pourraient résulter, d'une part, de la concentration d'une trop forte masse de biens entre les mains d'établissements de mainmorte, et, d'autre part, de legs ou donations excessifs faits au détriment des familles. L'article 4 a donc eu pour but de rassurer l'esprit public, en conférant au gouvernement, sur ceux des actes de ces congrégations qui sont susceptibles des plus graves abus, un droit de surveillance, qui devait servir de garantie à la fois à l'État et aux familles, et non de placer les congrégations religieuses sous la tutelle administrative. Dès lors cette tutelle ne peut être regardée comme la conséquence de ses dispositions.

La loi de 1825 ne renferme aucune autre disposition à l'égard des actes d'administration que peuvent faire les congrégations religieuses; il semble impossible de les placer par une ordonnance, quant à ces derniers actes, sous la tutelle de l'administration, lorsque la loi qui les a créées pouvait leur avoir donné, du moins par son silence, une existence indépendante.

Il n'y a pas d'ailleurs d'analogie entre les communes, les hospices, les fabriques et les congrégations religieuses; les premières sont des établissements *publics* destinés à pourvoir à des services *publics*; les hospices et les fabriques ont été dotés par l'État; la mauvaise gestion de leurs biens retomberait en définitive sur les communes, puisque celles-ci seraient obligées de fournir à leur entretien et aux frais du culte. — Les congrégations religieuses, au contraire, sont des établissements *particuliers*; ils ont, il est vrai, un but *d'utilité publique*; mais ils n'ont aucun des autres caractères essentiels des établissements publics. L'État leur leur doit ni dotation ni subvention. En conséquence, leur bonne ou leur mauvaise gestion n'a pas pour lui un intérêt puissant et direct; dès lors, ce serait donner au gouvernement une charge inutile, que de lui en confier la tutelle; il n'y a donc pas lieu d'appliquer aux congrégations religieuses les règlements relatifs aux actes d'administration des communes, des hospices et des fabriques (1).

2107. Les congrégations et communautés religieuses peuvent ester en justice sans l'autorisation du gouvernement (2).

(1) C. d'Et., avis, 13 janvier 1835.
(2) Mathie, t. V, n° 245; — Boit., p. 653; — André, t. II, p. 851; — Ravelet, p. 435; — C. d'Et., int., avis, 6 juillet 1864 : — Considérant que la loi du 24 mai 1825 et l'ordonnance du 14 janvier 1831, relatives aux congrégations et communautés de femmes, n'assujettissent les actes de ces établissements à la condition d'une autorisation que le gouvernement que pour l'acceptation de dons et legs, les acquisitions à titre onéreux, les aliénations, les transactions; Qu'en dehors de ces restrictions qui leur sont imposées dans un intérêt d'ordre public, les communautés religieuses possèdent la capacité de la vie civile, conformément à l'article 537 du code Napoléon; Considérant qu'on soutient à la vérité, que la faculté d'ester en justice pourrait devenir, pour les communautés religieuses, un moyen indirect d'aliéner leurs biens, et que, dès lors, l'exercice de leur part d'une action judiciaire doit être subordonné à une autorisation; Considérant, d'une part, que l'ordonnance du 14 janvier 1831, en refusant aux congrégations et communautés religieuses que le pouvoir de transiger leur a, par cela même, imparti la faculté d'ester en justice, laquelle est, d'ailleurs, de droit commun; et, d'autre part, ou ne peut supposer que les tribunaux permettront d'éluder, par un simulacre de procès et de jugement, les lois qui régissent les congrégations et communautés religieuses; Considérant, enfin, que vainement on invoque les décrets des 18 février 1809 et 26 décembre 1810, portant que les biens des congrégations hospitalières et des maisons dites de refuge devront être administrés

2108. *Les congrégations religieuses autorisées de femmes peuvent-elles acquiescer sans autorisation ?*
Ces associations ne pouvant transiger, il semble qu'elles ne peuvent acquiescer sans autorisation, l'acquiescement n'a pas moins d'importance que la transaction. C'est un abandon encore plus complet, et sans compensation (1).

Les demandes en justice formées par les associations religieuses ou intentées contre elles sont dispensées du préliminaire de conciliation, car l'article 49 du Code de procédure civile en exempte les demandes qui intéressent l'État, les communes, les établissements publics et tous ceux qui ne peuvent transiger sans autorisation. Or, nous avons vu que l'ordonnance du 14 janvier 1831 soumet à la nécessité d'une autorisation les transactions des associations religieuses (2).

2109. La péremption d'instance est applicable aux associations religieuses, comme le serait d'ailleurs la prescription (3).

2110. Suivant Ravelet (4), on ne saurait appliquer aux associations religieuses l'article 481 du Code de procédure civile, qui décide que l'État, les communes, les établissements publics et les mineurs seront reçus à se pourvoir par voie de requête civile, s'ils n'ont été défendus ou ne l'ont été valablement.

La requête civile est une voie extraordinaire pour arriver à la révision des jugements rendus en dernier ressort. Les causes qui les permettent sont limitativement déterminées. Elles sont en général les mêmes pour les particuliers et les établissements publics. Pour ceux-ci, la loi en permet une de plus, dans le cas où ils n'ont pas été défendus, ou ne l'ont pas été valablement. On sait, en effet, que la défense des établissements publics est soumise à certaines autorisations préalables.

Mais ici, la lettre ni l'esprit de cette règle ne s'appliquent aux communautés religieuses même autorisées.

2111. Une condamnation rendue contre une communauté autorisée pourrait-elle, en cas de résistance, être poursuivie par voie d'exécution judiciaire ?

On doit décider l'affirmative; en effet, ce n'est que pour l'État, le département, les communes, les établissements publics parties intégrantes de l'organisation administrative que la saisie des deniers qui est de droit commun est interdite. Cette dérogation si grave au droit commun ne peut être étendue à des établissements qui ont le caractère d'établissements d'utilité publique, mais à notre avis, l'adversaire devrait, avant de saisir les *immeubles*, obtenir l'autorisation qui en permet l'aliénation. La saisie des meubles, au contraire, pourrait s'opérer sans autorisation.

SECTION V.

DISSOLUTION ET EXTINCTION DES COMMUNAUTÉS ET CONGRÉGATIONS
AUTORISÉES DE FEMMES.

2112. *Retrait et suspension d'autorisation.* — L'autorisation des congrégations religieuses de femmes ne peut être révoquée que par une loi.

L'autorisation des maisons particulières dépendant de ces congrégations peut être révoquée par simple décret, mais seulement après l'avis de l'évêque diocésain, et après l'accomplissement des autres formalités prescrites par l'article 3 de la loi du 24 mai 1825 (1).

Une loi est nécessaire même s'il s'agit d'une simple communauté, pourvu qu'elle soit indépendante (2).

La loi du 24 mai 1825 n'indique pas les formalités qui doivent précéder la loi prononçant la suppression d'une communauté ou congrégation autorisée. Le législateur, en effet, dit Ravelet, est souverain dans les décisions qu'il juge à propos de prendre, il n'est lié que par les formes constitutionnelles.

Une loi serait nécessaire, même pour supprimer une congrégation autorisée par simple décret; car le législateur ne fait aucune distinction à ce sujet (3).

Le retrait d'une autorisation est, en effet, un acte d'une juridiction plus haute que l'octroi de cette autorisation, en ce qu'il touche aux droits acquis, tandis que l'autorisation ne touche qu'à des droits à naître. De ce que le gouvernement a donné la vie aux associations qu'il autorise, il ne s'ensuit pas qu'il puisse la leur reprendre (4).

Nous avons vu qu'un simple décret suffit pour retirer l'autorisation à une maison particulière, dépendant d'une congrégation.

Les formalités qui doivent précéder le retrait d'autorisation d'une maison particulière dépendant d'une congrégation sont les mêmes que celles qui doivent précéder le décret d'autorisation (5).

Il faut d'abord prendre l'avis de la congrégation elle-même, et provoquer une délibération du conseil d'administration qui s'explique sur la suppression proposée.

Une enquête sur la convenance et les inconvénients de la suppression doit être faite.

Le conseil municipal de la commune où est situé l'établissement donne son avis.

L'évêque diocésain est consulté; le préfet transmet les pièces, avec son avis en forme d'arrêté, au ministre des cultes; le ministre de l'instruction publique, s'il s'agit d'un établissement d'instruction; le ministre de l'intérieur s'il s'agit d'un établissement hospitalier, sont consultés.

L'accomplissement de ces formalités est nécessaire, car, ainsi que le déclare un avis du conseil d'État du 3 octobre 1837, il peut arriver qu'une commune ait fait des sacrifices pour l'établissement d'une communauté religieuse sur son territoire; que des donateurs ou leurs ayants cause soient en mesure de réclamer le bénéfice du droit de retour ouvert à leur profit par l'article 7 de la loi de 1825; que des créanciers voient leurs intérêts compromis par la dispersion des membres de cette communauté à raison de l'attribution que cet article 7 fait des biens des associations religieuses éteintes.

La loi ne distingue pas entre le cas où la suppression a lieu d'office et celui où elle serait demandée par les membres eux-mêmes de la congrégation. D'ailleurs, si les congrégations religieuses légalement reconnues forment un corps moral, il est également vrai qu'elles ne constituent pas une société civile dans le sens de l'article 1832 du Code civil; par conséquent, la dissolution n'en peut pas être demandée par les per-

conformément aux lois et règlements sur les bureaux de bienfaisance; Qu'en effet, la loi du 24 mai 1825 confère aux congrégations et communautés religieuses une capacité civile qui n'est limitée que par les actes d'acquisition et d'aliénation; d'où il suit que les dispositions restrictives des décrets sus énoncés étant inconciliables avec la liberté d'administration qui appartient à ces établissements, ont été implicitement abrogées; Que le caractère général et organique de la loi du 24 mai 1825 est établi par l'article 8 de cette loi, qui en déclare les dispositions applicables à tous les établissements autorisés, même à ceux qui l'étaient avant la loi du 2 janvier 1817;
« Est d'avis que les congrégations et communautés religieuses de femmes n'ont pas besoin, pour ester en justice, d'une autorisation du conseil de préfecture. »
(1) Ravelet, n° 139.
(2) Ravelet, n° 140.
(3) Ravelet, n° 141.
(4) N° 141.

(1) Art. 6.
(2) « Le premier paragraphe de l'article ne parle, il est vrai, dit Ravelet, que des congrégations; mais il les oppose aux maisons particulières et dépendantes. Une communauté indépendante et une congrégation ne diffèrent que par le nombre des établissements qui les composent. Elles ont la même existence, les mêmes droits; leur suppression a les mêmes effets, et, par conséquent, les mêmes garanties sont nécessaires pour qu'elle ne soit pas prononcée légèrement. »
(3) Ravelet, n° 143 : On sait, dit cet auteur, que surtout depuis le décret de 1852, l'autorisation des communautés et congrégations a lieu le plus souvent par décret.
(4) Ravelet, n° 143.
(5) On observera toutefois que le simple *avis* de l'évêque suffit pour la révocation, tandis que l'article 3 de la loi du 24 mai 1825 exige son *consentement* lorsqu'il s'agit d'autoriser. Cette différence fut introduite par la Chambre des Pairs sur la demande du duc de Valentinois. Jacquier, *op. cit.*, p. 227.

sonnes qui en font partie, et les biens qui en dépendent ne sont pas susceptibles d'être partagés (1).

Un evêque diocésain ne peut prononcer de sa seule autorité, même pour le spirituel, la suppression d'une communauté religieuse, dont l'établissement a été approuvé par une décision du gouvernement. Suivant un avis du comité de l'intérieur du conseil d'Etat, une telle suppression constituerait un excès de pouvoir, et pourrait donner lieu à un recours pour abus (2).

Suivant Gaudry, un simple décret suffirait pour suspendre *provisoirement* l'existence d'une communauté ; « car, dit cet auteur, cette existence est un fait matériel tombant dans les attributions du pouvoir administratif, et il serait impossible de fo cer le pouvoir exécutif à maintenir provisoirement un établissement réputé dangereux. Mais, dans ce cas, la dissolution par décret ne serait pas une revocation ; la loi d'autorisation existerait donc toujours et devrait produire ses effets, si l'établissement se reformait dans des conditions satisfaisantes pour l'autorité administrative. Si cette autorité jugeait convenable de faire révoquer le droit lui-même elle devrait provoquer la loi de révocation (3). »

Un avis du conseil d Etat, du 11 avril 1837 (4), a décidé que la commission administrative d'un hospice, desservi par une communauté autorisée, pouvait toujours lui retirer le service de l'hospice.

Mais que faut-il décider quand l'acte d'autorisation, en conférant l'existence légale à l'association religieuse, l'a reconnue dans un hospice, administré par une commission administrative, mais qui sert de siège à l'établissement congréganiste?

Il est certain que la commission administrative conserve le droit, qui ne peut lui être enlevé, de choisir son personnel hospitalier et de remplacer les sœurs qui desservent l'hospice par d'autres sœurs ou par des laïques. Que deviendra alors l'acte de reconnaissance légale de l'établissement religieux ? L'acte devra être révoqué ou bien le gouvernement devra autoriser l'association religieuse à transférer son siège dans un autre lieu qu'il déterminera.

2113. *Extinction des associations.* — Une association religieuse peut aussi s'éteindre d'elle-même, soit qu'elle ne trouve plus de membres pour se recruter, soit qu'elle se voie abandonnée par la maison mère qui l'avait fondée, soit qu'elle se dissolve volontairement, etc.

Y aurait-il extinction dans le cas où toutes les religieuses quitteraient la maison ? Non, suivant M. Trochon, elle serait éteinte de fait, il est vrai mais nullement de droit, et l'évêque pourrait y replacer d'autres sœurs du même ordre, sans nouvelle autorisation (1). Cette solution ne serait pas évidemment admissible si les sœurs quittaient la maison pour s'installer dans un autre lieu.

En effet, les sœurs peuven t, sans autorisation régulière de transférement d'établissement, se transporter dans un autre local que celui où elles ont été autorisées à s'établir et le gouvernement serait en droit de provoquer leur dissolution dans le lieu où elles se seraient transportées, ou de leur intimer l'ordre de réintegrer.

Une communauté ou congrégation religieuse peut elle être considérée comme subsistant, quand il ne reste plus qu'un seul de ses membres?

Au premier abord, dit Ravelet (2), la question paraît douteuse. Quelques jurisconsultes romains semblent dire que pour constituer un collège il faut au moins trois personnes (3). Mais une fois la communauté constituée, un seul membre la conserve. Ulpien dit expressément : « Dans les universités, il importe peu que les membres restent tous les mêmes, ou que quelques-uns seulement y demeurent, ou même que tous soient changés. Mais si l'université était réduite à un seul membre, peut-on s'arriver-il ? On admet de préférence que ce membre peut agir et être actionné : car le droit des autres retombe sur lui, et le nom d'université subsiste (4). »

Cette doctrine a été admise par les canonistes (5); elle a été confirmée par la Cour de cassation (6).

Une sœur converse suffit-elle pour constituer une communauté ? La difficulté vient de ce que sous l'empire de l'ancienne législation canonique (7) on distinguait entre les religieux de chœur et les frères convers. D'après l'édit de mars 1768, les convers ne faisaient pas partie de la communauté ; ils ne concouraient pas à former le nombre requis par l'autorité ecclésiastique pour la constitution régulière d'un monastère. Ils ne participaient pas aux élections; ils étaient plutôt des serviteurs que des membres de la communauté.

Le décret du 8 octobre 1790, tout en réorganisant les ordres religieux supprimés par le décret du 18 février 1790, maintint la distinction entre les religieuses de chœur et les converses.

Mais l'Assemblée nationale supprima cette distinction par le décret du 8 décembre 1790 : « L'Assemblée nationale dé-

---

(1) En ce sens : Trib. Limoges, 8 mars 1848; Trib. Castres, 19 août 1853; Cass. civ. req., 7 novembre 1855; — Contra : Délib. adm. enreg., 24 juill t 1827; Trib. Mauriac, 21 juillet 1847; Sol. adm. enreg., 19 mars 1851; Trib. Valence, 10 août 1842.

(2) C. d'Et. int. 23 avril 1824: Vuillefroy, p. 481; — Déc. min. 22 décembre 1838; — Contra : Ravelet, n° 145 : « Cette opinion est inadmissible, dit cet auteur. L'autorisation du gouvernement ne soustrait pas les congrégations religieuses à la juridiction de leurs supérieurs ecclésiastiques. Au contraire, la loi elle-même exige que l'évêque soit consulté sur tous les actes qui les concernent. Le gouv rnement, d'ailleurs, a intérêt à ce que ces maisons, dont il ne peut surveiller que d'une manière imparfaite la vie intérieure, restent sous la dépendance de la seule autorité qu'elles reconnaissent dans l'ordre spirituel, et que celle-ci soit armée des pouvoirs nécessaires pour empêcher que dans les institutions destinées à favoriser la pratique d'une vie plus parfaite ne deviennent un foyer de désordre... »

En ce sens : Jacquier, op. cit., p. 228; Trochon, op. cit., p. 254. — Gaudry dit à ce sujet (t. II, n° 619) : « Un evêque ne pourrait pas, de sa propre autorité, détruire un établissement religieux légalement autorisé: mais il arriverait presque la même résultat, par le droit de frapper de suspense ou d'interdit les personnes religieuses et les lieux consacrés au culte. Une communauté ainsi frappée d'interdiction ou de censure ecclésiastiques, et qui voudrait se maintenir, serait en dehors de l'Eglise, ce qui en ferait un établissement, ou héretique, ou schismatique, ou du moins purement civil. Mais cet état, il est probable que le gouvernement se hâterait d'en faire opérer la dissolu ion. »

(3) Gaudry, op. cit., t. II, n° 619; — Contra : Jacquier, p. 228. Cet auteur estime que cette suspension constituerait tant qu'elle existerait un véritable empiétement sur le pouvoir législatif.

(4) C. d'Et. int., avis, 11 avril 1837 : — « Les membres du Conseil d'Etat composant le comité de l'intérieur..., qui, sur le renvoi ordonné par M. le ministre des cultes d'un projet d'ordonnance tendant à autoriser la translation à Autun de la maison mère de la congrégation des sœurs du Saint-Sacrement, actuellement établie à Mâcon, et l'établissement dans l'hospice des Incurables de cette dernière ville, d'une communauté dépendante de la congrégation ci-dessus dénommée et dont les sœurs seraient chargées de desservir ledit hospice,...

« ... Considérant que par l'effet de la translation proposée de la maison mère, de Mâcon à Autun, la création d'une congrégation succursale à Mâcon constitue un établissement pour lequel le choix des sœurs, lors, à toutes les formalités exigées par l'article 3 de la loi du 24 mai 1825 ; — Considérant qu'il parait d'autant plus nécessaire dans cette circonstance d'appeler le conseil municipal de Mâcon et les habitants de cette ville à donner leur avis sur la convenance de l'établissement succursale projeté que le conseil municipal de Mâcon s'est déjà prononcé formellement contre l'opportunité de la translation de la congrégation mère ; — Considérant que l'ordonnance d'autorisation ne doit point, dans tous les cas, spécifier que cette congrégation succursale sera établie dans les bâtiments de l'hospice des Incurables de Mâcon et que ses membres seront chargés de desservir ledit hospice; qu'en effet, la commission administrative des hospices de Mâcon est libre de retirer, quand elle le jugera convenable, le service de l'hospice des Incurables, aux sœurs du Saint-Sacrement; Considérant qu'il parait convenable au comité d'appeler l'attention du gouvernement sur le nombre considérable des congrégations aujourd'hui existantes à Autun et des établissements formés dans d'autres localités et dépendant de ces congrégations, sur la question de savoir s'il y aurait lieu d'augmenter ce nombre par l'établissement, dans cette ville, d'une nouvelle congrégation mère ; — Sont d'avis qu'avant de statuer sur le projet d'ordonnance proposé, il y a lieu de demander le complément d'instruction indiqué dans les observations ci-dessus... »

(1) Trochon, p. 255. Dans le même sens : Gaudry, op. cit., t. II, n° 612.
(2) Ravelet, n° 147.
(3) Dig. de verb. signif. 1.85.
(4) Dig. quod cujus univers. 1.7.
(5) Bouix, de jur. regular., t. I, p. 359; Durand de Maillane, v° COMMUNAUTÉ; André, v° COMMUNAUTÉ.
(6) Poitiers, 29 mai 1845; Cass., 23 mai 1849.
(7) Edit de mars 1768.

crète que les sœurs *converses* seront appelées aux assemblées dans lesquelles les supérieures et économes des maisons religieuses seront nommées conformément aux décrets des mois de septembre et octobre dernier, et que lesdites sœurs converses donneront leurs voix pour les élections, comme les sœurs *choristes*. Il en sera de même pour les religieux *convers* dans les élections des supérieurs et économes des maisons qui seront indiquées aux ci-devant religieux qui auront préféré la vie commune. »

Depuis cette époque, la distinction entre les religieuses de chœur et les converses n'a plus été faite dans aucun document législatif. La jurisprudence a décidé, par suite, que les sœurs converses continueraient la communauté tout aussi bien que les sœurs de chœur. « Attendu, dit à ce sujet la Cour de cassation, que si les statuts ecclésiastiques des maisons religieuses ont admis des différences entre les dames de chœur et les converses, quant à leurs prérogatives pour la direction religieuse de la congrégation, aucun texte ne les exclut de l'association religieuse elle-même, non plus que de l'exercice des droits civils ; Attendu d'après ce qui précède qu'en décidant que par suite de l'existence de la défenderesse dans la communauté, la communauté n'était pas éteinte et que cette défenderesse avait qualité pour conserver et administrer les biens de cette congrégation, l'arrêt attaqué n'a violé ni le décret du 18 germinal an IX, ni celui du 18 février 1809, ni l'article 195 du Code civil. »

Mais, suivant certains auteurs, l'ancienne distinction subsiste toujours et on pourrait l'invoquer (1).

2114. *Conséquences de la dissolution et de l'extinction.* — Lorsque l'existence civile des établissements religieux vient à cesser, on peut dire que leur succession s'ouvre.

En cas d'extinction d'une congrégation ou maison religieuse de femmes, ou de révocation de l'autorisation qui lui aurait été accordée, les biens acquis par donation entre vifs ou par disposition à cause de mort, font retour aux donateurs ou à leurs parents au degré successible, ainsi qu'à ceux des testateurs au même degré (2).

De cette façon, l'Etat est absolument désintéressé de la question de révocation. S'il en était autrement, puisque les membres de l'association n'ont aucun droit de succession, le corps moral venant à se dissoudre, les biens appartiendraient légalement à l'Etat par une véritable déshérence. Il importait donc qu'il en fût ainsi. Car l'Etat devant succéder aux corps de mainmorte, rien ne lui serait plus facile que d'amener leur ruine. « Un gouvernement injuste ou oppresseur aurait sans cesse à sa disposition le moyen de tuer les communautés pour s'enrichir de leurs dépouilles. C'est ce qui est arrivé en 1790. La loi du 24 mai 1825 a cherché à prévenir ce danger en donnant, en quelque sorte, des héritiers aux communautés dissoutes ou supprimées (3). »

Le droit de retour, créé par l'article 7 de la loi du 24 mai 1825, est différent de celui que le donateur peut stipuler, en vertu de l'article 951, en cas de prédécès du donataire et de ses descendants.

En effet, la stipulation du droit de retour tel que le prévoit l'article 951, rend la donation conditionnelle ; si l'événement prévu arrive, si le donateur survit au donataire et à sa postérité, la donation est complètement résolue à partir du jour où elle a été faite. Le donataire est censé n'avoir jamais été propriétaire. Les aliénations et les hypothèques qu'il a consenties sur les biens donnés sont nulles et les biens rentrent libres de toute charge dans les mains du donateur. Le droit de retour ne peut être stipulé qu'au profit du donateur.

La règle de l'article 7 de la loi du 24 mai 1825 est toute différente, le droit de retour est transmissible aux héritiers du donateur. C'est une succession ouverte au profit des do-

nateurs, des testateurs et de leurs parents au degré successible (1).

Les biens donnés ne reviendront à la famille du donateur que grevés des charges établies par la congrégation. Celle-ci en a été pendant toute la durée de son existence propriétaire légitime.

Cette succession n'a pas d'effet rétroactif. Elle s'ouvre au moment où la congrégation est éteinte. Les biens sont donc dévolus aux parents les plus proches du donateur à cette époque. Cette succession est réglée comme si les biens appartenaient encore au donateur supposé vivant jusqu'à cette époque.

La succession ne porte que sur les biens donnés, qu'ils existent en nature ou qu'ils soient représentés par des actions en reprise ou par leur prix encore dû.

Si les biens avaient été donnés par les religieuses elles-mêmes ou par leurs familles, ils leur feraient retour comme s'ils provenaient d'une personne étrangère (2).

Quand l'établissement éteint ou dont l'autorisation a été révoqué est indépendant de toute autre association, il n'y a aucune difficulté relativement à l'ouverture de sa succession et à l'application des règles ci-dessus posées.

La question est plus délicate quand il s'agit d'un établissement qui dépendrait d'une congrégation dont la maison mère continue d'exister.

Un avis du Conseil d'Etat du 27 octobre 1830 décide ;

« Dans ces établissements, la supérieure générale ayant une action immédiate sur tous les sujets de la congrégation, surveillant le régime intérieur de l'administration de tous les établissements, ils peuvent être considérés comme des dépendances de la congrégation, et les biens ne doivent pas être considérés comme vacants, tant que la congrégation mère subsiste. Souvent, d'ailleurs, les établissements partiels ne sont formés qu'avec les fonds de la congrégation : il s'ensuit que les biens acquis à titre onéreux ou qui ne pourraient faire retour faute d'ayants droit, doivent rester la propriété de la congrégation. Quant à ceux donnés ou légués, comme les donations peuvent avoir eu en vue l'avantage particulier de l'établissement supprimé et non celui de la congrégation mère, on ne peut donner à leur égard une solution générale, il faut, sur chaque espèce, recourir aux actes pour examiner s'ils ont fait implicitement, du moins de l'existence de l'établissement, une condition de leur libéralité (3). »

Un avis du Conseil du 24 juin 1891 ayant reconnu l'indépendance de patrimoine des établissements dépendant des maisons mères, on peut se demander si la solution donnée par le Conseil d'Etat en 1830 est conforme à l'avis récemment émis.

Quand une communauté ou une congrégation a été inscrite avec une commune ou un bureau de bienfaisance titulaire d'un bien donné aux pauvres ou aux écoles de la commune et que l'association religieuse vient à être supprimée, la commune ou le bureau de bienfaisance paraît devoir garder le bien donné tout entier. Car, aux termes de la jurisprudence du Conseil d'Etat et suivant notamment l'avis émis le 24 janvier 1863, la commune ou le bureau de bienfaisance est sinon le véritable destinataire, du moins son représentant (4).

Quant aux biens qui ne feraient pas retour ou qui auraient été acquis à titre onéreux, ils sont attribués et répartis, moitié aux établissements ecclésiastiques, moitié aux hospices des

(1) En ce sens : Ravelet, n° 153; Consult., 19 juillet 1844, de MM. Gabereau, Vicardier, approuvée par l'évêque de la Rochelle.
(2) L. 24 mai 1825, art. 7.
(3) Gaudry, t. II, n° 613; Jacquier, p. 230.

(1) Ravelet, *op. cit.*, p. 155. M. Jacquier (p. 231) est d'avis, au contraire, que le droit des donateurs est une sorte de droit de retour, analogue à celui que l'article 747 du Code civil accorde aux ascendants morts sans postérité.
(2) Ravelet, p. 155.
(3) En ce sens : Ravelet, p. 155; Gaudry, t. II, n° 613.
(4) Suivant Ravelet : « Il y aura lieu à un partage par portions égales entre la commune ou le bureau de bienfaisance d'une part, et d'autre part, les représentants de la maison supprimée. Si cette maison était une communauté indépendante, la moitié qui lui revient serait dévolue aux établissements ecclésiastiques aux aux hospices du département, conformément aux dispositions de l'article 7 de la loi de 1825; si la maison n'était qu'un établissement particulier dépendant d'une congrégation, ce

départements dans lesquels sont situés les établissements
éteints.

La transmission est opérée avec les charges et obligations
imposées aux précédents possesseurs (1).

La loi ne s'explique pas sur le mode de répartition des
biens entre les divers établissements appelés à en profiter.
Mais comme le gouvernement doit autoriser toutes les acquisitions qu'ils peuvent faire, il se trouve armé d'un pouvoir
souverain pour effectuer ce partage (2).

Dans le cas de révocation, les membres de la congrégation ou maison religieuse de femmes ont droit à une pension alimentaire, qui sera prélevée, spécifie la loi du 24 mai
1825 : 1° sur les biens acquis à titre onéreux ; 2° subsidiairement, sur les biens acquis à titre gratuit, lesquels dans ce
cas, ne feront retour aux familles des donateurs ou testateurs
qu'après l'extinction desdites pensions (3).

Le chiffre de la pension n'est pas déterminé : l'État le
fixe (4).

La loi n'admet pas d'autre partage des biens de la communauté religieuse que dans les cas que nous venons d'indiquer, et, dans ces hypothèses mêmes, elle a soin de le régler. Aussi il a été jugé que les membres d'une communauté
religieuse, exclus en conformité des statuts, ne peuvent demander le partage des bénéfices et économies faits par la
communauté (5).

Les tribunaux ordinaires sont compétents pour statuer sur
les questions qui s'élèvent à l'occasion de la propriété des
biens des communautés religieuses, par suite de l'application
de l'article 7 de la loi du 24 mai 1825 (6).

SECTION VI.

AUTORISATION DES ASSOCIATIONS RELIGIEUSES D'HOMMES.

2115. Les associations religieuses d'hommes comprennent
deux catégories : 1° les associations autorisées en tant qu'associations religieuses ; 2° les associations reconnues comme
établissements d'utilité publique.

Examinons d'abord l'autorisation des associations religieuses de la première catégorie.

2116. Supprimées par la loi du 18 août 1792, les associations religieuses reparurent, nous l'avons vu en traitant de

l'historique des congrégations, au commencement du siècle.
Les lazaristes furent rétablis par décret à la date du 7 prairial
an XII. Le gouvernement, s'effrayant du nombre croissant
des maisons religieuses, rendit le décret du 3 messidor an XII,
qui ordonnait la dissolution de toutes les associations non
autorisées et posait en principe qu'un décret était nécessaire
pour donner aux associations religieuses l'existence légale (1).

Depuis la loi du 2 janvier 1817, qui a limité aux établissements ecclésiastiques reconnus par la loi l'autorisation de
posséder, il a été constamment reconnu qu'une congrégation
d'hommes, quelles qu'en soient les conditions, ne pourrait être
établie que par une loi spéciale. Aucune congrégation n'a
reçu cette existence légale (2).

(1) Ce décret n'a pas été inséré au Bulletin des lois. Il y a été dérogé
par diverses ordonnances de la Restauration, et spécialement par celles
des 2 mars 1815, 3 février et 25 septembre 1816.

(2) Circ. min. 16 avril 1817 ; Vuillefroy ; — Les lois de 1790 et 1792 ont
supprimé en France toute congrégation religieuse des deux sexes, ces
dispositions prohibitives ont été confirmées et renouvelées par l'article 11
de la loi organique du 18 germinal an X. La loi du 24 mai 1825 n'a
dérogé à ce principe absolu de prohibition, qu'en faveur des congrégations religieuses de femmes (avis, comité int. 19 avril 1836, 9 juillet 1832).

L'impossibilité d'établir des congrégations d'hommes résulte : 1° des
dispositions prohibitives et formelles des lois de 1790, 1792 et 18 germinal an X ; 2° de la loi du 2 janvier 1817, qui, en conférant aux établissements ecclésiastiques le droit d'acquérir toute espèce de biens, a
pris soin de limiter ce droit aux établissements reconnus par la loi. Elle
décide dès lors implicitement qu'aucun établissement ecclésiastique ne
peut avoir le caractère et les privilèges d'un établissement public,
qu'autant qu'il est reconnu par la loi ; c'est du reste la conclusion formelle d'un avis rendu par le Conseil d'État, le 4 mars 1817, qui a obligé
le gouvernement à proposer la loi du 24 mai 1825, pour autoriser en
principe l'établissement des congrégations religieuses de femmes et
déterminer les règles de leur capacité civile. Lorsqu'en 1823, la proposition fut faite à la Chambre des Pairs de provoquer une loi sur les congrégations de femmes, l'exposé des motifs expliquait d'ailleurs que les
mots d'établissements reconnus par la loi avaient été substitués, dans la loi
de 1817, à ceux de légalement autorisés, principalement afin d'éliminer les
congrégations d'hommes ; 3° de la loi du 24 mai 1825, sur les congrégations
de femmes. Cette loi n'autorise en principe l'établissement que de ces dernières congrégations. Dans les exposés des motifs comme dans la discussion,
les déclarations les plus positives ont été faites à différentes reprises
par les rapporteurs comme par les ministres, pour rassurer les esprits
sur l'établissement des congrégations d'hommes. Le garde des sceaux
s'exprimait ainsi : « la présentation même du projet consacre la nécessité d'une loi pour autoriser en principe les congrégations d'hommes, si
le gouvernement avait l'intention d'en établir. Les Chambres, dans ce
cas, seraient appelées à examiner si les congrégations d'hommes sont
utiles, quelles règles générales il convient de leur imposer, si le
droit de les reconnaître doit être abandonné au roi ou réservé au pouvoir législatif. » Le président du Conseil disait également : « Il ne
s'agit ici que de congrégations de femmes ; si jamais on venait à désirer l'établissement de congrégations d'hommes, une loi serait nécessaire
et les Chambres seraient nécessairement appelées à la discuter. »

Il est donc hors de doute que, dans l'état actuel de la législation,
une congrégation d'hommes ne pourrait être établie que par une loi
spéciale (Vuillefroy, n° 466).

En ce sens : Cass. civ. réf. 3 juin 1861 ; — Lyon, 12 juillet 1878 ;
Paris, 10 janvier 1863 ; — Cass. civ. 19 décembre 1864 ; — Laferrière,
Droit public et administratif, 5ᵉ édition, t. II, p. 310 ; — Batbie, t. II,
p. 424.

Nancy, 15 juin 1878 : — « La Cour, — Attendu qu'il ressort avec
évidence de tous les documents et de tous les faits de la cause que, dans
l'acte du 14 février 1877, les intimés ont traité non plus en leur nom
comme personnes privées, mais au nom de la congrégation ou de la compagnie des frères de la doctrine chrétienne de Saint-Charles, qui se
dissimulait derrière eux ; qu'on ne saurait admettre ni le supérieur et
quatre des principaux membres de cette compagnie aient, un seul instant, songé à créer à leur maison mère la plus redoutable des concur-
rences, en acquérant pour leur compte l'institution Loritz, soit qu'ils lui
conservassent, dans l'avenir, au point de vue des matières enseignées,
son caractère actuel, soit que leur enseignement futur se rapprochât
davantage de celui de la doctrine chrétienne ; que ce serait mal connaître
l'esprit de discipline et de suite qui anime la corporation dont s'agit ce
qui fait son honneur et sa force ; — Attendu que cette invraisemblance
montre clairement pour qui se faisait l'acquisition, comme l'exiguïté de
leurs ressources personnelles révèle mieux encore qui en payerait le
prix ; qu'une bourse commune, constamment alimentée par de larges et
pieuses offrandes, pouvait seule et bien plus facilement que trois pauvres
frères sans patrimoine désintéresser leurs vendeurs ; — Attendu que,
dans l'état actuel de notre législation, un établissement religieux ne
peut acquérir à titre onéreux et gratuit, qu'autant qu'une loi l'a expressément reconnu ou que le gouvernement lui a accordé une autorisation
spéciale ; qu'au cas particulier, à supposer que les frères de la doctrine
spéciale, qu'au cas particulier, à supposer que les frères de la doctrine
ils ne satisferaient pas à la seconde ; qu'ils ne rapportent pas l'autorisation
d'acquérir l'institution Loritz ; qu'ils ne l'ont jamais produite, qu'ils n'ont
même jamais offert de la produire, c'est afin d'échapper à cette
embarrassante nécessité qu'ils ont eu recours à un subterfuge trop
fréquent et que les magistrats doivent par cela même énergiquement

serait la congrégation qui recueillerait la moitié appartenant à l'établissement. On pourrait même soutenir, dit cet auteur, que le bien tout
entier appartient à la congrégation ou à ses représentants et doit leur
revenir, que l'inscription du nom de la commune ou du bureau de
bienfaisance sur le titre ne suffit pas à constituer au profit de ces derniers une attribution régulière de propriété soit exclusive, soit même
commune » . . .

(1) L. 24 mai 1825, art. 7.
(2) Ravelet, p. 156.
(3) Art. 7.
(4) Ravelet, n° 154.
(5) Paris, 4 juin 1831 : — « Le tribunal, — Attendu que, dans ses conclusions, la demoiselle Derouer ne prétend pas que son exclusion de la
communauté de Bon-Secours ait été prononcée contrairement aux statuts de la communauté ; — Attendu qu'aucune disposition de ces statuts
ne donne aux femmes qui composent la communauté le droit, en cas
d'exclusion, de réclamer une part dans les fonds de la communauté ;
qu'il résulte, au contraire, de l'esprit qui a présidé à la rédaction de
ces statuts, que l'institution de l'association des sœurs de Bon-Secours
a pour but unique le soulagement de l'humanité et les soins à donner
aux malades, sans qu'il soit entré dans la pensée des fondateurs d'y
attacher aucun intérêt pécuniaire ; qu'ainsi, il n'y a lieu, de la part de
la communauté, lors de l'exclusion d'une des sœurs, que de lui restituer ses biens personnels (dont l'usufruit seul a dû appartenir à l'association, pendant qu'elle en a fait partie), ainsi que les effets et hardes
à son usage particulier ; — Attendu que la demoiselle G. a offert à la
demoiselle Derouer la somme de 80 francs, par elle apportée lors de
son entrée dans la communauté, celle de 120 francs à titre de secours,
celle de 10 francs pour intérêts et frais, ainsi que les effets et les effets
qui lui appartiennent ; — Le tribunal déclare lesdites offres bonnes et
valables, ordonne que la demoiselle Derouer sera tenue de les recevoir ;
dit qu'en ne recevant pas, la demoiselle Derouer, les sommes, hardes et
effets compris dans lesdites offres, la communauté de Bon-Secours
sera quitte et libérée de toutes sommes et choses dues à la demoiselle
Derouer. »

(6) C. d'Ét., avis, 17 février 1892 ; Calmette, p. 73.

La loi du 2 janvier 1817 n'a porté aucune atteinte à l'existence légale des associations religieuses autorisées par simple décret ou ordonnance jusqu'à la loi du 2 janvier 1817. En effet, le décret du 3 messidor an XII prescrivait qu'un décret conférant l'existence légale avait force de loi, et le législateur de 1817 n'a pas eu l'intention de donner un effet rétroactif à la loi du 2 janvier. Cette assertion résulte de la discussion même de la loi à la Chambre des députés : on craignit que la rédaction adoptée par la Chambre des pairs, « établissements reconnus par la loi », ne mit en question le sort des établissements créés en vertu de simples ordonnances ou décrets. Le ministre de l'intérieur déclara que les craintes n'étaient pas fondées, et que les établissements régulièrement fondés sous l'empire de la législation antérieurement en vigueur avaient la capacité suffisante pour recevoir en vertu d'un droit acquis, qu'il n'était ni dans l'intention ni dans la puissance de la loi proposée de leur faire perdre (1).

La commission, pensant que la déclaration du ministre ne constituait pas une garantie suffisante, proposa la rédaction suivante :

« Tout établissement ecclésiastique reconnu par la loi ou autorisé légalement jusqu'à ce jour par le gouvernement, et ceux que la loi reconnaîtra à l'avenir, pourront... »

Dans la séance du 24 décembre l'amendement de la commission fut repoussé comme inutile, et tous furent d'accord pour reconnaître le principe qu'il voulait affirmer.

2117. Toutefois on a contesté spécialement l'existence légale de la congrégation des Missions de Saint-Lazare et de l'association des Missions étrangères, reconnues par des actes du pouvoir exécutif.

Nous exposerons ici les diverses controverses soulevées par cette question et nous indiquerons également dans quelles conditions les deux autres associations d'hommes, la congrégation du Saint-Esprit et la compagnie des Prêtres de Saint-Sulpice paraissent avoir une existence légale.

La congrégation des Missions de Saint-Lazare est la première congrégation d'hommes qui ait obtenu sous l'Empire le bénéfice d'une reconnaissance légale. Le décret qui la rétablit est du 7 prairial an XII (2).

Ce décret est rendu dans la forme d'un règlement d'administration publique, sur le rapport du ministre de la marine et des colonies, le Conseil d'État entendu. Il établit une association de prêtres séculiers qui, sous le titre de prêtres des Missions étrangères, sont chargés des missions hors de France. Le directeur de ces missions est reconnu par l'empereur.

D'autres décrets en date des 7 germinal an XIII, 23 janvier, 23 septembre et 12 décembre 1806. 6 janvier 1807, 7 janvier et 12 juillet 1808, 3 janvier 1809, confirmèrent implicitement leur existence légale.

Mais par le décret du 29 septembre 1809 Napoléon révoqua tous décrets précédemment rendus et portant établissement ou confirmation de congrégations de prêtres pour les missions étrangères et notamment celui du 7 prairial an XII.

Ce décret enlevait, par conséquent, toute existence légale à la congrégation des lazaristes.

L'ordonnance du 2 mars 1815 rapporta le décret du 16 septembre 1809 en faveur des Missions étrangères. Une autre ordonnance, du 3 février 1816, rendit l'ordonnance du 2 mars 1815 applicable aux Missions de Saint-Lazare.

Diverses ordonnances des 3 décembre 1817, 16 septembre 1818, 13 août 1820, 6 novembre 1822, 16 janvier 1826, autorisèrent la congrégation des lazaristes à accepter des dons et legs ou permirent l'acquisition pour l'État de divers immeubles destinés à être remis à cette association.

Malgré ces décisions, la personnalité civile de cette congrégation fut contestée.

On prétendit que les ordonnances de 1815 et de 1816 n'avaient pas été suffisantes pour autoriser régulièrement l'existence de la congrégation. La question fut soulevée devant le Conseil d'État quand il s'agit de recevoir le bref pontifical nommant M. de Wailly supérieur général de la congrégation de Saint-Lazare.

« Cette insuffisance, disait M. Portalis, rapporteur, résulte moins de la qualité de l'acte que de sa forme ; il garde un silence complet sur l'institution, sur les statuts, sur les conditions d'admission dans l'État ; il n'est pas même inséré au Bulletin des lois. Or, tout est de rigueur en ce qui concerne les établissements de cette nature (1). »

Malgré ces objections, une ordonnance du 1er juillet 1827 décida que le bref serait reçu et publié dans le royaume.

En 1829, MM. Isambert et Marchal, avocats, adressèrent à la Chambre des députés une pétition pour dénoncer l'existence irrégulière des lazaristes.

À la suite du discours prononcé par le ministre des affaires ecclésiastiques, la Chambre passa unanimement à l'ordre du jour sur la pétition (2).

Le 6 août 1839 le Conseil d'État, appelé à donner son avis sur une demande de cette congrégation en autorisation d'acquérir une pièce de pré, située dans la commune de Gentilly (Seine), pensa qu'il était nécessaire, avant de l'accueillir, de s'assurer si la congrégation des lazaristes avait une existence légale qui la rendît apte à posséder à acquérir. La question fut discutée avec beaucoup de soin et de maturité. Sur le rapport présenté le 27 octobre 1841 par le ministre des cultes, le Conseil d'État, dans sa séance du 27 avril 1842, émit l'avis que l'association des prêtres séculiers des Missions étrangères ou la congrégation des lazaristes, établie à Paris, avait été légalement instituée par le décret du 7 prairial an XII ; et conformément à cet avis, une ordonnance du 1er mai suivant autorisa l'acquisition de l'immeuble situé à Gentilly (3).

En 1847, à l'occasion d'une demande formée par la congrégation des lazaristes devant le conseil de préfecture de la Seine pour obtenir l'autorisation d'ester en justice, le conseil de préfecture fit observer que le décret du 7 prairial an XII, qui les concernait, d'ailleurs, à son avis, que la congrégation des Missions étrangères, tout à fait distincte de celle de Saint-Lazare, était abrogé par le décret impérial du 26 sep-

---

proscrire, afin de rappeler, toutes les fois que l'occasion s'en présente, au respect de principes aussi bien consacrés par le droit ancien que par le droit nouveau ; — Attendu qu'on chercherait en vain à prétendre dans l'intérêt des intimés, qu'ils sont encore à temps pour se conformer à l'article 2 de la loi du 2 janvier 1817, l'acte du 14 avril 1877 n'étant qu'un simple projet de vente ou une simple promesse de vente; qu'à supposer que cette prétention se manifestât, elle serait tombée non seulement devant les dispositions de l'article 1589, Code civil, mais encore devant la simple lecture de l'acte du 14 avril 1877, qu'on le considère dans sa forme ou dans ses termes, dans son ensemble ou dans ses plus petits détails; qu'il convient, d'ailleurs, de remarquer qu'avec un système qui permettrait aux congrégations religieuses de solliciter l'autorisation rétroactive d'acquérir pour une acquisition déjà faite, on arriverait directement à la violation quotidienne des règles de droit public, qui placent les congrégations religieuses sous la surveillance et la tutelle de l'État; qu'on commencerait toujours, en effet, par se passer de l'autorisation gouvernementale, sauf à la demander plus tard si le gouvernement avert venait à l'exiger; que la validité des contrats ne peut être de la sorte tenue en suspens, et que c'est de plano, par un arrêt définitif, qu'il faut statuer aujourd'hui;

« Par ces motifs, annule l'acte du 14 avril 1877, dit en conséquence qu'il n'y avait pas lieu de la part des époux Tabellion de consentir à sa conversion en acte authentique; — Condamne les intimés, etc. »

(1) Moniteur, 20 décembre 1816.

(2) L'orateur ne mentionne que la congrégation des Missions étrangères. Le conseil de préfecture de la Seine s'est demandé en 1847 si ce décret s'appliquait à la congrégation de Saint-Lazare, qui n'y est pas dénommée (voir infra, lettre du garde des sceaux, du 22 novembre 1847).

(1) M. Demolombe, Traité des donations et testaments, t. Ier, n° 507, avait adopté primitivement cette opinion et s'exprimait à ce sujet de la manière suivante : « Aucune loi, depuis 1792, n'a reconnu les congrégations religieuses d'hommes; d'où il résulte que toutes celles qui existent aujourd'hui de fait en si grand nombre, et dont le réseau s'étend chaque jour de plus en plus sur le sol français, n'ont pas d'existence légale ni de personnalité juridique, sans en excepter quelques-unes, comme celle, par exemple, des lazaristes, dont l'existence de fait a été constatée par des actes du pouvoir exécutif (ordonnance du 3 février 1816), mais dont aucune loi n'a constitué la personnalité civile. »

Dans le même sens : Troplong, Donations et testaments, t. II, n°s 670 et suivant.

M. Demolombe a reconnu l'existence légale des lazaristes dans la seconde édition de son Traité des donations.

(2) Séance du 7 mars 1829.

(3) Lettre du garde des sceaux au préfet de la Seine, 22 novembre 1847.

tembre 1809. Le conseil se demanda si l'ordonnance du 2 mars 1815, qui avait rapporté ce dernier décret, avait pu faire revivre les dispositions du premier, et si l'ordonnance du 3 février 1816 avait pu étendre ses dispositions à la congrégation de Saint-Lazare, qui n'était pas dénommée dans le décret de l'an XII.

Le ministre répondit (1) : « A dater de sa création, cette congrégation, fondée par saint Vincent de Paul, a toujours eu pour mission principale la prédication de l'Evangile dans les pays étrangers. Elle n'est pas, il est vrai, désignée par son titre de prêtres lazaristes dans l'article 1er du décret du 7 prairial an XII, qui ne parle que d'une association de prêtres séculiers chargés des missions hors de France. Mais les actes postérieurs du gouvernement ont suppléé à ce défaut de précision et clairement indiqué les prêtres de Saint-Lazare comme constituant l'association à laquelle doivent être appliquées ces dispositions. Ainsi les décrets des 20 mars et 23 septembre 1806, et l'ordonnance du 1er juillet 1827, portent textuellement que la congrégation des prêtres de la Mission, dite lazariste, est autorisée par le décret du 7 prairial an XII, et l'article 9 de ce décret ayant accordé à l'établissement qui s'y trouve mentionné une somme annuelle de quinze mille francs, cette somme, réduite en 1871 à dix mille francs, a été constamment payée aux lazaristes depuis l'an XII jusqu'à ce jour, conformément à la loi de finances qui tous les ans en maintient l'allocation au budget de l'Etat au profit de ces ecclésiastiques.

Quant à la question de savoir si les ordonnances royales des 2 mars 1815 et 3 février 1816 ont pu faire revivre les dispositions du 7 prairial an XII, elle doit être résolue affirmativement.

Aux termes de l'article 4 du décret du 3 messidor an XII, aucune agrégation ou association d'hommes ou de femmes ne pouvait se former à cette époque, à moins qu'elle n'eût été autorisée par un décret impérial. Il est certain que le décret du 7 prairial an XII a été rapporté par le décret du 26 septembre 1809 ; mais ce dernier décret qui, d'après son article 3, ne devait pas être imprimé, a été abrogé lui-même par les ordonnances des 2 mars 1815 et 7 février 1816. Or, d'après la législation en vigueur jusqu'à la loi du 2 janvier 1817, le roi pouvait faire par une ordonnance ce que le chef du gouvernement précédent avait pu faire par un décret. Par conséquent, la congrégation des lazaristes a été régulièrement rétablie, et le décret primitif de l'an XII a repris toute sa force. »

La question de la légalité de l'existence de la congrégation des lazaristes fut encore soulevée par divers auteurs, malgré ces décisions en faveur de la personnalité civile de cette association.

La Cour de cassation appelée à se prononcer à ce sujet, en 1864, décida que la congrégation de Saint-Lazare jouissait de l'existence civile (2).

2118. L'association des Missions étrangères a été fondée sous Louis XIV pour établir des églises en Asie par le moyen de clergés indigènes. Des lettres patentes du mois de juillet 1663 autorisent l'établissement comme « séminaire pour la conversion des infidèles dans les pays étrangers. » De nouvelles lettres patentes du mois de mai 1775 érigèrent en un corps d'association perpétuelle le directeur du séminaire de Paris ainsi que les évêques, vicaires apostoliques et autres missionnaires français envoyés des séminaires dans les missions.

L'association des Missions étrangères, supprimée par la loi du 18 août 1792, a été rétablie par le décret du 2 germinal an XIII. Ce décret autorisa le supérieur de cette congrégation à accepter la donation de l'immeuble autrefois affecté à cet établissement ainsi que toute fondation ou donation qui lui seraient faites à l'avenir, sauf l'approbation du gouvernement.

Le décret du 26 septembre 1809 révoqua cette autorisation.

L'ordonnance du 2 mars 1815 rapporta le décret du 26 septembre 1809 en ce qui concerne la congrégation des Missions étrangères et la rétablit sur le pied du décret du 2 germinal an XIII.

Une ordonnance du 15 octobre 1823 confirma et approuva les lettres patentes du mois de mai 1775 et le règlement y annexé.

Plusieurs ordonnances et décrets ont autorisé la congrégation à accepter des dons et legs.

2119. La congrégation du Saint-Esprit a été fondée en 1703, à Paris, pour former à l'état ecclésiastique des jeunes gens pauvres et les destiner à la desserte des hôpitaux, aux missions.

Sous l'ancien régime, elle a été autorisée par les lettres patentes du roi Louis XV, en date du mois de mai 1726, sous le titre de Communauté du Saint-Esprit et de l'Immaculée Conception. Cette autorisation fut confirmée par de nouvelles lettres patentes du mois d'octobre 1761 à l'occasion d'un legs.

La loi du 18 août 1792 a supprimé la congrégation du Saint-Esprit comme les autres corporations religieuses de la France.

Elle fut rétablie par le décret du 2 germinal an XIII. Le décret du 26 septembre 1809 la supprima.

Elle fut rétablie une seconde fois par l'ordonnance du 3 février 1816 et réintégrée dans son ancienne maison de la rue des Postes à Paris sous le titre expressément désigné dans cette ordonnance de congrégation du Saint-Esprit (1). Diverses subventions lui furent accordées par le gouvernement de la Restauration.

Une ordonnance du 27 octobre 1830 retira l'allocation annuelle de 5,000 francs, qui lui était attribuée. Cette ordonnance, insérée au Bulletin des lois, a pour titre « ordonnance du roi qui supprime la congrégation du Saint-Esprit ».

Ce titre est inexact ; l'allocation est supprimée, mais non

la congrégation. Cette erreur est rectifiée à la table des matières du *Bulletin des lois* où l'ordonnance est ainsi désignée : « *Congrégation*, suppression du secours annuel accordé à la congrégation du Saint-Esprit ».

Du reste, la reconnaissance légale de cette congrégation a été sanctionnée par un grand nombre d'actes du gouvernement : ordonnance du 20 août 1823 qui lui a permis de créer un petit séminaire à Paris ; décret du 3 février 1851, relatif à l'organisation des évêchés coloniaux et dont l'article 3 dispose que « le séminaire du Saint-Esprit servira de séminaire commun pour les évêchés » ; — décret du 26 décembre 1857, qui a autorisé la congrégation du Saint-Esprit à établir un petit séminaire colonial dans la commune de Cellule, près Riom (Puy-de-Dôme), etc.

Aucun doute ne paraît donc s'élever sur l'existence légale de cette congrégation ; mais il n'en est pas de même de ses statuts ; on n'a trouvé aucune trace de leur approbation ; ils n'ont même pas été visés dans le décret du 2 germinal an XIII. Cette omission est d'autant plus remarquable que le décret général du 3 messidor an XII, intervenu quelques mois auparavant, contenait la disposition suivante : « Aucune congrégation ou association d'hommes ou de femmes ne pourra se former à l'avenir, sous prétexte de religion, à moins qu'elle n'ait été autorisée par un décret impérial, *sur le vu des statuts et règlement selon lesquels on se proposerait de vivre dans cette congrégation ou association.* »

2120. La compagnie des prêtres de Saint-Sulpice a été fondée en 1642. Elle fut supprimée par la Révolution ; elle fut autorisée de nouveau par ordonnance royale du 2 avril 1816. Le but de cette association est l'enseignement dans les séminaires.

2121. La deuxième catégorie d'associations religieuses d'hommes est celles que le gouvernement reconnaît comme établissements d'utilité publique.

Une question générale a été soulevée à propos de ces associations.

Le gouvernement peut-il autoriser une association religieuse d'hommes comme établissement d'utilité publique, en faisant abstraction de son caractère de congrégation religieuse ? Y a-t-il une exception à la règle que les associations religieuses d'hommes n'ont d'existence légale et de capacité civile que lorsqu'elles ont été reconnues par une loi ? Quelle est la situation légale des associations religieuses d'hommes qui ont été autorisées, par des décrets postérieurs à 1817, à fournir des instituteurs primaires à tel ou tel département, ou qui ont été reconnues comme établissements charitables d'utilité publique ?

La jurisprudence décide que les décrets qui ont admis l'établissement de ces associations ne leur ont pas donné la personnalité civile. C'est ainsi qu'un arrêt de la Cour de cassation du 3 juin 1861 déclare qu'une autorisation de ce genre a seulement pour effet de régulariser la situation de la congrégation au point de vue de la police des associations, et d'autoriser ses services pour l'enseignement primaire, mais qu'elle ne lui confère pas la personnalité civile et la capacité de recevoir des dons et legs (1).

Le Conseil d'Etat a décidé de même, en 1881, qu'une ordonnance qui a autorisé une congrégation religieuse d'hommes

comme association charitable en faveur de l'instruction primaire, n'a pu suppléer à la loi qui était nécessaire pour lui donner la personnalité civile (1).

Cette question avait été résolue jusqu'alors en faveur de ces associations par la haute assemblée. Elle avait été sérieusement agitée en 1839 à l'occasion des associations des frères des écoles chrétiennes, et résolue par le Conseil d'Etat dans le sens de la personnalité civile de ces établissements. Mais Vuillefroy formulait déjà à propos de cet avis les observations suivantes : « Il est à craindre que cette décision ne repose sur une confusion de principes. Les établissements d'utilité publique régulièrement institués ont légalement une capacité civile, cela est hors de doute ; mais un établissement d'utilité publique n'est régulièrement institué que lorsque les formes *spéciales* qui ont été tracées, en raison de la nature de chaque établissement, ont été observées. Quelles sont les formes *spéciales* à l'établissement des associations de frères ? Ces associations sont-elles des établissements d'utilité publique ordinaires et soumis aux règles ordinaires ? Evidemment non ; car les frères sont une congrégation religieuse, et à ce titre, leurs associations tombent sous le coup de l'application des lois spéciales à ces congrégations.

On a voulu, dans la décision de 1839, faire abstraction de ce caractère de congrégation religieuse, ne considérer les frères que comme association charitable et ne soumettre leur autorisation qu'aux formes de ces dernières associations ; mais cette confusion n'était pas possible : les frères sont une congrégation religieuse ; ils réunissent les trois caractères qui constituent ces congrégations, et qui sont, aux termes de la décision de 1809, l'émission de vœux, l'admission de novices et les statuts religieux. Or, est-il permis de faire des abstractions du caractère des congrégations, et de les soustraire, de cette manière, à l'action des lois spéciales aux congrégations, pour ne les considérer que comme des établissements d'utilité publique ordinaires ? Avec un pareil système, le droit public serait complètement renversé et la législation spéciale éludée (2).

Toutefois, on reconnaît généralement (3) l'existence légale

grégation de son incapacité civile pour recevoir elle-même directement des libéralités et pour faire un acte d'établissement ecclésiastique légalement constitué, en acceptant ces libéralités sans l'intervention de l'Université, ainsi que le demandeur prétend pouvoir le faire pour ladite communauté, comme étant son supérieur ;

« Par tous ces motifs, rejette. »

(1) C. d'Et., avis, 16 juin 1881 : — « Le Conseil d'Etat, qui, sur le renvoi ordonné par M. le ministre de l'instruction publique et des beaux-arts, a pris connaissance d'une dépêche ministérielle appelant le Conseil d'Etat à examiner la question de savoir si la Société de Marie, autorisée par ordonnance royale du 16 novembre 1825, comme association charitable en faveur de l'instruction primaire, possède la personnalité civile ; — Vu l'ordonnance du 16 novembre 1825, autorisant la société établie à Bordeaux (Gironde), sous le nom de Société de Marie, comme association charitable en faveur de l'instruction primaire, ensemble les statuts annexés à ladite ordonnance ;

« Considérant que, d'après les principes de notre droit public, les congrégations religieuses ne peuvent, avec l'autorisation du gouvernement, recevoir des libéralités ou acquérir des biens immeubles ou des rentes que si elles ont été reconnues par une disposition législative ; que si la loi du 24 mai 1825 a permis au gouvernement, dans certaines conditions, de constituer, par simple décret, en personnes civiles les congrégations religieuses de femmes, aucun texte de loi ne lui donne le même droit en ce qui concerne les associations religieuses d'hommes ; — Considérant, en fait, qu'aucune loi n'a reconnu la Société de Marie ; que l'ordonnance du 16 novembre 1825, autorisant cette congrégation comme association charitable en faveur de l'instruction primaire, n'a pu suppléer à la loi qui était nécessaire pour lui donner la personnalité civile ; que l'incapacité de cette association pour recueillir directement des libéralités, ressort même de l'obligation où l'on s'est trouvé, pour parer à son défaut de qualité, d'insérer dans l'ordonnance de 1825 un article spécial disposant que « le conseil royal de l'instruction publique pourra, en se conformant aux lois et règlements d'administration publique, recevoir les legs et donations qui seraient faits en faveur de ladite association et de ses écoles » (art. 2) ; que le décret du 18 avril 1857, en abrogeant cette disposition de l'ordonnance de 1825, n'a pu avoir pour conséquence de conférer à ladite association une capacité qui ne lui avait jamais appartenu ;

« Est d'avis : — Que la Société de Marie ne possède pas la personnalité civile. »

(2) Vuillefroy, p. 171, note.

(3) En ce sens : Demolombe et Troplong, *Donations et testaments ;* Demante, *Cours analytique,* t. IV, n° 31 *bis ;* Laferrière, *Droit public et administratif,* 5ᵉ édit., t. II, p. 318, 321 ; — Cont., 17 juin 1887.

(1) Cass. civ. 3 juin 1861 : — « La Cour ; — Sur le deuxième moyen : — Attendu qu'aux termes de la loi du 2 janvier 1817, qui n'a fait que proclamer de nouveau l'un des principes permanents du droit public de la France, consacré sous l'ancienne monarchie par la déclaration du roi du 27 juin 1659 et par l'édit du mois d'août 1749, aucune communauté religieuse d'hommes ne peut tenir l'existence et la capacité civiles pour recevoir des libéralités que d'un acte de l'autorité législative ; — Attendu qu'en l'absence d'une loi qui ait reconnu la congrégation religieuse des frères de Saint-Joseph du Mans, il n'y a point été et n'aurait pu y être suppléé par l'ordonnance du 25 juin 1823, laquelle, en autorisant cet établissement comme association charitable, n'a eu seulement pour effet de régulariser sa situation au point de vue de la police des associations, et aussi d'autoriser les services de ladite association, comme dépendance de l'université, pour l'instruction primaire ; — Attendu que si ladite ordonnance a disposé, par son article 3, « que l'Université pourra, en se conformant aux lois et règlements de l'administration publique, recevoir les legs et donations qui seraient faits en faveur de ladite association, » cette disposition n'a point relevé la con-

à l'association des frères des écoles chrétiennes, en s'appuyant sur le décret du 17 mars 1808, constitutif de l'Université, et ainsi conçu : « Les frères des écoles chrétiennes seront brevetés et encouragés par le grand-maître, qui visora leurs statuts intérieurs, les admettra au serment, leur prescrira un habit particulier et fera surveiller leurs écoles. Les supérieurs de ces congrégations pourront être membres de l'Université. »

Dans des conclusions prises par M. Le Vavasseur de Précourt en qualité de commissaire du gouvernement sur une affaire jugée par le Conseil d'Etat, le 17 juin 1887, à l'occasion d'une instance engagée par la ville de Paris et l'institut des frères des écoles chrétiennes, au sujet de l'immeuble de la rue Oudinot, il a été affirmé que la reconnaissance légale de l'institut des frères des écoles chrétiennes remonte à l'an XII.

A l'appui de cette opinion, on cite un document remontant à cette année et qui a été récemment trouvé dans les archives du département du Rhône (fonds de l'instruction primaire, série 6) (1).

On applique généralement la même solution, non seulement aux établissements des frères fondés avant la loi de 1817, mais à ceux qui ont été créés après cette loi, l'association des frères des écoles chrétiennes ayant été autorisée d'une façon générale, et non les maisons isolées qui en dépendent (2).

(1) Voir *Les frères des écoles chrétiennes et l'enseignement primaire après la Révolution*, par Alexis Chevalier, p. 91. — Rapport présenté au gouvernement de la République, par le conseiller d'Etat chargé de toutes les affaires concernant les cultes, le 10 frimaire an XII : « Citoyen premier consul, la ville de Lyon vient de confier la direction de ses écoles primaires à quelques membres de la ci-devant doctrine chrétienne, connus sous le nom de frères ignorantins. Tous les enfants du peuple reçoivent par leurs soins les éléments de l'écriture, des leçons de calcul, l'enseignement religieux et moral. Les membres de la doctrine chrétienne ne peuvent être considérés comme formant une corporation ; ils sont simplement associés pour l'instruction gratuite de la jeunesse. Quelques-uns de leurs confrères sont également chargés individuellement et comme simples citoyens des écoles gratuites de Reims, de Chartres et autres villes de France. On m'assure qu'il font partout le même bien, que partout il s'opère un changement remarquable dans la subordination des enfants. Mais les membres de la doctrine chrétienne sont disséminés dans toute l'étendue de la France. Pour rendre leur institution utile et leurs services durables, il importe qu'ils aient un point central de réunion. Les frères de la doctrine chrétienne, rétablis sous le gouvernement actuel, inspireraient à la génération naissante l'amour du gouvernement et de son chef. Les finances y gagneraient en ce que ces instituteurs se contentent du plus strict nécessaire et que leur enseignement est gratuit. L'instruction des enfants ne pourrait qu'y gagner aussi, étant confié à des maîtres entièrement consacrés à cette instruction et qui ne sont point distraits par des soins de famille. D'après ces considérations, j'ai l'honneur de vous proposer, citoyen premier consul, de permettre aux frères de la doctrine chrétienne de fixer leur établissement dans la ville de Lyon où ils ont déjà des postulants. Son Eminence le cardinal archevêque de Lyon sollicite pour eux cette faveur, qu'ils regarderont comme un nouveau bienfait du gouvernement et pour lequel ils conserveront la plus vive reconnaissance. Ils avaient leur supérieur à Rome, j'ai fait observer que des hommes consacrés à l'éducation publique ne pourraient être dirigés par un supérieur étranger et qu'ils devaient avoir un supérieur général en France. M. le consul a senti la vérité de cette observation ; en conséquence, il a rapporté la renonciation du supérieur général de Rome à toute inspection sur les frères de la doctrine chrétienne en France, et il a été convenu que ces frères auraient un supérieur général qui résiderait à Lyon. Si vous approuvez le plan de l'institution, j'aurai l'honneur, citoyen premier consul, de vous présenter un projet de rapport. (*Signé* : Portalis. Approuvé le 11 frimaire an XII. Le premier consul, *signé* : Bonaparte. Pour le premier consul, le secrétaire d'Etat, *signé* : Hugues B. Maret.) »

Les frères soumirent leurs statuts à l'examen du Conseil d'Etat pour se conformer aux prescriptions du décret du 3 messidor an XII ; mais cet examen fut reculé, et le règlement, extrait des anciennes constitutions, ne fut approuvé officiellement que par une décision du grand maître de l'Université. Le gouvernement ne crut pas devoir ajourner jusqu'à l'approbation des statuts, l'effet du décret du 11 frimaire an XII et une dépêche de Portalis en date du 19 brumaire an XIII annonça au préfet du Rhône qu'il lui adresserait une ampliation de la décision par laquelle le gouvernement autorisait l'établissement de l'institution de la doctrine chrétienne à Lyon (Alexis Chevalier, *op. cit.*, p. 140). Non seulement de nombreux décrets autorisèrent les villes de l'empire à établir les frères dans leurs écoles ; mais ce qui est plus significatif encore un décret du 31 janvier 1806 autorisa la ville de Trévoux à accepter la donation qui lui était faite par les époux Guichard et consistant dans : 1° une maison destinée à l'établissement des frères ignorantins ; 2° une rente annuelle de 1,200 francs pour le traitement de deux frères (*ibid.*, p. 433 ; Dalloz P. 1888).

(2) Demolombe ; Troplong ; Demante, *op. et loc. cit.* — En sens con-

Mais, au contraire, le caractère d'associations reconnues n'a pas été admis pour les autres congrégations, autorisées comme simples associations charitables vouées à l'enseignement primaire par de simples ordonnances rendues après la loi du 2 janvier 1817. C'est ainsi que la jurisprudence a refusé le caractère d'associations reconnues :

1° A l'association des frères de Saint-Joseph du Mans, autorisée par ordonnance du 25 juin 1823 (1) ; 2° aux frères de la doctrine chrétienne de Saint-Charles, reconnus par une ordonnance du 17 juillet 1822 pour la Meurthe, la Meuse et les Vosges (2) ; 3° aux frères de Saint-Viateur, reconnus par ordonnance du 10 janvier 1830, pour l'Ain, la Loire et le Rhône (3) ; aux frères du Saint-Sacrement, établis à Paris le 5 janvier 1837 (4).

Toutefois, un arrêt de la Cour de Toulouse de 1884, tout en reconnaissant que des associations de cette nature ne jouissent pas de la capacité civile, leur reconnaît le droit de réclamer en justice les salaires qui peuvent leur être dus pour des services scolaires, qu'ils ont légalement rendus (5).

SECTION VII.

ORGANISATION DES ASSOCIATIONS D'HOMMES.

2122. Nous examinerons très brièvement : 1° l'organisation des congrégations proprement dites, qui sont au nombre de quatre : la congrégation des lazaristes, la congrégation des Missions étrangères, la congrégation du Saint-Esprit et la Compagnie de Saint-Sulpice ; 2° l'organisation de l'institut des frères des écoles chrétiennes, reconnu comme établissement d'utilité publique.

2123. La congrégation des lazaristes qui, ainsi que nous l'avons dit, est la première congrégation d'hommes ayant obtenu le bénéfice d'une reconnaissance légale, comprend une maison mère et divers établissements situés en France et à l'étranger.

Tous ces établissements ne forment, avec la maison mère, qu'une seule administration, à la tête de laquelle est un supérieur général, qui représente la congrégation.

Le supérieur général est nommé à l'élection.

Les lazaristes n'ont pas de statuts enregistrés au Conseil d'Etat, les divers décrets et ordonnances qui leur ont donné l'existence ne leur ayant pas imposé l'accomplissement de cette formalité (6).

2124. La congrégation des Missions étrangères a son siège à Paris dans la maison du séminaire.

Elle est administrée par un bureau d'administration, composé de cinq ou six directeurs du séminaire élus à vie, et des directeurs députés par les diverses missions.

Il y a onze directeurs. Tous les deux ans ou tous les quatre ans, deux procureurs sont nommés par le bureau d'administration ; l'un des procureurs est chargé des recettes et l'autre est chargé des dépenses.

Cette congrégation est une association de prêtres séculiers ; elle n'a aucun caractère monastique. Ses membres ne prêtent aucun vœu et peuvent sortir librement de l'association ; toutefois ils sont tenus d'obéir aux statuts tant qu'ils restent dans l'association.

2125. La congrégation du Saint-Esprit comprend une maison mère à Paris et divers établissements, petits séminaires, orphelinats, colonies agricoles, séminaires coloniaux, situés en France et aux colonies.

Un supérieur général représente et dirige la congrégation.

traire : Vuillefroy, p. 168, note ; Saintespès-Lescot, *Donations et Testaments*, t. 1, n° 267.
(1) Cass., rej., 3 juin 1861.
(2) Nancy, 15 juin 1878.
(3) Lyon, 12 juillet 1878.
(4) Paris, 21 février 1879.
(5) Toulouse, 6 mars 1884.
(6) Ravelet, p. 175.

Le supérieur général est nommé à vie, à l'élection, par le chapitre général.

Il a près de lui, pour l'assister, un conseil composé de six membres élus par le chapitre.

Les membres conservent leur patrimoine; mais ils ne doivent en user qu'avec la permission de leur supérieur, et ils mettent en commun tous les traitements et honoraires qu'ils peuvent recevoir (1).

Bien que placée sous la dépendance du ministre des cultes comme congrégation religieuse, la congrégation du Saint-Esprit relève également du ministre des colonies à cause du service religieux dont elle a la charge dans les colonies.

Nous avons vu précédemment que les statuts de la congrégation n'ont pas été enregistrés au Conseil d'État.

2126. La Compagnie des prêtres de Saint-Sulpice comprend une maison mère, située à Paris, et divers établissements, dont les uns lui appartiennent et dont les autres sont seulement habités et desservis par les professeurs qu'elle y envoie (2).

Un supérieur général représente et dirige tous les établissements de la congrégation.

Le supérieur est nommé à l'élection.

2127. L'institut des frères des écoles chrétiennes a son siège à Paris et divers établissements.

Un supérieur général représente et dirige tous les établissements.

L'association des frères des écoles chrétiennes accepte directement, par l'intermédiaire de son supérieur général, les dons et legs qui lui sont faits.

SECTION VIII.

CAPACITÉ DES ASSOCIATIONS RELIGIEUSES D'HOMMES AUTORISÉES.

§ 1. — Capacité des membres.

2128. Les membres des congrégations religieuses d'hommes autorisées conservent leur capacité civile entière comme les membres des congrégations religieuses de femmes autorisées (3).

§ 2. — Capacité de l'association autorisée et actes de la vie civile.

2129. Nous étudierons la capacité des associations religieuses d'hommes en suivant la division que nous avons suivie en traitant de l'autorisation, c'est-à-dire en distinguant :

1° Les associations d'hommes autorisées en tant qu'associations religieuses ou en tant qu'établissements d'utilité publique.

2130. Les associations religieuses d'hommes autorisées de la première catégorie sont régies, au point de vue de la capacité, par la loi fondamentale du 2 janvier 1817, qui porte : « Tout établissement ecclésiastique reconnu par la loi pourra accepter, avec l'autorisation du roi, tous les biens meubles, immeubles ou rentes qui lui seront donnés par actes entre vifs ou par actes de dernière volonté.

« Les immeubles ou rentes appartenant à un établissement ecclésiastique seront possédés à perpétuité par ledit établissement et seront inaliénables, à moins que l'aliénation n'en soit autorisée par le roi ».

Les associations autorisées d'hommes peuvent accepter les libéralités à titre gratuit par un décret rendu en Conseil d'État. Les formalités de l'autorisation sont les mêmes que pour les

congrégations de femmes. Elles résultent principalement de l'ordonnance royale du 2 avril 1817 rendue en exécution de la loi du 2 janvier de la même année, et de l'ordonnance du 14 janvier 1831, applicable à tous les établissements ecclésiastiques et religieux.

Le préfet statue quand la libéralité est mobilière et ne dépasse pas 300 francs (1).

2131. La loi du 24 mai 1825 s'applique exclusivement aux associations religieuses de femmes. On ne peut en appliquer les prescriptions par analogie aux associations religieuses d'hommes. Par conséquent la prohibition d'accepter des libéralités universelles et à titre universel édictée par l'article 4 de la loi du 24 mai 1825, la prohibition de donner plus du quart de ses biens, ne doivent pas être étendues aux associations religieuses d'hommes (2).

---

(1) Ord. 2 avril 1817.
(2) Déc. min. cultes, 15 mars 1832. — Paris, 14 janvier 1868 : — « La Cour, — Considérant que des termes clairs et précis du testament du 2 juillet 1861 il résulte que D. B... n'a entendu appeler à sa succession J..., en qualité de légataire universel, que pour le cas où la communauté des lazaristes, instituée en premier rang, n'accepterait pas ou ne pourrait accepter la disposition faite à son profit; que par acte notarié du 3 novembre 1865, le supérieur général de ladite communauté, conformément à l'autorisation qui lui en avait été accordée par décret impérial en date du 17 septembre précédent, a déclaré accepter au nom de sa congrégation le legs universel dont il s'agit; que cette acceptation a saisi définitivement la communauté des lazaristes de l'intégralité des valeurs composant la succession du sieur D. B...; que, dès lors, la disposition subsidiaire faite au profit de J..., dans la prévision d'un événement qui ne s'est pas réalisé, a pu, et ne peut désormais recevoir aucun effet; — Considérant que l'intimé soutient à tort que l'autorisation accordée à la congrégation des lazaristes était subordonnée à la condition de délaisser aux héritiers naturels du testateur diverses valeurs dépendant de la succession, et que cette autorisation conditionnelle constitue, en réalité, une réduction de la libéralité, réduction dont le légataire universel substitué doit seul profiter, à l'exclusion des héritiers du sang écartés par la volonté formelle du défunt; que ni les termes du décret ni ceux de l'acceptation ne permettent une semblable interprétation; que le décret ne met aucune restriction à l'autorisation accordée d'accepter le legs universel dont il précise exactement l'importance; que par une disposition distincte et séparée ce décret autorise, il est vrai, le supérieur général des lazaristes à abandonner aux héritiers du testateur conformément à une délibération antérieure du conseil d'administration de la congrégation, diverses valeurs dépendant dudit legs, énumérées dans un acte de consentement passé par les héritiers, et évaluées à 24,518 fr. 40; mais que cette disposition supplémentaire du décret n'est autre chose que l'accomplissement des prescriptions contenues aux articles 2 et 3 de l'ordonnance royale du 14 janvier 1831; qu'aux termes de l'article 2 de ladite ordonnance, aucun notaire ne peut passer au nom d'un établissement ecclésiastique aucun acte de transaction, s'il n'est justifié de l'ordonnance royale portant autorisation de cet acte; que, suivant l'article 3, nulle acceptation de legs au profit d'un établissement de la même nature ne peut être présentée à l'autorisation du gouvernement, sans que les héritiers connus du testateur aient été appelés pour prendre connaissance du testament, donner leur consentement à son exécution, ou produire leurs moyens d'opposition; que l'acte de consentement des héritiers D. B..., en date du 16 février 1863, et la délibération du conseil d'administration de la communauté des lazaristes, du 9 mars suivant, visés par le décret d'autorisation, sont incontestablement les éléments d'une transaction dont la condition était l'abandon aux héritiers de certaines valeurs, pour le cas éventuel où la communauté serait régulièrement autorisée à accepter la libéralité faite à son profit; que cette transaction, pour produire effet, avait besoin d'être approuvée par l'autorité supérieure; qu'elle ne constituait ni une convention illicite, ni aucune violation de la volonté du testateur; que, d'une part, loin de contrarier en quoi que ce soit les dispositions législatives qui ont réglementé la dévolution des biens par voie de donation ou de testament aux établissements publics ou religieux, cette transaction est en harmonie parfaite avec l'esprit de ces dispositions, qui ont eu pour objet, non seulement d'empêcher la multiplication excessive des biens de main-morte, mais aussi de protéger, dans de certaines limites, l'intérêt légitime des familles; que le consentement qui devait être donné aux héritiers D. B... n'a été donné par eux, pouvait l'être sous telle condition qu'il leur plairait à mettre; que celle qu'ils y ont mise et qui a été acceptée par la communauté des lazaristes n'était contraire ni à la loi ni à l'ordre public; que, d'autre part, il ne serait pas exact de dire que, par la transaction dont il s'agit, la volonté du testateur ait été violée; que cette volonté, au contraire, a été respectée, puisque la congrégation des lazaristes a été investie de la pleine et entière propriété des valeurs successorales; que l'effet de la dévolution qui s'est opérée a été nécessairement de conférer à ladite congrégation en remplissant les formalités légales, le droit de disposer, en tout ou en partie, des biens recueillis par elle; que, d'ailleurs, ce droit inhérent à la propriété n'aurait pu lui être enlevé que par la volonté du testateur lui-même; que, loin de tout ce qui précède il résulte que le legs universel dont D. B... au profit de la congrégation doit recevoir son effet dans les termes où l'acceptation en a été autorisée, et à la charge de la condition sous laquelle l'exécution en a été consentie par les héritiers naturels du testateur; que, dès lors, la demande de J... n'est pas justifiée, etc. »

---

(1) Ravelet, p. 179.
(2) Ravelet, p. 180.
(3) Voir tit. VI, chap. III, sect. IV, § 1er.

2132. Les prescriptions de l'ordonnance du 14 janvier 1831, qui veulent que le gouvernement n'autorise pas les donations faites aux établissements ecclésiastiques ou religieux avec réserve d'usufruit en faveur du donateur, sont applicables aux associations religieuses d'hommes autorisées. De même que pour les congrégations de femmes, le gouvernement doit être saisi de l'examen des donations indirectes aussi bien que des donations directes, de l'examen des donations déguisées et par personnes interposées.

Les acquisitions à titre onéreux sont soumises à l'autorisation du gouvernement, aux termes de la loi du 2 janvier 1817 mais seulement si elles portent sur des immeubles ou des rentes.

L'autorisation est donnée par décret en Conseil d'Etat.

Les aliénations d'immeubles ou de rentes doivent être également autorisées par décret, le Conseil d'Etat entendu (1).

Aucune transaction ne peut être faite au nom d'un établissement ecclésiastique. Les rétrocessions, la clause de vente alternative sont interdites pour les associations d'hommes comme pour les associations de femmes. Les emprunts doivent être autorisés suivant les formes que nous avons examinées en traitant des actes de la vie civile des congrégations et communautés de femmes.

Pour les placements de capitaux, les mainlevées d'hypothèques, les actions, nous renvoyons aux congrégations de femmes, régies par les mêmes règles.

2133. L'autorisation administrative doit précéder l'acceptation au cas de legs, la passation de l'acte au cas de contrat.

Aux termes de l'ordonnance du 14 janvier 1831, aucun notaire ne peut passer acte de vente, d'acquisition, d'échange, de cession ou transport, de constitution de rente, de transaction, au nom des établissements religieux, s'il n'est pas justifié de l'ordonnance portant autorisation de l'acte, et qui doit y être entièrement insérée.

La nécessité de l'autorisation préalable a été reconnue par un arrêt de la Cour de Paris, rendu dans les circonstances suivantes : Un membre de l'association religieuse des lazaristes avait légué tous ses biens, sous certaines charges, à deux assistants du supérieur général de l'association. Ultérieurement il vendit au supérieur lui-même, par un acte portant quittance, un immeuble qui représentait la totalité de sa fortune. A sa mort, l'association religieuse se mit en possession. Quatorze ans après, les héritiers réclamèrent la restitution des biens.

Ils soutenaient notamment que la vente était nulle, comme contenant une donation déguisée.

Les lazaristes, qui soutenaient la validité de la vente, demandèrent à se pourvoir en autorisation et le tribunal de la Seine admit leur prétention, mais la Cour de Paris jugea que l'autorisation serait tardive.

« Considérant, porte cet arrêt, que la vente de 1844 n'a été ni accompagnée ni suivie de l'autorisation du gouvernement indispensable aux actes d'acquisition faits par les congrégations religieuses ; que cet acte est, dès lors complètement nul comme souscrit par un incapable, et que l'exécution ne peut en être maintenue par les tribunaux ; — Considérant que l'intimé soutient que ces contrats doivent être assimilés aux donations faites sous la forme d'actes à titre onéreux, lesquelles sont maintenues par la jurisprudence ; mais que cette assimilation ne peut-être admise ; qu'en effet les donations déguisées sous l'apparence d'actes onéreux ont été tolérées parce que les parties n'ont fait ainsi indirectement que ce qu'il leur était permis de faire directement, tandis que celui qui traite avec un incapable viole la loi et se livre à un acte qu'il ne peut pas plus faire d'une manière détournée que directement ; — Considérant qu'on ne peut admettre non plus, comme l'ont fait les premiers juges, qu'il y a lieu de renvoyer la congrégation à se pourvoir en autorisation devant l'autorité administrative pour accepter la donation déguisée contenue en l'acte dont s'agit ;

— Que si un tel système était admis, la règle qui impose aux congrégations la surveillance de l'Etat, déjà trop souvent enfreinte, se trouverait complètement dépourvue de sanction; — Que les actes seraient passés et exécutés sans aucune préoccupation de l'autorisation administrative, sauf à réclamer son intervention lorsque, ainsi que dans l'espèce, les transactions seraient découvertes et amèneraient des contestations; — Considérant que si les tribunaux ont donné quelquefois un délai afin de se pourvoir en autorisation pour des actes exécutés, c'était dans des circonstances spéciales où l'absence d'autorisation résultait de faits involontaires ; mais qu'on ne peut sérieusement renvoyer à l'autorisation gouvernementale des actes exécutés depuis longtemps et qui ont été le plus souvent stipulés précisément pour échapper à la règle de l'autorisation ; que, dans la cause, il est évident, par le rapprochement de l'acte de vente et du testament de l'abbé D., qu'au moins celui-ci avait combiné ces actes dans la pensée de faire passer ses biens à la congrégation en dehors de toute surveillance de l'Etat; que la congrégation l'a imprudemment suivi dans cette voie, et qu'ainsi, à aucun point de vue, la vente dont s'agit ne pouvait être provisoirement maintenue ; — Considérant que l'acte de vente de 1844, se trouvant annulé, ne fait plus par lui-même foi des énonciations qu'il contient relativement au payement du prix ; qu'il ne peut être alloué, dès lors, à l'intimé que les sommes qu'il justifie réellement avoir payées ; que sur ce point les documents présentés par l'intimé sont incomplets ; — Considérant que, dans cette situation, il est juste de fixer le chiffre des dettes payées par la congrégation à la somme la plus restreinte, puisque c'est par sa faute que les justifications complètes ne sont point fournies : que dans cette pensée, il y a lieu de fixer le chiffre à la somme de...; etc ».

2134. Nous avons vu précédemment que la jurisprudence ne reconnaît pas d'une façon absolue aux associations religieuses d'hommes fondées dans un but charitable ou ayant pour objet l'enseignement, le caractère d'établissements d'utilité publique.

Il résulte de cette doctrine qu'en principe ces établissements n'ont aucune capacité juridique.

Ceux qui, au contraire, soutiennent que ces associations sont des établissements d'utilité publique, leur reconnaissent une capacité juridique, et sont d'avis de leur appliquer les règles qui régissent à ce point de vue les communautés d'hommes autorisées avec lesquelles elles présentent une grande analogie. Ce sont donc les dispositions de la loi du 2 janvier 1817 complétée par l'ordonnance du 14 janvier 1831 qu'il faut leur appliquer, en y ajoutant au besoin les dispositions spéciales qui se trouvent éparses dans les lois et qui régissent tous les établissements d'utilité publique sans distinction (1).

Ces établissements sont, par suite, considérés comme incapables, non seulement d'acquérir à titre gratuit, mais encore d'acquérir à titre onéreux, et d'aliéner sans autorisation des immeubles et des rentes. Ils ne pourraient également transiger sans autorisation (2).

L'autorisation accordée aux établissements religieux reconnus d'utilité publique doit être précédée par l'accomplissement des formalités prescrites par l'ordonnance du 2 avril 1817 qui s'applique à tous ces établissements.

Cette ordonnance donnait aux préfets le droit d'autoriser l'acceptation des dons et legs en argent ou objets mobiliers, quand leur valeur n'excédait pas 300 francs. Le décret du 25 mars 1852 donne aux préfets le droit d'autoriser les dons et legs au profit des communes et des établissements charitables, quelle que soit leur valeur, lorsqu'il n'y a pas de réclamation de la part de la famille. Mais ce décret ne s'applique pas aux congrégations enseignantes autorisées comme établissements d'utilité publique, l'administration continue à les considérer comme des établissements ecclésiastiques, et à leur appliquer les dispositions de la loi du 2 janvier et de l'ordonnance du 2 avril 1817. En conséquence, les autorisa-

---

(1) L. 1817, art. 3.

(1) Ravelet, n° 187.
(2) Ravelet, n° 189.

tions d'accepter ne sont accordées par les préfets que si les dons ou legs sont en argent et objets mobiliers n'excédant pas 300 francs. S'ils consistent en immeubles de toute valeur ou en meubles valant plus de 300 francs, l'autorisation doit être accordée par décret, le Conseil d'Etat entendu.

Ces établissements peuvent sans autorisation faire tous actes d'administration (1).

Ils peuvent ester en justice sans autorisation. Aucune loi ne les en déclare incapables, pas plus que les communautés et congrégations religieuses de femmes autorisées. Les actions qui les concernent sont soumises aux règles ordinaires de la procédure (2).

SECTION IX.

DISSOLUTION ET EXTINCTION DES ASSOCIATIONS D'HOMMES AUTORISÉES.

2135. La dissolution d'une congrégation d'hommes autorisée peut avoir lieu soit par le retrait de l'autorisation, soit par le défaut de membres pour la continuer.

Les congrégations d'hommes autorisées peuvent être supprimées soit par une loi, soit par un décret, suivant que l'autorisation a été donnée dans l'une ou l'autre forme.

Aucune congrégation d'hommes n'ayant été autorisée par une loi, il s'ensuit qu'actuellement un simple décret suffit pour supprimer celles qui existent.

Le décret devrait être précédé des mêmes formalités que celui qui a concédé l'autorisation.

La dissolution d'une congrégation d'hommes peut aussi résulter de l'absence de membres pour la continuer.

2136. On ne peut appliquer aux congrégations d'hommes autorisées, lorsqu'elles sont dissoutes, les prescriptions de l'article 7 de la loi du 24 mai 1825 relatives à la dévolution des biens. Nous avons déjà vu que cette loi était spéciale aux congrégations de femmes : elle institue un ordre de succession particulier, elle ne peut s'appliquer à des établissements autres que ceux qu'elle régit.

Qui donc est appelé à succéder à une congrégation d'hommes autorisée lorsqu'elle est dissoute ?

Suivant Ravelet, ce sont les membres de la congrégation qui sont appelés à lui succéder. Dans ce cas, il ne s'agit pas là, d'ailleurs, d'une véritable succession ; nous y trouvons plutôt le caractère d'un partage de biens indivis entre plusieurs personnes, membres de la même association (3).

SECTION X.

DES ASSOCIATIONS RELIGIEUSES D'HOMMES ET DE FEMMES NON AUTORISÉES.

§ 1. — Du défaut d'autorisation.

2137. L'autorisation du gouvernement est nécessaire pour donner aux congrégations religieuses l'existence légale, mais cette autorisation est-elle nécessaire pour permettre aux congrégations d'exister en fait comme simples associations sans jouir d'aucun des privilèges que la loi leur accorde quand elles sont régulièrement reconnues ? Quelle est leur condition ? Sont-elles devant la loi comme des associations illicites que le gouvernement tolère, mais qu'il pourrait disperser ? Y a-t-il dans la législation un moyen de les frapper ? A supposer qu'il existât, quel était-il ?

Quelles sont, pour les congrégations non autorisées, les conséquences du défaut d'autorisation ?

(1) Ravelet, n° 189.
(2) Eod.
(3) Ravelet, op. cit., p. 212.

Cette question s'est présentée, à l'égard des jésuites, sous la Charte de 1830, dans la célèbre affaire Montlosier.

Elle fut soumise aux Chambres, notamment à la Chambre des députés, en 1845, à l'occasion des jésuites ; le garde des sceaux affirma le droit du gouvernement de dissoudre les congrégations et communautés non autorisées ; la Chambre ne se prononça pas sur le fond du droit et elle déclara que, se reposant sur le gouvernement du soin de faire exécuter les lois de l'Etat, elle passait à l'ordre du jour (1).

La même question revint encore devant le Sénat le 3 avril 1856 et le 30 mai 1860. Une pétition avait été adressée au Sénat sur la situation des communautés et congrégations religieuses en France. M. Dupin, rapporteur, concluait au renvoi de la pétition, aux ministres de la justice, de l'intérieur, de l'instruction publique et des cultes. Après une vive discussion, le renvoi au ministre de la justice fut écarté, et la pétition renvoyée seulement aux ministres de l'intérieur, de l'instruction publique et des cultes (2).

Mais ce fut surtout dans l'affaire Montlosier que la question des jésuites eut un grand retentissement.

En 1826, le comte de Montlosier avait publié un ouvrage intitulé : Mémoire à consulter sur un système religieux et politique tendant à renverser la religion, la société et le trône. Ce mémoire fut bientôt suivi d'explications nouvelles sous le titre de : Dénonciation aux cours royales.

Il exposait dans ces écrits des faits qui, selon lui, constituaient un vaste complot ; il en signalait les dangers, et soumettait aux jurisconsultes la question de savoir si ces faits avaient un caractère légal de criminalité, s'ils étaient passibles d'une répression judiciaire, et s'ils pouvaient être déférés aux tribunaux par une dénonciation.

Le barreau était également invité à se prononcer : il répondit à l'appel et de nombreuses consultations furent rédigées dans le sens de la prohibition, à Paris, à Limoges, à Bourges, etc.

Après avoir recueilli ces avis, M. de Montlosier publia une dénonciation aux cours royales et adressa, en même temps, au premier président, aux membres de la chambre d'accusation et à toute la Cour de Paris, une dénonciation régulière, portant sur les quatre points suivants :

1° L'existence de plusieurs affiliations ou réunions illicites, de diverses espèces, connues sous le nom générique de congrégations, ayant des objets différents, mais toutes liées par le même esprit, et sous une direction centrale, tendantes à se composer dans l'Etat une influence particulière pour dominer l'administration, le ministère et le gouvernement;

2° L'existence flagrante d'un établissement jésuitique à Montrouge, près de Paris, en contravention aux lois du royaume qui ont proscrit la société de Jésus ;

3° Les doctrines hautement professées de l'ultramontanisme, contrairement à la déclaration de 1682 ;

4° L'esprit d'envahissement des prêtres...

M. Dupin, avec le concours de divers jurisconsultes réunis à Paris, rédigea une consultation, qui aboutissait aux conclusions suivantes : Une société, une corporation quelconque, qui se rétablit de sa propre autorité, encourt de plein droit la peine de la dissolution ; telle est la position des jésuites en France. Ils ont été rétablis, il est vrai, par une bulle de Pie VII ; mais une bulle du pape est impuissante tant qu'elle n'a pas été admise et reçue par l'autorité compétente.

La Cour de Paris adopta les motifs et les conclusions de cette consultation ; elle décida que la législation actuellement existante s'opposait au rétablissement de la société des jésuites, sous quelque dénomination qu'elle se présentât, les principes professés par cette société étant reconnus incompatibles avec l'indépendance de tous les gouvernements, et bien plus encore avec la Charte constitutionnelle. Mais elle se déclara incompétente pour ordonner la dissolution, et décida que le droit de dissoudre les établissements ou associations

(1) Séance du 2 mai 1845 (Moniteur du 3 mai).
(2) Moniteur du 31 mai 1860.

formés au mépris des lois n'appartenait qu'à la haute police du royaume (1).

2138. La question du défaut d'autorisation a acquis une nouvelle importance et a soulevé de vifs débats à la suite des décrets du 29 mars 1880.

2139. Les décrets du 29 mars 1880 sont intervenus à la suite du rejet de l'article 7 d'un projet de loi relatif à la liberté de l'enseignement supérieur qui interdisait le droit d'enseigner aux congrégations non autorisées. En repoussant cet article, le Sénat semblait vouloir maintenir aux congrégations non autorisées le droit d'enseigner. Dans ces circonstances, le président du conseil des ministres déclara devant le Sénat et la Chambre des députés que le gouvernement était résolu à appliquer les lois existantes, aux congrégations non autorisées. La Chambre des députés adopta alors, à la majorité de 324 voix contre 135, dans la séance du 16 mars 1880, l'ordre du jour suivant : « La Chambre, confiante dans le gouvernement, et comptant sur sa fermeté pour appliquer les lois relatives aux congrégations non autorisées, passe à l'ordre du jour. »

A la suite de ce vote, le 29 mars 1880, parurent deux décrets, rendus sur le rapport des ministres de l'intérieur et de la justice : l'un de ces décrets fixait à l'agrégation ou association non autorisée dite de Jésus un délai pour se dissoudre et évacuer les établissements qu'elle occupait sur la surface du territoire de la République (2); l'autre portait que

toute congrégation ou communauté non autorisée serait tenue, dans le délai de trois mois, de faire les diligences nécessaires à l'effet d'obtenir la vérification et l'approbation de ses statuts et règlements, ainsi que la reconnaissance légale par une loi à l'égard des congrégations d'hommes, et par une loi ou par un décret rendu en Conseil d'Etat, suivant les distinctions résultant de la loi du 24 mai 1825 et du décret-loi du 31 janvier 1852 à l'égard des congrégations de femmes,

---

autorisées, éparses sur le territoire de la république, à se conformer aux règles tutélaires tracées par la législation en vigueur et à fournir les justifications sans lesquelles une plus longue tolérance ne saurait être maintenue, les justifications fournies, les pouvoirs publics auront à apprécier qu'elles sont celles de ces congrégations qui pourront être autorisées. — Toutefois, parmi les congrégations non autorisées, il en est une, de beaucoup la plus importante, dont il est impossible de méconnaître la situation particulière. Nous voulons parler de la Société de Jésus, qui a été interdite à diverses époques et contre laquelle le sentiment national s'est toujours prononcé. Il n'est pas un gouvernement qui oserait en proposer la reconnaissance aux assemblées législatives. — Demander aujourd'hui à cette société de remplir les formalités préliminaires à son autorisation, alors qu'on sait d'avance que cette autorisation lui serait refusée, ne paraîtrait ni convenable, ni digne. Il est assurément préférable de lui accorder, dès maintenant, un délai raisonnable, passé lequel elle devra cesser d'exister à l'état de congrégation. Il ne s'agit pas ici de poursuivre ses membres isolés et de porter atteinte à des droits individuels, ainsi qu'on essaye vainement de le faire croire, mais uniquement d'empêcher une société non autorisée de se manifester par des actes contraires aux lois. — Nous sommes donc amenés, Monsieur le Président, à vous proposer deux décrets séparés pour faire cesser les abus signalés par le vote de la Chambre : un premier fixant le délai à l'expiration duquel les établissements de l'ordre des jésuites en France devront être fermés, et un second décret réglant les formalités à remplir par toutes les autres congrégations non autorisées. Nous vous prions de vouloir bien les revêtir de votre signature. Agréez, Monsieur le Président, l'hommage de notre très respectueux dévouement. (Le garde des sceaux, ministre de la justice, signé : Jules Cazot. Le ministre de l'intérieur et des cultes, signé : Ch. Lepère.) »

« Le Président de la République française, — Sur le rapport du ministre de l'intérieur et des cultes et du garde des sceaux, ministre de la justice; — Vu l'article 1er de la loi des 13-19 février 1790, portant : « La loi constitutionnelle du royaume ne reconnaîtra plus de vœux monastiques solennels des personnes de l'un ni de l'autre sexe; en conséquence, les ordres et congrégations réguliers, dans lesquels on fait de pareils vœux, sont et demeurent supprimés en France sans qu'il puisse en être établi de semblables à l'avenir »; — Vu l'article 1er, titre 1er de la loi du 18 août 1792; — Vu l'article 11 du Concordat; — Vu l'article 11 de la loi du 18 germinal an X, portant : « Les archevêques et évêques pourront, avec l'autorisation du gouvernement, établir dans leurs diocèses des chapitres cathédraux et des séminaires. Tous autres établissements ecclésiastiques sont supprimés »; — Vu le décret-loi du 3 messidor an XII, qui prononce la dissolution immédiate de la congrégation ou association connue sous les noms de Pères de la Foi, d'adorateurs de Jésus ou Paccanaristes, et porte que « seront pareillement dissoutes toutes autres congrégations ou associations formées sous prétexte de religion et non autorisées »; — Vu les articles 291 et 292 du Code pénal et la loi du 10 avril 1834; »

« Considérant qu'antérieurement aux lois et décrets susvisés la Société de Jésus a été supprimée en France, sous l'ancienne monarchie, par divers arrêts et édits, notamment l'arrêt du parlement de Paris du 6 avril 1762, l'édit du mois novembre 1764, l'arrêt du parlement de Paris du 9 mai 1767, l'édit de mai 1777; qu'un arrêt de la Cour de Paris du 18 août 1826, rendu « toutes les Chambres assemblées, déclare que l'état actuel de la législation s'oppose formellement au rétablissement de la Société dite de Jésus, sous quelque dénomination qu'elle se présente et qu'il appartient à la haute police du royaume de dissoudre tous établissements, congrégations ou associations qui sont ou seraient formés au mépris des arrêts, édits, loi et décret sus-énoncés; Que la 3 juin 1828, la Chambre des députés a renvoyé au gouvernement des pétitions signalant l'existence illégale des jésuites; Que le 3 mai 1845, la Chambre des députés a voté un ordre du jour par lequel il leur fut fait application des lois existantes, et que le gouvernement se mit en devoir de réaliser leur dispersion; Que le 16 mars 1880, à la suite de débats dans l'une et l'autre Chambre qui avaient plus particulièrement visé l'ordre des jésuites, la Chambre des députés a réclamé l'application des lois aux congrégations non autorisées; Qu'ainsi sous les divers régimes qui se sont succédé, tant avant qu'après la Révolution de 1789, les pouvoirs publics ont constamment affirmé leur droit et leur volonté de ne pas supporter l'existence de la Société de Jésus, toutes les fois que cette société, abusant de la tolérance qui lui avait été accordée, a tenté de se reformer et d'étendre son action; »

« Décrète : — Art. 1er. Un délai de trois mois à dater du présent décret est accordé à l'agrégation ou association non autorisée, dite de Jésus, pour se dissoudre, en exécution des lois ci-dessus visées, et évacuer les établissements qu'elle occupe sur le territoire de la République. Ce délai sera prolongé jusqu'au 31 août 1880, pour les établissements dans lesquels l'enseignement littéraire ou scientifique est donné, par les soins de l'association, à la jeunesse; Art. 2. Le ministre de l'intérieur et des cultes et le garde des sceaux, ministre de la justice, sont chargés, chacun en ce qui le concerne, de l'exécution du présent décret qui sera inséré au Bulletin des lois et au Journal officiel. (Fait à Paris le 29 mars 1880.) »

---

(1) Paris, 18 août 1826 : — « La Cour; — Après avoir entendu plusieurs de ces messieurs sur les faits contenus dans l'écrit de François-Dominique de Regnaud, comte de Montlosier, en date du 16 juillet 1826, de lui signé, et adressé à tous et chacun des membres de la Cour; ayant aussi entendu le procureur général du roi, en ses conclusions tendant à ce qu'il n'y eût lieu à délibérer; — La matière mise en délibération;

« Considérant qu'il résulte de l'ensemble et des dispositions des arrêts du parlement de Paris, des 6 août 1762, 1er décembre 1764 et 9 mai 1767, des arrêts conformes des autres parlements du royaume, de l'édit de Louis XV, du mois de novembre 1764, de l'édit de Louis XVI, du mois de mai 1777, de la loi du 18 août 1792, et du décret du 3 messidor an XII, que l'état actuel de la législation s'oppose formellement au rétablissement de la Société dite de Jésus, sous quelque dénomination qu'elle se présente; que ces arrêts et édits étaient principalement fondés sur l'incompatibilité reconnue entre les principes professés par cette société et l'indépendance de tous les gouvernements, principes bien plus incompatibles encore avec la charte constitutionnelle qui fait aujourd'hui le droit public des Français; mais considérant que suivant cette législation, il n'appartient qu'à la haute police du royaume de dissoudre tous établissements, congrégations ou associations qui sont ou seraient formés au mépris des arrêts, édits, loi et décret sus-énoncés; — Considérant, sur le surplus des faits exposés audit écrit, que, quelle que puisse être leur gravité, ces faits, tels qu'ils sont présentés, ne constituent néanmoins ni crime ni délit qualifiés par les lois, dont la poursuite appartienne à la Cour:

« Par ces motifs, se déclare incompétente. »

(2) Rapport au Président de la République française, 29 mars 1880. — Monsieur le Président, c'est un principe de notre droit public qu'aucune congrégation religieuse soit d'hommes, soit de femmes, ne peut s'établir en France sans une autorisation préalable. Ce principe se trouve notamment formulé dans l'article 11 de la loi organique du Concordat du 18 germinal an X. « Les archevêques et évêques pourront, avec l'autorisation du gouvernement, établir dans leurs diocèses des chapitres cathédraux et des séminaires. Tous autres établissements ecclésiastiques sont supprimés », ainsi que dans l'article 4 du décret du 3 messidor an XII : « Aucune congrégation ou association d'hommes ou de femmes ne pourra se former à l'avenir sous prétexte de religion, à moins qu'elle n'ait été formellement autorisée par un décret impérial sur le vu des statuts et règlements selon lesquels on se proposerait de vivre dans cette congrégation ou association. » Nonobstant des dispositions si claires, un grand nombre de congrégations, soit d'hommes, soit de femmes, se sont formées en France, surtout sous le deuxième Empire et depuis les événements de 1870. Un recensement opéré en 1877 constatait l'existence de cinq cents congrégations non autorisées comprenant près de vingt-deux mille religieux des deux sexes. — Les pouvoirs publics ont tantôt toléré et tantôt cherché à faire cesser cet état de choses, suivant l'exigence des cas et les réclamations de l'opinion. Qu'il me soit rappelle, par exemple, la célèbre interpellation adressée par M. Thiers au ministère Guizot, en 1845, et qui se termina par l'adoption, à la presque unanimité de la Chambre des députés, d'un ordre du jour invitant le gouvernement à faire appliquer les lois existantes aux congrégations non autorisées ? — Un fait analogue vient de se reproduire. A la suite de la discussion de la loi sur l'enseignement supérieur, et des déclarations que le cabinet actuel a été amené à faire devant le Sénat, la chambre des députés a voté le 16 mars courant, à une immense majorité, l'ordre du jour suivant : « La Chambre confiante dans le gouvernement et comptant sur sa fermeté pour appliquer les lois relatives aux congrégations non autorisées passe à l'ordre du jour. » Le devoir du pouvoir exécutif est donc de ramener les diverses congrégations non

pour chacun de ses établissements existant de fait actuellement (1).

Enfin, le ministre de l'intérieur adressait aux préfets, le 2 avril 1880, une circulaire destinée à assurer l'exécution de ces décrets (1).

C'est dans ces circonstances que s'est posée de nouveau la

---

(1) « Le Président de la République française, sur le rapport du ministre de l'intérieur et des cultes et du garde des sceaux, ministre de la justice; — Vu l'article 1er de la loi des 13-19 février 1790, portant : « La loi constitutionnelle du royaume ne reconnaîtra plus de vœux monastiques solennels des personnes de l'un ni de l'autre sexe; en conséquence, les ordres et congrégations réguliers dans lesquels on fait de pareils vœux sont et demeurent supprimés en France, sans qu'il puisse en être établi de semblables à l'avenir »; — Vu l'article 1er, titre 1er, de la loi du 18 août 1792; — Vu l'article 11 du Concordat; — Vu l'article 11 de la loi du 18 germinal an X, portant : « Les archevêques et évêques pourront, avec l'autorisation du gouvernement, établir dans leurs diocèses des chapitres cathédraux et des séminaires. Tous autres établissements ecclésiastiques sont supprimés »; — Vu le décret-loi du 3 messidor an XII, décidant que « seront dissoutes toutes congrégations ou associations formées sous prétexte de religion et non autorisées »; que « les lois qui s'opposent à l'admission de tout ordre religieux dans lequel on se lie par des vœux perpétuels, continueront d'être exécutées selon leur forme et teneur »; qu'aucune congrégation ou association d'hommes ou de femmes ne pourra se former à l'avenir sous prétexte de religion, à moins qu'elle n'ait été formellement autorisée par un décret impérial, sur le vu des statuts et règlements selon lesquels on se proposerait de vivre dans cette agrégation ou association »; que, néanmoins, les agrégations y dénommées continueront d'exister en conformité des arrêtés qui les ont autorisées « à la charge par lesdites agrégations de présenter, sous le délai de six mois, leurs statuts et règlements, pour être vus et vérifiés en Conseil d'Etat, sur le rapport du conseiller d'Etat chargé de toutes les affaires concernant les cultes »; — Vu la loi du 24 mai 1825, portant qu' « aucune congrégation religieuse de femmes ne sera autorisée qu'après que les statuts, dûment approuvés par l'évêque diocésain, auront été vérifiés et enregistrés au Conseil d'Etat, en la forme requise pour les bulles d'institution canonique »; que « ces statuts ne pourront être approuvés et enregistrés s'ils ne contiennent la clause que la congrégation est soumise, dans les choses spirituelles, à la juridiction de l'ordinaire »; Qu' « après la vérification et l'enregistrement, l'autorisation sera accordée par une loi à celles de ces congrégations qui n'existaient pas au 1er janvier 1825 »; Qu'à l'égard de celles de ces congrégations qui existaient antérieurement au 1er janvier 1825, l'autorisation sera accordée par une ordonnance du roi »; Qu'enfin « il ne sera formé aucun établissement d'une congrégation religieuse de femmes déjà autorisée, s'il n'a été préalablement informé sur la convenance et les inconvénients de l'établissement et si l'on ne produit, à l'appui de la demande, le consentement de l'évêque diocésain et l'avis du conseil municipal de la commune où l'établissement devra être formé, et que l'autorisation spéciale de former l'établissement sera accordée par ordonnance du roi, laquelle sera insérée dans la quinzaine au *Bulletin des lois* »; — Vu le décret-loi du 31 janvier 1852, portant que « les congrégations et communautés religieuses de femmes pourront être autorisées par un décret du Président de la République : « 1° Lorsqu'elles déclareront adopter, quelle que soit l'époque de leur fondation, des statuts déjà vérifiés et enregistrés au Conseil d'Etat et approuvés pour d'autres communautés religieuses; 2° lorsqu'il sera attesté par l'évêque diocésain, que les congrégations qui présenteront des statuts nouveaux au Conseil d'Etat existaient antérieurement au 1er janvier 1825; 3° lorsqu'il y aura nécessité de réunir plusieurs communautés qui ne pourraient plus subsister séparément; 4° lorsqu'une association religieuse de femmes, après avoir été d'abord reconnue comme communauté régie par une supérieure locale, justifiera qu'elle était réellement dirigée, à l'époque de son autorisation, par une supérieure générale, et qu'elle avait formé, à cette époque, des établissements sous sa dépendance; Et qu'en aucun cas, l'autorisation ne sera accordée aux congrégations religieuses de femmes, qu'après que le consentement de l'évêque diocésain aura été représenté »; — Vu les articles 291 et 292 du Code pénal et la loi du 10 avril 1834;

« Décrète : — Art. 1er. Toute congrégation ou communauté non autorisée est tenue, dans le délai de trois mois à dater du jour de la promulgation du présent décret, de faire les diligences ci-dessous spécifiées, à l'effet d'obtenir la vérification et l'approbation de ses statuts et règlements et la reconnaissance légale pour chacun de ses établissements actuellement existants de fait. — Art. 2. La demande d'autorisation devra, dans le délai ci-dessus imparti, être déposée au secrétariat général de chacun des départements où l'association possède un ou plusieurs établissements. Il en sera donné récépissé. Elle sera transmise au ministre de l'intérieur et des cultes qui instruira l'affaire. — Art. 3. A l'égard des congrégations d'hommes, il sera statué par une loi; A l'égard des congrégations de femmes, suivant les cas et les distinctions établies par la loi du 24 mai 1825 et par le décret du 31 janvier 1852, il sera statué par une loi ou par un décret rendu en Conseil d'Etat. — Art. 4. Pour les congrégations qui, aux termes de l'article 2 de la loi du 24 mai 1825 et du décret du 31 janvier 1852, peuvent être autorisées par décret rendu en Conseil d'Etat, les formalités à suivre pour l'instruction de la demande seront celles prescrites par l'article 3 de la loi précitée de 1825, auquel il n'est rien innové. — Art. 5. Pour toutes les autres congrégations, les justifications à produire à l'appui de la demande d'autorisation seront celles énoncées ci-dessous. — Art. 6. La demande d'autorisation devra contenir la désignation du supérieur ou des supérieurs, la détermination du lieu de leur résidence et la justification que cette résidence est et restera fixée en France. Elle devra indiquer si l'association s'étend à l'étranger ou si elle est renfermée dans le territoire de la République. — Art. 7. A la demande d'autorisation, devront être annexées : 1° la liste nominative de tous les membres de l'association; cette liste devra spécifier, pour chaque membre, quel est le lieu de son origine et s'il est Français ou étranger; 2° l'état de l'actif et du passif, ainsi que des revenus et charges de l'association et de chacun de ses établissements; 3° un exemplaire des statuts et règlements. — Art. 8. L'exemplaire des statuts dont la production est requise, devra porter l'approbation des évêques des diocèses dans lesquels l'association a des établissements, et contenir la clause que la congrégation ou communauté est soumise, dans les choses spirituelles, à la juridiction de l'ordinaire. — Art. 9. Toute congrégation ou communauté qui, dans le délai ci-dessus imparti, n'aura pas fait la demande d'autorisation avec les justifications prescrites à l'appui, encourra l'application des lois en vigueur. — Art. 10. Le ministre de l'intérieur et des cultes et le garde des sceaux, ministre de la justice, sont chargés, chacun en ce qui le concerne, de l'exécution du présent décret qui sera inséré au *Journal officiel* et au *Bulletin des lois*. (Fait à Paris le 29 mars 1880.) »

(1) « Monsieur le Préfet, au moment où la publication des deux décrets en date du 29 mars 1880 soulève dans la presse une si vive polémique et suscite de la part des adversaires de nos institutions républicaines les attaques les plus violentes et les plus injustes, j'estime qu'il est de votre devoir d'éclairer les populations sur le sens et la portée de ces actes et de les prémunir contre certaines calomnies que les partis hostiles s'efforcent de propager. Toutes ces calomnies, si l'on cherche à les analyser, sont faciles à ramener à deux chefs principaux, à deux assertions dont il vous sera aisé de faire bonne et prompte justice. — D'une part, on accuse le gouvernement de porter atteinte aux droits et prérogatives de la religion catholique; de l'autre, on lui reproche de persécuter une classe de citoyens. — Aucune de ces deux inculpations ne résiste à un examen sérieux; mais présentées avec ruse et perfidie, elles pourraient si votre vigilance n'était pas suffisamment en éveil sur ce point, s'accréditer auprès des populations rurales. — En rappelant les congrégations non autorisées au respect des lois, le Gouvernement, dit-on, porterait atteinte aux doits de l'Eglise catholique. Rien de moins exact que cette assertion. Les droits de l'Eglise catholique en France, sont déterminés par le Concordat, par les lois organiques et par les règlements et décrets rendus en exécution de ces lois. Le Gouvernement ne veut porter aucune atteinte à la situation résultant de ces différents actes. Vous pouvez au contraire déclarer hautement que le seul but qu'il poursuit en cette matière, c'est leur stricte et sincère exécution. Ni le Concordat, ni les lois organiques ne prévoient l'existence de congrégations religieuses en France. Les congrégations, en effet, ne sont pas de l'essence de l'Eglise. Leur présence ou leur absence ne présente aucune connexité avec le libre exercice du culte. Portalis était le fidèle écho des vraies doctrines en cette matière lorsque, dans le rapport qui a précédé le décret du 3 messidor an XII, il disait : « Les évêques et les prêtres sont établis de Dieu pour instruire les peuples et pour prêcher la religion aux fidèles et aux infidèles. Les ordres religieux ne sont point de la hiérarchie; ce ne sont que des institutions étrangères au gouvernement fondamental de l'Eglise. » Puis il ajoute : « Aujourd'hui, le grand intérêt de la religion est de protéger les pasteurs destinés à porter le poids du jour et de la chaleur au lieu de laisser établir à côté d'eux et sur leurs têtes des hommes qui puissent les opprimer. » — La mesure prise par le Gouvernement à l'égard des congrégations non autorisées n'atteint donc à aucun degré la religion. C'est une mesure d'ordre purement politique. Tous les droits des congrégations déjà reconnues et autorisées sont intégralement maintenus. Celles des congrégations non autorisées qui paraissent susceptibles de pouvoir régulariser leur situation sont mises en mesure de faire toutes diligences à cet effet.

« Que fait donc le gouvernement ? Il se borne à rappeler les congrégations au respect de ce principe dont Pasquier disait : « Il y a ici plus qu'une loi, c'est un principe éternel et indépendant des lois positives que celui qui ne permet pas qu'une société quelconque se forme dans un Etat, sans l'approbation des grands pouvoirs de la nation. » Et Dupin concluait : « Qu'il appartienne au Souverain Pontife d'instituer un ordre religieux dans l'Eglise, cette opinion n'a rien que de naturel, mais c'est assurément par la puissance temporelle et par elle seule que cet ordre peut exister dans l'Etat. S'il pouvait y être institué ou maintenu malgré elle, ce serait véritablement elle-même qui cesserait d'exister. » — Ainsi, la décision du Gouvernement n'a rien d'opposé aux droits et à la constitution de l'Eglise; elle est, au contraire, dictée par le sentiment des besoins de l'ordre et de la tranquillité dans l'Eglise comme dans l'Etat. — J'arrive au second grief soulevé contre les décrets du 29 mars dernier. — Les décrets sont attentatoires à la liberté individuelle, disent les ennemis du gouvernement; ils constituent des mesures de persécutions. — Je n'aurai pas besoin de longs développements pour établir que cette accusation n'est pas mieux justifiée que la précédente. — Pour y répondre, il suffit de faire remarquer que les membres des congrégations non autorisées, le lendemain du jour où la dissolution de leur association a été prononcée, se trouveront exactement dans la même situation que tous les autres citoyens français; qu'ils jouiront des mêmes avantages et des mêmes prérogatives, à la seule condition de se soumettre aux lois qui nous commandent à tous, et de ne faire aucun acte d'affiliation à la corporation supprimée. — Obliger les gens à rentrer sous l'empire du droit commun, cela n'a jamais été appelé les persécuter, et ceux qui se refuseraient à obéir à cette mise en demeure ne mériteraient pas la qualification de victimes, mais celle de rebelles.

« Il ne m'appartient pas de préjuger ici quelles peuvent être les résolutions ultérieures du législateur sur la grave question du droit d'association; je n'ai pas à rechercher dans quelle mesure les congrégations religieuses pourraient être appelées à bénéficier des dispositions, moins restrictives qui seraient ultérieurement édictées par les pouvoirs

question du défaut d'autorisation des associations religieuses. Nous allons examiner les diverses opinions qui se sont élevées à ce sujet.

2140. Les textes qu'on invoque pour reconnaître au gouvernement le droit de dissoudre les associations religieuses non autorisées sont principalement empruntés aux lois de 1790, de 1792, de l'an X, au décret du 3 messidor an XII, et au Code pénal.

Nous allons examiner chacun de ces textes successivement et exposer les interprétations diverses qui en ont été données, suivant les différentes opinions.

L'Assemblée constituante, par un décret des 26 octobre-1er novembre 1790, suspend l'émission des vœux et les déclare destitués de tout effet. Par un décret des 13 et 19 février 1790 (1), elle supprime les congrégations religieuses en tant que personnes civiles; elle dissout la corporation en tant qu'institution légale, mais sans supprimer l'association des personnes qu'elle laisse subsister en fait. On reconnaît généralement que caractère à l'œuvre de la Constituante; cette opinion s'appuie notamment sur les paroles que prononça Vieilhard, le rapporteur du décret de 1790 : « Votre comité a pensé que vous donneriez un grand exemple de sagesse et de justice, lorsque, dans le même instant que vous vous abstiendrez d'employer l'autorité civile pour maintenir l'effet des vœux, vous conserverez cependant l'asile du cloître aux religieux jaloux de mourir sous leur règle. C'est pour remplir ce double objet que nous proposons de laisser à tous les religieux une entière liberté de quitter le cloître ou de s'y ensevelir. » Il résulte de ce rapport que la loi civile cessait d'intervenir pour faire observer un engagement d'ordre purement spirituel, mais qu'elle respectait la liberté et les scrupules de chacun. « Ne pas reconnaître, ce n'est pas prohiber. » La loi du 18 août 1792 eut un tout autre caractère. Elle supprimait jusqu'à l'existence de fait des congrégations religieuses, qu'elle déclarait *éteintes* et *supprimées*. Elle défendait de porter le costume religieux et frappait d'une amende la première infraction à cette règle, qui, en cas de récidive, devenait un délit contre la sûreté générale. On a soutenu que cette loi, toute de circonstance, qui violait la liberté de conscience et la liberté individuelle, était absolument inconciliable avec les principes de notre droit public en matière religieuse et qu'en conséquence elle ne saurait être regardée comme étant encore en vigueur.

Elle « a disparu, dit la Cour d'Aix (2), avec les circonstances malheureuses auxquelles elle avait dû naissance ».

On s'est demandé si on ne pouvait pas soutenir que cette loi ne prohibait pas la vie commune des associations religieuses, et que confirmant la loi de 1790, elle se bornait à les anéantir comme corps légaux (3).

A l'appui de cette opinion, on fait remarquer qu'en effet l'article 19 ordonne seulement aux moines d'évacuer les maisons « nationales » qu'ils occupent, mais ne leur interdit pas de se réunir dans des habitations privées (1).

Enfin, la loi du 18 germinal an X déclare (2) supprimés tous les établissements ecclésiastiques qui ne sont pas fondés par les archevêques et évêques avec l'autorisation du gouvernement.

Le texte le plus important, que nous rencontrons, pendant cette période, est le décret du 3 messidor an XII, qui, comme nous l'avons vu, fut provoqué par la formation de la congrégation des Paccanaristes. Ce décret déclarait dissoutes toutes « agrégations ou associations formées sous prétexte de religion et non autorisées ». L'article 4 décidait qu' « aucune agrégation ou association d'hommes ou de femmes ne pourra se former, à l'avenir, sous prétexte de religion, à moins qu'elle n'ait été formellement autorisée par un décret impérial ». L'article 6 prescrivait aux procureurs généraux et aux procureurs impériaux « de poursuivre ou faire poursuivre, même par voie extraordinaire, suivant l'exigence des cas, les personnes de tout sexe qui contreviendraient directement ou indirectement au présent décret ».

Le régime établi par ce décret s'applique à toute corporation religieuse, quelle que soit sa forme, alors même qu'il ne s'agirait que d'une simple réunion de personnes sans existence légale.

2141. Cette législation spéciale, qui a régi les congrégations religieuses jusqu'à la promulgation du Code pénal de 1810, est-elle encore en vigueur? A-t-elle, au contraire, été abrogée par les articles 291 et suivants du Code pénal?

Cette question a été l'objet de solutions opposées.

Dans un système, les communautés religieuses n'ont besoin d'aucune autorisation pour se constituer en fait; elles n'ont besoin de cette autorisation que pour acquérir la personnalité civile.

Dans une autre opinion, on soutient que les congrégations religieuses sont soumises à la loi générale, soit celle du décret de messidor an XII, soit celle du Code pénal.

Enfin, une troisième opinion s'est formée, qui soutient que les congrégations non autorisées d'hommes sont seules prohibées par les textes, tandis que les communautés de femmes, même non reconnues, peuvent prétendre à une libre existence de fait.

2142. *Premier système.* — Aucune disposition législative ne prohibe, en France, l'existence des communautés religieuses non autorisées. Le défaut d'autorisation les empêche de constituer des personnes morales, mais il ne les expose ni à une répression pénale ni à une dissolution (3). Les partisans de ce système rejettent les lois des 13-19 février 1790 et du 18 germinal an X, qui n'ont pas eu pour objet de prohiber l'existence de fait des congrégations religieuses. Ils écartent également la loi du 18 août 1792 qui est inconciliable

---

publics. Mais je sais qu'aujourd'hui les associations qui comprennent plus de vingt membres sont interdites; alors même que ces associations se diviseraient en sections d'un nombre moindre. Je sais aussi que plusieurs arrêts ont jugé que les associations religieuses tombent comme les autres sous l'application de ces dispositions, alors même qu'il s'agit de cultes reconnus (V. arrêts des 2 août 1826, 13 septembre 1828, 19 août 1830.) — (S. 26.1.338; 28.1.358; 30.1.311 et 309). — Il ne sera plus permis aux anciens membres des congrégations dissoutes de faire ce qui est défendu aux autres citoyens; voilà la seule atteinte à la liberté individuelle que la presse hostile ait pu, jusqu'à ce moment, relever contre le gouvernement. Cela ne suffira pas de s'intéresser la pitié publique, à laquelle elle fait appel. Le bon sens général fera vite raison de ces clameurs, dès que vous aurez fait ressortir le caractère véritable de la situation. — Je croirai superflu d'insister davantage auprès de vous, Monsieur le Préfet, sur les deux points qui font l'objet de la présente communication. Je compte sur votre expérience pour suppléer à ce que ces instructions présentent de sommaire et sur votre zèle pour les porter à la connaissance de tous vos subordonnés. J'estime qu'il y aura intérêt à ce que vous en fassiez la matière des entretiens que vous trouverez l'occasion d'avoir avec vos administrés et avec vos collaborateurs de tout ordre. Vous arriverez ainsi à déjouer l'effort de la calomnie qui tentera, par tous les moyens, de s'insinuer dans l'esprit des populations.

(1) Art. 2 et 3.
(2) Aix, 29 juin 1830.
(3) Trochon.

---

(1) « On ne vous empêche pas, disait Collot d'Herbois à des religieuses traduites devant lui après la prise de Lyon par les troupes de la Convention, on ne vous empêche pas de suivre votre religion : vous pouvez lire vos livres, garder vos crucifix, vous lever la nuit, prier tout le jour et toute la nuit, prendre vos disciplines tant que vous voudrez, dire vos chapelets. Allez-vous-en chez vous comme auparavant. »
(2) Art. 11.

(3) Nachet, *De la liberté religieuse en France;* — André, t. II, p. 311; — Delahaye, *De la liberté des cultes,* p. 296; — Gaudry, t. I, nos 226, et suivants; — Dieulin, *Guide des curés et des ordres religieux,* 4e édit., t. II, p. 163 et suivantes; — Champeau, *Recueil général de droit civil ecclésiastique,* p. 352 et suivantes; — Dupanloup, *Des associations religieuses;* — Chaulin, *État civil des religieux en France;* — Laméchayes, *Régime légal des communautés religieuses en France,* p. 79 et 306; — Ravelet, *Congrégations religieuses,* p. 230 et suivantes; — Foisset, *Éléments de droit public et administratif,* 4e édit., t. I, p. 329; — Lemoumant, *Des associations religieuses dans le catholicisme;* — Jacquier, *Condition légale des communautés religieuses;* Orts, p. 375 et 416; *De l'incapacité civile des congrégations non autorisées,* p. 78 — Keller, *les congrégations religieuses;* — P. Rouvier, *la Révolution maîtresse d'école;* 2e édit., p. 209; — Perraud, *Les décrets du 29 mars et les lois existantes;* — Paul Besson, *Droit de vivre en communauté s.ns autorisation administrative, Assemblées des catholiques,* 9e année, p. 61; — Vatimesnil, *Lettre au P. de Ravignan,* p. 24 et 81, *Consultation,* p. 91, 105, 118; — Rousse, *Consultation sur la dissolution du 29 mars 1880;* — Dieu, *Consultation sur l'illégalité des décrets du 29 mars 1880;* — Auffray et Crouzas-Crété, *Les expulsés devant les tribunaux.*

suivant eux avec les principes de notre droit public. Quant au décret de messidor, ils invoquent pour l'écarter deux arguments : le décret de messidor ne peut régir actuellement les congrégations religieuses, parce que, s'il ordonne la dissolution des associations, il ne prononce aucune peine contre ceux qui auraient contrevenu à ses dispositions; et que s'il prescrit de poursuivre par la voie extraordinaire (1) les personnes qui violeraient les prescriptions du décret, il n'organise nulle part cette poursuite par la voie extraordinaire. Il est donc inexécutable puisqu'il manque de sanction. La seule conclusion qu'il serait possible de tirer du décret de messidor, c'est « qu'en droit les congrégations religieuses doivent être dissoutes; qu'en fait elles ne peuvent l'être ».

On ne pourrait même pas appliquer en cette matière l'article 471, paragraphe 15, du Code pénal, édicté contre ceux qui contreviennent aux arrêtés valablement pris par l'autorité administrative, par ces deux raisons que l'administration n'est pas investie du droit de prendre contre les congrégations non autorisées des arrêtés de dissolution, et que, d'ailleurs, le code de brumaire an IV, en vigueur lors du décret de l'an XII, n'établissait pas de peines pour l'infraction à de tels arrêtés (2).

En outre, le décret de messidor a été rendu *ab irato* (3), en dehors des attributions conférées au pouvoir exécutif par la Constitution de l'an VIII (4), et il est tombé en désuétude.

Les partisans de ce système soutiennent que le décret de messidor est abrogé, puisque le Code pénal, dans ses articles 291 et suivants, a réglé, d'après la généralité de ses termes, la matière des associations. Ces articles régissent donc les associations religieuses comme toutes autres associations.

Mais les associations religieuses, disent-ils, ne peuvent tomber sous l'application de ces articles, puisque les membres de ces associations vivent sous le même toit et que les pénalités ne sont applicables qu'aux réunions de personnes non domiciliées dans la même maison.

La loi du 10 avril 1834 ne peut non plus recevoir d'application en cette matière; cette loi réprime l'affiliation entre associations sans s'occuper du nombre des membres de chacune d'elles prise isolément, si l'ensemble de ces associations comprend plus de vingt personnes. Elle ne s'applique qu'aux associations visées par l'article 291 du Code pénal, et reste, dès lors, subordonnée lorsqu'elles se divisent en fractions, à la condition que chaque fraction séparée soit formée de membres ne vivant pas en commun. L'affiliation entre associations où se rencontre l'immunité tirée de la cohabitation est donc licite, aussi bien que les associations diverses qui la constituent (5).

2143. D'ailleurs, les congrégations religieuses constituent des associations stables, paisibles, qui ne présentent aucun péril pour l'État. « Le Code pénal et la loi de 1834 n'ont vu de dangers que dans les réunions composées d'individus appartenant à des situations sociales diverses, qui se réunissent dans un but commun et qui vont ensuite porter dans les relations ordinaires de la vie l'esprit qu'ils ont puisé ou les projets qu'ils ont formés dans ces réunions (6). »

2144. On tire encore en faveur de cette opinion un argument d'un amendement qui fut proposé par M. Bourzat, lors de la discussion de la loi du 15 mars 1850, et qui fut repoussé à une forte majorité. Cet amendement était ainsi conçu : « Nul ne pourra tenir une école publique ou libre, primaire ou secondaire, laïque ou ecclésiastique, ni même

y être employé, s'il fait partie d'une congrégation religieuse non reconnue par l'État. » On en conclut, en citant les paroles du rapporteur de la loi, que le législateur de 1850 a entendu reconnaître complète la liberté des associations religieuses. Le rapporteur, M. Beugnot, s'exprimait ainsi : « La république n'interdit qu'aux ignorants et aux indignes le droit d'enseigner. *Elle ne connaît pas les corporations; elle ne les connaît ni pour les gêner, ni pour les protéger ;* elle ne voit devant elle que des professeurs. Ainsi donc, nul doute, d'après le projet de loi; ces membres des associations religieuses non reconnues dans lesquels nous ne voyons, nous non plus, que des citoyens auxquels nul n'a le droit de demander ce qu'ils sont devant Dieu et leur conscience, jouiront de la faculté d'enseigner, parce que cette faculté est un droit civil et qu'ils possèdent tous les droits de ce genre. »

De même, les auteurs des lois de 1875 et de 1880 sur l'enseignement supérieur ont repoussé toute proposition tendant à enlever aux congrégations non autorisées ou à leurs membres le bénéfice de la liberté d'enseignement. Sans doute, lors de la discussion de ces lois, la solution définitive de la question de l'existence légale des associations non autorisées a été réservée jusqu'au moment où on ferait une loi sur les associations (1); mais jusque-là les congrégations existent de fait et sont licites.

2145. On ajoute encore en faveur de ce système que l'article 5 de la Charte de 1814 et l'article 5 de la Charte de 1830, les articles 7 et 8 de la Constitution de 1848 et 1er de celle du 14 janvier 1852, ont abrogé les articles 291 et suivants du Code pénal et le décret de messidor (2) comme contraires au principe de la liberté religieuse. Or, la liberté de conscience implique nécessairement la liberté des associations religieuses, car la loi ne peut empêcher le fidèle de choisir ce genre d'existence qui plus que tout autre le fait avancer dans la voie de la perfection évangélique. « Elle ne peut le contraindre à renoncer à la vie qu'il considère comme droite et sûre pour prendre celle qui lui paraît hérissée de périls. » Elle n'a pas le droit « de lui ravir ses chances de béatitude dans lesquelles il place une pieuse confiance, et de compromettre son avenir dans l'autre vie par des prohibitions auxquelles elle prétend le soumettre dans celle-ci » (3).

2146. Un autre argument consiste à dire que certaines dispositions de la loi du 24 mai 1825 ne peuvent être expliquées qu'en supposant implicitement que les dispositions du décret de messidor sont abrogées. Tel est l'article 2, qui déclare que les congrégations nouvelles ne pourront obtenir la personnalité civile qu'en vertu d'une loi, tandis qu'il suffira d'une simple ordonnance pour celles qui existaient déjà. Tel est encore l'article 5 qui, tout en interdisant aux religieux de disposer au profit de la communauté au delà du quart de leurs biens, décide que ces restrictions ne seront pas applicables pendant un délai de six mois à dater de l'autorisation. Le législateur a donc créé un privilège en faveur d'associations n'existant qu'en fait; cette simple existence de fait ne saurait, par conséquent, constituer un délit.

En outre, la loi du 2 janvier 1817, en permettant l'établissement des couvents d'hommes en vertu d'un acte législatif, a par cela même reconnu qu'avant d'obtenir la vie légale ils peuvent exister librement ; car, pour obtenir la reconnaissance légale, les communautés doivent déjà exister. Cette reconnaissance ne se donne que pour récompenser des services rendus. Elle doit donc être précédée d'une sorte de stage pendant lequel le gouvernement apprécie ces services pouvant mériter à l'association l'avantage de la vie civile.

2147. *Deuxième système.* — La deuxième opinion est entièrement opposée à la première. Elle décide que toutes les communautés religieuses, tant d'hommes que de femmes aux-

(1) Art. 6.
(2) M. de Vatimesnil, p. 60 ; — Dieu, p. 38 ; — Rouvier, p. 213.
(3) Berryer, discours à la Chambre des députés, 3 mai 1845 (*Moniteur*, 1845, p. 1181.
(4) Art. 25, 26, 44, 46, 47.
(5) M. Lamy, discours à la Chambre des députés, 3 mai 1880 (*Journal off.*, 4 mai 1880, p. 4813) ; — Dieulin, p. 164; — Foucart, p. 327 ; — Ducrocq, n° 758 et suivants ; — Dieu, p. 31 ; — Demolombe, p. 187 ; — Calmette, p. 22, note ; — Jacquier, p. 386 ; — Batbie, *Précis de droit public et administratif*, 5e édit., p. 19, et *Traité de droit public*, t. II, p. 421.
(6) M. de Vatimesnil.

(1) Discours de M. Thiers, 24 février 1850 ; — Séances du Sénat, 9 et 15 mars 1850.
(2) Voir plus haut ce que disent ces dispositions.
(3) Consult. de M. de Vatimesnil (1842).

quelles le gouvernement n'a pas accordé l'existence légale, sont absolument prohibées. Ce système s'appuie sur les raisons suivantes : La doctrine qui reconnaît l'existence légale des congrégations non autorisées est contraire aux traditions du droit monarchique qui, bien loin d'entourer les congrégations religieuses de sa protection, s'est constamment préoccupé, comme le droit moderne, de surveiller et de contenir leur développement. La concession d'une liberté illimitée aux congrégations religieuses se concilierait difficilement avec les nombreuses restrictions dont la loi a entouré l'exercice du droit d'association. Pour admettre ce changement profond dans notre législation, il faudrait un texte précis, exprimant d'une façon formelle cette transformation, et non des arguments douteux tirés du silence du législateur ou de dispositions incidentes insérées dans des lois étrangères à cette question.

2148. Si l'on admet que les communautés religieuses sont, comme toutes les autres associations, soumises au régime préventif de la reconnaissance légale, on se demande encore quels sont les textes qui leur sont applicables.

2149. D'autres auteurs reconnaissent que les lois de 1790 et de 1792, qui ont suspendu l'émission des vœux, ont supprimé les congrégations et que la loi du 18 germinal an X, qui a supprimé tous établissements ecclésiastiques autres que ceux fondés par les évêques avec l'autorisation du gouvernement, ne peuvent s'appliquer pour les raisons que nous avons indiquées précédemment.

2150. Il ne reste donc en présence que les articles 291 et suivants du Code pénal et le décret du 3 messidor an XII.

On ne saurait invoquer ces deux textes à la fois, il faut choisir entre les deux ; en effet, si les articles 291 et suivants ne sont pas applicables aux congrégations religieuses, c'est qu'ils ont laissé ces associations en dehors de leurs prévisions, et dans ce cas le décret de messidor conserve toute sa force; si, au contraire, les articles 291 et suivants s'appliquent aux communautés religieuses, c'est qu'ils constituent « le code complet des associations » (1), et alors ils ont abrogé le décret de messidor.

Les partisans du système qui applique aux associations religieuses l'article 291, admettent, avec ceux qui reconnaissent la légalité des congrégations non autorisées, que les dispositions du Code pénal ont un caractère général, qu'elles embrassent toute espèce d'associations, et, par suite, qu'elles ont abrogé le décret de messidor. Mais ils repoussent l'objection tirée du texte de l'article 291 aux termes duquel les personnes domiciliées dans la maison où se réunit l'association ne sont pas comprises dans le nombre de vingt personnes indiqué par l'article. Il est raisonnable, disent-ils, que l'article 291 ne s'applique pas aux gens de la maison parce que le fait d'habiter sous le même toit n'a pas paru au législateur impliquer l'idée d'association : on ne saurait voir, par exemple, l'exercice du droit d'association ni, par conséquent, un délit dans le fait par un patron ou par un père de famille de réunir ses ouvriers ou ses enfants dans sa maison ; il n'y a là rien de suspect. Il n'en saurait être de même des associations dont les membres collaborent tous à un but commun.

En admettant même comme exacte l'interprétation donnée au deuxième alinéa de l'article 291 par les partisans de la liberté des congrégations religieuses, ces associations n'en seraient pas moins soumises aux prescriptions de la loi du 10 avril 1834 qui frappe les associations de vingt personnes divisées en sections d'un nombre moindre. Suivant cette loi il y a association illicite lorsque plus de vingt personnes sont unies entre elles par les liens d'une organisation commune. C'est là le cas de toutes les congrégations religieuses: elles se composent, en effet, d'un certain nombre d'établissements qui, réunis entre eux, forment toujours une association de plus de vingt personnes.

2151. Les auteurs, qui pensent que le décret de messidor

est le seul texte applicable aux congrégations religieuses, font remarquer que le décret du 3 messidor an XII et le Code pénal ne s'appliquent pas aux mêmes cas et ne prévoient pas les mêmes hypothèses : le décret de messidor concerne les congrégations, le Code pénal s'occupe seulement des associations, et la loi du 10 avril 1834 est aussi intitulée : Loi « sur les associations ».

Or les mots congrégations et associations ne sont pas synonymes. Les congrégations religieuses diffèrent profondément des autres agrégations, et c'est en raison de ce caractère qu'elles sont soumises à une réglementation particulière. M. Dupin en a indiqué les raisons.

« Les associations, disait-il, se forment entre simples citoyens ; des pères de famille, vivant dans leurs maisons, exerçant leur commerce ou leur profession, vivant dans le monde, se réunissent pour un motif déterminé, politique ou littéraire, ou autre ; en cela, l'état de leurs personnes n'est pas affecté ; au sortir de la réunion, ils sont ce qu'ils étaient avant d'y arriver; citoyens au même titre, se mêlant à tous les devoirs de la cité. Dans les congrégations, il n'en est pas ainsi, on se lie par des vœux, on se lie par des serments, on dénature sa personne; on abdique son individualité; à la place de tel homme, c'est un couvent soumis à un abbé, à un chef spirituel ; toutes les volontés individuelles s'effacent et disparaissent devant l'être collectif, moral, qui représente tous les membres et constitue une société dans l'État, une société qui vit par une organisation qui lui est propre. »

Une autre preuve que le Code pénal n'a pas visé les congrégations religieuses, c'est que non seulement il ne parle que des associations de plus de vingt personnes dont le but est de se réunir tous les jours ou à des jours marqués, mais que l'article 292 parle encore de chefs et de directeurs de l'association; si la loi eût voulu comprendre dans ses dispositions les communautés religieuses, elle aurait certainement employé les mots supérieur ou supérieure, à l'exemple du décret du 18 février 1809 (1).

On comprend, d'ailleurs, que l'autorité publique ait pris des mesures sévères et énergiques pour pouvoir interdire l'existence des congrégations dont le danger est autrement redoutable que celui des associations. Les congrégations ont une puissance d'organisation, une perpétuité, une persistance et une suite dans les desseins qui sont des forces redoutables. Les associations peuvent causer quelques désordres, mais leurs attaques peuvent être facilement réprimées (2).

Il résulte de ce qui précède, que les articles 291 et suivants du Code pénal et la loi du 10 avril 1834 ne s'appliquent pas aux congrégations religieuses, mais que le décret du 3 messidor an XII leur est applicable encore aujourd'hui (3).

Dans ce second système, le décret de messidor n'a donc pas été abrogé par les Chartes de 1814 et de 1830 (4), ainsi que le soutiennent les partisans de l'opinion que nous avons exposée en premier lieu.

2152. Troisième système. — Suivant cette opinion (5), l'existence de fait des congrégations d'hommes serait prohibée en France, mais rien n'interdirait celle des communautés de femmes.

Ce système tient le milieu entre ceux que nous venons d'exposer.

À l'appui de cette opinion, on fait remarquer que non

---

(1) Consult. de M. de Vatimesnil (1845) ; — Dieu, De la condition des associations non reconnues.

(1) Trochon.
(2) Dans ce sens : Paris, 18 août 1826; — Caen, 20 juillet 1846; — Paris, 3 et 5 décembre 1825 ; — Lapierre, De la capacité civile des congrégations religieuses non autorisées, p. 30; — Calmette, Traité de l'administration temporelle des congrégations et communautés religieuses, p. 309; — Clamageran, Revue pratique, t. III, p. 1; — Dupin, Manuel du droit ecclésiastique français, p. 372-394; — Vuillefroy, Traité de l'administration du culte catholique, v° CONGRÉGATIONS, n°° III, IV, notes.
(3) M. Denantes, Dissert. sur la position que la loi du 24 mai 1825 a faite aux congrégations religieuses de femmes non autorisées.
(4) Toulouse, trib., 2 août 1880.
(5) M. Denantes, Dissert. sur la position que la loi du 24 mai 1825 a faite aux congrégations religieuses de femmes non autorisées.

seulement la loi du 24 mai 1825, loi organique en matière d'associations religieuses, ne rappelle pas les prohibitions portées par les lois antérieures de l'ancien et du nouveau droit contre l'établissement des congrégations non reconnues, mais qu'au contraire elle reconnaît formellement la légalité de cet établissement pour les maisons de religieuses. En effet, le dernier paragraphe de l'article 5 leur confère expressément à toutes, sans distinction, le droit de faire légaliser, pendant les six mois qui suivront l'autorisation obtenue du gouvernement, les actes qui auraient été faits antérieurement pour leur compte, mais sous le nom individuel de l'un de leurs membres. Il reconnaît donc que leur existence de fait n'a rien d'illégal, puisqu'il leur accorde un certain délai pour régulariser les actes faits, alors qu'elles n'étaient pas encore reconnues. L'article 2 rend même plus faciles les autorisations des communautés qui existaient déjà de fait en 1825 que celles des maisons qui n'étaient pas encore fondées, semblant donner ainsi un avantage aux contrevenants.

2153. Si l'on admet que le décret de messidor est le seul texte applicable aux congrégations religieuses non autorisées, une nouvelle difficulté se présente : quel est le pouvoir qui a le droit de prononcer la dissolution des associations religieuses illicites ? Quelle est la peine dont on devra frapper les contrevenants aux dispositions du décret ?

L'article 6 du décret prescrit à ce sujet aux membres du ministère public de poursuivre *même par la voie extraordinaire*, les personnes qui contreviendraient directement ou indirectement aux prescriptions du décret.

Mais que faut-il entendre par ces expressions.

Les auteurs sont divisés sur le sens qu'il faut leur attribuer.

Les uns soutiennent que le gouvernement peut procéder par voie de dissolution administrative, et par suite, par voie d'expulsion *manu militari*, soit par voie de poursuite devant les tribunaux (1). Si le gouvernement prenait cette dernière voie, les tribunaux auraient le droit de dissoudre les associations religieuses non autorisées et de leur appliquer les dispositions de l'article 291 du Code pénal et de la loi du 10 avril 1834 (2).

Ces mêmes pénalités seraient applicables en cas de résistance à la dissolution par la voie administrative (3).

Dans une autre opinion, on soutient que le décret de messidor prévoit la dissolution par la voie administrative et que par la voie *ordinaire*, il entend appliquer, en cas de résistance, aux congrégations religieuses non autorisées, les articles 605 et 606 du Code des délits et des peines du 3 brumaire an IV; au contraire, par la voie *extraordinaire* il vise les poursuites criminelles que rendraient nécessaires des actes de résistance plus graves, et qui sont encore qualifiées, par l'article 247 du Code de procédure civile, de poursuites par voie extraordinaire, bien qu'exercées devant les juges de droit commun.

2154. Dans ce système, l'article 291 et la loi du 10 avril 1834 n'auraient fait que substituer au cas de poursuites devant les tribunaux, soit directes, soit après dissolution par l'administration, des peines correctionnelles à des peines de simple police (4).

2155. Suivant un auteur (5), le décret de messidor ne se réfèrerait qu'à une dissolution administrative. Il aurait pour sanction en cas de résistance non les peines de l'article 291 du Code pénal et de la loi de 1834, inapplicables aux associations religieuses, mais des peines de simple police.

Mais la poursuite par la voie extraordinaire devant la juridiction criminelle s'appliquerait à la Compagnie de Jésus, qui encourrait la peine infamante du bannissement, conformément aux dispositions en vigueur à l'époque du décret de messidor : l'édit du 5 janvier 1595, celui de 1764 et l'arrêt du Parlement de Paris du 9 mai 1768.

Suivant un autre système (1), on pourrait appliquer aux jésuites l'article 291 du Code pénal et la loi de 1834 parce que les membres de cette société sont coupables du délit d'affiliation que prévoit cette loi.

Quant aux autres associations non autorisées, le gouvernement pourrait seulement les dissoudre, mais sans recourir à la force, leur existence n'étant plus délictueuse (2).

Enfin, des auteurs (3) soutiennent que l'unique sanction du décret de messidor est la dissolution administrative, avec expulsion *manu militari*, mais sans l'application d'aucune pénalité.

2156. Mais contrairement aux opinions qui précèdent, divers tribunaux, dont les jugements ont été annulés pour incompétence par le tribunal des conflits, ont décidé que le décret de messidor, dans le cas où il serait encore en vigueur, ne comporterait qu'une sanction judiciaire, puisque les poursuites prescrites par lui, devaient être exercées à la diligence des procureurs généraux ou de la République, et que, par suite, le gouvernement ne pouvait s'appuyer sur ce texte pour en prononcer la dissolution par voie administrative (4).¶

2157. Les défenseurs des systèmes, que nous venons d'exposer sur les associations religieuses non autorisées, sont d'accord pour ne pas assimiler aux congrégations non reconnues les congrégations pourvues d'une autorisation gouvernementale insuffisante pour leur conférer la personnalité civile, comme les communautés d'hommes qui, postérieurement à 1817, ont été autorisées par une simple ordonnance ou un décret, ou les communautés de femmes qui ont été autorisées par décret sans faire la preuve qu'elles existaient en France avant 1825. Le gouvernement ne pourrait les dissoudre sans rapporter le décret d'autorisation et ne pourrait pas faire appliquer à leurs membres une pénalité quelconque. Suivant un auteur (5), ces associations ne jouissent pas de la personnalité et de la capacité civiles; mais elles sont assimilées, au point de vue de leur existence, aux congrégations autorisées (6).

§ 2. — *Organisation des associations non autorisées.*

2158. Les associations religieuses non autorisées sont assimilées, au point de vue du droit canonique, aux communautés et congrégations autorisées ; elles sont soumises aux mêmes lois ecclésiastiques que les associations reconnues.

Mais quelle forme peuvent adopter, au point de vue civil, les associations religieuses non reconnues? Quelle est leur condition en tant qu'associations de particuliers ?

Peuvent-elles notamment se constituer d'une manière valable en sociétés civiles ou commerciales ?

Si elles n'ont point la personnalité civile, doit-on au moins les admettre soit comme sociétés de fait, soit comme associations de particuliers ?

C'est là une question très discutée entre les jurisconsultes.

2159. Un point qui n'est pas contesté, c'est que les associations religieuses qui n'ont point été régulièrement reconnues n'existent pas comme personnes civiles distinctes des membres qui les composent. Il n'y a rien là qui leur soit

---

(1) Discours de M. Hébert, garde des sceaux, Chambre des députés, 3 mai 1845 (*Moniteur*, 1845, p. 1183).
(2) *Ibid.*
(3) *Ibid.*
(4) Discours de M. Cazot, garde des sceaux, Chambre [des députés, 3 mai 1880 (*Journ. off.* 4 mai 1880, p. 4819).
(5) Jeanvrot, p. 20 et 114.

(1) M. Bertauld, Discours au Sénat, 5 mars 1880 (*Journ. off.* 1880, p. 2639).
(2) M. Bertauld (*Journ. off.*, 1880, p. 2642).
(3) Vuillefroy, p. 162; — Trochon, p. 292.
(4) Lille, réf., 1er juillet 1880; — Nantes, trib., 18 juillet 1880; — Angers, référés, 3 juillet 1880; — Avignon, 6 juillet 1880; — Lyon, 6 juillet 1880; — Le Puy, 8 juillet 1880; — Grenoble, 10 juillet 1880; — Aix, 12 juillet 1880; — Marseille, 13 juillet 1880; — Pau, 13 juillet 1880; — Angers, 21 juillet 1880; — Douai, trib., 23 juillet 1880; — Bourges, trib., 9 juillet 1880; — Paris, 9 juillet 1880; — Nancy, 15 juillet 1880; Lille, 16 juillet 1880; — Quimper, 27 juillet 1880; — Rouen, 4 août 1880; — Douai, 5 août 1880; — Troyes, 11 août 1880; — Limoges, 19 août 1880.
(5) M. Morlot, p. 06.
(6) Dalloz, *Suppl.*, vº CULTES, nº 297.

spécial; c'est le droit commun. On pourrait concevoir un système législatif dans lequel la personnalité civile serait accordée d'avance à toute association, comme elle l'est de nos jours aux sociétés commerciales, et, sous certaines distinctions, aux sociétés civiles; plusieurs auteurs (1) ont cru pouvoir soutenir que le droit de créer des personnes civiles est une conséquence tout aussi légitime de la liberté des individus que le droit de s'associer.

En fait, les considérations les plus graves ont presque de tout temps conduit les législateurs à ne pas admettre cette doctrine. Dans l'ordre naturel des choses, l'être humain, vivant de la vie réelle, a seul des droits; si on étend la capacité juridique à des êtres abstraits créés par l'homme, c'est par une fiction qui a sa cause dans l'intérêt public, et qui a aussi l'intérêt public pour mesure et pour limite. Or, au point de vue politique, l'expérience a démontré que, laissées libres de se former et de se développer à leur gré, les personnes civiles deviennent inévitablement un danger pour l'État; placées en dehors de la condition humaine, puisqu'elles échappent à la loi de la mort, elles abusent tôt ou tard de la force que donnent la perpétuité d'existence, la stabilité des desseins et l'accumulation des richesses. De plus, au point de vue économique, il y a inconvénient, surtout dans les pays où la population est dense et le sol limité, comme en Europe, à ce qu'elles usurpent la place réservée aux particuliers et immobilisent les biens enlevés à la circulation. De là l'appréhension traditionnelle de la mainmorte. « Ces acquisitions sans fin paraissent aux peuples si déraisonnables, a écrit Montesquieu, que celui qui voudrait parler pour elles serait regardé comme un imbécile (2). »

Il existait d'ailleurs dans l'ancien droit et il existe encore aujourd'hui un motif spécial d'appliquer ces règles aux associations catholiques qui, sous les noms d'ordres, de congrégations, de communautés, ont pour but l'accomplissement d'une œuvre religieuse, c'est qu'elles ont un caractère commun et essentiel, qui les distingue des associations ordinaires et qui résulte des vœux, de l'approbation des statuts par l'autorité ecclésiastique et de l'institution canonique. Dans l'association simple, les membres restent libres; quoique réunis, ils ne relèvent que d'eux-mêmes, et d'une règle convenue entre eux, et par là même toujours modifiable. Une fois entrés dans une congrégation, les religieux cessent de s'appartenir; ils ne relèvent plus d'eux-mêmes, mais d'une règle établie ou approuvée par le saint-siège, et devenue par là immuable; ils vivent sous la direction d'un chef, qui tient lui-même ses pouvoirs de statuts supérieurs à sa volonté (3).

L'État est intéressé « à ce qu'il ne se forme pas dans son concours des corporations dont la nature est de se perpétuer et qui se placent dans une position particulière, soit par leur but et leurs règles intérieures, soit par l'immobilité et l'accumulation de leurs propriétés » (4).

Les associations religieuses non reconnues ne sauraient donc constituer des personnes civiles distinctes des membres qui les composent, et il serait dangereux de leur accorder d'avance, comme aux sociétés civiles, la personnalité civile.

La jurisprudence est aujourd'hui fixée sur ce point et, par suite, elle n'accorde pas aux associations religieuses non autorisées la capacité d'acquérir et celle d'agir en justice (5).

Il paraît donc certain que les congrégations, pas plus, d'ailleurs, qu'aucune association visant un but d'utilité publique, ne peuvent valablement se constituer en sociétés, soit civiles, soit commerciales. En effet, le contrat de société, dans l'ordre des combinaisons juridiques, ne se comprend que comme se rapportant à la préoccupation des besoins matériels; c'est pour cela que les articles 1832 et 1833 du Code civil exigent trois conditions pour sa formation : un objet licite, un apport de la part de chaque associé, la perspective de bénéfices à réaliser. Ces conditions existent-elles dans l'hypothèse ? Nullement. D'une part, la conformité et la sympathie des idées ne forment pas un apport social productif; donc, de ce chef, deux des conditions nécessaires font défaut. D'autre part, la mise en commun des forces individuelles afin de se concerter, de se compter et d'agir, constitue une association, non une société; et dès qu'il est admis qu'une association n'est apte à posséder qu'à la condition d'être reconnue comme établissement d'utilité publique, la formation d'une communauté sous une forme qui lui donne une existence légale sans autorisation, n'est pas un objet licite. « Il est permis à tout le monde de s'associer, dit fort bien Troplong (1). Mais entre s'associer et former un établissement indéfini et perpétuel, il y a une distance énorme. On s'associe pour le commerce et pour mille choses passagères, viagères. Pour cela, on n'a besoin de l'autorisation de personne. Une société de commerce achète, vend, reçoit une libéralité; elle est libre : elle est dans le droit commun. Mais une société publique, par sa nature, ne se fait pas société privée par sa volonté. » D'où l'on doit conclure d'abord qu'une congrégation ne peut pas se constituer en société, à moins, bien entendu, qu'elle n'exploite une entreprise agricole, industrielle ou commerciale (2).

---

(1) Accolas, Manuel de droit civil, t. 1er, p. 544; — Séligman, Revue critique, 1879, t. VIII, p. 376; — Bertauld, Rapport à l'Assemblée nationale sur le projet de loi relatif à la liberté des associations.
(2) Esprit des lois, liv. XXV, chap. v.
(3) M. Beudant, Dissertation, D. P. 70.2.225.
(4) Paris, 20 mai 1851; — Troplong, Donations, no 681.
(5) Cass. req., 2 décembre 1845; — Cass. civ. rej., 20 avril 1847; — Cass. req., 26 février 1849; — 15 décembre 1856; — Paris, 8 mars 1858; — Cass. civ. rej., 3 juin 1861; — Paris, 10 janvier 1863; — Lyon, 18 janvier 1868; — Nancy, 15 juin 1878; — Caen, 19 août 1882; — Cass., 9 novembre 1880; — Lyon, 29 février 1867 : — « La Cour : — Sur l'appel principal de la dame M... : — Attendu, en droit, qu'une communauté religieuse non autorisée ne saurait avoir d'existence légale; qu'elle doit être réputée incapable d'acquérir, comme être moral, non seulement à titre gratuit, mais encore à titre onéreux; que tel était l'ancien droit public français, et que telle est la règle posée par le législateur moderne dans les lois du 2 janvier 1817 et 24 mars 1825; — Attendu,

en fait, qu'il est constant, d'une part, que la communauté des dames... n'est point autorisée et, d'autre part, que la dame M..., supérieure de la communauté, a reçu le 29 octobre 1864 de la demoiselle Mille, à titre de dot, la somme de 10,000 francs pour le compte de cette communauté, laquelle somme fut immédiatement versée dans la caisse commune; qu'il est constant, en outre, que la demoiselle Mille décédait le 29 janvier 1865, trois mois après le versement de sa dot; — Attendu que dans ces circonstances la communauté des dames... ne saurait être admise à retenir ladite somme de 10,000 francs; — Attendu que vainement on allègue que la supérieure de la communauté aurait stipulé en son nom personnel avec la demoiselle Mille et non pour une communauté religieuse dépourvue d'autorisation; qu'une telle allégation n'est point justifiée, qu'elle est même contredite par tous les faits établis au procès; — Attendu que vainement encore on cherche à se prévaloir : 1o d'un contrat de vente consentie le 5 février 1864 à la demoiselle Mille; 2o d'un billet de 10,000 francs qu'elle avait souscrit le 22 janvier 1861 au profit de deux religieuses de la communauté; 3o d'un autre billet de 1,500 francs qu'elle aurait souscrit encore peu de temps avant sa mort au profit de la dame M... elle-même; que le contrat de vente étant évidemment simulé, qu'il n'a jamais conféré aucun droit sérieux à la demoiselle Mille, ainsi que le reconnaissent ses héritiers; que les immeubles aliénés en faveur de cette demoiselle n'ont jamais cessé d'être la propriété de la communauté, dont la demoiselle Mille n'était que le prête-nom; qu'en conséquence, celle-ci n'a jamais été débitrice du prix de cette vente; que le billet de 10,000 francs ne pouvait pas avoir d'autre cause que l'obligation de la demoiselle Mille de verser à la communauté le montant de sa dot de pareille somme, et que cette dot ayant été payée le 29 octobre 1864, le billet doit être considéré comme étant sans valeur depuis cette époque; qu'enfin le billet de 1,500 francs avait pour cause les dépenses présumées du voyage et du séjour de la demoiselle Mille à Hyères; mais que sa mort étant survenue bien plus tôt qu'on ne l'avait cru, les dépenses ont dû être loin d'atteindre le chiffre de 1,500 francs, et qu'au surplus il sera tenu compte ultérieurement de la somme, qui aurait pu avoir été dépensée en réalité; — Attendu qu'il est reconnu encore par la dame M... qu'indépendamment de la somme de 10,000 francs que la communauté a reçu pour le trousseau de la demoiselle Mille une somme de 4,500 francs, et que ladite dame offre même de restituer ce trousseau, sans indiquer toutefois des conclusions quels sont les objets qui le composent; que dans cette situation la restitution des objets en nature fournirait matière à de nouvelles difficultés, et qu'il convient d'arbitrer ex æquo et bono, d'après les données de la cause, la somme qui doit être remboursée sur celle de 4,500 francs, etc., etc.;
« Sans s'arrêter à l'offre subsidiaire de la dame M... de rendre le trousseau en nature et la rejetant, — réforme ledit jugement en ce qu'il a prononcé la condamnation prononcée en faveur des héritiers Mille contre la dame M... les qualité, ledit jugement pour le surplus. »
(1) Donations et testaments, no 681.
(2) M. Beudant, Dissertation, D. P. 70.2.225; — Laurent, Principes de droit civil, t. XI, no 469; — Orts, Op. cit., no 139 et suiv.; — Trochon, Op. cit., p. 307 et suiv.; — M. Gide, Du droit d'association en matière religieuse, p. 388; — Piébourg, De quelques questions sur les personnes civiles, p. 79. — Contra : Ravelet, p. 240 et suiv.

Il résulte de ce qui précède que les associations religieuses non autorisées ne pourraient prendre, dans l'acte de leur constitution, le titre de sociétés civiles ou commerciales.

2160. Mais quelle est alors, au point de vue civil, la condition de ces congrégations en tant qu'associations de particuliers? La manière, dont on doit la régler, au point de vue légal, est devenue un problème des plus graves; car s'il est indispensable de maintenir les droits de l'Etat, il ne l'est pas moins de respecter ceux de la liberté religieuse.

Cette question a donné lieu à trois opinions différentes.

2161. D'après les uns, les associations religieuses non autorisées sont, à raison de leur caractère même, des associations illicites, n'existant qu'au mépris des lois (1). En effet, dit-on, les lois de la période révolutionnaire sont encore aujourd'hui la base du droit public en cette matière. Or, dans ces lois, l'enchaînement des idées est très apparent : la loi de 1790 a enlevé aux congrégations la personnalité civile ; les lois de 1792 ont prohibé et puni comme délit leur existence de fait ; c'est cette existence de fait, alors interdite, que le décret de Messidor an XII, venant ensuite, a permise, mais en la subordonnant à une autorisation. La loi de 1817, modifiée en 1825 et en 1832, a changé la forme et en même temps les effets de l'autorisation, elle a laissé intact le principe des lois de 1792, et du décret de Messidor ; donc l'autorisation est aujourd'hui nécessaire aux congrégations non seulement pour exister comme personnes civiles, mais même pour exister comme simples associations de particuliers. Leur établissement sans autorisation est illicite ; il constitue une contravention aux termes de l'article 10 de la loi du 18 août 1793, et de l'article 6 du décret de Messidor. Quelles sont maintenant, au point de vue civil, les conséquences de ce principe, en ce qui concerne la valeur juridique des actes faits par les religieux ou à leur profit? S'il s'agit d'actes réalisant vraiment leurs effets en la personne des membres de la communauté considérés comme particuliers, ils sont valables, car, depuis 1790, les religieux restent citoyens, et capables, malgré les vœux prononcés, et, s'ils possèdent ou acquièrent des biens, leur propriété est légitime et doit être régie conformément au droit commun. Mais ces actes sont nuls, quoique faits par les religieux en leur nom individuel, s'il apparaît qu'ils doivent profiter à la congrégation, dont l'existence même de fait, est illégale ; ils ont alors une cause illicite (2). La distinction se réduit à une question de fait. Les tribunaux ont un pouvoir souverain pour déterminer le caractère et le but des actes qui leur sont soumis (3).

2162. La jurisprudence a admis généralement un système différent.

Elle reconnaît qu'une autorisation régulière est nécessaire aux congrégations pour être érigées en personnes civiles ; mais elle admet qu'à défaut de l'aptitude juridique, les congrégations non reconnues ont au moins le droit d'exister et qu'elles constituent des sociétés de fait licites.

Les congrégations non reconnues constituant des sociétés

de fait ont, comme telles, quoique dépourvues de toute individualité corporative, des droits qui sont la conséquence et comme la condition de leur existence même, du but auquel elles tendent ; les tiers sont tenus de respecter l'état de fait qui en résulte. Aussi les actes faits par elles sont valables quand les associés y ont figuré en leur nom personnel, ou quand l'un d'eux est intervenu individuellement, auquel cas, les autres peuvent en réclamer les effets (1) ; elles sont responsables vis-à-vis des tiers, et la responsabilité incombe à tous les membres dans la mesure de leur participation aux affaires communes (2).

Conformément à ces principes, la cour de Paris (3) a dé-

---

(1) Cass. civ. 12 mars 1866: — « La Cour : — Attendu qu'il a été déclaré en fait par l'arrêt attaqué que si Antoinette Coche, en traitant avec la demoiselle Magnin, a agi en vue de l'intérêt du couvent du May, communauté de femmes non alors autorisée, elle a, par le même acte, contracté individuellement envers cette demoiselle l'obligation personnelle de pourvoir à ses dépenses d'entretien, logement, nourriture, maladie; qu'il est déclaré, en outre, par l'arrêt attaqué qu'Antoinette Coche a entendu s'obliger personnellement, et s'est obligée, en effet, précisément pour donner à la demoiselle Magnin la sécurité qui aurait fait défaut à celle-ci, si la dame Coche eût traité en qualité de supérieure d'une communauté non alors autorisée : — Attendu que la nullité des engagements que les parties ont eu l'intention de créer entre le couvent du May et la demoiselle Magnin, n'a pas pu avoir pour effet de délier Antoinette Coche de ses obligations personnelles ; que, par une juste réciprocité, cette nullité n'a pas enlevé à Antoinette Coche le droit de réclamer, en son privé nom, le prix des engagements individuellement contractés par elle, et dont elle est responsable ; — Attendu que l'arrêt attaqué n'a point considéré l'acte de 1862 comme une donation avec charge ; que, sur la somme totale de 15,000 francs portée en l'acte, il a évalué à 8,000 francs la valeur représentative des engagements auxquels la dame Coche s'était personnellement soumise et qu'elle avait remplis; qu'elle a pu réduire à ce prix la valeur réelle de la cession régulièrement contenue en l'acte ; et qu'il a, pour le surplus, c'est-à-dire pour la somme de 7,000 francs, inférieure au prix de la cession, annulé la partie de l'acte contenant une libéralité en faveur du convent ; qu'en statuant ainsi, la Cour impériale de Nîmes, loin d'excéder ses pouvoirs et de violer les lois des 2 janvier 1817 et 24 mai 1825, et les articles 910 911 et 1134 du Code Napoléon, a, au contraire, justement appliqué aux faits déclarés par elle les principes de la matière ; — Rejette. »

(2) Cass. civ. 30 décembre 1857 : — « La Cour : — Joint les deux pourvois ; et statuant sur le fond ; — En ce qui touche le premier moyen tiré de la violation des articles 1379, 1382, 1863, 1864 du Code Napoléon et le moyen tiré de la violation des articles 1862 et 1863, proposé particulièrement par l'archevêque de Chalcédoine ; — Attendu qu'une communauté religieuse non autorisée, si elle ne présente aucun des caractères d'une véritable personne civile, constitue cependant entre ceux qui ont concouru à sa formation, une société de fait, nécessairement responsable vis-à-vis des tiers des engagements par elle pris, soit que ces engagements résultent de contrats ou de quasi-contrats, soit, et à plus forte raison, s'ils dérivent de délits ou de quasi-délits; — Attendu que cette responsabilité, surtout dans ce dernier cas, est basée, moins encore sur les principes généraux sur la société, tels qu'ils sont formulés dans le titre 9, livre 3 du Code Napoléon que sur les règles ordinaires d'imputabilité légale et morale écrites dans les articles 1382 et suivants du même Code; qu'elle doit atteindre dans la mesure de leur participation, équitablement appréciée par les tribunaux, aux affaires de la communauté irrégulière, tous ceux qui ont consenti à en faire partie, plus particulièrement ceux qui, sous le titre de supérieur ou associé, en ont pris la direction ou qui en détiennent les biens; — Qu'autrement la communauté non autorisée, à raison même du vice de sa constitution, et parce qu'elle se serait soustraite, contrairement au vœu de la loi, à la surveillance du gouvernement, échapperait, dans sa responsabilité collective et dans les individualités dont elle se compose, à toute action de la part des tiers engagés avec elle, ou lésés par sa faute; ce qui présenterait cette conséquence immorale que des sociétés régulièrement organisées, ou aux communautés religieuses reconnues et qui se sont soumises à la tutelle de l'Etat; qu'un privilège aussi exorbitant blesserait également l'ordre public, la morale et la loi.

« D'où il suit qu'en déclarant : 1° les dames Coudrin, Némésie, Jobert et de Beaussais, qualifiées par l'arrêt membres et même supérieures de la communauté non autorisée dont il s'agit; 2° l'archevêque de Chalcédoine qualifié supérieur général de cette communauté, et qui, d'après les constatations du même arrêt, avaient pris une part active à l'administration de son temporel, responsables, sur les biens de cette communauté détenus par eux, du dommage causé aux héritiers Boulnois par les actes dont il l'accusait, et jusqu'à concurrence du profit qu'elle avait retiré de ces actes, la Cour impériale d'Orléans loin de violer aucune loi n'a fait, au contraire, que la juste application des articles 1382 et suivants du Code Napoléon; — Rejette les pourvois, etc. »

Paris, 8 mars 1855.

(3) Paris, 21 février 1879 : — « La Cour : — Sur la fin de non-recevoir proposée contre l'action des appelants et tirée de ce qu'ils ne seraient pas réellement propriétaires des immeubles dont il s'agit, en qu'ils ne seraient que les prête-noms d'une congrégation religieuse non autorisée, qui seule en aurait la propriété : — Considérant que, par acte public du 22 novembre 1875, la dame veuve Deslignières a vendu, moyennant le prix de 900,000 francs, une grande propriété sise à Paris, rue de Chateaubriand, n° 14, et un terrain communiquant par le fond à l'avenue

---

(1) Laboulaye, De l'Eglise catholique et de l'Etat, Revue de législation, 1845, t. I, p. 480; — Vivien, Etudes administratives, t. II, p. 305 ; — Laferrière, Cours de droit public, 5ᵉ édit., t. I, p. 263 et suiv.; — Vuillefroy, p. 196; — Clamageran, Des communautés religieuses non autorisées, Revue pratique, 1857, t. III, p. 40; — E. Ollivier, Des congrégations religieuses non autorisées, Revue pratique, 1858, t. V, p. 100; — Postel, Etude sur le régime légal des communautés religieuses en France, p. 25; — Batbie, Traité de droit public et administratif, 2ᵉ édit., t. II, p. 422 et suiv.; — Précis de droit public et administratif, 5ᵉ édit., p. 49; — Trochon, p. 290; — Filon, p. 145, 349; — Seligman, Revue critique, 1879, p. 349; — Ducrocq, Cours de droit administratif, 6 édit., t. II. nᵒ 1538, p. 618; — Constant, France judiciaire, 1880, p. 301; — Calmette, Traité de l'administration temporelle des congrégations, p. 22; — Jeanvrot, De l'application des décrets du 29 mars 1880 sur les congrégations religieuses, p. 5; — Graux, Des congrégations religieuses devant la loi, p. 66; — Morlot, Annales de l'école des sciences politiques, Journ. off., 1880, p. 2639 et suiv., 4819 et suiv.

(2) C. civ, art. 1131, 1133.

(3) Seine, 1ᵉʳ février 1878; — Trochon, p. 289 et suiv.; — Clamageran, Revue pratique, t. III, p. 3; — E. Ollivier, Revue pratique, t. V, p. 97; — Seligmann, Revue critique, 1879, t. VIII, p. 369.

cidé qu'une congrégation religieuse peut, bien que non reconnue, exister comme association de particuliers, et que comme telle, elle n'est pas illicite. En conséquence, les membres de cette association, peuvent exercer les droits résultant d'actes faits par eux en leur nom personnel. Et les acquéreurs d'un immeuble, bien que membres de l'association non autorisée, ont qualité pour plaider sur une question de mitoyenneté,

Friedland, n° 3, à : 1° Cyr-Armand Champion ; 2° Jean-Joseph Audibert ; 3° Paul-Marie-Léonce-William Maréchal ; 4° Alexandre Leroyer ; 5° Augustin-Rémy Gayraud ; 6° Charles-Géraud Viguier, ces trois derniers représentés par leur mandataire, William Maréchal, tous prètres, demeurant à Paris, rue Leclerc n° 8, acquereurs conjoints et solidaires, avec stipulation qu'ils deviennent propriétaires des immeubles acquis avec des droits égaux, pour en jouir en commun pendant leur vie, et que la part des prémourants accroîtra aux survivants, de manière que le dernier survivant en restera seul propriétaire, avec tous les changements, améliorations et embellissements qui auront été alors faits, le tout à titre de pacte tontinier et de contrat aléatoire ; — Considérant que le contrat de vente ainsi passé avec les six acquéreurs, en leur propre et privé nom, a eu pour effet immédiat de leur transférer la propriété de la chose qui en fait l'objet, avec tous les droits et actions propres à la garantir et à faire valoir ; que les clauses accessoires dont il est assorti rentrent elles-mêmes dans la liberté des conventions et ne sont contraires à aucune prohibition de la loi ; que l'acte dont s'autorisent Armand Champion et consorts, tous d'ailleurs également capables de contracter et d'ester en justice, constitue en leur faveur un titre de propriété efficace par lui-même et opposable à tous, sauf aux tiers à justifier des droits qu'ils prétendraient avoir acquis sur la chose, soit en vertu de la loi, d'un titre contraire, ou de la prescription ; mais que telle n'est point la prétention des défendeurs intimés, qui, sans revendiquer aucun droit de propriété ou autre, se bornent à exciper d'un défaut de qualité en la personne des appelants ; — Considérant qu'ils soutiennent en vain que les six prètres, acquéreurs conjoints et solidaires, ont acheté en apparence pour eux, en réalité pour la congrégation religieuse des Pères du Saint-Sacrement qui serait seule propriétaire ; qu'en admettant avec le jugement de première instance cette allégation comme vraie, il faut d'abord reconnaître que les époux Lannet sont eux-mêmes non-recevables à l'opposer, puisqu'ils ne font en cela qu'exciper du droit d'un tiers ; qu'il importe, en outre, de constater que cette prétention de leur part conduit à une conséquence directement contraire à celle qu'ils veulent en tirer ; qu'en effet la congrégation religieuse dont il s'agit, à défaut d'une autorisation régulière, n'a aucune existence légale, ne constitue point une personne juridique et est incapable d'acquérir, comme d'ester en justice, en son propre nom ; que, dès lors, la propriété des immeubles et les actions qui les concernent ne pouvant légalement résider sur sa tête, reposent nécessairement, en droit comme en fait, sur la tête des six personnes qu'un acte régulier d'acquisition en a investies conjointement et indivisément ; que, pour être supposées tous membres d'une congrégation religieuse, ils n'en ont pas moins conservé la jouissance et l'exercice de leurs droits civils pour en user avec la libre faculté qui appartient à tous, et dans toute l'étendue de leur capacité personnelle qui serait restée entière ; que c'est ainsi qu'en leur nom particulier ils ont acheté, qu'ils possèdent, qu'ils administrent, qu'ils supportent et acquittent toutes les charges de leur propriété, qu'aujourd'hui même ils agissent en justice; qu'en un mot, ils se comportent en tout comme personnellement et exclusivement seuls propriétaires, en conformité de leur titre, sans que la congrégation dont ils seraient les prète-noms, par cela même qu'elle ne forme aucune personnalité juridique, n'ait à exercer aucun droit ni aucune action qui soient distincts et indépendant de ceux que les actes publics leur confèrent ; — Considérant que l'exception proposée par les époux Lannet est d'autant moins admissible qu'il s'agit de l'appliquer à une action purement réelle, fondée sur les articles 658 et 659 du Code civil, relatifs à la mitoyenneté, et dans une matière où c'est la loi qui, sous la dénomination de servitudes ou services fonciers, détermine elle-même les rapports entre les héritages voisins, indépendamment des personnes qui les détiennent ; que les actions de cette nature sont attachées à la propriété comme les modalités du domaine privé qui leur servent de cause, et qu'elles ne peuvent être exercées soit activement, soit passivement, que par ou contre ceux que les titres de propriété présentent réciproquement comme légitimes contradicteurs ; qu'à ce dernier point de vue, l'exception est donnée de tout intérêt juridique, et, par conséquent, aussi non recevable que mal fondée, puisque la décision qui interviendra sur le fond entre les demandeurs et les époux Lannet est destinée à trancher irrévocablement le litige sans qu'il puisse être jamais repris par qui que se soit ;

« Au fond : — Considérant que l'action des appelants se fonde sur les dispositions expresses des articles 658 et 659 du Code civil, qui autorisent tout co-propriétaire à faire exhausser le mur mitoyen ; que si, dans la cause, un minimum paraît fixé pour la hauteur du mur mitoyen, les actes produits ne contiennent aucune clause qui en détermine le maximum d'élévation ; que Armand Champion et consorts ont donc le droit de le reconstruire en lui donnant la hauteur qu'ils jugent utile à leurs convenances et à leurs intérêts, sauf à eux à se conformer d'ailleurs aux règlements de police et à prendre toutes les précautions nécessaires pour en assurer la solidité ; quant aux dommages-intérêts. : — Considérant que les appelants ne justifient d'aucune cause de préjudice autre que les frais exposés dans l'instance ;

« Faisant droit à l'appel, réformant ; sans s'arrêter à la fin de non-recevoir, qui est déclarée autant non recevable que mal fondée, dit qu'Armand Champion et consorts sont autorisés à démolir, reconstruire et exhausser, le tout à leurs frais, le mur mitoyen séparant leur propriété de celle des époux Lannet etc. »

bien que l'immeuble soit affecté au service d'une congrégation dont ils sont membres.

De même la cour de Bruxelles a jugé que les membres des associations religieuses non reconnues jouissent *ut singuli* de tous les droits civils ; qu'à ce point de vue les vœux monastiques ne créent aucun lien légal et laissent à ceux qui les prononcent la plus entière liberté d'acquérir et de posséder en leur nom personnel ; que s'ils exercent ces droits, ils sont présumés agir dans leur intérêt propre, tant que le contraire n'est pas établi (1).

Dans ce système, les congrégations peuvent être représentée en justice, soit par celui ou ceux de leurs membres qui ont figuré à l'acte litigieux, soit par un mandataire ayant procuration de tous (2). Allant plus loin, d'autres arrêts ont reconnu à la société de fait un patrimoine indépendant des associés. L'abbé Parabère, aumônier de l'armée, avait obtenu du gouvernement, en 1852, la concession d'un terrain situé à Constantine ; il meurt, ses héritiers réclament des biens acquis par leur auteur ; l'ordre des jésuites soutient que l'abbé Parabère, quoique ayant agi en son nom personnel, n'a été que le représentant de leur société : la cour d'Alger décide, le 27 mai 1868, que l'immeuble n'a jamais fait partie du patrimoine personnel de l'abbé Parabère, et, que, par suite, les héritiers n'y ont aucun droit, « attendu qu'à côté de la non-existence légale des congrégations dépourvues d'autorisation, il y a leur existence de fait... ; que les tribunaux ne sauraient admettre qu'une association religieuse non reconnue, mais existant au grand jour et avec la tolérance de l'État, puisse être dépossédée par tout venant des biens qu'elle détient... »

Les héritiers ayant déféré cet arrêt à la Cour de cassation, celle-ci rejeta le pourvoi en déclarant que le litige se réduisait au point de savoir si l'acte de concession avait ou réellement pour but et pour effet d'attribuer personnellement au concessionnaire apparent la propriété de l'immeuble concédé; que cette question était du nombre de celles que le juge du fait apprécie souverainement d'après l'examen des écrits de la cause et, notamment des écrits émanés des parties ; que, par suite, l'action en revendication intentée, après le décès du concessionnaire apparent, par les héritiers de ce concessionnaire contre le détenteur de l'immeuble, était dépourvue de fondement, encore bien que ce détenteur appartînt à la même congrégation (3).

Il a été jugé de même : 1° que l'héritier qui revendique contre les membres d'une congrégation religieuse non autorisée des immeubles qu'il prétend avoir appartenu à son auteur, doit être déclaré mal fondé dans son action, s'il est établi que les immeubles n'ont pas été la propriété personnelle de l'auteur du revendiquant, mais qu'ils ont été acquis, à titre gratuit ou à titre onéreux, par l'auteur du revendiquant pour le compte de la congrégation (4).

2° Que, bien qu'une congrégation religieuse non autorisée ne puisse recevoir ni contracter valablement, néanmoins ses membres peuvent former entre eux un contrat commutatif et s'engager à verser et à consommer en commun, dans cette société de fait, leurs revenus, même ceux provenant de leurs talents personnels (5).

La cour d'Aix, allant plus loin encore, dégageant cette fois de l'association une sorte de personne distincte des associés et ayant une existence propre, a admis les membres de l'ordre des jésuites, *ut singuli*, à ester en justice pour réclamer la réparation d'un dégat causé à un immeuble conventuel (6).

La cour d'Orléans a jugé qu'une communauté non reconnue peut être actionnée dans la personne de ceux qui la dirigent, que ses obligations n'affectent que les biens conventuels, que, dès lors, les membres qui la composent ne

(1) Bruxelles, Cour, 7 juillet 1883.
(2) Cass. req. 30 mai 1854 ; 21 novembre 1875.
(3) Cass. 1er juin 1869. — Même solution dans une affaire analogue Seine, 11 juin 1879.
(4) Cass. civ , 30 mai 1870.
(5) Cass. req., 19 juillet 1882.
(6) Aix, 2 mars 1874.

peuvent être poursuivis que sur les biens qu'ils détiennent à titre de prête-nom (1).

Les associations non autorisées sont même tenues, suivant la Cour d'Aix, de remplir leurs engagements vis-à-vis des tiers comme si elles étaient autorisées, et elles peuvent être représentées à cet égard par leurs dignitaires chargés habituellement de leur direction et de l'administration de leurs affaires; on ne peut exiger que le créancier d'une semblable société s'adresse individuellement à chacun de ses membres pour lui demander le payement de sa quote-part de la dette; par suite, la réclamation des créanciers peut être intentée contre les prieur, syndic, secrétaire et trésorier de la congrégation; mais ces défendeurs ne sont pas débiteurs solidaires, ils sont tenus seulement pour leur part personnelle (2).

Enfin un arrêt de la Cour d'Orléans a jugé valables les stipulations par lesquelles des religieuses, faisant partie d'une association non reconnue, sont convenues que l'immeuble acheté et les constructions qui y seraient élevées appartiendraient exclusivement à la survivante d'entre elles, chaque associée devant perdre tous ses droits par son décès ou sa sortie volontaire de la congrégation (3).

Suivant le même arrêt, une association de cette nature ne constitue pas une tontine et n'est pas soumise, par suite, à l'autorisation du gouvernement.

Comme on le voit, toutes ces décisions découlent plus ou moins directement de l'idée que les congrégations non autorisées seraient des sociétés de fait.

2163. Le système ainsi admis par la jurisprudence a été vivement combattu par MM. Ollivier, Beudant et Morlot, à juste titre, selon nous.

Pour qui ne se paye pas de mots, dit M. Beudant, la jurisprudence, par l'ensemble et la suite de ses décisions, est arrivée à créer pour les congrégations non reconnues une situation intermédiaire entre celle des particuliers et celle des personnes civiles; elle s'est par là placée en dehors de la loi, car l'article 537 du Code civil n'admet pas d'autres sujets possibles de droit que les particuliers et les personnes civiles proprement dites. Prenons pour exemple l'affaire Parabère, celle de toutes où éclatent plus saisissantes les conséquences du système. Si on admet, sous prétexte de société de fait, que l'abbé Parabère n'est devenu ni propriétaire ni copropriétaire des biens acquis par lui quoiqu'il les ait acquis en son nom personnel, et que, par suite, ses héritiers n'y ont eu aucun droit à sa mort, on décidera de même à l'égard des autres membres de l'ordre à plus forte raison, puisqu'ils n'auront pas figuré individuellement dans l'acte d'acquisition; qui donc alors est propriétaire? ce n'est pas la société de fait, tout le monde le reconnaît, puisqu'elle n'est pas une personne civile. Voilà, par suite, un droit sans sujet qui se tient en l'air par un procédé juridique mystérieux; voilà des biens qui échappent aux particuliers pour former un patrimoine indépendant qui survivra aux individus et se perpétuera! Si ce n'est pas la mainmorte, il faut au moins convenir que cela y ressemble singulièrement. Dans cette voie il était inévitable qu'on allât jusqu'à admettre, comme l'a fait la Cour d'Orléans, que la communauté peut être actionnée en la personne de ceux qui la dirigent, que ses obligations n'affectent que les biens conventuels..., etc.: n'est-ce pas là une véritable personne civile ayant une existence, des droits et des obligations propres? M. l'avocat général Dubois a prévu la difficulté (4) : « La thèse à laquelle je me rallie, dit-il, la jurisprudence à la main, n'a pas pour objet ni pour effet de régulariser, contrairement aux prescriptions légales, les acquisitions faites à titre gratuit, ni même à titre onéreux, par des communautés simplement tolérées. » Et il ajoute : « Mais les tiers qui n'ont point été parties au contrat sont tenus de reconnaître l'état de fait qui en résulte. » Qu'est-ce à dire, sinon ceci : Nous ne reconnaissons pas aux

congrégations non autorisées la personnalité civile, mais nous admettons pour elles une situation qui produit des effets identiques? Ce n'est pas là se placer dans le droit commun, mais à côté; en bon français, cela s'appelle tourner la loi; et M. Orts a raison de dire que c'est rétablir la mainmorte par une voie détournée (1). Il y a évidemment un vice dans cette conception de la jurisprudence, et ce vice, le voici. On qu'on a pris l'habitude d'appeler sociétés de fait, ce sont des sociétés formées par le consentement tacite ou supposé des parties, ou même par le consentement exprès, mais sans les formalités nécessaires; il en résulte qu'une société de fait n'est possible que là où une société formelle pourrait être légalement établie.

Si le principe de la jurisprudence est inexact, il n'est pas étonnant qu'il ait conduit à des résultats inadmissibles; quelle est la conclusion qui en résulte? Il est acquis que les congrégations non autorisées ne sont pas des personnes civiles; en outre, qu'elles ne font pas fraude à la loi en existant; enfin qu'elles sont un pur fait sans effet de droit, puisqu'elles n'ont pas d'existence légale. De ces propositions combinées découlent les deux conséquences suivantes : d'une part, toute décision est contraire aux principes qui aboutit à reconnaître aux congrégations non autorisées, sous quelque forme que ce soit, des droits distincts de ceux qui appartiennent légitimement à leurs membres, car là où il n'y a pas une personne civile, où il ne peut pas y avoir une société, dans le sens juridique du mot, il n'y a que des particuliers ; c'est ce qui condamne dans son ensemble le système de la jurisprudence (2)

Ce système, sous prétexte de société de fait, isole les biens affectés au service de la communauté, et en fait une sorte de patrimoine conventuel, étranger aux membres de la communauté et indépendant de leurs actes.

S'il est intervenu quelque convention entre les membres d'une association religieuse non autorisée, considérés *ut singuli*, mandat, mise en commun, société au besoin, on l'exécutera ; le reste, la loi l'ignore ; ce qui est inadmissible en tout cas, sous peine d'inconséquence ou d'illégalité, c'est que là où il n'y a que des particuliers on veuille faire sortir des actes les résultats que l'existence d'une personne civile rendrait seule possibles. Spoliation! dira-t-on peut-être. « Non, répond avec raison M. Ch. Gide, c'est châtiment. Pourquoi la loi protégerait-elle des droits qui ont pris naissance non pas seulement à son insu, mais malgré son ordre formel? Ne venez pas demander à la loi que vous avez violée de vous protéger (3). »

Les religieux doivent accepter le droit commun des particuliers ; ils ne doivent pas exciper de leur qualité pour faire sortir de leurs actes les effets de la personnalité civile (4).

§ 3. — *Incapacité des associations non autorisées.*

2164. Les associations religieuses qui n'ont pas reçu l'autorisation ne jouissent en principe d'aucuns droits civils : elles ne peuvent ni acquérir, ni aliéner, etc.; elles n'ont pas la capacité légale.

Mais que doit-on entendre par association religieuse non autorisée ?

C'est toute agrégation de personnes dans laquelle on retrouve les caractères essentiels des congrégations religieuses, et qui n'a pas été approuvée. Ces caractères sont les vœux, l'organisation d'un noviciat et les statuts religieux. Toute association qui ne réunira pas ces divers éléments, ne pourra être considérée comme une communauté illicite, et ne tombera pas sous l'application des règles qui gouvernent sa situation.

Ainsi il a été jugé qu'une réunion de cinq personnes sans vœux ni statuts, fondée dans le but d'élever les enfants et de

(1) Orléans, 30 mai 1887.
(2) Aix, 7 avril 1865.
(3) Orléans, 14 juin 1883.
(4) *Droit*, 22 février 1879 ; — Cour de Paris, 21 février 1879.

(1) Orts, *op. cit.*, p. 5.
(2) M. Beudant, *op. cit.*
(3) *Op. cit.*
(4) *Op. cit.*

soigner les malades, n'est pas une communauté illicite, incapable de recevoir (1), tandis qu'au contraire une société universelle de gains, faite entre des prêtres et des laïques, a pu parfaitement être considérée comme une congrégation religieuse (2).

2165. Il importe, à un autre point de vue, de fixer le caractère d'une association et de voir s'il s'agit d'une association religieuse ou d'une association civile, car les congrégations religieuses non reconnues sont, en outre de leur incapacité, frappées des incapacités spéciales qui atteignent les congrégations religieuses même reconnues. Ainsi, doit-on étendre aux associations religieuses non reconnues, par analogie, les prohibitions formulées par les lois de 1817 et de 1825 contre les communautés autorisées?

Par exemple, les membres des communautés religieuses autorisées ne peuvent, aux termes de l'article 4 de la loi du 24 mai 1825, se faire des donations entre-vifs ou testamentaires qu'à la communauté ou jusqu'à concurrence d'une certaine somme. Cette disposition ne doit-elle pas être appliquée aux associations religieuses non autorisées?

L'affirmative paraît s'imposer; car si on ne leur en faisait pas l'application, la conséquence serait que les associations religieuses non autorisées pourraient recevoir indirectement plus que ne le peuvent les associations religieuses autorisées. Dès lors il y aurait avantage à ne pas solliciter l'autorisation.

2166. L'application des lois restrictives aux associations religieuses non autorisées semble certaine lorsque la disposition est faite au profit de la communauté ou au profit de ses membres agissant *ut universi*, et considérés comme ses mandataires ou ses représentants.

Mais là où survient une difficulté, c'est dans le cas où un ou plusieurs membres de la congrégation ont figuré dans la disposition, *ut singuli*, en leur nom personnel.

Que faut-il décider dans cette hypothèse?

Il faut examiner d'abord s'il y a eu interposition de personnes, c'est-à-dire savoir si la disposition a été faite au profit de la communauté.

La preuve de l'interposition une fois faite, quelles sont les conséquences juridiques qui en résulteront, au point de vue de la validité de la disposition?

Doit-on appliquer la règle qui frappe de nullité les actes faits au profit d'incapables par voie d'interposition de personnes?

On soutient dans un système que cette règle ne peut recevoir ici son application et que l'acte ne peut dans aucun cas être attaqué, par le motif que le bénéfice en devrait être recueilli par l'association elle-même; car, disent les partisans de cette doctrine, autre chose est l'incapacité, autre chose l'inexistence. Une interposition n'est possible que là où il existe une personne pouvant acquérir par voie détournée, eu égard à laquelle il y aurait interposition; or, les communautés non autorisées ne sont pas des incapables dans le sens juridique du mot; elles n'existent pas; dès lors la loi, qui n'admet pas la validité des dispositions faites à leur profit, ne sera jamais violée, par la meilleure de toutes les raisons, c'est qu'il est impossible qu'elle le soit : les membres de la communauté, donataires, légataires ou acheteurs, sont et resteront inévitablement propriétaires des choses léguées, données ou achetées, puisque la congrégation à laquelle on supposerait qu'ils doivent ou veulent la remettre ne peut pas posséder, puisque, quoi qu'ils fassent, ils ne peuvent rien lui communiquer de ce qu'ils ont acquis, faute de personnalité juridique (3).

La thèse ainsi présentée, dit M. Beudant (4), est incontestable en droit, mais l'application qui en est faite est un pur sophisme qui consiste à abuser de l'ambiguïté des termes. Non sans doute il n'y a pas interposition de personnes dans

le sens exact et juridique du mot. La nullité d'un acte, dans l'hypothèse, ne saurait être motivée en droit sur l'incapacité du bénéficiaire, mais elle peut l'être sur son inexistence en tant que personne pouvant être sujet de droit ; ce qu'on appelle à tort une interposition de personne, c'est simplement une simulation pour faire fraude à la loi, et une telle simulation a toujours été regardée comme une cause suffisante de nullité.

M. E. Ollivier a soutenu (1), au contraire, que les dispositions faites au profit des membres d'une communauté non reconnue doivent être, jusqu'à preuve contraire, présumées faites à la communauté elle-même et comme telles annulées (2). Cette théorie paraît inadmissible, car elle aurait pour conséquence de frapper d'une incapacité absolue toute personne faisant partie d'une association religieuse. A ce point de vue, elle serait donc inique. D'autre part, elle serait extralégale, car il est de principe que la fraude ne se présume pas, et que les actes doivent être interprétés *potius ut valeant* (3).

En présence de ces difficultés, la jurisprudence exige en général pour annuler les ventes, dons ou legs faits à l'un des membres des associations religieuses non autorisées, la preuve que le bénéficiaire de l'acte n'a été qu'un prête-nom, une personne interposée, et qu'en fait c'est l'association elle-même qui en doit profiter.

Il a été jugé dans ce sens qu'un legs universel, fait en faveur de la supérieure d'une communauté religieuse de femmes non autorisée par une personne décédée membre de cette association à l'époque de la confection de son testament, pouvait être annulé s'il était établi que la véritable légataire était non la supérieure instituée, mais la communauté existant sans autorisation et n'étant, par conséquent, qu'un être moral sans existence légale (4).

De même on doit considérer comme nul le legs fait à des membres de communautés non autorisées lorsqu'il est prouvé que la disposition a été faite non pas dans le but de qualifier la personne même des légataires nommés au testament, mais bien pour créer une interposition de personnes à l'effet d'éluder la prohibition de la loi (5).

Il a été jugé dans le même sens que l'acquisition faite en commun par des religieuses appartenant à une association non autorisée est valable s'il n'est pas établi que ces religieuses ont acheté comme personnes interposées pour le compte de la communauté dont elles sont membres (6).

La Cour de cassation (7) et la Cour de Caen (8) ont décidé également que les contrats passés avec les membres d'une association religieuse non autorisée sont nuls, s'il est constaté en fait que, sous le nom du membre qui y a figuré, ces contrats ont été passés dans l'intérêt et au nom de l'association elle-même.

Il faut considérer à plus forte raison comme nul, l'acte qui n'a eu pour objet que de déguiser sous la forme d'un contrat à titre onéreux, une libéralité faite à une association religieuse non reconnue par exemple, un contrat de vente consentie au profit de certains membres d'une association religieuse lorsqu'il est prouvé non seulement que l'association n'est le véritable acquéreur, mais encore que cette vente simulée n'est au fond qu'une libéralité déguisée (9).

2167. A l'aide de quels moyens pourra-t-on prouver l'interposition soit pour les libéralités, soit pour les contrats à titre onéreux concernant les associations religieuses non autorisées? L'interposition est une fraude; car la fraude se démontre par tous les genres de preuves. On pourra donc employer la preuve par titres, témoins, aveu, serment, inter-

---

(1) Grenoble, 4 juin 1835.
(2) Cass. req., 20 juillet 1846 ; 26 février 1840.
(3) Lainé-Deshayes, *op. cit.*, p. 93 ; — Grenoble, 13 janvier 1841.
(4) *Op. cit.*

(1) *Revue pratique*, t. V, p. 112.
(2) Orts, n°s 113, 200; — Postel, p. 117; — Trochon, p. 335.
(3) Code civ., art. 1157.
(4) Nîmes, 22 novembre 1839 ; — Agen, 11 mars 1840.
(5) Agen, 12 août 1842.
(6) Orléans, 14 juin 1833.
(7) Cass. civ., 9 novembre 1859.
(8) Caen, 19 août 1882.
(9) Grenoble, 6 avril 1881.

rogatoire sur faits et articles, et même par les simples présomptions de fait que les magistrats auront jugées « graves, précises et concordantes », conformément aux termes de l'article 1353 du Code civil. Les tribunaux peuvent se décider sur tous les documents possibles; ils ont une faculté toute discrétionnaire, qui échappe même à la censure de la Cour de cassation (1), pour apprécier les éléments de l'interposition. « Dans les affections spirituelles tout autant que dans les affections mondaines on peut s'entendre sans se parler, et ce que l'on dit le moins est souvent ce qui se comprend le plus. L'accord résulte des faits eux-mêmes et de la nature des choses, des intentions respectives, des vœux, du désintéressement personnel, de l'abnégation de soi-même en faveur de la communauté, de mille circonstances qui écartent la possibilité raisonnable d'une libéralité privative, et surtout de la soumission absolue aux intérêts supérieurs de l'établissement (2). » Cette doctrine a été adoptée par la jurisprudence (3).

Toutefois, suivant M. Beudant (4), la simulation ne résulterait pas suffisamment de ce que la chose acquise est affectée au service de la communauté, même de ce qu'elle aurait été acquise dans le dessein de l'y affecter. « En effet, dit cet auteur, l'article 544 du Code civil définit la propriété « le droit de jouir et de disposer des choses de la manière la plus absolue, pourvu qu'on n'en fasse pas un usage prohibé par les lois ou par les règlements »; dès que l'établissement d'une communauté ne fait fraude à aucune loi, rien ne s'oppose à ce qu'un particulier affecte un bien lui appartenant au service de cette communauté, ni même à ce qu'il acquière un bien avec intention de l'y affecter ; rien ne s'oppose davantage à ce qu'un donateur ou un testateur donne ou lègue un immeuble à une personne sachant quel emploi elle en fera : l'usage des choses est libre. »

Cette opinion ne semble pouvoir se défendre qu'à la condition que l'acte ne soit pas fait pour déguiser une fraude, pour couvrir l'incapacité de l'association non reconnue.

Il y a là d'ailleurs, une question de fait qu'il appartient aux tribunaux de trancher souverainement.

2168. La nullité résultant de l'interposition serait, suivant Trochon, une nullité d'ordre public, absolue, qu'aucun laps de temps ne peut couvrir, qui peut être invoquée par tous les intéressés et à laquelle on a le droit de ne jamais renoncer (5).

Il semble d'abord, dit Ravelet, que la nullité soit absolue, perpétuelle, sans limite, puisqu'elle est fondée sur l'inexistence juridique d'une des parties en cause. En conséquence, l'acte ne pourrait produire aucun effet. Il ne serait susceptible d'aucune ratification. Il n'aurait même pas besoin d'être annulé par les tribunaux. Il suffirait aux parties intéressées de n'en tenir aucun compte, de se refuser à l'exécution des obligations contractées, de se remettre en possession des biens aliénés et livrés.

Cette théorie a le mérite d'être sommaire... Mais les décisions modernes ne sont pas toujours conformes au droit, et celle-ci ne résiste pas à la discussion.

Ou l'on a argué de nullité a été fait directement au profit de la communauté incapable, considérée comme personne morale, ou il a été fait au profit des religieuses, ou bien au contraire au profit d'un tiers, qu'on dit être une personne interposée.

S'il est fait avec la communauté elle-même, soit à son profit, il est absolument nul. Tel serait le testament ainsi conçu : « Je lègue à la communauté de.... pour qu'elle en jouisse à perpétuité. » Tel serait encore un contrat fait avec le supérieur d'une communauté, agissant au nom de cette

communauté et pour elle. En ce cas, la nullité est absolue, elle est perpétuelle, tous les intéressés peuvent l'invoquer, aucune ratification ne peut la couvrir.

Mais les actes se présenteront rarement sous cette forme. Le plus souvent ils seront faits, soit au profit des religieux désignés individuellement, soit au profit d'un tiers.

Ils auront donc toutes les apparences de la validité, mais si l'on démontre que le destinataire ostensible est interposé devant un incapable qu'il dissimule, la nullité s'ensuivra C'est là dans ces actes un vice analogue à celui qu'une erreur dans le consentement produirait. Il en résulte une nullité, mais une nullité qui doit être prononcée par les tribunaux, et qui, à défaut de jugement, laisse subsister l'acte qui en est infecté (1).

Tout intéressé, qui a ignoré le vice dont l'acte est infecté, peut invoquer la nullité. Ainsi les héritiers du disposant, le disposant lui-même, s'il a cru transmettre à la personne interposée pour le compte de celle-ci, les héritiers de la personne interposée le peuvent. Les contractants ne le peuvent pas. On ne peut les admettre à soutenir, en effet, qu'ils ont fait un acte frauduleux, mensonger, qu'ils ont pris une qualité fausse, et les moyens détournés pour violer la loi : *Nemo auditur propriam turpitudinem allegans* (2).

Si le disposant a donné à une communauté religieuse, dissimulée sous le nom d'un tiers, l'acte étant fait en apparence au profit de ce tiers, recevra son exécution sans que celui qui y a consenti en connaissance de cause puisse s'en plaindre.

Le tiers qui s'est engagé, croyant engager la communauté est tenu d'exécuter son engagement.

Quant à l'association religieuse, elle ne peut exercer aucune action, puisqu'elle n'a pas d'existence juridique (3).

2169. Le délai pour intenter l'action en nullité varie suivant la nature de l'action.

S'il s'agit d'un contrat translatif de propriété ou productif d'obligation au profit d'une personne interposée entre l'aliénateur et l'incapable, le délai pour intenter l'action est de dix ans, conformément à l'article 1304 du Code civil.

S'il s'agit d'un legs fait au profit d'une personne interposée l'article 1304 qui ne régit que les conventions ne peut s'y appliquer.

---

(1) Cass., 21 décembre 1852.
(2) Troplong, *Donations entre-vifs et testaments*, t. II, p. 270.
(3) Cass. req., 27 avril 1830 ; — Poitiers, 21 juin 1839 ; — Paris, 21 mai 1851 ; — Cass. req., 15 décembre 1856 ; — Toulouse, 4 avril 1857 ; Orléans, 30 mai 1857 ; — Paris, 8 mars 1858 ; — Angers, 23 février 1859 ; — Nancy, 15 juin 1878 ; Paris, 27 juin 1850 ; Cass. req. 28 mars 1859 ; — Agen, 1er avril 1867.
(4) *Op. cit.*
(5) *Op. cit.*, p. 348.

---

(1) Ravelet, *loc. cit.*, n° 283.
(2) Cass. req. 5 mai 1857 : — « La Cour : — Sur le premier moyen de cassation, tiré de la violation ou de la fausse application des articles 2241 et 2247 du Code civil : — Attendu qu'il résulte de l'arrêt attaqué, d'une part, que l'exploit d'ajournement du 2 septembre 1875 a été signifié à l'abbé Faure, indûment qualifié de supérieur de la congrégation des Frères de Saint-Viateur, alors que cette qualité appartenait à l'abbé Gonnet, défendeur éventuel ; d'autre part, que rien n'établit que ledit abbé Gonnet ait reçu la copie de cette assignation ; — Qu'en déclarant que cette assignation était nulle et n'avait pas interrompu la prescription, l'arrêt attaqué a fait une juste application des règles de la matière ;

« Sur le deuxième moyen, tiré de la violation des articles 1 et 2 de la loi du 2 janvier 1817 et 2220 du Code civil et de la fausse application de l'article 2262 du même Code : — Attendu qu'aux termes de l'article 2262, Code civil toutes les actions, tant réelles que personnelles, sont prescrites par trente ans ; que cette disposition est générale et s'applique particulièrement au cas où il s'agit de nullités radicales et d'ordre public : que la prescription ainsi établie n'a pas pour effet de donner à la convention prohibée une existence légale, mais qu'elle anéantit toutes les actions tendant à en faire prononcer l'annulation ; — Attendu que la demande des consorts Ovize, envisagée soit dans ses termes, soit dans son objet essentiel, avait pour but de faire décider, préalablement à toute revendication, que le contrat de vente du 10 septembre 1815 était nul comme contenant une donation, sous le nom de personnes interposées, au profit de la congrégation des Frères de Saint-Viateur ; qu'en déclarant cette action éteinte par la prescription trentenaire et en rejetant, par suite, les conclusions qui s'y rattachaient, l'arrêt attaqué n'a violé aucune des dispositions légales invoquées à l'appui du pourvoi ;

« Sur le troisième moyen, pris de la violation des articles 549 et 550 du Code civil : — Attendu que l'arrêt attaqué reconnaît en principe que le défendeur éventuel doit l'entière restitution des fruits de la portion des biens qu'il a été condamné à restituer aux consorts Ovize, mais que faisant le compte de certaines dépenses supportées par ledit défendeur, et répétables contre les demandeurs en cassation, il déclare que ces dépenses ont absorbé tous les revenus des biens jusqu'au jour de la demande en justice ; — Attendu qu'il appartenait aux juges du fond d'opérer cette évaluation, et qu'en décidant, par suite, que les fruits ne seraient restitués qu'à partir de l'époque ci-dessus indiquée ils n'ont pu violer aucun principe de droit ; — Par ces motifs, rejette. »
(3) Ravelet, *op. cit.*, n° 285.

La durée de l'action en nullité est dans ce cas de trente ans (1).

Le propriétaire du bien transmis à une association religieuse non autorisée a, lorsque l'acte de transmission a été déclaré nul ou a été annulé, une action en revendication ou une action personnelle pour rentrer en possession de ce qui lui appartient.

S'il s'agit d'immeubles ou de meubles déterminés, le propriétaire les reprend dans l'état où ils se trouvent au moment de la restitution (2).

S'il s'agit de choses fongibles, d'argent, par exemple, il devra être restitué intégralement s'il est encore en caisse ; s'il en a été fait emploi, soit à l'achat de maisons, ou d'objets mobiliers, ces biens devront être restitués, à moins que les religieux ne préfèrent payer l'argent. S'il a été employé en améliorations, constructions et réparations, les religieux devront au donateur le profit qu'ils en auront tiré. Si enfin la somme a été consommée sans profit, si elle a servi à nourrir des pauvres, à habiller des orphelins, à soigner des malades, le donateur ou ses héritiers n'ont plus droit à rien, suivant Ravelet (3). Ils sont censés, dit cet auteur, avoir employé eux-mêmes l'argent de cette façon par les mains des religieux.

S'il s'agit d'une dot fournie pour entrer dans une association religieuse non autorisée, la jurisprudence déclare le contrat nul et la communauté est tenue de restituer tout ce qu'elle a reçu à titre de dot. Mais l'association peut conserver ce que la religieuse a dépensé pendant le temps qu'elle est restée dans le couvent, en vertu du principe que nul ne peut s'enrichir aux dépens d'autrui (4) : par conséquent, la résolution des contrats passés avec les associations religieuses non autorisées ne peut pas enrichir ceux qui les font résoudre aux dépens de la communauté.

2170. Lorsque l'acte annulé est à titre purement gratuit, la valeur donnée doit être intégralement restituée, sans pouvoir donner lieu à aucun droit à la communauté qui restitue. Toutefois, d'après Ravelet, si une partie de ces biens avait été consommée conformément aux intentions tacites ou présumées des donateurs, la communauté ne serait tenue que de restituer l'excédent. De même, si la donation avait été l'occasion pour la communauté de certaines dépenses, elle pourrait s'en faire indemniser et retenir le bien jusqu'à ce que cette indemnité lui eût été payée (5).

Un arrêt de la Cour de Toulouse (6) décide même que la communauté pourrait non seulement déduire des valeurs fournies les sommes qu'elle aurait employées conformément aux intentions du disposant, mais encore qu'elle pourrait avoir droit à une véritable indemnité et faire condamner le disposant à des dommages-intérêts, (en ayant égard, par exemple, au préjudice qui serait résulté pour l'établissement des dispositions d'agrandissement que les libéralités à lui faites l'auraient déterminé à prendre).

Il s'agissait, dans l'espèce, d'une dame qui avait donné à la supérieure de l'association non autorisée des sœurs dominicaines d'Alby une somme de 2,000 francs pour l'achat d'une

(1) Ravelet, loc. cit., n° 286.
(2) Ravelet, loc. cit., n° 288.
(3) Loc. cit., n° 289.
(4) Bruxelles, 5 juin 1858 : — « Attendu que cette somme a été reçue pour l'admission de la fille S... comme religieuse dans la congrégation des Dames de Marie ; — Attendu que la convention avenue à ce sujet était nulle de divers chefs et spécialement pour avoir été faite au profit d'une congrégation incapable de contracter ; — Mais attendu que nonobstant cette nullité il y avait pour la demoiselle S... une obligation naturelle d'acquitter sa dépense dans l'établissement où elle a été admise, entretenue et soignée pendant huit ans environ ; — Attendu que toute obligation de ce genre doit se mesurer à la valeur de la chose qui en constitue l'objet ; qu'autrement elle dégénérerait en libéralité déguisée et perdrait ainsi son caractère d'obligation naturelle ; — Attendu que dans l'espèce la dépense occasionnée par la demoiselle S... à l'Institut des Dames de Marie peut être équitablement évaluée à 1,200 francs par an, soit 9,600 francs pour les huit ans qu'elle a passés dans cet Institut ; — Qu'il n'y a lieu, par conséquent, à répétition que pour la différence entre cette somme et celle qui a été reçue par l'Institut, soit 6,400 fr.; etc.»
(5) Ravelet, op. cit., n° 292. — En ce sens : Paris, 8 mars 1858.
(6) 4 avril 1857.

maison, plus 2,000 francs par an pour l'entretien de sa fille malade. Après un an, la disposante voulut retirer sa fille et réclama la restitution des 2,000 francs donnés à une association religieuse non autorisée. La Cour refusa d'accueillir cette demande, « attendu que si le traité dont s'agit, porte l'arrêt, est entaché d'un vice radical qui doit en faire prononcer l'annulation, il n'en reste pas moins un fait préjudiciable dont les conséquences doivent, si ce n'est en vertu de l'article 1149, du moins aux termes de l'article 1380 du Code Napoléon être appréciées et donner lieu à des dommages-intérêts; qu'il est hors de doute que c'est en offrant aux sœurs dominicaines l'appât d'un établissement important et la séduction peut-être plus attrayante encore d'une œuvre de charité exquise, par les soins à donner à une infortunée dont la raison n'était peut-être pas égarée sans retour, que la dame de S... B... à quitter le modeste asile où se développait dans des proportions mesurées à ses ressources la communauté qu'elle dirigeait ; qu'elle l'a ainsi entraînée à des dépenses nécessitées par l'appropriation des locaux à la nouvelle destination et à des réparations personnellement indiquées par Mme de S... B... et dans son intérêt; qu'elle a exigé par un motif bien facile à expliquer, que personne n'eût accès dans la maison ; qu'elle s'est opposée, en conséquence, à ce qu'on y fondât un orphelinat qui aurait certainement créé à la congrégation des ressources nouvelles; — qu'il est juste de dire qu'en retour du droit que la loi lui confère de demander la nullité de la donation par elle consentie, elle est tenue à réparer les dommages causés par l'inconstance et la mobilité de sa détermination...

« La condamne à payer à la demoiselle F...,à titre de dommages-intérêts, la somme de 5,000 francs dans le délai d'une année, avec l'intérêt légal à partir du jour de l'arrêt».

2171. Lorsqu'une acquisition a été faite sans autorisation par une association religieuse non reconnue, cette acquisition est nulle ; la communauté est considérée comme possesseur de mauvaise foi puisqu'elle se sait absolument incapable d'acquérir ; elle est obligée, par suite, de restituer avec le bien les fruits qu'elle a perçus et même consommés (1).

2172. Une association religieuse non autorisée ne peut pas plus aliéner qu'elle ne peut acquérir, puisqu'elle est incapable de posséder. Par conséquent, une vente faite par une association de cette nature est nulle ; les tiers avec lesquels elle a traité n'acquièrent aucun droit ; ils doivent restituer la chose vendue au propriétaire primitif, à moins qu'ils ne l'aient acquise par suite d'une prescription.

Suivant Ravelet, la prescription de dix ou vingt ans peut suffire, si, d'ailleurs, il y a juste titre et bonne foi (2).

2173. Les associations religieuses non reconnues n'ayant aucune existence juridique ne peuvent agir en justice soit en demandant, soit en défendant.

Il a été jugé en ce sens que les associations religieuses non reconnues n'ont aucun caractère légal, qu'elles ne forment pas un être moral, et qu'elles ne peuvent, en conséquence, avoir l'exercice d'aucune action soit active, soit passive; que dès lors elles ne peuvent être actionnées en justice dans la personne de leur prieur ; que l'exception proposée par le prieur d'une association de cette nature, tirée de son défaut de qualité pour repousser l'action intentée à la congrégation, est une exception d'ordre public qui ne peut être écartée par aucune fin de non-recevoir (3).

Non seulement les associations religieuses non reconnues ne peuvent intenter une action en justice, mais encore elles ne sauraient se prévaloir de ce qu'un tiers les actionnant leur reconnaît par cela même, la faculté d'ester en justice pour former à leur tour une action contre celui-ci.

C'est ce qu'a décidé la cour de Grenoble en jugeant que la supérieure d'une association religieuse non reconnue ne peut opposer à une demande intentée contre elle une demande en

(1) Contra, Ravelet, op. cit., n° 294.
(2) Op. cit., n° 298.
(3) Aix, 27 janvier 1825.

exécution d'une obligation, si cette obligation n'a pas été contractée envers elle personnellement (1).

Mais si l'association ne peut agir en justice parce qu'elle n'a aucune capacité juridique, celle de ses membres subsiste. Par suite, la supérieure d'une communauté religieuse non autorisée a qualité pour poursuivre devant les tribunaux l'exécution d'une obligation contractée envers elle personnellement (2).

2174. Mais s'il est admis que les associations religieuses non reconnues peuvent agir en justice en demandant, des doutes se sont élevés sur la question de savoir si ces associations ne peuvent pas être valablement actionnées par les tiers.

Dans l'arrêt précité de la Cour d'Aix la question est résolue affirmativement.

M. Émile Ollivier la résout dans le même sens. Les congrégations religieuses non autorisées existent, dit cet auteur, mais irrégulièrement ; elles existent, mais en fraude de la loi ; elles sont comme un malade qui vit mal, non comme le mort qui ne vit pas du tout, ce qui est bien différent. Contre ce qui n'existe pas il n'y a rien à faire. Contre ce qui existe irrégulièrement il y a une sanction à appliquer. La loi ne s'occupe pas de ce qui est au-dessus d'elle ; elle ne saurait négliger ce qui est en dehors d'elle ; elle va la saisir dans l'ombre et elle le détruit en plein jour. Elle proclame à la fois l'existence de ce qui est en dehors d'elle et son néant. Elle ne proclame pas le néant pour assurer l'existence ; elle reconnaît l'existence pour produire le néant. Il ne faut donc pas dire : La communauté est incapable, donc elle ne peut ni actionner ni être actionnée. Il faut dire, elle est incapable, donc elle ne peut actionner et elle peut être actionnée. Elle ne peut actionner, ce serait la reconnaître ; elle peut être actionnée, c'est la détruire. »

M. Clamageran partage cette manière de voir : « L'impossibilité d'ester en justice, dit cet auteur (3), d'une manière active n'entraîne point l'impossibilité de le faire d'une manière passive. Il y a là deux choses parfaitement divisibles. L'impossibilité d'agir et la nécessité de subir l'action sont deux conséquences qui découlent du même principe. La communauté est illégale, elle n'a pas de droit à exercer, pas d'action en justice ; la communauté est illégale, donc elle a une obligation à remplir, l'obligation de cesser d'être, et il faut bien qu'on puisse la lui imposer par voie de contrainte judiciaire, car autrement l'incapacité dont on la frappe ne serait qu'un vain mot. »

La Cour de cassation a même décidé qu'une association religieuse non autorisée, poursuivie en nullité d'un acte fait par elle ou à son profit, ne peut être admise à demander un sursis pour obtenir une autorisation ; car cette autorisation, si elle était accordée, ne pourrait avoir d'effet rétroactif à l'égard des tiers (1).

La Cour d'Angers a jugé, dans le même sens, que le décret du 31 janvier 1852, portant que les communautés religieuses de femmes pourront, quelle que soit l'époque de leur fondation, être autorisées aux conditions qu'il détermine, ne statue que pour l'avenir et sans toucher aux droits acquis ; qu'en conséquence il ne fait pas obstacle à ce que les tiers intéressés poursuivent la nullité des acquisitions faites antérieurement par une communauté qui n'a été reconnue que depuis ce décret (2).

Toutefois, le tribunal de la Seine a jugé, dans un sens contraire à la doctrine précédente, qu'une congrégation religieuse dont l'établissement n'est pas autorisé n'a aucun caractère légal ; que n'ayant pas d'existence civile, elle ne pourrait être reçue à former une action judiciaire, et que par cela même elle ne peut être appelée en justice, ni conséquemment, y être représentée (3).

Suivant un arrêt de la Cour de Toulouse, les associations religieuses non autorisées peuvent être actionnées soit dans la personne de ceux qui les dirigent, soit dans la personne de ceux de leurs membres par l'intermédiaire desquels elles se sont illicitement enrichies.

Seulement, la qualité des directeurs ou des membres de l'association n'ayant aucun caractère officiel ou légal est abandonnée (quand ils n'ont pas contracté personnellement) à l'appréciation des tribunaux.

Toutefois, les uns et les autres ne sont tenus qu'individuellement et non solidairement aux restitutions qui peuvent leur être demandées (4).

§ 4. — Dissolution des associations non autorisées.

2175. Nous avons vu dans le premier paragraphe de cette section la controverse qui s'est élevée sur la question de savoir si l'autorité administrative a le droit de dissoudre les associations religieuses non reconnues.

Ainsi que nous l'avons dit, le gouvernement ordonna, par un décret du 29 mars 1880, la dissolution des associations religieuses non reconnues qui, dans le délai de trois mois à partir de cette date, n'auraient pas obtenu la reconnaissance légale pour chacun de leurs établissements.

Les congrégations dissoutes, en exécution de ce décret, étaient, au 31 décembre 1880 (5), les associations des jésuites, des barnabites, des capucins, des dominicains, des camaldules, des carmes, des bénédictins, des basiliens, des bernardins, des chanoines de Latran, des cisterciens, des pères de Saint-Bertin, des pères réguliers de Saint-Sauveur, des pères de Saint-Thomas, des pères des Enfants de Marie, des eudistes, des pères de Saint-Jean de Dieu, des pères du refuge de Saint-Joseph, des frères de Saint-Pierre-ès-Liens, des pères missionnaires, des pères des hospices et des missions, des pères de l'Assomption, des oblats, des pères de la compagnie de Marie, des pères de Saint-Irénée, des maristes, des pères de Notre-Dame de Sion, des pères dits de la Sainte-Face, des pères de l'Immaculée-Conception, des religieux de Saint-Edme, des missionnaires de Saint-François-de-Sales, des rédemptoristes, des franciscains, des minimes, des passionnistes, des camilliens, des trinitaires, des pères de la doctrine chrétienne, des pères somasques.

Toutefois, ainsi qu'il résulte d'ailleurs de l'énumération ci-dessus, on n'appliqua pas aux congrégations de femmes les

(1) 6 avril 1881.
(2) Cass. 13 mars 1866 : — « La Cour : — Attendu qu'il a été déclaré en fait par l'arrêt attaqué que si Antoinette Coche, en traitant avec la demoiselle Magnin, a agi en vue de l'intérêt du couvent du May, communauté de femmes non alors autorisée, elle a, par le même acte, contracté individuellement envers la demoiselle l'obligation personnelle de pourvoir à ses dépenses d'entretien, logement, nourriture, maladie ; qu'il est déclaré, en outre, par l'arrêt qu'Antoinette Coche a entendu s'obliger personnellement et s'est obligée, en effet, précisément pour donner à la demoiselle Magnin la sécurité qui aurait fait défaut à celle-ci, si la dame Coche eût traité en qualité de supérieure d'une communauté non alors autorisée ; — Attendu que la nullité des engagements que les parties ont eu l'intention de créer entre le couvent du May et la demoiselle Magnin n'a pas pu avoir pour effet de délier Antoinette Coche de ses obligations personnelles ; que par une juste réciprocité cette nullité n'a pas enlevé à Antoinette Coche le droit de réclamer en son privé nom le prix des engagements contractés par elle et dont elle était responsable ; — Attendu que l'arrêt attaqué n'a point considéré l'acte de 1862 comme une donation avec charges ; que sur la somme totale de 15,000 francs, portée en l'acte, il a évalué à 8,000 francs, la valeur représentative des engagements auxquels la dame Coche s'était personnellement soumise et qu'elle avait remplis ; qu'il a pu réduire à ce prix la valeur réelle de la cession régulièrement contenue en l'acte, et qu'il a pour le surplus, c'est-à-dire pour la somme de 7,000 francs, inférieure au prix de la cession, annulé la partie de l'acte contenant une libéralité en faveur du couvent ; qu'en statuant ainsi, la Cour impériale de Nîmes, loin d'excéder ses pouvoirs et de violer les lois des 2 janvier 1817 et 24 mai 1825, et les articles 910, 911 et 1134 du Code Napoléon, a, au contraire, justement appliqué aux faits déclarés par elle les principes de la matière ; — Rejette. »
(3) Rev. prat., t. III, p. 426. — En ce sens : Cass. civ. rej., 30 décembre 1857 ; — Paris, 8 mars 1858 ; — Cass. civ. rej., 12 mars 1866 ; — Seine, 1er février 1878 ; — Lyon, 12 juillet 1878 ; — Aix, 7 avril 1865 ; — Aubry et Rau, t. Ier, § 54, p. 190 ; — Laurent, Principes de droit civil, t. II, n° 158.

(1) Cass. req., 5 mai 1879.
(2) Angers, 28 janvier 1863.
(3) Seine, 3 avril 1857.
(4) 4 avril 1857.
(5) Statistique publiée par le Gouvernement.

dispositions des décrets du 29 mars 1880 qui ne faisaient aucune distinction entre ces associations et les associations religieuses d'hommes non autorisées.

2176. Pour l'exécution du décret du 29 mars 1880 le ministre de l'intérieur adressa aux préfets, par une circulaire du 21 octobre 1880, un modèle d'arrêté de dissolution, qui était ainsi conçu :

« Le préfet d. . .

« Vu l'article 1er de la loi des 13-19 février 1790 ;

« Vu l'article 1er, titre 1er, de la loi du 18 août 1792 ;

« Vu l'article 11 du Concordat ;

« Vu l'article 11 de la loi du 18 germinal an X ;

« Vu le décret-loi du 3 messidor an XII ;

« Vu l'article 8 du décret du 22 décembre 1812 ;

« Vu le décret du 29 mars 1880 portant qu'un délai de trois mois est accordé aux associations non autorisées pour faire les diligences nécessaires à l'effet d'obtenir la vérification et l'approbation de leurs statuts et règlements, sous peine d'encourir l'application des lois en vigueur ;

« Considérant que l'agrégation dite de. . . . . ne s'est pas conformée aux prescriptions du dernier décret susvisé et que ses membres continuent à vivre à l'état de congrégation, dans l'établissement situé . . . .

. . . .

« ARRÊTE :

« Art. 1er. — L'agrégation formée à. . . . . par les membres de l'association non autorisée dite de. . . . . est dissoute. Les membres de cette association qui résident dans l'établissement ci-dessus spécifié devront immédiatement l'évacuer.

« Art. 2. — La chapelle ouverte au public sera fermée et les scellés seront apposés tant sur les portes extérieures que sur celles qui la mettent en communication avec l'intérieur de l'établissement.

« Art. 3. — Les sous-préfets, commissaires centraux, commissaires de police, les officiers, sous-officiers et brigadiers de gendarmerie et tous agents de la force publique, sont chargés de l'exécution du présent arrêté.

« Fait à. . . ., le. . . . . . 18. . . »

Une autre circulaire portant la même date trace les règles de la conduite que doivent tenir les préfets dans les divers incidents judiciaires dont la dissolution des congrégations non autorisées peut être suivie (1).

2177. L'exécution des décrets du 29 mars donna lieu à diverses instances qui furent portées devant les tribunaux civils, en référé ou au principal, à l'effet d'obtenir la remise en possession des immeubles qu'occupaient les congrégations expulsées ; d'autres instances furent formées devant la juridiction répressive dans le but de faire condamner les agents de l'Administration, à des dommages-intérêts pour attentat à la liberté individuelle et violation de domicile.

Les demandes formées par les associations religieuses non autorisées pour obtenir la remise en possession des immeubles qu'elles occupaient avant leur expulsion donnèrent lieu à de vives controverses.

Plusieurs jurisconsultes soutinrent que les tribunaux judiciaires étaient compétents pour ordonner la levée des scellés apposés sur ces immeubles, la réintégration des membres expulsés dans leur domicile et les dommages intérêts contre les préfets et les commissaires de police qui avaient été agents de l'expulsion. Cette opinion s'appuyait sur ce que ces demandes soulevaient des questions de propriété et de liberté que les tribunaux judiciaires ont mission de sauvegarder. Si, en principe, disait-on, les actes administratifs et gouvernementaux échappent à tout recours devant la juridiction de droit commun, c'est sous la réserve du droit qui appartient toujours aux tribunaux de garantir l'état civil, la liberté et la

propriété des citoyens contre toutes les voies de fait qui ne rentreraient pas dans les pouvoirs constitutionnels ou légaux de l'administration ou du gouvernement (1).

Aucune loi actuellement en vigueur, disaient MM. Rousse et Demolombe dans le même sens, ne prohibe la vie en commun des personnes appartenant à des congrégations religieuses non reconnues ; dans le cas où le gouvernement voudrait dissoudre ces associations, il n'aurait pas le droit de faire par voie administrative, les tribunaux ordinaires devraient d'abord en connaître. Beaucoup de tribunaux ont admis ce système et, sans examiner la légalité des arrêtés de dissolution pris par les préfets, ils ont affirmé pouvoir se prononcer sur les questions de propriété et de possession soulevées par les actes d'expulsion exécutés par les préfets (2). Mais plusieurs ordonnances de référé ont accueilli le déclinatoire d'incompétence présenté par le préfet, en ce qui concerne la levée des scellés placés sur des chapelles, à raison des règles toutes spéciales qui régissent cette matière et qui confèrent des droits étendus à l'autorité administrative.

(1) Glasson, Revue critique, 1881, p. 311.

(2) Consultations. — En ce sens : Ord. réf. trib. de Lille, 1er juillet 1880 ; d'Angers, 3 juillet 1880 ; d'Aix, 12 juillet 1880 ; de Marseille, 13 juillet 1880 ; de Grenoble, 3 juillet 1880 ; d'Avignon, 6 juillet 1880 ; de Lyon, 6 juillet 1880 ; de Pau, 13 juillet 1880 ; de Douai, 23 juillet 1880 ; — Bourges, 9 juillet 1880 ; — Seine, 9 juillet 1880 ; — Nancy, 15 juillet 1880 ; — Lille, 16 juillet 1880 ; — Nantes, 18 janvier 1880 ; — Quimper, 21 et 27 juillet 1880 ; — Bourges, 16 mars 1881 ; — Montpellier, 16 juillet 1881. — Seine, 10 décembre 1880 : — « Le Tribunal ; — Statuant sur le déclinatoire proposé par le préfet de police aux termes de l'art. 6 de l'ordonnance du 1er juin 1828, ensemble sur les conclusions du ministère public à fin d'incompétence : — Attendu que le demandeur poursuit par la voie du référé sa réintégration dans un immeuble séant à Paris, rue Jean-de-Beauvais, numéro 9, d'où il a été expulsé le 3 novembre dernier, en exécution d'un arrêté du préfet de police ; qu'il procède comme membre de la société civile des Prédicateurs, laquelle a été constituée par acte authentique du 6 septembre 1865 et est propriétaire dudit immeuble, aux termes de deux actes également authentiques des 14 septembre 1865 et des 15 et 16 octobre 1869 ; qu'il a des lors en vertu d'un droit de propriété qu'il prétend, muni d'un titre auquel provision serait due, exercé son droit tel qu'il est déterminé par l'article 544 du Code civil ; — Attendu qu'une semblable demande rentre, par sa nature, dans le domaine de l'autorité judiciaire à qui il appartient, suivant les principes généraux de la législation française, de sauvegarder le droit de propriété sous quelque forme qu'il se manifeste ; — Attendu qu'il importe peu que, par l'arrêté en exécution duquel le demandeur a été expulsé, le préfet de police n'ait prétendu aucun droit de propriété ni de jouissance sur l'immeuble sis à Paris, rue Jean-de-Beauvais, 9 ; que la nature de l'action ne saurait se être modifiée, le droit de propriété invoqué par le demandeur impliquant, à peine de rester inefficace, la faculté de disposer librement de sa chose et de réclamer judiciairement contre les actes qui lui font grief, quel que soit le caractère du trouble qui en résulte ; — Attendu qu'il n'importerait pas davantage que la propriété du demandeur ou de la société des Prédicateurs, que l'on établie renfermassent une simulation destinée à couvrir l'existence d'une association religieuse non autorisée ; que l'examen de ce point tient au fond du procès ; le juge devant apprécier alors si le droit de propriété, qui avait été lésé, est ou non reconnu par la loi ; mais qu'il est sans influence sur la compétence, l'appréciation du droit de propriété, dans sa nature et dans ses effets, appartenant toujours en principe à l'autorité judiciaire ; — Attendu qu'en cet état, les règles de la compétence ordinaire ne devraient fléchir qu'autant que l'arrêté du préfet de police, à la suite duquel a eu lieu l'expulsion du demandeur, constituerait un acte administratif, c'est-à-dire un acte accompli par ce fonctionnaire en vertu des pouvoirs que la loi lui confère ; — Attendu qu'aucune des lois invoquées dans le déclinatoire et dans les conclusions qui ont été visées ci-dessus, que ces lois soient ou non demeurées en vigueur, n'attribue expressément aux fonctionnaires de l'ordre administratif le pouvoir de dissoudre les associations religieuses non autorisées par les mesures dont le demandeur se plaint, comme ayant fait à son droit de propriété ; que la loi des 13-19 février 1790 a eu pour unique objet d'enlever aux congrégations religieuses le caractère d'être collectif jouissant des droits civils, et de relever leurs membres des incapacités qu'entraînait alors le lien légal résultant des vœux monastiques ; que la loi du 18 août 1792, en prononçant l'extinction et la suppression de toutes corporations religieuses et congrégations séculières, ecclésiastiques et laïques, n'a formellement attaché à ses prohibitions qu'une sanction judiciaire pour un cas particulier, le port des costumes ecclésiastiques et religieux ; que la loi du 18 germinal an X ne renferme aucune disposition qui soit directement applicable aux congrégations religieuses ; qu'enfin, le décret du 3 messidor an XII, après avoir déclaré dissoutes toutes les congrégations ou associations formées sous prétexte de religion et non autorisées, et interdit pour l'avenir la formation de sociétés semblables, sans l'autorisation du gouvernement, porte dans son article 6 :

« Nos procureurs généraux près nos cours et nos procureurs impériaux sont tenus de poursuivre ou faire poursuivre, même par la voie extraordinaire, suivant l'exigence des cas, les personnes de tout sexe qui contreviendraient directement ou indirectement au présent décret » ;

Dans un sens analogue, la Cour de Poitiers, a décidé qu'il appartenait à l'autorité judiciaire de connaître d'une action intentée par les membres d'une congrégation dispersée contre le préfet et le commissaire de police qui avaient fait l'expulsion, lorsque la plainte était basée sur ce que ces actes constituaient le crime d'attentat à la liberté individuelle prévu par l'article 114 du Code pénal. Suivant cet arrêt, l'autorité judiciaire était compétente pour statuer sur les questions préjudicielles qui pouvaient s'élever tant sur l'existence même des lois et celles desquelles le pouvoir exécutif avait agi que sur leur interprétation; elle pouvait apprécier si l'emploi des moyens administratifs au lieu de la voie judiciaire ne constituait pas une violation de ces mêmes lois (1).

Si l'on admettait le système des tribunaux qui consiste à se déclarer compétents pour connaître des suites des arrêtés de dissolution pris par les préfets sous le prétexte que ces mesures soulèvent des questions de propriété ou de possession, ou portent atteinte à la liberté individuelle, il appartiendrait également au pouvoir judiciaire, dans toutes les affaires donnant lieu à des mesures prises par l'Administration, de faire échec aux décisions du pouvoir législatif et du pouvoir exécutif.

Sans doute, la liberté et la propriété des citoyens sont inviolables; mais ils ne peuvent s'en servir qu'en se conformant aux lois et règlements. Or la loi leur interdit de vivre à l'état de congrégation s'ils n'ont préalablement obtenu l'autorisation requise à cet effet. L'autorité administrative agit donc dans la sphère de ses devoirs et de ses attributions en les empêchant de contrevenir aux prohibitions légales, et il est interdit à l'autorité judiciaire de s'opposer à l'application de la loi en substituant ses appréciations à celles des pouvoirs exécutif et législatif (2).

« Il faut, dit M. Graux (3), partir de ce principe que les religieux ayant appartenu à une congrégation dissoute, ne sont plus dans la condition de tous les autres citoyens. Assurément, ils conservent tous leurs droits civiques; mais ils sont les membres d'une société contre laquelle le gouvernement a pris des résolutions qui doivent être exécutées. La dispersion des membres d'une société doit être le premier acte de la dissolution de cette société... La seconde obligation qui leur est imposée consiste dans la surveillance constante que le gouvernement aura le droit d'exercer sur l'ancien couvent transformé en propriété individuelle. Sans doute le domicile du citoyen est inviolable, mais quand une présomption de délit existe, l'autorité judiciaire n'a-t-elle pas le droit de s'assurer de l'existence du délit? Et quand il y a présomption, qu'une mesure administrative et un acte gouvernemental ne sont pas exécutés, le gouvernement et l'administration n'ont-ils pas le droit de s'assurer de l'exécution de cette mesure et de cet acte?... Les anciens religieux n'auront pas le droit de se plaindre d'une surveillance parfaitement légitime. Si un acte établit l'inexécution des obligations imposées aux anciens religieux, il est évident que les prétendus propriétaires de l'ancien couvent doivent être dispersés. Il y avait contre eux une présomption, il y aura contre eux une preuve. Tant que la présomption a existé, on les a surveillés; quand la preuve sera acquise, on devra les expulser. Cette expulsion ne portera pas atteinte à leurs droits de citoyen, puisque ce sera

pour n'avoir pas vécu comme de simples citoyens qu'ils seront obligés de cesser leur cohabitation. »

On a soutenu, d'autre part, que les décrets du 29 mars 1880 sont des actes de gouvernement; en cette qualité, la légalité de ces décrets et des actes accomplis pour en assurer l'exécution ne peut être discutée ni devant les tribunaux civils, ni devant la juridiction contentieuse; ils ne pourraient être contrôlés que par le Parlement (1).

« Le juge des référés, dit M. Ronjat, qui a soutenu ce sys-

---

(1) En ce sens: Graux, *Les congrégations religieuses devant la loi* p. 103; — Jeanvrot, *Loc. cit.* p. 130.

Toulouse, trib., 2 août 1880 (Pères de la Compagnie de Jésus c. Préfet de la Haute-Garonne et Commissaire de police): — « Le tribunal; — Attendu qu'en exécution du décret du 29 mars dernier, rendu par le Président de la République et qui ordonne la dissolution de la congrégation non autorisée de Société de Jésus, le préfet de la Haute-Garonne a fait disperser et expulser les membres de cette société réunis à Toulouse dans l'établissement de la rue des Fleurs, 22; qu'il a, en outre, fait procéder à la fermeture de la chapelle ouverte au culte dépendant de cet établissement, et fait apposer les scellés sur toutes les issues, tant extérieures qu'intérieures; — Attendu que les membres de cette communauté ont assigné, soit le préfet, soit le commissaire central qui a exécuté ses prescriptions: ce pour voir ordonner que les scellés apposés sur la porte de la chapelle, communiquant avec l'intérieur de leur habitation seraient levés; 2° pour obtenir leur réintégration *manu militari* dans la maison où ils vivaient en commun et dont ils se prétendent propriétaires; 3° enfin pour s'entendre condamner à 20,000 francs à titre de dommages intérêts pour avoir violé leur domicile et attenté à leur propriété et à leur liberté individuelle;

— Attendu que les défendeurs soutiennent que le tribunal est incompétent pour connaître de ces diverses demandes, et que, de son côté, M. le Procureur de la République, au nom du Préfet de la Haute-Garonne, a soulevé, avec un mémoire à l'appui, un déclinatoire d'incompétence conformément à l'article 6 de l'ordonnance sur les conflits du 1er juin 1828; — Attendu que les lois des 24 août 1790 et 16 fructidor an III portent défense expresse aux tribunaux de connaître des actes d'administration, quels qu'ils soient; que parmi ces actes il faut comprendre non seulement les actes administratifs proprement dits, mais ceux d'une nature plus élevée, qui constituent des actes de gouvernement, et qui émanent du Chef de l'État lui même, agissant dans l'exercice de la puissance publique qui lui a été confiée; — Attendu que le décret du 29 mars rendu par le Chef du pouvoir exécutif, le conseil des ministres entendu, est au plus haut degré un acte de gouvernement; — Attendu qu'il n'est pas nécessaire de rechercher quelle serait l'efficacité d'un acte de ce genre, accompli en dehors du pouvoir constitutionnel du Président de la République; que la solution de cette question est inutile au procès, puisque le Chef de l'État, dans le décret du 29 mars, n'a dépassé ni les droits ni ses attributions; — Attendu, en effet, que, d'après l'article 3 de la Constitution du 28 février 1875, le Président de la République est chargé de surveiller et d'assurer l'exécution des lois: — Attendu que les lois de l'État prohibent la formation des congrégations religieuses non autorisées; — que, notamment, le décret-loi du 3 messidor an XII, après avoir, dans son article 1er, ordonné la dissolution de diverses communautés, ajoute ce qui suit: « seront pareillement dissoutes toutes autres congrégations ou associations formées sous prétexte de religion et non autorisées »; — qu'il dispose dans son article 4, « qu'aucune congrégation ou association d'hommes ou de femmes ne pourra se former à l'avenir sous prétexte de religion, à moins qu'elles ne soient autorisées par un décret impérial, sur le vu des statuts ou règlements »; — Attendu que les termes de ce décret sont clairs et formels; qu'il n'a jamais été abrogé et a été, au contraire, constamment appliqué sous tous les régimes qui se sont succédé; — qu'il en résulte, évidemment, que l'existence d'une congrégation non autorisée, contrairement à une loi d'intérêt public, est un fait illicite, et que le chef de l'État a le droit de la faire cesser en vertu du pouvoir qu'il tient de la Constitution d'assurer l'exécution des lois; — qu'en cette matière, la dissolution est le moyen le plus efficace d'empêcher l'acte illicite; — que ce droit de dissolution ne pourrait être refusé au chef de l'État, qu'autant qu'une disposition formelle de la loi le lui aurait interdit; — que cette faculté, loin de lui être déniée, est, au contraire, consacrée par l'article 1er déjà cité de la loi du 3 messidor an XII qu'on prétend, à la vérité que ce droit aurait été donné exclusivement à l'autorité judiciaire et qu'on excipe de l'article 6 de la même loi, par lequel il est enjoint aux procureurs généraux et aux procureurs impériaux de poursuivre ou faire poursuivre, même à l'extraordinaire, les personnes de tout sexe qui seraient en contravention au décret; — mais que cet article n'a eu pour but que d'assurer, par toutes les voies, l'obéissance aux prescriptions légales sur les congrégations, et qu'il n'est pas exclusif du droit de dissolution qui appartient au chef de l'État; — que le souverain qui gouvernait alors la France avait plutôt par habitude d'exagérer son pouvoir que de le restreindre qu'il est tout à fait invraisemblable qu'il ait voulu, dans cette circonstance, lui assigner des limites; — Attendu, dès lors, que le droit de dissoudre les communautés religieuses non autorisées ne saurait être contesté au chef de l'État, et qu'il implique nécessairement celui d'en disperser les membres, et même, en cas de résistance, de les expulser par la force du lieu où ils se réunissent; que l'exercice de ce droit ne saurait donner lieu à une action pour violation de domicile ou atteinte à la liberté individuelle; — Attendu que la propriété est placée, sans doute, sous la sauvegarde des tribunaux, mais qu'aucun droit de propriété n'est contesté dans la cause; que deux membres de la compagnie de Jésus, se disant propriétaires, ont été même laissés en possession de l'immeuble de la

---

— Attendu, dès lors, que l'arrêté du préfet de police, en exécution duquel le demandeur a été expulsé de l'immeuble de la rue Jean-de-Beauvais, 9, ne saurait être considéré comme un acte administratif de telle nature qu'il échapperait, en lui-même et dans toutes ses conséquences, à l'appréciation de l'autorité judiciaire; que dès lors aussi la règle générale qui attribue à l'autorité judiciaire la connaissance des litiges relatifs au droit de propriété conserve tout son empire dans la cause, et que le tribunal peut connaître de la demande qui lui est soumise, sans porter atteinte au principe supérieur de la séparation des pouvoirs; — Par ces motifs, se déclare compétent, etc. »

(1) Poitiers, 19 septembre 1880.

(2) Observations présentées par le Ministre des cultes sur le conflit élevé par M. le Préfet du Nord dans l'instance formée contre ce fonctionnaire par les sieurs Marquigny et consorts, 17 septembre 1880 (*Circ. cultes*, p. 184).

(3) *Les congrégations religieuses devant la loi*, p. 176-178.

tème (1), était deux fois incompétent (pour connaître d'une demande en réintégration dans leur domicile formée par les membres d'une association religieuse expulsés à la suite des décrets du 29 mars 1880) ; si nous considérons l'arrêté comme un acte du gouvernement, il échappait par cela seul à toute censure, et si nous lui reconnaissons le caractère d'un acte administratif, il appartenait à l'autorité administrative seule d'en connaître. Certains auteurs, notamment M. Batbie, enseignent qu'il est des actes de la puissance publique qui échappent à tout contrôle autre que celui du Parlement. La Cour de Paris l'a décidé ainsi par son arrêt célèbre de 1826 dans l'affaire Montlosier. Ce principe a été appliqué lors de la confiscation des biens de la famille d'Orléans. La Cour de Paris a persévéré dans sa jurisprudence de 1826. Elle a récemment rendu un arrêt dans le même sens. En 1873, le fondateur de la République conservatrice... étant chef du pouvoir exécutif, croit devoir faire expulser de France le prince Napoléon. L'expulsion a lieu par voie administrative. Le prince s'adresse au tribunal de la Seine et lui demande justice ; le tribunal se déclare incompétent, attendu qu'il s'agit d'une mesure de gouvernement, et sur l'appel la Cour de Paris confirme purement et simplement, par adoption de motifs, la décision des premiers juges. Sans doute, on pourrait s'adresser aux Chambres, se plaindre devant elles de l'acte de gouvernement, et leur dénoncer, pour en amener la répression, l'abus de pouvoir commis par l'administration. Si le tribunal des conflits admet cette thèse ; s'il pense que certains actes de la puissance publique sont des actes de gouvernement échappant à tout contrôle judiciaire, les décrets du 29 mars sont des actes de cette nature. Ils ont été rendus sur l'invitation de la Chambre des députés, pour l'exécution des lois qui ont pour but le maintien de l'ordre et de la paix publique. Ils ne peuvent être contrôlés, censurés que par le Parlement. La Chambre des députés et le Sénat ont approuvé les décrets du 29 mars ;... le juge des référés de Lille n'avait donc pas à en connaître, et il aurait dû se déclarer incompétent.

Le tribunal des conflits, ainsi que nous le verrons plus loin, a écarté cette théorie, sinon explicitement, du moins implicitement, en réservant le droit des parties à se pourvoir devant l'autorité administrative.

Un troisième système a été soutenu par M. Gomel, commissaire du gouvernement près le tribunal des conflits.

M. Gomel refuse d'attribuer le caractère d'actes gouvernementaux tant aux décrets du 29 mars 1880, rendus pour rappeler les congrégations au respect des lois que le gouvernement considérait comme qu'aux mesures prises en vue de la dissolution des associations religieuses non autorisées, bien que l'administration les eût qualifiées de mesures

de haute police ; les tribunaux judiciaires étaient compétents pour connaître des demandes formées par les propriétaires en réintégration de leurs immeubles et en mainlevée des scellés sur les parties de ces immeubles autres que les chapelles ; mais ils devaient surseoir à statuer jusqu'à ce que l'autorité administrative se fût prononcée sur toutes les questions préjudicielles que soulevait la validité de l'arrêté préfectoral, qui avait prescrit l'expulsion des religieux et l'apposition des scellés, cet arrêté ayant tous les caractères d'un acte administratif (1).

Le tribunal des conflits n'a adopté aucun des systèmes que nous venons d'exposer. Suivant les décisions de ce tribunal, les décrets du 29 mars 1880 ont été rendus par application des lois des 13-19 février 1790, du 18 août 1792, du 18 germinal an X et du décret du 3 messidor an XII ; ils constituaient des mesures d'exécution de police dont le ministre de l'intérieur était chargé d'assurer l'exécution ; par suite, les actes d'exécution accomplis par les préfets et les commissaires de police, d'après les ordres du ministre de l'intérieur avaient été pris dans le cercle de leurs attributions comme délégués du pouvoir exécutif ; ils avaient donc le caractère d'actes administratifs, dont l'autorité judiciaire ne pouvait ni annuler les effets ni empêcher l'exécution. Les tribunaux judiciaires en se déclarant compétents pour connaître de ces actes ont méconnu le principe de la séparation des pouvoirs.

Si les religieux expulsés pensaient pouvoir soutenir que la mesure prise contre eux n'était autorisée par aucune loi, et que, par suite, le décret et l'arrêté étaient entachés d'excès de pouvoir, c'est à l'autorité administrative qu'ils devaient demander de prononcer la nullité de ces actes (2).

Les décisions rendues par le tribunal des conflits pour or-

---

(1) Voy. les conclus. de M. Gomel devant le tribunal des conflits, 5 novembre 1880 : aff. Bouffier. — D. P. 1880. 3, fl. 128. — Dans le même sens, Agen, 31 décembre 1880.

(2) Confl., 4 novembre 1880 ; 5 novembre 1880 ; 13 novembre 1880 ; 20 novembre 1880 ; 27 novembre 1880.

Confl., 17 novembre 1880 : — « Vu l'arrêté en date du 8 juillet 1880, par lequel le préfet du département de la Haute-Loire a élevé le conflit d'attributions dans l'instance pendante devant le président du tribunal civil du Puy, tenant l'audience des référés, entre les sieurs Xavier de Saune et consorts, d'une part ; le sieur de Lamer, préfet du département de la Haute-Loire, et le sieur Morel, commissaire de police de la ville du Puy d'autre part ; — Vu l'exploit en date du 7 juillet, par lequel les sieurs Xavier de Saune et consorts assignent devant le président du tribunal du Puy, tenant l'audience des référés : 1° le sieur de Lamer préfet du département de la Haute-Loire ; 2° le sieur Morel, commissaire de police de la ville du Puy, pour au principal entendre réserver à toutes les parties leurs droits et moyens sur le fond à l'effet de se pourvoir ainsi qu'ils aviseront, et provisoirement entendre ordonner la réintégration immédiate des demandeurs dans leur domicile sis à Vals, même manu militari ; et de plus, vu les articles 809 et suivants du Code de procédure civile, entendre ordonner l'exécution par provision de la décision à intervenir ; — Vu le mémoire en déclinatoire présenté par le préfet de la Haute-Loire, le 8 juillet 1880, et fondé sur ce que le décret du Président de la République, en date du 29 mars 1880, qui a dissous la Société de Jésus, est en exécution des lois qui ont été exécutées pulsés des locaux qu'ils habitaient en commun, constitue un acte de haute police et de gouvernement dont il n'appartient pas à l'autorité judiciaire de connaître ; — Vu la loi des 16-24 août 1790 et celle du 16 fructidor an III ; — Vu les ordonnances du 1er juin 1823 et du 12 mars 1831, le règlement d'administration publique du 26 octobre 1849 et la loi du 24 mai 1872 ; — Vu les lois des 13-19 février 1790, du 18 août 1792 et du 18 germinal an X, article 11 ; — Vu le décret du 3 messidor an XII et celui du 29 mars 1880 ; — Considérant que, par un arrêté en date du 30 juin 1880, le préfet du département de la Haute-Loire a ordonné la dissolution de l'agrégation formée à Vals par les membres de la congrégation non autorisée dite de Jésus ; qu'il a prescrit la fermeture de l'établissement et l'apposition des scellés sur les ouvertures donnant accès sur la voie publique ; qu'enfin il a chargé de l'exécution de cet arrêté les commissaires de police et sous-agents de la force publique ; — Considérant que cet arrêté a été exécuté le jour même, suivant procès-verbal de M. Morel, commissaire de police de la ville du Puy ; — Considérant que suivant exploit du 7 juillet 1880 les sieurs Xavier de Saune et soixante-trois autres, membres de l'association non autorisée de Jésus, lesquels n'ont, d'ailleurs, dénié cette qualité dans aucun acte de la procédure, ont assigné les sieurs de Lamer, préfet du département de la Haute-Loire, et Morel, commissaire de police, devant le président du tribunal civil du Puy, tenant l'audience des référés, à l'effet de faire ordonner leur réintégration immédiate dans leur domicile, à Vals, même manu militari, et l'exécution provisoire à cur minute, vu l'urgence, nonobstant appel ; — Considérant que le préfet du département de la Haute-Loire soutient que le juge des référés était incompétent pour connaître de l'action intentée par les sieurs Xavier de Saune et consorts, qui tendait à faire obstacle à l'exécution de l'arrêté du

---

rue des Fleurs ; — que le commissaire central, en exécution du décret de dissolution du 29 mars et des instructions par lui reçues du préfet de la Haute-Garonne, s'est borné à faire sortir de la maison dont il s'agit les membres d'une congrégation qui s'y trouvaient réunis à l'état d'association non autorisée, et qu'il n'y a là aucune violation du droit de propriété ; — qu'on invoque vainement un acte de société par suite duquel tous les membres expulsés ou la plus grande partie seraient les propriétaires de ladite maison ; qu'il est sans intérêt d'examiner si un acte semblable n'était pas une précaution prise pour couvrir d'une apparence de légalité une communauté religieuse dépourvue d'autorisation ; qu'il suffit de remarquer que le tribunal ne saurait, en vertu de cet acte, réintégrer une mesure sociétaires ou propriétaires tous ceux qui ont été expulsés comme congréganistes ; — que, par une telle décision, en effet, il mettrait à néant le décret de dissolution, violerait le principe de la séparation des pouvoirs, et en méconnaissant le pouvoir constitutionnel du chef de l'État, entraverait dans sa sphère légitime l'exercice de la puissance publique ; — Attendu que ce qu'il ne pourrait faire directement par une réintégration, il ne le pourrait pas davantage indirectement en connaissant d'une demande en dommages introduite contre des fonctionnaires qui n'ont fait que remplir les instructions qu'ils ont reçues et n'ont pris que les mesures nécessaires, pour assurer l'exécution des décrets de dissolution ; — Attendu, dès lors, qu'à quelque point de vue qu'on se place, l'autorité judiciaire est incompétente, et qu'il y a lieu de faire droit au déclinatoire proposé ;

« Par ces motifs, se déclare incompétent sur toutes les demandes ; — Renvoie les parties de Bocquidé de Peyreville à se pourvoir ainsi qu'elles aviseront. »

(1) Conclusions devant le tribunal des conflits : Marquigny et autres contre Cambon et Mornave, 5 novembre 1880.

donner le renvoi à l'autorité administrative des contestations qui lui étaient soumises sont rédigées dans des termes très larges.

Il est à remarquer notamment, comme on le verra dans les arrêts reproduits en note, que, pour établir l'incompétence de l'autorité judiciaire, le tribunal des conflits se contente de déclarer que les arrêtés d'expulsion étaient des mesures de police ; mais il ne donne aucune interprétation des lois de 1790 et de 1792 et de l'arrêté de messidor an XII ; il ne se prononce pas sur la question de savoir si ces lois permettent aujourd'hui à l'autorité administrative d'agir par mesure de police ; il ne dit pas non plus si, pour exercer ses pouvoirs de police, l'autorité administrative peut procéder par voie d'expulsion et d'apposition de scellés. Il réserve ces questions au Juge de la légalité des actes administratifs, c'est-à-dire au Conseil d'État statuant sur un recours pour excès de pouvoir.

La jurisprudence du tribunal des conflits qui refuse compétence aux tribunaux judiciaires pour statuer sur les actes se rattachant à l'exécution des arrêtés pris par les préfets pour la dissolution des associations religieuses non autorisées a été admise par plusieurs tribunaux qui ont reconnu le caractère d'actes administratifs aux arrêtés de dissolution des associations religieuses non autorisées et qui, par suite, se sont déclarés incompétents pour en connaître.

L'autorité judiciaire étant absolument incompétente en cette matière, le tribunal des conflits a décidé qu'elle ne doit pas se borner à surseoir à toute information jusqu'à ce que la légalité des actes incriminés ait été appréciée par l'autorité compétente, mais que du moment où elle reconnaît aux actes incriminés le caractère d'actes administratifs, elle doit également se déclarer incompétente sur le fond même du litige qui échappe par sa nature, à la connaissance des tribunaux judiciaires (1).

Incompétente pour connaître du fond de l'affaire, l'autorité judiciaire ne peut même pas ordonner des mesures d'instruc-

tion ou de conservation ; elle ne saurait notamment prescrire la nomination d'experts pour évaluer les dégâts causés aux immeubles lors de l'exécution des arrêtés de dissolution, ni faire procéder aux réparations urgentes (1).

Cette jurisprudence a pour conséquence de reconnaître l'autorité administrative compétente pour statuer sur une action intentée contre le préfet ou contre les agents ayant contribué à la dispersion d'une association non autorisée par des personnes étrangères à cette association, lorsque l'expulsion de ces personnes rentrait essentiellement dans l'exécution de l'arrêté qui ordonnait l'évacuation complète de l'établissement (2).

En ce sens, il a été décidé que l'autorité administrative était compétente pour statuer sur les réclamations d'un huissier qui se trouvant dans le couvent pour remplir une fonction de son ministère lors de l'exécution des décrets en avait été expulsé par les agents de l'administration (3).

Il a été jugé également que lorsque l'exécution d'un arrêté de dissolution a nécessité l'investissement militaire d'un couvent et l'occupation d'un immeuble contigu qu'un membre de l'association prétend occuper en vertu d'un bail, l'action en indemnité intentée par ce dernier doit être dirigée contre l'État et portée devant l'autorité administrative (4).

L'autorité administrative est également seule compétente

---

30 juin 1880 ; — Considérant que le décret du 29 mars 1880, qui donnait à la Compagnie de Jésus un délai de trois mois pour se dissoudre et pour évacuer les établissements occupés par elle sur le territoire de la République, a été rendu par application des lois des 13-19 février 1790, 18 août 1792, 18 germinal an X et du décret du 3 messidor an XII, et qu'il constituait une mesure de police dont le ministre de l'intérieur était chargé d'assurer l'exécution ; — Considérant que le préfet du département de la Haute-Loire, en prenant l'arrêté du 30 juin 1880 et en le faisant exécuter par les agents placés sous ses ordres, conformément aux instructions du ministre de l'intérieur, a agi, en vertu du décret précité du 29 mars 1880, dans le cercle de ses attributions comme délégué du pouvoir exécutif ; que le commissaire, agent de la police administrative et placé sous les ordres du préfet, n'a fait qu'exécuter les dispositions de l'arrêté précité sur suite de la délégation qu'il avait reçue à cet effet ; — Considérant, d'ailleurs, que ni le préfet ni le commissaire de police ne prétendaient aucun droit de propriété ni de jouissance sur ledit immeuble à l'encontre de ceux que les sieurs Xavier de Saune et consorts pouvaient tenir de leurs titres ; — Considérant qu'il ne saurait appartenir à l'autorité judiciaire sous prétexte et d'empêcher l'exécution des actes administratifs précités ; que sans doute, par une exception formelle au principe de la séparation des pouvoirs, cette autorité peut apprécier la légalité des actes de police quand elle est appelée à prononcer une peine contre les contrevenants, mais cette exception est sans application dans la cause ; — Considérant que si les sieurs Xavier de Saune et consorts se croyaient fondés à soutenir que la mesure prise contre eux n'était autorisée par aucune loi, et que, par suite le décret et l'arrêté précités étaient entachés d'excès de pouvoirs, c'était à l'autorité administrative qu'ils devaient s'adresser pour faire prononcer l'annulation de ces actes ; — Considérant que le président du tribunal du Puy, en se déclarant compétent, a méconnu le principe de la séparation des pouvoirs ;
« Décide : — Art. 1er. — L'arrêté de conflit pris par le préfet du département de la Haute-Loire le 8 juillet 1880 est confirmé. »
(1) Confl., 12 mars 1881, (Bayle et consorts) : — « Le tribunal des conflits ; — Considérant que l'acte par lequel, etc. (rédaction analogue à celle rapportée ci-dessus ; — Considérant que l'autorité judiciaire ne peut, sans méconnaître le principe de la séparation des pouvoirs, connaître d'une poursuite dirigée en réalité contre un acte administratif, alors même qu'en apparence celle ne vise que la personne des fonctionnaires qui ont pris ou exécuté la décision, ou des auxiliaires dont le concours a été requis pour assurer cette exécution ; — Considérant qu'à la vérité la chambre des mises en accusation de la Cour d'appel de Montpellier, tout en rejetant le déclinatoire, a déclaré surseoir à toute information jusqu'à ce que la légalité des actes incriminés ait été appréciée, à la diligence des plaignants, par l'autorité compétente ; — Mais considérant que nonobstant cette réserve la Cour de Montpellier s'est déclarée compétente sur le fond même du litige qui échappait par

sa nature à la connaissance de l'autorité judiciaire ; que la Cour, ayant reconnu aux actes incriminés le caractère d'actes administratifs, ne pouvait rester et se déclarer compétente sur la demande des parties, alors que les causes de cette demande échappaient à sa compétence ; — Qu'il suit de là que la Cour d'appel de Montpellier, en se déclarant compétente sur la demande des sieurs Bayle et consorts, a méconnu le principe de la séparation des pouvoirs ;
« Art. 1er. — Les arrêtés de conflit sont confirmés. »
(1) Confl., 12 février 1881 et 5 mars 1881 (Fabre contre Andrieux et autres) : — « Le tribunal des conflits ; — Considérant que le préfet de police de la Seine, etc. (comme dans les affaires précédentes, sauf quelques modifications de détail) ; — Considérant qu'il ne saurait appartenir à l'autorité judiciaire de prescrire des conséquences d'un acte administratif, et que, par suite, elle est incompétente pour prescrire des mesures d'instruction ou de conservation ; — Considérant que de ce qui précède, il résulte que le tribunal civil de la Seine, en se déclarant compétent, a méconnu le principe de la séparation des pouvoirs, édicté par les lois susvisées des 16-24 août 1790 et 16 fruct. an III.
« Art. 1er. — L'arrêté de conflit... est confirmé. »
(2) Confl., 7 mai 1881, 28 mai 1881 et 2 avril 1881 (Larrieu-Estellé et autre contre Merlin) : — « Le tribunal des conflits ; — Considérant que la demande des sieurs Larrieu-Estellé et consorts tendait à faire ordonner que les sieurs Terrier et autres professeurs ou employés dans l'établissement d'instruction dit École Sainte-Marie, à Toulouse, seraient réintégrés manu militari dans ledit établissement dont ils ont été expulsés en exécution d'un arrêté du préfet de la Haute-Garonne en date du 4 octobre 1880 ; — Considérant que le préfet a pris ledit arrêté en vertu des instructions du ministre de l'intérieur et pour l'application des lois ci-dessus visées sur les congrégations religieuses non autorisées ; qu'il s'est fondé, pour prononcer itérativement la dissolution de l'agrégation formée à Toulouse, place Saint-Sernin, et déjà dissoute par un précédent arrêté du 1er septembre 1880, sur ce que, nonobstant cet arrêté, il existerait encore audit lieu, sous la dénomination d'École Sainte-Marie, un établissement d'enseignement où les membres de l'association non autorisée dite de Jésus vivent à l'état de congrégation ; qu'ainsi l'arrêté du 4 octobre constituait, la vérité fût-elle que celui du 1er septembre, un acte administratif dont il était interdit à l'autorité judiciaire de connaître ; — Considérant qu'à la vérité les demandeurs ont soutenu que les professeurs et employés dont il s'agit ne vivaient pas à l'état de congrégation ; qu'ils ont, en outre, articulé que lesdits professeurs et employés s'étaient placés sous la juridiction de l'autorité épiscopale et avaient obtenu la permission de se livrer à l'enseignement secondaire dans la maison Sainte-Marie ; — Mais considérant, d'une part, qu'il n'est allégué dans aucune pièce de la procédure que les sieurs Terrier et autres aient dénié la qualité de membres de l'association non autorisée de Jésus, qui leur avait été attribuée par l'arrêté préfectoral du 4 octobre 1880, et à raison de laquelle leur expulsion avait été ordonnée par ledit arrêté ; — Considérant, d'autre part, que si les demandeurs se croyaient fondés à soutenir que les sieurs Terrier et autres ne formaient pas entre eux une agrégation susceptible d'être dissoute par application des lois ci-dessus visées sur les congrégations religieuses, et que, par suite, l'arrêté préfectoral du 4 octobre 1880 était entaché d'excès de pouvoir, c'est devant le conseil d'État, statuant au contentieux, qu'ils devaient se pourvoir pour demander l'annulation ; mais qu'il n'appartenait pas à l'autorité judiciaire d'en apprécier la validité ni d'en entraver l'exécution ; qu'il suit de là que le conflit a été élevé, sur l'appel formé par les sieurs Larrieu-Estellé et consorts, contre l'ordonnance en date du 19 octobre 1880, par laquelle le juge des référés s'est déclaré incompétent pour connaître de leur demande ;
« Art. 1er. — L'arrêté de conflit... est confirmé. »
(3) Confl., 7 mai 1881.
(4) Confl., 5 février

pour statuer sur le point de savoir si les membres de l'association dispersée ne vivaient pas dans l'établissement d'instruction d'où un arrêté préfectoral les a expulsés mais étaient placés sous la juridiction de l'autorité épiscopale (1).

Mais lorsque les parties dénient leur qualité de membres d'une congrégation non autorisée, les tribunaux judiciaires sont compétents pour connaître préjudiciellement du sens et de la validité des contrats de droit commun invoqués par les parties (2).

L'autorité judiciaire serait également compétente pour statuer sur une demande formée contre une ville à l'effet d'obtenir, par application de la loi du 10 vendémiaire an IV, une indemnité à raison des dommages causés par des rassemblements tumultueux à l'établissement d'une association religieuse non autorisée. Ces dommages ne peuvent être rattachés à l'exécution d'un arrêté préfectoral prescrivant la dissolution de cette association, lorsque les rassemblements ont eu lieu antérieurement à l'exécution de cet arrêté et ont été faits par des personnes étrangères à l'administration, n'ayant aucune qualité pour pénétrer dans le couvent et pour soumettre les membres de l'association qui s'y trouvaient à une contrainte légale (3).

Le tribunal des conflits, ayant affirmé le caractère administratif des décrets de dissolution et des actes faits pour leur exécution, a également admis la recevabilité du recours pour excès de pouvoir, devant le Conseil d'Etat, contre ceux de ces actes qui seraient argués d'illégalité.

Cette conséquence du caractère administratif des actes, déjà contenue implicitement dans la décision du 4 novem-

bre 1880, a été expressément indiquée dans celle du 13 novembre 1880 (1) où on lit « que si les sieurs.,. entendaient prétendre que les actes du ministre de l'intérieur et du préfet, relatifs à l'exécution des lois et décrets précités, étaient entachés d'excès de pouvoir, un recours leur était ouvert devant le Conseil d'Etat, aux termes de la loi des 7-14 octobre 1790 et de la loi du 24 mai 1872 (2).

2178. Quelles sont les conséquences de la dissolution pour une association religieuse non autorisée ? On ne peut formuler à cet égard aucune règle générale. La loi de 1825 ne leur est pas applicable. D'autre part, l'association n'a pas d'existence légale ; elle ne peut donc mourir au point de vue civil. Il en résulte que ses membres, copropriétaires des biens communs, les partagent entre eux conformément aux règles ordinaires.

Quelle sanction frapperait la reconstitution des associations dissoutes ? En ce qui concerne les associations enseignantes, le conseil supérieur de l'instruction publique s'est prononcé.

Les établissements libres d'instruction secondaire fondés par les congrégations religieuses dissoutes continuèrent à fonctionner sous une autre direction après l'exécution des décrets du 29 mars 1880. Les nouveaux chefs de ces établissements y admirent comme professeurs ou surveillants plusieurs membres appartenant aux associations religieuses dissoutes. Ces religieux vivant isolément et ne formant plus une association n'avaient besoin d'aucune autorisation. Mais des poursuites disciplinaires furent dirigées devant les conseils académiques contre des chefs de ces nouveaux établissements. L'article 68 de la loi du 15 mars 1850 punissant de l'interdiction temporaire ou perpétuelle le chef d'un établissement libre pour l'inconduite ou l'immoralité des professeurs, on considéra comme un cas d'inconduite ou d'immoralité le fait de contrevenir aux décrets de dissolution en recevant des professeurs appartenant aux congrégations dissoutes (3). Les conseils académiques ayant prononcé l'interdiction ou la suspension, plusieurs chefs d'établissement condamnés en appelèrent. Mais le conseil supérieur de l'instruction publique confirma la plupart des sentences prononcées, parce que les directeurs inculpés avaient admis les anciens membres des associations dissoutes « dans des conditions qui caractérisaient non l'exercice d'un droit individuel, mais la persistance de l'action commune et du but commun » (4).

2179. *Propositions législatives.* — Plusieurs projets de loi sur les associations et spécialement sur les congrégations religieuses ont été soumis aux Chambres depuis l'exécution des décrets du 29 mars 1880.

Suivant un premier projet, présenté à la Chambre des députés par M. Waldeck-Rousseau, il n'y aurait plus de distinction entre les associations religieuses reconnues et les associations religieuses non reconnues, entre les congrégations d'hommes et les congrégations de femmes : l'article 3 du projet les supprime toutes, en spécifiant que toute convention ayant pour but ou pour résultat, soit au moyen de vœux, soit par un engagement quelconque, d'emporter renonciation totale ou partielle au libre exercice des droits attachés à la personne, ou de subordonner cet exercice à l'autorité d'une tierce personne, est illicite comme contraire

---

(1) Confl., 2 avril 1881 ; 28 mai 1881.
(2) Conflits, 4 décembre 1880 : — « Vu l'arrêté en date du 16 juillet 1880, par lequel le préfet du Nord a élevé le conflit d'attributions dans l'instance pendante devant le tribunal civil de Lille, entre le sieur Eugène Marquigny, prêtre de la Compagnie de Jésus, et M. Paul Cambon, préfet du Nord ; — Vu la requête présentée par ledit sieur Marquigny en président du tribunal de première instance de Lille, à l'effet d'être autorisé à assigner à bref délai par-devant le tribunal M. Paul Cambon, préfet du Nord, pour s'entendre condamner à lui payer la somme de 10,000 francs en réparation du préjudice à lui causé par la violation de son domicile et l'atteinte portée à sa liberté individuelle lors de la mise à exécution de l'arrêté pris par le préfet le 30 juin 1880, en vertu du décret du 29 mars dernier ; — Considérant qu'à l'appui de sa demande en dommages-intérêts le sieur Marquigny n'allègue contre M. Paul Cambon, préfet du Nord, aucun fait qui ne rentrerait pas dans la stricte exécution de l'arrêté pris par ce préfet le 30 juin 1880, en vertu du décret du 29 mars précédent et des ordres du ministre de l'intérieur ; — Que ce décret, qui donnait à la Compagnie de Jésus un délai de trois mois pour se dissoudre et pour évacuer les établissements occupés par elle sur le territoire de la République, a été rendu pour l'application des lois des 13-19 février 1790, 18 août 1792, 18 germinal an X et du décret du 3 messidor an XII, et qu'il constituait une mesure de police dont le ministre de l'intérieur était chargé d'assurer l'exécution ; — Que, dès lors, les actes qui servent uniquement de base à la demande, étant ceux d'un fonctionnaire public agissant dans le cercle de ses attributions comme délégué du pouvoir exécutif, constituent des actes essentiellement administratifs ; — Considérant que la prohibition faite aux tribunaux judiciaires par les lois des 16-24 août 1790 et 16 fructidor an III constitue une règle de compétence absolue et d'ordre public ayant sa sanction dans le droit conféré au préfet d'élever le conflit d'attributions, lorsque, contrairement à cette prohibition, ces tribunaux sont saisis de la connaissance d'un acte administratif ou de ses conséquences ; — Considérant que si le sieur Marquigny se croyait fondé à soutenir que les mesures prises contre lui n'étaient pas autorisées par aucune loi et qu'il en était résulté un dommage dont il lui serait dû réparation, c'était contre l'Etat et devant l'autorité administrative qu'il devait former son action ; — Considérant que le tribunal civil de Lille, en se déclarant compétent, a méconnu le principe de la séparation des pouvoirs, édicté par les lois susvisées des 16-24 août 1790 et 16 fructidor an III ;
« Décide : — Art. 1er. — L'arrêté de conflit pris par le préfet du Nord est confirmé. »
(3) Trib. conft. 19 février 1881 : — « Le Tribunal des conflits ; — ... Considérant qu'il ne pouvait appartenir à l'autorité judiciaire d'annuler les effets et d'empêcher l'exécution de l'acte administratif dont il s'agit ; que tel serait pourtant le résultat de la demande intentée par le sieur Leroy ; que ce dernier est, dès lors, tenu de se pourvoir devant l'autorité administrative elle-même, sauf à l'autorité judiciaire à statuer préjudiciellement, en cas de contestation, sur le sens et la validité des contrats de droit commun invoqués par les parties demanderesses ; que c'est également devant l'autorité administrative que le recours était ouvert au sieur Leroy pour le cas où il se serait cru fondé à soutenir que le décret du 29 mars ou les actes relatifs à son exécution étaient entachés d'excès de pouvoir ; — Considérant qu'il suit de là que le tribunal civil de la Seine, en se déclarant compétent, a méconnu le principe de la séparation des pouvoirs administratif et judiciaire ;
« Art. 1er. L'arrêté du conflit est confirmé. »

(1) En ce sens : Laferrière, t. 1er, p. 483.
(2) Cf. conflits 19 février 1881, 5 mars, 12 mars, 19 mars 1881. Cf. Paris, 20 janvier 1881. (Cochin et de Lassus contre Ministère public). — On lit dans ce dernier arrêt : « Considérant que la Cour n'est nullement compétente pour se prononcer sur la légalité des décrets du 29 mars 1880, et de l'exécution qu'ils ont reçue par voie administrative ; qu'en effet, en vertu du principe de la séparation des pouvoirs, et aux termes d'une jurisprudence constante confirmée par la décision souveraine récemment rendue par le tribunal des conflits (3 novembre 1880 D. P. 80.3.127 et 131), il appartient au Conseil d'Etat seul de résoudre cette double question ; etc. »
(3) En outre, l'article 11 de la loi du 27 février 1880 décide qu'en cas d'interdiction le conseil académique peut prononcer l'exécution provisoire du jugement malgré l'appel.
(4) Déc. 8 janvier 1881 (*Journ. off.*, 9 janvier 1881) ; 10 janvier 1881 (*Journ. off.*, 11 janvier 1881) ; 11 janvier 1881 (*Journ. off.*, 12 janvier 1881) ; 25 juillet 1881 (*Journ. off.*, 26 juillet 1881). Voir *Instruction publique.*

à l'ordre public, et tombe sous la sanction des articles 291 et suivants du Code pénal (1). Ce projet de loi fut pris en considération le 13 mai 1882.

M. Jules Roche déposa un autre projet à la même époque. Il proposait de déclarer illicites dans l'avenir et dissoutes immédiatement toutes les associations religieuses, quelles qu'elles fussent, soit que l'on prononçât des vœux temporaires ou perpétuels. Ce projet fut pris en considération le 16 mai 1882 (2).

Un nouveau projet fut déposé au Sénat au nom du gouvernement, le 23 octobre 1883, par M. Waldeck-Rousseau, à cette époque ministre de l'intérieur.

D'après ce projet il y a trois formes d'associations :

1º Des associations sans personnalité civile, mais permettant la mise des valeurs en commun. Elles se constituent par simple déclaration au greffe du tribunal civil; cette déclaration doit être publiée dans cinq journaux du département.

2º Des associations reconnues, ayant la personnalité civile en vertu d'un décret rendu en Conseil d'État.

3º Des associations internationales et des associations religieuses : ces associations doivent obtenir pour se constituer une autorisation préalable du pouvoir législatif.

Sont réputées illicites toutes associations entre Français et étrangers et toutes associations dirigées par un chef étranger ou résidant à l'étranger (3).

M. Floquet, président du conseil des ministres, a présenté au nom du gouvernement, à la Chambre des députés, le 2 juin 1888, un nouveau projet de loi sur les associations. En principe, toute liberté est laissée en matière d'association. Mais l'article 16 soumet à une autorisation gouvernementale, toujours révocable, la formation de toute association dans laquelle il entre des étrangers; et l'article 17 permet au pouvoir exécutif de prononcer purement et simplement, sans motifs, la dissolution de toute association établie en France qui dépendrait d'une autre association ayant son siège à l'étranger.

Un nouveau projet de loi sur les associations a été présenté par le gouvernement à la session de 1892.

Voici les grandes lignes de ce projet.

Le projet est général; il ne distingue aucune sorte d'associations et les vise toutes, qu'elles soient laïques ou religieuses. Le projet reconnaît la liberté des associations quant aux personnes.

Toute association qui se forme doit faire une demande préalable et déposer ses statuts. Au cas où ceux-ci sont contraires aux lois, l'accusé de réception est refusé, ce qui équivaut à l'interdiction.

Les associations formées sont justiciables des tribunaux. Le gouvernement peut dissoudre les associations, en vertu de son droit de haute police, dans deux cas :

1º Si l'association comprend une majorité d'étrangers, ou si elle compte dans son personnel supérieur un directeur étranger ou des administrateurs étrangers.

2º Si l'association, quoique fonctionnant en France et composée de Français, a son siège à l'étranger ou est agrégée à des associations étrangères. Dans ces cas l'association peut être dissoute par décret du Président de la République rendu en conseil des ministres.

Le projet prévoit le cas où la dissolution étant prononcée, elle ne serait pas immédiatement suivie d'effet. Dans cette situation, les membres de l'association peuvent être poursuivis devant les tribunaux. Les peines prévues varient de six jours à deux ans de prison, avec une échelle correspondante d'amendes.

Le gouvernement a le droit de contrôle. Ses agents peuvent entrer à tout moment pour vérifier la situation de l'association et l'application de ses statuts.

Le projet ne prévoit l'exercice des associations que pour celles qui sont conformes aux lois, à l'ordre public et aux bonnes mœurs.

Tout membre de toute association peut s'en retirer à tout instant.

Une association ne peut acquérir de personnalité civile qu'en vertu d'une loi. Cette loi ne peut être rendue qu'en faveur d'établissements se consacrant à des œuvres d'utilité publique.

Le projet n'a pas d'effet rétroactif.

Le projet du gouvernement est sensiblement plus restrictif en ce qui concerne les biens. Les associations ne peuvent posséder que les biens meubles et immeubles strictement nécessaires pour le but qu'elles se proposent. Nul ne peut disposer par testament en faveur d'associations que pour un de ses membres. La nullité des acquisitions faites en fraude de la loi peut être poursuivie devant les tribunaux civils.

2180. Des confréries. — Les confréries se rattachent naturellement aux associations religieuses.

Il y avait autrefois des confréries dans la plupart des paroisses; dans les provinces méridionales surtout il en existait un grand nombre. Elles étaient connues sous les dénominations de pénitents blancs, bleus, gris, noirs, de la miséricorde, du Saint-Esprit, etc. Elles étaient composées de personnes de toutes les classes et avaient pour objet certains exercices de piété ou de charité, tels que d'assister à la paroisse les jours de fête et dimanches, pour aider le curé dans le chant des offices, de faire des processions, de soigner les malades et d'ensevelir les morts. Les membres de plusieurs de ces confréries portaient dans ces exercices un costume particulier. Les pénitents, entre autres, étaient revêtus d'un sac et d'un capuchon de la couleur affectée à chaque confrérie. Ils élisaient entre eux leurs chefs, qu'on appelait recteurs ou prieurs, et leurs autres officiers, tels que choristes, sacristains et trésoriers. Ils possédaient des biens, les administraient et réglaient leurs dépenses (1).

Les confréries ont été supprimées par la loi du 18 août 1792, dont l'article 1er abolit avec les congrégations et corporations d'hommes et de femmes « les familiarités, confréries, les pénitents de toutes couleurs, les pèlerins et toutes autres associations de piété ou de charité ».

Les biens qui formaient leur dotation ont été déclarés domaines nationaux, administrés et vendus dans la même forme et aux mêmes conditions; ceux qui n'ont pas été vendus ont été attribués aux fabriques (2). Le décret du 28 messidor an XIII, qui prononça cette attribution, disposait dans son article 2 que les biens et rentes de cette espèce, provenant de confréries qui étaient établies dans les églises supprimées, seraient réunis à ceux des églises conservées, dans la circonscription desquelles ces confréries se trouvaient.

Aujourd'hui, si une fabrique découvrait l'existence, entre les mains du domaine, d'un établissement ou d'un particulier, de biens d'anciennes confréries, et si sa réclamation ne lui paraissait pas pouvoir être écartée par le moyen de la prescription, elle pourrait se faire envoyer administrativement en possession de ces biens et ensuite en poursuivre la revendication (3).

A l'époque du rétablissement du culte, et depuis, plusieurs des anciennes confréries se sont réorganisées et ont repris

---

(1) *Journ. off.*, 1882, Chambre des députés, p. 811.
(2) *Journ. off.*, 1882, Documents parlementaires, p. 62.
(3) *Documents parlementaires*, Sénat 1883, p. 1018 ; — Gaival, *Les associations entre Français et étrangers, et le projet de loi sur les associations.*

---

(1) Vuillefroy, p. 151. — On trouve quelques confréries religieuses dès le IXe siècle, mais ce n'est qu'au XIIIe qu'elles reçurent une organisation régulière. Au XVIe siècle il s'établit, notamment en Normandie, un grand nombre de *confréries de charité* sous l'invocation de divers saints. Le but de ces confréries est indiqué dans plusieurs statuts de Georges d'Amboise II, archevêque de Rouen, en 1516. Chacune d'elles devait se pourvoir d'*ornements honnêtes*, croix, bannières, cierges, clochettes, torches, chaperons, draps de trépassés, etc. Les *frères* payaient dix-huit deniers par an pour l'entretien de la société; ils devaient communier en certains jours; ils étaient obligés de porter dans leur corps dès défunts à l'église et de faire célébrer une messe pour le repos de l'âme de ceux qui avaient payé la cotisation annuelle pour participer aux bienfaits de la confrérie. (Campion, p. 259, note.)
(2) D. 28 messidor an XIII; 30 décembre 1809.
(3) Campion, p. 260.

leurs exercices. Mais aucune n'a reçu directement du pouvoir législatif ou administratif l'autorisation de se former. « Je pense, comme M. Portalis, disait le ministre des cultes en 1808, que l'intervention d'un décret impérial donnerait aux confréries une importance qu'elles ne sauraient avoir, et qu'elles doivent être simplement tolérées, pourvu qu'elles s'abstiennent de toute entreprise capable de troubler l'ordre public ou de gêner les ministres du culte dans l'exercice de leurs fonctions (1). »

Au mois de juin 1816, un projet avait été préparé par l'administration pour autoriser par ordonnance royale l'existence de plusieurs confréries. Il n'a été donné aucune suite à ce projet.

Cependant leur établissement et leur existence sont tolérés, surtout où ils ne paraissent pas présenter d'inconvénients. « Rien n'empêche les fidèles ou une portion d'entre eux, dit Portalis, de se consacrer à certaines œuvres de piété ou de charité, telles que l'assistance à la paroisse les jours de fête et dimanches pour aider le curé dans le chant des offices, ou telles que l'accompagnement des morts à la sépulture : tout cela est libre et licite (2). »

Ces confréries, n'étant composées que de simples fidèles vivant chacun dans sa famille et ne se réunissant à la paroisse ou hors de l'église, pour l'exercice de leurs bonnes œuvres, que comme on se réunit pour le chant des offices paroissiaux ou pour une procession, etc., ne sont pas dans le cas des établissements connus sous le titre de corporations ou d'associations religieuses, qui ne peuvent exister sans l'autorisation formelle et directe du gouvernement. Conséquemment, ce n'est pas le cas de leur appliquer les dispositions du décret du 3 messidor an XII. Les établissements qui font l'objet de ce décret se composent de membres qui vivent en commun, sous un même toit et sous un régime déterminé » (3).

Aucune confrérie n'a et ne peut recevoir, dans l'état actuel de la législation, une existence légale comme établissement public (4). Les confréries constituent seulement des associations de fait.

L'autorisation qui leur serait donnée ne pourrait être considérée que comme une mesure de police. Elle n'aurait d'autre but que d'autoriser les membres de l'association à se réunir afin de s'occuper d'objets religieux déterminés (5).

Le caractère d'établissement public ne peut être conféré, dit Vuillefroy, aux termes de la loi du 2 janvier 1817, qu'aux établissements ecclésiastiques reconnus par la loi. « Or, d'après les décrets des 28 messidor an XIII et 30 décembre 1809, qui attribuent aux fabriques les biens des confréries, il est incontestable que les confréries sont supprimées et qu'elles n'existent que par tolérance. Le gouvernement ne peut donc prendre à leur égard une décision qui tendrait à laisser supposer qu'elles sont au nombre des établissements ecclésiastiques reconnus par la loi (6). »

2181. La surveillance et la police des confréries appartiennent à l'évêque et au préfet, et plus immédiatement au curé et au maire. « Il faut empêcher que, sous prétexte de bonnes œuvres, il n'y ait des hommes qui viennent troubler le service divin dans les églises, ou contrevenir aux règles de la police dans l'inhumation des corps. A cet égard, c'est aux évêques et aux préfets à prévenir tout abus par leur vigilance. Les évêques doivent veiller à ce que le service divin ne souffre point des entreprises des confréries de charité, et les préfets doivent pourvoir à ce que ces confréries ne troublent point l'ordre public (7). »

2182. Les confréries de pure dévotion ne peuvent être érigées que par l'évêque ou avec son agrément ; elles dépendent, en effet, de l'évêque au point de vue spirituel. C'est à l'évêque et non aux fabriques qu'elles rendent leurs comptes, s'il y a lieu, et c'est au curé qu'il appartient de les vérifier. Les confréries ne peuvent recourir aux fabriques, pour les dépenses qui les concernent, et celles-ci ne peuvent leur accorder volontairement aucune subvention. Les confréries ne peuvent se servir ni des vases sacrés, ni des ornements, ni des cloches, qui sont la propriété des fabriques. Au cas où l'usage de ces objets leur serait permis, les confréries devraient payer une rétribution aux fabriques. Mais les bannières d'une confrérie, bien qu'elles aient été bénites et qu'elles servent aux cérémonies du culte, n'appartiennent pas aux fabriques (1).

2183. Suivant Dalloz, les confréries ne se réunissant que pour assister à des cérémonies religieuses autorisées, leurs réunions périodiques sont comprises dans l'autorisation générale qui embrasse toutes ces cérémonies. Quant aux réunions accidentelles, elles ne sont pas comprises non plus dans l'article 291 du Code pénal. Mais il faut que ces réunions aient lieu dans les édifices consacrés au culte et autorisés ; si ces réunions avaient lieu dans d'autres établissements, elles ne seraient plus considérées comme des accessoires du culte et ne seraient pas comprises dans son exercice. Dans ce cas une autorisation spéciale serait nécessaire conformément aux articles 291 et 294 du Code pénal (2).

Elles peuvent toujours être interdites (3) partout où elles peuvent directement ou indirectement inspirer quelque inquiétude (4). L'évêque et le curé peuvent les dissoudre si elles troublent le service divin ; le préfet et le maire ont la même faculté si elles compromettent l'ordre ; les articles 291 et suivants et la loi du 10 avril 1834 peuvent être dans ce cas appliqués. Il n'y a pas abus, par conséquent, dans l'acte par lequel un curé dissout une association religieuse ou confrérie établie dans sa paroisse (5).

2184. Les confréries, n'étant pas reconnues par la loi comme établissements ecclésiastiques, ne peuvent jamais, soit qu'elles restent tolérées, soit qu'elles aient été autorisées par mesure de police, devenir aptes à acquérir et à posséder (5). En conséquence, elles ne peuvent intervenir dans aucun contrat, ni recevoir aucun don ou legs. Les dons et legs faits au profit des confréries ne sont cependant pas toujours restés sans exécution. Dans plusieurs circonstances on a considéré les confréries comme une dépendance des fabriques. « Les confréries, a-t-on dit, ne sont que des réunions volontaires de personnes pieuses qui, de l'agrément des fabriques et même ordinairement encouragées par elles, s'occupent de différents soins du culte. » Sous ce point de vue, on a autorisé les fabriques à accepter des legs faits à des confréries, et regardé ces premières comme seules vraiment légataires, quoique sous une fausse dénomination (7).

Une circulaire du 2 avril 1862 porte à ce sujet : « Les confréries n'ayant plus d'existence légale, les donations qui leur seraient faites ou qui seraient attribuées à des fabriques sous la condition de créer des confréries ne sont pas susceptibles d'être autorisées. Toutefois, si des libéralités étaient faites à des associations de cette nature soit pour la célébration de services religieux, soit pour la réparation d'une chapelle de l'église, ou pour tout autre objet intéressant le culte, le préfet devrait, en portant à la connaissance des donateurs le motif qui s'oppose à la délivrance de l'autorisation demandée, leur faire savoir que leurs libéralités pourraient être utilement attribuées, sous les mêmes conditions, à la fabrique de l'église chargée du soin de faire célébrer les services religieux et de

(1) Déc. min. 4 août 1808.
(2) Rapport approuvé par l'Empereur, 28 messidor an XIII.
(3) Lettres et rapports min. 28 messidor an XIII; 4 et 26 août 1808 ; 17 juillet 1811; 10 et 15 décembre 1814.
(4) L. 18 août 1792; — L. org. 18 germinal an X, art. 11; D. 28 messidor an XIII; 30 décembre 1809 ; — L. 2 janvier 1817; — Vuillefroy, p. 153.
(5) D. 3 messidor an XII, art. 4; — C. p., art. 291 et 292; — C. 10 avril 1834.
(6) Déc. min. 21 avril 1821; 16 avril 1831; Vuillefroy, p. 153.
(7) Rapport approuvé par l'Empereur, 28 messidor an XIII.

(1) Cass. Belgique 4 décembre 1839 ; — Brixhe, Dictionnaire des fabriques, 2e édit., p. 247.
(2) Dalloz, Rép., v° Cultes, n° 426.
(3) C. p., art. 292 et 293; — L. 10 avril 1834.
(4) Déc. min 2 juin 1807.
(5) Ord. 28 mai 1831.
(6) L. 2 janvier 1817.
(7) Déc. min. 21 avril 1821; — C. d'Et., avis, int. 10 juillet 1835; — Vuillefroy, p. 154.

veiller à la conservation de l'église. » En effet, si des dons et legs ne peuvent être faits directement à des confréries, ils peuvent être utilement faits à la fabrique de l'église dont les confréries dépendent, à la charge d'en faire profiter celles-ci, et la fabrique peut être autorisée à accepter des libéralités de cette nature.

D'autres fois, au contraire, dit Vuillefroy, on a pensé que le legs fait à une confrérie ne pouvait être considéré comme fait à la fabrique, et on a déclaré que celle-ci était sans qualité pour demander l'autorisation de l'accepter (1).

Dans ce sens, M. Séligman dit (2) : « Rien dans les attributions des fabriques, rien dans le décret de 1809 n'indique qu'elles puissent se faire aider dans leur mission par les confréries. Je vois donc là une tentative frauduleuse pour échapper à une incapacité légale. Un pas de plus et nous en arrivons, par voie détournée, à donner une existence juridique aux congrégations illicites. »

2185. La jurisprudence actuelle du Conseil d'Etat n'admet plus que la fabrique puisse recevoir pour les confréries, alors même qu'elles fonctionnent sous sa direction et qu'elles ont pour but le service intérieur de l'église (3).

2186. Les membres des confréries peuvent posséder par indivis. Il a été décidé en ce sens qu'une confrérie de charité instituée pour rendre aux morts les derniers devoirs n'a aucune existence légale, et ne constitue ni une société civile ni une société commerciale ; mais elle est tolérée comme une association de fait dont les membres peuvent posséder indivisément certains biens, valeurs ou objets mobiliers ; et lorsqu'une association de ce genre vient à être dissoute, les membres qui la composent sont fondés à faire cesser l'état d'indivision existant entre eux et à se partager les biens qui en dépendent (4).

2187. En cas de dissolution d'une confrérie, que deviennent les valeurs qui lui appartiennent ? Suivant M. Gaudry, le mobilier et les valeurs de la confrérie se partagent entre les sociétaires et ne peuvent être revendiqués par le domaine comme biens vacants et sans maître (5). Cet auteur cite à

l'appui de son opinion un jugement du tribunal civil de la Seine du 23 mars 1831, intervenu dans les circonstances suivantes : Une confrérie sous le nom de Saint-Joseph s'était formée à Paris avant 1830, pour réunir des ouvriers dans des pratiques et des habitudes religieuses ; elle avait été créée sous de hauts patronages, et sa caisse contenait une somme de 80,000 francs environ. Après les événements de 1830, la confrérie fut dissoute ; le domaine mit le séquestre sur les 80,000 francs. Les administrateurs de la confrérie réclamèrent. Le jugement précité ordonna la remise des valeurs au président de la confrérie (1).

En cas de dissolution d'une confrérie, les membres qui la composent sont donc libres de disposer des biens dont elle jouissait, de les affecter à telle destination qu'ils jugent convenable, ou de les partager entre eux.

Mais il n'en serait pas ainsi des objets mobiliers, des biens, des rentes, ou même des sommes d'argent qui auraient été données ou léguées à la confrérie et dont elle aurait même la jouissance, mais que la fabrique aurait été autorisée par le gouvernement à accepter, et qu'elle aurait effectivement acceptées. Dans ce cas ces dons et legs ont été considérés comme faits à la fabrique sous une dénomination inexacte, et c'est à ce titre seul qu'ils n'ont pas été frappés de caducité. La fabrique, réputée seule donataire ou légataire, est donc propriétaire des objets ou valeurs comprises dans ces dons ou legs, et les membres de la confrérie n'ont absolument aucune qualité pour lui en contester la propriété ou la possession ; car ils ne sauraient prétendre que le don ou legs leur a été fait individuellement ; ils ne sauraient non plus alléguer qu'il a été fait à la confrérie, cet établissement n'ayant pas qualité pour acquérir (2).

SECTION XI.

LOIS SPÉCIALES APPLICABLES A TOUTES LES ASSOCIATIONS RELIGIEUSES AUTORISÉES OU NON.

§ 1. — Lois sur la police du culte.

2188. Nous avons vu précédemment que les communautés et congrégations religieuses autorisées ne pouvaient obtenir de chapelles privées sans la permission expresse du gouvernement, accordée sur la proposition de l'évêque, et que ces chapelles devaient servir à l'usage exclusif de l'association religieuse (3).

La demande doit être faite par le supérieur de la communauté ou de la congrégation ; elle est accompagnée d'une délibération du conseil d'administration de l'établissement, qui indique les motifs d'utilité et de convenance qui justifient l'érection de la chapelle. Le maire de la commune est consulté. L'évêque doit y donner son approbation. Le préfet transmet les pièces avec son avis au ministre des cultes. L'autorisation est accordée par un décret rendu sur l'avis de la section de l'intérieur et des cultes du Conseil d'Etat (4).

Les évêques ne peuvent consacrer les chapelles que sur la représentation du décret d'autorisation (5).

La question de savoir si la fermeture des chapelles ou oratoires privés est du ressort exclusif de la police administrative a déjà été traitée dans cet ouvrage (6).

Nous avons vu que presque toutes les décisions judiciaires ont déclaré que l'autorité administrative était seule compétente pour ordonner la mainlevée des scellés (7).

---

(1) C. d'Et. lég., avis, 10 avril 1840 ; — Vuillefroy, p. 154.
(2) De la création et de l'extinction des personnes morales, 1877, p. 129.
(3) C. d'Et. 1890 (aff. Rembaud) ; voir Dons et legs, Cons. de fabrique.
(4) Audelys, 17 juin 1884 : — « Le Tribunal ; — Sur la demande principale : — Attendu que pour apprécier le mérite des prétentions respectivement émises par les intéressés en la cause, il convient de rechercher quelle était en définitive la société dont ils faisaient partie ; — Attendu qu'il s'agit, en l'espèce, d'une société ou association d'une nature toute spéciale ; que les confréries de charité, dont l'origine remonte à une époque éloignée, ont été créées pour rendre aux morts les derniers devoirs ; — Qu'elles étaient consacrées à la déposition des morts dans le cercueil, à leur transport et à leur inhumation ; — Qu'elles servaient aussi à la pompe du culte, soit dans les processions, soit dans l'office divin ; que ces confréries furent supprimées par la loi du 18 août 1792 qui ordonna la vente de leurs biens, comme biens nationaux, et que le décret du 18 messidor an XIII attribua aux fabriques leurs valeurs, biens ou rentes qui n'avaient pas été vendues ou transférées ; — Attendu que, si, depuis, certaines de ces anciennes confréries se sont organisées avec l'approbation de l'autorité épiscopale, il est constant que ces confréries n'ont aucune existence légale ; qu'il n'y a là ni société civile, ni société commerciale, mais bien une association de fait d'individus dans un but déterminé, association alimentée par le droit d'admission des membres en faisant partie, leurs cotisations, les quêtes, les amendes, les services et inhumations ; — Attendu qu'il est hors de doute que si cette association vient à être dissoute, les membres la composant sont fondés à se partager les biens, valeurs qui en dépendent, et, suivant le droit commun, à faire cesser l'état d'indivision existant entre eux ; qu'en effet, les biens, valeurs ou objets mobiliers dont jouit une confrérie, sont la propriété des personnes dont elle se compose ; que ces personnes associées de fait peuvent posséder indivisément, alors que la confrérie elle-même ne possède pas ;
« En l'espèce : — Attendu que la confrérie de charité dite de Saint-Blaise, dont étaient membres les parties en présence, a été dissoute par décision de l'évêque d'Evreux du 23 février 1883 ; qu'il n'ayant plus l'institution canonique, cette confrérie n'a plus l'existence qu'elle devrait avoir pour subsister légitimement ; que l'association possède divers objets mobiliers et valeurs, ainsi que le reconnaissent, d'ailleurs, Leroy et conjoints ; qu'il y a indivision entre les divers membres de cette association ; indivision que des vosseaux et joints veulent faire cesser, en demandant la vente et le partage de toutes choses dépendant de l'association de fait ainsi dissoute ; — Attendu qu'aux termes de l'article 815 du Code civil, nul n'est tenu de demeurer dans l'indivision ; qu'il y a donc lieu de faire droit aux conclusions principales des demandeurs ; — Par ces motifs, etc... »
(5) Gaudry, t. II, nº 683.

(1) Seine, 23 mars 1831.
(2) J. c. r., 1842-1843, p. 347, 427e consult.
(3) Voir nº 957.
(4) D. 22 Décembre 1812, art. 2, 3 et 4 ; — Ord. 23 mai 1830.
(5) D. 22 décembre 1812, art. 4.
(6) Voir nos 985 et suiv.
(7) Ord. sur référé des présidents des tribunaux de Lons-le-Saunier, 3 juillet 1880 ; de Bourges, 9 juillet 1880 ; d'Aix, 12 juillet 1888 ; de Pau et d'Amiens, 13 juillet 1880 ; d'Angers et de Quimper, 21 juillet 1880 ; — jugements des tribunaux de Paris, 9 juillet 1880 ; de Nantes, 19 juillet 1880 ; de Troyes, 11 août 1880.

Deux ordonnances de référé ont, au contraire, déclaré les tribunaux compétents pour statuer sur la demande en main-levée des scellés (1). On peut lire dans une dissertation insérée au Dalloz (2) les considérations sur lesquelles on s'appuie pour donner compétence à l'autorité judiciaire en cette matière.

2189. Si des congrégations ou communautés sont autorisées à avoir des cloches et à les faire sonner aux heures de leurs exercices, elles doivent adopter un règlement pour la sonnerie des cloches dans les conditions prescrites par la loi du 5 avril 1884.

Aux termes d'un avis du comité de l'intérieur du Conseil d'Etat du 28 août 1822, le droit de la police locale s'étend sur les cloches des communautés religieuses comme sur celles des églises publiques (3).

2190. Les congrégations religieuses ne peuvent être autorisées à ouvrir des cimetières particuliers pour les membres dont elles se composent.

On sait que la législation sur les sépultures ne permet pas la création des cimetières privés. Sans doute un particulier peut affecter une partie de son domaine à sa sépulture et à celle de ses proches parents, mais à la condition de choisir un terrain qui se trouve à 35 mètres au moins de l'enceinte des villes et des bourgs. Cette faculté n'est pas étendue aux collections d'individus vivant en commun et appartenant à des familles différentes.

Toutefois, en ce qui concerne les congrégations religieuses, l'administration locale peut, par application de l'article 14 du décret du 23 prairial an XII, leur accorder, sur une demande formée à chaque décès, des inhumations individuelles dans une de leurs propriétés réunissant les conditions légales de distance et de salubrité (4).

2191. Il a été jugé que le concours de la commune aux frais d'entretien de religieuses devenues aliénées est obligatoire. Toutefois, la commune peut s'adresser aux tribunaux pour faire décider si les membres des congrégations religieuses peuvent être considérés comme indigents (5).

2192. Les congrégations et communautés religieuses autorisées sont soumises à toutes les lois de la République.

Ainsi, malgré l'autorisation donnée aux statuts qui permettent une clôture, le ministère public aurait le droit de pénétrer dans l'intérieur d'un monastère, pour la recherche des crimes et des délits.

L'article 19 du décret du 18 février 1809 sur les congrégations ou maisons hospitalières de femmes porte à ce sujet : « Les maisons des congrégations hospitalières, comme toutes les autres maisons de l'Etat, seront soumises à la police des maires, des préfets et des officiers de justice. »

De même, dit M. Ravelet (1), les membres des communautés cloîtrées pourraient être contraints de quitter leur couvent, pour apporter leur témoignage soit en matière criminelle ou correctionnelle, soit même en matière civile.

La Cour de cassation a décidé que bien que les établissements charitables échappent en principe à l'application de la loi du 19 mai 1874, sur le travail des enfants dans les manufactures, ils y rentrent lorsqu'il résulte des contestations souveraines des juges du fait, que les établissements ont perdu leur caractère exclusivement charitable, en délaissant l'instruction et l'éducation professionnelle de l'enfant pour y organiser dans tous ou quelques-uns de leurs ateliers des procédés de spéculation du travail et en passant des contrats d'apprentissage sanctionnés de clauses pénales pour le cas où les enfants seraient retirés avant le temps convenu.

Par conséquent, les congrégations religieuses tombent sous l'application de la loi du 19 mai 1874 lorsqu'elles ont pour but de se procurer un bénéfice par le travail des enfants recueillis par elles (2).

2193. Nous avons vu au paragraphe 3 du chapitre III du titre Ier (3) que la Cour de cassation a décidé que l'article 259 du Code pénal s'applique au port illicite du costume d'un ordre religieux s'il s'agit d'une congrégation religieuse légalement établie en France (4).

Mais le délit n'existe qu'au cas où l'ordre dont le costume a été usurpé est reconnu en France (5). On ne comprendrait pas que la loi pénale punît le port du costume d'un

(1) Avignon et Grenoble, 10 et 6 juillet 1880.
(2) D. p. 80.2.177.
(3) Voir nᵒˢ 349 et suiv.
(4) Cont. 4 juillet 1838 ; déc. min., Bull. int. 1856, p. 208 ; 1858, p. 248 ; 1880, p. 431 ; 1864, p. 319 ; C. d'Et , avis, 12 mai 1846.
(5) Cont. 14 mai 1886 : — « Vu la requête de la ville de Mantes .., tendant à ce qu'il plaise annuler avec toutes conséquences de droit : 1° un arrêté du 19 octobre 1883, par lequel le préfet de Seine-et-Oise a ordonné le mandatement d'office d'une somme de 1,088 fr. 30 pour la part que la ville aurait à supporter au 1ᵉʳ août 1883 dans les frais d'entretien et de traitement des dames Rouc et Bailly, religieuses de la communauté des Bénédictines de Mantes, dont l'internement a été ordonné pour cause d'aliénation mentale ; 2° une décision du 19 août 1884, par laquelle le ministre de l'intérieur a confirmé ledit arrêté ; — Attendu que si le conseil municipal avait inscrit au budget, en 1883, un crédit de 1,088 fr. 30 pour sa part dans les dépenses occasionnées par les dames Rouc et Bailly, cette somme aux termes de la délibération du conseil municipal, ne pouvait être mandatée que lorsqu'il serait définitivement établi que les dépenses dont il s'agit sont à la charge du département de Seine-et-Oise, qu'à la date de l'arrêté attaqué, n'était pas remplie ; que les frais de traitement des deux religieuses dont la séquestration a dû être ordonnée étaient à la charge de la communauté dont elles faisaient partie, ainsi que l'a reconnu, en 1878, le directeur de ladite communauté par un engagement formel ; que les personnes affiliées aux congrégations religieuses, n'étant pas libres de choisir elles-mêmes leur résidence, ne peuvent acquérir dans cette résidence un domicile de secours ; — Vu les observations du ministre de l'intérieur tendant au rejet du pourvoi, par le motif qu'une décision ministérielle du 16 juillet 1883 a fixé à Mantes le domicile de secours des deux religieuses dont il s'agit, et que cette décision n'a été l'objet d'aucune protestation de la part du conseil général de Seine-et-Oise ; que cette assemblée a refusé l'autorisation de poursuivre la communauté des Bénédictines de Mantes en recouvrement des dépenses occasionnées par les frais de traitement et d'entretien des deux aliénées appartenant à cette communauté ; que le préfet de Seine-et-Oise, dans ces circonstances, a pu considérer comme remplie la condition mise par le conseil municipal de Mantes au mandatement du crédit qu'il avait précédemment voté ; que, d'ailleurs, l'arrêté attaqué et la décision qui l'a confirmé ne font pas obstacle à ce que la requérante intente contre la communauté des Bénédictines de Mantes telle action qu'elle croirait lui appartenir ;
« Considérant que par une délibération en date du 5 mai 1883, le conseil municipal de Mantes a voté un crédit de 1,088 fr. 30 applicable à la part de dépense que la ville pourrait avoir à supporter dans les frais d'entretien et de traitement des dames Rouc et Bailly, religieuses

de la communauté des Bénédictines de Mantes ; que la seule condition mise par le conseil municipal à l'allocation de ce crédit consistait en ce qu'il ne devait en être fait emploi que lorsqu'il aurait été définitivement établi que les frais dont il s'agit étaient à la charge du département ; — Considérant que dans sa séance du 29 août 1883, le conseil général du Seine-et-Oise, confirmant une précédente délibération, du 9 avril de la même année, a reconnu que les frais de traitement et d'entretien des dames Rouc et Bailly étaient à la charge du département ; qu'ainsi c'est avec raison que le préfet a considéré comme remplie la condition insérée dans la délibération précitée du conseil municipal ; que, dès lors, la ville requérante n'est pas fondée à demander l'annulation de l'arrêté attaqué, lequel d'ailleurs ne fait pas obstacle à ce qu'elle fasse valoir devant l'autorité compétente les droits qu'elle croirait lui appartenir en vertu de conventions particulières qui seraient intervenues entre elle et la communauté des Bénédictines….; — Rejet. »
(1) Op. cit.
(2) Cass. 20 août 1888 : — « La Cour ; — Ouï M. le conseiller Gonse en son rapport, M. l'avocat général Loubers en ses conclusions, et Mᵉ Chauffard, avocat, en ses observations ; — Sur le moyen pris de la violation pour fausse application des articles 2, 9, 10, 11, 23, de la loi du 19 mai 1874, en ce que l'arrêt attaqué aurait appliqué ces dispositions à l'établissement du Bon-Pasteur de Cholet, malgré le caractère charitable de cet établissement : — Attendu que les termes de l'article 1ᵉʳ de la loi du 19 mai 1874 sont généraux et interdisent, en dehors des conditions déterminées par la loi, d'employer les enfants et filles mineures à un travail industriel dans les manufactures, usines, mines, chantiers et ateliers ; que si les dispositions de la loi ne s'appliquent pas en général aux établissements de bienfaisance, c'est à la condition que ces établissements soient organisés uniquement pour procurer aux enfants l'instruction et l'éducation professionnelle, et que le travail qui s'y exécute n'ait pas le caractère d'un travail industriel dirigé en vue d'un bénéfice à réaliser ; — Attendu que la circonstance de fait souverainement constatée par l'arrêt attaqué et le jugement du tribunal de Cholet, dont les motifs ont été adoptés, établissent que le travail auquel un certain nombre d'enfants et de filles mineurs étaient assujettis dans l'établissement du Bon-Pasteur de Cholet était un travail industriel combiné et réglé dans un but de spéculation ; que dans ces conditions c'est à bon droit que l'arrêt attaqué a condamné la demanderesse en sa qualité de supérieure, comme pénalement responsable de diverses contraventions à la loi du 19 mai 1874 ; — Rejette. »
(3) Voir nᵒˢ 294 et suiv.
(4) Cass. 9 décembre 1876.
(5) Cass. 9 décembre 1876, Orléans 24 février 1847. — Blanche, Etudes pratiques sur le Code pénal, t. IV.

ordre qui refuse de se conformer aux lois en s'abstenant de demander une autorisation régulière. Les associations libres, au cas même où elles sont tolérées, ne peuvent être protégées comme les associations autorisées.

D'ailleurs, la question s'est posée de savoir si les membres d'une association religieuse non autorisée peuvent porter le costume de leur ordre. L'affirmative paraît s'imposer puisqu'en principe on a la liberté du costume. Toutefois, ces associations ne devraient pas prendre le costume d'une congrégation reconnue ; il semble qu'il y aurait dans ce fait un délit pouvant tomber sous l'application de l'article 259 du Code pénal.

Un arrêt de la Cour d'Aix décide que les membres des associations religieuses non reconnues peuvent porter le costume qu'il leur semble bon de revêtir (1).

Pour la question du mariage des religieuses et des vœux, nous renvoyons aux parties de cet ouvrage où ces matières sont déjà traitées (2).

§ 2. — Lois fiscales.

2194. Nous indiquerons dans cette partie les principaux droits fiscaux dus par les communautés religieuses et nous relaterons les décisions les plus importantes de la jurisprudence.

Nous renvoyons pour l'étude particulière des diverses lois fiscales aux parties du Répertoire qui traitent de ces diverses questions (3).

Suivant l'ancienne jurisprudence du Conseil d'Etat, les maisons appartenant aux frères des écoles chrétiennes et affectées au service d'une école gratuite étaient exemptes de la contribution foncière (4).

Le Conseil d'Etat est revenu ensuite sur cette jurisprudence. Il a décidé que les bâtiments appartenant à des communautés religieuses reconnues d'hommes ou de femmes, aux frères des écoles chrétiennes ou autres et affectés à la tenue d'écoles primaires gratuites, avec ou sans subvention de la commune ou du département, sont passibles de la contribution foncière (5) ; qu'une propriété appartenant à une communauté religieuse, bien qu'affectée par elle au service d'une école primaire pour les jeunes filles pauvres, doit la contribution foncière (6) ; que des locaux dans lesquels une congrégation religieuse a établi une école primaire communale, en admettant qu'ils doivent être considérés comme affectés à un service public, ne peuvent être exemptés de la contribution foncière, par application de l'article 105 de la loi du 3 frimaire an VII, lorsqu'ils sont la propriété de cette congrégation (7) ; qu'une maison de secours fondée par un évêque pour recevoir, soit gratuitement, soit moyennant une faible rétribution, des malades se rendant à un établissement thermal, maison dirigée par une congrégation religieuse, sous la surveillance d'un conseil d'administration dont l'évêque est le président et dont le préfet fait partie de droit, reconnue par un décret comme établissement d'utilité publique, autorisée par le même décret, à accepter la donation à elle faite par l'évêque, des immeubles affectés au service de l'œuvre, et dont l'actif devrait, aux termes des statuts, être, en cas d'abandon de l'entreprise, employé par le conseil d'administration au soulagement des indigents qui se rendent aux eaux thermales, ne constitue pas un service public ; que les bâtiments qu'elle occupe ne sont pas une propriété publique, et que, dès lors, elle n'a pas droit à l'exemption de la contribution foncière (1).

Sont également assujettis à la contribution foncière ; 1° un hospice pour les indigents et les vieillards appartenant aux petites sœurs des pauvres (2) ; 2° une maison appartenant à une congrégation religieuse qui reçoit gratuitement les jeunes filles pauvres ou abandonnées et, moyennant un prix de journée payé par l'Etat, les femmes en état de détention ou de prévention, ainsi que des femmes et des filles qui payent pension, alors que les personnes qui y sont admises sont assujetties à un travail dont les produits sont vendus au profit de la congrégation (3).

2195. Les membres des communautés et congrégations religieuses doivent la contribution personnelle et mobilière.

Le Conseil d'Etat a décidé que les sœurs hospitalières préposées au service d'un hospice doivent être considérées comme jouissant de leurs droits, dans le sens de l'article 12 paragraphe 1er de la loi du 21 avril 1832 et, par suite, comme imposables à la contribution personnelle et mobilière, lorsqu'elles ont une habitation personnelle dans les bâtiments de l'hospice (4) ; que des sœurs de charité jouissant, pour toute ressource d'un traitement qui leur est accordé par l'administration des crèches, peuvent être soumises à la contribution personnelle ou mobilière (5) ; que des sœurs converses ne doivent pas être considérées comme étant en état de domesticité et comme ne jouissant pas de leurs droits, qu'elles peuvent seulement être classées parmi les personnes que le conseil municipal désigne pour être exemptées de toute cotisation (6).

Que des novices peuvent être imposées, si elles ont des moyens d'existence propres ; mais, que n'étant pas encore membres de la congrégation, elles ne peuvent être imposées collectivement sous le nom de la supérieure (7) ; que les membres mineurs d'une communauté religieuse doivent être considérés comme ayant, par leur profession et indépendamment de toute fortune personnelle, des moyens d'existence, dans le sens de l'article 12, paragraphe 2, de la loi du 21 avril 1832, et comme jouissant de leurs droits et que, par conséquent, ils doivent être soumis à la contribution personnelle (8).

Le Conseil d'Etat a rejeté la demande d'une supérieure d'une communauté religieuse qui demandait la décharge de la contribution personnelle et mobilière parce que la communauté se consacrait gratuitement à l'instruction et au soulagement des pauvres (9).

Des religieuses dirigeant un orphelinat ne peuvent se faire

(1) Aix, 29 juin 1830 : — « Attendu qu'aux termes de l'article 5 de la Charte constitutionnelle chacun professe sa religion avec une égale liberté et obtient pour son culte la même protection ; que professer une religion, dans le sens de la Charte, c'est la pratiquer en faisant tous les actes qui en constituent l'exercice ; que dès lors on ne voit pas comment on pourrait interdire à des capucins de se vêtir comme bon leur semble sans violer le principe de la liberté du culte, qui a été consacré par notre pacte fondamental, et dont les catholiques sont en droit de jouir comme les autres citoyens, surtout lorsqu'on voit que d'après l'article 6 de ce même pacte la religion catholique, apostolique et romaine est la religion de l'Etat ; — Attendu que la loi du 16 août 1792, outre qu'elle pouvait donner lieu à de très graves difficultés dans l'application des peines qu'elle prononce, a, d'ailleurs, disparu, avec les circonstances malheureuses auxquelles elle a dû naissance, et qu'elle n'est pas moins tombée en désuétude que les autres lois qui prohibent en général l'habit ecclésiastique ; qu'enfin toutes ces lois sont aujourd'hui inconciliables avec les dispositions de la Charte et ont été abolies par elle ; — Par ces motifs, déclare qu'il n'y a lieu, etc. »
(2) Voir Organisation des congrégations.
(3) Voir Impôts directs ; Enregistrement.
(4) Cont. 26 avril, 3 mai et 13 août 1851, Leb. 1852, p. 291.
(5) Cont. 28 mai 1852, Leb. 1852, p. 191, 13 avril 1853, Leb. 1853, p. 428; 13 avril 1853, Leb., 1853, p. 431; 16 avril 1856, Leb. 1856, p. 271; 21 juillet 1856, Leb. 1856, p. 463; 7,13 janvier, 22 avril et 6 mai 1857, Leb. 1857, p. 398.
(6) Cont. 16 avril 1856.
(7) Cont. 6 avril 1865.

(1) Cont. 21 avril 1868.
(2) Cont. 3 avril 1861, Leb. 1861, p. 220.
(3) Cont. 24 décembre 1862.
(4) Cont. 10 septembre 1855; 21 avril 1858, Leb. 1858, p. 317.
(5) Cont. 2 juillet 1861, Leb. 1861, p. 545.
(6) Cont. 11 décembre 1856, Leb. 1856, p. 704.
Cont. 30 novembre 1858 : — « Considérant que lesdites sœurs jouissent de leurs droits dans le sens de l'article 12 de la loi du 21 avril 1832 et que le conseil municipal ne les a pas indiquées comme devant être exemptées de la taxe personnelle par application de l'article 18 de la même loi ; que si elles remplissent dans la maison un emploi subalterne, cette circonstance ne saurait avoir pour effet de les faire affranchir de la contribution personnelle ; etc. »
(7) Cont. 20 janvier 1856.
(8) Cont. 18 juillet 1854, Leb., 1854, p. 471; 31 janvier 1856, Leb. 1856, p. 105;11 décembre 1856, Leb., 1856, p. 704; 5 mai 1858, Leb. 1858, p. 310.
(9) Cont. 12 février 1867.

décharger de la contribution personnelle et mobilière, en prétendant qu'étant les servantes des enfants des pauvres et n'ayant rien en propre, elles doivent être considérées comme ne jouissant pas de leurs droits et comme indigentes (1).

Les sœurs employées au service d'un fourneau économique jouissent de leurs droits et, dès lors, elles sont passibles de la taxe personnelle, lorsqu'elles n'ont pas été désignées comme indigentes par le conseil municipal (2).

Il ne doit pas être tenu compte, dans l'évaluation de l'élément servant de base à la contribution mobilière à laquelle doit être imposée une congrégation religieuse, de la valeur locative des locaux servant à la tenue d'une école communale, par application de l'article 8 de la loi du 26 mars 1831, portant exemption en faveur des locaux destinés au logement des élèves dans les écoles et pensionnats. Mais il faut tenir compte des bâtiments affectés aux novices, qui ne peuvent être assimilés aux locaux dont il vient d'être parlé. On doit en dire autant des bâtiments servant au logement des sœurs des autres maisons, qui viennent accidentellement dans la communauté, lorsque ces bâtiments sont tenus à l'état d'habitation meublée (3).

Des locaux appartenant à une congrégation religieuse, qui servent à l'habitation, mais dont la communauté ne cesse pas de conserver la disposition et dont aucun n'est distrait de la jouissance générale pour être affecté, en propre, au logement de chacun de ses membres, doivent être imposés à la contribution mobilière au nom de la congrégation (4).

2196. Les bâtiments appartenant à une communauté religieuse et affectés soit à une école gratuite de filles pauvres, soit à un hospice de vieillards indigents, peuvent être affranchis de la contribution des portes et fenêtres lorsque, d'après les dispositions des statuts de la communauté, l'école ou l'hospice peut être considéré comme faisant partie d'un service public (5).

Mais ces bâtiments doivent être assujettis à la contribution des portes et fenêtres à raison des ouvertures des locaux qui sont affectés au logement personnel des religieux (6).

2197. Sont assujettis à la patente: 1° les sœurs d'une communauté religieuse tenant en qualité de maîtresses de pension une maison d'éducation; toutefois, on ne doit pas comprendre dans l'estimation de la valeur locative devant servir de base au droit proportionnel de la patente les locaux consacrés au logement et à l'instruction des élèves, ni ceux destinés au logement des novices et des sœurs qui ne sont pas employées à l'enseignement (7); 2° le frère des écoles chrétiennes qui dirige un établissement dans lequel ont été reçus un certain nombre d'élèves payant un prix de pension annuel (8); 3° la supérieure d'une communauté religieuse qui s'est engagée, au nom de cette communauté, à fournir pendant trois ans, et moyennant des prix déterminés à l'avance, les objets nécessaires à l'éclairage et à d'autres services d'une prison (9).

Ne sont pas, au contraire, assujettis à la patente: 1° les religieuses tenant un établissement de charité, bien qu'elles reçoivent des personnes qui, moyennant une légère rétribution, viennent y passer quelques jours de retraite (10); 2° les sœurs tenant un établissement de placement gratuit, alors même que les maîtres payeraient de petits droits qui peuvent être considérés comme volontaires, et lorsque, d'ailleurs, les recettes des maîtres et des servantes sont insuffisantes pour les besoins de la maison, qui n'existe que par des aumônes et les subventions de la ville et du département (11); 3° l'instituteur con-

gréganiste qui donne l'instruction à des enfants sans leur fournir la nourriture et le logement (1).

2198. Les lois du 18 avril 1831 et du 28 avril 1832 ont abrogé la loi de 1824.

Cette loi affranchissait du droit proportionnel d'enregistrement les acquisitions immobilières soit à titre onéreux, soit à titre gratuit, que faisaient les congrégations religieuses et généralement tous les établissements publics autorisés, lorsque les immeubles acquis ou donnés devaient recevoir une destination d'utilité publique et ne pas produire de revenus. Ils étaient seulement tenus de payer une somme fixe de 10 francs pour droit d'enregistrement et de transcription hypothécaire.

Depuis les lois de 1831 et de 1832 qui ont rétabli le droit commun, les congrégations religieuses payent les mêmes droits d'enregistrement que les particuliers.

2199. Il a été jugé que l'incapacité d'acquérir sans l'autorisation du gouvernement ne peut être opposée par une communauté religieuse à la poursuite dirigée contre elle en payement des droits dus pour une mutation effectuée seulement à son profit (2).

La Cour de cassation a jugé dans le même sens la question à l'égard d'une communauté inscrite au rôle de la contribution foncière, comme propriétaire d'un immeuble dont l'acquisition n'avait pas été autorisée (3).

En ce qui concerne les dons manuels, lorsque l'administration de l'enregistrement découvre, par suite de ses recherches dans les dépôts publics, que des dons manuels ont été faits à un établissement ecclésiastique, elle n'est pas fondée à réclamer les droits de mutation soit entre vifs, soit après décès. Les décrets et arrêtés préfectoraux autorisant l'acceptation de ces dons ne sont pas des actes ni des contrats portant donation, et ils ne rendent même pas la donation certaine (4).

Une décision du ministre de l'intérieur déclare qu'on ne peut ranger parmi les actes rendant la donation certaine la délibération du conseil d'administration d'un établissement religieux qui, en constatant la remise d'une somme d'argent par une personne inconnue, ne fait que déterminer l'emploi de cette somme. C'est là un simple document d'administration intérieure qui n'est pas sujet à l'enregistrement et ne saurait le devenir par cela seul qu'il y est fait mention d'une somme versée à titre de don dans la caisse de l'établissement (5).

Il a été décidé qu'une congrégation religieuse légalement autorisée à laquelle un immeuble, primitivement acquis par quelques-uns de ses membres, a été rétrocédé par acte public ne peut être considérée comme propriétaire de cet immeuble et, dès lors, comme passible de la taxe représentative des droits de transmission entre vifs et par décès, avant que le gouvernement l'ait autorisée à accepter la rétrocession (6).

Une décision du ministre des finances du 3 avril 1880 a rapporté la décision ministérielle du 23 juin 1852, qui avait exempté du droit proportionnel d'enregistrement, sous certaines conditions, les actes par lesquels les membres des congrégations religieuses de femmes déclaraient, dans les six mois de leur reconnaissance légale, que les biens acquis en leur nom personnel étaient la propriété effective de la communauté.

Cette décision constituait une dérogation à l'article 17 de la loi du 18 avril 1831, suivant lequel les acquisitions des « départements, arrondissements, communes, hospices, séminaires, fabriques, congrégations, consistoires et autres établissements publics », sont passibles des droits proportionnels d'enregistrement et de transcription selon le droit commun.

L'immunité qu'elle consacrait au profit des congrégations ne pouvait pas, d'ailleurs, être maintenue en présence de la

(1) Cont. 14 décembre 1868.
(2) Cont. 15 juin 1883; 16 mai 1884, Sœurs de Saint-Vincent-de-Paul de Vesoul.
(3) Cont. 6 avril 1863.
(4) Cont. 22 janvier 1868.
(5) Cont. 23 juillet 1855, Leb. 1856, p. 463, etc.
(6) Cont. 13 janvier 1868.
(7) Cont. 27 juillet 1853, Leb. 1853, p. 784.
(8) Cont. 6 mai 1863.
(9) Cont. 7 mai 1856.
(10) Cont. 2 juillet 1861.
(11) Cont. 31 décembre 1862, Leb. 1862, p. 880.

(1) Cont. 23 juillet 1863.
(2) Avallon, 5 avril 1864.
(3) Cass. 27 décembre 1869.
(4) Limoges, 19 mai 1843; 31 mai 1843.
(5) Bull. int. 1840, p. 147 et 250.
(6) Cont. 14 janvier 1868.

jurisprudence, actuellement bien établie, d'après laquelle tout acte ou déclaration ayant pour objet de faire passer les biens sur la tête d'une autre personne que celle qui en était propriétaire apparent, d'après l'acte d'acquisition, opère en droit fiscal une transmission passible de l'impôt proportionnel (1).

2200. Une loi du 20 février 1849 a établi, à partir du 1er janvier précédent, sur les biens immeubles passibles de la contribution foncière appartenant aux départements, communes, hospices, séminaires, fabriques, congrégations religieuses, consistoires, établissements de charité, bureaux de bienfaisance, sociétés anonymes et tous établissements publics légalement autorisés, une taxe annuelle représentative des droits de transmission entre vifs et par décès.

Cet impôt, appelé taxe des biens de mainmorte, a pour but de remplacer les droits de mutation par décès, à la perception desquels ne donnent jamais lieu les biens possédés par les communautés et congrégations religieuses autorisées, puisque ces associations ne meurent pas.

Cette taxe était calculée à raison de 62 centimes 1/2 par franc du principal de la contribution foncière. L'établissement et la perception en sont soumis aux formes prescrites pour l'assiette et le recouvrement de cette contribution.

Une loi du 30 mars 1872 a élevé, à partir du 1er janvier 1873, la taxe annuelle de mainmorte à 70 centimes par franc de la contribution foncière. Cette taxe est, en outre, soumise actuellement aux décimes ajoutés aux droits d'enregistrement.

L'établissement de l'impôt des biens de mainmorte est subordonné à la condition que les biens appartiennent aux établissements qu'il s'agit d'imposer.

Les immeubles dont les établissements qu'il s'agit d'imposer n'ont que l'usufruit ne sont point passibles de la taxe de mainmorte (2).

La question s'est élevée de savoir si les immeubles dont les établissements n'ont que la nue propriété ne devaient pas être soumis à la taxe avant que l'usufruit réservé, soit au profit des vendeurs ou des donateurs, soit au profit d'un tiers, eût été réuni à la propriété. Pour soutenir que la taxe n'était pas due, on disait que cette contribution devait, comme les autres impôts directs, être prélevée sur les fruits ou revenus, et que là où il n'y avait pas encore de fruits il ne pouvait y avoir d'impôt. En outre, la taxe de mainmorte étant assise sur les mêmes biens que la contribution foncière, et celle-ci étant payée non par le nu-propriétaire, mais par l'usufruitier, les immeubles dont la contribution n'ont encore que la nue propriété devaient être considérés comme n'étant pas à leur égard passibles de l'impôt foncier.

Le Conseil d'État n'a pas admis ce système. Il s'est fondé pour le repousser sur ce qu'il était en opposition avec le texte de la loi, qui n'a point affranchi de la taxe les biens dont la propriété a été transmise à un établissement public avec réserve d'usufruit (3).

Mais la taxe dans ce cas, doit être calculée à raison seulement de soixante-dix centimes par franc de la moitié du principal de la contribution foncière (4).

Quelle doit être la quotité de la taxe à laquelle est tenu l'établissement propriétaire d'un immeuble affermé par bail emphytéotique ?

Le Conseil d'État a décidé que la taxe était à la charge de l'établissement bailleur, d'après la totalité de la contribution foncière établie sur l'immeuble (5).

Mais, suivant la Cour de cassation, le bail emphytéotique opère la division de la propriété en deux parties égales, dont l'une demeure propre au bailleur, tandis que l'autre appartient au preneur (6).

Cette jurisprudence est en opposition avec celle du Conseil d'État.

« Il est possible, dit le journal l'*Ecole des communes*, que le Conseil d'État ait été préoccupé des difficultés qui se présenteraient dans le cas où le caractère emphytéotique du bail ne serait pas aussi certain que dans les espèces sur lesquelles il a statué. On sait que notre législation moderne n'a ni prévu ni défini l'emphytéose; qu'en conséquence, il est quelquefois difficile de savoir si tel contrat constitue ou ne constitue pas un bail emphytéotique. Il aurait donc pu être embarrassant de discerner dans tel cas donné si la taxe de mainmorte devait peser, en totalité ou seulement pour partie, sur l'établissement propriétaire d'un immeuble affermé par un bail dont le caractère aurait été contesté. La décision adoptée par le Conseil d'État évite assurément ces inconvénients accidentels, mais c'est au prix d'une contradiction avec la solution qui a prévalu pour le cas d'usufruit, et, ce qui est plus grave, en faisant peser une véritable injustice sur des établissements dignes d'un sérieux intérêt. »

Une maison appartenant en propre à des religieuses qui l'ont acquise en leur nom personnel, et non à la congrégation, ne doit pas être assujettie à la taxe (1).

2201. Les immeubles possédés par des congrégations religieuses non autorisées ne doivent pas non plus y être soumis (2).

Une congrégation religieuse légalement autorisée à laquelle un immeuble, primitivement acquis par quelques-uns de ses membres, a été rétrocédé par un acte public ne peut en être considérée comme propriétaire, et, dès lors, comme passible de la taxe représentative des droits de transmission entre vifs et par décès, avant que le gouvernement l'ait autorisée à accepter cette rétrocession (3).

Il a été jugé que des bâtiments appartenant à une congrégation religieuse et affectés par elle au service d'une école gratuite pour un certain nombre de jeunes filles de la commune, et d'une école normale d'instruction pour le département, moyennant des subventions sur les fonds communaux et départementaux, doivent la taxe des biens de mainmorte (4).

2202. Aux termes de la loi du 28 décembre 1880, portant fixation du budget des recettes de l'exercice 1881, l'impôt établi par la loi du 29 juin 1872 sur les produits et bénéfices annuels des actions, parts d'intérêts et commandites, doit être payé par toutes les sociétés dans lesquelles les produits ne doivent pas être distribués en tout ou en partie entre leurs membres. Ces dispositions s'appliquent aux associations reconnues et aux sociétés ou associations même de fait existant entre tous ou quelques-uns des membres des associations reconnues ou non reconnues.

Le revenu est déterminé : 1° pour les actions, d'après les délibérations, comptes rendus ou documents prévus par le premier paragraphe de l'article 2 de la loi du 29 juin 1872; 2° pour les autres valeurs, soit par les délibérations des conseils d'administration prévues dans le troisième paragraphe du même article, soit par la déclaration des représentants des sociétés ou associations, appuyée de toutes les justifications nécessaires, soit, à défaut de délibérations et de déclaration, à raison de cinq pour cent de l'évaluation détaillée des meubles et des immeubles composant le capital social.

Le payement de la taxe applicable à l'année expirée doit être fait par la Société ou l'association dans les trois premiers mois de l'année suivante, avec la remise des extraits des délibérations, comptes rendus ou documents analogues, et de la déclaration souscrite conformément à l'article 16 de la loi du 22 frimaire an VII.

L'inexactitude des déclaration, délibérations, comptes rendus ou documents analogues, peut être établie conformément aux articles 17, 18 et 19 de la loi du 22 frimaire an VII, 13 et 15 de celle du 23 août 1871.

---

(1) Instr. n° 2638 de l'Enregistrement.
(2) Campion, p. 207; Ravelet, n° 403.
(3) Cont. 28 décembre 1850. — En ce sens : J. c. f. 1849-1850, 403e consult., p. 90.
(4) Cont. 13 août 1851; 14 décembre 1868.
(5) Cont. 5 mars 1852; 3 février 1853.
(6) Cass. 6 mars 1850.

---

(1) Cont. 15 décembre 1852.
(2) Cont. 28 décembre 1853.
(3) Cont. 14 janvier 1858.
(4) Cont. 28 mai 1852. — *Contra* : J. c. f. 1851-1852, 527e consult., p. 130.

Chaque contravention à ces dispositions et à celles du règlement d'administration publique fait pour leur exécution est punie conformément à l'article 5 de la loi du 29 juin 1872(1).

L'article 4 de cette loi dispose, en outre, que dans toutes les sociétés ou associations civiles qui admettent l'adjonction de nouveaux membres, les accroissements opérés, par suite des clauses de réversion, au profit des membres restants, de la part de ceux qui cessent de faire partie de la société ou association, sont assujettis au droit de mutation par décès, si l'accroissement se réalise par le décès, ou aux droits de donation, s'il a lieu de toute autre manière, d'après la nature des biens existants au jour de l'accroissement, nonobstant toutes cessions antérieures faites entre vifs au profit d'un ou de plusieurs membres de la société ou de l'association.

La liquidation et le payement de ce droit ont lieu dans la forme, dans les délais et sous les peines établies par les lois en vigueur pour les transmissions d'immeubles.

Le but de la loi du 28 décembre 1880 a été de faire disparaître une inégalité qui existait dans l'application de la loi du 29 juin 1872.

Cette dernière loi a établi une taxe de 3 0/0 sur les intérêts, dividendes, revenus et tous autres produits des actions de toute nature des sociétés, compagnies et entreprises quelconques, financières, industrielles, commerciales ou civiles, ainsi que sur les intérêts, produits et bénéfices annuels des parts d'intérêts et commandites dans les sociétés, compagnies et entreprises dont le capital n'est pas divisé en actions.

Il avait paru résulter de l'économie de cette loi que l'exigibilité de l'impôt se fondait non pas sur l'existence des produits réalisés par la société et tombés dans son patrimoine, mais sur la distribution qui les en fait sortir pour les attribuer aux membres de l'entreprise personnellement.

Certaines sociétés religieuses avaient ainsi échappé à l'application de la loi, parce que leurs statuts prohibaient formellement la distribution entre les associés des produits de la société, et que ces produits à mesure de leur réalisation, devenaient la propriété définitive de la société pour augmenter son patrimoine.

D'autres associations semblables, et notamment les congrégations reconnues, avaient profité de l'exemption, même en l'absence de cette clause, parce que l'impossibilité de la distribution des produits entre leurs membres et leur affectation à la société résultaient de la nature et des conditions de l'association.

Il a paru d'autant plus opportun de faire cesser cette inégalité dans la perception de la taxe que les produits qui étaient exonérés servaient, en devenant la propriété irrévocable de la société, à accroître l'importance des biens de mainmorte soustraits à la circulation et à l'action de l'impôt.

Afin d'obtenir ce résultat, le gouvernement avait proposé, d'accord avec la Commission du budget, une disposition portant que : « l'impôt de 3 0/0 serait payé par toutes les communautés, congrégations et associations religieuses, quels que soient leur dénomination, leur forme et leur objet, autorisées ou non autorisées ».

Mais ce texte n'a pas paru assez général pour atteindre complètement le but auquel on le destinait. On a craint, d'une part, qu'il fût inapplicable aux sociétés civiles qui se constituent souvent à côté des congrégations religieuses soit entre quelques-uns de leurs membres, soit entre des tiers étrangers à l'association, pour coopérer par d'autres moyens à la même œuvre (2).

L'impôt frappe les produits qui ne doivent pas être distribués en tout ou en partie entre les membres de la société.

Il en est ainsi notamment des congrégations religieuses reconnues puisque les associés ne peuvent acquérir de droit aux produits de l'association ni en recevoir aucune partie à titre de distribution. Il en est de même des congrégations religieuses non reconnues, lorsque leur organisation a éga-

lement pour but et pour résultat de conserver tous les produits de l'association.

Quant aux produits distribués, ils sont assujettis à l'impôt en vertu de la loi du 29 juin 1872.

La prohibition partielle de distribution est assimilée à la prohibition totale. Les sociétés qui interdiraient la distribution d'une partie seulement des produits entre leurs membres en la réservant à leur profit personnel seraient donc régies entièrement par l'article 3. — Elles devraient acquitter la taxe de 3 0/0 dans les conditions fixées par cet article, sur le montant intégral de leurs produits, même sur ceux dont la distribution a été autorisée (1).

Les dispositions de la loi du 28 décembre 1880 n'atteignent pas les sociétés dans lesquelles il est stipulé qu'une partie des bénéfices sera distraite des distributions périodiques pour constituer un fonds de réserve, de garantie ou de prévoyance (2).

Le mot *société* a dans la loi du 28 décembre 1880 la même signification que dans la loi du 29 juin 1872.

Il embrasse dans sa généralité les compagnies ou entreprises quelconques ayant le caractère prédominant de sociétés comme les congrégations religieuses autorisées. Mais il ne comprend pas certaines collectivités particulières, telles que les sociétés de Saint-Vincent-de-Paul, de la Propagation de la foi, de la Sainte-Enfance, etc., et toutes les associations analogues qui, malgré leur désignation, n'ont pas le caractère prédominant de société, et qui, d'ailleurs, d'après leur organisation, ne peuvent réaliser aucun bénéfice pour les membres de l'association.

Quant aux sociétés de fait, l'administration est autorisée à établir leur existence par les moyens de preuve dont elle dispose. Les actes opposables aux parties et les présomptions peuvent servir à démontrer l'existence des sociétés de fait, à en déterminer le caractère et à prouver qu'elles sont, par leur nature ou par les conventions arrêtées entre les associés, soumises aux conditions qui justifient l'exigibilité de la taxe (3).

2203. Comment est déterminé le revenu?

Le paragraphe 1er de l'article 3 de la loi du 28 décembre 1880 déclare que pour les actions le revenu est déterminé d'après les délibérations, comptes rendus ou documents prévus par le premier paragraphe de l'article 2 de la loi du 29 juin 1872.

Le premier paragraphe de l'article 2 de la loi de 1872 est ainsi conçu : « Le revenu est déterminé, pour les actions, par le dividende fixé d'après les délibérations des assemblées générales ou d'actionnaires ou des conseils d'administration, les comptes rendus ou tous autres documents analogues. »

Ce sont les mêmes actes qui doivent servir de base à la perception de la taxe nouvelle. Comme il s'agit de sociétés qui s'approprient les produits au lieu de les distribuer à leurs membres, les délibérations ou comptes rendus, dont la production est exigée, ne peuvent pas avoir pour but de fixer le dividende à répartir réellement entre ces actionnaires. Ils déterminent seulement quel dividende serait distribué si l'interdiction ou l'impossibilité de l'attribuer aux associés n'existait pas.

Mais, sauf cette différence, les documents visés dans la loi du 28 décembre 1880 sont identiquement les mêmes que ceux de la loi du 29 juin 1872. Ils doivent être établis selon des règles semblables et remplir les mêmes conditions (4).

La taxe est établie sur le produit ainsi déterminé en représentation du dividende. Les sociétés n'ont d'autres justifications à fournir que la remise d'un extrait de la délibération, du compte rendu ou du document qui le remplace (5), ainsi qu'il est réglé pour l'application de la loi du 29 juin 1872(6).

---

(1) L. 28 décembre 1880, art. 3.
(2) Instruction n° 2651 du 20 juin 1881 de la direction générale de l'Enregistrement.

---

(1) 20 juin 1881.
(2) *Ibid.*
(3) Inst. 20 juin 1881.
(4) Inst. 20 juin 1881.
(5) Art. 3, § 3.
(6) Art. 2, § 4.

Il appartient à l'administration de contrôler l'exactitude de ces documents par les moyens qui sont à sa disposition.

La production des pièces dont il s'agit, est le seul mode légal de détermination du revenu. Les sociétés ne seraient point autorisées à y substituer les déclarations prévues pour les valeurs autres que les actions. Si elles s'abstenaient de faire les productions exigées, il y aurait lieu de leur demander le payement d'une somme fixée approximativement par l'administration, d'après les renseignements dont elle dispose, sauf augmentation ou diminution à résulter de la remise, par les compagnies, des délibérations, comptes rendus ou autres pièces dont la rédaction serait pour elles obligatoire en vertu de leurs statuts ou de la législation générale sur les sociétés (1).

Pour les valeurs autres que les actions, la loi a prévu trois modes distincts de détermination du revenu : 1° les délibérations des conseils d'administration ; 2° les déclarations des représentants des sociétés, appuyées des pièces justificatives nécessaires ; 3° la fixation à forfait à raison de 5 0/0 de l'évaluation détaillée des meubles et des immeubles composant le capital social.

Les congrégations ont le droit d'opter entre ces trois modes en tout temps, même après l'expiration du délai de trois mois fixé pour le payement de la taxe, et elles ont toujours le droit de choisir un autre procédé d'exécution que celui qu'elles auront précédemment adopté.

Certaines congrégations ou associations, bien que non constituées par actions, peuvent cependant être administrées par un conseil. D'autres, au contraire, dont l'organisation comporterait l'intervention d'un conseil d'administration n'en sont pas pourvues.

L'instruction déclare que rien ne s'oppose à ce que ces sociétés modifient, s'il y a lieu, leurs statuts, de manière à constituer des conseils d'administration ayant les pouvoirs nécessaires pour délibérer sur les opérations sociales ; et dans ce cas, les extraits de ces délibérations seraient acceptés comme base d'évaluation pour déterminer le chiffre de la taxe.

Mais l'administration n'accepte pas, comme l'équivalent des délibérations des conseils d'administration, les délibérations émanant de conseils de surveillance, ou de conseils fictifs qui ne participent pas à la gérance de l'association, et qui n'ont pas, par suite, l'autorité nécessaire pour fixer les revenus.

A défaut de conseils d'administration régulièrement constitués, ou de production de l'extrait de la délibération de ces conseils ou de tout autre document pouvant remplacer cet extrait, la base de l'impôt est déterminée par une déclaration du représentant de la société appuyée de toutes les pièces justificatives nécessaires.

2204. Quelles sont les justifications à produire ? Le législateur ne les a pas fait connaître. Il en résulte que l'administration a un droit d'appréciation très étendu qu'elle exerce sous le contrôle des tribunaux, d'après les circonstances et selon la nature particulière de chaque association. Le moyen le plus régulier et le plus facile de se conformer à la loi est de produire le compte sommaire des recettes et des dépenses de l'année, avec les titres et autres pièces propres à faire apprécier l'exactitude au moins approximative des recettes ou dépenses non susceptibles par leur nature de justifications détaillées.

Ainsi les recettes de fermages sont justifiées par l'indication des baux en vertu desquels elles ont été faites. En général, pour justifier des recettes, les congrégations doivent produire le titre de recouvrement régulier toutes les fois qu'elles le possèdent : pour un prix de location, ce sera le bail à loyer, lorsqu'il y en aura un ; pour les rentes et les valeurs, les titres eux-mêmes ou les certificats de dépôt, s'il y a lieu ; pour les communautés enseignantes, le relevé du nombre des élèves, et la justification du prix de la pension.

Les papiers domestiques et autres documents privés, produits pour la justification des déclarations sont immédiatement rendus aux déclarants, après que le receveur en a constaté la communication et les énonciations par une mention sommaire à la suite de la déclaration.

Les déclarations sont faites par les représentants des sociétés ou associations. Ces représentants doivent établir leur qualité, si elle n'est pas de notoriété publique, ou si elle n'est pas déjà constatée par les documents du bureau. Ces déclarations sont certifiées et signées par les parties, conformément à l'article 16 de la loi du 22 frimaire an VII. Elles sont écrites sur papier non timbré et remises au bureau.

Lorsque les sociétés ne produisent ni déclaration ni délibérations des conseils d'administration, ni déclaration, le revenu qui doit servir de base à l'impôt est fixé selon les termes de l'article 3 de la loi du 28 décembre 1880, « à raison de 5 0/0 de l'évaluation détaillée des meubles et des immeubles composant le capital social ».

C'est le capital au moment où l'impôt est exigible, qui doit être pris pour base de la taxe, par suite, l'évaluation doit être renouvelée tous les ans et peut varier.

L'évaluation doit être *détaillée* pour les meubles, c'est-à-dire qu'elle doit être faite article par article, comme les évaluations que contiennent les *déclarations détaillées* prévues par l'article 27 de la loi du 22 frimaire an VII pour le payement des droits de mutation par décès. Elle peut résulter d'un inventaire ou état estimatif, article par article, certifié par le déclarant et remis au receveur avec la déclaration.

L'évaluation des immeubles détaillée article par article n'est exigée que pour ceux qui ne sont pas affermés ; les immeubles affermés peuvent être évalués par corps de ferme.

2205. Quels sont les produits passibles de l'impôt ? Ce sont tous ceux énumérés dans l'article 1er de la loi du 29 juin 1872 : intérêts, dividendes, revenus ou bénéfices annuels. Ils embrassent dans leur généralité, d'après la jurisprudence, toutes les sommes entrées dans la caisse sociale à quelque titre que ce soit, même à titre de libéralité (1). Par conséquent, dit l'instruction, il faut y ranger les fruits naturels ou civils des biens appartenant à l'association, les résultats du travail ou de l'industrie de ses membres, les revenus des biens personnels des congrégations autorisées, mis en commun au profit de l'association lorsque les statuts le prescrivent, les quêtes, collectes, ou aumônes, ou dons, lorsque les valeurs ou sommes qui en sont l'objet deviennent la propriété personnelle de l'association ; les valeurs mobilières et immobilières acquises à la communauté au moyen des produits de l'année.

L'instruction, sans donner la nomenclature détaillée des déductions à opérer pour déterminer le revenu net soumis à l'impôt, indique notamment les intérêts des dettes et autres charges des fruits, les frais de gérance et d'entretien soit du personnel, soit des meubles ou des immeubles sociaux.

Mais elle n'admet pas la déduction du montant des subventions volontaires, qu'elle considère comme des placements, bien que ces subventions n'augmentent pas le patrimoine de la société, c'est-à-dire que si une congrégation emploie ses revenus à venir en aide à une œuvre qui lui est étrangère, les sommes ainsi employées ne doivent pas être déduites de l'actif.

Toutefois, l'appréciation du caractère de ces emplois, dit l'instruction, dépend des circonstances et doit être faite avec attention.

Les moyens de contrôle nécessaires pour vérifier les évaluations servant à fixer le revenu imposable sont déterminés par le quatrième paragraphe de l'article 3 de la loi du 28 décembre 1880. D'après cet article, l'inexactitude des déclarations, comptes rendus ou documents analogues, peut être établie conformément aux dispositions des lois antérieures relatives aux expertises d'immeubles et aux dissimulations de prix de vente.

---

(1) Inst. 20 juin 1881.

(1) Cass. 18 mars 1879.

Ces inexactitudes comprennent, suivant l'instruction, tous les faits desquels il résulte une altération dans le chiffre du revenu passible de l'impôt. Elles embrassent notamment les omissions de valeurs dans les documents qui doivent en renfermer l'énonciation, les insuffisances dans l'évaluation de ces biens ou dans les sommes déclarées, les exagérations commises dans la consistance ou dans l'importance du passif admis en déduction.

L'expertise pourra être requise, porte l'instruction, à l'effet de faire déterminer la valeur vénale ou le produit des biens meubles ou immeubles qui entrent dans la composition du revenu imposable.

Mais il a été jugé que l'expertise que l'administration provoque contre une congrégation religieuse, en vue d'établir l'insuffisance des déclarations estimatives faites pour l'assiette des taxes établies par les lois du 28 décembre 1880 et du 24 décembre 1884, ne peut porter sur les biens meubles de la congrégation et doit être restreinte aux immeubles (1).

Outre l'expertise, l'administration a encore à sa disposition toutes les preuves de droit commun, à l'exception du serment décisoire; ainsi l'administration peut pendant dix ans provoquer la preuve testimoniale pour établir tous les faits dont la constatation intéresse la composition de l'actif, ou du passif de la société ou les résultats de la gérance, recourir à l'interrogatoire sur faits et articles des associés ou des représentants de la société dans les cas et suivant les règles du droit commun, invoquer les présomptions simples, de quelque nature qu'elles soient, même celles qui sont fondées sur la notoriété publique, etc.

Toute contravention aux dispositions de l'article 3 de la loi du 28 décembre 1880 est punie d'une amende de 100 à 5,000 francs, sans préjudice des peines portées par l'article 39 de la loi du 22 frimaire an VII pour omission et insuffisance de déclaration (2).

2206. La taxe doit être acquittée en une seule fois, pour chaque année expirée, dans les trois premiers mois de l'année suivante. Le payement est accompagné de la remise des extraits des délibérations, comptes rendus ou des déclarations. Ces documents, dûment certifiés par les représentants des sociétés ou associations, ainsi que les inventaires estimatifs ou autres pièces jointes aux déclarations pour établir l'évaluation détaillée des meubles compris dans le capital social, peuvent être établis sur papier non timbré.

La taxe de 3 0/0 est exigible au bureau de l'enregistrement du siège social désigné à cet effet, quelle que soit la situation effective des biens sociaux.

Cette disposition s'applique aux sociétés ou associations de fait comme aux sociétés reconnues ou régulièrement constituées, la loi imposant aux unes et aux autres des obligations identiques, et les sociétés de fait ayant un siège social de fait de tous points assimilable au siège officiel et légal des sociétés régulières.

Quant aux sociétés qui ont des succursales formant des établissements indépendants et ayant une existence propre, comme, par exemple, les congrégations à supérieure générale reconnues, dont les succursales, fondées dans les conditions prévues par la loi du 24 mai 1825, ont un patrimoine particulier, l'administration décide que ces établissements et toutes les succursales analogues acquitteront l'impôt au bureau de l'enregistrement de la circonscription dans laquelle se trouve leur siège particulier.

(1) Beaune, 31 octobre 1880.
(2) L'article 39 de la loi du 22 frimaire an VII est ainsi conçu : « Les héritiers, donataires ou légataires qui n'auront pas fait dans les délais prescrits les déclarations des biens à eux transmis par décès payeront, à titre d'amende, un demi-droit en sus du droit qui sera dû pour la mutation. — La peine, pour les omissions qui seront reconnues avoir été faites dans les déclarations, sera d'un droit en sus de celui qui se trouvera dû pour les objets omis; il en sera de même pour les insuffisances constatées dans les estimations des biens déclarés. — Si l'insuffisance est établie par un rapport d'experts, les contrevenants payeront, en outre, les frais de l'expertise. — Les tuteurs et curateurs supporteront personnellement les peines ci-dessus lorsqu'ils auront négligé de passer les déclarations dans les délais, ou qu'ils auront fait des omissions ou des estimations insuffisantes. »

Il a été jugé que l'impôt sur le revenu des valeurs mobilières à la charge, d'après l'article 3 de la loi du 28 décembre 1880, d'une congrégation religieuse reconnue doit être acquitté pour les succursales, aussi bien que pour la maison mère, au bureau dans la circonscription duquel celle-ci se trouve située, alors que les succursales n'ont sous aucun rapport d'existence propre, et que la gérance de la société tout entière appartient à un conseil d'administration qui a seul qualité pour déterminer le revenu de la congrégation passible de la taxe pour ses établissements autorisés indistinctement (1).

2207. *Accroissements.* — L'article 4 de la loi du 28 décembre 1880 a voulu que le droit de mutation fût perçu toutes les fois que la part d'un associé est dévolue aux associés survivants dans une entreprise qui peut se perpétuer par l'adjonction de nouveaux membres; ces accroissements sont assujettis au droit de mutation par décès si l'accroissement se réalise par le décès, ou au droit de donation s'il a lieu de toute autre manière, d'après la nature des biens existants au jour de l'accroissement, nonobstant toutes cessions antérieures faites entre vifs au profit d'un ou de plusieurs membres de la société ou de l'association.

Pour que cet article reçoive son exécution il faut :

1° Qu'il s'agisse d'une société ou d'une association, ce qui exclut tous les contrats créant entre les parties un simple état d'indivision;

2° Que les biens apportés ou acquis par la société deviennent la propriété de cette société jusqu'à sa dissolution, et que les associés aient sur le fonds commun un droit personnel qui les appelle au partage;

3° Enfin que l'entreprise puisse se perpétuer par l'adjonction de nouveaux membres.

Il suit de là, dit l'instruction de l'enregistrement (2), que les associations dans lesquelles ce droit personnel n'existe pas ne peuvent donner ouverture à l'accroissement, puisque cet accroissement n'a pas d'objet.

Tel est le cas, notamment, des congrégations religieuses reconnues. Bien que ces congrégations participent de la nature des sociétés, les membres qui les composent ne possèdent sur les valeurs appartenant à la congrégation aucun droit personnel leur conférant pendant l'existence de l'association une action ou une part d'intérêt et les appelant au partage lors de sa dissolution. Le membre qui cesse de faire partie de l'association ne transmet donc rien à ceux qui restent : l'accroissement ne s'opère pas.

Toutefois, si les membres de la congrégation ou quelques-uns d'entre eux constituaient une société civile ordinaire dans les conditions d'adjonction et de réversion prévues par la loi du 28 décembre 1880, cette société tomberait alors sous l'empire de ses dispositions.

L'article 9 de la loi du 28 décembre 1884 a modifié, comme nous le verrons plus loin, la disposition de l'article 4 de la loi du 28 décembre 1880; le paragraphe 1er de la nouvelle loi déclare que les impôts établis par les articles 3 et 4 de la loi du 28 décembre 1880 seront payés par toutes les congrégations, communautés et associations religieuses, *autorisées* ou non autorisées.

Les associations tontinières, à moins qu'elles ne soient soumises elles-mêmes à la double clause de réversion et d'adjonction, échappent aussi à l'article 4.

Lorsque l'accroissement se réalise par le décès, les associés survivants doivent faire la déclaration dans les six mois; en cas de retard, d'omission ou d'insuffisance, il est procédé conformément au droit commun en matière de décès, les pénalités ordinaires sont encourues.

Lorsque l'accroissement a lieu par donation, la mutation doit faire aussi l'objet d'une déclaration à souscrire par les membres restants de l'association dans les trois mois de l'événement qui a réalisé l'accroissement.

(1) Seine, 27 juillet 1883, congrégation des dames du Sacré-Cœur.
(2) Nos 41 et 42.

Cette déclaration doit être détaillée et estimative (1) faisant connaître la nature des biens au jour de l'accroissement, c'est-à-dire au jour de la réalisation de la clause de réversion.

La déclaration est souscrite par tous les bénéficiaires, ou par l'un d'eux agissant tant en son nom personnel, que comme se portant fort des autres, ou par un mandataire muni d'un pouvoir sous signatures privées, rédigé sur papier timbré, mais non sujet à l'enregistrement.

A défaut de déclaration dans les trois mois, l'associé du chef duquel l'accroissement s'opère et les associés bénéficiaires sont tenus personnellement et sans recours, nonobstant toute disposition contraire, d'un droit en sus qui est de 50 francs au minimum. L'associé du chef duquel l'accroissement s'opère peut échapper à la pénalité qui le concerne en faisant connaître la mutation à l'administration; un délai supplémentaire d'un mois lui est accordé par l'article 14 de la loi du 23 août 1871 (2).

Les omissions et les insuffisances d'évaluation qui seraient constatées entraînent l'exigibilité d'un droit en sus (3).

Aucune pénalité n'est encourue par une congrégation à défaut de payement de la taxe dans le délai de la loi, lorsque c'est par suite d'exigences mal fondées du receveur de l'enregistrement que ce retard s'est produit (4).

Les associés bénéficiaires d'accroissement sont fondés à souscrire leur déclaration, soit au bureau de l'enregistrement du lieu où se trouve le siège de la société, soit au bureau dans le ressort duquel les biens sont situés en tout ou en partie, soit même dans tout autre bureau de leur choix.

Toutefois, les sociétés ont intérêt à ce que leurs déclarations soient reçues par l'agent qui sera appelé à les contrôler, c'est-à-dire par le receveur du bureau de la situation des biens pour les immeubles et les meubles corporels ou par le receveur du domicile de l'ancien sociétaire, pour les autres valeurs; ou bien encore par le receveur du bureau du siège social. En effet, ces agents sont mieux en mesure que leurs autres collègues de signaler les irrégularités qui seraient susceptibles d'être immédiatement réparées.

2208. L'article 9 de la loi du 29 décembre 1884 portant fixation du budget des recettes de l'exercice 1885 a complété les dispositions de la loi du 28 décembre 1880 relatives à la taxe de 3 0/0 sur le revenu des valeurs mobilières et des droits de mutations sur les accroissements entre associés.

Cet article porte : « Les impôts établis par les articles 3 et 4 de la loi de finances du 28 décembre 1880 seront payés par toutes les congrégations, communautés et associations religieuses, autorisées ou non autorisées, et par toutes les sociétés ou associations désignées dans cette loi, dont l'objet n'est pas de distribuer leurs produits en tout ou en partie entre leurs membres.

« Le revenu est déterminé à raison de cinq pour cent de la valeur brute des biens meubles et immeubles possédés ou occupés par les sociétés, à moins qu'un revenu supérieur ne soit constaté, et la taxe est acquittée sur la remise d'une déclaration détaillée faisant connaître distinctement la consistance et la valeur de ces biens.

« Les sociétés seront assujetties aux vérifications autorisées par l'article 7 de la loi du 21 juin 1875. »

(1) L. 27 ventôse an IX, art. 4; voir *infra* le texte de cet article.
(2) L'article 14 de la loi du 23 août 1871 est ainsi conçu : « A défaut d'enregistrement ou de déclaration dans les délais fixés par les lois des 22 frimaire an VII, 27 ventôse an IX et l'article 11 de la présente loi, l'ancien et le nouveau possesseur, le bailleur et le preneur, sont tenus personnellement et sans recours, nonobstant toute stipulation contraire, d'un droit en sus, lequel ne peut être inférieur à 50 francs. — L'ancien possesseur et le bailleur peuvent s'affranchir du droit en sus qui leur personnellement imposé, ainsi que du versement immédiat des droits simples, en déposant dans un bureau d'enregistrement l'acte constatant la mutation ou, à défaut d'acte, en faisant les déclarations prescrites par l'article 4 de la loi du 27 ventôse an IX et par l'article 11 de la présente loi. — Outre les délais fixés pour l'enregistrement des actes ou déclarations, un délai d'un mois est accordé à l'ancien possesseur et au bailleur pour faire le dépôt ou les déclarations autorisées par le paragraphe qui précède..... »
(3) L. 27 ventôse an IX, art 5.
(4) Seine, 27 juillet 1883.

« Sont maintenues toutes les dispositions de la loi du 28 décembre 1880 qui n'ont rien de contraire à la présente loi. »

L'article 9 de la loi de 1884 a pour but d'assurer d'une manière efficace le recouvrement de l'impôt de 3 0/0 et du droit d'accroissement dus par les communautés religieuses.

L'article 3 de la loi du 28 décembre 1880 ne visait pas, dit l'instruction de l'administration du 3 juin 1885, d'une manière spéciale, les congrégations religieuses; mais il les atteignait nécessairement, puisque c'est surtout dans les associations de cette nature que se rencontre la clause de non distribution des produits. La loi a été incomplètement exécutée. C'est afin de rendre ses dispositions plus efficaces qu'il a paru que, tout en conservant au texte la portée générale qui lui a été attribuée, il convenait de désigner nominativement les congrégations religieuses comme rentrant dans son application.

C'est ce qu'exprime le premier paragraphe de l'article 9 de la loi du 29 décembre 1884.

En ce qui concerne les communautés religieuses, la loi de 1884 fait dépendre l'exigibilité de l'impôt, non plus du fait de la prohibition expresse ou tacite d'une répartition individuelle des bénéfices, mais de la nature même de l'association qui les réalise. Du moment qu'une association présente les caractères d'une communauté religieuse, dit l'instruction, elle est régie de plein droit par l'article 9 de la loi du 29 décembre 1884, sans qu'il y ait à rechercher si elle a été ou non reconnue, si elle poursuit un but de spéculation ou si elle se consacre à des œuvres de charité, de quelque nature qu'elles soient. Il importe peu également qu'elle ait adopté l'une des formes autorisées pour les sociétés commerciales, ou que ses statuts lui permettent de procéder à la distribution de ses produits. La généralité des termes employés par le législateur interdit toute distinction fondée sur le but ou la forme de l'institution, ou sur la possibilité d'une distribution.

La loi nouvelle atteint indistinctement toutes les congrégations ou communautés religieuses, quel que soit le but de leur institution. Un amendement tendant à excepter les établissements consacrés aux malades, aux infirmes, aux enfants et aux vieillards indigents, a été repoussé par le Sénat (1).

Mais le tribunal de la Seine a décidé que l'impôt établi sur les congrégations et communautés religieuses ne saurait être réclamé aux membres d'une société unis entre eux par le seul fait de l'acquisition de parts d'intérêts et qui ne représentent pas à la fois la destination pieuse, la règle spirituelle et le lien religieux qui sont de l'essence de toute congrégation, communauté ou association religieuse (2).

2209. Pour la détermination du revenu, le paragraphe 2 de l'article 9 de la loi de 1884 enlève aux congrégations le droit d'option entre les divers modes de détermination de la matière imposable prévus par l'article 3 de la loi du 28 décembre 1880; ce paragraphe ne maintient que le forfait à 5 0/0, et ajoute qu'il sera calculé sur « la valeur brute des biens meubles et immeubles possédés ou occupés par les sociétés ».

Sauf le cas où un revenu supérieur pourrait être constaté, l'impôt est établi sur l'évaluation à 5 0/0 des meubles et des immeubles.

En second lieu la taxe doit être liquidée sur la valeur brute des biens, et, par suite, sans avoir égard au passif dont ils peuvent être grevés; aucune dette n'est susceptible d'être admise en déduction.

Enfin, les biens qui servent de base à l'établissement du forfait sont non seulement les meubles et les immeubles que la société possède, mais encore ceux qu'elle occupe, quelle que soit leur destination.

Comment faut-il entendre les mots « possédés et occupés » ? Les biens détenus par les communautés religieuses et qu'elles appliquent à l'œuvre en vue de laquelle elles ont été instituées, sont de deux sortes, dit l'instruction du 3 juin 1885 :

les uns sont leur propriété personnelle ; les autres appartiennent à des personnes étrangères à la communauté ou à quelques-uns de ses membres, qui lui en ont abandonné la jouissance à titre gratuit ou à titre onéreux, les deux classes de biens étant une source de produits pour les congrégations, et contribuant, toutes les deux, au développe ent de leur patrimoine, il a paru rationnel de les faire concourir indistinctement à l'établissement du forfait. C'est la pensée qu'a exprimée le législateur en disposant que l'évaluation à 5 0/0 sera basée sur la valeur des meubles ou des immeubles possédés ou occupés par les sociétés.

Les biens possédés sont ceux dont la propriété ou l'un de ses démembrements appartient personnellement à l'association. Ils embrassent tous les biens sur lesquels les sociétés ont un droit de propriété, d'usufruit, d'usage, d'habitation ou même d'emphytéose.

Les biens occupés par la congrégation, dans le sens juridique du mot, sont ceux sur lesquels elle exerce un droit de jouissance personnelle, soit par elle-même, soit par les membres qui la composent ou par les sociétés civiles formées entre eux. Les dispositions de la loi sont générales : elles comprennent les occupations gratuites, comme les occupations à titre onéreux. La seule condition requise par l'article 9, c'est que la congrégation exerce sur la chose un droit de détention personnelle lui conférant la faculté de s'en approprier les utilités juridiques.

Il en résulte qu'on ne peut pas considérer, par exemple, comme constituant une occupation proprement dite, le simple fait par les religieux, d'habiter temporairement dans une famille à titre de précepteurs. La jouissance partielle de l'immeuble n'appartient, dans ce cas, à aucun titre, à la congrégation.

Mais, toutes les fois que le bien sera réellement détenu par la communauté et qu'il en résultera de cette détention un droit de jouissance quelconque à son profit, l'occupation sera suffisamment caractérisée pour justifier l'application de l'impôt.

Un jugement du tribunal de la Seine du 24 mai 1889 décide que l'immeuble dont une congrégation est locataire constitue un bien occupé dans le sens de la loi du 29 décembre 1884, et que, par suite, il doit entrer en ligne de compte pour la détermination du revenu à 5 0/0 passible de la taxe de 3 0/0.

Mais, suivant ce jugement, le caractère de bien occupé n'appartient pas à l'immeuble loué à un tiers, dans lequel les membres d'une congrégation habitent et dirigent une école, lorsqu'il est constant en fait que cette école est exploitée, non pour le compte de la congrégation, mais aux risques et périls du locataire apparent de l'immeuble dont les congréganistes ne sont, dès lors, que les employés logés et salariés.

Un autre jugement du tribunal civil de la Seine, rendu le même jour que le précédent, décide que les immeubles occupés, soit à titre onéreux, soit à titre gratuit, par une congrégation, tombent sous l'application de la loi du 29 décembre 1884 et doivent entrer en ligne de compte pour la détermination du revenu à 5 0/0 passible de la taxe 3 0/0. Mais, suivant ce jugement, la clientèle des pensionnats, non cédée, ne constitue pas un bien auquel la loi de 1884 puisse être appliquée (1).

Nous avons vu que la loi du 29 décembre 1884 a une portée plus étendue que la loi de 1880 : la loi nouvelle s'applique à toutes les congrégations sans exception, à celles qui sont autorisées comme à celles qui ne le sont pas, à celles qui ont emprunté la forme des sociétés ordinaires comme à celles qui ne se sont pas constituées en sociétés (2).

La loi de 1880 laissait, au contraire, en dehors de son action les congrégations reconnues (3).

Cette interprétation de l'article 9 de la loi du 28 décembre 1884, qui est celle de l'administration et qui a été adoptée par le tribunal de la Seine (4) et confirmée par la Cour de

(1) Seine, 24 mai 1889.
(2) Inst. 3 juin 1885, n° 8.
(3) Inst. n° 2651, § 42, voir *supra*.
(4) Seine, 18 mars 1887.

Cassation (1) a soulevé, dès l'origine, de graves difficultés.

La loi du 28 décembre 1880 exigeait, ainsi que nous l'avons vu, deux conditions principales pour la perception du droit :
1° la perpétuité de l'entreprise devait être assurée par la faculté de l'adjonction indéfinie de nouveaux membres ;
2° le contrat d'association devait renfermer une clause de réversion ou d'accroissement, au profit des autres associés, de la part revenant à l'associé sortant dans le fonds social.

Lorsque parut la loi du 29 décembre 1884, on soutint d'une part que la taxe d'accroissement n'était due par les congrégations autorisées qu'autant que leurs statuts renfermaient simultanément une clause d'adjonction de nouveaux membres et une clause de réversion.

L'administration soutint, au contraire, que l'exigibilité du droit était désormais indépendante de l'existence de ces clauses et que toute congrégation autorisée était, en principe, assujettie à l'impôt d'accroissement, par cela seul qu'elle était une congrégation.

Cette dernière opinion, qu'a consacrée l'arrêt précité de la Cour de cassation, s'appuie sur le texte de la loi du 29 décembre 1884 et sur l'esprit dans lequel elle a été conçue.

En effet, le texte est formel ; l'article 9 dispose impérativement que les impôts établis par les articles 3 et 4 de la loi du 28 décembre 1880 seront payés par *toutes* les congrégations, autorisées ou non autorisées. La formule absolue, dont s'est servi le législateur sans aucune restriction, comprend manifestement toutes les collectivités présentant le caractère de congrégations reconnues, sans exception, ni réserve. La loi ne subordonne plus l'exigibilité de l'impôt à l'existence de clauses d'adjonction et de réversibilité.

D'autre part l'intention des auteurs de la loi a été de prévenir les combinaisons au moyen desquelles les congrégations rendaient illusoires les prescriptions de la loi du 28 décembre 1880. Il fallait, d'après cette loi, que pour que le droit d'accroissement fût exigible, l'acte constitutif de l'association contînt les clauses d'adjonction et de réversion. Pour éviter l'application de l'impôt, les congrégations n'avaient qu'à supprimer l'une ou l'autre de ces clauses ou toutes les deux de leurs statuts, et c'est ce qu'elles n'ont pas manqué de faire. C'est pour mettre un terme à ces errements que le législateur a rendu la loi modificative du 29 décembre 1884.

On ajoute que le système contraire aurait pour conséquence de frapper d'une impuissance absolue les dispositions de la loi du 29 décembre 1884, puisqu'il suffirait aux congré-

(1) Cass. civ 27 novembre 1889 : — « La Cour : — Sur le moyen unique : — Attendu qu'en matière d'impôts c'est avant tout dans le texte même de la loi qui les établit qu'il faut chercher quelle a été l'intention du législateur, et que les dispositions dans lesquelles il l'a manifestement exprimée doivent recevoir l'application stricte et littérale que leur teneur commande ; — Attendu qu'aux termes de l'article 9, paragraphe 1er, de la loi du 29 décembre 1884 les impôts établis par les articles 3 et 4 de la loi de finances du 28 décembre 1880 sont payés par toutes les congrégations, communautés et associations religieuses autorisées et non autorisées ; — Attendu que cet article est aussi formel qu'il est clair ; qu'il en résulte que, tandis que sous l'empire de la loi du 28 décembre 1880 étaient seules passibles du droit d'accroissement établi par l'article 4 de cette loi les sociétés ou associations civiles qui rentraient dans la définition qu'elle donnait et qui réalisaient les conditions particulières d'exigibilité de cet impôt qu'elle énonçait avec précision, sous l'empire de la loi du 29 décembre 1884, le droit d'accroissement est dû par toutes les congrégations, communautés et associations religieuses, autorisées ou non autorisées, sans plus sujettes à cet impôt, puisque la loi de 1884 a substituées à celles que contenait la loi de 1880 ; et que cela est d'autant plus certain que dans la loi de 1884, le législateur ne s'est pas borné à soumettre au droit d'accroissement, comme à la taxe sur le revenu, les congrégations en général, ce qui suffirait pour qu'il fût interdit d'introduire dans la loi une distinction qu'elle n'aurait pas faite, mais encore qu'il a disposé en termes exprès que le droit d'accroissement serait, tout comme la taxe sur le revenu, payé par toutes les congrégations, communautés et associations religieuses, autorisées ou non autorisées, sans énoncer aucune autre condition d'exigibilité que cette seule qualité ; — Qu'il suit de là que le jugement attaqué, en déboutant la congrégation autorisée des frères des écoles chrétiennes dits de Saint-Yon de son opposition à la contrainte contre elle décernée le 3 février 1886 pour le recouvrement de la somme de 455 fr. 63 c., à laquelle a été liquidé provisoirement le montant des droits réclamés par l'administration, à raison du décès de neuf des membres de cet institut, loin de violer la loi, n'en a fait qu'une exacte application ; — Par ces motifs, Rejette, etc. »

gations, pour y échapper comme par le passé, de ne pas insérer dans leurs statuts de clause d'adjonction et de réversion. C'est ce que déclare le tribunal de la Seine : « Une telle interprétation, porte ce jugement, équivaudrait à la suppression de la disposition où ces congrégations sont textuellement et sans restrictions placées à côté des congrégations non autorisées ; on objecte vainement que la loi de 1884 n'a pu se référer qu'à l'hypothèse où, en dehors de ses biens de mainmorte, la congrégation aurait formé une association libre comprenant des biens mis en commun sans autorisation de l'État et susceptibles, dès lors, de l'accroissement qui est la condition essentielle du droit de mutation ; il est manifeste, en effet, qu'une semblable association rentrerait dans la classe déjà réglementée des congrégations non autorisées et qu'il n'est pas permis de supposer que le législateur ait eu la pensée, alors que rien d'ailleurs ne le révèle, de ne parler d'une congrégation autorisée qu'en tant qu'une congrégation fonctionnerait comme société libre ; soumettre un établissement de cette nature à un impôt, c'est évidemment y assujettir ses biens de mainmorte ; il n'est pas possible, à moins que la loi ne l'ait dit expressément, d'en transporter et d'en limiter l'application à d'autres biens non spécifiés, à l'égard desquels l'établissement devient une congrégation non autorisée. »

Le droit de mutation à titre gratuit doit être acquitté dans les délais déterminés par l'article 24 de la loi du 22 frimaire an VII ou par les articles 4 de la loi du 27 ventôse an IX et 14 de la loi du 27 avril 1872, suivant que l'accroissement se réalise par le décès de l'un des membres de l'association, ou qu'il s'opère, avant cette époque, par la retraite volontaire ou forcée de l'associé (1).

2210. Le droit de mutation à titre gratuit se liquide sur la part de l'associé surtout dans les biens de nature composant le fond social, évalués conformément aux règles établies pour les transmissions d'immeubles, et par conséquent sans distraire les charges. Mais, tandis que les biens possédés par les congrégations servent concurremment à la détermination du forfait passible de la taxe de 3 0/0, les biens possédés sont seuls à considérer, lorsqu'il s'agit du droit d'accroissement. Il n'y a pas à tenir compte des biens occupés, notamment de ceux qui sont la propriété personnelle, soit des associés, soit des tiers étrangers à la congrégation, puisque, en ce qui les concerne, l'événement qui fait sortir l'associé n'opère aucune transmission au profit des membres restants (2).

2211. Si les membres d'une congrégation ou communauté religieuse, ou quelques-uns d'entre eux, ont constitué une société civile ordinaire, dans les conditions d'adjonction et de réversion prévues par la loi du 28 décembre 1880, et si un membre de la congrégation ou de la communauté, faisant en même temps partie de cette société, décède ou se retire, on doit déclarer, pour la perception du droit de mutation par

décès ou du droit de donation, indépendamment de sa part dans les biens de la congrégation, celle qui lui revient dans la société civile (1).

2212. Le droit d'accroissement est exigible nonobstant toutes cessions antérieures faites entre vifs au profit d'un ou de plusieurs membres de la société ou association ; il n'y a pas lieu par conséquent de tenir compte de ces cessions, soit pour fixer l'étendue de l'objet soumis au droit d'accroissement, soit pour calculer le montant de l'impôt (2).

2213. Les accroissements qui se réalisent par décès sont déclarés au bureau de la situation des biens pour les immeubles et les meubles corporels et au bureau du domicile du défunt pour les autres valeurs (3).

La déclaration des accroissements qui s'opèrent entre vifs peut être faite dans tous les bureaux indistinctement, conformément aux articles 26 de la loi du 22 frimaire an VII et 4 de la loi du 27 ventôse an XI.

2214. L'un des membres de la congrégation peut, pour les accroissements qui se réalisent par décès, comprendre dans une déclaration unique renfermant tous les détails nécessaires les accroissements opérés par suite de décès. Cette mesure permet aux congrégations, qui comptent un grand nombre de membres, de ne passer si elles le jugent à propos, qu'une seule déclaration, à la fin d'un semestre par exemple, pour tous les décès survenus pendant ce semestre. La déclaration collective doit faire connaître le nom et les prénoms de chacun des religieux décédés, ainsi que la date et le lieu du décès. Il suffit après cette énumération, de mentionner la consistance et l'estimation des valeurs imposables auxquelles s'appliquent ces mutations individuelles. Le déclarant indique seulement quelle est la part de chaque décédé dans les biens ainsi désignés. La déclaration collective n'est admise toutefois que si la valeur des biens meubles et immeubles est sensiblement la même à chacun des décès survenus pendant la période pour laquelle cette déclaration est faite. Dans le cas contraire, la déclaration collective ne doit comprendre que les mutations réalisées pendant que les biens ont conservé la même valeur (4).

Les déclarations collectives peuvent être admises aussi, pour les accroissements qui s'opèrent entre vifs, lorsqu'il n'est pas survenu de changement dans la valeur des biens entre chaque retraite (5).

Aux termes de l'avis du Conseil d'État en date du 18 juin 1891, qui reconnaît une existence propre à chaque établissement des congrégations et repousse le système de la propriété collective de la congrégation, chaque établissement particulier doit, au cas de décès de l'un de ses membres, acquitter les droits d'accroissement dont le payement lui incombe.

Les congrégations religieuses doivent-elles faire, pour la perception du droit d'accroissement établi par les lois de 1880 et de 1884, une déclaration unique au siège principal de la congrégation, ou, au contraire, des déclarations multiples, une à chacun des bureaux dans le ressort desquels la congrégation possède des biens?

Pour comprendre l'intérêt pratique de cette question, il faut rappeler que la perception du droit proportionnel devant, aux termes de l'article 2 de la loi du 27 ventôse an IX, suivre les sommes de 20 francs en 20 francs inclusivement et sans fraction, et qu'alors même que la déclaration n'aurait pour objet qu'une valeur de quelques centimes, cette valeur ne sera jamais aux yeux du fisc inférieure à 20 francs. Si on admet la nécessité de déclarations multiples, il y aura lieu à la perception de 11 fr. 25 0/0 par chaque 20 francs, dans chacun des bureaux dans le ressort desquels seront situés les biens dépendant de la succession. Si on admettait une déclaration unique, il n'y aurait lieu à la perception du droit de

---

(1) L'article 24 de la loi du 22 frimaire an VII est ainsi conçu : « Les délais pour l'enregistrement des déclarations que les héritiers, donataires ou légataires, auront à passer des biens à eux échus ou transmis par décès sont, savoir : — De six mois, à compter du jour du décès, lorsque celui dont on recueille la succession est décédé en France ; — De huit mois, s'il est décédé dans toute autre partie de l'Europe ; — D'une année s'il est mort en Amérique ; — Et de deux années si c'est en Afrique ou en Asie. Le délai de six mois ne courra que du jour de la mise en possession pour la succession d'un absent, celle d'un condamné si ses biens sont séquestrés, celle qui aurait été séquestrée pour toute autre cause, celle d'un défenseur de la patrie s'il est mort en activité de service hors de son département, ou enfin celle qui serait recueillie par indivis avec la nation. — Si avant les derniers six mois des délais fixés pour les déclarations des successions des personnes décédées hors de France, les héritiers prennent possession des biens, il ne resterait d'autre délai à courir pour passer déclaration que celui de six mois, à compter du jour de la prise de possession. »
L'article 4 de la loi du 27 ventôse an IX est ainsi conçu : « Sont soumises aux dispositions des articles 22 et 38 de la loi du 22 frimaire les mutations entre vifs de propriété ou d'usufruit de biens immeubles, lors même que les nouveaux possesseurs prétendraient qu'il n'existe pas de conventions écrites entre eux et les précédents propriétaires ou usufruitiers. À défaut d'actes, il y sera suppléé par des déclarations détaillées et estimatives dans les trois mois de l'entrée en possession, à peine d'un droit en sus. »
Voir supra le texte de l'article 14 de la loi du 23 août 1871.
(2) Inst. 3 juin 1885, § 2, n° 9.

---

(1) Inst. 3 juin 1885, § 2, n° 9.
(2) Inst. 20 juin 1881. n° 54 ; — Inst. 3 juin 1885, § 2, n° 9.
(3) L. 22 frimaire an VII, art. 27 ; — Inst. 3 juin 1885, § 2, n° 9.
(4) Inst. 3 juin 1885, § 2, n° 9.
(5) Ibid.

11 fr. 25 0/0, sur un minimum de 20 francs qu'au bureau de la déclaration et non aux différents bureaux dans le ressort desquels sont situés les biens dépendant de la succession.

La chambre des requêtes de la Cour de cassation, statuant sur le pourvoi formé par l'administration de l'enregistrement contre un jugement du tribunal de Reims du 24 février 1891, vient de décider que les congrégations religieuses ne doivent faire, pour la perception du droit d'accroissement établi par les lois de 1880 et de 1884, qu'une déclaration unique au bureau d'enregistrement du siège social de la congrégation.

Le système de la déclaration unique dont nous trouvons les arguments exposés dans un jugement du tribunal de Reims du 24 février 1891 (1), s'appuie sur ce fait qu'au cas de déclarations multiples, la majoration peut se produire dans un certain nombre de circonscriptions, et que la congrégation se trouve grevée d'un surcroît d'impôt tellement exorbitant qu'il équivaudra parfois à une véritable confiscation. Un pareil résultat, dit le tribunal civil de Reims (2), est contraire, non seulement à l'intention présumée, mais à la volonté exprimée par le législateur, qui, en édictant les lois de 1880 et de 1884, ne s'est proposé qu'un but : frapper les congrégations religieuses d'un impôt de 9 0/0 (11 fr. 25 0/0 avec les décimes) ; cette quotité ne saurait être dépassée ; une loi de procédure ne peut implicitement déroger à une loi de fond, et tout mode de liquidation, aboutissant dans la pratique à réaliser des perceptions fiscales en dehors des prévisions du législateur et manifestement contraires à son esprit, doit être écarté comme violant la loi. La régie objecte vainement, dit l'arrêt, que le législateur a formellement exprimé sa volonté dans l'article 4 de la loi de 1880, qui, en renvoyant aux lois en vigueur pour la transmission des immeubles, imposerait aux congrégations les conséquences rigoureuses des articles 27 de la loi de frimaire an VII et 2 de la loi de ventôse an IX combinés. Pour qu'il en soit ainsi, il résulte du texte même dudit article 4, sainement interprété à l'aide des travaux préparatoires, que cette disposition ne renvoie pas à l'article 27, mais bien à l'article 26 de la loi de frimaire, et à l'article 4 de la loi de ventôse, lesquels n'exigent qu'une déclaration unique dans un bureau quelconque au choix du déclarant, qui peut être par conséquent celui de son domicile. Attendu, en effet, que le projet présenté à la Chambre des députés et adopté par elle dans sa séance du 9 décembre 1880, était ainsi conçu : « Les accroissements opérés par suite de clauses de réversion dans toutes les communautés, congrégations et associations religieuses, sans exception, au profit des membres restants, de la part de ceux qui cessent de faire partie de la société ou communauté, sont assujettis au droit de mutation par décès, si l'accroissement se réalise par décès, ou aux droits de donation, s'il a lieu de toute autre manière, d'après la nature des biens existants au jour de l'accroissement, nonobstant toutes cessions antérieures faites entre vifs au profit des bénéficiaires de la réversion. La liquidation et le payement de ce droit auront lieu dans la forme, dans les délais et sous les peines établies par les lois en vigueur pour les successions ou pour les transmissions d'immeubles... Il existait entre les deux paragraphes de cet article une corrélation parfaite assimilant pour le chiffre et le mode de perception l'accroissement par décès à la mutation par succession, et l'accroissement par retraite à la mutation par donation entre vifs ; cette assimilation précisait nettement le second paragraphe, le sens du mot : « transmission « d'immeuble », qui, opposé au mot : « succession », ne désignaient évidemment que les transmissions entre vifs. Le projet fut déféré au Sénat qui, substituant dans le premier paragraphe le droit de mutation à titre onéreux au droit de mutation à titre gratuit supprima les mots « pour les successions » et ne laissa subsister que ceux-ci : « pour les trans-

« missions d'immeubles » ; le même projet fut porté de nouveau devant la Chambre qui revenant, pour le premier paragraphe, à sa rédaction primitive, conserva le second paragraphe tel qu'il avait été modifié par le Sénat. Il est inadmissible que, dans la seconde rédaction de ce second paragraphe, la Chambre ait voulu donner aux mots « transmission « d'immeubles » un sens générique, alors que, dans la première, ils n'avaient qu'un sens limité. D'ailleurs, la loi de 1880 ne se réfère aux lois en vigueur que pour la forme, les délais et les peines établies par ces lois ; elle est muette en ce qui touche le lieu du payement ; et le lieu du payement n'est pas un élément de la forme, laquelle consiste uniquement dans une déclaration faite sur un registre... Si le mot « forme » eût eu, dans notre article, le sens large que voudrait lui attribuer la Régie, il eût compris, dans sa généralité, non seulement le lieu du payement, mais encore les délais dans lesquels ce payement devait être effectué, loin de l'entendre ainsi, le législateur, après avoir parlé de la forme, a jugé nécessaire de s'exprimer sur les délais du payement ; dès lors, si dans sa pensée, la question de temps ne rentrait pas dans la question de forme, la 'question de lieu n'y rentrait pas davantage... Cette solution, commandée par l'examen attentif de la loi et des travaux préparatoires, est conforme aux principes et à la nature même de l'accroissement ; il n'y a là en effet, ni succession ab intestat, ni succession testamentaire, mais bien une transmission ayant sa cause dans un contrat commutatif, qui n'est autre que la clause de réversion insérée dans les statuts ; et on ne s'expliquerait pas que le législateur eût entendu lui appliquer des règles fiscales relatives aux successions ; il faut d'autant plus se garder de faire cette application que l'article 27 de la loi de frimaire est une disposition exceptionnelle qui ne peut être étendue par voie d'analogie. Au surplus, en supposant même qu'il fallût donner au paragraphe 2 de l'article 4 de la loi de 1880 la portée prétendue par l'administration, il est certain que cette disposition ne serait pas applicable aux congrégations autorisées. En effet, la situation des congrégations autorisées étant réglée au point de vue de l'impôt, par la loi de 1884, c'est à cette loi, et non à celle de 1880 qu'il faut recourir pour trouver la solution de la question soulevée en ce qui les concerne. La loi de 1884 ne renvoie à la loi de 1880 que pour l'établissement et la quotité de l'impôt ; elle n'ajoute pas que le mode de perception sera le même que pour les congrégations non reconnues ; par suite, pour régler cette perception, il faut s'inspirer des principes particuliers qui régissent les congrégations autorisées, et ne pas aller chercher dans l'article 27 de la loi de frimaire des procédés tout à fait incompatibles avec le caractère juridique de ces congrégations. Pour qu'il y ait accroissement, il est nécessaire que les associés aient sur le fonds commun un droit personnel, qui les appelle au partage des biens en dépendant... Or, une congrégation autorisée est une personne morale ayant une existence juridique absolument distincte de celle de ses membres, et un patrimoine sur lequel ceux-ci n'ont et n'auront jamais aucun droit, même en cas de dissolution ; il en est ainsi notamment des congrégations religieuses de femmes, aux termes de l'article 7 de la loi du 24 mai 1825 ; dès lors, à la différence des congrégations non reconnues, les membres des congrégations autorisées, qui viennent à mourir, ne transmettent absolument rien aux congréganistes survivants, puisqu'ils n'ont rien eux-mêmes... Enfin, rien n'indique que le législateur de 1884 ait entendu méconnaître le caractère de personne morale qui, d'après la loi de 1825, appartient aux congrégations religieuses de femmes ; une telle intention ne peut se présumer et doit être formellement exprimée ; par suite, il faut combiner la loi de 1884, non pas avec l'article 27 de la loi de frimaire, mais avec l'article 7 de la loi de 1825, qui n'a pas été abrogé (1). »

En faveur du système de la déclaration multiple, l'administration de l'enregistrement invoque le texte de l'article 4

---

(1) C'est à la suite de ce jugement qu'est intervenu l'arrêt de la chambre des requêtes de la Cour de cassation adoptant le système de la déclaration unique.
(2) Trib. de Reims, 24 février 1891 (Droit, 2 avril 1891).

(1) Reims, 24 février 1891.

de la loi du 28 décembre 1880 rendu applicable aux congrégations autorisées par l'article 9 de la loi du 29 décembre 1884, texte aux termes duquel « la liquidation et le payement du droit d'accroissement ont lieu dans la forme, dans les délais et sous les peines établies par les lois en vigueur pour les transmissions d'immeubles », c'est-à-dire par l'article 27 de la loi du 22 frimaire an VII, qui, en matière de succession, exige autant de déclarations et de payements qu'il y a de bureaux dans le ressort desquels sont situés des biens dépendant de la succession.

Dans le même sens, un jugement du 12 août 1891 du tribunal de Belfort porte : « Attendu, en droit, que l'impôt d'accroissement auquel les congrégations religieuses autorisées ou non autorisées sont assujetties par les lois de 1880 et de 1884, chaque fois qu'il survient parmi leurs membres un décès ou une retraite, ne saurait être considéré comme un impôt *sui generis*, comme un droit nouvellement créé et n'ayant aucun rapport avec les droits d'enregistrement jusqu'alors existants ; que le texte clair et précis de l'article 4 de la loi du 28 décembre 1880 établit d'une façon évidente que cet accroissement est assujetti au droit de mutation par décès, s'il se réalise par la mort, ou aux droits de donation, s'il se réalise de toute autre manière ; que la discussion de cet article de loi telle qu'elle a eu lieu devant les chambres ne peut d'ailleurs laisser subsister aucun doute sur l'intention du législateur à cet égard ; qu'en effet la Chambre des députés avait toujours été d'avis de soumettre l'accroissement au droit de mutation à titre gratuit, tandis que le Sénat proposait de ne le soumettre qu'au droit de mutation à titre onéreux ; que c'est l'opinion de la Chambre qui a prévalu définitivement ; qu'il ressort de là que la loi existante à laquelle se réfère l'article 4 pour la forme et les délais dans lesquels doit être faite la déclaration d'accroissement par suite de décès, ne peut être que la loi du 22 frimaire an VII, la seule qui, dans son article 27, ait trait à la déclaration de mutation à faire par suite de décès ; que d'ailleurs, les prescriptions de cet article sont formelles, et que, soit pour les immeubles, soit pour les meubles corporels, la déclaration doit être faite au bureau de la situation des biens ; qu'ainsi, les lois de 1880 et 1884 ont créé à l'encontre des congrégations religieuses une fiction légale d'après laquelle, au décès ou à la retraite de chacun de leurs membres, un accroissement proportionnel est censé s'opérer au profit des autres membres restants, et cet accroissement étant soumis à un droit de mutation d'après la nature des biens existants au jour où il s'opère, il en résulte pour chaque congrégation l'obligation stricte, au décès de chacun de ses membres, une déclaration distincte dans chacun des bureaux d'enregistrement dans le ressort desquels il existe un meuble ou un immeuble appartenant à la congrégation ; que par suite, le receveur de chacun de ces bureaux doit percevoir, conformément aux prescriptions de la loi, la taxe afférente à cette déclaration. Attendu au surplus, que la pensée de la loi se dégage nettement de la discussion à laquelle a donné lieu à la Chambre des députés l'amendement par lequel l'un de ses membres proposait d'autoriser le payement du droit d'accroissement au bureau d'enregistrement de la maison mère, sans avoir égard à la situation des biens, quand l'accroissement se réalise par le décès de l'un des membres de la congrégation ; mais que cette proposition, qui, dans l'esprit même de son auteur, semblait, néanmoins, nécessaire pour aller à l'encontre des dispositions formelles de la loi existante, a été rejetée... Attendu que la dernière observation soulevée par la dame Huin n'est pas mieux fondée que les précédentes ; que dans doute il est certain, aux termes de la loi du 24 mai 1825, que les congrégations religieuses de femmes régulièrement autorisées constituent des personnes morales possédant seules, à l'exclusion de chacun de leurs membres, tous les biens dépendant de la société ; mais qu'il n'est pas moins certain que, dans un but purement fiscal, la loi de décembre 1884 a créé, en dépit de ce principe incontestable du droit civil, une fiction d'après laquelle chacun des membres qui meurt ou se retire est censé laisser aux membres restants sa part indivise dans tous les immeubles

et dans tous les meubles qui font partie de l'actif de la congrégation ; que cette loi d'ailleurs ne fait aucune distinction à cet égard entre les compagnies autorisées et celles qui ne le sont pas ; qu'elle les soumet les unes et les autres au payement du droit d'accroissement tel qu'il est indiqué dans la loi de décembre 1880, c'est-à-dire au droit fixe de mutation soit par donation, soit par décès ; que ce payement doit être effectué, faute d'une indication contraire, dans la forme édictée par cette loi, c'est-à-dire selon les prescriptions de l'article 27 de la loi du 22 frimaire an VII (1). »

CHAPITRE IV.

JURIDICTION ECCLÉSIASTIQUE.

2215. Nous examinerons dans ce chapitre à qui appartient la juridiction ecclésiastique ; quelles sont les personnes et les choses soumises à cette juridiction ; quelles sont les pièces et la procédure canoniques ; quelles sont les voies de recours contre les sentences de la juridiction ecclésiastique.

Nous terminerons cet aperçu de la juridiction ecclésiastique par quelques mots sur la congrégation de l'*Index*, dont il a été beaucoup question dans ces dernières années.

2216. La juridiction ecclésiastique se divise en juridiction administrative et juridiction contentieuse.

La juridiction administrative s'exerce par chaque titulaire, dans l'ordre de ses fonctions sur les territoires, sur les choses, ou sur les personnes dont l'administration lui est confiée.

Dans chaque diocèse, la juridiction de l'évêque s'exerce, sans aucune exception (2), sur tous les titres et établissements qui y sont régulièrement établis (3) ; mais l'évêque est placé en ce qui concerne le maintien de la foi et de la discipline, sous la surveillance du métropolitain (4) ; il est obligé de se conformer, dans toutes les matières mixtes, aux lois relatives à l'exercice ou à la police du culte et aux règlements arrêtés par les autorités civiles compétentes (5) ; enfin, il n'intervient dans le règlement des choses purement temporelles, que dans les limites des pouvoirs qui lui sont spécialement attribués à cet égard par les lois civiles (6).

Sous l'ancien régime, la juridiction contentieuse était exercée, dans chaque diocèse, par l'officialité, avec tout l'appareil d'un tribunal et dans les formes prescrites par les ordonnances de l'État pour tous les tribunaux (7).

En tant que juridiction contentieuse, les officialités n'existent plus aujourd'hui : la juridiction contentieuse proprement dite a, par suite, disparu (8). Il n'y a plus sous la législation

---

(1) En ce sens : Havre, 25 juillet 1891 (sœurs de la Miséricorde, de la Compassion, du Sacré-Cœur, de la Providence) ; — Château-Thierry, 11. septembre 1891 (filles de la Compassion) ; — Dieppe, 24 octobre 1891 (sœurs de la Miséricorde) ; — Epinal, 19 novembre 1891 (sœurs de la doctrine chrétienne) ; — Clermont, 27 novembre 1891 (filles de la Compassion) ; — Sedan, 8 décembre 1891 (sœurs de la doctrine chrétienne) ; — Charolles, 24 décembre 1891 (sœurs de l'instruction de l'Enfant-Jésus).
(2) Voir Évêques.
(3) L. 18 germinal an X, art. 9.
(4) *Ibid.*, art 14.
(5) Conc.. 28 messidor an IX, art. 1 et 16.
(6) Vuillefroy, *op. cit.*, p. 403.
(7) Déc. d'avril 1695 ; — Déc. min., 11 nivôse an XI. — Vuillefroy fait observer que les évêques ne pouvaient exercer eux-mêmes la juridiction contentieuse. Quelques évêques seulement avaient conservé ou acquis ce droit, mais en général, et selon les usages français, ils étaient obligés de la déléguer. — Il n'avait, dans chaque officialité, un partie publique, désignée sous le nom de *promoteur*.
(8) « La juridiction contentieuse n'appartient pas naturellement à l'église. Elle lui avait été concédée par les souverains, et elle pouvait lui être ôtée par ceux qui lui en avaient fait la concession... Dans l'origine, les évêques n'exerçaient que la juridiction volontaire, connue dans le droit romain sous le titre d'*audientia episcopalis*, et limitée par sa nature, aux objets essentiellement inséparables du ministère des âmes... L'exercice de la juridiction volontaire avait lieu, disent les auteurs, *de plano*, sine *forma et strepitu judicii*. Il n'était accompagné d'aucun appareil judiciaire, et il était dégagé de toutes les formes judiciaires d'un pouvoir coactif. Il ne tirait toute sa force que de la conscience de ceux sur qui s'exerçait cette juridiction. » (Lettre min., an XI.)

actuelle que la juridiction administrative ou volontaire de l'évêque.

Cependant, dit Vuillefroy (1), indépendamment des formes de la procédure, il y a des matières qui sont restées contentieuses par leur nature même. Sous ce dernier point de vue, il faut bien reconnaître que la juridiction de l'évêque, administrative dans la forme de son exercice, et volontaire dans ses effets, devient encore en quelque sorte contentieuse lorsqu'elle s'applique à certains objets ; ainsi l'évêque peut appliquer aux ecclésiastiques placés sous sa direction des peines canoniques, pour conserver la hiérarchie, la discipline et la foi : cette application de peines, quelque volontaire que soit la juridiction exercée par l'évêque, conserve un caractère essentiellement contentieux.

2217. Si les officialités n'existent plus, en tant que juridiction contentieuse, et si elles ne sauraient être rétablies aujourd'hui avec ce caractère, rien n'empêche l'évêque de choisir un promoteur, des assesseurs, un greffier, et de constituer ainsi une sorte de tribunal par délégation, dans les matières purement spirituelles. Consulté sur la création d'officialités de cette nature, le Conseil d'État a été d'avis (2) : 1° que les officialités ne pourraient être investies de la connaissance d'aucune cause temporelle que par une loi ; 2° que cette institution, renfermée dans les limites de la juridiction spirituelle, n'a rien de contraire aux lois du royaume.

Les officialités qui existent en fait n'ont donc aucun caractère public et reconnu par la loi ; toutefois, il suffit, suivant un arrêt de la Cour de Montpellier (3), que l'évêque ou son vicaire général ait présidé le tribunal de l'official pour qu'il doive être réputé s'être approprié la décision

---

(1) *Op. cit.*, p. 404.

(2) Comité du contentieux, 22 mars 1826. — « Ce serait donc une erreur de croire que le décret des 6-7 septembre 1790, dit Dalloz (V. *Rép. supplém.*, V° CULTES, n° 688), a complètement aboli les officialités. Si l'on se reporte à l'article 13, titre XIV, de ce décret, on y voit que tous les tribunaux de privilège ou d'attribution, tels que les officialités, sont supprimés et abolis. Mais cette distinction n'a enlevé aux officialités diocésaines que la juridiction civile dont elles étaient investies à l'égard de certaines matières temporelles, et sur certaines personnes qui jouissaient du privilège de cléricature ; elle n'a pu retirer aux officialités le droit de statuer en matière purement spirituelle, qui échappe au domaine de la loi civile. A son tour, le Concordat ne les a pas maintenues ou rétablies, au moins en tant que juridictions : leurs actes n'ont que le caractère de simples avis, destinés à préparer les décisions des évêques en matière de discipline ecclésiastique (Décr. Cons. d'État, 29 août 1834). Mais leur existence n'a rien de contraire à la loi : l'arrêt précité le reconnait, conformément à la doctrine de la majorité des auteurs (V. Serrigny, *Compétence administrative*, t. Ier, n° 119 ; — Bost, p. 608 ; — André, t. IV, p. 29). Si, comme le dit la Cour de Montpellier dans son arrêt du 12 février 1851, les officialités, supprimées par les lois de la Révolution, n'ont pas été rétablies en France, et si celles qui peuvent exister en fait n'ont aucun caractère public et légal, on ne saurait contester à un évêque le droit d'en instituer. En effet, du moment que le Concordat reconnaissait un pouvoir disciplinaire ecclésiastique et qu'il en attribuait l'exercice aux évêques, il admettait implicitement que ceux-ci pouvaient, pour l'instruction des affaires disciplinaires, se faire assister par des commissions ; cette assistance revenait naturellement aux officialités dans les diocèses où elles ont été conservées ; si le caractère exécutoire n'est reconnu qu'aux décisions de l'évêque, il ne saurait être dénié aux sentences des officialités revêtues de l'approbation épiscopale... »

(3) Montpellier, 12 février 1851 : — « La Cour ; — Considérant qu'il importe, avant tout, d'examiner quelle est l'autorité, aux yeux de la loi civile, des séances émanées des officialités diocésaines ; — Considérant que cette question implique celle de l'existence légale et du caractère public des officialités elles-mêmes ; — Considérant que les anciennes officialités avaient pour objets : 1° le maintien des mœurs et de la discipline parmi les clercs et parmi les simples fidèles ; 2° la terminaison des différends de l'ordre temporel qui s'élevaient entre les chrétiens, soit séculiers, soit ecclésiastiques ; 3° la distribution de la justice à toutes les personnes qui avaient le droit d'invoquer le privilège clérical ; — Considérant que ces officialités furent abolies, sans aucune distinction entre leurs attributions diverses, par la loi du 7 septembre 1790 ; — Considérant qu'abolies de droit, elles demeurèrent aussi supprimées de fait pendant plusieurs années ; — Considérant que le Concordat du 10 septembre 1801 et la loi organique du 2 avril 1802 accordèrent aux archevêques et aux évêques la faculté d'établir dans leurs diocèses, avec l'autorisation du gouvernement, des chapitres cathédraux et des séminaires ; — Considérant que le rétablissement des officialités ne fut compris, ni expressément ni tacitement, soit dans le Concordat, soit dans les articles organiques qui en réglèrent l'exécution ; — Considérant qu'aucune loi postérieure n'a suppléé au silence qui vient d'être signalé, dans la convention conclue avec le pape, pour le rétablissement du culte catholique en France, et dans l'acte réglementaire qui la suivit ; — Considérant que vainement on invoque un avis du Conseil d'État du 22 mars 1826 ; qu'en effet, cet avis n'a pas eu la puissance de rétablir une institution légalement supprimée ; — Considérant que, nonobstant l'opinion émise par le Conseil d'État, une ordonnance royale du 2 novembre 1835 a déclare abusive une sentence rendue par un official, et décidé que la délégation donnée sous ce titre, soit à un vicaire général, soit aux membres d'un chapitre, ne pouvait être qu'officieuse ; qu'elle était dépourvue de tout caractère public, et ne conférait aucune juridiction reconnue par la loi ; que cette décision n'est qu'une déduction logique de l'article 10 de la loi du 8 avril 1802, suivant lequel « tout privilège portant attribution de juridiction épiscopale est aboli » ; — Considérant que le *Traité sur les institutions diocésaines*, qui fait autorité en cette matière, enseigne « que les officialités modernes ne sont que des conseils de discipline, des tribunaux de famille, et rien de plus ; que la loi de 1790 a voulu, non seulement enlever aux tribunaux ecclésiastiques toute juridiction temporelle, mais encore les priver de l'appui pour l'État de l'exercice de la juridiction spirituelle contentieuse ; que les officialités actuelles ne demandent pas que l'État sanctionne leurs jugements en matière spirituelle et disciplinaire ; que ces jugements n'ont d'autre autorité que celle qu'ils tirent de l'autorité même de Dieu » ; — Considérant que, postérieurement à la Révolution de 1830, le ministre des cultes proposa au roi de soumettre aux Chambres législatives un projet de loi portant que les affaires de la compétence ecclésiastique seraient jugées par des officialités indépendantes et organisées par un règlement d'administration publique, au lieu de l'être, sans formalités, par les archevêques et les évêques ; que ce projet fut abandonné et n'eut aucune suite ; — Considérant que ce qui démontre enfin invinciblement que, de nos jours, les officialités existantes n'ont pas de caractère public et reconnu par la loi, c'est que le comité des cultes de l'Assemblée nationale, saisi, en 1849, de plusieurs pétitions ayant pour objet le rétablissement des officialités diocésaines, émit le vœu, le 26 mars 1849, qu'il fût ouvert immédiatement « par le gouvernement, des négociations avec le souverain pontife, pour régler les conditions d'après lesquelles les officialités diocésaines seraient rétablies » ; et que le ministre des cultes, après avoir reçu communication de la résolution du comité, s'empressa de l'informer que le gouvernement allait aviser au moyen d'entamer la négociation dont il s'agit ; — Considérant que si cette négociation a été ouverte, ses résultats ne sont pas encore officiellement connus ; — Qu'il résulte de tout ce qui précède, que la sentence de l'officialité diocésaine de Montpellier, en date du 1er mai 1850, ainsi dépouillée, aux regards de la loi civile, de tout caractère public et coactif, ne saurait servir de base à une condamnation légale envers l'abbé F..., pour contravention à l'article 259 du Code pénal ;

« Mais considérant que la sentence dont il s'agit ne se produit point devant la justice séculière, avec la seule autorité qui résulterait pour elle du tribunal disciplinaire de qui elle émane ; — Qu'il est établi, par les documents soumis à la Cour et par les circonstances de la cause, que la sentence rendue au nom de l'évêque de Montpellier a été approuvée et ratifiée par ce prélat, et qu'elle est devenue ainsi son œuvre personnelle ; — Considérant qu'il est tenu pour maxime, dans le droit public de la France, que les évêques sont les conservateurs de la foi et les dispensateurs de la justice dans l'ordre purement spirituel ; — Que le pouvoir judiciaire, dans son principe et dans son exercice, réside essentiellement en leur personne ; — Que la juridiction contentieuse ayant pour mission et pour but la répression canonique des délits spirituels ou des infractions à la loi dogmatique, morale et disciplinaire, est inhérente à leur titre et à leur autorité ; — Considérant que dans les temps anciens de l'Église catholique les évêques rendaient seuls la justice ou appelaient les clercs pour s'éclairer de leurs conseils : *Interdum jus dicebant episcopi soli interdum advocatis in consilium clericis suis* ; — Qu'il résulte de l'article 15 de la loi organique de 1802, que les évêques, aujourd'hui comme autrefois, exercent le pouvoir judiciaire contentieux, sauf le recours devant l'archevêque ou le métropolitain ; — Qu'ainsi, l'évêque de Montpellier, en s'appropriant la sentence de son officialité, l'a revêtue du sceau de sa puissance, dans l'ordre spirituel, et lui a imprimé un caractère public, une force obligatoire, qui impose le devoir à la justice répressive ordinaire d'en assurer l'exécution, si la contravention à cette sentence constitue un délit de droit commun ; — Considérant que pour se soustraire, du moins en l'état, à l'effet de la sentence contre lui prononcée, l'abbé F... invoque l'appel qu'il en a émis et le caractère suspensif de cet appel ; — Considérant qu'avant d'examiner si l'appel dont il s'agit est suspensif, il faut rechercher si cet appel a une existence sérieuse ; — Considérant que la Cour, juge légal de la prévention, est évidemment compétente pour statuer sur l'exception proposée ; — Considérant que l'ordonnance épiscopale, portant institution de l'officialité diocésaine de Montpellier, n'a point réglé les formes de la procédure, et notamment celles de l'appel ; — Qu'il y a donc nécessité de recourir aux règles suivies dans les anciennes officialités, et qui étaient consacrées, soit par les canons, soit par les ordonnances du royaume, soit par la pratique et la doctrine des auteurs ; — Considérant que, suivant ces règles, l'appel s'interjetait par un acte, et se relevait par une requête signifiée à la partie adverse, ou par commission obtenue du métropolitain, laquelle tenait lieu de lettres de relief ; — Que l'appel devait être interjeté dans les dix jours de la signification de la sentence, et relevé dans les quarante jours ; — Considérant que la sentence du 1er mai 1850 a été signifiée à l'abbé F..., le 7 du même mois ; — Que l'appel, dont ce dernier excipe, aurait été interjeté par une simple lettre, sous la date du 10 juin suivant, adressée à l'official ; — Que postérieurement à cette lettre, l'abbé F.. n'a pas relevé son appel, soit par une requête signifiée avec intimation à l'official ou au promoteur, soit en obtenant du métropolitain une commission ou des lettres de relief d'appel ; — Qu'aucun acte, émané de lui, n'a saisi le juge supérieur de l'instance d'appel ; — Qu'il n'apparaît même d'aucune démarche, extrajudiciaire ou officieuse, de la part de l'abbé F..., ayant pour objet de porter sa prétendue appellation à la connaissance de l'archevêque métropolitain ; — Qu'il résulte, enfin, de toutes les circonstances de la

disciplinaire rendue par ce tribunal (1), et pour que cette décision doive obtenir effet, en tant qu'acte juridictionnel émané de l'évêque, dont la justice répressive ordinaire est tenue d'assurer l'exécution.

La loi ne demande pas compte au juge des voies suivies par lui pour s'éclairer, il est satisfait à ses prescriptions du

cause, que l'intention manifestée dans la lettre de 10 juin dernier n'était pas sérieuse, ou que, du moins, le prévenu a renoncé au projet de poursuivre la réformation d'une sentence, dont il ne pouvait, au fond, méconnaître l'autorité ni la justice ; — Considérant qu'étant ainsi démontré que le prévenu a tacitement, mais de la manière la moins équivoque, acquiescé à la condamnation contre lui prononcée, il devient inutile d'examiner si l'appel relevé, envers les décisions des officialités diocésaines, est à la fois suspensif et dévolutif, ou bien dévolutif seulement ; — Considérant, au surplus, qu'il est acquis au procès, par un document nouveau produit devant la Cour, que déjà, avant la sentence du 1er mai 1850, l'abbé F... avait été frappé de l'interdiction de porter l'habit ecclésiastique, par décision de M. le vicaire général Bouisset, à la date du 6 décembre 1849, pendant que l'évêque de Montpellier était absent du diocèse ; — Considérant que les vicaires généraux ont incontestablement le pouvoir de prononcer des censures et des peines ecclésiastiques ; qu'ils agissent en cela comme ordinaires et non comme délégués, les vicaires généraux représentant l'évêque, exerçant sa juridiction en son nom, et ne faisant qu'une seule et même personne avec lui ; — Considérant enfin, et surabondamment, que l'évêque de Montpellier a également ratifié et approuvé la sentence rendue extrajudiciairement par son vicaire général ; — Que cette sentence, signifiée par le vicaire général à l'abbé F... mandé à cet effet au palais épiscopal, n'a été frappée d'aucun recours de la part du condamné ; — Qu'ainsi, et à un nouveau point de vue, les exceptions présentées par la défense doivent être écartées ; — Considérant que le costume ecclésiastique, tel qu'il est consacré par l'usage et la tradition, a toujours été reconnu par la loi civile ; — Que si l'article 43 de la loi organique du Concordat imposait aux ecclésiastiques 1 abit noir à la française, cette mesure, essentiellement transitoire, s'explique par les circonstances exceptionnelles dans lesquelles le clergé se trouvait encore ; — Que ce vêtement, purement civil, fut bientôt remplacé, avec l'assentiment du gouvernement, par le costume antique ou clergé catholique ; — Considérant que le costume actuel du clergé a été reconnu comme constituant l'habit ecclésiastique, par le décret du 9 avril 1809 et par l'ordonnance royale du 16 juin 1828, puisqu'en exécution de ce décret et de cette ordonnance, les élèves des séminaires ont été autorisés d'abord, et obligés ensuite, à porter l'habit dont ils sont encore aujourd'hui vêtus, c'est-à-dire le costume traditionnel des membres du clergé ; — Considérant que ce costume, qui est la manifestation extérieure et respectée du caractère divin et de l'autorité dont le prêtre est investi, rentre essentiellement dans les prévisions de l'article 259 du Code pénal ; — Considérant, en fait, que l'abbé F... a été déclaré par son évêque indigne de porter l'habit ecclésiastique et distinctif de son ordre ; — Considérant que le droit de porter ce vêtement n'est pas inséparablement lié au titre et à la qualité de prêtre ; — Considérant que si la prêtrise est d'institution divine et imprime à la personne du prêtre un caractère indélébile, l'affectation d'un costume spécial aux membres du clergé catholique n'est qu'une mesure d'ordre et de police, variable selon les temps et les circonstances, ainsi que le démontre surabondamment l'article 43 de la loi organique de 1802 ; — Qu'ainsi, le port du costume ecclésiastique, actuellement reconnu par la loi, pouvait être interdit à l'abbé F..., sans porter aucune atteinte à son caractère de prêtre ; — Considérant, d'ailleurs, que le principe fondamental de notre droit public qui consacre la séparation du pouvoir spirituel et du pouvoir temporel, ne permet pas à la Cour de rechercher si la peine infligée à l'abbé F... est admise par les saints canons ; — Considérant que la Cour ne saurait être autorisée à apprécier la légalité de la condamnation ou dans le cas où la peine prononcée porterait atteinte aux droits civils ou politiques, qui appartiennent à l'abbé F... comme à tout citoyen ; — Considérant que, dans une semblable hypothèse, bien que le prêtre condamné pût recourir au Conseil d'État, par la voie de l'appel comme d'abus, il n'en serait pas moins dans les droits et dans le devoir des tribunaux de refuser la force d'exécution à une sentence qui violerait, dans la personne d'un prêtre, les droits garantis à tout citoyen par la constitution politique et par la loi civile ;

« Mais considérant que, dans la cause actuelle, les condamnations canoniques encourues par l'abbé F... ne présentent point un tel caractère ; — Considérant qu'il importe essentiellement à la morale publique et religieuse, qu'un ecclésiastique placé dans une situation exceptionnelle ne puisse se produire publiquement, revêtu d'un costume qui permettrait de le confondre avec les membres irréprochables du clergé catholique ; — Considérant que donner une solution différente à la question principale de la prévention, ce serait dénier à la religion de la majorité des Français, et à ses ministres, la protection qui leur est assurée par la constitution de la république ; — Considérant que, dans l'espèce, il y aurait un danger d'autant plus manifeste à méconnaître ces principes que l'abbé F... a été déjà frappé, par le tribunal correctionnel de Lyon, d'une condamnation à quinze mois d'emprisonnement, comme coupable d'abus de confiance et d'escroquerie, condamnation à laquelle il a acquiescé et qui a reçu son exécution ; — Considérant que le premier juge a fait une juste application de la loi pénale ; — Considérant que le prévenu, succombant dans son appel, doit supporter les frais avancés par le Trésor, au payement desquels il pourra être contraint par corps, conformément à la loi ;

« Par ce motif, la Cour confirme (le jugement prononçant 50 francs d'amende). »

(1) En ce sens : Vuillefroy, p. 403 ; — Dufour, t. V, n° 203 ; — C. d'Et., avis, 22 mars 1826.

moment que la sentence peut être considérée comme l'œuvre de l'évêque lui-même. Cette opinion a été soutenue par le ministre des cultes dans l'avis qu'il fut appelé à émettre sur le recours d'un sieur Régnier contre une destitution prononcée par l'évêque de Blois et qui a donné lieu à un décret du 18 août 1856 (1). Toutefois, dit Dalloz (2), d'après une autre décision du 2 novembre 1835 et l'arrêt du Conseil d'État du 27 août 1834, il semble que l'approbation implicite ne devrait pas être assimilée à l'approbation expresse, nécessaire pour rendre exécutoire par l'autorité civile la sentence rendue par l'official.

Les évêques et archevêques peuvent exercer eux-mêmes leur juridiction ou la déléguer à un vicaire général, qui prend le nom d'official. Mais le titre d'official ne donne personnellement aucune juridiction reconnue par la loi ; une sentence n'est donc régulière que lorsqu'elle a été prononcée ou sanctionnée par l'évêque. Une sentence rendue au nom de l'official serait susceptible d'être annulée pour cause d'abus (3).

2218. Quelles sont les personnes et les choses soumises à la juridiction ecclésiastique ?

La juridiction des évêques qui, ainsi que nous l'avons dit, ne peut s'exercer qu'au point de vue spirituel, s'étend à la fois sur les clercs et sur les laïques de leur diocèse.

Les clercs sont soumis à la juridiction de l'évêque, même pour des causes autres que les matières purement spirituelles, à raison de leur ordre et de leurs fonctions. Il faut remarquer ici que l'évêque ne reconnaît pour ses coopérateurs que les prêtres nés dans son diocèse ; réciproquement, les prêtres ne reconnaissent pour leur évêque que celui de leur diocèse natal. De là, la prohibition pour tout ecclésiastique de pouvoir exercer le ministère dans un autre diocèse, sans la permission de l'évêque natal et de l'évêque du lieu (4). Si la permission est provisoire, elle reçoit le nom de lettre diocésaine ; si elle est définitive, elle reçoit le nom d'excorporation. Dans ce dernier cas, le prêtre est devenu étranger à son diocèse natal.

Le Conseil d'État a décidé, à ce sujet, que le prêtre incorporé qui, sans la permission de son évêque adoptif, retourne dans son diocèse natal, ou y demeure après que cette permission a été révoquée, peut être interdit par l'évêque de ce dernier diocèse (5).

Quant aux laïques appartenant à la religion catholique, ils ne sont soumis à la juridiction de l'évêque qu'en matières purement spirituelles, par exemple, en matière de sacrements. En matière criminelle ecclésiastique, les évêques connaissent des crimes contraires à la religion, tels que l'hérésie, l'apostasie, le schisme, la simonie, le blasphème, le sacrilège.

2219. Quelles sont les peines canoniques et la procédure de la juridiction ecclésiastique ?

On distingue les peines canoniques qui sont communes à tous les catholiques et celles qui sont propres aux prêtres.

Les peines communes sont : 1° les pénitences ecclésiastiques : jeûnes, prières, etc. ; 2° l'exclusion de l'Église ou de l'oblation de la communion : 3° l'excommunication.

Les peines canoniques propres aux clercs peuvent être classées en deux catégories : 1° les peines discrétionnaires ; 2° les interdictions contentieuses.

Les peines discrétionnaires ne sont, suivant Vuillefroy, que des actes de police ecclésiastique, qui sont remis à l'arbitrage de l'évêque. Ce sont : 1° les interdictions qui privent un simple prêtre, sans titre ou sans mission particulière, un vicaire ou un desservant, dont le titre n'est pas inamovible, du droit de prêcher (6) ou de confesser (7) ; 2° les décisions

(1) Dufour, t. V, p. 219, note.
(2) Rép. supp., v° CULTES, n° 688.
(3) Ord. C. d'Et., 2 novembre 1835 ; — Vuillefroy, p. 404, note b.
(4) Art. org. 34.
(5) Cont. 29 août 1821.
(6) La moralité du prêtre n'est point attaquée par une telle interdiction, qui suppose plutôt un défaut de talent et de science qu'un défaut de mœurs (lettre de Portalis, 25 nivôse an XI).
(7) Une interdiction pareille peut également ne supposer dans le prêtre interdit qu'un défaut de capacité, de science et de talent (Ibid.).

correctionnelles qui condamnent un curé à une retraite ou à passer quelques mois dans un séminaire.

Les peines discrétionnaires sont à la libre disposition de l'évêque, qui n'est pas tenu d'en expliquer les causes ni de motiver ses décisions. « On est obligé, en pareil cas, dit Portalis, de s'en rapporter à la sagesse de l'évêque, et on a cru que l'inconvénient de quelques erreurs ou de quelques injustices particulières ne pouvait balancer l'inconvénient plus grand d'affaiblir le nerf de la discipline ecclésiastique, qui pourrait se produire si l'on favorisait trop les inférieurs, et si on leur laissait trop les moyens de paralyser la surveillance de leur chef. » Les décisions de l'évêque en ce cas doivent, par suite, être exécutées par provision, nonobstant tout appel et tout recours.

Les interdictions contentieuses comprennent : 1° la prononciation contre un *simple prêtre* de la suspension *a divinis*, c'est-à-dire la privation du droit de célébrer les saints mystères (1) ; 2° l'interdiction, prononcée contre un curé pourvu d'un titre inamovible, du droit de confesser ou de prêcher dans la paroisse.

Les interdictions constituent au fond, dit Vuillefroy, de véritables jugements ; elles ne peuvent être prononcées que pour des faits extrêmement graves et lorsque les causes en ont été régulièrement prouvées et jugées. L'évêque est tenu d'observer tout ce qui est de la substance des jugements (2) ;

---

(1) On distingue la suspense et la déposition. La suspense est une interdiction à un clerc de faire les fonctions de son ordre pendant un certain temps. La suspense est locale ou personnelle. Elle est locale, si le prêtre n'est interdit de ses fonctions que dans un certain lieu ; elle est personnelle, s'il l'est en tous lieux. Elle peut être encore générale ou bornée à certaines fonctions. Ainsi, un ecclésiastique peut être suspendu quant à la prédication, non quant à l'administration de la pénitence ou quant à la célébration de la messe, et *vice versa*.... La déposition est la plus grande de toutes les peines canoniques ; elle prive le clerc de tous ses droits, de celui de célébrer la messe et d'administrer les sacrements ; il est réduit à l'état de simple laïque. On l'appelait autrefois la dégradation.... La déposition, à la différence des autres peines ecclésiastiques, est perpétuelle ; le clerc qui en est frappé ne peut être relevé que par une grâce extraordinaire ; les autres peines : la suspense, l'interdit et l'excommunication même ne sont prononcées que jusqu'à l'absolution ; aussi les nomme-t-on *Censures* (Dalloz, *Rép.*, v° CULTES, n°s 608 et 690).

(2) Si tout ce qui tient à la substance du jugement doit être conservé, il n'en est pas de même de la solennité des formes. Les instructions et leurs résultats, aujourd'hui qu'il n'existe pas de véritables officialités, doivent être faites discrètement, et ne sont destinées à recevoir aucune publicité. Ainsi le dépôt d'une ordonnance d'interdiction dans un greffe, la signification par un huissier et la publication au prône, seraient des abus manifestes (déc. min., 20 pluviôse an XI).

Cette marche, administrative dans la forme, contentieuse au fond, a été suivie depuis le rétablissement du culte. En 1824, le comité de l'Intérieur a exprimé l'opinion qu'elle était insuffisante, et qu'il y avait lieu de la modifier, et de rétablir les garanties qui résultaient des anciennes formes judiciaires. « Depuis le Concordat, dit cet avis, aucune disposition, ni législative, ni réglementaire, n'a prescrit les formalités à suivre dans ces matières.... On s'est contenté de demander aux évêques une simple enquête sur l'interrogatoire du prévenu, et le Conseil d'État a été appelé à donner son avis que sur une seule de ces affaires. Il n'est pas possible de reconnaître, dans cette manière de procéder aussi incomplète, la garantie qui est due à des fonctionnaires inamovibles, garantie que le législateur a assurée avec tant de soin à l'égard de la magistrature, et, dès lors, il y a lieu de s'occuper des moyens de remédier à un inconvénient aussi grave ; il conviendrait de se rapprocher, autant que possible, des règles observées dans l'ancien ordre de choses, et qui pourraient s'accorder avec notre état actuel. Cela serait d'autant plus facile, que plusieurs évêques ont déjà chargé, dans leurs diocèses, des ecclésiastiques de leur choix, des fonctions qui rentrent en partie dans celles des anciens officiaux. Le seul pouvoir qui leur manquerait pour donner à l'examen de ces sortes d'affaires toute l'autorité qu'il avait autrefois, serait celui de contraindre les particuliers à venir rendre témoignage ou de les y faire contraindre par les juges civils ; mais d'ailleurs les moyens de connaître la vérité se présenteront en assez grand nombre. Il y a donc lieu d'appliquer aux cas de dépositions des curés, qui sont revêtus d'un titre inamovible, les formalités usitées sous l'ancien droit, qui pourraient s'accorder avec le droit commun. Jusqu'à ce que le gouvernement ait pris des mesures pour arriver à cet état de choses désirable dans l'intérêt de la religion, le décret du 17 novembre 1811 semble offrir les moyens les plus propres à mettre un terme aux mauvais exemples que pourraient donner à leurs paroisses les curés, puisqu'il autorise, en cas d'inconduite, l'éloignement indéfini des titulaires de ces cures, et leur remplacement par d'autres ecclésiastiques dont il fixe l'indemnité. D'un autre côté, en attendant que la marche, qui vient d'être indiquée pour arriver à une déposition régulière, soit prescrite d'une manière générale, le gouvernement n'éprouverait probablement pas de reproches, en se bornant à suivre celle qui a été d'usage jusqu'à ce jour. » (Avis, int., 30 juillet 1824.)

---

il doit être procédé à une enquête par un commissaire nommé par l'évêque pour aller sur les lieux faire l'information, suivant les formes usitées en pareil cas et indiquées par les canons ; les témoins sont entendus, tous les renseignements nécessaires sont recueillis, le prévenu est cité et entendu, la décision doit constater les documents qui la déterminent : elle doit être motivée et exprimer les causes de l'interdiction, de manière à la justifier s'il y a plainte ou réclamation (1).

Bien qu'inamovible, un curé peut, en certain cas, être déposé. Mais il ne peut être privé de ses fonctions et de son titre que par une sentence de déposition rendue selon les formes canoniques (2). Le Conseil d'État n'exige pas l'accomplissement des formalités de l'ancienne procédure ecclésiastique ; il se borne à vérifier, de même que pour les interdits, si les formalités substantielles ont été remplies (3) ; d'ailleurs, la loi civile vient garantir dans une certaine mesure le curé contre une destitution absolument injustifiée ; car le gouvernement qui a concouru à la nomination du curé est appelé à se prononcer sur sa destitution (4). A cet effet, l'évêque doit transmettre la sentence de déposition, avec toutes les pièces de l'instruction, au ministère des cultes, et un décret doit intervenir pour faire courir le moment à partir duquel les curés déposés cessent de jouir de leur traitement et des autres avantages attachés à leur titre (5).

Mais l'approbation par le gouvernement de la sentence de déposition n'empêche pas l'appel au métropolitain ni un recours comme d'abus. Car cette approbation du gouvernement n'implique pas une appréciation de la régularité de la sentence et de ses motifs, elle ne fait que la déclarer exécutoire au point de vue temporel (6).

Nous avons vu que les desservants et les vicaires sont révocables *ad nutum*. Il s'ensuit que leur révocation ne peut donner lieu à un recours pour abus, ni même à l'appel devant le métropolitain (7).

Outre les peines canoniques, un ecclésiastique pensionné de l'État peut perdre sa pension, s'il refuse sans cause légitime les fonctions qui lui sont confiées (8). Nous avons vu précédemment qu'un ecclésiastique pouvait être privé de son traitement.

2220. Quelles sont les voies de recours contre le jugement des évêques ?

En vertu du principe de la séparation du pouvoir spirituel et du pouvoir temporel, il n'appartient jamais aux tribunaux de connaître des matières civiles et criminelles qui font l'objet de la juridiction ecclésiastique de l'Église : ainsi, les tribunaux judiciaires sont incompétents pour examiner si les peines disciplinaires infligées par un évêque à un prêtre, et qui, d'ailleurs, n'affectent pas les droits civils ou politiques de ce dernier, sont contraires ou conformes aux anciens canons (9) ; 2° les décisions des évêques en matière disciplinaire, et notamment celle qui interdit à un prêtre le port de l'habit ecclésiastique, ne peuvent être ni critiquées ni discutées devant les tribunaux ; il n'y a de recours, en cas d'abus, que devant le Conseil d'État (10).

La décision de l'évêque peut être attaquée en appel devant les archevêques (11), et en cas de vacance du siège métropolitain, devant les vicaires généraux capitulaires qui exercent cette juridiction en appel (12).

Les décisions des métropolitains eux-mêmes peuvent être l'objet d'un recours au pape. « Le recours au pape, dit Portalis, n'avait pas besoin d'être exprimé dans la loi du 18 ger-

---

(1) Déc. min., 20 pluviôse an XI ; 12 décembre 1814 ; 13 mars 1820 ; — Vuillefroy, p. 409.
(2) D. 30 mai 1851 ; — Dufour, t. V, n° 207.
(3) D. 29 juillet 1864.
(4) Voir Curés.
(5) déc. min. 9 février et 24 septembre 1850 ; 8 février 1851.
(6) C. d'ÉT., 29 mars 1851, voir Abus.
(7) Dalloz, *Rép. supp.*, v° CULTES, n° 692.
(8) Art. org. 70.
(9) Montpellier, 12 février 1851.
(10) L. 18 germinal an X, art 10 ; — Cass. crim., 24 juin 1859.
(11) L. 18 germinal an X, art. 15.
(12) Cont. 2 novembre 1835 ; 22 février 1837.

minal an X, qui était particulière à l'Eglise de France. Ce recours appartient à la discipline générale, qui régit le corps entier de l'Eglise. » Le pape prononce dans les formes fixées par nos usages (1).

Nous avons vu précédemment le recours comme d'abus, qui forme une voie de recours extraordinaire.

2221. En règle générale, l'appel n'est pas suspensif, mais simplement dévolutif. Lorsqu'il s'agit d'ordonnances rendues par les évêques ou les grands-vicaires dans le cours de leurs visites, et des sentences rendues pour correction et discipline ecclésiastique (2).

Il a été jugé à cet égard : que l'appel des sentences épiscopales motivées sur des faits ayant caractère de délits et contenant correction, n'a pas, à la différence des décisions qui n'ont trait qu'à des infractions en matière de loi ou d'orthodoxie, un effet suspensif (3) ; que l'appel contre une sentence de l'évêque ou de l'officialité, à supposer qu'il soit suspensif ou dévolutif, ne saurait produire cet effet qu'autant qu'il a une existence sérieuse ; et, par exemple, il doit être déclaré dépourvu d'un tel effet, si formé dans les dix jours, à partir de la notification de la sentence, il n'a pas été renouvelé dans les quarante jours qui suivent, par requête signifiée à la partie adverse (4).

Suivant Vuillefroy, l'appel de la partie frappée d'une interdiction a divinis ou d'une interdiction de confesser ou de prêcher dans la paroisse, quand il s'agit, dans ce dernier cas, d'un curé pourvu d'un titre inamovible, doit suspendre l'exécution de la peine prononcée par l'évêque ; car cette peine dépouille le prêtre interdit de la plus sacrée de toutes les propriétés de son état (5).

2222. Congrégation de l'Index. — La Cour de Rome comprend un certain nombre de congrégations ou commissions instituées pour le règlement des différents affaires de l'Eglise. Les décisions de ces congrégations n'ont aucune valeur légale ; mais les canonistes décident que les jugements rendus par elles obligent en conscience, et que les fidèles doivent s'y soumettre dès qu'ils sont connus par la publication à Rome (6).

Fleury dit que c'est un privilège de l'Église gallicane de ne point se conformer aux décrets de ces congrégations : « Nous honorons, dit-il, les décrets de ces congrégations comme des consultations de docteurs graves, mais nous n'y reconnaissons aucune juridiction sur l'Eglise de France. »

Les plus fameuses de ces congrégations sont celles du Saint-Office, des Rites, de la Visite apostolique, de la Propagande, de la Congrégation consistoriale, et la congrégation de l'Index.

C'est de cette dernière que nous croyons devoir parler spécialement.

Cette congrégation a pour mission d'examiner les livres et publications qui peuvent porter atteinte à la foi catholique ou aux bonnes mœurs. Elle a été établie en vertu d'une décision du concile de Trente, session XXV (7).

Ses décisions sont soumises à l'approbation du pape avant d'être publiées.

Les sentences de ces congrégations ont moins pour but de réprouver les ouvrages que de mettre les fidèles en garde contre le péril de certaines lectures jugées pernicieuses (8).

---

(1) Rapport sur les art. org.; — Vuillefroy, p. 405.
(2) Voir Dec. C. irrefragabili. C. Principes, quest. VI, et Concile de Trente, sess. XIII, chap. i; sess. XXII, chap. i; sess. XXIV, chap. x, De ref.
(3) Montpellier, trib. 31 décembre 1850.
(4) Montpellier, 12 février 1851; — Dalloz, Rép. vᵒ CULTES, nᵒ 701.
(5) Déc. min., citée par Vuillefroy, p. 409.
(6) Zaccaria, p. 389.
(7) Le 24 mars 1564, le pape Pie IV publia une bulle ordonnant de dresser le catalogue connu sous le nom d'Index tridentinus, et laissant aux évêques et inquisiteurs toute autorité pour interdire même les livres non compris dans cet Index. Pie V, et après lui Benoît XIV, dans la bulle Sollicita, de 1753, déterminèrent l'organisation de la congrégation à qui ce dernier pontife traça les règles d'une véritable procédure. Elle n'est pas habituellement présidée par le pape, quoique celui-ci puisse s'y rendre... (Dalloz, Rép. supp. vᵒ CULTES, nᵒ 686).
(8) Liguori, Theol. mor., de legibus appendix 3.15.26.

Un arrêt du Parlement de Paris, de 1647, cité par Dupin dans son Manuel de droit ecclésiastique, décide que les actes et décrets de cette congrégation ne sont pas admis en France. L'article 1ᵉʳ de la loi du 18 germinal an X confirme sur ce point le droit gallican, en décidant qu'aucune bulle, bref, rescrit, mandat, provision, signature servant de provision, ni autres expéditions de la Cour de Rome, même ne concernant que les particuliers (nous avons vu que cette dernière disposition a été abrogée à l'égard des brefs de la Pénitencerie, qui concernent le for intérieur) ne peuvent être reçus, publiés, imprimés, ni autrement mis à exécution sans l'autorisation du gouvernement.

Il est reconnu aujourd'hui que cette prescription s'étend aux décisions de la congrégation de l'Index, lors même qu'elles sont approuvées par le pape, lorsque la sentence du pape n'a pas été reçue en France et que sa publication n'en a pas été autorisée (1).

La question s'était soulevée en 1882 à la suite d'un décret de cette congrégation du 15 décembre 1882, approuvé par le pape, et publié à Rome, prohibant certains manuels d'enseignement civique en usage dans les écoles primaires. Des évêques ayant sans autorisation publié cette décision dans leurs diocèses, le gouvernement forma contre eux un recours comme d'abus. Le Conseil d'État déclara qu'il y avait abus dans cette publication faite sans autorisation; que l'autorité et la juridiction des congrégations qui se tiennent à Rome et notamment les décrets de la congrégation de l'Index ne sont pas reconnus en France, et que les décrets de cette congrégation ne peuvent être considérés comme dispensés de toute promulgation locale dans une province ecclésiastique, par ce motif qu'un concile provincial aurait déclaré qu'ils obligent par eux-mêmes dès qu'ils sont connus certainement, ce concile n'ayant ni qualité, ni pouvoir pour autoriser une dérogation à l'article 1ᵉʳ de la loi du 18 germinal an X, et la décision du Saint-Siège qui aurait approuvé les déclarations de ce concile provincial n'ayant jamais été reçue en France (2).

TITRE VII.

CULTES PROTESTANTS.

CHAPITRE PREMIER.

HISTORIQUE.

2223. Martin Luther, moine Augustin, né en Saxe, est le fondateur du culte protestant. Il avait commencé en 1516 à soutenir des thèses publiques qui paraissaient s'écarter de la doctrine de l'Eglise.

En 1517, il s'éleva contre les indulgences accordées par Léon X pour la construction de la basilique de Saint-Pierre de Rome et attaqua les abus de la Cour de Rome. Bientôt ses censures atteignirent les dogmes de l'Eglise catholique.

Quatorze villes libres ou impériales, et plusieurs princes d'Allemagne ayant protesté en 1530 contre un décret de la diète de Spire qui défendait des innovations religieuses, leur donna le nom de protestants, et cette désignation s'étendit à tous les disciples de Luther.

La même année, Mélanchthon fit et présenta à la diète d'Augsbourg une déclaration qui reçut le nom de Confession d'Augsbourg et devint le symbole des protestants.

La doctrine de Luther avait fait de rapides progrès en Allemagne. Elle eut aussi en France ses prosélytes. En 1533, Jean Calvin, né à Noyon, développa à Paris, à Poitiers, à Angoulême, et à Bâle les principes du protestantisme en ajoutant

---

(1) C. d'Ét., 28 avril 1883.
(2) D., 28 avril 1883.

aux innovations de Luther. Il s'établit ensuite à Genève, qui devint le centre du calvinisme (1).

Il ne rentre pas dans le cadre de cet ouvrage de suivre le protestantisme dans ses luttes et dans ses succès. Nous avons vu précédemment la Réforme, l'édit de Nantes, la révocation de cet édit par Louis XIV et les diverses mesures qui suivirent (2).

2224. Il est à remarquer que les mesures qui ont frappé en France les protestants ne se sont pas étendues dans leur rigueur aux protestants d'Alsace ; l'Eglise française de la Confession d'Augsbourg, ou Eglise luthérienne, dont il n'existe plus en France que quelques débris, a eu une existence moins agitée que les églises réformées.

L'Eglise de la Confession d'Augsbourg diffère des autres églises réformées, plutôt par son origine et son histoire que sous le rapport confessionnel. « Elle n'est pas née d'une révolte de sujets contre l'oppression d'une religion d'Etat, mais du fait de princes qui ont été eux-mêmes les premiers à adhérer à la réforme de Luther et à l'imposer ensuite comme religion d'Etat à leurs sujets, en vertu de la maxime : *Cujus regio, ejus religio* (3). »

On sait que les querelles soulevées en Allemagne entre catholiques et protestants furent cause de la guerre de Trente ans, qui eut pour conséquence la réunion de l'Alsace à la France.

Après le rétablissement de la paix, les protestants d'Alsace obtinrent, par le traité de Munster du 24 octobre 1648, le libre exercice de leur culte dans cette province ; et lors de la capitulation de Strasbourg, il fut dit par les articles 3 et 4 de sa capitulation du 30 septembre 1681 qu'on laisserait à ses habitants le libre exercice de la religion comme il existait depuis 1624.

Par suite de ces dispositions la révocation de l'édit de Nantes en 1685 n'atteignit pas l'Eglise protestante d'Alsace.

La situation privilégiée de cette église fut une dernière fois solennellement consacrée par une des clauses du traité de Ryswick, du 30 octobre 1697.

2225. Les choses étaient en cet état, soit à l'égard des protestants en général, soit à l'égard des protestants d'Alsace, quand éclata la Révolution.

Nous avons vu que l'édit de tolérance de novembre 1787 avait créé en faveur des protestants des registres de l'état civil distincts de ceux du clergé et tenus par les officiers du roi.

Après la Révolution nous trouvons plusieurs mesures législatives intéressant les protestants : La déclaration du 23 août 1789, portant que nul ne pouvait être inquiété dans ses opinions religieuses, rendit aux protestants la liberté de leur conscience ; le décret du 23 décembre 1789 leur rendit l'admissibilité à tous les emplois civils et militaires, la constitution du 3 septembre 1791 ayant proclamé la liberté indéfinie des cultes, les distinctions entre les protestants et les catholiques furent complètement effacées ; la loi du 10 juillet 1790 rendit aux héritiers des protestants que la révocation de l'édit de Nantes avaient forcés de s'expatrier les biens dont ils avaient été dépouillés.

Cette loi dispose notamment que les religionnaires fugitifs, ou leurs héritiers, étaient appelés à recueillir les biens qui se trouvaient dans les mains des fermiers préposés à leur régie, les rentes constituées par le gouvernement des deniers provenant de la vente des biens, et les biens concédés à titre gratuit à d'autres qu'à ses successibles, sauf la prescription de trente ans pour les héritiers des concessionnaires (4).

Une loi du 20 septembre 1792 ordonna l'affiche, dans chaque district, du tableau général des biens saisis sur les religionnaires fugitifs. Le délai de trois ans pour se pourvoir qui était accordé par la loi du 10 juillet 1790, ne courrait que du jour de cette affiche ; la prescription de trente ans, admise en faveur des héritiers des concessionnaires, ne devait commencer que depuis la loi nouvelle.

Une loi du 17 juillet 1793 étendit ces mesures aux religionnaires des pays réunis à la France.

La Convention déclara, le premier jour complémentaire an III, que les tiers acquéreurs et successeurs à titre particulier de parents concessionnaires ne pourraient être dépossédés.

Le 4 nivôse an V, un décret déclara dans quels cas la prescription pourrait être opposée aux héritiers ; des arrêtés des 28 frimaire et 29 germinal an VI réglèrent le mode de recouvrement et de délivrance des biens.

Quant aux protestants d'Alsace, l'Assemblée Constituante rendit les décrets des 24 août, 18 septembre, 10 et 29 décembre 1790, qui exceptèrent de la vente des biens nationaux les biens des protestants d'Alsace et de la Franche-Comté ; ces décrets consacrèrent à nouveau les droits que les anciens traités leur avaient assurés (1).

2226. L'effet des lois de la Révolution a-t-il été d'effacer la mort civile encourue par les religionnaires fugitifs *du jour seulement de leur promulgation ?* ou de l'effacer rétroactivement, *comme si les droits civils avaient seulement été méconnus ?*

M. Gaudry (2) dit que cette question est résolue dans le sens d'une rétroactivité complète, par une consultation de M. de Sèze, insérée dans la collection de Sirey (3). Un arrêt de cassation, cité par M. de Sèze, du 30 avril 1806, ne tranche pas nettement la question ; il décide seulement que la tache de la mort civile a été *entièrement* effacée par la loi de 1790, et que les biens délaissés doivent être considérés comme n'ayant jamais cessé d'être transmissibles dans les familles, d'après les règles communes, et selon les dates effectives de l'ouverture des successions.

Cependant, dit M. Gaudry, la question est réellement préjugée par cet arrêt ; car si la dévolution des biens a eu lieu, avant même la loi de 1790 suivant les règles ordinaires du droit civil, c'est que ce droit civil leur appartenait, et dès lors il leur a été rendu rétroactivement par la loi de 1790.

2227. Une autre question a été soulevée. Si le religionnaire fixé en pays étranger n'était pas rentré en France depuis la loi de 1790, ses enfants fussent restés sur le sol étranger, les successions ouvertes, en France, leur auraient-elles été dévolues comme Français ?

La Cour de cassation a décidé pour l'affirmative par un arrêt du 13 juin 1811. Il résulte des motifs de cet arrêt que si le religionnaire ou ses enfants avaient accepté en pays étranger, soit une naturalisation, soit des fonctions publiques, ou qu'ils eussent formé un établissement sans espoir de retour, la conservation de leur domicile à l'étranger leur eût fait perdre le bénéfice des lois de restitution.

La conséquence du principe consacré par la Cour de cassation est, dit M. Gaudry, que la succession d'un religionnaire fugitif doit être réputée ouverte du jour même de son décès, et non du jour de la restitution des biens. C'est en effet ce qui résulte de la loi du 9 fructidor an XII, interprétative de celle du 17 nivôse an II, sur les successions. On demandait si le partage des successions restituées aux protestants réfugiés ne devait pas être fait comme si elles étaient ouvertes depuis 1789 ; la loi répondit que ces citoyens n'étaient pas dans des conditions différentes des autres ; que leurs droits se régissent d'après les règles communes, et selon les dates effectives de l'ouverture des successions. La Cour de cassation a admis ce principe par un arrêt du 30 avril 1806 (4).

---

(1) Indépendamment de ces deux sections principales du protestantisme, il se forma dans son sein des sectes diverses ; les *zwingliens*, surtout dans la Suisse septentrionale ; les *anabaptistes* ou *rebaptiseurs* à Munster et sur les bords du Rhin ; les *anabaptistes* ou *frères moraves* en Moravie ; les *anglicans* en Angleterre.
(2) Voir nos 36 et suiv.
(3) M. Hepp, *Les Cultes non catholiques en France et en Algérie.*
(4) Cette disposition a été renouvelée par un décret du 4 nivôse an V.

(1) M. Hepp, *op. cit.*
(2) T. III, n° 1224.
(3) Sirey, t. II, 1re partie, p. 291.
(4) Gaudry, *op. cit.*, t. III, n° 1225.

Mais si ces règles sont applicables au cas où il s'agit de revendiquer des biens qui n'ont pas été appréhendés par les ayants droit, ou ne devrait pas les étendre au point de dépouiller ceux qui en ont été investis par les lois en vigueur à l'époque de l'ouverture des successions. C'est ce qui a été jugé par la Cour de Cassation le 17 juin 1813. Si on admettait que le principe de rétroactivité de la loi dût s'étendre aux successions partagées entre les héritiers régnicoles avant les lois de 1689 et de 1790, ce serait, dit M. Gaudry, bouleverser les familles et violer les principes conservateurs de l'ordre social. La rétroactivité étendue à des mesures de conservation ne doit jamais aller jusqu'à violer les droits légalement acquis aux tiers ; il était donc impossible que la restitution accordée aux religionnaires les autorisât à faire révoquer les partages de familles faits pendant un siècle. Ils peuvent réclamer leurs droits sur des biens non encore appréhendés, mais ils doivent respecter les partages faits avant leur réintégration (1).

2228. Jusqu'à l'époque du Concordat de l'an X, les Eglises réformées vécurent isolées sans aucune unité administrative.

Lors de l'organisation du culte catholique, le premier consul voulut, en érigeant en loi les articles organiques, régler aussi l'exercice du culte protestant dans ses rapports avec l'autorité temporelle.

A cet effet, la même loi du 18 germinal an X, qui avait ordonné la promulgation du Concordat, et avait ajouté les articles organiques du culte catholique, promulgua quarante-quatre articles organiques des cultes protestants : l'unité administrative était l'église consistoriale, formée d'un groupe de 6,000 protestants résidant dans le même département. A chacun de ces groupes était attaché un nombre variable de pasteurs dont l'État prenait le traitement à sa charge et dont chaque consistoire demeurait libre de déterminer la résidence dans l'étendue de son ressort (2).

La loi du 18 germinal an X organisa également l'église protestante d'Alsace : outre les pasteurs et les consistoires locaux ces églises étaient groupées en inspections ; les inspections étaient confiées à l'administration d'inspecteurs ecclesiastiques assistés, chacun de deux inspecteurs laïques. L'ensemble des consistoires et des inspections était placé sous l'autorité de consistoires généraux, qui se réunissaient tous les trois ans. Dans l'intervalle de leurs sessions triennales, les consistoires généraux étaient représentés par une commission permanente de cinq membres, appelée directoire du consistoire général.

La loi du 18 germinal an X a été, jusqu'en 1852, la règle sur l'administration des cultes protestants en France.

2229. Le décret-loi du 26 mars 1852 commun aux deux cultes protestants, a voulu donner à ces cultes une organisation légale et définitive, tout en maintenant, par son art. 15 la loi organique du 18 germinal au X, en ce qui n'était pas contraire à ses dispositions.

Ses principales innovations sont pour les deux cultes, le système d'élection, appliqué aux conseils presbytéraux et aux consistoires ; et pour l'Eglise réformée, la création d'un conseil central à Paris, à l'effet de représenter cette église auprès du gouvernement.

L'organisation consistoriale de l'an X était maintenue et élargie, mais en même temps, les « sections d'Eglise » qui n'avaient en jusque-là aucun caractère officiel, furent érigées en paroisses et leurs conseils presbytéraux investis de la personnalité civile, à l'égal des consistoires.

Le décret du 26 mars 1852 fut suivi : 1° d'un arrêté du 10 septembre 1852 portant règlement pour la formation des conseils presbytéraux et des consistoires, dans les Eglises réformées de la confession d'Augsbourg ; 2° d'un arrêté du 20 mai 1853 portant règlement d'exécution du décret du 26 mars, en ce qui concerne les attributions des conseils presbytéraux et des consistoires des églises réformées.

D'autres dispositions complétèrent ou modifièrent les règles établies par les textes que nous venons de citer : ce sont le décret du 19 mars 1852, ceux des 12-14 mars 1880 et 12-14 avril de la même année, la loi du 1er août 1879 et le décret des 25-28 mars 1882, qui régissent actuellement les deux communions protestantes reconnues en France.

2230. La loi organique du 18 germinal an X pour les cultes protestants contient des dispositions générales qui sont communes aux deux confessions reconnues en France.

Avant d'examiner le régime particulier à chacune de ces deux Eglises, nous indiquerons les dispositions qui leur sont communes.

Les droits de police du gouvernement ont à l'égard des cultes protestants les mêmes raisons d'être, et les mêmes sanctions qu'à l'égard du culte catholique.

Nous renvoyons donc pour ces matières, d'une manière générale, aux titres I, II, III, IV et V.

Le gouvernement s'est, en conséquence, réservé le droit de ne permettre la publication ou l'enseignement d'aucune décision doctrinale ou dogmatique, d'aucun formulaire, sous le titre de confession ou autre, qu'après en avoir autorisé la publication ou la promulgation (1). C'est en vertu de ce texte général que le décret du 28 février 1874 a approuvé la déclaration de foi du synode général de 1872, qui a accentué la scission des Eglises orthodoxes et libérales dans le sein de la religion réformée. L'article 15 du décret du 12 mars 1880 a rappelé, en ce qui concerne l'Eglise de la confession d'Augsbourg, la prohibition établie par l'article 4 de la loi organique.

Le droit d'approbation ainsi réservé au gouvernement est une garantie que toutes les dispositions législatives et réglementaires relatives à l'organisation des cultes seront toujours exactement et impartialement exécutées et appliquées (2).

Les changements dans la discipline des églises réformées sont également soumis à la nécessité de l'autorisation préalable du gouvernement par l'article 5 de la loi du 18 germinal an X (3).

---

(1) Gaudry, op. cit., t. III, n° 1226.
(2) Toute l'organisation péchait par un excès de symétrie, car elle rejetait hors du cadre adopté tous les départements (c'était la grande majorité) où les protestants ne se trouvaient pas en assez grand nombre pour être constitués en église consistoriale. Il fut obvié à ce grave défaut, dès 1805 par la création d'oratoires, administrativement rattachés au consistoire le plus voisin... (M. Hepp. op. cit.)

(1) L. org., art. 4.
(2) Cir. min. 24 juillet 1880.
(3) La Confession de foi réformée se composait, à l'origine, de quarante-quatre articles contenant l'expression de la doctrine dogmatique et des croyances religieuses des protestants français au XVIe siècle. Elle est suivie d'une seconde partie, intitulée : Discipline ecclésiastique, divisée en quatorze chapitres et renfermant les règles principales de l'administration intérieure des églises réformées de France. soit au point de vue du ministère sacré, soit au point de vue des exercices des fidèles. C'est ce qu'on appelle à proprement parler l'ancienne discipline que l'on confond parfois, à tort, avec la confession de foi proprement dite, et c'est dans cette discipline qu'il faut chercher principalement la source du droit qui a régi pendant deux cent cinquante ans les églises réformées de France. Dans cette seconde partie se trouvent également les règles d'organisation du culte réformé au XVIe siècle, qui était alors réparti en églises (actuellement les paroisses ou plutôt sections d'église consistoriale), en consistoires (actuellement les conseils presbytéraux), et en colloques (actuellement les consistoires). Le culte réformé ne connaissait pas alors l'église consistoriale, création de la loi du 18 germinal an X. La circonscription des colloques était déterminée par le synode provincial, au-dessus. Les synodes provinciaux étaient eux-mêmes soumis à l'autorité du synode national, convoqué annuellement dans une province désignée par lui à l'avance et qui avait la charge de la convocation. Enfin, on rencontre dans la discipline la détermination des peines disciplinaires usitées tant à l'égard des ministres que des fidèles, et les règles de juridiction propres à chaque corps ecclésiastique, ainsi que le mode d'élection ou de formation de chacun de ces corps. Ainsi la confession de foi de 1559 a déterminé la constitution de l'église réformée française ; les synodes postérieurs à celui de la Rochelle ont retouché en quelques points la discipline primitive, et ces remaniements, qui étaient alors du ressort exclusif des synodes nationaux, se sont maintenus non seulement jusqu'au dernier synode officiel de Loudres, de 1659, mais même dans les réunions extra-légales du Désert » ; toutefois l'organisation définitive de cette église, avec sa discipline ecclésiastique, ne date, à vraiment parler, que de la loi de germinal an X, ou plutôt n'a été fixée que par cette loi qui, en visant la discipline de 1571, semble en avoir consacré les termes, sans tenir compte des modifications qu'elle avait subies dans l'intervalle. — C'est là cependant une question délicate. D'après l'article 5 de la loi du 18 germinal an X, relatif aux cultes protestants aucun changement dans la discipline ne peut avoir lieu sans l'autorisation du gouvernement. Est-ce à dire que l'ancienne discipline seule est protégée par cet article contre tout chan-

Suivant une décision ministérielle du 2 septembre 1853 (1), le seul fait d'opérer officiellement un choix parmi les articles de la confession de foi et les règles de la discipline constitue une des modifications pour lesquelles l'article 5 de la loi de germinal exige l'autorisation préalable du gouvernement.

2231. L'article 2 des articles organiques des cultes protestants interdit à ses ministres et à ses églises les relations avec les puissances étrangères. **M.** Gaudry fait remarquer que cet article est beaucoup plus absolu que l'article 1er des articles organiques du culte catholique ; car à l'égard du culte catholique, la loi de l'an X a exigé seulement *l'autorisation* du gouvernement pour la réception et la publication des bulles de Rome : *ici la loi défend toutes relations avec des autorités étrangères.*

Si donc un consistoire *étranger* jugeait convenable de prendre des décisions de doctrine ou de discipline, elles n'auraient aucune sorte d'autorité en France, et le culte protestant ne pourrait en autoriser la publication, ni même les recevoir par correspondance officielle.

La raison de cette différence tient à la nature des cultes. Dans la religion catholique, un dogme, accepté par l'autorité pontificale, ne pourrait être repoussé qu'en détruisant la religion même ; le pouvoir civil n'a donc pu ni répudier l'acte de la puissance pontificale, ni se ré-erver de l'apprécier *quant au dogme ;* tandis que dans la religion protestante, la liberté absolue d'examen, même quant au dogme, laisse toujours à l'autorité française le droit de rejeter les décisions doctrinales de toute autorité étrangère (2).

D'après l'article 1er de la loi organique nul ne peut exercer les fonctions du culte s'il n'est Français. La qualité de Français est nécessaire pour être nommé pasteur d'une église réformée ou d'une église de la confession d'Augsbourg. La prohibition faite aux étrangers par la loi organique d'exercer les fonctions de ministre des cultes protestants n'est sanctionnée par aucune peine, sauf le droit d'expulsion que le gouvernement peut toujours exercer (1).

2232. Comme pour le culte catholique, le gouvernement s'est réservé, à l'égard du culte protestant, le droit d'autoriser les réunions des assemblées les plus importantes qui entrent dans l'organisation de ce culte. Ainsi les synodes généraux, que ne prévoyait pas la loi du 18 germinal an X, doivent en pratique être provoqués ou autorisés par le gouvernement. C'est ainsi qu'un décret du 29 novembre 1871 a autorisé la réunion du synode général de 1872. Suivant l'article 31 de la loi organique, les synodes particuliers ne peuvent également être réunis qu'avec l'autorisation du gouvernement (2). Une circulaire du 2 avril 1860, déclare ce n'est que les réunions publiques de pasteurs tenues sous le nom de conférences pastorales ne peuvent avoir lieu sans une autorisation régulière.

2233. Suivant l'article 6 de la loi organique, la voie du recours comme d'abus est ouverte contre les entreprises des ministres des cultes protestants ou lorsque des dissensions s'élèvent entre eux.

Le recours pour abus, au conseil d'État, doit être moins fréquent, dit M. Gaudry, que pour le culte catholique : car le culte protestant se trouvant sous la direction immédiate de

---

gement non autorisé? Selon M. le commissaire du gouvernement Le Vavasseur de Précourt, dans les conclusions qui ont précédé la décision du conseil d'État du 23 juillet 1880, la *discipline* visée et maintenue par la loi de l'an X est l'ensemble des règles qui ont présidé à l'organisation primitive de l'église réformée et qui ont été conservées sous ce nom même de *discipline* à la suite du synode de la Rochelle ; c'est un acte inséparable de la confession de foi qui remonte à la même époque. C'est également à elle que paraît se référer le décret du 26 mars 1852 en visant dans son préambule « la discipline ecclésiastique des églises réformées et les règlements et coutumes de la confession d'Augsbourg mentionnés aux articles 5 et 44 de la loi du 18 germinal an X ». Si l'on entend le mot *discipline* dans ce sens spécial et restreint, on ne peut pas dire que l'article 5 de cette loi interdit les changements opérés sans l'autorisation gouvernementale à une quelconque des règles relatives à l'organisation de l'église réformée, encore bien que ces règles ne se trouvent pas dans la *confession de foi* ou dans *l'ancienne discipline*, et lui seraient postérieures. Mais le Conseil d'État, dans la décision précitée, n'a pas partagé cette opinion ; il a refusé d'entendre le mot *disciplinæ* dans ce sens restrictif, et il a adopté une interprétation qui peut se résumer ainsi : « Cette expression a, dans le culte réformé, une signification constante qui remonte aux premiers temps de la réforme. Elle désigne l'ensemble des principes fondamentaux sur lesquels reposent l'organisation et le gouvernement de l'église. Ces principes ont été fixés par le premier synode national, tenu en 1559, et codifiés dans une sorte de charte ou de constitution qui a reçu de ses rédacteurs mêmes le nom de *discipline*. Cette constitution contient un certain nombre de dispositions incompatibles avec les mœurs et même avec la législation actuelle. Aucun protestant ne l'admet aujourd'hui dans toutes les parties. Le législateur de l'an X n'avait aucune raison pour s'écarter de la terminologie en usage et, par le mot *disciplinæ*, il n'a pas entendu autre chose que l'ensemble des règles relatives à l'organisation de l'église, telle qu'elle résultait soit de l'acte de 1559, soit des innovations qu'il y introduisait lui-même. C'est ainsi également que le décret de 1852, en modifiant sur les points importants les règles relatives à la constitution des corps qui participent au gouvernement de l'église, en spécialement, les conditions de l'électorat, a entendu que les mesures qu'il prescrivait avaient directement trait à la discipline dans le sens traditionnel du mot. Il faut donc tenir pour constant que l'article 5 qui exige l'autorisation du gouvernement pour les changements à la discipline comprend, sous cette dénomination, toutes les modifications à l'organisation intérieure de l'église, toute cette organisation existe au moment où ces changements sont effectués. »

L'arrêt du 23 juillet 1880 a décidé, spécialement, que le fait de subordonner la capacité électorale à de nouvelles conditions constitue un changement à la discipline qui ne peut être obligatoire sans l'autorisation du gouvernement ou que la décision du synode général des églises réformées qui avait ainsi réglé à nouveau cette capacité des électeurs protestants en exigeant certaines conditions qui n'étaient pas imposées à ceux-ci sous le régime antérieur, n'avait aucune validité, ni aucune force, à défaut de cette autorisation (Dalloz, *Rep. suppl.*, vo CULTES, nos 604 et 605.)

(1) Lehr, *Dictionnaire d'administration ecclésiastique à l'usage des deux églises protestantes de France*, p. 88, 1860.

(2) Gaudry, *op. cit*, t. III, no 1231.

(1) Cass. crim. 13 novembre 1851 : « La Cour, — Vu la loi du 28 juillet 1848, sur les clubs portant, article 19 : « Les dispositions du présent décret ne sont pas applicables aux réunions ayant pour objet exclusif l'exercice d'un culte quelconque, ni aux réunions électorales préparatoires ; — Vu enfin l'article 2 de la loi du 6 juin 1850, portant que « les dispositions de celle du 22 juin 1849 sur les clubs et autres réunions publiques sont applicables aux réunions électorales qui seraient de nature à compromettre la sécurité publique ;

« Attendu qu'il s'agissait, dans l'espèce, de la poursuite dirigée contre Jules Lenoir, en contravention à un arrêté général du préfet de la Haute-Vienne, du 13 juillet 1850, pris en exécution de la loi du 22 juin 1849, et autres, du 27 janvier 1851, pris en exécution de celle précitée du 6 juin 1850, pour avoir provoqué et présidé, les 26 janvier et 23 février 1851, des réunions publiques dans un hameau de ladite commune, et avoir ainsi encouru les peines de l'article 12 de la loi du 28 juillet 1848 ; — Attendu que l'arrêt attaqué, qui a statué sur l'appel du ministère public contre le jugement du tribunal correctionnel de Bellac, renvoyant Lenoir de toute poursuite, a écarté le premier chef de prévention relatif à la réunion du 26 janvier, comme n'étant pas prévu par l'arrêté général de la préfecture relatif aux clubs et réunions politiques, et ne constituant pas le délit prévu par l'article 12 de la loi du 28 juillet. — Attendu que cet arrêt a condamné le demandeur à l'amende de police établie par l'article 471, no 15 du Code pénal, pour la réunion du 23 février, quoique, en même temps, il ait reconnu que dans cette réunion, on ne s'était nullement entretenu de matières politiques, et qu'elle était purement religieuse ; — Attendu que, pour déclarer Lenoir passible de cette peine de police, l'arrêt attaqué s'est fondé, d'une part, sur ce que l'inculpé excipait du titre de pasteur d'une église libre réformée, et aux termes de l'article 1 du titre contenant les dispositions organiques du culte protestant du 18 germinal an X, nul ne peut exercer les fonctions de ministre du culte, s'il n'est Français, et, d'autre part, sur ce que la Constitution, articles 7 et 8, ne reconnaît le droit de réunion publique et d'exercice public de leur culte qu'aux citoyens français ; — Mais attendu, en droit, que l'exercice de leur culte n'est interdit aux étrangers en France ni par la Constitution ni par aucune loi ; — Attendu que si l'exercice des fonctions du ministre du culte protestant est interdit aux étrangers, cette interdiction n'est sanctionnée par aucune disposition pénale, et que cette infraction, quant à la réunion publique dont il s'agit, que les articles 4 et 2 de la loi précitée du 6 juin 1850, qui ont autorisé les préfets à interdire les clubs et les réunions publiques, sont spéciaux à cette matière, et qui ont étendu cette autorisation d'interdiction aux réunions électorales préparatoires, ne contiennent aucune disposition semblable à l'égard des réunions exclusivement consacrées à l'exercice d'un culte quelconque, et ont ainsi laissé subsister, en cette partie, les prescriptions de l'article 19 de la loi de 1848 ; — Attendu enfin que l'arrêté spécial de la préfecture, du 27 janvier 1851, n'a disposé que pour les clubs et réunions publiques, et n'est point applicable aux réunions consacrées exclusivement à l'exercice d'un culte, d'où il suit que l'arrêt attaqué a fait une fausse application à Lenoir des dispositions de l'article 471 du Code pénal, et a violé les lois précitées ; — Casso. »

Riom, 14 juillet 1852.

(2) L'article 23 exige même, pour les synodes, que le ministre ait connaissance des affaires qui doivent y être traitées, que le préfet ou sous-préfet, soient présents, et que l'expédition des délibérations soit envoyée au ministre. C'est une intervention directe de l'autorité dans les affaires religieuses (Gaudry, t. III no 1241.)

l'autorité civile, les luttes entre les deux pouvoirs, qui donnent presque toujours lieu aux recours, ne peuvent pas souvent exister. C'est par ce motif que la loi du 18 germinal an X n'a pas reproduit textuellement l'article 6 des articles organiques du culte catholique, réglant les appels comme d'abus.

Ainsi, dit cet auteur, il est certain que, par la constitution même du culte protestant, on ne peut pas admettre la pensée d'usurpation ou d'excès de pouvoirs, d'infraction des règles consacrées par les canons, d'attentat aux libertés de l'église gallicane, etc.

Cependant la loi a prévu à l'égard du culte catholique, d'autres motifs de recours, qui seraient les « entreprises ou procédés dans l'exercice du culte, de nature à compromettre l'honneur des citoyens, à troubler arbitrairement leurs consciences, à dégénérer contre eux en oppression, ou en injures ou en scandale public ». ces cas peuvent aussi se présenter dans les cultes protestants, et il n'est pas douteux qu'ils donnassent lieu à des recours au conseil d'Etat (1).

Un arrêté du conseil d'Etat, du 29 octobre 1842, a admis le recours pour abus contre un ministre protestant, qui, lors d'une inhumation, avait prononcé des paroles injurieuses contre des catholiques, et notamment contre un prêtre. qui aurait voulu ramener la personne décédée à la communion catholique (2).

Suivant M Gaudry, ce recours au conseil d'Etat serait ouvert au culte protestant pour le cas d'atteinte à l'exercice du culte et à la liberté que les lois et règlements particuliers accordent à ses ministres. L'article 7 organique du culte catholique doit s'appliquer ici, dit-il ; car, dès que la loi a garanti à un culte la protection de l'autorité, il faut que le chef suprême de l'Etat, au nom duquel statue le conseil d'Etat, puisse être invoqué à l'appui de ses libertés menacées. Il est d'ailleurs impossible d'admettre la compétence du conseil d'Etat pour réprimer les abus des ministres du culte, et de la leur refuser pour réprimer les abus commis contre eux (5).

CHAPITRE II.

ORGANISATION ACTUELLE.

§ 1. — Culte réformé.

2234. Nous avons vu que le culte catholique repose sur la double garantie de la loi et d'un contrat ; la loi seule est au contraire la base du culte réformé en France. C'est la loi qui l'autorise, c'est la loi qui l'organise, c'est la loi qui peut l'interdire. Il y a donc là une différence essentielle entre ce culte et le culte catholique. Sans doute, l'église catholique peut retomber sous l'empire exclusif de la loi au cas où le concordat serait dénoncé, mais il est évident que le gouvernement ne peut que difficilement rompre un acte de cette nature, qui est un contrat diplomatique, un traité. Il en résulte que le pacte concordataire assure au catholicisme une plus grande sécurité qu'aux autres cultes reconnus, tant au point de vue politique qu'au point de vue de la fixité des dogmes et de la discipline. D'autre part, les cultes protestants sont plus propres que le culte catholique à permettre des progrès dogmatiques et à accepter des transformations hiérarchiques.

2235. *Bases de l'organisation.* — L'organisation de l'église réformée de France a pour base le régime presbytérien-synodal, c'est-à-dire l'absence de hiérarchie entre les pasteurs, qui sont tous égaux, et le pouvoir ecclésiastique, résidant exclusivement dans la société des fidèles (4). Les pasteurs, qui

sont les principaux dignitaires de l'église réformée, sont élus selon l'antique principe chrétien. C'est encore là l'un des traits principaux de l'organisation protestante, et l'une des bases des rapports des Eglises réformées avec l'Etat. L'élection, admise dès l'an X, place en effet l'Eglise réformée et l'Etat sur un pied particulier : elle enchaîne seulement, il est vrai, l'initiative que l'Etat exerce pour la nomination des archevêques et des évêques, mais non point son droit de veto, qui, à certains égards, s'exerce au contraire, comme on le verra plus loin, d'une manière plus complète, vis-à-vis des ministres du culte réformé que vis-à-vis de certains ministres (les desservants, c'est-à-dire les plus nombreux) du culte catholique (1).

Avant le décret du 26 mars 1852, les églises réformées ou calvinistes étaient régies par la loi du 18 germinal an X. Aujourd'hui, cette loi est modifiée par le décret du 26 mars 1852 qui, tout en maintenant ses dispositions fondamentales, a introduit le suffrage universel dans l'église réformée (2). Ce décret a constitué, en outre, légalement la paroisse. L'organisation consistoriale de l'an X fut maintenue et élargie, mais en même temps « les sections d'église », qui n'avaient jusque-là aucun caractère officiel, furent érigées en paroisses et leurs conseils presbytéraux investis de la personnalité civile, à l'égal des consistoires (3).

2236. *Circonscriptions et fonctions ecclésiastiques.* — La *paroisse* ou commune ecclésiastique est la base de l'organisation du culte réformé. C'est l'unité fondamentale et l'on pourrait presque dire l'unique circonscription de son organisation extérieure. Sans doute il existe des unités plus étendues, dans lesquelles prend place l'unité paroissiale : les articles organiques de l'an X établissent, en effet, pour 60,000 âmes une église consistoriale qui peut comprendre plusieurs paroisses, et par cinq églises consistoriales, un arrondissement synodal. « Mais ce n'est qu'au point de vue de l'administration des affaires ecclésiastiques que ces circonscriptions présentent de l'intérêt ; elles ne représentent point, à proprement parler, une hiérarchie, et surtout une hiérarchie spirituelle (4).

Le culte réformé, tel qu'il existe maintenant en France, comprend donc : d'abord la *paroisse*. On appelle paroisse un groupe de protestants habitant une ou plusieurs communes et pour lesquels l'Etat rétribue un ou plusieurs pasteurs. Chaque paroisse a un conseil presbytéral (5).

Vient ensuite l'église consistoriale qui est composée d'un groupe de paroisses, parmi lesquelles le gouvernement désigne l'une d'elles pour chef-lieu et y institue un *consistoire*.

Au-dessus des consistoires, la loi de germinal an X avait placé les synodes (6).

2237. En outre de ces organes, le décret de 1852 a établi à Paris un *conseil central des églises réformées* permanent, et il peut être convoqué dans des circonstances particulières un synode général.

Nous étudierons successivement les divers conseils qui composent l'Eglise réformée, et ensuite les ministres de ce culte.

2238. *Conseils presbytéraux.* — Chaque église est administrée par un conseil presbytéral, qui a été constitué par le décret du 26 mars 1852. Depuis la loi du 1er août 1879, article 28, les dispositions de l'article 1er de ce décret, qui étaient communes aux deux confessions calviniste et luthérienne, ne s'appliquent plus qu'à la première.

Nous exposerons successivement les règles relatives : 1° aux élections des membres du conseil presbytéral ; 2° à la composition et à la réunion de ce conseil ; 3° les attributions du conseil presbytéral.

(1) Lohr, p. 40.
(2) Lebon, t. XII, p. 469, voir Abus.
(3) Op. cit., t. III, n° 1205.
(4) Rapport sur le décret du 26 mars 1852.

(1) Gazette du Palais. Rép., v° Cultes.
(2) Conclusions de M. le commissaire du gouvernement ; Cont. 17 avril 1885.
(3) M. Hepp, Op. cit. — « Les sections d'églises étaient des subdivisions de la paroisse qui n'avaient aucun caractère officiel. »
(4) Gazette du Palais, Rép. v° Cultes.
(5) Voir infra.
(6) Voir infra.

2239. I. *Composition et réunion du conseil presbytéral.*
— Un arrêté ministériel du 10 septembre 1852 détermine dans son chapitre 1er les règles relatives à la composition et à la réunion des conseils presbytéraux (1).

Suivant cet arrêté, chaque conseil presbytéral est composé de quatre membres laïques au moins et de sept au plus, présidés par le pasteur ou l'un des pasteurs (2).

Les membres laïques ont le titre d'*anciens*, comme dans les consistoires, ainsi que nous le verrons.

Le chiffre de quatre est applicable aux circonscriptions paroissiales où l'ensemble de la population *protestante* n'excède pas 400 âmes (3).

Suivant la circulaire du 28 février 1881, ce chiffre est déterminé, à défaut de renseignements officiels, à l'aide de documents paroissiaux sous le contrôle des consistoires.

L'article 4 du même arrêté porte que les ascendants et descendants, les frères et alliés au même degré, ne peuvent être ensemble membres du consistoire, à moins de dispense par le ministre des cultes, sur l'avis du conseil central des Églises réformées, dans les paroisses ayant moins de soixante électeurs.

Les pasteurs auxiliaires et suffragants à divers titres, les aumôniers des lycées ou collèges, des hôpitaux ou prisons, peuvent être admis par le ministre des cultes à siéger dans le conseil presbytéral et dans le consistoire dont ils relèvent, avec voix consultative seulement (4).

Le pasteur le plus ancien de la paroisse a la présidence du conseil presbytéral. A défaut de pasteurs, la présidence appartient au plus âgé des membres laïques (5).

2240. Suivant l'article 7 de l'arrêté ministériel du 10 septembre 1852, le conseil est convoqué par son président au chef-lieu de la circonscription, en séance ordinaire, au moins une fois par trimestre, sauf à être réuni extraordinairement, selon les besoins du service, sur la demande motivée de deux membres.

Suivant le même article, tout ancien ou laïque qui, sans motifs agréés, aura manqué à trois séances consécutives, sera réputé démissionnaire.

Les conseils presbytéraux ne peuvent délibérer que lorsque la moitié au moins de leurs membres assistent à la séance. Les membres présents signent au registre des délibérations, et leurs noms sont rapportés en tête des extraits du procès-verbal, lesquels sont signés par le président et le secrétaire (6).

2241. II. *Election des membres du conseil presbytéral.* — Tous les représentants du culte réformé étant élus aujourd'hui, la question du régime électoral de l'Eglise réformée présente une grande importance. Elle a donné lieu, ainsi que nous le verrons, à de nombreuses décisions.

Le décret du 26 mars 1852 et celui du 12 avril 1880 (7) déterminent aujourd'hui les principales règles ou les bases du régime électoral de cette église.

Nous croyons devoir dire dès maintenant que la légalité de certaines dispositions du décret du 12 avril 1880 a donné lieu à des contestations. On a prétendu notamment que les dispositions de ce décret qui ont institué la juridiction des consistoires, des tribunaux civils et de la cour de cassation

pour connaître d'une partie du contentieux relatif à l'électorat paroissial excédaient les attributions du pouvoir exécutif. Mais il a été jugé que le président de la République avait pu légalement, par le règlement d'administration publique du 12 avril 1880, charger les consistoires en première instance, les tribunaux civils en appel, de statuer sur le contentieux des listes dressées pour les élections des conseils presbytéraux (1).

Sans doute en principe il n'appartient qu'au législateur d'introduire de pareilles innovations. Mais le décret-loi du 26 mars 1852 avait délégué au ministre des cultes le pouvoir de régler dans ses détails toutes les questions relatives à l'organisation du culte réformé ; cette délégation n'a jamais été retirée depuis lors, et ce que le ministre des cultes aurait pu faire pouvait résulter, à plus forte raison, d'un décret rendu dans la forme des règlements d'administration publique. Il n'a fait qu'user de la délégation faite par le décret du 26 mars 1852 (article 14) (2).

2242. III. Examinons maintenant les règles du régime électoral du culte réformé.

2243. *Registres paroissiaux.* — Que comprend donc le corps électoral ?

« Sont électeur, dit l'article 1er, § 2 *in fine*, du décret du 26 mars 1852, les membres de l'église portés sur le registre paroissial », c'est-à-dire tout le corps des fidèles, ce qui est le principe même du système presbytérien.

2244. Le principe constaté, qu'entend-on par registre paroissial, quelles sont les règles qui s'y appliquent ?

Les registres électoraux des paroisses sont permanents et tenus en double ; l'un de ces doubles est déposé aux archives du conseil presbytéral et l'autre à celles du consistoire (3). Le conseil presbytéral doit, chaque année, du 16 octobre au 15 novembre, après l'expiration du temps accordé aux membres de la paroisse pour demander leur inscription, faire la révision des registres auxquels, une fois clos le 31 décembre, aucun changement ne peut être apporté, sauf les cas exceptionnels prévus (4). D'après la circulaire ministérielle du 30 août 1880, les registres électoraux des paroisses doivent être distincts de celui sur lequel les pasteurs ont coutume d'inscrire, sans distinction d'âge ni de sexe, les noms des membres de la communauté, ainsi que la liste des votants

(1) Cet arrêté a eu pour objet de régler, en vertu d'une délégation émanée du chef de l'État, l'exécution du décret du 26 mars 1852.
(2) Art. 1er.
(3) Conseil central, avis, 19 mars 1880 ; — Circ. min. cultes, 28 février 1881.
(4) Art. 5.
(5) Art. 6.
(6) Art. 8.
(7) Le ministre des cultes avait fixé dans son arrêté du 10 septembre 1852 (chapitre 2), les conditions d'inscription sur le registre paroissial. C'est cet arrêté auquel le décret du 12 avril 1880 a apporté plusieurs changements et compléments. Le décret de 1880 a abrogé en outre notamment les articles 12, § 3, 13, 18, 19 et 22 de cet arrêté. Indépendamment des règles concernant l'électorat et l'éligibilité des membres des conseils presbytéraux et des consistoires, contenues dans ce décret et dans cet arrêté, deux circulaires ministérielles des 30 août 1880 et 28 février 1881 ont développé et appliqué ces règles (Voy. Armand Lods, *Du droit électoral* dans les églises protestantes).

(1) Périgueux, trib., 2 février 1883.
(2) Cass. civ., rej., 19 juin 1883 : — « La Cour, — Sur le moyen unique tiré de la violation des articles 4 de la loi du 18-24 août 1790, et 7 de la loi du 27 ventôse an VIII ; — Attendu qu'il résulte de l'esprit général et de l'ensemble des dispositions du décret du 12 avril 1880, que les inscriptions et les opérations électorales dans les églises réformées de France, que les consistoires locaux, quand ils statuent sur une demande d'inscription ou de radiation du nom d'un électeur sur le registre paroissial électoral, alors que le litige porte sur les conditions civiles de l'électorat, constituent un premier degré de juridiction ; que, notamment, l'article 5 exige que ses décisions soient motivées et notifiées au réclamant dans un délai déterminé ; que, sauf recours, elles acquièrent contre lui l'autorité de la chose jugée, et qu'aux termes de l'article 6, le recours se porte devant le tribunal civil du domicile du demandeur, qui statue en dernier ressort ; qu'elles présentent donc, tant par leur objet que par leurs effets, et en raison même du droit d'appel réservé aux parties, tous les caractères distinctifs d'une décision ; — Attendu que, par suite, tous les membres du consistoire qui y ont concouru ont, par là, fait office de juge, et que, dès lors, aucun d'eux ne peut, soit spontanément, soit sur la provocation d'un tiers, figurer comme partie, ni dans l'instance d'appel, ni devant la cour de cassation, sans se constituer tout à la fois juge et partie, contrairement aux principes essentiels de l'organisation des juridictions ; que vainement on objecte que le décret précité qui institue celle des consistoires, des tribunaux civils et de la cour de cassation elle-même, en pareille matière, n'a pas force obligatoire ; — Mais attendu qu'il a été édicté et promulgué, à titre de règlement d'administration publique, dans les formes légales, par l'autorité compétente, en vertu des pouvoirs que lui a délégués l'article 14 du décret organique du 26 mars 1852, et pour parvenir à l'exécution même de ce décret ; que ses prescriptions ont, par conséquent, toute la force qui appartient à la loi ; « D'où suit qu'en déclarant nul l'appel relevé par Vizerie contre Calas, pris en qualité de président du consistoire de Bergerac, d'une décision rendue, en matière électorale, par ce consistoire, et en se fondant sur ce que le règlement d'administration publique, dans lequel a été pris ce jugement, avait, en vertu de ce jugement, décidant qu'il y avait participé comme juge, le jugement attaqué s'est fidèlement conformé à la loi ; — Par ces motifs, rejette.
(3) D. 12 avril 1880, art. 1er.
(4) D. 12 avril 1880, art. 5 et 7, § 2.

dressée au cours des opérations du scrutin. Suivant la même circulaire, l'absence du registre électoral permanent régulièrement tenu aurait pour conséquence nécessaire l'annulation de toute opération électorale et un simple répertoire des noms des membres actifs de la paroisse ne saurait en tenir lieu.

Enfin la circulaire déclare nulles et non-avenues toutes modifications, omissions ou radiations opérées sur les registres paroissiaux en vertu de la résolution synodale du 27 novembre 1873. En conséquence, tous changements opérés en vertu de cette résolution sur les registres doivent disparaître.

2245. Comment ont lieu les inscriptions sur les registres paroissiaux ?

Sont inscrits sur le registre paroissial, à leur demande, les protestants français ayant trente ans révolus et deux ans de domicile dans la paroisse, à la charge d'établir qu'ils appartiennent à l'église réformée par les justifications déterminées par le conseil central, conformément aux vœux de la majorité des consistoires. Le Conseil d'État a décidé qu'un protestant ne peut compter pour obtenir son inscription sur la liste électorale de la paroisse où il est domicilié que le temps écoulé depuis qu'il a été admis dans l'Église réformée (1). Suivant l'article 10 de l'arrêté du 10 septembre 1852, les étrangers, après trois ans de résidence dans la paroisse,

sont admis à se faire inscrire au registre paroissial aux mêmes conditions que les nationaux. L'article 11 décide que toutes les incapacités édictées par les lois et entraînant la privation du droit électoral politique ou municipal font perdre le droit électoral paroissial.

2246. Dans quelle forme doit être faite la demande ?

La demande d'inscription doit être expresse, sauf en ce qui concerne les pasteurs titulaires ou auxiliaires ayant droit de séance au conseil presbytéral, leur qualité les dispensant de toute autre justification pour prétendre aux droits d'électeur (1). Elle doit être individuelle ; la règle qui autorise tout électeur inscrit à réclamer l'inscription d'un individu omis ne peut être appliquée ici (2).

La demande peut être faite verbalement ou par écrit au président du conseil presbytéral, sans déplacement, avant le 16 octobre de chaque année. Ce terme est de rigueur, les pasteurs doivent le rappeler en chaire tous les ans (3).

Quand la demande est verbale, l'électeur a le droit d'exiger un récépissé qui la constate.

2247. Une fois inscrits, les électeurs n'ont pas besoin de renouveler leur demande chaque année. L'électeur qui a transféré son domicile dans une autre paroisse peut requérir l'extrait de son inscription. Cet extrait, signé du président et du secrétaire, est envoyé au conseil presbytéral de la nouvelle résidence, et tient lieu des justifications exigées, sauf celle du domicile (4). Une circulaire du 15 novembre 1861 prescrit que pour éviter que le même électeur ne figure à la fois sur le registre de son ancienne paroisse et sur le registre de la nouvelle, il doit être fait mention sur l'un et sur l'autre, ainsi que dans l'extrait d'inscription, de la déclaration faite par le requérant de son changement de domicile.

2248. Les personnes qui demandent à être inscrites comme électeurs sur le registre paroissial doivent justifier qu'elles remplissent à la fois et tout ensemble les conditions civiles et les conditions religieuses requises.

Quelles sont ces conditions ? Les conditions civiles ont été déterminées par les articles 9, 10 et 11 de l'arrêté du 10 septembre 1852.

Ces conditions sont : 1° la qualité de Français, sauf l'exception admise pour les étrangers après trois ans de résidence ; 2° la jouissance des droits électoraux, politiques et municipaux ; 3° l'âge de 30 ans révolus. 4° la justification d'un domicile de deux ans au moins sur le territoire de la paroisse. « Il importe de remarquer qu'il s'agit ici d'une condition purement *civile*, qui n'exige pour être réputée accomplie, que l'unique fait matériel de résidence pendant la durée fixée, sans que le demandeur en inscription soit à cet égard, tenu de prouver que pendant une période quelconque de ce laps de temps il a compté effectivement au nombre des membres de la paroisse sur le territoire de laquelle il a sa résidence actuelle et dont il demande à faire partie à l'avenir comme électeur (5). »

Les conditions d'inscriptions sur les registres électoraux des églises de Paris et de Versailles sont soumises à des prescriptions particulières, que détermine un décret du 25 mars 1882 concernant la réorganisation de l'église réformée de Paris.

2249. En ce qui concerne les conditions religieuses auxquelles la qualité d'électeur est subordonnée dans les églises protestantes, l'article 10 de l'arrêté du 10 septembre 1852 porte qu'elles consistent à établir que l'on appartient à l'église réformée par les justifications que le conseil central a déterminées, en conformité avec la majorité des consistoires. Suivant une circulaire du 14 septembre 1852, qui explique cette disposition, il y a lieu de « demander à ceux qui voudraient jouir du droit électoral, de justifier qu'ils ont été admis dans l'église conformément aux règles établies, qu'ils participent

---

(1) Cont., 17 avril 1885 : — « Le Conseil d'État, — Vu la loi du 18 germinal an X ; — Vu le décret du 26 mars 1852 et l'arrêté ministériel du 10 septembre suivant, ensemble la circulaire ministérielle du 10 novembre 1852 ; — Vu le décret du 12 avril 1880 ;

« Sur le moyen tiré de ce qu'il n'appartiendrait pas au ministre des cultes d'apprécier la régularité de la participation du sieur Lecœur à la Sainte Cène : — Considérant, d'une part, qu'il résulte des dispositions ci-dessus visées que, pour être inscrit sur les registres électoraux de l'Église réformée, il faut justifier de la participation à la Sainte Cène dans ladite église ; que cette condition constitue une condition religieuse de l'électorat ; — Considérant qu'aux termes de l'article 6, paragraphe 5 du décret du 12 avril 1880, les décisions du consistoire en matière électorale, lorsqu'elles portent sur les conditions religieuses de l'électorat, peuvent être déférées au ministre des cultes ; qu'il suit de là que ledit ministre en statuant, sur l'occasion de la demande d'inscription du sieur Lecœur, sur le point de savoir si l'admission de ce dernier à la Sainte Cène avait été régulière, n'a pas excédé les limites de ses attributions ;

« Au fond : — Considérant que le sieur Lecœur a été admis à la Sainte Cène en 1882, le jour de la Pentecôte, par le pasteur Arbaux, de l'Église réformée de Paris, dans laquelle il exerce son ministère ; que, dès lors, ledit sieur Lecœur doit être regardé comme appartenant à l'Église réformée, dans le sens de l'article 10 de l'arrêté ministériel du 10 septembre 1852 ;

« Sur le moyen tiré de ce qu'il n'appartiendrait pas au ministre des cultes de connaître de la décision du consistoire relative au point de départ de la durée du domicile des sieurs Lecœur, Montibert et Pisson ; — Considérant que la question soumise au ministre des cultes n'était pas celle de savoir si les sieurs Lecœur, Montibert et Pisson étaient ou non domiciliés depuis deux ans au moins dans leurs paroisses ; que la contestation portait uniquement sur l'interprétation de l'article 10 de l'arrêté ministériel du 10 septembre 1852 fixant les conditions de l'électorat ; que le décret précité du 12 avril 1880 n'a pas attribué à l'autorité judiciaire la connaissance des contestations de cette nature ; que, par suite, il appartenait au ministre des cultes de statuer sur cette question ;

« Sur le moyen tiré de ce que le ministre des cultes aurait fait une inexacte appréciation des règlements sur la matière en décidant que le point de départ du domicile de deux ans exigé de tout électeur pourrait pour les prosélytes, être antérieur à leur admission dans l'église réformée : — Considérant qu'il résulte des dispositions précitées de l'article 10 de l'arrêté du 10 septembre 1852, que, pour être inscrit sur le registre paroissial, il faut être protestant et avoir en cette qualité deux ans de domicile dans la paroisse ; que les sieurs Lecœur, Montibert et Pisson n'avaient pas acquis, au moment de leur demande d'inscription, deux ans de domicile dans les paroisses de Plaisance, des Batignolles et de Pentemont depuis leur admission dans l'église réformée ; que, par suite, ils ne remplissaient pas les conditions de durée exigées pour être électeurs ; que, de ce chef, la décision du ministre des cultes doit être annulée ;

« Sur les conclusions tendant au remboursement des frais exposés par le requérant : — Considérant que, d'après l'article 10 du décret du 12 avril 1880, les recours contre les décisions du ministre des cultes relatives aux demandes d'inscription sur les listes électorales de l'Église réformée doivent être jugées comme les recours pour excès de pouvoirs ; que ces contestations ne rentrent pas parmi celles dans lesquelles l'article 2 du décret du 2 novembre 1864 autorise à demander contre l'État le remboursement des frais qui ont été exposés :

« Article 1er. La décision du ministre des cultes... est annulée en tant qu'elle déclare que les sieurs Lecœur, Montibert et Pisson remplissaient, à la date du 20 janvier 1883, les conditions exigées pour être inscrits sur les registres électoraux des paroisses de Plaisance, des Batignolles et de Pentemont. — Art. 2. Le surplus des conclusions... est rejeté. »

---

(1) Circ. min. 10 novembre 1852 ; 30 août 1880.
(2) Circ. min. 30 août 1880.
(3) *Ibid.*
(4) Arr. 10 septembre 1852, art. 14 ; — D. 12 avril 1880, art. 2.
(5) Circ. min. 30 août 1880.

aux exercices et aux obligations du culte, et en cas de mariage qu'ils ont reçu la bénédiction nuptiale protestante». Une autre circulaire du 10 novembre de la même année, déclare que l'admission dans l'église résulte de la première communion, ou d'un ac c équivalent ; la participation à la Sainte Cène dans l'église réformée est attestée par un certificat d'admission ou par la déclaration d'un pasteur, signée au registre. La participation aux frais du culte n'est pas nécessaire, d'après cette circulaire ; il suffit de prendre part aux exercices du culte. Un arrêté ministériel du 2 février 1889 décide, conformément à cette règle, que « la participation aux obligations du culte ne peut être entendue comme impliquant la participation aux frais du culte ».

Mais la détermination des conditions religieuses de l'électorat paroissial a été l'occasion d'ardentes rivalités de partis dans les églises réformées. La lutte dura avec une ardeur croissante depuis 1866, et à travers des incidents qu'il serait trop long de rappeler ici, elle avait fini par paralyser l'administration même d'un grand nombre d'églises, en y rendant toute élection impossible. Nous verrons que le gouvernement, qui avait imprudemment pris parti dans ces luttes confessionnelles intestines, dit M. Hepp, résolut, en 1880, de revenir sur le terrain purement administratif (1). Nous verrons également qu'un petit nombre de mesures suffirent pour remettre tout en ordre ; que le décret du 12 avril 1880 réglementa à nouveau, d'une façon plus précise et plus rigoureuse que ne l'avait fait l'arrêté ministériel du 19 septembre 1852, la procédure électorale dans les églises réformées ; que les instructions ministérielles des 30 août 1880 et 28 février 1881 assurèrent l'exécution de ce nouveau règlement, et que, de son côté, le conseil d'Etat revint sur les précédentes décisions, rendues en 1866 et en 1873, en matière de conditions religieuses de l'électorat. Grâce à cet ensemble de dispositions, l'ordre se trouva rétabli au sein des églises réformées dès le premier renouvellement électoral opéré sur ces nouvelles bases, et il n'a plus été troublé depuis lors (2).

2250. On a vivement discuté la question de savoir si ces conditions, telles qu'elles ont été déterminées, lors de la réorganisation des cultes protestants, constituaient une règle fixe et obligatoire pour les églises, ou s'il appartenait à celles-ci de s'en écarter à leur gré et sans l'approbation du gouvernement qui n'aurait à intervenir que pour porter officiellement à la connaissance des églises les décisions de cette nature. Deux arrêts du conseil d'Etat, du 11 août 1866 et du 22 décembre 1869 (3) semblent décider que les églises réfor-

mées ont la faculté de s'écarter à leur gré et sans l'approbation du gouvernement des conditions déterminées lors de la réorganisation des cultes protestants. Ces arrêts déclarent, en effet, que si l'autorité civile peut déterminer en cette matière les conditions civiles et administratives de l'électorat paroissial, les églises réformées ont seules le pouvoir de régler et de reconnaître les justifications et les garanties religieuses. Des circulaires ministérielles des 22 décembre 1873, 27 décembre 1874 et 9 décembre 1876 avaient adopté ce système, qui tend à ne voir dans la fixation des conditions religieuses qu'une question de pure discipline ecclésiastique. On fait remarquer toutefois que ces arrêts ne vont pas jusqu'à dire que les églises réformées aient la faculté d'apporter à ces conditions tels changements qu'elles jugeraient convenables, sans que leurs décisions soient susceptibles d'aucun recours. D'ailleurs, nous n'avons pas à examiner davantage l'opinion qui reconnaît aux églises le droit d'apporter aux conditions de l'électorat tels changements qu'elles jugent convenables : cette opinion a été condamnée par la jurisprudence nouvelle du conseil d'Etat, qui dénie expressément aux églises réformées le droit de modifier les conditions religieuses de l'électorat paroissial sans le concours et l'agrément du gouvernement. Ces décisions en date des 16 et 23 juillet 1880 déclarent en effet, « que le fait de subordonner la capacité électorale à de nouvelles conditions constitue un changement à la discipline qui, aux termes de l'article 5 de la loi du 18 germinal an X, ne peut être obligatoire sans l'autorisation du gouvernement, — et que cette autorisation ne peut résulter que d'un décret rendu en conseil d'Etat et non de simples instructions ministérielles ; qu'en conséquence, c'était à tort que le ministre des cultes avait annulé les opérations électorales des églises qui avaient procédé à l'élection conformément aux conditions anciennes, sans tenir compte des changements

---

(1) M. Hepp, *Op. cit.*
(2) *Ibid.* (Voir au numéro suivant ces décisions.)
(3) Cont. 22 décembre 1869 : — « Napoléon, etc.; — Vu la requête présentée pour le consistoire de l'Eglise réformée de Caen, représenté par son président en exercice, ladite requête tendant à ce qu'il nous plaise annuler, pour cause d'excès de pouvoirs, une décision en date du 26 mars 1867, par laquelle notre garde des sceaux, ministre de la justice et des cultes, a prononcé l'annulation d'une délibération du consistoire de Caen, en date du 10 janvier de la même année, de laquelle il résulte que les membres de l'Eglise réformée qui voudront, à l'avenir, obtenir leur inscription sur le registre paroissial pour pouvoir exercer les droits électoraux dans leur Eglise, devront, non seulement remplir les conditions déterminées par le décret du 26 mars 1852 et par les arrêtés ministériels qui sont le complément de ce décret, mais encore déclarer : « que, conformément à la liturgie de l'Eglise réformée de France, ils adhèrent à la doctrine chrétienne révélée dans les livres sacrés de l'Ancien et du Nouveau Testament, et dont l'abrégé se trouve dans la confession de foi commençant par ces mots : « Je crois en Dieu, le Père tout-puissant, etc. », attendu que cette condition mise à l'exercice de l'électorat paroissial était du nombre des justifications purement religieuses qu'il appartenait aux Eglises seules de déterminer, et qui, par suite, étaient en dehors des attributions du pouvoir civil ; — Vu la décision attaquée ; — Vu les observations de notre garde des sceaux, ministre de la justice et des cultes, tendant au rejet du recours ; — Vu la requête et le mémoire en intervention présentés par les sieurs Boislambert, Paisant et autres, électeurs de la circonscription consistoriale de Caen, tendant à ce qu'il nous plaise admettre leur intervention, rejeter le recours du consistoire de Caen et le condamner aux dépens ; — Vu la loi du 18 germinal an X, aux articles organiques des cultes protestants, notamment les articles 5 et 6 ; — Vu le décret du 26 mars 1852, portant réorganisation des cultes protestants ; — Vu l'arrêté du ministre des cultes, en date du 10 septembre 1852, portant règlement pour la formation des conseils presbytéraux et des consistoires, ensemble le rapport au président de la République, qui précède cet arrêté, et les instructions et circulaires ministérielles en date des

14 septembre et 10 novembre de la même année, et un autre arrêté ministériel du 20 mai 1853, portant règlement d'exécution du décret du 26 mars 1852, en ce qui concerne les attributions des conseils presbytéraux et des consistoires ; — Vu notre décret du 2 novembre 1864, article 1 et 2;
« Sur l'intervention des sieurs de Boislambert, Paisant et autres : — Considérant que les sus-nommés, en leur qualité de membres de l'Eglise réformée de France et d'électeurs de la circonscription consistoriale de Caen, peuvent avoir intérêt au maintien de la décision attaquée ; que, dès lors, leur intervention est recevable ;
« En ce qui touche le consistoire de Caen : — Considérant qu'aux termes des lois ci-dessus visées, ainsi que le reconnaissent d'ailleurs le rapport du ministre des cultes au président de la République, en date du 10 septembre 1852, et les instructions, en date du 14 du même mois, adressées par le même ministre aux présidents des consistoires la détermination des justifications et garanties religieuses à exiger des citoyens qui prétendent être admis à l'exercice du culte dans les Eglises consistoriales et aux droits électoraux reste en dehors des attributions du pouvoir civil ; — Considérant que, par sa délibération en date du 10 janvier 1867, le consistoire de l'Eglise réformée de Caen a mis pour condition à l'inscription sur le registre paroissial : « d'adhérer à la doctrine chrétienne révélée dans les livres sacrés de l'Ancien et du Nouveau Testament, et dont l'abrégé se trouve dans la confession de foi commençant par ces mots : Je crois en Dieu, le Père tout-puissant, etc. » que cette délibération, dénoncée à notre garde des sceaux, ministre de la justice et des cultes, comme introduisant un changement dans la discipline des Eglises réformées et constituant une entreprise sur les consciences, a été annulée par la décision ci-dessus visée, en date du 26 mars 1867 ; — Considérant que le consistoire soutient que non seulement sa délibération n'a rien de contraire à la discipline de l'Eglise réformée de France, telle que cette Eglise a été réorganisée par la loi du 18 germinal an X et par le décret du 26 mars 1852, mais encore qu'elle est conforme aux anciens usages de l'Eglise réformée, à sa liturgie telle qu'elle a été pratiquée de tous temps ; — Considérant que la condition imposée par le consistoire de Caen était d'ordre purement religieux ; que si notre ministre des cultes estimait que la délibération qui la contenait introduisait un changement dans la discipline de l'Eglise réformée, ou constituait une entreprise sur les consciences, ce n'était pas à lui qu'il appartenait de prononcer l'annulation de cette délibération ; que, dès lors, le consistoire de Caen est fondé à nous demander l'annulation de la décision de notre ministre pour cause d'excès de pouvoirs :
» Article 1er. Est annulée, pour cause d'excès de pouvoirs, la décision en date du 26 mars 1867, par laquelle notre garde des sceaux, ministre de la justice et des cultes, a prononcé l'annulation de la délibération du consistoire de Caen, en date du 10 janvier précédent, relative aux conditions de l'électorat paroissial dans sa circonscription. — Article 2. Le surplus des conclusions du consistoire de Caen est rejeté. — Article 3. Les sieurs de Boislambert, Paisant et autres dénommés dans la requête en intervention sont condamnés aux dépens de leur intervention. »

opérés auxdites conditions par la résolution et la circulaire des 27 novembre et 22 décembre 1873 ». Dans les espèces à la suite desquelles ces arrêts ont été rendus, des opérations électorales avaient été annulées par le ministre des cultes parce que les églises où elles avaient eu lieu s'étaient refusées à tenir compte des conditions religieuses imposées à l'électorat par le synode général. Ces conditions avaient été notifiées aux consistoires par une circulaire ministérielle du 22 décembre 1873. La condition nouvelle, que par une résolution du 27 novembre 1873 le synode avait ajoutée aux conditions antérieurement exigées des électeurs, consistait dans l'obligation de déclarer « qu'ils restent attachés de cœur à l'église réformée de France et à la vérité révélée telle qu'elle est contenue dans les livres sacrés de l'Ancien et du Nouveau Testament ».

Il ne faut pas voir dans la fixation des conditions religieuses de l'électorat paroissial des églises réformées, une question de pure discipline. En effet, porte la circulaire ministérielle du 30 août 1880, si dans la législation de l'an X et jusqu'en 1852, il n'existe pas trace de semblables conditions, c'est parce que les articles 18, 23 et 24 de la loi du 18 germinal avaient maintenu les églises sous le régime du suffrage restreint, sans modifier dans son essence le principe posé à cet égard par la discipline de ces églises. Mais ces règles devenaient insuffisantes après que la législation de 1852 eût réorganisé l'église protestante sur la double base du suffrage universel et de la représentation de chaque paroisse par un conseil presbytéral investi d'attributions distinctes de celles des consistoires. L'extension considérable que recevait ainsi dans la pratique le principe protestant de l'administration des églises par la communauté des fidèles exigeait de toute nécessité qu'une réglementation claire et précise déterminât préalablement les caractères constitutifs de la qualité de protestant, attendu que, pour être admis à concourir à la formation d'un corps ecclésiastique ou à en faire partie, il est évident qu'il faut appartenir soi-même à l'église que ce corps aura pour mission de représenter.

Par conséquent, bien loin d'avoir un intérêt exclusivement ecclésiastique, la détermination exacte des conditions religieuses de l'électorat protestant importait donc tout particulièrement à l'Etat, car c'était pour lui le seul moyen de discerner sûrement ceux qui auront le droit de prétendre, soit comme électeurs, soit comme élus, à la constitution et à l'administration de l'église telle qu'elle est reconnue par lui, d'autant plus que le principe même sur lequel cette église repose, la soumet à des fluctuations doctrinales qui, dans un intérêt de bon ordre, doivent rester sans influence et sans action sur les éléments constitutifs de son existence légale ».

Aussi, dans la circulaire précitée, le ministre des cultes a indiqué d'une façon précise les caractères des conditions religieuses de l'électorat et les règles à suivre en ce qui les concerne. Suivant cette circulaire, la fixation des conditions religieuses de l'électorat paroissial forme un élément essentiel de la constitution d'une église basée sur le principe du suffrage universel et fait partie intégrante de l'œuvre de réorganisation de 1852, à l'exclusion de toutes dispositions contraires que contiendrait l'antique discipline des Eglises réformées de France. La fixation des conditions religieuses, telle qu'elle a été faite en 1852, a eu pour objet non point d'introduire, sous une forme indirecte, dans l'église protestante, le principe d'autorité en procurant aux majorités le moyen d'exclure, sous couleurs de dissidence, les minorités de la participation aux droits et avantages que l'Etat garantit à cette église, mais bien de permettre à l'Etat de distinguer toujours, dans l'ensemble des citoyens, ceux d'entre eux ayant qualité pour participer à ces avantages et à ces droits, que les conditions religieuses de l'électorat paroissial ne peuvent et ne doivent être qu'*externes*, enfin d'être toujours aisément saisissables par le gouvernement à qui incombe la mission de

faire respecter indistinctement les droits de chaque citoyen, sans qu'il ait à s'immiscer jamais dans les débats théologiques ni à pénétrer dans le for des consciences (1).

Par suite, les conditions dites *synodales* ne peuvent, en aucun cas, être exigées des membres des communautés réformées qui prétendent aux droits d'électeurs paroissiaux, et les conditions auxquelles la qualité d'électeur dans les églises protestantes de France est subordonnée sont celles qui ont été fixées par l'article 10 de l'arrêté ministériel du 10 septembre 1852 (2).

Nous avons dit que les conditions religieuses de l'électorat paroissial doivent être *externes ;* elles doivent être en outre *uniformes* dans l'universalité des églises établies sur le territoire, comme le sont les droits que l'Etat garantit à ces Eglises et à leurs membres. Enfin, elles doivent être *stables* sous peine de nécessiter, de la part du gouvernement, une intervention trop fréquente qui ne pourrait être que préjudiciable à la véritable liberté des églises. La confusion qui se perpétuerait entre l'église légale et l'église confessionnelle serait forcément funeste, puisque toute fluctuation d'opinion, sans laquelle pourtant il ne saurait exister de vie religieuse au sein du protestantisme, autoriserait aussitôt des appels à l'immixtion de l'Etat (3).

En résumé, les conditions religieuses fixées en 1852 restent à l'avenir les seules exigibles et applicables. Ces conditions sont les seules nécessaires ; toutes les autres sont exclues (4).

2231. Le paragraphe 1er de l'article 3 du décret du 12 avril 1880 porte que « le conseil presbytéral pourra, s'il le juge nécessaire, appeler devant lui, par décision individuelle, les demandeurs en inscription, sans que le défaut de comparaître puisse entraîner le refus d'inscription ». La comparution en personne cesse en principe d'être obligatoire quand il existe une demande écrite ; elle n'est plus considérée que comme un moyen plus simple et plus rapide que ne le serait une correspondance d'éclaircir certains points non précisés dans la demande écrite et qui peuvent néanmoins être essentiels pour déterminer le sens de la décision que le conseil presbytéral est appelé à prendre. Mais ce moyen d'information ne devra plus constituer la règle, comme il le comportait la pratique antérieure ; il a, dans le nouveau règlement, un caractère purement subsidiaire et exceptionnel (5). Aussi le conseil presbytéral devra se prononcer sur toute demande écrite qui lui sera parvenue, qu'elle ait été suivie ou non de comparution en personne, par décisions individuelles et motivées, qui devront être notifiées à tout intéressé par les soins du président, au plus tard dans les cinq jours qui suivront la clôture des opérations de révision des registres (6). Tout rejet de demande d'inscription faite par écrit, qui alléguerait uniquement le refus de se rendre à l'invitation du conseil presbytéral de comparaître devant lui, devra être annulé, comme insuffisamment motivé, par le consistoire, et, au besoin, par le ministre des cultes (7).

L'article 4 du décret du 12 avril 1880 détermine les formes et les délais des recours qui seront portés devant les consistoires contre les décisions ou l'absence de notification des décisions des conseils presbytéraux. Les formes à suivre pour ce recours sont les mêmes que celles qui sont prescrites par l'article 2 pour les demandes d'inscriptions. Dans l'un et l'autre cas, la demande peut être écrite ou verbale ; elle doit être adressée au président du corps ecclésiastique compétent, et il doit en être fait constatation par délivrance à l'intéressé d'un récépissé ou, en cas de demande verbale, d'un extrait du procès-verbal de déclaration.

Le consistoire prononce, dans le délai d'un mois, sur les recours dont il est saisi, par décisions individuelles et motivées. Les décisions doivent être notifiées le 30 décembre au

---

(1) Circ. min. 30 août 1880.

(1) Circ. min. 30 août 1880.
(2) Voir cont. 17 avril 1885 cité ci-dessus.
(3) Circ. min 30 août 1880.
(4) *Ibid.*
(5) Circ. min. 30 août 1880.
(6) D. 12 avril 1880, art. 3, § 2.
(7) Circ. min. 30 août 1880.

plus tard à l'intéressé, ainsi qu'au président du conseil presbytéral dont la décision ou le défaut de décision dans les délais fixés par le deuxième paragraphe de l'article 3 aura occasionné le recours devant le consistoire. Si le consistoire n'a pas statué sur le recours le 30 décembre au plus tard, l'inscription sur le registre paroissial est de droit (1). Ainsi, le défaut de décision dans le délai fixé équivaut, non au rejet, mais à l'admission de la demande. L'électeur, porteur du récépissé de sa demande adressée au consistoire, doit donc être admis à voter, à moins qu'il ne soit justifié d'une décision contraire notifiée en temps utile (2). Avant le 1er février qui suit la clôture des registres paroissiaux, les présidents des consistoires doivent adresser au ministre des cultes un tableau récapitulatif (3). Il suffit que les registres soient parafés par le président du consistoire. Ils peuvent n'être soumis aux vérifications de ce corps que dans une séance ultérieure qui est tenue au plus tard dans la première quinzaine de janvier (4).

2252. *Recours.* — Le décret du 12 avril 1880 a introduit sur ce point une innovation essentielle, en ce qu'il distingue selon que la décision attaquée portera sur les conditions civiles ou sur les conditions religieuses de l'électorat.

Autrefois, l'appel contre les décisions des consistoires prononçant refus d'inscription devait être porté dans tous les cas devant le ministre des cultes, sauf recours au Conseil d'Etat statuant au contentieux. On peut voir dans ce sens un arrêt du Conseil d'Etat du 11 août 1866, et Bathie, t. 5, p. 276.

Lorsque le refus d'inscription, opposé par le consistoire dans la décision motivée qu'il aura notifiée par écrit à l'intéressé est fondé sur le défaut d'âge, de résidence ou de capacité civile ou politique, la seule juridiction compétente pour statuer sur l'appel est le tribunal civil de l'arrondissement du domicile du demandeur (5). Les décisions de l'autorité judiciaire sont en dernier ressort. Elles sont toutefois toujours susceptibles d'être déférées à la Cour de cassation (6). Le recours doit être porté devant le tribunal civil dans les dix jours de la notification qui a été faite de la décision attaquée, le 30 décembre au plus tard, par le président du consistoire (7). L'affaire est introduite et jugée comme matière sommaire, sur simple acte, sans autres procédures ni formalités (8). Le pourvoi en cassation contre la décision du tribunal civil n'est recevable que s'il est formé dans les vingt jours de la signification du jugement, suivant les règles applicables de droit commun en pareille matière (9).

2253. Dans quelle forme doit être interjeté l'appel contre la décision du consistoire? Le décret du 12 avril 1880 ne donne aucune solution à ce sujet; il décide simplement, comme nous l'avons vu, qu'il y sera statué en comme matière sommaire. Un jugement du tribunal de Bergerac du 24 janvier 1883 a décidé que cet appel ne peut être formé que par voie d'assignation..... qui l'un adversaire auquel l'exploit peut être signifié, tel que l'électeur dont il demandait au consistoire d'ordonner la radiation (10). Si l'appelant n'a pas d'adversaire, le recours doit être formé au moyen d'une déclaration au greffe du tribunal civil (11).

Le tribunal de Périgueux a décidé toutefois, le 2 février 1883, que cet appel doit toujours être formé par déclaration au greffe, conformément à l'article 22 du décret du 2 juin 1852 sur les élections politiques.

La Cour de cassation a décidé que les décisions rendues par les consistoires en exécution du décret de 1880 constituant de véritables jugements, les membres qui y concourent ne peuvent figurer comme parties, soit spontanément, soit sur la provocation d'un tiers, ni dans l'instance d'appel, ni devant la Cour de cassation (1). L'appel d'une pareille décision est donc nul, s'il a été relevé contre le président du consistoire qui a statué en qualité de juge du premier degré.

2254. Indépendamment du recours contre les décisions portant sur les conditions civiles, que nous venons d'examiner, il peut y avoir recours contre des décisions consistoriales portant refus d'inscription et se fondant sur le non accomplissement d'une ou de plusieurs des conditions *religieuses* de l'électorat. Dans ce cas, le recours doit être formé, dans les dix jours de la notification, devant le ministre des cultes. La décision du ministre des cultes peut elle-même être déférée dans les trois mois, en dernier ressort, par l'intéressé au Conseil d'Etat statuant au contentieux (2). Le Conseil d'Etat a décidé à ce sujet : 1° que le ministre des cultes, ayant compétence pour statuer sur les conditions religieuses de l'électorat, peut, sans excéder la limite de ses attributions, décider si l'admission à la Sainte Cène, dont un protestant entend se prévaloir pour obtenir son inscription sur la liste électorale, est régulière (3) ; 2° qu'il faut considérer comme appartenant à l'église réformée, dans le sens de l'article 10 de l'arrêté ministériel du 10 septembre 1852, celui qui a été admis à la Sainte Cène par un pasteur exerçant son ministère dans ladite église, alors même que la réception de la Sainte Cène s'est accomplie dans un lieu de culte qui n'est pas rattaché officiellement au service du culte de cette église et qui est placé sous la direction d'un pasteur dissident (4) ; 3° qu'il appartient au ministre des cultes, et non au tribunal civil, de statuer sur le recours dirigé contre une décision du consistoire portant refus d'inscription sur la liste électorale, alors que la question à juger porte non sur le fait du domicile du réclamant dans la paroisse, mais sur le point de savoir si le réclamant peut compter, pour l'électorat, le temps où il a été domicilié sur le territoire de la paroisse avant son admission dans l'église réformée (5).

La circulaire du 30 août 1880 déclare que les délais fixés par les articles 2, 3, 4, 5 et 6 du décret du 12 avril 1880 sont de rigueur, et que, par suite, il ne peut plus être fait application de la disposition de la circulaire ministérielle du 9 décembre 1867 qui autorisait l'admission des réclamations jusqu'au deuxième dimanche de janvier inclusivement.

2255. *Radiations.* — Toutes les incapacités édictées par les lois et entraînant la privation du droit électoral politique et municipal font perdre le droit électoral paroissial (6).

Lorsque l'indignité est notoire, la radiation ou l'omission du nom est prononcée par le conseil presbytéral au scrutin secret, sans discussion et seulement à l'unanimité des voix (7).

La radiation est de droit et devra être opérée à toute époque, soit d'office par le conseil presbytéral, soit sur la demande d'un ou de plusieurs électeurs, toutes les fois que l'incapacité résultera d'une condamnation judiciaire ou d'une décision ayant acquis l'autorité de la chose jugée, ainsi que lorsque l'électeur inscrit sera décédé (8).

La circulaire du 30 août 1880 déclare qu'il y a lieu de comprendre parmi les incapacités celles qui résultent des articles 3 et 6 de la loi du 23 janvier 1871 sur l'ivresse publique, et de l'article 6 de la loi électorale du 7 juillet 1874.

Les radiations fondées sur tout autre motif ne pourront, au contraire, être faites par le conseil presbytéral que lors de la révision annuelle du registre du 16 octobre au 15 novembre inclusivement (9). Elles ne pourront plus être opérées après

---

(1) D. 12 avril 1880, art. 5.
(2) Circ. min. 30 août 1880.
(3) Circ. min. 30 août 1880 ; 28 février 1881.
(4) Circ. min. 28 février 1881.
(5) D. 1er avril 1880, art. 6.
(6) *Ibid.* art. 6, § 2.
(7) *Ibid.* art. 6, § 1er, comb., art. 5.
(8) *Ibid.* art. 6, § 1er, comb. code de procédure civile, art. 404 et suivants.
(9) *Ibid.* art. 6 §§ 3 et 4.
(10) Conc. de M. l'avocat général, Cass. civ., rej., 19 juin 1883.
(11) *Ibid.*

(1) Cass. civ., rej., 19 juin 1883.
(2) D. 12 avril 1880, art. 6 al. 5° 6.
(3) Cont. 17 avril 1885, reproduit ci-dessus.
(4) Cont. 17 avril 1885, reproduit ci-dessus.
(5) *Ibid.*
(6) Arr. min. 10 septembre 1852, art. 11.
(7) Arr. min. 10 septembre 1852, art 12 ; — déc. cultes, 18 mai 1882
— Lods, *op. cit.*, p. 19.
(8) D. 12 avril 1880, art. 7 ; — circ. min., 30 août 1880.
(9) D. 12 avril 1880, art. 7, § 1 ; art. 2, § 2.

que le registre aura été définitivement clos (1) ; il est en effet de jurisprudence constante en matière électorale que, pendant l'intervalle qui s'écoule chaque année entre la clôture et la révision de la liste des électeurs, chacun de ceux qui y sont inscrits puise dans le fait de son inscription un droit qui ne peut plus lui être contesté sous aucun prétexte (2).

Les décisions portant radiation sont rendues dans les mêmes formes et sont soumises aux mêmes recours que celles qui prononcent sur les demandes d'inscription (3).

Les décisions des conseils presbytéraux et des consistoires portant refus d'inscription ou radiation devront être rendues dans la forme ordinaire des délibérations de ces corps, c'est-à-dire à la majorité des voix, avec prépondérance de celle du président en cas de partage (4).

2256. *Elections.* — Aux termes de l'article 9 du décret du 12 avril 1880, les élections pour le renouvellement triennal des conseils presbytéraux et des consistoires ont lieu de plein droit le second dimanche du mois de février. Cette date doit être rigoureusement observée ; elle a été fixée d'une façon précise pour mettre fin aux causes d'indécision et de trouble que faisait naître l'insuffisance de la réglementation antérieure. Ce n'est qu'exceptionnellement et par mesure transitoire que l'article 17 du décret du 12 avril 1880 a accordé aux ministres des cultes la faculté de la reculer, lors de l'application du nouveau règlement (5).

Il est de jurisprudence constante, porte la circulaire du 28 février 1881, que l'ajournement accidentel que les élections générales ont pu antérieurement éprouver n'a jamais eu pour effet d'altérer le principe de la période triennale, ayant eu comme premier point de départ l'époque de la formation première, en 1852-1853, des corps ecclésiastiques actuels, conformément à la réorganisation introduite par le décret du 26 mars 1852. Il a été, en particulier, déclaré et entendu, en Conseil d'Etat, lors de la discussion du décret du 12 avril 1880, que nonobstant le retard qui a dû être mis aux élections générales qui vont avoir lieu, elles seront réputées avoir été faites dès le commencement de l'année 1880, c'est-à-dire au début de la présente période triennale, de telle sorte que la période triennale subséquente, où de nouvelles élections générales seront nécessaires, échoira de plein droit en février 1883, et que les membres qui seront élus ou réélus aux élections générales de la présente année resteront en fonctions jusqu'au mois de février 1886.

Tout renouvellement triennal des corps ecclésiastiques comprend à la fois :

1° Le renouvellement par moitié des conseils presbytéraux de chaque paroisse ;

2° Le remplacement des membres laïques décédés ou démissionnaires, dont le mandat n'était pas expiré ;

3° Le renouvellement par moitié des représentants des paroisses aux consistoires et le renouvellement intégral des délégués des conseils presbytéraux.

La règle du renouvellement de la moitié des membres de tout conseil presbytéral, au début de chaque période triennale, ne souffre aucune exception ; elle s'applique à tous ces corps indistinctement, si récente qu'en ait été la formation (en cas de création de nouvelles paroisses), ou la reconstitution (en cas de décès ou de démission), ou le renouvellement intégral (en cas de démission en masse entre deux périodes triennales) (6).

Les membres sortants sont désignés par voie de tirage au sort (7). Le renouvellement fixé par un premier tirage au sort devra être indéfiniment observé d'un renouvellement à l'autre (8).

Dans les paroisses où le nombre des anciens est impair, le renouvellement porte alternativement sur la plus forte et la plus faible moitié, et en commençant par la plus forte (1).

2257. L'article 1er de l'arrêté du 10 septembre 1852 a déterminé comme suit le nombre des membres laïques de chaque conseil presbytéral d'après l'importance présumée des paroisses : cinq membres laïques pour les paroisses n'ayant qu'un pasteur ; six pour deux pasteurs ; sept pour trois pasteurs et au-dessus.

Le même article ajoute : « Néanmoins, il n'y aura que quatre membres dans les communes n'ayant que quatre cents âmes de population totale. »

Comment faut-il entendre cette expression : « communes n'ayant que quatre cents âmes de population totale » ?

Elle doit être entendue en ce sens, dit la circulaire du 28 février 1881, que le nombre des membres laïques n'est limité à quatre que dans le cas seulement où l'ensemble de la population protestante des communes ou des localités comprises dans une même circonscription paroissiale n'excédera pas quatre cents âmes (2).

En d'autres termes, le chiffre qui doit être uniquement considéré en pareil cas est celui de la population protestante de toute l'étendue de la circonscription de la paroisse, et non celui de la population civile du chef-lieu paroissial.

Lors de chaque renouvellement triennal il doit être en même temps pourvu, par le même scrutin, à tous les sièges de membres laïques devenus vacants pour autre cause que celle d'expiration du mandat, et dont les précédents titulaires n'auraient pas encore été remplacés par des élections complémentaires partielles. Les électeurs devront être préalablement avertis de cette circonstance, et mention spéciale en sera faite au procès-verbal de l'élection.

Les membres ainsi nommés ne le sont que pour la durée qui restait à courir du mandat de celui auquel ils succèdent.

Contrairement à ce que décidait une circulaire ministérielle du 26 novembre 1855 (3), les sièges devenus vacants pour l'une de ces causes spéciales ne doivent pas être compris dans le calcul du nombre des sièges à pourvoir, par voie d'élections générales, pour cause d'expiration de mandat (4).

L'article 10 du décret du 12 avril 1880 dispose que : « en cas de vacance par décès ou démission (dans l'intervalle de deux élections générales pour le renouvellement triennal des corps ecclésiastiques), les électeurs peuvent être convoqués par une décision du consistoire. Si le conseil presbytéral a perdu le tiers de ses membres *laïques* ou si une section de paroisse n'est plus représentée au sein du conseil presbytéral, l'élection a lieu dans le délai de deux mois.

Pour des motifs analogues, et bien que le décret soit muet à cet égard, il conviendra de faire également procéder sans délai à des élections partielles toutes les fois que le représentant d'une paroisse au consistoire décédera ou donnera sa démission pendant le cours de son mandat (5).

De même que les membres laïques des conseils presbytéraux, les représentants des paroisses, appelés à doubler le conseil presbytéral du chef-lieu, conformément à l'article 2, paragraphe 2, du décret du 26 mars 1852, sont renouvelés tous les trois ans par moitié.

Le renouvellement a lieu de plein droit, comme celui des conseils presbytéraux, au second dimanche du mois de février (6).

Les deux élections ont lieu, en conséquence, le même jour et dans le même local, mais par scrutins séparés, et les résultats des deux opérations sont consignés dans des procès-verbaux distincts (7).

Les représentants des paroisses ayant pour mission de doubler le nombre des membres laïques du conseil presbytéral

(1) *Ibid.* art. 5.
(2) Circ. min. 30 août 1880.
(3) D. 12 avril 1880, art. 8.
(4) Arr. min. 20 mai 1853, art. 10 ; — circ. min. 30 août 1880.
(5) Circ. min. 28 février 1881.
(6) Circ. 28 février 1881.
(7) Arr. 10 septembre 1852, art. 26.
(8) Circ. 28 février 1881.

(1) Arr. 10 septembre 1852, art. 20, 2e alinéa.
(2) Avis du conseil central, 19 mars 1880.
(3) *Circ. cultes*, t. II, p. 520.
(4) Circ. min. 28 février 1881.
(5) Circ. 28 février 1881.
(6) Circ. 28 février 1881.
(7) *Ibid.*

du chef-lieu ne peuvent jamais être qu'en nombre égal à celui des membres laïques de ce dernier conseil presbytéral, et ce chiffre, à son tour, est déterminé par celui des pasteurs titulaires de la paroisse chef-lieu (1). Il résulte de là que le nombre des représentants à envoyer à chaque consistoire peut être inférieur à celui des paroisses comprises dans la circonscription. Dans ce cas, la répartition des représentants entre les diverses paroisses devra être faite équitablement à l'avance, sous l'autorité du ministre, par les consistoires intéressés (2), en prenant pour base le chiffre proportionnel du nombre des électeurs de chacune des paroisses et en fixant, quand il y aura lieu, entre plusieurs paroisses l'alternance suivant laquelle elles auront à pourvoir de six ans en six ans à un même siège de représentant (3).

La paroisse du chef-lieu du consistoire est admise à concourir pour sa part à l'élection de représentants ou membres doublants.

Rien ne s'oppose à ce qu'une même paroisse élise plusieurs représentants si cela est reconnu nécessaire ; mais deux paroisses ne peuvent être réunies pour concourir à la fois à l'élection d'un même représentant (4).

Le roulement destiné à fixer l'ordre de renouvellement triennal par moitié est établi par voie de tirage au sort sur l'ensemble des membres doublants de chaque circonscription consistoriale, sans égard aux paroisses qui auraient droit à des élections multiples (5).

L'institution des représentants ou membres doublants ayant eu particulièrement en vue de faciliter les réunions consistoriales, il est prescrit de les choisir de préférence au chef-lieu du consistoire (6).

2258. Ces prescriptions ne sont applicables que lorsqu'il y a lieu de procéder à des élections générales ou partielles dans des paroisses ayant à leur tête des pasteurs directement confirmés et rétribués par l'Etat et dont les corps ecclésiastiques ont, par suite, un caractère strictement officiel. Au contraire, en ce qui concerne les conseils presbytéraux officieux que les consistoires jugent utile d'organiser dans les sections non encore érigées en paroisses, à l'effet d'assister les pasteurs auxiliaires qui y sont préposés, leur constitution et leur renouvellement sont affaires d'ordre purement intérieur, dans lesquelles l'administration des cultes n'intervient à aucun degré (7).

En conséquence, les opérations électorales relatives à la formation ou au renouvellement de pareils corps officieux ne doivent pas figurer dans le procès-verbal général que les consistoires ont à adresser au ministre des cultes (8).

2259. IV. *Éligibilité.* — L'inscription sur le registre paroissial est une condition essentielle et primordiale pour pouvoir être valablement élu ; au cas contraire, l'élection est nulle. Le défaut d'âge, notamment, ne saurait être couvert par aucune dispense (9). La circonstance qu'un élu non porté sur le registre remplirait, d'ailleurs, toutes les conditions requises pour pouvoir réclamer son inscription ne suffirait pas à valider l'élection dont il aurait été l'objet : c'est le fait même de l'inscription que la loi considère uniquement (10).

L'inscription sur le registre électoral d'une paroisse étant subordonnée à la condition de domicile, il en résulte que l'éligibilité est subordonnée à la même condition, ou, en d'autres termes, que nul n'est éligible que dans la paroisse à laquelle il appartient comme électeur (11). Il résulte à plus

forte raison de la même règle que nul ne peut être membre de plusieurs conseils presbytéraux.

Les électeurs paroissiaux qui ont profité de la dispense de domicile soit comme fonctionnaires, soit comme n'ayant changé de domicile que dans la limite de la même circonscription consistoriale, sont immédiatement éligibles dans leur nouvelle paroisse au même titre que tout autre électeur inscrit (1). Spécialement les militaires et marins jouissant de la qualité d'électeurs paroissiaux sont aptes à remplir le mandat d'anciens ou de représentants d'une paroisse, en tant que les lois et règlements spéciaux qui les régissent ne s'y opposent pas (2).

Les membres sortants des conseils presbytéraux et des consistoires peuvent toujours être réélus (3), tant qu'ils continueront à remplir toutes les conditions requises pour être éligibles (4).

Outre le cas de perte de la qualité d'électeur, sans laquelle celle d'éligible ne saurait subsister, l'éligibilité n'existe pas ou cesse dans divers cas qui sont communément confondus sous le terme générique d'*incompatibilités.* On peut distinguer à ce sujet : 1° l'inéligibilité ; 2° les incompatibilités proprement dites ; 3° les empêchements pour cause de parenté ou d'alliance.

2260. *Inéligibilité.* — Pour être éligible aux fonctions de membre d'un conseil presbytéral ou d'un consistoire, il faut être laïque (5). En conséquence, sont inéligibles, tant comme anciens ou délégués que comme représentants, les électeurs qui ont reçu la consécration au ministère. Aucune distinction ne doit et ne peut être admise à cet égard : l'inéligibilité persiste de ce chef soit qu'il y ait eu renonciation à la carrière pastorale, soit même que la personne consacrée n'ait jamais encore exercé en fait aucune fonction ecclésiastique (6).

Il n'y a pas lieu de distinguer non plus selon que la consécration a été conférée dans une des églises nationales ou par une église étrangère : dans l'une et l'autre hypothèse l'inéligibilité est la même ; elle ne saurait être couverte en aucun cas, car elle est tirée de l'impossibilité de réunir sur la même tête deux qualités qui s'excluent, aussi bien que de la convenance qu'il y a de n'admettre personne à jouir alternativement et à son gré des privilèges attachés à l'une ou l'autre de ces qualités.

L'inéligibilité emporte nullité de l'élection de l'inéligible (7).

2261. *Incompatibilités.* — Il y a incompatibilité entre l'exercice du mandat de membre d'un conseil presbytéral ou d'un consistoire et : 1° les fonctions d'instituteur communal (8), mais non pas avec celles d'instituteur libre (9) ; 2° les fonctions d'agents ou employés rétribués ou salariés par les églises tels que concierges, surveillants, bedeaux, sacristains, sonneurs, chantres, etc. Cette incompatibilité s'étend même aux receveurs ou agents comptables des deniers ecclésiastiques, qui reçoivent, à un titre quelconque, un traitement, une rétribution ou une rémunération sur les fonds de l'église. Mais il résulte des articles 3, 4 et 8 de l'arrêté du 20 mai 1833 qu'il en est différemment pour les trésoriers des conseils presbytéraux et des consistoires, lesquels doivent toujours être pris parmi les membres laïques de ces corps ; il faut en conclure, par application de ce qui vient d'être dit,

---

(1) Comp. arr. 10 septembre 1852, art. 1.
(2) Circ. 14 septembre 1852.
(3) Avis du conseil central, 18 mars 1880.
(4) Circ. 10 novembre 1852, n° 10, 2°.
(5) Circ. 28 février 1881.
(6) *ibid.*
(7) Arr. 20 mai 1833, art. 1er, § 5.
(8) Circ. 28 février 1881.
(9) Comp. arr. 10 septembre 1852, art 9, § 2 ; — Comb. D. 1880, art. 5, Circ. 30 août 1880. n° 11.
(10) Circ. 28 février 1881.
(11) Circ. min 30 août 1880, 28 février 1881.

(1) Circ. min. 15 novembre 1861, 9 décembre 1867, 28 février 1881.
(2) Circ. 28 février 1881.
(3) Arr. 10 septembre 1852, art. 21.
(4) Circ. 28 février 1881.
(5) D. 26 mars 1852, art 1 ; — arr. 10 septembre 1852, art. 1.
(6) Circ. 9 décembre 1867 ; — Avis du conseil central, 19 mars 1880.
(7) Circ. 28 février 1881.
(8) Avis du conseil central, 18 mars 1880 ; — Circ. 15 novembre 1861, 28 février 1881.
(9) Circ. 28 février 1881. — Suivant M. Loàs, depuis la loi du 28 mars 1852, qui enlève aux consistoires le droit de présentation pour les instituteurs appartenant aux cultes non catholiques, ceux-ci sont éligibles.

que ces fonctions sont, par leur nature, forcément gratuites et doivent être acceptées et remplies par dévouement aux intérêts de l'église (1).

2262. *Empêchements pour cause de parenté ou d'alliance.* — Les ascendants et descendants, les frères et alliés au même degré ne peuvent être membres du même conseil presbytéral (2).

L'empêchement n'existe pas seulement quant aux laïques entre eux, mais aussi par rapport aux pasteurs (3).

En ligne directe, l'empêchement résultant de parenté ou d'alliance est indéfini ; il est produit par la parenté adoptive et l'alliance aussi bien que par la parenté naturelle (4).

En ligne collatérale, il n'y a d'empêchements qu'entre frères et entre beaux-frères, mais il ne faut pas appliquer abusivement cette dernière expression aux maris de deux sœurs (5).

Entre alliés l'empêchement cesse par le décès de la personne qui avait produit l'alliance, sauf entre le beau-père et le gendre devenu veuf dans le cas où il existerait des enfants du mariage (6).

Si l'empêchement intervient postérieurement à l'élection, il y a lieu de distinguer suivant qu'il se produit entre membres laïques ou entre ecclésiastique et laïque.

Au premier cas, la préférence doit se terminer par la voie du sort, à défaut de renonciation volontaire de l'un des membres du degré prohibé.

Dans le second cas, l'ecclésiastique, faisant de droit partie du conseil presbytéral, ne saurait en être exclu ; ce sera donc le membre laïque qui devra être remplacé (7).

Des dispenses, à raison de parenté ou d'alliance au degré prohibé, peuvent être accordées par le Ministre des Cultes, sur l'avis du conseil central des églises réformées, dans les paroisses ayant moins de soixante électeurs (8).

L'article 4 de l'arrêté du 10 septembre 1852 n'a établi d'empêchements pour cause de parenté ou d'alliance qu'à l'égard des « membres du même conseil presbytéral ». On en conclut que ces mêmes empêchements n'existent pas entre parents ou alliés appelés à siéger dans le même consistoire (9).

2263. **V.** *Opérations électorales.* — Qu'il s'agisse d'élections générales (10) ou d'élections partielles (11), c'est à chaque consistoire qu'il appartient de prendre, en temps utile, toutes les mesures propres à assurer la régularité des opérations. Le consistoire détermine, s'il y a lieu, les localités d'une même paroisse dans lesquelles un scrutin sera ouvert, indépendamment de celui du chef-lieu paroissial. Il fixe également, pour chaque section de vote, par voie de mesure générale ou particulière, les heures précises d'ouverture et de clôture du scrutin, et en donne avis, quinze jours au moins à l'avance, au maire de la commune où l'on vote à huis clos (12).

Le scrutin ne dure qu'un jour. Il a toujours lieu un dimanche (13).

Le vote a lieu sous la présidence d'un pasteur ou, à son défaut, d'un ancien désigné par le conseil presbytéral. Deux électeurs, désignés également par le conseil presbytéral, complètent le bureau. L'un d'eux remplit les fonctions de secrétaire (14).

Le bureau prononce, à titre provisoire, seulement sur les difficultés qui s'élèvent au cours des opérations du scrutin, en se conformant aux règles rappelées par la présente circu-

laire. Il n'est pas juge des questions d'incapacité ou d'incompatibilité. — Ses décisions doivent être motivées. — Toutes les réclamations et décisions sont insérées au procès-verbal.

Le président a seul la police de l'assemblée. Il veille à y maintenir l'ordre et à interdire toute discussion et toute délibération dans le lieu du vote (1).

Tout électeur doit, pour voter, comparaître en personne, nul n'étant admis à voter par correspondance ni par procuration ou délégation donnée à un tiers.

Le vote de chaque électeur est constaté sur la liste électorale, en marge de son nom, par la signature ou le parafe d'un des membres du bureau.

Le scrutin, déclaré ouvert par le président, ne peut être suspendu ni interrompu tant que la clôture n'en a pas été prononcée, à l'heure déterminée par la délibération prise, à cet effet, par le consistoire.

Nul ne peut être admis à voter s'il n'est inscrit sur la liste électorale paroissiale close par le consistoire conformément à l'article 5 du décret du 12 avril 1880.

Toutefois, sont admis à voter, quoique non inscrits :

1° Les électeurs réintégrés en vertu d'une décision, jugement ou arrêt, dans les cas prévus par l'article 6 du décret du 12 avril 1880 ; 2° Les électeurs auxquels la décision consistoriale, portant confirmation de la radiation ou du refus d'inscription les concernant, n'a pas été régulièrement notifiée en temps utile (2).

Tout membre de l'église qui n'a été inscrit sur la liste électorale que postérieurement à la clôture officielle des registres ne peut être admis à exercer ses droits d'électeur qu'à partir de l'année qui suit la prochaine opération de révision et de clôture des registres (3).

Les élections ont lieu au scrutin secret (4). Le papier des bulletins doit être blanc et sans signes extérieurs. Chaque électeur appelé à voter remet son bulletin préalablement plié, au président du bureau, qui le dépose dans la boîte du scrutin.

Les électeurs, doivent apporter leur bulletin préparé en dehors de l'assemblée (5).

Toutes les fois qu'il y a lieu d'élire, par le même scrutin, plus d'un membre, d'un *même corps*, l'élection est faite au scrutin de liste pour toute la paroisse.

Néanmoins, dans les cas où les diverses localités comprises dans une même circonscription paroissiale auraient obtenu du consistoire d'ouvrir un scrutin particulier, indépendamment de celui du chef-lieu, il est loisible au consistoire de répartir en même temps le nombre total des membres à élire entre les diverses sections ou annexes, si l'étendue de la circonscription s'oppose à ce que les électeurs aient une connaissance suffisante des membres de l'église sur lesquels ils ont à porter leur choix, ou si, dans quelque section, la population protestante est d'importance telle qu'il y ait lieu de lui assurer une représentation déterminée à l'avance (6). Mais, dans aucun cas, le consistoire ne peut imposer aux électeurs l'obligation de ne choisir leurs candidats que dans les limites mêmes de la section, à l'exclusion du reste de la circonscription paroissiale (7).

Le président du bureau prononce la déclaration de la clôture du scrutin.

La clôture du scrutin prononcée, il est immédiatement procédé, en public, au dépouillement par le bureau, qui vérifie d'abord le nombre des bulletins déposés.

Chaque bulletin dépouillé doit être lu en entier et à haute voix.

Les bulletins sont valables, bien qu'ils portent plus ou moins de noms qu'il n'y a de membres à élire. Les derniers noms inscrits au delà de ce nombre ne sont pas comptés. Si un

---

(1) Circ. 28 février 1881.
(2) Circ. 10 septembre 1852, art. 4.
(3) Circ. 10 novembre 1852, n° 4.
(4) Circ. 28 février 1881.
(5) Avis du conseil central, 18 mars 1880.
(6) Circ. 28 février 1881.
(7) *Ibid.*
(8) Arr. 10 septembre 1852, art. 4.
(9) Avis du conseil central, 18 mars 1880.
(10) D. 1880, art. 9.
(11) *Ibid.*, art. 10.
(12) Circ. 28 février 1881.
(13) D. 1880, art. 9.
(14) Arr. 10 septembre 1852, art. 17.

(1) Circ. 28 février 1881.
(2) Circ. 30 août 1880 ; 28 février 1881.
(3) D. 12 avril 1880, art. 2 § 2, et art. 5 ; — Circ. 30 août 1880, n° 8.
(4) Arr. 10 septembre 1852, art 15.
(5) D. 12 avril 1880, art. 11.
(6) Circ. 14 septembre 1852 ; 10 novembre 1852 ; 28 février 1881.
(7) Circ. 28 février 1881.

nom se trouve répété sur le même bulletin, il n'est compté que pour un seul vote.

Les bulletins blancs ou illisibles, ceux qui ne contiennent pas une désignation suffisante ou dans lesquels les votants se font connaître, n'entrent pas en compte dans le résultat du dépouillement, pour fixer la majorité absolue, mais ils sont annexés au procès-verbal (1).

Le Conseil d'État a décidé que si, dans une élection pour le renouvellement d'un conseil presbytéral on a compté à tort un certain nombre de bulletins irréguliers ou remis par des individus n'ayant pas droit de voter, les élections ne sont pas nulles cependant si, déduction faite d'un nombre égal de voix, le candidat élu conserve la majorité exigée (2).

Les élections ont lieu à la majorité absolue des suffrages (3).

La majorité absolue se calcule sur le nombre des suffrages exprimés, défalcation faite des votes nuls et non de celui des électeurs inscrits; d'autre part, il n'est pas nécessaire, pour la validité des élections paroissiales, que le quart au moins des électeurs aient pris part au scrutin (4).

Si le nombre des bulletins déposés est supérieur à celui des votants, il y a lieu de déduire, pour le calcul de la majorité absolue et du nombre des suffrages obtenus par ceux des candidats qui ont réuni le plus de voix, autant de suffrages

qu'on a trouvé dans l'urne de bulletins en sus du nombre des émargements (1).

Si la majorité absolue n'est pas acquise au premier tour de scrutin, une seconde élection a lieu, et, dans ce cas, la majorité relative suffit (2).

A moins que le consistoire en ait décidé autrement au début de la période électorale, le second tour de scrutin aura lieu de droit le dimanche suivant (3).

S'il y a partage de voix entre deux candidats, le plus âgé est déclaré élu (4).

En cas de nomination de deux ou plusieurs parents ou alliés aux degrés prohibés, celui qui a réuni le plus de voix est déclaré élu (5).

Quand il y a lieu de procéder, dans un même scrutin, au renouvellement triennal d'un conseil presbytéral et au remplacement de membres décédés ou démissionnaires dont le mandat n'est pas encore expiré, sont réputés élus pour la plus longue période ceux qui ont obtenu le plus de suffrages : ceux qui en ont obtenu le moins succèdent aux sièges dont le titre est soumis au plus prochain renouvellement (6).

Le dépouillement terminé, les résultats de chaque scrutin sont aussitôt proclamés publiquement par le président du bureau. Ils sont proclamés, en outre, du haut de la chaire, à l'issue du service religieux du dimanche qui suit la déclaration de validité (7).

Le procès-verbal des opérations électorales est dressé séance tenante par le secrétaire et signé par lui, ainsi que par les autres membres du bureau. Il est immédiatement envoyé au conseil presbytéral, pour être transmis par lui au consistoire (8).

Il est fait mention au procès-verbal de toute réclamation ou protestation intervenue au cours des opérations électorales, et les pièces à l'appui y compris les bulletins de vote nuls ou douteux, y sont annexés après avoir été parafés par les membres du bureau (9).

Toutes opérations électorales ecclésiastiques, tant celles qui concernent le choix des représentants des paroisses et des délégués des conseils presbytéraux au consistoire que celles qui sont relatives à l'élection des membres laïques des conseils presbytéraux, sont soumises à la vérification du consistoire de la circonscription. Le consistoire se réunit pour statuer sur la validité des élections, dans un délai de quinze jours à partir de la réception des procès-verbaux (10).

C'est le consistoire renouvelé et non l'ancien, qui doit procéder à la vérification des procès-verbaux d'élection (11).

Tout électeur a le droit de critiquer ou d'arguer de nullité les opérations électorales de l'assemblée dont il fait partie. Il n'est pas nécessaire, pour l'exercice de ce droit, qu'il ait personnellement participé au vote.

Les réclamations ou protestations doivent être consignées au procès-verbal lorsqu'elles se produisent au cours des opérations, ou être adressées, à peine de nullité, au consistoire dans les dix jours qui suivent la proclamation du scrutin (12).

Les décisions statuant sur les protestations des électeurs doivent être rendues dans le délai d'un mois à partir de la date de leur réception (13).

Les décisions du consistoire sont motivées et signifiées à tous les intéressés, candidats ou réclamants (14).

En l'absence de toute protestation, le consistoire peut valider ou annuler d'office tout ou partie des opérations électorales, dans le délai de quinze jours à partir de la réception

(1) Circ. 28 février 1881.
(2) Cons. 11 août 1866 : « Napoléon, etc.; — Considérant que les deux recours sont relatifs aux mêmes opérations électorales et tendent aux mêmes fins; qu'il y a lieu de les joindre et de statuer par un seul décret;

« En ce qui touche le recours des sieurs Fabre, Hachette, Laroze, Frère et Serre : — Considérant qu'aucune disposition de loi ou de décret n'autorise à se pourvoir directement devant nous en notre conseil d'État contre les actes par lesquels les consistoires statuent en matière électorale, que c'est devant notre ministre des cultes que devait d'abord être porté le recours;

« Sur le pourvoi des sieurs Legrand, Lecoq de Boisbaudran et Merkin : — Sur le grief tiré de ce que le consistoire de l'église réformée de Paris aurait, par le règlement du 6 juillet 1864, contevenu l'inscription des électeurs au registre paroissial, créé des conditions d'électorat contraires à l'arrêté du 10 septembre 1852 et aux circulaires ministérielles, et aurait ainsi entravé l'exercice du droit électoral qui appartenait aux membres de l'Église réformée de Paris; — Considérant que si l'autorité civile peut déterminer les conditions civiles et administratives de l'électorat, c'est aux églises seules qu'il appartient de régler et de reconnaître les justifications de la garanties religieuses; — Considérant d'ailleurs que, par un arrêté du 24 avril 1865, notre ministre des cultes aurait déjà décidé que, par le règlement du 6 juillet 1864, il n'a été apporté aucune dérogation aux règles tracées par l'arrêté du 10 septembre 1852; — Sur le grief tiré de la confection du registre paroissial et des irrégularités commises dans les inscriptions sur ce registre; — Considérant que ce grief n'est pas justifié, et que les reproches de mauvaise foi et de manœuvres ayant pour but de porter atteinte à la sincérité des élections, reproches articulés par les requérants, sont complètement démentis par l'instruction;

« En ce qui touche la décision du 3 février 1865; — Sur le grief tiré de ce que le consistoire aurait été composé irrégulièrement et contrairement aux prescriptions de l'arrêté du 10 septembre 1852 ; — Considérant que l'article 8 de l'arrêté du 10 septembre 1852 n'exige pas la présence de la moitié des pasteurs des sections et de la moitié des délégués de ces sections; qu'il suffit que la moitié des pasteurs des sections et des délégués des sections réunis en seul nombre prennent part à la délibération; — Considérant qu'à la séance du 3 février étaient présents quatre pasteurs de sections et un délégué laïque; que le grief tiré de ce que, dans les élections des 22, 23 et 24 janvier on aurait compté des bulletins signés et de ce qu'on aurait ainsi porté atteinte au secret des votes; — Considérant qu'en admettant que cinq bulletins signés auraient été maintenus à tort parmi les suffrages exprimés et qu'il y ait lieu de déduire ces cinq bulletins du nombre des voix attribuées aux candidats, le dernier des membres proclamés réunit encore, après cette déduction, seize voix de plus que la majorité absolue;

« En ce qui touche l'élection des 5, 6 et 7 mars 1865 : — Sur le grief tiré de ce que cinq électeurs inscrits auraient été empêchés de prendre part au vote et auraient été remplacés par des étrangers, et de ce que, dès lors, dix voix auraient dû être retranchées au candidat élu; — Considérant que ces allégations sont démenties par les attestations de quatre de ces cinq électeurs, qui déclarent avoir pris eux-mêmes part au scrutin; qu'en ce qui touche le cinquième électeur, si la mort de cet électeur, survenue depuis les opérations, n'a pas permis d'instruire complètement sur ce point, le retranchement d'une vote laisserait encore au candidat proclamé une majorité de dix voix ;

« Article 1er. Le recours des sieurs Fabre, Hachette, Laroze, Frère et Serre est rejeté comme non recevable. — Article 2. Le recours des sieurs Legrand, Lecoq de Boisbaudran et Merkin est rejeté comme mal fondé. »
(3) Arr. 10 septembre 1852, art. 15.
(4) Circ. 28 février 1881.

(1) Ibid.
(2) Arr. 10 septembre 1852, art. 15.
(3) Circ. 28 février 1881.
(4) Arr. 10 septembre 1852, art. 16.
(5) Ibid.
(6) Avis du conseil central, 19 mars 1880.
(7) D. 12 avril 1880 ; — Circ. 28 février 1881.
(8) D. 12 avril 1880; — Circ. 28 février 1881.
(9) Circ. 28 février 1881.
(10) D. 12 avril 1880 art. 12.
(11) Avis du conseil central, 19 mars 1880.
(12) D. 12 avril 1880, art. 12, al. 1.
(13) Ibid. art. 12, al. 2.
(14) Ibid. art. 12, in fine.

du procès-verbal; en cas d'annulation, il indique dans quel délai elles seront recommencées (1).

Les décisions du consistoire peuvent, dans le délai de quinze jours à partir de la notification, être déférées au ministre des cultes (2).

Si, dans le délai d'un mois accordé au consistoire pour rendre sa décision et la notifier, ce corps ne s'est pas prononcé, la réclamation est considérée comme rejetée. Elle peut alors être directement portée devant le ministre des cultes. Pour exercer cette action, un nouveau délai de quinze jours est ouvert (3).

Le ministre statue, soit d'office, sur les décisions rendues d'office par les consistoires et sujettes à annulation, soit sur réclamation des parties intéressées. Au premier cas, la décision ministérielle est rendue dans un délai de deux mois à partir de la réception des procès-verbaux (4); au second cas, dans le délai de quatre mois à dater de la réception des réclamations au ministère (5). Si la décision n'est pas intervenue dans les quatre mois, la demande est considérée comme rejetée (6).

Il a été jugé que le délai de deux mois donné au ministre des cultes pour statuer d'office sur les décisions rendues d'office par les consistoires et sujettes à annulation n'est pas suspendu par une décision du ministre qui a ordonné une enquête (7).

La décision par laquelle le ministre des cultes statue sur les opérations électorales peut être l'objet d'un recours contentieux devant le Conseil d'Etat; le Conseil d'Etat peut également être saisi lorsque le délai de quatre mois s'est écoulé sans que le ministre ait prononcé (8).

Quant à la forme du recours devant le Conseil d'Etat contre les décisions ou le défaut de décisions du ministre des cultes, dans les délais fixés, la procédure en est indiquée par l'article 18 du décret du 12 avril 1880, combiné avec l'article 1er du décret du 2 novembre 1864, auquel se réfère le décret de 1880, ainsi qu'avec les articles 1er du décret du 22 juillet 1806 et 19 de la loi du 24 mai 1872 (9).

Les dispositions de l'article 1er du décret du 2 novembre 1864 étant applicables aux recours portés devant le Conseil d'Etat, il en résulte que ces recours sont assimilés aux recours pour incompétence ou excès de pouvoir et que, par conséquent, ils sont exempts de tous autres frais que ceux de timbre et d'enregistrement, et dispensés du ministère d'avocat. Mais il a été jugé que les frais de timbre et d'enregistrement leur sont applicables, et que les recours de cette nature ne rentrent dans aucune des contestations à raison desquelles l'article 2 du décret du 2 novembre 1864 permet de demander à l'Etat le remboursement des frais exposés (10).

Le consistoire, dont la délibération a été annulée, peut-il lui-même attaquer devant le Conseil d'Etat la décision du ministre des cultes? Cette question, qui avait été résolue dans le sens de l'affirmative, sous l'empire de l'arrêté ministériel du 10 septembre 1852, par le Conseil d'Etat (1), s'est présentée de nouveau devant cette assemblée dans ces dernières années. Le Conseil d'Etat a reconnu implicitement qu'un consistoire est recevable à déférer au Conseil d'Etat une décision du ministre des cultes statuant sur une réclamation dirigée contre un acte de ce consistoire refusant l'inscription d'un protestant sur les listes électorales, ou prononçant d'office l'annulation des élections que le consistoire avait déclarées valables (2).

2264. VI. Installation des conseils presbytéraux. — Suivant la circulaire du 14 septembre 1852, l'installation des conseils presbytéraux a lieu à l'issue du service divin, les dimanches qui suivent les nominations, par le président du consistoire ou par un pasteur qu'il a délégué. Mais ainsi que le déclare la circulaire du 28 février 1881, cette disposition n'est guère en usage, par la raison que les conseils presbytéraux, ne se renouvelant généralement que par moitié, se perpétuent en quelque sorte. Il n'y a donc lieu de procéder à une installation officielle qu'en cas de renouvellement intégral ou de création de paroisse nouvelle.

2265. Conseils presbytéraux officieux. — Dans certaines localités où il existe un groupe de protestants d'une certaine importance, les consistoires dans le ressort desquels elles sont situées, en l'absence de paroisse établie par le gouvernement et pourvue d'un pasteur rétribué par l'Etat, ont établi un conseil presbytéral officieux, et un pasteur auxiliaire, rétribué au moyen d'une subvention particulière et d'un secours de l'Etat. On s'est demandé si ces paroisses devaient avoir les mêmes droits que les paroisses légales. L'instruction ministérielle du 10 novembre 1852 les leur accordait; elles pouvaient donc avoir un conseil presbytéral avec un délégué au consistoire. La circulaire du 28 février 1881 a rapporté cette disposition dans les termes suivants : « Les conseils presbytéraux officieux que les consistoires jugent utiles d'organiser dans les sections non encore érigées en paroisses, à l'effet d'assister les pasteurs auxiliaires qui y sont préposés, leur constitution et leur attribution sont affaires d'ordre purement intérieur, dans lesquelles l'administration des cultes n'intervient à aucun degré, pas plus qu'elle n'intervient dans le choix des pasteurs auxiliaires eux-mêmes. »

2266. Consistoires. — Suivant les articles 18 et 20 de la loi du 18 germinal an X, le consistoire est une réunion de laïques choisis parmi les notables de la circonscription pour veiller au maintien de la discipline, à l'administration des biens de l'église, et à la distribution des aumônes. Ces membres laïques s'appellent anciens.

Une église consistoriale était établie par chaque population de 6,000 âmes, et cinq de ces églises formaient un synode absolument indépendant des autres synodes.

Les articles 23 et 24 contenaient les règles d'élection.

Ces dispositions de la loi organique des cultes protestants ont été modifiées par le décret du 26 mars 1852. Les dispositions de ce décret ont été complétées par un arrêté ministériel du 10 septembre de la même année.

D'après l'article 2 de ce décret, les conseils presbytéraux des chefs-lieux de circonscription consistoriale reçoivent seuls le nom de consistoires et les pouvoirs y attachés.

Dans chaque circonscription consistoriale la loi détermine donc une paroisse chef-lieu dont le conseil presbytéral forme le noyau de l'assemblée consistoriale, qui est complétée par l'adjonction de :

1° Tous les pasteurs des paroisses de la circonscription;
2° Un délégué laïque de chaque conseil presbytéral autre que celui du chef-lieu;

---

(1) Circ. 28 février 1881.
(2) D. 12 avril 1880, art. 13.
(3) Ibid. art. 14.
(4) Ibid. art. 12, al. 2.
(5) Ibid. art. 13, al. 1.
(6) Ibid. art. 15, al. 3.
(7) Cont. 17 avril 1885; — « Le conseil d'Etat; — Vu le décret du 12 avril 1880; — Vu la loi du 18 germinal an X et le décret du 26 mars 1852;

« Considérant qu'en vertu de l'article 12 du décret du 12 avril 1880, les décisions par lesquelles le ministre des cultes annule d'office les délibérations du consistoire relatives à la validité des opérations électorales doivent être prises dans le délai de deux mois à partir de la réception du procès-verbal; — Considérant qu'il résulte de l'instruction et qu'il n'est pas contesté par le ministre des cultes que le procès-verbal des opérations électorales auxquelles il a été procédé le 11 février 1883 dans la paroisse de Besançon pour la nomination de trois membres du conseil presbytéral et d'un membre du consistoire, a été reçu au ministère des cultes le 14 avril suivant, et que c'est seulement le 17 septembre qu'est intervenue la décision ministérielle attaquée; qu'il y a lieu d'annuler ladite décision, comme ayant été prise avant l'expiration du délai de deux mois précité, et, par voie de conséquence, les élections nouvelles auxquelles il a été procédé le 21 octobre 1883 :

« Article 1er. La décision du ministre des cultes et les élections du 21 octobre 1883... sont annulées. — Article 2. Les élections du 11 février 1883... sont déclarées valables. »
(8) D. 12 avril 1880, art. 15, §§ 2 et 3.
(9) Circ. 28 février 1881.
(10) Cont. 17 avril 1895; consistoire de Paris.

(1) Cont. 11 août 1866; 22 décembre 1869, reproduit ci-dessus.
(2) Cont. 17 avril 1885, reproduit ci-dessus.

3° Un nombre de représentants, directement élus, égal à celui des membres laïques du conseil presbytéral du chef-lieu, et appelés pour cette raison « membres doublants » (1).

D'après le règlement du 10 septembre 1852, les membres laïques ainsi appelés à compléter les consistoires sont élus dans les diverses paroisses de manière à ce que chaque section n'envoie pas un nombre total de représentants laïques inférieur à celui des pasteurs qu'elle a le droit d'y faire siéger. Ces membres laïques doivent, si on le peut, être choisis au chef-lieu consistorial (2).

Il arrive quelquefois que l'église consistoriale est composée d'une seule paroisse. Dans ce cas, la paroisse doit-elle avoir un conseil presbytéral distinct du conseil consistorial ? L'instruction ministérielle du 10 novembre 1852 a tranché négativement cette question en disant que dans ces églises une seule assemblée, ayant un nombre de membres double de celui des conseils presbytéraux, fait fonction des deux corps. L'article 5 du règlement du 10 septembre porte que les pasteurs auxiliaires et suffragants à divers titres, les aumôniers des lycées ou collèges, des hospices ou prisons, peuvent être admis, sur l'autorisation du ministre, à siéger dans le consistoire duquel ils relèvent avec voix consultative.

De vives réclamations, dit Gaudry (3), s'étaient élevées sur cette distinction entre les consistoires des chefs-lieux de circonscription et les simples paroisses du ressort, qui ont seulement un conseil presbytéral. La disposition du décret du 26 mars, qui donne autorité aux consistoires sur les conseils presbytéraux du ressort, a paru une atteinte au régime par presbytéral, d'après lequel toutes les églises sont sur le pied d'une parfaite égalité.

Il est certain, ajoute cet auteur, que cette autorité des consistoires est très réelle, surtout d'après le règlement du 20 mai, même pour les affaires qui tiennent essentiellement au culte. Mais d'après M. Gaudry cette centralisation est un bien ; d'ailleurs, elle ne porte pas une atteinte essentielle à l'indépendance des églises : c'est une autorité purement administrative et de discipline (4).

Les membres laïques des consistoires sont élus par le suffrage paroissial, comme les membres des conseils presbytéraux (5).

2267. Le consistoire est renouvelé, comme le conseil presbytéral, tous les trois ans. Autrefois, les membres du consistoire étaient tous les deux ans renouvelés par moitié ; et les membres restants, s'adjoignant un nombre égal de citoyens protestants, chefs de famille et des plus imposés, procédaient au renouvellement. Les sortants pouvaient être réélus. La loi organique a été modifiée sur ce point par le décret du 26 mars qui, disposant que les conseils presbytéraux rempliraient les fonctions de consistoires, a soumis à l'élection directe des membres de l'église la nomination des premiers.

Le consistoire élit son président, à chaque renouvellement consistorial, parmi les pasteurs qui en sont membres, autant que possible parmi ceux qui résident au chef-lieu du ressort (6)

L'élection du président est soumise à l'agrément du gouvernement. Quoique l'élection du président soit soumise à l'agrément du gouvernement, il peut entrer immédiatement en fonctions après son élection, d'après la circulaire du 28 février 1881.

En cas d'empêchement temporaire des pasteurs, le plus âgé des membres laïques ou anciens remplit provisoirement les fonctions de président (7).

Le président peut, à l'âge de soixante-dix ans, obtenir du gouvernement le titre de président honoraire, de l'avis du consistoire; alors le consistoire fait un nouveau choix (8).

Autrefois, les assemblées des consistoires étaient présidées par le pasteur ou le plus ancien des pasteurs.

En cas de partage dans les délibérations, le président a voix prépondérante (1).

Un secrétaire et un trésorier sont élus parmi les membres laïques (2).

Les fonctions de trésorier du consistoire peuvent être confiées au trésorier du conseil presbytéral du chef-lieu (3).

2268. *Assemblées et délibérations consistoriales.*— Suivant l'article 22 de la loi organique du 18 germinal an X, les consistoires se réunissent en séance ordinaire, sans autorisation, aux jours marqués par l'usage. Ils sont convoqués par leurs présidents au chef-lieu de leurs circonscriptions respectives, en séances ordinaires, au moins une fois par trimestre. Ils peuvent être convoqués extraordinairement, selon les besoins du service, et sur la demande motivée de trois membres ou d'un conseil presbytéral (4).

Tout ancien ou délégué laïque qui sans motifs agréés manque à trois séances consécutives, est réputé démissionnaire (5).

Il faut, pour qu'un consistoire puisse valablement délibérer, non seulement que la moitié au moins des membres titulaires assistent à la séance, mais encore que la moitié au moins des pasteurs des sections et de leurs délégués laïques soient présents (6).

Les membres présents signent au registre des délibérations, et leurs noms sont rapportés en tête des extraits du procès-verbal, lesquels sont signés par le président et le secrétaire (7).

Suivant une circulaire du 26 mai 1853, chaque objet de délibération distinct porte, dans le registre des procès-verbaux, un numéro spécial, que l'on reproduit en tête des extraits. Le même extrait ne doit jamais concerner qu'un seul objet.

2269. *Circonscriptions consistoriales.* — Avant 1852, les circonscriptions des différents consistoires n'étaient pas nettement délimitées : Portalis avait conçu, comme unité administrative, l'église consistoriale, formée d'un groupe de 6,000 protestants résidant dans le même département. À chacun de ces groupes il avait assigné, selon les besoins, un nombre variable de pasteurs dont l'État prenait le traitement à sa charge, et dont chaque consistoire demeurait libre de déterminer la résidence dans l'étendue de son ressort.

Telle fut en substance l'organisation première des églises réformées, comme l'avaient formulée les articles organiques des cultes protestants du 18 germinal an X ; de 1803 à 1806, dit M. Hepp, quatre-vingt-dix-sept églises consistoriales furent de la sorte instituées, et deux cent dix pasteurs confirmés ou nommés à nouveau. Toutefois, ajoute cet auteur, toute l'organisation péchait par un excès de symétrie, car elle rejetait hors du cadre adopté tous les départements (c'était la grande majorité) où les protestants ne se trouvaient pas en assez grand nombre pour être constitués en église consistoriale. Il fut obvié à ce grave défaut dès 1805 par la création d'oratoires administrativement rattachés au consistoire le plus voisin. C'est sous ce régime que les églises réformées de France ont vécu pendant cinquante ans, jusqu'à la réorganisation édictée par le décret-loi du 26 mars 1852 (8).

Le décret du 10 novembre 1852, rendu en exécution de celui du 26 mars 1852, fixa d'une façon précise les circonscriptions consistoriales des églises réformées. La Cour de

(1) M. Hepp, *op. cit.* p. 12.
(2) Art. 2 et 3.
(3) T. III, n° 1274.
(4) *Ibid.*
(5) Voir Conseils presbytéraux.
(6) D. 26 mars 1852, art. 2 ; — arr. 10 septembre 1852; art. 6.
(7) Arr. min. 10 septembre 1856, art. 6.
(8) D. 26 mars 1852, art. 3.

(1) Circ. 28 février 1881.
(2) Arr. 10 mai 1853, art. 8.
(3) Arr. 10 septembre 1852, art 8 ; voir *Fonctions du trésorier* à *Attributions du consistoire.*
(4) Arr. 10 septembre 1852, art. 7.
(5) Arr. 10 septembre 1852, art. 8.
(6) *Ibid.* art. 8.
(7) *Ibid.*
(8) M. Hepp, *les Cultes non catholiques en France,* p. 9.

cassation a décidé que ce décret, ayant été rendu en vertu de la délégation comprise dans l'article 14 du décret-loi du 26 mars précédent, participe de la nature de ce décret, et qu'il a, par suite, les caractères d'une loi dont l'interprétation appartient aux tribunaux (1).

Au contraire, aucune disposition émanée de l'autorité administrative n'a déterminé les paroisses comprises dans le ressort d'un même consistoire. Les circonscriptions paroissiales ne sont fixées, en général, que par l'usage ou par un règlement intérieur de l'autorité ecclésiastique ; l'administration n'intervient que pour déterminer le nombre des pasteurs et leur résidence (2).

L'article 4 du décret du 26 mars 1852 dispose que « les protestants des localités où le gouvernement n'a pas encore institué de pasteur seront rattachés administrativement au consistoire le plus voisin. » La question s'est élevée de savoir si ces protestants sont nécessairement membres d'une des paroisses comprises, d'après le tableau annexé au décret du 10 novembre 1852, dans la circonscription du consistoire auquel ils sont rattachés. Le tribunal de Périgueux a résolu affirmativement cette question dans deux décisions des 2 août 1884 et 13 août 1886 (3).

2270. *Des synodes.* — Le décret du 26 mars 1852 et les arrêtés qui l'ont suivi ne s'occupent pas des synodes ; il n'en est question que dans la loi du 18 germinal an X.

---

(1) Cass. civ., rej. 29 juillet 1885 : — « La cour, — Sur le premier moyen : — Attendu que le décret du 10 novembre 1852 a été pris en vertu de l'article 14 de celui du 26 mars précédent : qu'étant le résultat de la délégation du pouvoir législatif exprimé dans cet article, il participait ainsi essentiellement de la nature des lois dont l'interprétation appartient aux tribunaux ; — Rejette ce premier moyen et, par suite, le pourvoi dirigé contre le jugement du 2 août 1884 ;

Sur le deuxième moyen, en ce qui s'applique exclusivement au jugement du 28 août 1884 : — Vu les articles 1er et 4 du décret du 26 mars 1852 et l'article 1er du décret du 10 novembre 1852 : — Attendu que, pour ordonner l'inscription sur le registre électoral de la paroisse de Bergerac, du nom du sieur Bœck, lequel est domicilié à Périgueux, le jugement attaqué s'est fondé exclusivement sur le décret du 10 novembre 1852 ; — Mais, attendu qu'il résulte du texte même de l'article 1er de ce décret qu'il a seulement pour objet de fixer les limites respectives *des consistoires* des églises réformées de France, et nullement celles des circonscriptions paroissiales ; Qu'on ne saurait donc déterminer, au moyen des énonciations qu'il contient, le point de savoir si les protestants, habitant Périgueux, font ou non partie de la paroisse de Bergerac.

« D'où il suit que ledit décret était inapplicable à la cause, et qu'ainsi le jugement attaqué du 28 août 1884 en a fait une fausse application et en a expressément violé les dispositions susvisées ; — Par ces motifs, casse... renvoi devant le tribunal de Sarlat. »

(2) Dalloz, *Rép. suppl.* v° CULTES, n° 740.

(3) Périgueux, 13 août 1886 : — « Attendu que le décret du 26 mars 1852, rendu pendant la période dictatoriale, a force de loi ; que l'article 14 de ce décret délègue au gouvernement le soin de déterminer les mesures nécessaires à son exécution, et que, par conséquent, le décret du 10 novembre 1852, qui fixe la circonscription des consistoires, participe de la nature des lois et rentre, quant à son interprétation, dans la limite des pouvoirs des tribunaux ; — Attendu que le décret du 12 avril 1880, pris en vertu de la délégation comprise dans l'article 14 du décret du 26 mars 1852, réglemente les conditions dans lesquelles les décisions du consistoire en matière électorale sont susceptibles de recours, et décide que ce recours doit être porté devant le tribunal civil du domicile du demandeur lorsque les décisions du consistoire portent sur les conditions civiles de l'électorat ; qu'au nombre des conditions civiles de l'électorat figure le domicile ; — Attendu que la question résolue par le consistoire et portée en appel devant le tribunal est bien relative aux conditions civiles de l'électorat, puisqu'il s'agit de rechercher si Comblong et consorts, domiciliés à Périgueux, ont le droit d'être inscrits au registre électoral de la paroisse de Bergerac, comme ayant leur domicile dans cette paroisse ; que le tribunal est donc compétent pour statuer sur la question, et que c'est dans ce sens que s'est prononcée la Cour suprême par son arrêt du 29 juillet 1885 (D. P. 85.1.337) ; — Attendu que l'exception d'incompétence étant rejetée, il n'y a pas lieu de s'arrêter davantage à la demande de sursis ; — Attendu qu'il est bien vrai que le décret du 10 novembre 1852 a pour but de fixer les limites respectives des circonscriptions des consistoires des églises réformées de France, et non les limites des circonscriptions paroissiales, mais qu'il est également certain qu'il ne s'agit pas, dans le débat actuel, de fixer les limites de la paroisse de Bergerac, mais seulement de rechercher si Périgueux est compris dans cette paroisse, ou mieux encore de rechercher si Comblong et consorts ont leur domicile électoral dans la paroisse de Bergerac ; qu'il semble donc que le tribunal a incontestablement le droit de se livrer à cette recherche, sans quoi son incompétence absolue aurait dû être proclamée ; — Attendu que le décret du 10 novembre 1852 indique que les circonscriptions des églises consistoriales et la répartition entre elles des paroisses existantes sont fixées conformément au tableau annexé au décret ; qu'il résulte de ce tableau que Bergerac est le chef-lieu d'une circonscription consistoriale comprenant divers arrondissements, notamment celui de Périgueux ; qu'il est donc hors de doute et d'ailleurs non contesté que les protestants de Périgueux font partie du consistoire de Bergerac ; — Attendu qu'il résulte du même tableau annexé au décret du 10 novembre 1852 que le consistoire de Bergerac est divisé en trois paroisses : Bergerac, Eymet et Lamonzie-Saint-Martin ; que, sans doute, la question de savoir si les protestants de Périgueux font partie de la paroisse de Bergerac ou de tout autre n'est pas tranchée par le tableau annexé au décret du 10 novembre 1852, mais qu'il est difficile d'admettre que les protestants de Périgueux qui font partie du consistoire de Bergerac ne se rattachent à aucune des trois paroisses créées, et se trouvent ainsi isolés et laissés en dehors de l'organisation que le législateur de 1852 paraît avoir eu pour but de réglementer ; qu'on est forcément amené à reconnaître, au contraire, que les protestants de Périgueux font partie de l'une de ces trois paroisses, et que c'est nécessairement à celle de Bergerac qu'ils doivent être rattachés : que c'est ainsi, d'ailleurs, que le décret de 1852 a été appliqué, puisque, dans les élections des 5 et 6 novembre 1853, les électeurs de Périgueux ont été appelés à voter comme faisant partie de la paroisse de Bergerac ; qu'en outre, le 6 février 1856, le consistoire de Bergerac mentionnait Périgueux comme une annexe de la paroisse de Bergerac ; qu'enfin l'autorité administrative elle-même, saisie de la question, l'a tranchée dans le même sens, puisque, par décision du 12 avril 1874, le ministre compétent a statué que les protestants de Périgueux faisaient partie de la paroisse de Bergerac, et que cette décision, rappelée dans une autre décision du 24 novembre de la même année, n'a pas été rapportée ; — Attendu que la création momentanée d'une paroisse officieuse à Périgueux n'a pu modifier la situation acquise ; que, d'ailleurs, les paroisses officieuses ayant été supprimées, les protestants de Périgueux se trouvent forcément dans la situation légale qui leur a été faite par les décrets des 26 mars et 10 novembre 1852, appliqués et interprétés par les décisions ministérielles des 12 avril et 24 novembre 1874, et qu'ils doivent être considérés, dès lors, comme faisant partie de la paroisse de Bergerac ;

« Par ces motifs, le tribunal se déclare compétent, dit n'y avoir lieu de surseoir ; et, statuant sur le recours formé, dit qu'il a été mal jugé par le conseil presbytéral de Bergerac et par le consistoire ; — Réforme la décision du 18 décembre 1885 ; — Ordonne, en conséquence, l'inscription des demandeurs sur le registre électoral de la paroisse de Bergerac.

Arrêt. — « La Cour ; — Sur le deuxième moyen du pourvoi : — Vu les articles 13 de la loi des 16-24 août 1790, et 6, paragraphe 1, du décret du 12 avril 1880 ; — Attendu que s'il appartient aux tribunaux de droit commun de faire aux litiges dont ils sont complètement saisis, et aux faits qui s'y rattachent, l'application d'actes administratifs dont le sens et la portée sont clairs, précis, et ne donnant lieu à aucune contestation , il n'en est pas de même lorsque le sens de ces actes est douteux, et que leur portée incertaine ou leurs dispositions respectives, inconciliables entre elles, débattues par les parties, ne peuvent être fixées que par une interprétation ; que, dans ces cas, l'interprétation ne peut être donnée que par l'autorité administrative elle-même ; — Attendu que la question soumise au tribunal civil de Périgueux par l'appel que les défendeurs avaient relevé d'une sentence du consistoire de Bergerac était celle de savoir si les protestants ayant leur domicile réel à Périgueux font ou non partie de la paroisse de Bergerac ; que les demandeurs, sans contester le fait du domicile des défendeurs au lieu indiqué, soutenaient que le groupe des protestants de Périgueux n'étant point soumis à l'autorité presbytérale de Bergerac, dans les conditions prescrites par l'arrêté ministériel du 10 septembre 1852, ayant un pasteur exclusivement choisi et rétribué par eux, était simplement rattaché administrativement au consistoire de Bergerac conformément à l'article 4 du décret du 26 mars 1852, et que, par conséquent, ses membres n'avaient aucun titre à être inscrits sur le registre électoral de la paroisse dont le siège est établi dans cette dernière ville ; qu'ils alléguaient, de plus, que ce consistoire embrasse trois paroisses distinctes, et qu'en supposant que les défendeurs dussent être légalement compris dans l'une d'elles, il y avait lieu de rechercher quelle est celle des trois dont ils ressortent ; d'où suit que le litige ainsi déterminé comportait une question de délimitation à la fois territoriale et ecclésiastique qui ne pouvait être résolue que par l'autorité administrative, et non par le tribunal civil, qui ne peut connaître que des difficultés relatives aux conditions civiles de l'électorat, aux termes de l'article 6 du décret du 12 août 1880 ; — Attendu, il est vrai, que, pour y statuer, le jugement attaqué s'est fondé sur une décision ministérielle du 14 avril 1874, confirmée par un avis du ministre des cultes en date du 24 novembre suivant, et qui reconnaît aux protestants domiciliés à Périgueux le droit de figurer, comme électeurs, sur ce registre ; mais que les demandeurs avaient invoqué par leurs conclusions, reproduites dans les qualités du jugement attaqué, et avaient versé aux débats une autre décision ministérielle du 10 janvier 1877 qui modifie expressément la précédente, et refuse, au contraire, aux protestants de Périgueux le droit qu'ils réclament encore aujourd'hui ; — Attendu qu'en présence des dispositions manifestement inconciliables de ces deux actes administratifs, le tribunal devait surseoir à statuer jusqu'à ce que l'autorité compétente en eût donné l'interprétation nécessaire ; que cependant, sans s'arrêter aux conclusions prises à cet effet par les demandeurs, il a infirmé la sentence du consistoire et ordonné l'inscription des défendeurs sur le registre paroissial de Bergerac, par le motif que la décision ministérielle de 1877 n'avait pas rapporté celle de 1874 et n'avait pu modifier la situation acquise, puisque son exécution était subordonnée à une condition qui ne pouvait plus être réalisée ; — Mais attendu qu'il n'appartient pas au tribunal de se livrer à cette interprétation, et encore moins d'en tirer des conséquences qui aboutiraient à l'annulation d'un acte administratif ; qu'ainsi le jugement attaqué est entaché d'excès de pouvoir, et a formellement violé les dispositions légales susvisées ;

« Par ces motifs, et sans qu'il y ait lieu, à raison de ce qui précède, de statuer sur le premier moyen du pourvoi, casse... renvoie devant le tribunal civil de Sarlat. »

Suivant l'article 29 de cette loi, les synodes sont des assemblées composées du pasteur, ou de l'un des pasteurs, et d'un ancien ou notable de chaque église consistoriale. Cinq églises consistoriales forment l'arrondissement d'un synode.

Les synodes se réunissent sur la permission du gouvernement. Pour obtenir l'autorisation, on adresse au ministre des cultes les détails des affaires et des questions qui doivent y être traitées (1).

Les synodes peuvent s'occuper d'affaires autres que celles qui sont prévues par la loi organique de germinal, pourvu que leurs décisions, de quelque nature qu'elles puissent être, soient soumises à l'approbation du gouvernement et qu'elles ne soient exécutées qu'après cette approbation (2).

Lorsque l'autorisation est accordée, l'assemblée se tient en présence du préfet ou du sous-préfet (3), qui n'ont ni voix consultative ni voix délibérative ; ils assistent simplement pour sauvegarder les intérêts publics et empêcher des délibérations en dehors des autorisations données.

L'assemblée d'un synode ne peut durer que six jours (4).

Le président est élu à la majorité des voix. La loi du 18 germinal an X ne dit pas qu'il devra être nommé parmi les pasteurs ; cependant la raison indique, dit Gaudry, qu'il doit en être ainsi, car malgré l'intervention et l'influence des laïques dans le culte réformé, les pasteurs ont la principale direction des affaires de discipline et de religion.

La mission spéciale des synodes est de veiller sur tout ce qui concerne la célébration du culte, l'enseignement de la doctrine et la conduite des affaires ecclésiastiques (5).

Une expédition du procès-verbal des délibérations du synode doit être adressée au ministre des cultes, sur le rapport duquel les décisions prises sont approuvées ou repoussées par le gouvernement (6).

2271. *Conseil central.* — Le conseil central est une création nouvelle du décret du 26 mars 1852 (7), dans l'intérêt spécial du culte réformé.

Il a pour mission de représenter les églises auprès du gouvernement et du chef de l'Etat, et de s'occuper des questions d'intérêt général, dont il serait chargé par l'administration ou par les églises.

Le ministre des cultes, lors de la présentation du projet de décret du 26 mars 1852, exposait ainsi les motifs de cette création : « Les églises réformées sont régies par le gouvernement presbytérien ou synodal ; mais ce système, qui

depuis longtemps n'a pas fonctionné dans son ensemble, présente des difficultés d'application et ne permet peut-être pas aux églises d'entrer utilement en rapport avec l'administration. Aussi, depuis cinquante ans, n'a-t-on pas cessé de demander, dans l'intérêt de l'administration de ce culte, la création d'un consistoire central analogue à celui qui existe pour le culte israélite. On trouverait dans cette institution un intermédiaire influent entre l'administration et les conseils généraux, un organe sincère et efficace des intérêts respectifs... Dès l'origine, l'absence regrettable de ce rouage administratif avait été signalée au conseiller d'Etat Portalis, et le projet d'une commission centrale était au nombre des mesures par lesquelles on se proposait de compléter les premiers essais de l'organisation donnée à l'Eglise réformée. »

Cette création a été l'objet de vives attaques, par la crainte de voir modifier le système presbytéral pur, c'est-à-dire l'indépendance absolue, sans aucune hiérarchie, de toutes les églises réformées. Le ministre, par une circulaire du 25 février 1833, a cherché à rassurer les esprits en affirmant que ce conseil n'avait pas la pensée de s'attribuer le droit de gouverner l'Eglise réformée, qu'il se bornait à formuler des avis (1).

Le corps a été reconstitué par décret du 3 juillet 1879 ; il se compose de quinze protestants notables nommés par décret ; il a son siège à Paris. Ses réunions n'ont point lieu à intervalles périodiques ; il est convoqué par le ministre, selon les besoins.

Une importante majorité des églises lui dénie toute autorité et s'est organisée, depuis 1872, en synodes officieux que l'administration des cultes laisse fonctionner librement, mais qui sont sans autorité légale ni attributions précises. La vraie vie des églises continue à être au sein des consistoires, qui seuls sont en rapports réguliers et constants avec l'administration, dispensatrice des crédits affectés aux églises par le budget de l'Etat (2).

2272. *Synode général.* — Nous avons dit, au commencement de ce chapitre, qu'il peut être convoqué dans des circonstances particulières un synode général.

Qu'est-ce que le synode général ? La loi du 18 germinal an X ne parle pas de cette institution, qui était l'une des plus importantes des anciennes églises réformées telles qu'elles avaient été organisées par la discipline de 1559, et qui, avant la révocation de l'édit de Nantes, avait eu vingt-neuf réunions.

Il est donc inadmissible que si la loi de germinal n'a pas cru devoir organiser cette institution, elle ait eu pour effet de supprimer, par voie de prétérition, cet organe important des églises réformées.

Au contraire, nous voyons qu'en 1840, la section de législation du Conseil d'Etat, saisie d'une question de loi relatif aux cultes protestants, émit un avis où elle faisait observer que les changements proposés ne pouvaient être accomplis sans entente avec un synode général (3).

Dalloz fait remarquer (4) que dans le rapport qui précède le décret du 26 mars 1852 sur l'organisation des cultes protestants, le ministre des cultes constate « que les églises réformées sont régies par le gouvernement presbytérien synodal qui, depuis longtemps, n'a pas fonctionné dans son ensemble », et qu'il propose l'établissement d'un conseil central « pour remédier, autant que possible, au défaut de représentation des consistoires (5).

Enfin, un décret du 29 novembre 1871 (5), visant la loi du

(1) L. 18 germinal an X, art. 31.
(2) Conclusions de M. le Vavasseur de Précourt, cont. 28 juillet 1880, électeurs de Viane.
Cont. 23 juillet 1880 : — « Le Conseil d'Etat ; — Vu la loi du 18 germinal an X, notamment ses articles 4, 5 et 30;
« Sur le recours des sieurs Gâches, Julien et autres ; — Considérant que le ministre des cultes s'est fondé, pour annuler les opérations électorales de la paroisse de Sénégats, sur ce que cette église n'avait pas tenu compte des conditions religieuses imposées à l'électorat par le synode général et notifiées aux consistoires par une circulaire ministérielle du 22 décembre 1873 ; — Considérant qu'il résulte des termes mêmes de la résolution du 27 novembre 1873, que le synode général a ajouté aux conditions antérieurement exigées des électeurs, à titre de condition nouvelle, l'obligation de déclarer « qu'ils restent attachés de cœur à l'église réformée de France et à la vérité révélée, telle qu'elle est contenue dans les livres sacrés de l'Ancien et du Nouveau Testament » ; — Considérant que le fait de subordonner la capacité électorale à de nouvelles conditions constitue un changement à la discipline qui, aux termes de l'article 5 de la loi du 18 germinal an X, ne peut être obligatoire sans l'autorisation du gouvernement ; — Considérant que cette autorisation ne peut résulter que d'un décret rendu en Conseil d'Etat et non de simples instructions ministérielles ; que, dès lors, c'est à tort que le ministre des cultes a annulé les opérations électorales des églises qui avaient procédé à l'élection, conformément aux conditions anciennes et sans tenir compte des changements opérés auxdites conditions par la résolution et la circulaire précitées des 27 novembre et 22 décembre 1873;
« Article 1er. La décision du ministre des cultes du 11 janvier 1875 est annulée. »
(3) L. 18 germinal an X, art. 31.
(4) *Ibid.*, art. 32.
(5) *Ibid.*, art. 30.
(6) L. 18 germinal an X, art. 30 et 31.
(7) Art. 6. — Déjà, en 1819 et 1839 on avait eu recours accidentellement à une institution semblable pour répondre à certains besoins temporaires (Rapport sur le décret du 26 mars 1852).

(1) Gaudry, t. III, n° 1273.
(2) M. Hepp, *Op. cit.*, p. 15.
(3) Conclusions du commissaire du gouvernement, cont. 22 décembre 1869.
(4) Dalloz, *Rép. suppl.* v° CULTES, n° 745.
(5) Décret sur les circonscriptions synodales des églises réformées (*Journ. off.* du 1er décembre 1871) : — « Le Président de la République française ; — Sur le rapport du ministre de l'instruction publique et des cultes ; — Vu la loi du 18 germinal an X ; — Vu les décrets du 16 mars et du 10 novembre 1852 ;
« Décrète : — Art. 1er Les cent trois consistoires des églises réfor-

18 germinal an X ainsi que les décrets des 26 mars et 10 novembre 1852, répartit les cent trois consistoires des églises réformées de France et d'Algérie en vingt et une circonscriptions synodales, et décida que chaque consistoire élirait un pasteur et un laïque pour le représenter au synode de sa circonscription. Ces représentants étaient appelés à se réunir, du 1er au 15 mars 1872, pour élire des délégués à un synode général qui serait ultérieurement convoqué à Paris. Le nombre de ces délégués était fixé d'après celui des pasteurs de chaque circonscription synodale (un délégué par six pasteurs) ; la moitié des délégués serait laïque en cas de nombre pair, la moitié plus un en cas de nombre impair. Suivant une circulaire du 12 mars 1872, les opérations électorales ne seraient terminées qu'en avril et le synode général ne devait se réunir qu'au mois de mai. Le Gouvernement se déclarait à l'avance prêt à sanctionner les avis de ce synode et, en cas de rupture de l'Église réformée en deux fractions, à traiter la minorité avec la même faveur que les autres communions protestantes.

La légalité du synode qui se réunit à Paris le 6 juin 1872, fut attaquée. Elle fut reconnue par un avis du Conseil d'État du 15 novembre 1873.

Le synode avait publié une *déclaration de foi*, en réservant celle de La Rochelle. Les protestants *libéraux* prétendirent que cette déclaration de foi était caduque et procédait d'une assemblée incompétente (1). Vainement un décret du 28 février 1874, rendu après avis du Conseil d'État, autorisa la publication de cette déclaration, et en ordonna la transcription, sur les registres du Conseil d'État. Les libéraux persistèrent à nier son caractère obligatoire, en déclarant que le synode de 1872 n'avait pu succéder aux anciennes assemblées connues sous le nom de synodes nationaux avant 1685.

Quoi qu'il en soit, le Conseil d'État a décidé par son arrêt du 13 juillet 1880, reproduit en note précédemment, que le synode général des églises réformées tel qu'il fonctionne actuellement, avait été constitué régulièrement et que, par suite, il pouvait prendre des délibérations susceptibles de modifier, sauf l'approbation du gouvernement, la discipline de ces églises ; mais que des élections ne sauraient être annulées par le motif qu'on y aurait procédé sans tenir compte d'une décision de ce synode général non approuvée par le gouvernement subordonnant l'inscription sur les listes électorales à l'acceptation d'une déclaration de foi (2).

2273. *Pasteurs.* — Les églises réformées ne reconnaissent qu'une seule classe d'ecclésiastiques, jadis appelés ministres de l'évangile, et dont le nom officiel est *pasteurs*.

Il n'y a entre eux aucune hiérarchie, aucune distinction d'ordre.

Chaque paroisse, ou section de paroisse, a un ou plusieurs pasteurs. Le gouvernement en fixe le nombre, et il ne peut être augmenté sans son autorisation (1).

Les pasteurs sont nommés par le consistoire à la pluralité des voix, sur une liste de trois candidats par ordre alphabétique présentée par le conseil presbytéral. Leur titre ne devient régulier que lorsqu'il a été confirmé par décret. A cet effet, quand la nomination est faite par le consistoire, celui-ci transmet son arrêté au ministre des cultes par l'entremise du préfet du département où s'est produite la vacance (2).

Cet envoi doit être accompagné des pièces justifiant l'accomplissement des conditions légales que doit réunir le pasteur. Cet envoi n'est pas nécessaire, si l'élu est déjà pasteur titulaire en France. Il faut y joindre son acte d'acceptation, et, au besoin, un acte constatant, de la part du consistoire qu'il quitte, la réserve ou l'abandon du droit que lui donne l'article 3 du décret du 10 brumaire an XIV de retenir pendant six mois, dans son ancienne paroisse, le pasteur démissionnaire qui ne serait pas remplacé avant ce terme (3).

Après le décret de confirmation de l'élection, vient l'installation officielle par le consistoire ou les pasteurs délégués par lui à cet effet. Cette installation est constatée par un procès-verbal adressé par le consistoire du ressort, ou par des anciens ou des ministres délégués par lui à cet effet. Une expédition de ce procès-verbal est immédiatement adressée au préfet du département pour servir à la formation des états de payement (4).

2274. Pour être nommé pasteur, il faut être Français, avoir été reçu bachelier dans une des facultés de théologie protestante de France, et avoir reçu la consécration au saint ministère, qui ne peut être conférée, à moins de dispense accordée par le ministre des cultes, qu'après l'âge de 25 ans révolus (5).

Le serment prescrit par l'article 25 de la loi organique n'est plus exigé aujourd'hui, dans la pratique.

2275. Le Conseil d'État a décidé qu'un ministre du culte réformé peut, avec la seule autorisation du consistoire, exercer son ministère dans l'étendue de la circonscription de ce consistoire, sans avoir besoin d'y être autorisé par l'administration, il n'y a pas lieu d'appliquer ici les articles 291 et 292 du code pénal. Mais l'article 294 du code pénal lui serait applicable s'il exerçait, sans permission de l'autorité municipale, un culte, dans un local non agréé par elle (6).

---

mées de la France et de l'Algérie sont répartis en vingt-et-une circonscriptions synodales, conformément au tableau annexé au présent décret. — Art. 2. Chaque consistoire élira un pasteur et un laïque qui seront ses représentants au synode de sa circonscription. — Art. 3. Les représentants se réuniront, du 1er au 15 mars, dans l'un des chefs-lieux consistoriaux de leur circonscription synodale, pour élire des délégués à un synode général qui sera ultérieurement convoqué à Paris — Art. 4. Le nombre des délégués à élire pour le synode général est fixé d'après le nombre des pasteurs de chaque circonscription synodale, à raison d'un délégué par six pasteurs et selon la progression suivante : deux délégués pour tout nombre de six à douze pasteurs inclusivement ; trois délégués pour tout nombre de treize à dix-huit pasteurs inclusivement, etc. conformément au tableau annexé au présent décret. — La moitié de ces délégués, si leur nombre est pair ; la moitié plus un, si leur nombre est impair, seront laïques. — Art. 5. Le ministre de l'instruction publique et des cultes est chargé de l'exécution du présent décret. »
(1) Jalabert, *Pourquoi nous refusons d'obéir au synode*, 1875.
(2) Le synode général ayant décidé, le 27 novembre 1873, que désormais seraient « seuls inscrits ou maintenus au registre paroissial, sur leur demande, les protestants français qui, remplissant les conditions actuellement exigées et faisant élever leurs enfants dans la religion protestante, déclarent rester attachés de cœur à l'église réformée de France et à la vérité révélée, telle qu'elle est contenue dans les livres sacrés de l'ancien et du nouveau Testament », les élections qui devaient se faire d'après les registres paroissiaux ainsi modifiés doivent être ajournées, retardées ou suspendues (Circ. min. 27 décembre 1874 et 9 décembre 1876), après annulation par le ministre des cultes, le 11 janvier 1875, des premières élections faites postérieurement au 31 mars 1874... Le Conseil d'État a, par l'arrêt du 28 juillet 1880, annulé la décision du ministre des cultes du 11 janvier 1875, qui avait cassé les premières élections faites au mépris de la décision du synode du 27 no-

vembre 1873. — M. le commissaire du gouvernement Le Vavasseur de Précourt avait invoqué, à l'appui de cette solution, l'article 30 de la loi du 18 germinal an X, qui soumet à l'approbation du gouvernement toutes les délibérations des synodes et qui, suivant lui, s'applique aux délibérations du synode général. — Le Conseil d'État ne peut pas se prononcer sur ce point ; mais l'opinion de M. le commissaire du gouvernement paraît hors de discussion. (Dalloz, *Rép. supp.*, v° CULTES n. 743.)
(1) L. 18 germinal an X, art. 19 ; — D. 26 mars 1852, art. 1er.
(2) Circ. min. 8 floréal an XI.
(3) Circ. min. 29 octobre 1852.
(4) Circ. min. 29 octobre 1852.
(5) L. 18 germinal an X, art. 4, 12 et 13 ; — D. 24 mars 1807 ; — Circ. min. 29 octobre 1852 ; 24 août 1839 ; 28 mai 1885 ; — D. 26 mars 1852 — Circ. min. 20 mai 1853.
(6) Cont. 30 mars 1846 : — « Louis-Philippe, etc. — Sur le rapport du comité de législation ; sur le rapport à nous présenté en notre Conseil d'État par notre garde des sceaux, ministre de la justice et des cultes, et tendant à ce qu'il nous plaise décider s'il y a lieu de suivre devant la Cour royale d: Dijon les appels respectivement interjetés le 17 janvier 1845, par le sieur Pertuzon et par notre procureur près le tribunal de première instance de cette ville du jugement rendu par ce tribunal le 7 janvier 1846 : — Vu les pièces de l'instruction desquelles il résulterait que, dans le courant des mois de novembre et de décembre 1845, le sieur Pertuzon, sans l'autorisation municipale, se serait rendu, à plusieurs reprises, le dimanche, dans la commune d'Ahuy, pour y célébrer le culte de la religion réformée, et qu'à cet effet, il aurait loué un local dans lequel ces réunions ont eu lieu ; — Vu l'acte judiciaire du 16 décembre 1845, par lequel le sieur Pertuzon a été, à la requête de notre procureur près le tribunal de première instance de Dijon, cité devant ledit tribunal, chambre correctionnelle, pour y être condamné, en raison desdits faits, aux peines par lui encourues, soit pour avoir présidé ou dirigé une association de plus de vingt personnes, formée sans l'autorisation du gouvernement, dans le but de se

2276. Les pasteurs auxiliaires sont nommés par les conseils presbytéraux sous réserve de l'approbation du consistoire (1).

Les suffragants sont proposés par les pasteurs, et agréés par le conseil presbytéral sous réserve de l'approbation du consistoire (2).

Le ministre des cultes en doit être informé par l'envoi de la délibération consistoriale (3).

2277. Les pasteurs une fois élus ne peuvent être destitués qu'à la charge de présenter les motifs de la destitution au gouvernement qui les approuve ou les rejette (4).

Les consistoires ont qualité pour prononcer la destitution des pasteurs.

La question s'est élevée de savoir si la proposition ou l'avis du conseil presbytéral était nécessaire pour permettre au consistoire de prononcer la révocation d'un pasteur et si le pasteur ne devait pas être appelé et entendu.

Le Conseil d'État, saisi de la question, s'est prononcé dans le sens de la négative en déclarant « qu'aucune disposition du décret du 26 mars 1852, portant réorganisation des cultes protestants ne confère, aux conseils presbytéraux institués par ce décret, le droit de proposer la destitution d'un pasteur non plus que de donner leur avis sur cette mesure » (5).

Dans la même affaire, la question s'est élevée de savoir si le décret qui avait approuvé la décision du consistoire n'était pas illégal. Le pasteur révoqué le soutenait en faisant valoir que la décision du consistoire prononçant la révocation avait été rendue avant que le synode eût statué. Mais le Conseil d'État a repoussé cette prétention, les actes du pouvoir exécutif par suite desquels le synode général s'était réuni n'ayant pu avoir pour conséquence de modifier l'article 25 de la loi de l'an X (1).

Le Conseil d'État a décidé que la destitution prononcée contre un pasteur protestant ne peut être attaquée par la voie de l'appel comme d'abus (2).

2278. Les ministres du culte réformé jouissent, dans leurs paroisses, des mêmes droits et prérogatives que les curés. Ils

---

réunir publiquement à des jours marqués pour s'occuper d'objets religieux ; soit pour avoir accordé ou consenti, sans la permission de l'autorité municipale, l'usage d'un local par lui loué pour la réunion des membres de ladite association, délits prévus par les articles 291, 292 et 294 du Code pénal ; — Vu le jugement du 7 janvier 1846, par lequel le tribunal de Dijon, statuant sur ladite citation, a renvoyé le pasteur Pertuzon des demandes relatives au délit prévu par les articles 291 et 292 du Code pénal, et l'a déclaré atteint et convaincu d'avoir, sans permission préalable de l'autorité municipale, consenti l'usage, en tout ou en partie, pour l'exercice du culte protestant, d'une maison louée par lui, dans la commune d'Ahuy, délit prévu par l'article 294 du Code pénal, et pour la réparation duquel ledit tribunal a condamné le prévenu Pertuzon à 100 francs d'amende et aux frais de la procédure ; — Vu les actes passés au greffe du tribunal de Dijon le 17 janvier 1845, par lesquels notre procureur près ledit tribunal et le pasteur Pertuzon ont respectivement interjeté appel dudit jugement ; — Vu la lettre du 31 janvier 1846, par laquelle notre procureur général près la Cour royale de Dijon demande à notre garde des sceaux, ministre de la justice et des cultes, qu'il nous en soit préalablement référé en notre Conseil d'État, conformément à l'article 6 de la loi du 18 germinal an X, avant que la Cour soit appelée à statuer sur lesdits appels : vu les articles 291, 292 et 294 du Code pénal ; vu la loi du 18 germinal an X ; vu toutes les pièces produites :

« En ce qui touche les poursuites dirigées contre le sieur Pertuzon pour le délit prévu par les articles 291 et 292 du Code pénal : — Considérant que le sieur Pertuzon, ministre du culte réformé, avait été autorisé par décision du consistoire de Besançon, en date du 28 septembre 1845, à exercer son ministère dans la commune d'Ahuy, laquelle fait partie de la circonscription dudit consistoire ; que, dans ces circonstances, il ne peut être poursuivi comme coupable du délit prévu par les articles 291 et 292 du Code pénal ;

« En ce qui touche les poursuites dirigées pour le délit prévu par l'article 294 du Code pénal : — Considérant qu'il n'y a point de motif pour empêcher la continuation desdites poursuites.

« Art. 1er. Le sieur Pertuzon, pasteur de l'église réformée, est renvoyé devant les tribunaux en raison du délit prévu par l'article 294 du Code pénal qui lui est imputé. — Art. 2. Il n'y a lieu de renvoyer le dit sieur Pertuzon devant les tribunaux en raison du délit prévu par les articles 291 et 292 qui lui est imputé. »

(1) Arr. 20 mai 1853, art. 1er.
(2) Ibid.
(3) Circ. min. 15 octobre 1800.
(4) L. org., art. 26 et 27.
(5) Cont. 1er février 1878 : — « Le Conseil d'État, — Vu la loi de l'an X, organique du culte protestants ; — Vu le décret du 26 mars 1852, portant réorganisation desdits cultes ; — Vu les arrêtés ministériels, pris pour l'exécution de ce décret, des 10 septembre 1852 et 20 mai 1853 ; — Vu la loi des 7-14 octobre 1790 et celle du 24 mai 1872 ;

« En ce qui touche les recours du sieur Bruniquel contre la décision ministérielle du 28 mars 1873 ; — Considérant que, par sa dépêche du 28 mars 1873, adressée au président du consistoire de Marseille, le ministre des cultes, conformément à un avis du synode de la onzième circonscription, a décidé que les fonctions pastorales, jusque-là exercées par le pasteur Bruniquel, seraient remplies dans leur intégralité par un pasteur suffragant, nommé par le conseil presbytéral, et a réglé le partage du traitement affecté au pasteur de Toulon entre le sieur Bruniquel et le pasteur suffragant, qui deviendrait, en fait, le pasteur de l'église ; — Considérant que cette décision dont le ministre a assuré l'exécution par le consistoire de Marseille avec le concours du préfet du Var, avait pour objet et a eu pour effet d'enlever au sieur Bruniquel ses fonctions de pasteur, dont il n'avait pas été régulièrement privé, et partie des émoluments qui y étaient attachés ; — Considérant qu'aucune disposition des lois et décrets sur l'organisation des cultes protestants ne confère au ministre des cultes le droit de prononcer contre les pasteurs de l'église réformée, sur l'avis des synodes d'arrondisse-

ment, le retrait de leurs fonctions avec privation totale ou partielle de traitement ; — Considérant que le ministre des cultes, en statuant sur ce point par la décision attaquée, a excédé ses pouvoirs, et que, dès lors, le sieur Bruniquel est fondé à demander de ce chef l'annulation de la décision précitée du ministre des cultes, par application des lois des 7-14 octobre 1790 et 24 mai 1872 ;

« En ce qui touche les recours du sieur Bruniquel et des sieurs Berck et Déglon, électeurs paroissiaux, contre la décision précitée du ministre des cultes, dans celle de ses dispositions qui aurait prescrit la révision du registre paroissial de l'église réformée de Toulon, arrêté le 31 décembre 1872, pour être procédé sur la liste ainsi révisée à l'élection d'un nouveau conseil presbytéral ; — Considérant que la dépêche du ministre des cultes, du 28 mars 1873, n'avait d'autre objet dans sa disposition attaquée, que d'inviter le consistoire de Marseille à pourvoir à la reconstitution du registre paroissial qui était signalé au Ministre comme irrégulièrement établi, et à faire procéder à l'élection d'un nouveau conseil presbytéral pour remplacer le précédent, dont tous les membres avaient donné leur démission ; que ces instructions du ministre ne faisaient pas obstacle à ce que les requérants intéressés, s'ils s'y croyaient fondés, devant l'autorité compétente, les recours prévus par les articles 12 et 19 de l'arrêt susvisé du 10 septembre 1852, soit contre la liste électorale révisée pour cause d'omissions ou de radiations, soit contre la validité de l'élection du conseil presbytéral à laquelle il avait procédé par ladite liste ; qu'il suit de là que la lettre du ministre des cultes, dans sa disposition attaquée, ne pouvait donner lieu à un recours contentieux devant le Conseil d'État ;

« En ce qui touche les recours du sieur Bruniquel contre le décret du Président de la République, du 18 juillet 1873, qui a approuvé la révocation du pasteur de Toulon par le consistoire de Marseille ; — Considérant que pour demander l'annulation pour excès de pouvoirs dudit décret, le requérant soutient qu'aux termes du décret du 26 mars 1852, le consistoire ne peut prononcer la révocation d'un pasteur que sur la proposition ou, tout au moins, sur l'avis du conseil presbytéral, le pasteur dûment appelé et entendu, et que, d'ailleurs, le décret attaqué est intervenu avant que le synode général, devant lequel le sieur Bruniquel avait appelé de la décision du consistoire de Marseille, eût statué sur cet appel ; — Considérant que la loi du 18 germinal an X, organisant des cultes protestants, porte dans son article 25 que les pasteurs ne pourront être destitués par les consistoires qu'à la charge de présenter les motifs de destitution au gouvernement qui les approuvera ou les rejettera ; qu'aucune disposition du décret du 26 mars 1852, portant réorganisation des cultes protestants, ne confère aux conseils presbytéraux, institués par ce décret, le droit de proposer la destitution d'un pasteur, non plus que de donner leur avis sur cette mesure, et que par son article 15 et dernier, ledit décret dispose que les articles organiques du 18 germinal an X sont confirmés dans tout ce qu'ils n'ont pas de contraire aux articles ci-dessus ; — Considérant, d'ailleurs, que le sieur Bruniquel a fourni des moyens de défense dans l'instruction à la suite de laquelle est intervenu le décret attaqué ; — Considérant que de ce qui précède, il résulte qu'en approuvant la destitution du pasteur de Toulon prononcée par le consistoire de Marseille, conformément à l'article 25 de la loi du 18 germinal an X, le Président de la République, investi par cet article du droit d'apprécier les motifs de la destitution des pasteurs, n'a point excédé ses pouvoirs dans son décret du 18 juillet 1873, et que, dès lors, le sieur Bruniquel n'est pas fondé à demander l'annulation dudit décret par application des lois des 7-15 octobre 1790 et 24 mai 1872 :

« Art. 1er. — La décision du ministre des cultes du 28 mai 1873 est annulée dans celle de ses dispositions par laquelle le ministre a prescrit qu'un pasteur suffragant serait investi à Toulon des fonctions du pasteur en exercice, et a réglé le partage entre le sieur Bruniquel et le pasteur suffragant du traitement attaché au titre de pasteur de Toulon. — Art. 2. Le surplus des conclusions du sieur Bruniquel et la requête des sieurs Berck et Déglon sont rejetés. »

(1) 1er février 1878.
(2) Cont. 17 septembre 1844 : — « Louis-Philippe, — Vu le recours adressé à notre garde des sceaux, pour nous être transmis en notre Conseil d'État, par le sieur Schrumpff, pasteur à Ober, et Mittelhausberger, arrondissement de Strasbourg, appelant comme d'abus d'une décision du directoire du consistoire général de la confession d'Augsbourg du 6 décembre 1843, qui le destitue de ses fonctions pastorales ; — Vu ladite décision du 6 décembre 1843 ; — Vu notre ordonnance du 11 janvier 1844 qui a approuvé ladite décision ; — Vu la délibération du consistoire de Wolfisheim ; — Vu les lettres de l'inspecteur ecclésiastique ; — Vu le mémoire à nous adressé par notre garde des sceaux sur le recours formé par le sieur Schrumpff ; — Vu l'article 6 des articles or-

doivent, comme eux, se soumettre aux mêmes règles pour la tenue des actes de l'état civil, pour leurs relations avec l'autorité municipale, la police du temple, et tout ce qui concerne le culte.

Nous renvoyons donc à ce que nous avons déjà dit à ce sujet dans la première partie de cet ouvrage (1).

§ 2. — Culte luthérien.

2279. Des églises de la confession d'Augsbourg. — Nous avons vu que l'église française de la confession d'Augsbourg, ou église luthérienne, dont il n'existe plus, sur le territoire français actuel, que quelques débris, a eu des destinées moins agitées que les églises réformées, et que notamment la révocation de l'édit de Nantes resta sans influence sur l'église protestante d'Alsace, dont la situation privilégiée fut une dernière fois solennellement consacrée par une des clauses du traité de Ryswick, du 30 octobre 1697.

C'est par respect de cet état de choses, établi par des traités internationaux, que l'Assemblée constituante rendit les décrets des 24 août, 18 septembre, 10 et 29 décembre 1790, qui exceptèrent de la vente des biens nationaux, les biens des protestants d'Alsace et de la Franche-Comté, et qui consacrèrent à nouveau les droits que les anciens traités leur avaient assurés (2).

Lors de la réorganisation des cultes en 1802, les églises luthériennes des deux départements du Rhin et du département du Doubs, se trouvaient donc en possession d'une autonomie depuis longtemps pratiquée, d'un important patrimoine et d'une organisation hiérarchique, solide, éprouvée, qui ne ressemblait en rien à l'état morcelé des églises réformées.

Outre les pasteurs et les consistoires locaux, ces églises étaient groupées en inspections, confiées à l'administration d'inspecteurs académiques assistés, chacun, de deux inspecteurs laïques. L'ensemble des consistoires et des inspections était placé sous l'autorité de consistoires généraux, se réunissant tous les trois ans et représentés, dans l'intervalle de leurs sessions triennales, par une commission permanente de cinq membres, appelée Directoire du Consistoire général.

Telle fut, dans ses traits généraux, l'organisation que consacra la loi de germinal an X (3) et qui demeura en vigueur jusqu'en 1852.

Les modifications qu'y apporta le décret-loi du 26 mars 1852 (4), eurent principalement pour objet de réformer l'action administrative du Directoire qui, rendu plus indépendant du Consistoire général ou supérieur, prit plutôt le caractère d'un rouage gouvernemental.

Sous ce régime, le Directoire dont le siège demeura fixé à Strasbourg, exerçait dans sa plénitude, le pouvoir administratif, et c'est notamment à lui qu'appartenait la nomination des pasteurs, sous réserve de confirmation par décret impérial. Le gouvernement, dans les cas où la loi rendait son intervention nécessaire, se bornait généralement à ratifier les actes et propositions du Directoire, de telle sorte que c'était à Strasbourg, bien plus qu'à Paris, que se trouvait le véritable centre de l'église française de la confession d'Augsbourg.

Cet état de choses était, au surplus, commandé dans une large mesure, par le groupement territorial des ressortissants de cette église, qui comprenait, au moment où éclata la guerre de 1870 :

Départements.	Inspections.	Consistoires.	Paroisses.	Pasteurs.
Bas-Rin......	5	33	163	184
Haut-Rhin....	1	5	23	28
Doubs et Haute-Saône...	1	5	43	46
Seine et surplus du territoire français......	1	1	3	8
Totaux......	8	44	232	266

Ainsi que ce tableau le fait voir, la cession de l'Alsace à l'Allemagne, en 1871, a eu pour effet de dénationaliser plus des trois quarts des églises luthériennes françaises. Une réorganisation s'imposait : elle se fit toutefois attendre plus de huit ans. Ce ne fut que le 1er août 1879, que fut promulguée la nouvelle loi organique dont le projet avait été délibéré dès le mois de juillet 1872 par une assemblée ad hoc, que le gouvernement avait autorisée à se réunir sous le titre de synode de l'église de la confession d'Augsbourg (1).

La loi du 1er août 1879 et le décret du 12 mars 1880 portant règlement d'administration publique, qui a mis en œuvre la loi nouvelle, ont profondément remanié l'organisation des églises de la confession d'Augsbourg, telle qu'elle résultait de la législation antérieure. Mais cette loi et ce décret n'ont pas fait disparaître complètement les dispositions du décret de 1852 et les articles organiques qui sont relatifs à l'organisation de ce culte. Il faut, par conséquent, pour connaître l'organisation actuelle de ces églises, combiner les dispositions de la nouvelle législation avec celles des textes antérieurs qui n'y sont pas contraires.

Avant la loi du 1er août 1879, un synode général tenu en 1872 avait dressé un projet de réorganisation de l'église luthérienne.

Le projet du synode fut soumis à l'agrément du gouvernement. Mais le Sénat supprima la déclaration de foi inscrite par le synode au frontispice de son projet (2).

La déclaration de foi, manifestation intime de la croyance de l'église, ne pouvait figurer, disait M. Seignebos, dans un acte législatif, exclusivement et essentiellement civil : l'État ne pouvait intervenir dans des questions de cet ordre qui échappent à sa compétence et à son autorité.

Une déclaration de foi, sanctionnée par le pouvoir civil, semblerait revêtir un caractère légalement obligatoire et pourrait paraître imposée par lui ; en lui donnant le caractère incommutable de la loi, l'État semblerait enchaîner pour l'avenir la liberté de l'église et la condamner pour toujours à une formule immuable, dans laquelle sa foi serait à jamais immobilisée. Ce serait la négation du principe de la liberté qui, ainsi que le constate la déclaration du synode, est la base du protestantisme : fondé sur la croyance personnelle, individuelle, qu'aucune autorité extérieure ne peut atteindre, il ne saurait, sans être infidèle à son principe essentiel, se figer, se cristalliser ainsi dans une formule uniforme, obligatoire pour tous, fermée par tous les siècles futurs à l'influence du temps, du progrès, des idées et qui ne pourrait, sans un nouveau recours au législateur, être modifiée dans aucune de ses formes, dans aucune de ses expressions (3).

Mais en écartant cette déclaration de foi, l'État s'est réservé expressément de conserver tous ses droits. Il entend formellement maintenir l'article 4 de la loi de germinal an X qui est ainsi conçu : « Aucune décision doctrinale ou dogma-

---

ganiques des cultes protestants ; — Vu l'article 25 desdits articles organiques, ainsi conçu ; « Les pasteurs ne pourront être destitués qu'à la charge de présenter les motifs de la destitution au gouvernement qui les approuvera ou les rejettera ; »

« Considérant que l'article 25 susvisé charge le gouvernement d'apprécier les motifs de la destitution des pasteurs, et que les décisions rendues en pareille matière par le gouvernement ne peuvent pas donner lieu à un recours par la voie de l'appel comme d'abus ;

« Art. 1er. Le recours du sieur Schrumpff est rejeté. »

(1) Pour le traitement des pasteurs, voir à la fin de ce chapitre.
(2) Cet état de choses a été « maintenu en pleine vigueur jusqu'en 1870, dit M. Hepp (Op. cit., p. 24), notamment en ce qui concernait la propriété et l'administration des biens dépendant des fondations protestantes, et dont bénéficièrent également les protestants de la Franche-Comté ».
(3) Art. 33 à 34 des Articles organiques des cultes protestants.
(4) Art. 8 à 13.

(1) M. Hepp, p. 25 et 26.
(2) M. Seignobos, Rapport sur le projet de loi du 1er août 1879.
(3) Rapport de M. Seignobos, Chambre des députés, séance du 9 juin 1879 (Journ. offic., 27 juin 1879).

tique, aucun formulaire, sous le titre de *confession*, ou sous tout autre titre, ne pourront être publiés ou devenir la matière de l'enseignement avant que le gouvernement en ait autorisé la publication ou promulgation » (1).

L'article 1er de la loi du 1er août 1879 dispose que l'église évangélique de la confession d'Augsbourg a des pasteurs, des inspecteurs ecclésiastiques, des conseils presbytéraux, des consistoires, des synodes particuliers, et un synode général.

Nous suivrons pour l'examen de ces diverses autorités le même ordre que nous avons adopté pour l'étude de l'organisation des églises réformées.

Nous exposerons successivement les règles relatives aux conseils presbytéraux, aux consistoires, aux synodes particuliers et au synode général.

Nous indiquerons ensuite les dispositions qui concernent les pasteurs et les inspecteurs ecclésiastiques.

2280. *Conseils presbytéraux.* — Chaque église qui ne forme pas à elle seule un consistoire, a un conseil presbytéral, composé du pasteur ou des pasteurs de la paroisse et d'un nombre d'anciens déterminé par le synode particulier, mais qui ne pourra être moindre de huit (2).

Le conseil presbytéral est élu suivant l'article 8 de la loi de 1879, par les fidèles » selon les règles actuellement en vigueur », c'est-à-dire conformément aux règles et conditions édictées par le décret du 26 mars 1852 et les règlements faits pour son exécution, ainsi que par le décret de 1852 sur les élections au Corps législatif (3).

En ce qui concerne l'élection des conseils presbytéraux, dit le rapporteur de la loi de 1879 (4), qui est la base de tout le système d'organisation de l'église, le projet primitif laissait au synode général le soin d'établir les règles qui présideraient à cette élection et de fixer comme il l'entendrait les conditions d'inscription sur le registre électoral de la paroisse.

Du reste, aucune base légale ; le synode était souverain : il semblait même investi du droit de régler les conditions civiles de l'électorat, d'adopter à son gré le suffrage universel direct ou à deux degrés, le suffrage restreint, même le suffrage censitaire usité dans l'église de 1802 à 1852.

Le Sénat n'a pas cru, et non sans raison, devoir accorder au synode un pouvoir aussi illimité.

Par l'article 8, il a maintenu les règles actuelles, c'est-à-dire le suffrage universel, avec les conditions d'âge, de résidence, de capacité légale, établies par le décret de 1852. Ces conditions civiles, qui sont essentiellement du ressort du pouvoir législatif, ne peuvent être modifiées que par lui. Quant aux conditions religieuses, en principe, elles doivent être fixées par l'église, avec l'approbation du gouvernement. Cette fixation a été faite d'un commun accord, il y a plus de vingt ans, après avis des consistoires et de toutes les autorités ecclésiastiques.

Ces conditions ainsi déterminées ont suffi pendant un quart de siècle et ont maintenu partout la paix, la concorde et l'union. Nul à part on n'a éprouvé le besoin de les modifier. Ce sont, du reste, les seules que l'on puisse admettre ; l'on ne veut introduire dans l'église une inquisition incompatible avec ses principes, pénétrer au fond des consciences et contraindre chaque fidèle à venir à l'instant choisi, sur une injonction communicative, signer solennellement devant témoins, une formule imposée par une majorité et qui pourra varier avec elle.

Ces conditions ne peuvent consister que dans des faits extérieurs, visibles, faciles à constater, tels que la naissance, le baptême, la confirmation, la bénédiction nuptiale, l'éducation des enfants, la participation au culte ; hors de là commencerait l'inquisition, l'invasion dans l'intimité de la conscience, et le gouvernement ne pourrait donner sa sanction à un pareil abus d'autorité (1).

Il va sans dire, du reste, que ces conditions ne pourraient être changées sans son agrément ; la loi de germinal an X conserve sur ce point toute sa force.

Mais l'esprit libéral et tolérant, que n'a jamais cessé de montrer l'église de la confession d'Augsbourg, ne permet pas un seul instant de lui prêter des intentions aussi étroites, aussi exclusives, aussi contraires à son principe et à ses tendances.

Elle maintiendra ces traditions qui sont sa gloire et son honneur, et auxquelles la commission est heureuse de rendre un hommage mérité (2).

L'article 21 de la loi du 1er août 1879, relatif aux incompatibilités qui résultent de la parenté (3), maintient l'article 4 de l'arrêté du 10 septembre 1852, sauf en deux points qui concernent les dispenses ; l'avis de la commission synodale sera nécessaire au lieu de l'avis du directoire ; et, sous le bénéfice de ce contrôle, la faculté qui reste acquise au ministre des cultes d'accorder ces dispenses ne sera plus strictement limitée aux paroisses ayant moins de soixante électeurs. La loi nouvelle a augmenté dans une forte proportion le nombre des conseillers presbytéraux, dont le minimum sera désormais de huit au lieu de quatre (4) ; forcément, il y aura un plus grand nombre de dispenses à accorder, et en même temps il y aura moins d'inconvénients à avoir deux parents sur huit membres qu'à avoir deux parents sur quatre membres faisant partie du même conseil presbytéral (5).

Le conseil presbytéral est renouvelé par moitié tous les trois ans (6).

Le conseil presbytéral est présidé par le pasteur ou le plus ancien des pasteurs (7).

Les réunions ordinaires des conseils presbytéraux ont lieu une fois au moins par trimestre ; les réunions extraordinaires ont lieu suivant les besoins du service. « Que ces corps puissent, dans leurs séances ordinaires et périodiques, dit le rapport ministériel du 14 novembre 1879, s'occuper de tous les objets qui rentrent dans leurs attributions légales, cela va de soi ; mais quand il s'agit de séances extraordinaires il faut que chaque membre sache si les questions qui seront posées

---

(1) Rapport de M. Seignobos, Chambre des députés, séance du 24 juillet 1879 (*Journ. offic.*, 25 juillet 1879).
(2) L. 1er août 1879, art. 7.
(3) Sénat, séance, 28 janvier 1879.
(4) Sénat, séance du 9 juin 1879 (*Journ. offic.*, 27 juin 1879).

---

(1) « Lorsque les Chambres ont voté l'article 8, modifié en conformité des vœux de la commission synodale et des propositions de la commission du Sénat, elles se sont approprié cette déclaration qui, désormais, fait en quelque sorte corps avec le texte même de la loi et en est le commentaire officiel ; elles se la sont appropriée avec ses effets juridiques, avec toute sa portée et sans les restrictions inconséquentes que l'honorable M. Seignobos semble vouloir apporter, le cas échéant, au pouvoir de l'église ; et à celui du gouvernement » (W. Jackson, *Recueil de documents relatifs à la réorganisation de l'église de la confession d'Augsbourg*, p. 120, note 1).
(2) Rapport précité de M. Seignobos. — Un arrêté du consistoire supérieur du 26 octobre 1854 a déterminé les conditions religieuses de l'électorat, dont parle incidemment le rapport de M. Seignobos.
Les conditions sont les suivantes : 1° avoir été admis au nombre des membres actifs de l'église par la confirmation ou, pour les prosélytes, par un acte équivalent ; 2° si le candidat est marié, il doit avoir reçu la bénédiction nuptiale selon le rite de l'église évangélique, et, si le mariage est mixte et que cette bénédiction n'ait pu avoir lieu, faire élever au moins une partie de ses enfants dans la religion luthérienne. Cet arrêté a été maintenu par un règlement du synode général du 21 mai 1884, qui ajoute que « pour l'application de l'article 12 de l'arrêté ministériel du 10 septembre 1852, seront considérés comme notoirement indignes : notamment ceux qui vivent en état de concubinage ; ceux qui se livrent à l'ivrognerie ; ceux qui, dans les lieux publics, auront tenu des propos outrageants pour la religion ; ceux qui par une abstention permanente de toute participation aux actes du culte public, auront publiquement témoigné de leur indifférence religieuse (*Recueil officiel des actes du directoire et consistoire de la confession d'Augsbourg*, de 1840 à 1871, t. XII, p. 136 ; *Recueil officiel des actes du synode général de l'église évangélique de la confession d'Augsbourg*, t. I, p. 83 ; Dalloz, *Rép. supp.*, v° CULTES, n° 754).
Nous renvoyons à ce que nous avons dit précédemment au sujet des conseils presbytéraux des églises réformées pour ce qui concerne le mode de confection des registres paroissiaux et des listes électorales.
(3) Pour les incompatibilités, voir ce qui a été dit sur cette matière à propos des conseils presbytéraux des églises réformées.
(4) Cf. arr. 10 septembre 1852, art. 1er, 2e, et L. de 1879, art. 7.
(5) Rapport ministériel du 14 novembre 1879.
(6) L. 1er août 1879, art. 8.
(7) L. 1er août 1879, art. 9.

lui font un devoir impérieux d'assister à la séance, quand même une convocation imprévue lui serait une gène personnelle : il faut que tous puissent se renseigner et se préparer au débat. Il est donc nécessaire, en ce cas, que le consistoire ou le conseil presbytéral s'occupe uniquement des objets portés à son ordre du jour. Il y sera pourvu par l'application du dernier alinéa de l'article 8 du règlement. »

2281. L'église de la confession d'Augsbourg comprend actuellement 50 paroisses, dont 36 dans le Doubs, 11 dans la Haute-Saône et le territoire de Belfort, 1 à Paris, divisée en 5 sections, 1 à Lyon et 1 à Nice. Il y a en outre 42 annexes où le culte est célébré à des intervalles réguliers (1).

2282. *Consistoires.* — Le consistoire est composé de tous les pasteurs de la circonscription et d'un nombre double d'anciens délégués par les conseils presbytéraux. Dans le cas où il existerait dans une paroisse un titre de pasteur auxiliaire, le synode particulier peut exceptionnellement attribuer au titulaire droit de présence et voix délibérative au consistoire (2).

Le consistoire est renouvelé par moitié tous les trois ans. Les membres sortants sont rééligibles (3).

À chaque renouvellement, il élit un président ecclésiastique et un secrétaire laïque (4).

L'église de la confession d'Augsbourg comprend actuellement 6 consistoires, dont 4 dans le département du Doubs, 1 dans la Haute-Saône et 1 à Paris ; le ressort de ce dernier s'étend aux paroisses de Lyon et de Nice, et généralement à tout le territoire français, à l'exception des deux départements précités (5).

2283. *Synodes particuliers.* — Les circonscriptions réunies de plusieurs consistoires forment un synode particulier (6).

Le synode particulier se compose de tous les membres des consistoires du ressort tant ecclésiastiques que laïques.

Le synode particulier se réunit une fois par an et nomme son bureau (7).

En cas d'urgence, la commission synodale peut le convoquer en session extraordinaire (8).

2284. *Commission synodale.* — Dans l'intervalle de ses sessions, le synode est représenté par une commission synodale prise dans son sein et nommée par lui. Elle se compose de l'inspecteur ecclésiastique, d'un pasteur et de trois laïques. Ces quatre derniers sont nommés pour six ans.

La commission synodale se renouvelle par moitié tous les trois ans. Les membres sortants sont rééligibles.

La commission synodale nomme son président, l'inspecteur ecclésiastique ne pouvant la présider (9).

2285. *Synode général.* — Au-dessus des deux synodes particuliers, la nouvelle loi a établi un synode général « autorité supérieure de l'église de la confession d'Augsbourg » (10).

Le synode général se compose de trente-six membres titulaires, savoir :

1° Des inspecteurs ecclésiastiques, membres de droit ;

2° De cinq pasteurs et de dix laïques, élus par le synode particulier de Paris ;

3° De six pasteurs et de douze laïques, élus par le synode particulier de Montbéliard ;

4° D'un délégué élu pour six ans par les professeurs de la Faculté de théologie de Paris appartenant à l'église de la confession d'Augsbourg (1).

Les membres laïques peuvent être choisis en dehors de la circonscription du synode particulier (2).

Sont élus, en outre, en qualité de membres suppléants :

1° Trois pasteurs et cinq laïques, par le synode particulier de Paris ;

2° Trois pasteurs et six laïques, par le synode particulier de Montbéliard (3).

Le nombre des députés à élire par chacun des synodes particuliers pourra être modifié par une délibération du synode général, prise par application de l'article 24 de la loi du 1er août 1879 (4). Cette délibération sera soumise à l'approbation du gouvernement (5).

2286. Les députés au synode général se renouvellent par moitié tous les trois ans dans chaque circonscription de synode particulier. Les membres sortants sont rééligibles (6).

Le synode général se réunit au moins une fois tous les trois ans, alternativement à Paris et à Montbéliard, ou dans telle autre ville désignée par lui (7).

Il peut être convoqué extraordinairement pour un motif grave soit d'office par le ministre des cultes, soit par la commission exécutive, sur la demande d'un des synodes particuliers.

Dans tous les cas, la convocation est faite par les soins de la commission exécutive, en exécution d'un arrêté ministériel qui fixe le jour d'ouverture et la durée de la session (8).

À chaque session le synode général nomme son bureau (9).

Les délibérations du synode général sont prises à la majorité absolue des voix.

En cas de partage, le président a voix prépondérante.

Les délibérations ne sont valables que si la moitié des membres en exercice assiste à la séance.

Lorsque après deux convocations successives les membres du synode ne se sont pas réunis en nombre suffisant, la délibération prise après la troisième convocation est valable, quel que soit le nombre des membres présents (10).

2287. *Commission exécutive.* — Le synode général nomme lui-même une commission exécutive de six à neuf membres (11). Elle comprend, en outre, trois membres effectifs.

Les deux tiers au moins des membres sont laïques (12).

(1) M. Hepp, *op. cit.*, p. 30. Pour les attributions du conseil presbytéral, voir le chapitre III de ce titre.
(2) L. 1er août 1879, art. 11.
(3) *Ibid.*, art. 12.
(4) *Ibid.*, art. 13.
(5) M. Hepp, *op. cit.*, p. 30. Pour les attributions du consistoire, voir le chapitre III de ce titre.
(6) L. 1er août 1879, art. 15. — Les synodes particuliers remplacent les assemblées d'inspection qui comprenaient dans leur arrondissement cinq consistoires, d'après l'article 36 de la loi du 18 germinal an X. Ils ont un rôle beaucoup plus utile et plus étendu que celui des anciennes assemblées d'inspection (*Rapport de la commission synodale sur la loi de* 1879). Ce rôle est surtout pondérateur (*Circ. minist.*, 24 juillet 1880). Les membres laïques de la commission synodale des synodes particuliers remplacent les inspecteurs laïques du régime antérieur. Il suit de là qu'à côté des inspecteurs ecclésiastiques, il n'y a plus d'inspecteurs laïques proprement dits (*Rapport sur la loi de* 1879) (Dalloz, *Rep. supp.*, v° CULTES, n° 758).
(7) L. 1er août 1879, art. 17.
(8) *Ibid.*, art. 18. — Pour les attributions des synodes particuliers, voir le chapitre III de ce titre.
(9) L. 1er août 1879, art. 20. — Pour les attributions, voir le chapitre III de ce titre.
(10) L. 1er août 1879, art. 22. — La loi organique avait placé à la tête des églises de la confession d'Augsbourg des consistoires supérieurs, ou

généraux, qui étaient en quelque sorte investis d'un pouvoir législatif et de haute surveillance, et un directoire, chargé du pouvoir administratif. Réorganisé par le décret du 26 mars 1852, le consistoire supérieur de Strasbourg est remplacé aujourd'hui par le synode général. En même temps, le directoire institué par l'article 43 de la loi organique, et par l'article 11 du décret du 26 mars 1852, a été remplacé par une commission exécutive (L. 1er août 1879, art. 23).
(1) D. 12 mars 1880, art. 4.
(2) L. 1er août 1879, art. 22.
(3) L. 1er août 1879, art. 4.
(4) Cet article est ainsi conçu : « Les synodes particuliers sont représentés au synode général, en raison de la population de leur ressort. Toutefois un synode ne pourra pas être représenté par moins de quinze membres. »
(5) D. 12 mars 1880, art. 5.
(6) L. 1er août 1879, art. 23.
(7) L. 1er août 1879, art. 26.
(8) L. 1er août 1879, art. 26 ; D. 12 mars 1880, art. 7.
(9) D. 12 mars 1880, art. 7.
(10) D. 12 mars 1880, art. 9. — « Les dispositions de cet article... sont applicables aux délibérations des synodes particuliers, des consistoires et des conseils presbytéraux » (édit. *in fine*). — Pour les attributions, voir le chapitre III de ce titre.
(11) Cette commission, qui représente le synode général près du gouvernement, a remplacé le directoire institué par la loi organique et le décret de 1852.
(12) D. 12 mars 1880, art. 10.

La commission exécutive du synode général est nommée pour six ans. Elle est renouvelée par moitié tous les trois ans. Il doit être procédé à son renouvellement intégral lorsque dans cet intervalle elle a perdu plus des deux tiers de ses membres.

Les membres sortants sont indéfiniment rééligibles.

A chaque renouvellement la commission exécutive nomme son président et son secrétaire (1).

La commission exécutive du synode général siège à Paris. La majorité des membres titulaires et la totalité des membres suppléants doivent avoir leur résidence dans cette ville (2).

La commission exécutive se réunit toutes les fois que les besoins du service l'exigent, sur la convocation de son président, ou, en cas d'empêchement, sur la convocation du plus âgé de ses membres (3).

Les délibérations de la commission exécutive, comme celles des synodes particuliers, du synode général et du synode constituant, sont soumises à l'approbation du gouvernement (4).

« Le droit d'approbation, porte la circulaire du 24 juillet 1880, que l'article 15 du décret du 12 mars 1880 me réserve, est pour l'église tout entière et pour chacun de ses membres une garantie que toutes les dispositions législatives et réglementaires de la nouvelle organisation seront toujours et en toutes circonstances exactement et impartialement exécutées et appliquées, dans leur lettre comme dans leur esprit. L'exercice de ce droit sera d'autant plus nécessaire au début que la nouvelle législation n'ayant abrogé de la législation antérieure que celles de ses dispositions qui sont contraires aux modifications introduites par la loi du 1er août 1879 et au règlement du 12 mars 1880, il en résulte la nécessité de fusionner les deux régimes en ce qu'ils n'ont pas d'incompatible (5). »·

2288. *Synode constituant.* — Le synode général peut, si les intérêts de l'église lui paraissent l'exiger, convoquer un synode constituant. La majorité des deux tiers au moins du nombre des membres du synode est nécessaire pour cette convocation (6).

L'assemblée du synode constituant se compose des inspecteurs ecclésiastiques, de deux délégués élus par les professeurs de la Faculté de théologie de Paris appartenant à l'église de la confession d'Augsbourg, et de députés, tant ecclésiastiques que laïques, choisis par les synodes particuliers, en nombre double de celui des délégués appelés à faire partie du dernier synode général.

Les membres laïques peuvent être choisis en dehors de la circonscription du synode particulier (7).

Les inspecteurs ecclésiastiques siègent au synode constituant en leur qualité comme au synode général; mais leur nombre ne peut être doublé, puisque chaque inspection n'a qu'un inspecteur ecclésiastique (8).

Les membres suppléants sont désignés à l'avance pour remplacer, comme dans le synode général des églises réformées, les membres titulaires empêchés par une cause ou par une autre de prendre part aux délibérations. « Il importe qu'une telle assemblée soit toujours, autant que possible, au complet (9). »

2289. La convocation des membres composant le synode constituant a lieu par les soins de la commission exécutive du synode général, en exécution d'un arrêté ministériel qui approuve le jour, le lieu et l'objet de la réunion (10).

Le rapport ministériel du 14 novembre 1879 dit à ce sujet : « La loi du 1er août 1879, dans son article 27, a donné au

synode général le pouvoir de décider si un synode constituant était nécessaire, et de le convoquer. Le gouvernement n'a donc pas, le cas échéant, à revenir sur ce point et à en délibérer ; le synode constituant est, dès lors, nécessaire ; il est virtuellement convoqué. Mais en fait, à quel moment, à quel jour se réunira-t-il ? Où se tiendront ses séances ? Les questions qui lui sont soumises par le synode général n'intéressent-elles en rien le gouvernement ? N'aura-t-il pas à leur sujet des observations à présenter et des communications à faire ? Il importe que le ministre des cultes, sans rien retrancher à la large autonomie assurée par la loi, puisse intervenir sur ces divers points. — Le synode constituant sera une assemblée exceptionnelle et solennelle ; il était donc convenable qu'il se réunit toujours à Paris, au siège même du gouvernement. Les questions qui lui seront soumises par le synode général seront connues par le ministre des cultes ; si elles soulevaient à ses yeux quelques objections, il pourrait soit s'en entendre avec la commission exécutive du synode général, instituée par la loi de 1879, soit même, si le désaccord était grave, convoquer d'office le synode général en session extraordinaire. En tous cas, quand l'entente sera établie selon les convenances mutuelles (car le gouvernement peut en cela aussi avoir les siennes), un arrêté ministériel approuvera le jour et le lieu fixés pour la réunion du synode constituant et le libellé des questions qui lui seront soumises ; la commission exécutive du synode général sera chargée de donner suite à cet arrêté. »

Suivant l'article 3 du décret du 12 mars 1880, le synode constituant se réunit à Paris. Il nomme son bureau et délibère exclusivement sur les questions qui lui sont soumises par la décision du synode général, approuvée par l'arrêté de convocation.

L'assemblée ne peut durer plus de dix jours, à moins d'autorisation spéciale accordée par le gouvernement.

Les délibérations du synode constituant sont transmises au gouvernement par l'intermédiaire du président (1).

2290. *Pasteurs.* — Chaque circonscription paroissiale de l'église de la confession d'Augsbourg a un ou plusieurs pasteurs.

Il n'y a qu'un seul ordre entre les ministres de la confession d'Augsbourg, et il n'y a, par suite, entre eux aucune différence à raison de l'ordre ; mais il existe une différence à raison de leurs fonctions. Les uns, dit Dalloz (2), sont pasteurs et exercent tout entier le ministère ecclésiastique. Les autres sont seulement prédicateurs ou instructeurs, *prædicatores seu concionatores*. Parmi les pasteurs on distingue encore le *pastor primarius*, à qui a été confié le ministère dans une église, et les autres, qui sont seulement des pasteurs auxiliaires, que l'on nomme *diacres* ou *sous-diacres*, et qui sont soumis au premier.

Pour être nommé pasteur, il faut remplir les conditions suivantes :

1° Etre Français ou d'origine française ;

2° Etre âgé de vingt-cinq ans ;

3° Etre pourvu du diplôme de bachelier en théologie, délivré par une Faculté française, et d'un acte de consécration (3).

Il peut être accordé par le gouvernement des dispenses aux candidats qui, réunissant les autres conditions requises, n'auraient pas atteint l'âge de vingt-cinq ans (4).

Une circulaire du 28 mai 1885 a rappelé la nécessité de justifier de la possession d'un diplôme de bachelier en théologie pour la consécration au ministère évangélique. « L'usage tend à s'introduire, dit le ministre, dans un certain nombre d'églises du culte réformé, d'admettre à la consécration au ministère évangélique des personnes dépourvues de titres ecclésiastiques requis, et de leur délivrer, sur la simple

---

(1) *Ibid.*, art. 11.
(2) *Ibid.*, art. 12.
(3) D. 12 mars 1880, art. 13.
(4) D. 12 mars 1880, art. 15.
(5) Pour les attributions, voir le chapitre III de ce titre.
(6) L. 1er août 1879, art. 27.
(7) D. 12 mars 1880, art. 1.
(8) L. 1879, art. 6, § 4 ; L. 18 germinal an X, art. 37 ; Rapport ministériel, 14 novembre 1879.
(9) Rapport, 14 novembre 1879.
(10) D. 12 mars 1880, art. 2.

---

(1) Pour les attributions, voir le chapitre III de ce titre.
(2) *Rép.*, vº CULTES, nº 714.
(3) L. 1er août 1879, art. 3.
(4) D. 12 mars 1880, art. 26.

recommandation d'assemblées sans qualité, des certificats revêtus de signatures de pasteurs investis d'un caractère officiel, ainsi que du sceau du consistoire ou d'un conseil presbytéral.

« Cette pratique est en opposition formelle avec les dispositions réglementaires qui ont fixé les conditions d'admission dans le personnel ecclésiastique des cultes protestants reconnus, et si entière que soit la liberté que mon administration entend laisser aux églises dans la gestion de leurs intérêts particuliers, il ne faut pas cependant que les bases sur lesquelles ces églises ont été légalement établies en puissent éprouver un dommage.

« Je vous prie, en conséquence, monsieur le président, de rappeler à MM. les pasteurs du ressort de votre église consistoriale que, comme l'énonce d'ailleurs la formule même qui est généralement en usage dans les églises réformées de France pour les actes de cette nature, la consécration au ministère évangélique est expressément subordonnée à la production du diplôme de bachelier en théologie. » Aucune décision ni dispense, de quelque nature qu'elle soit, ne saurait y suppléer (1).

2291. Les pasteurs sont nommés par le consistoire, sur la présentation du conseil presbytéral (2).

« En ce qui concerne la nomination des pasteurs, dit M. Seignobos dans son rapport sur la loi de 1879 (3), c'est la paroisse à pourvoir, qui est la plus intéressée au choix à faire, car c'est elle qui sera administrée par le nouveau pasteur, qui recevra ses instructions et qui ressentira le plus vite et le plus directement les bons ou les mauvais effets de son ministère. Le Sénat a donc voulu, et avec raison, que ce fût la paroisse qui, par son conseil presbytéral, présentât au consistoire le candidat de son choix, et qu'aucune nomination (même à titre provisoire, car le projet ne distingue pas) ne pût être faite hors de cette présentation. »

Au premier rang des attributions nouvelles que les consistoires ont reçues de la loi de 1879 se place celle qui leur est donnée de nommer les pasteurs. « Vous apprécierez, dit le ministre dans la circulaire du 24 juillet 1880 aux consistoires, toute l'importance de cette prérogative, que vous aviez déjà été admis à exercer, à titre provisoire, pendant la période intérimaire qui s'est écoulée depuis 1871, et à laquelle se rattachent si intimement, dans leur base la plus élevée, la bonne constitution et la paix des églises. Il ne vous échappera pas que si ce droit de nomination se trouve maintenant définitivement remis aux consistoires, sous réserve de confirmation par le gouvernement, c'est dans la pensée qu'ils sont mieux placés que les conseils presbytéraux eux-mêmes pour faire avec toute l'autorité désirable un choix éclairé ; mais ils ne perdront pas de vue que leur devoir est d'écouter le vœu des paroisses et d'y faire droit toutes les fois ce vœu ne sera pas douteux et qu'il se conciliera avec la bonne administration de l'Église. En agissant ainsi, les consistoires s'inspireront du véritable esprit de la loi qui, en réservant aux conseils presbytéraux le droit de présentation, a voulu que les communautés ne pussent pas se voir imposer malgré elles un pasteur qui n'aurait pas conquis la confiance de leurs représentants légaux. Les consistoires éviteront de cette façon le danger de susciter inutilement des conflits dont la solution, en vertu de la procédure fixée en pareil cas par le nouveau règlement, entraînerait les retards et les complications les plus préjudiciables. »

Quelles sont les formes à suivre pour la nomination des pasteurs ?

L'article 23 du décret du 12 mars 1880 dispose à ce sujet : que toute vacance ou création de cure est rendue publique par les soins de la commission synodale.

Un délai de quarante jours est fixé, pendant lequel les candidats à la cure vacante adressent leur demande écrite au président de la commission synodale, qui en informe immédiatement le président du conseil presbytéral intéressé.

Le délai susdit court du jour où la vacance a été annoncée en chaire dans toutes les paroisses de la circonscription consistoriale (1).

A l'expiration de ce délai, le conseil presbytéral arrête une liste portant les noms de trois candidats, classés par ordre alphabétique.

Le consistoire choisit le pasteur parmi les candidats présentés.

Ce choix doit être fait dans les deux mois qui suivent la présentation (2).

Si le consistoire n'a pas nommé le pasteur dans le délai de deux mois, la commission synodale, soit d'office, soit sur l'initiative du conseil presbytéral, réunit le synode particulier.

Le synode particulier arrête les mesures propres à pourvoir provisoirement aux besoins religieux de la paroisse vacante.

Ces mesures sont soumises à l'approbation du gouvernement.

Il est procédé dans la même forme dans le cas où aucun candidat ne se serait présenté à la place vacante (3).

La commission synodale transmet au gouvernement les nominations de pasteurs faites par les consistoires, lorsque, dans les dix jours de la nomination, il n'est survenu aucune réclamation.

En cas de réclamation, cette commission en apprécie le bien ou le mal fondé et la soumet, s'il y a lieu, au synode particulier, qui décide (4).

Les pasteurs peuvent être suspendus ou destitués par le synode particulier, conformément à la discipline ecclésiastique. Les motifs de la suspension ou de la destitution sont présentés au gouvernement, qui les approuve ou les rejette (5).

2292. *Inspecteurs ecclésiastiques.* — Avant la loi du 1er août 1879, les églises luthériennes étaient groupées en inspections confiées à l'administration d'inspecteurs ecclésiastiques assistés, chacun, de deux inspecteurs laïques.

Ces inspections formaient des assemblées extraordinaires, dont le but était de veiller sur les ministres et sur le maintien du bon ordre dans les églises.

Sous l'empire de la nouvelle législation, l'inspection ne forme plus un corps, mais se compose d'inspecteurs ecclésiastiques qui ont des attributions multiples.

Ils sont chargés notamment, suivant l'article 6 de la loi du 1er août 1879, de la consécration des candidats au ministère ecclésiastique, de l'installation des pasteurs et de la consécration des églises.

Ils ont la surveillance des pasteurs et des églises de leur ressort ; ils veillent à l'exercice régulier du culte et au maintien du bon ordre dans les paroisses.

Ils sont tenus de visiter périodiquement les églises. Ils font chaque année au synode particulier un rapport général sur leur circonscription.

Ils siègent en leur qualité au synode général et sont membres de droit de la commission synodale prévue à l'article 20 de la loi de 1879. Mais, comme nous l'avons vu, ils ne la président pas.

Ils sont nommés pour neuf ans par le synode particulier et rééligibles. Ils ne peuvent être révoqués que par le synode général.

2293. *Séminaires et facultés de théologie protestante.* — Indépendamment des consistoires, synodes ou inspections, les cultes protestants ont encore des séminaires, un collège et des facultés de théologie.

---

(1) Circ. 28 mai 1885.
(2) L. 1er août 1879, art. 4.
(3) Chambre des députés, séance du 9 juin 1879 (*Journ. Offic.*, 27 juin 1879).

(1) D. 12 mars 1880, art. 23.
(2) *Ibid.*, art. 24.
(3) D. 12 mars 1880, art. 25.
(4) L. 1er août 1879, art. 21.
(5) L. 1er août 1879, art. 5.

Le culte réformé a un seul séminaire, placé à Montauban, et dirigé par un directeur.

L'article 10 de la loi organique du 18 germinal an X avait établi un séminaire à Genève pour l'instruction des ministres du culte réformé. Genève ayant cessé d'appartenir à la France, ce séminaire a été transféré à Montauban.

Le directeur est choisi par le ministre, parmi les professeurs de la faculté de théologie protestante établie au même lieu, par une commission administrative et une commission de patronage (1).

Il faut être inscrit sur les registres de la faculté pour être admis à ce séminaire. Chaque élève est placé sous l'autorité de la commission dite de patronage et sous la surveillance générale du directeur. Il peut être atteint de peines disciplinaires, l'avertissement, la censure, la privation temporaire ou définitive de la bourse ou de la demi-bourse qui lui est accordée par le gouvernement, l'exclusion (2).

Les séminaires établis près des facultés de théologie sont de simples internats, dit M. Hepp (3), ils n'ont de commun que le nom avec les séminaires du culte catholique et celui du culte israélite.

On enseigne dans le séminaire la morale, le dogme, l'exégèse, l'histoire ecclésiastique, la philosophie, la haute latinité, le grec et l'hébreu (4).

2294. Quant au culte luthérien, ou de la confession d'Augsbourg, l'article 9 de la loi du 18 germinal an X avait décidé, en principe, que deux académies ou séminaires seraient établis dans l'Est de la France, pour l'instruction des ministres. Il n'existait plus en 1870 qu'une seule académie, ou séminaire, à Strasbourg.

Depuis les événements de 1870-1871 ce séminaire a été transféré à Paris par un décret en date des 27 mars et 1er octobre 1877.

Le séminaire de Strasbourg était un établissement d'instruction destiné à préparer les futurs pasteurs aux études théologiques proprement dites et à compléter les cours de la faculté de théologie. Il se divisait, à cet effet, en deux sections. La section préparatoire, dont les cours duraient deux ans, comprenait quatre chaires : littérature latine, littérature grecque, histoire, philosophie. La section théologique comprenait six chaires, dont cinq étaient communes avec la Faculté : dogme selon la confession d'Ausbourg, exégèse et critique sacrée, exégèse du Nouveau Testament, morale évangélique, histoire ecclésiastique, théologie pratique. Outre les professeurs titulaires de ces dix chaires, il y avait, en 1870, cinq professeurs agrégés et *privatim docentes* qui enseignaient l'hébreu, l'allemand, etc. (5).

Pour être admis au séminaire comme élève, il fallait produire son acte de naissance, un certificat d'assiduité et de bonne conduite, délivré par le chef de l'établissement où l'élève avait fait ses études antérieures, une délibération du consistoire constatant la moralité du postulant, le consentement de ses parents ou tuteurs en cas de minorité, et le diplôme de bachelier ès lettres (6).

Au séminaire était adjoint l'internat ou pensionnat de Saint-Guillaume, recevant les élèves boursiers qui suivaient les cours du séminaire et de la faculté (7).

Le séjour dans ce séminaire était obligatoire pour tous les boursiers (8) et facultatif pour les autres (9).

Depuis la promulgation du décret du 17 mars 1808 qui avait abrogé par son article 3 les articles 23 (première partie) et 11 (deuxième partie) de la loi du 18 germinal an X, et la loi du 23 ventôse an XII relative aux séminaires, c'était le Directoire qui nommait les professeurs du séminaire luthérien sur la proposition de ce dernier corps ; l'article 11 du décret-loi du 26 mars 1852 avait confirmé ce droit.

Depuis le décret du 12 mars 1880, la commission exécutive nommée par le synode général exerce les attributions du Directoire quant à la haute surveillance de l'enseignement et de la discipline ecclésiastique du séminaire (1).

Elle s'adjoint les professeurs de la faculté de théologie appartenant à l'église de la confession d'Augsbourg pour examiner les propositions des consistoires relatives aux bourses vacantes et désigner au gouvernement les candidats (2).

Le doyen de la faculté et le directeur du séminaire présentent à la commission les élèves de cet établissement appartenant à l'église de la confession d'Augsbourg, qu'ils jugent dignes d'un complément ou d'une prolongation de bourse (3).

Un décret du 11 février 1884 a confié la gestion administrative et financière du séminaire à une commission administrative composée du doyen de la faculté de théologie de Paris et du directeur du séminaire, sous la présidence du directeur général des cultes ou de son délégué.

2295. La loi de finances du 21 mars 1885 a supprimé les bourses de séminaires protestants en réduisant de 59,000 à 26,500 francs le crédit affecté à ces établissements. (Budget des cultes, chapitre XVIII.) Cette somme de 26,500 francs qui a été demandée par le dernier budget, correspond aux frais d'administration : 14,000 francs pour le séminaire de Paris; 12,500 francs pour le séminaire de Montauban.

Il existe, en France, deux facultés de théologie protestante, à Montauban et à Paris.

L'enseignement de la théologie pour l'église réformée est donné à la faculté de Montauban, et l'enseignement de la théologie luthérienne, à la faculté mixte de théologie protestante de Paris.

Cette faculté a remplacé la faculté de Strasbourg, en partageant ses chaires selon le vœu exprimé en 1872 par le synode général, entre les réformés et les luthériens.

Suivant un décret du 7 mai 1881, les chaires de la faculté de Paris sont partagées en nombre égal entre les deux confessions, chacune ayant forcément une chaire de dogme.

Les aspirants au ministère évangélique sont autorisés à faire les études réglementaires à la faculté suisse de Genève, bien qu'elle ne soit pas un établissement français, mais à charge de prendre leurs grades à Montauban ou à Paris (4).

Depuis 1872, la faculté de Genève a même été provisoirement autorisée à conférer le grade de bachelier en théologie, seize inscriptions prises à cette faculté ne comptant toutefois que comme douze à Montauban (5).

Les nominations aux chaires vacantes dans les facultés de théologie protestante sont faites par décret du chef de l'État (6).

Lorsqu'une chaire de professeur de la communion réformée vient à vaquer dans les facultés de théologie, le conseil central recueille les votes des consistoires, et les transmet, avec son avis, au ministre (7).

La faculté et le conseil académique n'ont ni présentation à faire, ni avis à formuler (8).

L'article 30 du décret du 2 mars 1880 détermine de la façon suivante les règles relatives aux nominations aux chaires de théologie de la confession d'Augsbourg.

Quand une chaire de professeur ou une place de maître de conférences a été déclarée vacante par le ministre de l'Instruction publique, les candidats sont invités, dans les formes ordinaires, à déposer leurs titres à la faculté.

Le délai de vingt jours expiré, les professeurs de la faculté appartenant à la confession d'Augsbourg dressent une liste

(1) Arr. min. 5 décembre 1866, Lehr, p. 232.
(2) Arr. min. 30 octobre 1867; Lehr, p. 233.
(3) *Op. cit.* p. 16.
(4) Gaudry, t. III, n° 1208.
(5) Note de la commission synodale relative à la création d'un séminaire de la confession d'Augsbourg, à Paris, 3 juillet 1877, Jackson, *op. cit.*, p. 278.
(6) D. 9 avril 1809, art. 1er.
(7) Note précitée de la commission synodale.
(8) Ord. 13 février 1838.
(9) Lehr, p. 238.

(1) D. 12 mars 1880, art. 14.
(2) *Ibid.* art. 14.
(3) *Ibid.* art. 14.
(4) Lehr. p. 153.
(5) Dalloz, *Rép. suppl.* v° CULTES, n° 770.
(6) D. 26 mars 1852, art. 9 ; L. 1er avril 1879, art. 25.
(7) D. 26 mars 1852, art. 7.
(8) Rapport de M. Seignobos sur la loi du 1er août 1879.

de trois candidats. Ils se réunissent ensuite à la commission exécutive du synode général pour lui donner lecture du rapport où sont appréciés les titres de ces candidats.

Après discussion, une liste de trois candidats est arrêtée par la réunion, le président de la commission transmet au ministre de l'Instruction publique, avec toutes les pièces à l'appui, cette liste et le rapport des professeurs.

Les professeurs de théologie des deux facultés françaises ne sont nommés titulaires qu'autant qu'ils ont trente ans d'âge et le diplôme de docteur (1).

Ceux qui n'ont pas ce diplôme ne peuvent être que chargés de cours (2).

2296. Les facultés de théologie protestante relèvent non de l'administration des cultes, mais de la direction de l'enseignement supérieur au ministère de l'Instruction publique.

Les élèves ne sont admis dans les facultés de théologie protestante que s'ils justifient du grade de bachelier ès lettres (3).

2297. Nous terminerons ce chapitre par la dotation des cultes protestants.

Nous examinerons successivement le traitement des ministres protestants, le logement de ces ministres, les secours qui peuvent leur être accordés, les frais de construction, réparation et entretien des temples protestants.

2298. *Traitements*. — Les ministres de l'Église réformée reçoivent un traitement de l'État. L'article 7 de la loi organique du 18 germinal an X a posé le principe de la dotation des ministres protestants, mais il n'en a pas déterminé la quotité.

La quotité du traitement a été déterminée successivement par l'arrêté du 15 germinal an XII, le décret du 13 fructidor an XIII, l'ordonnance du 28 juillet 1819, celles du 22 mars 1827 et du 12 octobre 1842, les décrets des 2 octobre 1863, 24 et 29 janvier 1877 et 7 février 1880 (4).

La quotité du traitement est réglée d'après la population des communes où les pasteurs sont tenus de résider. A ce point de vue, les ministres de l'église réformée sont divisés en trois classes, sans que rien ne s'oppose à ce qu'un bachelier en théologie soit appelé, dès sa première entrée en fonctions, à une résidence qui lui assurera le traitement de la première classe (5).

La première classe comprend les paroisses établies dans les villes dont la population est supérieure à 30,000 habitants. La seconde classe est composée des localités ayant plus de 5,000 habitants et moins de 30,000 ; toutes les autres paroisses sont de troisième classe. Un décret du 24 janvier 1877, rendu en exécution de la loi de finances du 29 décembre 1876, a élevé à la première classe, indépendamment du chiffre de la population, le traitement des pasteurs qui résident dans les chefs-lieux de département, et à la seconde classe celui des pasteurs résidant dans les chefs-lieux d'arrondissement, même quand la population y est inférieure à 5,000 habitants.

Les pasteurs de l'église réformée reçoivent aujourd'hui à Paris 3,000 francs ; ceux de la première classe 2,200 francs ; ceux de la seconde 2,000 francs et ceux de la troisième 1,800 francs.

Les traitements sont les mêmes pour les pasteurs de l'église luthérienne.

Le crédit demandé pour le traitement des pasteurs de l'église calviniste figure au projet de budget de 1892 pour la somme de 1,225,408 francs, savoir :

12 pasteurs	à 3,000 francs (Paris)		......	36,000 fr.
107 —	à 2,200	—	......	235,400
99 —	à 2,000	—	......	198,008
420 —	à 1,800	—	......	756,000

(1) D. 9 mars 1852, art. 2.
(2) Règl. 14 novembre 1827.
(3) M. Hepp., *op.*, *cit.* p. 16.
(4) A. Lods, *Législation des cultes protestants*, p. 56, 65, 97, 101, 113, 177 et 188.
(5) M. Hepp., *op. cit.*, p. 16.

Le crédit demandé pour le traitement des pasteurs de l'église luthérienne figure au projet de budget de 1892 pour la somme de 126,200 francs, savoir :

10 pasteurs	à 3,000 francs (Paris)		......	30,000 fr.
4 —	à 2,200	—	......	8,800
5 —	à 2,000	—	......	10,000
33 —	à 1,800	—	—	77,400

2299. Suivant l'article 7 de la loi organique, il faut imputer sur le traitement des ministres des cultes protestants le revenu des biens que les églises possèdent et le produit des oblations établies par l'usage et les règlements. C'est ainsi qu'on impute sur leur traitement la portion, applicable à leur rétribution, du revenu des biens dont la loi leur a conservé la propriété dans les départements du Doubs, des Vosges et des fractions du Bas-Rhin et du Haut-Rhin qui sont restées françaises depuis 1871 (1).

M. Gaudry (2) fait remarquer qu'il ne faut pas confondre, dans ces oblations dont le produit est imputé sur le traitement, les dons faits à l'église avec une affectation déterminée, non plus que les oblations ordinaires faites aux églises pour les besoins du culte. Le produit de ces dons et oblations appartient aux églises et ne diminue en rien le traitement des pasteurs.

Quand le taux du traitement est égal ou inférieur au revenu conservé, aucun traitement n'est payé. Suivant l'article 214 du règlement ministériel sur la comptabilité des cultes du 31 décembre 1841, l'évaluation du revenu des biens curiaux et de fabrique, ainsi que la fixation de la part applicable aux traitements, est arrêtée par le ministre, sur la proposition des préfets et sur l'avis de la commission synodale de la confession d'Augsbourg et des consistoires réformés.

Des difficultés se sont produites à l'occasion de l'imputation des revenus ou des prestations sur le traitement des pasteurs protestants. Le Conseil d'État a eu notamment à se prononcer sur l'espèce suivante, rapportée par Dalloz (3) : Un hospice avait refusé de payer les prestations qu'il avait servies jusque-là aux pasteurs et qui avaient été déduites chaque année, conformément à la loi, du montant des traitements de ces derniers. Le ministre de l'intérieur ayant refusé d'inscrire d'office ces prestations au budget de l'hospice, le Conseil d'État a jugé que, dans ces circonstances, et jusqu'à ce que les prestations contestées fussent de nouveau servies par l'hospice, l'État était tenu de pourvoir au traitement des pasteurs, tous droits réservés et sauf recours, s'il y avait lieu contre qui de droit ; et que cette obligation n'était pas subordonnée à la condition que le directoire fournirait la preuve judiciaire que l'hospice était dégagé de l'obligation de continuer le payement des prestations (4).

« En ce qui concerne le traitement des pasteurs (de la confession d'Augsbourg), dit à ce sujet M. Hepp (5), il présente, au point de vue historique, une particularité.

« Le septième des articles organiques des cultes protestants stipulait qu'on imputera sur le traitement pastoral « les biens que les églises possèdent et le produit des oblations établies par l'usage ou par les règlements. »

« Cette disposition, qui n'avait guère d'application dans les églises réformées, dénuées de tout patrimoine par le fait même des vicissitudes qu'elles avaient eu à traverser, fut au contraire, à l'origine, la règle pour les paroisses de l'église de la confession d'Augsbourg qui, presque toutes, en Franche-Comté aussi bien qu'en Alsace, jouissaient de biens et de revenus affectés, sous le nom de biens curiaux, à l'entretien de leurs pasteurs, et que l'Assemblée nationale de 1790, comme nous l'avons vu, leur avait conservés. Dès lors, le

(1) Lehr, p. 247.
(2) T. III, n° 1280.
(3) *Rép. suop.* v° CULTES, n° 772.
(4) Cont. 1er décembre 1859.
(5) *Op. cit.*, p. 28.

traitement fourni par l'Etat n'avait plus, à l'égard des pasteurs de ces paroisses, que le caractère d'un subside complémentaire et variable, limité aux cas où le revenu des biens curiaux restait inférieur au taux du traitement légal.

« Toutefois, ce mode de procéder, qui était du reste sans application aux paroisses de nouvelle création, présentait, pour l'évaluation des revenus en nature, d'inextricables difficultés, qui renaissaient chaque année. C'est pourquoi, à dater du 1er janvier 1819, le traitement des pasteurs protestants, dans les départements des Haut et Bas-Rhin, Doubs et Haute-Saône, fut assimilé à celui des autres pasteurs du royaume (1); et ce fut désormais par voie de déductions, opérées conformément à des tableaux annuellement dressés par les soins du directoire, qu'il fut tenu compte, à la décharge du Trésor public, de l'évaluation des revenus locaux dont tel ou tel pasteur avait la jouissance. »

Les ministres des cultes protestants peuvent recevoir des oblations comme ceux du culte catholique (2).

2300. Une circulaire du 21 décembre 1839 déclare qu'un consistoire, ayant à remplacer un pasteur démissionnaire, ne peut exiger, avant de nommer son successeur, que ce dernier s'oblige à abandonner une partie de son traitement au démissionnaire, pendant un certain nombre d'années. « Des motifs respectables en eux-mêmes, dit la circulaire, paraissent avoir déterminé le consistoire à imposer au futur pasteur l'obligation dont il s'agit, mais il s'est étrangement mépris sur la portée d'un pareil traité. Quel que soit le motif de la démission d'un pasteur, cette démission doit être donnée sans conditions, comme la nomination de son successeur doit rester libre de tout engagement. En grevant le modique traitement des pasteurs d'une charge quelconque, on éloigne des concurrents, d'ailleurs recommandables, mais peu favorisés de la fortune ; on gêne la liberté des choix du consistoire ; on trompe enfin la religion du gouvernement, qui, en réglant la quotité du traitement des pasteurs, n'a pas entendu qu'elle fût arbitrairement réduite. Si de semblables arrangements n'étaient pas sévèrement proscrits, ils dégénéreraient bientôt en un trafic, le plus condamnable de tous, celui du ministère religieux... »

2301. Comme le traitement des ministres du culte catholique, le traitement des pasteurs est insaisissable (3).

D'après un avis du Conseil d'Etat du 26 avril 1883, le gouvernement a le droit de suspendre ou de supprimer, par mesure disciplinaire, le traitement des ministres des cultes protestants, comme celui des ministres des autres cultes salariés.

2302. Depuis la loi du 5 avril 1884, dont l'article 136 a réduit, en ce qui concerne les cultes, les obligations des communes à deux, l'indemnité de logement aux ministres des cultes salariés par l'Etat, et les grosses réparations aux édifices communaux consacrés aux cultes, seulement en cas d'insuffisance justifiée des ressources des établissements ecclésiastiques, les suppléments de traitement accordés par les communes aux ministres des cultes protestants sont purement facultatifs (4).

2303. Il n'est alloué aucun supplément de traitement, à titre de préciput, d'indemnité ou de frais d'administration, aux pasteurs élus par les consistoires à la présidence de ces corps, et à qui incombe en cette qualité, fait remarquer M. Hepp (1), la charge de l'administration générale de la circonscription et la correspondance avec les autorités administratives et le ministre : leur seule prérogative est toute honorifique et consiste dans le rang individuel que le décret du 24 messidor an XII leur assigne dans les cérémonies publiques (2).

2304. Le traitement des pasteurs est payable par trimestre. Il ne peut être acquitté que sur leur quittance personnelle (3).

Les pasteurs sont obligés de produire un certificat d'identité et un certificat de résidence à l'appui du mandat de payement de leur traitement. Le certificat d'identité est délivré par l'autorité ecclésiastique au pied des états de situation du personnel du clergé qu'elle adresse, vers la fin de chaque trimestre, à la préfecture (4). Un extrait de ce certificat collectif est délivré et joint à chaque mandat de paiement.

Le certificat de résidence de chaque titulaire, dans la circonscription qui lui est assignée, est délivré sans frais et d'office par le maire de la commune, habitée par le pasteur et envoyé au sous-préfet de l'arrondissement le premier des mois de mars, juin, septembre et décembre. Le sous-préfet vise ce certificat et l'adresse à la préfecture le cinq de chacun de ces mêmes mois. Le préfet vise à son tour le certificat et le joint au mandat de payement. En cas d'omission de la part du maire ou du refus non motivé de délivrer le certificat de

prononcée pour l'affirmative dans les termes suivants : — « Considérant que l'article 2 du décret du 5 mai 1806 a statué que le supplément de traitement qu'il y aurait lieu d'accorder aux ministres protestants, les frais de construction et de réparation des temples, ainsi que les frais du culte, seraient à la charge des communes, lorsque la nécessité de venir au secours de ces églises serait constatée ; que s'il semble résulter de l'article 4 du décret du 11 prairial an XII, et des articles 2 et 6 du décret du 30 septembre 1807 que le payement des suppléments de traitement des curés et des desservants catholiques n'est plus que facultatif pour les communes, ces décrets étaient des textes spéciaux pour le culte catholique, et celui du 5 mai 1806, relatif au culte protestant, n'ayant été ni rapporté, ni modifié, les obligations des communes n'ont point changé. » Le caractère obligatoire des dépenses mises à la charge des communes par le décret précité avait été confirmé par l'article 30 de la loi du 18 juillet 1837. Si on pouvait soutenir que le numéro 14 de cet article, qui rangeait parmi les dépenses obligatoires les secours aux administrations préposées aux cultes dont les ministres étaient salariés par l'Etat, en cas d'insuffisance de leurs revenus justifiée par leurs comptes et budgets, ne s'appliquait pas, d'une manière précise, aux suppléments de traitement alloués directement aux ministres du culte, il était incontestable qu'il y avait lieu d'appliquer la disposition finale du même article qui déclarait obligatoires toutes les dépenses mises à la charge des communes par une disposition de loi. Aussi il avait été jugé, sous la loi du 5 avril 1884, que les communes étaient tenues de fournir aux ministres des cultes protestants des suppléments de traitement, lorsque la nécessité d'allouer ce supplément avait été constatée et que les ressources des églises étaient insuffisantes pour pourvoir à cette dépense (cont. 18 juin 1880) ; que la commune n'était pas juge de la nécessité d'allouer un supplément de traitement et ne pouvait contester devant le Conseil d'Etat, par la voie du recours pour excès de pouvoir, le montant de l'allocation fixée par l'autorité supérieure ; mais qu'elle pouvait contester, par cette voie, que les ressources du consistoire fussent insuffisantes pour pourvoir à cette dépense ; qu'autant de recourir aux subventions de la commune, les consistoires devaient affecter au payement du supplément de traitement des ministres du culte les fonds libres de leurs budgets ; que les allocations volontairement accordées par les consistoires aux ministres du culte, en dehors des suppléments de traitement réglés par l'autorité supérieure, étant facultatives, le montant de ces allocations devait être déduit des dépenses de ces établissements pour déterminer si leurs ressources étaient insuffisantes pour subvenir au payement des suppléments de traitement. Cette décision était la première qui fixait la marche à suivre pour l'application de l'article 2 du décret du 5 mai 1806. Les principes qu'il posait étaient les mêmes que ceux qui réglaient alors les rapports des fabriques avec les communes. Mais, depuis, est intervenue la loi du 5 avril 1884, dont l'article 136, atténuant les obligations des communes à l'égard des fabriques d'église, a réduit ces obligations à deux, l'indemnité de logement aux ministres des cultes salariés par l'Etat, et les grosses réparations aux édifices communaux consacrés aux cultes, seulement en cas d'insuffisance justifiée des ressources de la fabrique. Il faut donc concilier les solutions admises par le conseil d'Etat dans la décision précitée avec les dispositions nouvelles de la loi municipale de 1884, qui a supprimé le caractère obligatoire des secours à donner aux fabriques et consistoires par les communes dans les cas qui sont ci-dessus indiqués (Dalloz, Rép. supp., v° Cultes, n° 775).

(1) M. Hepp. op cit, p. 18.
(2) Ibid.
(3) Circ. 1er frim. an XIV.
(4) Circ. 24 février 1877.

(1) Ord. 28 juillet 1819.
(2) Voir art. 12 du Concordat, 68, 69 des articles organiques du culte catholique.
(4) Arr. 18 nivôse an XI, art. 1er ; 15 germinal an XII, art. 6.
(3) Avant la loi du 5 avril 1884, les communes pouvaient accorder un supplément de traitement aux ministres des cultes protestants. En général, ce supplément ne devait pas excéder la moité du traitement qui leur était assigné sur les fonds de l'Etat (Circ, 18 mai 1818). Le décret du 5 nivôse an XIII avait chargé les préfets de régler sur la demande des évêques, les augmentations que les communes auraient été dans le cas de faire au traitement de leurs desservants, cette disposition était encore en vigueur, lorsque fut promulgué le décret du 5 mai 1806, qui entendit incontestablement, dit Dalloz, appliquer le même principe aux cultes protestants. Le supplément de traitement qu'il y aurait lieu d'accorder aux ministres, disait l'article 2, les frais de construction, réparation, entretien des temples et ceux du culte protestant seront également à la charge des communes, lorsque la nécessité de venir au secours des églises sera constatée. La correlation de ces deux articles est si étroite que le décret du 15 nivôse an XIII, ayant cessé d'être en vigueur, on s'était demandé si l'article 2 du décret du 5 mai 1806 pouvait encore être appliqué. La section de l'intérieur du Conseil d'Etat, par un avis en date du 30 juillet 1828, s'était

résidence, le préfet y supplée (1). Ces certificats peuvent être suppléés par une expédition des autorisations de congés accordées dans les formes prescrites par l'article 4 de l'ordonnance du 13 mars 1832, ou des arrêtés ministériels approuvant les dispenses de résidence exceptionnellement accordées, notamment lorsqu'une commune, chef-lieu de paroisse, est hors d'état d'accorder un presbytère ou d'assurer le logement au pasteur. Tout mandat non acquitté avant le 31 octobre de la seconde année de l'exercice est périmé, et le ministre retardataire ne peut en obtenir le montant que grâce à un réordonnancement (2).

2305. Les absences des ministres des cultes protestants doivent être autorisées soit par le consistoire, soit par le préfet, soit par le ministre des cultes, selon qu'elles doivent se prolonger pendant un temps plus ou moins long (3).

L'absence sans autorisation préalable entraîne la privation du traitement pendant la durée de cette absence.

La demande de congé doit être motivée et indiquer comment il sera pourvu au service pendant l'absence du titulaire (4).

2306. *Logement.* — Indépendamment de leur traitement, les pasteurs avaient droit, aux termes des décrets des 5 mai 1806 et 30 décembre 1809 (5), de la loi du 18 juillet 1837 (6) et de l'ordonnance du 7 août 1842, à un presbytère ou à un logement convenable, ou tout au moins à une indemnité de logement, dont le montant était fixé par les préfets, sur l'avis des corps intéressés (7).

Suivant M. Hepp, dans les paroisses du culte réformé, l'indemnité en argent était la règle, et le logement en nature l'exception.

Au moment où la loi municipale du 5 avril 1884 a été promulguée, il n'existait en France, pour les 532 paroisses et les 638 pasteurs de ce culte, que 145 presbytères, et les indemnités de logement s'élevaient environ chaque année à 190,000 francs, soit en moyenne à 400 francs par pasteur, fournis par les contributions de 1,418 communes (8).

La nouvelle loi municipale a abrogé ces dispositions légales. Sous l'auspice de la législation actuelle (9) l'indemnité de logement n'est plus due par les communes que lorsque les conseils presbytéraux sont hors d'état de pourvoir eux-mêmes à cette indemnité. Dans la pratique, dit M. Hepp, cela revient à dire que cette indemnité est devenue purement facultative pour les communes, car en l'absence d'un règlement de comptabilité ecclésiastique ayant force de loi dans les églises protestantes, les justifications d'insuffisance que les conseils presbytéraux fourniront seront, dans la plupart des cas, contestées par les conseils municipaux, et les pasteurs renonceront généralement à faire engager, dans leur intérêt personnel, une procédure compliquée, et qu'il faudrait chaque année recommencer à nouveau.

Afin de permettre aux églises protestantes d'exercer efficacement le recours éventuel contre les communes qui leur est ouvert par les paragraphes 11 et 12 de l'article 136 de la loi du 5 avril 1884, il serait désirable que la comptabilité des conseils presbytéraux et des consistoires fût soumise à une réglementation obligatoire. En mai 1884, le ministre des cultes soumit à l'examen du Conseil d'Etat un projet de décret qui réglementait cette comptabilité. Mais ce projet ayant soulevé des réclamations de la part des représentants des églises, fut abandonné de telle sorte que la comptabilité reste régie par les principes généraux du décret du 30 décembre 1809, applicables aux cultes protestants (1). La loi de finances de 1892 décide qu'à partir du 1er janvier 1893, les comptes et budgets des fabriques et consistoires seront soumis à toutes les règles de la comptabilité des autres établissements publics.

2307. *Secours.* — Des secours peuvent être accordés aux pasteurs et à leurs veuves.

Pour obtenir ces secours, le postulant doit produire, outre sa pétition, une délibération motivée du consistoire dont il relève, et indiquant toutes les circonstances qui militent en faveur du secours. Ces renseignements doivent être fournis à nouveau toutes les fois qu'il se produit, d'une année à l'autre, des modifications dans la situation du pasteur ou de la veuve (2).

Les demandes doivent parvenir au ministère des cultes par l'intermédiaire du préfet de la résidence du postulant, avant le quatrième ou le neuvième mois de l'exercice (3).

Quand la personne qui a obtenu un secours meurt avant la délivrance du mandat, la décision ministérielle qui l'allouait devient nulle de plein droit (4).

2308. Les indemnités et secours accordés aux pasteurs ou à leurs veuves figurent au projet de 1892 pour une somme de 80,000 francs.

Suivant la loi de finances du 29 décembre 1882, des indemnités peuvent aussi être accordées aux pasteurs pour services extraordinaires.

Ces indemnités figurent au projet de budget de 1892 pour la somme de 20,000 francs.

Il existe, en outre, des caisses de prévoyance en faveur des pasteurs, de leurs veuves et de leurs orphelins. Ces caisses, purement privées, sont destinées à apporter un secours annuel aux pasteurs sociétaires que l'âge ou des infirmités graves empêchent de remplir leurs fonctions, à fournir une pension à ceux qui sont amenés à renoncer définitivement à l'exercice du ministère et à procurer des secours annuels aux personnes dont le mari ou le père a été membre de l'association. Mais ce sont là des associations particulières auxquelles l'affiliation est facultative (5).

2309. *Frais de réparations, de construction et d'entretien des temples protestants.* — Depuis la loi du 5 avril 1884, la commune n'est tenue de pourvoir aux grosses réparations des temples protestants ou à leur reconstruction totale ou partielle, qu'en cas d'insuffisance des revenus des églises, consistoires ou caisses ecclésiastiques et si les édifices sont des propriétés communales (6). Mais dans ce cas, l'église ou le consistoire doit justifier de l'insuffisance de ses ressources et revenus. Lorsqu'il y a désaccord entre ces établissements et la commune, quand le concours financier de cette dernière est réclamé par l'église ou le consistoire, il est statué par décret sur les propositions des ministres de l'intérieur et des cultes.

Lorsque les ressources locales de la commune ou de l'église ou consistoire font défaut ou sont insuffisantes, et qu'à défaut de revenus publics les cotisations volontaires des habitants ne permettent pas de faire face à l'intégralité de la dépense projetée, les intéressés peuvent se pourvoir devant les ministres de l'intérieur et des cultes pour obtenir un secours sur les fonds de l'Etat (7).

Le crédit affecté à cette dépense figure au projet de budget

---

(1) Dalloz, *Rép. supp.* v° CULTES n° 776.
(2) Lehr, p. 247.
(3) Tout congé de plus de quinze jours doit être notifié au préfet, qui n'a pas à autoriser l'absence, mais qui pourrait s'y opposer, s'il ne la trouvait pas justifiée (Arrêté min. 8 janvier 1883). Tout congé de plus d'un mois doit être demandé au ministre des cultes par une délibération motivée du consistoire compétent ; sauf les cas d'urgence, toute demande doit être formée par écrit autant de temps avant le jour fixé comme point de départ que l'absence elle-même doit se prolonger (décision min. 7 mai 1861). Les congés de moins d'un mois sont délivrés par le consistoire dans l'église réformée, et par les autorités remplaçant le directoire dans celle de la confession d'Augsbourg (décision min. 7 mai 1861).
(4) Inst. min. 24 juillet 1846 ; arrêté du directoire, 28 mai 1861.
(5) Art. 92.
(6) Art. 30, § 13.
(7) Ord. 7 août 1842, art. 1.
(8) M. Hepp, *op. cit.* p. 19.
(9) L. 5 avril 1884, art. 136, n° 11.

(1) Lods. *Législation des cultes protestants.* p. 245, note 3.
(2) Circ. directoire, 18 novembre 1856 ; 4 août 1868 ; — Lehr, p. 229.
(3) Circ. cultes, 26 mai 1853.
(4) Règlement sur la comptabilité des cultes, 31 décembre 1841, art. 108.
(5) Lehr, p. 67 ; Dalloz, *Rép. supp.*, v° CULTES, n° 779.
(6) L. 5 avril 1884, art. 136, n°s 11 et 12.
(7) Circ. min. cultes, 28 janvier 1859.

de 1892 pour une somme de 32,000 francs. Mais, dit M. Hepp (1), d'après les derniers errements de l'administration qui a la disposition de ce fonds, il n'est plus appliqué qu'aux temples qui sont propriétés de communes civiles.

La demande de secours n'est susceptible d'être accueillie qu'autant que les plans et devis ont été préalablement soumis à l'autorité compétente, c'est-à-dire au préfet, et, par son entremise, à la commission des édifices religieux, instituée près du ministère des cultes (2).

« En ce qui concerne les temples, dit à ce sujet M. Hepp (3), la situation de la majeure partie des paroisses du culte réformé n'est pas beaucoup plus favorable (que la situation des pasteurs de ces églises pour les presbytères). On a vu plus haut comment ces communautés se sont généralement formées par voie d'alluvions successives. Les débuts de nombre d'entre elles furent des plus modestes, et ce fut une chambre, une grange, un hangard, parfois même des locaux plus humbles encore qui leur servirent d'abord de lieux de culte. Dans la plupart des cas, il ne fallait pas compter sur le concours des communes civiles ; c'était déjà beaucoup d'arriver à obtenir de l'État le traitement du pasteur, et ce fut aux consistoires ou aux paroisses qu'incombait le soin de se pourvoir des locaux nécessaires au culte. De là, la plus grande diversité en ce qui concerne la nature et la propriété des temples et des oratoires. A l'origine, et notamment dans certaines grandes villes, d'anciennes églises, devenues biens nationaux, furent « mises à la disposition des protestants. » Ailleurs, les communes ont abandonné un terrain ou ont, plus rarement, pris la construction même d'un temple à leur charge. Dans beaucoup de cas, ce furent des particuliers qui en firent les frais ; mais le plus souvent on procéda par voie de collectes. Dans un certain nombre d'annexes, le culte se célébrait, du moins jusqu'à ces derniers temps, dans des salles de mairies ou d'écoles ; ailleurs dans des locaux particuliers ; enfin il est encore jusqu'à seize communes où le culte protestant continue à se célébrer en plein air comme au temps des persécutions. »

Pour les raisons déjà indiquées, dit le même auteur (4), l'église de la confession d'Augsbourg est en meilleure situation, en ce qui concerne les temples et les presbytères, que les églises réformées. Dans les paroisses rurales de la Franche-Comté, chacune dispose des bâtiments nécessaires pour célébrer le culte et loger le pasteur ; ce n'est que dans les villes, notamment à Montbéliard, Héricourt, Paris et Lyon, que les mêmes difficultés existent dans les deux communions.

Les subventions aux dépenses d'entretien des temples protestants accordées par les communes, en cas d'insuffisance des revenus des églises ou consistoires, sont devenues simplement facultatives pour les communes, depuis que la loi du 5 avril 1884 s'est bornée à mettre au nombre des dépenses obligatoires communales les grosses réparations des édifices communaux consacrés au culte, sauf l'application préalable des ressources des établissements du culte à ces réparations.

De même, les secours aux églises, consistoires et autres établissements ecclésiastiques, en cas d'insuffisance des revenus de ces établissements pour les frais du culte, sont devenus simplement facultatifs pour les communes.

2310. *Biens des églises protestantes.* — Les biens que les églises protestantes reformées ou de la confession d'Augsbourg peuvent posséder sont :

1° Ceux acquis à titre de fondation ;

2° Le produit des oblations établies par l'usage ou par des règlements ;

3° Des biens appartenant anciennement aux consistoires ou qui leur ont été attribués depuis.

A l'égard des biens appartenant aux consistoires, la Cour de cassation a décidé que lorsque deux églises du culte réformé réclament l'une contre l'autre un terrain qu'elles pré-

tendent respectivement faire partie de leur dotation, et que la solution de la difficulté dépend de la détermination des limites des deux paroisses, l'autorité administrative est seule compétente pour statuer sur cette contestation (1).

La Cour de Colmar a jugé, d'autre part, que le consistoire protestant de la confession d'Augsbourg, qui réclame certains biens contre les fabriques, comme étant sa propriété, doit prouver la possession exclusive. Au cas où ces biens auraient été possédés collectivement par le consistoire et par les fabriques, ils devraient être partagés conformément à la possession (2).

2311. Sous le nom de *biens constitués d'aumônes*, l'église de la confession d'Augsbourg possède certains biens qui ont une destination charitable. Ces biens sont gérés par les receveurs consistoriaux et le conseil presbytéral, sous la surveillance du consistoire, à l'exclusion des receveurs des aumônes proprement dites, lesquels n'étant ni cautionnés ni rétribués, ne peuvent être chargés de la gestion des capitaux.

Ces biens se composent :

1° Des immeubles, des rentes foncières et des capitaux

---

(1) Cass. req. civ., 16 brumaire an XII : — « La Cour ; — Vu l'article 13, titre II, loi du 24 août 1790 ; la loi du 16 fructidor an III, et les articles 6 et 7 de la loi du 18 germinal an X, concernant l'organisation des cultes protestants ; — Et attendu que, dans le procès qui existe entre les ministres et préposés du culte réformé de l'église de Ketteinheim, les ministres et préposés du même culte de l'église de Wahcheim, il s'agit, entre ces ministres, d'une contestation au sujet des droits qui peuvent leur appartenir, d'une contestation au sujet des droits qui peuvent leur appartenir, d'une contestation au sujet des églises auxquelles ils sont attachés ; qu'il s'agit principalement de déterminer et de circonscrire l'étendue des deux paroisses, on décidant si le terrain litigieux dépend de la dotation de l'église de Ketteinhein ou de celle de Wahcheim ; — Attendu que, conformément aux lois précitées, il n'appartient qu'à l'administration supérieure de prononcer sur de semblables questions, et que les tribunaux civils ont commis une usurpation de pouvoir, en s'en attribuant la connaissance ; — Statuant sur le pourvoi en cassation, par forme de règlement de juges, déclare nuls et comme non avenus les jugements rendus par les tribunaux de première instance et d'appel les 25 germinal et 14 fructidor an X, etc. »
(2) Colmar, 16 août 1831 : — « La Cour ; — Considérant qu'il n'appartient pas à la juridiction ordinaire de prononcer dans cette cause par forme de règlement, même en faveur des convenances des deux églises, en prenant égard soit à leurs besoins respectifs, soit au nombre de leurs coreligionnaires, soit enfin à leur importance ; mais que la décision doit être puisée entièrement dans les règles et les principes du droit civil, dont les derniers motifs du tribunal paraissent s'écarter ; Considérant, qu'à défaut de titre positifs qui établissent l'origine et la propriété des rentes et biens dont il s'agit, en totalité ou par portion, à l'une ou l'autre des parties, il est juste et conforme aux principes de fixer cette propriété dans les proportions suivant lesquelles chacune d'elles a été apportionnée dans les revenus qu'elles ont perçus ; — Considérant qu'il est justifié, par les pièces produites et notamment par les comptes que les administrateurs des églises ont rendus depuis plus de quatre-vingts ans de jouissance commune, que les fabriques intimées ont constamment perçu bien au delà des deux tiers des revenus de ces rentes ; que ce fait n'est pas infacé de la part des appelants ; que la loi de 1790 n'est point applicable à la cause, d'une part, parce que cette loi ne conserve aux confessions d'Augsbourg et helvétique la jouissance que des biens qu'elles possédaient alors, ou de ceux dont elles avaient droit de jouir, en déclarant, à l'égard de ceux-ci, comme nulles et non avenues, toutes atteintes portées à leurs droits ; que les appelants ne justifient, par aucun titre, qu'ils aient joui à aucune époque, soit en totalité, soit pour moitié, des rentes dont il s'agit, ni qu'ils aient été exclus de cette jouissance par aucune atteinte, conditions exigées par la loi ; que c'est à tort qu'ils recourent à l'histoire des guerres de religion qui ont eu lieu en Alsace depuis le commencement du xvie siècle, et qu'ils cherchent à appuyer leurs droits de jouissance et leur année normale de 1624, sur d'abord, tous ces fragments d'histoire, non plus que ces traités, ne prouvent pas que les églises des cultes des appelants jouissaient alors des rentes et biens dont il s'agit ; d'autre part, qu'avant les guerres de religion, le culte catholique était seul observé en Alsace, et que les églises, comme les fabriques, avaient alors leurs revenus ; que s'il est constant que les souverains protestants leur avaient enlevé ces biens par la force des armes, pour se les approprier ou pour les donner aux églises protestantes, ne seraitil pas aussi possible que, lorsque le roi de France a eu conquis l'Alsace, où il a travaillé à rétablir le culte catholique, il ait ou repris ces biens pour les rendre à leur première destination, ou doté lui-même les églises catholiques ; qu'il le pouvait d'autant mieux qu'il n'était point le cas par les traités de Passau, ni par celui d'Osnabruck, qui avait maintenu le *statu quo* de 1624 en faveur des protestants, traités qu'il n'avait point signés, comme ses plénipotentiaires le déclarent dans les conférences du traité de Ryswick ; qu'au surplus les relations historiques, n'offrant souvent qu'incertitude et obscurité, ne peuvent pas dirigér la justice, qui a ses principes et ses règles dont elle ne doit point s'écarter ; qu'il résulte de ses moyens de droit et de fait que le jugement dont appel ne préjudicie nullement aux droits des appelants, qu'il doit être confirmé ; par ces motifs, et adoptant au surplus ceux des premiers juges, confirme, etc. »

---

(1) *Op. cit.*, p. 21.
(2) Circ. 28 janvier 1839.
(3) *Op. cit.*, p. 20.
(4) *Op. cit.*, p. 30.

donnés autrefois à l'église pour le soulagement des pauvres et autres œuvres pies de même nature ;

2° Des reliquats actifs que peuvent présenter annuellement les comptes de la caisse d'aumône au-delà d'une certaine somme qu'il appartient au conseil presbytéral de fixer et qui reste dans ladite caisse à titre de fonds de roulement(1). Le receveur paroissial en rend annuellement un compte spécial au conseil presbytéral, sous le contrôle et la surveillance du consistoire (2). La quote-part de revenus que l'autorité compétente juge devoir appliquer aux besoins courants de cette caisse est remise par lui au receveur des aumônes à titre de subvention. Le reste est directement capitalisé par ses soins et sous sa responsabilité, tout comme les excédents de recette qui lui seraient reversés par le receveur des aumônes (3).

2312. Indépendamment des biens que nous avons indiqués plus haut et qui, d'une façon générale se trouvent constituer le patrimoine de chacun des établissements des églises protestantes, certains d'entre eux peuvent avoir d'autres biens, d'une nature spéciale et que nous devons indiquer.

Ce sont d'abord les *biens curiaux*. Ces biens sont des meubles ou des immeubles donnés aux églises à une époque où les pasteurs n'étaient pas encore salariés par l'État ; ils étaient destinés, dans l'intention des disposants, à concourir au traitement des ministres du culte. Ainsi que nous l'avons vu précédemment, le revenu de ces biens est imputé sur le traitement des pasteurs, d'après une évaluation faite de concert entre le gouvernement et l'autorité ecclésiastique. C'est ce caractère qui sépare les biens curiaux des autres biens des églises protestantes. La conséquence de cette distinction est que ces biens ne peuvent pas être confondus avec ceux qui, constitués depuis que les pasteurs reçoivent un traitement de l'État, sont spécialement destinés à *augmenter* ce traitement (4).

Les receveurs consistoriaux, ou, à leur défaut les receveurs paroissiaux, à l'exclusion des pasteurs usufruitiers, ont l'administration des biens curiaux. L'administration de ces biens est soumise aux règles concernant les autres biens d'église (5).

Il doit être dressé, tous les dix ans, en double exemplaire, un état détaillé de ces biens ; une copie de cet état reste déposée dans les archives du conseil presbytéral et du consistoire (6).

Suivant l'article 1er de l'arrêté du 10 novembre 1852 et l'article 10 de la loi du 1er août 1879, les conseils presbytéraux sont spécialement chargés de veiller à la conservation de ces biens.

Tout pasteur entrant en jouissance de biens curiaux doit faire dresser un état de ces biens, certifié véritable par le maire de la commune ; il doit signer au bas une déclaration portant qu'il a été réellement mis en possession des biens énumérés dans l'état (7).

2313. Dans la circonscription ecclésiastique de Montbéliard, il existe encore, sous le nom de *caisse ecclésiastique*, une caisse qui pourvoyait autrefois, à elle seule, à l'entretien du culte et de ses ministres, au soulagement des veuves et orphelins de pasteurs. Elle n'a conservé depuis la Révolution que de faibles revenus qui servent aujourd'hui à payer quelques menus frais d'administration. Elle est administrée par un receveur, sous la surveillance d'une commission (8).

CHAPITRE III

ÉTABLISSEMENTS ET ADMINISTRATION

2314. Nous examinerons d'abord la capacité civile des divers établissements des cultes protestants ayant le caractère d'établissements publics, et ensuite les attributions de ces établissements.

2315. Les consistoires, les paroisses ou annexes reconnues par le gouvernement et les séminaires sont des établissements publics ; ils sont, par suite, capables d'acquérir, de posséder et de transmettre des biens.

Depuis la loi du 1er août 1879 (1) les synodes particuliers de l'église de la confession d'Augsbourg sont également des personnes morales capables de recevoir des dons et legs.

Les actes faits par ces établissements en qualité de personnes morales sont soumis aux mêmes règles que ceux des autres établissements publics, notamment des fabriques. Nous renvoyons donc d'une façon générale à l'administration des fabriques pour l'examen des diverses dispositions qui régissent les actes de la vie civile faits par les établissements publics des cultes protestants.

Suivant l'article 6 de l'arrêté du 10 mai 1853, les consistoires acceptent, sous l'approbation de l'autorité supérieure, les dons ou legs à eux faits ou indivisément aux églises de leur ressort.

De même, d'après l'article 1er de cet arrêté, les conseils presbytéraux acceptent, sous l'approbation de l'autorité supérieure. les dons ou legs faits aux églises de leur ressort.

2316. Les règles relatives à la spécialité des établissements publics s'appliquent également, en matière de dons et legs, aux établissements des cultes protestants. C'est ainsi que le Conseil d'État a été d'avis que ces établissements ne peuvent recevoir des libéralités pour le service des pauvres ou pour la création ou l'entretien d'écoles.

2317. Les établissements ecclésiastiques protestants ne peuvent faire de placements en rentes sur l'État, ou en lettres de gage du Crédit Foncier (2) qu'avec l'autorisation du gouvernement. Le préfet donne cette autorisation quelle que soit la somme à placer, pour tous les placements qui ne constituent pas un accroissement de patrimoine de l'établissement et ne sont en réalité que des virements de fonds, par exemple, pour les emplois de fonds provenant du remboursement de capitaux précédemment placés d'une manière différente, ou du rachat de rentes foncières, ou enfin par assimilation de reliquats de comptes successivement accumulés (3).

Tous autres placements en valeurs mobilières, publiques ou industrielles, en fonds d'États étrangers, en obligations de chemins de fer et, à plus forte raison, les placements chirographaires, fussent-ils simplement provisoires, sont rigoureusement interdits à tous les établissements ecclésiastiques (4).

2318. Les établissements publics des cultes protestants ne peuvent, comme les fabriques des églises catholiques, plaider sans l'autorisation du conseil de préfecture.

Il ne suffit pas, dès lors, qu'ils fussent autorisés par le directoire général (5).

---

(1) Lehr, p. 52.
(2) L. 1er août 1870, art. 40.
(3) Lehr, p. 52 ; Dalloz, *Rép. supp.*, v° CULTES, n° 782.
(4) Lehr, p. 53 ; Dalloz, *supp.*, n° 783.
(5) Lehr, p. 53.
(6) *Ibid.*
(7) Lehr, p. 54.
(8) Lehr, p. 57 ; Dalloz, *Rép. suppl.*, v. CULTES, n° 782.

---

(1) Art. 19.
(2) D., 28 février 1852, art. 46.
(3) D., 13 avril 1861, art. 4-2° ; — Dalloz, *Rép. supp.*, v. CULTES, p. 784.
(4) Lehr, p. 209.
(5) L., 30 décembre 1809, art. 77 ; 18 germinal an X, 2e partie, art. 15 et 20 ; C. pr., art. 1032.

Colmar, 13 novembre 1833 : — « La Cour ; — Considérant que la tutelle de l'État sur les établissements publics dérive du droit d'égale protection et de l'obligation d'une égale surveillance, qui sont dans toute bonne constitution, et que l'article 5 de la Charte a spécialement consacrées ; qu'y déroger à l'égard des consistoires protestants, ce serait les sortir de la classe des établissements publics, ou abdiquer en leur faveur une partie de la puissance civile, ce qui impliquerait aux lois politiques et civiles de l'État ; qu'ainsi il faut admettre, avec les premiers juges, que l'article 1032, Code de procédure civile, les a compris dans la généralité de ses dispositions ; — Adoptant au surplus les motifs qui ont déterminé les premiers juges ; — Met l'appel au néant.»

Cet arrêt a été rendu sur l'appel du jugement suivant du tribunal de Saverne, en date du 13 avril 1831 : — « Attendu que l'article 1032, C. proc. pose en principe que les établissements publics seront tenus, pour former une demande en justice, de se conformer aux lois administratives ; que déjà la loi du mois de décembre 1789 a mis, dans ce cas, les communes sous la surveillance spéciale des administrations supérieures ; — Attendu que l'article 77 de la loi du 30 décembre 1809 défend aux fabriques de plaider sans autorisation du conseil de préfecture ; — Attendu que, dans l'espèce, la commune défenderesse oppose plusieurs fins de non-recevoir à la demande et en première ligne celle résultant du défaut

Il a été jugé que le défaut d'autorisation peut leur être opposé en tout état de cause, même d'office (1).

L'autorisation doit être demandée par une délibération motivée, transmise au préfet par la voie hiérarchique, avec l'avis des diverses autorités intermédiaires et une feuille de papier timbré d'expédition en blanc pour la transcription de l'arrêté du conseil de préfecture. Quant à la délibération elle-même, elle peut être sur papier libre (2).

2319. *Attributions des différents établissements des cultes protestants.* — Nous examinerons successivement les attributions des établissements du culte réformé et les attributions des établissements de l'église de la confession d'Augsbourg.

ÉTABLISSEMENTS DU CULTE RÉFORMÉ

2320. *Attributions du conseil presbytéral.* — Un arrêté du 20 mai 1853 a réglé les attributions du conseil presby-.éral (3).

Ce conseil maintient l'ordre et la discipline dans la paroisse. Il veille à l'entretien des édifices religieux et administre les biens de l'église. Il administre également les deniers provenant des aumônes. Il présente des candidats aux places de pasteurs qui viennent à vaquer ou à être créées. Il nomme, sous réserve de l'approbation du consistoire, les pasteurs auxiliaires, et agrée, sous la même réserve, les suffragants proposés par les pasteurs. Il accepte, comme nous l'avons vu, sous l'approbation de l'autorité supérieure, les legs ou donations faits aux églises de son ressort.

L'article 2 de cet arrêté dispose que le conseil presbytéral soumet au consistoire les actes d'administration et les demandes qui, par leur nature, exigent l'approbation ou la

décision de l'autorité supérieure, ainsi que les difficultés entre les pasteurs et les conseils presbytéraux.

Le secrétaire du conseil presbytéral rédige les procès-verbaux des séances du conseil. Il est chargé de la tenue des registres, de la garde et de la conservation des archives; il signe avec le président tous les actes qui émanent du conseil (1).

Le trésorier est chargé du recouvrement des deniers de l'église et paye toutes les dépenses régulièrement autorisées (2).

Le conseil presbytéral dresse, au mois de novembre de chaque année, pour l'année suivante, le budget de ses recettes et de ses dépenses. Il vérifie et arrête les comptes qui sont rendus à l'expiration de chaque année par le trésorier. Ces budgets et ces comptes sont soumis à l'approbation du consistoire (3).

Les budgets et comptes sont soumis à l'approbation des consistoires, parce que, ainsi que le déclare la circulaire du 26 mai 1853, les conseils presbytéraux ne représentent les paroisses et ne sont leurs organes qu'auprès des consistoires; ils n'ont pas qualité pour correspondre directement avec l'autorité supérieure.

2321. *Attributions des consistoires.* — Les attributions des consistoires sont déterminées par l'article 6 de l'arrêté du 20 mai 1853. Le consistoire transmet au gouvernement, avec son avis, les délibérations des conseils presbytéraux relatives à des actes d'administration ou à des demandes qui, par leur nature, exigent l'approbation ou la décision de l'autorité supérieure, ainsi que celles concernant les difficultés entre les pasteurs et les conseils presbytéraux.

Le consistoire veille à la célébration régulière du culte, au maintien de la liturgie et de la discipline et à l'expédition des affaires dans les diverses paroisses de son ressort.

Il surveille l'administration des biens des paroisses et administre les biens consistoriaux.

Comme nous l'avons vu, il accepte, sous l'approbation de l'autorité supérieure, les legs et donations faits au consistoire ou indivisément aux églises de son ressort.

Il arrête les budgets, vérifie et approuve les comptes de ces conseils.

Suivant l'article 7 de l'arrêté du 20 mai 1853, le consistoire nomme, conformément aux dispositions de l'article 5 du décret du 26 mars 1852, aux places de pasteurs qui viennent à vaquer dans les églises de son ressort, et propose au gouvernement la création de places nouvelles.

Le secrétaire et le trésorier du consistoire remplissent des fonctions analogues à celles dont sont chargés le secrétaire et le trésorier des conseils presbytéraux (4).

Le consistoire dresse, au mois de décembre de chaque année, le budget de ses recettes et de ses dépenses pour l'année suivante.

Il vérifie et arrête les comptes qui sont rendus à l'expiration de chaque année par son trésorier (5).

Par une circulaire du 1er juin 1885, le ministre des cultes a fait connaître qu'il appartient aux consistoires de régler avec le préfet les sonneries des cloches des temples et oratoires de leur circonscription. Un modèle de règlement à concerter, conçu dans le même esprit et presque semblable à celui du culte catholique, était joint à cette circulaire.

La même circulaire ajoute qu'en ce qui concerne les sonneries civiles, il y a lieu d'étendre purement et simplement aux temples protestants les dispositions déjà arrêtées, sous ce rapport, entre le préfet et l'autorité diocésaine du département.

Le consistoire veille au maintien du bon ordre et de la discipline dans les églises de sa circonscription.

---

d'autorisation par le conseil de préfecture, et de l'inefficacité de celle donnée par le directoire général; que c'est donc le cas d'apprécier avant tout le mérite de ce moyen; — Attendu que l'article 76 de la première partie de la loi du 18 germinal an X, réglant ce qui est relatif au culte catholique, établit des fabriques pour veiller à l'entretien et à la conservation des temples, et à l'administration des aumônes; — Attendu que l'article 15, deuxième partie de la même loi, déterminant tout ce qui est relatif aux églises réformées, dispose qu'elles auront des pasteurs, des consistoires locaux, des synodes, et que l'article 20, s'occupant des fonctions des consistoires, leur donne des fonctions analogues à celles que l'article 76, déjà cité, attribue aux fabriques; — Attendu qu'il résulte évidemment de cette analogie dans les attributions, que les consistoires locaux protestants se trouvent soumis aux mêmes lois administratives que les fabriques catholiques, et que, dès lors, ils sont tenus de suivre les mêmes formes de procéder; — Attendu que l'article 77 de la loi du 30 décembre 1809, exigeant pour les fabriques l'autorisation préalable du conseil de préfecture pour intenter une action, doit, par parité de raison, trouver son application aux consistoires locaux; — Attendu que cette manière de voir est encore fortifiée, d'une part, par les dispositions de l'article 3 de l'arrêté des consuls du 7 thermidor an XI, qui assimile les biens des églises, pour leur régime et leur administration, aux biens des communes, et, de l'autre, par l'article 44 de la deuxième partie de ladite loi du 18 germinal an X, qui porte que les attributions du consistoire général et du directoire continueront d'être régies par les règlements et coutumes des églises de la Confession d'Augsbourg, dans toutes les choses auxquelles il n'a point été formellement dérogé par les lois et par les articles précédents; d'où suit qu'au moment de la promulgation de la loi du 18 germinal an X, il n'a existé aucun antécédent qui aurait conféré au directoire, qu'elle a créé, le droit d'autoriser les consistoires locaux à intenter une action judiciaire, et qu'ainsi ces consistoires sont restés sous la surveillance de l'autorité administrative, quant à cette partie de leurs attributions; — Attendu que les consistoires, par les termes mêmes de la loi qui les a institués, sont des établissements publics; qu'aux termes de l'article 1032 C. pr. civ., ils doivent se conformer aux lois administratives pour former une demande en justice, et que celle formée contre la demanderesse n'ayant pas été précédée de l'autorisation voulue par ces lois, il s'ensuit qu'elle est non recevable quant à présent. »

(1) Colmar, 12 décembre 1833 : — « La Cour; — Considérant que la fabrique de Mietersheim a intenté contre le sieur de Durckeim une action en revendication d'une pièce de Wittensguth, ou de l'indemnité qui en a été perçue par ledit comte de Durckeim, se prétendant légitime propriétaire dudit bien, mais qu'elle s'est présentée en justice sans être pourvue d'une autorisation de plaider; que ce défaut d'autorisation, est radical et d'ordre public, qu'il peut être proposé en tout état de cause et suppléé d'office; — Par ces motifs, a mis et met l'appellation et ce dont est appel au néant; — Emendant, déclare la fabrique de l'église de Mietersheim non-recevable, quant à présent dans son action formée en première instance. »

(2) Lehr, p. 149.
(3) Art. 1.

(1) Arr., 20 mai 1853, art. 4.
(2) Ibid.
(3) Ibid., art. 5.
(4) Arr., 20 mai 1853, art. 6.
(5) Arr., 20 mai 1853, art. 9.

2322. *Attributions des synodes.* — Les synodes veillent sur tout ce qui concerne la célébration du culte, l'enseignement de la doctrine et la conduite des affaires ecclésiastiques (1).

Les synodes peuvent s'occuper d'affaires autres que celles qui sont prévues par l'article 30 de la loi organique de germinal (2), à la condition que leurs décisions, de quelque nature qu'elles puissent être, soient soumises à l'approbation du gouvernement, et qu'elles ne soient exécutées qu'après cette approbation (3).

2323. *Attributions du conseil central.* — Le conseil central est appelé à s'occuper des questions d'intérêt général dont il est chargé par l'administration ou par les églises. Il recueille, en cas de vacance d'une chaire de professeur dans les facultés de théologie protestante, les votes des consistoires, et les transmet, avec son avis, au ministre (4).

Il donne son avis sur les dispenses de parenté ou d'alliance qui peuvent être accordées par le ministre aux membres d'un même conseil presbytéral (5). ·

ÉTABLISSEMENTS DU CULTE DE LA CONFESSION D'AUGSBOURG

2324. *Attributions des conseils presbytéraux.* — Le conseil presbytéral est chargé de veiller à l'ordre, à la discipline et au développement religieux de la paroisse, à l'entretien et à la conservation des édifices religieux et des biens curiaux. Il administre les aumônes et ceux des biens et revenus de la communauté qui sont affectés à l'entretien du culte et des édifices religieux, le tout sous la surveillance du consistoire.

Il délibère sur l'acceptation des legs et donations qui peuvent lui avoir été faits. Il propose au choix des consistoires trois candidats pour les fonctions de receveur paroissial (6). Il peut y avoir un receveur collectif, porte l'article 10 de la loi du 1er août 1879, pour la totalité des paroisses d'un même consistoire ou pour plusieurs d'entre elles.

2325. *Attributions des consistoires.* — L'article 14 de la loi du 1er août 1879 détermine les attributions des consistoires.

D'après cet article, le consistoire veille au maintien de la discipline ; il contrôle l'administration des conseils presbytéraux, dont il règle les budgets et arrête les comptes. Il nomme les receveurs des communautés de son ressort ; il délibère sur l'acceptation des donations et legs faits aux consistoires ou confiés à son administration.

Il donne son avis sur les délibérations des conseils presbytéraux qui ont pour objet les donations ou legs faits aux communautés de la circonscription.

L'article 22 du décret du 12 mars 1880 dispose qu'il administre les biens indivis des églises de son ressort.

D'après l'article 19 du même décret, il prononce la réprimande simple ou la réprimande avec censure contre les membres du corps pastoral qui lui sont renvoyés, en matière disciplinaire, par la commission synodale.

2326. *Attributions des synodes particuliers.* — L'article 19 de la loi du 1er août 1879 détermine ces attributions.

Le synode délibère sur toutes les questions qui intéressent l'administration, le bon ordre ou la vie religieuse, sur les œuvres de charité, d'éducation et d'évangélisation établies par lui ou placées sous son patronage. Il statue sur l'acceptation des donations ou legs qui lui sont faits.

Il veille au maintien de la constitution de l'Eglise, à celui de la discipline et à la célébration du culte.

Il prononce sur toutes les contestations survenues dans l'étendue de sa juridiction, sauf appel au synode général.

En matière disciplinaire, et sous le régime antérieur à la loi du 1er août 1879, les mesures de répression auxquelles pouvaient être exposés les membres du corps pastoral étaient réglementées d'une manière expresse par l'arrêté ministériel relatif à l'administration de l'église de la confession d'Augsbourg, en date du 10 novembre 1852, chapitre V, articles 19 à 27. La loi du 1er août 1879, par son article 5, a substitué le synode particulier au directoire, en ce qui concerne l'application des peines de la suspension ou de la destitution, prévues par les paragraphes 3 et 5 de l'article 24 de l'arrêté du 10 novembre 1852 ; elle a maintenu, en cas de destitution, la nécessité de l'approbation du gouvernement, qui résulte tant de l'article 25 de la loi du 18 germinal an X que du paragraphe 5 de l'article 24 de l'arrêté susdit de 1852 ; en cas de suspension, tandis que, sous le régime antérieur, cette peine n'avait besoin d'être approuvée par le gouvernement que lorsqu'elle allait jusqu'à atteindre le traitement du pasteur (1), la loi de 1879 ne distingue plus ; elle veut que nul pasteur ne puisse être suspendu, fût-ce en conservant son traitement, sans que le gouvernement soit appelé à sanctionner cette mesure (2).

Les articles 18 et 19 du décret du 12 mars 1880 ont déterminé : 1° comment le synode particulier serait saisi et procéderait dans les matières disciplinaires, où il est devenu compétent en vertu de la loi de 1879 ; 2° qui seraient appliquées les peines autres et moindres contenues dans la discipline, et que le directoire disparu ne pouvait plus prononcer.

D'après l'article 18, le gouvernement peut, comme par le passé, saisir le synode particulier de toute plainte qui lui sera propre ou qu'il fera sienne (3). D'autre part, la commission synodale, qui représente en tout temps le synode particulier, peut également le saisir des sujets de plainte qui sont portés à sa connaissance ; elle peut s'y décider de son propre mouvement ou y être provoquée, comme le directoire l'était naguère, par la notoriété publique, par l'intervention de la partie lésée, par un des consistoires ou conseils presbytéraux de son ressort, par un rapport de l'inspecteur ecclésiastique (4). Il appartient à l'inspecteur ecclésiastique de procéder aux enquêtes et instructions nécessaires (5) ; l'inculpé doit être entendu dans ses moyens de défense, oraux et écrits (6).

Suivant la gravité des cas, la commission synodale renvoie l'inculpé soit devant le synode particulier pour qu'il lui soit fait application, s'il y a lieu, des peines de la suspension ou de la destitution, soit devant le consistoire, pour y subir la réprimande simple ou la réprimande avec censure (7).

Quant aux matières contentieuses, la loi du 1er août 1879 avait dit, dans son article 19, que « le synode particulier statue sur toutes les contestations survenues dans l'étendue de sa juridiction, sauf appel au synode général ».

Mais cette loi n'avait pas déterminé par qui et dans quelles formes les synodes particuliers pouvaient être saisis des contestations survenues dans l'étendue de leurs juridictions, dans quelles formes ils devaient être appelés à statuer, et dans quels délais les recours contre leurs décisions pouvaient être exercés auprès du synode général.

L'article 20 du décret du 12 mars 1880 a prescrit qu'un règlement délibéré par le synode général et approuvé par le ministre des cultes déterminerait cette procédure.

Conformément à la prescription de cet article, un règlement synodal du 21 mai 1881 a réglé la procédure à suivre devant le synode particulier et devant le synode général en matière contentieuse (8).

---

(1) L., 18 germinal an X, art. 30.
(2) Conclusions de M. le commissaire du gouvernement Le Vavasseur du Précourt, Cont., 23 juillet 1880.
(3) *Ibid.*
(4) D., 26 mars 1852, art. 6 et 7.
(5) Arr. min., 10 septembre 1852, art. 4.
(6) L., 1er août 1879, art. 10.

(1) Arr., 10 novembre 1852, art. 24, § 3.
(2) Rapport minist., 14 novembre 1879.
(3) Arr., 10 novembre 1852, article 19, 5°.
(4) Cf. Arr., 10 nov. 1852, art. 19, 1°, 2°, 3° et 4° ; — D., 12 mars 1880, art. 18, § 2 ; — Rapport. min., 14 novembre 1879.
(5) Cf. Arr., 10 novembre 1852, art. 20 ; — D., 12 novembre 1880 art 18, § 2.
(6) C. Arr., 10 novembre 1852, art. 21, 22 et 23 ; — D., 12 mars 1880, art. 18, § 3.
(7) D., 12 mars 1880, art. 18. Voir Attributions des consistoires de la confession d'Augsbourg.
(8) *Recueil officiel des actes du synode général*, t. I, p. 87.

2327. *Attributions de la commission synodale.* — L'article 21 de la loi du 1er août 1879 détermine les attributions de la commission synodale.

D'après cet article, la commission est chargée de veiller à la suite à donner aux affaires et aux questions qui ont fait l'objet des délibérations du synode.

Elle transmet au gouvernement les nominations de pasteurs faites par les consistoires, lorsque, dans les dix jours de la nomination, il n'est survenu aucune réclamation.

En cas de réclamation, la commission synodale en apprécie le bien ou mal fondé et la soumet, s'il y a lieu, au synode particulier, qui décide.

2328. *Attributions du synode général.* — Le synode général a la plupart des attributions du consistoire supérieur : il doit notamment veiller au maintien de la constitution de l'église, et approuver les lois ou formulaires liturgiques qui doivent servir au culte et à l'enseignement religieux (1).

Sur trois points seulement, la loi de 1879 a restreint, par son silence ou expressément, les attributions qu'elle transférait du corps ancien au corps nouveau. L'article 10 du décret-loi de 1852 donnait au consistoire supérieur *« le droit de surveillance et d'investigation sur les comptes des administrations consistoriales »*; il le chargeait de veiller au maintien de la *discipline* connue de la constitution de l'Eglise; la loi de 1879, en parlant du synode général, omet les mots imprimés en italique, et au lieu de dire, comme le décret-loi de 1852 : « Il fait ou approuve les règlement concernant le régime intérieur », elle dit, par un changement significatif : « Il juge en dernier ressort les difficultés auxquelles peut donner lieu l'application des règlements concernant le régime intérieur de l'église (2). »

Ainsi, d'après la loi nouvelle, les comptes des administrations consistoriales, la discipline, les règlements concernant le régime intérieur, ne sont plus soumis au synode général que comme à un juge en dernier ressort, qui ne saurait se saisir lui-même des questions relatives à ces matières, mais qui doit attendre que les difficultés et les plaintes soient portées jusqu'à lui. Il n'est surtout plus chargé de faire ou d'approuver, ni, par conséquent, de modifier les règlements concernant le régime intérieur ; il doit se borner, dans chaque cas qui lui est déféré, à en régler souverainement l'application (3).

Suivant Dalloz (4) les principales matières réglées par des règlements d'ordre intérieur émanant du consistoire supérieur et encore en vigueur sont les suivantes :

1° *Actes casuels,* c'est-à-dire ceux qu'un pasteur peut être appelé à faire dans une paroisse autre que la sienne (5);

2° *Agende,* règlement qui détermine l ordre des cérémonies du culte, par opposition à la liturgie qui comprend le texte même des prières ou des formules à prononcer pour le baptême, la bénédiction nuptiale et la confirmation des catéchumènes;

3° *Annexe,* c'est-à-dire la commune où ne réside pas un pasteur titulaire, mais qui est rattachée pour le culte à un chef-lieu de paroisse voisin ; les annexes se divisent en deux catégories, celles qui ont un lieu de culte et celles qui en sont dépourvues ;

4° *Autorisation de monter en chaire,* qui peut être accordée aux futurs ministres non consacrés (6);

5° *Baux concernant les biens d'église* (7);

6° *Biens curiaux* (8) ;

7° *Caisses d'église* ou fabriques locales (9);

8° *Caisses de prévoyance* en faveur des pasteurs, de leurs veuves et de leurs orphelins (10);

9° *Cession de la chaire* (1) ;

10° *Comptabilité ecclésiastique* (2) ;

11° *Contributions* dues par les biens d'église;

12° *Costume* (3) ;

13° *Elections paroissiales* (4);

14° *Frais d'installation* (5) ;

15° *Pasteurs* (6);

16° *Receveurs* des caisses et établissements ecclésiastiques (7).

En outre, l'article 8 du décret du 12 mars 1880 dispose que, dans ses sessions ordinaires, le synode général, indépendamment des attributions qui lui sont dévolues par la loi du 1er août 1879, exerce ceux des pouvoirs du consistoire supérieur qui n'ont pas été attribués par ladite loi aux autres corps ecclésiastiques.

En cas de réunion extraordinaire, le synode ne peut s'occuper que des objets pour lesquels il a été spécialement convoqué.

2329. *Attributions de la commission exécutive.* — La commission exécutive est l'agent permanent du synode général près du gouvernement et des églises (8). Elle présente au gouvernement les candidats aux chaires vacantes de la faculté mixte de théologie protestante et aux places de maître de conférences (9).

2330. *Attributions du synode constituant.* — Le synode constituant ne délibère que sur les objets pour lesquels il a été convoqué et qui lui sont soumis par la décision du synode général approuvée (10).

Cette règle est conforme à la haute 'mission du synode constituant et à la règle posée pour les réunions extraordinaires du synode général (11) et appliquée également aux séances extraordinaires des synodes particuliers, des consistoires et des conseils presbytéraux (12).

CHAPITRE IV

CULTES PROTESTANTS EN ALGÉRIE

2331. Une ordonnance du 31 octobre 1839 a organisé pour la première fois le culte protestant en Algérie.

Cette ordonnance portait création à Alger d'une église consistoriale pour ce culte.

L'article 3 de cette ordonnance disposait que « il pourra être établi par ordonnances royales des oratoires du culte protestant sur les différents points de l'Algérie où la nécessité s'en ferait sentir. Des pasteurs auxiliaires du consistoire d'Alger seront attachés à ces oratoires. »

M. Hepp (13) fait remarquer que cette ordonnance a été rendue sur le rapport du ministre de la guerre. Ce n'est qu'à partir de 1848, et en vertu de l'arrêté de la commission du pouvoir exécutif, en date du 18 juin, et d'un autre arrêté conforme, du chef du pouvoir exécutif, en date du 16 août suivant que l'administration des cultes, chrétien et israélite en Algérie a été rattachée à l'administration générale des cultes.

Ce ne fut qu'en 1842 qu'une ordonnance du 10 juillet créa les deux premiers oratoires du culte protestant en Algérie.

---

(1) L. 1er août 1879, art 25.
(2) D. 26 mars 1852, art 10 ; — L. 1er août 1879, art. 25, § 3.
(3) Rapport min. 14 novembre 1879.
(4) Rép suppl. v° CULTES, n° 763.
(5) Recueil officiel des actes du directoire et du consistoire, t. XXI, art., 22, 29, 54 et 109.
(6) Ibid. t. XIV, art 77.
(7) Ibid. t. XIII, n° 73.
(8) Ibid. t. XIII, n° 73.
(9) Règlement du directoire et circ. 18 octobre 1864.
(10) Recueil précité, t. XIII, n° 130.

(1) Ibid. t. XV, n° 3.
(2) Ibid. t. XX, n° 123.
(3) Instruction du directoire, 23 février 1848, et arrêté du consistoire général. 9 octobre 1841.
(4) Recueil précité, t. X, n° 22 et 44.
(5) Arr. 9 octobre 1844.
(6) Recueil précité, t. II, n° 164; t. XII, n° 120 ; t. XIII, n° 130.
(7) Ibid. t. XIII, n° 73; t. XXIII, n° 167.
(8) D. 12 mars 1880, art. 2, 7, 13 et 14.
(9) Rapport de M. Seignobos sur la loi de 1879.
(10) D. 12 mars 1880, art. 3.
(11) D. 12 mars 1880, art. 8, § 2.
(12) D. 12 mars 1880, art. 9, § 5; — Rapport min. 14 novembre 1879.
(13) Op. cit., p. 32, note 1.

L'un fut établi à Oran, pour le culte réformé, l'autre pour le culte de la Confession d'Augsbourg, à Dely-Ibrahim, et transféré en 1845 à Douéra.

D'autres lieux de culte protestant avaient été successivement créés à Philippeville (1844), Blidah (1849), Bône et Oran (1850), Aïn-Arnat (Sétif) (1853), Constantine et Mostaganem (1856) et Guelma (1857), quand intervint le décret du 14 septembre 1859 qui organisa l'Eglise protestante en Algérie en érigeant ces divers oratoires en paroisses, administrées par des conseils presbytéraux (1).

Un décret du 12 janvier 1867 a complété cette organisation.

Ce décret a établi notamment un consistoire protestant au chef-lieu de chacun des trois départements algériens.

L'article 27 du décret du 12 mars 1880, sur l'organisation de l'Eglise de la confession d'Augsbourg, a maintenu en vigueur les deux décrets du 14 septembre 1859 et du 12 janvier 1867 qui régissent actuellement l'Eglise protestante d'Algérie.

Mais il les a modifiés sur deux points : 1° en ce qui concerne la nomination des pasteurs ; 2° en ce qui concerne l'application de la discipline.

Antérieurement à ce décret, c'était le directoire de l'Eglise de la confession d'Augsbourg qui nommait en Algérie comme en France aux postes qui dépendaient de lui, et le ministre ne statuait sur la nomination qu'après avoir entendu, à titre d'avis, le consistoire algérien compétent (2).

Aujourd'hui, le paragraphe 1er de l'article 27 du décret de 1880 porte que les pasteurs de la Confession d'Augsbourg sont nommés en Algérie par la commission synodale du synode particulier de Paris, d'après une liste de présentation de trois candidats, dressée par l'inspecteur ecclésiastique et les membres luthériens du consistoire dans le ressort duquel la vacance s'est produite, « de telle sorte, dit le rapport ministériel du 14 novembre 1879, que leur avis devra intervenir avant la nomination, et non plus entre la nomination et l'agrément du gouvernement ».

2332. Quant à l'application de la discipline ecclésiastique aux pasteurs luthériens de l'Algérie, les décrets du 24 septembre 1859 (3) et du 12 janvier 1867 (4) portaient « Les consistoires provinciaux statuent sur la suspension des pasteurs, sauf l'approbation du ministre des cultes. Ils statuent également sur la destitution des pasteurs, sauf l'approbation du gouvernement. Toutefois, lorsqu'il s'agit d'un pasteur de la Confession d'Augsbourg, la destitution prononcée par le consistoire n'est soumise à l'empereur qu'après que le directoire a été entendu par le ministre. »

D'après la loi du 1er août 1879, au contraire, c'est au synode particulier qu'il appartient de soumettre au gouvernement la suspension ou la destitution du pasteur (5) et l'article 27 du décret du 12 mars 1880 (6) déclare cette disposition de la loi applicable aux pasteurs d'Algérie comme à ceux de France.

Lorsqu'il s'agit seulement de la réprimande ou de la réprimande avec censure, ces peines moindres sont appliquées en France par les consistoires, ainsi que nous l'avons vu, mais elles ne sont appliquées aux pasteurs algériens que par la commission synodale du synode particulier de Paris, uniquement composée de membres de leur propre Église, et non par le consistoire où siègent des protestants d'une autre communion (7-8).

Enfin lorsqu'il y a lieu de procéder à des instructions ou enquêtes relatives à la discipline en Algérie, il serait excessif et abusif, dans plus d'un cas, d'obliger l'inspecteur ecclésiastique ou le pasteur inculpé, à passer la mer pour interroger ou pour répondre, et le dernier paragraphe de l'article 27 du décret du 12 mars 1880 dispose que la commission synodale appréciera, selon la gravité des circonstances, s'il ne suffit pas de déléguer un membre luthérien du consistoire intéressé, pour informer sur les faits et entendre l'inculpé ou les témoins (1).

2333. L'Église protestante d'Algérie est mixte : les conseils presbytéraux et les consistoires sont à la fois préposés aux intérêts des deux confessions.

Il n'y a de distinction entre les réformés et les luthériens qu'au point de vue des pasteurs placés à la tête des diverses paroisses.

Les paroisses, qui sont au nombre de vingt, dont onze appartiennent au culte réformé et neuf au culte de la Confession d'Augsbourg, sont placées sous l'autorité du consistoire du département où elles sont situées.

Au point de vue du traitement, les pasteurs sont divisés en deux classes.

Ceux, actuellement au nombre de sept, dont la résidence est fixée au chef-lieu consistorial, touchent un traitement annuel de 4,000 francs ; les treize autres touchent 3,500 francs, en vertu du décret du 3 mars 1877, qui a augmenté de 500 francs leur ancien traitement.

Le budget de l'État alloue, en outre, pour le service des cultes protestants en Algérie, un crédit annuel de 20,000 fr. pour « frais de déplacement, indemnités et secours ».

Cette somme, dit M. Hepp (2), ne couvre que très imparfaitement, les dépenses que la desserte de soixante-douze annexes, généralement très éloignées des chefs-lieux paroissiaux, impose à la plupart des pasteurs.

2334. Il existe en Algérie, tant dans les paroisses que dans quelques annexes, vingt-six temples protestants. Les seuls pasteurs de Douéra et d'Aïn-Arnat ont la jouissance des presbytères (3).

TITRE VIII.

CULTE ISRAÉLITE.

CHAPITRE PREMIER.

HISTORIQUE.

2335. Nous n'exposerons pas ici la situation de la nation juive sous les lois antérieures à la Révolution de 1789. Nous dirons seulement que jusqu'à cette époque, en France comme dans le monde entier, l'état de ce peuple a été un état de réprobation qui produisit des actes de violence et de persécution déplorables (4)

Le 20 septembre 1789, il fut question des juifs, pour la première fois, à l'Assemblée constituante. La question était de savoir si les juifs seraient éligibles aux fonctions municipales ; la décision fut ajournée, le 24 décembre 1789 (5). Le 28 janvier 1790, un décret émancipa la nation juive ; mais ce décret ne s'appliquait qu'aux juifs *portugais, espagnols et avignonais*. Il déclarait notamment : « que tous les juifs, connus en France sous les noms de juifs portugais, espagnols et avignonais, continueront de jouir des droits dont ils avaient joui jusqu'à présent, et qui leur avaient été accordés par des lettres patentes ; qu'en conséquence, ils jouiront des droits de citoyens actifs, lorsqu'ils réuniront les conditions requises par les décrets de l'Assemblée ».

---

(1) M. Hepp., *Op. cit.*, p. 32.
(2) D. 14 septembre 1859, art. 18 ; 12 janvier 1867, art. 10.
(3) Art. 19.
(4) Art. 10 et 12.
(5) Art. 5.
(6) Art. 27, 2°.
(7) D. 12 mars 1880, art. 27, 3°.
(8) Comme nous le verrons plus loin, l'Eglise protestante d'Algérie est mixte.

(1) Rapport min. 14 novembre 1879.
(2) *Op. cit.*, p. 34.
(3) M. Hepp, *Op. cit.*, p. 34.
(4) Gaudry, t. III, n° 1290.
(5) *Moniteur*, p. 508.

Les juifs auxquels s'appliquait ce décret avaient donc une situation privilégiée dont il importe de faire connaître les raisons.

On appelait juifs *portugais* des juifs, venus du Portugal et de l'Espagne, et existant à Bayonne, à Bordeaux et dans quelques localités des Pyrénées. D'autres, désignés sous le nom d'*avignonais* s'étaient, depuis des siècles, établis dans le Comtat, où ils formaient d'importantes communautés à Avignon, Lille, Carpentras et Cavaillon. En vertu des lettres patentes de Henri II, du mois d'août 1550, ils jouissaient, en France, des privilèges qui les assimilaient presque aux autres sujets du roi.

Ces lettres patentes, renouvelées par Henri III au mois de novembre 1575, par Louis XIV, au mois de décembre 1656, et par Louis XV, au mois de février 1723, l'ont été enfin par Louis XVI, le 5 juillet 1776 (1).

Ces dernières lettres patentes s'expriment ainsi, après avoir visé les précédentes : « les privilèges ont été justifiés tant par leur inviolable attachement pour les Rois nos prédécesseurs et pour notre personne sacrée, que par leur application et leurs talents dans le commerce, à la prospérité et à l'étendue duquel ils ont contribué dans notre royaume par le moyen de leurs relations au dedans et au dehors, et qu'ils ont même étendu par de nouvelles branches qu'ils y ont ajoutées, le tout à l'avantage du public et de nos revenus, sans qu'il soit jamais résulté de leur séjour en France et de leurs usages particuliers aucun inconvénient pour nos autres sujets... Confirmons tous et chacuns privilèges, franchises et immunités qui ont été accordés auxdits marchands portugais, par les lettres-patentes en forme de charte données en leur faveur au mois d'août 1550, et par les autres lettres-patentes des rois nos prédécesseurs. Maintenons lesdits marchands tant ceux qui sont déjà établis dans notre royaume, pays, terres et seigneuries de notre obéissance, que ceux qui voudront y venir dans la suite, dans la pleine et paisible possession desdits privilèges, à la charge de se faire immatriculer par-devant les juges du lieu qu'ils auront choisi pour y faire leur résidence ; leur permettrons d'y demeurer et vivre suivant leurs usages, ainsi qu'à leurs femmes et enfants, commis, facteurs et familiers à perpétuité, voulons qu'ils soient traités et regardés ainsi que nos autres sujets nés en notre royaume et réputés tels, tant en jugement que dehors. »

Malgré ces privilèges accordés aux juifs portugais, il est cependant à remarquer, dit M. Gaudry (2), qu'ils ne se sont jamais placés dans les rangs de la bourgeoisie, ce qui, avant les lois de 1789 et de 1790, équivalait au rang de citoyens. Sujets du roi, ils jouissaient du bienfait des lois civiles et de la protection due à tous les sujets ; mais ils ne participaient pas aux honneurs, accordés aux citoyens. Ainsi, ils n'étaient élevés ni aux charges municipales, ni à la magistrature ; ils ne songèrent pas même à réclamer, en 1788, leur admissibilité aux assemblées de la nation, et on ne les trouve nulle part dans nos premières Assemblées politiques, avant 1790.

Un décret des 16 et 18 avril 1790 déclare mettre les juifs de l'Alsace et des autres provinces du royaume sous la sauvegarde de la loi (3).

(1) *Recueil d'Isambert*, t. XXIV, p. 44, n° 483.
(2) T. III, n° 1293.
(3) Des lettres patentes de Louis XVI, du 10 juillet 1784, spéciales pour les juifs d'Alsace avaient amélioré un peu leur position sous l'ancien régime, en les considérant comme des étrangers tolérés.
En voici les principales dispositions : Les articles 1, 2, 3, 4, 5 et 12 sont relatifs aux juifs non domiciliés ; ils sont tenus de se retirer dans les trois mois, à peine d'être poursuivis comme vagabonds.
Art. 7 et 24. Défense de contracter mariage sans permission expresse du roi.
Art. 8, 9, 10 et 11. Faculté de prendre des baux à ferme, sans pouvoir employer de domestiques chrétiens ; faculté de faire le négoce, mais défense d'acquérir des propriétés immobilières.
Art. 13. Les rabbins connaîtront des contestations entre les juifs, sur l'observation de leurs lois, et les affaires de police dans lesquelles les chrétiens ne sont pas intéressés. Dans tous les autres cas, les juifs demeurent soumis aux officiers de justice et de police ordinaires.
Les articles 14, 15, 16 et 17 sont relatifs à l'usure. Ils défendent que toutes obligations, à l'exception des effets de commerce, seront passées en présence de notaires, ou de ceux préposés de la communauté, qui

Le 20 juillet 1790, l'Assemblée nationale abolit les redevances pour habitation, protection ou tolérance et autres semblables imposées aux juifs.

Mais c'est du décret de l'Assemblée nationale du 27 septembre 1791 promulgué et devenu loi de l'Etat le 13 novembre suivant, que date en France l'émancipation générale des juifs, sous la seule condition qu'ils prêteront le serment civique. Par le décret du 27 septembre 1791 tous les juifs furent admis aux droits de citoyens français (1).

De 1791 à 1806, aucune mesure législative importante ne régla le sort des juifs et du culte israélite (2).

2336. Lors du rétablissement des cultes en 1802, le culte israélite ne fut point compris parmi les cultes reconnus, par la raison, disait Portalis, que « les juifs forment bien moins une religion qu'un peuple, qui existe chez toutes les nations, sans se confondre avec elles..., et qui, pour tout ce qui concerne son sacerdoce et son culte, regarde comme un de ses plus grands privilèges de n'avoir que Dieu même pour législateur. » Une raison sans doute plus décisive, dit M. Hepp (3), a dû être que, à cette époque, les israélites français, qui avaient été successivement admis à s'établir sur certains points du territoire sous des conditions très diverses, obéissaient à des coutumes différentes et souvent incompatibles avec la législation générale du pays. Il fallut d'abord songer à mettre leurs usages en harmonie avec la loi, et à soumettre à une même règle les juifs des groupes portugais, espagnols, avignonais, lorrains, messins et alsaciens qui s'étaient formés au sud-ouest, au sud-est et au nord-est du territoire français, ce fut l'œuvre notamment de l'assemblée générale des juifs que le décret du 30 mai 1806 convoqua à Paris, pour le 15 juillet suivant.

Le décret du 30 mai 1806 fut le principe de l'affranchissement définitif de la nation juive et des règles données à leur culte.

Le premier motif exprimé dans le préambule du décret est la nécessité de réprimer l'usure ; ensuite, les pensées du législateur se portent vers le désir de ranimer des *sentiments de morale civile, anéantis chez un trop grand nombre de juifs, par l'état d'abaissement dans lequel ils ont trop longtemps langui.*

Le décret suspend pendant un an l'exécution des jugements rendus au profit des juifs de l'Alsace et de la Lorraine contre

signeront les billets et assisteront à la numération des espèces. Nulle stipulation de paiement de capitaux et intérêts ne peut être faite en denrées. Tous les billets doivent être écrits en langue française.
L'article 18 veut que les juifs admis à rendre témoignage au civil et au criminel prêtent serment *more judaico.*
L'article 19 défend de les admettre au bénéfice de cession, si ce n'est du consentement des trois quarts de leurs créanciers chrétiens ; leurs femmes ne peuvent obtenir la séparation de biens au préjudice des créanciers chrétiens.
Les articles 20, 21, 22 et 23 déclarent que les juifs ne pourront agir en justice qu'en leur privé nom. Cependant leurs affaires générales sont traitées par leurs syndics, sous l'autorité d'un commissaire départi. Ces syndics dressent les rôles de répartitions auxquels ils sont assujettis, président les assemblées et veillent au maintien de l'ordre ; les assemblées et les répartitions doivent être autorisées par le commissaire.
L'article 25 prescrit la déclaration de leurs actes de l'état civil devant le juge du lieu.
Les juifs de Metz et de Lorraine avaient obtenu des dispositions à peu près semblables : les premiers, par un arrêt du Conseil d'Etat du 9 juillet 1712, et les seconds, par des règlements du duc Léopold, du 11 juin 1726, et du roi Stanislas, du 26 janvier 1753. Le nombre des familles juives fut limité, à Metz, à 480 familles, obligées de résider dans des quartiers déterminés, et en Lorraine, à 180 familles (Gaudry, t. III, n°° 1291 et 1292).
(1) Cependant un décret du 28 septembre 1791 avait pris des mesures pour empêcher l'effet des obligations usuraires qu'ils pouvaient avoir obtenues en Alsace, en leur ordonnant de produire au tribunal du district leurs titres de créance. — Il ne paraît pas que ce décret ait reçu son exécution ; les événements politiques se pressaient et continuaient à effacer les distinctions entre les habitants d'un pays agité par une épouvantable révolution (Gaudry, t. III, n° 1294).
(2) On trouve dans cet intervalle deux décrets d'un intérêt partiel : l'un du 1er prairial an X, appliquant aux rabbins les dispositions de l'article 14 de la loi du 18 germinal an X, qui défend de donner la bénédiction nuptiale à ceux qui ne justifieront pas avoir contracté mariage civil ; l'autre, du 10 février 1806, qui exempte de l'application du décret du 23 prairial an XII, sur les sépultures, la sépulture des juifs (Gaudry, t. III, n° 1295).
(3) *Op. cit.*, p. 35

des cultivateurs ; il ordonne la formation d'une assemblée d'individus professant la religion juive (1).

L'assemblée générale des juifs s'ouvrit à Paris le 26 juillet 1806.

Dès le premier moment, le gouvernement lui avait adressé douze questions sur les points fondamentaux du culte juif, dans ses rapports avec l'Etat et avec les citoyens. Ces questions furent discutées dans les séances des 4, 7 et 11 août 1806, les réponses forment le véritable code national, le pacte d'alliance des juifs en France.

Ces réponses reçurent l'approbation du gouvernement (2).

Le grand sanhédrin, représentant la nation juive, se constitua, le 4 février 1807, afin de donner aux réponses de l'assemblée une complète et légale autorité.

Pour arriver à cette solennelle déclaration, l'assemblée rédigea, le 10 décembre 1806, un règlement d'organisation du culte juif.

Le grand sanhédrin rendit, du 9 février au 4 mars, une série de décrets qui sont le développement des réponses de l'assemblée de 1806 ; ces décrets ont notamment pour objet la polygamie, la répudiation, les mariages, les rapports entre les citoyens, les professions utiles et les prêts à intérêt (3).

Les réponses de l'assemblée, le règlement du 19 décembre 1806, et les décrets du grand sanhédrin, ont été la base de trois décrets du 17 mars 1808 : le premier sur les individus professant la religion juive, les deux autres sur le culte (4).

2337. Dès lors, le culte israélite fut placé, en France, au nombre des cultes reconnus (5).

Le premier décret du 17 mars 1808, sur les individus juifs, avait principalement pour objet la répression de l'usure. Il défendit tout nouvel établissement juif dans les départements du Haut et du Bas-Rhin, et tout nouvel établissement en France d'un juif qui n'aurait pas fait l'acquisition d'une propriété rurale, sans se mêler d'aucun commerce.

Il imposait aux juifs conscrits l'obligation d'un service personnel.

D'après l'article 18 de ce décret, il ne devait recevoir son exécution que pendant dix ans.

Les juifs de Bordeaux et des départements de la Gironde et des Landes (c'est-à-dire les juifs portugais) étaient exemptés de ces dispositions.

Les deux autres décrets du 17 mars 1808 ont pour objet, le premier, d'ordonner l'exécution du règlement du 10 décembre 1806 ; le second, de prescrire des mesures pour cette exécution.

Ces décisions législatives, dit M. Gaudry (7), sans prononcer l'émancipation complète de la nation juive, la contenaient tacitement, sous les seules réserves du premier décret du 17 mars, car elles donnaient aux juifs français la France pour patrie, leur imposaient les lois françaises, et faisaient de leur culte un culte accepté par le gouvernement.

Nous avons vu que d'après l'article 18 du premier décret du 17 mars 1808, les dispositions des décrets ne devaient avoir leur exécution que pendant dix ans. L'article réservait, à la vérité, une faculté de prorogation, si elle était jugée convenable : cette prorogation n'a jamais eu lieu.

Bien plus, dit M. Gaudry (8), en 1818, la Chambre des pairs et la Chambre des députés furent saisies de la question de prorogation ; le conseil général du Haut-Rhin avait exprimé énergiquement son opinion pour cette mesure. Cependant la Chambre des pairs passa à l'ordre du jour (9) le 5 février, et le 26 du même mois, la Chambre des députés renvoya aux deux ministères de la justice et de l'intérieur, la

pétition qui demandait la prorogation (1). Ce renvoi n'a pas eu de suite. Ainsi s'évanouit le premier décret du 17 mars 1808. Les juifs se trouvèrent donc en tous points dans une position identique à celle des autres citoyens français.

Le règlement du 10 décembre 1806 ne subit que peu de changements jusqu'à l'ordonnance du 25 mai 1844.

Nous signalerons toutefois trois autres décrets, rendus sous le gouvernement impérial : l'un, du 20 juillet 1808, prescrit aux juifs de prendre des prénoms tirés de l'histoire ou de l'Ancien Testament ; le second, du 19 octobre 1808, donne la formule du serment à prêter par les membres des consistoires ; le troisième, du 11 décembre 1808, organise les synagogues consistoriales sur les bases posées par le règlement du 10 décembre 1806, et par le décret du 17 mars 1808, en créant treize synagogues et des consistoires attachés à chacune d'elles.

Ces décrets complètent l'ensemble des dispositions législatives de l'époque consulaire et impériale. On y voit une pensée d'affranchissement, mêlée de restrictions, qui n'avait accordé aux juifs qu'une demi-liberté (2).

Par les décrets de 1808, l'Etat s'était occupé des juifs, bien plus comme individus, que relativement au culte.

Sous le rapport du culte même, la pensée dominante du législateur avait été de mettre la discipline du culte, et ses ministres sous la dépendance de l'autorité civile ; car l'assemblée des notables d'où procédait toute élection, était elle-même choisie par le ministre de l'intérieur (3).

De plus, le gouvernement s'était réservé la première nomination directe des membres du consistoire central (4).

Ainsi, le principe de la législation impériale était la dépendance complète du culte israélite de l'autorité civile, quant aux choses extérieures et de discipline (5).

Mais, par l'expiration des deux années fixées pour les mesures d'exception du décret du 17 mars 1808, et par l'attribution donnée aux juifs de la qualité de citoyens français, ils ont été confondus avec les autres citoyens (6).

2338. La restauration montra une certaine faveur à la nation israélite : la Chambre refusa de renouveler le décret d'exception du 17 mars 1808. Deux ordonnances, du 27 juin 1819 et du 20 août 1823, modifièrent en quelques points le règlement du 10 décembre 1806 et le décret d'exécution du 17 mars 1808.

Le gouvernement de 1830 fut encore plus favorable à la nation israélite : il éleva le culte juif au même rang que les cultes protestants, en accordant, par la loi du 8 février 1831, des salaires à ses ministres.

Deux ordonnances, des 22 mars et 5 août 1831, fixèrent les traitements des rabbins, grands-rabbins, et fondèrent à Metz une école ecclésiastique.

Un règlement du 15 octobre 1832 prescrivit des mesures pour l'exécution des ordonnances précédentes (7).

Une ordonnance du 19 juillet 1841 régla le renouvellement des collèges des notables israélites et des consistoires.

Une ordonnance du 3 décembre 1841 contient des mesures de comptabilité sur les dépenses du culte juif.

Enfin, l'ordonnance du 25 mai 1844 remania toute la matière en une série de dispositions organiques formulées en 67 articles ; l'année suivante, une autre ordonnance, du 9 novembre 1845, rendue sur le rapport du maréchal Soult, ministre de la guerre, organisa pour la première fois le culte israélite en Algérie, sur les bases de l'ordonnance de 1844.

Depuis lors, et à part quelques décrets portant sur des points de détail, la législation organique de ce culte n'a plus été modifiée que par le décret du 19 août 1862, le décret du 5 février 1867 et celui du 12 septembre 1872, et, en ce

(1) Gaudry, t. III, n° 1295.
(2) Gaudry, t. III, n° 1297.
(3) Ibid., n° 1298.
(4) Ibid., n° 1299.
(5) M. Hepp, Op. cit., p. 36.
(6) Gaudry, t. III, n° 1300.
(7) Ibid., n° 1301.
(8) Gaudry, t. III, n° 1303.
(9) Moniteur de 1818, p. 191.

(1) Ibid., p. 3814.
(2) Gaudry, t. III, n° 1304 in fine.
(3) D. 17 mars 1808, art. 3.
(4) Ibid., art. 5.
(5) Gaudry, t. III, n° 1308.
(6) Ibid.
(7) Gaudry, t. III, n°° 1305 et 1306.

qui concerne l'Algérie, par divers décrets, dont le dernier en date est du 12 décembre 1872.

CHAPITRE II.

ORGANISATION ACTUELLE.

2339. Le culte israélite est actuellement régi en France par l'ordonnance des 25 mai - 14 juin 1844, les décrets des 15 juin 1850 et 9 juillet 1853, le décret du 29 août 1862, le décret du 5 février 1867 et celui du 12 septembre 1872.

L'organisation actuellement en vigueur, aux termes de ces diverses dispositions combinées, comprend :

1° Un consistoire central, ayant son siège à Paris ;

2° Neuf consistoires départementaux : à Paris, Bayonne, Besançon, Bordeaux, Lille, Lyon, Marseille, Nancy, Vesoul(1);

3° Des communautés analogues aux paroisses des cultes chrétiens, ayant à leur tête des rabbins communaux ;

4° Des ministres du culte, qui se distinguent en : 1° grands rabbins ; 2° rabbins communaux ; 3° ministres officiants ; 4° des sous-rabbins.

Cette organisation comprend en Algérie :

1° Trois consistoires départementaux, à Alger, Oran et Constantine, composés d'un grand rabbin et de six membres laïques ;

3° Trois rabbinats à Médéah, Tlemcen, et Bône, créés par décrets du 26 février 1876.

2340. *Consistoire central.* — Le consistoire central établi par le décret du 17 mars 1808 a été réorganisé par l'ordonnance du 25 mai 1844.

Le consistoire central est établi à Paris.

Il se compose d'un grand rabbin, et d'autant de membres laïques qu'il y a de consistoires en France (2).

Les membres laïques du consistoire central, qui tous doivent être choisis parmi les électeurs israélites ayant leur résidence à Paris, sont élus par les électeurs des circonscriptions consistoriales, à raison d'un membre par consistoire départemental (3).

Il est à remarquer qu'il n'est pas exigé que les membres laïques du consistoire central soient domiciliés à Paris, il suffit qu'ils y résident.

« Cette disposition, dit M. Gaudry (4) est sujette à des inconvénients : car une simple résidence ne donne pas toujours la consistance nécessaire pour remplir des fonctions importantes, et n'attache pas un citoyen à la synagogue par des liens assez puissants.

« Mais il était difficile qu'il en fût autrement; car ces fonctions sont temporaires : elles sont conférées par les consistoires, chacun pour leur part; ils peuvent donc avoir intérêt à choisir un personnage de leur localité, même non domicilié à Paris, pourvu qu'il y ait sa résidence au moment de l'élection. »

2341. Le grand rabbin de ce consistoire est élu par des délégués des notables des diverses circonscriptions joints aux membres du consistoire central ; ces délégués sont au nombre de deux pour chaque circonscription (5).

La nomination du grand rabbin est soumise à l'approbation du gouvernement (6).

Sous l'empire du décret du 17 mars 1808, les trois rabbins qui faisaient partie du consistoire central, avaient été nommés pour la première fois par le chef de l'État, ils étaient, à leur sortie, remplacés par voie d'élection. Mais leur élection

était exclusivement abandonnée aux membres sortants du consistoire central (1).

Le grand rabbin est nommé à vie (2).

2342. Aux termes de l'ordonnance de 1844, les membres laïques du consistoire central sont élus pour huit ans et renouvelés par moitié tous les quatre ans. Cette durée, ramenée à quatre ans par le décret du 11 novembre 1870 (3), est actuellement de nouveau fixée à huit ans, depuis le décret du 12 septembre 1872 (4), qui a abrogé celui de 1870.

2343. Suivant l'article 9 de l'ordonnance des 25 mai-14 juin 1844, le consistoire central nommait son président et son vice-président pour quatre ans. L'article 7 du décret du 11 novembre 1870 avait modifié cette disposition, en décidant que ces président et vice-président seraient élus annuellement. Mais le décret du 12 septembre 1872 a rapporté le décret du 11 novembre 1870.

L'article 12 de l'ordonnance du 20 août 1823 dispose qu'en cas d'égalité des suffrages, la voix du président est prépondérante.

2344. Le grand rabbin peut-il être président? Évidemment non, dit M. Gaudry (5). La différence seule entre sa position et celle des membres du consistoire, exclut l'idée de cette présidence. En effet, son élection se fait par le consistoire central et par les délégués des consistoires, tandis que les membres du consistoire sont élus par tous les citoyens des circonscriptions : le grand rabbin, inamovible, reste toujours membre du consistoire central, tandis que les autres membres sortent par séries, composées chacune de quatre membres, de quatre ans en quatre ans: il n'y a donc, entre le grand rabbin et les autres membres du consistoire, aucune parité de situation. Mais un motif de la plus haute importance ne laisse aucun doute : l'élément laïque domine dans le consistoire central, qui n'a qu'un membre appartenant à l'élément religieux, et ce consistoire a droit de surveillance sur tous les ministres du culte, et sur le grand rabbin lui-même. On voit dès lors le danger que présenterait la présidence donnée au grand rabbin. On peut appliquer aux grands rabbins consistoriaux ce que nous venons de dire sur le grand rabbin du consistoire central.

2345. Le consistoire central peut être dissous par ordonnance. En ce cas, l'élection d'un nouveau consistoire doit être immédiatement provoquée, et, jusqu'à son installation, l'administration du culte est déléguée à une commission composée du grand rabbin et de quatre notables désignés par le ministre des cultes (6).

Les nouvelles élections doivent avoir lieu dans les trois mois de la dissolution.

2346. *Consistoires départementaux.* — Les consistoires sont établis dans chaque département renfermant 2,000 âmes de population israélite (7) ; si ce nombre ne se trouve pas dans un seul département, la circonscription s'étend sur autant de départements voisins qu'il en faut pour que le nombre soit atteint, sans que, dans aucun cas, il puisse y avoir plus d'un consistoire par département (8).

2347. Chaque consistoire se compose d'un grand rabbin et de quatre membres laïques (9).

Le décret du 17 mars 1808 (10) prescrivait que le grand rabbin et les membres laïques du consistoire départemental étaient élus par une assemblée des notables de la circonscription.

L'ordonnance du 20 août 1823 avait appliqué à ces notables les conditions d'éligibilité imposées aux membres du consistoire départemental par l'article 11 du décret du

---

(1) Les consistoires de Lille et de Vesoul ont été créés en 1872, pour compenser la perte des consistoires de Strasbourg et de Colmar.
(2) Ord. 25 mai 1844, art. 5.
(3) Ord. 25 mai 1844, art. 6.
(4) T. III, n° 1349.
(5) Ord. de 1844, art. 40.
(6) Ord. de 1844, art. 7.

(1) D. 17 mars 1808, art. 16.
(2) Ord., art. 39.
(3) Art. 6.
(4) Art. 3.
(5) T. III, n° 1351.
(6) Ord. de 1844, art. 13.
(7) Ord. de 1844, art. 3.
(8) *Ibid.*
(9) Ord. de 1844, art. 14.
(10) Art. 8, 9 et 18.

17 mars 1808; mais ils furent eux-mêmes remplacés par l'article 5 du décret du 29 août 1862.

L'article 5 du décret du 29 août 1862 porte que, dans chaque circonscription consistoriale, les membres laïques du consistoire central et les deux délégués pour l'élection du grand rabbin du consistoire central sont élus par tous les israélites âgés de vingt-cinq ans accomplis et qui appartiennent à l'une des catégories suivantes : 1° ceux qui exercent des fonctions relatives au culte ou qui sont attachés, soit à titre d'administrateurs, soit à titre de souscripteurs annuels, aux établissements placés sous l'autorité du consistoire; 2° les fonctionnaires de l'ordre administratif, ceux de l'ordre judiciaire, les professeurs ou instituteurs dans les établissements et écoles fondés par l'État, par les communes ou par les consistoires, et tout israélite pourvu d'un diplôme obtenu dans les formes établies par les lois et règlements; 3° les membres des conseils généraux, des conseils d'arrondissement et des conseils municipaux; 4° les officiers de terre et de mer en activité et en retraite; 5° les sous-officiers, les soldats et les marins, membres de la Légion d'honneur ou décorés de la médaille militaire; 6° les membres des chambres de commerce et ceux qui font partie de la liste des notables commerçants; 7° les titulaires d'offices ministériels; 8° les étrangers résidant dans la circonscription depuis trois ans et compris dans l'une des catégories ci-dessus, sans que, toutefois, la qualité d'électeur leur confère l'éligibilité.

Le suffrage universel paroissial, dit M. Hepp (1), qui existe depuis 1852 dans toutes les églises protestantes pour l'élection des membres laïques, avait été étendu dès 1848 au culte israélite. En principe, le corps électoral est formé des membres des diverses catégories qu'énumèrent, comme nous l'avons vu, l'article 26 de l'ordonnance du 25 mai 1844 et l'article 5 du décret du 29 août 1862. Mais, comme la première de ces catégories embrasse tous les israélites âgés de vingt-cinq ans accomplis, jouissant de leurs droits civils, qui sont attachés, à titre de souscripteurs annuels, aux établissements placés sous l'autorité du consistoire, la pratique a admis qu'il suffit, pour être électeur, d'être âgé de vingt-cinq ans et de contribuer aux frais du culte ou aux œuvres de charité patronées par le consistoire (2). C'est assez dire que les israélites ignorent les luttes confessionnelles qui ont tant divisé les réformés (3).

L'article 28 de l'ordonnance de 1844 a été modifié par l'article 5 du décret de 1862. L'ordonnance de 1844 voulait que les notables jouissent de la qualité de Français; le décret de 1872 autorise les étrangers à prendre part aux élections désignées dans l'article 25 de l'ordonnance de 1844, modifié par l'article 5 du décret de 1862, « lorsqu'ils résident dans la circonscription depuis trois ans ».

2348. D'après une instruction du consistoire central du 13 octobre 1862, on doit admettre dans le corps électoral, à titre de fonctionnaire du culte : les rabbins communaux, les sous-rabbins et même les élèves sortis du séminaire israélite avec leur diplôme et qui ne sont pas encore placés ; les ministres officiants salariés ou non salariés par l'État ; les chefs de chœur, et tous les employés des temples qui ont été chargés ou autorisés par l'administration de ces temples d'officier les jours de la semaine, ou temporairement pendant les jours de fête. On doit y admettre, à titre d'administrateurs, les membres des commissions administratives des temples, les membres de la commission administrative du séminaire israélite, ceux des commissions des sociétés de bienfaisance et établissements religieux relevant directement des consistoires: les secrétaires desdites administrations, des sociétés de bienfaisance et des établissements religieux. On y admet à titre de contribuables : les souscripteurs annuels aux établissements religieux ou de bienfaisance placés sous l'autorité des consistoires à l'exclusion des sociétés de secours mutuels.

D'après une autre instruction du consistoire central du 10 novembre 1862, les locataires des places dans les temples sont inscrits sur la liste électorale comme souscripteurs à un établissement religieux. — Les *Hébroth* ne sont exclues du droit électoral que lorsqu'elles ont uniquement pour but l'assistance mutuelle de leurs membres. S'il est, parmi ces sociétés de secours mutuels, quelques-unes qui consacrent annuellement une certaine somme à la caisse de la communauté pour les besoins généraux du culte, leurs membres acquièrent par là le droit électoral à titre de contribuables. Quant aux confréries ou *Hebroth* qui ont un but purement religieux ou de bienfaisance, et qui sont approuvées par les consistoires, leurs membres jouissent du droit électoral. En général, le décret de 1862 doit, à cet égard, être interprété dans le sens le plus large. Tous ceux qui, d'une manière quelconque, font acte de judaïsme et interviennent, soit moralement, soit pécuniairement dans les affaires du culte, jouissent du droit électoral. On n'exclut de ce droit que ceux qui se placent entièrement en dehors de la communauté et refusent toute participation à ses intérêts, et les indigents qui reçoivent des secours des comités israélites de bienfaisance (1).

Les articles 6 et 7 des décrets du 29 août 1862 ont modifié l'article 29 de l'ordonnance des 25 mai-14 juin 1844. La liste des électeurs est dressée par le consistoire et arrêtée par le préfet (2). Dans chaque communauté, il est procédé, par les soins du commissaire administrateur ou de la commission administrative, à la formation de la liste partielle comprenant tous les électeurs israélites de la circonscription. Les électeurs israélites habitant dans des communes qui ne feraient point partie du ressort d'un rabbin ou d'un ministre officiant se font inscrire sur la liste dressée dans la communauté la plus voisine de leur domicile. Ils doivent se rendre, pour voter, au bureau électoral de cette communauté (3). Les listes partielles sont affichées pendant un mois au parvis du temple. Après ce délai, les listes partielles et les réclamations auxquelles elles ont donné lieu sont adressées au consistoire départemental. Il est procédé sur le tout selon ce qui est prescrit dans l'article 29 de l'ordonnance du 25 mai 1844 (4). La liste est dressée par le consistoire et arrêtée par le préfet. L'exposition de la liste générale au chef-lieu consistorial est nécessaire (5).

La liste électorale arrêtée par le préfet ne sert plus aujourd'hui pour un an seulement, comme le prescrivait l'ordonnance de 1844; elle est permanente, d'après l'article 8 du décret du 29 août 1862. La liste est revisée tous les quatre ans. Mais, lorsque dans l'intervalle d'une revision à l'autre, il y a lieu de faire une nomination, le consistoire ajoute à la liste les israélites qu'il reconnaît avoir acquis les qualités requises, et il en retranche ceux qui les ont perdues. Le tableau des additions et des retranchements est affiché au temple du chef-lieu consistorial un mois avant la convocation de l'assemblée des électeurs ; il est en même temps adressé au préfet. Les demandes en inscription ou en radiation doivent être formées dans les dix jours, à compter du jour de l'affiche. Les électeurs dont l'inscription sur la liste électorale aurait été omise peuvent y être inscrits à l'approche des élections ou même pendant celles-ci (6). Le droit qui, en matière d'élections politiques, est attribué en ce cas, au juge de paix, est exercé par le président du consistoire départemental; mais les nouvelles inscriptions doivent être constatées par un procès-verbal spécial, qui est soumis au préfet du département (7).

2349. L'assemblée des notables est convoquée par le consistoire départemental, avec autorisation du préfet, et pour procéder aux élections (8), et l'article 32 de l'ordon-

___

(1) *Op. cit.*, p. 38.
(2) Comp. l'article 2 du décret du 12 décembre 1872, concernant le culte israélite en Algérie.
(3) *Op. cit.*, p. 39.

(1) Dalloz, *Rép. supp.*, v° CULTES, n° 791.
(2) Art. 6.
(3) Inst. consist. cent. 3 juin 1873.
(4) Art. 7.
(5) Circ. consist. centr. 21 janvier 1867.
(6) Lettre min. cultes, 12 décembre 1872.
(7) *Ibid.*
(8) Ord. de 1844, art. 31.

nance de 1844 voulait que les élections eussent lieu à la majorité absolue des membres présents. Il avait été décidé, le 25 avril 1850, que l'article 32 de l'ordonnance de 1844 cesserait d'être appliqué et que les membres laïques des consistoires seraient désormais élus à la majorité relative des votes exprimés. Cette règle, suivie pendant plusieurs années, a été abolie en pratique, depuis le décret du 29 août 1862, et les élections de ces membres laïques ont lieu à la majorité absolue, comme l'exigeait l'article 32 de l'ordonnance de 1844 (1). Un décret du 5 février 1867 a renouvelé les prescriptions de l'article 32. D'après ce décret, les élections israélites ont lieu au scrutin secret et à la majorité absolue des suffrages. Le nombre des votants doit être au moins du tiers des électeurs inscrits. Si la majorité n'est pas acquise, les électeurs sont convoqués pour un second tour de scrutin, et, dans ce cas, la majorité relative suffit, quel que soit le nombre des votants.

Le bureau est composé des membres du consistoire départemental (2).

Les attributions du bureau sont de prononcer sur les difficultés qui s'élèvent dans le cours des opérations de l'assemblée. En cas de partage, la voix du président est prépondérante ; s'il y a des réclamations contre la décision du bureau, on passe outre, et ces réclamations sont déférées au ministre des cultes, qui statue définitivement (3).

Les réclamations contre les décisions du bureau peuvent porter sur des questions qui ne toucheraient pas à la validité de l'élection, ou sur des questions qui attaqueraient l'élection elle-même. Il appartient au ministre de prononcer, soit en maintenant les opérations, soit en ordonnant une nouvelle convocation de l'assemblée. Dans tous les cas, il statue par voie administrative et définitivement, c'est-à-dire, sans recours possible au Conseil d'État (4).

En conséquence, la décision du ministre ne peut être attaquée devant le Conseil d'État par la voie contentieuse (5).

La nomination des membres laïques des consistoires est soumise à l'agrément du gouvernement (6).

Il a été jugé que le chef de l'État ne peut user du pouvoir discrétionnaire qui lui appartient à cet égard, qu'après que les opérations électorales qui ont amené lesdites nominations ont été déclarées valables et que, par suite, il y a lieu de considérer comme fondé le recours dirigé, pour cause d'excès de pouvoir, contre le décret qui, en présence de réclamations formées contre les opérations de cette nature, a agréé la nomination de membres laïques d'un consistoire israélite, sans qu'il ait été préalablement statué sur lesdites réclamations par le ministre des cultes, seul compétent à cet égard (7).

2350. L'article 4 du décret du 29 août 1862 dispose que la durée des fonctions des membres des consistoires départementaux est de huit ans, comme pour celles des membres du consistoire central, et leur renouvellement a lieu par moitié tous les quatre ans, avec faculté de réélection. Le consistoire départemental nomme également pour quatre ans son président et son vice-président, qui sont rééligibles.

2351. Les consistoires peuvent être dissous par le ministre des cultes. Une commission composée du grand rabbin consistorial et de quatre notables désignés par le consistoire central doit, jusqu'à l'élection d'un nouveau consistoire, rester chargée de l'administration des affaires de la circonscription. L'élection du consistoire a lieu dans les trois mois (1).

2352. *Des ministres.* — Les ministres du culte israélite sont : 1° le grand rabbin du consistoire central ; 2° les grands rabbins des consistoires départementaux ; 3° les rabbins communaux ; 4° les ministres officiants ; 5° le mohel et le schohet.

Pour être nommé grand rabbin, rabbin communal ou ministre officiant, il faut être Français (2).

Pour être nommé grand rabbin du consistoire central, il faut être âgé de quarante ans, et rabbin consistorial, de trente ans ; pour être rabbin communal et ministre officiant, de vingt-cinq ans.

Des dispenses d'âge peuvent être accordées par le ministre des cultes sur la proposition du consistoire central (3).

Il semble bizarre, dit M. Gaudry, à propos de la nomination du grand rabbin du consistoire central (4), que le ministre accorde les dispenses d'âge, lorsque c'est le chef du gouvernement qui doit approuver l'élection : la haute dignité du grand rabbin et l'importance de ses fonctions, sembleraient devoir exiger pour cette dispense l'intervention du pouvoir suprême.

Enfin, on peut s'étonner que l'ordonnance ait imposé, comme condition à cette dispense, la proposition du consistoire central. On la conçoit pour les rabbins départementaux à l'égard desquels le consistoire central a une véritable suprématie ; on ne la conçoit pas aussi bien pour le grand rabbin central, qui est au moins égal en autorité à son consistoire. Cependant, l'article 57 est sous la rubrique des dispositions communes aux divers ministres du culte israélite ; il doit donc s'appliquer au grand rabbin du consistoire central comme aux autres grands rabbins. Ce qui paraît avoir déterminé cette disposition, c'est que les israélites capables de remplir cette haute fonction, sont encore en très petit nombre ; l'émancipation des juifs date seulement d'un demi-

---

(1) Circ. min. cultes, 4 janvier 1867.
(2) Ord. 25 mai-14 juin 1844, art. 33.
(3) Ibid., art. 34.
(4) Ibid., art. 31.
(5) Cont. 10 janvier 1867.
(6) Ord. 25 mai-14 juin 1844, art 24
(7) Cont. 5 juin 1862 : — « Napoléon, etc., — Vu la requête présentée pour le sieur Lang, demeurant à Colmar, tendant à ce qu'il nous plaise : 1° annuler, pour excès de pouvoirs, deux décrets du 21 février 1861, qui ont approuvé l'élection du sieur Léopold Javal comme membre du consistoire central des israélites de France, et celle des sieurs Manheinner, Rueff, Sée (Simon), Weill et Sée (Abraham), comme membres du consistoire israélite départemental de Colmar ; ledit pourvoi fondé sur ce que la nomination des membres élus aurait été agréée sans que le ministre des cultes eût préalablement statué sur les protestations formées devant lui contre la validité des opérations électorales ; 2° annuler en outre les opérations auxquelles il a été procédé le 13 janvier 1861, par le motif que l'administration aurait porté atteinte à la liberté des votes en donnant son appui aux candidats élus ; — Vu les observations présentées par notre ministre des cultes, tendant au rejet du pourvoi par le motif qu'en soumettant à notre approbation les nominations des sieurs Javal et autres, notre ministre des cultes a implicitement rejeté les protestations formées contre les opérations électorales, et que les faits invoqués par le requérant, en admettant qu'ils fussent prouvés, n'auraient pu exercer une influence appréciable sur le résultat des élections ; — Vu, etc ; — Vu la loi des 7-14 octobre 1790 ; — Vu l'ordonnance royale du 25 mai 1844 ;

« En ce qui touche le recours formé contre nos décrets du 21 février 1861 : — Considérant que si, aux termes de l'article 24 de l'ordonnance royale du 25 mai 1844, la nomination des membres laïques des consistoires israélites est soumise à l'agrément du chef de l'État,

c'est au ministre des cultes qu'il appartient, en vertu de l'article 31 de la même ordonnance, de statuer sur les réclamations formées contre les opérations électorales, et que les nominations ne peuvent être soumises à notre agrément tant que les opérations électorales dont la régularité est contestée n'ont pas été déclarées valables ; — Considérant que, à la date des 17 et 21 janvier, plusieurs électeurs ont adressé à notre ministre des cultes des protestations contre les opérations électorales auxquelles il avait été procédé, le 13 du même mois, dans la circonscription du consistoire israélite de Colmar ; que notre ministre n'a pas statué sur ces protestations ; que, dans ces circonstances, le sieur Lang est fondé à soutenir que notre décret qui agrée les nominations des sieurs Léopold Javal et autres a été irrégulièrement rendu et doit être rapporté ;

« Sur les conclusions du sieur Lang tendant à ce qu'il soit statué par nous sur la validité des opérations électorales auxquelles il a été procédé le 13 janvier 1861 : — Considérant qu'aux termes de l'article 31 de l'ordonnance royale du 25 mai 1844, les difficultés qui s'élèvent au sujet des opérations électorales qui ont eu lieu pour la nomination des membres des consistoires israélites sont jugées par le bureau, et que les réclamations contre la décision du bureau sont portées par la voie administrative devant notre ministre des cultes, qui statue définitivement ; qu'en conséquence il ne nous appartient pas de prononcer sur la validité des opérations électorales contre lesquelles a protesté le requérant :

« Art. 1er. Nos décrets ci-dessus visés, en date du 21 février 1861, sont rapportés. — Art. 2. Le surplus des conclusions du sieur Lang est rejeté.

(1) Ord. de 1844, art. 23 et 24.
(2) Ord. de 1844, art. 57 ; — D., art. 20-1°.
(3) Ord., art. 44, 47, 50, 57.
(4) T. III, n° 1375.

siècle, et leur véritable naturalisation, comme citoyens français, n'a existé que du jour où cessèrent contre eux les dispositions du décret de 1808. L'école rabbinique de Metz a été créée seulement en 1819. On comprend, dès lors, tout ce qui peut manquer à l'instruction nécessaire pour cette dignité suprême. Le consistoire central paraît pouvoir, mieux que toute autre autorité juive, éclairer le ministre sur la nécessité d'accorder des dispenses d'âge. Placé au sommet, il doit être guidé par l'intérêt public. Cette question de dispense d'âge a paru suffisamment réglée entre le consistoire central et le ministre ; le ministre soumet au chef de l'Etat la nomination de l'homme jugé digne de la faveur d'une dispense ; le chef de l'Etat, en approuvant l'élection, consacre le choix des électeurs, la proposition du consistoire et la concession faite par le ministre.

2353. L'article 57 de l'ordonnance de 1844 décide que les fonctions de rabbin sont incompatibles avec toutes les professions industrielles ou commerciales

Les professions *industrielles* par opposition aux professions *libérales*, sont celles, dit M. Gaudry (1), qui exigent l'emploi des facultés du corps. Ainsi un mécanicien pratique, quelle que soit l'élévation de ses conceptions, exerce une profession industrielle, parce que ses travaux exigent l'emploi de moyens corporels. Les professions *libérales*, au contraire, exigent principalement l'emploi de l'intelligence ; les organes corporels ne sont que les moyens de manifester les conceptions de l'esprit. Un avocat, un médecin, exercent des professions libérales qui ne seraient pas incompatibles avec la dignité de grand rabbin central. Il serait assurément peu convenable qu'un grand rabbin, qui doit être exclusivement occupé des intérêts religieux, se livrât activement même à une profession libérale ; mais enfin cette profession ne l'exclurait pas de l'éligibilité.

Il est procédé à l'installation des ministres selon les instructions du consistoire de chaque circonscription, et expédition du procès-verbal doit être adressée au préfet du département où réside le nouveau titulaire (2).

2354. Les ministres du culte israélite jouissent des privilèges accordés à ceux des cultes reconnus ; ils sont notamment dispensés de la tutelle, conformément à l'avis du Conseil d'Etat du 20 novembre 1806.

Devrait-on considérer comme ministres du culte, les membres laïques des consistoires pour appliquer à ceux qui les auraient injuriés ou attaqués, dans l'exercice de leurs fonctions, les dispositions des articles 262 et 263 du Code pénal ?

Devrait-on, du moins, les considérer comme exerçant des fonctions publiques, du genre de celles que les articles 222 et suivants du Code pénal protègent spécialement contre les injures et les violences ?

Quant à l'application des articles 222 et suivants du Code pénal, elle semble absolument inadmissible. Ces articles s'occupent en effet des *magistrats de l'ordre administratif ou judiciaire*, c'est-à-dire des dépositaires de l'autorité ou de la force publique ; il est évident que des membres de consistoires israélites ne peuvent être rangés dans cette catégorie (3).

Mais les articles 262 et 263 sont-ils applicables ? En d'autres termes, peut-on considérer les membres des consistoires, comme *ministres du culte* ? Les raisons de douter sont tirées de ce que les consistoires concourent réellement au culte ; ils sont chargés des règlements relatifs à son exercice, des ouvrages d'instruction religieuse, de la délivrance des diplômes pour les fonctions de rabbins, de la surveillance des ministres du culte. Ce sont bien là des fonctions ecclésiastiques.

Néanmoins, il ne semble pas que l'on doive les placer dans la catégorie des ministres du culte, suivant le sens de la loi pénale. D'abord, une loi pénale ne peut jamais être étendue. S'il y a un doute, on doit l'interpréter dans le sens le plus restreint. En second lieu, les mots : *Ministre du culte* s'entendent du *sacerdoce ; le ministre du culte* est celui qui célèbre le culte, et qui, dans son exercice, est l'intermédiaire entre Dieu et l'homme ; on ne doit pas appliquer ce nom à celui qui coopère à la conservation ou des choses saintes, ou de la discipline. Telle est spécialement la fonction des consistoires.

Le but de la loi a été, non pas d'environner d'une plus grande protection l'homme qui s'occupe *des intérêts* de la religion, mais de défendre et d'honorer la religion même, dans la personne de ses ministres. Enfin, la rubrique du titre II de l'ordonnance du 25 mai 1844 ne comprend, sous le nom de *ministres du culte*, que les rabbins, les ministres officiants, et non les membres des consistoires. Les dispositions des articles 262 et 263 du Code pénal doivent donc être restreintes aux rabbins et ministres officiants, et ne doivent pas s'étendre aux membres des consistoires (1).

L'ordonnance de 1844 a placé dans le titre des *ministres* du culte, le *mohel* et le *schohet*, c'est-à-dire les individus chargés de la circoncision, et ceux qui soignent les bestiaux (2).

Cependant ni le *mohel* ni le *schohet* ne sont ministres du culte. Sans doute, le *mohel*, c'est-à-dire celui qui circoncit les enfants mâles, exerce un acte religieux quand il pratique la circoncision, mais il n'a aucun caractère religieux. Tout israélite peut circoncire, s'il a la confiance du père de famille (3).

Le *mohel* est toujours un homme marié : presque toujours il a commencé sur ses propres fils l'exercice de cette fonction, entourée d'une grande faveur : car la circoncision est la marque distinctive des juifs. Le mohel se rend, pour circoncire, dans la maison où l'enfant a reçu le jour, le père présente l'enfant au Dieu des juifs, et le *mohel* opère. Il n'y a, dans cette opération, rien qui attribue au *mohel* le caractère de ministre du culte.

Si le *mohel* vient à troubler dans l'exercice de ses fonctions, le culte, un trouble à l'exercice du culte ; celui qui en est la cause tombe sous l'application des articles 260 et 261 du Code pénal, mais non sous l'application des articles 262 et 263 (4).

Quant au *schohet*, il n'a rien de commun avec le sacrificateur des temps passés.

Pour la conservation des usages religieux, qui prohibent ou défendent telles ou telles viandes, et qui règlent la manière de verser le sang des animaux destinés à la nourriture de l'homme, il y a dans toute réunion de juifs un *schohet* qui, moyennant salaire, saigne et abat les animaux destinés à la consommation. C'est un boucher ; c'est quelquefois le serviteur salarié d'un boucher chrétien, qui fournit aux juifs la viande abattue selon le rite, par le *schohet*, dont la présence ou le cachet, apposé sur les diverses parties de l'animal abattu par lui, rassure l'israélite acheteur. On le soumet à la police du consistoire départemental pour être assuré qu'il ne trompe pas ses coreligionnaires ; la surveillance du consistoire est la garantie des israélites.

Mais il n'y a rien de commun entre le culte et ces fonctions : aucun des articles du Code pénal, relatifs au culte, ne peut être appliqué à cet agent (5).

Dans les villes où il y a un temple destiné au culte juif, doit-on appliquer l'article 45 de la loi organique du 18 germinal an X, qui défend de célébrer des cérémonies religieuses catholiques, hors des édifices consacrés au culte, dans les villes où il y a des temples destinés à l'exercice de religions dissidentes ?

A l'époque du Concordat, le culte juif ne pouvait réclamer cette faveur, les synagogues consacrées au culte juif n'avaient été, d'ailleurs, ni reconnues ni organisées par la loi. Ce fut en 1808 seulement, c'est-à-dire six ans après le Concordat, qu'elles reçurent leur première organisation.

Jusqu'à la Charte de 1830, il a été moins possible encore

---

(1) T. III, n° 4376.
(2) Ord. de 1844, art. 57.
(3) Gaudry, t. III, n° 1323.

(1) Gaudry, t. III, n° 1323.
(2) Voir *infra*.
(3) Voir *infra* Mohel.
(4) Gaudry, t. III, n° 1326.
(5) Gaudry, t. III, n° 1324.

de restreindre, pour les juifs, la publicité du culte catholique, dont la suprématie était légalement reconnue. Mais la Charte de 1830, confirmée sur ce point par des lois successives, en plaçant sur la même ligne la liberté et la protection accordées à toutes les religions reconnues, ont dû faire supposer que les modifications apportées à la publicité du culte catholique, en faveur des protestants, devaient être étendues à la religion juive. C'est sans doute dans cette pensée que le rapporteur d'une commission, composée, en 1830, de MM. Portalis, Siméon, Dupin et Jauffret, exprimait l'opinion : *que l'article 45 du décret organique de l'an X, pouvait être invoqué par les protestants* ou les *israélites*.

Quoi qu'il en soit, depuis la loi du 8 février 1831, et l'ordonnance du 25 mai 1844, qui organisent le culte juif et le placent au même rang que les protestants, il ne peut plus exister un doute sur la solution de la question.

Par conséquent, dans toutes les villes, où il y a un temple destiné au culte juif, les cérémonies religieuses catholiques ne doivent pas légalement avoir lieu hors des édifices consacrés à ce culte.

Mais le temple doit être une synagogue érigée légalement.

Une synagogue particulière, un oratoire, et surtout la simple présence d'un certain nombre de juifs dans un lieu où ils se réuniraient pour prier en commun, ne seraient donc pas un obstacle à la célébration extérieure des cérémonies catholiques (1).

2355. Aucune assemblée délibérante ne peut être formée, aucune décision doctrinale ou dogmatique ne peut être publiée ou devenir la matière de l'enseignement, sans une autorisation expresse du gouvernement (2).

2356. Nul ministre du culte israélite ne peut donner aucune instruction ou explication de la loi qui ne soit conforme aux décisions du grand sanhédrin ou aux décisions des assemblée synodales autorisées par le gouvernement (3).

2357. Les rabbins ne peuvent donner la bénédiction nuptiale qu'à ceux qui justifient avoir contracté mariage devant l'officier de l'état civil (4). Ils ne peuvent donner cette bénédiction que dans l'intérieur du temple, sauf autorisation du consistoire départemental, et dans l'étendue de leur ressort (3).

2358. *Recours comme d'abus.* — Les ministres du culte juif peuvent être poursuivis pour abus devant le Conseil d'État.

Les cas de recours sont, d'après l'ordonnance du 25 mai 1844, *toute entreprise des ministres du culte israélite, toute discussion qui pourrait s'élever entre ses ministres, toute atteinte à l'exercice du culte et à la liberté garantie à ses ministres.*

Les deux premiers cas prévoient les abus des ministres du culte, le dernier prévoit les abus commis à leur préjudice.

Par les mots « entreprise des ministres du culte israélite », l'ordonnance du 25 mai 1844 comprend tout ce que la loi du 18 germinal an X avait développé en ces termes : *usurpation ou excès de pouvoir, contravention aux lois et règlements de l'État, entreprise ou procédé qui, dans l'exercice du culte, peut compromettre l'honneur des citoyens, troubler arbitrairement leur conscience, dégénérer contre eux en oppression, injures ou scandale public.*

Nous renvoyons pour l'explication de ces mots à ce que nous avons dit à ce sujet sur le culte catholique.

La loi du 18 germinal an X comprenait dans les cas d'abus : *l'infraction des règles consacrées par les canons reçus en France, l'attentat aux libertés, franchises ou coutumes de l'église gallicane.*

Cette disposition est remplacée, pour la religion juive, par les dispositions de l'article 21 du règlement du 10 décembre 1806, et de l'article 56 de l'ordonnance du 25 mai 1844, d'après lesquels *nul ministre du culte israélite ne peut don-*

ner aucune instruction ou explication de la loi qui ne soit conforme aux décisions du grand sanhédrin, ou aux décisions des assemblées synodales qui seraient ultérieurement autorisées.

Ainsi, quoique le fondement de la loi et de la doctrine se trouve dans les livres de l'ancien Testament, et dans les livres thalmudiques, les décisions du grand sanhédrin forment, relativement à l'État, le corps d'explication de la loi dont il serait impossible aux ministres juifs de s'écarter, sans qu'il y ait recours comme d'abus au Conseil d'État (1).

Quant aux discussions qui pourraient s'élever entre les ministres de cette disposition. Les discussions qui peuvent s'élever sur le dogme et la discipline, entre les ministres du culte, sont nécessairement du ressort du consistoire central, d'après les articles 10, 11 et 12 de l'ordonnance du 25 mai 1844; l'article que nous examinons n'a donc pas entendu parler de ces discussions. Il n'a pas entendu parler non plus des intérêts civils qui se règlent toujours devant les tribunaux. Il faut entendre les termes de la loi en ce sens, que le Conseil d'État juge les discussions qui peuvent naître entre les ministres du culte, sur leur compétence et sur leurs droits. Ainsi, si le grand rabbin du consistoire central avait fait un acte de pouvoir contre un grand rabbin départemental, ou un grand rabbin départemental contre un rabbin communal ou un ministre officiant, et qu'il s'élevât une discussion sur la juridiction, il y aurait recours au Conseil d'État (2).

2359. *Grand rabbin.* — Le grand rabbin du consistoire central est le ministre principal du culte. Ces fonctions sont la plus haute dignité religieuse qui puisse être conférée à un israélite. Il est nommé par le consistoire central, dans les formes déterminées par l'article 1er du décret du 12 septembre 1872 et que nous avons indiquées précédemment.

Pour être nommé grand rabbin du consistoire central, il faut, indépendamment des conditions générales indiquées ci-dessus, être muni d'un diplôme du second degré rabbinique (degré supérieur) délivré conformément au règlement du 15 octobre 1832, et avoir rempli, pendant dix ans au moins, les fonctions de rabbin communal, ou pendant cinq ans celles de grand rabbin consistorial, ou de professeur à l'école centrale rabbinique (3).

La nomination du grand rabbin central est soumise à l'approbation du gouvernement (4).

2360. Les fonctions du grand rabbin du consistoire central sont religieuses, ou de haute discipline.

Comme ministre de la religion, il a une autorité supérieure à tous les rabbins, et dans toutes les synagogues. Ainsi il peut officier et prêcher dans chacune des synagogues de France.

Le consistoire central ne peut arrêter une délibération concernant des objets religieux, ou sur le culte, sans son approbation.

En cas de dissentiment entre le consistoire central et le grand rabbin, on consulte le grand rabbin du consistoire de Paris. S'il est du même avis que le grand rabbin central, cela suffit pour faire dominer l'opinion du grand rabbin sur l'opinion contraire du consistoire central.

Si le grand rabbin consistorial de Paris, consulté, ne partage pas l'opinion du grand rabbin central, on appelle, pour décider, le plus ancien en nomination des rabbins consistoriaux des départements, et son opinion tranche définitivement la question (5).

Les fonctions de haute discipline, conférées au grand rabbin du consistoire central, lui donnent le droit de surveillance et d'admonition à l'égard de tous les ministres du culte israélite (6).

---

(1) Gaudry, t. III, n° 1327.
(2) Ord. de 1844, art. 54.
(3) *Ibid.*, art. 56.
(4) Ord. de 1844, art. 53.
(5) *Ibid.*

(1) Gaudry, t. III, n° 1344.
(2) Gaudry, t. III, n° 1345.
(3) Ord. de 1844, art. 39.
(4) *Ibid.*, art. 7.
(5) Ord. de 1844, art. 38.
(6) Ord. de 1844, art. 38.

Remarquons, toutefois, dit M. Gaudry, que les fonctions rabbiniques sont essentiellement différentes de celles du consistoire.

Le grand rabbin a surtout une autorité religieuse : ses fonctions de haute discipline ne vont pas au delà du droit de surveillance et d'admonition sur les ministres du culte ; ainsi, il n'a ni la direction des intérêts temporels, ni droits sur les consistoires, ni faculté de sévir par des interdictions ou des destitutions : son autorité paternelle est toute de surveillance sur les ministres du culte. Les autres droits appartiennent aux consistoires.

2361. *Grands rabbins des consistoires départementaux.*— Les grands rabbins des consistoires départementaux ont des fonctions analogues à celles du grand rabbin central, mais à un degré moins élevé, et seulement dans leur circonscription.

L'article 9 du décret du 29 août 1862 a prescrit que la nomination de ces rabbins serait faite par le consistoire central sur une liste de trois rabbins présentée par le consistoire départemental. L'article 1er du décret du 11 novembre 1870 a décidé qu'ils seraient élus par une assemblée de vingt-cinq délégués désignés par les électeurs de la circonscription consistoriale. Mais le décret du 12 septembre 1872 a abrogé le décret du 11 novembre 1870. Le décret de 1872 est revenu au système adopté par le décret de 1862, avec quelques modifications. Il a prescrit que les grands rabbins des circonscriptions consistoriales ecclésiastiques seraient nommés par le consistoire central sur une liste de trois candidats, présentée par le conseil départemental auquel s'adjoint une commission composée : 1° d'un délégué nommé par les électeurs inscrits de chaque communauté ayant un ministre du culte rétribué par l'État ; 2° d'un nombre égal de délégués choisis par les électeurs du chef-lieu consistorial. Il a exigé que la nomination des grands rabbins fût soumise à l'approbation du chef de l'État.

Les conditions d'éligibilité sont d'être Français (2), d'être âgé de trente ans (3) ; mais le ministre des cultes peut accorder une dispense d'âge, ainsi que nous l'avons vu ; d'être porteur d'un diplôme de second degré rabbinique, délivré conformément au règlement du 15 octobre 1832.

Ils doivent être choisis, ou parmi ceux des grands rabbins des autres circonscriptions qui se sont fait inscrire au siège du consistoire dans lequel doit se faire l'élection, ou parmi les rabbins en fonctions, sortis de l'école centrale rabbinique, ou parmi les rabbins ayant cinq ans d'exercice, quand ils ne sont pas élèves de cette école ; ou, enfin, parmi les professeurs de l'école centrale rabbinique.

L'ordonnance de 1844 ne dit pas qu'ils soient nommés à vie. D'un autre côté, elle n'indique nulle part la durée de ces fonctions, ni l'époque de leur renouvellement ; il faut en conclure, dit M. Gaudry (4), que les grands rabbins consistoriaux ne sont pas sujets à réélection, et que leurs fonctions n'ont pas de terme limité. Ils sont donc nommés à vie, mais non pas absolument dans le même sens que le grand rabbin du consistoire central, qui est inamovible ; ils peuvent, en effet, être révoqués par le ministre des cultes, sur la provocation du consistoire central (5). Sauf le cas de révocation ainsi prononcée, ils ne sont pas sujets à la réélection (6).

2362. Les fonctions des rabbins sont : 1° d'enseigner la religion ; 2° la doctrine renfermée dans les décisions du grand sanhédrin ; 3° de rappeler, en toute circonstance, l'obéissance aux lois ; 4° de faire considérer aux israélites le service militaire comme un devoir sacré, et de leur déclarer que, pendant le temps où ils se consacreront à ce service, la loi les dispense des observations qui ne pourraient point se concilier avec lui : 5° de prêcher dans les synagogues et réciter les prières qui se font en commun ; 6° de célébrer les mariages et de déclarer les divorces, sans qu'ils puissent, dans aucun cas, y procéder que les parties requérantes ne leur aient bien et dûment justifié de l'acte civil du mariage ou du divorce (1).

Ils ont droit d'officier et de prêcher dans tous les temples de leur circonscription (2).

Leurs fonctions de surveillance et de discipline sont très étendues.

Ils donnent leur avis au consistoire central sur la censure des rabbins communaux (3), sur la nomination du mohel et du schohet, ou sur leur révocation ; ils ont le droit de surveillance sur tous les rabbins et ministres officiants de leur circonscription (4).

2363. Les grands rabbins départementaux sont eux-mêmes soumis à la surveillance du grand rabbin du consistoire central (5) ; ils peuvent être censurés par le consistoire central, sur la plainte des consistoires respectifs (5) ; et suspendus ou révoqués, ainsi que nous l'avons déjà vu, par le ministre des cultes, sur la provocation du consistoire central (7).

2364. *Rabbins communaux.*— D'après l'article 61 de l'ordonnance du 25 mai 1844, dans les villes où siège le consistoire départemental, il peut être adjoint au grand rabbin un ou plusieurs rabbins, appelés rabbins communaux.

D'après l'article 2 du décret du 12 septembre 1872, les rabbins communaux sont nommés par le consistoire départemental, assisté d'une commission composée de délégués dont le nombre ne peut dépasser six, élus au scrutin de liste, moitié par le chef-lieu de la circonscription rabbinique, moitié par les autres communautés de cette circonscription, et leur nomination est soumise, par l'intermédiaire du consistoire central, à l'approbation du ministre des cultes.

Il n'y a pas lieu d'augmenter le nombre des délégués qui doivent, conformément à cet article, concourir à la nomination d'un rabbin communal, quand il n'existe pas autour du chef-lieu de la circonscription rabbinique de communautés selon la véritable acception de ce mot, ou quand il n'y a que des israélites agglomérés représentant un petit nombre d'électeurs. Mais ces électeurs peuvent se rendre au chef-lieu de la circonscription rabbinique pour participer à la nomination des délégués avec les électeurs de cette communauté (8).

2365. Les conditions d'éligibilité sont d'être Français (9), d'avoir vingt-cinq ans ; mais des dispenses d'âge peuvent être accordées par le ministre des cultes, sur la proposition du consistoire central (10), ainsi que nous l'avons vu ; d'être porteur d'un diplôme du premier degré rabbinique (11) ; le diplôme est aujourd'hui délivré par le consistoire central, d'après l'article 3 du décret du 29 août 1862. Ce diplôme du premier degré remplace l'attestation de capacité exigée des candidats par l'article 20 du décret du 17 mars 1808.

On choisit les candidats, autant que possible, parmi les élèves de l'école centrale rabbinique, pourvus de diplôme.

Dans le cas où l'école centrale rabbinique ne fournirait pas de candidats, on peut élire pour rabbin tout israélite, âgé de vingt-cinq ans, et porteur d'un diplôme du premier degré (12).

2366. Les rabbins communaux donnent les bénédictions nuptiales, assistent aux inhumations, et font les cérémonies religieuses. Mais les fonctions administratives et de surveillance restent confiées à la commission administrative, qui

(1) T. III, n° 1380.
(2) Ord. de 1844, art. 59.
(3) *Ibid.*, art. 44.
(4) T. III, n° 1382.
(5) Art. 12.
(6) Gaudry, t. III, n° 1382.

(1) D. 17 mars 1808, art. 21.
(2) Ord. de 1844, art. 43.
(3) *Ibid.*, art. 12.
(4) *Ibid.*, art. 17.
(5) Ord. de 1844, art. 38.
(6) *Ibid.*, art. 12.
(7) *Ibid.*, art. 12.
(8) Décis. consist. centr. 15 juin 1874 ; — Dalloz, *Rép. supp.*, v° CULTES, n° 804.
(9) Ord. de 1844, art. 57.
(10) *Ibid.*, art. 47 et 57.
(11) *Ibid.*, art. 47.
(12) *Ibid.*, art. 49.

doit toujours en référer au consistoire départemental (1).

Comme les ministres des autres cultes, ces rabbins sont autorisés à donner des soins et des conseils gratuits à leurs coreligionnaires dans leurs circonscriptions (2).

2367. *Sous-rabbins.* — Les articles 1 et 2 du décret du 29 août 1862 ont institué des charges de sous-rabbins, qui peuvent être placés par arrêté du ministre des cultes, sur la proposition du consistoire central, à la place des ministres officiants, dans les communautés religieuses israélites desservies par un ministre officiant rétribué sur les fonds de l'Etat. Ces sous-rabbins doivent être âgés de vingt-cinq ans au moins. Ils sont nommés par les consistoires départementaux. Le consistoire central règle, sous l'approbation du ministre des cultes, les conditions d'études pour le titre de sous-rabbin, les fonctions et les attributions des sous-rabbins.

Les règles de discipline établies pour les ministres officiants sont applicables aux sous-rabbins.

Il peut leur être accordé des dispenses d'âge.

2368. *Ministres officiants.* — Les ministres officiants sont ceux qui, dans les synagogues, sont chargés plus spécialement, et sous la direction des rabbins, de célébrer les offices religieux.

Les conditions de leur éligibilité sont les mêmes que pour les rabbins communaux, quant à la qualité de Français et à l'âge de vingt-cinq ans ; mais on ne leur impose pas la nécessité d'avoir un diplôme d'études rabbiniques ; seulement on exige un certificat du grand rabbin de la circonscription, attestant qu'ils possèdent les connaissances religieuses suffisantes ; le certificat est donné dans la forme déterminée par le consistoire central (3).

Ces fonctions, dit M. Gaudry (4), ne sont pas incompatibles avec une profession industrielle ou commerciale ; l'article 57 établit cette incompatibilité seulement pour les rabbins.

Ce sont les consistoires qui nomment les ministres officiants. Leur nomination est soumise à la confirmation du consistoire central, et non à celle du ministre des cultes.

Avis est donné au ministre des cultes des nominations faites et approuvées et des pièces produites par les titulaires (5).

Il ne peut être créé de titre de ministre officiant à la charge de l'Etat que par un arrêté du ministre des cultes, sur la demande du consistoire départemental et l'avis du consistoire central et du préfet (6).

Les ministres officiants ne sont généralement que de simples chantres chargés de la célébration des offices, mais dont les places peuvent être, comme nous l'avons vu, depuis le décret du 29 août 1862, érigées en sous-rabbinats (7).

2369. *Du mohel et du schohet.* — Le *mohel* est l'individu chargé de circoncire les enfants mâles, le huitième jour de leur naissance.

Cette opération est accompagnée de cérémonies religieuses qui remontent à la plus haute antiquité. Les fonctions de *mohel* sont gratuites ; elles sont l'accomplissement d'un devoir éminemment religieux, qui ne peut recevoir aucune récompense pécuniaire (8).

Le *schohet* a pour mission d'égorger les bestiaux destinés à la nourriture des israélites ; il doit les égorger, d'après le rit consacré, c'est-à-dire en versant le sang de manière à ce qu'il n'en reste rien dans la chair de l'animal.

Il lui est interdit d'abattre des animaux dont la chair est défendue ; de se servir d'instruments qui auraient touché des viandes réputées impures (9).

Aux termes de l'article 10 du décret du 29 août 1862, qui

a modifié l'article 52 de l'ordonnance de 1844, nul ne peut exercer les fonctions de mohel et de schohet, s'il n'a obtenu une autorisation spéciale du consistoire de la circonscription, accordée sur l'avis conforme du grand rabbin. En outre, le mohel doit être pourvu d'un certificat délivré par un docteur en médecine ou en chirurgie désigné par le préfet, et constatant que l'impétrant offre, au point de vue de la santé publique, toutes les garanties nécessaires.

Le schohet doit, dans toute commune où il veut exercer ses fonctions, faire viser par le maire l'autorisation à lui donnée par le consistoire départemental. Les autorisations peuvent être révoquées.

La Cour de cassation a décidé que l'exercice des fonctions de schohet ou sacrificateur du culte hébraïque, sans autorisation du consistoire et malgré le retrait de cette autorisation, ne tombe pas sous l'application de l'article 471, n° 15, du code pénal (1).

La Cour de cassation a décidé à cet égard que l'arrêté municipal qui interdit à tout israélite d'exercer dans un abattoir public les fonctions de schohet, c'est-à-dire de saigner les animaux selon le culte hébraïque, à moins de justifier d'une autorisation du consistoire, ne peut être interprété en ce sens qu'il interdirait à un israélite d'exercer la profession de boucher, et par conséquent de saigner dans l'abattoir, comme tous les autres bouchers, les animaux destinés à être vendus à tous les consommateurs sans distinction de religion (2).

2370. *Ecole centrale rabbinique.* — Cette école, appelée également séminaire israélite, a été créée d'abord à Metz par arrêté ministériel du 20 août 1829. Un décret du 1er juillet 1859 la transféra à Paris, sous la dénomination de séminaire israélite, « sans que ce titre puisse entraîner pour l'Etat aucune obligation nouvelle ».

On ne prévoyait pas, dit M. Hepp (3), en inscrivant cette réserve dans l'article 1er du décret de 1859, que tout au contraire ce titre porterait préjudice à un établissement qui n'a que ce nom de commun avec les séminaires catholiques, et qui est, en réalité, un établissement d'enseignement supérieur, puisque, pour y être admis, il faut justifier, en général, du diplôme de bachelier ès lettres. En d'autres termes, ce séminaire, administré par le consistoire de Paris, sous la haute surveillance du consistoire central, tient lieu, pour les israélites, de Faculté de théologie, à l'instar des Facultés de théologie protestante. Aussi n'est-ce, évidemment, que par une erreur produite par une homonymie de pure forme que les Chambres ont, pour la première fois, en 1888, supprimé au budget la totalité du crédit de 22,000 francs jusque-là alloué à cet établissement. Ce crédit a été, du reste, rétabli au budget de 1889 (4).

2371. Le séminaire israélite est administré par le consis-

(1) Cass. crim. rej., 20 février 1851 : « La Cour ; — Attendu que Demery était poursuivi pour avoir continué l'exercice des fonctions de schohet ou sacrificateur du culte hébraïque (celui qui abat ou saigne, avec les cérémonies prescrites par la loi de Moïse, les animaux destinés à la nourriture des Israélites), malgré son remplacement prononcé par le consistoire, et pour avoir ainsi contrevenu à l'article 52 de l'ordonnance royale du 25 mai 1844, portant règlement sur l'organisation du culte israélite, lequel article est ainsi conçu : « Nul ne peut exercer les fonctions de mohel ou de schohet s'il n'est pourvu d'une autorisation spéciale du consistoire de la circonscription ; le mohel et le schohet sont soumis, dans l'exercice de leurs fonctions, aux règlements émanés du consistoire départemental et approuvés par le consistoire central. » — Attendu que la matière réglementée par cette ordonnance et, notamment par l'article 52, ne rentre pas dans la catégorie des objets de police confiés aux soins et à la vigilance de l'autorité administrative ou de l'autorité municipale par les lois des 16-24 août 1790 et 19-22 juillet 1791, ni par d'autres dispositions législatives ; qu'elle ne trouve donc pas sa sanction dans la pénalité de l'article 471, n° 15, C. pén. ; d'où il suit qu'en déclarant que le fait imputé au défendeur, à l'égard duquel on n'invoquait d'ailleurs aucune infraction à un arrêté municipal sur la police des abattoirs ou l'exercice de la profession de boucher, ne pouvant être frappé des peines dudit article, le jugement attaqué n'a fait qu'une juste application de la loi ; — Rejette. »

(2) Crim., rej., 14 août 1845.
(3) Op. cit., p. 41.
(4) Ibid., p. 41.

(1) Gaudry, t. III, n° 1389.
(2) Dalloz, Rép. suppl., v° CULTES, n° 804.
(3) Ord. de 1844, art. 50.
(4) T. III, n° 1391.
(5) Ord. de 1844, art. 51.
(6) Ibid., art. 53.
(7) M. Hepp, op. cit., p. 37.
(8) Gaudry, t. III, n° 1395.
(9) Ibid.

toire de Paris, sous la surveillance du consistoire central (1) et d'une commission administrative (2). Ses règlements sont soumis à l'approbation du ministre des cultes (3), et son organisation a été fixée par un règlement approuvé, le 1er décembre 1860, par le ministre des cultes.

D'après ce règlement, le nombre des élèves internes jouissant d'une bourse gratuite est de dix (4). Pour être admis à une bourse gratuite, il faut être Français, âgé de 18 ans, avoir un certificat d'aptitude religieuse et morale délivré par le consistoire de sa circonscription, avoir été vacciné et être bachelier ès lettres, à moins que la commission du séminaire n'accorde au candidat un délai d'un an au plus pour l'obtention du diplôme, posséder les principes de la langue hébraïque et être en état de lire un texte hébreu avec la prononciation dite orientale, de traduire et d'expliquer la Bible, ainsi qu'un texte du Talmud avec le commentaire dit Tosaphoth (5).

Il y a tous les deux ans, à Paris, un concours pour l'admission aux bourses gratuites (6).

Indépendamment des élèves internes gratuits, il peut être admis au séminaire des pensionnaires et des externes remplissant les conditions précédentes (7). Le nombre des élèves externes est fixé par le consistoire de Paris (8). Celui-ci peut accorder des bourses d'externes gratuites ou faire remise aux internes payants d'une somme annuelle fixée par la commission (9).

L'enseignement donné par le séminaire dure six ans (10).

Au bout de quatre ans d'études, le titre de *Haleer* ou licencié en théologie peut être accordé aux élèves qui ont répondu d'une manière satisfaisante à tous les examens semestriels (11). A la fin de leurs études, les élèves subissent un examen général à la suite duquel il leur est délivré, selon leur degré d'instruction, un certificat d'aptitude ou le titre de sous-rabbin, de rabbin ou de grand rabbin (12).

2372. *Synagogues.* — On distingue encore dans le culte israélite des synagogues ou églises consistoriales et des synagogues ou églises communales.

Les synagogues consistoriales sont placées sous l'administration des consistoires départementaux et ont à leur tête un grand rabbin.

Les synagogues communales sont placées sous l'administration d'un commissaire ou d'une commission nommée par le consistoire départemental et ont à leur tête un rabbin communal.

Les synagogues ne peuvent être établies que sur l'autorisation donnée par décret rendu en Conseil d'État et de l'avis de la synagogue consistoriale, du consistoire central, du préfet, et sur le vu de l'état de la population que comprendra la synagogue nouvelle (13).

L'article 4 de l'ordonnance de 1844 décide que, dans le cas où il y aurait lieu de former un ou plusieurs consistoires nouveaux, l'acte du pouvoir exécutif qui en prononcera la création désignera en même temps la ville où ils seront établis.

Lorsque des synagogues communales sont établies, le consistoire départemental institue auprès de chaque temple soit un commissaire administrateur, soit une commission (14), ainsi que nous venons de le dire.

Le nombre des commissaires n'est pas limité.

Ce commissaire et cette commission n'ont qu'un pouvoir

de délégation ; ils agissent sous la direction du consistoire départemental.

Leur mandat n'a donc pas de temps limité ; il peut cesser à la volonté du consistoire ou se prolonger indéfiniment.

Ils rendent compte tous les ans de leur gestion au consistoire départemental ; ils n'ont pas le droit de correspondre directement, soit avec le consistoire central, soit avec l'autorité civile supérieure, pour les affaires du culte (1).

La commission administrative doit, comme le consistoire lui-même, surveiller et administrer les affaires du culte ; mais elle ne peut exercer aucun droit de juridiction. Elle en réfère au consistoire départemental, auquel appartient l'autorité (2).

2373. *Oratoires particuliers.* — On ne peut ériger chez soi une chapelle ou oratoire sans autorisation de l'autorité supérieure administrative.

Cette prohibition s'applique au culte israélite comme à tous les autres cultes.

L'autorisation est donnée par décret, sur l'avis favorable du consistoire départemental et sur le rapport du ministre des cultes (3).

Dans ce cas, l'érection de l'oratoire est toujours aux frais de l'impétrant (4).

Il en est de même de son entretien et du salaire du ministre attaché à cet oratoire.

Le Conseil d'État a jugé que l'arrêté préfectoral par lequel un préfet ordonne et fait exécuter la fermeture d'une ancienne synagogue ouverte sans autorisation comme oratoire de famille, est pris dans la limite des pouvoirs qui appartiennent à ce fonctionnaire (5).

2374. *Dotation du culte israélite.* — Jusqu'en 1831, le culte israélite n'était pas doté par l'État. Avant cette époque, cette dépense avait incombé aux communautés mêmes, en vertu des articles 22 à 25 du règlement du 10 décembre 1806.

Le décret du 17 mars 1808 avait établi, pour payer le salaire des ministres israélites qu'il fixait, une contribution répartie entre tous les israélites de la circonscription. « Chaque consistoire, portait à ce sujet l'article 23 du décret du 17 mars, proposera à l'autorité compétente un projet de répartition entre les israélites de la circonscription, pour l'acquittement du salaire des rabbins ; les autres frais du culte seront déterminés et répartis, sur la demande des consistoires, par l'autorité compétente. Le payement des rabbins, membres du consistoire central, sera prélevé proportionnellement sur les sommes prévues dans les différentes circonscriptions. Chaque consistoire désignera, hors de son sein, un israélite non rabbin pour recevoir les sommes qui devront être perçues dans la circonscription (6).

Le traitement des rabbins était fixé, par le même décret, de la manière suivante : celui des rabbins du consistoire central, à 6,000 francs ; celui des rabbins des synagogues consistoriales, à 3,000 francs ; enfin celui des rabbins des synagogues particulières devait être fixé par la réunion des israélites, mais il ne pouvait être moindre de 1,000 francs (7).

Ce système qui plaçait le culte israélite dans un état d'infériorité, en tant que culte reconnu, avait donné lieu à de nombreuses contestations, et, à partir de 1809, il avait fallu, pour assurer le recouvrement des taxes à ce destinées, insérer dans la disposition finale des lois de finances une clause qui rendait ce recouvrement à la fois légal et obligatoire (8).

La loi du 8 février 1831 leva toutes les difficultés en disposant : « qu'à partir du 1er janvier 1831, les ministres du culte israélite recevraient un traitement du Trésor public. »

---

(1) D. 1er juillet 1859, art. 2.
(2) Régl. 1er décembre 1860, art. 1.
(3) D. de 1859, art. 3.
(4) Régl. de 1860, art. 2.
(5) Ibid., art. 8.
(6) Régl. de 1860, art. 4.
(7) Ibid., art. 6.
(8) Ibid., art. 7.
(9) Ibid., art. 8.
(10) Ibid., art. 11.
(11) Ibid., art. 15.
(12) Ibid., art. 16.
(13) D. de 1808.
(14) Ord. de 1844, art. 21.

---

(1) Gaudry, t. III, n° 1361.
(2) Gaudry, t. III, n° 1384.
(3) Ord. de 1844, art. 63.
(4) Ibid., art. 63.
(5) Cont., 3 juin 1858.
(6) Art. 24.
(7) Art. 22.
(8) M. Hepp., *op. cit.*, p. 42.

Une ordonnance du 22 mars 1831 fixa ces traitements de la façon suivante : le traitement du grand rabbin du consistoire central, à 6,000 francs ; celui des rabbins consistoriaux, à 3,000 francs. Le traitement des rabbins communaux fut fixé eu égard à la population de la commune de la résidence ; il ne pouvait s'élever à plus de 1,000 francs ; les ministres officiants de Paris reçurent, en outre, de la même ordonnance : le premier, 2,000 francs ; le second, 1,000 francs.

Il a été jugé que depuis que le traitement des ministres du culte israélite a été mis à la charge du Trésor public, la contribution israélite établie par le décret du 17 mars 1808 a été implicitement abolie, et que, par suite, elle ne peut plus être exigée (1).

2375. Depuis 1831, le salaire des ministres du culte israélite a varié.

Le chiffre total du crédit alloué au projet de budget des cultes de 1892, pour le personnel du culte israélite, est de 158,900 francs.

Cette somme se décompose ainsi :

	fr.
1 grand rabbin du consistoire central, à	12,000
1 grand rabbin du consistoire de Paris, à	5,000
8 grands rabbins des consistoires de Bordeaux, Nancy, Marseille, Bayonne, Lyon, Vesoul, Lille et Besançon, à 4,000 fr.	32,000
4 rabbins communaux, à 2,500 fr.	10,000
2 rabbins communaux, à 2,100 fr.	4,200
3 rabbins communaux, à 2,000 fr.	6,000
1 rabbin communal, à 1,950 fr.	1,950
5 rabbins communaux, à 1,900 fr.	9,500
3 rabbins communaux, à 1,850 fr.	5,550
6 rabbins communaux, à 1,750 fr.	10,500
3 ministres officiants, à 2,000 fr.	6,000
12 ministres officiants, à 1,000 fr.	12,000
1 ministre officiant, à 900 fr.	900
2 ministres officiants, à 700 fr.	1,400
5 ministres officiants, à 600 fr.	3,000
57	120,000

Le projet de budget déduit pour vacances présumées une

somme de 2,000 francs, ce qui porte le chiffre des traitements du personnel du culte israélite à 118,000 francs.

Il y a en Algérie :

	fr.
1 grand rabbin à Alger, à	6,000
2 grands rabbins à Constantine et Oran, à 5,000 fr.	10,000
3 rabbins à 3,000 fr	9,000
Soit, au total	25,000

Les traitements sont insaisissables et courent du jour de l'installation du titulaire dans ses fonctions.

Les rabbins doivent produire, comme les ministres des autres cultes, un certificat d'identité ou de résidence à l'appui du mandat de payement de leur traitement (1).

Les ministres du culte israélite n'ont, pas plus que ceux des cultes protestants, droit à une pension de retraite. Une caisse de secours a été instituée en 1861 dans leur intérêt par le consistoire central.

Toutefois, un fonds est réservé sur le budget des cultes pour accorder des secours aux ministres du culte israélite âgés ou infirmes. Au projet de budget de 1892, ce fonds est de 8,000 francs.

En outre, des indemnités, dont le total s'élève à 5,900 francs au projet de budget de 1892, sont accordées pour frais d'administration des consistoires.

2376. *Logement des ministres.* — Depuis la loi du 5 avril 1884, l'indemnité de logement due aux ministres du culte israélite n'incombe plus aux communes qu'en cas d'insuffisance des ressources du consistoire. En cas de désaccord entre le consistoire et la commune dont le concours est réclamé, il doit être statué par décret rendu sur les propositions des ministres de l'intérieur et des cultes (2).

Le Conseil d'État a décidé que le ministre de l'intérieur ne pourrait, sans excès de pouvoir, se prononcer sur une contestation survenue entre un consistoire et une commune dont le concours est réclamé (3).

---

(1) Tarascou, 1er février 1833 : — « Le Tribunal ; — Considérant que la Charte de 1830 (article 40) déclare conformément à l'antique droit public des Français, qu'aucun impôt ne peut. être établi en France s'il n'est consenti par les deux Chambres et sanctionné par le roi ; que l'article final des lois sur le budget et les finances depuis nombre d'années, notamment de celle de 1832, interdit toutes contributions directes et indirectes autres que celles autorisées par ces lois, à quelque titre et sous quelque dénomination qu'elles se perçoivent, à peine de poursuites en concussion, sans préjudice de l'action en répétition pendant trois années, sans que, pour exercer cette action devant les tribunaux, il soit besoin d'une autorisation préalable ; qu'il est évident par là que, nonobstant la soustraction à l'autorité judiciaire opérée par les lois du 24 août 1790 et du 28 pluviôse an VIII, la contestation sur le mérite des actes de l'administration générale et nonobstant l'attribution aux administrations départementales et postérieurement aux conseils de préfecture, du réglement et de la surveillance de la perception des contributions directes, du service et des fonctions des agents qui en sont chargés, et encore nonobstant la sauvegarde provisoire à eux accordée jusqu'à autorisation spéciale, il appartient aux tribunaux de connaître des plaintes individuelles d'illégalité pour défaut d'intervention des Chambres et d'admission dans le budget envers les contributions exigées, puisque l'action civile en répétition des sommes payées sur les contributions est expressément rendue à la juridiction ordinaire ; — Considérant que la loi du 8 février 1831 a mis à la charge du Trésor public, ainsi que le veut l'égalité déclarée en faveur de tous les actes cultes par la charte précitée, les traitements des ministres du culte israélite, et que le décret du 17 mars 1808 et le règlement du 10 décembre 1806, ainsi abrogés et sans nécessité, ne peuvent être mis à exécution ; que, loin d'autoriser cette exécution, comme le prescrit l'article final, la loi du budget de 1831 alloue pour frais du culte israélite une somme de 15,000 francs ; que les détails donnés par le rapport à la Chambre des députés sur la loi de février 1831 démontrent la suffisance de cette allocation et l'inutilité d'une contribution ; que l'ordonnance royale qui en permet l'établissement et l'exécution est elle-même en opposition directe et évidente avec les lois précitées et la charte de 1830, laquelle dénie formellement au roi le pouvoir de suspendre les lois et de dispenser de leur exécution ; que cette ordonnance n'est donc pas obligatoire ; — Considérant que le défaut de cause légitime et de droit dans l'établissement, dans la perception et dans les poursuites contre les parties de Carcassonne en payement de la contribution dont il s'agit ainsi vérifié, autorise le refus, et l'opposi-

tion qu'elles ont déférés au tribunal, en vertu de l'article 52 de la loi du 21 avril 1832 ; déclare arbitraires, illégales, nulles et sans effet les sommations et autres actes d'exécution faits contre elles au nom de la partie de Boutard ; déclare lesdites parties de Carcassonne sont sans obligation, quant à la contribution à eux demandée, et condamne le percepteur aux dépens ».

(1) Circ. min., 24 février 1877.

(2) L. du 5 avril 1884, art. 136; nos 11 et 12.

(3) Cont., 23 novembre 1888 : — « Le Conseil d'État; — Vu la loi du 18 juillet 1837 (article 30), les ordonnances du 7 août 1842 et du 28 septembre 1847 et le décret du 20 novembre 1869 ; — Vu la loi du 5 avril 1884 (article 136, § 11 et 12) ; — Vu les lois 7-14 octobre 1790 et 24 mai 1872 ;

« En ce qui concerne la période antérieure à la loi du 5 avril 1884 ; — Considérant qu'aux termes de l'article 40, § 3, de l'ordonnance du 28 septembre 1847, étaient obligatoires pour les communes en Algérie, les dépenses des cultes mises à la charge des communes par les lois, ordonnances et arrêtés ; qu'en vertu du décret du 20 novembre 1869, les frais de logement des ministres du culte israélite, rétribués par l'État, étaient à la charge des communes et réglés d'après les dispositions de l'ordonnance du 7 août 1842 ; que ladite ordonnance se réfère expressément à l'article 30 de la loi du 18 juillet 1837, lequel ne subordonne pas l'obligation des communes de fournir une indemnité de logement aux ministres des cultes salariés par l'État, à la justification de l'insuffisance des revenus des administrations préposées aux cultes, et que cette restriction n'est prononcée par aucune disposition applicable au culte israélite ; qu'ainsi le consistoire israélite était fondé à réclamer de ladite ville le payement de l'indemnité de logement du grand rabbin sans qu'en décidant, d'accord avec le ministre de la justice et des cultes, que cette dépense ne pouvait tomber à la charge de la ville d'Alger qu'en cas d'insuffisance des ressources du consistoire dont, suivant lui, il n'était pas justifié, le ministre de l'intérieur a méconnu l'autorité des dispositions précitées ;

« En ce qui concerne la période postérieure à la loi du 5 avril 1884 : — Considérant que l'article 136, § 11 et 12, de la loi du 5 avril 1884, après avoir déclaré obligatoire pour les communes l'indemnité de logement aux ministres des cultes salariés par l'État, lorsqu'il n'existe pas de bâtiment affecté à leur logement et que les fabriques ou autres administrations préposées aux cultes ne peuvent pourvoir elles-mêmes au payement de cette indemnité, dispose qu'en cas de désaccord avec la commune dont le concours financier est réclamé, il est statué par décret rendu sur les propositions des ministres de l'intérieur et des cultes ; qu'ainsi en statuant sur la contestation existant entre le consistoire israélite et la ville d'Alger, dont le concours était réclamé pour le payement de l'indemnité de logement du grand rabbin afférente à la partie

2377. *Subventions accordées aux consistoires.* — Depuis la loi du 5 avril 1884 (1), les subventions accordées par les communes aux consistoires sont facultatives.

Toutefois, les grosses réparations aux édifices communaux consacrés au culte israélite sont obligatoires pour les communes, sauf l'application préalable des revenus et ressources disponibles des consistoires à ces réparations (2).

En cas de désaccord entre le consistoire et la commune dont le concours financier est réclamé, il doit être statué par décret rendu sur les propositions des ministres de l'intérieur et des cultes (3).

Le gouvernement accorde des secours pour contribuer aux travaux d'entretien ou de reconstruction des édifices consacrés au culte israélite.

Le crédit affecté à cette dépense figure au projet de budget de 1892 pour une somme de 8,000 francs.

2378. Enfin la dotation du culte israélite se compose des biens acquis par les synagogues consistoriales à titre gratuit ou à titre onéreux.

CHAPITRE III.

ÉTABLISSEMENTS ET ADMINISTRATIONS.

2379. Nous examinerons successivement les établissements et ensuite leurs attributions et leur administration.

2380. *Etablissements.* — Les synagogues consistoriales sont des établissements publics reconnus par la loi. Elles sont, par suite, capables de faire les actes de la vie civile, c'est-à-dire qu'elles peuvent posséder, acquérir et transmettre.

Il en est ainsi surtout depuis la loi du 8 février 1831, qui a assimilé complètement le culte israélite aux autres cultes reconnus.

Mais elles sont soumises pour ces actes aux mêmes règles, en général, que les fabriques et les autres établissements ecclésiastiques.

Nous renvoyons, par suite, à ce que nous avons dit à ce sujet, à propos de l'administration des fabriques.

Il y a lieu de remarquer que la jurisprudence administrative applique aux établissements du culte israélite la théorie sur la spécialité des établissements publics dont nous avons déjà vu les conséquences pour les actes de la vie civile des fabriques.

Un avis du Conseil d'Etat du 8 avril 1886 a décidé que les consistoires israélites ne sauraient être autorisés à accepter des libéralités faites en vue de fondation ou d'entretien d'écoles et d'établissements de bienfaisance (4).

2381. *Attributions du consistoire central.* — Le consistoire central est l'intermédiaire entre le ministre des cultes et les consistoires départementaux.

Les fonctions du consistoire central sont déterminées par l'article 17 du décret du 17 mars 1808, et par les articles 10, 11 et 12 de l'ordonnance du 25 mai 1844 (1).

Ces fonctions sont d'une haute importance et d'une grande étendue ; elles ont trait soit à la surveillance, soit à la doctrine, soit à la discipline.

Chargé de la haute surveillance du culte israélite, le consistoire central approuve les règlements relatifs à l'exercice du culte dans les temples.

Sa surveillance ne doit pas s'entendre seulement des intérêts matériels, mais surtout des intérêts religieux (2).

En vertu de ses fonctions relatives à la doctrine le consistoire central autorise, sur l'avis du grand rabbin, les ouvrages d'instruction religieuse (3). Il ne peut être employé dans les écoles primaires aucun livre non approuvé par le consistoire central, du consentement des grands rabbins (4). Cette prohibition peut encore s'appliquer dans les écoles libres israélites.

En cas de dissentiment entre le consistoire et le grand rabbin, quelle opinion doit l'emporter ? Il faut distinguer : s'il s'agit d'approuver, le consistoire ne peut autoriser un ouvrage que sur l'avis conforme du grand rabbin. C'est ce que dit l'article 10 de l'ordonnance de 1844. Il serait impossible qu'un ouvrage d'instruction religieuse put à la base de l'enseignement contre l'opinion du ministre supérieur chargé de cet enseignement, et dépositaire principal de la doctrine. Mais, s'il s'agit d'interdire, il semble, en cas de dissentiment entre le consistoire et le grand rabbin, que l'ouvrage doit

---

de l'année 1884, postérieure à la loi du 5 avril, le ministre de l'Intérieur a excédé ses pouvoirs ;
« Art. 1er. — La décision est annulée ».
(1) Art. 136.
(2) L. du 5 avril 1884, art. 136, n° 12.
(3) *Ibid.* art. 136 n°s 11 et 12.
(4) Avis sur la question de savoir si les consistoires israélites peuvent être autorisés à accepter des libéralités qui leur sont faites en vue de fondation ou d'entretien d'écoles et d'établissements de bienfaisance ; Legs faits par le sieur Beyfus en faveur d'œuvres qui constituent des dépendances du consistoire israélite de Paris, adopté par le Conseil d'État. — Le Conseil d'Etat, qui, par le renvoi ordonné par M. le ministre de l'instruction publique, des beaux-arts et des cultes, a pris connaissance d'un projet de décret tendant à autoriser le consistoire israélite de Paris à accepter les libéralités résultant des dispositions testamentaires prises par le sieur Beyfus, à la date du 24 avril 1882, et ainsi conçues : « 1° Je lègue une fondation d'un lit à l'hôpital Picpus-Rothschild ; 2° Je lègue au comité de bienfaisance israélite, à Paris, la somme de six mille francs à la charge de le partager entre les diverses institutions de charité ; 3° Je lègue la somme de mille francs à l'école israélite de Paris ; 4° Je lègue mes livres et brochures, mes livres et cartons de musique au comité de bienfaisance, pour être partagés entre l'école de travail et autres établissements juifs semblables, les plus dépourvus de livres » ; — Vu le testament du sieur Beyfus en date du 24 avril 1882 ; — Vu les articles 910 et 937 du Code civil, la loi du 2 janvier 1817, les ordonnances des 2 avril 1817 et 14 janvier 1831 ; — Vu le règlement du 10 décembre 1806 organisant le culte israélite ; Le

décret du 17 mars 1808 rendant exécutoire ce règlement ; L'ordonnance du 29 juin 1819 ; L'ordonnance du 25 mai 1844 portant règlement pour l'organisation du culte israélite ;
Considérant que les établissements publics ne sauraient être autorisés à recevoir des libéralités que dans l'intérêt des services qui leur sont légalement confiés et dans la limite des attributions qui en dérivent ; que la fondation ou l'entretien d'établissements scolaires et charitables ne rentre dans aucune des attributions spéciales conférées aux consistoires israélites de la métropole par les textes ci-dessus visés ;
Est d'avis : — Que les consistoires israélites ne sauraient être autorisés à accepter des libéralités faites en vue de fondation ou d'entretien d'écoles et d'établissements de bienfaisance, et que, par suite, il y a lieu de remplacer l'article 1er du projet de décret par une disposition portant que le consistoire israélite de Paris n'est pas autorisé à accepter les libéralités faites par le sieur Beyfus.
Projet de décret tendant à refuser au consistoire israélite de Paris, l'autorisation d'accepter les legs faits par le sieur Beyfus, en vue d'œuvres de bienfaisance ou de fondation d'écoles, adopté par le Conseil d'État. — Le Président de la République française, — Sur le rapport du ministre de l'instruction publique, des beaux-arts et des cultes ; — Vu le testament olographe du sieur Beyfus, en date du 24 avril 1882 ; — Vu l'acte extrajudiciaire de mise en demeure signifié aux héritiers naturels et institués du testateur ; — Vu les publications et affiches du testament, prescrites à l'égard des héritiers inconnus ; — Vu les autres pièces produites en exécution des ordonnances réglementaires des 2 avril 1817 et 14 janvier 1831 ; — Vu l'ordonnance réglementaire du 25 mai 1844 ; Le Conseil d'Etat entendu,
Décrète : — Art. 1er. Le consistoire israélite de Paris (Seine), n'est pas autorisé à accepter les legs faits, par le sieur Adolphe Beyfus, suivant son testament olographe du 24 avril 1882, en faveur d'œuvres qui constituent des dépendances du consistoire israélite de Paris, lesdits legs consistant, savoir : 1° Dans la somme nécessaire pour la fondation d'un lit à l'hôpital Rothschild, situé rue de Picpus, à Paris, somme fixée par le consistoire, suivant l'usage, au chiffre de quinze mille francs (15,000 fr.) ; 2° En une somme de six mille francs (6,000 fr.) à partager entre les diverses œuvres du comité de bienfaisance israélite de Paris ; 3° En ses livres, brochures et cartons de musique, destinés au même comité ; 4° En une somme de mille francs (1,000 fr.) destinée à l'Ecole israélite de Paris. — Art. 2. Le ministre de l'instruction publique, des beaux-arts et des cultes, est chargé de l'exécution du présent décret.
(1) Les articles 10, 11 et 12 et suiv. de l'ordonnance du 25 mai 1844 ont remplacé l'article 17 du décret du 17 mars 1808, qui déterminait les fonctions du consistoire central et ils ont accru ses attributions. Mais ils n'ont pas abrogé toutes les dispositions de cet article 17, puisque, d'après l'article 66 de l'ordonnance de 1844, les décrets antérieurs conservent leur force sur tous les points où ils ne sont pas contraires à l'ordonnance. Par suite, le consistoire central demeure chargé de veiller à l'exécution du règlement de 1808, dans celles de ses parties, qui ne sont pas abrogées, et de déférer à l'autorité compétente toutes les atteintes portées à cette exécution (Dalloz, *Rép. Supp.*, v° CULTES, n° 789).
(2) Gaudry, t. III, n° 1352.
(3) Ord. de 1884, art. 10.
(4) Ord. 29 août 1823, art. 18.

demeurer interdit; car l'opinion du grand rabbin ne peut pas prévaloir sur l'opinion du consistoire chargé par la loi d'apprécier les ouvrages, et dès lors autorisé à ne pas les approuver (1).

Le consistoire délivre seul les diplômes de second degré (c'est-à-dire les diplômes de l'instruction supérieure) et les diplômes du premier degré, pour l'exercice de fonctions rabbiniques, sur les certificats d'aptitude donnés conformément au règlement du 15 octobre 1832 (2).

Il a encore la mission de régler, sous l'approbation du ministre des cultes, les conditions d'études pour le titre de sous-rabbin, les fonctions et les attributions des sous-rabbins (3).

2382. Comme discipline, le consistoire central donne son avis sur la nomination des rabbins départementaux et communaux (4).

Il peut censurer en dernier ressort les membres laïques des consistoires départementaux; il ne peut les révoquer, ou dissoudre les consistoires, mais seulement provoquer cette révocation ou cette dissolution, auprès du ministre des cultes (5). A l'égard des ministres officiants, il les révoque en dernier ressort, mais sur la proposition des consistoires départementaux (6).

A l'égard des rabbins communaux, il a le droit de censure et suspension pour un an au plus, après avoir pris l'avis du consistoire et du grand rabbin départemental; mais il pourrait prononcer cette mesure ou cette suspension malgré l'avis favorable du grand rabbin et du consistoire départemental, et sa décision serait définitive.

Il peut, aux mêmes conditions, prononcer la révocation; mais dans ce cas, la décision ne serait définitive que par la confirmation du ministre des cultes (7).

A l'égard des grands rabbins consistoriaux, il ne statue pas de son propre mouvement, mais seulement sur la plainte du consistoire auquel appartient le grand rabbin, dont la conduite est incriminée. Dans ce cas, il a le droit de censurer en dernier ressort. S'il y a lieu à suspension ou à révocation, il ne peut pas prononcer, mais seulement provoquer ces mesures auprès du ministre des cultes (8).

Il peut, sur la proposition du consistoire départemental et avec l'approbation du ministre des cultes, ordonner le changement de résidence des rabbins communaux dans le ressort du consistoire (9).

2383. *Attributions des consistoires départementaux.* — Les consistoires départementaux ont l'administration et la police des temples, et des établissements ou associations pieuses qui s'y rattachent (10).

Ils ont également l'administration des biens des synagogues consistoriales.

En outre, le consistoire est chargé de représenter en justice les synagogues de son ressort dont il exerce les droits (11). Mais il lui faut pour plaider une autorisation préalable (12).

La cour de cassation a décidé à ce sujet qu'un consistoire israélite, soit de la métropole, soit de l'Algérie, pourvu de l'autorisation de plaider exigée par l'article 64 de l'ordonnance du 25 mai 1844, peut, sans autorisation nouvelle, former appel du jugement de première instance (13).

C'est au consistoire seul qu'il appartient de se pourvoir auprès de l'Administration pour obtenir l'autorisation de plaider, sans qu'il y ait à distinguer si le consistoire est de-

mandeur ou défendeur; en conséquence, celui qui engage un procès contre un consistoire israélite n'a pas à faire les diligences nécessaires pour obtenir que l'administration autorise le consistoire à défendre à la demande (1). Le tribunal a le pouvoir, dans ce cas, de fixer au consistoire un délai dans lequel il devra se pourvoir de l'autorisation administrative (2).

Le Conseil d'État a décidé dans ce sens que l'action en payement du prix de travaux exécutés pour une synagogue doit être dirigée contre le consistoire départemental, qui représente cette synagogue, et non contre la commission administrative à laquelle le consistoire aurait délégué le droit de faire exécuter les travaux, et le consistoire ne peut se plaindre de ce que la demande n'a pas été directement formée contre lui, s'il a été mis en cause par le conseil de préfecture et s'il a transmis les défenses présentées par la commission de la synagogue (3).

(1) Gaudry, t. III, n° 1352.
(2) Ord. de 1844, art. 12, 47; D. 29 août 1862, art. 3.
(3) D. 29 août 1862, art. 2.
(4) Ord. de 1844, art. 12.
(5) *Ibid.*, art. 11.
(6) *Ibid.*, art. 11.
(7) Gaudry, t. III, n° 1352.
(8) Ord. de 1844, art. 13.
(9) *Ibid.*, art. 12.
(10) Ord. de 1844, art. 19.
(11) *Ibid.*, art. 64.
(12) *Ibid.*, art. 64.
(13) Cass. civ., rej., 27 décembre 1864.

(1) Seine, 2 janvier 1877.
(2) *Ibid.*
(4) (Cont. 28 juin 1855: — « Napoléon, etc.; — Vu la requête présentée pour : 1° le consistoire israélite du département du Bas-Rhin; 2° la commission administrative de la synagogue de Brumath, tendant à ce qu'il nous plaise annuler deux arrêtés, en date des 18 novembre 1852 et 17 mars 1853, par lesquels le conseil de préfecture du Bas-Rhin a condamné la commission administrative de la synagogue de Brumath, agissant au nom de la communauté israélite, en vertu de la délégation du consistoire israélite du département du Bas-Rhin, à payer au sieur Schmidt, entrepreneur des travaux de construction du temple israélite de Brumath : 1° une somme de 17,405 fr. 50 pour le solde du montant des travaux prévus au devis restant dû à l'entrepreneur, y compris les intérêts, sauf le recours de la commission contre qui elle avisera; 2° une somme de 3,891 fr. 00 à raison des travaux supplémentaires exécutés par le même entrepreneur, avec les intérêts à dater du 6 mars 1847; ce faisant, en la forme, décider: 1° que les arrêtés du conseil de préfecture ne pouvaient être rendus que contre le consistoire départemental, et non contre la commission administrative de la synagogue de Brumath, qui n'avait pas qualité pour représenter la synagogue devant ledit conseil; 2° dire qu'aucune condamnation n'a pu être prononcée par le conseil, soit contre les habitants israélites de Brumath individuellement, soit en particulier contre les membres actuels de la commission administrative de la synagogue; subsidiairement, au fond, décider que ni la commission administrative établie auprès de la synagogue, ni la communauté israélite, ni les habitants israélites de Brumath ne sont liés par des engagements contractés par le sieur Théodore Cerf envers le sieur Schmidt; en conséquence et sous le mérite de l'offre que la commission administrative de la synagogue aurait été directement condamnée au payement du solde des travaux exécutés par le sieur Schmidt; — Considérant qu'aux termes de l'article 19 de l'ordonnance du 25 mai 1844, le consistoire départemental représente en justice les synagogues de son ressort et exerce en leur nom les droits qui leur appartiennent; qu'ainsi, c'était contre le consistoire israélite du département du Bas-Rhin, comme représentant la synagogue de Brumath, et non contre la commission administrative instituée par délégation de ce consistoire auprès de ladite synagogue, que devaient être prononcées, s'il y avait lieu, les condamnations au profit du sieur Schmidt; — Considérant que l'action du sieur Schmidt était dirigée contre le consistoire; que le consistoire a été mis en appuyant, les défenses présentées par la commission de la synagogue; que, dans ces circonstances, il n'y a pas lieu à le renvoyer devant le conseil de préfecture pour y être statué entre lui et le sieur Schmidt;

« En ce qui touche les travaux supplémentaires : — Considérant qu'il résulte de l'instruction que, si ces travaux, exécutés sur les ordres de la commission administrative de la synagogue avec l'approbation de l'architecte chargé de la direction des travaux, n'ont pas été préalablement approuvés par le préfet du Bas-Rhin, leur utilité a été reconnue par ledit préfet, et l'est d'ailleurs par notre ministre des cultes; que, partant, le consistoire n'est pas fondé à refuser de payer à l'entrepreneur à raison desdits travaux, la somme de 3,891 fr. 00;

« En ce qui touche les intérêts : — Considérant que la clause du cahier des charges qui stipulait les intérêts au profit de l'entrepreneur à dater d'un an après l'achèvement des travaux, ne s'appliquait qu'à une somme de 8.000 francs montant des deux derniers termes de la somme de 27,000 francs que la communauté israélite de Brumath s'était alors engagée à payer; que, les travaux ayant été terminés le 6 mars 1846,

2384. Les consistoires départementaux veillent à ce qu'il ne soit donné aucune instruction ou explication de la loi judaïque qui ne soit conforme aux réponses de l'assemblée générale des israélites, converties en décisions doctrinales par le grand sanhédrin ; à ce qu'il ne se forme, sans autorisation, aucune assemblée de prières (1).

La Cour de cassation a jugé, à cet égard, que les infractions à l'ordonnance du 25 mai 1844, qui règle l'organisation du culte israélite, ne tombent pas sous l'application de l'article 471, n° 15, du Code pénal, et que spécialement la peine établie par cet article ne peut être infligée à celui qui a fait partie d'une assemblée de prières prohibée par les règlements approuvés dans cette ordonnance (2).

2385. Les consistoires font les règlements sur les cérémonies religieuses des inhumations et sur l'exercice du culte dans les temples de leur ressort, par exemple, en ce qui concerne la circoncision (3), mais sous l'approbation du consistoire central (4).

Ils instituent, par délégation, auprès de chaque temple, et selon les besoins, soit un commissaire administrateur, soit une commission administrative, agissant sous sa direction et sous son autorité. Le commissaire ou la commission rend compte annuellement de sa gestion au consistoire départemental (5).

L'article 7 du décret du 29 août 1862 charge cette commission administrative de dresser la liste partielle des électeurs israélites de la circonscription pour l'élection des membres laïques des consistoires central et départemental et des deux délégués chargés de procéder à l'élection du grand rabbin du consistoire central.

2386. Le consistoire départemental, assisté d'une délégation d'électeurs élus *ad hoc*, au nombre de six au maximum, nomme les rabbins communaux (6), les commissions destinées à l'élection des ministres officiants (7), et donne son avis au consistoire central sur ces élections (8).

Il nomme directement le ministre officiant du chef-lieu consistorial (9) et les sous-rabbins (10).

Il a le droit de suspension à l'égard des ministres officiants, après avoir pris l'avis du commissaire administrateur ou de la commission administrative instituée auprès de chaque synagogue (1). Il propose au consistoire central la révocation des ministres officiants et lui adresse les plaintes tant contre les grands rabbins que contre les rabbins de la circonscription.

Le consistoire nomme les autres desservants et agents des temples dans le chef-lieu de la circonscription consistoriale (2).

2387. Le consistoire départemental nomme le *mohel* et le *schohet* pour le chef-lieu consistorial sur l'avis du grand rabbin, et pour les autres communes sur le certificat du rabbin du ressort, confirmé par le grand rabbin (3). Il peut révoquer la nomination du *mohel* et du *schohet*, sur l'avis du grand rabbin consistorial (4).

La Cour de cassation a décidé que le consistoire départemental peut, en raison de son droit de nomination du schohet, passer des marchés avec des bouchers à l'effet de concentrer chez ces derniers le débit de la viande dite *kascher*, destinée à la consommation des israélites. La clause de ces marchés autorisant les bouchers avec lesquels ils sont passés à vendre cette viande aux israélites de la localité pour un prix supérieur à celui de la taxe, et moyennant une redevance déterminée au consistoire, est valable et n'est pas contraire à la liberté de l'industrie et à la liberté de conscience (5).

2388. Il dresse la liste des électeurs qui prennent part à l'élection des membres laïques des consistoires central et départemental et des délégués pour l'élection du grand rabbin du consistoire central (6),

2389. Le consistoire départemental adresse, chaque année, au préfet un rapport sur la situation morale des établissements de charité, de bienfaisance ou de religion, spécialement destinés aux israélites (7).

2390. On peut citer parmi ces établissements, outre le séminaire israélite, l'école de travail pour les jeunes filles, la société de patronage des apprentis et ouvriers, l'alliance israélite universelle, l'hôpital et la maison de retraite Rothschild, l'orphelinat israélite, l'école préparatoire orientale, l'œuvre des femmes en couches, la maison de refuge, la société pour l'établissement des jeunes filles israélites, le comité central de secours pour les écoles de Jérusalem, l'œuvre des missions rabbiniques, la société des études talmudiques, celle de la Terre promise, celle du Repos éternel, enfin plusieurs sociétés de secours mutuels.

Tous ces établissements ont leur siège à Paris.

Il existe également des comités de bienfaisance et des sociétés de bienfaisance ou de secours mutuels, et des maisons de refuge dans la plupart des consistoires.

TITRE IX.

CULTES NON RECONNUS.

2391. Nous avons déjà exposé au titre III de cet ouvrage, n°s 158 et suivants, les différences qui existent entre les cultes non reconnus et les cultes reconnus, et la législation des cultes non reconnus au point de vue de l'exercice du droit de réunion (8), qui résulte notamment du décret du 19 mars 1859.

---

les intérêts de cette somme de 8,000 francs sont dus à dater du 6 mars 1847 ; Considérant que, pour toutes les autres sommes dues à l'entrepreneur tant pour les travaux compris au devis que pour les travaux supplémentaires, le sieur Schmidt n'est fondé à réclamer les intérêts qu'à dater du jour où il en fait la demande :

« Art. 1er. — Le consistoire israélite du département du Bas-Rhin, comme représentant la synagogue de Brumath, sera tenu de payer au sieur Schmidt, pour le solde des travaux compris au devis de son entreprise, une somme de 11,898 fr. 38, et pour les travaux supplémentaires une somme de 3,891 fr. 09. — Art. 2. Il sera tenu compte au sieur Schmidt des intérêts d'une somme de 8,000 francs à dater du 8 mars 1847. Les intérêts de la somme de 3,891 fr. 09 courront à partir du 5 février 1853, jour de la demande qui en a été faite devant le conseil de préfecture. Les intérêts du surplus des sommes dues au sieur Schmidt courront à dater du 23 novembre 1853, jour de la demande qui en a été faite devant nous en notre conseil d'État. »

(1) Ord. de 1844, art. 19 et 20.
(2) Cass. crim. 23 août 1851 : — « La Cour ; — Vu les articles 12 du règlement portant organisation du culte israélite, en date du 10 décembre 1806, approuvé par le décret du 17 mars 1808, article 20 de l'ordonnance sur le même objet du 25 mai 1844, et 471, n° 15 du Code pénal ; — Attendu que le décret du 17 mars 1808 ne prononce aucune peine en cas d'inexécution des prescriptions ; — Attendu que l'ordonnance du 25 mai 1844 règle l'organisation du culte israélite ; que cette matière ne rentre pas dans la catégorie des objets de police confiés à la vigilance de l'autorité administrative ou de l'autorité municipale, soit par la loi des 16-24 août 1790 et des 19-22 juillet 1791, soit par d'autres dispositions législatives ; d'où il suit que les infractions aux prohibitions de cette ordonnance ne trouvent pas leur sanction dans la pénalité de l'article 471, n° 15 du Code pénal ; que, cependant, le jugement attaqué a prononcé contre le demandeur la peine de 1 franc d'amende, en vertu de ce dernier article, pour avoir fait partie d'une assemblée de prières prohibée par les articles 12 du règlement, approuvé par le décret du 17 mars 1808, et 20 de l'ordonnance de 1844, en quoi il a fait une fausse application, et, par suite, commis une violation de l'article 471 : — Casse le jugement du tribunal de simple police de Metz, du 24 mai 1850. »
(3) Ord. de 1844, art. 20.
(4) Ibid., art. 20.
(5) Ibid., art. 21.
(6) Ord. 25 mai 1844, art. 48 ; — D. 12 septembre 1872, art. 2.
(7) Ord. de 1844, art. 51.
(8) Ibid., art. 19.
(9) Ibid., art. 51.
(10) D. 29 août 1862, art. 2.

(1) Ord. de 1844, art. 20.
(2) Ord. 20 août 1823, art. 6.
(3) Ord. de 1844, art. 19.
(4) Ibid., art. 19.
(5) Cass. 27 décembre 1864.
(6) D. 29 août 1862, art. 6.
(7) Ord. de 1844, art. 22.
(8) N°s 160 et suiv.

Nous renvoyons donc, pour l'examen de ces questions, aux parties de ce travail où elles sont déjà traitées.

Nous rappellerons ici que les ouvertures des chapelles consacrées à l'exercice d'un culte non reconnu sont autorisées, aux termes du décret du 19 mars 1859 :

1° Par décret rendu en Conseil d'Etat, s'il s'agit d'un culte exercé par des citoyens français (1) ;

2° Par arrêté du ministre de l'intérieur, s'il s'agit d'un culte exercé par des étrangers (2).

Nous compléterons cet exposé par la liste des lieux de cultes non reconnus, autorisés soit par décrets, soit par arrêtés ministériels, soit par arrêtés préfectoraux.

Ce tableau ne comprend que les autorisations accordées depuis 1870, les dates des autorisations antérieures ne pouvant plus être retrouvées au ministère de l'intérieur, par suite de la disparition des actes d'autorisation lors de l'incendie des archives du ministère en 1870.

---

(1) Art. 3.

(2) C. d'Et., avis, 7 février 1878 : — « Le Conseil d'Etat, qui, sur le renvoi ordonné par M. le Ministre de l'Intérieur, a pris connaissance d'un projet de décret ayant pour objet d'autoriser les sujets anglais, résidants à Ajaccio (Corse), à ouvrir un temple anglican ; — Vu le décret du 19 mars 1859 (art. 3) ; — Vu les articles 2, 4, 32 et 52 de la loi du 18 germinal an X ;

« Considérant que l'article 3 du décret du 19 mars 1859, aux termes duquel l'autorisation demandée pour l'exercice public d'un culte non reconnu par l'Etat, doit être accordée par un décret, sur le rapport du ministre de l'intérieur, après avis du ministre des cultes, n'a eu en vue que les demandes formées par des citoyens français; qu'en effet ce même article soumet les réunions des associations ainsi autorisées aux règles consacrées par certains articles de la loi du 18 germinal n X et, notamment, par les articles : 32 des articles organiques du culte

catholique et 2 du culte protestant, lesdits articles ainsi conçus : — Art. 32. Aucun étranger ne pourra être employé dans les fonctions du ministère ecclésiastique sans la permission du gouvernement. — Art. 2. Les églises protestantes ni leurs ministres ne pourront avoir de relations avec aucune puissance, ni autorité étrangère; que ces dispositions ne sont pas applicables, alors qu'il s'agit d'un culte pratiqué par des étrangers résidant en France et groupés autour d'un ministre appartenant à leur nationalité ; que, dès lors, un décret ne peut, dans l'espèce, être rendu en vertu des dispositions du décret du 19 mars 1859, mais qu'il appartient à M. le Ministre de l'intérieur, dans l'exercice des pouvoirs de haute administration qu'il tient des lois, de prendre à l'égard des requérants les mesures nécessaires pour qu'il soit donné à leur demande une suite favorable, conformément à une pratique qui ne paraît avoir jamais soulevé de difficultés.

« Est d'avis qu'il n'y a pas lieu d'adopter le projet de décret proposé. »

Tableau des lieux de cultes non reconnus autorisés depuis 1870.

DÉPARTEMENTS.	DÉSIGNATION DU CULTE.	PERSONNES qui ont sollicité l'autorisation.	DATE de l'autorisation.	SIÈGE de la chapelle.	OBSERVATIONS.
Alpes-Maritimes.....	Gréco-Russe............	M. Tripet de Striptzine.....	Arrêté ministériel, 19 mars 1886.	Cannes (villa Striptzine).	
	Eglise libre d'Ecosse...	M. le pasteur Patrick-Wood-Minto.	Arrêté ministériel, 22 avril 1891.	Cannes (quart. de la Ferrage)	
	Anglican	M. Macdonald, prêtre de l'Église d'Angleterre.	Arrêté ministériel, 14 août 1880.	Cannes (route d'Antibes).	
	Protestant (Eglise libre). Chrétiens évangéliques allemands et suisses de langue allemande.	M. le pasteur Schmidt......	Arrêté ministériel, 29 avril 1878.	Cannes.	
	Protestant (Eglise épiscopale protestante des Etats-Unis).	M. le révérend John Cornell.	Arrêté ministériel, 5 mars 1888.	Nice (boul. Victor-Hugo).	
	Protestant Evangélique..	MM. Demoroche et Massis, pasteurs.	Arrêté préfectoral, 29 octobre 1878.	Roquebrune.	
	Ecossais	M. le pasteur Somerville....	Arrêté ministériel, 30 août 1890.	Menton (r. de la République).	
	The-Baptists-of-Toronto.	M. Newbery, anglais........	Arrêté ministériel, 2 mars 1891.	Carnier (c⁰⁰ de la Turbie).	
	Baptiste	M. le pasteur Long........	Arrêté ministériel, 28 décembre 1891.	Nice (rue Grimaldi, 1).	
Bouches-du-Rhône..	Eglise Evangélique.....	M. le pasteur Royer........	Arrêté préfectoral, août 1878.	Marseille.	
	Grégorien	Délégués de la colonie arménienne de Marseille	Arrêté ministériel, 6 avril 1882.	Marseille.	
Calvados	Anglican	M. le pasteur Ring	Arrêté ministériel, 1ᵉʳ avril 1887.	Caen.	
Corse.............	Anglican	Sujets anglais résidant à Ajaccio.	Arrêté ministériel, 29 avril 1878.	Ajaccio.	
Corrèze...........	Evangélique............	M. le pasteur Cremer Comélis, hollandais.	Décret présidentiel, 30 septembre 1886.	Brives	
Manche............	Anglican	Sujets anglais résidant à Avranches.	Arrêté ministériel, 13 juin 1881.	Avranches.	
Marne	Protestant.............	Protestants habitant la commune de Troissy.	Arrêté préfectoral, 5 juin 1877.	Troissy (c⁰⁰ de Dormans, arr. d'Epernay).	
Oise..............	Baptiste	M. le pasteur Cadot........	Décret présidentiel, 23 juillet 1884.	Noyon.	
Pyrénées (Basses-)..	Anglican	M. le pasteur Flemyng, prêtre de l'Eglise épiscopale d'Ecosse.	Arrêté ministériel, 6 janvier 1887.	Pau (route de Bordeaux).	
	Anglican	M. Harry-Carvow, prêtre de l'Eglise Anglicane.	Arrêté ministériel, 26 janvier 1883.	Saint-Jean-de-Luz.	
	Gréco-Russe............	M. le pope Hérodien........	Arrêté ministériel, 4 décembre 1886.	Biarritz.	
	Anglican	M. Lewis, demeurant à Guéthary.	Arrêté ministériel, 31 juillet 1888.	Guéthary (c⁰⁰ de Saint-Jean-de-Luz).	

DÉPARTEMENTS.	DÉSIGNATION DU CULTE.	PERSONNES qui ont sollicité l'autorisation.	DATE de l'autorisation.	SIÈGE de la chapelle.	OBSERVATIONS.
Rhône.............	Evangélique baptiste...	M. le pasteur Mabbom.......	Arrêté préfectoral, 1er juin 1869.	Lyon (78, rue Bugeaud).	
Seine.............	Eglise réformée évangélique.	M. le pasteur Delille........	Arrêté préfectoral, septembre 1881.	Paris 404, rue St-Honoré (salle).	
	Confession d'Augsbourg.	M. le pasteur Frisius	Arrêté préfectoral, 10 janvier 1873.	Paris 4, rue Clary (oratoire).	
	Nouvelle Eglise de Jérusalem ou Swedenborgistes.	Sujets américains résidant à Paris.	Autorisé temporairement par arrêté préfectoral du 18 novembre 1878.	Paris.	
	Luthériens suédois.....	M. le ministre de Suède à Paris.	Arrêté ministériel, 8 janvier 1879.	Paris (103, boul. Ornano).	
	Catholique gallican.....	MM. Jules Gont, Lecat et Lartigan, membres du conseil de direction de l'église.	Décret présidentiel, 3 décembre 1883.	Paris (3, rue d'Assas).	
	Catholique grec........	Délégués des catholiques grecs résidant à Paris.	Arrêté ministériel, 13 juillet 1886.	Paris (église Saint-Julien-le-Pauvre).	Le culte est célébré suivant le rite catholique grec et placé sous la surveillance de l'archevêque de Paris.
	Gallican...............	....	....	Paris (avenue de l'Alma).	Par décision ministérielle du 14 février 1887, M. Hyacinte Loison a été autorisé à célébrer des services et à prêcher en français dans cette chapelle.
	Protestant méthodiste...	M. le pasteur Gibson	Arrêté ministériel, 11 juillet 1887.	Suresnes rue Saint-Antoine (salle).	
	Orthodoxe	M. Alecsandri, ministre de Roumanie à Paris.	Arrêté ministériel, 5 octobre 1887.	Paris 9, r. Jean-de-Beauvais	
	Catholique.............	Catholiques américains et anglais.	?	Paris (avenue Hoche).	Voir, au sujet de cette chapelle, la lettre à M. le ministre de la justice et des cultes en date du 16 septembre 1891.
Seine-Inférieure....	Anglican (Eglise anglaise de la Sainte-Trinité).	La communauté britannique du Havre.	Arrêté ministériel, 12 août 1891.	Le Havre.	
Seine-et-Oise	Evangélique libre	Le conseil de l'Église évangélique.	Décret présidentiel, 29 mars 1888.	Poissy.	
Var.............	Réformé................	M. Janszen, Hollandais.....	Décret présidentiel, 12 août 1882.	Saint-Raphaël (Temple).	

TITRE X.

CULTES NON CATHOLIQUES EN ALGÉRIE.

2392. Le culte musulman a été organisé en Algérie par un décret du 26 août-6 septembre 1881. Ce décret, relatif à l'organisation administrative de l'Algérie, a placé le culte musulman au nombre des services civils.

Un autre décret en date du même jour, rendu par application de l'article 4 du premier décret, au lieu de placer ce service sous l'autorité directe du ministre compétent, l'a fait rentrer, par voie de délégation, dans les attributions du gouverneur général de l'Algérie.

Ce n'est donc que par voie de délégation, et non en vertu de ses pouvoirs propres, que le gouverneur général de l'Algérie a autorité sur le service du culte musulman.

Le culte musulman comprend 16 muphtis, 83 ismans, desmonderrés, des professeurs de droit, des backhazzahs, des lecteurs du Coran.

Le chapitre XII du budget des cultes contient, pour le personnel du culte musulman, un crédit de 222,430 francs.

Le budget contient un crédit de 75,000 francs pour le matériel du culte musulman.

Il faut ajouter à ces crédits les dépenses qui incombent, de ce chef, aux budgets départementaux de l'Algérie.

ADRIEN DUBIEF,

Ancien auditeur au Conseil d'État,

Chef de bureau au Ministère de la justice et des cultes.

VICTOR GOTTOFREY,

Avocat, Membre du Comité consultatif de l'*École des Communes*.

LÉGISLATION.

13-19 février 1790. — *Loi qui prohibe en France les vœux monastiques de l'un et de l'autre sexe.*

Art. 1er. La loi constitutionnelle du royaume ne reconnaîtra plus de vœux monastiques solennels des personnes de l'un ni de l'autre sexe : en conséquence, les ordres et congrégations réguliers dans lesquels on fait de pareils vœux sont et demeurent supprimés en France, sans qu'il puisse en être établi de semblables à l'avenir.

Art. 2. Tous les individus de l'un et de l'autre sexe, existants dans les monastères et maisons religieuses, pourront en sortir en faisant leur déclaration devant la municipalité du lieu, et il sera pourvu incessamment à leur sort par une pension convenable. Il sera pareillement indiqué des maisons où seront tenus de se retirer les religieux qui ne voudront pas profiter de la disposition du présent. Au surplus, il ne sera rien changé, quant à présent, à l'égard des maisons chargées de l'éducation publique et des établissements de charité, et ce jusqu'à ce qu'il ait été pris un parti sur ces objets.

Art. 3. Les religieuses pourront rester dans les maisons où elles sont aujourd'hui, les exceptant expressément de l'article qui oblige les religieux de réunir plusieurs maisons dans une seule.

18 août 1792. — *Loi relative à la suppression des congrégations séculières et des confréries.* (Extrait.)

TITRE PREMIER.

SUPPRESSION DES CONGRÉGATIONS SÉCULIÈRES ET CONFRÉRIES.

Art. 1er. Les corporations connues en France sous le nom de congrégations séculières ecclésiastiques, telles que celles des prêtres de l'Oratoire de Jésus, de la Doctrine chrétienne, de la Mission de France ou de Saint-Lazare, des Eudistes, de Saint-Joseph... les congrégations laïques; telle que celles des frères de l'École chrétienne, des ermites du Mont-Valérien, des ermites de Sénard... les congrégations de filles, telles que celles de la Sagesse, des Écoles chrétiennes, des Vertelottes, de l'Union chrétienne... et généralement toutes les corporations religieuses et congrégations séculières d'hommes et de femmes, ecclésiastiques ou laïques, même celles uniquement vouées au service des hôpitaux et au soulagement des malades, sous quelque dénomination qu'elles existent en France, soit qu'elles ne comprennent qu'une seule maison, soit qu'elles en comprennent plusieurs; ensemble les familiarités, confréries, les pénitents de toutes couleurs, les pèlerins et toutes autres associations de piété ou de charité, sont éteintes et supprimées à dater du jour de la publication du présent décret.

Art. 2. Néanmoins, dans les hôpitaux et maisons de charité, les mêmes personnes continueront, comme ci-devant, le service des pauvres et le soin des malades à titre individuel, sous la surveillance des corps municipaux et administratifs, jusqu'à l'organisation définitive que le comité des secours présentera incessamment à l'Assemblée nationale. Celles qui discontinueront leur service sans des raisons jugées valables par les directoires de département, sur l'avis des districts et les observations des municipalités, n'obtiendront que la moitié du traitement qui leur aurait été accordé.

. . . .

Art. 4. Aucune partie de l'enseignement public ne continuera d'être confiée aux maisons de charité dont il s'agit à l'article 2, non plus qu'à aucune des maisons des ci-devant congrégations d'hommes et de filles, séculières ou régulières.

. . . .

18 germinal an X (8 avril 1802). — *Loi relative à l'organisation des cultes.*

La convention passée à Paris, le 26 messidor an IX, entre le Pape et le gouvernement français, et dont les ratifications ont été échangées à Paris, le 23 fructidor an IX (10 septembre 1801), ensemble les articles organiques de ladite convention; les articles organiques des cultes protestants, dont la teneur suit, seront promulgués et exécutés comme des lois de la République.

Convention entre le gouvernement français et Sa Sainteté Pie VII, échangée le 23 fructidor an IX (10 septembre 1801).

Le premier consul de la République française et Sa Sainteté le souverain pontife Pie VII ont nommé pour leurs plénipotentiaires respectifs : — Le premier consul, les citoyens Joseph Bonaparte, conseiller d'État; Cretet, conseiller d'État, et Bernier, docteur en théologie, curé de Saint-Laud d'Angers, munis de pleins pouvoirs; — Sa Sainteté, Son Éminence Monseigneur Hercule Consalvi, cardinal de la sainte Église romaine, diacre de Sainte-Agathe *ad suburram*, son secrétaire d'État; Joseph Spina, archevêque de Corinthe, prélat domestique de Sa Sainteté, assistant du trône pontifical, et le père Caselli, théologien consultant de Sa Sainteté, pareillement munis de pleins pouvoirs en bonne et due forme;

Lesquels, après l'échange des pleins pouvoirs respectifs, ont arrêté la convention suivante :

Convention entre le gouvernement français et Sa Sainteté Pie VII.

Le gouvernement de la République française reconnaît que la religion catholique, apostolique et romaine est la religion de la grande majorité des citoyens français.

Sa Sainteté reconnaît également que cette même religion a retiré et attend encore, en ce moment, le plus grand bien et le plus grand éclat de l'établissement du culte catholique en France, et de la profession particulière qu'en font les consuls de la République.

En conséquence, d'après cette reconnaissance mutuelle, tant pour le bien de la religion que pour le maintien de la tranquillité intérieure, ils sont convenus de ce qui suit :

Art. 1er. La religion catholique, apostolique et romaine sera librement exercée en France ; son culte sera public, en se conformant aux règlements de police que le gouvernement jugera nécessaires pour la tranquillité publique.

Art. 2. Il sera fait par le Saint-Siège, de concert avec le gouvernement, une nouvelle circonscription des diocèses français.

Art. 3. Sa Sainteté déclarera aux titulaires des évêchés français qu'elle attend d'eux, avec une ferme confiance, pour le bien de la paix et de l'unité, toute espèce de sacrifices, même celui de leurs sièges. D'après cette exhortation, s'ils se refusaient à ce sacrifice commandé par le bien de l'Église (refus, néanmoins, auquel Sa Sainteté ne s'attend pas), il sera pourvu, par de nouveaux titulaires, au gouvernement des évêchés de la circonscription nouvelle, de la manière suivante.

Art. 4. Le premier consul de la République nommera, dans les trois mois qui suivront la publication de la bulle de Sa Sainteté, aux archevêchés et évêchés de la circonscription nouvelle. Sa Sainteté conférera l'institution canonique, suivant les formes établies par rapport à la France avant le changement de gouvernement.

Art. 5. Les nominations aux évêchés qui vaqueront dans la suite seront également faites par le premier consul, et l'institution canonique sera donnée par le Saint-Siège, en conformité de l'article précédent.

Art. 6. Les évêques, avant d'entrer en fonctions, prêteront directement, entre les mains du premier consul, le serment de fidélité qui était en usage avant le changement de gouvernement, exprimé dans les termes suivants :

« Je jure et promets à Dieu, sur les saints Évangiles, de garder obéissance et fidélité au gouvernement établi par la constitution de la République française. Je promets aussi de n'avoir aucune intelligence, de n'assister à aucun conseil, de n'entretenir aucune ligue, soit au dedans, soit au dehors, qui soit contraire à la tranquillité publique; et si, dans mon diocèse ou ailleurs, j'apprends qu'il se trame quelque chose au préjudice de l'État, je le ferai savoir au gouvernement. »

Art. 7. Les ecclésiastiques du second ordre prêteront le même serment entre les mains des autorités civiles désignées par le Gouvernement.

Art. 8. La formule de prière suivante sera récitée à la fin de l'office divin, dans toutes les églises catholiques de France : *Domine, salvam fac Rempublicam ; Domine, salvos fac consules.*

Art. 9. Les évêques feront une nouvelle circonscription des paroisses de leurs diocèses, qui n'aura d'effet que d'après le consentement du Gouvernement.

Art. 10. Les évêques nommeront aux cures. — Leur choix ne pourra tomber que sur des personnes agréées par le Gouvernement.

Art. 11. Les évêques pourront avoir un chapitre dans leur cathédrale, et un séminaire pour leur diocèse, sans que le Gouvernement s'oblige à les doter.

Art. 12. Toutes les églises métropolitaines, cathédrales, paroissiales et autres non aliénées, nécessaires au culte, seront remises à la disposition des évêques.

Art. 13. Sa Sainteté, pour le bien de la paix et l'heureux rétablissement de la religion catholique, déclare que ni elle ni ses successeurs ne troubleront en aucune manière les acquéreurs des biens ecclésiastiques aliénés, et, qu'en conséquence, la propriété de ces mêmes biens, les droits et revenus y attachés, demeureront incommutables entre leurs mains ou celles de leurs ayants cause.

Art. 14. Le Gouvernement assurera un traitement convenable aux évêques et aux curés dont les diocèses et les paroisses seront compris dans la circonscription nouvelle.

Art. 15. Le Gouvernement prendra également des mesures pour que les catholiques français puissent, s'ils le veulent, faire en faveur des églises des fondations.

Art. 16. Sa Sainteté reconnaît dans le premier consul de la République française les mêmes droits et prérogatives dont jouissait près d'elle l'ancien Gouvernement.

Art. 17. Il est convenu, entre les parties contractantes, que, dans le cas où quelqu'un des successeurs du premier consul actuel ne serait pas catholique, les droits et prérogatives mentionnés dans l'article ci-dessus, et la nomination aux évêchés, seront réglés, par rapport à lui, par une nouvelle convention.

Les ratifications seront échangées à Paris, dans l'espace de quarante jours.

Fait à Paris, le 26 messidor an IX.

Signé : Joseph Bonaparte (L. S.); Herculus, cardinalis Consalvy (L. S.); Crotet (L. S.); Joseph, archiep. Corinthi (L. S.); Bernier (L. S.); F. Carolus Caselli (L. S.).

Articles organiques de la convention du 26 messidor an IX.

Art 1er. Aucune bulle, bref, rescrit, décret, mandat, provision, signature servant de provision, ni autres expéditions de la Cour de Rome, même ne concernant que les particuliers, ne pourront être reçus, publiés, imprimés, ni autrement mis à exécution sans l'autorisation du gouvernement.

Art. 2. Aucun individu se disant nonce, légat, vicaire ou commissaire apostolique, ou se prévalant de toute autre dénomination, ne pourra, sans la même autorisation, exercer sur le sol français ni ailleurs aucune fonction relative aux affaires de l'Église gallicane.

Art. 3. Les décrets des synodes étrangers, même ceux des conciles généraux, ne pourront être publiés en France avant que le gouvernement en ait examiné la forme, leur conformité avec les lois, droits et franchises de la République française, et tout ce qui, dans leur publication, pourrait altérer ou intéresser la tranquillité publique.

Art. 4. Aucun concile national ou métropolitain, aucun synode diocésain, aucune assemblée délibérante n'aura lieu sans la permission expresse du Gouvernement.

Art. 5. Toutes les fonctions ecclésiastiques seront gratuites, sauf les oblations qui seraient autorisées et fixées par les règlements.

Art. 6. Il y aura recours au Conseil d'État dans tous les cas d'abus de la part des supérieurs et autres personnes ecclésiastiques. — Les cas d'abus sont l'usurpation ou l'excès de pouvoir, la contravention aux lois et règlements de la République, l'infraction des règles consacrées par les canons reçus en France, l'attentat aux libertés, franchises et coutumes de l'Église gallicane, et toute entreprise ou tout procédé qui, dans l'exercice du culte, peut compromettre l'honneur des citoyens, troubler arbitrairement leur conscience, dégénérer contre eux en oppression ou en injures, ou en scandale public.

Art. 7. Il y aura pareillement recours au Conseil d'État, s'il est porté atteinte à l'exercice public du culte et à la liberté que les lois et les règlements garantissent à ses ministres.

Art. 8. Le recours compétera à toute personne intéressée. A défaut de plainte particulière, il sera exercé d'office par les préfets. — Le fonctionnaire public, l'ecclésiastique, ou la personne qui voudra exercer ce recours, adressera un mémoire détaillé et signé au conseiller d'État chargé de toutes les affaires concernant les cultes, lequel sera tenu de prendre, dans le plus court délai, tous les renseignements convenables, et, sur son rapport, l'affaire sera suivie et définitivement terminée dans la forme administrative, ou renvoyée, selon l'exigence des cas, aux autorités compétentes.

TITRE II.

DES MINISTRES.

SECTION I. — *Dispositions générales.*

Art. 9. Le culte catholique sera exercé sous la direction des archevêques et évêques dans leurs diocèses, et sous celle des curés dans leurs paroisses.

Art. 10. Tout privilège portant exemption ou attribution de la juridiction épiscopale est aboli.

Art. 11. Les archevêques et évêques pourront, avec l'autorisation du gouvernement, établir dans leurs diocèses des chapitres cathédraux et des séminaires. Tous autres établissements ecclésiastiques sont supprimés.

Art. 12. Il sera libre aux archevêques et évêques d'ajouter à leur nom le titre de *citoyen* ou celui de *monsieur*. Toutes autres qualifications sont interdites.

SECTION II. — *Des archevêques ou métropolitains.*

Art. 13. Les archevêques consacreront et installeront leurs suffragants. En cas d'empêchement ou de refus de leur part, ils seront suppléés par le plus ancien évêque de l'arrondissement métropolitain.

Art. 14. Ils veilleront au maintien de la foi et de la discipline dans les diocèses dépendant de leur métropole.

Art. 15. Ils connaîtront des réclamations et des plaintes contre la conduite et les décisions des évêques suffragants.

SECTION III. — Des évêques, des vicaires généraux et des séminaires.

Art. 16. On ne pourra être nommé évêque avant l'âge de trente ans et si l'on n'est originaire français.

Art. 17. Avant l'expédition de l'arrêté de nomination, celui ou ceux qui seront proposés seront tenus de rapporter une attestation de bonnes vie et mœurs, expédiée par l'évêque dans le diocèse duquel ils auront exercé les fonctions du ministère ecclésiastique, et ils seront examinés sur leur doctrine par un évêque et deux prêtres qui seront commis par le premier Consul, lesquels adresseront le résultat de leur examen au conseiller d'État chargé de toutes les affaires concernant les cultes.

Art. 18. Le prêtre nommé par le premier Consul fera les diligences pour rapporter l'institution du Pape. Il ne pourra exercer aucune fonction avant que la bulle portant son institution ait reçu l'attache du Gouvernement, et qu'il ait prêté en personne le serment prescrit par la convention passée entre le Gouvernement français et le Saint-Siège. Ce serment sera prêté au premier Consul ; il en sera dressé procès-verbal par le Secrétaire d'État.

Art. 19. Les évêques nommeront et institueront les curés ; néanmoins ils ne manifesteront leur nomination et ils ne donneront l'institution canonique qu'après que cette nomination aura été agréée par le premier Consul.

Art. 20. Ils seront tenus de résider dans leurs diocèses ; ils ne pourront en sortir qu'avec la permission du premier Consul.

Art. 21. Chaque évêque pourra nommer deux vicaires généraux, et chaque archevêque pourra en nommer trois : ils les choisiront parmi les prêtres ayant les qualités requises pour être évêques.

Art. 22. Ils visiteront annuellement et en personne une partie de leur diocèse, et, dans l'espace de cinq ans, le diocèse entier. En cas d'empêchement légitime, la visite sera faite par un vicaire général.

Art. 23. Les évêques seront chargés de l'organisation de leurs séminaires, et les règlements de cette organisation seront soumis à l'approbation du premier Consul.

Art. 24. Ceux qui seront choisis pour l'enseignement dans les séminaires transcriront la déclaration faite par le clergé de France en 1682, et publiée par un édit de la même année : ils se soumettront à y enseigner la doctrine qui y est contenue, et les évêques adresseront une expédition en forme de cette soumission au conseiller d'État chargé de toutes les affaires concernant les cultes.

Art. 25. Les évêques enverront, toutes les années, à ce conseiller d'État, le nom des personnes qui étudieront dans les séminaires et qui se destineront à l'état ecclésiastique.

Art. 26. Ils ne pourront ordonner aucun ecclésiastique, s'il ne justifie d'une propriété produisant au moins un revenu annuel de 300 francs, s'il n'a atteint l'âge de vingt-cinq ans, et s'il ne réunit les qualités requises par les canons reçus en France. Les évêques ne feront aucune ordination avant que le nombre des personnes à ordonner ait été soumis au Gouvernement et par lui agréé.

SECTION IV. — Des curés.

Art. 27. Les curés ne pourront entrer en fonctions qu'après avoir prêté entre les mains du préfet le serment prescrit par la convention passée entre le Gouvernement et le Saint-Siège. Il sera dressé procès-verbal de cette prestation par le secrétaire général de la préfecture, et copie collationnée leur en sera délivrée.

Art. 28. Ils seront mis en possession par le curé ou le prêtre que l'évêque désignera.

Art. 29. Ils seront tenus de résider dans leurs paroisses.

Art. 30. Les curés seront immédiatement soumis aux évêques dans l'exercice de leur fonctions.

Art. 31. Les vicaires et desservants exerceront leur ministère sous la surveillance et direction des curés. Ils seront approuvés par l'évêque et révocables par lui.

Art. 32. Aucun étranger ne pourra être employé dans les fonctions du ministère ecclésiastique sans la permission du Gouvernement.

Art. 33. Toute fonction est interdite à tout ecclésiastique, même Français, qui n'appartient à aucun diocèse.

Art. 34. Un prêtre ne pourra quitter son diocèse pour aller desservir dans un autre, sans la permission de son évêque.

SECTION V. — Des chapitres cathédraux et du gouvernement des diocèses pendant la vacance du siège.

Art. 35. Les archevêques et évêques qui voudront user de la faculté qui leur est donnée d'établir des chapitres ne pourront le faire sans avoir rapporté l'autorisation du Gouvernement, tant pour l'établissement lui-même que pour le nombre et le choix des ecclésiastiques destinés à les former.

Art. 36. Pendant la vacance des sièges, il sera pourvu par le métropolitain, et, à son défaut, par le plus ancien des évêques suffragants, au gouvernement des diocèses. Les vicaires généraux de ces diocèses continueront leurs fonctions, même après la mort de l'évêque, jusqu'à son remplacement.

Art. 37. Les métropolitains, les chapitres cathédraux, seront tenus, sans délai, de donner avis au Gouvernement de la vacance des sièges et des mesures qui auront été prises pour le gouvernement des diocèses vacants.

Art. 38. Les vicaires généraux qui gouverneront pendant la vacance, ainsi que les métropolitains ou capitulaires, ne se permettront aucune innovation dans les usages et coutumes des diocèses.

TITRE III.

DU CULTE.

Art. 39. Il n'y aura qu'une liturgie et un catéchisme pour toutes les églises catholiques de France.

Art. 40. Aucun curé ne pourra ordonner des prières publiques extraordinaires dans sa paroisse, sans la permission spéciale de l'évêque.

Art. 41. Aucune fête, à l'exception du dimanche, ne pourra être établie sans la permission du Gouvernement.

Art. 42. Les ecclésiastiques useront, dans les cérémonies religieuses, des habits et ornements convenables à leur titre ; ils ne pourront, dans aucun cas ni sous aucun prétexte, prendre la couleur et les marques distinctives réservées aux évêques.

Art. 43. Tous les ecclésiastiques seront habillés à la française, et en noir. Les évêques pourront joindre à ce costume la croix pastorale et les bas violets.

Art. 44. Les chapelles domestiques, les oratoires particuliers, ne pourront être établis sans une permission expresse du Gouvernement, accordée sur la demande de l'évêque.

Art. 45. Aucune cérémonie religieuse n'aura lieu hors des édifices consacrés au culte catholique, dans les villes où il y a des temples destinés à différents cultes.

Art. 46. Le même temple ne pourra être consacré qu'à un même culte.

Art. 47. Il y aura, dans les cathédrales et paroisses, une place distinguée pour les individus catholiques qui remplissent les autorités civiles et militaires.

Art. 48. L'évêque se concertera avec le préfet pour régler la manière d'appeler les fidèles au service divin par le son des cloches : on ne pourra les sonner pour toute autre cause sans la permission de la police locale.

Art. 49. Lorsque le Gouvernement ordonnera des prières publiques, les évêques se concerteront avec le préfet et le commandant militaire du lieu, pour le jour, l'heure et le mode d'exécution de ces ordonnances.

Art. 50. Les prédications solennelles appelées *sermons* et celles connues sous le nom de *stations* de l'Avent et du Carême, ne seront faites que par les prêtres qui en auront obtenu une autorisation spéciale de l'évêque.

Art. 51. Les curés, aux prônes des messes paroissiales, prieront et feront prier pour la prospérité de la République française et pour les Consuls.

Art. 52. Ils ne se permettront, dans leurs instructions, aucune inculpation directe ou indirecte soit contre les personnes, soit contre les autres cultes autorisés par l'État..

Art. 53. Ils ne feront aux prônes aucune publication étrangère à l'exercice du culte, si ce n'est celles qui seront ordonnées par le Gouvernement.

Art. 54. Ils ne donneront la bénédiction nuptiale qu'à ceux qui justifieront, en bonne et due forme, avoir contracté mariage devant l'officier civil.

Art. 55. Les registres tenus par les ministres du culte, n'étant et ne pouvant être relatifs qu'à l'administration des sacrements, ne pourront, dans aucun cas, suppléer les registres ordonnés par la loi pour constater l'état civil des Français.

Art. 56. Dans tous les actes ecclésiastiques et religieux, on sera obligé de se servir du calendrier d'équinoxe établi par les lois de la République ; on désignera les jours par les noms qu'ils avaient dans le calendrier des solstices.

Art. 57. Le repos des fonctionnaires publics sera fixé au dimanche.

TITRE IV.

DE LA CIRCONSCRIPTION DES ARCHEVÊCHÉS, DES ÉVÊCHÉS ET DES PAROISSES ; DES ÉDIFICES DESTINÉS AU CULTE ET DU TRAITEMENT DES MINISTRES.

SECTION I. — *De la circonscription des archevêchés et des évêchés.*

Art. 58. Il y aura en France dix archevêchés ou métropoles et cinquante évêchés.

Art. 59. La circonscription des métropoles et des diocèses sera faite conformément au tableau ci-joint.

SECTION II. — *De la circonscription des paroisses.*

Art. 60. Il y aura au moins une paroisse dans chaque justice de paix. Il sera en outre établi autant de succursales que le besoin pourra l'exiger.

Art. 61. Chaque évêque, de concert avec le préfet, réglera le nombre et l'étendue de ces succursales. Les plans arrêtés seront soumis au Gouvernement, et ne pourront être mis à exécution sans son autorisation.

Art. 62. Aucune partie du territoire français ne pourra être érigée en cure ou en succursale sans l'autorisation expresse du Gouvernement.

Art. 63. Les prêtres desservant les succursales sont nommés par les évêques.

SECTION III. — *Du traitement des ministres.*

Art. 64. Le traitement des archevêques sera de quinze mille francs.

Art. 65. Le traitement des évêques sera de dix mille francs.

Art. 66. Les curés seront distribués en deux classes. Le traitement des curés de la première classe sera porté à quinze cents francs ; celui des curés de la deuxième classe, à mille francs.

Art. 67. Les pensions dont ils jouissent en exécution des lois de l'Assemblée Constituante seront précomptées sur leur traitement. Les conseils généraux des grandes communes pourront, sur leurs biens ruraux ou sur leurs octrois, leur accorder une augmentation de traitement, si les circonstances l'exigent.

Art. 68. Les vicaires et les desservants seront choisis parmi les ecclésiastiques pensionnés en exécution des lois de l'Assemblée Constituante. Le montant de ces pensions et le produit des oblations formeront leur traitement.

Art. 69. Les évêques rédigeront les projets de règlement relatifs aux oblations que les ministres du culte sont autorisés à recevoir pour l'administration des sacrements. Les projets de règlement rédigés par les évêques ne pourront être publiés ni autrement mis à exécution, qu'après avoir été approuvés par le Gouvernement.

Art. 70. Tout ecclésiastique, pensionnaire de l'État, sera privé de sa pension, s'il refuse, sans cause légitime, les fonctions qui pourront lui être confiées.

Art. 71. Les conseils généraux des départements sont autorisés à procurer aux archevêques et évêques un logement convenable.

Art. 72. Les presbytères et les jardins attenants, non aliénés, seront rendus aux curés et aux desservants des succursales. A défaut de ces presbytères, les conseils généraux des communes sont autorisés à leur procurer un logement et un jardin.

Art. 73. Les fondations qui ont pour objet l'entretien des ministres et l'exercice du culte ne pourront consister qu'en rentes constituées sur l'État ; elles seront acceptées par l'évêque diocésain, et ne pourront être exécutées qu'avec l'autorisation du Gouvernement.

Art. 74. Les immeubles, autres que les édifices destinés au logement, et les jardins attenants, ne pourront être affectés à des titres ecclésiastiques, ni possédés par les ministres du culte à raison de leurs fonctions.

SECTION IV. — *Des édifices destinés au culte.*

Art. 75. Les édifices anciennement destinés au culte catholique actuellement dans les mains de la nation, à raison d'un édifice par cure et par succursale, seront mis à la disposition des évêques par arrêté du préfet du département. Une expédition de ces arrêtés sera adressée au conseiller d'État chargé de toutes les affaires concernant les cultes.

Art. 76. Il sera établi des fabriques pour veiller à l'entretien et à la conservation des temples, à l'administration des aumônes.

Art. 77. Dans les paroisses où il n'y aura point d'édifice disponible pour le culte, l'évêque se concertera avec le préfet pour la désignation d'un édifice convenable.

Articles organiques des cultes protestants.

TITRE PREMIER.

DISPOSITIONS GÉNÉRALES SUR TOUTES LES COMMUNIONS PROTESTANTES.

Art. 1er. Nul ne pourra exercer les fonctions du culte, s'il n'est Français.

Art. 2. Les églises protestantes ni leurs ministres ne pourront avoir des relations avec aucune puissance ni autorité étrangères.

Art. 3. Les pasteurs et ministres des diverses communions protestantes prieront et feront prier, dans la récitation de leurs offices, pour la prospérité de la République française et pour les consuls.

Art. 4. Aucune décision doctrinale ou dogmatique, aucun formulaire, sous le titre de *Confession* ou sous tout autre titre, ne pourront être publiés ou devenir la matière de l'enseignement, avant que le Gouvernement en ait autorisé la publication ou promulgation.

Art. 5. Aucun changement dans la discipline n'aura lieu sans la même autorisation.

Art. 6. Le Conseil d'État connaîtra de toutes les entreprises des ministres du culte et de toutes dissensions qui pourront s'élever entre ces ministres.

Art. 7. Il sera pourvu au traitement des pasteurs des églises consistoriales; bien entendu qu'on imputera sur ce traitement les biens que ces églises possèdent, et le produit des oblations établies par l'usage ou par des règlements.

Art. 8. Les dispositions portées par les articles organiques du culte catholique, sur la liberté des fondations, et sur la nature des biens qui peuvent en être l'objet, seront communes aux églises protestantes.

Art. 9. Il y aura deux académies ou séminaires dans l'Est de la France, pour l'instruction des ministres de la Confession d'Augsbourg.

Art. 10. Il y aura un séminaire à Genève, pour l'instruction des ministres des églises réformées.

Art. 11. Les professeurs de toutes les Académies ou séminaires seront nommés par le premier consul.

Art. 12. Nul ne pourra être élu ministre ou pasteur d'une église de la confession d'Augsbourg, s'il n'a étudié, pendant un temps déterminé, dans un des séminaires français destinés à l'instruction des ministres de cette confession, et s'il ne rapporte un certificat en bonne forme, constatant son temps d'étude, sa capacité et ses bonnes mœurs.

Art. 13. On ne pourra être élu ministre ou pasteur d'une église réformée, sans avoir étudié dans le séminaire de Genève, et si on ne rapporte un certificat dans la forme énoncée dans l'article précédent.

Art. 14. Les règlements sur l'administration et la police intérieure des séminaires, sur le nombre et la qualité des professeurs, sur la manière d'enseigner, et sur les objets d'enseignement, ainsi que sur la forme des certificats ou attestations d'étude, de bonne conduite et de capacité, seront approuvés par le Gouvernement.

TITRE II.

DES ÉGLISES RÉFORMÉES.

SECTION I. — *De l'organisation générale de ces églises.*

Art. 15. Les églises réformées de France auront des pasteurs, des consistoires locaux et des synodes.

Art. 16. Il y aura une église consistoriale pour six milles âmes de la même commune.

Art. 17. Cinq églises consistoriales formeront l'arrondissement d'un synode.

SECTION II. — *Des pasteurs et des consistoires locaux.*

Art. 18. Le consistoire de chaque église sera composé du pasteur ou des pasteurs desservant cette église, et d'anciens ou notables laïques, choisis parmi les citoyens les plus imposés au rôle des contributions directes : le nombre de ces notables ne pourra être au-dessous de six ni au-dessus de douze.

Art. 19. Le nombre des ministres ou pasteurs, dans une même église consistoriale, ne pourra être augmenté sans l'autorisation du Gouvernement.

Art. 20. Les consistoires veilleront au maintien de la discipline, à l'administration des biens de l'église et à celle des deniers provenant des aumônes.

Art. 21. Les assemblées des consistoires seront présidées par le pasteur ou par le plus ancien des pasteurs. Un des anciens ou notables remplira les fonctions de secrétaire.

Art. 22. Les assemblées ordinaires des consistoires continueront de se tenir aux jours marqués par l'usage. Les assemblées extraordinaires ne pourront avoir lieu sans la permission du sous-préfet, ou du maire, en l'absence du sous-préfet.

Art. 23. Tous les deux ans, les anciens du consistoire seront renouvelés par moitié : à cette époque, les anciens en exercice s'adjoindront un nombre égal de citoyens protestants, chefs de famille, et choisis parmi les plus imposés au rôle des contributions directes de la commune où l'église consistoriale sera située, pour procéder au renouvellement. Les anciens sortants pourront être réélus.

Art. 24. Dans les églises où il n'y a point de consistoire actuel, il en sera formé un. Tous les membres seront élus par la réunion de vingt-cinq chefs de famille protestants les plus imposés au rôle des contributions directes : cette réunion n'aura lieu qu'avec l'autorisation et en la présence du préfet ou du sous-préfet.

Art. 25. Les pasteurs ne pourront être destitués qu'à la charge de présenter les motifs de la destitution au Gouvernement, qui les approuvera ou les rejettera.

Art. 26. En cas de décès ou de démission volontaire, ou de destitution confirmée d'un pasteur, le consistoire, formé de la manière prescrite par l'article 18, choisira à la pluralité des voix pour le remplacer. Le titre d'élection sera présenté au premier consul, par le conseiller d'État chargé de toutes les affaires concernant les cultes, pour avoir son approbation. L'approbation donnée, il ne pourra exercer qu'après avoir prêté, entre les mains du préfet, le serment exigé des ministres du culte catholique.

Art. 27. Tous les pasteurs actuellement en exercice sont provisoirement confirmés.

Art. 28. Aucune église ne pourra s'étendre d'un département à un autre.

SECTION III. — *Des synodes.*

Art. 29. Chaque synode sera formé d'un pasteur ou d'un des pasteurs, et d'un ancien ou notable de chaque église.

Art. 30. Les synodes veilleront sur tout ce qui concerne la célébration du culte, l'enseignement de la doctrine et la conduite des affaires ecclésiastiques. Toutes les décisions qui émaneront d'eux, de quelque nature qu'elles soient, seront soumises à l'approbation du Gouvernement.

Art. 31. Les synodes ne pourront s'assembler que lorsqu'on en aura rapporté la permission du Gouvernement. On donnera connaissance préalable au conseiller d'État, chargé de toutes les affaires concernant les cultes, des matières qui devront y être traitées. L'assemblée sera tenue en présence du préfet ou du sous-préfet ; et une expédition du procès-verbal des délibérations sera adressée par le préfet au conseiller d'État, chargé de toutes les affaires concernant les cultes, qui, dans le plus court délai, en fera son rapport au Gouvernement.

Art. 32. L'assemblée d'un synode ne pourra durer que six jours.

TITRE III.

DE L'ORGANISATION DES EGLISES DE LA CONFESSION D'AUGSBOURG.

Section I. — *Dispositions générales.*

Art. 33. Les églises de la Confession d'Augsbourg auront des pasteurs, des consistoires locaux, des inspecteurs et des consistoires généraux.

Section II. — *Des ministres ou pasteurs, et des consistoires locaux de chaque église.*

Art. 34. On suivra, relativement aux pasteurs, à la circonscription et au régime des églises consistoriales, ce qui a été prescrit par la section II du titre précédent, pour les pasteurs et pour les églises réformées.

Section III. — *Des inspections.*

Art. 35. Les églises de la Confession d'Augsbourg seront subordonnées à des inspections.

Art. 36. Cinq églises consistoriales formeront l'arrondissement d'une inspection.

Art. 37. Chaque inspection sera composée du ministre et d'un ancien ou notable de chaque église de l'arrondissement : elle ne pourra s'assembler que lorsqu'on en aura rapporté la permission du Gouvernement; la première fois qu'il écherra de la convoquer, elle le sera par le plus ancien des ministres desservant les églises de l'arrondissement. Chaque inspection choisira dans son sein deux laïques et un ecclésiastique qui prendra le titre d'inspecteur, et qui sera chargé de veiller sur les ministres et sur le maintien du bon ordre dans les églises particulières. — Le choix de l'inspecteur et des deux laïques sera confirmé par le premier consul.

Art. 38. L'inspection ne pourra s'assembler qu'avec l'autorisation du Gouvernement, en présence du préfet ou du sous-préfet, et après avoir donné connaissance préalable au conseiller d'Etat chargé de toutes les affaires concernant les cultes, des matières que l'on se proposera d'y traiter.

Art. 39. L'inspecteur pourra visiter les églises de son arrondissement ; il s'adjoindra les deux laïques nommés avec lui, toutes les fois que les circonstances l'exigeront ; il sera chargé de la convocation de l'assemblée générale de l'inspection. Aucune décision émanée de l'assemblée générale de l'inspection ne pourra être exécutée sans avoir été soumise à l'approbation du Gouvernement.

Section IV. — *Des consistoires généraux.*

Art. 40. Il y aura trois consistoires généraux : l'un à Strasbourg, pour les protestants de la Confession d'Augsbourg, des départements du Haut et Bas-Rhin ; l'autre à Mayence, pour ceux des départements de la Sarre et du Mont-Tonnerre ; et le troisième à Cologne, pour ceux des départements de Rhin-et-Moselle et de la Roër.

Art. 41. Chaque consistoire sera composé d'un président laïque protestant, de deux ecclésiastiques inspecteurs, et d'un député de chaque inspection. — Le président et les deux ecclésiastiques inspecteurs seront nommés par le premier consul. — Le président sera tenu de prêter entre les mains du premier consul, ou du fonctionnaire public qu'il plaira au premier consul de déléguer à cet effet, le serment exigé des ministres du culte catholique. —

Les deux ecclésiastiques inspecteurs et les membres laïques prêteront le même serment entre les mains du président.

Art. 42. Le consistoire général ne pourra s'assembler que lorsqu'on en aura rapporté la permission du Gouvernement, et qu'en présence du préfet ou du sous-préfet ; on donnera préalablement connaissance au conseiller d'État, chargé de toutes les affaires concernant les cultes, des matières qui devront y être traitées. L'assemblée ne pourra durer plus de six jours.

Art. 43. Dans le temps intermédiaire d'une assemblée à l'autre, il y aura un directoire composé du président, du plus âgé des deux ecclésiastiques inspecteurs, et de trois laïques, dont un sera nommé par le premier consul : les deux autres seront choisis par le consistoire général.

Art. 44. Les attributions du consistoire général et du directoire continueront d'être régies par les règlements et coutumes des églises de la Confession d'Augsbourg dans toutes ces choses auxquelles il n'a point été formellement dérogé par les lois de la République et par les présents articles.

1ᵉʳ prairial an X (21 mai 1802). — *Arrêté portant que les rabbins ne pourront donner la bénédiction nuptiale qu'à ceux qui justifieront, en bonne et due forme, avoir contracté mariage devant l'officier de l'état civil.*

1ᵉʳ fructidor an X (18 août 1802). — *Décret portant que le traitement des archevêques et évêques leur sera payé du jour de leur nomination.*

18 nivôse an XI (8 janvier 1803). — *Arrêté qui déclare insaisissables les traitements ecclésiastiques.*

Les traitements ecclésiastiques seront insaisissables dans leur totalité.

Le ministre du Trésor public est chargé, etc.

7 thermidor an XI (26 juillet 1803). — *Arrêté relatif aux biens des fabriques.*

Art. 1ᵉʳ. Les biens des fabriques non aliénés, ainsi que les rentes dont elles jouissaient et dont le transfert n'a pas été fait, sont rendus à leur destination.

Art. 2. Les biens des fabriques des églises supprimées seront réunis à ceux des églises conservées, et dans l'arrondissement desquelles ils se trouvent.

Art. 3. Ces biens seront administrés, dans la forme particulière aux biens communaux, par trois marguilliers que nommera le préfet, sur une liste double présentée par le maire et le curé ou desservant.

Art. 4. Le curé ou desservant aura voix consultative.

Art. 5. Les marguilliers nommeront parmi eux un caissier. Les comptes seront rendus dans la même forme que ceux des dépenses communales.

23 ventôse an XII (14 mars 1804.) — *Loi relative à l'établissement de séminaires.*

Art. 1ᵉʳ. Il y aura par chaque arrondissement métropolitain, et sous le nom de séminaire, une maison d'instruction pour ceux qui se destinent à l'état ecclésiastique.

Art. 2. On y enseignera la morale, le dogme, l'histoire ecclésiastique et les maximes de l'Église gallicane ; on y donnera les règles de l'éloquence sacrée.

Art. 3. Il y aura des examens ou exercices publics sur les différentes parties de l'enseignement.

Art. 4. A l'avenir, on ne pourra être nommé évêque, vicaire général, chanoine ou curé de première classe, sans avoir soutenu un exercice public et rapporté un certificat de capacité sur tous les objets énoncés en l'article 2.

Art. 5. Pour toutes les autres places et fonctions ecclésiastiques, il suffira d'avoir soutenu un exercice public sur la morale et sur le dogme, et d'avoir obtenu sur ces objets un certificat de capacité.

Art. 6 Les directeurs et professeurs seront nommés par le premier consul, sur les indications qui seront données par l'archevêque et les évêques suffragants.

Art. 7. — Il sera accordé une maison nationale et une bibliothèque pour chacun des établissements dont il s'agit, et il sera assigné une somme convenable pour l'entretien et les frais desdits établissements.

Art. 8. Il sera pourvu par des règlements d'administration publique à l'exécution de la présente loi.

15 germinal an XII (5 avril 1804.) — *Arrêté relatif au traitement des ministres protestants.*

Art. 1er. Le traitement des pasteurs des églises protestantes est réglé d'après la population des communes dans lesquelles ils exerceront leur ministère.

Art. 2. Les pasteurs protestants des églises des communes, dont la population est au-dessus de trente mille âmes, sont pasteurs de première classe; ceux des communes dont la population s'élève depuis cinq mille âmes inclusivement, jusques à trente mille âmes, sont pasteurs de seconde classe, et ceux des communes dont la population est exclusivement au-dessous de cinq mille âmes, sont pasteurs de troisième classe.

Art. 3. — Le traitement des pasteurs de la première classe est de deux mille francs; celui des pasteurs de la seconde classe est de quinze cents francs; celui des pasteurs de la dernière classe est de mille francs.

Art. 4. Le traitement des pasteurs court du jour où le premier consul a confirmé leur nomination.

Art. 5. Le traitement des pasteurs sera payé par trimestre.

Art. 6. Le traitement des pasteurs est insaisissable.

. . . .

11 prairial an XII (31 mai 1804). — *Décret contenant règlement sur une nouvelle circonscription des succursales* (extrait).

Art. 1er. Conformément aux articles 60 et 61 de la loi du 18 germinal an X, les évêques, de concert avec les préfets, procéderont à une nouvelle circonscription des succursales, de manière que leur nombre ne puisse excéder les besoins des fidèles.

Art. 2. Les préfets demanderont l'avis des communes intéressées, à l'effet de connaître les localités et toutes les circonstances qui pourront déterminer la réunion des communes susceptibles de former un seul territoire dépendant de la même succursale.

Art. 3. Les plans de la nouvelle circonscription seront adressés au conseiller d'État chargé de toutes les affaires concernant les cultes, et ils ne pourront être mis à exécution qu'en vertu d'un décret impérial.

. . . .

23 prairial an XII (12 juin 1804). — *Décret sur les sépultures.*

TITRE PREMIER.

DES SÉPULTURES ET DES LIEUX QUI LEUR SONT CONSACRÉS.

Art. 1er. Aucune inhumation n'aura lieu dans les églises, temples, synagogues, hôpitaux, chapelles publiques, et généralement dans aucun des édifices clos et fermés où les citoyens se réunis-

sent pour la célébration de leurs cultes, ni dans l'enceinte des villes et bourgs.

Art. 2. Il y aura, hors de chacune de ces villes et bourgs, à la distance de trente-cinq à quarante mètres au moins de leur enceinte, des terrains spécialement consacrés à l'inhumation des morts.

Art. 3. Les terrains les plus élevés et exposés au nord seront choisis de préférence; ils seront clos de murs de deux mètres au moins d'élévation. On y fera des plantations, en prenant les précautions convenables pour ne point gêner la circulation de l'air.

Art. 4. Chaque inhumation aura lieu dans une fosse séparée : chaque fosse qui sera ouverte aura un mètre cinq décimètres à deux mètres de profondeur, sur huit décimètres de largeur, et sera ensuite remplie de terre bien foulée.

Art. 5. Les fosses seront distantes les unes des autres de trois à quatre décimètres sur les côtés, et de trois à cinq décimètres à la tête et aux pieds.

Art. 6. Pour éviter le danger qu'entraîne le renouvellement trop rapproché des fosses, l'ouverture des fosses pour de nouvelles sépultures n'aura lieu que de cinq en cinq années; en conséquence, les terrains destinés à former les lieux de sépulture seront cinq fois plus étendus que l'espace nécessaire pour y déposer le nombre présumé des morts qui peuvent y être enterrés chaque année.

TITRE II.

DE L'ÉTABLISSEMENT DES NOUVEAUX CIMETIÈRES.

Art. 7. Les communes qui seront obligées, en vertu des articles 1 et 2 du titre Ier, d'abandonner les cimetières actuels, et de s'en procurer de nouveaux hors de l'enceinte de leurs habitations, pourront, sans autre autorisation que celle qui leur est accordée par la déclaration du 10 mars 1776, acquérir les terrains qui leur seront nécessaires, en remplissant les formes voulues par l'arrêté du 7 germinal an IX.

Art. 8. Aussitôt que les nouveaux emplacements seront disposés à recevoir les inhumations, les cimetières existant seront fermés, et resteront dans l'état où ils se trouveront, sans que l'on en puisse faire usage pendant cinq ans.

Art. 9. A partir de cette époque, les terrains servant maintenant de cimetières pourront être affermés par les communes auxquelles ils appartiennent, mais à condition qu'ils ne seront qu'ensemencés ou plantés, sans qu'il puisse y être fait aucune fouille ou fondation pour des constructions de bâtiment, jusqu'à ce qu'il en soit autrement ordonné.

TITRE III.

DES CONCESSIONS DE TERRAINS DANS LES CIMETIÈRES.

Art. 10. Lorsque l'étendue des lieux consacrés aux inhumations le permettra, il pourra y être fait des concessions de terrains aux personnes qui désireront y posséder une place distincte et séparée, pour y fonder leur sépulture et celle de leurs parents ou successeurs, et y construire des caveaux, monuments ou tombeaux.

Art. 11. Les concessions ne seront néanmoins accordées qu'à ceux qui offriront de faire des fondations ou donations en faveur des pauvres et des hôpitaux, indépendamment d'une somme qui sera donnée à la commune, et lorsque ces fondations ou donations auront été autorisées par le Gouvernement, dans les formes accoutumées, sur l'avis des conseils municipaux et la proposition des préfets.

Art. 12. Il n'est point dérogé par les deux articles précédents aux droits qu'a chaque particulier, sans besoin d'autorisation, de faire placer sur la fosse de son parent ou de son ami une pierre sépulcrale ou autre signe indicatif de sépulture; ainsi qu'il a été pratiqué jusqu'à présent.

Art. 13. Les maires pourront également, sur l'avis des administrations des hôpitaux, permettre que l'on construise, dans l'enceinte de ces hôpitaux, des monuments pour les fondateurs et bienfaiteurs de ces établissements, lorsqu'ils en auront déposé le désir dans leurs actes de donation, de fondation ou de dernière volonté.

Art. 14. Toute personne pourra être enterrée sur sa propriété, pourvu que ladite propriété soit hors et à la distance prescrite de l'enceinte des villes et bourgs.

TITRE IV.

DE LA POLICE DES LIEUX DE SÉPULTURE.

Art. 15. Dans les communes où l'on professe plusieurs cultes, chaque culte doit avoir un lieu d'inhumation particulier ; et, dans les cas où il n'y aurait qu'un seul cimetière, on le partagera par des murs, haies ou fossés, en autant de parties qu'il y a de cultes différents, avec une entrée particulière pour chacune, et en proportionnant cet espace au nombre d'habitants de chaque culte.

Art. 16. Les lieux de sépulture, soit qu'ils appartiennent aux communes, soit qu'ils appartiennent aux particuliers, seront soumis à l'autorité, police et surveillance des administrations municipales.

Art. 17. Les autorités locales sont spécialement chargées de maintenir l'exécution des lois et règlements qui prohibent les exhumations non autorisées, et d'empêcher qu'il se commette dans les lieux de sépulture aucun désordre, ou qu'on s'y permette aucun acte contraire au respect dû à la mémoire des morts.

TITRE V.

DES POMPES FUNÈBRES.

Art. 18. Les cérémonies précédemment usitées pour les convois, suivant les différents cultes, seront rétablies, et il sera libre aux familles d'en régler la dépense selon leurs moyens et facultés; mais hors de l'enceinte des églises et des lieux de sépulture, les cérémonies religieuses ne seront permises que dans les communes où l'on ne professe qu'un seul culte, conformément à l'article 45 de la loi du 18 germinal an X.

Art. 19. Lorsque le ministre d'un culte, sous quelque prétexte que ce soit, se permettra de refuser son ministère pour l'inhumation d'un corps, l'autorité civile, soit d'office, soit sur réquisition de la famille, commettra un autre ministre du même culte pour remplir ces fonctions. Dans tous les cas, l'autorité civile est chargée de faire porter, présenter, déposer et inhumer les corps.

Art. 20. Les frais et rétributions à payer aux ministres des cultes et autres individus attachés aux églises et temples, tant pour l'assistance aux convois que pour les services requis par les familles, seront réglés par le Gouvernement, sur l'avis des évêques, des consistoires et des préfets, et sur la proposition du conseiller d'État chargé des affaires concernant les cultes. Il ne sera rien alloué pour leur assistance à l'inhumation des individus inscrits au rôle des indigents.

Art. 21. Le mode le plus convenable pour le transport des corps sera réglé, suivant les localités, par les maires, sauf l'approbation des préfets.

Art. 22. Les fabriques des églises et les consistoires jouiront seuls du droit de fournir les voitures, tentures, ornements, et de faire généralement toutes les fournitures quelconques nécessaires pour les enterrements et pour la décence ou la pompe des funérailles. Les fabriques et consistoires pourront faire exercer ou affermer ce droit, d'après l'approbation des autorités civiles sous la surveillance desquelles ils sont placés.

Art. 23. L'emploi des sommes provenant de l'exercice ou de l'affermage de ce droit sera consacré à l'entretien des églises, des lieux d'inhumation, et au payement des desservants. Cet emploi sera réglé et réparti sur la proposition du conseiller d'État chargé des affaires concernant les cultes, et d'après l'avis des évêques et des préfets.

Art. 24. Il est expressément défendu à toutes autres personnes quelles que soient leurs fonctions, d'exercer le droit sus-mentionné, sous telle peine qu'il appartiendra, sans préjudice des droits résultant des marchés existants, et qui ont été passés entre quelques entrepreneurs et les préfets ou autres autorités civiles, relativement aux convois et pompes funèbres.

Art. 25. Les frais à payer par les successions des personnes décédées, pour les billets d'enterrement, le prix des tentures, les bières et le transport des corps, seront fixés par un tarif proposé par les administrations municipales, et arrêté par les préfets.

Art. 26. Dans les villages et autres lieux où le droit précité ne pourra être exercé par les fabriques, les autorités locales y pourvoiront, sauf l'approbation des préfets.

3 messidor an XII (22 juin 1804). — *Décret qui ordonne la dissolution de plusieurs agrégations ou associations religieuses.*

Art. 1er. A compter du jour de la publication du présent décret, l'agrégation ou association connue sous le nom des *Pères de la foi*, d'*Adorateurs de Jésus* ou *Pacanaristes*, actuellement établis à Belley, à Amiens et dans quelques autres villes de l'empire, sera et demeurera dissoute. Seront pareillement dissoutes toutes autres congrégations ou associations formées sous prétexte de religion et non autorisées.

Art. 2. Les ecclésiastiques composant lesdites agrégations ou associations se retireront, sous le plus bref délai, dans leurs diocèses, pour y vivre conformément aux lois et sous la juridiction de l'Ordinaire.

Art. 3. Les lois qui s'opposent à l'admission de tout ordre religieux dans lequel on se lie par des vœux perpétuels continueront d'être exécutées selon leur forme et teneur.

Art. 4. Aucune agrégation ou association d'hommes ou de femmes ne pourra se former à l'avenir sous prétexte de religion, à moins qu'elle n'ait été formellement autorisée par un décret impérial, sur le vu des statuts et règlements selon lesquels on se proposerait de vivre dans cette agrégation ou association.

Art. 5. Néanmoins les agrégations connues sous les noms de *sœurs de Charité*, de *sœurs hospitalières*, de *sœurs de Saint-Thomas*, de *sœurs de Saint-Charles* et de *sœurs Vatelottes*, continueront d'exister, en conformité des arrêtés des 1er nivôse an IX, 24 vendémiaire an XI et 22 germinal an XII, à la charge par lesdites agrégations de présenter, sous le délai de six mois, leurs statuts et règlements, pour être vus et vérifiés en Conseil d'État sur le rapport du conseiller d'État chargé de toutes les affaires concernant les cultes.

Art. 6. Nos procureurs généraux près nos cours et nos procureurs impériaux sont tenus de poursuivre, ou faire poursuivre même par la voie extraordinaire, suivant l'exigence des cas, les personnes de tout sexe qui contreviendraient directement ou indirectement au présent décret, qui sera inséré au *Bulletin des lois.*

3 nivôse an XIII (24 décembre 1804). — *Avis du Conseil d'État relatif aux propriétés communales exceptées de la réunion au domaine national.*

Le Conseil d'État, qui a entendu le rapport de la section de l'Intérieur sur celui du Ministre de l'intérieur, relatif aux biens communaux ; vu la loi du 24 août 1793, sur la dette publique, etc.,

Considérant qu'il est nécessaire de déterminer d'une manière claire et qui prévienne tous les doutes, le sens de l'article 91 de la loi du 25 août 1793, portant que tout l'actif des communes pour le compte desquelles le Gouvernement se charge d'acquitter les dettes, excepté les biens communaux et les objets destinés pour les établissements publics, appartient dès ce jour à la nation, jusqu'à concurrence desdites dettes, et d'expliquer l'exception prononcée audit article pour les objets destinés aux établissements publics,

Est d'avis : 1° que les propriétés susceptibles d'être réunies au domaine national sont, outre les créances dues par la République aux communes, ou par des particuliers aux mêmes communes, les biens patrimoniaux que les communes afferment ou louent pour en retirer une rente ; 2° que les halles, les places, les marchés... ne peuvent être, non plus que les biens communaux, réunis au domaine ; 3° que les bâtiments, maisons et emplacements nécessaires au service public de la commune, qui sont employés comme tels, sans être loués ou affermés pour produire une rente, comme les hôtels de ville, les prisons, *les presbytères, les églises rendues au culte,* les halles, les boucheries, etc. *ne peuvent cesser d'appartenir aux communes ;* 4° que toutes les dispositions contraires au présent avis doivent être annulées.

2 pluviôse an XIII (22 janvier 1805). — *Avis du Conseil d'État sur la propriété des églises et presbytères abandonnés aux communes, en exécution de la loi du 18 germinal an X.*

Le Conseil d'État, qui, d'après le renvoi fait par Sa Majesté l'Empereur, a entendu les rapports de la section des Finances et de l'Intérieur sur ceux des Ministres des finances et de l'intérieur, tendant à faire décider par Sa Majesté Impériale la question de savoir si les communes sont devenues propriétaires des églises et presbytères qui leur ont été abandonnés en exécution de la loi du 18 germinal an X,

Est d'avis que lesdits églises et presbytères doivent être considérés comme propriétés communales.

15 ventôse an XIII (6 mars 1805). — *Décret sur la restitution des biens non aliénés, provenant des métropoles et des cathédrales, etc.*

Art. 1er. En exécution de l'arrêté du 7 thermidor an XI, les biens et rentes non aliénés provenant des fabriques des métropoles et cathédrales des anciens diocèses ;

Ceux provenant des fabriques des ci-devant chapitres métropolitains et cathédraux,

Appartiendront aux fabriques des métropoles et cathédrales, et à celles des chapitres des diocèses actuels dans l'étendue desquels ils sont situés quant aux biens, et payables quant aux rentes.

Art. 2. Les biens et les rentes non aliénés provenant des fabriques des collégiales appartiendront aux fabriques des cures et succursales dans l'arrondissement desquelles sont situés les biens et payables les rentes.

Sont maintenues toutes les dispositions de l'arrêté du 7 thermidor an XI auxquelles il n'est pas dérogé par le présent décret.

7 germinal an XIII (28 mars 1805). — *Décret concernant l'impression des livres d'église des heures et des prières.*

Art. 1er. Les livres d'église, les heures et prières, ne pourront être imprimés ou réimprimés que d'après la permission donnée par les évêques diocésains, laquelle permission sera textuellement rapportée et imprimée en tête de chaque exemplaire.

Art. 2. Les imprimeurs-libraires qui feraient imprimer, réimprimer des livres d'églises, des heures ou des prières, sans avoir obtenu cette permission, seront poursuivis conformément à la loi du 19 juillet 1793.

28 messidor an XIII (17 juillet 1805). — *Décret sur les biens et rentes provenant des confréries.*

Art. 1er. En exécution de l'arrêté du 7 thermidor an XI, les biens non aliénés et les rentes non transférées, provenant des confréries établies précédemment dans les églises paroissiales, appartiendront aux fabriques.

Art. 2. Les biens et rentes de chaque espèce qui proviendraient de confréries établies dans les églises actuellement supprimées seront réunis à ceux des églises conservées, et dans l'arrondissement desquelles ils se trouvent.

13 thermidor an XIII (1er août 1805). — *Décret qui ordonne un prélèvement sur le produit de la location des bancs et chaises pour former un fonds de secours.*

Art. 1er. Le sixième du produit de la location des bancs, chaises et places dans les églises, faite en vertu des règlements des évêques pour les fabriques de leurs diocèses, après déduction des sommes que les fabriques auront dépensées pour établir ces bancs et chaises, sera prélevé pour former un fonds de secours à répartir entre les ecclésiastiques âgés ou infirmes.

Art. 2. Les évêques adresseront au ministre des cultes, dans le mois qui suivra la publication du présent décret, un projet de règlement pour déterminer le mode et les précautions relatifs à ce prélèvement, ainsi que la manière d'en appliquer le résultat et d'en faire la distribution.

22 fructidor an XIII (9 septembre 1805). — *Décret sur l'administration des biens rendus aux fabriques.*

Les biens et revenus rendus aux fabriques par les décret et décision des 7 thermidor an XI et 25 frimaire an XII, soit qu'ils soient ou non chargés de fondations pour messes, obits et autres services religieux, seront administrés et perçus par les administrateurs desdites fabriques, nommés conformément à l'arrêté du 7 thermidor an XI ; ils payeront aux curés desservants ou vicaires, selon le règlement du diocèse, les messes, obits ou autres services auxquels lesdites fondations donnent lieu, conformément au titre.

10 brumaire an XIV. — *Décret sur les oratoires protestants.*

Art. 1er. Les oratoires protestants autorisés dans l'étendue de l'empire sont annexés à l'église consistoriale la plus voisine de chacun d'eux.

Art. 2. Les pasteurs des oratoires sont attachés à l'église consistoriale à laquelle l'oratoire est annexé.

10 brumaire an XIV. — *Décret concernant les changements et démissions des pasteurs protestants.*

Art. 1er. Les pasteurs des églises protestantes de la Communion d'Augsbourg et de la Communion réformée ne pourront quitter leurs églises, pour exercer leur ministère dans une autre, ni donner leur démission, sans en avoir prévenu leur consistoire six mois d'avance, dans l'une de ses assemblées ordinaires.

Art. 2. Les consistoires feront parvenir, sans délai, au ministre des cultes une expédition de la délibération qui sera prise à ce sujet.

Art. 3. Lorsqu'un pasteur aura donné sa démission au consistoire, soit qu'il ait le projet ou non de passer dans une autre église, le consistoire sera tenu d'envoyer incontinent une expédition au ministre des cultes, avec son acceptation ou les motifs de son refus.

18 mai 1806. — *Décret concernant le service dans les églises et les convois funèbres.* (Extrait).

TITRE PREMIER.

RÈGLES GÉNÉRALES POUR LES ÉGLISES.

TITRE II.

SERVICE POUR LES MORTS DANS LES ÉGLISES.

Art. 4. Dans toutes les églises, les curés, desservants et vicaires feront gratuitement le service exigé pour les morts indigents. L'indigence sera constatée par un certificat de la municipalité.

Art. 5. Si l'église est tendue pour recevoir un convoi funèbre, et qu'on présente ensuite le corps d'un indigent, il est défendu de détendre jusqu'à ce que le service de ce mort soit fini.

Art. 6. Les règlements déjà dressés, et ceux qui le seront à l'avenir par les évêques sur cette matière, seront soumis par notre ministre des cultes à notre approbation.

Art. 7. Les fabriques feront par elles-mêmes ou feront faire par entreprise aux enchères toutes les fournitures nécessaires au service des morts dans l'intérieur de l'église, et toutes celles qui sont relatives à la pompe des convois, sans préjudice aux droits des entrepreneurs qui ont des marchés existants. Elles dresseront, à cet effet, des tarifs et des tableaux gradués par classes. Ils seront communiqués aux conseils municipaux et aux préfets, pour y donner leur avis, et seront soumis par notre ministre des cultes, pour chaque ville, à notre approbation. Notre ministre de l'intérieur nous transmettra pareillement, à cet égard, les avis des conseils municipaux et des préfets.

Art. 8. Dans les grandes villes, toutes les fabriques se réuniront pour ne former qu'une seule entreprise.

TITRE III.

DU TRANSPORT DES CORPS.

Art. 9. Dans les communes où il n'existe pas d'entreprise et de marché pour les sépultures, le mode du transport des corps sera réglé par les préfets et les conseils municipaux. Le transport des indigents sera fait gratuitement.

Art. 10. Dans les communes populeuses, où l'éloignement des cimetières rend le transport coûteux, et où il est fait avec des voitures, les autorités municipales, de concert avec les fabriques, feront adjuger aux enchères l'entreprise de ce transport, des travaux nécessaires à l'inhumation, et de l'entretien des cimetières.

Art. 11. Le transport des morts indigents sera fait décemment et gratuitement ; tout autre transfert sera assujetti à une taxe fixe. Les familles qui voudront quelque pompe traiteront avec l'entrepreneur, suivant un tarif qui sera dressé à cet effet. Les règlements et marchés qui fixeront cette taxe et le tarif seront délibérés par les conseils municipaux, et soumis ensuite, avec l'avis du préfet, par notre ministre de l'intérieur, à notre approbation.

Art. 12. Il est interdit, dans ces règlements et marchés, d'exiger aucune surtaxe pour les présentations et stations à l'église, toute personne ayant également le droit d'y être présentée.

Art. 13. Il est défendu d'établir aucun dépositoire dans l'enceinte des villes.

Art. 14. Les fournitures précitées dans l'article 11, dans les villes où les fabriques ne fournissent pas elles-mêmes, seront données ou en régie intéressée, ou en entreprise, à un seul régisseur ou entrepreneur. Le cahier des charges sera proposé par le conseil municipal, d'après l'avis de l'évêque, et arrêté définitivement par le préfet.

Art. 15. Les adjudications seront faites selon le mode établi par les lois et règlements pour tous les travaux publics. En cas de contestations entre les autorités civiles, les entrepreneurs et les fabriques, sur les marchés existants, il y sera statué sur les rapports de nos ministres de l'intérieur et des cultes. L'arrêté du préfet de la Seine, du 5 mars 1806, est approuvé.

30 mai 1806. — *Décret qui réunit aux biens des fabriques les églises et presbytères supprimés.*

Art. 1er. Les églises et presbytères qui, par suite de l'organisation ecclésiastique, seront supprimés, font partie des biens restitués aux fabriques, et sont réunis à celles des cures et succursales dans l'arrondissement desquelles ils seront situés. Ils pourront être échangés, loués ou aliénés, au profit des églises et des presbytères des chefs-lieux.

Art. 2. — Les échanges ou aliénations n'auront lieu qu'en vertu des décrets de Sa Majesté.

Art. 3. Les baux à loyer devront être approuvés par le préfet.

Art. 4. Les produits des locations ou aliénations des églises et les revenus des biens pris en échange seront employés, soit à l'acquisition des presbytères, ou de toute autre manière, aux dépenses du logement des curés et desservants dans les chefs-lieux de cure ou succursale où il n'existe plus de presbytère.

Art. 5. Les réparations à faire aux églises et aux presbytères seront constatées par des devis estimatifs, ordonnées par les préfets, à la diligence des marguilliers nommés en vertu de l'arrêté du 7 thermidor an XI.

Art. 6. Les préfets enverront aux ministres de l'intérieur et des cultes l'état estimatif des églises et presbytères supprimés dans chaque arrondissement de cures ou succursales, en même temps que l'état des réparations à faire aux églises et presbytères conservés.

19 juin 1806. — *Décret portant que les hospices et bureaux de bienfaisance doivent payer aux fabriques la rétribution des services religieux fondés sur les biens dont ils auraient été mis en possession.*

Art. 1er. Les administrations des hospices et des bureaux de bienfaisance qui, en vertu de la loi du 4 ventôse an IX, et des arrêtés y relatifs, auront été mis en possession de quelques biens et rentes chargés précédemment de fondations pour quelques services religieux, payeront régulièrement la rétribution de ces services religieux, conformément à notre décret du 22 fructidor an XIII, aux fabriques des églises auxquelles ces fondations doivent retourner.

Art. 2. Le payement des arrérages de cette rétribution s'effectuera à compter du 1er vendémiaire an XII, et dans les trois mois qui suivront la publication de notre présent décret.

Art. 3. Les fabriques veilleront à l'exécution des fondations, et en compteront le prix aux prêtres qui les auront acquittées, aux termes de notre dit décret du 22 fructidor an XIII.

Art. 4. Dans les trois mois à compter d'aujourd'hui, les préfets donneront connaissance aux fabriques respectives des fonctions qui leur compètent, en conséquence de l'article 1er ci-dessus, et ils en enverront un état à notre ministre des cultes.

31 juillet 1806. — *Décret concernant les biens des fabriques des églises supprimées.*

Vu l'article 2 de l'arrêté du gouvernement du 7 thermidor an XI, portant, etc. ;

Considérant que la réunion des églises est le seul motif de la concession des biens des fabriques de ces églises ; que c'est une mesure de justice que le Gouvernement a adoptée pour que le service des églises supprimées fût continué dans les églises conservées, et pour que les intentions des donateurs ou des fondateurs fussent remplies ; que par conséquent il ne suffit pas qu'un bien de fabrique soit situé dans le territoire d'une paroisse ou succursale pour qu'il appartienne à celle-ci ; qu'il faut encore que l'église à laquelle ce bien a appartenu soit réunie à cette paroisse ou succursale :

Notre Conseil d'État entendu, etc.

Art. 1er. — Les biens des fabriques des églises supprimées appartiennent aux fabriques des églises auxquelles les églises supprimées sont réunies, quand même ces biens seraient situés dans des communes étrangères.

25 mars 1807. — *Décret qui fixe l'âge de la consécration au ministère évangélique.*

Art. 1er. — L'âge de la consécration au ministère évangélique des cultes protestants de l'une et de l'autre communion est fixé à vingt-cinq ans.

Art. 2. Nul ne pourra désormais être admis à exercer les fonctions de pasteur qu'il n'en ait justifié à notre ministre des cultes.

30 avril 1807. — *Avis du Conseil d'État sur plusieurs questions relatives aux biens et rentes sur lesquels les fabriques et les hospices peuvent réciproquement prétendre des droits.*

Le Conseil d'État, qui, sur le renvoi ordonné par Sa Majesté l'Empereur et Roi, a pris connaissance : 1° D'un rapport du Ministre de l'intérieur, en date du 8 avril 1806 ; 2° de celui du Ministre des cultes, du 18 juin 1806 ; de celui du Ministre des finances, du 4 mars 1807, par lesquels les ministres proposent ou discutent les quatre questions suivantes :

1° Les biens des fabriques que les hospices ont découverts depuis la loi du 13 brumaire an II, qui les déclare nationaux, jusqu'à l'arrêté du 7 thermidor an XI, qui les rend aux fabriques, appartiennent-ils aux hospices par le fait seul de la découverte, et sans qu'ils en aient été envoyés en possession ?

2° Peut-on ranger parmi les domaines nationaux usurpés, et, en conséquence, appliquer les dispositions de la loi du 4 ventôse, an IX, à des biens de fabriques dont la rente a cessé, à la vérité, d'être servie à la régie, mais dont le bail ne remonte pas plus haut qu'à l'année 1786 ?

3° L'arrêté du 7 thermidor an XI, lequel met en réserve *les rentes destinées aux hospices qui, à cette époque, ne leur auront pas été transportées par un transfert légal,* est-il applicable à toute espèce de rentes attribuées aux hospices, soit en payement de leurs créances sur le Gouvernement, en vertu de l'arrêté du 15 brumaire an IX, soit à titre de découverte, en vertu de la loi du 4 ventôse an IX ?

La décision du Gouvernement, du 7 nivôse an XII, qui restreint l'attribution des hospices aux rentes que leurs propres agents découvriraient, peut-elle s'appliquer aux rentes découvertes antérieurement par les préposés de la régie, et lorsque l'arrêté du 15 brumaire an IX imposait à ces préposés le devoir de poursuivre la restitution de ces rentes au profit des hospices ?

Estime que la première question est clairement résolue par l'article 1er de l'arrêté du 7 thermidor an XI, où on lit que « les biens des fabriques non aliénés, ainsi que les rentes dont elles jouissaient, et dont le transfert n'a pas été fait, seront rendus à leur destination ; » d'où il suit que tout immeuble ou rente pro-

venant des fabriques, de confréries, de fondations ou de fabriques d'anciens chapitres, dont l'aliénation ou le transfert n'avait pas été consommé antérieurement à la promulgation des arrêtés des 7 thermidor an XI, 25 frimaire an XII, 25 frimaire an XII, 15 ventôse an XIII, 28 messidor an XIII, retourne aux fabriques, et doit leur être restitué, quelles qu'aient été les démarches préliminaires des hospices pour en obtenir la jouissance, et que ces démarches leur donnent seulement le droit de répéter contre les fabriques le remboursement des frais faits pour parvenir à la découverte et à l'envoi en possession desdits biens ;

Sur la seconde question, que la loi du 4 ventôse an IX a affecté aux hospices les rentes celées et les domaines ; usurpés que l'arrêté du 27 frimaire an XI a défini ce qu'on devait entendre par *rentes celées,* et que, s'il restait quelque doute sur l'expression de *domaines usurpés,* il serait levé par l'article 6 de l'arrêté du 7 thermidor an XI, qui autorise les hospices à poursuivre tous fermiers, locataires, concessionnaires et autres, *jouissant à quelque titre que ce soit,* s'ils n'ont pas déclaré, conformément à l'article 37 des décrets des 7 et 11-24 août 1790, comment et en vertu de quoi ils jouissent, s'ils n'ont pas représenté et fait parafer leurs titres ; que la date et la nature du titre sont ici indifférents, puisque, *quel qu'il soit,* il suffit qu'il n'ait point été déclaré en exécution de la loi de 1790, qu'il ne soit pas rappelé aux registres de la régie, et que le service de la rente ait été interrompu pendant les délais déterminés, pour caractériser l'espèce d'usurpation qui donne ouverture aux droits des hospices.

Sur la troisième, que l'arrêté du 7 thermidor an XI, lorsqu'il a suspendu le transfert des rentes au profit des hospices, n'a frappé que sur les capitaux de rentes servies à la régie et bien connus, qui avaient été affectées au payement de leur dette arriérée par l'arrêté du 15 brumaire an IX, suspension motivée par la circonstance où ces rentes avaient été précédemment, et par arrêté du 27 prairial an VIII, affectées au rachat des rescriptions émises par la trésorerie, et qu'on aurait de justes raisons de craindre que ces rentes ne suffisent pas à l'une et à l'autre destination ; mais qu'on ne doit pas confondre ces rentes servies à la régie des domaines, connues, et qui avaient une affectation précédente, avec des rentes inconnues et souvent douteuses, auxquelles il était bien impossible de donner une affectation, et qui appartiennent aux hospices par le fait seul de la découverte constatée, à moins qu'elles ne proviennent de fabriques ;

Sur la quatrième question, que l'on ne peut, dans aucun cas, attribuer aux hospices une rente dont le service aurait été interrompu, mais qui aurait été découverte par un agent du domaine, puisque la découverte a dû être constatée sur-le-champ par une inscription aux registres de la régie, et que l'une des conditions essentielles de l'abandon d'une rente aux hospices, c'est qu'il ne s'en trouve aucune mention sur ces registres. Les préposés de la régie ne se trouvent-point compris parmi les fonctionnaires publics prévus par l'article 5 de l'arrêté du 15 brumaire an IX ; jamais on n'a entendu leur imposer le devoir de rechercher des rentes au profit des hospices, ni les dispenser de celui d'en rechercher au profit de la régie.

30 septembre 1807. — *Décret qui augmente le nombre des succursales et permet l'établissement de chapelles et d'annexes.* (Extrait.)

TITRE PREMIER.

DES SUCCURSALES.

TITRE II.

DES CHAPELLES OU ANNEXES.

Art. 8 Dans les paroisses ou succursales trop étendues, et

lorsque la difficulté des communications l'exigera, il pourra être établi des chapelles.

Art. 9. L'établissement de ces chapelles devra être préalablement provoqué par une délibération du conseil général de la commune, dûment autorisé à s'assembler à cet effet, et qui contiendra l'engagement de doter le chapelain.

Art. 10. La somme qui sera proposée pour servir de traitement à ce chapelain sera énoncée dans la délibération, et, après que nous aurons autorisé l'établissement de la chapelle, le préfet arrêtera et rendra exécutoire le rôle de répartition de ladite somme.

Art. 11. Il pourra également être érigé une annexe, sur la demande des principaux contribuables d'une commune, et sur l'obligation personnelle qu'ils souscriront de payer le vicaire; laquelle sera rendue exécutoire par l'homologation et à la diligence du préfet, après l'érection de l'annexe.

Art. 12. Expéditions desdites délibérations, demandes, engagements, obligations, seront adressées au préfet du département et à l'évêque diocésain, lesquels, après s'être concertés, adresseront chacun leur avis sur l'érection de l'annexe à notre ministre des cultes, qui nous en fera rapport.

Art. 13. Les chapelles ou annexes dépendront des cures ou succursales dans l'arrondissement desquelles elles seront placées ; elles seront sous la surveillance des curés ou desservants, et le prêtre qui y sera attaché n'exercera qu'en qualité de vicaire ou de chapelain.

7 janvier 1808. *Décret relatif aux ecclésiastiques nommés évêques* in partibus.

Art. 1er. En exécution de l'article 17 du Code civil, nul ecclésiastique français ne pourra poursuivre ni accepter la collation d'un évêché *in partibus*, faite par le Pape, s'il n'y a été préalablement autorisé par nous, sur le rapport de notre Ministre des cultes.

Art. 2. Nul ecclésiastique français, nommé à un évêché *in partibus*, conformément aux dispositions de l'article précédent, ne pourra recevoir la consécration avant que ses bulles aient été examinées en Conseil d'État, et que nous en ayons permis la publication.

17 mars 1808. *Décret qui ordonne l'exécution d'un règlement du 10 décembre 1806 sur les juifs.*

Le règlement délibéré dans l'assemblée générale des juifs tenue à Paris, le 10 décembre 1806, sera exécuté et annexé au présent décret.

Les députés composant l'assemblée des israélites, convoqués par décret du 30 mai 1806, après avoir entendu le rapport de la commission des neuf, nommée pour préparer les travaux de l'assemblée, délibérant sur l'organisation qu'il conviendrait de donner à leurs coreligionnaires de l'empire français et du royaume d'Italie, relativement à l'exercice de leur culte et à sa police intérieure, ont adopté unanimement le projet suivant.

Art. 1er. Il sera établi une synagogue et un consistoire israélite dans chaque département renfermant deux mille individus professant la religion de Moïse.

Art. 2. Dans le cas où il ne se trouvera pas deux mille israélites dans un seul département, la circonscription de la synagogue consistoriale embrassera autant de départements, de proche en proche, qu'il en faudra pour les réunir. Le siège de la synagogue sera toujours dans la ville dont la population israélite sera la plus nombreuse.

Art. 3. Dans aucun cas il ne pourra y avoir plus d'une synagogue consistoriale par département.

Art. 4. Aucune synagogue particulière ne sera établie, si la proposition n'en est faite par la synagogue consistoriale à l'autorité compétente. Chaque synagogue particulière sera administrée par deux notables et un rabbin, lesquels seront désignés par l'autorité compétente.

Art. 5. Il y aura un grand rabbin par synagogue consistoriale.

Art. 6. Les consistoires seront composés d'un grand rabbin, d'un autre rabbin, autant que faire se pourra, et de trois autres israélites, dont deux seront choisis parmi les habitants de la ville où siégera le consistoire.

Art. 7. Le consistoire sera présidé par le plus âgé de ses membres, qui prendra le nom d'ancien du consistoire.

Art. 8. Il sera désigné par l'autorité compétente, dans chaque circonscription consistoriale, des notables, au nombre de vingt-cinq, choisis parmi les plus imposés et les plus recommandables des israélites.

Art. 9. Les notables procéderont à l'élection des membres du consistoire, qui devront être agréés par l'autorité compétente.

Art. 10. Nul ne pourra être membre du consistoire : 1° s'il n'a trente ans; 2° s'il a fait faillite, à moins qu'il ne soit honorablement réhabilité; 3° s'il est connu pour avoir fait l'usure.

Art. 11. Tout israélite qui voudra s'établir en France ou dans le royaume d'Italie, devra en donner connaissance, dans le délai de trois mois, au consistoire le plus voisin du lieu où il fixera son domicile.

Art. 12. Les fonctions du consistoire seront : 1° de veiller à ce que les rabbins ne puissent donner, soit en public, soit en particulier, aucune instruction ou explication de la loi qui ne soit conforme aux réponses de l'assemblée, converties en décisions doctrinales par le grand sanhédrin; 2° de maintenir l'ordre dans l'intérieur des synagogues, surveiller l'administration des synagogues particulières, régler la perception et l'emploi des sommes destinées aux frais du culte mosaïque, et veiller à ce que, pour cause ou sous prétexte de religion, il ne se forme, sans une autorisation expresse, aucune assemblée de prières; 3° d'encourager, par tous les moyens possibles, les israélites de la circonscription consistoriale à l'exercice des professions utiles, et de faire connaître à l'autorité ceux qui n'ont pas des moyens d'existence avoués; 4° de donner, chaque année à l'autorité, connaissance du nombre de conscrits israélites de la circonscription.

Art. 13. Il y aura à Paris un consistoire central, composé de trois rabbins et de deux autres israélites.

Art. 14. Les rabbins du consistoire central seront pris parmi les grands rabbins, et les autres membres seront assujettis aux conditions de l'éligibilité, portées en l'article 10.

Art. 15. Chaque année il sortira un membre du consistoire central, lequel sera toujours rééligible.

Art. 16. Il sera pourvu à son remplacement par les membres restants. Le nouvel élu ne sera installé qu'après avoir obtenu l'agrément de l'autorité compétente.

Art. 17. Les fonctions du consistoire central seront : 1° de correspondre avec les consistoires; 2° de veiller, dans toutes ses parties, à l'exécution du présent règlement; 3° de déférer à l'autorité compétente toutes les atteintes portées à l'exécution dudit règlement, soit par infraction, soit par inobservation; 4° de confirmer la nomination des rabbins, et de proposer, quand il y aura lieu, à l'autorité compétente la destitution des rabbins et des membres des consistoires.

Art. 18. L'élection du grand rabbin se fait par les vingt-cinq notables désignés en l'article 8.

Art. 19. Le nouvel élu ne pourra entrer en fonctions qu'après avoir été confirmé par le consistoire central.

Art. 20. Aucun rabbin ne pourra être élu : 1° s'il n'est natif ou naturalisé Français ou Italien du royaume d'Italie; 2° s'il ne rapporte une attestation de capacité souscrite par trois grands rabbins italiens, s'il est Italien, et français, s'il est Français ; et, à dater de 1820, s'il ne sait la langue française en France, et l'italienne dans le royaume d'Italie. Celui qui joindra à la connaissance de la langue hébraïque quelques connaissances des langues grecque et latine sera préféré, toutes choses égales d'ailleurs.

Art. 21. Les fonctions des rabbins sont : 1° d'enseigner la religion ; 2° la doctrine renfermée dans les décisions du grand sanhédrin ; 3° de rappeler, en toute circonstance, l'obéissance aux lois, notamment et en particulier à celles relatives à la défense de la patrie, mais d'y exhorter plus spécialement tous les ans, à l'époque de la conscription, depuis le premier appel de l'autorité jusqu'à la complète exécution de la loi ; 4° de faire considérer aux israélites le service militaire comme un devoir sacré, et de leur déclarer que, pendant le temps où ils se consacreront à ce service, la loi les dispense des observances qui ne pourraient point se concilier avec lui ; 5° de prêcher dans les synagogues, et réciter les prières qui s'y font en commun pour l'empereur et la famille impériale ; 6° de célébrer les mariages et de déclarer les divorces, sans qu'ils puissent, dans aucun cas, y procéder que les parties requérantes ne leur aient bien et dûment justifié de l'acte civil de mariage ou de divorce.

Art. 22. Le traitement des rabbins membres du consistoire central est fixé à six mille francs ; celui des grands rabbins des synagogues consistoriales, à trois mille francs ; celui des rabbins des synagogues particulières sera fixé par la réunion des israélites qui auront demandé l'établissement de la synagogue ; il ne pourra être moindre de mille francs. Les israélites des circonscriptions respectives pourront voter l'augmentation de ce traitement.

Art. 23. Chaque consistoire proposera à l'autorité compétente un projet de répartition entre les israélites de la circonscription, pour l'acquittement du salaire des rabbins ; les autres frais du culte seront déterminés et répartis, sur la demande des consistoires, par l'autorité compétente. Le payement des rabbins membres du consistoire central sera prélevé proportionnellement sur les sommes perçues dans les différentes circonscriptions.

Art. 24. Chaque consistoire désignera hors de son sein un israélite non rabbin pour recevoir les sommes qui devront être perçues dans la circonscription.

Art. 25. Ce receveur payera par quartier les rabbins, ainsi que les autres frais du culte, sur une ordonnance signée au moins par trois membres du consistoire. Il rendra ses comptes chaque année, à jour fixe, au consistoire.

Art. 26. Tout rabbin qui, après la mise en activité du présent règlement, ne se trouvera pas employé, et qui voudra cependant conserver son domicile en France ou dans le royaume d'Italie, sera tenu d'adhérer, par une déclaration formelle et qu'il signera, aux décisions du grand sanhédrin. Copie de cette déclaration sera envoyée par le consistoire qui l'aura reçue au consistoire central.

Art. 27. Les rabbins membres du grand sanhédrin seront préférés, autant que faire se pourra, à tous autres pour les places de grands rabbins.

17 mars 1808. *Décret qui prescrit des mesures pour l'exécution du règlement du 10 décembre 1806, concernant les juifs.*

Art. 1er. Pour l'exécution de l'article 1er règlement délibéré par l'assemblée générale des juifs, exécution qui a été ordonnée par notre décret de ce jour, notre Ministre des cultes nous présentera le tableau des synagogues consistoriales à établir, leur circonscription et le lieu de leur établissement. Il prendra préalablement l'avis du consistoire central. Les départements de l'empire qui n'ont pas actuellement de population israélite seront classés, par un tableau supplémentaire, dans les arrondissements des synagogues consistoriales, pour les cas où des israélites venant à s'y établir, ils auraient besoin de recourir à un consistoire.

Art. 2. Il ne pourra être établi de synagogue particulière, suivant l'article 4 dudit règlement, que sur l'autorisation donnée par nous en Conseil d'État, sur le rapport de notre Ministre des cultes, et sur le vu : 1° de l'avis de la synagogue consistoriale ; 2° de l'avis du consistoire central ; 3° de l'avis du préfet du département ; 4° de l'état de la population israélite que comprendra la synagogue nouvelle. La nomination des administrateurs des synagogues particulières sera faite par le consistoire départemental, et approuvée par le consistoire central. Le décret d'établissement de chaque synagogue particulière en fixera la circonscription.

Art. 3. La nomination des notables dont il est parlé en l'article 8 dudit règlement sera faite par notre ministre de l'intérieur, sur la présentation du consistoire central, et l'avis des préfets.

Art. 4. La nomination des membres des consistoires départementaux sera présentée à notre approbation par notre Ministre des cultes, sur l'avis des préfets des départements compris dans l'arrondissement de la synagogue.

Art. 5. Les membres du consistoire central dont il est parlé à l'article 13 dudit règlement seront nommés, pour la première fois, par nous, sur la présentation de notre Ministre des cultes, et parmi les membres de l'assemblée générale des juifs ou du grand sanhédrin.

Art. 6. Le même ministre présentera à notre approbation le choix du nouveau membre du consistoire central, qui sera désigné chaque année, selon les articles 15 et 16 dudit règlement.

---

18 février 1809. — *Décret relatif aux congrégations ou maisons hospitalières de femmes.*

SECTION I. — *Dispositions générales.*

Art. 1er. Les congrégations ou maisons hospitalières de femmes, savoir : celles dont l'institution a pour but de desservir les hospices de notre Empire, d'y servir les infirmes, les malades et les enfants abandonnés, ou de porter aux pauvres des soins, des secours, des remèdes à domicile, sont placées sous la protection de Madame, notre très chère et honorée mère.

Art. 2. Les statuts de chaque congrégation ou maison séparée seront approuvés par nous, et insérés au Bulletin des lois, pour être reconnus, et avoir force d'institution publique.

Art. 3. Toute congrégation d'hospitalières, dont les statuts n'auront pas été approuvés et publiés avant le 1er janvier 1810, sera dissoute.

Art. 4. Le nombre des maisons, le costume et les autres privilèges qu'il est dans notre intention d'accorder aux congrégations hospitalières, seront spécifiés dans les brevets d'institution.

Art. 5. Toutes les fois que les administrations des hospices ou des communes voudraient étendre les bienfaits de cette institution aux hôpitaux de leurs communes ou arrondissements, les demandes seront adressées par les préfets au Ministre des cultes, qui, de concert avec les supérieures des congrégations, donnera des ordres pour l'établissement des nouvelles maisons quand cela sera nécessaire : notre Ministre des cultes soumettra l'institution des nouvelles maisons à notre approbation.

SECTION II. — *Noviciats et vœux.*

Art. 6. Les congrégations hospitalières auront des noviciats, en se conformant aux règles établies à ce sujet par leurs statuts.

Art. 7. Les élèves ou novices ne pourront contracter des vœux si elles n'ont seize ans accomplis. Les vœux des novices âgées de moins de vingt et un ans ne pourront être que pour un an. Les novices seront tenues de présenter les consentements demandés pour contracter mariage, par les articles 148, 149, 150, 159 et 160 du Code civil.

Art. 8. A l'âge de vingt et un ans, ces novices pourront s'engager pour cinq ans. Ledit engagement devra être fait en présence de l'évêque, ou d'un ecclésiastique délégué par l'évêque, et de l'officier civil, qui dressera l'acte, et le consignera sur un registre double, dont un exemplaire sera déposé entre les mains de la supérieure, et l'autre à la municipalité, et, pour Paris, à la préfecture de police.

Section III. — Revenus, biens et donations.

Art. 9. Chaque hospitalière conservera l'entière propriété de ses biens et revenus, et le droit de les administrer et d'en disposer conformément au Code civil.

Art. 10. Elle ne pourra, par actes entre vifs, ni y renoncer au profit de sa famille, ni en disposer, soit au profit de la congrégation, soit en faveur de qui que ce soit.

Art. 11. Il ne sera perçu, pour l'enregistrement des actes de donations, legs ou acquisitions légalement faits en faveur des congrégations hospitalières, qu'un droit fixe d'un franc.

Art. 12. Les donations seront acceptées par la supérieure de la maison, quand la donation sera faite à une maison spéciale, et par la supérieure générale, quand la donation sera faite à toute la congrégation.

Art. 13. Dans tous les cas, les actes de donation ou legs doivent, pour la demande d'autorisation à fin d'accepter, être remis à l'évêque du lieu du domicile du donateur ou testateur, pour qu'il les transmette, avec son avis, à notre Ministre des cultes.

Art. 14. Les donations, revenus et biens des congrégations religieuses, de quelque nature qu'ils soient, seront possédés et régis conformément au Code civil, et ils ne pourront être administrés que conformément à ce Code et aux lois et règlements sur les établissements de bienfaisance.

Art. 15. Le compte des revenus de chaque congrégation ou maison séparée sera remis chaque année à notre Ministre des cultes.

Section IV. — Discipline.

Art. 16. Les dames hospitalières seront, pour le service des malades ou des pauvres, tenues, s'il y en a, de se conformer, dans les hôpitaux ou dans les autres établissements d'humanité, aux règlements d'administration.

Art. 17. Chaque maison et même celle du chef-lieu, sera quant au spirituel, soumise à l'évêque diocésain, qui la visitera et régira exclusivement.

Art. 18. Il sera rendu compte à l'évêque de toutes peines de discipline autorisées par les statuts qui auraient été infligées.

Art. 19. Les maisons des congrégations hospitalières, comme toutes les autres maisons de l'État, seront soumises à la police des maires, des préfets et officiers de justice.

Art. 20. Toutes les fois qu'une sœur hospitalière aurait à porter des plaintes sur des faits contre lesquels la loi prononce des peines de police correctionnelle ou autres plus graves, la plainte sera renvoyée devant les juges ordinaires.

17 mars 1809. — *Décret concernant les églises et presbytères rentrés dans la main du domaine pour cause de déchéance, ainsi que les chapelles de congrégations et les églises des monastères.*

Vu les articles 72 et 75 de la loi du 18 germinal an X, ainsi conçus, etc.; — Vu l'article 1er de notre décret impérial du 30 mai 1806, ainsi conçu, etc.;

Art. 1er. Les dispositions des articles ci-dessus de la loi du 18 germinal an X sont applicables aux églises et aux presbytères qui, ayant été aliénés, sont rentrés dans la main du domaine pour cause de déchéance.

Art. 2. Néanmoins, dans le cas de cédules souscrites par les acquéreurs déchus, à raison du prix de leur acquisition, le remboursement du montant de ces cédules sera à la charge de la paroisse à laquelle l'église et le presbytère seront rendus; comme aussi, dans le cas où les acquéreurs déchus auraient commis des dégradations pour l'enlèvement de quelques matériaux, ils seront tenus de verser la valeur de ces dégradations dans la caisse de la commune, qui, à cet effet, est mise au lieu et place du domaine.

Art. 3. Les dispositions du décret du 30 mai 1806 pourront être appliquées aux chapelles de congrégations et aux églises des monastères non aliénées, ni concédées pour un service public, et actuellement disponibles, sur le rapport qui sera fait, pour chaque commune, par notre Ministre des cultes, sur l'avis de nos Ministres des finances et de l'intérieur.

26 septembre 1809. — *Décret relatif aux missions.*

Art. 1er. Les missions à l'intérieur sont défendues, et en conséquence nous révoquons tous décrets concernant lesdites missions, et notamment celui du 2e jour complémentaire an XIII, qui confirme les trois associations d'ecclésiastiques établies à Gênes sous le nom de *Missionnaires urbains*, d'*Ouvriers évangéliques* et de *Missionnaires de la campagne*.

Art. 2. Nous révoquons aussi tous décrets par nous précédemment rendus, portant établissement ou confirmation de congrégations de prêtres pour les missions étrangères, et notamment celui du 7 prairial an XII, portant établissement d'une association de prêtres séculiers, qui, sous le titre de *Prêtres des Missions étrangères*, seraient chargés des missions hors de France, et du 2 germinal an XIII, portant établissement des missions connues sous le nom de *Missions étrangères* et de *Séminaire du Saint-Esprit*, ainsi que tous autres décrets rendus par suite et en exécution de ceux ci-dessus énoncés.

Art. 3. Nos Ministres des cultes et de la police sont chargés, chacun en ce qui le concerne, de l'exécution du présent décret, qui ne sera pas imprimé.

30 décembre 1809. — *Décret concernant les fabriques des églises.*

CHAPITRE PREMIER.

DE L'ADMINISTRATION DES FABRIQUES.

Art. 1er. Les fabriques, dont l'article 76 de la loi du 18 germinal an X a ordonné l'établissement, sont chargées de veiller à l'entretien et à la conservation des temples, d'administrer les aumônes et les biens, rentes et perceptions autorisées par les lois et règlements, les sommes supplémentaires fournies par les communes, et généralement tous les fonds qui sont affectés à l'exercice du culte, enfin d'assurer cet exercice et le maintien de sa dignité dans les églises auxquelles elles sont attachées, soit en réglant les dépenses qui y sont nécessaires, soit en assurant les moyens d'y pourvoir.

Art. 2. Chaque fabrique sera composée d'un conseil et d'un bureau de marguilliers.

Section I. — Du conseil.

§ 1. — De la composition du conseil.

Art. 3. Dans les paroisses où la population sera de 5,000 âmes ou au-dessus, le conseil sera composé de neuf conseillers de fabrique; dans toutes les autres paroisses, il devra l'être de cinq :

ils seront pris parmi les notables; ils devront être catholiques et domiciliés dans la paroisse.

Art. 4. De plus, seront de droit membres du conseil :

1° Le curé ou desservant, qui y aura la première place et pourra s'y faire remplacer par un de ses vicaires;

2° Le maire de la commune du chef-lieu de la cure ou succursale; il pourra s'y faire remplacer par l'un de ses adjoints : si le maire n'est pas catholique, il devra se substituer un adjoint qui le soit, ou, à défaut, un membre du conseil municipal catholique. Le maire sera placé à la gauche, et le curé ou le desservant à la droite du président.

Art. 5. Dans les villes où il y aura plusieurs paroisses ou succursales, le maire sera de droit membre du conseil de chaque fabrique; il pourra s'y faire remplacer, comme il est dit dans l'article précédent.

Art. 6. Dans les paroisses ou succursales dans lesquelles le conseil de fabrique sera composé de neuf membres, non compris les membres de droit, cinq des conseillers seront, pour la première fois, à la nomination de l'évêque, et quatre à celle du préfet : dans celles où il ne sera composé que de cinq membres, l'évêque en nommera trois, et le préfet deux. Ils entreront en fonctions le premier dimanche du mois d'avril prochain.

Art. 7. Le conseil de fabrique se renouvellera partiellement tous les trois ans, savoir : à l'expiration des trois premières années, dans les paroisses où il est composé de neuf membres sans y comprendre les membres de droit, par la sortie de cinq membres qui, pour la première fois, seront désignés par le sort, et des quatre plus anciens après les six ans révolus ; pour les fabriques dont le conseil est composé de cinq membres non compris les membres de droit, par la sortie de trois membres désignés par la voie du sort après les trois premières années, et des deux autres après les six ans révolus. Dans la suite, ce seront toujours les plus anciens en exercice qui devront sortir.

Art. 8. Les conseillers qui devront remplacer les membres sortants seront élus par les membres restants. Lorsque le remplacement ne sera pas fait à l'époque fixée, l'évêque ordonnera qu'il y soit procédé dans le délai d'un mois, passé lequel délai il y nommera lui-même, et pour cette fois seulement. Les membres sortants pourront être réélus.

Art. 9. Le conseil nommera, au scrutin, son secrétaire et son président ; ils seront renouvelés le premier dimanche d'avril de chaque année, et pourront être réélus. Le président aura, en cas de partage, voix prépondérante. Le conseil ne pourra délibérer que lorsqu'il y aura plus de la moitié des membres présents à l'assemblée, et tous les membres présents signeront la délibération, qui sera arrêtée à la pluralité des voix.

§ 2. — Des séances du conseil.

Art. 10. Le conseil s'assemblera le premier dimanche du mois d'avril, de juillet, d'octobre et de janvier, à l'issue de la grand' messe ou des vêpres, dans l'église, dans un lieu attenant à l'église ou dans le presbytère. L'avertissement de chacune de ses séances sera publié, le dimanche précédent, au prône de la grand'messe. Le conseil pourra de plus s'assembler extraordinairement, sur l'autorisation de l'évêque ou du préfet, lorsque l'urgence des affaires ou de quelques dépenses imprévues l'exigera.

§ 3. — Des fonctions du conseil.

Art. 11. Aussitôt que le conseil aura été formé, il choisira au scrutin, parmi ses membres, ceux qui, comme marguilliers, entreront dans la composition du bureau ; et, à l'avenir, dans celle de ses sessions qui répondra à l'expiration du temps fixé par le présent règlement pour l'exercice des fonctions de marguilliers, il fera également, au scrutin, élection de celui de ses membres qui remplacera le marguillier sortant.

Art. 12. Seront soumis à la délibération du conseil : 1° le budget de la fabrique; 2° le compte annuel de son trésorier; 3° l'emploi des fonds excédant les dépenses, du montant des legs et donations, et le remploi des capitaux remboursés; 4° toutes les dépenses extraordinaires au delà de 50 francs, dans les paroisses au-dessous de mille âmes, et de 100 francs, dans les paroisses d'une plus grande population; 5° les procès à entreprendre ou à soutenir, les baux emphytéotiques ou à longues années, les aliénations ou échanges, et généralement tous les objets excédant les bornes de l'administration ordinaire des biens des mineurs.

SECTION II. — *Du bureau des marguilliers.*

§ 1. — De la composition du bureau des marguilliers.

Art. 13. Le bureau des marguilliers se composera : 1° Du curé ou desservant de la paroisse ou succursale, qui en sera membre perpétuel et de droit; 2° de trois membres du conseil de fabrique. Le curé ou desservant aura la première place et pourra se faire remplacer par un de ses vicaires.

Art. 14. Ne pourront être, en même temps, membres du bureau les parents ou alliés, jusques et y compris le degré d'oncle et de neveu.

Art. 15. Au premier dimanche d'avril de chaque année, l'un des marguilliers cessera d'être membre du bureau, et sera remplacé.

Art. 16. Des trois marguilliers qui seront, pour la première fois, nommés par le conseil, deux sortiront successivement par la voie du sort, à la fin de la première et de la seconde année, et le troisième sortira de droit, la troisième année révolue.

Art. 17. Dans la suite, ce seront toujours les marguilliers les plus anciens en exercice qui devront sortir.

Art. 18. Lorsque l'élection ne sera pas faite à l'époque fixée, il y sera pourvu par l'évêque.

Art. 19. Ils nommeront entre eux un président, un secrétaire et un trésorier.

Art. 20. Les membres du bureau ne pourront délibérer s'ils ne sont au moins au nombre de trois. En cas de partage, le président aura voix prépondérante. Toutes les délibérations seront signées par les membres présents.

Art. 21. Dans les paroisses où il y avait ordinairement des marguilliers d'honneur, il pourra en être choisi deux par le conseil, parmi les principaux fonctionnaires publics domiciliés dans la paroisse. Ces marguilliers et tous les membres du conseil auront une place distinguée dans l'église : ce sera *le banc de l'œuvre;* il sera placé devant la chaire, autant que faire se pourra. Le curé ou desservant aura, dans ce banc, la première place, toutes les fois qu'il s'y trouvera pendant la prédication.

§ 2. — Des séances du bureau des marguilliers.

Art. 22. Le bureau s'assemblera tous les mois, à l'issue de la messe paroissiale, au lieu indiqué pour la tenue des séances du conseil.

Art. 23. Dans les cas extraordinaires, le bureau sera convoqué, soit d'office par le président, soit sur la demande du curé ou desservant.

§ 3. — Fonctions du bureau.

Art. 24. Le bureau des marguilliers dressera le budget de la fabrique, et préparera les affaires qui doivent être portées au conseil ; il sera chargé de l'exécution des délibérations du conseil et de l'administration journalière du temporel de la paroisse.

Art. 25. Le trésorier est chargé de procurer la rentrée de toutes les sommes dues à la fabrique, soit comme faisant partie de son revenu annuel, soit à tout autre titre.

Art .26. Les marguilliers sont chargés de veiller à ce que toutes les fondations soient fidèlement acquittées et exécutées, suivant l'intention des fondateurs, sans que les sommes puissent être employées à d'autres charges. Un extrait du sommier des titres, contenant les fondations qui doivent être desservies pendant le cours d'un trimestre, sera affiché dans la sacristie, au commencement de chaque trimestre, avec les noms du fondateur et de l'ecclésiastique qui acquittera chaque fondation. Il sera rendu compte, à la fin de chaque trimestre, par le curé ou desservant, au bureau des marguilliers, des fondations acquittées pendant le cours du trimestre.

Art. 27. Les marguilliers fourniront l'huile, le pain, le vin, l'encens, la cire, et généralement tous les objets de consommation nécessaires à l'exercice du culte; ils pourvoiront également aux réparations et achats des ornements, meubles et ustensiles de l'église et de la sacristie.

Art. 28. Tous les marchés seront arrêtés par le bureau des marguilliers, et signés par le président, ainsi que les mandats.

Art. 29. Le curé ou desservant se conformera au règlement de l'évêque pour tout ce qui concerne le service divin, les prières et les instructions, et l'acquittement des charges pieuses imposées par les bienfaiteurs, sauf les réductions qui seraient faites par l'évêque, conformément aux règles canoniques, lorsque le défaut de proportion des libéralités et des charges, qui en sont la condition, l'exigera.

Art. 30. Le curé ou desservant agréera les prêtres habitués, et leur assignera leurs fonctions. Dans les paroisses où il en sera établi, il désignera le sacristain-prêtre, le chantre-prêtre et les enfants de chœur. Le placement des bancs ou chaises dans l'église ne pourra être fait que du consentement du curé ou desservant, sauf le recours à l'évêque.

Art. 31. Les annuels auxquels les fondateurs ont attaché des honoraires, et généralement tous les annuels emportant une rétribution quelconque, seront donnés de préférence aux vicaires, et ne pourront être acquittés qu'à leur défaut par les prêtres habitués ou autres ecclésiastiques, à moins qu'il n'en ait été autrement ordonné par les fondateurs.

Art. 32. Les prédicateurs seront nommés par les marguilliers, à la pluralité des suffrages, sur la présentation faite par le curé ou desservant, et à la charge, par lesdits prédicateurs, d'obtenir l'autorisation de l'Ordinaire.

Art. 33. La nomination et la révocation de l'organiste, des sonneurs, des bedeaux, suisses ou autres serviteurs de l'église, appartiennent aux marguilliers, sur la proposition du curé ou desservant.

Art. 34. Sera tenu le trésorier de présenter, tous les trois mois, au bureau des marguilliers, un bordereau signé de lui, et certifié véritable, de la situation active et passive de la fabrique pendant les trois mois précédents : ces bordereaux seront signés de ceux qui auront assisté à l'assemblée, et déposés dans la caisse ou armoire de la fabrique, pour être présentés lors de la reddition du compte annuel. Le bureau déterminera, dans la même séance, la somme nécessaire pour les dépenses du trimestre suivant.

Art. 35. Toute la dépense de l'église et les frais de sacristie seront faits par le trésorier ; en conséquence, il ne sera rien fourni par aucun marchand ou artisan sans un mandat du trésorier, au pied duquel le sacristain, ou toute autre personne apte à recevoir la livraison, certifiera que le contenu dudit mandat a été rempli.

CHAPITRE II.

DES REVENUS, DES CHARGES, DU BUDGET DE LA FABRIQUE.

Section I. — *Des revenus de la fabrique.*

Art. 36. Les revenus de chaque fabrique se forment :

1° Du produit des biens et rentes restitués aux fabriques, des biens des confréries, et généralement de ceux qui auraient été affectés aux fabriques par nos divers décrets ;

2° Du produit des biens, rentes et fondations qu'elles ont été ou pourront être par nous autorisées à accepter ;

3° Du produit des biens et rentes celés au domaine, dont nous les avons autorisées ou dont nous les autoriserions à se mettre en possession ;

4° Du produit spontané des terrains servant de cimetières ;

5° Du prix de la location des chaises ;

6° De la concession des bancs placés dans l'église ;

7° Des quêtes faites pour les frais du culte ;

8° De ce qui sera trouvé dans les troncs placés pour le même objet ;

9° Des oblations faites à la fabrique ;

10° Des droits que, suivant les règlements épiscopaux, approuvés par nous, les fabriques perçoivent, et de celui qui leur revient sur le produit des frais d'inhumation ;

11° Du supplément donné par la commune, le cas échéant.

Section II. — *Des charges de la fabrique.*

§ 1. — Des charges en général.

Art. 37. Les charges de la fabrique sont :

1° De fournir aux frais nécessaires du culte, savoir : les ornements, les vases sacrés, le linge, le luminaire, le pain, l'encens, le payement des vicaires, des sacristains, chantres, organistes, sonneurs, suisses, bedeaux et autres employés au service de l'église, selon la convenance et les besoins des lieux ;

2° De payer l'honoraire des prédicateurs de l'Avent, du Carême et autres solennités ;

3° De pourvoir à la décoration et aux dépenses relatives à l'embellissement intérieur de l'église ;

4° De veiller à l'entretien des églises, presbytères et cimetières, et, en cas d'insuffisance des revenus de la fabrique, de faire toutes diligences nécessaires pour qu'il soit pourvu aux réparations et reconstructions, ainsi que le tout est réglé au § 3.

§ 2. — De l'établissement et du payement des vicaires.

Art. 38. Le nombre des prêtres et des vicaires habitués à chaque église sera fixé par l'évêque, après que les marguilliers en auront délibéré, et que le conseil municipal de la commune aura donné son avis.

Art. 39. Si, dans le cas de nécessité d'un vicaire, reconnue par l'évêque, la fabrique n'est pas en état de payer le traitement, la décision épiscopale devra être adressée au préfet, et il sera procédé ainsi qu'il est expliqué à l'article 49, concernant les autres dépenses de la célébration du culte, pour lesquelles les communes suppléent à l'insuffisance des revenus des fabriques.

Art. 40. Le traitement des vicaires sera de 500 francs au plus, et de 300 francs au moins.

§ 3. — Des réparations.

Art. 41. Les marguilliers, et spécialement le trésorier, seront tenus de veiller à ce que toutes les réparations soient bien et promptement faites. Ils auront soin de visiter les bâtiments avec des gens de l'art, au commencement du printemps et de l'automne. Ils pourvoiront sur-le-champ, et par économie, aux réparations locatives ou autres qui n'excéderont pas la proportion indiquée en l'article 12, et sans préjudice toutefois des dépenses réglées pour le culte.

Art. 42. Lorsque les réparations excéderont la somme ci-dessus indiquée, le bureau sera tenu d'en faire rapport au conseil, qui

IX

pourra ordonner toutes les réparations qui ne s'élèveraient pas à plus de 100 francs dans les communes au-dessous de mille âmes, et de 200 francs dans celles d'une plus grande population. Néanmoins ledit conseil ne pourra, même sur le revenu libre de la fabrique, ordonner les réparations qui excéderaient la quotité ci-dessus énoncée, qu'en chargeant le bureau de faire dresser un devis estimatif, et de procéder à l'adjudication au rabais ou par soumissions, après trois affiches, renouvelées de huitaine en huitaine.

Art. 43. Si la dépense ordinaire arrêtée par le budget ne laisse pas de fonds disponibles, ou n'en laisse pas de suffisants pour les réparations, le bureau en fera son rapport au conseil, et celui-ci prendra une délibération tendant à ce qu'il soit pourvu dans les formes prescrites au chapitre IV du présent règlement : cette délibération sera envoyée par le président au préfet.

Art. 44. Lors de la prise de possession de chaque curé ou desservant, il sera dressé, aux frais de la commune, et à la diligence du maire, un état de situation du presbytère et de ses dépendances. Le curé ou desservant ne sera tenu que des simples réparations locatives et des dégradations survenues par sa faute. Le curé ou desservant sortant, ou ses héritiers ou ayants cause, seront tenus desdites réparations locatives et dégradations.

SECTION III. — *Du budget de la fabrique.*

Art. 45. Il sera présenté chaque année au bureau, par le curé ou desservant, un état, par aperçu, des dépenses nécessaires à l'exercice du culte, soit pour les objets de consommation, soit pour réparations et entretien d'ornements, meubles et ustensiles d'église. Cet état, après avoir été, article par article, approuvé par le bureau, sera porté en bloc, sous la désignation de *dépenses intérieures*, dans le projet du budget général : le détail de ces dépenses sera annexé audit projet.

Art. 46. Ce budget établira la recette et la dépense de l'église. Les articles de dépense seront classés dans l'ordre suivant :

1° Les frais ordinaires de la célébration du culte ;
2° Les frais de réparation des ornements, meubles et ustensiles d'église ;
3° Les gages des officiers et serviteurs de l'église ;
4° Les frais de réparations locatives.

La portion de revenu qui restera après cette dépense acquittée servira au traitement des vicaires légitimement établis ; et l'excédent, s'il y en a, sera affecté aux grosses réparations des édifices affectés à l'exercice du culte.

Art. 47. Le budget sera soumis au conseil de la fabrique dans la séance du mois d'avril de chaque année ; il sera envoyé, avec l'état des dépenses de la célébration du culte, à l'évêque diocésain, pour avoir sur le tout son approbation.

Art. 48. Dans le cas où les revenus de la fabrique couvriraient les dépenses portées au budget, le budget pourra, sans autres formalités, recevoir sa pleine et entière exécution.

Art. 49. Si les revenus sont insuffisants pour acquitter, soit les frais indispensables du culte, soit les dépenses nécessaires pour le maintien de sa dignité, soit les gages des officiers et des serviteurs de l'église, soit les réparations des bâtiments, ou pour fournir à la subsistance de ceux des ministres que l'État ne salarie pas, le budget contiendra l'aperçu des fonds qui devront être demandés aux paroissiens pour y pourvoir, ainsi qu'il est réglé dans le chapitre IV.

CHAPITRE III.

SECTION I. — *De la régie des biens de la fabrique.*

Art. 50. Chaque fabrique aura une caisse ou armoire fermant à trois clefs, dont une restera dans les mains du trésorier, l'autre dans celles du curé ou desservant, et la troisième dans celles du président du bureau.

Art. 51. Seront déposés dans cette caisse tous les deniers appartenant à la fabrique, ainsi que les clefs des troncs des églises.

Art. 52. Nulle somme ne pourra être extraite de la caisse sans autorisation du bureau, et sans un récépissé qui y restera déposé.

Art. 53. Si le trésorier n'a pas dans les mains la somme fixée à chaque trimestre par le bureau pour la dépense courante, ce qui manquera sera extrait de la caisse : comme aussi ce qu'il se trouverait avoir d'excédent sera versé dans cette caisse.

Art. 54. Seront aussi déposés dans une caisse ou armoire les papiers, titres et documents concernant les revenus et affaires de la fabrique, et notamment les comptes avec les pièces justificatives, les registres de délibérations autres que le registre courant, le sommier des titres et les inventaires ou récolements dont il est mention aux deux articles qui suivent.

Art. 55. Il sera fait incessamment, et sans frais, deux inventaires, l'un des ornements, linges, vases sacrés, argenterie, ustensiles, et, en général, de tout le mobilier de l'église ; l'autre, des titres, papiers et renseignements, avec mention des biens contenus dans chaque titre, du revenu qu'ils produisent, de la fondation à la charge de laquelle les biens ont été donnés à la fabrique. Un double inventaire du mobilier sera remis au curé ou desservant. Il sera fait, tous les ans, un récolement desdits inventaires, afin d'y porter les additions, réformes ou autres changements : ces inventaires ou récolements seront signés par le curé ou desservant, et par le président du bureau.

Art. 56. Le secrétaire du bureau transcrira, par suite de numéros et par ordre de dates, sur un registre-sommier : 1° les actes de fondations, et généralement tous les titres de propriété ; 2° les baux à ferme ou loyer. La transcription sera entre deux marges, qui serviront pour y porter, dans l'une les revenus, et dans l'autre les charges. Chaque pièce sera signée et certifiée conforme à l'original par le curé ou desservant, et par le président du bureau.

Art. 57. Nul titre ni pièce ne pourra être extrait de la caisse sans un récépissé qui fera mention de la pièce retirée, de la délibération du bureau par laquelle cette extraction aura été autorisée, de la qualité de celui qui s'en chargera et signera le récépissé, de la raison pour laquelle elle aura été tirée de la caisse ou armoire ; et, si c'est pour un procès, le tribunal et le nom de l'avoué seront désignés.

Art. 58. Tout notaire devant lequel il aura été passé un acte contenant donation entre vifs ou disposition testamentaire au profit d'une fabrique, sera tenu d'en donner avis au curé ou desservant.

Art. 59. Tout acte contenant des dons ou legs à une fabrique sera remis au trésorier, qui en fera son rapport à la prochaine séance du bureau. Cet acte sera ensuite adressé par le trésorier, avec les observations du bureau, à l'archevêque ou évêque diocésain, pour que celui-ci donne sa délibération, s'il convient ou non d'accepter. Le tout sera envoyé au Ministre des cultes, sur le rapport duquel la fabrique sera, s'il y a lieu, autorisée à accepter; l'acte d'acceptation, dans lequel il sera fait mention de l'autorisation, sera signé par le trésorier, au nom de la fabrique.

Art. 60. Les maisons et biens ruraux appartenant à la fabrique seront affermés, régis et administrés par le bureau des marguilliers, dans la forme déterminée pour les biens communaux.

Art. 61. Aucun des membres du bureau des marguilliers ne peut se porter, soit pour adjudicataire, soit même pour associé de l'adjudicataire, des ventes, marchés de réparations, constructions ou baux des biens de la fabrique.

Art. 62. Ne pourront les biens immeubles de l'église être vendus, aliénés, échangés, ni même loués pour un terme plus long que neuf ans, sans une délibération du conseil, l'avis de l'évêque diocésain, et notre autorisation.

Art. 63. Les deniers provenant de donations ou legs, dont l'emploi ne serait pas déterminé par la fondation, les remboursements de rentes, les prix de ventes ou soultes d'échanges, les revenus excédant l'acquit des charges ordinaires, seront employés dans les formes déterminées par l'avis du Conseil d'État, approuvé par nous le 21 décembre 1808. Dans le cas où la somme serait insuffisante, elle restera en caisse si on prévoit que dans les six mois suivants, il rentrera des fonds disponibles, afin de compléter la somme nécessaire pour cette espèce d'emploi ; sinon, le conseil délibérera sur l'emploi à faire, et le préfet ordonnera celui qui paraîtra le plus avantageux.

Art. 64. Le prix des chaises sera réglé, pour les différents offices, par délibération du bureau, approuvée par le conseil ; cette délibération sera affichée dans l'église.

Art. 65. Il est expressément défendu de rien percevoir pour l'entrée de l'église, ni de percevoir dans l'église plus que le prix des chaises, sous quelque prétexte que ce soit. Il sera même réservé, dans toutes les églises, une place où les fidèles qui ne louent pas de chaises ni de bancs, puissent commodément assister au service divin, et entendre les instructions.

Art. 66. Le bureau des marguilliers pourra être autorisé par le conseil, soit à régir la location des bancs et chaises, soit à la mettre en ferme.

Art. 67. Quand la location des chaises sera mise en ferme, l'adjudication aura lieu après trois affiches de huitaine en huitaine : les enchères seront reçues au bureau de la fabrique par soumission, et l'adjudication sera faite au plus offrant, en présence des marguilliers ; de tout quoi il sera fait mention dans le bail, auquel sera annexée la délibération qui aura fixé le prix des chaises.

Art. 68. Aucune concession de bancs ou de places dans l'église ne pourra être faite, soit par bail pour une prestation annuelle, soit au prix d'un capital ou d'un immeuble, soit pour un temps plus long que la vie de ceux qui l'auront obtenue, sauf l'exception ci-après.

Art. 69. La demande de concession sera présentée au bureau, qui préalablement la fera publier par trois dimanches, et afficher à la porte de l'église pendant un mois, afin que chacun puisse obtenir la préférence par une offre plus avantageuse. S'il s'agit d'une concession pour un immeuble, le bureau le fera évaluer en capital et en revenu, pour être cette évaluation comprise dans les affiches et publications.

Art. 70. Après ces formalités remplies, le bureau fera son rapport au conseil. S'il s'agit d'une concession par bail pour une prestation annuelle, et que le conseil soit d'avis de faire cette concession, sa délibération sera un titre suffisant.

Art. 71. S'il s'agit d'une concession pour un immeuble, il faudra, sur la délibération du conseil, obtenir notre autorisation dans la même forme que pour les dons et legs. Dans le cas où il s'agirait d'une valeur mobilière, notre autorisation sera nécessaire lorsqu'elle s'élèvera à la même quotité pour laquelle les communes et les hospices sont obligés de l'obtenir.

Art. 72. Celui qui aurait entièrement bâti une église pourra retenir la propriété d'un banc ou d'une chapelle pour lui et sa famille, tant qu'elle existera. Tout donateur ou bienfaiteur d'une église pourra obtenir une même concession, sur l'avis du conseil de fabrique, approuvé par l'évêque et par le Ministre des cultes.

Art. 73. Nul cénotaphe, nulles inscriptions, nuls monuments funèbres ou autres, de quelque genre que ce soit, ne pourront être placés dans les églises, que sur la proposition de l'évêque diocésain et la permission du Ministre des cultes.

Art. 74. Le montant des fonds perçus pour le compte de la fabrique, à quelque titre que ce soit, sera, au fur et à mesure de la rentrée, inscrit, avec la date du jour et du mois, sur un registre coté et parafé, qui demeurera entre les mains du trésorier.

Art. 75. Tout ce qui concerne les quêtes dans les églises sera réglé par l'évêque, sur le rapport des marguilliers, sans préjudice des quêtes pour les pauvres, lesquelles devront toujours avoir lieu dans les églises, toutes les fois que les bureaux de bienfaisance le jugeront convenable.

Art. 76. Le trésorier portera parmi les recettes en nature les cierges offerts sur les pains bénits, ou délivrés pour les annuels, et ceux qui, dans les enterrements et services funèbres, appartiennent à la fabrique.

Art. 77. Ne pourront les marguilliers entreprendre aucun procès, ni y défendre, sans une autorisation du conseil de préfecture, auquel sera adressée la délibération qui devra être prise à ce sujet par le conseil et le bureau réunis.

Art. 78. Toutefois le trésorier sera tenu de faire tous actes conservatoires pour le maintien des droits de la fabrique, et toutes diligences nécessaires pour le recouvrement de ses revenus.

Art. 79. Les procès seront soutenus au nom de la fabrique, et les diligences faites à la requête du trésorier, qui donnera connaissance de ces procédures au bureau.

Art. 80. Toutes contestations relatives à la propriété des biens, et toutes poursuites à fin de recouvrement des revenus seront portées devant les juges ordinaires.

Art. 81. Les registres des fabriques seront sur papier non timbré. Les dons et legs qui leur seraient faits ne supporteront que le droit fixe d'un franc.

SECTION II. — Des comptes.

Art. 82. Le compte à rendre chaque année par le trésorier sera divisé en deux chapitres, l'un de recette, et l'autre de dépense. Le chapitre de recette sera divisé en trois sections : la première, pour la recette ordinaire ; la deuxième, pour la recette extraordinaire, et la troisième, pour la partie des recouvrements ordinaires ou extraordinaires qui n'auraient pas encore été faits. Le reliquat d'un compte formera toujours le premier article du compte suivant. Le chapitre de dépense sera aussi divisé en dépenses ordinaires, dépenses extraordinaires et dépenses tant ordinaires qu'extraordinaires non encore acquittées.

Art. 83. A chacun de ces articles de recette, soit des rentes, soit des loyers ou autres revenus, il sera fait mention des débiteurs, fermiers ou locataires, des noms et situation de la maison et héritage, de la qualité de la rente foncière ou constituée, de la date du dernier titre nouvel ou du dernier bail, et des notaires qui les auront reçus, ensemble de la fondation à laquelle la rente est affectée, si elle est connue.

Art. 84. Lorsque, soit par le décès du débiteur, soit par le partage de la maison ou de l'héritage qui est grevé d'une rente, cette rente se trouve due par plusieurs débiteurs, il ne sera néanmoins porté qu'un seul article de recette, dans lequel il sera fait mention de tous les débiteurs, et sauf l'exercice de l'action solidaire, s'il y a lieu.

Art. 85. Le trésorier sera tenu de présenter son compte annuel au bureau des marguilliers, dans la séance du premier dimanche du mois de mars. Le compte, avec les pièces justificatives, leur sera communiqué sur le récépissé de l'un d'eux. Ils feront au conseil, dans la séance du premier dimanche du mois d'avril, le rapport du compte. Il sera examiné, clos et arrêté dans cette séance, qui sera, pour cet effet, prorogée au dimanche suivant, si besoin est.

Art. 86. S'il arrive quelques débats sur un ou plusieurs articles du compte, le compte n'en sera pas moins clos, sous la réserve des articles contestés.

Art. 87. L'évêque pourra nommer un commissaire pour assister, en son nom, au compte annuel ; mais si ce commissaire est un autre qu'un grand vicaire, il ne pourra rien ordonner sur le compte, mais seulement dresser procès-verbal sur l'état de la fabrique et sur les fournitures et réparations à faire à l'église.

Dans tous les cas, les archevêques et évêques en cours de visite, ou leurs vicaires généraux, pourront se faire représenter tous comptes, registres et inventaires, et vérifier l'état de la caisse.

Art. 88. Lorsque le compte sera arrêté, le reliquat sera remis au trésorier en exercice, qui sera tenu de s'en charger en recette.

Il lui sera en même temps remis un état de ce que la fabrique a à recevoir par baux à ferme, une copie du tarif des droits casuels, un tableau par approximation des dépenses, celui des reprises à faire, celui des charges et fournitures non acquittées. Il sera, dans la même séance, dressé, sur le registre des délibérations, acte de ces remises, et copie en sera délivrée en bonne forme au trésorier sortant, pour lui servir de décharge.

Art. 89. Le compte annuel sera en double copie, dont l'une sera déposée dans la caisse ou armoire à trois clefs, l'autre à la mairie.

Art. 90. Faute par le trésorier de présenter son compte à l'époque fixée et d'en payer le reliquat, celui qui lui succédera sera tenu de faire, dans le mois au plus tard, les diligences nécessaires pour l'y contraindre ; et, à son défaut, le procureur impérial, soit d'office, soit sur l'avis qui lui en sera donné par l'un des membres du bureau ou du conseil, soit sur l'ordonnance rendue par l'évêque en cours de visite, sera tenu de poursuivre le comptable devant le tribunal de première instance, et le fera condamner à payer le reliquat, à faire régler les articles débattus, ou à rendre son compte, s'il ne l'a été ; le tout dans un délai qui sera fixé ; sinon, et ledit temps passé, à payer provisoirement, au profit de la fabrique, la somme égale à la moitié de la recette ordinaire de l'année précédente, sauf les poursuites ultérieures.

Art. 91. Il sera pourvu, dans chaque paroisse, à ce que les comptes qui n'ont pas été rendus le soient dans la forme prescrite par le présent règlement, et six mois au plus tard après la publication.

CHAPITRE III.

DES CHARGES DES COMMUNES RELATIVEMENT AU CULTE.

Art. 92. Les charges des communes relativement au culte sont :

1° De suppléer à l'insuffisance des revenus de la fabrique, pour les charges portées en l'article 37 ;

2° De fournir au curé ou desservant un presbytère, ou, à défaut de presbytère, un logement, ou, à défaut de presbytère et de logement, une indemnité pécuniaire ;

3° De fournir aux grosses réparations des édifices consacrés au culte.

Art. 93. Dans le cas où les communes sont obligées de suppléer à l'insuffisance des revenus des fabriques pour ces deux premiers chefs, le budget de la fabrique sera porté au conseil municipal, dûment convoqué à cet effet, pour y être délibéré ce qu'il appartiendra. La délibération du conseil municipal devra être adressée au préfet, qui la communiquera à l'évêque diocésain, pour avoir son avis. Dans le cas où l'évêque et le préfet seraient d'avis différents, il pourra en être référé, soit par l'un, soit par l'autre, à notre Ministre des cultes.

Art. 94. S'il s'agit de réparations des bâtiments, de quelque nature qu'elles soient, et que la dépense ordinaire arrêtée par le budget ne laisse pas de fonds disponibles, ou n'en laisse pas de suffisants pour ces réparations, le bureau en fera son rapport au conseil, et celui-ci prendra une délibération tendant à ce qu'il soit pourvu par la commune. Cette délibération sera envoyée par le trésorier au préfet.

Art. 95. Le préfet nommera les gens de l'art par lesquels, en présence de l'un des membres du conseil municipal et de l'un des marguilliers, il sera dressé, le plus promptement qu'il sera possible, un devis estimatif des réparations. Le préfet soumettra ce devis au conseil municipal, et, sur son avis, ordonnera, s'il y a

lieu, que ces réparations soient faites aux frais de la commune, et en conséquence qu'il soit procédé par le conseil municipal, en la forme accoutumée, à l'adjudication au rabais.

Art. 96. Si le conseil municipal est d'avis de demander une réduction sur quelques articles de dépense de la célébration du culte, et dans le cas où il ne reconnaîtrait pas la nécessité de l'établissement d'un vicaire, sa délibération en portera les motifs. Toutes les pièces seront adressées à l'évêque, qui prononcera.

Art. 97. Dans le cas où l'évêque prononcerait contre l'avis du conseil municipal, ce conseil pourra s'adresser au préfet, et celui-ci enverra, s'il y a lieu, toutes les pièces au Ministre des cultes, pour être par nous, sur son rapport, statué en notre Conseil d'État ce qu'il appartiendra.

Art. 98. S'il s'agit de dépenses pour réparations ou reconstructions qui auront été constatées conformément à l'article 95, le préfet ordonnera que ces réparations soient payées sur les revenus communaux, et en conséquence qu'il soit procédé par le conseil municipal, en la forme accoutumée, à l'adjudication au rabais.

Art. 99. Si les revenus communaux sont insuffisants, le conseil délibérera sur les moyens de subvenir à cette dépense, selon les règles prescrites par la loi.

Art. 100. Néanmoins, dans le cas où il serait reconnu que les habitants d'une paroisse sont dans l'impuissance de fournir aux réparations, même par levée extraordinaire, on se pourvoira devant nos Ministres de l'intérieur et des cultes, sur le rapport desquels il sera fourni à cette paroisse tel secours qui sera par eux déterminé, et qui sera pris sur le fonds commun établi par la loi du 15 septembre 1807, relative au budget de l'État.

Art. 101. Dans tous les cas où il y aura lieu au recours d'une fabrique sur une commune, le préfet fera un nouvel examen du budget de la commune, et décidera si la dépense demandée pour le culte peut être prise sur les revenus de la commune ou jusqu'à concurrence de quelle somme, sauf notre approbation pour les communes dont les revenus excèdent vingt mille francs.

Art. 102. Dans le cas où il y a lieu à la convocation du conseil municipal, si le territoire de la paroisse comprend plusieurs communes, le conseil de chaque commune sera convoqué et délibérera séparément.

Art. 103. Aucune imposition extraordinaire sur les communes ne pourra être levée pour les frais du culte qu'après l'accomplissement préalable des formalités prescrites par la loi.

CHAPITRE IV.

DES EGLISES CATHÉDRALES, DES MAISONS ÉPISCOPALES ET DES SÉMINAIRES.

Art. 104. Les fabriques des églises métropolitaines et cathédrales continueront d'être composées et administrées conformément aux règlements épiscopaux qui ont été réglés par nous.

Art. 105. Toutes les dispositions concernant les fabriques paroissiales sont applicables, en tant qu'elles concernent leur administration intérieure, aux fabriques des cathédrales.

Art. 106. Les départements compris dans un diocèse sont tenus envers la fabrique de la cathédrale aux mêmes obligations que les communes envers leurs fabriques paroissiales.

Art. 107. Lorsqu'il surviendra de grosses réparations ou des reconstructions à faire aux églises cathédrales, aux palais épiscopaux et aux séminaires diocésains, l'évêque en donnera l'avis officiel au préfet du département dans lequel est le chef-lieu de l'évêché. Il donnera en même temps un état sommaire des revenus et des dépenses de sa fabrique, en faisant sa déclaration des revenus qui restent libres, après les dépenses ordinaires de la célébration du culte.

Art. 108. Le préfet ordonnera que, suivant les formes établies pour les travaux publics, en présence d'une personne à ce commise par l'évêque, il soit dressé un devis estimatif des ouvrages à faire.

Art. 109. Ce rapport sera communiqué à l'évêque, qui l'enverra au préfet avec ses observations. Ces pièces seront ensuite transmises par le préfet, avec son avis, à notre Ministre de l'intérieur; il en donnera connaissance à notre Ministre des cultes.

Art. 110. Si les réparations sont à la fois nécessaires et urgentes, notre Ministre de l'intérieur ordonnera qu'elles soient provisoirement faites sur les premiers deniers dont les préfets pourront disposer, sauf le remboursement avec les fonds qui seront faits pour cet objet par le conseil général du département, auquel il sera donné communication du budget de la fabrique de la cathédrale, et qui pourra user de la faculté accordée aux conseils municipaux par l'article 96.

Art. 111. S'il y a dans le même évêché plusieurs départements, la répartition entre eux se fera dans les proportions ordinaires, si ce n'est que le département où sera le chef-lieu du diocèse payera un dixième de plus.

Art. 112. Dans les départements où les cathédrales ont des fabriques ayant des revenus dont une partie est assignée à les réparer, cette assignation continuera d'avoir lieu, et seront, au surplus, les réparations faites conformément à ce qui est prescrit ci-dessus.

Art. 113. Les fondations, donations ou legs faits aux églises cathédrales, seront acceptés, ainsi que ceux faits aux séminaires, par l'évêque diocésain, sauf notre autorisation, donnée en conseil d'État, sur le rapport de notre Ministre des cultes.

25 février 1810. — *Décret qui déclare loi générale de l'Empire l'édit de mars 1682, sur la déclaration du clergé de France.*

L'édit de Louis XIV sur la déclaration faite par le clergé de France de ses sentiments touchant la puissance ecclésiastique, donné au mois de mars 1682, et enregistré au parlement le 23 dudit mois, est déclaré loi générale de notre empire.

Duquel édit la teneur suit :

« Louis, etc. — Bien que l'indépendance de notre couronne de toute autre puissance que de Dieu soit une vérité certaine et incontestable, et établie sur les propres paroles de Jésus-Christ, nous n'avons pas laissé de recevoir avec plaisir la déclaration que les députés du clergé de France, assemblés par notre permission en notre bonne ville de Paris, nous ont présentée, contenant leurs sentiments touchant la puissance ecclésiastique; et nous avons d'autant plus volontiers écouté la supplication que lesdits députés nous ont faite de faire publier cette déclaration dans notre royaume, qu'étant faite par une assemblée composée de tant de personnes également recommandables par leurs vertus et par leur doctrine, et qui s'emploient avec tant de zèle à ce qui peut être avantageux à l'Église et à notre service, la sagesse et la modération avec lesquelles ils ont expliqué les sentiments que l'on doit avoir sur ce sujet, peuvent beaucoup contribuer à confirmer nos sujets dans le respect qu'ils sont tenus, comme nous, de rendre à l'autorité que Dieu a donnée à l'Église et à ôter, en même temps, aux ministres de la religion prétendue réformée, le prétexte qu'ils prennent des livres de quelques auteurs, pour rendre odieuse la puissance légitime du chef visible de l'Église et du centre de l'unité ecclésiastique. A ces causes, et autres bonnes et grandes considérations à ce nous mouvant, après avoir fait examiner ladite déclaration en notre conseil, nous, par notre présent édit perpétuel et irrévocable, avons dit, statué et ordonné, disons, statuons et ordonnons, voulons et nous plaît que ladite déclaration des sentiments du clergé sur la puissance ecclésiastique, ci-attachée sous le contre-scel de notre chancellerie, soit enregistrée dans toutes nos cours de parlement, bailliages, sénéchaussées,

universités et facultés de théologie et de droit canon de notre royaume, pays, terres et seigneuries de notre obéissance.

« Art. 1er. Défendons à tous nos sujets, et aux étrangers étant dans notre royaume, séculiers et réguliers, de quelque ordre, congrégation et société qu'ils soient, d'enseigner dans leurs maisons, collèges et séminaires, ou d'écrire aucune chose contraire à la doctrine contenue en icelle.

« Art. 2. Ordonnons que ceux qui seront dorénavant choisis pour enseigner la théologie dans tous les collèges de chaque université, soit qu'ils soient séculiers ou réguliers, souscriront ladite déclaration aux greffes des facultés de théologie, avant de pouvoir faire cette fonction dans les collèges ou maisons séculières et régulières ; qu'ils se soumettront à enseigner la doctrine qui y est expliquée, et que les syndics des facultés de théologie présenteront aux Ordinaires des lieux, et à nos procureurs généraux, des copies desdites soumissions signées par les greffiers desdites facultés.

« Art. 3. Que dans tous les collèges et maisons desdites universités où il y aura plusieurs professeurs, soit qu'ils soient séculiers ou réguliers, l'un d'eux sera chargé, tous les ans, d'enseigner la doctrine contenue en ladite déclaration ; et, dans les collèges où il n'y aura qu'un seul professeur, il sera obligé de l'enseigner l'une des trois années consécutives.

« Art. 4. Enjoignons aux syndics des facultés de théologie de présenter, tous les ans, avant l'ouverture des leçons, aux archevêques et évêques des villes où elles sont établies, et d'envoyer à nos procureurs généraux les noms des professeurs qui seront chargés d'enseigner ladite doctrine, et auxdits professeurs de représenter auxdits prélats et à nosdits procureurs généraux les écrits qu'ils dicteront à leurs écoliers, lorsqu'ils leur ordonneront de le faire.

« Art. 5. Voulons qu'aucun bachelier, soit séculier ou régulier, ne puisse être dorénavant licencié, tant en théologie qu'en droit canon, ni être reçu docteur, qu'après avoir soutenu ladite doctrine dans l'une de ses thèses, avant qu'il fera apparoir à ceux qui ont droit de conférer ces degrés dans les universités.

« Art. 6. Exhortons néanmoins et enjoignons à tous les archevêques et évêques de notre royaume, pays, terres et seigneuries de notre obéissance, d'employer leur autorité pour faire enseigner, dans l'étendue de leurs diocèses, la doctrine contenue dans ladite déclaration, faite par lesdits députés du clergé.

« Art. 7. Ordonnons aux doyens et syndics des facultés de théologie de tenir la main à l'exécution des présentes, à peine d'en répondre en leur propre et privé nom.

« Si donnons en mandement, etc. »

Cleri Gallicani de Ecclesiastica potestate declaratio.

« Ecclesiæ gallicanæ decreta et libertates a majoribus nostris
« tanto studio propugnata, earumque fundamenta sacris cano-
« nibus et patrum traditione nixa, multi diluere moliuntur ; nec
« desunt qui earum obtentu primatum beati Petri ejusque suc-
« cessorum Romanorum pontificum a Christo institutum, iisque
« devotam ab omnibus christianis obedientiam, Sedisque aposto-
« licæ, in qua fides prædicatur et unitas servatur Ecclesiæ, reve-
« rendam omnibus gentibus majestatem imminuere non vereantur.
« Hæretici quoque nihil prætermittunt quo eam potestatem, qua
« pax Ecclesiæ continetur, invidiosam et gravem regibus et po-
« pulis ostentant, iisque fraudibus simplices animas et Ecclesiæ
« matris Christique adeo communione dissociant. Quæ ut incom-
« moda propulsemus, nos archiepiscopi et episcopi Parisiis man-
« dato regio congregati, Ecclesiam Gallicanam repræsentantes, una
« cum cæteris ecclesiasticis viris nobiscum deputatis, diligenti
« tractatu habito, hæc sancienda et declaranda esse duximus :
« 1° Primum beato Petro ejusque successoribus Christi vicariis
« ipsique Ecclesiæ rerum spiritualium et ad æternam salutem
« pertinentium, non autem civilium ac temporalium, a Deo tra-

« ditam potestatem, dicente Domino : *Regnum meum non est*
« *de hoc mundo ;* et iterum : *Reddite ergo quæ sunt Cæsaris*
« *Cæsari, et quæ sunt Dei Deo ;* ac proinde stare apostolicum
« illud : *Omnis anima potestatibus sublimioribus subdita sit, non*
« *est enim potestas nisi a Deo : quæ autem sunt a Deo ordinatæ*
« *sunt ; itaque qui potestati resistit, Dei ordinationi resistit.*
« Reges ergo et principes in temporalibus nulli ecclesiasticæ po-
« testati Dei ordinatione subjici, neque auctoritate clavium Eccle-
« siæ directe vel indirecte deponi, aut illorum subditos eximi a
« fide atque obedientia, ac præstito fidelitatis sacramento solvi
« posse ; eamque sententiam publicæ tranquillitati necessariam,
« nec minus Ecclesiæ quam imperio utilem, ut verbo Dei, patrum
« traditioni, ut sanctorum exemplis consonam omnino retinendam.
« 2° Sic autem inesse apostolicæ Sedi ac Petri successoribus
« Christi vicariis rerum spiritualium plenam potestatem, ut simul
« valeant atque immota consistant sanctæ œcumenicæ synodi
« Constantiensis a Sede apostolica comprobata, ipsoque Romano-
« rum pontificum ac totius Ecclesiæ usu confirmata, atque ab
« Ecclesia Gallicana perpetua religione custodita decreta de aucto-
« ritate conciliorum generalium, quæ sessione quarta et quinta
« continentur; nec probari a Gallicana Ecclesia qui eorum decre-
« torum, quasi dubia sint auctoritatis ac minus approbata, robur
« infringant, aut ad solum schismatis tempus dicta detorquant.
« 3° Hinc apostolicæ potestatis usum moderandum per canones
« spiritu Dei conditos et totius mundi reverentia consecratos ;
« valere etiam regulas, mores et instituta a regno et Ecclesia
« Gallicana recepta, patrumque terminos manere inconcussos;
« atque id pertinere ad amplitudinem apostolicæ Sedis, ut statuta
« et consuetudines tantæ Sedis et ecclesiarum consensio fir-
« matæ propriam stabilitatem obtineant.
« 4° In fidei quoque quæstionibus præcipuas summi Pontificis
« esse partes, ejusque decreta ad omnes et singulas ecclesias per-
« tinere, nec tamen irreformabile esse judicium nisi Ecclesiæ
« consensus accesserit.
« 5° Quæ accepta a patribus ad omnes ecclesias Gallicanas,
« atque episcopos iis Spiritu Sancto auctore præsidentes, mittenda
« decrevimus, ut id ipsum dicamus omnes, simusque in eodem
« sensu et in eadem sententia. »

28 février 1810. — *Décret contenant des modifications aux articles organiques du concordat.*

Art. 1er. Les brefs de la pénitencerie, pour le for intérieur seulement, pourront être exécutés sans aucune autorisation.

Art. 2. La disposition de l'article 26 des lois organiques, portant que « les évêques ne pourront ordonner aucun ecclésiastique, s'il ne justifie d'une propriété produisant au moins un revenu annuel de 300 francs », est rapportée.

Art. 3. Les dispositions du même article 26 des lois organiques, portant que « les évêques ne pourront ordonner aucun ecclésiastique, s'il n'a atteint l'âge de vingt-cinq ans », est également rapportée.

Art. 4. En conséquence, les évêques pourront ordonner tout ecclésiastique âgé de 22 ans accomplis ; mais aucun ecclésiastique ayant plus de 22 ans et moins de 25 ne pourra être admis dans les ordres sacrés qu'après avoir justifié du consentement de ses parents, ainsi que cela est prescrit par les lois civiles pour le mariage des fils âgés de moins de 25 ans accomplis.

Art. 5. La disposition de l'article 36 des lois organiques portant que « les vicaires généraux des diocèses vacants continueront leurs fonctions, même après la mort de l'évêque, jusqu'à remplacement », est rapportée.

Art. 6. En conséquence, pendant les vacances des sièges, il sera pourvu, conformément aux lois canoniques, au gouvernement des diocèses. Les chapitres présenteront à notre Ministre des cultes

les vicaires généraux qu'ils auront élus, pour leur nomination être reconnue par nous.

8 novembre 1810. — *Décret qui applique aux maisons vicariales non aliénées les dispositions des décrets des 30 mai 1806 et 17 mars 1809.*

Les dispositions des décrets des 30 mai 1806 et 17 mars 1809 sont applicables aux maisons vicariales non aliénées ni concédées pour un service public, et actuellement disponibles. Ces maisons feront partie des biens restitués aux fabriques, et seront réunies à celles des cures et succursales dans l'arrondissement desquelles elles seront situées. Elles pourront être échangées, louées et aliénées au profit des églises et presbytères des chefs-lieux, en se conformant aux dispositions prescrites par le décret du 30 mai 1806.

9 décembre 1810. — *Avis du Conseil d'État portant que les fabriques ne sont point chargées des rentes dont étaient grevés les biens à elles restitués par le domaine.*

Le Conseil d'État, qui, d'après le renvoi ordonné par Sa Majesté, a entendu le rapport de la section de l'Intérieur sur celui du Ministre des cultes, tendant à autoriser la fabrique de Cavron-Saint-Martin à vendre un ancien presbytère pour rembourser une rente de 30 francs, constituée par ladite fabrique en 1782 ; — Vu les pièces à l'appui ;

Est d'avis : que la rente dont est question n'est pas à la charge de la fabrique ; que ses biens ayant été réunis au domaine, le domaine est devenu débiteur de la rente ; que les biens rendus aux fabriques leur ont été rendus quittes des rentes dont ils étaient grevés, pour lesquels les créanciers doivent se pourvoir devant le Ministre des finances, depuis la suppression de la liquidation générale.

26 décembre 1810. — *Décret contenant brevet d'institution publique des maisons dites du Refuge, et approbation de leurs statuts.*

SECTION I. — *Dispositions générales.*

Art. 1er. Les maisons dites *du Refuge*, destinées à ramener aux bonnes mœurs les filles qui se sont mal conduites, seront, comme les maisons hospitalières de femmes, placées sous la protection de Madame, notre chère et auguste mère. Les statuts de la maison de Paris, joints au présent décret, sont approuvés et reconnus.

Art. 2. Les statuts de chaque maison séparée, ou des maisons qui voudraient être affiliées à celle de Paris, seront approuvés par nous, et insérés au *Bulletin des Lois*, pour être reconnus et avoir force d'institution publique, d'après un rapport séparé.

Art. 3. Toute maison des sœurs du Refuge, dont les statuts n'auront pas été approuvés et publiés avant le 1er juillet 1811, sera dissoute.

Art. 4. Les congrégations ou maisons du Refuge se conformeront, pour les noviciats et les vœux, ainsi que pour les revenus, biens et donations, aux dispositions des IIe et IIIe sections du règlement du 18 février 1809, concernant les congrégations hospitalières.

Art. 5. Il sera pourvu au besoin des maisons actuellement existantes. Il ne pourra être tenu dans les maisons du Refuge, de pensionnats pour l'éducation des enfants, s'il n'a été donné par nous, à cet égard, une autorisation spéciale, d'après l'organisation des établissements pour l'éducation des personnes du sexe, sur lesquels il sera statué successivement par nous.

Art. 6. Lorsqu'une commune voudra établir une maison de Refuge, la demande en sera transmise par le préfet, avec son avis, au ministre des Cultes, qui soumettra l'établissement des nouvelles maisons à notre approbation.

Section II. — *Discipline.*

Art. 7. Les sœurs du Refuge ne pourront recevoir dans leurs maisons que des personnes qui y entreraient volontairement, celles qui seraient soumises à l'autorité de la police, ou celles dont il est parlé ci-après à l'article 12.

Art. 8. Il sera tenu, par la supérieure, des registres séparés, l'un pour les personnes envoyées par les familles, et l'autre pour les personnes envoyées par la police : ces registres contiendront les nom, prénoms, âge et domicile de ces personnes, la date de leur entrée, celle de leur sortie, les nom, prénoms et domicile des magistrats et des parents qui les y auront fait placer.

Art. 9. Le fonctionnaire public ou les parents par l'autorité desquels une fille sera dans une des maisons, seront toujours admis à lui parler, et à exiger qu'elle leur soit représentée.

Art. 10. Seront les maisons de Refuge, comme toutes les autres maisons de l'État, soumises à la police des maires, des préfets et officiers de justice.

Art. 11. Les sœurs du Refuge seront assujetties aux autres règles de discipline prescrites pour les sœurs hospitalières.

Art. 12. Les sœurs du Refuge ne pourront recevoir dans leurs maisons que les personnes soumises à l'autorité de la police et qui y seront envoyées par ses ordres, ou qui y seront envoyées par les pères ou conseils de famille, dans les formes établies par le Code civil. Toutes les fois qu'une personne qui sera dans la maison voudra adresser une pétition à l'autorité administrative ou judiciaire, la supérieure sera tenue de laisser passer librement ladite pétition sans en prendre connaissance, et même de tenir la main à ce qu'elle soit envoyée à son adresse.

Art. 13. Le sous-préfet, ou, à son défaut, le maire, d'une part, et notre procureur impérial près le tribunal civil, ou son substitut, de l'autre, seront tenus de faire, chacun tous les trois mois, une visite dans les maisons des dames du Refuge, de se faire représenter les registres, d'entendre, même en particulier, si elles le demandent, toutes les personnes qui y sont, de recevoir les réclamations et de veiller à ce qu'il y soit fait droit conformément aux lois, sans préjudice des visites que pourront faire tous nos procureurs généraux, toutes les fois qu'ils le jugeront convenable. Les procès-verbaux de ces visites seront envoyés, par ceux qui les auront faites, à notre grand juge, Ministre de la justice.

17 novembre 1811. — *Décret relatif au remplacement des titulaires de cures en cas d'absence ou de maladie.*

§ 1er. — Du remplacement des titulaires de cures en cas d'absence.

Art. 1er. Dans le cas où un titulaire se trouverait éloigné temporairement de sa paroisse, un ecclésiastique sera nommé par l'évêque pour le remplacer provisoirement, et cet ecclésiastique recevra, outre le casuel auquel le curé ou desservant aurait eu droit, une indemnité.

§ 2. — Du traitement du remplaçant, quand le titulaire est éloigné pour mauvaise conduite.

Art. 2. Si le titulaire est éloigné pour cause de mauvaise conduite, l'indemnité du remplaçant provisoire sera prise sur le revenu du titulaire, soit en argent, soit en biens fonds.

Art. 3. Si le revenu est en argent, l'indemnité du remplaçant sera, savoir :

Dans une succursale, de 250 francs par an, au prorata du temps du remplacement ;

Dans une cure de deuxième classe, de 600 francs, et, dans une cure de première classe, de 1,000 francs.

Cette indemnité sera prélevée, au besoin, en partie ou en totalité, sur la pension ecclésiastique du titulaire.

Art. 4. Si le titulaire est doté partie en biens fonds, par exception à la loi de germinal an X, partie en supplément pécuniaire, pour lui compléter un revenu de 500 francs, l'indemnité du remplaçant sera de 250 francs, à prendre d'abord sur le supplément pécuniaire, et, en cas d'insuffisance, sur les revenus en biens fonds.

Art. 5. Si le surplus de l'indemnité du remplaçant, ou la totalité de l'indemnité si le revenu n'est que de 700 francs, sera, comme le payement des vicaires, à la charge de la fabrique de la paroisse, et, en cas d'insuffisance du revenu de la fabrique, à la charge de la commune, conformément au décret du 30 décembre 1809, concernant les fabriques.

Art. 6. Si le titulaire jouit d'un revenu de 500 francs entièrement en biens fonds, l'indemnité du remplaçant sera également de 250 francs, à prendre entièrement sur les revenus.

Art. 7. Si le revenu du titulaire en biens fonds excède 500 francs, l'indemnité du remplaçant sera de 300 francs, lorsque ce revenu sera de 500 à 700 francs et des deux tiers du revenu, au-dessus de 700 francs.

§ 3. — Du traitement en cas d'absence des titulaires pour cause de maladie.

Art. 8. Dans le cas d'absence pour cause de maladie, il sera conservé aux titulaires de succursales et de cures de deuxième classe, et, dans les cures dotées en biens fonds, à tous les curés dont la dotation n'excéderait pas 1,200 francs, un revenu jusqu'à concurrence de 700 francs.

Art. 9. Le surplus de l'indemnité du remplaçant, ou la totalité de l'indemnité si le revenu n'est que de 700 francs, sera, comme le payement des vicaires, à la charge de la fabrique de la paroisse, et, en cas d'insuffisance du revenu de la fabrique, à la charge de la commune, conformément au décret du 30 décembre 1809, concernant les fabriques.

Art. 10. Cette indemnité à la charge de la commune ou de la fabrique sera, dans les succursales, à 250 francs ; dans les cures de deuxième classe, à 400 francs ; dans les cures dont le revenu, soit entièrement en biens fonds, soit avec un supplément pécuniaire, s'élève à 500 francs, à 250 francs ; lorsque le revenu en biens fonds s'élève de 500 à 700 francs, à 300 francs ; de 700 à 1,000 francs, à 350 francs ; et de 1,000 à 1,200 francs, à 400 francs.

Art. 11. Lorsque le titulaire absent pour cause de maladie est curé de première classe, ou que le revenu de sa cure en biens fonds excède 1,200 francs, l'indemnité du remplaçant sera à sa charge. Cette indemnité est fixée, savoir : dans une cure de première classe, à 700 francs ; dans les cures dont la dotation en biens fonds s'élève plus haut que 1,500 francs jusqu'à 2,000 francs, à 800 francs ; et au-dessus de 2,000 francs, à 1,000 francs.

§ 4. — Règles générales.

Art. 12. L'absence d'un titulaire, pour cause de maladie, sera constatée au moyen d'un acte de notoriété, dressé par le maire de la commune où est située la paroisse.

Art. 13. Quelle que soit la cause de l'éloignement du titulaire, lorsque l'indemnité du remplaçant, dans les cures dotées entièrement en biens fonds, doit être fixée d'après le produit des revenus fonciers, le montant de ce produit sera évalué au moyen d'un acte de notoriété semblable.

Art. 14. Toutes les fois que, dans les cures dotées en biens fonds, par une dérogation autorisée par nous à la loi de germinal an X, l'indemnité du remplaçant étant à la charge du titulaire, une partie de la totalité doit en être imputée sur les revenus de la cure, le remplaçant sera créancier privilégié du titulaire, et sur les revenus, de la somme qui lui en revient.

§ 5. — Du cas d'infirmités des curés ou desservants.

Art. 15. Lorsqu'un curé ou desservant sera devenu, par son âge ou ses infirmités, dans l'impuissance de remplir seul ses fonctions, il pourra demander un vicaire qui soit à la charge de la fabrique, et, en cas d'insuffisance de son revenu, à la charge des habitants, avec le traitement tel qu'il est réglé par l'article 40 du décret du 30 décembre 1809, sur les fabriques.

22 novembre 1812.— *Décret relatif au mode d'autorisation des chapelles domestiques et oratoires particuliers.*

Art. 1er. Les chapelles domestiques et oratoires particuliers, dont est mention en l'article 44 de la loi du 18 germinal an X, et qui n'ont pas encore été autorisés par un décret, aux termes dudit article, ne seront autorisés que conformément aux dispositions suivantes.

Art. 2. Les demandes d'oratoires particuliers pour les hospices, les prisons, les maisons de détention et de travail, les écoles secondaires ecclésiastiques, les congrégations religieuses, les lycées et les collèges, et des chapelles et oratoires domestiques, à la ville ou à la campagne, pour les individus ou les grands établissements de fabriques et manufactures, seront accordées par nous en notre conseil, sur la demande des évêques. A ces demandes seront jointes les délibérations prises à cet effet par les administrateurs des établissements publics, et l'avis des maires et des préfets.

Art. 3. Les pensionnats pour les jeunes filles et pour les jeunes garçons pourront également, et dans les mêmes formes, obtenir un oratoire particulier lorsqu'il s'y trouvera un nombre suffisant d'élèves et qu'il y aura d'autres motifs déterminants.

Art. 4. Les évêques ne consacreront les chapelles ou oratoires que sur la représentation de notre décret.

Art. 5. Aucune chapelle ou oratoire ne pourra exister dans les villes que pour causes graves, et pour la durée de la vie de la personne qui aura obtenu la permission.

Art. 6. Les particuliers qui auront des chapelles à la campagne ne pourront y faire célébrer l'office que par des prêtres autorisés par l'évêque, qui n'accordera la permission qu'autant qu'il jugera pouvoir le faire sans nuire au service curial de son diocèse.

Art. 7. Les chapelains des chapelles rurales ne pourront administrer les sacrements qu'autant qu'ils auront les pouvoirs spéciaux de l'évêque, et sous l'autorité et la surveillance du curé.

Art. 8. Tous les oratoires ou chapelles où le propriétaire voudrait faire exercer le culte, et pour lesquels il ne présenterait pas, dans le délai de six mois, l'autorisation énoncée dans l'article 1er, seront fermés, à la diligence de nos procureurs près nos cours et tribunaux, et des préfets, maires et autres officiers de police.

6 novembre 1813. — *Décret sur la conservation et administration des biens que possède le clergé.*

TITRE PREMIER.

DES BIENS DES CURES.

SECTION I. — *De l'administration des titulaires.*

Art. 1er. Dans toutes les paroisses dont les curés ou desservants possèdent, à ce titre, des biens fonds ou des rentes, la fabrique établie près chaque paroisse est chargée de veiller à la conservation desdits biens.

Art. 2. Seront déposés dans une caisse ou armoire à trois clefs de la fabrique tous papiers, titres et documents concernant ces biens. Ce dépôt sera effectué dans les six mois à compter de la publication du présent décret. Toutefois les titres déposés près des chancelleries des évêchés ou archevêchés seront transférés aux archives des préfectures respectives, sous récépissé, et moyennant une copie authentique, qui en sera délivrée par les préfectures à l'évêché.

Art. 3. Seront aussi déposés dans cette caisse ou armoire les comptes, les registres, les sommiers et les inventaires, le tout ainsi qu'il est statué par l'article 54 du règlement des fabriques.

Art. 4. Nulle pièce ne pourra être retirée de ce dépôt que sur un avis motivé, signé par le titulaire.

Art. 5. Il sera procédé aux inventaires des titres, registres et papiers, à leurs récolements et à la formation d'un registre-sommier, conformément aux articles 55 et 56 du même règlement.

Art. 6. Les titulaires exercent les droits d'usufruit; ils en supportent les charges, le tout ainsi qu'il est établi par le Code civil, et conformément aux explications et modifications ci-après.

Art. 7. Le procès-verbal de leur prise de possession, dressé par le juge de paix, portera la promesse, par eux souscrite, de jouir des biens en bons pères de famille, de les entretenir avec soin, et de s'opposer à toute usurpation ou détérioration.

Art. 8. Sont défendus aux titulaires, et déclarés nuls, toutes aliénations, échanges, stipulations d'hypothèques, concessions de servitudes, et en général toutes dispositions opérant un changement dans la nature desdits biens, ou une diminution dans leurs produits, à moins que ces actes ne soient par nous autorisés en la forme accoutumée.

Art. 9. Les titulaires ne pourront faire des baux excédant neuf ans, que par forme d'adjudication aux enchères, et après que l'utilité en aura été déclarée par deux experts qui visiteront les lieux et feront leur rapport : ces experts seront nommés par le sous-préfet, s'il s'agit de biens de cures, et par le préfet, s'il s'agit de biens d'évêchés, de chapitres et de séminaires. Ces baux ne continueront, à l'égard des successeurs des titulaires, que de la manière prescrite par l'article 1429 du Code civil.

Art. 10. Il est défendu de stipuler des pots-de-vin pour les baux des biens ecclésiastiques. Le successeur du titulaire qui aura pris un pot-de-vin, aura la faculté de demander l'annulation du bail, à compter de son entrée en jouissance, ou d'exercer son recours en indemnité, soit contre les héritiers ou représentants du titulaire, soit contre le fermier.

Art. 11. Les remboursements des capitaux faisant partie des dotations du clergé seront faits conformément à notre décret du 16 juillet 1810, et à l'avis du Conseil d'État du 21 décembre 1808. Si les capitaux dépendent d'une cure, ils seront versés dans la caisse de la fabrique par le débiteur, qui ne sera libéré qu'au moyen de la décharge signée par les trois dépositaires des clefs.

Art. 12. Les titulaires ayant des bois dans leur dotation en jouiront, conformément à l'article 590 du Code civil, si ce sont des bois taillis. Quant aux arbres futaies réunis en bois ou épars, ils devront se conformer à ce qui est ordonné pour les bois des communes.

Art. 13. Les titulaires seront tenus de toutes les réparations des biens dont ils jouissent, sauf, à l'égard des presbytères, la disposition ci-après, article 21. S'il s'agit de grosses réparations, et qu'il y ait dans la caisse à trois clefs des fonds provenant de la cure, ils y seront employés. S'il n'y a point de fonds dans cette caisse, le titulaire sera tenu de les fournir jusqu'à concurrence du tiers du revenu foncier de la cure, indépendamment des autres réparations dont il est chargé. Quant à l'excédent du tiers du revenu, le titulaire pourra être par nous autorisé, en la forme accoutumée, soit à un emprunt avec hypothèque, soit même à l'aliénation d'une partie des biens. Le décret d'autorisation d'emprunt fixera les époques du remboursement à faire sur les revenus, de manière qu'il en reste toujours les deux tiers aux curés. En tout cas, il sera suppléé par le trésor impérial à ce qui manquerait pour que le revenu restant au curé égale le taux ordinaire des congrues.

Art. 14. Les poursuites à fin de recouvrement des revenus seront faites par les titulaires, à leurs frais et risques. Ils ne pourront néanmoins, soit plaider en demandant ou en défendant, soit même se désister, lorsqu'il s'agira des droits fonciers de la cure, sans l'autorisation du conseil de préfecture, auquel sera envoyé l'avis du conseil de fabrique.

Art. 15. Les frais des procès seront à la charge des cures de la même manière que les dépenses pour réparations.

SECTION II. — De l'administration des biens des cures pendant la vacance.

Art. 16. En cas de décès du titulaire d'une cure, le juge de paix sera tenu d'apposer le scellé d'office, sans rétribution pour lui et son greffier, ni autres frais, si ce n'est le seul remboursement du papier timbré.

Art. 17. Les scellés seront levés, soit à la requête des héritiers en présence du trésorier de la fabrique, soit à la requête du trésorier de la fabrique, en y appelant les héritiers.

Art. 18. Il sera procédé par le juge de paix, en présence des héritiers et du trésorier, au récolement du précédent inventaire, contenant l'état de la partie du mobilier et des ustensiles dépendante de la cure, ainsi que des titres et papiers la concernant.

Art. 19. Expédition de l'acte de récolement sera délivrée au trésorier par le juge de paix, avec la remise des titres et papiers dépendants de la cure.

Art. 20. Il sera aussi fait, à chaque mutation de titulaire, par le trésorier de la fabrique, un récolement de l'inventaire des titres et de tous les instruments aratoires, de tous les ustensiles ou meubles d'attache, soit pour l'habitation, soit pour l'exploitation des biens.

Art. 21. Le trésorier de la fabrique poursuivra les héritiers pour qu'ils mettent les biens de la cure dans l'état de réparation où ils doivent les rendre. Les curés ne sont tenus, à l'égard du presbytère, qu'aux réparations locatives, les autres étant à la charge de la commune.

Art. 22. Dans le cas où le trésorier aurait négligé d'exercer ses poursuites à l'époque où le nouveau titulaire entrera en possession, celui-ci sera tenu d'agir lui-même contre les héritiers ou de faire une sommation au trésorier de la fabrique de remplir à cet égard ses obligations. Cette sommation devra être dénoncée par le titulaire au procureur impérial, afin que celui-ci contraigne le trésorier de la fabrique d'agir, ou que lui-même il fasse d'office les poursuites, aux risques et périls du trésorier, et subsidiairement aux risques des paroissiens.

Art. 23. Les archevêques et évêques s'informeront, dans le cours de leurs visites, non seulement de l'état de l'église et du presbytère, mais encore de celui des biens de la cure, afin de rendre au besoin des ordonnances à l'effet de poursuivre, soit le précédent titulaire, soit le nouveau. Une expédition de l'ordonnance restera aux mains du trésorier pour l'exécuter, et une autre expédition sera adressée au procureur impérial, à l'effet de contraindre, en cas de besoin, le trésorier par les moyens ci-dessus.

Art. 24. Dans tous les cas de vacance d'une cure, les revenus de l'année courante appartiendront à l'ancien titulaire ou à ses héritiers, jusqu'au jour de l'ouverture de la vacance, et au nouveau titulaire depuis le jour de sa nomination. Les revenus qui auront été en cours du jour de la vacance jusqu'au jour de la nomination seront mis en réserve dans la caisse à trois clefs, pour subvenir aux grosses réparations qui surviendront dans les bâtiments appartenant à la dotation, conformément à l'article 13.

Art. 25. Le produit des revenus pendant l'année de la vacance sera constaté par les comptes que rendront le trésorier pour le temps de la vacance, et le nouveau titulaire pour le reste de l'année ; ces comptes porteront ce qui aurait été reçu par le précédent titulaire pour la même année, sauf reprise contre sa succession, s'il y a lieu.

Art. 26. Les contestations sur les comptes ou répartitions des revenus dans les cas indiqués aux articles précédents seront décidées par le conseil de préfecture.

Art. 27. Dans le cas où il y aurait lieu à remplacer provisoirement un curé ou desservant qui se trouverait éloigné du service ou par suspension, par peine canonique ou par maladie, ou par voie de police, il sera pourvu à l'indemnité du remplaçant provisoire conformément au décret du 17 novembre 1811. — Cette disposition s'appliquera aux cures ou succursales dont le traitement est en tout ou en partie payé par le trésor impérial.

Art. 28. Pendant le temps que, pour les causes ci-dessus, le curé ou desservant sera éloigné de la paroisse, le trésorier de la fabrique remplira, à l'égard des biens, les fonctions qui sont attribuées au titulaire par les articles 6 et 13 ci-dessus.

TITRE II.

DES BIENS DES MENSES ÉPISCOPALES.

Art. 29. Les archevêques et évêques auront l'administration des biens de leur mense, ainsi qu'il est expliqué aux articles 6 et suivants de notre présent décret.

Art. 30. Les papiers, titres, documents concernant les biens de ces menses, les comptes, les registres, les sommiers, seront déposés aux archives du secrétariat de l'archevêché ou évêché.

Art. 31. Il sera dressé, s'il fait n'a été, un inventaire des titres et papiers, et il sera formé un registre-sommier, conformément à l'article 56 du règlement des fabriques.

Art. 32. Les archives de la mense seront renfermées dans des caisses ou armoires, dont aucune pièce ne pourra être retirée qu'en vertu d'un ordre souscrit par l'archevêque ou évêque sur le registre-sommier, et au pied duquel sera le récépissé du secrétaire. Lorsque la pièce sera rétablie dans le dépôt, l'archevêque ou l'évêque mettra la décharge en marge du récépissé.

Art. 33. Le droit de régale continuera d'être exercé dans l'empire, ainsi qu'il l'a été de tout temps par les souverains nos prédécesseurs.

Art. 34. Au décès de chaque archevêque ou évêque, il sera nommé par notre Ministre des cultes un commissaire pour l'administration des biens de la mense épiscopale pendant la vacance.

Art. 35. Ce commissaire prêtera, devant le tribunal de première instance, le serment de remplir cette commission avec zèle et fidélité.

Art. 36. Il tiendra deux registres, dont l'un sera le livre-journal de sa recette et de sa dépense ; dans l'autre, il inscrira de suite et à leur date, une copie des actes de sa gestion, passés par lui ou à sa requête. Ces registres seront cotés et parafés par le président du même tribunal.

Art. 37. Le juge de paix du lieu de la résidence d'un archevêque ou évêque fera d'office, aussitôt qu'il aura connaissance de son décès, l'apposition des scellés dans le palais ou autres maisons qu'il occupait.

Art. 38. Dans ce cas, et dans celui où le scellé aurait été apposé à la requête des héritiers, des exécuteurs testamentaires ou des créanciers, le commissaire à la vacance y mettra son opposition, à fin de conservation des droits de la mense, et notamment pour sûreté des réparations à la charge de la succession.

Art. 39. Les scellés seront levés et les inventaires faits à la requête du commissaire, les héritiers présents ou appelés, ou à la requête des héritiers, en présence du commissaire.

Art. 40. Incontinent après sa nomination, le commissaire sera tenu de le dénoncer aux receveurs, fermiers ou débiteurs, qui seront tenus de verser dans ses mains tous deniers, denrées ou autres choses provenant des biens de la mense, à la charge d'en tenir compte à qui il appartiendra.

Art. 41. Le commissaire sera tenu, pendant sa gestion, d'acquitter toutes les charges ordinaires de la mense; il ne pourra renouveler les baux, ni couper aucun arbre de futaie en masse de bois ou épars, ni entreprendre au delà des coupes ordinaires des bois taillis et de ce qui en est la suite.

Art. 42. Il fera, incontinent après la levée des scellés, visiter, en présence des héritiers ou eux appelés, les palais, maisons, fermes et bâtiments dépendants de la mense, par deux experts, que nommera d'office le président du tribunal. Ces experts feront mention, dans leur rapport, du temps auquel ils estimeront que doivent se rapporter les reconstructions à faire, ou les dégradations qui y auront donné lieu; ils feront les devis et estimations des réparations ou reconstructions.

Art. 43. Les héritiers seront tenus de remettre, dans les six mois après la visite, les lieux en bonne et suffisante réparation ; sinon, les réparations seront adjugées au rabais, au compte des héritiers, à la diligence du commissaire.

Art. 44. Les réparations dont l'urgence se ferait sentir pendant sa gestion seront faites par lui, sur les revenus de la mense, par voie d'adjudication au rabais, si elles excèdent 300 francs.

Art. 45. Le commissaire régira depuis le jour du décès jusqu'au temps où le successeur nommé par Sa Majesté se sera mis en possession. Les revenus de la mense sont au profit du successeur à compter du jour de sa nomination.

Art. 46. Il sera dressé procès-verbal de la prise de possession par le juge de paix : ce procès-verbal constatera la remise de tous les effets mobiliers, ainsi que de tous titres, papiers et documents concernant la mense, et que les registres du commissaire ont été arrêtés par ledit juge de paix; ces registres seront déposés avec les titres de la mense.

Art. 47. Les poursuites contre les comptables, soit pour rendre les comptes, soit pour faire statuer sur les objets de contestation, seront faites devant les tribunaux compétents par la personne que le Ministre aura commise pour recevoir les comptes.

Art. 48. La rétribution du commissaire sera réglée par le Ministre des cultes: elle ne pourra excéder 5 centimes pour franc des revenus, et 3 centimes pour franc du prix du mobilier dépendant de la succession en cas de vente, sans pouvoir rien exiger pour les vacations ou voyages auxquels il sera tenu tant que cette gestion le comportera.

TITRE III.

DES BIENS DES CHAPITRES CATHÉDRAUX ET COLLÉGIAUX

Art. 49. Le corps de chaque chapitre cathédral ou collégial aura, quant à l'administration de ses biens, les mêmes droits et les mêmes obligations qu'un titulaire de biens de cure, sauf les explications et modifications ci-dessus.

Art. 50. Le chapitre ne pourra prendre aucune délibération relative à la gestion des biens ou répartition des revenus, si les membres présents ne forment au moins les quatre cinquièmes du nombre total des chanoines existants.

Art. 51. Il sera choisi par le chapitre, dans son sein, au scrutin et à la pluralité des voix, deux candidats parmi lesquels l'évêque nommera un trésorier. Le trésorier aura le pouvoir de recevoir de tous fermiers et débiteurs, d'arrêter les comptes, de donner quittance et décharge, de poursuivre les débiteurs devant les tribunaux, de recevoir les assignations au nom du chapitre, et de plaider quand il y aura été dûment autorisé.

Art. 52. Le trésorier pourra toujours être changé par le chapitre. Lorsque le trésorier aura exercé cinq ans de suite, il y aura une nouvelle élection, et le même trésorier pourra être présenté comme un des deux candidats.

Art. 53. Le trésorier ne pourra plaider en demandant ni en défendant, ni consentir à un désistement, sans qu'il y ait eu délibération du chapitre et autorisation du conseil de préfecture. Il fera tous actes conservatoires et toutes diligences pour les recouvrements.

Art. 54. Tous les titres, papiers et renseignements concernant la propriété seront mis dans une caisse ou armoire à trois clefs. Dans les chapitres cathédraux, l'une de ces clefs sera entre les mains du premier dignitaire, la seconde entre les mains du premier officier, et la troisième entre les mains du trésorier. Dans les chapitres collégiaux, l'une de ces clefs sera entre les mains du doyen, la seconde entre les mains du premier officier, et la troisième entre les mains du trésorier.

Art. 55. Seront déposés dans cette caisse les papiers, titres et documents, les comptes, les registres, les sommiers et les inventaires, le tout ainsi qu'il est statué par l'article 54 du règlement sur les fabriques ; ils ne pourront en être retirés que sur un avis motivé, signé par les trois dépositaires des clefs, et, au surplus, conformément à l'article 57 du même règlement.

Art. 56. Il sera procédé aux inventaires des titres et papiers, à leurs récolements et à la formation d'un registre-sommier, conformément aux articles 55 et 56 du même règlement.

Art. 57. Les maisons et biens ruraux appartenant aux chapitres ne pourront être loués ou affermés que par adjudication aux enchères sur un cahier des charges approuvé par délibération du chapitre, à moins que le chapitre n'ait, à la pluralité des quatre cinquièmes des chanoines existants, autorisé le trésorier de traiter de gré à gré, aux conditions exprimées dans sa délibération. Une semblable autorisation sera nécessaire pour les baux excédant neuf ans, qui devront toujours être adjugés avec les formalités prescrites par l'article 9 ci-dessus.

Art. 58. Les dépenses des réparations seront toujours faites sur les revenus de la mense capitulaire, et, s'il arrivait des cas extraordinaires qui exigeassent à la fois plus de moitié d'une année du revenu commun, les chapitres pourront être par nous autorisés, en la forme accoutumée, à faire un emprunt remboursable sur les revenus aux termes indiqués, sinon à vendre la quantité nécessaire de biens, à la charge de former, avec des réserves sur les revenus des années suivantes, un capital suffisant pour remplacer, soit en fonds de terre, soit autrement, le revenu aliéné.

Art. 59. Il sera rendu par le trésorier chaque année, au mois de janvier, devant des commissaires nommés à cet effet par le chapitre, un compte de recette et dépense. Ce compte sera dressé conformément aux articles 82, 83 et 84 du règlement sur les fabriques. Il en sera adressé une copie au Ministre des cultes.

Art. 60. Les chapitres pourront fixer le nombre et les époques des répartitions de la mense, et suppléer par leurs délibérations aux cas non prévus par le présent décret, pourvu qu'ils n'excèdent pas les droits dépendant de la qualité de titulaire.

Art. 61. Dans tous les cas énoncés au présent titre, les délibérations du chapitre devront être approuvées par l'évêque; et l'évêque ne jugeant pas à propos de les approuver, si le chapitre insiste, il en sera référé à notre Ministre des cultes qui prononcera.

TITRE IV.

DES BIENS DES SÉMINAIRES.

Art. 62. Il sera formé, pour l'administration des biens du séminaire de chaque diocèse, un bureau composé de l'un des vicaires généraux, qui présidera, ou l'absence de l'évêque, du directeur et de l'économe du séminaire, et d'un quatrième membre remplissant les fonctions de trésorier, qui sera nommé par le Ministre des cultes, sur l'avis de l'évêque et du préfet. Il n'y aura aucune rétribution attachée aux fonctions de trésorier.

Art. 63. Le secrétaire de l'archevêché ou évêché sera en même temps secrétaire de ce bureau.

Art. 64. Le bureau de l'administration du séminaire principal aura en même temps l'administration des autres écoles ecclésiastiques du diocèse.

Art. 65. Il y aura aussi, pour le dépôt des titres, papiers et renseignements, des comptes, des registres, des sommiers, des inventaires, conformément à l'article 54 du règlement des fabriques, une caisse ou armoire à trois clefs, qui seront entre les mains de trois membres du bureau.

Art. 66. Ce qui aura été ainsi déposé ne pourra être retiré que sur l'avis motivé des trois dépositaires des clefs, et approuvé par l'archevêque ou évêque : l'avis ainsi approuvé restera dans le même dépôt.

Art. 67. Tout notaire devant lequel il aura été passé un acte contenant donation entre vifs ou disposition testamentaire au profit d'un séminaire ou d'une école secondaire ecclésiastique, sera tenu d'en instruire l'évêque, qui devra envoyer les pièces, avec son avis, à notre Ministre des cultes, afin que, s'il y a lieu, l'autorisation pour l'acceptation soit donnée en la forme accoutumée. Ces dons et legs ne seront assujettis qu'au droit fixe de un franc.

Art. 68. Les remboursements et les placements de deniers provenant de dons ou legs aux séminaires ou aux écoles secondaires seront faits conformément aux décrets et décisions ci-dessus cités.

Art. 69. Les maisons et biens ruraux des séminaires et des écoles secondaires ecclésiastiques ne pourront être loués ou affermés que par adjudication aux enchères, à moins que l'archevêque ou évêque et les membres du bureau ne soient d'avis de traiter de gré à gré, aux conditions dont le projet signé d'eux sera remis au trésorier, et ensuite déposé dans la caisse à trois clefs. Il en sera fait mention dans l'acte. Pour les baux excédant neuf ans, les formalités prescrites par l'article 9 ci-dessus devront être remplies.

Art. 70. Nul procès ne pourra être intenté, soit en demandant, soit en défendant, sans l'autorisation du conseil de préfecture, sur la proposition de l'archevêque ou évêque, après avoir pris l'avis du bureau d'administration.

Art. 71. L'économe sera chargé de toutes les dépenses; celles qui seraient extraordinaires ou imprévues devront être autorisées par l'archevêque ou évêque, après avoir pris l'avis du bureau; cette autorisation sera annexée au compte.

Art. 72. Il sera toujours pourvu aux besoins du séminaire principal de préférence aux autres écoles ecclésiastiques, à moins qu'il n'y ait, soit par l'institution de ces écoles secondaires, soit par les dons ou legs postérieurs, des revenus qui leur auraient été spécialement affectés.

Art. 73. Tous deniers destinés aux dépenses des séminaires, et provenant, soit des revenus de biens-fonds ou de rentes, soit de remboursements, soit des secours du gouvernement, soit des libéralités des fidèles, et en général quelle que soit leur origine, seront, à raison de leur destination pour un service public, versés dans une caisse à trois clefs, établie dans un lieu sûr au séminaire. Une de ces clefs sera entre les mains de l'évêque ou de son vicaire général, l'autre entre celles du directeur du séminaire, et la troisième dans celles du trésorier.

Art. 74. Ce versement sera fait, le premier jour de chaque mois, par le trésorier, suivant un état ou bordereau qui comprendra la recette du mois précédent, et indication d'où provient chaque somme, sans néanmoins qu'à l'égard de celles qui auront été données il soit besoin d'y mettre les noms des donateurs.

Art. 75. Le trésorier ne pourra faire, même sous prétexte

de dépense urgente, aucun versement que dans ladite caisse à trois clefs.

Art. 76. Quiconque aura reçu pour le séminaire une somme qu'il n'aurait pas versée dans les trois mois du trésorier, et le trésorier lui-même qui n'aurait pas, dans le mois, fait les versements à la caisse à trois clefs, seront poursuivis conformément aux lois concernant le recouvrement des deniers publics.

Art. 77. La caisse acquittera, le premier jour de chaque mois, les mandats de la dépense à faire dans le courant du mois, lesdits mandats signés par l'économe et visés par l'évêque. En tête de ces mandats seront les bordereaux indiquant sommairement les objets de la dépense.

Art. 78. La commission administrative du séminaire transmettra au préfet, au commencement de chaque semestre, les bordereaux de versement par les économes, et les mandats des sommes payées. Le préfet en donnera décharge, et en adressera les *duplicata* au Ministre des cultes, avec ses observations.

Art. 79. Le trésorier et l'économe de chaque séminaire rendront, au mois de janvier, leurs comptes en recette et en dépense, sans être tenus de nommer les élèves qui auraient eu part aux deniers affectés aux aumônes : l'approbation donnée par l'évêque à ces sortes de dépenses leur tiendra lieu de pièces justificatives.

Art. 80. Les comptes seront visés par l'évêque, qui les transmettra au Ministre des cultes, et, si aucun motif ne s'oppose à l'approbation, le Ministre les renverra à l'évêque, qui les arrêtera définitivement et en donnera décharge.

26 décembre 1813. — *Décret concernant le partage des cierges employés aux enterrements et aux services funèbres.*

Art. 1er. Dans toutes les paroisses de l'Empire, les cierges qui, aux enterrements et aux services funèbres, seront portés par les membres du clergé, leur appartiendront ; les autres cierges placés autour du corps et à l'autel, aux chapelles ou autres parties de l'église, appartiendront, savoir : une moitié à la fabrique, et l'autre moitié à ceux du clergé qui y ont droit ; ce partage sera fait en raison du poids de la totalité des cierges.

Art. 2. Il n'est rien innové à l'égard des curés qui, à raison de leur dotation, sont chargés des frais du culte.

5 octobre 1814. — *Ordonnance qui autorise les archevêques et évêques à établir des écoles ecclésiastiques.*

Ayant égard à la nécessité où sont les archevêques et évêques de notre royaume, dans les circonstances difficiles où se trouve l'Église de France, de faire instruire dès l'enfance des jeunes gens qui puissent entrer avec fruit dans les grands séminaires, et désirant leur procurer les moyens de remplir avec facilité cette pieuse intention ; ne voulant pas toutefois que les écoles de ce genre se multiplient sans raison légitime ;

Sur le rapport de notre Ministre secrétaire d'État de l'intérieur, etc.

Art. 1er. Les archevêques et évêques de notre royaume pourront avoir, dans chaque département, une école ecclésiastique, dont ils nommeront les chefs et les instituteurs, et où ils feront élever et instruire dans les lettres des jeunes gens destinés à entrer dans les grands séminaires.

Art. 2. Ces écoles pourront être placées à la campagne et dans les lieux où il n'y aura ni lycée ni collège communal.

Art. 3. Lorsqu'elles seront placées dans les villes où il y aura un lycée ou un collège communal, les élèves, après deux ans d'études, seront tenus de prendre l'habit ecclésiastique. Ils seront dispensés de fréquenter les leçons desdits lycées et collèges.

Art. 4. Pour diminuer, autant qu'il sera possible, les dépenses de ces établissements, les élèves seront exempts de la rétribution due à l'Université par les élèves des lycées, collèges, institutions et pensionnats.

Art. 5. Les élèves qui auront terminé leurs cours d'études pourront se présenter à l'examen de l'Université pour obtenir le grade de bachelier ès lettres. Ce grade leur sera conféré gratuitement.

Art. 6. Il ne pourra être érigé dans un département une seconde école ecclésiastique qu'en vertu de notre autorisation, donnée sur le rapport de notre Ministre secrétaire d'État de l'intérieur, après qu'il aura entendu l'évêque et le grand maître de l'Université.

Art. 7. Les écoles ecclésiastiques sont susceptibles de recevoir des legs et des donations, en se conformant aux lois existantes sur cette matière.

Art. 8. Il n'est, au surplus, en rien dérogé à notre ordonnance du 22 juin dernier, qui maintient provisoirement les décrets et règlements relatifs à l'Université. Sont seulement rapportés tous les articles desdits décrets et règlements contraires à la présente.

6 novembre 1814. — *Ordonnance qui accorde un supplément de traitement aux desservants chargés du service de deux succursales.*

Art. 1er. Un supplément de traitement de 200 francs par an sera payé, à compter du 1er janvier 1814, à chaque desservant que son évêque aura chargé provisoirement du service de deux succursales, à défaut de desservant en exercice dans l'une d'elles, et ce autant que durera le double service.

Art. 2. Ce supplément sera imputé sur les crédits ouverts à notre Ministre secrétaire d'État de l'intérieur pour les dépenses du clergé.

2 janvier 1817. — *Loi sur les donations et legs aux établissements ecclésiastiques.*

Art. 1er. Tout établissement ecclésiastique reconnu par la loi pourra accepter, avec l'autorisation du Roi, tous les biens meubles, immeubles, ou rentes, qui lui seront donnés par actes entre vifs ou par actes de dernière volonté.

Art. 2. Tout établissement ecclésiastique reconnu par la loi pourra également, avec l'autorisation du Roi, acquérir des biens immeubles ou des rentes.

Art. 3. Les immeubles ou rentes appartenant à un établissement ecclésiastique seront possédés à perpétuité par ledit établissement, et seront inaliénables, à moins que l'aliénation n'en soit autorisée par le Roi.

2 avril 1817. — *Ordonnance relative à l'acceptation et à l'emploi des dons et legs faits aux établissements ecclésiastiques et autres.* (Voir C. civ., art. 937.)

Art. 1er. Conformément à l'article 910 du Code civil et à la loi du 2 janvier 1817, les dispositions entre vifs ou par testament, de biens meubles et immeubles, au profit des églises, des archevêchés et évêchés, des chapitres, des grands et petits séminaires, des cures et des succursales, des fabriques, des pauvres, des hospices, des collèges, des communes, et en général de tout établissement d'utilité publique et de toute association religieuse reconnus par la loi, ne pourront être acceptées qu'après avoir été autorisées par nous, le Conseil d'État entendu, et sur l'avis préalable de nos préfets et de nos évêques, suivant les divers cas. L'acceptation des dons ou legs en argent ou en objets mobiliers n'excédant pas trois cents francs sera autorisée par les préfets.

Art. 2. L'autorisation ne sera accordée qu'après l'approbation provisoire de l'évêque diocésain, s'il y a charge de services religieux.

Art. 3. L'acceptation desdits legs ou dons, ainsi autorisée, sera faite :

Par les évêques, lorsque les dons ou legs auront pour objet leur évêché, leur cathédrale ou leurs séminaires ;

Par les doyens des chapitres, si les dispositions sont faites au profit des chapitres ;

Par le curé ou desservant, lorsqu'il s'agira de legs ou dons faits à la cure ou succursale, ou pour la subsistance des ecclésiastiques employés à la desservir ;

Par les trésoriers des fabriques, lorsque les donateurs ou testateurs auront disposé en faveur des fabriques, ou pour l'entretien des églises et le service divin ;

Par le supérieur des associations religieuses, lorsqu'il s'agira de libéralités faites au profit de ces associations ;

Par les consistoires, lorsqu'il s'agira de legs faits pour la dotation des pasteurs ou pour l'entretien des temples ;

Par les administrateurs des hospices, bureaux de charité et de bienfaisance, lorsqu'il s'agira de libéralités en faveur des hôpitaux et autres établissements de bienfaisance ;

Par les administrateurs des collèges, quand les dons ou legs auront pour objet les collèges, ou des fondations de bourses pour les étudiants, ou de chaires nouvelles ;

Par les maires des communes, lorsque les dons ou legs seront faits au profit de la généralité des habitants, ou pour le soulagement et l'instruction des pauvres de la commune ;

Et enfin par les administrateurs de tous les autres établissements d'utilité publique légalement constitués, pour tout ce qui sera donné ou légué à ces établissements.

Art. 4. Les ordonnances et arrêtés d'autorisation détermineront, pour le plus grand bien des établissements, l'emploi des sommes données, et prescriront la conservation ou la vente des effets mobiliers lorsque le testateur ou le donateur auront omis d'y pourvoir.

Art. 5. Tout notaire dépositaire d'un testament contenant un legs au profit de l'un des établissements ou titulaires mentionnés ci-dessus, sera tenu de leur en donner avis lors de l'ouverture ou publication du testament. En attendant l'acceptation, le chef de l'établissement ou le titulaire fera tous les actes conservatoires qui seront jugés nécessaires.

Art. 6. Ne sont point assujettis à la nécessité de l'autorisation les acquisitions et emplois en rentes constituées sur l'État ou les villes, que les établissements ci-dessus désignés pourront acquérir dans les formes ordinaires de leurs actes d'administration. Les rentes ainsi acquises seront immobilisées et ne pourront être aliénées sans autorisation.

Art. 7. L'autorisation pour l'acceptation ne fera aucun obstacle à ce que les tiers intéressés se pourvoient, par les voies de droit, contre les dispositions dont l'acceptation aura été autorisée.

7 avril 1819. — *Ordonnance concernant le mobilier des archevêchés et évêchés.*

Art. 1er. L'ameublement des archevêchés et évêchés se compose :

1° Des meubles meublants servant à la représentation, tels que glaces, consoles, secrétaires, tentures, lustres, tapis, sièges et autres objets qui garnissent les salons de réception, la salle à manger et le cabinet du prélat ;

2° De l'ameublement d'un appartement d'habitation d'honneur ;

3° Du mobilier de la chapelle de l'archevêché ou évêché ;

4° Des crosses épiscopales et des croix processionnelles des archevêques.

Art. 2. L'état actuel et la valeur du mobilier de chaque archevêché et évêché demeurent arrêtés tels qu'ils ont été portés, au 1er janvier de la présente année, dans les inventaires et devis estimatifs dressés en vertu des ordres de notre Ministre secrétaire d'État de l'intérieur, et approuvés par lui.

Art. 3. Lorsque la valeur du mobilier, arrêté comme il est dit à l'article précédent, ne s'élèvera pas à une somme équivalente à une année de traitement du titulaire, notre Ministre secrétaire d'État de l'intérieur pourra autoriser, au fur et à mesure des besoins, de nouveaux achats de meubles, jusqu'à concurrence de cette somme. Il n'y aura point lieu néanmoins à prescrire des réductions là où l'ameublement aurait actuellement une plus grande valeur.

Art. 4. Les sommes nécessaires pour les nouveaux achats de meubles, ainsi que pour l'entretien annuel des ameublements, seront prises sur les fonds affectés aux dépenses fixes ou communes à plusieurs départements. Elles seront mises à la disposition des archevêques, évêques ou vicaires capitulaires en cas de vacance du siège, à la charge de rendre compte de leur emploi. Il sera procédé aux allocations à faire et aux comptes arrêtés, comme pour les autres dépenses de même nature : le préfet du département où sera établi le siège soumettra au conseil général, dans sa session ordinaire, les états, devis estimatifs et autres pièces, et il sera définitivement statué par notre Ministre secrétaire d'État de l'intérieur.

Art. 5. A l'avenir, et ainsi qu'il est réglé par notre ordonnance du 17 décembre 1818, à l'égard du mobilier des préfectures, il sera procédé chaque année, par le préfet ou un conseiller de préfecture désigné par lui, assisté de deux membres du conseil général désignés d'avance par le conseil, au récolement dudit mobilier, concurremment avec le titulaire, ou, en cas de vacance du siège, avec le vicaire capitulaire administrateur du diocèse. Le procès-verbal de cette opération contiendra l'évaluation des sommes jugées nécessaires, soit pour achat, soit pour frais d'entretien, et servira aux propositions à faire en vertu de l'article précédent.

Art. 6. En cas de mutation par décès ou autrement, il sera procédé dans les mêmes formes à l'inventaire et au récolement estimatif du mobilier : la succession du défunt, ou l'évêque sortant et l'évêque nommé, pourront s'y faire représenter par des fondés de pouvoirs. Les états de récolement seront signés par le préfet, par les deux membres du conseil général et par les parties intéressées, et seront dressés en triple expédition, dont l'une sera déposée au secrétariat de l'évêché ou de l'archevêché, une autre à la préfecture et la troisième transmise à notre Ministre secrétaire d'État de l'intérieur.

Art. 7. Les archevêques et évêques ne seront point responsables de la valeur des meubles, et seront tenus seulement de les représenter.

19 janvier 1820. — *Ordonnance relative aux dons et legs faits aux chapelles ou annexes.*

Les dispositions entre vifs ou par testament faites au profit des chapelles dont l'érection a été autorisée par le Roi, seront acceptées dans les formes et conditions réglées par l'ordonnance du 2 avril 1817.

Si la chapelle n'est pas érigée, le maire devra poursuivre l'érection et l'autorisation d'accepter la libéralité. Les dispositions faites en faveur des annexes érigées, ou dont l'érection n'aurait pas encore été autorisée, ne pourront être acceptées que par le trésorier ou par le desservant de l'église paroissiale, dans les formes déterminées ci-dessus, à la charge de donner à la libéralité reçue la destination indiquée par le donateur.

28 mars 1820. — *Ordonnance qui autorise les fabriques des succursales à se faire remettre en possession des biens et rentes appartenant autrefois aux églises qu'elles administrent.*

Vu l'arrêté du 7 thermidor an XI et les décrets des 30 mai et 31 juillet 1806, concernant les biens et rentes des fabriques des églises ; — Vu le décret du 30 septembre 1807, qui détermine les cas où les communes pourront faire ériger leurs églises en chapelles ; — Vu notre ordonnance royale du 25 août 1819, qui augmente le nombre des succursales ; — D'après les observations qui nous ont été soumises par plusieurs évêques de notre royaume ; — Voulant concilier, autant que possible, l'intérêt que nous inspirent les efforts et les sacrifices des communes réunies pour obtenir l'exercice de la religion, et celui que méritent les églises reconnues comme paroisses par la circonscription ecclésiastique, ainsi que les droits concédés à ces églises par l'arrêté du 7 thermidor an XI et les décrets des 30 mai et 31 juillet 1806 ; — Notre Conseil d'État entendu, etc.

Art. 1er. Les fabriques des succursales érigées depuis la circonscription générale des paroisses du royaume approuvée le 28 août 1808, ou qui le seraient à l'avenir, sont autorisées à se faire remettre en possession des biens ou rentes appartenant autrefois aux églises qu'elles administraient ou à celles qui y sont réunies, dont, au moment de la publication de la présente ordonnance, le transfert ou l'aliénation n'aurait pas été définitivement et régulièrement consommé en exécution de l'article 2 de l'arrêté du 7 thermidor an XI, et des décrets des 30 mai et 31 juillet 1806.

Art. 2. La même faculté est accordée, sous les mêmes conditions, aux fabriques des chapelles établies conformément aux dispositions du titre II du décret du 30 septembre 1807, mais seulement quant à l'usufruit des biens ou rentes appartenant autrefois, soit à l'église érigée légalement en chapelle, soit à celles qui se trouveraient comprises dans la circonscription, et à la charge, par la fabrique usufruitière, de donner immédiatement avis à la fabrique de la cure ou succursale, des biens ou rentes dont elle se serait mise en possession ou poursuivrait l'entrée en jouissance pour par cette dernière être prises les mesures nécessaires afin de se faire envoyer régulièrement en possession de la nue propriété.

Art. 3. Les évêques pourront nous proposer de distraire des biens et rentes possédés par une fabrique paroissiale, pour être rendus à leur destination originaire, soit en toute propriété, soit seulement en simple usufruit, suivant les distinctions établies ci-dessus, ceux ou partie de ceux provenant de l'église érigée postérieurement en succursale ou chapelle, lorsqu'il sera reconnu que cette distraction laissera à la fabrique possesseur actuel les ressources suffisantes pour l'acquittement de ses dépenses. La délibération de cette dernière fabrique, une copie de son budget, la délibération du conseil municipal, et les avis du sous-préfet, devront accompagner la proposition de l'évêque.

4 septembre 1820. — *Ordonnance concernant le traitement et les frais d'établissement alloués aux archevêques et évêques.*

Vu le décret du 18 août 1802, qui avait déclaré que le traitement des archevêques et évêques leur serait payé du jour de leur nomination.

Considérant que cette disposition était une exception à la règle et à l'usage constamment pratiqués, qui sont que l'on n'a droit au traitement que du jour de l'entrée en fonctions ; que nous avons déjà, par notre décision du 29 septembre 1819, fait cesser cette exception à l'égard d'un assez grand nombre d'archevêques et évêques, et qu'il convient de la détruire pour tous ; voulant en même temps donner force de règle au simple usage en vertu duquel, depuis 1802, les archevêques et évêques reçoivent une première fois, pour frais d'établissement, savoir : les archevêques, 15,000 francs, et les évêques 10,000 francs, etc. :

Art. 1er. Conformément à notre décision du 29 septembre 1819, les archevêques et évêques ne recevront leur traitement qu'à dater du jour de leur prise de possession.

Art. 2. Il continuera de leur être alloué des frais d'établissement savoir : aux archevêques, la somme de 15,000 francs, aux évêques celle de 10,000 francs, mais une fois seulement, lorsqu'ils prendront possession d'un siège, et sans qu'ils puissent rien prétendre lorsqu'ils passeront d'un siège à un autre.

8 août 1821 . —*Ordonnance sur l'administration des villes et communes du royaume.* (Extrait.)

Art. 4. Les réparations, reconstructions et constructions de bâtiments appartenant (aux communes, hôpitaux) *et fabriques*, soit qu'il ait été pourvu à la dépense sur les revenus ordinaires de ces communes ou établissements, soit qu'il y ait été pourvu au moyen de nouveaux droits, d'emprunts, de contributions extraordinaires, d'aliénations, ou par toute autre voie que nous aurions autorisée, pourront désormais être adjugées et exécutées sur la simple approbation du préfet. Cependant, lorsque la dépense des travaux de construction ou de reconstruction à entreprendre s'élèvera au-dessus de vingt mille francs, les plans et devis devront être soumis à notre Ministre secrétaire d'État.

20 août 1823. — *Ordonnance contenant de nouvelles modifications au règlement du 10 décembre 1806.*

Vu les propositions des synagogues consistoriales et celles du consistoire central des israélites, à l'effet d'ajouter à leur règlement du 10 décembre 1806 de nouvelles modifications, en outre de celles qui y ont été faites par notre ordonnance du 29 juin 1819; Notre Conseil d'État entendu, etc. :

Art. 1er Dans le cours de l'année 1823, les notables israélites des divers arrondissements consistoriaux seront intégralement renouvelés.

Art. 2. Tous les deux ans, il sortira cinq membres du collège des notables. Cette sortie se fera par la voie du sort, à la fin de la séance annuelle qui [a] lieu conformément à l'ordonnance du 29 juin 1819. La majorité des notables devra avoir sa résidence dans la commune où est établie la synagogue consistoriale.

Art. 3. Les conditions d'éligibilité requises par l'article 10 du règlement, concernant les membres de consistoires, s'appliquent également aux notables.

Art. 4. Dans le cours de l'année 1823, et un mois après le renouvellement des notables, ceux-ci s'assembleront pour procéder au renouvellement intégral des membres laïques des consistoires départementaux.

Art. 5. Tous les deux ans, il sortira un des membres laïques des consistoires départementaux. Cette sortie aura lieu par la voie du sort, et successivement entre les quatre, les trois et les deux plus anciens membres, et ensuite par ancienneté de nomination. Les membres laïques des consistoires et les notables peuvent être réélus indéfiniment.

Art. 6. Dans le chef-lieu de la circonscription où siège le consistoire, la nomination des ministres officiants du temple (chantres), et celles des autres desservants et agents, notamment le sacrificateur, appartiennent immédiatement au consistoire. Il nommera aussi, près les temples de sa circonscription, un ou plusieurs commissaires surveillants, qui exerceront, sous sa dépendance, les fonctions qu'il leur aura déléguées.

Art. 7. Les rabbins près les temples des communes autres que le siège du consistoire, les ministres officiants (chantres) et les autres desservants près ces temples, seront élus par une commission locale, nommée par le consistoire et présidée par le commissaire surveillant. L'élection des rabbins est soumise à la confirmation du consistoire central, sur l'avis des consistoires; les autres ministres et desservants seront confirmés par le consistoire dont ils dépendent, et sous la direction et surveillance duquel ils exercent leurs fonctions.

Art. 8. Le traitement des rabbins, ministres officiants, des servants ou agents dont il est parlé dans les articles 6 et 7, fait partie des frais locaux du culte.

Art. 9. Chaque consistoire, dans l'assemblée qui se tient annuellement pour la fixation et la répartition des frais généraux de la circonscription, s'occupera en même temps, avec le concours des notables qui résident dans le chef-lieu, de la formation du budget et du rôle de répartition des frais locaux du culte de la commune où siège le consistoire. Quant aux frais locaux des communes hors le siège consistorial, le consistoire adjoindra, chaque année, autant de notables israélites qu'il jugera nécessaire, au commissaire surveillant et sous sa présidence, afin de procéder à la formation du budget des frais locaux du culte et du rôle y relatif, lesquels budget et rôle seront soumis à l'examen et à l'approbation des consistoires respectifs.

Art. 10. Les commissaires-surveillants sont tenus de présenter annuellement à la commission chargée de dresser avec eux les budgets et les rôles locaux, le compte rendu de l'exercice précédent, lequel compte sera ensuite soumis à l'examen des consistoires respectifs. Les comptes, le budget et le rôle de répartition, seront adressés par le consistoire au préfet du département, qui les transmettra à notre Ministre de l'intérieur. Le consistoire central y apposera son avis. Les rôles, définitivement approuvés par notre Ministre, seront renvoyés aux préfets pour être rendus exécutoires.

Art. 11. Dans le cours de l'année 1823, le nombre des membres composant le consistoire central sera porté à neuf, savoir : les deux grands rabbins et sept membres laïques. A cet effet, le collège des notables de chaque circonscription désignera deux candidats laïques, qui devront être domiciliés à Paris, et dont l'un sera nommé par nous, sur le rapport de notre Ministre de l'intérieur.

Art. 12. Tous les deux ans, il sortira un des membres laïques du consistoire central; cette sortie aura lieu par la voie du sort et immédiatement entre les sept, les six, les cinq, les quatre, les trois et les deux plus anciens membres, et ensuite par ancienneté de nomination. Le membre sortant est toujours rééligible, d'après le mode prescrit par l'article 11. Le consistoire central ne peut jamais délibérer en moindre nombre que cinq. En cas d'égalité de suffrages, la voix du président est prépondérante. Cependant aucune délibération ne peut être prise, concernant les objets religieux ou du culte, sans le consentement des deux grands rabbins. Toutefois si ces derniers diffèrent d'avis, le plus ancien de nomination des grands rabbins des consistoires départementaux sera appelé à les départager.

Art. 13. Les mandats de payement qui seront délivrés par le consistoire central sur son receveur devront être signés par cinq membres au moins.

Art. 14. En cas de décès ou de démission de l'un des deux grands rabbins du consistoire central, chaque consistoire proposera un candidat pris parmi les grands rabbins des consistoires départementaux. Sur ces candidats, trois seront désignés par le consistoire central, pour l'un d'eux être nommé par nous, sur le rapport de notre Ministre de l'intérieur.

Art. 15. Ne pourront être ensemble membres d'un consistoire départemental ni du consistoire central, le père, le fils, le gendre, les frères et beaux-frères.

Art. 16. Le consistoire central déterminera, par un règlement spécial qui sera soumis à l'approbation de notre Ministre de l'intérieur, les formalités à remplir par les aspirants au titre de rabbins, qui, s'il y a lieu, seront ensuite confirmés en cette qualité par le consistoire.

Art. 17. Chaque consistoire nommera, tous les ans, son président et son vice-président; ils peuvent toujours être réélus. En cas de partage de voix entre les membres du consistoire du département, le plus ancien d'âge ou de nomination parmi les notables du siège consistorial sera appelé pour former la majorité.

Art. 18. Il ne pourra être employé dans les écoles primaires aucun livre qui ne soit approuvé par le consistoire central, du consentement des grands rabbins.

Art. 19. Le décret du 17 mars 1808, qui prescrit des mesures pour l'exécution du règlement israélite, et l'ordonnance du 29 juin 1819, continueront d'être exécutés dans toutes les dispositions qui ne sont pas modifiées par la présente.

12 janvier 1825. — *Ordonnance relative aux conseils de fabrique.*

Vu le décret du 30 décembre 1809, contenant règlement général sur les fabriques des églises;

Considérant que, dans la plupart des conseils de fabrique des églises de notre royaume, les renouvellements prescrits par les articles 7 et 8 dudit décret n'ont pas été faits aux époques déterminées; — Voulant que les dispositions relatives à cette partie de l'administration temporelle des paroisses puissent donner les moyens de remédier aux inconvénients que l'expérience a signalés;

Notre Conseil d'État entendu, etc.

Art. 1er. Dans toutes les églises ayant le titre de cure, succursale ou chapelle vicariale, dans lesquelles le conseil de fabrique n'a pas été régulièrement renouvelé ainsi que le prescrivent les articles 7 et 8 du décret du 30 décembre 1809, il sera immédiatement procédé à une nouvelle nomination des fabriciens, de la manière voulue par l'article 6 du même décret.

Art. 2. A l'avenir, la séance des conseils de fabrique, qui, aux termes de l'article 10 du règlement général, doit avoir lieu le premier dimanche du mois d'avril, se tiendra le dimanche de *Quasimodo.* Dans cette séance devront être faites, tous les trois ans, les élections ordinaires prescrites par le décret du 30 décembre 1809.

Art. 3. Dans le cas de vacance par mort ou démission, l'élection ou remplacement devra être faite dans la première séance ordinaire du conseil de fabrique qui suivra la vacance. Les nouveaux fabriciens ne seront élus que pour le temps d'exercice qui restait à ceux qu'ils sont destinés à remplacer.

Art. 4. Si, un mois après les époques indiquées dans les deux articles précédents, le conseil de fabrique n'a pas procédé aux élections, l'évêque diocésain nommera lui-même.

Art. 5. Sur la demande des évêques et l'avis des préfets, notre Ministre secrétaire d'État des affaires ecclésiastiques et de l'instruction publique pourra révoquer un conseil de fabrique pour défaut de présentation de budget et de reddition de comptes, lorsque ce conseil, requis de remplir ce devoir, aura refusé ou négligé de le faire, ou pour toute autre cause grave. Il sera, dans ce cas, pourvu à une nouvelle formation de ce conseil, de la manière prescrite par l'article 6 du décret du 30 décembre 1809.

Art. 6. L'évêque et le préfet devront réciproquement se prévenir des autorisations d'assemblées extraordinaires qu'aux termes de l'article 10 du décret du 30 décembre 1809, ils accorderaient aux conseils de fabrique, et des objets qui devront être traités dans ces assemblées extraordinaires.

Art. 7. Dans les communes rurales, la nomination et la révocation des chantres, sonneurs et sacristains seront faites par le curé, desservant ou vicaire; leur traitement continuera à être réglé par le conseil de fabrique, et payé par qui de droit.

Art. 8. Le règlement général des fabriques, du 30 décembre 1809, continuera d'être exécuté en tout ce qui n'est pas contraire à la présente ordonnance.

3 mars 1825. — *Ordonnance relative aux presbytères.*

Vu la loi du 8 avril 1802 (18 germinal an X); — L'arrêté du gouvernement du 26 juillet 1803 (7 thermidor an XI); — L'avis du Conseil d'État du 26 janvier 1805 (6 pluviôse an XIII); — Les décrets des 30 mai et 31 juillet 1806, 30 décembre 1809 et 6 novembre 1813;

Notre Conseil d'État entendu, etc.:

Art. 1er. A l'avenir, aucune distraction de parties superflues d'un presbytère pour un autre service ne pourra avoir lieu sans notre autorisation spéciale, notre Conseil d'État entendu. Toute demande à cet effet sera revêtue de l'avis de l'évêque et du préfet, et accompagnée d'un plan qui figurera le logement à laisser au curé ou desservant, et la distribution à faire pour isoler ce logement. Toutefois, il n'est point dérogé aux emplois et dispositions régulièrement faits jusqu'à ce jour.

Art. 2. Les curés et leurs vicaires, ainsi que les desservants autorisés par leur évêque à biner dans les succursales vacantes, ont droit à la jouissance des presbytères et dépendances de ces succursales, tant qu'ils exercent régulièrement ce double service; ils ne peuvent en louer tout ou partie qu'avec l'autorisation de l'évêque.

Art. 3. Dans les communes qui ne sont ni paroisses ni succursales, et dans les succursales où le binage n'a pas lieu, les presbytères et dépendances peuvent être amodiés, mais sous la condition expresse de rendre immédiatement les presbytères des succursales, s'il est nommé un desservant, ou si l'évêque autorise un curé, vicaire ou desservant voisin à y exercer le binage.

Art. 4. Le produit de cette location appartient à la fabrique, si le presbytère et ses dépendances lui ont été remis en exécution de la loi du 8 avril 1802, de l'arrêté du gouvernement du 26 juillet 1803, des décrets des 30 mai et 31 juillet 1806; si elle en a fait l'acquisition sur ses propres ressources, ou s'ils lui sont échus par legs ou donation. Le produit appartient à la commune quand le presbytère et ses dépendances ont été acquis ou construits de ses deniers, ou quand il lui en a été fait legs ou donation.

24 mai 1825. — *Loi relative aux congrégations religieuses de femmes.*

Art. 1er. A l'avenir, aucune congrégation religieuse de femmes ne pourra être autorisée, et, une fois autorisée, ne pourra former d'établissement, que dans les formes et sous les conditions prescrites par les articles suivants.

Art. 2. Aucune congrégation religieuse de femmes ne sera autorisée qu'après que les statuts, dûment approuvés par l'évêque diocésain, auront été vérifiés et enregistrés au Conseil d'État, en la forme requise par les bulles d'institution canonique. Ces statuts ne pourront être approuvés et enregistrés, s'ils ne contiennent la clause que la congrégation est soumise, dans les choses spirituelles, à la juridiction de l'Ordinaire. Après la vérification et l'enregistrement, l'autorisation sera accordée par une loi à celles de ces congrégations qui n'existaient pas au 1er janvier 1825. A l'égard de celles de ces congrégations qui existaient antérieurement au 1er janvier 1825, l'autorisation sera accordée par une ordonnance du Roi.

Art. 3. Il ne sera formé aucun établissement d'une congrégation religieuse de femmes déjà autorisée, s'il n'a été préalablement informé sur la convenance et les inconvénients de l'établissement, et si l'on ne produit, à l'appui de la demande, le consentement de l'évêque diocésain et du conseil municipal de la commune où l'établissement devra être formé. L'autorisation spéciale de former l'établissement sera accordée par ordonnance du Roi, laquelle sera insérée dans la quinzaine au *Bulletin des lois.*

Art. 4. Les établissements dûment autorisés pourront, avec l'autorisation spéciale du Roi : 1e accepter les biens meubles et immeubles qui leur auraient été donnés par actes entre vifs ou de dernière volonté, à titre particulier seulement; 2e acquérir à titre onéreux des biens immeubles ou des rentes; 3e aliéner les biens immeubles ou les rentes dont ils seraient propriétaires.

Art. 5. Nulle personne faisant partie d'un établissement autorisé ne pourra disposer, par acte entre vifs ou par testament, soit en faveur de cet établissement, soit au profit de l'un de ses membres, au delà du quart de ses biens, à moins que le don ou legs n'excède pas la somme de dix mille francs. Cette prohibition cessera d'avoir son effet relativement aux membres de l'établissement, si la légataire ou donataire était héritière en ligne directe de la testatrice ou donatrice. Le présent article ne recevra son exécution, pour les communautés déjà autorisées, que six mois après la publication de la présente loi, et pour celles qui seraient autorisées à l'avenir, six mois après l'autorisation accordée.

Art. 6. L'autorisation des congrégations religieuses de femmes ne pourra être révoquée que par une loi. L'autorisation des maisons particulières dépendant de ces congrégations ne pourra être révoquée qu'après avoir pris l'avis de l'évêque diocésain, et avec les autres formes prescrites par l'article 3 de la présente loi.

Art. 7. En cas d'extinction d'une congrégation ou maison religieuse de femmes, ou de révocation de l'autorisation qui lui aura été accordée, les biens acquis par donation entre vifs ou par disposition à cause de mort feront retour aux donateurs ou à leurs parents au degré successible, ainsi qu'à ceux des testateurs au même degré. Quant aux biens qui ne feraient pas retour, ou qui auraient été acquis à titre onéreux, ils seront attribués et répartis, moitié aux établissements ecclésiastiques, moitié aux hospices des départements dans lesquels seraient situés les établissements éteints. La transmission sera opérée avec les charges et obligations imposées aux précédents possesseurs. Dans le cas de révocation prévu par le premier paragraphe, les membres de la congrégation ou maison religieuse de femmes auront droit à une pension alimentaire, qui sera prélevée : 1° sur les biens acquis à titre onéreux ; 2° subsidiairement sur les biens acquis à titre gratuit, lesquels, dans ce cas, ne feront retour aux familles des donateurs ou testateurs qu'après l'extinction desdites pensions.

Art. 8. Toutes les dispositions de la présente loi, autres que celles qui sont relatives à l'autorisation, sont applicables aux congrégations et maisons religieuses de femmes autorisées antérieurement à la publication de la loi du 2 janvier 1817.

7 mai 1826. — *Ordonnance qui détermine par qui devront être acceptées les donations faites aux établissements ecclésiastiques lorsque les personnes désignées par l'ordonnance du 2 avril 1817 seront elles-mêmes donatrices.*

Art. 1er. A l'avenir, lorsque la personne désignée, en la qualité qu'elle exerce, par l'ordonnance du 2 avril 1817, pour accepter, avec notre autorisation, les donations faites aux établissements ecclésiastiques, sera elle-même donatrice, elle sera remplacée, pour la formalité de l'acceptation, savoir : l'évêque, par le premier vicaire général, si la donation concerne l'évêché ; par le supérieur du séminaire, s'il s'agit d'une libéralité au profit de cet établissement, et par le trésorier de la fabrique de la cathédrale si la donation a pour objet ladite cathédrale ; le doyen du chapitre, par le plus ancien chanoine après lui ; le curé et le desservant, par le trésorier de la fabrique ; le trésorier, par le président ; le supérieur, par l'ecclésiastique destiné à le suppléer en cas d'absence ; et la supérieure, par la religieuse qui vient immédiatement après elle dans le gouvernement de la congrégation ou communauté.

Art. 2. L'ordonnance du 2 avril 1817 est maintenue en tout ce qui n'est point contraire à la présente ordonnance.

16 juin 1828. — *Ordonnance contenant diverses mesures relatives aux écoles secondaires ecclésiastiques et autres établissements d'instruction publique.*

Sur le compte qui nous a été rendu : 1° que, parmi les établissements connus sous le nom d'*écoles secondaires ecclésiastiques*, il en existe huit qui se sont écartés du but de leur institution en recevant des élèves dont le plus grand nombre ne se destine pas à l'état ecclésiastique ; 2° que ces huit établissements sont dirigés par des personnes appartenant à une congrégation religieuse non légalement établie en France ; — Voulant pourvoir à l'exécution des lois du royaume,

De l'avis de notre Conseil, etc. :

Art. 1er. A dater du 1er octobre prochain, les établissements connus sous le nom d'*écoles secondaires ecclésiastiques*, dirigés par des personnes appartenant à une congrégation religieuse non autorisée, et actuellement existant à Aix, Billom, Bordeaux, Dôle, Forcalquier, Montmorillon, Saint-Acheul et Sainte-Anne-d'Auray, seront soumis au régime de l'Université.

Art. 2. A dater de la même époque, nul ne pourra être ou demeurer chargé, soit de la direction, soit de l'enseignement dans une des maisons d'éducation dépendantes de l'Université, ou dans une des écoles secondaires ecclésiastiques, s'il n'a affirmé par écrit qu'il n'appartient à aucune congrégation religieuse non légalement établie en France.

16 juin 1828. — *Ordonnance relative aux écoles secondaires ecclésiastiques.*

Art. 1er. Le nombre des élèves des écoles secondaires ecclésiastiques, instituées par l'ordonnance du 5 octobre 1814, sera limité dans chaque diocèse, conformément au tableau que, dans le délai de trois mois, à dater de ce jour, notre Ministre secrétaire d'État des affaires ecclésiastiques soumettra à notre approbation. Ce tableau sera inséré au *Bulletin des lois*, ainsi que les changements qui pourraient être ultérieurement réclamés, et que nous nous réservons d'approuver, s'il devenait nécessaire de modifier la première répartition. Toutefois, le nombre des élèves placés dans les écoles secondaires ecclésiastiques ne pourra excéder vingt mille.

Art. 2. Le nombre de ces écoles et la désignation des communes où elles seront établies seront déterminés par nous, d'après la demande des archevêques et évêques, et sur la proposition de notre Ministre des affaires ecclésiastiques.

Art. 3. Aucun externe ne pourra être reçu dans lesdites écoles. Sont considérés comme externes les élèves n'étant pas logés et nourris dans l'établissement même.

Art. 4. Après l'âge de quatorze ans, tous les élèves admis depuis deux ans dans lesdites écoles seront tenus de porter un habit ecclésiastique.

Art. 5. Les élèves qui se présenteront pour obtenir le grade de bachelier ès lettres ne pourront, avant leur entrée dans les ordres sacrés, recevoir qu'un diplôme spécial, lequel n'aura d'effet que pour parvenir aux grades en théologie ; mais il sera susceptible d'être échangé contre un diplôme ordinaire de bachelier ès lettres après que les élèves seront engagés dans les ordres sacrés.

Art. 6. Les supérieurs ou directeurs des écoles secondaires ecclésiastiques seront nommés par les archevêques et évêques, et agréés par nous. Les archevêques et évêques adresseront, avant le 1er octobre prochain, les noms des supérieurs ou directeurs actuellement en exercice à notre Ministre des affaires ecclésiastiques, à l'effet d'obtenir notre agrément.

Art. 7. Il est créé dans les écoles secondaires ecclésiastiques huit mille demi-bourses à cent cinquante francs chacune. La répartition de ces huit mille demi-bourses entre les diocèses sera réglée par nous, sur la proposition de notre ministre des affaires ecclésiastiques. Nous déterminerons ultérieurement le mode de présentation et de nomination à ces bourses.

Art. 8. Les écoles secondaires ecclésiastiques, dans lesquelles les dispositions de la présente ordonnance et de notre ordonnance en date de ce jour ne seraient pas exécutées, cesseront d'être considérées comme telles, et rentreront sous le régime de l'Université.

25 décembre 1830. — *Ordonnance qui détermine les conditions d'admission aux fonctions d'évêque, vicaire général, chanoine et curé, et de professeur dans les facultés de théologie.*

Art. 1er. A dater du 1er janvier 1835, le grade de docteur en théologie sera nécessaire pour être professeur, adjoint ou suppléant dans une faculté de théologie.

Art. 2. A dater de la même époque, nul ne pourra être nommé archevêque ou évêque, vicaire général, dignitaire ou membre du chapitre, curé dans une ville chef-lieu de département ou d'arrondissement, s'il n'a obtenu le grade de licencié en théologie, ou s'il n'a rempli, pendant quinze ans, les fonctions de curé ou de desservant.

Art. 3. A compter de ladite époque, nul ne pourra être nommé curé de chef-lieu de canton, s'il n'est pourvu du grade de bachelier en théologie, ou s'il n'a rempli, pendant dix ans, les fonctions de curé ou de desservant.

Art. 4. Les dispositions ci-dessus sont applicables à tous ceux qui, à l'époque de la publication de la présente ordonnance, n'auraient pas encore vingt et un ans accomplis.

Art. 5. Les élèves des séminaires situés hors des chefs-lieux des facultés de théologie seront admis à subir les épreuves du grade de bachelier en théologie, sur la présentation d'un certificat constatant qu'ils ont étudié pendant trois ans dans un séminaire.

14 janvier 1831. — *Ordonnance relative aux donations et legs, acquisitions et aliénations concernant les établissements ecclésiastiques et les communautés religieuses de femmes.*

Vu les lois des 2 janvier 1817 et 24 mai 1825, relatives aux donations et legs, acquisitions et aliénations de biens meubles, immeubles et rentes, concernant les établissements ecclésiastiques et les communautés religieuses de femmes ; — Voulant remédier aux abus qui ont lieu par défaut d'exécution ou par fausse interprétation de ces lois ;

Notre Conseil d'État entendu, etc.

Art. 1er. L'article 6 de l'ordonnance royale du 2 avril 1817 est rapporté. En conséquence, aucun transfert ni inscription de rentes sur l'État, au profit d'un établissement ecclésiastique ou d'une communauté religieuse de femmes ne sera effectué qu'autant qu'il aura été autorisé par une ordonnance royale, dont l'établissement intéressé présentera, par l'intermédiaire de son agent de change, expédition en due forme au directeur du grand-livre de la dette publique.

Art. 2. Aucun notaire ne pourra passer acte de vente, d'acquisition, d'échange, de cession ou transport, de constitution de rente, de transaction, au nom desdits établissements, s'il n'est justifié de l'ordonnance r´yale portant autorisation de l'acte, et qui devra y être entièrement insérée.

Art. 3. Nulle acceptation de legs au profit des mêmes établissements ne sera présentée à notre autorisation sans que les héritiers connus du testateur aient été appelés par acte extrajudiciaire pour prendre connaissance du testament, donner leur consentement à son exécution, ou produire leurs moyens d'opposition. S'il n'y a pas d'héritiers connus, extrait du testament sera affiché de huitaine en huitaine, à trois reprises consécutives, au chef-lieu de la mairie du domicile du testateur, et inséré dans le journal judiciaire du département, avec invitation aux héritiers d'adresser au préfet, dans le même délai, les réclamations qu'ils auraient à présenter.

Art. 4. Ne pourront être présentées à notre autorisation les donations qui seraient faites à des établissements ecclésiastiques ou religieux, avec réserve d'usufruit en faveur du donateur.

Art. 5. L'état de l'actif et du passif, ainsi que des revenus et charges des établissements légataires ou donataires, vérifié et certifié par le préfet, sera produit à l'appui de leur demande en autorisation d'accepter les dons ou legs qui leur seraient faits.

Art. 6. Les dispositions de la présente ordonnance sont applicables aux autorisations à donner par le préfet en vertu du dernier paragraphe de l'article 1er de l'ordonnance du 2 avril 1817.

8 février 1831. — *Loi qui met à la charge de l'État le traitement des ministres du culte israélite.*

Article unique. A compter du 1er janvier 1831, les ministres du culte israélite recevront des traitements du Trésor public.

4 janvier 1832. — *Ordonnance relative au récolement annuel du mobilier des archevêchés et évêchés.*

Vu le paragraphe 1er de l'article 5 de l'ordonnance royale du 7 avril 1819, concernant l'ameublement des archevêchés et évêchés ; — Vu l'article 8 de la loi du 26 juillet 1829, et l'article 8 de l'ordonnance royale du 3 février 1830 ;

Considérant que la dépense des mobiliers des archevêchés et évêchés étant aujourd'hui portée à la charge de l'État, ils sont par conséquent sa propriété, d'où il suit que c'est à l'État seul qu'il appartient de veiller à leur conservation ;

Le comité de l'intérieur de notre Conseil d'État entendu, etc.

Art. 1er. Le premier paragraphe de l'article 5 de l'ordonnance royale du 7 avril 1819, qui prescrit les formes à suivre pour le récolement annuel des mobiliers des archevêchés ou évêchés, est rapporté.

Art. 2. Il sera procédé, à la fin de chaque année, audit récolement par le préfet ou un conseiller de préfecture délégué par lui, concurremment avec le titulaire, ou, en cas de vacance du siège, avec les vicaires généraux capitulaires administrateurs du diocèse, et avec un des agents du domaine. Dans les départements où le chef-lieu du diocèse est différent de celui de la préfecture, le préfet pourra se faire représenter au récolement par le sous-préfet de l'arrondissement dont fait partie la ville épiscopale.

Art. 3. Les récolements annuels comprendront les parties d'ameublement acquises sur les fonds votés par les conseils généraux depuis 1819, en augmentation du mobilier accordé par l'ordonnance de cette année, et demeurées la propriété spéciale du département. Les conseils généraux pourront, dans ce cas, continuer de désigner un ou deux de leurs membres pour assister au récolement annuel de ces objets.

13 mars 1832. — *Ordonnance qui détermine l'époque de jouissance du traitement alloué aux titulaires d'emplois ecclésiastiques.*

Vu l'ordonnance royale du 9 janvier 1816, qui porte que les vicaires généraux et chanoines, comme les curés et desservants, jouiront de leur traitement à partir de leur nomination par l'évêque diocésain ; — Vu celle du 4 septembre 1820, d'après laquelle le traitement des archevêques et évêques date *du jour de leur prise de possession* ;

Considérant qu'aucune exception à cet égard, concernant les autres titres ecclésiastiques, ne saurait être justifiée, attendu que, pour tous, la résidence et les fonctions remplies sont les conditions exigées pour avoir droit au traitement, etc.

Art. 1er. Les vicaires généraux, chanoines et curés, dont la nomination aura été agréée par nous, jouiront du traitement attaché à leur titre, à dater du jour de leur prise de possession. Il sera dressé procès-verbal de cette prise de possession, savoir : pour les vicaires généraux et chanoines, par le chapitre ; et, pour les curés, par le bureau des marguilliers.

Art. 2. Le traitement des desservants et vicaires datera également du jour de leur installation, constaté par le bureau des marguilliers.

Art. 3. Expédition de chaque procès-verbal de prise de possession sera aussitôt adressée à l'évêque diocésain et au préfet du département pour servir à la formation des états de payement.

Art. 4. L'absence temporaire, et pour cause légitime, des titulaires d'emplois ecclésiastiques, du lieu où ils sont tenus de résider, pourra être autorisée par l'évêque diocésain, sans qu'il en résulte décompte pour le traitement, si l'absence ne doit pas excéder huit jours ; passé ce délai et jusqu'à celui d'un mois, l'évêque notifiera le congé au préfet et lui en fera connaître le motif. Si la durée de l'absence pour cause de maladie ou autre doit se prolonger au delà d'un mois, l'autorisation de notre ministre de l'instruction publique et des cultes sera nécessaire.

Art. 5. Toutes les dispositions contraires à la présente ordonnance sont rapportées.

6 avril 1832. — *Ordonnance relative aux cures de 1re classe.*

Vu l'article 66 de la loi du 18 germinal an X ; — Vu l'arrêté du gouvernement du 27 brumaire an XI, d'après lequel les curés des communes dont les maires sont nommés par le roi, sont curés de première classe ; — Vu l'article 3 de la loi du 21 mars 1831, qui veut que, dans les communes de 3,000 habitants et au-dessus, les maires soient nommés par le roi ;

Considérant que les cures de première classe se trouvaient placées, en vertu de l'arrêté du 27 brumaire an XI, dans les villes de 5,000 âmes au moins, que postérieurement on a accordé les mêmes avantages aux cures placées dans des chefs-lieux de préfecture ayant une population inférieure ; que des motifs d'économie ne permettent pas de donner une plus grande extension à cette mesure, etc.

Art. 1er. Les cures des communes de 5,000 âmes et au-dessus et en nombre égal à celui des justices de paix établies dans ces mêmes communes, ainsi que les cures des chefs-lieux de préfecture dont la population serait au-dessous de 5,000 habitants, sont seules cures de première classe.

Art. 2. Notre ministre, etc.

25 mai 1835. — *Loi relative aux baux des biens ruraux des communes et établissements publics.*

Article unique. Les communes, hospices et tous autres établissements publics pourront affermer leurs biens ruraux pour dix-huit années et au-dessous, sans autres formalités que celles prescrites pour les baux de 9 années.

25 mai 1844. — *Ordonnance du roi portant règlement pour l'organisation du culte israélite.*

Art. 1er. Le culte israélite a un consistoire central, des consistoires départementaux, des grands rabbins, des rabbins communaux et des ministres officiants.

TITRE PREMIER.

DES CONSISTOIRES.

Art. 2. Le consistoire central siège à Paris.

Art. 3. Il est établi un consistoire dans chaque département renfermant 2,000 âmes de population israélite.

S'il ne se trouve pas 2,000 israélites dans le même département, la circonscription du consistoire s'étend de proche en proche sur autant de départements qu'il en faut pour que ce nombre soit atteint.

Dans aucun cas, il ne peut y avoir plus d'un consistoire par département.

Art. 4. Les consistoires actuellement existants, leur siège et leur circonscription, tels qu'ils sont fixés par le décret du 11 décembre 1808, sont maintenus.

Dans le cas où il y aura lieu de former un ou plusieurs consistoires nouveaux, l'ordonnance royale qui en prononcera la création désignera en même temps la ville où ils seront établis.

§ 1. — Du consistoire central.

Art. 5. Le consistoire central se compose d'un grand rabbin et d'autant de membres laïques qu'il y a de consistoires départementaux.

Art. 6. Les membres laïques du consistoire central sont élus par les notables des circonscriptions consistoriales.

Ils sont choisis parmi les notables résidant à Paris.

Art. 7. Le grand rabbin du consistoire central est nommé suivant les formes prescrites par les articles 40 et suivants. Sa nomination est soumise à notre approbation.

Art. 8. La durée des fonctions des membres laïques est de huit ans. Ils sont divisés en deux séries se renouvelant alternativement de quatre en quatre années. Les membres sortants sont rééligibles.

Art. 9. Le consistoire central nomme son président et son vice-président pour quatre ans.

Art. 10. Le consistoire central est l'intermédiaire entre le ministre des cultes et les consistoires départementaux. Il est chargé de la haute surveillance des intérêts du culte israélite.

Il approuve les règlements relatifs à l'exercice du culte dans les temples.

Aucun ouvrage d'instruction religieuse ne peut être employé dans les écoles israélites, s'il n'a été approuvé par le consistoire central, sur l'avis conforme de son grand rabbin.

Art. 11. Le consistoire central a le droit de censure à l'égard des membres laïques des consistoires départementaux.

Il peut provoquer, pour des causes graves, auprès de notre ministre des cultes, la révocation de ces membres, et même la dissolution d'un consistoire départemental.

Art. 12. Le consistoire central délivre seul les diplômes de second degré pour l'exercice des fonctions rabbiniques, sur le vu des certificats d'aptitude obtenus conformément au règlement du 15 octobre 1832.

Il donne son avis sur la nomination des rabbins départementaux et communaux.

Il peut, sur la proposition du consistoire départemental, et avec l'approbation de notre ministre des cultes, ordonner le changement de résidence des rabbins communaux dans le ressort du consistoire.

Le consistoire central a le droit de censure à l'égard des grands rabbins consistoriaux, mais seulement sur la plainte de leurs consistoires respectifs. Il peut provoquer auprès de notre ministre des cultes leur suspension ou leur révocation, suivant les cas.

Il a directement, après avoir pris l'avis du consistoire et du grand rabbin, le droit de censure à l'égard des rabbins communaux.

Il peut prononcer leur suspension pour un an au plus.

Il prononce leur révocation, sauf la confirmation de notre ministre des cultes.

Il statue sur la révocation des ministres officiants, proposée par les consistoires départementaux.

Art. 13. Le consistoire central peut être dissous par ordonnance royale.

Dans ce cas, l'administration du culte israélite est déléguée, jusqu'à l'installation d'un nouveau consistoire, à une commission composée de grands rabbins et de quatre notables désignés par notre ministre des cultes.

§ 2. — Des consistoires départementaux.

Art. 14. Chaque consistoire départemental se compose du grand rabbin de la circonscription et de quatre membres laïques, dont deux au moins sont choisis parmi les habitants de la ville où siège le consistoire.

Art. 15. Le grand rabbin et les membres laïques, sont élus par l'assemblée des notables de la circonscription.

Art. 16. Les membres laïques sont choisis parmi les notables de la circonscription.

Art. 17. La durée des fonctions des membres laïques est de quatre ans.

Leur renouvellement a lieu par moitié tous les deux ans.

Les membres sortants peuvent être réélus.

Art. 18. Le consistoire nomme son président et son vice-président pour deux années.

Art. 19. Le consistoire a l'administration et la police des temples de sa circonscription et des établissements et associations pieuses qui s'y rattachent.

Il délivre les diplômes de premier degré pour l'exercice des fonctions rabbiniques, sur le vu des certificats énoncés en l'article 19.

Il représente en justice les synagogues de son ressort, et exerce en leur nom les droits qui leur appartiennent, sous la réserve portée en l'article 64.

Il nomme les commissions destinées à procéder à l'élection des rabbins communaux et des ministres officiants ainsi qu'il est réglé par les articles 48 et 51.

Il donne au consistoire central son avis sur ces élections.

Il nomme le *mohel* et le *schohet* pour le chef-lieu consistorial, sur l'avis du grand rabbin, et, pour les autres communes, sur le certificat du rabbin du ressort, confirmé par le grand rabbin.

Les nominations sont révocables par le consistoire, sur l'avis du grand rabbin.

Art. 20. Le consistoire a le droit de suspension à l'égard des ministres officiants, après avoir pris l'avis du commissaire administrateur ou de la commission administrative ci-après instituée.

Il propose, quand il y a lieu, leur révocation au consistoire central.

Il adresse au consistoire central les plaintes qu'il peut avoir à former tant contre le grand rabbin que contre les rabbins de sa circonscription.

Il fait, sous l'approbation du consistoire central, les règlements concernant les cérémonies religieuses relatives aux inhumations et à l'exercice du culte dans tous les temples de son ressort.

Il est chargé de veiller 1° à ce qu'il ne soit donné aucune instruction ou explication de la loi qui ne soit conforme aux réponses de l'assemblée générale des israélites, converties en décisions doctrinales par le grand sanhédrin; 2° à ce qu'il ne se forme, sans autorisation, aucune assemblée de prières.

Art. 21. Le consistoire institue, par délégation, auprès de chaque temple, et selon les besoins, soit un commissaire administrateur, soit une commission administrative, agissant sous sa direction et sous son autorité.

Le commissaire ou la commission rend compte annuellement de sa gestion au consistoire départemental.

Art. 22. Chaque année, le consistoire adresse au préfet un rapport sur la situation morale des établissements de charité, de bienfaisance ou de religion spécialement destinés aux israélites.

Art. 23. Les consistoires départementaux peuvent être dissous par arrêté de notre ministre des cultes.

Dans ce cas, l'administration des affaires de la circonscription est déléguée, jusqu'à l'installation d'un nouveau consistoire, à une commission composée du grand rabbin consistorial et de quatre notables désignés par le consistoire central.

§ 3. — Dispositions communes au consistoire central et aux consistoires départementaux.

Art. 24. La nomination des membres laïques des consistoires est soumise à notre agrément.

L'époque de leur entrée en fonctions est fixée au premier janvier.

Le père, le fils ou les petits-fils, le beau-père, les gendres et les frères ou beaux-frères ne peuvent être ensemble membres d'un consistoire.

Pour le premier renouvellement, la série des membres sortants est désignée par la voie du sort.

Les présidents et vice-présidents sont rééligibles.

En cas de dissolution d'un consistoire, il est procédé à de nouvelles élections dans les trois mois.

§ 4. — Des ministres.

Art. 25. Il y a, pour chaque circonscription consistoriale, un corps de notables chargés d'élire : 1° le grand rabbin consistorial; 2° les membres laïques du consistoire départemental; 3° un membre laïque du consistoire central; 4° deux délégués pour l'élection du grand rabbin du consistoire central, ainsi qu'il est dit en l'article 42.

Art. 26. Font partie du corps des notables les israélites âgés de vingt-cinq ans accomplis, et qui appartiennent à l'une des catégories suivantes :

1° Les fonctionnaires publics de l'ordre administratif;

2° Les fonctionnaires de l'ordre judiciaire ;

3° Les membres des conseils généraux, des conseils d'arrondissement et des conseils municipaux;

4° Les citoyens inscrits sur la liste électorale et du jury;

5° Les officiers de terre et de mer, en activité et en retraite ;

6° Les membres des chambres de commerce et ceux qui font partie de la liste des notables commerçants;

7° Les grands rabbins et les rabbins communaux;

8° Les professeurs dans les facultés et dans les collèges royaux et communaux;

9° Le directeur et les professeurs de l'école centrale rabbinique.

Art. 27. A cette liste pourront être adjoints, par notre ministre des cultes, sur la proposition du consistoire central, et les avis du consistoire départemental et du préfet, et ce, jusqu'à concurrence du sixième de la liste totale, les israélites qui ne seraient pas compris dans ces catégories, et qui, par leurs services se seraient rendus dignes de cette distinction.

Art. 28. Nul ne fera partie de la liste des notables s'il n'a la qualité de Français, s'il a subi une condamnation criminelle ou une des condamnations correctionnelles portées aux articles 401, 405 et 408 du code pénal, s'il est failli non réhabilité, et s'il n'est depuis deux ans au moins domicilié dans la circonscription consistoriale.

Art. 29. Les listes seront dressées par les consistoires ; elles demeureront exposées, à partir du 1er mars de chaque année, et pendant deux mois au parvis du temple du chef-lieu consistorial.

Pendant ce délai, toutes réclamations seront admises ; il y sera statué par le préfet, sur l'avis du consistoire, sauf recours à notre ministre des cultes par la voie administrative. Le ministre prononcera définitivement, sur l'avis du consistoire central.

Les listes arrêtées par le préfet serviront pour un an.

Art. 30. Chaque année, les consistoires feront les additions et radiations nécessaires, conformément aux dispositions de l'article précédent, de façon que la liste définitive soit publiée dans le temple du chef-lieu consistorial au 1er juillet de chaque année.

§ 5. — Des assemblées des notables et de l'élection des membres du consistoire.

Art. 31. L'assemblée des notables est convoquée par le consistoire départemental, sur l'autorisation du préfet du département, pour procéder aux élections mentionnées en l'article 25.

Art. 32. Les élections ont lieu à la majorité absolue des membres présents.

Le nombre des membres présents au vote doit être de la moitié au moins de la liste totale.

Si ce nombre n'est pas atteint, une seconde réunion est convoquée, et l'élection est valable, quel que soit alors le nombre des votants.

Art. 33. Le bureau se compose des membres du consistoire départemental.

Art. 34. Le bureau prononce sur les difficultés qui s'élèvent touchant les opérations. En cas de partage, la voix du président est prépondérante.

Les réclamations contre la décision du bureau ne sont pas suspensives. Elles sont portées, par la voie administrative, devant notre ministre des cultes, qui prononce définitivement.

Art. 35. Le procès-verbal, signé des membres du bureau, fait mention de toutes les opérations et des incidents survenus. Il est dressé en double expédition, dont l'une est transmise au préfet, et l'autre au consistoire central.

Art. 36. L'installation des membres laïques du consistoire central et des consistoires départementaux est faite par le préfet, qui reçoit, de la part de chaque membre, le serment prescrit par la loi du 31 août 1830.

Le serment est prononcé en levant la main, sans autre formalité.

Art. 37. Si le consistoire se refusait à l'accomplissement des obligations qui lui sont imposées par la présente section, il y serait pourvu par le préfet.

TITRE II.

DES MINISTRES DU CULTE.

§ 1. — Du grand rabbin du consistoire central.

Art. 38. Le grand rabbin a droit de surveillance et d'admonition à l'égard de tous les ministres du culte israélite.

Il a droit d'officier et de prêcher dans toutes les synagogues de France.

Aucune délibération ne peut être prise par le consistoire central concernant les objets religieux ou du culte, sans l'approbation du grand rabbin.

Néanmoins, en cas de dissentiment entre le consistoire central et son grand rabbin, le grand rabbin du consistoire de Paris est consulté.

Si les deux rabbins diffèrent d'avis, le plus ancien de nomination des grands rabbins consistoriaux est appelé à les départager.

Art. 39. Le grand rabbin est nommé à vie.

Nul ne peut être grand rabbin s'il n'est âgé de quarante ans accomplis, muni d'un diplôme de second degré rabbinique délivré conformément au règlement du 15 octobre 1832, et s'il n'a rempli pendant dix ans au moins les fonctions de rabbin communal, ou pendant cinq ans celles de grand rabbin consistorial ou de professeur à l'école centrale rabbinique. Néanmoins ces deux dernières conditions ne seront exigibles qu'à partir de 1850.

Art. 40. En cas de décès ou de démission du grand rabbin, les assemblées de notables de toutes les circonscriptions nomment, à l'époque fixée par le consistoire central, chacune deux délégués

pour procéder, conjointement avec les membres du consistoire central, à l'élection du grand rabbin.

Art. 41. Les délégués sont choisis parmi les notables de la circonscription ou parmi ceux du collège de Paris.

Si plusieurs collèges choisissent à Paris le même délégué, le consistoire central tire au sort la circonscription dont le membre élu sera le représentant. Les autres ont à nommer un nouveau délégué.

Art. 42. La présidence de l'assemblée des délégués et des membres du consistoire central, réunis pour procéder à l'élection, appartient au président du consistoire central.

Le plus jeune des membres remplit les fonctions de secrétaire.

L'élection a lieu à la majorité absolue des voix et au scrutin secret. Elle n'est valable qu'autant que quinze membres au moins y ont concouru.

Le procès-verbal de l'élection est transmis à notre ministre des cultes par le consistoire central.

§ 2. — Des grands rabbins des consistoires départementaux.

Art. 43. Les grands rabbins des consistoires départementaux ont droit de surveillance sur les rabbins et sur les ministres officiants de leur circonscription.

Ils ont droit d'officier et de prêcher dans tous les temples de leur circonscription.

Art. 44. — Nul ne peut être grand rabbin consistorial s'il n'est âgé de trente ans, et s'il n'est porteur d'un diplôme de second degré rabbinique.

Art. 45. Les grands rabbins des consistoires départementaux sont élus : 1° parmi ceux des grands rabbins des autres circonscriptions qui se font inscrire au siège du consistoire ; 2° parmi les rabbins en fonctions sortis de l'école centrale rabbinique ; 3° parmi les rabbins ayant cinq ans d'exercice, quand ils ne sont pas élèves de cette école, et parmi les professeurs de la même école. Leur nomination est soumise à notre approbation.

§ 3. — Des rabbins communaux.

Art. 46. Les rabbins officient et prêchent dans les temples de leur ressort.

Art. 47. Nul ne peut être rabbin s'il n'est âgé de vingt-cinq ans accomplis et porteur d'un diplôme du premier degré rabbinique.

Art. 48. Les rabbins sont élus par une assemblée de notables désignés par le consistoire départemental et choisis de préférence parmi les notables du ressort.

Le commissaire administrateur ou le président de la commission administrative préside cette assemblée.

Le consistoire règle, suivant l'importance du ressort à desservir, le nombre de membres qui la composent, lequel en aucun cas ne peut être au-dessous de cinq.

Le consistoire départemental transmet le procès-verbal de l'élection avec les pièces à l'appui au consistoire central. La nomination est soumise à l'approbation de notre ministre des cultes.

Art. 49. Les rabbins sont choisis parmi les élèves de l'école centrale rabbinique pourvus du diplôme exigé.

Si l'école ne fournit pas un nombre de candidats suffisant, tout israélite remplissant les conditions prescrites par l'article 47 ci-dessus peut être admis comme candidat.

§ 4. — Des ministres officiants.

Art. 50. Nul ne peut être ministre officiant s'il n'est âgé de vingt-cinq ans et s'il ne produit un certificat du grand rabbin de la circonscription, attestant qu'il possède les connaissances religieuses suffisantes.

Le consistoire central déterminera la forme de ces certificats.

Art. 31. Les ministres officiants sont élus dans la forme déterminée par l'article 48.

Leur élection est confirmée par le consistoire central.

Le consistoire départemental nomme directement le ministre officiant du chef-lieu consistorial.

Le consistoire central envoie à notre ministre des cultes l'avis des nominations faites et approuvées ; il indique les justifications produites par les nouveaux titulaires.

§ 5. — Du mohel et du schohet.

Art. 32. Nul ne peut exercer les fonctions de mohel et de schohet s'il n'est pourvu d'une autorisation spéciale du consistoire de la circonscription.

Le mohel et le schohet sont soumis, dans l'exercice de leurs fonctions, aux règlements émanés du consistoire départemental et approuvés par le consistoire central.

§ 6. — Dispositions communes aux divers ministres du culte israélite.

Art. 33. Le grand rabbin consistorial et les rabbins ne peuvent célébrer les mariages que dans l'étendue de leur ressort.

Ils ne peuvent donner la bénédiction nuptiale qu'à ceux qui justifient avoir contracté mariage devant l'officier de l'état civil.

La bénédiction nuptiale n'est donnée que dans l'intérieur du temple, sauf le cas d'autorisation spéciale accordée par le consistoire départemental.

Les ministres du culte assisteront aux inhumations, suivant ce qui aura été réglé par le consistoire départemental, en vertu du paragraphe 6 de l'article 20 ci-dessus.

Art. 34. Aucune assemblée délibérante ne pourra être formée, aucune décision doctrinale ou dogmatique ne pourra être publiée ou devenir la matière de l'enseignement sans une autorisation expresse du gouvernement.

Art. 35. Toutes entreprises des ministres du culte israélite, toutes discussions qui pourront s'élever entre ces ministres, toute atteinte à l'exercice du culte et à la liberté garantie à ces ministres, nous seront déférées en notre Conseil d'État, sur le rapport de notre ministre des cultes, pour être par nous statué ce qu'il appartiendra.

Art. 36. Nul ministre du culte israélite ne peut donner aucune instruction ou explication de la loi qui ne soit conforme aux décisions du grand sanhédrin ou aux décisions des assemblées synodales qui seraient par nous ultérieurement autorisées.

Les rabbins ont, sous l'autorité des consistoires, la surveillance et la direction de l'instruction religieuse dans les écoles israélites.

Art. 37. Nul ne peut être nommé grand rabbin, rabbin communal, ministre officiant, s'il n'est Français.

Des dispenses d'âge peuvent être accordées aux grands rabbins, aux rabbins communaux et aux ministres officiants, par notre ministre des cultes sur la proposition du consistoire central.

Les fonctions de rabbin sont incompatibles avec toute profession industrielle ou commerciale.

Art. 38. Avant leur installation, les grands rabbins et les rabbins prêtent entre les mains du préfet ou de son délégué, le serment prescrit par la loi du 31 août 1830.

Le serment du grand rabbin du consistoire central est prêté entre les mains de notre ministre des cultes.

Art. 39. Il est procédé, selon les instructions du consistoire de chaque circonscription, à l'installation des rabbins et des ministres officiants.

Procès-verbal de cette installation est transmis, en double expédition par le consistoire départemental, au consistoire central et au préfet du département où réside le nouveau titulaire.

TITRE III.

DES CIRCONSCRIPTIONS RABBINIQUES ET DES TEMPLES.

Art. 60. Il ne peut être établi aucune nouvelle circonscription rabbinique, ni être fait aucune modification aux circonscriptions rabbiniques actuellement existantes, qu'en vertu de notre autorisation donnée sur le rapport de notre ministre des cultes et sur l'avis du consistoire central, des communes intéressées et du préfet du département.

Art. 61. Dans la ville chef-lieu du consistoire départemental, il peut être adjoint au grand rabbin un ou plusieurs rabbins communaux, selon les besoins de la population.

Il est statué à cet égard par ordonnance royale.

Art. 62. Il ne peut être créé de titre de ministre officiant à la charge de l'État que par un arrêté de notre ministre des cultes, sur la demande du consistoire central et du préfet.

Art. 63. Tout chef de famille peut, en rapportant l'avis favorable du consistoire départemental, obtenir l'autorisation d'ouvrir un oratoire chez lui et à ses frais.

Cette autorisation sera donnée par nous, sur le rapport de notre ministre des cultes.

TITRE IV.

DISPOSITIONS DIVERSES.

Art. 64. Les consistoires israélites ne peuvent, sans autorisation préalable, intenter une action en justice ou y défendre, accepter des donations ou legs, en faire l'emploi, vendre ou acheter.

Art. 65. Aussitôt après la formation et la clôture de la liste générale des notables dans chaque circonscription consistoriale, il sera procédé au renouvellement intégral des membres laïques du consistoire central et des consistoires départementaux.

Les membres nouvellement élus entreront en fonctions immédiatement après que leur élection aura été confirmée par nous.

Néanmoins pour le renouvellement périodique, leur entrée en fonctions ne comptera que du 1er janvier qui suivra leur installation.

Art. 66. Continueront à être observés, dans toutes les dispositions qui ne sont pas contraires à la présente ordonnance, les décrets des 17 mars et 11 décembre 1808, les ordonnances royales du 29 juin 1819, 28 août 1823, 6 août 1831, 19 juillet et 31 décembre 1841.

Art. 67. Notre garde des sceaux...

15 mars 1850. — Loi sur l'enseignement. (Extrait.)

Art. 66, § 3. Les ministres des différents cultes reconnus peuvent donner l'instruction secondaire à quatre jeunes gens, au plus, destinés aux écoles secondaires ecclésiastiques, sans être soumis aux prescriptions de la présente loi, à la condition d'en faire la déclaration au recteur. — Le conseil académique veille à ce que ce nombre ne soit pas dépassé.

Art. 70. Les écoles secondaires ecclésiastiques actuellement existantes sont maintenues, sous la seule condition de rester soumises à la surveillance de l'État. — Il ne pourra en être établi de nouvelles sans l'autorisation du gouvernement.

31 janvier 1852. — Décret sur les congrégations et communautés religieuses de femmes.

Louis-Napoléon, Président de la République française ; — Sur le rapport du ministre de l'instruction publique et des cultes ; —

Vu les décrets des 18 février 1809 et 25 décembre 1810 ; — Vu la loi du 2 janvier 1817 ; — Vu la loi du 24 mai 1825 ;

Considérant qu'il importe, dans l'intérêt du peuple, de faciliter aux congrégations religieuses de femmes qui se consacrent à l'éducation de la jeunesse et au soulagement des malades pauvres, les moyens d'obtenir leur reconnaissance légale ; — Considérant, d'ailleurs, qu'il est équitable d'appliquer à toutes les communautés religieuses de femmes qui se trouvent dans des conditions analogues les règles précédemment adoptées pour plusieurs établissements de même nature, — Décrète :

Art. 1er. Les congrégations et communautés religieuses de femmes pourront être autorisées par un décret du Président de la République :

1° Lorsqu'elles déclareront adopter, quelle que soit l'époque de leur fondation, des statuts déjà vérifiés et enregistrés au Conseil d'État, et approuvés pour d'autres communautés religieuses ;

2° Lorsqu'il sera attesté par l'évêque diocésain que les congrégations qui présenteront des statuts nouveaux au Conseil d'État existaient antérieurement au 1er janvier 1825 ;

3° Lorsqu'il y aura nécessité de réunir plusieurs communautés qui ne pourraient plus subsister séparément ;

4° Lorsqu'une association religieuse de femmes, après avoir été d'abord reconnue comme communauté régie par une supérieure locale, justifiera qu'elle était réellement dirigée, à l'époque de son autorisation, par une supérieure générale, et qu'elle avait formé, à cette époque, des établissements sous sa dépendance.

Art. 2. Les modifications des statuts vérifiés et enregistrés au Conseil d'État pourront être également approuvées par un décret.

Art. 3. Dans les cas prévus par les articles précédents, l'autorisation ne sera accordée aux congrégations religieuses de femmes, qu'après que le consentement de l'évêque diocésain aura été représenté, et que les formalités prescrites par les articles 2 et 3 de la loi du 24 mai 1825 auront été remplies.

Art. 4. Le ministre de l'instruction publique et des cultes est chargé de l'exécution du présent décret, qui sera inséré au *Bulletin des Lois.*

25 mars 1852. — *Décret sur la décentralisation administrative.* (Extrait).

Les préfets statueront désormais sur toutes les autres affaires départementales et communales qui, jusqu'à ce jour, exigeaient la décision du chef de l'État ou du ministre de l'intérieur, et dont la nomenclature est fixée par le tableau A.

. . . .

45° Distraction des parties superflues de presbytères communaux, lorsqu'il n'y a pas opposition de l'autorité diocésaine.

26 mars 1852. — *Décret sur l'organisation des cultes protestants.*

CHAPITRE PREMIER.

DISPOSITIONS COMMUNES AUX DEUX CULTES PROTESTANTS.

Art. 1er. Chaque paroisse ou section d'église consistoriale a un conseil presbytéral composé de quatre membres laïques au moins, sept au plus, et présidé par le pasteur ou par l'un des pasteurs. Il y a une paroisse partout où l'État rétribue un ou plusieurs pasteurs.

Les conseils presbytéraux administrent les paroisses sous l'autorité des consistoires. Ils sont élus par le suffrage paroissial et renouvelés par moitié tous les trois ans. Sont électeurs les membres de l'église portés sur le registre paroissial.

Art. 2. Les conseils presbytéraux des chefs-lieux de circonscriptions consistoriales recevront du gouvernement le titre de consistoires et les pouvoirs qui y sont attachés.

Dans ce cas, le nombre des membres du conseil presbytéral sera doublé.

Tous les pasteurs du ressort consistorial seront membres du consistoire, et chaque conseil presbytéral y nommera un délégué laïque.

Art. 3. Le consistoire est renouvelé, tous les trois ans, comme le conseil presbytéral. Après chaque renouvellement, il élit son président parmi les pasteurs qui en sont membres, et l'élection est soumise à l'agrément du gouvernement.

Le président devra, autant que possible, résider au chef-lieu du ressort.

Lorsqu'il aura atteint l'âge de soixante et dix ans ou qu'il se trouvera empêché par des infirmités, le gouvernement pourra, après avis du consistoire, lui donner le titre de président honoraire, et le consistoire fera un nouveau choix.

Art. 4. Les protestants des localités où le gouvernement n'a pas encore institué de pasteur seront rattachés administrativement au consistoire le plus voisin.

CHAPITRE II.

DISPOSITIONS SPÉCIALES A L'ÉGLISE RÉFORMÉE.

Art. 5. Les pasteurs de l'Église réformée sont nommés par le consistoire ; le conseil presbytéral de la paroisse intéressée pourra présenter une liste de trois candidats dressée par ordre alphabétique.

Art. 6. Il est établi à Paris un conseil central des églises réformées de France.

Ce conseil représente les églises auprès du gouvernement et du chef de l'État. Il est appelé à s'occuper des questions d'intérêt général dont il est chargé par l'administration ou par les églises, et notamment à concourir à l'exécution des mesures prescrites par le présent décret.

Il est composé, pour la première fois, de notables protestants, nommés par le gouvernement, et des deux plus anciens pasteurs de Paris.

Art. 7. Lorsqu'une chaire de la communion réformée vient à vaquer dans les facultés de théologie, le conseil central recueille les votes des consistoires et les transmet, avec son avis, au ministre.

CHAPITRE III.

DISPOSITIONS SPÉCIALES A L'ÉGLISE DE LA CONFESSION D'AUGSBOURG.

Art. 8. Les églises et les consistoires de la confession d'Augsbourg sont placés sous l'autorité du consistoire supérieur ou général et du directoire.

Art. 9. Le consistoire supérieur est composé : 1° de deux députés laïques par inspection, qui peuvent être choisis en dehors de la circonscription inspectorale ; 2° de tous les inspecteurs ecclésiastiques ; 3° d'un professeur du séminaire, délégué par ce corps ; 4° du président du consistoire, qui est de droit président du consistoire supérieur, et du membre laïque du directoire nommé par le gouvernement.

Art. 10. Le consistoire supérieur est convoqué par le gouvernement, soit sur la demande du directoire, soit d'office. Il se réunit au moins une fois par an. A l'ouverture de la session, le directoire présente le rapport de sa gestion.

Le consistoire supérieur veille au maintien de la constitution et de la discipline de l'Église. Il fait ou approuve les règlements concernant le régime intérieur et juge en dernier ressort les difficultés auxquelles leur application peut donner lieu. Il approuve les livres et formulaires liturgiques qui doivent servir au culte ou à l'enseignement religieux. Il a le droit de surveillance et d'investigation sur les comptes des administrations consistoriales.

Art. 11. Le directoire est composé du président, d'un membre laïque et d'un inspecteur ecclésiastique, nommés par le gouvernement ; de deux députés nommés par le consistoire supérieur.

Le directoire exerce le pouvoir administratif. Il nomme les pasteurs et soumet leur nomination au gouvernement. Il nomme les suffragants ou vicaires et propose aux fonctions d'aumônier pour les établissements civils qui en sont pourvus. Il autorise ou ordonne, avec l'agrément du gouvernement, le passage d'un pasteur d'une cure à une autre. Il exerce la haute surveillance sur l'enseignement et la discipline du séminaire et du collège protestant dit *Gymnase*. Il nomme les professeurs du gymnase, sous l'approbation du gouvernement, et ceux du séminaire sur la proposition de ce dernier corps. Il donne son avis motivé sur les candidats aux chaires de la faculté de théologie.

Art. 12. Les inspecteurs ecclésiastiques sont nommés par le gouvernement, sur la présentation du directoire. Ils reçoivent une indemnité pour frais d'administration et de déplacement et pour se faire assister dans leurs fonctions pastorales.

Art. 13. Le consistoire supérieur de Strasbourg sera représenté dans la capitale, auprès du gouvernement et du chef de l'État, dans les circonstances officielles, par le consistoire de Paris.

Le directoire pourra désigner spécialement un notable laïque, résidant à Paris, pour le représenter, conjointement avec le consistoire.

CHAPITRE IV.

DISPOSITIONS GÉNÉRALES.

Art. 14. Une instruction du ministre des cultes et des règlements approuvés par lui détermineront les mesures et les détails d'exécution du présent décret.

Art. 15. Les articles organiques du 18 germinal an X sont confirmés en tout ce qu'ils n'ont pas de contraire aux articles ci-dessus.

Art. 16. Le ministre, etc.

10 septembre 1852. — *Arrêté portant règlement pour la formation des conseils presbytéraux et des consistoires dans les églises réformées et de la confession d'Augsbourg.*

Le ministre de l'instruction publique et des cultes, — Vu les dispositions du décret du 26 mars 1852, et spécialement l'article 14 ; — Vu les avis des consistoires et des parties intéressées, ensemble, les propositions du conseil central des églises réformées et du directoire du consistoire supérieur de la confession d'Augsbourg, — Arrête :

CHAPITRE PREMIER.

DES CONSEILS PRESBYTÉRAUX ET DES CONSISTOIRES.

Art. 1er. Les conseils presbytéraux, institués par l'article 1er du décret du 26 mars 1852, seront composés ainsi qu'il suit :

Dans les églises réformées, il y aura cinq membres laïques pour les paroisses n'ayant qu'un pasteur ; six pour deux pasteurs ; sept pour trois pasteurs et au-dessus. Néanmoins, il n'y aura que quatre membres dans les communes n'ayant que 400 âmes de population.

Dans les églises de la confession d'Augsbourg, il y aura quatre membres laïques pour les paroisses au-dessus de 800 âmes ; cinq de 800 à 1500 âmes ; six de 1500 à 2000 âmes ; sept pour les paroisses de 2000 âmes et au-dessus.

Art. 2. Pour que les conseils presbytéraux des chefs-lieux de circonscriptions consistoriales puissent délibérer comme consistoires, en exécution de l'article 2 du décret du 26 mars, le nombre des membres laïques dont ils se composent devra être porté au double, en observant les proportions indiquées dans l'article 1er du présent règlement.

Art. 3. Les membres ainsi appelés à compléter les consistoires devront être élus dans les diverses paroisses, de manière à ce que chaque section n'envoie pas un nombre total de représentants laïques inférieur à celui des pasteurs qu'elle a le droit d'y faire siéger.

Les membres laïques, que chaque paroisse sectionnaire pourra ainsi élire au consistoire, en sus du délégué laïque qui lui est accordé par le paragraphe 3 de l'article 1er du décret du 26 mars, seront, autant que possible, choisis au chef-lieu consistorial.

Art. 4. Les ascendants ou descendants, les frères et alliés au même degré, ne peuvent être membres du même conseil presbytéral. Des dispenses pourront être accordées par le ministre des cultes, sur l'avis du conseil central des églises réformées, ou du directoire de la confession d'Augsbourg, dans les paroisses ayant moins de soixante électeurs.

Art. 5. Les pasteurs auxiliaires et suffragants à divers titres, les aumôniers des lycées ou collèges, des hospices et prisons, peuvent être admis, sur l'autorisation du ministre, à siéger dans le conseil presbytéral et dans le consistoire duquel ils relèvent, avec voix consultative.

Art. 6. Les conseils presbytéraux sont présidés par le pasteur le plus ancien dans la paroisse ; et les consistoires par un président qu'ils élisent, à chaque renouvellement consistorial, parmi les pasteurs de leur circonscription.

Un des membres laïques est chargé des fonctions de secrétaire.

En cas d'empêchement temporaire des pasteurs, le plus âgé des membres laïques ou anciens, remplit provisoirement les fonctions de président.

Dans les églises de la confession d'Augsbourg, le directeur peut, sur la demande du consistoire ou du conseil presbytéral, nommer le président. Le président du directoire ou un membre délégué à cet effet et l'inspecteur ecclésiastique, peuvent présider les séances des conseils presbytéraux et des consistoires.

Art. 7. Les conseils presbytéraux et les consistoires sont convoqués par leurs présidents, aux chefs-lieux de leurs circonscriptions respectives, en séances ordinaires, au moins une fois par trimestre. Ils peuvent être convoqués extraordinairement suivant les besoins du service, et sur la demande motivée de deux membres pour les conseils presbytéraux ; de trois membres ou d'un conseil presbytéral pour les consistoires.

Tout ancien ou délégué laïque qui, sans motif, aura manqué à trois séances consécutives, sera réputé démissionnaire.

Art. 8. Les conseils presbytéraux ne peuvent délibérer que lorsque la moitié au moins de leurs membres assistent à la séance.

Pour que les consistoires puissent délibérer, il faut non seulement que la moitié des membres assistent à la séance, mais encore que la moitié au moins des pasteurs de sections et de leurs délégués laïques soient présents.

Les membres présents signent au registre des délibérations, et leurs noms sont rapportés en tête des extraits du procès-verbal, lesquels sont signés par le président et le secrétaire.

CHAPITRE II.

DU REGISTRE PAROISSIAL ET DES ÉLECTEURS.

Art. 9. Conformément aux dispositions de l'article 2 du décret du 26 mars 1852, les conseils presbytéraux sont nommés par les électeurs inscrits au registre paroissial. Pour être membre d'un conseil presbytéral, il faut être électeur.

Art. 10. Sont inscrits sur le registre paroissial, sur leur demande, les protestants français qui, ayant vingt ans révolus, et deux ans de domicile dans la paroisse, établissent qu'ils appartiennent à l'Église réformée ou à celle de la confession d'Augsbourg, par les justifications que le conseil central ou le directoire ont déterminées, en conformité avec les vœux de la majorité des consistoires.

Les étrangers, après trois ans de résidence dans la paroisse, sont admis à se faire inscrire au registre paroissial, aux mêmes conditions que les nationaux.

Art. 11. Les incapacités édictées par les lois et entraînant la privation du droit électoral politique ou municipal, font perdre le droit électoral paroissial.

Art. 12. En cas d'indignité notoire, la radiation ou l'omission des noms est prononcée par le conseil presbytéral au scrutin secret, sans discussion, et seulement à l'unanimité des voix.

En cas d'appel, le consistoire, dans les églises réformées, et, dans celles de la confession d'Augsbourg, le directoire, décident en dernier ressort.

Toute réclamation pour cause d'omission ou de radiation, est d'abord adressée au conseil presbytéral. Elle n'est prise en considération que si elle est personnelle, directe et formulée par écrit.

Art. 13. Le registre paroissial est ouvert le 1er janvier et clos le 31 décembre, pour servir aux élections de l'année suivante.

Il est revisé, tous les ans, au mois de décembre, en conseil presbytéral.

Il est tenu en double, et l'un des exemplaires est déposé aux archives, chez le pasteur président.

Les pasteurs et les membres de l'église peuvent toujours en prendre communication, sans que jamais le registre puisse être déplacé.

Art. 14. Tout membre de l'église, inscrit au registre paroissial, qui a transféré son domicile dans une autre paroisse, peut requérir l'extrait de son inscription. Cette pièce, signée du président et du secrétaire, est adressée au conseil presbytéral de la nouvelle résidence, et elle tient lieu des justifications exigées, hormis celle du domicile.

Dans les églises de la confession d'Augsbourg, cette transmission se fera par l'intermédiaire du directoire.

Art. 15. Les élections ont lieu au scrutin secret et à la majorité absolue des suffrages. Si la majorité absolue n'est pas acquise au premier tour de scrutin, une seconde élection a lieu, et, dans ce cas, la majorité relative suffit.

Art. 16. S'il y a partage égal de voix entre les candidats, le plus âgé est déclaré élu. En cas de nomination de deux ou plusieurs parents ou alliés aux degrés prohibés, celui qui a réuni le plus de voix est élu.

Art. 17. Le vote a lieu sous la présidence d'un pasteur, ou, à défaut, d'un ancien désigné par le conseil presbytéral. Deux électeurs, désignés également par le conseil presbytéral, complètent le bureau. L'un d'eux remplit les fonctions de secrétaire.

Art. 18. Les bulletins seront écrits à la main, dans le lieu même du vote, soit par l'électeur, soit par un tiers qu'il en chargera. Ils contiendront autant de noms qu'il y aura d'anciens à élire.

Art. 19. Le consistoire statue sur la validité des élections, informe le préfet du résultat et adresse au ministre une ample ampliation du procès-verbal général. — Dans les églises de la confession d'Augsbourg, le consistoire statue sous la réserve de l'approbation du directoire. Les procès-verbaux sont envoyés à l'inspecteur ecclésiastique, qui les transmet au directoire. Après chaque renouvellement, le directoire adresse au ministre un tableau général.

Art. 20. Les conseils presbytéraux sont renouvelés tous les trois ans, par moitié. — Le renouvellement dans les paroisses où le nombre des anciens est impair, porte alternativement sur la plus forte et la plus faible moitié, en commençant par la plus forte.

Art. 21. Les membres sortants des conseils presbytéraux et des consistoires peuvent toujours être réélus.

Art. 22. Si une ou plusieurs places d'anciens deviennent vacantes au conseil presbytéral, le consistoire décide s'il y a lieu de faire procéder à une élection partielle. Dans la confession d'Augsbourg, c'est le directoire qui décide, sur l'avis du consistoire. — L'élection ne peut pas être ajournée si le conseil presbytéral a perdu le tiers de ses membres.

CHAPITRE III.

DISPOSITIONS GÉNÉRALES ET TRANSITOIRES.

Art. 23. Pour la première fois, le registre paroissial sera dressé : — dans l'église du chef-lieu par le consistoire actuel, qui s'adjoindra, à cet effet, un nombre de membres de l'église égal à celui des anciens ; — dans les paroisses sectionnaires, par le pasteur, assisté de quatre membres au moins de l'église désignée par le consistoire. — On se conformera, d'ailleurs, en tout aux dispositions du présent règlement.

Art. 24. La première élection des conseils presbytéraux aura lieu le premier dimanche et le premier lundi du mois de décembre prochain. — Les conseils, lorsqu'ils seront constitués, procéderont immédiatement à la nomination des délégués laïques mentionnés au paragraphe 3 de l'article 2 du décret du 26 mars.

Art. 25. La première élection des délégués laïques appelés à doubler le nombre des membres des conseils presbytéraux des chefs-lieux, conformément au paragraphe 2 de l'article 2 du décret précité, aura lieu un mois après l'élection des conseils presbytéraux. — Jusqu'à cette époque, les consistoires actuels continueront à remplir leurs fonctions, et exerceront les attributions indiquées dans l'article 20 du présent règlement.

Art. 26. Lors du premier renouvellement triennal des conseils presbytéraux, le sort désignera les membres sortants.

Art. 27. En exécution de l'article 2 du décret du 26 mars, les chefs-lieux actuels de consistoriales sont maintenus, sauf délimitations ultérieures des circonscriptions. — Les conseils presbytéraux de ces chefs-lieux seront, sous les conditions ci-dessus établies, reconnus comme consistoires et en auront les pouvoirs.

20 mai 1853. — *Arrêté portant règlement d'exécution du décret du 26 mars 1852, en ce qui concerne les attributions des conseils presbytéraux et des consistoires des églises réformées.*

Le ministre secrétaire d'État au département de l'instruction publique et des cultes, — Vu les dispositions du décret du 26 mars 1852, et spécialement les articles 1 et 2 ; — Vu l'arrêté du 10 septembre 1852 ; — Vu les propositions du conseil central des églises réformées ; — Considérant que la définition des attributions et des rapports des conseils presbytéraux et des consistoires proposée par le conseil central est le complément indispensable de l'arrêté du 10 septembre 1852 portant règlement du mode d'élection de ce corps ;

Considérant que si le conseil central a proposé, en outre, de déterminer d'une manière explicite les attributions des conseils qui pourraient être appelés à le remplacer lui-même, il résulte des observations présentées par le consistoire et des renseignements recueillis par l'administration, que les églises sont loin d'être d'accord entre elles sur ce point important ; — Attendu que, le gouvernement, qui entend respecter l'indécision des églises, alors même que la connaissance qu'il a de leurs véritables intérêts l'empêcherait de la partager, est bien convaincu, en outre, que les attributions du conseil central sont assez largement définies dans le décret du 26 mars 1852, pour que cette institution produise, dès à présent et sans développements nouveaux, la plupart des fruits qu'on pouvait s'en promettre, à l'avantage réciproque des églises et de l'État, — Arrête :

CHAPITRE PREMIER.

ATTRIBUTIONS DES CONSEILS PRESBYTÉRAUX.

Art. 1er. Le conseil presbytéral maintient l'ordre et la discipline dans la paroisse. Il veille à l'entretien des édifices religieux, et administre les biens de l'église. Il administre également les deniers provenant des aumônes. Il présente des candidats aux places de pasteurs qui viennent à vaquer ou à être créées. Il nomme, sous réserve de l'approbation du consistoire, les pasteurs auxiliaires, et agrée, sous la même réserve, les suffragants proposés par les pasteurs. Il accepte, sous l'approbation de l'autorité supérieure, les legs ou donations faits aux églises de son ressort.

Art. 2. Le conseil presbytéral soumet au consistoire les actes d'administration et les demandes qui, par leur nature, exigent l'approbation ou la décision de l'autorité supérieure. Sont également soumises au consistoire toutes difficultés entre les pasteurs et les conseils presbytéraux.

Art. 3. Le conseil presbytéral est présidé par le plus ancien des pasteurs de la paroisse. Il nomme, à la majorité absolue, parmi ses membres laïques, un secrétaire et un trésorier.

Art. 4. Le secrétaire rédige les procès-verbaux des séances du conseil. Il est chargé de la tenue des registres, de la garde et de la conservation des archives; il signe avec le président tous les actes qui émanent du conseil. Le trésorier est chargé du recouvrement des deniers de l'église et paye toutes les dépenses régulièrement autorisées.

Art. 5. Le conseil presbytéral dresse, au mois de novembre de chaque année, pour l'année suivante, le budget de ses recettes et de ses dépenses. Il vérifie et arrête les comptes qui sont rendus à l'expiration de chaque année par le trésorier. Ces budgets et ces comptes sont soumis à l'approbation du consistoire.

CHAPITRE II.

ATTRIBUTIONS DES CONSISTOIRES.

Art. 6. Le consistoire transmet au gouvernement, avec son avis, les délibérations des conseils presbytéraux mentionnées en l'article 2 ci-dessus. Il veille à la célébration régulière du culte, au maintien de la liturgie et la discipline et à l'expédition des affaires dans les diverses paroisses et administre les biens consistoriaux. Il accepte, sous l'approbation de l'autorité supérieure, les legs et donations faits au consistoire ou indivisément aux églises de son ressort. Il arrête les budgets, vérifie et approuve les comptes de ses conseils.

Art. 7. Le consistoire nomme, conformément aux dispositions de l'article 5 du décret du 26 mars 1852, aux places de pasteurs qui viennent à vaquer dans les églises de son ressort, et propose au gouvernement la création de places nouvelles.

Art. 8. Le consistoire élit à chaque renouvellement son président parmi les pasteurs de la consistoriale, et parmi ses membres laïques un secrétaire et un trésorier. Le secrétaire et le trésorier du consistoire remplissent des fonctions analogues à celles qui ont été déterminées par l'article 4 pour le secrétaire et le trésorier des conseils presbytéraux. Les fonctions de trésorier du consistoire peuvent être confiées au trésorier du conseil presbytéral du chef-lieu.

Art. 9. Le consistoire dresse, au mois de décembre de chaque année, le budget de ses recettes et de ses dépenses pour l'année suivante. Il vérifie et arrête les comptes qui sont rendus à l'expiration de chaque année par son trésorier.

DISPOSITION GÉNÉRALE.

Art. 10. En cas de partage dans les délibérations des conseils presbytéraux ou des consistoires, le président a voix prépondérante.

13 avril 1861. — *Décret qui modifie celui du 25 mars 1852, sur la décentralisation administrative.* (Extrait.)

Art. 4. Ils (*les préfets*) statueront aussi, sans l'autorisation du ministre de l'instruction publique et des cultes, sur les objets suivants : 1° répartition de la moitié du fonds de secours alloué au budget pour les écoles, les presbytères et les salles d'asiles; 2° autorisation donnée aux établissements religieux de placer en rentes sur l'État les sommes sans emploi provenant de remboursement de capitaux.

15 février 1862. — *Décret relatif à l'acceptation des dons et legs faits aux fabriques des églises.*

Art. 1er. L'acceptation des dons et legs faits aux fabriques des églises sera désormais autorisée par les préfets, sur l'avis préalable des évêques, lorsque ces libéralités n'excéderont pas la valeur de mille francs, ne donneront lieu à aucune réclamation et ne seront grevées d'autres charges que de l'acquit de fondations pieuses dans les églises paroissiales, et de dispositions au profit des communes, des pauvres ou des bureaux de bienfaisance.

Art. 2. L'autorisation ne sera accordée qu'après l'approbation provisoire de l'évêque diocésain, s'il y a charge de services religieux.

Art. 3. Les préfets rendront compte de leurs arrêtés d'autorisation au ministre compétent dans les formes déterminées par les instructions qui leur seront adressées. Les arrêtés qui seraient contraires aux lois et règlements, ou qui donneraient lieu aux réclamations des parties intéressées pourront être annulés ou réformés par arrêté ministériel.

29 août-14 novembre 1862. — *Décret impérial modifiant l'organisation du culte israélite.*

Napoléon, etc., — Sur le rapport de notre ministre secrétaire d'État au département de l'instruction publique et des cultes : — Vu les décrets des 17 mars et 11 décembre 1808 et le règlement du 10 décembre 1806, y annexé; — Vu la loi du 8 février 1831; — Vu les ordonnances royales du 25 mai 1844 et du 9 novembre 1845; — Vu les décrets des 15 juin 1850 et 9 juillet 1853; — Vu les dispositions du consistoire central et les observations des consistoires départementaux; — Notre conseil d'État entendu; — Avons décrété, etc.

Art. 1er. Dans les communautés israélites desservies par un ministre officiant rétribué sur les fonds de l'État, il peut être établi par arrêté de notre ministre des cultes, sur la proposition du consistoire central, un sous-rabbin à la place du ministre officiant.

Art. 2. Les sous-rabbins doivent être âgés de vingt-cinq ans au moins. Ils sont nommés par les consistoires départementaux. Les conditions d'études pour le titre de sous-rabbin, les fonctions et les attributions des sous-rabbins sont réglées par le consistoire central, sous l'approbation de notre ministre des cultes. Les règles de discipline établies pour les ministres officiants sont applicables aux sous-rabbins. Il peut leur être accordé des dispenses d'âge.

Art. 3. Les diplômes du premier degré pour l'exercice des fonctions rabbiniques sont, comme les diplômes supérieurs ou du second degré, délivrés par le consistoire central.

Art. 4. La durée des fonctions des membres des consistoires départementaux est de huit ans, comme celle des membres du consistoire central. Le renouvellement a lieu par moitié, tous les quatre ans. Les membres sortants peuvent être réélus. Le consistoire départemental nomme pour quatre ans son président et son vice-président.

Art. 5. Dans chaque circonscription consistoriale, les membres laïques du consistoire départemental, le membre laïque du consistoire central et les deux délégués pour l'élection du grand rabbin du consistoire central sont élus par tous les israélites âgés de vingt-cinq ans accomplis et qui appartiennent à l'une des catégories suivantes : 1° ceux qui exercent des fonctions relatives au culte ou qui sont attachés, soit à titre d'administrateurs, soit à titre de souscripteurs annuels, aux établissements placés sous l'autorité des consistoires ; 2° les fonctionnaires de l'ordre administratif, ceux de l'ordre judiciaire, les professeurs ou instituteurs dans les établissements et écoles fondés par l'État, par les communes ou par les consistoires, et tout israélite pourvu d'un diplôme obtenu dans les formes établies par les lois et règlements ; 3° les membres des conseils généraux, des conseils d'arrondissement et des conseils municipaux ; 4° les officiers de terre et de mer en activité et en retraite ; 5° les sous-officiers, les soldats et les marins membres de la Légion d'honneur ou décorés de la médaille militaire ; 6° les membres des chambres de commerce et ceux qui font partie de la liste des notables commerçants ; 7° les titulaires d'offices ministériels ; 8° les étrangers résidant dans la circonscription depuis trois ans et compris dans l'une des catégories ci-dessus, sans que, toutefois, la qualité d'électeur leur confère l'éligibilité.

Art. 6. La liste des électeurs est dressée par le consistoire départemental et arrêtée par le préfet.

Art. 7. Dans chaque communauté, il est procédé, par les soins du commissaire administrateur ou de la commission administrative, à la formation de la liste partielle comprenant tous les électeurs israélites de la circonscription. Les électeurs israélites habitant dans des communes qui ne feraient point partie du ressort d'un rabbin ou d'un ministre officiant se font inscrire sur la liste dressée dans la communauté la plus voisine de leur domicile. Les listes partielles sont affichées pendant un mois au parvis du temple. A l'expiration du délai porté au paragraphe précédent, les listes partielles et les réclamations auxquelles elles ont donné lieu sont adressées au consistoire départemental. Il est procédé sur le tout selon ce qui est prescrit dans l'article 29 de l'ordonnance du 25 mai 1844.

Art. 8. La liste des électeurs est permanente. Elle est révisée tous les quatre ans. Néanmoins, lorsque, dans l'intervalle d'une révision à l'autre, il y a lieu de faire une nomination, le consistoire ajoute à la liste les israélites qu'il reconnaît avoir acquis les qualités requises, et il en retranche ceux qui les ont perdues. Le tableau des additions et des retranchements est affiché au temple du chef-lieu consistorial un mois avant la convocation de l'assemblée des électeurs ; il est en même temps adressé au préfet. Les demandes en inscription ou en radiation doivent être formées dans les dix jours, à compter du jour de l'affiche.

Art. 9. Les grands rabbins des consistoires départementaux sont nommés par le consistoire central sur la liste des trois rabbins présentés par le consistoire départemental. La nomination est soumise à notre agrément.

Art. 10. Nul ne peut exercer les fonctions de mohel et de schohet, s'il n'a obtenu une autorisation spéciale du consistoire de la circonscription, accordée sur l'avis conforme du grand rabbin. En outre, le mohel doit être pourvu d'un certificat délivré par un docteur en médecine ou en chirurgie désigné par le préfet, et constatant que l'impétrant offre, au point de vue de la santé publique, toutes les garanties nécessaires. Le schohet doit, dans toute commune où il veut exercer ses fonctions, faire viser par le maire l'autorisation à lui donnée par le consistoire départemental. Les autorisations peuvent être révoquées.

Art. 11. Les attributions du consistoire central, telles qu'elles sont réglées par l'ordonnance du 25 mai 1844 et le présent décret, comprennent la haute surveillance des intérêts du culte israélite en Algérie. Le consistoire central devient l'intermédiaire entre le ministre des cultes et le consistoire algérien, qui sera représenté dans son sein par un membre laïque choisi parmi les électeurs résidant à Paris, et agréé par nous.

Art. 12. Continueront à être observées, dans toutes les dispositions qui ne sont pas contraires au présent décret, les ordonnances du 25 mai 1844 et du 9 novembre 1845, et nos décrets des 15 juin 1850 et 9 juillet 1853.

30 juillet 1863. — *Décret concernant les legs faits au profit des communes, des pauvres, des établissements publics ou d'utilité publique, des associations religieuses, etc.*

Napoléon, etc. ; — Sur le rapport de notre ministre, secrétaire d'État au département de l'intérieur ; — Vu l'ordonnance royale du 2 avril 1817 ; — Vu l'avis de notre ministre de l'instruction publique et des cultes, du 24 février 1863 ; — Vu l'avis de notre garde des sceaux, ministre de la justice, en date du 1er mai 1863 ; Notre Conseil d'État entendu, — Avons décrété et décrétons ce qui suit :

Art. 1er. Tout notaire, dépositaire d'un testament contenant un ou plusieurs legs au profit des communes, des pauvres, des établissements publics ou d'utilité publique, des associations religieuses et des titulaires énumérés dans l'article 3 de l'ordonnance royale du 2 avril 1817, devra transmettre, sans délai, au préfet du département compétent pour l'autorisation, un état sommaire de l'ensemble des dispositions de cette nature insérées au testament, indépendamment de l'avis qu'il est tenu de donner aux légataires, en exécution de l'article 5 de l'ordonnance précitée.

Art. 2. Les ministres secrétaires d'État au département de l'intérieur, au département de l'instruction publique et au département de la justice et des cultes, sont chargés, chacun en ce qui le concerne, de l'exécution du présent décret, qui sera inséré au *Bulletin des lois.*

11 août 1866. — *Décret portant fixation des cures de première classe des vingt arrondissements de Paris.* (Extrait.)

Art. 1er. L'église de Saint-Pierre-de-Chaillot, ayant le rang de cure de deuxième classe, est élevée au titre de cure de première classe.

Sont également érigées en cures de première classe les églises succursales de Notre-Dame-des-Victoires, Notre-Dame-de-Lorette, Saint-Marcel-de-la-Salpêtrière, Saint-Pierre-du-Petit-Montrouge, Sainte-Marie-des-Batignolles et Saint-Germain-de-Charonne.

Art. 2. Les cures de première classe de chacun des vingt arrondissements ou cantons sont, en conséquence, savoir : 1er arrondissement, Saint-Germain-l'Auxerrois ; 2e Notre-Dame-des-Victoires ; 3e Saint-Nicolas-des-Champs ; 4e Notre-Dame ; 5e Saint-Étienne-du-Mont ; 6e Saint-Sulpice ; 7e Sainte-Clotilde ; 8e La Madeleine ; 9e Notre-Dame-de-Lorette ; 10e Saint-Laurent ; 11e Sainte-Marguerite ; 12e Notre-Dame-de-Bercy ; 13e Saint-Marcel-de-la-Salpêtrière ; 14e Saint-Pierre-du-Petit-Montrouge ; 15e Saint-Lambert, à Vaugirard ; 16e Saint-Pierre-de-Chaillot ; 17e Sainte-Marie-des-Batignolles ; 18e Saint-Pierre-de-Montmartre ; 19e Saint-Jean-Baptiste, à Belleville ; 20e Saint-Germain-de-Charonne.

Art. 3. Les cures de première classe de Saint-Roch, Saint-Eustache et Saint-Merry descendront du titre de la première classe à la deuxième.

Art. 5. Notre garde des sceaux, ministre secrétaire d'État au département de la justice et des cultes, est chargé de l'exécution du présent décret, qui sera inséré au *Bulletin des lois.*

5 février 1867. — *Décret complétant les dispositions du décret du 29 août 1862, relatives aux élections israélites.*

Art. 1er. Les élections israélites ont lieu au scrutin secret et à la majorité absolue des suffrages. Le nombre des votants doit être au moins du tiers des électeurs inscrits. Si la majorité n'est pas acquise, les électeurs sont convoqués pour un second tour de scrutin, et, dans ce cas, la majorité relative suffit, quel que soit le nombre des votants.

12 septembre 1872. — *Décret modifiant l'organisation du culte israélite en France et rapportant celui du 11 novembre 1870.*

Le Président de la République française, — Vu l'ordonnance du 25 mai 1844 et les décrets des 9 juillet 1853 et 29 août 1862; — Vu les observations présentées, le 11 avril 1872, par le consistoire central des israélites, tant sur l'irrégularité des mesures prises, le 11 novembre 1870, sans consulter les autorités compétentes, que sur la nécessité d'introduire quelques modifications dans les principes qui régissent actuellement la nomination des grands rabbins et des rabbins, — Décrète :

Art. 1er. Les grands rabbins des circonscriptions consistoriales ecclésiastiques seront nommés par le consistoire central sur une liste de trois candidats. Cette liste sera présentée par le consistoire départemental, auquel s'adjoindra une commission composée : 1° d'un délégué nommé par les électeurs inscrits de chaque communauté ayant un ministre du culte rétribué par l'État; 2° d'un nombre égal de délégués choisis par les électeurs du chef-lieu consistorial. La nomination des grands rabbins sera soumise à l'approbation du chef de l'État.

Art. 2. Les rabbins seront nommés par le consistoire départemental assisté d'une commission composée de délégués élus au scrutin de liste, moitié par le chef-lieu de la circonscription rabbinique, moitié par les autres communautés de cette circonscription. Le nombre total de ces délégués ne pourra dépasser six.

La nomination des rabbins sera soumise, par l'intermédiaire du consistoire central, à l'approbation du ministre des cultes.

Art. 3. Le décret du 11 novembre 1870 est rapporté.

Art. 4. Continueront à être observés, dans toutes les dispositions qui ne sont pas contraires au présent décret, l'ordonnance du 25 mai 1844 et le décret du 29 août 1862.

21 novembre 1872. — *Loi sur le jury.* (Extrait.)

Art. 3. Les fonctions de juré sont incompatibles avec celles de ministre d'un culte reconnu par l'État.

28 décembre 1876. — *Loi de finances.* (Extrait.)

TITRE V.

MOYENS DE SERVICE ET DISPOSITIONS DIVERSES.

Art. 14. Dans le cours de l'année 1877, le gouvernement fera une enquête administrative pour constater si les desservants et les vicaires résident et exercent de fait dans la commune à laquelle les attache leur titre de nomination.

1er août 1879. — *Loi qui modifie l'organisation de l'Église de la confession d'Augsbourg.*

Le Sénat et la Chambre des députés ont adopté, le Président de la République promulgue la loi dont la teneur suit :

DISPOSITIONS GÉNÉRALES.

Art 1er. L'Église évangélique de la confession d'Augsbourg a des pasteurs, des inspecteurs ecclésiastiques, des conseils presbytéraux, des consistoires, des synodes particuliers et un synode général. Elle a aussi une faculté de théologie.

TITRE PREMIER.

DES PASTEURS ET INSPECTEURS ECCLÉSIASTIQUES.

Art. 2. Chaque circonscription paroissiale a un ou plusieurs pasteurs.

Art. 3. Pour être nommé pasteur, il faut remplir les conditions suivantes :

1° Être Français ou d'origine française ;

2° Être âgé de vingt-cinq ans ;

3° Être pourvu du diplôme de bachelier en théologie, délivré par une faculté française, et d'un acte de consécration.

Art. 4. Les pasteurs sont nommés par le consistoire, sur la présentation du conseil presbytéral.

La nomination est soumise à l'agrément du gouvernement.

Dans le cas où le choix du consistoire donne lieu à une réclamation, il est procédé comme il est dit à l'article 21.

Art. 5. Les pasteurs peuvent être suspendus ou destitués par le synode particulier, conformément à la discipline ecclésiastique. Les motifs de la suspension ou de la destitution seront présentés au gouvernement, qui les approuve ou les rejette.

Art. 6. Les inspecteurs ecclésiastiques sont chargés de la consécration des candidats au saint ministère, de l'installation des pasteurs, de la consécration des églises. Ils ont la surveillance des pasteurs et des églises de leur ressort ; ils veillent à l'exercice régulier du culte et au maintien du bon ordre dans les paroisses.

Ils sont tenus de visiter périodiquement les églises. Ils font chaque année au synode particulier un rapport général sur leur circonscription.

Ils siègent, en leur qualité, au synode général et sont membres de droit de la commission synodale prévue à l'article 20 ci-dessous, mais ils ne la président pas.

Ils sont nommés pour neuf ans par le synode particulier et rééligibles. Ils ne peuvent être révoqués que par le synode général.

TITRE II.

DES CONSEILS PRESBYTÉRAUX.

Art. 7. Chaque église qui ne forme pas à elle seule un consistoire a un conseil presbytéral, composé du pasteur de la paroisse et d'un nombre d'anciens déterminé par le synode particulier, mais qui ne pourra être moindre de huit.

Art. 8. Le conseil presbytéral est élu par les fidèles selon les règles actuellement en vigueur. Il est renouvelé par moitié tous les trois ans.

Art. 9. Le pasteur ou le plus ancien des pasteurs est président du conseil presbytéral.

Art. 10. Le conseil presbytéral est chargé de veiller à l'ordre, à la discipline et au développement religieux de la paroisse, à l'entretien et à la conservation des édifices religieux et des biens curiaux. Il administre les aumônes et ceux des biens et revenus de la communauté qui sont affectés à l'entretien du culte et des édifices religieux, le tout sous la surveillance du consistoire.

Il délibère sur l'acceptation des legs et donations qui peuvent lui avoir été faits. Il propose au choix des consistoires trois candidats, pour les fonctions de receveur paroissial. Il pourra y avoir un receveur collectif pour la totalité des paroisses d'une même consistoriale ou pour plusieurs d'entre elles.

TITRE III.

DES CONSISTOIRES.

Art. 11. Le consistoire est composé de tous les pasteurs de la circonscription et d'un nombre double d'anciens délégués par les conseils presbytéraux.

Dans le cas où il existerait dans une paroisse un titre de pasteur auxiliaire, le synode particulier pourra exceptionnellement attribuer au titulaire droit de présence et voix délibérative au consistoire.

Art. 12. Le consistoire est renouvelé par moitié tous les trois ans. Les membres sortants sont rééligibles.

Art. 13. A chaque renouvellement, il élit un président ecclésiastique et un secrétaire laïque.

Art. 14. Le consistoire veille au maintien de la discipline ; il contrôle l'administration des conseils presbytéraux, dont il règle les budgets et arrête les comptes. Il nomme les receveurs des communautés de son ressort, il délibère sur l'acceptation des donations et legs faits au consistoire ou confiés à son administration. Il donne son avis sur les délibérations des conseils presbytéraux qui ont pour objet les donations ou legs faits aux communautés de la circonscription.

TITRE IV.

DES SYNODES PARTICULIERS.

Art. 15. Les circonscriptions réunies de plusieurs consistoires forment le ressort d'un synode particulier.

Art. 16. Le synode particulier se compose de tous les membres des consistoires du ressort.

Art. 17. Il se réunit une fois chaque année et nomme son bureau.

Les églises de l'Algérie peuvent s'y faire représenter par des délégués choisis dans la mère patrie.

Art. 18. En cas d'urgence, la commission synodale peut le convoquer en session extraordinaire.

Art. 19. Le synode délibère sur toutes les questions qui intéressent l'administration, le bon ordre ou la vie religieuse, sur les œuvres de charité, d'éducation et d'évangélisation établies par lui ou placées sous son patronage. Il statue sur l'acceptation des donations ou legs qui lui sont faits.

Il veille au maintien de la constitution de l'Église, à celui de la discipline et à la célébration du culte.

Il prononce sur toutes les questions survenues dans l'étendue de sa juridiction, sauf appel au synode général.

Art. 20. Dans l'intervalle de ses sessions, le synode est représenté par une commission synodale prise dans son sein et nommée par lui. Elle se compose de l'inspecteur ecclésiastique, d'un pasteur et de trois laïques, les quatre derniers sont nommés pour six ans.

La commission synodale se renouvelle par moitié tous les trois ans. Les membres sortants sont rééligibles.

La commission synodale nomme son président.

Art. 21. La commission est chargée de la suite à donner aux affaires et aux questions qui ont fait l'objet des délibérations du synode.

Elle transmet au gouvernement les nominations de pasteurs faites par les consistoires, lorsque, dans les dix jours de la nomination, il n'est survenu aucune réclamation.

En cas de réclamation, la commission synodale en apprécie le bien ou le mal fondé et la soumet, s'il y a lieu, au synode particulier, qui décide.

TITRE V.

DU SYNODE GÉNÉRAL.

Art. 22. Le synode général est l'autorité supérieure de l'Église de la confession d'Augsbourg. Il se compose :

1° De pasteurs et d'un nombre de laïques double de celui des pasteurs, élus par les synodes particuliers ;

2° D'un délégué de la faculté de théologie, — les membres laïques peuvent être choisis en dehors de la circonscription du synode particulier.

Art. 23. Les députés au synode général se renouvellent par moitié tous les trois ans dans chaque circonscription de synode particulier. Les membres sortants sont rééligibles.

Art. 24. Les synodes particuliers sont représentés au synode général en raison de la population de leur ressort. Toutefois un synode ne pourra être représenté par moins de quinze membres.

Art. 25. Le synode général veille au maintien de la constitution de l'Église ; il approuve les livres ou formulaires liturgiques qui doivent servir au culte et à l'enseignement religieux.

Il nomme une commission exécutive qui communique avec le gouvernement ; cette commission présente, de concert avec les professeurs de théologie de la confession d'Augsbourg, les candidats aux chaires vacantes et aux places de maîtres des conférences.

Il juge en dernier ressort les difficultés auxquelles peut donner lieu l'application des règlements concernant le régime intérieur de l'église.

Art. 26. Le synode général se réunit au moins tous les trois ans, alternativement à Paris et à Montbéliard, ou dans telle autre ville désignée par lui. Il peut, pour un motif grave et sur la demande de l'un des synodes ou du gouvernement, être convoqué extraordinairement.

Art. 27. Le synode peut, si les intérêts de l'Église lui paraissent l'exiger, convoquer un synode constituant. La majorité des deux tiers au moins du nombre des membres du synode est nécessaire pour cette convocation.

Le synode constituant sera composé d'un nombre double de celui des membres du synode général.

Art. 28. La loi du 18 germinal an X (articles organiques des cultes protestants) et le décret-loi du 25 mars 1852, portant réorganisation des cultes protestants, sont abrogés en ce qu'ils ont de contraire aux modifications ci-dessus arrêtées.

12 mars 1880. — *Décret portant règlement d'administration publique pour l'exécution de la loi du 1er août 1879 sur l'organisation de l'Église de la confession d'Augsbourg.*

Le Président de la République française, — Sur le rapport du ministre de l'intérieur et des cultes ; — Vu la loi du 18 germinal an X ; — Vu le décret du 26 mars 1852 ; — Vu les arrêtés réglementaires des 10 septembre et 10 novembre 1852 ; — Vu la loi du 1er août 1879 ; — Le Conseil d'État entendu ; — Décrète :

TITRE PREMIER.

DU SYNODE CONSTITUANT.

Art. 1er. L'assemblée du synode constituant se compose des inspecteurs ecclésiastiques, de deux délégués élus par les professeurs de la faculté de théologie de Paris appartenant à l'Église de la confession d'Augsbourg, et de députés, tant ecclésiastiques que laïques, choisis par les synodes particuliers, en nombre double de celui des délégués appelés à faire partie du dernier synode général.

Les membres laïques peuvent être choisis en dehors de la circonscription du synode particulier.

Art. 2. La convocation des membres composant le synode constituant a lieu par les soins de la commission exécutive du synode général, en exécution d'un arrêté ministériel qui approuve le jour, le lieu et l'objet de la réunion.

Art. 3. Le synode constituant se réunit à Paris.

Il nomme son bureau et délibère exclusivement sur les questions qui lui sont soumises par la décision du synode général, approuvée par l'arrêté de convocation.

L'assemblée ne pourra durer plus de dix jours, à moins d'autorisation spéciale accordée par le gouvernement.

Les délibérations du synode constituant sont transmises au gouvernement par l'intermédiaire du président.

TITRE II.

DU SYNODE GÉNÉRAL.

SECTION I. — *Du synode général.*

Art. 4. — Le synode général se compose de trente-six membres titulaires, savoir :

1° Des inspecteurs ecclésiastiques, membres de droit ;

2° De cinq pasteurs et de six laïques, élus par le synode particulier de Paris ;

3° De six pasteurs et de douze laïques, élus par le synode particulier de Montbéliard ;

4° D'un délégué élu pour six ans par les professeurs de la faculté de théologie de Paris, appartenant à l'Église de la confession d'Augsbourg.

Sont élus, en outre, en qualité de membres suppléants :

1° Trois pasteurs et cinq laïques, par le synode particulier de Paris ;

2° Trois pasteurs et six laïques, par le synode particulier de Montbéliard.

Art. 5. Le nombre des députés à élire par chacun des synodes particuliers pourra être modifié par une délibération du synode général, prise pour l'application de l'article 24 de la loi du 1er août 1879.

Cette délibération sera soumise à l'approbation du gouvernement.

Art. 6. Pour le premier renouvellement triennal, il sera procédé à un tirage au sort parmi les membres de chaque groupe, soit ecclésiastique, soit laïque, à l'effet de déterminer les membres sortants.

Art. 7. La session ordinaire du synode général a lieu tous les trois ans.

Il peut être convoqué en session extraordinaire, soit d'office par le ministre des cultes, soit par la commission exécutive, sur la demande d'un des synodes particuliers.

Dans tous les cas, la convocation est faite par les soins de la commission exécutive, en exécution d'un arrêté ministériel qui fixe le jour de l'ouverture et de la durée de la session. A chaque session, le synode général nomme son bureau.

Art. 8. Dans les sessions ordinaires, le synode général, indépendamment des attributions qui lui sont dévolues par la loi du 1er août 1879, exerce ceux des pouvoirs du consistoire supérieur qui n'ont pas été attribués par ladite loi aux autres corps ecclésiastiques.

En cas de réunion extraordinaire, le synode ne peut s'occuper que des objets pour lesquels il a été spécialement convoqué.

Art. 9. Les délibérations du synode général sont prises à la majorité des voix.

En cas de partage, le président a voix prépondérante.

Les délibérations ne sont valables que si la moitié des membres en exercice assiste à la séance. Lorsque après deux convocations successives les membres du synode ne sont pas réunis en nombre suffisant, la délibération prise après la troisième convocation est valable quel que soit le nombre des membres présents. Les dispositions de l'article ainsi que du dernier paragraphe de l'article 8 sont applicables aux délibérations des synodes particuliers, des consistoires et des conseils presbytéraux.

SECTION II. — *De la commission exécutive du synode général.*

Art. 10. La commission exécutive nommée par le synode général se compose :

D'un nombre de membres titulaires à déterminer par le synode général, mais qui ne peut être moindre de six ni supérieur à neuf ;

De trois membres suppléants.

Les deux tiers au moins des membres sont laïques ; tous sont choisis par le synode général et pris dans son sein.

En cas de partage, la voix du président est prépondérante.

Art. 11. La commission exécutive du synode général est nommée pour six ans. Elle est renouvelée par moitié tous les trois ans. Il doit être procédé à son renouvellement intégral lorsque, dans cet intervalle, elle a perdu plus des deux tiers de ses membres.

Les membres sortants sont indéfiniment rééligibles. A chaque renouvellement, la commission exécutive nomme son président et son secrétaire.

Art. 12. La commission exécutive du synode général siège à Paris. La majorité des membres titulaires et la totalité des membres suppléants devront avoir leur résidence dans cette ville.

Art. 13. La commission exécutive se réunit, toutes les fois que les besoins du service l'exigent, sur la convocation de son président ou, en cas d'empêchement, sur la convocation du plus âgé de ses membres.

Outre les attributions qui lui sont conférées par l'article 25 de la loi du 1er août 1879, et par les articles 2 et 7 du présent décret, elle est chargée de pourvoir à l'exécution des délibérations du synode général, d'instruire les affaires dont il doit être ultérieurement saisi, de statuer sur les questions pour lesquelles elle a reçu une délégation spéciale de cette assemblée.

A l'ouverture de chaque session ordinaire du synode général, la commission exécutive présente à cette assemblée le compte rendu écrit de sa gestion et en transmet copie au ministre des cultes.

Art. 14. La commission exécutive exerce les attributions du directoire quant à la haute surveillance de l'enseignement et de la discipline ecclésiastique du séminaire, en ce qui concerne les élèves appartenant à l'Église de la confession d'Augsbourg.

Elle s'adjoint les professeurs de la faculté de théologie appartenant à l'Église de la confession d'Augsbourg pour examiner les propositions des consistoires relatives aux bourses vacantes et désigner au gouvernement les candidats.

Le doyen de la faculté et le directeur du séminaire présentent à la commission exécutive les élèves de cet établissement appartenant à l'Église de la confession d'Augsbourg, qu'ils jugent dignes d'un complément ou d'une prolongation de bourse.

Art. 15. Conformément aux articles 4 et 5 de la loi du 18 germinal an X, aucune décision doctrinale, dogmatique ou relative à un changement de discipline, aucun formulaire, sous le titre de confession ou sous tout autre titre, ne pourront être publiés, mis à exécution ou devenir la matière de l'enseignement avant que le gouvernement en ait autorisé la publication ou promulgation.

Les délibérations de la commission exécutive, comme celles des synodes particuliers, du synode général et du synode constituant, sur les matières autres que celles portées au paragraphe précédent, sont soumises à l'approbation du gouvernement.

TITRE III.

DES SYNODES PARTICULIERS.

SECTION I.

Art. 16. Les circonscriptions consistoriales de l'Église de la confession d'Augsbourg sont groupées en deux synodes particuliers, celui de Paris et celui de Montbéliard.

Le synode particulier de Montbéliard comprend les départements du Doubs, du Jura, de la Haute-Saône et le territoire de Belfort ; celui de Paris comprend tous les autres départements de la France et de l'Algérie.

Art. 17. Cette répartition peut être modifiée par décret du président de la République, après avis du synode général.

SECTION II. — *Matières disciplinaires et contentieuses.*

Art 18. En matière disciplinaire, le synode particulier est saisi, soit par la commission synodale, soit par le ministre des cultes.

L'inspecteur ecclésiastique procède aux enquêtes et instructions.

Tout inculpé doit être entendu dans ses moyens de défense oraux et écrits.

Art. 19. Suivant la gravité des cas, la commission synodale renvoie l'inculpé soit devant le synode particulier, pour qu'il lui soit fait application, s'il y a lieu, des peines édictées par l'article 5 de la loi du 1er août 1879, soit devant le consistoire, pour y subir la réprimande simple ou la réprimande avec censure.

Art. 20. Un règlement, délibéré par le synode général et approuvé par le ministre des cultes, déterminera par qui et dans quelles formes les synodes particuliers peuvent être saisis des contestations survenues dans l'étendue de leurs juridictions, dans quelles formes ils seront appelés à statuer, et dans quels délais les recours contre leurs décisions pourront être exercés auprès du synode général.

TITRE IV.

DES CONSISTOIRES ET DES CONSEILS PRESBYTÉRAUX.

Art. 21. Dans les cas d'incompatibilité prévus par l'article 4 de l'arrêté du 10 septembre 1852, des dispenses peuvent être accordées par le ministre des cultes, sur avis de la commission synodale.

Art. 22. Les biens appartenant par indivis aux églises d'un même ressort consistorial sont administrés par les consistoires.

TITRE V.

DE LA NOMINATION DES PASTEURS.

Art. 23. Toute vacance ou création de cure est rendue publique par les soins de la commission synodale. Un délai de quarante jours est fixé, pendant lequel les candidats à la cure vacante adressent leur demande écrite au président de la commission synodale, qui en informe immédiatement le président du conseil presbytéral intéressé.

Le délai susdit court du jour où la vacance a été annoncée en chaire dans toutes les paroisses de la circonscription consistoriale.

Art. 24. A l'expiration de ce délai, le conseil presbytéral arrête une liste portant les noms de trois candidats classés par ordre alphabétique. Le consistoire choisit le pasteur parmi les candidats présentés. Ce choix doit être fait dans les deux mois qui suivent la présentation.

Art. 25. Si le consistoire n'a pas nommé le pasteur dans le délai ci-dessus spécifié, la commission synodale, soit d'office, soit sur l'initiative du conseil presbytéral, réunit le synode particulier. Le synode particulier arrête les mesures propres à pourvoir provisoirement aux besoins religieux de la paroisse vacante.

Ces mesures sont soumises à l'approbation du Gouvernement.

Il sera procédé dans la même forme le cas où aucun candidat ne se serait présenté à la place vacante.

Art. 26. Il pourra être accordé par le Gouvernement des dispenses aux candidats qui, réunissant les autres conditions requises, n'auraient pas encore atteint l'âge de vingt-cinq ans.

Art. 27. Les décrets des 14 septembre 1859 et 12 janvier 1867 restent en vigueur en ce qui concerne l'Église de la confession d'Augsbourg en Algérie, sauf les modifications suivantes.

Jusqu'à ce qu'il en soit autrement ordonné :

1° Les pasteurs de la confession d'Augsbourg seront nommés par la commission synodale du synode particulier de Paris, d'après une liste de présentation de trois candidats, dressée par l'inspecteur ecclésiastique et les membres luthériens du consistoire dans le ressort duquel la vacance se sera produite ;

2° L'article 5 de la loi du 1er août 1879 sera applicable auxdits pasteurs ;

3° Lorsqu'il y aura lieu d'appliquer à l'un des pasteurs algériens de la confession d'Augsbourg la réprimande simple ou la réprimande avec censure, ces peines seront prononcées par la commission synodale du synode particulier de Paris;

4° Lorsqu'il y aura lieu de procéder en Algérie à des instructions ou enquêtes relatives à l'application de la discipline ecclésiastique, la commission synodale du synode particulier de Paris appréciera, selon la gravité des cas, s'il y a lieu de déléguer un membre luthérien du consistoire intéressé, pour informer sur les faits et entendre l'inculpé ou les témoins.

Art. 28. Les nominations de pasteurs faites à titre provisoire depuis 1871 sont déclarées définitives, avec effet rétroactif à partir de leur date.

TITRE VI.

DE LA FACULTÉ DE THÉOLOGIE.

Art. 29. L'enseignement de la théologie luthérienne est donné à la faculté mixte de théologie protestante de Paris.

Art. 30. Quand une chaire de professeur ou une place de maître de conférences a été déclarée vacante par le ministre de l'instruction publique, les candidats sont invités, dans les formes ordinaires, à déposer leurs titres à la faculté.

Le délai de vingt jours expiré, les professeurs de la faculté appartenant à la confession d'Augsbourg dressent une liste de trois candidats. Ils se réunissent ensuite à la commission exécutive du synode général pour lui donner lecture du rapport où sont appréciés les titres de ces candidats.

Après discussion, une liste de trois candidats est arrêtée par la réunion. Le président de la commission transmet au ministre de l'instruction publique, avec toutes les pièces à l'appui, cette liste et le rapport des professeurs.

TITRE VII.

DISPOSITIONS GÉNÉRALES.

Art. 31. Sont abrogés, en ce qu'ils ont de contraire aux dispositions ci-dessus énoncées, ceux des articles du décret du 26 mars et des arrêtés réglementaires des 10 septembre et 10 novembre 1852 qui sont spéciaux à l'Église de la confession d'Augsbourg.

12 avril 1880. — *Décret portant règlement d'administration publique sur les inscriptions et opérations électorales dans les Églises réformées de France.*

Le président de la République française, — Sur le rapport du ministre de l'intérieur et des cultes ; — Vu la loi organique des cultes protestants du 18 germinal an X ; — Vu le décret du 26 mars 1852, portant réorganisation des Églises réformées, et spécialement l'article 14 ; — Vu l'arrêté ministériel du 10 septembre 1852 ; — Vu l'avis du Conseil central des Églises réformées, en date du 14 novembre 1879 ; — Vu le décret du 2 novembre 1864 ;

Le Conseil d'État entendu, — Décrète :

§ 1. — Des registres paroissiaux.

Art. 1er. Les registres électoraux des paroisses sont permanents. Ils sont tenus en double, et l'un des exemplaires est déposé aux archives du conseil presbytéral, l'autre aux archives du consistoire.

Les pasteurs et les membres des Églises peuvent en prendre communication et copie, sans que les registres puissent être déplacés.

Ces registres sont revisés tous les ans dans les formes et délais ci-après indiqués.

§ 2. — Des inscriptions.

Art. 2. Les demandes d'inscription doivent être individuelles et adressées, par écrit ou verbalement, au président du conseil presbytéral, avant le 16 octobre de chaque année ; il est délivré au demandeur un récépissé ou un extrait du procès-verbal constatant que la demande a été faite verbalement.

Le conseil presbytéral procède à la revision des registres du 16 octobre au 15 novembre inclusivement.

Art. 3. Le conseil presbytéral pourra, s'il le juge nécessaire, appeler devant lui, par décision individuelle, les demandeurs en inscription, sans que le défaut de comparaître puisse entraîner le refus d'inscription.

Il prononce sur les demandes d'inscription par des décisions individuelles et motivées, qui sont notifiées aux requérants, le 20 novembre au plus tard, par les soins du président.

Art. 4. En cas de rejet de la demande, ou à défaut de décision notifiée dans ledit délai, la demande d'inscription peut être portée, dans les formes indiquées par l'article 2, devant le consistoire jusqu'au 30 novembre. Il est délivré un récépissé ou un extrait du procès-verbal constatant que la demande a été faite verbalement.

Art. 5. Le consistoire prononce par des décisions individuelles et motivées, qui sont notifiées au requérant et au président du conseil presbytéral le 30 décembre au plus tard. Le registre est définitivement clos le 31 décembre pour servir aux élections de l'année suivante, sauf, néanmoins, les changements qui pourraient résulter, soit de décès, soit de décisions ayant acquis l'autorité de la chose jugée. Si le consistoire n'a pas statué dans le délai ci-dessus imparti, l'inscription est de droit.

Art. 6. Les décisions du consistoire, en matière électorale, sont susceptibles de recours. Si elles portent sur les conditions civiles de l'électorat, le recours est formé, dans les dix jours de la notification, devant le tribunal civil du domicile du demandeur. Il est statué comme en matière sommaire.

La décision du tribunal est en dernier ressort, mais elle peut être déférée à la cour de cassation.

Le pourvoi n'est recevable que s'il est formé dans les vingt jours de la signification du jugement.

Il est formé suivant les règles applicables aux pourvois en matière de décisions relatives aux inscriptions sur les listes électorales.

Si la décision du consistoire porte sur les conditions religieuses, le recours est formé, dans les dix jours de la notification, devant le ministre des cultes.

La décision du ministre peut être déférée au Conseil d'État statuant au contentieux.

§ 3. — Des radiations.

Art. 7. Lors de la revision annuelle du registre, le conseil presbytéral raye d'office ou sur la demande d'un ou plusieurs électeurs de la paroisse, ceux qui ont cessé de remplir les conditions exigées pour l'exercice du droit électoral.

Il opère, en outre, à toute époque, la radiation des électeurs décédés et de ceux qui ont été privés de leurs droits électoraux par l'effet de condamnations judiciaires.

Art. 8. Les décisions portant radiation sont rendues dans les mêmes formes et sont soumises aux mêmes recours que celles qui prononcent sur les demandes d'inscription.

§ 4. — Des élections.

Art. 9. Les élections pour le renouvellement triennal des conseils presbytéraux et des consistoires ont lieu de plein droit le second dimanche du mois de février.

Art. 10. En cas de vacance par décès ou démission, les électeurs peuvent être convoqués par une décision du consistoire.

Si le conseil presbytéral a perdu le tiers de ses membres laïques, ou si une section de paroisse n'est plus représentée au sein du conseil presbytéral, l'élection a lieu dans le délai de deux mois.

§ 5. — Des opérations électorales.

Art. 11. Les électeurs devront apporter leur bulletin préparé en dehors de l'assemblée.

Art. 12. Les résultats de chaque scrutin sont proclamés publiquement. Le procès-verbal des opérations électorales, dressé séance tenante, est transmis au consistoire. Le consistoire se réunit pour statuer sur la validité de l'élection, soit d'office, dans un délai de quinze jours, à partir de la réception du procès-verbal, soit sur les protestations qui pourront avoir été formées par tout électeur, au cours des opérations électorales ou dans les dix jours qui suivront la proclamation du scrutin.

Le procès-verbal des délibérations des décisions rendues d'office par le consistoire est transmis au ministre des cultes, qui peut également les annuler d'office, s'il y a lieu, dans le délai de deux mois à partir de la réception du procès-verbal.

Les décisions statuant sur les protestations des électeurs doivent être rendues dans le délai d'un mois à partir de la date des protestations. Elles sont motivées et signifiées aux candidats et aux réclamants.

Art. 13. Elles peuvent, dans le délai de quinze jours à partir de la notification, être déférées au ministre des cultes.

Art. 14. Si le consistoire n'a pas prononcé dans le délai d'un mois à partir du dépôt des protestations, la réclamation est considérée comme rejetée et elle peut être portée devant le ministre des cultes dans un nouveau délai de quinze jours.

Art. 15. Le ministre statue dans le délai de quatre mois à dater de la réception de la réclamation au ministère.

Toute décision par laquelle le ministre des cultes statue sur les opérations électorales peut être l'objet d'un recours contentieux devant le Conseil d'État.

Si le ministre n'a pas statué dans les quatre mois, la demande est considérée comme rejetée et peut être portée directement au Conseil d'État.

Art. 16. Les dispositions de l'article 1er du décret du 2 novembre 1864 seront applicables aux recours portés devant le Conseil d'État en vertu du présent décret.

Art. 17. Pour la prochaine revision des registres paroissiaux et les élections prochaines, les dates indiquées dans le présent règlement seront modifiées par un arrêté du ministre des cultes, de telle façon qu'un délai de deux mois au moins s'écoule entre la publication du présent règlement et la clôture des registres paroissiaux.

Art. 18. Les articles 12, § 3, 13, 18, 19 et 22 de l'arrêté ministériel du 10 septembre 1852 sont abrogés.

Art. 19. Le ministre de l'intérieur et des cultes est chargé de l'exécution du présent décret.

8 juillet 1880. — *Loi qui abroge la loi des 20 mai et 3 juin 1874 sur l'Aumônerie militaire.*

Art. 1er. La loi des 20 mai et 3 juin 1874 sur l'Aumônerie militaire est abrogée.

Art. 2. Il sera attaché des ministres des différents cultes aux camps, forts détachés et autres garnisons placées hors de l'enceinte des villes, contenant un rassemblement de 2,000 hommes au moins et éloignés des églises paroissiales et des temples de plus de trois kilomètres, ainsi qu'aux hôpitaux et pénitenciers militaires.

Art. 3. En cas de mobilisation, des ministres des différents cultes seront attachés aux armées, corps d'armée et divisions en campagne, mais sans aucune distinction hiérarchique. Un règlement d'administration publique déterminera le mode de recrutement et le nombre de ces ministres.

12 juillet 1880. — *Loi sur l'abrogation du dimanche et des fêtes religieuses* (Extrait).

Art. 1er. La loi du 18 novembre 1814 sur le repos du dimanche et des fêtes religieuses est abrogée.

27 avril 1881. — *Décret portant règlement d'administration publique pour l'exécution de la loi du 8 juillet 1880, en ce qui concerne les ministres des différents cultes qui doivent être attachés aux armées en campagne.*

Le Président de la République française, sur le rapport du ministre de la guerre et du ministre de l'intérieur et des cultes, — Vu la loi du 8 juillet 1880, et notamment l'article 3, ainsi conçu : « En cas de mobilisation, des ministres des différents cultes seront attachés aux armées, corps d'armée et divisions en campagne, mais sans aucune distinction hiérarchique. Un règlement d'administration publique déterminera le mode de recrutement et le nombre de ces ministres » ; — Vu le décret du 6 août 1874, portant réception du bref relatif aux pouvoirs spirituels des aumôniers militaires;

Le Conseil d'État entendu, — Décrète :

Art. 1er. En cas de mobilisation, il est attaché un aumônier catholique à chaque quartier général d'armée, à chacune des diverses ambulances des corps d'armée, à chaque division de cavalerie et à chaque division active de l'armée territoriale.

Il est, en outre, attaché un ministre du culte protestant et un ministre du culte israélite à chaque quartier général de corps d'armée.

Art 2. Dans les places de guerre, le nombre des aumôniers est déterminé d'après l'effectif de la garnison normale de siège.

Il est nommé un aumônier catholique dans chaque place possé-

dant une garnison de 10,000 hommes, et dans chaque fort détaché ayant une garnison de 2,000 hommes.

Il est également nommé un ministre du culte protestant dans chaque place ayant une garnison d'au moins 20,000 hommes, et un ministre du culte israélite dans chaque place dont la garnison est d'au moins 30,000 hommes.

Dans les places de guerre dont la garnison dépasse 10,000 hommes, il est nommé un aumônier catholique par chaque fraction de 10,000 hommes.

Art. 3. Les aumôniers militaires sont nommés par le ministre de la guerre sur la présentation des évêques ou des consistoires, qui lui font parvenir leurs propositions par l'intermédiaire du ministre des cultes.

Les aumôniers catholiques attachés aux armées restent soumis à l'autorité spirituelle et à la juridiction ecclésiastique des évêques aux diocèses desquels ils appartenaient au moment de la mobilisation.

Les aumôniers attachés aux places de guerre sont soumis à l'autorité ecclésiastique du diocèse où se trouvent ces places.

Art. 4. Tous les aumôniers militaires ont droit aux prestations en deniers et en nature, ainsi qu'aux pensions et décorations attribuées aux capitaines de première classe montés, à partir du jour où ils sont mis en possession d'une commission ou lettre de service jusqu'au jour inclusivement où ils reçoivent notification de leur licenciement.

Art. 5. Les membres du clergé paroissial peuvent être appelés à remplir temporairement les fonctions d'aumôniers militaires :

1° Dans les places de guerre dont la garnison normale de siège est inférieure à 10,000 hommes, et où, par application de l'article 2 du présent décret, il n'est pas nommé d'aumônier;

2° Dans les places de guerre d'une garnison supérieure à 10,000 hommes, où le nombre des aumôniers nommés en vertu de l'article 2 est momentanément insuffisant.

A cet effet, dans chaque place de guerre, le gouverneur désigne dresse, par l'intermédiaire de l'autorité ecclésiastique, la liste des membres du clergé paroissial qui acceptent de remplir éventuellement les fonctions d'aumôniers.

Lorsqu'il y a lieu de réclamer leurs services, l'autorité militaire adresse, par l'intermédiaire du supérieur ecclésiastique, des réquisitions aux ecclésiastiques inscrits sur la liste précédente.

Les ecclésiastiques ainsi requis ont droit à une indemnité journalière de cinq francs.

Ils doivent, dans leurs rapports avec les troupes, se conformer aux instructions du gouverneur de la place.

Art. 6. Le ministre de la guerre et le ministre de l'intérieur et des cultes, sont chargés, chacun en ce qui le concerne, de l'exécution du présent décret.

29 juillet 1881. — *Loi sur la liberté de la presse.* (Extrait).

Art. 47. La poursuite des crimes et délits commis par la voie de la presse ou par tout autre moyen de publication aura lieu d'office et à la requête du ministère public, sous les modifications suivantes :

. . . .

3° Dans les cas d'injure ou de diffamation envers les fonctionnaires publics, les dépositaires ou agents de l'autorité publique autres que les ministres, envers les ministres des cultes salariés par l'État et les citoyens chargés d'un service ou d'un mandat public, la poursuite aura lieu, soit sur leur plainte, soit d'office, sur la plainte du ministre dont ils relèvent...

. . . .

Dans les cas prévus par les paragraphes 3 et 4 du présent article, le droit de citation directe devant la cour d'assises appartiendra à la partie lésée.

Sur sa requête, le président de la Cour d'assises fixera les jours et heures auxquels l'affaire sera appelée.

15 novembre 1881. — *Loi ayant pour objet l'abrogation de l'article 15 du décret du 23 prairial an XII relatif aux cimetières.*

Le Sénat et la Chambre des députés ont adopté :

Le Président de la République promulgue la loi dont la teneur suit :

Article unique. L'article 15 du décret du 23 prairial an XII est expressément abrogé.

La présente loi, délibérée et adoptée par le Sénat et par la Chambre des députés, sera exécutée comme loi de l'État.

5 avril 1884. — *Loi sur l'organisation municipale.* (Extrait.)

Art. 14. Les conseillers municipaux sont élus par le suffrage direct universel.

Sont électeurs tous les Français âgés de vingt et un ans accomplis et n'étant dans aucun cas d'incapacité prévu par la loi.

La liste électorale comprend :

1° Tous les électeurs qui ont leur domicile réel dans la commune ou y habitent depuis six mois au moins;

2° Ceux qui y auront été inscrits au rôle d'une des quatre contributions directes ou au rôle des prestations en nature, et, s'ils ne résident pas dans la commune, auront déclaré vouloir y exercer leurs droits électoraux.

Seront également inscrits, aux termes du présent paragraphe, les membres de la famille des mêmes électeurs compris dans la cote de la prestation en nature, alors même qu'ils n'y sont pas personnellement portés, et les habitants qui, en raison de leur âge ou de leur santé, auront cessé d'être soumis à cet impôt;

3° Ceux qui, en vertu de l'article 2 du traité du 10 mai 1871, ont opté pour la nationalité française et déclaré fixer leur résidence dans la commune, conformément à la loi du 19 juin 1871;

4° Ceux qui sont assujettis à une résidence obligatoire dans la commune en qualité soit de ministres des cultes reconnus par l'État, soit de fonctionnaires publics.

Seront également inscrits les citoyens qui, ne remplissant pas les conditions d'âge et de résidence ci-dessus indiquées lors de la formation des listes, les rempliront avant la clôture définitive.

L'absence de la commune résultant du service militaire ne portera aucune atteinte aux règles ci-dessus édictées pour l'inscription sur les listes électorales.

Les dispositions concernant l'affichage, la libre distribution des bulletins, circulaires et professions de foi, les réunions publiques électorales, la communication des listes d'émargement, les pénalités et poursuites en matière législative, sont applicables aux élections municipales.

Sont également applicables aux élections municipales les paragraphes 3 et 4 de l'article 3 de la loi organique du 30 novembre 1875 sur les élections des députés.

Art. 33. Ne sont pas éligibles dans le ressort où ils exercent leurs fonctions.

9° Les ministres en exercice d'un culte légalement reconnu;

10° Les agents salariés de la commune, parmi lesquels ne sont pas compris ceux qui, étant fonctionnaires publics ou exerçant une profession indépendante, ne reçoivent une indemnité de la commune qu'à raison des services qu'ils lui rendent dans l'exercice de cette profession.

Art. 68. Ne sont exécutoires qu'après avoir été approuvées par l'autorité supérieure les délibérations portant sur les objets suivants :

2° Les aliénations et échanges de propriétés communales;

5° Le changement d'affectation d'une propriété communale déjà affectée à un service public;

Art. 70. Le conseil municipal est toujours appelé à donner son avis sur les objets suivants :

1° Les circonscriptions relatives aux cultes;

5° Les budgets et les comptes des hospices, hôpitaux et autres établissements de charité et de bienfaisance, des fabriques et autres administrations préposées aux cultes dont les ministres sont salariés par l'État; les autorisations d'acquérir, d'aliéner, d'emprunter, d'échanger, de plaider ou de transiger, demandées par les mêmes établissements; l'acceptation des dons et legs qui leur sont faits;

6° Enfin, tous les objets sur lesquels les conseils municipaux sont appelés par les lois et règlements à donner leur avis, et ceux sur lesquels ils seront consultés par le préfet.

Lorsque le conseil municipal, à ce régulièrement requis et convoqué, refuse ou néglige de donner avis, il peut être passé outre.

Art. 93. Le maire ou, à son défaut, le sous-préfet pourvoit d'urgence à ce que toute personne décédée soit ensevelie et inhumée décemment, sans distinction de culte ni de croyance.

Art. 97. La police municipale a pour objet d'assurer le bon ordre, la sûreté et la salubrité publique.

Elle comprend notamment :

3° Le maintien du bon ordre dans les endroits où il se fait de grands rassemblements d'hommes, tels que les foires, marchés, réjouissances et cérémonies publiques, spectacles, jeux, cafés, *églises* et autres lieux publics;

4° Le mode de transport des personnes décédées, les inhumations et exhumations, le maintien du bon ordre et de la décence dans les cimetières, sans qu'il soit permis d'établir des distinctions ou des prescriptions particulières à raison des croyances ou du culte du défunt ou des circonstances qui ont accompagné sa mort.

Art. 100. Les cloches des églises sont spécialement affectées aux cérémonies du culte.

Néanmoins, elles peuvent être employées dans les cas de péril commun qui exigent un prompt secours et dans les circonstances où cet emploi est prescrit par des dispositions de lois ou règlements, ou autorisé par les usages locaux.

Les sonneries religieuses comme les sonneries civiles feront l'objet d'un règlement concerté entre l'évêque et le préfet, ou entre le préfet et les consistoires, et arrêté, en cas de désaccord, par le ministre des cultes.

Art. 101. Une clef du clocher sera déposée entre les mains des titulaires ecclésiastiques, une autre entre les mains du maire, qui ne pourra en faire usage que dans les circonstances prévues par les lois et règlements.

Si l'entrée du clocher n'est pas indépendante de celle de l'église, une clef de la porte de l'église sera déposée entre les mains du maire.

Art. 136. Sont obligatoires pour les communes les dépenses suivantes :

11° L'indemnité de logement aux curés et desservants et ministres des autres cultes salariés par l'État, lorsqu'il n'existe pas de bâtiment affecté à leur logement, et lorsque les fabriques ou autres administrations préposées aux cultes ne pourront pourvoir elles-mêmes au payement de cette indemnité;

12° Les grosses réparations aux édifices communaux, sauf,

lorsqu'ils sont consacrés aux cultes, l'application préalable des revenus et ressources disponibles des fabriques à ces réparations, et sauf l'exécution des lois spéciales concernant les bâtiments affectés à un service militaire.

S'il y a désaccord entre la fabrique et la commune, quand le concours financier de cette dernière est réclamé par la fabrique dans les cas prévus aux paragraphes 11 et 12, il est statué par décret sur les propositions des ministres de l'intérieur et des cultes;

13° La clôture des cimetières, leur entretien et leur translation dans les cas déterminés par les lois et règlements d'administration publique.

Art. 149. Si un conseil municipal n'allouait pas les fonds exigés par une dépense obligatoire, ou n'allouait qu'une somme insuffisante, l'allocation serait inscrite au budget par décret du Président de la République, pour les communes dont le revenu est de 3 millions et au-dessus, et par arrêté du préfet en conseil de préfecture pour celles dont le revenu est inférieur.

Aucune inscription d'office ne peut être opérée sans que le conseil municipal ait été, au préalable, appelé à prendre une délibération spéciale à ce sujet.

S'il s'agit d'une dépense annuelle et variable, le chiffre en est fixé sur la quotité moyenne pendant les trois dernières années.

S'il s'agit d'une dépense annuelle et fixe de sa nature ou d'une dépense extraordinaire, elle est inscrite pour sa quotité réelle.

Si les ressources de la commune sont insuffisantes pour subvenir aux dépenses obligatoires inscrites d'office, en vertu du présent article, il y est pourvu par le conseil municipal, ou, en cas de refus de sa part, au moyen d'une contribution extraordinaire établie d'office par un décret, si la contribution extraordinaire n'excède pas le maximum à fixer annuellement par la loi de finances, et par une loi spéciale, si la contribution doit excéder ce maximum.

Art. 167. Les conseils municipaux pourront prononcer la désaffectation totale ou partielle d'immeubles consacrés, en dehors des prescriptions de la loi organique des cultes du 18 germinal an X, et des dispositions relatives au culte israélite, soit aux cultes, soit à des services religieux ou à des établissements quelconques ecclésiastiques et civils.

Ces désaffectations seront prononcées dans la même forme que les affectations.

Art. 168. Sont abrogés :

. . . .

3° Les articles 36, n° 4, 39, 49, 92 à 103, du décret du 30 décembre 1809; la loi du 14 février 1810.

14 août 1884. — *Loi abrogeant le paragraphe 3 de l'article 1ᵉʳ de la loi constitutionnelle du 16 juillet 1875 qui prescrivait des prières publiques, lors de la rentrée des Chambres.*

26 mai 1885. — *Décret sur la désaffectation de l'église patronale de Sainte-Geneviève et le rétablissement du Panthéon.*
Le Président de la République française, sur le rapport des ministres de l'instruction publique, des beaux-arts et des cultes, de l'intérieur et des finances; — Vu la loi des 4-10 avril 1791; — Vu le décret du 20 février 1806; — Vu l'ordonnance du 12 décembre 1821; — Vu l'ordonnance du 26 août 1830; — Vu le décret des 6-12 décembre 1831; — Vu les décrets des 22 mars 1852 et 26 juillet 1867; — Vu l'arrêté du gouvernement du 13 messidor an X et l'ordonnance du 14 juin 1833;

Considérant que la France a le devoir de consacrer, par une sépulture nationale, la mémoire des grands hommes qui ont honoré la patrie, et qu'il convient cet effet de rendre le Panthéon à la destination que lui avait donnée la loi des 4-10 avril 1791; — Décrète :

Art. 1ᵉʳ. Le Panthéon est rendu à sa destination primitive et

légale. Les restes des grands hommes qui ont mérité la reconnaissance nationale y seront déposés.

Art. 2. La disposition qui précède est applicable aux citoyens à qui une loi aura décerné des funérailles nationales. Un décret du Président de la République ordonnera la translation de leurs restes au Panthéon.

Art. 3. Sont rapportés le décret des 6-12 décembre 1831, le décret du 20 février 1806, l'ordonnance du 12 décembre 1821, les décrets 22 mars 1852 et 26 juillet 1867, ainsi que toutes les dispositions réglementaires contraires au présent décret.

Art. 4. Les ministres de l'instruction publique, des beaux-arts et des cultes, de l'intérieur et des finances sont chargés, chacun en ce qui le concerne, de l'exécution du présent décret.

28 juillet 1885. — *Avis de la section de l'intérieur et des cultes du Conseil d'État, concernant l'autorisation nécessaire aux établissements ecclésiastiques pour donner mainlevée d'hypothèques et privilèges.*

La section de l'intérieur, de l'instruction publique, des beaux-arts et des cultes du Conseil d'État qui, sur le renvoi ordonné par M. le ministre de l'instruction publique, des beaux-arts et des cultes, a pris connaissance d'une demande d'avis sur les questions suivantes :

1° Une simple délibération du conseil de fabrique suffit-elle pour autoriser la mainlevée d'une hypothèque inscrite au profit d'une fabrique, ou bien cette délibération doit elle être approuvée par l'autorité supérieure ?

De même, en ce qui concerne les autres établissements ecclésiastiques ?

2° Si l'approbation de l'autorité supérieure est nécessaire, quelle sera cette autorité ? Sera-ce, comme sous l'empire de l'ordonnance de 1840, le préfet, en conseil de préfecture ? ou bien, y aura-t-il lieu de recourir à un décret, par application des principes généraux, et notamment des articles 62 du décret du 30 décembre 1809, 8 et 29 du décret du 6 novembre 1813 ?

Vu l'ordonnance du 15 juillet 1840; — Vu la loi du 5 avril 1884 (art. 168, 8°); — Vu le décret du 30 décembre 1809; — Le décret du 6 novembre 1813; — L'ordonnance du 14 janvier 1831;

Considérant que l'ordonnance du 15 juillet 1840 concernait exclusivement les communes; que si, jusqu'à ce jour, les règles qu'elle contient ont été étendues aux fabriques et autres établissements ecclésiastiques, son abrogation par la loi du 5 avril 1884 en rend désormais impossible l'application à des établissements qu'elle ne visait pas; qu'il y a lieu, dès lors, de chercher la réponse aux questions posées dans les principes généraux de la législation sur les fabriques et les autres établissements ecclésiastiques; — Considérant qu'il résulte de ces principes formulés, notamment dans les articles 62 du décret du 30 décembre 1809, 8 et 29 du décret du 6 novembre 1813, 2 de l'ordonnance du 14 janvier 1831, que les fabriques et les autres établissements ecclésiastiques ne peuvent faire en dehors des actes d'administration aucun acte de la vie civile sans y avoir été autorisés par décrets; — Considérant que la mainlevée d'hypothèque a le caractère d'un acte d'aliénation;

Est d'avis : — Que les fabriques et autres établissements ecclésiastiques ne peuvent donner mainlevée des hypothèques prises à leur profit sans y avoir été autorisés par un décret.

8 août 1885. — *Loi de finances portant suppression du crédit relatif aux traitements des membres du chapitre de Saint-Denis et des fonds affectés aux bourses et demi-bourses des séminaires diocésains.*

15 juillet 1889. — *Loi sur le recrutement de l'armée.* (Extrait.)

Art. 23. En temps de paix, après un an de présence sous les

drapeaux, sont envoyés en congé dans leurs foyers, sur leur demande, jusqu'à la date de leur passage dans la réserve :

. 1° . . . .

Les instituteurs laïques ainsi que les novices et membres des congrégations religieuses vouées à l'enseignement et reconnues d'utilité publique qui prennent l'engagement de servir pendant dix ans dans les écoles françaises d'Orient et d'Afrique subventionnées par le gouvernement français ;

. . . .

4° Les jeunes gens admis, à titre d'élèves ecclésiastiques, à continuer leurs études en vue d'exercer le ministère dans l'un des cultes reconnus par l'État.

En cas de mobilisation, les étudiants en médecine et en pharmacie, et les élèves en pharmacie et les élèves ecclésiastiques, sont versés dans le service de santé.

Tous les jeunes gens énumérés ci-dessus seront rappelés pendant quatre semaines dans le cours de l'année qui précédera leur passage dans la réserve de l'armée active. Ils suivront ensuite le sort de la classe à laquelle ils appartiennent.

Art. 24. Les jeunes gens visés au paragraphe 1er de l'article précédent qui, dans l'année qui suivra leur année de service, n'auraient pas obtenu un emploi de professeur, de maître-répétiteur ou d'instituteur, ou qui cesseraient de le remplir avant l'expiration du délai fixé ;

. . . .

Les élèves mentionnés au paragraphe 4, qui, à l'âge de vingt-six ans, ne seraient pas pourvus d'un emploi de ministre de l'un des cultes reconnus par l'État ;

Les jeunes gens visés par les articles 21, 22 et 23 qui n'auraient pas satisfait, dans le cours de leur année de service, aux conditions de conduite et d'instruction militaire déterminées par le ministre de la guerre ;

Ceux qui ne poursuivraient pas régulièrement les études en vue desquelles la dispense a été accordée ;

Seront tenus d'accomplir les deux années de service dont ils avaient été dispensés.

Art. 25. Quand les causes de dispenses prévues aux articles 21, 22 et 23 viennent à cesser, les jeunes gens qui avaient obtenu ces dispenses sont soumis à toutes les obligations de la classe à laquelle ils appartiennent.

. . . .

Art. 26. La liste des jeunes gens de chaque département, dispensés en vertu des articles 21, 22, 23 et 50, sera publiée au *Bulletin administratif*, et les noms des dispensés de chaque commune seront affichés dans leur commune à la porte de la mairie.

En cas de guerre, ils sont appelés et marchent avec les hommes de leur classe.

27 janvier 1892. — *Loi de finances portant que les comptes et budgets des fabriques et des consistoires sont soumis aux règles générales de la comptabilité publique.*

———

TABLE ALPHABÉTIQUE.

———

objets du culte dans le sens de la loi pénale, 211 ; — bris d'une cloche, 213 ; — usage des cloches, 346 et suiv.; — acceptation par la commune des libéralités faites pour l'achat ou la réparation des cloches, 1248.

Cloches des associations religieuses, 2189.

Clôture des cimetières, 1750.

Coadjuteur, 687 et suiv.; — nomination, pouvoirs, 687 et suiv.

Code noir, 42.

Codex Gallicorum canonum, 21.

Collateur ordinaire, 19.

Collégiales, 862 et suiv.

Comité central de secours pour les écoles de Jérusalem, 2332.

Comité des dîmes, 86.

Commissaire administrateur des biens de la mense épiscopale, ses pouvoirs, 1775 et suiv.

Commissaire pour assister au compte annuel des trésoriers des fabriques, 1732.

Commissaire près des synagogues, 2374.

Commission synodale de l'Église de la confession d'Augsbourg, organisation, 2284 et suiv.; — attributions, 2327.

Commission exécutive de l'Église de la confession d'Augsbourg, organisation, 2287 ; — attributions, 2329.

Commission administrative des synagogues, 2374.

Communautés religieuses. V. *Associations religieuses.*

Communes, contribution aux charges des fabriques, 1706 et suiv., et 1758 ; — des établissements des cultes protestants et du culte juif, 2379 ; — doit fournir un local pour exercer le culte au cas de démolition de l'église, 1757 ; — ressources disponibles des fabriques, sens de cette expression, 1759 ; — communes coparoissiales, contribution aux charges des fabriques, 1763 ; — compétence au cas de contestation sur l'engagement pris par une commune d'assurer une rétribution à un ecclésiastique, 1693 ; — dépense obligatoire, inscription d'office au budget communal, 1706.

Communion. Refus de..., recours, 517 ; — legs à fabrique pour les enfants de la première communion, 1232 et suiv.

Compétence en matière de procès des fabriques, 1685 ; — en cas de procès entre fabrique et commune sur une propriété de terrain, 1665.

Compromis, interdits aux établissements publics, 1374.

Comptabilité des fabriques, 1720 et suiv.; — vérifications de l'en registrement, 1721 et suiv.; — registres, 1723 ; — armoire à trois clefs, 1724 ; — dépenses des fabriques, 1725.

Comptabilité des traitements ecclésiastiques, 1962.

Comptes du trésorier de la fabrique, 1728 ; — discussion des articles 1731 et suiv.; — contestation, compétence, 1738 et suiv.; — recours, 1700 ; — communication des comptes de la fabrique au conseil municipal, 1709 et suiv.; — un double doit être déposé à la mairie, 1735.

Concessions de bancs. V. *Bancs.*

Concessions de chapelles, 1616 et suiv. V. *Chapelles.*

Conciles. Collections des..., 618.

Conciles généraux ou œcuméniques, autorisation de la publication en France de leurs décisions, 419 et suiv.

Conciles nationaux. Autorisation de la réunion des..., 422 et suiv.; — diocésains, 423 ; — provinciaux ou métropolitains, 424.

Conclave, 702.

Conclusion de l'Église gallicane, 15.

Concordat de François Ier, de 1516, 17.

Concordats. Nature des..., 609 et suiv.

Concordat de l'an IX, promulgation, 613 et suiv. ; — changements, 615.

Concordat de 1813, 106, et 642, note.

Concordat du 11 juin 1817, 108.

Conditions illicites, impossibles, immorales dans les dons et legs, 1354 et suiv.

Conférences ecclésiastiques, 431.

Confesseurs, sens ancien de ce mot, 1843.

Confession. Refus de..., recours, 518.

Confession d'Augsbourg. V. *Eglises de la confession d'Augsbourg.*

Confréries anciennes, bien et rentes en provenant, 1883.

Confréries, 2180 et suiv.; — historique, 2180 ; — surveillance et police, 2181 ; — érection, 2182 ; — réunions des membres des..., 2183 ; — incapacité, 2184 ; — libéralités en leur faveur, 1212 ; — peuvent-elles avoir un tronc dans l'église ? 1443 ; — dissolution et partage des biens, 2187.

Congés des pasteurs protestants, 2303.

Congrégations. V. *Associations religieuses.*

Congrégations et communautés hospitalières de femmes, règles spéciales d'organisation, 2034 et suiv. ; — statuts, 2037 ; — conditions des services, 2038 ; — rapports avec les commissions administratives des hospices, 2039 ; — direction propre, 2040 ; — remplacement par une autre, 2041 ; — contrat entre l'hospice et l'association religieuse, 2043 ; — fonctions dans l'hospice, 2044 ; — préparation des produits pharmaceutiques, 2045 ; — soumission à l'évêque, 2046 ; — police des maires, 2046.

Congrégations enseignantes de femmes, règles spéciales d'organisation, 2047 ; — legs en leur faveur, état actuel de la jurisprudence, 2048 et suiv.

Congrégation du refuge, règles spéciales d'organisation, 2047.

Congrégations du Saint-Esprit, autorisation, existence, 2119 ; — organisation, 2123.

Congrégation de l'Index, 2222.

Congrégation du Saint-Office, 2222.

Congrégation des Rites, 2222.

Congrégation de la Visite apostolique, 2222.

Congrégation de la Propagande, 2222.

Congrégation consistoriale, 2222.

Conseil central de l'Église réformée, organisation, 2271 ; — attributions, 2323.

Conseil d'État. V. *Abus.*

Conseil de fabrique, 979 et suiv.; — nombre de membres, 992 et suiv.; — membres, 985 et suiv. — nomination, 1015; nomination par l'évêque, recours, 1699 ; — renouvellement, 1019 ; — forme du renouvellement, 1020 ; — époques, 1024 et suiv.; — remplacement des membres décédés ou démissionnaires, 1028 et suiv.; — réunions pour élections, 1019 ; — durée, 1029 et suiv.; — forme des élections, 1031 et suiv.; — majorité requise pour la validité, 1036 et suiv. ; — partage de voix, 1040 ; — nomination par l'évêque, 1041 et suiv. ; — annulation des élections, conséquences, 1051 et suiv.; — omission du renouvellement des membres, 1055 et suiv.; — illégalité de la composition d'un conseil de fabrique, 1058 et suiv.; — accroissement de la population de la paroisse, conséquences, 1064 et suiv.; — voies de recours contre les élections, 1066 et suiv.; — irrégularités du renouvellement triennal, 1066 et suiv. ; — devant qui doit être formé le recours, 1079 ; — révocation, 1080 et suiv.; — les fabriciens révoqués sont-ils rééligibles ? 1088 et suiv.; — révocation pour défaut de présentation des budgets et des comptes, 1713 ; — nomination du président et du secrétaire, 1094 ; — le curé et le maire ne peuvent être présidents, 1095 ; — le même conseiller ne peut être en même temps président et secrétaire, 1099 ; — ni trésorier et président, 1100 ; — il ne peut y avoir de vice-président, 1104 ; — à qui appartient la présidence quand il y a absence de président, 1104 ; — places des membres dans l'église, 1113 et suiv. ; — registres des conseils de fabrique, tenue, 1142 et suiv. ; — annulation des délibérations, 1143 ; — fonctions du conseil, 1144 et suiv. ; — doit délibérer sur les contrats de fondations pieuses, 1580. V. *Assemblées des conseils de fabrique, Président, Secrétaire, Trésorier, Fabrique.*

Conseil municipal, avis en matière d'actes de la vie civile des établissements ecclésiastiques. V. ces actes : *Acquisition, Alié-*

INDEX BIBLIOGRAPHIQUE.

CUMUL

1. Le cumul est la réunion en une même personne de plusieurs fonctions ou mandats électifs, ou de plusieurs émoluments attachés à ces fonctions ou mandats.

On peut distinguer le cumul : 1° de plusieurs fonctions; 2° d'une fonction et d'un mandat électif; 3° du traitement de plusieurs fonctions; 4° d'un traitement avec l'indemnité afférente au mandat; 5° d'un traitement ou indemnité avec une pension; 6° enfin, de pensions entre elles.

2. I. *Cumul de fonctions.* — Le cumul des fonctions était très largement pratiqué dans l'ancien régime; il pouvait même s'étendre à des fonctions ou dignités d'ordre très différent, civiles, militaires et ecclésiastiques. Mais il est contraire à l'esprit de la législation moderne. Celle-ci, sans prohiber d'une manière absolue tout cumul de fonctions ou emplois, s'inspire de cette double idée, que la division des attributions est favorable à la bonne gestion des services, et que chaque fonction réclame tous les soins de celui qui l'exerce. Elle contient, en outre, un certain nombre d'interdictions formelles, motivées par l'incompatibilité que certaines fonctions ont entre elles.

3. Parmi les textes qui prononcent ces interdictions on peut citer :

1° La loi du 24 vendémiaire an III, d'après laquelle il y a incompatibilité absolue entre les fonctions de juge, ou de membre du ministère public, et celles de fonctionnaire administratif, d'agent d'une administration financière, et en général avec « toute fonction publique sujette à comptabilité pécuniaire ». D'après la même loi, aucun citoyen exerçant une fonction administrative ne peut concourir à l'exercice d'une autorité chargée de la surveillance médiate ou immédiate de la fonction qui lui est dévolue.

2° L'ordonnance du 14 septembre 1822 et le décret du 31 mai 1862 portant règlement général sur la comptabilité publique, aux termes desquels les fonctions d'administrateur et d'ordonnateur sont incompatibles avec celles de comptable. D'après ce dernier texte, les incompatibilités spéciales propres à chaque nature de fonctions sont déterminées par les règlements particuliers des différents services (1). (Voy. FONCTIONNAIRE PUBLIC.)

3° La loi du 21 juin 1865 sur les conseils de préfecture, qui interdit les fonctions de conseiller de préfecture avec un autre emploi public et avec l'exercice d'une profession (art. 3).

4° La loi du 24 mai 1872 sur le Conseil d'Etat, d'après laquelle les fonctions de conseiller d'Etat en service ordinaire et de maître des requêtes sont incompatibles avec toute fonction publique, mais seulement si la fonction est salariée ; d'où il résulte que ces fonctions peuvent être cumulées avec les fonctions non salariées, par exemple celles de maire ou d'adjoint. La même loi permet le cumul des fonctions du Conseil d'Etat avec celles d'officier général ou supérieur des armées de terre ou de mer, d'ingénieur des ponts et chaussées, des mines ou de la marine, et de professeur de l'enseignement supérieur, mais avec interdiction de cumuler les traitements.

La loi sur le Conseil d'Etat du 13 juillet 1879 (art. 3) admet aussi que les membres du service ordinaire, conseillers, maîtres des requêtes et auditeurs de première classe, peuvent être nommés à des fonctions publiques pour une durée n'excédant pas trois ans, mais avec interdiction du cumul des traitements. Quant aux auditeurs de seconde classe, ils ne sont pas considérés comme appartenant aux cadres permanents et comme ayant définitivement acquis la qualité de fonctionnaires publics; en conséquence, ils peuvent être appelés à exercer simultanément des fonctions d'un autre ordre. (Voy. CONSEIL. D'ETAT.)

4. II. *Cumul de fonctions avec un mandat électif.* — Ce cumul, comme celui des fonctions publiques entre elles, n'est pas actuellement interdit par des dispositions générales. Les lois en vigueur n'ont pas reproduit sur ce point la prohibition absolue que la Constitution du 2 novembre 1848 (art. 84) avait édictée entre le mandat législatif et toute fonction publique. Mais des dispositions particulières, souvent très étendues, établissent l'incompatibilité du mandat parlementaire ou de tel autre mandat électif avec des fonctions déterminées. Parmi ces lois, les unes contiennent une disposition générale déclarant le mandat incompatible avec toute fonction publique salariée, sauf les exceptions qu'elles prévoient et qu'elles définissent limitativement : c'est ainsi que procède la loi du 30 novembre 1875 sur l'élection des députés. Les autres ne contiennent pas de déclaration générale d'incompatibilité mais seulement des prohibitions particulières de cumul entre le mandat électif et des fonctions publiques déterminées. Ainsi procèdent la loi du 2 août 1875 sur l'élection des sénateurs, la loi départementale du 10 août 1871 et la loi municipale du 5 avril 1884, dans celles de leurs dispositions qui régissent l'élection des conseillers généraux, des conseillers municipaux et des maires et adjoints.

5. Les questions relatives au cumul d'une fonction avec un mandat électif sont donc en réalité des questions d'*incompatibilité* : c'est pourquoi elles sont traitées dans les articles où sont exposées les règles relatives aux mandats électifs. (Voy. CHAMBRES LÉGISLATIVES, ÉLECTIONS.)

6. III. *Cumul des traitements de plusieurs fonctions.* — Lorsque l'exercice simultané de plusieurs fonctions ou emplois est autorisé par la loi, il n'en résulte pas que le titulaire puisse cumuler intégralement les traitements afférents aux différentes fonctions qu'il exerce.

7. La législation du premier Empire n'avait pas tracé de limites au cumul; il en était résulté de graves abus contre lesquels les Chambres cherchèrent à réagir dès les premières années de la Restauration.

---

(1) D. 31 mai 1862, art. 17 et 18.

La loi de finances du 28 avril 1816 (art. 78) décida que l'on ne pourrait jamais cumuler en entier « le traitement de plusieurs places, emplois ou commissions, dans quelque partie que ce fût, lorsque leur total excéderait 3,000 francs ». Au-dessus de ce chiffre elle imposa les réductions suivantes : « en cas de cumul de deux traitements, le moindre sera réduit à moitié; en cas de cumul de trois traitements, le troisième sera, en outre, réduit au quart, et ainsi en suivant cette progression » (1).

Cette règle a été reproduite par l'ordonnance du 31 mai 1838 (art. 44), et par le décret du 31 mai 1862 sur la comptabilité publique (art. 65), mais sous réserve des exceptions suivantes :

1° Les professeurs, les gens de lettres, les savants et les artistes peuvent cumuler, jusqu'à concurrence de vingt mille francs, le traitement intégral de plusieurs fonctions ou de plusieurs chaires rétribuées sur les fonds de l'Etat (2).

2° Le décret de 1862 affranchit également des règles prohibitives du cumul les traitements des maréchaux, des amiraux, des cardinaux, les dotations allouées aux membres du Sénat impérial et du Corps législatif, les traitements de la Légion d'honneur, les rentes viagères attribuées à la médaille militaire, les pensions de donataires et celles qui sont attribuées à titre de récompense nationale (3).

A la faveur de ces exceptions, certains dignitaires de l'Empire ont pu légalement cumuler des traitements et dotations dont le total s'élevait à plus de 200,000 francs et parfois même à près de 300,000 francs (4).

8. Cette situation ne fut modifiée par la loi de finances du 27 juillet 1870 (art. 27 à 30) qu'en ce qui concernait le cumul des traitements avec la dotation de sénateur ou l'indemnité de député au Corps législatif. Lorsque cette dotation ou indemnité, jointe aux traitements ou réunions de traitements, dépassait 50,000 francs, le total devait être réduit à ce chiffre. D'après l'article 29, les traitements ou portions de traitements retranchés en exécution de cette règle devaient être ordonnancés par les ministres compétents au profit du Trésor et portés en recette au titre des produits divers du budget.

La loi du 27 juillet 1870 (art. 30) exceptait de toute réduction, comme l'avait déjà fait le décret du 31 mai 1862, les traitements de la Légion d'honneur et de la médaille militaire et les pensions à titre de récompense nationale, mais elle passait sous silence les traitements des maréchaux et des amiraux, et l'on pouvait se demander s'ils demeuraient affran-

chis de la réduction en cas de cumul. La négative paraissait résulter du texte de la loi de 1870, qui visait en termes généraux les traitements ou réunions de traitements payés sur les fonds de l'Etat, et qui passait sous silence les traitements de ces dignitaires dans l'article 30, relatif aux exceptions. Mais il résulte du rapport présenté par la commission que la loi nouvelle n'entendait pas déroger sur ce point à l'état de choses antérieur, que la commission considérait, d'ailleurs, comme étant moins fondé sur des textes que sur une ancienne pratique.

Ce rapport s'exprime ainsi : « Les dotations des maréchaux de France, des amiraux et des cardinaux ont toujours été considérées comme ne constituant pas des traitements et comme en dehors de la loi du cumul. Elles nous paraissent devoir conserver ce caractère, consacré par une longue jurisprudence. Des membres de la commission auraient été d'avis de les assimiler aux traitements ordinaires et de les atteindre par des réductions en cas de cumul; la majorité n'a pas partagé ce sentiment. »

9. Depuis 1870, il n'est pas intervenu de loi générale sur le cumul. D'un autre côté, la loi du 27 juillet 1870, qui ne consacrait de règles nouvelles qu'à l'égard du cumul des indemnités parlementaires, a été remplacée par de nouvelles dispositions relatives à ce cumul (voy. n° 11 et suiv.). Il en résulte que le décret du 31 mai 1862 est resté la règle de la matière et que le cumul des traitements est actuellement régi par les articles 65, 66 et 67 de ce décret, rappelés plus haut. Mais les effets de ces dispositions ont été restreints dans une très large mesure par plusieurs lois spéciales : en premier lieu, par les lois relatives au cumul des traitements avec les indemnités parlementaires que nous rapportons plus loin; en second lieu, par les dispositions particulières de plusieurs lois, notamment des lois du 24 mai 1872 et du 13 juillet 1879 sur le Conseil d'Etat, qui interdisent aux membres de ce corps tout cumul de traitements; enfin par les dispositions législatives et budgétaires qui ont révisé la plupart des traitements de quelque importance, notamment ceux des ministres, des membres du Conseil d'Etat, des préfets, etc., et qui les ont sensiblement réduits. On s'est même demandé si ces réductions, réalisées à une époque où les désastres publics et l'énormité de la rançon imposée à la France avaient créé des difficultés financières exceptionnelles, n'ont pas été excessives au point de vue des nécessités de certaines fonctions.

Ajoutons que, sous le régime actuel, il n'a plus été fait aucune nouvelle promotion à la dignité de maréchal ou d'amiral, et que la dotation spéciale des cardinaux a été supprimée par les lois de finances du 28 décembre 1880 et du 29 décembre 1883. (Voy. CULTES.)

Il est résulté de cet ensemble de mesures que si le cumul de fonctions et de traitements est encore légalement possible, sauf les restrictions prévues par le décret du 31 mai 1862, il n'existe plus, dans la pratique, que pour de modiques émoluments.

10. IV. *Cumul des traitements et des indemnités parlementaires.* — Nous avons vu que, de 1852 à 1870, aucune limite n'avait été assignée au cumul des traitements avec les indemnités parlementaires, et que la loi du 27 juillet 1870 avait admis ce cumul jusqu'à 50,000 francs. Le décret du gouvernement de la Défense nationale du 29 janvier 1871, con-

---

(1) Exemple d'application de cette règle : soit le cumul de quatre fonctions ou emplois comportant des traitements de 10, 8, 6 et 5,000 francs.

Le 1er traitement de 10,000 fr. est maintenu à.... 10,000 fr.
Le 2e traitement de 8,000 est réduit à....... 4,000
Le 3e traitement de 6,000 est réduit à....... 1,500
Le 4e traitement de 5,000 est réduit à....... 1,000

Le total, 29,000 fr. est réduit à....... 16,500 fr.

(2) L. de fin. 8 juillet 1852, art. 28 ; — 31 mai 1862, art. 66.
(3) D. 31 mai 1862, art. 67.
(4) Voir le rapport présenté le 1er février 1883 à la Chambre des députés sur une proposition de M. Roque de Fillol, relative au cumul et aux incompatibilités parlementaires. On lit dans ce rapport : « Le maréchal Vaillant émargeait, à différents titres, pour une somme de 228,000 francs ; le maréchal Niel, 193,000 francs ; le maréchal Magnan, 263,000 francs ; M. Troplong, 296,500 francs. »

voquant les électeurs pour l'élection d'une assemblée nationale, prohibait entièrement le cumul. Il s'en référait, pour les règles générales de l'éligibilité, aux dispositions du titre IV de la loi du 15 mars 1849, et il ajoutait : « L'incompatibilité créée par l'article 84 entre le mandat de député et toute fonction publique rétribuée sera suspendue jusqu'à décision contraire de l'Assemblée, sans néanmoins que le traitement de la fonction puisse être cumulé avec l'indemnité allouée au député. »

11. Cependant, des doutes s'étant élevés sur la question de savoir si la loi du 27 juillet 1870 avait été valablement abrogée par le décret du 29 janvier 1871, ou si les ayants droit pouvaient s'en prévaloir pour cumuler leurs traitements et l'indemnité parlementaire jusqu'à concurrence de 50.000 francs, une loi du 16 février 1872 statua à nouveau sur la situation des fonctionnaires élus membres de l'Assemblée nationale. Elle décida que les fonctionnaires de tout ordre élus députés à l'Assemblée nationale, et les membres de cette Assemblée auxquels des fonctions publiques rétribuées ont été conférées depuis leur élection, touchent comme les autres représentants l'indemnité législative établie avec interdiction de cumul par le décret du 29 janvier 1871 (1). Si le chiffre de cette indemnité est supérieur à celui du traitement du fonctionnaire, ce traitement est ordonnancé en totalité au profit du Trésor pendant la durée du mandat (2) ; si le chiffre du traitement est supérieur à l'indemnité, le fonctionnaire ne touche que la portion de ce traitement excédant l'indemnité (3). En d'autres termes, il n'y a pas cumul, mais seulement droit acquis à l'émolument le plus élevé.

La loi du 16 février 1872 admet cependant des exceptions en faveur des pensions de retraite civiles et militaires, des traitements des officiers généraux admis au cadre de réserve, des traitements de la Légion d'honneur et de la médaille militaire, et des pensions allouées à titre de récompense nationale. Ces divers émoluments peuvent être intégralement cumulés avec l'indemnité parlementaire (4).

12. Sous l'empire de la Constitution de 1875, l'Assemblée nationale ayant été remplacée par deux Chambres, celles-ci ont cessé d'être soumises de plein droit à la loi du 12 février 1872, relative à cette Assemblée, et elles sont régies par leurs lois particulières : celles du 2 août 1875 et du 9 décembre 1884 sur l'élection des sénateurs, et celle du 30 novembre 1875 sur l'élection des députés. De cette dualité de législation sont nées des difficultés sur la question du cumul des traitements et des indemnités parlementaires.

En ce qui touche les députés, la loi du 30 novembre 1875 (art. 17) dispose que « les députés reçoivent une indemnité. Cette indemnité est réglée par les articles 96 et 97 de la loi du 15 mars 1849, et par les dispositions de la loi du 16 février 1872 ». Le cumul de l'indemnité et d'un traitement étant interdit tant par l'article 96 de la loi du 8 février 1849, qui déclare cette indemnité « incompatible avec tous traitements d'activité, de non-activité ou de disponibilité », que par la loi du 16 février 1872, rapportée ci-dessus, et sauf les exceptions

(1) L. 16 février 1872, art. 1.
(2) Ibid., art. 2.
(3) Ibid., art. 3.
(4) Ibid., art. 8.

admises par cette dernière loi, il en résulte clairement que l'interdiction du cumul est applicable aux députés dans les mêmes conditions qu'elle l'était aux membres de l'Assemblée nationale.

13. Mais en ce qui touche les sénateurs, aucune interdiction semblable ne figure dans les lois qui les concernent soit expressément, soit par référence à des lois antérieures. A la vérité, l'article 26 de la loi du 2 août 1875 porte que « les membres du Sénat reçoivent la même indemnité que ceux de la Chambre des députés », et l'on s'est demandé si cette référence n'avait pas eu pour effet de rendre applicable aux sénateurs non seulement le taux de l'indemnité qui serait attribuée aux députés, mais encore les interdictions de cumul auxquelles cette indemnité serait soumise.

L'affirmative a été soutenue, en 1876, par le ministre des finances, qui avait pris, de concert avec le ministre de la guerre, une décision refusant à M. le sénateur de Bastard le droit de cumuler sa solde d'officier en activité avec son indemnité parlementaire ; elle a été également soutenue par le ministre des finances dans les observations par lui présentées au Conseil d'État sur le pourvoi formé contre cette décision (1). La négative a, au contraire, été soutenue par le ministre de la guerre dans un avis émis sur le même pourvoi, et par la commission de comptabilité du Sénat par un avis semblable du 16 mars 1876 (2). Enfin elle a été consacrée par l'arrêt du Conseil d'État du 26 janvier 1877, qui a admis le pourvoi de M. le sénateur de Bastard et a annulé la décision ministérielle lui refusant le droit de cumuler sa solde avec son indemnité de sénateur (3).

14. La jurisprudence ainsi établie sur cette délicate question paraît définitivement acquise. Mais les Chambres ont été saisies, depuis 1877, de diverses propositions tendant à la modifier législativement et dont voici un rapide aperçu :

(1-2-3) On lit dans les observations du ministre des finances (Rec. des arr. du C. d'Ét., 1877, p. 85) :

« D'après l'article 26 de la loi du 2 août 1875, les membres du Sénat reçoivent la même indemnité que ceux de la Chambre des députés. Par ce vote, l'Assemblée a résolu deux questions, à savoir : 1° que les sénateurs seraient rétribués et que les députés le seraient également ; 2° que les membres des deux Chambres recevraient la même indemnité. Autrement dit, la loi du 2 août 1875 relative au Sénat a établi le principe de l'indemnité non seulement pour les sénateurs, mais encore pour les députés... La loi ne s'est pas expliquée sur les conditions ni sur la nature de cette allocation ; elle a renvoyé l'examen de ces questions au moment où une loi réglerait l'élection des députés. Cette loi, intervenue le 30 novembre 1875, porte, article 17 : (suit le texte reproduit plus haut). ... Il y a lieu de remarquer que l'article 17 de la loi du 30 novembre 1875 n'a pas fixé le chiffre de l'indemnité ; le législateur a renvoyé à cet égard à l'article 96 de la loi de 1849 ; or, aux termes de ce dernier article, l'indemnité est de 9,000 francs, et il est dit expressément qu'elle ne peut être cumulée avec un traitement. Est-il possible de scinder cet article en deux parties et de dire que les sénateurs seront appelés à bénéficier du montant de l'indemnité, mais qu'ils seront affranchis de la prohibition du cumul ?

« Rien, dans le texte des lois organiques ni dans leur esprit, ne paraît autoriser un tel système. Au contraire, il est hors de doute que le législateur, en déclarant applicables aux sénateurs l'indemnité allouée aux députés sans faire aucune réserve, a, par cela même, décidé qu'elle serait régie par des règles analogues. A défaut d'un texte autorisant le cumul, on doit donc croire que celui-ci n'est pas possible, à moin cependant qu'on n'ait raison soit du vote de l'Assemblée et de la nature de son mandat, soit pour d'autres motifs, l'indemnité des sénateurs ait un caractère différent de celle des députés.

« C'est précisément ce que l'auteur du mémoire cherche à démontrer. Suivant lui le Sénat et la Chambre des députés ne se recrutent pas d'après les mêmes règles, et le mandat sénatorial est compatible avec une fonction rétribuée, tandis qu'en principe un député ne peut pas être

Le 20 mars 1877 et le 31 janvier 1878, la Chambre des députés a été saisie de propositions d'initiative parlementaire tendant à rendre applicable aux membres du Sénat exerçant des fonctions civiles ou militaires la loi du 16 février 1872, prohibitive du cumul. Ces propositions ont été adoptées par la Chambre des députés le 12 février 1881, mais écartées par le Sénat, conformément aux conclusions d'un rapport de M. Bozerian du 25 juillet 1881.

A la session de 1882, diverses propositions ont été présentées à la Chambre des députés, notamment par M. Roques de Filhol, par M. Viette, par M. Benjamin Raspail, en vue de prohiber tout cumul, soit de fonctions publiques entre elles, soit de ces fonctions avec un mandat parlementaire, et,

par voie de conséquence, des traitements ou indemnités qui y sont attachés.

Le gouvernement déposa à son tour le 12 novembre 1883 un projet de loi moins absolu, mais qui restreignait le nombre des fonctions publiques compatibles avec le mandat de sénateur, et dont l'article 6 rendait applicable au Sénat l'interdiction de cumuler le traitement et l'indemnité. Ce projet, voté le 24 novembre 1883 par la Chambre des députés, fut amendé par le Sénat, qui admit le cumul jusqu'à concurrence de 20,000 francs; mais la Chambre écarta cette disposition transactionnelle, et le projet amendé par elle et renvoyé au Sénat le 12 décembre 1885 n'a pas eu de nouvelle suite.

Au cours de cette élaboration, une loi transitoire avait été

---

fonctionnaire; enfin, l'indemnité serait de même nature que celle des sénateurs sous l'Empire.

«Je ferai tout d'abord remarquer que l'interdiction du cumul n'aurait guère de raison d'être, si elle était appliquée aux députés seulement, puisqu'en règle générale l'entrée de la Chambre des députés est interdite aux fonctionnaires. D'un autre côté, de ce que le député a jugé utile d'introduire les fonctionnaires dans une assemblée, s'ensuit-il que ceux-ci pourront cumuler leur traitement avec l'indemnité ? la question d'incompatibilité me paraît donc tout à fait indépendante de la question du cumul et ne s'y attache en aucune façon.

« Quoi qu'il en soit, je reconnais qu'en ce qui regarde l'éligibilité des fonctionnaires, l'incompatibilité est la règle et l'éligibilité l'exception lorsqu'il s'agit de la Chambre des députés, tandis que c'est le contraire qui est admis pour le Sénat. Mais il n'en résulte pas une situation différente pour les membres de cette dernière Assemblée... La Chambre et le Sénat n'en constituent pas moins un seul et même parlement en deux parties; l'Assemblée nationale est formée de leur réunion, chacune d'elles a le vote comme l'initiative des lois.,. Je ne pense pas non plus qu'il y ait lieu de s'arrêter à l'assimilation que le mémoire s'efforce d'établir entre l'indemnité sénatoriale et la dotation allouée aux sénateurs de l'Empire. Le rôle, les attributions, le mode de nomination, diffèrent absolument. Il n'existe véritablement que le nom qui soit commun entre l'Assemblée actuelle et l'ancien Sénat. »

Délibération de la Commission de comptabilité du Sénat du 16 mai 1876. — « Considérant que les articles 96 et 97 de la loi électorale du 15 mars 1849 et les dispositions de la loi du 16 février 1872 qui prohibent le cumul n'ont été édictées qu'en vue d'une assemblée unique, souveraine, et dont tous les membres seraient soumis au même mode d'élection; — Considérant qu'actuellement l'élection des sénateurs et celle des députés sont réglées par deux lois complètement distinctes et contenant des dispositions spéciales : celle du 2 août 1875 pour le Sénat et du 30 novembre suivant pour la Chambre des députés; que dans la première le législateur s'est borné à dire (art. 26): « Les membres du Sénat reçoivent la même indemnité que ceux de la Chambre des députés, » tandis que dans la seconde (art. 82), après avoir dit : « Les députés reçoivent une indemnité, » il a soin d'ajouter : « Cette indemnité est réglée par les articles 96 et 97 de la loi du 15 mars 1849 et les dispositions de la loi du 16 février 1872, » d'où la conséquence que les mots « la même indemnité » de la loi sénatoriale ne peuvent s'entendre que de la quotité, et non d'un cumul dont elle ne parle pas et dont il n'a même pas été question dans la discussion ; que cette différence de texte est le résultat de l'organisation différente des deux corps auxquels la Constitution a confié le pouvoir législatif.

« En effet, pour ne citer qu'un exemple, la loi a posé des limites rigoureuses à l'entrée des fonctionnaires à la Chambre des députés, dont tous les membres sont soumis à la réélection; de là le rappel des dispositions prohibitives du cumul et l'établissement de nombreuses incompatibilités. Pour le Sénat, au contraire, aucune incompatibilité n'a été édictée; ses membres sont, ils ne sont soumis à la réélection après expiration de leur mandat, les autres sont inamovibles. Ils jouissent cependant tous les mêmes droits et conservent leurs fonctions de sénateurs en cas de nomination à une fonction publique rétribuée. Il y a donc pour les deux corps une organisation essentiellement différente, qui fait comprendre pourquoi la loi n'a pas imposé aux sénateurs les mêmes conditions qu'aux députés; que d'autre part on retient en principe que les indemnités sont attachées à des situations spéciales, qu'elles sont indépendantes du traitement attaché à la fonction civile et de la solde attachée au grade militaire; que les fonctions aussi bien que les commandements occasionnent des frais qu'il serait injuste de laisser à la charge des titulaires ; si l'on retient aussi que la loi de 1849 prohibitive du cumul n'a pas été appliquée au Sénat de l'Empire, qu'elle constitue une exception, une disposition restrictive qui, d'après les principes généraux du droit, ne peut s'appliquer qu'aux cas spécifiquement prévus, sans extension à ceux non prévus, comme toutes les dispositions

de droit strict, on est amené à conclure que les dispositions prohibitives imposées aux députés ne peuvent, par analogie, être appliquées aux sénateurs.

« La Commission de comptabilité, à l'unanimité, est d'avis que les articles 96 et 97 de la loi électorale du 15 mars 1849 et les dispositions de la loi du 16 février 1872 sur les élections de la Chambre des députés ne sont pas applicables aux sénateurs, fonctionnaires civils ou militaires; que ceux-ci ont donc le droit de toucher et l'indemnité attribuée aux membres du Sénat, et le traitement attaché aux fonctions qu'ils exercent. »

ARR. CONS. 26 janvier 1877 (de Bastard).—Vu la loi de finances du 28 avril 1816, art. 78; celle du 23 mars 1817, art. 27, et celle du 15 mai 1818, art. 13 ; — Vu la loi du 19 mai 1834 sur l'état des officiers et l'ordonnance du 25 décembre 1837 sur le service de la solde; — Vu le décret du 31 mai 1862; — Vu la loi du 2 août 1875 sur l'élection des sénateurs, notamment l'article 26, et celle du 30 novembre 1875 sur l'élection des députés, notamment l'article 17; — Vu le décret du 2 novembre 1854, art. 2 ; — Considérant que pour refuser au sieur de Bastard le droit de cumuler sa solde d'officier en activité de service avec l'indemnité de sénateur, les décisions attaquées se fondent, d'une part, sur les principes généraux relatifs au cumul des traitements, et, d'autre part, sur ce qu'aucun texte de loi n'autorisant le cumul pour les officiers, membres du Sénat, la loi du 16 février 1872, qui prescrit d'opérer sur le traitement des fonctionnaires élus membres de l'Assemblée nationale une réduction égale au montant de leur indemnité, devait continuer d'être appliquée aux sénateurs militaires; — Considérant d'une part que les règles générales relatives au cumul des traitements telles qu'elles résultent des lois du 28 avril 1816, du 23 mars 1817 et 15 mai 1818, et des ordonnances et décrets postérieurs, ne sont pas applicables au cas où il s'agit du cumul de la solde ou du traitement non avec un autre traitement, mais avec l'indemnité attribuée aux sénateurs, laquelle n'a pas le caractère d'un traitement; — Considérant d'autre part que la loi du 2 août 1875, en disposant par son article 26 que les membres du Sénat reçoivent la même indemnité que ceux de la Chambre des députés, a eu pour but de renvoyer à la loi organique sur l'élection des députés la détermination du quantum de cette indemnité ; que la loi du 30 novembre 1875 organique sur l'élection des députés, en se référant par son article 17 aux dispositions des articles 96 et 97 de la loi du 15 mars 1849 et à la loi du 16 février 1872, ne s'est pas bornée à déterminer le chiffre de l'indemnité qui serait attribuée aux députés et par suite aux sénateurs : qu'elle a prescrit, en même temps, que les fonctionnaires qui pourraient être élus députés ne cumuleraient jamais avec leur indemnité que la partie du traitement affecté à leur emploi qui excéderait le chiffre de cette indemnité ; qu'aucune disposition analogue n'a été prescrite à l'égard des fonctionnaires qui seraient élus sénateurs, par la loi du 2 août 1875, qui ne contient aucune restriction faisant obstacle au payement intégral du traitement affecté à l'emploi de ces fonctionnaires; que la différence entre les fonctionnaires sénateurs et les fonctionnaires députés résulte d'ailleurs de la différence qui existe dans la composition du Sénat et de la Chambre des députés; qu'en effet, tandis que la loi du 30 novembre 1875, dans son article 8, déclare le mandat de député incompatible avec l'exercice des fonctions publiques, et n'admet à cette règle que quelques exceptions en vue desquelles ont été édictées les prescriptions concernant le cumul, la loi du 2 août 1875 permet au contraire, sauf quelques exceptions expressément indiquées, aux fonctionnaires publics d'être élus sénateurs en conservant leurs fonctions; — Considérant que de ce qui précède il résulte que c'est à tort que les décisions attaquées ont refusé d'allouer au sieur de Bastard, outre son indemnité comme sénateur, le montant de la solde à laquelle lui donnent droit son grade et sa position.

ART. 1er. La décision du ministre de la guerre du 20 juin 1876 et la décision du ministre des finances à laquelle elle se réfère sont annulées ; — ART. 2. Seront restitués au sieur de Bastard les sommes qui lui ont été retenues sur le montant de sa solde...

voté le 9 décembre 1884 en vue du renouvellement partiel du Sénat, portant que « dans le cas où une loi spéciale sur les incompatibilités parlementaires ne serait pas votée au moment des prochaines élections sénatoriales, l'article 8 de la loi du 30 novembre 1875 serait applicable à ces élections » ; mais si ce texte a eu pour effet de restreindre les cas d'éligibilité au Sénat, conformément aux règles en vigueur pour l'élection des députés, elle n'a rien statué en ce qui touche le cumul des émoluments. Il en est de même de la loi du 26 décembre 1887, rendue en vue des élections sénatoriales de 1888, et qui se borne à reproduire les dispositions de la loi du 9 décembre 1884.

Cependant la question du cumul des émoluments avait été de nouveau soulevée par une proposition de M. Roques de Filhol, adoptée le 8 novembre 1887 par la Chambre des députés, mais écartée par la commission du Sénat, qui n'avait laissé subsister, parmi les divers articles de la proposition, que ceux qui avaient trait à l'éligibilité en vue des élections partielles de 1888.

Enfin, le 17 juin 1890, M. Maurice Faure présenta une proposition tendant à créer une incompatibilité générale entre le mandat parlementaire et toute fonction publique, à l'exception de celle de ministre et de sous-secrétaire d'État. Cette proposition, qui n'avait pas encore eu de suite en 1892, ne se prononce pas spécialement sur le cumul des émoluments ; elle n'avait d'ailleurs pas à le faire, puisqu'elle était toute raison d'être à ce cumul en interdisant, d'une manière générale, l'accès du Parlement aux fonctionnaires publics.

15. Quels sont les traitements qui ne peuvent pas être cumulés avec l'indemnité de député ? D'après l'article 5 de la loi du 16 février 1872, auquel se réfère la loi du 30 novembre 1875, « c'est l'ensemble des traitements et suppléments de toute nature assujettis à la retenue au profit du Trésor et alloués par les règlements à la position d'activité, sauf les indemnités de représentation et les frais de bureau. »

16. On a discuté la question de savoir si cette disposition était applicable aux traitements ecclésiastiques, notamment à ceux des évêques élus députés. Cette question avait été résolue affirmativement, par décision administrative, à l'égard de M. Dupanloup, évêque d'Orléans, membre de l'Assemblée nationale. Elle a été soulevée de nouveau par M. Freppel, membre de la Chambre des députés. Ce prélat ayant touché cumulativement son traitement épiscopal et son indemnité de député, un arrêté du ministre des cultes lui enjoignit de reverser. Cet arrêté fut déféré au Conseil d'État par M. Freppel, qui soutenait que l'interdiction de cumul prononcée par la loi de 1872 ne s'appliquait qu'aux fonctionnaires publics recevant un traitement sujet à retenue ; que les évêques, tant à raison de l'origine que de la nature de leurs fonctions, ne sont pas des fonctionnaires publics, et que s'ils reçoivent un traitement, celui-ci a le caractère d'une indemnité allouée au clergé en compensation de la confiscation de ses biens ; que dans tous les cas le traitement ne peut, aux termes de la loi de 1872, être soumis à l'interdiction du cumul que s'il est assujetti à la retenue, et que tel n'est pas le cas du traitement alloué aux évêques (1).

Le ministre des cultes répondait que la loi du 30 novembre 1875 sur l'élection des députés mentionne les évêques parmi les fonctionnaires publics qui peuvent être élus députés ;

qu'ainsi elle leur reconnaît, à ce point de vue, la qualité de fonctionnaires ; que d'ailleurs cette loi, en assimilant aux traitements toutes les allocations sujettes à retenue, n'a pas entendu affranchir de l'interdiction du cumul les traitements qui ne sont pas sujets à retenue (2).

Cette dernière solution a été consacrée par l'arrêt du Conseil d'État du 23 novembre 1883 (3) ; elle est entièrement justifiée par les dispositions combinées de la loi du 30 novembre 1875, qui comprend expressément les évêques parmi les personnes qualifiées par elle fonctionnaires publics qui peuvent être élues députés, et de la loi du 16 février 1872, qui interdit le cumul aux « fonctionnaires de tout ordre élus députés ». L'argument tiré de ce que le traitement des évêques serait une indemnité représentative des biens du clergé confisqués sous la Révolution est écarté par le texte même du Concordat, qui qualifie de « traitement » l'allocation que le gouvernement s'engageait à servir aux évêques (voy. CULTES). L'argument qui était tiré de l'absence de retenue devait également être écarté, puisque cette disposition de la loi de 1872, loin d'avoir pour but de restreindre l'interdiction du cumul à l'égard des traitements soumis ou non à retenue, a voulu, au contraire, l'étendre à des allocations dont le caractère pouvait être contesté, et qu'elle n'assimile aux traitements qu'autant qu'elles sont sujettes à retenue. On ne comprendrait pas, d'ailleurs, qu'une différence dans le régime des retraites, lequel ne comporte pas toujours l'application d'une retenue,

---

(1-2) Voy. les conclusions des parties résumées dans les *visas* de l'arrêt du Conseil d'État du 23 novembre 1882, et celles de M. Levavasseur de Précourt, commissaire du gouvernement, en note sous cet arrêt. (*Rec. des Arr. du C. d'Ét.*, 1883, p. 813.)

(3) Arr. Cons., 23 novembre 1883. — Considérant que l'évêque d'Angers, pour contester l'application qui lui a été faite par l'arrêté attaqué de la loi du 16 février 1872 prohibant le cumul d'un traitement de fonctionnaire avec l'indemnité de député, se fonde en premier lieu sur ce que les ministres du culte ne sauraient être considérés comme des fonctionnaires publics dans le sens de la loi précitée ; — Considérant que si les évêques ne sont pas des dépositaires ou agents de l'autorité publique, ils n'en sont pas moins des fonctionnaires publics dans le sens des lois relatives au mandat parlementaire et à l'indemnité qui y est attachée ; qu'en effet l'article 8 de la loi du 30 novembre 1875 sur l'élection des députés, après avoir établi que « l'exercice des fonctions publiques rétribuées sur les fonds de l'État est incompatible avec le mandat de député » et que « tout fonctionnaire élu député sera remplacé dans ses fonctions », mentionne expressément les archevêques et évêques parmi les fonctionnaires publics sont exceptés de cette disposition ; qu'il suit de là que les évêques doivent être considérés comme compris parmi les fonctionnaires de tout ordre élus députés » dont le traitement ne peut, aux termes de la loi du 16 février 1872, être cumulé avec l'indemnité parlementaire ; — Considérant que le requérant se fonde en second lieu sur ce que, d'après l'article 5 de la même loi du 16 février 1872, la prohibition de cumul ne s'appliquerait qu'aux traitements assujettis à la retenue et sur ce que le traitement des évêques est affranchi de toute retenue ; mais considérant que si ledit article 5, dans le but de déterminer quels sont, parmi les émoluments des évêques, ceux qui ne peuvent être cumulés avec l'indemnité législative, range dans cette catégorie « les suppléments de toute nature assujettis à la retenue au profit du Trésor », il ne résulte pas de cette disposition que les traitements eux-mêmes ne peuvent être soumis à l'interdiction du cumul qu'à la condition d'être assujettis à la retenue ; que l'interprétation contraire résulte de l'article 9 de la loi précitée du 16 février 1872 qui contient des dispositions spéciales destinées à affranchir de la prohibition du cumul les pensions civiles et militaires et les traitements de la Légion d'honneur et de la Médaille militaire, pour que lesdits traitements et pensions ne soient assujettis à aucune retenue ; — Considérant que de ce qui précède il résulte que l'évêque d'Angers n'est pas fondé à demander l'annulation de la décision par laquelle le garde des sceaux, ministre de la justice et des cultes, lui a fait application de la loi du 16 février 1872, prohibant le cumul d'un traitement de fonctionnaire avec l'indemnité de député.

Décidé : — Art. 1er. La requête est rejetée.

entraînât une différence dans l'exécution des règles prohibitives du cumul.

17. V. *Cumul des pensions.* — Les questions relatives au cumul des pensions avec des allocations de même nature ou de nature différente se rattachent à la législation des pensions et seront exposées v° PENSIONS. Nous nous bornerons à mentionner sommairement ici quelques règles générales.

Les pensions de toute nature peuvent être cumulées avec l'indemnité de sénateur ou de député (L. 16 février 1872, art. 6).

Les pensions *civiles* ne peuvent pas être cumulées avec un traitement d'activité dans le même service, d'où il suit que leur payement est suspendu en cas de rappel à l'activité dans ce service. Si le rappel à l'activité a lieu dans un service différent, la pension ne peut être cumulée avec le traitement d'activité que jusqu'à concurrence de 1,500 francs (L. 9 juin 1853, art. 28, § 2).

Toutefois, les pensions des académiciens et hommes de lettres attachés à l'instruction publique, à la Bibliothèque nationale, à l'Observatoire ou au Bureau des longitudes peuvent se cumuler, lorsqu'elles n'excèdent pas 2,000 francs (et jusqu'à concurrence de cette somme si elle l'excèdent), avec un traitement d'activité, pourvu que la pension et le traitement ne s'élèvent pas ensemble à plus de 6,000 francs (L. 15 mai 1818, art. 12; D. 31 mai 1862, art. 272).

Les pensions *militaires* peuvent être cumulées avec un traitement civil d'activité, excepté si des services civils sont entrés en compte comme complément du droit à ces pensions (L. 25 mars 1817, art. 27; L. 11 avril 1831, art. 4 et 27).

Le cumul est également admis pour les sous-officiers qui ont obtenu une pension proportionnelle après quinze ans de service (L. 18 mars 1889).

Enfin les pensions militaires de *réforme* sont, dans tous les cas, cumulables avec un traitement civil d'activité (L. 19 mai 1834).

Le cumul de *deux pensions* n'est autorisé que jusqu'à concurrence de 6,000 francs (L. 9 juin 1853, art. 31).

Cependant le cumul peut être intégral pour les pensions que des lois spéciales ont affranchies de toute prohibition de cumul, et parmi lesquelles on doit citer les pensions accordées à titre de récompense nationale, celles des anciens donataires ou de leurs veuves, les traitements de la Légion d'honneur et les rentes viagères attribuées aux médaillés militaires (L. 26 juillet 1821, art. 6 ; D. 31 mai 1862, art. 274). — Voy. PENSIONS.

CURAGE. — Le curage est une opération qui consiste à nettoyer le lit d'un cours d'eau, à le débarrasser des vases, immondices, végétations qui l'encombrent, de manière à assurer le libre écoulement des eaux. Les expressions : curage « à vieux fonds et à vieux bords », ou « à vif fonds et à vifs bords », veulent dire que le curage doit entièrement rétablir le lit naturel du cours d'eau. Le curage comprend ordinairement le *faucardement* qui est la coupe ou l'arrachage des herbes excrues dans le lit.

Le curage est à la charge de ceux qui ont la jouissance des eaux : de l'Etat pour les cours d'eau navigables et les canaux, des riverains pour les cours d'eau non navigables, des propriétaires s'il s'agit d'eaux susceptibles de propriété privée, telles que les étangs ou les sources.

La législation du curage a eu principalement en vue les cours d'eau non navigables, dont l'usage appartient aux riverains, et dont la police est confiée à l'autorité administrative. Cette législation consiste principalement dans la loi du 14 floréal an XI, dans certaines dispositions des lois du 16 septembre 1807 et du 21 juin 1865. Elle tend à assurer le curage, soit par l'action directe des riverains, opérant en vertu des anciens usages, soit par l'action de l'administration procédant d'office au curage et recouvrant les frais de l'opération au moyen de taxes imposées aux intéressés, soit au moyen d'associations syndicales libres ou autorisées. (Voy. EAUX, SYNDICATS.)

D

DÉBET. — 1. Le débet est, en termes généraux, une dette envers une administration publique, incombant à un comptable ou à toute personne appelée à rendre des comptes, et résultant des éléments qui figurent ou doivent figurer dans ces comptes.

Tout débet régulièrement constaté impose au débiteur l'obligation de s'acquitter envers l'administration créancière, et entraîne, s'il y a lieu, le recouvrement par voie de contrainte et d'exécution forcée sur les biens.

2. Les débets peuvent être constatés judiciairement ou administrativement. Ils sont constatés judiciairement par les arrêts de la Cour des comptes ou par les arrêtés des conseils de préfecture qui apurent les comptes soumis à ces juridictions. Ils peuvent être constatés administrativement par les ministres, auxquels ressortissent les services intéressés, au moyen d'*arrêtés de débet*. Ces règles sont applicables aux gestions occultes des comptables de fait aussi bien qu'aux gestions patentes des comptables réguliers. (Voy. COMPTABILITÉ DE FAIT.)

3. La constatation et le recouvrement des débets en vertu d'arrêts de la Cour des comptes sont prévus par l'article 13 de la loi du 16 septembre 1807, aux termes duquel « la Cour réglera et apurera les comptes qui lui seront présentés ; elle établira par ses arrêts définitifs si les comptables sont quittes, ou en avance, ou *en débet*... Dans le troisième cas, elle les condamnera à solder leur débet au Trésor dans le délai prescrit par la loi... Une expédition de ces arrêts sera adressée au ministre du Trésor pour en faire suivre l'exécution par

l'agent établi près de lui ». Cet agent est l'agent judiciaire du Trésor qui a mission de pourvoir, par toutes les voies de droit, au recouvrement des créances du Trésor. (Voy. FINANCES PUBLIQUES.)

Les mêmes pouvoirs appartiennent aux conseils de préfecture à l'égard des comptables des communes et des établissements publics dont les revenus n'excèdent pas 30,000 francs.

4. La constatation des débets par décisions administratives dites *arrêtés de débet* est prévue par les lois des 12 vendémiaire et 13 frimaire an VIII et par l'arrêté du 18 fructidor an VIII. Ces textes sont applicables aux « comptables, entrepreneurs, fournisseurs, soumissionnaires et agents quelconques en débet » ; ils ont été principalement édictés, à cette époque, afin de rendre plus prompt et plus efficace le règlement des comptes de l'Etat avec les fournisseurs auxquels l'administration avait fait des avances pour faciliter l'exécution de services qu'elle leur avait confiés. A ces catégories de détenteurs de deniers publics, l'arrêté du 28 floréal an XI et le décret du 12 janvier 1811 ont ajouté : « Tous agents ou préposés des comptables directs du Trésor public, lorsque ces agents ou préposés ont fait personnellement la recette des deniers publics. » Cette législation s'applique donc aux comptables, dans le sens le plus large de cette expression, c'est-à-dire à toutes les personnes qui ont à compter avec l'Etat comme ayant eu la recette, le dépôt, la garde ou l'emploi de deniers publics.

Mais la jurisprudence du Conseil d'Etat n'admet pas que le recouvrement par voie d'arrêté de débet puisse s'appliquer à toute personne contre laquelle l'Etat prétendrait avoir une créance, et particulièrement à des administrateurs ou ordonnateurs n'ayant pas le maniement des deniers publics, et auxquels on voudrait faire subir une responsabilité pécuniaire (1).

5. Tout ministre est compétent pour prendre un arrêté de débet, pour les besoins des services relevant de son département ; mais le ministre des finances peut seul conférer à cet acte la force exécutoire, au moyen d'une contrainte dont l'agent judiciaire du Trésor est chargé de poursuivre l'exécution.

6. Les débets peuvent faire l'objet d'une remise gracieuse, mais seulement dans les conditions prévues par l'article 13 de la loi du 29 juin 1852, aux termes duquel « aucune remise totale ou partielle de débet ne pourra être accordée à titre gracieux que par le Président de la République, en vertu d'un décret publié au *Journal officiel*, sur le rapport du ministre liquidateur, et sur l'avis du ministre des finances et du Conseil d'État ». La même loi prescrit d'annexer à la loi des comptes un état des remises de débet accordées à titre gracieux.

La législation et la jurisprudence relative aux débets seront exposées avec les développements qu'elles comportent, vº FINANCES PUBLIQUES.

DÉBIT DE BOISSONS. (Voy. CABARET.)

DÉBIT DE TABAC. (Voy. TABAC.)

(1) Arr. cons. 10 juillet 1874, Baron (2ᵉ esp.); — 23 mars 1877, Sadoul et Goulard; — 20 février 1885, Hubert. — Avis sect. fin., 21 juillet 1885. Voy. FINANCES PUBLIQUES; — Dumesnil et Pallain, *Traité de la législation du trésor public*; — Laferrière, *Jurid. admin.*, t. I, p. 387 et suiv.

DÉCENTRALISATION (1)

SOMMAIRE :

1. Le présent article : *décentralisation*, ne doit pas faire double emploi avec l'article *département* ni avec l'article *commune*, par conséquent on ne trouvera ici, en fait de détails sur la législation départementale ou communale, que ce qui aura été indispensable pour construire une théorie assez brève de l'administration locale.

2. Comme tous les autres faits sociaux, la décentralisation peut être envisagée du point de vue de la Politique ou du point de vue du Droit.

Le publiciste ou l'homme politique y voient une certaine façon de répartir les forces de l'Etat, qui peut avoir sur les

(1) Par M. MAURICE HAURIOU, professeur à la Faculté de droit de Toulouse.

destinées de celui-ci des conséquences plus ou moins avantageuses.

Le juriste y voit une manière d'être de l'État qui, en augmentant le nombre des personnes morales publiques, et en multipliant les relations juridiques entre celles-ci, peut faire progresser le Droit.

3. Chacun de ces points de vue a son intérêt et mérite qu'on s'y place à son tour.

Nous étudierons donc la décentralisation au point de vue des sciences politiques.

Nous nous efforcerons ensuite d'en construire la théorie juridique. Dans cette dernière tentative nous serons amenés à nous préoccuper spécialement de la tutelle administrative.

CHAPITRE PREMIER

ÉTUDE POLITIQUE DE LA DÉCENTRALISATION

SECTION I

DÉFINITION DE LA DÉCENTRALISATION AU POINT DE VUE DES SCIENCES POLITIQUES

4. La décentralisation est une manière d'être de l'État relative à l'administration locale et à l'administration des intérêts spéciaux (1).

Elle consiste en ce que ces deux sortes d'administration sont confiées à des autorités locales ou spéciales nommées directement par le corps électoral, c'est-à-dire par le Souverain.

5. La centralisation est une manière d'être de l'État diamétralement opposée : elle consiste en ce que l'administration locale et l'administration des intérêts spéciaux sont confiées à des autorités nommées par le pouvoir central.

6. Ces définitions contiennent ou supposent un certain nombre de propositions :

1° Il y a lieu dans un pays donné de pourvoir à une administration locale et à l'administration d'intérêts spéciaux.

2° Il n'y a lieu de parler de décentralisation ou de centralisation que lorsqu'il est pourvu aux intérêts locaux et aux intérêts spéciaux par l'État ; c'est-à-dire que centralisation et décentralisation sont deux manières d'être de l'État.

3° En revanche, la centralisation et la décentralisation n'ont trait absolument qu'à l'administration.

4° La décentralisation se caractérise essentiellement par la participation directe du Souverain à la nomination des autorités locales ou spéciales.

5° La décentralisation est susceptible de degrés.

7. 1°. *Il y a lieu dans un pays donné de pourvoir à une administration locale et à l'administration d'intérêts spéciaux.* — (a) La nécessité d'une administration locale apparaît dans un pays dès qu'il dépasse une certaine étendue, et pour cela même il ne faut pas qu'il soit bien grand. L'étendue de pays qu'une autorité unique placée au centre peut administrer directement est peu considérable. Dès qu'on s'éloigne du centre : 1° les besoins peuvent varier et à côté des généraux il peut s'en créer de locaux, l'autorité centrale n'est ni suffisamment avertie de ces besoins locaux ni suffisamment rapprochée pour y pourvoir ; 2° même pour les besoins généraux, l'autorité centrale n'y pourvoit que difficilement parce qu'elle est trop éloignée pour se faire obéir.

8. Il faut donc des autorités locales ; et qu'on le remarque bien, leur tâche ne se borne pas à veiller au fonctionnement des services locaux, elle consiste aussi, ce qu'on oublie trop souvent, à seconder l'autorité centrale dans le fonctionnement des services généraux. La nécessité des autorités locales est telle que là où l'État n'en organise pas, il se crée des pouvoirs autonomes ; l'organisation spontanée des communes au moyen âge, ou bien celle de certaines seigneuries féodales en est un exemple.

9. (b) La nécessité d'une administration des intérêts spéciaux apparaît dans un pays dès qu'il dépasse un certain degré de civilisation et son administration un certain degré de complication. Il arrive en effet ceci, que le nombre et l'importance des services dont l'autorité centrale et même les autorités locales sont chargées donne à ces autorités un grand pouvoir. Il s'ensuit que le gouvernement central et le gouvernement local deviennent l'objectif des partis politiques, car ceux-ci ont toujours pour but la conquête du pouvoir. Les services généraux et les services locaux souffrent dans une certaine mesure de cette lutte des partis ; il se produit d'un certains moments des à-coups lorsque, selon l'expression consacrée, un parti nouveau est porté à *la tête des affaires*, c'est-à-dire prend la direction des services.

Il est des services particulièrement délicats qu'il est désirable de mettre à l'abri de ces perturbations politiques ; cela permettra à leur personnel de rester plus stable, de se créer des traditions qui ne risqueront pas d'être interrompues, sans compter que cela leur permettra d'avoir un budget distinct de ceux qui alimentent l'ensemble des services généraux ou des services locaux et d'échapper ainsi à des virements. Ce résultat sera obtenu si l'on met à la tête de ces services des autorités spéciales.

10. C'est ainsi que, dans la plupart des pays, les services d'hospitalisation des malades, ceux de distribution de secours aux indigents etc., sont érigés en administrations spéciales, distinctes de l'administration communale ; chez-nous ces administrations spéciales prennent le nom d'établissements publics.

11. 2°. *Il n'y a lieu de parler de centralisation ou de décentralisation que lorsqu'il est pourvu à l'administration locale et à l'administration des intérêts spéciaux par l'État. Centralisation et décentralisation sont deux manières d'être de l'État.* — Par conséquent il ne saurait être question de décentralisation là où des services utiles au public sont rendus par des particuliers ou bien par des pouvoirs autonomes qui se sont organisés en dehors de l'État. Et si plus tard l'État substitue son action à celle de ces particuliers ou de ces pouvoirs autonomes, il ne faudra pas voir là de la centrali-

(1) On ne se préoccupe d'ordinaire de la décentralisation que pour l'administration locale, c'est-à-dire pour les départements, les communes et les colonies. Mais la question se pose aussi pour l'administration des intérêts spéciaux, c'est-à-dire pour les établissements publics, et nous verrons que certains de ces établissements sont décentralisés.

sation. Ce sera le développement du régime de l'État, ce sera si l'on veut de l'*Étatisme*, mais ce ne sera pas forcément de la centralisation.

12. Ainsi, en France actuellement, l'exploitation des chemins de fer est abandonnée à des compagnies privées ; ce serait une mauvaise locution de dire que la France est décentralisée au point de vue du service des transports par voie ferrée. La vérité est que ce service, quoi qu'on en dise quelquefois, n'est pas un service public (1) et qu'il y a là un cas d'*individualisme* et non point de décentralisation. Si l'État rachetait les chemins de fer et faisait ainsi de l'*étatisme*, la question de décentralisation se poserait, car en organisant le nouveau service public, on se demanderait si la direction doit en être laissée au pouvoir central seul, ou bien s'il ne devrait pas la partager avec les autorités locales décentralisées, les départements et les communes ; mais ce ne serait qu'une question subsidiaire.

13. Cette observation permet d'éviter des méprises quand on étudie l'histoire ou la législation comparée.

Ainsi, il est bien clair qu'on ne saurait qualifier de décentralisée l'organisation féodale. Ce qui caractérise la société féodale, c'est que le régime de l'État en a presque complètement disparu, qu'il n'y a plus de services publics, qu'il est pourvu aux besoins collectifs par des particuliers qui exercent le pouvoir à titre privé en leur qualité de propriétaires du sol. Il n'y a point là de décentralisation parce qu'il n'y a pas régime d'État, il n'y a que de l'individualisme, cela paraît de toute évidence.

14. Mais, par suite, dans notre Europe contemporaine, là où il subsiste des vestiges de la féodalité, il ne faut point voir des cas de décentralisation. En Prusse, par exemple, il existe encore, disséminés sur le territoire et au milieu des communes, 15,600 districts fonciers (Gutsbezirke) administrés féodalement par le propriétaire. Il ne faut pas prendre cela pour de la décentralisation.

15. Même observation pour l'Angleterre. L'ancienne organisation des comtés n'était pas décentralisée, tandis que la réforme du 13 août 1888 est vraiment décentralisatrice.

Dans l'ancienne organisation, on le sait, la justice et une bonne partie de l'administration étaient aux mains de juges de paix qui tenaient des sessions trimestrielles. Ces juges de paix étaient nommés par la reine, mais tout grand propriétaire foncier était assuré d'obtenir sa nomination. L'administration du comté était donc aux mains de la classe des landlords. Était-ce de la décentralisation ? non, en réalité, parce que, malgré les apparences, le pouvoir qu'exerçaient les *justices of pease* leur venait de leur situation de propriétaires fonciers, beaucoup plutôt que de l'investiture de la reine. C'était un reste d'organisation féodale.

Au contraire, la réforme du 13 août 1888 a fait de la véritable décentralisation. Elle a placé à la tête du comté comme autorité administrative un conseil de comté dont une bonne partie est nommée à l'élection et dont l'autre partie est nommée par le conseil lui-même (Aldermen) ; les

juges de paix sont évincés de l'administration, à moins qu'ils ne se fassent élire. De sorte que cette réforme a fait progresser le régime de l'État, et c'est pour cela qu'on peut la qualifier de décentralisatrice, parce qu'en même temps elle a confié le pouvoir de l'État à une autorité décentralisée.

16. Un certain nombre de publicistes modernes n'ont pas suffisamment fait cette distinction entre la décentralisation et l'individualisme, entre la centralisation et l'étatisme. Ainsi en est-il notamment de Cormenin et de Dupont-White. Leurs brillants plaidoyers pour la centralisation administrative ont une célébrité méritée, mais beaucoup des arguments qu'ils font valoir s'appliquent bien plutôt au développement des services d'État et du régime d'État qu'à la centralisation, ou, si l'on veut, ils combattent beaucoup plutôt l'individualisme que la décentralisation.

17. 3°. *La centralisation et la décentralisation sont deux manières d'être de l'État qui n'ont trait qu'à l'administration, c'est-à-dire « au fonctionnement des services publics »*. — Il n'y a point d'autre décentralisation que la décentralisation administrative, point d'autre centralisation que la centralisation administrative.

A la vérité, quelques publicistes ont parlé d'une centralisation politique ou gouvernementale, ce qui supposerait aussi une décentralisation politique ; mais ils ont entendu par là uniquement l'idée de l'unité de l'État opposée au fédéralisme.

18. Or il n'y a rien de commun entre l'unité de l'État et la centralisation, entre le fédéralisme et la décentralisation, ce sont des faits d'ordre différent.

Un État peut être un, tout en étant fortement décentralisé au point de vue administratif. Quant à l'État fédéral, il faut distinguer : les services du gouvernement fédéral sont presque fatalement centralisés ; les services de chacun des États ou cantons qui font partie de la confédération peuvent être centralisés ou décentralisés, cela dépend de la constitution particulière de cet État.

19. Ce qui constitue l'unité de l'État, c'est l'unité de la loi et du Souverain en tant qu'il fait la loi ; ce qui constitue le fédéralisme, c'est la diversité des lois et l'existence de plusieurs souverainetés secondaires au-dessous d'une souveraineté commune restreinte à un nombre déterminé d'objets. Cela intéresse le Droit constitutionnel ou le Droit international public, cela n'intéresse pas le Droit administratif, parce que c'est indifférent à l'organisation des services publics.

20. Il y a cela de vrai cependant, que si dans un pays la décentralisation était poussée à l'excès, les autorités locales devenues trop autonomes pourraient être tentées de faire des lois locales, elles y seraient d'autant plus poussées que leur pouvoir réglementaire servirait de transition. Ce jour-là le fédéralisme apparaîtrait, mais ce serait grâce à une insurrection ou à une révolution.

21. 4°. *La décentralisation se caractérise essentiellement par la participation directe du corps électoral, c'est-à-dire du Souverain, à la nomination des autorités administratives locales ou spéciales*. — Les autorités locales peuvent être constituées de deux façons différentes : ou bien elles sont

---

(1) On peut soutenir que c'est un service public en ce sens qu'il devrait appartenir à l'État ; mais actuellement il n'appartient pas à l'État, sauf sur le réseau de l'État.

nommées par le pouvoir central et agissent par délégation de celui-ci, ou bien elles sont nommées par le corps électoral et agissent par délégation directe du Souverain; il en peut être de même pour les autorités spéciales. Dans le premier cas il y a centralisation et dans le second décentralisation. C'est le seul signe auquel il faille s'attacher. En somme, la décentralisation s'analyse en une mainmise plus directe du peuple souverain sur l'administration. Dans une constitution démocratique, le peuple souverain tient déjà l'administration par le sommet, puisqu'il tient le pouvoir central sous sa dépendance par le contrôle du Parlement, mais ce contrôle est trop haut placé pour descendre dans les infinis détails de l'administration locale. La décentralisation est un moyen de rapprocher le contrôle, de le rendre immédiat de la part du Souverain, par conséquent de le fortifier.

La décentralisation est donc le développement et la conséquence logique du principe démocratique de la souveraineté nationale, car ce principe contient certainement l'idée d'un contrôle énergique de l'action gouvernementale.

22. Tant qu'une autorité locale est nommée par le pouvoir central, alors même qu'elle aurait des attributions propres et jouirait d'une certaine autonomie, il y a centralisation. C'est pourquoi les décrets du 25 mars 1852 et du 13 avril 1861, malgré leur nom de décrets de décentralisation, n'ont jamais pu passer pour une véritable réforme décentralisatrice ; ils augmentaient les attributions et les pouvoirs propres des préfets, mais ceux-ci continuaient d'être nommés par le pouvoir central. On a dit avec juste raison que c'était de la *déconcentration* et non de la décentralisation, c'est-à-dire que le pouvoir central se répartissait géographiquement d'une façon nouvelle, mais que c'était toujours le pouvoir central.

23. Il en est de même pour les autorités spéciales placées à la tête des établissements publics. Quelques-unes de ces autorités ont de l'autonomie, mais elles sont nommées par le pouvoir central ou bien elles sont élues par des fonctionnaires tous nommés par le pouvoir central. Citons les facultés de l'enseignement supérieur que le décret du 28 décembre 1885 a dotées d'une organisation autonome, au sein desquelles il existe plusieurs autorités, l'assemblée de la faculté, le conseil de la faculté, le doyen ; tout cela peut constituer encore de la déconcentration, mais ce n'est pas de la décentralisation. Ce sont des fonctionnaires du pouvoir central qui sont autorisés à agir un peu par eux-mêmes, mais qui restent comme avant fonctionnaires du pouvoir central.

Un établissement public n'est vraiment décentralisé que lorsque le corps électoral est appelé à constituer, au moins en partie, l'autorité placée à sa tête. Ainsi, on peut dire que pour les hôpitaux et les bureaux de bienfaisance il y a une décentralisation partielle, parce que quelques-uns des membres des commissions administratives tiennent leur mandat du corps électoral de la commune. Les commissions administratives sont composées de sept membres, quatre sont désignés par le pouvoir central, mais les trois autres procèdent du suffrage par l'intermédiaire du conseil municipal ; il y a en effet deux délégués désignés par le conseil municipal, et de plus le maire est président de droit de la commission (L. du 5 août 1879, art. 1er).

24. A l'inverse, dès qu'une autorité locale ou une autorité spéciale est constituée, ne fût-ce qu'en partie, par le vote populaire, il y a décentralisation, alors même que son autonomie serait bridée par une très forte tutelle. Et c'est pourquoi les lois du 22 juin 1833 et du 10 mai 1838 sur les conseils généraux ont été unanimement considérées comme constituant une importante réforme décentralisatrice. Bien qu'elles n'accordassent à ces conseils aucun pouvoir propre de décision en matière d'affaires départementales. Les conseils généraux n'ont pu prendre de décisions exécutoires par elles-mêmes qu'à partir de la loi du 18 juillet 1866 ; cependant on fait à bon droit remonter pour eux la période de décentralisation à la loi du 22 juin 1833, uniquement parce que cette loi a rétabli l'élection populaire comme mode de nomination des membres de ces conseils. C'est qu'en effet, dès qu'un conseil est nommé à l'élection, n'eût-il que le droit de formuler des avis, il fait entendre sa voix, il manifeste énergiquement son opinion indépendante, et cette opinion par sa seule force peut se faire accepter par le pouvoir central. Il y avait d'ailleurs ceci dans la loi du 10 mai 1838, c'est que si le conseil général ne pouvait rien décider à lui seul en matière départementale, si toutes ses délibérations devaient être approuvées par l'autorité supérieure, en revanche cette autorité ne pouvait plus décider certaines affaires départementales sans qu'au préalable le conseil général eût pris une délibération conforme. Le conseil général avait donc au moins un pouvoir négatif, un droit de *veto*, et c'est un pouvoir qui fatalement appartient à toute autorité décentralisée et qui dans les débuts suffit à lui donner vie.

25. Il n'est pas nécessaire pour qu'il y ait décentralisation que l'autorité administrative locale ou spéciale tire entièrement son origine de l'élection.

Nous avons déjà cité le cas des commissions administratives des hôpitaux et des bureaux de bienfaisance qui sont nommées partie à une élection à deux degrés, partie par le pouvoir central, et où nous croyons qu'il y a un peu de décentralisation.

Le départ entre l'action du pouvoir central et celle du corps électoral peut se produire d'une autre manière. On sait qu'à la tête des administrations départementales et communales il y a deux organes, un organe délibérant et un organe exécutif. Chacun de ces deux organes est une autorité administrative ; les conseils généraux ou les conseils municipaux sont des autorités administratives au même titre que les préfets et les maires, puisqu'ils prennent des décisions qui sont des actes d'administration.

Or, il peut très bien se faire que l'organe délibérant procède seul de l'élection, et que la nomination de l'organe exécutif soit laissée au pouvoir central. Ainsi, dans l'organisation départementale actuelle, il y a de la décentralisation, bien que le préfet, organe exécutif du département, reste nommé par le pouvoir central. Assurément il y aurait plus de décentralisation encore si le chef du département était élu comme le maire est élu, comme les directoires étaient élus dans l'organisation de 1790, comme le comité permanent du cercle est élu en Prusse, comme le comité permanent du comitat est élu en Hongrie (au moins pour partie) ; mais, néanmoins, le fait que le conseil général, organe délibérant, est élu constitue un minimum suffisant de décentralisation.

26. Notons que lorsque l'autorité locale est ainsi partagée

entre deux organes, il n'y a décentralisation que si c'est l'organe délibérant qui tire son origine de l'élection populaire, parce que c'est cet organe qui a la plus grande somme d'autorité. En effet, bien que les préfets et les maires aient des pouvoirs propres et que notamment ils aient la direction de la police, cependant ce sont les conseils généraux et les conseils municipaux qui ont la décision des affaires les plus importantes du département ou de la commune, et au regard de ces affaires, les préfets et les maires ne sont que des exécuteurs de leurs volontés. Si donc, l'essence même de la décentralisation consiste en ce que la population d'une circonscription décide elle-même les affaires locales, il faut bien admettre que c'est l'organe qui prend les décisions de principe, c'est-à-dire l'organe délibérant, qui doit être nommé à l'élection.

Quant au mode de nomination de l'organe exécutif, c'est affaire de plus ou de moins de décentralisation, de plus ou de moins de tutelle ; mais il est à remarquer que lorsque le pouvoir central nomme l'organe exécutif de la commune ou du département, il se fait en réalité le serviteur de l'autorité locale ; il est vrai qu'il y a des serviteurs qui sont maîtres dans la maison.

27. S'il n'est pas nécessaire qu'une autorité locale ou spéciale ait une grande autonomie pour être décentralisée, il faut qu'elle ait des attributions. Il faut, en d'autres termes, qu'elle soit vraiment une autorité administrative, qu'elle prenne des décisions, exécutoires ou non, et que ces décisions soient relatives à quelque intérêt local ou à quelque intérêt spécial.

C'est la condition qui a manqué aux conseils d'arrondissement pour devenir une institution sérieuse de décentralisation. Ces conseils sont élus, mais ils n'ont pas d'attribution relative à l'arrondissement ; leur seule attribution est d'intervenir dans la répartition de certains impôts perçus au profit du pouvoir central, ils constituent donc un rouage du pouvoir central, ou, si l'on veut, un rouage départemental ; mais comme tentative de décentralisation ils ont échoué.

28. 5°. *La décentralisation est susceptible de degrés.* — Nous venons de voir qu'il y a un minimum de décentralisation et qu'il est réalisé lorsque les autorités locales ou spéciales sont nommées, partiellement au moins, par le corps électoral. Au-dessus de ce point critique se placent des degrés divers de décentralisation en quantité indéfinie.

Les combinaisons les plus variées peuvent être imaginées : 1° au point de vue du mode de nomination des autorités ; il est entendu que le conseil général du département et le conseil municipal sont élus, mais pour la nomination de l'organe exécutif, que de systèmes possibles !

Les maires peuvent être nommés par le pouvoir central et être pris en dehors du conseil municipal, c'était la législation de 1852 ; ils peuvent être nommés par le pouvoir central, avec obligation de les prendre dans le conseil municipal, c'était la législation de 1831 ; ils peuvent être nommés par le conseil municipal lui-même, c'est la législation actuelle : — Décentralisation croissante.

Les préfets sont nommés par le pouvoir central, et ils sont très peu contrôlés par le conseil général, qui ne se réunit qu'une fois l'an, c'était la législation d'avant 1871 ; depuis la loi du 10 août 1871 il y a une commission départementale à

côté du préfet ; elle ne partage point avec lui le pouvoir exécutif, mais elle exerce un contrôle incessant : — Décentralisation croissante.

2° Au point de vue des attributions, le pouvoir central peut abandonner aux autorités locales la direction d'un plus ou moins grand nombre de services. On peut dire qu'en France, depuis le commencement du siècle, il a déjà abandonné aux communes la gestion de leur domaine privé, la surveillance de leur domaine public, le droit de s'imposer, le soin de décider leurs travaux publics, la police municipale, le tout sauf des mesures de tutelle ; aux départements il a abandonné la gestion de leur domaine privé, le droit de s'imposer, la direction de leurs travaux publics, le service des aliénés et des enfants assistés. Mais la question peut se poser à propos de bien d'autres services. Voici le service de l'instruction primaire : en France il est dirigé par l'État, bien que les communes y contribuent ; en Angleterre, c'est un service communal, etc., etc.

3° Au point de vue du degré d'autonomie avec lequel les autorités décentralisées agissent, c'est-à-dire au point de vue de la tutelle que le pouvoir central exerce sur elles : la loi de 1838 astreignait toutes les délibérations des conseils généraux à la nécessité de l'autorisation de l'autorité supérieure, il n'y en avait point qui fussent exécutoires par elles-mêmes ; la loi du 18 juillet 1866, dans son article 1er, établit une longue liste d'affaires pour lesquelles la délibération du conseil sera exécutoire par elle-même deux mois après la clôture de la session, si pendant ce délai elle n'a pas été annulée par décret pour cause déterminée ; la loi du 10 août 1871, dans son article 46, reprend cette liste et l'augmente ; de plus la délibération devient exécutoire vingt jours après la clôture de la session, si dans ce délai l'annulation n'en a pas été demandée par le préfet pour cause déterminée ; enfin la même loi établit que le droit commun des délibérations sur des objets d'intérêt départemental sera d'être exécutoires par elles-mêmes trois mois à partir de la clôture de la session, si dans ce délai elles n'ont pas été suspendues par décret motivé. L'approbation par l'autorité supérieure, qui était en 1838 la règle, devient l'exception en 1871.

Pour les pouvoirs des conseils municipaux, même variété de systèmes et même marche vers une décentralisation croissante. D'après la loi du 18 juillet 1837, les délibérations des conseils municipaux ne sont exécutoires que dans quatre cas énumérés à l'article 17 ; dans tous les autres cas elles sont soumises à approbation. La loi du 24 juillet 1867 augmente le nombre des délibérations exécutoires par elles-mêmes. La loi du 5 avril 1884 déclare que ce sera désormais la règle.

29. Est-il possible d'indiquer une limite à la décentralisation ? De même qu'il y a un minimum en cette matière, y a-t-il un maximum ? *A priori* on peut l'affirmer. La décentralisation a pour résultat de soustraire à l'action du pouvoir central les autorités locales et les autorités spéciales ; cet affranchissement ne peut pas aller jusqu'à l'autonomie absolue ; quoique locale ou spéciale, l'administration doit toujours rester administration de l'État, et par conséquent les autorités locales ou spéciales doivent rester en harmonie avec le pouvoir central. De plus, nous l'avons déjà dit et nous y reviendrons, les autorités locales sont forcément obligées de parti-

ciper aux services généraux. On doit s'arrêter dans la voie de la décentralisation, lorsqu'il apparaît que le fonctionnement des services généraux serait compromis par suite de ce fait que les autorités locales, trop indépendantes, ne fournissent pas la collaboration qu'elles devraient fournir. En d'autres termes, la décentralisation doit laisser subsister une tutelle, c'est-à-dire une surveillance de l'Etat sur les autorités décentralisées, et la difficulté est de déterminer le point où doit s'arrêter la tutelle.

Dans les faits, il est encore impossible de dire où se trouve ce point précis. Tous les pays civilisés font en ce moment l'expérience de la décentralisation, mais il n'y a pas assez longtemps pour qu'une solution en ressorte.

Il est bien vrai que tandis que depuis un demi-siècle la France se décentralise, il est d'autres pays qui semblent se centraliser, ce qui indiquerait qu'il existe un certain point d'équilibre autour duquel on oscille, et que nous en sommes très voisins ; mais il ne faut pas se hâter de se prononcer. Les phénomènes de centralisation que l'on signale mériteraient une sérieuse critique. On cite l'Angleterre et l'organisation du *local government board*, qui a été un moyen de soumettre au contrôle du gouvernement central des autorités locales chargées du service de l'assistance publique et de celui de l'hygiène ; mais à côté de cela, la réforme des conseils de comté de 1888 vient de créer une importante organisation décentralisatrice ; la vérité est que l'Angleterre est dans une période de transition, la situation y est très compliquée, plusieurs systèmes de gouvernement local y sont juxtaposés ; il est impossible de préjuger à l'heure qu'il est de l'organisation définitive. On peut citer encore l'exemple de la Hongrie et de la réforme des comitats ; les comitats de Hongrie, qui ressemblent à nos départements, ont à leur tête comme organe exécutif, non pas un préfet, mais un comité nommé partie par un conseil de comté élu, partie par le gouvernement. En 1890 on a proposé de substituer aux comités, des préfets ; mais d'abord la réforme a échoué, et de plus il y a autre chose ici que le désir de centraliser, il y a celui de substituer à des agences collectives des administrateurs agissant seuls.

SECTION II

CONSÉQUENCES DE LA DÉCENTRALISATION ENVISAGÉES AU POINT DE VUE DES SCIENCES POLITIQUES (1)

30. La décentralisation entraîne des conséquences multiples. Il en est de relatives à l'administration, c'est-à-dire au fonctionnement des services publics ; il en est d'autres qui ont une portée constitutionnelle parce qu'elles intéressent la liberté politique.

31. I. *Conséquences administratives.* — Les conséquences administratives de la décentralisation nous paraissent être au nombre de trois : 1° Direction des services locaux abandonnée aux autorités locales, direction des services spéciaux

_____

(1) Nous laissons de côté les conséquences sociales éloignées, telles que la décentralisation intellectuelle, la diminution de l'importance de la capitale, etc.

abandonnée aux autorités spéciales ; 2° collaboration des autorités locales aux services généraux, et réciproquement, collaboration du pouvoir central aux services locaux ; 3° tutelle exercée par le pouvoir central sur les autorités locales et les autorités spéciales.

32. 1° *Direction des services locaux abandonnée aux autorités locales, etc.* — C'est le premier résultat de la décentralisation et celui qui frappe le plus. La commune, par exemple, est appelée à gérer elle-même son domaine privé, à surveiller son domaine public, à dresser son budget, à voter ses impôts, à organiser sa police, à régler ses travaux publics, elle décide qu'elle aura ou n'aura pas de garde champêtre ; qu'elle bâtira ou ne bâtira pas un hôtel de ville.

Dans les communes rurales les services municipaux paraissent peu importants, mais dans les communes urbaines ils frappent par leur multiplicité, l'éclairage des rues au gaz ou à l'électricité, la canalisation et la distribution de l'eau, le pavage des rues, l'établissement de lignes d'omnibus ou de tramways, autant de services que les communes peuvent établir et dont malgré les formalités de la tutelle elles ont la direction.

Il y a moins de services départementaux, il y en a surtout moins de facultatifs ; cependant l'article 47, n°s 20 et 21, L. 10 août 1871, permet au conseil général d'organiser des institutions départementales d'assistance publique ou des caisses de retraite. Et c'est ainsi qu'à l'heure actuelle 44 départements ont organisé d'une façon toute volontaire un service de secours médical à domicile, qu'un projet de loi déposé par le ministre de l'intérieur le 5 juin 1890 tend à généraliser et à rendre obligatoire. Ajoutons que le département, lui aussi, gère son domaine privé, dresse son budget, vote ses impôts, décide ses travaux publics, etc.

Quant aux commissions administratives des hôpitaux ou hospices et des bureaux de bienfaisance, elles n'ont qu'un seul service, mais il y a ceci qu'elles en ont la direction, que ce sont elles qui décident les organisations de détail, aménagement de locaux, service médical, etc., le tout sauf la tutelle (L. 7 août 1851, art. 7 et s.).

33. 2° *Collaboration aux services.* — Un résultat de la décentralisation qui a été moins aperçu, c'est qu'elle entraîne de la part de l'autorité centrale et des autorités locales une sorte de collaboration aux mêmes services publics. Il ne faut pas croire, en effet, que l'on puisse établir entre les services publics une division tranchée, que les uns soient uniquement généraux, les autres uniquement locaux. Il est bien des services généraux qui peuvent, par des détails secondaires d'organisation, intéresser particulièrement telle ou telle localité. Le service de la défense militaire est au premier chef un service général et qui doit être sous la direction du pouvoir central, mais croit-on qu'il n'importe pas à une localité déterminée d'être choisie comme lieu de garnison, comme siège d'un arsenal ou d'une école spéciale ? On s'aperçoit du contraire aux sollicitations des villes.

34. A l'inverse, il est des services locaux qui, par leur importance et par contre-coup, peuvent intéresser l'état général du pays et, par suite, le pouvoir central. La police municipale est un service local, mais dans les villes d'une certaine population, si ce service était mal organisé, les désordres qui se

produiraient pourraient avoir leur retentissement dans tout le pays; voilà pourquoi, dans les communes de plus de 40,000 âmes, le pouvoir central intervient et l'organisation de la police est réglée par décret (L. 5 avril 1884, art. 103).

35. Il se produit donc quelque chose de beaucoup plus intéressant qu'un partage absolu des services, c'est une sorte de collaboration aux mêmes services.

Un service public organisé se compose de trois éléments : un personnel de fonctionnaires munis d'instructions ; des moyens matériels, bâtiments, mobilier, instruments de travail ; des moyens financiers qui permettent de subvenir aux dépenses du personnel et du matériel.

Pour un même service on voit ceci : le pouvoir central fournit un des éléments, en général le personnel; le pouvoir local fournit un autre élément, en général les bâtiments ou locaux. Quant aux moyens financiers, il peut arriver que l'une des autorités fasse le principal de la dépense et que l'autre fournisse une contribution ou une subvention.

36. Fréquemment les autorités locales collaborent aux services généraux par l'apport de bâtiments. Quelquefois cet apport est obligatoire, c'est ainsi que les départements fournissent les hôtels de préfecture et de sous-préfecture et les palais de justice, que les communes fournissent les maisons d'école pour l'instruction primaire.

Quelquefois l'apport est volontaire ; c'est ainsi que pour obtenir une garnison, des communes offrent de bâtir des casernes; que pour améliorer le service des postes, elles font bâtir des hôtels des postes ; que pour obtenir des facultés, elles font bâtir des palais universitaires, etc.

37. Mais les autorités locales collaborent aussi aux services généraux par des contributions ou subventions pécuniaires. La contribution est obligatoire, la subvention est volontaire. La loi du 19 juillet 1889 sur les dépenses de l'instruction primaire, par exemple, établit des contributions à la charge des départements et des communes.

38. A son tour, le pouvoir central collabore aux services en fournissant le personnel et l'argent. La tendance du personnel des fonctionnaires à se rattacher directement à l'État est remarquable. Non seulement le pouvoir central fournit le personnel des services généraux dont il garde la direction, mais il y a tendance des employés des services départementaux et communaux à se placer sous l'autorité directe du pouvoir central. C'est qu'ici cette subordination directe au pouvoir central équivaut à une protection contre les dénonciations et les convoitises locales. Un projet de loi a été déposé pour faire des employés des bureaux des préfectures et des sous-préfectures, des fonctionnaires d'État ; certains agents communaux, comme le garde champêtre ou les agents de police, sont nommés par le maire, mais ne peuvent être révoqués que par le préfet.

Si ce mouvement s'accentuait, le pouvoir central finirait par prêter aux autorités locales leurs agents les plus ordinaires, de même que déjà quelquefois il leur prête des ingénieurs ou des professeurs.

39. Le pouvoir central fournit aussi de l'argent ; il subventionne les chemins vicinaux, les réparations ou les constructions d'églises ou de presbytères, le service de la police dans les villes de plus de 40,000 habitants, etc., etc.

40. Et cette collaboration des diverses autorités au même service est encore plus compliquée dans le détail qu'on n'a pu l'apercevoir dans ce que nous avons dit jusqu'ici. Quand une commune fournit un local à un service d'État, il est rare qu'elle fasse seule les frais de la construction; en général, elle reçoit des subventions de l'État lui-même et du département. Ainsi, la commune est obligée de fournir la maison d'école pour l'instruction primaire, mais elle reçoit pour cela de l'État une très forte subvention, et elle peut en recevoir du département.

C'est-à-dire que l'organisation décentralisatrice ayant donné aux intérêts locaux des organes et une voix, il s'établit des discussions et des négociations avec le pouvoir central, et l'on arrive, par une dissection très savante des services publics, à déterminer exactement ce qu'il y a en eux de général et ce qu'il y a de local.

41. L'enchevêtrement des contributions et des subventions est tel pour certains services, que l'on a quelque peine à discerner l'autorité qui dirige vraiment le service. Il y en a cependant toujours une qui doit être considérée comme maîtresse. A notre avis, le signe auquel on doit s'attacher, c'est le règlement du budget. Est maîtresse d'un service public l'autorité qui dresse le budget général du service, parce que par cette arme du budget elle tient la direction générale. Ainsi, on peut affirmer que le service vicinal est un service départemental, parce que, bien que les communes fournissent le sol des chemins, bien qu'elles payent une forte contribution, c'est le conseil général qui dresse le budget de la vicinalité.

42. La collaboration aux services s'exerce quelquefois gratuitement, et ce n'est pas la forme la moins importante. Le pouvoir central confie au maire, dans la commune, bien des besognes de police, la publication des lois et règlements, l'état-civil, etc. ; et c'est pour cela que le maire a une double qualité, qu'il est à la fois représentant du pouvoir central et de la commune.

Le préfet, dans le département, a, lui aussi, cette double qualité.

Cela tient à ce que, pour la surveillance de ses services généraux, le pouvoir central a besoin d'agents régionaux ; il se sert pour cela des autorités locales ; il pourrait placer des agents à lui à côté des autorités locales, mais ce serait une source perpétuelle de conflits.

43. 3° *La tutelle administrative.* — La tutelle administrative, la dernière des conséquences de la décentralisation au point de vue de l'administration, est rendue nécessaire par les deux autres.

Les autorités locales ont besoin d'être surveillées dans la direction des services locaux, et les autorités spéciales dans la direction des services spéciaux, car une mauvaise gestion de ces services réagirait très vite sur le pays entier.

Les autorités locales ont encore plus besoin d'être surveillées dans la collaboration qu'elles apportent aux services généraux, car ici la perturbation se ferait sentir directement dans tout le pays.

Quant à la façon dont s'exerce cette surveillance du pouvoir central, c'est-à-dire quant aux droits que contient la tutelle, nous renvoyons à la partie juridique du travail où cette matière sera plus utilement étudiée (V. *infrà*, nos 90 et s.).

44. II. *Conséquences constitutionnelles.* — La décentralisation a des conséquences constitutionnelles de deux ordres différents. D'abord elle donne aux individus à la fois plus de pouvoir politique et plus d'indépendance vis-à-vis du pouvoir central ; ensuite elle introduit la division des pouvoirs dans l'administration locale.

45. 1°. La décentralisation donne aux individus plus de pouvoir politique ; en effet, elle les rend électeurs et éligibles pour les fonctions de membres des conseils généraux ou des conseils municipaux. Rien que les élections municipales créent en France plus de 400,000 conseillers municipaux, et elles intéressent 10 millions d'électeurs. Or, les 400,000 conseillers municipaux acquièrent du pouvoir, et à leur tour, les 10 millions d'électeurs acquièrent de l'influence sur les conseillers municipaux.

En même temps, la décentralisation donne aux individus plus d'indépendance vis-à-vis du pouvoir central. En effet, ce pouvoir qu'ont acquis les conseils municipaux et les conseils généraux, et qui finalement se répartit entre les électeurs, est enlevé au pouvoir central ; tout au moins, ainsi que nous l'avons dit (au n° 21), c'est un pouvoir de contrôle considérable sous l'administration dirigée par le pouvoir central, que les populations ont acquis.

46. 2°. La décentralisation introduit la division des pouvoirs dans l'administration locale. En effet, si actuellement dans les départements, les communes, les colonies, il y a un organe exécutif et un organe délibérant, c'est grâce à la décentralisation. Le régime centralisateur ne connaît que l'organe exécutif. La loi de pluviôse an VIII avait placé un préfet dans le département, un maire dans la commune ; à côté d'eux des conseils, mais qui n'étaient pas des pouvoirs délibérants ; le premier résultat de la décentralisation a été de transformer ces conseils en autorités ou en pouvoirs.

Or les conséquences de cette division des pouvoirs dans l'administration locale sont importantes, d'abord c'est une garantie que les mesures administratives seront plus mûrement étudiées. Mais, de plus, c'est une garantie de liberté pour les citoyens contre le pouvoir local. Il ne servirait en effet de rien que la décentralisation augmentât l'indépendance vis-à-vis du pouvoir central, si en même temps elle laissait le champ libre à la tyrannie du pouvoir local. Il y a déjà comme garantie la tutelle du pouvoir central, mais la division des pouvoirs locaux en est une autre, car la séparation des pouvoirs entraîne partout la modération et la pondération. (V. *infra* n° 61.)

SECTION III

VALEUR DE LA DÉCENTRALISATION ENVISAGÉE AU POINT DE VUE DES SCIENCES POLITIQUES

47. La décentralisation a une valeur absolue et une valeur relative.

Prise en soi et dans son principe, elle est bonne et supérieure à la centralisation.

Considérée comme susceptible de degrés, elle a une valeur relative, c'est-à-dire que le point où elle doit être poussée dans un pays donné dépend d'une foule de circonstances de temps et de lieu.

48. I. Prise dans son principe essentiel, c'est-à-dire réduite à ceci, que les autorités administratives locales ou spéciales sont nommées à l'élection au lieu d'être nommées par le pouvoir central, la décentralisation est bonne d'une façon absolue.

En effet, elle réalise un *accroissement de vie publique et par conséquent de liberté.*

49. Que la décentralisation se traduise par un accroissement de vie publique, cela résulte de tout ce que nous avons dit dans la section précédente.

D'une part, elle augmente le nombre des hommes qui dirigent les affaires publiques ; dans une commune, à côté d'un maire, elle établit des conseillers municipaux ; dans un département, à côté d'un préfet, quarante à cinquante conseillers généraux, au total, des milliers d'individus dont elle sollicite directement l'activité, et des millions d'électeurs qu'elle intéresse directement au contrôle des affaires locales.

Enfin, par cela même qu'elle crée plusieurs autorités indépendantes les unes des autres, elle introduit dans les services publics une collaboration de ces autorités diverses qui suscite des discussions, des émulations que l'on ne peut même pas soupçonner avec le régime de la centralisation.

50. Cet accroissement de vie publique est bon, parce que partout et dans tous les ordres la vie est supérieure à la mort ou au sommeil, et que plus de vie vaut mieux que moins de vie.

Sans doute, cette vie publique locale a des côtés fâcheux, elle nous apparaît souvent sous forme de luttes mesquines de parti, de manœuvres électorales, de dilapidation de finances, de persécution de fonctionnaires. Mais les choses humaines sont toujours ainsi mélangées ; il faut savoir découvrir le bien qui se fait par dessous cette agitation mauvaise, et voir si, tout compte fait, il ne l'emporte pas sur le mal.

La décentralisation appelle à la vie publique bien des êtres bourdonnants et inutiles, d'autres vraiment nuisibles, mais elle y appelle aussi des bonnes volontés, des dévouements qui sans elle fussent à jamais demeurés inactifs. Or, c'est une loi bienfaisante, que les œuvres mauvaises se détruisent d'elles-mêmes, tandis que les œuvres bonnes, étant seules concordantes, demeurent et se perpétuent.

51. C'est à la décentralisation, et à ce fait qu'elle a associé la population entière à l'action gouvernementale, que l'on doit les immenses travaux accomplis depuis cinquante ans : la construction du réseau des chemins vicinaux, la restauration de presque toutes les églises et de tous les presbytères des communes rurales, l'édification des maisons d'écoles, et dans les villes, ces travaux de voirie innombrables, ces boulevards, ces larges rues, ces jardins qui les ont transformées.

52. Et qu'on ne croie pas que cet accroissement de vie publique se produise au détriment de l'intensité de la vie individuelle. C'est un fait que la vie engendre la vie. D'ailleurs, n'est-ce pas le même homme qui vit comme citoyen et comme particulier ? Et si son activité est stimulée dans ses affaires publiques, comment ne le serait-elle point dans les affaires particulières ? Sans compter que l'activité dans la vie publique amène le développement des services publics et que ces services, à leur tour, facilitent l'activité individuelle. Fait-on attention à toutes les conséquences qu'a pu avoir le réseau

des chemins vicinaux, aux transformations de cultures qu'il a rendues possibles dans les communes les plus reculées, aux industries locales qu'il a permis d'établir ?

Sans remonter jusqu'à Rome et Athènes, est-ce que les habitants des villes de l'Italie de la Renaissance, où la vie publique était si intense, Florence, Gênes, Pise, Venise, ne furent pas de grands négociants et de grands artistes en même temps que de grands citoyens ? Et n'en fut-il pas de même un peu plus tard des villes libres des Pays-Bas ?

53. Enfin, cet accroissement de vie se traduit par une augmentation de liberté. Tout compte fait, si on met en balance les inconvénients de la décentralisation avec l'avantage qu'elle a de modérer le pouvoir central, la liberté y gagne. Nous savons bien que c'est contesté et que c'est là justement que l'on a le plus violemment attaqué la décentralisation.

On a prétendu qu'au contraire elle aggrave le poids du pouvoir et diminue la liberté. En effet, dit-on, le pouvoir qu'elle enlève à l'autorité centrale, elle le transporte aux autorités locales. Or le pouvoir est bien plus dur lorsqu'il s'exerce de près que lorsqu'il vient de loin. Toute administration locale est tyrannique et partiale. La centralisation a le grand avantage que le pouvoir s'y exerce de la capitale du pays, c'est-à-dire de très loin : *la centralisation est impartiale comme la loi.*

Cet argument a été développé de la façon la plus vigoureuse par Cormenin et Dupont-White. Ce dernier a des mots à l'emporte-pièce : « Dans les limites d'une cité, le poids du gouvernement et la course au gouvernement remplissent tout, » et encore « les pouvoirs locaux sont faits comme une vengeance » (1).

54. Il faut bien dire, d'abord, que cette argumentation sent le pamphlet. La décentralisation que l'on dépeint là est la décentralisation à outrance qui ne serait corrigée par aucune tutelle administrative. Dans une organisation bien réglée, il y a moyen d'empêcher cette tyrannie locale. Si ce sont les fonctionnaires locaux qui sont menacés, il y a moyen de les protéger en leur donnant des garanties contre la révocation. Si c'est la minorité des électeurs qui est opprimée par la majorité, comme cette oppression se traduira par des décisions administratives, il appartiendra au pouvoir central d'annuler ces actes, et, d'ailleurs, les intéressés eux-mêmes auront à leur disposition des recours contentieux.

De plus, nous avons fait remarquer (au numéro 54) que la décentralisation entraînait une division des pouvoirs locaux, et que cette division des pouvoirs était une garantie de liberté. La décentralisation, si elle crée un danger, porte donc avec elle le remède.

Dans la réalité, cette tyrannie locale se réduira à des tracasseries, fâcheuses sans doute, mais sans beaucoup de gravité, et encore, ajoutons que l'opinion publique, qui dans un régime électoral a toujours le dernier mot, ne tardera pas à flétrir les excès des partis.

Mais alors même que les tracasseries mesquines dussent se perpétuer, nous soutiendrions encore qu'il y a augmentation de liberté, par cela seul qu'il y a augmentation de vie.

(1) La *Centralisation*, p. 12.

Il n'est pas possible que l'activité publique n'aboutisse pas à la liberté publique, car, philosophiquement, la vie et la liberté sont trop intimement liées. La tranquillité que donne la centralisation n'est que de la torpeur, et on n'est pas libre parce qu'on sommeille.

55. On a quelquefois défendu la cause de la décentralisation en faisant valoir que les services locaux sont mieux gérés par des autorités locales électives que par des autorités locales nommées par le pouvoir central. Cet argument nous paraît douteux. Les autorités électives sont mieux averties des besoins peut-être, mais elles ne sont pas nécessairement plus habiles à y satisfaire. Aussi croyons-nous qu'à ce point de vue les deux systèmes se valent. Mais la question est plus haute, il s'agit d'un accroissement de vie pour le pays tout entier.

56. II. En dehors de sa valeur absolue, la décentralisation a une valeur relative, c'est-à-dire qu'elle peut être plus ou moins commandée par les circonstances extérieures et par les institutions générales du pays.

On pourrait entrer à ce sujet dans des considérations infinies. Nous nous bornerons à une remarque qui a été faite bien des fois. Une organisation décentralisatrice est particulièrement nécessaire dans un pays, lorsque le pouvoir central lui-même est organisé démocratiquement, en d'autres termes, lorsqu'il y a un Parlement.

57. Sans doute, la décentralisation se conçoit avec un pouvoir central de droit divin. La France du XVIIe et du XVIIIe siècle avait encore quelques États provinciaux. La Russie, depuis les actes du 19 février 1861, du 1er janvier 1864, du 16 juin 1870, du 27 juin 1874, a une vie provinciale et communale systématiquement réglée. La contradiction que cela implique dans les principes n'a peut-être là que des avantages.

Mais ce qui se concevrait mal, et ce qui serait vraiment fâcheux, c'est un pays dans lequel le pouvoir central serait organisé démocratiquement et où les pouvoirs locaux ne le seraient pas ; non seulement la décentralisation est le complément logique du régime parlementaire, ainsi que nous l'avons dit, mais elle en est le complément nécessaire.

Un Parlement n'a d'autorité que si les électeurs ont mis quelque passion à l'élire ; il n'a de compétence que si ses membres sont déjà habitués au maniement des affaires publiques. Or, s'il n'y a dans le pays que des élections parlementaires, s'il n'y a point d'élections pour des conseils locaux, les électeurs se désintéressent du vote, il n'y a plus de fièvre électorale, il n'y a pour ainsi dire plus d'opinion dans le pays parce que celui-ci est consulté à des intervalles trop éloignés. De plus, les représentants élus au Parlement, n'ayant pas eu l'occasion de se rompre aux affaires dans les assemblées locales, arrivent inexpérimentés.

On a dit, dans cet ordre d'idées, que les élections locales étaient *l'école primaire de la liberté*, on peut dire aussi que, pour la machine politique, c'est un *réservoir de forces* indispensable.

58. C'est parce que la décentralisation est en harmonie parfaite avec l'organisation démocratique du pouvoir central quelle est à l'heure actuelle une institution universelle. Presque tous les pays civilisés ont des Parlements. Tous ont une vie provinciale et communale.

39. I. La décentralisation des départements et des communes (1). — Une histoire de la décentralisation en France devrait, pour être complète, comprendre les chapitres suivants :

1° La peinture de la centralisation à la fin de l'ancien régime, l'anéantissement de la vie provinciale et de la vie municipale sous la tutelle excessive des intendants. Cette peinture a été faite de main de maître par A. de Tocqueville dans son livre *l'Ancien Régime*.

2° L'histoire de la décentralisation révolutionnaire, de cette tentative d'une imprudence vraiment héroïque qui ne dura pas plus de quatre ans, depuis la loi du 22 décembre 1789 jusqu'à celle du 14 frimaire an II (décembre 1793), et qui devait provoquer une réaction formidable. Les communes ramenées à un type uniforme, les départements tout nouvellement créés, reçoivent des autorités électives auxquelles des pouvoirs considérables sont brusquement confiés, et qui n'ont auprès d'elles aucun agent du pouvoir central qui puisse au moins veiller à l'observation des lois.

3° L'histoire du retour à la centralisation à partir de 1793, retour provoqué par l'impuissance des autorités locales à maintenir l'ordre, par le désarroi dans lequel les a jetées leur inexpérience, la quantité de services nouveaux dont on les charge, le manque de ressources pécuniaires. La Convention rentre dans la voie de la centralisation par mesure révolutionnaire, par l'envoi de commissaires dans les départements et par l'institution d'agents nationaux dans les communes. La constitution de l'an III consacre le fait avec des allures un peu hypocrites, en annihilant les communes rurales et en plaçant auprès des directoires de département et des municipalités de canton des commissaires auxquels appartient la réalité du pouvoir. Enfin, la loi du 28 pluviôse an VIII revient franchement à la centralisation de l'ancien régime, au préfet, qui, comme autrefois l'intendant, administre à la fois le département et la commune. Même plus l'apparence d'une représentation locale. Des conseils, dont les membres sont nommés administrativement. Malgré cela, cette loi est acceptée avec satisfaction, parce qu'on a besoin d'ordre et de repos, et que d'ailleurs elle rétablit la commune rurale, groupement naturel auquel un législateur ne doit pas toucher.

4° L'histoire du retour à la décentralisation depuis 1830; mouvement lent et progressif réalisant une à une des réformes que la Révolution avait voulu opérer tout d'un coup; les réalisant d'ailleurs dans des temps infiniment moins troublés, de sorte que, malgré des retours passagers, elles s'établissent et se consolident définitivement.

Les conseils municipaux et les conseils généraux sont de nouveau nommés à l'élection (L. 21 mars 1831, L. 22 mars

(1) Afin d'éviter tout double emploi entre différents articles du *Répertoire* qui doivent se prêter un mutuel appui, notre collaborateur, M. le professeur Hauriou, a dû réduire à une courte analyse l'exposé historique que comporterait l'étude du mouvement décentralisateur dans la législation départementale et communale. Cet exposé se trouve, avec tous ses développements, dans les articles COMMUNE et DÉPARTEMENT.
(N. de la R.)

1833). Le maire, après des vicissitudes nombreuses, finit lui aussi par être élu (L. 28 mars 1882 et 5 avril 1884). Le préfet est toujours nommé par le pouvoir central, mais à côté de lui la commission départementale créée par la loi du 10 août 1871 lui enlève des attributions et le surveille.

Les conseils municipaux et les conseils généraux voient augmenter leurs *attributions*. Appelés au début à délibérer sur les objets *prévus par les lois et les règlements*, ils sont maintenant appelés à délibérer sur *tous les objets intéressant la commune ou le département*. Ils sont donc les représentants légaux de la commune ou du département pour toutes les affaires qui ne sont pas réservées au maire ou au préfet (L. 10 août 1872, L. 5 avril 1884).

Ces mêmes conseils voient leurs *pouvoirs* augmenter, c'est-à-dire que la tutelle du pouvoir central diminue sur leurs actes.

Au début, ils n'ont que le pouvoir de *délibérer*, qui est un pouvoir négatif, dont le seul effet est d'empêcher l'autorité centrale de faire certaines choses si l'autorité locale n'y consent pas (1). Actuellement ils ont en principe le pouvoir de *décider* par eux-mêmes, sauf pour l'autorité centrale le droit de paralyser en certains cas leurs décisions.

Enfin ils ont une grande liberté d'allure, ils peuvent se réunir spontanément, leurs séances sont publiques, etc.

. . . .
. . . .

73. Il y a eu depuis 1830 un certain nombre de crises de décentralisation : de 1830 à 1837, de 1867 à 1870, de 1871 à 1884, sans compter une tentative faite en 1850 qui n'aboutit pas. Il semble qu'il y ait actuellement une accalmie, mais on peut se demander si le mouvement décentralisateur ne reprendra pas pour nous porter encore plus loin.

Ce n'est pas précisément du côté de l'organisation des autorités locales déjà existantes que l'effort semble devoir se produire, mais bien plutôt du côté de la création d'autorités locales décentralisées nouvelles, ce qui permettrait d'enlever au pouvoir central un plus grand nombre de services, et puis aussi sur l'organisation de la tutelle.

74. On s'est demandé depuis longtemps si l'on ne pourrait pas créer des circonscriptions décentralisées nouvelles placées soit entre le département et la commune, soit au contraire entre le département et l'État.

1° Entre la commune et le département l'expérience semble avoir condamné toutes les tentatives qui ont été faites, et il ne faut pas le regretter. Les arrondissements ont été dotés d'organes électifs, les conseils d'arrondissement; mais ces conseils n'ont pas su se donner d'importance, et on n'a pas pu découvrir d'intérêts d'arrondissement. Beaucoup de publicistes espéraient davantage du canton : à diverses reprises il a été projeté d'organiser une représentation cantonale. Il est à supposer aussi que cela est mort-né; il n'y a pas d'intérêts cantonaux, et il serait dangereux d'en créer artificiellement. Il n'y a pas avantage à créer de petites circonscriptions décentralisées. C'est dans les circonscriptions trop petites que se manifestent les inconvénients signalés par les adversaires de

(1) Cependant les conseils municipaux ont eu des pouvoirs de décision dès la loi de 1837, les conseils généraux n'en ont eu que dans la loi de 1866.

la décentralisation, la partialité et les tracasseries du pouvoir local. Il faut bien admettre la commune, qui est un groupe naturel, mais il est inutile de créer des groupements artificiels à peine plus grands que les communes. Les quelques intérêts intercommunaux qui peuvent exister, trouveront un moyen bien plus simple de se satisfaire dans l'organisation des syndicats de communes créés par la loi du 22 mars 1890.

2° Reste l'idée d'une circonscription plus grande au contraire que le département, d'une sorte de province; ceci est plus sérieux, et il n'est pas dit que l'avenir ne nous réserve pas des efforts en ce sens.

Il serait relativement facile de créer en France de grandes régions comprenant chacune plusieurs départements et d'y donner à la population des intérêts communs. Que l'on prenne pour base la division territoriale des grands corps d'armée, et qu'on y ramène les divisions ou circonscriptions des archevêchés, des cours d'appel, des académies ; qu'on fasse coïncider toutes ces circonscriptions qui existent déjà, mais brouillées et enchevêtrées à dessein. Au bout de quelques années, surtout avec le système du recrutement régional, qui tend de plus en plus à être appliqué, on s'apercevra que la population a pris corps. Il y aura un chef-lieu important où il faudra se rendre pour le service militaire, pour le culte, pour la justice, pour l'instruction publique ; les relations administratives entraîneront des relations économiques, et bientôt presque toutes les localités auront des rapports directs avec le chef-lieu.

De grandes régions provinciales présenteraient cet avantage, que l'on pourrait confier aux autorités décentralisées placées à leur tête des services plus importants que ceux que l'on confie aux départements, et que par conséquent on pourrait restreindre les services d'État. On peut poser en principe, en effet, que plus une circonscription est grande, plus on peut confier de pouvoir aux autorités qui l'administrent. Entendue ainsi, l'observation des partisans de la centralisation, à savoir, que plus le pouvoir s'exerce de loin, plus il est impartial et a de valeur. On pourrait, par exemple, donner à ces autorités provinciales une part dans la direction de l'enseignement, alors qu'on n'ose en donner ni aux communes ni aux départements ; on pourrait leur abandonner une partie des grands travaux publics.

Cela ferait trois étages de pouvoirs locaux superposés; mais en Prusse il y en a quatre, et cela ne semble pas mal fonctionner; au-dessus de la commune on trouve le *cercle*, qui correspond à notre arrondissement, mais qui est vraiment décentralisé, au-dessus du cercle, le *district*, qui correspond à notre département, au-dessus du district, la *province*.

75. II. *La tutelle administrative pourrait aussi être modifiée.* Ce n'est pas qu'elle doive être supprimée ni même affaiblie, mais elle pourrait être conçue et organisée de façon à en chasser tout arbitraire et à assurer aux autorités décentralisées leur libre fonctionnement tant qu'elles observent les lois. Actuellement, la tutelle est confiée aux autorités administratives du pouvoir central, même lorsqu'il s'agit de prononcer l'annulation d'actes illégaux. Il semble que ce serait un progrès de confier ce pouvoir d'annulation à un juge et que la tutelle administrative devrait en certains cas évoluer vers la tutelle juridictionnelle. Nous reprendrons la question dans la partie juridique de ce travail, quand nous nous occuperons

spécialement de la tutelle. Nous verrons que ce principe est déjà posé en Prusse et que chez nous aussi l'application commence à s'en dessiner. (V. *infra* n° 111 et s.).

76. III. Nous ne parlons pas de certains problèmes qui pourraient être agités, mais qui n'intéressent pas notre pays, dont l'esprit est fait de simplicité, de clarté et de symétrie.

Ainsi en est-il de la question de savoir si on ne devrait pas établir des régimes différents pour les communes suivant qu'elles sont urbaines ou rurales, ou suivant le chiffre de leur population ;

De la question de savoir s'il ne conviendrait pas de considérer comme formant des départements à part les centres urbains importants, au lieu de les noyer dans les départements ruraux ;

De la question de savoir si à côté de l'organisation des départements et des communes, on ne pourrait pas admettre des organisations parallèles, destinées à pourvoir à des besoins spéciaux, des unions de pauvres ou des circonscriptions relatives à l'hygiène, ayant une organisation représentative et reliées directement au pouvoir central.

Ces inégalités et ces complications peuvent être dans le tempérament de la race anglo-saxonne ou de la race germanique, mais elles ne sont pas ou du moins elles ne sont plus dans le tempérament de la nôtre.

L'Angleterre présente assurément à cet égard un spectacle curieux. Les communes urbaines n'y ont pas la même organisation que les communes rurales. Les centres urbains de plus de 50,000 habitants forment depuis le bill du 13 août 1888 des comtés, de sorte qu'il y a des comtés urbains et des comtés ruraux. Enfin parallèlement à l'organisation des comtés et des communes, existe celle des districts créés pour le service sanitaire, la voirie et l'instruction. De sorte que deux réseaux d'administration locale se développent côte à côte et s'enchevêtrent. Nous ne croyons pas que ce soit un exemple à imiter. Bien mieux, nous pensons que les districts chargés de services spéciaux et soumis au *local government board*, n'ont été pour nos voisins qu'une arme de guerre destinée à arracher certains services à des comtés et à des paroisses qui n'étaient pas suffisamment soumis à l'influence de l'État ; mais que, lorsque la réforme des comtés aura été suivie d'une réforme municipale, on verra ces districts spéciaux disparaître, et leurs services faire retour soit à la commune soit au comté.

77. II. *La décentralisation des colonies.* — Les réformes décentralisatrices entreprises dans la métropole ont toujours eu leur contre-coup dans les colonies soit pendant la révolution soit depuis, et finalement il s'y est établi une organisation très voisine de celle du département. Nous ne pouvons que renvoyer aux explications très complètes qui sont données au mot *colonie* notamment n°s 49 et s. ; 386 et s.

78. III. *La décentralisation des établissements publics.* — Nous avons vu que les autorités placées à la tête des établissements publics, c'est-à-dire chargées des services spéciaux, peuvent elles aussi être décentralisées, et que cela arrive lorsqu'elles sont nommées à l'élection, partiellement au moins. Que si elles n'intéressent qu'une certaine classe de la population, on peut encore les considérer comme décentralisées si cette classe de la population est appelée à les nommer.

A l'heure actuelle, nous considérons comme décentralisés à des degrés divers les établissements suivants : les fabriques et les consistoires protestants et israélites ; les hôpitaux, hospices et bureaux de bienfaisance ; les chambres de commerce et les chambres consultatives des arts et manufactures ; les associations syndicales autorisées ; les syndicats de communes (1).

79. 1° *Fabriques et consistoires.*—Les établissements relatifs aux cultes sont, avec les chambres de commerce, ceux pour lesquels la décentralisation remonte le plus haut. Les fabriques ont été créées dès le début avec l'organisation qu'elles ont gardée depuis (D. 30 décembre 1809 ; — Ord. 12 janvier 1825).

Les conseils de fabrique ne sont pas électifs à proprement parler, mais ils ne sont pas non plus nommés par le pouvoir central, ou du moins ils ne l'ont été qu'au début ; depuis ils se renouvellent par cooptation par moitié tous les trois ans, et ils sont depuis longtemps en harmonie avec l'esprit de la population. Ajoutons que le maire fait partie de droit du conseil de fabrique et que le maire est élu.

Les consistoires protestants au début se sont, eux aussi, renouvelés par cooptation (L. 18 germinal an X). Depuis le décret du 26 mars 1852 les conseils presbytéraux dans chaque paroisse sont élus, et tous les membres de l'église portés sur le registre paroissial âgés de 25 ans sont électeurs. Le consistoire est ensuite formé en partie par des délégués nommés par les conseils presbytéraux (V. aussi D. 3 juillet 1879 ; loi 1er août 1879).

Les consistoires israélites, au début, ont été élus par des notables désignés administrativement (R. 10 décembre 1806 ; D. 17 mars 1808). Graduellement, le corps électoral a été élargi, bien qu'il soit encore restreint aux israélites qui remplissent certaines professions (Ord. 25 mai 1844 ; D. 29 août 1862 ; D. 11 novembre 1870).

Sur ces divers établissements d'ordre religieux, (voy. Cultes).

80. 2° *Hôpitaux, hospices et bureaux de bienfaisance.* — Les commissions administratives de ces établissemen ont été pendant longtemps constituées complètement par le pouvoir central (Ord. 31 octobre 1821 ; Ord. 6 juin 1830 ; D. 23 mars 1852) ; la loi du 21 mai 1873 en avait fait des corps se renouvelant par cooptation avec l'agrément de l'administration, c'est-à-dire que pour chaque membre sortant, la commission présentait trois candidats parmi lesquels le préfet en choisissait un. La loi du 5 août 1879 a consacré un autre système d'où il résulte une décentralisation partielle ; les commissions se composent de sept membres, quatre sont nommés par le préfet, les trois autres sont le maire de la commune président de droit et deux délégués du conseil municipal.

Ces commissions administratives ont des pouvoirs de décision importants, et elles sont soumises à une tutelle qui rappelle celle des conseils municipaux. (Voy. Assistance publique, Hospice.)

81. 3° *Chambres de commerce et chambres consultatives des arts et manufactures.* — Le décret du 3 nivôse an XI qui fit revivre les chambres de commerce décida qu'elles seraient élues par des notables commerçants désignés administrativement ; une ordonnance du 16 juin 1832 les fit élire en partie par des délégués des conseils municipaux ; un arrêté du 19 juin 1848 faisait participer à l'élection tous les patentés de la circonscription ; le décret du 30 août 1852 assimila ces élections à celles des juges consulaires et rendit applicables les articles 618 et 619 du Code de commerce. Enfin un décret du 22 janvier 1872 a encore étendu le corps électoral. La loi du 8 décembre 1889 sur les élections consulaires a annoncé une loi prochaine sur les élections à la chambre de commerce. (Voy. Chambres consultatives.)

82. 4° *Associations syndicales autorisées.* — Ces établissements publics ont été créés tout décentralisés par la loi du 21 juin 1865, les syndics sont élus par l'assemblée des propriétaires. (Voy. Syndicats.)

83. 5° *Les syndicats de communes.* — Il en est de même des syndicats de commune : ils ont été créés tout décentralisés par la loi du 22 mars 1890, puisque leur comité est constitué entièrement de délégués nommés par les conseils municipaux des communes intéressées. Par les règles d'administration et la nature de la tutelle, ils se rapprochent d'ailleurs de la commune.

CHAPITRE II

ÉTUDE JURIDIQUE DE LA DÉCENTRALISATION

SECTION I

DÉFINITION JURIDIQUE DE LA DÉCENTRALISATION

84. Au point de vue du droit, la décentralisation est une manière d'être de l'État caractérisée par ce fait *que l'État se résout en un certain nombre de personnes administratives, qui ont la jouissance de droits de puissance publique, et qui assurent le fonctionnement des services publics en exerçant ces droits, c'est-à-dire en faisant des actes d'administration.*

Ces personnes administratives sont toutes des membres de l'État ou plutôt sont des incarnations multiples de l'État :

On distingue : 1° L'État *stricto sensu*, considéré comme chargé des services généraux et de la tutelle des autres personnes administratives ;

2° Les départements, les communes, les colonies, personnalités chargées de services locaux multiples ;

3° Des établissements publics, personnalités chargées de services spéciaux, et en principe, chacune d'un service unique.

La centralisation, au contraire, entendue au sens juridique, est une manière d'être de l'État consistant en ce que celui-ci constitue seul une personnalité ayant des droits de puissance publique.

85. Ces définitions se ramènent à celles que nous avons données au chapitre précédent.

---

(1) Si l'on considère les chambres d'officiers ministériels, notaires, avoués, huissiers, commissaires-priseurs, agents de change, comme des établissements publics, ce qui est légitime, on est amené à se demander si ces établissements publics ne sont pas décentralisés, puisque les chambres sont élues ; mais à notre avis il n'y a pas lieu de parler de décentralisation, parce que les officiers ministériels sont des fonctionnaires d'une espèce particulière, et qu'il n'y a aucune partie de la population intéressée directement à leur organisation. Il en est de même des facultés de l'enseignement supérieur (voy. n° 23).

Les personnes administratives secondaires dont nous parlons ici, départements, communes, colonies, établissements publics, sont les autorités locales ou spéciales personnifiées. Et ce qui indique qu'elles sont décentralisées, c'est-à-dire constituées directement par le Souverain, c'est qu'elles ont des droits de puissance publique (1).

Sous un régime de centralisation il peut aussi y avoir des départements, des communes, des établissements publics doués de personnalité juridique, mais cette personnalité est restreinte à la jouissance des droits privés, elle ne comporte pas la jouissance des droits de puissance publique.

Les communes avaient une personnalité juridique reconnue bien avant le mouvement décentralisateur de 1831, mais c'était une personnalité purement privée et dont il n'était question pour ainsi dire qu'au Code civil.

A l'heure qu'il est, tous les établissements publics ont une personnalité juridique et tous ne sont pas décentralisés.

Mais aussi n'y a-t-il que ceux qui sont décentralisés qui aient des droits de puissance publique. Les associations syndicales autorisées ont le droit d'exproprier et le droit de lever des taxes; les chambres de commerce lèvent certaines taxes, etc. Toutefois, le concours de l'État leur est encore nécessaire sous forme de décrets d'autorisation. Quant aux établissements non décentralisés, ils n'ont que des droits de personne privée.

SECTION II

CONSÉQUENCES JURIDIQUES DE LA DÉCENTRALISATION (2)

86. Les conséquences juridiques de la décentralisation sont extrêmement fécondes. De ce fait que l'administration est conçue désormais comme le résultat de l'activité juridique de plusieurs personnes, il résulte :

1° La notion de l'obligation d'administrer, qui s'impose à chacune d'elles ;

2° La notion des engagements qu'elles peuvent contracter

---

(1) On peut, en effet, poser cette règle dans une théorie générale de la puissance publique, c'est qu'il est de sa nature d'être déléguée directement par le Souverain.

(2) Il est une conséquence juridique de la décentralisation que nous ne ferons que signaler. Comme la décentralisation entraîne une division des pouvoirs, qu'elle amène dans chaque circonscription la création d'un organe délibérant à côté de l'organe exécutif, il s'ensuit que ces deux organes ont l'un avec l'autre des relations juridiques, le maire, avec le conseil municipal, le préfet avec le conseil général. Il se crée là des règles qui rappellent les règles constitutionnelles sur les rapports des pouvoirs publics. En voici à titre d'exemple : on peut dire qu'il est de la nature de l'organe délibérant de ne prendre que des décisions générales ou de principe, tandis qu'il est de la nature de l'organe exécutif de prendre des décisions particulières et individuelles. Ce principe tend à s'affirmer d'une manière positive en matière d'administration départementale. Le conseil général et le préfet n'ayant pas la même origine, il était à prévoir que des conflits se produiraient qui feraient préciser leurs attributions. Il résulte, en effet, de nombreux décrets d'annulation de décisions de conseils généraux que ceux-ci, s'ils peuvent voter des fonds pour subventions, ne peuvent pas en principe se réserver la répartition individuelle, mais doivent la laisser au préfet : qu'en matière de pensions ils ne peuvent pas prendre de décision spéciale à un employé déterminé, etc. (V. D. en Cons. d'Et., 15 mars 1873 ; 15 avril 1873 ; 8 mars 1873 ; 18 mars 1874, etc. ; arr. du Cons. d'Et. 17 novembre 1891). Nul doute que cette règle ne puisse être généralisée ; le pouvoir délibérant se montre par là pouvoir législatif, les délibérations comme les lois doivent avoir un objet général ; le pouvoir exécutif au contraire, qui est un pouvoir de magistrature, est qualifié pour les actes particuliers.

---

les unes vis-à-vis des autres par des contributions ou des subventions à un même service ;

3° La notion de la tutelle, qui doit peser sur toutes, hormis sur l'État.

§ 1. — De l'obligation d'administrer.

87. Sans doute l'État est tenu d'administrer, d'organiser et de faire fonctionner ses services, mais cette obligation n'est pas susceptible d'être réalisée juridiquement, parce qu'il n'y a pas de pouvoir qui puisse contraindre l'État. Donc, sous un régime de centralisation, tous les services étant services d'État, il n'est pas un seul service public qui puisse être exigé en vertu d'une contrainte extérieure.

Au contraire, les départements, les communes, les colonies, les établissements publics, peuvent être obligés juridiquement à faire fonctionner certains services, parce qu'ils peuvent y être contraints par l'État.

Avec la décentralisation apparaissent donc, à la charge des personnes administratives secondaires, des *services obligatoires*, espèce inconnue jusque-là.

A la vérité, il est à la discrétion de l'État d'exercer ou de ne pas exercer la contrainte. Tout de même, si l'organisation d'un service nouveau est votée par une loi, et si ce service est mis à la charge des départements ou des communes, il est à prévoir que l'État mettra plus de zèle à peser sur les départements et sur les communes, qu'il n'en mettrait à organiser lui-même le service s'il était mis à sa charge.

88. Le moyen de contrainte que l'État emploie pour assurer le fonctionnement des services obligatoires, est l'inscription d'office de la dépense au budget local lorsque cette dépense n'a pas été votée volontairement, c'est-à-dire que l'obligation du service se présente sous l'aspect budgétaire de la *dépense obligatoire*. Nous aurons occasion de parler plus loin de l'inscription d'office à propos de la tutelle (n° 107). Retenons pour le moment ceci, c'est que dans les lois d'organisation départementale ou communale, ou dans les décrets d'organisation coloniale, il faut chercher les services obligatoires sous la rubrique dépenses obligatoires. (Voy. pour les communes L. 5 avril 1884, art. 136 et v° COMMUNE ; pour les départements L. 10 août 1871, art. 60 et 61 et v° DÉPARTEMENT.)

§ 2. — Des contributions et subventions.

89. La contribution à un service est imposée par la loi, elle porte assez généralement le nom de *contingent* et elle constitue dès le début une dépense obligatoire. Il en est ainsi des contingents des communes dans les dépenses des enfants assistés et des aliénés, dans celles des chemins vicinaux, dans celles du service de l'instruction primaire.

La subvention est volontaire de la part de la personne administrative qui l'offre, mais une fois acceptée par la personne à qui elle est offerte, elle constitue une dette exigible, et à ce titre elle constitue une dépense obligatoire. La subvention acceptée constitue en effet un contrat administratif innomé, *do ut facias* (1).

---

(1) La loi de finances du 26 janvier 1892, article 77, a prescrit l'établissement d'un relevé annuel des promesses de subvention faites à l'État par les départements, communes, etc...

La subvention revêt les formes les plus diverses, ce peut être la cession gratuite d'un terrain, l'apport d'un bâtiment qui sera affecté à un service public, l'inscription d'un crédit au budget.

Lorsqu'elle a pour but la participation à une opération de travaux publics la subvention prend le nom d'*offres de concours*, et il y a ceci de particulier qu'elle se trouve liée à l'opération principale et que si des difficultés se produisent, le contentieux est porté devant le conseil de préfecture. (Voy. MARCHÉS DE TRAVAUX PUBLICS.)

§ 3. — *De la tutelle administrative.*

ARTICLE PREMIER. — *A qui appartient la tutelle administrative.*

90. On appelle *tutelle administrative*, un pouvoir de contrôle que certaines personnes administratives exercent sur certaines autres, dans le but à la fois de protéger les intérêts de la personne en tutelle et de maintenir le bon ordre dans l'administration.

Le nom de tutelle a été emprunté au droit privé, soit parce que l'État, à qui appartient la majeure partie de la tutelle, a été considéré comme exerçant là une sorte de droit de famille; soit parce que la personne en tutelle est, comme le mineur, frappée d'une certaine incapacité; mais cette incapacité se rapproche plutôt de celle du mineur en curatelle, que de celle du mineur en tutelle.

91. I. Toutes les personnes administratives autres que l'État sont à des degrés divers soumises à la tutelle, départements, communes, colonies, établissements publics. La tutelle n'est même pas restreinte aux personnes administratives décentralisées, elle s'étend aux établissements publics non décentralisés. Bien que ces établissements n'exercent que des droits privés, dans leur propre intérêt ils ont besoin d'être surveillés. La tutelle existe même sur certains établissements d'utilité publique.

Mais nous ne nous occuperons ici que de la tutelle sur les personnes administratives décentralisées.

92. II. La tutelle administrative n'appartient pas exclusivement à l'État. Il y a une décentralisation de la tutelle elle-même.

1° Le département a sur la commune des droits importants de tutelle qui sont exercés par le conseil général ou la commission départementale.

Le conseil général autorise certaines modifications territoriales des communes lorsque les conditions exigées par l'article 6 de la loi du 5 avril 1884 sont réunies ; — il procède à leur sectionnement électoral (L. 10 août 1871, art. 42) ; — il fixe tous les ans le maximum des centimes extraordinaires dont elles peuvent s'imposer (L. 10 août 1872, art. 42) ; — il fixe le taux en argent des journées de la cote personnelle et des journées de prestation ; — il désigne les communes qui doivent concourir à la construction et à l'entretien des chemins vicinaux de grande communication et d'intérêt commun, et fixe le contingent annuel de chaque commune ; répartit les subventions accordées sur les fonds d'État aux chemins vicinaux de toutes catégories (L. 10 août 1871, art. 46, n° 7). — Il fixe la part de la dépense des aliénés et des enfants assistés qui sera mise à la charge des communes

(*eod.* n° 19). — Il autorise l'établissement, la suppression ou le changement des foires et marchés autres que les simples marchés d'approvisionnement (Art. 46, n° 26. L. 1871 ; art. 68, n° 13, L. 5 avril 1884), etc.. sans compter les avis qu'il est appelé à donner sur bien d'autres objets.

La commission départementale classe les chemins vicinaux ordinaires qui sont purement communaux et en autorise l'ouverture (art. 86, L. 10 août 1871).

93. 2° La commune a des droits de tutelle sur certains établissements publics tels que les hôpitaux et hospices, les fabriques.

D'abord, pour tous ces établissements, le conseil municipal donne son avis sur le budget et les comptes, les changements d'affectation des locaux, les acquisitions, les aliénations, les emprunts, les échanges, les autorisations de plaider et de transiger, les acceptations des dons et legs (L. 5 avril 1884, art. 119).

De plus certains emprunts des établissements charitables ne peuvent être autorisés par le préfet que sur *avis conforme* du conseil municipal, de sorte que l'autorisation dépend dudit conseil (L. 1884. art, 119).

La loi du 22 mars 1890 a aussi donné des droits de tutelle aux communes sur les syndicats de communes.

94. III. L'État garde toujours une part directe de tutelle sur chaque personne administrative. Ainsi les communes sont pour partie sous la tutelle du département, mais elles demeurent sous celle de l'État pour une partie plus importante. Il en est de même des établissements publics, même de ceux qui sont communaux comme les hôpitaux, les bureaux de bienfaisance, les fabriques.

Ce principe est sage. D'une part cela maintient l'unité dans l'administration ; d'autre part, c'est pour les personnes administratives inférieures une garantie d'indépendance, elles ont avantage à à n'être pas complètement *médiatisées*. Un hôpital ou une fabrique qui dépendraient complètement d'une commune, pourraient voir leur existence compromise. Quant à l'abandon complet de la tutelle des communes aux départements, on sait les résultats que cela a donnés sous la Révolution. Il est à noter cependant qu'en Prusse, la tutelle des communes appartient complètement, soit au district, soit à la province.

ARTICLE 2. — *Des droits contenus dans la tutelle.*

N° 1. — Droits sur les autorités administratives décentralisées.

95. Les droits contenus dans la tutelle donnent pouvoir soit sur les autorités administratives décentralisées, soit sur leurs actes.

Les droits sur les autorités administratives sont relatifs à la nomination de ces autorités, ou à leur révocation, suspension ou dissolution.

96. I. *Droit de nomination.* — Il peut se faire que l'organe exécutif d'une personne administrative soit nommé par le pouvoir central ; le gouverneur de la colonie, le préfet sont dans ce cas ; les maires des communes y étaient aussi avant la réforme de la loi du 28 mars 1882. Nous avons vu (n° 24) que cela n'empêche point qu'il y ait décentralisation, parce qu'il suffit que l'organe délibérant qui prend les déci-

sions de principe soit élu, mais cela constitue une forme énergique de tutelle. L'État se charge ainsi de l'exécution des mesures. D'abord, cela lui permet d'opposer à l'exécution de celles qu'il jugerait fâcheuses une résistance de fait. De plus, cela lui facilite l'emploi des moyens juridiques d'annulation des actes, annulation qui doit, bien entendu, autant que possible, se placer entre la décision et l'exécution.

97. II. *Droit de révocation, suspension ou dissolution.* — On peut poser en principe que le pouvoir central a, vis-à-vis de toutes les autorités administratives secondaires, des droits de révocation, de suspension ou de dissolution.

Pour les gouverneurs de colonie et les préfets, cela ne fait pas difficulté, ils sont révocables *ad nutum*, étant des fonctionnaires de l'État.

Les maires et les adjoints peuvent être suspendus par arrêté du préfet pour un temps qui n'excède pas un mois ; la suspension peut être portée à trois mois par le ministre de l'intérieur ; ils peuvent être révoqués par le chef de l'État.

Les conseils généraux de département peuvent être dissous par décret du chef de l'État, par mesure spéciale, et avec les précautions indiquées aux art. 35 et 36 (L. 10 août 1871). De plus, leurs réunions illégales peuvent être dissoutes par arrêté du préfet (L. 1871, art. 34.)

Les conseils municipaux peuvent être suspendus par arrêté motivé du préfet, qui doit rendre compte immédiatement au ministre de l'intérieur ; la durée de la suspension ne peut excéder un mois ; ils peuvent être dissous par décret motivé et rendu en conseil des ministres (L. 5 avril 1884, art. 43.)

Les conseils généraux des colonies peuvent être suspendus par le gouverneur, ils peuvent être dissous, tantôt par le gouverneur, tantôt par le chef de l'État.

Les commissions administratives des établissements de bienfaisance peuvent être dissoutes et leurs membres révoqués par le ministre de l'intérieur (L. 5 août 1879, art. 5.)

Les comités des syndicats des communes peuvent être suspendus ou dissous dans les mêmes conditions que les conseils municipaux (L. 22 mars 1890, art. 170.)

Les syndics des associations syndicales autorisées peuvent être révoqués, cela résulte *a fortiori* de ce que l'association elle-même peut être dissoute (L. 21 juin 1865, art. 25.)

Les chambres de commerce et les chambres consultatives des arts et manufactures peuvent également être dissoutes, bien qu'il n'y ait pas de texte spécial.

Il faut déclarer encore, conformément aux principes que les autorités élues des cultes protestants, conseils presbytéraux, consistoires, synodes particuliers, synodes généraux, pourraient être dissous, ainsi que les consistoires israélites ; et qu'il en est de même des conseils de fabrique. (O. 12 janv. 1825, art. 5.)

N° 2. — Droits sur les actes des autorités administratives décentralisées.

98. I. *Droits de tutelle sur les actes positivement accomplis.* — La tutelle sur les actes des autorités administratives décentralisées peut porter, soit sur les actes positivement accomplis, soit au contraire sur le refus d'agir. Sur les actes positivement accomplis, les droits de tutelle se décomposent en droit d'*autorisation*, droit de *suspension* ou d'*annulation*.

Notons que la tutelle ne comporte pas le *droit de réformation*, c'est une observation essentielle et qui constitue une différence caractéristique entre le pouvoir de tutelle et le pouvoir hiérarchique. Réformer un acte, c'est substituer une décision à la décision primitive ; l'annuler, c'est anéantir purement et simplement la décision.

Les actes des autorités inférieures de l'État peuvent être réformés par les autorités supérieures de l'État, en vertu du pouvoir hiérarchique de celles-ci, parce qu'il s'agit uniquement de traduire la volonté de l'État et que les autorités supérieures représentent l'État comme les autorités inférieures. Mais les actes des autorités décentralisées ne peuvent pas être réformés par des autorités de l'État, parce que ces actes traduisent la volonté du département ou de la commune et qu'il n'appartient pas à l'État de substituer sa volonté à celle de ces personnes administratives. Il peut bien dire : Votre décision n'est pas bonne et je l'annule ; mais il ne peut pas dire : Je vais décider à votre place.

99. 1° *Droit d'autorisation ou d'approbation des actes.* — Ce droit est le plus fort qui puisse exister sur les actes des autorités administratives décentralisées. En effet, d'une part l'acte ne devient exécutoire qu'après l'approbation, d'autre part, celle-ci peut être refusée d'une façon discrétionnaire ou indéfiniment ajournée. L'autorité qui approuve semble même faire l'acte sien, de telle sorte que si un recours contentieux peut être formé contre l'acte, il sera formé bien plutôt contre la décision approbative que contre la décision primitive.

Il y a cependant des cas où l'approbation ne peut pas être refusée ; cela se présente en matière de budgets votés par les conseils généraux et les conseils municipaux.

Le budget du département voté par le conseil général est réglé par décret. Ce décret *doit être rendu*, et en principe, il ne peut modifier les allocations du conseil général. Le droit du chef de l'État se borne à pouvoir inscrire d'office certaines dépenses s'il n'y avait pas été pourvu (L. 10 août 1871, art. 61). Quant aux allocations illégales qui auraient été votées, elles doivent être annulées à part par décret spécial, à titre de délibérations illégales (C. d'Ét. 29 mars 1880) (1).

Le budget de la commune, voté par le conseil municipal, est réglé par le préfet ou par le chef de l'État selon que le revenu de la commune est inférieur ou supérieur à trois millions de francs. L'approbation est obligatoire ; mais ici le droit de l'administration supérieure ne se borne pas au pouvoir d'inscrire d'office les dépenses obligatoires ; les allocations peuvent être rejetées ou réduites lorsqu'elles dépassent ce qui reste des ressources ordinaires une fois les dépenses obligatoires payées ; les allocations ne peuvent pas être augmentées (L. 5 avril 1884, art. 134, 145, § 2, 147, 148.)

100. Notons aussi que dans les cas où l'approbation doit être donnée par le préfet à une délibération du conseil municipal, si le préfet refuse l'autorisation ou garde le silence pendant un mois à partir de la date du récépissé, le conseil peut se pourvoir devant le ministre de l'intérieur (L. 1884, art. 69, § 2). Mais ce n'est là qu'un recours hiérarchique et l'approbation du ministre reste discrétionnaire.

(1) Voy. à titre d'exemple, des décrets annulant des subventions à des écoles privées, 4 nov. 1890, 5 et 7 nov. 1891.

101. Les autorisations données au nom de l'État n'émanent pas toujours du chef de l'État ou des préfets ; il en est qui émanent du Parlement. Les Chambres autorisent certains emprunts des départements ou des communes, approuvent certaines concessions.

D'un autre côté, les autorités départementales ont parfois des autorisations ou approbations à donner aux actes des autorités communales (V. n° 92) ; les autorités communales des approbations aux actes de certains établissements publics (V. n° 93.)

102. Nous ne pouvons entrer dans l'examen de toutes les hypothèses où il y a lieu à approbation des actes. V. pour les conseils généraux, L. 1871, art. 41, 57, 60, 46, n° 1 ; pour les conseils municipaux, L. 5 avril 1884, art. 68, 115, 121 à 131, 140. Pour les conseils généraux des colonies, les décrets organisant ces conseils. Pour les établissements publics décentralisés, les textes spéciaux.

103. 2° *Droit de suspension ou d'annulation.* — Sous deux noms différents c'est le même droit. Il faut distinguer trois hypothèses :

A. *L'acte peut être annulé ou suspendu d'office et sans cause déterminée ;* par conséquent il peut être annulé non seulement pour illégalité ou pour excès de pouvoir, mais simplement parce qu'il est inopportun.

Sont dans ce cas :

Les arrêtés de police du maire, qui peuvent être en tout temps suspendus ou annulés par arrêté du préfet (L. 5 avril 1884, art. 95) ;

Les décisions du conseil général sur les objets énoncés à l'article 48, loi du 10 août 1871, qui peuvent être suspendues par décret motivé à condition que le décret intervienne dans les trois mois à partir de la clôture de la session (art. 49).

104. B. *L'acte peut être annulé d'office, mais pour cause déterminée,* c'est-à-dire en principe pour illégalité ou excès de pouvoir.

Sont dans ce cas :

Les décisions du conseil général sur les objets où le conseil est incompétent, qui peuvent être annulées à toute époque par décret rendu en Conseil d'État (L. de 1871, art. 33) ;

Les décisions du conseil général prises dans une réunion illégale, qui peuvent être à toute époque annulées par le préfet lui-même ;

Les décisions réglementaires des conseils municipaux, qui peuvent être annulées à toute époque par le préfet en conseil de préfecture dans le cas de réunion illégale, d'incompétence, de violation de la loi ou d'un règlement (L. de 1884, art. 63-65) ;

Les mêmes décisions peuvent être annulées de la même manière, mais seulement dans un certain délai, dans le cas spécial des articles 64 et 66.

105. C. *L'acte peut être annulé sur recours et pour cause déterminée.*

Sont dans ce cas :

Les décisions du conseil général sur les objets énoncés aux articles 42 à 46, loi de 1871, qui peuvent être annulées pour illégalité ou excès de pouvoir par décret en Conseil d'État, sur un recours du préfet intenté *en la forme du*

recours pour excès de pouvoir dans les vingt jours à partir de la clôture de la session (art. 47) ;

Les décisions des conseils municipaux dans le cas spécial des articles 64 et 66 (annulation à raison de la présence de conseillers intéressés à l'affaire). Ces décisions peuvent faire l'objet d'un recours formé devant le préfet statuant en conseil de préfecture, dans un délai de quinzaine, par tout intéressé et même par tout contribuable de la commune. La décision peut ensuite être attaquée devant le Conseil d'État par un recours *en la forme du recours pour excès de pouvoir* (art. 67).

106. II. *Droits de tutelle en cas de refus d'agir. Substitution d'action.* — En principe les autorités administratives décentralisées ont le droit de ne pas agir. C'est le premier degré de l'autonomie. Ce droit a quelque chose de négatif, mais il n'en est pas moins appréciable. C'est le seul qu'eurent les conseils généraux au début, et cela voulait dire que les départements pouvaient refuser de suivre l'État dans les entreprises où celui-ci eût voulu les engager.

Mais il est des services trop indispensables pour que, si on les confie aux autorités décentralisées, celles-ci puissent refuser de les faire fonctionner. Ce sont les services dits *obligatoires* dont nous avons parlé aux n°s 87 et suiv. Sans doute l'État est déjà armé d'une façon indirecte, puisqu'il peut révoquer ou dissoudre les autorités récalcitrantes ; mais ces mesures dont l'inconvénient est d'interrompre l'administration, ne seraient pas du tout suffisantes pour assurer la continuité des services.

Il est donc nécessaire que dans certains cas exceptionnels les autorités de l'État aient le droit de substituer leur action à celle des autorités locales ou spéciales.

107. Vis-à-vis des assemblées délibérantes, conseils généraux, conseils municipaux, commissions administratives, cette substitution d'action se produit par voie budgétaire, sous forme de l'*inscription d'office* de la dépense obligatoire au budget (voy. n° 88). Cela suffit en effet, parce qu'une fois la dépense du service inscrite, l'organe exécutif se chargera de faire fonctionner le service.

Nous avons indiqué les textes relatifs aux dépenses obligatoires au n° 88 ; nous avons déjà parlé des autorités qui font l'inscription d'office au n° 99. Ajoutons seulement ici, qu'avant qu'une inscription d'office soit faite dans un budget communal, le conseil municipal est invité à délibérer spécialement sur la question, et qu'il n'en est pas de même pour le conseil général.

Si un conseil municipal ne dressait pas du tout le budget, on appliquerait le budget de l'année précédente, et s'il n'y en avait pas de l'année précédente, le préfet en dresserait un en conseil de préfecture (L. de 1884, art. 150).

108. Vis-à-vis des organes exécutifs, la question ne peut se poser que pour le maire, puisque c'est le seul organe exécutif qui soit décentralisé (1).

_____

(1) Là où le préfet a des pouvoirs propres en vertu des décrets du 25 mars 1852 et du 13 avril 1861, le ministre ne pourrait pas substituer son action sans commettre un excès de pouvoir, et sans cela, la déconcentration n'aurait plus de sens. — Le préfet ne peut avoir d'autonomie que par des pouvoirs qui lui sont réservés puisque de par son origine il n'a point d'indépendance. Même solution pour le gouverneur de colonie là où il a des pouvoirs propres.

Le préfet peut substituer son action à celle du maire. Il faut distinguer deux hypothèses :

1° Le maire néglige de faire un règlement de police indispensable : le préfet, *après une mise en demeure*, fera le règlement de police, à sa place (L. de 1884, art. 99 *in fine*).

2° Le maire refuse ou néglige de faire un des actes qui lui sont prescrits par la loi : le préfet, *après l'avoir requis*, ce qui équivaut à la mise en demeure, y procédera d'office par lui-même ou par un délégué spécial (art. 85).

109. Le texte de l'article 85 est très général ; il s'applique aussi bien aux actes que le maire accomplit sous la simple *surveillance de l'administration*, c'est-à-dire comme agent de la commune, qu'à ceux qu'il accomplit sous *l'autorité de l'administration*, c'est-à-dire comme agent de l'État. Par conséquent, il doit s'appliquer même lorsque le maire refuse d'exécuter une décision du conseil municipal. La seule condition exigée est que l'acte *soit prescrit par la loi*.

110. Cette interprétation large s'appuie sur les observations suivantes : 1° l'article 85 est placé en tête de tous les articles qui énumèrent les attributions du maire ; 2° l'article 152 applique la règle au cas particulier où le maire est ordonnateur des dépenses votées par le conseil municipal ; 3° l'article 98 *in fine* va jusqu'à l'appliquer dans un cas où il s'agit d'un acte discrétionnaire de police municipale, les permissions de voirie.

Il est vrai que l'article 85 en lui-même ne fait que reproduire l'article 15 de la loi de 1837 et que le Conseil d'État, dans un arrêt du 10 avril 1883 avait décidé que ce texte ne s'appliquerait qu'aux actes accomplis sous l'*autorité* de l'administration. Mais toutes les circonstances accessoires que nous venons de relever prouvent que la théorie de la loi a changé. Le Conseil d'État sera sans doute amené à modifier sa jurisprudence ; déjà dans un arrêt du 7 juin 1889, sans se prononcer catégoriquement, il a opéré un mouvement en ce sens.

Il est naturel, d'ailleurs, que les actes du maire soient d'autant plus soumis à la tutelle du pouvoir central, que par son mode de nomination la personne du maire échappe davantage à l'action de ce pouvoir.

ARTICLE 3. — *De la nature des actes de tutelle et des recours qui peuvent être exercés contre eux.*

N° 1. — Tendance de la tutelle à devenir juridictionnelle (1).

111. Les actes par lesquels s'exercent les droits de tutelle, décrets ou arrêtés de nomination, de suspension ou de dissolution, décrets, arrêtés ou délibérations d'approbation, décrets ou arrêtés d'annulation, sont au premier chef des actes d'administration de la catégorie des actes de puissance publique.

En effet, les droits de tutelle sont des droits de puissance même en droit privé. Ici ce sont des droits de puissance publique, puisqu'ils appartiennent à des personnes publiques et qu'ils s'exercent en vue des services publics. Par suite les actes qui exercent ces droits doivent être des actes de puissance publique.

---

(1) Nous ne disons pas « judiciaire », car il est évident que ce n'est pas aux tribunaux de l'ordre judiciaire que la tutelle pourrait appartenir : le principe de la séparation des pouvoirs y ferait obstacle.

Il s'ensuit : 1° que ces actes peuvent être retirés ou modifiés par l'autorité supérieure tant qu'ils n'ont pas été suivis d'actes de gestion conférant des droits à des tiers, car il est de principe que l'acte de puissance publique est essentiellement révocable ;

2° Que l'appréciation de la validité de ces actes est réservée aux tribunaux administratifs.

112. Il faut remarquer seulement que les actes de tutelle, bien qu'étant en principe des actes d'administration, ont une tendance naturelle à se transformer en actes de juge, et que par conséquent la tutelle administrative pourrait bien sur certains points, par une lente évolution, aboutir à une tutelle juridictionnelle.

L'intervention du juge dans la tutelle administrative ne serait qu'une imitation de ce qui se passe en droit privé, et il est à remarquer que dans certains pays elle est déjà largement réalisée. Nous citerons l'exemple de la Prusse. Les provinces de la Prusse sont décentralisées ; elles ont à leur tête une assemblée provinciale ou diète (Landstag) élue par les assemblées de cercle [le cercle (Kreis) est une subdivision de la province également décentralisée]. L'assemblée provinciale nomme elle-même un comité d'exécution (provinzial Ausschuss). Cette assemblée complétée par son comité a d'assez grands pouvoirs : elle statue réglementairement sur un certain nombre d'affaires intéressant la province et exerce la tutelle sur les communes. Eh bien, la tutelle exercée sur les autorités provinciales est juridictionnelle ; c'est-à-dire qu'il existe dans chaque province un président supérieur (Ober-President), qui est une sorte de ministère public. Si des décisions de la diète ou du comité provincial sont entachées d'excès de pouvoir ou contraires aux lois, il forme une réclamation devant l'assemblée elle-même. Si cette réclamation n'est pas écoutée, il peut la porter devant le tribunal administratif supérieur (L. 13 décembre 1872, 29 juin 1875 ; 26 juillet 1880 ; 19, 22 mars 1881 ; 30 juillet 1883).

113. Manifestement la décentralisation, poussée à un certain degré, doit aboutir à la tutelle juridictionnelle. Cela est dans la logique des choses, au moins en ce qui concerne les annulations d'actes, car le juge respectera bien plus l'indépendance des autorités soumises que l'administrateur.

Si l'on veut bien se reporter aux n°s 103 à 105, on verra que le droit d'annulation se restreint progressivement de la façon suivante :

1° Annulation d'office et sans cause déterminée ;

2° Annulation d'office, mais pour cause déterminée, c'est-à-dire pour excès de pouvoir ou pour illégalité ;

3° Annulation sur recours et pour cause déterminée.

Et c'est là pour le droit d'annulation une marche historique, c'est-à-dire que pour une catégorie déterminée de décisions des autorités inférieures, on peut établir qu'il va ainsi s'affaiblissant. De la loi du 18 juillet 1866 à la loi du 10 août 1871, les délibérations définitives des conseils généraux sont passées de la deuxième catégorie à la troisième, c'est-à-dire de l'annulation d'office pour cause déterminée à l'annulation sur recours (L. 18 juillet 1866, art. 1er ; L. 10 août 1871, art. 46).

De la loi du 18 juillet 1837 à celle du 5 avril 1884, les délibérations réglementaires des conseils municipaux ont franchi un pas immense. D'après la loi de 1837, article 18, elles pouvaient être annulées *sans cause déterminée* quand il y avait réclamation d'un tiers intéressé ; elles ne peuvent plus être annulées que pour cause déterminée.

Or, il est facile de voir que ces restrictions progressives du droit d'annulation l'amènent à n'être presque plus qu'un pouvoir d'ordre juridictionnel. L'administrateur qui annule *pour cause déterminée*, c'est-à-dire pour violation de la loi, et *sur recours*, annule à la façon d'un juge. Dans tous les cas, il est beaucoup moins administrateur que lorsqu'il annule d'une façon discrétionnaire et d'office.

114. Nous ne serions donc pas éloigné de qualifier de juridictionnelles ou contentieuses les décisions qui interviennent, dans les deux cas où actuellement chez nous l'annulation a lieu sur recours et pour cause déterminée.

Il s'agit, on le sait : 1° des décisions définitives des conseils généraux qui peuvent être annulées par décret en Conseil d'État sur un recours du préfet, intenté dans les vingt jours à partir de la clôture de la session, et motivé par l'excès de pouvoir ou la violation de la loi ; 2° des décisions des conseils municipaux dans le cas spécial des articles 64 et 66 (L. de 1884), qui peuvent faire l'objet d'un recours formé devant le préfet statuant en conseil de préfecture, dans un délai de quinzaine, par tout intéressé et même par tout contribuable de la commune, avec faculté d'appel au Conseil d'État par un recours *en forme de recours pour excès de pouvoir* (art. 67).

Dans ces deux hypothèses, il existe des recours astreints à des délais et à des formes ; ils ont pour objet soit de faire appliquer la loi, soit de faire apprécier l'excès de pouvoir, matières qui d'ordinaire sont contentieuses.

Dans le cas de l'article 67 (loi municipale), le recours est porté devant le Conseil d'État statuant de sa propre autorité, c'est-à-dire comme juge ; par conséquent, dans ce cas-là, il n'y a pas de doute.

Il peut y en avoir dans le cas de l'article 47 (L. 10 août 1871), parce que bien que le recours soit porté devant le Conseil d'État et que ce soit celui-ci qui statue, en la forme la décision étant signée du chef de l'État prend l'apparence d'un décret.

115. Observons, pour en finir sur ce sujet, que la tutelle juridictionnelle ne peut être généralisée que si les lois réglant l'administration locale sont très développées, car la mission principale du juge est l'annulation pour violation de la loi.

N° 2. — Des recours qui peuvent être intentés contre les actes de tutelle.

116. Lorsque l'acte de tutelle conserve incontestablement son caractère d'acte d'administration, il est intéressant de savoir si des recours peuvent être intentés contre lui et quels recours.

Il est certain d'abord que si l'acte de tutelle émane d'une autorité hiérarchiquement soumise au ministre, par exemple d'un préfet, le recours hiérarchique peut être formé, il n'y a pas la moindre difficulté, on peut dire que la disposition de l'article 69, § 2 (L. de 1884) qui rappelle ce principe, a quelque chose de superflu.

117. Ce qui est intéressant, c'est de savoir si l'on peut former un recours pour excès de pouvoir.

Posons d'abord en principe que la nature de l'acte ne saurait constituer une fin de non recevoir. Il est vrai que l'acte de tutelle a quelque chose de discrétionnaire et qu'il peut être imposé par de véritables nécessités politiques. Un décret de dissolution d'un conseil général, par exemple, peut se trouver lié à toute une situation politique. Mais il est universellement admis que les nécessités de la politique ou de l'administration ne constituent de fin de non-recevoir que contre les actes dits *de gouvernement*. Or, il y a des actes de gouvernement une liste admise par la jurisprudence administrative et considérée par elle comme limitative. Les actes de tutelle n'y figurent point.

Les actes de tutelle sont de ces actes dits de *pure administration* ou de *haute administration* contre lesquels les ouvertures à recours pour excès de pouvoir peuvent être rares, ou bien que peu de personnes peuvent avoir qualité pour attaquer, mais contre lesquels le recours est parfaitement recevable.

118. Nous ferons une exception cependant pour les décisions rendues sur recours en matière d'annulation de délibérations de conseils municipaux au cas de l'article 67 (L. de 1884). Ces décisions sont de nature contentieuse, par suite le recours ne saurait être recevable en vertu de l'autorité de la chose jugée (1).

119. Les ouvertures à recours contre les actes de tutelle pourront être l'incompétence, la violation des formes (C. d'Ét. 10 juillet 1874) et même le détournement de pouvoir, car les actes de pure administration ne répugnent point par leur nature à ce moyen de nullité, pourvu que le détournement de pouvoir résulte des documents versés au dossier et qu'il n'y ait point à faire d'enquête.

Mais il y a une ouverture à recours qui ne peut pas être invoquée contre les actes de tutelle, c'est le grief de violation de la loi et des droits acquis. Cela résulte de la nature discrétionnaire de ces actes ; il ne saurait exister au regard d'eux aucun droit acquis.

C'est ainsi, par exemple, qu'un conseil municipal qui peut recourir au ministre par la voie hiérarchique contre la décision du préfet refusant d'approuver une délibération, ne pourrait point ensuite recourir au contentieux contre la décision du ministre. Le conseil municipal n'a pas droit acquis à ce que sa délibération soit approuvée ; ou bien, si l'on veut, il y a dans l'approbation administrative une question d'opportunité de la mesure qui n'est pas susceptible d'être portée devant un juge.

Dans le même ordre d'idées, il a été décidé que le refus du ministre de l'intérieur d'inscrire d'office au budget d'un département la somme nécessaire pour pourvoir à une dépense obligatoire de sa nature n'est pas susceptible de recours (C. d'Ét., 23 juillet 1875) (2).

---

(1) Quant aux décisions rendues sur recours en annulation de délibérations de conseils généraux, art. 47, l. 10 août 1871, comme le sont en la forme des décisions gouvernementales, des décrets en Conseil d'État ; bien qu'au fond elles méritent d'être rangées parmi les décisions contentieuses, on est bien obligé d'admettre que le recours pour excès de pouvoir ne saurait être écouté pour l'exception de chose jugée et qu'il serait recevable au moins sur le chef d'incompétence ou de vice de forme. (V. LAFERRIÈRE, t. II, p. 414.)

(2) Mais si un acte de tutelle avait été suivi d'actes de gestion ayant conféré des droits à des tiers, l'acte qui retirerait cet acte de tutelle pourrait être attaqué sur le chef de violation de droits acquis. (C. d'Ét. 6 juillet 1863 ; 27 juillet 1877 ; 2 août 1877.)

120. Ont qualité pour former le recours pour excès de pouvoir contre les actes de tutelle toutes les parties qui y ont un intérêt direct et personnel.

Par conséquent :

1° Les particuliers dont les intérêts sont froissés par cet acte ;

2° Les assemblées délibérantes qui ont été atteintes dans leur existence, leur fonctionnement régulier, ou dans la manifestation de leur volonté.

Ainsi un conseil général a qualité pour former recours contre un décret de dissolution ou contre un arrêté préfectoral lui enjoignant de se séparer (C. d'Ét., 8 août 1872). Un conseil municipal aurait qualité pour attaquer la décision qui le dissoudrait.

Il faut admettre aussi qu'un conseil général aurait qualité pour attaquer le décret suspendant une de ses délibérations dans le cas de l'article 49 (L. 10 août 1871), et qu'un conseil municipal aurait qualité pour attaquer l'arrêté préfectoral annulant une de ses délibérations réglementaires.

3° On peut même se demander, dit M. Laferrière (t. II, p. 414), si dans le cas de suspension ou de dissolution d'un corps électif, le droit de recours n'appartient pas à chaque membre *ut singuli* en même temps qu'au corps, attendu que le mandat individuel est atteint en même temps que la fonction collective de l'assemblée (cf. C. d'Ét., 22 août 1853).

ARTICLE 4. — *De l'incapacité qui résulte de la tutelle.*

121. Dans les cas où les décisions des autorités administratives en tutelle ont besoin de l'approbation de l'autorité supérieure, il y a pour la personne administrative une véritable incapacité. Ainsi, on peut dire que lorsque le conseil municipal ne peut pas contracter un emprunt sans l'approbation du préfet, c'est que la commune est incapable d'emprunter, etc.

Cette incapacité se rapproche de celle du mineur émancipé. En effet, de même que le mineur émancipé paraît toujours en personne dans les actes, sauf à se faire assister de son curateur quand il ne peut pas agir seul, de même la personne administrative en tutelle est toujours appelée à manifester sa volonté, sauf à la faire approuver.

De plus, les actes pour lesquels les personnes administratives sont incapables, sont à peu près ceux que le mineur émancipé ne peut faire seul. Elles ne peuvent, en principe, ni aliéner leurs immeubles, ni emprunter, ni ester en justice sans autorisation.

Au point de vue des actes d'administration civile, elles jouissent d'une liberté assez grande ; ainsi le département peut passer des baux d'une durée indéterminée ; la commune, des baux de dix-huit ans ; les hôpitaux et hospices de même.

Mais elles disposent de leur revenu avec moins d'indépendance que le mineur émancipé, à cause de la nécessité de pourvoir dans leur budget aux dépenses obligatoires.

122. Il serait intéressant d'étudier la capacité de chacune des personnes administratives, départements, communes, colonies, établissements publics ; les cadres de ce travail ne nous le permettent pas. Notons seulement que la capacité du département est plus grande que celle de la commune sur bien des points : pour les emprunts, les actions en justice,

l'acceptation des dons et legs, les baux, la disposition des revenus dans le budget.

Les autorités communales ont peut-être plus de liberté d'allure que le conseil général ; au fond elles ont moins de pouvoirs.

L'incapacité de recevoir des dons et legs sans autorisation, qui est la plus connue de toutes, sera étudiée au mot DONS ET LEGS.

123. On doit admettre logiquement que lorsqu'une personne administrative a été engagée par une décision de ses autorités qui n'avait pas reçu les approbations requises, il existe à son profit une action en nullité fondée sur l'incapacité et analogue à celle de l'article 1305 du Code civil.

On doit, en vertu de cette analogie, exiger la preuve de la lésion : *minor restituitur non tanquam minor, sed tanquam læsus.*

Même on applique la prescription de dix ans de l'article 1304, mais ici on est obligé de placer le point de départ au jour de l'acte attaqué, car on ne saurait attendre la disparition de l'incapacité (Bordeaux, 29 mars 1882 ; cass. 12 janv. 1864 ; C. d'Ét., 15 juin 1877).

Le juge chargé du litige principal est compétent pour apprécier l'existence ou l'inexistence de l'approbation de l'autorité supérieure, alors même que c'est un juge civil ; mais il ne serait pas compétent pour statuer sur la validité de l'acte de tutelle, et il y aurait lieu à recours en appréciation de validité devant les tribunaux administratifs (C. d'Ét., 28 avril 1882).

124. Il faut d'ailleurs procéder avec la plus grande circonspection, quand il s'agit d'étendre aux incapables du droit administratif les règles du Code civil sur les mineurs.

On ne saurait par exemple admettre, au profit des départements ou des communes, la règle de l'article 2252 sur la suspension de la prescription au profit des mineurs. La minorité des personnes administratives durant perpétuellement, cela équivaudrait à une suppression de la prescription ; or, l'article 2227 soumet formellement les personnes publiques à la prescription dans les mêmes conditions que les particuliers.

SECTION III

VALEUR JURIDIQUE DE LA DÉCENTRALISATION

125. La décentralisation qui, au point de vue politique, constitue un progrès absolu, en constitue un également au point de vue du droit.

D'une part, elle a élargi le domaine du droit, en soumettant à des règles une bonne partie de la puissance publique.

D'autre part, elle a provoqué dans le système du droit public un progrès scientifique important.

126. I. La décentralisation a soumis à des règles juridiques une bonne partie de la puissance publique, qui jusquelà échappait à toute règle.

En effet, sous un régime de centralisation, toute l'administration est l'œuvre de l'État, or l'État discute peu sa propre administration et la laisse peu discuter.

Au contraire, sous un régime de décentralisation, une bonne partie de l'administration passe aux autorités décentralisées. Immédiatement l'État laisse discuter la valeur des actes de ces autorités; bien mieux, il est obligé de la discuter lui-même pour exercer la tutelle.

La notion d'un acte d'administration conforme au droit tend alors à se dégager et des conditions de validité se précisent. Ajoutez que pour déterminer exactement la part d'autonomie qui appartient à chaque autorité décentralisée, on est obligé de faire des lois détaillées d'administration départementale ou communale, qui sans cela n'eussent pas été faites. Tout concourt donc, exercice répété de la tutelle, intervention législative, à établir des règles juridiques là où il n'y avait que des traditions administratives plus ou moins arbitraires.

127. Sans doute, on ne peut pas dire que sous un régime centralisateur il n'y ait aucune règle, et que les citoyens n'aient aucun recours contre les actes d'administration arbitraires. Le recours pour excès de pouvoir, notamment, a commencé de se développer sous un régime où tous les actes d'administration émanaient de l'État. Mais il n'en est pas moins vrai que le mouvement décentralisateur lui a donné une impulsion singulièrement énergique. Le Conseil d'**État** était plus à l'aise pour discuter la valeur de la décision d'un conseil municipal que pour discuter celle de l'acte d'un ministre, et il y a dans le droit une logique secrète, qui fait que les règles une fois posées s'étendent à tous les cas analogues, si bien qu'elles ont fini par s'étendre aux actes de l'État. Si, à l'heure qu'il est, le recours pour excès de pouvoir est admis contre les actes dits de pure administration, nous sommes convaincu que c'est dû, en grande partie, à ce que la décentralisation a fait perdre à la puissance publique de sa majesté, en en confiant une partie à des personnes administratives secondaires.

128. II. La décentralisation a provoqué dans le système du droit public, et notamment du droit administratif, un progrès scientifique important. Nous estimons, en effet, qu'elle a transformé la notion de la personnalité juridique des départements, des communes, des établissements publics et de l'État lui-même, qu'elle y a fait entrer la puissance publique et qu'elle a permis ainsi un classement méthodique des droits de puissance publique.

129. Il faut bien avouer, en effet, qu'il y a peu d'années encore la puissance publique restait en dehors du droit; elle était considérée comme une sorte de force à la disposition de l'État, mais qui n'avait aucun rapport avec sa personnalité juridique.

La personnalité juridique de l'État, de même que celle des départements et des communes, était réduite à une personnalité privée, c'est-à-dire au domaine privé et à quelques modes d'acquérir. Quant au domaine public, il était considéré comme n'appartenant à personne, et la police était une force à la disposition de l'État, ou plutôt à la disposition de certaines autorités dans les attributions desquelles elle rentrait et auxquelles elle semblait vraiment appartenir en propre. Le préfet semblait avoir des pouvoirs de police à lui, le maire des pouvoirs de police à lui.

130. La décentralisation a peu à peu détruit cette conception, et à l'heure actuelle il n'est guère d'esprit réfléchi qui ne soit disposé à admettre que la puissance publique

s'analyse en des droits : droit de domaine public, droit de police, droit d'impôt, droit d'expropriation, etc..., qui appartiennent à l'État, au département, à la commune, etc., au même titre que le droit de domaine privé. De telle sorte que la notion de la personnalité juridique de l'État, du département, de la commune, s'est dilatée au point d'absorber toute la puissance publique, et que ces personnes armées de droits exorbitants du droit commun méritent un nom nouveau, nous les avons appelées : *personnes administratives.*

131. C'est la décentralisation qui a accompli cette œuvre, parce qu'elle a abandonné une part de la puissance publique aux départements et aux communes. Dans l'organisation départementale ou communale il apparaît bien plus clairement que dans l'organisation de l'État, que les autorités sont au service d'une personne morale, et que les pouvoirs qu'elles exercent appartiennent au fond à cette personne morale. Du moment que le conseil général, qui n'est que le représentant du département, avait des attributions de puissance publique, c'est que le département avait reçu des droits de puissance publique; du moment que le conseil municipal avait des attributions de puissance publique, qu'il pouvait voter certains centimes additionnels, décider des travaux publics, etc., c'est que la commune avait reçu des droits de puissance publique. On s'est ainsi familiarisé avec l'idée, elle a fait son chemin et est remontée jusqu'à l'État (1).

132. On ne saurait dire combien ce simple progrès de classification peut être utile au droit administratif. Les droits de puissance publique peuvent être catalogués; quand des droits analogues appartiennent à des personnes administratives différentes, ils peuvent être comparés entre eux; enfin on peut se demander pourquoi certains droits n'appartiennent point à telle ou telle personne administrative, et chercher à leur en étendre le bénéfice. Pourquoi, par exemple, le droit d'exproprier, qui appartient aux associations syndicales autorisées, simples établissements publics, ne serait-il point accordé aux autres établissements publics décentralisés, aux hôpitaux, aux chambres de commerce, aux fabriques? Le décret rendu en Conseil d'État qui, en 1873, autorisa une expropriation au profit de la fabrique d'Oullins, et qui fut généralement critiqué, n'était peut-être pas déjà si contraire au droit tel que l'a fait la décentralisation.

MAURICE HAURIOU,
Professeur de droit administratif à la Faculté de droit de Toulouse.

INDEX BIBLIOGRAPHIQUE

CORMENIN .... Droit administratif. Préface, 1840.
A. DE TOCQUEVILLE..... La Démocratie en Amérique.

(1) Ajoutez ce fait, dû encore à la décentralisation, qu'il y a deux autorités administratives dans le département et dans la commune qui concourent aux mêmes actes, le conseil général ou le conseil municipal

DÉCHÉANCE. — 1. I. En *droit constitutionnel* la *déchéance* est la destitution, l'abdication forcée d'un chef d'État, résultant soit de l'application de dispositions constitutionnelles, soit d'actes révolutionnaires accomplis ou ratifiés par la nation et ayant un caractère de force majeure.

2. La déchéance a été rarement prévue par les constitutions monarchiques. Cependant la constitution du 3 septembre 1791 (chap. II, sect. 1, art. 5 à 8) mentionnait différents cas dans lesquels le roi « était censé avoir abdiqué la royauté » par le seul fait de l'accomplissement de certains actes interdits par la constitution. Mais ce n'est pas sur ces textes que l'assemblée législative s'est fondée pour décréter, le 10 août 1792, « que le roi est suspendu et que sa famille et lui restent en otage... que la liste civile cesse d'avoir lieu » (1), ni la Convention nationale pour proclamer, par son décret du 21-22 septembre 1792, que « la royauté est abolie en France ».

L'histoire enseigne que le silence des constitutions sur la possibilité d'une déchéance n'a jamais fait obstacle à ce que des pouvoirs constitués ou des autorités révolutionnaires déclarent un monarque déchu de ses pouvoirs, comme ayant violé les lois fondamentales de l'État et manqué à ses engagements envers le pays. C'est ainsi que par deux déclarations du 3 et du 4 avril 1814, le Sénat et la Chambre des députés ont proclamé la déchéance de Napoléon Ier et l'abolition de l'hérédité dans sa famille.

La révolution de 1830, celle du 24 février 1848 et celle du 4 septembre 1870 n'ont pas été accompagnées de déclarations expresses de déchéance, mais elles ont été suivies de proclamations constatant qu'un régime nouveau était institué à la place du régime disparu.

Ainsi, la proclamation du gouvernement provisoire du 24 février 1848, commence par ces mots : « Un gouvernement rétrograde et oligarchique *vient d'être renversé* par l'héroïsme du peuple de Paris (2)... » La proclamation du gouvernement de la défense nationale du 4 septembre 1870 se borne à déclarer que « la République est proclamée » (3). Celle du 5 septembre ajoute (4) : « Quand un gouvernement a mis en

péril, par ses fautes, le salut de la patrie, *on le destitue*. C'est ce que la France vient de faire. *En abolissant la dynastie...* elle a exécuté l'arrêt que toutes vos consciences avaient rendu... »

On peut donc dire que la déchéance d'un chef d'État monarchique, telle du moins qu'elle a été prononcée à plusieurs reprises en France, relève du droit constitutionnel non écrit plutôt que du droit écrit ; on peut même contester qu'elle relève du droit constitutionnel proprement dit : elle se rattache plutôt à ces faits d'ordre révolutionnaire dont on peut dire : *ex facto nascitur jus*.

3. Dans les constitutions républicaines, la déchéance du chef de l'État peut être l'objet de prévisions plus précises du statut constitutionnel et être prononcée, s'il y a lieu, dans des formes fixées par ce statut.

Ainsi la constitution des États-Unis (section IV), dispose que « le président, le vice-président et tous les fonctionnaires civils pourront être destitués de leurs fonctions si, à la suite d'une mise en accusation, ils sont convaincus de trahison, de dilapidation du trésor public ou d'autres crimes graves ».

En France, la loi constitutionnelle du 25 février 1875 sur l'organisation des pouvoirs publics (art. 6, § 2) décide que le président de la république est responsable, mais seulement dans le cas de haute trahison. La loi du 16 juillet 1875 sur les rapports des pouvoirs publics (art. 12) détermine quelles sont les autorités compétentes pour la mise en accusation et le jugement, savoir, la Chambre des députés et le Sénat. La Constitution de 1875 organise ainsi la déchéance sans en prononcer le nom, et sous réserve de telles autres peines qui pourraient être encourues. (Voy. DROIT CONSTITUTIONNEL.)

4. II. En *droit administratif*, la déchéance est la perte d'un droit, ou l'extinction d'une action, résultant, en général, de l'expiration d'un délai, quelquefois aussi de l'accomplissement de certains actes interdits par la loi.

On peut citer de nombreux exemples de déchéances résultant de l'expiration de délais.

1° Les pourvois au Conseil d'État sont frappés de déchéance s'ils ne sont pas formés dans un délai de trois mois à partir de la notification de la décision attaquée (décret du 22 juillet 1806, art. 11), mais des dispositions législatives spéciales ont apporté de nombreuses exceptions à cette règle en prescrivant des délais plus courts. Ce délai est de deux mois pour les recours formés contre les décisions des conseils de préfecture (L. 22 juillet 1889, art. 57), et contre les décisions des commissions départementales (L. 10 août 1871, art. 88). Il est réduit à un mois quand il s'agit des décisions rendues par les conseils de préfecture en matière d'élection municipales (L. 5 avril 1884, art. 40).

Un projet de loi délibéré par le Conseil d'État au mois de décembre 1891, et relatif à diverses questions intéressant l'organisation et le fonctionnement du Conseil d'État statuant au contentieux, a proposé de modifier la règle générale posée par l'article 11 du décret de 1806 et de réduire le délai du recours à deux mois dans tous les cas où il est encore de trois mois en vertu de ce décret.

Les délais des pourvois sont augmentés d'un délai de distance pour les parties domiciliées en dehors du territoire continental de la France. (Voy. CONTENTIEUX ADMINISTRATIF.)

---

d'une part, d'autre part le préfet ou le maire : l'un décidant l'acte, l'autre l'exécutant. Cela conduit encore à penser que ces deux autorités n'exercent point des pouvoirs qui leur soient propres, puisqu'il y a partage entre elles, mais qu'elles exercent l'une et l'autre les pouvoirs de quelqu'un qui est derrière elles, dont elles sont les représentants, c'est-à-dire de la personne administrative. La division des pouvoirs fait transparaître plus clairement la personnalité de l'être moral.

(1) Duvergier, *Coll. des lois*, L. IV, p. 311.
(2) *Ibid.*, t. V, p. 2.
(3) *Ibid.*, t. XLVIII, p. 49.
(4) *Ibid.*, t. LXX, p. 319.

5. La déchéance atteint également l'ordonnance de soit-communiqué rendue par le président de la section du contentieux, et en vertu de laquelle le défendeur au pourvoi doit être mis en cause. Si cette ordonnance n'a pas été signifiée au défendeur dans le délai voulu, la mise en cause ne peut plus avoir lieu légalement, et la déchéance qui frappe l'ordonnance atteint également le pourvoi. Le délai de signification qui avait été fixé à trois mois par l'article 12 du décret du 22 juillet 1806 a été réduit à deux mois par l'article 3 du décret du 2 novembre 1864. (Voy. CONTENTIEUX ADMINISTRATIF.)

6. 2° Les demandes en décharge ou en réduction des contributions directes sont frappées de déchéance si elles ne sont pas formées dans le délai de trois mois à partir de la publication des rôles (L. 21 avril 1832, art. 28). Ce délai est dans certains cas porté à six mois en matière de contribution foncière, mais seulement lorsqu'il s'agit de réclamations à former contre les évaluations cadastrales, ou contre l'évaluation de la valeur locative des propriétés bâties (Ordonn. 3 octobre 1821, art. 9 ; L. 8 août 1890, art. 7).—Voy. IMPOTS DIRECTS.

7. 3° La déchéance atteint les réclamations formées par les entrepreneurs de travaux publics contre les décomptes de leurs travaux, lorsqu'elles sont formées après les délais fixés par le cahier des charges. (Voy. MARCHÉS DE TRAVAUX PUBLICS.)

8. La *déchéance quinquennale* est une prescription spéciale de cinq ans qui éteint les créances de toute nature contre l'État, et dont les règles sont actuellement fixées par la loi de finances du 29 janvier 1831.

D'après l'article 9 de cette loi, « seront prescrites et définitivement éteintes au profit de l'État toutes créances qui, n'ayant pas été acquittées avant la clôture des crédits de l'exercice auquel elles appartiennent, n'auraient pu, à défaut de justification suivante, être liquidées, ordonnancées et payées dans un délai de 5 années à partir de l'ouverture de l'exercice ». Il résulte de ce texte : 1° que la déchéance s'applique à toutes les créances sur l'État, quelles qu'en soient la nature et la cause ; 2° qu'elle est encourue si les trois opérations que suppose l'acquittement d'une dette de l'État, savoir, la liquidation, l'ordonnancement et le payement, n'ont pas eu lieu dans le délai de cinq ans. Ce délai court non du jour où la créance est née, mais de l'ouverture de l'exercice dans laquelle le jour est compris. Il est donc en réalité inférieur à cinq années, et il peut être réduit à près de quatre ans si le fait d'où résulte la créance s'est produit à une époque voisine de la fin de l'exercice.

La déchéance quinquennale, comme toutes les déchéances résultant de l'expiration de délais, est de droit strict et ne peut être ni interrompue ni suspendue par aucune des causes qui peuvent interrompre ou suspendre les prescriptions ordinaires. On ne peut pas invoquer contre elle la règle *contra non valentem agere non currit præscriptio*.

Il était même admis, avant 1831, que la déchéance était acquise à l'État même quand le retard de l'ordonnancement ou du payement était imputable à ses agents et non à la négligence de la partie.

La loi de 1831, dans un esprit d'équité, a atténué la rigueur de cette règle. Son article 10 décide que la déchéance n'est pas applicable aux créances « dont l'ordonnancement et le payement n'auraient pas pu être effectués dans les dé-

lais déterminés, par le fait de l'administration ou par suite de pourvois formés devant le Conseil d'État. » Afin de mettre la partie en mesure de justifier de ses diligences et d'invoquer les retards dont l'administration serait elle-même l'auteur, le même article 10 dispose que « tout créancier a le droit de se faire délivrer par le ministère compétent un bulletin énonçant la date de sa demande et les pièces produites à l'appui ».

La jurisprudence admet que toute instance devant la juridiction civile ou administrative, motivée par des contestations sur la créance, est une cause de prorogation des délais, quoique le texte précité ne vise expressément que les pourvois au Conseil d'État. Les pourvois prévus par l'article 10 sont ceux qui seraient formés au sujet de la liquidation, et spécialement contre le refus de liquider fondé sur ce que la déchéance quinquennale serait encourue. Mais les autres instances, par cela seul qu'elles supposent une opposition faite par l'administration à la réclamation du créancier, sont considérées comme se rattachant au « fait de l'administration » prévu en termes généraux par l'article 10 de la loi de 1831. (Voy. FINANCES PUBLIQUES.)

9. *Déchéances en matière de pensions.* — La législation des pensions prévoit diverses déchéances, dont les unes entraînent la perte du droit à pension et font obstacle à la liquidation, et dont les autres entraînent même la perte d'une pension concédée et inscrite au grand-livre.

La déchéance ne doit pas être confondue avec la simple suspension du droit à pension, laquelle résulte de circonstances qui, lorsqu'elles prennent fin, laissent revivre le droit à pension (1).

La déchéance peut résulter, en premier lieu, de l'expiration du délai dans lequel la demande doit être formée : ce délai est de cinq ans pour les pensions civiles (L. 9 juin 1853, art. 22) et pour les pensions militaires d'ancienneté (L. 17 avril 1833, art. 6 ; 15 avril 1885, art. 2) ; il est régi par des dispositions spéciales quand il s'agit des pensions militaires pour blessures ou infirmités (ord. 2 juillet 1831, art. 1er; D. 10 août 1886).

La déchéance résulte aussi, pour les pensions civiles, des circonstances prévues par l'article 27 de la loi du 9 juin 1853, savoir : la démission, la destitution ou révocation, le déficit constaté pour détournement de deniers ou de matières; la malversation.

Elle résulte, pour les pensions militaires : de la destitution et de la dégradation prononcées par application du Code de justice militaire.

La plupart des causes qui entraînent la perte du droit à pension entraînent également la perte d'une pension concédée. Cependant, la démission, la destitution, la révocation, qui font obstacle à l'obtention d'une pension, n'entraînent pas la perte d'une pension concédée, à moins que la démission n'ait été

---

(1) Ces circonstances sont: 1° pour les pensions civiles et militaires, la perte de la qualité de Français, tant que cette qualité n'a pas été recouvrée (L. 9 juin 1853, art. 29 ; L. 11 avril 1831, art. 26, § 3);— 2° la condamnation à une peine afflictive et infamante, jusqu'à la réhabilitation pour les pensions civiles (L. 9 juin 1853, art. 27, § 2) et seulement pendant la durée de la peine pour les pensions militaires (L. 11 avril 1831, art. 26, § 3) ; — 3° la résidence hors du territoire français sans l'autorisation du gouvernement, tant qu'elle dure ou n'est pas autorisée, pour les pensions militaires seulement (L. de 1831, art. 26, § 4). — Voy. PENSIONS.

donnée à prix d'argent (L. 9 juin 1853, art. 27, § 3). — Voy. Pensions.

DÉCISION. — 1. I. On appelle *décision* en droit administratif, tout ce qui est statué par une autorité ou par une juridiction administrative. Dans cette acception large, une décision peut consister dans un *décret* du chef de l'État, dans un *arrêté* d'un ministre, d'un préfet ou d'un maire, dans une *délibération* d'un conseil général ou municipal, dans une décision juridictionnelle du Conseil d'État, d'un conseil de préfecture, etc.

On peut donc distinguer :

1° Les décisions purement *administratives* qui édictent des mesures ou règlent des questions relatives à l'organisation et au fonctionnement des services publics, sans exercer d'action sur les tiers;

2° Les décisions *contentieuses*, par lesquelles une autorité administrative prononce sur des questions intéressant les droits des tiers;

3° Les décisions *juridictionnelles*, qui sont des décisions contentieuses rendues par une juridiction administrative, et ayant ordinairement pour objet le contrôle et le jugement des décisions contentieuses émanées des autorités administratives.

2. On distingue aussi parmi les décisions administratives : 1° les actes *de commandement* ou de *puissance publique* qui édictent des prescriptions ou des défenses obligatoires pour les citoyens et pour les administrations subordonnées, et qui se subdivisent d'après leur caractère plus ou moins général en décisions *réglementaires*, ou *spéciales*, ou *individuelles*; 2° les *actes de gestion* par lesquels une autorité administrative pourvoit aux besoins d'un service public, passe des marchés ou autres contrats et statue sur les difficultés auxquelles ils peuvent donner lieu, sauf le recours des intéressés devant les juridictions compétentes. (Voy. Contentieux administratif.)

3. Le droit de décision est l'attribut exclusif des fonctionnaires ou des corps administratifs investis d'une part de l'autorité publique et auxquels la loi a donné le droit de statuer au nom de l'État, des départements ou des communes. Ce droit résulte des lois qui créent la compétence en matière administrative et qui ont un caractère d'ordre public, d'où il suit que le droit de décision ne peut pas être conféré ou délégué en dehors des cas prévus par ces lois. (Voy. Contentieux administratif.)

4. II. Dans une acception plus restreinte, l'expression de décision s'applique à un certain nombre d'actes administratifs ou de décisions juridictionnelles auxquels les lois ou règlements ont spécialement attribué cette dénomination, savoir :

5. 1° Certains actes du président de la République qui, quoiqu'ils aient la même force que des décrets, sont ordinairement faits dans une forme différente et plus sommaire, et résultent d'une simple approbation dont le chef de l'État revêt les propositions d'un ministre. Ces actes portent le nom de *décisions présidentielles* (antérieurement décisions royales ou impériales); ils sont prévus notamment par la loi du 19 mai 1834 sur l'état des officiers (art. 6 et 13) qui qualifie de *dé-*

cisions les actes par lesquels le chef de l'État confère, suspend, ou retire les emplois militaires, ou prononce la mise en réforme d'un officier. (Voy. Armée). Ils sont également prévus par la législation de la Légion d'honneur (D. 16 mars 1852, art. 52). Voy. Légion d'honneur.

La distinction que la loi a faite, en ces matières, entre les décrets et les décisions du chef de l'État peut se rattacher aux prérogatives particulières qui lui appartiennent en qualité de chef et de grand maître de la Légion d'honneur, et qui lui appartenaient sous la monarchie, en qualité de commandant supérieur des armées de terre et de mer. Quoique cette dernière attribution n'ait pas été conférée au président de la République par la constitution de 1875, il exerce les mêmes pouvoirs que sous les régimes antérieurs, et dans les mêmes formes, pour tout ce qui touche à l'attribution ou au retrait des emplois militaires. (Voy. Armée, Droit constitutionnel).

6. 2° Les actes par lesquels les ministres statuent sur les matières administratives qui leur ressortissent, soit à l'égard des agents placés sous leurs ordres, soit à l'égard des tiers. L'objet et la nature des décisions ministérielles les recours qui peuvent être dirigés contre elles font l'objet de nombreuses et importantes questions ci ont soulevé diverses controverses en droit administratif. Les actes des préfets et des maires statuant sur des objets d'intérêt départemental ou communal portent également le nom de *décisions* quand ils ne revêtent pas la forme spéciale d'un *arrêté*. (Voy. Administration générale, Contentieux administratif.)

7. 3° Les délibérations exécutoires par lesquelles les commissions départementales statuent sur les objets compris dans leurs attributions sont qualifiées de *décisions* par la loi du 10 août 1871 (art. 88) Voy. Département.

8. 4° Les décisions contentieuses rendues par les tribunaux administratifs sont ordinairement qualifiées de *décisions* par les lois de la matière, malgré la dénomination différente que l'usage a quelquefois consacrée. Ainsi le nom d'*arrêt* que l'on emploie ordinairement pour désigner les sentences émanées du Conseil d'État n'est pas l'expression strictement légale : avant la loi du 24 mai 1872 qui a conféré au Conseil d'État un droit de juridiction propre, l'expression d'arrêt était déjà usitée, quoique ces sentences fussent rendues en forme d'*ordonnances* royales ou de *décrets* impérial. Elle continue d'être employée ; mais la loi du 24 mai 1872, en créant le droit de juridiction propre du Conseil d'État, n'a désigné ces arrêts que sous le nom de *décisions*, et cette dénomination est la seule qui figure dans la formule exécutoire (Loi du 24 mai 1872, art. 22. Règlement du 2 août 1879, art. 24 et 25). — Voy. Contentieux administratif.

En ce qui touche les jugements rendus par les conseils de préfecture, différents textes de la législation en vigueur les qualifient de *décisions* et plus souvent d'*arrêtés*, sans que l'emploi de l'une ou de l'autre expression corresponde à aucune distinction juridique.

Les décisions contentieuses rendues par les conseils du contentieux des colonies, par les conseils de revision, par le conseil supérieur de l'instruction publique, sont désignées sous le nom de *décisions*.

Il en est de même des jugements rendus par le tribunal des conflits portant également le nom de *décision* (Règl. du 26 octobre 1849, art. 9, 10, 16).

La Cour des comptes est la seule juridiction administrative dont les jugements portent le nom d'*arrêts*. (L. 16 septembre 1807).

DÉCOMPTE. — 1. Dans le sens étymologique de ce mot, le décompte est ce qui est décompté, c'est-à-dire retranché, par opposition à ce qui est compté, c'est-à-dire admis en compte, de telle sorte que la liquidation d'une entreprise, d'un marché, d'une comptabilité quelconque comprenant, d'une part, des recettes, de l'autre des dépenses, des fournitures, des travaux, etc., consiste dans la balance du compte et du décompte.

2. I. Dans la langue usuelle du droit administratif, et spécialement en matière de marchés ou entreprises de travaux publics, le décompte est le compte tout entier, avec ses divers éléments. C'est dans ce sens que le cahier des clauses et conditions générales des ponts et chaussées (titre III) traite des décomptes des entreprises de travaux publics. Il prévoit l'établissement de deux espèces de décomptes, savoir :

Les *décomptes provisoires*, qui sont dressés en cours d'exécution et que l'on peut distinguer eux-mêmes en décomptes mensuels dressés à la fin de chaque mois pour servir de base aux payements à faire à l'entrepreneur, et en décomptes de fin d'année ou de fin d'exercice ;

Les *décomptes définitifs*, qui comprennent les ouvrages et portions d'ouvrages dont le métré a pu être arrêté définitivement.

On distingue aussi les décomptes *partiels* et les décomptes *généraux*, selon qu'ils s'appliquent à une partie de l'entreprise ou à sa totalité ; mais un décompte partiel peut avoir, aussi bien qu'un décompte général, un caractère définitif pour la partie d'ouvrage qu'il concerne. La conséquence de ce caractère définitif est d'obliger l'entrepreneur à réclamer dans un délai déterminé, passé lequel il est censé avoir accepté tous les éléments du décompte et ne peut plus élever aucune réclamation contentieuse. Si, au contraire, le décompte n'a eu qu'un caractère provisoire, tous les droits de l'entrepreneur sont réservés, et aucune forclusion ne peut l'atteindre avant la présentation du compte définitif.

Les contestations relatives aux décomptes des entrepreneurs de travaux publics sont portées devant le conseil de préfecture et en appel devant le Conseil d'État, en vertu de l'article 4 de la loi du 28 pluviôse an VIII. (Voy. CONTENTIEUX ADMINISTRATIF, MARCHÉ DE TRAVAUX PUBLICS.)

3. II. La législation des tabacs a prévu une espèce particulière de décompte qui peut être aussi l'objet de réclamations contentieuses devant le conseil de préfecture et, en appel, devant le Conseil d'État (L. 28 avril 1816, art. 198 à 201).

Ce décompte a pour objet les quantités de tabac qui doivent être représentées par les propriétaires autorisés à se livrer à cette culture, et les décharges auxquelles ils peuvent avoir droit pour les quantités détruites ou détériorées sur pied, ou pour celles qui ont été avariées depuis la récolte. Si ce compte, après les déductions de droit, se solde en déficit, le cultivateur est tenu de payer la valeur des quantités manquantes, et il peut y être contraint dans les formes prévues pour le recouvrement des contributions directes. Il est recevable, pendant le délai d'un mois, à contester le résultat de son décompte devant le conseil de préfecture, qui doit statuer dans les deux mois, sauf appel au Conseil d'État (L. 28 avril 1816, art. 201). — Voy. TABAC.

DÉCORATION. — 1. Distinction honorifique consistant dans le droit de porter un insigne extérieur auquel correspond, le plus souvent, un grade ou titre conféré par le gouvernement.

§ I. — *Décorations françaises.*

2. La principale décoration française est l'ordre de la Légion d'honneur, qui a le caractère et le titre d'ordre national. (Voy. LÉGION D'HONNEUR.)

3. Il existe, en outre, des décorations ou médailles destinées à récompenser des mérites d'une nature spéciale, et qui sont décernées par des départements ministériels déterminés, à la différence de l'ordre de la Légion d'honneur, qui récompense les mérites de toute nature, et qui peut être conféré sur la proposition des différents ministres.

Ces distinctions, et les ministères auxquels elles correspondent, sont :

4. *Ministère de la guerre et de la marine.* — La *médaille militaire*, instituée par les décrets du 22 janvier et du 29 février 1852, est uniquement destinée à récompenser les services rendus, dans les armées de terre et de mer, par les soldats ou marins jusqu'au grade de sous-officier ; elle peut être aussi décernée aux maréchaux, amiraux et officiers généraux ayant commandé en chef (décision présidentielle du 13 juin 1852). Cette médaille est rattachée à l'institution de la Légion d'honneur et placée sous l'administration et la juridiction disciplinaire de la grande chancellerie. (Voy. LÉGION D'HONNEUR.)

Les *médailles commémoratives* sont destinées à rappeler le souvenir des campagnes de Crimée (D. 26 avril 1856 et 12 août 1857), d'Italie (D. 11 août 1859 et 23 janvier 1860), du Tonkin (L. 30 avril 1886).

5. *Ministère de la marine.* — Les *médailles de sauvetage*, instituées par les ordonnances des 2 mars 1820 et 12 avril 1832, sont destinées à récompenser les actes de courage et de dévouement accomplis sur mer, dans les ports et dans la partie maritime des fleuves, rivières et canaux. (Voy. la circ. minist. du 16 décembre 1885 sur la répartition des attributions entre le ministère de la marine et celui de l'intérieur pour les médailles de sauvetage.)

6. *Ministère de l'instruction publique.* — Les *palmes académiques*, dont l'institution remonte au décret du 17 mars 1808 sur l'Université (art. 32), ont été successivement régies : par l'ordonnance du 14 novembre 1844 ; par le décret du 9 décembre 1850, qui a substitué aux anciens titres ceux d'« officier de l'instruction publique » et d'« officier d'académie » ; par le décret du 7 avril 1866, qui a réglé le port de la décoration, et par celui du 24 décembre 1885, qui régit actuellement la matière et qui détermine le nombre des distinctions pouvant être annuellement accordées, savoir : 300 avec le titre d'officier de l'instruction publique, et 1,200 avec le titre d'officier d'académie. La moitié au moins des promotions doivent être réservée à des membres du corps enseignant ou autres fonctionnaires de l'instruction publique.

7. *Ministère de l'agriculture.* — L'ordre du *Mérite agricole* a été créé par décret du 7 juillet 1883, pour récompenser les services rendus à l'agriculture « soit dans l'exercice de la pratique agricole ou des industries qui s'y rattachent, soit dans des fonctions publiques, soit dans des missions ou par des travaux scientifiques ou des publications agricoles ». Un décret du 18 juin 1887 a complété la réglementation de cet ordre ; il a créé le grade d'officier (dont les titulaires ne doivent pas dépasser 300), a élevé de 1,000 à 2,000 le nombre des chevaliers, et fixé le nombre des promotions qui peuvent être faites chaque année. Les droits de chancellerie à acquitter par les titulaires ont été fixés par les lois de finances du 29 décembre 1884 (art. 12) et du 30 mars 1888 (art. 11) ; ils s'élèvent à 15 francs pour les chevaliers et à 60 francs pour les officiers.

Des *médailles forestières* ont été créées par un décret du 13 mai 1883. Elles sont décernées par le ministre de l'agriculture aux préposés de l'administration des forêts, à raison de la durée et de la distinction de leurs services, ou d'actes de courage ou de dévouement. Des arrêtés du ministre de l'agriculture du 23 mai 1883 et du 25 juin 1884 ont réglé le port de la médaille, le nombre des promotions, les mesures de discipline dont les médaillés peuvent être l'objet.

Un décret du 17 juin 1890 a créé en faveur des ouvriers ruraux français comptant plus de trente années de bons services dans une exploitation agricole, des médailles d'honneur portatives, analogues à celles qui ont été créées, en 1886, en faveur des ouvriers et employés de commerce (voy. ci-après n° 11).

8. *Ministère de l'intérieur.* — Des *médailles de sauvetage* peuvent être accordées par le ministre de l'intérieur aux personnes qui ont accompli des actes de dévouement « en exposant leur vie pour sauver des personnes en danger de périr ». Cette distinction a été instituée par des arrêtés et circulaires du ministre de l'intérieur remontant à l'époque de la Restauration ; elle n'a reçu le caractère de médaille portative qu'en vertu de la circulaire du 8 octobre 1831. Il existe quatre classes de médailles, les deux premières en or, les deux autres en argent. Les intéressés ont l'option entre la médaille qu'ils ont méritée et une gratification correspondante en argent.

Par suite de difficultés qui étaient survenues entre le ministère de l'intérieur et le ministère de la marine sur l'attribution des médailles de sauvetage qu'ils peuvent l'un et l'autre décerner, d'après la nature des actes de dévouement et le lieu où ils sont accomplis, une circulaire ministérielle du 16 décembre 1885, résultant d'un accord entre les ministres intéressés, a décidé que le ministre de l'intérieur récompenserait les actes de dévouement sur tous les points du territoire, à l'exception de ceux qui ont été réservés au ministre de la marine (voy. ci-dessus n° 5).

9. Des *médailles d'honneur* spéciales peuvent être accordées « aux personnes qui se sont particulièrement signalées par leur dévouement pendant les *maladies épidémiques* ». Cette médaille, primitivement placée dans les attributions du ministre du commerce, qui avait fait rendre le décret du 31 mars 1885 qui l'a créée, relève du ministère de l'intérieur depuis que le décret du 5 janvier 1889 a rattaché à ce département les services intéressant l'hygiène publique.

10. *Ministère du commerce et de l'industrie.* — Des *médailles d'honneur* portatives, destinées à récompenser le travail et les longs services des ouvriers et employés de l'industrie et du commerce, ont été instituées par un décret du 16 juillet 1886. Elles peuvent être accordées par le ministre du commerce aux « ouvriers et employés français qui comptent au moins trente années de services consécutifs dans le même établissement industriel ou commercial situé sur le territoire de la République ».

Cette distinction peut également être accordée aux ouvriers employés dans les établissements d'enseignement technique publics ou privés (D. 13 juillet 1889), dans les palais nationaux et manufactures de l'État (D. 13 août 1889) et dans les ateliers et établissements dépendant du ministère de la guerre (D. 28 mars 1888). Dans ces derniers cas, la médaille est accordée par le ministre auquel ressortit l'établissement intéressé.

§ 2. — *Décorations étrangères.*

11. Le décret organique de la Légion d'honneur du 16 mars 1852 (art. 50 et 52) place dans les attributions du grand chancelier de la Légion d'honneur l'exécution des règles relatives au port et à l'autorisation des décorations étrangères. Ces règles sont contenues dans le décret du 13 juin 1853 et dans la décision impériale rendue le même jour sur le rapport du grand chancelier.

Ce décret soumet à l'autorisation du gouvernement non seulement le port extérieur, mais l'acceptation des décorations étrangères, et il prohibe d'une manière absolue toutes celles qui seraient conférées par des autorités ou corporations n'ayant pas le caractère de puissance souveraine. Par suite de cette prohibition, édictée par l'article 1er du décret, la décision impériale précitée déclare « illégalement ou abusivement obtenues » toutes décorations conférées par des « chapitres, corporations, confréries, prétendus grands maîtres ou leurs délégués », et décide que l'*ordre de Malte* ne pourra être autorisé que s'il a été conféré par un souverain.

Pour les décorations susceptibles d'être autorisées, les demandes d'autorisation doivent être adressées au grand chancelier de la Légion d'honneur. Les membres des grands corps de l'État peuvent seuls lui adresser directement la demande ; les autres fonctionnaires civils ou militaires doivent la former par la voie hiérarchique et les personnes non fonctionnaires par l'intermédiaire du préfet. Elles sont examinées et vérifiées en conseil de l'ordre (D. 13 juin 1853, art. 4, et Déc. imp., § 5).

Les demandes d'autorisation qui n'émanent pas de Français déjà décorés de la Légion d'honneur doivent être accompagnées d'un extrait régulier de l'acte de naissance (art. 6).

Les autorisations sont données par décret, et publiées au *Journal officiel* (art. 7). Leurs effets sont limités lorsqu'il s'agit des insignes supérieurs (grands cordons ou plaques); ces insignes ne peuvent pas être portés par tous les titulaires des grades correspondants, mais seulement par les officiers généraux, ou par les fonctionnaires civils d'un rang équivalent. (Déc. imp., § 3).

12. Afin d'éviter des confusions entre les insignes extérieurs de certaines décorations étrangères et ceux de la Légion d'honneur, des décisions présidentielles des 11 avril 1882, 8 juin 1885 et 10 juin 1887 ont interdit de porter les ordres étrangers, dont le ruban est rouge ou contient du rouge autrement qu'avec une croix d'un diamètre au moins égal à celui du ruban ou de la rosette.

13. L'autorisation de porter des ordres étrangers est soumise à un droit de chancellerie qui est perçu par l'agent comptable de la grande chancellerie de la Légion d'honneur et qui varie d'après l'importance du grade et des insignes. Ce droit, qui était de 60 à 200 francs d'après l'article 10 du décret du 13 juin 1853, est actuellement de 100 à 300 francs d'après une décision présidentielle du 8 novembre 1883. Les soldats et marins et les officiers jusqu'au grade de capitaine ou de lieutenant de vaisseau sont exemptés de ces droits (D. 13 juin 1853, art. 11).

Le droit de porter des décorations étrangères peut être suspendu ou retiré dans les cas et selon les formes déterminées pour les membres de la Légion d'honneur (*Ibid*, art. 13). — Voy. Légion d'honneur.

§ 3. — *Port illégal de décorations.*

14. L'article 259 du Code pénal, aux termes duquel « toute personne qui aura publiquement porté un costume, un uniforme ou une décoration qui ne lui appartiendra pas sera punie d'un emprisonnement de six mois à deux ans », est applicable aux décorations et médailles françaises de toute nature qui seraient portées par des personnes n'en étant pas titulaires, ainsi qu'aux décorations étrangères qui seraient portées sans l'autorisation du gouvernement ou dans des conditions autres que celles prévues par l'autorisation et par les règlements, par exemple avec le ruban ou la rosette seuls lorsque l'adjonction de la croix est exigée. (Voy. Légion d'honneur.)

DÉCRET. — Ordre, décision d'une autorité supérieure (de *decernere, decretum*).

§ 1. — *Historique.*

1. L'expression de *décret* n'était pas employée, avant 1789, dans le sens qui lui appartient dans le droit constitutionnel et administratif moderne. Les actes du roi qui, d'après leur nature et leur objet, correspondaient aux décrets du pouvoir exécutif, portaient le nom d'ordonnances, d'édits, d'arrêts du conseil, de lettres patentes; toutefois la dénomination d'édit et d'ordonnance s'appliquait plus spécialement aux actes ayant un caractère législatif.

2. Si l'expression de décret n'était pas autrefois usitée, dans la langue politique, elle l'était, du moins, en droit canonique, et en droit civil et criminel.

En droit canonique, on donnait le nom de décret aux décisions des conciles, à certaines décisions des papes et aussi à des décisions de l'Université dont plusieurs ont été qualifiées de « décrets en Sorbonne ».

En procédure criminelle, *décret* était souvent employé comme synonyme d'ordonnance émanée d'un tribunal; il y avait des décrets de prise de corps, des décrets d'assigner pour être ouï, des décrets d'accusation — d'où l'expression « décréter d'accusation » qui est encore usitée.

En procédure civile, il y avait des décrets rendus par les juges pour ordonner l'adjudication d'un immeuble; on les appelait couramment « décrets d'immeubles » ; on distinguait le *décret volontaire* qu'un acquéreur faisait rendre afin de purger les hypothèques, servitudes et autres droits réels, et

le *décret forcé*, par lequel les créanciers, après avoir fait saisir l'immeuble de leur débiteur le faisaient adjuger aux enchères (1).

3. Depuis 1789, le mot « décret » a cessé d'appartenir à la langue judiciaire et il a été successivement réservé aux actes des assemblées législatives, puis à ceux du chef de l'État.

L'Assemblée constituante avait donné le nom de décret à ses propres décisions, et l'avait interdit pour les actes de toute autre autorité. Le décret du 24-27 juin 1790 « concernant l'intitulé des délibérations des corps administratifs » dispose dans son article 1er : « Nul corps administratif de pourra employer dans l'intitulé et dans le dispositif de ses délibérations l'expression de *décret* consacrée aux actes du Corps législatif; il doit employer le terme de *délibération*. »

Sous l'empire de la Constitution du 3 septembre 1791, l'expression de décret n'était pas synonyme de loi : elle désignait toute résolution adoptée par l'Assemblée. Celles de ces résolutions qui avaient pour objet des matières législatives ne devenaient *loi* qu'en vertu de la sanction royale, ou, à défaut de cette sanction, lorsqu'elles avaient été présentées au roi par trois législatures consécutives. Dans ces deux cas, dit la Constitution de 1791, « les décrets, ont force de loi et portent le nom et l'intitulé de loi » (1).

Mais il y avait aussi des décrets de l'Assemblée qui étaient exécutoires sans avoir besoin de la sanction royale, et qui, par suite, ne portaient pas le titre de loi ; c'étaient « les actes du Corps législatif concernant sa constitution en assemblée délibérante, les actes relatifs à la responsabilité des ministres et les décrets portant qu'il y a lieu à accusation » (2).

Quant aux actes émanés du chef de l'État seul, qui correspondaient aux décrets actuels du pouvoir exécutif, la Constitution de 1791 les qualifiait de *proclamations* lorsqu'ils avaient pour objet d'assurer l'exécution des lois au moyen de prescriptions générales ou réglementaires, et de *lettres-patentes, brevets, commissions*, quand ils statuaient par décisions spéciales (3).

Lorsque la sanction royale eut été abolie par le décret du 10 août 1792, les décrets rendus par l'Assemblée législative, puis par la Convention, eurent par eux-mêmes force de loi, mais ils conservèrent le nom de décrets, et l'expression de *loi* ne fut appliquée pour désigner les décisions des assemblées ayant le caractère d'actes législatifs que par la Constitution du 5 fructidor an III.

4. La Constitution de l'an III distingue encore, parmi les décisions des assemblées, les *lois* et les *décrets*. Les *lois* sont les décisions votées par le Conseil des Anciens à la suite des *résolutions* votées par le Conseil des Cinq-Cents, à qui appartient l'initiative et la rédaction des lois. Les *décrets* sont des décisions votées par le Conseil des Anciens pour régler son organisation intérieure ou pour édicter certaines mesures relatives au fonctionnement du Corps législatif, par exemple au lieu de ses réunions (4).

Les actes du Directoire exécutif portaient le nom de *pro-*

---

(1) Voy. Merlin, *Répertoire*, v° DÉCRET D'IMMEUBLE.
(1-2) Constitution du 3 septembre 1791, sect. II, art. 1er à 10, et sect. III, art. 6 et 7.
(3) *Ibid.*, chap. IV, art. 3 et 6.
(4) Constitution de l'an III, art. 91 à 102.

clamations quand ils étaient faits pour assurer l'exécution des lois au moyen de règlements et d'instructions générales, et le nom d'*arrêtés* quand ils statuaient sur des cas particuliers.

5. Sous l'empire de la Constitution de l'an VIII, et avant l'établissement de l'Empire, l'expression de décret n'est employée ni pour les décisions des assemblées, ni pour les actes du pouvoir exécutif : les premières prennent le nom de *lois* ou de *sénatus-consultes* selon qu'elles émanent du Corps législatif ou du Sénat ; les actes des consuls portent le nom d'*arrêtés*.

C'est seulement après le sénatus-consulte du 28 floréal an XII, instituant le gouvernement impérial, que les actes du chef de l'Etat prennent, pour la première fois, le nom de *décrets* qu'ils ont conservé jusqu'à la fin de l'Empire.

6. Sous la Restauration et le Gouvernement de Juillet, l'expression de décret disparaît entièrement de la langue politique. Les actes législatifs sont des *lois*, les actes émanés du roi sont des *ordonnances* et, dans certains cas, des *décisions royales* (Voy. DÉCISION.)

7. La dénomination de *décret* reparaît après la révolution de 1848. Le gouvernement provisoire, qui exerçait le pouvoir législatif et le pouvoir exécutif rend tantôt des *décrets*, tantôt des *arrêtés* ; la première expression était généralement employée pour ses actes législatifs et la seconde pour ceux qui rentraient dans la fonction exécutive : toutefois cette distinction n'a pas toujours été rigoureusement observée. L'Assemblée nationale, dans son règlement du 31 mai 1848 (art. 49 et suiv.) donne le nom de *décret* à ses propres décisions ; les actes de la commission qui fut chargée d'exercer le pouvoir exécutif avant l'institution de la présidence ne portent plus que le nom d'*arrêtés*.

La Constitution du 4 novembre 1848 appelle *lois* les actes émanant de l'Assemblée législative et *décrets* ceux du Président de la République. Une discussion s'éleva, lors du vote de l'article 69 de cette Constitution, au sujet de l'emploi du mot *décret* qui figurait dans le projet de la commission, et auquel M. de Saint-Priest proposait de substituer le nom d'*arrêté*. M. Vivien fit observer que la commission de constitution avait attribué à dessein le nom de *loi* aux actes du pouvoir législatif, de *décret* à ceux du pouvoir exécutif et d'*arrêté* à ceux des ministres. Cette terminologie fut adoptée par l'Assemblée (1).

8. Sous l'empire de la Constitution de 1852, ces dénominations adoptées en 1848 ont été maintenues par le gouvernement du Président de la République et par le gouvernement impérial.

Le Gouvernement de la Défense nationale à donné le nom de *décret* à tous ses actes, sans distinguer entre ceux qui avaient ou non un caractère législatif.

Le gouvernement de M. Thiers a employé la dénomination d'*arrêté* pendant la période où il n'était que le délégué de l'Assemblée nationale comme chef du pouvoir exécutif, et celle de *décret* à partir de la loi du 31 août 1871 qui a institué le titre de Président de la République.

_____

(1) Duvergier, *Coll. des Lois*, An. 1848, p. 590.

IX

§ 2. — *Législation actuelle.*

9. Les lois constitutionnelles de 1875 ont définitivement adopté la dénomination de *loi* pour les actes émanés des Chambres et celle de *décret* pour ceux du président de la République. Elles donnent le nom de *messages* aux communications directement adressées aux Chambres par le chef de l'Etat, notamment pour leur demander de procéder à une nouvelle délibération d'une loi (L. 16 juillet 1875, art. 6 et 7).

Les pouvoirs que le président de la République exerce au moyen de décrets devant être étudiés à l'article *Droit constitutionnel*, nous n'avons à donner ici que quelques indications générales sur la nature de ces actes et sur les différentes formes dans lesquelles ils peuvent être rendus.

10. En ce qui touche leur nature, les décrets sont les actes par lesquels le président de la République exerce les pouvoirs qu'il tient de la Constitution et des lois et, qui sont, en général, des pouvoirs d'ordre exécutif. Il ne serait cependant pas exact de dire que les décrets sont exclusivement des actes de la puissance exécutive ; il en est qui ont le caractère d'actes législatifs, et qui sont de véritables décrets-lois, quoique cette expression ne soit pas consacrée par les textes, et qu'elle soit plutôt réservée, par l'usage, à des actes faits pendant certaines périodes dictatoriales, notamment de février à mai 1848, de décembre 1851 à mars 1852. Les décrets législatifs du président de la République interviennent en matière de législation coloniale, en vertu de l'article 18 du sénatus-consulte du 3 mai 1854 (Voy. COLONIES), et en matière de législation algérienne en vertu de l'article 25 de la loi du 24 avril 1833 (Voy. ALGÉRIE).

Un autre motif empêche que le terme de décret soit pris comme synonyme d'acte du pouvoir exécutif, c'est qu'il y a certains actes de haute administration qui émanent, non du Président de la République mais des Chambres, et qui sont faits en la forme et sous la dénomination de lois. Telles sont les lois qui prononcent des déclarations d'utilité publique, modifient des circonscriptions territoriales, approuvent les aliénations du domaine de l'Etat, autorisent des emprunts de ville ou de départements, etc., et qui ont ainsi le caractère d'actes d'administration, ou de tutelle administrative. (Voy. DÉPARTEMENT, DROIT CONSTITUTIONNEL.)

11. On peut établir, entre les décrets rendus par le Président de la République pour l'exercice du pouvoir exécutif, des distinctions correspondant aux divers usages qu'il fait de ce pouvoir. A ce point de vue, les décrets peuvent avoir, selon leur objet, le caractère d'actes de gouvernement d'actes réglementaires, d'actes de gestion, de décisions individuelles. On peut aussi distinguer ceux qui ont ou non pas un caractère contentieux. Mais ces distinctions ne sont pas spéciales aux décrets, elles visent les actes administratifs en général, même quand ils émanent d'autorités autres que le Président de la République. Il n'y a donc pas lieu d'y insister ici.

12. Au point de vue des formes, tous les décrets doivent être rendus sur le rapport d'un ministre qui les contresigne, est chargé de leur exécution et est responsable des dispositions qu'ils édictent. (Voy. DROIT CONSTITUTIONNEL). Les décrets pour lesquels la loi n'exige aucune autre formalité ne

sont pas exigées, sont souvent désignés sous le nom de « décrets simples ».

Certains décrets ne peuvent être légalement rendus qu'après avoir été délibérés en conseil des ministres, tels sont ceux qui nomment ou révoquent des conseillers d'Etat (L. constit. 25 février 1875, art. 4), ceux qui prononcent la dissolution d'un conseil municipal (L. 5 avril 1883, art. 43).

Pour un grand nombre de décrets, la délibération du Conseil d'Etat est exigée par des lois générales ou spéciales. Parmi les décrets soumis à cette délibération, on peut distinguer :

1° Les *règlements d'administration publique*, qui sont faits en vertu d'une délégation spéciale du législateur, afin d'édicter les dispositions secondaires et les mesures d'exécution nécessaires à l'application d'une loi ; ils doivent être délibérés par l'Assemblée générale du Conseil d'Etat. (Voy. CONSEIL D'ETAT).

2° Les décrets *en forme de règlements d'administration publique* qui sont délibérés dans la même forme que les précédents, mais qui ne résultent pas d'une délégation spéciale du législateur, et sont rendus en vertu des pouvoirs généraux de Président de la République comme chef du pouvoir exécutif, par suite de dispositions législatives qui exigent, pour ces actes, la délibération du Conseil d'Etat.

3° Les décrets pour lesquels la loi n'exige pas l'avis du Conseil d'Etat tout entier, mais seulement celui d'une de ses sections (Voy. CONSEIL D'ÉTAT.)

Il y a beaucoup d'autres décrets qui ne peuvent être valablement rendus qu'après diverses formalités prescrites par les lois et règlements, telles que des enquêtes, des avis des conseils généraux, des conseils municipaux, de conseils techniques, etc.; mais il n'y a pas lieu de les classer dans une catégorie spéciale de décrets, parce que ces avis ne sont qu'un élément d'instruction administrative, et ne constituent pas une délibération du projet de décret lui-même.

13. La force exécutoire des décrets qui contiennent des dispositions générales ou réglementaires résulte, comme celle des lois, de la publication qui en est faite au *Journal officiel* ou au *Bulletin des Lois*, et de leur transmission au chef-lieu des arrondissements, avec application du délai d'un jour franc fixé par le décret-loi du 5 novembre 1870.

Quant aux décrets qui ne contiennent que des dispositions spéciales ou individuelles, il suffit, en général, qu'ils soient notifiés aux parties intéressées. Toutefois, il en est pour lesquels la loi a exigé l'insertion au *Bulletin des Lois* : tels sont les décrets relatifs aux changements de noms ou à la concession de pensions civiles ou militaires. (Voy. NOMS, PENSIONS).

14. Les décrets du Président de la République qui ont le caractère d'actes administratifs peuvent être l'objet de contestations devant la juridiction contentieuse, comme les actes de même nature émanés d'autres autorités. En conséquence, ils peuvent être déférés au Conseil d'Etat pour excès de pouvoir s'ils portent atteinte à un droit ou s'ils sont entachés d'incompétence ou de vice de forme.

Aucun recours ne serait recevable, soit contre les décrets par lesquels le Président de la République exerce ses attributions d'ordre législatif en Algérie ou aux Colonies, soit contre ceux qui ont le caractère d'actes diplomatiques, ou qui interviennent dans les rapports du Président de la

République avec les Chambres et qui ont, à ce titre, le caractère d'actes de gouvernement. (Voy. CONTENTIEUX ADMINISTRATIF, DROIT CONSTITUTIONNEL.)

DÉFENDS, DÉFENSABILITÉ. — Ces termes de droit forestier indiquent, l'état d'un bois ou d'une forêt, selon qu'ils sont interdits ou non à l'exercice des droits de pâturage ou autres droits d'usage, à raison de l'âge et de la force des plantations.

L'article 65 C. for. pose en principe que l'exercice de ces droits est toujours subordonné à la « possibilité » des bois et forêts de l'Etat. Tant que cette possibilité n'existe pas, c'est-à-dire tant que le pâturage ou autre droit d'usage compromettrait l'existence des plantations, les semis ou taillis sont dits « en défends », c'est-à-dire en interdit.

Au contraire, les bois sont dits « défensables », c'est-à-dire pouvant se défendre, lorsqu'ils sont en état de souffrir sans dommage l'exercice des droits d'usage. L'article 67 C. for. porte que « quels que soient l'âge ou l'essence des bois, les usagers ne pourront exercer leurs droits de pâturage et de panage que dans les cantons qui auront été déclarés défensables par l'administration forestière, sauf le recours au conseil de préfecture, et ce nonobstant toute possession contraire ».

Le recours au conseil de préfecture prévu par ce texte est un véritable recours contentieux, car il a pour but de faire décider si l'administration suspend l'exercice d'un droit d'usage dans les conditions autorisées par la loi. (Voy. FORÊTS).

DÉFENSES. — Les défenses, ou mémoires en défense, sont les mémoires que les défendeurs mis en cause devant un Conseil d'Etat ou devant un conseil de préfecture doivent produire en réponse à la requête du demandeur. Devant le Conseil d'Etat, le délai de production des défenses est fixé à quinze jours plus les délais de distance, (règlement du 22 juillet 1806, art. 4) ; dans les instances devant les conseils de préfecture, ces conseils fixent le délai eux-mêmes, eu égard aux circonstances de l'affaire, après avoir entendu le rapporteur (L. 22 juillet 1889, art. 6).

Faute de production de défenses, la partie défenderesse est réputée défaillante. (Voy. CONTENTIEUX ADMINISTRATIF).

DÉFRICHEMENT. — Le défrichement consiste dans la suppression de plantations forestières au moyen de l'arrachage des arbres et souches. Les propriétaires ne peuvent y procéder qu'à la suite d'une déclaration faite à la sous-préfecture, quatre mois au moins à l'avance, et sous la réserve de l'opposition qu'il appartient à l'administration de faire au défrichement, pendant ce délai, pour des motifs d'intérêt général. Le défrichement fait l'objet de la loi du 18 juin 1859 qui est devenu le titre XV du Code forestier. (Voy. FORÊTS).

DÉGRADATION. — Détérioration, dommage causé à un édifice ou autre ouvrage.

La dégradation des monuments publics est prévue par l'article 257 du Code pénal, qui punit d'un emprisonnement d'un mois à deux ans, et d'une amende de 100 à 500 francs, « quiconque aura détruit, abattu, mutilé ou dégradé des monuments, statues et autres objets destinés à l'utilité ou à la décoration publique et élevés par l'autorité publique ou avec son autorisation ».

La dégradation des ouvrages publics dépendant de la grande voirie constitue une contravention de grande voirie justiciable du conseil de préfecture. Elle est prévue par les différents textes qui répriment les contraventions de grande voirie (Voy. Voirie (Grande).

La dégradation des voies publiques dépendant de la voirie vicinale ou urbaine, constitue une contravention de petite voirie prévue par l'article 479 du Code pénal et justiciable des tribunaux de police. (Voy. Voirie urbaine, Voirie vicinale.)

DÉGRADATION CIVIQUE. — Peine criminelle infamante, prévue par l'article 8 Code pénal, et qui consiste, d'après l'article 28 : 1° Dans la destitution et l'exclusion des condamnés de toutes fonctions, emplois et offices publics (Voy. Fonctionnaire public) ; 2° Dans la privation du droit de vote et d'éligibilité et en général de tous les droits civiques ou politiques (voy. Élections) et dans le droit de porter aucune décoration (voy. Légion d'honneur) ; 3° Dans l'incapacité d'être juré, d'être témoins dans les actes, et de déposer en justice autrement que pour y donner de simples renseignements ; 4° Dans l'incapacité de faire partie d'aucun conseil de famille et d'être tuteur, curateur, subrogé-tuteur ou conseil judiciaire, si ce n'est de ses propres enfants et sur l'avis conforme de la famille ; 5° Dans la privation du droit de port d'armes, de faire partie de l'armée, de tenir école ou d'enseigner et d'être employé dans aucun établissement d'instruction.

La dégradation civique peut être prononcée comme peine principale ou comme peine accessoire.

Prononcée comme peine principale, elle peut toujours être accompagnée d'un emprisonnement dont la durée, fixée par l'arrêt de condamnation, ne doit pas excéder cinq ans. La condamnation à l'emprisonnement, purement facultative si le condamné est Français, est obligatoire si le condamné est étranger. (C. pén., art. 35.)

Le Code pénal n'applique la dégradation civique, comme peine principale, qu'à des crimes contre la chose publique, et principalement à ceux qui sont commis par des personnes ayant un caractère public. Parmi ces crimes on peut citer : la forfaiture (C. pén., art. 167), la corruption (C. pén., art. 177), les empiètements des autorités administratives ou judiciaires (C. pén., art. 127, 130), certains faits de coalition de fonctionnaires (C. pén., art. 126), etc. (Voy. Fonctionnaire public).

La dégradation civique est attachée de plein droit, comme peine accessoire, à toute condamnation à la peine des travaux forcés à temps, de la détention, de la réclusion et du bannissement (C. pén., art. 28). Elle s'ajoute donc à toute peine criminelle ayant un caractère temporaire et elle en résulte nécessairement, sans qu'il soit besoin qu'elle ait été prononcée par l'arrêt de condamnation.

Mais la dégradation civique ne prend pas fin avec la peine temporaire dont elle est l'accessoire ; elle subsiste comme déchéance perpétuelle lorsque la peine a été subie, et il ne dépendrait pas du juge de lui assigner une plus courte durée.

La dégradation civique peut-elle être effacée par la grâce ? Il faut distinguer : Si elle a été prononcée comme peine principale, elle peut être effacée par la grâce dont l'effet est de dispenser le condamné de subir sa peine. Mais si elle a été prononcée comme peine accessoire, elle prend le caractère d'une déchéance, d'une incapacité légale ou plutôt d'un ensemble d'incapacités légales qui ne peuvent pas être effacées par la grâce.

La dégradation civique, considérée comme peine accessoire, ne peut prendre fin que par la réhabilitation ou par l'amnistie.

DÉGRADATION MILITAIRE. — 1. La dégradation militaire est une des peines qu'il appartient aux tribunaux militaires de prononcer en matière de crime. (C. just. milit., 9 juin 1857, art. 185.)

La dégradation militaire consiste dans certaines incapacités et déchéances énumérées par l'article 190 du Code de justice militaire, savoir : 1° la privation du grade et du droit d'en porter les insignes et l'uniforme ; 2° l'incapacité absolue de servir dans l'armée à quelque titre que ce soit, et les autres incapacités prononcées par les articles 28 et 34 du Code pénal ; 3° La privation du droit de porter aucune décoration et la déchéance de tout droit à pension et à récompense pour les services antérieurs.

2. La dégradation comporte en outre, des actes d'exécution matérielle qui sont prévus par l'article 190 du Code de justice militaire. D'après ce texte, le condamné « est conduit devant la troupe sous les armes. Après la lecture du jugement, le commandant prononce ces mots à haute voix : N... (nom et prénoms du condamné), vous êtes indigne de porter les armes ; de par le Président de la République, nous vous dégradons. Aussitôt après, tous les insignes militaires et les décorations dont le condamné est revêtu sont enlevés ; et s'il est officier, son épée est brisée et jetée à terre devant lui ».

3. De même que la dégradation civique, la dégradation militaire peut être encourue comme peine principale ou comme peine accessoire.

Lorsqu'elle est prononcée comme peine principale, elle doit toujours être accompagnée d'une condamnation à l'emprisonnement dont la durée, fixée par le jugement, n'excède pas cinq années. (C. just. milit., art. 191.)

La dégradation militaire, considérée comme peine accessoire, résulte de plein droit de la condamnation aux travaux forcés, à la déportation, à la détention, à la réclusion et au bannissement. (C. just. milit., art. 200.)

4. En ce qui touche la peine de mort qui, d'après le Code pénal ordinaire, a toujours le caractère de peine infamante, des distinctions ont été admises dans la législation militaire, et la dégradation n'est encourue que lorsque la loi la prononce expressément. La question de savoir si l'on devait établir une différence morale entre les différents cas d'application de la peine de mort se posa, en 1829, dans la commission de la Chambre des pairs : celle-ci admit qu'il était non seulement possible mais nécessaire de déroger à la loi commune. La même idée a prévalu en 1857. L'exposé des motifs du Code actuellement en vigueur explique que « la peine de mort, toujours infamante dans l'ordre civil, ne pouvait conserver ce caractère dans toutes les circonstances où elle est appliquée aux militaires. Si le maintien de la discipline exige parfois des peines qui semblent disproportionnées à l'offense, et si des infractions graves dans le service et des actes d'insubor-

dination suffisent pour attirer sur les coupables militaires la peine de mort, la raison se révolterait contre une mesure qui tendrait à les mettre, quant à l'infamie, sur la même ligne que les assassins et les plus grands coupables. »

En conséquence, une disposition expresse de la loi pénale est nécessaire pour que la peine de mort entraîne la dégradation militaire. Dans le cas où celle-ci est prononcée, elle est d'ailleurs affranchie des formes extérieures prescrites par l'article 190 du Code de justice militaire.

5. La dégradation militaire peut aussi être prononcée, dans les cas prévus par la loi, accessoirement à des peines correctionnelles, lorsqu'elles sont encourues pour des délits qui portent une grave atteinte à l'honneur.

DÉPARTEMENT [1].

SOMMAIRE :

TITRE PREMIER.

HISTORIQUE.

(1) Par M. BOUFFET, conseiller d'État, directeur de l'administration départementale et communale au ministère de l'Intérieur, et M. L. PÉRIER, docteur en droit, attaché à la direction départementale.

TITRE PREMIER.

HISTORIQUE.

1. Le département, considéré comme division territoriale de la France et comme centre d'administration générale et locale, est une institution moderne, une création de l'Assemblée constituante, qui ne procède pas directement des institutions de l'ancien régime et qui a même eu pour but de les effacer et de les faire oublier.

Mais quelque puissant qu'ait été l'esprit de rénovation en 1789, il s'exerçait sur un sol où l'histoire politique et administrative de l'ancienne France avait laissé ses empreintes. Ni l'Assemblée constituante, ni surtout le Consulat dont la législation combine volontiers l'œuvre de la révolution avec les souvenirs du passé, n'ont entièrement anéanti tout ce qui avait précédé ; pour n'en citer qu'un exemple, l'ancienne institution des intendances n'a pas été sans influence sur les lois de la Constituante qui ont déterminé la compétence des directoires de département, et surtout sur la loi du 28 pluviose an VIII qui a créé les préfectures.

C'est pourquoi il est utile de donner un rapide aperçu des divisions territoriales de l'ancienne France et des différents systèmes d'administration qui s'y exerçaient.

CHAPITRE PREMIER.

ANCIEN RÉGIME.

SECTION PREMIÈRE.

ANCIENNES DIVISIONS TERRITORIALES DU ROYAUME.

2. « Le Royaume, disait Thouret, dans son rapport présenté à l'Assemblée constituante sur les nouvelles divisions du territoire français (1), est partagé en autant de divisions différentes qu'il y a de diverses espèces de régimes ou pouvoirs : en *diocèses* sous le rapport ecclésiastique, en *gouvernements* sous le rapport militaire, en *généralités* sous le rapport administratif, en *bailliages* sous le rapport judiciaire. Aucune de ces divisions ne peut être utilement ni convenablement appliquée à l'ordre représentatif. Non seulement il y a des disproportions trop fortes en étendue de territoire, mais ces antiques divisions, qu'aucune combinaison politique n'a déterminées et que l'habitude seule peut rendre tolérables sont vicieuses sous plusieurs rapports tant physiques que moraux... »

Dans cette énumération, des différentes subdivisions du territoire de la France, on peut être surpris de ne pas voir figurer la *Province*, qu'on a quelquefois considérée comme étant sous l'ancien régime, la principale division territoriale.

---

(1) Rapport présenté au nom du Comité de Constitution, à la séance du 29 septembre 1789. — *Hist. parlement. de la Révolution française*, T. III, p. 27.

3. Mais la province n'était pas, par elle-même, un centre de gouvernement ou d'administration. Elle constituait un territoire, un « pays », ayant eu ses frontières, son gouvernement — soit autonome, soit dépendant de quelque souveraineté étrangère, — jusqu'à l'époque où son annexion au royaume de France avait eu lieu par conquête, par traité, par héritage, ou par tout autre mode de réunion à la couronne.

La province ainsi incorporée au royaume avait conservé son nom, ses traditions, sa configuration géographique, elle avait même quelquefois gardé, en vertu des traités ou autres chartes d'annexion, des privilèges, des institutions provinciales ou municipales; mais elle n'en avait pas moins été enveloppée et comme absorbée dans le gouvernement général du royaume et comprise dans les grandes divisions politiques et administratives qui étaient les *gouvernements* et les *généralités*. Ces grandes circonscriptions d'administration civile ou militaire, n'avaient pas de corrélations nécessaires avec les anciennes provinces auxquelles elles se superposaient. Si quelquefois elles coïncidaient en fait, elles étaient toujours indépendantes en droit. Souvent elles s'étendaient sur plusieurs provinces ou fractions de provinces, et leurs limites se combinaient de la manière la plus variée avec les anciennes frontières géographiques. C'est donc dans les *gouvernements* et dans les *généralités*, plutôt que dans les provinces qu'était le véritable siège de l'administration monarchique.

4. *Gouvernements.* — Les gouvernements étaient les territoires, embrassant presque toujours plusieurs provinces, où le roi était représenté par un gouverneur joignant quelquefois à son titre celui de « lieutenant pour le roi » ou de « lieutenant général » (1).

Le gouverneur, ordinairement choisi dans les rangs les plus élevés de la noblesse, devait veiller d'une manière générale, à ce que « les habitants ne s'écartent pas de l'obéissance due au roi et vivent entre eux en bonne union » (2); mais ses attributions essentielles étaient d'ordre militaire. Il commandait les troupes de son gouvernement, assurait leur organisation et leur recrutement, veillait à ce que les places fussent en bon état de défense. Ces pouvoirs mêmes ne restèrent pas intacts entre ses mains lorsque l'organisation militaire eut été centralisée comme les autres services publics. Les intendants furent chargés, sous les ordres directs des ministres, de surveiller presque tous les services administratifs de l'armée : recrutement des milices, logement et entretien des troupes. Les gouverneurs ne conservaient, à la fin du XVIIIe siècle, que l'éclat extérieur du commandement et des traitements fort élevés.

D'après l'ordonnance du 18 mars 1776, il y avait trente-neuf gouverneurs généraux des provinces distribués en deux classes, et pourvus d'un traitement de 60,000 livres dans la première classe, de 30,000 livres dans la seconde (3).

(1) François Ier, par un édit du 6 mai 1515 n'avait conservé le titre de lieutenant général qu'à 9 gouverneurs de provinces, ceux d'Ile-de-France, Normandie, Guyenne, Languedoc, Provence, Dauphiné, Bourgogne, Champagne et Brie, Picardie.
(2) Ordonnance du 1er mars 1768, tit. II.
(3) Il y avait dix-huit gouvernements généraux de première classe, savoir: Ile-de-France, Picardie, Flandre et Hainaut, Champagne et Brie,

Il y avait, en outre un grand nombre de gouvernements particuliers, divisés en trois classes, et qui avaient presque exclusivement le caractère de commandements de places ou de postes (1). Ils relevaient des gouvernements généraux.

Les gouvernements généraux, considérés comme circonscriptions purement militaires ont été abolis par la loi des 20-25 février 1791.

5. *Généralités. Intendances.* — Les généralités, administrées par les Intendants étaient, depuis le règne de Louis XIV, de véritables circonscriptions administratives de l'ancienne France. Les généralités, de même que les gouvernements, ne concordaient pas nécessairement avec les territoires des provinces ni même avec leurs divisions en pays d'États et en pays d'Élections. Elles avaient d'abord été tracées d'après les ressorts territoriaux adoptés sous Henri III, pour les généraux des finances, et leur nom même de généralités rappelait cette origine. Puis elles avaient été remaniées d'après les besoins de l'administration nouvelle, quelquefois même en vue de séparer des fractions d'une même province, ou de fusionner sous un même régime administratif des éléments empruntés à des provinces différentes.

Les généralités empruntaient plus souvent leur nom à la ville où siégeait l'intendant, qu'aux provinces comprises dans son ressort; cependant dans quelques pays d'États, le nom de la province s'appliquait aussi à la généralité.

A la veille de la Révolution, les « intendances des généralités et provinces du royaume » étaient au nombre de trente-quatre, y compris la Corse (2).

Trois-Evêchés, Alsace, Comté de Bourgogne, Duché de Bourgogne, Lyonnais, Dauphiné, Provence, Languedoc, Roussillon, Navarre et Béarn, Guyenne, Bretagne, Normandie.
Il y avait vingt et un gouvernements généraux de seconde classe : Havre, Boulonnais, Artois, Sedan, Toul, Nivernais, Bourbonnais, Berry, Auvergne, Foix, Donezan et Andore, Limousin, Marche, Saintonge et Angoumois, Aunis, Poitou, Saumurois, Anjou, Touraine, Maine et Perche, Orléanais, Corse. (Voy. le *Réglement sur les gouvernements militaires des provinces* du 18 mars 1776. — Isambert, *Anc. lois franc.* T. XXIII, p. 436.)
(1) Isambert, *loc. cit.* note 1. — Le nombre des gouvernements particuliers était de 114 en 1776.
(2) Voici le tableau des intendances en 1788.
1. *Paris*, comprenant 22 élections, dont 3 en Picardie,5 en Brie,5 en Champagne, 3 en Gâtinais, 3 en Beauce, 1 dans le Vexin,1 dans le Nivernais.
2. *Amiens*, 6 élections en Picardie.
3. *Soissons*, 7 élections en Picardie.
4. *Orléans*, 12 élections, dont 3 dans l'Orléanais, 3 dans la Beauce, 2 en Gâtinais, 1 dans le Blaisois, 1 en Sologne, 1 dans le Hurepoix, 1 dans le Nivernais.
5. *Bourges*, 7 élections, dont 5 dans le Berry, 1 dans le Bourbonnais, 1 dans le Nivernais.
6. *Lyon*, 5 élections dont 4 dans le Forez et 1 dans le Beaujolais.
7. *La Rochelle*, 6 élections dont 4 en Saintonge, 1 dans l'Aunis et 1 en Angoumois.
8. *Moulins*, 7 élections, dont 3 en Bourbonnais,2 en Nivernais,1 dans la Marche, 1 en Auvergne.
9. *Riom*, 7 élections en Auvergne.
10. *Poitiers*, 9 élections en Poitou.
11. *Limoges*, 5 élections, dont 3 en Limousin, 1 en Angoumois, 1 dans la Marche.
12. *Bordeaux*, 6 élections, dont 2 en Guyenne, 2 en Périgord, 1 en Agénois, 1 en Condomois.
13. *Tours*, 16 élections, dont 4 en Touraine, 2 en Poitou, 6 en Anjou, 4 dans le Maine.
14. *Auch*, 6 élections en Armagnac, plus 6 pays abonnés.
15. *Montauban*, 6 élections, dont 3 en Quercy et 3 en Rouergue.
16. *Châlons*, 12 élections en Champagne.
17. *Rouen*, 14 élections en Normandie.
18. *Caen*, 9 élections en Normandie.

6. Nous n'avons pas à refaire ici l'histoire des intendants, si étroitement liée à celle de la centralisation gouvernementale et administrative sous l'ancien régime. Rappelons seulement que le roi s'était réservé, de tous temps le droit d'envoyer dans les provinces des représentants directs de son autorité qui étaient ordinairement des maîtres des requêtes chargés de missions temporaires, dites *chevauchées*. La politique de Richelieu tendit à rendre ces missions permanentes et à établir à demeure des « intendants de justice, police et finances, commissaires départis pour les ordres du roi ». Cette institution se heurta d'abord aux résistances de la noblesse et des parlements; elle succomba même en 1648, lorsque la Fronde, momentanément victorieuse, imposa à Mazarin ses conditions de paix avec la Cour par les délibérations dites « de la chambre de Saint-Louis », arrêtées par le parlement et les autres cours souveraines. L'une de ces conditions, stipulée dans l'article 1er des délibérations, était la suppression des intendants. Elle fut prononcée par la déclaration du 18 juillet 1648.

Mais la Cour, qui d'après l'expression du cardinal de Retz « avait été touchée à la prunelle de l'œil par la suppression des intendances » n'avait entendu faire qu'une concession passagère. Dès que la Fronde eut pris fin, le rétablissement des intendants fut un des premiers actes de l'autorité royale. Louis XIV affirma par des déclarations énergiques, notamment par les arrêts du Conseil du 19 octobre 1656 et du 8 juillet 1661, sa volonté de maintenir les pouvoirs des intendants et de les soustraire à tout contrôle des parlements.

À partir de cette époque, l'unité administrative fut fondée, et l'on peut dire que les intendants, appuyés sur le Conseil du roi qui brisait par ses arrêts les dernières résistances locales furent, jusqu'à la Révolution, les agents presque uniques de l'autorité royale.

SECTION II.

INTENDANTS.

Les attributions des intendants s'exerçaient : 1° en matière d'impôts; 2° en matière de police et d'administration proprement dite; 3° en matière de contentieux administratif.

7. I. *En matière d'impôts.* L'intendant présidait à l'assiette de la *taille*, impôt de répartition dont le contingent était fixé,

pour chaque généralité, par le roi en son Conseil, et dont la sous-répartition était opérée : d'abord par des « commissions générales », déterminant le contingent de chaque élection ; puis par les « élus », chargés de faire le partage ou « département » entre les paroisses; enfin par les collecteurs ou assesseurs, chargés de dresser les rôles individuels. Les deux dernières opérations se faisaient sous l'autorité presque absolue de l'intendant à qui les élus et les collecteurs étaient étroitement subordonnés.

Les autres impôts directs relevaient plus exclusivement encore de l'intendant. Il répartissait seul la *capitation*, au marc le franc de la taille ; il faisait établir l'impôt des *vingtièmes* par un « directeur des vingtièmes » assisté de contrôleurs qui étaient tous placés sous son autorité directe. C'était aussi par ses agents que la perception avait lieu. Nous verrons cependant que dans les *pays d'états*, c'est-à-dire dans ceux qui avaient conservé leurs assemblées provinciales, les pouvoirs de l'intendant en matière d'impôts étaient beaucoup plus limités.

En ce qui touche les impôts indirects, qui étaient presque tous mis en ferme, l'intendant n'avait guère que des attributions de surveillance. Enfin il possédait, dans presque toutes les matières fiscales, des pouvoirs de juridiction que nous préciserons en parlant de ses attributions contentieuses.

8. II. *En matière d'administration générale.* — Tous les services publics intéressant le pouvoir central comportaient une intervention plus ou moins directe de l'intendant. Il était, selon l'expression de Guyot, « l'œil du gouvernement dans la province » (1).

9. Parmi les services publics d'intérêt général, on peut mentionner :

1° Le *recrutement militaire.* L'intendant veillait, assisté de ses subdélégués, à l'organisation des milices provinciales, à la répartition du contingent, au tirage au sort; il statuait sur les exemptions et les remplacements; il exerçait même des pouvoirs de surveillance sur le recrutement de l'armée active par engagements volontaires, et il pouvait annuler les enrôlements obtenus par violence.

2° Les *travaux publics.* L'intendant hérita sous Colbert de la plupart des pouvoirs des trésoriers de France en matière de travaux publics. Les trésoriers, pourvus d'offices héréditaires, conservèrent des attributions d'ordre financier et contentieux ; les intendants, assistés d'un commissaire spécial, furent chargés de la partie administrative et technique. Ils eurent surtout, d'une manière presque exclusive, l'établissement et la direction de la corvée, ainsi que la création des ateliers ou chantiers de charité.

3° Les *transports publics.* L'intendant avait la surveillance du service des postes, messageries, coches et diligences.

4° La *police.* Il y avait, pour les règlements de police proprement dits, un partage d'attributions, d'ailleurs mal défini, entre les corps judiciaires et l'administration. La part dévolue à l'administration appartenait, presque tout entière à l'intendant, qui était en outre chargé de la police politique et de sûreté générale, de celle concernant la santé

19. *Alençon*, 9 élections, dont 8 en Normandie et 1 dans le Perche.
20. *Perpignan*, 3 vigueries en Roussillon et dans la Cerdagne.
21. *Rennes*, 9 diocèses en Bretagne (pays d'État).
22. *Aix*, 22 vigueries en Provence.
23. *Languedoc* (pays d'État), 11 diocèses dans la généralité de Toulouse, 12 diocèses dans la généralité de Montpellier.
24. *Pau et Bayonne*.
25. *Bourgogne* (pays d'État), 23 bailliages, parmi lesquels 4 élections.
26. *Franche-Comté* (pays d'État), 14 bailliages.
27. *Grenoble*, 6 élections en Dauphiné et la principauté d'Orange.
28. *Metz et Trois-Évêchés*, 16 bailliages et 6 prévôtés.
29. *Alsace*, 13 bailliages en Haute Alsace, 14 bailliages et prévôtés en Basse Alsace.
30. *Flandre et Artois*, 24 bailliages dont 3 dans la Flandre Wallonne et 10 dans la Flandre maritime.
31. *Hainaut et Cambrésis*, 12 prévôtés.
32. *Lorraine et Barrois*, 36 bailliages, dont 26 en Lorraine et 10 en Barrois.
33. *Ile de Corse*, 11 juridictions.

(1) Guyot, *Traité des Offices*, T. III, p. 252.

publique, les règlements des industries, les cultes dissidents, etc.

3° La *tutelle administrative*. L'intendant exerçait les pouvoirs très étendus de tutelle que le gouvernement s'était réservés sur les communes : autorisation de plaider, d'aliéner, approbation des décisions des corps municipaux en matière de voirie, de travaux publics, d'emprunts, et en général dans toutes les affaires d'où pouvaient résulter des obligations pécuniaires à la charge des communes.

10. III. *En matière contentieuse*, l'intendant prononçait, sauf recours au Conseil du roi, sur la plupart des litiges administratifs, sur ceux qui n'étaient pas directement portés devant le Conseil du roi comme intéressant plus particulièrement la couronne et ses finances (1). Sous réserve de cette juridiction supérieure et unique, on peut dire que l'intendant était le juge ordinaire en matière administrative, sauf appel au Conseil, car, ainsi que le dit l'intendant d'Aube, « dans toutes les matières pour lesquelles nos rois n'ont point établi de juges, ils sont censés en avoir réservé la connaissance à eux et à leur Conseil, et c'est pour cela qu'il a été sagement établi que dans chaque province ou généralité, l'intendant, membre du Conseil du roi, en connaîtrait ».

Aussi retrouve-t-on, dans toutes les matières placées dans le ressort de l'intendant, des pouvoirs de juridiction correspondant aux pouvoirs d'administration. C'est alors qu'on voit apparaître cette idée, — qui est vraie à condition qu'on n'en exagère pas la portée, et qu'on retrouve dans les lois de la Constituante et du Consulat, — d'après laquelle le jugement du contentieux administratif est un attribut nécessaire de l'autorité administrative ou de la juridiction qui lui est associée, parce qu'il consiste à redresser ou à dégager l'action administrative, en résolvant les difficultés qu'elle rencontre.

11. En matière d'impôts, l'institution des intendants n'avait pas dépossédé les juridictions spéciales anciennement créées, notamment la Cour des aides, dont les offices étaient vénaux et héréditaires et n'auraient pu être supprimés par la couronne qu'après remboursement du prix des charges; mais on interpréta les ordonnances qui avaient créé ces juridictions comme ne les ayant instituées qu'en vue des impôts qui existaient lorsque les commissions primitives avaient été délivrées aux magistrats, et l'on en conclut qu'elles laissaient toute liberté au roi pour porter ailleurs le contentieux des taxes nouvelles.

En conséquence, les édits qui créèrent de nouveaux impôts, soit directs, soit indirects, à partir du règne de Louis XIV, eurent presque tous une clause spéciale attribuant juridiction à l'intendant(2). C'est ainsi qu'il fut chargé de juger les réclamations relatives à la capitation, puis aux taxes extraordinaires créées, pour subvenir aux dépenses des guerres, sous le nom de droits du vingtième, du dixième, du cinquantième.

On fit plus : d'anciens impôts remaniés furent considérés comme impôts nouveaux au point de vue de leur contentieux, et celui-ci fut attribué en tout ou en partie aux intendants malgré les réclamations des anciennes juridictions : il en fut ainsi pour la taille dont le contentieux appartenait aux élus, pour de nombreuses taxes indirectes (amortissement, nouvel acquêt, centième denier, etc.), qui relevaient des Cours des aides, pour les taxes de douanes qui relevaient de ces Cours ou des juges des traites, etc.

12. Pour le contentieux des travaux publics, on arriva au même résultat par d'autres moyens. On considéra les lettres patentes et les arrêts du Conseil qui déterminaient les conditions d'exécution de ces travaux, et qui n'étaient en réalité que des concessions d'entreprises, comme autant de lois spéciales qui pouvaient créer une juridiction pour les difficultés résultant de ces travaux, et l'on attribua juridiction à l'intendant. Toutes les concessions de grands travaux publics faites sous Louis XIV et ses successeurs, contiennent une clause de cette nature (1). On insérait même dans les cahiers des charges de simples travaux d'entretien.

La même évolution de compétence s'accomplit pour la police de la grande voirie (empiètements, plantations, conservation des ouvrages), qui appartenait en principe aux trésoriers de France et qui, au XVIIIᵉ siècle, fut presque toujours attribuée aux intendants.

Il en fut encore de même pour les services publics, civils ou militaires, dont la surveillance ou la direction appartenait à l'intendant, et pour les actes d'administration communale dont il avait la tutelle. Presque tout le contentieux des communes était réuni, au XVIIIᵉ siècle, entre les mains de l'intendant. À défaut d'édits nouveaux, on considérait qu'une clause insérée dans la commission de l'intendant, pouvait suffire pour instituer sa compétence (2). En cas de conflit avec les corps judiciaires, il intervenait un arrêt du Conseil affirmant les pouvoirs de l'intendant.

SECTION III.

ÉTATS PROVINCIAUX.

13. *Pays d'états, états provinciaux.* — Les pays d'états étaient ceux qui avaient conservé leurs *états provinciaux*, anciennes assemblées composées des trois ordres, clergé, noblesse et tiers état, dans des proportions qui variaient suivant les coutumes et les traditions des provinces. En Breta-

---

(1) Le Conseil du roi et spécialement la section de ce Conseil appelée Conseil des finances étaient directement saisis des difficultés entre le Trésor et les fermiers des impôts, des demandes et contestations relatives au paiement des dettes du roi, billets, mandements, rescriptions, paiement de gages, assignation tirées sur les recettes ou sur les fermes; des réclamations intéressant le domaine du roi, les aliénations faites aux engagistes, etc. (Voy. Guyot, *Traité de Offices*, T. II, p. 87; — Laferrière, *Jurid. admin.* T. I, p. 135.)

(2) La déclaration du 18 janvier 1695 qui établit la capitation, contient disposition suivante : « Voulons et ordonnons que toutes les contesta-

tions qui pourraient survenir pour le fait de l'imposition et recouvrement de ladite capitation soient jugées sommairement et sans frais par lesdits intendants et commissaires départis. »

Voyez aussi les arrêts du Conseil des 8 mai 1742, 23 décembre 1751 et 26 avril 1778, relatifs aux droits du vingtième, du dixième, du cinquantième assises sur les revenus des immeubles et des offices.

(1) Voyez les édits et lettres patentes relatifs au canal du Midi (octobre 1606), au canal d'Orléans (mars 1679), au canal de Loing (novembre 1719) etc...

(2) Voyez les mémoires de l'intendant d'Aube où on lit : « Si nous lisons les commissions des intendants, nous y verrons qu'il leur est attribué de vérifier les dettes des communes, de juger de leur validité ou invalidité, de décider sur tous procès ou différends mus ou à mouvoir pour raison desdites dettes... »

Voyez aussi Guyot, *Op. cit.*, T. III, p. 299 ; Dareste, *la Justice adm.* p. 147 et suiv.

gne, par exemple, l'élément aristocratique était dominant. En Languedoc, au contraire, on comptait soixante-huit membres du tiers état, députés des villes et des diocèses, contre vingt-trois prélats et vingt-trois barons (1).

L'origine de ces états remontait, pour la plupart des provinces, à une époque antérieure à leur réunion à la couronne; elle différait selon le gouvernement auquel elles avaient été autrefois soumises. Pour les unes, par exemple, la Bretagne et la Bourgogne, d'abord gouvernées par des ducs qui étaient de véritables souverains, les états provenaient des anciens Conseils de ces souverains, et ils étaient censés continuer, auprès du roi de France, la même mission qu'auprès de ces souverains; pour d'autres provinces, telles que le Languedoc, où s'étaient maintenues certaines traditions de gouvernement populaire, ils constituaient une véritable représentation de la province. D'autres états devaient leur existence à des concessions ou privilèges consentis par les rois de France, soit lors de la réunion de la province à la couronne, soit à une époque postérieure; dans ce dernier cas, la création d'assemblées provinciales provenait le plus souvent d'un calcul politique de la couronne, qui espérait obtenir plus facilement des subsides nouveaux, par les votes séparés de petites assemblées locales, que par le consentement d'états généraux plus difficiles à convoquer, et surtout à diriger selon les besoins du moment (2).

Au XVᵉ siècle, par la réunion de ces différentes causes, presque toutes les provinces avaient des états. Mais à partir du XVIᵉ et surtout du XVIIᵉ siècle, à mesure que la royauté sentait croître ses forces, elle tendit à faire disparaître les états provinciaux. Sous Henri IV, la Champagne, l'Anjou, le Maine, le Poitou, avaient déjà perdu leurs états; sous Louis XIV, la Normandie, le Dauphiné, le Quercy, l'Auvergne, le Berry, le Bourbonnais, la Saintonge, le Périgord, cessent d'avoir des assemblées provinciales. A la veille de la Révolution, il n'existait plus d'états provinciaux que dans un très petit nombre de provinces : Bourgogne, Bretagne, Languedoc, Provence, Flandre, Artois et Cambrésis, Béarn et autres petits pays des Pyrénées.

14. Il faut mentionner, auprès des pays d'états quelques pays dits « pays abonnés », qui avaient un régime intermédiaire entre celui des pays d'états et des pays d'élections, en ce qu'ils étaient exemptés de certains impôts, et avaient le droit de répartir eux-mêmes ceux auxquels ils étaient soumis (3).

15. Cependant la royauté, après avoir autant qu'elle l'avait pu, restreint le nombre et les pouvoirs des états, en était venue à trouver trop lourde la centralisation qu'elle avait créée, et voulait concentrer sur elle seule presque tout le fardeau de l'administration générale et locale. Louis XVI, sous l'inspiration de Turgot, avait résolu de rétablir et de généraliser l'institution des états provinciaux.

Tel fut d'abord l'objet de deux arrêts du Conseil du 12 juillet 1778 et du 11 juillet 1779, qui n'avaient en vue « par forme d'essai », que la création d'états dans le Berry et la haute Guyenne ; puis de l'édit de juin 1787, qui avait généralisé cette institution et l'avait mise en vigueur dans toutes les provinces du royaume (1).

16. Les pays d'États étaient compris, comme les pays d'élections, dans le ressort des intendants; mais ceux-ci y exerçaient des pouvoirs moins absolus, puisqu'ils étaient tempérés par les prérogatives des assemblées provinciales.

Ces prérogatives consistaient dans le droit : 1° de répartir et de lever, par leurs propres officiers ou délégués, les impôts de l'État et ceux de la province; 2° d'approuver ou rejeter les comptes du trésorier général; 3° de statuer, soit seules, soit d'accord avec l'intendant, sur les travaux publics intéressant la province seule, ou la province et l'État; 4° de faire surveiller l'exécution de leurs décisions, dans l'intervalle des sessions, par des « commissions intermédiaires » ou par des délégués ou syndics généraux (2).

Il est à remarquer que les assemblées provinciales ne se bornaient pas toujours à répartir les impôts de l'État, mais qu'elles avaient le droit de consentir ou de refuser certains d'entre eux, notamment les aides et les dons gratuits. Mais cette prérogative, qui dépassait celles d'une assemblée locale et qui touchait aux droits mêmes du souverain, n'avait pas été consacrée dans le projet de réorganisation des états provinciaux de 1787.

---

(1) F. Laferrière, les États provinciaux. (Comptes rendus de l'Académie des sciences morales et politiques, 1859.)

Voyez aussi Chéruel, Dictionnaire des institutions ; — Thomas, des États provinciaux sous Charles VII.

(2) Thomas, op. cit.

(3) On peut citer : le Cambrésis, le Hainaut, les pays de Bresse, de Bugey, et Gex, et plusieurs pays de la région des Pyrénées, Foix, Bigorre, Béarn, Basse Navarre, etc. — (Voy. Herman, Traité d'administration départementale, Introduction.)

(1) Édit portant création d'Assemblées provinciales et municipales, Versailles, juin 1787, (coll. Isambert, T. XXVIII, p. 364).—« Louis, etc... Les heureux effets qu'ont produits les administrations provinciales établies par forme d'essai dans les provinces de Haute-Guyenne et de Berri ayant rempli les espérances que nous en avions conçues, nous avons jugé qu'il était temps d'étendre le même bienfait aux autres provinces de notre royaume, nous avons été confirmés dans cette résolution par les déclarations unanimes des notables que nous avons appelés auprès de nous, et qui en nous faisant d'utiles observations sur la forme de cet établissement, nous ont supplié avec instance de ne pas différer à faire jouir tous nos sujets des avantages sans nombre qu'il doit produire... A ces causes, etc.

« Art. 1ᵉʳ. Il sera, dans toutes les provinces de notre royaume où il n'y a point d'États provinciaux, et suivant la division qui sera par nous déterminée, incessamment établi une ou plusieurs Assemblées provinciales, et, suivant que les circonstances locales l'exigeront, des Assemblées particulières de district et de communautés, et pendant les intervalles de la tenue desdites assemblées, des commissions intermédiaires les unes et les autres composées chacune des trois ordres payant les impositions foncières ou personnelles dans lesdites provinces, districts et communautés, et le nombre qui sera par nous fixé proportionnellement à la force et à l'étendue desdites provinces, districts et communautés, sera néanmoins que le nombre des personnes choisies dans les deux premiers ordres puisse dépasser le nombre des personnes choisies par le tiers état, et les voix seront recueillies par tête alternativement entre les différents ordres.

Art. 2. Lesdites assemblées provinciales seront par elles-mêmes, ou par les assemblées ou commissions qui leur seront subordonnées, chargées, sous notre autorité et celle de notre conseil, de la répartition et assiette de toutes les impositions foncières et personnelles, tant de celles dont le produit doit être porté en notre trésor royal, que de celles qui ont, ou auront lieu, pour chemins, ouvrages publics, encouragements, réparations d'églises et de presbytères, et autres dépenses quelconques propres auxdites provinces, ou aux districts et communautés qui en dépendent. Voulons que lesdites dépenses, soit qu'elles soient communes auxdites provinces, soit qu'elles soient particulières à quelques districts ou communautés, soient, suivant leur nature, délibérées ou suivies, approuvées ou surveillées par lesdites assemblées provinciales, ou par les assemblées ou commissions qui leur seront subordonnées, leur attribuant, sous notre autorité et surveillance, ainsi qu'il sera par nous déterminé, tous les pouvoirs et facultés à ce nécessaires...»

(2) F. Laferrière, op. cit.

Les pouvoirs de ces assemblées, en matière d'impôt, dépassaient encore, à un autre point de vue, tous ceux que la législation moderne a reconnus aux assemblées locales, car ils comprenaient, non seulement le vote, mais la levée des impôts, et leur perception sur le contribuable par les soins d'agents provinciaux.

17. En résumé, l'ancienne administration monarchique, considérée dans les différentes provinces qui formaient le territoire national, présentait les contrastes les plus frappants. Dans les pays d'élections, l'intendant était tout, et les populations ne pouvaient intervenir par leurs représentants, ni dans les affaires d'intérêt général, ni même dans les affaires d'intérêt provincial. Dans les pays d'états, au contraire, les assemblées locales pouvaient partager avec la couronne des prérogatives que celle-ci aurait dû posséder seule, parce qu'elles touchaient aux droits de la souveraineté, et notamment à son droit exclusif de lever et de percevoir les impôts d'État.

CHAPITRE II

PÉRIODE RÉVOLUTIONNAIRE, DE 1790 A L'AN VIII

SECTION PREMIÈRE.

CRÉATION DES DÉPARTEMENTS.

18. L'Assemblée constituante devait être naturellement entraînée, dès le début de son œuvre, à faire disparaître les anciennes divisions territoriales, et les inégalités de régime qui y étaient attachées.

Ni les gouvernements, ni les généralités, ni la distinction des pays d'états et des pays d'élections ne pouvaient répondre à aucune conception d'ordre politique ou administratif compatible avec le nouvel ordre de choses ; en outre, aucune de ces divisions ne pouvait se prêter au fonctionnement du régime représentatif que l'Assemblée voulait établir d'une manière définitive.

L'élection de ses membres s'était faite par baillages ; mais ces circonscriptions d'ordre judiciaire, accidentellement employées pour les élections, n'étaient plus acceptées comme circonscriptions électorales. Celles que l'Assemblée voulait créer sans retard devaient être aussi égales que possible et correspondre en même temps à des centres permanents d'administration générale et locale.

Cette préoccupation paraît avoir été la plus pressante, aux yeux du Comité de Constitution. « Le Comité a pensé, — disait Thouret au début de son rapport sur la création des départements, — qu'il est devenu indispensable de partager la France, dans l'ordre de la représentation, en nouvelles divisions de territoires égales entre elles autant qu'il sera possible. »

Deux autres considérations devaient faire hâter la création des départements.

D'une part, l'organisation provinciale était pleine d'inégalités, de privilèges, et la Constituante avait solennellement déclaré, au lendemain de la nuit du 4 août, que les provinces et les communautés d'habitants devaient renoncer, comme les individus, à conserver leurs privilèges.

« Une Constitution nationale, disait-elle, et la liberté publique étant plus avantageuse aux provinces que les privilèges dont quelques-uns jouissaient et dont le sacrifice est nécessaire à l'union intime de toutes les parties de l'empire, il est déclaré que tous les privilèges particuliers des provinces, principautés, pays, cantons, villes et communautés d'habitants, de quelque nature qu'ils soient, sont abolis sans retour et demeureront confondus dans le droit commun des Français (1) ».

D'un autre côté, la nouvelle administration du royaume ne devait pas être établie dans des territoires trop inégaux en étendue, en population, en richesse. A la Constitution nouvelle, il fallait un sol en quelque sorte renouvelé, où elle ne se heurtât ni à des préjugés, ni à des traditions pouvant gêner son fonctionnement. Enfin, la base de l'administration nouvelle devant être élective, il fallait qu'il y eût concordance entre les territoires servant de base à l'élection des représentants et à celle des grandes administrations locales.

A tous ces points de vue, la création des départements était une conséquence nécessaire de la Révolution, une condition essentielle de la mise en vigueur des institutions nouvelles.

19. Il ne semble pas d'ailleurs que cette transformation du sol historique de la France, cette abolition de ses vieux noms remplacés par des dénominations purement géographiques, aient eu, aux yeux des contemporains, le caractère violent que des observateurs peu clairvoyants ont attribué à cette réforme : « c'est la première fois, disait Burke, qu'on voit des hommes mettre en morceaux leur patrie d'une manière aussi barbare !... (2) ».

Rien de moins vrai et de moins juste qu'un tel jugement. Tous les documents historiques et parlementaires prouvent, au contraire, que cette révolution du sol, si étroitement liée à celle des institutions, s'accomplit sans violence, sans effort, et presque sans réclamation de la part de ceux-mêmes qui étaient en possession des privilèges. En dehors de quelques parlements, qui achevaient de se perdre par de vaines résistances, et qui provoquèrent ainsi de l'Assemblée nationale le décret qui les mettaient « en vacances indéfinies ». Aucune voix ne s'éleva contre la déclaration du 11 août 1789, appliquant aux administrations locales les mêmes principes d'égalité qu'à l'ensemble des citoyens.

Il est même à remarquer que la Couronne était, sur cette question, d'accord avec l'Assemblée. Quelques historiens affirment que Louis XVI avait tracé de sa propre main sur la carte du royaume les nouvelles circonscriptions territoriales qui devaient former les départements (3). Il est du moins certain qu'à la séance du 4 février 1790, restée célèbre par la prestation du serment civique, le roi s'exprimait ainsi sur la nouvelle division de la France en départements :

« Cette subdivision égale et sagement motivée, qui, en affaiblissant les anciennes séparations de province à province, et en établissant un système général et complet d'équilibre, réunit davantage à un même esprit et à un même intérêt toutes les parties du royaume, cette grande idée, ce salutaire dessein, vous sont entièrement dus. Il ne fallait

(1) D. 11 août 1789, art. 10.
(2) Cité par M. de Tocqueville, l'Ancien régime et la Révolution.
(3) F. Laferrière, Essai sur l'histoire du Droit français, T. II, p. 27.

« pas moins que le juste ascendant des représentants de la
« nation sur l'opinion générale, pour entreprendre avec con-
« fiance un changement d'une aussi grande importance, et pour
« vaincre, au nom de la raison, la résistance de l'habitude et
« des intérêts particuliers ».

20. Il ne nous paraît d'ailleurs pas établi que l'Assemblée
constituante, tout en découpant librement les départements
dans le territoire des anciennes provinces, ait voulu effacer
entièrement le souvenir de ces divisions historiques. Thouret
fait au contraire remarquer, en présentant à l'Assemblée le
plan des nouvelles circonscriptions territoriales, « qu'on a
respecté, autant qu'il a été possible, les anciennes limites ».
La même pensée paraît se retrouver dans le décret du 26 fé-
vrier-4 mars 1790 qui réalise les divisions nouvelles : ce
décret rattache les départements aux provinces, il forme
quelquefois un département avec une province toute entière,
et il divise les provinces plus vastes de manière à ce qu'elles
forment un nombre déterminé de départements sans empiéter,
autant que possible, sur les limites des provinces voisines (1).

21. Quant à cette dénomination nouvelle de *département*,
quelle en a été l'origine et la raison d'être ?

La nouveauté de la dénomination s'imposait, car l'Assemblée constituante voulant profondément réformer l'ancienne
administration, ne pouvait évidemment pas reprendre un des
noms qui l'eussent rappelée. Les dénominations de province,
de gouvernement, de généralité, d'intendance étaient ainsi
écartées. Celle de préfecture, suggérée au consulat par les
souvenirs de l'empire romain, devenus plus tard si puissants,
ne devait pas encore se présenter à l'esprit.

On s'arrêta assez naturellement à un nom abstrait et inco-
lore, mais qui avait l'avantage d'être déjà connu dans la
langue administrative du temps. Départir, département,
étaient des termes depuis longtemps usités pour exprimer
certaines opérations de partage, de répartition intéressant
les services publics. Les intendants étaient autrefois appelés
« commissaires départis » ; on donnait le nom de « département » à l'un des degrés de répartition de la taille. Enfin,
les ordonnances avaient quelquefois employé ce mot pour
indiquer une circonscription administrative ou un ressort
d'inspection. C'est ainsi qu'on lit dans l'ordonnance de janvier 1629, connue sous le nom de Code Michaud : « Les
maîtres des requêtes de notre hôtel visiteront les provinces
suivant le *département* qui sera fait par nos chanceliers ou
gardes des sceaux.. (1) ».

Cette dénomination nouvelle ne paraît pas d'ailleurs avoir
soulevé de contestations lors du vote de la loi du 22 décembre 1789 où elle apparaît pour la première fois.

SECTION II.

ADMINISTRATION DES DÉPARTEMENTS SOUS L'ASSEMBLÉE CONSTITUANTE.

22. *Organisation du département par l'Assemblée constituante* (1). — « L'État est un, les départements ne sont que
des sections du même tout ; une administration uniforme doit
donc les embrasser tous dans un régime commun... ».

C'est en ces termes que l'instruction législative du 8 janvier 1790, destinée à assurer l'exécution de la loi du 22 décembre 1789, marquait la place du département dans l'État.
Elle montrait ainsi que, dans la pensée de l'Assemblée
constituante, le département était un organe d'un gouvernement unitaire, un instrument de transmission de ses ordres,
plutôt qu'un centre d'administration autonome.

Mais si l'idée de centralisation politique et administrative
dominait dans la création du département, une pensée largement libérale présidait à l'organisation de ses diverses autorités.

Toutes ces autorités étaient électives ; l'exécution des
ordres du roi et des décrets de l'Assemblée était exclusivement confiée à des mandataires des citoyens, issus des
suffrages populaires, et non à des délégués du pouvoir
central.

23. Voici comment la loi du 22 décembre 1789 organisait
ces autorités du département (1).

---

(1) La législation de l'Assemblée constituante sur l'organisation départementale consiste essentiellement dans la loi du 22 décembre 1789
janvier 1790, l'instruction législative du 8 janvier 1790, et celle des 12-20
août 1790.

Nous en reproduisons ci-après les dispositions principales.

L. 22 décembre 1789 — Janvier 1790. — Décret relatif à la constitution
des assemblées primaires et des assemblées administratives.

Art. 1. Il sera fait une nouvelle division du royaume en *départements*,
tant pour la représentation que pour l'administration. Ces départements
seront au nombre de soixante-quinze à quatre-vingt-cinq.

Art. 2. Chaque département sera divisé en *districts*, dont le nombre,
qui ne pourra être au-dessous de trois, ni au-dessus de neuf, sera
réglé par l'Assemblée nationale, suivant le besoin et la convenance du
département, après avoir entendu les députés des provinces.

Art. 3. Chaque district sera partagé en divisions appelées *cantons*,
d'environ 40 lieues carrées (lieues communes de France).

Art. 4. La nomination des représentants à l'Assemblée nationale sera
faite par département.

Art. 5. Il sera établi, au chef-lieu de chaque département, une assemblée administrative supérieure, sous le titre d'*administration de département*.

Art. 6. Il sera également établi, au chef-lieu de chaque district, une
assemblée administrative inférieure, sous le titre d'*administration de
district*.

Art. 7. Il y aura une municipalité en chaque ville, bourg, paroisse ou
communauté de campagne.

Art. 8. Les représentants nommés à l'*Assemblée nationale* par les départements ne pourront être regardés comme les représentants d'un
département particulier, mais comme les représentants de la totalité des
départements, c'est-à-dire de la nation entière.

Art. 9. Les membres nommés à l'*administration de département* ne pourront être regardés que comme les représentants du département entier,
et non d'aucun district en particulier.

Art. 10. Les membres nommés à l'*administration de district* ne pourront
être regardés que comme les représentants de la totalité du district, et
non d'aucun canton en particulier.

Art. 11. Ainsi, les membres des administrations de district et de département, et les représentants à l'Assemblée nationale, ne pourron

---

(1) D. 26 février-4 mars 1790. — La France sera divisée en 83 départements, savoir : Provence, 3 ; — Dauphiné, 3 ; — Franche-Comté, 3 ; —
Alsace, 2 ; — Lorraine, Trois-Évêchés et Barrois, 4 ; — Champagne, principauté de Sedan, Carignan et Mousson, Philippeville, Marienbourg, Givet
et Charlemont, 4 ; — Les deux Flandres, Hainaut, Cambrésis, Artois, Boulonnais, Calaisis, Ardrésis, 2 ; — Ile-de-France, Paris, Soissonnais, Beau-
voisis, Amiénois, Vexin-Français, 6 ; — Normandie et Perche 5 ; — Bretagne
et partie des Marches communes, 5 ; — Haut et bas Maine, Anjou, Touraine et Saumurois, 4 ; — Poitou et partie des Marches communes, 3 ; —
Orléanais, Blaisois et Pays chartrain, 3 ; — Berry, 2 ; — Nivernais, 1 ; —
Bourgogne, Auxerrois et Sénonois, Bresse, Bugey et Valromey, Dombes
et pays de Gex, 4 ; — Lyonnais, Forez et Beaujolais, 7 ; — Bourbonnais, 1 ;
Marche, Dorat, haut et bas Limousin, 3 ; — Angoumois, 1 ; — Aunis et
Saintonge, 1 ; — Périgord, 1 ; — Bordelais, Bazadois, Agénois, Condomois
Armagnac, Chalosse, pays de Marsan et Landes, 4 ; — Quercy, 1 ; — Rouer-
gue, 1 ; — Basque et Béarn, 1 ; — Bigorre et Quatre-Vallées, 1 ; — Couse-
rans et Foix, 1 ; — Roussillon, 1 ; — Languedoc, Comminges, Nebouzan et
Rivière-Verdun, 7 ; — Velay, haute et basse Auvergne, 3 ; — Corse, 1.

(1) Ord. de janvier 1629, art. 58. — Isambert, T. XVI, p. 241.

Elle créait une *administration de département* composée de 36 membres élus par les mêmes électeurs que l'Assemblée législative.

Cette *administration* était divisée en deux *sections* : le *Conseil de département*, et le *Directoire du département*,

composé de huit membres élus par l'administration toute entière et renouvelable par moitié tous les deux ans.

Le conseil de département ne tenait qu'une séance annuelle, pendant laquelle il fixait la marche générale de l'administration, ordonnait les travaux et les dépenses de l'exer-

---

jamais être révoqués, et leur destitution ne pourra être que la suite d'une forfaiture jugée.

Art. 12. Les assemblées primaires, dont il va être parlé, celles des électeurs des administrations de département, des administrations de district et des municipalités, seront juges de la validité des titres de ceux qui prétendront y être admis.

. . . .

SECT. II. — *De la formation et de l'organisation des assemblées administratives.*

Art. 1. Il n'y aura qu'un seul degré d'élection intermédiaire entre les assemblées primaires et les assemblées administratives.

Art. 2. Après avoir nommé les représentants à l'Assemblée nationale, les mêmes électeurs éliront en chaque département les membres qui, au nombre de trente-six, composeront l'*administration de département*.

Art. 3. Les électeurs de chaque district se réuniront ensuite au chef-lieu de leur district, et y nommeront les membres qui, au nombre de douze, composeront l'*administration de district*.

Art. 4. Les membres de l'administration de département seront choisis parmi les citoyens éligibles de tous les districts du département, de manière cependant qu'il y ait toujours dans cette administration deux membres au moins de chaque district.

Art. 5. Les membres de l'administration de district seront choisis parmi les citoyens éligibles de tous les cantons du district.

Art 6. Pour être éligible aux administrations de département et de district, il faudra réunir aux conditions requises pour être citoyen actif, celle de payer une contribution directe plus forte, et qui se monte au moins à la valeur locale de dix journées de travail.

Art. 7. Ceux qui seront employés à la levée des impositions indirectes, tant qu'elles subsisteront, ne pourront être en même temps membres des administrations de département et de district.

Art. 8. Les membres des corps municipaux ne pourront être en même temps membres des administrations de département et de district.

Art 9. Les membres des administrations de district ne pourront être en même temps membres des administrations de département.

Art. 10. Les citoyens qui rempliront les places de judicature et qui auront les conditions d'éligibilité prescrites, pourront être membres des administrations de département et de district, mais ne pourront être nommés aux directoires dont il sera parlé ci-après.

Art. 11. Les membres des administrations de département et de district seront choisis par les électeurs, en trois scrutins de liste double. A chaque scrutin, ceux qui auront la pluralité absolue seront élus définitivement, et le nombre de ceux qui resteront à nommer au troisième scrutin sera rempli à la pluralité relative.

Art. 12. Chaque administration, soit du département, soit du district, sera permanente, et les membres en seront renouvelés par moitié tous les deux ans ; la première fois au sort, après les deux premières années d'exercice, et ensuite à tour d'ancienneté

Art. 13. Les membres des administrations seront ainsi en fonctions pendant quatre ans, à l'exception de ceux qui sortiront par le premier renouvellement au sort, après les deux premières années.

Art. 14. En chaque administration de département, il y aura un procureur général syndic, et en chaque administration de district un procureur syndic. Ils seront nommés au scrutin individuel et à la pluralité absolue des suffrages, en même temps que les membres de chaque administration, et par les mêmes électeurs.

Art. 15. Le procureur général syndic de département et les procureurs syndics de district seront quatre ans en place, et pourront être continués par une nouvelle élection pour quatre autres années ; mais ensuite ils ne pourront être réélus qu'après un intervalle de quatre années.

Art 16. Les membres des administrations de département et de district, en nommant ceux des directoires, comme il sera dit ci-après, choisiront et désigneront celui des membres des directoires qui devra remplacer momentanément le procureur général syndic ou le procureur syndic, en cas d'absence, de maladie ou autre empêchement.

Art. 17. Les procureurs généraux syndics et les procureurs-syndics auront séance aux assemblées générales des administrations, sans voix délibérative ; mais il ne pourra y être fait aucuns rapports sans qu'ils en aient eu communication, ni être pris aucune délibération sur ces rapports sans qu'ils aient été entendus.

Art. 18. Ils auront de même séance aux directoires avec voix consultative, et seront au surplus chargés de la suite de toutes les affaires.

Art. 19. Les administrations, soit de département, soit de district,

nommeront leur président et leur secrétaire au scrutin individuel et à la pluralité absolue des suffrages. Le secrétaire pourra être changé lorsque l'administration le trouvera convenable.

Art. 20. Chaque administration de département sera divisée en deux sections, l'une sous le titre de *Conseil de département*, l'autre, sous celui de *Directoire de département*.

Art. 21. Le conseil de département tiendra annuellement une session, pour fixer les règles de chaque partie de l'administration, ordonner les travaux et les dépenses générales du département, et recevoir le compte de la gestion du directoire. La première session pourra être de six semaines, et celle des années suivantes d'un mois au plus

Art. 22. Le directoire de département sera toujours en activité pour l'expédition des affaires, et rendra tous les ans au conseil de département le compte de sa gestion, qui sera publié par la voie de l'impression.

Art. 23. Les membres de chaque administration de département éliront, à la fin de leur première session, huit d'entre eux pour composer le directoire ; ils les renouvelleront tous les deux ans par moitié. Le président de l'administration de département pourra assister et aura droit de présider à toutes les séances du directoire, qui pourra néanmoins se choisir un vice-président.

Art. 24. A l'ouverture de chaque session annuelle, le conseil de département commencera par entendre, recevoir et arrêter le compte de la gestion du directoire ; ensuite, les membres du directoire prendront séance, et auront voix délibérative avec ceux du conseil.

Art. 25. Chaque administration de district sera divisée de même en deux sections, l'une sous le titre de *Conseil de district*, l'autre sous celui de *Directoire de district*, et ce directoire sera composé de quatre membres.

Art. 26. Le président de l'administration de district pourra de même assister et aura droit de présider au directoire de district. Ce directoire pourra également se choisir un vice-président.

Art. 27. Tout ce qui est prescrit par les art. 22, 23 et 24 ci-dessus, pour les fonctions, la forme d'élection et de renouvellement, le droit de séance et de voix délibérative des membres du directoire de département, aura lieu de même pour ceux des directoires de district.

Art. 28. Les administrations et les directoires de district seront entièrement subordonnés aux administrations et directoires de département.

Art. 29. Les conseils de district ne pourront tenir leur session annuelle que pendant quinze jours au plus, et l'ouverture de cette session précédera d'un mois celle du conseil de département.

Art. 30 Les conseils de district ne pourront s'occuper que de préparer les demandes à faire et les matières à soumettre à l'administration de département pour l'intérêt du district, et de disposer les moyens d'exécution, et de recevoir les comptes de la gestion de leur directoire.

Art. 31. Les directoires de district seront chargés de l'exécution dans le ressort de leur district, sous la direction et l'autorité du directoire et de l'administration de département et de son directoire, et ils ne pourront faire exécuter aucuns arrêtés du conseil de district, en matière d'administration générale, s'ils n'ont été approuvés par l'administration de département.

SECT. III. — *Des fonctions des assemblées administratives.*

Art. 1. Les administrations de département sont chargées, sous l'inspection du corps législatif et en vertu de ses décrets : 1° de répartir toutes les contributions directes imposées à chaque département. Cette répartition sera faite par les administrations de département entre les districts de leur ressort, et par les administrations de district entre les municipalités ; 2° d'ordonner et de faire faire, suivant les formes qui seront établies, les rôles d'assiette et de cotisation entre les contribuables de chaque municipalité ; 3° de régler et de surveiller tout ce qui concerne, tant la perception et le versement du produit de ces contributions, que le service et les fonctions des agents qui en seront chargés ; 4° d'ordonner et de faire exécuter le payement des dépenses qui seront assignées en chaque département sur le produit des mêmes contributions.

Art. 2. Les administrations de département seront encore chargées, sous l'autorité et l'inspection du roi, comme chef suprême de la nation et de l'administration générale du royaume, de toutes les parties de cette administration, notamment de celles qui sont relatives : 1° au soulagement des pauvres et à la police des mendiants et vagabonds ; 2° à l'inspection et à l'amélioration du régime des hôpitaux, hôtels-Dieu, établissements et ateliers de charité, prisons, maisons d'arrêt et de correction ; 3° à la surveillance de l'éducation publique et de l'enseigne-

cice et en vérifiait les comptes, le Directoire était permanent, c'était lui qui administrait et qui représentait le pouvoir exécutif dans le département.

Un procureur général syndic élu pour quatre ans par l'administration toute entière, assistait aux délibérations du

ment politique et moral; 4° à la manutention et à l'emploi des fonds distines, en chaque département, à l'encouragement de l'agriculture, de l'industrie, et de toute espèce de bienfaisance publique; 5° à la conservation des propriétés publiques; 6° à celle des forêts, rivières, chemins et autres communes; 7° à la direction et confection des travaux pour la confection des routes, canaux et autres ouvrages publics autorisés dans le département; 8° à l'entretien, réparation et reconstruction des églises, presbytères et autres objets nécessaires au service du culte religieux; 9° au maintien de la salubrité, de la sûreté et de la tranquillité publiques; 10° enfin, au service et à l'emploi des milices ou gardes nationales, ainsi qu'il sera réglé par des décrets particuliers.

Art. 3. Les administrations de district ne participeront à toutes ces fonctions, dans le ressort de chaque district, que sous l'autorité interposée des administrations de département.

Art. 4. Les administrations de département et de district seront toujours tenues de se conformer, dans l'exercice de toutes ces fonctions, aux règles établies par la Constitution, et aux décrets de la législature sanctionnés par le roi.

Art. 5. Les délibérations des assemblées administratives de département, sur tous les objets qui intéresseront le régime de l'administration générale du royaume, ou sur des entreprises nouvelles et des travaux extraordinaires, ne pourront être exécutées qu'après avoir reçu l'approbation du roi. Quant à l'expédition des affaires particulières et de tout ce qui s'exécute en vertu de délibérations déjà approuvées, l'autorisation spéciale du roi ne sera pas nécessaire.

Art. 6. Les administrations de département et de district ne pourront établir aucun impôt, pour quelque cause et sous quelque dénomination que ce soit, ni répartir aucun au delà des sommes et du temps fixés par le Corps législatif, ni faire aucun emprunt, sans y être autorisées par lui, sauf à pourvoir à l'établissement des moyens propres à leur procurer les fonds nécessaires au payement des dettes et des dépenses locales, et aux besoins imprévus et urgents.

Art. 7. Elles ne pourront être troublées dans l'exercice de leurs fonctions administratives par aucun acte du pouvoir judiciaire.

Art. 8. Du jour où les administrations de département et de district seront formées, les États provinciaux, les assemblées provinciales et les assemblées inférieures qui existent actuellement, demeureront supprimées et cesseront entièrement leurs fonctions.

Art. 9. Il n'y aura aucun intermédiaire entre les administrations de département et le pouvoir exécutif suprême. Les commissaires départis, intendans et leurs subdélégués, cesseront toutes fonctions aussitôt que les administrations de département seront entrées en activité.

Art. 10. Dans les provinces qui ont eu jusqu'à présent une administration commune, et qui sont divisées en plusieurs départements, chaque administration de département nommera deux commissaires qui se réuniront pour faire ensemble la liquidation des dettes contractées sous le régime précédent, pour rétablir la répartition de ces dettes entre les différentes parties de la province, et pour mettre à fin les anciennes affaires. Le compte en sera rendu à une assemblée formée de quatre autres commissaires nommés par chaque administration de département.

Instruction législative du 8 janvier 1790.

Observations sur les premiers articles du décret.

Tous les Français sont frères et ne composent qu'une famille; ils vont concourir de toutes les parties du royaume à la formation de leurs lois; les règles et les effets de leur gouvernement vont être les mêmes dans tous les lieux. La nouvelle division du territoire commun détruit toute disproportion sensible dans la représentation, et toute inégalité d'avantages et de désavantages politiques. Cette division est désirable sous plusieurs rapports civils et moraux, mais surtout elle est nécessaire pour fonder solidement la Constitution et pour en garantir la stabilité. Que de motifs pour tous les bons citoyens d'en accélérer l'exécution!

Les élections à faire pour composer la prochaine législature qui remplacera l'Assemblée nationale actuelle, et celles qui sont nécessaires, en ce moment même, pour la formation des corps administratifs, qui feront disparaître les derniers vestiges du régime ancien, dépendent absolument de la prompte organisation des départements en districts, et des districts en cantons.....

Éclaircissements sur les vingt derniers articles de la sect. 2 du décret concernant l'organisation des corps administratifs.

... Un des points essentiels de la Constitution, en cette partie est l'entière et absolue subordination des administrations et des directoires de

Conseil et du Directoire, recevait communication de tous les rapports, était entendu sur toutes les questions mises en délibération, et avait le droit de surveiller la suite donnée à toutes les affaires.

24. Une organisation analogue existait dans chacun des

district aux administrations et aux directoires de département, établie par l'article 28 de la sect. 2 du décret. Sans l'observation exacte et rigoureuse de cette subordination, l'administration cesserait d'être régulière et uniforme dans chaque département. Les efforts des différentes parties pourraient bientôt ne plus concourir au plus grand bien du tout; les districts, au lieu d'être des sections d'une administration commune, deviendraient des administrations en chef, indépendantes et rivales, et l'autorité administrative dans le département n'appartiendrait plus au corps supérieur à qui la Constitution l'a conférée pour tout le département.

Le principe constitutionnel sur la distribution des pouvoirs administratifs est que l'autorité descende du roi aux administrations de département, de celles-ci aux administrations de district, et de ces dernières aux municipalités à qui certaines fonctions relatives à l'administration générale pourront être déléguées. Les conseils de district ne pourront ainsi rien décider ni faire rien exécuter en vertu de leurs seuls arrêtés, dans tout ce qui intéressera le régime de l'administration générale. Ils pourront seulement, suivant la disposition de l'article 30, s'occuper de préparer les demandes qui seront à faire à l'administration de département, et les matières qu'ils trouveront utile de lui soumettre pour les intérêts de district. Ils prépareront encore et indiqueront à leurs directoires les moyens d'exécution, et recevront ses comptes.

Les directoires de district, chargés, dans leurs ressorts respectifs, de l'exécution des arrêtés de l'administration de département, n'y pourront faire exécuter ceux que les conseils de district se seraient permis de prendre en matière d'administration générale, qu'après que ces arrêtés des conseils de district auront été approuvés par l'administration de département. Les procureurs généraux syndics de département et les procureurs-syndics de district auront droit d'assister à toutes les séances, tant du conseil que du directoire de l'administration dont ils feront partie: ils y auront séance en un bureau placé au milieu de la salle, et en avant de celui du président.

Ils n'auront point voix délibérative, mais il ne pourra être fait à ces séances aucun rapport sans qu'ils en aient eu communication, ni être pris aucun arrêté sans qu'ils aient été entendus, soit verbalement, soit par écrit. Ils veilleront et agiront pour les intérêts du département ou du district; ils seront chargés de la suite de toutes les affaires; mais ils ne pourront intervenir dans aucune instance litigieuse qu'en vertu d'une délibération du directoire. Ils n'agiront d'ailleurs sur aucun objet relatif aux intérêts et à l'administration du département ou du district que de concert avec le directoire.

Il sera pourvu à l'interruption du service des procureurs généraux syndics et des procureurs-syndics, qui pourrait arriver pour cause de maladie, d'absence légitime ou de tout autre empêchement, par la précaution que les membres des administrations de département et de district seront tenus de prendre, après avoir nommé les membres qui composeront les directoires, d'élire de suite, et de désigner un de ces membres pour remplacer momentanément, dans le cas ci-dessus, le procureur général syndic ou le procureur syndic.

Explication sur la section 3 du décret concernant les fonctions des corps administratifs.

Le principe général dont les corps administratifs doivent se pénétrer, est que si, d'une part, ils sont subordonnés au roi, comme chef suprême de la nation et de l'administration du royaume, de l'autre ils doivent rester religieusement attachés à la constitution et aux lois de l'État, de manière à ne s'écarter jamais, dans l'exercice de leurs fonctions, des règles constitutionnelles, de la perception et le versement du produit de ces contributions, la surveillance du service et des fonctions des préposés à la perception et au versement. La même article établit les corps administratifs ordonnateurs des payements pour les dépenses qui seront assignées en chaque département sur le produit des contributions directes. L'art. 2 détermine la nature et l'étendue des pouvoirs conférés aux corps administratifs dans toutes les autres parties de l'administration générale, et il en expose les objets principaux. Il n'appartient pas à la Constitution d'expliquer en détail les règles particulières par lesquelles l'ordre du service et les fonctions pratiques doivent être dirigées dans chaque branche de l'administration. Les usages et les formes réglementaires ont varié pour chaque partie du service, et pourront encore être changés et perfectionnés. Ces accessoires étant hors de la Constitution, pourront faire la matière de décrets séparés ou

districts, entre lesquels se subdivisait le territoire du département. Une administration de district y était instituée, divisée, elle aussi, en un *Conseil* et un *Directoire* de district; auprès d'elle siégeait un procureur syndic. Mais les attributions de l'administration de district étaient beaucoup moins

étendues que celles de l'administration de département; elles ne comportaient pas, en général, de pouvoirs de décision, mais seulement d'instruction et d'exécution, sous l'autorité supérieure de l'administration de département, servant en quelque sorte d'intermédiaire entre celle-ci et les communes.

---

d'instructions particulières, à mesure que l'Assemblée nationale avancera dans son travail; et ce qu'elle n'aura pu régler restera utilement soumis aux conseils de l'expérience, aux découvertes de l'esprit public et à la vigilance du roi et des législatures. Ce qui suffit en ce moment est que les différents pouvoirs soient constitués, séparés, caractérisés, et que l'origine et la nature de ceux qui sont conférés aux corps administratifs ne puissent être ni méconnues ni obscurcies. Il est nécessaire d'observer à cet égard que l'énumération des différentes fonctions des corps administratifs qui se trouvent dans l'art. 2 de la sect. 3, n'est pas exclusive ni limitative, de manière qu'il fût inconstitutionnel de confier par la suite à ces corps quelque autre objet d'administration non exprimé dans l'article. Cette énumération n'est que désignative des fonctions principales qui entrent plus spécialement dans l'institution des administrations de département et de district. L'État est un; les départements ne sont que des sections du même tout: une administration uniforme doit donc les embrasser tous dans un régime commun. Si les corps administratifs, indépendants et en quelque sorte souverains dans l'exercice de leurs fonctions, avaient le droit de varier à leur gré les principes et les formes de l'administration, la contrariété de leurs mouvements partiels, détruisant bientôt la régularité du mouvement général, produirait la plus fâcheuse anarchie. La disposition de l'art. 5 a prévenu ce désordre en statuant que les arrêtés qui seront pris par les administrations de département sur tous les objets qui intéresseront le régime de l'administration générale du royaume, ou même sur des entreprises nouvelles et des travaux extraordinaires, ne pourront être exécutés qu'après avoir reçu l'approbation du roi.

Le même motif n'existe plus lorsqu'il ne s'agit que de l'expédition des affaires particulières, ou des détails de l'exécution à donner aux arrêtés déjà approuvés par le roi; et par cette raison, le même art. 5 décide que, pour tous les objets de cette seconde classe, l'approbation royale n'est pas nécessaire aux actes des corps administratifs. Le fondement essentiel de cette importante partie de la Constitution, est que le pouvoir administratif soit toujours maintenu très distinct et de la puissance législative à laquelle il est soumis, et du pouvoir judiciaire dont il est indépendant. La Constitution serait violée, si les administrations de département pouvaient ou se soustraire à l'autorité législative, ou usurper aucune partie de ses fonctions, ou enfreindre ses décrets, et résister aux ordres du roi qui leur en recommanderaient l'exécution; toute entreprise de cette nature serait de leur part une forfaiture.

Le droit d'accorder l'impôt et d'en fixer tant la quotité que la durée appartenant exclusivement au corps législatif, les administrations de département et de district ne peuvent établir aucun, pour quelque cause ni sous quelque dénomination que ce soit. Elles n'en peuvent répartir aucun au delà des sommes et du temps que le corps législatif aura fixés; elle ne peuvent de même faire aucun emprunt sans son autorisation. Il sera incessamment pourvu à l'établissement des moyens propres à leur procurer les fonds nécessaires au paiement des dettes et des dépenses locales, et aux besoins urgents et imprévus de leur département. La Constitution ne serait pas moins violée, si le pouvoir judiciaire pouvait se mêler des choses d'administration, et troubler, de quelque manière que ce fût, les corps administratifs dans l'exercice de leurs fonctions. La maxime qui doit prévenir cette autre espèce de désordre politique, est consacrée par l'art. 8. Tout acte des tribunaux et des cours de justice tendant à contrarier ou à suspendre le mouvement de l'administration étant inconstitutionnel, demeurera sans effet, et ne devra les arrêter les corps administratifs dans l'exécution de leurs opérations.

Les administrations de département et de district qui vont être établies, succédant aux états provinciaux, aux assemblées provinciales et aux intendants et commissaires départis des généralités, dont les fonctions cesseront aux termes des art. 8 et 9, prendront immédiatement la suite des affaires. Il sera pourvu à ce que tous les papiers et renseignements nécessaires leur soient remis, et à ce que le compte de la situation de leurs départements respectifs leur soit rendu. Elles recevront, à l'ouverture ou pendant le cours de leur première session, la notice des objets dont il paraîtra nécessaire qu'elles s'occupent provisoirement et sans délai.

Il était juste de prévenir l'embarras qu'auraient éprouvé les provinces qui ont eu jusqu'à présent une seule administration, et qui se trouvent divisées maintenant en plusieurs départements, pour terminer les affaires communes provenant de l'unité de leur administration précédente. Ce cas a été prévu et décidé par le dernier article de la sect. 3 du décret. Chacune des nouvelles administrations de département établies dans la même province, nommera parmi ses membres, autres que ceux du directoire, deux commissaires. Les commissaires de tous les départements de

la province se réuniront et tiendront leurs séances dans la ville où était le siège de la précédente administration. Ce commissariat, composé de représentants de toutes les parties de la province, s'occupera de liquider les dettes contractées sous l'ancien régime, d'en établir la répartition entre les divers départements, et de mettre à fin les anciennes affaires. Il cessera aussitôt que la liquidation et le partage auront été faits, et rendra compte de sa gestion lorsqu'ils seront finie, ou même pendant sa durée, s'il en est requis, à une nouvelle assemblée, composée de quatre autres commissaires nommés par chaque administration de département.

Instruction législative des 12-20 août 1790.

L'Assemblée nationale connaît toute l'importance et l'étendue des devoirs des assemblées administratives; elle sait combien il dépend d'elles de faire respecter et chérir, par un régime sage et paternel, la Constitution qui doit assurer à jamais la liberté de tous les citoyens. Placées entre le peuple et le roi, entre le corps législatif et la nation, elles sont le nœud qui doit les lier sans cesse l'un à l'autre; et par elles doit s'établir et se conserver cette unité d'action, sans laquelle il n'y a pas de monarchie. — Le vœu public, auquel les nouveaux administrateurs doivent leur caractère, garantit suffisamment qu'ils sauront justifier les espérances qu'on a conçues de leur patriotisme et de leurs talents; mais les premiers pas dans une carrière difficile sont toujours incertains : il était donc du devoir de l'Assemblée nationale de diriger ceux des corps administratifs par une instruction qui retraçât leurs principales fonctions, et qui rappelât spécialement les premiers travaux auxquels ils doivent se livrer. — Pour donner à cette instruction le plus de clarté possible, on la divisa en sept chapitres : Le premier traitera des objets constitutionnels ; — Le second, des finances ; — Le troisième, des droits féodaux ; — Le quatrième, des domaines ; — Le cinquième, de l'aliénation des domaines nationaux ; — Le sixième, de l'agriculture et du commerce ; — Le septième, de la mendicité, des hôpitaux et des prisons.

CHAPITRE PREMIER

OBJETS CONSTITUTIONNELS.

§ 1. — *Observations générales sur les fonctions des assemblées administratives.*

Les assemblées administratives considéreront attentivement ce qu'elles sont dans l'ordre de la Constitution, pour ne jamais sortir des bornes de leurs fonctions et pour les remplir toutes avec exactitude. — Elles observeront d'abord qu'elles ne sont chargées que de l'administration; qu'aucune fonction législative ni judiciaire ne leur appartient, et que toute entreprise de leur part sur l'une ou l'autre de ces fonctions introduirait la confusion des pouvoirs, qui porterait l'atteinte la plus funeste aux principes de la Constitution. — Des fonctions déléguées aux assemblées administratives, les unes doivent être exercées sous l'inspection du corps législatif; celles-là sont relatives à la détermination des qualités civiques, au maintien des règles des élections, et de celles qui seront établies pour la répartition et le recouvrement de l'impôt; les autres, qui comprennent toutes les parties de l'administration générale du royaume, doivent être exercées sous la direction et l'autorité immédiate du roi, chef de la nation et dépositaire suprême du pouvoir exécutif. Toute résistance de ces deux autorités serait le plus grand des délits politiques, puisqu'elle briserait les liens de l'unité monarchique.

Les administrations de département ne peuvent faire ni décrets, ni ordonnances, ni règlement; elles ne peuvent agir que par les vœux, ou de simples délibérations sur les matières générales, ou d'arrêtés sur les affaires particulières, ou de correspondance avec les administrations de district, et par elles avec les municipalités. Leurs délibérations, prises en assemblée générale ou de conseil sur les objets particuliers qui concerneront leur département, mais qui intéresseront le régime de l'administration générale du royaume, ne pourront être exécutées qu'après qu'elles auront reçu son approbation.

Les administrations de district sont entièrement subordonnées à celles de département; elles ne peuvent prendre aucune délibération en matière d'administration générale; et si quelques circonstances extraordinaires les ont portées à s'écarter de cette règle essentielle, leurs délibérations ne pourraient être mises à exécution, même par leurs

23. Les attributions des corps administratifs ainsi constitués s'exerçaient, soit en matière d'impôts, soit en matière d'administration proprement dite, soit enfin en matière de contentieux administratif.

---

directoires, qu'après avoir été présentées à l'administration de département et autorisées par elle.

Les fonctions des administrations de district se bornent à recueillir toutes les connaissances et à former toutes les demandes qui peuvent intéresser le district; à exécuter, sous la direction et l'autorité de l'administration de département, toutes les dispositions arrêtées par celle-ci; à faire toutes les vérifications et donner tous les avis qui leur seront demandés sur les affaires relatives à leur district; enfin, à recevoir les pétitions des municipalités, et à les faire parvenir avec leurs propres observations à l'administration de département.

Les fonctions des conseils de département sont de délibérer sur tout ce qui intéresse l'ensemble du département; de fixer d'une manière générale, tant les règles de l'administration que les moyens d'exécution; enfin, d'ordonner les travaux et la dépense de chaque année, et d'en recevoir les comptes.

Les fonctions des directoires sont d'exécuter tout ce qui a été prescrit par les conseils et d'expédier toutes les affaires particulières.

Après la séparation des assemblées de conseil, les directoires seuls restent en activité; seuls ils représentent l'administration qui les a commis et ont un caractère public à cet effet. La correspondance, soit ministérielle, soit dans l'intérieur du département, ne peut être tenue qu'avec eux et par eux.

Le président de chaque administration est aussi le président de son directoire, et il y a voix délibérative, comme dans l'assemblée du conseil; il doit toujours être compté en dehors, et ne peut pas être compté dans le nombre des membres fixé pour la composition du directoire.

Ces règles s'appliquent également aux directoires de district. Ceux-ci sont chargés de l'exécution, non seulement de ce qui leur aura été prescrit par le conseil, mais encore de tout ce qui leur sera ordonné par le directoire du département. Ils doivent attendre les ordres de ce directoire pour agir dans tout ce qui intéresse l'administration générale, et s'y conformer exactement, afin que l'unité des principes, des formes et des méthodes puisse être maintenue. Toutes les fois cependant qu'ils agiront conformément aux principes établis, et dans l'esprit des ordres qu'ils auront reçus, ils n'auront pas besoin, pour chaque acte de détail, ni pour l'expédition de chaque affaire particulière, d'une autorisation spéciale.

Les municipalités, dans les fonctions qui sont propres au pouvoir municipal, sont soumises à l'inspection et à la surveillance des corps administratifs; et elles sont entièrement dépendantes de leur autorité dans les fonctions propres à l'administration générale, qu'elles n'exercent que par délégation.

Telle est l'organisation des corps administratifs, ainsi qu'elle résulte des art. 50 et 51 du décret du 14 déc. dernier (V. Commune, n° 7), des art. 28, 29, 30 et 31 de la sect. 2 et de l'art. 3 de la sect. 3 du décret du 22 déc. (V. ci-dessus). Chacun de ces corps doit être attentif à se tenir au rang que la Constitution lui assigne, la liberté ne pouvant être garantie que par la graduation régulière des offices publics.

. . . .

§ 2. — Correspondance.

Le premier soin des corps administratifs de chaque département doit être d'établir leur correspondance, tant entre eux qu'avec les municipalités de leur territoire; les moyens les plus prompts et les plus économiques doivent être préférés.

Les administrations de département sont le lieu de correspondance entre le roi, chef de l'administration générale, et les administrations de district; celles-ci le sont de même entre les administrations de département et les municipalités. Ainsi, la correspondance du roi ne sera tenue par ses ministres qu'avec les administrations ou les directoires de département, et les dispositions qu'elle contiendra seront transmises par le département aux administrations ou directoires des districts.

La même marche sera observée pour la correspondance du corps législatif: c'est la disposition expresse de l'art. 2 du décret des 25, 26, 29 juin et 9 juill. 1790, sur la vente des domaines nationaux.

Les municipalités ne pourront s'adresser à l'administration ou au directoire du département que par l'intermédiaire de l'administration ou du directoire du district, à moins qu'elles n'aient à se plaindre de l'administration même du district ou de ce district ou de ce directoire; et en général il ne pourra rien être prescrit ou fait aucune disposition par l'administration ou le directoire du département à l'égard d'aucune municipalité, ou d'aucun membre d'une commune, soit d'office, soit sur réquisition, que par la voie de l'administration du district, et après qu'elle aura été préalablement entendue.

En matière d'impôts (1), les administrations de département agissaient « sous l'inspection du Corps législatif et en vertu de ses décrets », elles étaient chargées: — 1° de répartir toutes les contributions directes imposées à chaque département; la répartition était faite par les administrations de département entre les districts de leur ressort, et par les administrations de district entre les municipalités; — 2° de faire établir les rôles de cotisation entre les contribuables de chaque commune; — 3° de régler et de surveiller tout le service de la perception et du versement des contributions, ainsi que le personnel des agents; — 4° d'ordonner et faire exécuter toutes les dépenses que le pouvoir central aura assignées à chaque département sur le produit de ces contributions.

En matière d'administration proprement dite (2), les administrations de département agissaient « sous l'autorité et l'inspection du roi, comme chef suprême de la nation et de l'administration générale du royaume ». Elles étaient chargées, d'une manière générale, de toutes les parties de cette administration, et notamment de celles relatives: — 1° au soulagement des pauvres et à la police des mendiants et vagabonds; — 2° à l'inspection et à l'amélioration du régime des hôpitaux, prisons, etc.; — 3° à la surveillance de l'instruction publique; — 4° à l'emploi des fonds destinés à l'encouragement de l'agriculture et de l'industrie; — 5° à la conservation des propriétés publiques; — 6° à celle des forêts, rivières, chemins et autres choses communes; — 7° à la direction et confection des routes, canaux et autres ouvrages publics autorisés dans le département; — 8° à l'entretien, réparation et reconstruction des églises et presbytères; — 9° au maintien de la salubrité, de la sûreté et de la tranquillité publiques; — 10° aux gardes nationales.

La subordination des administrations de département au pouvoir central dans la gestion de ces divers services était assurée par plusieurs dispositions :

Les unes soumettaient les délibérations à l'approbation préalable du roi, lorsqu'elles intéressaient « le régime de l'administration générale du royaume », ou lorsqu'elles avaient pour objet des entreprises nouvelles et des travaux extraordinaires, ou des impositions à créer ou à répartir au delà des sommes ou du temps fixés par le Corps législatif, ou des emprunts à contracter (3).

D'autres dispositions législatives, et spécialement la loi des 27 avril et 25 mai 1791 sur l'organisation du ministère (4) prévoyaient l'annulation prononcée par le roi en conseil des

---

Le directoire de département et ceux des districts de son ressort correspondront ensemble : le procureur général syndic correspondra avec les procureurs-syndics, et pourra correspondre aussi avec les directoires des districts. Ceux-ci correspondront avec les officiers municipaux ; et les procureurs-syndics pourront correspondre tant avec les officiers que particulièrement avec les procureurs des communes...

(1) L. 22 décembre 1789, Sect. III, art. 1er.

(2) L. 22 décembre 1789, Sect. III, art. 2.

(3) L. 22 décembre 1789, Sect. III, art. 5 et 6.

(4) L. 27 avril-25 mai 1791, relative à l'organisation du ministère. (Extrait.) — Art. 17. Seront aussi au nombre des fonctions du Conseil d'État (conseil des ministres): 1° L'examen des difficultés et la discussion des affaires dont la connaissance appartient au pouvoir exécutif, tant à l'égard des objets dont les corps administratifs et municipaux sont chargés sous l'autorité du roi que sur toutes les autres parties de l'administration générale; 2° la discussion des motifs qui peuvent nécessiter l'annulation des actes irréguliers des corps administratifs et la suspension de leurs membres conformément à la loi.

ministres (appelé Conseil d'État), de tous les actes des corps administratifs, même non soumis à une approbation préalable, lorsqu'ils étaient « irréguliers », c'est-à-dire non conformes à la légalité et aux règles de la compétence.

L'annulation pour incompétence était également prévue par la fameuse loi des 7-14 octobre 1790, qui est devenue plus tard la base du recours pour excès de pouvoir devant le Conseil d'État.

26. En matière contentieuse, les directoires de département furent investis, en vertu de la loi des 7-11 septembre 1790 (1), d'une grande partie de la juridiction qui appartenait antérieurement aux intendants et à quelques juridictions administratives spéciales. Ils furent chargés notamment de prononcer sur les contestations, en matière de contributions directes, d'entreprises de travaux publics, de dommages causés par ces travaux ou par des occupations de terrains et des extractions de matériaux, de la police des routes et des chemins vicinaux (2).

27. Telle était, dans ses grandes lignes, l'organisation départementale établie par la Constituante. On peut y entrevoir le germe de toutes celles qui ont suivi. Le conseil de département donnera naissance au conseil général, le conseil de district au conseil d'arrondissement, les directoires et les procureurs syndics aux préfets, qui d'abord absorberont entièrement le pouvoir exécutif et qui plus tard le partageront, pour certaines affaires, avec la commission départementale. Cette dernière institution, la plus moderne de toutes, touche par certains côtés à la plus ancienne, celle des directoires de département.

---

(1) L. 7-11 septembre 1790. (Extraits.) — TITRE XIV. — *De la suppression des anciens tribunaux.* — Art. 1er. Les contribuables qui, en matière de contributions directes, se plaindront du taux de leur cotisation, s'adresseront d'abord au directoire de district, lequel prononcera sur l'avis de la municipalité qui aura fait la répartition. La partie qui se croira lésée pourra se pourvoir ensuite au directoire de département, qui décidera en dernier ressort, sur simples mémoires et sans forme de procédure, sur la décision du directoire de district. Tous avis et décisions en cette matière seront motivés.

Art. 2. Les actions civiles relatives à la perception des impôts indirects seront jugées en premier et dernier ressort, également sur simples mémoires et sans frais de procédure, par les juges de district, lesquels, une ou deux fois la semaine, selon le besoin du service, se formeront en bureau ouvert au public composé d'au moins trois juges, et prononceront après avoir entendu le commissaire du Roi.

Art. 3. Les entrepreneurs des travaux publics seront tenus de se pourvoir, sur les difficultés qui pourraient s'élever en interprétation ou dans l'exécution des clauses de leurs marchés, d'abord par voie de conciliation, devant le directoire de district; et dans les cas où l'affaire ne pourrait être conciliée, elle sera portée au directoire de département, qui la décidera par lui en dernier ressort, après avoir vu l'avis motivé du directoire de district.

Art. 4. Les demandes et contestations sur le règlement des indemnités dues aux particuliers, à raison des terrains pris ou fouillés pour la confection des chemins, canaux ou autres ouvrages publics, seront portées de même, par voie de conciliation, devant le directoire de district, et pourront l'être ensuite au directoire de département, lequel les terminera en dernier ressort, conformément à l'estimation qui en sera faite par le juge de paix et ses assesseurs.

Art. 5. Les particuliers qui se plaindront des torts et dommages procédant du fait personnel des entrepreneurs et non du fait de l'administration, se pourvoiront contre les entrepreneurs, d'abord devant la municipalité du lieu où les dommages auront été commis, et ensuite devant le directoire de district, qui statuera en dernier ressort, lorsque la municipalité n'aura pu concilier l'affaire.

Art. 6. L'administration, en matière de grande voirie, appartiendra aux corps administratifs, et la police de conservation, tant pour les grandes routes que pour les chemins vicinaux, aux juges de district.

(2) Voy. V° CONTENTIEUX ADMINISTRATIF, historique.

Mais, dans cette création de l'Assemblée constituante, il y avait deux points faibles.

En premier lieu, la Constituante qui avait voulu assurer l'unité d'action politique et gouvernementale, et la prépondérance incontestée du pouvoir central dans toutes les parties du territoire, se faisait illusion en confiant aux directoires, c'est-à-dire à des autorités collectives et délibérantes, tous les ressorts de l'administration active, et l'exécution de tous les ordres du pouvoir central (1).

L'institution des procureurs syndics ne suffisait pas pour donner au système la force et la cohésion nécessaires, et il n'est pas surprenant que l'organisation du pouvoir exécutif dans le département ait donné promptement lieu à des mécomptes, et nécessité des réformes.

En second lieu, le département, trop autonome comme organe d'administration centrale, ne l'était pas assez comme centre d'administration locale. Ses intérêts et sa personnalité propres restaient trop absorbés dans l'État. Il était plutôt une circonscription administrative tracée pour la commodité du service de l'État, qu'un groupe vivant, une personnalité réelle ayant sa place dans la grande famille nationale. On est à peu près d'accord pour reconnaître que le département n'avait pas, en 1790, la personnalité civile acquise progressivement depuis, qu'il n'avait pas de biens, d'entreprises, de finances qui lui fussent réellement propres. Sans doute, il résulte de quelques dispositions des lois de la Constituante, que les administrations pouvaient contracter des emprunts et établir certaines contributions en vue des besoins locaux, parmi lesquels figuraient les dépenses des routes prévues par l'instruction du 17 avril 1791, sur le service des ponts et chaussées (2). Mais cette participation du département à certaines charges de l'État ne lui conférait encore ni propriété distincte, ni personnalité civile proprement dite.

SECTION III.

ADMINISTRATION DES DÉPARTEMENTS SOUS LA CONVENTION ET LE DIRECTOIRE.

28. *Convention.* — L'organisation que la Constituante avait établie, en vue d'un gouvernement régulier ayant la forme d'une monarchie constitutionnelle, ne pouvait pas répondre aux vues de la Convention. Dès que celle-ci fut aux prises avec les difficultés intérieures et avec les périls extérieurs, elle ne voulut trouver dans les autorités locales que des exécuteurs dociles de ses décisions ; elle institua, comme autorité intermédiaire, entre le pouvoir central et les départements, les *représentants en mission* devant qui tout pouvoir rival devait plier.

La Convention affirma par plusieurs décrets son intention de ne souffrir aucune résistance aux ordres de ses délégués : — On peut citer, à titre d'exemple, son décret du 16 août 1793, qui casse un arrêté, pris par les administrateurs du département des Hautes-Pyrénées pour suspendre l'exécution d'un arrêté des représentants Isabeau et Garreau, délégués

---

(1) L. 22 décembre 1789, Sect. III, art. 6 ; — Inst. législ., 12-20 août 1790, chap. II.

(2) Aucoc, *conférences*, T. I, p. 230.

par la Convention. L'article 4 de ce décret porte : « Les « administrateurs qui suspendraient l'exécution des arrêtés « des représentants du peuple, seront punis de dix années « de fer (1). »

On peut citer aussi le décret du 29 août 1793, qui casse et annule, sur le rapport des comités de législation et des finances, un arrêté pris par le conseil général du département du Bas-Rhin sur la question des assignats, et « fait défense tant « au conseil général du Bas-Rhin qu'à tous autres corps « administratifs de prendre aucun arrêté sur des matières de « législation, ou autres qui ne lui sont pas attribuées par la « Constitution, *sous peine de forfaiture* (2). »

29. Survient enfin le décret des 14-16 frimaire an II (4-6 décembre 1793), sur « le mode de gouvernement provisoire et révolutionnaire », qui modifie sur deux points essentiels l'administration départementale.

En premier lieu, ce décret place au district, et non plus au département, le siège de l'administration révolutionnaire, et rompt tout lien de hiérarchie entre les administrations de district et celles des départements pour l'exécution des mesures de gouvernement, de sûreté. générale et de salut public, exclusivement confiée aux districts ; les administrations de département ne restent plus chargées que de quelques objets d'administration étrangers à la politique : répartition des contributions, surveillance des routes, canaux, domaines nationaux, manufactures (3).

En second lieu, le décret des 14-16 frimaire réorganise les administrations de district devenues les exécuteurs directs des ordres du gouvernement ; il prescrit leur épuration et il place auprès de chacune d'elles des « agents nationaux », en remplacement des procureurs syndics supprimés (4).

« Il y aura, dit l'article 14, des agents nationaux spéciale- « ment chargés de requérir et de poursuivre l'exécution des « lois, ainsi que de dénoncer les négligences apportées dans « cette exécution et les infractions qui pourraient se commettre. « Ces agents nationaux sont autorisés à se déplacer et à par- « courir l'arrondissement de leur territoire pour surveiller et « s'assurer plus positivement que les lois sont exactement « exécutées. » Le décret ajoute que les agents nationaux correspondront directement avec les comités de salut public et de sûreté générale.

Toute autorité effective des directoires de département et même des directoires de district disparaissait devant celle des représentants en mission et des agents nationaux. La centralisation la plus étroite venait ainsi seconder la dictature, devenue nécessaire, de la Convention et de ses comités.

30. *Directoire.* — A cette organisation révolutionnaire, le Directoire s'efforça de substituer un régime moins despotique, mais pouvant cependant offrir au gouvernement central des moyens d'action hiérarchique, moins illusoires que dans le système de la Constituante. Ce régime fut institué par la Constitution du 5 fructidor an III, spécialement par le titre VII. En voici un aperçu.

La Constitution de l'an III replace au département le centre d'action politique et administrative, que la Convention avait dispersé dans les districts ; en même temps, elle supprime les districts et ne conserve comme subdivision du département que les cantons divisés eux-mêmes en communes (1).

Elle étend aux colonies le système départemental, prévoit la formation de quatre à six départements à Saint-Domingue, d'après une division à déterminer par le Corps législatif, et de douze départements dans les autres colonies, y compris les Indes orientales (2).

Chaque département a à sa tête une « administration centrale », composée de cinq membres et renouvelée par cinquième tous les ans (3) ;

Le conseil de département, placé auprès des directoires par l'Assemblée constituante, est supprimé. Le gouvernement nomme auprès de chaque administration départementale, un « commissaire » chargé de surveiller et de requérir l'exécution des lois ; il peut le révoquer, non seulement pour infraction grave, mais encore « lorsqu'il le juge convenable » (4). Cette disposition qui affirme l'autorité hiérarchique et la subordination directe du commissaire au gouvernement est comme une transition entre la création primitive des procureurs-syndics et celle des préfets que nous verrons apparaître en l'an VIII.

Les fonctions des commissaires, telles qu'elles étaient comprises par le gouvernement du directoire, étaient moins des fonctions d'action administrative que de vigilance, de proposition, d'avis. Elles sont définies dans une circulaire du ministre de l'intérieur du 27 frimaire an V, qui recommande aux commissaires d'être « l'œil du gouvernement », mais en même temps de s'abstenir de toute initiative pouvant engager la responsabilité du pouvoir central dans les décisions incombant aux autorités locales (5).

---

(1) Duvergier, *Lois et Décrets*, T. VI, p. 120.
(2) Duvergier, *Lois et Décrets*, T. VI, p. 168.
(3) D. 14-16 frimaire, an II, Sect. II, art. 6 ; Sect. III, art. 5 ; — Duvergier, T. VI, p. 392, 394.
(4) D. 14-16 frimaire an II, Sect. IV, art. 1er. — « Le Comité de salut public est autorisé à prendre toutes les mesures nécessaires pour procéder au changement d'organisation des autorités constituées portées dans le présent décret.
« Art. 2. Les représentants du peuple dans les départements sont chargés d'en assurer et d'en accélérer l'exécution, comme aussi *d'achever sans délai l'épuration complète de toutes les autorités constituées...* »

---

(1) Constitution de l'an III, Tit. 1er, art. 5.
(2) *Ibid.*. Tit. 1er, art. 6, 7.
(3) *Ibid.*, art. 174, 177.
(4) *Ibid.*, art. 191.
(5) Circ. du min. de l'int., 27 frimaire an V (Bellezeck). — La plupart des commissaires du pouvoir exécutif, citoyens, signent les arrêtés des administrations, et beaucoup d'actes administratifs sont précédés d'une correspondance entre les administrateurs et le commissaire du pouvoir exécutif, lequel avant de répondre consulte souvent l'administration générale, correspondance qui, après avoir multiplié les opérations et ralenti la marche des affaires, paraît déterminer fréquemment les arrêtés ultérieurs.
Cependant, soit que les administrateurs agissent conformément à l'avis ou à la réquisition du commissaire, soit qu'ils manifestent une autre opinion et que le résultat de la délibération diffère entièrement de l'avis ou de la réquisition du commissaire, ce sont toujours les administrateurs et non le commissaire du pouvoir exécutif qui ont prononcé l'application de la loi ; et par une conséquence naturelle, c'est sur les administrateurs que la responsabilité doit peser.
Cette responsabilité ne saurait être atténuée ni détournée par une intervention différente de celle que la constitution prescrit et qui, ne compliquant inutilement les opérations, tend à dénaturer le caractère spécial de chaque fonctionnaire public.
Le commissaire du pouvoir exécutif est l'œil du gouvernement ; il est placé près des administrations pour les surveiller, pour provoquer l'exécution des lois et la rectification des erreurs, pour faire cesser l'inaction des fonctionnaires et rendre compte au gouvernement de tout ce dont il juge à propos de l'informer. Il doit donc être présent à tout, il doit tout voir, tout connaître, mais sans que son assistance et

La subordination de l'administration départementale au gouvernement n'est pas seulement affirmée par l'institution d'un commissaire révocable, mais encore par la faculté de suspendre et même de destituer tout administrateur qui a contrevenu soit à la loi, soit aux ordres de l'administration supérieure (1).

D'autre part, tous les actes des administrations départementales soit illégaux, soit contraires aux instructions du supérieur hiérarchique, c'est-à-dire du ministre, peuvent être annulés par lui, et chaque ministre possède ce droit à l'égard des actes qui intéressent ses services (2).

A la vérité, l'article 195 de la Constitution de l'an III, décidait qu'aucune suspension d'administrateurs, aucune annulation de leurs actes ne deviendrait définitive sans la confirmation formelle du Directoire exécutif. Certaines administrations de département essayèrent de s'autoriser de ce texte pour tenir en échec l'autorité des ministres, et pour maintenir leurs actes annulés par eux, ou pour rester en fonctions quoique suspendus, sous prétexte que le Directoire n'avait pas expressément confirmé l'annulation ou la suspension.

Mais le Directoire, par un arrêté fortement motivé du 17 messidor an V, condamna cette prétention, affirma la subordination des administrations aux ministres, et déclara que la décision ministérielle était exécutoire de plein droit, tant que le Directoire ne l'avait pas mise à néant sur le recours de l'administration intéressée (3).

31. La législation du Directoire contient aussi des règles plus précises que celles des régimes antérieurs sur le budget départemental. Le texte le plus important en cette matière est la loi du 11 frimaire an VII (1er décembre 1798) qui énumère, ainsi qu'il suit, les dépenses et les recettes des départements :

Les dépenses sont celles : 1° des tribunaux civils, criminels, correctionnels et de commerce; 2° des administrations

centrales; 3° des écoles centrales et des bibliothèques, muséums, cabinets de physique et d'histoire naturelle et jardins de botanique en dépendant; 4° de l'entretien et réparation des édifices publics servant à ces établissements, et des prisons; 5° des taxations et remises du receveur et de ses préposés; 6° des autres dépenses autorisées par les lois et nécessaires à l'administration du département (1).

A l'état de ces dépenses, le département peut ajouter une somme pour dépenses imprévues n'excédant pas le dixième des dépenses ordinaires (2).

Quant aux recettes, elles se composent uniquement de centimes additionnels aux contributions foncière et personnelle, d'après un maximum déterminé chaque année (3).

Chaque département contribue en outre, au moyen d'autres centimes additionnels, à former deux fonds spéciaux : un *fonds de supplément* et un *fonds commun des départements*. Le fonds de supplément est destiné à pourvoir au déficit des recettes municipales et départementales; le fonds commun, à assister les départements auxquels le maximum des centimes ne peut suffire, et à faire face aux cotes irrécouvrables ainsi qu'aux secours pour grêle, incendie ou autres calamités (4).

Peut-on voir, dans ce budget, le premier indice d'une personnalité civile du département? Cela nous semble douteux, car rien n'y fait allusion à des biens ou à des revenus propres du département, ni même à sa faculté d'en acquérir. L'idée de budget spécial n'implique pas par elle-même celle de personnalité distincte, car on peut concevoir une certaine décentralisation de recettes et de dépenses, sans que celles-ci cessent d'être des recettes et des dépenses d'État, sans que le département ait une autre mission que de gérer, chacun dans son ressort, des services de l'État. Or, ce point de vue nous paraît dominer dans les prévisions de la loi de l'an VII, qui ne place ni dans le domaine, ni sous l'autorité propre du département, aucun des édifices et des services publics qu'il est chargé d'entretenir.

A la vérité, cette loi prévoit un fonds pour dépenses imprévues, et nous voulons bien qu'elle autorise ainsi implicitement quelques entreprises particulières abandonnées à l'initiative du département, mais si l'on peut voir là la reconnaissance d'une certaine faculté d'agir en dehors de l'État, de subventionner des travaux ou autres entreprises d'intérêt collectif, il n'en résulte pas, selon nous, qu'il y ait déjà reconnaissance d'une personnalité civile dans le sens juridique du mot; tout au plus s'agirait-il d'un commencement d'individualité administrative.

---

son adhésion puisse jamais excuser, encore moins légitimer, ni rejeter sur le gouvernement les opérations administratives qui pouvaient être répréhensibles.

Il paraît donc convenable, pour conserver dans sa pureté l'organisation constitutionnelle, que les administrateurs et les commissaires du pouvoir exécutif s'abstiennent de ces correspondances préliminaires, au moyen desquelles on pourrait chercher à rejeter sur le commissaire ou sur le gouvernement l'acte futur de l'administration. Le commissaire du pouvoir exécutif doit seulement donner son avis et porter la parole en présence de l'administration; c'est à elle à apprécier les dires et les réquisitoires du commissaire, sans que celui-ci coopère à l'acte résultant de la délibération.

Il importe, par les mêmes motifs, que l'arrêté de l'administration ne soit pas revêtu de la signature du commissaire du pouvoir exécutif, ni ses réquisitoires écrits à la suite des pétitions particulières. Excepté cependant lorsqu'il s'agit d'une opération qui lui est directement attribuée...

(Nous empruntons ce document inédit à une intéressante étude de M. Ducrocq, sur « les procureurs syndics de 1790 et les commissaires du pouvoir exécutif de l'an III à l'an VIII, publiée par le *Bulletin du comité des travaux historiques et scientifiques*, 1891.)

(1) *Ibid.*, art. 194, 198.
(2) *Ibid.*, art. 193, 197.
(3) Arrêté du 17 messidor, an V. — Le Directoire exécutif, vu l'arrêté du département du Pas-de-Calais, du 23 prairial dernier, portant que celui du 23 ventôse précédent continuera d'être exécuté malgré la décision du ministre de l'intérieur et jusqu'à ce que celle du Directoire soit intervenue; — Considérant que cette administration s'est écartée des articles 193 et 194 de la Constitution, qui portent que les administrations centrales sont subordonnées aux ministres et que ceux-ci peuvent annuler leurs actes; — Considérant que si, sous prétexte que les suspensions des administrations ou les annulations de leurs actes par les ministres ne deviennent point définitives sans la confirmation formelle du directoire exécutif, les administrations centrales se permettent d'ordonner que jusqu'à ce que cette confirmation ait été obtenue, leurs actes continue-

ront d'être exécutés, il n'y a plus de subordination d'elles aux ministres, et que le droit qui leur est attribué par la Constitution, d'annuler les actes de ces administrations devient entièrement illusoire; qu'il résulte des deux articles cités, que les arrêtés ou décisions des ministres qui confirment, limitent, modifient ou annulent les actes des administrations centrales, doivent recevoir provisoirement leur exécution, sauf la confirmation formelle du directoire lorsqu'il y aura réclamation :

Art. 1er L'arrêté de l'administration du Pas-de-Calais est annulé.

Art. 2. Les arrêtés ou décisions des ministres qui, dans leur partie, confirment, limitent, modifient ou annulent les actes des administrations centrales, recevront provisoirement leur exécution, sauf la confirmation formelle du directoire exécutif pour le définitif en cas de réclamation.

(1) L. 11 frimaire an VII, art. 13.
(2) *Ibid.*, art. 14.
(3) *Ibid.*, art. 15.
(4) *Ibid.*, art. 16.

CHAPITRE III

DE L'AN VIII A 1830.

SECTION PREMIÈRE.

CONSULAT ET EMPIRE.

§ 1. — *Loi du 28 pluviôse an VIII.*

32. Pendant la période qui commence à l'an VIII et qui se prolonge jusqu'après la révolution de 1830 (lois de 1833 et de 1838), la législation départementale réside essentiellement dans la loi du 28 pluviôse an VIII complétée par quelques textes secondaires.

Le caractère général de cette législation est celui d'une centralisation énergique, assurée par la suppression du système électif et par l'organisation d'une étroite hiérarchie administrative plaçant les diverses autorités départementales sous la direction immédiate du pouvoir central.

33. *Organisation des autorités départementales.* — L'organisation de l'an VIII était ainsi expliquée dans l'exposé des motifs du conseiller d'État Rœderer :

« Le système administratif que présente le projet de loi est fort simple : il repose sur des principes dès longtemps familiers aux bons esprits. Dans l'administration locale, qu'il faut distinguer de l'administration générale, comme on distingue les administrateurs des ministres, on reconnaît trois services distincts : 1° l'administration proprement dite ; 2° les jugements qui se rendent d'office en matière de contributions et qui consistent dans les différentes répartitions qui ont lieu entre les masses et les individus ; 3° le jugement du contentieux dans toutes les parties de l'administration.

« Le projet de loi sépare ces trois fonctions ; il remet la première à un seul magistrat dans chaque degré du pouvoir administratif, savoir : au préfet, au sous-préfet et au maire. Il remet la seconde à des conseils de département, à des conseils d'arrondissements communaux et aux répartiteurs municipaux dont l'existence est conservée. Il remet la troisième à un conseil de préfecture.

« Ces dispositions sont fondées sur deux principes : qu'administrer doit être le fait d'un seul homme, et juger le fait de plusieurs. »

En conséquence, la loi du 28 pluviôse an VIII (1) remplace les administrations collectives par un fonctionnaire unique, le préfet, assisté d'un conseil de préfecture qui donne des avis sur les matières administratives et qui juge, sous la présidence du préfet, les affaires contentieuses. Ces affaires sont celles que la loi des 7-11 septembre 1790 avait déjà placées sous la juridiction des directoires de département.

Auprès du préfet siège un conseil général, chargé de répartir les contributions directes entre les arrondissements, de déterminer le nombre des centimes additionnels à percevoir dans le département, dans la limite du maximum fixé par la loi, et de recevoir le compte du préfet sur l'emploi de ces centimes.

Les municipalités de canton disparaissent et sont remplacées par des administrations d' « arrondissements communaux » comprenant un sous-préfet et un conseil d'arrondissement (1).

34. Une expérience de près d'un siècle a prouvé que cette

---

(1) L. 28 pluviôse an VIII. (Extraits.) — Art. 2. Il y aura dans chaque département un préfet, un conseil de préfecture et un conseil général de département, lesquels rempliront les fonctions exercées maintenant par les administrations et commissaires de département.

Art. 3. Le préfet sera chargé seul de l'administration.

Art. 4. Le conseil de préfecture prononcera, sur les demandes des particuliers, tendantes à obtenir la décharge ou la réduction de leurs cotes de contributions directes ; — sur les difficultés qui pourraient s'élever entre les entrepreneurs de travaux publics et l'administration concernant le sens ou l'exécution des clauses de leurs marchés ; — sur les réclamations des particuliers, qui se plaindront de torts et dommages, provenant du fait personnel des entrepreneurs et non du fait de l'administration ; — sur les demandes et contestations concernant les indemnités dues aux particuliers, à raison des terrains pris ou fouillés pour la construction des chemins, canaux et autres ouvrages publics ; — sur les difficultés qui pourront s'élever en matière de grande voirie ; — sur les demandes qui seront présentées par les communautés des villes bourgs ou villages pour être autorisées à plaider ; — enfin, sur le contentieux des domaines nationaux.

Art. 5. Lorsque le préfet assistera au conseil de préfecture, il présidera ; en cas de partage, il aura voix prépondérante.

Art. 6. Le conseil général de département s'assemblera chaque année. L'époque de sa réunion sera déterminée par le gouvernement ; la durée de la session ne pourra excéder quinze jours. Il nommera un de ses membres pour président, un autre pour secrétaire. Il fera la répartition des contributions directes entre les arrondissements communaux du département. Il statuera sur les demandes en réduction faites par les conseils d'arrondissement. Il déterminera, dans les limites fixées par la loi, le nombre de centimes additionnels, dont l'imposition sera demandée pour les dépenses du département. Il entendra le compte annuel que le préfet rendra de l'emploi des centimes additionnels, qui auront été destinés à ces dépenses. Il exprimera son opinion sur l'état et les besoins du département, et l'adressera au Ministre de l'intérieur

Art. 7. Un secrétaire général de préfecture aura la garde des papiers et signera les expéditions.

Art. 8. Dans chaque arrondissement communal, il y aura un sous-préfet et un conseil d'arrondissement, composé de onze membres.

Art. 9. Le sous-préfet remplira les fonctions exercées maintenant par les administrations municipales et les commissaires de canton, à la réserve de celles qui sont attribuées ci-après, au conseil d'arrondissement et aux municipalités.

Art. 10. Le conseil d'arrondissement s'assemblera chaque année. L'époque de sa réunion sera déterminée par le gouvernement ; la durée de sa session ne pourra excéder quinze jours Il nommera un de ses membres pour président et un autre pour secrétaire. Il donnera son avis, motivé sur les demandes en décharge, qui seront formées par les villes, bourgs ou villages. Il entendra le compte annuel que le sous-préfet rendra de l'emploi des centimes additionnels, destinés aux dépenses de l'arrondissement. Il exprimera son opinion sur l'état et les besoins de l'arrondissement, et l'adressera au sous-préfet.

. . . .

Art. 18. Le premier consul nommera les préfets, les conseillers de préfecture, les membres des conseils généraux de département, le secrétaire général de la préfecture, les sous-préfets, les membres des conseils d'arrondissement, les maires et adjoints des villes de plus de 5,000 habitants, les commissaires généraux de police et préfet de police, dans les villes où il en sera établi.

Art. 19. Les membres des conseils généraux de département, et ceux des conseils d'arrondissement communaux, seront nommés pour trois ans ; ils pourront être continués.

(1) La substitution des arrondissements aux cantons, était prévue par l'article 1er de la constitution du 22 frimaire an VIII, portant que le territoire de la République « est distribué en départements et en arrondissements communaux ».

Elle est ainsi expliquée dans l'exposé des motifs de Rœderer : « L'expérience sollicitait une nouvelle division du territoire de la République. Les cantons étaient trop multipliés, les administrateurs trop nombreux pour que l'administration ne fût pas excessivement coûteuse. Les cantons étaient d'une étendue trop bornée pour fournir généralement des administrateurs instruits, et néanmoins d'une étendue trop grande pour que l'administration municipale pût être présente à cette multitude d'actes qui, dans la société, exigent à chaque instant son intervention. Ainsi, la division établie avait le triple inconvénient de mettre en

organisation, considérée dans ses éléments essentiels, répondait mieux aux nécessités générales de gouvernement et d'administration du pays que les différents systèmes essayés dans les dix années antérieures. Elle avait sur eux l'avantage d'assurer, par l'institution des préfets, la cohésion qui avait toujours manqué aux administrations précédentes, et de faciliter l'action hiérarchique dans les affaires d'intérêt général dont le pouvoir central a la responsabilité, et dont il doit avoir la direction, par le moyen de ses propres agents, dans toutes les grandes circonscriptions du territoire.

L'institution des conseils de préfecture a été également consacrée par l'expérience ; et, si celle des sous-préfets a été plusieurs fois contestée, son maintien non-interrompu depuis l'an VIII prouve du moins qu'elle avait, elle aussi, une réelle vitalité.

35. Mais, si la législation de l'an VIII constituait un sensible progrès au point de vue de l'administration générale, elle était loin de mériter le même éloge au point de vue de l'administration locale.

Les conseils de département et d'arrondissement qu'elle organisait n'avaient que l'apparence de corps délibérants ; leurs membres, au lieu de puiser leurs pouvoirs dans l'élection, étaient nommés par le gouvernement. Celui-ci, invoquant l'article 41 de la Constitution de l'an VIII, qui conférait au premier consul le droit de nommer « les membres des administrations locales », s'était attribué, par l'article 18 de la loi du 28 pluviôse, le droit de nommer les membres de ces conseils aussi bien que les préfets et les sous-préfets.

A la vérité, le sénatus-consulte du 16 thermidor an X prévoyait qu'à chaque période de renouvellement des conseils (1), des listes de candidats seraient arrêtées par les collèges électoraux de département et d'arrondissement (2), et qu'elles guideraient le choix du gouvernement. Mais ce simulacre d'élections ne fut pas même observé dans la pratique. Les listes de candidats étaient dressées non par les électeurs mais par les préfets, et les nominations des membres des conseils étaient proposées au chef de l'État par le ministre de l'intérieur, comme s'il s'agissait de véritables fonctionnaires.

Cet état de choses, maintenu sous l'Empire, subsista également sous la Restauration, et c'est seulement en 1833 que nous verrons les conseils généraux redevenir des corps électifs.

36. *Administration du département.* — Comment fonctionnait, sous l'empire de la loi de l'an VIII, l'organisation départementale ainsi constituée, et avec quelles ressources ?

De même que sous la législation antérieure, le budget départemental n'était alimenté que par des centimes additionnels dont le maximum était déterminé par la loi de finances. D'après les lois du VIII et du 21 ventôse an IX, ce maximum est fixé à dix, plus cinq centimes pour fonds de non valeur. Mais ces lois ne font plus mention du « fonds commun » prévu par la loi du 11 frimaire an VIII et qui disparaît pendant cette période.

Les dépenses départementales sont divisées, par l'arrêté des consuls du 25 vendémiaire an X, en dépenses fixes et dépenses variables (1).

Les dépenses fixes, véritables dépenses de l'État destinées à faire retour à son budget, étaient, d'après l'article 1er de cet arrêté, les traitements des fonctionnaires administratifs du département (préfets, conseillers de préfecture, secrétaire général, sous-préfets), ceux du personnel judiciaire (juges et greffiers des tribunaux civils et criminels), et ceux du personnel enseignant. Ces dépenses étaient d'ailleurs ordonnancées par les ministres compétents et acquittées par le Trésor public.

Il en était autrement des dépenses dites variables, les seules qui eussent réellement un caractère départemental, quoiqu'elles correspondissent, elles aussi, à des services publics d'intérêt général. Ces dépenses étaient celles antérieurement prévues par la loi du 11 frimaire an VII, et en outre certaines dépenses énoncées dans l'article 3 de l'arrêté de l'an X, qui avant cette époque étaient considérées comme fixes, savoir les dépenses relatives aux enfants abandonnés, aux prisons et dépôts de mendicité, tant pour le personnel que pour les édifices, et aux frais de justice de tout genre. A la différence des dépenses fixes ordonnancées par les mi-

---

fonctions beaucoup d'administrateurs incapables, d'éloigner des administrés le service le plus nécessaire de l'administration, et de la rendre aussi dispendieuse que mauvaise.

« La réforme que l'expérience demandait, la Constitution l'a exigée. Elle a supposé la formation d'arrondissements communaux, d'une étendue suffisante, pour fournir aux tribunaux des juges éclairés ; aux administrations, des propriétaires intéressés à l'ordre et à l'équité ; aux listes de notabilités communales, des hommes connus et estimés à quelque distance de leur maison, dont le nom fût entouré d'un peu de réputation, et formât une présomption de mérite.

« Le gouvernement a donc dû travailler à une nouvelle division. Le projet présenté, conserve les anciennes limites de département, mais il réunit les six à sept mille cantons de la République, en trois cent quatre-vingt-dix-huit arrondissements communaux....

« Cette division est d'ailleurs conforme aux principes qui ont déterminé la plupart des divisions, qui ont été faites par l'Assemblée constituante, dont la première intention avait été de partager les départements en quatre districts seulement, et qui n'en a partagé un certain nombre en sept, en huit, ou en neuf, que quand elle y a été forcée par les obsessions des députés ordinaires ou extraordinaires qui affluèrent à Paris, de toutes les parties de la France. La division proposée, rétablit entre les subdivisions des départements, l'égalité que l'on avait voulu y mettre dans le principe, et elle assure une grande économie dans les frais d'administration.... »

(1) Tous les trois ans, d'après la loi du 28 pluviôse an VIII, tous les cinq ans, d'après le sénatus-consulte du 16 thermidor an X.

(2) Sénatus-consulte du 16 thermidor, an X, art. 28 et 30.

(1) Arr. des consuls du 25 vendémiaire an X. (Extraits.) — Art. 3. Les dépenses relatives aux enfants abandonnés, aux prisons, dépôts de mendicité, telles que traitements de concierges, guichetiers, officiers de santé autres employés, nourritures des détenus, ameublement, grosses réparations des prisons et prétoires, service des chaînes et toutes les autres dépenses se rapportant à celles ci-dessus énoncées ; aux frais de justice de tout genre, seront payées comme les autres dépenses variables, sur les mandats des préfets.

Art. 4. Le ministre des finances prendra sur le produit des onze centimes additionnels, imposés en conformité de l'article 6 de la loi du 21 ventôse, an IX, en sus du principal des contributions directes, les sommes nécessaires pour le payement des dépenses énoncées dans l'article précédent, il ordonnancera, par ordonnances d'acompte, au profit des préfets, par douzième chaque mois, conformément à l'état annexé.

Art. 5. Les fonds restant libres, à la fin de chaque année, sur ceux destinés aux dépenses dont il est parlé à l'article 3, et aux dépenses variables en général, seront laissés aux préfets, pour être employés en améliorations des établissements confiés à leur service.

Art. 6. En cas d'insuffisance des sommes mises à la disposition des préfets pour quelqu'un des articles de dépenses portées au tableau joint au présent arrêté, ils pourront y suppléer avec les fonds excédant pour les autres articles.

Art. 7. Le compte des dépenses désignées sous l'article 3, sera soumis aux conseils généraux de département, qui feront connaître leurs vues, tant sur la suppression des abus qu'ils auraient remarqués dans le service, que sur les améliorations qu'ils croiraient convenables, et arrêteront ledit compte.

nistres, les dépenses variables étaient mandatées par les préfets, sur des fonds mis mensuellement à leur disposition par le ministre des finances et pris sur le produit des centimes.

L'arrêté de l'an X laisse à la disposition des préfets les fonds restant libres en fin d'exercice sur les dépenses variables, et les autorise à en user pour améliorer leurs services. Mais ce droit leur est refusé, s'il s'agit d'excédents de dépenses fixes (1).

37. Le Conseil général n'a l'initiative d'aucune dépense, il n'a que le droit de contrôle et de surveillance prévu par l'article 6 de la loi du 28 pluviôse an VIII, et confirmé par l'arrêté de vendémiaire an X (art. 7), pour les dépenses nouvellement classées par cet arrêté parmi les dépenses variables.

Le gouvernement consulaire paraît cependant avoir reconnu au Conseil général des droits sérieux en matière de vérification de la comptabilité préfectorale, car une circulaire du ministre de l'intérieur du 16 ventôse an IX porte que « l'audition de compte n'est pas une simple formalité, c'est une mesure qui a pour objet de constater qu'aucune des sommes portées en dépense n'a reçu une destination différente de celle que la loi a fixée. Les Conseils doivent s'assurer de la légalité de toutes ces dépenses, et rejeter en énonçant les causes de la décision celles qui ne seraient pas suffisamment justifiées. »

D'un autre côté, l'article 7 de l'arrêté du 23 vendémiaire an X invitait les Conseils généraux à « faire connaître leurs vues, tant sur la suppression des abus qu'ils auraient remarqués dans le service, que sur les améliorations qu'ils croiraient convenables ». Mais on doit reconnaître que ce contrôle de comptabilité et cette dénonciation des abus confiés à des corps administratifs dont les membres étaient nommés par le gouvernement d'après les propositions des préfets, ne devait pas s'exercer dans des conditions de liberté et d'autorité suffisantes.

38. Sous l'empire de la législation que nous venons de résumer, il y avait des centimes distincts pour les deux espèces de dépenses, soit fixes, soit variables, obligatoires les unes et les autres. Mais la loi de finances du 2 ventôse an XIII (21 février 1805) décida que le nombre des centimes mis à la disposition de chaque département serait désormais réglé d'après la situation de chacun d'eux, et conformément à un tableau annexé à cette loi. En même temps, l'article 34 donnait plus de latitude aux ressources départementales proprement dites, en décidant :

Qu'il serait réparti sur le principal des deux contributions le nombre de centimes nécessaires à l'acquit des dépenses variables, après que le Conseil général en aurait réglé le montant dans les limites du maximum, conformément au tableau annexé à la loi;

Que les Conseils généraux pourraient en outre proposer une imposition de quatre centimes au plus, soit pour réparation, entretien de bâtiments ou suppléments de frais de culte, soit pour construction de chemins, canaux ou établissements publics (2). Ces impositions devaient être autorisées par décret en Conseil d'État.

Cette dernière disposition de la loi de ventôse an XIII créait, à côté des dépenses obligatoires, fixes ou variables, des dépenses facultatives dont l'initiative appartenait aux Conseils généraux, et qui avaient un caractère exclusivement départemental.

Il serait permis de voir là l'origine d'un véritable budget départemental, n'ayant pas seulement pour objet la participation forcée du département à des services d'État et à des dépenses d'intérêt général, mais ayant aussi pour but d'assurer de véritables services locaux au moyen de ressources créées par le Conseil général, sauf approbation du gouvernement.

§ 2. — *Décrets du 9 avril et du 16 décembre* 1811.

39. En 1811, l'individualité administrative du département, et même, d'après une opinion très répandue, sa personnalité civile furent fortifiées, sinon créées par deux décrets transférant aux départements la propriété et les charges de certains biens appartenant antérieurement à l'État.

L'un de ces décrets est celui du 9 avril 1811, qui concède gratuitement aux départements, arrondissements et communes la pleine propriété des édifices consacrés aux services administratifs et judiciaires. Cette concession a pour charges correspondantes l'obligation de payer l'impôt et toutes les dépenses de grosses réparations et d'entretien (1). On doit reconnaître que, de la part de l'État, l'acte de « munificence impériale » allégué dans les motifs du décret n'impliquait pas de sacrifice sérieux, car il ne transférait aux administrations locales que des biens improductifs et onéreux pour le domaine. Mais à l'égard de ces administrations, il avait une réelle portée, car il leur reconnaissait expressément la qualité de propriétaire, et consacrait les droits qui résultent de ce titre.

L'autre décret, conçu dans le même esprit, est celui du 16 décembre 1811, qui concède aux départements les anciennes routes nationales dites de troisième classe, et les convertit en routes départementales (2). Ce décret n'a pas eu

---

(1) Circ. du min. de l'int., 30 ventôse, an XII.
(2) L. 2 ventôse an XIII, art. 34. — Duvergier, *Lois et décrets*, t. XV, p. 172.

(1) Déc. 9 avril 1811. — ... Considérant que les bâtiments dont il s'agit, n'ont pas cessé d'être la propriété de l'État: Voulant néanmoins donner une nouvelle marque de notre munificence impériale à nos sujets des départements, en leur épargnant les dépenses qu'occasionneraient, tant l'acquisition desdits édifices, que le remboursement des sommes avancées par notre trésor impérial, pour les réparations.
Art. 1er. Nous concédons gratuitement aux départements, arrondissements ou communes, la pleine propriété des édifices et bâtiments nationaux, actuellement occupés pour le service de l'administration, des cours et tribunaux, et de l'instruction publique.
Art. 2. La remise de la propriété desdits bâtiments sera faite par l'administration de l'enregistrement et des domaines, aux préfets, sous-préfets et maires, chacun pour les établissements qui le concernent.
Art. 3. Cette concession est faite à la charge, par lesdits départements, arrondissements ou communes, chacun en ce qui le concerne, d'acquitter à l'avenir la contribution foncière, et de supporter aussi à l'avenir, les grosses et menues réparations, suivant les règles, et dans les proportions établies pour chaque local, par la loi du 11 frimaire, an VII, sur les dépenses départementales, municipales et communales et par l'arrêté du 27 floréal an VIII, pour le paiement des dépenses judiciaires.
Art. 4. Il ne pourra, à l'avenir, être disposé d'aucun édifice national, en faveur d'aucun établissement public, qu'en vertu d'un décret impérial.
(2) Déc. 16 décembre 1811. (Extraits.) — Art. 1er. Toutes les routes de notre empire sont divisées en routes *impériales* et routes *départementales*.
Art. 2. Les routes impériales sont de trois classes, conformément aux tableaux 1, 2 et 3, joints au présent décret.
Art. 3. Les routes départementales sont toutes les grandes routes

pour effet de créer, ainsi qu'on l'a dit quelquefois, les routes départementales, car l'existence de ces routes était déjà prévue par la législation antérieure, notamment par la loi du 11 frimaire an VII. Mais il a donné tout à coup au réseau départemental une consistance qui lui manquait, et qu'il n'aurait sans doute pas acquise avant de longues années s'il n'avait été ainsi doté d'un grand nombre de routes toutes faites.

Cette concession, comme celle des édifices, entraînait toutes les charges de la propriété, c'est-à-dire les frais de réparation, d'entretien, et même, dans certains cas, de reconstruction.

En outre, le décret de 1811 faisait participer les départements aux dépenses de certaines routes nationales, à raison de l'intérêt particulier qu'elles présentaient pour les départements traversés (art. 6).

40. Ainsi que nous l'avons dit, les décrets du 9 avril et du 16 décembre 1811 ont été considérés par la plupart des auteurs comme ayant dissipé les derniers doutes qui pouvaient encore subsister à cette époque sur la personnalité

---

non comprises auxdits tableaux, et connues jusqu'à ce jour sous la dénomination de routes nationales de troisième classe.

Art. 6. Les frais de construction, de reconstruction et d'entretien des routes impériales de troisième classe seront supportées concurremment par notre trésor et par le département qu'elles traverseront.

Art. 7. La construction, la reconstruction et l'entretien des routes départementales, demeurent à la charge des départements, arrondissements et communes qui seront reconnus participer plus particulièrement à leur usage.

. . . .

Art. 13. Dans leur session de 1812, les conseils généraux indiqueront : 1° celles des routes départementales désignées en l'article 3, qu'ils jugeraient devoir être supprimées ou rangées dans la classe des chemins vicinaux, ou ceux des chemins vicinaux qu'ils jugeraient devoir être élevés au rang des routes départementales ; 2° celles des routes départementales qu'il serait le plus pressant de réparer ; 3° la situation des travaux qui sont ordonnés et continueront à être exécutés dans leurs départements sur les routes départementales, en vertu des lois précédentes, en y joignant le tableau des impositions extraordinaires, créées par lesdites lois, et de la portion pour laquelle la loi a spécifié que notre trésor impérial concourrait auxdits travaux ; 4° leurs vues sur la plantation de leurs routes départementales, dans la forme du rapport, ordonnée au titre VIII, section 2, article 91 du présent, pour nos routes impériales.

. . . .

Art. 16. Il sera statué sur la construction, la reconstruction, la plantation et l'entretien des routes départementales par des règlements d'administration publique rendus pour chacune desdites routes...

Art. 18. Toute demande pour l'ouverture, la reconstruction ou l'entretien des routes départementales, formée par des arrondissements, des communes, des particuliers ou des associations de particuliers, sera présentée à la plus prochaine session du conseil général du département, lequel délibérera ; 1° sur l'utilité des travaux demandés ; 2° sur la part que devront supporter respectivement, dans les dépenses, les départements, les arrondissements ou les communes, en proportion de leur intérêt dans les travaux proposés ; 3° sur les offres faites par des particuliers ou des associations de particuliers ou de communes et sur les conditions auxquelles ces offres seraient faites...

Art. 20. Lorsqu'une proposition pour l'ouverture, la reconstruction ou l'entretien d'une route départementale intéressera plusieurs départements, notre ministre de l'intérieur fera communiquer cette proposition aux conseils généraux de tous les départements intéressés, et il sera procédé dans chacun desdits départements, ainsi qu'il est dit aux articles 18 et 19 ci-dessus.

. . . .

Art. 24. Les travaux de construction, de reconstruction et d'entretien des routes départementales seront projetés, les devis seront faits, discutés et approuvés dans les formes et règles suivies pour les routes impériales, et les travaux seront exécutés par les ingénieurs des ponts et chaussées.

Art. 25. Il sera exercé une surveillance spéciale sur les travaux des routes départementales, dans l'intérêt des départements, arrondissements, communes ou particuliers ou associations de particuliers, qui auraient contribué à fournir les fonds nécessaires. A cet effet, le préfet

---

civile du département (1). On ne peut nier que ces textes n'aient, en effet, une grande portée : ils établissent un véritable domaine départemental tant en édifices qu'en routes et ouvrages accessoires ; on a même pu soutenir logiquement qu'à côté de ce domaine public les décrets de 1811 reconnaissent implicitement un domaine privé des départements, car les parties de routes ou d'édifices déclassées, et cessant ainsi d'appartenir au domaine public, devaient faire retour au domaine privé de l'administration propriétaire. Mais cette conséquence a été longtemps contestée par l'administration des domaines, et il a fallu un texte spécial introduit dans la loi du 10 août 1871, pour trancher en faveur des départements cette question de la propriété des parcelles déclassées.

L'article 26 du décret du 16 décembre 1811 prévoyait, en outre, que les fonds destinés aux routes départementales pourraient provenir non seulement de l'impôt, mais encore de « donations de capitaux ou de rentes », dont l'acceptation devait ainsi rentrer dans les facultés légales des départements, sous réserve de l'approbation du gouvernement.

Ces arguments, en faveur d'une reconnaissance formelle de la personnalité des départements en 1811, sont assurément très sérieux.

Il ne semble pas cependant que les contemporains aient dégagé des décrets de 1811, comme l'ont fait des commentateurs plus modernes, la notion de la personnalité civile du département.

En fait, il n'est pas douteux que cette personnalité est demeurée incertaine jusqu'après 1830, et qu'elle l'était encore lors de la discussion de la loi du 10 mai 1838.

D'un autre côté, le Conseil d'État a plusieurs fois décidé sous la Restauration, notamment par deux avis de la section des finances du 20 novembre 1818 et du 15 octobre 1819, que « les départements forment seulement des divisions territoriales tracées pour la facilité de l'administration, et dans l'administration actuelle ils ne composent pas des associations distinctes, ni des corps ou agrégations susceptibles de l'application des principes suivis à l'égard des communes et des établissements publics et particuliers ». Ce n'est seulement qu'après 1830 que la jurisprudence du Conseil d'État s'est modifiée sur ce point (2), notamment par un avis du 27 août 1834.

---

nommera parmi les membres des conseils de département, arrondissement et commune, et parmi les particuliers et associations de particuliers, une commission dont il désignera les présidents et secrétaires, à laquelle il sera donné communication préalable du cahier des charges, et qui assisteront aux adjudications ainsi qu'à la réception des matériaux et des travaux, et donnera ses observations sur le tout.

Art. 26. Les fonds provenant des contributions extraordinaires, cotisations ou donations de capitaux ou de rentes, établies ou acceptées, par suite de nos décrets sur les routes départementales, seront déposés dans la caisse du receveur général du département, pour être employés comme fonds spécial, sur les mandats du préfet et d'après les ordonnances du Ministre de l'intérieur.

Art. 27. Le compte de l'emploi de ces fonds sera présenté chaque année à la commission formée en vertu de l'article 25. Elle donnera son avis sur ledit compte, lequel sera soumis, pour la partie qui le concerne, à chaque conseil général intéressé, qui le vérifiera et y joindra ses observations : le tout sera transmis par le préfet à notre directeur général des ponts et chaussées et soumis à toutes les formes établies pour la comptabilité des travaux.

(1) Aucoc, *Conférences*, t. — Allard, *Personnalité civile du département*, p. 130. — Herman, *Traité d'administration départementale*, t. I, p. 14.

(2) On lit dans cet avis du 27 août 1834 : « Que si le décret du 22 décembre 1789 et l'instruction du 8 janvier 1790, avaient posé en principe

Enfin il faut bien reconnaître que les décrets de 1811, surtout celui du 9 avril, relatif aux concessions d'édifices, ne paraissent pas avoir nettement associé le fait d'une concession de propriété à l'idée d'une personnalité civile du département. En effet, cette concession n'est pas seulement faite aux départements, elle est également accordée aux arrondissements et aux communes : « Nous concédons gratuitement aux *départements, arrondissements ou communes* la pleine propriété des édifices, etc... » Or, nul n'a soutenu que le décret de 1811 ait eu pour effet de conférer la personnalité civile à l'arrondissement, qui ne la possède pas aujourd'hui.

Que conclure de là, sinon que le droit administratif, science essentiellement moderne, n'a pas fait prévaloir de tout temps les principes qui nous paraissent aujourd'hui certains ; que des doutes ont longtemps subsisté sur la portée de certains actes, notamment des décrets de 1811, dont les auteurs avaient en vue des résultats pratiques et immédiats, plutôt que des conséquences juridiques plus ou moins lointaines et indirectes. Ni le gouvernement impérial ni celui de la Restauration ne paraissent s'être beaucoup préoccupés de la question de la personnalité civile du département ; cette question devait demeurer pour eux purement théorique, tant que leur attention n'était pas appelée sur elle par des dons et legs faits aux départements, ou par des translations de propriétés opérées par ces administrations.

Aucune question de ce genre n'ayant pendant de longues années sollicité l'attention du gouvernement, celui-ci s'est peu appliqué à résoudre un problème resté purement théorique. C'est seulement en 1838, que nous verrons le gouvernement et les Chambres se préoccuper sérieusement de cette question et la résoudre, après des discussions qui prouvent combien elle était encore controversée à cette époque.

SECTION II.

RESTAURATION.

41. Sous la Restauration, aucune modification de quelque importance ne fut apportée à la législation établie sous le Consulat et sous l'Empire.

En ce qui touche l'organisation des conseils généraux, le parti libéral fit plusieurs fois entendre des réclamations tendant à leur donner un caractère électif et à restituer aux populations intéressées, le droit dont elles étaient privées depuis l'an VIII, de désigner les membres de ces conseils. Le ministère Martignac se montra favorable à cette réforme et il présenta, en 1829, un projet de loi sur l'élection des conseils généraux et des conseils d'arrondissement; mais ce projet suscita un vif dissentiment entre le gouvernement, qui proposait le maintien des conseils d'arrondissement, et la Chambre des députés, qui, sur la proposition de sa commission, vota leur suppression et leur remplacement par des conseils cantonaux. Ce vote entraîna le retrait du projet de loi.

42. En ce qui touche le budget départemental, quelques règles nouvelles furent établies par les lois de finances du 28 avril 1816, du 25 mars 1817 et du 15 mai 1818.

La loi du 28 avril 1816, consacre la distinction des dépenses variables et des dépenses facultatives. Elle fixe à douze centimes les ressources destinées aux dépenses variables. Les cinq sixièmes de ces ressources, soit dix centimes, sont mis à la disposition des préfets « qui seront tenus de se conformer aux budgets tels qu'ils seront arrêtés par les conseils généraux et approuvés par le ministre de l'intérieur » (1). Le dernier sixième, soit deux centimes, sert à former un fonds commun, mis à la disposition du ministre de l'intérieur pour venir en aide aux départements dont les ressources sont insuffisantes pour faire face aux dépenses variables.

Les conseils généraux peuvent, en outre, établir des impositions *facultatives* jusqu'à concurrence de cinq centimes pour les appliquer à des dépenses d'intérêt local (2). C'était, on le voit, un retour au système de la loi du 11 frimaire an VII, qui avait créé, sous le nom de « fonds de supplément », ces ressources facultatives.

La loi du 15 mai 1818 affirme plus explicitement encore le droit des conseils généraux de faire emploi des centimes facultatifs. Elle décide que ces conseils « pourront, sauf l'approbation du gouvernement, établir, pour les dépenses d'utilité départementale des impositions dont le montant ne pourra excéder cinq centimes du principal des contributions foncière, personnelle et mobilière, et *dont l'allocation sera toujours conforme au vote du conseil général* ».

La portée de ce texte ne doit cependant pas être exagérée: le gouvernement s'interdisait de disposer des centimes facultatifs, en dehors des affectations prévues par le conseil général, mais il se réservait le droit de s'opposer lors du règlement du budget, à des dépenses facultatives qu'il jugerait futiles ou irrégulières (3).

43. Une autre réforme, accomplie par la loi du 25 mars 1817, consista à restituer leur véritable caractère aux dépenses *fixes* (qui étaient réellement des dépenses d'État et non des dépenses d'intérêt départemental) et aux dépenses dites *communes*, c'est-à-dire intéressant plusieurs départements, qui rentraient aussi à ce titre dans les attributions du pouvoir central, et qui cessèrent d'être confondues avec les dépenses variables. Le conseil général ne fut plus appelé qu'à donner un avis sur ces dépenses, et les six centimes qui leur étaient affectés, furent directement versés au Trésor, pour être employés sur ordonnances du ministre de l'intérieur (4).

Ces dépenses, qu'il eût été logique de supprimer entièrement du budget départemental, où elles ne figuraient plus que pour mémoire, y furent cependant maintenues pendant

---

que les départements n'étaient que des divisions territoriales tracées pour la facilité de l'administration, et excluaient ainsi toute idée qu'il fût accordé à ces divisions administratives une existence civile, il est établi par la série des divers actes postérieurs, et notamment par le décret du 9 avril 1811, que les départements sont aptes à posséder les immeubles affectés aux services départementaux ».

(1) L. 28 avril 1816, art. 24.
(2) *Ibid*, art. 33.
(3) Circ. min. 16 mai 1818.
(4) L. 25 mars 1817, art. 53. — Ce texte énumère ainsi les dépenses *fixes* ou *communes*, directement payées par le Trésor :
« Traitement des préfets, sous-préfets, secrétaires généraux et conseillers de préfecture; — abonnement des préfectures et sous-préfectures; — travaux et dépenses des maisons centrales de détention; — bâ-

toute la période de la Restauration, et elles n'en disparurent qu'en vertu de la loi de finances du 28 juin 1833.

Mentionnons enfin la loi de finances du 17 août 1828, dont l'article 6 ordonna, pour la première fois, l'impression annuelle des budgets réglant l'emploi des centimes additionnels affectés aux dépenses départementales, ainsi que des comptes de recettes et dépenses tant ordinaires qu'extraordinaires.

CHAPITRE IV.

DE 1830 A 1852.

SECTION PREMIÈRE.

GOUVERNEMENT DE JUILLET.

44. La charte de 1830 avait promis au pays « des institutions départementales et municipales fondées sur un système électif » (1). Dès 1831, un ensemble de projets de loi tendant à réaliser cette double promesse furent présentés par le gouvernement. Soumis à des discussions plus ou moins prolongées, et à des remaniements importants, ces projets aboutirent à quatre lois qui s'échelonnent de 1831 à 1838, et dont deux sont relatives à l'organisation et à l'administration municipales (lois du 21 mars 1831 et du 18 juillet 1837), et deux autres à l'organisation et aux attributions des conseils généraux des départements (lois du 22 juin 1833 et du 10 mai 1838).

La loi de 1838 a une importance particulière par les règles qu'elle a établies sur l'administration et le budget du département, et qui ont régi cette matière jusqu'en 1866.

Il convient, d'ailleurs, de rappeler que de 1830 à 1838 plusieurs lois spéciales avaient eu déjà une certaine influence sur les règles de l'administration départementale.

Nous citerons d'abord la loi de finances du 28 juin 1833, qui fait enfin disparaître du budget des départements les dépenses *fixes*, c'est-à-dire ces dépenses d'État qui ne figuraient à ce budget qu'à raison des centimes qui servaient à les acquitter, et qui constituaient une véritable recette d'État tant par leur objet que par leur emploi, exclusivement confié à l'autorité centrale. Les seules dépenses figurant désormais au budget départemental, sont les dépenses variables et les dépenses facultatives.

Mentionnons aussi plusieurs lois spéciales qui mirent à la charge des départements, soit à titre facultatif, soit à titre obligatoire, des dépenses nouvelles pour lesquelles les conseils généraux furent autorisés à créer des ressources correspondantes au moyen de centimes spéciaux : ces lois sont principalement celles du 28 juin 1833 sur l'instruction primaire, et du 21 mai 1836 sur les chemins vicinaux, auxquelles on peut ajouter la loi du 30 juin 1838 sur les aliénés, rendue au lendemain de la loi sur les conseils généraux.

timens des cours royales ; — travaux aux églises et supplément aux dépenses du clergé dans les diocèses ; — établissements thermaux et sanitaires ; — secours pour cause d'incendie, d'inondation, de grêle et autres fléaux ; — dépenses imprévues communes à plusieurs départements. »
(Suit l'énumération des dépenses maintenues comme variables après retranchement des objets ci-dessus).
(1) Charte de 1830, art. 69, 7°.

§ 1. — Loi du 22 juin 1833.

45. La loi du 22 juin 1833 rétablit dans l'administration départementale le système électif, disparu depuis l'an VIII, et elle l'appliqua également aux conseils généraux et aux conseils d'arrondissement (1).

Sous l'empire de cette loi, les conseils généraux sont composés d'autant de membres qu'il y a de cantons dans le département, sans toutefois pouvoir excéder le nombre de trente. Si le département contient plus de trente cantons, il est tracé des circonscriptions électorales réunissant plusieurs cantons, de manière à ne pas excéder ce nombre.

Les conseillers généraux sont élus par une assemblée électorale composée des électeurs et des citoyens portés sur la

(1) L. 22 juin 1833, sur l'organisation des conseils généraux de département et des conseils d'arrondissement.

TITRE PREMIER

FORMATION DES CONSEILS GÉNÉRAUX.

Art. 1er. Il y a dans chaque département un conseil général.

Art. 2. Le conseil général est composé d'autant de membres qu'il y a de cantons dans le département, sans pouvoir toutefois excéder le nombre trente.

Art. 3. Un membre du conseil général est élu, dans chaque canton, par une assemblée électorale composée des électeurs et des citoyens portés sur la liste du jury : si leur nombre est au-dessous de cinquante, le complément sera formé par l'appel des citoyens les plus imposés. Dans les départements qui ont plus de trente cantons, des réunions de canton seront opérées conformément au tableau ci-annexé, de telle sorte que le département soit divisé en trente circonscriptions électorales. Les électeurs, les citoyens inscrits sur la liste du jury, et les plus imposés portés sur la liste complémentaire dans chacun des cantons réunis, formeront une seule assemblée électorale.

Art. 4. Nul ne saurait être élu au conseil général du département, s'il ne jouit des droits civils et politiques ; si, au jour de son élection, il n'est âgé de vingt-cinq ans, et s'il ne paye, depuis un an au moins, deux cents francs de contributions directes dans le département. Toutefois, si, dans un arrondissement de sous-préfecture, le nombre des éligibles n'est pas sextuple du nombre des conseillers du département qui doivent être élus par les cantons ou circonscriptions électorales de cet arrondissement, le complément sera formé par les plus imposés.

Art. 5. Ne pourront être nommés membres des conseils généraux : 1° les préfets, sous-préfets, secrétaires généraux et conseillers de préfecture ; 2° les agents et comptables employés à la recette, à la perception ou au recouvrement des contributions, et au payement des dépenses publiques de toute nature ; 3° les ingénieurs des ponts et chaussées et les architectes actuellement employés par l'administration dans le département ; 4° les agents forestiers en fonctions dans le département et les employés des bureaux des préfectures et sous-préfectures.

Art. 6. Nul ne peut être membre de plusieurs conseils généraux.

Art. 7. Lorsqu'un membre du conseil général aura manqué à deux sessions consécutives, sans excuses légitimes ou empêchement admis par le conseil, il sera considéré comme démissionnaire, et il sera procédé à une nouvelle élection, conformément à l'art. 11.

Art. 8. Les membres des conseils généraux sont nommés pour *neuf ans* ; ils sont renouvelés par *tiers* tous les *trois* ans, et sont indéfiniment rééligibles. A la session qui suivra la première élection des conseils généraux, le conseil général divisera les cantons ou circonscriptions électorales du département en trois séries, en répartissant, autant qu'il sera possible, dans une proportion égale, les cantons ou circonscriptions électorales de chaque arrondissement dans chacune des séries. Il sera procédé à un tirage au sort pour régler l'ordre de renouvellement entre les séries. Ce tirage se fera par le préfet en conseil de préfecture et en séance publique.

Art. 9. La dissolution d'un conseil général peut être prononcée par le roi ; en ce cas, il sera procédé à une nouvelle élection avant la session annuelle, et, au plus tard, dans le délai de trois mois, à dater du jour de la dissolution.

Art. 10. Le conseiller de département élu dans plusieurs cantons ou circonscriptions électorales sera tenu de déclarer son option au préfet

liste du jury; et si leur nombre est inférieur à cinquante, il est complété par l'importance des plus imposés (art. 1 à 3). Nul n'est éligible s'il ne paye deux cents francs de contributions directes dans le département.

Ce système de représentation sortit assez laborieusement des propositions combinées du gouvernement et des commissions des deux Chambres. En ce qui touche le nombre des conseillers généraux, trois systèmes avaient été étudiés : l'un fixait le nombre des conseillers dans chaque département d'après l'importance du territoire et les chiffres de la population et de l'impôt ; le second, adopté d'abord par la Chambre des députés, attribuait à chaque canton un conseiller général ; le troisième enfin, adopté après amendement du second système par la Chambre des pairs, conservait le canton comme base de la représentation, mais avec fixation d'un maximum.

46. Quant au mode d'élection, il se ressentait nécessairement des imperfections et de l'arbitraire inhérents au régime électoral de l'époque; il avait été très discuté ; les Chambres s'étaient d'abord divisées entre plusieurs idées : celle de créer un corps électoral spécial aux élections départementales, celle de confier ces élections aux mêmes électeurs que les élections parlementaires, et enfin celle de combiner ces deux éléments. Le dernier système a prévalu jusqu'à l'établissement du suffrage universel.

Il se produisit aussi des dissentiments, en ce qui touche l'éligibilité. Les uns demandaient que tout électeur fût éligible, ainsi que la loi du 21 mars 1831 l'avait admis pour la commune. Mais le gouvernement invoquant l'importance des impôts qui pouvaient être votés par les assemblées départementales et la nécessité de garanties sérieuses pour les contribuables, fit prévaloir le cens uniforme d'éligibilité de deux cents francs ; il s'opposa même à ce que l'on a appelé depuis « l'adjonction des capacités », c'est-à-dire la

dans le mois qui suivra les élections entre lesquelles il doit opter. A défaut d'option dans ce délai, le préfet, en conseil de préfecture et en séance publique, décidera, par la voie du sort, à quel canton ou circonscription électorale le conseiller appartiendra. Il sera procédé de la même manière lorsqu'un citoyen aura été élu à la fois membre du conseil général et membre d'un ou plusieurs conseils d'arrondissement.

Art. 11. En cas de vacance par option, décès, démission, perte des droits civils ou politiques, l'assemblée électorale qui doit pourvoir à la vacance sera réunie dans le délai de deux mois.

TITRE II

RÈGLES DE LA SESSION DES CONSEILS GÉNÉRAUX.

Art 12. Un conseil général ne peut se réunir s'il n'a été convoqué par le préfet en vertu d'une ordonnance du roi, qui détermine l'époque et la durée de la session. Au jour indiqué pour la réunion du conseil général, le préfet donnera lecture de l'ordonnance de convocation, recevra le serment des conseillers nouvellement élus, et déclarera au nom du roi que la session est ouverte. Les membres nouvellement élus, qui n'ont pas assisté à l'ouverture de la session, ne prennent séance qu'après avoir prêté serment entre les mains du président du conseil général. Le conseil, formé sous la présidence du doyen d'âge, le plus jeune faisant les fonctions de secrétaire, nommera, au scrutin et à la majorité absolue des voix, son président et son secrétaire. Le préfet a entrée au conseil général ; il est entendu quand il le demande, et assiste aux délibérations, excepté lorsqu'il s'agit de l'apurement de ses comptes.

Art. 13. Les séances du conseil général ne sont pas publiques; il ne peut délibérer que si la moitié plus un des conseillers sont présents; les votes sont recueillis au scrutin secret toutes les fois que quatre des conseillers présents le réclament.

Art. 14. Tout acte ou toute délibération d'un conseil général, relatifs à des objets qui ne sont pas légalement compris dans ses attributions, sont nuls et de nul effet. La nullité sera prononcée par une ordonnance du roi.

Art. 15. Toute délibération, prise hors de la réunion légale du conseil général, est nulle de droit. Le préfet, par un arrêté pris en conseil de préfecture, déclare la réunion illégale, prononce la nullité des actes, prend toutes les mesures nécessaires pour que l'assemblée se sépare immédiatement, et transmet son arrêté au procureur général du ressort pour l'exécution des lois et l'application, s'il y a lieu, des peines déterminées par l'art. 258 du code pénal. En cas de condamnation, les membres condamnés sont exclus du conseil et inéligibles aux conseils du département et d'arrondissement, pendant les trois années qui suivront la condamnation.

Art 16. Il est interdit à tout conseil général de se mettre en correspondance avec un ou plusieurs conseils d'arrondissement ou de département. En cas d'infraction à cette disposition, le conseil général sera suspendu par le préfet, en attendant que le roi ait statué.

Art. 17. — Il est interdit à tout conseil général de faire ou de publier aucune proclamation ou adresse. En cas d'infraction à cette disposition, le préfet déclarera par arrêté que la session du conseil général est suspendue ; il sera statué définitivement par ordonnance royale.

Art. 18. Dans les cas prévus par les articles précédents, le préfet transmettra son arrêté au procureur général du ressort, pour l'exécution des

lois et l'application, s'il y a lieu, des peines déterminées par l'article 123 du code pénal.

Art. 19. — Tout éditeur, imprimeur, journaliste ou autre, qui rendra public les actes interdits au conseil général par les articles 15, 16 et 17, sera passible des peines portées par l'article 123 du code pénal.

TITRE III

DES CONSEILS D'ARRONDISSEMENT.

Art. 20. Il y aura dans chaque arrondissement de sous-préfecture un conseil d'arrondissement, composé d'autant de membres que l'arrondissement a de cantons, sans que le nombre des conseillers puisse être au-dessous de neuf.

Art. 21. Si le nombre des cantons d'un arrondissement est inférieur à neuf, une ordonnance royale répartira entre les cantons les plus peuplés le nombre de conseillers d'arrondissement à élire pour complément.

Art. 22. Les conseillers d'arrondissement sont élus dans chaque canton par l'assemblée électorale, composée conformément au premier paragraphe de l'article 3. Dans les départements où, conformément au deuxième paragraphe du même article 3, des cantons ont été réunis, les membres de cette assemblée électorale sont convoqués séparément dans leurs cantons respectifs pour élire les conseils d'arrondissement.

Art. 23. Les membres des conseils d'arrondissement peuvent être choisis parmi tous les citoyens âgés de vingt-cinq ans accomplis, jouissant des droits civils et politiques, payant dans le département, depuis un an au moins, cent cinquante francs de contributions directes, dont le tiers dans l'arrondissement, et qui ont leur domicile réel ou politique dans le département. Si le nombre des éligibles n'est pas sextuple du nombre des membres du conseil d'arrondissement, le complément sera formé par les plus imposés. Les incompatibilités prononcées par l'article 5 sont applicables aux conseillers d'arrondissement.

Art. 24. Nul ne peut être membre de plusieurs conseils d'arrondissement, ni d'un conseil d'administration, ni d'un conseil général.

Art. 25. Les membres des conseils d'arrondissement sont élus pour six ans. Ils sont renouvelés par moitié tous les trois ans. A la session qui suivra la première élection, le conseil général divisera en deux séries les cantons de chaque arrondissement. Il sera procédé à un tirage au sort pour régler l'ordre de renouvellement entre les deux séries. Ce tirage se fera par le préfet en conseil de préfecture et en séance publique.

Art. 26. Les articles 7, 9, 10, 11 de la présente loi sont applicables aux conseils d'arrondissement.

TITRE IV

RÈGLES POUR LA SESSION DES CONSEILS D'ARRONDISSEMENT

Art. 27. Les conseils d'arrondissement ne pourront se réunir s'ils n'ont été convoqués par le préfet, en vertu d'une ordonnance du roi, qui détermine l'époque et la durée de la session. Au jour indiqué pour

dispense du cens en faveur de certaines classes de personnes : ces classes étaient, d'après les amendements qui furent écartés par les Chambres, les magistrats, avocats, avoués, notaires, médecins, pharmaciens, officiers de la garde nationale, électeurs admis à l'élection des députés.

47. D'après la loi de 1833, les membres des conseils généraux sont élus pour neuf ans et renouvelés par tiers tous les trois ans. Les conseils ne peuvent tenir de sessions qu'en vertu d'une ordonnance royale qui en fixe l'époque et la durée, et sur la convocation du préfet.

La loi organise un système énergique de répression administrative et même pénale, en vue des empiétements que les conseils généraux tenteraient de commettre. Les réunions hors session sont dissoutes par arrêté du préfet en conseil de préfecture, le procureur général est saisi à fin d'application de l'article 258 du Code pénal, et la condamnation encourue entraîne en outre l'inéligibilité pendant trois ans. Toute délibération prise hors session est nulle de droit. Il en est de même des délibérations prises en session légale, si

---

la réunion d'un conseil d'arrondissement, le sous-préfet donne lecture de l'ordonnance du roi, reçoit le serment des conseillers nouvellement élus, et déclare, au nom du roi, que la session est ouverte. Les membres nouvellement élus, qui n'ont point assisté à l'ouverture de la session, ne prennent séance qu'après avoir prêté serment entre les mains du président du conseil d'arrondissement. Le conseil, formé sous la présidence du doyen d'âge, le plus jeune faisant les fonctions de secrétaire, nommera, au scrutin et à la majorité absolue des voix, son président et son secrétaire. Le sous-préfet a entrée dans le conseil d'arrondissement, il est entendu quand il le demande, et assiste aux délibérations.

Art. 28. Les articles 13, 14, 15, 16, 17, 18 et 19 sont applicables à la session du conseil d'arrondissement.

. . . .

TITRE VI

DE LA TENUE DES ASSEMBLÉES ÉLECTORALES.

Art. 34. Les assemblées électorales sont convoquées par le préfet au chef-lieu de canton, et, lorsque l'assemblée comprend plus d'un canton, au chef-lieu des cantons réunis. Toutefois, le préfet pourra désigner, pour la tenue de l'assemblée, le chef-lieu d'une commune plus centrale ou de communications plus faciles.

Art. 35. Il n'y aura qu'une seule assemblée lorsque le nombre des citoyens appelés à voter ne sera pas supérieur à trois cents. Au delà de ce nombre, le préfet prendra un arrêté pour diviser l'assemblée en sections; aucune section ne pourra comprendre moins de cent ni plus de trois cents.

. . . .

Art. 50. Les procès-verbaux des opérations des assemblées remis par les présidents sont, par l'intermédiaire du sous-préfet, transmis au préfet qui, s'il croit que les conditions et formalités légalement prescrites, n'ont pas été observées, doit, dans le délai de quinze jours, à partir de la réception du procès-verbal déférer le jugement de la nullité au conseil de préfecture, lequel prononcera dans le mois.

Art. 51. Tout membre de l'assemblée électorale a le droit d'arguer les opérations de nullité. Si sa réclamation n'a pas été consignée au procès-verbal, elle est déposée dans le délai de cinq jours à partir de l'élection, au secrétariat de la sous-préfecture, et jugée sauf recours, par le conseil de préfecture, dans le délai d'un mois, à compter de sa réception à la préfecture.

Art. 52. Si la réclamation est fondée sur l'incapacité légale d'un ou plusieurs membres élus, la question est portée devant le tribunal de l'arrondissement, qui statue, sauf appel. L'acte d'appel devra, sous peine de nullité, être notifié dans les dix jours à la partie, quelle que soit la distance des lieux. La cause sera jugée sommairement et conformément au paragraphe 4 de l'article 33 de la loi du 19 avril 1831.

Art. 53. — Le recours au Conseil d'État sera exercé par la voie contentieuse, jugé publiquement et sans frais.

Art. 54. Le recours au Conseil d'État sera suspensif lorsqu'il sera exercé par le conseiller élu. L'appel des jugements des tribunaux ne sera pas suspensif lorsqu'il sera interjeté par le préfet.

---

elles portent sur des objets étrangers à la compétence des conseils. Les correspondances des conseils généraux entre eux, la publication de proclamations ou adresses, sont rigoureusement interdites. Les assemblées départementales peuvent être suspendues ou dissoutes par ordonnance royale, le préfet a même, dans certains cas, un droit de suspension provisoire. Enfin, les éditeurs, imprimeurs ou journalistes sont déclarés pénalement responsables en cas de publication des actes interdits aux conseils généraux.

48. Les mesures qui étaient ainsi prises contre les empiétements et, qui ont été maintenues pour la plupart par la législation postérieure, ne pouvaient que remédier à des abus exceptionnels. Il n'importait pas moins au gouvernement de se tenir en communication constante avec les conseils généraux, au moyen des préfets, d'être présent par eux à l'instruction des affaires et à la préparation des décisions.

Cette préoccupation légitime de tout gouvernement, qui apparaît dans notre législation actuelle de 1871 comme dans celles qui l'ont précédée, doit se concilier avec l'indépendance des délibérations et des votes des conseils généraux. Ce fut l'objet de longues discussions lors de l'élaboration de la loi de 1833.

Le projet du gouvernement donnait au préfet le droit d'assister aux séances du conseil général et d'être entendu quand il le demandait, et il ajoutait : « il ne peut être présent au vote qui a pour objet de statuer sur l'apurement de ses comptes ». La commission de la Chambre des députés, concluant de là que le préfet pouvait assister aux autres « votes », craignit que la liberté des décisions ne fût entravée et elle proposa une rédaction qui, tout en donnant au préfet entrée au conseil général, l'excluait de toutes les « délibérations ».

Elle spécifiait toutefois qu'il fallait distinguer entre la « discussion » et la « délibération », en entendant par délibération les derniers avis émis à la suite du vote. Son rapporteur expliquait que, dans toute résolution d'une assemblée délibérante, il y a trois phases, « l'instruction, la délibération et le vote » que le préfet devait avoir pleine liberté d'assister à l'instruction mais non à la délibération : celle-ci, disait-il, « est la discussion du jugement qui va être rendu ». La délibération était donc, dans la pensée de la commission, un « délibéré » analogue à celui des juges. Mais ce rapprochement entre les procédés des corps judiciaires et celui des assemblées délibérantes était peu exact, car, dans ces dernières, il est rare que l'on discute sans que la conclusion du discours soit l'expression de l'opinion qui sera traduite par le vote. Aussi, la Chambre des pairs proposa-t-elle : « le préfet... assiste aux discussions qui précèdent le vote ». Finalement, on se mit d'accord sur la rédaction qui est devenue l'article 12, § 5 de la loi de 1833 : « Le préfet a entrée au conseil général ; il est entendu quand il le demande et assiste aux délibérations, excepté lorsqu'il s'agit de l'apurement de ses comptes » (1).

49. En même temps que la loi de 1833, organisait les conseils généraux elle consacra l'existence des conseils d'arrondissement.

---

(1) Cette discussion très complexe a été bien résumée par M. Duvergier (*Collection des Lois*), t. XXXIII, p. 206 et suiv.

L'opposition politique que ces conseils avaient rencontrée en 1829 ne se reproduisit pas, et leur organisation élective fut assurée avec le même corps électoral que les conseils généraux. Ils furent formés de neuf membres au moins, élus par cantons, pour six ans, et renouvelables par moitié tous les trois ans (1).

§ 2. — Loi du 10 mai 1838.

50. Les assemblées départementales étant ainsi organisées en 1833, leurs attributions ne furent fixées qu'en 1838. Les deux projets de loi relatifs à ce double objet avaient cependant été présentés dès 1831, mais la loi d'attributions exigea une élaboration plus longue et plus compliquée, et le projet primitif de 1831 dut être remplacé, en 1837 par un nouveau projet qui est devenu la loi du 10 mai 1838. Cette loi, qui a régi pendant près de trente ans l'administration départementale eut le mérite de réaliser quelques conceptions vraiment libérales, de mettre l'ordre et de la méthode dans les matières qui étaient restées confuses, notamment celle du budget, et de consacrer d'une manière définitive la personnalité civile du département encore contestée à la veille de cette loi (2).

51. D'après l'économie générale de la loi de 1838, les délibérations des conseils généraux présentent trois types distincts selon les objets auxquels elles se rapportent. Ces trois types sont : 1° la décision, exécutoire par elle-même ; 2° la délibération proprement dite, dont l'exécution est subordonnée à l'approbation du gouvernement ; 3° l'avis, qui n'est qu'une manifestation d'opinion, destinée à éclairer l'autorité supérieure.

52. Le conseil général ne possède le droit de décision qu'en matière d'impôts, en vertu d'une délégation qu'il reçoit du législateur lui-même, et dans la limite de cette délégation.

Ce droit s'exerce, en premier lieu, pour la répartition des contributions directes entre les arrondissements ; il entraîne pour le conseil général, le droit de statuer définitivement sur les réclamations des conseils d'arrondissement contre le contingent assigné à l'arrondissement par le conseil général, et sur les réclamations des conseils municipaux contre le contingent assigné aux communes par le conseil d'arrondissement (art. 1 et 2). Le droit du conseil général de statuer définitivement sur ces réclamations ne fut pas admis sans contestation. Des amendements proposèrent d'ouvrir un recours soit devant le Conseil d'État, soit devant les Chambres, mais ils furent écartés et la souveraineté des décisions de

---

(1) Voyez le titre III de la loi de 1833 (art. 20 à 26.)
(2) L. 10 mai 1838, sur les attributions des conseils généraux et des conseils d'arrondissement.

TITRE PREMIER

DES ATTRIBUTIONS DES CONSEILS GÉNÉRAUX.

Art. 1er. Le conseil général du département répartit, chaque année, les contributions directes entre les arrondissements, conformément aux règles établies par les lois. Avant d'effectuer cette répartition, il statue sur les demandes délibérées par les conseils d'arrondissement en réduction du contingent assigné à l'arrondissement.

Art. 2. Le conseil général prononce définitivement sur les demandes en réduction de contingent, formées par les communes, et préalablement soumises au conseil d'arrondissement.

Art. 3. Le conseil général vote les centimes additionnels dont la perception est autorisée par les lois.

Art. 4. Le conseil général délibère : 1° sur les contributions extraordinaires à établir et les emprunts à contracter dans l'intérêt du département ; 2° sur les acquisitions, aliénations et échanges des propriétés départementales ; 3° sur le changement de destination ou d'affectation des édifices départementaux ; 4° sur le mode de gestion des propriétés départementales ; 5° sur les actions à intenter ou à soutenir au nom du département, sauf les cas d'urgence prévus par l'article 30 ci-après ; 6° sur les transactions qui concernent les droits du département ; 7° sur l'acceptation des dons et legs faits au département ; 8° sur le classement et la direction des routes départementales ; 9° sur les projets, plans et devis de tous les autres travaux exécutés sur les fonds du département ; 10° sur les offres faites par des communes, par des associations ou des particuliers, pour concourir à la dépense des routes départementales ou d'autres travaux à la charge du département ; 11° sur la concession, à des associations, à des compagnies ou à des particuliers, de travaux d'intérêt départemental ; 12° sur la part contributive à imposer au département dans la dépense des travaux exécutés par l'État, et qui intéressent le département ; 13° sur la part contributive du département aux dépenses des travaux qui intéressent à la fois le département et les communes ; 14° sur l'établissement et l'organisation des caisses de retraite ou autre mode de rémunération en faveur des employés des préfectures et des sous-préfectures ; 15° sur la part de la dépense des aliénés et des enfants trouvés et abandonnés qui sera mise à la charge des communes, et sur les bases de la répartition à faire entre elles ; 16° sur tous les autres objets sur lesquels il est appelé à délibérer par lois et règlements.

Art. 5. Les délibérations du conseil général sont soumises à l'approbation du roi, du ministre compétent ou du préfet, selon les cas déterminés par les lois ou par les règlements d'administration publique.

Art. 6. Le conseil général donne avis : 1° sur les changements proposés à la circonscription du territoire du département, des arrondissements, des cantons et des communes, et à la désignation des chefs-lieux ; 2° sur les difficultés élevées relativement à la répartition de la dépense des travaux qui intéressent plusieurs communes ; 3° sur l'établissement, la suppression ou le changement des foires et marchés ; 4° et généralement sur tous les objets sur lesquels il est appelé à donner son avis en vertu des lois et règlements ou sur lesquels il est consulté par l'administration.

Art. 7. Le conseil général peut adresser directement au ministre chargé de l'administration départementale, par l'intermédiaire de son président, les réclamations qu'il aurait à présenter dans l'intérêt spécial du département, ainsi que son opinion sur l'état et les besoins des différents services publics, en ce qui touche le département.

Art. 8. Le conseil général vérifie l'état des archives et celui du mobilier appartenant au département.

Art. 9. Les dépenses à inscrire au budget du département sont : 1° Les dépenses ordinaires pour lesquelles il est créé des ressources annuelles au budget de l'État ; 2° les dépenses facultatives d'utilité départementale ; 3° les dépenses extraordinaires autorisées par des lois spéciales ; 4° les dépenses mises à la charge des départements ou autorisées par des lois spéciales.

Art. 10. Les recettes du département se composent : 1° du produit des centimes additionnels aux contributions directes affectés par la loi de finances aux dépenses ordinaires des départements, et de la part allouée au département dans le fonds commun établi par la même loi ; 2° du produit des centimes additionnels facultatifs votés annuellement par le conseil général, dans les limites déterminées par la loi de finances ; 3° du produit des centimes additionnels extraordinaires imposés en vertu de lois spéciales ; 4° du produit des centimes additionnels votés par les lois générales à diverses branches du service public ; 5° du revenu et du produit des propriétés du département non affectés à un service départemental ; 6° du revenu et du produit des autres propriétés du département, tant mobilières qu'immobilières ; 7° du produit des expéditions d'anciennes pièces ou d'actes de la préfecture déposés aux archives ; 8° du produit des droits de péage autorisés le Gouvernement au profit du département, ainsi que des autres droits et perceptions concédés au département par les lois.

Art. 11. Le budget du département est présenté par le préfet, délibéré par le conseil général, et réglé définitivement par ordonnance royale. Il est divisé en sections.

Art. 12. La première section comprend les dépenses ordinaires suivantes : 1° les grosses réparations et l'entretien des édifices et bâtiments départementaux ; 2° les contributions dues par les propriétés du département ; 3° le loyer, s'il y a lieu, des hôtels de préfecture et de sous-préfecture ; 4° l'ameublement et l'entretien du mobilier de préfecture et des bureaux de sous-préfecture ; 5° le casernement ordinaire de la gendarmerie ; 6° les dépenses ordinaires des prisons départementales ; 7° les frais de translation des détenus, des vagabonds et des forçats libérés ; 8° les loyer, mobilier et menues dépenses des cours et tribunaux,

l'assemblée départementale fut admise en cette matière. Le conseil général émet aussi des votes définitifs sur les centimes additionnels imposés au département pour dépenses ordinaires, facultatives ou spéciales; mais dans ce cas encore il agit par délégation du législateur et dans les limites tracées, soit par la loi annuelle de finances, soit par les lois spéciales qui ont prévu ces impositions en vue de dépenses déterminées (art. 3). Cette délégation cesse s'il s'agit de contributions extraordinaires et d'emprunts. Le conseil général n'a plus alors qu'un droit de délibération, et la décision ne peut être rendue que sous forme de loi (art. 4, § 1, 33, 34).

53. Le droit de délibération est aussi le seul que la loi de

---

et les menues dépenses des justices de paix; 9° le chauffage et l'éclairage des corps de garde des établissements départementaux; 10° les travaux d'entretien des routes départementales et des ouvrages d'art qui en font partie; 11° les dépenses des enfants trouvés et abandonnés, ainsi que celle des aliénés, pour la part afférente au département, conformément aux lois; 12° les frais de route accordés aux voyageurs indigents; 13° les frais d'impression et de publication des listes électorales et du jury; 14° les frais de tenue des collèges et des assemblées convoqués pour nommer les membres de la Chambre des députés, des conseils généraux et des conseils d'arrondissement; 15° les frais d'impression des budgets et des comptes des recettes et dépenses du département; 16° la portion à la charge des départements dans les frais des tables décennales de l'état civil; 17° les frais relatifs aux mesures qui ont pour objet d'arrêter le cours des épidémies et des épizooties; 18° les primes fixées par les règlements d'administration publique pour la destruction des animaux nuisibles; 19° les dépenses de garde et conservation des archives du département.

Art. 13. Il est pourvu à ces dépenses au moyen: 1° des centimes affectés à cet emploi par la loi de finances; 2° de la part allouée au département dans le fonds commun; 3° des produits éventuels énoncés aux n°s 6, 7 et 8 de l'article 10.

Art. 14. Les dépenses ordinaires qui doivent être portées dans la première section, aux termes de l'article 12, peuvent y être inscrites, ou être augmentées d'office, jusqu'à concurrence du montant des recettes destinées à y pourvoir, par l'ordonnance royale qui règle le budget.

Art. 15. Aucune dépense facultative ne peut être inscrite dans la première section du budget.

Art. 16. La seconde section comprend les dépenses facultatives d'utilité départementale. Le conseil général peut aussi y porter les autres dépenses énoncées en l'article 12,

Art. 17. Il est pourvu aux dépenses portées dans la seconde section du budget, au moyen des centimes additionnels, facultatifs et des produits énoncés au n° 5 de l'article 10. Toutefois après épuisement du maximum des centimes facultatifs, employés à des dépenses autres que les dépenses spéciales, des ressources énoncées au paragraphe précédent une portion du fonds commun, dont la quotité sera déterminée chaque année par la loi de finances, pourra être distribuée aux départements, à titre de secours, pour complément de la dépense des travaux de construction des édifices départementaux d'intérêt général et des ouvrages d'art dépendant des routes départementales. La répartition de ce fonds commun sera réglée annuellement par ordonnance royale au *Bulletin des lois*.

Art. 18. Aucune dépense ne peut être inscrite d'office dans cette seconde section, et les allocations qui y sont portées par le conseil général ne peuvent être ni changées ni modifiées par l'ordonnance royale qui règle le budget.

Art. 19. Des sections particulières comprennent les dépenses imputées sur des centimes spéciaux ou extraordinaires. Aucune dépense ne peut y être imputée que sur les centimes destinés par la loi à y pourvoir.

Art. 20. Les dettes départementales contractées pour des dépenses ordinaires seront portées à la première section du budget, et soumises à toutes les règles applicables à ces dépenses. Les dettes contractées pour pourvoir à d'autres dépenses seront inscrites par le conseil général dans la seconde section; et dans le cas où il aurait omis ou refusé de faire cette inscription, il y sera pourvu au moyen d'une contribution extraordinaire établie par une loi spéciale.

Art. 21. Les fonds qui n'auront pu recevoir leur emploi dans le cours de l'exercice seront reportés après octobre sur l'exercice en cours d'exécution, avec l'affectation qu'ils avaient au budget voté par le conseil général, et les fonds restés libres seront cumulés avec les ressources du budget nouveau, suivant la nature de leur origine.

Art. 22. Le comptable chargé du recouvrement des ressources éventuelles est tenu de faire, sous sa responsabilité, toutes les diligences nécessaires pour la rentrée de ces produits. Les rôles et états de produits sont rendus exécutoires par le préfet, et par lui remis au comptable. Les oppositions, lorsque la matière est de la compétence des tribunaux ordinaires, sont jugées comme affaires sommaires.

Art. 23. Le comptable chargé du service des dépenses départementales ne peut payer que sur des mandats délivrés par le préfet dans la limite des crédits ouverts par les budgets du département.

Art. 24. Le conseil général entend et débat les comptes d'administration qui lui sont présentés par le préfet: 1° des recettes et dépenses, conformément aux budgets du département; 2° du fonds de non-valeurs;

3° du produit des centimes additionnels spécialement affecté par les lois générales à diverses branches du service public. Les observations du conseil général sur les comptes présentés à son examen sont adressés directement par son président au ministre chargé de l'administration générale. Ces comptes, provisoirement arrêtés par le conseil départemental, sont définitivement réglés par ordonnances royales.

Art. 25. Les budgets et les comptes du département définitivement réglés sont rendus publics par voie de l'impression.

Art. 26 Le conseil général peut ordonner la publication de tout ou partie de ses délibérations ou procès-verbaux. Les procès-verbaux, rédigés par le secrétaire et arrêtés au commencement de chaque séance, contiendront l'analyse de la discussion; les noms des membres qui ont pris part à cette discussion n'y seront pas insérés.

Art. 27. Si le conseil général ne se réunissait pas, ou s'il se séparait sans avoir arrêté la répartition des contributions directes, les mandements des contingents assignés à chaque arrondissement seraient délivrés par le préfet, d'après les bases de la répartition précédente, sauf les modifications à porter dans le contingent en exécution des lois.

Art. 28. Si le conseil ne se réunissait pas, ou s'il se séparait sans avoir arrêté le budget des dépenses ordinaires du département, le préfet, en conseil de préfecture, établirait d'office ce budget, qui serait réglé par une ordonnance royale.

Art. 29. Les délibérations du conseil général relatives à des acquisitions, aliénations et échanges de propriétés départementales, ainsi qu'aux changements de destination des édifices et bâtiments départementaux, doivent être approuvées par une ordonnance royale, le Conseil d'État entendu. Toutefois l'autorisation du préfet, en conseil de préfecture, est suffisante pour les acquisitions, aliénations et échanges, lorsqu'il ne s'agit que d'une valeur n'excédant pas vingt mille francs.

Art. 30. Les délibérations du conseil général relatives au mode de gestion des propriétés départementales sont soumises à l'approbation du ministre compétent. En cas d'urgence, le préfet pourvoit provisoirement à la gestion.

Art. 31. L'acceptation ou le refus des legs et donations faits au département ne peuvent être autorisés que par une ordonnance royale, le Conseil d'État entendu. Le préfet peut toujours, à titre conservatoire, accepter les legs et dons faits au département: l'ordonnance d'autorisation qui intervient ensuite a effet du jour de cette acceptation.

Art. 32. Lorsque les dépenses de construction, de reconstruction ou réparations des édifices départementaux sont évaluées à plus de cinquante mille francs, les projets et les devis doivent être préalablement soumis au ministre chargé de l'administration des communes.

Art. 33. Les contributions extraordinaires que le conseil général voterait pour subvenir aux dépenses du département ne peuvent être autorisées que par une loi.

Art. 34. Dans le cas où le conseil général voterait un emprunt pour subvenir à des dépenses du département, cet emprunt ne peut être contracté qu'en vertu d'une loi.

Art. 35. En cas de désaccord sur la répartition de la dépense de travaux intéressant à la fois le département et les communes, il est statué par ordonnance du Roi, les conseils municipaux, les conseils d'arrondissement et le conseil général entendus.

Art. 36. Les actions du conseil général sont exercées par le préfet, en vertu des délibérations du conseil général et avec l'autorisation du Roi en son Conseil d'État. Le département ne peut se pourvoir devant un autre degré de juridiction qu'en vertu d'une nouvelle autorisation. Le préfet peut, en vertu des délibérations du conseil général, et sans autre autorisation, défendre à toute action. En cas d'urgence, le préfet peut intenter toute action ou y défendre, même devant le conseil d'État, sans autorisation préalable. Il fait tous actes conservatoires ou interruptifs de la déchéance. En cas de litige entre l'État et le département, l'action est intentée ou soutenue au nom du département par le membre du conseil de préfecture le plus ancien en fonctions.

Art. 37. Aucune action judiciaire, autre que les actions possessoires, ne peut, à peine de nullité, être intentée contre un département qu'autant que le demandeur a préalablement adressé au préfet un mémoire exposant l'objet et les motifs de sa réclamation. Il lui en est donné récépissé. L'action ne peut être portée devant les tribunaux que deux mois après la date du récépissé, sans préjudice des actes conservatoires. Durant cet intervalle, le cours de toute prescription demeurera suspendu.

Art. 38. Les transactions délibérées par le conseil général ne peuvent être autorisées que par ordonnance du Roi, le Conseil d'État entendu.

1838 reconnaisse au Conseil général en matière d'administration départementale proprement dite, c'est-à-dire pour tout ce qui concerne la gestion des propriétés du département, l'affectation de ses édifices, les actions judiciaires et transactions, l'acceptation des dons et legs, le classement et la direction des routes départementales, les travaux publics et les marchés ou concessions auxquels ils donnent lieu, le service des aliénés et des enfants assistés, etc. (art. 4 § 1 à 16).

Dans toutes ces matières, le législateur de 1838 n'a pas voulu aller jusqu'à donner aux conseils généraux le droit de décision propre qui leur sera reconnu plus tard par la loi du 18 juillet 1866 et surtout par celle du 10 août 1871. Leurs délibérations sont toutes soumises à la tutelle du gouvernement, laquelle est exercée, selon les cas, soit par le chef de l'État, soit pour le ministre compétent, soit pour le préfet (art. 5).

Il en est de même du budget dont nous aurons à indiquer le mécanisme et qui constitue en réalité un ensemble de délibérations soumises au gouvernement qui a le droit de « régler » le budget, et même d'y inscrire d'office, pour les dépenses d'intérêt général, les crédits omis ou considérés comme insuffisants.

54. Le droit d'avis, qui ne laisse plus au conseil général qu'un vote purement consultatif, s'exerce dans les matières qui relèvent du pouvoir central et où l'intérêt du département se mêle à des intérêts d'ordre plus général, tels que les questions de circonscriptions territoriales, ou qui peuvent affecter la vie communale et le commerce local comme les questions de foires et marchés.

Enfin, la loi de 1838 établit, entre les conseils généraux et le gouvernement certains rapports qui relèvent le rôle de ces assemblées ; elle leur permet de s'adresser directement au ministre de l'intérieur par l'organe de leur président, et de lui faire connaître leurs réclamations et leurs vues sur les différents services publics intéressant le département.

55. Revenons au budget qui fut une des matières les plus étudiées en 1838. D'après le projet de loi du gouvernement, il devait y avoir deux budgets entièrement distincts : l'un consacré aux dépenses d'intérêt général et alimenté par les centimes ordinaires qui leur correspondent, l'autre consacré aux dépenses d'intérêt départemental, et alimenté par les centimes facultatifs, extraordinaires, spéciaux. Ce système avait été adopté par la Chambre des pairs, mais il fut critiqué par la Chambre des députés, qui lui substitua le système établi par les articles 11 et suivants de la loi de 1838.

A la vérité, ce changement portait moins sur le fond que sur la forme, car si le budget de 1838 est unique, il se compose de *sections*, dont chacune est un véritable budget spécial prévoyant des dépenses d'ordre différent et leur affectant des recettes distinctes. Chaque section est soumise à une spécialité rigoureuse de recettes et de dépenses ; chacune à ses ressources qui ne peuvent pas être détournées de leur destination : si bien que si une section présente un excédent de recettes, et une autre une insuffisance, la première ne peut pas venir au secours de l'autre, et l'excédent tombe en non-valeur au lieu de combler l'insuffisance de la section voisine. Une seule exception est faite à cette règle, et elle est

loin de constituer une faveur pour les intérêts propres du département, car elle consiste à permettre l'emploi des centimes facultatifs, plus particulièrement votés en vue de ces intérêts, pour des dépenses prescrites par la loi en vue d'intérêts plus généraux.

56. La première section de ce budget (art. 12) comprend les dépenses dites ordinaires, que le projet du gouvernement avait d'abord qualifiées de dépenses *obligatoires*, et qui le sont réellement puisque, d'après l'article 14, les dépenses portées dans cette section peuvent être inscrites ou augmentées d'office par le gouvernement qui règle le budget, jusqu'à concurrence des recettes correspondantes à la même section. Ces dépenses ordinaires sont, en effet, celles qui ne peuvent être éludées, ce sont les anciennes dépenses variables destinées à pourvoir à des services d'intérêt général ; elles concernent : les édifices départementaux affectés à des services administratifs et judiciaires, et leur mobilier ; l'entretien des routes, le service des prisons, le casernement de la gendarmerie ; les dépenses nécessitées par le service des bureaux, par les opérations électorales par celles du jury, etc.

Les recettes correspondantes sont d'abord les dix centimes affectés à cet emploi par la loi de finances ; puis, très accessoirement, certains revenus éventuels du département, provenant de ses propriétés immobilières ou mobilières, du prix des expéditions de pièces d'archives, ou de péages autorisés au profit du département (art. 10 et 13, § 6 à 8).

57. Les recettes étant nécessairement très inégales, à raison de la différence de valeur du centime dans les différents départements, ce système ne pouvait fonctionner qu'avec le secours d'un fonds commun largement alimenté et capable de rétablir l'équilibre. Ce fonds, formé par le prélèvement d'un centime et demi (élevé à plus de cinq centimes en 1844 et à sept en 1851), était centralisé au Trésor et distribué, par les soins du ministre de l'intérieur, entre les départements dont les centimes étaient insuffisants.

Dans la pensée du législateur de 1838, ce mode de subvention devait assurer partout l'acquittement des dépenses ordinaires ; cependant on devait prévoir des cas exceptionnels d'insuffisance, et l'on voulait que les conseils généraux pussent y pourvoir en affectant aux dépenses ordinaires une partie des ressources portées à la seconde section, et consistant presque uniquement en centimes facultatifs. De là une dérogation au principe de la spécialité des sections, et la faculté donnée aux conseils généraux par l'article 16 d'inscrire une partie des dépenses ordinaires et obligatoires, dans la seconde section du budget consacrée aux « dépenses facultatives d'utilité départementale ».

Cette dérogation devait en entraîner une autre. En effet, il pouvait arriver (et cette éventualité ne devait que trop souvent se réaliser dans la pratique), que la part de ressources facultatives absorbée par les dépenses obligatoires fût assez forte pour qu'il ne restât plus de quoi pourvoir aux dépenses d'utilité départementale, même les plus pressantes et les mieux justifiées, par exemple aux dépenses des travaux publics. Pour éviter que ces services ne fussent entravés, la loi de 1838 admit que le fonds commun pourrait contribuer, après épuisement des centimes facultatifs, aux travaux de construction des édifices départementaux d'intérêt général et des ouvrages d'art des routes départementales (art. 17).

Cet emploi du fonds commun, qui dans les prévisions de la loi, ne devait être que très accidentel, devint, au contraire, très fréquent par suite de l'insuffisance de la dotation de la première section. Cette insuffisance eut pour conséquence l'affectation d'une partie des ressources facultatives aux dépenses obligatoires, et leur remplacement par des ressources empruntées au fonds commun. De là un trouble dans le fonctionnement de la loi de 1838, et une déviation du système du fonds commun qui rendirent plus tard des réformes nécessaires.

58. En dehors de ces deux premières sections, — celle des dépenses ordinaires ou obligatoires et celle des dépenses facultatives, — le budget contenait quatre autres sections correspondant à différentes natures de dépenses et aux ressources créées pour y faire face, savoir :

La troisième section : dépenses ordinaires, payées avec les ressources provenant d'emprunts ou de contributions extraordinaires (art. 3, 4, 19) ;

La quatrième section : dépenses et centimes spéciaux du service vicinal (loi du 21 mai 1836) ;

La cinquième section : dépenses et centimes spéciaux de l'instruction primaire (L. 28 juin 1833) ;

La sixième section : dépenses et centimes spéciaux du cadastre (L. 31 juillet 1821).

Pour ces quatre dernières sections, la règle de la spécialité était absolue ; aucun virement n'était autorisé, et les excédents d'un exercice étaient reportés à la même section du budget de l'exercice suivant.

Tel était, dans ses grandes lignes, le budget départemental de 1838 qui, malgré sa complication et malgré certaines déceptions que l'expérience réservait à ses auteurs, n'en constituait pas moins un sensible progrès par rapport aux budgets antérieurs.

59. Pour terminer cet aperçu de la législation de 1838, nous devons signaler deux autres points qu'elle a résolus :

En premier lieu, elle a mis fin aux controverses sur la personnalité civile du département ; elle a reconnu au département le droit de posséder non seulement un domaine public consistant en édifices et en routes, mais encore un domaine privé consistant en biens mobiliers et immobiliers susceptibles de revenus ; elle lui a également reconnu le droit de recevoir des dons et legs (1).

En second lieu, elle a fixé le rôle de l'arrondissement dans le département et lui a maintenu le caractère d'une simple circonscription administrative, malgré des efforts faits pour lui donner une personnalité plus accentuée et pour lui reconnaître la faculté d'avoir des propriétés et des impositions distinctes de celles du département. Si elle admet le conseil d'arrondissement à délibérer sur les acquisitions et constructions d'édifices destinés aux services publics dont l'arrondissement est le siège, c'est seulement en qualité d'administration intéressée et non de propriétaire ou copropriétaire. La propriété n'appartient qu'au département.

Sur ces deux points les solutions consacrées par la loi de 1838, sont demeurées définitivement acquises.

---

(1) Sur les controverses, dont la personnalité civile du département était encore l'objet lors de la discussion de la loi de 1838 (Voy. Allard, *Personnalité civile du département*, p. 137 et suiv.)

SECTION II.

RÉPUBLIQUE DE 1848.

60. L'établissement du suffrage universel exerça une influence immédiate sur l'organisation des conseils généraux telle qu'elle avait été réglée en 1833. La loi des 3-11 juillet 1848 prescrivit le renouvellement de ces conseils, ainsi que des conseils municipaux et d'arrondissement, et décida que les élections seraient faites par les électeurs appelés à nommer les représentants du peuple (1). Toutefois, à la différence du décret du 5 mars 1848 qui n'exigeait des citoyens que six mois de résidence pour prendre part aux élections législatives, la loi du 3 juillet exigea que les électeurs eussent six mois de «domicile réel» dans la commune pour prendre part aux élections départementales et municipales.

Les règles de l'éligibilité furent également modifiées : tout électeur âgé de vingt-cinq ans, domicilié dans le département ou dans l'arrondissement ou y payant une contribution directe, peut être élu membre d'un conseil général ou d'arrondissement.

La même loi supprima la réserve que la loi de 1833 avait apportée à la règle de la représentation cantonale, quand elle avait fixé à trente le nombre maximum des conseillers généraux. Elle décida que chaque canton, sans limitation de nombre élirait un conseiller général ; elle supprima ainsi les inconvénients auxquels avait donné lieu, sous l'empire de la loi de 1833, l'élection d'un seul conseiller général par deux cantons, qui se prétendaient l'un et l'autre insuffisamment représentés. D'autre part, l'expérience n'a pas justifié les craintes qu'avait fait éprouver au législateur de 1833 la formation de conseils généraux comptant plus de trente membres. Aussi la réforme accomplie en 1848 est-elle de celles qui ont définitivement pris place dans la législation départementale.

---

(1) L. 3-11 juillet 1848, art. 1. (Extraits). — Il sera procédé au renouvellement intégral des conseils municipaux de toutes les communes de la République et des conseils d'arrondissement et de département.... Il sera élu un membre du conseil général dans chaque canton....

Art. 2. Jusqu'à ce que la Constitution de la République ou des lois organiques aient réglé la composition et les formes d'élection des administrations municipales et départementales, les lois des 21 mars 1831, et 22 juin 1833 sont maintenues, sauf les modifications suivantes.

Art. 4. Sont abrogés les paragraphes 1 et 3 de l'article 3, et les articles 4, 22, 23, 29 à 33, 36, 39 à 42, 45, 46 § 1er, 47 et 49 de la loi du 22 juin 1833.

Art. 5. Les élections des conseils municipaux seront faites par les citoyens ayant leur domicile réel, depuis six mois, dans la commune, et appelés à nommer les représentants du peuple, selon le décret du 5 mars dernier et l'acte du Gouvernement du 8 de ce mois.

Art. 14. Sont éligibles aux conseils d'arrondissement, les électeurs âgés de vingt-cinq ans au moins, domiciliés dans l'arrondissement, et les citoyens ayant atteint le même âge, qui, sans y être domiciliés, y paient une contribution directe. Sont éligibles aux conseils généraux, les électeurs âgés de vingt-cinq ans au moins, domiciliés dans le département, et les citoyens ayant atteint le même âge qui, sans y être domiciliés, y paient une contribution directe. Néanmoins, le nombre de ces derniers ne pourra dépasser le quart desdits conseils. Les incompatibilités prononcées par l'article 5 de la loi du 22 juin 1833, sont applicables aux conseillers d'arrondissement.

Art. 18. Les séances de conseils de département seront publiques, à moins que la majorité des membres du conseil ne demande le comité secret.

La loi du 11 juillet 1848 contenait une autre innovation qui avait été écartée en 1833, qui lui fut également par la législation impériale, et qui n'a été définitivement consacrée que par la loi du 10 août 1871: nous voulons parler de la publicité des séances des conseils généraux proclamée pour la première fois par l'article 18 de la loi de 1848.

61. Peu après, la Constitution du 4 novembre 1848, dans son chapitre VII relatif à « l'administration intérieure » posa des règles d'organisation départementale et communale qui devaient être développées par des lois organiques. L'article 77 de la Constitution établissait ou plutôt maintenait, dans chaque département, « une administration composée d'un préfet, d'un conseil général, d'un conseil de préfecture » ; mais il supprimait, par voie d'omission, les conseils d'arrondissement (1), et créait à leur place des conseils cantonaux.

L'article 80 de la Constitution maintenait le droit de dissolution des conseils généraux attribué au chef de l'État par toutes les lois antérieures, mais il exigeait que la dissolution fût prononcée « de l'avis du Conseil d'État », c'est-à-dire conformément à son avis, ainsi que le décida une résolution interprétative du 2 mars 1849.

62. Le Conseil d'État fut chargé d'élaborer un projet de loi sur l'administration départementale, d'après les bases fixées par ces dispositions constitutionnelles.

Il eut en même temps à délibérer sur une proposition d'initiative parlementaire émanée de M. Raudot, et que son auteur eut l'heureuse fortune de pouvoir reproduire vingt-trois ans après devant l'Assemblée nationale de 1871, sans d'ailleurs, réussir davantage à en faire accepter les principes.

M. Raudot, adversaire résolu de toute centralisation administrative, proposait d'enlever au préfet l'administration des intérêts départementaux pour la confier à un délégué du conseil général, et de donner à ce conseil, entre autres attributions nouvelles, le droit de nommer, dans chaque département, des receveurs généraux et particuliers, des ingénieurs, des architectes, etc., et de présenter des candidats pour les fonctions judiciaires.

63. Le Conseil d'État adopta le 30 janvier 1851 un projet de loi qui devait former le troisième livre de la loi sur l'administration intérieure (2), et qui maintenait, comme bases de la loi nouvelle, toutes les dispositions essentielles des lois de 1833 et

de 1838. On doit même reconnaître que l'esprit de réforme s'y manifestait trop timidement, car le projet de 1851 restait en deçà des progrès qui furent accomplis, non seulement par la loi de 1871, mais même par celle de 1866. On voit d'ailleurs, en lisant le rapport de M. Tourangin, que les auteurs de ce projet ne dissimulaient pas leur attachement pour la législation existante, et que ce sentiment était partagé par la grande majorité des conseils généraux dont le gouvernement avait cru devoir prendre l'avis (1).

64. En ce qui touche l'organisation des conseils généraux, le projet de 1851 se bornait à confirmer les innovations déjà consacrées par la loi du 3 juillet 1848, — nouveau système électoral et publicité des séances, — et à rendre plus fréquentes les réunions des conseils généraux en instituant deux sessions ordinaires au lieu d'une.

A l'égard des conseils d'arrondissement, le Conseil d'État ne pensa pas qu'il pût proposer leur maintien en présence de l'article 77 de la Constitution qui leur substituait les conseils cantonaux ; d'un autre côté, il ne lui parut pas possible de charger ces derniers conseils, composés des représentants de chaque commune du canton, d'opérer, au lieu et place des conseils d'arrondissement, la répartition de l'impôt direct entre ces communes, d'examiner les réclamations de ces communes contre le contingent qui leur serait assigné. Les conseils cantonaux paraissaient trop près des municipalités, trop directement soumis aux influences locales pour bien exercer cette double attribution. C'est pourquoi le projet du Conseil d'État proposait une combinaison nouvelle consistant à créer, au sein du conseil général, des commissions d'arrondissement chargées de remplacer les conseils d'arrondissement. Chacune de ces commissions devait être composée des membres du conseil général appartenant au même arrondissement.

65. En ce qui touche les attributions des conseils généraux, le projet du Conseil d'État ne contenait qu'une innovation importante ; il autorisait les conseils généraux à prendre des délibérations exécutoires dans les affaires d'intérêt purement départemental, notamment dans celles qui touchent à la gestion du domaine du département. Mais la force exécutoire de

___

(1) A la différence du § 1er de l'article 77, qui mentionnait toutes les autorités du département, le § 2, relatif à l'arrondissement, ne mentionnait que le sous-préfet. On pouvait se demander si l'omission des conseils d'arrondissement, dans le texte constitutionnel, suffisait pour en imposer la suppression. Cette question fut résolue affirmativement par des déclarations de M. Odilon Barrot.
Mais M. Vivien, qui était également membre de la commission, exprima au contraire l'avis que la question était réservée. (Voy. Duverxier, A. 1848, p. 595 et 596.)
L'interprétation de M. Odilon Barrot nous paraît cependant la plus vraisemblable, car la Constitution ne se bornait pas à omettre les conseils d'arrondissement, elle créait des conseils cantonaux, et substituait réellement cette organisation à la précédente.
Cette interprétation fut d'ailleurs admise par le Conseil d'État qui, lors de la présentation du projet de loi de 1851, dont nous parlons ci-après, considéra comme définitive la suppression des conseils d'arrondissement, et ne se crut pas permis d'en proposer le maintien, bien qu'il lui parût désirable.
(2) Ce projet de loi fut préparé par une commission de la section de législation, présidée par M. Vivien, et ayant pour rapporteur M. Tourangin. Ses autres membres étaient MM. Boulatignier, Rivet et de Rainneville.

(1) Nous extrayons du rapport présenté au Conseil d'État par M. Tourangin le passage suivant qui fait connaître l'esprit général du projet :
« Les lois de 1833 et de 1838 ont donné une nouvelle vie aux conseils généraux, et imprimé une vive impulsion à l'administration départementale. Ces conseils se sont associés, par leur initiative ou par leur avis, à toutes les grandes mesures qui ont été prises par le gouvernement, et qui ont contribué puissamment au développement si rapide des intérêts moraux et matériels du pays.
« L'opinion des conseils généraux sur la révision de cette législation, devait être d'un grand poids. Ils ont été consultés sur les principales questions qui pouvaient surgir à l'occasion de la confection d'une nouvelle loi départementale. De l'ensemble de leurs réponses, il résulte que les bases anciennes des lois doivent être conservées, que si on peut ajouter utilement quelques innovations dans les lois de 1833 et de 1838, on doit s'abstenir de leur faire subir une réforme plus ou moins radicale.
« Le Conseil d'État, placé en présence d'une législation qui est entrée profondément dans les mœurs, qui a subi victorieusement l'épreuve difficile d'une longue application, et qui a porté de bons fruits sous la République comme sous la monarchie, a pensé avec les conseils généraux, qu'il y avait lieu de conserver les principes consacrés par les lois de 1833 et de 1838, mais qu'il convenait en même temps de mettre ces lois en harmonie avec les nouvelles institutions du pays, de les coordonner, et d'y introduire toutes les améliorations que l'expérience a signalées, et que comportent l'état des mœurs et la situation de la France... »

ces délibérations n'était pas encore aussi complète qu'elle l'est devenue en 1871, et même dès 1866, car le gouvernement pouvait, pendant un délai de trois mois, en suspendre l'exécution, après avis du Conseil d'Etat, et cela, non seulement pour illégalité, mais encore pour inopportunité. Aussi le rapporteur du projet avait-il raison de dire : « Cette nouvelle attribution ne détruit pas le droit de tutelle du gouvernement qui peut toujours arrêter l'effet de la délibération. »

La question du budget et du fonds commun aurait pu, dès cette époque, motiver des solutions nouvelles, car la pratique avait déjà révélé certains inconvénients de la législation de 1838. Mais le Conseil d'Etat ne fut pas d'avis de modifier des dispositions qui, disait son rapporteur, « sont devenues familières aux conseils généraux et ont pour elles la sanction d'une longue application... C'est surtout en cette matière, ajoutait-il, qu'il serait dangereux de se livrer à un esprit d'innovation qui pourrait jeter le trouble dans la partie la plus importante du service départemental. »

En résumé, ce qui domine dans les délibérations du Conseil d'Etat de 1851, c'est une grande prudence, et nous dirons volontiers une extrême timidité, car plusieurs des réformes que le Conseil d'Etat jugeait impossibles, sous l'empire de la Constitution de 1848, n'ont pas paru telles sous la République de 1870, ni même dans la seconde période du gouvernement impérial, et elles ont été réalisées avec succès par les lois de 1866 et de 1871.

CHAPITRE V.

DE 1852 A 1870.

SECTION PREMIÈRE.

LÉGISLATION DE 1852.

66. Les conseils généraux subirent, comme les autres corps électifs, les vicissitudes de la législation électorale. Successivement soumis à la loi du 3 juillet 1848 puis à celle du 31 mai 1850 qui restreignait le droit de suffrage, ils furent replacés, par la loi du 7 juillet 1852, sous le régime du suffrage universel. Cette loi ne fit même aucune distinction au point de vue des conditions de résidence, entre les élections départementales ou communales, et les élections politiques.

De 1852 à 1866, aucune modification importante ne fut apportée aux attributions des conseils généraux qui continuèrent d'être régis par les lois de 1833 et de 1838.

67. Mais le décret-loi du 25 mars 1852 « sur la décentralisation administrative » affecta sous un autre rapport la législation départementale, en étendant les attributions des préfets, et en leur conférant un droit de décision dans un grand nombre d'affaires d'intérêt local qui exigeaient jusque-là l'intervention des ministres ou du chef de l'Etat.

Il n'est pas inutile de rappeler l'unique considérant qui sert d'exposé de motifs à ce décret et qui tend à expliquer son titre : « Considérant que, depuis la chute de l'Empire, des abus et des exagérations de tout genre ont dénaturé le principe de notre centralisation administrative en substituant à l'action prompte des autorités locales les lentes formalités de l'administration centrale; considérant qu'on peut gouverner

de loin, mais qu'on n'administre bien que de près; qu'en conséquence, autant il importe de centraliser l'action gouvernementale de l'Etat, autant il est nécessaire de décentraliser l'action administrative... »

Cet exposé de motifs n'était pas inutile pour expliquer de quelle « décentralisation administrative » il s'agissait dans ce décret. Ce n'était assurément pas celle que recommandent les esprits libéraux, et qui consiste à faire une large part aux autorités électives locales dans l'administration des intérêts locaux; celles-ci ne trouvaient aucun accroissement de prérogatives dans le nouveau partage d'attributions fait entre les ministres et leurs représentants dans le département; peut-être même les pouvoirs plus grands donnés aux préfets devaient-ils avoir pour effet, dans la pensée des auteurs du décret, d'accentuer davantage leur prépondérance sur les conseils généraux, et, en même temps, de donner aux préfets des moyens d'action plus nombreux et plus rapides sur les populations, au moment où le régime des candidatures officielles allait devenir la base des élections politiques.

Quoi qu'il en soit, une des conséquences les plus importantes du décret du 25 mars 1852 fut de remettre aux préfets, au lieu et place des ministres, l'approbation des délibérations des conseils généraux dans les affaires d'intérêt départemental, en ne réservant à l'autorité supérieure l'exercice de la tutelle administrative que pour « les affaires qui affectent directement l'intérêt général de l'Etat, telles que l'approbation des budgets départementaux, les impositions extraordinaires et les délimitations territoriales » (1).

L'autorité des préfets était encore fortifiée par le droit que leur conférait l'article 5 du décret, de nommer directement à un grand nombre d'emplois, réservés antérieurement à la décision des ministres. Parmi ceux qui intéressent plus directement l'administration du département, on peut citer ceux de directeurs et gardiens des maisons d'arrêt et des prisons départementales, de médecins et comptables des asiles d'aliénés, d'architectes départementaux, d'archivistes, etc.

Mais si le décret de 1852 voulait accroître les pouvoirs et l'influence des préfets au regard des autorités locales, il n'entendait pas les rendre trop indépendants au regard du pouvoir central : il réservait, avec juste raison, l'action hiérarchique des ministres, et le droit qui n'a pas cessé de leur appartenir, d'annuler d'office, ou sur la réclamation des intéressés, les actes illégaux des préfets et même ceux qui leur paraîtraient contraires à la bonne administration.

SECTION II.

LOI DU 18 JUILLET 1866.

68. Un progrès plus réel fut accompli dans la voie de la véritable décentralisation administrative par la loi du 18 juillet 1866, conçue dans un tout autre esprit que le décret de 1852.

Cette loi fut une concession de quelque importance aux

(1) D. 25 mars 1852, art. 1er. — Les tableaux A et B annexés au décret continuent la liste détaillée des affaires, tant départementales que communales, désormais soumises à la tutelle administrative des préfets.

aspirations libérales qui se manifestèrent dans les dernières années de l'Empire, et en même temps une marque de satisfaction et de confiance donnée par le gouvernement aux conseils généraux dont il n'avait eu qu'à se louer au point de vue politique et administratif.

« Ce n'est que rendre un juste hommage aux conseils généraux, disait l'exposé de motifs, que de proclamer l'heureuse application qu'ils ont faite de la loi de 1838. Leurs efforts, unis à ceux de l'administration, ont puissamment contribué au développement de la richesse du pays et à la satisfaction de ses besoins moraux. Le gouvernement a pensé que le moment était venu d'étendre les attributions dont ces assemblées ont usé avec tant de sagesse et au grand profit du pays, et de leur donner, sous leur responsabilité, une liberté d'action plus grande, sans toutefois porter atteinte aux droits légitimes de l'Etat. »

Les innovations consacrées par la loi de 1866 portent sur trois points principaux : 1° l'attribution aux conseils généraux d'un droit de décision propre dans la plupart des affaires d'intérêt départemental ; 2° la faculté accordée à ces conseils de voter des contributions extraordinaires, et de contracter des emprunts dans des conditions déterminées; 3° la modification des règles du budget (1).

---

(1) L. 18 juillet 1866, sur les conseils généraux.— Art. 1er. Les conseils généraux statuent définitivement sur les affaires ci-après désignées, savoir : 1° acquisitions, aliénation et échange de propriétés départementales mobilières ou immobilières, quand ces propriétés ne sont pas affectées à l'un des services énumérés au n° 4; 2° mode de gestion des propriétés départementales ; 3° baux de biens donnés ou pris à ferme ou à loyer quelle qu'en soit la durée ; 4° changement de destination des propriétés et des édifices départementaux autres que les hôtels de préfecture et de sous-préfecture et les locaux affectés aux cours et tribunaux, au casernement de la gendarmerie et aux prisons; 5° acceptation ou refus de dons et legs faits au département sans charges ni affectation immobilière, quand ces dons et legs ne donnent pas lieu à réclamation; 6° classement et direction des routes départementales, lorsque le tracé desdites routes ne se prolonge pas sur le territoire d'un autre département; projets, plans et devis des travaux à exécuter pour la construction, la rectification ou l'entretien des routes départementales; le tout sauf l'exécution des lois et règlements sur l'expropriation pour cause d'utilité publique; projets, plans et devis de tous autres travaux à exécuter sur les fonds départementaux ; 7° classement et direction des chemins vicinaux de grande communication; désignation des chemins vicinaux d'intérêt commun; désignation des communes qui doivent concourir à la construction et à l'entretien desdits chemins; le tout sur l'avis des conseils municipaux et d'arrondissement; répartition des subventions accordées sur les fonds départementaux aux chemins vicinaux de grande communication ou d'intérêt commun; 8° offres faites par les communes, par des associations ou des particuliers pour concourir à la dépense des routes départementales ou d'autres travaux à la charge des départements; 9° déclassement des routes départementales, des chemins vicinaux de grande communication et d'intérêt commun, lorsque leur tracé ne se prolonge pas sur le territoire d'un ou de plusieurs départements; 10° désignation des services auxquels sera confiée l'exécution des travaux sur les chemins vicinaux de grande communication et d'intérêt commun, et mode d'exécution des travaux à la charge du département autres que ceux des routes départementales; 11° emploi de fonds libres provenant d'emprunts ou de centimes extraordinaires recouvrés ou à recouvrer dans le cours de l'exercice; 12° assurances des bâtiments départementaux;13° actions à intenter ou à soutenir au nom du département, sauf les cas d'urgence, dans lesquels le préfet pourra agir conformément à l'article 36 de la loi du 10 mai 1838 ; 14° transactions concernant les droits du département ; 15° recettes et dépenses des établissements d'aliénés appartenant au département ; approbation des traités passés avec des établissements privés ou publics pour le traitement des aliénés du département ; 16° service des enfants assistés. Les délibérations prises par les conseils généraux sur les matières énoncées aux nos 6, 7, 15 et 16 ci-dessus sont exécutoires si, dans le délai de deux mois, à partir de la clôture de la session, un décret impérial n'en a pas suspendu l'exécution.

Art. 2. Les conseils généraux peuvent voter dans la limite d'un maximum qui sera annuellement fixé par la loi de finances, des centimes extraordinaires affectés à des dépenses extraordinaires d'utilité départe-

---

69. Le droit de décision propre des conseils généraux dans certaines catégories d'affaires est consacré par l'article 1er de la loi qui emploie pour la première fois cette formule : « Les conseils généraux statuent définitivement... » Pour ces affaires, la tutelle administrative cesse d'exister, et, pour la plupart d'entre elles, le gouvernement ne se réserve qu'un droit, qu'il ne saurait d'ailleurs abdiquer, celui d'annuler les délibérations illégales : encore ne peut-il exercer ce droit que dans la forme solennelle d'un décret en Conseil d'Etat, et dans un délai de deux mois à partir de la clôture de la session.

Les affaires qui sont ainsi soumises, de la manière la plus complète, à la décision des conseils généraux, sont d'abord toutes les questions relatives à la gestion du domaine propre du département, en tant qu'il n'est pas affecté à des services d'intérêt général, les actions judiciaires et transactions, les offres de concours faites par les communes ou autres intéressés en vue de travaux publics; le service des chemins vicinaux de grande communication ou d'intérêt commun, et, sous certaines réserves, celui des routes départementales; l'emploi des fonds libres provenant d'emprunts ou de centimes extraordinaires.

Pour d'autres catégories d'affaires, également soumises à la

---

mentale. Ils peuvent voter également les emprunts départementaux remboursables dans un délai qui ne pourra excéder douze années, sur ces centimes extraordinaires ou sur les ressources ordinaires.

Art. 3. Les délibérations par lesquelles les conseils généraux statuent définitivement sont exécutoires si, dans un délai de deux mois, à partir de la clôture de la session, elles n'ont pas été annulées pour excès de pouvoirs ou pour violation d'une disposition de la loi ou d'un règlement d'administration publique. Cette annulation ne peut être prononcée que par un décret rendu dans la forme des règlements d'administration publique.

Art. 4. Le conseil général fixe, chaque année, le maximum du nombre des centimes extraordinaires que les conseils municipaux sont autorisés à voter, pour en affecter le produit à des dépenses extraordinaires d'utilité communale. Si le conseil général se sépare sans l'avoir fixé, le maximum arrêté pour l'année précédente est maintenu jusqu'à la session suivante. Le maximum ne peut dépasser vingt centimes.

Art. 5. Chaque année, le préfet présente au conseil général le relevé de tous les emprunts communaux et de toutes les contributions extraordinaires communales qui ont été votés depuis sa session précédente, avec indication du chiffre total des centimes extraordinaires et des dettes dont chaque commune est grevée. Le préfet soumet également au conseil général le compte annuel de l'emploi des ressources municipales affectées aux chemins vicinaux de grande communication et d'intérêt commun.

Art. 6. Le budget départemental est divisé en budget ordinaire et budget extraordinaire. Les dépenses comprises aujourd'hui dans les première, deuxième, quatrième et cinquième sections des budgets départementaux forment le budget ordinaire. Les recettes du budget ordinaire se composent : 1° du produit des centimes additionnels portant sur les contributions foncière et personnelle-mobilière, votés annuellement par le conseil général dans les limites déterminées par la loi de finances. Ces centimes comprendront à l'avenir les sept centimes qui forment aujourd'hui le fonds commun; 2° des produits éventuels énoncés aux nos 5, 6, 7 et 8 de l'article 10 de la loi du 10 mai 1838; 3° du produit des centimes autorisés pour les dépenses des chemins vicinaux et de l'instruction primaire, dont l'affectation spéciale est maintenue. Les recettes du budget extraordinaire se composent : 1° du produit des centimes extraordinaires votés annuellement par le conseil général dans les limites déterminées par la loi de finances, ou autorisées par les lois spéciales ; 2° du produit des biens aliénés ; 3° des dons et legs; 4° du remboursement des capitaux exigibles et des rentes rachetées; 5° du produit des emprunts ; 6° de toutes autres recettes accidentelles. A l'avenir, les forêts et les terres de l'Etat acquitteront les centimes additionnels ordinaires et extraordinaires affectés aux dépenses des départements dans la proportion de la moitié de leur valeur imposable, le tout sans préjudice des dispositions de l'article 13 de la loi du 21 mai 1833 et de l'article 3 de la loi du 12 juillet 1855. Tout centime additionnel, soit ordinaire, soit extraordinaire, qui serait ultérieurement établi en sus de ceux actuellement autorisés, portera sur toutes les contributions directes.

Art. 7. Il est créé, sur les ressources générales du budget, un fonds

décision des conseils généraux (et comprises dans l'énumération de l'article 1er sous les numéros 6, 7, 15 et 16), le gouvernement se réservait non seulement le droit d'annulation pour illégalité, mais encore un droit de suspension pour inopportunité. Ce droit, qui peut constituer un véritable *veto*, ne peut être exercé que dans un délai de deux mois après la clôture de la session. Les affaires pour lesquelles cette réserve est faite concernent les travaux publics départementaux, et spécialement les routes départementales, le classement des chemins de grande communication et d'intérêt commun, le service des aliénés et celui des enfants assistés. Ce système mixte, où le droit de suspension s'ajoute au droit d'annulation, fut le résultat d'un accord transactionnel entre la commission de la Chambre des députés et le gouvernement. Celui-ci n'avait pas admis, pour ces dernières catégories d'affaires, le droit de décision des conseils généraux, et il ne consentit à le reconnaître et à renoncer au droit d'approbation qu'il tenait des lois antérieures qu'en se réservant le droit de suspension.

70. La seconde réforme, accomplie en 1866, consiste à donner aux conseils généraux le droit de voter des impositions extraordinaires dans la limite fixée par la loi de finances, et à contracter des emprunts départementaux, à condition que ces emprunts soient remboursés dans un délai n'excédant pas douze ans, à l'aide des ressources ordinaires ou des centimes extraordinaires autorisés par la loi de finances.

---

sur lequel les départements dont la situation financière l'exige reçoivent une allocation. Le fonds est fixé à la somme de quatre millions de francs (4,000,000). Il est inscrit au bureau du ministère de l'intérieur ; la répartition en est réglée annuellement par un décret impérial rendu en Conseil d'État.

Art. 8. Les départements qui, pour assurer le service des chemins vicinaux et de l'instruction primaire, n'auront pas besoin de faire emploi de la totalité des centimes spéciaux établis en exécution des lois des 21 mai 1836 et 15 mars 1850, pourront en appliquer le surplus aux autres dépenses de leur budget ordinaire. Les départements qui seraient en situation d'user de la faculté autorisée par le paragraphe précédent, et n'en feraient pas usage, ne pourront recevoir aucune allocation.

Art. 9. Les fonds qui n'auront pu recevoir leur emploi dans le cours de l'exercice seront reportés, après clôture, sur l'exercice en cours d'exécution, avec l'affectation qu'ils avaient au budget voté par le conseil général. Les fonds libres seront cumulés, suivant la nature de leur origine, avec les ressources de l'exercice en cours d'exécution, pour recevoir l'affectation nouvelle qui pourra leur être donnée par le conseil général dans le budget rectificatif de l'exercice courant. Les conseils généraux peuvent porter au budget un crédit pour dépenses imprévues.

Art. 10. Si un conseil général omet d'inscrire au budget un crédit suffisant pour l'acquittement des dépenses suivantes : 1° loyer et entretien des hôtels de préfecture et de sous-préfecture ; 2° casernement ordinaire des brigades de gendarmerie ; 3° loyer, mobilier et menues dépenses des cours et tribunaux, et menues dépenses des justices de paix, il y est pourvu au moyen d'une contribution spéciale portant sur les quatre contributions directes et établie par un décret impérial dans les limites du maximum fixé annuellement par la loi de finances, ou par une loi, si la contribution doit excéder ce maximum. Le décret est rendu dans la forme des règlements d'administration publique. Il est inséré au *Bulletin des lois*.

Art. 11. Aucune dépense autres que celles énoncées en l'article précédent ne peut entre inscrite d'office dans le budget ordinaire, et les allocations qui y sont portées par le conseil général ne peuvent être ni changées ni modifiées par le décret impérial qui règle le budget.

Art. 12. Les dispositions financières de la présente loi ne seront applicables qu'à partir de l'exercice 1868.

Art. 13. Sont applicables à l'administration du département de la Seine les dispositions de la présente loi, celles de la loi du 10 mai 1838 et celles du décret du 25 mars 1852.

Art. 14. Nonobstant les dispositions de l'article précédent, le département de la Seine ne pourra établir aucune imposition extraordinaire ni contracter aucun emprunt sans y être autorisé par une loi.

Art. 15. Toutes les dispositions de lois antérieures demeurent abrogées en ce qu'elles ont de contraire à la présente loi.

---

71. La troisième réforme est relative au budget.

Nous avons vu combien était compliquée la structure du budget départemental, d'après la loi de 1838 : les recettes et les dépenses étaient soumises au régime de la spécialité la plus stricte, et distribuées entre six sections indépendantes les unes des autres. La seule dérogation faite à ce système était désavantageuse au département, car elle consistait à permettre au conseil général d'appliquer aux dépenses de la première section, c'est-à-dire à des dépenses obligatoires et d'intérêt général, une partie des ressources facultatives inscrites dans la seconde section, et cette faculté était promptement devenue une nécessité à raison du défaut d'équilibre entre les dépenses obligatoires et les ressources correspondantes. Ces ressources, consistant uniquement en centimes, restaient fixes, tandis que les dépenses (surtout celles des aliénés, des enfants assistés et des routes) progressaient rapidement.

En 1854, le déficit était déjà de sept millions ; le gouvernement le combla en mettant à la charge du budget de l'État le service des prisons qui représentait une somme à peu près égale. Mais, à la veille de la loi de 1866, on était encore en présence d'un nouveau déficit de même importance. D'un autre côté, le fonctionnement du fonds commun ne répondait plus aux prévisions du législateur de 1838. Au lieu d'être une sorte de fonds de secours réservé aux départements les plus pauvres, il avait fini par fournir une subvention régulière à des départements riches, notamment pour l'entretien de routes qu'ils étaient seuls en état de construire.

Il fallait donc réaliser à la fois une réforme dans les cadres du budget, et de profondes modifications dans le service du fonds commun, de manière à donner à l'ensemble du système l'équilibre et l'élasticité qui lui faisaient défaut.

Pour atteindre ce but, la loi du 18 juillet 1866 (art. 6) remplace l'ancienne division du budget en sections par une division nouvelle en deux budgets seulement : le budget ordinaire et le budget extraordinaire.

Elle place dans le budget ordinaire toutes les dépenses annuelles tant générales que locales qui figuraient dans les différentes sections, à l'exception de la troisième section qui formera le budget extraordinaire.

En regard de ces dépenses ordinaires, sont inscrites toutes les recettes de même nature, c'est-à-dire d'une part les centimes généraux, d'autre part, les centimes spéciaux de l'instruction primaire et des chemins vicinaux dont l'affectation est d'ailleurs maintenue, et, en outre, certains produits éventuels. Il est à remarquer que les centimes généraux sont en même temps augmentés de sept, afin de pourvoir aux augmentations de dépenses qui avaient continué de se révéler malgré la prise en charge par l'État du service des prisons. Mais ces sept centimes ne sont pas une charge nouvelle imposée aux contribuables ; ils proviennent de l'abandon fait à chaque département des sommes qu'il versait naguère au fonds commun.

72. La suppression du fonds commun est, en effet, une des réformes accomplies par la loi de 1866. Avec lui disparaissent les anomalies et les abus auxquels il avait fini par donner lieu ; mais comme il faut toujours faire face aux besoins des départements dont le centime est le moins productif, la loi de 1866 y pourvoit (art. 7), en créant *un fonds*

de secours fourni par le budget de l'Etat et fixé à quatre millions. Ce fonds est inscrit au budget du ministère de l'intérieur, et la répartition en est faite annuellement, par décret en Conseil d'Etat, entre les départements dont la situation financière exige une subvention particulière.

73. — En ce qui touche le budget extraordinaire, il comprend, en recettes, le produit des centimes extraordinaires votés par le conseil général, dans les limites du maximum autorisé par la loi des finances, ou spécialement autorisés par une loi s'ils dépassent ce maximum, du produit des emprunts, des biens aliénés, des dons et legs et de toutes autres ressources accidentelles.

74. L'abandon aux départements des sept centimes du fonds commun n'est pas le seul supplément de ressources que la loi de 1866 leur accorde. Elle accroît aussi le produit des centimes, tant ordinaires qu'extraordinaires, en décidant que les bois et forêts de l'Etat acquitteraient à l'avenir ces centimes, dans la proportion de moitié de leur valeur imposable (1).

75. La loi de 1866, tout en augmentant dans une très large mesure les droits des conseils généraux en matière de budget, ne voulut pas cependant priver le gouvernement de certains pouvoirs de contrôle jugés indispensables à maintenir. En premier lieu, elle consacre son droit d'inscrire d'office au budget du département des dépenses qualifiées d'obligatoires, si le conseil général les a omises ou ne leur a affecté qu'un crédit insuffisant ; mais elle restreint notablement le nombre de ces dépenses ; elle les réduit à celles qui ont pour objet le loyer et l'entretien des édifices affectés aux préfectures, aux sous-préfectures, et aux cours et tribunaux, ainsi que le casernement de la gendarmerie.

En second lieu, la loi de 1866 maintient le droit de règlement du budget réservé au gouvernement par la loi de 1838, mais elle y ajoute un tempérament, en décidant qu'en dehors des dépenses obligatoires limitativement énumérées, aucune dépense ne pourrait être inscrite d'office dans le budget ordinaire, et que les allocations qui y seraient portées ne pourraient être modifiées (art. 11).

Telles sont les principales dispositions de la loi du 18 juillet 1866 qui, pour le surplus, s'en référait à la législation antérieure. Ses auteurs ne voulaient pas, en effet, reviser l'ensemble de la législation départementale et la refondre tout entière en un nouveau Code, ils écartèrent les amendements présentés en ce sens, notamment par MM. Magnin et Bethmont qui avaient rédigé un contre-projet embrassant toutes les questions d'organisation et d'attributions.

Cependant la loi du 23 juillet 1870 vint bientôt ajouter aux réformes libérales accomplies en 1866, en matière d'attributions, quelques réformes devenues nécessaires en matière d'organisation (2). En effet, la loi du 6 juillet 1852, demeurée en vigueur, avait retiré aux conseils généraux le droit d'élire

leur bureau que la loi du 22 juin 1838 leur avait reconnu ; le principal objet de la loi de 1870 fut de le leur restituer. Cette concession était devenue nécessaire après la loi de 1866, et la loi l'étendit aux conseils d'arrondissement. Elle décida en même temps que les conseils généraux pourraient adopter un règlement intérieur et régler tout ce qui concerne la rédaction et le mode de publication de leurs procès-verbaux.

Le corps législatif avait, en outre, adopté deux dispositions libérales : l'une portant que les conseils généraux pourraient « émettre tous les vœux d'intérêt général et tous les vœux politiques qui ne sont pas contraires à la Constitution », l'autre décidant que les séances des conseils généraux seraient publiques, sauf le droit des conseils de se former en comité secret. Mais ces deux dispositions furent rejetées par le Sénat.

CHAPITRE VI.

PÉRIODE CONTEMPORAINE.

76. La période impériale s'était close par une loi sur les conseils généraux : la période républicaine s'ouvre à son tour par une loi sur l'administration départementale. Rien ne prouve mieux les préoccupations permanentes dont cette partie de notre législation était l'objet, tant qu'elle n'avait pas encore revêtu la forme durable que lui a donnée la loi du 10 août 1871.

Cette loi n'a point été une improvisation, telle que les révolutions politiques peuvent en inspirer dans les matières administratives. Les études approfondies dont elle a été l'objet au sein de l'Assemblée nationale avaient été préparées soit par les propositions antérieures d'un certain nombre de ses membres devant les assemblées précédentes, soit par les travaux d'une commission qui s'était formée, dans les dernières années de l'Empire, sous la présidence de M. Odilon Barrot pour propager les idées de décentralisation administrative.

Ces idées étaient en faveur dans l'Assemblée nationale de 1871, et l'un de ses premiers actes fut de former dans son sein une grande commission appelée « Commission de décentralisation ». Les auteurs des propositions faites devant cette commission en vue de remanier plus ou moins profon-

<hr/>

(1) Voyez les deux derniers paragraphes de l'article 6.
(2) L. 23 juillet 1870. Art. 1. A l'ouverture de chaque session, le plus âgé des membres présents du conseil général remplit les fonctions de président ; le plus jeune remplit les fonctions de secrétaire. Il est procédé immédiatement à l'élection du président, des vice-présidents et des secrétaires. L'élection a lieu à la majorité absolue des suffrages. Si les deux premiers tours de scrutin n'ont pas donné de résultat, il est procédé à un scrutin de ballottage entre les deux candidats qui ont obtenu

le plus de voix. En cas d'égalité de suffrages, le plus âgé est nommé.

Art. 2. Le conseil général règle l'ordre de ses délibérations. Il peut, s'il le juge convenable, adopter un règlement intérieur. Il décide tout ce qui concerne la rédaction et le mode de publication de ses procès-verbaux. Un compte rendu quotidien des séances est rédigé sous la surveillance du président. Ce compte rendu sommaire, est le seul qui puisse être publié par la presse. Toute contravention à cette disposition sera punie par une amende de 500 francs à 1,000 francs. Les procès-verbaux et les comptes rendus mentionnent les noms des membres qui ont pris part aux discussions. Le conseil général peut se former en comité secret. Dans ce cas, les délibérations ne sont pas publiées.

Art. 3. Tout habitant contribuable du département a le droit de demander communication sans déplacement, et de prendre copie des délibérations.

Art. 4. Ne peuvent être nommés membres des conseils généraux, les juges de paix, dans les cantons où ils exercent leurs fonctions.

Art. 5. Il sera statué, par une loi spéciale, relativement au conseil général du département de la Seine.

Art. 6. Les dispositions de l'article 1er, celles des paragraphes 1 et 2 de l'article 2, et celles de l'article 3 sont applicables aux conseils d'arrondissement.

dûment la législation départementale et municipale étaient : M. Raudot, qui avait déjà proposé, en 1848, des innovations hardies auxquelles le Conseil d'Etat avait refusé de s'arrêter, et qui les reproduisait en 1871 ; MM. Magnin et Bethmont, auteurs de contre-projets écartés par le Corps législatif en 1866 ; M. Savary, membre et secrétaire de la commission présidée par M. Odilon Barrot, et rédacteur d'un projet arrêté par elle en 1870.

D'un autre côté, les événements accomplis depuis la Révolution du Quatre-Septembre avaient grandement accru l'importance politique des Conseils généraux ; leur personnel était largement représenté au sein de l'Assemblée nationale, et il y avait apporté les vives impressions, on peut même dire les ressentiments qu'avait produits le décret du Gouvernement de la défense nationale du 25 décembre 1870, prononçant la dissolution des conseils généraux, et les remplaçant par des commissions départementales. Tout concourait donc à donner une importance particulière aux propositions de réformes, et à assurer un accueil favorable à leurs tendances décentralisatrices.

Mais il était permis de concevoir des craintes pour les principes essentiels de l'administration, en présence de quelques-unes des idées mises en avant par les auteurs de ces propositions : par M. Raudot, qui demandait à supprimer la division du territoire en départements, et à lui substituer une division nouvelle en vingt-quatre provinces administrées par un gouverneur assisté d'un conseil élu ; par MM. Magnin et Bethmont, qui ne conservaient le préfet que comme représentant de l'Etat, et confiaient la direction des affaires départementales à un « administrateur » élu par le conseil général ; par d'autres membres de l'Assemblée qui voulaient créer, sous le nom de commission ou de délégation départementale, une représentation permanente du conseil général, investie de tous les pouvoirs essentiels, et réduisaient le préfet à n'être plus qu'un simple agent d'exécution.

Le gouvernement de M. Thiers eut à faire de grands efforts, et quelquefois à soutenir des luttes sérieuses devant la commission et devant l'Assemblée nationale, pour détourner ce courant ou tout au moins pour l'amortir et le rendre inoffensif. Ce résultat a été atteint ; la loi de 1871, grâce à une heureuse combinaison d'idées novatrices et franchement libérales, et de règles traditionnelles qui n'auraient pu être abandonnées sans un regrettable affaiblissement des principes de gouvernement, a été une des œuvres les plus complètes et les plus durables de l'Assemblée nationale.

77. La loi de 1871 ne vient pas seulement s'ajouter aux lois antérieures, elle est à la fois une loi d'organisation abrogeant les lois du 22 juin 1833 et du 23 juillet 1870, et une loi d'attributions abrogeant celles du 10 mai 1838 et du 18 juillet 1866 ; elle est un véritable Code de la matière et, comme on l'a quelquefois appelée, une « loi organique départementale ».

Cette loi étant la base actuelle de la législation et devant faire l'objet essentiel de notre étude, nous n'avons pas à analyser ses dispositions dans cet exposé historique. Nous nous bornerons à marquer les principales innovations qu'elle a réalisées, et la part qui lui revient dans l'édification progressive de notre législation départementale.

78. L'innovation la plus considérable et la plus caractéris-

tique de cette loi, consiste dans la création d'un organe administratif entièrement nouveau, du moins dans notre pays, la Commission départementale.

Le rapporteur de la loi, M. Waddington, n'a pas laissé ignorer que l'idée de cette institution avait été empruntée à la législation belge. Il fait connaître que les études de la commission de décentralisation de l'Assemblée nationale s'étaient portées avec un intérêt particulier sur cette législation : « La commission, dit le rapport, a étudié avec profit la législation provinciale belge qui lui montrait d'excellents exemples à suivre » ; et ailleurs : « L'idée de la commission départementale, qui se retrouve sous différentes formes, dans tous les projets qui ont été renvoyés à la commission, est empruntée à la législation belge ».

Cependant l'organisation de la commission départementale, telle que la commission de l'Assemblée l'avait conçue, et surtout telle que les votes de l'Assemblée l'ont réalisée, diffère assez sensiblement de celle des députations provinciales belges.

En Belgique, ces députations sont permanentes, elles prennent directement part à l'administration, publient des ordonnances et des règlements en assurant l'exécution des décisions du conseil provincial et de leurs propres décisions et mandatent elles-mêmes les dépenses provinciales. Le gouverneur de la province est d'ailleurs membre de la députation provinciale, y a voix délibérative et y intervient comme représentant de l'État.

La commission de décentralisation désirait au contraire que le préfet restât en dehors de la commission départementale, afin que celle-ci conservât toute son indépendance. D'un autre côté, elle reconnaissait que les mesures d'exécution et le mandatement des dépenses devaient être réservés au préfet, comme chargé d'exercer le pouvoir exécutif départemental. Elle admettait aussi que la permanence absolue soulevait de grandes objections d'ordre pratique, et qu'il suffisait d'instituer des sessions périodiques de la commission départementale, dans l'intervalle des sessions du conseil général. Ces réunions fréquentes, mais non continues, devaient suffire pour l'exercice des attributions dont la commission de l'Assemblée jugeait nécessaire d'investir la commission départementale, et qui étaient les suivantes :

1° Délibération et décision des affaires déléguées par le conseil général pour recevoir leur solution dans l'intervalle des sessions.

2° Délibération et décision, en vertu de pouvoirs propres de la commission départementale, de diverses affaires administratives, distraites des attributions des préfets et placées dans celles de la commission, notamment dans la matière des chemins vicinaux.

3° Exercice de la tutelle administrative des communes, au lieu et place du préfet en conseil de préfecture.

4° Contrôle de la gestion financière du préfet, tant par l'examen préalable du projet de budget et des comptes destinés à être soumis au conseil général que par le contrôle mensuel des ordonnances de délégations reçues par le préfet et des mandats de payement délivrés par lui, ainsi que par les ingénieurs en chef sous-ordonnateurs délégués.

Les propositions de la commission de l'Assemblée ont prévalu sur ces différents points, sauf en ce qui touche l'exercice de la tutelle administrative qui est restée attribuée au préfet en conseil de préfecture, à la suite de négociations du gouvernement de M. Thiers avec la commission de décentralisation.

Ainsi a pris place, dans nos institutions départementales, un rouage administratif dont le fonctionnement n'a justifié ni les appréhensions excessives, ni les prévisions trop ambitieuses dont il avait été l'objet. Quoique les commissions départementales aient été dotées de pouvoirs propres aux dépens de certaines attributions du préfet, l'autorité du fonctionnaire chargé de représenter l'État et d'exercer, en même temps, le pouvoir exécutif départemental, n'a pas été restreinte de manière à compromettre son initiative et son autorité ; le soin qu'a pris le Conseil d'État de sauvegarder, par sa jurisprudence, les droits exclusifs du préfet pour l'instruction des affaires et l'exécution des décisions, a contribué à empêcher les conflits qu'on pouvait craindre. D'un autre côté, la loi de 1871 et la jurisprudence qui l'a interprétée ont empêché que la commission départementale ne devînt, comme quelques-uns le souhaitaient, une véritable représentation permanente du conseil général, par l'effet de délégations étendues outre mesure.

Il est d'ailleurs juste de reconnaître que ces commissions, animées pour la plupart d'un louable esprit de légalité, se sont plus appliquées à exercer avec compétence les attributions qui leur appartiennent, qu'à chercher à les étendre aux dépens des préfets et des conseils généraux.

Si leur rôle se trouve souvent, dans la pratique, plus effacé, plus modeste, que ne l'avaient espéré, en 1871, les partisans d'une décentralisation absolue, il a eu du moins l'avantage d'associer à l'administration active des représentants autorisés du conseil général, dont l'intervention effective, et même virtuelle, suffit pour prévenir des écarts d'autorité, pour assurer l'exécution des décisions prises par l'assemblée départementale, et pour surveiller l'exact accomplissement de tous les services prévus au budget.

79. D'autres innovations importantes ont été réalisées par la loi du 10 août 1871, en ce qui touche l'organisation et les attributions des conseils généraux.

En ce qui touche l'organisation, le législateur de 1871 a voulu donner aux assemblées départementales une existence et un mode de fonctionnement plus indépendants que par le passé des décisions du Gouvernement. Il a d'abord consacré le droit des conseils généraux de tenir chaque année deux sessions ordinaires au lieu d'une ; il a, en outre, décidé qu'en dehors des sessions extraordinaires ordonnées par le gouvernement, les conseils généraux pourraient en tenir, de leur propre autorité, sur la demande formée par les deux tiers de leurs membres. Cette demande, adressée au président et transmise par celui-ci au préfet, rend la convocation obligatoire.

La publicité des séances, déjà proposée mais écartée en 1870, est instituée. La formation du bureau, l'organisation intérieure du conseil et de ses commissions, la rédaction et la publication des procès-verbaux, sont établies dans des conditions analogues à celles des assemblés parlementaires.

Le législateur de 1871, voulant pousser cette assimilation aussi loin que possible, avait même soustrait les élections des conseils généraux à la juridiction des tribunaux administratifs et les avait déférées à l'appréciation souveraine des assemblées départementales procédant à la vérification des pouvoirs de leurs membres. Mais, ainsi qu'il était facile de le prévoir, l'exercice de ce pouvoir présenta bientôt de sérieux inconvénients, soit en introduisant la politique dans l'appréciation de la validité des élections, soit en supprimant toute règle fixe, toute unité de jurisprudence dans les questions qui exigent des solutions purement juridiques, telles que les conditions d'éligibilité et le mode de calcul de la majorité. Aussi l'Assemblée nationale, après une courte expérience, eut-elle la sagesse de modifier son œuvre sur ce point, et de décider, par la loi du 15 juillet 1875, que le contentieux des élections départementales serait rendu à la juridiction administrative. Cette loi voulut cependant tenir compte de la répugnance qu'éprouvaient les membres des conseils généraux à être justiciables des conseils de préfecture, et elle décida que les contestations électorales seraient jugées en premier et dernier ressort par le Conseil d'État.

80. Des dispositions nouvelles furent aussi édictées afin de défendre, autant que possible, les assemblées départementales contre le droit de dissolution dont on reprochait au gouvernement de la Défense nationale d'avoir abusé dans un but politique. La commission de l'Assemblée proposait de retirer ce droit au pouvoir exécutif et de le transférer au pouvoir législatif ; elle n'en réservait pas même l'exercice provisoire au gouvernement dans l'intervalle des sessions. Mais l'Assemblée, cédant aux représentations du gouvernement, refusa d'aller aussi loin ; elle conserva au pouvoir exécutif le droit de dissolution, mais en l'obligeant à rendre compte dans le plus bref délai à l'Assemblée nationale, appelée à fixer elle-même la date des nouvelles élections, et pouvant autoriser la commission départementale à rester en fonctions. Dans l'intervalle des sessions, le gouvernement peut également dissoudre un conseil général, mais à condition de convoquer en même temps les électeurs dans un délai de quatre semaines.

81. Les préoccupations d'ordre politique auxquelles répondaient ces dispositions nouvelles s'affirmèrent plus encore, l'année suivante, par la loi du 22 février 1872, connue sous le nom de « loi Tréveneuc », qui confie éventuellement le gouvernement du pays à une assemblée de délégués des conseils généraux, dans le cas où l'Assemblée nationale serait illégalement dissoute ou empêchée de se réunir. Nous aurons à nous demander si cette loi est demeurée en vigueur, ou si elle a été abrogée par le seul fait de la mise en vigueur des lois constitutionnelles de 1875. Il suffit de la mentionner ici comme un fait historique, qui contribue à éclairer l'œuvre de l'Assemblée nationale relative aux conseils généraux.

82. En ce qui touche les attributions des assemblées départementales, la loi de 1871 généralise le droit de décision propre des conseils généraux dans les affaires d'intérêt départemental, droit que la loi de 1866 avait inauguré, mais n'avait encore consacré que dans une mesure assez restreinte.

Dans le système de la loi de 1871, aucune délibération du conseil général, quel qu'en soit l'objet, n'est soumise à l'approbation préalable du gouvernement ; toutes possèdent par elles-mêmes la force exécutoire, sous réserve d'un droit d'annulation ou de suspension que le gouvernement peut exercer d'après les distinctions suivantes : si l'objet de la délibération est une affaire d'intérêt départemental ou une affaire d'intérêt communal, soumise par la loi à la décision des conseils généraux, la délibération ne peut être annulée que pour excès de pouvoir ou violation de la loi, par un décret rendu en Conseil d'Etat, sur le recours du préfet ; ce recours est soumis à des délais déterminés, et notifié au président du conseil général, qui a qualité pour y défendre. L'administration supérieure n'est dispensée de l'observation du délai que si la délibération porte sur un objet étranger aux attributions du conseil général.

Nous n'avons pas, d'ailleurs, à indiquer ici les nombreuses additions faites à la nomenclature des affaires que la loi de 1866 avait déjà soumises à la décision définitive des conseils généraux, notamment en ce qui touche le service des routes départementales, celui des aliénés et des enfants assistés. Ces extensions d'attributions trouveront leur place dans notre étude ultérieure.

S'il s'agit de ces affaires mixtes dans lesquelles l'intérêt départemental se combine avec les intérêts généraux de l'Etat, la loi de 1871 réserve au gouvernement son droit d'appréciation supérieure, et ne limite pas son contrôle aux seules questions de légalité ; mais elle renferme dans un délai de trois mois l'exercice de son droit de suspension.

83. La loi de 1871 ne renferme pas le conseil général dans la sphère des intérêts purement départementaux ou mixtes ; elle lui permet aussi d'émettre des vœux sur toutes les « questions économiques ou d'administration générale ». La commission de l'Assemblée était allée plus loin ; elle avait proposé d'autoriser les vœux « sur toutes les questions qui concernent l'intérêt général du pays », ce qui, dans sa pensée, comprenait les vœux politiques (1) ; mais le gouvernement de M. Thiers, qui s'était opposé, en toute occasion, à ce que les conseils généraux fussent investis d'attributions politiques susceptibles de créer des conflits, soit avec le gouvernement, soit entre des conseils animés de tendances différentes, obtint de l'Assemblée que, loin d'encourager les vœux politiques, elle les interdît formellement par la rédaction nouvelle qui a pris place dans la loi.

Une autre innovation de la loi de 1871 consiste à lever l'interdiction prononcée par les lois antérieures de tout concert ou délibération commune entre les conseils généraux de plusieurs départements. La loi autorise la délibération d'affaires d'intérêt commun au moyen de conférences interdépartementales dont nous aurons à étudier l'objet et le mécanisme.

84. En ce qui concerne les finances départementales et le budget, la loi de 1871 n'ajoute pas de réforme considérable à celles que la loi de 1866 avait déjà accomplies. Elle se borne à préciser et à étendre sur quelques points les droits du département : ainsi elle lui reconnaît un véritable droit de propriété sur le sol des anciennes routes départementales déclassées et remises aux départements par le décret du 16 décembre 1811, droit qui n'avait pas cessé jusque là d'être contesté par le domaine ; elle étend le pouvoir des conseils

---

(1) On lit à ce sujet dans le rapport de la commission :
« Quant à l'émission des vœux politiques, il est inutile d'insister sur l'opportunité de sanctionner enfin ce droit, si souvent réclamé, si souvent refusé, et qui serait déjà entré dans les attributions des conseils généraux, si la décision prise à ce sujet par le Corps législatif, en 1870, n'avait pas été invalidée par le Sénat. »

généraux dans le vote des contributions extraordinaires et des emprunts ; elle subordonne à leurs propositions la distribution des subventions allouées par le gouvernement pour les églises, presbytères, édifices scolaires, comices agricoles ; elle modifie le mode de distribution du fonds de secours, substitué au fonds commun en 1866, en décidant qu'il sera réparti conformément à un tableau annexé à la loi de finances, et non plus par décret en Conseil d'Etat, comme l'avait établi la loi de 1866. Ces deux dernières innovations ont eu un même but, sur lequel la commission de l'Assemblée s'était, d'ailleurs, franchement expliqué ; c'était de supprimer autant que possible les moyens d'influence dont le gouvernement pouvait être tenté d'user, en matière politique et électorale, sous forme d'allocations financières dépendant de ses décisions.

« On a souvent remarqué, dit le rapport de la commission, que, dans notre pays, la corruption électorale s'exerçait beaucoup plus sur les êtres collectifs que sur les individus... Tel électeur qui repousserait avec indignation le candidat qui lui proposerait d'acheter son vote n'hésiterait pas à promettre son concours le plus absolu et celui de ses administrés à une candidature dont le triomphe assurerait à la commune une subvention pour son église ou son école, pour un pont ou un chemin. Or, il n'y a guère chez nous que l'Etat qui soit en mesure de satisfaire à de pareils appétits ; il n'y a que le budget de la nation, qui soit assez riche pour corrompre une portion de la nation elle-même... A quoi bon étendre l'autorité et accroître l'influence des assemblées locales, si l'administration doit conserver les moyens d'action qu'elle possède actuellement, si les préfets gardent entre leurs mains la faculté d'agir sur les maires et les conseils municipaux en restant la source des faveurs budgétaires ? »

85. On voit que la loi de 1871, dans ses détails comme dans son plan général, a été une loi de garantie, on peut même dire de défiance, contre le pouvoir central. C'est en cela qu'elle diffère sensiblement des lois de 1838 et de 1866 ; par ces lois, le pouvoir central avait marqué lui-même la mesure des concessions qu'il jugeait opportun de faire aux assemblées départementales ; en 1871, la situation est presque inverse : ce sont, en réalité, les conseils généraux, représentés à l'Assemblée nationale par un grand nombre de leurs membres, qui font leur propre législation et qui mesurent à leur tour au pouvoir central les attributions qu'ils veulent bien lui laisser ; celui-ci est en outre affaibli, dans la défense de ses anciennes prérogatives, par le sentiment des fautes et des désastres que le pays reproche au gouvernement précédent. Ce même sentiment suggère à la commission de décentralisation de l'Assemblée nationale la pensée de réserver aux conseils généraux un rôle politique leur permettant de faire au besoin contrepoids à l'action du pouvoir central. Celui-ci, par l'organe de M. Thiers, résiste à ces innovations dangereuses et obtient de l'Assemblée des votes qui atténuent sensiblement le système de sa commission.

C'est ainsi que, du double but poursuivi par la commission de l'Assemblée — décentralisation politique et décentralisation administrative — le dernier seul a été atteint.

La loi de 1871 a ainsi réalisé ce qu'il y avait de meilleur dans les inspirations de ses auteurs, et elle a dignement couronné cette longue et progressive évolution de la législation départementale dont nous avons essayé de retracer les diverses phases, depuis la création du département.

TITRE II.

ORGANISATION TERRITORIALE DU DÉPARTEMENT.

86. *Division.* — Nous examinerons successivement :

1° Les règles relatives à la création des départements, à la fixation de leurs limites, à la désignation de leurs chefs-lieux ;

2° Les règles de même nature applicables aux subdivisions du département, c'est-à-dire aux *arrondissements* et aux *cantons*. Quant aux *communes*, elles ne sont pas de simples subdivisions administratives du département, elles ont une existence propre, et les questions de circonscriptions territoriales qui les concernent ont été traitées v° COMMUNE ;

3° Les contestations qui peuvent s'élever au sujet des limites des départements, des arrondissements ou des cantons et de la désignation de leurs chefs-lieux, soit au point de vue de l'interprétation des actes, soit au point de vue des recours qui peuvent être formés contre ceux de ces actes qui sont susceptibles d'être attaqués par la voie contentieuse.

CHAPITRE PREMIER.

TERRITOIRE DU DÉPARTEMENT.

SECTION PREMIÈRE.

FORMATION ET DÉLIMITATION DES DÉPARTEMENTS.

87. La création des départements et la désignation des territoires qui les composent ont toujours été considérées comme un attribut de l'autorité souveraine, à raison de l'importance qui s'attache à ces circonscriptions territoriales, soit comme centre d'administration générale et locale, soit comme base de représentation électorale. Cette double destination est indiquée par la loi du 22 décembre 1789 qui a créé les départements, et dont l'article 1er porte : « Il sera fait une nouvelle division du royaume en départements, tant pour la représentation que pour l'administration. »

Le rapport présenté par Thouret à l'appui de cette loi, le 22 septembre 1789, prévoyait la création de 75 à 85 départements. La loi du 26 février-4 mars 1790 en créa 83 et détermina en même temps, dans le tableau qui lui est annexé, leurs territoires et leurs chefs-lieux. Cette division subsiste encore presque intégralement aujourd'hui, quoique le nombre des départements ait plusieurs fois subi des variations, par suite des annexions ou des pertes de territoire. Ce nombre s'éleva à 89 lors de l'énumération qui en fut faite par l'article 3 de la Constitution du 5 fructidor an III ; à 98 dans le tableau annexé à la loi du 28 pluviôse an VIII ; à 118 dans le tableau publié par l'arrêté consulaire du 25 thermidor an XI (1). A la

(1) Cet arrêté avait pour objet la détermination de la distance légale de Paris au chef-lieu de tous les départements, au point de vue de la publication et de l'exécution des lois.

suite des traités de 1815, il fut réduit à 86, et il s'éleva à 89, en 1860, par suite de l'annexion de la Savoie et du comté de Nice. Il a été de nouveau réduit à 87 en 1871, à la suite des cessions de territoire faites à l'Allemagne en vertu du traité de Francfort. Mais l'un des départements maintenus dans la nomenclature actuelle, sous la dénomination spéciale de « Territoire de Belfort », n'est qu'une fraction de l'ancien département du Haut-Rhin, composée du territoire de Belfort comprenant quatre cantons, et de quelques communes empruntées à deux autres cantons : en tout 106 communes seulement.

88. En dehors des modifications qui se rattachent à des acquisitions ou à des pertes de territoires, on ne peut mentionner qu'un petit nombre d'actes spéciaux ayant modifié l'œuvre de l'Assemblée constituante.

Nous citerons : le sénatus-consulte du 4 novembre 1808, qui a créé le département de Tarn-et-Garonne avec des éléments empruntés aux départements voisins, et a fixé son chef-lieu à Montauban ; — le sénatus-consulte du 19 avril 1811 qui a supprimé la division de la Corse en deux départements (le Liamone et le Golo), et a réuni ces deux circonscriptions en une seule ayant Ajaccio pour chef-lieu ; — la loi du 18 mai 1858, qui a modifié les limites respectives des départements de l'Oise et de Seine-et-Oise ; — la loi du 12 septembre 1871, qui a réuni au département de la Meurthe les territoires du département de la Moselle conservés par la France, et a décidé (art. 2) que le département de la Meurthe portera « provisoirement » le nom de Meurthe-et-Moselle.

89. Le principe d'après lequel les circonscriptions départementales ne peuvent être créées ou modifiées que par une loi résulte, en premier lieu, de ce qu'elles ont été primitivement formées par la loi du 26 février-4 mars 1790, et que les dispositions de cette loi et du tableau annexé ne peuvent, en vertu des principes généraux, être modifiées que par des actes de même nature, c'est-à-dire par voie législative.

Ce principe a, en outre, été affirmé par de nombreux textes. L'un de ces textes, contemporain de la création des circonscriptions départementales, est l'instruction législative du 12 août 1790. Cette instruction (§ 3) déclare « qu'il peut « être fait des changements aux limites, soit des départe- « ments soit des districts, si les convenances locales et l'in- « térêt exigent que quelque partie du territoire soit trans- « portée d'un département ou d'un district à un autre » ; elle charge les directoires d'instruire les demandes de changement et d'adresser au Corps législatif « leur vœu commun » si les divers directoires sont d'accord. Si cet accord n'existe pas, ils doivent se borner à adresser des « mémoires ». Mais, dans tous les cas, l'instruction législative de 1790 réserve la décision au Corps législatif par la disposition suivante : « Aucun « changement ne pourra être fait aux limites des départe- « ments qu'en vertu d'un décret du Corps législatif sanctionné « par le roi ».

Ce même principe a été consacré par la Constitution de l'an III, dont l'article 4 porte : « Les limites des départements « peuvent être changées ou rectifiées par le Corps législatif ; « mais, en ce cas, la surface d'un département ne peut excéder « cent myriamètres carrés, quatre cents lieues moyennes. »

L'article 76 de la Constitution du 4 novembre 1848 disposait : « la division du territoire en départements, arrondissements,

« cantons et communes est maintenue. Les circonscriptions
« actuelles ne pourront être changées que par la loi ».

90. L'article 76 de la Constitution de 1848 ne peut pas être
considéré, dans son ensemble, comme étant l'expression de
la législation permanente à l'égard de toutes les circonscriptions territoriales, car il exige une loi même pour les changements qui n'intéressent que les communes; or, les diverses lois municipales, antérieures ou postérieures à la Constitution de 1848, ont admis que la modification des circonscriptions communales n'exige pas toujours une loi. Mais cette législation municipale n'en a pas moins confirmé, pour les départements (et aussi pour les arrondissements et les cantons dont nous parlerons plus loin), le principe d'après lequel une loi est nécessaire pour modifier les limites.

En effet, la loi du 18 juillet 1837, article 4, § 1 et celle du 5 avril 1884, article 6, § 2 réservent expressément au pouvoir législatif le droit de statuer sur un changement de circonscription communale, lorsqu'il peut avoir pour conséquence de modifier la circonscription du département (1).

91. Il est quelquefois arrivé que des sénatus-consultes ont statué, à la place de lois, sur des créations ou des modifications de circonscriptions départementales. Nous avons mentionné plus haut les sénatus-consultes de 1808 et de 1811, relatifs au département de Tarn-et-Garonne et à la Corse. On doit rappeler aussi le sénatus-consulte du 12 juin 1860 relatif à la Savoie et au comté de Nice; mais il diffère des précédents en ce qu'il ne crée pas lui-même les départements nouveaux, mais se borne à décider que la répartition des territoires réunis à la France, en ressorts de cours impériales et en départements, sera établie par une loi. Cette répartition a été faite par la loi du 23 juin 1860.

La substitution du sénatus-consulte à la loi, qui a eu lieu sous le premier et le second Empire, ne saurait être considérée comme ayant dérogé au principe posé en 1790 sur la nécessité d'un acte législatif, car les constitutions impériales conféraient au Sénat certaines attributions d'ordre législatif.

92. Mais, ce qui nous paraîtrait constituer une infraction à ce principe, ce serait la substitution du décret à la loi, même lorsqu'elle résulterait d'une délégation spéciale faite par le législateur au pouvoir exécutif. On trouve une délégation de cette nature dans la loi du 23 juin 1860 rendue à la suite du sénatus-consulte du 12 juin 1860. Cette loi porte que la Savoie sera divisée en deux départements et que l'arrondissement de Grasse détaché du département du Var formera, avec le comté de Nice, le département des Alpes-Maritimes ; puis elle ajoute, dans son article 2 : « La délimitation de ces départements et « leur subdivision en arrondissements, cantons et communes « seront réglés par décrets de l'Empereur rendus avant le « 1er janvier 1861. »

La délégation ainsi faite au pouvoir exécutif était-elle en opposition avec les lois générales qui exigent l'intervention

du législateur, non seulement pour la création et la délimitation des départements, mais encore pour celle des arrondissements et des cantons ? Nous sommes portés à le croire, car on ne peut guère admettre que le législateur de 1860 était libre de déléguer sa compétence au pouvoir exécutif. En cette matière, les lois spéciales qui sont rendues en exécution de la loi générale ne sont pas à proprement parler des actes législatifs ayant le pouvoir de modifier les compétences, mais plutôt des actes de haute administration, confiés aux Chambres à raison de leur importance, et qui doivent être faits par les autorités désignées par les lois générales qui régissent la matière.

On pourrait peut-être soutenir que ces lois générales n'ont visé que les circonscriptions existantes et déjà définies et délimitées par la loi, et qu'elles ont laissé plus de latitude aux pouvoirs publics à l'égard de circonscriptions entièrement neuves provenant de territoires nouvellement annexés. Mais, sans méconnaître qu'il y a là une nuance qui peut expliquer la délégation faite, en 1860, au pouvoir exécutif, nous ne pensons pas qu'elle suffise pour la justifier. En effet, tous les textes que nous avons cités sont conçus dans les termes les plus généraux; ils ne font aucune distinction entre les circonscriptions existantes et celles qui seraient ultérieurement formées au moyen de nouveaux territoires. On ne comprendrait pas d'ailleurs comment l'intervention du législateur, nécessaire pour opérer la plus légère modification des circonscriptions existantes, cesserait de l'être quand il s'agirait de créer de toutes pièces l'organisation d'un nouveau territoire et ses ressorts d'ordre administratif ou judiciaire.

Nous ne pensons donc pas que la loi du 23 juin 1860 et la délégation qu'elle contient au profit du pouvoir exécutif doivent être retenues comme des précédents, et qu'elles puissent autoriser, à l'avenir, le déplacement de compétence qu'elles ont accidentellement opéré.

93. Il en serait autrement s'il s'agissait de départements algériens. Ici la compétence appartient au pouvoir exécutif, en vertu des dispositions générales et non abrogées de la loi du 24 avril 1833 (art. 25) et de l'ordonnance du 22 juillet 1834 (art. 4), portant que « jusqu'à ce qu'il en soit autrement or- « donné les possessions françaises dans le nord de l'Afrique « seront régies par nos ordonnances ». A la vérité, ces dispositions n'ont pas paru faire obstacle à ce que les Chambres, depuis 1870, fissent des lois sur l'administration algérienne (1), et même des actes spéciaux ayant le caractère d'actes de haute administration, tels que des classements de réseaux de chemins de fer et des déclarations d'utilité publique (2). Mais, dans la matière qui nous occupe, les droits exclusifs du pouvoir exécutif ne paraissent devoir être ni contestés ni partagés; en effet la division des provinces algériennes en « territoires civils » ou départements et en « territoires militaires, » les fréquentes rectifications qu'il y a lieu d'opérer dans ces circonscriptions, la compétence et la responsabilité exclusives du gouvernement en cette matière, semblent mettre les attributions du pouvoir exclusif à l'abri de toute contestation (3).

---

(1) L. 18 juillet 1837. art. 4. — Les réunions ou distractions de communes, qui modifieront la composition d'un département, d'un arrondissement ou d'un canton ne pourront être prononcées que par une loi.
L. 5 avril 1884, art. 6. — Si les changements proposés modifient la circonscription du département, d'un arrondissement ou d'un canton, il est statué par une loi, les conseils généraux et le Conseil d'État entendus.

(1) Voy. L. 28 juin 1881 ; L. 5 avril 1884, art. 164.
(2) Voy. L. 18 juillet 1879; L. 22 août 1881.
(3) Voy. v° ALGÉRIE, n° 115.

SECTION II.

DÉSIGNATION DES CHEFS-LIEUX.

94. En ce qui touche la désignation des chefs-lieux des départements, aucune disposition législative n'a décidé qu'elle doit avoir lieu en vertu d'une loi. Les textes généraux que nous avons mentionnés plus haut, et qui ont consacré la compétence législative pour tout ce qui concerne le territoire du département et ses subdivisions, sont muets sur la question des chefs-lieux. La loi des 26 février-4 mars 1790, tout en désignant les villes de chaque département où devait se tenir la première assemblée des électeurs ne leur a pas assigné de plein droit le caractère de chefs-lieux, et elle a souvent chargé cette assemblée de délibérer sur leur choix.

De même, le tableau des départements et des arrondissements annexé à la loi du 28 pluviôse an VIII ne contient pas l'indication des chefs-lieux; cette désignation a été faite ultérieurement par l'arrêté consulaire du 17 ventôse an VIII, qui est un acte du pouvoir exécutif susceptible d'être modifié par des actes de même nature. C'est d'ailleurs par un décret que le chef-lieu du département de la Loire a été, en 1855, transféré de Montbrison à Saint-Étienne. (D. 25 juillet 1855.)

La compétence du pouvoir exécutif pour la désignation des chefs-lieux nous paraît donc résulter à la fois de la nature de l'acte, qui est un acte d'administration, du silence de la loi qui n'a pas placé cet acte d'administration dans les attributions des Chambres, et de l'exercice de ce droit par le pouvoir exécutif, tel qu'il résulte de l'arrêté du 17 ventôse an VIII et du décret du 25 juillet 1855.

SECTION III.

RÈGLES D'INSTRUCTION.

95. Les lois qui statuent sur des changements de circonscriptions départementales ne peuvent être régulièrement rendues qu'après l'accomplissement des formalités prévues par la loi.

La seule formalité requise par la loi départementale du 10 août 1871 est l'avis du Conseil général. Aux termes de l'article 50, ce conseil « donne son avis : 1° sur les change-« ments proposés à la circonscription du territoire du *dépar-« tement*, des arrondissements, des cantons et des communes « et la désignation des chefs-lieux... »

Il appartient évidemment au Gouvernement de joindre à cet avis d'autres éléments d'instruction, tels que l'avis des conseils d'arrondissement et des conseils municipaux intéressés et même des enquêtes de *commodo* et *incommodo;* mais ces formalités ne seraient pas obligatoires.

Il y a cependant un cas où l'avis du conseil général ne serait pas suffisant, c'est celui où le changement de circonscription départementale coïnciderait avec un changement de circonscription communale. Dans ce cas, il faudrait appliquer l'article 6, § 2 de la loi du 5 avril 1884, qui exige, outre l'avis des conseils généraux, l'avis du Conseil d'État.

96. On peut même se demander si cette disposition de la loi de 1884 n'a pas eu pour conséquence de rendre l'avis du

Conseil d'État obligatoire dans tous les cas de changement de circonscription départementale, même s'il n'y a pas en même temps un changement de circonscription communale. Cette hypothèse n'a rien d'invraisemblable, car on peut transférer une commune tout entière d'un département à un autre, sans rien changer aux limites de cette commune.

Si l'article 6, § 2, de la loi du 5 avril 1884 exige une loi après avis du Conseil d'État, ce n'est pas à raison du changement fait à la circonscription communale, car celle-ci, considérée isolément, pourrait être modifiée par décret (art. 6, § 3) et même, dans certains cas, en vertu d'une simple décision du conseil général (art. 6, § 4). Si une loi et une délibération préalable du Conseil d'État sont exigées, c'est uniquement à cause du changement fait au département (et même à l'arrondissement ou au canton) et non à cause du changement apporté aux limites de la commune. Si donc ce dernier changement n'a pas lieu, le motif essentiel de la double intervention du législateur et du Conseil d'État n'en existe pas moins, et nous pensons qu'il est conforme au vœu de la loi de procéder conformément à l'article 6, § 2, de la loi du 5 avril 1884.

CHAPITRE II.

TERRITOIRE DES ARRONDISSEMENTS ET DES CANTONS.

SECTION PREMIÈRE.

TERRITOIRE DES ARRONDISSEMENTS.

97. Tout ce qui a été dit ci-dessus sur les règles de compétence et de formes applicables à la création des départements, à leur délimitation et à la désignation de leurs chefs-lieux, est applicable aux arrondissements.

En effet, tous les textes relatifs aux départements visent également les arrondissements, appelés « districts », dans les lois antérieures à l'an VIII (1). Ainsi que nous l'avons fait remarquer, les districts sont énumérés en même temps que les départements dans les tableaux annexés à la loi du 26 février-4 mars 1790. S'ils ne sont pas mentionnés dans l'article 5 de la Constitution de l'an III, qui consacre la fixité des circonscriptions territoriales, c'est parce que cette subdivision du département avait alors provisoirement cessé d'exister, et qu'il n'y avait plus de division intermédiaire entre le département et le canton. Mais, lorsque les districts furent rétablis sous le nom d' « arrondissements communaux » par la Constitution de l'an VIII (art. 1er), ils figurèrent, en même temps que les départements, dans les lois organisant le territoire, et ils furent énumérés avec eux dans les tableaux annexés à la loi du 28 pluviôse an VIII. Les textes postérieurs, soit de la législation constitutionnelle (Constit. de 1848, art. 76), soit de la législation municipale (L. 18 juillet 1837, art. 4 et L. 5 avril 1884, art. 6) ont toujours visé simultanément le département et l'arrondissement, et même le canton.

---

(1). L. 22 décembre 1789, art. 2. — Chaque département sera divisé en *districts* dont le nombre, qui ne pourra être ni au-dessous de trois, ni au-dessus de neuf, sera réglé par l'assemblée nationale suivant le besoin et la convenance du département, après avoir entendu les députés des provinces.

Il convient aussi de rappeler que l'instruction législative du 12 août 1790 réservait expressément au Corps législatif les décisions à prendre sur les modifications proposées au territoire des districts, après avoir indiqué comment les directoires devaient en délibérer (1).

Il n'est donc pas douteux qu'un changement aux limites d'un arrondissement qui serait opéré par un acte autre qu'une loi, devrait être tenu pour non avenu. La chambre criminelle de la Cour de cassation l'a ainsi jugé par arrêt du 1er juin 1867 (Pantalocci), dans une espèce où un prévenu invoquait, pour décliner la compétence du tribunal correctionnel de Corte, un arrêté préfectoral qui avait modifié le territoire d'une commune de cet arrondissement, et qui aurait eu ainsi pour effet, s'il avait été légalement rendu, de transporter dans l'arrondissement d'Ajaccio le lieu où le délit avait été constaté (2).

La pratique administrative est également constante en ce sens; c'est toujours par des lois qu'il a été procédé à des

(1) Instr. législ. 12 août 1790, § 3. — « Lorsqu'il s'agira d'une transposition de territoire d'un district à l'autre, dans le ressort du même département, si les directoires des districts intéressés en sont d'accord, ils feront parvenir leur vœu commun au directoire du département, qui après avoir vérifié l'utilité du changement demandé, *le proposera au Corps législatif*. — Si malgré le refus d'adhésion d'un des directoires de district, l'autre directoire soit d'office soit sur la réquisition d'une municipalité soutient que la limite doit être changée, le directoire du département recevra les mémoires respectifs, vérifiera les faits et les motifs d'utilité, et enverra les mémoires et avec son avis *au Corps législatif qui prononcera.* »

(2) Arr. 1er juin 1867, ch. crim. — La Cour; — Sur le moyen unique tiré de la violation des règles de la compétence, en ce que l'arrêt attaqué aurait déclaré le tribunal correctionnel de Corte compétent pour connaître du fait incriminé, tandis que le délit reproché à Pantalocci et autres ayant été commis au lieu dit *la Rinella*, situé, suivant les demandeurs, non dans la commune de Ventiseri, dépendant de l'arrondissement de Corte, mais dans la commune de Coyzano, dépendant de l'arrondissement d'Ajaccio, c'était devant le tribunal siégeant dans cette dernière ville que devaient être cités les délinquants;

Attendu que les dispositions combinées des articles 6 de la loi du 27 ventôse an VIII, 23 et 63 du code d'instruction criminelle, il résulte qu'un tribunal correctionnel est compétent pour connaître des délits commis dans l'étendue de son arrondissement; Attendu que la loi du 28 pluviôse an VIII qui établit les divisions administratives du territoire français, a pris pour base la division administrative de la Corse, le procès-verbal de délimitation dressé en 1782, fixant les limites des deux communautés, aujourd'hui communes, de Ventiseri et de Coyzano, et d'après lequel le lieu dit la Rinella fait partie de la commune de Ventiseri; — Attendu qu'aux termes de la loi précitée du 28 pluviôse an VIII et de l'ordonnance royale du 23 avril 1818, la commune de Ventiseri est comprise dans le canton de Runelli, arrondissement de Corte, et la commune de Coyzano dans le canton de Zicavo, arrondissement d'Ajaccio; — Attendu qu'un procès-verbal régulier, en date du 4 janvier 1867, constate que les demandeurs ont été trouvés en délit dans le lieu dit la Rinella situé dans la commune de Ventiseri; — Attendu, dès lors, que le tribunal de Corte était compétent pour connaître du délit;

Attendu que vainement les demandeurs, pour justifier le déclinatoire par eux proposé, ont excipé d'un arrêté pris en 1851 par le préfet de la Corse, et attribuant à la commune de Coyzano la partie du territoire de Ventiseri où est située la Rinella; — Attendu, d'une part, que l'article 4 de la loi du 18 juillet 1731 porte que les réunions et distractions de communes qui modifient les circonscriptions d'un département, d'un arrondissement ou d'un canton, ne peuvent être prononcées que par une loi, et, d'autre part, que le décret des 25, 30 mars 1852, sur la décentralisation administrative, excepte formellement des objets rentrant dans les attributions des préfets les changements proposés à la circonscription du département, des arrondissements, des cantons et des communes; — Attendu que la délimitation qui a fait l'objet de l'arrêté susindiqué, ayant pour résultat de modifier une circonscription réglée par des lois antérieures, et de changer les limites respectives non seulement de deux communes, mais encore de deux cantons et même de deux arrondissements, appartenait exclusivement au pouvoir législatif; — D'où résult que l'arrêt attaqué (rendu par la Cour de Bastia, le 3 janvier 1867) n'a fait que se conformer à la loi, en refusant de reconnaître à l'arrêté dont s'agit, les effets qui lui étaient attribués par le déclinatoire; — Rejette, etc. »

créations ou à des modifications d'arrondissements, et cela, même sous le premier Empire, alors que des décisions de nature législative étaient trop souvent prises en forme de décrets. Ainsi, une loi du 19 juillet 1811 a créé, dans le département de Seine-et-Oise, l'arrondissement de Rambouillet, et une seconde loi du même jour a créé, dans le département de la Manche, l'arrondissement de Cherbourg.

98. Pour l'arrondissement comme pour le département, la désignation des chefs-lieux peut résulter d'un simple décret. Nous n'avons qu'à renvoyer sur ce point à ce qui a été dit pour les chefs-lieux de département (n° 94).

Parmi les décrets qui ont changé des chefs-lieux d'arrondissements, on peut mentionner, à titre d'exemples : — le décret du 10 novembre 1857, qui a transféré d'Altkirch à Mulhouse le chef-lieu du deuxième arrondissement du Haut-Rhin; — le décret du 16 novembre 1857, qui a transféré de Beaupréau à Cholet le chef-lieu du quatrième arrondissement du département de Maine-et-Loire; — le décret du 22 janvier 1868, qui a transféré de Savenay à Saint-Nazaire le chef-lieu du premier arrondissement du département de la Loire-Inférieure.

SECTION II.

TERRITOIRE DES CANTONS.

99. La loi du 22 décembre 1789, après avoir décrété la division de la France en départements, et celle des départements en districts, ajoutait (art. 3) : « Chaque district sera « partagé en divisions appelées *cantons*, d'environ quatre lieues. »

Mais ces cantons ne figurent pas dans la loi du 26 février-4 mars 1790; la désignation qui en fut faite d'urgence, en vue des élections législatives et de la tenue des assemblées primaires qui devaient se réunir au chef-lieu de chaque canton, n'eut, aux yeux de l'Assemblée constituante, qu'un caractère provisoire, ainsi que l'expliquait l'instruction législative du 12 août 1790, qui critiquait même assez vivement les défectuosités de cette première division cantonale : « A l'égard « des cantons qui forment la subdivision des districts, disait « cette instruction, l'Assemblée nationale n'en a adopté la « composition actuelle que provisoirement, et seulement pour « faciliter la tenue des premières assemblées primaires; mais « seulement cette composition peut être revue et changée, « mais elle doit nécessairement l'être dans plusieurs districts « où l'étendue démesurée de ces cantons les met hors d'état « d'être appliqués à plusieurs de leurs destinations. »

Parmi ces destinations, l'instruction rappelait tout spécialement que chaque canton était le ressort d'un juge de paix. En conséquence, elle invitait les directoires de district à « s'occuper incessamment de revoir la composition provisoire « de leurs cantons et de la rectifier non seulement quant aux « limites, mais encore quant à l'étendue et au nombre des « cantons. Lorsque les directoires de district auront préparé « le plan de la rectification de leurs cantons, ils le présen- « teront au directoire du département avec l'exposition de « leurs motifs; le *directoire de département prononcera*, « après avoir entendu le procureur général syndic, et *il en* « *rendra compte au Corps législatif*. »

On voit qu'il y eut, au début, une notable différence entre

la formation des cantons et celle des départements et des districts. Non seulement l'Assemblée nationale ne procéda d'abord que par mesures provisoires, mais encore elle délégua aux directoires de département le droit de reviser son premier travail, et d'arrêter les circonscriptions cantonales définitives.

Les directoires durent seulement « rendre compte » à l'Assemblée des décisions qu'ils étaient chargés de prendre, au lieu de provoquer ses propres décisions comme pour la rectification des départements et des districts.

Cette œuvre de revision étant considérée comme achevée en l'an III, l'article 5 de la Constitution de l'an III donna aux circonscriptions cantonales existantes un caractère définitif et décida qu'elles ne pourraient être modifiées que par une loi (1).

100. Le nombre des cantons ainsi établis, qui dépassait cinq mille, ne tarda pas à paraître excessif, et une loi du 8 pluviôse an IX décida : « Art. 1er. Il y aura, pour tout « le territoire européen de la République, trois mille justices de paix au moins et trois mille six cents au plus. — « Art. 4. La moyenne étendue territoriale de l'arrondissement « (de justice de paix) sera de 250 kilomètres carrés ; elle ne « pourra en comprendre plus de 375 ni moins de 125. — « Art. 5. Néanmoins et lorsque, dans une étendue territoriale « moindre de 125 kilomètres carrés, il existera une popu- « lation supérieure à 15,000 habitants, la composition des « arrondissements se fera d'après la seule base de la popu- « lation. — Art. 9. A l'égard des villes dont la population « excède 100,000 habitants, le gouvernement pourra, sans « consulter les bases ci-dessus posées, maintenir les arron- « dissements de justice de paix tels qu'ils existent, les mo- « difier ou les réduire selon qu'il le jugera convenable, pourvu « qu'au cas de réduction, le nombre des justices de paix n'y « soit pas inférieur à celui des municipalités. »

La loi du 8 pluviôse an IX avait ainsi chargé le pouvoir exécutif de pourvoir, sous certaines conditions, à la revision des circonscriptions cantonales. Cette revision fut opérée par un grand nombre d'arrêtés consulaires rendus dans le mois de fructidor an IX et dans les cinq premiers mois de l'an X.

101. La loi de l'an IX n'était pas un simple acte d'administration en forme de loi, mais une véritable loi générale qui pouvait modifier les règles antérieures de compétence. Aussi, a-t-on pu se demander si la délégation qu'elle avait faite au pouvoir exécutif était permanente, ou si elle était limitée à l'œuvre de revision prévue par cette loi.

Il n'y aurait eu assurément rien de choquant à interpréter cette loi comme ayant définitivement placé sous le régime des décrets des circonscriptions territoriales d'importance secondaires, et qui exigent d'assez fréquentes rectifications de limites, ainsi que l'atteste le grand nombre de décisions nouvelles auxquelles elles donnent lieu chaque année. Mais la loi de l'an IX a été interprétée autrement, et le pouvoir exécutif a été considéré comme ayant épuisé ses droits une

fois qu'il a eu accompli la revision prescrite par la loi de l'an IX. Plusieurs lois générales, rendues postérieurement à l'an IX, ont considéré les circonscriptions cantonales existantes comme définitives et comme ne pouvant plus être modifiées que par une loi ; elles les ont assimilées sous ce rapport aux circonscriptions départementales et d'arrondissement. (Voy. les lois déjà citées du 18 juillet 1837, art. 4, et du 5 avril 1884, art. 6, et l'art. 76 de la Constit. de 1848.) La pratique administrative a de son côté consacré la règle de compétence qui réserve, dans tous les cas, au pouvoir législatif, les questions de circonscriptions cantonales. Cette pratique, constamment suivie depuis 1870 (1), l'était aussi généralement sous l'Empire ; cependant on pourrait mentionner, avant 1870, quelques modifications de circonscriptions cantonales opérées par décret, sans que rien fasse ressortir les motifs de cette différence (2).

102. En ce qui touche les chefs-lieux, les règles exposées ci-dessus pour les chefs-lieux de département et d'arrondissement, et qui consacrent la compétence du pouvoir exécutif, s'appliquent à fortiori aux chefs-lieux de cantons. En outre, une disposition spéciale de la loi du 8 pluviôse an IX (art. 8), porte que « dans chaque arrondissement de justice « de paix formée de la réunion de plusieurs communes, le « gouvernement désignera celle qui, soit à raison de sa cen- « tralité, soit par rapport à ses relations avec les autres com- « munes du même arrondissement, en sera le chef-lieu ». On est surpris que, postérieurement à 1870, la pratique administrative ait plusieurs fois révélé des hésitations sur une question si peu susceptible de controverse.

Ainsi, c'est par une loi du 3 février 1875 qu'a été opéré le transfèrement, de Briollay à Tiercé, du chef-lieu du quatrième canton de l'arrondissement d'Angers, alors qu'il aurait dû se faire par décret.

Un avis du Conseil d'État du 10 juillet 1879, rendu sur un autre projet de loi qui tendait à transférer à Dinard-Saint-Énogat le chef-lieu de justice de paix établi à Pleurtuit, a signalé l'irrégularité de cette procédure et a rappelé que, d'après l'article 8 de la loi du 8 pluviôse an IX, « le « déplacement d'un chef-lieu de justice de paix est une me- « sure administrative qui peut être prise par décret » ; le garde des sceaux, adoptant cet avis, a converti le projet de loi en décret (3). Aussi, est-on surpris de voir qu'en 1888

---

(1) Constit. de l'an III, art. 5. — « Les cantons conservent leurs circonscriptions actuelles. Leurs limites pourront néanmoins être changées ou rectifiées par le Corps législatif, mais en ce cas, il ne pourra y avoir plus d'un myriamètre (deux lieues moyennes de 2,366 toises chacune) de la commune la plus éloignée au chef-lieu de canton. »

(1) Parmi les lois récentes rendues en cette matière, on peut citer : L. 8 avril 1879, créant un nouveau canton à Badonviller (Meurthe-et-Moselle). — L. 8 avril 1879, divisant le canton Est de Nancy en deux cantons ; — L. 7 avril 1882 créant le canton du Raincy (Seine) ; — L. 13 juillet 1886, modifiant le nombre et la délimitation des cantons de Marseille ; — L. du 10 août 1887, modifiant la précédente ; — L. 1er mars 1889, créant un nouveau canton dans la ville de Reims ; — L. 7 juin 1889 créant de nouveaux cantons dans la ville de Lille, etc.

(2) Voy. Le décret du 17 juillet 1867 modifiant la circonscription des cantons de Lyon ; — Mais pendant la même période de nombreuses décisions ont été rendues en forme de lois. (Voy. L. 9 mai 1860 divisant la ville de Saint-Étienne en quatre cantons ; L. 6 juillet 1862, divisant en deux cantons le septième canton de Lyon ; — L. 21 mai 1864, divisant la ville du Havre en trois cantons ; — L 24 juillet 1867, divisant en deux cantons le canton de Roubaix.)

(3) Avis 10 juillet 1879. — Le Conseil d'État qui sur le renvoi ordonné par M. le garde des Sceaux ministre de la Justice, a pris connaissance d'un projet de loi ayant pour objet de transférer à Dinard-Saint-Énogat le chef-lieu de justice de paix actuellement établie à Pleurtuit ; — Vu la loi du 8 pluviôse an IX, article 8 ; — Vu notamment les arrêtés des 5 frimaire et 26 ventôse an XI, les décrets du 17 nivôse an XIII et

la même erreur s'est reproduite, et que le transfèrement à Morceux du chef-lieu du canton d'Arjuzaux (Landes), a été prononcé par une loi (L. 4 avril 1888).

Il n'y a sans doute là qu'une inadvertance ayant échappé à l'attention de la Chancellerie et à celle du Conseil d'État, mais qui rend désirable une plus grande fixité de la pratique administrative.

103. L'instruction des demandes relatives à des changements de circonscription cantonale peut donner lieu à l'intervention de deux ministères, celui de l'Intérieur et celui de la Justice.

Les projets de loi sont préparés par le ministère de l'Intérieur quand il s'agit de simples changements à apporter à une circonscription cantonale, sans création de canton nouveau; par le ministère de la Justice quand il s'agit de créer un canton avec un nouveau ressort de justice de paix. Dans ce dernier cas cependant, l'avis du ministre de l'Intérieur doit être joint au projet de loi.

Les règles d'instruction n'ont été déterminées par aucune loi. Mais une circulaire du ministre de l'Intérieur du 29 août 1849, toujours en vigueur (1), rappelle que, d'après l'usage et la jurisprudence constante du Conseil d'État, il y a lieu d'appeler à délibérer les conseils municipaux des communes qui dépendent des cantons à modifier, ainsi que le conseil général et le conseil d'arrondissement. Le préfet, en transmettant ces délibérations au ministre de l'Intérieur, doit y joindre son avis motivé, ainsi qu'un croquis visuel indiquant l'étendue territoriale des cantons intéressés.

Il convient de joindre aussi au dossier tous les renseignements utiles sur la superficie des territoires, leur population avant et après les changements sollicités, les distances qui séparent les communes intéressées de l'ancien chef-lieu de canton et de celui qui est proposé, enfin la statistique des affaires jugées par la justice de paix (2).

SECTION III.

STATISTIQUE.

104. Pour compléter les notions relatives aux circonscriptions départementales et à leurs subdivisions, nous publions ci-après le tableau des départements, arrondissements, cantons et communes et de leur population, d'après les résultats du dernier recensement officiel, homologués par le décret du 31 décembre 1891.

---

18 juillet 1806, les ordonnances des 15 janvier 1817, 2 avril 1823, 17 février 1834, 26 janvier 1842, les décrets des 2 mars 1864 et 2 avril 1870;

Considérant qu'aux termes de l'article 8 de la loi du 8 pluviôse an IX, dans chaque arrondissement de justice de paix formé de la réunion de plusieurs communes, il appartient au gouvernement de désigner celle qui, soit à raison de sa centralité, soit par rapport à ses relations avec les autres communes du même arrondissement, en sera le chef-lieu; que de cet article il résulte que le déplacement d'un chef-lieu de justice de paix est une mesure administrative qui peut être prise par décret; — Qu'en effet il a été rendu à diverses époques un grand nombre d'arrêtés, ordonnances et décrets ayant pour objet la translation d'un chef-lieu de justice de paix d'une commune dans une autre commune du même canton;

Est d'avis qu'il y a lieu de transformer en projet de décret le projet de loi qui tranfère à Dinard-Saint-Énogat le chef-lieu de la justice de paix actuellement établi à Pleurtuit.

(1) Bull. off. du minist. de l'Int., 1849, p. 388.
(2) Bull. off. du minist. de l'Int., 1874, p. 488.

DÉPARTEMENTS.	NOMBRE			POPULATION.
	des arrondissements.	des cantons.	des communes.	
Ain....................	5	36	453	351,907
Aisne..................	5	37	840	554,193
Allier.................	4	28	321	424,382
Alpes (Basses-)........	5	30	250	124,285
Alpes (Hautes-)........	3	24	188	115,522
Alpes-Maritimes........	3	26	153	238,571
Ardèche...............	3	31	339	371,269
Ardennes..............	3	31	504	324,923
Ariège................	3	20	334	227,491
Aube..................	5	26	446	255,548
Aude..................	4	31	437	317,372
Aveyron...............	5	43	302	400,467
Belfort (Territoire de).	1	6	106	83,670
Bouches-du-Rhône......	3	29	109	630,622
Calvados..............	6	38	763	428,945
Cantal................	4	23	267	239,601
Charente..............	5	29	426	360,259
Charente-Inférieure....	6	40	480	456,202
Cher.................	3	29	292	350,276
Corrèze...............	3	29	287	328,119
Corse.................	5	62	364	288,596
Côte-d'Or.............	4	36	717	371,896
Côtes-du-Nord.........	5	48	389	618,652
Creuse................	4	25	266	284,660
Dordogne.............	5	47	585	478,471
Doubs................	4	27	638	303,081
Drôme................	4	29	379	305,419
Eure.................	5	36	700	349,471
Eure-et-Loir..........	4	24	426	284,683
Finistère.............	5	43	294	727,012
Gard.................	4	40	350	419,388
Garonne (Haute-)......	4	38	587	472,383
Gers.................	5	29	465	261,084
Gironde..............	6	49	553	793,528
Hérault..............	4	36	338	451,651
Ille-et-Vilaine........	6	43	359	626,875
Indre................	4	23	245	292,868
Indre-et-Loire.........	3	24	281	337,298
Isère.................	4	45	563	572,145
Jura.................	4	32	584	273,028
Landes...............	3	28	333	297,842
Loir-et-Cher..........	3	24	297	280,358
Loire................	3	30	332	616,227
Loire (Haute-)........	3	28	264	316,435
Loire-Inférieure.......	5	45	217	645,263
Loiret...............	4	31	349	377,718
Lot.................	3	29	325	253,885
Lot-et-Garonne........	4	35	324	295,360
Lozère...............	3	24	198	135,527
Maine-et-Loire........	5	34	381	518,589
Manche...............	6	48	643	513,815
Marne................	5	33	661	435,692
Marne (Haute-)........	3	28	550	243,533
Mayenne..............	3	27	276	334,387
Meurthe-et-Moselle....	4	29	596	444,150
Meuse................	4	28	586	292,253
Morbihan.............	4	37	253	544,479
Nièvre...............	4	25	313	343,581
Nord.................	7	65	696	1,736,341
Oise.................	4	35	701	401,835
Orne.................	4	36	512	354,387
Pas-de-Calais.........	6	43	903	874,364
Puy-de-Dôme..........	5	50	470	564,266
Pyrénées (Basses-).....	5	40	559	425,027
Pyrénées (Hautes-).....	3	26	480	225,861
Pyrénées-Orientales....	3	17	232	210,125
Rhône................	2	29	268	806,737
Saône (Haute-)........	3	28	583	280,856
Saône-et-Loire........	5	50	590	619,523
Sarthe...............	4	33	386	429,737
Savoie...............	4	29	328	263,297
Savoie (Haute-).......	4	28	314	268,287
Seine................	3	28	75	3,141,595
Seine-Inférieure.......	5	54	759	839,876
Seine-et-Marne........	5	29	530	356,700
Seine-et-Oise.........	6	37	680	628,590
Sèvres (Deux-)........	4	31	354	354,282
Somme...............	5	41	836	546,495
Tarn.................	4	36	320	346,739
Tarn-et-Garonne.......	3	24	194	206,596
Var..................	3	28	145	288,336
Vaucluse.............	4	22	150	235,411
Vendée...............	3	30	304	442,355
Vienne...............	5	31	300	314,355
Vienne (Haute-).......	4	27	203	372,878
Vosges...............	5	29	530	410,196
Yonne................	5	37	486	344,688
Total............	362	2,881	30,414	38,343,192

CHAPITRE III.

CONTESTATIONS RELATIVES AUX CIRCONSCRIPTIONS TERRITORIALES.

105. *Division.* — On peut concevoir deux espèces de contestations relatives aux circonscriptions territoriales : — 1° Des contestations ayant pour objet l'interprétation des actes qui ont délimité un département, un arrondissement ou un canton ; — 2° Des recours contre les actes administratifs qui ont modifié les limites existantes ou qui ont changé des chefs-lieux.

Examinons successivement ces deux hypothèses.

SECTION PREMIÈRE.

INTERPRÉTATION DES ACTES DE DÉLIMITATION.

106. La loi n'a pas prévu par quelle autorité et dans quelle forme il serait statué sur les difficultés relatives aux limites, soit que les difficultés naissent entre les administrations de deux territoires dont la délimitation est incertaine, soit qu'elles surgissent incidemment au cours d'une contestation judiciaire ou administrative.

Il faut donc s'inspirer ici des principes généraux sur la compétence en matière d'interprétation.

107. *Première hypothèse.* — Supposons d'abord que la difficulté relative aux limites est purement administrative, et ne se rattache à aucun procès soumis aux tribunaux administratifs ou judiciaires. Il s'agit, par exemple de deux départements qui sont en désaccord sur leurs limites respectives, sur l'attribution à l'un d'eux d'une partie de route ou de pont, d'une île dépendant du cours d'eau limitrophe, etc. A qui les représentants légaux de ces départements devront-ils s'adresser pour obtenir l'interprétation des actes de délimitation ? Si l'on applique la règle *ejus est interpretari cujus est condere*, on devra décider que cette question de limites est du ressort du pouvoir législatif, puisque ce pouvoir a seul qualité pour créer ou modifier les limites d'un département, d'un arrondissement ou d'un canton ; mais il faut aussi considérer que le pouvoir exécutif a dans ses attributions l'exécution des lois administratives et, par suite, la solution des questions d'interprétation qui peuvent se rattacher à cette exécution. Il ne peut être tenu d'en référer aux Chambres que si les textes à interpréter présentent de telles obscurités et de telles lacunes qu'il s'agisse moins d'interpréter la loi que de la faire.

Nous pensons donc que les autorités des territoires intéressés doivent soumettre la difficulté au gouvernement en la personne du ministre de l'Intérieur. Celui-ci interprétera administrativement les lois de délimitation dont l'exécution lui est confiée ; ou bien, si ces lois lui paraissent faire défaut, il saisira les Chambres d'un projet de loi tendant à fixer les limites demeurées incertaines.

Comme élément de l'instruction à laquelle ce projet de loi devrait donner lieu, il semble naturel de recourir à une enquête administrative et, s'il y a lieu, à une conférence interdépartementale des conseils généraux intéressés, dans les formes prévues par les articles 89 et suivants de la loi du 10 août 1871.

108. *Seconde hypothèse.* — Supposons maintenant que la question d'interprétation est soulevée au cours d'un débat contentieux ; de sa solution dépend celle de tout ou partie du litige. Dans ce cas, la question d'interprétation est elle-même contentieuse, et elle exige une décision de même nature.

La juridiction compétente pour rendre cette décision ne sera pas toujours celle qui est saisie du fond du litige, car on sait que les questions d'interprétation peuvent se détacher, sous forme de questions préjudicielles, du fond de la contestation, et qu'elles s'en séparent nécessairement toutes les fois que l'acte à interpréter ne rentre pas dans la compétence du juge du fond. C'est ce qui arrive, par exemple, quand le juge du fond est un tribunal judiciaire, et quand l'acte à interpréter est un acte administratif, dont le contentieux échappe à l'autorité judiciaire.

Les lois qui ont créé et délimité les circonscriptions territoriales ont-elles ce caractère ? On a quelquefois soutenu que l'interdiction faite aux tribunaux de connaître des actes administratifs ne s'applique qu'aux actes du pouvoir exécutif, et que toutes les lois, quelles qu'en soient la nature et l'objet, peuvent être interprétées par les tribunaux judiciaires. Mais cette doctrine, indiquée dans quelques arrêts de la Cour de cassation, et actuellement abandonnée par elle, reposait sur une confusion entre les lois proprement dites et les actes d'administration faits en forme de lois. Pour ces derniers, on ne saurait admettre que le principe de la séparation des pouvoirs cesse de s'appliquer précisément quand on est en présence des actes administratifs les plus importants, de ceux qui ont été placés dans les attributions du parlement à raison même de leur intérêt exceptionnel. Si la délimitation d'une commune, faite par simple décret, est incontestablement un acte administratif dont l'interprétation échappe aux tribunaux, il en est de même, à plus forte raison, de la délimitation d'un département, d'un arrondissement, d'un canton faite en vertu d'une loi. Ce point a été mis complètement en lumière par M. Aucoc et par M. Laferrière, pour les différents actes de haute administration et de tutelle administrative qui sont faits en forme de lois (1).

109. Le caractère administratif de ces actes étant établi, et par suite l'incompétence des tribunaux judiciaires pour en donner l'interprétation contentieuse, devra-t-on appliquer, comme ci-dessus, la règle *ejus interpretari...* et renvoyer aux Chambres la question préjudicielle d'interprétation ? Cette solution doit être immédiatement écartée, car le principe de la séparation des pouvoirs s'oppose à ce que le parlement intervienne dans un litige et rende une décision contentieuse ; d'autre part, il n'existe aucune procédure qui puisse mettre des plaideurs en mesure d'obtenir des Chambres, sous forme de loi ou de résolution, la décision dont ils auraient besoin pour faire juger leur procès. Enfin, comme on l'a fait justement remarquer (2), le cours de la justice, suspendu par la

---

(1) Aucoc, *Conférences*, t. III, p. 334 et 579 ; — Laferrière, *Juridiction administrative*, t. II, p. 15 et suiv.
(2) Laferrière, *op. cit.*, t. II, p. 19.

nécessité d'attendre une décision interprétative, risquerait d'être définitivement arrêté si cette décision devait émaner du pouvoir législatif, car toute loi exige un accord des deux Chambres; si cet accord n'existait pas, la loi ne serait pas rendue, la question préjudicielle d'interprétation ne serait pas jugée, et le procès qu'elle tient en suspens demeurerait sans solution.

110. L'interprétation des actes dont il s'agit ne pouvant émaner ni des tribunaux judiciaires, parce que les actes sont administratifs, ni des Chambres, parce que la décision interprétative est de nature contentieuse, c'est nécessairement à l'autorité administrative que reviendra la décision.

Mais, ici encore, plusieurs opinions ont été soutenues.

111. D'après un premier système, l'interprétation appartiendrait au ministre de l'intérieur, en tant que chargé de l'administration départementale et communale, sauf recours au Conseil d'État contre la décision du ministre. On peut invoquer à l'appui de cette opinion un arrêt du Conseil d'État du 2 février 1877 (commune de Sotteville-lès-Rouen) (1).

112. D'après un second système, l'interprétation devrait être donnée par décret du président de la République. On invoque en ce sens les dispositions de l'ordonnance du 3 octobre 1821 sur le cadastre (art. 3), qui charge le chef de l'État de régler les difficultés relatives aux limites des communes, même quand elles servent de limites aux départements. Ce système a été soutenu par le commissaire du gouvernement au Conseil d'État, dans une affaire jugée le 7 août 1883 (commune de Meudon) (2).

113. Enfin, d'après un troisième système, consacré par l'arrêt rendu dans cette affaire, la question préjudicielle d'interprétation peut être directement portée devant le Conseil d'État (1). Cette solution est conforme à la jurisprudence actuelle du Conseil d'État, qui se reconnaît une juridiction ordinaire en matière administrative contentieuse, et notamment quand il s'agit de statuer sur des questions préjudicielles résultant d'un renvoi de l'autorité judiciaire et ne ressortissant pas en premier ressort aux conseils de préfecture. Ce système ne diffère d'ailleurs des deux précédents qu'en ce qu'il ne fait pas une obligation aux parties de s'adresser préalablement au

---

(1) Arr. cons. 2 février 1877.—Considérant qu'à la suite de l'imposition simultanée de quelques parcelles sur les rôles des deux communes de Rouen et de Sotteville, le préfet, usant du droit que lui conférait l'article 3 de l'ordonnance du 3 octobre 1821, avait décidé par son arrêté du 27 mars 1869, que d'après les plans produits, les parcelles litigieuses faisaient partie du territoire de Sotteville ; que cet arrêté constituait un acte de pure administration qui pouvait être annulé, soit sur la réclamation d'une des communes, soit d'office par le ministre sous l'autorité duquel le préfet avait agi ; que le maire de la ville de Rouen ayant réclamé dès le 6 janvier 1870 contre l'arrêté précité, le ministre de l'intérieur, a par sa décision attaquée, déclaré l'annuler en tant que de besoin ; que d'une part cette décision ôte tout intérêt à la question de savoir si le préfet pouvait rapporter son arrêté du 27 mars 1869, et que, d'autre part, la commune de Sotteville n'est pas fondée à soutenir que le ministre avait opéré, entre communes appartenant à des départements différents et dont les conseils municipaux étaient en désaccord, un changement de circonscription qui, d'après l'article 13 de la loi du 24 juillet 1867 et les articles 46 et 50 de la loi du 10 août 1871, n'aurait pu être effectué que par une loi, et après avis du Conseil général ; — Considérant enfin que les questions relatives à la délimitation administrative des communes rentrent, par leur nature, dans les attributions du ministre de l'intérieur chargé de l'administration départementale et communale ; qu'il n'a pas été apporté de dérogation à cette règle pour le cas où ces questions naissent à l'occasion d'opérations cadastrales, ce qui résulte notamment de l'article 8 du règlement fait le 10 octobre 1821 pour l'exécution de l'ordonnance du 3 du même mois, qui charge le ministre de l'intérieur de l'instruction des affaires dans les cas où la décision doit être fixée par une autre loi, et après avis du chef de l'État ; qu'ainsi la commune, qui avait porté sa réclamation devant le ministre de l'intérieur, n'est pas fondée à soutenir actuellement que c'était au ministre des finances qu'il aurait appartenu de statuer ;
Décide : — Art. 1er. La requête est rejetée.
(2) M. Levavasseur de Précourt, commissaire du gouvernement, a ainsi exposé ce système : « Nous estimons que la loi a établi une compétence spéciale en cette matière. La loi des 12-20 août 1790 a chargé les administrations des districts de résoudre les difficultés sur les limites entre deux communes du même département. Cette attribution appartient aujourd'hui aux préfets. Ce sont en effet les préfets, et non les sous-préfets institués comme simples agents de transmission, qui ont hérité en l'an VIII des attributions des administrations du district. La loi de 1790 ne s'occupe pas, il est vrai, du cas où il s'agit de contestations

de limites entre deux communes appartenant à deux départements différents. Mais la loi nous paraît devoir être complétée sur ce point par l'ordonnance du 3 octobre 1821 (art. 3) sur le cadastre, qui attribue compétence au chef de l'État. On peut objecter que la législation du cadastre a un caractère spécial, et qu'il ne s'agit pas ici d'une difficulté portant sur une question de cadastre ou de contribution foncière. L'objection est sérieuse, et il est bien certain que les dispositions de procédure et de déchéance des lois et ordonnances sur le cadastre ne seraient pas applicables. « Mais il ne s'ensuit pas qu'on ne puisse emprunter à cette législation spéciale des dispositions ayant un caractère étendu et devant être appliquées d'une manière générale. Tel est, selon nous, le caractère de la disposition que nous venons de citer et qui complète la loi de 1790. Ce n'est pas la première fois qu'on trouve dans une loi spéciale des dispositions ayant, quant à leur application, des caractères de généralité... Nous pensons donc que, par application des dispositions combinées de la loi des 12-20 août 1790 et de l'ordonnance du 3 octobre 1821 sur le cadastre, c'est par un décret qu'il doit être statué sur la contestation pendante entre les deux communes de Clamart et de Meudon. Cette solution, appuyée sur les textes, a l'avantage d'être en concordance parfaite avec la jurisprudence sur l'interprétation des actes administratifs, qui reconnaît compétence, non pas de plano à la juridiction contentieuse du Conseil d'État, mais à l'autorité administrative elle-même de laquelle émane l'acte à interpréter. Par ces motifs, la requête nous paraît non recevable devant le Conseil d'État, et nous concluons au rejet de ladite requête. »
(1) Arr. cons., 7 août 1883. — Considérant que le sieur Dusouchet, ayant dû payer à la fois à Meudon et à Clamart des droits d'octroi sur les matériaux employés à la construction d'un orphelinat sur un terrain situé à la limite de ces deux communes, et en un point que chacune d'elles prétend faire partie de son territoire, a formé contre elles deux solidairement une demande en restitution ; que la double perception étant la conséquence de l'incertitude existant sur les limites des deux communes, le juge de paix du canton de Sèvres a, par jugement du 8 mai 1880, sursis à statuer au fond, jusqu'à ce qu'il eût été, à la requête des parties défenderesses, prononcé par la juridiction administrative sur le litige relatif à leur commune délimitation ; qu'en exécution de ce jugement, la commune de Meudon a saisi le Conseil d'État d'une demande tendant à faire décider, par interprétation des actes qui ont déterminé, entre la commune de Clamart, d'une part, et la commune de Meudon, d'autre part, la limite des départements de la Seine et de Seine-et-Oise, quelle est la partie litigieuse fait partie du territoire de Meudon ; — Considérant que si, aux termes des décrets du 19 janvier 1790 et du 12 janvier 1791, la commune de Clamart fait partie du département de la Seine, et celle de Meudon, à laquelle se rattache le territoire de Fleury, de Seine-et-Oise, ces décrets ne contiennent aucune disposition qui ait pour objet de déterminer sur le terrain les limites de ces deux communes, et que le plan y annexé ne permet pas, à raison de son échelle restreinte d'en reconnaître avec précision le tracé ; qu'il y a donc lieu, pour rechercher ces limites, de se référer aux procès-verbaux de délimitation dressés en présence des maires des deux communes, à l'occasion de la confection du cadastre ; — Considérant que si le procès-verbal de délimitation de la commune de Clamart, dressé en 1808, et celui de la commune de Meudon, dressé en 1816, ne sont pas rédigés en termes identiques, il est déclaré dans ce dernier que la limite est établie conformément à ce qui a été fait antérieurement pour la commune de Clamart ; qu'en outre lesdits procès-verbaux sont accompagnés de croquis visuels exactement conformes à ce qui concerne la limite aujourd'hui contestée, et qu'il résulte de ces croquis que le terrain de forme triangulaire désigné au plan parcellaire de la commune de Clamart sous les n°s 573 et 574 et sur lequel porte le litige a été compris dans les vacations faites avec le concours des représentants des deux communes, parmi les limites de la commune de Clamart ; que si, postérieurement, ledit terrain a été porté sur le plan parcellaire de la commune de Meudon, cette insertion ne saurait prévaloir contre le résultat des opérations de délimitation qui ont seules un caractère contradictoire.
Décide : — Art. 1er. Il est déclaré que le terrain sur lequel porte le litige fait partie de la commune de Clamart.

ministre ou au gouvernement ; dans ces deux systèmes, en effet, on ne peut refuser aux parties le droit de se pourvoir devant le Conseil d'État contre l'interprétation résultant de la décision ministérielle ou du décret. On évite, au moyen du recours direct au Conseil d'État, des évolutions de procédure qui seraient de nature à retarder le jugement toujours urgent de la question préjudicielle.

114. Après avoir examiné les questions de compétence, nous devons rappeler une règle d'interprétation, qui a été posée par la loi des 22 décembre 1789-janvier 1790, pour le cas où un cours d'eau sert de limite à deux circonscriptions territoriales.

L'article 3 de cette loi dispose que « lorsqu'une rivière est « indiquée comme limite entre deux départements ou deux « districts, il est entendu que les deux départements ou dis- « tricts ne sont bornés que par le milieu de la rivière, et que « les deux directoires doivent concourir à l'administration de « la rivière ». Un arrêt de la Cour de cassation (ch. des req.) du 2 août 1858 a décidé que la loi de 1790 a eu en vue les territoires et leurs limites tels qu'ils existaient à l'époque où cette loi a été rendue, et que, par suite, si le lit du cours d'eau limitrophe s'est déplacé, on doit rechercher son ancien état et tracer la limite d'après le lit abandonné et non d'après le lit actuel (1). Cette solution a pour conséquence de tracer une limite purement conventionnelle là où la délimitation primitive avait adopté une limite naturelle, et d'enlever à l'une des circonscriptions la moitié du cours d'eau à laquelle elle avait droit. Mais, d'un autre côté, on peut dire, à l'appui de la doctrine de cet arrêt, que le déplacement du cours d'eau pourrait être assez marqué pour qu'il en résultât le morcellement d'une commune et que cet inconvénient serait évité par le maintien des anciennes limites. Mais il semblerait plus rationnel, dans le cas où les limites seraient déplacées par un accident naturel ou par suite de travaux publics ayant détourné un cours d'eau, d'en référer à l'autorité administrative qui prendrait ou provoquerait les décisions nécessaires.

115. Comme conséquence de la disposition précitée de la loi de 1790, on doit décider que les îles qui se trouvent dans le cours d'eau limitrophe sont partagées entre les deux circonscriptions voisines d'après une ligne suivant le milieu de la rivière, à moins de disposition spéciale les attribuant tout entières à l'une ou à l'autre de ces circonscriptions.

SECTION II.
RECOURS CONTENTIEUX.

116. Les lois qui créent ou modifient les départements, les arrondissements ou les cantons ne peuvent, malgré leur caractère d'actes administratifs, être l'objet d'aucun recours en

---

(1) Cass. req., 2 août 1858 (commune de Cadenet) : — La Cour, — sur le deuxième moyen : — Attendu que les délimitations administratives opérées en vertu de la loi du 4 mars 1790 ont été faites d'une manière invariable et ne peuvent être modifiées que par une loi ; — Attendu que si, par son article 3, cette loi a déclaré que lorsque deux départements sont séparés par une rivière, il est entendu que les deux départements ne sont bornés que par le milieu de la rivière, et que les deux directoires doivent concourir à son administration, elle a statué sur l'état de choses existant au moment de sa promulgation ; que si des circonstances ultérieures ont pu modifier le cours de la rivière séparative, il n'en résulte pas que la ligne de démarcation des départements ait été déplacée ; qu'il n'en pourrait être autrement qu'en vertu d'une disposition législative dans le cas où les modifications survenues seraient assez importantes pour rendre nécessaire un semblable changement... — Rejette, etc.

annulation devant la juridiction contentieuse. En effet, l'autorité dont ils émanent n'est pas au nombre des « autorités administratives » qui sont justiciables du Conseil d'État, aux termes de l'article 9 de la loi du 24 mai 1872. On ne saurait invoquer le droit d'interprétation contentieuse que nous avons reconnu à la juridiction administrative supérieure, à l'égard des lois de cette nature, pour conclure à la possibilité d'un recours ; en effet, rien n'est plus naturel que de voir interpréter une loi, quelle qu'en soit la nature, par une juridiction : c'est même là, à proprement parler, l'œuvre essentielle des juridictions soit judiciaires, soit administratives. Rien, au contraire, ne serait plus opposé aux principes de notre droit public et aux règles fondamentales des compétences, que de voir une juridiction mettre à néant une décision du parlement.

117. Mais que décider si, contrairement aux lois actuelles sur la matière, des circonscriptions territoriales ont été créées ou modifiées par décret, ainsi que cela est arrivé pour des circonscriptions cantonales ? (Voy. n° 101.) Dans ce cas, on est en présence d'un acte administratif émané du pouvoir exécutif, et le recours pour excès de pouvoir ne rencontre pas le même obstacle que s'il s'agissait d'un acte législatif. C'est pourquoi nous pensons que le recours serait recevable, pourvu qu'il fût formé par une partie ayant qualité pour le former, c'est-à-dire justifiant d'un intérêt direct et personnel, conformément aux règles qui régissent le recours pour excès de pouvoir. Or, on doit reconnaître qu'il serait assez difficile de trouver, dans notre hypothèse, une partie apte à former le recours, puisque les cantons n'ont pas de représentation particulière.

118. La même difficulté n'existerait pas s'il s'agissait d'un décret désignant un nouveau chef-lieu de département, d'arrondissement ou de canton. La commune à qui le titre de chef-lieu appartenait précédemment et à qui le décret le retire, pourrait agir par ses représentants légaux, car elle aurait un intérêt direct et personnel à ne pas perdre les avantages attachés au chef-lieu, comme siège d'autorités administratives ou judiciaires dont le voisinage immédiat est recherché des populations. Mais il va de soi que le recours ne pourrait se fonder que sur des griefs d'incompétence ou de vices de forme et non sur la critique des motifs qui auraient déterminé le gouvernement à déplacer un chef-lieu.

TITRE III.
PRÉFET.

CHAPITRE PREMIER.
DISPOSITIONS GÉNÉRALES ORGANIQUES.

SECTION PREMIÈRE.
NOMINATION. — CESSATION DE FONCTIONS.

§ 1. — Nomination

119. Le préfet, agent direct de la puissance exécutive dans le département, exerce dans l'étendue de cette circonscription administrative, une autorité générale, analogue à

celle dont se trouve investi le chef de l'État dans toute l'étendue du territoire de la République. Il est le subordonné immédiat de chaque ministre, et il imprime à tous les services administratifs du département une direction conforme aux vues du pouvoir central. Institué par la loi du 28 pluviôse an VIII (1), pour exercer l'action administrative antérieurement confiée à des administrations collectives, sa nomination fut réservée au premier Consul et n'a jamais cessé d'appartenir depuis au chef de l'État (2). Elle constitue aujourd'hui l'une des prérogatives constitutionnelles du Président de la République (3). La nomination a lieu sur la proposition du ministre de l'Intérieur par un décret contre-signé par lui. En raison de la généralité des attributions dont ils sont investis, la constitution de 1848 exigeait que la nomination des préfets fût délibérée en conseil des ministres (4). Cette formalité, bien qu'elle soit assez généralement observée dans la pratique, n'affecte plus aujourd'hui un caractère obligatoire.

La plus grande latitude est laissée au pouvoir exécutif pour le choix des préfets : nulle condition d'aptitude, de noviciat ou de diplôme n'est exigée. Cette dérogation aux règles d'avancement hiérarchique généralement suivies dans les administrations de l'État, se justifie par une double raison.

D'abord, ainsi que le fait très justement remarquer Vivien (5), l'importance du titre est en elle-même un obstacle à des promotions qui ne reposeraient que sur la faveur ; de telles promotions sont publiques ; elles excitent vivement l'attention, elles touchent toutes les ambitions rivales et l'opinion publique s'en préoccupe. En second lieu, il faut dans les premiers rangs d'un service public, des qualités que ne donne point la seule pratique des affaires : l'étendue de l'esprit, la justesse du coup d'œil, des connaissances générales et approfondies, le talent de conduire les hommes. On ne trouverait pas toujours à satisfaire ces conditions par des choix hiérarchiques. Ajoutons que la mission des préfets étant essentiellement politique, il fallait que le gouvernement eût la facilité de faire porter son choix sur des hommes pénétrés de son esprit ; d'ailleurs, sous le régime actuel, en raison de la responsabilité ministérielle devant les Chambres, il n'est pas à craindre que des abus se produisent dans la nomination des préfets. En fait, leur choix se trouve presque toujours circonscrit dans le cercle des fonctionnaires déjà éprouvés.

120. Si aucune condition spéciale n'est imposée aux préfets, ils sont cependant soumis aux conditions générales requises pour toutes les fonctions publiques, c'est-à-dire qu'ils doivent être citoyens français et jouir de leurs droits civils et politiques.

Faut-il, en outre, qu'ils soient âgés de vingt-cinq ans accomplis ? La constitution du 5 fructidor an III exigeait cette majorité pour tous les membres de l'administration départe-

mentale. Aucune des constitutions ultérieures n'a reproduit cette disposition. C'est pourquoi nous estimons, avec la majorité des auteurs, qu'elle a été implicitement abrogée et qu'il suffit, pour être nommé aux fonctions préfectorales, d'être âgé de vingt et un ans.

Le caractère essentiellement politique des préfets, et la nécessité de laisser au pouvoir exécutif la liberté absolue de ses choix, justifient, d'ailleurs, cette abrogation qui ne saurait faire doute, alors que les lois du 21 juin 1865 et du 10 août 1871, qui renouvellent formellement la prescription édictée en l'an III, — la première pour les conseillers de préfecture, la seconde pour les conseillers généraux, — restent muettes en ce qui concerne les préfets.

Sans doute, cette solution peut aboutir à certaines conséquences singulières : c'est ainsi que le préfet, président de droit du conseil de préfecture, n'est pas astreint à la condition d'âge imposée aux membres de ce conseil ; qu'il est dispensé de remplir cette condition bien qu'à ses fonctions d'ordre purement administratif viennent se joindre des fonctions de police judiciaire (Art. 10 Code Instr. crim.), pour l'exercice desquelles la majorité ordinaire est insuffisante. Mais ces anomalies ne sauraient être invoquées comme un argument en faveur du maintien, dans notre législation, d'une disposition virtuellement abrogée par la législation postérieure à l'an III. Ajoutons, d'ailleurs, que la question présente un intérêt plutôt théorique que pratique.

Depuis longtemps, des tentatives ont été faites auprès des Chambres pour que l'accès des fonctions préfectorales, comme celui de toutes les fonctions publiques, fût soumis à une réglementation. Mais ces propositions n'ont pas abouti (1).

121. Il est d'usage que le ministre de l'intérieur, en notifiant au préfet sa nomination, l'invite à rejoindre immédiatement son poste et à s'y faire installer. L'exécution de cette formalité suffit le mettre en possession du service ; mais elle est indispensable pour la validité de ses décisions. Elle seule met en ses mains une part de l'autorité publique et donne à ses actes un caractère officiel.

La formalité de l'installation consiste dans la rédaction d'un procès-verbal dressé pour constater la prise de possession du poste, et transcrit sur un registre tenu à cet effet dans chaque préfecture.

Avant son installation, le préfet doit prêter serment de bien et fidèlement remplir les fonctions qui lui sont confiées. Le serment, qui n'est dû qu'une fois lors de la première nomination, est reçu par le ministre de l'Intérieur ou par la personne qu'il délègue à cet effet (2).

C'est à partir de son installation que le préfet a droit au traitement ainsi qu'aux diverses prérogatives et avantages inhérents à son titre (voy. nᵒˢ 127 et suiv.).

(1) L. 28 pluviôse an VIII. — « Art. 2. Il y aura dans chaque département un préfet, un conseil de préfecture et un conseil général du département, lesquels rempliront les fonctions exercées maintenant par les administrations et commissaires du département. — Art. 3. Le préfet sera chargé seul de l'administration. »

(2) L. 28 pluviôse an VIII, art. 18.

(3) L. 25 février 1875, relative à l'organisation des pouvoirs publics, art. 3, § 4.

(4) Constitution de 1848, art. 64.

(5) Vivien, *Études administratives.*

(1) La première proposition date de 1843. La plus récente est de M. Martel Barthe. Déposée à la séance de la Chambre des députés du 16 janvier 1879, elle figure aux annexes du *Journal officiel* du 25 janvier (p. 544). Nous y renvoyons pour l'exposé historique et la discussion au fond.

(2) D. org. 17 ventôse an VIII, art. 2. — « Les préfets, avant d'entrer en fonctions, prêteront serment entre les mains du premier Consul, ou en celles du commissaire qui sera délégué à cet effet. Les conseillers et secrétaires de préfecture, les sous-préfets prêteront le leur entre les mains des préfets. Les membres des conseils généraux de département prêteront le leur à l'ouverture de leur première séance et en adresseront le procès-verbal au préfet. »

§ 2. — *Cessation des fonctions.*

122. Les causes pour lesquelles les préfets cessent leurs fonctions sont : la démission, la révocation, la mise en non-activité ou en disponibilité, l'admission à la retraite.

123. La démission est la décision volontaire du fonctionnaire qui, soit par raison de santé, soit pour exercer un mandat électif incompatible avec ses fonctions, soit pour toute autre raison de convenance personnelle, renonce à son titre, à sa fonction et aux droits qu'elle peut lui conférer, par exemple, pour l'acquisition d'une pension de retraite.

Cette démission peut-elle être refusée par le ministre ? Le préfet devant être en communauté parfaite de vues avec le gouvernement qu'il représente, il semble juste de lui reconnaître le droit de s'en séparer lorsqu'il en désapprouve la politique ou les tendances.

Toutefois, si la démission n'était adressée que dans le but d'échapper à une peine disciplinaire, le ministre pourrait la refuser et provoquer un décret de révocation. C'est là l'application des règles ordinaires de la hiérarchie administrative.

Afin de ne pas compromettre les intérêts de ses administrés, le préfet démissionnaire ne doit quitter son poste qu'après avoir été avisé de l'acceptation de sa démission.

En fait, cette acceptation est rendue officielle par l'insertion au *Journal officiel* du décret portant nomination du successeur suivie de la mention : « en remplacement de M. X... dont la démission est acceptée. »

Le droit qui appartient au préfet de se démettre de ses fonctions n'en laisse pas moins subsister la disposition de l'article 126 du Code pénal, qui qualifie de forfaiture et punit comme telle la démission donnée, après délibération préalable, par des fonctionnaires publics, en vue d'empêcher ou de suspendre l'accomplissement d'un service public quelconque.

124. La révocation est une mesure disciplinaire qui relève le préfet de ses fonctions. Elle doit, théoriquement, faire l'objet d'un décret spécial rendu dans la même forme que le décret de nomination et revêtu comme lui du contre-seing du ministre de l'Intérieur.

Mais cette procédure n'est pas toujours suivie et il arrive parfois que la révocation est dissimulée sous une forme plus atténuée. On se borne à faire suivre le décret portant nomination du successeur d'une des mentions suivantes : « en remplacement de M. X..., — en remplacement de M. X... qui a reçu une autre destination. »

Dans tous les cas, la révocation constitue un acte de pure administration qui échappe à la juridiction contentieuse du Conseil d'État.

Il y a cependant un cas où cette juridiction pourrait intervenir : c'est lorsqu'il y a lieu d'apprécier, pour statuer sur le droit à pension, si le fonctionnaire a été l'objet d'une révocation disciplinaire qui entraîne la déchéance de tout droit à pension, ou d'un simple remplacement administratif qui laisse subsister ce droit. Le Conseil d'État peut alors interpréter l'acte d'où est résultée la cessation des fonctions, mais il ne peut qu'en rechercher et constater le caractère, et non l'infirmer ou le modifier (1).

125. Lorsque la peine de la révocation paraît trop rigoureuse, le ministre peut provoquer la mise en disponibilité ou en non-activité. La disponibilité est la situation du fonctionnaire qui, sans avoir cessé d'appartenir à l'administration est temporairement relevé de sa fonction, soit sur sa demande, soit par mesure politique ou disciplinaire. La non-activité est celle du fonctionnaire encore investi du titre mais privé d'emploi et qui attend sa radiation définitive par suite d'une maladie incurable, de mise à la retraite ou de l'issue d'une enquête ouverte sur des actes répréhensibles de son administration. Ces deux situations, par leur nature même, affectent un caractère provisoire qui ressort nettement des différents actes réglementaires qui ont institué un traitement spécial en faveur des fonctionnaires qui s'y trouvent placés. Ce traitement, en effet, ne peut être servi que pour une durée maxima de six années (voy. n° 171). Mais, comme le ministre est juge de l'opportunité qu'il peut y avoir à réintégrer dans ses fonctions le préfet placé en disponibilité ou en non-activité, cette situation, bien que provisoire par sa nature, peut devenir en réalité définitive et déguiser une véritable révocation.

126. Une dernière cause de cessation des fonctions préfectorales est l'admission au bénéfice d'une pension de retraite, prononcée soit à la demande du fonctionnaire, soit d'office par l'administration supérieure. Pour les conditions d'âge et de service donnant droit à pension, nous renvoyons aux développements donnés ci-dessous. (Nos 196 et suiv.)

SECTION II.

PRÉROGATIVES ET AVANTAGES ATTACHÉS AU TITRE DE PRÉFET.

§ 1. — *Prérogatives et avantages honorifiques.*

127. A la qualité de préfet sont attachés des prérogatives et des avantages soit moraux, soit pécuniaires, que nous devons maintenant examiner.

Dans la première catégorie, on peut placer le port d'un costume officiel, le droit aux honneurs et aux préséances, un privilège de juridiction, l'honorariat. — Dans la seconde, le droit à un traitement et autres accessoires, ainsi qu'à une pension de retraite lorsque certaines conditions d'âge et de services se trouvent réunies.

ARTICLE PREMIER. — *Costume.*

128. « L'usage d'un costume spécial pour les principaux agents du gouvernement s'accorde avec les mœurs et les idées du pays. Il ajoute à la dignité de l'administration et ne peut que contribuer à maintenir le respect des citoyens pour les dépositaires de l'autorité publique. » Ainsi s'exprime une circulaire du 26 janvier 1849. — Le costume officiel doit être revêtu par les préfets dans les cérémonies publiques, ainsi que dans les visites réglementaires, dans les circonstances où ils se présentent officiellement devant la population (1). Fixé

---

(1) Arr. Cons. 27 novembre 1885 (Lacombe) ; — 20 juillet 1887 (de Watteville). — Cf. Laferrière, *Juridict. admin.*, t. II, p. 202. (Voy. PENSIONS.)

(1) Circ. int. 28 juin 1877.

à l'origine par un arrêté consulaire de l'an VIII (1), la grande tenue en habit, pantalon blanc et chapeau français est restée seule obligatoire jusqu'en 1878 (2). Mais cette tenue brillante, d'un prix très élevé, bonne pour les fêtes, se prêtait peu aux exigences du service ordinaire. Aussi fut-on amené à tolérer le port d'une petite tenue dont l'usage fut autorisé par un décret du 16 avril 1878. — Une circulaire ministérielle de la même année (3) permit de conserver la tenue d'apparat de 1873 à titre facultatif; mais elle fixa comme il suit les costumes plus simples et plus commodes qui sont encore obligatoires aujourd'hui :

1° *Grande tenue de cérémonie* (obligatoire). — Elle se compose : de la tunique d'officier général à deux rangs de boutons avec double broderie au collet et aux manches; du chapeau français avec plumes noires et ganse brodée en argent; de l'épée à poignée de nacre et garde argentée avec ceinturon d'argent; de l'écharpe; du pantalon bleu à bande d'argent; de la cravate noire.

2° *Grande tenue de service* (obligatoire). — Elle se compose du même uniforme, moins l'écharpe. Le chapeau est remplacé par le képi à double bandeau brodé d'argent.

3° *Petite tenue* (facultative). — Cette tenue comprend la tunique, modèle de la marine, à collet rabattu et à deux rangs de boutons, sans broderie; un gilet droit à boutons d'argent; un pantalon en drap sans bande; le képi de la grande tenue de service; l'épée avec le ceinturon de cuir noir; un pardessus, capote et capuchon modèle de l'infanterie avec boutons de métal, sans broderies ni galons.

Article 2. — *Préséances.*

129. Tous les préfets ont la même autorité dans le département qu'ils administrent.

Dans une cérémonie qui les rassemble, le grade est une cause de préséance et tant que les classes territoriales seront maintenues, il faut décider que, à grade égal, les classes personnelles devront prendre rang après les classes territoriales. A égalité de classe, l'ancienneté, l'âge doivent être pris en considération.

130. D'après le décret du 28 décembre 1875 (4), combiné avec le décret organique du 24 messidor an XII, le préfet, dans l'ordre des préséances, occupe le douzième rang. Avant

---

(1) Il était ainsi composé : habit bleu, veste et culotte ou pantalon blancs, collet, poche et parements de l'habit brodés en argent ; écharpe rouge frangée d'argent ; chapeau français bordé en argent ; une arme. (Arr. 17 ventôse an VIII.)

(2) Le décret du 1er mars 1852 détermine de nouveau les costumes. Le port en est obligatoire dans l'exercice des fonctions et pour l'assistance aux cérémonies publiques. — Le 27 novembre 1871, on ne songeait point à imposer rigoureusement aux fonctionnaires l'obligation du port du costume ; le ministre se bornait à les inviter à ceindre, pour les réceptions et les cérémonies, l'écharpe depuis longtemps devenue tricolore pour tous les fonctionnaires. La circulaire ministérielle du 10 avril 1873 rappela que les arrêts des consuls sont toujours en vigueur ; à cette circulaire étaient annexés un règlement et des planches donnant le dessin des broderies du costume. (Voir le *Bulletin du ministère de l'intérieur*, 1873, p. 204 et 206.)

(3) Circ. min. int. 22 avril 1878.

(4) Le décret du 28 décembre 1875 a été rendu en vue de mettre les dispositions du décret du 24 messidor en harmonie avec notre nouvelle organisation militaire. Il porte règlement sur les rangs, préséances et honneurs des autorités militaires dans les cérémonies publiques et réunions officielles.

---

lui, marchent les grands dignitaires ou les hauts fonctionnaires suivants : 1° cardinaux; 2° ministres; 3° maréchaux et amiraux; 4° grand chancelier de la Légion d'honneur; 5° conseillers d'Etat chargés de mission extraordinaire; 6° généraux de division, gouverneur de Paris ou de Lyon, généraux commandant les corps d'armées et vice-amiraux commandant en chef, préfets maritimes; 7° grands-croix, grands officiers de la Légion d'honneur; 8° généraux de division commandant les régions de corps d'armée après le départ du corps d'armée mobilisé; 9° premiers présidents des cours d'appel; 10° archevêques; 11° généraux de division commandant une groupe de région. Prennent rang après les préfets : les présidents de cours d'assises (avis C. d'Etat 1er juin 1811); les évêques, les généraux de brigade commandant une ou plusieurs subdivisions de région; les contre-amiraux, majors généraux de la marine; les généraux de brigade commandant les subdivisions de la région après le départ du corps d'armée; les sous-préfets; les présidents des tribunaux de commerce, les maires, les commandants d'armes d'un grade inférieur à celui de général; majors généraux de la marine qui ne sont pas contre-amiraux.

131. Le rang individuel occupé par le préfet dans l'ordre des préséances, ne nous paraît pas être en rapport avec la haute situation occupée par ce fonctionnaire qui représente le pouvoir exécutif dans le département, ni avec l'importance et la variété des attributions qu'il concentre dans ses mains et qui ressortissent aux différents départements ministériels (voy. n° 118). C'est à cette compétence étendue, *ratione materiæ* plutôt qu'à la compétence territoriale, qu'on devrait s'attacher pour la détermination rationnelle des prérogatives des préfets, des honneurs à leur rendre, ainsi que du rang qu'ils doivent occuper dans l'ordre des préséances. Il est à souhaiter que les dispositions du décret de messidor fassent l'objet d'une nouvelle et plus judicieuse réglementation; l'on ne saurait considérer comme définitive la situation résultant de la combinaison de ce texte organique avec le décret du 28 décembre 1875, situation qui présente des lacunes, et qui crée des anomalies de nature à produire des conflits qu'il est bon d'éviter dans l'intérêt du bon ordre et du prestige de l'administration (1).

Article 3. — *Honneurs* (2).

132. Les préfets ont droit à certains honneurs prescrits par les règlements. Ces honneurs leur sont personnels; ils ne sont dus qu'au titre, non à la fonction et ne se délèguent pas avec elle.

Le texte organique de la matière est le décret du 24 messidor an XII (13 juillet 1804) relatif aux cérémonies publiques, préséances, honneurs civils et militaires (3) qu'il con-

---

(1) Les décrets du 24 messidor an XII et du 28 décembre 1875 laissent de côté un grand nombre de fonctionnaires et d'administrations qui eussent pu y trouver place. Ainsi, les membres du parquet, de la cour et du tribunal, les directeurs des régies financières, les trésoriers généraux, les receveurs particuliers, le curé du chef-lieu d'arrondissement, le lieutenant-colonel commandant la légion de gendarmerie, les ingénieurs, etc., etc., ne figurent pas dans l'énumération.

(2) La plupart des renseignements qui suivent sont extraits de l'annuaire de l'administration préfectorale.

(3) D. de messidor an XII, tit. VII et XXVI.

vient de combiner avec les décrets du 28 décembre 1875, du 24 octobre 1883 et du 4 octobre 1891. Ces deux derniers décrets constituent des règlements militaires sur le service des places, qui ne sauraient, malgré les dispositions formelles qu'ils contiennent à cet égard (1), porter abrogation d'actes réglementaires antérieurs ayant une portée plus générale.

Les honneurs dus aux préfets sont *civils* ou *militaires*.

133. Les *honneurs civils* n'ont été supprimés, légalement du moins, ni par le décret du 23 octobre 1883 (2), ni par celui du 4 octobre 1891. Comme ils s'adressent moins à la personne du fonctionnaire qu'au caractère dont il est revêtu et à la puissance publique dont une partie lui est déléguée, l'on ne peut que blâmer le sentiment de modestie mal entendue qui, dans la pratique, pousse les fonctionnaires à abdiquer des honneurs prescrits par la loi en vue de rehausser l'éclat de leurs fonctions. Ainsi qu'on l'a fait justement remarquer (3), il ne peut dépendre ni de celui qui reçoit les honneurs de s'y soustraire, ni de ceux qui les doivent de s'en affranchir. Ces honneurs sont déterminés par le décret de messidor et consistent : 1° dans l'appareil dont est entourée leur *entrée* dans le chef-lieu du département ; 2° dans les *visites* qui leur sont dues.

Entrée d'honneur. — Lorsque le préfet arrive pour la première fois au chef-lieu de son département, il est reçu, sans être tenu de donner avis préalable de son arrivée (4), à la porte de la ville, par le maire et les adjoints; une escorte de gendarmerie le conduit à son hôtel où il est reçu par le con-

seil de préfecture et le secrétaire général qui le complimentent (1).

Lors de sa première tournée, il lui sera rendu les mêmes honneurs dans chaque chef-lieu d'arrondissement. Il rendra les visites aux présidents des tribunaux, au maire et au commandant d'armes dans les vingt-quatre heures (2).

134. *Visites.* — Aussitôt après son arrivée, il doit être visité par les autorités nommées après lui dans l'article des préséances, auxquelles il est tenu de rendre la visite dans les vingt-quatre heures. Il recevra aussi ceux des fonctionnaires qui sont au-dessous de lui dans la hiérarchie et qui viendront le complimenter.

Il fera dans les vingt-quatre heures une visite au général commandant la division militaire; il visitera aussi, s'il en existe, les autres personnes ou autorités placées avant lui dans l'ordre des préséances (n° 130), cela, bien entendu, dans la ville chef-lieu seulement (3).

135. Le préfet a-t-il droit aussi à la visite des corps constitués ? Il faut répondre négativement ; si toutes les autorités ayant rang personnel ont droit à la visite des personnes placées après elles dans l'ordre des préséances, celles qui occupent les premiers rangs ont seules droit à la visite des corps; mais il n'y a pas corrélation complète entre le rang et les honneurs; ainsi l'évêque, qui vient après le préfet, a droit à la visite des cours et tribunaux (4), tandis que le préfet n'y a pas droit bien qu'il précède l'évêque dans l'ordre des préséances (n° 130).

Pour soutenir que le préfet a droit à la visite des corps constitués, on se base sur ce que le décret de messidor, en accordant au préfet la visite des autorités inférieures, doit comprendre dans cette expression aussi bien les corps dénommés en l'article 8 du décret que les chefs d'autorités dénommés en l'article 1er. Mais on a fait observer avec juste raison, qu'il ne pouvait être question de rang de préséance entre les autorités et les corps constitués (5).

---

(1) D. 24 octobre 1883, art. 352 ; 4 octobre 1891, art. 349.

(2) Circ. guerre, 13 janvier 1884. — « Le nouveau décret sur le service des places du 23 octobre 1883 ne fait pas effectivement mention de cette visite qui a été imposée aux généraux dont il s'agit par un décret de 1811, appuyé d'un avis du Conseil d'État du 1er juin de la même année ; mais il convient de remarquer, à ce sujet, que le titre VIII du décret du 23 octobre 1883 n'a trait qu'aux honneurs militaires. Ce sont donc exclusivement ces honneurs que visent tant l'article 351 de ce décret, relatif à l'interdiction d'exiger des honneurs particuliers, que l'article 352 portant abrogation des ordonnances, décrets et règlements antérieurs.

Or, comme il n'est fait mention nulle part, dans le décret du 23 octobre 1883, des honneurs civils, on doit en conclure, non pas que ces honneurs ont été supprimés, mais qu'aucune modification n'a été apportée à ce sujet à la législation antérieure en vigueur.

Par suite, les prescriptions du décret du 24 messidor an XII, en vertu desquelles les autorités, ayant rang individuel, reçoivent la visite des personnes nommées après elles dans l'ordre des préséances, doivent continuer à être appliquées. »

On peut invoquer les mêmes raisons en ce qui concerne le décret du 4 octobre 1891.

(3) Voyez sur les *Honneurs* un article fort intéressant de M. Léon Morgand publié dans la *Revue générale d'administration* du mois de mai 1887.

(4) Tel est l'avis du ministre de l'intérieur : « La publicité que reçoit la nomination d'un général ou d'un préfet dans un département, l'attente et la notoriété de leur arrivée et les actes qui l'accompagnent ordinairement ont été considérés comme suffisants pour mettre les fonctionnaires qui le suivent dans l'ordre des préséances en mesure de lui faire la visite prescrite et je ne vois pas qu'il y ait nécessité d'aller au delà. — D'ailleurs, si d'autres précautions étaient exigées de l'autorité militaire, il n'y aurait aucun motif pour qu'on n'exigeât pas qu'elles fussent remplies également par les autorités civiles et judiciaires. Ainsi, les premiers présidents des cours, les préfets, les présidents des tribunaux de 1re instance seraient tenus de donner ou de faire donner avis de leur arrivée, ce qui n'a pas eu lieu jusqu'à présent.

« Enfin une semblable précaution pourrait blesser la juste susceptibilité des fonctionnaires publics puisqu'elle semblerait établir une sorte de contrainte pour l'accomplissement de devoirs qui ont d'autant plus de prix qu'ils sont rendus spontanément. » (Seine-et-Marne, 2 février 1874.)

---

(1) D. de messidor, tit. XVII, art. 15.

(2) *Ibid.*, art. 17.

(3) *Ibid.*, art. 16.

(4) D. de messidor, tit. XIX, art. 10. Les archevêques ou évêques qui seront cardinaux recevront, lors de leur installation, les honneurs rendus aux grands officiers de l'Empire ; ceux qui ne le seront point, recevront ceux rendus aux sénateurs. — Lorsqu'ils rentreront après une absence d'un an et un jour, ils seront visités chacun par les autorités inférieures, auxquelles ils rendront la visite dans les vingt-quatre heures suivantes ; eux-mêmes visiteront les autorités supérieures dans les vingt-quatre heures de leur arrivée et leur visite leur sera rendue dans les vingt-quatre heures suivantes.

D. de messidor, tit. IX, art. 15. Les sénateurs allant prendre possession de leur sénatorerie recevront, dans les villes du ressort du tribunal d'appel dans l'étendue duquel elle sera placée et où ils s'arrêteront, les honneurs suivants : Un détachement de la garde nationale recevra sous les armes à la porte de la ville ; les maires et adjoints se trouveront à leur logis avant leur arrivée ; ils seront visités immédiatement après leur arrivée, par toutes les autorités nommées après eux dans le titre des préséances. — Les cours d'appel s'y rendront par une députation composée d'un président, du procureur général et de quatre juges ; les autres cours et tribunaux par une députation composée de la moitié de la cour ou du tribunal ; s'ils séjournent vingt-quatre heures dans la ville, ils recevront, en la personne des chefs des autorités ou corps dénommés dans le titre 1er, les visites qu'ils auront reçues. Les maires et adjoints iront prendre congé d'eux au moment de leur départ.

(5) Dans une lettre du 31 janvier 1829, le comte Portalis, garde des sceaux, s'exprimait ainsi à cet égard : « L'article 1er du décret de messidor règle les préséances personnelles entre les fonctions qui y sont dénommées, et l'article 8 relatif aux corps et aux autorités, règle la manière dont les corps marchent dans les cérémonies, mais ne déter-

En effet, le texte même du décret répugne à cette assimilation : il désigne toujours les personnes qui doivent la visite par les mots *autorités* ou *chefs d'autorités,* expression qui, dans le langage des préséances, ne s'applique qu'aux autorités ayant rang individuel. Un seul article pourrait, à cet égard, donner lieu à quelque doute. C'est l'article 16 du titre XVII; après avoir dit que le préfet sera visité aussitôt après son arrivée par les autorités placées après lui dans l'article des préséances et qu'il rendra les visites dans les vingt-quatre heures, l'article ajoute : Il recevra aussi les autres fonctionnaires inférieurs qui viendront le complimenter. Quels sont donc ces fonctionnaires inférieurs ? Ce ne sont pas les autorités ayant rang personnel, puisque l'article en a déjà parlé ; sont-ce les fonctionnaires qui n'ont pas rang dans les cérémonies publiques ? Mais, dit-on, le décret de messidor ne s'en occupe pas. Aussi, certains interprètes ont-ils pensé que le rédacteur du décret pouvait bien avoir eu en vue, par l'expression de fonctionnaires inférieurs, les membres des corps qui viennent dans l'ordre des préséances après le conseil de préfecture lequel attend le préfet à son hôtel (1).

136. *Visites des fonctionnaires n'ayant pas rang individuel.* — Le préfet ne peut exiger des visites que des personnes nommées après lui dans le tableau des préséances, et ayant par conséquent rang individuel. Ainsi, les procureurs généraux ne lui doivent pas de visite officielle pas plus que les simples membres du parquet des cours (2).

L'absence de règles précises destinées à déterminer la manière dont les fonctionnaires appelés à entretenir des relations de service doivent rentrer en rapport, lorsque les uns ou les autres n'ont pas de rang individuel, est assurément une lacune fâcheuse. En fait, on s'en tient à la règle qui veut que le fonctionnaire nouvellement arrivé fasse le premier la visite, visite non obligatoire, mais de convenance : le fonctionnaire qui la reçoit obéit aux lois de la courtoisie et de la politesse en la rendant dans un délai assez rapproché.

137. Les visites officielles doivent être faites et reçues en costume. Plusieurs circulaires ont rappelé aux préfets cette obligation qui résulte sinon du texte, du moins de l'esprit du décret (3).

138. Bien que le décret de messidor n'accorde ce privilège qu'au chef de l'État, l'usage est que le fonctionnaire qui a droit à la visite désigne à l'avance, sous forme de simple avis, le jour et l'heure à laquelle il recevra les autorités après son arrivée.

139. *Visites du jour de l'an.* — Les visites du jour de l'an ne peuvent être exigées à titre d'honneur civil; elles sont régies par les convenances et les rapports soit de la hiérarchie, soit de la courtoisie. Elles peuvent également faire l'objet d'instructions données par les divers ministres aux fonctionnaires ou agents sous leurs ordres; mais ces instructions ne lient que les agents auxquels elles sont adressées (1 et 2).

140. *Honneurs militaires.* — Les honneurs militaires sont déterminés par les décrets du 23 octobre 1883 et 4 octobre 1891 sur le service des places.

Lors de l'installation du préfet au chef-lieu et de sa première visite dans les autres villes du département, les troupes de la garnison doivent être sur son passage et porter les armes. Les officiers et les drapeaux ou étendards ne saluent pas. Les tambours, clairons ou trompettes sont prêts à battre ou à sonner.

En tout temps, un poste de dix hommes commandé par un sergent est établi à la préfecture; il fournit une sentinelle (3). Mais en raison de l'insuffisance constante des hommes disponibles, le poste des préfectures a été presque partout supprimé, du consentement du ministre de l'intérieur, mais à la condition que les officiers généraux, sauf le commandant du corps d'armée, cesseraient d'avoir une sentinelle d'honneur dans les villes où les besoins du service auraient obligé de la retirer aux préfets (4).

141. *Escorte.* — Les préfets peuvent encore, aux termes du règlement (5), avoir, au moment de leur installation, une escorte d'honneur qui se compose de deux brigades de gendarmerie à cheval, commandées par un lieutenant. Or, il n'y a pas de lieutenant de gendarmerie au chef-lieu de département et le déplacement pour un service d'honneur est interdit. Le commandement de l'escorte devra donc être donné à un adjudant ou à un maréchal des logis chef (6).

142. Pendant leurs tournées, et s'ils sont revêtus du costume officiel, les préfets ont droit à une escorte de deux gendarmes (7).

Ils ont droit aussi, en costume officiel, à des honneurs rendus par les postes, les sentinelles et les plantons.

Par les postes : la garde prend les armes baïonnette au canon ou monte à cheval, se forme devant le poste, porte les armes; les tambours, clairons ou trompettes sont prêts à battre ou à sonner.

Par les sentinelles ou plantons : la sentinelle s'arrête, fait face, présente les armes et reste dans cette position jusqu'à ce qu'elle soit dépassée de six pas. (D. 4 octobre 1891, art. 291 et 292.)

---

mine pas leurs rapports avec les autorités parmi lesquelles, d'ailleurs, se trouvent leurs chefs. L'article 1er, au contraire, nomme et classe les fonctionnaires entre lesquels le règlement établit des obligations réciproques de déférence et de politesse.

« A moins d'exception et de décision formelle *il n'y a aucune corrélation de devoirs respectifs entre les autorités et les corps* et ceux-ci sont en général hors du cercle tracé pour les honneurs à rendre et à recevoir. C'est ainsi que, bien qu'un président d'un tribunal soit placé dans l'ordre des préséances avant les membres d'une cour royale, le conseil de préfecture et le corps municipal, il ne peut prétendre à être visité par un corps.

« De même les membres des cours et tribunaux dont la place est fixée dans les cérémonies après le préfet, ne lui doivent cependant pas le visites collectives (Ardèche). »
(1) Voy. Léon Morgand, *op. et loc. cit.*
(2) Déc. du garde des sceaux 13 février 1843.
(3) Circ. min. int. 17 novembre 1871 et 8 septembre 1874.

(1) Avis du C. d'Ét. 16 février 1876.
(2) Voici celles que le ministre de l'intérieur a données en 1881 : « Il a été convenu entre les départements de la guerre et de l'intérieur que les préfets recevraient dans toutes les villes de garnison, à l'occasion du 1er janvier la visite du corps des officiers et que, de son côté, le préfet ferait ou rendrait visite au représentant le plus élevé de l'autorité militaire, accompagné du conseil de préfecture. La même visite sera faite par les autorités dénommées au décret de messidor. Vous avez, en ce qui vous concerne, à aviser de cette entente le maire et le commissaire de police. »
(3) Règ. 23 octobre 1883.
(4) Circ. guerre 15 juillet 1875.
(5) Règ. de 1883, art. 301.
(6) Circ. guerre 4 février 1884.
(7) Règ. de 1883, art. 301.

Les sous-officiers, caporaux ou brigadiers et soldats qui marchent isolément en armes pour un service de planton ou tout autre service, portent l'arme sans s'arrêter (art. 295 et 298). Le préfet répond par le salut.

143. *Mot d'ordre.* — Le décret de 1863 comprenait le préfet parmi les autorités qui devaient recevoir le mot d'ordre à titre d'honneur.

Le nouveau règlement de 1891 autorise seulement la communication du mot d'ordre au préfet, et, sur sa demande, un sous-officier la lui porte (art. 306). Le caractère honorifique des prescriptions des décrets de messidor et de 1863 est dénaturé : le préfet n'a plus droit au mot d'ordre qu'en raison de ses attributions de police judiciaire qui vont probablement subir des modifications par suite de la revision du Code d'instruction criminelle (1).

144. *Visites individuelles.* — Bien que le règlement sur le service des places soit muet sur les visites à rendre par les militaires aux fonctionnaires civils, le décret de messidor oblige encore le général de brigade et le commandant d'armes à rendre visite au préfet lors de son installation (2).

Le général de division inspecteur a droit le premier à la visite du préfet qu'il doit avertir de son arrivée et la lui rend dans les vingt-quatre heures (3). Le préfet doit revêtir le costume officiel pour faire les visites ou les recevoir (4).

145. Si le préfet est remplacé par le secrétaire général ou un conseiller de préfecture, ce suppléant, qui n'a pas droit à la visite du général inspecteur, ne la doit pas non plus (5); mais les convenances conseillent qu'il la fasse.

Toutefois, si le général est inspecteur de la gendarmerie, l'intérêt du service de police confié au préfet exige que ce fonctionnaire se mette immédiatement en relation avec lui; et, en son absence, le secrétaire général ou le conseiller de préfecture délégué doit visiter l'inspecteur qui rend dans les vingt-quatre heures la visite au fonctionnaire qui l'a faite (6).

146. *Visites de corps.* — Des visites de corps sont dues aux préfets : elles ont lieu dans les quatre jours qui suivent l'arrivée du préfet, sur avis préalablement adressé par lui à l'autorité militaire qui fait la convocation (7).

Bien que le nouveau règlement passe sous silence les visites du jour de l'an, il a été convenu entre les départements de la guerre et de l'intérieur que des instructions rappelleront chaque année que pour entretenir les bons rapports qui doivent

exister entre les diverses autorités civiles et l'autorité militaire, une entente doit avoir lieu pour que des visites de corps soient faites à celles des autorités civiles qui, par réciprocité, prescriraient aux fonctionnaires placés sous leurs ordres de faire ces mêmes visites aux autorités militaires. Des instructions sont données par les deux ministres de la guerre et de l'intérieur.

Les militaires sont en grande tenue de service, et les préfets en costume officiel (1).

Le lendemain de l'arrivée et la veille du départ d'un corps de troupe, une visite est également faite au préfet, mais en tenue de route (art. 256 et 259).

147. En raison de la courte durée des périodes de convocation de l'armée territoriale, les officiers ont été dispensés des visites de corps : l'officier le plus élevé en grade est seul tenu de se présenter chez le préfet au commencement de la période d'exercice (2).

148. *Salut.* — Le règlement de 1883 supprime complètement le salut des militaires aux fonctionnaires civils et celui de 1891 n'en fait plus mention.

Malgré cette suppression, malgré l'article 349 de ce dernier décret qui prononce l'abrogation de tous les règlements antérieurs, nous pensons que l'art. 250 du décret de messidor subsiste. Il est ainsi conçu : « Ont droit au salut les fonctionnaires civils en costume. » (Voy. n° 132.)

149. *Honneurs funèbres.* — Ces honneurs sont dus aux préfets.

Les honneurs civils sont réglés par le décret de messidor (3) et les honneurs militaires par le règlement de 1891 (art. 325). — Toutes les troupes de la garnison prennent les armes. Elles sont rangées autant que possible face à l'hôtel de la préfecture. Pendant la levée du corps et jusqu'à ce que le cortège ait défilé, elles sont au port d'armes; les tambours, clairons ou trompettes battent ou sonnent une marche funèbre. Après le défilé du cortège, les troupes sont reconduites à leur quartier.

ARTICLE 4. — *Privilèges de juridiction.*

150. En matière pénale, les préfets jouissent d'un véritable privilège soit au point de vue de la juridiction dont ils relèvent en cas de délit ou de crime, soit au point de vue de la procédure qui est suivie à leur égard. La haute situation qu'ils occupent a paru justifier cette double dérogation au droit commun.

Lorsqu'ils sont prévenus d'un délit, le droit de citation

---

(1) Voir ci-dessous, les attributions du préfet en matière de police judiciaire.
(2) Cir. guerre 13 janvier 1884.
(3) Ord. 21 juin 1836.
(4) Circ. 8 septembre 1874.
(5) Circ. int. 6 juin 1873.
(6) Même circulaire.
(7) D. 4 octobre 1891, art. 253 et 256. — L'article 253 fait des autorités qui ont droit aux visites du corps d'officiers l'énumération suivante : Ministres, maréchaux de France et amiraux, généraux de division et vice-amiraux, contrôleurs généraux de première classe. — Intendants généraux inspecteurs, médecin inspecteur général, généraux de brigade et contre-amiraux, contrôleurs généraux de 2ᵉ classe, intendants militaires, majors généraux de la marine qui ne sont pas contre-amiraux, inspecteur général du génie maritime, inspecteur général du service de santé (armée de terre), commandants d'armes, cardinaux, archevêques et évêques, conseillers d'État en mission extraordinaire, premiers présidents de cour d'appel, préfets, président de la cour d'assises.

---

(1) Circ. Int. 8 septembre 1874.
(2) Circ. Int. 16 mai 1880.
(3) D. de messidor, Tit. XXVI, art. 16. — « Lorsqu'une des personnes désignées dans l'article 1ᵉʳ du titre 1ᵉʳ mourra, toutes les personnes qui occupent, dans l'ordre des préséances, un rang inférieur à celui du mort, assisteront à son convoi et occuperont entre elles l'ordre prescrit par le susdit article. — Si des personnes qui occupent un rang supérieur dans l'ordre des préséances veulent assister au convoi d'un fonctionnaire décédé et qu'elles soient revêtues de leur costume, elles marcheront dans le rang qui leur est fixé dans ledit article. — Les corps assisteront en totalité au convoi des princes, des grands dignitaires, des ministres, des grands officiers de l'Empire, des sénateurs dans leurs sénatoreries et des conseillers d'État en mission; pour les autres, ils y assisteront par députation. »

directe n'appartient plus à la partie lésée; seul, le procureur général peut l'exercer (1) et la juridiction compétente n'est point le tribunal correctionnel, mais la Cour d'appel qui statue en premier et en dernier ressort dans les formes prévues par les art. 479 et suivants du Code d'instruction criminelle (2).

Si le fait dont ils sont accusés constitue un crime, ils sont déférés à la Cour d'assises du lieu où siège la Cour d'appel (3). Cette mesure est très sage : il y aurait, en effet, quelque chose de choquant à voir le chef de l'administration préfectorale, investi de fonctions ayant un caractère essentiellement politique, jugé par ses propres administrés. La décision qui serait intervenue dans ces conditions aurait toujours paru suspecte de partialité. C'est pourquoi il y a lieu de regretter que la loi de 1810 n'ait pas édicté une disposition analogue pour le cas où le préfet, objet de la poursuite, administre le département même où siège la Cour d'appel : les mêmes motifs commandaient le renvoi de l'affaire devant le jury d'un département voisin.

Lorsqu'il s'agit de simples contraventions de police, les préfets sont soumis, quant à la compétence et à la procédure, aux règles du droit commun.

151. Dans certains cas, la qualité de fonctionnaire entraîne pour le coupable une aggravation de peine : il en est ainsi, notamment, dans les cas prévus par l'article 38 du décret du 2 février 1852 (4) et l'art. 177 du Code pénal (5).

152. En matière civile, le préfet comme tout autre fonctionnaire, peut engager sa propre responsabilité chaque fois que, par une faute personnelle, il occasionne un dommage à autrui. Sous l'empire de la Constitution de l'an VIII, la partie lésée ne pouvait exercer des poursuites contre le fonctionnaire, pour des faits relatifs à ses fonctions, sans l'autorisation préalable du Conseil d'Etat (6).

La nécessité de cette autorisation a été abrogée par le décret du 19 septembre 1870 qui a voulu faciliter aux citoyens la revendication de leurs droits contre les fonctionnaires publics. L'art. 1er de ce décret est ainsi conçu :

» L'article 75 de la Constitution de l'an VIII est abrogé.

« Sont également abrogées toutes autres dispositions de lois « générales ou spéciales ayant pour objet d'entraver les « poursuites dirigées contre des fonctionnaires publics de tout « ordre. » Mais cette disposition n'a eu, à notre avis, ni pour but ni pour résultat de supprimer la compétence des tribunaux ordinaires, laquelle, encore aujourd'hui, subsiste entière. (Voy. v° Fonctionnaire.)

153. Lorsque les préfets, au lieu d'être les auteurs, sont les victimes d'actes délictueux, tels que outrages, injures, violences ou voies de fait, etc., etc., ils sont protégés, comme les autres fonctionnaires, par les dispositions du Code pénal qui frappent les auteurs de ces délits de peines particulièrement rigoureuses (art. 222 à 223). Il est même à remarquer que la loi du 29 juillet 1881, sur la presse, a attribué à la Cour d'assises la connaissance de la diffamation contre les fonctionnaires (art. 31 et 45), alors que cette infraction ne constitue, d'après le droit commun, qu'un simple délit de la compétence des tribunaux correctionnels.

154. Des règles spéciales sont aussi applicables aux préfets en ce qui concerne leur témoignage en justice.

Il sont dispensés de la déposition orale et tenus seulement d'envoyer par écrit leur témoignage, sur la demande qui leur est adressée en la même forme, dans les affaires où ils ont eu à exercer les pouvoirs de police judiciaire qui leur sont dévolus par l'art. 10 du Code d'instruction criminelle.

Dans toute autre affaire, le préfet peut répondre à la citation en allant à l'audience et alors il est reçu à la première porte du palais de justice par un huissier qui l'introduit dans le parquet et le conduit à un siège particulier.

Il peut aussi inviter le magistrat chargé de l'instruction à venir recevoir sa déposition à la préfecture (1).

Article 5. — Honorariat.

155. L'honorariat peut être conféré par décret (2) aux préfets placés hors des cadres d'activité ou admis à la retraite et qui ont bien mérité dans l'exercice de leurs fonctions. Cette distinction, qui est un juste hommage rendu à de longs et honorables services, rattache en quelque sorte, par un lien moral, le fonctionnaire à l'administration : elle lui maintient

---

(1) L. 20 avril 1810, art. 10.
(2) Cass. 24 décembre 1874. (Gaz. des tribunaux, 30 décembre.)
(3) L. 20 avril 1810, art. 18.
(4) D. 2 février 1852, art. 38. — « Quiconque aura donné, promis ou reçu des deniers, effets ou valeurs quelconques, sous la condition, soit de donner ou de procurer un suffrage, soit de s'abstenir de voter, sera puni d'un emprisonnement de trois mois à deux ans et d'une amende de 500 francs à 5,000 francs Seront punis des mêmes peines, ceux qui, sous les mêmes conditions, auront fait ou accepté l'offre ou la promesse d'emplois publics ou privés. Si le coupable est fonctionnaire public la peine sera du double. »
(5) C. pén., art. 177. — Tout fonctionnaire public de l'ordre administratif ou judiciaire, tout agent ou préposé d'une administration publique qui aura agréé des offres ou promesses ou reçu des dons ou présents pour faire un acte de sa fonction ou de son emploi, même juste, mais non sujet à salaire, sera puni de la dégradation civique et condamné à une amende double de la valeur des promesses agréées ou des choses reçues sans que ladite amende puisse être inférieure à deux cents francs. — La présente disposition est applicable à tout fonctionnaire agent ou préposé de la qualité ci-dessus exprimée qui, par offre ou promesses agréées, dons ou présents reçus, se sera abstenu de faire un acte qui entrait dans l'ordre de ses devoirs.
(6) Constit. de l'an VIII, art. 75. — « Les agents du gouvernement autres que les ministres ne peuvent être poursuivis pour des faits relatifs à leurs fonctions qu'en vertu d'une décision du Conseil d'Etat; en ce cas, la poursuite a lieu devant les tribunaux ordinaires. »

(1) D. 4 mai 1812, art. 3. — Dans les affaires où nos préfets auront agi en vertu de l'article 10 de notre Code d'instruction criminelle, si le bien de la justice exige qu'il leur soit demandé de nouveaux renseignements, les officiers chargés de l'instruction leur demanderont ces renseignements par écrit, et nos préfets seront tenus de les donner dans la même forme. Art. 4. Dans les affaires autres que celles spécifiées au précédent article, si nos préfets ont été cités comme témoins, et qu'ils allèguent, pour s'en excuser, la nécessité de notre service, il ne sera pas donné de suite à la citation. — Dans ce cas, les officiers chargés de l'instruction, après qu'ils se seront entendus avec eux sur le jour et l'heure, viendront dans leur demeure pour recevoir leurs dépositions et il sera procédé, à cet égard, ainsi qu'il est prescrit à l'article 516 de notre dit Code. — Art. 5. — Lorsque nos préfets, cités comme témoins, ne s'excuseront pas ainsi qu'il est dit à l'article précédent, ils seront reçus par un huissier à la première porte du palais de justice, introduits dans le parquet et placés sur un siège particulier, ils seront reconduits de la même manière qu'ils ont été reçus. — Art. 6. — Les dispositions des deux articles précédents sont déclarées communes aux grands officiers de l'Empire, aux présidents de notre Conseil d'Etat, aux ministres d'Etat et conseillers d'Etat, lorsqu'ils sont chargés d'une administration publique, à nos généraux actuellement en service, à nos ambassadeurs et autres agents diplomatiques pr s les cours étrangères. — Art 7. — Notre grand-juge, ministre de la justice est chargé de l'exécution du présent décret.
(2) D. 28 février 1863, art. 1er.

le titre de préfet, lui confère le droit d'assister aux cérémonies publiques revêtu du costume de ses anciennes fonctions, moins l'écharpe, et d'y prendre rang avant les conseillers de préfecture (1).

§ 2. — *Avantages pécuniaires.*

ARTICLE PREMIER. — *Traitement et classes.*

156. Au point de vue du traitement (2), on divise les préfets en trois classes ; mais cette division est étrangère aux attributions qui restent les mêmes quelle que soit la classe à laquelle ils appartiennent.

157. Fixé pour la première fois par l'article 21 de la loi du 28 pluviôse an VIII (3), le traitement a fréquemment varié depuis lors ; il se trouve actuellement déterminé ainsi qu'il suit, par le décret du 28 décembre 1872, rendu en exécution de la loi de finances du 20 décembre de la même année : 1re classe, 35,000 francs ; 2e classe, 24,000 francs ; 3e classe, 18,000 francs. Le département de la Seine est hors classe et le décret attribue au préfet de la Seine 50,000 francs et au préfet de police 40,000 francs (4). Le traitement de l'administrateur du territoire de Belfort est de 12,000 francs.

158. En principe, la classe est attachée à la résidence et dépend de l'importance du département. A ce point de vue, les préfectures ont été divisées en trois classes par un décret des 27 mars-1er mai 1852 (5).

---

(1) D. 24 février 1863, art. 2.
(2) Un décret du 21 fructidor an III autorisait le payement de certains traitements en blé (300 quintaux aux administrateurs du département) et décidait, vu la pénurie du Trésor, que les autres fonctions publiques seraient considérées comme une dette civique et seraient gratuitement exercées (article 26).
(3) Cette loi n'établit aucune classification entre les préfectures ; mais Rœderer, dans son rapport au Conseil d'Etat reconnaît que l'Etat doit payer à l'administrateur « et son travail et les frais de représentation qu'exige sa place ». C'est, en conséquence, d'après les charges présumées que leur impose leur résidence que sont déterminées les traitements L'article 21 de la loi du 28 pluviôse an VIII est ainsi conçu : Dans les villes dont la population n'excède pas 15,000 habitants, le traitement du préfet sera de 8,000 francs ; dans celles de 15 à 30,000 habitants, il sera de 12,000 francs ; dans celles de 30 à 45,000 habitants, il sera de 16,000 francs ; dans celles de 45 à 100,000 habitants, il sera de 20,000 fr. ; Dans celles de 100,000 et au-dessus, il sera de 24,000 francs ; A Paris, il sera de 30,000 francs. Au traitement s'ajoutent les indemnités.
(4) Le décret du 11 juin 1810 partage les départements en quatre classes et fixe les traitements à 20,000, 30,000, 40,000 et 50,000 francs en les mettant pour moitié à la charge des communes. Les désastres qui suivirent, amenèrent avec la loi de finances de 1816, une réduction sur tous les traitements, puis la loi de finances de 1817, supprimant tout prélèvement sur les fonds des communes, ajouta une si lourde charge au Trésor que l'on songea à de nouvelles réductions. — Une ordonnance du 15 mai 1822 les réalise et attribue comme suit les traitements :

     13 préfets à .... 18,000 fr.
     45 préfets à 20,000
     6 préfets à 25,000
     13 préfets à 30,000
     2 préfets à 35,000
     4 préfets à 45,000

Le 23 septembre 1829, nouvelle réduction d'un dixième, et le 28 décembre 1839 autre classement répartissant les préfets en sept groupes, dont le traitement varie de 15,000 à 30,000 francs. — L'arrêté du 15 décembre 1848, revenant au principe de la loi de l'an VIII, fait varier le traitement, d'après la résidence entre 10,000 et 24,000 francs.
(5) La classification établie par ce décret constitue, sauf quelques différences dans les chiffres, la classification actuelle des préfectures. En 1852, elle comprenait :

     8 départements de 1re classe avec.. 40,000 fr.
     19   —   2e classe avec.. 30,000
     59   —   3e classe avec.. 20,000

Mais la répartition ainsi faite a reçu (1) et peut toujours recevoir des modifications partielles de décrets ultérieurs, ayant pour objet de faire passer le département d'une classe à une autre.

Ces modifications ont lieu sous le contrôle du parlement, lorsqu'elles font passer un département dans une classe supérieure : elles se traduisent alors, en effet, par une augmentation de dépense qui est soumise aux Chambres au moment du vote du budget.

Chaque année le bulletin du ministère de l'Intérieur publie le tableau de la classification en vigueur.

159. Au 1er janvier 1891, on compte 11 préfectures de première classe, 31 de deuxième et 43 de troisième. Enfin, la préfecture de la Seine, la préfecture de police et le territoire de Belfort sont considérées comme hors classe. Les préfectures de l'Algérie n'entrent pas non plus dans cette classification (2).

---

(1) En 1870, les trois catégories de préfectures établies par le précédent décret, sont ainsi modifiées :

     14 départements de 1re classe avec.. 40,000 fr.
     31   —   2e classe avec.. 30,000
     43   —   3e classe avec.. 20,000

Depuis la guerre de 1870, il a fallu encore réduire les traitements qui furent fixés par l'Assemblée nationale (4 avril 1872) :

     11 préfets de 1re classe à............. 35,000 fr.
     31   —   2e classe à............. 24,000
     43   —   3e classe à............. 20,000
     1   (Belfort)................. 8,000

Enfin, le 23 décembre 1872, M. Thiers arrêtait les traitements aux chiffres actuels.
Divers amendements ont été déposés lors présentés aux Chambres en vue de réduire les traitements des préfets, mais ils n'ont pas abouti. (Voir séance du 23 février 1888, *Journal officiel*, p. 523, rejet d'un amendement de M. de La Bâtie tendant à réduire les traitements de préfets à 28,000 francs, 20,000 francs, et 15,000 francs.)
(2) Classification des préfectures au 1er janvier 1891.

Hors classe.

Préfecture de la Seine.	Préfecture d'Oran.
Préfecture de police.	Préfecture de Constantine.
Préfecture d'Alger.	Territoire de Belfort.

Première classe (11).

Alpes-Maritimes.	Loire.	Rhône.
Bouches-du-Rhône.	Loire-Inférieure.	Seine-Inférieure.
Garonne (Haute-).	Meurthe-et-Moselle.	Seine-et-Oise.
Gironde.	Nord.	

Deuxième classe (31).

Aisne.	Gard.	Puy-de-Dôme.
Calvados.	Hérault.	Pyrénées (Basses-).
Charente-Inférieure.	Ille-et-Vilaine.	Saône-et-Loire.
Cher.	Indre-et-Loire.	Savoie.
Corse.	Isère.	Seine-et-Marne.
Côtes-d'Or.	Loiret.	Somme.
Côte-du-Nord.	Lot-et-Garonne.	Vaucluse.
Dordogne.	Maine-et-Loire.	Vienne.
Doubs.	Manche.	Vienne (Haute-).
Eure.	Oise.	
Finistère.	Pas-de-Calais.	

Troisième classe (43).

Ain.	Eure-et-Loir.	Orne.
Allier.	Gers.	Pyrénées (Hautes-).
Alpes (Basses-).	Indre.	Pyrénées-Orientales.
Alpes (Hautes-).	Jura.	Saône (Haute-).
Ardèche.	Landes.	Sarthe.
Ardennes.	Loir-et-Cher.	Savoie (Haute-).
Ariège.	Loire (Hautes-).	Sèvres (Deux-).
Aube.	Lot.	Tarn.
Aude.	Lozère.	Tarn-et-Garonne.
Aveyron.	Marne.	Var.
Cantal.	Marne (Haute-).	Vendée.
Charente.	Mayenne.	Vosges.
Corrèze.	Meuse.	Yonne.
Creuse.	Morbihan.	
Drôme.	Nièvre.	

Le crédit affecté aux traitements des préfets s'élève pour l'exercice 1892, à la somme de 2,005,000 francs (loi de finances du 26 janvier 1892, chapitre V).

160. Les résultats suivants ressortent de la comparaison du tableau actuel des préfectures avec la classification existante en 1852. Le nombre de préfectures de première classe qui était de 8 en 1852 s'élève aujourd'hui à 11 par suite de l'introduction dans cette classe des Alpes-Maritimes, de la Loire, de Meurthe-et-Moselle, et de Seine-et-Oise. Dans la deuxième classe, actuellement composée de 31 départements et qui n'en comprenait que 18 en 1852, ont été portés les départements de l'Aisne, de la Charente-Inférieure, du Cher, de la Corse, des Côtes-du-Nord de la Dordogne, de l'Eure, du Finistère, du Lot et Garonne, de la Manche, de l'Oise, des Basses Pyrénées, de Saône-et-Loire, de la Savoie, de Seine-et-Marne et de la Vienne. Dans la deuxième classe, actuellement composée de 31 départements et qui n'en comprenait que 18 en 1852, ont été portés les départements de l'Aisne, de la Charente-Inférieure, du Cher, de la Corse, des Côtes-du-Nord de la Dordogne, de l'Eure, du Finistère, du Lot et Garonne, de la Manche, de l'Oise, des Basses Pyrénées, de Saône-et-Loire, de la Savoie, de Seine-et-Marne et de la Vienne.

Par suite de l'augmentation des deux premières classes, le chiffre des départements composant la troisième est descendu de 59 à 43. Elle a perdu l'Aisne, la Charente-Inférieure, le Cher, la Corse, les Côtes-du-Nord, la Dordogne, l'Eure, le Finistère, la Loire, le Lot et Garonne, la Manche, l'Oise, les Basses-Pyrénées, le Haut-Rhin, la Saône-et-Loire, la Seine-et-Marne et la Vienne.

Il y a lieu de tenir compte dans la statistique qui précède des acquisitions et des pertes résultant de la guerre ou de l'annexion. Si la première classe s'est augmentée des Alpes-Maritimes et la seconde de la Savoie, nous avons malheureusement à constater la disparition du Bas-Rhin de la première, du Haut-Rhin de la troisième. Enfin, les départements de la Meurthe et de la Moselle ne forment plus aujourd'hui dans la seconde classe qu'un seul département, celui de Meurthe-et-Moselle.

161. *Classes personnelles.* — Le système des classes territoriales offrait dans l'application un double inconvénient : il mettait l'autorité supérieure dans l'alternative également fâcheuse de sacrifier les intérêts d'un préfet méritant en le laissant indéfiniment dans le département où son administration avait produit et pouvait encore produire les meilleurs résultats, ou de compromettre l'avenir de ce même département, en lui enlevant, pour l'envoyer dans un poste supérieur, un administrateur compétent et dévoué ayant la connaissance de ses besoins, de ses vœux et de ses intérêts. C'est pour obvier à ce double inconvénient et en vue de concilier les intérêts des fonctionnaires et ceux de l'administration qu'a été pris le décret du 27 mars 1852. Avec ce texte, qui par la division des postes en trois classes, laisse subsister le principe des classes territoriales, apparaît pour la première fois, le principe contraire des classes personnelles qui fait dépendre le traitement des préfets de leurs services et non plus seulement de leur résidence (1).

Après cinq années de service dans la même classe, un préfet peut être élevé, sans déplacement, à la classe immédiatement supérieure à celle du poste dont il est titulaire.

Le principe posé par le décret précité a été modifié et étendu par des textes ultérieurs. A la durée de services exigée pour pouvoir prétendre sur place à un avancement personnel, le décret du 25 juillet 1855 ajoute une nouvelle obligation, celle de l'exercice ininterrompu des fonctions, durant le même laps de temps, dans la même préfecture. Après une seconde période de services accomplie dans les mêmes conditions que la précédente, l'augmentation de traitement déjà obtenue et dont le chiffre est modifié, peut être portée au double (1).

162. Le système des décrets de 1852 et de 1855 présentait une lacune qui pouvait, dans certains cas, aboutir à une injustice. En effet, si des considérations politiques ou administratives obligeaient l'administration supérieure à déplacer un préfet à la veille de l'expiration de la période quinquennale, tous ses titres à l'avancement personnel étaient perdus. Le décret du 15 avril 1877 remédie à ce danger : tout en conservant le principe de l'avancement après cinq ans de services dans la même classe et dans la même résidence, le décret l'étend au cas où le préfet compte sept années de fonctions dans la même classe, mais dans des résidences différentes (2). Les décrets du 7 décembre 1883 (3) et du 22 mars 1887 (4) n'ont fait que modifier la durée des services et le chiffre de l'augmentation des traitements : la durée des services est réduite à trois ans dans le même département et à

---

préfets et conseillers de préfecture dépende de leurs services personnels et non plus seulement de leur résidence.

Décrète : — Art. 1er. — Les traitements des préfets des départements sont divisés en trois classes et fixés :

	fr.
Dans la première classe, le traitement des préfets est de	40,000
Dans la seconde classe, il est de	30,000
Dans la troisième classe, il est de	20,000

Art. 2. — Les préfets des départements, compris, dans la 3e classe pourront, après 5 ans de service dans la même classe, obtenir le traitement de la deuxième sans qu'il soit nécessaire de les changer de résidence. Les préfets de la deuxième classe pourront aux mêmes conditions, obtenir le traitement de la première classe.

(1) D. 25 juillet 1855, art. 1er. — Les dispositions, des articles 2, 4 et du décret du 27 mars 1852 relatives à l'avancement des préfets, sous-préfets et conseillers de préfecture ne seront applicables qu'à ceux de ces fonctionnaires qui auront accompli dans le même département, ou dans le même arrondissement, la durée de services fixée par ces articles. — Art. 2. — L'augmentation de traitement qui, en exécution de l'article 2 du décret ci-dessus, peut-être accordée aux préfets sans changement de résidence sera de cinq mille francs. Elle pourra être portée à dix mille francs après une nouvelle période de cinq ans de services dans le même département.

(2) D. 15 avril 1877, art. 1er. — Les préfets des départements compris dans les 2e et 3e classes pourront, après cinq ans de services dans la même classe et dans la même résidence, ou après sept ans de fonctions dans la même classe et dans des résidences différentes, obtenir sur place une augmentation de traitement égale à la moitié de la différence existant entre le traitement de la classe à laquelle ils appartiennent et le traitement de la classe immédiatement supérieure. — Cette augmentation pourra être doublée après une nouvelle période de cinq ans de services dans le même département ou de sept ans dans différents départements de la même classe.

(3) D. 7 décembre 1883, art. 1er. — Les préfets de 2e classe qui seront à l'avenir élevés sur place à la première classe personnelle, recevront, à ce titre, un complément de traitement de 5,000 francs, soit un traitement total de 29,000 francs.

(4) D. 22 mars 1887.— Art. 1er. Les préfets des départements compris dans la deuxième classe pourront, après trois ans de services dans le même département, ou après cinq ans de fonctions dans différents départements de la même classe obtenir, sur place, une augmentation de traitement de 5,000 francs.— Art. 2. Les préfets des départements com-

---

(1) D. 27 mars 1852. — Louis-Napoléon, etc. ; — Considérant que les traitements actuels des préfets, sous-préfets et conseillers de préfecture sont hors de proportion avec l'importance de leurs attributions et le rang qu'ils occupent ; — Considérant que le décret du 25 mars en étendant les attributions des préfets et par suite celles des sous-préfets et conseillers de préfecture, a rendu cette disproportion encore plus sensible ; — Considérant aussi qu'il importe à la bonne administration du pays que sous le rapport du traitement, l'avancement des préfets, sous-

cinq ans dans des départements différents appartenant à la même classe. Quant à l'augmentation de traitement, elle est de cinq mille francs pour les préfets des départements de deuxième classe, et de trois mille pour les départements de troisième. Cette augmentation peut être portée à onze mille francs pour les premiers, à six mille pour les seconds, après une nouvelle période de services accomplie dans les mêmes conditions que la première.

163. Pendant longtemps, le mode d'avancement au moyen des classes personnelles est resté l'exception : mais depuis quelques années, cette exception tend à devenir la règle, et des tentatives sont faites pour en généraliser l'application. C'est dans ce but que le 27 mai 1878, puis le 23 février 1882, une proposition de loi était déposée à la Chambre des députés (1) ayant pour objet de « supprimer les classes « de préfectures et de sous-préfectures et d'établir des classes « personnelles aux fonctionnaires » avec des indemnités de résidence dans un certain nombre de villes à désigner ultérieurement (2). Cette proposition, à laquelle le gouvernement s'était rallié, n'a pas abouti.

Les préfets d'un département de première ou de deuxième classe peuvent être appelés pour des raisons de service ou pour convenances personnelles, à un poste d'un rang inférieur sans perdre le bénéfice du traitement personnel dont ils jouissent. Le décret qui les change de résidence doit, toutefois, porter une décision expresse à cet égard (3). Cette disposition parfaitement équitable a été admise tant dans l'intérêt de l'administration que dans l'intérêt du fonctionnaire lui-même.

La somme prévue, au budget de 1892, pour les classes personnelles de fonctionnaires administratifs des départements, atteint le chiffre de 230,000 francs. (Loi du 26 janvier 1892, chap. 5.)

Article 2. — Retenues de traitement.

164. Le traitement des préfets peut subir des retenues pour cause de congé, pour cause disciplinaire, enfin pour cause de saisie-arrêt. Nous verrons sous les numéros suivants que les secrétaires généraux et les conseillers de préfecture sont astreints, en outre, à des retenues ordinaires périodiques qu'ils ne sont admis à répéter dans aucun cas.

165. Retenues de congé. — L'obligation imposée aux préfets de résider au chef-lieu du département (n° 209) trouve sa sanc-

tion dans l'ordonnance du 25 mai 1852, aux termes de laquelle les préfets qui s'absentent de leur poste doivent subir une retenue de moitié de leur traitement pendant la durée de leur congé, à moins que ce congé n'ait été accordé pour des raisons de service, de santé ou pour une autre cause qui justifie la remise ou la réduction de la retenue, mais dans tous les cas, une décision spéciale du ministre de l'intérieur est nécessaire. Cette décision est prise par le ministre en même temps qu'il accorde le congé (1).

Les sommes restées libres par l'exercice de la retenue vont accroître les fonds disponibles du crédit inscrit au chapitre 5 du budget du ministre de l'intérieur (traitements et indemnités des fonctionnaires administratifs des départements), et forment un fonds commun qui sert à donner des indemnités soit aux fonctionnaires qui ont eu à supporter des dépenses extraordinaires, soit aux intérimaires.

L'observation rigoureuse de ces prescriptions n'est pas seulement exigée par les règlements de comptabilité, elle est indispensable pour permettre à l'administration supérieure de désintéresser les fonctionnaires intérimaires des dépenses extraordinaires que leur impose la mission de remplacement dont ils ont été chargés. Il n'existe pas, en effet, de crédit spécial pour cet objet, et les fonds qui y sont consacrés proviennent exclusivement des vacances d'emploi ou des retenues pour congé (2).

166. Certaines règles de détail doivent être suivies dans le décompte des retenues ; ainsi, on ne comprend parmi les jours d'absence, ni le jour du départ ni celui de l'arrivée, et chaque mois est considéré comme étant de 30 jours. Lorsqu'un préfet, par exemple, quitte son poste le 21 août et y rentre le 10 octobre, l'absence comprend les jours écoulés du 22 août inclusivement au 9 octobre inclusivement et le trente-unième jour d'août n'est pas compté. S'il s'absente du 17 février au 24 mars, on défalque le 17 et le 24, on compte le mois de février comme ayant 30 jours, et l'absence comprend un mois et 6 jours. Les retenues doivent d'ailleurs se calculer par mois et par jour et non par jour seulement (3).

Toute demande tendant à la remise de retenues doit être accompagnée des décomptes de ces retenues. Elle peut être formée par lettre spéciale, en même temps que la demande même de congé ; mais toute demande de remise doit être écartée si le préfet a quitté son poste avant d'avoir reçu autorisation de congé (4).

167. Retenues disciplinaires — La loi du 9 juin 1853 sur les pensions civiles dispose dans son article 3 : « Les fonc- « tionnaires et employés directement rétribués par l'État... « supportent indistinctement les retenues ci-après... 3° Les « retenues pour causes de congé, ou d'absence, ou par mesure disciplinaire. » D'un autre côté, le règlement d'administration publique du 9 novembre 1853, rendu pour l'exécution de la loi du 9 juin, porte expressément : « Une retenue qui ne peut excéder deux mois de traitement, peut être infligée, par mesure disciplinaire dans le cas d'inconduite, de négligence, ou de manquement au service » (5).

---

pris dans la troisième classe pourront obtenir, dans les mêmes conditions, une augmentation de traitement de 3,000 francs. — Art. 3. Cette augmentation pourra être portée à 11,000 francs pour les préfets des départements de deuxième classe, et à 6,000 francs pour les préfets des départements de troisième classe, après une nouvelle période de trois ans dans le même département, ou de cinq ans dans différents départements de la même classe.

(1) Les auteurs de cette proposition étaient MM. Casimir Périer et Franck-Chauveau.

(2) Voyez le rapport déposé le 8 mai 1880 ; le second dépôt de la proposition, Journal officiel du 9 mars 1882, p. 433 des documents parlementaires de la Chambre et la discussion à la séance du 15 mai, Officiel du 16 mai 1882. — Votée par la Chambre, la proposition est discutée au Sénat, dans la séance du 8 mai 1883 et rejetée par cette assemblée. (Journal officiel du 9 mai 1883.)

(3) D. 27 mars 1852, art. 2 et 3. — Le préfet d'un département compris dans la première ou la deuxième classe pourra être appelé à une préfecture d'un rang inférieur, en conservant son traitement, pourvu qu'il en soit ainsi décidé par le décret qui changera sa résidence.

(1) Circ. Int. 10 avril 1878.
(2) Circ. Int. 22 novembre 1873.
(3) Circ. Int. 22 novembre 1873.
(4) Circ. Int. 22 novembre 1873; 10 avril 1878.
(5) D. 9 novembre 1853, art. 17. — Le fonctionnaire ou l'employé qui

168. Ces règles sont-elles applicables aux préfets ? Le doute peut naître de ce que la loi du 9 juin 1853 est une loi sur les pensions de retraite, qui ne vise pas l'ensemble des fonctionnaires publics, mais seulement ceux qui sont soumis au régime de retraites que cette loi institue ; les fonctionnaires dont les retraites sont régies par d'autres dispositions législatives, restent donc en dehors de ses dispositions, et tel est le cas des préfets qui sont retraités, non d'après la loi de 1853, mais d'après celle des 3-22 août 1790, et le décret du 13 septembre 1806 (n° 197). D'un autre côté, le décret du 9 novembre 1853, qui règle plus spécialement la question des retenues, est un règlement d'administration publique fait pour l'exécution de la loi du 9 juin 1853, en vertu de la délégation contenue dans l'article 35 de cette loi, et il ne s'applique pas de plein droit à des fonctionnaires et employés non soumis à la loi de 1853.

À cet argument d'ordre juridique, on peut ajouter une considération d'ordre politique tirée de la nature des fonctions préfectorales et de l'accord qu'elles supposent entre ceux qui l'exercent et le gouvernement. Si un préfet commettait des infractions de nature à motiver une suspension de traitement, le gouvernement aurait le moyen de sévir, soit par la révocation, soit par la mise en disponibilité, soit par le déplacement avec rétrogradation, sans recourir à une mesure qui pourrait affaiblir l'autorité du préfet sur ses administrés et, en même temps, le mettre hors d'état de remplir convenablement sa fonction.

Pour ces divers motifs, nous inclinons à penser que les préfets ne sont pas au nombre des fonctionnaires soumis à la retenue de traitement prévue par le décret du 9 novembre 1853.

169. *Retenues judiciaires.* — Une retenue judiciaire peut être opérée par voie de saisie-arrêt tant sur les traitements des fonctionnaires que sur les arrérages de leur pension.

L'article 580 du Code de procédure civile pose le principe de cette retenue et, d'autre part, la loi du 21 ventôse an IX en détermine la quotité : « Les traitements des fonctionnaires publics sont saisissables jusqu'à concurrence du cinquième sur les premiers mille francs, du quart sur les cinq mille francs suivants, et du tiers sur la portion excédant six mille francs, à quelque somme qu'elle s'élève, et ce, jusqu'à l'entier acquittement des créances. »

Cette quotité est invariable quelle que soit la nature ou la cause de la créance en vertu de laquelle a été opérée la saisie. C'est ainsi que la Cour de Paris, par un arrêt du 10 août 1882, a décidé que le traitement d'un fonctionnaire de l'État ne peut être saisi-arrêté que pour la partie non réservée par la

loi, alors même qu'il s'agirait d'assurer une pension alimentaire dans les cas prévus par les articles 203, 205 et 214 du Code civil (1). Cette solution, qui nous paraît aussi conforme à l'esprit qu'au texte de la loi de ventôse, n'a pas toujours été admise par la jurisprudence. La même Cour avait, en effet, précédemment décidé (2) que la portion du traitement restée libre après la retenue fixée par la loi du 21 ventôse an IX peut être même saisie pour pension alimentaire, mais seulement dans la proportion que le juge détermine conformément à l'article 582 du Code de procédure civile.

La retenue doit, d'ailleurs, être calculée sur le chiffre brut du traitement, sans déduction du prélèvement pour retraite ou congé.

Les indemnités, gratifications et autres allocations accordées par le gouvernement aux fonctionnaires ou employés salariés par lui sont considérées comme des accessoires des appointements fixes et sont susceptibles, comme eux, d'être frappées d'opposition. L'indemnité est alors cumulée avec le traitement, et c'est sur la somme produite par ce cumul qu'on opère la retenue prescrite par la loi. Mais on ne saurait atteindre la portion libre du traitement. Par exemple, serait de nul effet la signification d'un acte contenant une délégation qui doit entamer la portion libre du traitement, quelle que soit la forme de cette délégation (3).

Article 3. — *Traitement de disponibilité et de non-activité.*

170. Nous nous sommes jusqu'ici occupés du traitement des préfets en activité de service. Or, il peut arriver que, sans avoir cessé d'appartenir à l'administration, ces fonctionnaires n'occupent aucun poste et se trouvent dans l'une des deux situations désignées administrativement sous le nom de disponibilité et de non-activité (voy. n° 124).

171. Un décret du 15 avril 1877, article 5 (4), confirmant le principe déjà posé par celui du 27 mars 1854 (5), permet d'accorder aux préfets en non-activité ou en disponibilité, qui n'auraient pas droit à une pension de retraite et compteraient six ans de services rétribués par l'État, un traitement qui s'élève à 8,000 francs pour les préfets de 1re classe, 6,000 francs pour ceux de 2e et 3e classe.

---

s'est absenté ou qui a dépassé la durée de ses vacances ou de son congé, sans autorisation, peut être privé de son traitement pendant un temps double de celui de son absence irrégulière. — Une retenue qui ne peut excéder deux mois de traitement peut être infligée par mesure disciplinaire, dans le cas d'inconduite, de négligence ou de manquement au service. — Les dispositions du présent article ne sont applicables ni aux magistrats, qui restent soumis, quant aux peines disciplinaires, aux prescriptions des articles 50 et 56 de la loi du 22 avril 1810, 35 du décret du 28 septembre 1807 et 3 du décret du 19 mars 1852, ni aux membres du corps enseignant, qui restent soumis aux articles 33 de la loi du 15 mars 1850 et 3 du décret du 9 mars 1851. — Il n'est pas dérogé par le présent article aux dispositions des articles 20 et 21 du décret du 13 octobre 1851 concernant les ingénieurs des ponts et chaussées, ni à celles des articles 19 et 20 du décret du 24 décembre 1851, concernant les ingénieurs des mines. »

(1) Voy. *Gaz. du Palais*, année 1882, t. I, p. 397.
(2) Cour de Paris, arr. 18 août 1842.
(3) Article 112 de l'Instruction générale des finances, 1843.
(4) D. 15 avril 1877, art. 5. — « Les préfets, sous-préfets, secrétaires généraux et conseillers de préfecture qui, au moment où ils cessent d'être en activité, ne réuniront pas les conditions voulues pour obtenir une pension de retraite, pourront recevoir un traitement de non-activité, pourvu qu'ils comptent au moins six ans de services rétribués par l'État. Le traitement de non-activité est fixé comme suit :

	fr.
Pour les préfets de 1re classe	8,000
Pour les préfets de 2e et de 3e classe	6,000
Pour les sous-préfets et secrétaires généraux de 1re classe	3,000
Pour les sous-préfets et secrétaires généraux de 2e et de 3e classe	2,400
Pour les conseillers de préfecture de 1re classe	2,000
Pour les conseillers de préfecture de 2e et de 3e classe	1,500

« La durée du traitement de non-activité ne pourra s'étendre au delà de six ans. Le traitement de non-activité ne pourra se cumuler avec un traitement quelconque payé par le Trésor public, ni avec une pension payée sur les fonds du Trésor. Cette prohibition n'est point applicable aux pensions militaires. »
(5) D. 27 mars 1854. — « Art. 1er. — Les préfets et les sous-préfets qui, au moment où ils cesseront d'être en activité, ne réuniront pas les conditions voulues pour obtenir une pension de retraite pourront recevoir un traitement de non-activité pourvu qu'ils comptent au moins six ans

Ce traitement ne peut être servi pendant plus de six années. Il ne peut se cumuler avec un traitement payé par le Trésor, ni avec une pension de retraite de l'État, à moins que cette pension ne soit due pour services militaires. La loi de finances du 26 janvier 1892 a réservé, pour les traitements de non-activité, un crédit de 35,000 francs.

172. Le décret qui confère pendant six années un traitement au fonctionnaire en non-activité constitue-t-il pour lui un droit irrévocable? On ne saurait le prétendre. Il résulte, en effet, implicitement, d'un important arrêt rendu sur la question par le Conseil d'État, que le traitement de non-activité dont il s'agit ne crée pas un véritable droit et que l'État est le maître, quand il le veut, de le retirer au titulaire (1) : « Considérant, est-il dit dans l'arrêt, que, par

---

de services rétribués par l'État. — Art. 2. — Le traitement de non-activité est fixé ainsi qu'il suit :

	fr.
Pour les préfets de 1re classe à...............................	8,000
— de 2e et 3e classe à........................	6,000
Pour les sous-préfets de 1re classe à............................	3,000
— de 2e et 3e classe à........................	2,400

« Art. 3. — La durée du traitement de non-activité ne pourra s'étendre au delà de six ans. — Art. 4. Le traitement de non-activité ne pourra se cumuler ni avec un traitement quelconque payé par le Trésor public, ni avec une pension payée sur les fonds du Trésor ou sur les fonds de la caisse de retraites centrale. — Art. 5. Cette prohibition n'est pas applicable aux pensions militaires. »

(1) C. d'Ét., Ar., du 19 novembre 1886. — Le Conseil d'État, etc., etc. — Vu la requête sommaire et le mémoire ampliatif présentés par le sieur Gorgeu, agissant comme cessionnaire des droits et créances contre l'État appartenant au sieur de Maulde, ancien sous-préfet....., tendant à ce qu'il plaise au Conseil annuler une décision en date du 7 mai 1884, par laquelle le ministre de l'Intérieur a rejeté sa demande en payement d'une somme de 10,800 francs montant de quatre années et demie de traitement de disponibilité auquel le dit sieur de Maulde prétend avoir droit...; — Vu les lois des 17 juillet, 8 août 1790 et 26 septembre 1793; — Vu la loi du 24 mai 1872; — Vu le décret du 22 juillet 1806.

Sur la fin de non-recevoir tirée de ce qu'il a déjà été statué définitivement par le ministre de l'intérieur sur la demande du sieur de Maulde; — Considérant que, par sa décision en date du 27 juillet 1883 qui n'a pas été attaquée et qui est devenue définitive, le ministre de l'Intérieur a statué sur une demande du sieur de Maulde tendant au payement d'une somme de 8,400 francs montant de son traitement de non-activité pour les années 1880, 1881, 1882 et le premier semestre de 1883, et refusé de reconnaître le droit du sieur de Maulde à l'obtention de ladite somme; que la nouvelle demande présentée par le sieur de Maulde et sur laquelle il a été statué par le ministre de l'intérieur le 7 mai 1884 tendant au payement d'une somme de 10,800 francs, montant de son traitement de non-activité pour les années 1880, 1881, 1882, 1883 et le premier semestre de 1884; que, dès lors, le ministre est fondé à soutenir que la nouvelle demande du sieur de Maulde était non-recevable en tant qu'elle tendait au payement des sommes sur lesquelles il avait été définitivement statué le 27 juillet 1883; mais que la même fin de non-recevoir ne saurait être opposée à la demande du sieur de Maulde en tant qu'elle s'applique à la somme de 2,400 francs afférente aux termes de son traitement échus postérieurement au premier semestre de 1883 ;

Sur la fin de non-recevoir tirée de ce que la décision du 7 mai 1884 ne serait pas de nature à être déférée au Conseil d'État par la voie contentieuse ; — Considérant que, par la décision attaquée, le ministre de l'Intérieur ne s'est borné à faire connaître au sieur de Maulde que, par suite de la réduction du crédit affecté par le Parlement aux traitements des fonctionnaires en non-activité, il ne pouvait lui payer son traitement, mais qu'il a contesté le droit lui-même du sieur de Maulde au payement des termes échus du dit traitement; que, dans ces circonstances, ladite décision ne constitue pas seulement un refus d'ordonnancement qui échapperait à la compétence de la juridiction contentieuse, mais la négation d'un droit qu'il appartenait au requérant de faire valoir devant le Conseil d'État par application de la loi du 24 mai 1872 ;

Au fond : — Considérant qu'aux termes du décret du 15 avril 1877, les préfets, sous-préfets, secrétaires généraux et conseillers de préfecture qui, au moment où ils cessent d'être en activité, ne réunissent pas les conditions voulues pour obtenir une pension de retraite, peuvent recevoir un traitement de non-activité dont le montant est fixé par ledit décret, pourvu qu'ils comptent au moins six ans de services rétribués

---

un décret en date du 5 janvier 1879, pris par application du décret du 15 avril 1877, « il a été accordé au sieur X... un traitement annuel de 2,400 francs ; *que s'il appartenait au Gouvernement de revenir sur cette mesure*, le décret, dans l'espèce, n'a pas été rapporté ; qu'ainsi le sieur X... continuait à avoir droit au traitement qui lui avait été alloué, etc. » Cette jurisprudence nous paraît faire une très juste application de l'esprit comme de la lettre du décret de 1877. Nous avons dit plus haut (n° 124) que la disponibilité, comme la non-activité, situations essentiellement provisoires, n'affectaient pas toujours le caractère d'une mesure disciplinaire, et pouvaient être encourues par suite de faits ou de circonstances n'impliquant pas de la part des fonctionnaires un manquement au devoir de leur charge. Il eût donc été souvent injuste de priver de la totalité de leur traitement, tous les fonctionnaires sans exception placés dans cette situation. La mesure eût été particulièrement rigoureuse à l'égard de ceux qui, ayant à leur actif un certain nombre d'années de services, se trouveraient dépourvus de ressources personnelles. En supposant même que la mise en disponibilité eût été prononcée à la suite d'une faute professionnelle, la sanction pouvait se trouver trop rigoureuse et disproportionnée avec la faute commise. C'est par ces divers motifs que, par le décret de 1877, le Gouvernement s'est réservé un large pouvoir d'appréciation, limité seulement par la triple condition des services exigés et du maximum, quant au chiffre et à la durée, du traitement à accorder. Mais rien n'empêche le gouvernement, auquel il est loisible d'accorder le traitement dont il s'agit, de le retirer au titulaire, s'il le juge à propos, même avant l'expiration des six années réglementaires. Et le nouveau décret qui est pris à cet effet, de même que le décret portant révocation, est un acte de pure administration ne rentrant pas dans la catégorie de ceux qui peuvent être attaqués par la voie contentieuse.

173. Mais si un décret peut retirer à un fonctionnaire le traitement de non-activité qui lui a été accordé, une simple décision du ministre, motivée par des considérations budgétaires, ne saurait avoir le même pouvoir.

---

par l'État et que la durée de ce traitement de non-activité ne peut s'étendre au-delà de six ans ; — Considérant que par un décret en date du 5 janvier 1879 pris par application de cette disposition, il a été accordé au sieur de Maulde un traitement annuel de 2,400 francs ; que, s'il appartenait au gouvernement de revenir sur cette mesure, le décret, dans l'espèce, n'a pas été rapporté ; qu'ainsi le sieur de Maulde continuait à avoir droit au traitement qui lui avait été alloué, et qu'il est par suite fondé à demander que l'État soit déclaré débiteur envers lui de la somme de 2,400 francs représentant le montant de son traitement pour le second semestre de 1883 et le premier semestre de 1884 ;

Sur les conclusions tendant au payement de la somme de 1,200 francs montant du traitement afférent au second semestre de 1884 : — Considérant que le requérant ne justifie d'aucune décision du ministre de l'Intérieur sur ces nouvelles conclusions; que, dès lors, il n'est pas recevable à les présenter au Conseil d'État ;

Sur les intérêts : — Considérant qu'aucune disposition de loi ne permet d'allouer des intérêts pour retard dans le payement d'un traitement ;

Sur les dépens : — Considérant que le pourvoi ne rentre dans aucun des cas pour lesquels le décret du 2 novembre 1864 permet de mettre les dépens à la charge de l'État

Décide : — Art. 1er. L'État est déclaré débiteur envers le sieur Gorgeu ès qualités de la somme de 2,400 francs, montant du traitement de non-activité du sieur de Maulde, du 1er juillet 1883 au 1er juillet 1884. — Art. 2. La décision du ministre de l'Intérieur en date du 7 mai 1884 est réformée en ce qu'elle a de contraire à la présente décision. — Art. 3. Le surplus des conclusions du sieur Gorgeu ès qualités est rejeté.

Tant que le décret n'a pas été rapporté, le droit au traitement subsiste. Sans doute, le ministre peut refuser d'ordonnancer la dépense, lorsque, par suite des réductions de crédits opérées par le parlement, il n'existe pas de fonds disponibles sur lesquels le payement puisse être imputé; l'avis qu'il donne à l'intéressé de son refus ne constitue pas une décision susceptible d'être déférée à la juridiction contentieuse du Conseil d'État (1).

L'intéressé ne peut, dans ce cas, qu'user de son droit de pétition devant les Chambres.

174. Mais si le ministre ne se borne pas à refuser l'ordonnancement, s'il conteste le fond même du droit réclamé et statue sur l'existence ou l'inexistence de la dette, son acte constitue bien alors une véritable décision de nature à être l'objet d'un recours contentieux.

La décision du ministre portant refus de payer les mensualités échues, en déniant au demandeur son droit au traitement, ne fait pas obstacle à ce que ce dernier forme une demande nouvelle ayant pour objet les termes échus postérieurement à la première décision : celle-ci, fût-elle devenue définitive, ne saurait, en conséquence, être valablement opposée comme fin de non-recevoir à la nouvelle demande. Pour que l'exception de la chose jugée puisse être invoquée, il faut, en effet, aux termes de l'article 1351 du Code civil, que la seconde demande présente, avec celle qui a déjà été tranchée, identité de parties, de cause et d'objet; or, dans notre hypothèse, la chose demandée n'est pas la même (2).

175. Aux termes du droit commun, en cas de retard dans l'exécution d'une obligation ayant pour objet une somme d'argent, des intérêts fixés au même taux que les intérêts légaux sont dus au créancier à partir du jour de la demande en justice, indépendamment de toute justification de préjudice (Code civil, article 1153). Doit-on, en l'absence de toute disposition légale contraire, faire application de cette règle en

ce qui concerne le retard apporté dans le payement du traitement dû à un fonctionnaire ? La jurisprudence du Conseil d'État se prononce pour la négative, et décide qu' « aucune disposition de loi ne permet d'allouer des intérêts pour retard dans le payement d'un traitement (1). » Mais c'est là, croyons-nous, une décision d'espèce qui s'explique par le caractère spécial du traitement de non-activité qui constitue une faveur plutôt qu'un droit. Nous doutons que cette solution puisse être généralisée, les autres dettes de l'État devant, sauf dérogation expresse, être régies par les principes généraux des obligations.

176. De ce que le fonctionnaire est créancier de son traitement, il résulte qu'il lui est loisible, comme à tout titulaire d'un droit, d'en faire l'abandon, soit expressément (2), soit tacitement, en laissant s'écouler les délais de la prescription. Si la renonciation volontaire au traitement ne se produit jamais, il n'en est pas de même de sa perte par suite de prescription. On applique, dans ce cas, la règle édictée par la loi de finances du 29 janvier 1831 (art. 9), aux termes de laquelle toutes les créances sur l'État doivent, à peine de déchéance, être liquidées, ordonnancées et payées dans les cinq ans qui s'écoulent depuis le premier jour de l'exercice auquel elles appartiennent.

Toutefois, la déchéance ne serait pas encourue dans le cas où le payement n'aurait pu être effectué dans les délais par le fait de l'administration ou par suite de pourvois formés devant le Conseil d'État (L. de 1831, art. 10); mais l'exercice sur lequel la dépense devait être payée étant périmé, le crédit nécessaire au payement ne pourra être mis à la disposition du ministre que par une loi.

Article 4. — *Fonds d'abonnement.*

177. Outre leur traitement, les préfets reçoivent, sous le nom de fonds d'abonnement, des ressources mises à leur disposition par le Gouvernement, fixées d'après l'importance de chaque préfecture (3), et destinées à rémunérer le personnel des bureaux et à faire face aux dépenses matérielles d'administration (4).

178. La loi du 28 pluviôse an VIII ayant concentré l'administration entre les mains des préfets, substitués aux directoires de département, il était logique de laisser à ces fonctionnaires le soin de solder leurs dépenses d'administration. Un arrêté du 26 ventôse de la même année leur donne le droit d'organiser leurs bureaux et de proposer chaque année les dépenses indispensables du personnel et du matériel, qui devaient être ensuite réglées par les consuls de la République, sur le rapport du ministre de l'Intérieur (5). Un

---

(1) Arr. précité 19 novembre 1886 et arr. du C. d'Et. 24 mars 1883. — « Vu la requête à nous présentée, au nom du comte Mortier, ancien ambassadeur de France en Sardaigne, ladite requête enregistrée au secrétariat du Conseil d'État le 5 août 1852, et tendant à ce qu'il plaise annuler une décision du ministre des affaires étrangères en date du 8 mai 1852, qui a rejeté la demande qu'il avait formée à l'effet de recevoir le traitement d'inactivité qui lui aurait été accordé par une décision antérieure du 25 juillet 1850; — Vu le mémoire ampliatif présenté au nom dudit comte Mortier, ledit mémoire enregistré comme dessus le 15 octobre 1852 et par lequel il persiste dans les conclusions de son pourvoi; — Vu la lettre du ministre des Affaires étrangères en réponse à la communication qui lui a été donnée du pourvoi, la dite lettre enregistrée, comme dessus, le 19 novembre 1852 et par laquelle ledit ministre déclare s'en rapporter à la Justice; — Vu l'ordonnance du roi du 22 mai 1833; — Vu le rapport fait à l'Assemblée nationale législative au nom de la commission du budget de 1851, le 23 juillet 1851; — Vu le vote de l'Assemblée nationale législative en date du 30 juillet 1851; — Vu la décision du ministre des Affaires étrangères en date du 25 juillet 1850, par laquelle le comte Mortier a été admis au traitement d'inactivité à partir du 8 novembre 1847; — Vu la décision du ministre des Affaires étrangères en date du 8 mai 1852, décision attaquée.

Considérant que, par sa lettre en date du 8 mai 1852, le ministre des Affaires étrangères s'est borné à déclarer qu'un vote de l'Assemblée nationale, en date du 25 juillet 1851, ayant, sur la proposition de la commission du budget, retranché dans un vote de crédits supplémentaires, la somme nécessaire au paiement des arrérages du traitement d'inactivité accordé au comte Mortier depuis novembre 1847 par décision ministérielle du 25 juillet 1850, il n'a aucun moyen de donner suite à la décision prise par son prédécesseur, et que, par sa nature, cet acte ne peut nous être déféré par la voie contentieuse.

Art. 1er. — La requête du comte Mortier est rejetée.

(2) Même arrêt. (Cf. arr. C. d'Et , 7 décembre 1883, Compagnie d'Orléans contre le Ministère de la guerre).

(1) Même arrêt.

(2) Il n'est pas vraisemblable, en effet, que la loi de pluviôse an VIII qui a créé les préfets et leur a attribué un traitement en espèces, ait pu faire revivre la singulière disposition du décret du 10 floréal an II, par laquelle la Convention prohibait, de la part de tout fonctionnaire salarié par la République, la renonciation au traitement attaché à son emploi, sauf aux fonctionnaires, disait le décret, à propager, par les moyens qu'ils préféreront « les actes de vertu, de générosité et de fraternité dont le peuple français ne cesse de donner l'exemple ».

(3) L. 28 pluviôse an VIII, art. 21.

(4) La plupart des renseignements que nous donnons sur cette matière sont empruntés à un article très complet sur *le fonds d'abonnement* publié par M. Charles Rabany dans *le Dictionnaire des finances.*

(5) Arr. 26 ventôse an VIII ; — Art. 7. Le traitement des employés des

décrèt du 16 juin 1806 substitua à ce règlement annuel un abonnement fixe pour chaque préfecture dont le montant fût déterminé par un tableau annexé au décret et qui, en raison de son caractère forfaitaire, dispensait les préfets de toute reddition de comptes.

Par décret du 11 juin 1810, les abonnements furent divisés en six classes et fixés à nouveau ; ils étaient payés par douzièmes mensuels. Après de nouvelles modifications, l'ordonnance du 22 février 1822 qui fixait à nouveau les traitements des préfets, décida que les deux tiers du fonds d'abonnement seraient affectés, sous la dénomination de frais de bureaux, au traitement des employés et gens de service, l'autre tiers sous la dénomination de dépenses matérielles restant appliqué aux frais de tournée, aux impressions, aux fournitures diverses. De plus, l'obligation était imposée aux préfets de rendre compte de la partie des fonds d'abonnement spécialement affectée au personnel. De légères modifications furent encore apportées à cette fixation par des ordonnances ou décrets ultérieurs rendus sous la Restauration, la Monarchie de juillet et l'Empire (1). C'est ainsi que la part du fonds afférente au personnel fut élevée successivement aux sept dixièmes par l'ordonnance de 1839 et aux quatre cinquièmes par le décret du 27 mars 1852 (art. 7), qui oblige les préfets à répartir intégralement entre les employés la partie du fonds destinée au personnel et ne leur permet de réaliser des économies que sur le cinquième affecté au matériel. Mais, malgré cette augmentation de traitement, le crédit ayant été considéré comme insuffisant, des relèvements de crédits furent successivement votés aux différents budgets depuis 1852 jusqu'en 1875. Vers la fin de l'Empire, la part des dépenses du personnel représentait environ 82 0/0 du fonds ; depuis 1876, en raison des accroissements continus des traitements du personnel, il n'existe plus de rapport mathématique entre les deux fractions du fonds d'abonnement qui font d'ailleurs l'objet de deux chapitres distincts au budget du ministère de l'Intérieur. Au budget de 1892, le chapitre XII porte un crédit de 3,818,600 francs, pour dépenses du personnel et le chapitre XIV un crédit de 771,900 francs, pour frais matériels d'administration des préfectures.

---

sous-préfets, les frais de leurs bureaux, leur loyer et leurs dépenses prévues et imprévues, sont fixés, pour chaque département et pour l'année entière, au maximum établi par la onzième colonne du tableau annexé ; il ne pourra en être employé que les cinq douzièmes pour les cinq derniers mois de l'an VIII. Le préfet indiquera ce qui appartient à chaque sous-préfecture de son département dans la somme totale portée dans la onzième colonne ; — Art. 8. Une somme de cent cinquante francs pourra être employée, sous la direction du président, aux frais de l'assemblée annuelle du conseil général d'arrondissement de chaque sous-préfecture conformément à la douzième colonne du tableau annexé. — Art. 9. Les dépenses générales de préfecture et de sous-préfectures seront réglées, chaque année, par les consuls de la République, sur le rapport du ministre de l'Intérieur. A cet effet, chaque préfet adressera au ministre de l'Intérieur avant la fin du messidor l'état de ces dépenses projetées pour l'année suivante. Le conseil général du département adressera séparément un projet des mêmes dépenses ; — Art. 10. Toutes les dépenses administratives de préfecture et de sous-préfecture seront ordonnancées par le préfet, conformément à l'état arrêté par les consuls et acquittées par le receveur général de département, sur les 10 centimes additionnels aux contributions directes établis par la loi du 25 ventôse, an VIII.

(1) Ord. 2 février 1820; 29 mai 1827; 20 janvier 1829; 11 juillet 1833; 21 octobre 1836; 25 octobre 1839; 21 décembre 1840; 10 décembre 1846; — D. 27 mars 1852.

| DÉPARTEMENTS. | PORTION AFFECTÉE aux dépenses | | TOTAL. |
	matérielles.	du personnel.	
	fr.	fr.	fr.
Ain...............	6,800	33,100	40,200
Aisne..............	9,400	46,300	55,700
Allier..............	6,800	33,700	40,500
Alpes (Basses-).....	5,400	28,100	33,500
Alpes (Hautes-).....	5,400	26,600	32,100
Alpes-Maritimes.....	8,000	39,060	47,000
Ardèche............	6,200	30,800	37,000
Ardennes...........	7,000	34,000	41,000
Ariège.............	6,000	30,600	36,600
Aube..............	7,800	36,700	44,500
Aude..............	6,800	34,100	40,900
Aveyron...........	7,400	34,100	41,500
Bouches-du-Rhône...	13,600	79,000	92,600
Calvados..........	11,300	52,200	63,500
Cantal............	5,800	25,800	31,600
Charente...........	7,200	35,300	42,500
Charente-Inférieure..	9,400	45,100	54,500
Cher..............	6,600	36,900	43,500
Corrèze............	5,600	30,200	35,800
Corse.............	8,200	38,800	47,000
Côte-d'Or..........	10,400	48,600	59,000
Côtes-du-Nord......	7,800	38,700	46,500
Creuse............	5,600	28,400	34,000
Dordogne..........	7,000	40,200	47,800
Doubs.............	8,800	45,700	54,500
Drôme.............	6,400	33,600	40,000
Eure..............	10,000	47,600	57,800
Eure-et-Loire.......	8,400	39,900	48,600
Finistère..........	7,800	38,200	46,000
Gard.............	9,400	45,100	54,500
Garonne (Haute-)....	12,000	56,500	68,500
Gers.............	7,000	33,500	40,500
Gironde...........	13,800	78,000	91,800
Hérault...........	9,400	48,600	58,000
Ille-et-Vilaine......	9,600	45,900	55,500
Indre.............	6,200	30,300	36,500
Indre-et-Loire......	7,600	37,900	45,500
Isère.............	10,000	49,000	59,000
Jura..............	6,800	35,700	42,500
Landes............	5,800	30,200	36,000
Loir-et-Cher.......	6,600	32,800	39,400
Loire.............	12,400	53,000	65,400
Loire (Haute-)......	6,200	29,800	36,000
Loire-Inférieure.....	9,100	62,400	71,400
Loiret............	10,000	45,500	55,500
Lot..............	6,800	32,200	39,000
Lot-et-Garonne.....	7,200	36,000	43,200
Lozère............	5,400	27,100	32,500
Maine-et-Loire......	9,000	45,500	54,500
Manche...........	10,000	48,500	58,500
Marne............	8,200	41,800	50,000
Marne (Haute-).....	6,800	34,700	41,500
Mayenne..........	7,800	33,700	41,500
Meurthe-et-Moselle..	10,000	54,000	64,000
Meuse............	7,200	35,800	43,000
Morbihan..........	7,000	33,800	40,800
Nièvre...........	6,800	33,700	40,500
Nord.............	14,400	73,800	88,200
Oise.............	10,000	47,000	57,000
Orne.............	8,400	40,100	48,500
Pas-de-Calais......	11,400	55,100	66,500
Puy-de-Dôme......	9,600	48,400	56,000
Pyrénées (Basses-)...	9,000	46,000	55,000
Pyrénées (Hautes-)..	6,200	31,200	37,400
Pyrénées-Orientales..	6,600	31,400	38,000
Rhin (Haut-) (Partie française).	5,600	14,000	19,600
Rhône............	12,400	63,600	76,000
Saône (Haute-).....	6,800	35,200	42,000
Saône-et-Loire.....	9,400	41,200	50,600
Sarthe...........	8,800	41,200	50,000
Savoie...........	8,000	42,000	50,000
Savoie (Haute-).....	8,000	37,000	45,000
Seine. { Préfecture......	51,500	206,000	257,500
Seine. { Préfecture de police..	1,900	7,600	9,500
Seine-Inférieure....	14,400	74,000	88,400
Seine-et-Marne.....	8,800	43,000	51,800
Seine-et-Oise......	13,400	64,700	78,100
Sèvres (Deux-).....	6,600	32,900	39,500
Somme...........	13,000	59,500	72,500
Tarn.............	6,800	33,800	40,600
Tarn-et-Garonne....	6,200	31,200	37,400
Var..............	7,000	33,000	40,000
Vaucluse..........	7,000	34,500	41,500
Vendée...........	7,200	34,200	41,400
Vienne...........	7,000	36,900	43,900
Vienne (Haute-)....	7,400	37,100	44,500
Vosges...........	7,000	35,000	42,000
Yonne............	8,000	39,000	47,000

179. Aux crédits annuellement votés par le Parlement pour le traitement du personnel des bureaux des préfectures et sous-préfectures viennent s'ajouter les subventions que les conseils généraux ont l'habitude de voter à titre de supplément au fonds d'abonnement. Cette dépense assez considérable, l'ensemble de ces allocations s'élevait en 1887, pour toute la France, au chiffre de 1,715,518 francs, est purement volontaire, à la différence des dépenses destinées à l'entretien des hôtels de préfectures et de sous-préfectures que la loi de 1871 fait figurer parmi les dépenses obligatoires. La sollicitude que les assemblées départementales témoignent pour le personnel des bureaux ne fait d'ailleurs qu'augmenter : ainsi, tandis que les allocations accordées à titre de supplément au fonds d'abonnement, de secours et de subventions aux caisses de retraites se sont élevées, pendant l'exercice 1888, à la somme de 3,286,012 fr. 46, elles ont atteint, au cours de l'exercice suivant, le chiffre de 3,548,173 fr. 16, soit une différence en plus de 262,160 fr. 70.

180. Le contingent assigné à chaque département dans la portion du crédit affecté au traitement du personnel est indiqué dans des tableaux de répartition annexés aux décrets portant fixation du fonds d'abonnement et dans les limites déterminées par la loi annuelle de finances. La répartition aujourd'hui en vigueur est insérée au *Bulletin du ministère de l'Intérieur* de 1877 (1).

Il résulte du tableau ci-dessous reproduit que les départements dont l'abonnement est le plus élevé sont les suivants : Seine (266,500 fr.), Bouches-du-Rhône (92,000 fr.), Gironde (91,800 fr.), Seine-Inférieure (88,400 fr.), Nord (88,200 fr.), Seine-et-Oise (78,300 fr.), Rhône (76,000 fr.), Loire-Inférieure (74,000 fr.), Somme (72,500 fr.), Haute-Garonne (68,500 fr.), Pas-de-Calais (66,500 fr.) et Loire (65,400 fr.).

Tous les autres départements ont un chiffre inférieur à 60,000 francs.

181. Il est à remarquer que l'obligation imposée au préfet de faire emploi de la totalité de la partie du fonds destinée au personnel, ne le lie nullement en ce qui touche l'organisation des bureaux et la distribution des employés dans les différents services de la préfecture. Il jouit de la plus entière latitude à cet égard ; de même, il a tout pouvoir pour déter-

(1) Tableau de répartition entre les départements, des crédits alloués pour frais d'administration des préfectures. (Voir le tableau précédent, p. 550.)

miner le nombre des employés, les conditions d'admission et d'avancement, enfin les traitements afférents aux divers degrés de la hiérarchie.

L'administration de l'arrondissement chef-lieu de département ne donne lieu à aucune augmentation de frais de bureau du préfet (1).

182. On verra plus loin que l'article 71 de la loi du 10 août 1871 donne à la commission départementale le droit de prendre, sous l'approbation du conseil général et avec le concours du préfet, toutes les mesures nécessaires pour assurer son service. Ce droit implique pour elle celui d'entretenir des agents spéciaux à l'effet de préparer et de faciliter ses travaux. Les frais de bureau ne doivent pas être imputés sur les fonds d'abonnement, mais ils peuvent faire l'objet d'un crédit spécial au budget départemental (2).

Le conseil général peut donc confier le soin d'exécuter ses travaux à des employés de la préfecture, en votant une subvention qui grossit le fonds d'abonnement, et, dans ce cas, la répartition de l'indemnité entre les employés de la préfecture appartient au préfet (3).

(1) Déc. 29 décembre 1854 ; 16 janvier 1855, art. 1er, § 1er.
(2) Avis du min. de l'int. 18 janvier 1874. Frais de bureau pour le service des conseils généraux. — « Si, dans le principe, les frais de tenue des séances des conseils généraux étaient une charge du fonds d'abonnement de la préfecture, la nouvelle organisation des assemblées départementales a, par la force même des choses, modifié les anciens errements. Il est évident que le préfet ne peut plus aujourd'hui subvenir aux dépenses du Conseil général et de la Commission départementale, qui a de véritables bureaux organisés. La loi, d'ailleurs, a prévu qu'il y aurait, de ce chef, des dépenses incombant au budget départemental (Loi 1871, article 71). Ces dépenses, qui sont facultatives, peuvent très légitimement figurer au budget départemental (Vendée). »
(3) Circ. min. int. 18 octobre 1871. — ... Pour faciliter l'expédition des affaires et la participation des préfets aux travaux de la Commission, la loi impose à la délégation du Conseil général l'obligation de se réunir à la préfecture. Vous aurez donc à mettre à sa disposition un local convenable, tant pour la tenue des séances que pour l'installation des employés spéciaux qui lui seraient attachés.
Le Conseil général peut, en effet, s'il le juge convenable, nommer un ou plusieurs employés rétribués sur les fonds départementaux et particulièrement chargés de préparer le travail de la commission. Il peut s'entendre aussi avec le préfet pour que tout ou partie de ce travail soit confié aux bureaux de la préfecture. Cette dernière combinaison aurait sans doute des avantages au point de vue financier. Si telles étaient les vues du Conseil général de votre département, vous vous efforceriez sans doute d'en seconder la réalisation. Mais je ne me dissimule pas les obstacles qu'elle pourra rencontrer, car dans beaucoup de préfectures, le personnel des bureaux suffit à peine aux exigences du service ordinaire, et ce n'est qu'à la condition d'une rétribution supplémentaire, prélevée sur les fonds départementaux, qu'il pourrait supporter un surcroît de travail.
La question ne comporte donc pas de solution absolue ; c'est, comme l'expose le rapport, « une question pratique à débattre à l'amiable entre le conseil général et le préfet ».

FIN DU TOME NEUVIÈME

Paris. — Imprimerie PAUL DUPONT, 4, rue du Bouloi (Cl.) 62.4.92.

AVIS

A partir de la prochaine livraison

LE *RÉPERTOIRE DU DROIT ADMINISTRATIF*

SERA DIRIGÉ PAR

M. E. LAFERRIÈRE

Vice-Président du Conseil d'État

La mort prématurée de M. Léon BÉQUET, conseiller d'État, a enlevé au *Répertoire du Droit administratif* un fondateur plein d'initiative, un directeur dont le vaste savoir et l'infatigable activité avaient puissamment contribué au prompt succès de cette publication.

Sa perte est vivement ressentie par tous ceux qui se sont intéressés à son œuvre, soit comme rédacteurs, soit comme souscripteurs.

Nous ne saurions rendre un plus digne hommage à sa mémoire qu'en publiant ci-après le discours prononcé sur sa tombe par M. le président Laferrière, au nom du grand corps auquel appartenait notre regretté directeur.

M. E. LAFERRIÈRE, en acceptant l'offre qui lui a été faite de continuer la publication du *Répertoire*, vient de lui assurer de nouvelles garanties de succès, dues à l'autorité de son nom, à sa compétence doublement attestée par ses hautes fonctions et par ses œuvres de science juridique et administrative.

La nouvelle Direction s'inspirera de l'heureuse pensée qui a présidé à la fondation du *Répertoire du Droit administratif*, et ne négligera rien pour réaliser tous les perfectionnements désirables. Elle ne perdra pas de vue que le *Répertoire* doit à la fois satisfaire le jurisconsulte par la valeur de son enseignement doctrinal, et faciliter la tâche de l'administrateur par l'abondance et l'exactitude de ses documents pratiques.

Se préoccupant d'assurer dès à présent la publication des articles et traités dont la date doit être la plus rapprochée, la Direction a été heureuse de pouvoir adjoindre, aux collaborateurs éminents déjà acquis au *Répertoire*, des collaborateurs nouveaux dont plusieurs appartiennent au haut enseignement du droit public et administratif, soit dans les Facultés de l'État, soit à l'École libre des sciences politiques.

Leur précieux concours affirmera une fois de plus l'étroite association de la science juridique et de l'expérience administrative, dans l'œuvre que nous poursuivons.

Nous donnons ci-après la liste des principaux traités qui se succéderont dans les prochains volumes du *Répertoire*, et celle des jurisconsultes et administrateurs qui ont bien voulu se charger de leur rédaction.

Rien ne saurait mieux, que ces indications, prouver combien est réelle la valeur du *Répertoire*, puisqu'elle repose à la fois sur la notoriété et la compétence éprouvée de chacun des rédacteurs, et sur l'autorité du Directeur qui préside et participe à leurs travaux.

PUBLICATIONS PROCHAINES

DÉCENTRALISATION, par M. Maurice HAURIOU, professeur à la Faculté de droit de Toulouse.

DÉPARTEMENT, par M. BOUFFET, conseiller d'État en service extraordinaire, directeur de l'Administration départementale et communale, et M. Léon PÉRIER, docteur en droit, attaché à la direction départementale.

DOMAINE, par M. BAUNY DE RÉCY, chef de bureau à la Direction générale des Domaines.

DONS ET LEGS, par M. Théodore TISSIER, docteur en droit, auditeur au conseil d'État.

DROIT ADMINISTRATIF, par M. Maurice HAURIOU, professeur à la Faculté de droit de Toulouse.

DROIT CONSTITUTIONNEL, par M. E. LAFERRIÈRE, vice-président du Conseil d'État.

EAUX, par M. A. PICARD, président de section au Conseil d'État, et M. COLSON, maîtres des requêtes.

ÉCHELLES DU LEVANT, par M. DISLERE, conseiller d'État.

ÉLECTIONS, par M. CHANTE-GRELLET, conseiller d'État.

ENREGISTREMENT, par M. DE COLONJON, professeur à l'École libre des sciences politiques, chef de bureau à la Direction générale de l'Enregistrement.

ÉTABLISSEMENTS PUBLICS ET D'UTILITÉ PUBLIQUE, par M. Théodore TISSIER, docteur en droit, auditeur au Conseil d'État.

ÉTAT DE SIÈGE, par M. DISLERE, conseiller d'État.

EXPROPRIATION, par M. GARSONNET, professeur à la Faculté de droit de Paris.

FINANCES PUBLIQUES, par M. MARQUÈS DI BRAGA, conseiller d'État, et M. Camille LYON, maître des requêtes.

FONCTIONNAIRE PUBLIC, par M. CHANTE-GRELLET, conseiller d'État.

FORÊTS, par M. MICHEL, professeur à la Faculté de droit de Paris.

NOTA. — En dehors de cette énumération, qui n'est pas limitative, le *Répertoire* contiendra tous les articles de moindre importance, relatifs aux matières administratives, d'après leur ordre alphabétique.

Les articles et traités compris et à comprendre dans le *Répertoire* sont proportionnellement beaucoup plus nombreux dans les premières lettres de la nomenclature alphabétique que dans toutes les autres. Après l'achèvement de la lettre E, la première moitié du *Répertoire* pourra être considérée comme terminée.

DISCOURS

Prononcé le 5 octobre 1891 sur la tombe de M. Léon Béquet

Par M. E. LAFERRIÈRE
Vice-Président du Conseil d'État

MESSIEURS,

Qui de nous pouvait penser, quand le Conseil d'État s'est séparé au mois d'août, que sa première réunion aurait lieu autour d'une tombe, et que cette tombe serait celle d'un de nos collègues les plus jeunes, les plus brillants de vie et de santé.

La mort, en frappant si soudainement Léon Béquet, a éteint une vive intelligence ; elle a séparé de nous une âme vaillante, généreuse, ouverte aux plus nobles affections. Cette mort ne fait pas seulement un vide dans nos rangs trop souvent éclaircis, elle en fait un profond dans nos cœurs, où tant de vieilles et fidèles amitiés répondaient à la sienne.

Celle qui nous unissait remontait à plus de vingt-cinq ans. Léon Béquet commençait alors à compter parmi les personnalités les plus actives du jeune barreau. Il était secrétaire de la Conférence des avocats, et il était attaché au cabinet de M. Hébert, une des écoles les plus fortes et les plus sévères de science juridique et de pratique des affaires.

Épris de l'étude des lois et de la dialectique judiciaire, vers lesquelles l'inclinait le tour de son esprit, Léon Béquet se sentait en même temps entraîné par sa raison et par son cœur dans ce grand mouvement de renaissance libérale qui marque les dernières années de l'Empire. Luttes électorales, luttes de presse, luttes juridiques, si souvent mêlées alors aux revendications politiques, il s'y livrait avec cet élan et cet entrain qu'il a toujours su mettre à défendre ses idées. Il était parmi les plus vaillants dans cette jeune avant-garde républicaine dont les chefs s'appelaient Gambetta, Jules Ferry, Floquet, Henri Brisson.

Cela nous explique, Messieurs, comment au lendemain de nos désastres, lorsque fut institué le gouvernement de la Défense nationale, Léon Béquet, qui était personnellement connu des citoyens appelés au pouvoir, devint un de leurs auxiliaires les plus intimes et reçut le titre de chef du cabinet du gouvernement de la Défense nationale.

Il n'avait encore ni l'âge, ni l'autorité d'un homme politique, et il n'en ambitionnait pas le rôle ; il ne demandait qu'à se dévouer à son pays et aux hommes courageux qui allaient tenter une lutte presque désespérée. C'est un honneur pour lui d'avoir été choisi à cette heure critique, comme capable d'un dévouement sans borne et d'un patriotisme à toute épreuve.

Un an plus tard, nous retrouvons Léon Béquet au Palais : non plus au barreau, mais au parquet du procureur de la République, où le gouvernement de M. Thiers l'avait appelé comme substitut.

Cette fois encore, je ne crois pas que ce soit l'ambition des places qui l'ait guidé, mais un double sentiment qui me paraît avoir gouverné toute sa carrière : un goût inné pour la science et pour l'action juridique, et en même temps un vif désir de consacrer son activité aux intérêts généraux, à la chose publique, plutôt qu'aux intérêts d'une clientèle.

Ce sont ces mêmes sentiments qui l'ont amené et qui l'ont fixé parmi nous. Il trouvait dans les travaux du Conseil d'État — il me l'a plusieurs fois confié — comme une sorte d'idéal, parce qu'ils lui procuraient à la fois les hautes satisfactions du légiste, et celle qu'éprouve l'homme public lorsqu'il a l'heureuse fortune de manier les grandes affaires sans avoir à compter avec d'autres passions que celle du bien de l'État et de la vérité légale.

La part si active que Léon Béquet a toujours prise à nos délibérations, les travaux importants qu'il a accomplis, notamment comme rapporteur du Code rural et des décrets organisant la justice musulmane en Algérie; les missions diverses qu'il a remplies soit en qualité de commissaire du gouvernement près le conseil des prises, soit comme membre du conseil supérieur de l'assistance publique et du comité consultatif des chemins de fer, soit comme président de la Société de l'Afrique du Nord, ne suffisaient pas encore à son infatigable activité.

Jurisconsulte dans l'âme, il avait eu le courage d'entreprendre et la force de continuer sans relâche, pendant près de dix ans, une des œuvres juridiques les plus considérables de notre temps, le *Répertoire du Droit administratif*, auquel il destinait encore dix autres années de sa vie.

Je ne sais ce que nous devons ici le plus admirer, de cette merveilleuse puissance de travail, ou des hautes qualités d'organisateur que Léon Béquet a déployées dans cette vaste entreprise, traçant les plans, groupant les collaborateurs, gardant pour lui les tâches les plus lourdes, mais associant efficacement à son œuvre toute une élite d'écrivains qui sauront réaliser jusqu'au bout la pensée de notre regretté collègue.

Mais j'aurais tort, Messieurs, de ne vous rappeler ici que l'homme de science et de travail; l'homme tout entier a droit à nos regrets et à notre respect, car c'était un patriote et un homme de cœur.

Un patriote, car il avait tenu à conserver dans l'armée un commandement dont son âge aurait pu le dispenser, le commandement du bataillon territorial encadré dans le 60ᵉ régiment d'infanterie.

Un homme de cœur... J'en prends à témoin ces amitiés formées dans la jeunesse et rendues chaque jour plus étroites par l'affectueuse estime que commandait une vie sans reproche. J'en prends à témoin tous ceux pour qui sa bonté et sa soif de justice prodiguaient, sans compter, les démarches et les services ; j'en prends à témoin les pauvres, les enfants, les déshérités de la vie qu'il recherchait et consolait, aimant ainsi à s'associer à la pieuse bienfaisance de l'épouse tendrement aimée que frappe un deuil irréparable.

Qu'il me soit permis de la réunir une fois encore, dans ces dernières paroles et ce dernier hommage, à celui qu'elle pleure et que nous pleurons avec elle !

Paris. — Société d'Imprimerie PAUL DUPONT, 4, rue du Bouloi (Cl.) 193.1.92.

www.ingramcontent.com/pod-product-compliance
Lightning Source LLC
Chambersburg PA
CBHW031347210326
41599CB00019B/2679